KLUGE

Etymologisches Wörterbuch
der deutschen Sprache

23., erweiterte Auflage

Bearbeitet von
Elmar Seebold

Walter de Gruyter · Berlin · New York
1999

1883 1. und 2. Auflage
1884 3., unveränderte Auflage
1889 4., verbesserte Auflage
1894 5., verbesserte Auflage
1899 6., verbesserte und vermehrte Auflage, davon zweiter Abdruck 1905
1910 7., verbesserte und vermehrte Auflage (seitdem mit Alfred Götze)
1915 8., verbesserte und vermehrte Auflage
1921 9., durchgesehene Auflage
1924 10., vermehrte und verbesserte Auflage
1934 11. Auflage, mit Unterstützung von Wolfgang Krause bearbeitet von Alfred Götze, unverändert bis 14. Auflage 1948
1951 15. Auflage, Friedrich Kluge/Alfred Götze, Etymologisches Wörterbuch der deutschen Sprache (unter Mithilfe von Hans Krahe besorgt von Alfred Schirmer)
1953 16. Auflage, unveränderter Nachdruck
1957 17. Auflage unter Mithilfe von Alfred Schirmer bearbeitet von Walther Mitzka
1960 18. Auflage bearbeitet von Walther Mitzka
1963 19. Auflage bearbeitet von Walther Mitzka
1967 20. Auflage bearbeitet von Walther Mitzka
1975 21. unveränderte Auflage
1989 22., völlig neu bearbeitete Auflage von Elmar Seebold unter Mithilfe von Max Bürgisser und Bernd Gregor
1995 23., erweiterte Auflage bearbeitet von Elmar Seebold. Gebunden

♾ Gedruckt auf säurefreiem Papier, das die US-ANSI-Norm über Haltbarkeit erfüllt.

CIP-Titelaufnahme der Deutschen Bibliothek

Kluge, Friedrich:
Etymologisches Wörterbuch der deutschen Sprache / Kluge.
Bearb. von Elmar Seebold. − 23., erw. Aufl. (Jubiläums-Sonder-
ausg.). − Berlin ; New York : de Gruyter, 1999
      ISBN 3-11-016392-6

Printed in Germany

Einbandgestaltung: Christopher Schneider, Berlin
Datenkonvertierung und Druck: Arthur Collignon GmbH, Berlin
Buchbinderische Verarbeitung: Lüderitz & Bauer-GmbH, Berlin

Inhalt

Vorwort

Eine Neuauflage des KLUGE schon wenige Jahren nach der völlig neuen Bearbeitung war aus verschiedenen Gründen ratsam:

Erstens blieb der Versuch der Auswertung der vorbereiteten Datenbank in den Anfängen stecken, weil sich zeigte, daß eine Auswertung, die über bloße Wortregister hinausgehen sollte, eine einheitlichere Struktur des Wörterbuchs verlangt, als sie in den traditionellen Wörterbüchern vorgesehen ist. Hierin waren wir zwar in der Neu-Bearbeitung schon ein gutes Stück vorangekommen, aber − wie es sich zeigte − nicht weit genug. So kam es z. B. immer noch vor, daß im gleichen Artikel zwei verschiedene (wenn auch etymologisch zusammengehörige) Wörter behandelt wurden, oder daß die Datierung teils nach allgemeinen Angaben wie *ahd., mhd.* erfolgte, teils durch die Angabe des Jahrhunderts der Erstbezeugung, und solche Verschiedenheiten in den Angaben ließen sich schlecht in ein einheitliches Schema bringen. Diese Eigenheiten, die zwar für den Benutzer unwichtig, für die Auswertung aber sehr hinderlich sind, wurden verändert. Darüber hinaus ist der Text im Hinblick auf eine mögliche maschinelle Auswertung stärker systematisiert worden. Bei der jetzt durchgeführten Angabe der Erstbezeugung nach Jahrhunderten haben wir zunächst eine systematische Übersicht erstellt und diese mit den Angaben des *Etymologischen Wörterbuchs des Deutschen* von Wolfgang Pfeifer (soweit dort die Wörter vorhanden und datiert sind) verglichen. Dabei hat sich gezeigt, daß die dortigen Angaben nicht nur zuverlässig sind; sondern auch − offenbar durch den Rückgriff auf die Archive der Akademie der Wissenschaften − in vielen Fällen genauere, d. h. frühere Datierungen als die sonst gedruckt vorhandene Fachliteratur liefern. Ich habe aus diesem Grund in größerem Umfang Datierungen des *Etymologischen Wörterbuchs des Deutschen* übernommen.

Zweitens ist die Forschung auf dem Bereich der Etymologie nicht stehen geblieben, sondern hat in diesen wenigen Jahren eine ganze Reihe von wichtigen neuen Ergebnissen gebracht. Auch das Erscheinen und Fortschreiten wichtiger Handbücher wie der Neu-Auflage des *Deutschen Wörterbuchs* von Jacob und Wilhelm Grimm oder das Erscheinen des *Anglizismen-Wörterbuchs* machten eine Anpassung an den neuesten Stand der Forschung wünschenswert. Überhaupt sind Verweise auf wichtige Handbücher in größerem Umfang durchgeführt worden, um den schnellen Zugang zu Zusatz-Informationen zu erleichtern.

Drittens waren die großen Blöcke von Verweisen, besonders bei Fremdwörtern, unhandlich und wenig informativ. Sie sind jetzt ersetzt worden durch kommentierte Übersichtsdarstellungen bei einem der Wörter; bei den anderen Wörtern wird nur noch auf den Artikel mit dieser Übersicht verwiesen. Außerdem werden im Textteil die wichtigsten Erweiterungen des betreffenden Wortes genannt, sofern sie nicht durch starke Bedeutungsabweichungen einen eigenen Artikel erfordern.

Ich hoffe, daß der KLUGE damit auch für den Benutzer an Brauchbarkeit gewonnen hat. Die Ausarbeitung des Register- und Auswertungsbandes zu dieser neuen Fassung ist in Arbeit und wird dem Wörterbuch so bald es möglich ist folgen.

Dank

Die Neuauflage des KLUGE ist in noch größerem Ausmaß als ihre Vorgängerin von den technischen Möglichkeiten der elektronischen Datenverarbeitung abhängig gewesen. Ich konnte mich dabei auf die tatkräftige Hilfe von Dr. Albrecht Rauch, Markus Lohse und Cornelia Neft (geb. Gindele) verlassen. Geschrieben wurde mit *Word Perfect 5.1* und einem von Dr. Jost Gippert eigens für dieses Wörterbuch nach unseren Angaben erstellten Sonderzeichen-Programm von *Printer Polyglott*. Von den Mitarbeitern an unserem Institut haben an der Textgestaltung längere Zeit mitgewirkt: Brigitte Bulitta MA, Veronika Haderlein, Sabine Linke MA, Ferdinand v. Mengden, Marion Möslein, Cornelia Neft, Dr. Wolfgang Schindler, Gerda Sigl MA und Christiane Wanzeck MA.

Auch dieses Mal waren die ersten kritischen Leser des Gesamtwerkes Hertha Seebold, Andechs, (vom germanistischen Standpunkt aus) und Diplomphysiker Reg. Dir. i.R. E. A. Hampe, München (vom Standpunkt des ‚interessierten Laien' aus); hinzu kamen vom indogermanistischen Standpunkt aus Dr. Wolfgang Hock und Dr. Peter-Arnold Mumm vom Institut für Allgemeine und Indogermanische Sprachwissenschaft, München. Eine Fahnenkorrektur lasen außer mir selbst meine Frau, Hertha Seebold, und in Gemeinschaftsarbeit die Mitarbeiter des Instituts.

Der Neuauflage sind zahlreiche Kommentare und Kritiken zugute gekommen. Sie sind alle geprüft und gegebenenfalls an der betreffenden Stelle berücksichtigt worden. Es sind zu viele und zu vielfältige, um im einzelnen genannt zu werden – stellvertretend für sie alle sei Dr. Wilfried Seibicke, Heidelberg, genannt, der einen ausführlichen laufenden Kommentar zur 22. Auflage geliefert und Rückfragen sehr hilfsbereit beantwortet hat. Hilfe von Nachbardisziplinen ist dieses Mal besonders von Prof. Dr. Rainer Degen vom Institut für Semitistik, München, gekommen.

Der Verlag de Gruyter hat unsere Arbeit durch Bücher und Sachmittel unterstützt. Die EDV-Anlage wurde von der Ludwig-Maximilians-Universität München finanziert.

Allen Genannten und den vielen Ungenannten gilt mein herzlicher Dank. Wenn die neue Auflage des KLUGE eine wesentliche Verbesserung geworden ist, dann haben sie daran einen nicht geringen Anteil. Die Verantwortung für das Ganze bleibt dessen ungeachtet bei mir.

München, im August 1995   Elmar Seebold

Zur Einrichtung des Wörterbuchs

Lemma-Bestand

1. Nach Abstimmung zwischen den Bearbeitern der beiden wichtigsten historischen Wörterbücher des Deutschen soll der KLUGE sich auf die Etymologie im Sinne der Untersuchung der *Herkunft* der Wörter beschränken, während das von Hermann Paul begründete *Deutsche Wörterbuch* die Wortgeschichte stärker betonen soll. Aus diesem Grund wurde hier auf die Behandlung durchsichtiger Wörter verzichtet, auch wenn sie wortgeschichtlich durchaus behandelnswert gewesen wären. Im Prinzip sind also Wörter wie *Waschbecken* oder *Abendröte*, die jeder Sprecher als ‚Becken zum Waschen‘ und ‚Röte am Abend‘ erklären kann, nicht aufgenommen. Kleinere Inkonsequenzen sind in Kauf genommen worden, etwa wenn ein Wort zwar durchsichtig, aber schon alt ist (z. B. *Fliege* zu *fliegen*) oder wenn bei seiner Bildung Fremdeinflüsse zu vermerken sind (etwa *Dampfer*).

2. Diese Beschränkung hat zugleich Folgen für die Aufnahme der Wortbildungselemente. An sich sollte die Etymologie von Präfixen und Suffixen in der historischen Wortbildungslehre behandelt werden und nicht in einem Wörterbuch. Wenn aber die Durchsichtigkeit zum Abgrenzungskriterium erhoben wird, dann sollten auch die Mittel bereit stehen, um diese Durchsichtigkeit feststellen zu können. Aus diesem Grund habe ich die wichtigsten Wortbildungselemente in das Wörterbuch aufgenommen.

3. Nicht aufgenommen wurden Namen und Namen-Elemente – nicht, weil ich sie für unwichtig oder uninteressant halte, sondern weil ihre Behandlung so wichtig und so schwierig ist, daß sie nicht nebenher in einem Wörterbuch mit anderer Zielsetzung erbracht werden kann. In ein paar Fällen (etwa *Adam* oder *deutsch*) habe ich eine Ausnahme gemacht, die wohl ausreichend begründet werden kann.

Zu einigen weiteren Bemerkungen über den Lemma-Bestand vgl. die ‚Einführung in die Terminologie‘ unter 1.1, 1.2 und 4.1.

Art der Aufnahme

Merklich voneinander verschiedene Wörter, die nicht ohne weiteres als zusammengehörig erkannt werden können, sind getrennte Stichwörter in getrennten Artikeln (z. B. *Aas* und *aasen*, *Aal* und *aalen*). Ableitungen und Zusammensetzungen mit bemerkenswerten Besonderheiten werden als Unterstichwort genannt (z. B. *Älchen* unter *Aal*). Erwähnenswerte Ableitungen und Zusammensetzungen werden im Text morphologisch eingeordnet.

Aufbau der einzelnen Artikel

Der Wörterbuchtext ist aufgeteilt in Wörterbuch-**Artikel**. Jeder Artikel besteht aus
Lemma (Artikelkopf) und **Textteil**. Das Lemma besteht aus **Stichwort** und **Routine-
Information**. Das Stichwort ist das Wort, das behandelt und unter dem der Artikel
eingeordnet wird. Hat das Stichwort mehrere Varianten, so kann neben dem Stichwort ein **Nebenstichwort** stehen (vgl. etwa den Artikel *Bries*). Wird innerhalb des
Artikels eine Ableitung o. dgl. gesondert behandelt, so entsteht ein **Unterstichwort**
(vgl. etwa den Artikel *Aal* mit dem Unterstichwort *Älchen*). Von den normalen Artikeln zu unterscheiden sind die **Verweis-Artikel**.

1. Im Kopf des Artikels (Lemma) stehen folgende Angaben: (a) Die neuhochdeutsche
Lexikonform; falls notwendig auch die Lautform in eckigen Klammern; (b) grammatische Angaben (Genus, starkes oder schwaches Verb usw.); dann (c) die Markierung
der Sprachschicht (*archaisch, regional, fachsprachlich, umgangssprachlich* usw.) und
Angaben zur heutigen Verbreitung bei regional beschränkten Wörtern; falls notwendig folgt dann (d) die Bedeutung – die Bedeutungsangaben sind nicht als Bedeu-
tungsbeschreibungen gedacht, sondern als Identifizierungshilfen, etwa bei Homonymen oder bei seltenen Wörtern. Schließlich (e) die Erstbezeugung nach Jahrhunderten, eingeführt durch das Zeichen <. Falls ein Stern vor der Jahrhundertangabe
steht, bedeutet dies, daß später noch eine stärkere Veränderung in Form, Bedeutung
oder Verbreitung eingetreten ist; für diese wird die Datierung ebenfalls angegeben.

2. Angaben bei Erbwörtern aus älterer Zeit:
a) Die mittelhochdeutsche, althochdeutsche und altsächsische Form (Althochdeutsch und Altsächsisch gelten als regionale Ausprägungen derselben Sprache). Ist
eine altsächsische Entsprechung nicht vorhanden, wohl aber eine mittelniederdeutsche oder mittelniederländische, so werden diese Formen aufgeführt.
b) Die germanische Grundform mit grammatischen Angaben und Bedeutung; dann
die Formen der anderen germanischen Sprachen, in denen das Wort bezeugt ist. Ist
das Wort nicht gemein-germanisch, so wird die erschlossene Form als nord- und
westgermanisch, oder westgermanisch oder vordeutsch bezeichnet (westgermanisch,
wenn mindestens eine altenglische Entsprechung vorhanden ist; sonst vordeutsch.
Die Zugehörigkeit friesischer Wörter muß von Fall zu Fall beurteilt werden). Aus
Gründen der Systematik gilt ein Wort als germanisch, wenn es außer im Deutschen
noch im Gotischen bezeugt ist. An dieser Stelle werden nur die ältesten Stufen der
germanischen Sprachen berücksichtigt (zu den jüngeren vgl. 5a).
c) Die indogermanische Grundform mit grammatischen Angaben und Bedeutung.
Falls ein Wort nicht gemein-indogermanisch ist, wird es als west-europäisch (germanisch + keltisch oder italisch), ost-europäisch (germanisch + baltisch oder slavisch),
west/ost-europäisch (germanisch + mindestens eine Sprache aus beiden zuvor genannten Gruppen) oder europäisch (germanisch + griechisch oder armenisch oder
albanisch und gegebenenfalls weitere europäische Sprachen) bezeichnet. Aus systematischen Gründen gilt als indogermanisch eine Gleichung, die germanische und
arische oder hethitische oder tocharische Formen umfaßt. Untypische oder sonstwie
besondere Beleglagen können als **voreinzelsprachlich** bezeichnet werden. Die genannten Bezeichnungen sind lediglich Beschreibungen der mit ihnen definierten Verbreitung und schließen nicht notwendigerweise sprachgeschichtliche oder andere Annahmen in sich. Wenn das Belegmaterial reich genug ist, wird lediglich Hethitisch, Altin-

disch, Tocharisch, Griechisch, Lateinisch, Altirisch (gegebenenfalls modernes Kymrisch), Litauisch und Altkirchenslavisch aufgeführt. Andere Sprachen nur, wenn sie besondere Aufschlüsse bieten oder das Material der regelmäßig geführten Sprachen versagt. Soll bei einer erschlossenen Form lediglich angegeben werden, daß sie auf der Lautstufe des Germanischen oder Indogermanischen rekonstruiert ist, ohne daß damit Verbreitungsangaben eingeschlossen sein sollen, so werden die Sprachangaben in Klammern gesetzt: (g.), (ig.). Aus äußerlichen Gründen ist diese Markierung aber nicht in allen Fällen angewandt worden.

d) Läßt sich das Wort als Ableitung zu einem Grundwort (oder als Zusammensetzung) erklären, wird der semantische Bildungstyp und die Grundlage genannt (z. B. *Faktitivum zu ig. ...*), außerdem wird normalerweise das Benennungsmotiv erläutert. Kann kein Grundwort festgestellt werden, wird *Herkunft dunkel* (o. ä.) vermerkt; entsprechend *Benennungsmotiv dunkel*. Diese Feststellung besagt also nicht, daß das Wort innerhalb der indogermanischen Sprachen keine Vergleichsmöglichkeit findet; sondern nur, daß es in diesem Rahmen nicht morphologisch analysiert werden kann.

e) Es können weitere Bemerkungen zu Lautstand, Morphologie, Semantik, Beleglage oder Wortgeschichte folgen, falls dies als notwendig erscheint.

3. Angaben zu Bestandteilen des Erbwortschatzes aus jüngerer Zeit: (a) Zeit und Typ der Bildung, Grundwort; (b) Benennungsmotiv und Besonderheiten.

4. Angaben zu Entlehnungen: (a) Zeit der Entlehnung, Herkunftssprache und gegebenenfalls vermittelnde Sprache; (b) Kurze etymologische Erklärung des Wortes in der Herkunftssprache; falls diese vom Standpunkt der entlehnenden Sprache nicht offenkundig ist, wird sie in den kleingedruckten Teil verwiesen. (c) Verweis auf zugehörige Entlehnungen.

5. Verweisteil (Kleindruck): a) Entsprechungen in den modernen germanischen Sprachen, und zwar Neu-Niederländisch, Neu-Englisch, Neu-Schwedisch und Neu-Isländisch. b) Mit *vgl.* wird auf semantisch oder sachlich zugehörige Einträge verwiesen; mit *s.* auf etymologisch zugehörige. c) Literaturhinweise. d) Bei Entlehnungen etymologische Bemerkungen, falls diese vom Standpunkt der gebenden Sprache aus nicht klar sind.

Einführung in die Terminologie*

0.0 Dieses Wörterbuch ist für alle diejenigen geschrieben, die wissen wollen, woher die Wörter der deutschen Sprache kommen – deshalb hat der Verfasser nach Kräften versucht, sich allgemeinverständlich auszudrücken. Zugleich soll dieses Wörterbuch aber auch wissenschaftlichen Ansprüchen genügen – weshalb ein gewisses Maß an Fachterminologie unvermeidlich ist. Für diejenigen, die mit dieser Fachterminologie Mühe haben, ist der folgende Abriß geschrieben; die einzelnen Fachwörter (**Termini**) sind über das Register leicht zu finden. In einigen Fällen werden auch Fachwörter genannt, die hier nicht benutzt werden. Damit soll der Übergang zu fachlichen Darstellungen mit anderer **Terminologie** erleichtert werden.

Abgrenzung

1.1 In diesem Wörterbuch geht es um Wörter – und schon dies erfordert eine genauere Begriffsbestimmung: Hier soll unter **Wort** verstanden werden ein selbständiges Element einer sprachlichen Äußerung. Das kann ein ‚normales Wort‘ sein oder ein Name oder eine beliebige Lautfolge, mit der etwas bezeichnet werden soll. Soll schärfer unterschieden werden, so wird hier **Lexem** für eine Einheit des Wortschatzes gebraucht und von **Namen** abgegrenzt. Ein Wort hat eine **Form**, womit meist die **Lautform** gemeint ist, und eine **Bedeutung**, wobei nur ein Lexem eine Bedeutung im engeren Sinn aufweist.

1.2 **Namen** sind zunächst Bezeichnungen von Individuen (seien es Personen oder Örtlichkeiten) – in diesem Fall sprechen wir von Personennamen, Ortsnamen, Flußnamen usw., allgemein von **Eigennamen** (als Fachwort für *Eigenname* wird zum Teil auch **Nomen proprium** oder einfach **Proprium** gesagt). Namen werden in diesem Wörterbuch nicht behandelt, es sei denn, sie hätten nachträglich die Bedeutung eines ‚normalen‘ Wortes (das eine Klasse von Gegenständen bezeichnet) erlangt – diese ‚normalen‘ Wörter (genauer nur Substantive) nennt man im Gegensatz zu den Namen **Appellativa** (Singular: *-um*, manchmal sagt man auch ausführlicher **Nomen appellativum**; als allgemeine, nicht auf eine bestimmte Wortart beschränkte Bezeichnung für ‚normale Wörter‘ ist aber **Lexem** vorzuziehen). Ein Übergang von einem Namen zu einem Appellativum findet sich z. B. bei *Zeppelin* oder *Dietrich* (die Sie deshalb im Wörterbuch auch erklärt finden). Im weiteren Sinn spricht man auch von Namen, wenn gar nicht Individuen gemeint sind, sondern bestimmte einheitliche

---

* Ausführliche Erklärungen, zusammen mit erläuternden Beispielen, finden Sie in dem Buch Elmar Seebold: *Etymologie. Eine Einführung am Beispiel der deutschen Sprache* (München 1981). Als terminologisches Lexikon ist zu empfehlen Hadumod Bußmann: *Lexikon der Sprachwissenschaft* (2. Aufl. Stuttgart 1990).

Typen, so z. B. bei Markennamen oder Tier- und Pflanzennamen. Auch Markennamen werden hier nicht geführt (sofern sie nicht aus irgendeinem Grund in die Gemeinsprache übergegangen sind, wie z. B. *Fön*), dagegen gelten die normalen Tier- und Pflanzennamen (nicht die spezielle zoologische und botanische Terminologie) als Lexeme und sind deshalb aufgenommen.

1.3 Eine Abgrenzung ist auch notwendig gegenüber den sogenannten **Exotismen** oder **Fremdbegriffen**, das sind Wörter fremder Sprachen, die Gegenstände und Einrichtungen bezeichnen, die es bei uns nicht gibt, die viele Sprecher aber aus Reiseberichten und ähnlichem kennen (etwa *Samowar, Iglu, Squaw, Kimono* usw.). Sie müssen teilweise als Bestandteil der deutschen Sprache angesehen werden, besonders wenn sie (wie etwa *Bumerang*) in Vergleichen verwendet oder (wie etwa *Bazar*) auf einheimische Einrichtungen übertragen werden; auch die Verwendung in der Mode (*Kimono, Mokassin*) führt häufig zu einem so hohen Bekanntheitsgrad, daß eine Erklärung erwünscht ist − es handelt sich in solchen Fällen um **assimilierte Exotismen**. Aber der größte Teil dieser Exotismen gehört allenfalls in den Sonderwortschatz bestimmter Fachleute oder Kenner der betreffenden Länder und wird deshalb hier nicht behandelt; daß man über Grenzfälle verschiedener Meinung sein kann, ist unvermeidlich.

1.4 Von den so abgegrenzten Wörtern suchen wir die **Etymologie**, d. h. ihre **Herkunft** (ihre Entstehung) und ihre darauf folgende Geschichte, so weit sie für das Verständnis wichtig ist. Man sagt gelegentlich auch, daß man das **Etymon** eines Wortes sucht − das ist eigentlich mehrdeutig: Es kann einerseits heißen ‚die Herkunft‘ oder ‚die Erklärung der Herkunft‘, andererseits konkret: das Wort, von dem das gesuchte Wort abgeleitet ist (das Grundwort, s. 3.5).

Allgemeines, Urschöpfung

2.1 Schauen wir uns nun an, wie Wörter entstehen können (was die **Herkunft** der Wörter ist). Man könnte sich vielleicht denken, es sei der einfachste Fall, für etwas Neues auch eine neue Lautfolge zu ‚erfinden‘ − das wäre die sogenannte **Urschöpfung**, die aber in Wirklichkeit (wenigstens in unseren Kultursprachen) sehr selten ist. Am nächsten kommt ihr noch die **Lautmalerei** oder **Onomatopöie** (mit dem Adjektiv **onomatopoetisch**), das ist der Versuch, das Gemeinte mit lautlichen Mitteln nachzuahmen. Speziell unterscheidet man dabei drei Fälle: die **Lautnachahmung**, bei der ein Geräusch (ein Tierlaut, das Begleitgeräusch eines Vorgangs u. ä.) mit sprachlichen Mitteln nachgeahmt wird − der Tierlaut etwa, um das Tier zu bezeichnen *(Kuckuck)*, das Begleitgeräusch, um den Vorgang zu bezeichnen *(plumpsen)*.

2.2 Dann die **Lautgebärde**, bei der die Sprechwerkzeuge entweder Begleitgeräusche zu dem Gemeinten hervorbringen oder mit der Lauthervorbringung das Gemeinte nachahmen. Für das erste kann man auf die vielen Wörter für ‚Mutter‘ verweisen, die aus einfachen Folgen von Nasalen und Vokalen bestehen (*Mama* u. ä.) − sie sind eigentlich Begleitgeräusche zum Saugen der Kleinkinder an der Mutterbrust; dann übertragen auf die Mutter selbst. Als Beispiel für das andere etwa *bibbern* für ‚zittern‘, das mit seiner raschen Aufeinanderfolge der beiden *b* und dem ‚Zitterlaut‘ *r* das Gemeinte (nämlich das Zittern) nachahmt. Und schließlich das **Lautbild**, bei dem ein nicht-lautlicher Sinneseindruck mit lautlichen Mitteln wiedergegeben wird.

2.3 Dabei bedient man sich des Mittels der **Lautbedeutsamkeit**, man benutzt etwa den Gegensatz zwischen hellen und dunklen Vokalen, also *i/e* gegenüber *u/a*, um den Gegensatz zwischen hell und dunkel, zwischen hoch und tief, zwischen klein und groß, schnell und langsam usw. auszudrücken. So empfinden wir, daß der durch das Auge empfangene Sinnes-Eindruck *Blitz* durch das Wort Blitz ‚gut' oder ‚angemessen' oder gar ‚richtig' zum Ausdruck gebracht wird: der helle und schnelle Eindruck wird durch das kurze *i* angemessen wiedergegeben. In gewissem Umfang treten im Rahmen der Lautbedeutsamkeit Formungen und Lautungen auf, die sonst unüblich sind, oder die der Lautentwicklung nicht entsprechen. So etwa **emphatische** oder **expressive** Lautungen (Dehnungen, Verdoppelungen von Konsonanten, Verschiebungen der Artikulationsart usw.); Verdoppelungen von Silben (die sogenannte **Reduplikation**, die in früheren Sprachen auch in der Formenbildung der Verben eine Rolle gespielt hat, später aber nur noch lautbedeutsam ist); dann gibt es eigene Suffixe für entsprechende Wörter, im Deutschen etwa *-zen* für Verben, die Ausdruckslaute bezeichnen (*ächzen, seufzen* usw.) und anderes.

Wortbildung

3.1 Wesentlich häufiger als die Urschöpfung ist das Verfahren der **Wortbildung**, bei dem eine neue Bezeichnung mit Hilfe bereits vorhandener Wörter gebildet wird – entweder durch **Zusammensetzung (Komposition)** verschiedener Wörter *(Haus + Tür* wird zu *Haustür)* oder durch die **Ableitung (Derivation)** mit Hilfe zusätzlicher Elemente (**Affixe**): Diese sind meist **Suffixe** (die am Schluß eines Wortes angehängt werden): *Fabel + -haft* wird zu *fabelhaft*, das wäre die **Suffigierung**; oder durch **Präfixe** (die vorangestellt werden: *tauschen + ver-* wird zu *vertauschen*), das wäre die **Präfigierung** (die häufig als besonderer Bildungstyp von der Ableitung getrennt wird). Ein Sonderfall besteht darin, daß die hinzugefügten Elemente selbständig bleiben, so daß eigentlich nicht die Bildung eines neuen Wortes vorliegt, wenn auch die semantische Veränderung des Grundworts ganz ähnlich ist wie bei der Präfigierung (z. B. *einschlafen – er schläft ein*; man spricht hier von einem **Partikelverb**; wenn auch andere Teile, z. B. erstarrte Akkusativ-Objekte wie in *teilnehmen*, berücksichtigt werden sollen, spricht man meist von **Verbzusätzen**). In frühen Sprachstufen gab es auch noch Elemente, die in das Wortinnere eingeschoben wurden, die **Infixe** im Rahmen der **Infigierung**. Ein Infix (**Nasalinfix**) ist z. B. das **Nasalpräsens** der frühen Sprachperioden: Das Präsens einer Verbalwurzel konnte dadurch markiert werden, daß ein nasalhaltiges Element entweder suffigiert oder infigiert wurde. Als allgemeiner Ausdruck für Wortbildungsvorgänge und ihre Ergebnisse wird hier **Weiterbildung** benützt. In der modernen Terminologie, die versucht, alle natürlichen Sprachen mit der gleichen Terminologie zu erfassen, werden alle wortbildenden Elemente, wie auch die Flexionselemente und die Wurzeln der Wörter **Morpheme** genannt. Dieser Terminus ist aber für die Beschreibung flektierender und wortbildender Sprachen wie dem Deutschen zu abstrakt und wird hier deshalb im allgemeinen nicht verwendet.

3.2 Bei der Komposition kann es vorkommen, daß zwischen den beiden Teilen ein besonderes Element, das **Fugenelement**, eingeschoben wird (z. B. *Wald -es- Lust*). Diese Elemente sehen aus wie Kasus- oder Numerussuffixe des ersten Bestandteils, sind aber ihrer Funktion und Herkunft nach anders zu erklären. In alten Sprachzuständen konnte auch an den Schluß eines Kompositums ein besonderes Suffix treten, das gewissermaßen die Komposition (oder einen besonderen Typ von Komposition) markierte. Solche Elemente nennt man **Kompositionssuffixe**.

3.3 Bei der Ableitung kann es vorkommen, daß ein Wort einfach in eine andere Wortart überführt wird (was man an der Flexion und am syntaktischen Gebrauch sieht), ohne daß ein besonderes Suffix auftritt. In diesem Fall spricht man von **Null-ableitung** *(Arbeit − arbeiten)*. Andere Komplikationen entstehen daraus, daß bestimmte zweite Bestandteile von Zusammensetzungen so häufig werden, daß sich ihre Bedeutung abschwächt und sie gewissermaßen zu Suffixen werden (etwa *-mann*, *-zeug*, *-mäßig* usw.). In solchen Fällen spricht man von einem **Halbsuffix** oder auch **Suffixoid**. Entsprechend geht es bei der Entwicklung von präfix-artigen Elementen aus ersten Bestandteilen von Zusammensetzungen: Sie sind gegebenenfalls **Halbprä-fixe** oder **Präfixoide** (z. B. *erz-*, *ur-*). Eine Besonderheit ist auch der Vorgang, bei dem gleichzeitig präfigiert und abgeleitet wird, die sogenannte **Präfixableitung**, z. B. wenn zu *Ziffer* das Verb *entziffern* gebildet wird (es gibt weder *ziffern* noch *Entziffer*, so daß beide Bildungsvorgänge zugleich erfolgt sein müssen). Damit verwandt ist die **Partikelableitung**, bei der der Zusatz trennbar bleibt (z. B. *einäschern, er äschert ein − es gibt aber weder *äschern, noch *Einasche*).

3.4 Ein weiterer Sonderfall liegt vor, wenn zu einem Wort eine ‚Ableitung‘ gebildet wird, die aussieht, als ob der Bildungsvorgang umgekehrt verlaufen wäre (die sogenannte **Rückbildung**): So sieht das Wort *Bettler* aus, als ob es von *betteln* abgeleitet wäre (ein Bettler ist jemand, der bettelt). In Wirklichkeit ist das Wort *Bettler* älter, und wie in anderen Sprachen ist das Wort für ‚betteln‘ davon abhängig (vgl. l. *mendicus* ‚Bettler‘ − *mendicare* ‚betteln‘); aber da *Bettler* aussah wie eine Täterbezeichnung zu einem Verb, hat man für die Tätigkeit des Bettlers dieses vermeintlich zugrundeliegende Verb auch gebildet. In diesen Bereich gehören vor allem auch die sogenannten **Nomina postverbalia** oder einfacher **Postverbalia**; das sind Substantive, die von einem Verb abgeleitet sind, aber formal aussehen, als seien sie dessen Grundwort (*Wink* ist von *winken* abgeleitet, äußerlich gesehen könnte es umgekehrt sein). Dieser Fachausdruck ist aber veraltet und entspricht der modernen Erfassung solcher Erscheinungen eigentlich nicht mehr in vollem Umfang; er sollte deshalb besser vermieden werden.

3.5 Damit ist der Vorgang der Bildung beschrieben, aber wenn wir uns für die Herkunft interessieren, gehen wir ja den umgekehrten Weg: Wir haben das Wort bereits und analysieren es nun, indem wir die Affixe ablösen (oder die Komposition trennen), um damit zu dem **Grundwort** zu gelangen (wenn man mangels genauer Kenntnis weniger genau sein will, sagt man auch **Grundlage**; bei der Komposition oder Präfigierung nennt man das einfache Grundwort **Simplex**). Es kann sein, daß man auch das Grundwort weiter analysieren kann, und dessen Grundwort wieder − aber irgendwann einmal hört das auf, und man kommt zu Grundlagen, die nicht mehr analysierbar sind. Diese Grundlagen nennt man traditionellerweise **Wurzeln**. In der Sprachfamilie, zu der das Deutsche gehört, sind solche Wurzeln in den meisten Fällen **Verbalwurzeln**, d. h. das Wort, das diese Wurzel vertritt, ist ein Verb. In der frühen Zeit wurden dabei auch die einzelnen Stämme des Verbs (ein Präsens-Stamm, ein Perfekt-Stamm und anderes) durch besondere Bildungsvorgänge aus der Wurzel gewonnen: Entweder durch Suffixe oder Infixe (z. B. bei den Nasalpräsentien) oder durch bloßen Vokalwechsel (Ablaut) bei den sogenannten **Wurzelpräsentien** (bei denen die Verbalendungen ohne Zwischenglied an die Wurzel antreten).

3.6 Nominale Bildungen, die unmittelbar aus der Wurzel gewonnen wurden (wenn sie auch semantisch von der Bedeutung des Verbs abhängig waren), nennt man **primäre** Bildungen (sie haben in der Regel ein Suffix, es gibt aber auch **Wurzelnomina**, bei denen kein Suffix vorhanden ist); werden sie aus einem bereits gebildeten Wort abgeleitet, sind es **sekundäre** Bildungen. Ganz am Schluß des Wortes kommen dann die Personal- und Kasus-Endungen; ihre Form (und auch ihre Auswahl) ist häufig davon abhängig, mit welchem Laut das vor ihnen stehende Element (die Wurzel oder das Suffix) aufhört. Danach unterscheidet man **konsonantische** und **vokalische Stämme** (s. 3.7); die konsonantischen können Wurzelnomina oder Wurzelverben sein, oder ein mit einem Konsonanten endendes Suffix aufweisen (z. B. *n-Stämme*, *r/n-Stämme* [bei denen ein mit *-r* gebildeter und ein mit *-n-* gebildeter Stamm einander ergänzen] und anderes); vokalische Stämme (die insgesamt viel häufiger sind) haben in der Regel ein Suffix, das auf einen Vokal endet; es können aber auch Wurzelverben (oder selten Wurzelnomina) auf Langvokal sein, die sogenannten Verba pura (Singular: **Verbum purum**).

3.7 Die gleichen Bildungsverfahren sind dabei in der Wortbildung wie auch in der **Stammbildung** zu beobachten (d. h. bei der Bildung von **Stämmen**, die wir der Flexion zurechnen, z. B. dem Perfektstamm beim Verb usw.). Bestimmte Bildungstypen und bestimmte Affixe spielen in der frühen Wort- und Stammbildung eine große Rolle; man spricht dann etwa von *ti*-Abstrakta (und dem *ti*-Suffix), den *r/n*-Stämmen, den *s*-Stämmen, den Nasalpräsentien, den Wurzelnomina usw. Besonders häufig und besonders wichtig ist (beim Nomen und beim Verbum) eine Bildungsweise, bei der ablautendes *e/o* vor der Endung steht, der sogenannte **Themavokal**. Solche Bildungen nennt man **thematisch**; eine sekundäre Überführung andersartiger Bildungen in thematische wird **Thematisierung** genannt; Bildungen, die dieses Element nicht zeigen, sind **athematisch**. Zum vollen Verständnis von Argumenten mit solchen Ausdrücken ist natürlich nötig, daß man die betreffenden Bildungsverfahren und ihre Besonderheiten auch wirklich kennt. Das ist nun allerdings dem Fachmann und dem Spezialstudium vorbehalten, so daß der Nicht-Fachmann sich mit einem entsprechend eingeschränkten Verständnis begnügen muß.

3.8 Über die ursprüngliche Form der Wurzeln und ihre Erweiterungen gibt es mehrere Theorien – was bedeutet, daß man darüber in Wirklichkeit nicht so genau Bescheid weiß. Wichtig ist, daß normalerweise eine Wurzel im Bereich unserer Sprache und ihrer Vorformen einsilbig ist (meist in der Form Konsonant + Vokal + Konsonant); es kommt aber auch vor, daß an den letzten Konsonanten noch ein Vokal gefügt wird (häufig ein ə, über dessen Lautwert keine Einigkeit besteht). In solchen Fällen spricht man von **zweisilbigen Wurzeln/Basen/Grundlagen**. An die Wurzel können **Erweiterungen** verschiedener Form treten; entweder einfache Konsonanten, oder Vokal + Konsonant (oder Diphthong) – letzteres setzt eine Schwundstufe der Wurzel voraus (zu dieser s. u.). Das charakteristische Element der Erweiterung ist in der Regel der in ihr enthaltene Konsonant oder Halbvokal, danach spricht man von **Dentalerweiterungen** und entsprechend. Der Ausdruck *Wurzel* wird dadurch etwas mehrdeutig: Er bezeichnet sowohl die nicht mehr analysierbaren Elemente, wie auch die, die bei der Wortbildung gleich eingesetzt werden (aber letztlich doch noch weiter analysierbar sind).

3.9 Zurück zur Wortbildung: Ein Wort kann aus einem Substantiv oder Adjektiv gebildet sein – dann nennen wir es **denominal**; oder aus einem Verb – dann nennen wir es **deverbal**; ein Adjektiv, das aus einem Verb gebildet und semantisch eng mit ihm verbunden ist (vielleicht sogar − wie die Partizipien − zu seinem Formenbestand gehört), nennen wir ein **Verbaladjektiv** (*gerissen* etwa wäre ein Verbaladjektiv zu *reißen*), ein Substantiv in dieser Stellung nennen wir ein **Verbalsubstantiv**. Zu den Verbaladjektiven gehören vor allem die **Partizipien** und die **Adjektive der Möglichkeit** (z. B. *abwaschbar* zu *abwaschen*); zu den Verbalsubstantiven der **Infinitiv** und das sogenannte **Verbalabstraktum**, d. h. ein Substantiv, das aus einem Verb gebildet ist und das gleiche bedeutet − nur wird es eben als Substantiv gebraucht (etwa *Verallgemeinerung* zu *verallgemeinern*, *Stich* zu *stechen*). Entsprechend ist es mit dem **Adjektivabstraktum** *(Reinheit* zu *rein, Röte* zu *rot)*. Wird ein alleinstehendes Adjektiv oder ein Infinitiv mit dem Artikel versehen und damit wie ein Substantiv gebraucht, so ist es **substantiviert** und wir sprechen von einer **Substantivierung**. Alle diese Abstraktbildungen haben die Tendenz, zu Bezeichnungen für Sachen (zu **Konkreta**, Singular *-um*) zu werden (z. B. *Bedienung* oder *Zeichnung*).

3.10 Einige Ableitungstypen weisen typische Funktionen auf, die mit bestimmten traditionellen Ausdrücken bezeichnet werden. So kann von fast jedem Substantiv ein **Diminutiv** (also eine **Verkleinerungsform** − man findet auch **Deminutiv**) gebildet werden, wie etwa *Häuschen* zu *Haus*. Mit ihm verwandt sind die **Kosewörter** oder **Hypokoristika**, die allerdings meist für Namen gelten und deshalb hier weniger einschlägig sind. Das Gegenteil dazu, das **Augmentativum** (die ‚Vergrößerungsform‘) kommt im Deutschen bei Suffigierungen nicht vor. In den gleichen Bereich gehört schließlich das **Kollektivum**, die als Einheit gesehene Mehrheit (so ist *Gebirge* ein Kollektivum zu *Berg*: bei ihm handelt es sich eigentlich um eine Mehrheit von Bergen, die aber als Einheit gesehen wird, eben als ‚Gebirge‘). Alle diese Bildungen sind **Modifikationen**, d. h. das neue Wort gehört zur gleichen Wortart wie sein Grundwort und hat im Prinzip die gleiche Bedeutung (der aber ein weiteres Merkmal hinzugefügt wird). Wird von der Bezeichnung eines männlichen Wesens (oder einer geschlechtsneutralen Bezeichnung) ein besonderes Femininum gebildet (z. B. *Hündin* zu *Hund*), so nennt man dieses Wort **moviert**, die Bildungsweise **Motion** (auch **Movierung**). **Soziativbildungen** nennt man solche, die Personen bezeichnen, die etwas gemeinsam tun oder haben, z. B. *Geselle*, ursprünglich derjenige mit dem man den *Saal* gemeinsam hat.

3.11 Andere Substantiv-Typen sind vorwiegend von Verben abgeleitet; so die **Nomina actionis**, die eine Handlung, vorwiegend in ihrem Verlauf bezeichnen *(Verzeihung* zu *verzeihen)*, gegenüber den **Nomina acti** (oder **Nomina rei actae**), die stärker das Resultat einer Handlung betonen *(Pflanzung* zu *pflanzen)*. Die **Nomina instrumentalia (Nomen instrumenti)** oder **Instrumentalbildungen** bezeichnen das Werkzeug zu einer Handlung *(Bohrer* zu *bohren)*; die **Nomina agentis** oder **Täterbezeichnungen** bezeichnen den Täter − heute meist zu Verben *(Fahrer* zu *fahren)*, früher häufig auch zu Substantiven *(Sänger* zu *Sang)*. **Nomina qualitatis** sind **Eigenschaftsbezeichnungen** zu Adjektiven *(Größe* zu *groß)*. **Lokalbildungen** drücken den Ort eines Geschehens bei Verben (*Wohnung* zu *wohnen*) oder den Aufenthaltsort von Gegenständen (bei Substantiven) aus. Bei den Adjektiven sind noch besonders die **Materialadjektive** zu erwähnen, die den Stoff angeben, aus dem etwas gemacht ist *(hölzern* zu *Holz)*. Auch die **Zugehörigkeitsbildungen** sind meist Adjektive, können aber auch Substantive sein; sie drücken eine Zugehörigkeit zum Grundwort aus, etwa *ärztlich* in *ärztliche Kunst* oder *ärztliche Praxis* (‚zum Arzt gehörig‘). **Kontrastbildungen** sind den Pronomina nahestehende Adjektive, die einen klaren Gegensatz zu einem anderen Begriff ausdrücken (*rechts* zu *links*, *oben* zu *unten* usw.). Für die Wortbildung sind sie deshalb wichtig, weil bestimmte Suffixe nur in solchen Kontrastwörtern vorkommen.

3.12 Bei den Verben haben wir zunächst die **Kausative**, die ausdrücken, daß eine Handlung veranlaßt oder bewirkt wird (*tränken* zu *trinken* als ‚trinken machen‘); dann die **Iterative**, die eine Wiederholung anzeigen *(sticheln zu stechen)*, entsprechend die **Frequentative** (die eigentlich die häufige Wiederholung ausdrücken, aber meist gleichbedeutend mit *Iterativ* gebraucht werden); die **Intensive** zum Ausdruck einer verstärkten Handlung *(zucken zu ziehen)*, die **Durative** für einen fortlaufenden Vorgang (besonders aus Adjektiven, z. B. *faulen* zu *faul*); die **Inchoative** (auch **Incohative**) für eine beginnende Handlung *(erröten zu rot)*; bei Ableitungen aus Adjektiven außerdem die **Faktitive** (die angeben, wozu etwas gemacht wird, wie *wärmen* ‚warm machen‘) und schließlich solche, die die syntaktische Konstruktion betreffen – vor allem **Transitive**, die mit dem Akkusativ konstruiert werden und **Intransitive**, bei denen das nicht der Fall ist (streng genommen solche, die keinen Kasus regieren). So wird etwa aus *antworten* durch die Präfigierung mit *be-* das Transitivum *beantworten*. Diesen Vorgang nennt man **Transitivierung**.

3.13 Bei den Zusammensetzungen *(**Komposita**, Singular *-um*)* ist die Hauptgruppe die der **Determinativ-Komposita**. Das sind solche, bei denen die Zusammensetzung eine speziellere Form von dem bedeutet, was im Hinterglied genannt ist (eine *Haustür* ist eine speziellere Form von einer *Tür*). Eine heute seltenere Gruppe sind die **Possessiv-Komposita** oder, wie man mit einem Ausdruck der indischen Grammatik häufig sagt, die **Bahuvrīhis**. Das sind Komposita, die etwas bezeichnen, das weder im Hinterglied noch im Vorderglied benannt ist, sondern das besitzt, was in diesen Gliedern genannt ist. So ist ein *Dickkopf* ja nicht ein dicker Kopf, sondern jemand, der einen dicken Kopf (im übertragenen Sinn) besitzt, oder ein *Rotkäppchen* ist nicht ein rotes Käppchen, sondern ein Mädchen, das ein rotes Käppchen besitzt usw. Solche Bildungen, bei denen das Gemeinte außerhalb des durch die Glieder Angegebenen liegt, nennt man auch **exozentrisch** – es sind meist Komposita, aber auch anderes. Der weniger häufig gebrauchte Gegenbegriff wäre **endozentrisch** zur Bezeichnung von Bildungen, bei denen ein Grundwort (**Determinatum**) näher bestimmt wird durch ein anderes Wort oder ein Affix (**Determinans**). Sehr selten sind im Deutschen die **Kopulativkomposita**, die etwas bezeichnen, das die Summe der beiden Glieder darstellt (etwa *Strumpfhose*). Eine besondere Form der Komposita sind schließlich die **Verdeutlichungen**, oder, wie man mit einem Beispielwort auch sagt, die **Lindwurm-Komposita**. Das sind Wörter, die veraltet sind oder gleichlautende Wörter anderer Bedeutung neben sich haben, und nun verdeutlicht werden, indem man sie zu einem Kompositum umbaut, in dessen Hinterglied ein Allgemeinbegriff steht. So sagte man statt *Maultier* früher einfach *Maul* – aber dies war gegebenenfalls mißverständlich wegen des gleichlautenden *Maul* ‚Mund‘, und so wurde ein Kompositum daraus gemacht mit dem Allgemeinbegriff *Tier* im Hinterglied. Wieder ein anderer Bildungstyp mit besonderen formalen Merkmalen (Betonung) sind die **Verstärkungsbildungen** (wie *splitternackt* zu *nackt*), deren Funktion gelegentlich auf Vergleiche zurückgeführt werden kann, aber vielfach nicht genauer erklärbar ist.

3.14 So weit die Wortbildung, wie sie sich auch heute noch vor unseren Augen abspielt. Wenn man sich aber mit den Bildungsweisen älterer Sprachzustände befaßt, findet man auch Bildungsmittel vor, die wir heute nicht mehr haben, und die wir teilweise nicht mehr verstehen. So haben die frühen Bildungen häufig Vokalwechsel, auf deren wichtigsten Fall, den Ablaut, unten (8.9) noch einzugehen sein wird. Eine Möglichkeit des Ablauts, die wir heute nicht mehr haben, ist nun die **Vriddhi** (das ist ein Ausdruck der alten indischen Grammatiker): Bei der Ableitung von Substantiven oder Adjektiven aus anderen Substantiven oder Adjektiven wird im Grundwort der erste Vokal gedehnt; die Bedeutung dieser Bildungen ist die der Zugehörigkeit. So ist bei dem Wort für ‚Hahn‘ (in vorgermanischer Lautform *kano-) eine Ableitung gebildet worden, die eigentlich ‚zum Hahn gehörig‘ bedeutet, und die diese Vokaldehnung aufweist, nämlich *kān-es- ‚Huhn‘.

3.15 Bildungsweisen, deren Funktion wir nicht mehr durchschauen, sind vor allem die **Wurzelerweiterung** durch sogenannte **Wurzeldeterminative** und das **s mobile**. Unter Wurzelerweiterung verstehen wir, daß wir bei gleicher Bedeutung teilweise kürzere und teilweise längere Wurzelformen vorfinden. Formal kann man dies beschreiben: Es sind eben vokalische oder konsonantische Elemente oder beides an die ursprüngliche Wurzelform angetreten. Aber so weit wir erkennen können, hat sich dabei die Bedeutung nicht geändert, und außerdem treten bei diesen Wurzelerweiterungen alle möglichen Lautformen auf (was bei der normalen Wortbildung nicht der Fall ist). Hier liegt also offenbar eine Bildungsmöglichkeit vor, deren Funktion uns verschlossen bleibt. Unter **s mobile** verstehen wir den Fall, daß in unseren Vergleichsformen solche mit einem anlautenden *s* neben solchen ohne ein solches *s* vorkommen (z. B. d. *schmelzen*, alt *smelzan* − e. *to melt*). Ob dieses ‚bewegliche s‘ der Rest eines Präfixes ist, oder ein uns unbekanntes Bildungsmittel, oder eine lautliche Verstärkung, oder eine Lautentwicklung in bestimmten Umgebungen können wir nicht sagen − vermutlich sind auch nicht alle Fälle gleich zu beurteilen.

3.16 Die Gesamtheit aller Bildungen aus einem Grundwort oder einer Wurzel nennen wir **Wortfamilie**. Die vollständige Erfassung einer Wortfamilie ist nur bei konsequent historischer Betrachtungsweise möglich. Die Wortfamilien, die sich auch im Wortschatz der Sprecher als für den Sprachgebrauch relevante Einheiten finden, sind im allgemeinen weniger umfangreich, da im Zuge von Lexikalisierungen die Zugehörigkeit ursprünglicher Mitglieder solcher Wortfamilien für den Sprecher nicht mehr erkennbar ist.

Syntaktische Fügungen

4.1 Es gibt auch **feste Wendungen**, die mehr als ein Wort umfassen − weshalb es umstritten ist, ob man sie in einem Wörterbuch behandeln soll oder in einer speziellen Sammlung solcher **Phrasen** oder **Idiome**. In diesem Wörterbuch haben wir in beschränktem Umfang und ohne Anspruch auf Systematik eine größere Anzahl solcher Wendungen behandelt, vor allem, wenn sie auf das Wort, unter dem sie aufgeführt sind, zusätzliches Licht werfen. Solche Wendungen sind teils festgewordene Fügungen (wie *grüner Salat*), teils Zitate (wie *des Pudels Kern* nach Goethes *Faust*).

4.2 Einige dieser Wendungen fassen wir heute sogar als einheitliche Wörter auf (wie etwa *abhanden*, das eigentlich *ab den Handen* ‚von den Händen weg‘ ist), besonders bei bestimmten syntaktischen Fügungen wie Präposition + Substantiv, oder bei Wörtern, die keinen selbständigen Ton haben, sondern entweder vor einem anderen Wort hängen (**Proklise, proklitisch**, wie z. B. das *zu* des Infinitivs) oder hinter einem anderen Wort hängen (**Enklise, enklitisch**, wie z. B. *da* in *der Mann da*). Solche Fälle von Zusammenwachsen nennen wir **Zusammenrückungen** (oder **Univerbierungen**). Etwas anders zu beurteilen sind die **Zusammenbildungen**, bei denen in einen Wortbildungsvorgang Teile aufgenommen werden, die gegenüber dem Grundwort syntaktisch frei sind. So ist *Grundsteinlegung* das Abstraktum zu *einen Grundstein legen* (wo *legen* und *Grundstein* selbständige Wörter sind), oder *blauäugig* zu *hat blaue Augen* (zu beachten ist, daß es weder **Legung* noch **äugig* gibt). Hierzu gehören auch die Nominalformen der Partikelverben, die damit zwischen den syntaktischen Fügungen und den Wortbildungen stehen.

4.3 Ein Sonderfall solcher Wendungen besteht schließlich darin, daß nicht eine Wortgruppe, sondern ein flektiertes Wort in anderer Funktion verwendet wird (z. B. *geschweige*, das eigentlich eine Verbalform ist, als Konjunktion). Diese Fälle nennt man **Hypostasierung** und den Vorgang **Hypostase**.

Semantische Begriffsschöpfung

4.4 Etwas anderes ist es, wenn eine neue Bezeichnung dadurch gewonnen wird, daß man die Bedeutung eines bereits bestehenden Wortes verändert. Äußerlich gesehen bleibt das Wort dabei gleich, aber in der **Bedeutung** ist es anders geworden, es hat eine zweite Bedeutung hinzugewonnen, so daß wir auch hier von einem Bildungsvorgang reden können (der sich auf die **Semantik**, den Bedeutungsbereich, beschränkt). Solche Bedeutungsveränderungen verlaufen nach ganz bestimmten Mustern. Eines ist die **Bedeutungsübertragung** oder **Metapher**. Dabei wird ein Wort, das sonst X bezeichnet (z. B.: *Rohr* bezeichnet sonst ‚Schilfrohr‘, also eine Pflanze) dazu verwendet, auch Y zu bezeichnen, weil sich X und Y in mindestens einem Merkmal ähnlich sind (z. B. *Rohr* wird dazu verwendet, auch künstlich geschaffene Röhren zu bezeichnen, weil sich Schilfrohr und künstlich geschaffene Röhren darin ähnlich sind, daß es sich bei ihnen um lange, runde, innen hohle Gegenstände handelt).

4.5 Ein weiteres solches Muster ist die **Bedeutungsverschiebung** oder **Metonymie**. Dabei wird etwas mit einem Wort bezeichnet, das eigentlich etwas mit ihm Zusammenhängendes meint. Typische Fälle sind etwa die Bezeichnungen von Kleidungsstücken durch das Wort für den Körperteil, den diese Kleidungsstücke bedecken: *Ärmel* oder in der Fachsprache auch *Arm* für das, was den Arm bedeckt; *Kragen* für das, was den Kragen (Hals) bedeckt, *Leib* oder *Leibchen* für das, was den Leib bedeckt usw. Dies ist aber nur ein besonderer Fall der Metonymie, es gibt viele andere Typen.

4.6 Sehr wichtig ist dann auch die **Synekdoche** oder die Bezeichnung **pars pro toto** (‚der Teil für das Ganze‘). Sie tritt etwa auf, wenn wir eine Wohnung oder ein Haus als den *(häuslichen) Herd* bezeichnen (wir meinen ja wesentlich mehr als den Herd), oder etymologisch: *(ein-) schenken* bedeutet eigentlich nur ‚schräg halten‘; man bezeichnete also das Ganze (das Einschenken) durch eine Teilhandlung (das Schräghalten).

4.7 Eine solche bildliche Verwendung eines Wortes führt noch nicht automatisch zu einem neuen Lexem oder einer neuen Bedeutung eines Lexems (das wären zwei verschiedene mögliche Beschreibungen des Endergebnisses solcher Vorgänge); dazu muß sie erst von der Sprachgemeinschaft aufgenommen werden. Zunächst dienen sie nur zur **Bezeichnung** − darunter wird hier die Erfassung eines Stücks Wirklichkeit durch sprachliche Mittel verstanden. Erst wenn sie aufgenommen sind, werden sie zu einer **Benennung**, zu einem in der Sprache vorgesehenen Mittel der Erfassung dieses Stücks Wirklichkeit.

Kurzwörter

4.8 Eine moderne Form der Wortbildung sind dann schließlichdie **Kurzwörter** und **Abkürzungen**. Reine Abkürzungen, die man beim Sprechen als Buchstabenfolge ausspricht (*BGB*) oder wieder auflöst (*usw.*) sind in diesem Buch nicht aufgenommen. Solche, die wie ein Wort ausgesprochen werden (wie in neuerer Zeit *Super-GAU* oder *AIDS*, jetzt auch schon *Aids*, sogenannte **Akronyme**), sind in beschränkter Zahl aufgenommen, in der Regel solche, die schon älter sind und bei denen die Herkunft bereits nicht mehr allgemein bekannt ist. In größerem Umfang aufgenommen sind gekürzte Wörter, sogenannte **Kopfwörter**, bei denen nur der Anfang geblieben und der Schluß weggelassen ist *(Auto* für *Automobil)* und **Schwanzwörter** (bei denen der Schluß geblieben und der Anfang weggelassen ist, wie *Bus* aus *Omnibus*). Es gibt noch kompliziertere Formen der **Wortfabrikation**, bei der beliebige Teile der vollen Bezeichnung zu einem neuen Wort zusammengefaßt werden, doch wird auf sie nur in Sonderfällen am Rande eingegangen, weil diese Art der Bildung bis jetzt weitgehend auf Namen von Institutionen, Produkten usw. beschränkt ist. Im Deutschen nur selten, dafür im Englischen sehr beliebt und von dort vielfach übernommen, sind die **blendings**, die aus zwei Wörtern eines machen, um eine Bedeutung zu erfassen, die mit den Bedeutungen der beiden Ausgangswörter zu tun hat (im Deutschen etwa *Krad* aus *Kraftrad*, im Englischen etwa *Smog* aus *smoke* und *fog*).

Entlehnungen

5.1 Ein großer Bereich der Gewinnung neuer Wörter besteht dann schließlich in der **Entlehnung** aus anderen Sprachen. Wir können z. B. ein englisches Wort in einen deutschen Text aufnehmen, und wenn dies häufig geschieht, wenn die Sprachgemeinschaft diese Übernahme akzeptiert, dann wird dieses ursprünglich englische Wort auch zu einem deutschen (wie z. B. *Sport*, bei dem heute nur noch der Sprachgeschichtler daran denkt, daß dies eigentlich ein englisches Wort ist). Und dies gilt nicht nur für das Englische, sondern in früheren Jahrhunderten vor allem für das Französische, und schon vor Beginn unserer schriftlichen Überlieferung bis heute für das Latein (und über das Latein auch das Griechische) − daneben auch für viele andere Sprachen, die aber nur in geringerem Umfang in Frage kommen. Besonders um die Flexion zu erleichtern bekommen die Entlehnungen gelegentlich ein wortart-spezifisches einheimisches Wortbildungssuffix angehängt, das dann keine besondere Wortbildungsbedeutung hat, die sogenannten **Adaptionssuffixe** (z. B. *-ieren* bei Verben, z. B. *diskutieren* zu l. *discutere*, oder *-isch* bei Adjektiven, z. B. *afrikanisch* zu l. *africānus*).

5.2 Nun ist der Fall, daß das Wort ganz übernommen wird (wie das eben genannte *Sport*, das ein **Lehnwort** ist), nicht die einzige Möglichkeit der Entlehnung. Ein mehrgliedriges Wort kann z. B. Stück für Stück übersetzt werden – die **Lehnübersetzung**, wie z. B. *Geistesgegenwart* aus frz. *présence d'esprit*. Komplizierter ist die **Lehnbedeutung**, bei der ein Wort nach dem Vorbild eines fremden Wortes eine zusätzliche Bedeutung bekommt. So bedeutet das deutsche Wort *lesen* in alter Zeit eigentlich nur ‚auflesen‘; aber das lateinische Wort, das ‚auflesen‘ bedeutet (l. *legere*), bedeutet zugleich auch ‚(Schrift) lesen‘, und danach hat auch das deutsche Wort die Bedeutung ‚(Schrift) lesen‘ bekommen. – Von den Lehnwörtern unterscheidet man gelegentlich die **Fremdwörter**, die ihr fremdartiges Aussehen behalten haben und nicht assimiliert worden sind. Solche Fremdwörter hat man immer wieder aus der Sprache auszuscheiden gesucht, indem man bestimmte **Ersatzwörter** für sie vorgeschlagen hat. Diese sind teilweise durchgedrungen, teilweise nicht. Sie bilden aber eine sprachgeschichtlich aufschlußreiche Erscheinung, so daß ich sie in der Regel erwähnt habe.

5.3 Interessant ist dann der Fall der **Scheinentlehnung**, bei der ein fremdsprachliches Wort aufgenommen wird, das in der Ausgangssprache gar nicht existiert. Wir sagen z. B. *Oldtimer* für ein altes Auto – das sieht aus wie eine Entlehnung aus dem Englischen; aber im Englischen sagt man für diese Sache *veteran car* – der Ausdruck *Oldtimer* scheint also gar nicht englisch zu sein. Diese Fälle sind meist sehr schwer zu beurteilen, weil man nicht mit Sicherheit sagen kann, ob das Wort in der Ausgangssprache nicht doch ein paar Mal aufgetreten und dabei entlehnt worden ist (worauf man dann in der Ausgangssprache ein anderes Wort einführte).

5.4 Wenn man in verschiedenen Sprachen gleichbedeutende Wörter mit gleichem Aufbau hat, aber nicht entscheiden kann, ob eine Lehnübersetzung o. ä. vorliegt, spricht man zurückhaltender von **Übersetzungsgleichungen** oder **Übersetzungsäquivalenten** (man kann z. B. nicht sagen, wo die beliebte Bezeichnung der Zigarette als *Sargnagel*, ne. *coffin nail*, nisl. *lík-kistu-nagli* zuerst aufgetreten ist – es sind Übersetzungsgleichungen, die erst durch eine besondere Untersuchung geschichtlich gedeutet werden können). Wörter, die in alle wichtigen Kultursprachen entlehnt worden sind, nennen wir **Internationalismen** (man sagt auch **Europäismen** u. ä.); bei den sehr frühen Fällen dieser Art (Bezeichnungen für Gewürze, Metalle u. ä.) spricht man meist von **kulturellen Wanderwörtern**.

5.5 Allgemein trennt man den Lehnwortschatz vom Erbwortschatz und spricht demgemäß von **Erbwörtern**. Hat ein Wort Bestandteile aus dem Erbwortschatz und dem Lehnwortschatz zugleich, spricht man von **hybriden Bildungen** (das gilt auch, wenn ein Wort aus verschiedenen sonstigen Sprachen Elemente hat, z. B. aus Latein und Griechisch). Beruhen Entlehnungen darauf, daß eine Völkermischung eingetreten ist, dann spricht man von einer **Substratsprache** oder einem **Substrat**, wenn aus der Sprache des unterlegenen Volkes Wörter aufgenommen worden sind (Substrate werden aber häufiger behauptet als nachgewiesen). Sind umgekehrt aus der Sprache des überlegenen Volkes Wörter aufgenommen worden, so spricht man von einem **Superstrat**.

5.6 Da aus dem Lateinischen und den auf dieses folgenden romanischen Sprachen zu allen Zeiten Wörter ins Deutsche entlehnt worden sind, macht hier die sprachliche Bestimmung gelegentlich Mühe. Wir nennen hier Wörter, die mit lateinischem Sprachmaterial (das vielfach griechische Bestandteile in sich schließt) in neuer Zeit gebildet worden sind, **neoklassisch**. Bei den romanischen Sprachen ist zu beachten, daß ihre Vorformen, die z. T. für die Entlehnung ins Deutsche wichtig sind, nicht belegt werden können, sondern nur erschlossen sind. Solche Wörter sind regelmäßig durch einen Stern (*) markiert und gegebenenfalls als **vorromanisch** bezeichnet.

5.7 In den Teilen 2−5 dieser Übersicht sind die Möglichkeiten der Herkunft eines Wortes aufgezählt − die verschiedenen Bildungsvorgänge, die in einer Sprache ein neues Wort (oder ein Wort in einer neuen Bedeutung) hervorbringen. Kommen wir bei unserer geschichtlichen Analyse eines Wortes nicht bis auf einen solchen Bildungsvorgang zurück, so nennen wir die **Entstehung** oder die **Herkunft dunkel**. Das bedeutet nicht, daß wir das Wort nicht zurückverfolgen können − unter Umständen kann es für die indogermanische Grundsprache eindeutig erschließbar sein −; aber wir können seine Bildung nicht erklären und damit bleibt seine Herkunft für uns dunkel.

Der Wortgebrauch

6.1 Die Wörter unserer Sprache liegen uns nicht alle gleich nahe: Einige kommen uns recht veraltet vor − wir würden z. B. das Wort *Odem* in normaler Sprache gar nicht benützen, es ist ein **Archaismus**, ein altertümliches Wort. In diesem Wörterbuch werden dabei als Stufen unterschieden **veraltet, obsolet** (‚stark veraltet') und **Archaismen** (die einem größeren Teil der Sprecher nicht mehr bekannt sind). Manche Wörter sterben auch aus und werden dann (durch das Nachahmen des Gebrauchs älterer Texte) **wiederbelebt** wie z. B. das Wort *tarnen*. Das Extrem auf der anderen Seite sind die **Neologismen**, die Neuwörter, die gerade erst in Gebrauch gekommen sind, und bei denen man noch nicht so recht weiß, ob man sie schon unbesorgt gebrauchen darf. Andere Wörter liegen uns nicht so nahe, weil sie **fachsprachlich** sind − dabei denken wir in erster Linie an die Wissenschafts- und Berufssprachen; aber auch die Angler und Briefmarkensammler haben ihre Fachsprache; es geht dabei einfach um einen Wortschatz, der spezieller ist als ihn die Allgemeinheit benötigt, und deshalb nur von den kleinen Gruppen der Fachleute benützt wird. Wörter, die nur von kleinen Gruppen benutzt werden, kommen auch in anderen Zusammenhängen vor − z. B. Anspielungen auf die griechische und römische Mythologie oder andere geschichtliche Zustände, über die nur diejenigen reden können, die direkt oder indirekt mit der Sache zu tun gehabt haben. Solche Wörter nennen wir **bildungssprachlich**. In derart verschiedenen **Sprachausprägungen** (auch in verschiedenen Regionalsprachen usw.) treten häufig verschieden entwickelte Formen (Lautformen, Flexionsformen) aus demselben Ausgangspunkt auf. Solche verschiedenen Formen aus gleichem oder nahe verwandtem Ursprung nennen wir **Varianten**. Insgesamt wird hier unterschieden zwischen dem Wortschatz des **Standard**, zu dem auch **veraltete**, **regionale**, **stilistisch** markierte, **vulgäre**, **tabuisierte** und **kindersprachliche** Wörter gehören können; dem **erweiterten Standard**, zu dem die weniger gebräuchlichen Wörter gehören, einschließlich der bildungssprachlichen, der **obsoleten** (stark veralteten) und der **regional** beschränkten; und schließlich dem **peripheren** Wortschatz, bei dem allgemeines Verstehen nicht vorausgesetzt werden kann (hierzu auch **archaische** Wörter, die mehr oder weniger ausgestorben sind und nur noch von einzelnen Sprechern gebraucht werden).

6.2 Andererseits bemühen sich die Sprecher, eine bestimmte Form der Sprache zu sprechen, etwa die Hochsprache. Sie setzen also z. B. mundartliche Lautformen regelmäßig in hochsprachliche Lautformen um. Dabei kann es nun vorkommen, daß sie sich in der Beurteilung täuschen, daß sie ein Wort hochsprachlich machen, das gar nicht in die Hochsprache gehört, oder daß sie die Lautform falsch beurteilen, und so eine falsche hochsprachliche Lautform herstellen. Solche Fälle nennt man **Hyperkorrektismen**. Es kann auch sein, daß die Sprecher ein Wort fälschlich an eine andere Sprachform angleichen, z. B. an das Französische, weil sie meinen, das betreffende Wort sei französischer Herkunft (oder weil ihnen die französische Aussprache passender dünkt, oder aus welchen Gründen auch immer). Dann sagt man, eine Form sei **französisierend**; wenn man z. B. an das Griechische angleicht, ist die Form **graezisierend** und entsprechend bei anderen Sprachen — häufig ist auch die **(Re-) Latinisierung** eines Wortes, das aus einer romanischen Sprache übernommen wurde.

6.3 Wenn ein Wort gebildet wird, dann hat es in der Regel zunächst eine **systematische Bedeutung**, d. h., seine Bedeutung kann aus der Bedeutung der Elemente und der Kenntnis der Funktion der Fügungsregeln erschlossen werden. Wenn Sie z. B. das Wort *Fensterreiniger* zum ersten Mal hören, dann können Sie die (systematische) Bedeutung erschließen aus Ihrer Kenntnis von *Fenster, reinigen* und Ihrer Kenntnis des Wortbildungstyps der **Nomina agentis** und **Nomina instrumentalia** auf -*er*, sowie der Möglichkeit, bei solchen Nomina das Objekt der Handlung als Kompositionsglied anzufügen; also: ‚jemand, der Fenster reinigt‘ oder ‚etwas, womit man Fenster reinigt‘. Die meisten Wörter entwickeln aber nach einiger Zeit Besonderheiten, die nicht mehr aus den Bestandteilen erschlossen werden können. Ein *Maikäfer* z. B. ist nicht mehr einfach ein Käfer, den man im Mai vorfinden kann, sondern ein ganz bestimmter Käfer (auch wenn man ihn im April oder Juni findet; und andere Käfer, die man im Mai finden kann, heißen wir nicht so; diese Art der Differenzierung nennt man **Polarisierung**). Die Bedeutung solcher Wörter muß man irgendwann lernen, sie sind **lexikalisiert** (wenn man nur speziell die Weiterentwicklung der Bedeutung meint, sagt man auch **idiomatisiert** oder ohne geschichtliche Deutung **idiomatisch**). Zu den Besonderheiten der Bedeutung gehört auch, daß sie individuelle oder stilistische Bewertungen entwickeln, die mit der Bedeutung selbst nichts zu tun haben (so hat etwa das Wort *Führer* aus geschichtlichen Gründen für uns einen negativen Beiklang). Soll auf solche Besonderheiten hingewiesen werden, so unterscheidet man zwischen der **Denotation** (der Bedeutung im eigentlichen Sinn) und der **Konnotation** (dem Beiklang, den Assoziationen).

6.4 Die Sprecher reagieren nun teilweise auf solche Entwicklungen, indem sie die Wörter wieder im systematischen Sinn gebrauchen, sie wieder ‚verdeutlichen‘. Diesen Vorgang erkennt man am besten daran, daß er manchmal zu Ergebnissen führt, die historisch gar nicht richtig sind; daß die Sprecher also eine ‚Verdeutlichung‘ bewirkt haben, die etwas ganz Neues hervorbringt. So bedeutet etwa das Wort *irritieren* eigentlich ‚reizen‘; aber die Sprecher haben geglaubt, es an *irre* anschließen zu müssen und haben es dann in der Bedeutung ‚irre machen, verwirren‘ gebraucht. Diese Reaktion kann sogar die Lautgestalt des Wortes verändern; so etwa wenn ein Wort, das eigentlich *Freithof* lauten müßte (und in alter Zeit gelegentlich auch in dieser Form auftaucht), an *Friede* angeschlossen und dann *Friedhof* ausgesprochen wird. Solche Erscheinungen nennt man meist **Volksetymologie**, eine neutralere Bezeichnung ist **Sekundärmotivation**. Auch in anderen Bereichen, etwa der Morphologie, können **Umdeutungen** auftreten, etwa wenn ein Suffix mit einem gleichlautenden Suffix anderer Herkunft identifiziert wird.

6.5 Andere derartige Veränderungen durch die Sprecher kommen davon, daß sie bestimmte Muster als Vorbild genommen und auf andere Fälle übertragen haben. So können wir etwa sagen *tags* in der Bedeutung ‚tagsüber‘, indem wir einfach den Genetiv von *Tag* adverbial verwenden. Nach diesem Muster sagen wir nun auch *des Nachts* ‚die Nacht über, in der Nacht‘, obwohl *Nacht* gar keinen Genetiv auf -s hat. Solche Fälle nennt man **Analogie**. Wieder ein anderer Fall, in dem sich die Sprecher ‚zu viel gedacht haben‘ sind die **falschen Ablösungen**, bei denen eine Form oder eine Wortgruppe nicht so aufgelöst wird, wie es historisch gerechtfertigt wäre. So ist etwa *Otter* in der Bedeutung ‚Schlange‘ (wie in *Kreuzotter* eine falsche Ablösung aus *Natter*: Bei mundartlichen Formen von *eine Natter* [-nadr] wurde falsch getrennt in [-n adr].

6.6 Bestimmte Besonderheiten ergeben sich auch schon beim Gebrauch der Wörter: Manche Wörter will man z. B. nicht ‚in den Mund nehmen‘, weil sie Dinge betreffen, über die man nicht gerne redet (die körperliche Ausscheidung, Geschlechtsverkehr u. ä.). In solchen Fällen werden gerne verhüllende Wörter (**Hüllwörter** oder **Euphemismen**) verwendet (etwa *Hintern* oder *der Hintere* statt *Arsch* usw.). Nach einiger Zeit gelten häufig auch diese Hüllwörter wieder als ‚zu direkt‘, so daß sie durch neue ersetzt werden müssen. Das Wort, das als Hüllwort herangezogen wird, macht damit natürlich eine **Bedeutungsverschlechterung** durch: Es muß für den gemiedenen Begriff mit eintreten. Typisch ist etwa, daß Wörter für ‚Mädchen‘ (wie unser *Dirne*) zu Wörtern für ‚Prostituierte‘ werden. Es gibt auch andere Gründe für eine Bedeutungsverschlechterung, etwa wenn ein gleichbedeutendes Wort das höhere Prestige hat (vgl. etwa *Frauenzimmer* im Wörterbuch). Eine auf diese Weise abschätzige oder abwertende Bedeutung nennt man eine **pejorative**.

6.7 Andere Formen der Bedeutungsentwicklung sind die **Bedeutungsverallgemeinerung** (ein Wort bekommt eine allgemeinere Bedeutung, z. B. *Sache* wird von ‚Gerichtssache‘ verallgemeinert zu ‚Ding‘). Im Gegensatz dazu steht die **Bedeutungsverengung**, bei der ein Wort eine eingeschränktere Bedeutung bekommt (z. B. *Faß*, das ursprünglich allgemein ‚Gefäß‘ bedeutete). Die verschiedenen Möglichkeiten der Bedeutungsentwicklung bringen es mit sich, daß ein Wort mehrere Bedeutungen haben und eine Bedeutung durch mehrere Wörter ausgedrückt werden kann. Es ist deshalb nicht unwichtig, ob man sein Material nach den Wortformen oder nach den Bedeutungen ordnet. Ordnet man nach den Wortformen und fragt nach deren Bedeutungen, so wendet man das **semasiologische** Verfahren an; ordnet man nach den Bedeutungen und fragt, durch welche Wörter sie ausgedrückt werden können, so ist das Verfahren **onomasiologisch**.

6.8 Wird etwas sprachlich zweimal benannt (etwa in den Teilen eines Kompositums), so nennt man dies eine **Tautologie**; der häufigste Fall sind die unter 3.13 behandelten Lindwurm-Komposita; es gibt aber auch anderes. Sind zwei ursprungsverschiedene Wörter gleichlautend, so nennt man dies eine **Homonymie** (sind sie nicht ganz gleichlautend, eine **Paronymie**). Sind die Bedeutungen dieser gleichlautenden Wörter ähnlich, so werden sie vom Sprecher für dasselbe Wort gehalten (vgl. etwa im Wörterbuch unter *Spieß*); sind die Bedeutungen stark unterschiedlich (*Fuge* ‚Ritze‘ und ‚Musikstück‘), so stört der Gleichlaut nicht; sind sie dagegen verschieden, aber verwechselbar oder sonstwie störend, so werden die beiden Wörter **differenziert** (verschieden gemacht); häufig auch so, daß eines von beiden schwindet (es gibt im übrigen auch andere Gründe für eine Differenzierung, etwa, daß zwei Wörter genau die gleiche Bedeutung haben − dies stört den automatischen Ablauf der Sprache).

6.9 Werden Teile eines sprachlichen Ausdrucks weggelassen, so nennt man dies eine **Ellipse** (etwa *ein Helles* statt *ein helles Bier*). Die Abgrenzung gegenüber Erscheinungen mit ähnlichen Auswirkungen wird verschieden vorgenommen, so daß der Begriff etwas unpräzis ist. Werden in einem mehrteiligen Kompositum die Mittelglieder ausgelassen *(Reißzwecke* statt *Reißbrett-Zwecke)*, so spricht man von einer **Klammerform**.

6.10 Beeinflussen sich zwei (meist gleichbedeutende) Wörter so stark, daß sie in eines verschmelzen, so spricht man von einer **Kontamination** (die Wörter sind **kontaminiert**). Dies ist ein Sonderfall der unter 6.5 behandelten Analogie.

6.11 Besondere Schwierigkeiten für die Untersuchung bieten Wörter, die in irgendeiner Weise selten sind. Dazu gehören die Wörter, die in der Überlieferung nur einmal bezeugt sind − ein solches Wort nennt man **Hapax legomenon** oder kurz **Hapax** (d. h. ‚einmal gesagt‘). Eine ähnliche Besonderheit besteht darin, daß ein Wort nur in Wörterbüchern, nicht in Texten bezeugt ist (hier wird im allgemeinen vermerkt: Nur bei **Lexikographen** o. ä.). − Anders ist es bei den **Relikten**: Das sind Wörter oder Formen, die Merkmale eines älteren Systems bewahrt haben, die sonst überall beseitigt worden sind. So ist etwa *gülden* neben *Gold* das Relikt eines Lautwechsels *ü − o* (der darauf beruht, daß der Umlaut *ü* vor einem folgenden *i/j* aus *u* entstand, und ein solches *u* vor dunklen Vokalen zu *o* wurde). Etwas Ähnliches wie die Relikte sind die **Unregelmäßigkeiten**, die Abweichungen von einer systematischen Bildung, die meist ebenfalls auf früheren Regelmäßigkeiten beruhen. Von **Gelegenheitsbildungen** oder **okkasionellen** Bildungen sprechen wir, wenn ein Wort in einer bestimmten Situation für einen bestimmten Zweck geprägt, dann aber wieder vergessen wird. Gelegentlich werden solche Bildungen aber verallgemeinert und in den normalen Wortschatz aufgenommen.

Grammatik

7.1 Auch bei der Besprechung der Etymologie ist immer wieder auf die grammatischen Eigenschaften der betreffenden Wörter einzugehen; zunächst auf die Wortarten. Unter einem **Nomen** (Adjektiv: **nominal**) verstehen wir ein Substantiv oder Adjektiv (meist ein Substantiv); es flektiert nach Kasus und Numerus; wobei für letzteren zu beachten ist, daß es in der früheren Zeit auch einen **Dual** gegeben hat, einen Numerus, der die natürliche Paarigkeit (z. B. von Körperteilen wie Ohren) bezeichnet. Beim Kasus wird gelegentlich der **Kasus obliquus** oder **obliquer Kasus** genannt. Darunter versteht man zunächst den Akkusativ; allgemeiner dann aber auch die Kasus außerhalb des Nominativs (und Vokativs). Für die Wortbildung wichtig ist auch der **Lokativ**, ein Kasus, der den Ort bezeichnet (es gibt auch **lokativische** Bildungen, die nicht speziell Kasusformen sind). Eine **Nominalform** ist eine entweder wortbildungsmäßig oder nach Kasus und Numerus als Nomen bestimmte Form.

7.2 Beim Verb sind zunächst **finite Formen** (die Personalformen) von den **infiniten Formen** (wie **Infinitiv** und **Partizip**) zu unterscheiden; von diesen ist der Infinitiv ein **Verbalsubstantiv**, das Partizip ist ein **Verbaladjektiv**. In anderen Sprachen und in früheren Sprachzuständen gibt es außerdem noch ein **Gerundiv(um)**, das sogenannte **Participium necessitatis** (Partizip der Notwendigkeit; Angabe, daß das im Verb Ausgedrückte getan werden muß) und das **Gerundium**, ein zugehöriges Verbalsubstantiv. Bei den finiten Formen sind besonders die **Diathesen** zu erwähnen (die Unterscheidung zwischen Aktiv und Passiv; in der früheren Zeit gab es auch noch eine dritte, die funktionell häufig unserem Reflexivum entspricht, die **mediale** Diathese), sowie die Unterscheidung nach **Tempus** (Zeit) und **Modus** (Aussageart). Eine in den frühen germanischen Sprachen wichtige Stammbildung waren die **Präteritopräsentien**, die wie ein starkes Präteritum flektierten, aber präsentische Bedeutung haben (und zu dieser eine schwache Präteritalform bilden).

7.3 Bei den **Adjektiven** sind die verschiedenen Steigerungsformen zu beachten: der **Positiv** (die Normalform), der **Komparativ** (die Steigerungsform) und der **Superlativ** (die Höchststufe, die außerhalb von Vergleichen **Elativ** genannt wird). Bei den mit den Adjektiven verwandten **Zahlwörtern** sind verschiedene funktionelle Sonderformen zu beachten. Neben den üblichen **Kardinalzahlen** *(5, 6)* und **Ordinalzahlen** *(5., 6.)* gibt es **Multiplikativzahlwörter** *(fünfmal, sechsfach)* und **Distributivzahlwörter** *(je fünf, je sechs)*. Über die **Adverbien** ist hier nichts besonderes zu sagen; dagegen seien die **Partikeln** (nicht flektierende Wörter) besonders erwähnt. Eine Sonderstellung in Bezug auf die Etymologie nehmen die **Interjektionen** (Ausrufewörter) ein.

7.4 Was die syntaktische Konstruktion anbelangt, so sei hier auf die Unterscheidung zwischen **affiziertem Objekt** und **effiziertem Objekt** hingewiesen. Effiziert ist ein Objekt, wenn es durch die Verbalhandlung bewirkt, hervorgebracht wird (z. B. *ein Bild malen*); affiziert ist das Objekt, wenn es durch die Handlung betroffen wird *(den Hund schlagen)*.

7.5 Nomina werden nach Kasus und Numerus abgewandelt (**dekliniert, Deklination**), Verben nach Person, Numerus und Tempus/Modus (**konjugiert, Konjugation**). Beides zusammen nennt man **Flexion** (die Wörter werden **flektiert**) und das Verfahren dieser Abwandlung überhaupt die **Morphologie** einer Sprache (mit dem gleichen Wort bezeichnet man auch die Beschreibung dieser Möglichkeiten). Den gesamten Formenbestand, den ein Wort haben kann, nennt man sein **Paradigma**; fehlen bestimmte Teile, so ist das Paradigma **defektiv**; wie z. B. bei den **Pluralia tantum**, den Wörtern, die nur im Plural vorkommen (z. B. *Leute*). Tritt für eine fehlende Formenreihe die Reihe eines anderen Wortes ein, so ist das Paradigma **suppletiv** (z. B. die Steigerungsformen *gut, besser, am besten*).

7.6 Grammatische Wörter, die die Stelle der Nomina einnehmen oder diese begleiten können, sind die **Pronomina**. Sie haben häufig bestimmte altertümliche Stämme, die **Pronominalstämme**, die vielfach sehr kurz, unregelmäßig und vielseitig verwendet sind. Zu den wichtigsten Funktionen der Pronomina gehört die Wiederaufnahme von etwas bereits besprochenem, der Rückbezug oder die **anaphorische** Funktion. Die Begleitung oder den Einsatz der Zeigegeste nennt man die **deiktische** Funktion oder **Deixis**.

Lautstand

8.1 Was den Lautstand anbelangt, so bezeichnen wir die Bestandteile der Wortform als **Laute**; betrachten wir die Laute vom Lautsystem her (z. B. danach, ob sie Bedeutungen differenzieren können oder nicht), dann sprechen wir von **Phonemen**. Nach

der Art der Hervorbringung unterscheiden wir bei den Lauten **Vokale** (Öffnungs-
laute, bei denen der Luftstrom beim Sprechen nicht behindert wird) und – termino-
logisch etwas ungenau – **Konsonanten**, bei denen der Luftstrom beim Sprechen behindert wird (eigentlich müßte man Vokale und Nicht-Vokale unterscheiden; daneben **Sonanten** und Konsonanten, d. h. Silbenträger und Laute außerhalb des Silbengipfels). Den Gesamtbestand der Vokale einer Sprache, auch den Vokalbestand eines
Wortes, nennt man häufig den **Vokalismus**; entsprechend verwendet wird **Konsonantismus**. Laute, die je nach Umgebung als Sonant oder Konsonant realisiert werden,
nennt man **Halbvokale**. Laute, die beim Übergang von einem Laut zu einem anderen
eingeschoben werden (z. B. ein *j* zwischen *i* und *a*), nennt man **Gleitlaute**.

8.2 Die Konsonanten unterscheidet man nach ihrer Hervorbringungsart in **Reibe-
laute (Spiranten**, Adjektiv **spirantisch**), bei denen die Luft durch eine Enge im Mund
gepreßt wird (*f*, *s*, *ch* usw.); **Verschlußlaute (Explosivlaute)**, bei denen ein Verschluß
gelöst wird (*p*, *b*, *t*, *d* usw.), **Affrikaten** (die aus Verschlußlauten bestehen, die nicht
durch eine Explosion, sondern durch eine reibelaut-bildende Lösung geöffnet wer-
den), **Nasale** *(m, n, ng)*, **Liquiden** *(r, l)* und **Kontinuanten** (*j*, *w* – auf diese bezieht
man sich häufig als Halbvokale). Einen gelängten (verdoppelten) Konsonanten
nennt man eine **Geminate** (**geminiert** ,verdoppelt').

8.3 Nach dem Artikulationsort unterscheidet man **Labiale** (mit den Lippen gebildet),
Labiodentale (Unterlippe + Oberzähne, z. B. *f*); **Dentale** (mit den Zähnen), **Alveolare**
(Zunge gegen Zahnrücken, wie *d* und *t* im Deutschen), **Palatale** (Vordergaumen),
Velare (weicher Gaumen), **Uvulare** (mit dem Zäpfchen, z. B. das Rachen-*r*) und **La-
ryngale** (mit dem Kehlkopf, z. B. *h*). Die Palatale und Velare zusammen werden
Tektale genannt (in der älteren Literatur auch **Gutturale**, was aber irreführend ist).
Ein besonders in den frühen Sprachen wichtiger kombinierter Artikulationsort wird
labiovelar genannt. Dabei handelt es sich um Velare, die mit Lippenrundung gesprochen werden, so daß sich eine enge Verbindung von Velar und (bilabialem) *w* ergibt.

8.4 Laute verändern sich im Laufe der Zeit – in der Regel so, daß der gleiche Laut
unter gleichen Bedingungen zum gleichen anderen Laut wird. Das ist der **Lautwandel**; wenn man die Regelmäßigkeit der Erscheinung hervorheben will, spricht man
auch von **Lautgesetzen**. Veränderungen, die von besonderen Bedingungen abhängig
sind, sind etwa **Dehnungen**, d. h. Vokale, gelegentlich auch Konsonanten, werden
gelängt, sei es, um den Ausfall anderer Laute auszugleichen (**Ersatzdehnung**), sei es,
um die Lautform ausdrucksvoller zu machen (**expressive Dehnung**), sei es aus anderen Gründen. Ein wichtiger Fall ist die **Überdehnung** oder **Pluti**, die in bestimmten
Bereichen regelmäßig vorkommen kann (etwa bei gerufenen Namen oder sonstigen
Ausrufen ein auslautender Vokal). Wird ein Vokal so stark gedehnt, daß er in eine
Lautfolge (meist zwei gleiche Laute mit Gleitlaut) zerfällt, so spricht man von **Zerdehnung** (vgl. etwa *Ehe* aus einem langen *e*).

8.5 Unter einer **Assimilation** versteht man, daß ein Laut an einen anderen, im Wort
benachbarten, ganz oder teilweise angeglichen wird. So haben wir etwa statt **ent-
fangen* in Wirklichkeit *empfangen*: das *t* ist an das *f* assimiliert worden (von einem
Dental zu einem Labial) und dann hat sich auch der Nasal in seinem Artikulationsort
angeglichen. Umgekehrt geht es bei der **Dissimilation**: Wenn zwei gleiche Laute nur
durch wenige Laute getrennt sind, dann werden sie häufig unähnlich gemacht. So

lautete das Wort *Köder* ursprünglich *Körder* und das erste *r* wurde durch Dissimilation beseitigt (dissimilatorischer Schwund).

8.6 Bei einer **Metathese** werden zwei Laute miteinander vertauscht, der eine springt um den anderen herum. Das ist besonders bei Liquiden der Fall; so gehört etwa *Born* zu *Brunn(en)*, hat aber in der Stellung des *r* eine Metathese durchgemacht. Bei der **Haplologie** oder **Silbenschichtung** werden zwei gleiche Lautfolgen zu einer einzigen vereinfacht. So sagen wir statt **Zauber-er-in* nur *Zauberin*, weil die beiden *-er-* zu einem einzigen vereinfacht worden sind.

8.7 Besonders starke Veränderungen ergeben sich in unbetonten Silben, im **Tiefton**, gegebenenfalls auch im **Satztiefton** (an Stellen des Satzes, die strukturbedingt unbetont sind). Zu den häufigsten Erscheinungen dieser Art gehört die **Apokope**, der Abfall von auslautendem *-e-* (gegebenenfalls auch von anderen Vokalen), und die **Synkope**, der Ausfall von unbetontem *-e-*(gegebenenfalls auch von anderen Vokalen) im Innern des Wortes. Man sagt, ein Vokal werde **apokopiert** oder **synkopiert**. Eine ähnliche Erleichterung der Sprechbarkeit auf der Seite der Konsonanten ist das ‚Anwachsen' geschichtlich unberechtigter Konsonanten, meist am Schluß des Wortes (**Epithese, epithetische Konsonanten**); im Deutschen in der Regel ein Dental.

8.8 Stoßen zwei Vokale aufeinander, so spricht man von einem **Hiat** (es geht dabei nur um Vokalfolgen, die nicht einen Diphthong bilden können). Solche Lautfolgen sind vielfach unbequem, weshalb Gleitlaute eingeschoben werden, die sogenannten **Hiattrenner**. Ein anderer Fall tritt ein bei den **Kontraktionen**, bei denen die Vokale zusammengezogen werden (dabei können auch dazwischenstehenden Konsonanten ausfallen). Beim Übergang in andere Sprachen (und auch sonst in der Sprachgeschichte) werden Lautformen gelegentlich verändert um der Sprechbarkeit oder des Wohlklangs willen (**Euphonie, euphonisch**).

8.9 Treten Lautwandel nur in bestimmten Umgebungen auf, und wechseln diese Umgebungen innerhalb eines Paradigmas oder einer Wortfamilie, so entstehen **Lautwechsel**. Zu den wichtigsten Lautwechseln aus früher Zeit gehört der **Ablaut** – ein geregeltes System von Vokalwechseln in Flexion und Wortbildung der indogermanischen Sprachen. Man spricht in diesem Rahmen von der **Normalstufe** oder **e-Stufe** (d. h. ein *e*, das in anderen Formen abgewandelt wird), von der **Abtönungsstufe** oder **o-Stufe** (beide zusammen sind **Hochstufen**) in Gegensatz zur **Schwundstufe** oder **Tiefstufe**, in der der *e*-Vokal geschwunden ist, und der Silbengipfel durch einen umgebenden Laut ausgefüllt werden muß. Umgekehrt ist es bei der **Dehnstufe**, in der der Vokal (das braucht in diesem Fall nicht unbedingt ein *e* zu sein) gelängt wird. Diese Lautwechsel gehen auf ganz verschiedene Arten von Lautwandeln zurück. Durch besondere Lautentwicklungen kann ein ablautendes Wort eine Lautform bekommen, die einer andersartigen Ablautreihe entspricht und dann in seinen Formen und Ableitungen dieser anderen Ablautreihe angeglichen werden (vgl. im Wörterbuch unter *gedeihen*). In diesem Fall spricht man von **Ablautentgleisung**.

8.10 Ein anderer Lautwechsel ist der **Umlaut**, der darauf zurückzuführen ist, daß die dunklen Vokale aufgehellt wurden, wenn in der folgenden Silbe früher ein *i* oder *j* stand (das in den späteren Formen aber geschwunden ist). Umlaute haben wir in unserer heutigen Sprache noch in vielen Fällen, besonders auch in der Form, daß sie **funktionalisiert** sind (d. h. eine grammatische Funktion zum Ausdruck bringen müssen), so etwa bei *Garten – Gärten* zum Ausdruck des Plurals. Ein Lautwechsel bei Konsonanten, der nur noch als Relikt erhalten ist, ist der **grammatische Wechsel**, etwa in *schneiden – schnitt* (auch *der Schnitt*).

8.11 Eine besondere Vokalentwicklung ist die **Rundung**, bei der ein vorderer Vokal nachträglich eine Lippenrundung bekommt (*i* wird dann zu *ü*, *e* zu *ö* usw.); auch der umgekehrte Vorgang kann eintreten und heißt dann **Entrundung**.

8.12 In bezug auf die Schreibungen sei darauf hingewiesen, daß besondere Laute entweder mit einem eigenen Zeichen zum Ausdruck gebracht werden können, oder indem ein vorhandenes Zeichen abgewandelt wird. Der abwandelnde Teil (z. B. die Pünktchen bei den Umlautvokalen) heißt **diakritisches Zeichen**.

Zeitliche Verhältnisse

9.1 Was die zeitliche Schichtung anbelangt, so sei hier nur erwähnt, daß wir unsere heutige Sprache (seit etwa 1600) als **Neuhochdeutsch** bezeichnen, gegebenenfalls trennen wir die jüngste Schicht als **Gegenwartssprache** ab. Davor, etwa von 1350–1600, sprechen wir von **Frühneuhochdeutsch** (dazu gehört etwa die Sprache Luthers), noch früher (etwa 1100–1350) ist **Mittelhochdeutsch** (z. B. die Sprache Walthers von der Vogelweide oder Wolframs von Eschenbach), und unsere frühest-bezeugte Sprachform nennen wir **Althochdeutsch** (vom 8. Jh. bis etwa 1100). Das Element *-hoch-* kennzeichnet dabei den Gegensatz zu **Niederdeutsch**, das zwar auch Deutsch ist, aber z. B. nicht die Lautverschiebung mitgemacht hat. Zum gleichen Sprachraum gehörte auch die Vorstufe des heutigen **Niederländischen**, das aber auf Grund besonderer politischer und kultureller Umstände eine eigene Hochsprache entwickelt hat. Dagegen sind Dänisch, Norwegisch, Schwedisch und Englisch eigene Sprachen, die mit der unseren entfernter verwandt sind. Komplizierter ist es mit dem Friesischen, das wir hier ebenfalls als eine eigene Sprache (oder Sprachgruppe) betrachten. Wird für deutsche Wörter eine ältere Lautform erschlossen, ohne daß eine Verbreitung außerhalb des Deutschen vorausgesetzt wird, dann nennen wir diese Lautform **vordeutsch**.

9.2 Auf Grund der verhältnismäßig nahen Verwandtschaft des Deutschen zu anderen Sprachen sind wir in der Lage, die Geschichte des Deutschen auch in der Zeit zu betrachten, in der es noch gar nicht belegt ist: Wir können durch den Vergleich der verwandten Sprachen die Vorstufen erschließen. Diese Vorstufe ist vor allem für Deutsch, Englisch, die skandinavischen Sprachen und das heute ausgestorbene Gotische das **Germanische**; vergleicht man darüber hinaus auch das Lateinische, Griechische, Keltische, Baltische, Slavische, Indische, Hethitische und einige andere Sprachen, so ergibt sich das **Indogermanische**, das in der außerdeutschen Fachsprache auch **Indoeuropäisch** genannt wird (das ist zwar ein neutralerer Ausdruck, aber sachlich weniger richtig, weil nicht alle europäischen Sprachen zu dieser Gruppe gehören).

9.3 Vermuten wir von einem Wort, daß es bereits in der indogermanischen Grundsprache vorhanden war, so nennen wir es **indogermanisch** oder **grundsprachlich**. Nehmen wir ein hohes Alter in Anspruch, wollen aber nicht so weit zurückgehen, dann sagen wir **voreinzelsprachlich**. In diesem Wörterbuch wird versucht, die räumliche Vergleichbarkeit von Wörtern in bestimmte Gruppen zu fassen (die gewisse Rückschlüsse auf das Alter ermöglichen). Wir treffen dabei folgende Unterscheidungen: **Westeuropäisch** (weur.) nennen wir gegebenenfalls ein Wort, das außer im Germanischen noch im Keltischen oder Italischen oder in beiden vorkommt; **osteuropäisch** (oeur.) ein Wort, das außer im Germanischen noch im Baltischen oder Slavischen oder in beiden auftritt; **West-** und **osteuropäisch** (w/oeur.) die Kombination aus beiden. **Europäisch** (eur.) ist ein Wort, das außer im Germanischen noch im Griechischen oder Armenischen oder Albanischen auftritt (diese Sprachen stehen dem Germanischen ferner; deshalb müssen solche Wortgleichungen ein größeres Gebiet umfaßt haben); für die Bezeichnung als **indogermanisch** oder **grundsprachlich** verlangen wir, daß ein Wort außer im Germanischen noch im Arischen (Indisch, Iranisch) oder Hethitischen oder Tocharischen auftritt.

9.4 Betrachten wir eine Sprache zu einem bestimmten Zeitraum, so nennen wir diese Betrachtungsweise **synchronisch**; untersuchen wir sie in ihrer Entwicklung, also historisch, so ist die Betrachtungsweise **diachronisch**. Die verschiedenen menschlichen Sprachen bezeichnen wir als **Natursprachen**, wenn wir den Gegensatz zu Kunstsprachen, Tiersprachen, Kalkülsprachen usw. hervorheben wollen.

Register

Alphabet und Schreibung

Alphabetische Ordnung

Die alphabetische Ordnung ist die des deutschen Alphabets; *ß* gilt als *s* + *s*, Umlaute werden wie die einfachen Vokale behandelt *(ä = a, ö = o, ü = u)*, bei sonst gleicher Schreibung steht der umgelautete Vokal nach dem nicht umgelauteten. Auch andere diakritische Zeichen bleiben bei der Anordnung unberücksichtigt (z. B. *ç* = *c*, etwa in *Aperçu*). In Klammern stehende Buchstaben werden bei der Anordnung nicht mitgerechnet.

Fremde Alphabete

Hilfsmittel: DUDEN. *Satz- und Korrekturanweisungen*. 5. neu bearbeitete Aufl. von Friedrich Wilhelm Weitershaus (DUDEN-Taschenbücher Bd. 5. Mannheim 1986).

Schreibkonvention: In eckigen Klammern ([ ]) stehen Aussprachen, in Spitzklammern (< >) stehen Schreibungen.

Fremde Schriften (d. h. andere als die lateinische) werden transliteriert, d. h.: Jedem Buchstaben der fremden Schrift entspricht immer der gleiche Buchstabe der lateinischen Schrift (gegebenenfalls mit Hilfe von diakritischen Zeichen); bei Silbenschriften u. ä. (z. B. Hethitisch) werden die Zeichen der fremden Schrift in Buchstabenfolgen der lateinischen Schrift aufgelöst. Variationen in der Schreibung werden in der Regel normalisiert. Im einzelnen:

1. Griechische Schrift: Klassische Transliteration, DUDEN 5, S. 193, Spalte IV.
2. Russische Schrift und andere kyrillische Schriften: DUDEN 5, S. 188−192.
3. Armenische Schrift: Rüdiger Schmitt: Empfehlungen zur Transliteration der armenischen Schrift. In: *ZvS* 86 (1972), 296−306; ders.: *Grammatik des klassisch-armenischen mit sprachvergleichenden Erläuterungen* (Innsbruck 1981), Kap. II,1.
4. Indische Schrift (*Devanāgarī*): DUDEN 5, S. 200 f. Tocharisch nach der üblichen Umschrift.
5. Iranische Schriften: Die Transliteration für Avestisch und Altpersisch folgt dem in wissenschaftlichen Veröffentlichungen üblichen Verfahren.
6. Semitische Schriften: Arabisch wie DUDEN 5, 197−199 (einschließlich Persisch). Hebräisch weicht wegen des Jiddischen von DUDEN 5, 196 etwas stärker ab (genauere Vokalbezeichnung, *j* statt *y*, *ṣ* statt *z̧*).

Allgemein verwendete diakritische Zeichen

⁻ über einem Vokalzeichen (z. B. *ā*) bezeichnet einen Langvokal.
˘ über einem Vokalzeichen (z. B. *ă*) bezeichnet einen Kurzvokal (s. aber zu den slavischen Sprachen unten unter 2f).

´ (Akut) über einem Vokalzeichen (z. B. *á*) bezeichnet den Wortakzent (s. aber zum Altnordischen und Isländischen unten unter 2b sowie zum Slavischen unter 2f).

` (Gravis) über einem Vokalzeichen (z. B. *à*) bezeichnet einen davon verschiedenen Akzent (mit einzelsprachlich stark unterschiedlichen Regelungen).

~ (Zirkumflex[1] = Tilde) über einem Vokalzeichen (z. B. *ã*) bezeichnet in der Regel die schleiftonige Intonation, die den Wortton und die Vokallänge einschließt (in den baltischen Sprachen auch bei *l, r, m, n,* den Liquida- und Nasaldiphthongen).

^ (Zirkumflex[2] = Dach) über einem Vokalzeichen (z. B. *â*) bezeichnet in der Regel eine bestimmte Vokalqualität, die die Vokallänge in sich schließt.

¨ (Trema) über einem Vokalzeichen (z. B. *ï*) bezeichnet die selbständige Aussprache eines Vokals nach einem Vokal (also nicht als Diphthong o. ä.). Beim *e* (*ë*) bezeichnet es in manchen Sprachen (Albanisch) eine besondere Vokalqualität.

ˆ ist ein besonderer Akzent des Serbokroatischen, auch über Liquiden.

¯ ein Strich über oder unter einem Buchstaben für einen Geräuschlaut (gelegentlich auch durchstrichen) bezeichnet einen entsprechenden Reibelaut.

Besondere Lautzeichen

1. Allgemein:

a) Zischlaute:

s/z	stimmloses und stimmhaftes *s* ([s] und [z]); nur im Deutschen (Italienischen und in der Umschrift des Hethitischen) ist ⟨z⟩= [ts]
š/ž	stimmloser und stimmhafter *sch*-Laut ([ʃ] und [ʒ]
ś	ein davon abweichender Zischlaut
č/ǰ[ǧ]	stimmlose und stimmhafte Affrikata *tsch* ([tʃ] und [dʒ]

b) Vokale:

ə	Murmelvokal (wie im Deutschen unbetontes *e*)
æ	Offenes *e* (wie deutsch *ä*)
œ	Offenes *ö*
ø	Geschlossenes *ö*
å	offenes *o*
ε	offenes *e (ä)* in phonetischer Schreibung

c) Sonstige:

ŋ	velarer Nasal
ʔ	Kehlkopfverschlußlaut in phonetischer Schreibung

2. Einzelne Sprachen:

a) Indogermanisch, erschlossene Formen:

r̥, l̥, m̥, n̥	silbentragende Sonoranten
ḱ, ǵ	sicher palatale Laute
k, g	sicher velare Laute
kʷ, gʷ	sicher labiovelare Laute
k⁽ʼ⁾, g⁽ʼ⁾	velare oder palatale Laute, labiovelar ausgeschlossen

$k^{(w)}$, $g^{(w)}$	velare oder labiovelare Laute, palatal ausgeschlossen
b^h, d^h, g^h	aspirierte Medien
$b^{(h)}$, $d^{(h)}$, $g^{(h)}$	Medien oder aspirierte Medien
h	indogermanischer Laryngal (wie im Hethitischen bezeugt). Die Differenzierung zwischen drei verschiedenen Laryngalen ist hier nicht vorgesehen und wird nur bei Zitaten oder Auseinandersetzungen mit andersartigen Auffassungen verwendet.

b) Germanische Sprachen:

ǫ	(nordische Sprachen) offenes *o*
ƕ	(gt.) *h* (oder *ch*) + *w* (labiovelarer Reibelaut oder Hauchlaut)
q	(gt.) *k* + *w* (Labiovelar wie d. *qu-*, aber ohne *u* geschrieben)
gg, gk, gq	(gt.) ŋ + g, ŋ + k, ŋ + q
þ	stimmloser dentaler Reibelaut (wie e. *th* in *thin*)
þ, ð	sind im Altenglischen und teilweise auch im Altnordischen gleichwertig (stimmlose dentale Reibelaute, die zwischen Vokalen stimmhaft gesprochen werden)
ƀ, ð	(as.) stimmhafte Reibelaute
á	(usw.: Akut auf Vokalzeichen) bezeichnet anord. und isl. Vokallänge

c) Altindisch:

ṛ	silbentragendes *r*
c/j	stimmloses und stimmhaftes *tsch* ([ʧ] und [ʤ])
y	wie deutsch *j*
ṭ, ḍ, ṇ, ṣ	zerebrale (retroflexe) Laute
ñ, ṅ	palataler, velarer Nasal
ṃ	*m* oder Nasalierung des vorausgehenden Vokals
ḥ	schwacher Hauchlaut (für auslautendes *s* oder *r*)

d) Avestisch (Persisch ist wie Arabisch umschrieben):

ą	nasaliertes *a*
ϑ, δ	stimmloser und stimmhafter dentaler Reibelaut
χ, γ	stimmloser und stimmhafter velarer Reibelaut

e) Tocharisch:

Die Schreibung entspricht der altindischen. Ein Bogen über mehrere Zeichen bedeutet verschmolzene Ausprache der bezeichneten Laute; *ä* steht für den unbetonten reduzierten Vokal.

f) Slavische Sprachen:

ą, ę, ǫ	nasalierte Vokale
ě	langes *e* (mit palataler Qualität des vorausgehenden Konsonanten)
y	langes zentrales *i*
ĭ, ŭ	reduzierte Kurzvokale
'	Der Akut bezeichnet den Wortton, im Čechischen und Slovakischen aber die Vokallänge; über einem Konsonanten bezeichnet er die Palatalität

ł	hartes, in bilabiales *w* übergehendes *l*
sz/rz	(poln.) stimmloses und stimmhaftes *sch* ([ʃ] und [ʒ])
c	[ts]
cz[č]	*tsch* ([ʧ])

g) Baltische Sprachen:

ą, ę, į	nasalierte Vokale
y	langes *i*
ė	langes *e*
ę	(lett.) offenes *e*
ļ, ņ, ķ	(lett.) palatale Laute

h) Armenisch:

ê	halboffenes *e*
c/j	stimmlose und stimmhafte Affrikata *ts* ([ts] und [dz])
x	*ach*-Laut
ˊ	z. B. *tˊ* bezeichnet die Aspiration
ł	besonderes, vermutlich retroflexes *l*
r̄	verstärktes *r*

i) Albanisch:

ë	offenes *e*

k) Europäische (ig.) Sprachen:

ç	(frz.) *s* vor dunklen Vokalen

l) Semitische Sprachen (Arabisch, Hebräisch):

ṭ, ḍ, ḳ	*emphatische* Laute
ṣ, ẓ, ḥ	*emphatische* Laute (hebr. *ḥ* ist stimmloser Laryngal)
ḫ	*ach*-Laut
ġ	stimmhafte Entsprechung zu *ḫ*
ʾ	Kehlkopfverschlußlaut (hebr. stimmloser Glottal)
ʿ	stimmhafter Kehlpreßlaut (hebr. stimmhafter Reibelaut)

m) Türkisch:

ş/j	stimmloses und stimmhaftes *sch* ([ʃ] und [ʒ])
ç/c	stimmloses und stimmhaftes *tsch* ([ʧ] und [ʤ])

3. Nicht-phonetische Zeichen:

*	bezeichnet eine erschlossene Form
**	bezeichnet eine hypothetische erschlossene Form (innere Rekonstruktion u. dgl.)
†	bezeichnet eine Belegform, die philologisch nicht ausreichend klar ist

Abkürzungen und allgemeine Literaturangaben

Allgemeine Abkürzungen

Adj.	=	Adjektiv	LAff.	=	Lehn-Affixoid
Adj. (PPräs.)	=	aus einem Partizip des Präsens entstandenes Adjektiv	m.	=	maskulinum
			m./f.	=	maskulinum und femininum
Adj. (PPrät.)	=	aus einem Partizip des Präteritums entstandenes Adjektiv	m./f./n.	=	maskulinum und femininum und neutrum
			m./n.	=	maskulinum und neutrum
Adv.	=	Adverb	n.	=	neutrum
Akk.	=	Akkusativ	n. Chr.	=	nach Christus
alt.	=	veraltet	Nom.	=	Nominativ
Anm.	=	Anmerkung	Num.	=	Numerale
arch.	=	archaisch	o. ä.	=	oder ähnlich
Art.	=	Artikel	obs.	=	obsolet (stark veraltet)
Aufl.	=	Auflage	o.dgl.	=	oder dergleichen
Bd.	=	Band	per.	=	peripherer Wortschatz
bildg.	=	bildungssprachlich	PFut.	=	Partizip Futur
dass.	=	dasselbe	phras.	=	phraseologisch festgelegt
Dat.	=	Dativ	Pl.	=	Plural
d. h.	=	das heißt	poet.	=	poetisch
erw.	=	erweiterter Standardwortschatz	Postp.	=	Postposition
			PPerf.	=	Partizip Perfekt
evtl.	=	eventuell	PPP.	=	Partizip Perfekt Passiv
exot.	=	Exotismus	PPräs.	=	Partizip des Präsens
exot. (ass.)	=	assimilierter Exotismus (kann auch einheimische Sachverhalte bezeichnen	PPrät.	=	Partizip des Präteritums
			Präp.	=	Präposition
			Prät.-Präs.	=	Präterito-Präsens
f.	=	femininum	Pron.	=	Pronomen
f./n.	=	femininum und neutrum	Pron.-Adj.	=	Pronominal-Adjektiv
fach.	=	fachsprachlich	refl.	=	reflexiv
fremd.	=	deutlich fremdes Wort	reg.	=	regional
FS	=	Festschrift	s.	=	siehe
Gen.	=	Genetiv	s.d.	=	siehe dort
grupp.	=	gruppensprachlich	s.dd.	=	siehe dort (mehrere Stellen)
GS	=	Gedenkschrift			
Hrsg.	=	Herausgeber	Sg.	=	Singular
Instr.	=	Instrumental	s.o.	=	siehe oben
Interj.	=	Interjektion	stil.	=	stilistisch markiert
intrans.	=	intransitiv	stV.	=	starkes Verb
Jh.	=	Jahrhundert	s. u.	=	siehe unten
jmd.	=	jemand	Subst.	=	Substantiv
kind.	=	kindersprachlich	s.v.	=	*sub voce* (‚unter dem Stichwort‘)
Konj.	=	Konjunktion			

swV.	= schwaches Verb	vulg.	= vulgär
tabu.	= tabuisiertes Wort	z. B.	= zum Beispiel
trans.	= transitiv	z. T.	= zum Teil
u. a.	= unter anderem		
u. ä.	= und ähnlich	*	= (erschlossen)
u. dgl.	= und dergleichen	**	= hypothetisch erschlossen
unr.V.	= unregelmäßiges Verb		(innere Rekonstruktion
v. Chr.	= vor Christus		usw.)
vgl.	= vergleiche	<	= seit

Abkürzungen der Sprachbezeichnungen

aägypt.	= altägyptisch	att.	= attisch
abret.	= altbretonisch	avest.	= avestisch
ačech.	= altčechisch		
ae.	= altenglisch	bair.	= bairisch
afr.	= altfriesisch	bair.-österr.	= bairisch-österreichisch
afrik.	= afrikanisch	balto-slav.	= balto-slavisch
afrz.	= altfranzösisch	bask.	= baskisch
agutn.	= altgutnisch	berlin.	= berlinisch
ahd.	= althochdeutsch	bibel-gr.	= bibelgriechisch
ai.	= altindisch	bret.	= bretonisch
air.	= altirisch	bulg.	= bulgarisch
ait.	= altitalienisch	burgund.	= burgundisch
aisl.	= altisländisch	byz.	= byzantinisches Griechisch
akkad.	= akkadisch		
akslav.	= altkirchenslavisch	čech.	= čechisch
al.	= altlateinisch	chin.	= chinesisch
alb.	= albanisch		
alb.-geg.	= albanisch-gegisch	d.	= deutsch
alb.-tosk.	= albanisch-toskisch	dn.	= dänisch
alem.	= alemannisch	dor.	= dorisch
am.-e.	= amerikanisch-englisch		
am.-span.	= amerikanisch-spanisch	e.	= englisch
andd.	= altniederdeutsch	els.	= elsässisch
andfrk.	= altniederfränkisch	estn.	= estnisch
andl.	= altniederländisch	eur.	= indogermanisch in Eu-
angl.	= anglisch		ropa
anglo-i.	= angloindisch		
anglo-norm.	= anglo-normannisch	fär.	= färöisch
anord.	= altnordisch	finn.	= finnisch
äol.	= äolisch	finn.-kar.	= (finnisch-)karelisch
aonord.	= altostnordisch	finno-ugr.	= finno-ugrisch
apers.	= altpersisch	fläm.	= flämisch
apreuß.	= altpreußisch	fnhd.	= frühneuhochdeutsch
aprov.	= altprovenzalisch	fnndl.	= frühneuniederländisch
arab.	= arabisch	fr.	= friesisch
aram.	= aramäisch	friaul.	= friaulisch
arm.	= armenisch	frk.	= fränkisch
as.	= altsächsisch	frz.	= französisch
aschw.	= altschwedisch		

g.	= (gemein-) germanisch	luv.	= luvisch
gall.	= gallisch	lux.-lothr.	= luxemburgisch-lothringisch
gallo-rom.	= gallo-romanisch		
gaskogn.	= gaskognisch	lyd.	= lydisch
gr.	= griechisch	lyk.	= lykisch
grönländ.	= grönländisch		
gt.	= gotisch	maked.	= makedonisch
		mal.	= malaiisch
hd.	= hochdeutsch	malay.	= malayalam
hebr.	= hebräisch	md.	= mitteldeutsch
hess.	= hessisch	me.	= mittelenglisch
heth.	= hethitisch	messap.	= messapisch
hom.	= homerisch	mex.	= mexikanisch (-spanisch)
hunn.	= hunnisch	mgr.	= mittelgriechisch
		mhd.	= mittelhochdeutsch
i.	= indisch	mi.	= mittelindisch
i.-iran.	= indo-iranisch	mir.	= mittelirisch
ig.	= (gemein-) indogermanisch	ml.	= mittellateinisch
ig.(eur.)	= ig., nur europäisch	mndd.	= mittelniederdeutsch
ig.(oeur.)	= ig., nur osteuropäisch	mndl.	= mittelniederländisch
ig.(weur.)	= ig., nur westeuropäisch	mpers.	= mittelpersisch
ig. (w./oeur.)	= ig., westeuropäisch und osteuropäisch	mrhein.	= mittelrheinisch
		myk.	= mykenisch
ill.	= illyrisch		
indian.	= indianisch	nassau.	= nassauisch
ir.	= irisch	ndd.	= niederdeutsch
iran.	= iranisch	ndl.	= niederländisch
isl.	= isländisch	ndn.	= neudänisch
it.	= italienisch	ndrhein.	= niederrheinisch
it.-trent.	= italienisch-trentinisch	ndsorb.	= niedersorbisch
ital.	= italisch	ne.	= neuenglisch
ivr.	= ivrit (neuhebräisch)	neo-kl.	= neoklassisch
		nfr.	= neufriesisch
jap.	= japanisch	nhd.	= neuhochdeutsch
javan.	= javanisch	nir.	= neuirisch
		nisl.	= neuisländisch
kat.	= katalanisch	nndl.	= neuniederländisch
kelt.	= keltisch	nnorw.	= neunorwegisch
khotan.	= khotansakisch	(bokmål)	= bokmål (riksmål)
kirchen-l.	= kirchenlateinisch	(nynorsk)	= nynorsk (landsmål)
korn.	= kornisch	nordd.	= norddeutsch
krimgt.	= krimgotisch	nordfr.	= nordfriesisch
kslav.	= kirchenslavisch	nordfrz.	= nordfranzösisch
kurd.	= kurdisch	nordg.	= nordgermanisch
kymr.	= kymrisch (walisisch)	nordh.	= nordhumbrisch
		nord-it.	= norditalienisch
l.	= lateinisch	nordod.	= nordostdeutsch
langobard.	= langobardisch	nordwd.	= nordwestdeutsch
latino-fal.	= latino-faliskisch	norw.	= norwegisch (dialektal)
lett.	= lettisch	nschw.	= neuschwedisch
lit.	= litauisch	nsg.	= nord- und südgermanisch
lombard.	= lombardisch	ntl.-gr.	= neutestamentlich griechisch

nwfr.	=	neuwestfriesisch
n./wg.	=	nordgermanisch und westgermanisch
obd.	=	oberdeutsch
obit.	=	oberitalienisch
obrhein.	=	oberrheinisch
obsächs.	=	obersächsisch
obsorb.	=	obersorbisch
od.	=	ostdeutsch
oeur.	=	osteuropäisch-indogermanisch
ofr.	=	ostfriesisch
ofrk.	=	ostfränkisch
ofrz.	=	ostfranzösisch
og.	=	ostgermanisch
ojidd.	=	ostjiddisch
omd.	=	ostmitteldeutsch
ondd.	=	ostniederdeutsch
oobd.	=	ostoberdeutsch
osk.	=	oskisch
osk.-umbr.	=	oskisch-umbrisch
osm.-türk.	=	osmanisch-türkisch
osset.	=	ossetisch
österr.	=	österreichisch
pfälz.-frk.	=	pfälzisch-fränkisch
phön.	=	phönizisch
phryg.	=	phrygisch
pikard.	=	pikardisch
poln.	=	polnisch
polyn.	=	polynesisch
port.	=	portugiesisch
pränestin.	=	pränestinisch
prov.	=	provenzalisch
räto-rom.	=	räto-romanisch
rhein.	=	rheinisch
rheinfrk.	=	rheinfränkisch
rom.	=	romanisch
rotw.	=	rotwelsch
rum.	=	rumänisch
runen-nord.	=	runennordisch
russ.	=	russisch
russ.-kslav.	=	russisch-kirchenslavisch
sächs.	=	sächsisch
sard.	=	sardisch
schles.	=	schlesisch
schlesw.-holst.	=	schleswig-holsteinisch
schott.-e.	=	schottisch-englisch
schott.-gäl.	=	schottisch-gälisch

schw.	=	schwedisch
schwäb.	=	schwäbisch
schwz.	=	schweizerisch
semit.	=	semitisch
serb.-kslav.	=	serbisch-kirchenslavisch
serbo-kr.	=	serbokroatisch
singhal.	=	singhalesisch
sizil.	=	sizilianisch
skr.	=	sanskrit
slav.	=	slavisch
slovak.	=	slovakisch
sloven.	=	slovenisch
sogd.	=	sogdisch
sorb.	=	sorbisch
spae.	=	spätaltenglisch
span.	=	spanisch
spanord.	=	spätaltnordisch
spgr.	=	spätgriechisch
spl.	=	spätlateinisch
spmhd.	=	spätmittelhochdeutsch
städt.	=	Großstadtwort, meist berlinerisch
steir.	=	steirisch
südd.	=	süddeutsch
südod.	=	südostdeutsch
südwd.	=	südwestdeutsch
sumer.	=	sumerisch
syr.	=	syrisch
talmud-hebr.	=	talmud-hebräisch
tamil.	=	tamilisch
tarent.	=	tarentinisch
tat.	=	tatarisch
thrak.	=	thrakisch
tirol.	=	tirolisch
toch. (A/B)	=	tocharisch (A/B)
türk.	=	türkisch
ukr.	=	ukrainisch
umbr.	=	umbrisch
ung.	=	ungarisch (magyarisch)
urslav.	=	urslavisch
vd.	=	vordeutsch
ved.	=	vedisch
venet.	=	venetisch
venez.	=	venezianisch
vor-rom.	=	vor-romanisch
wallon.	=	wallonisch
wd.	=	westdeutsch
westfäl.	=	westfälisch
wfr.	=	westfriesisch

wg.	= westgermanisch	wndd.	= westniederdeutsch
wgt.	= westgotisch	wobd.	= westoberdeutsch
wind.	= westindisch	wogul.	= wogulisch
wjidd.	= westjiddisch	wruss.	= westrussisch
wmd.	= westmitteldeutsch	ws.	= westsächsisch

Abkürzungen der Zeitschriften und Reihen

AANL Atti della Accademia Nazionale dei Lincei. Rendiconti della classe di scienze morali, storiche e filologiche, Serie VIII

AASF Suomalaisen Tiedeakatemian Toimituksia. Annales Academiae Scientiarum Fennicae

AAWG Abhandlungen der Akademie der Wissenschaften in Göttingen, phil.-hist. Klasse

AAWLM Abhandlungen der Akademie der Wissenschaften und der Literatur in Mainz, geisteswissenschaftliche Klasse

AAWW Anzeiger der Akademie der Wissenschaften in Wien. Phil.-hist. Klasse

AB Archiv für Begriffsgeschichte

ABÄG Amsterdamer Beiträge zur älteren Germanistik

ADA Anzeiger für deutsches Altertum und deutsche Literatur

AGMN (Sudhoffs) Archiv für Geschichte der Medizin und der Naturwissenschaft

AGP Archiv für die gesamte Psychologie

ÅHVL Årsberättelse Humanistiska Vetenskapssamfundet i Lund. Bulletin de la société des lettres de Lund

AION−G Annali, Istituto Orientale di Napoli, sezione germanica, filologia germanica

AION−L Annali, Istituto Orientale di Napoli, sezione linguistica

AJGLL American Journal of Germanic Linguistics and Literatures. Honolulu (Hawai).

AJPh American Journal of Philology

AK Archiv für Kulturgeschichte

AL Anthropological Linguistics

ALLG Archiv für lateinische Lexikographie und Grammatik

ALV Archiv für Literatur und Volksdichtung

AM Archiv für Musikwissenschaft

ANF Arkiv för nordisk filologi

AÖAW Anzeiger der Österreichischen Akademie der Wissenschaften. Philosophisch-historische Klasse

APhS Acta Philologica Scandinavica

AR Archiv für Religionswissenschaft

ARom Archivum Romanicum

ARPh Arbeiten zur romanischen Philologie

ASAWL Abhandlungen der Sächsischen Akademie der Wissenschaften zu Leipzig

ASNSL Archiv für das Studium der neueren Sprachen und Literaturen

ASp American Speech

AuA Antike und Abendland

BBCS Bulletin of the Board of Celtic Studies

BBGS Bayerische Blätter für das Gymnasial-Schulwesen

BDL Blätter für deutsche Landesgeschichte

BEDS Beiträge zur Erforschung der deutschen Sprache

BF Beiträge zur Flurnamenforschung

BGDSL Beiträge zur Geschichte der deutschen Sprache und Literatur, Halle (1 [1874]−76 [1955, recte: 1954])

BGDSL–H	Beiträge zur Geschichte der deutschen Sprache und Literatur, Halle (77 [1955]–100 [1979])
BGDSL–T	Beiträge zur Geschichte der deutschen Sprache und Literatur, Tübingen (ab 77 [1955])
BGT	Beiträge zur Geschichte der Technik
BHV	Bayerische Hefte für Volkskunde
BJ	Bonner Jahrbücher des rheinischen Landesmuseums
BKIS	Beiträge zur Kunde der indogermanischen Sprachen (= ‚Bezzenbergers Beiträge‘)
BN	Beiträge zur Namenforschung
BON	Blätter für oberdeutsche Namenforschung
BSL	Bulletin de la Société Linguistique de Paris
BSOAS	Bulletin of the School of Oriental and African Studies
BüM	Bündnerisches Monatsblatt
BVSAW	Berichte über die Verhandlungen der sächsischen Akademie der Wissenschaften zu Leipzig, phil.-hist. Klasse
BzN	Beiträge zur Namenforschung
CL	Cahiers de lexicologie
CM	Classica et Mediaevalia
CoE	Comments on Etymology (Rolla, Missouri 1971 ff.)
DA	Deutsches Archiv für Erforschung des Mittelalters
DEO	Dictionnaire des étymologies obscures (s. *Abk. Bücher*)
DF	Deutsches Fremdwörterbuch (s. *Abk. Bücher*)
DLR	Deutsche Lebensmittelrundschau
DLZ	Deutsche Literaturzeitung
DMW	Deutsche Medizinische Wochenschrift
DS	Deutsche Sprache
DVLG	Deutsche Vierteljahresschrift für Literaturwissenschaft und Geistesgeschichte
DUSP	Dictionnaire des usages socio-politiques (s. *Abk. Bücher*)
DWEB	Deutsche Wortforschung in Europäischen Bezügen
DZPh	Deutsche Zeitschrift für Philosophie
ECl	Les études classiques
EG	Etudes germaniques
EOS	Elbostfälische Studien
ES	English Studies
FA	Filologiskt arkiv
FF	Forschungen und Fortschritte
FLH	Folia linguistica historica
FS	Frühmittelalterliche Studien
GermL	Germanistische Linguistik
GL	General Linguistics
GGA	Göttingische Gelehrte Anzeigen
GLL	German life and letters
GLSt	Grazer Linguistische Studien
GR	The Germanic Review
GRM	Germanisch-Romanische Monatsschrift
GSt	Germanische Studien

HBV	Hessische Blätter für Volkskunde
HG	Hansische Geschichtsblätter
HL	Historiographica Linguistica
HRG	Handwörterbuch zur deutschen Rechtsgeschichte (s. *Abk. Bücher*)
HS	Historische Sprachwissenschaft
HSCPh	Harvard Studies in Classical Philology
HV	Heimat und Volkstum
HWPh	Historisches Wörterbuch der Philosophie (s. *Abk. Bücher*)
IF	Indogermanische Forschungen
IJVS	Innsbrucker Jahrbuch für Völkerkunde und Sprachwissenschaft
IL	Incontri linguistici
JACh	Jahrbuch für Antike und Christentum
JAWG	Jahrbuch der Augustin Wibbelt-Gesellschaft
JEGPh	Journal of English and Germanic Philology
JGGB	Jahrbuch der Gesellschaft für die Geschichte und Bibliographie des Brauwesens e. V.
JHI	Journal of the History of Ideas
JIES	The Journal of Indo-European Studies
JMU	Jahrbuch des Marburger Universitätsbundes
JNÖ	Jahrbuch für National-Ökonomie
JOV	Jahrbuch für ostdeutsche Volkskunde
JÖV	Jahrbuch des Österreichischen Volksliederwerks
JVNS	Jahrbuch des Vereins für niederdeutsche Sprachforschung
KN	Kwartalnik neofilologiczny
KVNS	Korrespondenzblatt des Vereins für Niederdeutsche Sprachforschung (= *NKB*)
LÄGLOS	Lexikon der älteren germanischen Lehnwörter in den ostseefinnischen Sprachen (*s. Abk. Bücher*)
LB	Leuvense Bijdragen
LBa	Linguistique balkanique
LF	Listy filologické
LiLi	LiLi. Zeitschrift für Literaturwissenschaft und Linguistik
LM	Lexikon des Mittelalters (s. *Abk. Bücher*)
LP	Lingua Posnaniensis
LS	Lingua e stile
LSE	Leeds Studies in English
MAG	Mitteilungen der Anthropologischen Gesellschaft
MASO	Meijerbergs Arkiv för Svensk Ordforskning
MDB	Mitteilungen aus der Deutschen Bibliothek
MDU	Monatshefte für den deutschen Unterricht
MH	Museum Helveticum
MLN	Modern Language Notes
MLQ	Modern Language Quarterly
MLR	Modern Language Review
MM	Münchener Museum für Philologie des Mittelalters und der Renaissance
MMW	Münchner Medizinische Wochenschrift
MNAW	Mededelingen van de Nederlandse Akademie van Wetenschappen. Letterkunde

MoH	Monatshefte. A journal devoted to the study of German language and literature (University of Wisconsin)
MoS	Moderna Språk
MS	Muttersprache
MSS	Münchner Studien zur Sprachwissenschaft
MUM	Mitteilungen des Universitätsbundes Marburg
MVGB	Mitteilungen des Vereins für Geschichte Berlins
MVSV	Mitteilungen des Vereins für Sächsische Volkskunde
NAWG	Nachrichten von der Akademie der Wissenschaften in Göttingen, phil.-hist. Klasse. Nachrichten aus der neueren Philologie und Literaturgeschichte
NB	Namn och Bygd
NGH	Nachrichten der Gießener Hochschulgesellschaft
NJ	Niederdeutsches Jahrbuch
NJKA	Neue Jahrbücher für das klassische Altertum
NKB	Niederdeutsches Korrespondenzblatt (= *KVNS*)
NM	Niederdeutsche Mitteilungen
NOWELE	North-Western European Language Evolution
NPh	Neophilologus
NPhM	Neuphilologische Mitteilungen
NPhZ	Neuphilologische Zeitschrift
NS	Nysvenska Studier
NSt	Nietzsche-Studien
NTS	Norsk Tidsskrift for Sprogvidenskap
NV	Natur und Volk
NVRH	Nachrichten-Blatt für rheinische Heimatpflege (Nachrichten-Blatt des Verbandes der rheinischen Heimatmuseen)
NW	Niederdeutsches Wort
NZV	Niederdeutsche Zeitschrift für Volkskunde
OLZ	Orientalistische Literaturzeitung
OZV	Oberdeutsche Zeitschrift für Volkskunde
PhJ	Philosophisches Jahrbuch
PhW	Philologische Wochenschrift
PL	Papiere zur Linguistik
PMLA	Publications of the Modern Language Association of America
PSG	Handbuch politisch-sozialer Grundbegriffe in Frankreich: 1680−1820 (s. *Abk. Bücher*)
RBPhH	Revue belge de philologie et d'histoire. Belgisch tijdschrift voor filologie en geschiedenis
RCSF	Rivista critica di storia della Filosofia
REA	Revue des études anciennes
REI	Revue des études indo-européennes
REL	Revue des études latines
RF	Romanische Forschungen
RFIC	Rivista di filologia e di istruzione classica
RGA	Reallexikon der germanischen Altertumskunde (s. *Abk. Bücher*)
RIL	Rendiconti dell'Istituto Lombardo di Scienze e Lettere. Milano. Classe di lettere e scienze morali e storiche
RJ	Romanistisches Jahrbuch

RJV	Rheinisches Jahrbuch für Volkskunde
RL	Ricerche linguistiche
RMPh	Rheinisches Museum für Philologie
RV	Rheinische Vierteljahresblätter
SAV	Schweizerisches Archiv für Volkskunde
SBAW	Sitzungsberichte der Bayerischen Akademie der Wissenschaften, phil.-hist. Klasse
SBBA	Sitzungsberichte der Berliner Akademie
SC	Studia Celtica
SCL	Studii şi Cercetări Lingvistice
SD	Sprachdienst
SG	Studium Generale
SGG	Studia Germanica Gandensia
SHAW	Sitzungsberichte der Heidelberger Akademie der Wissenschaften, phil-hist. Klasse
SJ	Schiller Jahrbuch
SLWU	Sprache und Literatur in Wissenschaft und Unterrrricht
SM	Schweizer Monatshefte
SMS	Studier i Modern Språkvetenskap
SN	Studia Neophilologica
SÖAW	Sitzungsberichte der Österreichischen Akademie der Wissenschaften
SPAW	Sitzungsberichte der Preußischen Akademie der Wissenschaften, phil.-hist. Klasse
SS	Sprachspiegel
SSAWL	Sitzungsberichte der Sächsischen Akademie der Wissenschaften zu Leipzig
StG	Studi Germanici
STZ	Sprache im Technischen Zeitalter
SW	Sprachwissenschaft
TLL	Travaux de linguistique et de littérature
TNTL	Tijdschrift voor Nederlandse Taal- en Letterkunde
TPhS	Transactions of the Philological Society
TSZGK	Thüringisch-Sächsische Zeitschrift für Geschichte und Kunst
UUÅ	Uppsala Universitets Årsskrift (Filosofi, Språkvetenskap och Historiska Vetenskaper)
UWT	Die Umschau in Wissenschaft und Technik
VIDS	Veröffentlichungen des Instituts für Deutsche Sprache und Literatur (Deutsche Akademie der Wissenschaften Berlin)
VL	Vie et langage
VM	Verslagen en mededeelingen der koninklijke oraanische academie voor taal en letterkunde
VR	Vox Romanica
VWP	Vierteljahrsschrift für wissenschaftliche Pädagogik
WB	Weimarer Beiträge
WBZDS	Wissenschaftliche Beihefte zur Zeitschrift des Deutschen Sprachvereins
WF	Westfälische Forschungen
WJV	Württembergisches Jahrbuch für Volkskunde
WS	Wörter und Sachen

WSt	Wiener Studien
WW	Wirkendes Wort
WZUG	Wissenschaftliche Zeitschrift der Ernst-Moritz-Arndt-Universität Greifswald
WZUH	Wissenschaftliche Zeitschrift der Universität Halle
WZUL	Wissenschaftliche Zeitschrift der Karl-Marx-Universität Leipzig
WZUR	Wissenschaftliche Zeitschrift der Wilhelm-Pieck-Universität Rostock
ZAA	Zeitschrift für Anglistik und Amerikanistik
ZAgAs	Zeitschrift für Agrargeschichte und Agrarsoziologie
ZCPh	Zeitschrift für celtische Philologie
ZD	Zeitschrift für Deutschkunde
ZDA	Zeitschrift für deutsches Altertum und deutsche Literatur
ZDL	Zeitschrift für Dialektologie und Linguistik
ZDM	Zeitschrift für deutsche Mundarten
ZDPh	Zeitschrift für deutsche Philologie
ZDS	Zeitschrift für deutsche Sprache
ZDU	Zeitschrift für den deutschen Unterricht
ZDW	Zeitschrift für deutsche Wortforschung
ZHM	Zeitschrift für hochdeutsche Mundarten
ZK	Zeitschrift für Kulturgeschichte
ZKTh	Zeitschrift für katholische Theologie
ZM	Zeitschrift für Mundartforschung
ZN	Zeitschrift für Namenforschung
ZO	Zeitschrift für Ortsnamenforschung
ZPhAS	Zeitschrift für Phonetik und Allgemeine Sprachwissenschaft
ZPhSK	Zeitschrift für Phonetik, Sprachwissenschaft und Kommunikationsforschung
ZRG	Zeitschrift für Religion und Geistesgeschichte
ZRPh	Zeitschrift für romanische Philologie
ZS	Zeitschrift für Slawistik
ZSPh	Zeitschrift für slavische Philologie
ZSSR−GA	Zeitschrift der Savigny-Stiftung für Rechtsgeschichte, Germanistische Abteilung
ZSSR−RA	(dieselbe) Romanistische Abteilung
ZSV	Zeitschrift des Sprachvereins
ZV	Zeitschrift für Volkskunde
ZUL	Zeitschrift für die Untersuchung der Lebensmittel
ZVPh	Zeitschrift für vergleichende Phonetik
ZVS	Zeitschrift für vergleichende Sprachforschung (auf dem Gebiete der indogermanischen Sprachen)
ZVV	Zeitschrift des Vereins für Volkskunde

Abgekürzt zitierte Literatur

(Wörterbücher und Nachschlagewerke, sowie größere Aufsätze)

Abegg-Mengold, C.: Die Bezeichnungsgeschichte von Mais, Kartoffel und Ananas im Italienischen. Probleme der Wortadoption und -adaption. Bern 1979.
Achse, Rad und Wagen. Hrsg. W. Treue. Göttingen 1986.
Ader, D.: Studien zur Sippe von ‚schlagen'. Diss. Münster 1958.
Adelung, J. Ch.: Grammatisch-kritisches Wörterbuch der Hochdeutschen Mundart, mit beständiger Vergleichung der übrigen Mundarten, besonders aber der Oberdeutschen. 2. Ausgabe. Bd. I−IV. Leipzig 1793−1801. Nachdruck: Hildesheim 1970.

AIGK VII = Akten des (7.) Internationalen Germanisten-Kongresses. Tübingen

Althochdeutsches Wörterbuch. Auf Grund der von E. Steinmeyer hinterlassenen Sammlungen im Auftrag der Sächsischen Akademie der Wissenschaften zu Leipzig bearbeitet und hrsg. von E. Karg-Gasterstädt, Th. Frings u. a. Bd. I: Berlin 1952–1968. Bd. III: Berlin 1971–1985. Bd. IV, Lieferung 1 ff. Berlin 1986 ff.

Angstmann, E.: Der Henker in der Volksmeinung. Bonn 1928.

Bachmann, K.: Der Einfluß von Luthers Wortschatz auf die schweizerische Literatur des 16. und 17. Jahrhunderts. Freiburg/Br. 1909.

Bächtold-Stäubli, H. (Hrsg.): Handwörterbuch des deutschen Aberglaubens. Bd. I–X. Berlin, Leipzig 1927/42. Nachdruck: Berlin, New York 1987.

Bader, K. S.: Studien zur Rechtsgeschichte des mittelalterlichen Dorfes. Weimar I(1957), II(1962), III(1973)

Badisches Wörterbuch. Bearbeitet von E. Ochs, K. F. Müller und G. W. Baur. Bd. I ff. Lahr 1925 ff.

Baetke, W.: Das Heilige im Germanischen. Tübingen 1942.

Bahder, K.v.: Zur Wortwahl in der frühneuhochdeutschen Schriftsprache. Heidelberg 1925.

Bammesberger, A.: Beiträge zu einem etymologischen Wörterbuch des Altenglischen. Berichtigungen und Nachträge zum Altenglischen etymologischen Wörterbuch von F. Holthausen. Heidelberg 1979.

Bartholmes, H.: Bruder, Bürger, Freund, Genosse (Göteborg 1970).

Bartholomae, Ch.: Altiranisches Wörterbuch. Berlin 1904. Verbesserter Nachdruck: Berlin, New York 1979.

Beck, H. / Denecke, D. / Jankuhn, H. (Hrsg.): Untersuchungen zur eiszeitlichen und frühmittelalterlichen Flur in Mitteleuropa und ihrer Nutzung. Teil II. Göttingen 1980.

Behaghel, O.: Deutsche Syntax. Bd. I–IV. Heidelberg 1923/32.

Bellmann, G.: Slavoteutonica. Berlin 1971.

Benecke, G. F. / Müller, W. / Zarncke, F.: Mittelhochdeutsches Wörterbuch. Bd. I–III. Leipzig 1854–1861.

Benveniste, E.: Le vocabulaire des institutions indo-européennes. Paris 2 Bde. 1969. Deutsch: Indoeuropäische Institutionen. Berlin 1993. Zitiert wird nach der deutschen Ausgabe.

Berthold, L. / Friebertshäuser, H.: Hessen-Nassauisches Volkswörterbuch. Bd. II ff. Marburg 1943 ff.

Bertsch, K. u. F.: Geschichte unserer Kulturpflanzen. Stuttgart 1947.

Beumann, H. / Schröder, W. (Hrsg.): Frühmittelalterliche Ethnogenese im Alpenraum. Sigmaringen 1985.

Bielfeldt, H. H.: Die Entlehnungen aus den verschiedenen slavischen Sprachen im Wortschatz der nhd. Schriftsprache. Berlin 1965.

Birkhan, H.: Germanen und Kelten bis zum Ausgang der Römerzeit. Wien 1970

Bloch, O. / Wartburg, W.v.: Dictionnaire étymologique de la langue française. 6. Aufl. Paris 1975.

BlW = Bibliographie zur lateinischen Wortforschung. Hrsg. O. Hiltbrunner. 4. Bde. Bern, München 1981–1992.

Bosworth, J. / Toller, T. N.: An Anglo-Saxon Dictionary. Oxford 1898. Supplement by T. N. Toller. With revised and enlarged Addenda by A. Campbell. Oxford 1921. Nachdruck: Oxford 1972–1980.

Brandenburg-Berlinisches Wörterbuch. Bearbeitet unter der Leitung von G. Ising und J. Wiese. Bd. I ff. Berlin, Neumünster 1976 ff.

Braune, W. B.: Reim und Vers. Eine wortgeschichtliche Untersuchung. Heidelberg 1916.

Brink-Wehrli, V.: Englische Mode- und Gesellschaftsausdrücke im Französischen; Diss. Zürich 1958.

Brisante Wörter von *Agitation* bis *Zeitgeist*. Hrsg. G. Strauß, U. Haß, G. Harras. Berlin 1989.

Brogyanyi, B. / Krömmelbein, Th. (Hrsg.): Germanic Dialects. Linguistic and Philological Investigations. Amsterdam 1986.

Brüggemann, G. A.: Wortschatz und Sprachform. Leipzig 1925.

Brunt, R. J.: The Influence of the French Language on the German Vocabulary. (1649–1735). Berlin, New York 1983.

Buchholz, O. / Fiedler, W. / Uhlisch, G.: Wörterbuch albanisch-deutsch. Leipzig 1977.

Büchmann, K.: Geflügelte Worte. 36. Aufl. Berlin 1986.

Buck, C. D.: A Dictionary of Selected Synonyms in the Principal Indoeuropean Languages. A Contribution to the History of Ideas. Chicago 1949.

Campe, J. H.: Wörterbuch der deutschen Sprache. Bd. I–V. Braunschweig 1807–1811. Nachdruck: Hildesheim 1969.

Carstensen, B. und Busse, U.: Anglizismen-Wörterbuch. 3 Bde. Berlin 1993.

Chantraine, P.: Dictionnaire étymologique de la langue grecque. Histoire des mots. Bd. I–IV. Paris 1968–1980.

Christie, W. M. (Hrsg.): Current Progress in Historical Linguistics. Amsterdam 1976.

Cleasby, R. / Vigfusson, G.: An Icelandic-English Dictionary. 2nd edition with a Supplement by A Craigie. Oxford 1957.

Cottez, Henri: Dictionnaire des structures du vocabulaire savant. Paris 1980.

Cox, H. L.: Die Bezeichnungen des Sarges im Kontinental-Westgermanischen. Eine wortgeographisch-volkskundliche Untersuchung. Marburg 1967.

Darms, G.: Schwäher und Schwager, Hahn und Huhn. Die Vriddhi-Ableitungen im Germanischen. München 1978.

DEO = Pierre Guiraud: Histoire et structure du lexique français. Vol. I: Dictionnaire des étymologies obscures. Paris 1982.

Devlamminck, B. / Jucquois, G.: Compléments aux dictionnaires étymologiques du gotique. Louvain 1977 ff.

DF = Deutsches Fremdwörterbuch. Begonnen von H. Schulz, fortgeführt von O. Basler, weitergeführt im Institut für deutsche Sprache. Bd. I–VII. Straßburg, Berlin, New York 1913–1988.

Dictionary of the Irish Language. Baised mainly on Old and Middle Irish Materials. Ed. by the Royal Irish Academy. Dublin 1913–1976. Compact edition: Dublin 1983.

Diedrichs, E.: Die Schlüsselblume. Gießen 1952.

Diefenbach, L.: Glossarium latino-germanicum mediae et infimae aetatis. Frankfurt/M. 1857. Nachdruck: Darmstadt 1968.

Diefenbach, L.: Novum glossarium latino-germanicum. Frankfurt/M. 1867.

Diefenbach, L. / Wülcker, E.: Hoch- und niederdeutsches Wörterbuch der mittleren und neueren Zeit. Basel 1885. Nachdruck: Hildesheim 1965.

Diels, H.: Antike Technik. 2. Aufl. Leipzig 1920.

Dietz, Ph.: Wörterbuch zu Dr. Martin Luthers deutschen Schriften. Bd. I (A – Hals). Leipzig 1870–1872. Nachdruck: Hildesheim 1973.

Diez, F.: Etymologisches Wörterbuch der romanischen Sprachen. 5. Aufl. Bonn 1887.

Dizionari Sansoni. Sansoni Wörterbücher. Tedesco-Italiano. Italiano-Tedesco. 2. Aufl. Florenz 1984. Nachdruck: Florenz 1986.

Doornkaat Koolman, J. ten: Wörterbuch der ostfriesischen Sprache. Bd. I–III. Norden 1879–1884. Nachdruck: Wiesbaden 1965.

Dornseiff, F.: Der deutsche Wortschatz nach Sachgruppen. 7. unveränderte Aufl. Berlin, New York 1970.

DRW: Deutsches Rechtswörterbuch. Wörterbuch der älteren deutschen Rechtssprache. Bd. I ff. Weimar 1914 ff.

DSA: Deutscher Sprachatlas. Bearbeitet von F. Wrede, B. Martin, W. Mitzka. Marburg 1927–1956.

Du Cange, Ch. du Fresne Sieur: Glossarium mediae et infimae aetatis. Bd. I–X. Paris 1883–1887. Nachdruck: Graz 1954.

Duden. Das große Wörterbuch der deutschen Sprache. Hrsg. von G. Drosdowski. Bd. I–VI. Mannheim, Wien, Zürich 1976–1981.

Duden. Deutsches Universalwörterbuch. Hrsg. und bearbeitet von G. Drosdowski. Mannheim, Wien, Zürich 1983.

Duden. Etymologie. Herkunftswörterbuch der deutschen Sprache. Bearbeitet von G. Drosdowski, P. Grebe u. a. Mannheim, Wien, Zürich 1963.

Dückert, J.: Zur Ausbildung der Norm der deutschen Literatursprache. 1470–1730. II. Bd. 2. Auf der lexikalischen Ebene. Unter Leitung von J. Dückert. Berlin 1976.

Dumonceaux, P.: Langue et sensibilité au XVIIᵉ siècle. Genève 1975.

DUSP: Dictionnaire des usages socio-politiques (1770–1815) (ed. Serge Bianchi)

DWB: Deutsches Wörterbuch von Jacob und Wilhelm Grimm. Bd. I–XVI. Leipzig 1854–1960. Quellenverzeichnis 1971. Nachdruck: München 1984. Neubearbeitung: Bd. I ff. Leipzig 1965 ff.

Eggebrecht, H. H.: Studien zur musikalischen Terminologie. Wiesbaden 1955.

ders.: Handwörterbuch der musikalischen Terminologie. Wiesbaden 1980 ff.

Eichhoff, J.: Die Sprache des niederdeutschen Reepschlägerhandwerks. Köln 1968.

ders.: Wortatlas der deutschen Umgangssprache. Bd. I–II. Bern, München 1977–1978.

Eichler, E.: Etymologisches Wörterbuch der slawischen Elemente im Ostmitteldeutschen. Bautzen 1965.

Endzelin, J. / Hausenberg, E.: Ergänzungen und Berichtigungen zu K. Mühlenbachs Lettisch-deutschem Wörterbuch. Bd. I–II. Chicago 1956.

Eppert, F.: Der politische und religiöse Flüchtling in seiner sprachlichen Bezeichnung im Deutschen. Diss. Köln 1963.

Ernout, A. / Meillet, A.: Dictionnaire étymologique de la langue latine. Histoire des mots. 4. Aufl. Paris 1959. Nachdruck: Paris 1985.

Etymologisches Wörterbuch des Deutschen. 2. Aufl. durchgesehen und ergänzt von W. Pfeifer. 2 Bde. Berlin 1993.

Europäische Schlüsselwörter (München) 1(1963), 2(1964) Kurzmonographien, hrsg. J. Knobloch u. a., 3 (1967).

EWAia = M. Mayrhofer: Etymologisches Wörterbuch des Altindoarischen. Heidelberg 1986 ff.

Falk, H. S. / Torp, A.: Norwegisch-dänisches etymologisches Wörterbuch. Bd. I–II. 2. Aufl. Heidelberg 1960.

Feist, S.: Vergleichendes Wörterbuch der gotischen Sprache. Mit Einschluß der krimgotischen und sonstiger zerstreuter Überreste des Gotischen. 3. neubearbeitete und vermehrte Aufl. Leiden 1939.

FEW: Wartburg, W.v.: Französisches Etymologisches Wörterbuch. Eine Darstellung des galloromanischen Sprachschatzes. Bonn, Leipzig, Basel 1928 ff.

Fick, A.: Vergleichendes Wörterbuch der Indogermanischen Sprachen. Teil III: Wortschatz der germanischen Spracheinheit. Unter Mitwirkung von H. Falk gänzlich umgearbeitet von A. Torp. 4. Aufl. Göttingen 1909. 5. Aufl. = Nachdruck: Göttingen 1979.

Fink, H.: Tiroler Wortschatz an Eisack, Rienz und Etsch. Nachlese zu J. Schatz: Wörterbuch der Tiroler Mundarten. Zum Druck vorbereitet von K. Finsterwalder. Innsbruck 1972.

Fischer, H.: Schwäbisches Wörterbuch. Zu Ende geführt von W. Pfleiderer. Bd. I–VI. Tübingen 1904/36.

Flasdieck, H.: Zinn und Zink. Tübingen 1952.

Flechsig, W.: Die Ziege in der Volkssprache und in den Orts- und Flurnamen Ostfalens. In: FS B. Martin. Marburg 1980, 194–218.

Follmann. M. F.: Wörterbuch der deutsch-lothringischen Mundarten. Leipzig 1909. Nachdruck: Hildesheim, New York 1971.

Förster, M.: Der Flußname ‚Themse‘ und seine Sippe. München 1941. (= *SBAW* 1941, I).

Fraenkel, E.: Litauisches etymologisches Wörterbuch. Bd. I−II. Heidelberg, Göttingen 1962−1965.

Franck / van Wijk: Franck's Etymologisch Woordenboek der Nederlandse Taal. Tweede Druk door N. van Wijk. Leiden 1912. Supplement door C. C. van Haeringen. Leiden 1936. Nachdruck: Leiden 1980−1984.

Frankfurter Wörterbuch. Hrsg. von W. Brückner. Bd. I−VI. Frankfurt/M. 1971−1985.

Friedrich, J.: Hethitisches Wörterbuch. Kurzgefaßte kritische Sammlung der Deutungen hethitischer Wörter. Heidelberg 1952−1954. Ergänzungshefte I−III. Heidelberg 1957−1966.

Friedrich, J. / Kammenhuber, A.: Hethitisches Wörterbuch. 2. völlig neu bearbeitete Aufl. auf der Grundlage der edierten hethitischen Texte. Bd. I ff. Heidelberg 1975 ff.

Frings, Th.: Germania Romana. Halle/S. 1932.

Frisk, H.: Griechisches etymologisches Wörterbuch, Bd. I−III. 2. unveränderte Aufl. Heidelberg 1973−1979.

Frisk, H.: Kleine Schriften zur Indogermanistik und zur griechischen Wortkunde. Göteborg 1966.

Fritzner, J.: Ordbog over det gamle norske sprog. Bd. I−III. 2. verbesserte Aufl. Kristiania 1886−1896. Bd. IV: Nachträge von F. Hønebø Oslo 1972.

Frühneuhochdeutsches Wörterbuch. Hrsg. von R. R. Anderson, U. Goebel und O. Reichmann. Bd. I, Lieferung 1 ff. Berlin, New York 1986 ff.

FS Alinei: Festschrift Mario Alinei. Hrsg. N. Århammer & A. Hagen. Amsterdam 1986.

FS Arnold: Festschrift der Arbeitsgemeinschaft für Forschung des Landes Nordrhein-Westfalen zu Ehre des Herrn Ministerpräsidenten K. Arnold anläßlich des fünfhundertjährigen Bestehens der Arbeitsgemeinschaft für Forschung am 4. Mai 1955. Köln, Opladen 1955.

FS Baetke: Festschrift für W. Baetke. Dargebracht zu seinem 80. Geburtstag. Hrsg. von K. Rudolph, R. Heller und E. Walter. Weimar 1966.

FS Behaghel: Beiträge zur germanischen Sprachwissenschaft. Festschrift für O. Behaghel. Hrsg. von W. Horn. Heidelberg 1924.

FS Bianchi: Studi in onore di L. Bianchi. Bologna 1960.

FS Bischoff: Festschrift für Karl Bischoff. Hrsg. G. Bellmann, G. Eifler, W. Kleiber (Köln 1975).

FS Bonfante: Scritti in onore di G. Bonfante. Brescia 1976.

FS Borchling: Niederdeutsche Studien. C. Borchling zum 20. März 1932 dargebracht von Freunden und Mitarbeitern. Neumünster 1932.

FS Brekle: Neuere Forschung zur Wortbildung und Historiographie der Linguistik. Festschrift für H. E. Brekle. Hrsg. von B. Asbach-Schnitker und J. Roggenhofer. Tübingen 1987.

FS Cordes: Festschrift für G. Cordes. Hrsg. von F. Debus und J. Hartig. Bd. II: Sprachwissenschaft. Neumünster 1976.

FS Dam: Altgermanistische Beiträge. Festschrift für J. van Dam. Hrsg. von F. Maurer und C. Minis. Amsterdam 1977.

FS Debrunner: Sprachgeschichte und Wortbedeutung. F. A. Debrunner gewidmet von Schülern, Freunden und Kollegen. Bern 1954.

FS Dünninger: Volkskultur und Geschichte. Festschrift für J. Dünninger. Hrsg. von D. Harmening u. a. Berlin 1970.

FS Eggers: Festschrift für Hans Eggers zum 65. Geburtstag. Tübingen 1972.

FS Frings: Fragen und Forschungen im Bereich und Umkreis der germanischen Philologie. Festgabe für Th. Frings zum 70. Geburtstag. Berlin 1956.

FS Foerste: Gedenkschrift für W. Foerste. Hrsg. von D. Hofmann. Köln, Wien 1970.

FS Friebertshäuser: Hessisches. Hans Friebertshäuser zum 60. Geburtstag. Marburg 1989.

FS Hammerich: Festgabe für L. L. Hammerich aus Anlaß seines 70. Geburtstages. Kopenhagen 1962.

FS Heinzel: Abhandlungen zur Germanischen Philologie. Festgabe für R. Heinzel. Halle 1898.

FS Helm: Erbe der Vergangenheit. Germanistische Beiträge. Festgabe für K. Helm zum 80. Geburtstag. Tübingen 1951.

FS Hrozný: Symbolae ad studia orientis pertinentes. F. Hroznyê dedicatae. Teil I−V. Prag 1949/50.

FS Jagić: Jagić-Festschrift. Zbornik u slavu Vatroslava Jagića. Berlin 1908.

FS Kluge: Festschrift für F. Kluge zum 70. Geburtstag. Dargebracht von O. Behaghel u. a. Tübingen 1926.

FS Knobloch: Sprachwissenschaftliche Forschungen. Festschrift für J. Knobloch. Hrsg. von H. M. Ölberg, G. Schmidt unter Mitarbeit von H. Bothien. Innsbruck 1985.

FS Kralik: Festschrift für D. Kralik. Dargebracht von Freunden, Kollegen und Schülern. Horn /N.-Ö. 1954.

FS Krause: Indogermanica. Festschrift für W. Krause zum 65. Geburtstag. Heidelberg 1960.

FS Largiadèr: Archivalia et historica. Arbeiten aus dem Gebiet der Geschichte und des Archivwesens. Festschrift für A. Largiadèr. Hrsg. von D. Schwarz und W. Schnyder. Zürich 1958.

FS Martin: Sprache und Brauchtum. Festschrift für B. Martin. Hrsg. von R. Hildebrandt und H. Friebertshäuser. Marburg 1980.

FS Matzel: Studia Linguistica et Philologica. Festschrift für K. Matzel. Hrsg. von H.-W. Eroms, B. Gajek und H. Kolb. Heidelberg 1984.

FS Maurer: Die Wissenschaft von der deutschen Sprache. Festschrift für F. Maurer. Hrsg. von S. Gutenbrunner u. a. Stuttgart 1963.

FS Maurer: Deutsche Sprache. Geschichte und Gegenwart. Festschrift für F. Maurer. Hrsg. von H. Moser u. a. Bern, München 1978.

FS Mayer: Verfassungsgeschichte. Aus Verfassungs- und Landesgeschichte. Festschrift zum 70. Geburtstag von Th. Mayer. Dargebracht von seinen Freunden und Schülern. Lindau, Konstanz 1954.

FS Meid: Indogermanica Europaea. Festschrift für Wolfgang Meid. Hrsg. K. Heller u. a. Graz 1989.

FS Mogk: Festschrift für E. Mogk zum 70. Geburtstag. Halle/S. 1924.

FS Mohr: ‚Getempert und gemischet‘. Festschrift für W. Mohr. Hrsg. von F. Hundsnurscher und U. Müller. Göppingen 1972.

FS Mortensen: Ergebnisse und Probleme moderner geographischer Forschung. H. Mortensen zu seinem 60. Geburtstag. Gewidmet von Schülern, Freunden und Kollegen. Bremen 1954.

FS Öhmann: E. Öhmann zu seinem 60. Geburtstag. Helsinki 1954.

FS Ölberg: Sprache, Sprachen, Sprechen. Festschrift für H. M. Ölberg. Hrsg. von M. Kienpointner und H. Schmeja. Innsbruck 1987.

FS Pittioni: Festschrift Richard Pittioni. Ed. H. Mitscha-Märheim, H. Friesinger, H. Kerchler. Wien 1976.

FS Pokorny: Beiträge zur Indogermanistik und Keltologie. J. Pokorny zum 80. Geburtstag. Hrsg. von W. Meid. Innsbruck 1967.

FS Polomé (1988): Languages and Cultures: Studies in Honour of Edgar C. Polomé. Ed. M. A. Jazayery & W. Winter. Berlin 1988.

FS Polomé (1991 f.): Perspectives on Indo-European Lnguage, Culture and Religion. Studies in Honor of Edgar C. Polomé. 2 Bde. McLean, Virginia 1991 f.

FS Pretzel: Festgabe für U. Pretzel. Hrsg. von W. Simon, W. Bachofer und W. Dittmann. Berlin 1963.

FS Quint: Festschrift für J. Quint. Anläßlich seines 65. Geburtstages überreicht. Hrsg. von H. Moser, R. Schützeichel und K. Stackmann. Bonn 1964.

FS Risch: o-o-pe-ro-si. Festschrift für E. Risch. Hrsg. von A. Etter. Berlin, New York 1986.

FS H.-F. Rosenfeld: Aspekte der Germanistik. Festschrift Hans-Friedrich Rosenfeld. Göppingen 1989.

FS Schmidt-Wiegand: Sprache und Recht. Beiträge zur Kulturgeschichte des Mittelalters. Festschrift für R. Schmidt-Wiegand zum 60. Geburtstag. Hrsg. von K. Hauck u. a. Bd. I−II. Berlin 1986.

FS Schmitt: Deutscher Wortschatz. Lexikologische Studien. L. E. Schmitt zum 80. Geburtstag von seinen Marburger Schülern. Hrsg. von H.-H. Munske u. a. Berlin, New York 1988.

FS Schröder: Festschrift für F. R. Schröder zu seinem 65. Geburtstage. Hrsg. von W. Rasch. Heidelberg 1959.

FS Schuchardt: Miscellanea linguistica dedicata a H. Schuchardt. Genève 1922.

FS Schützeichel: Althochdeutsch. (Festschrift R. Schützeichel). Hrsg. von R. Bergmann, H. Tiefenbach und L. Voetz. Bd. I–II. Heidelberg 1987.

FS de Smet: Wortes anst. Verbi gratia. Donum natalicum G. A. R. de Smet. Hrsg. von H. L. Cox, V. F. Vanacker und E. Verhofstadt. Leuven 1986.

FS Spamer: Beiträge zur sprachlichen Volksüberlieferung. (Festschrift A. Spamer). Hrsg. von I. Weber-Kellermann und W. Steinitz. Berlin 1953.

FS Steinbach: Aus Geschichte und Landeskunde. Forschung und Darstellungen. Festschrift für F. Steinbach. Bonn 1960.

FS Trier: Festschrift für J. Trier zu seinem 60. Geburtstag. Hrsg. von B.v. Wiese und K.-H. Borck. Meisenheim/Glan 1954.

FS Trier: Festschrift für J. Trier zum 70. Geburtstag. Hrsg. von W. Foerste und K.-H. Borck. Köln, Graz 1964.

FS Tschirch: Zeiten und Formen in Sprache und Dichtung. Festschrift für F. Tschirch zum 70. Geburtstag. Hrsg. von K.-H. Schirmer und B. Sowinski. Köln, Wien 1972.

FS Wartburg: Etymologica. W.v. Wartburg zum 70. Geburtstag. Tübingen 1958.

FS Wartburg: Festschrift für W.v. Wartburg. Hrsg. von K. Baldinger. Bd. I–II. Tübingen 1968.

Gallée, J. H.: Vorstudien zu einem altniederdeutschen Wörterbuch. Leiden 1903.

Gamillscheg, E.: Etymologisches Wörterbuch der französischen Sprache. 2. vollständig neu bearbeitete Aufl. Heidelberg 1969.

Ganz, P. F.: Der Einfluß des Englischen auf den deutschen Wortschatz. Berlin 1957.

Geiriadur Prifysgol Cymru. A dictionary of the Welsh language. Bd. I ff. Caerdydd 1950 ff.

Y Geiriadur Mawr. Hrsg. von H. M. Evans und W. O. Thomas. Llandybie, Aberystwyth 1958.

Gemoll, W.: Griechisch-deutsches Schul- und Handwörterbuch. 9. durchgesehene und erweiterte Aufl. von K. Vretska. München, Wien 1954. Nachdruck: München, Wien 1985.

Georges, K. E.: Ausführliches lateinisch-deutsches Handwörterbuch. Bd. I–II. 8. verbesserte und vermehrte Aufl. von H. Georges. Hannover, Leipzig 1913–1918. Nachdruck: Darmstadt 1985.

Gerlach, W.: Sprache der Physik. Bonn, 1962.

Germanenprobleme in heutiger Sicht. Hrsg. H. Beck. Berlin 1986.

Gesenius, W.: Hebräisches und aramäisches Handwörterbuch über das alte Testament. Unveränderter Neudruck der 1915 erschienenen 17. Aufl. Berlin, Göttingen, Heidelberg 1962.

Goedel, G.: Etymologisches Wörterbuch der deutschen Seemannssprache. Kiel 1902.

Goethe-Wörterbuch. Hrsg. von der Akademie der Wissenschaften der DDR, der Akademie der Wissenschaften in Göttingen und der Heidelberger Akademie der Wissenschaften. Bd. I ff. Stuttgart, Berlin, Köln, Mainz 1978 ff.

Goltz, D.: Studien zur Geschichte der Mineralnamen in Pharmazie, Chemie und Medizin von den Anfängen bis Paracelsus. Wiesbaden 1972.

Götze, A.: Volkskundliches bei Luther. Weimar 1909.

Götze, A.: Nomina ante res. Heidelberg 1917.

Götze, A.: Wege des Geistes in der Sprache. Prag, Leipzig, Wien 1918.

Götze, A.: Anfänge einer mathematischen Fachsprache in Keplers Deutsch. Berlin 1919.

Götze, A.: Akademische Fachsprache. Heidelberg 1929.

Graff, E. G.: Althochdeutscher Sprachschatz oder Wörterbuch der althochdeutschen Sprache. Bd. I–VI. Bd. VII: Vollständiger alphabetischer Index, ausgearbeitet von H. F. Massmann. Berlin 1834–1846. Nachdruck: Hildesheim 1963.

Grundbegriffe = Geschichtliche Grundbegriffe. Historisches Lexikon zur politisch-sozialen Sprache in Deutschland. Hrsg. O. Brunner, W. Conze, R. Koselleck. Bd. I – VI. Stuttgart 1972–1992.

GS Kretschmer = Mnēmēs charin. Gedenkschrift Paul Kretschmer. 2 Bde. Wien 1956.
Güntert, H.: Labyrinth. Eine sprachwissenschaftliche Untersuchung. Heidelberg 1932.
Günther, H.: Freiheit, Herrschaft und Geschichte. Semantik der historisch-politischen Welt. Frankfurt/M. 1979.
Günther, L.: Die deutsche Gaunersprache und verwandte Geheim- und Berufssprachen. Leipzig 1919.
Gusmani, R.: Lydisches Wörterbuch. Mit grammatischer Skizze und Inschriftensammlung. Heidelberg 1964. Ergänzungsbd. Heidelberg 1980−1986.

Hamburgisches Wörterbuch. Hrsg. von H. Kuhn, U. Pretzel u. a. Bd. I ff. Neumünster 1985 ff.
Haugen, E. I.: Norwegian-Englisch Dictionary. A Pronouncing and Translating Dictionary of Modern Norwegian Bokmål and Nynorsk. Oslo, Madison 1961.
Heidermanns, F.: Etymologisches Wörterbuch der germanischen Primäradjektive. Berlin 1993.
Heinertz, N. O.: Etymologische Studien. Lund 1927.
Heintz, G.: Geschehen. Wortgeschichtliche, etymologische und onamasiologische Studien aus dem Sinnbezirk des ‚Sich-Ereignens‘. Diss. Münster 1968.
Heller, B.: Grundbegriffe der Physik im Wandel der Zeit. Braunschweig 1970.
Hellquist, E.: Svensk etymologisk ordbok. 4. Aufl. Bd. I−II. Lund 1980.
Helten, W. L. van: Zur Lexicologie des Altwestfriesischen. Amsterdam 1896.
Helten, W. L. van: Zur Lexikologie des Altostfriesischen. Amsterdam 1907.
Henne, H. / Objartel, G. (Hrsg.): Bibliothek zur historischen deutschen Studenten- und Schülersprache. Bd. I−VI. Berlin, New York. 1984.
Henzen, W.: Die Bezeichung von Richtung und Gegenrichtung im Deutschen. Studien zu Umfang und Ausnützung der mit Adverbien der Richtung zusammmengesetzten Wortbildungsgruppen. Tübingen 1969.
Herbermann, C.-P.: Etymologie und Wortgeschichte. Die idg. Sippe des Verbums *strotzen*. Marburg 1974.
Hesych = (die moderne, noch nicht fertiggestellte Ausgabe des Lexikons von Hesych ist von K. Latte [bis jetzt 1953 und 1966], die ältere, vollständige Ausgabe ist von M. Schmidt 1858−1868 [Nachdruck 1965])
Heyne, M.: Das deutsche Wohnungswesen, von den ältesten geschichtlichen Zeiten bis zum 16. Jahrhundert. Leipzig 1899.
Heyne, M.: Fünf Bücher deutscher Hausaltertümer von den ältesten geschichtlichen Zeiten bis zum 16. Jahrhundert. Leipzig 1899/1903.
Heyne, M.: Deutsches Wörterbuch. Bd. I−III. 2. Aufl. Leipzig 1905−1906. Nachdruck: Hildesheim 1970.
Hiersche, R.: Deutsches etymologisches Wörterbuch. Lieferung 1 ff. Heidelberg 1986 ff.
Hoffmann, W. H.: Schmerz, Pein und Weh. Gießen 1956.
Höfler, M.: Untersuchungen zur Tuch- und Stoffbenennung in der französischen Urkundensprache. Tübingen 1967.
Holthausen, F.: Altenglisches etymologisches Wörterbuch. 2. unveränderte Aufl. Heidelberg 1963.
Holthausen, F.: Altfriesisches Wörterbuch. 2. verbesserte Aufl. von D. Hofmann. Heidelberg 1985.
Hoops, J.: Waldbäume und Kulturpflanzen. Straßburg 1905.
Hoops: Reallexikon der Germanischen Altertumskunde. Unter Mitwirkung zahlreicher Fachgelehrten hrsg. von J. Hoops. Bd. I−IV. Straßburg 1911/19.
Horn, P.: Die deutsche Soldatensprache. Gießen 1899.
HRG = Handwörterbuch zur deutschen Rechtsgeschichte. Berlin 1971 ff.
Hübschmann, H.: Armenische Grammatik. Theil I: Armenische Etymologie. Leipzig 1897.
Hubschmid, J.: Schläuche und Fässer. Bern 1955.
Hüpper-Dröge, D.: Schild und Speer. Waffen und ihre Bezeichnungen im frühen Mittelalter. Frankfurt/M., Bern, New York 1983.

Hustad, T.: Stor Norsk-Tysk ordbok. Großes Norwegisch-Deutsches Wörterbuch. Oslo, Bergen, Tromsø 1979.
HWPh = Historisches Wörterbuch der Philosophie. Hrsg. Joachim Ritter. Darmstadt 1971 ff. (bis *Sc*).

Íslensk orðabók. Handa skólum og almenningi. 2. vermehrte und verbesserte Aufl. Reykjavík 1983. Nachdruck: Reykjavík 1988.

Jóhannesson, A.: Isländisches etymologisches Wörterbuch. Bern 1956.
Johannisson, T. J.: Verbal ock postverbal partikelkomposition. Diss. Lund 1939.
Jones, W. J.: A Lexicon of French Borrowings in the German Vocabulary. (1575−1648). Berlin, New York 1976.
Jones, W. J.: German Kinship terms (750−1500). Documentation and analysis. Berlin 1990.
Justus, C. F.: Indo-European numerals and numeral systems. In: A linguistic happening in memory of Ben Schwartz. Ed. Y. Arbeitman. Louvain-la-Neuve 1988, 521−541.
Jutz, L.: Vorarlbergisches Wörterbuch mit Einschluß des Fürstentums Lichtenstein. Bd. I−II. Wien 1960−1965.

Kammenhuber, A.: Materialien zu einem hethitischen Thesaurus. Lieferung 1 ff. Heidelberg 1973 ff.
Klappenbach, R. / Steinitz, W. (Hrsg.): Wörterbuch der deutschen Gegenwartssprache. 10. bearbeitete Aufl. Bd. I−VI. Berlin 1980−1982.
Klein, E.: A Comprehensive Etymological Dictionary of the English Language. Bd. I−II. Amsterdam, London, New York 1966−1967. Nachdruck in einem Bd.: Amsterdam, London, New York 1977.
Klenz, H.: Die deutsche Druckersprache. Straßburg 1900.
Kluge, F.: Etymologisches Wörterbuch der deutschen Sprache. 1. Aufl. Straßburg 1883. 21. Aufl. Berlin, New York 1975 = Nachdruck der 20. Aufl. Berlin 1967.
Kluge, F.: Deutsche Studentensprache. Straßburg 1895.
Kluge, F.: Rotwelsch. Quellen und Wortschatz der Gaunersprache und der verwandten Geheimsprachen. I. Rotwelsches Quellenbuch. Straßburg 1901. Nachdruck: Berlin, New York 1987.
Kluge, F.: Bunte Blätter. Freiburg/Br. 1908.
Kluge, F.: Seemannssprache. Wortgeschichtliches Handbuch deutscher Schifferausdrücke älterer und neuerer Zeit. Halle/S. 1911. Nachdruck: Kassel 1973.
Kluge, F.: Wortforschung und Wortgeschichte. Aufsätze zum deutschen Sprachschatz. Leipzig 1912.
Kluge, F.: Abriß der deutschen Wortbildungslehre. Halle/S. 1913.
Kluge, F.: Von Luther bis Lessing. 5. Aufl. Leipzig 1918.
Kluge, F.: Nominale Stammbildungslehre der altgermanischen Dialekte. 3. Aufl. bearbeitet von L. Sütterlin und E. Ochs. Halle/S. 1926.
Köbler, G.: Altfriesisch-neuhochdeutsches und neuhochdeutsch-altfriesisches Wörterbuch. Gießen 1983.
Kranemann, N.: Über den Gebrauch des Wortes *Krippe* im Sachbereich der Uferbefestigung. Münster 1958.
Kranzmayer, E.: Die Namen der Wochentage in den Mundarten von Bayern und Österreich. Wien, München 1929.
Kratz, B.: Zur Bezeichnung von Pflugmesser und Messerpflug in Germania und Romania. Gießen 1966.
Krause, W. / Thomas, W.: Tocharisches Elementarbuch. Bd. I: Grammatik. Bd. II: Texte und Glossar. Heidelberg 1960−1964.
Kretschmer, P.: Wortgeographie der hochdeutschen Umgangssprache. 2. durchgesehene und ergänzte Aufl. 1969.

Krüger, S.: Zum Fachwortschatz des frühen deutschen Eisenbahnwesens (ca. 1800–1860). Düsseldorf 1979.

Kuhberg, W.: Verschollenes Sprachgut und seine Wiederbelebung in nhd. Zeit. Frankfurt/M. 1933.

Künzle, B. O.: Das altarmenische Evangelium. Teil I: Edition zweier altarmenischer Handschriften. Teil II: Lexikon. Bern, Nancy, Frankfurt/M., New York 1984.

Küpper, H.: Wörterbuch der deutschen Umgangssprache. Bd. I–VI. Hamburg 1955/70.

Küpper, H.: Illustriertes Lexikon der deutschen Umgangssprache. Bd. I–VIII. Stuttgart 1982/84.

Küpper, H.: Wörterbuch der deutschen Umgangssprache. Stuttgart 1987.

Kurath, H. / Kuhn, Sh. M. (Hrsg.): Middle English Dictionary. Bd. I ff. Ann Arbor/Mich. 1956 ff.

Kurschat, A.: Litauisch-deutsches Wörterbuch. Bd. I–IV. Göttingen 1968–1973.

Kyes, R. L.: Dictionary of the Old Low and Central Franconian Psalms and Glosses. Tübingen 1983.

Ladendorf, O.: Historisches Schlagwörterbuch. Straßburg 1906. Nachdruck: Hildesheim 1968.

LÄGLOS = Lexikon der älteren germanischen Lehnwörter in den ostseefinnischen Sprachen. Hrsg. A. D. Kylstra, Sirkka-Liisa Hahmo, Tette Hofstra, Osmo Nikkilä. Bd. I (A–J). Amsterdam 1991.

Lasch, A.: Berlinisch. Eine berlinische Sprachgeschichte. Berlin 1928.

Lasch, A. / Borchling C.: Mittelniederdeutsches Handwörterbuch. Fortgeführt von G. Cordes. Bd. I ff. Neumünster 1956 ff.

Latein und Griechisch im deutschen Wortschatz. Lehn- und Fremdwörter altsprachlicher Herkunft. 4. Aufl. Berlin 1988.

Lehmann: A Gothic Etymological Dictionary. Based on the third edition of *Vergleichendes Wörterbuch der Gotischen Sprache* by Sigmund Feist. Leiden 1986.

Lenz, Barbara: *un*-Präfigierung im Lexikon. Wuppertal 1991.

Lewis, Ch. T. / Short, Ch.: A Latin Dictionary. Founded on Andrews' Edition of Freund's Latin Dictionary. Oxford 1879. Nachdruck: Oxford 1975.

Lexer, M.: Kärntnisches Wörterbuch. Leipzig 1862. Nachdruck: Wiesbaden 1965.

Lexer, M.: Mittelhochdeutsches Handwörterbuch. Zugleich als Supplement und alphabetischer Index zum Mittelhochdeutschen Wörterbuch von Benecke-Müller-Zarncke. Bd. I–III. Leipzig 1872–1878. Nachdruck: Stuttgart 1979.

Lexer, M.: Mittelhochdeutsches Taschenwörterbuch. 37. Aufl. mit Nachträgen von U. Pretzel. Stuttgart 1983.

Liddell, H. G. / Scott, R.: A Greek-English Lexicon. 9. Aufl. von H. S. Jones. Mit Supplement. Oxford 1968. Nachdruck: Oxford 1985.

Lindquist, A.: Deutsches Kultur- und Gesellschaftsleben im Spiegel der Sprache. Wiesbaden 1955.

Lindquist, A.: Satzwörter. Göteborg 1961.

Lippmann, E. O.: Entstehung und Ausbreitung der Alchemie. Mit einem Anhange: Zur älteren Geschichte der Metalle. Berlin 1919.

Littmann, E.: Morgenländische Wörter im Deutschen. 2. Aufl. Tübingen 1924.

Lloyd, A. L. / Springer, O.: Etymologisches Wörterbuch des Althochdeutschen. Bd. I ff. Göttingen, Zürich 1988 ff.

LM = Lexikon des Mittelalters

Loewe, R.: Bemerkungen zu deutschen Pflanzennamen. Fortsetzung der Arbeit in *BGDSL* 59–62 (1935–1938). Privatdruck 1939.

Lokotsch, K.: Etymologisches Wörterbuch der amerikanischen (indianischen) Wörter im Deutschen. Heidelberg 1926.

Lokotsch, K.: Etymologisches Wörterbuch der europäischen (germanischen, romanischen und slavischen) Wörter orientalischen Ursprungs. 2. unveränderte Aufl. Heidelberg 1975.

Lühr, R.: Expressivität und Lautgesetz im Germanischen. Heidelberg 1988.
Lüschen, H.: Die Namen der Steine. Das Mineralreich im Spiegel der Sprache. 2. Aufl. Thun, München 1979.
Luxemburger Wörterbuch. Bd. I−V. Luxemburg 1950−1977.

Maher, J. P.: The Cult of Weapons in Rock Art and Indo-European Languages. In: The Thirteenth LACUS Forum 1986. Ed. I. Fleming. Illinois 1987.
Mann, S. E.: An Historical Albanian-English Dictionary. London, New York, Toronto 1948.
Mann, S. E.: An Indo-European Comparative Dictionary. Hamburg 1984−1987.
Martin, E. / Lienhart, H.: Wörterbuch der elsässischen Mundart. Bd. I−II. Straßburg 1899−1907. Nachdruck: Berlin, New York 1974.
Marzell, H.: Wörterbuch der deutschen Pflanzennamen. Bd. I−V. Leipzig, Stuttgart, Wiesbaden 1943/79.
Masser, A.: Die Bezeichnungen für das christliche Gotteshaus in der deutschen Sprache des Mittelalters. Berlin 1966.
Maurer, F. / Stroh, F. (Hrsg.): Deutsche Wortgeschichte. Bd. I−III. Berlin 1943.
Maurer, F. / Stroh, F. (Hrsg.): Deutsche Wortgeschichte. 2. neubearbeitete Aufl. Bd. I−III. Berlin 1959/69.
Maurer, F. / Rupp, H. (Hrsg.): Deutsche Wortgeschichte. 3. neubearbeitete Aufl. Bd. I−III. Berlin, New York 1974/78.
Mayrhofer, M.: Kurzgefaßtes etymologisches Wörterbuch des Altindischen. A Concise Etymological Sanskrit Dictionary. Bd. I−IV. Heidelberg 1956−1980.
Mayrhofer, M.: Etymologisches Wörterbuch des Altindoarischen. Bd. I, Lieferung 1 ff. Heidelberg 1986 ff.
Mayrhofer, M. / Peters, M. / Pfeiffer, O. (Hrsg.) (1980): Lautgeschichte und Etymologie. Akten der VI. Fachtagung der Indogermanischen Gesellschaft, Wien, 24.−29. Sept. 1978. Wiesbaden 1980.
McCormack, W. / Wurm, St. A. (Hrsg.): Approaches to Language. Anthropological Issues. The Hague, Paris 1978.
Mediterrane Kulturen und ihre Ausstrahlung auf das Deutsche. Hrsg. O. Lendle u. a. Marburg 1986
Meid, W. (Hrsg.): Studien zum indogermanischen Wortschatz. Innsbruck 1987.
Meineke, E. M.: Bernstein im Althochdeutschen. Göttingen 1984.
Meisinger, O.: Hinz und Kunz. Deutsche Vornamen in erweiterter Bedeutung. Dortmund 1924.
Mensing, O. (Hrsg.): Schleswig-Holsteinisches Wörterbuch (Volksausgabe). Bd. I−V. Neumünster 1927−1935.
Meyer, H., Suntrup, R.: Lexikon der mittelalterlichen Zahlenbedeutungen. München 1987.
Meyer-Lübke, W.: Romanisches etymologisches Wörterbuch. 3. vollständig neubearbeitete Aufl. Heidelberg 1935.
Miettinen, E.: Zum mundartlichen Fortleben mhd.-mndd. Lehnwortgutes romanischer Herkunft. Helsinki 1962.
Miklosich, F.: Lexicon palaeoslovenico-graeco-latinum. Wien 1862−1865.
Mitzka, W.: Schlesisches Wörterbuch. Bd. I−III. Berlin 1963−1965.
Mitzka, W. / Schmitt, L. E.: Deutscher Wortatlas. Bd. I−XXII. Gießen 1951−1980.
Mühlenbach, K. / Endzelin, J.: Lettisch-deutsches Wörterbuch. Bd. I−IV. Riga 1923−1932.
Müller, E. E.: Großvater, Enkel, Schwiegersohn. Untersuchungen zur Geschichte der Verwandtschaftsbezeichnungen im Deutschen. Heidelberg 1979.
Müller, K. Zur Ausbildung der Norm der deutschen Literatursprache auf der lexikalischen Ebene (1470−1730). Bd. 3, Berlin 1976.
Müller, W. W. s. *Mediterrane Kulturen*
Müller-Fraureuth, K.: Wörterbuch der obersächsischen und erzgebirgischen Mundarten. Bd. I−II. Dresden 1911−1914. Nachdruck: Leipzig 1968.

Nance, R. M.: A Cornish − English Dictionary. Marazion 1955.
Nichtenhauser, D.: Rückbildungen im Neuhochdeutschen. Diss. Freiburg /Br. 1920.
Niederhellmann, A.: Arzt und Heilkunde in den frühmittelalterlichen Leges: eine wort- und
    sachkundliche Untersuchung. Berlin 1983.
Niedersächsisches Wörterbuch. Hrsg. von W. Jungandreas, H. Wesche u. a. Bd. I ff. Neumün-
    ster 1965 ff.
Nielsen, N.Å.: Dansk etymologisk ordbok. Ordenes historie. 3. verbesserte Aufl. Kopenhagen
    1976. 4. Aufl. = Nachdruck: Kopenhagen 1985.
Niermeyer, J. F.: Mediae Latinitatis Lexicon Minus. Léxique Latin Médiéval-Français/An-
    glais. A Medieval Latin-French-English Dictionary. Leiden 1976.
Nussbaum, A. J. N.: Head and Horn in Indo-European. Berlin, New York 1986.
Nyström. S.: Die deutsche Schulterminologie in der Periode 1300−1740. Helsinki 1915.

Obst, K.: Der Wandel in den Bezeichnungen für gewerbliche Zusammenschlüsse des Mittel-
    alters. Eine rechtsgeographische Analyse. Frankfurt/M., Bern, New York 1983.
OED s. The Oxford English Dictionary.
Öhmann, E.: Studien über die französischen Worte im Deutschen. Helsinki 1918.
Olberg, G.v.: Die Bezeichnungen für soziale Stände, Schichten und Gruppen in den Leges
    barbarorum. Berlin 1991.
Ordbok over det danske sprog. Udgivet af det danske sprog- og litteraturselskab. Bd.
    I−XXVIII. Kopenhagen 1919−1956.
Ordbok öfver Svenska Språket. Utgifven af Svenska Akademien. Bd. I ff. Lund 1898 ff.
The Oxford Dictionary of English Etymology. Hrsg. von C. T. Onions. Oxford 1966.
The Concise Oxford Dictionary of English Etymology. Hrsg. von T. F. Hoad. Oxford 1986.
The Oxford English Dictionary (abgekürzt: OED). Bd. I−XII + Supplement. Oxford 1933.
    Nachdruck: Oxford 1978. Supplement Bd. I−IV. Oxford 1972−1985.

Palander, H.: Die althochdeutschen Tiernamen. I. Die Namen der Säugetiere. Darmstadt 1899.
Palmer, Ph. M.: Neuweltwörter im Deutschen. Heidelberg 1939.
Palmer, Ph. M.: The Influence of English on the German Vocabulary to 1700. Berkeley, Los
    Angeles 1950.
Palmer, Ph. M.: The Influence of English on the German Vocabulary to 1800. A Supplement.
    Berkeley, Los Angeles 1960.
Paul, H.: Deutsches Wörterbuch. 7. Aufl. Bearbeitet von W. Betz. Tübingen 1976. 8. Aufl. =
    Nachdruck: Tübingen 1981.
Pfaff, W.: Zum Kampf um deutsche Ersatzwörter. Gießen 1933.
Pfälzisches Wörterbuch. Begründet von E. Christmann. Bearbeitet von J. Krämer und
    R. Post. Bd. I ff. Wiesbaden 1965 ff.
Pfeifer, W. s. Etymologisches Wörterbuch des Deutschen.
Pfister, M.: Lessico etimologico italiano. Bd. I ff. Wiesbaden 1979 ff.
Pfister, M.: Einführung in die romanische Etymologie. Darmstadt 1980.
Pfuhl, K. B.: Lausitzisch-wendisches Wörterbuch. Bautzen 1866.
Pokorny, J.: Indogermanisches etymologisches Wörterbuch. Bd. I−II. Bern, München 1959/69.
Preußisches Wörterbuch. Deutsche Mundarten Ost- und Westpreußens. Begründet und hrsg.
    von E. Riemann. Bd. I ff. Neumünster 1974 ff.
PSG Handbuch politisch-sozialer Grundbegriffe in Frankreich: 1680−1820. Ed. R. Rei-
    chardt & E. Schmitt. München
Puhvel, J.: Hittite Etymological Dictionary. Bd. I ff. Berlin, New York 1984 ff.

Relleke, W.: Ein Instrument spielen. Instrumentenbezeichnungen und Tonerzeugungsverben
    im Ahd., Mhd. und Nhd. Heidelberg 1980.
Reuter, E.: Neuhochdeutsche Beiträge zur westgermanischen Konsonantengemination. Diss.
    Freiburg 1906.

Rey-Debove, Josette, Gagnon, Gilberte: Dictionnaire des Anglicismes. Paris 1988

RGA = Reallexikon der Germanischen Altertumskunde. Begründet von J. Hoops. 2. völlig neu bearbeitete und stark erweiterte Aufl. unter Mitwirkung zahlreicher Fachgelehrter. Bd. I ff. Berlin, New York 1973 ff.

Rheinisches Wörterbuch. Bearbeitet und hrsg. von J. Müller u. a. Bd. I–IX. Bonn, Berlin 1928–1971.

Richter, F.: Unser tägliches Griechisch. Mainz 1981.

Richthofen, K. Frhr. v.: Altfriesisches Wörterbuch. Göttingen 1840.

Röhrich, L.: Das große Lexikon der sprichwörtlichen Redensarten. Bd. I–III. Freiburg/Br., Basel, Wien 1991–1992.

Rooth, E.: Nordseegermanische Studien. Bd. I–III. Stockholm 1979–1983.

Rosenquist, A.: Über Wanderungen romanischer Fremdwörter im Deutschen. *AASF B* 50(1942), 249–466, besonders 253–355.

Ross, A. S. C, Berns, Jan: Germanic. In: Indo-European Numerals. Ed. J. Gvozdanović. Berlin 1992. S. 555–715.

Ruipérez, G.: Die strukturelle Umschichtung der Verwandtschaftsbezeichnungen im Deutschen. Ein Beitrag zur historischen Lexikologie, diachronen Semantik und Ethnolinguistik. Marburg 1984.

Ruppel, H.: Rückbildung deutscher Substantive aus Adjektiven. Diss. Freiburg./Br. 1911.

Sadnik, L. / Aitzetmüller, R.: Handwörterbuch zu den altkirchenslavischen Texten. Heidelberg 1955.

Sadnik, L. / Aitzetmüller, R.: Vergleichendes Wörterbuch der slavischen Sprachen. Bd. I. Wiesbaden 1975.

Schalk, F.: Exempla romanischer Wortgeschichte. Frankfurt 1966.

Schatz, J.: Wörterbuch der Tiroler Mundarten. Für den Druck vorbereitet von K. Finsterwalder. Bd. I–II. Innsbruck 1955–1956.

Scheller, M.: Vedisch *priyá-* und die Wortsippe *frei, freien, Freund*. Eine bedeutungsgeschichtliche Studie. Göttingen 1959.

Schiller, K. / Lübben, A.: Mittelniederdeutsches Wörterbuch. Bd. I–VI. Bremen 1875–1881. Nachdruck: Schaan 1983.

Schirmer, A.: Wörterbuch der deutschen Kaufmannssprache. Auf geschichtlichen Grundlagen mit einer systematischen Einleitung. Straßburg 1911.

Schirmer, A.: Der Wortschatz der Mathematik nach Alter und Herkunft untersucht. Straßburg 1912.

Schlüsselwörter = Europäische Schlüsselwörter. Bd. 1 hrsg. W. Schmidt-Hidding. München 1963. Bd. 2 hrsg. J. Knobloch u. a. 1964. Bd. 3 hrsg. J. Knobloch u. a. 1967.

Schmeller, J. A.: Bayerisches Wörterbuch. 2. Aufl. bearbeitet von G. K. Frommann. Bd. I–II. München 1872/77. Nachdruck: München, Wien, Aalen 1983 und München 1985.

Schmidt, G.: Stammbildung und Flexion der indogermanischen Personalpronomina. Wiesbaden 1978.

Schmidt-Wiegand, R.: Fränkische und frankolateinische Bezeichnungen für soziale Schichten und Gruppen in der Lex Salica. Göttingen 1972 (NAWG 1972,4).

Schmidt-Wiegand, R.: Studien zur historischen Rechtswortgeographie. Der Strohwisch als Bann- und Verbotszeichen. München 1978.

Schmidt-Wiegand, R. (Hrsg.): Wörter und Sachen im Lichte der Bezeichnungsforschung. Berlin, New York 1981.

Schmidt-Wiegand, R.: Mit Hand und Mund. In: *FS* 25(1991), 283–299.

Schrader/Nehring: Reallexikon der indogermanischen Altertumskunde von O. Schrader. 2. vermehrte und umgearbeitete Aufl. Hrsg. von A. Nehring. Berlin, Leipzig 1917/29.

Schramm, F.: Schlagworte der Alamodezeit. Straßburg 1914.

Schröder, E.: Deutsche Namenkunde. Gesammelte Aufsätze zur Kunde deutscher Personen- und Ortsnamen. Festgabe seiner Freunde und Schüler zum 80. Geburtstag. Göttingen 1938.

Schröder, H.: Beiträge zur germanischen Sprach- und Kulturgeschichte. I. Streckformen. Heidelberg 1906.

Schulze, W.: Kleine Schriften. Göttingen 1933.

Schütte, L.: WIK. Eine Siedlungsbezeichnung in historischen und sprachlichen Bezügen. Köln, Wien 1976.

Schützeichel, R.: Studien zur deutschen Literatur des Mittelalters. Bonn 1979.

Schützeichel, R.: Althochdeutsches Wörterbuch. 3. Aufl. Tübingen 1981.

Schwarz, H., KS = Aufsätze zur deutschen Wortgeschichte, zur Wortfeldlehre und zur Runenkunde. Hrsg. H. Beckers. Münster 1993.

Schweizerisches Idiotikon. Wörterbuch der schweizerdeutschen Sprache. Bearbeitet von F. Staub, L. Tobler u. a. Bd. I ff. Frauenfeld 1881 ff.

Schwentner, E.: Farbenbezeichnungen. Münster 1915.

Schwentner, E.: Die primären Interjektionen in den indogermanischen Sprachen. Mit besonderer Berücksichtigung des Griechischen, Lateinischen und Germanischen. Heidelberg 1924.

Seebold, E.: Vergleichendes und etymologisches Wörterbuch der germanischen starken Verben. Den Haag 1970.

Seebold, E.: Etymologie. Eine Einführung am Beispiel der deutschen Sprache. München 1981.

Seebold, E.: Das System der Personalpronomina in den frühgermanischen Sprachen. Göttingen 1984.

Sehrt, E. H.: Vollständiges Wörterbuch zum Heliand und zur altsächsischen Genesis. 2. durchgesehene Aufl. Göttingen 1966.

Siebenbürgisch-Sächsisches Wörterbuch. Bd. I ff. Berlin, Leipzig, Bukarest 1924 ff.

Silfwerbrand, R. B.: Vlees, bloed en been. Synoniemvergelijkend onderzoek van drie germaanse woordformaties. Proefschrift Rijksuniversiteit Utrecht 1958.

Skeat, W. W.: An Etymological Dictionary of the English Language. 2. Aufl. Oxford 1956.

Sommer, F.: Schriften aus dem Nachlaß. Hrsg. von B. Forssman. München 1977.

Sousa Costa, A. de: Studien zu volkssprachigen Wörtern in karolingischen Kapitularien. Göttingen 1993.

Spalding, K.: A Historical Dictionary of German Figurative Usage. With the assistance of K. Brooke. Bd. I ff. Oxford 1952 ff.

Seitz, T. E.: Die Katze in der Sprache. Diss. München 1976.

Stammler, W.: Kleine Schriften zur Sprachgeschichte. Berlin 1954.

Starck, T. / Wells, J. C.: Althochdeutsches Glossenwörterbuch. Lieferung 1 ff. Heidelberg 1972 ff.

Steinhauser, W.: Slawisches im Wienerischen. 2. Aufl. Wien 1978.

Stiven, A. B.: Englands Einfluß auf den deutschen Wortschatz. Diss. Marburg. Zeulenroda 1936.

Strasser, I.: Bedeutungswandel und strukturelle Semantik. ,Marotte, Laune, Tick' im literarischen Deutsch der Gegenwart und der frühen Goethezeit. Wien 1976.

Steudel, J.: Altes Erbgut in der ärztlichen Sprache der Gegenwart. Bonn 1944.

Sudetendeutsches Wörterbuch. Wörterbuch der deutschen Mundarten in Böhmen und Mähren-Schlesien. Hrsg. von H. Engels. Bd. I ff. München 1982 ff.

Südhesssisches Wörterbuch. Begründet von F. Maurer. Bearbeitet von R. Mulch. Bd. I ff. Marburg 1965 ff.

Suolahti, H.: Die deutschen Vogelnamen. Straßburg 1909.

Suolahti, H.: Der französische Einfluß auf die deutsche Sprache im dreizehnten Jahrhundert. Teil I. Helsinki 1929.

Suolahti, H.: Der französische Einfluß auf die deutsche Sprache im dreizehnten Jahrhundert. Teil II. Helsinki 1933.

Svenska akademiens ordbok över svenska språket. Bd. I–XXVII. Stockholm 1898–1973.

Sweetser, Eve (1990): From Etymology to Pragmatics. Cambridge.

Szemerényi, O.: Studies in the Indo-European System of Numerals. Heidelberg 1960.

Szemerényi, O.: Studies in the Kinship Terminology of the Indo-European Languages. In: Acta Iranica. Textes et Mémoires VII (1977), 1−240.
Szemerényi, O.: Scripta minora. I − IV. Innsbruck 1987−1991.
Szemerényi, O.: An den Quellen des lateinischen Wortschatzes. Innsbruck 1989

Teuchert, H.: Die Sprachreste der niederländischen Siedlungen des 12. Jahrhunderts. Neumünster 1944.
Thesaurus linguae latinae. Bd. I ff. Leipzig 1900 ff.
Thüringisches Wörterbuch. Bearbeitet unter der Leitung von K. Spangenberg. Bd. IV ff. Berlin 1966 ff.
Tiefenbach, H.: Studien zu Wörtern volkssprachiger Herkunft. München 1973.
Tiernamen = Wörterbuch der deutschen Tiernamen. Hrsg. W. Wissmann. Berlin 1963−1968 (6 Lieferungen, von den beiden ersten gibt es eine durchgesehene 2. Aufl. 1966). Hierzu 4 Beihefte, die unter dem Namen der Verfasser aufgeführt sind.
Tischler, J.: Hethitisch-deutsches Wörterverzeichnis. Mit einem semasiologischen Index. Innsbruck 1982.
Tischler, J.: Hethitisches Etymologisches Glossar. Mit Beiträgen von G. Neumann. Teil I ff. Innsbruck 1983 ff.
Trautmann, R.: Die altpreußischen Sprachdenkmäler. Einleitung, Texte, Grammatik, Wörterbuch. Göttingen 1910. 2. Aufl. = Nachdruck: Göttingen 1970.
Trautmann, R.: Baltisch-Slavisches Wörterbuch. Göttingen 1923. 2. Aufl. = Nachdruck: Göttingen 1970.
Trier, J.: Lehm. Etymologien zum Fachwerk. Marburg 1951.
Trier, J.: Holz. Etymologien aus dem Niederwald. Münster, Köln 1952.
Trier, J.: Venus. Etymologien um das Futterlaub. Köln, Graz 1963.
Trier, J.: J. Grimm als Etymologe. Münster 1964.
Trier, J.: Wege der Etymologie. Nach der hinterlassenen Druckvorlage mit einem Nachwort hrsg. von H. Schwarz. Berlin 1981.
Trübners Deutsches Wörterbuch. Hrsg. von A. Götze und W. Mitzka. Bd. I−VIII. Berlin 1939−1957.
Tschinkel, W.: Wörterbuch der Gottscheer Mundart. Bd. I−II. Wien 1973−1976.
Typenbegriffe = Das Fortleben altgriechischer sozialer Typenbegriffe in der deutschen Sprache. Hrsg. E. Welskopf. Berlin 1981.

Unger, Th. / Khull, F.: Steirischer Wortschatz als Ergänzung zu Schmellers Bayerischem Wörterbuch. Graz 1903. Nachdruck: Wiesbaden 1968.

Valtavuo, T.: Der Wandel der Wortstämme in der Synonymik für ‚Hügel‘. Helsinki 1952.
Vasmer, M.: Russisches etymologisches Wörterbuch. Bd. I−III. Heidelberg 1953−1958. 2. Aufl. = Nachdruck: Heidelberg 1976−1980.
Vendryes, J.: Lexique étymologique de l'irlandais ancien. Lieferung 1 ff. Dublin, Paris 1959 ff.
Vernet, J.: Die spanisch-arabische Kultur in Orient und Okzident. Zürich und München 1984 (spanisches Original 1978).
Verwijs, E. / Verdam, J.: Middelnederlandsch woordenboek. Bd. I−XI. 's-Gravenhage 1885−1941. Nachdruck: 's-Gravenhage 1969.
Vortisch, R.: Grammatikalische Termini im Frühneuhochdeutschen 1500−1663. Diss. Freiburg/Br. 1910.
Vries, J. de: Altnordisches etymologisches Wörterbuch. 2. verbesserte Aufl. Leiden 1962.
Vries, J. de: Nederlands etymologisch woordenboek. Leiden 1971.

Wadstein, E. (Hrsg.): Kleinere altsächsische Sprachdenkmäler mit Anmerkungen und Glossar. Norden, Leipzig 1899.

Walde, A. / Hofmann, J. B.: Lateinisches etymologisches Wörterbuch. 3. neu bearbeitete Aufl. Bd. I–III. Heidelberg 1938–1956. 4./5. Aufl. = Nachdruck: Heidelberg 1965/82.

Walde, A. / Pokorny, J.: Vergleichendes Wörterbuch der indogermanischen Sprachen. Bd. I–III. Berlin, Leipzig 1927–1932. Nachdruck: Berlin 1973.

Weber-Keller, M.: Die Gerätebezeichnungen der holzverarbeitenden Handwerke. München 1990.

Weigand, F. L. K. / Hirt, H.: Deutsches Wörterbuch. Bd. I–II. 5. Aufl. Gießen 1909–1910. Nachdruck: Berlin 1968.

Welskopf s. *Typenbegriffe*

Westfälisches Wörterbuch. Hrsg. von J. Goossens. Bd. I ff. Neumünster 1973 ff.

Wick, Ph.: Die slavischen Lehnwörter in der neuhochdeutschen Schriftsprache. Diss. Marburg 1939.

Wis, M.: Ricerche sopra gli italianismi nella lingua tedesca. Dalla metaë del secolo XIV alla fine del secolo XVI. Helsinki 1955.

Wißmann, W.: Nomina postverbalia in den altgermanischen Sprachen. Teil I: Deverbative ō-Verba. Göttingen 1932.

Woeste, F.: Wörterbuch der Westfälischen Mundart. Neu bearbeitet und hrsg. von E. Nörrenberg. Norden 1930. Nachdruck: Wiesbaden 1966.

Wolf, H.: Studien zur deutschen Bergmannssprache. Tübingen 1958.

Wolf, S. A.: Wörterbuch des Rotwelschen. Deutsche Gaunersprache. 2. durchgesehene Aufl. Hamburg 1985.

Wolf, S. A.: Jiddisches Wörterbuch. Mit Leseproben. Wortschatz des deutschen Grundbestandes der jiddischen (jüdischdeutschen) Sprache. 2. durchgesehene Aufl. Hamburg 1986.

Wolf, S. A.: Großes Wörterbuch der Zigeunersprache (romani tšiw). Wortschatz deutscher und anderer europäischer Zigeunerdialekte. 2. durchgesehene Aufl. Hamburg 1987.

Woordenboek der nederlandsche taal. Hrsg. von M. de Vries, L. A. te Winkel u. a. Bd. I ff. 's-Gravenhage, Leiden 1882 ff.

Wortbildung = Deutsche Wortbildung. Typen und Tendenzen in der Gegenwartssprache. Düsseldorf.

    I I. Kühnhold, H. Wellmann: Das Verb. 1973
    II H. Wellmann: Das Substantiv. 1975
    III I. Kühnhold, O. Putzer, H. Wellmann: Das Adjektiv. 1978
    (IV) I. Kühnhold, H.-P. Prell: Morphem- und Sachregister zu Band I–III. 1984.

Wörterbuch der bairischen Mundarten in Österreich. Bearbeitet von V. Dollmayr, E. Kranzmayer u. a. Bd. I ff. Wien 1963 ff.

Wörterbuch der litauischen Schriftsprache. Litauisch-Deutsch. Bearbeitet von M. Niedermann, F. Brender, A. Senn und A. Salys. Bd. I–V. Heidelberg 1932–1968.

Wörterbuch der mittelhochdeutschen Urkundensprache. Auf der Grundlage des Corpus der altdeutschen Originalurkunden bis zum Jahre 1300. Bd. I, Lieferung 1 ff. Berlin 1986 ff.

Wossidlo-Teuchert. Mecklenburgisches Wörterbuch. Hrsg. von der Sächsischen Akademie zu Leipzig aus den Sammlungen R. Wossidlos und aus den Ergänzungen und nach der Anlage H. Teucherts. Bd. I ff. Berlin, Neumünster 1942 ff.

Wrede, A.: Neuer Kölnischer Sprachschatz. Bd. I–III. 6. Aufl. 1976.

Wünschmann, D.: Die Tageszeiten. Ihre Bezeichnung im Deutschen. Marburg 1966.

Wurdenboek fan de Fryske taal. Woordenboek der Friese taal. Hrsg. von der Fryske Akademy. Bd. I ff. Ljouwert (Leeuwarden) 1984 ff.

Ziesemer, W.: Preußisches Wörterbuch. Sprache und Volkstum Norddeutschlands. Bd. I–II. Königsberg 1939–1940. Nachdruck: Hildesheim, New York 1975.

A

a- *Präfix* zum Ausdruck des Gegenteils bei fremdstämmigen Adjektiven (und seltener Substantiven). Vor Vokalen hat es die Variante *an-* (Bildungen mit lautlichen Besonderheiten wie *Anhydrid* neben *Hydrid* und *Arrhythmie* neben *Rhythmus* gehen unmittelbar auf griechische Wörter mit speziell griechischen Lautregelungen zurück). Zugrunde liegt die griechische Negations-Vorsilbe in Nominal- (besonders Adjektiv-) Bildungen (gr. *alpha sterētikón*, l. *alpha prīvātīvum*), die in griechischen (häufig über das Lateinische überlieferten) Wörtern in die Volkssprachen entlehnt wurde, z. B. *amorph* ʿgestaltlosʾ (gr. *ámorphos* zu gr. *morphḗ* ʿGestaltʾ), *apathisch* (gr. *apathḗs*), *Anarchie* (gr. *anarchía*). Da das Bildungsverfahren für Kenner des Griechischen durchsichtig blieb, konnten auch in späterer Zeit neoklassische (auch hybride) Neubildungen vorgenommen werden (in diesen ist das Präfix bei adjektivischen Bildungen in der Regel betont). Eine Hybridbildung mit einem aus dem Lateinischen stammenden Adjektiv ist z. B. *asozial*, eine Substantivbildung ist *Analphabet*; die Variante vor Vokal auch in *anorganisch*. Besonders produktiv in den Fachsprachen und in dem Typ *ahistorisch, apolitisch* usw.

Das Präfix geht zurück auf ig. *η und ist unmittelbar mit d. *un-* und l. *in-* verwandt. S. *in^1-, un-*. – *Wortbildung* 3 (1978), 183–185; Cottez (1980), 3; Lenz (1991).

à *Partikel stil.* (< 16. Jh.). Ursprünglich französische Präposition, die in festen Wendungen ins Deutsche übernommen wurde. Im Deutschen produktiv geworden ist sie mit der Bedeutung ʿzu je ..., mit je ...ʾ (*20 m² à 400. – DM*). Seit dem 16. Jh. in der Kaufmannssprache, heute veraltend.

Die französische Präposition geht auf die im 6./7. Jh. lautlich zusammengefallenen lateinischen Präpositionen *a(b)* ʿvon – wegʾ und *ad* ʿhinzuʾ zurück. – *DF* 1 (1913), 1.

à la *Partikelgruppe stil.* (< 19. Jh.). Mit der Bedeutung ʿnach Art von ...ʾ, besonders bei Speisen und individuellen Kunststilen (eigentlich *à la mode de/du*, deshalb können nach dem femininen Artikel auch Maskulina stehen: *à la diable* usw.). Entlehnt aus dem Französischen, und dann im Deutschen (häufig ironisch) ausgedehnt. Mit nicht-französischen Wörtern und Namen schon bei Goethe (z. B. 1807 *welche die Farben à la Gildemeister sahen*, d. h. ʿfarbenblind warenʾ). S. *à*.

aa [ʾaʾa], *gewöhnlich mit dem Ton auf dem zweiten a*, auch *a-a* geschrieben. *Interj. kind.*, hypostasiert als Neutrum (< 19. Jh. in der Schriftsprache,

aber zweifellos älter). Lautgebärde für den Laut, der bei der Lösung der ʿDarmpresseʾ im Kehlkopf entsteht; dann übertragen auf die Ausscheidung. Entsprechende Lautgebärden sind l. *cacāre*, gr. *kakkáo*, schwz. *agge, gaggi*, nhd. *acke* usw., bei denen der Kehlkopflaut durch einen Tektal vertreten wird. Vgl. *kacken*.

Aal *m.* (< 10. Jh.). Mhd. *āl*, ahd. *āl*, as. *āl* aus g. **ǣla-* m. ʿAalʾ, auch in anord. *áll*, ae. *ǣl*. Außergermanisch (wie viele Fischnamen) nicht vergleichbar. Da l. *anguīlla* f. ʿAalʾ in den anderen indogermanischen Sprachen Europas Entsprechungen zu haben scheint, war wohl ursprünglich ein weiter verbreitetes Wort für ʿAalʾ vorhanden (das möglicherweise zugleich ʿSchlangeʾ bedeutete), so daß das germanische Wort eine Neuerung sein muß (vielleicht um ʿSchlangeʾ und ʿAalʾ eindeutig zu unterscheiden). Herkunft unklar, vielleicht als ʿder sich Windendeʾ zu ig. **el(ə)-* oder *ig. *hel(ə)-* ʿbiegen, krümmenʾ (das aber sehr unsicher bezeugt ist, s. *Elle* und *Ellenbogen*). Die veraltete Bedeutung ʿFalte im Stoffʾ ist eine Übertragung wie in *Aalstrich*. Die Verkleinerungsform ***Älchen*** auch in der Bedeutung ʿkleiner Fadenwurm, Aaltierchenʾ.

Nndl. *aal*, ne. *eel*, nschw. *ål*, nisl. *áll*. – *RGA* 1 (1973), 4 f.; Lloyd/Springer 1 (1988), 133–135; *LM* 1 (1980), 4 f.; Röhrich 1 (1991), 51–53.

aalen *swV. refl., stil.* (< 19. Jh.). Vermutlich, wie *sich rekeln* zu *Rekel* ʿgroßer Hundʾ, zu *Aal* als ʿsich wohlig dehnen, windenʾ nach den Bewegungen des Aals; vgl. ndn. *slange sik* ʿsich aalenʾ (zu *Schlange*), nnorw. *åle* ʿrobbenʾ, refl. ʿsich schlängelnʾ und die Herkunft von nhd. *schlendern*. Die Einengung auf ʿin der Sonne faulenzenʾ ist sekundär.

Anders F. Trost *KVNS* 71 (1964), 13.

Aalquappe *f. per. fach. ndd.* (Fisch aus der Ordnung der Dorsche, *lota lota*) (< 16. Jh.). Dieser Fisch (mit zahlreichen verschiedenen regionalen Bezeichnungen) wird wegen seines (besonders im Liegen auffälligen) breiten Kopfes mit breitem Maul als ʿAal-Frosch/Kröteʾ u.ä. bezeichnet, vgl. *Quabaal*, nndl. *kwabaal*, nndl. *puitaal* zu *puit* ʿFroschʾ, ae. *ælepute*. Zu einer konkurrierenden Etymologie s. *Quappe*; vielleicht liegt eine Vermischung oder Sekundärmotivation vor. S. *Aalraupe*.

Aalraupe *f. per. fach. md.* (dass. wie *Aalquappe*) (< *14. Jh., Form < 17. Jh.). Zunächst bezeugt als *aalruppe*; die Form mit Diphthong, vielleicht in Anlehnung an das unverwandte Wort *Raupe*, seit dem 17. Jh. Im Hinblick auf die Variante *Rutte* (s.d.) ist das Hinterglied wohl entlehnt aus l. *rubēta* ʿKröteʾ (zum Benennungsmotiv vgl. *Aalquappe*). S. *Aalquappe*. – *LM* 1 (1980), 5.

Aalstrich *m. per. fach.* ʿdunkler Streifen auf dem Rücken von Säugetieren (besonders von deren Wildformen)ʾ (< 19. Jh.). Etwas früher bezeugt nndl. *aalstreep* (18. Jh.). Vergleichbar ist anord. *áll* als Bestandteil von Pferdenamen (z. B. *mó-álottr* ʿmit einem braunen Aalstreifenʾ zu anord. *mór m.* ʿMoorʾ, in Zusammensetzungen ʿmoorbraunʾ). So bezeichnet entweder nach der Form des Fisches *Aal* oder (weniger wahrscheinlich) nach den Rückenstreifen bestimmter Aale.

Aar *m. obs.* (< 8. Jh.). Mhd. *are*, *arn*, ahd. *aro*, *arn*, as. *aro*, *arn* aus g. **ar-ōn*, *ar-n- m.* ʿAdler, großer Greifvogelʾ (*n*-Stamm, teilweise erweitert), auch in gt. *ara*, anord. *ǫrn*, (poet.) *ari*, ae. *earn*. Mit ähnlicher morphologischer Unregelmäßigkeit heth. *haraš* (Gen. *haranaš*); vermutlich aus der gleichen Bildung, aber mit Dissimilationen und zum Teil (wohl sekundärem) *e*-Vokalismus, stammen air. *ilar*, kymr. *eryr*; lit. *erẽlis*, akslav. *orĭlŭ*; vorauszusetzen ist ig. **har-en- m.* ʿAdler, großer Greifvogelʾ. Mit Rücksicht auf Wörter für ʿAdler, großer Greifvogelʾ, die auf ig. **harǵ-* zurückführen (ai. *r̥ji-pyá-*, *epitheton ornans* zu *śyena-* ʿAdler, Falkeʾ u. a.) vermutlich zu einer einfacheren Wurzelform von diesem. Zur Bedeutung vgl. gr. *argós* ʿweißglänzendʾ und ʿschnell beweglichʾ, vermutlich also etwa ʿaufblitzendʾ. Somit ist die Ausgangsbedeutung wohl ʿder Aufblitzende, der sehr Schnelleʾ, was besonders auf den Falken zutrifft. – Das Wort wird seit dem 12. Jh. verdrängt durch die Verdeutlichung *adel-are* ʿedler Aarʾ (s. *Adler*), bedeutet dann meist ʿWeihe, Milanʾ (und ähnliche Greifvögel) und stirbt spätestens im 17. Jh. aus (z. T. noch erhalten in Zusammensetzungen wie *Mausaar* und *Fischaar*). Im 18. Jh. wird es in dichterischer Sprache wiederbelebt, wobei es zunächst noch durch *Adler* verdeutlicht werden muß. – Bei der niederdeutschen und niederländischen Bedeutung ʿmännlicher Vogelʾ (mndd. *duv-arne* ʿTäuberichʾ seit dem 15. Jh., nndl. (dial.) *aorent* ʿTauberʾ) handelt es sich wohl nicht um eine Bedeutungsentwicklung, sondern um eine Übertragung des männlichen Vornamens *Arnold*.

Nndl. *arend*, ne. *erne*, nschw. *örn (f.)* nisl. *örn (f.)*. S. *Sperber* und *Bussard*. – Suolahti (1909), 345–352; F. Kluge: *Wortforschung und Wortgeschichte* (1912), 83–89; Kuhberg (1933), 32; Lloyd/Springer 1 (1988), 341–344; zu den Adler-Wörtern aus ig. **harǵ-* vgl. R. Schmitt *FL* 4 (1970), 179–181. Zum -*d* in der niederländischen Form W. J. J. Pijnenburg *LB* 76 (1987), 305–314 (unwahrscheinlich).

Aas *n.* (< *9. Jh., Form < 12. Jh.). Mhd. *ās*, mndd. *ās*, mndl. *aes* aus wg. **ǣsa- n.* ʿAas (als

Fraß, vor allem der Greifvögel), Köderʾ, auch in ae. *ǣs*. In der heutigen Bedeutung geht das Wort zurück auf eine Zugehörigkeitsbildung voreinzelsprachl. **ēdso-* ʿals Fraß dienendʾ zu einem (wohl dehnstufigen) *s*-Stamm ig. (nordeur.) **ēdos* ʿEssen, Fraßʾ zu der Wurzel ig. **ed-* ʿessen, fressenʾ, vgl. lit. *ė̃desis m.* ʿFressen, Köderʾ, russ. *jasá f.* ʿSpeiseʾ und (aus **ēds-kā*) l. *ēsca*, lit. *ėskà f.* ʿFutterʾ (vielleicht auch akslav. *jato n.* ʿSpeise, Nahrungʾ mit abweichendem Dental). Wohl ein unmittelbarer Nachfolger dieses *s*-Stammes ist zu sehen in anord. *át*, ae. *ǣt*, afr. *ēt*, as. *āt*, ahd. *āz* ʿSpeiseʾ (ahd. auch ʿAasʾ, wohl durch Vermischung mit der Weiterbildung). Die beiden Bildungen ahd. *ās* und ahd. *āz* mußten im Spätmittelhochdeutschen lautlich zusammenfallen, wobei sich die Bedeutung ʿAasʾ durchsetzte (da bei Homonymen in der Regel die anstößigere Bedeutung stärker ist); die Bedeutung ʿSpeiseʾ ist aber noch im 17. Jh. (mundartlich auch noch später), sowie im heute verdunkelten Kompositum *Obst* und in dem veralteten *Aser* bezeugt.

1) (g. *-s-*) Nndl. *aas*. Vgl. anord. *ǽzli n.* ʿAas 2) (g. *-t-*) ne. Pl. *eats*, nschw. (dial.) *åt*, nisl. *át(a)*. S. *Obst*, *Aser*; ferner *aasen*, *atzen* und *äsen*. – Lloyd/Springer 1 (1988), 406–408; Röhrich 1 (1991), 53.

aasen *sw V. erw. vulg.* ʿvergeudenʾ (< 19. Jh.). Zu *Aas* in der weitergehenden Bedeutung ʿverwesendes Fleischʾ, die sich auch in regionalem *aasig* ʿschmutzig, schmierig, widerlichʾ und *aasen* ʿschmutzige, schmierige Arbeit tunʾ zeigt. Dann übertragen auf das Essen, gewissermaßen ʿmit dem Essen umgehen wie mit einer schmutzigen, schmierigen Sacheʾ, dann allgemein ʿvergeuden, verschleudernʾ.

ab *Präp./Adv.* (< 8. Jh.). Mhd. *ab(e)*, ahd. *aba*, as. *af* aus g. **ab(a)* Präp. mit Dat., Adv. ʿvon – wegʾ (mit Betonung der Trennung), auch in gt. *af* (*ab-u*), anord. *af*, ae. *of*, afr. *af*, *of* (der Auslautvokal im Althochdeutschen ist sekundär). Dieses aus ig. **apo* ʿvon – wegʾ in l. *ab*, gr. *apó*, ai. *ápa* u. a. Entstehung dunkel. – Zum Ausdruck von ʿvon – herʾ (mit Betonung der Richtung) diente gt. *fram*, ae. *fram*, anord. *frá* (lautlich unregelmäßig) aus g. **frama(n)* und ahd. *fan(a)*, *fon(a)*, as. *fan(a)*, afr. *fan* aus wg. **fa-ne* (mit sekundären Erweiterungen), aus ig. **po-ne* (einer Variante von ig. **apo* mit einem Suffix zur Bezeichnung der Herkunft). In der weiteren Entwicklung ist *ab* im Deutschen durch *von* in der Funktion als Präposition weitgehend verdrängt worden (noch erhalten regional schweizerisch und in Relikten wie *abhanden* ʿvon den Händen wegʾ), während es als Adverb erhalten blieb (in dieser Funktion fehlt dafür *von*). Wendungen wie *ab Hamburg*, *ab Montag* und *Kinder ab zwölf Jahren* sind jünger (19. Jh.) und aus *von Hamburg ab* usw. verkürzt (vielleicht knüpfen sie auch an den im Schweizerischen noch erhaltenen präpositionalen Gebrauch an). Als Präfix entwickelt *ab-* aus der Grundbedeutung ʿvon – wegʾ

Nebenbedeutungen wie ´miß-, -los, wider-`; s. *abge-schmackt, Abgott, Abgrund, abhold, abschätzig*. S. hierzu auch die unter *aber* behandelten besonderen Bedeutungsentwicklungen.

Nndl. *af*, ne. *of*, *off*, nschw. *av*, nisl. *af*. S. *aber*, *Offset-druck*. – E. Wellander: *Die Bedeutungsentwicklung der Partikel ab- in der mhd. Verbalkomposition*. Uppsala 1911; Henzen (1969), 218–273; *Wortbildung* 1 (1973), 175–177, 211–214, 293, 319–322, 354; Lloyd/Springer 1 (1988), 5–8. Anders zu *von* (vereinfacht aus *from*): D. R. McLin-tock in: *FS Schützeichel* (1987), 1099–1106; Röhrich 1 (1991), 53 f.

abäschern *swV. refl. per. ndd. md. wobd.* ´sich ab-mühen` (< 17. Jh.). Zu *äschern* ´mit Asche auslau-gen`. Wohl zunächst nur *abgeäschert* ´erschöpft` mit der gleichen Übertragung wie *ausgelaugt*, doch ist das Wort nur in der übertragenen Bedeutung bezeugt.

Abbiß *m. per. fach.* als Pflanzenname (< 16. Jh.), eigentlich *Teufels Abbiß*. Der Wurzelstock sieht im Herbst wie abgebissen aus, was offenbar dem Teu-fel zugeschrieben wurde.

abblasen *stV. stil.* (< 16. Jh.). Ursprünglich ´durch ein Signal der Blasinstrumente das Ende an-kündigen` (Jagd, Militär); seit dem 20. Jh. allge-mein für ´etwas unerwartet (und meist bevor es an-gefangen hat) absagen`.

abblitzen *swV. stil. phras.* (< 18. Jh.) (meist in Verbindungen wie *er ist abgeblitzt* oder *sie hat ihn abblitzen lassen*). Ursprünglich vom Schießpulver, das verpufft, ohne den Schuß auszulösen; die über-tragene Bedeutung ist aber früher bezeugt. Ein ähnliches Bild bei *der Schuß ist nach hinten losge-gangen*.

Röhrich 1 (1991), 54.

Abc *n.*, **Abece** *n.* ´Buchstabenreihe` (< *9. Jh., Form 13. Jh.). Die drei ersten Elemente stehen stellvertretend für das Ganze; schon früher das sonst seltenere *ab(e)c(e)d(e)* mit *Abecedarium* ´Fibel; Gedicht, in dem jeder Vers mit dem näch-sten Buchstaben des Alphabets beginnt`. Auch kür-zer (vor allem norddeutsch) *Abe* (13. Jh.) mit *Abe-buch*, auch *A-Buch* (vgl. *Fibel*). Der ältere und all-gemeinere Ausdruck ist *Alphabet* (s. d. und unter *Abc-Schütz*).

Röhrich 1 (1991), 55.

Abc-Schütz(e) *m.* (< 16. Jh.). Zuerst in dem Di-minutiv *ABC-Schützigen*. Zusammensetzung von *Abc* und *Schütze* im Sinn von ´Anfänger, Neuling`. Dieser seit dem 15. Jh. belegte Ausdruck ist eine Bedeutungsentlehnung aus l. *tiro* ´Rekrut, Anfän-ger`, wobei wohl der etymologische Anschluß an it. *tirare*, frz. *tirer* ´schießen` zur Wahl der Überset-zung *Schütze* geführt hat. Mit dem Erstglied ist die Fibel gemeint, vgl. *Fibelist* in gleicher Bedeutung bei Luther.

abdanken *swV.* (< 16. Jh.), älter *jemanden abdan-ken*, d. h. ´mit Dank verabschieden`. Der Kon-struktionswechsel konnte leicht eintreten, da das Wort überwiegend im Partizip *abgedankt* ver-wendet wurde.

Abdecker *m. arch.* ´Beseitiger, Verwerter von Tierkadavern` (< 16. Jh.). Eigentlich ´derjenige, der die Decke (= Haut) von einem eingegangenen Tier abzieht`. Vgl. *Schinder, Racker*.

Abee *m./n. per. wobd.* ´Abort` (< 20. Jh.). Verhül-lende umgangssprachliche Abkürzung (= *AB*), nicht schriftsprachlich.

-abel *Suffix* zur Ableitung von Adjektiven der Möglichkeit aus Verben (vornehmlich solcher auf *-ieren*), z. B. *akzeptabel* ´kann akzeptiert werden`. Das Suffix wird in romanischen (bzw. romanisch-stämmigen) Wörtern entlehnt (z. T. als frz. *-able*, *-ible*) und geht auf funktional entsprechendes l. *-ābilis, -ībilis* zurück, ist aber wohl semantisch auch von afrz. *able* (ne. *able*) ´geschickt, passend` beein-flußt, das auf l. *habilis* zurückgeht. Die Variante *-ibel* tritt meist auf, wenn das Basisverb nicht auf *-āre* ausgeht (z. B. l. *dispōnere* – d. *disponibel*, aber l. *acceptāre* – d. *akzeptabel*). Heute in neoklassi-schen Bildungen frei verfügbar. Die deutsche se-mantische Entsprechung ist *-bar*.

Wortbildung 3 (1978), 36 f., 395 f.

Abele *f. arch. ndd.* [a´be:lə] ´Weißpappel` (< 14. Jh.); *wmd., wobd.* dafür **Belle, Bellenbaum**. Mit mndl. *abeel*, nndl. *abeel*, mndd. *abele*, ne. *abele*, ndn. *abel* entlehnt aus afrz. *aubel*. Dies setzt ein *albellus* voraus, Diminutiv zu ml. *albarus* ´Weiß-pappel`, eigentlich ´weißlich` (zu l. *albus* ´weiß` und l. *albulus* ´weißlich`); s. *Alber* und *Albe*[1] für weitere Zusammenhänge.

Abend *m.* (< 9. Jh.). Mhd. *ābent*, ahd. *ābend*, as. *āband* aus wg. **āband(a)- m.* ´Abend`, auch in afr. *avend*; ähnlich ae. *ǣfen*, das wohl aus der gleichen Grundform umgestaltet worden ist (etwa nach *Morgen*, vgl. die Entsprechungen ne. *morning* – *evening*); stärker abweichend anord. *aptann* aus **aftanþ(a)-*, das Gotische hat andere Wörter. Zu-mindest im Nordischen bezeichnete das Wort ur-sprünglich die Zeit zwischen 3 und 9 Uhr nachmit-tags; die Zeit des Sonnenuntergangs war anord. *kveld* (s. *Kilt*). In den neueren Sprachen wurde im Nordischen *kveld*, sonst *Abend* verallgemeinert (nndl. *avond*, ne. *evening*, nschw. *kväll*, nisl. *kvöld*). Mit Rücksicht auf die Herkunft von frz. *soir*, it. *sera f.* ´Abend` aus l. *sērus* ´spät` und ntl.-gr. *opsia f.* ´Abend` aus gr. *opsé* ´spät` ist für die germani-schen Wörter wohl von einer sonst nicht bezeugten *nt*-Bildung zu einem Wort für ´spät(er)` auszuge-hen, das unter *aber* behandelt wird. Bildungen auf *-nt-* treten auch sonst bei Wörtern für Zeitstufen auf, vgl. ai. *hemantá-* ´Winter`, ai. *vasantá-* ´Früh-ling`. Das *-t-* in anord. *aptann* beruht wohl auf dem

Einfluß von Bildungen wie *aptr* ʾzurück, wiederʾ und *aptan* ʾhintenʾ; das *ǣ* der westgermanischen Formen ist unerklärt. Bei gleichem Lautstand semantisch am ähnlichsten ist gr. *opsé* ʾspät, abendsʾ. – Die Bedeutung ʾVorabendʾ (eines Festes) hängt daran, daß nach alter Auffassung der Tag mit dem vorangehenden Abend beginnt; vgl. für die Auffassung der Bibel 3. Mose 23,32 und für das Germanische Tacitus *Germania* 11 und allgemein Wünschmann. – Seit dem 14. Jh. auch ʾWestenʾ durch Bedeutungsentlehnung aus l. *vesper.*

Nndl. *avond*, morphologisch abweichend ne. *eve, evening.* S. *aber, Sonnabend.* – T. Johannison *MASO* 5 (1943), 50–75; Wünschmann (1966), 105–111; T. Johannison *MASO* 14 (1975), 24 f.; Darms (1978), 77–80; T. L. Markey in *FS M. Gimbutas* (1987), 299–321; Lloyd/Springer 1 (1988), 9–13; Röhrich 1 (1991), 55 f.

Abendland *n.* (< 16. Jh.). Im Gegensatz zu nhd. *Morgenland*, ursprünglich fast nur im Plural, das Bestimmungswort mit der Bedeutung ʾWestenʾ. Seit dem 18. Jh. (nur deutsch) ideologisch gebraucht.

R. Faber in *FS K. Hemrich* (Frankfurt/M. 1979), 140–150.

Abendmahl *n.* ʾAltarsakrament (evangelisch)ʾ (< 15. Jh.). Eigentlich das Wort für ʾAbendessenʾ, das übertragen für die Feier des letzten Mahls Christi mit seinen Jüngern gebraucht wird. In der Regel wird ein Wort gebraucht, das regional nicht das gewöhnliche Abendessen bezeichnet (neben *Abendmahl* vor allem *Abendessen* und *Nachtessen*), so daß das religiöse Wort dadurch gehobener wirkt. Im allgemeinen Gebrauch setzt sich *Abendmahl* als Form Luthers durch.

W. Besch: *Sprachlandschaft und Sprachausgleich im 15. Jh.* (München 1967), 134–136.

Abenteuer *n.* (< 12. Jh.). Mhd. *āventiure f.* Als ritterliches Fachwort aus frz. *aventure f.* entlehnt. Das Neutrum dringt aus dem Mittelniederdeutschen ein. Zugrunde liegt ein ml. **adventūra n. Pl.* ʾEreignisʾ, *PFut.* zu l. *advenīre* ʾherankommen, sich ereignenʾ.

Nndl. *avontuur*, nschw. *äventyr*, nisl. *æfintýr.* Zu Entlehnungen aus der Sippe des zugrundeliegenden l. *venīre* ʾkommenʾ s. *intervenieren.* – C. Müller *ZDW* 3 (1902), 251; Miettinen (1962), 20–63; E. Öhmann *NPhM* 64 (1963), 76; W. Haug in *FS H. Eggers* (Tübingen 1972), 88–125; M. Nerlich *Weimarer Beiträge* 24 (1977), 160–171; W. Brandt in *Mediterrane Kulturen* (1986), 7–9.

aber *Adv./Konj.* (< 8. Jh.). Mhd. *aber, afer, abe*, ahd. *abur, abar, abo (-b-/-f-/-w-)*, mndd. *afer.* Bei den Formen (auch den nachfolgend verglichenen) stehen g. **abur-* und g. **abar-* nebeneinander, für die Bedeutung ist zunächst von ʾwieder, zurück, danachʾ auszugehen. Die außergermanischen Vergleichsmöglichkeiten führen zunächst auf zwei Komplexe zurück (die letztlich miteinander zusammenhängen können), nämlich ig. **apo, *po* ʾab,

weg* – ʾzurückʾ – ʾhinterʾ und ig. **epi, *opi* ʾauf, zu, beiʾ. Das Problem ist nun, daß die *r*-Bildungen mit der Bedeutung ʾnach, zurück, hinter, wiederʾ formal zu **epi/opi*, semantisch zu **apo* zu gehören scheinen. Man wird hier (nach Dunkel) dem semantischen Zusammenhang den Vorzug geben – der lautliche Zusammenfall auf der Stufe **op-* kann zudem (gerade im Germanischen) auch zu Vermischungen geführt haben. Diese *r*-Bildungen (und Verwandtes) sind: ai. *ápara-* ʾhinterer, späterer, nachfolgenderʾ (aus [ig.] **apero-, *epero-* oder **opero-* [letzteres, falls das umstrittene Brugmannsche Gesetz außer Betracht bleibt]); air. *íar* ʾnach, spät, hinten, Endeʾ – vielleicht aus **epiro-*, aber ganz unklar (für den *e*-Vokalismus ist zu bedenken, daß das Keltische auch sonst sekundären *e*-Vokalismus zeigt, s. *Aar*); g. **afera-* ʾnachʾ, in gt. *afar* ʾnachʾ und substantiviert in ae. *eafora*, as. *aƀoro* ʾNachkommeʾ (teilweise vielleicht g. **abur-*); ein sicheres *o*- in gr. *ópi(s)the(n)* ʾhintenʾ. Zu g. **abur-* und ig. **[a]pu-* vgl. vor allem ai. *púnar* ʾwieder, zurück, abermalsʾ. Offenbar ist also schon die Vorform für das germanischen Wort nicht einheitlich, und so wird man auch bei der Bedeutung mit Vermischungen rechnen dürfen. Vgl. auch die Bedeutung ʾwiederʾ von *hundert und aberhundert, abermals* und ähnlichen Ausdrücken; vielleicht auch das seltene anord. *aur-*, das ungefähr ʾhinterer, zweiterʾ bedeutet (anord. *aurborð* ʾzweite Planke vom Kiel eines Schiffesʾ, anord. *aurfalr* ʾunterer Beschlag des Speeresʾ). Eine besondere Bedeutung ʾmiß-ʾ findet sich in *Aberglaube* und anderem; sie geht (wie bei *After-*) zurück auf eine Bedeutungsentwicklung von ʾhinterʾ zu ʾschlechterʾ. – Das *b* in den deutschen Formen ist wohl durch den Tiefton bedingt.

S. einerseits *ab* und andererseits *Abend, achter, After, Ebbe* und *Ufer*, sowie die hier folgenden Zusammensetzungen. – G. Wolfrum, E. Ulbricht *BGDSL-H* 81 (1959), 215–241; G. Schmidt: *Studien zum germanischen Adverb* (Diss. Berlin 1962), 265 f.; W. Bublitz in *Akten des 11. Linguistischen Kolloquiums* (Aachen 1977), 2,199–209; G. E. Dunkel *ZVS* 96 (1982), 66–87; I. Rosengren in *FS S. Grosse* (Göppingen 1984), 209–232; Lloyd/Springer 1 (1988), 401–403; Röhrich 1 (1991), 56.

Aberglaube *m.* (< 13. Jh.). Mhd. *abergloube* ist vor allem im Südwesten bezeugt, neben späterem *Mißglaube, Afterglaube* u. a. Zusammensetzung mit *aber*, das aus ʾnach, wieder, hinterʾ zu ʾneben-, schlechterʾ und dann zu der abschätzigen Bedeutung kommen konnte.

S. auch *Aberwitz.* – E. Öhmann in: *FS Krause* (1960), 166–169; zur Sache und zum geschichtlichen Hintergrund: D. Harmening: *Superstitio* (Berlin 1979); *LM* 1 (1980), 29–32.

abermals *Adv. alt.* (< 15. Jh.). Als *abermal, -s*, *aber ein mal* zu der Bedeutung ʾzurück, wiederʾ von *aber.*

Aberwitz *m. obs.* ´Unverstand, Verblendung´ (< 14. Jh.). Mhd. *aberwitz f.* ´Irresein´. Zusammensetzung aus *Witz* in der alten Bedeutung ´Verstand´ und *aber* in der unter *Aberglaube* behandelten besonderen Funktion. Ein Einfluß von älterem *abewitze* und *āwitze* ist nicht ausgeschlossen.

abfällig *Adj. stil.* (< 18. Jh.). In der heutigen Bedeutung als Gegenwort zu *beifällig* gebraucht, wie neben *Beifall* auch seltenes *Abfall* ´Mißfallenskundgebung´ steht.

abfieseln *swV. erw. österr. oobd.* ´abnagen´, weniger allgemein ´abfingern, klauben´ (< 19. Jh.). Zu nicht mehr üblichem *fieseln* ´nagen, abfasern´; dieses zu *Fiesel* ´Faser´ (ohne klare Etymologie, wohl Abwandlung eines mit *Faser* verwandten Wortes).

abfinden *stV.* (< *13. Jh., Standard < 16. Jh.). Ursprünglich gerichtlicher Ausdruck (zunächst ndd.), zu *(ein Urteil) finden*, wobei **zufinden** ´jemandem etwas durch Urteil zusprechen´ − *abfinden* (mit Dt.) ´jemandem etwas durch Urteil absprechen´. Dann (mit Akk.) ´jemandes Ansprüche (dieser Art) befriedigen´, woraus die heutigen Bedeutungen.

Abfuhr *f. phras.* Nur noch in der Wendung *eine Abfuhr erteilen*. In der heutigen Bedeutung (< 19. Jh.) zu *abführen* im Sinn von ´unterweisen, dressieren´ (eigentlich ´einen Hund so dressieren, daß er geführt werden kann´), dann auch ´zurückweisen, vernichtend besiegen´ (vgl. *jemandem eine Lektion erteilen*). Das Substantiv wurde dann vor allem in der Studentensprache gebraucht für die Niederlage eines Paukanten in der Mensur vor Ablauf der festgesetzten Fechtzeit, was für die heutige Bedeutung bestimmend geworden ist.

abgebrannt *Adj. (PPrät.) stil.* (< 17. Jh.). Das Verb *abbrennen* wird im 16. Jh. metonymisch auf den Geschädigten übertragen (*jemand brennt ab*). Das Partizip wird in der Bedeutung ´jmd., dessen Haus durch Feuersbrunst zerstört wurde´ lexikalisiert und bekommt im 30-jährigen Krieg die Bedeutung ´verarmt´. Es wird dann in die Studentensprache im Sinn von ´ohne Bargeld´ aufgenommen und kommt von dort in die Umgangssprache; gelegentlich literarisch (Goethe).
Röhrich 1 (1991), 57.

abgebrüht *Adj. (PPrät.) stil.* (< 19. Jh.). Verwendet wie ´hartgesotten´ (in übertragener Bedeutung); in der eigentlichen Bedeutung bezeugt seit dem 16. Jh. Andere Belege des 16. Jhs. (Fischart) lassen einen Zusammenhang mit ndd. *brüen* ´beschlafen´ (eigentlich ´bräuten´, zu *Braut*) vermuten; doch handelt es sich möglicherweise um zwei verschiedene Bildungen.

abgedroschen *Adj. (PPrät.)* (< 18. Jh.). Zu dem seit dem 16. Jh. bezeugten *abdreschen* in der Bedeutung ´Garben ausdreschen´, auch übertragen mit der Bedeutung ´herunterleiern´ (nach dem gleichmäßigen Rhythmus des Dreschens mit Flegeln). *Abgedroschen* ist dann das ausgedroschene Stroh, übertragen ´das, was durch vieles Herunterleiern abgenutzt ist´.

abgefeimt *Adj. (PPrät.) erw. stil.* (< 15. Jh.). Zu dem veralteten *Feim* ´Schaum´ gehört als Partikelableitung das swV. *abfeimen* ´den Schaum von etwas wegnehmen, reinigen´. Zur Bedeutungsentwicklung des Partizips vgl. *raffiniert, ausgekocht* und *mit allen Wassern gewaschen*.
Röhrich 1 (1991), 57.

abgefuckt *Adj. (PPrät.) per. grupp.* (< 20. Jh.). Abwertender, vulgärer Kraftausdruck der Jugendsprache. Nach dem Muster von *abgedroschen, abgebrannt, abgeklappert, abgerissen, abgewichst* u.ä. gebildet zu ne. *fuck* ´ficken´, das sonst aber nur als Interjektion, nicht als Verb, entlehnt wurde. Vielleicht nach seltenem e. *fucked up* ´heruntergekommen´.
Carstensen 1 (1993), 2.

abgekartet *Adj. (PPrät.)* s. *abkarten*.

abgelegen *Adj. (PPrät.)* (< 16. Jh.). Zu *abliegen* in der Bedeutung ´entfernt sein´.

Abgeordneter *m.* (< 17. Jh.). Substantiviertes Partizip des Präteritums von *abordnen*. So bezeichnet werden zunächst Bevollmächtigte, die meist in Staatsangelegenheiten zu Verhandlungen entsandt werden; danach ´Mitglied einer Volksvertretung´.

abgeschieden *Adj. (PPrät.)* s. *Abschied*.

abgeschmackt *Adj. (PPrät.)* (< *16. Jh., Form < 17. Jh.). Aus etwas älterem *abgeschmack* der Form eines Partizips angepaßt. Zusammensetzung aus *geschmack* ´geschmackvoll´ und *ab* in der Bedeutung ´-los, wider-´ wie in *abhold*. Vgl. auch fnhd. *abschmecken* ´widrig schmecken´.

Abgott *m. alt.* ´Götze´ (< 8. Jh.). Seit dem 16. Jh., aber erst neuerdings allgemein, im übertragenen Sinn (wie *Idol*) verwendet. Mhd. *abgot*, ahd. *abgot, abguti n./m.*, as. *afgod*, afr. *afgod*. Die ursprüngliche Bedeutung ist ´Götterbild´, dann ´heidnischer Gott´. In diesen Bedeutungen bleibt das Wort *Gott* in allen germanischen Sprachen zunächst Neutrum (gt. *galiug* und *galiuga-guþ*, anord. *goð*, ae. *god*). Die Zusammensetzung mit *ab-* bedeutet in gt. *afguþs*, spätem flämischem *afgod* und norw. (dial.) *avgud* ´gottlos´ (= ´von dem Gott entfernt ist´). Bei der Substantivierung im Deutschen dürfte es sich um die gleiche Bildung mit etwas anderem semantischem Bezug handeln (etwa ´von dem Göttlichkeit entfernt ist´ = ´der kein Gott ist´, vielleicht ´der nicht der Gott selbst ist´). Die Bildungsbedeutung ist aber nicht ausreichbar klar.
Nndl. *afgod*. Zur Bildung vgl. *Abgrund*. − H. Wesche *BGDSL* 61 (1937), 82−85; E. Karg-Gasterstädt *BGDSL* 67 (1944), 420−433; Lloyd/Springer 1 (1988), 24.

Abgrund *m.* (< *8. Jh., Form < 14. Jh.). Mhd. *abgrunt*, ahd. *abgrunt* sind umgeformt aus älterem mhd. *abgründe*, ahd. *abgrunti*, as. *afgrundi*; auch ae. (spät und selten) *æfgrynde*; dieses ist wie gleichbedeutendes gt. *afgrundiþa f.* Abstraktum zu einem vorauszusetzenden Adjektiv wg. **af-grund-(u)-ˈgrundlos* (= von dem der Grund entfernt ist)ˈ (ahd. als *abgrundi* bezeugt), vielleicht Lehnübersetzung von gr. *ábyssos* (zu gr. *byssós m.* ˈGrundˈ).

Nndl. *afgrond*; aus dem Mittelniederdeutschen entlehnt nschw. *avgrund*. − M. Doppler: *Der Abgrund* (Graz 1968); *HWPh* 1 (1971), 6.

abhanden *Adv. phras.* (< 14. Jh.). Nur noch in der Wendung *abhanden kommen*. Wie *zuhanden*, *vorhanden* Zusammenrückung von *ab* und dem alten, umlautlosen Plural von *Hand*. Die zugrundeliegende Fügung ist schon althochdeutsch, die Zusammenrückung erfolgt etwa im 14. Jh., die umlautlose Form setzt sich erst im 18. Jh. allgemein durch.

Abhang *m.* (< 15. Jh.), aber erst im 17. Jh. gebräuchlich geworden. Das Adjektiv *abhängig* ˈschräg abfallendˈ ist zunächst häufiger. Zu *abhängen* in der Bedeutung ˈgeneigt seinˈ.

abhängig *Adj.* (< *15. Jh., Bedeutung < 18. Jh.), das Grundwort *abhängen* in der Bedeutung ˈabhängig seinˈ seit dem 16. Jh. Vermutlich Lehnbedeutungen zu l. *dependere* (unter Einfluß des Französischen?) und fnhd. *dependieren*. S. *Abhang* für die ältere Bedeutung.

abhauen *swV. stil.* ˈsich davon machenˈ (< *9. Jh., Bedeutung 20. Jh.). Zu *hauen* in der nicht mehr üblichen Bedeutung ˈsich beeilenˈ, die vermutlich vom Reiten ausgegangen ist: ˈauf das Pferd einhauen (mit Sporen und Peitsche)ˈ, um es zu größerer Schnelligkeit anzutreibenˈ. Der Ausdruck wird im 20. Jh. in der Soldatensprache allgemein und gelangt von dort aus in die Umgangssprache.

abhold *Adj. obs.* (< 14. Jh.). Aus *hold* und *ab* ˈ-los, wider-, miß-ˈ wie in *abgeschmackt*.

äbich *Adj. arch.* ˈabgewandt, verkehrt (von der linken Seite von Geweben usw.)ˈ (< 8. Jh.). Mhd. *ebich*, ahd. *abuh*, as. *aƀuh* aus n./wg. **abuha- Adj.* ˈverkehrtˈ, auch (mit grammatischem Wechsel) in anord. *ǫfugr*; parallel (mit Ablaut) ist gt. *ibuks* ˈrückwärtsgewandtˈ. Vergleichbare außergermanische Bildungen sind akslav. *opaky* ˈwiederum, entgegengesetztˈ und ai. *apā́ñc-* ˈrückwärts gelegen, hinten liegendˈ. Es handelt sich um parallele Bildungen aus ig. **ap-o/u-* (s. *aber*), nicht notwendigerweise um Reflexe des gleichen grundsprachlichen Wortes. Der Anlaut des meist nur mundartlichen deutschen Wortes ist auch *h-* (unorganisches *h*), *g-* (Präfix *ge-*) und *n- (m-)* (falsche Ablösung). Das Suffix ist schon früh den *i*-haltigen Suffixen angepaßt worden und hat deshalb Umlaut bewirkt.

Nisl. *öfugur*, nschw. *avig*; ne. *awkward* (aus dem Nordischen entlehnt). − Lloyd/Springer 1 (1988), 33−36; Heidermanns (1993), 93 f.

Abitur *n.* (< 19. Jh.). Zu l. *abitūrus* ˈeiner, der weggehen wirdˈ, dem Partizip des Futurs von l. *abīre* ˈweggehenˈ wird im Schullatein des 17. Jhs. (über ein *abitūrīre* ˈweggehen wollenˈ) *abitūriēns* und im 18. Jh. in deutschen Texten *Abiturient* ˈeiner der weggehen willˈ gebildet. Für die zuerst 1788 in Preußen eingeführte Abschluß-Prüfung bestehen mehrere Bezeichnungen, unter anderem seit dem 18. Jh. *Abiturienten-Examen (-Prüfung)*. Daraus wird im 19. Jh. zunächst die Kurzform *Abiturium* gebildet (in Analogie zu *Physikum* aus l. *examen physicum*); später auch *Abitur*. Also eigentlich ˈPrüfung für den, der (von der Schule) weggehen willˈ.

L. *abīre* ˈweggehenˈ ist mit l. *ab-* ˈvon − wegˈ präfigiertes l. *īre* ˈgehenˈ. Zu Entlehnungen aus dessen Sippe s. *Exitus*. − *DF* 1 (1913), 1.

abkanzeln *swV. stil.* (< 17. Jh.). Zu *Kanzel*. Zunächst ˈvon der Kanzel herab öffentlich nennen (nicht notwendigerweise tadelnd)ˈ, seit dem 18. Jh. in der verallgemeinerten Bedeutung ˈscharf tadelnˈ. Röhrich 1 (1991), 57 f.

abkarten *swV. phras.* (< 18. Jh.) (in *abgekartetes Spiel* u.ä.). Zu *karten* ˈKarten spielenˈ, dann speziell ˈeine Karte ausspielenˈ. Dieses vielfach übertragen für ˈeine Sache einfädeln, sich etwas zurechtlegenˈ (weil das Ausspielen einer Karte den weiteren Spielverlauf bestimmt, vgl. etwa *ein guter Schachzug* im übertragenen Sinn); dann mit *ab-* zum Ausdruck des gemeinsamen Einfädelns einer Sache (vgl. etwa *abmachen*).

Anders W. Niekerken in: *FS Pretzel* (1963), 369 f.

Abklatsch *m. stil.* ˈNachbildung ohne eigenen Wertˈ (< 19. Jh.). In der Druckersprache: ˈvon Hand hergestellter Bürstenabzugˈ, auch ˈKopie einer Inschrift durch Anpressen von nassem Papierˈ, von da aus übertragen. Zu *klatschen* (s. *klatsch*) im Sinne von ˈgeräuschvoll andrückenˈ. Vgl. frz. *cliché* ˈAbklatsch, Abdruckˈ, das von einem entsprechenden nhd. *klitschen*, *Klitsch* übernommen ist (s. *klitsch*).

Abkommen *n.* (< *16., Bedeutung < 17. Jh.). Wie älteres *Abkommung* gehört es zu *abkommen* in der Bedeutung ˈsich von einer Verpflichtung, einer Schuld, lösen, von einer Schuld wegkommenˈ und bezeichnet deshalb zunächst Vereinbarungen über Tilgungen und Erstattungen. Im 18. Jh. verschiebt sich bei Verb und Substantiv die Bedeutung über älteres ˈsich vergleichenˈ zu ˈübereinkommenˈ und ˈVertrag, Übereinkommenˈ.

abkratzen *swV. vulg.* ˈsterbenˈ (< 19. Jh.). Eigentlich ˈsich mit einem *Kratzfuß* verabschiedenˈ; dann ˈsich davonmachenˈ.

Abkunft *f.* (< 17. Jh.). Abstraktum zu nicht mehr üblichem *abkommen* ˈabstammenˈ.

Ablaß *m. erw. fach.* ˊErlaß der Sündenstrafenˋ (< 9. Jh.). Mhd. *abelāz*, ahd. *ablāz*, mndd. *aflāt.*, mndl. *aflāte*. Das Verbalabstraktum zu *ablassen* kann neben konkreten Bedeutungen auch die Vergebung im christlichen Sinne meinen. Seit dem 11. Jh. bezeichnet es als Bedeutungsentlehnung aus kirchen-l. *indulgentia f.* den Nachlaß der zeitlichen Sündenstrafen (später speziell durch Ableistung guter Werke oder Geldzahlung an kirchliche Einrichtungen). Bei Luther ist das Wort nach niederdeutschem Sprachgebrauch ein Neutrum.
Nndl. *aflaat*. – *LM* 1 (1980), 43–46; Röhrich 1 (1991), 58.

Ablativ *m. per. fach.* ˊKasus zur Markierung der Herkunft (z. B. im Lateinischen)ˋ (< *15. Jh., Form 18. Jh.). Zunächst in der lateinischen Form *ablativus* entlehnt, dann endungslos. Aus l. *(cāsus) ablātīvus* ˊder die Trennung ausdrückende Fallˋ, zu l. *ablātus* ˊweggetragen, weggebrachtˋ, dem PPP. von l. *auferre*, zu l. *ferre* ˊtragenˋ und l. *ab-* ˊvon – wegˋ.
Zu Entlehnungen aus der Sippe des zugrundeliegenden Partizips *lātum* s. *Prälat*. – E. Leser *ZDW* 15 (1914), 53.

ablaufen *st V. stil. phras.* In der Wendung *jemanden ablaufen lassen* ˊeine Abfuhr erteilenˋ ursprünglich aus der Fechtersprache (< 16. Jh.): ˊso parieren, daß die Klinge des Gegners an der eigenen abgleitetˋ. Seit dem 17. Jh. übertragen gebraucht. Zu *den Rang ablaufen* s. *Rank*.
Röhrich 1 (1991), 58.

Ablaut *m. per. fach.* (ein Vokalwechsel) (< 15. Jh.). Zunächst gebraucht im Sinne von ˊmißtönendˋ, speziell, um den unregelmäßigen Vokalismus der starken Verben zu kennzeichnen. Dabei ist *ab-* im Sinne von ˊabweichend vom Regelmäßigenˋ zu verstehen. Von J. Grimm 1819 als grammatischer Terminus festgelegt.
G. Schoppe *GRM* 11 (1923), 184.

Ableger *m. erw. fach.* (< 18. Jh.). Zu *ablegen*, das in früherer Zeit eine Reihe von Sonderbedeutungen hatte, so auch ˊAusläufer bekommen, absenkenˋ im Gartenbau.

ablehnen *sw V.* (< 16. Jh.) zu *lehnen*. Zunächst in der systematischen Bedeutung ˊetwas Angelehntes wegnehmenˋ (nie in rein gegenständlicher Bedeutung bezeugt), z. T. *von sich ablehnen*, dann – wohl unter Einfluß von l. *dēclīnāre* (das aber eher ˊablenkenˋ bedeutet) – ˊabwehren, abschlagenˋ.
E. Öhmann *NPhM* 58 (1958), 1–3.

abluchsen *sw V. stil.* ˊ(mit List) wegnehmen, abschwatzenˋ (< 18. Jh.). Ursprünglich niederdeutsches Intensivum zu mndd. *luken* ˊziehen, zupfenˋ, dieses aus wg. *leuk-a-* ˊrupfenˋ in ae. *lūcan*, afr. *lūka*, ahd. *[ar-] liuhhan* (mit Diphthong statt Vokallänge), aus ig. *leug-* in ai. *rujáti* ˊzerbricht, zerschmettert, zertrümmertˋ, lit. *láužti* ˊbrechen, auf-

brechenˋ. Zur Bedeutungsentwicklung vgl. *jemanden rupfen*, zur Form ndd. (Hildesheim) *luckßen* ˊsaugen (vom Kleinkind)ˋ.
W. Niekerken in: *FS Pretzel* (1963), 369 f.

abmarachen *sw V. refl. arch.* ˊsich abquälenˋ (< 18. Jh.). Ursprünglich ndd. Herkunft dunkel.
Versuche einer Erklärung aus dem Westjiddischen bei E. Weißbrodt *ZDPh* 64 (1939), 308 und Wolf (1985), 31; dagegen W. Röll *AIGK* 7, 5 (1986), 60 f.

abmergeln *sw V.* s. *ausgemergelt*.

abmurksen *sw V. vulg.* (< 18. Jh.). Gelegentlich literarisch. Expressive *s*-Bildung zu ndd. *murken* ˊtötenˋ, dieses aus mndd. *morken* ˊzerdrückenˋ. Vgl. zum Bedeutungsübergang mhd. *zermürsen, zermüschen* ˊzerdrücken, ein Tier zertretenˋ. Vermutlich zu ig. **mera-* ˊzerdrückenˋ in (spät-)anord. *merja* ˊzerquetschenˋ, l. *mortārium* ˊMörserˋ, gr. *marainō* ˊich reibe auf, vernichteˋ, ai. *mṛṇáti* ˊzermalmtˋ (lautlich mehrdeutig). Vielleicht als Lautvariante genauer zu vergleichen mit ai. *marcáyati* ˊbeschädigt, verletztˋ (ai. *markā- m.* ˊVernichtung, Todˋ), l. *murcus* ˊverstümmeltˋ. S. auch *Murkel* und *murksen*.

abnorm *Adj. erw. fremd.* ˊungewöhnlich, unnatürlichˋ (< 19. Jh.). Entlehnt aus l. *abnormis* ˊvon der Regel abweichendˋ (zu l. *ab* ˊvon – wegˋ und l. *norma* ˊRegel, Normˋ).
DF 1 (1913), 2.

abonnieren *sw V.* (< 18. Jh.). Entlehnt aus frz. *s'abonner* bzw. *abonner* (eigentlich ˊausbedingen, festsetzenˋ), aus afrz. *abosner* ˊabgrenzenˋ, zu afrz. *bosne* ˊGrenzsteinˋ (später *borne* usw.). Konkretum: **Abonnement**, Nomen agentis: **Abonnent**.
S. auch *borniert*. – Schirmer (1911), 4; *DF* 1 (1913), 2.

Abort[1] *m. erw. reg.* ˊKlosettˋ (< *16. Jh., Standard 18. Jh.). Hüllwort für älteres *Abtritt*, aus *ab* und *Ort* als ˊabgelegener Ortˋ; schon mndd. *afort* in dieser Bedeutung. Mit Betonung des zweiten Gliedes unter dem Einfluß des folgenden Wortes (oder mit verhüllender Entstellung durch Fremdwort-Betonung?).
RGA 1 (1973), 15–18; Hiersche 1 (1986), 13.

Abort[2] *m. per. fach.* ˊFehlgeburtˋ (< *16. Jh., Form 17. Jh.). Als medizinisches Fachwort entlehnt aus l. *abortus* ˊFehlgeburtˋ, zunächst in lateinischer Form, dann endungslos.
Das lateinische Wort ist ein Abstraktum zu l. *aborīrī* ˊvergehen, dahinschwindenˋ, speziell (zunächst unpersönlich) ˊabgehenˋ, dann auch persönlich ˊeine Fehlgeburt habenˋ, aus l. *ab-* ˊvon – wegˋ und l. *orīrī* ˊsich erheben, hervorkommenˋ. Zu Entlehnungen aus dessen Sippe s. *Orient*. – *BlW* 1 (1981), 48 f.

abrackern *sw V.* s. *Racker*.

Abrakadabra *Partikel (Formelwort)* (< 16. Jh.). Ein in mehreren Sprachen bezeugtes Zauberwort, zunächst zur Abwehr gegen bestimmte Krankheiten; im Lateinischen seit dem 3. Jh. nachgewiesen. Über die Herkunft sind nur Spekulationen möglich.

W. Buchholz *Zeitschrift für Religion und Geistesgeschichte* 8 (1956), 257−259; A. A. Barb in *FS W. Deonna* (Bruxelles 1957), 67−73. Herleitung aus dem Thrakischen (ˈSchaum und Ascheˈ, vielleicht auch ˈNebel und Rauchˈ) bei W. Brandenstein in: *Studies presented to J. Whatmough* (sˈGravenhage 1957), 26 f.; *BlW* 1 (1981), 51; Röhrich 1 (1991), 58 f.

Abriß *m.* (< *16. Jh., Bedeutung < 19. Jh.). In der Bedeutung ˈkurze Zusammenfassungˈ bezeugt seit dem 19. Jh. Ursprünglich ein nur in den Umrissen entworfenes Bild, zu *(ab-) reißen* in der Bedeutung ˈzeichnenˈ.

abrupt *Adj. erw. fremd.* ˈplötzlich, jähˈ (< 18. Jh.). Entlehnt aus l. *abruptus*, dem PPP. von l. *abrumpere* ˈabreißen, losreißenˈ, aus l. *rumpere (ruptum)* ˈreißen, zerbrechenˈ und l. *ab-* ˈvon − wegˈ. S. *korrupt, Eruption, Bankrott, Rotte, Route.* Zur germanischen Verwandtschaft s. *Raub.* − *DF* 1 (1913), 2; *BlW* 1 (1981), 56.

Absatz *m.* (< *14. Jh., Bedeutung < 17. Jh.). In der Bedeutung ˈTeil des Schuhsˈ seit dem 17. Jh., ausgehend von *Absatz* ˈAbschnitt, Unterbrechungˈ, dann ˈStufe, Podestˈ u.ä. zu *absetzen.*

abschätzig *Adj.* (< 15. Jh.). Zu *abschätzen* in der fachsprachlichen Bedeutung ˈetwas als minderwertig einstufen und deshalb aus dem Verkehr ziehen (Münzen, Brot u.ä.)ˈ.

Abschaum *m.* (< 15. Jh.). Ursprünglich der sich beim Sieden und Schmelzen bildende unreine Schaum, der abgeschöpft wird. Rückgebildet aus *abschäumen* ˈden Schaum entfernenˈ (das Verb wie *abrahmen* zu *Rahm*, die Rückbildung auch in *Abraum* zu *abräumen*). Vor allem übertragen gebraucht und in übertragener Bedeutung auch früher als in der eigentlichen Bedeutung bezeugt.

Abscheu *m.* (< 16. Jh.). Rückbildung aus etwas älterem *abscheuen* *swV.* ˈzurückscheuen, sich entsetzenˈ (heute ersetzt durch das denominale **verabscheuen**). Die Rückbildung zeigt sich im maskulinen Genus, neben dem aber auch das feminine und neutrale steht. Hierzu das Adjektiv **abscheulich**.

Abschied *m.* (< 15. Jh.). Fnhd. *abscheid* und (seltener) *abschid* zu fnhd. *abscheiden* ˈweggehenˈ (s. *scheiden*). Der Vokal des Partizips hat sich hier (im Gegensatz zu *Bescheid*) durchgesetzt. Vom Verbum ist noch das erstarrte Partizip **abgeschieden** ˈzurückgezogenˈ erhalten; vgl. auch **die Abgeschiedenen** ˈdie Totenˈ (fnhd. *abscheid* häufig = ˈTodˈ). Nndl. *afscheid.* S. *verabschieden* − Röhrich 1 (1991), 60.

Abschlag *m. stil.* (< *13. Jh., Bedeutung < 16. Jh.). In den kaufmännischen Bedeutungen ˈRechnungsabzug, Teilzahlungˈ seit dem 16. Jh. bezeugt. Zu *abschlagen*, das schon mittelhochdeutsch über-

tragen für ˈverringernˈ in verschiedenen Anwendungsbereichen gebraucht wird (wenn man Teile von etwas abschlägt, dann wird es kleiner).

Abschreibung *f. erw. fach.* (< *15. Jh., Bedeutung < 19. Jh.). Der heutige technische Sinn aus älteren Bedeutungen von *abschreiben* wie ˈtilgen, löschen (aus Dokumenten), abbuchenˈ.

abschüssig *Adj.* (< 16. Jh.). Zu **Abschuß** ˈAbhangˈ, eigentlich ˈStelle, von der das Wasser schnell abfließen (abschießen) kannˈ.

absehen *swV.* s. *Absicht.*

Abseite *f. per. fach.* ˈSeitenschiff (einer Kirche)ˈ, *ndd.* ˈNebenraum unter der Dachschrägeˈ (< 12. Jh.). Mhd. *absîte*, mndd. *afside* ˈSeitengewölbeˈ, entlehnt aus kirchen-l. *absîda* ˈWölbung, Chorkapelleˈ zu gr. *apsís (apsídos)* ˈGefüge, Gewölbeˈ. Die Lautform ist angelehnt an *ab* und *Seite*; auch die niederdeutsche Bedeutung steht wohl unter dem Einfluß dieses sekundären Anschlusses.

Lloyd/Springer 1 (1988), 30−32; *BlW* 1 (1981), 66 f.

abseits *Adv.* (< 17. Jh.) neben *diesseits, jenseits* und wie diese ursprünglich ohne -s. Vielleicht in Anlehnung an das ältere *seitab*, sonst unklar. Als Fachausdruck im Fußballsport (auch substantiviert, *n.*) im 20. Jh. übersetzt das Wort ne. *off side*. Röhrich 1 (1991), 61.

Absicht *f.* (< *16. Jh., Form < 17. Jh.). Für älteres *Absehen*, bei dem sich die Bedeutung ˈBestreben, Augenmerkˈ aus konkretem ˈZiel, Visierˈ entwickelte. Zu **absehen** ˈeine Schußwaffe auf jmd. richtenˈ (daraus *es auf jemanden oder etwas abgesehen haben*). *HWPh* 1 (1971), 9−12.

Absinth *m. per. fach.* ˈWermutbranntweinˈ (< 19. Jh.). Entlehnt aus frz. *absinthe f.* (auch ˈWermutˈ), dieses aus l. *absinthium n.* (und *absinthiātum vīnum* ˈWermutweinˈ), dieses aus gr. *apsínthion n.* ˈWermutˈ (und *apsinthíthēs oînos* ˈWermutweinˈ). Die weitere Herkunft ist nicht sicher geklärt (vermutlich aus einer Substratsprache entlehnt). *BlW* 1 (1981), 65 f.

absolut *Adj.* ˈunbedingt, vollkommenˈ (< 16. Jh.). Entlehnt aus l. *absolūtus* ˈlosgelöst, unabhängig, in sich abgeschlossen, vollständigˈ, dem PPP. von l. *absolvere (absolūtum)* ˈlösen, entlassen, freisprechen, zum Abschluß bringenˈ (s. *absolvieren*). Auf die konkreten Verwendungsmöglichkeiten (in Politik, Philosophie usw.) hat auch die französische Entsprechung *absolu* eingewirkt. Zum Begriff der *absoluten Monarchie* gehört die Weiterbildung **Absolutismus**.

DF 1 (1913), 3; K.-H. Weimann *DWEB* 2 (1963), 385; *HWPh* 1 (1971), 22−33; *BlW* 1 (1981), 68−75; R. Vierhaus: *Patriotismus* (Göttingen 1987), 63−83.

absolvieren *swV. erw. fach.* ˈfreisprechen, abschließenˈ (< 15. Jh.), ˈzu Ende führenˈ (< 16. Jh.).

Entlehnt aus l. *absolvere*, zu l. *solvere (solūtum)* ´lösen´ und l. *ab-* ´von − weg´. Der Bedeutungsübergang von ´lösen´ zu ´beenden´ geht entweder über ´aufbinden, erlösen´ oder er bezieht sich auf das Ablösen des Werkstücks aus dem Herstellungsgerät nach der Fertigstellung. Das zugehörige Abstraktum ist **Absolution** (14. Jh.); Nomen agentis: **Absolvent**; Partizip: **absolut**.

Zur Sippe des zugrundeliegenden l. *solvere* gehören außer dem PPP *absolut* noch das PPP *resolut* und das Abstraktum *Resolution*. Verwandt ist gr. *lýein* ´lösen´, dessen Sippe unter *Analyse* aufgeführt ist. Zur germanischen Verwandtschaft s. *verlieren*. − DF 1 (1913), 3 f.; Röhrich 1 (1991), 61.

absorbieren *swV. erw. fremd.* ´aufsaugen´ (< 17. Jh.). Entlehnt aus l. *absorbēre*, zu l. *sorbēre* ´schlucken, aufsaugen´ und l. *ab* ´von − weg´. Zunächst in die medizinische Fachsprache entlehnt, dann Verallgemeinerung der Bedeutung im 18. Jh. Heute auch übertragen für ´ganz in Anspruch nehmen´. Abstraktum ist **Absorption**.

DF 1 (1913), 4; BlW 1 (1981), 76 f.

abspannen *swV.* s. *abspenstig*.

abspeisen *swV. phras.* (< *16. Jh., Bedeutung < 17. Jh.). Vor allem in *sich (nicht) abspeisen lassen*. Ursprünglich ´jemanden mit einer bestimmten Speise (einem bestimmten Futter) ernähren´, dann − vor allem mit *lassen* − verwendet für ´sich (nicht) mit etwas zufrieden geben´. Vielleicht bezieht sich die Redewendung auf den Brauch, seinem Freier durch das Vorsetzen bestimmter Speisen Annahme oder Ablehnung mitzuteilen.

Röhrich 1 (1991), 61 f.

abspenstig *Adj. phras.* (< *14. Jh., Form < 16. Jh.) (in *jemandem jemanden abspenstig machen*). Seit dem 16. Jh. für älteres *abspännig* zu *abspanen (abspenen)* ´weglocken´ aus ahd. *spanan*, as. *spanan* ´locken´, spmhd. *abspenen (abspanen)* ´weglocken´; die heutige Form gehört zum *(s)ti*-Abstraktum (ahd.) *spanst* ´Lockung´. Das Verbum aus wg. **span-a-* *swV.* ´locken´, auch in ae. *spanan*, afr. *spona*, (anord. *spenja* *swV.*), ohne klare Vergleichsmöglichkeit. Als Grundwort wird seit frühneuhochdeutscher Zeit **abspannen** ´ausspannen´ verstanden, doch beruht dies auf sekundärer Anlehnung. S. *Gespenst*.

Abstand *m.* (< 15. Jh.). In der eigentlichen Bedeutung ´Entfernung´ und der übertragenen Bedeutung ´Verzicht´ (*Abstand leisten*) Verbalabstraktum zu mhd. *abestān* ´abstehen, entfernt sein; überlassen, verzichten´. Dieses zu *ab* und *stehen*.

abstatten *swV. phras.* (< 16. Jh.). Meist nur in *einen Besuch abstatten* (oder *Dank abstatten*). Zu mhd. *staten* ´an seine Stelle bringen, zu etwas verhelfen´; dann auch sehr allgemein ´abfinden, entrichten´, zu *Statt* (und *ausstatten*).

Abstecher *m. phras.* (< *17. Jh., Bedeutung < 18. Jh.). In der niederländischen Seemannssprache gibt es zu nndl. *afsteken* ´ (ein kleines Beiboot mit Hilfe des Bootshakens vom Schiff) abstoßen´ den Ausdruck *een afsteker maken* ´eine kurze Fahrt mit dem Beiboot machen´ (nndl. *steken* im Sinn von ´stechen, stoßen, stochern´). Beides ins Deutsche entlehnt, wo das Substantiv im 18. Jh. mit allgemeinerer Bedeutung in die Gemeinsprache gelangt, das Verb schon seit dem 16. Jh., hochdeutsch 17. Jh. Eine entsprechende Bedeutung von *stechen* liegt vor bei *in See stechen*.

Abstinenz *f. erw. fach.* ´Enthaltsamkeit´ (< *14. Jh., Form < 15. Jh.). In lateinischer Form entlehnt aus l. *abstinentia*, einem Abstraktum zu l. *abstinēns (-entis)* ´enthaltsam´, dem PPräs. von l. *abstinēre* ´sich enthalten´, zu l. *tenēre* ´halten, festhalten´ und l. *ab* ´von − weg´; endungslos seit dem 15. Jh. Zunächst kirchlicher und medizinischer Fachausdruck; die Bedeutungsverengung auf alkoholische Getränke erfolgt Mitte des 19. Jhs. unter Einfluß von ne. *(total) abstinence*. Adjektiv: **abstinent**; Täterbezeichnung: **Abstinenzler** (Hybridbildung).

Zu Entlehnungen aus der Sippe des zugrundeliegenden l. *tenēre* ´halten´ s. *Tenor*. − DF 1 (1913), 4; K.-H. Weimann DWEB 2 (1963), 385; BlW 1 (1981), 86−94.

abstrakt *Adj.* (< 15. Jh.). Entlehnt aus l. *abstractus* (eigentlich ´abgezogen´), dem PPP von l. *abstrahere* ´abziehen, wegziehen´, zu *trahere (tractum)* ´ziehen, herleiten´ und l. *ab-* ´von − weg´. Das Gegensatzpaar *abstrakt − konkret* geht auf den spätrömischen Philosophen Boethius zurück, wobei *abstrakt* das gr. *tà ex aphairéseōs* (Aristoteles) übersetzt; gemeint ist dabei eine für sich allein gedachte Eigenschaft, die aber gar nicht von einem Substrat getrennt auftreten kann und deshalb von ihm ´abgezogen´ werden muß. Verbum: **abstrahieren** ´auf das Begriffliche zurückführen´; Abstraktum: **Abstraktion**. Substantivierung: **Abstraktum** ´das Abstrakte, Substantivierung eines Verbs oder Adjektivs ohne Bedeutungsveränderung´.

Zur Sippe von l. *trahere* ´ziehen´ gehören als Präfigierungen *(attrahieren)*, *subtrahieren*, *(extrahieren)*, *(kontrahieren)* mit ihren Abstrakta *Attraktion*, *(Subtraktion)* und den Substantivierungen *Extrakt*, *Kontrakt* − ebenso aus dem Simplex: *Trakt*; über das Italienische: *Tratte*, über das Französische aus einem Partizip einer Präfigierung mit l. *prō*: *Porträt*. Auf Weiterbildungen aus der Form des Partizips gehen zurück *Traktat* und über das Französische *maltrātieren* (zu *tractāre*), ebenfalls aus dem Französischen *Trasse* (aus **tractiāre*) und (über das Englische) *trainieren* (**tragīnāre*). Zur germanischen Verwandtschaft s. *tragen*. − DF 1 (1913), 4; HWPh 1 (1971), 33−66; W. Pfeifer *Philologus* 123 (1979), 171 f.; LM 1 (1980), 50−60; BlW 1 (1981), 94 f.

abstrus *Adj. erw. fremd.* ´absonderlich´ (< 17. Jh.). Entlehnt aus l. *abstrūsus* ´verborgen´, dem PPP von l. *abstrūdere* ´verstecken, verbergen´, zu l. *trūdere (trūsum)* ´stoßen, drängen´ und l. *ab-* ´von

− weg'. Die Bedeutungsverschlechterung von ´verborgen' zu ´absonderlich' erst im Deutschen. Zur germanischen Verwandtschaft s. *verdrießen.*
DF 1 (1913), 4; *BlW* 1 (1981), 95.

absurd *Adj.* ´widersinnig' (< 17. Jh.). Entlehnt aus l. *absurdus* (eigentlich ´mißtönend'), das zu einem lautmalerischen l. *susurrus* ´Zischen' gestellt wird. Früher vor allem üblich in der Sprache von Philosophie und Logik (vgl. *ad absurdum führen*). Abstraktum: *Absurdität.*
Zur germanischen Verwandtschaft s. *schwirren.* − W. J. Jones *SN* 51 (1979), 247 f.; *HWPh* 1 (1971), 66 f.; *LM* 1 (1980), 60; *BlW* 1 (1981), 99−101; Röhrich 1 (1991), 65 f.

Abszeß *m. per. fach.* ´eitrige Geschwulst' (< 18. Jh.). Entlehnt aus l. *abscessus* (eigentlich ´Weggang, Absonderung'), zu l. *abscēdere* ´weggehen, entweichen, sich entfernen', zu l. *cēdere (cessum)* ´weichen' und l. *ab-* ´von − weg'. Gemeint ist die Absonderung des Eiters.
Zur Sippe des zugrundeliegenden lateinischen Verbs *cēdere* ´weichen' gehören als *tu*-Stämme die Präfigierungen: *Abszeß, Exzeß, Prozeß* und als zugehörige Adjektiv-Bildung *sukzessiv.* Abstraktbildungen sind *Konzession, Prozession, Rezession, Sezession*; von anderer Bildungsweise, zusammengerückt mit der Negation, l. *necesse* ´notwendig', übernommen über das Französische in *Necessaire*; als französische Bildung *Prozedur.* Zu einem Partizip des Präsens *Präzedenzfall*; und zu einer Adjektivbildung aus dem PPP über das Französische: *Accessoires.* − *DF* 1 (1913), 5; *BlW* 1 (1981), 57.

Abszisse *f. per. fach.* ´auf der X-Achse eines Koordinatensystems abgetragene erste Koordinate eines Punktes', auch ´X-Achse eines Koordinatensystems' (kurz für *Abszissenachse*) (< 18. Jh.). Entlehnt aus neo-kl. *(līnea) abscissa* ´die Abgeschnittene (Linie)', zu l. *abscindere* ´abspalten, trennen', zu l. *scindere (scissum)* ´zerreißen, spalten' und l. *ab-* ´von − weg'. Gemeint sind zunächst Abschnitte in einem Koordinatensystem, die sich durch eine Gerade schneidende Parallelen ergeben, vor allem bei der Beschreibung von Kegelschnitten. Die Terminologie ist aber bis ins 19. Jh. auch im Lateinischen uneinheitlich. L. *abscissa* erscheint erst seit dem 17. Jh. und wird seit Leibniz (1675) als Fachwort anerkannt. Nach ihm setzt sich eine einheitliche Terminologie für das Koordinatensystem durch.
Zur germanischen Verwandtschaft s. *scheiden.* − Schirmer (1912), 1; J. Tropfke: *Geschichte der Elementar-Mathematik* VI (1924), 92−95, 116−119.

Abt *m.* ´Vorsteher eines Mönchsklosters' (< 9. Jh.). Mhd. *abbet*, ahd. *abbat*, mndl. *apt, abt.* Aus kirchen-l. *abbās*, Akk. *abbātem*; dieses aus ntl.-gr. *abbā*; dieses aus aram. *abbā* ´Vater' (ursprünglich Lallwort), zunächst entlehnt als Anrede für Gott im Gebet, dann seit dem 4. Jh. als Anrede und Titel angesehener Mönche gebraucht; im 7./8. Jh. vor

allem durch die Benediktiner verbreitet. Frühe Entlehnung auch in afr. *abbed, ebbede*; ae. *abbad*, ne. *abbot.* Aus dem Altenglischen weiterentlehnt nschw. *abbot* und nisl. (anord.) *ábóti* (umgedeutet zu ´Verbesserer,' zur Sippe von *büßen*). Hierzu *Abtei*, mhd. *abbeteie*, ahd. *abbateia* aus kirchen-l. *abbātia* (ahd. *abbateia* zeigt eine frühe Entlehnungsform des Suffixes, später an das aus dem Französischen kommende -*īe* angeglichen); und *Äbtissin*, mhd. *eppetisse*, ahd. *abbatissa* aus kirchen-l. *abbātissa.* Die Erweiterung mit -*in* seit dem 15. Jh.
Lloyd/Springer 1 (1988), 19−23; *LM* 1 (1980), 60−63; *BlW* 1 (1981), 18 f.

Abteil *n.* (< *14. Jh., Bedeutung < 19. Jh.). Von Sarrazin 1886 als Ersatzwort für *Coupé* vorgeschlagen, und zwar als Maskulinum (wohl im Rückgriff auf älteres *Abteil m./n.* ´Anteil, Apanage', bezeugt seit dem 14. Jh., vor allem norddeutsch; es handelt sich dabei um eine Rückbildung aus *abteilen*, parallel zu dem Abstraktum *Abteilung*). Das Wort wird durch den offiziellen Gebrauch in Deutschland (mindestens zunächst nicht in der Schweiz und in Österreich) durchgesetzt, übernimmt aber von *Coupé* das neutrale Genus (und meistens die Betonung auf der zweiten Silbe).

abträglich *Adj. phras.* ´schädlich' (< *13. Jh., Bedeutung < 16. Jh.), fast nur in *einer Sache abträglich sein.* In der heutigen Bedeutung seit dem 16. Jh. zu *Abtrag* ´Beeinträchtigung, Schädigung'; dieses zu *abtragen*, das zunächst ´wegtragen, stehlen, unterschlagen', dann allgemein ´schädigen, zum Nachteil gereichen' bedeutet. Frühere Belege für das Adjektiv gehen von anderen Bedeutungen des Verbs aus (´tilgend, entschädigend').

abtreiben *st V.* ´eine Schwangerschaft abbrechen' (< *12. Jh., Bedeutung < 16. Jh.). Zu den verschiedenen älteren Bedeutungen des Verbs (´vertreiben, hindern, fortnehmen, wegschwemmen') gehört auch ´absondern, ausscheiden', etwa von Metallen, und parallel hierzu ´eine Schwangerschaft abbrechen, einen Fötus ausscheiden', auch ´Gallensteine usw. ausscheiden'.

Abtritt *m. arch.* (< 16. Jh.) ´Klosett'. Eigentlich ´Weggang, abgelegener Ort' zu *abtreten* in der Bedeutung ´weggehen'. Neuer *austreten.* Vgl. *Abort.* Ältere Bedeutungen des Wortes (´Weggang, Rücktritt, Abfall', seit dem 14. Jh.) sind wegen dieser ´negativen' Bedeutung des Wortes später vermieden worden.
LM 1 (1980), 65 f.

abtrünnig *Adj. obs.* (< 9. Jh.). Mhd. *abetrünnec*, ahd. *ab(a)trunnīg* neben mhd. *abetrünne*, ahd. *abtrunni*, aus dem es wohl umgebildet ist. Dieses ist vermutlich Adjektiv-Bildung oder Nomen agentis mit der Bedeutung ´Weggelaufener, Überläufer'.

Bildungstyp unklar. Das Grundwort wird unter *entrinnen* behandelt.

Heidermanns (1993), 605 f.

abwegig *Adj. stil.* (< 15. Jh.). Zu *Abweg* ´Irrweg´ (auch ´Seitenweg´) neben adverbialem *ab weg* ´neben dem Weg, beiseite´, also ´irrig´ (auch ´abliegend, umständlich´).

abwesend *Adj. (PPräs.)* (< *11. Jh., Form < 15. Jh.). Schon Notker (um 1000) übersetzt l. *abesse* ´fern sein, fehlen´ mit ahd. *abawesen*. Während die finiten Formen keine große Rolle spielen, werden im Laufe der Zeit die Nominalformen wichtig: Seit dem 14. Jh. *abewesen*, im 16. Jh. zu **abwesenheit** verdeutlicht (vgl. zur Bildung *Unwissenheit, Wohlhabenheit*); im 15. Jh. zunächst ndd. *afwesend*, bald darauf auch oberdeutsch. S. *Wesen* und *Anwesen, anwesend*.

Röhrich 1 (1991), 63.

abzapfen *swV.* (< 16. Jh.) ´durch Wegnehmen eines Zapfens auslaufen lassen´, aber von Anfang an übertragen gebraucht (*Blut, Geld abzapfen*).

abzwacken *swV.* s. *zwacken*.

Accessoires (*Aussprache überwiegend [asɛso'ar]*, *vermutlich durch den Einfluß von Necessaire*) *Pl. erw. fremd.* (< 19. Jh.). Entlehnt aus frz. *accessoires*, zu frz. *accessoire* ´zusätzlich´. Dieses aus ml. *accessorius* ´zusätzlich´, zu l. *accessus*, dem PPP. von l. *accēdere* ´hinzukommen´, zu l. *cēdere (cessum)* ´gehen, treten´ und l. *ad-* ´hinzu´; als Wort der Mode seit dem 20. Jh. Zur Sippe des zugrundeliegenden l. *cēdere* s. *Abszeß.*

ach *Interj.* (< 10. Jh.). Mhd. *ach*, ahd. *ah*, mndd. *ach*, mndl. *ach*, nndl. *ach* ´ach´; auch nschw. *ack*, ndn. *ak*. Unklar ist der Zusammenhang mit ähnlichen Interjektionen außergermanischer Sprachen, vor allem lit. *àk* ´ach´ und air. *uch, och, ach* ´ach, weh´, und mit dem starken Verb ae. *acan* ´schmerzen´ (ne. *ache* ´Schmerz, schmerzen´). Schon in frühmittelhochdeutscher Zeit auch substantiviert, heute z. B. noch in **mit Ach und Krach** (ursprünglich ´mit Ächzen und Krächzen´, dann auf eine Situation bezogen, in der dies auftritt, ´mit knapper Not´).

S. *ächzen.* − Schwentner (1924), 17 f.; Lloyd/Springer 1 (1988), 98 f.; Röhrich 1 (1991), 63.

Achat *m. per. fach.* (ein Halbedelstein) (< *12. Jh., Form < 15. Jh.). In lateinischer Form entlehnt aus l. *achātēs*, dieses aus gr. *achátēs*; endungslos seit dem 15. Jh. Die weitere Herkunft ist nicht sicher geklärt. Eine ältere Entlehnungsform ist *agat* (12. Jh.).

Lüschen (1979), 163 f.; Lloyd/Springer 1 (1988), 87.

Ach(e) *f. arch.* ´Wasserlauf´ (< 9. Jh.). Mhd. *ache*, ahd. *aha*, as. *aha*. Aus g. **ahwō* f. ´Wasserlauf´, auch in afr. *ā, ē*, ae. *ēa*, anord. *á, ǫ*, gt. *ahva*;

dieses aus ig. (weur.) **akʷā* (oder eher **əkʷā*) ´Wasser, fließendes Wasser´, auch in l. *aqua*. Vielleicht hierzu als Denominative: heth. *ekuzi* ´bekommt Wasser, trinkt´, toch. AB *yok-* ´trinken´. Das Wort ist seit mittelhochdeutscher Zeit nur noch mundartlich und (häufig) in Namen bezeugt, gelegentlich wiederbelebt.

Nschw. *å.* S. *Au(e)* und die Bildungen auf *Aqua-*. − Darms (1978), 25−33; Lloyd/Springer 1 (1988), 99−103; F. Bader in: *FS Polomé* 2 (1992), 380−405.

Achel *f. arch.* ´Granne, Abfall (von Flachs und Hanf)´ (< 15. Jh.). In seiner späten Bezeugung als niederdeutsche Aussprache von *agel* gleicher Bedeutung erklärbar. Allerdings ist ahd. einmal eine Variante *ahil* zu *ahir* (s. *Ähre*) bezeugt, so daß eine alte, nicht literarisch gewordene Form nicht auszuschließen ist. Vorauszusetzen ist auf jeden Fall wg. **agilō(n)-* f. ´Granne´ in ae. *egl(e)*, ndd. *agel, egel*, wozu die althochdeutsche Form (wenn sie echt ist) eine Form mit grammatischem Wechsel und evtl. der Suffixform *-ula-* wäre. Dieses ist eine *l*-Ableitung zu **ak̑-* ´spitzig´, wie etwa auch l. *aculeus* ´Stachel´, bulg. *osíl* ´Granne´ (akslav. *osla* ´Schleifstein´), ohne daß eine gemeinsame Vorform vorausliegen muß.

Ne. *ail.* S. *Ähre.* − Lloyd/Springer 1 (1988), 105−107; *BlW* 1 (1981), 294 (zu l. *acus* ´Spreu´). Zur Möglichkeit der Entlehnung in die finnisch-ugrischen Sprachen s. *LÄGLOS* (1991), 20.

acheln *swV. per. grupp.* ´essen´ (< 16. Jh.). Das Wort war in den Hausierersprachen geläufig. Aus rotw. *acheln*, zu wjidd. *achlen* ´essen´, dieses aus hebr. *ʾāk̠al* ´essen´.

Küpper 1 (1955), 37; Wolf (1985), 32.

Achillesferse *f. bildg.* ´schwacher Punkt´ (< 19. Jh.). Nach der griechischen Sage war der Held *Achill (-eus, -es)* nur an einer Stelle seines Körpers, nämlich der Ferse, verwundbar (weil ihn seine Mutter als Kind an der Ferse gehalten hatte, als sie ihn durch Eintauchen in das Wasser des Styx unverwundbar machen wollte).

DF 1 (1913), 5; Röhrich 1 (1991), 63 f.

Achse *f.* (< 8. Jh.). Mhd. *ahse*, ahd. *ahsa*, as. *ahsa* aus wg. **ahsō* f. ´Achse´, auch in ae. *eax*; daneben die *l*-Bildung **ahsula-* (o. ä.) in anord. *ǫxull*; im Gotischen ist ein Wort dieser Bedeutung nicht bezeugt. Außergermanisch ist das Wort gut vergleichbar, zeigt aber auch dort keinen einheitlichen morphologischen Bau. Am weitesten verbreitet ist ig. (eur.) **ák̑si-* in l. *axis* m., lit. *ašìs*, aruss. *osĭ* in gleicher Bedeutung; daneben **ák̑so-* in ai. *ákṣa-*; **ák̑sōn* in gr. *áxōn*, myk. *a-ko-so-ne*; eine (morphologisch nicht ausreichend klare) *l*-Bildung auch in kymr. *echel*. Lautlich und semantisch verwandt sind die Wörter für ´Achsel´. Die Bildungsverschiedenheit der Wörter weist zurück auf ein konsonantisches ***ak̑s*, das eine endungslose (etwa lokativische) Bildung zu einem *s*-Stamm ****ages-** oder ****akes-** sein kann. In Frage kommt vor allem ein Anschluß an ****ak-** ´Spitze´, evtl. ´Horn´ (vgl. dazu *Ecke* und *Horn*), wenn die Achse als Spitze aufgefaßt wurde, an der das Rad aufgehängt wird; nicht auszuschließen ist aber auch ein Anschluß an ig. **aǵ-* ´treiben, betreiben´ (l. *agere* usw.), wenn eine ursprünglichere Bedeutung ´drehen, schwingen´ vorausgesetzt wird. In diesem Fall wäre ****aḱs** ´wo die Drehung stattfindet´, und die verschiedenen Stammbildungen wären verschiedene Versuche, die beschränkt verwendbare (Kasus?) Form zu einem vollen Substantiv umzugestalten. Für beide Anschlußmöglichkeiten ist (als mögliche Weiterbildung ****[a]ker-d/t-**) zu beachten l. *cardo*, ae. *heorr*, anord. *hjarri* ´Türangel´ (das anlautende *s-* von ahd. *scerdo, scerdar* ´Türangel´ müßte dann, falls zugehörig, sekundär sein). Bereits alte Anwendungsbereiche sind ´Radachse´, ´Achsel´ und wohl auch ´Zentrum des Sternenhimmels, Erdachse´.

Nndl. *as*; morphologisch abweichend nschw. *axel*, nisl. *öxull*; ne. *axle* ist aus dem Nordischen entlehnt. S. *Achsel* und für die Entlehnungen aus lateinischen und griechischen Entsprechungen und Ableitungen von **aǵ- agieren* und *Agonie*. − H. Reichelt *WS* 12 (1929), 112−114; Darms (1978), 143−157; *LM* 1 (1980), 78; E. Hamp *ZVS* 95 (1981), 81−83; Lloyd/Springer 1 (1988), 113 f.; Röhrich 1 (1991), 64.

Achsel *f.* (< 8. Jh.). Mhd. *ahsel*, ahd. *ahsala*, as. *ahsla* aus g. **ahslō f.* ´Achsel´, auf das auch anord. *ǫxl* (femininer *i*-Stamm) und ae. *eaxel*, afr. *axle* zurückführen können; im Gotischen ist ein Wort dieser Bedeutung nicht bezeugt (nur gt. *amsa* ´Schulter´). Die in diese Sippe einzuordnenden Zugehörigkeitsbildungen mit Vriddhi gehen von einer Form ohne *l* aus: ahd. *uohasa* (u. a.), mhd. *uohse*; ae. *ōcusta* (u. a.), anord. * óst* ´Achselhöhle´, selten auch ´Fittich´, anord. ´Halsgrube´. Danach zu schließen bekam die vorauszusetzende g. Form ****aḱs** ´Achse, Achsel´ (s. *Achse*) im Germanischen und Lateinischen eine *l*-Bildung, die auf die Bezeichnung der Achsel spezialisiert wurde: neben dem angeführten g. **ahslō* ist zu nennen l. *āla* ´Flügel´ (aus **akslā*) und das Diminutiv l. *axilla* ´Achselhöhle´; die einfache Bildung wurde dabei in den meisten Sprachausprägungen durch Polarisierung auf die Bedeutung ´Radachse´ eingeschränkt − nur die Vriddhibildung weist noch zurück auf die alte Bedeutungsgleichheit. Umgekehrt hat im Nordischen die *l*-Bildung das Grundwort in der Bedeutung ´Achse´ verdrängt; der Unterschied zwischen anord. *ǫxull* und anord. *ǫxl* dürfte darauf beruhen, daß die Körperteilbezeichnung auf eine Dualform zurückgeht. Entsprechende Körperteilbezeichnungen außerhalb des Germanischen und Lateinischen sind ai. *ákṣa-*, das außer ´Achse´ auch ´Schlüsselbein´ (gewissermaßen die Fortsetzung des Achselgelenks, vgl. fnhd. *Achselbein* entsprechender Bedeutung) bedeutet, entsprechend wohl auch das

avest. Hapax *aša-* (kaum ´Achsel´, wie meist aus etymologischen Erwägungen angesetzt wird); und arm. *anowt´´* ´Achselgrube´ (morphologisch unklare Zugehörigkeitsbildung); vielleicht auch air. *ais* ´Rücken´ (wenn urspünglich ´Achsel´).

Nschw. *axel*, nisl. *öxl*; nndl. *oksel* ´Achselgrube´ ist lautlich von außerhalb beeinflußt. S. *Achse*. − H. Reichelt *WS* 12 (1929), 112−119; Darms (1978), 143−157; Lloyd/Springer 1 (1988), 114−116; Röhrich 1 (1991), 64 f.

acht *Num.* (< 8. Jh.). Mhd. *aht*, ahd. *ahto*, as. *ahto* aus g. **ahtau*, auch in gt. *ahtau*, anord. *átta*, ae. *eahta*, afr. *achta*; dieses aus ig. **oktōu* ´acht´ in ai. *aṣṭáu*, lit. *aštuoní*, gr. *oktṓ*, l. *octō*, air. *ocht*; akslav. *osmĭ* ist sekundär umgeformt. Der auffällige Wortausgang läßt sich als Dualform erklären; das zugrundeliegende Wort müßte dann eine Bedeutung wie gr. *palastḗ´* (Handfläche), Breite von vier Fingern´, avest. *aštay-* ´kleines Längenmaß´ (avest. *uz-aštay-* ´Länge von 8 Fingerbreiten´) gehabt haben. Diese Wörter könnten zugleich das gesuchte Grundwort enthalten (avest. *aštay-* und eventuell der zweite Bestandteil von gr. *palastḗ*) andere Versuche knüpfen an das Zahlwort *vier* (ig. **kʷetwōr*) an oder an eine Wurzel ig. **oḱ-* ´spitzig´ (mit einer Bedeutung ´Spitzenreihe´, nämlich der 4 Finger der ausgestreckten Hand), s. zu dieser Wurzel unter *Ecke*. − Die Ordnungszahl *(der) achte* zeigte ursprünglich eine Silbe mehr: mhd. *ahtede*, ahd. *ahtodo*, as. *ahtōdo*, vgl. gt. *ahtuda*. Diese dreisilbige Form ist seit mittelhochdeutscher Zeit verkürzt worden; die Langform stirbt im 16. Jh. aus.

Nndl. *acht*, ne. *eight*, nschw. *åtta*, nisl. *átta*. S. *Oktober*. Zu *Achtel* s. *Teil*, zu *achtzig* s. *-zig*. − F. Muller *IF* 44 (1926), 137 f.; H. Güntert *WS* 11 (1928), 142; W. B. Henning *TPhS* (1948), 69; E. A. Ebbinghaus *BGDSL* 72 (1950), 319 f.; H.-F. Rosenfeld *Wissenschaftliche Zeitschrift der Ernst-Moritz-Arndt-Universität Greifswald* 45 (1956/57), 208; H. W. Bailey *Asia maior. A British Journal of Far Eastern Studies* 7 (1959), 23; Szemerényi (1961), 173; K. Shields *Diachronica* 2 (1985), 189−200, bes. 192 f.; Meyer/Suntrup (1987), 565−580; Lloyd/Springer 1 (1988), 121−124; W. P. Schmid: *Wort und Zahl* (Mainz 1989); Ross/Berns (1992), 588 f., 601 f., 618 f.

Acht[1] *f. obs.* ´Friedlosigkeit´ (< 11. Jh.). Mhd. *āht, æhte*, ahd. *āhta* aus wg. **āhtō f.* (älter **anhtō*) ´Friedlosigkeit´ auch in ae. *ōht*, afr. *acht(e)*. Dazu das Verbum **ächten**, mhd. *ahten, æhten*, ahd. *āhten*, as. *āhtian*, ae. *æhtan*, afr. *achta, echta*. Die Acht (Friedlosigkeit) wurde von einem weltlichen Gericht verhängt. Der so Verurteilte konnte straflos getötet werden. Im Mittelalter steht die weltliche *Acht* neben dem kirchlichen *Bann* (vgl. *in Acht und Bann tun*). Außergermanisch kann das Wort mit einer Reihe von lautlich und semantisch ähnlichen Wörtern verglichen werden, doch ist der Zusammenhang in allen Einzelfällen unsicher und unklar. Vgl. einerseits air. *écht* (aus **anktu-*) ´Mord, Totschlag´ und heth. *henkan* ´Seuche, Tod´ (ig. **henk-*), andererseits gr. *anánkē*, air. *écen*, kymr. *an-*

gen 'Zwang, Notwendigkeit', l. *necesse* 'notwendig'.

E. Polomé *RBPhH* 30 (1952), 462 f.; E. Öhmann *NPhM* 66 (1965), 517−519; *LM* 1 (1980), 79−81; Lloyd/Springer 1 (1988), 118−120; Röhrich 1 (1991), 65. Zur Sache: E. vKünßberg: *Acht* (Weimar 1910) und *DRW* I, 361−370.

Acht[2] *f., alt. phras.* 'Obacht' (< 8. Jh.) (in *sich in acht nehmen, außer acht lassen* usw.). Mhd. *aht(e)*, ahd. *ahta* aus wg. **ahtō f.* 'Beachtung (u.ä.)', auch in ae. *eaht*, afr. *achte.* Hierzu das Verbum **achten** 'beachten', mhd. *ahten*, ahd. *ahtōn*, as. *ahtōn*, afr. *achtia*, ae. *eahtian.* Ohne Dentalerweiterung etwa gt. *aha* 'Sinn, Verstand', gt. *ahjan* 'meinen'. Weitere Herkunft unklar; vielleicht zu ig. **aḱ-* 'scharf, spitzig' (s. *Ecke*) mit übertragener Bedeutung. Zu der Bedeutung '(hoch) achten' paßt an sich gr. *óknos m.* 'Zögern, Scheu' semantisch sehr gut, doch stimmt das nicht zum sonstigen Bedeutungsumfang der germanischen Wörter. Ein sekundärer Zusammenfall von (ig.) **ak-* 'spitzig, scharfsinnig' und (ig.) **ok-* 'scheuen' kann deshalb erwogen werden.

Nndl. *acht.* S. *Achtung, Obacht.* − E. Öhmann *NPhM* 66 (1965), 517−519; Lloyd/Springer 1 (1988), 116−118.

achten *swV.* s. *Acht*[2].

ächten *swV.* s. *Acht*[1].

achter *Adv. erw. ndd.* 'hinter' (< *10. Jh., Standard < 18. Jh.). Niederdeutsch für *after,* seit dem 18. Jh. auch in hochdeutschen Texten (mndd. *achter,* mndl. *achter,* nndl. *achter*). S. *After, aber.*

Achtung *f.* (< 9. Jh.). Mhd. *ahtunge,* ahd. *ahtunga,* mndd. *achtunge,* mndl. *achtunge,* andfrk. *ahtinga.* Verbalabstraktum zu *achten* (s. *Acht*[2]), das dessen Grundwort *Acht* abgelöst hat.

H. Bayer *WW* 28 (1978), 401−422.

ächzen *swV.* (< 14. Jh.). Mhd. *achzen, echzen,* abgeleitet von *ach* mit dem Suffix *-z(en),* also eigentlich 'ach sagen, stöhnen'.

Acker *m.* (< 8. Jh.). Mhd. *acker,* ahd. *ackar,* as. *ackar* aus g. **akraz* 'Acker', auch in gt. *akrs,* anord. *akr,* ae. *æcer,* afr. *ekker,* westgermanisch mit Gemination des *k* vor *r;* aus ig. **aǵros m.* 'Feld' in ai. *ájra-* 'Fläche, Ebene', gr. *agrós* 'Feld, Land', l. *ager* 'Feld, flaches Land'. Das Wort wird normalerweise als *ro*-Ableitung zu **aǵ-* 'treiben, lenken' gestellt, unter der Voraussetzung, daß die Ausgangsbedeutung 'Weide' war (vgl. *Trift* zu *treiben*), die sich dann zu 'Acker' entwickelte. Sachlich und semantisch ist diese Annahme unbefriedigend. Der Versuch von J. Trier, von einem *r/n*-Stamm **aǵer/n-* 'umhegter Platz' (in gr. *agṓn* 'gehegter Kampfplatz' und gr. *agorā̃ f.* 'Versammlungsort') auszugehen, liegt semantisch näher, ist aber nicht ausreichend gesichert. Vermutlich ist mit stärkeren Bedeutungsentwicklungen zu rechnen: Das zugrundeliegende Verb ig. **aǵ-* bedeutete wohl ursprünglich

'sammeln' und hatte ein Abstraktum ig. **aǵer-* 'das Sammeln' (vgl. gr. *ageírō* 'versammle', gr. *agréō* 'greife'); hierzu ig. **aǵr-ó-s m.* 'Ort, wo das Sammeln stattfindet', wozu weiter ig. **aǵro-no-* 'Sammelfrucht' (s. *Ecker*) und gr. *ágrios* 'wildwachsend, wild'. Sekundär ist die Bedeutung des Verbs zu 'Tiere sammeln, treiben, jagen' weiterentwickelt worden, die Bedeutung von ig. **aǵros* zu 'Ort, wo gesammelt, geerntet wird', also 'Acker'.

Nndl. *akker,* ne. *acre* (Flächenmaß), nschw. *åker,* nisl. *akur;* zu den Entsprechungen in Entlehnungen s. *agrar* und *Agronom.* − H. Reichelt *ZVS* 46 (1914), 309−311; H. Fränkel *Gnomon* 4 (1928), 566 f.; A. Ungnad *Language* 13 (1937), 142−145; J. Trier *BGDSL* 67 (1944), 126; P. Chantraine: *Etudes sur le vocabulaire grec* (Paris 1956), 33−40; E. Mehl *MS* 71 (1961), 375 f.; *BlW* 2 (1984), 125−130 (*ager*); R. Anttila *SUSA* 80 (1986), 15−27; Lloyd/Springer 1 (1988), 40−42.

Ackermännchen *n. per. md. ndd.* 'Bachstelze' (< 16. Jh.). Der Vogel heißt danach, daß er im Frühjahr dem Pflug folgt, um Nahrung zu finden.

ad- *Präfix* bei Verben mit der Bedeutung 'hinzu-'; sekundär erscheint es in deverbalen Adjektiven und Substantiven. Das Präfix ist vielfach analysierbar, aber sehr selten produktiv. Es geht auf funktional entsprechendes l. *ad-* zurück und wird in lateinischen und romanischen Wörtern entlehnt. Es erscheint in verschiedenen Assimilationsformen: Als *a-* vor *sc, sp, st* (z. B. *Aspiration;* es gibt aber auch Fälle ohne Angleichung, z. B. *Adstringens*); als *ac-* vor *c,* in den romanischen Sprachen auch vor *qu* (vgl. *Accessoires*), wo aber in der Regel im Deutschen *ak-* auftritt (z. B. *akkurat, akzeptieren, Akquisition*); als *af-* vor *f* (z. B. *Affix*); als *ag-* vor *g* (z. B. *Agglutination*); als *al-* vor *l* (z. B. *Allianz*); als *an-* vor *n* (z. B. *Annonce*); als *ap-* vor *p* (z. B. *Appell*); als *ar-* vor *r* (z. B. *Arrest,* es gibt aber Ausnahmen); als *as-* vor *s* (z. B. *assoziieren,* ohne Angleichung neo-kl. *Adsorption*); als *at-* vor *t* (z. B. *Attraktion*). In Neubildungen nur selten und in der Regel ohne Assimilation (etwa *Adrenalin, Adstringens*).

Cottez (1980), 8.

adagio *Adj. per. fach.* 'langsam (Musiktempo)' (< 17. Jh.). Entlehnt aus it. *adagio;* die Substantivierung mit der Bedeutung 'langsamer Satz' im 18. Jh. It. *adagio* aus *ad agio* 'mit Gemächlichkeit, gemächlich' zu it. *agio* 'Gemächlichkeit, Ruhe usw.'; dieses entlehnt aus afrz. *aise* 'Behagen usw.', bzw. einer regionalen Variante davon (aus l. *adiacens* 'naheliegend, bequem' zu l. *iacēre* 'liegen').

DF 1 (1913), 5.

Adam *m. erw. grupp.* (< 12. Jh. als Appellativ). In der Bibel Name des ersten Menschen, zugleich hebräisches Wort für 'Mensch, Mann' (hebr. *ʾāḏām*). Seit dem 12. Jh. verschiedene Wortverwendungen, die meist unmittelbar von Bibelstellen abhängen: *der alte Adam* nach Röm. 6,6; *den alten*

Adam ausziehen nach Kol. 3,9 u. a. Geläufig seit Luther. S. *Adamsapfel*.

Röhrich 1 (1991), 66 f.

Adamsapfel *m.* ´Schildknorpel beim Mann´ (< 18. Jh.). Wie nndl. *Adamsappel*, ne. *Adam's apple*, nschw. *adamsäpple*, frz. *pomme d'Adam*, kymr. *afal Adda* usw. Die Bezeichnung tritt zuerst im 15. Jh. im Gebiet der romanischen Sprachen auf. Älter (und entsprechend weit verbreitet) ist die Bedeutung ´Granatapfel´ (deutsch 14. Jh.), auch als Bezeichnung bestimmter Apfelsorten (hier hat das Kompositionsglied *Adam-* eine ähnliche Funktion wie *Paradies-* und soll nur die Vorzüglichkeit der Frucht hervorheben). Da in arabischen medizinischen Schriften der Schildknorpel als ´Granatapfel´ bezeichnet wird (*pōmum grānātum n.* in der lateinischen Übersetzung), wurde dies bei *Adamsapfel* auf dem Wege der Lehnbedeutung in den europäischen Sprachen nachgeahmt. An diese Bezeichnung knüpft sich dann die Legende, daß diese beim Mann besonders stark hervortretende Erhöhung an der Kehle der dem *Adam* im Hals stecken gebliebene Bissen des verbotenen Apfels im Paradies sei. Das seit dem 19. Jh. als Quelle angegebene hebr. *tappū°ḥ ha'āḏām* (eigentlich ´Erhöhung beim Mann´ umgedeutet zu ´Apfel des Adam´) ist im Hebräischen selbst nicht nachweisbar. Erst modern unter Einfluß der europäischen Sprachen hebr. *tappū°ḥ ha'āḏām rīšōn* ´Apfel des ersten Menschen´.

adäquat *Adj. erw. fremd.* ´angemessen´ (< 17. Jh.). Entlehnt aus l. *adaequātus* (eigentlich ´angeglichen´), dem PPP. von l. *adaequāre (-ātum)* ´angleichen´, zu l. *aequus* ´gleich´. Von Gottsched vorgeschlagenes Ersatzwort: *angemessen*. Zur lateinischen Sippe s. *äqui-*.

addieren *swV.* ´zusammenrechnen, hinzufügen´ (< 15. Jh.). Entlehnt aus l. *addere*, zu l. *dare (datum)* ´geben´ und l. *ad-* ´hinzu´, also ´hinzutun´. Abstraktum: ***Addition***.

Zur Sippe des zugrundeliegenden l. *dare* s. *Datum*. – Schirmer (1912), 2.

addio, *ade Grußformel* s. *adieu*.

-ade *Suffix.* Aus den romanischen Sprachen, besonders dem Französischen, entlehnt in Wörtern wie *Marmelade, Parade, Promenade, Kanonade*. Selten produktiv geworden (*Blockade*, dann in Namensableitungen wie *Robinsonade*). Häufiger ist die Variante *-iade*, die auch in Hybridbildungen auftritt.

Das Suffix stammt im wesentlichen aus l. *-ātus*, ursprünglich *to-*Ableitung von *ā*-Verben.

Adebar *m. obs. ndd. wmd.* ´Storch´ (< 11. Jh.). Ahd. *otibero* u.ä., mhd. *odebar* u.ä., mndd. *adebar* u.ä., mndl. *odevare* u.ä., nwfr. *earrebare, eibert*. Ein vor allem westniederdeutsches, aber auch in angrenzenden Gebieten bezeugtes Wort für

´Storch´. Das offenbar schon früh undurchsichtig gewordene Wort wurde verschiedenen lautlichen Umgestaltungen und Umdeutungen ausgesetzt. Sicher von Einfluß war die Deutung als ´Glücksbringer´ (zu g. **auda-* ´Heil, Glück´ und **ber-a-* ´tragen, bringen´, s. *gebären*); vgl. zu dieser auch die Verdeutlichung mit *Heil-* in ndl. dial. *heil-uiver*; doch scheint dies bereits eine Umdeutung zu sein. Das Hinterglied kann zu **ber-a-* ´tragen, bringen´ oder (mit niederdeutscher Inlautentwicklung des *f*) zu **far-a-* ´fahren´ gehören; das Vorderglied ist unklar – ein Wort für ´Sumpf´ (*Adebar* also als ´Sumpfgänger´, was sachlich nahe liegen würde) läßt sich nicht ausreichend sichern.

Nndl. *ooievaar* (dial. *euver*), nwfr. *earrefarre, eade-, eivert*. – W. Krogmann *Anglia* 60 (1936), 35–38 und *KVNS* 51 (1938), 71–73; W. B. Lockwood *GLL* 48 (1995), 371–375.

Adel[1] *m.* ´vornehmes Geschlecht´ (< 8. Jh.). Mhd. *adel m./n.*, ahd. *adal* aus g. **aþala- n.*, das sonst nur in anord. *aðal n.* bezeugt ist, als Vorderglied auch im Altsächsischen und vielleicht in gotischen Namen (*Athalaricus*) auftritt, aber durch seine Ableitungen überall außer im Gotischen vorausgesetzt wird. Die Bedeutung fällt auseinander, läßt sich aber einerseits auf ´Geschlecht, Herkunft´, andererseits auf ´Art, Wesen, natürliche Beschaffenheit´ zurückführen. Zu der Ableitung **aþalja-* s. unter *edel*; eine Vriddhi-Bildung liegt offensichtlich vor in **ōþala-* (*n.*) ´Odal, Erbbesitz, Herkunftsort´ in ahd. *uodil*, as. *ōðil*, afr. *ēthel*, ae. *ǣðel*, anord. *óðal*. Dieses Wort ist auch in Namen häufig (*Ulrich*); seine Abgrenzung von der Verwandtschaft des gt. *haimōþli* ´Landbesitz, Heimat´, das semantisch zu *Heimat* gehört, ist unklar. Die verschiedenen Versuche einer Etymologie können nicht voll überzeugen; am besten Szemerényi, der von einem Kompositum ***at-al-* ausgeht zu **at(i)* ´weg, über-, hinaus´ und **al-a-* ´nähren, wachsen´, wobei zu vergleichen wäre l. *ind-olēs* ´angeborene Anlage´, l. *prōlēs* ´Sprößling, Nachkomme´ und l. *sub-olēs* ´Sproß, Nachkommenschaft´, evtl. auch toch. A *ātäl* ´Mann´.

Nndl. *adel*. – O. Behaghel: *Odal* (München 1935); O. Szemerényi *Word* 8 (1952), 42; R. Mezger *ZVS* 72 (1955), 114[1]; H. Zutt: *Adel und Edel* (Mannheim 1956); W. Betz in: *FS Hammerich* (1962), 9–11; F. Maurer in *FS G. Tellenbach* (Freiburg u. a. 1968), 1–5; Benveniste (1969/1993), 360–362; C. Moussy in: *FS P. Chantraine* (1972), 157–168; *Grundbegriffe* 1 (1972), 1–48 (zur Sache und Geschichte); *RGA* 1 (1973), 58–77; Th. Zotz *Zeitschrift für die Geschichte des Oberrheins* 125 (1977), 3–20; Darms (1978), 192–207; Lloyd/Springer 1 (1988), 44–48; Heidermanns (1993), 107–109.

Adel[2] *m. per. oobd.* ´Jauche´ (< 13. Jh.). Fnhd. *adel*, mndd. *adel*, mndl. *adel* gehen zurück auf ein möglicherweise gemeingermanisches g. **adelōn- m.* ´Jauche´, auch in ae. *adela*, aschw. *ko-adel*. Weitere Herkunft unklar. Falls gr. *ónthos* ´Mist, Kot von

Tieren' auf ein Nasalpräsens zurückgeht, könnte es als ig. (eur.) *odh- vergleichbar sein.

Nndl. *aalt,* ne. *addle.* – Martin *Teuthonista* 2 (1925/6), 134–136; H. Tiefenbach in: Beck/Denecke/Jankuhn (1980), 45–54; Udolph (1994), 295–299.

Adept *m. per. fremd.* ´Eingeweihter´ (< 18. Jh.). Entlehnt aus l. *adeptus* ´erlangt, erreicht´, dem PPP. von l. *adipiscī* ´erlangen, erreichen´, zu l. *apiscī* ´erfassen, sich aneignen´. Zunächst ´jmd., der sich auf einem Gebiet viel Wissen angeeignet hat, Eingeweihter´; heute meist scherzhaft *junger Adept* für einen Schüler oder Neuling.

HWPh 1 (1971), 82 f.

Ader *f.* (< 8. Jh.). Mhd. *āder,* ahd. *ādra,* mndd. *ader(e),* mndl. *adere* aus einem wohl gemeingermanischen g. *ǣd(a)rō f.* ´Eingeweide, Ader, Sehne´ (die Einengung der Bedeutung auf ´Blutgefäß´ ist erst neuhochdeutsch, wohl durch Abgrenzung gegenüber *Nerv* und *Sehne*), auch in ae. *ǣdre,* afr. *eddere*; anord. *œðr f.* zeigt eine Form ohne r (-r ist nur Nominativ-Zeichen), doch dürfte dies angesichts der etymologischen Zusammenhänge auf sekundärer Umdeutung beruhen. Zugrunde liegt ein wohl schon ig. *ēt-r-* (r- oder r/n-Stamm) mit verschiedenen Erweiterungen und morphologischen Umdeutungen; vgl. gr. *ẽtor n.* ´Herz´, gr. *ẽtron n.* ´Bauch, Eingeweide´, air. *inathar* 'Eingeweide'. Falls avest. *ātar-* ´Feuer´ und die Sippe von *Atem* zugehörig sind, ist von einer Bedeutung ´Wärme´ auszugehen, die sich einerseits (wie bei den keltischen Wörtern für ´Feuer´) zu ´Feuer´, andererseits zu ´Eingeweide´ entwickeln konnte (vgl. zu diesem Bezeichnungsmotiv etwa *Kaldaune*). – *Aderlaß* ist seit dem 15. Jh. die übliche Bezeichnung für das (medizinische) Ablassen von Blut, heute auch übertragen verwendet für ´Schwächung´. Die *poetische Ader* u.ä. beruht auf einer Nachahmung des Gebrauchs von l. *vēna* ´Ader, Vene´.

Nndl. *ader,* nschw. *åder,* morphologisch abweichend nisl. *œð f..* – Lloyd/Springer 1 (1988), 54–57; Niederhellmann (1983), 233–235; Röhrich 1 (1991), 67 f.

adieu *Partikel* (Grußformel) *reg.* (< *15. Jh., Standard 17. Jh.). Zunächst niederdeutsch, dann allgemein entlehnt aus frz. *adieu* ´zu Gott, Gott befohlen´, einer Zusammenrückung von frz. *à dieu* ´zu Gott´, dieses aus l. *ad deum.* Die Variante *adé* (< 13. Jh., mndd. *ad[d]e*) beruht auf der älteren, schon mittelhochdeutschen Entlehnung (wohl aus nordfrz. *adé*), die dann vor allem im Südwesten in die Mundarten zurückgedrängt wurde. Aus einer weiteren Variante wallon. *adjuus* (vgl. span. *adiós*) kommen *adjüs, adjes, tjüs, tschüs,* letzteres vor allem nord- und mitteldeutsch. Seit dem 17. Jh. (vor allem in Künstlerkreisen) auch *addio* zu it. *addio* (= *[ti raccomando] a dio*).

Zu dem Wort für ´Gott´ s. *Dienstag*; s. auch *Diva*. – Ersatzwort ist *Lebewohl.* – *DF* 1 (1913), 5 f.; K. Prause: *Deutsche Grußformeln* (Breslau 1930); R. Brunner *WZUR*

5 (1955/56), 205–208; Kretschmer (1969), 75; E. Öhmann in: *FS Foerste* (1970), 198–200; B. Paraschkewow *BGDSL-H* 93 (1972), 299–307; Jones (1976), 84 f.; R. A. Wolf *ZDL* 44 (1977), 81–84; B. Voigt *Sprachpflege* 39 (1990), 114 f.

Adjektiv *n. erw. fach.* ´Eigenschaftswort´ (< *17. Jh., Form < 18. Jh.). Entlehnt aus spl. *(nomen) adiectīvum* ´Wort, das hinzugefügt werden kann´ (nach gr. *epítheton, -tikón*), zu l. *adiectum,* dem PPP. von l. *adicere* ´hinzufügen´ (eigentlich ´hinzuwerfen´), zu l. *iacere (iactum)* ´werfen, schleudern´ und l. *ad-* ´hinzu´; zunächst in lateinischer Form entlehnt, dann endungslos.

Zur Sippe des zugrundeliegenden l. *iacere* ´werfen´ s. *projizieren.* Ersatzwort: *Eigenschaftswort.* – E. Leser *ZDW* 15 (1914), 45; *BlW* 2 (1984), 17.

Adjutant *m. erw. fach.* (ein militärischer Dienstgrad) (< 17. Jh.). Entlehnt aus gleichbedeutendem span. *ayudante* (eigentlich ´Helfer, Gehilfe´), einem Nomen agentis zu span. *ayudar* ´helfen´, aus l. *adiūtāre* ´helfen, unterstützen´, zu l. *adiuvāre,* zu l. *iuvāre* ´unterstützen, helfen´ und l. *ad-* ´hinzu´. Die Annahme, das Wort sei aus dem lautlich näherstehenden französischen *adjudant* entlehnt, ist weniger wahrscheinlich, da das französische Wort erst später bezeugt ist als das deutsche. Es liegt also wohl eine Relatinisierung im Deutschen vor.

Adler *m.* (< 12. Jh.). Verdeutlichung *adel-are* ´edler Aar´ zu *Aar,* das ursprünglich allgemein ´großer Raubvogel´ bedeutet. Die Verdeutlichung vermutlich zunächst als technischer Ausdruck der Falknerei. Mindestens gleichzeitig belegt ist gleichbedeutendes afrz. *alérion,* das (trotz lautlicher Schwierigkeiten) als aus dem Fränkischen entlehnt gilt.

Nndl. *adelaar* (poet.). – Suolahti (1909), 345–352; *RGA* 1 (1973), 79–81; Röhrich 1 (1991), 68 f. Zu frz. *alérion* s. *DEO* (1982), 44 f.

Administration *f. erw. fach.* ´Verwaltung´ (< 16. Jh.). Entlehnt aus l. *administrātio (-ōnis)* ´Verwaltung, Besorgung´, zu l. *administrāre* ´verwalten, besorgen, ausführen´, zu l. *ministrāre* ´bedienen, darreichen, verschaffen´ und l. *ad-* ´hinzu´. Verbum: *administrieren*; Nomen agentis: *Administrator*; Adjektiv: *administrativ*.

L. *ministrāre* gehört zu l. *minister* ´Diener, Gehilfe´ (s. *Minister*) und dieses wohl zu l. *minus* ´weniger´ als ´der Geringere´. Zu dessen Sippe s. *minus.* – K.-H. Weimann *DWEB* 2 (1963), 385.

Admiral *m. erw. fach.* (ein Dienstgrad der Marine) (< *12. Jh., Form und Bedeutung < 14. Jh.). Entlehnt aus frz. *admiral,* neben älterem *amiral,* das sich im Französischen später durchsetzt (das *d* wohl durch Anknüpfung an l. *admirārī* ´bewundern´); dieses aus arab. *amīr* ´Befehlshaber´ (heute **Emir**), das seit dem 10. Jh. (in deutschen Texten seit dem 12. Jh.) in der lateinischen Form *amiratus* u.ä. als Bezeichnung afrikanischer und morgenländischer Herrscher erscheint. Es wird dann in Italien auch für einheimische Würdenträger gebraucht und dann auf den Befehlshaber der Flotte eingeengt. Die verschiedenen Wortausgänge beruhen wohl auf nachträglicher Suffixanpassung. Das Wort wurde bereits im 12. Jh. als *amiral, ammiralt, admirāt* u.ä. in der allgemeinen Bedeutung ˋOberbefehlshaber (der Sarazenen)' entlehnt; doch diese Formen wurden durch die Neuentlehnung verdrängt.

Littmann (1924), 69, 96; Latham *Journal of Semitic Studies* 17 (1972), 40 f.; Lokotsch (1975), 6.; P. Kunitzsch *ADA* 94 (1983), 108 f.

Adonis *m. bildg.* ˋschöner Jüngling' (< 18. Jh.). Entlehnt aus gr. *Adōnis*, dem Namen eines Jünglings der griechischen Sage, der von der Göttin Aphrodite wegen seiner besonderen Schönheit geliebt wurde. Das Wort wird schon in der Antike als Appellativum (ˋschöner Jüngling') verwendet.

DF 1 (1913), 7; Littmann (1924), 22 f.

adoptieren *sw V.* ˋan Kindes Statt annehmen' (< 16. Jh.). Entlehnt aus l. *adoptāre* (eigentlich ˋhinzuwählen'), zu l. *optāre* ˋwählen, wünschen' und l. *ad-* ˋhinzu'. Abstraktum: **Adoption**; Adjektiv und Kompositionsform: **adoptiv**.

S. *Option*. − *DF* 1 (1913), 7; *RGA* 1 (1973), 83−85.

Adrenalin *n. per. fach.* ˋHormon des Nebennierenmarks' (< 20. Jh.). Neoklassische Bildung zu l. *rēn(ēs) m. (Pl.)* ˋNiere(n)' und *ad-* ˋhinzu-', hier ˋbei, neben'. Zur Form vgl. l. *rēnālis* ˋdie Nieren betreffend'.

Adresse *f.* (< 17. Jh.). In der Bedeutung ˋAnschrift' entlehnt aus frz. *adresse* (eigentlich ˋRichtung'), zu frz. *adresser* ˋetwas an jmd. richten', aus spl. **addīrēctiāre* ˋausrichten', zu l. *dīrēctus*, dem PPP. von l. *dīrigere* ˋgerade richten, ausrichten' und l. *ad-* ˋhinzu'. Die Bedeutung ˋan eine hochgestellte Persönlichkeit gerichtetes Schriftstück' ist im 18. Jh. entlehnt aus ne. *address* gleicher Herkunft (gemeint war ursprünglich die an den König gerichtete [ˋadressierte'] Bittschrift des Parlaments). Verb: **adressieren**; Substantiv: **Adressat** (Substantivierung des passiven Partizips).

Zur gleichen Grundlage gehört auch *adrett*; zu l. *dīrigere* s. *dirigieren* und zur Sippe seines Grundworts l. *regere* s. *regieren*. − Ersatzwort ist *Anschrift* (nach Zesen 1645). − Schirmer (1911), 7; *DF* 1 (1913), 8 f.; Ganz (1957), 28; Jones (1976), 85 f.; Brunt (1983), 119 f.; Rey-Debove/Gagnon (1988), 8.

adrett *Adj. erw. fremd.* ˋgefällig' (< 17. Jh.). Entlehnt aus frz. *adroit* ˋpassend, gefällig', dieses aus spl. **addīrēctus* ˋausgerichtet, wohlgeführt', zu l. *dīrēctus*, dem PPP. von l. *dīrigere* ˋgerade richten, ausrichten' und l. *ad-* ˋhinzu', zunächst mit der französischen Schreibweise und Aussprache, dann mit Anpassung an die (regionale?) Aussprache.

Zur gleichen Grundlage gehört *Adresse*; zu l. *dīrigere* s. *dirigieren*, und zur Sippe seines Grundworts l. *regere* s. *regieren*. − *DF* 1 (1913), 9; Brunt (1983), 121.

Advent *m.* ˋVorweihnachtszeit' (< 13. Jh.). Mhd. *advente*, mndd. *advente*. Entlehnt aus l. *adventus* ˋAnkunft [Christi]', dem Verbalabstraktum zu l. *advenīre* ˋankommen', zu l. *venīre (ventum)* ˋkommen' und l. *ad-* ˋhinzu'. Das lateinische Wort hat seit dem 5./6. Jh. in der christlichen Kirche die technische Bedeutung ˋVorbereitungszeit für die [Feier der] Ankunft Christi'.

Zur Sippe des zugrundeliegenden l. *venīre* s. *intervenieren*. − *BlW* 2 (1984), 22−25.

Adverb *n. erw. fach.* ˋnähere Bestimmung des Verbs, Umstandswort' (< *16. Jh., Form < 18. Jh.). Zunächst in lateinischer Form entlehnt aus l. *(nomen) adverbium* (eigentlich ˋdas zum Verb gehörende Wort'), zu l. *verbum* ˋWort, Zeitwort' und l. *ad-* ˋhinzu', nach dem Vorbild von gr. *epírrēma*; später endungslos. Adjektiv: **adverbial**.

S. auch *Verb*. Ersatzwort ist *Umstandswort*, früher *Beiwort, Zuwort*. − E. Leser *ZDW* 15 (1914), 45.

Advokat *m. alt.* ˋRechtsvertreter' (< 14. Jh.). Entlehnt aus l. *advocātus* (eigentlich ˋder Herbeigerufene'), dem substantivierten PPP. von l. *advocāre* ˋherbeirufen', zu l. *vocāre (vocātum)* ˋrufen' und l. *ad-* ˋhinzu'. Ursprünglich war der *Advokat* ein in Rechtssachen zugezogener Beistand, der aus Freundschaft (oder gegen geringes Entgelt) mit seinem Ansehen und juristischen Rat zur Seite stand, aber kein juristischer Vertreter im heutigen Sinne des Wortes. Mit der späteren Professionalisierung der Rechtshilfe dann auch entsprechender Bedeutungswandel. In Deutschland seit der *Rechtsanwaltsordnung* von 1878 keine offizielle Bezeichnung mehr.

S. auch *Vogt*. Zur Sippe des zugrundeliegenden l. *vocāre* s. *provozieren*. − J. Dückert in: *Zur Ausbildung der Norm der deutschen Literatursprache 2*, ed. J. Dückert (Berlin 1981), 263−310; G. vOlberg in: *Text und Sachbezug in der Rechtssprache*, ed. R. Schmidt-Wiegand (München 1985), 70−103; K. Grubmüller in: *FS R. Schmidt-Wiegand* (1986), 158−171.

aero- *l Aff.*, etwa in *Aerodynamik*. Früh bezeugt sind *Aerologie* 18. Jh., *Aerostat* 18. Jh., *Aerodrom* 19. Jh. Aus der Kompositionsform von gr. *āḗr* ˋLuft, (Nebel, Gewölk)', das seinerseits unerklärt ist.

Cottez (1980), 9.

Afel *m. per. oobd.* ˋWundinfektion' (< 15. Jh.). Trotz später Bezeugung wohl urverwandt mit lit. *opà* ˋeiternde Wunde, Geschwür', wozu lit. *opùs* ˋempfindlich, weichlich', das wiederum zu gr. *ēpedanós* ˋschwach, hinfällig, gebrechlich' paßt (das wohl einen *s*-Stamm **ēpos n.* voraussetzt). Zugrunde liegt also wohl ig. (eur.) **ēp-/əp-*, etwa ˋempfindliche, schmerzende Stelle'.

Affäre *f.* ´(unangenehme) Angelegenheit´ (< 17. Jh.). Entlehnt aus frz. *affaire*, einer Zusammenrückung aus frz. *(avoir) à faire* ´zu tun (haben)´. Zunächst nur ´Angelegenheit´, dann Hüllwort für ´Liebschaft´, besonders für skandalträchtige Liebschaften; heute vorwiegend für ´skandalöse Angelegenheit´ (vor allem in Politik und Wirtschaft).

Frz. *faire* ´machen, tun´ geht auf l. *facere (factum)* zurück; zu dessen Sippe s. *infizieren*. – *DF* 1 (1913), 9; Jones (1976), 86 f.

Affe *m.* (< 9. Jh.). Mhd. *affe*, ahd. *affo*, as. *apo* aus möglicherweise gemein-germanischem g. **apōn- m.*, auch in anord. *api*, ae. *apa*. Das Wort kann (zumindest in der Bedeutung ´Affe´) aus sachlichen Gründen nicht alt sein; außergermanische Anschlüsse sind aber unsicher: Die lautlich vergleichbaren slavischen Wörter (russ.-kslav. *opica* f. usw.) scheinen aus dem Germanischen entlehnt zu sein; das von dem griechischen Lexikographen Hesych als keltische Bezeichnung der Schwanzaffen angegebene *abránas* ist vereinzelt und unklar. Vielleicht aus einem weiter verbreiteten Wort für ´Affe´ mit einem anlautenden *k-* (ai. *kapí-*, auch in semitischen Sprachen, im Griechischen und Lateinischen). Der Anlautverlust könnte erklärt werden, wenn das Wort aus dem Arabischen stammt, da im vulgären Arabischen bei diesem Wort ein Kehlkopfverschlußlaut statt des *k-* erscheint (Littmann [1924], 24 f.; Lokotsch [1927], 85 f.). – *Affe* ´Rausch´ seit dem 18. Jh. wie in anderen europäischen Sprachen (mit anderen Wörtern für ´Affe´); es wird zurückgeführt auf eine Homonymie im Čechischen (*opice* f. ´Affe´ und *opít se* ´sich betrinken´) oder auf verschiedene Wirkungen des Alkohols, ausgedrückt durch Vergleich mit Tieren (so R. Riegler s. u.). Zu beachten ist, daß seit dem 16. Jh. angeblich rauscherzeugende Beeren *Affenbeeren* heißen, weil diejenigen, die sie gegessen haben, sich wie Affen verhalten (Marzell II,206; auch III,1370, IV,957) – hieraus könnte die Bezeichnung übertragen sein. – *Affe* ´Tornister´ in der Soldatensprache seit 1800. Vielleicht scherzhafte Variation zu älterem *Katzbalg* ´Tornister´ (s. *katzbalgen*). Beide Bezeichnungen vermutlich wegen des Fellbezugs der Tornister. – Das Verhalten dieser Tiere gab Anlaß zu verschiedenen Übertragungen: **affig** ´eitel´, **äffisch** ´albern, eitel´, **Affenliebe** ´blinde Liebe´; s. *äffen*.

Nndl. *aap*, ne. *ape*, nschw. *apa*, nisl. *api*. S. *Maulaffe*, *Schlaraffe*. – Palander (1899), 20 f.; R. Riegler *WS* 6 (1914/15), 194–196; Lloyd/Springer 1 (1988), 58 f.; Röhrich 1 (1991), 69–74. Zu *Affe* ´Rausch´ vgl. Steinhauser (1978), 246⁷⁰.

Affekt *m. erw. fach.* ´heftige Gemütsbewegung´ (< 16. Jh.). Entlehnt aus l. *affectus* ´der körperliche oder geistige Zustand, Stimmung, Leidenschaft´, ursprünglich Verbalabstraktum zu l. *afficere* ´hinzutun, einwirken, anregen´, zu l. *facere (factum)*

´machen, tun´ und l. *ad-* ´hinzu´. Das Verbum ist mit anderen Bedeutungen als *affizieren* entlehnt.

S. *affektiert*; zur Sippe des zugrundeliegenden l. *facere* s. *infizieren*. Ersatzwort ist *Gemütsbewegung* (Zesen 1671). – *DF* 1 (1913), 10–12; *HWPh* 1 (1971), 89–101; *BlW* 2 (1984), 114–120; H. Fink-Eitel *Zeitschrift für Philosophische Forschung* 40 (1986), 520–542; K.-H. zur Mühlen *AB* 35 (1992), 93–114.

affektiert *Adj. (PPrät.) erw. fremd.* ´geziert´ (< 17. Jh.). Ursprünglich Partizip zu dem Verbum *affektieren* ´etwas anstreben, sich etwas anmaßen´, das im 16. Jh. aus l. *affectāre* ´sich etwas aneignen´ entlehnt wurde. Als Nebenbedeutung entwickelte sich ´verkünsteln, sich zieren´, das sich im Partizip erhalten hat, während das Verb sonst geschwunden ist. Das lateinische Wort ist ein Intensivum zu l. *afficere*, das unter *Affekt* behandelt ist; zur Sippe des zugrundeliegenden l. *facere* s. *infizieren*.

DF 1 (1913), 10 f.

äffen *swV. arch.* ´jemanden zum besten halten, täuschen, nachahmen´ (< 13. Jh.), heute meist nur noch *nachäffen* ´nachahmen´. Mhd. *effen*, mndd. *apen*. Zu *Affe* nach den diesem zugeschriebenen Eigenschaften. Für die Bedeutung ´nachahmen´ (erst < 18. Jh.) kommt auch ein Einfluß von *äfern* ´nachahmen´ (< 8. Jh.) in Frage (dieses zu ahd. *avur*, s. *aber*).

Affenschande *f. stil.* (< 19. Jh.). Offenbar ´etwas, das selbst für die »notorisch schamlosen« Affen eine Schande ist´. Die in DWB² I,1568 für die Zusammensetzung mit *Affen-* als Schimpfwort und als Verstärkungswort gegebenen Belege reichen allein wohl nicht aus, um das Wort zu erklären, deshalb ist die Erklärung als falsche Umsetzung von ndd. *aapen Schann* ´offene Schande´ verlockend, sie ist aber nicht beweisbar.

W. Niekerken *KVNS* 50 (1937), Sonderheft, S. 36; H. Teut *KVNS* 52 (1939), 48.

Affix *n. per. fach.* ´nicht frei vorkommendes Wortbildungselement´ (< *16. Jh., Form 20. Jh.). Entlehnt aus l. *affixum* ´das Angeheftete´, dem substantivierten PPP. von l. *affigere* ´anheften, an etwas befestigen´, zu l. *figere (fixum)* ´befestigen, heften´ und l. *ad-* ´hinzu´, zunächst in lateinischer Form, die erst im 20. Jh. aufgegeben wurde.

Zu dem zugrundeliegenden l. *figere* ´befestigen, heften´ gehören als Präfigierungen *(affigieren)*, *(präfigieren)*, *(suffigieren)* mit den Substantivierungen des PPP *Affix*, *Präfix*, *Suffix* und als Kompositum *Kruzifix*. Aus dem PPP stammt auch *fix* und aus einem Faktitivum dazu *fixieren*, über das Englische: *fixen*. Eine Instrumentalbildung ist *Fibel²*; über das Französische: *Mikrofiche*. Die germanische Verwandtschaft s. unter *Deich*. – Cottez (1980), 150.

Affolter *m. arch.* ´Apfelbaum´ (gelegentlich auch ´Mistel´ u. a.) (< 8. Jh.). Mhd. *affolter (-pf-, -a-)* f., ahd. *affoltra* f., *affaltar* m., as. *apuldra* f. (in Ortsnamen), *apalder* m. geht zurück auf g. *apuldra- m., -ō f.* ´Apfelbaum´, auch in anord. *apaldr* und ae. *apuldre f.*, *æppelder m.*, gebildet aus dem Wort für *Apfel* und dem ´Baumnamensuffix´ (s. *Holunder*). Das Femininum könnte auf ein altes Kollektiv zurückgehen. Das Wort ist häufig in Ortsnamen. Nschw. *apel*, nndl. (dial.) mit Suffixwechsel *appelaer*.

Affrikate *f. per. fach.* ´Verschlußlaut mit folgendem Reibelaut´ (z. B. [pf]) (< 19. Jh.). Entlehnt aus l. *affricāta* (eigentlich ´die Angeriebene´), dem substantivierten PPP. von l. *affricāre* ´anreiben´, zu l. *fricāre (frictum)* ´reiben´ und l. *ad-* ´hinzu´. Meist noch heute in lateinischer Form gebraucht. Entfernt verwandt sind *frivol* und *frottieren*.

Affront *m. erw. fremd.* ´Beleidigung´ (< 15. Jh.). Entlehnt aus frz. *affront*, zu frz. *affronter* ´die Stirn bieten´, zu frz. *front* ´Stirn´ und dem l. *ad-* ´hinzu´ entsprechenden Präfix.

Frz. *front* geht auf l. *frōns (frontis)* ´Stirn´ zurück, dessen Sippe unter *Front* genannt ist. − *DF* 1 (1913), 12; Jones (1976), 87.

After *m. erw. fach.* (< *11. Jh., Bedeutung 14. Jh.). Mhd. *after*, ahd. *aft(e)ro* ist eine nur deutsche Substantivierung des Adjektivs ahd. *aft(e)ro*, mhd. *after*, mndd. *achter(e)*, *echter*, nhd. (dial.) *achter* ´hinter, nachfolgend´, bedeutet also ´der Hintere´ (vgl. *Hintern*), vielleicht Lehnübersetzung von l. *posteriora n. Pl.*; später Bedeutungsverengung auf ´Öffnung des Darmkanals´ (evtl. unter Einfluß von *afterdarm*). Das Adjektiv **after, achter** wurde gebildet aus dem Adverb g. *after-* in gt. *aftaro*, anord. *eptir*, ae. *æfter*, as. *aftar*, ahd. *aftar* ´hinter, hinten´ (neuhochdeutsche Verbreitung von *achter*: *DSA*, Karte 60); dieses wiederum gehört zu ig. *apo* ´ab, weg, zurück, hinter´, dessen Problematik unter *aber* behandelt wird. In anderen germanischen Sprachen tritt ein entsprechendes Adjektiv nur im Komparativ und Superlativ auf (ae. *æfterra*, anord. *eptri*, gt. *aftuma*), so daß der Positiv im Deutschen wohl sekundär ist (auch das Suffix *-ter* des Adverbs ist eine dem Komparativ nahestehende Gegensatzbildung). Adverb und Adjektiv gehen im Hochdeutschen schon früh zurück, möglicherweise bedingt durch die als anstößig empfundene Bedeutung des Substantivs.

S. *aber, achter, ob-*. − Lloyd/Springer 1 (1988), 63−67.

Afterglaube *m.* s. *Aberglaube*.

-age *Suffix.* Wurde seit mittelhochdeutscher Zeit in französischen Wörtern entlehnt (*Courage, Massage, Garage, Etage*) in Substantiven, die eine Handlung bezeichnen (z. B. *Massage* zu *massieren*) oder eine Sache als Kollektivum erfassen (z. B. *Trikotage* zu *Trikot*). Manche Ableitungen weisen beide Bedeutungen auf (z. B. *Drainage*). Deutsche Bildungen erscheinen besonders in der Studentensprache seit dem 18./19. Jh. (z. B. *Blamage*) und dringen von dort aus in die Umgangssprache ein (*Stellage, Fressage*), häufig auch mundartlich

(wmd. *Bummelasch, Schenkage*, omd. *Kledage* ´Kleider´), neutral sind *Takelage* und *Staffage*.

Das Suffix lautet ursprünglich l. *-āticum*, Neutrumform von Adjektiven auf l. *-āticus*. − E. Öhmann: *NPhM* 75 (1974), 513−526; *Wortbildung* 3 (1975), 241−252; S. Fleischmann: *Romance Philology* 30 (1976/77), 42−58.

Agenda *f. erw. fach.* ´Tagesordnung, Terminkalender´ (< 15. Jh.). Die früheste Bedeutung im Deutschen ist ´Gottesdienstordnung´. Die deutsche Form *Agende* hat sich (bis jetzt) nicht durchgesetzt. Entlehnt aus l. *agenda* ´Dinge, die betrieben werden müssen´, dem Plural von l. *agendum*, dem Gerundivum von l. *agere (āctum)* ´treiben, betreiben´. Das Verbum ist ebenfalls entlehnt als *agieren* (s.d., auch für die weiteren Zusammenhänge).

Agent *m. stil.* ´Vertreter´ (< *16. Jh., Bedeutung 18. Jh.). Entlehnt aus it. *agente*, dieses aus l. *agēns (-entis)*, dem PPräs. von l. *agere* ´treiben, betreiben´. Zunächst nur ´Geschäftsführer´, dann aber auch ´im staatlichen Auftrag tätiger Spion´. Zu der ursprünglichen Bedeutung gehört **Agentur**, eigentlich ´Geschäftsvertretung, Geschäftsstelle´.

S. *agieren* für die weiteren Zusammenhänge. − Schirmer (1911), 7; *DF* 1 (1913), 12 f.; Jones (1976), 88 f.

Aggregat *n. erw. fach.* ´Kombination von zusammenwirkenden Maschinen´ (< *15. Jh., Bedeutung < 18. Jh.). Mit Substantivierung entlehnt aus dem Neutrum des PPP. von l. *aggregāre* ´anhäufen, sammeln´, einer Präfixableitung zu l. *grex (gregis) m.* ´Herde, Schar´ und l. *ad-* ´hinzu´. In der Bedeutung ´Summe´ schon im 15. Jh. bezeugt. Als ´Zusammenstellung ohne inneren Zusammenhang´ 18. Jh., ´Gruppe zusammenwirkender Maschinen´ 20. Jh. Als **Aggregatszustand** wird der feste, flüssige oder gasförmige (u.ä.) Zustand von Stoffen bezeichnet (nach der unterschiedlich starken ´Anhäufung´ der Moleküle). S. auch *Kongregation* und zu den verwandten griechischen Wörtern *Allegorie*.

HWPh 1 (1971), 102 f.

Aggression *f. erw. fremd.* ´Angriffslust´ (< 18. Jh.). Unter Einfluß von frz. *aggression* entlehnt aus l. *aggressio* ´Angriff´, einem Abstraktum von l. *aggredī* ´heranschreiten, angreifen´, zu l. *gradī (gressus sum)* ´schreiten, gehen´ und l. *ad-*. Täterbezeichnung: **Aggressor**; Adjektiv: **aggressiv** mit dem Abstraktum **Aggressivität**; *aggressive Werbung* u.ä. unter dem Einfluß des amerikanischen Englischen.

S. *Regreß*. Zur Sippe des zugrundeliegenden l. *gradī* ´schreiten´ s. *Grad*. − P. Seidmann: *Studia Philosophica* 26 (1966), 228−266; *HWPh* 1 (1971), 103−109; Rey-Debove/Gagnon (1988), 9 f.

Ägide *f. bildg.* ´Schirmherrschaft´ (< 18. Jh.). Entlehnt aus l. *aegis (-idis)* ´Schild des Jupiter und der Minerva, Schutz´, dieses aus gr. *aigís (-ídos)* ´Ziegenfell, Lederharnisch, Sturmschild des Zeus und der Athena´. Die weitere Herkunft ist umstritten (der Zusammenhang mit gr. *aíx (aigós)* ´Ziege´ ist nicht eindeutig).

DF 1 (1913), 13.

agieren *swV. erw. fremd.* ´handeln´ (< 15. Jh.). Entlehnt aus l. *agere* ´treiben, betreiben´ (wohl unter Einfluß von frz. *agir*); entsprechend mndd. *ageren*.

Zur Sippe des zugrundeliegenden l. *agere* ´treiben, betreiben´ gehören als Präfigierungen *reagieren, (redigieren)* mit den Abstraktbildungen *Aktion, Reaktion, Redaktion* (über das Niederländische in *Aktie*), komponiert in *Navigation*; ein *tu*-Abstraktum in *Akt*, das präfigierte PPP in *exakt*, das substantivierte PPP in *Akte*, das Gerundivum in *Agenda*, das Partizip Präsens in *Agent*; ein Nomen agentis in *Reaktor*, über das Französische in *Akteur*; eine Adjektiv-Ableitung in *agil*. Sekundärbildungen sind *Agitation* (Abstraktum zu einem Intensivum); ein Adjektiv auf *-tīvus* im Zusammenhang mit den Abstrakta auf *-tio* in *aktiv*; eine adjektivische Weiterbildung zu dem *tu*-Stamm in *aktuell*; ein Instrumentalbildung in *Examen*; das Abstraktum eines komponierten Adjektivs in *Ambiguität*. Über das Englische aus einer *jo*-Bildung: *Essay*. Entfernter verwandt ist *kaschieren*. Zur griechischen Verwandtschaft s. *Demagoge*; zur germanischen *Achse*; ein keltischer Verwandter in *Amt*. − *BlW* 2 (1984), 130−148.

agil *Adj. erw. fremd.* ´beweglich´ (< 17. Jh.). Entlehnt aus frz. *agile* (mit Relatinisierung) oder unmittelbar aus l. *agilis* gleicher Bedeutung. Dieses zu l. *agere* ´treiben, betreiben´. Zur Sippe von l. *agere* ´treiben, betreiben´ s. *agieren*.

DF 1 (1913), 13.

Agitation *f. erw. fach.* ´politische Indoktrination´ (< *16. Jh., Bedeutung < 19. Jh.). Zunächst in allgemeiner Bedeutung (´Bewegung, Erregung´) entlehnt aus l. *agitātio (-ōnis)* ´das In-Bewegung-Setzen´, zu l. *agitāre* ´schüren, betreiben, aufhetzen´, einem Intensivum zu l. *agere* ´treiben, betreiben´. Die heutige Bedeutung (´Werbung für eine Ideologie´) unter Einfluß von ne. *agitation*. Die (stärker positive) begriffliche Ausprägung der Sippe ist durch den russischen Kommunismus (Lenin) bestimmt. Nomen agentis: *Agitator*; Verb: *agitieren*.

Zur Sippe von l. *agere* ´treiben, betreiben´ s. *agieren*. − *Brisante Wörter* (1989), 53−57. Zu *Agitator*: Ganz (1957), 29 f.

Aglei *f.* s. *Akelei*.

Agonie *f. erw. fach.* ´Todeskampf´ (< *16. Jh., Form < 18. Jh.). Entlehnt aus kirchen-l. *agōnia*, dieses aus gr. *agōnía* ´Kampf, Wettkampf; Angst, Beklemmung´, zu gr. *agṓn m.* ´Kampf, Wettkampf; Versammlung´; zunächst in lateinischer Form, die erst im 18. Jh. aufgegeben wurde. Gr. *agṓn* gehört zu gr. *ágein* ´führen, leiten´, dessen Sippe unter *Demagoge* dargestellt ist; die lateinische Verwandtschaft unter *agieren*.

DF 1 (1913), 14; Cottez (1980), 11.

Agraffe *f. per. fach.* ´Schmuckspange´ (< 18. Jh.). Entlehnt aus gleichbedeutendem frz. *agrafe*

(eigentlich ´Haken´), zu (spät bezeugtem) frz. *agrafer* ´anhaken, einhaken´. Die älteren französischen Formen sind *agrape* und *agraper*, die auf ein germanisches Wort (die Entsprechung zu *Krapfen*) zurückgehen. Dann lautliche Beeinflussung durch frz. *griffe* ´Kralle, Haken´ oder frz. *greffe* ´spitzes Werkzeug´.

DF 1 (1913), 14; Brunt (1983), 122.

agrar- *LAff.* (< 19. Jh.). Entlehnt aus l. *agrārius* ´den Acker(bau) betreffend´, zu l. *ager* ´Acker´ unter dem Einfluß von frz. *agraire* bei der Diskussion über den Grundbesitz nach der französischen Revolution. Als Adjektiv ist die Entlehnung sehr selten (auch mit einem Adaptions-Suffix in *agrarisch*), in Zusammensetzungen wird sie zu einer Art Präfixoid (zuerst *Agrarverfassung* 1829, dann *-politik, -system* 1856 usw.). S. *Agronom*.

Agrasel, Agrassel *n.* (meist *Pl.*) *österr.* ´Stachelbeere´ (< *13. Jh., Bedeutung < 14. Jh.). Mhd. *agraz*, entlehnt aus aprov. *agras* ´unreife Weintraube, Saft aus dieser´, zunächst in der Bedeutung ´saure Obstbrühe´, dann (offenbar meist in der Form *agresse*) für ´unreife Trauben´, dann ´Stachelbeeren´ (die Form durch Einfluß von ml. *agresta*, das auch *Agrest* ´Saft von unreifen Trauben´, bezeugt seit dem 15. Jh., geliefert hat?). Das provenzalische (und das mittellateinische) Wort gehen zurück auf l. *acer* ´scharf, sauer´.

Agronom *m. per. fach.* ´Landwirtschaftskundiger´ (< 18. Jh.). Wohl vom Französischen ausgehender Internationalismus, der formal gr. *agronómos* ´Aufseher über die Stadtländereien´ entspricht, aber wohl eine Neubildung nach den Wissenschaftsbezeichnungen auf *-nomie* (*Astronomie, Ökonomie*) und den Bezeichnungen entsprechender Wissenschaftler auf *-nom* ist. Die auf das Griechische zurückgehende (Kompositions-) Form *agro-* spielt wie *agrar-* eine Rolle als Lehnaffixoid, tritt aber seltener auf.

S. *agrar-, -nomie*; zur germanischen Verwandtschaft s. *Akker*. − Cottez (1980), 11 f.

Ag(t)stein *m.* s. *Bernstein* und *Achat*.

ah *Interj.* (< 12. Jh.). Mhd. *ā*, mndd. *ā*. Ähnliche Interjektionen gibt es in vielen Sprachen, ohne daß ein ursprünglicher Zusammenhang vorausgesetzt werden muß.

äh *Interj.* (< 19. Jh.). Als Einschub bei stockender Rede. Lautnachahmung für den bei Aktion der Stimmlippen ohne Artikulation entstehenden Kehlkopflaut. Im Deutschen seit dem 19. Jh. konventionell *äh* geschrieben.

G. Keseling in: *Sprechen mit Partikeln.* Hrsg. H. Weydt (Berlin 1989), 575−591.

aha *Interj.* (< 12. Jh.). Mhd. *aha*, mndd. *ahah*. Als Ausruf bei plötzlicher Einsicht verbaut in *Aha-Erlebnis* (bei K. Bühler 1908). Verwandte und wohl zusammenhängende Ausrufe im Niederländischen, Englischen und Schwedischen.

Ahle *f. reg.* ´Werkzeug zum Löcher stechen´ (< 9. Jh.). Mhd. *ale,* ahd. *ala.* Das Wort wird üblicherweise als wg. **ēlō f.* ´Ahle´, auch in ae. *ǣl* angesetzt; es könnte aus ig. **ēlā* ´spitziges Gerät´ hergeleitet werden, das auch in ai. *ā́rā* ´Treibstachel´ vertreten sein könnte. Entlehnungen des indischen Worts in finnisch-ugrische Sprachen könnten allerdings auf ig. **ōlā* weisen, evtl. ist sogar **olā* mit inner-arischer Dehnung anzusetzen, das zu germanischen Formen mit kurzem *a* stimmen könnte: anord. *alr,* ahd. *alansa* u. a. Diese Überprüfung läßt den Ansatz mit Langvokal in den westgermanischen Formen aber als ungesichert erscheinen: In den alten Sprachen kann durchaus Kürze vorliegen (vor allem da die Stammbildung nicht gesichert ist), und wo Langvokale bezeugt sind, können sie auf Dehnung in offener Silbe beruhen. Ein Nachweis im einzelnen steht allerdings noch aus. Vielleicht ist also mit ig. **olā f.* (und anderen Stammbildungen der gleichen Grundlage) auszukommen. Weitere Herkunft unklar; zumal ein kulturelles Wanderwort nicht ausgeschlossen ist.

Morphologisch abweichend: nndl. *els,* ne. *awl* (aus dem Nordischen), nisl. *alur.* – Lloyd/Springer 1 (1988), 135 f., neuhochdeutsche Verbreitung (obd., omd.): *DWA* XII, Karte 9. H. Katz *MSS* 47 (1986), 99–108.

Ahn *m. alt.* (< 9. Jh.). Mhd. *an(e),* ahd. *ano.* In der Bedeutung ´Vorfahr´ auf das Deutsche beschränkt (einmal 15. Jh. mndl. *anythen = aenhete* ´Großvater´?). Weiter verbreitet ist ein ig. **han-* mit der Bedeutung ´alte Frau´. Vielleicht ist der Reflex auch im Anlaut von avest. *nyāka-,* apers. *niyāka-* ´Großvater´ zu sehen (**(a)nǝ-āva-ka* zu l. *avus* ´Großvater´?). Herkunft dunkel, vielleicht Lallwort. In der Bedeutung ´Großvater, Großmutter´ fehlt dem Wort zunächst eine Unterscheidungsmöglichkeit zwischen Maskulinum und Femininum. Diese wird nachträglich eingeführt (*Ähni/ Ahne, Ahnherr/Ahnfrau* usw.), aber seit 1400 weicht das Wort vor dem klareren *Großvater/Großmutter* zurück. Femininbildung: *Ahne.* – Der Grundsprache scheint ein Wort für ´Großvater (väterlicherseits)´ gefehlt zu haben; die Bezeichnung war offenbar *Vater,* gegebenenfalls *alter Vater.*

S. *Enkel¹, Urahn*; vgl. *Frauche, Herrche.* – Kuhberg (1933), 35; E. Risch *MH* 1 (1944), 118–121; Szemerényi (1977), 47–51; Müller (1979), 17–69; Lloyd/Springer 1 (1988), 215–217.

ahnden¹ *swV. obs.* ´strafen´ (< 9. Jh.). Mit unregelmäßiger Vokaldehnung aus mhd. *anden,* ahd. *anton* ´rächen, strafen, tadeln´, as. *andon* ´eifern´, ae. *andian* ´neidisch, eifersüchtig sein´, also wg. **and-ō- swV.* ´sich ereifern´; dieses offenbar zu wg. **andōn m.* ´Zorn, Eifer´, auch (ahd.) ´Strafe´, in ahd. *anto,* as. *ando,* ae. *anda.* Unklar ist das Verhältnis zu ahd. *anado, anadon* ähnlicher Bedeutung

(selten, in Glossen, würde die Erklärung der neuhochdeutschen Lautform aber erleichtern), ae. *anoða.* Mit Rücksicht auf die Bedeutungsverzweigung von l. *animus* (´Hauch, Mut, Stolz, Leidenschaft usw.´) kann an g. **an-a-,* ig. **anǝ-* (wohl **hanǝ-,* s. *Anemone*) ´atmen´ (in ai. *ániti* ´atmet´, gt. *uz-anan* ´ausatmen´) angeknüpft werden, doch reicht diese Annahme allein noch nicht für die Erklärung der Bedeutung aus (hat etwa eine Entsprechung von gr. *ónomai* ´ich tadle´ eine Rolle gespielt?).

Seebold (1970), 78 f.; Lloyd/Springer 1 (1988), 221–224; L. de Grauwe *SGG* 21 (1980/81), 247–269.

ahnden² ´ahnen´ *s. ahnen.*

ahnen *swV.* (< 12. Jh.). Mhd. *ez anet mir* (oder *mich*) aus dem Adverb *ane* ´an´ gebildet (vgl. *es kommt mich an*), entsprechend mndd. *anen.* Seit dem 14. Jh. mit persönlicher Konstruktion (*ich ahne* usw.). In Mundarten, die nach Vokalsynkope zusammenstoßende Dentale vereinfachen (*bint* aus *bindet*), entsteht schon im 13. Jh. die hyperkorrekte Form *anden,* später *ahnden*; sie ist aber wegen des Gleichklangs mit *ahnden* ´strafen´ wieder untergegangen. Abstraktum: *Ahnung.*

Stammler (1954), 141–144; zu *ahnden*: V. Moser *ZM* 14 (1938), 65.

ähnlich *Adj.* (< *8. Jh., Form < 12. Jh.). Mhd. *anelich,* ahd. *analih* (nur als Abstraktum *analihhi n.* und in anderen Weiterbildungen belegt), wie in gt. *analeiko Adv.,* sonst ahd. *anagilīh,* ae. *angelic* (selten), mehrdeutig anord. *álíkr* (selten), also g. **ana- (ga-)līka- adj.* ´ähnlich´, eigentlich ´dessen Gestalt (**leika-*) nahe daran ist´. Die Erklärung als ´nahezu gleich´ (Hiersche, s. u.) ist zwar ebenfalls möglich, dürfte aber auf chronologische und morphologische Schwierigkeiten stoßen. Die fnhd. Form *einlich* mit gleicher Bedeutung beruht wohl auf sekundärer Umdeutung. Das Verb *ähneln* (17. Jh.) ist aus älterem *ähnlichen* unregelmäßig gekürzt. Abstraktum: *Ähnlichkeit.*

K. vBahder *ZDM* 1 (1900), 299 f.; F. Wenzlau *ZDW* 6 (1904), 99 f. Anders: O. Höfler in: *FS Kralik* (1954), 39–41; Hiersche 1 (1986), 42.

ahoi *Partikel* (seemännischer Anruf) *reg.* (< 19. Jh.). Von Seeleuten aus dem Englischen entlehnt. Die Bestandteile *a-* und *hoy* dieses Ausrufs haben auch im deutschen Sprachbereich Entsprechungen (z. B. *a hui* bei Jeroschin 14. Jh.).

Ahorn *m.* (< 8. Jh.). Mhd. *ahorn,* ahd. *ahorn,* as. *ahorn* neben *n*-losen Formen in mundartlich *Are* (usw.), ndn. *ær.* Aus diesen Formen läßt sich ein n./ wg. **ahur-(na-) m.,* ig. (eur.) **akr-(no-)* ´Ahorn´ erschließen, das auch in l. *acer n.* (l. *acernus* ´aus Ahorn´) und gr. (Hesych) *ákastos* (vermutlich aus **akr-sto-*) bezeugt ist. Falls es sich um ein Erbwort handelt, dürfte es aus ig. **aker-* ´Spitze´ oder einer damit zusammenhängenden Bildung abgeleitet sein (das Benennungsmotiv wäre also die Form der

Blätter). Es gibt aber Hinweise darauf, daß es sich um ein vorindogermanisches Wanderwort handeln könnte; so das danebenstehende gr. (Hesych) *ákarna* 'Lorbeer' und baltische und slavische Formen, die in ihrer Herkunft unklar sind. Falls heth. *hiqqarza* anzuschließen ist, kann von ig. **hḗkr̥/hék-n̥-s* ausgegangen werden.

Falls Erbwort, s. *Ecke* und für die Entsprechungen in Entlehnungen *Akrobat*. – I. Nordstrandh *NM* 5 (1949), 148–173; W. Mitzka: *Der Ahorn* (Giessen 1950); *RGA* 1 (1973), 115 f.; *BlW* 1 (1981), 205 f.; Lloyd/Springer 1 (1988), 110–113; Puhvel 3 (1991), 304 f.; N. Oettinger *HS* 107 (1994), 77–86.

Ähre *f.* (< 8. Jh.). Mhd. *eher* n., ahd. *ehir, ahar* n., as. *ehir* führt zusammen mit gt. *ahs,* anord. *ax* und ae. *ear* zurück auf einen g. *s*-Stamm **ahaz-* n., aus ig. (eur.) **akos-* n., auch in l. *acus, (aceris)* n. 'Granne, Spreu' und gr. *akostḗ* 'Gerste' (= 'die Grannige'). Mit anderem Suffix ist gebildet fnhd. *agel,* nhd. *Achel* 'Ährenspitze', ae. *egl(e)* 'Granne' und außergermanisch lit. *akúotas* 'Granne', akslav. *ostĭnŭ* 'Stachel'. Gemeint sind also jeweils die Grannen (gegebenenfalls metonymisch die Ähren, oder eine Zugehörigkeitsbildung 'mit Grannen versehen'), so daß die Wörter wohl mit ig. **ak̑-* 'Spitze, spitzig' (etwa in gr. *ákron* n. 'das äußerste Ende, Spitze') zusammenhängen.

Nndl. *aar,* ne. *ear,* nschw. *ax,* nisl. *ax.* S. *Ahorn, Ecke, Hachel, Hulst.* – *BlW* 1 (1981), 206–209 (*ācer*), 294 (*acus*); Lloyd/Springer 1 (1988), 95–98.

Aids *n* (? der isolierte Gebrauch des Wortes wird vermieden, so daß eine Genuszuweisung nicht erkennbar ist) (< 20. Jh.). Entlehnt aus dem am.-e. Akronym *Aids (AIDS)* für *Acquired Immune Deficiency Syndrome* 'Erworbenes Immunschwäche-Syndrom' (auch als *Immunschwäche* übersetzt). Im Deutschen bezeugt seit 1983.

Carstensen 1 (1993), 18 f.

Akademie *f. erw. fach.* 'wissenschaftliche Gesellschaft' (< 15. Jh.). Entlehnt aus l. *Acadēmīa,* dieses aus gr. *Akadḗmeia.* Im Griechischen ist es zunächst Name eines vor Athen gelegenen Tempelbezirks, der – möglicherweise volksetymologisch – auf den Namen des Heros *Akádēmos* zurückgeführt wird. Eine von Platon in der Nähe eingerichtete Schule erhält den Namen des Bezirks, den sie auch nach der Verlegung an einen anderen Ort beibehält. Dann Übergang des Eigennamens in ein Appellativum ('Schule, Lehre'). Die Bedeutung 'Vereinigung von Gelehrten' zuerst bei den italienischen Humanisten, von dort kam Einrichtung und Wort nach Frankreich und Deutschland. Das Adjektiv **akademisch** wird wie **Akademiker** allgemeiner im Sinn von 'zur Universität gehörig' gebraucht; das Adjektiv heute auch übertragen im Sinn von 'lediglich theoretisch, für die Praxis irrelevant' (seit dem 18. Jh., z. T. nach französischem Vorbild).

DF 1 (1913), 15–18; O. Immisch: *Academia* (Freiburg/Br. 1924); K.-H. Weimann *DWEB* 2 (1963), 386; *HWPh* 1 (1971), 122–124; P.-E. Knabe *ASNSL* 214 (1977), 245–261; *LM* 1 (1980), 248 f. *BlW* 1 (1981), 137 f.

Akazie *f. erw. fach.* (ein nicht einheimischer Baum) (< *15. Jh., Form 19. Jh.). Entlehnt aus l. *acacia,* dieses aus gr. *akakía,* zunächst in lateinischer Form, dann eingedeutscht. In den frühesten Belegen wird *Akazie* mit *Schlehe* gleichgesetzt. Die in Deutschland bekannte, einheimische Akazie ist eine 'falsche Akazie', eine Art Robinie, die ähnlich aussieht.

Das griechische Wort ist wohl entlehnt; wegen der Dornen des Baumes können aber auch Ableitungen aus (ig.) **ak̑-* 'scharf' eingewirkt haben. – *BlW* 1 (1981), 136 f.

Akelei *f. per. fach.* (ein Hahnenfußgewächs) (< *9. Jh., Bedeutung < 12. Jh.). Mhd. *ageleie,* ahd. *agaleia,* mndd. *ak(e)leye.* Entlehnt aus ml. *aquileia* u.ä. später Bezeugung und unklarer Herkunft (am ehesten zu spl. *aculeus* m. 'Pfeilspitze, Widerhaken, Kralle' wegen der krallenförmig gekrümmten Nektarkelche). Die alten Wörter bezeichneten zuerst andere Pflanzen (Kreuzdorn u. a.), erst im 12. Jh. *aquilegia vulgaris.* Die heutige Lautform ist vom Niederdeutschen beeinflußt. Echt hochdeutsch **Aglei**.

Nndl. *akelei.* – R. Loewe *BGDSL* 59 (1935), 245–254; Marzell 1 (1943), 359 f.; *BlW* 1 (1981), 289–291 (*aculeatus, aculeus*); Lloyd/Springer 1 (1988), 76 f.; *LM* 1 (1980), 250.

Akklamation *f. per. fach.* '(Abstimmung durch) Zuruf, Beifall' (< 16. Jh.). Entlehnt aus l. *acclāmā-tio (-onis)* 'Zuruf (häufig auch Ausdruck des Mißfallens)', einem Abstraktum zu l. *clāmāre* 'zurufen', zu l. *clāmāre* 'laut rufen, schreien' und l. *ad* 'hinzu'.

Zur Sippe von l. *clāmāre* s. *deklamieren,* zur Sippe der Wurzel s. *klar.* – *DF* 1 (1913), 18; *LM* 1 (1980), 251 f.; *BlW* 1 (1981),182.

akklimatisieren *sw V.* (< 19. Jh.). Mit dem Adaptions-Suffix *-isieren* entlehnt aus frz. *acclimater,* einer Präfixableitung zu frz. *climat* 'Klima' (zu diesem s. *Klima*).
DF 1 (1913), 18.

Akkord *m.* (< 13. Jh.). In der Bedeutung 'Übereinkommen' entlehnt aus frz. *accord* 'Übereinstimmung, Abkommen' (in den kommerziellen Bedeutungen auch abhängig von it. *accordo*) zu frz. *accorder* 'ein Abkommen schließen', dieses aus spl. **accordāre,* wie l. *concordāre* 'sich in Einklang befinden, versöhnen' eine Präfixableitung von l. *cor (cordis)* n. 'Herz' und l. *ad* 'hinzu'. Im 17. Jh. kommt zu der allgemeinen Bedeutung 'Abkommen' die speziellere Bedeutung 'Werkvertrag, Vereinbarung zur Bezahlung nach Stückzahl (usw.)' hinzu. – Die musikalische Bedeutung, allgemein als 'schöner Zusammenklang der Töne' seit 15. Jh. nach frz. *accord,* als musikalischer Terminus seit dem 17. Jh.; doch dürfte hier eine Vermengung mit frz. *corde f.* ´Saite´, aus l. *chorda f.*, vorliegen, die sich vor allem in der früheren Bedeutung ´ein Instrument stimmen´ zeigt.

S. *Akkordeon*; von der gleichen verbalen Grundlage mit anderen Präfixen stammen ab *Rekord, Konkordat, Konkordanz*; von der gleichen Grundlage über das Französische *Courage*; zur germanischen Verwandtschaft s. *Herz*. – Schirmer (1911), 8; *DF* 1 (1913), 18 f.; Eggebrecht (1955), 20 f.; Jones (1976), 81 f.; *BlW* 1 (1981), 188.

Akkordeon *n. erw. fach.* (< 19. Jh.). Das Musikinstrument wurde von dem österreichischen Instrumentenbauer Demian *Akkordion* genannt, weil seine Bässe in Akkorden angeordnet sind. Die Endung wohl nach dem älteren *Orchestrion*; dann *-eon* in Anlehnung an die französische Form solcher Suffixe. S. *Akkord*.

akkreditieren *swV. per. fach.* ´beglaubigen´ (< 17. Jh.). Entlehnt aus frz. *accréditer* ´beglaubigen´ (zu frz. *crédit* ´Vertrauen´, dessen weitere Verwandtschaft unter *Kredit* behandelt ist).

Akku, *Kurzform von* **Akkumulator** *m.*, früher auch **Aku** (< *19. Jh., Form < 20. Jh.). Mit diesem im Lateinischen noch nicht spezifizierten Wort werden in der Neuzeit Geräte bezeichnet, die die Funktion des Sammelns und Speicherns (besonders von elektrischer Energie) haben: l. *accumulātor m.* ´Anhäufer´ zu l. *accumulāre*, aus l. *cumulāre* ´häufen, steigern´ und l. *ad-* ´hinzu-´; weiter zu l. *cumulus* ´Haufen´. Entsprechend ne. *accumulator*, frz. *accumulateur*. Die Kurzform seit dem 20. Jh. Mit der Ausgangsbedeutung ´anhäufen´ das Verbum *akkumulieren* und das Abstraktum *Akkumulation*. *BlW* 1 (1981), 193 f.

akkurat *Adj. erw. fremd.* ´genau´ (< 17. Jh.). Entlehnt aus l. *accūrātus* ´sorgfältig, genau´, dem PPP. von l. *accūrāre* ´mit Sorgfalt erledigen´, zu l. *cūrāre* ´für etwas bzw. jmd. Sorge tragen´ und l. *ad-* ´hinzu´; weiter zu l. *cūra* ´Sorge, Sorgfalt, Augenmerk´. Das Abstraktum *Akkuratesse* mit französischer Endung, aber ohne französisches Vorbild.
Zur Sippe des zugrundeliegenden l. *cūra* s. *Kur*. – *DF* 1 (1913), 19 f.; *BlW* 1 (1981), 194 f.

Akkusativ *m. erw. fach.* ´Wen-Fall´ (< *15. Jh., Form < 18. Jh.). Entlehnt aus l. *(cāsus) accūsātīvus*, eigentlich ´der eine Anklage ausdrückende Fall´, Adjektivbildung zu l. *accūsāre* ´anklagen, beschuldigen´. Die lateinische Bezeichnung ist Lehnbildung zu gr. *aitiātikē ptōsis* ´Fall, der das Verursachte angibt´. Bei der Übertragung ins Lateinische wurde eine andere Bedeutung von gr. *aitiātikós* und gr. *aitía*, das neben ´Grund, Ursache´ auch ´Anklage, Vorwurf´ bedeutet, herangezogen. Kritisch zu dieser Auffassung Kapp: Auch die griechische Fügung zielt auf den Anklage-Fall; gemeint ist der Akkusativ mit Infinitiv, der als Inhalt bei Verben der Beschuldigung, der Behauptung und der Erzählung steht.

L. *accūsāre* ist gebildet aus l. *causa f.* ´Grund, Schuld, Umstand´ und *ad-* ´hinzu´. Zu l. *causa* s. *kausal* und *kosen*. – E. Leser *ZDW* 15 (1914), 53; E. Kapp in: *FS Bruno Snell* (München 1956), 15–21.

Akne *f. erw. fach.* (eine Hautkrankheit) (< 19. Jh.). Über lateinische Quellen in England entlehnt aus gr. *akmḗ* ´Höhepunkt´, auch ´Blüte´ und schließlich (im Plural) Bezeichnung eines Hautausschlags (also eigentlich ´die Gipfel´). Die Form mit -n- beruht auf einer falschen Lesung. Zur weiteren Verwandtschaft von gr. *akmḗ* s. *Akrobat*.

Akribie *f. erw. fremd.* ´höchste Genauigkeit´ (< 19. Jh.). Entlehnt aus kirchen-l. *acribia*, dieses aus gr. *akríbeia*, einem Abstraktum zu gr. *akribḗs* ´genau, sorgfältig´. Adjektiv: *akribisch*.
Die Herkunft des griechischen Wortes ist unklar. Vielleicht gehört es zu gr. *ákros* ´an der Spitze befindlich´ (vgl. *Spitzfindigkeit*). – D. Kurz: *Akribeia* (Göppingen 1970).

Akrobat *m. erw. fach.* ´Turnkünstler´ (< 19. Jh.). Entlehnt aus frz. *acrobate m./f.* ´Seiltänzer´, dieses aus gr. *akrobátēs* ´Akrobat´, dieses zu *akróbatos* ´jmd., der auf den Zehenspitzen läuft´, zu gr. *ákros* ´spitz´ und gr. *bainein (batós)* ´gehen´. Die Bedeutung wird noch im 19. Jh. von ´Seiltänzer´ zu ´Artist mit außergewöhnlicher Körperbeherrschung´ erweitert. Adjektiv: *akrobatisch*.
Zu gr. *ákros* s. *Akne*, die lateinische Entsprechung in *akut* und die deutsche in *Ecke*; zur Sippe von gr. *bainein* s. *Basis*. – *DF* 1 (1913), 20 f.

Akt[1] *m.* (< *16. Jh., Form < 18. Jh.). Entlehnt aus l. *āctus* ´Handlung´, Abstraktum zu l. *agere (āctum)* ´treiben, betreiben´ mit verschiedenen Bedeutungsausweitungen in früher und später Zeit: ´Aufzug eines Bühnenwerks´ 17. Jh.; als Terminus der Malerei des 18. Jh. ´Stellung des menschlichen Körpers (durch ein Modell)´, dann allgemein ´Bild eines nackten (weiblichen) Körpers´.
Zur Sippe von l. *agere* s. *agieren*. – *DF* 1 (1913), 21; K.-H. Weimann *DWEB* 2 (1963), 386; *BlW* 1 (1981), 280–286; R. Hiersche in *FS Polomé* (1988), 269–278.

Akte *f.*, selten **Akt**[2] *m.* (gewöhnlich *Pl.* **Akten**) ´Schriftstück, Schriftverkehr´ (< *15. Jh., Form < 16. Jh.). Zunächst in lateinischer Form entlehnt aus *ācta (Pl.)* ´das Verhandelte´, PPP zu l. *agere (āctum)* ´treiben, betreiben´. Im 16. Jh. eingedeutscht, doch bleibt die Formel *ad ācta* ´zu den Akten´ im Sinne ´beiseite´ bis heute. Die Singularformen sind Rückbildungen.
Zur Sippe von l. *agere* s. *agieren*. – *DF* 1 (1913), 21; Ganz (1957), 31 f.; *LM* 1 (1980), 258 f.; *BlW* 1 (1981), 249–251.

Akteur *m.* ´Handelnder, Schauspieler´ (< 18. Jh.). Entlehnt aus frz. *acteur*, das seinerseits aus l. *āctor* ´Handelnder, Schauspieler´ stammt, einem Nomen agentis zu l. *agere* ´treiben, handeln´ (zu diesem s. *agieren*). Heute meist im Sinne von ´Drahtzieher´ verwendet, um 1800 ein Wort für ´Schauspieler´, neben dem das (seltene) Femininum *Aktrice* (aus frz. *actrice*) steht.

Aktie *f.*, selten **Aktion** (< 15. Jh.). Entlehnt aus nndl. *actie* ´Anrecht´, dieses aus l. *āctiō (-ōnis)* in der Bedeutung ´klagbarer Anspruch´ (sonst ´Handlung´, Abstraktum zu l. *agere [āctum]* ´treiben, betreiben´). Die spezielle Bedeutung ´Wertpapier, das einen Anspruch auf Dividende sichert´ seit dem 17. Jh. nach dem Englischen. Die frühere Form *Aktion* noch in der Täterbezeichnung *Aktionär* (entsprechend frz. *actionnaire*).
Zur Sippe von l. *agere* s. *agieren*. − Schirmer (1911), 9; *DF* 1 (1913), 21; Röhrich 1 (1991), 74 f.

Aktion *f.* (< *15. Jh., Bedeutung < 16. Jh.). Entlehnt aus l. *āctiō (-ōnis)* ´Handlung´, einem Abstraktum zu l. *agere (āctum)* ´treiben, betreiben´. Die allgemeine Bedeutung ´Handlung´ erst seit dem 16. Jh., die juristische Bedeutung ´einklagbarer Anspruch´ (s. *Aktie*) schon etwas früher.
Zur Sippe von l. *agere* s. *agieren*. − *BlW* 1 (1981), 253−270.

aktiv *Adj.* (< 16. Jh.). Entlehnt aus l. *āctīvus*, Adjektivbildung zu l. *agere (āctum)* ´treiben, betreiben´. Substantivierungen in mehreren Bedeutungen zu verschiedenen Zeiten: Gegensatz zu *Passiv* (17. Jh. in lateinischer Form, seit dem 19. Jh. endungslos; derselbe Gegensatz bei Bilanzen (meist *Aktiven* oder *Aktiva*, 18. Jh.); ´Aktionsgruppe´ (20. Jh. DDR, nach dem Vorbild von russ. *aktív*; bekannter ist die davon abgeleitete und ebenfalls unter russischem Einfluß stehende Täterbezeichnung *Aktivist*). Mit allgemeinerer Bedeutung das Verbum *aktivieren*; Abstraktum (zum Adjektiv): *Aktivität*.
Zur Sippe von l. *agere* s. *agieren*. − *DF* 1 (1913), 21 f.; W. J. Jones *SN* 51 (1979), 248; *BlW* 1 (1981), 271 f.

aktuell *Adj.* (< *18. Jh., Form 19. Jh.). Entlehnt aus frz. *actuel* ´wirklich, für die Gegenwart wichtig´, dieses aus spl. *āctuālis* ´wirksam, wirklich´, zu einem *tu*-Stamm von l. *agere (āctum)* ´treiben, betreiben´. Die Bedeutungsentwicklung verläuft von ´wirklich´ über ´gegenwärtig wirklich´ hin zu ´zum gegenwärtigen Zeitpunkt wesentlich´, wobei das Zeitungswesen des 19. Jhs. eine wichtige Rolle spielte (Tatsachenberichte von soeben Geschehenem). Die Schreibung mit *c* wird bis zum Anfang des 20. Jhs. beibehalten. Abstraktum: *Aktualität*.
Zur Sippe von l. *agere* s. *agieren*. − *DF* 1 (1913), 22; H. Bäuerlein *Publizistik* 3 (1958), 297−301; W. Haacke *Publizistik* 4 (1959), 3−19; *BlW* 1 (1981), 275.

Aku *s. Akku*.

Akupunktur *f. erw. fach.* ´Heilbehandlung mit Nadelstichen´ (< 19. Jh.). Das ostasiatische Verfahren (*Zhen Jiu*) wurde durch den niederländischen Arzt Ten Rhyne im 18. Jh. nach Europa gebracht und so (zumindest in lateinischen Texten) bezeichnet (zu l. *acus* ´Nadel´ und l. *pūnctūra* ´Stich´, einer Ableitung von l. *pungere [pūnctum]* ´stechen´). Im Deutschen erst seit dem 19. Jh. bezeugt. Zur Sippe von l. *pungere* s. *Punkt*, zum Bestimmungswort s. *akut*.

Akustik *f. erw. fach.* ´Lehre vom Schall´ (< 18. Jh.). Nach dem Vorbild entsprechender Wissenschaftsbezeichnungen (über das Mittellatein) entlehnt aus gr. *akoustikós* ´das Hören betreffend´, Adjektiv aus dem *to*-Partizip von gr. *akoúein* ´hören´ (aus *akous-*, letztlich zu (ig.) *ak̑-* ´spitzig´, also ´die Ohren spitzen´). Zur germanischen Verwandtschaft s. *hören*. Adjektiv: *akustisch*.
DF 1 (1913), 22.

akut *Adj. erw. fach.* ´unvermittelt, heftig´ (< 16. Jh.). Entlehnt aus l. *acūtus* (eigentlich ´spitz, scharf´, zu l. *acuere* ´schärfen, spitzen´, verwandt mit l. *acus* ´Nadel´, s. *Akupunktur*). Der Gebrauch in der Medizin (für Krankheiten: ´plötzlich auftretend, heftig´) bereits im Lateinischen, wohl als Lehnbedeutung zu gr. *oxýs*. Substantiviert *Akut* *m.* als Bezeichnung für einen steigenden („spitzen") Ton (ebenfalls Lehnbedeutung aus gr. *oxýs*), dann auch ein diakritisches Zeichen für diesen (und anderes).
S. *Akupunktur*, *Akrobat* und zur germanischen Verwandtschaft *Ecke*. − *LM* 1 (1980), 259; *BlW* 1 (1981), 296−298.

Akzent *m. erw. fach.* (< *16. Jh., Form < 20. Jh.). Entlehnt aus l. *accentus*, einer Ableitung von l. *accinere* ´dazu klingen, dazu singen´, zu l. *canere (cantum)* ´singen, klingen´ und l. *ad-* ´hinzu´. L. *accentus* ist eine Lehnbildung zu gr. *prosōidía*, einem Abstraktum zu gr. *prós* ´hin, zu´ und gr. *ōdḗ* ´Lied´, also ´hinzugefügte Melodie´, gemeint ist also zunächst die Intonation, dann die Hervorhebung einzelner Silben. Als Bezeichnung des entsprechenden diakritischen Zeichens seit dem 16. Jh. In der Bedeutung ´besondere Aussspracheweise´ häufig französisch ausgesprochen (und <accent> geschrieben). Verb: *akzentuieren* ´betont sprechen, hervorheben´.
Zur Sippe von l. *canere* s. *Chanson*. Vgl. *Prosodie*. − *DF* 1 (1913), 23; E. Leser *ZDW* 15 (1914), 36; *LM* 1 (1980), 259 f.; *BlW* 1 (1981), 151.

akzeptieren *swV. erw. fremd.* ´annehmen´ (< 15. Jh.). Unter Einfluß von frz. *accepter* entlehnt aus l. *acceptāre*, einem Intensivum zu l. *accipere* ´annehmen´, zu l. *capere (captum)* ´nehmen´ und l. *ad-* ´hinzu´. Adjektiv: *akzeptabel*.
Zur Sippe von l. *capere* s. *kapieren*. − *DF* 1 (1913), 23; *BlW* 1 (1981), 152−158.

Akzidenz *n. per. fach.* ´etwas Zufälliges, nicht zum Wesen Gehörendes´ (< *15. Jh., Form < 18. Jh.). Entlehnt aus l. *accidentia f.* ´Zufall´, Abstraktum zu l. *accidere* ´vorfallen, eintreten´, zu l. *cadere* ´fallen´ und l. *ad-* ´hinzu-´. In philosophischer Verwendung Lehnübersetzung des aristotelischen gr. *symbebēkós*.
Zur Sippe von l. *cadere* s. *Kadenz*. − K. Bärthlein *Archiv für Geschichte der Philosophie* 50 (1968), 196−253; *HWPh* 1 (1971), 72 f.; *BlW* 1 (1981), 165.

Akzise *f. arch.* ´Verbrauchs-, Verkehrssteuer´ (< *13. Jh., Standard < 16. Jh., Form < 20. Jh.), mndl. *assise*. Zunächst nur in Nordwestdeutschland als *assise* u.ä. entlehnt aus gleichbedeutendem afrz. *assise*; dieses ist das substantivierte Partizip Perfekt von *asseoir* ´festsetzen´. Im Laufe des 15. Jhs. wird das Wort vor allem im Niederländischen als *accise* geschrieben und aufgefaßt und diese Veränderung dringt allgemein (auch im Französischen) durch (frz. *accise*, das allerdings vorwiegend Steuern auf niederländische und englische Lebensmittel bezeichnet). Der Grund für die Veränderung ist nicht ausreichend klar (Anschluß an das Partizip von l. *accīdere* ´anschneiden´ im Sinn von ´einkerben´? Oder Anschluß an l. *accensēre* ´zurechnen´ und *Zins*?). Eindeutschung der Schreibung erst im 20. Jh.

Frz. *asseoir* beruht auf einer transitiven Form (´Platz anweisen, festsetzen´) von l. *assidere* ´sich hinsetzen´; zu dem zugrundeliegenden l. *sedēre* ´sitzen´ s. *Residenz*, zur germanischen Verwandtschaft s. *sitzen*. − Schirmer (1911), 10; *LM* 1 (1980), 261.

-al *Suffix* zur Bildung von Adjektiven zum Ausdruck der Ähnlichkeit (z. B. *pastoral* ´wie ein Pastor´, *genial* ´wie ein Genie´) oder der Zugehörigkeit (z. B. *kolonial* ´zu den Kolonien gehörig, aus den Kolonien stammend´). Es wird in lateinischen Wörtern ins Deutsche übernommen und geht auf funktional entsprechendes l. *-ālis* zurück. Aus Substantivierungen solcher lateinischer Adjektive stammen einige Fremdwörter im Deutschen, deren Wortausgang *-al* man synchronisch nicht als Suffix einordnen würde (z. B. *General* − l. *generālis* ´allgemein´, *Moral* − l. *mōrālis* ´sittlich´). Das Suffix hat im Deutschen häufig die Form *-alisch*, das dann nachträglich verkürzt werden kann, vgl. auch *-alistisch*. Es wird in neoklassischen Bildungen in beträchtlichem Umfang gebraucht, eine Variante ist *-ell* (aus der französischen Folgeform der gleichen Grundlage). Bei Weiterbildungen tritt *-al-* für *-ell* ein (*individuell* − *Individualität*). Erweiterte Suffixe sind *-ial* (*äquatorial*) und *-ual* (*prozentual*).

Wortbildung 3 (1978), 37 f., 264.

alaaf *Interj. per. wmd., wndd.* Hochruf in Köln (z. B. im Karneval: *Kölle alaaf*) (< *18. Jh., Form < 19. Jh.). Mndd. *alaf*. Schon im 18. Jh. mit umgekehrter Stellung bezeugt als *allaff Collen*; aber vermutlich älter. Ursprünglich wohl *all-ab* (mundartlich *all-af*) ´alles zur Seite, aus dem Weg´ mit emphatischer Dehnung des zweiten *a* in der Interjektion. Die Hochschätzung wäre also ursprünglich durch die Forderung nach mehr Platz (vgl. *Platz dem Landvogt* bei Schiller) zum Ausdruck gebracht worden.

Alabaster *m. erw. fach.* ´Edelgips´ (< 12. Jh.). Entlehnt aus l. *alabaster m.*, *alabastrum n.*, dieses aus gr. *alábastros m.* und *-on n.* (älter gr. *alábastos*) ´Alabaster (als Mineral), aus Alabaster gefertigtes

Salbengefäß´. Der Bezug auf Salben (Salbgefäß, vielleicht auch Bestandteil von Salben) ist auch in frühen deutschen Belegen deutlich.

Die weitere Herkunft des Wortes ist nicht sicher geklärt (vermutlich ägyptischer Herkunft, vielleicht ein Ortsname). − Littmann (1924), 20 f.; Lüschen (1979), 166.

Aland *m.*, **Alant** *m. per. fach.* (Name verschiedener Karpfenfische) (< 9. Jh.). Mhd. *alant*, ahd. *alunt*, as. *alund* sind unter Annahme einer Grundform (g.) **alunþa-* mit grammatischem Wechsel vergleichbar mit anord. *ǫlunn* ´Makrele´. Weitere Herkunft dunkel.

Lloyd/Springer 1 (1988), 186−188.

Alant *m. per. fach.* ´Helenenkraut´ (< 10. Jh.). Mhd. *alant*, ahd. *alant*, mndd. *alant*, mndl. *alaen*. Herkunft dunkel; vermutlich über das Lateinische aus gr. *helénion n.*, einem Pflanzennamen, der vermutlich von gr. *Helénē*, dem Namen der Tochter des Zeus und der Leda, abgeleitet ist.

Die weiteren semantischen und lautlichen Zusammenhänge sind unklar. Vielleicht lautlicher Einfluß von spl. *ālum* ´wilder Knoblauch´ und Anpassung an die Partizipien auf *-ant*. Nach Amigues (ig.) **welen-* zu l. *uulnus* als ´Wundkraut´. Nndl. *alant*. − E. Björkmann *ASNSL* 107 (1901), 377−379; R. Loewe *BGDSL* 59 (1935), 254 f.; Marzell 2 (1972), 1012−1014; Lloyd/Springer 1 (1988), 147−149; *LM* 1 (1980), 267; S. Amigues *Journal des savants* 1990, 177−198.

Alarm *m.* (< 15. Jh.). Entlehnt aus it. *allarme*, einer Zusammenrückung aus it. *all'arme* ´zu den Waffen´; it. *arma f.* ´Waffe´, aus l. *arma n. Pl.* ´Waffen´. Frühe Nebenformen sind fnhd. *allerme*, *lerman* u.ä. (s. *Lärm*). Zusätzlicher französischer Einfluß ist mindestens bei der endgültigen Standardisierung der Schreibung anzunehmen. Verb: *alarmieren*. Für weitere Zusammenhänge s. *Armee*.

Alaun *m. per. fach.* (ein Salz, das als blutstillendes Mittel und als Beiz- und Färbemittel verwendet wird) (< 12. Jh.). Mhd. *alūn*, mndd. *alūn*, mndl. *alūn*. Entlehnt aus frz. *alun*, dieses aus l. *alūmen n.*

Nndl. *aluin*. S. *Aluminium*. Die Herkunft des lateinischen Wortes ist unbekannt. − O. B. Schlutter *English Studies* 42 (1910), 166−168; M. Foerster *Anglia* 41 (1917), 138; Goltz (1972), 161; Lüschen (1979), 166 f.; Lloyd/Springer 1 (1988), 185 f.; *LM* 1 (1980), 272 f.

Alb, Alp *m. erw. fach.* ´Angsttraum´ (< 11. Jh.). Mhd. *alb*, ahd. *alb*, as. *alf* aus g. **albi-* (oder *alba-*) *m.* ´Alb´ (mythisches Wesen zwischen Menschen, Göttern und Zwergen, in christlicher Zeit auch als *Nachtmahr* interpretiert), auch in anord. *alfr*, ae. *ælf* (Pl. *ylfe*). Vgl. den Zwergennamen *Alberich* (´König der Alben´?), frz. *Oberon* und die Bezeichnung *Alpdrücken*, *Alptraum* (auch ae. *ylfa gesceot* ´Albenschuß´ für ´Hexenschuß´). Denkbar ist die Anknüpfung an ai. *ṛbhú-* ´Bezeichnung für kunstreiche Halbgötter´ (die Alben waren wie die Zwerge offenbar auch begabte Schmiede) oder an l. *albus* ´weiß´ (da es in der nordischen Mythologie

'Lichtalben' gibt, s. *Albe*[1]). Wieder andere (C. A. Mastrelli nach F. de Saussure, s. u.) schließen an *alpe* 'Berggeister in den Alpen' an. Im übrigen ist die mythologische Stellung der Alben so wenig klar (auch in der sonst reichhaltigen nordischen Überlieferung), daß etymologische Anschlüsse nicht ausreichend gesichert werden können. Die Femininform zu *Alb* war *Elbe* oder *Elbinne*; das Wort starb als Bezeichnung solcher Geister in der Neuzeit aus, dafür drang das verwandte *Elf, Elfe* aus dem Englischen ein.

Die Ablehnung des Vergleichs von *Alb* und ai. *r̥bhu-*, z. B. bei M. Mayrhofer: *EWAia* 1 (1988), 259 f., ist unbegründet: Die Möglichkeit einer Erklärung des indischen Wortes innerhalb des Indischen schließt nicht aus, daß eine parallele, aber nicht mehr nachweisbare, Erklärung auch für das germanische Wort gilt. – *RGA* 1 (1973), 130–132; C. A. Mastrelli *StG* 13 (1975), 5–13; C. Lecouteux *Euphorion* 75 (1981), 371–378; Ch.L. Peeters *GL* 28 (1988), 119; Lloyd/Springer 1 (1988), 152–154; J. Knobloch *SW* 14 (1989), 282–284; Röhrich 1 (1991), 75.

Alb *f.* s. *Alp f.*

Albatros *m. per. exot.* (ein Seevogel) (< 18. Jh.). Entlehnt aus nndl. *albatros* oder ne. *albatross* über *algatross* aus span. port. *alcatraz*. Letztlich vermutlich aus arab. *al-ġaṭṭās*, eigentlich 'Taucher; ein Wasservogel, der unterzutauchen pflegt', die Beleglage ist allerdings unsicher. Der Name bezeichnet zunächst einen amerikanischen Seevogel, deshalb hat man auch (vergebens) nach einem Vorbild des Namens in den amerikanischen Sprachen gesucht. Die lautliche Umgestaltung zu *-b-* wohl im Anschluß an l. (und rom.) *albus* 'weiß', weil diese Vögel ein weißes Gefieder haben.

DEO (1982), 43 f.; Rey-Debove/Gagnon (1988), 12.

Albe[1] *f.*, auch **Albel** *f. per. fach.* 'Weißfisch' (< *13. Jh., Form < 17. Jh.). Mhd. *albel m.* ist entlehnt aus l. *albula*, einer Substantivierung von l. *albulus* 'weißlich' (zu l. *albus* 'weiß'), das spätere *Albe* (17. Jh.) aus einer Substantivierung des Grundworts (l. *alba*) (oder lautliche Vereinfachung?).

Zum gleichen Grundwort gehören *Alber* und *Abele*; *Albino, Album*, s. auch *Alp m.*

Albe[2] *f.* 'Weißpappel' s. *Alber.*

Alber *f./m.*, auch **Albe**[2], Albel *per. fach.* 'Weißpappel' (< 10. Jh.). Mhd. *alber(boum)*, ahd. *albari*, as. *albari* ist entlehnt aus ml. *alburus*, Nebenform zu l. *albulus* 'weißlich' mit Anpassung des Suffixes an ahd. *-ari*; *Albe* (18. Jh.) aus entsprechendem l. *albus*, *Albel* (18. Jh.) aus l. *albulus*.

S. *Albe*[1]. – W. Meyer-Lübke *ALLG* 13 (1904), 50 f.; Lloyd/Springer 1 (1988), 157 f. Besprechung regionaler Formen bei E. Öhmann *NPhM* 43 (1942), 20 f.

albern *Adj.* (< *9. Jh., Bedeutung 12. Jh.). Mhd. *alwære*, ahd. *alawāri* 'freundlich, gütig' aus g. *al(l)a-wēr-ja- Adj.* 'freundlich', auch in gt. (Ab-

straktum) *allawerei* 'volles Vertrauen, Vorbehaltlosigkeit', anord. *ǫlværr* ' (gast)freundlich', ae. *ealwerlīce Adv.* 'freundlich'. Das Adjektiv ist ein Bahuvrīhi-Kompositum 'dessen Vertrauen ganz ist, der volles Vertrauen hat' zu einem Wurzelnomen ig. (eur.) **wēr-* 'Vertrauen', das auch dem Adjektiv *wahr* zugrundeliegt. Im Frühneuhochdeutschen wird das Wort als Einheit empfunden (deshalb die Inlautentwicklung von *lw* zu *lb* und Abschwächung der zweiten Silbe) und nach dem Vorbild des Niederdeutschen mit einem aus den obliquen Kasus stammenden *n* versehen, wodurch es sich den Materialadjektiven auf *-ern* angleicht. Die Bedeutung wandelt sich in der gleichen Zeit von 'freundlich' zu 'harmlos, naiv, dumm' (ähnlich im frz. *bonhomme*). Verb: *(herum-) albern*; Abstraktum: *Albernheit.*

E. Seebold *IF* 78 (1973), 146–162.

Albino *m. erw. fach.* 'Lebewesen ohne Pigment in der Haut' (< 18. Jh.). Entlehnt aus span. *albino* (eigentlich 'der Weißliche'), einer Ableitung von span. (poet.) *albo* 'weiß', dieses aus l. *albus* (s. *Albe*[1]). Die Bedeutungsentwicklung von 'weiß' zu 'farblos, ohne Farbstoff' beginnt in Bezeichnungen wie span. *negros albinos* für hellhäutige Neger; dann übertragen auf andere Lebewesen ohne Pigment.

Album *n.* (< 16. Jh.). Entlehnt aus l. *album* 'Verzeichnis', eigentlich 'weiße Tafel (zum Aufschreiben)' zu l. *albus* 'weiß' (s. *Albe*[1]). Zunächst eine Holztafel für öffentliche Bekanntmachungen, die mit Gips geweißt war und mit schwarzer Farbe beschrieben wurde, vgl. das parallele gr. *leykṓma* 'weiße Tafel' zu gr. *leykóō* 'weiße', das vielleicht das Vorbild gewesen ist. Dann 'Liste, Zusammenstellung', dann 'Stamm-, Gedenkbuch' und schließlich 'Sammlung (Briefmarken-, Foto-), Bildband'. Diese Bedeutungsentwicklung zeigt sich zuerst im Deutschen und wird von dort in andere Sprachen übernommen, die Bedeutung 'Langspielplatte, zusammengehörige Platten' aus dem Englischen.

DF 1 (1913), 24; Carstensen 1 (1993), 25 f.

Alchemie *f.* s. *Alchimie.*

Älchen *n.* s. *Aal.*

Alchimie *f.*, auch **Alchemie** *arch.* 'Goldmacherkunst' (< 13. Jh.). Entlehnt aus ml. *alchimia* (gegebenenfalls über afrz. *alkimie*), dieses aus span. *alquimia*, aus arab. *al-kīmiyá*, auch 'Stein der Weisen'. Täterbezeichnung: *Alchimist*; Adjektiv: *alchimistisch.*

Das arabische Wort wird verschieden erklärt. Es stammt am ehesten aus gr. *chymeía, chēmeía* 'Beschäftigung mit der Metallumwandlung'. Die weitere Herkunft dieses griechischen Wortes ist umstritten. Naheliegend ist der Anschluß an gr. *chýma* 'Metallguß', doch bleibt dabei die Variante mit *-ē-* unerklärt. Ein anderer Erklärungsversuch greift auf ein ägyptisches Wort mit der Bedeutung ´schwarz´ zurück. S. *Chemie*. − Lippmann (1970); *HWPh* 1 (1971), 148−150; Lokotsch (1975), 92; *LM* 1 (1980), 329−342.

Aldermann, Altermann, Ältermann *m.* (Plural auch *-leute*) *arch. ndd. md.* ´Ältester, Vorstand´ (< *13. Jh., Standard < 18. Jh.). Regional seit dem 13. Jh. verbreitet, vergleichbar mit ae. *ealdorman* (seit dem 8. Jh.), afr. *aldirmon*, mndd. *olderman*, mndl. *ouderman*. Wohl eine Bildung mit dem Komparativ-Suffix; die Form entspricht aber vor allem im Englischen nicht dem Komparativ von *alt*. Weder der Gebrauch als Simplex (ae. *ealdor* ´Fürst´, afr. *alder* ´Vater´), noch die Zusammenhang mit *Eltern*, noch die Zusammensetzung mit *-mann* sind recht klar, zumal bei den Germanen die Alten nicht als die Führenden galten. Das Wort stirbt in unmittelbarem Gebrauch in der Neuzeit aus, wird aber seit dem 18. Jh. historisierend verwendet (z. T. auf niederdeutsche, z. T. auf englische Verhältnisse bezogen).
S. *alt, Eltern*. − *RGA* 1 (1973), 135; 6 (1986), 321 f..

alert *Adj. erw. fremd.* ´flink, munter´ (< 17. Jh.). Entlehnt aus frz. *alerte* ´munter, wachsam´ (eigentlich *à l´erte*), dieses aus it. *all´erta* ´auf der Höhe, auf der Hut´, zu it. *erta* ´Anhöhe´. Die Bedeutungsentwicklung geht aus von ´wachsam´, von da aus zu ´flink´ und entsprechenden Bedeutungen.
It. *erta* ist eine Ableitung zu ait. *ergere*, dieses aus l. *erigere* ´aufrichten´, aus l. *ex-* und *regere*, dessen Sippe unter *regieren* behandelt wird. − *DF* 1 (1913), 24; Jones (1976), 90; Brunt (1983), 125 f.

alfanzen *swV. arch.* ´Possen reißen´ (< 16. Jh.). Gebildet aus älterem, heute nicht mehr üblichem *al(e)fanz m.* ´Schwindel, Possen´, auch im Sinne von ´Vorteil´ (dazu *alfanzer* ´Schwindler, Narr´, < 14. Jh., und *alfanzerei f.* ´Narretei´, 16. Jh.). Entlehnt aus it. *all´ avanzo* ´zum Vorteil´, zunächst mit Bedeutungsentwicklung zu ´übervorteilen´. Die Bedeutung ´Possen´ usw. scheint von einem anderen Wort zu kommen (ahd. *gi-ana-venzon* ´sticheln, höhnen, spotten´?), doch bleiben mehrere Einzelheiten unklar.
It. *avanzo* ist wie frz. *avantage* ´Vorteil´ herzuleiten aus der spl. Kombination *abante* ´vor´. − Hiersche 1 (1986), 54.

Alge *f.* ´Wasserpflanze´ (< *15. Jh., Form < 19. Jh.). Entlehnt aus l. *alga* ´Seegras, Tang´, zunächst in lateinischer Form, dann zunächst mit deutschem Plural *Algen*, dann auch der Singular *Alge*.
Marzell 1 (1943), 190 f.

Algebra *f. erw. fach.* ´Lehre von den mathematischen Gleichungen (usw.)´ (< 15. Jh.). Entlehnt aus ml. *algebra*, das seinerseits auf arab. *al-ǧabr* zurückgeht. Dieses ist Teil des Titels eines Lehrbuchs des arabischen Mathematikers Al-Ḫwārizmī (9. Jh.): ´Lehre von den *Wiederherstellungen* und *Vergleichungen*´, zu arab. *ǧabara* ´einrenken, wie-

derherstellen´. Mit der Wiederherstellung ist gemeint, daß ein negativer Wert in einer Gleichung positiv gemacht werden kann, indem man ihn auf die andere Seite bringt.
Schirmer (1912), 3 f.; Littmann (1924), 76; *HWPh* 1 (1971), 150−153; Latham *Journal of Semitic Studies* 17 (1972), 47; Lokotsch (1975), 50; Vernet (1984), 139−141.

-algie *LAff.* In Namen für Krankheiten in der medizinischen Terminologie (*Neuralgie*, in der Bedeutung nicht ganz gleich *Nostalgie*), ausgehend von gr. *-algía* ´Schmerz´ (z. B. *odontalgía* ´Zahnschmerz´) zu gr. *álgos n.* ´Schmerz´. Das zugehörige Adjektiv ist **-algisch.**
Cottez (1980), 15.

Algorithmus *m. per. fach.* (Berechnungsverfahren) (< *13. Jh., Form 16. Jh.). Als mhd. *algorismus* entlehnt aus ml. *algorismus*, das das Rechnen im dekadischen Zahlensystem und dann die Grundrechenarten bezeichnet. Das Wort geht zurück auf den Beinamen *Al-Ḫwārizmī* (´der Chwaresmier´, eine Herkunftsbezeichnung) eines arabischen Mathematikers des 9. Jhs., durch dessen Lehrbuch die (indischen und dann) arabischen Ziffern in Europa allgemein bekannt wurden. Die Schreibung mit <th> in Anlehnung an gr. *arithmós* ´Zahl´.
Schirmer (1912), 4; Littmann (1924), 77; *HWPh* 1 (1971), 153−161; P. Kunitzsch *ADA* 94 (1983), 109.

alias *Partikel erw. fach.* ´anders, auch ... genannt´ (< 15. Jh.). Entlehnt aus l. *aliās* ´anders´, Adverbialbildung zu l. *alius* ´ein anderer´.
Zu Adverbien von l. *alius* gehören *alias* und *Alibi*; zu dem aus der gleichen Wurzel stammenden l. *alter* gehören *subaltern* und über das Französische l. *Altruismus*; ferner das Verbum *alternieren* und das davon abhängige *Alternative*.

Alibi *n. erw. fach.* ´(Nachweis über den) Aufenthalt an einem anderen Ort´ (< 18. Jh.). In Anlehnung an frz. *alibi m.* entlehnt aus l. *alibī* ´anderswo´, Adverbialbildung zu l. *alius* ´ein anderer´.
Zur Sippe von l. *alius* s. *alias*. − *DF* 1 (1913), 24 f.; Jones (1976), 91; Röhrich 1 (1991), 75; Carstensen 1 (1993), 26 f.

Aliment *n. erw. fach.* ´Nahrungsmittel´, in der Regel *Pl.* ´Lebensunterhalt, Unterhaltszahlungen´ (< *16. Jh., Form < 17. Jh.). Entlehnt aus l. *alimentum* ´Nahrungsmittel´ zu l. *alere* ´nähren´, zunächst in lateinischer Form, dann endungslos und mit deutschem Plural. Heute meist im Plural für ´Unterhaltszahlungen´ gebraucht.
Zu l. *alere* ´nähren´ gehören außer der Instrumentalbildung *Aliment* die präfigierte Substantiv-Ableitung *Prolet* mit späterem *Proletarier* und als Abstraktum eines abgeleiteten Verbs *Koalition*; ursprünglich ein PPP dazu ist l. *altus* ´hoch´, zu dem *Alt, Altan* und vielleicht *Altar* gehören; über das Französische auch *Hautevolee, Hautgout, Hausse* und *Oboe*. Zur germanischen Verwandtschaft s. *alt*. − *DF* 1 (1913), 25.

Alkali *n. per. fach.* ´Laugensalz´ (< 16. Jh.). Entlehnt aus frz. *alcali m.* (ml. *alkali*), dieses aus span.

álcali m. aus arab. *al-qalī*, vulgäre Nebenform zu arab. *al-qily* ˹Laugensalz˼, zu arab. *qalā* ˹im Topf kochen, rösten˼ (Alkali wurde früher durch Auslaugen von Pflanzenasche gewonnen).
S. *Kali, Kalium.* – Littmann (1924), 86; K.-H. Weimann *DWEB* 2 (1963), 386; Latham *Journal of Semitic Studies* 17 (1972), 48; Goltz (1972), 234–238; Lokotsch (1975), 83; Lüschen (1979), 167 f.; *LM* 1 (1980), 416.

Alkohol *m.* ˹reiner Weingeist˼ (< 16. Jh.). Entlehnt aus span. *alcohol* ˹feines Pulver˼, dieses aus arab. *al-kuḥl* (span.-arab. Aussprache: *alkuḥúl*) ˹Antimon; daraus hergestelltes Pulver zum Schwärzen der Augenlider, -brauen und -wimpern˼; dann allgemein ˹feines Pulver, etwas Feines, Subtiles˼. Das Wort geht auf akkad. *guḥlu* zurück, das ein Pulver zum Schwarzfärben der Augenlider bezeichnet (Antimontrisulfid oder Bleisulfid). Im Deutschen zunächst in der Bedeutung ˹feines Pulver˼ verwendet, dann auch ˹Feines, Subtiles˼ und schließlich ˹Essenz˼. Man spricht u. a. vom *alcohol vini*, dem ˹Geist des Weines˼ (zunächst Paracelsus, dann in die internationale Terminologie übergehend). Von hier dann Erweiterung zur Bezeichnung anderer berauschender Getränke. Im 19. Jh. werden weitere ˹Alkohole˼ entdeckt (z. B. Methylalkohol), so daß das Wort in fachsprachlichem Gebrauch Klassenbedeutung erhält. Adjektiv: *alkoholisch*; Weiterbildung: *Alkoholismus* mit der Täterbezeichnung *Alkoholiker*.
Littmann (1924), 76; K.-H. Weimann *DWEB* 2 (1963), 386; Goltz (1972), 79 f., 238 f.; Lokotsch (1975), 98 f.; *LM* 1 (1980), 416 f.

Alkoven *m.*, **Alkove** *f. per. fach.* ˹nischenartiger Schlafraum˼ (< 17. Jh.). Entlehnt aus frz. *alcôve f.*, dieses aus span. *alcoba f.* ˹Schlafgemach˼, aus arab. *al-qubba* ˹Gewölbe, Nebenraum (zum Schlafen)˼. Zunächst *die Alkove*, dann verändert, vielleicht im Anschluß an *Koben*. Aus derselben Grundlage ist schon mittelhochdeutsch (Wolfram, 13. Jh.) über afrz. *aucube* die Form mhd. *ekub* ˹eine Art Zelt˼ entlehnt.
DF 1 (1913), 25; Lokotsch (1975), 97 f.; Brunt (1983), 125.

all *Pron./Adj.* (< 8. Jh.). Mhd. *al(l)*, ahd. *al(l)*, as. *al(l)* aus g. **alla-*, auch in gt. *alls*, anord. *allr*, ae. *eall*, afr. *al(l)*; daneben als Vorderglied von Komposita auch **ala-* ˹alles, ganz˼. Lautlich ist vermutlich von **alna-* neben **ala-* auszugehen; sonst ist die Herkunft dunkel. Vielleicht vergleichen sich osk. *allo* ˹ganz˼, air. *uile* ˹ganz, jeder˼ (lautlich mehrdeutig), lit. *aliái* ˹jeder, ganz˼. Ein Anschluß an ig. **al-* ˹wachsen˼ (s. *alt*) ist nicht wahrscheinlich. Das Substantiv *All n.* wird im 17. Jh. als Lehnbedeutung aus l. *ūniversum* gewonnen. Die regionale Bedeutung ˹leer, ausgegangen˼ (**alle werden** usw., nwd., vor allem omd.) beruht wohl auf einem Konstruktionswechsel oder einer Ellipse: Wenn z. B. die Kartoffeln im Keller *alle* verbraucht sind, dann sind sie *alle*.

Nndl. *al*, ne. *all*, nschw. *all*, nisl. *allur*. S. *als*[2], *also*, *Overall*. – Kuhberg (1933), 35; J. Untermann *IF* 63 (1958), 241–245; Vendryes (195 ff.), U 17 f.; E. Fraenkel: *Die baltische Sprachwissenschaft in den Jahren 1938–1940* (Helsinki 1943), 58 f.; Lloyd/Springer 1 (1988), 129–131. Zur Verbreitung von *alle* ˹leer˼ vgl. die Karte ˹leer˼ *DWA* IV(1955).

Allasch *m. per. fach.* ˹Kümmellikör˼ (< 19. Jh.). Entlehnt aus russ. *alasch*. Der Likör ist benannt nach dem lettischen Ort *Allaži* bei Riga.

allbot *adv. per. wobd.* ˹andauernd, immer wieder˼ (< 15. Jh.). Schriftlich gut bezeugt, aber nicht hochsprachlich. Eigentlich ˹bei jedem Aufgebot˼, also zunächst ˹jedesmal˼, dann auch durativ ˹andauernd˼.
Röhrich 1 (1991), 513 f.

alldieweil *Adv./Konj. arch.* ˹währenddessen, weil˼; auch einfaches *dieweil* (< 12. Jh.). Aus mhd. *(alle) die wīle*, eigentlich ˹die (ganze) Zeit˼ (zu *Weile*); in der Bedeutung also eine Entsprechung zu *während*.

alle *s. all.*

Allee *f.* ˹von Bäumen gesäumte Straße˼ (< 16. Jh.). Entlehnt aus frz. *allée* ˹Gang˼, d. h. ˹Parkweg˼, zu frz. *aller* ˹gehen˼.
Zur Etymologie von frz. *aller* s. *DEO* (1982), 45 f. (umstritten, ob zu l. *ambulare*). Zum gleichen Grundverb gehört *Allüren* und gegebenenfalls auch *ambulant* und *Präambel*. – *DF* 1 (1913), 25; Jones (1976), 91 f.

Allegorie *f. erw. fach.* ˹sinnbildliche Darstellung˼ (< 16. Jh.). Entlehnt aus l. *allēgoría*, dieses aus gr. *allēgoría*, eigentlich ˹das Anderssagen˼, aus *állos* ˹anderer˼ und einem Abstraktum zu gr. *agoreúein* ˹sagen, sprechen˼. Die Allegorie gehört zu den Tropen der antiken Rhetorik. Adjektiv: *allegorisch*.
Gr. *agoreúein* bedeutet eigentlich ˹in der Öffentlichkeit sagen˼, es ist abgeleitet von gr. *agorā* ˹Markt˼, dieses zu gr. *ageírein* ˹(ver-)sammeln˼, das mit l. *grex (-egis) m.* ˹Herde, Schar˼ entfernt verwandt ist. S. *Kategorie* und für die lateinische Entsprechung *Aggregat*; zu gr. *állos* s. *allo-*. – *DF* 1 (1913), 25 f.; Cottez (1980), 17; W. Freytag *Mittellateinisches Jahrbuch* 20 (1985), 66–102, 21 (1986), 3–33.

allegro *Partikel per. fach.* ˹lebhaft, schnell, heiter (Tempobezeichnung der Musik)˼ (< 17. Jh.). Entlehnt aus it. *allegro*, dieses über frühromanische Zwischenstufen aus l. *alacer (-cris)* ˹lebhaft, munter, aufgeregt˼.
DF 1 (1913), 26.

allein *Adv.* (< 12. Jh.). Mhd. *alein(e)*, Verstärkung von ahd. *ein*, wie in ne. *alone* (zu ne. *one* ˹ein˼) und nndl. *alleen* (*een* ˹ein˼). S. *ein*[1].

alleluja *Interj.* s. *halleluja.*

allenthalben *Adv. alt.* ˹überall˼ (< *9. Jh., Form < 12. Jh.). Ahd. *alahalba* ist gebildet aus *ala* ˹ganz, all˼ und *halba* ˹Seite˼; in adverbialen Wendungen bedeutet es ˹nach allen Seiten, überall˼. Wenig später wird das Erstglied flektiert und erhält dabei ein unorganisches *-t-*. S. *-halben*.

aller- *Präfixoid.* Ursprünglich Genetiv Plural von *all*, der in zwei Verwendungen fest geworden ist: 1. in adverbialen Wendungen wie *allerhand, -dings, -lei* und lokalen Adverbien wie *allerlanden* (heute erstarrt); 2. zusammen mit Superlativen als Steigerung (*allerschönste* = ´schönste von allen´), in dieser Funktion noch produktiv.

H. Kolb in: *FS W. Betz* (Tübingen 1977), 388−420.

allerdings *Adv.* (< *13. Jh., Form < 16. Jh., Bedeutung < 18 Jh.). Im 16. Jh. zusammengewachsen aus *aller dinge(n)*, zunächst in der Bedeutung ´gänzlich, völlig´. Später fällt die Endung ab, worauf ein adverbiales *-s* antritt; die Bedeutung wird dabei zu einräumendem ´(gewiß), freilich´. S. *aller-* und *Ding*.

Allergie *f. erw. fach.* ´Überempfindlichkeit gegen bestimmte Einwirkungen´ (< 20. Jh.). Von dem österreichischen Mediziner Clemens vPirquet 1906 vorgeschlagen. Gebildet aus gr. *érgon n.* ´Werk, Wirken, Sache´ und gr. *allos* ´anderer´ in Analogie zu *Energie* (wobei der *en-érgeia* − der wirkenden Kraft der körpereigenen Prozesse − eine *all-érgeia* gegenübergestellt wird, die die Reaktionen des Körpers auf körperfremde Stoffe bezeichnen soll). Zur Sippe von gr. *érgon* s. *Energie*. Adjektiv: *allergisch*.

Carstensen 1 (1993), 27 f.

allerhand *Adv.* (< 13. Jh.). Zusammengewachsen aus *aller hande* ´aller Arten´, zu *Hand* in der Bedeutung ´Seite´ (*rechter Hand* usw.).

allerlei *Pron./Adj.* (< 13. Jh.). S. *aller-* und *-lei*.

Allerwelts- *Präfixoid.* Substantivische Komposita mit verstärkendem *Welt* (mit Fugen-*s*), das seinerseits durch *all* verstärkt ist. Die Bildungen beginnen im 16. Jh., werden aber erst im 18., und dann besonders im 19. und 20. Jh. produktiv. Die Bedeutung ist einerseits verstärkend, andererseits abschätzig für ´Beliebiges, Irgendwelches´.

Allerwertester *m. stil.* (< *15. Jh., Bedeutung < 19. Jh.). Zunächst normale superlativische Steigerungsform, im 18. Jh. auch als Anrede geläufig. Seit dem 19. Jh. scherzhaftes Hüllwort für das Gesäß; wohl ähnlich zu verstehen wie *der wertvollste Körperteil* u.ä. S. *aller-* und *wert*.

allesamt *pron. alt.* (< 9. Jh.). Schon im Althochdeutschen werden *alle* und *saman(t)* ´zusammen´ miteinander verbunden und werden dann als Einheit aufgefaßt. S. *all, samt*.

allfällig *adj. per. obd.* ´jeweilig, eventuell´ (< 15. Jh.). Ableitung zu der Phrase *(auf) alle Fälle*, also ´in Bezug auf jeden eintretenden Fall´. Besonders in der Schweiz gebräuchlich, aber sonst nicht in die Hochsprache aufgenommen.

allgemach *Adv. arch.* ´allmählich´ (< 15. Jh.). Wie mndd. *al(ge)mak* verstärkende Bildung zu *ge-* *mach*, also ´bedächtig, gemächlich´; vorwiegend adverbial (´allmählich´) gebraucht.

allgemein *adj.* (< 12. Jh.). Verstärkung von *gemein* in dessen ursprünglicher Bedeutung. Bei der Bedeutungsverschlechterung des Grundworts bleibt die alte Bedeutung bei *allgemein*.

HWPh 1 (1971), 164−192.

Allianz *f. erw. fach.* ´Bündnis´ (< 16. Jh.). Entlehnt aus frz. *alliance*, einer Ableitung von frz. *allier* ´verbinden´, dieses aus l. *alligāre*, zu l. *ligāre* ´binden´ und l. *ad-* ´hinzu´. Zum gleichen Grundverb *Alliierte* ´Verbündete´, vgl. das einfache Verb *liieren*.

Zur Sippe von l. *ligāre* s. *legieren*. − *DF* 1 (1913), 26; Jones (1976), 93 f.; Brunt (1983), 378 f.

Alligator *m. erw. fach.* (eine Krokodilart) (< 16. Jh.). Entlehnt aus frz. *alligator* oder e. *alligator*, diese zusammengezogen aus span. *el lagarto (de los Indios)*, wörtlich ´die Echse der Indianer´, aus l. *lacerta f.* ´Eidechse´. Die Lautform schwankt in der frühen Zeit der Entlehnung.

Rey-Debove/Gagnon (1988), 13.

Alliierte *Pl.* s. *Allianz*.

Alliteration *f. per. fach.* ´Stabreim´ (< 18. Jh.). Neo-kl. *alliteratio* wurde im 16. Jh. von einem italienischen Humanisten gebildet und dann in die Volkssprachen übernommen. Zu l. *littera* ´Buchstabe´ und *ad-* ´hinzu´.

Zur Sippe von l. *littera* s. *Letter*. Eine Entsprechung ist *Stabreim*, das allerdings auf das verskonstituierende Auftreten in den altgermanischen Sprachen beschränkt wird. − *LM* 1 (1980), 432−437; Rey-Debove/Gagnon (1988), 14.

allmählich *Adv.* (< 14. Jh.). Mhd. *almechlich* zur gleichen Grundlage wie *gemach*. Vgl. älteres *allgemach*.

Allmende *f. arch.* ´gemeinsamer Grund´ (< 12. Jh.). Mhd. *almende, al(ge)meinde*, ahd. *(ala-)gimeinida* (kaum nachweisbar), offenbar gebildet aus g. **ala-* (s. *all*) und *(Ge)meinde*. Vergleichbar ist zunächst afr. *elmente* ´Gemeinde´, das aber im Gegensatz zu afr. *mente f.* ´Gemeinde´ ein Maskulinum ist; daneben, ebenfalls als Maskulinum, afr. *elmetha* ´Gemeinde´, offenbar ohne den grammatischen Wechsel, entsprechend ndd. (aus nordfr.) *ellemōtha* ´Allmend´, sowie anord. *almenning* ´gemeinsames Land´ (zu dem Wort für ´Mann´?). Das Wort bezeichnet wohl von Anfang an die Grundstücke, die der Dorfgemeinschaft gehören; im Deutschen daneben auch die Dorfgemeinschaft selbst. Es liegt wohl letztlich ein einheitliches Wort vor, das auf verschiedene Weise umgestaltet wurde. Ob es als g. **ala-(ga)main-þō(n)* anzusetzen ist, läßt sich nicht mit Sicherheit entscheiden.

D. Hofmann *It Beaken* 25 (1963), 264−269; R. Schmidt-Wiegand: *Mark und Allmende* (Marburg 1981); *RGA* 1 (1973), 173 f.; *LM* 1 (1980), 439 f.

allo- *Präfixoid.* Dient in neoklassischen Bildungen als Vorderglied komponierter Adjektive und Substantive und bedeutet dabei ʿandersʾ (z. B. *Allogamie* ʿFremdbestäubungʾ zu *allogam* im Gegensatz zu *autogam* ʿselbstbestäubendʾ; analog zu *monogam, Monogamie* ʿEineheʾ). Nachbildung griechischer Komposita mit gr. *állo-* ʿanders-, fremd-ʾ (zu gr. *állos* ʿandererʾ) ohne konkretes Vorbild in Entlehnungen aus dem Griechischen. In der linguistischen Fachsprache zur Bezeichnung von Varianten verwendet (*Allophon* als Variante eines *Phonems,* zuerst bei B. L. Whorf 1934 und Bloch/Trager, dann analogisch ausgeweitet bei A. Nida: *Allomorph* als Variante eines *Morphems* usw.). S. auch *Allegorie, Allotria.*
Cottez (1980), 17.

Allod *n. arch.* ʿfreies, uneingeschränktes Vermögenʾ (< 9. Jh.). Germanisches Rechtswort, althochdeutsch im 9. Jh. bezeugt, dann ausgestorben und im 19. Jh. als Terminus der Rechtsgeschichte wieder aufgenommen. Es zeigt zahlreiche Bedeutungsveränderungen, die der Entwicklung der Rechtsvorstellungen folgen und ist bezeugt in latinisierter Form in andfrk. *alodis, alodus,* später *al(l)odium* und in wgt. Urkunden als *alaudes.* Vermutlich gebildet aus g. **alla-* (s. *all*) und g. **auda-* ʿBesitzʾ in anord. *auðr,* ae. *ēad,* as. *ōd,* ahd. *ōt.* Aber auch ein Anschluß an g. **hluta-* ʿLos, Anteilʾ ist denkbar.
Tiefenbach (1973), 97−100; Lloyd/Springer 1 (1988), 165−167; *LM* 1 (1980), 440 f.; *DEO* (1982), 46 f. (*alleu*); Sousa Costa (1993), 229−235.

Allopathie *f. per. fach.* ʿSchulmedizinʾ (< 19. Jh.). Um 1800 gebildet von S. Hahnemann zur Bezeichnung der Schulmedizin im Gegensatz zu der von ihm vertretenen *Homöopathie;* aus gr. *állos* ʿandererʾ und gr. *páthos* ʿLeidenʾ, die Bedeutung des Kompositums ist aber nur im Gegensatz zur Bedeutung von *Homöopathie* durchschaubar. Täterbezeichnung: *Allopath,* Adjektiv: *allopathisch.* Analog zum Wort für das Gegenteil wird gelegentlich *allöopath-* gebraucht.

Allotria *n.* (älter auch *Pl.*) *obs.* ʿUnfugʾ (< 17. Jh.). Entlehnt aus gr. *allótria Pl.* ʿfremde, nicht zur Sache gehörige Dingeʾ, Substantivierung zu gr. *allótrios* ʿzum fremdartigen gehörigʾ. Bei zielgerichteter Tätigkeit (Lernen, Predigt usw.) gilt das nicht zur Sache Gehörige als ʿUnfugʾ. S. *allo-, Hallodri.*
DF 1 (1913), 27.

Allround- *LAff.* Bestimmungswort im Sinne von ʿuniversalʾ (*Allround-Athlet, -Sportler* usw.). Entlehnt aus am.-e. *allround* ʿrundumʾ; im (amerikanischen) Englischen wird allerdings am.-e. *allrounder* vorgezogen.
Carstensen 1 (1993), 29−31.

Alltag *m.* (< *14. Jh., Form 17. Jh.). Spmhd. *altac* ʿtäglichʾ (14. Jh.). Zusammenrückung aus *all*

und *Tag,* vielleicht unter dem Einfluß des Adverbs *alltäglich.* Substantiviert bedeutet das Wort ʿjeden Tag (Feiertag wie Werktag)ʾ. Im 17. Jh., offenbar durch Verallgemeinerung aus Komposita mit *Alltags-,* setzt sich die Bedeutung ʿWerktagʾ durch, zunächst norddeutsch und in Bezug auf Kleidung.

Allüren *Pl. erw. fremd.* ʿauffälliges Benehmen, Gehabeʾ, selten auch im Singular *(f.)* (< 19. Jh.). Entlehnt aus frz. *allure f.,* eigentlich ʿGangʾ, im Plural ʿBenehmen, Art und Weiseʾ, einer Ableitung von frz. *aller* ʿgehenʾ. Zu diesem s. *Allee.*
DF 1 (1913), 27.

Alm *f.* s. *Alp(e).*

Almanach *m. erw. fach.* ʿKalender, Jahrbuchʾ (< 15. Jh.). Entlehnt aus mndl. *almanak,* dieses aus span. *almanaque* und ml. **almanac, *almanach* ʿastronomisches Tafelwerk, Jahrbuchʾ, aus arab. *al-manāḫ* das zwar belegt, aber etymologisch nicht sicher gedeutet ist.
DF 1 (1913), 27; P. Kunitzsch *ADA* 94 (1983), 109 f.; *LM* 1 (1980), 445.

Almer *f.,* auch *m. arch.,* auch **Almut, Almet** ʿSchrank, Schreinʾ (< 15. Jh.). Entlehnt aus l. *armārium* ʿSchrank, Schreinʾ, eigentlich ʿRaum für Geräteʾ, zu l. *arma* ʿWaffen, Gerätschaftenʾ (s. *Armee*), mit einer bereits im Mittellateinischen vorkommenden Dissimilation des ersten *r* (das gelegentlich auch noch in der deutschen Entlehnung bezeugt ist).

Almosen *n.* (< 8. Jh.). Mhd. *almuosen,* ahd. *alamuosan,* as. *alamosna;* auch ae. *ælmysse.* Entlehnt aus kirchen-l. *eleēmosyna f.,* dieses aus gr. *eleēmosýnē f.* ʿMitleidʾ, einem Abstraktum zu gr. *eleḗmōn* ʿmitleidigʾ, zu gr. *éleos m.* ʿMitleidʾ. Das anlautende /a/ unter Einfluß von spl. **alimosina f.,* einer Nebenform, die wohl auf sekundärem Anschluß an l. *alimōnia f.* ʿErnährung, Unterhaltʾ beruht (vgl. *Alimente*). Die heutige Form geht unter dem Einfluß Luthers auf eine niederdeutsche Lautform (statt des zu erwartenden **Almusen*) zurück.
Lloyd/Springer 1 (1988), 142−144; *LM* 1 (1980), 452 f.

Almrausch *m. per. österr.,* auch **Alprausch** ʿAlpenroseʾ (< *16. Jh., Form < 18. Jh.). Zu *Alm* (s. *Alp[e]*) und (vermutlich) einer Entlehnung aus l. *rūscus f., rūscum n.* ʿMäusedornʾ. Einfaches *Rausch* schon früh, die Komposita erst wesentlich später bezeugt.
H. Marzell *Jahrbuch des Vereins zum Schutze der Alpenpflanzen und -tiere* 22 (1957), 44; zu *Rausch*: J. Hubschmid *VR* 27 (1968), 337−342; Marzell 3 (1977), 1327−1329.

Aloe *f. per. fach.* ʿbittere tropische Pflanzeʾ (< 13. Jh.). Mhd. *ālōe n.,* as. *ālōe,* entlehnt aus l. *aloē,* dieses aus gr. *alóē,* das zu einem kulturellen Wanderwort des vorderen Orients gehört. Mit diesem Wort ist ein anderes zusammengefallen, das eine wohlriechende Holzart bezeichnet und im

Griechischen zunächst als *alōth* erscheint. Mit dieser Bedeutung ist das Wort bereits im 9. Jh. bezeugt.

R. Hiersche in: *FS G. Neumann* (1982), 121−128; Lloyd/Springer 1 (1988), 167 f.; *LM* 1 (1980), 453.

Alp *m.* s. *Alb.*

Alp(e) *f. erw. obd.* ʹBergweideʹ (< 10. Jh.). Mhd. *albe*, ahd. *alba* neben **Alm** (das aus einer Assimilierung des *b/p* an das *n* eines *n*-Stammes kommt, bezeugt seit dem 14. Jh.). Geht offenbar zurück auf ein vorindogermanisches Wort, zu dem auch der Name der *Alpen* (sowie *Alb* und *Allgäu*) gehört. Als seine Bedeutung wird ʹBergʹ vermutet, wobei in der späteren Geschichte ein Anschluß an l. *albus* ʹweißʹ (im Hinblick auf den Schnee der Alpen) eine Rolle gespielt haben mag.

J. U. Hubschmied in: *FS Gauchat* (1926), 438; V. Bertoldi *ZRPh* 56 (1926), 183; J. Hubschmid: *Alpenwörter*. Bern 1951, 8 f., 43−47; *RGA* 1 (1973), 181−189; D. Ludvik *Acta Neophilologica* 7 (1974), 43−46; Lloyd/Springer 1 (1988), 155−157; *LM* 1 (1980), 458−460.

Alpdrücken *n.* s. *Alb.*

Alphabet *n.* (< 13. Jh.). Im Spätmittelhochdeutschen entlehnt aus kirchen-l. *alphabētum*, dieses aus gr. *alphábētos m./f.*, aus gr. *álpha* und gr. *bēta*, den Namen der beiden ersten Buchstaben, die von den Griechen mit dem Alphabet über phönizische Vermittlung aus einer semitischen Sprache (vgl. hebr. *aleph* und hebr. *beth*) übernommen worden waren. Die Namen der beiden ersten Buchstaben stehen also für die ganze Buchstabenreihe. Adjektiv: *alphabetisch*. Da man das Alphabet zugleich mit der Kenntnis der Schrift erwirbt, steht es häufig für ʹdes Schreibens kundigʹ, besonders in der Gegensatzbildung *Analphabet* ʹjemand, der nicht schreiben kannʹ. Vgl. *Abc.*

Alptraum *m.* s. *Alb.*

Alraun *m.*, **Alraune** *f. arch.* ʹmagisch gebrauchte, menschenförmige Wurzelʹ (< 11. Jh.). Mhd. *alrūne*, ahd. *alrūn(a)*. Dieses Wort wurde benützt, um den Pflanzennamen l. *mandragora m.* wiederzugeben. Dieser steht für ein Nachtschattengewächs, dessen Wurzel nach hebräischem und orientalischem Vorbild allerhand Zauberkräfte (Reichtum, Liebeszauber) zugeschrieben wurden. Im germanischen Norden, wo die Mandragoragewächse nicht gedeihen, wurde die Pflanze (teils eingeführt, teils mit ähnlichen einheimischen Pflanzen (vor allem der Zaunrübe) gleichgesetzt; die zugehörigen abergläubischen Vorstellungen sind wohl alle nicht-germanischen Ursprungs. Je nachdem, ob die Rübe nur zweigespalten (weiblich) oder mit einem weiteren Fortsatz versehen (männlich) war, wurde die Pflanze als männlich oder weiblich angesehen und bekam das entsprechende grammatische Geschlecht. Das Wort selbst wird mit dem Frauennamen ahd. *Al(b)rūn*, ae. *Aelfrūn*, anord. *Alfrún* in

Verbindung gebracht, der im Vorderglied das Wort *Alb*, im Hinterglied ein Namenelement, das mit *raunen* zu tun hat, enthält. Von der Sache her denkbar, aber ganz unsicher. Etwas wahrscheinlicher, aber ebenfalls unverbindlich, ist die Erklärung aus g. **ala-* (s. *all*) und **rūnō* ʹGeheimnisʹ (s. *raunen*), also ʹgroßes Geheimnisʹ. Im Hinblick auf die schwer faßbaren Relikte in der Verwandtschaft des Wortes *Rune* wäre auch ein Ansatz als ʹdie ganz gespalteneʹ (es ist aber nur die Bedeutung ʹschneidenʹ bezeugt) oder ʹdie ganz mit Runzeln bedeckteʹ (hierfür ist nur die kurzvokalische Lautform bezeugt) denkbar.

A. T. Starck: *Der Alraun* (Baltimore 1917); *RGA* 1 (1973), 198; Lloyd/Springer 1 (1988), 168−170; *LM* 1 (1980), 458−460; Röhrich 1 (1991), 76.

als[1] *Konj.* und *Partikel* bei Vergleichen (< 11. Jh.). Mhd. *als*, *alse*, *alsō* ʹebensoʹ; das Wort ist demnach aus *also* abgeschwächt, wie ne. *as*, nndl. *als*.

J. Dückert *BGDSL* 83 (1961), 205−230.

als[2] *Adv. per. wd. md.* ʹimmer wieder (u.ä.)ʹ (< 13. Jh.). Abgeschwächt aus mhd. *allez*, Neutrum des Adjektivs *all.*

Alsem *m. per. wmd.* ʹWermutʹ (< 10. Jh.). Das regional beschränkt verbreitete mndl. *alsene*, ahd. *alahsan* ist entlehnt aus ml. *aloxinum n.*; dieses möglicherweise aus gr. *alóē oxínēs f.* ʹbittere Aloeʹ.

Lloyd/Springer 1 (1988), 139−141.

also *Adv.* (< 9. Jh.). Mhd. *alsō*, ahd. *alsō*, mndd. *alsō*, mndl. *alsō*, wie ae. *ealswā* aus *all* und *so* zusammengesetzt, damit ʹganz so, genau soʹ. Seit dem 13. Jh. auch als Konjunktion verwendet.

S. *all*, *als*[1], *so.* − G. Wolfrum *BGDSL-H* 80 (1958), 33−110.

Alsterwasser *n. per. ndd.* ʹMischgetränk aus Bier und Limonadeʹ (< 20. Jh.). Scherzhafte Übertragung nach der Farbe (des Hamburger Binnengewässers).

Vgl. *Radler.* − J. Eichhoff in: *FS Martin* (1980), 159−163.

Alt *m. erw. fach.* (Singstimme) (< 15. Jh.). Entlehnt aus it. *alto* (aus l. *vōx alta f.* ʹhohe Stimmeʹ). So wird zunächst eine hohe Männerstimme bezeichnet, deren Rolle später, als auch Frauen Solistenrollen übernehmen konnten, von Frauen gesungen wurde − für Frauen ist die Stimmlage allerdings ʹtiefʹ.

L. *altus* ist *to*-Partizip zu l. *alere* ʹnährenʹ; zu dessen Sippe s. *Aliment.* Zu ihm gehören *Altan* und *exaltiert*; zur französischen Entsprechung gehören die Entlehnungen *Hausse*, *Hautevolee*, *Hautgout* und *Oboe*; zur germanischen Entsprechung s. *alt.*

alt *Adj.* (< 8. Jh.). Mhd. *alt*, ahd. *alt*, as. *ald* aus wg. **alda-*, auch in ae. *eald*, afr. *ald*; im Nordgermanischen nur Komparativ *ellri* und Superlativ *ellztr* (Positiv *gamall*), im Gotischen *j*-Stamm *alþeis* in gleicher Bedeutung (aber krim-gt. *alt*); vermutlich *to*-Partizip zu g. **al-a-* 'wachsen, nähren' in gt. *alan* 'aufwachsen', anord. *ala*, ae. *alan* 'nähren, aufziehen', aus ig. (eur.) **al-* 'nähren' in l. *alere*, air. *ailid* und Ableitungen in anderen Sprachen. Die Ausgangsbedeutung ist also 'gewachsen, erwachsen'; eine parallele Entwicklung liegt bei l. *altus* 'hoch', l. *adultus* 'erwachsen' vor. — Modifikation: **ältlich**, Präfixableitung: **veralten**.

Nndl. *oud*, ne. *old*. S. *Alter*, *Eltern*, *Welt*; Entlehnungen aus der lateinischen Verwandtschaft unter *Aliment* und *Alt*. — Seebold (1970), 75—77; Lloyd/Springer 1 (1988), 171—173; Röhrich 1 (1991), 76—78; Heidermanns (1993), 97 f.

Altan *(Betonung auf beiden Silben möglich)* *m.*, auch *f. per. fach. obd.* 'Söller, Balkon' (< 15. Jh.). Entlehnt aus it. *altana* (eigentlich 'ein *hoher*, vorstehender Teil eines Hauses'), zu it. *alto* 'hoch', aus l. *altus*.

Zu l. *altus* s. *Alt*. — E. Öhmann *NPhM* 43 (1942), 27; M. Wis (1955), 91; *LM* 1 (1980), 460.

Altar *m.* (früher selten auch *n.*) (< 8. Jh.). Mhd. *altǣre*, *altāre*, *álter*, ahd. *altāri* ist entlehnt aus l. *altāre* (im Rückgriff darauf auch die neuhochdeutsche Betonung).

Das lateinische Wort (älter *altāria n. Pl.*) wurde als 'erhöhter Aufsatz' (zu l. *altus* 'hoch') verstanden, doch ist die ursprüngliche Bedeutung wohl 'Brandaltar' (zu l. *adolēre* 'verbrennen'). Nach Nagy 'dessen Feuer (*-ās-*) genährt (**alto-*) ist'. Bei beiden Annahmen geht der erste Bestandteil auf l. *alere* 'nähren' zurück; zur selben Sippe s. *Aliment*. — *BIW* 2 (1984), 164—168; *RGA* 1 (1973), 200—203; G. Nagy *HSCPh* 78 (1974), 71—106, bes. 82—88; Lloyd/Springer 1 (1988), 174—176; *LM* 1 (1980), 461—465.

altbacken *Adj. (PPrät.)* (< 13. Jh.). Ursprünglich für nicht mehr frisches Brot gebraucht und offenbar im Gegensatz zu mhd. *niubachen* 'frisch gebacken' gebildet (s. *backen*). Danach Bedeutungsverallgemeinerung zu 'altmodisch' (spöttisch gemeint).

Alter *n.* (< 8. Jh.). Mhd. *alter*, ahd. *altar*, as. *aldar* aus g. **aldra- n.* (im Nordischen *m.*, gotisch unbestimmt) 'Lebensalter', auch in anord. *aldr m.*, ae. *ealdor*, afr. *alder*; gotisch nur in *fram-aldrs* 'bejahrt'; vermutlich *tro*-Bildung zu g. **al-a-* 'wachsen, nähren', parallel zu **alda-* 'alt'. Außergermanisch vergleicht sich wohl air. *altram (m)* 'Ernährung, Erziehung'. Die Bedeutungsentwicklung geht also offenbar von 'Heranwachsen, Altersstufen des Unmündigen' zu den Altersstufen des Menschen allgemein, und dann, in neuerer Zeit, zu 'hohes Alter' (im Gegensatz zu 'Jugend'). Verb: **altern**; Abstraktum: **Altertum**, wozu das Adjektiv **altertümlich**.

Nndl. *ouderdom*, nschw. *ålder*, nisl. *aldur*. S. *alt*. — *RGA* 1 (1973), 204 f. unter *Alte*, 211—213; Lloyd/Springer 1 (1988), 173 f.; *LM* 1 (1980), 470 f.

Ältermutter *f.*, **Ältervater** *m.*, s. *Eltervater*.

alternativ *adj. erw. fremd.* 'zwischen zwei Möglichkeiten die Wahl lassend, eine zweite Möglichkeit bildend' (< 15. Jh.). Zunächst als lateinisches Adverb *alternative* entlehnt, dann auch als Adjektiv gebraucht. Ausweitung des Gebrauchs unter Einfluß von frz. *alternative* 'abwechselnd, eine andere Möglichkeit bildend', zu frz. *alterner* 'abwechseln', aus l. *alternāre*, zu l. *alter* 'der andere'. Das Verbum ist entlehnt als **alternieren** 'abwechseln', das Abstraktum als **Alternative**. Die eigentliche Bedeutung ist 'Wahl zwischen zwei Möglichkeiten', unter dem Einfluß des Englischen auch: 'andere Möglichkeit'. In der 2. Hälfte des 20. Jhs. entwickelt das Adjektiv und seine Ableitungen unter dem Einfluß des amerikanischen Englischen die Bedeutung 'konkurrierend mit den bestehenden Normen'.

Zu l. *alter* 'anderer' gehören auch *Altruismus* und *subaltern*; zu seiner Parallele l. *alius* s. *alias*. — *DF* 1 (1913), 28 f.; G. Müller *SD* 23 (1979), 70 f.; Rey-Debove/Gagnon (1988), 15; *Brisante Wörter* (1989), 415—423; Carstensen 1 (1993), 32 f.

altfränkisch *Adj. arch.* 'altmodisch' (< *14. Jh., Bedeutung < 15. Jh.). Umschreibung für 'althergebracht, tüchtig, echt' (= in der Art der alten Franken); schon früh aber auch 'veraltet, unzeitgemäß'.

G. Lüdtke/A. Götze *ZDW* 7 (1905/06), 15—27; J. Dünninger in: *FS Schröder* (1959), 155—162.

altklug *Adj.* (< 18. Jh.). Ursprüngliche Bedeutung: 'durch Alter (und Erfahrung) klug'. Heute nur noch in der ursprünglich ironischen Verwendung, mit der es jungen Leuten, hauptsächlich Kindern, nachgesagt wird.

Altruismus *m. erw. fach.* 'selbstlose Denkungsweise' (< 19. Jh.). Entlehnt aus frz. *altruisme*, das A. Comte 1830 als Gegenbegriff zu *Egoismus* einführte — in Anlehnung an frz. *autrui* 'der andere' zu l. *alter* gebildet. Das *-l-* stammt also aus dem lateinischen Vorbild, die Endung *-ui* aus einer französischen Obliquusform. Adjektiv: **altruistisch**.

Zu l. *alter* 'anderer' s. *alternativ*; zu seiner Parallele l. *alius* 'anderer' s. *alias*. — *HWPh* 1 (1971), 200 f.

altväterisch *Adj. obs.* 'altmodisch' (< 16. Jh.). Zu *Altvater* 'Vorfahr, Patriarch' (mhd. *altvater*, ahd. *altfater*, as. *aldfadar* bedeuten in erster Linie 'Patriarch'; afr. *ald(a)feder*, ae. *ealdfæder* 'Vorfahr', anord. *alda-faðir* ist ein Beiname Odins). Die ironische Bedeutung 'altmodisch' war von Anfang an häufiger als die eigentliche ('altehrwürdig').

Altvorder(e)n *Pl. arch.* 'Vorfahren' (< 9. Jh.). Mhd. *altvorder*, ahd. *altfordoro m.*, gebildet aus *alt* und *vorder* im Sinne von 'früher'. Im 18. Jh. veraltet, dann zeitweilig wiederbelebt.

Kuhberg (1933), 35 f.

Altweibersommer *m. obs.* (< 17. Jh.). Das Wort hat drei Bedeutungen, deren Benennungsmotive und deren Verhältnis zueinander unklar sind: 1) Am schlechtesten bezeugt, aber vielleicht Vorbild für die beiden anderen ist ´zweite Jugend bei Frauen´ (fast nur mundartlich, selten literarisch seit dem 19. Jh.); als ´unzeitig´ und ´nur kurze Zeit dauernd´ aufgefaßt, wie etwa auch das mundartlich verbreitete Wort *Altweibertänze* zeigt. (Diese Art der verächtlichen Ausdrucksweise ist weit verbreitet, vgl. etwa l. *anīlis*). Beim Mann spricht man bei der entsprechenden Situation vom *Johannistrieb* (nach dem bei Holzgewächsen vorkommenden zweiten Austrieb im Juni um den Johannistag herum) mit ganz anderen Konnotationen. 2) ´Nachsommer, sommerliche Zeit im Herbst´, so seit dem 17. Jh.; auch *St. Michaelssommer* (29. September), *St. Martinssommer* (11. November), *Allerheiligensommer* (1. November) u.ä. benannt. In der älteren Sprache auch *Witwensommer*, mundartlich (bair.) *Ähndlsommer*. Vielleicht metaphorisch übertragen aus 1), da ´nachzeitig´ und ´nur kurz dauernd´. 3) ´Im Herbst (und Frühjahr) in der Luft herumfliegende Spinngewebe´, auch *Mariengarn*, *Liebfrauenhaar* u.ä. genannt. Es scheint, daß diese Gewebe ursprünglich *Sommer*, *fliegender Sommer* u.ä. genannt wurden, und daß dies ein anderes Wort ist als das für die Bezeichnung der Jahreszeit (vgl. das schon im 14. Jh. bezeugte me. *gossamer* gleicher Bedeutung, das etymologisch unklar ist). Die Erweiterung zu *Altweibersommer* (seit dem 19. Jh.) vielleicht wegen des zeitlichen Auftretens der Fäden. Die norddeutschen Bezeichnungen *Mettken* oder *Mettkensommer* (verhochdeutscht *Mädchensommer*) gehören wohl zu *Made* und beziehen sich am ehesten auf das Gespinst der Schmetterlingspuppen und Seidenwürmer. Etymologische Anknüpfungspunkte können sein: (a) l. *samara* ´Ulmensamen´ (ursprünglich keltisch?), wenn damit ursprünglich die Samen eines Baumes mit wolligen Früchten gemeint waren; (b) zu dem englischen Wort: l. *gossipinum* u.ä. für eine Art Baumwolle (Plinius).

Zur Bedeutung 2): A. Lehmann: *Altweibersommer* (Diss. Berlin 1911); zu 3): A. Miller *Heimat und Volkstum* 16 (1938), 310−316; Röhrich 1 (1991), 78. [Herangezogen wurde die Magisterarbeit von B. Euler].

Aluminium *n.* (< 19. Jh.). Neoklassische Neubildung zu l. *alūmen (-minis)* ´Alaun´; so benannt wegen des Vorkommens von Aluminium in Alaunerde. Seit 1782 (Lavoisier) wurde im Alaun ein Metall vermutet; der Nachweis gelang erst nach 1820. Schon bei der Suche nach dem Metall wurde es bezeichnet: 1786 (de Morveau) *aluminia*, 1808 (Davy) *alumium* (nach *Silicium* usw.), später (1812) *Aluminum*, das heute noch die Form des amerikanischen Englischen ist. Im gleichen Jahr wurde *Aluminium* vorgeschlagen, das dem Lateinischen eher gemäß sei. Diese Form setzte sich dann durch, wohl unterstützt von Wörtern wie *Magnesium*.

S. *Alaun.* − Lüschen (1979), 168; Cottez (1980), 17. [Herangezogen wurde die Magisterarbeit von M. Mathes].

Amalgam *n. erw. fach.* (eine Quecksilberlegierung) (< 16. Jh.). Entlehnt aus ml. *amalgama* ´Gemisch, speziell aus einem Metall und Quecksilber´, das auf ein nicht ausreichend klares arabisches Vorbild zurückgeht.

DF 1 (1913), 29; Lüschen (1979), 168 f.; *LM* 1 (1980),508.

Amaryllis *f. per. fach.* (eine Zierpflanze) (< 18. Jh.). Eigentlich gräzisierender Name einer Hirtin in Vergils Eklogen; in der Neuzeit übertragen auf die Blume.

Amateur *m.* (< 17. Jh.). Entlehnt aus frz. *amateur* in der Bedeutung ´Kunstliebhaber´, dieses aus l. *amātor* ´Liebender´, Nomen agentis zu l. *amāre* ´lieben, etwas gern tun´. Heute nach dem Vorbild des Englischen als Internationalismus besonders im Sinn von ´Nicht-Professioneller (vor allem im Sport)´ gebraucht; häufig mit dem Nebensinn ´Dilettant´.

DF 1 (1913), 29; *BlW* 2 (1984), 169−171; *Berichte zur Wissenschaftgeschichte* 9 (1986), besonders Th. Kleinknecht 147−160; Rey-Debove/Gagnon (1988), 16.

Amazone *f. bildg.* ´kriegerische/reitende Frau´ (< *12. Jh., Bedeutung < 16. Jh.). Das (sagenhafte) kriegerische Frauenvolk der Amazonen wird in mittelhochdeutschen Texten schon seit dem ausgehenden 12. Jh. erwähnt. Der Name ist über l. *Amazōn* aus gr. *Amāzōn* übernommen. Später übertragen auf ´sich männlich oder kriegerisch gebärdende Frau´, besonders ´Reiterin´.

Die Herkunft des Wortes ist nicht geklärt. Bereits antike Sekundär-Motivationen sehen in dem Wort negierendes gr. a- und gr. (poet.) *mazós* ´Brust´ und deuten dies damit, daß diese Frauen sich eine Brust amputiert hätten, um den Bogen besser spannen zu können. − *LM* 1 (1980), 514.

Amber, **Ambra** *m. per. fach.* (Absonderung des Pottwals, als Duftstoff gebraucht) (< 13. Jh.). Über frz. *ambre* (zu *Amber*), später auch über it. *ambra f.* (zu *Ambra*) entlehnt aus arab. ´*anbar* ´Pottwal, dessen Absonderung´. Später wegen der gleichartigen Gewinnung aus dem Meer und dem ähnlichen Aussehen auch auf den Bernstein übertragen (frz. *ambre jaune* ´Bernstein´, *ambre gris* ´Amber´).

LM 1 (1980), 521; G. Mazzuoli Porru *AION-G* 28/29 (1985/86), 421−470.

ambi- *Präfixoid.* Fügt in neoklassischen Bildungen die Bedeutung ´um -herum, von verschiedenen Seiten her´ hinzu (z. B. *ambivalent* ´mehrwertig´ in Analogie zu *äquivalent* ´gleichwertig´). Entlehnt aus l. *amb(i)-*. Nur fachsprachlich.

Zur germanischen Verwandtschaft s. *bei*, zur griechischen s. *Amphibie.* − Cottez (1980), 18 f.

Ambiente *n. per. grupp.* ´Umgebung, Atmosphäre´ (< 20. Jh.). Entlehnt aus it. *ambiente*; dieses aus l. *ambiēns (-entis)*, dem PPräs. von l. *ambīre* ´herumgehen´. Gelegentlich wird auch die französische Entsprechung *Ambiance* verwendet.

S. *ambi-* und *Exitus* für die Sippe von l. *īre* ´gehen`. –
M. Piron in: *FS M. Grevisse* (Gembloux 1966), 271–280.

Ambiguität *Adj. per. fach.* ´Mehrdeutigkeit`
(< 18. Jh.). Wohl unter Einfluß des Französischen
entlehnt aus l. *ambiguitās*, Abstraktum zu *ambiguus*
´mehrdeutig` zu l. *ambigere* ´uneins sein, schwanken`, zu l. *ambi* (s. *ambi-*) und l. *agere (āctum)*
´treiben, betreiben`. Die Entlehnung steht wohl unter dem Einfluß des entsprechenden frz. *ambiguïté*.
Als Terminus in der modernen Sprachwissenschaft
verwendet, wo dann auch das zugrundeliegende
Adjektiv *ambig* entlehnt wird.
S. *ambi-* und *agieren* zur Sippe von l. *agere* ´treiben`. –
HWPh 1 (1971), 201–204; W. Ullrich *AB* 32 (1989),
121–169.

ambivalent *Adj. erw. fach.* ´zwiespältig` (< 20.
Jh.). Zuerst **Ambivalenz** von E. Bleuler 1911 gebildet für das Nebeneinander von entgegengesetzten
Gefühlen, in Analogie zu *Äquivalenz* ´Gleichwertigkeit` (zu l. *valēns (-entis)* ´mächtig, stark`, Partizip zu l. *valēre* ´bei Kräften sein`); das Adjektiv seit
Freud 1916.
S. *ambi-* und *Valenz* für die Sippe von l. *valēre* ´bei Kräften
sein`. – *HWPh* 1 (1971), 204; Cottez (1980), 19.

Amboß *m.* (< 9. Jh.). Mhd. *anebōz*, ahd. *anabōz*,
mndd. *anebōt* m./n. ist gebildet aus ahd. *ana* ´an`
und der Ableitung eines Verbs für ´schlagen` g.
baut-a- stV. in anord. *bauta*, ae. *bēatan*, ahd. *bōzen*
swV., also eigentlich ´Anschlag; Stelle, an der geschlagen wird`. Möglicherweise ist das Wort eine
(vor allem hochdeutsche) Lehnübersetzung von l.
incūs ´Amboß` (aus l. *in* und einer Ableitung von l.
cūdere ´schlagen`). Parallel gebildet sind nndl. *aambeeld* (mndl. *ānebelte*), ne. *anvil* (ae. *anfilt*, ahd.
anafalz).
S. *Boße, bosseln.* – Seebold (1970), 90 f.; *RGA* 1 (1973),
249 252; Lloyd/Springer 1 (1988), 218 f., 224 f.

Ambra *m.* s. *Amber.*

Ambrosia *f. bildg.* ´Götternahrung` (< *13. Jh.,
Bedeutung 18. Jh.). Zunächst als Pflanzenname
entlehnt, dann mit der ursprünglichen Bedeutung
zunächst in Ableitungen, aus l. *ambrosia*, dieses aus
gr. *ambrosía* (eigentlich ´Unsterblichkeit`), einem
Abstraktum zu gr. *ámbrotos* ´unsterblich`, zu gr. *a-*
(s. *a-*) und gr. *brotós* ´sterblich`. Nach der griechischen Mythologie die den Göttern vorbehaltene
Nahrung, die Unsterblichkeit bewirkt. Dann Bedeutungserweiterung auf besonders wohlschmekkende Nahrung (´Götterspeise`). Lateinische Bildungen aus der gleichen Wurzel s. unter *morbid.*
Zur germanischen Verwandtschaft s. *Mord.*

ambulant *Adj. erw. fremd.* ´nicht stationär, wandernd` (< 18. Jh.). Entlehnt aus frz. *ambulant*, dieses aus l. *ambulāre* ´umhergehen` (z. B. auch auf
die wandernden Kaiserhöfe oder Gerichte bezogen). Die **Ambulanz** war ursprünglich ein bewegli-

ches Feldlazarett. Die Bedeutung ´Krankenwagen`
unter englischem Einfluß.
S. *Präambel* und zu möglichen Weiterbildungen *Allee.* –
Schirmer (1911), 10; *DF* 1 (1913), 29; Carstensen 1 (1993),
34.

Ameise *f.* (< 8. Jh.). Mhd. *āmeize*, ahd. *āmeiza*
aus wg. **ē-maitjōn f.* ´Ameise`, auch in ae. *æmete*,
zu **ē* ´ab, weg` (s. *Ohnmacht*) und *\*mait-a-* ´schneiden` (s. *Meißel*[1]). Da die germanischen *f(jōn)*-
Stämme aus Materialwörtern Bezeichnungen für
Dinge bilden, die aus diesem Material bestehen
(Kluge 1926, § 81 f.), ist das Wort zu erklären als
´die aus Abschnitten Bestehende` (bezogen auf den
bei der Ameise extrem deutlichen Kerbtier-Körperbau). Vgl. *Insekt* zu l. *īnsecāre* ´einschneiden`, entsprechend gr. *éntoma n. Pl.* ´Insekten` zu gr. *témnein* ´schneiden`. Die Annahme der Bezeichnung
nach dem Abschneiden von Blatt-Teilen ist weniger
wahrscheinlich (da bei einheimischen Arten weniger üblich).
Ne. *ant, emmet.* – Th. Schumacher *DWEB* 2 (1963),
301–316; Lloyd/Springer 1 (1988), 203–205; *LM* 1
(1980), 526. Anders: G. Binz *ZdPh* 38 (1906), 369–372.

amen *Partikel stil.* (< 8. Jh.). Entlehnt aus l.
āmēn als Schlußformel des christlichen Gebets, dieses aus gr. *amén*, aus hebr. *'āmēn*, zu hebr. *'āman*
´stärken, bekräftigen`. Ein Wort der Bekräftigung:
´so soll es sein!`.
Lokotsch (1975), 6; Röhrich 1 (1991), 78.

Amethyst *m. per. fach.* (ein Halbedelstein) (< 12.
Jh.). Mhd. *ametiste, amatist* ist entlehnt aus afrz.
amethyste, dieses aus l. *amethystus f.*, aus gr. *améthystos f.*, zu gr. *améthystos* ´nicht trunken, dem
Rausch entgegenwirkend`, zu gr. *methýein* ´trunken
sein, betört sein` aus *a-* und gr. *méthy n.* ´Wein,
berauschendes Getränk`. Wenn die Bezeichnung
des Steins nicht auf einer Sekundär-Motivation (eines entlehnten Wortes) beruht, ist er wohl nach seiner Farbe benannt, der Farbe des bis zur Unschädlichkeit verdünnten Rotweins. Aus dem Namen
herausgesponnen ist dann der Glaube, daß der
Stein Trunkenheit verhindern könne, wenn ihn der
Trinkende bei sich trägt.
Zu gr. *méthy* ´Wein` s. *Met.* – Lüschen (1979), 169 f.; *LM*
1 (1980), 533.

Ammann *m. per. schwz.* ´Gemeindevorsteher`
(< 13. Jh.). Seit mittelhochdeutscher Zeit bezeugte
Variante von **Amtmann**. Die Funktionen waren
aber zu verschiedenen Zeiten verschieden.
LM 1 (1980), 562 f.

Amme *f. alt.* ´Frau, die ein (fremdes) Kind nährt`
(< 11. Jh.). Mhd. *amme*, ahd. *amma*, mndl. *amme*
gehört zu einem weiter verbreiteten Lallwort der
Kindersprache für ´Mutter`, das z. B. auch in
anord. *amma* ´Großmutter` und gr. *ammá* ´Mutter,
Großmutter`, ai. *ambā* ´Mutter` erscheint. Ein **Ammenmärchen** ist eine Geschichte, die nur kleinen

Kindern erzählt wird, dann ´eine zwar beeindruk-kende, aber unglaubwürdige Geschichte´; die *Ammensprache* sind (meist reduplizierende) kinder-sprachliche Formen (wie *Wauwau, Ticktack*), die dem Kind von seiner Amme oder seinen Eltern vorgesagt werden.

S. *Hebamme*. – Lloyd/Springer 1 (1988), 205 f.

Ammer *f.*, fachsprachlich auch *m.*, *per. fach.* (eine Vogelart) (< 11. Jh.). Mhd. *amer*, ahd. *amaro*, as. *amer* geht wie ae. *amore* auf die Getreidebezeich-nung ahd. *amar (-o, -i)* ´Emmer, Dinkel´ (eine in Südwestdeutschland und der Schweiz häufiger, heute aber nur noch wenig angebaute Weizenart, s. *Emmer*) zurück; vermutlich ist die Vogelbezeich-nung gekürzt aus **amarfogal* ´Emmer-Vogel´ (be-nannt nach der bevorzugten Nahrung, wie *Distelfink* und *Hänfling*). Seit dem 13. Jh. nach der Farbe des Vogels verdeutlicht zu *Goldammer*. Die regio-nale Form *Emmeritz* geht auf die ahd. Koseform *amirzo* zurück; *Emmerling* auf ahd. *amerinc* mit Verdeutlichung des Suffixes -*ing* zu -*ling*.

Ne. *yellow-hammer*. S. *Emmer*. – Suolahti (1909), 101–104; D. vKralik *GGA* 176 (1914), 135; Lloyd/Sprin-ger 1 (1988), 192–194.

Ammern *Pl. per. wndd.* ´Funkenasche´ (< 8. Jh.). Mhd. *eimere*, ahd. *eimur(i)a* aus g. **aimuz(j)ōn f.* ´(Funken)Asche´, auch in anord. *eimyrja*, ae. *ǣmyr-gan*. Dieses ist ein Kompositum aus g. **aima-* in anord. *eimr m.* ´Rauch´ und g. **uzjōn f.* in anord. *ysja f.* ´Feuer´, mit anderem Suffix ahd. *usil-*, ae. *ysel*, anord. *usli m.* ´(glühende) Asche, Funken´ (zu ig. **eus-* ´brennen´, etwa in l. *ūrere* ´brennen´, ai. *oṣati* ´versengt´); also etwa ´Rauch-Asche, Rauch-Glut´.

Ne. *ember*, schw. dial. *eldmörja* (mit Ersatz des Erstglieds). – Kluge *ZVS* 26 (1883), 84.

Ammoniak *n./(m.) erw. fach.* (stechend riechende Stickstoff-Verbindung) (< *15. Jh., Form 17. Jh.). Entlehnt aus l. *sāl ammōniacum* ´Ammonisches Salz´ (medizinisch verwendet), aus gr. *Ammōniakón hálas n.* ´Steinsalz´, so bezeichnet nach der *Am-mons-Oase* in Ägypten (mit einem Tempel des Got-tes Ammon), einem bedeutenden Fundort dieses Salzes. Im Deutschen zunächst noch mit lateini-scher Endung für das Salz gebraucht (*mit salze ar-moniaco* H. von Mügeln [*arm-* ist Nebenform zu *amm-*]); die Gasform wird erst im 18. Jh. beachtet. Eine weitere Stickstoff-Verbindung wird von den Chemikern *Ammonium* genannt, eine Nebenform des Wortes, das zunächst (15. Jh.) als Bezeichnung für das Harz des Ammonbaumes verwendet wurde (l. *Ammōniaci guttae*, gr. *Ammōniakón*).

J. Ruska: *Sal ammoniacus* (SHAW 1923, 5,20).

Ammonshorn *n. per. fach.* ´Versteinerung eines Kopffüßlers´ (< 18. Jh.). Übersetzung der seit Pli-nius bezeugten Bezeichnung l. *ammōnis cornūa* ´Hörner Ammons´ (nach dem ägyptischen Gott *Ammon*, der unter anderem in der Gestalt eines Widders verehrt wurde).

Lüschen (1979), 170.

Amnestie *f. erw. fach.* ´Begnadigung´ (< *16. Jh., Form < 17. Jh.). Zunächst in der Form *amnistia* (gemäß der damaligen Aussprache des gr. -*ē*-) ent-lehnt aus l. *amnēstia* ´Vergebung, Vergessen´, dieses aus gr. *amnēstía* ´Vergesslichkeit, Amnestie´, einem Abstraktum zu gr. *ámnēstos* ´ohne Erinnerung´, zu gr. *mimnḗskein* ´(sich) erinnern´ (mit sekundär nach anderen Verbalformen eingeschobenem -*s*-) und gr. *a-* (s. *a-*). Die Amnestie ist ursprünglich ein Ver-zicht auf gerichtliches Vorgehen zwischen streiten-den (Kriegs-) Parteien mit dem Ziel der Versöh-nung – insofern ist das ´Vergessen des Vergange-nen´ eine wesentliche Voraussetzung. Verb: *amne-stieren*.

Zu einer einfacheren Form der griechischen Verbalwurzel gehört *Automat*, s.d. zur weiteren Verwandtschaft. – *DF* 1 (1913), 29.

Amöbe *f. erw. fach.* ´Einzeller, Wechseltierchen´ (< 19. Jh.). Neoklassische Bildung zu gr. *amoibḗ* ´Veränderung, Wechsel´, einer Ableitung von gr. *ameíbein* ´wechseln´. So benannt, weil die Einzeller ihre Form wegen der Fließbewegungen des Plasmas ständig verändern.

Entfernt verwandt: *emigrieren*, *immigrieren*; zur germani-schen Verwandtschaft s. *Meineid*.

Amok *m. erw. exot. (ass.)*, besonders in *Amok laufen* ´blindwütig herumrennen und Leute ermor-den´ (< 17. Jh.). Malaiisches Wort und malayi-scher Brauch: Die Betreffenden versetzen sich aus Rach- oder Ruhmsucht in Opiumrausch und fallen dann mit dem Kris (Dolch) jeden an, der ihnen in den Weg kommt; dabei rufen sie *Amock*. Aus Reise-beschreibungen in Deutschland bekannt seit dem 17. Jh. Im 20. Jh. auf europäische Verhältnisse übertragen, aber eher in Form eines Vergleichs. Herkunft und ursprüngliche Bedeutung des ma-layischen Wortes sind nicht klar. Verdeutlichungen: *Amoklauf, -läufer, -laufen*.

Littmann (1924), 128; Lokotsch (1975), 7; Röhrich 1 (1991), 79. [Herangezogen wurde die Lizentiatsarbeit von L. Vasta].

amortisieren *swV. erw. fach.* ´tilgen, auslöschen´ (< 18. Jh.). Entlehnt aus frz. *amortir* ´abtöten, ab-tragen´, dieses aus der vor-romanischen Präfix-ableitung **ad-mortīre* ´zu Tode bringen´, zu l. *mor-tuus* ´tot´, dieses zu l. *morī* ´sterben´. Die Form des Verbs ist dementsprechend zunächst *amortieren*, dann aber, im Anschluß an selteneres ml. *amorti-zare* die heutige Form. Die Bedeutung ist zunächst ´Schulden nach Plan tilgen, Urkunden löschen´, dann auch ´Anschaffungskosten durch Abschrei-bung oder erwirtschafteten Ertrag stufenweise dek-ken´. Abstraktum: *Amortisation*.

Zu l. *morī* ʿsterbenʾ gehört auch *morbid*; eine griechische Bildung aus der gleichen Wurzel in *Ambrosia*; zur germanischen Verwandtschaft s. *Mord.* − Schirmer (1911), 10 f.; *DF* 1 (1913), 29 f.; Brunt (1983), 128.

Ampel *f.* (< 10. Jh.). Mhd. *ampel*, ahd. *ampulla*, mndd. *appolle*, mndl. *ampulle* ist entlehnt aus l. *ampulla* ʿkleine Flascheʾ (als *am-por-la* zu l. *amphora* ʿzweihenkliger Krugʾ). Mit dem deutschen Wort wird seit dem Mittelalter das ʿewige Lichtʾ in der Kirche bezeichnet, in spätmittelhochdeutscher Zeit im Oberdeutschen auch andere Hängeleuchten. In neuerer Zeit von *Lampe* zurückgedrängt, aber als **Verkehrsampel** (für die ursprünglich über der Kreuzung hängenden, beleuchteten Verkehrsregler) neu belebt. Das Kompositum wurde dann zu *Ampel* vereinfacht und bezeichnet heute moderne (im allgemeinen nicht mehr hängende) Verkehrsregler.
S. *Amphore* und *Ampulle*, die zugrundeliegende Sippe unter *Metapher.* − Kuhberg (1933), 36; Lloyd/Springer 1 (1988), 209 f.

Ampfer *m. per. fach.* (< 10. Jh.). Mhd. *ampfer*, ahd. *ampfaro* (auch *ampfara f.*), mndd. *amper* bedeutet wie ae. *ampre* ʿder Saureʾ zu dem nur noch in Relikten belegten g. **am(p)ra- Adj.* ʿsauerʾ (vor allem von pflanzlicher Säure) in anord. *apr* ʿscharf, kaltʾ und älterem nndl. *amper* ʿscharf, sauerʾ; dieses aus ig. **am(ǝ)ro-* ʿsauer, bitterʾ in ai. *ambla-* ʿsauerʾ und l. *amārus* ʿbitterʾ.
S. *Sauerampfer.* − Lloyd/Springer 1 (1988), 207−209; Heidermanns (1993), 99 f.

Amphibie *f. erw. fach.* ʿTier, das sowohl im Wasser als auch auf dem Land lebtʾ (< 18. Jh.). Zunächst in fremder Form (*amphibion n.*) entlehnt aus l. *amphibion n.*, dieses aus gr. *amphíbios* ʿzwei Leben habendʾ − in verschiedenen Gebrauchsweisen, aber z. B. auch von Fröschen (mit Leben im Wasser und zu Land), zu gr. *bíos m.* ʿLebenʾ und gr. *amphi-* ʿauf beiden Seitenʾ. Adjektiv: **amphibisch**. Übertragen auf **Amphibienfahrzeug**, für Fahrzeuge, die sich zu Land und zu Wasser fortbewegen können.
Zur Sippe von gr. *bíos* ʿLebenʾ s. *Biologie*; zu den lateinischen Verwandten von *amphi-* s. *ambi-*, zu den germanischen s. *bei*. Ersatzwort ist *Lurch* (kaum gebraucht). − Zu *amphi-* s. Cottez (1980), 20.

Amphitheater *n. erw. fach.* (< *16. Jh., Form < 17. Jh.). Zunächst in lateinischer Form entlehnt aus l. *amphitheātrum*, das seinerseits aus gr. *amphithéātron* entlehnt ist. Dieses aus gr. *amphi-* ʿauf beiden Seitenʾ (s. *Amphibie*) und gr. *théātron n.* ʿZuschauerraumʾ (zu gr. *theáomai* ʿich betrachteʾ, s. *Theater*), also eigentlich ʿdas, bei dem der Zuschauerraum ringsum istʾ.
DF 1 (1913), 30; Cottez (1980), 20.

Amphore *f. erw. fach.* (ein in der Antike verwendetes, bauchiges Gefäß mit zwei Henkeln) (< *16. Jh., Form 18. Jh.). Entlehnt aus l. *amphora*, dieses aus gr. *amphoreús m.*, älter *amphiphoreús m.* (dann haplologisch verkürzt) ʿVorratsgefäß mit beidseitigen Henkelnʾ, aus gr. *amphi* ʿauf beiden Seitenʾ und einer Instrumentalbildung zu gr. *phérō* ʿtrageʾ, also ʿbeidseitiger Trägerʾ. Die alte Entlehnung mit der Form *ampfer* bezeichnet ein Weinmaß; der spätere Exotismus das antike Gefäß.
S. *Ampel, Ampulle* und zur Sippe von gr. *phérein* ʿtragenʾ *Metapher.* − Lloyd/Springer 1 (1988), 210−212.

Amplitude *f. per. fach.* ʿSchwingungsweiteʾ (< 19. Jh.). Entlehnt und übertragen aus l. *amplitūdo (-dinis)* ʿGröße, Weite, Erhabenheitʾ, Abstraktum von l. *amplus* ʿumfangreich, geräumig, großʾ.

Ampulle *f. erw. fach.* ʿGlasröhrchenʾ (< *10 Jh., Form < 19. Jh.). Entlehnt aus l. *ampulla*, einem Diminutivum zu l. *amphora* ʿzweihenkliges Gefäßʾ (Zwischenstufe **am-por-la*). Bei der Diminuierung geht das Benennungsmotiv (ʿzweihenkligʾ) verloren − die Bedeutung ist nur noch ʿkleineres Gefäßʾ. Die normale Lautentwicklung führt zu *Ampel*, die heutige Form beruht auf neuerlichem Rückgriff auf die lateinische Vorform. Eine niederdeutsche Vereinfachung in *Pulle*.
S. *Amphore, Ampel, Pulle*; zur Sippe des zugrundeliegenden gr. *phérein* ʿtragenʾ s. *Metapher.* − Lloyd/Springer 1 (1988), 210−212.

amputieren *sw V. erw. fremd.* ʿoperativ abnehmenʾ (< *17. Jh., Bedeutung < 18. Jh.). Entlehnt aus l. *amputāre* ʿwegputzen, abschneidenʾ, zu l. *putāre* ʿschneiden, reinigenʾ (wozu l. *putus* ʿrein, sauberʾ) und l. *ambi-* ʿum − herumʾ (s. *ambi-*). Abstraktum **Amputation**.
Zur gleichen Bedeutung von l. *putāre* ʿschneidenʾ gehört *Deputat* und *Disput*; daneben steht die Bedeutung ʿ(be)rechnenʾ, zu der als Abstraktum *Reputation* und als Nomen agentis (über das Englische) *Computer* gehören. Aus lautlichen Vereinfachungen von Präfigierungen stammen (über die italienische Bankenterminologie) *Diskont, Konto, Kontor.* − *DF* 1 (1913), 30.

Amsel *f.* (< 9. Jh.). Mhd. *amsel*, ahd. *amsla*, mndd. *ams(t)el* führt wie ae. *ōsle* auf ein wg. **amslōn*. Weitere Herkunft unklar. Lautähnlich (**mes* neben **ames*) ist l. *merula*, das über frz. *merle* als *Merle* ins Deutsche entlehnt wurde. Hierzu vielleicht auch kymr. *mwyalch(en)*, falls aus **mesalkā*.
Ne. *ouzel.* − Suolahti (1909), 54 f.; J. Otrębski *LP* 2 (1950), 260; B. Čop *Collectanea Indoeuropaea* 1 (Ljubljana 1978), 24 f.; E. Hamp *IF* 87 (1982), 77−79; ders. *ZCPh* 43 (1989), 196−198; Lloyd/Springer 1 (1988), 212 f.

Amt *n.* (< 8. Jh.). Mhd. *ambahte*, ahd. *ambahti*, as. *ambaht* vereinigt sich mit gt. *andbahti* (sekundäre Angleichung an die Vorsilbe *and-*), anord. *embætti* und ae. *ambiht* unter einem g. **ambahtja-n.* ʿDienst, Amtʾ, das neben g. **ambahtjōn* (und **ambahta-*) *m.* ʿDiener, Gefolgsmannʾ steht. Dieses ist früh entlehnt aus kelt. *ambactos* ʿHöriger, Dienerʾ (aus **ambi* ʿherumʾ und dem *to-* Partizip eines mit l. *agere [āctum]* ʿtreiben, handeln usw.ʾ vergleichbaren Verbs, erhalten vielleicht in kymr.

amaeth ʿLandmann, Bauerʾ). Der Diener, Hörige ist also bezeichnet als ʿBegleiter, Gefolgsmannʾ (derjenige, der sich bei seinem Herrn aufhält). Das Wort gehört mit *Reich* zusammen zu den wichtigsten frühen Entlehnungen aus dem Keltischen. Adjektiv: **amtlich**; Verb: **amtieren**.

S. *Beamter*. Zur lateinischen Verwandtschaft s. *agieren*, zur griechischen s. *Demagoge*; s. auch *Achse*. − M. Gottschald *ZD* 46 (1932), 732 f.; *HWPh* 1 (1971), 210−212; R. Schmidt-Wiegand (1972), 12−14; *RGA* 1 (1973), 257−268, 5 (1984), 411; *LM* 1 (1980), 546−559; Obst (1983), 197−205; Lloyd/Springer 1 (1988), 195 f.; Röhrich 1 (1991), 79 f.; vOlberg (1991), 204−213.

Amtsschimmel *m. stil.* (< 19. Jh.), Symbol für ʿBürokratie, Amtsspracheʾ, zunächst in Österreich. Etwas älter in der Schweiz *den Amtsschimmel reiten* im Sinn von ʿsich die staatlichen Einrichtungen zunutze machenʾ. Vielleicht ist die jüngere Bedeutung aus der älteren entstanden im Sinn von ʿauf behördlichen Vorschriften o. ä. herumreitenʾ (im Sinn von ʿunnötig lange und umständlich darauf beharrenʾ). Das Aufkommen der Redewendung bleibt aber unklar; daß gewisse Amtsboten in der Schweiz beritten waren, reicht kaum zur Erklärung aus.

A. J. Storfer: *Wörter und ihre Schicksale* (Berlin 1981), 312 f.; R. Hiersche in: *FS Polomé* (1988), 269−278; Röhrich 1 (1991), 80.

Amulett *n.* ʿ(mit Zauberkräften versehener) Anhängerʾ (< 16. Jh.). Entlehnt aus l. *āmūlētum*, dessen Herkunft nicht sicher gedeutet ist.

J. Gildemeister *ZDMG* 38 (1884), 140−142; *DF* 1 (1913), 30 f.; *LM* 1 (1980), 564−566.

amüsieren *sw V. refl.* (< 17. Jh.). Entlehnt aus frz. *s'amuser* gleicher Bedeutung. Adjektiv: **amüsant**, Abstraktum: **Amüsement**.

Das französische Wort ist eine Präfigierung zu frz. *muser* ʿtrödeln, sich vergnügenʾ, das wohl von vor-rom. **mūsus* ʿMaul, Schnauzeʾ abgeleitet ist. Auszugehen ist also von ʿmit offenem Mund dastehen, etwas Verblüffendes betrachtenʾ, und dann ʿseine Kurzweil haben, seine Zeit vertreibenʾ. Ersatzwort ist *belustigen*. − *DF* 1 (1913), 31 f.; Dumonceaux (1975); Jones (1976), 101 f.; Brunt (1983), 129−131.

an *Präp./Adv.* (< 8. Jh.). Als Verbzusatz zur Bezeichnung der Richtung *(anlachen)*, des Handlungsbeginns *(anbrennen)*, der Fortdauer des Ergebnisses *(anbinden)* u. ä. Mhd. *ane*, ahd. *ana*, as. *an* gehört (mit erweitertem Suffix) zu g. **ana*, auch in gt. *ana* (ebenfalls erweitert), anord. *á*, ae. *on*, afr. *on*, zu ig. **ana* in gr. *aná* ʿauf, anʾ, avest. *ana* u. a. Nndl. *aan*, ne. *on*, nschw. *å*, nisl. *á*. S. *ana-*. − Henzen (1969), 241−268; *Wortbildung* 1 (1973) s. Übersicht S. 144 f.; Lloyd/Springer 1 (1988), 213−215.

an- *Präfix* in Entlehnungen s. *a-*.

Anachronismus *m. erw. fach.* ʿzeitlich falsche Einordnungʾ (< 18. Jh.). Entlehnt aus frz. *anachronisme*, dieses über das Lateinische aus gr. *anachronismós* ʿZuspätkommen, zeitlich falsche Einord-

nungʾ, Abstraktum zu gr. *anachronízein* ʿsich verspäten, zeitlich oder metrisch falsch einordnenʾ, Präfixableitung mit gr. *aná* ʿhinauf, zurückʾ zu gr. *chrónos* ʿZeitʾ (s. *Chronik*). Adjektiv: **anachronistisch**.

DF 1 (1913), 32; Cottez (1980), 21 f.

Anagramm *n. per. fach.* ʿWort, das durch Umstellung der Buchstaben eines anderen Wortes gebildet wurdeʾ (< **17. Jh., Form 18. Jh.). Zunächst in fremder Form entlehnt aus gr. *anágramma*, *anagrammatismós* ʿBuchstabenumstellungʾ, Abstraktum zu gr. *anagrammatízein* ʿBuchstaben umstellenʾ; Präfixableitung mit gr. *aná* ʿhinauf, zurückʾ zu gr. *grámma n.* ʿBuchstabeʾ. Zur Sippe des zugrundeliegenden gr. *gráphein* ʿschreiben, zeichnenʾ s. *Graphik*.

DF 1 (1913), 32; Cottez (1980), 21 f.

Analogie *f. erw. fach.* ʿÄhnlichkeitʾ (< 16. Jh.). Entlehnt aus l. *analogia*, dieses aus gr. *analogía* ʿÜbereinstimmung, Gleichung, Verhältnisʾ, wie das Adjektiv *análogos* eine Zusammenbildung von gr. *anà lógon* ʿdem Verhältnis entsprechendʾ. Ein Adjektiv tritt in der modernen Wissenschaftssprache erst später (18. Jh.) unter Einfluß von frz. *analogue* auf. Zu gr. *aná* ʿhinauf, zurückʾ (hier ʿgemäßʾ) und gr. *lógos* ʿMaß, Berechnung, Vernunft usw.ʾ zu gr. *légein* ʿzählen, berechnen usw.ʾ. Adjektiv: **analog(isch)**.

Zur Sippe von gr. *lógos* ʿRede, Rechnungʾ s. *Logik*. − *DF* 1 (1913), 32; E. Leser *ZDW* 15 (1914), 8 f.; D. Fehling: *Varro und die grammatische Lehre von der Analogie* (Diss. masch. Kiel 1956); *HWPh* 1 (1971), 214−229; H. H. Christmann in: *FS K. Baldinger* (Tübingen 1979), I, 102−115; H. H. Christmann in *Stimmen der Romania, FS W. T. Elwert* (Wiesbaden 1980), 519−535; *LM* 1 (1980), 569 f.; J. Irmscher *WZUR* 37 (1988),2, 4−6.

Analyse *f. erw. fach.* ʿZergliederung, Untersuchungʾ (< **15. Jh., Form < 18. Jh.). Zunächst in der Form *analysis* entlehnt aus ml. *analysis*, aus gr. *análysis*, einem Nomen actionis zu gr. *analýein* ʿzergliedern, auflösenʾ, zu gr. *lýein* ʿlösenʾ und gr. *ana-* ʿhinauf, zurückʾ. Im Griechischen zunächst ein Terminus der mathematischen und philosophischen Methodenlehre (z. B. etwas auf die Bestandteile zurückführen, aus denen es zusammengesetzt ist). In der Neuzeit dann Ausweitung der Bedeutung auf ʿwissenschaftliche Untersuchungʾ. Die Form *Analyse* in Anlehnung an frz. *analyse*. Verb: **analysieren**, Adjektiv: **analytisch**; Täterbezeichnung: **Analytiker**. Auf Teilbereiche spezialisiert sind **Analysis** (Mathematik), **Analytik** (Philosophie) und die Täterbezeichnung **Analyst** (Börse).

Zur Sippe von gr. *lýein* ʿlösenʾ gehören noch *Paralyse* (mit der gleichen Bildung, aber anderem Präfix) und *Katalysator* (Weiterbildung mit Instrumentalsuffix zu einem entsprechenden *Katalyse*). Zur lateinischen Verwandtschaft s. *absolvieren*, zur germanischen s. *verlieren*. − *DF* 1 (1913), 33; *HWPh* 1 (1971), 248; S. Auroux/B. Kaltz *PSG* 6

(1986), 7−40. Zu *Analytik* vgl. G. Tonelli *AB* 7 (1962), 120−139.

Anämie *f. per. fach.* ´Blutarmut´ (< 20. Jh.). Neoklassische Bildung *anaemia* zu gr. *ánaimos* ´blutlos´, zu gr. *haīma n.* ´Blut´ und negierendem gr. *a-* (s. *a-*). Gr. *haīma* ´Blut´ auch in *Leukämie* und *Hämoglobin*. Zur germanischen Verwandtschaft s. *Schweiß*[2].

Ananas *f.* (< 16. Jh.). Entlehnt aus port. *ananás*, dieses aus südamerikanischen Indianersprachen (Tupí, Guaraní), in denen das Wort wohl *anáná*, *náná* o.ä. gelautet hat (z. T. mit Differenzierung zwischen der Pflanze und der Frucht). Der eigentliche Ursprung des Wortes ist dunkel. Unter den vielen Kontakten dieses Internationalismus in den europäischen Sprachen dürfte sich der Einfluß des Niederländischen auf Akzentverschiebung und Zuordnung des femininen Genus im Deutschen mit ausgewirkt haben. Das europäische Schluß-*s* geht auf das Pluralzeichen zurück.
Littmann (1924), 146; R. Loewe *ZVS* 60 (1933), 167−173; Palmer (1939), 23 f.; M. Wis *NPhM* 66 (1965), 621; Abegg-Mangold (1979), Kap. III.

Anapäst *m. per. fach.* (ein Versfuß) (< 18. Jh.). Entlehnt aus l. *anapaestus*, dieses aus gr. *anápaistos*, zu gr. *anapaíein* ´zurückschlagen´, zu gr. *paíein* ´schlagen´ und gr. *ana-* ´hinauf, zurück´. Bezeichnet damit die Umkehrung des häufigeren Daktylus.

Anarchie *f. erw. fach.* ´Gesetzlosigkeit, Chaos´ (< *17. Jh., Form < 18. Jh.). Entlehnt aus ml. *anarchia*, dieses aus gr. *anarchía*, einem Abstraktum zu gr. *ánarchos* ´führerlos, zügellos´, zu gr. *archós m.* ´Führer´ und negierendem gr. *an-* (s. *a-*). Gr. *archós* ist Nomen agentis zu gr. *árchein* ´führen, herrschen´ (´an der Spitze gehen´). Im Griechischen zunächst Bezeichnung für das Fehlen eines Anführers bzw. Heerführers, dann auch − im Zusammenhang politischer Staatstheorien − für die aus dem Zustand der Herrscherlosigkeit resultierenden Ausschreitungen. Seit dem 17. Jh. vermehrt Gegenstand neuzeitlichen Nachdenkens über die bestehenden Machtverhältnisse. Täterbezeichnung: *Anarchist*, Adjektiv: *anarch(ist)isch*.
Zu der Sippe von gr. *árchein* ´führen´ gehören zunächst die mit *Anarchie* parallelen *Hierarchie, Oligarchie, Monarch(ie), Patriarch*, teils als Komposita mit *archós* ´Führer´, teils als Abstrakta zu solchen Bildungen (s. *-arch*). Zu dessen Kompositionsform gr. *archi-* gehören arch-, *Archipel, Architekt* und die frühen Entlehnungen *Erz-* und *Arzt*. Vermutlich mit Lokativ-Suffix unmittelbar aus dem Verb gebildet ist *Archiv*. Mit der Bedeutung ´(an der Spitze), alt´ zu der Nominalbildung gr. *arché* ´Ursprung´ das Adjektiv *archaisch* und *Archäologie*. Zu gr. *arché* s. Richter (1981), 148. − *DF* 1 (1913), 33; *HWPh* 1 (1971), 267−294; H. Grossmann/C. Grünberg: *Anarchismus* (Frankfurt/ Main 1971), 13−35; *Grundbegriffe* 1 (1972) 49−109; G. Irrlitz in *Typenbegriffe* 5 (1981), 191−234; G. Voser: *Anarchismus* (Frankfurt/Main 1982); M. Deleplace *DUSP* 4 (1987), 3−33; *Brisante Wörter* (1989), 57−74.

Anästhesie *f. per. fach.* ´Narkose´ (< *18. Jh., Form < 19. Jh.). Entlehnt aus gr. *anaisthēsía* ´Mangel an Empfindungen, Unempfindlichkeit (gegenüber Schmerz)´, Abstraktum zu dem negierten Verbaladjektiv gr. *anaísthētos* ´gefühllos´ zu gr. *aisthánesthai* ´empfinden, wahrnehmen´ (s. *a-*). Zunächst in lateinischer Form entlehnt, dann eingedeutscht. Täterbezeichnung: *Anästhesist*. S. *Ästhetik*.

Anatomie *f. erw. fach.* ´ (Wissenschaft vom) Aufbau des Körpers´ (< *16. Jh., Form < 18. Jh.) Im 16. Jh. mit lateinischer Endung entlehnt aus spl. *anatomia*, dieses weitergebildet aus gr. *anatomḗ* ´Aufschneiden, Zergliedern´, einem Abstraktum zu gr. *anatémnein* ´aufschneiden, sezieren´, aus gr. *témnein* ´schneiden, zerteilen´ und gr. *ana-* ´hinauf, zurück´. Täterbezeichnung: *Anatom*, Adjektiv: *anatomisch*.
S. *Atom, Dichotomie, Fliete.* − *DF* 1 (1913), 33; *LM* 1 (1980), 575−577.

anbandeln *swV. stil.* ´einen Flirt oder einen Streit anfangen´ (< 18. Jh.). Aus bairisch-österreichischen Mundarten übernommen. Ausgangsbedeutung: ´anzubinden suchen´. Genaue Herkunft unklar, vielleicht wie *anzetteln* ein Ausdruck der Webersprache. Vielleicht auch (Mehl, s. u.) ein Ausdruck der Fechtersprache: ´den Degen am Handgelenk festbinden, damit er nicht wegfliegt, wenn er aus der Hand geschlagen wird´, symbolisch für den Beginn der Auseinandersetzung.
S. *binden.* − E. Mehl *MS* 78 (1968), 50.

anberaumen *swV. alt.* ´ansetzen´ (< *9. Jh., Form < 16. Jh.). Lautlich unter dem Einfluß von *Raum* umgestaltet (oder regional schwäbisch zu *au* entwickelt und verallgemeinert) aus mhd. *rāmen* ´festsetzen´, mhd. *berāmen* ´festsetzen´, ahd. *rāmēn, rāmon, rūmon* ´trachten, streben´, as. *rāmon, rūmon* ´trachten, streben´. Mit gleichem Lautstand wie das Altsächsische (und abweichend vom Deutschen) ae. *rōmian* ´streben´, wieder anders afr. *ramia* ´erziehen´. Dieses gehört offenbar zu einer (allerdings schlechter bezeugten) Nominalbildung mhd. *rām* ´Ziel´ zu ig. (weur.) **rē-* ´berechnen, meinen´, vor allem in l. *rērī*.
H. Schüwer *NJ* 104 (1981), 87 f.

anbiedern *swV. refl. stil.* ´sich plump einschmeicheln´ (< 18. Jh.). Partikelableitung zu dem bereits ironisch gebrauchten *bieder*.

Anchovis *Pl. per. fach.* (eine Sardellenart) (< 17. Jh.). Entlehnt aus nndl. *ansjovis* und ne. *anchovy*, diese über romanische Vermittlung (vgl. port. *anchova*, span. *anchoa*, frz. *anchois m.*) wohl aus dem Baskischen. Semantisch wäre auch ein Anschluß an gr. *aphýē f.* ´Fischbrut, kleine Fische´ (etymologisch unklar) denkbar, doch macht die Lautform Schwierigkeiten.
E. Polomé *JIES* 11 (1983), 49.

-and *Suffix.* Dient zur Bildung von Personen- und Sachbezeichnungen passivischer Bedeutung

(z. B. *Habilitand* ´jmd., der habilitiert werden soll´, *Multiplikand* ´Zahl, die multipliziert werden soll´). Bei dem Suffix handelt es sich um das lateinische Gerundiv auf *-(a)nd(us)*, das in neoklassischen Bildungen nachgeahmt wird. Die Variante *-end* hängt von der Stammklasse des zugrundeliegenden lateinischen Verbs ab (Primärverben gegenüber solchen auf *-āre*).

Wortbildung 2 (1975), 418.

Andacht *f.* (< 10. Jh.). Mhd. *andāht*, ahd. *anadāht*, mndd. *andacht*, mndl. *aendachte* ist ein *ti*-Abstraktum zu *denken*, kombiniert mit *an*; also ´Denken an etwas, Aufmerksamkeit´. Seit dem 12. Jh. eingeengt auf das ´Denken an Gott´ (während nndl. *aandacht* lediglich ´Aufmerksamkeit´ bedeutet). Adjektiv: *andächtig*.

HWPh 1 (1971), 295f.; K.-H. Göttert in: *FS Tschirch* (1972), 151–169; Röhrich 1 (1991), 80.

andante *Partikel per. fach.* (Tempobezeichnung der Musik) (< 18. Jh.). Entlehnt aus it. *andante*, dem Partizip zu it. *andare* ´gehen´, also eigentlich ´gehend, im Schritt´.

Andenken *n.* (< 13. *Jh., Bedeutung *18. Jh.). In der Bedeutung ´Erinnerungszeichen´ Lehnbedeutung des 18. Jhs. zu frz. *souvenir m.* Die ältere Bedeutung ´Erinnerung´ mit der Variante **Angedenken** noch in der heute meist ironisch gebrauchten Formel *seligen Angedenkens* (in dieser Formulierung nach dem Vorbild von kirchen-l. *beatae memoriae*).

ander *Adj.* (< 8. Jh.). Mhd. *ander*, ahd. *ander*, as. *ōðar* aus g. **anþara-* Adj. ´ander´, auch in gt. *anþar*, anord. *annarr*, ae. *ōðer*, afr. *ōther*. Dieses aus ig. **antero-* (oder **ontero-*) in ai. *ántara-*, lit. *añtras* ´der andere´. Gegensatzbildung auf **-tero-* zu einem Pronominalstamm, der mit anderem Suffix auch in ai. *anyá-* ´anderer´ vorliegt. *In anderen Umständen* beruht auf einem alten euphemistischen Gebrauch von *ander* (vgl. H. Schulz, s. u.). Adverb: *anders*, Verb: *ändern*.

S. *selbander* und die folgenden Artikel. Nndl. *ander*, ne. *other*, nschw. *annan*, nisl. *annar*. – H. Schulz *ZDW* 10 (1909), 157; A. Debrunner *REI* 3 (1943), 5–14; Lloyd/Springer 1 (1988), 241 f.; Röhrich 1 (1991), 80 f.

anderthalb *Adv.* ´eineinhalb´ (< *8. Jh., Form 14. Jh.). Eigentlich ´das zweite halb´ zu *ander* und *halb* (das *-t-* aus anderen Ordinalzahlen wie *vierthalb*).

anderweit(ig) *Adv. alt.* ´anderswo, sonst noch´ (< *13. Jh., Form und Bedeutung < 17. Jh.). Zu einem mittelhochdeutschen Zahlwortsuffix der Bedeutung ´-mal´, das auf mhd. *weide* ´Fahrt, Reise´ zurückgeführt wird (zu *Weide* ´Futter´ = ´die soundsovielte Fütterung auf dem Weg´, *anderweide*, *drīweide* usw.). Bei Luther in der Form *anderweit* ´zum zweiten Mal´ (mit Auslautverhärtung); dazu die Erweiterung (und Verwendung auch als Adjek-

tiv) in der Kanzleisprache mit Verallgemeinerung der Bedeutung und Bezug auf *weit*.

Andreaskreuz *n. per. fach.* ´Kreuz mit schräggestellten Balken´ (< 16. Jh.). So benannt, weil an einem solchen der Apostel Andreas gekreuzigt worden sein soll. Das Wort wurde zunächst in Künstlerkreisen üblich.

androgyn *Adj. per. fach.* ´mit männlichen und weiblichen Merkmalen versehen´ (< 20. Jh.). Entlehnt aus frz. *androgyne*, dieses zu l. *androgynus* ´Zwitterwesen´, aus gr. *andrógynos*, zu gr. *anḗr (andrós)* ´Mann´ und gr. *gynḗ* ´Frau, weibliches Wesen´. Vgl. *Mannweib*.

Zum ersten Bestandteil s. *Androide*, zum zweiten *Gynäkologie*. – W. Schulze: *Das androgyne Ideal und der christliche Glaube* (Diss. Heidelberg 1940); Cottez (1980), 23.

Androide *m. per. fach.* ´künstlicher Mensch, ein dem Menschen ähnliches Wesen (in futuristischer Literatur)´ (< 20. Jh.). Neoklassische Bildung zu gr. *anḗr (andrós)* ´Mann´ und dem Suffix *-oid*. Ein entsprechendes Wort mit der Bedeutung ´Drahtpuppe´ existierte schon im 19. Jh.

S. *androgyn*. – Zu *andro-*: Cottez (1980), 23.

Anekdote *f. erw. fremd.* ´kurze, treffende Erzählung´ (< 18. Jh.). Im 18. Jh. entlehnt aus frz. *anecdote*, dieses aus gr. *anékdota*, eigentlich ´nicht Herausgegebenes´ (*Pl.*), einer Substantivierung (*n. Pl.*) von gr. *anékdotos* ´nicht herausgegeben´, dem negierten PPP von gr. *ekdidónai* ´herausgeben´ und gr. *a-*, zu gr. *didónai* ´geben, schenken´ (zur gleichen Grundlage *Dosis* und vielleicht *Dose*, zur lateinischen Verwandtschaft s. *Datum*). Unter dem Titel *Anekdota* ist ein Text des byzantinischen Historikers Prokop (6. Jh.) überliefert, in dem er äußerlich gesehen Klatschgeschichten und (meist negative) Charakterisierungen des Kaisers und seiner Umgebung wiedergibt. In Wirklichkeit handelt es sich um eine nicht nur in der Antike unerhörte Gegendarstellung zu seinen eigenen offiziellen Lobpreisungen auf den Kaiser und den Hof. Der Text ist weder zu Prokops Lebenszeit noch unmittelbar danach veröffentlicht worden, insofern ist der – möglicherweise erst später beigegebene – Titel zutreffend. In der Neuzeit wurden diese *Anekdota* als prägnant erzählte kurze Episoden aufgefaßt, die das Vorbild und die Bezeichnung für spätere Erzählungen dieser Art abgaben.

DF 1 (1913), 34 f.

Anemone *f. erw. fach.* ´Buschwindröschen´ (< 16. Jh.). Entlehnt aus l. *anemōnē*, dieses aus gr. *anemṓnē*. Wegen der lautlichen Ähnlichkeit zu gr. *ánemos m.* ´Wind´ stellen es bereits antike Autoren zu diesem und versuchen, den Bedeutungsunterschied zu überbrücken (z. B. mit der Angabe, die Blüte öffne sich nur beim Wehen des Windes). Auch moderne Erklärungsversuche sind nicht viel überzeugender, so daß der Zusammenhang wohl nur als

Sekundärmotivation eines ungeklärten Wortes aufzufassen ist. Diese hat aber auch die Namengebung in anderen Sprachen bestimmt, z. B. bei der deutschen Entsprechung *Buschwindröschen*.

DF 1 (1913), 34.

anerkennen *sw V.* ´gutheißen´ (< 16. Jh.). Die spezielle Bedeutung ´gutheißen´, die bei *erkennen* besonders im Zusammenhang mit *als* auftritt, wird durch die Verbindung mit *an-* verdeutlicht − ein Vorbild von l. *agnōscere* und/oder frz. *reconnaître* ist nicht ausgeschlossen. *Anerkennen* tritt schließlich allgemein für diese Bedeutung ein.

anfachen *sw V.* s. *fachen*.

anfangen *st V.* (< 9. Jh.). Mhd. *anvāhen*, ahd. *anafāhan*; aus *an* und *fangen*, wie *etwas anpacken* u.ä. In den übrigen westgermanischen Sprachen bedeutet das Partikelverb ´anpacken´ (mndd. *anvangen*, mndl. *aenvangen*, ae. *onfōn*). Abstraktum: **Anfang**, Adverb: **anfangs**, **anfänglich**, Nomen agentis: **Anfänger**.

anfechten *st V.* (< 9. Jh.). Mhd. *anevehten*, ahd. *anafehtan* ´jemand angreifen´ zu *an* und *fechten*. Heute spezialisiert auf die rechtliche Bedeutung ´ein Urteil angreifen, in Frage stellen´. Das Abstraktum **Anfechtung** (11. Jh.) bedeutet eigentlich ´Angriff´; heute vorwiegend im religiösen Sinn ´Versuchung u.ä.´.

H. Appel: *Anfechtung und Trost* (Leipzig 1938).

Anführungszeichen *n.* (< 18. Jh.). Übersetzt das Fachwort *signum citationis* der Druckersprache (´Zeichen des Zitierens, Zeichen des Anführens´).

W. Brandt/N. Nail *MS* 86 (1976), 407−426.

angeben *st V.* (< 13. Jh.). Mhd. *anegeben*. Festgelegt auf Sprachliches: ´aussagen, verraten, bestimmen, aufschneiden´. Dazu **Angabe** als Abstraktum und **Angeber** als Nomen agentis. Stärker lexikalisiert das Adjektiv **angeblich** (18. Jh.) ´wie angegeben wird, wie man hört´.

Angebinde *n. alt.* (< 17. Jh.). Ursprünglich ´Geburtstagsgeschenk´, weil dieses an Arm oder Hals gebunden wurde.

S. *binden*. − F. Böhm: *Geburtstag und Namenstag* (Berlin 1938), 50−74; Röhrich 1 (1991), 81 f.

angegossen *Adj. phras.* (< 18. Jh.). In *paßt wie angegossen* u.ä. Bezieht sich auf das genaue Zusammenpassen von Modell und Guß.

Angel *f.* (< 9. Jh.). Mhd. *angel*, ahd. *angul*, as. *angul m.* geht in beiden Bedeutungen zurück auf g. **angula- m.* ´Haken´, auch in anord. *ǫngull*, ae. *angel*, einer (diminutiven?) *l*-Bildung zu g. **angōn m.* ´Haken´ in ae. *ange*, ahd. *ango*. Das Wort bezeichnet also ursprünglich den Haken, erst sekundär das ganze Gerät. Zugrunde liegt ig. **ank-* ´krümmen, krumm´ in ai. *áṅcati* ´krümmt´, gr. *ágkistron n.* ´Widerhaken´, l. *ancus* ´gekrümmt´ u. a. Falls heth.

hink- ´sich verneigen´ zugehörig ist, ist von ig. **hank-* auszugehen. Der Übergang zum Femininum erst spätmittelhochdeutsch. Verb: **angeln**; Nomen agentis: **Angler**. Zur anderen Bedeutung gehört **Angelpunkt** ´entscheidender Punkt´.

S. *Anker*[1]. − *RGA* 1 (1973), 282−284; O. Kieser in: *FS Martin* (1980), 219−231; Lloyd/Springer 1 (1988), 250−253; Röhrich 1 (1991), 82 f.

Angelegenheit *f.*, **angelegentlich** *Adj.*, s. *Anliegen*.

angenehm *Adj.* (< **9. Jh., Form < 15. Jh.). Mhd. *genǣme*, ahd. *nāmi* auch as. **-nǣmja- Adj.*, auch in gt. *anda-nems* ´angenehm´, anord. *nǣmr* ´gelehrig´, Adjektiv der Möglichkeit zu g. **nem-a-* ´nehmen´ (s. *nehmen*). Ausgangsbedeutung für das deutsche Wort ´annehmbar, was angenommen werden kann´. Die Bildung besteht zunächst als Simplex und in Verbindung mit *an-* oder *ge-*, erst später als Kombination aus beidem, die sich besonders durch Luthers Gebrauch durchsetzt. Die einfacheren Bildungen sind noch als **genehm**, **Annehmlichkeit** und **Unannehmlichkeiten** vorhanden, allerdings meist veraltet.

HWPh 1 (1971), 303−307.

Anger *m. arch.* ´Wiese´ (< 8. Jh.). Mhd. *anger*, ahd. *angar*, as. *angar*. Vorauszusetzen ist (g.) **ang-ra- m.* ´Grasland´, zu dem auch anord. *-angr* (vermutlich ´Bucht´) in Ortsnamen gehört, sonst im Nordischen anord. *eng f.* ´Wiese´ (aus **angjō*) u.ä. Außergermanisch vergleicht sich spl. *ancrae*, *angrae f. Pl.* ´Raum zwischen Bäumen, bepflanzte Uferstreifen´ und gr. *ágkos* ´Tal´. Weitere Herkunft dunkel; vielleicht als ´gekrümmte Fläche´ zu der unter *Angel* behandelten Grundlage.

J. Trier: *Anger und Park* (Berlin 1968); Bader 3 (1973), 112−119; H. Tiefenbach in: Beck/Denecke/Jankuhn (1980), 299 f.; Lloyd/Springer 1 (1988), 247−249. Zur Bedeutung: Trier (1963), 23−31.

Angesicht *n. alt.* (< 13. Jh.). Mhd. *angesiht f.*, as. *angisiht f.* Ursprünglich wohl Verbalabstraktum zu *ansehen* und dann in der Bedeutung durch *Gesicht* beeinflußt. Die ursprüngliche Bedeutung ist wohl noch erhalten in **angesichts**.

S. *sehen*. − Röhrich 1 (1991), 83.

Angewende *n. per. fach.* ´Stelle, an der der Pflug gewendet wird´ (< **11. Jh., Form < 15. Jh.). Auch **Gewende** und (so die älteste Form) **Anwand**, **Anwende** (mhd. *anwant*, *anwande f.*, ahd. *anawanta*, *anawentī f.*). Zu *wenden*.

Angina *f. erw. fach.* ´Halskrankheit´ (< 16. Jh.). Entlehnt aus l. *angina* ´Mandelentzündung, Beengung´.

Die Herkunft des lateinischen Wortes ist unklar. Einerseits kann es eine Ableitung zu l. *angere* ´beengen, würgen´ sein − aber dann ist die Wortbildung undurchsichtig; andererseits gilt es als entlehnt aus gr. *agchóne f.* ´Erdrosseln, Strick, würgende Angst´, doch stimmt dies weder in der Lautform noch in der Bedeutung genau.

angreifen *st V.* (< 9. Jh.). Mhd. *anegrīfen*, ahd. *anagrīfan*. Zunächst ist die Bedeutung ʿanfassen, greifen nachʾ, dann ʿmit etwas in Berührung kommen, anfangenʾ und schließlich ʿfeindlich entgegentretenʾ.

Angst *f.* (< 8. Jh.). Mhd. *angest*, ahd. *angust* aus wg. **angusti- f.* ʿAngstʾ, auch in afr. *angst*. Dieses ist eine *(s)ti*-Bildung (oder *ti*-Bildung zu einem *s*-Stamm) zu ig. **anǵʰu-* ʿeng, bedrängendʾ (s. *eng*). Der *s*-Stammm liegt vor in ai. *áṁhas-* ʿBedrängung, Angstʾ, l. *angor m.* ʿWürgen, Angstʾ, l. *angustus* ʿeng, schmalʾ und kslav. *ǫzos-tī* ʿBeengungʾ, zur verbalen Grundlage s. *eng*. Sekundär als (prädikatives) Adjektiv **angst** gebraucht; Adjektiv-Ableitung **ängstlich**; Verb: **ängstigen**.
S. *bange, eng.* − M. Wandruszka: *Angst und Mut* (Stuttgart 1950); W. v. Baeyer/W. vBaeyer-Katte: *Angst.* Frankfurt/Main 1971; *HWPh* 1 (1971), 310−314; H. Bergenholtz: *Das Wortfeld ʿAngstʾ* (Stuttgart 1980); R. Endres in: *FS Matzel* (1984), 137−144; Lloyd/Springer 1 (1988), 253−255; H. Bergenholtz/A.-Th. Faets in: *Vorschläge für ein historisches Wörterbuch des Gefühlswortschatzes.* Hrsg. L. Jäger (Aachen 1988), 56−94; Röhrich 1 (1991),84. Zur Entlehnung der Sippe in die finnisch-ugrischen Sprachen s. *LÄGLOS* (1991), 26 f.

Angsthase *m. stil.* (< 17. Jh.). Vielleicht wie *Hasenpanier* und *Hasenfuß* auf das Stereotyp vom furchtsamen Hasen bezogen. In Anbetracht von ndd. *Bangbüx*, das auf eine naheliegende Erfahrung zurückgreift, scheint eine Verwechslung mit (so nicht bezeugtem) **Angsthose* nicht ausgeschlossen.

anhaben *sw V. phras.* (< 13. Jh.) in *jemandem nichts anhaben können* u.ä. Zunächst mhd. *jemanden anehaben* ʿHand an jemand legen, sich an ihn haltenʾ; dann *jemandem etwas anhaben* ʿjemandem etwas antunʾ. Zu *haben* in der ursprünglicheren Bedeutung ʿfesthaltenʾ.
Röhrich 1 (1991), 84 f.

anhängig *Adj. erw. fach.* ʿschwebend (von Gerichtssachen)ʾ (< 15. Jh.). Das Wort bedeutet zunächst ʿzusammenhängend mit, einer Person oder Sache anhängendʾ; dann ist es aber auch Terminus der Gerichtssprache: Ein Verfahren *anhängig machen* heißt ʿes einleiten, vorbringenʾ, und dann *ist es anhängig* (ʿein schwebendes Verfahrenʾ).

anheben *st V. obs.* ʿbeginnenʾ (< 13. Jh.). Mhd. *aneheben*, mndd. *anheven*, mndl. *aenheffen*; entsprechend ae. *onhebban*, anord. *hefja*. Zu *heben*; die Bedeutungsveränderung ist verständlich, doch ist nicht klar, von welcher konkreten Situation sie ausgegangen ist. Die nominalen Ableitungen sind in der frühen Zeit besser bezeugt als das Verb selbst.
Wolff-Rottkay *Kratylos* 9 (1964),194 (Parallelen für den Bedeutungsübergang).

anheim *Adv. obs. phras.* (in *anheimstellen, anheimfallen, anheimgeben*) (< 15. Jh.). Der Funktion nach ein verstärktes Richtungsadverb ʿhinʾ zu mhd. (obd.) *anheim* ʿanwesendʾ; zu *Heim* wie *daheim*. In der Kanzleisprache als stark personenbezogenes Adverb gebraucht.

anheimeln *sw V. reg.* ʿvertraut wirkenʾ (< 18. Jh.). Die alemannischen Verbalbildungen auf *-eln* bedeuten häufig ʿnach etwas schmecken oder riechenʾ, demgemäß etwa ʿnach Heimat schmeckenʾ.

anheischig *Adv. alt. phras.* (< **8. Jh., Form 14. Jh., Bedeutung 17. Jh.). Heute nur noch in *sich anheischig machen* ʿsich verpflichtenʾ. In dieser Bedeutung gibt es *anheischig* ʿverpflichtetʾ seit dem 16. Jh. Es ist umgeformt aus mhd. *antheizec* in Anlehnung an *heischen* (dieses seit dem 14. Jh.). Dieses wiederum gehört mit Suffixwechsel zu ahd. *antheizi*, mhd. *antheize* gleicher Bedeutung, und dieses steht neben ahd. *antheiz m.* ʿGelübde, Versprechenʾ (vgl. gt. *andahait* ʿBekenntnisʾ), das zur Wurzel von *heißen* gehört (s.d. und *ent-*, sowie *heischen*).

anhimmeln *sw V. stil.* (< 19. Jh.). Zu älterem **himmeln** ʿeinen verklärten Gesichtsausdruck haben (zum Himmel aufschauen)ʾ als ʿjmd. mit verklärtem Gesicht anschauenʾ.

Anilin *n. per. fach.* (ein Farbstoff) (< 19. Jh.). 1840 beschrieben und benannt nach arab. *an-nīl* ʿIndigoʾ (über port. *anil*) mit dem terminologischen Suffix *-in*.
Das arabische Wort stammt letztlich aus ai. *nīlī f.* ʿIndigopflanzeʾ, ai. *nīla-* ʿdunkelblauʾ, mit dem auch *lila* zusammenhängt. − Cottez (1980), 25.

animalisch *Adj. erw. fremd.* ʿtierischʾ (< 16. Jh.). Gelehrte Hybridbildung zu l. *animal* ʿTierʾ, das zu l. *animus* ʿAtem, Seeleʾ gehört.
S. *animieren.* − *DF* 1 (1913), 34 f.; K.-H. Weimann *DWEB* 2 (1963), 386; *BlW* 2 (1984), 230−241, 245−259.

animieren *sw V. erw. fremd.* ʿanregenʾ (< 16. Jh.). Entlehnt aus frz. *animer* ʿanregenʾ, dieses aus l. *animāre* ʿbeseelen, belebenʾ, zu l. *animus, anima* ʿAtem, Seele, Lebenʾ. Im eigentlichen Sinn heute durch Erbwörter ersetzt, doch hält sich das Wort und seine Sippe für die modernen (sexuellen) Amüsierbetriebe (**Animiermädchen**) und die Freizeit-Industrie (**Animateur**). Im filmtechnischen Bereich **Animation** im eigentlichen Sinn von ʿbelebenʾ (z. B. in Zeichentrickfilmen).
S. *animalisch*; dem lateinischen Wort liegt die Wurzel ig. **anə-* (wohl **hanə-*) ʿatmenʾ zugrunde; an diese können auch *Animosität* und *inhalieren* aus dem Lateinischen, *Asthma* aus dem Griechischen und *ahnden*[1] aus dem Deutschen angeschlossen werden. − *DF* 1 (1913), 35; M. Putscher: *Pneuma, Spiritus, Geist* (Wiesbaden 1973); W. J. Jones *SN* 51 (1979), 248.

Animosität *f. erw. fremd.* ʿFeindseligkeitʾ (< 18. Jh.). Entlehnt aus frz. *animosité* gleicher Bedeutung und relatinisiert nach l. *animōsitās*.

Das lateinische Wort geht zurück auf l. *animus* ´Geist, Seele, Leben` (s. *animieren*) und bedeutet zunächst ´Beseeltheit` (Abstraktum zu l. *animōsus* ´beseelt`), bekommt dann aber auch die Bedeutung ´Leidenschaftlichkeit` und schließlich ´Feindseligkeit`. – *DF* 1 (1913), 35.

Anis *m. erw. fach.* (eine Gewürzpflanze) (< 13. Jh.). Entlehnt aus l. *anīsum* n., dieses aus gr. *ánison* n. (mit dialektalen Varianten), dessen weitere Herkunft nicht geklärt ist. Das griechische Wort bedeutet zunächst sowohl ´Anis` als auch ´Dill`. Das Lateinische nutzt dann die zwei ursprünglichen griechischen Varianten *anīsum* n. und *anēthum* n. zur sprachlichen Unterscheidung (l. *anēthum* n. ´Dill`).
Lloyd/Springer 1 (1988), 257 f. Zur Sache: H. Fincke *Gordian. Zeitschrift für Nährmittel und Genußmittel* 63 (1963), 10–18; *LM* 1 (1980), 644.

Anke(n)[1] *m. per. wobd.* ´Butter` (< 8. Jh.). Mhd. *anke*, ahd. *anko*. Obwohl nur das Deutsche das Wort bewahrt hat, ist g. *\*ankwōn* m. ´Fett, Butter` vorauszusetzen, als Fortsetzer eines ig. (weur.) **ongʷen-* ´Salbe, Fett, Butter` (in verschiedenen Ablautstufen), vgl. l. *unguen* n. ´Fett, Salbe`, air. *imb* ´Butter` (*\*ṇgʷen*) zur Verbalwurzel ig. *\*ongʷ-* ´salben` in ai. *anákti*, l. *unguere* u. a. Also ursprünglich ´Salbe, Schmiere`.
S. *Renke*. – Lloyd/Springer 1 (1988), 263–265.

Anke[2] *f.* s. *Enkel*[2].

Anker[1] *m.* (< 12. Jh.). Mhd. *anker*, ahd. *ankar*. Wie ae. *ancor* entlehnt aus l. *ancora* f., das auf gr. *ágkȳra* f. zurückgeht. Dessen Bedeutung ist ursprünglich ´Haken` o.ä., da es etymologisch zu der unter *Angel* behandelten Sippe gehört. Die Germanen übernahmen das lateinische Wort mit der Sache – zuvor hatten sie ihre Schiffe mit Steinen (ahd. *senkil*, anord. *stjóri*) festgelegt. Verb: **ankern** ´vor Anker gehen`, Präfixableitung **verankern**.
S. *Angel*. – *RGA* 1 (1973), 342 f.; Lloyd/Springer 1 (1988), 261–263; *LM* 1 (1980), 692; Röhrich 1 (1991), 86.

Anker[2] *m. arch.* ´Flüssigkeitsmaß` (< 17. Jh.). Entlehnt aus nndl. *anker*, das wie ne. *anker*, nschw. *ankar(e)* aus ml. *anc(e)ria* f. entlehnt ist. Dieses stammt seinerseits vermutlich aus ahd. *hantkar* ´Handgefäß`.

ankohlen *swV. stil.* ´im Scherz belügen` (< 19. Jh.). Partikelableitung zu *Kohl*[2].

ankreiden *swV. stil.* ´zum Vorwurf machen` (< 15. Jh.). Ursprünglich ´(als Zeche) anschreiben` (in alter Zeit mit Kreide an einer Tafel), daraus übertragen als ´sich vormerken, um sich später dafür zu rächen`. S. *Kreide*.

ankurbeln *swV. stil.* (< 20. Jh.). Zu *Kurbel, kurbeln*. Die Motoren der frühen Autos mußten mit einer Handkurbel angelassen werden, deshalb übertragen zu ´in Gang bringen`.

Anlage *f.* (< 16. Jh.). Zunächst Abstraktum zu *anliegen* (und *anlegen*): 1. im Sinne von ´Veranla-

gung` als ´Steuer`, 2. ´Ausführung nach Plan`, 3. ´Beilage`, 4. ´Erbanlage`, weitgehend bestimmt von den Bedeutungen von l. *dispositio*.
HWPh 1 (1971), 322–325.

Anlaß *m.* (< *15. Jh., Bedeutung < 19. Jh.). Mhd. *an(e)lāz* ´Ort, von dem das Rennen losgeht` (vgl. z. B. *loslassen*). Zu *(an)lassen*. Die ursprüngliche Bedeutung wird verallgemeinert zu ´Anfang`, dann zu ´Ursache`. Seit dem 19. Jh. auch ´Ereignis`. Näher an der ursprünglichen Bedeutung sind das Verb **anlassen** und das Nomen instrumenti **Anlasser**.
HWPh 1 (1971), 325–327.

Anliegen *n. stil.* (< 15. Jh.). Substantivierter Infinitiv (zu *es liegt mir an etwas*), dazu als Partizip veraltetes **angelegen** (*es sich angelegen sein lassen*) mit **angelegentlich** ´nachdrücklich` und **Angelegenheit** (ursprünglich ´Sache, die einem am Herzen liegt`). Mhd. *aneligen*, ahd. *analiggen*, mndd. *anliggen* ´jemandes Sache sein, jemanden bedrängen` zu *liegen*.

Anmut *f. stil.* (< 14. Jh.). Mhd. *anemuot*, ursprünglich maskulinum mit der Bedeutung ´was in den Sinn *(Mut)* kommt, Verlangen`, vermutlich Rückbildung aus *anemuoten* ´begehren`, Partikelableitung zu mhd. *muot* (s. *Mut*). Später bezeichnet das Wort nicht mehr eine Empfindung des wahrnehmenden Subjekts, sondern eine Eigenschaft des wahrgenommenen Objekts und kommt damit zur heutigen Bedeutung (vermutlich durch Vermittlung des Adjektivs **anmutig**). Verb: **anmuten**.

Annalen *Pl. erw. fach.* ´Jahrbücher` (< \*16. Jh., Form 18. Jh.). Entlehnt aus l. *(librī) annālēs*, eigentlich ´jährliche Bücher`, zu l. *annālis* ´das Jahr bzw. die Jahre betreffend`, einer Ableitung von l. *annus* m. ´Jahr`; zunächst als *annales* entlehnt, dann eingedeutscht. In Wendungen wie *in die Annalen eingehen* weiter verbreitet. Ersatzwort ist *Jahrbücher*. S. *anno*.

annehmen *stV.* ´an sich nehmen, vermuten, akzeptieren` (< 15. Jh.). Die Bedeutung ´vermuten` offenbar aus ´auf sich nehmen, für sich beanspruchen`.
HWPh 1 (1971), 329–333.

Annehmlichkeit(en) *f. (Pl.)* s. *angenehm*.

annektieren *swV. erw. fach.* ´sich aneignen` (< \*16. Jh., Bedeutung < 19. Jh.). Zunächst mit der Bedeutung ´anhängen, anknüpfen` entlehnt aus l. *adnectere* gleicher Bedeutung (aus l. *ad-* ´hinzu` und l. *nectere* ´knüpfen`, s. *Nexus*). Die heute übliche Bedeutung ´(ein Staatsgebiet) gewaltsam in Besitz nehmen` wurde zunächst durch ne. *annex*, frz. *annexer* ausgedrückt und erscheint deshalb auch nhd. teilweise als *annexieren*. Durchgesetzt hat sich

dann (dem lateinischen Vorbild entsprechend) das Verb *annektieren* und das Substantiv **Annexion**.
DF 1 (1913), 35.

anno *Partikel* zur Angabe des Jahresdatums, *erw. fremd.* (< 15. Jh.). In der Angabe des Jahresdatums in lateinisch geschriebenen Texten steht *anno* ´im Jahre` (zu l. *annus* ´Jahr`). Diese Formulierung wird dann auch in deutsche Texte übernommen – heute ist sie stilistisch markiert. Ausdrücke wie *anno dazumal* werden verwendet, wenn man sich um die genaue Datumsangabe nicht kümmern will; *anno Tobak* steht für ´uralt`. Beides vielleicht als scherzhafte Umgestaltung von *anno Domini* ´im Jahre des Herrn`.
S. *Annalen*. – Röhrich 1 (1991), 87 f.

Annonce *f.* ´Inserat` (< 18. Jh.). Entlehnt aus frz. *annonce*, einer postverbalen Ableitung von frz. *annoncer* ´öffentlich bekanntgeben, ankündigen`, dieses aus l. *annūntiāre*, zu l. *nūntiāre* ´berichten, melden` und l. *ad-* ´hinzu`. Das Verb ist eine Ableitung von l. *nūntius m.* ´Bote, Nachricht`. Die eingeschränkte Bedeutung im Deutschen erklärt sich aus der Verwendung im Zeitungswesen, wo man von einer **Zeitungsannonce** spricht. Unter Wegfall des Bestimmungsworts *Zeitung* übernimmt dann das Grundwort *Annonce* die engere Bedeutung des ursprünglichen Kompositums. Verb: **annoncieren**. Ersatzwort ist *Anzeige*. S. *denunzieren, Nuntius, prononciert*. – *DF* 1 (1913), 36.

annullieren *swV. erw. fach.* (< 16. Jh.). In der juristischen Fachsprache entlehnt aus spl. *anūllāre* ´für nichtig erklären`, einer Präfixableitung zu l. *nūllum* ´nichts` (s. *Null*).
DF 1 (1913), 36.

Anode *f. per. fach.* ´Pluspol (beim elektrischen Strom)` (< 19. Jh.). Der englische Physiker Faraday bezeichnete 1834 die beiden Pole des Elektronenstroms als *Anode* und *Kathode*. *Anode* ist übernommen aus gr. *ánodos* ´Eingang` zu gr. *aná* ´hinauf` und gr. *hodós* ´Weg, Gang`. S. *Elektrode*, zu den übrigen Komposita mit gr. *hodós* s. *Methode*.

anomal *Adj. per. fremd.* ´unregelmäßig` (< *17. Jh., Form < 19. Jh.). Entlehnt aus spl. *anōmalē Adv.*, dieses aus gr. *anṓmalos* ´ungleich` (zu gr. *homalós* ´gleich, eben` und negierendem gr. *an-*, s. *a-*. Zugrunde liegt gr. *homós* ´gleich`). Das Wort ist aber wohl schon früh auf gr. *nómos m.* ´Brauch, Gesetz` bezogen worden und hat sich später mit l. *abnormis* ´von der Norm abweichend` vermischt (s. *abnorm(al)* und *Norm*). In deutschen Texten zunächst als *anomalisch*. Abstraktum: **Anomalie**.
DF 1 (1913), 36.

anonym *Adj.* (< 18. Jh.). Entlehnt aus l. *anōnymus* und frz. *anonyme*, diese aus gr. *anṓnymos* ´namenlos, unbekannt`, abgeleitet von gr. *ónoma*,

ónyma ´Name` und negierendem *an-* (s. *a-*). Abstraktum: **Anonymität**.
S. *homonym, Metonymie, Pseudonym, synonym*; zur germanischen Verwandtschaft s. *Name*. – *DF* 1 (1913), 36.

Anorak *m.* ´wasser- und wetterfeste Jacke` (< 20. Jh.). Entlehnt aus grönländ. *anorak*, dessen Herkunft nicht sicher geklärt ist.

anpflaumen *swV.* s. *pflaumen*.

Anrainer *m. per. fach.* ´Nachbar` (< 16. Jh.). Zu *anrainen* ´angrenzen`, Partikelableitung zu *Rain* im Sinne von ´Grenze`.

anranzen *swV. reg. stil.* ´derb anfahren` (< 15. Jh.). Wohl eine Bildung auf mhd. *-ezzen-*, das Grundwort ist aber unklar (*ranken* ´brüllen`?).

anrüchig *Adj. alt.* ´von zweifelhaftem Ruf` (< *13. Jh., Form < 15. Jh.). Aus dem Niederdeutschen als *anrüchtig* übernommen. Dort ist es *ruchte* ´Leumund` gebildet, das (mit Übergang von *ft* zu *cht*) mhd. *ruoft* ´Ruf, Leumund` entspricht (Näheres s. *rufen*). Das niederdeutsche Adjektiv bedeutet zunächst ´der einen (üblen) Ruf hat`; es wird dann im hochdeutschen Bereich verallgemeinert und offenbar an *riechen* angeschlossen, so daß es sein *-t-* verliert. S. *Gerücht, berüchtigt* und *ruchbar*.

ansässig *Adj. stil.* (< 15. Jh.). Zu fnhd. *ansesz m.* ´fester Wohnsitz` und *ansesse m.* ´Eingesessener`; diese zu mhd. *sez*, ahd. *sez n./m.* ´Wohnsitz`. S. *sitzen* und *seßhaft*.

anschirren *swV.* s. *schirren*.

anschnauzen *swV. stil.* (< 16. Jh.). Weiter verbreitet als *Schnauze*, so daß eine Bildung auf *-ezzen* zu *anschnauben* (s. *schnauben*), *anschnaufen* (s. *schnaufen*) oder *anschnauen* (zu mhd. *snāwen* ´schwer atmen`) angesetzt werden kann. Alle drei (etymologisch zusammengehörigen) Verben sind mit der Bedeutung ´jemanden anfahren` bezeugt.

Ansehen *n. stil.* (< *13. Jh., Bedeutung < 16. Jh.). Substantivierter Infinitiv, ausgehend von der Bedeutung ´Erscheinung`, dann ´beachtliche Erscheinung, Wertschätzung (durch andere)`. S. *sehen*.

Ansinnen *n. stil.* (< 16. Jh.). Substantivierter Infinitiv zu mhd. *an einen sinnen* ´jmd. angehen um etwas`. Heute meist von einem ungerechtfertigten Begehren gesagt.

Anstalt *f.* (< 15. Jh.). Mhd. *anstalt*, nach dem Muster der älteren *ti*-Abstrakta gebildet zu *stellen*. Entsprechend zu *anstellen* ´anordnen, einrichten` bedeutet das Substantiv u. a. ´Anordnung` (vgl. *Anstalten treffen*) und ´Einrichtung` (auch als Gebäude). S. *veranstalten*.

Anstand *m.* ´gute Sitten` (< 17. Jh.). Abstraktbildung zu *anstehen* im Sinne von ´passen, sich schicken`; dieses z. B. von Kleidern gesagt, wie ´es steht mir`, ´es sitzt`. Die heutige Bedeutung steht unter

dem Einfluß der Ableitung *anständig*. Die Bedeutung ´Zaudern´ und dann ´Einwand´ noch in *anstandslos* ´ohne Einwände´ und *beanstanden*.
S. *stehen*. − A. Hoschke *Sprachpflege* 12 (1963),40; *HWPh* 1 (1971), 357 f.; Röhrich 1 (1991), 89.

anstatt *Präp.* (< 15. Jh.). Zu *Statt*, also ´an der Stelle von´.

anstellig *Adj. erw. schwz.* ´geschickt´ (< 18. Jh.). Auf Vorschlag Lavaters durch Schiller in die Hochsprache eingeführt. Zur Bedeutung vgl. ´sich zu etwas (geschickt) anstellen´.
Kluge (1908), 207.

anstrengen *sw V.* (< 15. Jh.). Mhd. *(ane)strengen*. Ahd. *strengen*, mhd. *strengen* (heute nicht mehr üblich) ist eine Ableitung von *streng* mit verschiedenen Bedeutungen. Das Partikelverb *anstrengen* im Sinn von *einen Prozeß anstrengen* geht auf die mittelhochdeutsche Bedeutung ´dringend bitten, zusetzen, bedrängen´ zurück (zu *streng* im Sinne von ´stark, aggressiv´); *sich anstrengen* ist ´sich abmühen (durch Anspannung aller Kräfte und Verzicht auf anderes)´ aus mhd. *strengen* (mit Akkusativ) ´einschränken, antreiben´ zu *streng* etwa im Sinn von ´unerbittlich´.

-ant *Suffix.* Entspricht dem aktiven Partizip des Präsens lateinischer Verben (l. *-āns/-antis*), auch in der Funktion eines Nomen agentis oder instrumenti. Zunächst entlehnt in lateinischen Wörtern und Wörtern romanischer Sprachen − die Adjektive meist aus dem Französischen, häufig in relativierter Form (z. B. *elegant, galant, prägnant, charmant*), die Substantive vielfach aus dem Lateinischen (z. B. *Konsonant*), auch mit griechischen Grundlagen (*Komödiant, Sympathisant*). Häufig in neoklassischen Bildungen (*Foliant*), teilweise auch in hybriden Bildungen auf deutscher Grundlage (*Lieferant*). Eine Variante (ursprünglich zu lateinischen Bildungen auf *-ēns/-entis*) ist *-ent*. Viele Bildungen auf *-ant/-ent* sind im Deutschen durchschaubar, auch wenn sie nicht im Deutschen gebildet sind, vor allem die zu Verben auf *-ieren* (*dirigieren − Dirigent, gratulieren − Gratulant*). Zu den Adjektiven auf *-ant* gehören die Abstrakta auf *-anz/-enz* (s. *-anz*).
Wortbildung 2 (1975), 350−352; 3 (1978), 104 und die dort angegebenen Stellen.

Antagonismus *m. per. fach.* ´Gegensätzlichkeit´ (< 18. Jh.). Neoklassische Neubildung zu gr. *antagōnízesthai* ´gegen jmd. kämpfen´, zu gr. *agōnízesthai* ´kämpfen´ und gr. *anti-*. Nomen agentis: *Antagonist*.
Weiter zu gr. *agōn* ´Kampf, Wettkampf, Versammlung´, zu gr. *ágein* ´treiben, führen; schreiten, ziehen, gehen´. Zu dessen Sippe s. *Demagoge*. − *HWPh* 1 (1971), 358 f.

ante- *LAff.* Fügt in neoklassische Bildungen die Bedeutung ´vor´ hinzu (*ante-diluvianisch* ´vor-sint-

flutlich´). Herkunft aus l. *ante-*, das aus durchsichtigen lateinischen Bildungen übertragen wird.
S. *antik.* − Cottez (1980), 26 f.

Antenne *f.* (< 20. Jh.). Entlehnt aus it. *antenna*, das von Marconi (1895) als eine der Bezeichnungen für seine drahtlose Sende- und Empfangseinrichtung benutzt wurde (neben e. *aerial*, it. *aereo* u. a. − ohne Bedeutungsdifferenzierung zwischen Sende- und Empfangsantenne; *Antenne* zuerst gebraucht 1903 in italienischem Kontext). Das Wort bedeutete ursprünglich ´Segelstange´ (so l. *antenna*) und war eine Lokalableitung zu l. *ante* ´vor´ (´das davor Befindliche, Vorstehende´). Im 15. Jh. wurde es in der Übersetzung aristotelischer Schriften (neben häufigerem l. *cornū n.*) gebraucht, um die Bedeutung ´Fühler (von Insekten)´ von gr. *kéras n.* wiederzugeben, das ursprünglich ´Horn´, dann übertragen auch ´Segelstange´ und ´Fühler´ bedeutet (es liegt also eine Lehnbedeutung aus dem Griechischen im spätmittelalterlichen Latein vor). Die Bedeutung ´Fühler´ wurde im Italienischen geläufig; in anderen europäischen Sprachen blieb sie auf den zoologischen Fachwortschatz beschränkt. Die technische Bedeutung geht also auf ´Fühler´ zurück.
S. *avancieren, Avantgarde*. − B. Forssman *ZVS* 79 (1965), 18−20; J. Knobloch *Lingua* 26 (1970/71), 297; Trier (1981), 118−125.

Anthologie *f. per. fach.* ´Sammlung ausgewählter (Literatur-)Stücke´ (< 18. Jh.). Entlehnt aus gr. *anthología* ´Blütenlese´ (auch als Titel einer Sammlung von Epigrammen), einem Abstraktum zu gr. *anthológos* ´Blüten lesend´, zu gr. *ánthos n.* ´Blume, Blüte´ und gr. *légein* ´sammeln´. Die Blüte steht metaphorisch für ´das Beste, das Glanzstück´. Die lateinische Entsprechung des Wortes, die gelegentlich auch im Deutschen gebraucht wird, ist *Florilegium*; die deutsche Entsprechung *Blütenlese* wird nur selten gebraucht (fast ausschließlich für negative ´Glanzstücke´). Zur Sippe des zugrundeliegenden gr. *légein* ´zählen, reden´ s. *Logik*, zum ersten Bestandteil s. *Chrysantheme* und *Antilope*.
Cottez (1980), 27.

Anthrazit *m./(n.) erw. fach.* ´hochwertige Steinkohle; dunkelgrauer Farbton´ (< 19. Jh.). Entlehnt aus frz. *anthracite*, dieses im 18. Jh. übernommen aus l. *anthracītis f.* (eine Art Karfunkel, auch eine Art Kohle), dieses zu gr. *ánthrax (-akos) m.* ´(Glut-)Kohle´. (Der Karfunkel ist ein roter Edelstein, der Bedeutungszusammenhang mit Kohle geht über die Glut.)
Lüschen (1979), 171.

-anthrop- *LAff.* Das griechische Wort für ´Mensch´ (gr. *ánthrōpos*) wird sowohl als Vorderglied wie auch als Hinterglied von Komposita in die neoklassische Wissenschaftssprache entlehnt und wird in gewissem Umfang produktiv. Als Vorderglied in der Form *anthropo-* (z. B. *anthropomorph* ´in Menschengestalt vorgestellt´), auch in *Anthropologie* ´Betrachtung des Menschen´; als Hinterglied in *-anthrop(ie)* (z. B. in *Philanthrop* ´Menschenfreund´, Abstraktum *Philanthropie*).

Cottez (1980), 29; zu *Anthropologie* M. Linden: *Untersuchungen zum Anthropologiebegriff des 18. Jhs.* (Bern 1976).

anti- *Präfixoid.* Bezeichnet bei Substantiven und Adjektiven einen Gegensatz zu dem im Grundwort Bezeichneten (z. B. *Antikörper* ´Abwehrkörper´, *Antiheld* ´ein Nicht-Held´, *anti-amerikanisch* ´gegen Amerika eingestellt´). Es wird in ursprünglich griechischen Wörtern ins Deutsche übernommen (z. T. durch lateinische und romanische Vermittlung) und geht auf gr. *anti-* ´gegen´ zurück. In neoklassischen Bildungen (auch umgangssprachlicher Art) produktiv (vgl. *Antibabypille, Antialkoholiker*), teilweise unter Einfluß des Englischen.

S. *ent-*. − *DF* 1 (1913), 37; A. Rey *CL* 11 (1967), 37−57 (zum Französischen); *Wortbildung* 3 (1978), 238−241; Cottez (1980), 27 f.; G. Hoppe in: *Deutsche Lehnwortforschung.* Hrsg. G. Hoppe u. a. (Tübingen 1987). 171−224; Carstensen 1 (1993), 39−41.

Antibiotikum *n. erw. fach.* ´Wirkstoff gegen Krankheitserreger´ (< 20. Jh.). Entlehnt aus frz. *antibiotique Adj.*, dieses aus ne. *antibiotic*, einer Neubildung zu gr. (att.) *biōtikós* ´lebensfähig, zum Leben gehörig´ und *anti-*, weiter zu gr. *bíos m.* ´Leben´. So benannt als ´ein lebende Erreger abtötendes Mittel´.

Zur Sippe von gr. *bíos* ´Leben´ s. *Biologie*. − Rey-Debove/ Gagnon (1988), 22.

antik *Adj. stil.* (< 17. Jh.). Entlehnt aus frz. *antique*, dieses aus l. *antīquus* ´vorig, alt´, einer Nebenform von l. *antīcus* ´der vordere´, abgeleitet von l. *ante* ´vor´. Die Bedeutungsentwicklung von ´alt´ zu ´altertümlich, das Altertum betreffend´ vollzieht sich in den romanischen Sprachen im Rahmen kunst- und kulturhistorischer Studien. Abstraktum: *Antike*.

Ersatzwort ist *altertümlich, Altertum*. S. *Antiquar*. − *DF* 1 (1913), 37 f.; *HWPh* 1 (1971), 385−392; *BlW* 2 (1984), 265−269.

Antilope *f. per. fach.* (ein gehörntes Huftier) (< 19. Jh.). Entlehnt aus frz. *antilope* und ndl. *antilope*, diese aus e. *antelope*; als zoologische Bezeichnung war das Wort seit dem 18. Jh. festgelegt. Die weitere Herkunft und das ursprüngliche Bezeichnungsmotiv sind nicht sicher geklärt. Das Wort wird als gr. *anthólops* über Tierbücher (Bestiarien) in die Neuzeit überliefert, wobei Sekundärmotivationen zu gr. *ánthos n.* ´Blume´ und gr. *óps* ´Auge´ eine Rolle spielen (etwa als ´Tier mit den besonders schönen Augen´); es liegt aber wohl ein aus einer unbekannten afrikanischen Sprache entlehntes Wort vor.

LM 1 (1980), 715; Rey-Debove/Gagnon (1988), 23.

Antimon *n. per. fach.* (ein Halbmetall) (< *15. Jh., Form < 18. Jh.). *Antimonium* ist eine im Mittellatein auftretende Bezeichnung unklarer Herkunft (spgr. *anthemónion* ´Blüte, [Ausgeblühtes´?]) für das im klassischen Latein l. *stibium*, gr. *stíbi* oder *stímmi* genannte Material. Gemeint war der Spießglanz (Antimonit), der als Augenschminke und als Heilmittel verwendet wurde (vgl. hierzu auch *Alkohol*). Es wurde zunächst für eine Art Blei gehalten; später wurde es auch mit anderen Metallen und Mineralien verwechselt. Nach genaueren Analysen im 18. Jh. wurde die Bezeichnung auf das Element eingeengt und im Deutschen die endungslose Form gebraucht.

Lokotsch (1975), 73 (Nr. 918); Lüschen (1979), 171−173. [Herangezogen wurde die Magisterarbeit von M. Mathes].

Antipathie *f. erw. fremd.* ´Abneigung´ (< *16. Jh., Form < 17. Jh.). Als Gegenbegriff zu dem geläufigeren *Sympathie* entlehnt aus l. *antipathīa*, dieses aus gr. *antipátheia*, einem Abstraktum zu gr. *antipathḗs* ´entgegengesetzt fühlend u.ä.´ aus gr. *páthos* ´Gemütsbewegung´ (zu weiteren Verbindungen s. *Pathos*) und gr. *anti* (s. *anti-*).

DF 1 (1913), 38.

Antipode *m. erw. fach.* ´Mensch mit entgegengesetzter Eigenart, Gegenspieler´ (< *16. Jh., Bedeutung < 18. Jh.). Entlehnt aus l. *antipodes (Pl.)*, dieses zu gr. *antípodes (Pl.)*, zum Adjektiv *antípous (-podos)* ´gegenfüßig, die Füße umgekehrt habend´, zu gr. *poús* ´Fuß´ und gr. *anti-* (s. *Fuß* und *anti-*). Demnach ein ´Gegenfüßler´, d. h. ´jmd., der sich auf der entgegengesetzten Seite der Erde befindet und dem Betrachter deshalb die Füße zuwendet´. Von da aus häufiger in übertragener Bedeutung gebraucht.

Zur Sippe von gr. *poús* ´Fuß´ s. *Podium*. − *DF* 1 (1913), 38.

Antiqua *f.* s. *Antiquität*.

Antiquar *m. erw. fach.* ´Altertumsforscher; Händler mit alten Büchern´ (< *16. Jh., Form < 18. Jh.). Dieses im 18. Jh. entlehnt aus l. *antīquārius m.* ´Altertumskenner´ zu l. *antiquus* (s. *antik*). Adjektiv: *antiquarisch*; Lokalbildung: *Antiquariat*.

S. *antik* und *Antiquität*. − *DF* 1 (1913), 38 f.

Antiquität *f.* (meist *Pl.*) *erw. fremd.* (< 16. Jh.). Entlehnt aus l. *antīquitātes (Pl.* zu l. *antīquitās)* ´Altertümlichkeiten´. Abstraktbildung zu l. *antīquus* (s. *antik*). Zur gleichen Grundlage (über ein praktisch unbezeugtes *antiquieren*) das Adjektiv *antiquiert* mit stärker negativer Bedeutung (´überholt´). Die Schrift *Antiqua* (= *Littera antiqua* ´alte Schrift´) ist so benannt, weil das Alphabet der alten Inschriften als Vorbild für die Großbuchstaben diente.

S. *antik* und *Antiquar*. − *DF* 1 (1913), 39.

Antlaßtag *m. arch. oobd.* ´Gründonnerstag´ (< 13. Jh.). Mhd. *antlāztac*, zu mhd. *antlāz* ´Sündenerlaß, Ablaß', ahd. *antlāz* 'Aufschub, Vergebung', eigentlich zu *entlassen*. Am Gründonnerstag (bair. auch *Antlaß-Pfinztag*) wurden die öffentlichen Büßer wieder in die Gemeinschaft der Christen aufgenommen.

Antlitz n. alt. (< *8. Jh., Form < 12. Jh.). Mhd. *antlitze*, ahd. *antlizzi* aus vd. **anda-wlit-ja-* n. 'Gesicht', eigentlich 'das Entgegenblickende' (oder 'das Aussehen' mit Bedeutungsverengung). Die Formen der anderen germanischen Sprachen zeigen andere Stammbildungen: gt. *anda-wleizn* (aus **wl[e]its-na-?*), anord. *andlit* (*n[a]*-Stamm), ae. *andwlita* (*n*-Stamm), afr. *andlete* (*n*-Stamm). Zu g. **anda* (s. ent-) 'entgegen' und einer Ableitung von g. **wleit-a-* 'blicken' in anord. *líta*, ae. *wlītan* 'sehen, blicken' (mit Ableitungen in den anderen germanischen Sprachen). Dieses ist eine Erweiterung von ig.(weur.) **wel-* 'sehen' in l. *vultus* m. 'Gesicht, Gesichtsausdruck' und kymr. *gwelaf* 'ich sehe'. – Im Deutschen früher bezeugt ist ahd. *antluzzi*, mhd. *antlütze* neben ahd. *antlutti*, mhd. *antlütte* 'Antlitz'. Diese gehören zu der Wurzel g. **leud-*, ig. **leudh-* 'wachsen', die unter *Lode* beschrieben wird. Semantisch mit *Antlitz* vergleichbar ist von deren Ableitungen vor allem gt. *ludja* f. 'Antlitz' (die Ausgangsbedeutung ist hier also etwa 'Gestalt'). Offenbar haben sich im Deutschen zwei gleichbedeutende, aber ursprungsverschiedene Wörter vermischt – die beiden Ausgangspunkte könnten vd. **anda-wlit(j)a-* n. und vd. **lud-jō* f. oder vd. **anda-lud-ja-* n. gewesen sein.

Nschw. *anlete*, nisl. *andlit*. — Seebold (1970), 563 f.; Lloyd/Springer 1 (1988), 280–283. Niederhellmann (1983), 287–290. Anders zu g. **wleit-a-*: E. Hamp *IF* 87 (1982), 79–81 (Kontamination von **wel-* 'sehen' und **weid-* 'sehen').

antun unr. V. (< 9. Jh.). Ahd. *anatuon*. In den meisten Bedeutungen ('zufügen', 'Kleidungsstück anziehen') wohl als *tun* + *an* zu verstehen; doch sind die Bedeutungen 'ein Leid zufügen' und 'bezaubern' mindestens mitbestimmt von *and tun* zu *And(e)* 'Sehnsucht, Schmerz'. S. *ahnden, entrisch*.

L. deGrauwe *SGG* 21 (1980/81), 255–258.

Antwort f. (< *8. Jh., Form < 15. Jh.). Mhd. *antwürte, antwurt* n./f., ahd. *antwurti* n., *-ī* f., as. *andwordi* n. aus g. **anda-wurd-ja-* n. 'Antwort', eigentlich 'Gegenwort, Entgegnung', auch in gt. *andawaurdi*, ae. *andwyrde*, afr. *ondwarde*. Zu *anda-* (s. *Antlitz*) und *Wort*. Das Femininum ist in althochdeutscher Zeit eine eigene Bildung, die dann mit dem Neutrum lautlich zusammenfällt. In nachmittelhochdeutscher Zeit setzt sich das Femininum dann durch. In derselben Zeit wird die Lautform an das Grundwort angeschlossen (*Antwort* statt *Antwürte*). Verb: *antworten*.

Nndl. *antwoord*. S. *verantworten*. — Lloyd/Springer 1 (1988), 288 f. Zu dem synonymen Verb ahd. *antlingen* s. R. Lühr *ZDA* 109 (1980), 48–72; Röhrich 1 (1991), 91.

Anwalt m. (< 10. Jh.). Mhd. *anwalte*, ahd. *anawalto*. Wie ae. *onwealda* Täterbezeichnung zu einem ahd. *anawalt*, ae. *onweald* f. 'Macht, Gewalt' (zu dessen Stamm s. *Gewalt*), also eigentlich 'der die Gewalt hat, Bevollmächtigter, Befehlshaber'. Sonderfälle: *Rechtsanwalt, Staatsanwalt*.

S. *walten*. – G. vOlberg in: *Text und Sachbezug in der Rechtssprachgeographie*. Hrsg. R. Schmidt-Wiegand (München 1985), 70–103.

Anwand f., **Anwende** f. reg., s. *Angewende*.

Anwärter m. stil. (< 16. Jh.). Zu mhd. *anewarten* 'erwarten, die Anwartschaft haben', wozu auch das Abstraktum *Anwartschaft*. Ersatzwort für *Aspirant*. S. *warten*.

anwenden swV. (< *9. Jh., Bedeutung < 16. Jh.). Ahd. *anawenten*, mhd. *anewenden* bedeutet 'jemandem etwas zuwenden', refl. 'auf sich nehmen', also eigentlich 'etwas wenden an jemanden (oder etwas)'. Indem der Adressat weggelassen wird, bekommt das Verb die Bedeutung 'gebrauchen, verwenden, auf etwas beziehen'. Soll der Adressat dennoch genannt werden, wird zusätzlich *zu* oder *auf* eingefügt (*einen Paragraphen auf etwas anwenden, sein Geld zu einem guten Zweck anwenden*). S. *wenden*.

Anwesen n. stil. reg. (< 15. Jh.). Fnhd. *anewesen* ist substantivierter Infinitiv von *anewesen* 'anwesend sein' (s. *anwesend*). Die Bedeutung ist dem entsprechend zunächst 'Anwesenheit, Aufenthalt', wird dann aber im Oberdeutschen verschoben zu 'Grundstück mit Wohnhaus'. S. *Wesen, anwesend*.

anwesend Adj.(*PPräs.*) (< 15. Jh.). Ursprünglich Partizipialbildung zu dem mhd. Verb *anewesen* mit der Bedeutung 'da sein, dabei sein', einer Lehnübersetzung von l. *adesse*, und Gegensatzbildung zu fnhd. *abewesen, abewesen*. Das Abstraktum ist zunächst der substantivierte Infinitiv *Anwesen*, dann die Ableitung *Anwesenheit*.

S. *Wesen, abwesend, Anwesen*. — *HWPh* 1 (1971),428.

-anz Suffix; Variante *-enz*. Ursprünglich lateinische Abstraktbildungen, die formal zum aktiven Partizip des Präsens gehören (*PPräs. -āns/-antis, -ēns/-entis*, Abstraktum *-antia, -entia*), semantisch konnten sie aber unmittelbar vom Verb abhängig sein. Zu den auf die Partizipien zurückgehenden Bildungen s. *-ant*; die Formen auf *-anz* und *-enz* sind teilweise unmittelbar aus dem Lateinischen, teilweise über das Französische ins Deutsche gekommen und sind dort zwar analysierbar (*konkurrieren* – *Konkurrenz*, *akzeptieren* – *Akzeptanz*; auch *relevant* – *Relevanz*), aber nicht eigentlich produktiv.

A. François: *La désinence -ance dans le vocabulaire français* (Genève 1950), *Wortbildung* 2 (1975), 60 und die dort angegebenen Stellen; Cottez (1980), 22.

anzetteln swV. (< 15. Jh.). Ursprünglich Ausdruck der Webersprache: 'die Zettel (Längsfäden) eines Gewebes vorbereiten˃, dann übertragen für ˈanstiften˃, in der Regel im negativen Sinn. Partikelableitung zu *Zettel*[1].

Röhrich 1 (1991), 92.

anzüglich *Adj.* (< 16. Jh.). Zu *anziehen* in einer älteren Bedeutung ˈetwas (tadelnd) anführen, etwa vor Gericht˃. Vgl. die heute nicht mehr übliche Bedeutung von **Anzug** ˈVorwurf, Beschuldigung˃. Die negative Bedeutung des Wortes hat die positive, nämlich ˈanziehend, attraktiv˃, verdrängt.

F. Kainz in: Maurer/Rupp 2 (1974/78), 248. [Herangezogen wurde die Magisterarbeit von R. M. Gartmeier].

Äon *m.*, meist **Äonen** *Pl. per. fach.* ˈWeltalter˃ (< 18. Jh.). Entlehnt aus l. *aeōn m.*, dieses aus gr. *aiṓn m./f.* ˈ (Lebens)Zeit, Zeit(dauer), Ewigkeit˃.

Das griechische Wort aus ig. **aiw-* entsprechender Bedeutung, s. *ewig.* − DF 1 (1913), 40; C. Lackeit: *Aion, Zeit und Ewigkeit* (Diss. Königsberg 1916); HWPh 1 (1971), 117−119.

Aorta *f. per. fach.* ˈHauptschlagader˃ (< 16. Jh.). Entlehnt aus ml. *aorta*, dieses aus gr. *aortḗ*, eigentlich ˈAngebundenes, Sack, Schlauch˃, dann als medizinischer Terminus für die Bronchien und die Hauptschlagader (weil sie vom Kopf, bzw. Hals herunterhängen). Weiter zu gr. *(syn)aeirein* ˈzusammenbinden (usw.)˃. S. *Arterie.*

Apanage *f. per. fach.* ˈregelmäßige finanzielle Zuwendung˃ (< 18. Jh.). Entlehnt aus gleichbedeutendem frz. *apanage m.*, dieses aus ml. *appanagium n.*, einer Ableitung von ml. *appanare* ˈausstatten˃, eigentlich ˈmit Brot versehen˃, zu l. *pānis m.* ˈBrot˃ und l. *ad-*.

S. *panieren* und *Pastille.* − LM 1 (1980), 741.

apart *Adj. erw. fremd.* ˈbesonders, hübsch˃ (< 16. Jh.). Entlehnt aus frz. *à part* (vgl. it. *a parte*, ml. *ad partem*) ˈauf der Seite˃, dieses aus l. *pars (partis)* ˈSeite, Teil, Anteil˃. Im Deutschen wird es hypostasiert und adverbial, selten auch attributiv verwendet. Die Bedeutung wird (wie etwa bei *besonders)* zu ˈbesonders, reizvoll˃ verengt.

Zur Sippe von l. *pars* ˈTeil˃ s. *Partei, Apartheid.* − DF 1 (1913), 40 f.

Apartheid *f. per. fach.* (Bezeichnung der Trennung von Weißen und Schwarzen in Südafrika) (< 20. Jh.). Entlehnt aus Afrikaans *apartheid*, eigentlich ˈAbgesondertheit˃, zur ursprünglichen Bedeutung von *apart*. Im Deutschen ein (internationaler) Exotismus. S. *apart* und *Partei.*

Apartment *n. erw. fach.* (< 20. Jh.). Englische Form von *Appartement* mit englischer Aussprache. Vorwiegend für kleinere Wohneinheiten (1 Zimmer mit Küche und Bad) gebraucht.

Carstensen 1 (1993), 43 f.

Apathie *f. erw. fremd.* ˈTeilnahmslosigkeit˃ (< 18. Jh.). Vermutlich über l. *apathīa* und frz. *apathie*

entlehnt aus gr. *apátheia* ˈUnempfindlichkeit˃ (speziell als zentraler Begriff der stoischen Philosophie). Zu gr. *páthos* ˈGemütsbewegung˃ und negierendem gr. *a-*. Adjektiv: **apathisch**.

Zur Sippe von gr. *páthos* ˈGemütsbewegung˃ s. *Pathos.* − DF 1 (1913), 41; HWPh 1 (1971), 429−433.

aper *Adj. per. obd.* ˈschneefrei˃ (< 11. Jh.). Mhd. *āber*, ahd. *āber*. Herkunft unklar. Verlockend, aber lautlich schwer vergleichbar ist das unklare l. *aprīcus* ˈoffen, sonnenbeschienen˃. Anders (aus *ā* + *ber-* ˈfort-tragend˃): Lloyd/Springer.

Lloyd/Springer 1 (1988), 16−19 (mit ausführlicher Diskussion der Problemlage und der Deutungsansätze).

Aperçu *n. erw. fach.* ˈprägnante, geistreiche Bemerkung˃ (< 18. Jh.). Entlehnt aus frz. *aperçu* (eigentlich ˈÜbersicht, Einblick˃), dem substantivierten Partizip des Präteritums von frz. *apercevoir* ˈwahrnehmen˃ (also ˈdas Wahrgenommene˃), aus vor-rom. **appercipere* ˈwahrnehmen˃, zu l. *percipere*, eigentlich ˈeinnehmen, bemächtigen˃, und l. *ad-* ˈhinzu˃, weiter zu l. *capere* ˈnehmen, fassen, ergreifen˃ und l. *per-*.

Zur Sippe von l. *capere* ˈfangen˃ s. *kapieren.* − DF 1 (1913), 41.

Aperitif *m. erw. fremd.* ˈalkoholisches Getränk (zum Anregen des Appetits)˃ (< *16. Jh., Bedeutung < 20. Jh.). Zunächst als Fachwort der Medizin entlehnt mit der Bedeutung ˈöffnendes, abführendes Heilmittel˃ aus ml. *aper(i)tivus* ˈöffnend˃, zu l. *aperīre* ˈöffnen˃. Die neue Bedeutung entsteht im Französischen im 19. Jh. und wird im 20. Jh. mit der französischen Lautform übernommen.

S. *Ouvertüre.* − K.-H. Weimann *DWEB* 2 (1963), 386.

Apfel *m.* (< 9. Jh.). Mhd. *apfel*, ahd. *apful*, as. *appul (-gre)* aus g. **aplu- m.* ˈApfel˃ (ˈHolzapfel˃), auch in krimgt. *apel*, anord. *epli*, ae. *æppel*, afr. *appel*. Ein ähnliches Wort gleicher Bedeutung im Keltischen (air. *ubull* usw.), sowie (mit Langvokal) im Baltischen (lit. *óbalas* usw.) und Slavischen (serb.-kslav. *jablŭko* usw.). Das Wort ist vielleicht nicht-indogermanischer Herkunft, doch kann es auch (nach Adams) als *l*-Stamm (später zu **ablu-* erweitert) ein Erbwort sein, das im Mittelmeergebiet durch das Kulturwort **mālo-* zurückgedrängt wurde. Das alte Wort für den Apfelbaum ist *Affolter* (s. d.). Das Wort *Apfel* wird häufig in Übertragungen auf Bezeichnungen für kugelförmige Gegenstände genommen. Früh bezeugt hierfür ist **Augapfel** (ahd. [12. Jh.] *ougaphul*, mndl. *ogheappel*, ae. *eagæppel*).

Vielleicht lassen sich die indogermanischen und außerindogermanischen Formen auf einen Ansatz **abal-n-, amaln-* zurückführen. Nndl. *appel*, ne. *apple*, nschw. *äpple*, nisl. *epli*. S. *Apfelsine.* − Bertsch (1947), 93−104; H. Berger *MSS* 9 (1956), 26; J. Pokorny in: H. Kronasser (Hrsg.): *GS* P. Kretschmer (Wien 1956/57), II, 83; *RGA* 1 (1973),

368–372; E. P. Hamp *ZCPh* 37 (1979), 158–166; *LM* 1 (1980), 746 f.; *BlW* 1 (1981), 22 f.; D. Q. Adams *IF* 90 (1985), 79–82; Th. V. Gamkrelidze in: *FS Alinei* 1 (1986), 91–97; Th. Markey *JIES* 16 (1988), 49–68; Lloyd/Springer 1 (1988), 60–63, 298–301; N. Sims-Williams/J. Hamilton: *Documents turco-sogdiens* (London 1990), 59 f.; Röhrich 1 (1991), 92 f. M. Erdal *JIES* 21 (1993), 27–36. Zu *Augapfel*: Niederhellmann (1983), 162–164; Röhrich 1 (1991), 112.

Apfelsine *f. stil.* ´Orange´ (< 18. Jh.). Entlehnt aus nndl. *appelsien* (neben dem heute üblichen nndl. *sinaasappel*) über ndd. *Appelsina*; diese sind gebildet nach frz. *pomme de Sine m.* ´Apfel aus China´ (vielleicht gekürzt aus ebenfalls bezeugtem *Apel de Sina*; *Sina* ist eine damals geläufige Variante von *China*). Die Früchte wurden im 16. Jh. von den Portugiesen aus China eingeführt und wurden mit dieser Bezeichnung auch von den bereits bekannten Bitter-Orangen abgegrenzt, deren Bezeichnung (*Orange*) vor allem im Süden auf die neuen Früchte übertragen wird. Im Norden und in Mitteldeutschland hielt sich dagegen die verhochdeutschte Form *Apfelsine*. Die beiden Wörter sind heute Heteronyme ohne Bedeutungsunterschied.
S. *Apfel* und vgl. zur Lautform *Sinologie*, zur Sache *Orange, Pomeranze*. – Littmann (1924), 131 f.

Aphasie *f. per. fach.* ´(teilweiser) Verlust des Sprechvermögens´ (< 18. Jh.). Entlehnt aus gr. (poet.) *aphasía* ´Sprachlosigkeit´, zu gr. *áphatos* ´unerwähnt, unbekannt´ zu gr. *phánai* ´sprechen´ und negierendem *a-* (s. *a-*).
Zur Sippe von gr. *phánai* ´sprechen´ s. *Blasphemie*. – *HWPh* 1 (1971), 436 f.

Aphorismus *m. erw. fach.* ´prägnanter Sinnspruch´ (< 15. Jh., Bedeutung < 18. Jh.). Entlehnt aus l. *aphorismus*, dieses aus gr. *aphorismós* ´Abgrenzung, Unterscheidung, Lehrsatz´, abgeleitet von gr. *aphorízein* ´abgrenzen´, zu gr. *hóros* ´Grenze´ und gr. *apó* ´weg-´. Im Griechischen hat das Wort verschiedene Bedeutungen, von ´Abgrenzung´ bis ´ (medizinischer) Lehrsatz´ (die *Aphorismen* sind die unverbunden aneinandergereihten Einsichten über die Natur von Krankheiten bei Hippokrates). In den Volkssprachen bezeichnet es zunächst medizinische Lehrsätze, wird dann verallgemeinert und dann unter dem Einfluß der französischen Literatur neu spezialisiert; in Deutschland wird diese Tradition vor allem von Lichtenberg aufgenommen. Adjektiv: *aphoristisch*.
S. *Horizont*. – H. Krüger: *Studien über den Aphorismus als philosophische Form* (Diss. Frankfurt/Main 1956); K.-H. Weimann *DWEB* 2 (1963), 386; Schalk (1966), 1–20; J. vStackelberg in: G. Neumann (Hrsg.): *Der Aphorismus* (Darmstadt 1976), 209–225; *HWPh* 1 (1971), 437–439.

Aplomb *m. per. fach.* ´Sicherheit, Nachdruck, Dreistigkeit´ (< 19. Jh.). Entlehnt aus frz. *aplomb*, eigentlich ´senkrechte Stellung, Gleichgewicht´, einer substantivierten Zusammenrückung von frz. *à*

plomb ´senkrecht, im Lot´; frz. *plomb* ´Blei´ aus l. *plumbum n.*. Die Bedeutungsverallgemeinerung geht vor allem von der Sprache des Balletts aus, in der mit dem Wort das Abfangen von Bewegungen bezeichnet wird.
DF 1 (1913), 41 f.

apodiktisch *Adj. erw. fach.* ´unumstößlich, nicht zu widerlegen´ (< *17. Jh., Form 18. Jh.). Zunächst in der lateinischen Form *apodiktike* entlehnt aus ml. *apodīcticus* ´schlüssig beweisend´, dann eingedeutscht. Aus gr. *apodeiktikós*, zu gr. *apodeiknýnai* ´beweisen, vorzeigen, aufweisen´, zu gr. *deiknýnai* ´zeigen, vorzeigen, begreiflich machen´ und gr. *apo-* ´weg´.
S. *Paradigma, Police, Syndikat*; zur germanischen Verwandtschaft s. *zeihen*, zur lateinischen s. *diktieren*. – *DF* 1 (1913), 42.

Apokalypse *f. erw. fach.* ´Offenbarung über das kommende Weltende, schreckliches Unheil´ (< 16. Jh.). Entlehnt aus l. *apocalypsis*, dieses aus ntl.-gr. *apokálypsis*, eigentlich ´Enthüllung´, zu gr. (ep.) *kalýptein* ´verhüllen´ und gr. *apo-* ´weg´. Das Wort war und ist vor allem als Bezeichnung der *Geheimen Offenbarung* im *Neuen Testament* bekannt. Adjektiv: *apokalyptisch*.
HWPh 1 (1971), 439 f.

Apologie *f. per. fach.* ´Verteidigung, Rechtfertigung, Verteidigungsrede vor Gericht´ (< 16. Jh., Form < 17. Jh.). Entlehnt aus l. *apologia*, zunächst in gleicher Form; dieses aus gr. *apología*, wie gr. *apologeīsthai* ´sich herausreden, verteidigen´, eigentlich ´sich losreden´, zu gr. *lógos m.* ´Wort, Rede´ und gr. *apo-* ´weg´. Nomen agentis: *Apologet*; Adjektiv: *apologetisch*.
Zur Sippe des zugrundeliegenden gr. *légein* ´zählen, reden´ s. *Logik*. – *HWPh* 1 (1971), 446 f. Zu *Apologet* s. *LM* 1 (1980), 774 778.

Aporie *f. per. fach.* ´Auswegslosigkeit´ (< 19. Jh.). Entlehnt aus spl. *aporia*, dieses aus gr. *aporía* ´Ratlosigkeit, Verlegenheit´, zu gr. *áporos* ´hilflos, ratlos, unmöglich, unwegsam´, zu gr. *póros m.* ´Durchgang, Pfad´ und negierendem gr. *a-* (s. *a-*), weiter zu gr. *peírein* ´durchdringen, durchbohren, durchstoßen´.
Zur germanischen Verwandtschaft s. *fahren*. – *HWPh* 1 (1971), 447 f.

Apostel *m. stil.* (< 9. Jh.). Entlehnt aus l. *apostolus*, dieses aus gr. *apóstolos* ´Bote, Gesandter´, zu gr. *apostéllein* ´entsenden´, zu gr. *stéllein* ´senden´ und gr. *apo-* ´weg´. Das Wort wird von Luther gegen konkurrierendes *Bote* und (im Plural) *Zwölfboten* durchgesetzt. Adjektiv: *apostolisch*.
Zur Sippe des zugrundeliegenden gr. *stéllein* ´schicken´ s. *Stola*. – *BlW* 2 (1984), 269–289; F. H. Agnew *Journal of Biblical Literature* 105 (1986), 75–96; Röhrich 1 (1991), 94; Lloyd/Springer 1 (1988), 301 f.

Apostroph *m. erw. fach.* ´Auslassungszeichen´ (< *17. Jh., Form < 18. Jh.). Entlehnt aus l. *apostrophus*, dieses aus gr. *apóstrophos*, eigentlich ´abgewandt´, zu gr. *apostréphein* ´sich abwenden´, zu gr. *stréphein* ´wenden, drehen´ und gr. *apo-* ´weg´. Zunächst in lateinischer und französischer Form (*Apostrophe*), dann endungslos. Ursprünglich verwendet als Attribut in Wendungen für ´ausgelassener Buchstabe´, dann ´das Weggelassene´, schließlich ´das Zeichen für etwas, das ausgelassen wurde´. Aus der antiken Rhetorik stammen *Apostrophe* *f.* ´Anrede´ und *apostrophieren* ´anreden´ (Wegwendung vom Thema und Hinwendung zu einer Person).

S. *Strophe* und *Katastrophe*. − DF 1 (1913), 42; E. Leser *ZDW* 15 (1914), 36, 94; Cottez (1980), 30 f.

Apotheke *f.* (< 13. Jh.). Entlehnt aus l. *apothēca* ´Magazin´, dieses aus gr. *apothḗkē*, zu gr. *apotithénai* ´weglegen´, zu gr. *tithénai* ´legen, stellen, setzen´ und gr. *apo-* ´weg´. Im Mittelalter wird die allgemeinere Bedeutung ´Magazin´ verengt auf ´Spezereiladen, Apotheke´, und schließlich zu ´Apotheke´ im heutigen Sinn. Täterbezeichnung: *Apotheker*.

S. auch *Boutique*. Zur Sippe des zugrundeliegenden gr. *tithénai* ´legen, stellen´ s. *Theke*. − DF 1 (1913), 42 f.; *LM* 1 (1980), 794−802; Röhrich 1 (1991), 94.

Apparat *m.* (< *14. Jh., Bedeutung < 19. Jh.). Entlehnt aus l. *apparātus* ´Zurüstung, Gerätschaft´, aus l. *apparāre* ´ausrüsten, beschaffen´, zu l. *parāre* ´fertigmachen, einrichten´ und l. *ad-* ´hin, zu´. Am frühesten im Deutschen bezeugt ist die (noch heute in der Wissenschaft übliche) Bedeutung ´Kommentar, Lesarten´, dann ´Zubehör´ und schließlich ´Gerätesammlung´, die spezielle Bezeichnung von Einzelgeräten erst seit dem 18. Jh. Abstraktum: *Apparatur*. *Apparatschik* bezeichnet den Funktionär des Partei-Apparats; es ist ursprünglich in der Sprache der DDR als abwertende Bezeichnung aus russ. *apparatčik* entlehnt (das russische Suffix *-čik* bildet Täterbezeichnungen).

Zur Sippe des zugrundeliegenden l. *parāre* ´bereiten´ s. *parat*. − DF 1 (1913), 43.

Appartement (*mit französischer Aussprache*) *n. erw. fach.* ´Wohnung´ (< 18. Jh.). Entlehnt aus frz. *appartement m.*, dieses aus it. *appartamento m.*, einer Ableitung aus it. *appartare* ´abtrennen´, das auf l. *pars (-rtis) f.* ´Teil´ zurückgeht (it. *a parte*, l. *ad partem* ´abgeteilt´). Die englische Entsprechung *Apartment* (mit englischer Aussprache) gilt für Kleinstwohnungen.

Zur Sippe des zugrundeliegenden l. *pars* ´Teil´ s. *Partei*. − DF 1 (1913), 43 f.; Jones (1976), 104; Brunt (1983), 132 f.

appellieren *swV. erw. fach.* ´aufrufen, anrufen´ (< 12. Jh.). Mhd. *appelliren* ist entlehnt aus l. *appellāre* ´anrufen, auffordern´, Intensivum zu l. *pellere* ´stoßen, treiben´ und l. *ad-* ´hin, zu´. Bezeugt ist zunächst die juristische Bedeutung ´Berufung

einlegen´, dann − wohl unter dem Einfluß des Französischen − die allgemeinere ´aufrufen´. Hierzu auch (als aus dem Französischen entlehnte Rückbildung) *Appell* ´militärischer Aufruf, feierlicher Aufruf´. Abstraktum: *Appellation*. *Appellativum* ´Gattungsbegriff´ ist eigentlich ´das Benannte, das Angeredete´.

Zur Sippe des zugrundeliegenden l. *pellere* ´stoßen´ s. *Interpellation*. − DF 1 (1913), 44; Brunt (1983), 133. Zu *Appellation LM* 1 (1980), 804 f.

Appetit *m.* ´Hunger, Verlangen´ (< 15. Jh.). Entlehnt aus frz. *appétit* ´Eßlust´ und ml. *appetītus cibi* ´Verlangen nach Speise´, diese aus l. *appetītus* ´Verlangen´, abgeleitet von l. *appetere* ´verlangen´, zu l. *petere* ´begehren (usw.)´ und l. *ad-* ´hin, zu´. Die Bedeutungsverengung auf ein bestimmtes Verlangen − das nach Speise − vollzieht sich erst allmählich, indem das attribuierende ´nach Speise´ als selbständiges Wort wegfällt. Adjektiv: *appetitlich*.

Zur Sippe von l. *petere* ´begehren´ s. *Petition*. − DF 1 (1913), 44 f.; *LM* 1 (1980), 806 f.; Röhrich 1 (1991), 94.

applaudieren *swV. erw. fremd.* ´Beifall spenden´ (< 16. Jh.). Entlehnt aus l. *applaudere* und frz. *applaudir*, zu l. *plaudere (plausum)* ´klatschen´ und l. *ad-* ´hin, zu´. Abstraktum: *Applaus*.

S. *explodieren, plausibel*. − DF 1 (1913), 45.

apportieren *swV. erw. fach.* (< *17. Jh., Bedeutung < 18. Jh.). Entlehnt zunächst aus l. *apportāre* ´herbeibringen´ in allgemeiner Bedeutung, dann angepaßt an das aus diesem entstandene frz. *apporter* als Ausdruck der Jägersprache für das Herbeitragen geschossenen Kleinwilds oder (beim Dressieren) geworfener Gegenstände durch den Hund.

Zur Sippe des zugrundeliegenden l. *portāre* ´tragen´ s. *transportieren*. − DF 1 (1913), 45.

Apposition *f. per. fach.* ´gleichgeordnete Ergänzung eines Substantivs´ (< 18. Jh.). Entlehnt aus ml. *appositio*, eigentlich ´Zusatz´, zu l. *appōnere (appositum)* ´hinstellen, dazusetzen´, aus l. *ad-* ´zu, an´ und l. *pōnere* ´legen, stellen, setzen´. Zu diesem s. *komponieren*.

Appretur *f. per. fach.* ´(Mittel zur) Bearbeitung von Geweben (zum Schutz vor Feuchtigkeit usw.)´ (< 18. Jh.). Entlehnt aus frz. *apprêt*, einer Ableitung von afrz. *aprester* ´vorbereiten, zubereiten´, zu l. *praestus* ´gegenwärtig, zur Hand´. Das Wort wird zunächst in der französischen Form entlehnt und dann mit einem Abstrakt-Suffix als Ableitung von *appretieren* verdeutlicht.

DF 1 (1913), 45 f.

approbieren *swV. per. fach.* ´bestätigen, anerkennen´ (< 15. Jh.). Entlehnt aus l. *approbāre* ´gutheißen, anerkennen´ zu l. *probāre* ´erproben, prüfen, untersuchen´ und l. *ad-* ´hin, zu´, zu l. *probus* ´gut, tüchtig, brav´. Heute vor allem in *approbiert* und *Approbation* im medizinischen Bereich.

S. *probieren, probat.* − *DF* 1 (1913), 46; *LM* 1 (1980), 810 f.

Aprikose *f.* (< 17. Jh.). Mit hyperkorrektem *-e* entlehnt aus ndl. *abrikoos,* dieses aus frz. *abricot m.* unter Einfluß der Lautform des Plurals, aus span. *albaricoque m.* und port. *albricoque,* aus arab. *albarqūq,* dieses aus gr. *prekókkion n.* (mit vielen Lautvarianten), das seinerseits übernommen ist aus l. *praecoquum n.,* einer Variante von l. *praecox* (Pl. *praecocia*) ´frühreif´, zu l. *coquere (coctum)* ´reifen, reifen lassen´. Die im 1. Jahrhundert aus China in Italien eingeführte Frucht war den einheimischen *Marillen* im Geschmack überlegen und wurde als *persica praecocia* ´frühreifer Pfirsich´ (Frucht, die früher reif ist als der Pfirsich) bezeichnet.

S. *kulinarisch, Biskuit.* − Littmann (1924), 81 f.; B. Hasselrot *SN* 13 (1941), 45−79; 226−252; *RGA* 1 (1973), 375; Lokotsch (1975), 20 f.; W. J. Jones *SN* 51 (1979), 249.

April *m.* (< 12. Jh.). Mhd. *aprille,* ahd. *abrello.* Das aus l. *Aprīlis (mensis)* entlehnte Wort verdrängte älteres ahd. *ōstarmānōd* ´Ostermonat´. Die Herkunft der lateinischen Monatsbezeichnung ist umstritten (vielleicht zu gr. *Aphrodite,* l. *Venus*).

S. P. Cortsen *Glotta* 26 (1938), 270−275; Lloyd/Springer 1 (1988), 26−28; Röhrich 1 (1991), 94 f.

apropos, à propos *Partikel, erw. fremd.* ´übrigens´ (< 17. Jh.). Entlehnt aus frz. *à propos* ´zur (behandelten) Sache, zum richtigen Zeitpunkt kommend´, dieses hypostasiert aus frz. *à* ´zu´ und frz. *propos* ´Zweck, Anlaß, Vorsatz´, einer postverbalen Ableitung von frz. *proposer* ´vornehmen, vorschlagen´, dies aus frz. *pro-* (s. *pro-*) und frz. *poser* ´stellen, legen´ gebildet nach l. *propōnere* (dass). In frz. *poser* scheinen sich spl. *pausare* ´ruhen´ und l. *pōnere (positum)* vermischt zu haben.

Zur Sippe von l. *pōnere* ´setzen, stellen´ s. *komponieren.* − *DF* 1 (1913), 46; Jones (1976), 542.

Aquamarin *m. per. fach.* (ein Edelstein) (< *16. Jh., Form < 18. Jh.). Neubildung nach dem Vorbild von frz. *aigue-marine f.* und it. *acquamarina f.* als l. *aqua marīna,* zurückgehend auf l. *aqua f.* ´Wasser´ und l. *marīnus* ´zum Meer gehörig´, zu l. *mare n.* ´Meer´. Der Edelstein ist somit nach seiner Farbe als ´Meerwasser´ bezeichnet. Zunächst entlehnt als *Aqua marina,* dann eingedeutscht. Zu den deutschen Entsprechungen der Bestandteile s. *Ach(e)* und *Meer.*

Lüschen (1979), 174.

Aquaplaning *n. per. fach.* ´unkontrolliertes Gleiten von Autos über stehendem Wasser auf Straßen´ (< 20. Jh.). Entlehnt aus ne. *aquaplaning,* das eigentlich ´Wasserski fahren´ bedeutet (zu ne. *to plane* ´gleiten´). S. *Ach(e)* und *Piano, Plan[1],* planieren.

K. F. Müller *SD* 16 (1972), 196; Carstensen 1 (1993), 47 f.

Aquarell *n. erw. fach.* ´mit Wasserfarben gemaltes Bild´ (< 18. Jh.). Entlehnt aus it. *acquarella f.* (und

frz. *aquarelle f.*), einer hypokoristischen Bildung im Anschluß an l. *aquārius* ´zum Wasser gehörig´, zu it. *acqua f.* ´Wasser´, das auf l. *aqua f.* zurückgeht. It. *acqua* steht hier für *colore dell' acqua* ´Wasserfarbe´.

Zur germanischen Verwandtschaft s. *Ach(e).* − *DF* 1 (1913), 47.

Aquarium *n.* (< 19. Jh.). Entlehnt aus ne. *aquarium,* einer neoklassischen Lokalableitung zu l. *aqua f.* ´Wasser´ (vgl. *Herbarium, Terrarium*).

Zur germanischen Verwandtschaft s. *Ach(e).* − *DF* 1 (1913), 47.

Äquator *m. erw. fach.* ´größter Breitenkreis auf der Erde´ (< 17. Jh.). Entlehnt aus l. *aequātor,* einem Nomen instrumenti zu l. *aequāre* ´gleichmachen´ mit l. *-tor,* weiter zu l. *aequus* ´gleich´. Es ist zunächst − im Mittellatein − ein Fachwort der mittelalterlichen Astronomie zur Bezeichnung des Himmelsäquators (d. h. [*circulus*] *aequātor diēi et noctis* ´Gleichmacher von Tag und Nacht´), so benannt, weil Tag und Nacht gleich lang sind, wenn die Sonne in dieser Position steht. Dann auch als geographischer Terminus verwendet für den Breitengrad der Erde, auf dem alle Punkte Tag- und Nachtgleichheit aufweisen.

Zur Sippe von l. *aequus* ´gleich´ s. *äqui-.* − *DF* 1 (1913), 47; *BlW* 2 (1984), 55−59, 69−75.

äqui- *LAff.* Kompositionsform von l. *aequus* ´gleich´, z. B. in *äquivalent.*

Zu der Sippe von l. *aequus* ´gleich´ gehört außerdem die Adjektiv-Ableitung *aequālis,* die über das Französische zu *egal* führt, und das abgeleitete Verb *aequāre,* das früh als *eichen* entlehnt wird und aus dessen PPP *adāquat* herzuleiten ist; *Äquator* ist ein Nomen agentis zu ihm. − Cottez (1980), 137.

äquivalent *Adj. per. fach.* ´gleichwertig´ (< 17. Jh.). Entlehnt aus frz. *équivalent* und relatinisiert nach ml. *aequivalens (-entis),* dieses aus l. *aequus* ´gleich´ und l. *valēns (-entis)* ´kräftig, vermögend´, zu l. *valēre* ´wert sein, bei Kräften sein´. Abstraktum: *Äquivalenz;* Konkretum: *Äquivalent.*

Zu den beiden Wortsippen s. *äqui-* und *Valenz.* − *DF* 1 (1913), 48; W. J. Jones *SN* 51 (1979), 257.

-ar[1], -är[1] *Suffix* zur Bildung von denominalen Zugehörigkeitsadjektiven, meist entlehnt (und international), aber frei verfügbar. Z. B. *illusionär, doktrinär; linear, alveolar.* Herkunft aus l. *-ārius,* die Form *-är* über dessen französischen Fortsetzer frz. *-aire.* Vgl. *Wortbildung* 3 (1978), 105 und die dort angegebenen Stellen.

-ar[2], -är[2] *Suffix* zur Bildung von Nomina agentis und Instrumentalbezeichnungen, immer entlehnt, aber meist ohne weiteres analysierbar. Z. B. *Bibliothekar, Revolutionär.* Herkunft aus l. *-ārius,* die Form *-är* über dessen französischen Fortsetzer frz. *-aire.* Vgl. *Wortbildung* 2 (1975), 396 f., 356. Das Suffix entspricht dem Lehnsuffix *-er.*

-ar[3] *Suffix* zur Bildung von kollektiven Sachbezeichnungen (*Glossar, Mobiliar*). Herkunft aus l. *-ārium*. Die Bildungen sind entlehnt, aber meist analysierbar. Vgl. *Wortbildung* 2 (1975), 177. Die lateinische Form *-ārium* in Wörtern wie *Instrumentarium* und in den Lokal-Ableitungen wie *Aquarium*.

Ar *n.* (auch *m.*) *per. fach.* (ein Flächenmaß) (< 19. Jh.). 1868 amtlich übernommen aus frz. *are* *f.*, das seinerseits auf l. *ārea* *f.* ´(freier) Platz´ zurückgeht. S. *Areal* und *Hektar*.

Ära *f. erw. fach.* ´Zeitabschnitt, Epoche´ (< 18. Jh.). Entlehnt aus spl. *aera*, ein als Singular aufgefaßter ursprünglicher Plural des Neutrums von l. *aes (-eris) n.* ´Erz, Bronze, Kupfer, Geld, Wert´ (mit Deklinationswechsel). Spl. *aera* bezeichnet zunächst den Posten in einer Rechnung; dann bekommt es in Spanien die Bedeutung ´Zeitpunkt, Zeitraum´ im Rahmen von Datenangaben. Daraus hat sich der Gebrauch verallgemeinert zu ´Epoche, Zeitabschnitt´ (z. B. *aera Hispanica*). Zur germanischen Verwandtschaft s. *ehern*.
DF 1 (1913), 48;*LM* 1 (1980), 833.

Arabeske *f. per. fach.* ´(phantastische) Verzierung´ (< 18. Jh.). Entlehnt aus frz. *arabesque*, zu dem Adjektiv frz. *arabesque* ´arabisch´. So benannt nach den Verzierungen, die denen des *Araber* nachgebildet sind, und die im wesentlichen aus vielfältig verschlungenen Laubwerkornamenten bestehen.
DF 1 (1913), 48 f.; Littmann (1924), 60; Lokotsch (1975), 8.

Arbeit *f.* (< 8. Jh.). Mhd. *arebeit*, ahd. *arabeit(i)*, as. *arƀed(i)* aus g. **arbaiþi-* *f.* ´Mühsal, Arbeit´, auch in gt. *arbaiþs*, anord. *erfiði*, ae. *earfoð*, afr. *arƀē(i)d*. Das Wort kann ein *ti*-Abstraktum zu einem Verb auf g. **-ǣ-ja-* sein (eine sonst nicht bezeugte Bildungsweise). Andererseits läßt sich das slavische Wort für Arbeit vergleichen: akslav. *rabota* ´Sklaverei, Knechtschaft u.ä.´, das deutlich zu akslav. *rabŭ m.* ´Knecht, Sklave´ gehört; hierzu vielleicht auch arm. *arbaneak* (< *ŗ*) ´Diener, Gehilfe´ (s. *Erbe m.* und *n.*). Denkbar ist g. **arb-ǣ-ja-* ´Waise sein, Diener sein´ und dazu als *ti*-Bildung g. **arb-ǣi-þi-* ´Mühsal, Arbeit´. Verb: **arbeiten**; Nomen agentis: **Arbeiter**; Adjektiv: **arbeitsam**, komponiertes Adjektiv: **arbeitslos**.
H. Geist *Luther-Jahrbuch* 1931, 83−113; H. Götz *ASAWL* 49 (1957), 119−125; G. Schneidewind *BGDSL-H* 81 (1959), 174−187; M. Krupp in *Europäische Schlüsselwörter* 2 (1964), 258−286; *HWPh* 1 (1971), 480−489; *Grundbegriffe* 1 (1972), 154−242; A. Barzel: *Der Begriff ´Arbeit´ in der Philosophie der Gegenwart* (Bern 1973); *RGA* 1 (1973), 383−386; N. Reiter *Zeitschrift für Balkanologie* 13 (1977), 125−142; V. Tranquilli: *Il concetto di lavoro da Aristotele a Calvino* (Milano 1979); K. Wiedemann: *Arbeit und Bürgertum* (Heidelberg 1979); *LM* 1 (1980), 869−883; R. R. Anderson, U. Goebel, O. Reichmann in *FS E. Stutz*. Hrsg. A. Ebenbauer (Wien 1984), 1−29; A. Krause in *Stellenwert und Bewältigung*. Hrsg. G. Brandt/I. Rösler

(Berlin 1988), 129−138; Lloyd/Springer 1 (1988), 313−318; Röhrich 1 (1991), 96 f.

arbiträr *Adj. per. fach.* ´nach Ermessen, willkürlich´ (< 19. Jh.). Entlehnt aus frz. *arbitraire*, dieses aus l. *arbitrārius*, zu l. *arbiter* ´Schiedsrichter, Beobachter, Mitwisser, Zeuge´. Das Adjektiv überträgt die eigentliche Bedeutung ´schiedsrichterlich´ auf ´Sachverhalte, die nicht von Natur aus in einer bestimmten Weise festgelegt sind, sondern einer Ermessensentscheidung bedürfen´; daraus dann ´beliebig, willkürlich´.
E. Coseriu *ASNSL* 204 (1967), 81−112; Brunt (1983), 135; *HWPh* 1 (1971), 491−493; *BlW* 2 (1984), 288−294.

-arch *LAff.* Das griechische Verb gr. *árchein* ´der erste sein, herrschen´ hat als Ableitung gr. *archós m.* ´Führer, Anführer´, in Komposita gr. *-archēs m.* und *-archía*, z. B. gr. *oligarchía* ´Herrschaft der Wenigen´, gr. *oligárchēs* ´einer der Herrscher einer Oligarchie´. Diese zweiten Bestandteile werden in neoklassischen Bildungen als *-arch m.* und *-archie f.* für Herrscher und Herrschaftsbezeichnungen produktiv. Die zugehörige Suffixform *-archat* (z. B. in *Patriarchat*) fügt an die Form des Maskulinums ein lateinisches Suffix (s. *-at*) und ist somit hybrid.
Zur Sippe des zugrundeliegenden gr. *árchein* ´führen´ s. *Anarchie*. − Cottez (1980), 32 f., 36.

archaisch *Adj. erw. fremd.* ´altertümlich´ (< 18. Jh.). Entlehnt aus spl. *archaicus*, dieses aus gr. *archaïkós*, abgeleitet von gr. *archaîos* ´alt´, einer Ableitung von gr. *arché* ´Ursprung´. Am frühesten bezeugt ist *Archaismus* ´altertümliches Wort´, dann das Adjektiv, das häufig speziell auf das griechische Altertum bezogen wird.
Zu Wortsippe des zugrundeliegenden gr. *árchein* ´führen´ s. *Anarchie*. − *DF* 1 (1913), 49; *HWPh* 1 (1971), 495−497.

Archäologie *f. erw. fach.* ´Altertumsforschung´ (< 18. Jh.). Entlehnt aus gr. *archaiología* ´Erzählungen aus der alten Geschichte´, zu gr. *archaîos* ´alt, ursprünglich´ und gr. *lógos m.* ´Kunde, Wissenschaft, Vernunft´.
Weiteres unter *Anarchie* und *-logie*. − *DF* 1 (1913), 49; Cottez (1980), 33.

Arche *f. erw. fach.* (< 9. Jh.). Mhd. *arche*, ahd. *arka, archa* ist wie gt. *arka*, anord. *ǫrk*, ae. *earc(e)*, afr. *erke* ´Kasten´ entlehnt aus l. *arca* ´Verschluß, Kasten´. In der Standardsprache nur noch als Bezeichnung für ´Noahs Kasten´ erhalten, mundartlich noch in anderer Bedeutung.
Das lateinische Wort gehört zu l. *arcēre* ´verschließen´. − Lloyd/Springer 1 (1988), 330 f. Zur Entlehnung in die finnisch-ugrischen Sprachen s. *LÄGLOS* (1991), 33 f.

archi- *Präfix* zur Präfigierung von Substantiven (und Adjektiven), wobei das Grundwort die Bedeutung ´haupt-, übergeordnet´ hinzugefügt wird (z. B. *Archidiakon* ´erster Diakon´). Es handelt sich um die Kompositionsform von gr. *archós* ´Führer´, die in Entlehnungen aus dem Griechischen (z. T. in lateinischer und romanischer Vermittlung) ins Deutsche übernommen und aus diesen als Präfix verselbständigt wird. In frühen deutschen Entlehnungen mit der Form *Erz-*.

Zur Sippe des zugrundeliegenden gr. *árchein* 'führen' s. *Anarchie*. − Cottez (1980), 32.

Archipel *m. per. fach.* (= eine größere Inselgruppe) (< *18. Jh., Form < 19. Jh.). Entlehnt aus it. *arcipelago*, zu it. *pelago* 'Gewässer' und *archi-*, aus l. *pelagus n.* 'Meer', aus gr. *pélagos n.*. Im Italienischen zunächst gebildet im Sinne von 'großes Gewässer' als Bezeichnung des ägäischen Meeres; dann verallgemeinert zu 'Gewässer mit vielen Inseln' (speziell die Inselwelt zwischen Griechenland und Kleinasien), schließlich 'Inselgruppe im Meer'. Zunächst **Archipelagus**, dann nach französischem Vorbild gekürzt zu *Archipel*. S. *archi-* und zum griechischen Grundwort *Anarchie*.

Architekt *m.* 'Baumeister' (< 16 Jh.). Entlehnt aus l. *architectus*, dieses aus gr. *architéktōn*, einer Zusammensetzung aus gr. *archi-* 'Erz-' und gr. *téktōn* 'Baumeister, Zimmermann', also eigentlich 'Oberbaumeister'. Zugehöriges Adjektiv **architektonisch** mit dem Abstraktum **Architektonik**; auf eine lateinische Hybridbildung geht das Konkretum **Architektur** zurück.

Zur Sippe des ersten Glieds s. *archi-* und *Anarchie*; zur Sippe des zweiten *Technik* für die griechische, *Text* für die lateinische und *Dechsel* für die germanische Verwandtschaft. − *DF* 1 (1913), 50; N. Pevsner *Speculum* 17 (1942), 549−562; *HWPh* 1 (1971), 502 f.; *LM* 1 (1980), 901.

Archiv *n. erw. fach.* 'Aufbewahrungsort für öffentliche Urkunden und Dokumente' (< 15. Jh.). Entlehnt aus ml. *archīvum*, dieses aus spl. *archīvum*, einer Nebenform von l. *archīum*, das auf gr. *archeîon* 'Amtsgebäude' zurückgeht, einem Nomen loci zu gr. *árchein* 'regieren, herrschen'. Eine Täterbezeichnung ist **Archivar**; Verb: **archivieren**.

Zur Sippe des griechischen Wortes s. *Anarchie*. − *DF* 1 (1913), 49; *LM* 1 (1980), 907.

Areal *n. erw. fremd.* (< 18. Jh.). Entlehnt aus dem Adjektiv ml. *arealis* 'zur Fläche gehörig', zu l. *ārea* 'Fläche'. S. auch *Ar*.

Arena *f. erw. fach.* 'Kampfplatz (im Amphitheater)' (< 18. Jh.). Entlehnt aus it. *arena* und l. *arēna*, einer Nebenform von l. *harēna* 'Sand, Sandplatz'. Der Platz für die Kämpfe war mit Sand bestreut.

DF 1 (1913), 49 f.

arg *Adj.* (< 8. Jh.). Mhd. *arc*, ahd. *ar(a)g* aus g. **arga-* *Adj.* 'feig'; das Wort gilt in alter Zeit als schlimmes Schimpfwort und hat ersichtlich eine sexuelle Nebenbedeutung, vermutlich 'beim homosexuellen Geschlechtsverkehr die passive Rolle spielend'. Bezeugt in anord. *argr* und *ragr* (mit tabuisierender Metathese), ae. *earg*, afr. *erg*. Herkunft dunkel. Ein Zusammenhang mit dem indogermanischen Wort **orgʰi-* 'Hode' (gr. *órchis* usw.) ist

wahrscheinlich, vgl. etwa gr. *énorchis* 'unverschnitten', lit. *eržùs* 'lüstern, geil'. Die Einzelheiten bleiben aber unklar. Komposita: **Arglist**, **arglos**; Präfixableitung: **verargen**.

Nndl. *erg*, nschw. *arg*, nisl. *argur* 'schlecht', *ragur* 'feig'. S. *ärgern*. − Y. Arbeitman *Maledicta* 1 (1980), 76−78; P. M. Sørensen: *The Unmanly Man* (Odense 1983), besonders Kapitel 2; J. Puhvel in: *FS Risch* (1986), 154 f.; K. E. Gade *Scandinavian Studies* 58 (1986), 124−141; Lloyd/Springer 1 (1988), 321−324; Heidermanns (1993), 102 f. Zur Entlehnung in die finnisch-ugrischen Sprachen s. *LÄGLOS* (1991), 32 f.

ärgern *swV.* (< 11. Jh.). Mhd. *ergern*, ahd. *argerōn*. Formal vom Komparativ zu *arg* abgeleitetes Verb, also eigentlich 'schlechter machen'. Eine genauere Bedeutungsanalyse steht noch aus. Abstraktum: **Ärger**; Adjektiv: **ärgerlich**; Konkretum: **Ärgernis**.

Argument *n. erw. fach.* 'Beweisgrund' (< 15. Jh.). Entlehnt aus l. *argūmentum*, einer Ableitung von l. *arguere* 'beweisen, erhellen'. Verb: **argumentieren**; Abstraktum: **Argumentation**.

DF 1 (1913), 50; *BlW* 2 (1984), 298−302.

Argusaugen *Pl. bildg.* 'scharfe Augen' (< 17. Jh.). *Argos* (l. *Argus*) war der Name des Riesen, der hundert Augen hatte und von der Göttin Hera als Bewacher der Jo, einer Geliebten des Zeus, eingesetzt wurde.

DF 1 (1913), 50.

Argwohn *m. stil.* (< 12. Jh.). Mhd. *arcwān*, ahd. *argwān*. Zusammengerückt aus *arg* und *wān* (noch im 13. Jh. auch *arger wān*). Die Entwicklung zu *ō* ist in den meisten Mundarten üblich. In dieser Zusammensetzung hat das Wort *Wahn* seine alte Bedeutung 'Vermutung' bewahrt. Verb: **argwöhnen**; Adjektiv: **argwöhnisch**.

Ariadnefaden *m. bildg.* 'Lösungsweg' (< 18. Jh.). Nach der griechischen Mythologie gibt *Ariadne*, die Tochter des kretischen Königs Minos, dem athenischen Prinzen Theseus ein Knäuel, das er beim Gang durch das Labyrinth des Minotaurus abrollen läßt, um nach dessen Bezwingung an diesem 'Leitfaden' den rettenden Ausgang wiederzufinden.

Röhrich 2 (1992), 957 s. v. *Leitfaden*.

Arie *f. erw. fach.* '(Opern)Lied' (< 17. Jh.). Entlehnt aus it. *aria* 'Lied, Melodie', dieses zu afrz. *aire* 'Art und Weise', wobei das Wort eine 'Art zu singen' bezeichnet (vgl. d. *Weise* 'Art', *Gesangsweise* und *Weise* 'Melodie'). Die Verengung zur heutigen Bedeutung 'Opernlied' vollzieht sich im 18. Jh. durch die eingeschränkte Verwendung im Zusammenhang der von italienischen Vorbildern geprägten Oper. Sekundär wurde das Wort auf l. *āēr m.* 'Luft' bezogen und als 'durch die Luft Getragenes' verstanden.

DF 1 (1913), 50; Eggebrecht (1955), 114, 127 f.

Aristokratie *m. erw. fach.* 'Adelsherrschaft' (< 16. Jh.). Entlehnt aus frz. *aristocratie f.* 'Adelsherrschaft', dieses aus l. *aristocratia f.*, aus gr. *aristokratía f.*, einem Abstraktum zu einem Kompositum aus gr. *áristos* 'Tüchtigster', dem suppletiven Superlativ zu gr. *agathós* 'tüchtig, trefflich', und gr. *krátos* 'Macht, Gewalt'. Im Griechischen bezeichnet das Wort die 'Herrschaft der Vornehmsten' — in bewußter Scheidung von der Monarchie einerseits und der Demokratie andererseits. Da aber Adel gleichgesetzt wird mit der sittlich-moralischen Qualifikation des Edlen, kommt es zu der Gleichsetzung von Qualifikation und Abstammung, die das neuzeitliche Wortverständnis prägt. Das Adjektiv **aristokratisch** wird auch übertragen gebraucht. Täterbezeichnung: **Aristokrat**.

Zum Hinterglied s. *Demokratie*; vgl. *Adel.* — *DF* 1 (1913), 50; *HWPh* 1 (1971), 505—508; Cottez (1980), 35 f.; A. Huber in: *Typenbegriffe* 5 (1981), 78—107.

Arithmetik *f. erw. fach.* 'Rechenkunst' (< 16. Jh.). Entlehnt aus l. *arithmētica*, dieses aus gr. *arithmētikḗ (téchnē)*, zu gr. *arithmētikós* 'was das Rechnen betrifft', zu gr. *arithmeîn* 'rechnen, zählen', abgeleitet von gr. *arithmós m.* 'Zahl'. Adjektiv: **arithmetisch**.

S. *Logarithmus.* — Schirmer (1912), 6; *HWPh* 1 (1971), 515 f.; Cottez (1980), 36.

-arium *Suffix* zur Bildung von Ortsbezeichnungen, vornehmlich zur Charakterisierung von künstlich geschaffenen Anlagen (z. B. *Planetarium* 'Beobachtungsstation für Himmelskörper'). Es wird hauptsächlich in neoklassischen Bildungen verwendet und geht auf das lateinische Lokalsuffix *-ārium* zurück.

S. *-ar³.* — Cottez (1980), 36.

Arkade *f. per. fach.* 'Bogen', meist *Pl.* 'Bogengang (usw.)' (< 17. Jh.). Entlehnt aus frz. *arcade* (zunächst in der Bedeutung 'Laubengang' in der Gartentechnik, dann als 'Bogengang' in der Architektur), dieses aus it. *arcata* (abgeleitet von it. *arco m.* 'Bogen') und ml. *arc(u)atum n.*, beide aus l. *arcus m.* 'Bogen'.

S. *Armbrust, Erker* und *Arkebusier.* Ersatzwort ist *Bogengang.* — *DF* 1 (1913), 50 f.; Jones (1976), 106 f.; Brunt (1983), 136.

Arkadien *n. per. fach.* 'idyllisches Land' (< 18. Jh.). Die gr. *Arkadía* genannte Landschaft inmitten der Peloponnes galt schon den Griechen als Ort des einfachen Lebens (und als Heimat des Hirtengottes Pan). Bei den Römern (Vergil, Ovid) wurde Arkadien zum Land der wirklich unverdorbenen, paradiesischen Natur und Lebensart idealisiert. Diese Idealisierung wird zu verschiedenen Zeiten mit verschiedenen Funktionen aufgenommen, schließlich auch unter dem Einfluß Rousseaus als Idealbild der Zivilisationskritik. Obwohl in der Regel wie ein Ortsname gebraucht, hat das Wort teilweise appellativischen Charakter angenommen; entsprechend das Adjektiv **arkadisch**.

HWPh 1 (1971), 518—520; Röhrich 1 (1991), 97 f.

Arkebusier *m. arch.* 'Hakenbüchsen-Schütze' (< 16. Jh.). Entlehnt aus frz. *arquebusier*, zu frz. *arquebuse f.* 'Hakenbüchse'.

Das französische Wort vermutlich aus nndl. *haakbus* unter volksetymologischer Anlehnung an l. *arcus* 'Bogen'. Die Hakenbüchse hieß so, weil sie beim Schießen auf eine Hakenstange (als Stütze) aufgelegt wurde. — *LM* 1 (1980), 952.

arktisch *Adj. erw. fach.* 'zur Arktis gehörig, kalt' (< 18. Jh.). Entlehnt aus l. *arcticus* 'nördlich', aus gr. *arktikós*, eigentlich 'zum (Sternbild des) Bären gehörig' (zu gr. *árktos m.* 'Bär, Sternbild des [Großen] Bären'). Dazu die Kunstbildung **Arktis** (ebenso **Antarktis** und **antarktisch**). Die Wörter werden im wesentlichen als Namen und Herkunftsadjektive gebraucht.

A. Scherer: *Gestirnnamen bei den indogermanischen Völkern* (Heidelberg 1953), 131—134.

Arl *f. arch.* 'Hakenpflug' (< 13. Jh.). Mhd. *arl.* Entlehnt aus einer slawischen Sprache (urslav. **ordlo*, vgl. sloven. *rálo*, čech. *rádlo*). Die zugehörige Pflugschar heißt *ärling*, was wohl ebenfalls entlehnt ist (früh-slav. **ordlĭnikŭ*, vgl. allgemein südslav. *ralnik*).

H. Koren: *Pflug und Arl* (Salzburg 1950); P. Wiesinger in: Beumann/Schröder (1985), 164—170; *Bayerisch-Österreichisches Wörterbuch. Bd. I Österreich* (Wien 1963 ff.), I, 328 f.

Arlesbaum *m. arch.* 'Mehlbeerbaum' (< 12. Jh.). Mhd. *arlizboum*, ahd. *erlizboum*. Herkunft unklar. Vielleicht eine Weiterbildung zu dem Wort für Erle, da die Blätter der beiden Bäume sich ähnlich sind.

Arm *m.* (< 8. Jh.). Mhd. *arm*, ahd. *ar(a)m*, as. *arm* aus g. **arma- m.* 'Arm', auch in gt. *arms*, anord. *armr*, ae. *earm*, afr. *erm*. Dieses aus einem indogermanischen Wort für 'Schultergelenk, Arm', das in zwei Ablautformen **arə-mo-* und **r̥ə-mo-* auftritt. Ersteres in l. *armus* 'Oberarm, Schulterblatt', akslav. *ramo* 'Schulter'; letzteres in ai. *īrmá-* 'Arm', apreuß. *irmo f.* 'Arm'. Ableitung von der Verbalwurzel ig. **arə-* 'fügen' in gr. *arariskein* 'zusammenfügen' und Ableitungen in anderen Sprachen. Grundbedeutung von *Arm* ist also 'Gelenk' oder 'Körperteil bei dem Gelenk'. Vermutlich gleicher Herkunft ist l. *arma n. Pl.* 'Waffen' (s. *Armee*), l. *ars f.* 'Kunst' (s. *Artist*) und l. *artus m.* 'Gelenk' (s. *Artikel*). Präfixableitung: **umarmen**.

Nndl. *arm*, ne. *arm*, nschw. *arm*, nisl. *armur*. S. auch *Ärmel, Art¹, Reim, rituell.* — E. P. Hamp *JIES* 10 (1982), 187—189; Lloyd/Springer 1 (1988), 331—333; Röhrich 1 (1991), 99 f.

arm *Adj.* (< 8. Jh.). Mhd. *arm*, ahd. *ar(a)m*, as. *arm* aus g. **arma- Adj.* 'vereinsamt, unglücklich' (im Gegensatz zu *heil*), auch in gt. *arms*, anord. *armr*, ae. *earm*, afr. *erm*. Herkunft unsicher. Nach einer Annahme gehört das Wort zu ig. **er(ə)-* 'auflösen' in lit. *ìrti* 'sich auflösen, trennen, in Trümmer gehen', akslav. *oriti* 'auflösen', ai. *r̥té* 'ohne'. Morphologisch vergleichbar ist vielleicht ai. *árma-* 'Ruinenstätte' (im Gegensatz zum intakten Dorf); doch wird dies neuerdings auf eine Bedeutung 'Brunnen' und eine Lautform *al- zurückgeführt. Semantisch nach wie vor ansprechend ist die Anknüpfung an ig. (eur.) *orbho- 'zurückgelassen, verwaist, elend' (s. *Erbe m.* und *n.*, *Arbeit*). Das germanische Wort könnte auf *orbh-mno- mit Assimilation von -bhm- zu -mm- zurückgehen; gr. *orphanós* 'verwaist' auf *orbhmno- (die Zugehörigkeit von anord. *aumr* − s. Lloyd-Springer − braucht dabei nicht vorausgesetzt zu werden). Modifikationen: ***ärmlich, armselig***; Präfixableitung: ***verarmen***. Nndl. *arm*, nschw. *arm*. S. *Armut*. − J. Weisweiler *IF* 41 (1923), 304−329; A. P. Wirth: *Vor- und Frühgeschichte des Wortes 'arm'* (Diss. Freiburg 1966); H. Beck/K. Strunk in: *FS Eggers* (1972), 18−41; *RGA* 1 (1973), 413−417; N. Boretzky *Zeitschrift für Balkanologie* 13 (1977), 9−19; N. Reiter, ebda. 125−142; Lloyd/Springer 1 (1988), 333−335; Röhrich 1 (1991), 98 f.; Heidermanns (1993), 104 f. Zu ai. *árma-*: *EWAia* I, 120. Zum Gebrauch als Suffixoid: S. Olsen in: *FS Frank Banta*. Ed. F. Gentry (Göppingen 1988), 75−97. − Zur Entlehnung in die finnischugrischen Sprachen s. *LÄGLOS* (1991), 35 f.; J. Koivulehto (1991), 26.

Armada *f. per. fach.* 'Kriegsflotte; große Zahl' (< 16. Jh.). Entlehnt aus span. *armada* 'Kriegsflotte, Kriegsheer', zu l. *armātus* 'bewaffnet', dem PPP. von l. *armāre* 'ausrüsten, bewaffnen', zu l. *arma n.* 'Gerätschaften, Waffen'. Allgemein bekannt geworden als Bezeichnung der von Philipp II. gegen England ausgesandten Flotte. Zur Sippe von l. *arma* 'Waffen' s. *Armee*. − Wis (1955), 93 f.

Armatur *f. erw. fach.* 'Bedienungstafel, Ausrüstung' (< 16. Jh.). Entlehnt aus it. *armatura* und l. *armātūra* 'Ausrüstung, (Bewaffnung)', einem Kollektivum zu l. *armātus* 'ausgestattet, bewaffnet', dem PPP. von l. *armāre* 'ausrüsten, bewaffnen', zu l. *arma n.* 'Gerätschaften, Waffen'. Zur Sippe von l. *arma* 'Waffen, Gerätschaften' s. *Armee*.

Armbrust *f. obs.* (< 12. Jh.). Mhd. *ar(m)brust*, *ar(m)brost n.* ist entlehnt aus afrz. *arbaleste*. Dieses kommt aus l. *arcuballista* 'Bogenschleuder' (zu l. *arcus m.* 'Bogen' und l. *ballista* 'Schleudermaschine', das aus einer Ableitung von gr. *bállein* 'werfen, schleudern' entlehnt ist). Das zweite Glied des deutschen Wortes wird zuerst auf mhd. *berust*, *berost n.* (Kollektivum zu *rüsten*) und erst sekundär (nachdem dieses Wort ungebräuchlich wurde) auf *Brust* (daher das Femininum) bezogen. Zum Erstglied s. *Arkade, Arkebusier* und *Erker*; zur Sippe des Zweitglieds s. *Symbol*. − *LM* 1 (1980), 965−969; H. Schwarz in: Trier (1981), 21 Anm. 13; R. Hiersche *BN* 18 (1983), 262 Anm. 15; Lloyd/Springer 1 (1988), 336 f.

Armee *f.* (< 16. Jh.). Entlehnt aus frz. *armée*, Partizip des Perfekts (f.) zu frz. *armer* 'bewaffnen',

dieses aus l. *armāre*, zu l. *arma n.* 'Gerätschaften, Waffen'.

Von l. *arma* 'Waffen, Gerätschaften' findet sich ein italienischer Nachfolger verbaut in *Alarm*, wozu auch *Lärm*; ein französischer Nachfolger ist verbaut in *Gendarm*. Das Verb *armāre* 'bewaffnen, ausrüsten' ist entlehnt in *armieren*, sein PPP. über das Spanische in *Armada*, über das Französische in *Armee*; eine Kollektivbildung dazu in *Armatur*; eine Ortsbezeichnung in *Almer*. Zur germanischen Verwandtschaft s. *Arm*, wo auch die entfernteren lateinischen Verwandten genannt sind. − *DF* 1 (1913), 51; Jones (1976), 107 f.; Röhrich 1 (1991), 100 f.

Ärmel *m.* (< 10. Jh.). Mhd. *ermel*, ahd. *armilo* ist wie ae. *earmella* eine Zugehörigkeitsbildung zu *Arm* in der Form eines Diminutivs. Grundbedeutung also 'das, was zum Arm gehört' (vgl. *Eichel* zu *Eiche*). Röhrich 1 (1991), 101 f.

armieren *swV. per. fach.* 'mit Waffen / mit einer Ummantelung / mit Stahl versehen' (< 18. Jh.). Entlehnt aus frz. *armer*, das auf l. *armāre* zurückgeht. Zu l. *arma n. Pl.* 'Waffen, Gerätschaften', also 'mit Waffen oder Gerätschaften versehen, ausrüsten'. Zur Sippe des Wortes s. *Armee*.

Armleuchter *m.* 'Leuchter mit mehreren Armen' (< *18. Jh., Bedeutung < 20. Jh.). Das Wort wird in der Gegenwartssprache als Schimpfwort gebraucht, ursprünglich verhüllend für *Arschloch* (wegen der gleichen Anfangsbuchstaben der Kompositionsglieder). Vgl. ne. *shaving cream, sugar, shoot* usw. für *shit*. *Maledicta* 3 (1979), 195.

Armut *f.* (< 8. Jh.). Mhd. *armuot(e)*, ahd. *armuoti*, *armuotī n./f.*, as. *armōdi*. Altes Abstraktum zu *arm* mit unklarem Suffix. S. *arm*. − Lloyd/Springer 1 (1988), 338−340.

Arnika *f. per. fach.* (eine Heilpflanze) (< 14. Jh.). Eine latinisierende Bildung unbekannter Herkunft. Entstellt aus gr. *ptarmikḗ* 'Nieswurz'? Marzell 1 (1943), 406; *LM* 1 (1980), 999.

Aroma *n.* (< 18. Jh.). Entlehnt aus l. *arōma* 'Gewürz', dieses aus gr. *árōma*, dessen Herkunft ungeklärt ist. *Aromata* 'Duftkräuter, Spezereien' ist eine schon wesentlich frühere Entlehnung aus dem Plural des Wortes − heute nicht mehr üblich. Adjektiv ***aromatisch***. *DF* 1 (1913), 51; H.-W. Schütt in: *Begriffswandel und Erkenntnisfortschritt*. Hrsg. F. Rapp/H.-W. Schütt (Berlin 1987), 255−272.

Arrak *m. per. fach.* 'Branntwein aus Reis oder Melasse' (< 17. Jh.). Entlehnt aus frz. *arak*, dieses über das Spanische aus arab. *'araq* 'Dattelschnaps', eigentlich *'araq at-tamr* 'Schweiß der Dattelpalme'. Littmann (1924), 81, 84 f.; Lokotsch (1975), 9.

arrangieren *swV. erw. fremd.* 'in Ordnung bringen, einrichten' (< 18. Jh.). Entlehnt aus frz. *ar-*

ranger, zu frz. *ranger* ´reihen` und *ad-*. Abstraktum: ***Arrangement***.

Das französische Verb ist eine Ableitung von afrz. *renc* ´bestimmte Reihe, Platz`, dieses aus andfrk. *\*(h)ring* ´Kreis, Versammlung`; also ´an seinen Platz bringen, einreihen`. S. *Rang, rangieren*; zur germanischen Verwandtschaft s. *Ring*. − Schirmer (1911), 15 f. Zu *rangieren* s. Brunt (1983), 442; *HWPh* 1 (1971), 520 f.

Arrest *m.* (< 15. Jh.). Entlehnt aus afrz. *arrest* ´Beschlagnahme, Festhalten, (später) Haftbefehl, Verhaftung`, das eine postverbale Bildung zu afrz. *arrester* ist (entsprechend früher im Deutschen bezeugt: fnhd. *arrestieren* [14. Jh.]). Das französische Wort aus l. *restāre* ´zurückbleiben, stillstehen` und l. *ad-* ´hin, zu`, zu l. *stāre (statum)* ´stehen` und l. *re-*. Eine jüngere Entlehnung des französischen Verbs führt zu **arretieren** (das auch in technischer Bedeutung ´blockieren` verwendet wird).

Zur Sippe des zugrundeliegenden l. *stāre* ´stehen` s. *Distanz*; zur germanischen Verwandtschaft s. *stehen*. − Schirmer (1911), 16; *DF* 1 (1913), 51 f.

arrivieren *swV. erw. fremd.* ´vorwärtskommen` (< 16. Jh.) Entlehnt aus frz. *arriver*, das über späte lateinische Formen *(\*adripare)* zurückgeht auf eine Präfixableitung zu l. *rīpa* ´Ufer` und l. *ad-* ´hin, zu`. In neuerer Zeit ist besonders das Partizip **arriviert** ´erfolgreich, angesehen` gebräuchlich.

S. *Revier*. − Jones (1976), 112.

arrogant *Adj.* ´überheblich` (< 18. Jh.). Entlehnt aus frz. *arrogant*, dieses aus l. *arrogāns (-tis)*, dem PPräs. von l. *arrogāre* ´etwas für sich beanspruchen`, also eigentlich ´anspruchsvoll, anmaßend`; zu l. *rogāre* ´fragen` und l. *ad* ´hin, zu`. Das Abstraktum *Arroganz* ist etwas früher (16. Jh.) aus dem Lateinischen entlehnt.

L. *rogāre* gehört letztlich zu l. *regere* ´richten`; zu l. *rogāre* s. *interrogativ, Surrogat*; zu l. *regere* s. *regieren*. − *DF* 1 (1913), 52 f.

Arsch *m. vulg.* (< 11. Jh.). Mhd. *ars*, ahd. *ars (-belli)*, as. *ars(-belli)* aus g. **arsa- m.* ´Arsch`, auch in anord. *ars* und mit tabuisierender Metathese *rass*, ae. *ears*; dieses aus ig. *\*orso- m.* ´Hinterteil`, auch in heth. *arra-* (lautlich unklar), gr. *órros*, arm. *oṙ* gleicher Bedeutung, wozu als **orsā* gr. *ourá* *f.*, air. *err* (mit wohl sekundärer *e*-Stufe) ´Schwanz` (air. auch ´hinterer Teil`) gehört. Vermutlich eine Weiterbildung zu (ig.) **oros- n.* ´Kuppe, Anhöhe` in gr. *óros n.* ´Anhöhe, Berg`. Das Wort war offenbar zunächst ein Hüllwort für ein zu erschließendes älteres ig. **gʰedos n.*, Verbalabstraktum zu ig. **gʰed-* ´scheißen`.

Nndl. *aars*, ne. *arse*, nschw. *arsel*, nisl. *rass*. S. auch *Mastdarm, verarschen*. − Lloyd/Springer 1 (1988), 345 f.; Röhrich 1 (1991), 102−106; K. Strunk in *Früh-, Mittel-, Spätindogermanisch*. Hrsg. G. E. Dunkel u. a. (Wiesbaden 1994), 382−384.

Arsen *n. erw. fach.* (ein Gift, ein Halbmetall) (< *15. Jh., Form < 19. Jh.). Als **Arsenik** entlehnt

aus spl. *arsenicum*, das auf gr. *arsenikón (arrenikón)* zurückgeht. Bezeichnet wird damit im Deutschen zunächst das weiße Arsenik, während die gelben und roten Schwefelverbindungen **Realgar** (s. *Rauschgelb*) und **Auri(pi)gment** genannt werden. Das daraus zu isolierende Metall (dessen Natur lange umstritten war und erst seit dem späten 18. Jh. feststeht) wird meist mit dem lateinischen Wort *arsenicum* benannt; in etymologischen Spekulationen wird auch die Form *arsenum* gebraucht (18. Jh.). Im 19. Jh. festigt sich die Terminologie zu **Arsen** (ein Metall) und **Arsenik** (Oxyde dieses Metalls); doch wird in bezug auf die Verwendung als Gift *Arsen* auch für die Verbindungen des Metalls gebraucht.

Das griechische Wort stammt letztlich aus mpers. **zarnīk* ´goldfarben` nach der gelben Farbe der Schwefelverbindungen; die lautliche Umgestaltung zu gr. *arsenikós* ´männlich` ist unklar − für eine Sekundärmotivation sind weder die Lautformen noch die Bedeutungen einander nahe genug. Vielleicht hat eine Verwechslung mitgespielt (mpers. *zarmān* ´der Alte`?). − Goltz (1972), 158−160, 239−242; Lüschen (1979), 175; *LM* 1 (1980), 1051 f.

Arsenal *n. erw. fach.* ´Sammlung, Lager` (< 15. Jh.). Entlehnt aus it. *arsenale m.* ´Zeughaus`, dieses aus arab. *dār aṣ-ṣinā'a* ´Fabrik, Werft`, zu arab. *dār* ´Haus` und arab. *ṣinā'a* ´Kunst, Beruf, Gewerbe`.

Ersatzwort für die ursprüngliche Bedeutung ist *Zeughaus*. − *DF* 1 (1913), 53; Littmann (1924), 88; Wis (1955), 95 f.; Lokotsch (1975), 40; *LM* 1 (1980), 1052 f.

Art[1] *f.* (< 12. Jh.). Mhd. *art m./f.*, mndd. *art f.* ´angeborene Eigentümlichkeit, Natur, Herkunft, Art und Weise`. Das Wort kann altererbt sein, doch ist auffällig, daß es in früherer Zeit unbelegt ist und erst später allgemein verbreitet wird. Falls es alt ist, ist im germanischen Bereich zu vergleichen ae. *eard* (ebenfalls selten), mndl. *aert* ´Lage, Art`, anord. *einarðr* ´einfach, aufrichtig` (´von einfacher Art`); außergermanisch ist am ehesten ein Wurzelnomen **ar(ə)t-* ´Fügung` (zu dem unter *Arm* behandelten *\*arə-* ´fügen`) anzusetzen, das auch in anderen Sprachen nur in Relikten und Weiterbildungen vergleichbar ist: gr. *árti* ´gerade, eben`, gr. *ártios* ´angemessen, richtig, bereit`, gr. *artízein* ´ordnen, einrichten`; arm. *ard* ´soeben, jetzt`; lit. *artùs* ´nahe` u. a. Ein Anschluß an *Art*[2] ist aber nicht ausgeschlossen (vgl. ahd. *artōn* ´wohnen`?). Vermutlich eine Zusammenbildung ist **abartig**; vermutlich eine Präfixableitung **entarten**; Partikelableitungen: **ab-, ausarten**.

Nndl. *aard*. S. *Arm* (dort Verweise auf die Sippe), *artig*. − *HWPh* 1 (1971), 525−531; *LM* 1 (1980), 1055 f.; Röhrich 1 (1991), 106.

Art[2] *f. arch.* (in Zusammensetzungen wie *Artakker, Artzaun* usw.) (< 12. Jh.). Mhd. *art* ´das Ackern, Ackerbau` aus g. *\*arði- f.* ´das Ackern`, auch in anord. *ǫrð*, ae. *eard* (auch ´Aufenthaltsort, Heimat` usw.). ti-Abstraktum zu dem alten Verbum für ´pflügen` g. *ar-ja-in gt. *arjan*, ahd. *erren*; aus ig. (eur.) *arə- in l. *arāre*, mir. *airid*, lit. *árti*, akslav. *orati*, gr. *aroūn*.

Seebold (1970), 81−83; Lloyd/Springer 1 (1988), 347−349.

Art[3] *f. per. fach. phras.* (in Wendungen wie *Pop Art*) ´Kunst` (< 20. Jh.). Entlehnt als Bestandteil (amerikanisch) englischer Bezeichnungen wie ne. *Pop Art* (aus *popular art* ´volkstümliche Kunst`, vielleicht mit bewußter Anspielung auf ne. *pop* ´Knall, Knüller`). Diese Bezeichnungsweise ist im (amerikanischen) Englischen sehr beliebt und hat auch kontinentale Nachahmer, so daß sie als Internationalismus aufgefaßt werden kann.

Für die nähere Verwandtschaft s. *Artist*; für die Gesamtsippe s. *Arm*. − *Brisante Wörter* (1989), 577−583; Carstensen 1 (1993), 49 f. Zum lateinischen Grundwort vgl. *BlW* 2 (1984), 302−315.

Arterie *f. erw. fach.* ´Schlagader` (< 15. Jh.). Entlehnt aus l. *artēria*, dieses aus gr. *artēría*, einer Ableitung von gr. *(syn)aeírein* ´anbinden, aufhängen` (aus *aertēr- vereinfacht); also ´Aufhängung`, konkret ´am Kopf hängender Schlauch`, dann verallgemeinert. Aus der gleichen Grundlage *Aorta*.

DF 1 (1913), 53.

artig *Adj.* (< 13. Jh.). Mhd. zunächst mit Umlaut *ertec* (verneint *unartec, unertec*), zu *Art*[1], also eigentlich ´von (guter) Art` (zur Bedeutung vgl. etwa *typisch* zu *Typ*). Dann in verschiedenen (positiven) Bedeutungen gebraucht; heute auf wenige Sonderfälle beschränkt und bereits etwas altertümlich. Bildungen wie *bösartig* sind Zusammenbildungen *(von böser Art)*.

W. Mitzka *ZDS* 26 (1970), 1−8. [Herangezogen wurde die Magisterarbeit von R. M. Gartmeier].

Artikel *m.* ´Warengattung, Aufsatz, Geschlechtswort` (< 13. Jh.). Entlehnt aus l. *articulus* ´Glied, Abschnitt`, einem Diminutivum zu l. *artus* ´Gelenk, Glied`. Das Wort wird zunächst in die Kanzleisprache entlehnt als ´Abschnitt eines Vertrags`, das sich dann auch zu ´Posten einer Warenrechnung` entwickelt, wozu Ende des 17. Jhs. aus frz. *article* die Bedeutung ´Handelsgegenstand, Ware` übernommen wird. Im 17. Jh. schließlich erscheint es als Terminus der Sprachbeschreibung (der *Artikel* als Gelenkstück syntaktischer Fügungen; das lateinische Wort ist Lehnbedeutung nach gr. *árthron*, das bei den Stoikern zunächst verschiedene Pronomina bezeichnet und dann auf unterschiedliche Weise festgelegt wird. Die heutige Bedeutung zuerst bei Diogenes Babylonius). Das abgeleitete Verb *artikulieren* hat die ursprüngliche Bedeutung bewahrt.

Zur germanischen Verwandtschaft s. *Arm*, wo auch die entferntere lateinische Verwandtschaft genannt wird. Ersatzwort für den grammatischen Terminus ist *Geschlechtswort*. − Schirmer (1911), 16; *DF* 1 (1913), 53.

artikulieren *swV. erw. fach.* ´(sorgfältig) aussprechen` (< 16. Jh.). Entlehnt aus l. *articulāre* (eigent-lich ´gliedern`), einer Ableitung von l. *articulus* ´Abschnitt, Teil, Glied` (s. *Artikel*). Abstraktum: **Artikulation**.

K.-H. Weimann *DWEB* 2 (1963), 387; *HWPh* 1 (1971), 535 f.

Artillerie *f. erw. fach.* ´Geschütze, Truppengattung` (< 17. Jh.). Entlehnt aus frz. *artillerie* ´Geschütz`, einer Ableitung von afrz. *artill(i)er* ´mit Gerätschaft ausrüsten`, dessen Herkunft nicht ganz sicher geklärt ist. Täterbezeichnung: **Artillerist**.

Am ehesten stammt das französische Verb aus einem vorrom. *apticulare zu l. *adaptāre* ´anpassen` oder aus vorrom. *articulāre* (s. *artikulieren*) im Sinn von ´einteilen, zuteilen`. − *DF* 1 (1913), 53; W. Horn *ASNSL* 182 (1943), 51; Jones (1976), 112−114; *DEO* (1982), 51; *LM* 1 (1980), 1071.

Artischocke *f. erw. exot.* (eine eßbare Pflanze) (< 16. Jh.). Entlehnt aus (nord)it. *articiocco m.*, dieses aus aspan. *alcarchofa*, aus span.-arab. *al-ḫaršūfa*, vulgäre Nebenform zu arab. *al-ḫuršūfa*. Teilweise eingedeutscht zu **Erdschocke**.

Littmann (1924), 81, 84; Wis (1955), 96; Lokotsch (1975), 66.

Artist *m. erw. fach.* ´Künstler (der Geschicklichkeitsübungen vorführt)` (< *15. Jh., Bedeutung < 19. Jh.). Entlehnt aus ml. *artista*, dieses eine Täterbezeichnung zu l. *ars (artis) f.* ´Kunst, Wissenschaft, Geschicklichkeit`. Das Wort bezeichnete im Deutschen zunächst den Angehörigen der Fakultät der Freien Künste (also den Philosophischen Fakultät), dann den Künstler. Im 19. Jh. entsteht im Zusammenhang mit Varietés unter Einfluß von frz. *artiste* die heutige speziellere Bedeutung. Die Einschränkung auf diese ist nur deutsch; in der weiteren Bedeutung ist das Wort ein Internationalismus. Adjektiv: **artistisch**.

S. *Art*[3], für die germanische Verwandtschaft und die weiteren Zusammenhänge s. *Arm*. Ersatzwort ist *Künstler*, das aber eine weitere, und z. T. abweichende Bedeutung hat. − *DF* 1 (1913), 53 f.; *LM* 1 (1980), 1072.

Arve *f. per. schwz.* ´Zirbelkiefer` (< 17. Jh.). Als *arbe, arve* belegt. Herkunft dunkel.

Arznei *f.* (< 12. Jh.). Mhd. *arzenîe, erzenîe*. Zu dem Wort *Arzt* werden früh gebildet ahd. *gi-arzātōn* ´verarzten, heilen` und ahd. *arzātîe* ´Heilmittel`. Statt dieser Bildung treten auch andere auf, die dem verdrängten älteren Wort (ahd. *lāhhinōn* ´heilen`) nachgebildet sind: ahd. *giarzinōn* ´verarzten, heilen`, mhd. *erzenen, arzen*, woraus mhd. *arzenîe*, nhd. *Arznei*.

Arzt *m.* (< 9. Jh.). Mhd. *arzāt, arzet*, ahd. *arzāt* wurde in vorliterarischer Zeit aus ml. *archiater* entlehnt (näher an der Ausgangsform mndl. *arsatere*). Das lateinische Wort stammt aus gr. *archiātrós* ´Erz-arzt`, dem Titel antiker Hofärzte (gr. *iātrós* ´Arzt`, zu gr. *iāsthai* ´heilen`). Adjektiv: **ärztlich**; Präfixableitung: **verarzten**.

Nndl. *arts*. S. *archi-*, *Erz-*, *Arznei* und zum griechischen Grundwort *Anarchie*. − R. Arnold *Sprachkunde* (1938), 14−16; G. Richter *BGDSL-H* 88 (1967), 258−275; *RGA* 1 (1973), 440−446; *LM* 1 (1980), 1098−1101; Niederhellmann (1983), 66−87; Lloyd/Springer 1 (1988), 358−360. Zum Benennungsmotiv für ˈArztˈ vgl. G. Kandler *Therapeutische Berichte* 29 (1957), 366−375.

As *n.* ˈhöchste Spielkarteˈ (< 18. Jh.). Entlehnt aus frz. *as m.*, wo mit diesem Wort die ˈEinsˈ auf Würfeln, Dominosteinen usw. bezeichnet wurde, danach auch die Karte mit dem höchsten Spielwert (da sie nur eine Markierung ihrer Spielfarbe aufwies). Das französische Wort geht zurück auf l. *as m.*, das die kleinste Münze bezeichnete, ursprünglich ein Wort für ˈPlättchen, Scheibeˈ. In der Bedeutung ˈEins auf Würfelnˈ schon mhd. *esse*, fnhd. *eß*, das vermutlich auf die ursprüngliche lateinische Form *as(-sis)* zurückgeht. Die Bedeutung ˈPersönlichkeit mit außergewöhnlichen Fähigkeitenˈ teilweise unter englischem Einfluß.
Carstensen 1 (1993), 50 f.

Asbest *m. erw. fach.* ˈfeuerfester Faserstoffˈ (< 17. Jh.). Entlehnt aus l. *asbestos*, dieses aus gr. *ásbestos* ˈunauslöschlich, unzerstörbarˈ, PPP. von gr. *sbennýnai* ˈauslöschenˈ mit negierendem *a-* (s. *a-*). Das Wort bezeichnet im Griechischen den ungelöschten Kalk; der Bezug auf das in Gewebe verarbeitbare, feuerfeste Mineral erst bei Plinius in lateinischer Sprache − möglicherweise auf Grund fehlerhafter Überlieferung. Unser *Asbest* heißt auf Griechisch *amiantos*.
DF 1 (1913), 54; Diels *ZVS* 47 (1916), 203−207; Goltz (1972), 171; Lüschen (1979), 176−178.

Asch[1] *m. per. md.* ˈGefäßˈ, vgl. **Aschkuchen** ˈGugelhopf, Napfkuchenˈ (< 13. Jh.). Mhd. *asch*. Herkunft unklar; denkbar ist ein Zusammenhang mit *Asch*[2] und mit *Esche*, etwa in dem Sinn, daß das Boot nach dem Material (*Esche*), das Gefäß nach dem Boot bezeichnet worden wäre (vgl. dazu etwa *Schiff*). Aber Eschenholz ist für Boote wenig geeignet, und somit hängt die Etymologie in der Luft.
R. Hildebrandt *DWEB* 3 (1963), 377

Asch[2] *m. per. oobd.* (eine Art Lastschiff, vgl. **Hallasch** ˈSalzschiffˈ) (< 8. Jh.). Mhd. *asch*, ahd. *ask*, as. *asc(men)* geht zurück auf g. **aska- m.* ˈBootˈ, auch in anord. *askr*, ae. *æsc*. Die Herkunft des bereits in der Lex Salica bezeugten Wortes ist unklar. Diskussion der Möglichkeiten: *RGA* 1 (1973), 449 f.

Asche *f.* (< 8. Jh.). Mhd. *asche*, ahd. *asca*, mndd. *asche*, andfrk. *asca* aus g. **aska- f.* ˈAscheˈ, auch in anord. *aska*, ae. *æsce*, neben **azgō f.* in gt. *azgo* (prinzipiell könnte auch das hochdeutsche Wort auf diese Form zurückgehen). G. **aska-* ist vermutlich eine Zugehörigkeitsbildung zu ig. **has-* ˈHerdˈ (s. *Esse*), also ˈdas zum Herd (oder Feuer o.ä.) Gehörigeˈ, ähnlich wie ai. *ása-*, heth. *hašša-* ˈAscheˈ

eine Vriddhi-Bildung zu der gleichen Grundlage sein dürfte. Die verbale *d*-Ableitung **haz-d-* in gr. *ázein* ˈdörren, trocknenˈ und čech. *hvozdit*, ačech. *ozditi* ˈHopfen, Malz darrenˈ ist wohl als ˈHitze gebenˈ o.ä. aufzufassen und war früher vermutlich weiter verbreitet. So könnte gt. *azgo* als **haz-d-ko-* unter dem Einfluß dieser Form stehen; vergleichbar ist vielleicht arm. *ačiwn*. Partikelableitung: **einäschern**.
Nndl. *as*, ne. *ash(es)*, nschw. *aska*, nisl. *aska*. S. *Esse*. − *LM* 1 (1980), 1102; Röhrich 1 (1991), 106 f. Zur Entlehnung in die finnisch-ugrischen Sprachen s. *LÄGLOS* (1991), 7; Koivulehto (1991), 29−32.

Äsche *f. per. fach.* (ein Flußfisch) (< 9. Jh.). Mhd. *asche m.*, ahd. *asco m.*, as. *asco*. Die Umlautform kommt in nachmittelhochdeutscher Zeit aus dem Plural. Herkunft unklar. Vielleicht zu *Asche* wegen der Farbe.
Lloyd/Springer 1 (1988), 367.

Aschenbrödel *n. alt.*, **Aschenputtel** *n. alt.* (< 16. Jh.). Alte Bezeichnung für den Küchenjungen. Eigentlich ˈder, der in der Asche wühltˈ (zu *brodeln* und *buddeln* s.dd.). Heute nur noch als Name einer Märchenfigur bekannt.

Aschermittwoch *m.* (< 14. Jh.). An diesem Tag (Mittwoch nach Fasnacht, Beginn der Fastenzeit) macht der Priester den Gläubigen zum Zeichen ihrer Bußfertigkeit ein Kreuz aus Asche auf die Stirn. Das *-er-* in der Fuge dieses Wortes hängt mit einer regionalen Pluralform von *Asche* zusammen.

Aschkuchen *m.* s. *Asch*.

Aschlauch *m.* s. *Schalotte*.

Ase *m. per. fach.* (Gott der nordischen Mythologie) (< 19. Jh.). Entlehnt aus anord. *áss*. Dieses führt mit ae. *ōs* gleicher Bedeutung auf g. **ansu- m.* ˈGottˈ, dessen weitere Herkunft dunkel ist. Im älteren Deutschen in Namen mit *Ans-*, später auch in entlehnten Namen mit *Os-*.
RGA 1 (1973), 457 f.; L. Motz *IF* 89 (1984), 190−195; *LM* 1 (1980), 1104−1106. Zur Entlehnung des Grundworts in die finnisch-ugrischen Sprachen s. *LÄGLOS* (1991), 28.

äsen *swV. erw. fach.* (< 12. Jh.). Mhd. *āzen*, *ēzen*. Das schwache Verb *äsen* (älter *-ss-*, schwz. *ätzen*) ˈweidenˈ (älter ˈetwas abweidenˈ) ist zu ahd. *āz* ˈFutter, Weideˈ gebildet; älter ist *atzen*, ahd. (alem.) *āzzen* ˈfüttern, jmd. speisenˈ, das aber auch mit anderer Lautung bezeugt ist, so daß die Vorform nicht sicher beurteilt werden kann. Vgl. mndd. *asen*, mndl. *asen* ˈfüttern, fressenˈ. S. *Aas* und *atzen*.

Aser *m. per. schwz.* ˈSpeisesack, Mahlzeit des Jägersˈ (< 14. Jh.). Geschrieben auch **Eser**, **Öser**, **Oser**. Lokativbildung ˈOrt, wo das Essen istˈ, Suffix aus l. *-ārium*) zu *Aas* in der Bedeutung ˈSpeiseˈ. Dann teilweise verallgemeinert zu ˈRanzenˈ (z. B.

Schulaser), teilweise verschoben zu ´Inhalt des Speisesacks, Mahlzeit´.

S. *Aas, essen.* − P. Ott: *Sprache der Jäger* (Frauenfeld 1970), 242−245.

Asket *m. erw. fach.* ´enthaltsam lebender Mensch´ (< 18. Jh.). Entlehnt aus gr. *askētḗs*, einem Nomen agentis zu gr. *askeῖn* ´üben, etwas gewissenhaft tun´. Die Askese bedeutet im alten Griechenland zunächst die körperliche Ertüchtigung, dann geistige Schulung und Zucht, bei der Selbstbeherrschung und Entsagung teilweise stärker hervortreten. Die christliche, auf Entsagung und teilweise Weltverneinung begründete, Askese wird erst im 17. Jh. mit dem Wort *Askese* bezeichnet. Adjektiv: **asketisch**; Abstraktum: **Askese**.

F. Pfister in: *FS A. Deissmann* (Tübingen 1927), 76−81; *HWPh* 1 (1971), 538−543; *LM* 1 (1980), 1112−1116.

Aspekt *m. erw. fremd.* ´Gesichtspunkt´ (< 15. Jh.). Entlehnt aus l. *aspectus* ´Anblick, Ausblick, Hinsehen´, einem Nomen actionis zu l. *aspicere* ´hinsehen´, zu l. *specere* ´sehen, schauen´ und l. *ad-* ´hin, zu´. Als Terminus der mittelalterlichen Astronomie hat das Wort zunächst die Bedeutung ´Konstellation der Planeten und ihr Einfluß auf irdisches Geschehen´, dann ´Vorzeichen, Aussicht´ und die heutige Bedeutung.

Zur Sippe von l. *specere* ´sehen´ s. *inspizieren.* − *DF* 1 (1913), 54.

Asphalt *m. erw. fach.* ´Erdpech´ (< 15. Jh.). Entlehnt aus spl. *asphaltus*, dieses aus gr. *ásphaltos*, einer Partizipial-Ableitung von gr. *sphállesthai* ´beschädigt werden, umgestoßen werden´ mit negierendem gr. *a-* (s. *a-*). Es ist das (Binde-)Mittel, das ursprünglich verwendet wird, um Mauern zu festigen, d. h. vor dem Umfallen oder Einreißen zu schützen.

DF 1 (1913), 54; Diels *ZVS* 47 (1916), 207−210; Lüschen (1979), 178.

Aspik *m./(n.) per. fach.* ´Sülze´ (< 19. Jh.). Entlehnt aus frz. *aspic m.* gleicher Bedeutung − ursprünglich aber ´Konzentrat aus Fleischsoße, Fond´; übertragen aus der Bezeichnung des ätherischen Öls des Lavendels (*lavandula spica*, nhd. *(großer) Speik*) wegen der gleichen Reinheit, Durchsichtigkeit und Sorgfalt der Zubereitung.

V. Bertholdi *ZRPh* 54 (1934), 229 f.; *DEO* (1982), 52 f.

Aspirant *m. per. fach.* ´Anwärter, Bewerber´ (< 18. Jh.). Entlehnt aus frz. *aspirant*, einer Ableitung von frz. *aspirer* ´sich bewerben, streben nach´, aus l. *aspīrāre* ´sich einer Sache oder Person nähern, zu jmd. oder zu etwas zu gelangen suchen´; eigentlich ´zuhauchen, zuwenden´, zu l. *spīrāre* ´hauchen, atmen´ und l. *ad-* ´hin, zu´. Auch das Verb ist entlehnt als **aspirieren**. Die Grundbedeutung zeigt sich in **aspirieren** ´behauchen´ und seinem Abstraktum **Aspiration**, sowie dem substantivierten PPP **Aspirata (-e)** ´Hauchlaut´. Der Bedeu-

tungsübergang von ´zuhauchen´ zu ´streben nach´ ist nicht ganz klar − vielleicht ´atmen´ > ´leben´ > ´leben für etwas´. Ersatzwort ist *Anwärter*. Zur Sippe von l. *spīrāre* ´atmen´ s. *konspirieren.*

Assel *f.*, auch *m.*, *erw. fach.* (ein lichtscheues Kleintier) (< 16. Jh.), auch **atzel, nassel** u. a. Entlehnt aus l. *asello* m. ´Assel´ zu l. *asellus m.* ´kleiner Esel´; deshalb heißt das Tier auch **Maueresel, Eselchen** u.ä. Das italienisch-lateinische Wort ist eine Bedeutungsentlehnung aus gr. *oniskos m.* zu gr. *ónos m./f.* ´Esel´, formal ein Diminutiv, aber eigentlich eine Zugehörigkeitsbildung. Gr. *ónos* und *onískos* bezeichnen auch den Tausendfüßler und ähnliche kleine Tiere, vielleicht wegen der grauen Farbe, oder weil ursprünglich eine auf Eseln schmarotzende Laus gemeint war, dann auch andere Sorten Läuse und schließlich die Tausendfüßler und die (oberflächlich ähnlichen) Asseln. Die Form mit -*tz*- tritt auch bei dem Wort *Esel* auf und widerspricht deshalb einer Gleichsetzung nicht. Vgl. l. *porcellio m.* ´Assel´, ursprünglich ´Schweinelaus´ zu l. *porcus m.* ´Schwein´.

S. *Esel.* − R. Strömberg: *Griechische Wortstudien* (Göteborg 1944), 10; W. Pfeifer *Philologus* 123 (1979), 172 f.

Assessor *m. erw. fach.* ´Anwärter der höheren Beamtenlaufbahn´ (< 16. Jh.). Entlehnt aus l. *assessor* ´Beisitzer bei Gericht´, einem Nomen agentis zu l. *assidēre* ´dabeisitzen´, zu l. *sedēre* ´sitzen´ und l. *ad-* ´hin, zu´. Von da dann Weiterentwicklung zu ´Richter und Beamte am Anfang der Laufbahn im höheren Dienst´.

Zur Sippe von l. *sedēre* ´sitzen´ s. *Residenz;* zur germanischen Verwandtschaft s. *sitzen.*

assimilieren *swV. erw. fach.* ´angleichen´ (< 18. Jh.). Entlehnt aus l. *assimilāre*, zu l. *simulāre* ´ähnlich machen, nachbilden´ und l. *ad-* ´hin, zu´, zu l. *similis* ´ähnlich´. Abstraktum: **Assimilation** (in der Antike rhetorischer Begriff für die Annäherung des Redners an die Meinung der Zuhörer).

Zur Sippe von l. *similis* ´ähnlich´ s. *Faksimile;* zur germanischen Verwandtschaft s. *zusammen.* − *HwPh* 1 (1971), 544−548; A. Horstmann *AB* 30 (1986), 7−43.

Assistent *m. erw. fach.* ´Helfer, Gehilfe´ (< 16. Jh.). Ursprünglich englische Neubildung zum PPräs. von l. *assistere* ´beistehen´, zu l. *sistere* ´(sich) hinstellen´ und l. *ad-* ´hin, zu´. Verb: **assistieren**.

Zur Sippe von l. *sistere* s. *existieren;* zu dem zugrundeliegenden l. *stāre* s. *Distanz*, die deutsche Verwandtschaft unter *stehen.* − *DF* 1 (1913), 55; Jones (1976), 116 f.; Rey-Debove/Gagnon (1988), 27.

assoziieren *swV. per. fach.* ´sich verbinden, sich zusammenschließen´ (< 16. Jh.). Entlehnt aus frz. *s'associer*, dieses aus l. *associāre* ´vereinigen, verbinden´, zu l. *sociāre* ´vereinigen, verbinden´ und l. *ad-* ´hin, zu´, zu l. *socius* ´Gefährte´ (verwandt mit l. *sequī* ´folgen´). Zunächst ein Terminus der Kaufmannssprache (*refl.*, vgl. ´Gesellschafter`), dann vor allem ein Wort der Psychologie (*trans.*) ´Gedanken oder Bilder miteinander verbinden, hervorrufen`. Abstraktum: **Assoziation**, Adjektiv (Psychologie): **assoziativ**.

Zur Sippe von l. *sequī* ´folgen` s. *Konsequenz.* − Schirmer (1911), 18; *DF* 1 (1913), 55 f. − Zu *Assoziation* (psych.): D. F. Markus: *Die Associationstheorien im XVIII. Jahrhundert* (Halle 1901); *HWPh* 1 (1971), 548−554; E. Holenstein: *Phänomenologie der Assoziation* (Den Haag 1972); (gesellschaftlich): F. Müller: *Korporation und Assoziation* (Berlin 1965).

Ast *m.* (< 8. Jh.). Mhd. *ast*, ahd. *ast*, as. *ast* aus g. **asta-* *m.* ´Ast`, auch in gt. *asts* (der *i*-Stamm des Althochdeutschen ist wohl sekundär). Aus ig. (eur.) *\*ozdo-* *m.* ´Ast, Zweig`, auch in gr. *ózos* und arm. *ost*. Vermutlich aus ***o-sd-o-* ´das, was ansitzt` zu der Wurzel *\*sed-* ´sitzen` (es wäre also eigentlich der Astknorren so bezeichnet worden − nach anderer Auffassung ´Platz, auf dem sich der Vogel niedersetzt`, vgl. *Nest*). Als Zugehörigkeitsbildung mit Vriddhi noch ae. *ōst*, mndd. *ōst*, *oest* (aus g. *\*ōsta-*) ´Astknorren`. Umgangssprachlich ist *Ast* ´Knorren` für ´Buckel`, vgl. *sich einen Ast lachen*.

S. *sitzen.* − Darms (1978), 236−238; Lloyd/Springer 1 (1988), 373−375; Röhrich 1 (1991), 107 f.; J. Knobloch *IF* 92 (1987), 29−32; E. P. Hamp *NOWELE* 18 (1990),95 f.

Aster *f. erw. fach.* ´Sternblume` (< 18. Jh.). Das griechische Wort gr. *astḗr m.* ´Stern` als Bestandteil von Blumenbezeichnungen wird im 18. Jh. in die lateinisch bestimmte Fachsprache und von da aus ins Deutsche übernommen, zunächst nach griechischem Vorbild als Maskulinum.

S. *astro-*, *Astrologie*, *Astronomie*, *Desaster*; zur germanischen Verwandtschaft s. *Stern*[1]. Ersatzwort ist *Sternblume*. − Ganz (1957), 32 f.

Ästhetik *f. erw. fach.* ´Lehre von der Schönheit` (< 18. Jh.). Eine besondere Wissenschaft der Gesetzmäßigkeiten des Schönen wurde 1735 von A. G. Baumgarten gefordert und dann in Vorlesungen und Schriften (1750 *Aesthetica* in lateinischer Sprache) ausgebaut. Der Vorschlag wurde rasch aufgegriffen und das Wort auch in die Volkssprachen übernommen. Das Wort ist übernommen aus gr. *aisthētikós* ´das Wahrnehmbare (gr. *aisthētós*) betreffend`, zu gr. *aisthánesthai* ´wahrnehmen` (als Grundform wird (ig.) **awis-d^h-* angesetzt, das auch l. *audīre* ´hören` zugrunde liegen kann). Die Bedeutungskomponente ´schön, geschmackvoll`, die besonders in **ästhetisch** und **Ästhet** hervortritt, ist erst durch diesen terminologischen Gebrauch in die Sippe des griechischen Wortes gekommen (zuvor nur ´wahrnehmen, Sinneswahrnehmung`).

S. *Anästhesie*, *Synästhesie* und zur lateinischen Verwandtschaft *Audienz*, *audio-*, *Auditorium.* − A. Gombert *ZDW* 3 (1902), 164; *DF* 1 (1913), 56; *HWPh* 1 (1971), 555−581; *LM* 1 (1980), 1128 f.

Asthma *n. erw. fach.* ´Atemnot` (< 16. Jh.). Entlehnt aus gr. *ásthma*, einer morphologisch unklaren

Ableitung von ig. **anə-* ´atmen` (vermutlich **hanə-*). Adjektiv: **asthmatisch**; Täterbezeichnung: **Asthmatiker**. S. zur lateinischen Verwandtschaft *animieren* und zur germanischen Verwandtschaft *ahnden*[1].

astro- *LAff.* Das Element geht auf die Kompositionsform von gr. *astḗr* ´Stern` (und gr. *ástron* ´Gestirn`) zurück (z. B. *Astronomie* ´Sternkunde`) und wird in neoklassischen Bildungen verbaut, die mit ´Stern-` zu tun haben (z. B. *Astronaut*). S. *Aster*.
Cottez (1980), 40.

Astrologie *f. erw. fach.* ´Sterndeuterei` (< 12. Jh.). Entlehnt aus l. *astrologia*, dieses aus gr. *astrología* ´Sternkunde` zu gr. *astrológos* ´Sternkundiger` zu gr. *astro-* (s. *astro-*) und gr. *lógos* (s. *-loge*). Die griechische Sternkunde ist zunächst eine wissenschaftliche (mathematische) Disziplin, in die dann immer stärker Elemente der Sterndeutung eindringen, die − sofern sie aus dem Orient kommen − auch *Astromantie* (und ihre Vertreter *Chaldäer*) genannt werden. Im Mittelalter sind Sternkunde und Sterndeutung praktisch ungeschieden und werden sowohl *Astrologie* wie *Astronomie* genannt. Die moderne Unterscheidung in *Astronomie* ´Sternkunde` und *Astrologie* ´Sterndeutung` kommt etwa mit J. Kepler (16./17. Jh.) auf und steht im Zusammenhang mit der Umgestaltung des mittelalterlich-theologischen Weltbildes. Adjektiv: **astrologisch**; Täterbezeichnung: **Astrologe**.

S. *astro-*, *Astronaut*, *Astronomie* und *-loge*, *-logie.* − *DF* 1 (1913), 56 f.; *HWPh* 1 (1971), 584−587; *LM* 1 (1980), 1135−1145; W. Hübner: *Die Begriffe Astronomie und Astrologie in der Antike* (Mainz 1989).

Astronaut *m. erw. fach.* ´Weltraumfahrer` (20. Jh.). Entlehnt aus am.-e. *astronaut* im Zusammenhang mit der amerikanischen Weltraumfahrt. Das Wort stammt aus dem Französischen, wo es in Analogie zu *aéronaute* ´Ballonfahrer` gebildet wurde, um denjenigen zu bezeichnen, der sich mit Plänen zur Weltraumfahrt befaßt. Die Bezeichnung bleibt dann für die amerikanischen Weltraumfahrer, während von den Russen *Kosmonaut* vorgezogen wird.

S. *astro-* und *Nautik.* − Carstensen 1 (1993), 52 f.

Astronomie *f. erw. fach.* ´Sternkunde` (< 12. Jh.). Entlehnt aus l. *astronomia*, dieses aus gr. *astronomía* ´Sternkunde` zu gr. *astronómos* ´Sternkundiger` zu gr. *astro-* (s. *astro-*) und gr. *nómos* (s. *-nom*). Das griechische Wort ist später und seltener als *astrología* und bleibt zunächst auf die wissenschaftliche (mathematische) Seite der Sternkunde beschränkt. Erst im Mittelalter wird unter *Astronomie* auch ´Sterndeuterei` verstanden. Erst nach J. Kepler werden die beiden Bezeichnungen wie auch die beiden Disziplinen schärfer getrennt. Adjektiv: **astronomisch**; Täterbezeichnung: **Astronom**.

S. *astro-*, *Astronaut*, *Astrologie* und *-nom*, *-nomie.* − *HWPh* 1 (1971), 588−593; *LM* 1 (1980), 1145−1153.

Asyl *n. erw. fach.* ´Zufluchtstätte´ (< *16. Jh., Form < 18. Jh.). Entlehnt aus l. *asȳlum*, dieses aus gr. *ásȳlon*, zu gr. *ásȳlos* ´unberaubt, sicher´, zu gr. *sȳlon* ´Raub, Plünderung´ und negierendem gr. *a-* (s. *a-*). In der Antike ist Asyl ein Heiligtum, in dem der Schutzsuchende vor jedem Zugriff sicher ist. In dieser Bedeutung (also praktisch als Exotismus) wird das Wort zunächst in seiner lateinischen Form verwendet; dann verallgemeinert zu ´Zufluchtsort´ und endungslos; ab dem 19. Jh. dann ´Heim bzw. Unterkunft für Bedürftige´. In der Nachkriegszeit durch das deutsche Asylrecht Rückgriff auf die Ursprungsbedeutung mit − durch die Entwicklung bedingten − neuen Konnotationen (besonders bei der Täterbezeichnung **Asylant**).

DF 1 (1913),57; J. Link in: *Flucht und Asyl.* Hrsg. D. Thränhardt, S. Wolken (Freiburg 1988), 50−61; *Brisante Wörter* (1989), 86−90; *LM* 1 (1980), 11256−1158.

-at *Suffix* mit verschiedenen Funktionen. Vorbild können zunächst Entlehnungen deverbativer maskuliner *tu*-Stämme zu lateinischen Verben auf *-āre* gewesen sein (*Apparat* aus l. *apparātus* zu l. *apparāre*, *Ornat* aus l. *ornātus* zu l. *ornāre* usw.) − sie sind im Deutschen Maskulina geblieben. Produktiv geworden sind die formal entsprechenden denominativen Ämterbezeichnungen mit dem bereits festgewordenen Suffix l. *-ātus* (*Konsulat* zu *Konsul*, *Dekanat* zu *Dekan* usw.) − sie sind im Deutschen Neutra geworden. Auch Substantivierungen aus dem PPP. von Verben auf *-āre* und die mit ihnen verwandten denominalen Zugehörigkeitsbildungen (maskuline und neutrale *to*-Stämme) können bei der Entwicklung des Fremdsuffixes eine Rolle gespielt haben (z. B. *Reservat*, *Literat*). Produktiv sind im Deutschen außer den Ämterbezeichnungen neutrale Nomina actionis und Nomina acti, sowie damit zusammenhängender Konkret-Bezeichnungen (vor allem zu Verben auf *-ieren*), stark gestützt durch entsprechende Entlehnungen aus dem Französischen (*Telefonat*, *Konzentrat*). Hierzu auch das Suffix zur Bezeichnung chemisch-pharmazeutischer Präparate (*Barbiturat* usw.).

Wortbildung 2 (1975), 307 f., 417 f., 464 f. u.ö.

Atelier *n. erw. fremd.* ´Werkstatt (eines Künstlers)´ (< 18. Jh.). Entlehnt aus frz. *atelier m.* ´Werkstatt (allgemein)´. Die allgemeine Bedeutung tritt im Deutschen nur selten auf, im allgemeinen ´Werkstatt eines Malers´, dann auch *Foto-, Film-, Mode-Atelier* usw.

Das französische Wort aus älterem mfrz. *astelier m.* ´Ort, wo viele Holzspäne sind, Tischlerwerkstatt´, zu afrz. *astele* ´Span, Splitter´, aus vor-rom. **astella*, einer volkssprachlichen Variante zu l. *assula* ´Splitter´; dieses ein Diminutivum zu l. *asser m.* ´Stange, Balken´. − *DF* 1 (1913), 57.

Atem *m.* (< 8. Jh.). Mhd. *ātem*, ahd. *ātum*, as. *āðom* aus wg. **ǣð(u)ma- m.* ´Hauch, Atem´, auch in ae. *ǣðm*, afr. *ēthma*; dieses aus ig. **ētmó-* ´Atem´,

auch in ai. *ātmā́* ´Hauch, Seele´ (*n*-Stamm) und vielleicht air. *athach f.* ´Hauch, Wind´. Herkunft dunkel. Luthers Form *Odem* (mit regional weit verbreitetem Wandel von *ā* zu *ō* und nördlichem *d* für *t*) ist auf die religiöse und gehobene Sprache beschränkt geblieben. Verb: **atmen**.

Nndl. *adem*. − Lloyd/Springer 1 (1988), 391−393; Röhrich 1 (1991), 108.

Atheismus *m. erw. fach.* (< 16. Jh.). Neoklassische Ableitung zu gr. *átheos* ´gottlos, die Staatsgötter leugnend´, zu gr. *theós* ´Gott´ und negierendem gr. *a-* (s. *a-*). Täterbezeichnung: **Atheist**; Adjektiv: **atheistisch**.

S. *Enthusiasmus, Theologie.* − *DF* 1 (1913), 57 f.; *HWPh* 1 (1971), 595−599; W. Kern *ZKTh* 97 (1975), 3−40; W. J. Jones *SN* 51 (1979), 249; B. Concetta *AION-Fil.* 3 (1980), 71−104; M. Winiarczyk *Philologus* 128 (1984), 157−183.

Äther *m. erw. fach.* ´Raum des Himmels, Narkosemittel´ (< 16. Jh.). Entlehnt aus l. *aethēr* ´oberste Luftschicht´, dieses aus gr. *aithḗr* (eigentlich ´Leuchtendes´), zu gr. *aíthein* ´brennen, glühen, leuchten´. Nach griechischer Vorstellung lag über dem niederen Luftraum (gr. *āér*) eine höhere Luftzone, der *Äther*. Im *Äther*, dem Wohnsitz der Götter, soll die Luft besonders fein und hell sein. Im 18. Jh. wird das Wort zur Bezeichnung eines Betäubungsmittels verwendet, das flüchtiger als Luft ist (also wie der Äther über dieser schwebt). Im 19. Jh. wird es für das Medium der Licht- und Funkwellen außerhalb des Luftraums in Anspruch genommen. In der Bedeutung stark verselbständigt ist das Adjektiv **ätherisch** ´vergeistigt, technisch ´flüchtig (von Ölen)´.

DF 1 (1913), 58; Ganz (1957), 28 f.; K.-H. Weimann *DWEB* 2 (1963),387; *HWPh* 1 (1971), 599−601; *LM* 1 (1980), 1164 f.

Athlet *m.* ´Wettkämpfer´ (< 16. Jh.). Entlehnt aus l. *āthlēta*, zu gr. *āthlētḗs*, einem Nomen agentis zu gr. *āthleîn* ´um einen Preis kämpfen´, zu gr. *ãthlos* ´Wettkampf´ und gr. *ãthlon n.* ´Preis´. Die heutige Bedeutung ´Sportler´ unter dem Einfluß des Englischen. Adjektiv: **athletisch**, Abstraktum: **Athletik**.

S. *Biathlon.* − *DF* 1 (1913), 58 f.; Carstensen 1 (1993), 53.

-ation *Suffix* s. *-tion.*

Atlas[1] *m. erw. fach.* ´Landkartensammlung´. Nach dem Titel einer Landkartensammlung von Mercator 1595. Dieser Titel nach dem Titanen *Atlas*, der nach der griechischen Mythologie das Himmelsgewölbe auf den Schultern trägt (und der auf dem Kartenwerk abgebildet war).

DF 1 (1913), 59; Littmann (1924), 94.

Atlas[2] *m. per. fach.* ´hochglänzendes Gewebe´ (< 15. Jh.). Entlehnt aus frz. *atlas*, dieses aus arab. *aṭlas*, eigentlich ´glatt, fein´.

DF 1 (1913), 59; *LM* 1 (1980), 1173.

Atmosphäre *f. erw. fach.* ´Lufthülle der Erde, Stimmung´ (< 17. Jh.). Neoklassische Bildung zu gr. *atmós m.* ´Dunst´ und gr. *sphaîra* ´Kugel´ zur Bezeichnung des angeblich von Himmelskörpern ausströmenden und sie umgebenden Dunstes. Die übertragene Bedeutung ´Umgebung, Stimmung´ findet sich ab dem 18. Jh.; die Bezeichnung für die Maßeinheit des (Luft-) Drucks seit dem 19. Jh.
S. *Sphäre*. Ersatzwort ist *Dunstkreis*. − DF 1 (1913), 59; Cottez (1980), 41.

Atoll *n. per. exot.* ´Koralleninsel´ (< 19. Jh.). Entlehnt aus ne. *atoll*, das seinerseits aus einheimischen Bezeichnungen wie *atollon* und *atoll* für die Malediven übernommen ist.
Das Wort geht wohl auf malay. *aḍal* ´verbindend´ zurück; bezieht sich also auf die ringförmige Struktur der Inseln. − Littmann (1924), 121.

Atom *n.* ´kleinstes Teilchen´ (< *16. Jh., Form < 19. Jh.). Entlehnt aus l. *atomus f.*, zunächst mit lateinischer Flexion und maskulinem Genus. Das lateinische Wort wiederum ist entlehnt gr. *átomos*, einer Substantivierung von gr. *átomos* ´unteilbar´, abgeleitet von einer Ablautstufe von gr. *témnein* ´schneiden´ mit negierendem gr. *a-*. Im 19. Jh. deutsche Flexion und neutrales Genus. − Im Griechischen bezeichnet das Wort zunächst in philosophischen Überlegungen hypothetische Elementarteilchen; mit dem Aufkommen der Naturwissenschaften dann physikalische Fundierung dieses Konzeptes. Die erfolgreiche Kernspaltung im 20. Jh. widerlegt die ursprünglich zum Ausdruck kommende Auffassung. Die damit zusammenhängende technische Entwicklung (**Atombombe, Atomenergie**) macht das Wort zu einem Schlagwort der ideologischen Auseinandersetzung des 20. Jhs. Adjektiv: *atomar*.
S. *Anatomie, Dichotomie, Fliete*. − DF 1 (1913), 59; J. Mau *WZHUB* 2 (1952/53),3, 1−20; Gerlach (1962), 55−59; Heller (1970), 78−100; *HWPh* 1 (1971), 603; G. Buchdahl in: *Begriffswandel und Erkenntnisfortschritt*. Hrsg. F. Rapp/H.-W. Schütt (Berlin 1987), 101−129; *Brisante Wörter* (1989) 430−438; *LM* 1 (1980), 1174 f.; Carstensen 1 (1993), 55−57.

-ator *Suffix* zur Bildung von deverbativen Personen- und Sachbezeichnungen (z. B. *Illustrator, Ventilator*). Es wurde in Entlehnungen aus dem Lateinischen ins Deutsche übernommen; sein Ursprung ist l. *-tor*, häufig *-ātor* zu Verben auf l. *-āre*. Die ursprünglichen Varianten treten zwar in Entlehnungen auf, doch ist *-ātor* die einzige Variante, die auch produktiv geworden ist.
Deutsche Wortbildung 2 (1975), 353−354.

ätsch *Interj.* (Ausdruck für Spott und Schadenfreude) (< 17. Jh.). Meist begleitet mit der Geste des ´Rübchen-Schabens´ − deshalb ist die Lautform wohl lautnachahmend für das Schabegeräusch. Wie das Rübchen-Schaben mit der Schadenfreude zu verbinden ist, bleibt allerdings unklar.

Attaché *m. per. fach.* ´diplomatischer Berater´ (< 19. Jh.). Entlehnt aus frz. *attaché m.* (eigentlich ´Zugeordneter´), einer Substantivierung des Partizip des Präteritums von frz. *attacher* ´anbinden, zuordnen´.
Das französische Verb ist Fortsetzer eines vor-rom. *attacticare*, über das PPP *attactus* zu l. *attingere* ´berühren, anstoßen´ und Entsprechung zu *attackieren* (s. das Folgende). − DF 1 (1913), 60; Brunt (1983), 138 f.; DEO (1982), 54.

Attacke *f. erw. fremd.* ´Angriff´ (< 17. Jh.). Entlehnt aus frz. *attaque*, einem Nomen actionis zu frz. *attaquer* ´angreifen´. Das Wort ist aus dem Italienischen entlehnt und ist die Entsprechung zu frz. *attacher* (s. das Vorhergehende), also aus vor-rom. *attacticare*. Im 16. Jh. dienen dann italienische Phrasen mit *attaccare* (z. B. *attaccare battaglia* ´in der Schlacht mitmachen, mitkämpfen´) als Vorbild für frz. *attaquer* in der Bedeutung ´angreifen´. Verb: **attackieren**.
Zur Sippe des zugrundeliegenden l. *tangere* ´berühren´ s. *Tangente*. − DF 1 (1913), 60; Jones (1976), 118 f.; DEO (1982), 54 f.

Attentat *n. erw. fach.* ´Mordanschlag´ (< *15. Jh., Bedeutung < 19. Jh.). Entlehnt aus ml. *attentātum* ´Versuch´, dem substantivierten PPP. von l. *attentāre, attem(p)tāre* ´versuchen, angreifen, antasten´, zu l. *temptāre, tentāre (temptātum)* ´versuchen´ und l. *ad-* ´hin, zu´. ´Versuch´ wird dabei verstanden als ´Versuch zu einem Verbrechen´, auch als der ´durchgeführte Versuch´. Im 19. Jh. unter Einfluß des entsprechenden frz. *attentat m.* eingeengt auf den speziellen Fall des politischen Mordversuchs. **Attentäter** ist im 19. Jh. gebildet (als Reimwort zu *Hochverräter*) mit volksetymologischer Interpretation von *-tat* als Kompositionsglied nhd. *Tat*. S. *tentativ, Tentakel*.
DF 1 (1913), 60 f.

Attest *n. erw. fach.* ´Bescheinigung´ (< *16. Jh., Form < 18. Jh.). Entlehnt aus l. *attestātio f.*, einer Ableitung von l. *attestārī* ´bezeugen, bestätigen´, zu l. *testārī (testātus)* ´bezeugen´ und l. *ad-* ´hin, zu´, weiter zu l. *testis* ´Zeuge´. Zunächst entlehnt in der Form *Attestat*, dann (wohl unter Einfluß von ne. *attest*) gekürzt. Verb: **attestieren**.
S. *protestieren, Testament, testieren*. − DF 1 (1913), 61; W. J. Jones *SN* 51 (1979), 249.

Ätti *m. per. schwz.* ´Vater´ (auch ´Großvater´) (< 16. Jh.). Diminutiv zu *Att(e)*, mhd. *atte*, ahd. *atto* ´Vater´, mndl. *ate* (evtl. stammt der Umlaut aber auch aus Flexionsformen). Kindersprachliches Lallwort (vgl. das Ausbleiben der Lautverschiebung), das auch in gt. *atta*, nordfr. *atta* (usw.) auftaucht; außergermanisch in heth. *atta-*, gr. (Vokativ) *átta*, l. *atta*, alb. *át(ei)* ´Vater´, ohne Geminate das Diminutiv akslav. *otĭčĭ*; vgl. ai. *attā* ´Mutter´ (nicht in Texten belegt). Ähnliche Formen auch in außerindogermanischen Sprachen.

Lloyd/Springer 1 (1988), 385–388; Lühr (1988), 254 f. Zu entsprechenden Lallwörtern vgl.: J. Friedrich *Glotta* 23 (1935), 207–210. Zu l. *atta* vgl.: E. Hermann *IF* 53 (1935), 97 f.

Attitüde *f. erw. fremd.* ʹHaltungʹ, besonders ʹaffektierte Haltung, Einstellungʹ (< 18. Jh.). Entlehnt aus frz. *attitude f.*, das seinerseits aus it. *attitudine* entlehnt ist. Dessen weitere Herkunft ist mehrdeutig (zu l. *aptus* ʹpassendʹ oder *āctus* ʹBewegungʹ oder Kreuzung aus beiden?).
DF 1 (1913), 61.

Attraktion *f. erw. fremd.* ʹ(Anziehungskraft), zugkräftige Darbietung (im Zirkus)ʹ (< *16. Jh., Bedeutung < 19. Jh.). Zunächst fachsprachlich (als ʹAnziehungskraftʹ) entlehnt aus l. *attractio*, einem Nomen actionis zu l. *attrahere* ʹanziehenʹ, aus l. *trahere (tractum)* ʹziehenʹ und l. *ad-* ʹhin, zuʹ. Dann im 19. Jh. die heute übliche Bedeutung unter Einfluß von ne. *attraction*, dieses aus frz. *attraction* ʹAnziehungʹ, zu derselben Grundlage. Verb: *attrahieren*; Adjektiv: *attraktiv* mit Abstraktum *Attraktivität*.
Zur Sippe des zugrundeliegenden l. *trahere* s. *abstrakt.* – *DF* 1 (1913), 61; K.-H. Weimann *DWEB* 2 (1963), 387 f.; Rey-Debove/Gagnon (1988), 28 f.; Carstensen 1 (1993), 59.

Attrappe *f. erw. fach.* ʹNachbildungʹ (< 18. Jh.). Entlehnt aus frz. *attrape* ʹtäuschender Gegenstand, Scherzartikelʹ, einer Ableitung von frz. *attraper* ʹfangen, fassen, erwischenʹ. Ursprünglich also ein Gegenstand, mit dem man durch Täuschung ein Tier oder einen Menschen fangen will.
Das französische Wort ist abgeleitet von frz. *trappe* ʹSchlinge, Falleʹ, das auf ein andfrk. *trappa* ʹFalleʹ zurückgeht, s. *Trapper.* – *DF* 1 (1913), 61 f.; Jones (1976), 120.

Attribut *n. erw. fach.* ʹBeifügung, Eigenschaftʹ (< *17. Jh., Form < 18. Jh.). Entlehnt aus l. *attribūtum*, dem substantivierten PPP. von l. *attribuere* ʹzuweisen, beifügenʹ, zu l. *tribuere (tribūtum)* ʹzuteilenʹ und l. *ad-* ʹhin, zuʹ; zunächst in lateinischer Form, dann eingedeutscht. Verb: *attribuieren*; Adjektiv: *attributiv*.
Zur Sippe der zugrundeliegenden l. *tribus* ʹBezirkʹ und l. *tribuere* ʹteilenʹ s. *Tribut.* Ersatzwort für den grammatischen Terminus ist *Beifügung.* – *DF* 1 (1913), 62; *HWPh* 1 (1971), 612–614.

Atzel *f. per. wmd.* ʹElsterʹ (< 14. Jh.). Diminutiv zu der auf ahd. *agaza, agastra* zurückgehenden Form. S. *Elster.*

atzen *swV. obs.* ʹfüttern (der Jungvögel durch ihre Eltern)ʹ (< 11. Jh.). Mhd. *atzen,* ahd. (alem.) *āzzen* ʹfüttern, jmd. speisenʹ, das aber auch mit anderer Lautung bezeugt ist, so daß die Vorform nicht sicher von *äsen* abgetrennt werden kann. Vermutlich ebenfalls von *Aas* ʹSpeiseʹ abgeleitet. Abstraktum: *Atzung.*

ätzen *swV. erw. fach.* ʹeine Oberfläche mit Säure behandelnʹ (< 9. Jh.). Mhd. *etzen,* ahd. *ez(z)en* aus g. **at-eja-* ʹessen machen, beißen lassenʹ, formal gleich auch in gt. *fra-atjan* ʹzum Essen austeilenʹ, anord. *etja* ʹhetzen, anspornen, reizen, fütternʹ, ae. *ettan* ʹabweidenʹ, afr. *etta* ʹweidenʹ; Kausativ zu *essen.* Bedeutungsentwicklung im einzelnen unklar. In der Bedeutung ʹfütternʹ berührt sich das Wort im Deutschen mit anderen Bildungen (s. *äsen* und *atzen*); es bleibt in der Bedeutung ʹbeißen, ätzenʹ, die im 15. Jh. zu dem Fachwort für das Behandeln von Metall mit Säure wird.

au *Interj.* (des Schmerzes) (< 11. Jh.). Mhd. *ou, ouwē,* ahd. *au* neben mhd. *o wē.* Naturlaut wie l. *ai* u. a.
S. *o, oh.* – Lloyd/Springer 1 (1988), 393–395.

Au *f.,* auch **Aue,** *obs.* ʹFlußlandschaft, Flußinselʹ (< 10. Jh.). Mhd. *ouwe,* ahd. *ouwa* ʹLand am Wasser, Inselʹ aus g. **agwijō f.* ʹdie zum Wasser gehörigeʹ, auch in anord. *ey* ʹInselʹ, ae. *īg* ʹInselʹ; Zugehörigkeitsbildung zu g. **ahwō f.* ʹFluß, Wasserʹ in gt. *ahva* ʹFlußʹ, anord. *ó, á* ʹFlußʹ, ae. *ēa,* afr. *ā, ē* ʹWasser, Flußʹ, as. *aha,* ahd. *aha* ʹWasser, Flut, Flußʹ, nhd. *Ach(e)* besonders in Namen, aus ig. (weur.) **akʷā f.* (? **əkʷā*) ʹWasserʹ, auch in l. *aqua f.* ʹWasser, Flußʹ. Sowohl *Ach(e)* wie *Au* sind im Deutschen und außerhalb häufig in Gewässer- und Flurnamen (und Namen von gewässernahen Landstücken); als Appellativ ist *Ach(e)* (s.d.) heute weitgehend ausgestorben, *Au(e)* ist auf die gehobene, dichterische Sprache beschränkt.
Nndl. *landouw* ʹGefildeʹ, ne. *island,* nschw. *ö,* nisl. *ey(ja)* ʹInselʹ. S. *Ach(e), Eiland.* – Darms (1978), 25. Zu *-ach:* Lloyd/Springer 1 (1988), 99–103.

Aubergine *f. per. exot.* (Frucht eines Nachtschattengewächses in Südostasien; Eierfrucht); auch als Farbwort für ʹrötlich-violettʹ (< 20. Jh.). Entlehnt aus frz. *aubergine,* dieses aus kat. *albergínia,* aus arab. *al-bāḏingān,* aus pers. *bāingān, bāingān* u.ä.
Zur Verbreitung des nicht-etymologisierbaren Wortes in den indo-arischen Sprachen vgl. R. L. Turner: *A Comparative Dictionary of the Indo-Aryan Languages* (London 1966), Nr. 9369 und 11503.

auch *Partikel* (< 8. Jh.). Mhd. *ouch,* ahd. *ouh,* as. *ōk* geht zurück auf g. **auke* ʹauchʹ in gt. *auk,* anord. *auk,* ae. *ēac,* afr. *āk;* mit abweichender Bedeutung gt. *auk* ʹdennʹ, ahd. *ouh* ʹaberʹ. Es kommen zwei Etymologien in Frage; unter Umständen sind – erkennbar an den verschiedenen Bedeutungen – zwei Partikeln lautlich zusammengefallen, nämlich ein Imperativ g. **auke* ʹfüge hinzuʹ zu dem starken Verb g. **auk-a-* ʹhinzufügenʹ (gt. *aukan,* anord. *auka,* ae. *ēacen PPrät.,* afr. *āka,* as. *ōkan PPrät.,* ahd. *ouhhan*), das auf ig. **aug-* ʹvermehrenʹ (l. *augēre* usw.) zurückgeht; und eine ig. Partikel **au,* etwa in gr. *aũ* ʹwiederʹ, hingegen mit enklitischem *-ge.* Zugunsten der ersten Etymologie spricht das durchsichtige ae. *þǣr-tō-ēacen* 'außerdem', eigentlich 'dazugefügt'. S. *Auktion, noch²*, *wachsen*.

Seebold (1970), 84 f.

Audienz *f. erw. fach.* 'Empfang bei einem Höhergestellten' (< 15. Jh.). Entlehnt aus l. *audientia* 'Gehör, Aufmerksamkeit', einem Abstraktum zu l. *audīre* 'hören'. Die Bedeutung entwickelt sich an den Fürstenhöfen in Formeln wie *Audienz geben* oder *um eine Audienz bitten* von 'Gehör' zur 'Zeremonie, bei der einem Gehör geschenkt wird'.

S. *audio-, Auditorium* und aus dem Griechischen *Ästhetik*. – DF 1 (1913), 62; Jones (1976), 120 f.

audio- *LAff.* Moderne, im Lateinischen selbst nicht auftretende Kompositionsform für 'Hören, akustische Wahrnehmung', die aus dem Verb l. *audīre* 'hören' und seinen Ableitungen herausgesponnen ist. In neoklassischen Bildungen wie *audiovisuell*, *Audiometer* usw.

S. *Audienz, Auditorium* und aus dem Griechischen *Ästhetik*. – Cottez (1980), 42.

Auditorium *n. erw. fach.* 'Hörerschaft, Hörsaal' (< 15. Jh.). Entlehnt aus l. *audītōrium* 'Hörsaal', zu l. *audītor m.* 'Hörer', zu l. *audīre* 'hören'. Während das Wort in der Grundbedeutung ein heute nicht mehr übliches akademisches Fachwort ist, ist die Verschiebung zu 'Publikum eines Vortrags oder einer sonstigen Veranstaltung' verallgemeinert und noch üblich.

S. *audio-, Audienz* und aus dem Griechischen *Ästhetik*. – DF 1 (1913), 62; LM 1 (1980), 1196. Zu *Auditeur*: Jones (1976), 121.

Aue *f.* s. *Au*.

Auerhahn *m. erw. fach.* (Männchen des größten Wildhuhns) (< 10. Jh.). Mhd. *ūrhan*, ahd. *ūrhano* aus vd. *ūra-hanōn m.* 'Auerhahn'; das Vorderglied auch als ahd. *orre-huon* 'Auerhenne', fnhd. *orrehan*, das mit anord. *orri* 'Birkhuhn' vergleichbar ist. Vermutet wird eine Herkunft aus einer Bedeutung 'männlich': Die indogermanischen Sprachen haben zwei parallele Wörter für das Männchen von Tieren, einmal *wṛs(en)-* in ai. *vṛsán-* 'Männchen, Hengst', ai. *vṛsabhá-* 'Stier', l. *verrēs* 'Eber', lit. *veřšis* '(Stier)Kalb'; andererseits *ṛs-* in ai. *ṛsabhá-* 'Stier', gr. *ársēn* 'männlich'. Beide stehen zu Wörtern für 'regnen' (und andere Niederschläge) und beruhen wohl auf einer alten metaphorischen Benennung des Geschlechtsverkehrs als 'beregnen'; die Bedeutung 'männlich' also aus 'besamend'. Die beiden Sippen sind entweder parallel oder durch unregelmäßige Abwandlung auseinander entstanden. Aus *ṛs-(o-)* (g. *urz[a-]*) läßt sich ohne weiteres anord. *orri*, fnhd. *orrehan* herleiten. Die übrigen Wörter (*Auer-*) gehen auf g. *ūra-* zurück, das in der Bedeutung 'regnen' (anord. *úr* 'feiner Regen') nur mit lateinischen Wörtern vergleichbar ist (l. *ūrīnāre* 'harnen'). In beiden Sprachen

kann diese Lautform auf *uwṛs-*, einer Variante zu dem oben angeführten *wṛs-* mit der Entwicklung von *rs* zu *rz*, dann zu *rr* mit anschließender Vereinfachung (lateinisch vor dem Akzent, germanisch nach Langvokal) zurückgehen, so daß der Anschluß an die verbreitete indogermanische Sippe gewonnen wird. Lautlich ist die Herleitung also plausibel, doch ist es vom semantischen Standpunkt aus auffällig, daß hier (und nur hier) ein Vogel nur als Männchen bezeichnet wird. Immerhin ist das Balzverhalten des Auerhahns so auffällig, daß eine solche Bezeichnung denkbar wäre. Die entsprechenden Bezeichnungen für die weiblichen Tiere müßten parallel zu *Hahn – Henne – Huhn* erklärt werden, wo das Benennungsmotiv nur für das männliche Tier gilt, die weiblichen Tiere als ihm zugehörig benannt werden.

S. *Auerochse*. – Suolahti (1909), 248–251; *RGA* 1 (1973), 476.

Auerochse *m. erw. fach.* 'Wildrind' (< 10. Jh.). Mhd. *ūr(e), ūrochse*, ahd. *ūro, ūrohso* aus g. *ūrōn m.* 'Ur, Auerochse', das in der Variante g. *ūra-* auch in ae. *ūr*, anord. *úrr* (und vielleicht in der Verdeutlichung *Auerochse*) auftritt. Das Wort ist auch Bezeichnung der u-Rune. L. *ūrus* und gr. *oûros* gelten als Lehnwörter aus dem Germanischen. Da hier deutlich das männliche Tier bezeichnet wird, ist die unter *Auerhahn* dargestellte Herkunft als Wort für 'Männchen' plausibel, es wird aber auch Entlehnung aus einer unbekannten Sprache erwogen. Die alte Lautform ist als *Ur* wiederbelebt worden.

S. *Auerhahn, Ochse, Ur*. Nndl. *oeros*. – *RGA* 1 (1973), 476–479; LM 1 (1980), 1199.

auf *Adv. Präp.* (< 8. Jh.). Mhd. *ūf*, ahd. *ūf*, *ūp* aus g. *up(a)* 'auf', auch in anord. *upp*, ae. *up*, afr. *up* neben gt. *iup* (aus *eupa*?). Semantisch vergleichbar ist ig. *upo* mit ähnlichen lokalen Bedeutungen in ai. *úpa* und mit *s*-Anlaut (und gr. *s > h*) gr. *hýpo, hypó* und l. *sub*. Der Konsonantismus ist unklar: die germanischen Formen müßten entweder von einer Variante mit ig. *b* ausgehen oder durch Gemination o.ä. die germanische Lautverschiebung vermieden haben. Das germanische Wort zeigt später im Süden Vokaldehnung, im Norden Geminate des Konsonanten. Nach Sommer Lautgebärde *up* für eine schnelle, kräftige Bewegung von unten nach oben; *iup* mit 'Artikulationsanlauf'. Eine solche Annahme könnte das Ausbleiben der Lautverschiebung rechtfertigen. Normale Reflexe von ig. *-p-* in *oben* und *über*.

Nndl. *op*, ne. *up*, nschw. nisl. *upp*. S. mit g. *-p-* *äufnen*, *offen* und *Make-up*; mit g. *-f-/-b-* *oben*, *ob²*, *über*; zu außergermanischen Sprachen *sub-* und *hypo-*. – Th. Frings, G. Müller in: *FS E. H. Sehrt* (1968), 83–89; Henzen (1969), 218–240, 274–278; F. Sommer (1977), 6–11. Zum Lautlichen: W. Mitzka *ZDA* 93 (1964), 293; ders. *NJ* 93 (1970), 80–82. *Wortbildung* 1 (1973), 145 f. und die dort angegebenen Stellen.

aufbäumen *sw V.* s. *bäumen.*

aufbauschen *sw V.* s. *Bausch.*

aufbegehren *sw V. stil.* (< *16. Jh., Standard < 19. Jh.). Ein ursprünglich schweizerisches Wort (gebildet wie *auffordern*), das im 19. Jh. in den Standard aufgenommen wird. S. *begehren.*

aufbrechen *st V.* (< 13. Jh.). Partikelverb zu *brechen*, das früh übertragen wird auf andere inchoative Tätigkeiten, besonders den Beginn einer Reise oder eines Weges.

aufdonnern *sw V.* s. *aufgedonnert.*

aufdrieseln *sw V.* s. *aufdröseln.*

aufdröseln *sw V. stil.* ´aufdrehen, entwirren´ (< 18. Jh.). Auch **aufdrieseln, auftröseln.** Zu einem md. *triseln*, ndd. *triseln* ´drehen´, vgl. ndd. *trisel* ´Kreisel´. Weiteres unter *triezen*, aber sonst ist die Herkunft unklar. Das Wort ist durch Goethe verbreitet worden.

Aufenthalt *m.* (< 15. Jh.). Fnhd. *ũfenthalt*; Verdeutlichung von gleichbedeutendem *enthalt* ´Unterhalt, Aufenthalt´ zu *enthalten* ´stillhalten, zurückhalten, sich aufhalten´.

auffallen *st V.* (< 18. Jh.). Wenn etwas *auffällt* (´aufschlägt´), dann erregt es Aufsehen; hieraus die Bedeutungsentwicklung durch Verschiebung des Betrachter-Gesichtspunkts. Hierzu die Adjektive *auffallend* und *auffällig.*

aufführen *sw V.* (< 13. Jh.). Mhd. *ufvũeren* ´hinaufführen´, dann auch ´aufrichten´. Die heutige Bedeutung wohl aus ´auf ein Podium führen´.

aufgabeln *sw V. stil.* (17. Jh.). Zunächst ´auf die Gabel spießen´, dann ´entdecken, finden´. Der Bedeutungsübergang geht darauf zurück, daß man beim Hineinstechen in einen Laubhaufen o.ä. mit einer Gabel gelegentlich etwas aufspießt, von dem man nicht wußte, daß es da war.

aufgeben *st V.* (< 13. Jh.). Mhd. *ũfgeben.* Die durchsichtige Bedeutung ´übergeben´ ist spezialisiert in dem Abstraktum *(Haus-) Aufgabe*, das Verbum selbst mit seinen Ableitungen in der Bedeutung ´aufhören, verzichten´. S. *geben.*

Aufgebot *n. erw. fach.* ´öffentliche Bekanntmachung einer Eheschließung´ (< 15. Jh.). Zunächst eine aufgebotene Mannschaft, zu *aufgebieten, aufbieten.* Dann ´Aufforderung zur Anmeldung von Ansprüchen´ und schließlich ´Bekanntgabe einer beabsichtigten Eheschließung´ (d. h. ´Aufforderung zur Anmeldung irgendwelcher Ehehindernisse´). *LM* 1 (1980), 1203–1205.

aufgedonnert *Adj.(PPrät.) stil.* ´protzig gekleidet´ (< *19. Jh.). Zu *sich aufdonnern*, das heute als Finitum nicht mehr üblich ist. Man vermutet eine (scherzhafte) Bildung zu it. *donna* ´Dame´, doch kann dies allenfalls im Rahmen eines Wortspiels

mitgewirkt haben. Zu *Donner* etwa im Sinn von ´Theaterdonner´, d. h. etwas, das im Augenblick starken Eindruck macht, aber letztlich ohne Auswirkungen bleibt. Röhrich 1 (1991), 109.

aufgedunsen *Adj.(PPrät.)* (< 14. Jh.). Zu einem nicht mehr gebräuchlichen starken Verb *aufdinsen* ´ausdehnen´. Dieses zu mhd. *dinsen*, ahd. *thinsan*, as. *thinsan* ´ziehen´ aus g. **þens-a- st V.* ´ziehen´, auch in gt. *atþinsan* ´heranziehen´. Dieses aus ig. **tens-* ´ziehen, spannen´ in ai. *taṁsayati* ´zieht hin und her, schafft herbei´, lit. *tęsti* ´durch Ziehen dehnen, spannen´. Eine einfachere Wurzelform ist ig. **ten-* (s. *dehnen*). S. *Gedöns.* − Seebold (1970), 514 f.

aufgekratzt *Adj.(PPrät.) stil.* ´ausgelassen´ (< *16. Jh., Form und Bedeutung 18. Jh.). Ursprünglich Partizip zu *aufkratzen* ´durch Kratzen aufbereiten, neu herrichten´ (Stoffe, Kleider, Hüte usw.). Das Aufkratzen von Wolle und Tuch mit Disteln u.ä. ist zunächst ein Teil des Herstellungsvorgangs, wird dann aber auch zum Zweck des Erneuerns durchgeführt. Dann übertragen, etwa im Sinn von ´aufpolieren´, etwa *ein schlechtes (Theater-) Stück aufkratzen, aufgekratzt* von ´übertrieben gekleidet´ usw. Schließlich übertragen auf die Stimmung. S. *kratzen.*

aufgelegt *Adj. (PPrät.)* (< 18. Jh.). Die Bedeutung entspricht frz. *disposé*, zu dem es vielleicht eine Lehnbedeutung ist.

aufgeräumt *Adj.(PPrät.)* ´gut aufgelegt´ (< *16. Jh., Bedeutung 17. Jh.). Partizip zu *aufräumen* ´(ein Zimmer) in Ordnung bringen´. Wie bei *herausgeputzt* ist der Ausdruck für das Sauber-Machen gleichzeitig ein Ausdruck für das Schmücken, vor allem von Personen gesagt. Schon früh übertragen verwendet für ´gut aufgelegt´.

Aufhebens *machen stil. phras.* ´reißerisch in den Vordergrund stellen´ (< *16. Jh., Bedeutung < 17. Jh.). Ursprünglich Ausdruck der Fechtersprache für das zeremonielle *Aufheben* oder *Aufgehebe* der Waffen am Anfang des Kampfes (*Praeludium*); dann teilweise übertragen auf ´Anfang´, teilweise auf ´protziges Gehabe´. Das *-s* ist ursprünglich ein Genetiv. Röhrich 1 (1991), 109.

aufhören *sw V.* (< 13. Jh.). Mhd. *ũfhœren*; in gleicher Bedeutung auch einfaches mhd. *hœren*. Wenn jemand auf etwas sein Augenmerk richtet, dann läßt er zugleich von seiner Tätigkeit ab; das Ablassen ist deshalb ein anderer Aspekt des Aufmerkens; daher die Übertragung. Dem entsprechend ist die absolute Konstruktion und Bedeutung wesentlich früher bezeugt als die transitive (in der Regel mit Präposition *mit*).

aufklären *swV.* (< 17. Jh.). Das mndd. *upklāren* ´klar werden, aufhellen´ als Wetter-Ausdruck der Seemannssprache wird im 16. Jh. in die Hochsprache als *aufklaren* übernommen; im 17. Jh. stärker der hochdeutschen Wortbildung (und auch dem kausativen Gebrauch ´klar machen´) angepaßt als *aufklären*. Heute wird das Verb intransitiv und reflexiv verwendet als Wetterausdruck und in deutlich übertragenem Sinn (*sein Gesicht klärt sich auf*); transitiv hat es eine wesentliche Rolle gespielt im Sinn von ´erklären´, dann als Zentralbegriff der *Aufklärung* (18. Jh.) und neuerdings (20. Jh.) im Sinne von ´das Geschlechtsleben darstellen´. Nomen agentis: *Aufklärer*.
S. *klar*. – HWPh 1 (1971), 620–635; Grundbegriffe 1 (1972), 243–342; W. Bahner in: *Aufklärung – Gesellschaft – Kritik*. Hrsg. M. Buhr, W. Förster (Berlin 1985), 11–48.

aufkrempeln *swV.* (< 19. Jh.). Eigentlich ´die Krempe umschlagen´, zunächst vorwiegend von Hüten gesagt, aber auch allgemein (Hemdsärmel usw.).

Auflauf *m.* (< 13. Jh.). Mhd. *ūflouf* zu mhd. *ūfloufen* in der Bedeutung ´aufgehen, anschwellen´, zunächst als ´Volksauflauf´. Als Bezeichnung für ein Soufflee seit dem 19. Jh.

auflehnen *swV.* (< 13. Jh.). Mhd. *ūfleinen* entwickelt aus ´sich aufrichten´ die heutige Bedeutung. Zur Form s. *lehnen¹*.

aufmöbeln *swV. stil.* (< 19. Jh.). Frz. *meubler* ´einrichten´ wird zunächst entlehnt als *möbeln*, wozu *aufmöbeln* ´neu oder besser einrichten´, das dann übertragen gebraucht wird. Eine mögliche Bedeutung ´alte Möbel auffrischen´ ist aber auch nicht ausgeschlossen.

aufmüpfig *Adj. erw. obd.* ´aufsässig´ (< 20. Jh.). Übernommen aus dem Schweizerdeutschen. Oberdeutsche Form von *muffig* (und *muffeln*).

äufnen *swV. per. schw.* ´(Kapital) ansammeln´ (< 16. Jh.). Wie mhd. *ūf(f)en* ´erhöhen, ansammeln´, fnhd. *aufen*, Ableitung zu *auf* und wohl sekundäre Variante von *aufen*. In frühneuhochdeutscher Zeit weiter verbreitet (wobd., wmd.).

aufoktroyieren *swV. per. fremd.* ´aufzwingen´ (< *17. Jh., Form und Bedeutung < 19. Jh.). Als *oktroyieren* ´bewilligen, gewähren´ entlehnt aus frz. *octroyer* gleicher Bedeutung (dieses mit Neu-Anschluß an die lateinische Grundlage aus afrz. *otroier*, dieses aus ml. *auctorizare*, Erweiterung aus l. *auctōrāre* ´bestätigen, sich verbürgen´ zu l. *auctor* ´Urheber, Gewährsmann´). Die – nur deutsche – spätere Bedeutungsveränderung beruht auf dem Streit um die preußische Verfassung von 1848, die vom König *oktroyiert*, also ´erlassen´ wurde. Dies wurde von den Demokraten, die in der *oktroyierten* Verfassung eine aufgezwungene Verfassung sahen, nicht gebilligt. Diesen Sinn hat das

Wort (verstärkt durch *auf-*) bis heute beibehalten. Zur Sippe des zugrundeliegenden l. *augēre* ´vermehren´ s. *Auktion*.

aufpäppeln *swV.* s. *päppeln*.

aufpassen *swV.* (< *16. Jh., Form < 17. Jh.). Als *passen auf etwas* entlehnt aus mndl. *passen op* oder mndd. *passen up*, dann ohne Objekt, parallel zu ndl. *oppassen* nhd. *aufpassen*. Das niederländisch/niederdeutsche Wort ist zwar aus dem Französischen entlehnt (s. *passen*), hat aber die Bedeutung ´achten auf´ ohne das Vorbild (offenbar ´vorübergehen lassen´ > ´warten´ > ´lauern auf´). Die Bedeutung ´auf etwas lauern´ ist beim Simplex im Deutschen nur regional.

Aufruhr *m.* (< *14. Jh., Standard < 15. Jh.). Eine im Niederdeutschen beginnende Verstärkung von *Ruhr* im Sinne von ´heftige Erregung´. Zunächst Femininum wie das Grundwort, dann seit dem 16. Jh. Übergang zum Maskulinum (in Analogie zu *Aufstand*?). Täterbezeichnung: *Aufrührer*; Adjektiv: *aufrührerisch*.
Nndl. *oproer*, ne. *uproar*. S. *Ruhr, rühren*. – M. L. Bäumer *MDU* 74 (1982), 463–472; *LM* 1 (1980), 1206 f.

aufsässig *Adj. stil.* ´widerspenstig´ (< 16. Jh.). Das Problem mit den Formen auf *-sässig* besteht darin, daß es sich offenbar um eine alte Formation (ursprünglich *-säße*) handelt, die aber erst (nach-)mittelhochdeutsch bezeugt ist. Sehr wahrscheinlich handelt es sich um regionale Formen, die in früher Zeit nicht erkennbar literarisch geworden sind und sich dann später nicht mehr erschließbare Weise ausgebreitet haben. Im vorliegenden Sinn älter und weiter verbreitet ist fnhd. *aufsätzig* (15. Jh.), das deutlich zu fnhd. *aufsaz*, mhd. *ūfsaz* ´böse Absichten, Widersetzlichkeit´ gehört. Dieses zu mhd. *ūfsetzen*, am ehesten in der (schlecht und spät bezeugten) Bedeutung ´widersetzlich sein´ (deutlicher *die Hörner aufsetzen*, *den Kopf aufsetzen*). Dazu auch *aufsässig*, vielleicht nach dem Muster mhd. *widersaz – widersæze(c)* gebildet. Zugrunde liegt ein altes Adjektiv der Möglichkeit (*sǣtja-*) zu *sitzen*.
S. *sitzen*. – Heidermanns (1993), 479 f.

aufschneiden *stV. stil.* ´prahlen´ (< *16. Jh., Bedeutung < 17. Jh.). Es bedeutet in alter Zeit ´(am Tisch) vorlegen´, also ´Fleisch usw. aufschneiden´. Im 17. Jh. ähnlich wie *auftischen* übertragen zu ´(Unglaubliches) erzählen´, *mit dem großen Messer aufschneiden* ´große Reden führen, unglaubliche Geschichten erzählen´; als die Bedeutung ´vorlegen´ unüblich wird, wird die nähere Bestimmung bei ´prahlen´ weggelassen. Nomen agentis: *Aufschneider*.
Röhrich 1 (1991), 110 f.

aufschwemmen *swV. phras.* (< 16. Jh.). Meist in festen Wendungen wie *aufgeschwemmtes Gesicht* ('aufgedunsen'). Zu mhd. *swemmen* 'aufgehen lassen' (etwa Teig mit Hefe); ausgehend von 'mit Wasser vollsaugen lassen'. In dieser Bedeutung kann es sich um eine Ableitung zu *Schwamm* handeln als 'aufgehen wie ein Schwamm', aber zumindest beeinflußt von *schwemmen, überschwemmen* usw., die als Kausative zu *schwimmen* gehören.

Auftrag m. 'Weisung, Bestellung' (< 17. Jh.). Zu *auftragen* 'übertragen, übergeben', dann 'Weisung erteilen, befehlen'. Das Verbum ist heute weithin ersetzt durch *beauftragen*. S. *tragen*.

auftröseln *swV.* s. *aufdröseln.*

aufwarten *swV. obs.* 'bedienen' (< 15. Jh.). Eigentlich 'auf jmd. achten, für jmd. sorgen'. Zu *warten* in der Bedeutung 'achtgeben' (wie etwa in nhd. *Warte*).

aufwiegeln *swV. stil.* 'aufreizen' (< 15. Jh.). Ursprünglich nur schweizerisch belegte Iterativbildung zu *(be)wegen*, also ursprünglich: 'in vielen kleinen Schritten bewegen'. Bei der Übernahme in die Standardsprache vielfach als (fnhd.) *aufwickeln* umgesetzt. Im 19. Jh. kommt als Gegensatzbildung **abwiegeln** auf. Nomen agentis: **Aufwiegler**.

aufziehen *stV.* (< 11. Jh.). Bei Uhren deshalb, weil die antreibenden Gewichte der alten Turmuhren in die Höhe gezogen wurden. In der Bedeutung 'verspotten' ein Ausdruck der Folter: das Opfer wurde mit beschwerten Füßen hochgewunden − deshalb eigentlich 'jmd. quälen', dann abgeschwächt 'verspotten' (vgl. *triezen*). Im 20. Jh. *eine Veranstaltung aufziehen*, etwa im Sinne von 'wie ein Uhrwerk ablaufen lassen'.

Augapfel m. s. *Apfel.*

Auge n. (< 8. Jh.). Mhd. *ouge*, ahd. *ouga*, as. *ōga* aus g. **augōn* n. 'Auge', auch in gt. *augo*, anord. *auga*, ae. *ēage*, afr. *āge*, aus ig. **okʷ-* 'Auge' in ai. *ákṣi-*, gr. *ósse* (Dual), l. *oculus* m., akslav. *oko*, lit. *akìs* f. Vielleicht zu einer Verbalwurzel mit der Bedeutung 'sehen'. Der Diphthong im Germanischen beruht auf einem (wohl unregelmäßigen) Umsprung des *u/w* (Bestandteil des Labiovelars *kʷ*) wie bei *Haupt*. Verb: **äugen**.

Nndl. *oog*, ne. *eye*, nschw. *öga*, nisl. *auga*. S. *liebäugeln*. − Röhrich 1 (1991), 112−118. Zur Lautform: F. Specht *ZVS* 62 (1935), 211.

Augentrost m. *per. fach.* 'Euphrasia (ein Halbschmarotzer)' (< 15. Jh.). Spmhd. *ougentrōst*, mndd. *ōgentrōst* heißt so, weil die Pflanze als Augenheilmittel verwendet wurde. Nicht auszuschließen ist allerdings, daß der Name einfach 'ein Trost für die Augen, hübsch anzusehen' bedeutet, und daß die Annahme der Heilkraft aus dem Namen herausgesponnen ist. Übernommen in nndl. *ogentroost*, nschw. *ögontröst*.

Marzell 2 (1972), 389−392.

Augiasstall m. *bildg.* 'Ort mit großer Unordnung, üble Verhältnisse' (< 19. Jh.). Übernommen aus dem Griechischen (gr. *Augeíos boustasía* über l. *cloacae Augeae*), wo es auf eine altgriechische Sage um Herkules zurückgeht, der die Aufgabe hatte, den seit 30 Jahren nicht mehr ausgemisteten Stall des Königs *Augeías* zu säubern. Schon in antiker Zeit als Bild verwendet, um gehäufte Mißstände zu bezeichnen.

Röhrich 1 (1991), 118.

Augstein m. s. *Bernstein.*

August m. (< 8. Jh.). Ahd. *augusto*, mhd. *ougest*, dann (18. Jh.) wieder an die Ursprache angepaßt, mndd. *owest*, *au(g)st*, mndl. *oust*. Entlehnt aus l. *(mēnsis) Augustus*. Von den Römern so benannt zu Ehren des Kaisers Octavian, der den Namen *Augustus* (eigentlich 'der Erhabene') als Beinamen trug (*to*-Bildung zu einem *s*-Stamm). Entlehnung und Verbreitung der lateinischen Bezeichnung erfolgte in juristischen Texten.

Zur Sippe von l. *augēre* 'vermehren' s. *Auktion*. − *DF* 1 (1913), 62.

Auktion f. *erw. fach.* 'Versteigerung' (< 16. Jh.). Entlehnt aus l. *auctio (-ōnis)*, einem Nomen actionis zu l. *augēre (auctum)* 'vermehren, steigern'. Die technische Bedeutung erst beim Substantiv.

Zu l. *augēre* 'vermehren' gehören *Auktion* als Abstraktum und *August* als adjektivische *to*-Weiterbildung zu einem *s*-Stamm. Die übrigen Verwandten gehen auf das Nomen agentis *auctor* zurück: *Autor* und *autorisieren*; über das Französische *aufoktroyieren*, semantisch weiterentwickelt *Autorität* und dazu das Adjektiv *autoritär*; zur germanischen Verwandtschaft s. *auch* und *wachsen*. Ersatzwort ist *Versteigerung*. − *DF* 1 (1913), 62 f.

Aula f. *per. fach.* 'Festsaal' (< 17. Jh.). Entlehnt aus l. *aula* 'Atrium, Halle', dieses aus gr. *aulḗ* 'Hof, Halle'. Entlehnt zur Bezeichnung der Festsäle von Gymnasien und Universitäten.

Aura f. *per. fach.* 'Ausstrahlung' (< 20. Jh.). Entlehnt aus l. *aura* 'Lufthauch, Lichtglanz, Dunst', dieses aus gr. *aúra* 'Luft, Hauch'. Das Wort wurde zunächst in der antiken Medizin benutzt, um die Vorahnung für einen epileptischen Anfall zu bezeichnen, dann wurde es von verschiedenen esoterischen Gruppierungen übernommen. In der Kabbala wird damit ein Dunstkreis bezeichnet, der den Menschen bis zum Jüngsten Gericht umgibt, dann die wahrnehmbare Ausstrahlung eines Menschen. Im 20. Jh. in philosophische und psychologische Konzepte einbezogen.

HWPh 1 (1971), 652 f.

Aurikel f. *per. fach.* 'Bergschlüsselblume' (< 18. Jh.). Die Bergschlüsselblume wird wegen ihrer Form mundartlich auch **Bärenöhrlein** genannt. Aus dem gleichen Grund bekommt sie in der biologischen Fachsprache die Bezeichnung ml. *auricula* 'Öhrchen', die zuvor schon für verschiedene Pflanzensorten üblich war; in der volkssprachlichen Verwendung ohne die lateinische Endung. Das Wort zu l. *auris* ´Ohr´ (s. *Ohr*).

aus *Adv./Präp.* (< 8. Jh.). Mhd. *ūz*, ahd. *ūz*, as. *ūt* aus g. **ut(a)* ´aus´ in gt. *ūt*, anord. *út*, ae. *ūt*, afr. *ūt*, mit Vokaldehnung zu ig. **ud-* mit ähnlichen lokalen Bedeutungen, z. B. in ai. *úd-* ´empor, hinaus´. Das Wort ist Adverb; Präposition nur im Westgermanischen. Zu einer Variante (wohl aus ig. **ud-s-*) s. *er-*.

Nndl. *uit*, ne. *out*, nschw. *ut*, nisl. *út*. S. *außen, außer, er-, Fallout, Handout, k.o., Layout*. – Henzen (1969), 133−178; *Wortbildung* 1 (1973), 146 und die dort angegebenen Stellen; Röhrich 1 (1991), 118 f.

ausbaden *swV. stil. phras.* ´die Folgen tragen´ (< *15. Jh., Bedeutung < 17. Jh.). Die Wendung *etwas ausbaden müssen* in der heutigen Bedeutung ist erst seit dem 17. Jh. sicher bezeugt. Die Ausgangsbedeutung ist unklar. Zu bedenken ist zunächst die Parallelität von *etwas ausfressen/auslöffeln müssen*. So wie dort der Zusammenhang im Grunde in der Angabe von Grund und Konsequenz besteht (*was man sich eingebrockt hat, muß man ausfressen*), so gibt es auch bei Fischart (16. Jh.) *der einmal einsteigt, der muß das Bad außbaden oder doch zahlen*. Dies würde sich auf das Schema ´was man begonnen hat, muß man durchführen´ beziehen, und andere Merkmale (wie die Beteiligung anderer) könnten durch sekundäre Abwandlung hinzugekommen sein; *ausbaden* bedeutet in diesem Zusammenhang ´zu Ende führen, das Bad bis zum Ende durchführen´ (daß dabei zusätzlich an das Ausschütten, oder Reinigen, oder Bezahlen gedacht wurde, ist möglich, aber nicht notwendig). Älter ist neben der eigentlichen Bedeutung ´zu Ende baden´ das verallgemeinerte *ausgebadet sein* ´zu Ende sein, ruiniert sein´ und das transitive *jemanden ausbaden* ´(finanziell) ausnehmen, ruinieren´, das wohl wie *ausziehen* zu verstehen ist.

S. *Bad*. − Röhrich 1 (1991), 131 f. Anders: W. Niekerken in: *FS Pretzel* (1963), 372 f.

ausbaldowern *swV.* s. *baldowern*.

ausbeuten *swV.* (< 16. Jh.). Partikelableitung zu *Beute*[1], zunächst im eigentlichen Sinn ´Kriegsbeute machen´, dann auch ´die Beute verteilen´; daraus ´Gewinn ziehen´ und die Übertragung auf den Gewinn von Naturschätzen u.ä. Hierzu das Abstraktum *Ausbeute*, während *Ausbeutung* meist (nach dem Vorbild von frz. *exploitation*, ne. *exploitation*) festgelegt wird auf die Ausnützung von Arbeitskräften.

Ausbund *m. obs. phras.* ´Inbegriff, Muster´ (< 15. Jh.). Vermutlich bezieht sich das Wort auf einen Brauch der Kaufleute, Warenproben ´aus den Bünden´ zu nehmen, um sie als *Schauende, Schaustück* o.ä. obenauf zu binden. Da hierzu die besseren

Stücke genommen wurden, entwickelt *Ausbund* die Bedeutung ´das beste von allen Stücken, etwas ungewöhnlich Gutes´. Das Wort ist allerdings fast ausschließlich übertragen bezeugt, und wo es sich auf Waren bezieht, ist der Zusammenhang nicht deutlich genug, um das Benennungsmotiv erkennen zu lassen. Formal handelt es sich um ein exozentrisches Kompositum: ´das, was aus dem Bund herausgenommen ist, was außerhalb liegt´. Heute fast nur noch ironisch gebraucht.

Röhrich 1 (1991), 119.

ausfällig *Adj.* (< 19. Jh.). Zu *ausfallen* im Sinn von ´einen Ausfall machen, angreifen´.

ausflippen *swV. erw. grupp.* ´durchdrehen, sich der bürgerlichen Gesellschaft entziehen, sich der Drogenszene zuwenden´ (< 20. Jh.). In der Gegenwartssprache entlehnt aus ne. *to flip out*, das das gleiche bedeuten kann (eigentlich ´wegschnipsen´). S. *Flipper*.

Carstensen 1 (1993), 61−63.

Ausflucht *f.*, meist *Pl.* (< 15. Jh.). Die heutige Bedeutung geht zurück auf rechtssprachliche Wendungen (´Einrede, Anrufung eines höheren Gerichts´ als ´Vorwand bei der Verteidigung´, vgl. *Ausweg*, doch wird bei *Ausflucht* von vornherein das Merkmal des Vortäuschens unterstellt). Zu *fliehen* und *Flucht*[1].

Ausflug *m.* (< 13. Jh.). Mhd. *uzvluc*. Zunächst nur vom Ausfliegen der Vögel gesagt, dann (seit Luther) übertragen auf Menschen, spezialisiert auf ´Wanderung, kleinere Reise´ im 17. Jh., daneben regional *Ausflucht*.

ausführen *swV.* (< 10. Jh.). Mhd. *uzvüeren*, ahd. *uzfuoren* ´hinausführen´, dann ´zu Ende führen´ und damit die heutige Bedeutung. Entsprechend die Ableitung *ausführlich* (15. Jh.).

ausgefallen *Adj.(PPrät.)* ´ungewöhnlich´ (< 20. Jh.). Zu *ausfallen* im Sinn von ´unterbleiben´.

ausgefuchst *Adj.(PPrät.) stil.* (< 19. Jh.). Vermutlich steigernde Bildung zu *eingefuchst* ´als Fuchs eingewiesen´ (aus der Studentensprache). Zu *aus-* in der Bedeutung ´bis zum Ende´. Da das Wort ursprünglich auch eine obszöne Bedeutung haben kann (*ausgefuchste Hure*), ist auch ein Anschluß an regionales *fuchsen* ´beschlafen´ denkbar.

ausgekocht *Adj.(PPrät.) stil.* (< *16. Jh., Bedeutung < 19. Jh.). Zu *auskochen* ´durch Kochen reinigen (z. B. Fleisch von Fett)´ mit ähnlichem Bedeutungswandel wie *raffiniert*. Gaunersprachliches *kochem* (s.d.) ´gescheit´ kann mit eingewirkt haben (*auskochemen* ´ausmachen, geheim beraten´) ist bezeugt). S. *kochen*.

W. Röll *AIGK* 7, Bd. 5 (1985), 59 f.

ausgelassen *Adj.* (*PPrät.*) ´übertrieben fröhlich´ (< 16. Jh.). Zu *auslassen* in der Bedeutung ´freilassen, nicht zurückhalten'; zunächst allgemein als 'hemmungslos, unbändig', dann zur heutigen Bedeutung spezialisiert.

ausgemergelt *Adj.(PPrät.)* (< 15. Jh.). Partizip eines seltener belegten schwachen Verbs *ausmergeln*, auch *abmergeln*. Vermutlich wird damit ursprünglich das Verfahren bezeichnet, Äcker mit Mergel kurzfristig aufzuwerten, wodurch sie aber stärker ausgelaugt werden (vgl. die Bauernregel *Mergel macht reiche Väter und arme Söhne*). Das Wort wird auch (und zwar schon früher) für andere Formen des Auslaugens und Abmagerns verwendet und dabei an *Mark* im Sinne von 'das Mark ausziehen' angeschlossen; bei der Verwendung zur Bezeichnung eines abgemagerten Körpers auch (in der medizinischen Fachsprache) an l. *marcor* 'Schlaffheit', l. *marcidus* 'welk'. Einzelheiten der Entstehung und Entwicklung unklar.
S. *Mergel*. – B. Liebich *BGDSL* 23 (1898), 223; S. Singer *ZDW* 3 (1902), 223; A. Götze *ZDW* 10 (1908/09), 49–56.

ausgepicht *Adj.(PPrät.)* stil. 'durchtrieben' (< 18. Jh.). Eigentlich 'mit Pech ausgeschmiert' (um dicht zu machen, von einem Faß u. ä.), dann übertragen *ein ausgepichter Magen*, d. h. 'einer, der viel verträgt' und dann weiter verallgemeinert.

auskneifen *swV.* stil. 'ausreißen' (< 19. Jh.). Übernommen aus ndd. *ūtknīpen* (auch *knīpen gān*) 'sich aus der Klemme (*knīp*) befreien, weglaufen'. Später zunächst in der Studentensprache 'sich heimlich davonmachen'.

Auskunft *f.* (< *15. Jh., Bedeutung 18. Jh.). Zunächst in der Bedeutung 'Ausweg' (zu *auskommen*, *herauskommen*) bezeugt; dann über *Auskunft geben* 'einen Ausweg nennen' zur heutigen Bedeutung. S. *kommen*.

ausladend *Adj.(PPräs.)* stil. 'ausgebreitet (von Ästen u. a.)' (< 18. Jh.). Ursprünglich niederdeutsch. Die Nominalableitung *auslade, auslading* 'vorspringender Teil eines Bauwerks' ist früher (< 16. Jh.) bezeugt. Zu *Lode*, also vom üppigen Wachstum junger Sprößlinge gesagt und sekundär an *laden* angeglichen.
W. Niekerken in: *FS Pretzel* (1963), 373.

auslaugen *swV.* (17. Jh.). Zunächst mit einer Lauge, später auch mit Wasser 'etwas aus einer Substanz herauslösen' (Salz aus Asche, Kupfer aus gerösteten Kupfererzen). Die Substanz, der das gewünschte Material entzogen wurde, ist dann wertlos, deshalb die übertragene Bedeutung und das Partizip *ausgelaugt*.

ausmarchen *swV.* per. schwz. ' (Rechte) gegeneinander abgrenzen' (< 15. Jh. – Ableitung schon früher). Fnhd. *ausmarken* 'abgrenzen'; zu *Mark*[1].

ausmerzen *swV.* erw. fach. 'die zur Zucht nicht tauglichen Schafe ausscheiden' (< 15. Jh.). Das Wort wird auf *März* bezogen, von der Vorstellung

ausgehend, daß die Schafherden im Frühjahr verkleinert werden. Falls dieser Zusammenhang sekundär ist, ist die Herkunft des Wortes unklar.
Nach R. Gerlach *Blätter für deutsche Landesgeschichte* 90 (1953), 175 zu *merten* (d. h. 'ausscheiden am Martinstag'). Nach R. Neubauer *ZVV* 13 (1903), 100–102 als **merkezen* 'markieren' zu *merken* (bair. *Schafe merken*); Röhrich 1 (1991), 120.

Auspizien *n. Pl. bildg.* 'Aussichten' (< 18. Jh.). Entlehnt aus l. *auspicium n.* 'Vogelschau' (aus **avi-spek-iu-m* zu l. *avis* 'Vogel' und l. *specere* 'sehen'; zu dessen Sippe s. *inspizieren*).
DF 1 (1913), 63.

auspowern *swV. obs.* 'ausbeuten bis zur völligen Erschöpfung' (< 19. Jh.). Partikelableitung zu nhd. *power* 'armselig, ärmlich', dieses aus frz. *pauvre*, aus l. *pauper*. Heute sekundär an e. *power* 'Kraft', als 'entkräften' angeschlossen.

ausrotten *swV.* (< 15. Jh.). Früher auch **ausrutten, ausreuten, ausreiten**; es ist die ursprüngliche oberdeutsche Entsprechung zu dem aus dem Niederdeutschen stammenden *roden*. Die Bedeutung ist also 'mit der Wurzel entfernen'.

Aussatz *m. obs. erw. fach.* 'Lepra' (< 13. Jh.). Mhd. *ūzsaz, ūzsetze*. Rückgebildet aus mhd. *ūzsetze* neben der Ablautvariante ahd. *ūzsāz(e)o* 'Aussätziger' (8. Jh.), eigentlich 'einer, der außen sitzt', weil die Leprakranken sich von den menschlichen Siedlungen absondern mußten. Das ältere Wort für 'Aussatz' ist ahd. *misalsuht* 'Mieselsucht' zu l. *misellus* 'der Arme, Elende'. Adjektiv: **aussätzig**.
S. *aus* und *sitzen*. – M. Åsdahl Holmberg *NM* 26 (1970), 32–41; *RGA* 1 (1973), 505–508.

ausschlagen *stV.* (< 9. Jh.). Mhd. *ūzslahen*, ahd. *ūzslahan*, as. *utslahan*, Partikelverb zu *schlagen* mit *aus*. Neben der eigentlichen Bedeutung 'herausschlagen' und der Übertragung 'ablehnen' entwickeln sich aus einer intransitiven Bedeutung wie 'sich irgendwohin richten, etwas irgendwohin kommen lassen' die Bedeutungen '(Sprossen, Knospen) hervorbringen' (übertragen von Hautkrankheiten, vgl. *[Haut-] Ausschlag*); 'sich nach einer bestimmten Richtung bewegen (vom Zünglein an der Waage usw.)' – hierzu *den Ausschlag geben*.
Röhrich 1 (1991), 121.

Ausschuß *m. erw. fach.* 'ausgeschiedene Teile der Produktion' (< 15. Jh.). Zu *ausschießen* in der heute nur noch regional üblichen Bedeutung 'ausscheiden, aussondern', die auf *schießen* 'werfen' zurückgeht. Mit anderer Bedeutungsentwicklung aus der gleichen Grundlage die Bedeutung 'Kommission'.

außen *Adv.* (< 8. Jh.). Mhd. *ūzen*, ahd. *ūz(z)ana*, as. *ūtan* zu g. **ūta-n-* 'außen' in gt. *ūtana* 'von außen', anord. *útan*, ae. *utan(e)*, *ūton*; aus der unter *aus* behandelten Grundlage ig. **ud-* ´hinaus´ mit verschiedenen Suffixen für lokale Adverbien.

Nschw. *utan*, nisl. *utan*.

Außenseiter *m.* (< 20. Jh.). Lehnbildung zu ne. *outsider* (´der außerhalb Liegende´), ursprünglich als Bezeichnung eines Pferdes, das beim Rennen als chancenlos gilt. Das englische Wort wird im 19. Jh. entlehnt und dann (weitgehend) ersetzt.

Stiven (1936), 82, 98; Carstensen 1 (1993), 64.

außer *Adv. Konj.* (< 8. Jh.). Mhd. *ūzer*, ahd. *ūz(z)ar*, as. *-ūtar* aus g. **ūtar-*, auch in anord. *útar*, ae. *ūte*, *ūt(t)or*, afr. *ūter*; aus der unter *aus* behandelten Grundlage ig. **ud-* ´heraus´. Adjektiv *äußer(er)*, Superlativ *äußerst*; hierzu *äußerlich*, *außerhalb*.

äußern *swV. stil.* (< **11. Jh., Form < 14. Jh.). Zu *aus* und *außer* werden seit spätalthochdeutscher Zeit Verben gebildet; frühest-bezeugt ist ahd. *ūzōn* ´verwerfen´, *refl.* + *Gen.* ´verzichten auf´, also im Grunde ´nach außen tun´. In mittelhochdeutscher Zeit *ūzen*, *ūzenen* u.ä. und daneben auch *ūzern*, das eher eine verdeutlichende Anpassung als eine Neubildung ist (vgl. mndd. *uten*, *uteren*, mndl. *uten*). Die Bedeutung dieser Verben ist zunächst ziemlich allgemein, z. T. erhalten in *entäußern*, *veräußern* (s.dd.). Das Simplex heute (wie nndl. *uiten*, ne. *utter*) auf ´erwähnen´ beschränkt. Abstraktum: *Äußerung*.

ausstaffieren *swV. stil.* (< 16. Jh.). Übernommen aus ndd. *utstafferen* (u.ä.), das über mndl. *stofféren* auf afrz. *estofer* zurückgeht; dieses gehört zu dem unter *Stoff* behandelten Substantiv; also ursprünglich: ´mit Stoff ausstatten, ausschmücken´. S. *Staffage*, *Stoff*.

Ausstand *m.* (< **15. Jh., Bedeutung < 19. Jh.). In älterer Zeit als Abstraktum und Konktretum von *ausstehen* in verschiedenen Bedeutungen bezeugt; speziell auch oberdeutsches Wort für ´Fehlen beim Dienst´ zu *ausstehen* ´(beim Dienst) fehlen´. Ende des 19. Jh. wird das Wort aus der Bergmannssprache aufgegriffen, um das aus ne. *strike* entlehnte *Streik* zu ersetzen; es hat sich aber nur teilweise durchgesetzt.

V. Steinecke *ZSV* 9 (1894), 106.

ausstatten *swV. stil.* (< 16. Jh.). Zu früherem *stat(t)en* ´zu etwas verhelfen´, eigentlich ´zu etwas Gelegenheit geben´, zu *Statt* ´Stelle, Gelegenheit´. S. *abstatten*, *erstatten*.

ausstechen *stV.* ´übertreffen´ (< 17. Jh.). Fnhd. *uzstechen*, as. *utsteken* aus *stechen* und *aus*. Die übertragene Bedeutung bezieht sich wohl auf das Turnierwesen (das *Stechen*), bei dem der Sieger den Unterlegenen *aus dem Sattel stach*.

Röhrich 1 (1991), 123 f.

ausstehen *stV.* (< 14. Jh.). Zunächst in verschiedenen Bedeutungen gebraucht, die heute nicht mehr üblich sind (´wegbleiben´ – vgl. aber *Ausstand*); dann ´fällig sein´ und schließlich (16. Jh.) ´ertragen´ (vgl. *durchstehen* u.ä.).

Auster *f. erw. fach.* (< 9. Jh.). Zuerst in ahd. *aostorscala* ´Austernschale´ bezeugt, dann aber wohl erst im 16. Jh. aus ndd. *ūster* richtig entlehnt, das über das Niederländische auf afrz. *oistre* und auf l. *ostrea* und l. *ostreum n.* zurückgeht. Dieses stammt aus gr. *óstreion n.* ´Auster´, das aus einem Stamm **ostr-* ´harte Schale´ zu ig. **os(t)-* ´Knochen´ (in l. *os* ´Knochen´ usw.) gebildet ist.

RGA 1 (1973), 509–512; Lloyd/Springer 1 (1988), 295–297.

Aussteuer *f. alt.* (< 16. Jh.). Rückbildung zu *aussteuern* ´ausstatten´, d. h. mit einer *Steuer*, einem Zuschuß, versehen.

R. Schmidt-Wiegand in: *Brüder-Grimm-Symposion*. Hrsg. R. Hildebrandt/U. Knoop (Berlin 1986), 134.

austreten *stV.* (< **15. Jh., Bedeutung < 19. Jh.). Im intransitiven Gebrauch erhält das Verb frühneuhochdeutsch vor allem in der Heeressprache die Bedeutung ´aus einer Gruppe heraus-/hervor-/wegtreten´. Daraus übertragen im 19. Jh. ´aus einem Verein usw. austreten´ und ´seine Notdurft verrichten´ (dieses wie älteres *abtreten*, s. *Abtritt*).

ausweiden *swV. erw. fach.* ´die Eingeweide herausnehmen´ (< 16. Jh.). Zu dem unter *Eingeweide* behandelten Wort.

auswendig *Adj. phras.* (< **13. Jh., Bedeutung < 16. Jh.). Zu *wenden* und *aus* zunächst in der Bedeutung ´äußerlich, nach außen gewandt´. Seit dem 16. Jh. in der Verbindung mit *wissen*, *lernen* (u.ä.) als ´bereits den äußeren Anblick kennen´.

Autarkie *f. per. fach.* ´wirtschaftliche Unabhängigkeit´ (< 19. Jh.). Entlehnt aus gr. *autárkeia*, einer Ableitung aus gr. *arkeīn* ´genügen, ausreichen´ und gr. *auto-* ´selbst´ (s. *auto-*), also ´Selbstgenügsamkeit´. Adjektiv *autark*.

HWPh 1 (1971), 686–691; *Grundbegriffe* 1 (1972), 377–381.

authentisch *Adj. erw. fach.* ´maßgeblich, echt´ (< 16. Jh.). Entlehnt aus l. *authenticus*, dieses aus gr. *authentikós* ´zuverlässig, richtig´, einer Ableitung von gr. *authéntēs* ´Urheber´.

Das griechische Wort besteht sicher aus gr. *autós* ´selbst´ (s. *auto-*) und einem nicht eindeutig bestimmbaren zweiten Bestandteil – er kann ein Nomen agentis auf gr. *-tēs* zu einer vollstufigen Bildung zu gr. *hanyein* ´zustandebringen, vollbringen´ sein, also ´Selbstvollbringer´. Es bedeutet aber auch ´Mörder´, so daß eine Einmischung einer zweiten Wurzel nicht ausgeschlossen ist. – *DF* 1 (1913), 63; P. Kretschmer *Glotta* 3 (1912), 289–293, ebd. 4 (1913), 340; W. J. Jones *SN* 51 (1979), 249; *HWPh* 1 (1971), 692 f.

auto- *Präfixoid* zur Komposition von Substantiven und Adjektiven, wobei dem Grundwort die Bedeutung ´selbst, aus eigener Kraft´ hinzugefügt wird (z. B. *Automobil* ´selbstbewegendes Fahrzeug´, *autonom* ´selbständig´). Vor Vokalen fällt in griechischen Wörtern das *-o* aus (*autark*), ebenso vor *h*, das dann mit dem Auslaut des ersten Gliedes verschmilzt (*authentisch* − im Griechischen ist *-th-* ein einfacher Laut). Das Element wird in griechischen Wörtern ins Deutsche übernommen und in neoklassischen Bildungen verwendet. Seine Herkunft ist gr. *autós* ´selbst´.

S. *autark, authentisch, Auto, Autodidakt, Autogramm, Automat, autonom.* − *Wortbildung* 3 (1978), 228; Cottez (1980), 43 f.

Auto *n.* (< 20. Jh.). Kopfwort von *Automobil* ´Kraftfahrzeug´ (zuerst als Vorderglied von Komposita, seit 1913), wie das Vollwort (s. *Automobil*) nach etwas früherem französischem Vorbild (1910).

Autodafé *n. per. fach.* ´Verbrennung von Schriften´, eigentlich ´feierliche Hinrichtung von Ketzern´ (< 18. Jh.). Entlehnt aus port. *auto da fé m.*, eigentlich ´Akt des Glaubens´ (= l. *āctus fidēī m.*). Zunächst Bezeichnung der öffentlichen Verkündigung eines Urteils der Inquisition; dann übertragen auf dessen Vollstreckung.

DF 1 (1913), 63.

Autodidakt *m. erw. fach.* ´der sich selbst sein Wissen beigebracht hat´ (< 16. Jh., Form 18. Jh.). Entlehnt aus gr. *autodidaktós Adj.*, das aus gr. *autós* ´selbst´ (s. *auto-*) und gr. *didaktós* ´gelehrt, Lehrer´ zusammengesetzt ist. Dieses ist PPP. zu gr. *didáskein* ´lehren´ (s. *didaktisch*).

DF 1 (1913), 64.

autogen *Adj. per. fach.* ´eigenständig´ (< 20. Jh.). Entlehnt aus gr. *autogenḗs* ´von sich selbst entstanden´, einem exozentrischen Adjektiv aus gr. *autós* ´selbst´ (s. *auto-*) und gr. *génos* ´Geschlecht, Herkunft´ (s. *-gen*), also ´dessen Herkunft selbständig ist´. Zunächst nach englischem Vorbild für technische Vorgänge (*autogenes Schweißen*), dann seit 1928 *autogenes Training* (u. a.). Für die Sippe von gr. *génos* ´Geschlecht´ s. *homogen* und *-gen*.

Autogramm *n. erw. fach.* ´eigenhändige Unterschrift´ (< 19. Jh.). Neoklassische Neubildung zu gr. *autós* ´selbst´ (s. *auto-*) und gr. *grámma n.* ´Schriftzeichen, Schreiben´. Zur Sippe des zugrundeliegenden gr. *gráphein* ´schreiben´ s. *Graphik*.

Automat *m. erw. fach.* (< 16. Jh.). Entlehnt aus l. *automatus, automatos Adj.* ´aus eigenem Antrieb handelnd, freiwillig´, *n.* ´Maschine, die sich selbst bewegt´, zu gr. *autómatos* ´aus eigenem Antrieb, von selbst geschehend´, zu gr. *autós* ´selbst´ (s. *auto-*) und dem selbständig nicht auftretenden Partizip der Wurzel ig. **men-* ´denken, wollen´ (**mn̥-to-*), vgl. gr. *mémona* ´im Sinn haben, gedenken, streben´, gr. *ménos* ´Geist, Kraft, Drang´. Adjektiv: *automatisch*; Verb: *automatisieren*.

S. *Amnestie, Manie, Mentor*; zur lateinischen Verwandtschaft s. *mental* und *monieren*; zur germanischen s. *mah-*

nen. − *DF* 1 (1913), 64; *HWPh* 1 (1971), 695−697. Zur Sachgeschichte s. Diels (1920), 57−70.

Automobil *n. alt.* (< 19. Jh.). Entlehnt (ungefähr 1885) aus frz. *automobile*, einer neoklassischen Zusammensetzung aus gr. *autós* ´selbst´ (s. *auto-*) und l. *mōbilis* ´beweglich´ (also eine Hybridbildung, wohl in Analogie zu dem früheren frz. *locomobile*). Frz. *voiture automobile* bezeichnete zunächst eine Art Straßenbahn auf Schienen, durch Preßluft betrieben (belegt seit 1875). Die Bezeichnung der Kraftfahrzeuge war zu Beginn ihrer Entwicklung noch uneinheitlich: am.-e. zunächst vor allem *horseless carriage* ´Wagen ohne Pferde´ u. a. *Automobile* ist dann amerikanisch geblieben, nicht aber englisch. Das deutsche Wort zunächst als Femininum entlehnt, dann zum Neutrum übergegangen und durch das Kurzwort *Auto* weitgehend ersetzt.

Zu der Sippe des zugrundeliegenden l. *movēre* ´bewegen´ s. *Promotion.* − *DF* 1 (1913), 64 f.; E. Lerch *SN* 12 (1939/40), 210−236; P. W. Lipski *ASp* 39 (1964), 176−187; N. Nail, *Sprache und Literatur* 52 (1983), 30−33.

Autonomie *f. erw. fach.* ´Unabhängigkeit´ (< 18. Jh.). Entlehnt aus gr. *autonomía*, aus gr. *autónomos* ´unabhängig, selbständig´, dieses aus gr. *autós* ´selbst´ (s. *auto-*) und gr. *nómos* ´Gesetz´, also ´nach eigenem Gesetz´. Adjektiv: *autonom*.

S. *-nom* und *-nomie.* − *DF* 1 (1913), 65; *HWPh* 1 (1971), 701−719; *Brisante Wörter* (1989), 90−93.

Autor *m. erw. fremd.* ´Verfasser´ (< 15. Jh.). Entlehnt aus l. *auctor* (bzw. seiner Schreibvariante l. *autor*) ´Urheber, Gründer´, einem Nomen agentis zu l. *augēre (auctum)* ´vermehren, fördern´. In den Volkssprachen bald eingeengt auf ´Verfasser, Schriftsteller´.

Zur Sippe des zugrundeliegenden l. *augēre* ´vermehren´ s. *Auktion.* Ersatzwort ist *Verfasser.* − *DF* 1 (1913), 65; *HWPh* 1 (1971), 721−723; *BlW* 3 (1988), 16−29.

autorisieren *swV. erw. fremd.* ´ermächtigen´ (< 16. Jh.). Über frz. *autoriser* entlehnt aus ml. *auctorizāre* ´ermächtigen, bestätigen´ (´mit dem Recht des Autors ausstatten´). S. *Autor* und *Auktion.*

autoritär *Adj. erw. fremd.* ´bedingungslose Unterwerfung unter die Autorität verlangend´ (19. Jh.). Nach dem Vorbild von frz. *autoritaire* zu *Autorität* gebildet. Besonders mit seinem Gegenstück *antiautoritär* zu einem Schlagwort der Nachkriegszeit geworden.

S. *Autor, Auktion.* − *Brisante Wörter* (1989), 93−97.

Autorität *f. erw. fremd.* ´Ansehen´ (< 14. Jh.). Entlehnt aus l. *au(c)tōritās* ´Gültigkeit, Glaubwürdigkeit´, zu l. *auctor m.* ´Urheber, Gründer´ (s. *Autor* und *autorisieren*), also ´Ansehen des Urhebers´. Adjektiv: *autoritativ*.

S. *Autor, Auktion, autoritär.* − R. Heinze *Hermes* 60 (1925), 248−366; F. Fürst: *Die Bedeutung der* auctoritas (Diss. Marburg 1934); *HWPh* 1 (1971), 724−733;

H. Rabe: *Autorität* (Konstanz 1972); *Grundbegriffe* 1 (1972), 383−406; *BlW* 3 (1988), 30−65.

avancieren *sw V. per. fremd.* ´aufsteigen, vorwärtskommen` (< 17. Jh.). Entlehnt aus frz. *avancer*, dieses über spätlateinische Zwischenstufen zu l. *abante* ´vor etwas weg`, zu l. *ante* ´vor, vorn` und l. *ab-* ´von, weg`. Die ursprüngliche Bedeutung ist ´vorrücken` (im militärischen Sinn).
S. *Antenne, Avantgarde.* − Schirmer (1911), 25; *DF* 1 (1913), 65 f.; Jones (1976), 122; Brunt (1983), 140 f.

Avantgarde *f. erw. fach.* ´Vorkämpfer` (< 16. Jh.). Entlehnt aus frz. *avantgarde*, dieses aus frz. *avant* ´vor` (l. *ab-ante*) und frz. *garde m.* ´Bewachung, Wache` (s. *Garde*), also eigentlich ´Vorhut`. Das militärische Wort wird dann übertragen verwendet als ´Vorkämpfer (einer bestimmten Strömung o.ä.)`, während es im ursprünglichen Sinn durch *Vorhut, Spähtrupp* usw. ersetzt wird. Adjektiv: *avantgardistisch*.
S. *Antenne, avancieren, Garde.* − *DF* 1 (1913), 66; Jones (1976), 124 f.; A. Marino *Cahiers roumains d´études littéraires* 1 (1978), 55−80; H. Böhringer *AB* 22 (1978), 90−114; *Brisante Wörter* (1989), 645; Carstensen 1 (1993), 70 f.

Aversion *f. erw. fremd.* ´Abneigung` (< 17. Jh.). Entlehnt aus frz. *aversion*, dieses aus l. *āversio (-ōnis)* (eigentlich ´Abwenden`), einer Ableitung von l. *āvertere* ´abwenden`, zu l. *vertere (versum)* ´wenden, drehen` und l. *ab-* ´von, weg`.
Zur Sippe des zugrundeliegenden l. *vertere* ´wenden` s. *konvertieren*. − *DF* 1 (1913), 66; Brunt (1983), 141.

Avocado *f. per. exot.* (die eßbare Frucht eines südamerikanischen Baumes) (< 20. Jh.). Entlehnt aus gleichbedeutend span. *avocado m.* (d. h. *Advokat*), einer volksetymologischen Umbenennung von Nahuatl *ahuacatl*.

Axiom *n. erw. fach.* ´Grundsatz` (< *17. Jh., Form < 18. Jh.). Entlehnt aus gleichbedeutend l. *axiōma*, dieses aus gr. *axíōma*, einer Ableitung von gr. *áxios* ´würdig, wert`, zunächst in lateinischer Form, dann endungslos. So benannt nach der Auffassung, daß diese Lehrsätze von allen anerkannt und von niemandem angezweifelt werden. Erst später entwickelt sich aus den ´geschätzten Grundsätzen` eine wissenschaftliche Axiomatik.
Gr. *áxios* gehört zu gr. *ágein* ´führen, treiben` im Sinn von ´die Waagschale niederziehen`, also ´gewichtig`. S. *Demagoge* und für die lateinischen Verwandten *agieren*. − Schirmer (1912), 8; *HWPh* 1 (1971),737−748.

Axt *f.* (< 8. Jh.). Mhd. *ackes*, ahd. *ackus*, as. *akus* aus g. **akwesjō f.* ´Axt`, auch in gt. *aqizi*, anord. *øx*, ae. *æcse*, afr. *axa*. Das *-t* ist sekundär angetreten; das *k* ist vor *w* westgermanisch geminiert. Vergleichbar sind l. *ascia* und gr. *axī́nē* ähnlicher Bedeutung. Es könnte ig. *\*ak-* ´spitz, scharf` als Grundwort vorausgesetzt werden, doch ist das Wort eher eine Entlehnung aus einer vorindogermanischen Sprache.
A. Schirokauer *MLQ* 4 (1943), 21−25; *RGA* 1 (1973), 534−562; W. A. Benware *BGDSL-T* 101 (1979), 333 f.; Röhrich 1 (1991), 125; Lloyd/Springer 1 (1988), 44; Weber-Keller (1990), 32−35.

Azeton *n.*, auch **Aceton**, *per. fach.* (ein Lösungsmittel) (< 19. Jh.). Neoklassische Bildung mit dem Terminologie-Element *-on* der Chemie zu l. *acētum n.* ´Essig` (nach dem säuerlichen Geruch). S. *Essig*.

azur *Adj. erw. fremd.* ´himmelblau` (< 17. Jh.). Entlehnt aus frz. *azur*, dieses aus ml. *azurum* ´himmelblau, Lasurstein`, aus arab. *lāzaward, lāzuward* ´Lasurstein`, aus pers. *lāžuwärd*. Bei der Entlehnung wurde das *l-* als vermeintlicher Artikel weggelassen.
S. *Lapislazuli, Lasur.* − *DF* 1 (1913), 67; Littmann 1 (1924), 90 f.; Lokotsch (1975), 104.

B

Baas *m. per. ndd.* ´Meister, Herr´ (< 19. Jh.). Entlehnt aus nndl. *baas*, mndl. *baes*. Vor allem in der Sprache der Seeleute gebräuchlich. Herkunft dunkel. Die Herleitung aus mhd. *baz* ´besser´ wäre vom semantischen Standpunkt aus mit Rücksicht auf l. *magister*, frz. *supérieur*, schwed. *bästemann* usw. befriedigend; doch setzt sie eine Wanderung von Süden nach Norden voraus, die nicht sehr wahrscheinlich ist. S. *Boß*.

N. Törnqvist *KNVS* 76 (1969), 61−63.

babbeln *swV.* s. *pappeln*.

Babuschen *Pl. per. nordd. omd.* ´Hausschuhe´ (< 18. Jh.). Entlehnt aus frz. *babouche f.*, das letztlich auf pers. *pāpūš* ´Fußbekleidung´ (aus pers. *pā* ´Fuß´ und pers. *pūšīdän* ´bedecken´) zurückgeht. Die norddeutsche Form **Puschen** ist wohl von poln. *papuć* (gleicher Herkunft) beeinflußt.

DF 1 (1913), 68.

Baby *n.* ´Säugling´ (< 19. Jh.). Entlehnt aus ne. *baby*, einer Koseform zu ne. *babe*, das sicher ein Lallwort ist (s. *pappeln, babbeln*). Die Entlehnung dieses Wortes ist wohl durch das Prestige englischer Kindermädchen zur Zeit der Entlehnung bedingt. Erst in jüngster Zeit aus dem amerikanischen Englischen entlehnt das damit zusammengesetzte **Babysitter** (zu ne. *sit* ´sitzen´). Teilweise zu einem Bildungselement für ´klein´ geworden (*Baby-Kassette* usw.).

DF 1 (1913), 68; Rey-Debove/Gagnon (1988), 35−37; Carstensen 1 (1993), 73−77.

Bach *m.* (< 9. Jh.). Mhd. *bach m./f.*, ahd. *bah*, as. *beki* aus wg. **baki- m.* ´Bach´, auch in ae. *bece*, afr. *-bitze*, neben dem (vielleicht ursprünglicheren) *ja*-Stamm **bakja- m.* in anord. *bekkr*. Regional, besonders in Gewässernamen, auch Femininum. Herkunft dunkel. Wenn air. *búal* ´Wasser´ auf ig. **bʰog-lā* zurückgeht, kann es vergleichbar sein. Vgl. auch ae. *brōk* ´Bach´ (s. *Bruch²*), zu dem es mit Ablaut und Ausfall des *r* zwischen Labial und Tektal (vgl. *sprechen* und ne. *to speak*) gehören kann.

Nndl. *beek*, nschw. *bäck*. − H. Krahe *BN* 1 (1949/50), 32−34; Rooth (1983), 5−49; Röhrich 1 (1991), 127; zur Morphologie: Ch. Peeters *IF* 77 (1972), 212−214. Anders: Lloyd/Springer 1 (1988), 427−429; zum Femininum (auch bei Namen) O. Philipp. *Zeitschrift für deutsche Mundartforschung* 1906, 373−379, 1907, 1−18, 210−217, 1908, 55−64, 333−345.

Bache *f. erw. fach.* ´(wildes) Mutterschwein´ (< 16. Jh.). Üblicherweise wird das Wort auf einen Ausdruck für ´Schinken, Speckseite´ zurückgeführt: ahd. *bahho*, mndl. *bake* ´Rücken, Speckseite´ (hieraus afrz. ne. *bacon* ´Speck´); vgl. mundartlich **Bachen** ´Speckseite´ und vielleicht weiter zu g. **baka- n.* ´Rücken´ (s. *Backbord*). Da das Wort ausschließlich das wilde Schwein (mit Frischlingen) bezeichnet, ist aber eher daran zu denken, daß es sich um eine Zugehörigkeitsbildung zu mndl. *big, bik, bag* usw. ´Ferkel´ handelt (vgl. ne. *pig*) − dieses wohl ein lautmalendes Wort. Also wohl vd. **bakōn f.* ´das zu den Ferkeln gehörige (Tier)´. Damit läßt sich auch eine Parallele zu ne. *bitch* ´Hündin´ herstellen. Der Lautstand der Wörter ist naturgemäß unfest.

S. *Backe²*. − Lloyd/Springer 1 (1988), 417 f.

Bachstelze *f. erw. fach.* (< 15. Jh.). Eigentlich ´die im Bach stelzt´. *Bach* kann sich darauf beziehen, daß sich der Vogel gern am Wasser aufhält; doch ist *stelzen* in der heutigen Bedeutung für seine Bewegungen untypisch. Vermutlich handelt es sich um eine Umdeutung: Der Vogel wird meist nach seinen charakteristischen Bewegungen bezeichnet als ´der mit dem Schwanz wippt´ (vgl. mundartlich *Wippstert*, ne. *wagtail* usw.); *stelz-* könnte für *Sterz* ´Schwanz´ stehen (entweder mit einer auch sonst beobachtbaren Lautentwicklung, oder sekundär umgedeutet; auch ein paralleles Wort für ´Schwanz´ kommt in Frage [vgl. nisl. *stél* ´Schwanz eines Vogels´] aus **stelu-*). Dann wäre der Vogel entweder nur als ´Schwanz (der sich am Bach aufhält)´ bezeichnet worden (vgl. auch älteres ahd. *wazzar-stelza* [10. Jh.]) oder es handelt sich um Klammerformen (´Bach-[Wipp-]Schwanz´).

Vgl. nndl. *kwikstaart*, ne. *wagtail*. S. *Stelze*. − Suolahti (1909), 87−94; F. Freitag *ZM* 13 (1937), 157−174; K. Ranke *BGDSL* 62 (1938), 286−317; Lloyd/Springer 1 (1988), 511−513; L. Hermodsson *SN* 64 (1992), 89 f.

Back *f. per. ndd.* ´tiefe, hölzerne Schüssel´ (< 20. Jh.). Vgl. ne. *back* ´Gefäß´, nndl. *bak* ´Trog´; vielleicht alte Entlehnung aus gall. **bacca* ´Wassergefäß´, das allerdings in der vorauszusetzenden Form mit dieser Bedeutung nicht belegt ist. Es gibt aber *bacchia* als Bezeichnung für ein Gefäß bei Isidor, und es ist denkbar, daß die Gruppe (zu der auch *Bassin* und *Becken* gehört) letztlich vom *Bacchus* (Gott des Weins) abgeleitet ist und ursprünglich Gefäße zur Aufbewahrung oder zum Ausschenken von Wein bezeichnet.

DEO (1982), 59.

Backbord *n. per. fach.* ʾlinke Schiffsseiteʾ (< 17. Jh.). Aus mndd. *bacbort* (nndl. *bakboord*, ae. *bæcbord*), eigentlich ʾBord im Rückenʾ (s. *Bord* und vgl. g. **baka- n.* ʾRückenʾ in anord. *bak*, ae. *bǣc*, afr. *bek*, as. *bak*, ahd. *bah*; s. *Backe*[2]). In alter Zeit war das Steuer auf der rechten Seite des Schiffes, so daß die linke hinter dem Rücken des Steuermanns lag.

Vgl. *Steuerbord.* S. *Bache, Comeback, Feedback, Playback.*

Backe[1] *f.*, **Backen** *m.* ʾWangeʾ (< 12. Jh.). Mhd. *backe m.*, ahd. *backo m.* ʾBacke, Kinnladeʾ, as. *bacco* in der Zusammensetzung *kinnibacco* (ahd. *chinnibahho, kinnibahho*) ʾKinnbackenʾ. Wenn unmittelbar mit dem gr. Glossenwort *phagónes* ʾKinnbackenʾ zu vergleichen, liegt voreinzelsprachl. **bʰagn-/-en-* voraus; weitere Herkunft unklar (kaum zu gr. *phágō* ʾich esseʾ, üblich ist nur der Aorist *éphagon*). Lautlich verdächtig ähnlich, aber nicht unmittelbar zu vergleichen ist l. *bucca f.* ʾaufgeblasene Backeʾ. Vielleicht handelt es sich in beiden Fällen um Lautgebärden für die aufgeblasenen Backen und das Geräusch, das dann beim Öffnen der Lippen entsteht. Ahd. auch *braccho, kinnibraccho.*

S. *Backpfeife.* – R. Much *ZDW* 2 (1902), 283; G. Cohen *CoE* 1,1 (1971),2; Lloyd/Springer 1 (1988), 421–423; Lühr (1988), 224 f.; Röhrich 1 (1991), 127.

Backe[2] *f.* in **Arschbacken, Hinterbacken** *Pl. stil.* (< 15. Jh.). Fnhd. *backe*. Wird als übertragene Verwendung von *Backe*[1] aufgefaßt, und möglicherweise ist das Wort auch so zu erklären. Der übliche Anschluß an g. **baka- n.* ʾRückenʾ (s. *Backbord*) und ahd. *bahho* ʾSpeckseiteʾ (s. *Bache*) ist aus lautlichen und semantischen Gründen zumindest bei einer unmittelbaren Verknüpfung ausgeschlossen. Wenn das Wort tatsächlich alt und von *Backe*[1] unabhängig ist, gehört es zu g. **brōka-* ʾHinterteilʾ, übertragen ʾHoseʾ (vgl. frz. *culotte* ʾHoseʾ zu frz. *cul m.* ʾHinterteilʾ), das mindestens im Altenglischen eine Nebenform mit Geminate und Vokalkürze hat (ae. *bracc-*). Das *r* kann zwischen Labial und Tektal ausgefallen sein (vgl. nhd. *sprechen* und ne. *to speak*).

S. *Bruch*[3]. – R. Much *ZDW* 2 (1902), 283; Lühr (1988), 224 f.

backen *st V.* (< 9. Jh.). Mhd. *backen*, ahd. *bakkan, bahhan* aus g. **bak-a-* (mit vermutlich sekundärer Nebenform **bakk-a-*) ʾbackenʾ, auch in anord. *bacan*, sonst in Ableitungen (anord. *baka sw V.* ʾbraten, backen, knetenʾ; as. *gibák* ʾGebäckʾ oder ʾgebackenʾ). Mit abweichendem Vokalismus vergleichbar ist gr. *phōgō* ʾich röste, brateʾ, das auch *n*-Präsentien aufweist, die die germanische Geminate erklären könnten. Vielleicht hierher auch l. *focus* ʾFeuerstätte, Herdʾ (mit abweichendem Auslaut). Vermutlich gehören diese Wörter mit unregelmäßigem Ausfall von *r* nach Labial zu einer lautmalenden Sippe (ig.) **bʰr̥ag-/*bʰr̥(ə)g-* in ai. *bhr̥jjáti* ʾrö-

stetʾ (ebenfalls mit Geminate), wozu apreuß. *aubirgo* ʾGarkochʾ und l. *fertum*, al. *ferctum* ʾOpferkuchenʾ; mit *i* und *u* ʾverstärktʾ in l. *frīgēre* ʾrösten, dörrenʾ und gr. *phrýgō* ʾich röste, dörre, brateʾ. Lautmalereien dieser Art sind auch *brutzeln, prasseln* u.ä. Ein solcher Ansatz würde auch die Geminate leichter erklären. Nomen agentis: *Bäcker*; Kollektivum: *Gebäck.*

Nndl. *bakken*, ne. *bake*, nschw. *baka*, nisl. *baka*. S. *altbakken, Backfisch, Backstein, Batzen, Beck, hausbacken.* – Seebold (1970), 87 f.; *RGA* 1 (1973), 573–576; Lloyd/Springer 1 (1988), 419–421. Zum Nomen agentis *Bäcker*: W. Braun in: Dückert (1976), 55–119; *LM* 1 (1980), 1325–1327; Röhrich 1 (1991), 127.

Backfisch *m. alt.* (< 16. Jh.). Zunächst für junge Studenten, dann für halbwüchsige Mädchen gebraucht. Junge Fische, die schon zu groß sind, um wieder ins Wasser geworfen zu werden, eignen sich nur zum Backen oder Braten – deshalb könnte es sich einfach um ein Bild für ʾhalbwüchsigʾ handeln. Vermutlich aber eigentlich eine Verballhornung von ml. *baccalarius* (niedrigster akademischer Grad) und danach erst ʾhalbwüchsiges Mädchenʾ. Zu beachten ist, daß neben frz. *bachelier* ʾjunger Mannʾ (*baccalarius*) das Femininum *bachelette* ʾjunges Mädchenʾ steht.

S. *Kabeljau.* – R. Eickhoff *ZdV* 14 (1900), 213 f., 470 f.; F. Teetz ebd. 662; *DEO* (1982), 60 f.; Röhrich 1 (1991), 128 f.

Backpfeife *f. erw. nordd.* ʾOhrfeigeʾ (< 19. Jh.). Die zugrundeliegende Vorstellung ist unklar; vielleicht ʾSchlag, der an den Backen pfeiftʾ, oder Umdeutung einer Entsprechung zu Ohr*feige*? Vgl. *Ohrfeige.*

Backstein *m. reg.* (< 17. Jh.). Ein gebrannter (ʾgebackenerʾ) Ziegelstein, zu *backen.*

Bad *n.* (< 8. Jh.). Mhd. *bat (-des)*, ahd. *bad*, as. *bath* aus g. **baþa- n.* ʾBadʾ, auch in anord. *bað* ʾDampfbadʾ, ae. *bæþ*, afr. *be(i)th*. Vermutlich *to*-Bildung zu *bähen* ʾerwärmenʾ, doch ist die Bildung kaum unabhängig von dem Mittelmeerwort **bal-* ʾ(warmes) Badʾ in gr. *balaneîon* usw. In Ortsnamen bezeichnet das Wort Heilquellen wie *Wildbad*. Der Plural in *Wiesbaden* usw. unter Einfluß von l. *aquae f. Pl.* Verb: *baden.*

Nndl. *bad*, ne. *bath*, nschw. *bad*, nisl. *bað*. S. *ausbaden, Bader.* – *RGA* 1 (1973), 579–589; Lloyd/Springer 1 (1988), 423 f.; *LM* 1 (1980), 1331–1336; Röhrich 1 (1991), 129–133.

Bader *m. arch.* (< 14. Jh.). Mhd. *badære*, as. *batheri* ist ursprünglich der Besitzer einer Badestube, der die Badenden bedient, sie auch zur Ader läßt, schröpft, ihnen die Haare schneidet usw. Danach allgemein für ʾHeilgehilfeʾ und ʾFrisörʾ. S. *Bad.*
LM 1 (1980), 1339 f.

Badminton *n. per. fach.* (ein wettkampfmäßiges Federballspiel) (< 20. Jh.). Entlehnt aus ne. *bad-*

minton, so bezeichnet nach *Badminton House*, dem Landsitz des Duke of Beaufort in Gloucestershire, wo das aus Indien stammende Spiel zuerst nach festen Regeln durchgeführt wurde.

Rey-Debove/Gagnon (1988), 41 f.; Carstensen 1 (1993), 81.

Bafel *m. per. fremd.* ´dummes Zeug´ (< 19. Jh.). Angeblich aus hebr. *babel, bafel* ´minderwertige Ware´. Das Wort ist aber (mit verschiedenen Vokalen) gemein-oberdeutsch. Vielleicht zu *Pöbel* mit einer Bedeutungsentwicklung von ´gemeines Volk´ zu ´minderwertig´.

Wolf (1985 f.), 39 f.

baff *Adj. phras.* (< 17. Jh.). Nur in der Wendung *baff sein* ´verblüfft, sprachlos sein´. Wohl aus der Interjektion *paff*, mit der plötzliche Schüsse u.ä. wiedergegeben werden; ein Übergang zu dem modernen Ausdruck ist aber weder syntaktisch noch semantisch klar nachvollziehbar. Denkbar (nicht nachweisbar) ist, daß die Interjektion auch für ´Luft ablassen´ galt und die Wendung entsprechend zu verstehen ist (vgl. *jemand die Luft ablassen, mir bleibt die Luft weg* u.ä.). Vgl. nndl. *paf staan* gleicher Bedeutung.

Röhrich 1 (1991), 133 f.

Bäffchen *n.* s. *Beffchen*.

Bagage *f. vulg.* ´Gesindel´ (< 16. Jh.). Entlehnt aus frz. *bagage m.* ´Troß´, einem Kollektivum zu frz. *bagues Pl.* ´Gepäck´ (Singular wohl ´Sack´ o.ä.). Die (nur deutsche) Bedeutungsverschlechterung zu ´Gesindel´ beruht darauf, daß der Troß bei den kämpfenden Truppen nicht sehr geachtet war (und sich dort auch allerlei Schmarotzer aufhielten) (vgl. *Pack* und *Troß*). Die Bedeutung ´Gepäck´ auch bei der französischen Ableitung ist vom Englischen bestimmt.

Das französische Wort könnte letztlich auf anord. *baggi m.* ´Bündel´ zurückgehen, doch ist seine Verbreitung einer solchen Annahme nicht günstig. Der Rückgriff auf l. *vacua*, eigentlich ´der freie Raum´ ist von hierher gesehen befriedigender, macht aber semantische Schwierigkeiten. – *DF* 1 (1913), 68 f.; Jones (1976), 128 f.; *DEO* (1982), 64; Rey-Debove/Gagnon (1988), 42.

Bagatelle *f. erw. fremd.* ´Kleinigkeit´ (< 17. Jh.). Entlehnt aus frz. *bagatelle*, dieses aus it. *bagatella*, einem Diminutivum zu l. *bāca* ´Beere´. Von ´kleine Beere´ aus verallgemeinert zu ´eine Kleinigkeit´ (vgl. den Gebrauch von ne. *peanuts* und mhd. *niht ein ber* ´gar nichts´). Verb: *bagatellisieren*.

DF 1 (1913), 69; W. J. Jones *SN* 51 (1979), 249; Brunt (1983), 144.

baggern *swV.* (< 18. Jh.). Entlehnt aus nndl. *baggeren* ´eine Fahrtrinne ausbaggern´, das zu nndl. *bagger* ´Schlamm´ gehört, also eigentlich ´entschlammen´; dann verallgemeinert zu ´Erdreich maschinell abräumen´. *Bagger* ist eine deutsche Rückbildung aus dem Verb (zunächst ´Werkzeug

zum baggern; Arbeiter, der baggert´), auch eine Haplologie (statt **Baggerer*) ist denkbar; als Bezeichnung der zum Abräumen von Erde verwendeten Maschine vielleicht zugleich eine Verkürzung aus nndl. *baggermachine*.

Das im Germanischen isolierte niederländische Wort ist vielleicht urverwandt mit russ. *bagnó* ´niedere, sumpfige Stelle´. – N. van Wijk *IF* 24 (1909), 231 f.; Lühr (1988), 292 f.

Baguette *n. per. exot.* ´Stangenweißbrot´ (< 20. Jh.). Entlehnt aus frz. *baguette f.* (eigentlich ´Stange, Leiste´), dieses aus it. *bacchetta f.* ´Stock, Stab´, einem Diminutivum zu it. *bacchio m.* ´Stab´, aus l. *baculum* (spl. *baculus m.*). S. *Bakel, Bazille, Bakterie, Debakel*.

bähen *swV. arch. obd.* ´durch Umschläge wärmen, Brot rösten´ (< 9. Jh.). Mhd. *bæhen, bæjen*, ahd. *bāen* ´erwärmen´. Vermutlich mit unregelmäßigem Ausfall des *r* nach Labial zu g. **brā-*, voreinzelsprachl. **gʷʰrē-* ´wärmen´, das in akslav. *grěti* ´wärmen´ bezeugt ist. Vgl. auch *braten* und *brüten*, sowie *Bad*.

Zum Zusammenhang mit finnisch-ugrischen Wörtern s. Koivulehto (1991), 55 f.

Bahn *f.* (< 12. Jh.). Das Wort fehlt der ältesten Zeit und tritt erst als mhd. *ban(e)*, mndl. *bane* auf. Offenbar handelt es sich um ein technisches Wort, das außerhalb des Germanischen ebenfalls mit technischen Wörtern zu vergleichen ist: Mit der Bedeutung ´Schlagfläche des Hammers´ vergleicht sich ai. *ghaná-* ´Hammer´; mit der Bedeutung ´Gestirnbahn, Tuchbahn, gebahnter Weg´ vergleicht sich russ. dial. *gon* ´Strecke, die von einem Pflüger ohne zu wenden gepflügt werden kann´ usw., kymr. *gwanaf* ´Schwaden; das beim Dachdecken mit Stroh ohne Verschieben der Leiter erreichbare Stück´. Vorauszusetzen ist demnach vd. **banō f.* ´Fläche´ (in speziellen Zusammenhängen), ig. **gʷʰono-* ´Schlag´ zu ig. **gʷʰen-* ´schlagen´ in ai. *hanti*, heth. *kuenzi*, gr. *theínō*, lit. *genéti*, akslav. *žeti*, air. *gonim*, l. *of-fen-do*. – In der Bedeutung ´Eisenbahn´ aus dem vollen Wort (*Eisenbahn*) gekürzt. – Verb: *bahnen*; Inchoativum: *anbahnen* (nur noch übertragen verwendet für ´in die Wege leiten´); zu der Wendung *eine Bahn brechen* heute in übertragener Bedeutung *bahnbrechend*.

Nndl. *baan*. S. *Bahnhof, -steig*. – Eichhoff (1968), 42−44; Lloyd/Springer 1 (1988), 460−462 (zu ahd. *bano m.* ´Scharfrichter, Mörder, Untergang, Verderben, Tod´, das zu einer Wurzel mit der Bedeutung ´schlagen´ gehört); E. Seebold *BGDSL-T* 112 (1990), 310 f.; Röhrich 1 (1991), 134. Zu *(Eisen-) Bahn* s. Krüger (1979), 110−117.

Bahnhof *m.* (< 19. Jh.). Gekürzt aus *Eisenbahnhof*, dieses aus *Eisenbahn* und *Hof* in der Bedeutung ´größerer Komplex von Wirtschafts-Gebäuden´.

S. *Bahn* und *Hof.* – Krüger (1979), 126–130; Röhrich 1 (1991), 134.

Bahnsteig *m.* (< 19. Jh.). Als Ersatzwort für *Perron* analog zu *Bürgersteig* eingeführt.

S. *Bahn, Bürgersteig, Steig.* – Pfaff (1933), 18; Krüger (1979), 25.

Bahre *f.* (< 8. Jh.). Mhd. *bāre*, ahd. *bāra*, as. *bāra* aus wg. **bǣrō f.* 'Bahre', auch in ae. *bǣr*, afr. *bere*. Dehnstufige Instrumentalbildung zu g. **ber-a-*'tragen' (s. *gebären*); also eigentlich 'das, womit getragen wird'. Die Bedeutung wird dann weiterentwickelt zu 'Leichenbahre', wozu die Partikelableitung *aufbahren*; die alte Bedeutung in *Tragbahre* u.ä.

Nndl. *baar*, ne. *bier.* – Cox (1967), 50–55; Lloyd/Springer 1 (1988), 469 f.; *LM* 1 (1980), 1349 f.

Bai *f. per. fach.* 'Meeresbucht' (< *15. Jh., Standard < 17. Jh.). Entlehnt aus nndl. *baai* zunächst zu mndd. *(sand)baie*, dann in die Standardsprache. Das Wort kommt von frz. *baie*, das am ehesten zu frz. *bayer* 'gähnen, klaffen, den Mund aufmachen' gehört (wie *Mündung* u.ä.). Die übliche Herleitung aus dem Namen des französischen Ortes *La Baie* (über span. *bahia*) läßt sich nicht ausreichend stützen.

M. Metzeltin *VR* 26 (1967), 249–276; Pfister (1980), 84–90; *DEO* (1982), 65 f.

Baiser *n. per. fach.* 'Meringe' (< 19. Jh.). Vermutlich Scheinentlehnung zu frz. *baiser m.* 'Kuß', dieses aus älterem frz. *baisier*, dem substantivierten Infinitiv von afrz. *baisier* 'küssen', aus l. *bāsiāre*. Das Gebäck ist nach seiner Zartheit und Süße so benannt (vgl. *Negerkuß* – etwas Ähnliches mit Schokolade-Überzug). Das richtige französische Wort dafür ist *méringue* (s. *Meringe*); doch ist nicht völlig sicher, ob *baiser* in dieser Bedeutung nicht auch in Frankreich zeitweise üblich war.

DF 1 (1913), 70.

Baisse *f. per. fach.* 'Tiefstand der Wertpapiere' (< 19. Jh.). Entlehnt aus frz. *baisse*, zu frz. *baisser* 'senken', zu ml. *bassus* 'niedrig, flach'.

DF 1 (1913), 70.

Bajadere *f. per. exot.* 'indische Tempeltänzerin' (< 18. Jh.). Entlehnt aus frz. *bayadère*, dieses aus port. *bailadeira*, einem Nomen agentis zu port. *bailar* 'tanzen', aus spl. *ballāre*.

S. *Ball².* – Littmann (1924), 126; Richter (1932), 1–20; Lokotsch (1975), 123.

Bajazzo *m. per. exot.* 'Spaßmacher' (< 18. Jh.). Entlehnt aus obit. *pajazzo, pajasso*, it. *pagliaccio* 'Narr, Hanswurst, Spaßmacher', eigentlich 'Strohsack', da diese Figuren eine weite Bekleidung aus grobem Stoff trugen, die Ähnlichkeit mit Strohsäcken aufwies (zu venez. *paia*, it. *paglia* 'Stroh'). Regionale deutsche Form *Bajass.*

DF 1 (1913), 70.

Bajonett *n. per. fach.* (eine auf Gewehre aufgesetzte Stichwaffe) (< 18. Jh.). Entlehnt aus frz.

baïonnette f.; so benannt nach dem ursprünglichen Herstellungsort *Bayonne* in Frankreich. Der dabei übliche Verschluß wird als *Bajonett-Verschluß* auch auf andere Bereiche übertragen.

Ersatzwort ist *Seitengewehr.* – *DF* 1 (1913), 70; Brunt (1983), 144 f.

Bake *f. per. fach.* 'Verkehrszeichen auf See und bei Bahnübergängen' (< 17. Jh.). Ins Hochdeutsche übernommen aus mndd. *bake* 'Leuchtfeuer', das seinerseits auf afr. *baken, beken* beruht. Dieses setzt wg. **baukna- n.* 'Zeichen' fort (ae. *bēacen*, as. *bōkan*, ahd. *bouhhan*). Ererbt ist daraus das Bodenseewort *Bauche* 'Boje'.

Das außergermanisch sonst nicht vergleichbare Wort könnte auf eine *wen*-Ableitung der Wurzel ig. **bhā-* 'leuchten' zurückgehen, vgl. ai. *vi-bhávan* 'strahlend, leuchtend', wobei von einem g. **bauwn̥* mit Übergang von *w* zu *k* auszugehen wäre (vgl. den Lautwandel bei *Zeichen*). – I. Moder *NB* 31 (1943), 131–149 (zu l. *būcīna* 'Trompetensignal'); *RGA* 2 (1976), 1 f.; Schmidt-Wiegand (1978), 92–103; E. P. Hamp *CoE* 15,5 (1955), 9 f.

Bakel *m. arch.* 'Schulstock', auch 'Spazierstock' (< 17. Jh.). Entlehnt aus l. *baculum n.* (spl. *baculus m.*) 'Stab'. S. *Baguette.*

Bakschisch *n. per. exot.* 'Geldgeschenk (als Gegenleistung für eine Gefälligkeit)' (< 19. Jh.). Entlehnt aus pers. *baḫšīš* 'Geschenk' (vielleicht über eine andere europäische Sprache).

Bakterie *f. erw. fach.* 'einzelliges Lebewesen' (< 19. Jh.). Bei der genaueren Untersuchung und Beschreibung der Einzeller wurde die stäbchenförmige Ausprägung mit l. *bactērium n.* 'Stöckchen, Stäbchen' benannt, dieses aus gr. *baktḗría*, auch *baktḗrion n.* Ursprünglich Neutrum, dann wegen der überwiegenden Verwendung im Plural zum Femininum geworden. Hierzu das Adjektiv *bakteriell* und die Wissenschaftsbezeichnung *Bakteriologie.* S. *Baguette* und *Bazille.*

Balalaika *f. per. fach.* (ein dreisaitiges russisches Instrument) (< 18. Jh.). Entlehnt aus russ. *balalájka.* Vermutlich zu einem lautnachahmenden russischen Verb (vgl. etwa russ. *balabólit'* 'schwatzen').

Balance *f. erw. fach.* 'Gleichgewicht' (< 17. Jh.). Entlehnt aus frz. *balance*, dieses mit unregelmäßiger Vokalentwicklung über ein vorauszusetzendes vor-rom. **bilancia* 'Waage' aus dem spl. Adjektiv *bilanx* 'zwei Schalen besitzend' zu l. *lanx (-ncis)* '(Waag-)Schale' und l. *bi-* 'zwei' (s. *bi-*). Der Wortanfang *bal-* statt *bil-* kann auf Sekundärmotivation beruhen, etwa nach spl. *ballāre* 'tanzen, bewegen' (*Balance* wird gerne im Zusammenhang mit Seiltanz gebraucht, vgl. besonders *balancieren* und *Balancierstange*). Die *Balance* ist also eigentlich das ausgeglichene Gewicht der beiden Waagschalen.

S. *Bilanz.* Ersatzwort ist *Gleichgewicht.* – *DF* 1 (1913), 70 f.; Jones (1976), 132 f.; Brunt (1983), 145–147.

balbieren *swV. arch. phras.* (< 16. Jh.). Regional und in festen Wendungen wie *über den Löffel balbieren*; eigentlich *barbieren* zu *Barbier* mit Dissimilation des ersten *r*. Einen Löffel schob man früher alten, zahnlosen Männern in den Mund, um sie besser rasieren zu können. Deshalb *über den Löffel balbieren* ´rücksichtslos (oder pauschal) behandeln´, dann auch ´übervorteilen´.

Röhrich 2 (1992), 973.

bald *Adv.* (< 9. Jh.). Mhd. *balde*, ahd. *baldo* ist Adjektiv-Adverb zu g. **balþa-* ´kühn´ in gt. *balþ-*, anord. *ballr*, ae. *beald*, as. *bald*, ahd. *bald*. Der Bedeutungsübergang geht über ´kühn, eifrig´ zu ´schnell´ und dann zur heutigen Bedeutung. In seiner ursprünglichen Bedeutung spielt das Wort eine Rolle als Namenselement (*Balduin, Willibald* usw.). Seine weitere Herkunft ist unklar. Mit abweichendem Auslaut (Suffix oder Wurzelerweiterung) ist vergleichbar air. *balc* ´stark, mächtig´, kymr. *balch* ´kühn´, doch ist das damit vorausgesetzte ig. **bʰal-* seiner Lautstruktur nach auffällig und nicht weiter vergleichbar. Adjektiv: *baldig*; Substantiv (*phras.*) *Bälde*.

Lloyd/Springer 1 (1988), 434−436; Heidermanns (1993), 115 f.

Baldachin *m. per. fach.* ´prunkvolle Überdachung´ (< 14. Jh.). Zunächst im 14. Jh. als mhd. *baldekīn* entlehnt aus it. *baldacchino*, einer Ableitung von it. *Baldacco*, der italienischen Form des Namens der Stadt *Bagdad*. Bezeichnung für kostbare golddurchwirkte (Seiden-)Stoffe, die aus dieser Stadt kommen, dann metonymisch übertragen auf den häufig aus diesem Stoff gefertigten Traghimmel. Das Wort ist dann ungebräuchlich geworden und im 17. Jh. erneut aus dem Italienischen entlehnt worden. Die frühere Schreibvariante *Baldequin* beruht auf dem Einfluß von frz. *baldaquin*.

DF 1 (1913), 71; Littmann (1924), 93; Latham *Journal of Semitic Studies* 17 (1972), 58 f.; Lokotsch (1975), 15; M. Höfler *ZRPh* 83 (1967), 47 f.; ders. (1967), 98 f.; *LM* 1 (1980), 1362.

baldowern *swV.*, **ausbaldowern** *swV. per. grupp.* ´herausbekommen, auskundschaften´ (< 19. Jh.). Aus rotw. *baldowern*, dieses aus rotw. *Baldower*, wjidd. *Baldower m.* ´Auskundschafter, Angeber, Anführer bei Diebesunternehmen´; aus hebr. *baʿaldābār* ´Herr des Wortes, der Sache´. Diese Wendung wird gebraucht, wenn man jemanden nicht bei seinem Namen nennen will (also etwa ´der Betreffende´).

Wolf (1985), 41; Röhrich 1 (1991), 134.

Baldrian *m. erw. fach.* (eine Pflanze, aus der ein Beruhigungsmittel gewonnen wird) (< 15. Jh.). Als *baldriān, waldrian* entlehnt aus ml. *valeriana f.*, dessen weitere Herkunft nicht sicher geklärt ist. Der Einschub des *-d-* ist unklar; der Genuswechsel wohl nach der Ähnlichkeit mit Männernamen.

Lloyd/Springer 1 (1988), 437 f.; *LM* 1 (1980), 1365 f.

Balg *m. erw. fach.* (< 9. Jh.). Mhd. *balc*, ahd. *balg*, as. *balg* aus g. **balgi-* m. ´Balg´ in gt. *balgs*, anord. *belgr*, ae. *belg*. Die Bedeutung ist ´Schlauch, Sack, abgezogene Tierhaut´. Das Wort ist einerseits vergleichbar mit außergermanischen Wörtern der Bedeutung ´Kissen, Polster´ (s. *Polster*), z. B. avest. *barəziš* n. ´Kissen, Polster´, andererseits mit air. *bolg* ´Sack´ (spl. *bulga* ´Wassersack´, das neben gr. *molgós* m. ´Ledersack´ (ahd. *malacha* ´Ledertasche´) steht; schließlich könnte es eine Ableitung aus dem germanischen starken Verb **belg-a-* ´schwellen, zürnen´ sein. Wahrscheinlich handelt es sich bei *Balg*, dem irischen und dem griechischen Wort, um ein lautlich nicht sicher faßbares Wanderwort, das mit dem starken Verb ursprünglich nichts zu tun hat. Zu diesem gehören dafür vielleicht die Wörter für ´Polster´. − *Balg* wird auch metonymisch in der Bedeutung ´Leib´ gebraucht, dann auch für Personen, besonders häufig für (unartige) Kinder.

Nndl. *balg*, ne. *belly* ´Bauch´, *bellows* ´Blasebalg´, nschw. *bälg* ´Blasebalg´. S. *Blasebalg, Wechselbalg, katzbalgen* auch *Budget, Bulge²*. − J. Vendryes *BSL* 41 (1941),134−139; J. Hubschmid: *Schläuche und Fässer* (Bern 1955), 88; Seebold (1970), 99−101; Lloyd/Springer 1 (1988), 438−440; Röhrich 1 (1991), 134 f.

balgen *swV. refl. alt.* ´sich raufen´ (< 15. Jh.). Zu *Balg* im Sinne von ´ (abgezogene) Haut´. Vgl. etwa *einem das Fell gerben, sich in die Haare geraten* usw. S. *katzbalgen*.

Balken *m.* (< 9. Jh.). Mhd. *balke*, ahd. *balko*, *balc(h)o*, as. *balko* aus wg. **balkōn* m. ´Balken´, auch in ae. *balca*, afr. *balka*. Daneben ein *u*-Stamm in anord. *bǫlkr* und ein *n*-Stamm von der *e*-Stufe in anord. *bjalki*. Am nächsten stehen außerhalb des Germanischen lit. *balžiena f.*, *balžienas* ´Querstange´, russ. (dial.) *bólozno* n. ´dickes Brett´ und, mit zweisilbiger Grundlage **bʰl̥ǵ-* und Nasalierung, gr. *phálanx* ´Baumstamm, Walze, Balken´ (und vielleicht l. *sufflāmen* ´Bremsklotz´, falls aus **sub-flag-men*). Es handelt sich um eine verbreitete Sippe für Wörter der Bedeutung ´Balken, Stamm usw.´ mit ungewöhnlich starkem Ablaut. Falls l. *fulcīre* ´stützen´ dazugehört (**bʰl̥k-jo-*, also mit abweichendem Tektal), dürfte dieses die Ausgangsbedeutung zeigen. Kollektivum: *Gebälk*.

Nndl. *balk*, ne. *balk* ´Hindernis´. S. *Balkon, Block, Bohle, Planke, Phalanx*. − Lloyd/Springer 1 (1988), 440−443; A. L. Lloyd *AJGLL* 1 (1989), 53−66; Röhrich 1 (1991), 135 f.

Balkon *m.* (< 18. Jh.). Entlehnt aus frz. *balcon*, dieses aus it. *balcone*, einem Augmentativum zu it. *balco* ´(Balken)Gerüst´.

Das italienische Wort galt seither als aus dem Langobardischen entlehnt, vgl. ahd. *balko* ´Balken´; doch rechnen neuere Untersuchungen (Korth) mit einem vor-rom. *pālica*, einer Ableitung aus l. *pālus* ´Pfahl´. Wieder anders

Kahane: Das Wort ist germanisch und die Bedeutung ursprünglich (wie oberdeutsch) ´Fensterladen´, von dem zum Balkon führenden Fenster. − S. *Balken.* − *DF* 1 (1913), 71; E. Öhmann *NPhM* 44 (1943), 14; Lokotsch (1975), 17; Brunt (1983), 147 f.; U. Korth: *Die Wortfamilie von balcon im Französischen und Romanischen.* Diss. Bonn 1973 in: *Untersuchungen zu Wortfamilien der Romania Germanica* Hrsg. U. Joppich-Hagemann & U. Korth (Bonn 1973), 146−280; H. und R. Kahane *Romance Philology* 30 (1976/ 77), 565−573; *LM* 1 (1980), 1381 f.

Ball[1] *m.* ´Kugel, Spielgerät´ (< 9. Jh.). Mhd. *bal,* ahd. *bal* aus g. **ballu- m.* ´Ball, Kugel´, auch in anord. *bǫllr* ´Kugel´ und der Ableitung ae. *bealluc* ´Hode´. Daneben steht ein *n*-Stamm gleicher Bedeutung, der erst im Neuhochdeutschen in der Bedeutung differenziert wird (s. *Ballen*). Am nächsten vergleichbar ist l. *follis* ´Blasebalg, Luftball, Luftkissen´, zu einer Wurzel ig. **bʰel-*, die mehrere Bezeichnungen für aufgeblasene oder aufgeschwollene oder ausgestopfte Gegenstände liefert. Letztlich zu einer Lautgebärde für die aufgeblasenen Backen, wie unter *Bausch* dargestellt. Das Ballspiel stammt mit seiner Bezeichnung aus dem Französischen (frz. *bal,* aus it. *palla,* aus langobard. **balla*), vgl. *Athis und Prophilias* (ed. Grimm, C* 94 f.): *dit spil was geheizin bal in rōmischer zungin.* Gespielt wird zunächst mit ausgestopften Lederbällen (ebd. 85 f.: *ein linde hūt, ubir ein weich hār gesūt, als ein kūle alsōs grōz; disin handeweichin klōz, den wurfin sie ein andir*), seit dem 15. Jh. von Oberitalien ausgehend mit luftgefüllten Hohlbällen. Noch im 15. Jh. werden auch größere zusammengesetzte Bälle gefertigt, die wegen ihrer Größe und Schwere it. *pallone* heißen (s. *Ballon*).

Nndl. *bal,* ne. *ball,* nschw. *boll.* S. *Ballen, Ballon, Bille, Biller, Bolle, Bulge*[1], *Bulle*[1], *Polster.* − *RGA* 2 (1976), 11−13; H. Gillmeister *Stadion* 7 (1981), 19−51; ders. ebd. 10 (1984), 77−94; ders. ebd. 10 (1984), 31−40; Lloyd/ Springer 1 (1988), 430 f.; Röhrich 1 (1991), 136; M. Dolch *Stadion* 7 (1981), 53−92.

Ball[2] *m.* ´Tanzfest´ (< 17. Jh.). Entlehnt aus frz. *bal,* einer Ableitung von frz. *baller* ´tanzen´, dieses aus l. *ballāre.* Vergleichbar ist gr. *ballízein* ´tanzen´, doch ist die Annahme, daß l. *ballāre* daraus entlehnt ist, wegen der abweichenden Stammbildung nicht unproblematisch.

S. *Bajadere, Ballade, Ballerina, Ballett* und *Ballen;* zu der Sippe des zugrundeliegenden gr. *bállein* ´werfen´ s. *Symbol.* − *DF* 1 (1913), 71; H. Paesens *RMPh* 90 (1941), 146−156; L. Radermacher *RMPh* 91 (1942), 52−58; E. Mehl *MS* 76 (1966), 307−311; Jones (1976), 131; Brunt (1983), 145.

Ballade *f. erw. fach.* ´erzählendes Gedicht´ (< *16. Jh., Bedeutung < 18. Jh.). Das Wort wurde zunächst mit der Bedeutung ´Tanzlied´ entlehnt aus frz. *balade* ´Tanzlied´ (letztlich aprov. *balada* aus aprov. *balar* ´tanzen´, aus l. *ballāre,* s. *Ball*[2]). Die Lautform wird beibehalten, als das Wort mit der Bedeutung ´volkstümliches erzählendes Lied´ aus

ne. *ballad* entlehnt wird. Die Bedeutungsentwicklung im Englischen beruht darauf, daß in den Tanzliedern gern dramatische Geschichten wiedergegeben wurden.

DF 1 (1913), 71 f.; Ganz (1957), 34; Jones (1976), 133; *LM* 1 (1980), 1383−1387.

Ballast *m. erw. fach.* (auf beiden Silben betonbar) ´zur Beschwerung mitgeführtes Gewicht, unnützes Gewicht, Überflüssiges´ (< *14. Jh., Standard < 17. Jh.). Entlehnt aus mndl. *ballast* ´das Gleichgewicht von Schiffen sicherndes Gewicht (in Form von Sandsäcken)´. Das Wort ist nicht sicher erklärt. Man vermutet im zweiten Bestandteil *-last* die Entsprechung zu nhd. *Last,* da die frühe Entlehnung ins Französische *last, lest* lautet; der erste Bestandteil wird sowohl mit *bar* ´rein, bloß´ in Verbindung gebracht (d. h. ´eine Last von der Last willen´) als auch mit mndl. *bal-* ´schlecht´ (d. h. ´die Last ohne Handelswert´). Vielleicht liegt in nschw. *barlast* (eigentlich ´bloße Last´) die ursprüngliche Form vor.

Ballen *m.* (< *11. Jh., Form < 15. Jh.). Mhd. *balle,* ahd. *ballo* ist zunächst eine morphologische Variante zu dem stark flektierten *Ball.* Es wird dann differenziert zu ´Hand- und Fußballen´, später auch zu ´Zusammengepacktes, Warenballen´; letzteres unter Einfluß von frz. *balle,* das zumindest nicht ausschließlich germanischer Herkunft ist (vielleicht zu l. *ballāre* ´tanzen´ als ´Festgetretenes, Festgestampftes´). Die Einzelheiten der Entwicklung sind aber nicht klar. Im 15. Jh. wird das *n* im Nominativ fest.

DEO (1982), 70.

Ballerina *f. per. fach.* ´Solotänzerin (beim Ballett)´ (< 17. Jh.). Entlehnt aus it. *ballerina* ´Tänzerin´, einer Ableitung von it. *ballare* ´tanzen´. Von Bedeutung ist besonders die erste Solotänzerin, die **Primaballerina.** S. *Ball*[2].

ballern *swV. stil.* ´dumpf knallen´ (< 17. Jh.). Lautmalend wie mndd. *balderen* gleicher Bedeutung. Dann umgangssprachlich für ´(herum-) schießen´, und **Ballermann** *m.* für ´Schußwaffe´, besonders ´Revolver´.

Ballett *n. erw. fach.* ´künstlerische Tanzdarbietung´ (< 17. Jh.). Entlehnt aus it. *balletto m.* (und frz. *ballet m.*), einer Diminutivbildung zu it. *ballo m.* ´Tanz´, zu it. *ballare* ´tanzen´, dieses aus l. *ballāre.*

S. *Ball*[2]. − *DF* 1 (1913), 72; Jones (1976), 133 f.

Ballon *m.* ´kugelförmiges Gefäß, Luftfahrzeug´ (< 17. Jh.). Entlehnt aus frz. *ballon,* dieses aus it. *pallone* ´großer Ball´, einem Augmentativum zu it. *palla, balla f.* ´Kugel´.

S. *Ball*[1]. − *DF* 1 (1913), 72 f.; D. Zastrow: *Entstehung und Ausbildung des französischen Vokabulars der Luftfahrt mit Fahrzeugen leichter als Luft* (Tübingen 1963), 85−96; Röhrich 1 (1991), 138.

Balsam *m. erw. exot. (ass.)* (ein Linderungsmittel) (< 11. Jh.). Mhd. *balsame*, ahd. *balsamo* sind entlehnt aus l. *balsamum n.* ´Balsamstrauch, Balsamharz´, dieses aus gr. *bálsamon n.*, aus hebr. *bāśām*. Die ursprüngliche südarabische Form hatte ein laterales *ś*, was die Wiedergabe als *ls* erklärt. Zu einer Verbalwurzel, die ´angenehm duften, angenehm sein´ bedeutet. Partikelableitung: *einbalsamieren*.
Littmann (1924), 17; Lokotsch (1975), 25; Cottez (1980), 48; *LM* 1 (1980), 1389 W. W. Müller (1986), 84; Lloyd/ Springer 1 (1988), 445−447.

Balustrade *f. per. fach.* (säulenverziertes Geländer) (< 18. Jh.). Entlehnt aus frz. *balustrade*, dieses aus it. *balaustrata*, einer Ableitung von it. *balaustro m.* ´Geländerdocke´ (fachsprachlich entlehnt als *Baluster*), eigentlich ´Granatapfelblüte´ (wegen der ähnlichen Form), aus l. *balaustium n.* ´Granatapfel´, aus gr. *balaústion n.*
DF 1 (1913), 73; Brunt (1983), 148.

Balz *f. erw. fach.* ´Paarungsverhalten der Vögel, die zur Zeit der Paarung stattfindende Jagd´ (< 14. Jh.). Bezeugt in der Lautform *balz* neben *falz* (auch *pfalz*). Die Herkunft des Wortes ist ganz unklar, der Wechsel des Anlauts rätselhaft.
A. Webinger *ZV* 7 (1935), 160 f.; Röhrich 1 (1991), 138.

Bambule *f. per. grupp. phras.* ´krawallartiger Protest von Häftlingen´ (< 20. Jh.), in *Bambule machen*. In der Gegenwartssprache entlehnt aus frz. *bamboula* ´Rummel´, eigentlich Bezeichnung einer afrikanischen Trommel und eines Tanzes zu deren Klängen (aus einer Bantusprache).

Bambus *m. per. fach.* ´tropisches Rohrgras´ (< 17. Jh.). Entlehnt aus nndl. *bamboe*, dieses (vermutlich über das Portugiesische) aus südindischen Dialekten *bambu*, *mambu* u.ä. Das *-s* über das Niederländische aus der portugiesischen Pluralform.
Littmann (1924), 129; Lokotsch (1975), 18.

Bammel *m. stil.* ´Angst´ (< 19. Jh.). Wohl als ´Herzklopfen´ zu *bammeln* ´hin- und herschwanken´ (von etwas Aufgehängtem). Dieses tritt seinerseits in mehreren Lautvarianten auf (*baumeln*, *pampeln* usw.) und ist deshalb wohl eine lautmalerische Bildung.
Versuch einer Herleitung aus dem Westjiddischen bei Wolf (1985), 43; Röhrich 1 (1991), 138.

banal *Adj. erw. fremd.* ´nichtssagend´ (< 18. Jh.). Entlehnt aus frz. *banal*, einer Ableitung aus afrz. *ban* ´Gerichtsbezirk´, dieses aus andfrk. *ban* ´Bann´ (s. *Bann*). Das Adjektiv wird zunächst zur Bezeichnung von Dingen verwendet, dann der Personen, die in einem bestimmten Bezirk leben, gemeinsam gehören. Aus ´gemeinsam, gemeinnützig´ wird dann ´normal´ mit der Bedeutungsverschlechterung hin zu ´nichtssagend´. Abstraktum: *Banalität*.
DF 1 (1913), 73.

Banane *f.* (< 16. Jh.). Entlehnt aus port. *banana*, dieses aus einer Mundart Guineas. Der *Bananenstecker* heißt so, weil er wegen seiner federnden Kontaktflächen die Form einer Banane (ohne die Krümmung) hat. Unter einer *Bananenrepublik* versteht man einen Staat mit unsicheren politischen Zuständen (nach südamerikanischen Staaten, die ständig von Putschen bedroht werden und bei denen andererseits Bananen einen Hauptwirtschaftszweig ausmachen; Lehnübersetzung von am.-e. *banana republic*).
Littmann (1924), 88, 130, 152; R. Loewe *ZVS* 61 (1933), 112−114; M. Wis *NPhM* 59 (1958), 1−34; 61 (1960), 58−62; *NPhM* 66 (1965), 621; Lokotsch (1975), 18; Röhrich 1 (1991), 138; Carstensen 1 (1993), 83 f.

Banause *m. per. fremd.* ´Mensch mit mangelhaftem Verständnis für Kunst usw.´ (< 18. Jh.). In Übersetzungen aus dem Griechischen entlehnt aus gr. *bánausos* ´Handwerker´ mit der Nebenbedeutung ´Spießbürger´ und in diesem Sinn dann auch in literarischen Kreisen verwendet.
DF 1 (1913), 73 f.; R. F. Arnold *ZDW* 5 (1903/04), 257−262; *ZDW* 8 (1906/07), 2 f.; D. Rössler in *Typenbegriffe* 3 (1981), 203−205, 226−231; M. Simon in *Typenbegriffe* 5 (1981), 280−290.

Band *m.* ´Buch´ (< 17. Jh.). Zu *binden* in der Bedeutung ´einbinden´, also ´das Eingebundene´. S. *Einband*.

Band *f. per. grupp.* [bænd] ´Musikgruppe´ (< 20. Jh.). Entlehnt aus ne. *band*, dieses aus frz. *bande* ´Schar, Trupp´. S. *Bande¹*.
Carstensen 1 (1993), 84 f.

Band *n.* (< 8. Jh.). Mhd. *bant*, ahd. *bant*, as. *band* aus g. **banda- n.* ´Band, Fessel´, auch in anord. *band* ist eine Instrumentalbildung zu *binden*. Übertragen in *Bandwurm*; in moderner Zeit häufig für *Tonband* oder sonstige elektronische Datenträger. Nndl. *band*, nisl. *band*, nschw. *band*.

Bandage *f. erw. fach.* ´fester Schnür- bzw. Stützverband´ (< 18. Jh.). Entlehnt aus frz. *bandage*, einer Ableitung von frz. *bander* ´verbinden´, zu frz. *bande* ´Binde´, das aus dem Germanischen stammt (s. *binden*). Die *harten Bandagen* sind die Vorläufer der Boxhandschuhe; hart waren sie bei Wettkämpfen, weich beim Training. Verb: *bandagieren*.
DF 1 (1913), 74.

Bande¹ *f.* ´Schar´ (< 16. Jh.). Entlehnt aus frz. *bande* ´Trupp, Schar´, zunächst für Soldaten, Musikanten u.ä. Das französische Wort bedeutet ursprünglich ´Fähnlein´ und ist entlehnt aus dem Germanischen (gt. *bandwa* ´Zeichen´ usw.). Im Deutschen sinkt die Bedeutung zu ´Diebes- und Räuberbande´ (möglicherweise unter dem Einfluß von *Bandit*). S. *Banner*.
DF 1 (1913), 74.

Bande² *f. per. fach.* ´seitliche Einfassung´ (< 18. Jh.). Entlehnt aus frz. *bande* ´Streifen, Band´, das letztlich auf ein zu *binden* gehöriges germanisches Wort zurückgeht.

Banderole *f. per. fach.* ´Streifband´ (< 19. Jh.). Entlehnt aus frz. *banderole,* das seinerseits aus it. *banderuola* ´Fähnlein´ kommt, einem Diminutiv zu it. *bandiera* ´Fahne´ (s. *Banner*). Das französische Wort bedeutet eigentlich ´Fähnlein, Wimpel´, dann auch ´Spruchband, Transparent´ und schließlich ´Streifband´ (wohl unter dem Einfluß von *bande,* s. *Bande²*). Die deutsche Entlehnung ist auf diese letzte Bedeutung beschränkt.

bändigen *sw V.* (< 16. Jh.). Abgeleitet aus mhd. *bendec* ´an die Leine gelegt´ (zu *Band,* und damit zu *binden*). Zunächst von Hunden gesagt (ein Hund ist *bändig,* wenn er sich an der Leine führen läßt), dann übertragen. S. *unbändig.*

Bandit *m. erw. fremd.* ´Verbrecher´ (< 16. Jh.). Entlehnt aus it. *bandito,* dem substantivierten PPP. von it. *bandire* ´verbannen´, das aus dem Germanischen entlehnt ist (s. *Bann,* lautlich wohl unter dem Einfluß des Wortes für ´Fähnlein, Trupp´, s. *Bande¹* und *Banner*), also eigentlich ´der Verbannte´. Sekundär ist das Wort mit *Bande¹* verknüpft worden.

DF 1 (1913), 74; Eppert (1963), 63 f.

Bandscheibe *f. erw. fach.* ´Knorpel zwischen den Wirbeln´ (< 20. Jh.). Zu erwarten wäre als Bedeutung ´ein Band (Ligament) in Form einer Scheibe´ − der Bildung nach ist das Wort aber eher aufzufassen als ´Scheibe in der Funktion eines Bandes´.

bang(e) *Adj. reg.* (< 13. Jh.). Mhd. *bange* aus ahd. *be-* und ahd. *ango* ´ängstlich´ (zu der Grundlage von *Angst*) zusammengewachsen. Verb: **bangen,** Abstraktum: **Bange.** S. auch *eng.*

Bangbüx(e) *f.,* **Bangbux(e)** *f. per. ndd.* ´Angsthase´ (< 19. Jh.). Eigentlich ´Angsthose´ (s. *Buxe*), da sich nach der Volksweisheit die Angst vor allem in der Hose bemerkbar macht (vgl. *Schiß* u.ä.). S. *Angsthase.*

Bangert *m. arch.* ´Obstgarten´ (< *11. Jh, Form < 16. Jh.). Aus der monophthongierten mhd. Form *bām* ´Baum´ und ahd. *gart(o)* zusammengewachsen. Vgl. ahd. *boumgarto.* Die assimilierte Form seit dem 16. Jh. Vgl. *Wingert.*

Banjo *n. per. fach.* (ein amerikanisches Saiteninstrument) (< 20. Jh.). Entlehnt aus ne. *banjo,* dessen Herkunft unsicher ist.

Man rechnet wegen älterem *banjor* mit einer unregelmäßigen Lautentwicklung aus e. *bandore* (= ein gitarrenähnliches Saiteninstrument), aus span. *bandurria f., bandola f.* und port. *bandola f., bandolim m.,* aus l. *pandūra f., pandūrium* ´dreisaitiges Musikinstrument´, doch gibt es noch ältere Formen ohne *-r,* die an Wörter afrikanischer Sprachen anklingen (senegambisch *bania*). Vielleicht altes afrikanisches Wort, evtl. gleicher Herkunft, das sekundär an ne. *bandore* angeglichen wurde. − Rey-Debove/Gagnon (1988), 45 f.

Bank¹ *f.* ´Sitzgelegenheit´ (< 9. Jh.). Mhd. *banc,* ahd. *bank,* as. *bank* aus g. **banki-* m. ´Bank´, auch in anord. *bekkr,* ae. *benc,* afr. *benk, bank, bonk.* Daneben steht der *n*-Stamm anord. *bakki* ´Erhöhung´, ae. *hōbanca* ´Bettstelle´. Das Femininum ist erst mittelhochdeutsch und vielleicht altenglisch. Weitere Herkunft unklar. Vielleicht als ´Kante´ (gemeint waren ursprünglich die um den Saal herumlaufenden Bänke) aus g. **branka-* mit Ausdrängung des *-r-,* doch ist mit dieser Bedeutung sonst nur ablautendes (me., ne., mndl., nndl.) *brink* bezeugt. − **Auf die lange Bank schieben** ist in der Variante *in die lange Truhe spielen* seit dem 15. Jh. bezeugt. Die Wendung spielt auf die Verwahrung von Gerichtsakten in Truhen an, wobei sich *lang* wohl nicht auf die Truhe oder Bank bezieht, sondern bereits übertragen auf den Zeitraum gemeint ist.

Nndl. *bank,* ne. *bench,* nisl. *bekkur.* − L. Schmidt *Antaios* 12,1 (1971), 85−103; *RGA* 2 (1976), 33 f.; Lloyd/Springer 1 (1988), 456−458; *LM* 1 (1980), 1408 f.; R. Schmidt-Wiegand (1991), 295 f.; Röhrich 1 (1991), 140−144.

Bank² *f.* ´Geldinstitut´ (< 15. Jh.). Entlehnt aus it. *banco m., banca f.* (eigentlich ´Tisch´). Zugrunde liegt ahd. *bank* (s. *Bank¹*). Gemeint ist der ´Tisch des Geldwechslers´, dann allgemeiner ´Institution des Geldhandels´. Das Kompositum **Banknote** kommt aus dem Englischen, wie auch der Gebrauch des Wortes im Sinne von ´Sammelstelle, Magazin´ (**Datenbank, Blutbank** usw.). Täterbezeichnung: **Bankier.**

DF 1 (1913), 74 f.; Brunt (1983), 149; zu *Banker:* Ganz (1957), 35; *LM* 1 (1980), 1410−1414; Rey-Debove/Gagnon (1988), 46 f.; zu *Bankier:* A. Höfer *PSG* 5 (1986), 27−60; Carstensen 1 (1993), 86−88.

Bänkelsänger *m. erw. fach.* ´Moritatensänger´ (< 18. Jh.). Vielleicht in Anlehnung an it. *cantambanco* gebildet, um die Sänger zu bezeichnen, die auf den Jahrmärkten usw. die neuesten (meist schauerlichen) Begebenheiten als Lieder vortrugen, wobei sie auf einer Bank standen und ein vorgezeigtes Bild ausdeuteten. Das Diminutiv *Bänkel* ist ostmitteldeutsch. Die heutige abschätzige Bedeutung ist von den häufigen Parodien dieser Liedform beeinflußt.

S. *Bank¹* und *singen.* − Zur Sachgeschichte: H. Naumann *ZVV* 30/31 (1921), 1−21.

Bankert *m. obs.* ´uneheliches Kind´ (< 15. Jh.). Mhd. *banchart.* Zusammensetzung aus *Bank¹* und dem Namenelement *-hart (Gebhart, Reinhart),* eigentlich also ´das auf der (Schlaf-)Bank (der Magd, und nicht im Ehebett) gezeugte Kind´ (s. *Bank¹*). Daß sich *-hart* als zweites Element (gegenüber ähnlichen Bildungen wie *Bänkling, Bankkind*) durchgesetzt hat, beruht wohl auf dem lautlichen Gleichklang mit *Bastard.*

Bankett¹ *n. erw. fremd.* ´Festmahl´ (< 15. Jh.). Entlehnt aus it. *banchetto m.,* einer Diminutivbildung zu it. *banco m.* ´Tisch´ (s. *Bank¹*). Verschiedene Bedeutungsentwicklungen sind hier denkbar. Plausibel erscheint, daß zunächst eine Bedeutungsverschiebung von ´Tisch´ auf ´Essen´ stattgefunden hat (vgl. d. »Mittagstisch«), wozu dann die hypokoristische Bildung als Bezeichnung eines feinen, besonderen Essens hinzukam; schließlich Erweiterung zu ´Festmahl´. Oder Bezeichnung eines Mahls, bei dem Serviertischchen gebraucht wurden? (so Pfeifer 1993, 95).

DF 1 (1913), 75.

Bankett[2] *n.*, auch **Bankette** *f. per. fach.* ´Randstreifen einer Straße´ (< 19. Jh.). Entlehnt aus frz. *banquette*, einer Ableitung von normannisch-frz. *banc* ´Aufwurf an einem Graben, Umfassung aus aufgeworfener Erde´ (zu anord. *bakki* ´Erhöhung´), s. *Bank*[1].

Bankrott *m.* (< 16. Jh.). Entlehnt aus it. *banca rotta f.* (eigentlich ´zerstörte Bank´); it. *rotta* aus l. *ruptus* ´zerbrochen, zerstört´, dem PPP. von l. *rumpere* ´zerbrechen´ und *banca* wie in *Bank*[2]. Bei Zahlungsunfähigkeit wurde der Tisch des Händlers zerschlagen.

S. *Bank*[2] und *abrupt*. − *DF* 1 (1913), 75; C. Müller *ZDW* 3 (1902), 251; *LM* 1 (1980), 1409 f.; Schirmer (1911), 27; Röhrich 1 (1991), 144.

Bann *m. alt.* (< 9. Jh.). Mhd. *ban*, ahd. as. *ban* aus g. *banna-* m. ´Aufgebot, Befehl, Bann´, auch in afr. *ban(n)*, *bon*, in anord. *bann (n.)* ´Verbot´, ae. *geban(n)*. Abstraktum zu g. *bann-a- stV.* ´aufbieten, gebieten´. Dieses beruht vermutlich auf einem Nasalpräsens (*b^hə-nw-* o.ä.) zu eur. *b^hā-* ´(feierlich) sprechen´ in l. *fārī* ´sprechen´ (vgl. *fās* ´göttliches Recht´), russ. *obavátí* ´bezaubern, beschwören´, gr. *phēmí* ´ich sage, behaupte, befehle´. Moderne Bedeutungen (´Handelsverbot´) unter dem Einfluß des Englischen. Verb: ***bannen, verbannen***.

Nndl. *ban*, ne. *ban*, nschw. *bann*, nisl. *bann*. S. *banal, Bandit*; zu der Sippe der griechischen Entsprechung s. *Blasphemie*, zu denen der lateinischen s. *diffamieren*. − H. Wießner: *Twing und Bann* (Baden 1935); Seebold (1970), 88−90; *RGA* 2 (1976), 34−44; Tiefenbach (1973), 18−21; Lloyd/ Springer 1 (1988), 453−356; *LM* 1 (1980), 1414−1418; Sousa-Costa (1993), 53−123; Carstensen 1 (1993), 88 f.

Banner *n. erw. fach.* ´Fahne´ (< 12. Jh.). Mhd. *banier(e)*, dann dem deutschen Lautstand angepaßt. Das mittelhochdeutsche Wort ist entlehnt aus frz. *bannière f.* ´Heerfahne´, das seinerseits eine Weiterbildung zu einer Entlehnung aus dem Germanischen ist (gt. *bandwa* ´Zeichen´ und seine Verwandtschaft) unter dem lautlichen Einfluß der Entsprechung zu *Bann*. Die nicht eingedeutschte Form ***Banier***, seit dem 15. Jh. auch *Panier*[2] bleibt regional (z. B. bei Luther), ist heute aber veraltet.

S. *Bande, Hasenpanier*. − *DF* 2 (1942), 305 f. (zu *Panier*); *LM* 1 (1980), 1419.

Bannware *f.* s. *Konterbande*.

Banse *f.* auch *m. per. md. ndd.* ´(Korn)Scheuer, Stapelplatz für Holz, Kohle u.ä.´ (< 17. Jh.). In der älteren Sprache nicht bezeugt, aber offensichtlich bereits germanisches Wort, vgl. gt. *bansts* ´Scheuer´, anord. *báss* ´Stand im Kuhstall´, ae. *bōs(i)g* ´Stall, Heuplatz über dem Stall´. Vermutlich eine Bezeichnung für aus leichtem Flechtwerk bestehende Nebengebäude; deshalb ist ein Anschluß an *binden* denkbar (g. *band-s*).

Bar *f.* ´(Nacht)Lokal´ (< 19. Jh.). Entlehnt aus ne. *bar*, dieses aus afrz. *barre* ´Balken, Stange, Schranke´. Eigentlich Bezeichnung einer Schranke (s. *Barre*), die den Gastraum vom Schankraum trennt, dann Tisch an dieser Stelle, mit Gelegenheit zum Trinken (im Stehen oder auf hohen Hockern). Dann die ganze Trinkstube (in dieser Bedeutung evtl. aus ne. *bar-room* gekürzt). In allen diesen Bedeutungen ins Deutsche übernommen, ebenso in modernen Ausweitungen auf Verkaufs- und Ausgabestellen von anderen Dingen (***Milchbar, Plattenbar***).

Rey-Debove/Gagnon (1988), 47; Carstensen 1 (1993), 89−91.

bar *Adj.* (< 10. Jh.). Mhd. *bar*, ahd. *bar*, as. *bar* aus g. *baza-* *Adj.* ´bar, bloß´, auch in anord. *berr*, ae. *bær*, afr. *ber* aus ig. (eur.) *b^hoso-* ´bar, bloß´, auch in lit. *bãsas*, aruss. *bosŭ* ´barfüßig´, arm. *bok* ´barfuß´ (aus *bhoso-g^wo-*?) und erweitert in gr. *psīlós* ´nackt, kahl´. Zu einem schlecht faßbaren Verbum ig. *b^hes-, psā-* [*b^hsā-*] ´reiben, abreiben´, auch ´kauen´; Ausgangsbedeutung also ´abgerieben, blank´ mit Bedeutungsübergang zu ´bloß´ wie bei nhd. *blank* und in derselben Wortfamilie etwa bei gr. *psēnós* ´kahlköpfig´ (Glossenwort). − Die Verwendung in bezug auf Geld ist schon mittelhochdeutsch und später sehr häufig; gemeint ist wohl ´offen vor Augen liegend, vor den Augen aufgezählt´. Hierzu auch ***Barschaft*** u.ä. Zur Grundbedeutung ***barfuß, barhaupt*** u.ä.

Nndl. *bar*, ne. *bare*, nschw. *bar*, nisl. *ber*. S. *Berserker, Besen*. − G. Richter in: Dückert (1976), 173−214; E. P. Hamp *REA* 20 (1986/87), 35 f.; Lloyd/Springer 1 (1988), 465 f.; Röhrich 1 (1991), 144; Heidermanns (1993), 121.

-bar *Suffix.* Heute nur noch Adjektivsuffix für passive Adjektive der Möglichkeit, früher selbständiges Wort. Mhd. *-bære*, ahd. *-bāri* gehen, wie ae. *-bǣre*, zurück auf ein Adjektiv der Möglichkeit *bār-ja-* zu *ber-a-* ´tragen´, also ´tragend, fruchtbar´ (vgl. mhd. *unbære* ´unfruchtbar´).

S. *gebären*. − R. Flury: *Struktur- und Bedeutungsgeschichte des Adjektiv-Suffixes -bar* (Diss. Zürich 1964); *Wortbildung* 3 (1978), 106 und an den dort angegebenen Stellen; Lloyd/Springer 1 (1988), 472−474; Heidermanns (1993), 124 f.

Bär[1] *m.* ´Bär´ (< 8. Jh.). Mhd. *ber*, ahd. *pero*, *bēr*, mndl. *bere* aus g. *beron/-n- m.* ´Bär´, auch in anord. *bjǫrn (u-*Stamm), ae. *bera*. Die nur germanische Bezeichnung geht entweder auf ein älteres Wort für 'braun' zurück (lit. *béras* 'braun') oder setzt (mit Übergang von *g^hw-* zu g. *b-) älteres *g^hwer-* 'wildes Tier' fort (mit Dehnstufe gr. *thếr*, akslav. *zvếrĭ*, lit. *žvếris*; ohne diese l. *ferus* 'wild'). – Die Bezeichnung eines Sternbilds als *Bär* folgt der antiken Tradition (s. *Arktis*). Bei *einen Bären aufbinden* liegt wohl eine falsche Umsetzung eines niederdeutschen Wortes für 'Traglast' vor (zu g. *ber-a-* 'tragen', s. *gebären* und *Bahre*). Der Vergleich von Lügen und Traglasten ist auch sonst üblich (vgl. etwa *einem die Hucke vollügen*).

Nndl. *beer*, ne. *bear*, nschw. *björn*, nisl. *björn*. S. *braun*, *Biber*. – W. Havers: *Neuere Literatur zum Sprachtabu* (Wien 1946), 35–37; *RGA* 2 (1976), 45–48; Lloyd/Springer 1 (1988), 563–565; *LM* 1 (1980), 1431 f.; Röhrich 1 (1991), 144–147. Zu *einen Bären aufbinden*: W. Niekerken *KVNS* 50 (1937), Sonderheft, S. 26 f.

Bär[2] *m. arch.* 'Zuchteber' (< 11. Jh.). Mhd. *bēre*, mndl. *bēre*, as. *bēr(swīn)* 'Eber' aus wg. *$baizi$- m.* 'Eber', auch in ae. *bār*. Wenn so zunächst der wilde Eber bezeichnet wurde, kann voreinzelsprachl. *b^hoids-i-* 'der Schreckliche' (lit. *baĩsas* 'Schreckgespenst, schreckliche Erscheinung') zu (ig.) *b^hoi-dos-* 'Schrecken' (vgl. lit. *baisà f.* 'Schrecken', l. *foedus* 'häßlich') zugrundeliegen.

Nndl. *beer*, ne. *boar*. – Anders: Lloyd/Springer 1 (1988), 542.

Baraber *m. per. österr.* '(italienischer) Bauarbeiter' (< 20. Jh.). Wird auf it. *parlare* 'sprechen' (im Rahmen der Ausländersprache) zurückgeführt, doch haben bei diesem Spottwort sicher Anklänge an *Araber* und anderes mitgespielt.

Baracke *f.* 'Behelfsunterkunft' (< 17. Jh.). Entlehnt aus frz. *baraque* 'Feldhütte' und it. *baracca*, beide aus span. *barraca*. Das Wort bezeichnet zunächst eine Soldatenunterkunft.

Die weitere Herkunft ist nicht sicher geklärt. Eine Herkunft aus der Entsprechung zu *Barre* ist im Hinblick darauf, daß es sich wohl zunächst um Holzgerüste gehandelt hat, nicht ausgeschlossen. – *DF* 1 (1913), 75; Jones (1976), 139 f.; *DEO* (1982), 73.

Barbar *m.* 'Rohling' (< 15. Jh.). Entlehnt aus l. *barbarus*, dieses aus gr. *bárbaros* 'ausländisch, roh'. Das griechische Wort bezeichnete ursprünglich diejenigen, die nicht griechisch sprachen – es ist offenbar eine reduplizierte Lautnachahmung (heute sagt man etwa *Rhabarber*, um 'Volksgemurmel' zu simulieren); ähnlich ai. *barbara-* 'stammelnd'. Später wurde das Wort auch verwendet, um Griechen zu bezeichnen, die schlecht Attisch sprachen. Das Wort wird dann von den Römern und schließlich von den Volkssprachen übernommen und angepaßt; dabei auch in seiner Bedeutung ausgeweitet (einerseits 'grausam', andererseits 'sprachwidrig'). Im Deutschen wird das Wort zunächst mit Anfangsbetonung gesprochen (wie noch in dem Namen *Barbara* erhalten), dann wird es an die französi-

sche Betonung angepaßt. Adjektiv: *barbarisch*; Abstraktum: *Barbarei*.

S. *brav, bravo, Rhabarber* und *Bullenbeißer* (unter *Bulldogge*). – *DF* 1 (1913), 76; K. Schäfer *Monatsschrift für Höhere Schulen* 35 (1936), 261–268; B. Funck in *Typenbegriffe* 4 (1981), 26–51; W. Braun in *Typenbegriffe* 5 (1981), 137–168; *RGA* 2 (1976), 49 f.; E. Lévy *Ktema* 9 (1984/87), 5–14; P. Michel *PSG* 8 (1988), 7–49; *BlW* 3 (1988), 91–101; *LM* 1 (1980), 1434–1436.

Barbe *f. per. fach.* (ein Flußfisch) (< 12. Jh.). Mhd. *barbe m./f.*, ahd. *barbo m.* Entlehnt aus l. *barbus m.*, das seinerseits eine Zugehörigkeitsbildung zu l. *barba* 'Bart' ist (nach den **Barteln** 'Bartfäden' dieser Fische).

S. *Barbier*. – Lloyd/Springer 1 (1988), 470 f.

Barbecue *n. per. fremd.* 'Grillfest, Bratrost' (< 20. Jh.). Entlehnt aus ne. *barbecue*, dieses aus span. *barbacoa, barbacuá f.* 'im Erdloch zubereiteter Braten', ursprünglich: 'Lager aus Weiden- oder Lianengeflecht', das auf ein indianisches Wort (Taino) zurückgeht.

Rey-Debove/Gagnon (1988), 47 f.; Carstensen 1 (1993),91.

bärbeißig *Adj. alt.* (< 18. Jh.). Nach **Bärenbeißer**, einer Bezeichnung der Boxer (Hunderasse), die ursprünglich zur Tierhatz gezüchtet wurden. Das Adjektiv spielt auf den unfreundlich wirkenden Gesichtsausdruck dieser Tiere an.

Barbier *m. arch.* (< *14. Jh., Form < 15. Jh.). Mhd. *barbierer* ist mit dem Verb *barbieren* entlehnt aus afrz. *barbier* 'Friseur', dieses aus ml. *barberius*, einer Ableitung von l. *barba f.* 'Bart'. Die an das Französische angeglichene Kurzform wird erst im folgenden Jahrhundert üblich.

S. *balbieren, Barbe, Bart*. – *LM* 1 (1980), 1444 f.; Röhrich 1 (1991), 147 f.

Barchent *m./n. per. fach.* 'auf einer Seite aufgerauhter Baumwollflanell' (< 13. Jh.). Mhd. *barchant, barchāt, barchet, barragān, barkān m.* ist entlehnt aus ml. *barrachanus m., barrachanum n.* 'grober Wollstoff', dieses aus span. *barragán m.*, aus arab. *barrakān* (dass., sowie auch ein Gewand daraus).

Rosenquist (1942), 428–436.

Barde *m. arch.* '(keltischer) Sänger' (< 17. Jh.). Entlehnt aus frz. *barde* oder l. *bardus*, das seinerseits aus einem keltischen Wort entlehnt ist. Zunächst in der eigentlichen Bedeutung gebraucht, dann im Zuge der Ossian-Begeisterung verallgemeinert und auch (durch Anschluß des bei Tacitus erwähnten *barditus* 'Schlachtgesang', s. *Bardiet*) für 'Sänger der Germanen' gebraucht.

Kuhberg (1933), 37 f.; Stiven (1936), 29; *LM* 1 (1980), 1456 f.

Bardiet *n. arch.* 'Schlachtgesang' (< 18. Jh.). Bei Tacitus *Germania* 3 wird der Schildgesang der Germanen bei Beginn des Kampfes *barditus* genannt (andere Handschriften haben *baritus*). Dieses Wort ist ungeklärt. Klopstock nimmt es auf, indem er es als eine Ableitung von *Barde* auffaßt (was sprachgeschichtlich kaum richtig ist).

RGA 2 (1976), 52 f.

Bärendienst *m. bildg.* ʽin guter Absicht ausgeführte Handlung, die dem Begünstigten aber schadetʼ (< 19. Jh.). Nach einer verbreiteten Fabel, die z. B. auch bei La Fontaine (*L'ours et l'amateur des jardins* VIII, X) dargestellt ist. In ihr erschlägt ein Bär eine Fliege auf der Nasenspitze des schlafenden Freundes (oder wirft einen Stein nach ihr) und drückt dabei dem Freund den Schädel ein.

Bärendreck *m. alt.* ʽeingekochter Süßholzsaft, Lakritzeʼ (< 19. Jh.). Ein zunächst schweizerisches Wort. Das Benennungsmotiv ist unklar − vielleicht wegen der starken Süße als ʽ(Dreck) für die − Süßes liebenden − Bärenʼ. Zu beachten ist die Bedeutung ʽEinkochrückstandʼ bei *Dreck*.

Bärenhäuter *m. arch.* ʽnichtswürdiger Menschʼ (< 17. Jh.). Gebildet zu dem Ausdruck *auf der Bärenhaut liegen* für ʽfaul seinʼ (mit Bezug auf die Landsknechte, dann auch auf Studenten). Der Ausdruck selbst ist von den Humanisten im Anschluß an Tacitus, *Germania* 15 geprägt, wonach die Germanen in Friedenszeiten faulenzten. Die Ausgestaltung des Bildes ist wohl angeregt durch den Bericht derselben Quelle, wonach sich die Germanen in Felle wilder Tiere kleideten.

Röhrich 1 (1991), 148−151. Anders: W. Niekerken in: *FS Pretzel* (1963), 373 f.

Barett *n. erw. fach.* ʽschirmlose Kopfbedeckungʼ (< 15. Jh.). Entlehnt aus it. *baretta, beretta*, wie frz. *béret* abgeleitet aus l. *birrus m.* ʽÜberwurf, Mantelʼ. Das Wort ist schon in alter Zeit mit gr. *pyrrós* ʽfeuerrotʼ gleichgesetzt worden − daher noch **Birett** für die (rote) Kopfbedeckung katholischer Geistlicher.

Die Herkunft des Grundworts ist umstritten − in Frage kommt ein gallisches Wort für ein Kleidungsstück oder die Herleitung aus einem Farbwort für ʽdunkel, rotʼ zur Bezeichnung grober Stoffe s. *Büro*. − *DF* 1 (1913), 76; Gamillscheg (1969), 88; *DEO* (1982), 99; *LM* 1 (1980), 1459 f.; 2 (1983), 213.

Barg *m. per. fach.* ʽverschnittener Eberʼ (< 10. Jh.). Mhd. *barc*, ahd. *barug*, as. *bar(u)g* aus g. **baruga-* m. ʽverschnittener Eberʼ, auch in anord. *borgr*, ae. *bearg*; Nebenform mit Schwundstufe in ae. *-borg* und mndd. *borch*. Vergleichbar sind slavische Wörter, etwa russ. *bórov* ʽverschnittener Eberʼ (wohl nicht aus dem Germanischen entlehnt) aus (ig.) **bʰoru-o-* neben dem durch das Germanische vorausgesetzten (ig.) **bʰoru-ko-*. Die slavischen Wörter können auch ʽKleinvieh u.ä.ʼ bedeuten, so daß die Ausgangsbedeutung unklar ist. Falls von ʽverschnittenʼ auszugehen ist, kann an ig. **bʰer-* ʽschneiden u. a.ʼ angeknüpft werden (zu diesem s. *bohren*).

E. (dial.) *barrow*. − Trier (1952), 87 f.; P. Stiles *Anglia* 101 (1983), 22−24; Lloyd/Springer 1 (1988), 493−495.

Bariton *m. erw. fach.* ʽSingstimme zwischen Tenor und Baßʼ (< *17. Jh., Form < 18. Jh.). Entlehnt aus it. *baritono* ʽHalbbaßʼ, zu it. *baritono* ʽmit tiefer Stimmeʼ, dieses aus gr. *barýtonos*, zu gr. *barýs* ʽschwer, tiefʼ und gr. *tónos* ʽSpannung, Tonʼ (s. *Ton²*). Zuerst in latinisierter Form als *Barytonus*, dann endungslos. Zum Vorderglied s. noch *Barometer* und die lateinische Entsprechung in *gravitätisch*.

DF 1 (1913), 77.

Barium *n. per. fach.* (ein Erdalkali-Metall) (< 19. Jh.). Die deutschen Bergleute gaben einem schweren, neben Erzen gefundenen Mineral den Namen *Schwerspat* (s. *Spat*). Die Schweden Scheele und Gahn isolierten daraus um 1774 eine bis dahin unbekannte Erde, die von Scheele *Schwerspat-Erde* genannt wurde; später nannte man sie auch *terra ponderosa* oder *Schwererde*. Der Franzose G. de Morveau nannte sie 1779 *Baryt* (zu gr. *barys* ʽschwerʼ), und als man im 19. Jh. den Baryt als Oxyd eines Metalls erkannte, nannte man dieses (zunächst in England) *Baryum*.

Cottez (1980), 48; Rey-Debove/Gagnon (1988), 50. [Herangezogen wurde die Magisterarbeit von M. Mathes].

Barkarole *f. per. fach.* ʽLied der Gondolieriʼ (< 19. Jh.). Entlehnt aus it. *barcarola*, einer Ableitung von it. *barcarolo m.* ʽGondoliereʼ, zu it. *barca* ʽkleines Schiffʼ, aus l. *barca*. S. *Barke*.

Barkasse *f. per. fach.* ʽMotorbootʼ (< 18. Jh.). Entlehnt aus frz. *barcasse*, dieses aus span. *barcaza*, einer Augmentativbildung zu span. *barca* ʽBoot, Kahnʼ. S. *Barke*.

Barke *f. per. fach.* ʽkleineres Schiff ohne Mastʼ (< 13. Jh.). Mhd. *barke* ist entlehnt aus mndl. *barke* ʽkleines Küstenschiffʼ, das über romanische Zwischenstufen (mfrz. *barque*) zurückgeht auf spl. *barca*.

Das lateinische Wort gilt als Erweiterung (**barica*) zu gr. *bãris* ʽägyptischer Nachen; eine Art Floßʼ, einem ägyptischen Wort der Nilschiffahrt. Die romanischen Formen scheinen aber auf **barica* neben **barrica* zu weisen, das wohl zu vor-rom. *barre* ʽStangeʼ gehört (s. *Barre*). − S. *Barkarole, Barkasse*. − P. Katz *IF* 57 (1940), 264; E. Öhmann *NPhM* 41 (1940), 145 f.; Lokotsch (1975), 168; Jones (1976), 140; *DEO* (1982), 80 f.; Lloyd/Springer 1 (1988), 474−476.

Bärlapp *m. per. fach.* (eine Farnart [*lycopodium*]) (< 16. Jh.). Als ʽBärentatzeʼ (zu ahd. *lappo* ʽRuderschaufelʼ, also ʽflacher, großer Gegenstandʼ, vermutlich weiter zu *Lappen*) wird die Pflanze wegen ihrer lappigen Blattform bezeichnet; ähnlich die jüngere l. Benennung *lycopodium n.* (wörtlich ʽWolfsfußʼ, wonach ne. *wolf's claw*).

W. Wüst: *Idg. *peleku-* ʽAxt, Beilʼ (Helsinki 1956), 74.

Bärme *f. per. fach.* ʽBierhefeʼ (< 17. Jh.). Übernommen aus ndd. *barme*. Dieses geht auf wg. **ber-*

ma-/ōn m. ´Hefe´ in ae. *beorm(a)*, mndd. *berm*, *barm* zurück, das mit l. *fermentum* n. ´Sauerteig, Ferment´ unmittelbar zu vergleichen ist *(*bʰermen-)*. Vermutlich als ´Mittel zum Heben´ zu g. **ber-a-*, ig. **bʰer-* ´tragen, heben´.

Ne. *barm*. S. *Ferment, gebären* und vgl. *Hefe* zu *heben*.

barmherzig *Adj.* (< *9. Jh., Form < 11. Jh.). Mhd. *barmherzec*, ahd. *armherzi* ist Lehnübersetzung von l. *misericors* (zu l. *miser* ´arm, elend´ und l. *cor (cordis)* ´Herz´), also ´der ein Herz für die Armen hat´; vgl. entsprechendes gt. *arma-hairts* und ae. *earm-heort*. Das *b-* stammt von *erbarmen*.

HWPh 1 (1970), 754 f.; H. Beck *ZDPh* 98 (1979)SH, 109−129; *LM* 1 (1980), 1471−1473.

Barn *m. per. obd. md.* ´Krippe, Heustock´ (< 8. Jh.). Mhd. *barn (barm, baren)*, ahd. *barn* ist vergleichbar mit ae. *beren* ´Scheuer´, neben dem *bereærn* u. a. steht. Im Englischen scheint das Wort für ´Gerste´ (ae. *bere*) zugrundezuliegen; doch hat dies im Deutschen keine Entsprechung. Auch Anschluß an g. **ber-a-* ´tragen´ (s. *gebären*) ist denkbar. Im einzelnen unklar.

Lloyd/Springer 1 (1988), 482 f. Trier (1952), 84 f. vergleicht Wörter für ´Korb´ und weist darauf hin, daß Krippen häufig geflochten waren.

barock *Adj. erw. fach.* ´verschnörkelt, überladen´, als Substantiv ein Kunststil (< 18. Jh.). Entlehnt aus frz. *baroque* ´bizarr, grotesk´, das unter anderem auch auf Kunstwerke angewandt werden kann. Im Deutschen hat J. Burckhardt seit 1855 das Wort dazu verwandt, die auf die Renaissance folgende Kunstperiode zu bezeichnen, und diese Terminologie ist dann international geworden. Das französische Wort bezeichnet ursprünglich eine unregelmäßige Perle, es ist entlehnt aus port. *barroco*, dessen Herkunft nicht sicher geklärt ist. Offenbar ist das Wort dann im Französischen beeinflußt worden durch den Namen des Syllogismus *baroco*, der in der Renaissance als Spottwort für scholastische Argumentationsweise benutzt worden war, und hat so seine abschätzige Bedeutung entwickelt.

DF 1 (1913), 77; Kurz *Lettere italiane* 12 (1960), 414−444; Lokotsch (1975), 30; O. Lurati *VR* 34 (1975), 63−93; H. Jaumann *AB* 20 (1976), 17−41; *DEO* (1982), 80.

Barometer *n./m. erw. fach.* ´Luftdruckmesser´ (< 17. Jh.). Neubildung des englischen Chemikers R. Boyle (1665) aus gr. *báros* n. ´Schwere, Druck´, zu gr. *barýs* ´schwer´ und gr. *métron* n. ´Maß, Maßstab´. Das Prinzip des Gerätes selbst wurde von E. Torricelli 1644 beschrieben; entsprechende Instrumente wurden zunächst ***Torricellische Röhre*** genannt.

S. *Bariton, Barium*, zu den lateinischen Entsprechungen *gravitätisch* und *Metrik*. − DF 1 (1913), 77; Ganz (1957), 36 f.; Cottez (1980), 48.

Baron *m. erw.* ´Freiherr´ (< 12. Jh.). Zunächst ist mhd. *barūn* entlehnt aus frz. *baron* (eigentlich ´freier Mann, Lehnsmann´, meist von höherem Rang). Das Wort ist dann im Deutschen ausgestorben, und im 16. Jh. erneut als Adelstitel entlehnt worden. Femininum: ***Baronin***; dazu diminutiv ***Baronesse***.

Die Herkunft des französischen Wortes ist umstritten. Seine früheste Bezeugung im 6./7. Jh. weist auf ´Söldner, Lehnsmann´. Man hat dahinter ein germanisches Wort gesucht, ohne ein klares Vorbild ausmachen zu können. Neuerdings wird ein Anschluß an l. *vāro, bāro* ´grobschlächtige Person´ zu l. *vārus* ´verwachsen, x-beinig´ versucht. ´Grobschlächtig´ hätte zunächst eine Bezeichnung germanischer Söldner sein können, die mit deren sozialem Aufstieg zu einem Ehrennamen wurde. − DF 1 (1913), 77; Ganz (1957), 37; R. Schmidt-Wiegand (1972), 27 f.; *DEO* (1982), 79 f.; *LM* 1 (1980), 1476−1484; vOlberg (1991), 97−105.

Barras *m. erw. grupp.* ´Militärdienst´ (< *19. Jh, Bedeutung < 20. Jh.). Seit napoleonischer Zeit, zunächst für das Militärbrot, dann (ähnlich wie bei *Kommiß*) auf alles Militärische ausgeweitet. Zu wjidd. *baras* ´Fladenbrot´.

H. Kügler *NphZ* 4 (1952), 135 f. und 265 f.; Wolf (1985), 44 f.

Barre *f. per. fach.* ´Schranke´, danach ´Sandbank, Untiefe´ (als ´Hindernis, Absperrung´) (< 13. Jh.). Mhd. *barre* ist entlehnt aus afr. *barre* ´(Quer-) Stange´; dieses aus gallo-rom. **barra* ´Querbalken´.

Eine Herkunft dieses Wortes aus l. *vārus* ´entgegengesetzt´, spl. *vāra* ´quer´ ist erwägenswert. Zu einer Entlehnung auf anderem Weg vgl. *Bar.* S. auch *Barren, Barriere, Barrikade, Embargo*. − H. Suolahti *NPhM* 17 (1915), 117; E. Mehl *MS* (1962), 52−54; *DEO* (1982), 81 f.

Barrel *n. per. fach.* (ein Hohlmaß, besonders für Erdöl, 159 l.) (< 19. Jh.). Entlehnt aus ne. *barrel* (eigentlich ´Holzgefäß´), dieses aus afrz. *baril*, dessen weitere Herkunft nicht sicher geklärt ist.

E. Öhmann *NM* 59 (1958), 225 f.; Carstensen 1 (1993), 92 f.

Barren *m. erw. fach.* ´Gußstück aus Metall´ (< 18. Jh.). Das gleiche Wort wie *Barre*, der Form nach rückgebildet aus dem Plural, speziell um die Handelsform von Edelmetallen (als ´Stange´) zu bezeichnen. Seit Jahn auch Name eines Turngeräts (mit zwei Stangen).

RGA 2 (1976), 60−71; *LM* 1 (1980), 1487. Der Name des Turngeräts ist eine Abkürzung für **Barrenschwingel* nach E. Mehl *MS* 72 (1962), 52−54.

Barriere *f. erw. fach.* ´Absperrung´ (< 17. Jh.). Entlehnt aus frz. *barrière*, einem Kollektivum zu frz. *barre* ´Stange´.

S. *Barre*. − DF 1 (1913), 77 f.; Jones (1976), 140 f.

Barrikade *f.* ´Straßensperre´ (< 17. Jh.). Entlehnt aus frz. *barricade*, dieses aus it. *barricata*, einer Ableitung von it. *barricare* ´versperren, verrammeln´, zu gallo-rom. **barra* ´sperriger Balken´ (s. *Barre*). Präfixableitung: ***verbarrikadieren***.

DF 1 (1913), 78; A. Gombert *ZDW* 3 (1902), 165 f.; Jones (1976), 140; *DEO* (1982), 82; Röhrich 1 (1991), 151.

Barsch *m.* (< 11. Jh.). Mhd. *bars,* ahd. *bars,* as. *bars* aus wg. **barsa-* m. ´Barsch´, auch in ae. *bærs;* eine Nebenform ist ahd. *bersih,* mhd. *bersich,* alem. *berschi* u.ä. *(*barsiha-)* und aschw. *ag(h)borre,* ndn. *aborre* (**ag-* ´spitzig´ und **burzōn-*). Zugrunde liegt ig. **bʰres/bʰares-* ´Spitze´ (zu diesem s. *Bart, Borste* und *Bürste*), also **bʰārs-o-* ´der mit Stacheln Versehene´ (nach der stacheligen Rückenflosse dieser Fische).

Nndl. *baars,* ne. *bass(e).* − *RGA* 2 (1976), 71−73; Lloyd/Springer 1 (1988), 486−488 (zu den nordischen Wörtern S. 70−72).

barsch *Adj. reg.* (< 16. Jh.). Aus dem Niederdeutschen übernommen, wo es aber nicht viel früher bezeugt ist. Vermutlich wie der Fischname *Barsch* als ´borstig´ zu erklären (vgl. *widerborstig*). Als vd. **bars-ka-* Adj. ´borstig´ wohl eine Erweiterung zu g. **barz-a-* ´starr aufgerichtet´ in ahd. *bar(r),* anord. *barr* ´feurig, heftig´.

Heidermanns (1993), 117.

Bart *m.* (< 8. Jh.). Mhd. *bart,* ahd. *bart,* as. *bard* aus wg. **barda-,* auch in ae. *beard,* afr. *berd.* Aus ig. (nordeur.) **bʰardʰ-,* älter vermutlich **bʰarz-dʰ-,* auch in l. *barba* f. (Anlaut unregelmäßig), lit. *barzdà* f., akslav. *brada* f. ´Bart´, zu ig. **bʰres/bʰares* ´Spitze, Borste´, also etwa ´der Borsten Setzende´. Von der gleichen Grundlage auch *barsch, Barsch, Borste* und *Bürste;* eine ähnliche Bildung auf *-dʰ-,* aber mit Schwundstufe der ersten Silbe in air. *brot* ´Stachel´, kymr. *brathu* ´stechen´, ahd. *brart, brort* ´Spitze, Rand´. Das zugrundeliegende Verb ist unter *bohren* behandelt.

Nndl. *baard,* ne. *beard.* S. *Barbier, Barte, Hellebarde, Schembart.* − Trier (1963), 188−191; Lloyd/Springer 1 (1988), 488−490; *LM* 1 (1980),1490 f.; Röhrich 1 (1991), 151−155. Zu *der Bart ist ab:* W. Niekerken in *FS Pretzel* (1963), 374 f.

Barte[1] *f. arch.* ´Breitbeil´ (< 11. Jh.). In der Bedeutung ´Streitaxt´, mhd. *barte,* ahd. *barta,* as. *barda,* Zugehörigkeitsbildung zu *Bart,* also ´die Bärtige´, wie anord. *skeggja* ´Hellebarde´ zu anord. *skegg* ´Bart´.

S. *Hellebarde.* − Lloyd/Springer 1 (1988), 490−492; Weber-Keller (1990), 38.

Barte[2] *f.,* meist im Plural gebraucht, *per. fach.* ´Walzähne´ (< 18. Jh.). Wohl regional niederdeutsch oder niederländisch entstanden und eigentlich aus dem Plural von *Bart* (nndl. *baarden*) rückgebildet. Die (nicht in einer Reihe stehenden) Zähne werden als Bart bezeichnet.

Barteln *Pl.* s. *Barbe.*

Basalt *m. per. fach.* ´Ergußgestein´ (< 18. Jh.). Entlehnt aus l. *basaltēs,* einer Verschreibung von l. *basanitēs* ´Probierstein, sehr harter Stein, (wahrscheinlich: Basalt)´, aus gr. *basanítēs líthos,* aus

älterem gr. *básanos,* das möglicherweise ägyptischen Ursprungs ist.

Lüschen (1979), 181.

Basar *m. exot. (ass.)* ´(orientalischer) Markt, Wohltätigkeitsveranstaltung´ (< 16. Jh.). Entlehnt aus frz. *bazar,* dieses aus pers. *bāzār* ´öffentlicher Markt´. Nach französischem Vorbild auch für ´Wohltätigkeitsverkäufe u.ä.´ (18. Jh.).

DF 1 (1913), 78; Schirmer (1911), 29; Littmann (1924), 110 f.; Benveniste (1969/1993), 101; Lokotsch (1975), 23.

Base[1] *f. obs. obd.* ´Kusine´ (< 9. Jh.). Mhd. *base,* ahd. *basa;* ursprünglich ´Schwester des Vaters´, dann im 15. Jh. ausgeweitet zu ´Tante´, danach auch ´Nichte´ (selten) und (wohl ausgehend vom Diminutiv) ´Kusine´ (häufig), auch allgemein ´entfernte weibliche Verwandte´; in der Hochsprache Entsprechung zu *Kusine.* Nebenform ahd. *wasa,* as. *wasa.* Die Herkunft des nur deutschen Wortes ist dunkel. Falls ml. *barbas* m. ´Vatersbruder´ als ursprünglich langobardisches Wort vergleichbar ist, kann von vd. **bazwōn* ausgegangen werden. In der indogermanischen Grundsprache gab es offenbar kein Wort für ´Kusine´ − die so verwandten wurden ´Schwestern´ genannt (gegebenenfalls mit einer zusätzlichen Spezifikation).

Zur Bedeutungsentwicklung vgl. *Vetter.* − E. Risch *MH* 1944−1947, 117 f.; Müller (1979), 75−78; Ruipérez (1984), 19−28; Lloyd/Springer 1 (1988), 495−497; Jones (1990), 139−146.

Base[2] *f. per. fach.* (chemische Verbindung) (< 19. Jh.). Rückbildung aus dem Plural von *Basis;* also eigentlich ´Grundlage´, d. h. Grundlage der Neutralisation von Säure und Base.

DF 1 (1913), 78 f.

Basilika *f. per. fach.* (Kirchentyp) (< 16. Jh.). Entlehnt aus spl. *basilica,* dieses aus l. *basilica* ´Prachtbau`, aus gr. *basilikḗ (stoá)* ´königliche Halle´, zu gr. *basilikós* ´königlich´, zu gr. *basileús* m. ´König, Fürst, Herrscher´. S. *Basilikum, Basilisk.*

LM 1 (1980), 1526 f.

Basilikum *n. per. fach.* (ein Gewürzkraut) (< 14. Jh., Form < 20. Jh.). Mhd. *basīlie, basilig* f./m. ist entlehnt aus ml. *basilicum,* aus gr. *basilikón (phytón)* (eigentlich ´das Königliche´) zu gr. *basilikós,* zu gr. *basileús* m. ´König, Fürst, Herrscher´ (die Nebenform mhd. *basilie* usw. aus gleichbedeutendem l. *basilía,* gr. *basileía*). So bezeichnet nach dem edlen Duft. Das Wort bleibt in eingedeutschter Form *Basilie* (teilweise sekundär motiviert zu **Braunsilge**) und wird im 20. Jh. relatinisiert.

S. *Basilika, Basilisk.* − V. Bertoldi *ZRPh* 54 (1934), 229 f.; Lloyd/Springer 1 (1988), 497 f.; *LM* 1 (1980), 1526.

Basilisk *m. per. exot.* (ein Fabelwesen mit tödlichem Blick) (< 14. Jh.). Mhd. *basiliske* ist entlehnt aus l. *basiliscus,* dieses aus gr. *basilískos* (eigentlich

´kleiner König´), zu gr. *basileús* ´König´. Im Altertum ein reines Fabelwesen (schlangenförmig, mit weißen Flecken als Königszeichen auf dem Kopf und tödlichem Biß, Atem und Blick); als Fabelwesen (halb Drache, halb Hahn, aus mißgebildeten Hühnereiern von Schlangen, Kröten usw. ausgebrütet, mit tödlichem Blick) lebt es im Mittelalter weiter. Mit dem gleichen Wort werden aber auch reale Tiere bezeichnet; vor allem eine Eidechsenart mit einem kleinen Hornfortsatz, der mit einer Krone verglichen wurde.

S. *Basilika* und *Basilikum*. − V. Bertoldi *ZRPh* 54 (1934), 229 f.; *LM* 1 (1980), 1529 f.; Röhrich 1 (1991), 157.

Basis *f. erw. fach.* ´Grundlage´ (< 15. Jh.). Entlehnt aus l. *basis*, dieses aus gr. *básis* (eigentlich ´Schritt, Gang´), einer Ableitung von gr. *baínein* ´gehen´. (Zur Bedeutungsentwicklung vgl. d. *treten* − *Tritt* im Sinne von ´fester Untergrund, Stelle auf die man treten kann´). Verb: *basieren*.

S. *Akrobat* und *Diabetes*; zur germanischen Verwandtschaft s. *kommen*, zur lateinischen s. *Intervention*. − *DF* 1 (1913), 78 f.; A. Gombert *ZDW* 3 (1902), 167−169; Schirmer (1911), 29; Schirmer (1912), 8; Jones (1976), 141.

Baß *m. erw. fach.* ´tiefste Singstimme´ (< 15. Jh.). Entlehnt aus it. *basso* (ml. *bassus* ´niedrig´) als ´tiefe (niedrige) Stimme´. Im Sinne von ´tiefes Streichinstrument´ gekürzt aus ***Baßgeige***.

DF 1 (1913), 79; Eggebrecht (1955), 68 f.; Lloyd/Springer 1 (1988), 503−505.

baß *Adv.* des Komparativs *besser, arch.* (< 9. Jh.). Mhd. *baz*, ahd. *baz*, as. *bat* aus g. **batiz*, auch in anord. *betr*, ae. *bet*, afr. *bet*. Mit Schwundstufe des Komparativsuffixes gebildet; später durch den normalen Komparativ ersetzt. S. *besser, Buße, fürbaß*.

Bassin *n.* (< 17. Jh.). Entlehnt aus frz. *bassin m.*, aus vor-rom. **bacin(i)um*, aus gall. **bacca* ´Wassergefäß´, dessen Herkunft nicht sicher geklärt ist. Vielleicht letztlich eine Ableitung aus *Bacchus* (Gott des Weins) und damit ein Gefäß zur Aufbewahrung oder zum Ausschenken des Weins. S. *Back, Becken*. − *DF* 1 (1913), 79; Brunt (1983), 151 f.; *DEO* (1982), 83.

Bast *m. erw. fach.* (< 11. Jh.). Mhd. *bast*, ahd. *bast*, as. *bast* aus g. **basta- m.* ´Bast (innere Schicht der Pflanzenrinde), Bastseil´, auch in anord. *bast*, ae. *best*. Hierzu als Vriddhi-Bildung mhd. *buost* ´Bastseil´. Herkunft dunkel. Da Wörter für ´Bast´ meist zu Bedeutungen wie ´schälen, nackt u.ä.´ gehören (vgl. etwa l. *liber*), kommt ein Zusammenhang mit *bar* in Frage. Die Beurteilungsgrundlage ist aber nicht ausreichend. Nach Koivulehto benannt nach der Art der Gewinnung (nach dem Einweichen ausgeschabt) als ´Ausgeschabtes´ zu der unter *Besen* und *bar* vorausgesetzten Wurzel (ig.) **bʰes-* ´schaben, reiben´.

Nndl. *bast*, ne. *bast*, nschw. *bast*, nisl. *bast (n.)*. S. *basteln, Besen*. − K. F. Johansson *IF* 19 (1906), 121; E. Abegg *IF*

46 (1928), 267; Darms (1978), 257−264; J. Koivulehto in: *FS Schmitt* (1988), 252−255; Lloyd/Springer 1 (1988), 500−502; Röhrich 1 (1991), 157 f.

basta *Partikel erw. fremd.* ´Schluß!´ (< 17. Jh.). Entlehnt aus it. *basta* ´es ist genug´, dieses aus spl. **bastare* ´genug sein´, vermutlich aus vor-rom. *basitare* ´die Grundlage von etwas sein´ zu spl. *basis* ´Grundlage´.

DF 1 (1913), 79; *DEO* (1982), 83 f.; J. Knobloch in: *FS W. Meid* (1989), 103−105; Röhrich 1 (1991), 158.

Bastard *m. erw. fach.* ´uneheliches Kind, Mischling´ (< 13. Jh.). Mhd. *bast(h)art* ist entlehnt aus afrz. *bastard* (neben *fils de bast*) ´anerkannter Sohn eines Adeligen und einer nicht mit diesem verheirateten Frau´. Herkunft umstritten. Semantisch am wahrscheinlichsten ist eine Ausgangsbedeutung ´wilder Schößling´, doch ist diese Bedeutung (in den romanischen Sprachen) schlecht gestützt; die weitere Annahme einer Anknüpfung an die Vorform von *binden* und der Entlehnung (des Illyrischen) hat wenig Wahrscheinlichkeit für sich. Guiraud (*DEO*) argumentiert (im Anschluß an andere) ansprechend, daß Mischlinge von Menschen parallel bezeichnet werden zu Mischlingen von Tieren (besonders Maultier, Maulesel), und daß diese nach ihren Funktionen bezeichnet werden. Möglicherweise könnte *bastard* ursprünglich ´Lasttier´ sein, zu afrz. *bast* ´Packsattel´ (aus vor-rom. **bastum* zu vor-rom. **basitare* ´tragen´, s. *basta*). Gemeint wäre aber (wie bei *bardot* ´Maulesel´, *mulet* ´Maultier´) das Maultier − und ein Mischling wie dieses wäre der *Bastard*. Eine solche Bezeichnung wäre aber wohl abwertend, was zu dem ursprünglich wertfreien Gebrauch (z. B. als Selbstbezeichnung bei Wilhelm dem Eroberer) nicht recht paßt. Das Suffix ist wohl ursprünglich germanisch (*-hard* als Namenelement).

L. Wolf *ZRPh* 81 (1965), 310−324; *DEO* (1982), 86 f.; E. S. Dick in: *FS O. Szemerényi* III (Amsterdam 1993), 307−340. Anders: J. Knobloch *LBa* 27 (1984), 57−60 (ossetisch ´Kind des Packs´).

Bastei *f.* s. *Bastion*.

basteln *swV.* (< 15. Jh.). Zunächst ´mangelhaft zurechtmachen u.ä.´, auch in der Form **bästeln**. Herkunft nicht ausreichend klar. Wahrscheinlich zu mhd. *besten* ´schnüren, binden´ als ´etwas notdürftig zusammenbinden´ (statt es fachgerecht zu reparieren). Dieses zu *Bast* in der Bedeutung ´Seil, Schnur´.

Bastion *f. erw. fach.* ´Bollwerk´ (< 17. Jh.). Entlehnt aus frz. *bastion m.*, dieses aus it. *bastione m.*, einem Augmentativum zu it. *bastia* ´Bollwerk´, aus afrz. *bastie* ´Gebäude´, einer Ableitung von afrz. *bastir* ´bauen´. Das Grundwort ist entlehnt als ***Bastei*** (14. Jh.).

DF 1 (1913), 80; Jones (1976), 141 f. Zu *Bastei*: E. Öhmann *NPhM* 43 (1942), 27.

Bastonade *f. per. exot.* ´orientalische Prügelstrafe (auf die Fußsohlen)´ (< 19. Jh.). Über frz. *baston-nade* entlehnt aus it. *bastonata* ´Stockhieb´ zu it. *bastonare* ´prügeln´ aus it. *bastone m.* ´Stock´.
DF 1 (1913), 80.

Bataillon *n. erw. fach.* ´Truppenabteilung´ (< 17. Jh.). Entlehnt aus frz. *bataillon m.*, dieses aus it. *battaglione m.*, einem Augmentativum zu it. *battaglia f.* ´Schlachttruppe´, aus spl. *battuālia f.* ´Fechtübungen mit Stöcken´, zu spl. *battuere* ´schlagen, klopfen´. Das französische Wort ersetzt früheres nhd. *Fähnlein.*
S. *Batterie, Debatte, Kombattant, Rabatt.* − *DF* 1 (1913), 80; Jones (1976), 143 f.

Batate *f. per. md.* ´Süßkartoffel´ (< 16. Jh.). Entlehnt aus span. *patata* (vgl. ne. *potato* ´Kartoffel´). Das Wort stammt aus einer südamerikanischen Indianersprache (Aruak-Mundart von Haiti). Es hat sich (als Wort für ´Kartoffel´) bei uns hochsprachlich nicht durchgesetzt, hält sich aber in Mundarten Thüringens, Hessens und Frankens.
C. Abegg-Mengold (1971), 152−163.

Batenke *f. per. fach.* (eine Schlüsselblumenart) (< 16. Jh.). Entlehnt aus l. *(stachys) bētōnica*, der gelehrten Bezeichnung unbekannter Herkunft für *Betonie* (einer weiteren Variante aus derselben Grundlage).
Marzell 4 (1943/79), 461; Diedrichs (1952), 34−41 (nach Plinius 25,46 aus gall. *vettonica*, nach dem Volksstamm der *Vettonen*). Zu *Betonie*: Lloyd/Springer 1 (1988), 571 f.

Batik *f. per. exot.* (eine Färbemethode für Gewebe; so gefärbtes Gewebe) (< 19. Jh.). Über niederländische Vermittlung entlehnt aus javan. *baṭik* ´gesprenkelt´.
G. Kahlo *MS* (1961), 32.

Batist *m. per. fach.* ´feines Gewebe´ (< 18. Jh.). Entlehnt aus frz. *batiste f.*. Ältere Form *batiche, batisse*, sekundär an den Namen *Baptist* angeglichen. Bildung mit einem auf l. *-āticus* zurückgehenden Suffix aus frz. *battre*, in dessen technischer Bedeutung in der Web-Industrie.
DF 1 (1913), 80; Höfler *ZRPh* 80 (1984), 455−464.

Batterie *f.* (< 17. Jh.). Entlehnt aus frz. *batterie*, einem Kollektivum zu frz. *battre* ´schlagen´, dieses aus spl. *battuere*. Das französische Wort bedeutet zunächst ´Schlagen´, dann als frz. *batterie d'artillerie* ´Reihe der Geschütze´, erweitert schließlich zu ´in einer Reihe aufgestellte Gegenstände´. Die Bedeutung ´Stromspeicher´ wird im 18. Jh. aus dem Englischen übernommen.
S. *Bataillon.* − *DF* 1 (1913), 80; Jones (1976), 145; Carstensen 1 (1993), 96.

Batzen *m. obs.* ´Klumpen´, ´ein Geldstück´ (< 16. Jh.). Für ´Klumpen, dickes Stück´ zu dem schwachen Verb *batzen* ´zusammenkleben, zusammenhängen´ (wohl eine Intensivbildung *backezzen*

zu *backen*). Das Wort wird dann auf die im 15. Jh. in Bern und Salzburg geprägten Dickpfennige bezogen; deshalb heute noch in der Schweiz für ein kleines Geldstück. S. *Butzen, patzen.*
A. Luschin-Ebengreuth *Numismatische Zeitschrift* 12 (1880), 379−396; *LM* 1 (1980), 1552 f.; Röhrich 1 (1991), 158.

batzig *Adj.* s. *patzig.*

Bau *m.* s. *bauen.*

Bauch *m.* (< 11. Jh.). Mhd. *būch*, ahd. *būh* aus g. **būka- m.* ´Bauch´, auch in anord. *búkr*, ae. *būc*, afr. *būk, būch*. Das Wort geht zurück auf eine Wurzel mit verschiedenen anlautenden Labialen, mit der dicke, bauchige Gegenstände bezeichnet werden (vgl. russ. *púzo n.* ´Bauch, Wanst´); vermutlich ursprünglich eine Lautgebärde für die aufgeblasenen (und daher dicken) Backen, vgl. die Zusammenstellung unter *Bausch.* Partikelableitung: **(aus-)bauchen**; Adjektiv: **bauchig**; Adverb: **bäuchlings**. Übertragen für ´Unterteil, Vorderteil´, z. B. in **Bauchlandung**. Der **Bauchredner**, bei dem eine Stimme anscheinend aus dem Bauch kommt, hat seine Bezeichnung nach l. *ventriloquus.*
Nndl. *buik*, nschw. *buk*, nisl. *búkur* ´Rumpf´. − Röhrich 1 (1991), 159.

Bauche *f.* s. *Bake.*

bauchen *sw V.*, auch **bäuchen** *sw V. arch.* ´in heißer Lauge einweichen´ (< 16. Jh.). Fnhd. *būchen, biuchen*, me. *bouken*. Das Wort gilt als von **Bauche** ´Waschlauge´ abgeleitet und wird zu *Buche* gestellt, da die Lauge ursprünglich aus Buchenasche hergestellt wurde, doch sind die lautlichen Zusammenhänge unklar. Eine entsprechende romanische Sippe für ´(mit Lauge) waschen´ (frz. *buée*) galt seither als aus dem Germanischen entlehnt. Da neuerdings für diese von l. **būca-, *būcāre* ausgegangen wird, ist umgekehrt für das germanische Wort eine frühe Entlehnung aus dem Lateinischen nicht ausgeschlossen.
RGA 4 (1981), 57 f.; *DEO* (1982), 166: l. *būcāre* ´die Wäsche übergießen´, l. *būca* ´Krug, Schlauch − Waschzuber´.

bauchpinseln *sw V. stil. phras.* (*sich gebauchpinselt fühlen* u.ä. ´sich geschmeichelt fühlen´) (< 20. Jh.), auch *-kitzelt, -streichelt.* Nach der Art, in der Tiere, etwa Katzen, zutraulich gemacht werden; *-pinseln* ist dabei eine umgangssprachliche Vergröberung. Nach Röhrich 1 (1991), 159 Analogie zu nhd. *Ohrenkitzel, Gaumenkitzel* usw.

Baude *f. per. omd.* ´Berghütte´ (< 15. Jh.). Ursprünglich ´Hirtenhütte im Riesengebirge´ (jetzt eher ´Hotel´ an entsprechender Stelle), aus einer Variante vd. **būpō-* zu vd. **bōpō-* in *Bude.* čech. *bouda* ist aus diesem entlehnt. Auf entsprechender Lautstufe mit Vokalkürze steht lit. *bùtas m.* ´Haus´.
B. Schier in: *FS Foerste* (1970), 181 f.

bauen *sw V.* (< 8. Jh.). In der heute vorherrschenden Bedeutung ´(ein Haus) bauen´ ist das Wort jung (spätmittelhochdeutsch) und wohl eine Ableitung zu **Bau** (mhd. *bū*, ahd. *bū*, ae. *bū* ´Wohnung, Haus´), die sich mit älteren, gleichlautenden Verben vermischt hat. Diese älteren Verben sind nicht mehr auseinanderzuhalten. Beteiligt ist sicher ein starkes Verb, das aber nur im Altnordischen noch als solches erhalten ist (anord. *búa*); sonst gibt es starke Präsensformen (gotisch, altenglisch, altsächsisch, althochdeutsch) und ein starkes Partizip (altenglisch, mittelhochdeutsch) mit unklaren Präteritalformen im Althochdeutschen, sowie schwache Verben aller Stammklassen. Die Hauptbedeutung der Formen der alten Sprachen ist ´wohnen´, wodurch sich das Verb, für das als Ausgangsform etwa g. *bōww-a-* anzusetzen ist, als dehnstufige Bildung zu ig. *bʰewǝ-* ´werden, sein´ erweist. Dieses ist bezeugt in l. *fuī* ´ich war´ (u. a.), den außerpräsentischen Formen des Verbum substantivum im Keltischen, lit. *búti* ´sein, werden´, akslav. *byti* ´sein, werden´, gr. *phýō* ´ich bringe hervor, zeuge´, gr. *phýomai* ´ich werde, wachse´, ai. *bhávati* ´er wird, er ist´ (s. auch *bin*). Die (lautlich ebenfalls schwierigen) germanischen Formen sind: gt. *bauan*, anord. *búa*, ae. *būan*, as. *būan*, ahd. *būwan*, *būwen*. Die transitive Bedeutung ´bereiten, (ein Feld) bebauen´ gehörte ursprünglich wohl zu einer anderen Bildung von derselben Grundlage. Konkretum: **Bau** mit zahlreichen Zusammensetzungen.

Nndl. *bouwen*, nschw. *bo* ´wohnen´, nisl. *búa* ´Landwirtschaft betreiben´. S. *Bauer*¹/² *Bauten*, *baufällig*, *Bude*, *Gebäude*, sowie für die lateinischen Entsprechungen *Futur* und für die griechischen *Physik*. — Seebold (1970), 124–128.

Bauer¹ *m.* (auch *n.*) erw. fach. ´Vogelkäfig´ (< 8. Jh.). Mhd. *būr*, ahd. *būr n.* (auch *m.?*), ursprünglich mit weiterer Bedeutung ´Haus, Kammer´, später auf ´Vogelkäfig (u.ä.)´ eingeengt. Aus g. *būra- m./n.* ´(kleines) Haus´, auch in anord. *bur n.*, ae. *būr n.* Eine wohl nur germanische Bildung zu dem unter *bauen* behandelten Verb für ´wohnen´; doch klingt die Hesychglosse *býrion* ´Haus, Zimmer´ an (das Wort ist vielleicht messapisch).

Ne. *bower* ´Innenraum, Sommerhaus´, nschw. *bur* ´Käfig, Kittchen, Tor´, nisl. *búr* ´Vorratskammer´. S. *bauen*, *Bauer*², *Nachbar*. — H. Krahe *IF* 47 (1929), 326 und 57 (1939), 116 f.

Bauer² *m.* ´Landmann´ (< 9. Jh.). In dem Wort sind wohl mehrere Bildungen zusammengeflossen: 1. Mhd. *gebūr(e)*, ahd. *gibūr*, as. *gibūr* (neben obd. *gibūro*); 2. mhd. *būre m(n)*; 3. ahd. *būari*; die Hauptform ist (1) aus wg. *ga-būra- m.* ´Mitbewohner (der Dorfgemeinschaft)´. Eigentlich eine Bildung wie *Geselle*, also ´einer, der im gleichen *būr* „Wohnort" wohnt´. Die Bedeutung ´Landmann´ als Berufsbezeichnung und Standesbezeichnung ist jünger, wobei ihre Ausbildung (Nomen agentis auf

-er?) im einzelnen unklar ist. Die Verwendung des Wortes im Schach- und Kartenspiel folgt der dort auftretenden (bruchstückhaften) Standesordnung. Neben den deutschen Wörtern auch in ae. *gebūr*, doch zeigt das (Alt-)Englische mit *land-būend* daneben auch die Bildung (aus der gleichen Grundlage), die für die nordischen Sprachen charakteristisch ist (anord. *bóndi*). Femininum: **Bäuerin**; Adjektiv: **bäuerlich**, übertragen **bäurisch**.

Nndl. *boer* ´Bauer´, *buur* ´Nachbar´. S. *bauen*, *Bauer*¹ und *Nachbar*. — D. Ludvik *Acta Neophilologica* 5 (1972), 83–85; *Grundbegriffe* 1 (1972), 407–439; *RGA* 2 (1976), 99–107; 3 (1978), 216–221; R. Wenskus/H. Jankuhn/K. Grinda (Hrsg.): *Wort und Begriff ´Bauer´* (Göttingen 1975); A. Huber in: *Zur Ausbildung der Norm der deutschen Literatursprache* 2 (1976), 17–54; J. Brandsch: *Bezeichnungen für Bauern und Hofgesinde im Althochdeutschen* (Berlin 1987); A. K. G Kristensen *Mediaeval Scandinavia* 12 (1988), 76–106; *LM* 1 (1980), 1563–1604; Röhrich 1 (1991), 159 f.

Bauernfänger *m. stil.* ´plumper Betrüger´ (< 19. Jh.). In der Berliner Diebessprache gebildet. *Bauer* dabei im Sinn von ´Dummkopf, Tölpel´.

Bauer(n)wetzel *m.* s. *Ziegenpeter*.

baufällig *Adj.* (< 14. Jh.). Aufbau unklar. Vielleicht zu einem mhd. **bū-(ge)velle* ´Ruine´; belegt ist aber nur mhd. *hūsgevelle* in dieser Bedeutung.

Baum *m.* (< 8. Jh.). Mhd. *boum*, ahd. *boum*, as. *bōm* aus wg. **bauma- m.* ´Baum, Balken´, auch in ae. *bēam* ´Baum, Balken´, afr. *bām* (zur Bedeutung ´Balken´ vgl. *Schlagbaum*, *Weberbaum*). Daneben steht **bagma-* gleicher Bedeutung in gt. *bagms*, aschw. *bakn* und — auf **bazma-* zurückgehend — anord. *baðmr*. Die Möglichkeit der Verbindung dieser Lautformen und damit die Etymologie des Wortes ist umstritten und unklar. Falls die Wörter auf die gleiche Grundform zurückgehen (was nicht von vornherein sicher ist), kommt eigentlich nur (g.) ***baw-ma-* neben ***bau-ma-* in Frage, mit Entwicklung von *g* aus *w* in der Umgebung vor silbischem Nasal. Das Problem solcher silbischer Nasale, die in den Einzelsprachen als unsilbische Nasale vertreten sind, taucht auch bei *Zeichen* und *Bake* (s.dd.) auf; in gt. *bagms* wäre das *w* außerdem durch *g* und nicht durch *k* vertreten (allerdings in abweichender Lautumgebung. Unter dieser Voraussetzung kann das Wort an die Wurzel ig. **bhe-wa-* ´wachsen (usw.)´ (s. *bauen*) angeschlossen werden, vgl. etwa gr. *phŷma n.* ´Gewächs´. Anders Hamp: aus (g.) **bargma-*.

Nndl. *boom*, ne. *beam* ´Balken´. S. *bäumen*, *Baumwolle*, *Schlagbaum*. — Ch. Peeters *ZVS* 88 (1974), 129–133; Lehmann (1986), 55 f. (zieht einen Ansatz mit Laryngal vor). E. P. Hamp in: *FS J. Fisiak*. Ed. D. Kastovsky & A. Szwedek. Berlin 1 (1986), 345 f.; Röhrich 1 (1991), 161 f. Zur Bedeutung ´Sarg´ vgl. Cox (1967), 55–61. Zum Zusammenhang mit den finnisch-ugrischen Sprachen s. Koivulehto (1991), 56–59.

baumeln *sw V.* (< 17. Jh.). Wohl regionale (ost-mitteldeutsche) Variante des ebenfalls regionalen *bammeln* (s. auch *Bammel, Bembel, Pummel*). Am ehesten als Lautbild aufzufassen. Wenn vom Hängen und Schwingen der Glocken auszugehen ist, könnte auch eine Lautnachahmung zugrundeliegen.

bäumen *sw V.*, meist *sich aufbäumen* ´sich aufrichten´ (< 15. Jh.). Wohl ´sich am Baum aufrichten´ (sonst auch ´auf den Baum klettern´ von Tieren). Vermutlich ein altes Jägerwort, dessen alte Bedeutung nicht mehr erschlossen werden kann; evtl. ursprünglich vom Bären gesagt, der sich aufrichtet, um auf einen Baum zu steigen.
W. Porzig (1950), 231 f.

Baumwolle *f.* (< 12. Jh.). Mhd. *boumwolle*, regional auch assimiliert *bouwol* (vgl. schwz. *bouwele*). Diese (in der frühesten Zeit durch die Araber aus Indien) eingeführte Faser gleicht der Wolle, ist aber nicht von Schafen, sondern von Bäumen (genauer: Sträuchern, *gossypium herbaceum*). Das Bestimmungswort *Baum-* wurde vielleicht im Anschluß an Herodot 3,106 gewählt, wonach in Indien Wolle, die die Schafwolle an Schönheit und Güte übertrifft und aus der die Inder ihre Kleidung herstellen, auf Bäumen wächst.
Vgl. *Kattun.* − *LM* 1 (1980), 1669.

Bausback *m.* s. *Pausbacken* und *Bausch.*

Bausch *m. phras. arch.* ´Ausfaltung von Stoff, lockerer Knäuel (Watte usw.), Wulst´ (< 11. Jh.). Mhd. (selten) *būsch*, auch mit *-s*, ahd. *būsc*; dazu **bauschen**, **bausen** ´aufschwellen´, **aufbauschen** ´übertreiben´. Diesen und ähnlichen Wörtern liegt eine Lautgebärde für ´die Luft aus den aufgeblasenen Backen ausstoßen´ zugrunde, etwa **phu-* für ´aufblasen − sprengen − platzen´ und mit einem bilabialen Reibelaut **fu-* (o.ä.) für das anhaltende Blasen. Daraus einerseits Bedeutungen wie ´blasen´, andererseits ´aufgeblasen, dick, geschwollen´. Da die Lautungen einerseits immer wieder als Lautgebärde erneuert, andererseits aber auch lautgesetzlich weiterentwickelt werden können und da die Einzelsprachen durch ihren unterschiedlichen Lautbestand die Lautgebärde verschieden erfassen, fallen die vergleichbaren Wörter stark auseinander (und entsprechend unsicher ist die Zusammenstellung). Zudem sind die meisten Wörter erst spät belegt, was aber nicht notwendigerweise heißt, daß sie jung sind − im allgemeinen sind es familiäre und umgangssprachliche Wörter, die nicht ohne weiteres in literarische Texte aufgenommen (und deshalb auch nicht überliefert) werden. Einen zu *Bausch* passenden Lautstand zeigen außerhalb des Germanischen etwa russ. *búchnutĭ* ´(an)schwellen´ und gr. *phýsa f.* ´Blasebalg, Blase´. Zum lautmalerischen Ursprung vgl. noch ai. *phutkaroti* ´*phu* machen, (verächtlich) zischen u. a.´. In diesen Zusammen-

hang können gestellt werden: mit der Bedeutung ´blasen´ *pusten, pfusen, fauchen* und *Bö*; mit der Bedeutung ´aufgeblasen´ *Pausbacken, bauschen* und *Pocke*; mit der Bedeutung ´dick, geschwollen´ *Bauch, Backe*[1] (l. *bucca*) und *Beule*. Die Wurzel ig. **bheuə-* ´wachsen usw.´ (s. *bauen*) gehört vermutlich ebenfalls hierhier; in welchem Umfang die Sippe lautgesetzlich überliefertes und morphologisch regelmäßiges Material und lautmalerisch beeinflußte Bildungen enthält, läßt sich schwer bestimmen. − Die Redensart *in Bausch und Bogen* (wozu auch *pauschal*) ist etymologisch nicht eindeutig geklärt. Zu beachten ist zunächst, daß *Bausch, Baus* in der älteren Sprache auch ´Armvoll, Handvoll u.ä.´ bedeutet, also eine ungezählte und ungewogene Menge. Hierzu *nach der Bause* ´geschätzt, nicht gewogen´ und weiter (vielleicht unter dem Einfluß von *in Saus und Braus)* auch ´mit vollen Händen´. Der Bestandteil *Bogen* bleibt dabei ungeklärt. Die Erklärungsversuche von DWB I, 1198 (es ist vom Grundstückskauf auszugehen, wobei *Bausch* nach außen gewölbte, *Bogen* nach innen gewölbte Flächen sind) und von Kluge (¹⁷1957) (nach H. H. Bockwitz: *Kulturgeschichte des Papiers* [Stettin 1935], 62: ein *Bausch* Papier sind 181 Bogen) scheitern daran, daß eine entsprechend frühe fachsprachliche Verwendung nicht nachweisbar ist.
S. auch *Beuschel, Beutel, blähen, Bö, Butzen, erbosen, Puff*[2]. − J. Hubschmid *VR* 29 (1970), 282−302; Röhrich 1 (1991), 163 f.

Bäuschel *m./n. per. fach.* ´schwerer Hammer´ (< 19. Jh.). Instrumentalbildung zu mhd. *biuschen, būschen* ´schlagen, klopfen´. Weiter verbreitet ist mit dieser Bedeutung eine Lautform g. **baut-a-st V.* ´schlagen, stoßen´ (s. *Amboß* und vgl. ae. *bȳtl n./(m.?)* ´Hammer´), der lautliche Zusammenhang ist aber nicht klar (aus **baut-ska-*?).

Bautastein *m. per. exot.* (< 20. Jh.). Ein ursprünglich nur in isländischen Texten überliefertes Wort (anord. *bautarsteinn*, auch *bautaðarsteinn*) für den skandinavischen Brauch, zu Ehren bestimmter Toter große Steine (in der Regel schriftlose, aber auch Bild- und Runensteine) an die Straße zu setzen. Die Etymologie ist unklar; am wahrscheinlichsten ist die Annahme, daß das Wort ursprünglich **brautarsteinn*, d. h. ´Stein an der Straße´ (zu anord. *braut* f. ´Weg, Straße´) lautete und das *-r-* in der Überlieferung verloren ging (wie häufig in Anlautgruppen mit Labial + r).
RGA 2 (1976), 112 f.; *LM* 1 (1980), 1689.

Bauten *Pl. stil.* (< 18. Jh.). Mndd. *buwete n.* ´Gebäude´ (zu *bauen*) dringt als regionales Wort (ndd. *būte*) in die Verwaltungssprache von Brandenburg und besonders Berlin und bekommt im Laufe des 18. Jhs. im Norddeutschen die Funktion des Plurals zu *Bau*. Um 1800 in die Hochsprache aufgenommen (wohl um die lautlich unbequemen Formen *Baue, Bäue* zu vermeiden).

Bauxit *m. per. fach.* ´Aluminium-Rohstoff´ (< 19. Jh.). Benannt nach dem ersten Fundort *Les Baux* in Südfrankreich.

Lüschen (1979), 182.

baxen *swV. arch. ndd.* ´ringend schlagen´ (< 18. Jh.). Eigentlich einen *baks* ´Backenstreich, Schlag´ geben. Variante zu dem aus dem Englischen stammenden *boxen*.

Bazar *m.* s. *Basar*.

Bazille *f.*, auch **Bazillus** *m. erw. fach.* ´Stäbchenbakterie´ (< 19. Jh.). Eingeführt für ´eine stäbchenförmige Unterart der Bakterien´, zu spl. *bacillum n.*, *bacillus m.* ´Stäbchen´, das als Diminutivum zu spl. *baculus m.*, *baculum n.* ´Stab´ gehört. S. *Baguette* und *Bakterie*.

DF 1 (1913), 81.

be- *Präfix.* Mhd. *be-*, ahd. *bi-*, as. *bi-* aus g. **bi-*, auch in gt. *bi-*, ae. *be-*, afr. *bi-*. Entstanden aus der Vorform der Partikel *bei*. In verkürzter Form festgeworden ist das Präfix in *bleiben*, *binnen* und *bange*. In nominalen Formen ist in der älteren Sprache noch die betonte, aber nicht notwendigerweise gelängte Form *bī-* bezeugt; Relikte dieser Betonungsweise noch in *bieder* und (nicht mehr erkennbar) in *Beichte*. Die Funktion des Präfixes war ursprünglich rein örtlich (ahd. *bifallan* ´hinfallen´) und wurde dann verallgemeinert zu einer Verstärkung *(bedecken)* und zur Transitivierung ursprünglich intransitiver Verben *(beleuchten)*. Außerdem tritt *be-* in Präfixableitungen vom Typ *bekleiden* zu *Kleid* (´mit Kleidern versehen´) auf.

Nndl. *be-*, ne. *be-*. – A. Hittmair: *Die Partikel be-* (Diss. Wien 1882); A. Bogner: *Die Verbalvorsilbe bi-* (Diss. Hamburg 1933); L. Haessler: *Old High German ´biteilen´ and ´biskerien´* (Philadelphia 1935); *Wortbildung* 1 (1973), 146 und an den dort angegebenen Stellen.

Beamte(r) *m.* (mit Adjektiv-Flexion) (< 14. Jh.). Kontrahiert aus *Beamteter*, der Substantivierung eines partizipialen Adjektivs zu *beamten*, weiter zu *Amt*.

LM 1 (1980), 1720 f.; *Grundbegriffe* 7 (1992), 1–96.

beanstanden *swV.* (< 19. Jh.). Gebildet als Präfix-Ableitung zu *Anstand* in dessen Bedeutung ´Zaudern, Stillstand´ mit den Nebenbedeutungen ´Bedingung´ und ´Einwand´; also etwa ´Einwände machen´.

beben *swV.* (9. Jh.). Mhd. *biben*, ahd. *bibēn*, as. *bibōn* aus g. **bib-ē-* (neben *-ō-*) *swV.* ´beben´, auch in anord. *bifa*, ae. *bifian*, afr. *beva*. Zugrunde liegt ersichtlich eine reduplizierte Präsensbildung, als deren Grundlage ig. **bʰeiə-* ´sich fürchten´ angesehen wird. Dieses wird bezeugt durch ai. *bháyate*, akslav. *bojati sę* und lit. *bijótis* gleicher Bedeutung. Die hochsprachliche Form mit *-e-* stammt über Luther aus dem Niederdeutschen (mndd. *beven*). Im Oberdeutschen dafür (mhd.) *bidemen* aus derselben

Grundlage. Eine mundartliche Intensivbildung ist *bibbern*. Zur Reduplikation (wohl nicht morphologisch, sondern expressiv) vgl. *zittern*. Präfigierung: *erbeben*; Substantivierung: *(Erd-) Beben*.

Nndl. *beven*. – F. Kluge *ZVS* 26 (1883), 85 f.; E. Sievers *IF* 43 (1925), 174; F. Mezger *ZVS* 72 (1954), 127. Ablehnend: J. Wackernagel *ZVS* 41 (1907), 305–309.

Becher *m.* (< 11. Jh.). Mhd. *becher*, ahd. *behhari*, as. *bikeri* sind entlehnt aus ml. *bicarium n.*, älter *bacarium n.* ´Weingefäß, Wassergefäß, Becher´ unklarer Herkunft. Aus dem Niederdeutschen sind entlehnt lett. *biķeris* und anord. *bikarr* (aus diesem me. *biker*, ne. *beaker*). Aus einer romanischen Nebenform (afrz. *pichier*) stammt ne. *pitcher* ´Krug´. Verb: *bechern*.

Nndl. *beker*, ne. *beaker*, nschw. *bägare*, nisl. *bikar*. S. *Bekken*, *Back* – J. Sehwers *ZVS* 54 (1927), 167; Lloyd/Springer 1 (1988), 507 f.; *LM* 1 (1980), 1771–1773. Die spätlateinische Beleglage ist im einzelnen undurchsichtig, s. *FEW* I, 362 und Gamillscheg (1969), 108. Mit *DEO* (1982), 59 wohl zu *Bacchus* (Gott des Weins) als ´Weingefäß´.

becircen *swV. bildg.* ´betören´ (< 20. Jh.). Präfixableitung nach den Verführungskünsten der griechischen Zauberin Circe (gr. *Kirkē*). Die deutsche Aussprache folgt der spätlateinischen.

Röhrich 1 (1991), 164.

Beck *m. per. obd. md.* ´Bäcker´ (< 12. Jh.). Mhd. *becke*, ahd. (-)*becko*, Nomen agentis *(*bak-jōn)* zu g. **bak-a-* ´backen´ (s. *backen*). Erst neuhochdeutsch ersetzt durch die systematische Neubildung *Bäcker*; außer in den Mundarten noch als Familienname erhalten. Vgl. *Pfister*.

Becken *n.* (< 10. Jh.). Mhd. *becke(n)*, ahd. *bekki(n)* ist entlehnt aus ml. *ba(c)in(i)um n.* ´Wassergefäß´; dieses ist eine Ableitung zu gall. *bacca f.* gleicher Bedeutung.

Nndl. *bekken*. S. *Bassin*, *Becher*, *Pickelhaube*. – R. Hildebrandt *DWEB* 3 (1963), 358 f.; Lloyd/Springer 1 (1988), 508 f.

Beckmesser *m. bildg.* ´kleinlicher Kritiker´ (< 19. Jh.). Nach der gleichnamigen Gestalt, einem kleinlichen Preisrichter, in Wagners *Meistersingern*.

Röhrich 1 (1991), 164.

bedenken *swV.* (< 8. Jh.). Mhd. *bedenken*, ahd. *bithenken*. Präfigierung zu *denken*; die Bedeutung ´beschenken´ aus ´sich gedanklich jemandem zuwenden´ (vgl. *mit etwas an jemanden denken*). Zur eigentlichen Bedeutung auch das Substantiv *Bedenken* mit den Adjektiven *bedenklich* und *bedenkenlos*; parallel dazu *Bedacht* und *bedächtig*.

bedeppert *Adj. stil.* ´ratlos, betroffen´ (< 19. Jh.). Die Abgrenzung von ähnlichen Wörtern ist schwer, z. B. *Betöberung* im Sinn von ´Betäubung´ bei Grimmelshausen (17. Jh.). Anschluß an schwach bezeugtes mhd. *beteben*, ahd. *beteben*, *beteppen* ´unterdrücken, ruhig machen´ ist möglich. Die heu-

tige Bedeutung wird wohl mit mundartlich *zerdeppern* ´zerschlagen´ (zu *Tepper* ´Töpfer´?) in Verbindung gebracht, mit einem ähnlichen Bild wie ndd. *bekloppt*, eigentlich ´beklopft´, also ´angeschlagen´.
Röhrich 1 (1991), 164.

bedingen[1] *swV. stil.* ´zur Folge haben´ (< 13. Jh.). Mhd. *bedingen*, verstärkt aus einfachem *dingen*, ahd. *t(h)ingōn, dingōn* (s. *Ding*). Die ursprüngliche Bedeutung ist ´aushandeln, vereinbaren´, daraus ´verursachen, zur Folge haben´. Unter dem Einfluß von *Bedingung* (ursprünglich ´Vereinbartes´, dann ´Voraussetzung, Kondition´) auch ´erfordern, zur Bedingung haben´. Hierzu auch *unbedingt* ´ohne Voraussetzung, ohne Vorbehalt´ und *bedingungslos*. S. das Folgende.

bedingen[2] *stV. obs.* ´zur Bedingung machen´ (< *13. Jh., Form < 17. Jh.) auch *sich ausbedingen*. Ursprungsgleich mit *bedingen*[1], mit Beibehaltung der älteren Bedeutung; dann, ausgehend vom Niederdeutschen, seit dem 17. Jh. sekundär starke Flexion (besonders das Partizip *ausbedungen*).
S. *Ding* und *bedingen swV.* − HWPh 1 (1970), 762−765; LM 1 (1980), 1782 f.

bedürfen *Prät.-Präs. stil.* (< 9. Jh.). Mhd. *bedurfen*, ahd. *bithurfan*, mndd. *bedörven* sind eine Präfigierung zu *dürfen* und haben dessen alte Bedeutung ´nötig haben´ bewahrt, während sich das einfache Verb zu einem Modalverb weiterentwickelt hat. Abstraktum: *Bedürfnis* und *Bedarf*; Adjektiv: *bedürftig*
HWPh 1 (1991), 765−771; Grundbegriffe 1 (1972), 440−489.

beeinträchtigen *swV.* (< 17. Jh.). Zu fnhd. *eintragen* ´hindern, schaden´ nebst *Eintrag* und (möglicherweise sekundär) *Eintracht* ´Hindernis, Schaden´, vermutlich maskulin (im Gegensatz zu dem heute noch üblichen *Eintracht f.* ´Übereinstimmung´) gehört *beeinträchtigen* ´hindern, schaden´, das über die Kanzleisprache in die allgemeine Sprache eindringt. Die Bedeutungsentwicklung des Grundworts *eintragen* ist unklar.

Beelzebub *m. bildg.* (der oberste Teufel) (< 8. Jh.). Mit den Bibelübersetzungen (seit dem Tatian) entlehnt aus hebr. *ba´al-z^evūv, -l*. Der Name findet sich nur in christlichen Texten und ist vielleicht zu erklären als hebr. *ba´al-z^evūl* ´Herr der (himmlischen) Wohnung´ = ´Herr der Dämonen´, möglicherweise ein Schimpfwort der Juden für Jesus. Der heutige Gebrauch, vor allem in der Wendung *den Teufel durch Beelzebub austreiben*, geht zurück auf Mt. 12,24, wo die Pharisäer Jesus vorwerfen, er treibe die bösen Geister durch *Beelzebub* aus. Die Erklärung der Stelle ist aber, wie die Erklärung des Namens, wegen der Unsicherheit der Namensform umstritten.
L. Gaston *Theologische Zeitschrift* 18 (1962), 247−255; H. Haag: *Teufelsglaube* (Tübingen 1974), 294−303.

Beere *f.* (< *8. Jh., Form < 16. Jh.). Das Femininum ist offenbar im Frühneuhochdeutschen aus dem Norden eingedrungen, vgl. mndd. *bere f.*, mndl. (dial.) *bere f.*, ae. *berige f.* ´Beere´ (*jōn*-Stamm). Älter ist das Neutrum g. **baz-ja- n.* in anord. *ber*, as. *(wīn)-beri*, ahd. *beri n.*, mhd. *ber f./ n.*, neben der Form ohne grammatischen Wechsel **bas-ja- n.* in gt. *(weina-)basi*, mndl. *bes(e)*, mndd. *beseke* (Diminutiv); hierzu auch ndd. (dial.) *Besing* ´Beere, Heidelbeere´. Herkunft unklar. Die Herleitung aus einem Wort für ´rot´ (ae. *basu* ´purpurn´ und das ganz unsichere mir. *basc* ´rot, Scharlach´) ist so wenig zu sichern wie die aus einem Wort für ´Strauch, Rute´ [norm. [dial.] *bas[e] m.* ´Strauch, Unterholz´). Zu beachten ist, daß allgemeine Wörter für ´Beere´ (gegenüber ´Frucht´ usw. mit weiterer Bedeutung und gegenüber Einzelbezeichnungen für die Beerensorten) nicht häufig sind und daß l. *bāca, bacca* ´Beere´ aus einem Substrat stammt. Falls mit g. **b-* aus ig. **g^{wh}-* gerechnet wird, kann g. **bas-* aus (ig.) **(o)g^{wh}os-* einerseits verglichen werden mit lit. *úoga* ´Beere´ (**ōg^{wh}ā*), akslav. *vinjaga* ´Weinrebe´ (**og^{wh}ā*), akslav. *agoda* ´Beere´ (**og^{wh}od-ā*), l. *ūva* ´Traube´ (**ŏg^{wh}ā*), andererseits mit ai. *ghásati* ´ißt, verzehrt´, ai. *ghāsá- m.* ´Futter´, l. *fēnum* ´Heu´ (**g^{wh}es-no-*), gr. *ópson* ´Zukost´ (**og^{wh}s-o-*, das *o-* kann allerdings auch Präfix sein), gr. *psōmós* ´Brocken, Bissen´ (gr. *psēn* ´reiben´ und ai. *psāti* ´kaut´ wären von dieser Sippe abzutrennen). Auszugehen wäre dabei wohl von ig. **og^{wh}-* ´Essen, Bissen´, dazu das Wort für ´Beere´ wohl im Sinne von ´Zukost´. Dann eine *s*-Erweiterung ´essen, verzehren´. Das Germanische hätte bei dieser Annahme eine für die Wurzel typische Bedeutung in die Erweiterung übernommen.
Nndl. *bes*, ne. *berry*, nschw. *bär*, nisl. *ber*. − RGA 2 (1976), 132−139; Lloyd/Springer 1 (1988), 560 f.; LM 1 (1980), 1783−1785; Röhrich 1 (1991), 165; Heidermanns (1993), 118.

Beet *n.*, obd. auch **Bett** *n.* (< 10. Jh.). Mhd. *bette*, ahd. *bettī(n)*. Das Wort ist ursprünglich identisch mit *Bett*; doch sind die Bedeutungen ´Beet´ und ´Bett´ im 16. Jh. ausgehend vom Mitteldeutschen auf verschiedene Lautvarianten verteilt worden: Die Form *Bett* setzt dabei den Lautstand des Genetivs mit Konsonantengemination fort *(bette-s)*, die Form *Beet* den ursprünglichen Lautstand des Nominativs und Akkusativs *(beti)*. Die übertragene Bedeutung ´Beet´, die auch im Niederländischen und Englischen auftritt, ist ursprünglich ´Pflanzenstandort´ (auch von wildwachsenden Pflanzen); auszugehen ist also von der Bedeutung ´Lager, Grundlage´.
Nndl. *bed*, ne. *bed*, nisl. *beð* (entlehnt). − Anders: J. Hubschmid in FS J. Schröpfer (München 1991), S. 235.

Beete *f.* s. *Bete*.

befangen *Adj. (PPrät.)* (< *8. Jh., Bedeutung < 18. Jh.). Zu dem starken Verb *befangen*, mhd.

bevāhen, ahd. *bifāhan*. Die Bedeutung des Partizips war ursprünglich ´gefangen, verwickelt, begrenzt´ und wurde in der Zeit der Klassik einerseits auf ´verschüchtert´ und andererseits ´voreingenommen´ festgelegt. Hierzu als Verneinung *unbefangen*; Abstraktum: *Befangenheit*.

befehlen *st V.* (< 8. Jh.). Mhd. *bevelhen*, ahd. *bifelahan*, as. *bifelhan* ist eine Präfigierung zu g. *felha- st V.*, auch in gt. *filhan*, anord. *fela*, ae. *feolan*, afr. *-fela*. Die Bedeutung ist bei intransitivem Gebrauch (nur im Altenglischen belegt) ´(ein-)sinken, (ein-)dringen´; für den transitiven Gebrauch läßt sich ´senken, drängen´ erschließen; bezeugt ist einerseits (ausgehend von ´versenken´) ´verbergen, begraben´ (gotisch, altnordisch, westgermanisch in Relikten bei präfigierten Formen), andererseits (nur präfigiert, und zwar gotisch mit *ana-*, westgermanisch mit *bi-*) ´empfehlen, anvertrauen, befehlen´ (vgl. *in jemanden dringen, auf etwas dringen*). Die Bedeutung ´befehlen, gebieten´ taucht zunächst nur vereinzelt auf, setzt sich dann aber bei der Entwicklung zum Neuhochdeutschen durch. Das einfache Verb stirbt im Deutschen nach der althochdeutschen Zeit aus. − Außergermanisch ohne klare Vergleichsmöglichkeit. Das wurzelschließende *-h* ist sicher nur germanisch und vergleicht sich mit dem *-h* des in der Bedeutung entsprechenden *þrenh-a-* (s. *dringen*). In der nach Ablösung dieser Erweiterung übrig bleibenden einfacheren Form ig. (eur.) *pel-* vergleichen sich mit der Bedeutung ´begraben´ l. *sepelīre* (umbr. *pels-*) ´begraben´, mir. (unsicher) *eillged, eillgheadh* ´Begräbnis´; ausgehend von ´verbergen´ wohl auch air. *to-ell-* ´stehlen´ (*pel-n-*, nur im Perfekt, bei einem Verbalstamm, in dem verschiedene Quellen zusammengeflossen sind); mit der Bedeutung ´empfehlen usw.´ am ehesten l. *appellāre* ´anreden, anrufen, anregen´ (auch *com-, interpellāre*), vielleicht auch gr. *apeiléō* ´ich gebe an, drohe´ und lett. *peĨt* ´schmähen, verleumden´. Am wenigsten deutlich sind die Verknüpfungsmöglichkeiten für die Ausgangsbedeutung. In Frage kommen (alle aus *pel-n-*) l. *pellere* trans. ´stampfen, klopfen, schlagen, forttreiben, beeindrucken (u. a.)´, air. *ad-ella* ´besuchen, sich nähern, berühren´, gr. *pílnamai* trans./intrans. ´ich nähere mich´, nebst gr. *pélas* ´nahe´ (Wörter für ´nahe´ gehen nicht selten auf ´angepreßt, angedrängt´ zurück, vgl. etwa frz. *près* ´nahe´, das zu l. *pressē Adv.* ´gepreßt, gedrückt´ gehört). Abstraktum: *Befehl*.

Nndl. *bevelen*, schw. dial. *fjäla*, nisl. *fela*. S. *empfehlen, Beispiel* und für das Vergleichsmaterial *appellieren*. − W. Wüst: *Idg. *peleku- ´Axt, Beil´* (Helsinki 1956), 90−96; *HWPh* 1 (1970), 774 f.; Seebold (1970), 191−193.

Beffchen *n. per. fach.* ´Predigerkragen´ (< 18. Jh.). Aus dem Niederdeutschen übernommen (für früheres *Überschlägchen*). Diminutiv zu mndd. *beve, beffe* ´Chorhut und Chorrock des Prälaten´,

mndl. *beffe* ´Kragen´, das seinerseits aus ml. *biffa f.*, der Bezeichnung einer Tuchart, und afrz. *biffe* ´gestreifter Stoff´ stammt. Zur Bedeutungsentwicklung vgl. *Kappe* und *Mütze*.

befinden *st V.* (< 8. Jh.). Mhd. *bevinden*, ahd. *bifindan*. Präfigierung zu *finden* mit der durchsichtigen Bedeutung ´beurteilen´ und im Reflexivum mit der weiter abliegenden Bedeutung ´sich finden, da sein´. Abstraktum zur transitiven Konstruktion: *Befund*; Adjektiv zur reflexiven: *befindlich*.

beflissen *Adj.(PPrät.) alt.* ´eifrig´ (< 17. Jh.). Partizip zu altem *sich befleißen* ´sich bemühen´, das heute ausgestorben (bzw. zu *sich befleißigen* erweitert) ist. S. *Fleiß* und *geflissentlich*.

befördern *sw V.* (< 18. Jh.). Ursprünglich neben gleichbedeutendem *bevordern* und *befürdern*. Präfixableitung zu *vorder* oder Präfigierung von *fördern* im Sinn von ´voranbringen´ (´helfen´, ´transportieren´ und als Ersatz für *avancieren* im 19. Jh. ´aufrücken lassen´).

befriedigen *sw V.* (< *12. Jh., Form < 15. Jh.). Erweiterung von älterem mhd. *bevriden*, eigentlich ´einfrieden, schützen´. Das Wort gerät immer stärker unter den Einfluß von *zufrieden* und bedeutet heute ´zufriedenstellen´.

befugt *Adj.(PPrät.) stil.* (< 16. Jh.). Wie das Abstraktum *Befugnis* gebildet zu einem nicht mehr üblichen Verb fnhd. *sich bevügen* ´berechtigen´ (in Resten noch: *was befugt dich dazu?*), vor allem niederdeutsch. Zu *fügen* und *Fug*, also eigentlich ´passend machen´. Heute vor allem in *Unbefugten ist der Zutritt verboten*. S. *Unfug*.

befürworten *sw V. stil.* (< 19. Jh.). Kanzleisprachliche Bildung zu *Fürwort* im Sinne von ´Empfehlung´ (vgl. etwa *Fürbitte*). Dieses zu *ein Wort für jemand einlegen*.

begabt *Adj.(PPrät.)* (< 13. Jh.). Zu mhd. *begāben* ´ausstatten, beschenken´, ursprünglich konkret gemeint (etwa: ´zur Hochzeit ausgestattet´), abgeleitet von *Gabe f.* Durch die Mystiker wird das Wort im 14. Jh. eingeschränkt auf spirituelle und intellektuelle Ausstattung (das Partizip wohl als Bedeutungsentlehnung aus l. *dōtātus*) und entwickelt sich dann zu einem Ausdruck für ´talentiert´ (vgl. frz. *doué*, ne. *gifted*). Das Substantiv *Begabung* (zunächst ´Schenkung´) folgt dieser Bedeutungsentwicklung im 18. Jh.

HWPh 1 (1970), 775 f.

begatten *sw V. refl. stil.* (< 17. Jh.). In der heutigen Bedeutung wohl zu *Gatte* als Euphemismus gebildet. Ein älteres, lautgleiches Wortes ist kaum unmittelbar zu verbinden.

begeben *st V. refl. stil.* (< 10. Jh.). Mhd. *begeben* bedeutet ursprünglich ´sich hingeben, sich entäußern´ (nicht-reflexiv ´verlassen, aufgeben´) und wird im Mittelhochdeutschen speziell gebraucht für ´sich ins Kloster begeben´. Später verblaßt die Ausgangsbedeutung, und das Wort bedeutet nur noch ´sich irgendwohin begeben´, mit unpersönlichem Subjekt auch ´sich ereignen´, mit Genetiv (heute obsolet) noch nahe an der älteren Bedeutung ´auf etwas verzichten´.

begehen *st V.* (< 8. Jh.). Mhd. *begān, begēn*, ahd. *bigān, bigēn*. Eigentlich ´entlanggehen´ und von da aus ´besichtigen´ und ´feiern´.

begehren *sw V.* (< 13. Jh.). Mhd. *begern, begirn* ist eine Präfigierung zu älterem mhd. *ger(e)n*, ahd. *gerēn, gerōn* ´begehren´, das seinerseits von ahd. mhd. *ger* ´begierig´ abgeleitet ist. Zur weiteren Verwandtschaft s. *gern* und *Gier*. Zum Zeitwort die Rückbildung **Begehr** (mhd.) und die Ableitung **begehrlich**. Zu der Variante mhd. *begirn* gehört das Abstraktum **Begierde**.
S. *Gier, gern, aufbegehren*. − HWPh 1 (1970), 776−780.

Begeisterung *f.* (< 17. Jh.). Abstraktum zu der wenig früheren Präfix-Ableitung *begeistern* ´beleben´ zu *Geist* gebildet, ursprünglich neben *begeisten*. Das Abstraktum *Begeisterung* ist in seiner Bedeutung offenbar von *Enthusiasmus* beeinflußt worden, das Verbum von *inspirieren*.

beginnen *st V.* (< 8. Jh.). Mhd. *beginnen*, ahd. *biginnan*, as. *biginnan* ist eine Präfigierung zu dem nur präfigiert auftretenden Verbalstamm g. *-*genna*- ´beginnen´, auch in gt. *duginnan*, ae. *beginnan*, *onginnan*, afr. *biginna, bijenna*. Die außergermanischen Vergleichsmöglichkeiten sind unsicher, da das Verb nur präfigiert vorkommt und sich deshalb die Ausgangsbedeutung nicht sicher bestimmen läßt. Mit Rücksicht auf gleichbedeutendes *an-fangen*, *etwas an-packen*, l. *incipere* usw. ist aber eine Grundbedeutung ´fassen, packen´ wahrscheinlich, die bei einer Verbalwurzel ig. (eur.) *ghed-, in der Regel mit doppelter Nasalierung (**ghend-n-*), bezeugt ist. In diesem Fall vergleichen sich l. *prehendere* ´ergreifen, fassen´ und gr. *chandánō* ´ich fasse, umfasse´; vielleicht auch air. *ro-geinn* ´Platz finden, umschlossen sein´, kymr. *genni* ´enthalten sein´. Abstraktum: **Beginn**.
Nndl. *beginnen*, ne. *begin*. S. *vergessen* und für das lateinische Vergleichsmaterial *Repressalie*. − Seebold (1970), 224 f.

beglaubigen *sw V.* (< *14. Jh., Form < 16. Jh.). Erweiterung von älterem *beglauben*, wohl eine Präfixableitung zu *Glaube*, also ´zum Glauben bringen, im Glauben bestärken´.

begleiten *sw V.* (< 14. Jh.). Zu mhd. *geleit(e) n.* ´Geleite, Begleitung´ wird im 14. Jh. eine Ableitung *be-geleiten* ´das Geleit geben´ gebildet. Das Wort ist im Niederländischen in dieser Form erhalten *(begeleiden)*, während es im Neuhochdeutschen lautlich vereinfacht wird. In der Bedeutung setzt *begleiten* älteres *beleiten* und *geleiten* fort.

begnügen *sw V. refl.* (< 14. Jh.). Mhd. *begenüegen* ist abgeleitet von *genug* mit Ausfall des -*e*- des zweiten Präfixes. Wortgeschichtlich ersetzt die Form früheres mhd. *benüegen* und *genüegen*.

Begonie *f. per. fach.* (eine in tropischen und subtropischen Gebieten beheimatete Pflanze) (< 17. Jh.). Entlehnt aus gleichbedeutend frz. *bégonia m.*, so benannt nach *Bégon*, einem Gouverneur von Sto. Domingo und Förderer der Botanik.

begöschen *sw V. per. ndd.* ´beschwichtigen´ (< 20. Jh.). Umgesetzt aus *begösken* zu *göske* ´Gänschen´ (nach den Zischlauten bei der Beruhigung kleiner Kinder).

begreifen *st V.* (< 9. Jh.). Mhd. *begrīfen*, ahd. *bigrīfan* bedeutet zunächst konkret ´ergreifen, umgreifen´, ebenso mhd. *begrif* ´Umfang, Bezirk´. Die übertragene Verwendung des Verbs im Sinne von ´verstehen´ beginnt bereits in althochdeutscher Zeit (z. T. im Anschluß an l. *com-prehendere*), später auch die des Substantivs im Sinn von ´Vorstellung´. In der Aufklärung wird **Begriff** auf ´Allgemeinvorstellung´ (zur Übersetzung von *Idee*) eingeengt. Die Wendung *in etwas begriffen sein* bedeutet ursprünglich ´ertappt werden bei etwas´; im Anschluß an die verallgemeinerte Verwendung dieses Ausdrucks seit dem 18. Jh. auch *im Begriff sein zu tun* ´gerade etwas tun´. Adjektive: **begreiflich, begrifflich**. Die konkrete Bedeutung noch in **inbegriffen**.
Nndl. *begrijpen, begrip*. − R. L. Schwartz: *Der Begriff des Begriffs in der philosophischen Lexikographie* (München 1983) (zur Ideengeschichte); HWPh 1 (1970), 780−787; LM 1 (1990), 1808−1810; Röhrich 1 (1991), 166.

begriffsstutzig *Adj.* (< 19. Jh.). Als ´beim Begreifen stutzen, einen Begriff nicht erfassen´ zu *stutzen*.

behäbig *Adj. stil.* (< 19. Jh.). Seit spätmittelhochdeutscher Zeit gibt es zu *gehaben, behaben* (s. *haben, heben*) im Sinne von ´festhalten, zusammenhalten´ ja-stämmige Adjektive *gehebe, behebe* ´zusammenhaltend, dicht schließend (von Gefäßen), geizig´. Diese Adjektive werden häufig mit -*ig* erweitert, und mit dieser Form kommt *behäbig* in der Zeit der Klassik (Goethe) in die Hochsprache, wird dabei allerdings von einem anderen *habig* ´wohlhabend´ (das von *die Habe* abgeleitet ist) in der Bedeutung beeinflußt. Durch den Gebrauch hat sich die Bedeutung dann zu ´wohlbeleibt, behaglich´ weiterverschoben. Die unerweiterte Form lebt weiter in schwäb. *b'häb* ´knapp, geizig´. Abstraktum: **Behäbigkeit**.
Heidermanns (1993), 263.

behaftet *Adj. (PPrät.) stil. phras.* (< 15. Jh.). Nur noch in *mit etwas behaftet*, älter mhd. *behaft*, ahd. *bihaft*, eigentlich Partizip zu ahd. *biheften* ´binden, fesseln, umschließen´. S. *Haft* und *heften*.

behagen *sw V. stil.* (< 13. Jh.). Mhd. *behagen*, as. *bihagon* aus g. **hag-ō- sw V.* ´gefallen, passen´, auch in anord. *hagar* ʿes trifft sich, ziemt sichʾ, ae. *gehagian* ʿsich bequemen, bereit seinʾ, afr. *hagia* ʿbehagenʾ. Alle einzelsprachlichen Formen sind spät und z. T. spärlich bezeugt. Im Deutschen hat sich das Wort offenbar vom Niederdeutschen her ausgebreitet. Alter *a/ō*-Ablaut in der altnordischen Wortfamilie (anord. *hógr* ʿbequemʾ) läßt ein Primärverb als Ausgangspunkt der germanischen Sippe vermuten, zu dem mhd. *behagen* ʿbehaglichʾ, ahd. *kehagin* ʿgenährtʾ das Partizip sein könnte. Eine ältere Bedeutung ʿkönnen, vermögenʾ zeigt sich in ae. *onhagian*, das damit eine Brücke bildet zu ai. *śaknóti* ʿkann, vermagʾ, ig. *ḱak-, wohl auch (mit abweichendem Anlaut) in lit. *kàkti* ʿirgendwohin gelangen, genügen, ausreichenʾ, lit. *kánkinti* ʿjmd. etwas zur Genüge liefern, hinreichend mit etwas versehenʾ. Die Bedeutungsverhältnisse im einzelnen sind unklar. Adjektiv **behaglich**.

Nndl. *behagen*. – Seebold (1970), 245 f.; Heidermanns (1993), 264 f. Zur möglichen Entlehnung ins Finnische s. *LÄGLOS* (1991), 123.

behaupten *swV.* (< 14. Jh.). Die heutige Bedeutung ʿversichernʾ (besonders gegenüber jmd., der das Gesagte nicht glauben will) geht zurück auf eine ältere ʿetwas durchsetzen, etwas verteidigenʾ (heute noch in der Wendung *sich gegen etwas behaupten*), vor allem als Ausdruck der Rechtssprache (bezeugt seit dem 14. Jh.). Vermutlich zu *Haupt* im Sinne von ʿHerrʾ, also ʿsich als Herr (über etwas) erweisenʾ. Abstraktum: **Behauptung**.

HWPh 1 (1970), 816.

beheben *stV.* ʿbeseitigenʾ (< *12. Jh., Bedeutung < 20 Jh.). Regional auch in anderen Bedeutungen (ʿbehalten, behauptenʾ usw.) und von älterem *behaben* schwer zu trennen. Mit verstärkendem Präfix *be-* zu *heben*; vgl. *aufheben*.

behelligen *swV. stil.* (< 16. Jh.), **unbehelligt** *PPrät.* Die heutige Bedeutung ʿbelästigenʾ geht zurück auf älteres ʿplagenʾ. In dieser Bedeutung ist das Wort (wie das einfache *helligen*) aus dem Adjektiv *hellig* ʿmüde, mattʾ abgeleitet (also eigentlich ʿermatten, ermüdenʾ, trans.). Das nur regional seit spätmittelhochdeutscher Zeit auftretende Adjektiv ist seinerseits eine Erweiterung aus dem ebenfalls beschränkt verbreiteten **hahl, hähl, hel(l)** ʿtrocken, mager, dürrʾ, mndl. *hael*; Relikte dieses Adjektivs auch in anderen germanischen Sprachen, vor allem in anord. *hallæri* ʿMißernte, Hungersnotʾ (zu anord. *ár* ʿJahrʾ) und ae. (selten) *hell-heort* ʿverzagtʾ (ʿschwachherzigʾ). Zu erschließen ist etwa g. *halli-* Adj. ʿdürr, vertrocknetʾ (aus voreinzelsprachl. *qolz-i-?*); vergleichbar ist lett. *kàlst* ʿvertrocknenʾ und mit *s mobile* im Anlaut gr. *skéllomai* ʿich vertrockne, verdorreʾ, nebst gr. *skeletós* ʿMumie, Skelettʾ.

S. *Hallig, schal, Skelett*. – Heidermanns (1993), 275.

behende *Adj. stil.* (< 12. Jh.). Mhd. *behende* ʿgeschickt, flinkʾ ist zusammengerückt aus *bi hende*

ʿbei der Handʾ. Ähnlich *abhanden, vorhanden* und – aus anderer Grundlage – *zufrieden*. Abstraktum einer nicht mehr üblichen Adjektiv-Modifikation: **Behendigkeit**.

Behörde *f.* (< 17. Jh.). Gebildet aus ndd. *behören* im Sinne von ʿzu etwas gehörenʾ und damit eher niederdeutschem Wortgebrauch entsprechend. Die ursprüngliche Bedeutung noch in *Zubehör*. Die heutige Bedeutung ʿAmtsstelleʾ ersetzt früheres *behörigen Orts* und meint demnach die ʿzugehörige Amtsstelleʾ. S. *hören, gehören*.

Behuf *m., obs. phras.* (< 13. Jh.). In der Wendung *zu diesem Behuf* ʿzu diesem Zweckʾ und in der erstarrten Genetiv-Form **behufs** ʿzwecksʾ. Mhd. *behuof*, mndd. *behōf*, in der alten Sprache nicht bezeugt, wohl aber in ae. *behōf*, afr. *behōf* n. ʿZweck, Nutzenʾ (vgl. anord. *hóf* n. ʿMaß, Art und Weiseʾ). Das hierfür vorauszusetzende präfigierte Verb *beheben* ist wesentlich schlechter und nicht in passenden Bedeutungen bezeugt. Auch ist die Dehnstufe bei diesem Bildungstyp unüblich. Die Einzelheiten der Bildung bleiben deshalb unklar.

Nndl. *behoeve*, ne. *behoof*. S. *heben*. – Heidermanns (1993), 287 f.

behum(p)sen *swV. per. omd.* ʿhereinlegenʾ (< 20. Jh.). Zu mundartlichem **hum(p)sen** ʿstehlenʾ, das wohl zu *humpeln* usw. gehört, vgl. *hümpler* ʿStümper, Pfuscherʾ (16. Jh.).

bei *Präp./Adv.* (< 8. Jh.). Mhd. *bī*, ahd. *bī*, as. *bī* aus g. *bi* (mit Möglichkeit der Dehnung), auch in gt. *bi*, ae. *bī*, afr. *bī*. Als Verbalpräfix regelmäßig unbetont und später abgeschwächt (gt. *bi-*, anord. in Relikten *b-*, ae. *be-*, afr. as. *bi-*, ahd. *bi-*). Die Bedeutung ist ʿnahe, beiʾ, im Gotischen ʿum – herumʾ. Letzteres erlaubt eine Anknüpfung an ig. *ambʰi*, *mbʰi* ʿum – herum, auf beiden Seitenʾ (s. *um, ambi-*), wobei angenommen werden muß, daß im Germanischen die erste Silbe abfallen konnte (was zu einem Wort mit so extremen Betonungsunterschieden nicht ausgeschlossen ist). Eine Herkunft der Bedeutung ʿnaheʾ aus einer anderen Bildung (ig. *api?*) ist nicht ausgeschlossen.

Nndl. *bij*, ne. *by*. S. auch *Beicht, Biwak, bleiben*. – *Wortdung* 1 (1973), 191 f.; E. Hamp in: *Language Typology*. Hrsg. W. P. Lehmann, J. H. Hewitt (Amsterdam/Philadelphia 1991), 105–110; Kiesewetter *BEDS* 10 (1991), 133–175; W. Griepentrog *HS* 104 (1991), 122[30].

Beicht(e) *f. erw. fach.* (< 9. Jh.). Mhd. *bīhte*, ahd. *bījiht, bīgiht*, as. *bigihto* (*m.*). Verbalabstraktum zu ahd. *bijehan*, as. *(bi)gehan* ʿbekennenʾ zu g. *jeh-a- stV.* ʿsprechen, versichernʾ. Als solches eine Bau-Entsprechung, möglicherweise sogar Lehnbildung zu l. *cōnfessiō* gleicher Bedeutung neben l. *cōnfitērī* ʿbekennenʾ. Der Ansatz einer älteren Bedeutung ʿAussage vor Gerichtʾ (was eine Lehnbildung ausschließen würde) ist nicht ausreichend zu sichern.

Verb: *beichten*; Täterbezeichnung: *Beichtiger* (veraltet), *Beichtvater*.

Nndl. *biecht*. S. auch *genieren*. – Seebold (1970), 286 f.

beide *Num.* (< 8. Jh.). Mhd. *beide, bēde*, ahd. *beide, bēde*, as. *bēð, bēðea* geht zurück auf eine Wortgruppe aus einem kollektiven Zahlwort, das in gt. *bai, *bos, ba* bezeugt ist, und dem bestimmten Artikel (bzw. demonstrativen Pronomen), z. B. in gt. *ba þo skipa* 'beide (die) Schiffe'. Das Altnordische hat im Genetiv noch die einfachen Formen, sonst (NPl. *báðir*) Formen, die aus der Zusammenrückung stammen; das Altenglische hat einfache Formen, die stark an das parallele Zahlwort für 'zwei' angeglichen sind (besonders deutlich im NPl. *bēgen* zu *twēgen* 'zwei'), ne. *both*, me. *bothe* ist aus dem Altnordischen entlehnt. Das Altfriesische *(bethe)* hat wie das Altsächsische und Althochdeutsche noch die zusammengerückten (und danach vereinfachten) Formen. Die Lautung *-ē-* im Althochdeutschen stammt vom Zahlwort für 'zwei' *(zwēne)*. Zugrunde liegt diesem kollektiven Zahlwort eine Formation, die aus ig. *-bʰ-* + Endung (teilweise erkennbaren Dualendungen) besteht, wobei aber außerhalb des Germanischen Lautungen vorangehen, die untereinander nicht vereinbar sind: Auf (ig.) *ambʰō* weisen gr. *ámphō* und l. *ambō*; auf *a/o/ə-* weisen lit. *abù* und akslav. *oba*; das Altindische hat *ubháu*, dessen lautliche Deutung höchst umstritten ist. Möglicherweise war das Wort ursprünglich enklitisch und hat dabei die erste Silbe verschiedenen Auslauten vorangehender Wörter angepaßt.

Nndl. *beide*, ne. *both* (entlehnt), nschw. *båda*, nisl. *báðir*. S. *ob¹, um*. – J. H. Jasanoff *BSL* 71 (1976), 123–131; F. Bader *Verbum* 2 (1979), 150; Lloyd/Springer 1 (1988), 513–515; Ross/Berns (1992), 571–575.

Beiderwand *f./n./(m.) per. fach.* 'auf beiden Seiten gleich aussehendes Gewebe aus Leinen und Wolle' (< 15. Jh.). Zu mhd. *want n.* 'Seite', besonders 'Tuchseite' (vgl. die Umdeutungen bei *Gewand* und *Leinwand*). Die Bezeichnung besagt also 'das Beidseitige' (vgl. mhd. *beiderwentliche* 'gleichbedeutend'); also zu *wenden*.

J. Stosch *ZDW* 11 (1909), 1–4.

beiern *swV. per. wmd.* 'mit dem Klöppel an die Glocke schlagen' (< *16. Jh., Standard < 18. Jh.). Übernommen aus mndl. *beier(e)n* gleicher Bedeutung, älter *beiaerden*. Dieses aus mndl. *beiaert* 'Glockenspiel', dessen Herkunft umstritten ist.

J. H. Kern *ZDW* 14 (1912), 214–217; E. Gailliard *VM* 2 (1913), 300–308 und 688 f.

Beifall *m.* (< 15. Jh.). Zunächst überwiegend im Norden bezeugt für 'Unterstützung, Hilfe' vor allem vor Gericht und in politischen Auseinandersetzungen. Das Wort gehört zu *fallen* im Sinn von 'jmd. zufallen'; mit entsprechender Bedeutung wird zunächst auch *Zufall* benutzt (heute nicht mehr üblich), in entgegengesetzter Bedeutung *Abfall (von jemandem)*. Das entsprechende Verb *beifallen* ist selten bezeugt und heute nicht mehr üblich. *Beifall* wird in jüngerer Zeit allgemein als Ersatzwort für *Applaus* verwendet. In entsprechender Bedeutung das Adjektiv *beifällig*.

HWPh 1 (1970), 818.

Beifuß *m. erw. fach.* 'Artemisia vulgaris' (< *8. Jh., Form < 13. Jh.). Die ursprüngliche Form des Pflanzennamens ist ahd. *pīpōz*, mhd. *bībōz*, mndd. *bibot*, fnhd. *peipus* (und ähnliches in einigen Mundartformen). Lautlich könnte dies eine Zusammensetzung aus *bei* und der auch in *Amboß* enthaltenen Ableitung zu g. *baut-a-* 'schlagen' sein, doch bleibt das Benennungsmotiv und damit auch die Verknüpfung unklar. Das Wort ist im Westfälischen des 13. Jhs. umgedeutet worden zu *bivōt* 'Bei-Fuß', sehr wahrscheinlich in Anlehnung an den antiken Glauben, daß ans Bein gebundener Beifuß vor Müdigkeit auf der Reise schütze (Plinius *Nat. hist.* 26, 150). Danach mndl. *bivoet*, mndd. ndd. *bifot* und seit dem 14. Jh. auch fnhd. *bivuoz*, nhd. *Beifuß*.

Nndl. *bijvoet*. – E. Karg-Gasterstädt *BGDSL* 62 (1938), 55–59; Marzell 1 (1943), 434 f.; *LM* 1 (1990), 1820. Für die Etymologie ist vielleicht mhd. *wurpōz* 'Wurzelwerk' wichtig; vgl. hierzu T. Dahlberg *NM* 22 (1966), 105–114.

Beige *f. per. obd.* 'Stapel' (< 9. Jh.). Mhd. *bīge*, ahd. *bīga f.* (auch *bīgo m.*) 'Stapel, Haufen (von Holz, Garben usw.)'. Hierzu spmhd. *bīgen*, nhd. (südd.) *beigen* 'aufstapeln'. Herkunft unklar. Vielleicht wie gr. *phitrós* 'Klotz, Holzscheit' eine Ableitung zu der Wurzel ig. (eur.) *bheiə-* 'schlagen, hauen' (s. *Beil*), also 'das Gespaltene' oder 'Gefällte', wozu das germanische Wort ein Kollektivum sein müßte.

W. Kaspers *ZDA* 82 (1948/50), 303; E. Rooth *AASF* B 84 (1954), 45 Anm.

beige *Adj. erw. fremd.* 'sandfarben' (< 19. Jh.). Entlehnt aus frz. *beige* 'sandfarben; (bei Wolle:) ungefärbt, roh'.

Das französische Wort bezeichnet ursprünglich gemischte Farben oder gemischte Gewebe (Wolle und Baumwolle); deshalb vermutlich aus l. *bijugus, bīgus* 'zusammengespannt, doppelt'. – *DEO* (1982), 96.

Beil *n.* (< 9. Jh.). Mhd. *bīl(e), bīhel*, ahd. *bīhal*, mndd. *bīl, byl*. Ein nur deutsches und niederländisches Wort, das von einem gleichbedeutenden keltischen Wort kaum zu trennen ist: air. *biail, biáil m.*, kymr. *bwyall, bw(y)ell* 'Axt'. Die keltischen Wörter führen auf (ig.) *bijalis f.* zurück, die germanischen auf (ig.) *bīklo- n.*; vielleicht ist aber unter Ansatz eines *bijə-tlo-* zu vermitteln, obwohl die Lautentwicklung auf beiden Seiten nicht völlig klar ist. Falls dieser Ansatz zutrifft, handelt es sich um eine Instrumentalbildung zu der Verbalwurzel *bʰeiə-* 'schlagen, spalten, schneiden' in l. (Glosse) *perfines. perfringas*, air. *benaid* ´schlägt, schlägt ab, erschlägt usw.´, akslav. *biti* ´schlagen, stoßen´, zu der unser Verb *beißen* eine Erweiterung bildet. Eine Entlehnung aus einer dritten Sprache ist aber nicht ausgeschlossen.

Nndl. *bijl.* − C. Karstien *ZVS* 65 (1938), 154−161; W. Mohr *ZVS* 65 (1938), 161 f.; V. Pisani *ZVS* 67 (1942), 226 f.; F. W. Blaisdell/W. Z. Shetter *BGDSL-T* 80 (1958), 404−412; H. Götz *BGDSL-H* 81 (1959), 188−191; W. Foerste in: *FS Trier* (1964), 115 f.; *RGA* 2 (1976), 154−162; Weber-Keller (1990), 32−35; Röhrich 1 (1991), 166.

beiläufig *Adj. stil.* ´nebenbei´, auch ´unwichtig´ *(österr.)* (< 16. Jh.). Aus *bei* und *laufen* als ´nebenherlaufend, im Vorübergehen´.

beilegen *swV.* ´schlichten´ (< 8. Jh.). Mhd. *bīlegen*, ahd. *bileggen*. Die Bedeutung geht aus von ´zudecken, auf etwas draufleggen´.

beileibe *Adv. stil.* (< 16. Jh.). Die Beteuerung geht aus von *Leib* in der Bedeutung ´Leben´, also etwa ´bei meinem Leben´.

Beilke *f.* s. *Billard* und *Peilke*.

Bein *n.* (< 9. Jh.). Mhd. *bein*, ahd. *bein*, as. *bēn* aus g. **baina- n.* ´Knochen´, auch in anord. *bein*, ae. *bān*, afr. *bēn*; im Gotischen ist die Bedeutung nicht belegt. Germanischer Ersatz für das alte indogermanische Wort für ´Knochen´, das in gr. *ostéon*, l. *os* u. a. vorliegt. Zu beachten ist die vorauszusetzende Homonymie zwischen **asta-* ´Ast´ und ***asta-* ´Knochen´ im Germanischen. Herkunft unklar. Man kann das Wort auf anord. *beinn Adj.* ´gerade´ zurückführen, in der Annahme, daß ursprünglich die geraden Röhrenknochen gemeint waren, doch ist dieses Adjektiv nur nordgermanisch und seinerseits nicht anschließbar. Oder g. **baina-* (ig. **bʰəi-no-*) ´abgeschlagen´ (in Bezug auf Schlachttiere)? Oder (ig.) **bʰoja-n-* und verwandt mit l. *fīnis* ´Ende, Grenze´? Die heute vorherrschende Bedeutung ´untere Extremität´ ist erst im Deutschen entwickelt worden. Adjektive: **beinern**, **beinig**; Kollektiv: **Gebein**.

Nndl. *been*, ne. *bone*, nschw. *ben*, nisl. *bein*. − Silfwerbrand (1958), 116−186 (entlehnt aus einem keltischen Wort für ´Horn, [Elfen-]Bein´); Th.L. Markey *NOWELE* 2 (1983), 93−107; E. P. Hamp *NOWELE* 6 (1985), 67−70; Lloyd/Springer 1 (1988), 515 f.; A. Bammesberger *HS* 103 (1990), 264−268; Röhrich 1 (1991), 167−169; Heidermanns (1993), 113.

beinahe *Adv.* (< 16. Jh.). Mhd. *bī nāch*, ahd. *bī nāh*; Kombination von zwei Elementen, die für sich alleine ebenfalls ´beinahe, fast´ bedeuten können *(bei viertausend* bei Luther, *ein Vergleich ward nahe zustande gebracht* bei Goethe). Häufig wird die Verbindung erst in frühneuhochdeutscher Zeit, wobei sie vielfach auf dem zweiten Bestandteil betont wurde. Die Getrennt-Schreibungen hören im 18. Jh. auf. Nndl. *bijna.*

Beinheil *n.* s. *Beinwell*.

Beinwell *m. per. fach.* ´Symphytum officinale´ (< 12. Jh.). Mhd. *beinwelle*, ahd. *beinwella, beinwalla* (Ablaut oder Umlauthinderung?), mndd. *benwell*. Der Pflanze wird heilende Kraft bei Knochenbrüchen zugeschrieben, vgl. die gleichbedeutenden gr. *sýmphyton n.*, eigentlich ´Zusammenwachsen´, l. *cōnsolida f.* eigentlich ´Befestigung, Verdickung´, nhd. **Beinheil**. Der zweite Bestandteil gehört zu älterem *wellen*, obd. *wallen* (auch *über-*) ´zusammenwachsen (von Rinde, Knochenbrüchen usw.)´. Das Wort wird in der alten Medizin von vielen Körpervorgängen gebraucht (etwa im Sinn von ´in Bewegung sein´, so daß es wohl aus *wallen* mit nicht völlig klarer Bedeutungsentwicklung entstanden ist.

Dasselbe Element im Vorderglied s. unter *Wallwurz*. − DWB XIII, 1280; Marzell 4 (1979), 536−544; Lloyd/Springer 1 (1988), 520 f.; *LM* 1 (1990), 1823.

Beisasse *m.*, auch **Beisaß** *m. per. fach.* ´außerhalb der Stadtmauern wohnender Bürger´ (< 14. Jh.). Zur Bildung und zum zweiten Element vgl. *Insasse*. *LM* 1 (1990),1824 f.

Beisel *n. per. österr.* ´Kneipe´ (< 20. Jh.). Wie *Beiz* entlehnt aus rotw. und wjidd. *bajis* ´Haus´; dieses aus hebr. *bajit* ´Haus´.

H. Tatzreiter *Studia Neerlandica*. Hrsg. St. Predota (Breslau 1992), 469−476.

Beispiel *n.* (< *12. Jh., Form < 15. Jh.). Mhd. *bīspel*, andfrk. *bīspil* ´Gleichnis, Redensart´, ebenso ae. *bispell*, eigentlich ´das dazu Erzählte´, zusammengesetzt aus *bei* und g. **spella- n.* ´überlieferte Geschichte, Mythos´ in gt. *spill*, anord. *spjall* (meist *Pl.*), ae. *spell*, as. *spel*, ahd. *spel*, das sich bei gleicher Lautform *(*spel-)* nur mit arm. *aŕa-spel* ´Sage, Sprichwort´ vergleicht; weiter vielleicht mit *s mobile* zu den unter *befehlen* aufgeführten Verwandten von l. *appellāre*. Der Vokalismus ist seit spätmittelhochdeutscher Zeit sekundär an *Spiel* angeglichen worden (vgl. *Kirchspiel*). Die heutige Bedeutung ´Beispiel, Muster, Vorbild´ beruht auf einer Lehnbedeutung von l. *exemplum*, das u. a. ´Gleichnis´ und ´Vorbild, Muster´ bedeutet. Adjektive: **beispielhaft**, **beispiellos**.

S. *Appell, Gospel.* − E. Schröder *ZDA* 37 (1893), 241−268; *HWPh* 1 (1970), 818−823; Röhrich 1 (1991), 169 f.

beißen *stV.* (< 8. Jh.). Mhd. *bīzen*, ahd. *bīz(z)an*, as. *bītan* aus g. **beit-a- stV.* ´beißen´, auch in gt. *beitan*, anord. *bíta*, ae. *bītan*, afr. *bīta*; dieses aus ig. **bʰeid-* ´spalten, trennen´, auch in ai. *bhinátti* ´zerstört, erschlägt´, gr. *pheídomai* ´ich schone (ich lasse ab von)´ (semantisch abliegend), l. *findere* ´spalten, trennen´. Für die unerweiterte Wurzel ig. **bʰeiə-* sind die zugehörigen Formen unter *Beil* aufgeführt. Abstraktum: **Biß**; Kollektiv: **Gebiß**; Adjektiv: **bissig**; Konkretum: **Bissen**.

Nndl. *bijten*, ne. *bite*, nschw. *bita*, nisl. *bíta*. S. *beizen, bißchen, bitter, bitzeln, Imbiß*. − Seebold (1970), 96−99; Röhrich 1 (1991), 170.

Beißker *m.* s. *Peitzker.*

Beiswind *m.* s. *Bise.*

Beitel *m. per. fach.* ʼHolzmeißel, Stemmeisenʼ, meist **Stechbeitel** (< 18. Jh.). Die Geschichte des Wortes ist nur teilweise klar: Von der Bedeutung her entspricht mhd. *beißel* ʼStichel, Meißelʼ – aber der Konsonantismus ist nicht klar, er könnte niederdeutsch sein; auch der Vokalismus paßt nicht (*Beitel* geht auf mhd. *ī* zurück). Die Unsicherheit in der Auffassung als *Beitel* oder *Beutel* dürfte darauf hinweisen, daß ein anderes Wort eingewirkt hat, nämlich ndd. *bötel* (u.ä.), das aber nicht das gleiche bedeutet: ein *bötel* ist ein Schlagwerkzeug. Das niederdeutsche Wort entspricht einem wg. **bautila- m.* ʼSchlegelʼ zu g. **baut-a-* ʼschlagenʼ (s. *Amboß*), vgl. ae. *bȳtla* ʼHammerʼ, ahd. *steinbōzil* ʼSteinklopferʼ, mhd. *bōzel* ʼPrügelʼ. Die Wortgeschichte im einzelnen bleibt unklar. S. auch *Beutheie.*

Beitscher, Beitzker *m.* s. *Peitzker.*

Beiz(e) *f. erw. wobd.* ʼKneipeʼ (< *15. Jh., Standard 20. Jh.). Wie *Beisel* entlehnt aus rotw. und wjidd. *bajis* ʼHausʼ; dieses aus hebr. *bajit* ʼHausʼ. Das Wort ist mit der Bedeutung ʼHausʼ in allen deutschen Hausierersprachen üblich; ʼWirtshausʼ nur im Südwesten.

beizen *swV.* (< 10. Jh.). Die Bedeutungen der Wörter, die dieser Lautform entsprechen können, fallen weit auseinander. Hier werden nur diejenigen berücksichtigt, die für das Neuhochdeutsche vorauszusetzen sind, nämlich 1) ʼmit Beize behandelnʼ, auch intr. ʼätzenʼ, mhd. *beizen*, abgeleitet von **Beize**, mhd. *beize*, ahd. *beiza* ʼBeize, Lauge, Alaunʼ, eigentlich ʼdie Beißendeʼ, vgl. ahd. *beiz(i)-stein* ʼAlaunʼ; 2) ʼmit Greifvögeln jagenʼ, früher auch ʼmit Hunden jagenʼ, ahd. *beizen*, mhd. *beizen*; wegen der Konstruktion (man *beizt* nicht den Falken, sondern man *beizt* mit dem Falken das Wild) wohl kein Kausativum (ʼbeißen machenʼ), sondern ein Faktitivum zu einer Vorstufe von mhd. *beize* ʼBeizjagdʼ. Beides zu *beißen*.
Segelcke (1969), 237–240 (zu 2); Reuter (1906), 5–10; *RGA* 2 (1976), 163–173; Lloyd/Springer 1 (1988), 524–526. Zur Beizjagd: *LM* 1 (1990), 1825–1829.

bekannt *Adj.(PPrät.).* (< 13. Jh.). Ursprünglich Partizip zu *bekennen* ʼ(er)kennenʼ; dann kann das Partizip zusammen mit *werden* und *sein* das Verb ersetzen; kausativ *bekannt machen*. Heute haben sich finites Verb und Partizip semantisch voneinander getrennt. Hierher als Weiterbildung **bekanntlich**, das sich aus der Kanzleisprache verbreitet hat. Substantivierung: **Bekannter**; wozu das Abstraktum (das auch als Konkretum gebraucht wird) **Bekanntschaft**.
S. *kennen, bekennen.* – M. Leumann *IF* 45 (1927), 111 f.; J. Erben in: *FS W. Besch* (Berlin 1993), 111–122.

bekehren *swV. stil.* (< 9. Jh.). Mhd. *bekēren*, ahd. *bikēren* aus *be-* und *kehren*[1]. Lehnübersetzung von l. *convertere* ʼumdrehen, bekehrenʼ. Heute auf religiöse Zusammenhänge beschränkt. Abstraktum: **Bekehrung**.
HWPh 1 (1970), 825 f.; *LM* 1 (1990), 1830 f.

bekennen *swV.* (< 8. Jh.). Mhd. *bekennen*, ahd. *bikennen* bedeutet ursprünglich ʼ(er)kennenʼ (s. *bekannt*), hat aber in der Rechtssprache die Funktion von ʼbekannt machenʼ übernommen (es ist also semantisch vom Partizip abhängig). Der Ausdruck wird früh auch in der Kirchensprache verwendet und erhält durch die Mystiker seine besondere Prägung. Nomen agentis: **Bekenner**; Abstraktum: **Bekenntnis**.
S. *kennen, bekannt.* – *HWPh* 1 (1970), 826–828.

beklommen *Adj.(PPrät.)* (< *15. Jh., Form < 18. Jh.). Partizip zu einem nicht mehr gebräuchlichen starken Verb mhd. *beklimmen* ʼbeklemmen, umklammernʼ, zunächst als *beklummen*, dann Verschiebung des Vokals entsprechend den Partizipien dieser Ablautreihe. Das starke Verb *klimmen* hatte nebeneinander die Bedeutungen ʼsteigen, klimmenʼ und ʼklemmenʼ (s. *klimmen* und *klemmen*), die zweite Bedeutung wird nachträglich auf die schwach flektierende Ableitung *klemmen* konzentriert; das starke Verb wird auf die erste festgelegt; *beklommen* ist ein Relikt der allgemeineren Bedeutung des starken Verbs (mit Übertragung von der körperlichen Enge auf die seelische Beengung). Abstrakta: **Beklemmung, Beklommenheit**.

bekloppt *Adj. vulg.* ʼtörichtʼ (< 20. Jh.). Niederdeutsches Partizip ʼ(längere Zeit) beklopftʼ, zu der Entsprechung von *(be)klopfen*; vgl. *angeschlagen*.
Röhrich 1 (1991), 171.

bekommen *stV.* (< 8. Jh.). Mhd. *bekomen*, ahd. *biqueman*. Präfigierung des starken Verbs *kommen* mit breit gefächerter Bedeutung, zu der im Althochdeutschen auch ʼzu etwas kommen, zuteil werdenʼ gehört. Hieraus die Bedeutung ʼerhaltenʼ, die heute vorherrscht. Auf eine andere Bedeutungsschattierung geht *etwas bekommt mir* ʼetwas ist mir zuträglichʼ zurück, wozu in neuerer Zeit das Adjektiv **bekömmlich** gebildet wurde. Nndl. *bekomen*. S. *bequem*.

belämmert *Adj.(PPrät.)* s. *belemmern*.

belangen *swV.* (< 11. Jh.). Mhd. *b(e)langen*, ahd. *belangēn*, Präfixbildung zu *langēn* (s. *langen*). Im Althochdeutschen bedeuten beide Verben (ausgehend von ʼausstrecken, ergreifenʼ) ʼverlangen, sich sehnenʼ (mit Akkusativ der Person und Genetiv der Sache); dieser Gebrauch ist noch in obd. (vor allem schwz.) *blangen* (*ich blange* ʼich sehne michʼ) erhalten. Erst mittelhochdeutsch bezeugt ist die vom gleichen Ausgangspunkt ausgehende Bedeutung ʼsich erstrecken, betreffenʼ, wofür heute meist **anbelangen** steht; vergleichbar ist nndl. *aanbelangen* und ne. *belong* ʼgehören zuʼ. Ferner gehört hierzu die Rückbildung nhd. **Belang** ʿWichtigkeit, Interesseʾ, die im 18. Jh. aus der Kanzleisprache übernommen wurde. Hierzu auch das Adjektiv **belanglos**. Erst frühneuhochdeutsch ist beim transitiven Verb die Bedeutung ʿjmd. um etwas angehen, jmd. vor Gericht ziehenʾ. Sie geht auf die konkrete Bedeutung ʿergreifenʾ zurück.

Belche *f. per. obd.* ʿBleßhuhnʾ (< 11. Jh.). Mhd. *belche*, ahd. *belihha*. Ein nur deutsches Wort, das aber sehr alt sein muß, da es sich mit l. *fulica* (auch *fulix*) unter Ansatz eines (ig.) **bʰolik(a)* fast genau vergleichen läßt (g. *-k-*, ahd. *-hh-* setzt eigentlich ig. *-g-* voraus). Morphologisch stärker abweichend, aber gleichbedeutend, ist gr. *phalērís*. Zugrunde liegt eine Bezeichnung für Tiere mit weißem Fleck auf der Stirn oder dem Kopf (wie etwa bei nhd. *Bless*); vgl. etwa noch alb. *balë* ʿTier (meistens Schaf oder Ziege) mit weißem Fleck auf der Stirnʾ, lit. *bālas*, gr. *phalós* ʿweißfleckigʾ, mit *ē*-Vokalismus akslav. *bělŭ* ʿweißʾ.
S. *blaß*, *Blesse*. – O. Springer in : *FS H. Hönigswald* (Tübingen 1978), 375–383; Lloyd/Springer 1 (1988), 431–434, 530 f.

belegen *swV.* (< 8. Jh.). Zunächst ʿauf etwas legenʾ, dann übertragen, etwa *mit einem Eid belegen* ʿbeschwörenʾ und schließlich im heute vorwiegenden Sinn ʿbeweisenʾ mit **Beleg** *m.*, wobei vielleicht *beilegen* und *Beilage* (d. h. Beifügung von Beweismitteln) die Bedeutung mitbestimmt haben. S. *legen* und *Belegschaft*.

Belegschaft *f.* (< 19. Jh.). Zu *belegen* im speziellen Sinn von ʿ(ein Bergwerk) mit Bergleuten versehenʾ. Die *Belegschaft* ist demgemäß zunächst ʿdie Gesamtheit der Bergarbeiter in einem Bergwerkʾ, dann verallgemeinert auf beliebige Betriebe.

beleidigen *swV.* (< 14. Jh.). Mhd. *beleidegen*, Verstärkung zu mhd. *leidegen, leidigen*, ahd. *-leidīgōn, leidegōn, leidogōn* ʿverletzen, betrübenʾ zu *leideg, leidig* ʿverletzt, betrübtʾ, also eigentlich ʿein Leid antunʾ. Über das Adjektiv *leidig* zu *Leid*.
LM 1 (1990), 1837 f.

belemmern *swV. per. ndd.* ʿbelästigenʾ, besonders **belemmert** *PPrät.* ʿbetretenʾ, ʿscheußlichʾ (von Sachen) (< 17. Jh.). Aus dem Niederdeutschen verbreitetes Frequentativum (mndd. *belemmeren*) zu *belemen* ʿlähmenʾ (s. *lahm*). Vor allem das Partizip wird häufig an *Lamm* angeschlossen, deshalb auch die Schreibung **belämmert** und die erkennbare Bedeutungsverschiebung dieser Form. Vgl. nndl. *belemmeren* ʿbehindernʾ.

belfern *swV. erw. stil.* (< 16. Jh.). Ausdruck für ein besonderes Bellen, das nach Region verschieden ist (ʿwinselndʾ, ʿrauh, mißtönigʾ u.ä.), obd. *belfzen*; sonst auch *belfen* und (lautlich weiter abliegend) *bäffen*. Wohl lautmalende Ausdrücke in Anlehnung an *bellen*.

belieben *swV.* (< 15. Jh.). Auch in mndd. *belēven*, mndl. *believen*. Präfigierung zu *lieben* (so noch erkennbar in **beliebt**, **unbeliebt**, **Beliebtheit**), dann Weiterentwicklung der Bedeutung zu ʿgutheißen, beschließen, geruhenʾ u.ä. Hierzu **Belieben** und **beliebig**.

Belladonna *f. per. fach.* ʿTollkirsche, aus der Tollkirsche gewonnene Arzneiʾ (< 19. Jh.). Entlehnt aus it. *belladonna* (eigentlich ʿschöne Frauʾ), einer Sekundärmotivation zu ml. *bladona, blandonia* ʿKönigskerze, Nachtschattenʾ, das wohl gallischen Ursprungs ist. Semantische Basis der Nachdeutung ist die Verarbeitung der Tollkirsche in Schönheitsmitteln (vor allem solche, die eine Vergrößerung der Pupillen bewirkten). Zur Verwandtschaft von it. *donna* s. *Dame*[1].
Marzell 1 (1943), 516–523.

bellen *swV.* (< 8. Jh.). Mhd. *bellen stV.*, ahd. *bellan* (nur Präsensbelege), in erster Linie vom Bellen des Hundes gesagt, andere Gebrauchsweisen lassen sich als übertragene Verwendungen auffassen. Das lautlich vergleichbare ae. *bellan* (ebenfalls nur Präsensbelege) bedeutet allgemein ʿbrüllenʾ (vom Löwen, Eber usw.), und mit dieser allgemeineren Bedeutung sind nordgermanische Wörter mit einfachem *l* vergleichbar (anord. *beli* ʿdas Brüllenʾ, *belja* ʿbrüllenʾ). Schallwörter mit einer Grundlage (ig.) **bʰel/bʰlē* sind häufiger (vgl. etwa l. *flēre* ʿweinenʾ und mhd. *blæjen* ʿblökenʾ), *bellen* kann in diesen Umkreis gehören. Es ist aber nicht völlig auszuschließen, daß es zu einem anderen *bellan* ʿtreffen, prallen, stoßenʾ gehört, das hauptsächlich in ahd. *widarbellan* ʿzurückspringenʾ bezeugt ist (vgl. etwa *anschlagen* vom Hund, oder *ausstoßen* von einem Schrei u.ä.). S. auch *belfern*, *blaffen*, *bölken*. Kollektives Abstraktum: **Gebell**.
H. Glombik-Hujer *DWEB* 5 (1968), 167–171; Seebold (1970), 101 f.; Lloyd/Springer 1 (1988), 533–535.

Belletrist *m. per. fach.* ʿAutor unterhaltender Literaturʾ (< 18. Jh.). Gebildet zu frz. *belles lettres Pl.* ʿschöne Literaturʾ, älter ʿschöne Wissenschaftenʾ; frz. *belle* ʿschönʾ aus l. *bellus* und frz. *lettre* ʿBuchstabe, Schrift; Literaturʾ aus l. *littera f.* ʿschönen Wissenschaftenʾ waren Grammatik, Rhetorik und Poesie; **Belletrist(ik)** bezieht sich jedoch nur auf unterhaltende (ʿschöngeistigeʾ) Literatur.
S. *Letter*. – *DF* 1 (1913), 82; Brunt (1983), 153; *Brisante Wörter* (1989), 583–585.

belzen *swV.* s. *pelzen*.

bemänteln *swV. stil.* (< 16. Jh.). Eigentlich ʿmit dem Mantel der christlichen Nächstenliebe zudekkenʾ (kirchen-l. *pallio Chrīstiānae dīlēctiōnis tegere*), in den Streitschriften der Reformationszeit abgewertet zu ʿbeschönigenʾ. S. *Deckmantel*.

Bembel *m. per. wmd.* ʿGlockenschwengelʾ, übertragen ʿKrug für Apfelweinʾ (< 19. Jh.). In der eigentlichen Bedeutung zu regionalem *bampeln* ´baumeln` (s. *baumeln*); die Bedeutungsübertragung nach der Form des Krugs. S. auch *Pummel*.

Bemme *f. per. omd. ndd.* ´Butterbrot` (< 16. Jh.). Vermutlich entlehnt aus sorb. *pomazka* ´Butterschnitte` (zu sorb. *pomazać* ´beschmieren` aus *po* ´auf` und der Entsprechung zu akslav. *mazati* ´schmieren`). Das Wort wird zunächst zu **Bemmchen** umgeformt und dann dazu eine Normalform *Bemme, -pomme, -bamme* u.ä. gebildet.

F. Panzer in: *FS Kluge* (1926), 99–108; P. vPolenz *DWEB* 2 (1963), 275–279; Bielfeldt (1965), 44. Gegen eine Entlehnung (eher zu omd. *bammen, bampen* ´essen`): Eichler (1965), 23–27; E. Eichler/H. Weber *ZS* 11 (1966), 231–237.

bemoost *Adj.(PPrät.) erw. grupp.* (< 17. Jh.). Baumstämme und Steine, die lange an der selben Stelle bleiben, setzen Moos an; deshalb sagt man auch von Menschen, die lange an derselben Stelle bleiben, daß sie Moos angesetzt haben. Die spezielle Verwendung im Deutschen kommt aus der Studentensprache: *ein bemoostes Haupt* ist ´ein älterer Herr` oder ´ein Student mit vielen Semestern`. Verstärkt wurde der Gebrauch dieser Wendung durch ein Lustspiel gleichen Titels von R. Benedix (19. Jh.).

Röhrich 1 (1991), 172.

benauen *swV. per. ndd.* ´in die Enge treiben`, besonders **benaut** *PPrät.* ´kleinlaut` (< 17. Jh.). Übernommen aus ndd. *benouwen*, das hd. *genau* entspricht.

Seebold (1970), 123 f.

Bendel *m./n. reg.* ´Schnur, Schnürsenkel` (< 11. Jh.). Mhd. *bendel m.*, ahd. *bentil m.*, mndd. *bendel*; alte Diminutivbildung zu *Band* mit dem älteren maskulinen Genus. Die alten Diminutive waren nicht durchgängig neutral, sondern folgten dem Genus ihres Grundworts. Vgl. anord. *bendill*. S. *binden*.

benedeien *swV. obs.* ´segnen` (< 12. Jh.). Mhd. *benedīen, benedīgen*, entlehnt aus it. *benedire*, das auf l. *benedīcere* ´wohl reden, segnen` zurückgeht.

Zur Sippe des zugrundeliegenden l. *dīcere* ´sagen` s. *diktieren*. – Röhrich 1 (1991), 172.

Benefiz *n.*, **Benefizvorstellung** *f. per. fach.* ´Vorstellung zugunsten eines Künstlers oder eines wohltätigen Zwecks` (< 18. Jh.). Entlehnt aus der frz. Wendung *au bénéfice de* ´zugunsten von` (aus l. *beneficium n.* ´Gunst, Verdienst, Beistand`).

Zur Sippe des zugrundeliegenden l. *facere* ´tun, machen` s. *infizieren*. – DF 1 (1913), 82. Zum älteren Begiff des *Benefiziums* s.: *RGA* 2 (1976), 233–237; *LM* 1 (1990), 1904–1907; zu l. *beneficium BlW* 3 (1988), 132–138.

benehmen *stV.* (< 8. Jh.). Mhd. *benemen*, ahd. *bineman*. In der alten Bedeutung ´wegnehmen` veraltet. Jung und seiner Herkunft nach unklar ist *sich*

mit jemandem benehmen *(ins Benehmen setzen)* ´besprechen, verständigen` (wohl aus der Kanzleisprache und nach Adelung niederdeutsch) und (damit wohl zusammenhängend) *sich benehmen* ´sich aufführen`. Dazu umgangssprachlich **Benimm** *m.*, Hypostasierung des Imperativs *Benimm dich!* S. *nehmen, benommen, unbenommen*.

Bengel *m. stil.* ´ungezogener Junge` (< *13. Jh., Bedeutung 16. Jh.). Oberdeutsch auch ´Knüppel, Stange`, wie regelmäßig mhd. *bengel*, mndl. *bengel*. Wie *Schlegel* zu *schlagen* ist dieses abgeleitet von einer Entsprechung zu ndd. *bangen* (neben ne. *to bang*, anord. *banga*) ´klopfen, schlagen`. Die Übertragung auf Menschen stellt diese (ähnlich wie bei *Flegel*) als Menschen, die mit einem groben Bengel hantieren, und deshalb als ´grob` dar. Nicht ausgeschlossen ist aber auch die Übertragung auf ´männliches Glied` und dann ´männliche Person` (wie bei *Stift* usw.). Nndl. *bengel*.

Benne *f. per. schwz.* ´Wagenkasten, Schubkarren` (< 16. Jh.). Entlehnt aus gall. *benna*, vielleicht über frz. *benne* ´zweirädriger Karren mit geflochtenem Korb`, vgl. kymr. *ben* ´Fuhrwerk`, vermutlich aus einer mit unserem *binden* vergleichbaren Grundlage (etwa als *$b^h end^h n\bar{a}$*), also ´das Geflochtene` oder ein gallisches Wort. Aus der gleichen Wortsippe entlehnt sind ae. *binn f.* ´Kasten, Korb, Krippe`, ne. *bin* ´Kasten, Tonne`, nndl. *ben* ´Korb`. Ein hierzu gehöriges *benne* ´Futterraufe` haben niederländische Siedler des 12. Jhs. aus Südbrabant in die Mark Brandenburg gebracht.

A. M. Hagen *Taal en Tongval* 21 (1969), 169–176.

benommen *Adj.(PPrät.)* (< 19. Jh.). Ursprünglich Partizip zu *benehmen* im Sinn von ´gänzlich wegnehmen` (*es benimmt mir den Atem* u.ä.); offenbar ist ein Objekt wie *die Sinne* ausgelassen.

benzen *swV. per. oobd.* ´inständig bitten, tadeln` (< 15. Jh.). Vermutlich deutsche Intensivbildung auf *-zen* zu einer Entlehnung aus it. *penare* ´Pein zufügen`.

S. *Pein*. – J. Knobloch in *FS Rosenfeld* (1989), 488; H. Beck in: *FS W. Besch* (1993), 517–522.

Benzin *n.* (< 19. Jh.). Der deutsche Chemiker Mitscherlich nennt 1833 einen von ihm durch Destillation der Benzoesäure dargestellten Kohlenwasserstoff *Benzin*, das J. vLiebig durch **Benzol** ersetzt (Endung nach *Alkohol*). Danach werden die beiden Bezeichnungen differenziert: *Benzin* steht für das als Treibstoff verwendete Kohlenwasserstoff-Gemisch, *Benzol* für den einfachen aromatischen Kohlenwasserstoff. Die ursprünglich namengebende **Benzoe-Säure** wird aus dem *Benzoe-Harz* (Harz des *Benzoe-Baumes*) gewonnen. *Benzoe* ist die latinisierte Form von span. *benjuí*, katalan. *benjuí*, frz. *benzoin*. Das Wort ist in Katalonien, wo das als Weihrauch dienende Harz aus der Levante eingeführt wurde, aus arab. *lubān ğāwī* (eigentlich

ˊjavanischer Weihrauchˋ) umgestaltet worden, indem die erste Silbe mit dem katalanischen Artikel verwechselt und deshalb weggelassen wurde. Das Harz kommt eigentlich aus Sumatra − bei der arabischen Bezeichnung scheint also eine Verwechslung vorzuliegen.

Littmann (1924), 86; Lokotsch (1975), 106; Cottez (1980), 50.

Benzol, Benzoe s. *Benzin*.

beobachten *swV.* (< 17. Jh.). Präfixableitung zu *Obacht* neben der selteneren einfachen Ableitung *obachten*. Gibt in größerem Umfang l. *observāre*, frz. *observer* wieder.

beordern *swV.* s. *Order*.

bequem *Adj.* (< 9. Jh.). Mhd. *bequæme*, ahd. *biquāmi* ˊpassend, schicklichˋ, ähnlich ae. *gecwēme* ˊannehmbar, gefälligˋ und anord. *hald-kvæmr* ˊvorteilhaft, nützlichˋ; afr. **kēme* ˊschön, hübschˋ. Dehnstufiges Adjektiv der Möglichkeit (g. **-kwǣmi-*) zu der Vorform von *bekommen* mit der alten Bedeutung ˊzuträglich sein (u.ä.)ˋ, also ˊwas zuträglich sein kannˋ (vgl. l. *conveniens*). Die naheliegende Weiterentwicklung zu dem heutigen ˊangenehm usw.ˋ ist jung. Abstraktum: **Bequemlichkeit**; Verb: **bequemen** (refl.).

Nndl. *bekwaam*. S. *kommen*. − J. Weisweiler *IF* 53 (1935), 55; N. R. Århammar *Philologia Frisica 1988*, 111−113; Heidermanns (1993), 350 und 353 f.

berappen *swV. stil.* ˊbezahlenˋ (< 19. Jh.). Das Wort ist aus der Studentensprache in die Hochsprache gelangt; dorthin kam es offenbar aus schwäbischen Krämersprachen, also Ausprägungen des Rotwelschen. Die weitere Herkunft ist unklar: Sowohl gegen die Ableitung von der Scheidemünze *Rappen* wie auch gegen Anknüpfungen an das Jiddische und Hebräische können starke Bedenken geltend gemacht werden. Nach Wolf aus *berabbeln*, dieses aus *berebbeln*, *beribbeln* zu *Rebbes* ˊZins, Gewinn, Ertragˋ. Nach Buttenwieser aus hebr. *jᵉrappē* ˊ(Heilung) bezahlenˋ umgeformt (vgl. *Exod.* 21,19).

M. Buttenwieser *ZD* 36 (1922), 181−183; S. A. Birnbaum *ZDPh* 74 (1955), 249; Wolf (1985), 264; Röhrich 1 (1991), 172.

Berberitze *f. per. fach.* ˊBerberis vulgarisˋ (< 19. Jh.). Entlehnt aus ml. *berberis m./f.* (auch *barberis m./f.*) aus arab. *ambarbāris* unbekannter Herkunft. Einheimische Namen für den Strauch und die Beere sind mhd. *sūrach m.* u.ä. (nach dem sauren Geschmack der Blätter und der Beeren; -*ach* ist ein Kollektivsuffix bei Pflanzennamen), nndl. *zuurbes m.* (ˊSauerbeereˋ, auch **Sauerdorn** − die Blätter und Zweige tragen Dornen).

Marzell 1 (1943), 568−579; Latham *Journal of Semitic Studies* 17 (1972), 62 f.; *LM* 1 (1980), 1931.

Bereich *m.* (< 18. Jh.). Rückgebildet aus mhd. *bereichen*, mndl. *bereiken* ˊreichen bis, sich erstrek-

ken ˋ (s. *reichen*). Das Wort übernimmt die allgemeine Bedeutung des älteren *Reich* und schränkt dieses ein auf ˊHerrschaftsbereichˋ. Die Auseinandersetzung zwischen den beiden Wörtern führt zu Vermischungen im Genus und in der Aussprache (in Mundarten, die mhd. *ei* und *ī* noch unterscheiden).

P. vPolenz *ZDPh* 76 (1957), 80−94; W. Griepentrog *HS* 104 (1991), 128⁴².

bereit *Adj.* (< 12. Jh.). Mhd. *bereit(e)*, mndd. *berēde*, *bereide*, mndl. *bereet*, *bereiden*. S. *bereiten*. − Zur Bedeutung des adverbiellen **bereits** vgl. ne. *already* zu *ready*. Abstraktum: **Bereitschaft**; Kompositum: **bereitwillig**.

bereiten *swV.* (< 12. Jh.). Mhd. *bereiten*, mndd. *berēden*, *bereiden*, mndl. *bereden*, *bereiden*. Diese Wortfamilie ist wegen der ungünstigen Beleglage und der Vermischung lautgleicher und -ähnlicher Wurzeln nicht mehr genau abzugrenzen. Vorauszusetzen ist ein Verb mit der Bedeutung ˊordnen (u. a.)ˋ g. **raid-eja-*, häufig auch mit *ga-* präfigiert, in gt. *(ga)raidjan* ˊanordnenˋ, anord. *greiða*, ae. *(ge)rādan*, mndl. *(ge)reiden*, *(ge)re(e)den*, mhd. *(ge)reiten*. Daneben stehen die Adjektive gt. *garaiþs (garaids)* ˊangeordnetˋ, anord. *greiðr* ˊbei der Hand, geradewegs (usw.)ˋ, anord. *reiðr* ˊbereitˋ, ae. *(ge)rāde* ˊbereit (usw.)ˋ, afr. *rēd(e)* ˊfertigˋ, mndl. *(ge)re(e)de*, *(ge)reide*, mhd. *(ge)reit(e)*. Wohl erst unter dem Einfluß dieser Adjektive tritt bei den Verben auch die Bedeutung ˊbereit machen, zubereitenˋ auf. Im Althochdeutschen ist nur *ebanreiti* ˊin derselben Lage befindlichˋ neben Formen mit *ant-* (*antreitī* ˊOrdnung, Reihe u. a.ˋ) bezeugt; später werden im kontinentalgermanischen Bereich vor allem Präfigierungen mit *be-* üblich, zu denen die heutigen Formen gehören. Außergermanisch ist am nächsten vergleichbar lett. *rist* ˊordnenˋ, lett. *riedu* ˊich ordneˋ mit lett. *raids* ˊfertig, bereitˋ, lit. *raidùs* ˊbereit, schnellˋ, air. *réid* ˊeben, leicht, bereitˋ, kymr. *rhwydd* ˊleicht, schnell, freiˋ. Zugrunde liegt offenbar eine Erweiterung (ig.) **(a)reidʰ-* zu der Wurzel **arə-* ˊfügenˋ, die unter *Arm* aufgeführt wird. Eventuell kann auch gr. *arithmós* ˊZahl, Zählungˋ näher angeschlossen werden.

Nndl. *bereid*, *bereiden*, ne. *ready*, nschw. *greja* ˊerledigenˋ, nisl. *reiðubúinn*. S. *Reede*, *ruhmredig*. − Lloyd/Springer 1 (1988), 283−285; Heidermanns (1993), 433 f.

Berg *m.* (< 9. Jh.). Mhd. *berc*, ahd. *berg*, as. *berg* aus g. **berga-* m. ˊBergˋ, auch in anord. *bjarg n.*, *berg n.* ˊFelsen, Felswandˋ, ae. *beorg*, afr. *berch*, *birg* und gt. in der Weiterbildung *baírgahei* ˊGebirgeˋ; dieses aus ig. **bʰergʰ-* ˊHöheˋ (vermutlich ein ablautendes Wurzelnomen), auch in avest. **barəzah- n.* ˊHöhe, Bergˋ, arm. *(erkn-a-) berj* ˊhimmelhochˋ, akslav. *brěgŭ* ˊUfer, Abhangˋ (in anderen slavischen Sprachen auch ˊHügelˋ), mir. *bri(g)* ˊHügel, Bergˋ (schwundstufig). Der Wurzelauslaut des altkirchenslavischen und des avestischen Wortes stimmen dabei nicht zusammen. Wegen der besonderen Bedeutung des altkirchenslavischen Wortes ist wohl keine Entlehnung (etwa aus dem Germanischen) anzunehmen, sondern das auch sonst zu beobachtende Verhalten des Slavischen wie eine Kentum-Sprache. Mit Hochstufe wie im Germanischen, aber in der Bedeutung weiter abliegend, ist kymr. *bera* ˈHaufen (von Stroh, Heu o. dgl.)ˈ. Diese Substantive gehören zu einem Verb mit der Bedeutung ˈsich erheben, wachsenˈ in heth. *parkija-* ˈsich erheben, hoch werdenˈ, toch. AB *pärk-* ˈaufgehenˈ, avest. *barəzaiia-* ˈaufwachsen lassenˈ (Kausativ). Daneben Adjektive in der Bedeutung ˈhochˈ in heth. *parku-*, avest. *barəz-*, arm. *barjr* und in der Partizipialbildung *(*bʰr̥ǵʰont-)* ai. *br̥hánt-*, der im Westen Namen entsprechen: in germanischer Lautform die *Burgunden*, zusammen mit *Bornholm* (anord. *Burgundarhólmr*), in keltischer Lautform der Stammesname *Brigantes*, der Stadtname *Bregenz* und der Frauenname *Brigitte* (ˈdie Erhabeneˈ). Adjektiv: *bergig*.

Nndl. *berg*, ne. *barrow*, nschw. *berg*, nisl. *bjarg n.*, *berg n.* S. *Burg*, *Gebirge*. − J. Schatz in: *FS F. Kluge* (Tübingen 1926), 122−131; *LM* 1 (1980), 1943−1945; Lloyd/Springer 1 (1988), 553 f.; Röhrich 1 (1991), 173−175. Als Lehnwort erklärt von: Güntert (1932), 30 f.

Berg- in **Bergbau** in **Bergwerk** n., **Bergmann** m. usw. (< 14. Jh.). Diese Bezeichnungen beruhen darauf, daß der bei uns älteste Untertagebau in Stollen betrieben wurde, die man in die Berghänge hineingrub. Die Bezeichnungen wurden beibehalten, als der Untertagebau auch auf das Flachland ausgedehnt wurde.

RGA 2 (1976), 245−267; *LM* 1 (1980), 1946−1952.

Bergamotte f. per. fach. (eine Birnenart) (< 18. Jh.). Entlehnt aus frz. *bergamote*; dieses aus it. *bergamotta*. Das italienische Wort ist in Anlehnung an den Ortsnamen *Bergamo* umgebildet aus türk. *beg armudu* ˈHerrenbirneˈ, zu türk. *beg*, heute *bey* (Adelstitel).

Brunt (1983), 154.

bergen st V. (< 8. Jh.). Mhd. *bergen*, ahd. *bergan*, *(gi-)bergan*, as. *gibergan* aus g. **berg-a- st V.* ˈbergenˈ, auch in gt. *bairgan*, anord. *biarga*, ae. *beorgan*, nwfr. *bergje*. Aus einer sonst nur im Baltoslavischen bezeugten Verbalwurzel (ig.) **bʰergʰ-* ˈbewahrenˈ, auch in lit. (reg.) *birginti* ˈsparenˈ und akslav. *nebrěšti* ˈaußer Acht lassen, mißachtenˈ, russ. *beréč* ˈhüten, bewahren, schonen, sparenˈ. Weitere Anknüpfungsmöglichkeiten sind unsicher; auch der Bedeutungszusammenhang innerhalb der Sippe (vgl. *borgen*) ist nicht ausreichend geklärt. Präfigierung: *verbergen*.

Nndl. *bergen*, nschw. *bärga*, nisl. *bjarga*. S. *Bürge*, *Herberge* − in der Sekundärmotivation wird auch ein Zusammenhang mit *Burg* hergestellt. − Seebold (1970), 106 f.; *RGA* 2 (1976), 277−284; Lloyd/Springer 1 (1988), 554−556.

Bergfried m. per. fach. ˈfester Turmˈ (< 12. Jh.). Mhd. *ber(c)vrit*, *bervride* mit der älteren Bedeutung ˈhölzernes Turmgerüst, das an die Mauern einer belagerten Stadt geschoben wirdˈ. Ähnliche Ausdrücke mit ähnlichen Bedeutungen in anderen mittelalterlichen Sprachen (etwa ml. *berfredum n.*, *belfredus*, *berfredus* usw. afrz. *berfroi*). Das Wort ist also durch Sekundärmotivation an *Berg* und *Friede* (oder *einfrieden*) angeschlossen worden, seine Herkunft ist unklar. Lautlich anklingend und etymologisch klar wäre das von Götze angeführte mgr. **pýrgos phorētós* ˈTragturm von Elefantenˈ (zu gr. *phérein* ˈtragenˈ), das aber nicht belegt zu sein scheint. (Bezeugt ist gr. *pýrgos* in der Bedeutung ˈTragturm, Belagerungsturmˈ).

Ne. *belfry*. Zur Sippe von gr. *phérein* ˈtragenˈ s. *Metapher*. − A. Götze *BGDSL* 59 (1935), 316 f.; Lloyd/Springer 1 (1988), 556−558; *LM* 1 (1990), 1840 (*Belfried*).

Beriberi f. per. fach. (Vitamin-Mangelkrankheit, die die Europäer im 16. Jh. auf Ceylon kennenlernten). Singhal. *beri* bedeutet ˈSchwächeˈ, die Verdoppelung verstärkt den Inhalt (also ˈgroße Schwächeˈ).

Littmann (1924), 125 f.

berichten sw V. (< 11. Jh.). Mhd. *berihten*, bedeutet zunächst ˈrichtig machenˈ (dafür heute *berichtigen*), dann allgemein ˈin Ordnung bringenˈ. In übertragener Bedeutung wird es im Sinn von ˈbelehrenˈ verwendet: *jemanden über eine Sache berichten* (vgl. *unterrichten*). Später abgeschwächt zu ˈmitteilen, wiedergebenˈ. Rückbildung: *Bericht*. Nndl. *berichten*. S. *richten* und *recht*.

Berline f. arch. ˈvoll durchgefederter Reisewagenˈ (< 17. Jh.). Angeblich von einem Baumeister des Kurfürsten von Brandenburg hergestellt; der Wagentyp scheint aber zuerst in Frankreich hergestellt worden zu sein. Danach in Anlehnung an den Stadtnamen frz. *berline* und danach d. *Berline*. Später ersetzt durch den *Landauer* (s.d.).

DF 1 (1913), 83; Brunt (1983), 154; G. J. Kugler in *Achse, Rad und Wagen* (1986) 236−250.

Berliner[1] m. arch. ˈFelleisen der Handwerksburschenˈ (< 19. Jh.). Aus dem Rotwelschen. Vielleicht handelt es sich um eine Umdeutung von l. *pellīnus Adj.* ˈaus Fellˈ (zu l. *pellis f.* ˈFellˈ). Im Kontrast dazu werden dann gebildet: *Charlottenburger* ˈUmhängetascheˈ und *Potsdamer* ˈkleines Reisebündelˈ nach Stadtteilen von Berlin.

Wolf (1985), 50.

Berliner[2] m. ˈSchmalzgebäckˈ (< 19. Jh.). Gekürzt aus *Berliner Pfannkuchen (Krapfen, Ballen)*.

Berlocke f., **Brelocke** f. arch. (meist Pl.) ˈUhrenanhängselˈ (< 18. Jh.). Entlehnt aus frz. *breloque*, zu dem *berloque* eine seltenere regionale Nebenform ist, ˈzierliche Kleinigkeit, Schmuckˈ, unklarer Herkunft.

DF 1 (1913), 83; *DEO* (1982), 100, 153.

Bernhardiner *m. erw. fach.* (Hunderasse, Lawinenhund) (< 19. Jh.). Nach dem Hospiz St. *Bernhard* in der Schweiz, in dem diese Hunde seit dem 17. Jh. als Lawinenhunde ausgebildet wurden.

Bernstein *m.* (< *13. Jh., Standard < 18. Jh.). Übernommen aus mndd. *bern(e)stein, barnstēn* ʿbrennbarer Steinʾ zu *bernen* ʿbrennenʾ (aus *brennen* durch Umsprung des *r* entstanden); die echt hochdeutsche Form **Brennstein** ist vereinzelt bezeugt. Das entsprechende anord. Wort *brennisteinn* bedeutet ʿSchwefelʾ. Zu der teilweise konkurrierenden und im Hochdeutschen älteren Bezeichnung *Agstein* (*Augstein, Agetstein* u. a.), die auf l. *achātēs* zurückgeht und eigentlich ʿAchat, Gewichtstein, Magnetsteinʾ bedeutet, siehe Meineke. Bernstein ist als fossiles Harz brennbar und unterscheidet sich damit von anderen Steinen.
Vgl. zur Sache: *Glas, Magnet* und *elektrisch.* − *RGA* 2 (1976), 288−298; Lüschen (1979), 185 f.; *LM* 1 (1980), 2008−2012; Meineke (1984), 24−26, 67−74; G. Mazzuoli Porru *AION-G* 28/29 (1985/86), 421−470 (zu *Ambra*).

Berserker *m. per. exot.* (< 18. Jh.). Entlehnt aus anord. *berserkr*, Bezeichnung eines Kriegers, der in Ekstase mit übermenschlicher Kraft kämpft und nach Volksmeinung unverwundbar ist. Das Wort gehört zu anord. *serkr* ʿGewand, Waffenrock, Tierfellʾ, das Vorderglied ist weniger klar; aber da *berserkr* in der nordischen Überlieferung mit *ulfheðinn* ʿWolfswamsʾ (als Bezeichnung solcher Krieger) in Kontrast gesetzt wird, dürfte das Vorderglied das Wort für ʿBärʾ sein (obwohl dies im Altnordischen *bjǫrn* lautet). Anders Kuhn und McCone, die das Vorderglied zu *berr* ʿnacktʾ (s. *bar*) stellen und ʿmit bloßem Hemd bekleidetʾ ansetzen (oder ʿdessen Hemd Nacktheit istʾ = ʿnacktʾ?).
E. Noreen *ANF* 48 (1932), 242−254; K. vSee *ZDW* 17 (1961), 129−135; H. Kuhn *FS* 2 (1968), 218−227; *RGA* 2 (1976), 298−304; *LM* 1 (1980), 2019−2020; K. R. McCone in: Meid (1987), 106.

bersten *st V.* (< 9. Jh.). Mhd. *bresten*, ahd. *brestan*, as. *brestan* aus g. **brest-a- st V.* ʿberstenʾ, auch in anord. *bresta*, ae. *berstan*, afr. *bersta*; höchstwahrscheinlich eine *st*-Weiterbildung zu g. **brek-a-* ʿbrechenʾ oder eine unabhängige Bildung aus der gleichen Wurzel. Die Varianten *berst-* und *brest-* wechseln einander im Laufe der Geschichte ab; die heutige Form ist durch den Gebrauch Luthers fest geworden. Die andere Variante hat sich in **Gebresten** ʿMängel, Krankheitʾ (süddeutsch) gehalten.
Nndl. *barsten*, ne. *burst*, nschw. *brista*, nisl. *bresta*. S. *prasseln.* − Seebold (1970), 139.

Bertram *m. per. fach.* ʿAnacyclus pyrethrumʾ (eine Heilpflanze), mit der aus den Mittelmeerländern stammenden Abart *Deutscher Bertram* (< 11. Jh.). Mhd. *ber(h)tram*, ahd. *berhtram* ist entlehnt aus dem Griechischen und umgeformt. Die in der Heilkunde verwendeten Wurzeln der Pflanze

schmecken brennend, daher der Name gr. *pýrethron* n. (zu gr. *pȳr* n. ʿFeuerʾ), übersetzt in nndl. *vuurwortel* ʿFeuerwurzelʾ. Bei der Übernahme wird das Wort an den Personennamen *Berhtram, Bertram* lautlich angeglichen.
S. *Pyromane.* − Marzell 1 (1943), 251 f.; *LM* 1 (1980), 2039; Lloyd/Springer 1 (1988), 559 f.

berüchtigt *Adj. (P Prät.)* (< 16. Jh.). Ursprünglich Partizip zu dem heute untergegangenen **berüchtigen** ʿins Gerede bringenʾ, erweitert aus älterem **berüchten**, das aus mndd. *beruchten, berochten* entlehnt wurde (bzw. gebildet aus mndd. *rüchtig* ʿruchbarʾ). Es bedeutet ursprünglich ʿdas Gerüft/Geschrei (erstes Stadium der Anklage) über jmd. erhebenʾ und zeigt mit *-cht-* aus *-ft-* (zu *rufen*) niederdeutsche/niederländische Lautform. Zur gleichen Sippe gehören *anrüchig, Gerücht* und *ruchbar*.

berücken *sw V. stil.* ʿden Kopf verdrehenʾ (< 16. Jh.). Aus der Sprache des Fisch- und Vogelfangs: ʿruckartig ein Netz über das zu fangende Tier werfenʾ, damit ʿüberlisten, hereinlegenʾ; dann übertragen gebraucht, vor allem für Liebesbetörungen.

Beruf *m.* (< 17. Jh.). Ableitung von **berufen** im geistlichen Sinn (ʿBerufungʾ): Gott läßt seinen Ruf an die Menschen ergehen. So wird *Beruf* verwendet wie das ntl.-gr. *klẽsis* f., l. *vocātio* f. Luther gebraucht das Wort auch im weltlichen Sinn für ʿAmt, Standʾ und führt so zur heutigen Bedeutung; doch zeigt sich die besondere Herkunft noch heute an den besonderen Verwendungen des Wortes. − Auf den Gebrauch des Verbs in der Rechtssprache verweist *sich auf etwas oder jemanden berufen; jemanden berufen* bedeutet dort zunächst ʿvor Gericht ladenʾ, bei der **Berufung** lädt man sich gewissermaßen selbst vor Gericht, nach *auf* steht dabei die Berufungsinstanz (*ich berufe mich auf den Kaiser* ʿich appelliere an den Kaiserʾ). Ein dritter Gebrauch von *berufen* geht zurück auf die Vorstellung, daß Geister durch die Nennung ihres Namens herbeigerufen werden; im weiteren Sinn, daß die Nennung eines Unglücks usw. dieses herbeiruft. Hierher gehört der Gebrauch von **unberufen** zur Abwendung dieser Möglichkeit. Adjektiv: **beruflich**.
S. *rufen.* − K. Holl *SPAW* 1924, XXIX-LVII; *HWPh* 1 (1970), 833−835; *Grundbegriffe* 1 (1972), 490−507; Röhrich 1 (1991), 177.

Beryll *m. per. fach.* (Halbedelstein) (< 12. Jh.). Mhd. *berille, barille* ist entlehnt aus l. *bēryllus* (und afrz. *beril*); dieses aus gr. *bḗryllos*, und dieses wiederum aus prākrit *verulia-* (pāli *veḷuriya-*, sanskritiert *váiḍūrya-*), das wohl auf den dravidischen Ortsnamen *Vēḷur* zurückgeht. Die weitere Entwicklung s. unter **Brille**.
A. Master *BSOAS* 11 (1943−46), 304−307; M. Leumann *Glotta* 32 (1953), 215[6]; Lüschen (1979), 186.

Beryllium *n. per. fach.* (ein Leichtmetall) (< 19. Jh.). Der französische Chemiker Vauquelin isolierte 1798 aus dem Beryllmineral eine Erde, die die Herausgeber der *Annales de chimie* **glucine, Glycinium** nannten (zu gr. *glykýs* ´süß`), da sie süß schmeckte; die deutschen Chemiker nannten sie dagegen **Beryllerde**. Der deutsche Chemiker Wöhler versuchte 1828, das zugrundeliegende Metall zu isolieren. Er nannte es *Beryllium*, sonst wurde es auch **Glycium** oder **Glycinum** genannt. [Herangezogen wurde die Magisterarbeit von M. Mathes].

beschaffen *Adj.(PPrät.)* (< 15. Jh.). Zu einem heute nicht mehr üblichen mhd. *beschaffen stV.* ´(er-)schaffen` (vgl. ahd. *biscaffōn swV.* ´gestalten, bilden`). Das Partizip ist mit der Bedeutung ´geartet` übriggeblieben; hierzu seit dem 17. Jh. *Beschaffenheit* ´Art, Zusammensetzung`.

beschäftigen *swV.* (< 17. Jh.). Präfix-Ableitung zu mhd. *scheftig, scheftec* ´tätig` (zu *schaffen* ´arbeiten`). Die *t*-Ableitung auch in *Geschäft*.

beschälen *swV. per. fach.* ´(ein Tier) decken` (< 16. Jh.). Zu mhd. *schel(e)*, ahd. *scelo* ´Zuchthengst`, also ´mit dem Zuchthengst belegen`. Nomen agentis: *Beschäler*. S. *Schälhengst*.

beschatten *swV.* (< 20. Jh.). In der übertragenen Bedeutung ´jmd. heimlich bewachen`, also ´wie ein Schatten folgen`, seit den zwanziger Jahren dieses Jahrhunderts bezeugt.

bescheiden *stV. obs.* (< 12. Jh.). Mhd. *bescheiden stV.* hat zwei Bedeutungen: 1) ´jmd. etwas zuweisen, bestimmen` (vgl. etwa *entscheiden*); hierzu noch Wendungen wie *mir ist bescheiden*. 2) ´jmd. über etwas belehren` (vgl. etwa *mitteilen*), heute noch in kanzleisprachlichen Wendungen wie *jemanden abschlägig bescheiden*. Hierzu **Bescheid** m. und das reflexive *sich bescheiden*, ursprünglich ´sich belehren lassen, zur Einsicht kommen`, dann ´sich begnügen`. Zu dieser Bedeutung gehört das Partizip *bescheiden* (mit älterer Ablautform). Es steht mit der Ableitung **Bescheidenheit** unter dem Bedeutungseinfluß von l. *discrētio*, frz. *discrétion*. S. *scheiden*. – K. Berg in: *Würzburger Prosastudien I* (München 1968), 16–80; *HWPh* 1 (1970), 837 f.; Röhrich 1 (1991), 177.

bescheißen *stV. vulg.* (< *11. Jh., Bedeutung < 14. Jh.). Mhd. *beschīzen*, ahd. *biskīzan* ´verkoten, besudeln` sind Präfigierungen zu *scheißen*. Der Übergang der Bedeutung zu ´betrügen` ist wohl zu erklären über das Partizip *beschissen* in der Bedeutung ´unangenehm, unerträglich`, dann das Verb im Sinne von ´jemanden in eine unangenehme Lage bringen`. Hierzu schon spmhd. *Beschiß* m. Röhrich 3 (1992), 1313.

bescheren *swV.* ´zu Weihnachten schenken` (< 17. Jh.). Aus mhd. *beschern* mit allgemeinerer Bedeutung ´zuteilen, zumessen` (von Gott und Schicksal). Die besondere Bedeutung des heutigen Wortes erklärt sich aus der Auffassung, daß die Weihnachtsgeschenke Gaben des Christkinds seien. Das mittelhochdeutsche Wort ist eine Präfixbildung zu wg. **skar-ija-´* ´(zu-)teilen` in ae. *scirian*, ahd. *scerian, scerren* zu wg. *\*skarō f.* ´Teil` in ae. *scearu*, afr. *skere*. S. *scheren*[1]. L. Haessler: *OHG. Biteilen and Biskerien* (Diss. Chicago. Philadelphia 1935); Röhrich 1 (1991), 177 f.

bescheuert *Adj.(PPrät.) stil.* ´nicht recht bei Verstand`, von Sachen ´unerfreulich` (< 20. Jh.). Vermutlich von *scheuern* im Sinn von ´prügeln` ausgegangen (vgl. *bekloppt* u.ä.).

beschickern *swV. per. grupp.* ´sich betrinken`, meist im Partizip *beschickert* ´betrunken, angetrunken` (< 19. Jh.). Aus dem Rotwelschen zu *schicker*.

Beschlag m. (< 15. Jh.). In der eigentlichen Bedeutung ist *Beschlag* ein Metallstück, das zum Schutz oder zur Verzierung auf Holz u.ä. befestigt wird – zu mhd. *beslahen*, ahd. *bislahan* ´durch Schlagen mit etwas versehen, überziehen`. Hierzu auch *ein Pferd beschlagen*, und da ein gut beschlagenes Pferd ein gut vorbereitetes Pferd ist, bekommt das Partizip *beschlagen* die Bedeutung ´bewandert, gut vorbereitet` (evtl. auch aus *ein Faß beschlagen* ´mit Reifen versehen`). Dann bedeutet das Verb mit einer nicht völlig klaren Bedeutungsentwicklung (vermutlich im Sinn von ´die Hand auf etwas legen`) ´hemmen, hindern` (*einen Wagen beschlagen*) und dann weiter ´etwas konfiszieren, einziehen`; hierzu **Beschlag**, *in Beschlag nehmen*, **Beschlagnahme** usw. Röhrich 1 (1991), 178.

beschließen *stV.* (< 9. Jh.). Mhd. *besliezen*, ahd. *bisliozan*. Die Ausgangsbedeutung ´abschließen` ist heute veraltet (noch in **Beschließerin** *obs.*). Aus ihr entwickelt sich schon mittelhochdeutsch die Bedeutung ´beenden` und ´zum Schluß kommen, entscheiden`. Abstraktum: **Beschluß**.

beschränkt *Adj.(PPrät.)* (< *9. Jh., Bedeutung < 18. Jh.). Mhd. *beschrenken*, ahd. *biskrenken* erscheinen zunächst in der eigentlichen Bedeutung ´mit Schranken umgeben, durch Schranken zurückhalten`, dann übertragen als ´einengen, in Grenzen halten, (sich) begnügen` (s. *Schranke* und *schränken*). Hierzu das Partizip **beschränkt** ´engstirnig`.

beschummeln *swV. stil.* ´betrügen` (< 18. Jh.). Wird als jüdisches Wort bezeichnet, es läßt sich aber im Westjiddischen nicht nachweisen. Herkunft umstritten. Die älteste Bedeutung von *schummeln* ist vielleicht ´handeln`. H. P. Althaus *ZM* 30 (1963/64), 66–69; W. Foerste *NW* 4 (1964), 79: zu ndd. *schummeln* ´scheuern, schrubben` aus ´sich schnell hin- und herbewegen`, das andererseits zu ´betrügen` wird.

beschuppen *swV. per. grupp.* ´betrügen` (< 18. Jh.). Entlehnt aus dem Rotwelschen. Wahrschein-

lich handelt es sich ursprünglich um ein Wort für ´heftig stoßen´ (vgl. **Schubs** ´Stoß´ zu *schieben*), das zu ´übertölpeln, betrügen´ weiterentwickelt wurde.
Wolf (1985), 302.

beschweren *swV.* (< *10. Jh., Bedeutung < 14. Jh.). Das Wort ist in der ursprünglichen Bedeutung ´belasten´ noch heute gebräuchlich. Daneben reflexives *sich beschweren* seit dem 14. Jh. mit der Bedeutung ´sich als beschwert, bedrückt darstellen, sich beklagen´. Entsprechend wandelt **Beschwerde** seine Bedeutung von ´Bedrückung´ zu ´Klage´. Adjektiv: **beschwerlich**.

beschwichtigen *swV.* (< 17. Jh.). Übernommen aus ndd. *beswichtigen*, erweitert aus *beswichten* ´zum Schweigen bringen´. Es entspricht mit niederdeutsch/niederländischem Übergang von *-ft-* zu *-ht-* dem mhd. *(be-)swiften*, ahd. *giswiftēn*, einer morphologisch unklaren Bildung zu gt. *sweiban* ´ablassen, aufhören´. Auffällig ähnlich ist messap. *sípta* ´das Schweigen´ (aus *sw-).
Vgl. *schweigen*. H. Krahe *IF* 47 (1929), 327; Heidermanns (1993), 581.

besebeln *swV. per. grupp.* ´betrügen´ (< *16. Jh., Bedeutung < 19. Jh.). Verwendet als Entsprechung zu nhd. *bescheißen* aus rotw. *sefeln* ´scheißen´ zu rotw. *Sefel* ´Kot, Mist´ und damit ein vulgäres Wort.
Wolf (1985), 307.

beseitigen *swV.* (< 19. Jh.). Aus dem Oberdeutschen in die Hochsprache übernommen. Das Wort geht zurück auf das mhd. Adverb *besîte* ´beiseite, auf der Seite´ und bedeutet damit zunächst ´auf die Seite stellen´.

Besemer *m.*, auch **Desem(er)** *m. u.ä. per. fach.* ´Handschnellwaage mit nur einer Schale und verschiebbarem Gewicht´ (< *13. Jh., Standard < 18. Jh.). Ursprünglich niederdeutsches Wort, das im 13. Jh. (wie anord. *bismari* gleicher Bedeutung) aus russ. *bezmén* entlehnt wurde. Das russische Wort geht vermutlich auf türk. *batman* zurück, das ein Gewichts- und Hohlmaß von etwa 10 kg bezeichnet.
Wick (1939), 19; Bielfeldt (1965), 11.

Besen *m.* (< 8. Jh.). Mhd. *bes(e)m(e)*, ahd. *bes(a)mo*, as. *besmo* aus wg. *besmōn-* *m.* ´Besen´, auch in ae. afr. *besma*. Instrumentalbildung ´Feger, Kehrer´ zu einer Wurzel (ig.) *bʰes-* ´fegen, reinigen´, die in dieser Form nicht faßbar ist. Vergleichbar ist vor allem die Erweiterung *psē (aus **bʰsē-) in gr. *psáō* ´ich reibe, wische´, gr. *perípsēma* n. ´Kehricht´ u. a. (vgl. auch die unter *bar* behandelten Wörter).
Nndl. *bezem*, ne. *besom*. S. *bar*, *Bast*. − J. Koivulehto in: *FS Schmitt* (1988), 246−252; Lloyd/Springer 1 (1988), 567 f.; Röhrich 1 (1991), 179−181.

Besing *m.* s. **Beere**.

besessen *Adj.(PPrät.)* ´fanatisch´ (< *9. Jh., Bedeutung < 14. Jh.). In der lexikalisierten Bedeutung von *besessen* ist das Partizip von *besitzen* gekürzt aus *vom Teufel besessen*, d. h. ursprünglich ´vom Teufel bewohnt, vom Teufel in Beschlag genommen´ (oder von unreinen Geistern). Später verallgemeinert.
Röhrich 1 (1991), 182.

besitzen *stV.* (< 9. Jh.). Mhd. *besitzen*, ahd. *bisizzen*, zunächst ´in Besitz nehmen´. Gemeint ist dabei Grund und Boden, auf dem man tatsächlich sitzt (oder sich setzt). Danach Verallgemeinerung zum heutigen Sinn, erst seit dem 16. Jh. häufiger. Konkreta: **Besitz, Besitzung, Besitztum**.
S. *sitzen* und *besessen*. − *HWPh* 1 (1970), 846−848; zu *Besitz* s. *LM* 1 (1980), 2064−2069; Röhrich 1 (1991), 182 f.

besonders *Adv.* (< 15. Jh.). Mhd. *besunder* ist eine Zusammenrückung aus unbetontem mhd. *bī* und mhd. *sunder* (s. *sondern*[1]), also ´abgesondert, vorzüglich´; seit frühneuhochdeutscher Zeit mit adverbialem *-s* (wie bei Adverbien, die aus Genetivformen stammen). Gleichzeitig kann die Zusammenrückung auch als Adjektiv **besonder** gebraucht werden.

besorgen *swV.* ´Sorge tragen für etwas´, ´etwas beschaffen´, umgangssprachlich auch ´stehlen´ (< 9. Jh.). Mhd. *besorgen*, ahd. *bisorgēn*, zunächst in allgemeiner Bedeutung, dann meist eingeengt. Die Ausgangsbedeutung noch am deutlichsten im Partizip **besorgt** ´mit Sorge erfüllt´ erhalten.

besser *Adj. (Komparativ)* (< 9. Jh.). Das zugehörige Adverb **baß** ist veraltet; Superlativ **best**; mhd. *bezzer, best/bezzist, baz*; ahd. *bezziro, bezzisto, baz*; as. *betara, betst/best/bezt, bat/bet* aus g. *batiz-ōn, *batist-a-, *batiz*, auch in gt. *batiza, batista*, anord. *betri; beztr/baztr, betr*; ae. *bet(e)ra, bet(e)st, bet*; afr. *beter/betr, best, bet*. Der Suppletivismus ist bei den Adjektiven für ´gut´ weit verbreitet; weniger klar sind die Verknüpfungsmöglichkeiten. Unter dem Ansatz einer Wurzel ig. *bʰad- oder *bʰod- läßt sich die *ro*-Bildung ai. *bhadrá-* ´glücklich, erfreulich´ heranziehen (die aber lautlich mehrdeutig ist); vielleicht auch (bei Annahme eines Konsonantenumsprungs) akslav. *dobrŭ* ´gut´. Im Germanischen ist die Wortsippe mit mehreren Bildungen vertreten, von denen sich nur *Buße* bis heute gehalten hat. Verben: **(ver)bessern**; Abstraktum: **(Ver)-besserung**.
Nndl. *beter, best*, ne. *better, best*, nschw. *bättre, bäst*, nisl. *betri, beztur, betur*. S. *baß*, *Bestseller*, *Buße*. − E. P. Hamp *IIJ* 30 (1987), 175; Röhrich 1 (1991), 183−185; Heidermanns (1993), 118 f.

Bestallung *f. erw. fach.* ´Einsetzung in ein Amt´ (< 15. Jh.). Mhd. *bestallt* ist die alte Partizipialform von *bestellen*, die sich in der Bedeutung ´in ein Amt eingesetzt, für ein Amt bestellt´ in der Hochsprache hält. In Anlehnung an dieses Partizip wird auch das Abstraktum zu *Bestallung* und das Verb zu **bestallen** umgebildet (bleibt aber außerhalb des Partizips selten). Die Ablösung vom Normalparadigma kann ungefähr für das 15. Jh. angesetzt werden.

bestätigen *sw V.* (< 13. Jh.). Mhd. *bestætigen* ist eine Präfix-Ableitung zu mhd. *stætec* ´fest, beständig´ (also ´fest machen´) – gegebenenfalls eine Ableitung von *bestætec*. Das Adjektiv wird heute *stetig* geschrieben (s. *stet*), es gehört letztlich zu *stehen*. Abstraktum: **Bestätigung**.
Heidermanns (1993), 548 f.

bestatten *sw V.* (< *11. Jh., Bedeutung < 12. Jh.). Mhd. *bestaten*, ahd. *bistaten* ist eine Verstärkung des einfachen *staten* ´an einen Ort bringen, festlegen´ (zu *Statt*). Das Wort wird dann verhüllend für ´ins Grab legen´ gebraucht. Abstraktum: **Bestattung**.

bestechen *sw V.* (< 15. Jh.). Fnhd. *bestechen* hat mehrere Bedeutungen, von denen eine ´prüfen´ ist (in etwas hineinstechen, um den Inhalt oder die Qualität des Inhalts zu prüfen, z. B. Entnahme von Proben aus Teerfässern). Davon hängt die Verwendung mit Akkusativ der Person ab im Sinn von ´jemandem auf den Zahn fühlen´. Danach *mit Geschenken bestechen* ´mit Geschenken ausprobieren, ob der Betreffende zu beeinflussen ist´. Dabei geht es darum, dem Betreffenden etwas zukommen zu lassen, um ihn günstig zu stimmen (nicht um einen Handel, also nicht darum, daß man ihn für eine bestimmte Gegenleistung ´kauft´). Daraus ist die heutige Bedeutung verallgemeinert. Schon von Anfang an kann auch einfaches *stechen* diese Bedeutung haben (was heute nicht mehr üblich ist). In den gleichen Zusammenhang gehört die Bedeutung ´für sich einnehmen´ (seit dem 18. Jh.) – zu vergleichen sind aber auch Wendungen wie *in die Augen stechen*. S. *stechen*. [Herangezogen wurde die Magisterarbeit von J. Stieglbauer]. Abstraktum in der Hauptbedeutung: **Bestechung**, Adjektiv: **bestechlich**, in der Nebenbedeutung **bestechend**.

Besteck *n.* (< 16. Jh.). Ursprünglich ein Futteral, in das Werkzeuge u.ä. gesteckt werden, dann der zusammengehörige Satz der Werkzeuge u.ä. selbst. Heute eingeengt auf das Tischbesteck (und auf fachsprachlichen Gebrauch).
LM 1 (1980), 2071.

bestellen *sw V.* (< 9. Jh.). Mhd. *bestellen*, ahd. *bistellen* ´besetzen, umstellen, anordnen´. Von der zuletzt genannten Bedeutung aus dann das heutige ´in Auftrag geben´, wie das unter *Bestellung* behandelte ´in ein Amt einsetzen´.

Bestie *f.* (< *12 Jh., Form < 15. Jh.). Im Mittelhochdeutschen zunächst in lateinischer Form (mhd. *bestīā*) entlehnt aus l. *bēstia* ´Tier, wildes Tier´, dann der deutschen Flexion angepaßt. Vor allem in den Ableitungen **bestialisch, Bestialität** übertragen gebraucht für ´unmenschlich´. Eine stärker assimilierte Form ist *Biest*[1].
E. Öhmann *ZDW* 18 (1962), 96–99; D. Brennecke *NSt* 5 (1976), 113–145.

bestimmen *sw V.* (< 15. Jh.). Mhd. *bestimmen* ist ursprünglich ´durch seine Stimme auswählen, festlegen´, dann allgemein ´anordnen´. In der philosophischen Fachsprache des 18. Jhs. entwickelt sich die Bedeutung ´definieren´. Abstraktum: **Bestimmung**; Adjektiv (PPrät.) **bestimmt**.
HWPh 1 (1970), 850–859; *LM* 1 (1980), 2080 f.

bestricken *sw V.* (< 13. Jh.). Mhd. *bestricken*, ahd. *bistricken* bedeutet u. a. ´mit einem Strick, mit Stricken fangen´, zunächst wohl als Ausdruck der Jägersprache. Schon mittelhochdeutsch wird es zum gängigen Ausdruck für ´durch Liebreiz für sich einnehmen´ (vgl. *berücken, umgarnen* u. a.).

Bestseller *m. erw. fach.* ´etwas, das sich sehr gut verkauft´ (< 20. Jh.). Entlehnt aus ne. *bestseller*, einem Kompositum aus e. *best* (s. *besser*), dem suppletiven Superlativ von e. *good* ´gut´, und e. *seller*, einer Ableitung von e. *sell* ´verkaufen´, das auf g. *saljan* zurückgeht. Die Ableitung in Form eines Nomen agentis hat hier eine stärker passive Bedeutung.
Rey-Debove/Gagnon (1988), 59 f.; Carstensen 1 (1993), 110–113.

bestürzen *sw V.* (< *9. Jh., Bedeutung < 13. Jh.). Mhd. *bestürzen*, ahd. *bisturzen* ist eigentlich ein verstärktes ´stürzen, umwerfen, zusammenwerfen, umdrehen´. Dann auf innere Zustände übertragen, etwa als ´jmd. verwirren, durcheinanderbringen´; zunächst auch von freudigen Anlässen gesagt, dann auf ´erschrecken´ eingeengt. Vor allem in Partizipien (**bestürzend, bestürzt**) und Ableitungen (**Bestürzung**) üblich.

besuchen *sw V.* (< *11. Jh., Bedeutung < 17. Jh.). Mhd. *besuochen*, ahd. *besuohhen* ´untersuchen, versuchen, befragen u.ä.´. Die Bedeutung, auf die der heutige Gebrauch zurückgeht, ist ´jmd. aufsuchen´ mit verschiedenen Bedeutungsspezialisierungen. In nach-mittelhochdeutscher Zeit eingeengt auf ´Verwandte oder Freunde aufsuchen´.
Röhrich (1991), 85 f.

Bete *f.*, auch **Beete** *f.*, meist *rote Bete* ´rote Rübe´ *erw. wndd.* (< 17. Jh.). Übernommen aus dem Niederdeutschen. Das Wort ist eine alte Entlehnung aus l. *bēta* ´Bete, Mangold´. Die ebenfalls frühen hochdeutschen Entlehnungen haben sich nur regional (als **Beißkohl, Bießkohl** für ´Mangold´ u.ä.) gehalten.
Nndl. *biet*, ne. *beet*, nschw. *beta*. – E. Karg-Gasterstädt *BGDSL* 62 (1938), 159 f.; *RGA* 2 (1976), 314–316; Cottez (1980), 51. Zu den Lautformen: Th. Baader *BGDSL* 62 (1938), 159 f.; 63 (1939), 117–119.

beten *swV.* (< 8. Jh.). Mhd. *beten*, ahd. *betōn*, as. *bedon.* Der christliche Begriff des Betens wurde von den Germanen bei der Übernahme des Christentums meist in einer Art Lehnbedeutung aus l. *ōrāre* ´bitten, beten´ durch Wörter für ´bitten´ wiedergeben. Zu diesen gehört auch *beten,* das von g. **bed-ō f.* ´Bitte´, dann auch ´Gebet´ abgeleitet ist (dieses in gt. *bida,* ae. *bedu,* afr. *bede,* as. *beda,* ahd. *beta*). Nomen agentis: *Beter,* Partikelverb: *anbeten,* dazu das Abstraktum *Anbetung.*
Wißmann (1932), 92−102; Röhrich 1 (1991), 186.

beteuern *swV.* (< *15. Jh., Form < 17. Jh.). Für ´eidlich einschätzen, festsetzen´, zunächst den Wert einer Sache (deshalb zu *teuer*), dann die Wahrheit einer Aussage betreffend. Das Substantiv *Beteuerung* ist wesentlich früher bezeugt als das Verb; vielleicht ist es die ältere Bildung.

Beton *m.* (< 19. Jh.). Entlehnt aus frz. *béton,* dieses aus l. *bitūmen n.* ´Erdharz, Bergteer´. Direkt aus dem Lateinischen stammt das Wort *Bitumen.* Verb: *betonieren.*
Röhrich 1 (1991), 186.

betören *swV.* (< *12. Jh., Bedeutung 16. Jh.). Mhd. *betœren,* eigentlich ´zum Toren machen, äffen´ (s. *Tor*[1]), dann übertragen zu ´bezaubern´.

betrachten *swV.* (< *8. Jh., Bedeutung < 15. Jh.). Mhd. *betrahten,* ahd. *bitrahtōn, bitrahten* ist eine Verstärkung des einfachen *trachten* und bedeutet zunächst wie dieses ´erwägen´. In frühneuhochdeutscher Zeit kommt es als ´beim Anschauen erwägen´ zu der heutigen Bedeutung. Das Substantiv *Betracht* (in Betracht ziehen usw.) bewahrt noch die ältere Bedeutung; das Adverb (und Adjektiv) *beträchtlich* entwickelt sich aus ´mit Überlegung´ zu allgemeinerem ´erheblich´. Das Abstraktum *Betrachtung* bezieht sich stärker auf das innerliche Betrachten.
HWPh 1 (1970), 859 f.; LM 1 (1980), 2085−2087.

betragen *stV.* (< 12. Jh.). Die Bedeutungsentwicklung ist im Ganzen unklar. Im Zusammenhang mit Summen und Maßen aus mhd. *betragen stV.* ´zusammentragen, vergleichen, rechnen´, einer Präfigierung von *tragen;* im Sinne von ´sich benehmen´ aus mhd. *betragen swV.* ´seinen Unterhalt haben, sich mit etwas begnügen´, dann ´mit jmd. auskommen´ zu der heutigen Bedeutung (das schwache Verb übernimmt dabei immer mehr Formen von dem lautgleichen starken). Ein Teil der Bedeutungen gehört vielleicht nicht zu *tragen stV.,* sondern zu as. *tregan* ´leid sein, betrüben´ über eine Bedeutung ´Sorge´. Im einzelnen noch klärungsbedürftig.

betreten *Adj. (PPrät.)* ´verlegen´ (< 16. Jh.); vermutlich zu der Nebenbedeutung ´überraschen, ertappen´ von *betreten stV.*

Betrieb *m.* (< *16. Jh., Bedeutung < 19. Jh.). Wie das Grundverb *betreiben* aus dem Niederlän-

disch/Niederdeutschen in die Hochsprache gelangt und zunächst einfaches Abstraktum (´Betreiben, Wirken, Tätigkeit´). Dann wird es zum Konkretum für ´geschäftliches Unternehmen´. Adjektiv: *betriebsam.*
HWPh 1 (1970), 860 f.; Röhrich 1 (1991), 186.

Bett *n.* (< 8. Jh.). Mhd. *bett(e),* ahd. *betti,* as. *bed(di)* aus g. **badja- n.* ´Bett´, auch in gt. *badi,* anord. *beðr m.* ´Polster, Federbett´), ae. *bed,* afr. *bed.* Herkunft unklar. Air. *lepaid f.,* das neben ´Bett´ auch ´Schlafzimmer, Zufluchtsort´ bedeutet, weist am ehesten auf eine Vorform (ig.) **bʰotjó-.* Zu beachten ist auch das zweite Glied von gr. *krábatos m.* ´ (niedriges) Ruhebett´, dessen Herkunft ungeklärt ist. Die traditionelle Erklärung von *Bett* als ´Schlafgrube´ (zu l. *fodere* ´graben´) ist von der Sache her unhaltbar. Eine ursprüngliche Bedeutung ´Boden´ ist dagegen wahrscheinlich − sie führt aber kaum auf ig. **bʰedʰ-* ´graben´ zurück. Die Folge Labial − Dental bei verschiedenen Artikulationsarten ist in diesem Bedeutungsbereich auffällig (*bʰot-* oder *bʰodʰ-,* ngr. *pátos* ´Boden, Sohle, Bett usw.´ aus *pat-,* ne. *pad* ´Kissen, Pfote, Bett´ aus *bodh* oder *bot*). Handelt es sich ursprünglich um Lautnachahmungen (´stampfen´?, ´tappen´?), die zu ´gestampfter Boden´ führen und dann weiterentwickelt werden oder um Entlehnungen aus einer Substratsprache? − *Bett* und *Beet* sind ursprünglich dasselbe Wort − die beiden Bedeutungen sind dann auf verschiedene Lautvarianten verteilt worden. − Das Bett steht symbolisch auch für ´Krankheit´, deshalb *bettlägerig* u.ä. − Verb: *betten.*
Nndl. ne. *bed,* nschw. *bädd.* S. *Beet.* − W. Foerste *NW* 2 (1961), 21−64; *RGA* 2 (1976), 316−320; J. Knobloch *SW* 5 (1980), 180; *LM* 1 (1980), 2087; J. P. Maher *JIES* 9 (1981), 341−347; Lloyd/Springer 1 (1988), 572−574; Röhrich 1 (1991), 186 f.; J. Hubschmid in *FS J. Schröpfer* (München 1991), S. 225−263. Zu den Benennungsmotiven für ´Bett´ vgl. H. Meier *Vox Romanica* 10 (1948/49), 73−86. Zur Entlehnung ins Finnische: J. Koivulehto *BGDSL-T* 103 (1981), 199−203.

Bettel *m. erw. grupp. phras.* ´minderwertiges Zeug´ (< 17. Jh.), meist in der Fügung *jemandem den Bettel vor die Füße werfen* ´seine Mitarbeit aufkündigen´. Rückbildung aus *betteln,* wohl mit dem ursprünglichen Sinn ´Ertrag des Bettelns´.
Röhrich 1 (1991), 187 f.

betteln *swV.* (< 9. Jh.). Mhd. *betelen,* ahd. *betalōn.* Wörter dieser Bedeutung sind in der Regel von Wörtern für ´Bettler´ abgeleitet, das deutsche Wort muß also eine Rückbildung sein zu *Bettler,* mhd. *betelære,* ahd. *betalāri* (oder auf die gleiche Grundlage zurückgehen). Mit dieser Täterbezeichnung hängen zusammen gt. *bidagwa* ´Bettler´ und ae. *bedecian* ´betteln´. Semantisch ist wie bei l. *mendīcus* ´Bettler´ zu l. *mendum* ´Fehler, Gebrechen´ oder bei gr. *ptōchós* ´Bettler´ zu gr. *ptōma* ´Fall, Unglück´, gr. *ptṓssō* 'ich gehe zusammengekauert (o.ä.)' ein Ausdruck für einen unglücklichen Zustand als Grundlage zu erwarten. Ein solcher könnte in lit. *bėdà*, akslav. *běda* 'Not, Sorge, Kummer' vorliegen, doch sind diese (dehnstufigen) Formen wegen Zusammenfalls verschiedener Wurzeln mehrdeutig. Der Anschluß von *Bettler* und *betteln* an *bitten* ist wohl sekundär, doch ist zu beachten, daß air. *foigde, faigde* 'Bettelei' (ig. **upo-gᵂʰedʰ-jā*) und air. *foigdech* 'Bettler' zu eben dieser Wurzel gehört.

Nndl. *bedelen, bedelaar*. – RGA 2 (1976), 316.

Betthupferl *n. erw. obd.* 'Süßigkeit, die die Kinder bekommen, um ihnen das Zu-Bett-Gehen zu versüßen' (< 19. Jh.). **Betthupfer** ist zunächst eine Scherzbezeichnung für 'Floh'; dann wohl übertragen als 'etwas, das man unerwartet im Bett findet'.

betucht *Adj. erw. grupp.* 'begütert' (< 17. Jh.). Unmittelbar aus dem Westjiddischen entlehnt, und zwar liegt das hebr. Partizip *bāṭuᵃḥ* 'sicher sein, vertrauensvoll' zugrunde, das in Händlerkreisen auf einen finanziell sicheren, also wohlhabenden Partner angewandt werden kann. Die Lautung wird über wjidd. *betūche* 'sicher' an die deutsche Partizipialform angepaßt. Im Rotwelschen erscheint das Wort erst später in der Form *betuach* und bedeutet dort 'still, vorsichtig, zuversichtlich'. Wolf (1985), 51.

betulich *Adj. stil.* (< 18. Jh.). Zu sich *betun* 'sich geschäftig zeigen' (eigentlich 'abschließen, fertigmachen', zu *tun*).

beugen *swV.* (< 11. Jh.). Mhd. *bougen*, ahd. *bougen*, as. *bōgian* 'biegen' aus g. **baug-eja- swV.* 'beugen', auch in anord. *beygja*, ae. *bīgan*, afr. *beia* (die Deutung von gt. *usbaugjan* 'ausfegen' ist umstritten). Kausativ zu *biegen*, also 'biegen machen'. *Beugung* als grammatischer Terminus ist eine Lehnübersetzung von l. *dēclīnātio*. Präfigierung: *verbeugen*, s. auch *vorbeugen*.

Nndl. *buigen*, ne. *bow*, nschw. *böja*, nisl. *beygja*. – Pfaff (1933), 19.

Beule *f.* (< 9. Jh.). Mhd. *biule*, ahd. *būl(l)a*, *būilla*, as. *būla* aus wg. **būljō(n) f.* 'Beule', auch in ae. *bȳl(e)*, afr. *bēl, beil*. Daneben eine Reihe von lautlich und semantisch ähnlichen Bildungen. Zu der zugrundeliegenden Lautgebärde s. *Bausch*.

Niederhellmann (1983), 218–221.

Beunde *f. arch.* (< 8. Jh.). Ursprünglich 'umzäunte Hauswiese'. Kommt heute vor allem mundartlich und in zahlreichen Flurnamen vor. Mhd. *biunt(e)*, *biunde*, ahd. *biunta* vd. **bi-wundō*. Die Entsprechung mndd. *bivank* weist darauf hin, daß die Ausgangsbedeutung wohl 'Umzäuntes' war (zu *bei* und *wenden* im Sinne von 'flechten, Palisadenzäune anbringen')

Vgl. *Bitze*. – Bader 3 (1973), 105–112, 98–104; R. Bauer *BON* 16 (1979), 23–33; H. Tiefenbach in: Beck/Denecke/

Jankuhn (1980), 294–298; *LM* 2 (1983), 8. Anders: N. Törnquist *NJ* 76 (1953), 25–37. Vgl. auch Lloyd/Springer 1 (1988), 451–453 zu ahd. *bameth*.

Beuschel *n. per. oobd.* 'Speise aus Tierinnereien' (< *16. Jh., Bedeutung < 19. Jh.). Die vorhergehende Bedeutung ist 'Herz, Lunge, Milz und Leber' (obere Eingeweide eines geschlachteten Tieres), besonders auch Eingeweide von Fischen. Diminutiv zu *Bausch*. Das Wort bedeutet in der frühesten Bezeugung Teile von Kleidern, also etwa 'Wulst', und ist in einer derartigen Bedeutung auf die Innereien angewandt worden.

Beute[1] *f.* 'Kriegsbeute' (< 14. Jh.). Mhd. *biute* 'Beute, Verteilung'. Entlehnt aus mndd. *bū(i)te* 'Tausch, Verteilung, Beute', das eine Ableitung von *būten* 'tauschen, verteilen, Beute machen' ist. Die Wörter sind seit dem 14. Jh. bezeugt und schon kurz darauf als Entlehnung in den Nachbarsprachen nachweisbar (frz. *butin, butiner*). Die Beute wird also zunächst als 'das (bei einem Kriegs- oder Raubzug) zur Verteilung Kommende' aufgefaßt, erst später als 'das Weggenommene, Eroberte'. Weitere Herkunft unklar. Am ehesten kommen für einen Vergleich in Frage kymr. *budd* 'Gewinn, Beute, Reichtum', air. *búaid n.* 'Sieg, Vorteil' (aus ig. **bʰoud-*), die aber ihrerseits isoliert sind. Eine Entlehnung aus dem Keltischen ist nicht völlig auszuschließen. Präfixableitung: **erbeuten**, s. auch *ausbeuten*.

Nndl. *buit*, ne. *booty*. S. *Freibeuter*. – RGA 2 (1976), 323–331.

Beute[2] *f. per. wmd.* 'Backbrett', *arch.* 'Waldbienenstock' (< 8. Jh.). Trotz der frühen Bezeugung ist weder die Herkunft noch die Geschichte ausreichend klar. Bezeugt ist einerseits ahd. *biot m.*, as. *biod* 'Tisch, Opfertisch' aus g. **beuda- m.* 'Tisch', auch in gt. *biuþs m.*, anord. *bjóð n.*, ae. *bēod*; andererseits ahd. *biuta* 'Bienenstock', teig- 'Backtrog', mhd. *biute* 'Backtrog, Bienenkorb'.

S. *Bieten*. – E. Karg-Gasterstädt *BGDSL* 61 (1937), 245 f. (zu *but-* 'Holzklotz'), weiteres in den Mundartwörterbüchern.

Beutel *m.* (< 8. Jh.). Mhd. *biutel n./m.*, ahd. *būtil*, as. *būdil* führen zurück auf vd. **būdila- m.* 'Beutel'. Außerhalb vergleichen sich Wörter mit weit auseinanderfallender Bedeutung, die auf **budd-* (eine expressive Lautform) zurückführen: nisl. *-budda* 'Geldbeutel' (jung), schwed. (dial.) *bodd* 'Kopf', me. *budde n.*, ne. *bud* 'Knospe'. Da ein Zusammenhang wahrscheinlich ist, dürfte *Beutel* ursprünglich 'das in einem Tuch Zusammengebundene (etwa: Geld)' gewesen sein, die expressiven Wörter haben dann eine Bedeutung wie 'Knospe', bezeichnen also etwas dickes Rundes. Sie gehören wohl zu der unter *Bausch* beschriebenen Lautgebärde. *Beutel* ist auch ein Mehlsieb (ein auf diese Weise zusammengebundenes Tuch ist die einfachste Form eines

Siebs) – daher **gebeutelt** ´durcheinandergeschüttelt´. Ein **Beutelschneider** ist eigentlich jemand, der Geld stiehlt, indem er den am Gürtel getragenen Beutel aufschlitzt – heute für jemanden gebraucht, der Wucherpreise verlangt.

S. *Windbeutel*. – *LM* 2 (1983), 10; Röhrich 1 (1991), 189 f.

Beutheie *f.*, auch **Pochheie** *f. per. fach.* ´Böttcherschlegel´ (< 18. Jh.). Zu mhd. *hei(e)*, ahd. *heia* ´Schlegel, Holzhammer´, zu mndl. *heien*, wfr. *heien* ´schlagen, rammen´, das vielleicht mit l. *caedere* ´hauen, schlagen´ zusammengehört. Das Vorderglied vermutlich zu einer Gefäßbezeichnung, die mit *Beute*² zusammenhängt. *Poch-* gehört ersichtlich zu *pochen*; doch dürfte dies kein Grund sein, *Beut-* an g. **baut-a-* ´schlagen´ (s. *Amboß* und *Beitel*) mit niederdeutscher Lautform anzuschließen.

S. *Heide*¹ und *Heister*; zur lateinischen Verwandtschaft s. *dezidiert*. – F. Braun in: F. Debus/J. Hartig (Hrsg.): *FS G. Cordes* (Neumünster 1976), 42–55.

bevor *Konj.* (< 9. Jh.). Mhd. *bevor*, ahd. *bifora*, as. *biforan* sind wie ae. *beføran* Adverbien mit der Bedeutung ´davor´ (örtlich), ´vorher, zuvor´ (zeitlich) aus *be-* (s. *be-*, *bei*) und *vor*. In Sätzen, bei denen *bevor* Adverb ist, das durch *ē* ´ehe´ wiederaufgenommen wird, entwickelt sich in frühneuhochdeutscher Zeit seine Funktion als Konjunktion.

bewähren *swV.* (< 12. Jh.). Mhd. *bewæren* ist eine Präfixableitung von *wahr* und bedeutet demnach zunächst ´als wahr erweisen´. Heute meist im reflexiven Gebrauch mit der Bedeutung ´sich als brauchbar erweisen´. Kein Zusammenhang mit *währen* und *gewähren*.

bewältigen *swV.* (< 14. Jh.). Präfixableitung zu mhd. *waltec, weltec* ´gewaltig´ zu *walten*. Die Bedeutung ist zunächst ´in seine Gewalt bringen, eine Sache beherrschen´, dann ´mit etwas fertig werden´.

bewandert *Adj.(PPrät.)* (< 16. Jh.). Einerseits in der zu erwartenden passiven Bedeutung bezogen *(ein viel bewanderter Weg)*, andererseits, und heute fast ausschließlich, im Sinne des Perfekts oder Zustandspassivs *(er ist in etwas bewandert)*. Letzteres wohl nach dem Vorbild von *erfahren*. S. *wandern*.

Bewandtnis *f.* s. *bewenden*.

bewegen (< 9. Jh.) 1) *stV.* ´jmd. zu etwas veranlassen´. Mhd. *bewegen*, ahd. *biwegan*. 2) *swV.* ´jmd. oder etwas in Bewegung setzen´ (auch refl.), ´jmd. innerlich bewegen´. Mhd. *bewegen*. – Die beiden Verben sind geschichtlich und regional nicht klar abzugrenzen. Dem starken Verb liegt zugrunde g. **weg-a-* ´bewegen´, das unter *wiegen* behandelt ist, und zu dem auch *wägen* gehört; *bewegen* hat heute ein schwaches Präsens, *wägen* setzt den *e*-Vokalismus (*1. Sg.* und *Pl.*) des Präsens fort, *wiegen* den *i*-Vokalismus (*2./3. Sg.*). – Das schwache Verb ist

ursprünglich zu diesem das Kausativ, da aber das Grundverb schon transitiv war oder zumindest sein konnte, hatte es eher den Wert einer Verstärkung, was zu Vermischungen und Neu-Abgrenzungen Anlaß gab. Die Präfigierung mit *be-* taucht beim schwachen Verb erst spät auf. Heute hat sie weitgehend die Ausgangsbedeutung des Grundverbs übernommen. Abstraktum: **Bewegung**; Adjektiv: **beweglich**.

Nndl. *bewegen* *stV.* S. *Leuwagen, unentwegt, Waage, Wacke, wackeln, Wagen, Weg, Wiege, Woge.* – *HWPh* 1 (1970), 863–882; Seebold (1970), 542–544; Heller (1970), 144–162; *LM* 2 (1983), 24–28; Röhrich 1 (1991), 190.

beweisen *stV.* (< *13. Jh., Form < 15. Jh.). Mhd. *bewīsen* *swV.*, mndd. *bewisen* *swV.* Die starken Formen beginnen im 15. Jh. und setzen sich dann durch. Evtl. hat dabei ein älteres *-wīzan* ´anrechnen´ mitgeholfen (auch in der Bedeutung?). Das Wort bedeutet mit persönlichem Objekt ursprünglich ´anweisen, zurechtweisen, belehren´ zu *weisen*; später mit Akkusativ der Sache ´nachweisen, zeigen´, in der Rechtssprache – ausgehend vom Vorzeigen von Beweismitteln – ´zwingend nachweisen´. Von dort aus gelangt es in die Wissenschaftssprache. Als Substantiv hierzu gilt zunächst mhd. *bewīsunge*; seit dem 16. Jh. wird es ersetzt durch **Beweis**, einer Rückbildung aus dem schwachen Verb.

Nndl. *bewijzen, bewijs*. – *HWPh* 1 (1970), 882–888; *RGA* 2 (1976), 483–487; *LM* 2 (1983), 28–31.

bewenden *swV. obs.* (< 9. Jh.). Mhd. *bewenden*, ahd. *biwenten*, Präfigierung zu *wenden*. Das Wort bedeutet ursprünglich ´hinwenden´, auch ´anwenden, verwenden´. Hierzu die heute idiomatisierte Wendung *es dabei bewenden lassen* (d. h. ´auf sich beruhen lassen´); ähnlich mit substantiviertem Infinitiv *sein* **Bewenden** *haben* ´auf sich beruhen bleiben´ und als Ableitung aus dem alten Partizip **bewandt** (ähnlich wie *verwandt* im Sinn von ´angeboren, zugehörig´ gebraucht) die **Bewandtnis** ´Beschaffenheit´.

bewerkstelligen *swV.* (< 17. Jh.). Aus der Formel mhd. *ze werke stellen* ´zur Ausführung bringen´ über ein Adjektiv *werkstellig* abgeleitet.

bewußt *Adj.(PPrät.)* (< 15. Jh.). Das Verb fnhd. *bewissen*, mndd. *beweten* ´wissen, sich zurechtfinden´ ist spärlich bezeugt, ebenso sein Partizip *bewist*. Dieses entwickelt sich (wie bei *gewußt* zu *wissen*) im Mitteldeutschen zu *bewußt* und setzt sich in dieser Form durch Luthers Einfluß durch. Das Partizip wird später in der reflexiven Formel *sich einer Sache bewußt sein* im Sinne von ´wissen, sich klar darüber sein´ gebraucht und spielt dann zusammen mit der Ableitung **Bewußtsein** in der philosophischen und psychologischen Fachsprache (**Selbstbewußtsein**) eine bedeutende Rolle. Adjektive: **unbewußt, bewußtlos**.

Nndl. *bewust, bewustzijn.* S. *wissen.* – K. J. Grau: *Die Entwicklung des Bewußtseinsbegriffs im 17. und 18. Jh.* (Halle/Saale 1916); R. Lindemann: *Conscience* (Jena & Leipzig 1938); *HWPh* 1 (1970), 888–900; *LM* 2 (1983), 32–33.

bezichtigen *sw V. stil.* (< 16. Jh.). Zu dem Substantiv *Bezicht* ʿBeschuldigungʾ und dem dazugehörigen Adjektiv *bezichtec* ʿbeschuldigtʾ. *Bezicht* ist ein *ti*-Abstraktum zu mhd. *bezīhen st V.*, ahd. *bizīhan st V.* ʿzeihen, beschuldigenʾ (s. *zeihen*).

beziehen *st V.* (< 8. Jh.). Mhd. *beziehen*, ahd. *biziohan*, Präfigierung mit verschiedenen Bedeutungen, von denen die heute wichtigste auf ʿzusammenziehen, eine Verbindung herstellenʾ zurückgeht. Abstraktum: *Beziehung*, hierzu **beziehungsweise**, älter *beziehlicher Weise*. Abstraktum, heute meist Konkretum: *Bezug* mit **bezüglich**. *HWPh* 1 (1970), 909 f.

Bezirk *m.* (< 15. Jh.). Zu ahd. *zirc*, mhd. *zirc, zirk(e)* ʿUmfang, Umkreisʾ entlehnt aus l. *circus* ʿKreisʾ wird spätmittelhochdeutsch eine Präfixableitung *bezirken* ʿUmfang bestimmenʾ gebildet, unter deren Einfluß das einfache *zirk* zu *Bezirk* erweitert wird. Von ʿKreis, Umkreisʾ ausgehend, wird es auf ʿVerwaltungsgebiet, zugehöriges Gebietʾ eingeschränkt. S. *zirka, Zirkel, Zirkus.*

bi- *LAff.* Element mit der Bedeutung ʿzwei, doppeltʾ (z. B. *bivalent* ʿzweiwertigʾ; auch: *Billion* ʿeine Million Millionenʾ). Es wird zunächst in lateinischen Wörtern ins Deutsche entlehnt und geht auf l. *bi(s)* ʿzweimalʾ, eine Nebenform zu l. *di-*, zurück. Dann häufig in neoklassischen Bildungen, auch hybrider Art (schon alt etwa *Bigamie*). Vgl. *Diplom.* Zur lateinischen Verwandtschaft s. *Duo*, zur griechischen *di-* und zur germanischen *zwie-* und *zwei.* – *Wortbildung* 3 (1978), 249; Cottez (1980), 51.

Biathlon *n. per. fach.* ʿKombination aus Skilanglauf und Scheibenschießenʾ (< 20. Jh.). Moderne Bildung parallel zu früherem *Pentathlon* ʿFünfkampfʾ, das auf ein altgriechisches Wort gleicher Bedeutung (gr. *péntathlon*) zurückgeht. S. *bi-* und *Athlet.*

bibbern *sw V. stil.* ʿzitternʾ (< 18. Jh.). Zu einer Lautgebärde für ʿzitternʾ, zu der auch *beben* gehört. S. *puppern.*

Bibel *f.* ʿdie Heilige Schriftʾ (< 13. Jh.). Mhd. *biblie, bibel* ist entlehnt aus kirchen-l. *biblia* ʿdie Heiligen Bücherʾ, dieses aus dem Plural von gr. *biblíon n.* ʿBuchʾ, zu gr. *býblos, bíblos* ʿPapyrusbastʾ, aus *Býblos*, dem Namen einer phönizischen Stadt, aus der dieses Schreibmaterial vornehmlich eingeführt wurde. Adjektiv: *biblisch.* S. *Bibliographie, Bibliothek, Fibel.* – Littmann (1924), 9; *RGA* 2 (1976), 487–499; *LM* 2 (1983), 40–75.

Biber *m.* (< 10. Jh.). Mhd. *biber*, ahd. *bibar*, as. *biƀar* aus g. **bebru- m.* ʿBiberʾ, auch in anord. *bjórr*, ae. *beofor*, dieses aus ig. **bʰebʰru-* (auch an-

dere Stammbildungen) *m.* ʿBiberʾ, auch in avest. *baβra-*, kslav. *bebrŭ, bobrŭ*, lit. *bẽbras*, l. *fiber.* Die lautliche Entsprechung im Altindischen ist *babhrú- Adj.* ʿrotbraunʾ, *m.* (eine Ichneumon-Art). Falls dieses Wort zugehörig ist, wäre dadurch erwiesen, daß der Biber nach seiner Farbe bezeichnet wurde (s. auch *braun* und *Bär*[1] – oder ist *braun* = ʿbiberfarbigʾ?). *Biber* taucht in zahlreichen Ortsnamen auf (*Biberach* usw.); in Pflanzennamen wie *Biberklee* ist aber *Fieber* gemeint, das eine Variante mit anlautendem *b-* haben kann. *Biber* ʿBaumwollgewebe, Bett-Tuchʾ geht auf eine Übertragung zurück: verglichen wurde das kurzgeschorene Biberfell.

Nndl. *bever*, ne. *beaver*, nschw. *bäver* (entlehnt), nisl. *bjór, bifur.* S. *Bibergeil.* – *RGA* 2 (1976), 499–502; *LM* 2 (1983), 106–107.

Bibergeil *n. per. fach.* ʿDuftdrüse des Bibers und der in ihr enthaltene Duftstoffʾ (14. Jh.). Mhd. *bibergeil* zu *geil(e)* ʿHodenʾ, weil man die Duftdrüsen für die Hoden des Bibers hielt. S. *Biber* und *geil.* *LM* 2 (1983), 108.

Bibernelle *f.* s. *Pimpernelle.*

Bibliographie *f. per. fach.* ʿLiteraturverzeichnisʾ (< 19. Jh.). In Frankreich im 17. Jh. entstandener Internationalismus, der formal gr. *bibliographía* ʿSchreiben von Büchernʾ zu gr. *bibliográphos* ʿ(Ab-) Schreiber von Büchernʾ entspricht. Zu gr. *biblíon* ʿBuchʾ (s. *Bibel*) und gr. *gráphein* ʿschreibenʾ (s. *Graphik*). Adjektiv: **bibliographisch.** R. Blum *Archiv für Geschichte des Buchwesens* 10 (1970), 1009–1246; Cottez (1980), 51.

Bibliothek *f. erw. fach.* ʿBüchereiʾ (< 16. Jh.). Entlehnt aus gleichbedeutend l. *bibliothēca*, dieses aus gr. *bibliothḗkē*, zu gr. *biblíon n.* ʿBuchʾ (s. *Bibel*), und gr. *thḗkē* ʿGestell, Abstellplatzʾ. Gemeint ist zunächst ein Büchersaal. Täterbezeichnung: **Bibliothekar.** S. *Bibel* und *Theke.* Ersatzwort ist *Bücherei.* – *DF* 1 (1913), 83 f.; *RGA* 2 (1976), 502–510; Cottez (1980), 51; *LM* 2 (1983), 113–125, zu *Bibliothekar* s. 111–112.

Bickbeere *f. per. ndd.* ʿHeidelbeereʾ (< *16. Jh., Standard < 20. Jh.). Mndd. *bickbere.* Vielleicht als ʿPechbeereʾ aufzufassen, im Hinblick auf die Farbe. Der Anlaut (eigentlich *p-*) müßte dann dem des zweiten Bestandteils angeglichen worden sein. T. Dahlberg *SN* 16 (1943/44), 270–276.

Bickel *m.* s. *Pickel*[1].

biderb *Adj.* s. *bieder.*

Bidet *n. per. fach.* ʿniedriges Waschbecken (zum Reinigen des Afters und der Genitalien)ʾ (< 20. Jh.). Im Neuhochdeutschen zusammen mit der Sache entlehnt aus gleichbedeutend frz. *bidet m.* Dieses bedeutet ursprünglich ʿPferdchenʾ (wohl zu mfrz. *bider* ˊtrottenˋ), weil man rittlings darauf sitzt.

Zur weiteren Etymologie vgl. *DEO* (1982), 106 f., 108−111.

bieder *Adj. alt.* (< *8. Jh., Standard < 19. Jh.). Mhd. *biderbe*, ahd. *bitherbi*, mndd. *bederve* geht zurück auf eine im einzelnen unklare Ableitung von *bedürfen* mit der Bedeutung ˊdem Bedürfnis entsprechend, brauchbarˋ, auf Personen bezogen ˊbrav, wackerˋ (mit betontem Erstglied). Das Adjektiv starb praktisch ganz aus und wurde im 18. Jh. wiederbelebt. Durchgängig erhalten blieb *Biedermann* ˊEhrenmannˋ, heute nur noch ironisch gebraucht. Abstraktum: *Biederkeit.*

S. *anbiedern, unbedarft.* − Kuhberg (1933), 40 f.; Stammler (1954), 148−154; Heidermanns (1993), 614. Zu *Biedermann*: G. Sorgenfrei *Sprachpflege* 29 (1980), 132 f.

Biedermeier *n. per. fach.* (Stilbezeichnung) (< 19. Jh.). Das Wort ist wie *Kraftmeier, Stoffhuber* usw. als sprechender Name gebildet, zunächst für einen fingierten Schulmeister (1853 von L. Eichrodt unter dem Pseudonym Rudolf Rodt). Noch im gleichen Jahr wurde der Name auf Gedichte übertragen, die Eichrodts Freund A. Kußmaul in Übernahme, Umarbeitung und Nachahmung von Gedichten des Schulmeister F. S. Sauter in Umlauf brachte und an deren Bearbeitung sich Eichrodt beteiligte. Veröffentlicht wurden sie in loser Folge 1855 in den *Fliegenden Blättern* unter dem Namen Eichrodts, die auch 1869 unter dem Titel *Biedermaiers Liebeslust* in einem Sammelband veröffentlichte, ohne dabei die Beteiligung seines Freundes zu erwähnen. Ein späterer Streit über die Urheberschaft der Gedichte führte dann zu irrtümlichen Annahmen über den ˊErfinderˋ des Wortes. Der Name wurde durch die *Fliegenden Blätter* sehr populär und später zur Bezeichnung des Möbelstils von 1815−1848 (also der ˊRestaurationˋ) verwendet und schließlich 1924 auch auf die Literatur dieser Zeit übertragen.

L. Hjortsø *AB* 21 (1977), 120−132; Christel Seidensticker-Schauenburg: *Der wirkliche Herr Biedermeier* (Lahr 1992).

biegen *st V.* (< 8. Jh.). Mhd. *biegen*, ahd. *biogan* aus g. **beug-a- st V.* ˊbiegenˋ, auch in gt. *biugan*, anord. *bjúga* (Präsens nicht belegt), mit der Variante *būg-* im Präsens: ae. *būgan* und wohl auch as. *būgan* (Präsens nicht belegt, aber mndd. *būgen*, mndl. *būghen*). Dieses hat keine genaue Vergleichsmöglichkeit. Semantisch am nächsten kommt eine Variante ig. **bʰeug-* (statt **bʰeugʰ-* wie durch das Germanische vorausgesetzt) in ai. *bhujáti* ˊbiegt, krümmtˋ; mit gleichem Lautstand tritt die Bedeutung ˊfliehenˋ auf, die als ˊsich abwendenˋ zugehörig sein kann: l. *fugere* ˊfliehenˋ, gr. *pheúgō* ˊich flieheˋ und lit. *búgti* ˊerschreckenˋ. Abstraktum: *Biegung*; Adjektiv: *biegsam.*

Nndl. *buigen*, ne. *bow*, nschw. *buga*. S. *beugen, Bogen, Bucht, bücken, Bügel, Gebück*; zu Entlehnungen aus der lateinischen Verwandtschaft s. *Refugium.* − Seebold (1970), 110 f.

Biene *f.* (< 8. Jh.). Mhd. *bin(e)*, *bīn*, ahd. *bīna f.*, *bini n.*, as. *bina n.* aus vd. **bi-n-i- n.* ˊBieneˋ neben Formen mit Dehnung und neben g. **bi(j)ōn n.* ˊBieneˋ in anord. *bý n.*, ae. *bēo*, as. *bīa*, ahd. *bīa* zu ig. (w./oeur.) **bʰi-* ˊBieneˋ, auch in akslav. *bičela* (**bʰikelā*), lit. *bìtė* und mit *e*-Vokalismus air. *bech* (**bʰekos*). Weitere Herkunft unklar. Dazu *Bienenkorb*, vielleicht umgeformt aus mhd. *binenkar n.*, ahd. *binikar n.* (zu *kar* ˊGefäßˋ); *Bienenstock* ist eigentlich ein Baumstamm als Behausung der Waldbienen.

Nndl. *bij*, ne. *bee*, nschw. *bi*, nisl. *býfluga*. Vgl. *Imme* und *Zeidler.* − E. Müller-Graupa *Glotta* 18 (1930), 132−137; N. Törnquist *SN* 17 (1945), 200−203. Zur Sache: B. Schier: *Der Bienenstand in Mitteleuropa* (Leipzig 1939); *RGA* 2 (1976), 514−529; *LM* 2 (1983), 128−135; Röhrich 1 (1991), 190−193.

Bienenstich *m. fach.* ˊGebäck mit Puddingfüllungˋ (< 20. Jh.). Herkunft unklar. Mit *-stich* kann eine gestockte Masse bezeichnet sein (vgl. *Eierstich*), aber das Vorderglied bleibt unklar.

Bier *n.* (< 9. Jh.). Mhd. *bier*, ahd. *bior*, as. *bior* aus wg. **beura- n.* ˊBierˋ, auch in ae. *bēor*, afr. *biar*, *bier* (anord. *bjórr m.* ist vermutlich aus dem Altenglischen entlehnt). Vor allem kontinentalgermanisches Wort, während im Norden *ǫl* (**alut-*) gilt, im Englischen stehen beide nebeneinander. Bei Konkurrenz beider Bezeichnungen gilt *Bier* als das vornehmere Getränk gegenüber *Ale* (dabei ist *Bier* mit Honig bereitet, die spätere Bedeutung unter deutschem Einfluß). Die Herkunft des Wortes ist unsicher, und es gibt dementsprechend mehrere Erklärungsmöglichkeiten. Am wahrscheinlichsten ist ein Zusammenhang mit der Wurzel für *brauen*, bei der neben der Vollstufe der zweiten Silbe (**bʰreu-*) auch eine Vollstufe der ersten Silbe (**bʰerw-*) gut bezeugt ist; allerdings zeigen die einschlägigen Getränkebezeichnungen Vollstufe der zweiten Silbe, z. B. gr. (thrak.) *brȳtos m.* ˊGerstenbierˋ, l. *dēfrutum* ˊMostˋ (**bʰru-to-*). In einem solchen **bʰerwo-* müßte das *w* umgesprungen sein (vgl. *Auge* und *Haupt*). Denkbar ist aber auch ein näherer Zusammenhang mit einem germanischen Wort für ˊGerste, Getreideˋ (**bewwa-* in anord. *bygg* usw.).

Nndl. *bier*, ne. *beer*. S. auch *Kindelbier.* − Der Ansatz **breu-ra-* zu *brauen* mit Dissimilation ist weniger wahrscheinlich: F. Holthausen *IF* 60 (1952), 280. An Entlehnung aus spl. *biber f.* ˊGetränkˋ (auch ˊBierˋ) zu l. ˊtrinkenˋ denkt Lindquist (1955), 29 f. Vgl. außerdem: Heyne 2 (1901), 341; Ch.E. Fell *LSE* 8 (1975), 76−95; *RGA* 2 (1976), 533−537; L. Mehlber *JGGB* (1980/81), 49−83 (zu *Bier*), 32−40 (zu *Ale*); *LM* 2 (1983), 135−140; Röhrich 1 (1993), 193−195.

Biese *f. per. fach.* ˊZiernahtˋ (< 19. Jh.). Mhd. *biese* ˊBinseˋ, mndd. *bese*, mndl. *biese*. Das hochdeutsche Wort ist aus dem Niederdeutschen oder Niederländischen entlehnt; dort berührt es sich mit dem Wort *Binse*, mit dem es aber nicht verwandt ist. Weitere Herkunft unklar. Vielleicht rückgebildet aus frz. *bisette* ˊBesatzˋ — dies gehört aber wohl zu mndl. *bisetten* ˊbesetzenˋ.

H. Dittmaier *ZDA* 89 (1959), 37–40; Rooth (1981), 22–29; *DEO* (1982), 121; H. T. H. Miedema *Naamkunde* 20 (1988), 60–65.

Biest *m.*, **Biestmilch** *f. per. fach.* ˊerste Milch einer Kuh nach dem Kalbenˋ (< 9. Jh.). Mhd. *biest*, ahd. *biost*, as. *biost* aus wg. **beusta-*, auch in ae. *bēost* (und *biesting*). Auf eine Parallelform **breusta-* führen anord. *ábrystur f.* Pl. ˊGetränk aus Biestmilchˋ, fnhd. *briester*. Die beiden Formen sind kaum unabhängig voneinander; es kann aber sowohl sein, daß *r* in dieser Stellung geschwunden ist (vgl. nhd. *sprechen* — ne. *to speak*), wie auch, daß ursprüngliches **beust-* an die Wörter *Brust* oder *Brieschen* angeglichen worden ist. Eine Etymologie wird dadurch sehr unsicher. Auch die Lautähnlichkeit von gleichbedeutenden gr. *pȳós* und ai. *pīyū́ṣa-* mahnt zur Vorsicht (das altindische Wort könnte ein Lehnwort sein), bis die Herkunft des Benennungsmotivs eindeutig geklärt ist.

Biest *n. vulg.* (< 16. Jh.). Über das Westmitteldeutsche in die Hochsprache gekommen. Übernommen aus mndl. *beest*, das aus afrz. *beste* entlehnt ist. Dieses aus l. *bestia f.* ˊ (wildes) Tierˋ.

S. *Bestie*. — E. Öhmann *ZDW* 18 (1962), 69–99.

bieten *st V.* (< 9. Jh.). Mhd. *bieten*, ahd. *biotan*, as. *biodan* aus g. **beud-a- st V.* ˊbietenˋ, auch in gt. *-biudan*, anord. *bjóða*, ae. *bēodan*, afr. *biada*, *bieda*, dieses aus ig. **bʰeudʰ-* mit weit auseinanderfallenden Bedeutungen, die sich etwa auf ˊzum Bewußtsein bringen — sich bewußt werden — zum Bewußtsein kommenˋ zurückführen lassen: ai. *bódhati* ˊwacht, beobachtet, verstehtˋ, gr. *peúthomai* ˊich erfahre, erfrageˋ, aktiv ˊich teile mitˋ, akslav. *vŭz-bŭnǫti* ˊwach werdenˋ, akslav. *bŭděti* ˊwachenˋ, lit. *bùsti* ˊerwachenˋ, air. *-bo(i)nd* mit *ad-* ˊverbünden, erklärenˋ, air. *odbo(i)nd* ˊabsagen, verweigernˋ. Der Übergang zu den germanischen Bedeutungen läßt sich nicht genau präzisieren; vermutlich haben hier Präfigierungen und Partikelverben mitgewirkt. Präfigierungen: *ent-*, *er-* mit **Ehrerbietung**, **ge-** mit **Gebieter, gebieterisch, Gebiet** und **Gebot**, **ver-** mit **Verbot**; Partikelverben: **an-** mit **Angebot**, **auf-** mit **Aufbietung** und **Aufgebot**; **dar-** mit **Darbietung**.

Nndl. *bieden*, ne. *bid*, nschw. *bjuda*, nisl. *bjóða*. S. *Bote, botmäßig, Büttel, Gebiet, unbotmäßig*. — Frisk (1966), 21–23; Seebold (1970), 108–110; C. Watkins in: Meid (1987), 308–311.

Bieten *m. per. schwz.* ˊVorderteil des Schiffsˋ, auch **Vorderbieten, Hinterbieten** (< 16. Jh.). Falls ursprünglich ˊBrettˋ, dann zu dem unter *Beute*² dargestellten germanischen Wort für ˊTisch, Brettˋ.

Bigamie *f. per. fach.* ˊDoppeleheˋ (< 16. Jh.). Entlehnt aus gleichbedeutend ml. *bigamia* (und frz. *bigamie*), dieses aus kirchen-l. *bigamus* ˊzweimal verheiratetˋ, aus gr. *dígamos* mit Ersatz des Vorderglieds durch l. *bi-*; weiter zu gr. *gameîn* ˊheiratenˋ. Täterbezeichnung: **Bigamist**.

DF 1 (1913), 84; *LM* 2 (1983), 141.

bigott *Adj. per. fach.* ˊübertrieben fromm, frömmelndˋ (< 18. Jh.). Entlehnt aus gleichbedeutend frz. *bigot*, dessen Herkunft nicht geklärt ist. Volksetymologisch kommt es zu einer Assoziation der zweiten Silbe mit *Gott*. Aber auch ein ursprünglicher Anschluß an dieses Wort über jidd. *begotisch* ˊfrommˋ ist nicht ausgeschlossen. Abstraktum: **Bigotterie**.

DF 1 (1913), 84; O. F. Best *Die Neueren Sprachen* 18 (1969), 497–502; *DEO* (1982), 108–112; Röhrich 1 (1991), 195.

Bijouterie *f. per. fremd.* ˊModeschmuck, Schmuck-Geschäftˋ (< 18. Jh.). Entlehnt aus frz. *bijouterie*. Dieses zu frz. *bijou* ˊSchmuckstück, Juwelˋ.

Das französische Wort ist eine dialektale Variante zu frz. *biseau* ˊKante, Fase, Facetteˋ, bezeichnet also den geschliffenen Edelstein. — *DEO* (1982), 113.

Bikini *m.* ˊzweiteiliger Badeanzugˋ (< 20. Jh.). Entlehnt aus gleichbedeutendem frz. *bikini*. Dies ist eigentlich der Name eines Atolls der Gruppe der Marschall-Inseln, das wegen der von den USA 1946–1958 dort durchgeführten Atomversuche weltweit bekannt war. Der spezielle Typ des zweiteiligen Badeanzugs wurde von seinem Schöpfer Louis Reard 1946, vier Tage nach der ersten dortigen Atombomben-Zündung, der Öffentlichkeit vorgestellt und nach dem Bikini-Atoll benannt — offenbar mit den Assoziationen ˊSüdseeˋ und ˊExplosionˋ. Nachträglich wurde das Wort (scherzhaft) analysiert und parallel dazu **Monokini** für die Badehose ohne Oberteil gebildet.

Rey-Debove/Gagnon (1988), 62.

Bilanz *f. erw. fach.* ˊEndabrechnung, Abwägung von Positivem und Negativemˋ (< 16. Jh.). Entlehnt aus gleichbedeutend it. *bilancia*, dieses aus l. *bilanx (-ncis)* ˊausgeglichenˋ, zu l. *lībra bilanx* ˊWaage mit zwei Waagschalenˋ. Verb: **bilanzieren**.

S. *Balance*. — Schirmer (1911), 33 f.; *DF* 1 (1913), 84 f.

Bilch *m. per. fach.* ˊSiebenschläfer, Haselmausˋ (< 11. Jh.). Mhd. *bilch(mūs)*, ahd. *bilih*. Entlehnt aus poln. *pilch* (vorauszusetzen akslav. **pĭlchŭ*) gleicher Bedeutung. Das slavische Wort ist verwandt mit lit. *pelė̃ f.* ˊMausˋ zu lit. *pãlios, pìlkas* ˊgrauˋ. Es ist also wohl zunächst die Maus als ˊdie Graueˋ bezeichnet, dann der Siebenschläfer und die Haselmaus als ˊMausˋ.

Vgl. *Siebenschläfer*. — Wick (1939), 19 f.; Bielfeldt (1965), 54.

Bild *n.* (< 8. Jh.). Mhd. *bilde*, ahd. *bilidi* (obd. auch *bilodi, biladi*), as. *biliði*. Die älteste Bedeutung ist 'Vorbild, Muster', erst später überwiegt 'Abbild'. Das Wort ist nur kontinentalgermanisch, spät-anord. bil*ǣ*ti usw. sind aus dem Niederdeutschen entlehnt und sekundär an l*ǣ*ti 'Benehmen' angeglichen worden. Zugehörig sind weiter ahd. *unbilidi* 'Unförmigkeit', mhd. *unbilde* 'das Maßlose, das Unrechte' und mndd. *wīc(h)belde, wīkbelderecht* 'Dorfrecht' (o.ä.); weiter mhd. *unbil* Adj. 'ungemäß, ungerecht', mndd. *billich, bil(li)k*, mhd. *billich* 'passend, angemessen', weiteres ist unsicher. Der Sippe liegt offenbar ein nicht bezeugtes Substantiv **bil* zugrunde, dessen Bedeutung 'Form', besonders 'richtige Form' gewesen sein kann. Dazu wäre *bilidi* eine Kollektivbildung nach üblichem Typ; die Bedeutung wäre in diesem Fall nur verstärkend, weshalb auch die Weiterbildung wohl das Grundwort verdrängt hat. Eine denkbare Vergleichsmöglichkeit hierzu wäre l. *fīlum* n. 'Gestalt' (Entsprechung zu l. *fōrma* f.); die beiden Wörter könnten weiter auf die Erweiterung ig. **bʰwi-* zu **bʰuə-* 'sein' (in l. *fīo* 'ich entstehe, werde erzeugt', g. **bi-*, s. unter *bin*) oder auf ig. **bhiə-* 'schlagen, spalten' (s. *beißen*), parallel zu gr. *týpos* m. 'Stoß, Umriß, Gestalt' zu gr. *týptō* 'stoße, schlage', zurückgehen. Diese Annahme setzt allerdings voraus, daß l. *fīlum* n. 'Gestalt' nicht mehr etymologisch an l. *fīlum* n. 'Faden' angeschlossen wird. – *Im Bilde sein* und *ins Bild setzen* sind abhängig von *sich ein Bild von etwas machen* und wurden offenbar zuerst im Rahmen militärischer Planungen und Manöver üblich. Mehrere Präfigierungen und Zusammensetzungen: **Eben-**, **Ab-** (Rückbildung), **Vor-**, **Ur-**; Kollektivum: **Gebilde**; Konkretum: **Bildnis**; Adjektiv: **bildlich**.

Nndl. *beeld*. S. *bilden, billig, Mannsbild, Unbill, Unbilden, Weibsbild, Weichbild*. – A. Wolf *UUÄ* 1930; I. Schröbler, E. Karg-Gasterstädt *BGDSL* 66 (1942), 291–308; E. Nündel *WW* 13 (1963), 141–147; W. Foerste in: *FS Trier* (1964), 112–145; W. Kaspers *ZDS* 20 (1964), 178–192; *HWPh* 1 (1970), 913–921; *LM* 2 (1983), 145–149; Röhrich 1 (1991), 195 f.

bilden *swV.* (< 9. Jh.). Mhd. *bilden*, ahd. *bilidōn* 'gestalten, Form geben', dann auch 'abbilden, nacheifern'. Abgeleitet von (ahd.) *bilidi* in seinen verschiedenen Bedeutungen (s. *Bild*). Die Wortsippe spielt dann in der Mystik eine große Rolle (vgl. etwa *sich einbilden*) und liefert im 18. Jh. einen der zentralen pädagogischen Begriffe mit **Bildung**, **gebildet** usw. (womit zunächst die Formung der Jugend gemeint ist). Partikelverben (und Abstrakta auf **-ung**): **ab-**, **aus-**, **ein-** mit **eingebildet**; Nomen agentis: **Bildner**; Adjektiv: **bildsam**.

S. *einbilden*. – F. Rauhut *GRM* 34 (1953), 81–91; G. Dohmen: *Bildung und Schule* (Weinheim 1964); F. Rauhut/I. Schaarschmidt: *Beiträge zur Geschichte des Bildungsbegriffs* (Weinheim 1965); E. Lichtenstein *AB* 12 (1968), 7–29; *HWPh* 1 (1970), 921–937; *Grundbegriffe* 1 (1972), 508–551; S. L. Cocalis *MoH* 70 (1978), 399–414; Röhrich 1 (1991), 196.

Bilge *f. per. fach.* 'Kielraum, in dem sich Leckwasser sammelt' (< 19. Jh.). Entlehnt aus ne. *bilge*, das seinerseits aus frz. *bouge* (älter *boulge*) stammt.

Billard *n. erw. fach.* (ein Spiel, bei dem Kugeln mit einem Stab in Bewegung gesetzt werden) (< 16. Jh.). Entlehnt aus frz. *billard m.* (verkürzt aus *jeu de billard m.* 'Billardspiel'), aus afrz. *billart* 'Stab zum Kugelspiel', zu frz. *bille f.* 'Holzstab'. Beim Billard-Spiel mußten ursprünglich Kugeln durch Tore gestoßen werden; deshalb hat bei der Bezeichnung vielleicht auch das mit frz. *billard* verwandte Verb frz. *biller* 'im Zickzack laufen' eine Rolle gespielt.

DF 1 (1913), 85; Jones (1976), 147 f.; *DEO* (1982), 114 f.

Bille *f. per. ndd.* 'Hinterbacken' (< 17. Jh.). Mndd. *(ars)bille*, mndl. *ersbille*. Daneben die Ablautvariante ahd. *arsbelli*, as. *arsbelli* aus vd. **beljō/baljō* zu einer Wurzel (ig.) **bʰʰel-*, die Bezeichnungen für Wülste, Gegenstände mit Rundungen usw. liefert. Zu dieser s. *Ball*[1], *Biller*.

Nndl. *bil*. – W. Foerste in: *FS Trier* (1964), 140.

Biller *Pl. obd. arch.* 'Zahnfleisch' (< 9. Jh.). Mhd. *biler(n)*, ahd. *bilarn*, mndd. *billre*, in nördlicheren Mundarten auch ablautend *Baller* u.ä. Vermutlich zu den Wörtern der Wurzel **bʰʰel-*, die Wörter für 'Wulst, Gegenstände mit Rundungen u.ä.' liefert.

S. *Bille (Belle)* und *Ball*[1]. – E. Schwyzer *ZVS* 57 (1930), 265–274; W. Foerste in: *FS Trier* (1964), 141; W. Kaspers *ZDS* 20 (1964), 91–97, 178–192.

Billett *n. obs. österr. schwz.* 'Fahrkarte' (< 16. Jh.). Entlehnt zunächst aus frz. *billet (de logement) m.* 'Quartierschein (für Soldaten)', dann folgt die Entlehnung der Bedeutungsverzweigung des französischen Wortes; später eingeengt auf 'Fahrkarte' und in Deutschland dann amtlich durch **Fahrkarte** ersetzt.

Das französische Wort aus afrz. *billette* 'Zollzeichen', aus älterem afrz. *bullette* 'Beglaubigungsschein', aus l. *bulla f.* 'Siegelkapsel (usw.)', also eigentlich 'das durch Siegel Beglaubigte'. Der Vokalwechsel von /u/ zu /i/ beruht auf einer Assoziation mit frz. *bille f.* 'Kugel'. S. *Boiler, Bouillon, Bowling, Bulette, Bulle*[2], *Bulletin*. – *DF* 1 (1913), 85; Jones (1976), 148; Krüger (1979), 162 f.; Brunt (1983), 155 f. Anders *DEO* (1982), 116.

Billiarde *f.* s. *Billion*.

billig *Adj.* (< 11. Jh.). Mhd. *billich*, ahd. *billīh*, mndd. *bil(li)k*, *billich* 'angemessen, passend'. Ableitung (mit abgeschwächtem Kompositionsglied, s. *-lich*) von dem erschlossenen Substantiv **bil* 'Form, richtige Form' (s. *Bild*), deshalb 'passend, angemessen'. Die heutige Bedeutung geht auf die Fügung *billige Preise* zurück, die eigentlich 'angemessene Preise' sind, dann aber als 'niedrige Preise' verstanden werden. In dieser Bedeutung wird **wohlfeil** durch *billig* verdrängt. Das negative **unbillig** bewahrt die alte Bedeutung noch besser. Heute ist *bil-*

lig bereits auf dem Weg zu einer abschätzigen Bedeutung (*billiger Schund*). Verb: **billigen (zu-, miß-)**.

Nndl. *billijk*. S. *Bild* und die dort angegebene Literatur. – *HWPh* 1 (1970), 939–943; *RGA* 2 (1976), 607–612.

Billion *f. erw. fach.* ´eine Million Millionen (10^{12})´. Im 18. Jh. entlehnt aus frz. *billion m.*, einer Wortfabrikation aus frz. *million m.* ´Million´ und *bi-* (s. *Million* und *bi-*), wobei ´zwei´ hier die doppelte Setzung der Million meint (auch *Bimillion* wurde kurze Zeit verwendet). Entsprechend *Billiarde* (10^{18}) zu *Milliarde* (10^9). In Frankreich wird *Billion* dann umgedeutet zu ´tausend Millionen´ (= nhd. *Milliarde*); wie heute auch im Russischen und amerikanischen Englischen.

DF 1 (1913), 85.

Bilme *f.* s. *Bilsenkraut*.

Bilsenkraut *n. per. fach.* ´Hyoscyamus niger´ (Heil- und Giftpflanze) (< *10. Jh., Form 14. Jh.). Mhd. *bilse f.*, ahd. *bil(i)sa f.*, mndd. *bilse f.*, mndl. *bilse f.*, *belse f.*, *belsencruut*, daneben ae. *belene f.*, *be(o)lone f.*, as. *bilena f.*, die auch außergermanisch vergleichbar sind: gall. *belenion*, russ. *belená f.*; wieder anders nschw. *bolmört*, nhd. **Bilme** *f.* u. a. Weitere Herkunft und Benennungsmotiv unklar; es kann zu (ig.) *bʰel-* ´Wulst´ (s. *Ball*[1]) gehören wegen der Samentaschen. Die verdeutlichende Komposition mit *Kraut* wird seit dem 14. Jh. regelmäßig.

Nndl. *bilzenkruid*, nschw. *bolmört*. – P. Kretschmer *Glotta* 14 (1925), 96 f.; Marzell 2 (1972), 927 f.; W. Foerste in: *FS Trier* (1964), 142; *RGA* 3 (1978), 2–4; *LM* 2 (1983), 194–195.

Bilwis *m./f. per. obd. md.* (bestimmter Kobold) (< 12. Jh.). Mhd. *bilwiz, bilwīz m./f./n.* mndd. *bel(-le)wit(te)*, mndl. *belewitte*. Formal entspricht ae. *bilewit Adj.* ´gütig, milde´. Zu dem altenglischen Adjektiv stimmt, daß der Kobold offenbar ursprünglich gutmütig war, sein Bild dann aber in der späteren Zeit verschlechtert wurde (besonders zu einem schädlichen Korndämon). Ein Anschluß an *bil* (die Grundlage von *Bild*) und *wita-* (s. *Witz*) ist nicht ausgeschlossen – die Ausgangsbedeutung müßte dann etwa ´von rechtem Sinn´ gewesen sein, aber alle weiteren Vermutungen scheitern am Mangel ausreichend klarer Zeugnisse.

A. Wolf *UUÅ* 1930, 114–153; W. Deboy: *Der Bilwis* (Diss. masch. Marburg 1954); W. Foerste in: *FS Trier* (1964), 127 f.; C. Lecouteux *Euphorion* 82 (1988), 238–250; J. Knobloch in: *FS Rosenfeld* (1989), 489–491; Röhrich 1 (1991), 196 f.

bimmeln *sw V. stil.* (< 17. Jh.). Vgl. mndd. *bimmeln*. Lautmalend für den Klang kleiner Glocken *(bim)* gegenüber dem *bam* oder *bum* der großen.

Bims(stein) *m. erw. fach.* (< *9. Jh., Form < 16. Jh.). Mhd. *bumez, bimz*, ahd. *pumiz*. Entlehnt aus l. *pūmex (-micis)*, dieses ohne *s mobile* zu l. *spūma*

f. ´Schaum´ (wegen der porösen Beschaffenheit dieses Steins). Parallele Entlehnungen führen zu ae. *pumicstān*, mndd. *pomes*, mndl. *pomse*, nndl. *puimsteen*. Die verdeutlichende Komposition wird im Deutschen erst spät fest.

Goltz (1972), 162 f.; Lüschen (1979), 188; *LM* 2 (1983), 195.

bimsen *sw V. stil.* (< 15. Jh.). Die Ausgangsbedeutung ist ´(mit Bimsstein) abreiben, scheuern, putzen´; danach umgangssprachlich ´prügeln´ (vgl. *scheuern* u.ä.), ´drillen´ (vgl. *schleifen* u.ä.) und schließlich ´beschlafen´ (angeregt durch *bumsen*, aber ´scheuern, reiben´ ist ebenfalls ein passender Ausgangspunkt).

Röhrich 1 (1991), 197 f.

bin *unr. V.* (< 8. Jh.). Die Formen des Verbums *sein* sind nicht nur suppletiv (s. *ist, sein* und *Wesen* für die unvermischten Formen), sondern teilweise auch aus mehreren Grundlagen verschmolzen: *1. Sg. Präs.* bin und *2. Sg. Präs.* bist sind kontaminiert aus der alten Wurzel ig. *es-* ´sein´, *1. Sg. es-mi* (gt. *im*, anord. *em*, ae. *eom*; heth. *ešmi*, ai. *ásmi*, gr. *eimi*, akslav. *jesmĭ*, alit. *esmì*, air. *am*), *2. Sg. es-si, esi* (gt. *is*, anord. *es*, ae. *eart*; heth. *ešši*, ai. *ási*, gr. *eĩ*, akslav. *jesi*, lit. *esì*, air. *at, it*) und der Erweiterung *bʰei-* aus *bʰwei-* zu der Wurzel *bʰewə-* ´sein´. Diese Erweiterung bildet ein volles Paradigma im Altenglischen, außerhalb des Germanischen in l. *fio* ´werde, geschehe´, dem ´consuetudinal present´ (Verlaufsform des Präsens) des Verbum substantivum im Keltischen (air. *biid* usw.) und besonderen Formen in den baltischen und slavischen Sprachen. Im Gotischen als Relikt die Konjunktion *bijandz-uþ-þan* ´zugleich aber auch´ (formal ein Partizip Präsens). Während diese beiden Paradigmen im Altenglischen getrennt nebeneinanderstehen, sind sie im Althochdeutschen *(bum, bis, Pl. birum, birut)*, Altsächsischen *(bium, bis)* und Altfriesischen *(bim/bin,* 2. Sg. unbezeugt) in einigen Präsensformen kontaminiert worden und existieren außerhalb dieser kontaminierten Formen nicht mehr.

S. *bauen, ist, sein, Wesen*. – Zur Abgrenzung der beiden Verben im Altenglischen vgl.: K. Jost: *beon und wesan* (Heidelberg 1909); Seebold (1970), 112–115.

binär *Adj. per. fach.* ´zwei Einheiten enthaltend´ (< 20. Jh.). In der modernen Wissenschaftssprache entlehnt aus l. *bīnārius* ´zweifach´ zu l. *bīnus* ´je zwei´. S. *bi-* und *zwei*, sowie *Bit*.

Cottez (1980), 52.

binden *st V.* (< 8. Jh.). Mhd. *binden*, ahd. *bintan*, as. *bindan*, aus g. *bend-a-* ´binden´ auch in gt. *bindan*, anord. *binda*, ae. *bindan*, afr. *binda*; dieses aus ig. *bʰendʰ-* ´binden´ in ai. *badhnáti* ´bindet´, in den anderen Sprachen nur Ableitungen: gr. *peîsma* ´Schiffstau´, lit. *beñdras* ´Genosse´, mir. *bann* ´Band, Verschluß´, l. *offendix* ´Kinnband, um die

Kopfbedeckung der Priester zu halten'. Präfigierungen: **ent-**, **ver-** mit **Verband**.

Nndl. *binden*, ne. *bind*, nschw. *binda*, nisl. *binda*. S. *anbandeln*, *Angebinde*, *Band*, *Bandage*, *Bendel*, *Bund*. − Seebold (1970), 102−104; Röhrich 1 (1991), 198.

binnen *Präp.* (< 12. Jh.). Mittel- und niederdeutsche Form (mndl. mndd. *binnen*, *bin*; auch ae. *binnan*, afr. *binna*, *binnia*), die älteres mhd. *innen* als Präposition verdrängt. Heute in der Standardsprache nur noch zeitlich verwendet; die räumliche Bedeutung in Komposita wie **Binnenland** usw. Die Form entstand aus einer Zusammenrückung von *be* und *innen*, wobei der Vokal des ersten Glieds (wie etwa in *bange*) verloren ging. Nndl. *binnen*.

Binokel *n. arch.* 'Brille, Fernglas' (< 19. Jh.). Entlehnt aus frz. *binocle m.*, dieses aus neo-kl. *binoculus m.*, zu l. *bini* 'je zwei, doppelt' und l. *oculus m.* 'Auge'; eigentlich 'zweiäugig' im Gegensatz zu dem 'einäugigen' **Monokel**.

Binse *f. erw. fach.* 'Sumpfpflanze' (< *9. Jh., Form < 12. Jh.). Das Femininum ist wohl rückgebildet aus dem Plural von mhd. *bin(e)z m./f.*, ahd. *binuz m.*, as. *binut m.* aus wg. **binut(a)-* (oder **ben-*) m. 'Binse', auch in ae. *beonet-* (nur in Eigennamen). Daneben mhd. *biese*, mndd. *bese*, nfr. *būs*. Herkunft unklar. **In die Binsen gehen** sagte man ursprünglich wohl vom angeschossenen und flüchtenden Federwild, dann allgemein für 'verloren gehen'.

Nndl. *bies*, ne. *bentgrass*. S. *Biese*. − A. Dittmaier *ZDA* 89 (1959), 37−40; Rooth (1981), 22−29; Röhrich 1 (1991), 198 f.

Binsenwahrheit *f.*, **Binsenweisheit** *f.* Bezeugt seit dem 19. Jh.; das Benennungsmotiv ist nicht ganz klar. Vermutlich im Anschluß an l. *quaerere in scirpo nōdum* 'in der Binse einen Knoten suchen' = 'sich unnötige Mühe machen' (weil die Binse keine Knoten hat); also etwa 'eine Weisheit, die man nicht suchen muß, die offen zutage liegt'.

Röhrich 1 (1991), 199.

bio- *LAff.* Element mit der Bedeutung 'Leben, (Natur)' (z. B. *Biographie* 'Schrift über das Leben einer Person'). Es geht auf gr. *bíos* 'Leben' zurück und wurde zunächst in Wörtern griechischer Herkunft ins Deutsche entlehnt. Häufigere Verwendung in neoklassischen Bildungen; in der Gegenwartssprache stark herangezogen, um naturbelassene, umweltfreundliche Verfahren und Produkte zu bezeichnen (*Bio-Äpfel* usw.). Die Bezeichnungsweise entstand als Abkürzung von (und dann aber mit Abgrenzung gegen) Richtungen wie dem biologisch-dynamischen Landbau.

Zur Verwandtschaft des griechischen Wortes s. *Biologie*. − Cottez (1980), 52; *Brisante Wörter* (1989), 438−466; Carstensen 1 (1993), 123−125.

Biographie *f. erw. fach.* 'Lebensbeschreibung' (< 18. Jh.). Neoklassische Bildung aus *bio-* 'Leben' und *-graph* 'Schreiber' mit dem Suffix *-ie*; vielleicht unter Rückgriff auf seltenes gr. *biographía* 'Lebensbeschreibung'. Täterbezeichnung: **Biograph**; Adjektiv: **biographisch**; Kompositum: **Autobiographie**.

DF 1 (1913), 86; Cottez (1980), 52; *LM* 2 (1983), 199−212.

Biologie *f. erw. fach.* 'Lehre vom Lebenden' (< 18. Jh.). Neoklassische Bildung aus *bio-* 'Leben' und dem Affix *-logie* zur Bezeichnung von Wissenschaften. Im Griechischen bedeutet das mit der Täterbezeichnung baugleiche Kompositum *biológos* 'Schauspieler' (einer der das Leben darstellt) − es hat mit dem späteren Wort offensichtlich nichts zu tun. Täterbezeichnung: **Biologe**; Adjektiv: **biologisch**.

Gr. *bíos* 'Leben' ist ein *o*-stämmiges Abstraktum zu gr. *béomai* 'ich lebe' aus der Wurzel ig. **gʷeiə-* 'leben', deren germanische Verwandte unter *keck*, die lateinischen unter *vital* dargestellt sind. Die Kompositionsform ist *bio-*, womit *Biographie*, *Biologie*, *Biotop* u. a. gebildet sind. Als Hinterglied erscheint das Wort in *Amphibie* und *Mikrobe*, auf eine Abstraktbildung geht *Symbiose* zurück; zu einer adjektivischen Weiterbildung gehört *Antibiotikum*. Mit abweichender Vertretung des Labiovelars in anderer Lautumgebung *Hygiene* (Abstraktum zu einem komponierten Adjektiv) und mit weiter abweichendem Vokalismus das Vorderglied von *Zoologie*. − *HWPh* 1 (1970), 943 f.; Cottez (1980), 52.

Biotop *m./n. per. fach.* 'bestimmter Lebensraum, Gartenteich' (< 20. Jh.). 1908 von dem Biologen F. Dahl gebildet, um einen durch verschiedene zusammenwirkende Verhältnisse bestimmten Lebensraum für Pflanzen, Tiere (und Menschen) zu bezeichnen (aus. *bio-* und gr. *tópos m.* 'Ort', s. *Topos*). Wird dann in der Diskussion um den Umweltschutz zu einem 'brisanten Wort', und im praktischen Gebrauch bis zu 'Gartenteich' verharmlost.

HWPh 1 (1970), 951 f.; *Brisante Wörter* (1989), 446−450.

Birett *n.* s. *Barett*.

Birke *f.* (< 9. Jh.). Mhd. *birke*, *birche*, obd. *birche*, ahd. *birka*, as. *birka* aus g. **berk-jo/*berkō* 'Birke', auch in anord. *bjǫrk*, ae. *beorc*, dieses aus ig. **bʰerəǵo-* (mit Ablaut) 'Birke' in ai. *bhūrjá- m.* (mit *ŕ̥*), russ. *beréza*, lit. *béržas m.*, und evtl. l. *fraxinus* 'Esche'. Falls nicht ein altes Lehnwort vorliegt, kann der Baumname zu der ig. Wurzel **bʰerəǵ-* 'glänzen' gehören, da die helle Rinde zu den auffälligsten Merkmalen des Baumes gehört.

Nndl. *berk*, nschw. *björk*, nisl. *birki*. − Suolahti (1909), 251−253; *RGA* 3 (1978), 28f.

Birkhuhn *n. per. fach.* (ein Wildhuhn) (< 11. Jh.). Mhd. *birkhuon*, ahd. *birchuon*; es heißt so, weil es in Birkenwaldungen angetroffen wird und sich von den Knospen der Birke nährt.

Birne *f.* (< *11. Jh., Form < 17. Jh.). Mhd. *bir(e)*, ahd. *bira*, *pira* (das spätere *n* ist aus dem Plural und anderen Kasusformen der schwachen Flexion verallgemeinert, auch das auslautende *-e* hängt mit dieser Entwicklung zusammen), entlehnt aus l. *pira f.*, *pirum n.* ˈBirneˈ. Das lateinische Wort wird mit der Sache entlehnt, d. h. mit der Kenntnis der Gartenbirne. Wie die schon zuvor vorhandenen Holzbirnen benannt wurden, ist nicht überliefert. Auch das lateinische Wort ist seinerseits aus einem vorindogermanischen Mittelmeerwort entlehnt.

Nndl. *peer*, ne. *pear* (die nordischen Wörter sind aus dem Altenglischen entlehnt: nschw. *päron*, nisl. *pera*). – Hoops (1905), 541 f.; Frings (1932), 152; Bertsch (1947), 104–108; *RGA* (1978), 29–32; *LM* 2 (1983), 225; Röhrich 1 (1991), 199 f.

birschen *sw V.* s. *pirschen*.

bis *Präp./Konj.* (< 12. Jh.). Mhd. *biz* ist offenbar aus mhd. *bī* und mhd. *ze* (s. *bei* und *zu*) zusammengewachsen und paßte seine Lautform (Verlust des *e*, Aussprache des *z*) der Stellung vor vokalisch anlautenden Präpositionen (*bis auf* usw.) an.

Th. Frings/G. Schieb. in: *FS Öhmann* (1954), 429–462; G. Schieb *BGDSL-H* 81 (1959), 1–77.

Bisam *m. per. fach.* ˈMoschusˈ (< 9. Jh.). Ahd. *bisamo*, mhd. *bisem* ist entlehnt aus ml. *bisamum n.*, dieses aus hebr. *bōśæm*, *bæśæm*. Das Wort wird übertragen auf verschiedene Wohlgerüche und stark riechende Tiere.

Littmann (1924), 17; Lokotsch (1975), 25.

Bischof *m.* (< 8. Jh.). Mhd. *bischof*, ahd. *biscof*, as. *biskop*, *biscop* geht zurück auf eine außerhalb des Gotischen gemeingermanische Entlehnung aus l. *episcopus* ˈBischofˈ aus gr. *epískopos* ˈAufseherˈ, zu gr. *skopeīn* ˈsehenˈ. Durch romanische Vermittlung wird dabei das *p* zu *b* (Ansätze schon im Vulgärgriechischen) und anlautendes *e* schwindet. So auch in anord. *biskup*, *byskup*, ae. *bisceop*, afr. *biskop*; dagegen geht das gt. *aipiskaupus* unmittelbar auf das griechische Wort zurück. Adjektiv: *bischöflich*; Lokalbildung: *Bistum*.

Nndl. *bisschop*, ne. *bishop*, nschw. *biskop*, nisl. *biskup*. S. *Bistum*. Zu der Sippe des zugrundeliegenden gr. *sképtesthai* s. *Skepsis*. – P. Kretschmer *Glotta* 31 (1951), 103 f.; F. P. Knapp *Sprache* 19 (1973), 180–197; *RGA* 3 (1978), 35–40; M.-L. Rotsaert *SW* 2 (1977), 181–216; *LM* 2 (1983), 228–238.

Bise *f. per. schwz.* ˈNordostwindˈ (< 11. Jh.). Mhd. *bīse*, ahd. *bīsa*, as. *biosa* führen zurück auf vd. **bisō f.* ˈNordostwind, Wirbelwindˈ (für den Vokal ist Länge und Kürze bezeugt, Länge etwa in fnhd. **Beiswind**, die Lemmaform entspricht der heute in der Schweiz üblichen). Herkunft unklar. Ein Zusammenhang mit ahd. *bisōn*, mhd. *bisen* ˈzügellos sein, umherrennen (wie von Bremsen geplagtes Vieh)ˈ ist denkbar, aber nicht ausreichend wahrscheinlich zu machen. Zu *Brise* mit Ausfall des *r*? Oder lautmalend (für ˈpfeifenˈ)?

Ndl. (dial.) *bijs*. – H. Wehrle *ZDW* 9 (1907), 164–166; N. Törnquist *KVNS* 77 (1970), 22 f.; *DEO* 1982, 121.

Biskotte *f. per. österr.* ˈLöffelbiskuitˈ (< 20 Jh.). Entlehnt aus it. *biscotto*, der Entsprechung zu Bis-

kuit. Früher allgemeiner, dann durch die französische Form *Biskuit* verdrängt.

Biskuit *m.* (ein Feingebäck) (< 17. Jh.). Entlehnt aus frz. *biscuit*, dieses zu l. *bis coctus (pānis)* ˈzweimal Gebackenes (Brot)ˈ, aus l. *bis* ˈzwei, zweimalˈ und l. *coquere (coctum)* ˈbacken, kochenˈ. So benannt, da das Gebäck nach dem Backen noch leicht geröstet wird. Eine ältere Entsprechung ist *biscott*, *Biskotte*.

S. *kulinarisch*, *Aprikose*, *Biskotte*; vgl. *Zwieback*. – *DF* 1 (1913), 86; E. Öhmann *NPhM* 44 (1943), 13 f.; Jones (1976), 149; zum Element *bis-* s. Cottez (1980), 51.

bislang *Adv. ndd.* ˈbis heuteˈ (< 16. Jh.). Gekürzt aus älterem *bissolang*.

Bison *n. per. fach.* (ein Büffel) (< 18. Jh.). Die germanische Bezeichnung des *Wisents* wird als *bīson* ins Lateinische entlehnt. Von dort aus wird das Wort als zusammenfassende Bezeichnung für den europäischen Wisent und den nordamerikanischen Wildbüffel übernommen.

bißchen *Pron.-Adj.* (< 16. Jh.). Eigentlich ˈein kleiner Bissenˈ (und dementsprechend mit verschiedenen regionalen Diminutivformen verwendet), z. B. in *ein Bißchen Brot* ˈein kleiner Bissen Brotˈ. Im 17./18. Jh. verallgemeinert zu ˈein wenigˈ, also z. B. auch *ein bißchen Eisen*, *Holz* usw.

Bißgurre, **Bißgurn** *f. per. reg.* (< 16. Jh.). Das Wort scheint eine Nachdeutung des Fischnamens *Peitzker* zu sein – eigentlich *Gurre* = ˈalte Stuteˈ. Dann scherzhaft übertragen auf ein ˈzänkisches (bissiges) Weibˈ.

bist *unr. V.* s. *bin*.

Bistro *n. per. fremd.* ˈeinfaches (Wein)Lokalˈ (< 20. Jh.). Entlehnt aus frz. *bistro m.* im Zuge der Vorliebe für regionale gastronomische Einrichtungen. Die Herkunft des französischen Wortes ist unklar. Vielleicht mit Suffix-Änderung zu frz. *bistrouille* ˈgepanschter Weinˈ (und ˈOrt, wo solcher Wein verkauft wirdˈ?).

DEO (1982), 124.

Bistum *n. erw. fach.* (< *9. Jh., Form < 12. Jh.). Mhd. *bis(ch)tuom*, ahd. *biscoftuom n./(m.?)*; das Wort ist also aus **Bischoftum* gekürzt und lautlich angepaßt.

LM 2 (1983), 251–253.

bisweilen *Adv. obs.* ˈzuweilenˈ (< 16. Jh.). Das Wort ist mit keiner Bedeutung von *bis* in Zusammenhang zu bringen. Es löst mhd. *bī wīlen* (noch bei Luther *beiweilen*) und *ze wīlen* (nhd. *zuweilen*) ab und ist vielleicht eine Kreuzung aus beiden (*bī ze wīlen*, vgl. die Entstehung von *bis*).

Bit *n. per. fach.* ˈBinärzeichenˈ (< 20. Jh.). Entlehnt aus ne. *bit*, einem Kunstwort (ˈblendingˈ) aus ne. *binary digit* ˈbinäre Zahlˈ. E. *binary* geht (wie auch d. *binär*) zurück auf l. *bīnārius* ˈzwei enthal-

tend`, zu l. *bīnus* ´je zwei`; e. *digit* ´Ziffer, Zahl`
basiert auf l. *digitus* ´(der zum Zählen benutzte)
Finger`. Ein *Bit* ist eine Informationseinheit, die
genau zwei Zustände einnehmen kann (z. B. ja −
nein). Als Einheit für den Informationsgehalt wird
das gleiche Kunstwort aufgefaßt als Abkürzung
von *basic indissoluble unit*. In diesem Fall wird das
Wort klein geschrieben (*bit*). S. *binär, digital.*
Rey-Debove/Gagnon (1988), 64; Carstensen 1 (1993),
126 f.

bitten *st V.* (< 8. Jh.). Mhd. *bitten*, ahd. *bitten*, as.
biddian aus g. **bed-ja- st V.* ´bitten`, auch in gt. *bid-
jan*, anord. *biðja*, ae. *biddan*, afr. *bidda, bidia*. Das
germanische Verb entspricht in allen lautlichen und
morphologischen Einzelheiten (auch in der ganz
ungewöhnlichen *e*-Stufe eines *j*-Präsens) air. *guidid*
´bittet`, gr. (Glosse) *théssesthai* ´bitten` und avest.
jaiδiiemi ´bitte, erfrage`. Morphologisch abwei-
chend, aber lautlich entsprechend sind die westslavischen Verben čech. *žádati*, poln. *żądać* ´bitten`
(dagegen sind die bedeutungsähnlichen Verben für
´dürsten, ersehnen` in akslav. *žędati* ´dürsten, Ver-
langen haben, ersehnen`, akslav. *žęděti* ´Verlangen
haben, begehren`, akslav. *žęždǫ* ´ich dürste, sehne,
verlange`; lit. *geidáuti, geidáuju* ´ich wünsche, be-
gehre`; gr. *póthos m.* ´Verlangen, Sehnsucht, Liebe`
wohl eher Metathesen von ig. **dʰegʷʰ-* ´brennen`).
Da die außergermanischen Formen auf einen Anlaut **gʷʰ* zurückführen, ist diese Gleichung einer
der stärksten Hinweise darauf, daß ig. **gʷʰ* im germanischen Anlaut zu *b-* geworden ist. Hierzu die
Höflichkeitsformel *bitte*; das Abstraktum *Bitte*, die
Präfigierung mit *ver-*, das Partikelverb mit *ab-*, und
die Komposita *Bittschrift* und *Bittsteller.*
Nndl. *bidden*, ne. *bid*, nschw. (veraltet) *bedja*, nisl. *biðja*. S.
beten, Gebet, Pedell. − E. Seebold (1970), 91−93; ders.
in: Mayrhofer/Peters/Pfeiffer (1980), 479−482; Röhrich 1
(1991), 201 f. Zur möglichen Entlehnung in die finnisch-
ugrischen Sprachen: J. Koivulehto (1991), 24.

bitter *Adj.* (< 8. Jh.). Mhd. *bitter*, ahd. *bittar*, as.
bittar aus g. **bit-ra- Adj.* ´bitter`, auch in anord.
bitr, ae. *biter* neben dem hochstufigen **bait-ra-*
gleicher Bedeutung in gt. *baitrs* und **baiska-* (aus
*bait-ska-) in anord. *beiskr*. Sämtliche Formen zu
der Verbalwurzel g. **beit-a-* ´beißen`, also ur-
sprünglich ´beißend`. Vor *r* ist die hochdeutsche
Lautverschiebung unterblieben. Abstrakta: *Bitterkeit, Bitternis*; Präfixableitungen **erbittern, verbit-
tern** mit den Abstrakta auf *-ung.*
Nndl. *bitter*, ne. *bitter*, nschw. *bitter*, nisl. *bitur*. − Röhrich
1 (1991), 202; Heidermanns (1993), 126 f.

Bittersüß *n.* s. *Jelängerjelieber.*

Bitumen *n. per. fach.* ´Erdpech` (< 16. Jh.). Ent-
lehnt aus l. *bitūmen* ´Erdharz`.
Das lateinische Wort gehört wohl zu dem Wort für ´Harz`,
das in *Kitt* erhalten ist, hat aber einen untypischen Lautstand. S. *Beton.* − Lüschen (1979), 189.

Bitze *f. arch.* ´Baumgarten, Grasgarten` (< 10.
Jh.). Mhd. *bíziune, bizūne n.*, ahd. *bízūni n.*, *bizūna
f.* also ´eingezäuntes Grundstück` zu *bei* und *Zaun.*
Vgl. *Beunde.*

bitzeln *swV. per. obd. wmd.* ´prickeln` (< 15. Jh.).
Diminuierende Bildung zu *beißen.*

Biwak *n. per. fach.* ´Nachtlager im Freien` (< 18.
Jh.). Entlehnt aus frz. *bivouac m.*, dieses aus ndd. *bi-
wachte* (ndl. *bijwacht*) ´Beiwache, Hilfswache`. Da
die Beiwache nicht wie die Hauptwache in einem
festen Bau, sondern im Freien postiert ist, kommt
die Bedeutungskomponente ´im Freien` hinzu.
Diese wird allmählich dominant und drängt das ursprüngliche Benennungsmotiv des Wachehaltens
zurück. Verb: *biwakieren.*
DF 1 (1913), 86.

bizarr *Adj. erw. fremd.* ´absonderlich, wunder-
lich` (< 17. Jh.). Entlehnt aus frz. *bizarre*, dieses
aus it. *bizzarro*, ursprünglich ´zornig, launenhaft`,
einer Ableitung von obit. *bizza* ´üble Laune, Jäh-
zorn`, das möglicherweise entlehnt ist aus ahd.
bāga ´Streit`. Semantisch hat wohl ein frz. *bigarre*
´querliegend` mitgewirkt.
F. Schalk in: *FS Wartburg* (1958), 655−679; Schalk (1966),
21−59; G. Rohlfs *ZRPh* 80 (1964), 120−126; E. Gamillscheg in: *FS M. Grevisse* (Gembloux 1966), 118 f.;
H. Busch *RF* 86 (1974), 447−450; *DEO* (1982), 125.

Bizeps *m. erw. fach.* ´der zweiköpfige Oberarm-
muskel` (< 19. Jh.). Anpassung von l. *biceps* ´dop-
pelköpfig`, zu l. *caput n.* ´Kopf, Haupt` und l. *bis*
´zwei`. So benannt nach den doppelten Ansatz an
der Schulter. Zu den auf l. *caput* ´Haupt` zurückge-
henden Wörtern s. *Chef.*

Blabla *n. stil.* ´leeres (gesellschaftliches) Gerede`
(< 14. Jh.). Eine auch im Französischen und Englischen mit gleicher Bedeutung auftauchende Lautnachahmung; vgl. *plappern*, l. *blatāre* ´plappern`,
anord. *blaðr n.* ´Unsinn`.
A. Liberman *GL* 30 (1990), 100−102; Röhrich 1 (1991),
202; Carstensen (1993),127.

Blache *f.* s. *Plane.*

Blachfeld *n. arch.* ´flaches Feld, Ebene` (< 15.
Jh.). Bei Luther neben *blaches Feld*, das möglicherweise erst aus dem Kompositum zurückgewonnen
ist. Auf Grund der Beleglage ist wohl von **Flach-
feld* mit Dissimilierung des ersten *f* gegen das
zweite auszugehen, unter Umständen hat zusätzlich ein Wort wie *Blache* (s. unter *Plane*) eingewirkt. Falls urverwandt mit lit. *blãkas* ´gleich,
eben` muß es sich in Flurnamen gehalten haben;
anders wäre sein späteres Auftreten nicht zu erklären.
Stammler (1954), 131 f.

blaffen *swV. erw. reg.* ´kurz bellen` (< 15. Jh.).
Auch mndd. *blaffen* ´bellen`. Lautmalerische Bil-

dung aus dem Umkreis von *bellen*. Nndl. *blaffen*. S. *belfern*.

Blagen *Pl.* ´Kinder`, **Blag** *n. per. wndd.* ´Kind`. Herkunft unklar. Nndl. *blaag*.

Blahe *f.* s. *Plane*.

blähen *swV.* (< 10. Jh.). Mhd. *blæjen*, ahd. *blāen*, *blājen* aus wg. **blǣ-ja- stV.*, das aber einzelsprachlich schwaches Verb wird, ´blähen, blasen`, auch in ae. *blāwan* ´blasen`, afr. *onblā* ´einhauchen`. Außergermanisch vergleicht sich l. *flāre* ´blasen`, das *ā* (vielleicht *ḁ*) aufweist. Lautgebärde, ähnlich wie die unter *Bausch* besprochene. Eine Erweiterung dazu ist *blasen*, s. auch *Blatt*, *Blatter*. Ne. *blow*. Abstraktum: **Blähung**; Partikelverb: **aufblähen**.
Seebold (1970), 117 f.

blaken *swV. per. ndd.* ´brennen, rußen, qualmen` (< 19. Jh.). Übernommen aus dem Niederdeutschen (mndd. *blaken*, mndl. *blaken*) und trotz der erst späten Bezeugung ein altes Wort. Außergermanisch vergleichen sich unter einem Ansatz ig. *\*bʰleg-* ´brennen` toch. AB *pälk-* ´brennen, leuchten`, gr. *phlégō* ´ich brenne, leuchte`, auch trans., l. *flagrāre* ´brennen, lodern`, nebst l. *flamma* ´Flamme` aus **flag-ma*. Für das Germanische wäre ein starkes Verb ***blek-a-* vorauszusetzen, das aber nicht bezeugt ist, **blak-ō-* kann zu ihm ein Intensivum sein. S. *blecken* und *blitzen* zu der Schwierigkeit der Abgrenzung gegenüber **bleik-a-* ´schimmern`. Nndl. *blaken*. S. *phlegmatisch* zu Entlehnungen aus der griechischen Verwandtschaft.

blamieren *swV.* (< 17 Jh.). Entlehnt aus frz. *blâmer* ´tadeln`, mit unregelmäßiger Lautentwicklung aus spl. *blastemare*, aus l. *blasphēmāre* ´ (Gott) lästern, tadeln`, aus gr. *blasphēmeîn*, das mit gr. *phánai* ´reden, sagen` verwandt ist. Das Wort wird im Deutschen zunächst vor allem in der Bedeutung ´beschimpfen, schmähen` gebraucht; in der Sprache der Studentenverbindungen wandelt sich die Bedeutung (zu ´bloßstellen`), als das Wort häufig bei Vergehen gegen den Ehrenkodex verwendet wird. Abstraktum: **Blamage**; Adjektiv: **blamieren**.
Zu der Sippe von gr. *phánai* ´reden` s. *Blasphemie*. − DF 1 (1913), 86 f.; Jones (1976), 150 f.; Brunt (1983), 157.

blangen *swV.* s. *belangen*.

blank *Adj.* (< 10. Jh.). Mhd. *blanc*, ahd. *blanc*, mndd. *blank* führen auf vd. **blanka- Adj.* ´glänzend, weiß, hell` zurück. Damit vergleicht sich zunächst (als Pferdefarbe) anord. *blakkr* ´fahl`, aber auch ´braun`, ae. *blanca* ´Schimmel`, so daß wohl ein g. **blanka-* ´weiß` anzusetzen ist (zumal ein solches Wort durch die romanischen Entlehnungen frz. *blanc*, it. *bianco* vorausgesetzt wird); die Bedeutungsabgrenzung macht aber stellenweise Schwierigkeiten. Die neuhochdeutsche Bedeutung ´bloß, bar` geht wohl auf Wendungen wie *blankes Schwert*

´gezogenes Schwert` zurück, das ursprünglich ´blitzendes Schwert` geheißen haben kann, aber als ´bloßes Schwert` zu verstehen war. Lautlich und semantisch gehört *blank* zu *blinken*, doch ist dieses Verb wesentlich später und schlechter bezeugt. Zu Wörtern mit ähnlicher Lautform und Bedeutung gehören noch *blaken*, *blecken*, *bleich* und *blitzen*.
Nndl. *blank*, nschw. *black*. S. *Blankett*, *blanko*. − Schwentner (1915), 37−39; Röhrich 1 (1991), 202; Heidermanns (1993), 129 f.

Blankett *n. arch.* ´unterschriebenes, aber nicht vollständig ausgefülltes Schriftstück` (< 16. Jh.). Französisierende Neubildung nach dem Vorbild von frz. *carte blanche*.
S. *blanko*. − DF 1 (1913), 87; LM 2 (1983), 263.

blanko *Adj. erw. fach.* ´unliniert, unausgefüllt` (< 17. Jh.). Im 17. Jh. entlehnt aus it. *(in) bianco* (eigentlich ´in weiß`), wobei die Form an d. *blank* angeglichen wird, mit dem es wohl urverwandt ist. S. auch *Blankett*.

Blankscheit *n. arch.* ´Fischbein im Mieder` (< 18. Jh.). Umgedeutet aus frz. *planchette f.*, eigentlich ´Plättchen, Brettchen`.

Blankvers *m. per. fach.* ´reimlose Jamben` (< 18. Jh.). Entlehnt aus ne. *blank verse* ´reiner (d. h. reimloser) Vers` (s. *blank* und *Vers*).
DF 1 (1913), 87 f.; Ganz (1957), 40.

blasen *stV.* (< 9. Jh.). Mhd. *blāsen*, ahd. *blāsan*, mndd. *blasen*, mndl. *blasen* aus g. **blēs-a- stV.* ´blasen`, auch in gt. *-blēsan*, anord. *blása*. Dieses ist eine nur germanische Erweiterung der Wurzel (ig.) *\*bʰlē-*, die unter *blähen* dargestellt ist. Hierzu als ´Aufgeblasenes, Aufblasbares` nhd. **Blase**, mhd. *blāse*, ahd. *blāsa f.* nndl. *blaas*.
Nndl. *blazen*, nschw. *blåsa*, nisl. *blása*. − Seebold (1970), 120; Röhrich 1 (1991), 203−205.

blasiert *Adj. erw. fremd.* ´dünkelhaft überheblich` (< 18. Jh.). Entlehnt aus frz. *blasé* ´abgestumpft, gleichgültig`, dem PPrät. von frz. *blaser* ´abstumpfen`, dessen Herkunft nicht sicher geklärt ist. Ursprünglich ein wissenschaftlicher Fachausdruck zur Bezeichnung übersättigter Flüssigkeiten; dann übertragen auf die Alkoholaufnahme im menschlichen Körper und deren Wirkung auf die körperliche Verfassung, woraus sich die Bedeutung ´gleichgültig, abgestumpft` ergibt. Unter Verlust des ursprünglichen Benennungsmotivs Bedeutungsverengung von ´gleichgültig, uninteressiert` hin zu ´uninteressiert aus Überheblichkeit`, schließlich ´hochnäsig`.
DF 1 (1913), 88.

blasonnieren *swV. per. fach.* ´ein Wappen mit Malereien schmücken` (< 14. Jh.). Spmhd. *blasenieren*, *blesenieren* ist entlehnt aus afrz. *blasonner* ´Wappen malen`, zu afrz. *blason* ´Schild, Wappen am Schild', dessen weitere Herkunft nicht sicher geklärt ist.

LM 2 (1983), 267.

Blasphemie *f. erw. fach.* ʿ(Gottes)Lästerungʾ (< 16. Jh.). Entlehnt aus l. *blasphēmia*, dieses aus gr. *blasphēmía*, einem Abstraktum zu gr. *blasphēmeîn* ʿlästern, schmähenʾ, das zu gr. *phánai* ʿreden, sagenʾ gehört. Das Vorderglied ist unklar. Adjektiv: *blasphemisch*.

Auf Abstrakta zu gr. *phánai* ʿsagenʾ gehen einerseits *Blasphemie* und *Euphemismus*, andererseits *Aphasie* zurück, ein Nomen agentis ist *Prophet*; *blamieren* geht über das Französische auf das Grundwort von *Blasphemie* zurück. Zu den germanischen Entsprechungen s. *Bann*.

blaß *Adj.* (< 13. Jh.). Mhd. *blas* (selten, auch in abliegenden Bedeutungen, die möglicherweise nicht hierhergehören), ahd. *ros* ʿPferd mit Blesseʾ, as. *blas* ʿweißʾ aus vd. *blasa-* neben der etwas weiter verbreiteten *j*-Ableitung in *Blesse*. Eine nur germanische Erweiterung zu ig. *bʰel-* ʿweißʾ (besonders als Tierfarbe und für weiße Flecken auf Tieren). Modifikation: *bläßlich*; Abstraktum: *Blässe*; Präfigierungen mit *er-* und *ver-*.

S. *Belche*. – Schwentner (1915), 43 f.; Röhrich 1 (1991), 205; Heidermanns (1993), 130.

Blatt *n.* (< 8. Jh.). Mhd. *blat*, ahd. *blat*, as. *blad* aus g. *blada-* n. ʿBlattʾ, auch in anord. *blað*, ae. *blæd*, afr. *bled* (im Gotischen steht für den Plural das Wort *Laub*). Dieses läßt sich mit anderen indogermanischen Wörtern für ʿBlattʾ vergleichen, die auf *bʰel-* zurückführen: toch. A *pält*, gr. *phýllon* (mit unregelmäßiger Vertretung der Schwundstufe), l. *folium*, mir. *bileóc*. Weitere Verknüpfungen sind unklar; vermutlich aus ʿsprossen, hervorbrechenʾ, dann näher zu *blühen* und vielleicht zu der unter *blähen* behandelten Lautgebärde für ʿblasen, schwellen, platzenʾ. – Das Wort steht in zahlreichen übertragenen Verwendungen für flache Gegenstände. Dabei geht auf die Bedeutung ʿSchulterblattʾ zurück das *Blatt* beim Schalenwild (Körpergegend um das Schulterblatt herum), auf ʿBlatt Papierʾ *kein Blatt vor den Mund nehmen* (bei den Schauspielern: nicht das Blatt vor den Mund halten, um zu verdecken, wer spricht), auf den Stoß Blätter (beim Buch, beim Kartenspiel usw.) *blättern* im Sinn von ʿin dünne Schichten zerfallenʾ, sowie die Bezeichnung *Blättermagen* für den dritten Magen der Wiederkäuer (wegen der Schichten der Magenhautgebilde) und *Blätterteig*. Die Wendung *das Blatt hat sich gewendet* ist nicht ausreichend geklärt.

Nndl. *blad*, nschw. *blad*, nisl. *blað*. Zur lateinischen Verwandtschaft s. *Folie*. – H. Kügler *MS* 54 (1939), 35; Röhrich 1 (1991), 205–209.

Blatter *f. arch.* (< 8. Jh.). Mhd. *blātere*, ahd. *blāt(a)ra*, as. *blādara* aus wg. *blædrōn* f. ʿBlase, Pockeʾ, auch in ae. *blædre*, eine Instrumentalbil-

dung auf ig. *-tro-* (im Germanischen auch zu femininen *n*-Stämmen umgebildet) zu der unter *blähen* behandelten Wortsippe. Also eigentlich ʿMittel zum Aufblasenʾ (etwa eine Schweinsblase), und dann übertragen auf Blasen auf der Haut. Nndl. *blaar*, ne. *bladder*.

blau *Adj.* (< 8. Jh.). Mhd. *blā(wes)*, ahd. *blāo*, *blāw-*, as. *blāo* aus g. *blēwa-* *Adj.* ʿblauʾ, auch in anord. *blár* ʿdunkelblau, dunkelʾ, ae. *blǣwen*, afr. *blaw*. Semantisch steht diesem am nächsten kymr. *blawr* ʿgrau, grau-blauʾ (aus *bʰlō-ro-*), während das formal ähnlichere l. *flāvus* ʿgoldgelb, blondʾ (*bʰlā-wo-* neben *bʰlē-wo-* als Vorstufe für das germanische Wort) in der Bedeutung stärker abweicht. Zu einer Gruppe von westeuropäischen Farbwörtern aus einer Grundlage (ig.) *bʰel-* mit im einzelnen unklaren Zusammenhängen. – Das Wort tritt in mehreren übertragenen Verwendungen auf, die nur teilweise erklärt werden können. Die Bedeutung ʿbetrunkenʾ stammt wohl aus ʿblau vor den Augenʾ, ʿblau sehenʾ u.ä. (wofür wir heute *schwarz* sagen), bezeichnet also das Schwindelgefühl des Betrunkenen. – *Blaues Blut* ist eine Übersetzung aus span. *sangre azul* – dieses soll eine Bezeichnung der weißhäutigen (westgotischen) Adelsgeschlechter gewesen sein, bei denen die Adern durch die Haut sichtbar waren (im Gegensatz zu den braunhäutigen Mauren). – Die Ausdrücke *blauer Montag* und *blau machen* gehen auf den Brauch zurück, den Handwerksgesellen den Montag frei zu geben (die Bezeichnung als *blauer Montag* seit 1550). *Blau* war er wegen der Kirchenfarbe der damit verbundenen Quatember-Gedächtnismessen für verstorbene Mitglieder. Die Zahl der *blauen Montage* war fast zu allen Zeiten heftig umkämpft; deshalb war auch vielerorts verboten, zusätzliche *blaue Montage* zu machen, worauf die heutige Bedeutung ʿeinen (unberechtigten) freien Tag einlegenʾ samt der verkürzten Formulierung *blau machen* zurückgeht. [Herangezogen wurde die Magisterarbeit von Ch. Wanzeck]. – Der *blaue Brief* bezieht sich auf die blaue Farbe der amtlichen Schreiben früherer Zeit – gemeint war zu verschiedenen Zeiten sehr Verschiedenes, heute in der Regel ʿKündigungsschreibenʾ oder ʿMitteilung der Schule, daß das Kind nicht in die nächste Klasse versetzt wirdʾ.

Nndl. *blauw*, ne. *blue* (über das Französische), nschw. *blå*, nisl. *blár*. – Schwentner (1915), 69–74; J. Sofer *Glotta* 18 (1930), 125 f.; D. Woll: *Neue Beiträge zur romanischen Etymologie* 10 (1975), 342–367; Röhrich 1 (1991), 209 f.; *RGA* 8,1/2 (1994), 8. Anders zu *blaues Blut*: K. Heisig *MS* 90 (1980), 181–184.

Blaubart *m. bildg.* ʿFrauenmörderʾ (< 18. Jh.). Nach dem französischen Märchen vom Ritter *Barbe Bleue*, der den Gehorsam seiner Frauen auf die Probe stellt und sie tötet, wenn sie die Probe nicht bestanden haben. Bei dem Namen scheint es sich um eine Nachdeutung von *barbeu* zu handeln, das seinerseits aus einer frühen Entsprechung zu *Werwolf* stammt.

J.-L. Picherit *NPhM* 89 (1988), 374–377.

Blaubuch *n. per. fach.* ´fürs Parlament gedruckte Darlegung der Außenpolitik mit Beifügung der wesentlichen Aktenstücke´ (< 19. Jh.). Nach ne. *blue book* (weil im englischen Parlament diese Akten blau, d. h. in der Farbe des königlichen Wappens, eingebunden wurden). In Deutschland als Schlagwort verwendet und danach **Gelb-, Rot-, Weißbuch** gebildet. Für die Sache wird heute **Weißbuch** gesagt, allgemein spricht man von **Farbbüchern**.

blauäugig *Adj. stil.* ´naiv´ (< 20. Jh.). Der romantische Heldentyp mit blonden Haaren und blauen Augen wird in nach-romantischer Zeit kritischer betrachtet, und so spricht etwa Thomas Mann (*Tonio Kröger* 1903) ´von den zwar liebenswerten, aber vor allem auch geistlosen Vertretern dieser blonden und blauäugigen Normalität´. Aus solchen kritischen Bemerkungen heraus entsteht in der Mitte des Jahrhunderts die Verwendung von *blauäugig* für ´naiv´.

H. Rölleke *WW* 33 (1983), 273 f.; Röhrich 1 (1991), 210 f.

bläuen *swV.* s. *bleuen*.

Blausäure *f. erw. fach.* (< 18. Jh.). Stark giftige Säure, die aus Berliner Blau gewonnen wurde und deshalb zunächst *Berliner-Blau-Säure* genannt wurde. Dann gekürzt.

Blaustrumpf *m. erw. fach.* Abwertend für ´intellektuelle Frau, die auf die als typisch weiblich geltenden Eigenschaften keinen Wert legt´ (< 18. Jh.). Lehnübersetzung von ne. *blue-stocking*. Die Herkunftslegenden, die diesen Wortgebrauch erklären sollen, können in der vorgebrachten Form nicht richtig sein; die nachweisbaren Elemente reichen aber zu einer umfassenden Deutung nicht aus. Erwiesen ist, daß in dem schöngeistigen Salon der Lady Montague (und in anderen Salons) ein dort gern gesehener Gast namens (Mr.) Stillingfleet mit blauen Strümpfen in Verbindung gebracht wurde (diese waren als Teil der Arbeitskleidung in einer Gesellschaft nicht angemessen). Weiter scheint ein philosophischer Gesprächskreis in diesem Zirkel mit Stillingfleets blauen Strümpfen in Verbindung gebracht worden zu sein, und Mitglieder dieses Zirkels (vor allem Fanny Burney und Hannah More) scheinen das Wort *blue stocking* als eine Art Markenzeichen schriftstellerisch tätiger junger Damen der Gesellschaft (eine damals noch durchaus verpönte Konstellation) gebraucht zu haben. Ob sie sich nur *blue stockings* nannten oder tatsächlich auch blaue Strümpfe trugen, ist unklar. Auf jeden Fall wurde dieser Akt der gesellschaftlichen Emanzipation mit der Bezeichnung als *Blaustrumpf* verbunden. Danach *blue-stocking, Blaustrumpf* für ´gelehrte Frau´, in Deutschland schon Ende des

18. Jhs. – Ein älteres *Blaustrumpf* (17. Jh.) meinte die Polizeidiener (wegen ihrer blauen Strümpfe); dieser Ausdruck war hauptsächlich bei den Hallischen und Leipziger Studenten üblich.

S. H. Myers *Studies in 18th. Century Culture* 15 (1986), 279–288. [Herangezogen wurde die Magisterarbeit von U. Schmidtmeier].

Blech *n.* (< 9. Jh.). Mhd. *blech*, ahd. *bleh*, mndd. *blik*, mndl. *blic* aus vd. **blika- n.* ´dünne Metallscheibe´. Vermutlich eine Ableitung aus g. **bleika- ´glänzen´* (s. *bleichen*), also ursprünglich ´Glanz, Glänzendes´. In früher Zeit handelt es sich vor allem um Goldblech, deshalb auch für Geld und Schmuck. Der Gebrauch in der Gaunersprache seit dem 15. Jh. (*Blech* ´kleine Münze´, dann auch ´Geld´) ist aber eher ironisch als ein Rückgriff auf diese alten Verhältnisse; dazu in der Studentensprache des 18. Jh. *blechen* ´bezahlen´. In der neueren Zeit ist Blech aus Eisen oder Aluminium, deshalb erheblich weniger wert und damit Bezeichnung für etwas nicht Solides; dann auch übertragen ´Unsinn´. *Blechmusik* ist ´Blasmusik´, weil die Blasinstrumente vorwiegend aus Blech bestehen. Adjektiv: *blechern*.

Nndl. *blik*. – *RGA* 3 (1978), 63–72; Wolf (1985), 56; *LM* 2 (1983), 269–270; Röhrich 1 (1991), 212.

blecken *swV. phras.* (< 8. Jh.). Heute fast nur noch in *die Zähne blecken*. Mhd. *blecken* ´aufblitzen lassen, durchscheinen lassen, entblößen´, ahd. *blecken* ´aufblitzen, glänzen´ aus g. **blekk-ǣ- ´aufblitzen (lassen)´*, ähnlich ae. *blīcettan* ´glänzen´, ahd. *bleckazzen* ´glitzern´. Die genaue lautliche Bestimmung der Wörter dieser Bedeutung mit e/i-Vokalismus ist schwierig, weil zwei Grundlagen in Frage kommen: einmal g. **blek-* (s. *blaken*) und zum andern g. **bleik-a-* (s. *bleichen*). Die beiden Sippen sind bedeutungsähnlich und gehen vermutlich auch auf die gleiche Wurzel zurück (ig. **bhel-*, einerseits zu **bhl-eg-*, andererseits zu **bhl-ei-g-* erweitert). Semantisch ist *blecken* in beiden Fällen gleich zu erklären – die Intensiv-Gemination verweist auf den Ausdruck für einen kurzen, intensiven Vorgang, also etwa ´aufblitzen´. Weiteres unter *blaken* und *bleichen*.

H. Glombik-Hujer *DWEB* 5 (1968), 64 f.

Blei *n.* ´Schwermetall´ (< 9. Jh.). Mhd. *blī(wes)* m./n., ahd. *blīo, blīwo*, as. *blī* aus g. **blīwa- n.* ´Blei´, auch in anord. *blý* (aber ae. *lēad*, s. *Lot*). Das Wort ist am ehesten entlehnt aus einer nicht-indogermanischen Sprache, die auch gr. *mólybdos, mólibos m.* ´Blei´ (und vielleicht l. *plumbum* ´Blei´) geliefert hat: Aus **mlib-* hätte sich g. **blib-* oder **bliw-* ergeben können, so daß sich gr. *mólibos m.* und g. **blīwa-* lautlich ausreichend nahe stehen. Bei einer Metallbezeichnung liegt die Annahme der Entlehnung ohnehin nahe. Adjektiv: *bleiern*.

Nschw. *bly*, nisl. *blý*. S. *Bleistift*. – A. Senn *JEGPh* 32 (1933), 509; S. Lengmark *MoS* 47 (1953), 63–71; Lippmann (1970), 574−577; Lüschen (1979), 190; *RGA* 3 (1978), 72−75; *LM* 2 (1983), 270−274; Röhrich 1 (1991), 212 f.

Blei *m.*, **Blei(h)e** *f. per. fach.* ˊAbramis brama˒ (Brachse) (< 17. Jh.). Übernommen aus dem Niederdeutschen (die hochdeutsche Form ist **Blicke**), mndd. *blei(g)*, *bleger*, *bleyer*, mndl. *blei* aus wg. **blajjōn*, auch in ae. *blǣge*. Weitere Herkunft unklar; in Anbetracht dessen, daß es sich um einen Weißfisch handelt, ist eine Erweiterung zu (ig.) **bhel-* ˊweiß˒ (s. *Belche* und *Blesse*) nicht ausgeschlossen. Nndl. *blei*, ne. *blay*, *bley*.

bleiben *st V.* (< 8. Jh.). Mhd. *b(e)līben*, ahd. *(bi)līban*, as. *(bi)līban* aus g. **bi-leib-a- st V.* ˊbleiben˒, auch in anord. *blifa* (entlehnt, nur in späten christlichen Texten bezeugt), ae. *belīfan*, afr. *b(i)līva*, *belīva* (gt. nur in einer umstrittenen Einzelform *bilaif*). Der Auslaut zeigt grammatischen Wechsel, wie der Vergleich mit gt. *aflifnan* ˊübrig bleiben˒ zeigt; es ist also (ig.) **leip-* vorauszusetzen. Eine Wortsippe mit diesem Lautstand gibt es für die Bedeutung ˊbeschmieren, kleben˒, das mit ˊbleiben˒ als ˊhängen bleiben, kleben bleiben˒ verbunden werden kann. Ai. *limpáti* ˊbeschmiert, salbt˒, toch. AB *lip-* ˊübrig bleiben˒, akslav. *prilěpiti* ˊkleben˒, lit. *lipti* ˊkleben˒, gr. vielleicht *aleíphō* ˊich schmiere, salbe˒ (wenn sekundär aspiriert gegenüber gr. *lípos* *n.* ˊFett˒). Dieses aus einer einfacheren Wurzel **lei-* ˊschmieren˒, die etwa in l. *linere* vorliegt. Präfigierungen: *ver-*, *unter-*; Abstraktum: **Verbleib**; Konkretum: **Bleibe**, **Überbleibsel**; Adjektiv (PPrät.): **Hinterbliebener**.

Nndl. *blijven*, nschw. *bli(va)*. S. *leben*, *Leber*, *Leim* und die zweiten Bestandteile von *elf* und *zwölf*. − Seebold (1970), 326 f.; Röhrich 1 (1991), 213.

bleich *Adj.* (< 8. Jh.). Mhd. *bleich*, ahd. *bleih*, as. *blēk* aus g. **blaika- Adj.* ˊgelblich glänzend˒, auch in anord. *bleikr*, ae. *blāc*; die Bedeutung ˊblaß˒ tritt vor allem im Deutschen hervor. Mit der entsprechenden Lautform gibt es im Germanischen Wörter aus dem Bedeutungsbereich ˊblaß˒ und solche mit ˊglänzen, leuchten˒ (s. **bleik-a-* unter *bleichen*). Letztlich gehen diese Bedeutungen aber sicher auf den gleichen Ausgangspunkt zurück. Zu ˊbleich˒ gehören etwa anord. *blikna* ˊerblassen˒ und außergermanisch lit. *blykšti* ˊbleich werden˒. Die andere Bedeutung unter *bleichen*.

Nndl. *bleek*, ne. *black* ˊschwarz˒ aus ˊglänzend˒, nschw. *blek*, nisl. *bleikur*. S. *Bleichert*. − Schwentner (1915), 39−43; Heidermanns (1993), 127 f.

bleichen *st V.*, **erbleichen** *st V.*, **verbleichen** *st V.* (< 9. Jh.). Mhd. *blīchen*, ahd. *blīhhan*, as. *blīkan* aus g. **bleik-a- st V.* ˊglänzen, schimmern˒, auch in anord. *blikja*, ae. *blīcan*, afr. *bleka*. Die Bedeutung ist im Deutschen durch *bleich* ˊblaß˒ beeinflußt worden, so daß semantisch die abgeleitete Bedeutung ˊbleich werden˒, aber mit starker Flexion, vorliegt. Das Faktitivum **bleichen** ˊbleich, hell machen˒

ist ein schwaches Verb. Die Formen werden aber nicht immer konsequent unterschieden.

Nndl. *blijken* ˊsich herausstellen˒, nisl. *blika*. S. *Blech*, *blecken*, *bleich*, *Bleichert*. − Seebold (1970), 118−120; zu *Bleiche* s. *LM* 2 (1983), 274.

Bleichert *m. per. fach.* ˊhellroter Wein˒ (< 16. Jh.). Aus *bleich* und dem Namenelement *-hart*.

Bleistift *m.* (< 17. Jh.). Im 17. Jh. wurde in England (Cumberland) eine Graphitgrube entdeckt, die einen so feinen Graphit lieferte, daß man damit schreiben konnte. Die Art des Materials wurde nicht erkannt − man hielt es für Bleierz und nannte es **Bleiweiß** oder **englisches Blei**, vermutlich weil man wußte, daß man auch mit Blei schreiben kann. Die Schreibstifte nannte man im Deutschen **Reißblei**, **Schreibblei** oder **Wasserblei** (letzteres in der Annahme, das Material sei im Meer entstanden); dann auch *Bleistifte* oder **Bleiweißstifte**. Noch die Einrichtung einer Fabrik für diese Schreibgeräte durch F. Staedtler 1662 in Nürnberg gilt dem *Bleiweißsteftmachen*. Der Nachweis, daß das Material **Graphit** (zu gr. *gráphein* ˊschreiben˒) in Wirklichkeit eine Kohlenstoff-Modifikation ist, kam zu spät (1789), um die Bezeichnung noch ändern zu können − es blieb bei *Bleistift*, das entweder zu *(englisches) Blei* gebildet oder eine Klammerform aus *Bleiweißstift* ist. S. *Blei* und *Graphit*.

Röhrich 1 (1991), 213. [Herangezogen wurde die Magisterarbeit von A. Zimmermann].

Bleiweiß *n. per. fach.* 1. ˊBleicarbonat˒ (*weißes Weißbtei*), 2. ˊGraphit˒ (*schwarzes Weißblei*) (< 17. Jh.). Das Benennungsmotiv ist nicht ausreichend klar, s. *Blei*.

Blende[1] *f. per. fach.* ˊGestein, das metallisch aussieht˒ (z. B. *Zinkblende*) (< 16. Jh.). Zu *blenden* im Sinn von ˊtäuschen˒. Später Sammelbegriff für einige halbmetallisch aussehende Gesteine geringer Härte.

Lüschen (1979), 191.

blenden *sw V.* (< 9. Jh.). Mhd. *blenden*, ahd. *blenten*, mndd. *blenden*, *blinden* aus wg. **blandija- sw V.* ˊblenden˒, auch in ae. *blendan*, afr. *blinda*, *blinda*, Faktitivum zu *blind* mit auffälligem Ablaut. Vielleicht liegt deshalb eher (wie lit. *blīsti* ˊtrübe werden, sich verfinstern˒ nahelegt) ein Kausativum zu einem im Germanischen nicht mehr erhaltenen starken Verb ***blend-a-* ˊsich verfinstern˒ vor, zu dem *blind* eine e-stufige Ableitung wäre. Hierzu als Ableitung **Blende**[2] ˊAbdeckvorrichtung˒; zu diesem **abblenden**, dann auch **einblenden**. Zur Grundbedeutung **blendend** und **verblenden**.

Blendling *m. per. fach.* ˊMischling˒ (< 17. Jh.). Wie anord. *blendingr* eine Herkunftsbildung zu dem schwachen Verb nhd. *blenden* ˊmischen˒ neben dem starken Verb g. **bland-a-* ˊmischen˒ in gt. *blandan*, anord. *blanda*, ae. *blandan*, as. *PPrät.* *giblandan*, ahd. *blantan*. Dies vergleicht sich vor allem mit lit. *blẹ̃sti*, *blą̃sti* ʿEssen mit Mehl anrühren`. Von ʿmischen` zu ʿtrüben` zu ʿverfinstern` läßt sich der Zusammenhang mit *blind* erklären.

Seebold (1970), 115−117.

Blesse *f. per. fach.* ʿweißer Fleck (auf der Stirn), Haustier mit einem solchen Fleck` (< 15. Jh.). Zu *blaß*. Weiße Flecken bezeichnen auch mhd. *blasse*, ahd. *blas(ros)*, mndd. *bles(se)*, anord. *blesi (m.)* und *blesóttr (Adj.)*. Die *e*-Formen beruhen am ehesten auf einer *j*-haltigen Nominalableitung. Daneben mit grammatischem Wechsel mndd. *blare*, mndl. *blaar*.

S. *blaß* und *Belche*; Heidermanns (1993), 130.

blessieren *swV. arch.* ʿverwunden` (< 17. Jh.). Entlehnt aus frz. *blesser*, dessen weitere Herkunft nicht sicher geklärt ist. Abstraktum: **Blessur**.

DF 1 (1913), 88.

bleuen *swV. arch.* ʿschlagen` (< 8. Jh.). Mhd. *bliuwen stV.*, ahd. *bliuwan stV.*, as. *ūtbliuwan* (nur Präs.) aus g. *\*blewwa-* ʿschlagen` *stV.*, auch in gt. *bliggwan*. In neuerer Zeit zu *blau* gezogen *(grün und blau schlagen)* und zu einem schwachen Verb geworden. Die Sippe hat außergermanisch keine genaue Vergleichsmöglichkeit. Eine Ableitung ist **Bleuel**, mhd. *bliuwel*, ahd. *bliuwil* ʿMörserkeule`, hierzu in neuerer Zeit **Pleuelstange**. Präfigierung mit *ver-*; Partikelverb mit *ein-*.

Seebold (1970), 120 f.; A. L. Lloyd *AJGLL* 1 (1989), 53−66.

Blick *m.*, **blicken** *swV.* (< 10. Jh.). Unter *blecken* ist auf die Wortsippe hingewiesen, die auf g. **blekk-/blikk-* mit Intensiv-Gemination beruht, und die sowohl an **bleik-a-* ʿglänzen`, wie auch an *\*blek-a-* ʿleuchten` angeschlossen werden kann. Als Bedeutung ergibt sich erst seit mittelhochdeutscher Zeit ʿaufleuchten, aufblitzen`, später auch übertragen auf den schnellen Blick des Auges. Kompositum: **Augenblick**.

S. *blecken*, *blaken*, *Blech*, *bleichen*, *blitzen*. − Röhrich 1 (1991), 213−214.

blind *Adj.* (< 8. Jh.). Mhd. *blind*, ahd. *blint*, as. *blind* aus g. **blinda-*, älter **blenda- Adj.* ʿblind`, auch in gt. *blinds*, anord. *blindr*, ae. *blind*, afr. *blind*. Ein *e*-stufiges Adjektiv, als dessen Grundlage vielleicht ein starkes Verb ***blend-a-* anzusetzen ist (s. unter *blenden*). Vergleichbar ist vor allem lit. *blẹ̃stis*, *blą̃stis*, *blẹ̃sti* ʿtrübe, dunkel werden, sich verfinstern` und hätte demnach die Bedeutung ʿfinster, verfinstert`. Zu der litauischen Sippe gehört *blẹ̃sti*, *blą̃sti* ʿEssen mit Mehl anrühren`, das seinerseits mit g. *\*bland-a-* ʿmischen` verwandt ist (s. *Blendling*). Die Bedeutung ʿtrübe, finster werden` geht also offenbar auf die Bezeichnung der Veränderung beim Einrühren in klare Flüssigkeiten zurück. Adverb: **blindlings**.

Nndl. *blind*, ne. *blind*, nschw. *blind*, nisl. *blindur*. − *LM* 2 (1983), 279−280; Röhrich 1 (1991), 215 f.; Heidermanns (1993), 133 f.

Blinddarm *m.* (< 16. Jh.). Frühneuhochdeutsche Lehnübersetzung von l. *cōlon* (oder *intestīnum*) *caecum n.*, das seinerseits aus gr. *typhlón énteron* übersetzt ist. *Blind* hat hier wie in anderen Wendungen die Bedeutung ʿohne Ausgang`.

Blindschleiche *f.* (< *9. Jh., Form < 12. Jh.). Mhd. *blintslīche*, ahd. *blint(o)slīh(ho)*, as. *blindslīco*; zunächst Maskulinum, dann wohl in Angleichung an *Schlange* Femininum. Da die Blindschleiche ihre Augen mit Lidern schließen kann, hielt man sie von jeher für blind. Deshalb schon gr. *typhlṓn* (u.ä.) zu gr. *typhlós* ʿblind`, l. *caecilia* zu l. *caecus* ʿblind`; und so entstand auch − vielleicht in Anlehnung an das lateinische Wort − das deutsche. Der zweite Bestandteil des Wortes gehört möglicherweise nicht ursprünglich zu *schleichen*, da verwandte Formen kein *-k-* zeigen: ne. *slow-worm*, ae. *sláw-wyrm*; norw. *slo*, *ormslo* usw. − andererseits lit. *slíekas* ʿRegenwurm, Schnecke`. Entweder sind alle diese Formen von *schleichen*, *Blindschleiche* abzutrennen; oder es liegt g. **sleihʷ-* voraus, und die seither üblichen Zusammenstellungen in der Wortsippe *schleichen* müssen revidiert werden; oder schließlich haben die Wörter für Blindschleiche nichts mit *schleichen* zu tun und gehen auf (ig.) **sloiw-ōn/n̥* ʿWurm, Schlange` zurück (mit Entwicklung von *w* zu *k* vor silbischem *n*, das aber nicht in allen Formen auftritt).

blinken *swV.* (< 15. Jh.). Übernommen aus dem Niederdeutschen (mndd. *blenken*, *blinken*, mndl. *blinken*); hierzu sicher *blank*. Nächstverwandt in der Bedeutung und Lautform ist g. **bleik-a-* ʿglänzen`, und die morphologisch einfachste Verknüpfung wäre die Annahme eines Nasalpräsens ***blin-k-a* mit Ablautentgleisung. Morphologisch schwieriger, aber semantisch günstiger wäre ein Anschluß an (g.) **blek-* (s. unter *blaken*). Allerdings ist die späte Bezeugung für diese Verknüpfungen nicht günstig, deshalb nicht ausreichend klar. Nach R. Lühr im Niederländischen und Niederdeutschen aus dem Umlaut von *a* entstanden, als Ableitung von *blank*. Nomen instrumenti: **Blinker**.

Nndl. *blinken stV.*, ne. *blink*. S. auch *blinzeln*, *flink*. − Stammler (1954), 216−220; Lühr (1988), 96 f.

blinzeln *swV.* (< 13. Jh.). Spmhd. *blinzeln*, auch *blinzen*. Die in bairisch-österreichischen Mundarten auftretende Form *blinkitzen* macht *blinken* als Grundlage wahrscheinlich (also **blink-atja-*) und dann eine wohl als iterativ aufzufassende *l*-Bildung.

blitzen *swV.* (< 9. Jh.). Mhd. *bliczen*, ahd. *blekkazzen*, *bleckezzen*. Zu dem unter *blecken* aufgeführten Verb mit der Bedeutung ʿaufblitzen (lassen)` gehört auch die Erweiterung auf g. *\*-atja-* und teils *e-*, teils *i-*Vokalismus. Die Bedeutung ist ʿglitzern` u.ä., doch ist sicher schon in verhältnismäßig alter Zeit auch ʿblitzen` (von der Naturerscheinung) vorauszusetzen. Das Substantiv *Blitz*, mhd. *blitze, blicze* ist dazu eine Rückbildung. In dieser Bedeutung steht von den beiden in Frage kommenden verbalen Grundlagen g. **blek-* näher, weil auch l. *fulgur* ʹBlitzʹ (aus ig. **bhl̥g-*) zu dieser Wurzelform gehört. – *Blitz-* tritt gelegentlich als Verstärkungswort auf (*blitzsauber* usw.).

S. *abblitzen*. – Ch. Förster: *Deutsche Wortgeographie von Naturerscheinungen. Synonyme für blitzen und hageln.* (Diss. Marburg 1957); *LM* 2 (1983), 280; Röhrich 1 (1991), 219.

Blocher *m.* s. *Blocker.*

Block *m.* (< 11. Jh.). Mhd. *bloc, bloch*, ahd. *bloh, bloc* ʹKlotz, Bohleʹ. Nhd. obd. *Bloch.* Vermutlich handelt es sich um eine Form mit expressiver Gemination neben einer Form mit einfachem Auslaut. Seit dem 17. Jh. setzt sich die (auch zum Niederdeutschen stimmende) geminierte Form durch. Das Wort gehört am ehesten zu *Balken* und könnte eine Zugehörigkeitsbildung zu diesem sein: g. **belkōn/ balkōn* und **blukna-* (aus ig. **bhl̥gn-ó-*). Unmittelbar zu vergleichen kann sein russ. (dial.) *bólozno n.* ʹdickes Brettʹ (hat aber Hochstufe der zweiten Silbe). – Die *Blockflöte* ist nach dem in das Mundstück eingelassenen *Block* benannt.

Nndl. *blok.* – A. L. Lloyd *AJGLL* 1 (1989), 53–66; Röhrich 1 (1991), 219 f.

Blocker *m.*, auch **Blocher** *m. per. südd.* ʹBürste mit Stiel zum Bohnernʹ (< 20. Jh.). Zu *blochen, blocken* ʹbohnernʹ zu *Bloch, Block* ʹHolzblockʹ (nach der Beschwerung der Bürsten, mit der ein stärkerer Druck auf den Boden erzielt werden sollte).

blockieren *swV.* (< 17. Jh.). Entlehnt aus frz. *bloquer* (zunächst: ʹmit einem Fort versehenʹ), einer Ableitung von frz. *blocus* ʹFestungsfortʹ, dieses aus mndl. *bloc-hūs* ʹVerteidigungsstellung aus Balkenʹ, unter formalem Rückgriff auf frz. *bloc* ʹKlotzʹ (aus mndl. *bloc*). Aus der Sperrung von Straßen und Durchgangswegen verallgemeinert zu allgemeinem ʹsperrenʹ. Abstraktum: *Blockade.*

S. *Block, Blockstelle.* – *DF* 1 (1913),88; Jones (1976), 152 f.; Brunt (1983), 160; *LM* 2 (1983), 280–281.

Blockstelle *f. per. fach.* ʹStellwerkʹ (< 20. Jh.). Die *Blockstelle* dient zum *blockieren* eines Geleises, ist also aus *blockieren* rückgebildet.

blöde *Adj.* (< 9. Jh.). Mhd. *blœde* ʹgebrechlich, zaghaftʹ, ahd. *blōdi*, as. *blōð(i)* aus g. **blauþa-, blauþja-* (vermutlich ursprünglich *u*-Stamm) *Adj.* ʹschwach, zaghaftʹ auch in anord. *blauðr*, ae. *blēaþ*; gt. vielleicht in *blauþjan* ʹabschaffenʹ. Außergermanisch ist am ähnlichsten gr. *phlaũros* ʹschlecht, geringfügig, ärmlichʹ (ig. **bhlau-ro-*); weitere Herkunft unklar. Im 17. Jh. wird dazu gebildet *blödsinnig* ʹschwachsinnigʹ, worauf *blöde* ebenfalls in diesem Bedeutungsfeld hineingezogen wird. *Blödsinn m.* ist eine Rückbildung des 18. Jhs. zu *blödsinnig.*

Verb: *blödeln*; Präfixableitungen: *entblöden, verblöden.*

Nndl. in *bloodaard* ʹFeiglingʹ, nschw. *blödig* ʹweich, empfindsamʹ. S. *bloß.* – Ruppel (1911), 19f.; Lühr (1988), 267f.; G. Stanitzek: *Blödigkeit* (Tübingen 1989); Röhrich 1 (1991), 221; Heidermanns (1993), 131f,

blöken *swV.* (< 16. Jh.). Übernommen aus ndd. *blöken, bleken*, mndd. *bleken.* Daneben fnhd. *blökken, blecken*, das sich nicht gehalten hat. Lautnachahmende Bildung, die nicht notwendigerweise den Lautgesetzen unterworfen ist; entsprechende Bildungen gleicher Bedeutung sind gr. *blēchãsthai*, russ. (alt) *blekati*, alb. *blegërónj* und etwas abweichend ae. *blǣtan*, ne. *bleat*, nndl. *blaten.*

Zu ähnlichen Bildungen s. *plärren.* – G. Linke *ASNSL* 172 (1937), 64f.; H. Glombik-Hujer *DWEB* 5 (1968), 144–146.

blond *Adj.* (< 17. Jh.). Entlehnt aus frz. *blond*, dessen Herkunft nicht zweifelsfrei geklärt ist. Nicht auszuschließen ist eine germanische Herkunft (s. *blau* – ohne genaues Vorbild), da germanische Farbbezeichnungen gerne entlehnt wurden. Einleuchtender, aber formal schwierig ist eine Rückführung auf l. *flāvus* ʹblondʹ mit einem auch sonst in Farbwörtern auftretenden Suffix l. *-undus.* Täterbezeichnung (Femininum): *Blondine*; Verb: *blondieren.*

DF 1 (1913), 89; G. Tilander in: *FS Meier* (1971), 545–547; Brunt (1983), 160; D. Woll: *Neue Beiträge zur romanischen Etymologie* 10 (1975), 342–367; *DEO* (1982), 127.

bloß *Adj.* (< 12. Jh.). Mhd. *blōz*, mndd. *blōt*, mndl. *bloot* aus g. **blauta- Adj.* ʹbloß (u. a.)ʹ, auch in anord. *blautr* ʹzart, schwach, naßʹ, ae. *blēat* ʹarmseligʹ. Lautlich würde entsprechen ein gr. *phlydáō* ʹich triefeʹ mit gr. *phlydarós* ʹweich, matschigʹ. Das würde die altnordische Nebenbedeutung erklären, aber kaum zu ʹentblößtʹ führen. Unter Umständen sind hier zwei verschiedene Wörter zusammengeflossen; vgl. das bedeutungsähnliche *blöde* und nhd. (reg.) *blutt* ʹbloß, unbekleidetʹ, die lautlich nicht ohne weiteres zu *bloß* passen. Die Zusammenhänge bedürfen noch der genaueren Aufklärung; *sich eine Blöße geben* ʹeine schwache Stelle zeigenʹ ist ein Ausdruck der Fechtersprache. Präfixableitung: *entblößen*; Zusammenrückung: *bloßstellen.*

Nndl. *bloot*, nschw. *blöt*, nisl. *blautur* ʹnaßʹ. – Lühr (1988), 267f.; Röhrich 1 (1991), 221; Heidermanns (1993), 130 f.

blubbern *swV. stil.* ʹBlasen aufsteigen lassenʹ (< 20. Jh.). Lautmalerisch.

Blue Jeans *Pl.* s. *blau* und *Jeans.*

Bluff [bluf, blœf] *m. erw. fremd.* ʹTäuschungʹ (< 20. Jh.). Entlehnt aus ne. *bluff*, dessen Herkunft nicht zweifelsfrei geklärt ist. Ausgangspunkt für die Entlehnung ist wohl das Kartenspiel Poker, bei dem der *Bluff* zur Spielpraxis gehört. Dann Verallgemeinerung der Bedeutung. Verb: **bluffen** S. *verblüffen*.

Rey-Debove/Gagnon (1988), 71.

blühen *sw V.* (< 8. Jh.). Mhd. *blüejen*, ahd. *bluoen*, as. *blōian* aus wg. **blō-(j)a- st V.* ´blühen`, auch in ae. *blōwan st V.* (die auf Langvokal auslautenden ´Verba pura` sind im Deutschen allgemein von der starken in die schwache Flexion übergegangen). Dieses aus ig. (weur.) **bhlō-* ´blühen`, auch in l. *flōs (-ōris)* ´Blume, Blüte` und mir. *bláth* ´Blüte`; falls das Wort *Blatt* zugehörig ist, ergeben sich weitere Vergleichsmöglichkeiten. Wenn von einer Bedeutung ´sprossen, hervorbrechen` auszugehen ist, kann die Wortsippe an die unter *blähen* besprochene Lautgebärde für ´blasen, schwellen, platzen` angeschlossen werden. Präfigierungen mit **er-, ver-**, Partikelverb mit **auf-**.

Nndl. *bloeien*, ne. *blow*. S. *Blatt, Blume, Blüte, Blust*. − Seebold (1970), 122; J. Koivulehto *BGDSL-T* 103 (1981), 258 f.

Blümchenkaffee *m. per. omd.* ´sehr dünner Bohnenkaffee` (besonders in Sachsen gesagt) (< 18. Jh.). Angeblich, weil man bei ihm das Blumenmuster auf dem Grund der Tasse sehen konnte.

Röhrich 1 (1991), 222.

Blume *f.* (< 8. Jh.). Mhd. *bluome m./f.*, ahd. *bluoma f., bluomo m.*, as. *blōmo m.* aus g. **blōmōn m.* ´Blume, Blüte`, auch in gt. *blōma*, anord. *blóm n., blómi m.*, afr. *blām* (ae. *blōma* bedeutet ´Metallmasse` und ist wohl nicht zugehörig); partizipiale Ableitung ´das Blühende` aus g. *\*blō-a-* ´blühen` (s. *blühen*). Parallele Ableitungen sind ae. *blōstm(a) m.* (ne. *blossom*) und ae. *blǣd f.* S. auch *Blüte* und *Blust*. − Die *Blume des Weins* ist dessen Duft (und Geschmack) − wie der einer Blume (vgl. frz. *bouquet m.*), Lehnbedeutung zu l. *flōs* ´Blume` und ´Duft des Weins`. − Die *Blume* im Bierglas ist der hochstehende Schaum (der wie eine Blume aufblüht), möglicherweise nach dem Vorbild von l. *flōs (-ōris) m.* ´Schaum des Weins`. *Durch die Blume* oder *verblümt* wird etwas nur andeutungsweise gesagt; ursprünglich wohl *durch Redeblumen*, d. h. in zierlicher, geschmückter Ausdrucksweise. Gegenteil: *unverblümt*. Adjektive: **blumig, geblümt**.

Nndl. *bloem*, ne. *bloom* (entlehnt aus dem Altnordischen), nschw. *blom(ma)*, nisl. *blóm*. − Röhrich 1 (1991), 222 f.

Blumenkohl *m.* (< 16. Jh.). Lehnübersetzung zu it. *cavolfiore* (zu it. *cavolo* ´Kohl` und it. *fiore* ´Blume`). Daneben auch Entlehnung des italienischen Worts, die sich heute in österr. *Karfiol* hält.

blümerant *Adj. obs.* ´flau, unwohl` (< 17. Jh.). Entlehnt aus frz. *bleumourant* ´mattblau`, eigentlich ´sterbendes Blau`. Die heute noch übliche Verwendung *mir wird ganz blümerant zumute* ist eine

umschreibende Abwandlung von *mir wird blau* (statt dessen heute: *schwarz*) *vor den Augen*.

Röhrich 1 (1991), 223.

Blunze *f.*, auch **Blunzen** *f. per. obd.* ´dicke Blutwurst` (< 16. Jh.). Zu mhd. *blunsen* ´aufblähen, aufblasen`. Wohl lautmalerisch vom Geräusch, das der schwerfällige Körper beim Fallen machen (vgl. *pflatschen, plumpsen* u.ä.).

Bluse *f.* (< 19. Jh.). Entlehnt aus frz. *blouse*, dessen Herkunft nicht sicher geklärt ist.

Vielleicht mit dialektaler Form des Suffixes aus vor-rom. **bullosa* ´kugelförmig` als spöttische Bezeichnung bäuerlicher Kleidung (oder zu *bulla* = *pulla* ´Trauergewand`, eigentlich ´das Dunkle`?). − *DF* 1 (1913), 89; Lokotsch (1975), 132; *DEO* (1982), 127 f.

Blust *m. arch. wobd.* ´Blüte` (< 13. Jh.). Mhd. *bluost* ist eine besondere Ableitung zu g. **blō-a-* ´blühen; ähnlich ae. *blōstm(a)*. Es handelt sich hier wohl um germanische *st*-Bildungen, es ist aber nicht ausgeschlossen, daß letztlich ein näherer Zusammenhang zu der *s*-Erweiterung in l. *flōs (-ōris)* vorliegt. S. *Blume, blühen, Blüte*.

Blut *n.* (< 8. Jh.). Mhd. *bluot*, ahd. *bluot*, as. *blōd* aus g. **blōda- n.* ´Blut` (mit grammatischem Wechsel, der im Gotischen zurückgenommen ist), auch in gt. *bloþ*, anord. *blóð*, ae. *blōd*, afr. *blōd*. Ein nur germanisches Wort, das die alten indogermanischen Wörter für ´Blut` (vertreten durch l. *aser* und l. *cruor m.*) ersetzt hat. Vermutlich ein Beiwort (oder Hüllwort?) zu diesen, wohl zu **bhel-* ´schwellen` − ´platzen` − ´fließen` (l. *fluere* ´fließen` usw.) als das, was den Körper straff hält und bei Verwundungen hervorquillt. Einzelheiten bleiben aber unklar. Nhd. *blut-* wird als Verstärkungselement gebraucht (*blutjung, blutarm*). (Gleiches) Blut steht sinnbildlich für enge Verwandtschaft oder sogar Zusammengehörigkeit. Verb: **bluten**; Adjektiv: **blutig**; übertragen für ´rot` (**Blutbuche**), ´Mord` (**Blutrache**), direkte Verwandtschaft (**blutsverwandt**).

Nndl. *bloed*, ne. *blood*, nschw. *blod*, nisl. *blóð*. S. auch *Geblüt*. − H. W. J. Kroes *GRM* 36 (1955), 347; Silfwerbrand (1958), 81−115; *RGA* 3 (1978), 77−80; E. P. Hamp *FLH* 1 (1980), 389−392; A. M. Guerrieri in: *Sangue e Antropologia*. Ed. F. Vattioni, Roma 2 (1982), 907−934; C. del Zotto ebda. 3 (1983), 1375−1420; *LM* 2 (1983), 288−289; Röhrich 1 (1991), 223−225.

Blüte *f.* (< *9. Jh., Form < 12. Jh.). Mhd. *bluot*, ahd. *bluot* aus wg. **blō-di- f.* ´Blüte`, auch in ae. *blǣd*. Ein *ti*-Abstraktum zu g. *\*blō-a-* ´blühen`, also eigentlich ´das Blühen`. Die neuhochdeutsche Lautform (mit -*e*) ist bereits in mittelhochdeutscher Zeit aus dem Plural *Blüten* rückgebildet in Anlehnung an *Pflanze* u.ä.

S. *blühen, Blume, Blust*. − Röhrich 1 (1991), 225 f.

Blutegel *m.* s. *Egel*.

blutrünstig *Adj.* (< 13. Jh.). Mhd. *bluotrunstec* (u.ä.), abgeleitet aus mhd. *bluotrunst*, ahd. *bluot-*

runs(t). Die Formen des zweiten Bestandteils fallen weit auseinander, und auch die Bedeutungen sind – obwohl es sich um einen Rechtsterminus handelt – widersprüchlich: sowohl ´Wunde mit fließendem Blut`, wie auch ´Wunde, bei der kein Blut fließt`; das Adjektiv bedeutet zunächst ´eine solche Wunde habend`, wird dann aber seit dem 16. Jh. zu ´blutgierig` und in einem sehr allgemeinen Sinn ´blutig` umgedeutet, vermutlich ausgehend von übertragenen Verwendungen, die die andere Deutung zuließen. Da weder die ältere Form noch die ältere Bedeutung präzisiert werden können, ist die übliche Herleitung unsicher: Zu *Blut* und einer alten Ableitung von g. *renn-a- ´rinnen`: ahd. *runs, runsa, runst* ´Strömung, Wasserlauf`. Denkbar ist auch ein Anschluß an älteres *Runse* ´Riß, Kerbe` als ´Wunde, die lediglich ein Riß ist, aus dem (wenig) Blut fließt`; schwere Wunden werden in den Rechtstexten anders benannt.

S. *Runse, rinnen*. – Niederhellmann (1983), 229–233. [Herangezogen wurde die Magisterarbeit von S. Linke].

Bö *f. erw. fach.* ´Windstoß` (< 17. Jh.). Übernommen aus nndl. *bui.* Gehört wohl zu der unter *Bausch* dargestellten Lautgebärde für ´blasen`.

Boa *f. erw. fach.* ´Schlange, Halspelz` (< 16. Jh.). Entlehnt aus l. *boa,* das zunächst ´Wasserschlange` bedeutet und dann auf die südamerikanischen Riesenschlangen übertragen wird. Das Wort ist unklarer Herkunft. Die Bedeutung ´Halspelz, Federboa` ist im 19. Jh. aus dem Französischen entlehnt, wo sie im Rahmen einer modischen Bezeichnung aus dem Schlangenwort übertragen wurde.

DF 1 (1913), 89 f.

Bob *m. per. fach.* (ein Sportschlitten) (< 20. Jh.). Entlehnt aus ne. *bob(sleigh),* zu e. *bob* ´sich ruckartig bewegen` (unsicherer Herkunft, möglicherweise lautmalerisch) und e. *sleigh* ´Schlitten` (entlehnt aus ndl. *slee,* das nhd. *Schlitten* entspricht). Zunächst Bezeichnung von (Lang-)Holzschlitten, dann übertragen auf Sportfahrzeuge.

Rey-Debove/Gagnon (1988), 73; M. Triet (Hrsg.): *100 Jahre Bobsport* (Basel 1990), 10–25.

Boccia *n. per. exot.* (ein Spiel mit faustgroßen Kugeln) (< 20. Jh.). Entlehnt aus it. *boccia f.* (eigentlich ´runder Körper, Kugel`), dessen weitere Herkunft nicht sicher geklärt ist.

Bock *m.* (< 9. Jh.). Mhd. *boc,* ahd. *boc, as. boc, buc,* mndd. *buk, bok,* mndl. *buk, bok* aus g. *bukka- m.* ´Bock`, auch in anord. *bukkr, bokkr,* ae. *bucca* (*n*-Stamm, neben *bucc* ´Rehbock`). Den gleichen Lautstand (expressive Gemination) zeigen die keltischen Wörter air. *boc(c),* kymr. *bwc(h);* eine Entlehnung ist deshalb nicht ausgeschlossen (wenn auch aus sachlichen Gründen nicht wahrscheinlich). Ohne Geminate, aber mit Vokallänge, entspricht avest. *būza-* und mit abweichender Bedeutung arm. *bowc* ´Lamm`. Weitere Herkunft unklar.

– Übertragen ist *Bock* ein vierbeiniges Gestell, danach auch der *Kutscherbock* (16. Jh.). – *Einen Bock schießen* für älteres *einen Fehler schießen* und damit auch *Bock* für ´Fehler`: In den Schützengilden des 16. Jhs. wurde ein Fehlschuß *Bock* genannt, wie noch heute beim Kegeln ein Fehlwurf ein *Pudel.* – *Den Bock zum Gärtner machen* ist eine Variante von scherzhaften Warnungen vor Handlungen, die man nicht tun sollte (wie *die Katze nach Bratwürsten schicken, den Wolf über die Schafe setzen* usw.), dann Verallgemeinerung im Gebrauch. – In der Jugendsprache ist *Bock,* ausgehend von Redewendungen wie *geil wie ein Bock,* zu einem Ausdruck für ´Lust, Appetit` geworden.

Nndl. *bok,* ne. *buck,* nschw. *bock.* S. *Bückling*[2], *verbocken.* – *DEO* (1982), 137 f.; *LM* 2 (1983), 303–304; Röhrich 1 (1991), 226–228.

Bockbier *n.,* gekürzt **Bock** *m./n.,* auch **Doppelbock** *m./n.* usw. *erw. fach.* (ein Starkbier) (< *16. Jh., Form < 19. Jh.). Früher *Oambock* oder *Ambock* (in München). Gemeint war ursprünglich das *Einbecker Bier,* das berühmte Exportbier der niedersächsischen Stadt *Einbeck. Bock* beruht auf der Kürzung einer regionalen Variante dieses Namens.

L. Mehlber *JGGB* (1980/81), 111–117; E. Plümer *Hansische Geschichtsblätter* 99 (1981), 10–32.

bocken *swV. stil.* ´sich sperren` (< 19. Jh.). Zu *Bock* als ´steifbeinig dastehen und sich sperren wie ein Bock`. Adjektiv: *bockig.*

Bocksbeutel *m. per. fach.* ´besonders geformte Flaschen für Frankenwein` (< 19. Jh.). Scherzhafter Vergleich mit dem Hodensack des Bocks (zunächst in der Form *Bocksbeutelchen*).

Bockshorn *n. phras.* (in der Redensart *jemanden ins Bockshorn jagen*) (< 16. Jh.). Bezeugt seit S. Brant und M. Luther in verschiedenen Wendungen. Herkunft unklar, da eine Erklärung aus regionalen Verhältnissen die weite Verbreitung glaubhaft machen müßte. Übersicht über die Vorschläge bei Röhrich.

W. Hartnacke *NPhM* 13 (1942), 227 f.; Th. Heinermann *BGDSL* 67 (1944), 248–269; G. Greciano *Proverbium* 7 (1984), 63–79; Röhrich 1 (1991), 228–232.

Bockwurst *f. erw. fach.* (eine Brühwurst) (< 19. Jh.). Eine Wurst, die zum *Bockbier* gegessen wurde, also Klammerform aus *Bockbier-Wurst.*

Boden *m.* (< 9. Jh.). Mhd. *bodem, boden,* ahd. *bodam, as. boðom* aus vd. *buþma- m.* ´Boden`, während die außerdeutschen Sprachen auf g. *butma-* zurückgehen (anord. *botn,* ae. *botm*). Auszugehen ist offenbar von einem ig. *bhudh-men-* in ai. *budhná- m.* ´Boden, Grund, Wurzel` (mit Erleichterung von *-mno-*), gr. *pythmēn m.* ´Boden eines Gefäßes, des Meeres, Wurzel`; ferner, wohl mit Umsprung des *-n-,* l. *fundus m.* ´Boden`, mir. *bonn m.* ´Sohle, Grundlage`. Die Verschiedenheit des dentalen Auslauts kann auf verschiedene Assimilation an den Nasal zurückgehen. Herkunft der Wurzel und damit die weitere Erklärung unklar. Die Bedeutung ´Stockwerk´ und dann besonders ´Dachstock´ ist speziell deutsch. − Der *Bodensee* hat seinen Namen seit der Karolingerzeit von der kaiserlichen Pfalz *Bodman* (Zu dieser s. *RGA* 3[1978], 125−129; vgl. A. Borst in: *Der Bodensee.* Hrsg. H. Maurer [Sigmaringen 1982], 495−529). Adjektiv: **bodenlos**; Kompositum: **bodenständig**.

Nndl. *bodem,* ne. *bottom,* nschw. *botten,* nisl. *botn.* S. *Bodmerei, buddeln,* zur lateinischen Verwandtschaft s. *fundieren.* − H. Schlemmer: *Semantische Untersuchungen zur verbalen Lexik* (Göppingen 1971), 143−149; Lühr (1988), 340 f.; E. Hamp in: *FS Ch.-J. N. Bailey.* Hrsg. J. A. Edmondson u. a. (Dallas 1990), 447−450; Röhrich 1 (1991), 232−234.

Bodmerei *f. per. fach.* ´Schiffsbeleihung´ (< 16. Jh.). Aus mndd. *(ver)bod(d)emen* ´den Boden eines Schiffs, Schiff und Ladung, beleihen´ und dem zugehörigen mndd. *bodemrije.*

Nndl. *bodemerij.* S. *Boden.* − *LM* 2 (1983), 307.

Bofist *m.,* **Bovist** *m. erw. fach.* (eine Pilzart) (< 15. Jh.). Fnhd. *vohenvist* ´Füchsinnenfurz´ zu mhd. *vohe* ´Füchsin´ (s. *Fähe*) und mhd. *vist* ´Furz´ (s. *Fist*). Der Anlaut wird gegen den Anlaut des zweiten Gliedes mitteldeutsch und niederdeutsch dissimiliert; die entstehende Form wird teils sekundär motiviert (zu **Pfauen-, Buben-Fist**), teils für ein Fremdwort angesehen. Dem Hinterglied entspricht mit gleicher Bedeutung genau gr. *pézis* ´Bofist´. Allgemeiner ist die Bezeichnung ´Wolfsfurz´ in gr. *lykóperdon* (so auch die botanische Bezeichnung dieses Pilzes), nndl. *wolfsveest,* frz. *vesse-de-loupe* u. a. Die Benennung bezieht sich auf die bei Berührung des alten Pilzes ausstäubenden Sporen.

B. Forssman *MSS* 29 (1971), 47−70.

Bogen *m.* (< 8. Jh.). Mhd. *boge,* ahd. *bogo,* as. -*bogo* aus g. **bug-ōn* m. ´Bogen´, auch in anord. *bogi,* ae. afr. *boga;* eine Instrumentalbildung zu g. **beug-a-* ´biegen´ (s. *biegen*). Außergermanisch vergleichbar ist mir. *fidbocc* ´Holzbogen´ (mit expressiver Gemination oder assimiliertem Auslaut). − Ein *Bogen Papier* sind ursprünglich die aus einem Stück zusammengefalteten (´zusammengebogenen´) Blätter.

Nndl. *boog,* ne. *bow,* nschw. *båge,* nisl. *bogi.* S. noch *Bausch* zu der Redensart *in Bausch und Bogen.* − *RGA* 3 (1978), 157−165, 171 f.; F. Wortmann *NW* 15 (1975), 85−97; *LM* 2 (1983), 317−324; Röhrich 1 (1991), 234. Zur Bedeutung ´Geigenbogen´ (seit dem Mittelhochdeutschen): Relleke (1980), 73−75, 177.

Bohème *f. per. fach.* ´ungezwungenes Künstlermilieu´ (< 19. Jh.). Entlehnt aus gleichbedeutend frz. *bohème,* dieses aus ml. *bohemus* ´böhmisch, Böhme´. Als Herkunftsbezeichnung (´die Leute aus Böhmen´) hat es bereits im Mittellateinischen auch die Bedeutung ´Zigeuner´. In bewußter ´Entbürgerlichung´ des Künstlerlebens kommt es dann zu der Assoziation von Künstlerleben und Zigeuner- und Vagabundenleben, die die heute geläufige Bedeutung entstehen läßt. Zentrum für diese Vorstellung ist das Pariser Quartier Latin; für die Verbreitung in Deutschland war Puccinis Oper *La Bohème* von Bedeutung.

DF 1 (1913), 90; H. Kreuzer *DVLG* (Sonderheft) 38 (1964), 170−207; Jones (1976), 153 f.; *HWPh* 1 (1970), 952 f.; Röhrich 1 (1991), 234 f.

Bohle *f.* (< 15. Jh.). Mhd. *bole,* mndd. *bol(l)e* ´Planke´, mndl. *bol* ´Baumstamm´ aus vd. **bulōn* f. ´Bohle, Baumstamm´; vergleichbar ist anord. *bolr, bulr* m. (*a*-Stamm) ´Baumstamm´. An sich könnte hier die unerweiterte Grundlage des Wortes für *Balken* vorliegen, doch ist eine solche Annahme bei so spät und schlecht bezeugten Wörtern nicht wahrscheinlich. Vielleicht einfach Lautmalerei für schwere Gegenstände. Vielleicht aber auch zu mhd. *bolen,* ahd. *bolen* ´rollen, wälzen´ (s. *Böller*), dessen Herkunft aber auch nicht klarer ist.

S. *Bollwerk.* − *RGA* 3 (1978), 174−183.

Bohne *f.* (< 8. Jh.). Mhd. *bōne,* ahd. *bōna,* as. *bōna* aus g. **baunō* f. ´Bohne´, auch in anord. *baun,* ae. *bēan,* afr. *bāne.* Gemeint sind zunächst die Saubohne und die Bohnenkerne, die Gartenbohne (´grüne Bohne´) ist erst später aus Amerika eingeführt worden. Außergermanisch vergleicht sich l. *faba,* russ. *bob* m. und apreuß. *babo,* die auf (ig.) **bhabhā* führen, sowie (aus **bha-ko/ā*) alb. *báthë* ´Saubohne´ und gr. *phakós* m. ´Linse´. Mit diesen läßt sich der germanische Diphthong nur unter der Annahme einer Dissimilierung ***babnō* zu **baunō* vereinigen; sie ist nicht ausgeschlossen, aber ohne Parallele. Zu bedenken ist außerdem die Möglichkeit, daß es sich um Entlehnungen aus einer nichtindogermanischen Sprache handelt, da die *Bohne* nirgends eine Wildfrucht ist.

Nndl. *boon,* ne. *bean,* nschw. *böna,* nisl. *baun.* − Bertsch (1947), 156−165; *RGA* 3 (1978), 183−189; Röhrich 1 (1991), 235−237.

Bohnenlied *n. phras. (es geht übers Bohnenlied* ´es ist unerhört´) (< 15. Jh.). Das damit gemeinte Lied ist bekannt − es schildert Verkehrtheiten und Albernheiten und hat den Kehrreim *Nu gang mir aus den Bohnen* ´Laß mich jetzt in Ruhe´. Auf Lieder mit Bohnen wird aber auch schon im 13. Jh. angespielt. Die Wendung *(es geht) übers Bohnenlied* ebenfalls schon im 15. Jh.

Text bei F. M. Böhme: *Altdeutsches Liederbuch* (Leipzig 1877), 435. Vgl. außerdem A. Kopp *ZVS* 27 (1917), 35−49, 167 f.; Röhrich 1 (1991), 237 f.

bohnern *swV.,* **bohnen** *swV. erw. ndd.* ´den Boden wachsen´ (< 18. Jh.). Zu mndd. *bonen* ´blank reiben´, das mit mndl. *(uut)boenen* auf wg. **bōn-ō-swV.* ´blank reiben, glänzen´, auch in ae. *bōnian,* führt. Außergermanisch vergleicht sich air. *bán* ´weiß, glänzend´; ein weiterer Anschluß ist an eine

Wurzelform *bhā- ´leuchten, glänzen` (ai. bhā́ti ´leuchtet, scheint`) möglich. Kompositum: *Bohnerwachs*.

Böhnhase *m.* s. *Bönhase*.

bohren *swV.* (< 10. Jh.). Mhd. *born*, ahd. *boron*, as. *boron* aus g. **bur-ō- swV.* ´bohren`, auch in anord. *bora*, ae. *bōrian*; außergermanisch vergleicht sich am genauesten l. *forāre* ´bohren` (wohl von einer Vollstufe), darüber hinaus weit verbreitet Wörter auf einer Grundlage (ig.) **bher-* zur Bezeichnung von Arbeiten mit scharfen Werkzeugen. Die besondere Stammbildung in den germanischen und lateinischen Wörtern ist entweder intensiv-deverbal oder denominativ (am ehesten zu einem Wort für ´Loch`). Nomen instrumenti: *Bohrer*.
Nndl. *boren*, ne. *bore*, nschw. *borra*, nisl. *bora*. S. *verbohrt*. — *RGA* 3 (1978), 189–205.

Boiler *m. erw. fach.* (ein Gerät zur Bereitung von heißem Wasser) (< 19. Jh.). Entlehnt aus ne. *boiler*, einem Nomen instrumenti zu e. *boil* ´kochen, erhitzen`, aus afrz. *bolir*, aus l. *bullīre* (eigentlich ´Blasen werfen`) zur einer Ableitung von l. *bulla f.* ´Wasserblase (usw.)`, zunächst in der Bedeutung ´Dampfkessel`, dann auch als Bezeichnung für kleinere und einfachere Geräte. S. *Bulle²*.
Carstensen 1 (1993), 146 f.

Boje *f. per. fach.* (ein verankerter Schwimmkörper als Markierung) (< *16. Jh., Standard < 18. Jh.). Übernommen von mndl. *boye*, dessen Herkunft umstritten ist.
I. Modéer *NB* 31 (1943), 131–149.

-bold *Suffix.* Zunächst Namenelement in Namen auf *-bald* (vgl. etwa *Sigibald* ´Sebaldus`) und gleichzusetzen mit dem Adj. *bald* ´kühn`. Schon früh (mittelhochdeutsch) dient dieses Namenglied auch zur Schaffung von charakterisierenden Appellativen. Zunächst etwa *Hetzbold* als Name eines Jagdhundes, dann allgemein ´Jagdhund`. Dann schon mittelhochdeutsch *Trunkenbold* und *Wankelbold*. Vielleicht war das Hinterglied zur Zeit der ersten Bildungen noch durchsichtig, vgl. *Maul-Held*, nschw. *dryckes-kämpe* ´Trunkenbold` (zu *Kämpe*) u. a.
Wortbildung 2 (1975), 349 f.

Bolero *m. per. exot.* (ein rhythmischer spanischer Tanz) (< 19. Jh.). Entlehnt aus gleichbedeutend span. *bolero*, dessen weitere Herkunft nicht sicher geklärt ist.

bölken *swV. per. ndd. wmd.* ´brüllen (vor allem von Rindern)` (< 16. Jh.). Das Wort gehört zu einer Reihe von niederdeutschen Schallwörtern, wie mndd. *belken*, *bolken*, mndl. *belken*, nndl. *balken* (vom Esel), md. *bülken*, nndl. *bulken* ´brüllen, muhen, blöken`. Lautnachahmende Bildungen von der Grundlage von *bellen* mit germanischem *k*-Suffix.
O. Hauschild *ZDW* 12 (1910), 34.

Bolle *f. per. städt.*, **Bölle** *f. schwz.* ´Zwiebel` (< 18. Jh.). Entlehnt und gekürzt aus it. *cipolla* (s. *Zwiebel*) in Anlehnung an älteres mhd. *bolle* ´runder Körper` z. B. auch ´Knospe`. S. *Ball¹*.

bollern *swV.* s. *bullern*.

Böller *m. erw. fach.* ´kleiner Mörser, Knallkörper` (< 16. Jh.). Spmhd. *pöler*, zunächst ´Schleudermaschine`, dann ´kleines Geschütz (zum Salutschießen)`, zu mhd. *boln* ´drehen, schleudern`, ahd. *bolōn* ´drehen, rollen, wälzen`, dessen weitere Herkunft unklar ist (s. *Bohle*).

Bollwerk *n. alt.* (< 14. Jh.). Fnhd. *bolwerk*, ebenso mndd. *bolwerk*, mndl. nndl. *bolwerc* ´Schutzbau (Werk) aus Bohlen` (s. *Bohle*). Heute nur noch als technischer Terminus und übertragen (als ´Schutzwall gegen`) verwendet. Aus dem Niederländischen auch ins Französische entlehnt als *boulevard m.*, das alsbald seine Bedeutung wandelt zu ´breite Ringstraße` (die sich auf, bzw. vor den Bollwerken ausbilden konnte). In der Bedeutung ´breite Straße` dann ins Deutsche zurückentlehnt.
Stammler (1954), 194–198; Jones (1976), 157 f.

Bolschewik *m. erw. fach.* ´radikaler (russischer) Sozialist` (< 20. Jh.). Die russische sozialistische Partei spaltete sich 1903 in den Mehrheitsflügel der Bolschewiken (zu russ. *bol'she* ´größer, mehr`) und den Minderheitsflügel der Menschewiken. Die Bolschewiken setzen sich in der Folgezeit durch und bestimmen dann (offiziell nicht mehr unter diesem Namen) die Politik der Sowjet-Union. Dadurch wird *Bolschewismus* neben *Kommunismus* für mehrere Jahrzehnte zum Feindbild der westlichen Politik. Adjektiv: *bolschewistisch*.
H. Grossmann, C. Grünberg: *Anarchismus, Bolschewismus, Sozialismus* (Frankfurt/Main 1971), 36–87.

Bolzen *m.* (< 10. Jh.). Mhd. *bolz(e)*, ahd. *bolz(o)*, mndd. *bolte(n)*, mndl. *bolte*, *boute* führen auf einen *n*-Stamm; ahd. mhd. *bolz*, ae. *bolt* wie anord. *boltr* auf einen *a*-Stamm. Beide Formen sind entlehnt aus rom. *(cada-)bultjo* ´Bolzen, Pfeil` aus l. *catapulta f.* ´Wurfmaschine, Wurfgeschoß` aus gr. *katapéltēs* ´Schleudermaschine`.
S. *bolzen*, *Katapult*. — J. Brüch *ZDA* 73 (1936), 75–86; A. L. Lloyd *AJGLL* 1 (1989), 53–66; Röhrich 1 (1991), 239 f.

bolzen *swV. stil.* ´kraftvoll, aber planlos, Fußball spielen; raufen` (< 20. Jh.). Zu *Bolzen*. Das Schießen mit Bolzen und auch in der Technik das Einpressen von Bolzen ist ein wuchtiger und schneller Vorgang — davon ist wohl das Bild genommen. Möglicherweise parallel zu *holzen*, das ursprünglich beim Hockey gesagt wurde, aufgekommen.

Bombast *m. erw. fremd.* ´Schwulst, Redeschwall` (< 18. Jh.). Entlehnt aus ne. *bombast*, das zunächst ´Baumwolle` bedeutet, dann ´ein Kleidungsstück, das mit Baumwolle ausgestopft ist`, und schließlich eine Redeweise, die mit unnötigem Schwulst ʹaus-gestopft' ist. Das englische Wort ist eine Variante (mit sekundär angetretenem *t*) von älterem ne. *bombace*, dieses aus afrz. *bombasin* ʹBaumwolle; baumwollene Wattierung', aus ml. *bombax (-acis)* ʹBaumwolle', aus älterem l. *bombȳx (-ȳcis) m./f.* (ʹKokon der Seidenraupe, Seidenraupe, Seide'), aus gr. *bómbyx*; dieses ist wohl orientalischer Herkunft. Adjektiv: **bombastisch**.

DF 1 (1913), 90; Ganz (1957), 42 f.

Bombe *f.* (< 17. Jh.). Entlehnt aus frz. *bombe*, dieses aus it. *bomba*, aus l. *bombus m.* ʹdumpfes Geräusch', aus gr. *bómbos m.*, für das man lautnachahmenden Ursprung annimmt. **Bombardement** und **bombardieren** gehen auf frz. *bombarde* ʹschweres Belagerungsgeschütz', eigentlich ʹ(Stein-)Schleudermaschine' zurück, eine Ableitung von frz. *bombe*. Als erstes Element dient **bomben-** mehrfach zur Verstärkung, wobei die verschiedenen Bildungen möglicherweise unterschiedlich zu beurteilen sind. Für die älteste Wendung, **bombenfest** (18. Jh.), ist eine falsche Umsetzung aus ndd. *boomfast*, also eigentlich ʹfest wie ein Baum' nicht ausgeschlossen, und **bombensicher** (mit Ton auf beiden Kompositionsgliedern) ist möglicherweise im Anschluß daran gebildet; **bombensicher** (mit Ton auf dem Erstglied) ʹso sicher, daß es durch keine Bombe zerstört werden kann' ist wohl erst später. Ein **Bombenerfolg** ist wohl ʹein Erfolg, der einschlägt wie eine Bombe'. Vielleicht im Anschluß daran **bombig** ʹgroßartig'. Täterbezeichnung: **Bomber**; Verb (meist präfigiert): **zer-, verbomben**.

DF 1 (1913), 90 f.; W. Niekerken *KVNS* 50 (1937)SH, 28; Jones (1976), 154 f.; Brunt (1983), 161 f.; *LM* 2 (1983), 389–390; Röhrich 1 (1991), 240.

Bommel *f./m. reg.* ʹTroddel, Quaste' (< 20. Jh.). Zu *bummeln* in der Bedeutung ʹ(wie ein Glockenschwengel) hin- und herschwanken' (vgl. *baumeln*; *bommeln* in dieser Bedeutung bei Adelung).

Bon *m. erw. fach.* ʹGutschein' (< 18. Jh.). Entlehnt aus frz. *bon*, einer Substantivierung von frz. *bon* ʹgut', dieses aus l. *bonus*. Gemeint ist zunächst eine Zahlungsanweisung, die vom Schuldner ʹgutgeheißen' wird. Dann Bedeutungsausweitung, heute etwa für ʹKassenzettel'.

S. *Bonbon, bongen, Bonmot, Bonus.* – *DF* 1 (1913), 91. Zum Grundwort *BlW* 3 (1988), 147–165.

Bonbon *n.* (< 18. Jh). Entlehnt aus gleichbedeutend frz. *bonbon m.*, einer kindersprachlichen Form (substantivierte Reduplikationsform) des französischen Adjektivs *bon* ʹgut', dieses aus l. *bonus* ʹgut'. Kollektivum: **Bonbonniere**. S. *Bon*.

DF 1 (1913), 91.

bongen *swV. erw. fach.* (< 20. Jh.). Das Verb *bongen* ʹeinen Bon ausstellen' entsteht in dieser Lautform aufgrund der Aussprache mit auslautendem velarem Nasal. Heute vielfach übertragen verwendet (**gebongt** ʹin Ordnung, erledigt'), wohl ausgehend von der Weitergabe der Bestellung an die Küche mit einem Bon im Restaurant. S. *Bon*.

Bönhase *m. per. nordd.* (< 15. Jh.). Alte niederdeutsche Scherzbezeichnung für die Katze (ʹBühnenhase' zu *Bühne* ʹDachraum', entsprechend anderenorts *Dachhase*), die im 15. Jh. (wohl wiederum scherzhaft) auf unzünftige Handwerker, vor allem Schneider, übertragen wird (weil sie heimlich in abgelegenen Räumen arbeiten).

C. Walther *ZDW* 8 (1906/07), 191–199; *LM* 2 (1983), 411–412; Röhrich 1 (1991), 239; anders: K. Schroeder *Stader Archiv* 5 (1915), 67–69.

Bonmot *n. per. fach.* ʹtreffende, geistreiche Bemerkung' (< 18. Jh.). Entlehnt aus frz. *bon mot* ʹwitzige Bemerkung', eigentlich ʹgutes Wort'.

DF 1 (1913), 91; Schirmer (1911), 35; Brunt (1983), 162 f.

Bonus *m. per. fach.* ʹ(Schadenfreiheits-) Rabatt' (< 19. Jh.). Über das Englische entlehnt aus l. *bonus* ʹgut' (s. *Bon*), Gegensatz (ʹAufschlag') ist *Malus*. Die besondere Bedeutung hat sich wohl im Börsenslang entwickelt.

Schirmer (1911), 36.

Bonze *m. erw. grupp.* (buddhistischer Priester, abwertende Bezeichnung eines [finanziell] bessergestellten Funktionärs) (< *17. Jh., Bedeutung 18. Jh.). Entlehnt aus frz. *bonze*, dieses aus port. *bonzo* ʹbuddhistischer Priester', aus jap. *bōzu n.* ʹPriester'. Es bezeichnet zunächst als Exotismus den buddhistischen Priester in China und Japan, dann wie auf bigotte Geistliche beliebigen Bekenntnisses übertragen. In der Arbeiterbewegung wird es zum Spottwort für verständnislose, auf den eigenen Vorteil bedachte, hochstehende Funktionäre (der Grund für die Übertragung liegt in der ideologischen Unbeweglichkeit), auch allgemein für Hochgestellte und Reiche (z. B. *Parteibonze*). Variante **Bonzier**.

Lokotsch (1975), 27. [Herangezogen wurde die Lizentiatsarbeit von L. Vasta].

Boom *m. erw. fach.* ʹAufschwung' (< 20. Jh.). Entlehnt aus ne. *boom*, dieses wohl zu ne. *boom* ʹsich plötzlich – unter beträchtlicher Geräuschentwicklung – sehr heftig fortbewegen', das wohl lautnachahmenden Ursprungs ist.

Rey-Debove/Gagnon (1988), 77; Carstensen 1 (1993), 149–151.

Boot *n.* (< 15. Jh.). Aus der niederdeutschen Seemannssprache übernommen, mndd. *bōt*, mndl. *boot*, diese aus me. *bōt*, ae. *bāt f./m.* Neben diesem anord. *bátr m.*, mit dem es (wegen der Lautentsprechungen) nicht urverwandt sein kann. Es fragt sich deshalb, ob das Altenglische aus dem Altnordischen entlehnt hat oder umgekehrt (das Wort ist weder in den ältesten nordischen, noch in den ältesten englischen Texten belegt). Wegen der kultur- und sprachgeschichtlichen Verhältnisse ist wohl anzunehmen, daß das nordische Wort den Ausgangspunkt bildet. Ein seltenes und poetisches anord. *beit* 'Schiff' (das mit dem altenglischen Wort urverwandt sein könnte und damit für dies als Ursprung sprechen könnte) fällt demgegenüber nicht ins Gewicht, weil es ohne weiteres eine postverbale Bildung zu anord. *beita* 'kreuzen' sein kann. Mndl. *beitel* 'kleines Boot' kann auf Umsetzung aus **bātel* (das zu frz. *bateau* wird) beruhen. Herkunft unklar. Die Partikelableitung **ausbooten** bedeutet zunächst 'mit dem Boot an Land bringen', heute nur noch übertragen 'jemanden (aus einer Funktion) ausschalten'.

W. H. Wolf-Rottkay *Anglia* 71 (1952/53), 140−147; W. Wüst *Anglia* 73 (1955), 262−275; O. Rogby *It Beaken* 25 (1963), 302−305; *RGA* 3 (1978), 233−291; *LM* 2 (1983), 443; Röhrich 1 (1991), 240−242.

Bor *n. erw. fach.* (chemisches Element) (< 19. Jh.). Das Element *Bor* wurde 1808 als Radikal der *Boraxsäure* entdeckt und mit einer Kürzung (Kopfwort) aus *Borax* benannt. Die **Borsalbe** wird aus Vaseline und Borsäure hergestellt.

E. Öhmann *NPhM* 57 (1956), 107 f.; Lüschen (1979), 192.

Borax *m. per. fach.* 'borsaures Natrium' (< 16. Jh.). Fnhd. *borros, buras* ist entlehnt aus ml. *borax* f./(n.). Dieses geht über arab. *būraq, bauraq* auf pers. *būrā* zurück. Später wird erneut auf die mittellateinische Form zurückgegriffen und die angepaßte Form aufgegeben. Das Wort bezeichnet ursprünglich verschiedenes: Alkalikarbonate, Salpeter, Malachit, Steinsalz, ein Lötmittel; später festgelegt auf Natriumtetraborat.

Goltz (1972), 248−250; Lüschen (1979), 192; Cottez (1980), 54.

Bord[1] *n. erw. ndd.* 'Wandbrett' (< 16. Jh.). Niederdeutsches Wort, das g. **burda-* n. 'Brett' entspricht, auch in gt. *fotu-baurd* 'Fußbank', anord. *borð*, ae. *bord*, afr. *bord*, as. *bord* m., mndd. *bort*, mndl. *bord*; auch ahd. *bort*, mhd. *bort*, die aber keine Fortsetzer haben. Dieses Wort steht im Ablaut zu *Brett*.

Ndl. *bord*, ne. *board*, nschw. *bord*, nisl. *borð*. S. *Bord*[2], *Bordell*.

Bord[2] *m. erw. fach.* 'Oberster Rand des Schiffes', meist übertragen (*an Bord* usw.) (< 13. Jh.). Niederdeutsch/niederländischer Ausdruck der Seemannssprache, der auch in Gegenden, in denen er lautlich abgewandelt erscheinen sollte, diese Lautform behält. Bezeugt in anord. *borð* n., ae. *bord*, afr. *bord*, as. *bord* n., ahd. *bort* n. Die Etymologie ist nicht eindeutig, da mehrere Herleitungsmöglichkeiten bestehen; unter Umständen haben die verschiedenen Quellen zusammengewirkt: 1. Da der Bord ursprünglich aus aufgesetzten Brettern bestand, kann Herkunftsgleichheit mit *Bord*[1] 'Brett' angenommen werden. 2. Für das Wort *bord* besteht

weithin die allgemeinere Bedeutung 'Rand', die (da es sich um den Rand des Schiffes handelt) ebenfalls zugrundeliegen kann. Bei dieser liegt aber ein anderes Wort vor, das seinerseits lautlich nicht völlig klar ist: Es handelt sich um Bildungen zu **bar/bur-* und **br-*; da ahd. *brort*, ae. *brord* bezeugt ist, kann ahd. *bort* usw. durch Dissimilation aus *brort* entstanden sein − ein einfaches **bor-d-* ist aber nicht ausgeschlossen. Bis zu einer genaueren Klärung der philologischen Verhältnisse wird man davon ausgehen müssen, daß in dem Ausdruck der Seemannssprache beide Quellen zusammengeflossen sind.

Zur Bedeutung 'Rand' vgl. noch *Bord*[3] und *Borte*. − Röhrich 1 (1991), 242.

Bord[3] *n. arch. schwz.* 'Uferböschung, begrenzender Abhang' (< 9. Jh.). Zu dem unter *Bord*[2] behandelten mhd. *bort*, ahd. *bort* 'Rand'. Hierzu auch **Bordstein** Weitere Herkunft unklar. S. *Borte, bordieren*.

Börde *f. per. fach.* 'fruchtbare Niederung, besonders in der norddeutschen Tiefebene' (< 14. Jh.). Aus mndd. *borde* 'ein der Stadt(kirche) zins- oder steuerpflichtiges Landgebiet', dann 'Gerichtsbezirk, Landschaft', heute vor allem in Landschaftsbezeichnungen wie *Magdeburger Börde*. Althochdeutsch entspricht *giburida* f. 'was einem zukommt' zu ndd. *bören* '(Steuern) erheben', vgl. *gebühren*.

DRW II, 408; E. Schröder *NJ* 65/66 (1939/40), 33 f.

Bordell *n. erw. fremd.* 'Haus für gewerbsmäßige Prostitution' (< 14. Jh.). Entlehnt aus mndl. *bordeel*, dieses aus frz. *bordel* m. und it. *bordello* m., die in der eigentlichen Bedeutung 'kleine (Bretter-)Hütte' vermutlich auf ein germanisches Wort zurückgehen (s. *Bord*[1]). Es handelt sich demnach um eine euphemistische Diminutivbildung.

W. J. Jones *SN* 51 (1979), 249; M. Zimmermann *GL* 1979, 52 f.

bordieren *swV. arch.* 'einfassen, besetzen' (< 16. Jh.). Entlehnt aus frz. *border* gleicher Bedeutung, zu frz. *bord* 'Rand, Besatz', das seinerseits aus einem westfränkischen Wort stammt, das zu *Bord*[3] oder zu *Borte* gehört. Hierzu als Konkretum **Bordüre**.

DF 1 (1913), 92 f.; Jones (1976), 156 f.

borgen *swV.* (< 9. Jh.). Mhd. *borgen*, ahd. *borgēn*, mndd. *borgen*, mndl. *borgen* aus wg. **burg-ē-* swV., auch in ae. *borgian*. Als älteste Bedeutungen stehen fest 'schonen' und 'etwas erlassen', dann erst 'borgen, leihen' und 'Bürge sein'. Der Bedeutungsübergang ist unklar. S. *Bürge*, mit dem das Wort ersichtlich zusammenhängt. Das Abstraktum **Borg** (heute nur noch in *auf Borg*) ist bereits alt (10. Jh.).

Röhrich 1 (1991), 242 f.

Borke *f. erw. ndd.* 'Rinde' (< 17. Jh.). Übernommen aus dem Niederdeutschen (mndd. *borke*, mndl. *bark*). Verwandt ist anord. *bǫrkr m.* ῾Rinde῾, so daß wohl g. **barku- m.* erschlossen werden kann − im Niederdeutsch/Niederländischen wäre das Wort zum Femininum umgeformt worden. Wenn die Bedeutung ursprünglich ῾Rinde῾ war, dann ist es auf Grund seiner Verbreitung wohl ein älteres Wort, das sich im Niederdeutsch/Niederländischen als Relikt erhalten hat. Sonstige Herkunft unklar. Der *Borkenkäfer* ist ein verbreiteter Schädling, der diesen Namen auch in Gebieten trägt, in denen *Rinde* gesagt wird.

H. Petersson *IF* 23 (1908/09), 403.

Born *m.* s. *Brunnen*.

borniert *Adj. erw. fremd.* ῾engstirnig῾ (< 18. Jh.). Entlehnt aus frz. *borné*, dem PPrät. von frz. *borner* ῾beschränken῾; eigentlich ῾eingegrenzt, beschränkt῾, einer Ableitung von frz. *borne* ῾Grenzstein῾, dessen Herkunft nicht sicher geklärt ist.

S. *abonnieren*. − *DF* 1 (1913), 93.

Borretsch *m. per. fach.* ῾Borago officinalis, Gurkenkraut῾ (< 15. Jh.). Spmhd. *boretsch* ist über romanische Zwischenstufen (etwa. frz. *bourrache*) entlehnt aus ml. *bor(r)ago*. Als Ausgangspunkt für das lateinische Wort gilt arab. *abū ῾araq* ῾Vater des Schweißes῾, weil *Borretsch* als schweißtreibendes Mittel verwendet wurde oder arab. *abū hurāš* ῾Vater der Rauhheit῾ wegen der auffällig rauhen Blätter.

Latham *Journal of Semitic Studies* 17 (1972), 63; *LM* 2 (1983), 466−467.

Börse[1] *f. reg.* ῾Geldbeutel῾ (< 18. Jh.). Entlehnt aus nndl. *beurs*, das seinerseits auf ml. *bursa* ῾Geldbeutel῾ zurückgeht.

S. *Börse*[2], *Bursch*, *Bursche*. − *DF* 1 (1913), 93; Jones (1976), 158; Röhrich 1 (1991), 243.

Börse[2] *f. erw. fach.* ῾Handelsplatz῾ (< 16. Jh.). Entlehnt aus nndl. *beurs*, das das ῾Börsengebäude῾ in Antwerpen bezeichnet. Dieser Name wird zurückgeführt auf das Brügger Kaufleutegeschlecht *van de burse* (weil sie als Kaufleute drei Börsen = Geldbeutel, im Wappen führten). Lateinische Belege in Frankreich und Brabant zeigen aber, daß einschlägige Gebrauchsweisen des Wortes schon erheblich älter sind. So wird ml. *bursa* ῾Geldbeutel῾ früh zu einem Ausdruck für ῾gängige Währung῾ und für ῾Geldwechsel῾; dann für ῾Ort, an dem der Geldwechsel stattfindet῾ und dann weiter verallgemeinert. Täterbezeichnung: *Börsianer*.

S. *Börse*[1]. − *DF* 1 (1913), 93; *DEO* (1982), 145 f.; *LM* 2 (1983), 467; Röhrich 1 (1991), 243.

Borste *f.* (< 11. Jh.). Mhd. *borste* neben *borst n./ m.*, ahd. *borst, burst m./n.*, *borsta, bursta*, as. *bursta* aus vd. **burst- m./f./n.* ῾Borste῾. Daneben noch anderen Stammbildungen ae. *byrst f./n.*, *bryst*, anord. *burst*. Zu ig. **bhr̥s/bhares-* ῾Spitze, Borste῾, das unter *Bart* behandelt ist; weiter wohl zu der

unter *bohren* behandelten Grundlage. S. außer diesem noch *Barsch* und *Bürste*. Ähnliche *t*-Bildungen wie in g. **burst-* auch in l. *fāstīgium n.* ῾Gipfel῾ und ai. *bhr̥ṣṭí-* ῾Spitze῾. Adjektiv: *borstig*.

Ne. *bristle*, nschw. *borst*. S. *widerborstig*. − Röhrich 1 (1991), 243.

Borte *f. erw. fach.* (< 10. Jh.). Mhd. *borte m.*, ahd. *borto m.* aus wg. **burdōn f.* ῾Rand, Borte῾, auch in ae. *borda m.*, ist die *n*-stämmige Nebenform zu dem unter *Bord*[2] und *Bord*[3] behandelten Wort für ῾Rand῾, das früh schon ῾Randbesatz, Band῾ bedeutet. Vermutlich ist die systematische Verteilung **burda-* ῾Rand῾ und **burdōn* ῾Randbesatz῾, doch gehen die belegten Formen durcheinander.

RGA 3 (1978), 322.

Böschung *f. erw. fach.* ῾künstlich hergestellter, gleichmäßiger Abhang῾ (< 16. Jh.). Ursprünglich ein Ausdruck des Deich- und Festungsbaus. Die vorauszusetzende Grundlage *böschen* ῾einen Deich- oder Wallabhang mit Reisigbündeln ausfüttern῾ ist erst später bezeugt. Das Wort gehört offenbar zu einer regionalen Form von *Busch*, wohl nach dem verwendeten Materialien (Reisigbündel).

N. Kranemann *MS* 71 (1961), 328−333; Trier (1981), 84−88; R. Hiersche *BN* 18 (1983), 273−275.

böse *Adj.* (< 10. Jh.). Mhd. *bœse, bōse*, ahd. *bōsi* aus vd. **bausja-* ῾böse, gering, schlecht῾. Die lautlich vergleichbaren Wörter sind semantisch zu verschieden für eine Rekonstruktion, so daß die Herkunft unklar bleibt. Modifikation: *boshaft*; Abstraktum: *Bosheit*.

Nndl. *boos*. S. *empören, erbosen*. − Heidermanns (1993), 120 f.

Boskett *n. per. fach.* ῾Gebüsch῾ (< 18. Jh.). Entlehnt aus frz. *bosquet m.* ῾Wäldchen῾, dieses aus it. *boschetto m.*, einem Diminutivum zu it. *bosco m.* ῾Wald῾, für das gallischer Ursprung angenommen wird.

DF 1 (1913), 93 f.

Boß[1] *m. stil.* ῾Chef῾ (< 20. Jh.). Entlehnt aus gleichbedeutend ne. *boss*, dieses aus mndl. *baas* ῾Herr, Meister῾.

S. *Baas*. − Rey-Debove/Gagnon (1988), 79 f.; Röhrich 1 (1991), 243 f.; Carstensen 1 (1993), 156−158.

Boß[2] *m.* ῾Halbstiefel῾ s. *Botten*.

Boße *m. arch.* ῾Bund Flachs῾ (< 9. Jh.). Mhd. *bōze*, ahd. *bōzo* (auch *-a f.*), mndd. *bote* aus vd. **baut-ōn m.* ῾Bündel Flachs῾, vielleicht zu g. **baut-a-* ῾schlagen῾ (s. *Amboß*), vgl. *ein Stoß Papier, ein Schlag Essen* u. ä., oder ῾so viel Flachs, wie auf einmal gebossen wird῾?

T. Dahlberg: *Mittelhochdeutsch Wurpōz* ῾radix῾, *bōze* ῾Flachsbündel῾, *boz* ῾Stoß῾ (Göteborg 1955).

bosseln *swV. stil.* ῾an einer kleinen Arbeit eifrig herummachen, basteln῾ (< 15. Jh.). Neben *Bossel-Arbeit* ῾Kleinarbeit῾. Vielleicht als ῾an etwas herumklopfen˘ letztlich zu *bossen* ˈschlagen˘ (s. *Amboß*), aber die Bedeutungszusammenhänge sind noch nicht genügend erhellt.

Röhrich 1 (1991), 244.

Botanik *f. erw. fach.* ˈLehre von den Pflanzen˘ (< 17. Jh.). Entlehnt aus neo-kl. *botanica* ˈHeilkräuterkunde˘, dieses nach gr. *botanikós* ˈpflanzlich, die Heilkräuter betreffend˘, einer Ableitung von gr. *botánē* ˈWeide, Futter, Kraut˘. Täterbezeichnung: **Botaniker**; Adjektiv: **botanisch**.

DF 1 (1913), 94; Cottez (1980), 55.

Bote *m.* (< 8. Jh.). Mhd. *bote*, ahd. *boto*, as. *bodo* aus g. **bud-ōn m.* ˈBote˘, auch in anord. *boði*, ae. *boda*, afr. *boda*; Nomen agentis zu g. **beud-a- stV.* ˈbieten˘ (s. *bieten*), also ˈderjenige, der entbietet oder aufbietet˘. Auch **Botschaft**, ahd. *botascaf(t)*, ae. *bodscipe* ist gemein-südgermanisch und kann deshalb schon alt sein. Das Wort bedeutet seit dem 15. Jh. auch ˈGesandter˘ (Verwendung des Abstraktums als Nomen agentis); es wurde dann durch frz. *ambassadeur* verdrängt, das dann im 18. Jh., von Wien ausgehend, durch die jüngere Form **Botschafter** offiziell ersetzt wurde. Präfigierung: **Vorbote**.

Röhrich 1 (1991), 244−247.

botmäßig *Adj. obs.* ˈuntergeben˘, heute praktisch nur noch **unbotmäßig** in übertragener Bedeutung (ˈaufsässig˘). Zu spmhd. *botmæzec* ˈdem Gebot gemäß˘ zu *(Ge)bot*, *bieten* und *gemäß*.

Böttcher *m. erw. ndd. omd.* ˈKüfer˘ (< 13. Jh.). Spmhd. *botecher* ist ursprünglich ein niederdeutsches Wort, mndd. *bodeker*, *bodiker* u.ä. Da im Gegensatz dazu *Bottich* ein urprünglich oberdeutsches Wort ist, kann *Böttcher* nicht unmittelbar aus diesem abgeleitet sein; es ist vielmehr eine niederdeutsche Form der Täterbezeichnungen auf *-ker* zu *Bütte*, mndd. *bode(ne)* (vgl. omd. *Büttner*).

S. *Bütte.* − M. Åsdahl-Holmberg: *Studien zu den niederdeutschen Handwerksbezeichnungen des Mittelalters* (Lund, Kopenhagen 1950), 163−188; G. Müller *BGDSL-H* 83 (1961), 288−293; *LM* 2 (1983), 490−492; U. Witte in: *Text und Sachbezug in der Rechtssprachgeographie.* Hrsg. R. Schmidt-Wiegand (München 1985), 123−145.

Botten *Pl. per. md. wobd.* ˈwarme, bequeme Reiseschuhe, Hausschuhe˘, omd. ˈschwere Stiefel˘ (< 14. Jh.); häufigere Nebenform spmhd. **botschu**, nhd. (dial.) **Botze, Botsche** (aus einer Zusammensetzung mit nhd. *-schuh*). Aus frz. *botte f.* gleicher Bedeutung (auch ins Englische entlehnt als *boot*). Dagegen scheint obd. **Boss** ˈHalbstiefel˘ auf eine andere Grundlage zurückzugehen (zu *Boss* ˈStoß˘, s. *Amboß* − solche Stiefel werden ˈangestoßen˘ = ˈangezogen˘).

Das französische Wort scheint auf eine gallische Grundlage zurückzugehen; letztliche Herkunft aus dem Germanischen ist nicht ausgeschlossen. − A. Spenter *NJ* 97 (1974), 95−97; T. Dahlberg: *Mittelhochdeutsch Wurpōz*

ˈradix˘, *bōze* ˈFlachsbündel˘, *boz* ˈStoß˘ (Göteborg 1955); *DEO* (1982), 137; M. Åsdahl-Holmberg in: *FS H.-F. Rosenfeld* (1989), 469−486.

Bottich *m.* (< 9. Jh.). Mhd. *botige, boting, botech(e) m./f.*, ahd. *botega f.* ist sicher aus dem romanischen Bereich entlehnt, doch macht die Bestimmung der genauen Vorform Schwierigkeiten. In Frage kommt eine Kurzform von l. *apothēca f.* aus mgr. *apothḗkē f.* (s. *Apotheke*), doch ist für dieses Wort die nächststehende Bedeutung ˈWeinkeller˘, und spl. *but(t)is* ˈFaß˘, das aber keine tektale Erweiterung zeigt. Eine Mischung aus beiden Quellen ist nicht ausgeschlossen. Das Wort *Bottich* ist zunächst nur oberdeutsch. Es hat später sein maskulines Genus wohl von dem lautähnlichen ahd. *botah m.* ˈKörper˘ bezogen.

S. *Bütte, Theke.* − A. Götze *NJKA* 41 (1918), 130; J. Hubschmid: *Schläuche und Fässer* (Bern 1955), 66−70; G. Müller *BGDSL-H* 83 (1961), 288−293; *RGA* 3 (1978), 330−332.

Boudoir *n. per. fremd.* ˈeleganter, intimer Raum der vornehmen Damen˘ (< 18. Jh.). Entlehnt aus frz. *boudoir m.*, einer Lokativbildung zu frz. *bouder* ˈschmollen, schlecht gelaunt sein˘, das wohl aus dem Galloromanischen stammt. So bezeichnet als der Raum, in den sich die Dame zurückziehen kann, wenn ihr nicht nach Gesellschaft zumute ist (**Schmollwinkel** ist ursprünglich ein Ersatzwort dazu).

DF 1 (1913), 94.

Bouillon *f.* (< 18. Jh.). Entlehnt aus frz. *bouillon m.*, einer Ableitung von frz. *bouillir* ˈsieden˘, dieses aus l. *bullīre* (eigentlich ˈBlasen werfen˘), zu l. *bulla* ˈBlase (usw.)˘. Das deutsche Wort erscheint als Femininum, wohl im Anschluß an *Suppe* oder *Brühe*.

S. *Bulle².* − DF 1 (1913), 94; Brunt (1983), 165.

Boulevard *m. erw. fremd.* ˈbreite Straße˘ (< 19. Jh.). Entlehnt aus frz. *boulevard m.*, das seinerseits aus ndl. *bolwerk* (s. *Bollwerk*) entlehnt ist. Es handelt sich um die breiten Straßen an der Stelle früherer Festungswälle, besonders in Paris.

Boulevard-Blatt *n. stil.* ˈSensationszeitung˘, entsprechend **Boulevard-Presse**, (< 19. Jh.). Bezeichnung für die Zeitungen, die sofort nach Erscheinen auf den großen Straßen der Großstädte verkauft wurden, und die in der Regel sehr reißerisch aufgemacht waren.

Bourgeois *m. per. grupp.* ˈwohlhabender Bürger˘ (< 19. Jh.). Entlehnt aus frz. *bourgeois*, einer Ableitung von frz. *bourg* ˈbefestigte Siedlung˘. Zunächst Bezeichnung des freien Staatsbürgers; dann immer stärkere Hervorhebung der wirtschaftlichen Situation (dabei dann Abgrenzung von frz. *citoyen*), schließlich immer mehr ˈMitglied der besitzenden Klasse˘. Seit Saint-Simon in Frankreich als Gegenbegriff zu *prolétaire* ˈProletarier˘ gebraucht; daher dann in revolutionären Kreisen die Abwertung des

Wortes, die im Deutschen allgemein wird. Abstraktum: **Bourgeoisie**.

Zur germanischen Verwandtschaft s. *Burg*. − R. F. Arnold *ZDW* 8 (1906/07), 3; *DF* 1 (1913), 94; J. di Corcia *Journal of Modern History* 50 (1978), 207−233; H. M. Militz *'Bürger'* im Französischen (Berlin 1979); *HWPh* 1 (1970), 962−966; *Grundbegriffe* 1 (1972), 713−722; I. Fetscher in: *Christianity and the Bourgeoisie*. Ed. J. B. Metz (New York 1979), 3−14; P. Rétat *PSG* 9 (1988), 75−105.

Bouteille *f. arch.* 'Flasche' (< 17. Jh.). Entlehnt aus frz. *bouteille*, dieses aus ml. *buticula*, einem Diminutivum zu ml. *but(t)is* 'Faß'.

S. *Bütte, Buddel, Butler*. − Die Herkunft des lateinischen Grundworts ist umstritten. − *DEO* (1982), 148.

Boutique *f. erw. fremd.* 'kleines (Mode-)Geschäft' (< 17. Jh.). Entlehnt aus frz. *boutique*, dieses über das Lateinische aus mgr. *apothḗkē* 'Speicher, Magazin' (s. *Apotheke*). Es bedeutet im 16. Jh. 'Lokal, in dem ein Beruf ausgeübt wird', dann spezieller 'Kramladen'. Diese Bedeutung wird ins Deutsche übernommen; sie verschlechtert sich dann aber zu 'schlechtes Haus, Bude'; (insbesondere:) 'schlechte Gastwirtschaft'. Die heutige Bedeutung beruht auf einer jungen abermaligen Entlehnung aus dem Französischen. Die älteren Bedeutungen sind erhalten in der älteren Form **Budike**.

S. *Theke*. − M. Schlicker *SD* 18 (1974), 178 f.; Jones (1976), 159.

Bovist *m.* s. *Bofist*.

Bowle *f. erw. fach.* (ein alkoholisches Getränk mit Früchten) (< 18. Jh.). Entlehnt aus ne. *bowl* 'Napf, (Punsch-)Schale'. Zunächst entlehnt in der Bedeutung 'Gefäß für Mischgetränke'; ab 1850 metonymisch übertragen auf ein bestimmtes, in solchen Gefäßen serviertes Getränk.

DF 1 (1913), 94 f.; Ganz (1957), 43 f.

Bowling *n. per. fach.* (amerikanisches Kegelspiel) (< 20. Jh.). Entlehnt aus am.-e. *bowling*, einer Ableitung von e. *bowl* 'schieben, rollen', zu e. *bowl* 'Kugel', dieses aus frz. *boule f.*, aus l. *bulla f.* 'Aufschwellung, Blase' (usw.).

S. *Bulle²*. − Rey-Debove/Gagnon (1988) 83.

Box *f. erw. fremd.* 'Schachtel, kleiner Raum' (< 19. Jh.). Entlehnt aus ne. *box* 'Behältnis, Unterstand', dieses wie nhd. *Büchse* aus l. *pyxis* 'Behältnis'.

Rey-Debove/Gagnon (1988), 84; Carstensen 1 (1993), 159−161.

boxen *swV.* (< 18. Jh.). Entlehnt aus ne. *box*, dessen Herkunft nicht geklärt ist. Anfänglich auch in der Form **baxen**.

S. *Boxer*. − *DF* 1 (1913), 95; E. Erämetsä *NPhM* 59 (1958), 36; Rey-Debove/Gagnon (1988), 85 f.; Carstensen 1 (1993), 162 f.

Boxer *m. per. fach.* (eine Hunderasse) (< 20. Jh.). *Boxer* ist zunächst ein Faustkämpfer (zu *boxen*);

das Wort wird dann von deutschen Züchtern als Bezeichnung einer Hunderasse gewählt, um Eigenschaften wie Kampfgeist u.ä. zu suggerieren.

Boxkalf *n. per. fach.* 'chromgegerbtes, feinnarbiges Kalbsleder' (< 20. Jh.). Entlehnt aus ne. *box calf*. Das (Kalbs-) Leder wurde so benannt nach dem Londoner 'bootmaker' *Joseph Box*; zudem liegt ein wortspielerischer Bezug des Namens auf die rechteckige (kästchenförmige) Narbung des Leders vor.

Rey-Debove/Gagnon (1988), 84 f.

Boykott *m. erw. fach.* 'Ächtung' (< 19. Jh.). Entlehnt aus ne. *boycott*, das auf einen Eigennamen zurückgeht: Der Güterverwalter Charles *Boycott* wurde von der irischen Landliga wegen seiner Härte gegen die Pächter geächtet, und niemand wollte mehr für ihn arbeiten, so daß er schließlich zur Auswanderung gezwungen wurde. Daraus das Verb *to boycott* 'ächten' (**boykottieren**), und zu diesem wieder das Substantiv *boycott* 'Ächtung'. Das Verb dann allgemein für 'jemanden schneiden'.

DF 1 (1913), 95; *LM* 2 (1983), 525−526; Rey-Debove/Gagnon (1988), 88 f.; Röhrich 1 (1991), 247 f.

brabbeln *swV. stil.* 'vor sich hinreden' (< 18. Jh.). Mndd. *brabbelen*; ursprünglich wohl lautmalend. Vgl. *babbeln, pappeln* und *blabla*.

Brache *f. erw. fach.* 'unbestelltes Land' (< 12. Jh.). Mhd. *brāche*, ahd. *brāhha*, mndd. *brāke*, mndl. *brāke* aus vd. **brāk-ō f.* 'Brache' (Ruhezeit in der Dreifelderwirtschaft). Da das Wort kaum von kymr. *braenar, branar, brynar*, air. *branar* 'Brache' zu trennen ist, ist ein Anschluß an g. **brek-a-* 'brechen', der zur Not semantisch glaubhaft gemacht werden könnte, nicht ratsam. Im Keltischen liegt **brag-no-* oder **mrag-no-* voraus, so daß die gemeinsame Ausgangspunkt **bhrag-* oder **mrag-* sein könnte. Am ehesten zu der unter *morsch* behandelten Grundlage, so daß von 'morsch werdendes Land' auszugehen wäre. In **Brachmonat**, dem alten Wort für den Juni, ahd. *brāhmānōd*, ist das Wort schon seit dem 9. Jh. bezeugt. Aus der Wendung mhd. *in brāche ligen* 'in Brache liegen' wird nhd. **brachliegen**, das häufig übertragen gebraucht wird ('ungenutzt bleiben').

Nndl. *braak(akker)*. − A. Kutzelnigg *MS* 82 (1972), 173; *LM* 2 (1983), 536−537.

brachial *Adj. per. fremd. phras.* 'den Arm betreffend, handgreiflich' (< 19. Jh.). Entlehnt aus l. *brachiālis* 'zum Arm gehörig', zu l. *brac(c)hium* 'Arm', dieses aus gr. *brachíōn* 'Oberarm, Arm'. Eigentlich nur in *Brachialgewalt* und *brachiale Gewalt* 'rohe Gewalt'. S. *Bratsche, Brezel, Pratze*.

Cottez (1980), 126.

Brachsen *m.*, **Brachse** *f.*, auch **Brasse(n)** *m. per. fach.* (ein Karpfenfisch) (< 12. Jh.). Mhd. *brahsem m.*, ahd. *brahsa f.*, *brachsmo m.*, *brachsma f.*, mndd.

brassem, daneben as. *bresmia f.* (aus **brehs-* oder **brahsimo*) aus vd. **brahs-mōn f.* (und andere Stammbildungen) ´Brachsen´; dazu nschw. *braxen* − wohl urverwandt und damit ist das Wort von ursprünglich weiterer Verbreitung. Lautlich läßt sich an ein schlecht bezeugtes Verb für ´glänzen, leuchten´ anknüpfen: mhd. *brehen*, anord. *brjá* (falls gt. *brahva augins* ´Augenblick´ dazugehört, aus g. **brehw-*), da der Brachsen ja ein Weißfisch ist. Es wäre dann also von **brah(w)s-mōn-* ´der Glänzende´ auszugehen.

Nndl. *brasem*, ne. *bream* (entlehnt aus frz. *brème*, das aus der deutschen Sippe stammt), nschw. *braxen*.

Brack *n.* ´Ausschuß´, **bracken** *swV.* ´ausmustern´ *per. fach.* (< 14. Jh.). Zunächst als Wörter des norddeutschen Handels bezeugt: Lautvarianten zu *Wrack* und *wracken*.

A. Kutzelnigg *MS* 82 (1972), 169−181.

Bracke *m. per. fach.* ´Spürhund´ (< 13. Jh.). Mhd. *bracke*, ahd. *bracko*, mndd. *bracke*, mndl. *bracke*. Falls ererbt, aus vd. **brakkōn*, das − mit expressiver Gemination oder *-kn*-Assimilierung − zu l. *fragrāre*, mhd. *brǣhen* ´riechen´ gestellt werden kann (wenn von ´Spürhund´ auszugehen ist). Da aber gleichbedeutende it. *bracco*, frz. *braque* aus einem vorauszusetzenden vor-rom. **per-agicāre* ´aufstöbern, hetzen, treiben´ hergeleitet werden können, ist zu erwägen, ob die germanischen Wörter nicht aus den romanischen entlehnt sind.

Nndl. *brak*. S. *Flair*. − Palander (1899), 38 f.; Lühr (1988), 225 f.; H. Bursch *RJ* 30 (1979), 59−62; *LM* 2 (1983), 537−538. Zur Herkunft der Verben vgl. Seebold in Mayrhofer/Peters/Pfeiffer (1980), 482.

Brackwasser *n. erw. fach.* ´Gemisch von Süß- und Salzwasser´ (< 17. Jh.). Wie nndl. *brakwater* zu mndl. *brak* ´salzig´ (ne. *brackish*, d. **brackig**). Zu ig. **mrog-* in der unter *morsch* behandelten Sippe, mit der auch abgestandene und faulige Flüssigkeiten bezeichnet werden. Zu dieser Lautform paßt gr. (Hesych) *brágos* ´Flußaue´. Eine Auslautvariante hierzu in gr. *bréchō* ´nässe, überflute´, *brochḗ f.* ´Regen, Bewässerung, Überschwemmung´. Schwer zu beurteilen ist gr. *bráchea n. Pl.* ´seichte Stellen´ (hierher oder zu gr. *brachýs* ´kurz´?).

S. *Bruch²*, *Brühl*, *morsch*. − A. Kutzelnigg *MS* 82 (1972), 173.

Brägen *m.* s. *Bregen*.

Bramarbas *m. per. fremd.* ´Prahlhans´, häufig **bramarbasieren** *swV.* ´großtun´ (< 18. Jh.). Titelfigur in einer Satire von B. Mencke 1710 und von dort aus, hauptsächlich durch Gottsched, in allgemeinerem Sinn verwendet. Der Name ist wohl in Anlehnung an span. *bramar* ´schreien´ oder nndl. *brammen* ´prahlen´ (17. Jh.) gebildet.

DF 1 (1913), 95 f.

Branche *f. erw. fach.* ´Abteilung, Zweig´ (< 18. Jh.). Entlehnt aus frz. *branche* ´Zweig´, dieses aus l. *branca* ´Pfote u. a.´. Wörter für ´Zweig, Ast´ und für ´Arm, Finger´ sind mehrfach parallel.

DF 1 (1913), 96; Schirmer (1911), 37; *LM* 2 (1983), 549.

Brand *m.* (< 9. Jh.). Mhd. *brant*, ahd. *brant*, as. *brand* aus g. **branda- m.* ´Brand´, auch in anord. *brandr* ´brennendes Holzscheit´, ae. *brond*, afr. *brand*, *brond*. Eine *to*-Bildung (evtl. aus älterem *tu*) zu g. **brenn-a- stV.* ´brennen´ (s. *brennen*). Die nordische Bedeutung ´Teil des Vorderschiffs´ ist sicher nicht zugehörig; ob die Bedeutung ´Schwert´ (zu der die häufigen Personennamen auf *-brand* gehören) einschlägig ist, ist nicht sicher; *-brand* in Ortsnamen weist dagegen auf Brandrodung hin. Nhd. *brand-* wird auch als Verstärkungswort benutzt (*brandneu* − vielleicht unter englischem Einfluß).

Nndl. *brand*, ne. *brand*, nschw. *brand*. − *LM* 2 (1983), 549−550; Carstensen 1 (1993), 169.

Brandbrief *m. erw. fach.* ´dringlicher Brief´ (< 18. Jh.). Entsprechende Wörter treten zu verschiedenen Zeiten mit verschiedenen Bedeutungen auf. Auf den heutigen Gebrauch haben wohl eingewirkt: 1) ein niederdeutsches Wort, seit dem 16. Jh. bezeugt, ´Schreiben, wodurch das Abbrennen von Haus und Hof angedroht wird´ (parallel zu *Fehdebrief*), und 2) ein süddeutsches Wort, seit dem 17. Jh. bezeugt, ´obrigkeitliche Verfügung, die zum Sammeln von Gaben für Brandgeschädigte berechtigt´. Eigentlich üblich geworden ist das Wort aber aus der Studentensprache (18. Jh.): ´Brief an die Eltern, in dem um Geld gebeten wird, da man „abgebrannt" sei´ (um dies zu verdeutlichen, sei der Brief auch angebrannt worden). Wieviele verschiedene Ausgangspunkte für dieses Wort anzusetzen sind, und wie sie sich gegenseitig beeinflußt haben, ist noch nicht ausreichend untersucht.

Röhrich 1 (1991), 248.

brandmarken *swV.* ´anprangern´ (< **14. Jh., Bedeutung < 18. Jh.). Wie *Brandmal* und *Brand* allein bedeutet fnhd. *brandmark* ´das Tieren, Geräten usw. eingebrannte Eigentumszeichen´, dann ´das einem Verbrecher eingebrannte Zeichen´. Von hier aus übertragen verwendet.

RGA 3 (1978), 401 f.; *LM* 2 (1983), 566−567; Röhrich 1 (1991), 248.

Brandschatzung *f.* und daraus rückgebildet **brandschatzen** *swV. obs.* ´eine Geldzahlung o.ä. (*Schatzung*) erpressen durch die Drohung des Niederbrennens einer Stadt o.ä.´ (< 14. Jh.). Dann verallgemeinert zu ´niederbrennen und plündern´.

Brandsohle *f. per. fach.* ´innere Schuhsohle´ (< 18. Jh.). Aus dünnem, schlechterem Leder gefertigt. Evtl. ursprünglich ´das Stück Leder, das das Brandzeichen eines Tieres trägt´.

Brandung *f.* (< 18. Jh.). Älter *Branding*, das aus nndl. *branding* entlehnt ist. Dieses zu *branden* (etwa ´wie ein Brand andringen´, auch d. *[an]branden*) aus *brennen* unter dem Einfluß von *Brand*.

Brandy *m. erw. fremd.* ´Weinbrand´ (< 19. Jh.). Entlehnt (aber eigentlich nur in Zusammenhängen, die Englisches und Amerikanisches betreffen, gebraucht) aus ne. *brandy,* einer Kurzform von e. *brandwine, brandewine,* aus ndl. *brandewijn* (eigentlich ´gebrannter Wein´) (s. *Branntwein* und *brennen*).
Ganz (1957), 46; Rey-Debove/Gagnon (1988), 92.

Branntwein *m. obs.* (< 13. Jh.). Spmhd. *brantwīn,* auch mit Flexion des ersten Gliedes (Akkusativ *Brandtenwein* bei Schiller). Eigentlich ´gebrannter Wein´ zu *brennen* im Sinn von ´destillieren´ und *Wein.* Entlehnt zu nndl. *brandewijn* und von dort zu ne. *brandy.* S. auch *Weinbrand.*

Brasse(n) *m.* s. *Brachsen.*

Brät *n. per. wobd.* ´feingehacktes mageres Kalb- oder Schweinefleisch´ (< *9. Jh., Form < 17. Jh.). Das gleiche Wort wie *Braten* in der ursprünglichen Bedeutung ´schieres Fleisch´. Woher der Umlaut kommt, ist nicht ganz klar: einerseits ist *-brät* die Kompositionsform von *Braten* (dem Typ nach ein alter *ja*-Stamm, vgl. *Wildbret*), andererseits kann es Kollektivum (mhd. *gebræte*) sein, und schließlich kann es aus einem im 17. Jh. bezeugten Plural *bräter* (der allerdings auch erst zu solchen Formen gebildet sein kann) rückgebildet sein.

braten *stV.* (< 9. Jh.). Mhd. *brāten,* ahd. *brātan,* as. *Prät. -brēd* aus wg. **brād-a- stV.* ´braten´, auch in ae. *brādan,* afr. *brēda.* Vergleichbar sind nordische Wörter mit der Bedeutung ´schmelzen´: aschw. *bradhin* ´geschmolzen´, anord. *bræða* ´schmelzen´ *swV.* Da die gemeinsame Bedeutung offenbar ´erhitzen´ ist, liegt ein Zusammenhang mit der Wurzel von *brennen* näher als der sonst angenommene mit *Brühe.* Zu der unter *brennen* angesetzten Wurzel ig. **gʷʰer-* ´brennen´ müßte dann eine langvokalische Erweiterung mit dentalem Auslaut **gʷʰrēt/dʰ* angesetzt werden. Diese kann vorliegen in air. *grís* ´Hitze, Feuer, Glut´ (**gʷʰrēd-s-,* der Lautstand ist aber unsicher; zum Auslaut vgl. air. *grísaid* ´macht erröten´ mit kymr. *gwrido* ´erröten lassen´). Auch l. *fretāle* ´Bratpfanne´ kann unmittelbar dazugehören, besonders wenn der Wurzelvokal lang ist. Es wäre dann ig. (weur.) **gʷʰrēt-* ´erhitzen´ anzusetzen. Nndl. *braden.* S. *Braten,* auch *brüten.*
Seebold (1970), 128 f.

Braten *m.* (< 9. Jh.). Mhd. *brāte,* ahd. *brāto,* as. *brādo,* ein ursprünglich von dem starken Verb *braten* ganz unabhängiges Wort mit der Bedeutung ´schieres Fleisch ohne Speck und Knochen´, das erst auf Grund der Lautgleichheit sekundär dem Verbum angeglichen wurde und heute als ein Konkretum zu diesem gelten kann. Vorauszusetzen ist g. **brāda-/ōn/-ō* ´Fleischstück´, auch in anord. *bráð* f. ´Fleisch´, ae. *lende-brēd* ´Lende´. Von der alten Bedeutung hält sich noch obd. *Brät* ´feingehacktes mageres Kalb- oder Schweinefleisch´ und − mit ab-

weichender Schreibung − *Wildbret.* Außergermanisch vergleicht sich lediglich mir. *broth* ´Fleisch´, sonst ist die Herkunft unklar.
Röhrich 1 (1991), 249.

Bratenrock *m. arch.* (eine Art Gehrock) (< 17. Jh.). Wohl als ´das Kleidungsstück, in dem man zum Essen *(Braten)* geht´; vgl. ne. *roastmeat clothes.*

Bratsche *f. erw. fach.* (ein Streichinstrument) (< 17. Jh.). Entlehnt aus it. *viola da braccio,* dessen Bestimmungswort zurückgeht auf l. *brac(c)hium n.* ´Arm´. Als ´Armgeige´ steht das Instrument im Gegensatz zur ´Kniegeige´, der *viola da gamba* ´Gambe´. Im Deutschen erscheint es zunächst als *Bratschgeige.*
S. *brachial.* Vgl. *Gambe.* − DF 1 (1913), 96.

Bratwurst *f.* (< 12. Jh.). Heute verstanden als ´gebratene oder zu bratende Wurst´, aber ursprünglich ´eine mit magerem Fleisch gefüllte Wurst´ (s. *Brät*). Doppelte Herkunft des Wortes ist in diesem Fall allerdings nicht auszuschließen.

brauchen *swV.* (< 8. Jh.). Mhd. *brūchen,* ahd. *brūhhan, brūhhen,* as. *brūkan* ´genießen, sich erfreuen´ aus g. **brūk-a- stV.* intr. ´gebrauchen´, auch in gt. *brūkjan,* ae. *brūcan,* afr. *brūka.* Das Wort ist nur im Altenglischen eindeutig als starkes Verb belegt; in den übrigen westgermanischen Sprachen gibt es nur ein starkes Präsens, das später meist schwache Präteritalformen hat; im Nordischen fehlt es, im Gotischen ist es ein schwaches Verb. Die Bedeutung ist ´brauchen, gebrauchen, verbrauchen´. Außergermanisch lassen sich unter einer Grundform ig. **bʰrug-* mit formalen Schönheitsfehlern ein lateinisches und altindisches Verb vergleichen: l. *fruor, frūctus sum* ´ich genieße, erfreue mich an etwas, habe den Nießbrauch´ (Auslaut unklar), ai. *bhunákti* ´genießt, benützt, verzehrt´ (unter der Annahme, daß das Nasalinfix das *r* ausgedrängt hat). Ausgangsbedeutung ist also ´genießen (Früchte, Ernte, Speise und Trank)´. Die heutige Bedeutung von *brauchen* entwickelt sich im 17. Jh. in verneinten Sätzen (´etwas nicht verwenden´ = ´etwas nicht nötig haben´); das sachliche Objekt tritt dabei in den Akkusativ (statt in den Genetiv). Das abgeleitete (erst frühneuhochdeutsch gebräuchliche) Substantiv **Brauch** wandelt seine Bedeutung von ´Verwendung´ zu ´Sitte´, wohl ausgehend von Wendungen wie *rechter Brauch, unser Brauch* usw. Entsprechend **Brauchtum.** Präfigierungen mit *ge-, miß-, ver-;* Adjektiv: **brauchbar.**
Nndl. *gebruiken,* ne. *brook,* nschw. *bruka,* nisl. *brúka.* Zur lateinischen Verwandtschaft s. *frugal.* − Seebold (1970), 140 f.; *LM* 2 (1983), 580−582.

Braue *f.* (< 8. Jh.). Mhd. *brā(wen),* ahd. *brāwa,* as. *brāha, brāwa* aus g. **brægwō f.* ´Braue, Wimper´, auch in anord. *brá* ´Wimper´, ae. *brǣw,* afr. *brē n.,* mit Ablaut und grammatischem Wechsel gt.

in brahva augins ˊim Augenblickˋ, Konkretbildung zu einem Verb zum Ausdruck schneller Bewegungen, besonders des Auges, g. (erweitert) **bregd-a-* ˊzücken, zuckenˋ (anord. *bregða*, ae. *bregdan*, afr. *breida, brīda*, ahd. *brettan*), aus ig. **mrekʷ-* in lit. *mérkti* ˊdie Augen schließen, blinzelnˋ (mit anderer Vokalisierung). Das Wort *Braue* bedeutet zunächst ˊWimperˋ, und zwar wird eine obere und eine untere Braue (u.ä.) unterschieden (s. *Wimper*). Danach verdrängt es das alte Wort für ˊBraue, Haarbogen über den Augenˋ, ig. **bʰrū-*, erhalten in anord. *brún*, ae. *brū* und im Deutschen in dialektalen Fortsetzern eines nicht belegten mhd. **brū*, **brūn*, und tritt (schon althochdeutsch) in dessen Bedeutung ein.

Nndl. *wenkbrauw*, ne. *brow*, nisl. *brá*. – M. Dolch *ZM* 20 (1951/52), 146 f.; Seebold (1970), 129–132; Anders: A. Kutzelnigg *MS* 83 (1973), 135–142.

brauen *sw V.* (< 13. Jh.). Mhd. *briuwen, brūwen*, mndd. *bruwen, bruen, browen st V./sw V.*, mndl. *brouwen* aus g. **breww-a- st V.* ˊbrauenˋ, auch in aschw. *bryggia*, ae. *brēowan*, afr. *briūwa*; dieses aus ig. **bʰru-/bʰerw-* ˊwallen, siedenˋ, auch ˊbrauenˋ. Dem Germanischen stehen am nächsten l. *defrūtum* ˊgekochter Mostˋ, mir. *bruithid* ˊkochtˋ (zu mir. *bruth* ˊGlutˋ, kymr. *brwd* ˊdas Brauen; so viel Bier, wie auf einmal gebraut wirdˋ), gr. *ap-é-phry-sen* (Glosse) ˊbraute, sottˋ, thrak. *brŷtos* ˊGerstengetränkˋ; von der anderen Wurzelstufe vor allem l. *fervēre* (al. [poet.] *fervere*) ˊsiedenˋ und mir. *berbaid* ˊkochtˋ. Nomen agentis: **Brauer** mit der Lokalableitung **Brauerei**; Kollektivum: **Gebräu**.

Nndl. *brouwen*, ne. *brew*, nschw. *brygga*, nisl. *brugga*. S. auch *Bier, brausen, brodeln, Braut², Brunnen, Brot, brühen*. – Seebold (1970), 143 f.; L. Mehlber *JGGB* (1983), 11–17. Zu den wichtigsten Ableitungen vgl.: L. Mehlber *JGGB* (1982), 178–186.

braun *Adj.* (< 9. Jh.). Mhd. *brūn*, ahd. *brūn*, as. *brūn* aus g. **brūna- Adj.* ˊbraunˋ, auch in anord. *brúnn*, ae. *brūn*, afr. *brūn*; dieses aus ig. (eur.) **bʰrūno-* ˊbraunˋ, auch in gr. *phrŷnos m.*, *phrýnē f.* ˊKröte, Froschˋ (wenn nach der Farbe als ˊBraunerˋ benannt). Eine einfachere (reduplizierte) Wurzelform liegt vor in ai. *babhrú-* ˊbraunˋ (zu der vermutlich das Wort *Biber* gehört); noch einfacher (ig.) **bʰer-* in lit. *béras* ˊbraunˋ (s. *Bär*). – *Braun* in der alten Bedeutung ˊviolettˋ beruht auf einer Entlehnung aus l. *prūnum* ˊPflaumeˋ zur Bezeichnung der Farbe dieser Frucht (ahd. *brūn*, mhd. *brūn*). – Die Formel *braune Nacht* (seit der Barockzeit) beruht auf romanischen Vorbildern (frz. *nuit brune* usw.), *Bräune* als Krankheitsname (ˊDiphtherie, Anginaˋ) bezieht sich auf die braunrote Verfärbung der Schleimhäute bei den betroffenen Kranken. Modifikation: **bräunlich**; Faktitivum: **bräunen**.

Nndl. *bruin*, ne. *brown*, nschw. *brun*, nisl. *brúnn*. S. *brünett*. – A. Götze *ZDW* 12 (1910), 200–206; Schwentner (1915),

56–59; K. Borinski *SBAW* (1918), Nr. X; ders. *SBAW* (1920), Nr. I; K. Vietor *ZDPh* 63 (1938), 284–298; I. Dal *NTS* 9 (1938), 219–230; S. Öhmann: *Wortinhalt und Weltbild* (Stockholm 1951), 137–142; Röhrich 1 (1991), 250; *RGA* 8,1/2 (1991), 210; Heidermanns (1993), 143.

Braunsilge *f.* s. *Basilikum*.

Brausche *f. per. omd.* ˊBeule auf der Stirnˋ (< 13. Jh.). Mhd. *brūsche*. Eine Bildung aus einer Grundlage, die ae. *brŷsan* ˊstoßen, schürfenˋ (ne. *bruise*) entspricht.

Brause *f.* (< 17. Jh.). Zu *(auf)brausen*, zunächst in der Bedeutung ˊDuscheˋ, dann als ˊLimonadeˋ (20. Jh.).

brausen *sw V.* (< 13. Jh.). Mhd. *brūsen*, mndd. *brūsen*. In der Bedeutung ˊschäumen, siedenˋ dürfte das Wort aus dem Umkreis von *brauen* stammen. Die Bedeutung ˊstürmenˋ kann damit zusammenhängen, aber auch auf einer unabhängigen Lautmalerei beruhen. Hierher auch *in Saus und Braus* (mhd. *brūs* ˊBrausen, Lärmenˋ).

Nndl. *bruisen*. S. auch *Braut²*.

Braut¹ *f.* ˊjunge Frau am Hochzeitstag, Verlobteˋ (< 9. Jh.). Mhd. *brūt*, ahd. *brūt*, as. *brūd* aus g. **brūdi- f.* ˊjunge Frau am Tag ihrer Hochzeitˋ (später auch ˊVerlobteˋ), auch in gt. *brūþs* (ohne grammatischen Wechsel), anord. *brúðr*, ae. *brŷd*, afr. *breid*. Semantisch muß das Wort ursprünglich bedeutet haben ˊeine Frau, die (ihrem Mann am Tag ihrer Hochzeit) ihre Jungfräulichkeit geopfert hat und damit zu seiner ˊrechtmäßigen Gattinˋ geworden istˋ. Nur dieser Ansatz, der in naturrechtlichen Vorstellungen einer Reihe von indogermanischen Völkern seine Begründung findet, kann die verschiedenen Bedeutungen in den Einzelsprachen, die von ˊJungfrauˋ bis ˊ(längst verheiratete) rechtmäßige Gattinˋ reichen, erklären. Als Ausgangsbedeutung ist bei einem solchen Befund in der Regel ˊJungfrauˋ anzusetzen. Formal ist von ig. **mr-ūt(i)-* auszugehen, das in dieser Form nicht vergleichbar ist. Auf der Grundlage **mr-* vergleichen sich l. *marītus* ˊbeweibt, verheiratetˋ und lit. *martì* ˊBrautˋ. Vermutlich gehen die Wörter auf eine Bedeutung ˊJunge – Mädchenˋ und diese auf eine adjektivische Bedeutung ˊjung, frischˋ zurück, die etwa in ahd. *muruwi* ˊzart, frischˋ vertreten ist. Adjektiv: **bräutlich**.

Nndl. *bruid*, ne. *bride*, nschw. *brud*, nisl. *brúður*. S. *Bräutigam, Brautlauf*. – W. Braune *BGDSL* 32 (1907), 30–55 (vgl. ebenda S. 6–9 und 559–562); W. Krogmann *Glotta* 20 (1932), 175–180; *WS* 16 (1934), 80–90; P. Thieme *ZVS* 78 (1963), 161–248; H. Kuen in *FS E. Gamillscheg* (München 1968), 291–303; Szemerényi (1977), 82–84; Röhrich 1 (1991), 250 f.; E. Seebold in: *FS Polomé* 2 (1992), 444–456.

Braut² *f.* s. *Windsbraut*.

Bräutigam *m.* (< 9. Jh.). Mhd. *briutego(u)me*, *bruitegume*, ahd. *brūtigomo*, as. *brūdigumo* aus g.

*brūdi-gumōn m. 'Bräutigam', auch in anord. *brúð-gumi*, ae. *brȳdguma* (dagegen: gt. *bruþ-faþs* mit einer Entsprechung zu ai. *páti-* 'Herr' im Hinterglied). Das zweite Element ist das heute im Deutschen ausgestorbene alte Wort für 'Mann, Mensch' in gt. *guma*, anord. *gumi*, ae. *guma*, ahd. *gomo*, vergleichbar mit l. *homo*, alit. *žmuõ* 'Mann, Mensch' zu dem alten Wort für 'Erde' (ig. *ǵhðem-*, älter ig. *dheǵhom*), also eigentlich 'Irdischer'.

Nndl. *bruidegom*, ne. *bridegroom* (sekundär an *groom* angeglichen), nschw. *brudgum*, nisl. *brúðgumi*. S. *Braut[1]*, *Mann*, zur lateinischen Verwandtschaft s. *Humus*. – P. Schmidt *ZDA* 51 (1909),280–287; Ch. Peeters *ZVS* 90 (1977), 8 f.

Brautlauf *m. arch.* 'Hochzeit' (< 8. Jh.). Mhd. *brūtlouf(t)* m./f./n., ahd. *brūt(h)louft* m./f., as. *brūdlōht*, *brūdhlōft* aus g. *brūdi-hlaupa-* m. 'Hochzeit, Brautlauf', auch in anord. *brúðhlaup*, *bruðlaup*, *brullaup* m., ae. *brȳdhlōp* (aus dem Altnordischen entlehnt; sonst ws. *gifta*, angl. *gēmung f.*, u. a.). Die Stammbildung ist nicht einheitlich, wobei vermutlich sekundäre Umgestaltungen eine größere Rolle gespielt haben als von Anfang an bestehende Bildungsverschiedenheiten. Es handelt sich um die germanische Bezeichnung der Hochzeit; vermutlich ist die 'Heimführung' der Braut gemeint, die ein rechtsverbindlicher Vorgang war.

M. Wachsner: *Die deutschen Ausdrücke für Verlobung, Hochzeit, Ehe*. Diss. Gießen 1921 (Teildruck Breslau 1921); W. Krogmann *WS* 16 (1934), 80–90. Anders: E. Schröder *ZDA* 61 (1924), 17–34. Zur Sache: L. Carlsson *ZSSR-GA* 77 (1960), 312f., 320f.; *RGA* 3 (1978), 421–425; R. Schmidt-Wiegand in: *Brüder-Grimm-Symposion zur historischen Wortforschung* Hrsg. R. Hildebrandt, U. Knoop (Berlin 1986), 116–118.

brav *Adj.* 'artig, wacker, lieb' (< 17. Jh.). Entlehnt aus frz. *brave* 'tapfer', dieses aus it. *bravo* (eigentlich 'unbändig, wild') Die (romanische) Bedeutungsentwicklung läuft über 'wild' zu 'tapfer' zu 'wacker'; die deutschen Bedeutungen hängen von verschiedenen Einflüssen aus dem Französischen ab und werden erst spät auf 'folgsam, lieb' eingeengt. Die alte Bedeutung noch in dem noch wenig gebräuchlichen *Bravour*.

Das romanische Wort wird auf l. *barbarus* 'fremd, ungesittet' zurückgeführt. Anders J. Knobloch *SD* 30 (1986),20. S. *Barbar, bravo*. – *DF* 1 (1913), 97; Röhrich 1 (1991), 251f. [Herangezogen wurde die Magisterarbeit von R. M. Gartmeier.] Zu *Bravour*: Brunt (1983), 167.

bravo *Partikel* (< 18. Jh.). Entlehnt aus it. *bravo* 'tapfer, tüchtig, ausgezeichnet'. Zur Herkunft des italienischen Wortes s. *brav*.

DF 1 (1913), 96.

brechen *stV.* (< 8. Jh.). Mhd. *brechen*, ahd. *brehhan*, as. *brekan* aus g. *brek-a stV.* 'brechen', auch in gt. *brikan*, ae. *brecan*, afr. *breka*; dieses aus ig. *bhreg-* 'brechen', das vielfach ein Nasalpräsens aufwies, wodurch das *r* ausgedrängt werden

konnte. Lautlich genau vergleicht sich l. *frangere* 'brechen' (allerdings mit *a*-Vokal, aber vgl. das Präteritum *frēgī*); ohne *r*: air. *bongid* 'bricht, erntet', lit. *beñgti* 'beenden, aufhören' ('abbrechen'), ai. *bhanákti* 'bricht, zerbricht'. Die Wurzel *bhreg-* kann als Erweiterung von einfacherem *bher-* aufgefaßt werden, durch das verschiedene ähnliche Tätigkeiten bezeichnet werden, vgl. anord. *berja* 'schlagen, kämpfen', ahd. *berien, berren* 'zerstampfen, zerschlagen', l. *ferīre* 'schlagen', akslav. *brati* 'kämpfen, streiten'. – Die Bedeutung 'sich erbrechen' seit dem 14. Jh. aus *der Magen erbricht sich mit Gewalt*. Präfigierungen mit **ge-, ver-** und Partikelverben mit **auf-, aus-, ein-** mit den Abstrakta auf **-bruch** und **-brechen** und den Nomina agentis auf **-brecher**.

Nndl. *breken*, ne. *break*. S. *gebrechen, Verbrechen, Brecher, Bruch[1]*; *Brocken; bersten, prägen*; 'Rückwanderer' aus dem Französischen sind *Brikett* und *Bresche*; zu Entlehnungen aus der lateinischen Entsprechung s. *Fragment* und zur einfacheren Form *Interferenz*. – Seebold (1970), 132–135; Röhrich 1 (1991), 252.

Brecher *m. erw. fach.* 'Sturzsee' (< 19. Jh.). Lehnübersetzung von ne. *breaker* (zu *break*, s. *brechen*), davor hd. *Brechsee*.

Bredouille *f. per. fremd.* 'mißliche Lage' (< 19. Jh.). Entlehnt aus frz. *bredouille* in dessen (im heutigen Französischen nicht mehr üblichen) Bedeutung 'Dreck, Matsch' (*être en bredouille* 'im Matsch stecken'). Vermutlich läuft die Entlehnung aber über einen Ausdruck des Brettspiels *trictrac*, der einen Spielvorteil bezeichnet, bei dem der Gegner sich nicht bewegen kann, also 'in der Patsche sitzt'. Im heutigen Französischen bedeutet *bredouille* 'erfolglos'.

Das französische Wort gehört mit regionaler Lautvariation zu frz. *barder* 'rutschen'. – *DEO* (1982), 151 f.

Brägen *m.*, **Bregen** *m. ndd.* 'Hirn von Schlachttieren' (< 18. Jh.). Übernommen aus mndd. *bregen, bragen n.*, mndl. *bragen* aus wg. *bragno- m.* 'Hirn', auch in ae. *brægen*, afr. *brein, brīn n.* Wohl zu vergleichen mit gr. *brechmós m.* 'Vorderhaupt, Oberschädel', kymr. *breithell, brithell* 'Gehirn' (aus *brg-t-*), so daß voreinzelsprachl. *mregh-* als Ausgangspunkt anzusetzen ist (Anlaut!). Auffällig ist die lautliche und semantische Nähe zu ig. *mozg-* 'Mark, Gehirn' (s. *Mark[3]*), doch sind die beiden Sippen lautgesetzlich nicht zusammenzubringen.

Nndl. *brein*, ne. *brain*. – Anders: Lühr (1988), 332 f.

Brei *m.* (< 9. Jh.). Mhd. *brī(e)*, ahd. *brī(o)*, *brīwo*, mndl. *bri*, mndd. *bri, brīg* aus vd. *brīwa- m.* 'Brei'. Dies gehört am ehesten zu der Grundlage von *brauen*, ig. *bherw-/bhreu-*, aber zu einem sonst nicht belegten Erweiterungstyp *bhr-ei-w-*. Das morphologisch entsprechende mir. *breó f.* 'Flamme' weicht in der Bedeutung stark ab und gehört wohl nicht unmittelbar dazu. Ausgangsbedeutung könnte etwa 'Gekochtes' sein (vgl. die regionale Variante **Koch** n. ʿBreiʾ). In bair. **Brein** ist das n einer n-stämmigen Ableitung festgeworden; die Bedeutung ist in der Regel ʿHirseʾ.

Nndl. *brij*. – *RGA* 3 (1978), 429–431; Röhrich 1 (1991), 252 f.

breit *Adj.* (< 9. Jh.). Mhd. *breit*, ahd. *breit*, as. *brēd* aus g. **braida-* *Adj.* ʿbreitʾ, auch in gt. *braiþs*, anord. *breiðr*, ae. *brād*, afr. *brēd, breid*; Herkunft unklar. Etymologisch zugehörig ist wohl ahd. *breta* ʿflache Handʾ, ae. *bred*, afr. *brede* ʿFlächeʾ. Abstraktum: **Breite**; Präfixableitungen: **verbreiten, verbreitern**; Partikelableitung: **ausbreiten**.

Nndl. *breed*, ne. *broad*, nschw. *bred*, nisl. *breiður*. – Röhrich 1 (1991), 253; Heidermanns (1993), 135 f.

breitschlagen *st V. stil.* ʿüberredenʾ (< 18. Jh.). *Blech breitschlagen* heißt, es in eine bestimmte Form bringen, was schon früh auch übertragen gesagt wird. Also: ʿjemanden in eine solche Form bringen (daß er zustimmt)ʾ.

Breitseite *f. per. fach.* ʿLängsseite des Schiffes (in ihrer vollen Breite), vor allem beim Abfeuern von Kanonen gesagtʾ (< 16. Jh.). Aus *breit* und *Seite* – auffällig ist nur, daß hier von *Breitseite* und nicht von *Längsseite* gesprochen wird.

Röhrich 1 (1991), 253.

Breme *f.*, **Bremse**[1] *f. erw. obd.* (Name verschiedener stechender Fliegen) (< 8. Jh.). 1) Mhd. *brem(e)*, ahd. *brema f.*, *bremo m.*, as. *bremo m.* aus vd. **brem-ōn m.* ʿBremse, Stechfliegeʾ zu der ig. Schallwurzel **bʰrem-* (z. B. in l. *fremere* ʿbrüllen, tosenʾ, ahd. *pram* ʿrugiebamʾ), hier offenbar in der Bedeutung ʿsummenʾ, also ʿSummerʾ. Vgl. ai. *bhramará- m.* ʿBieneʾ, bulg. *brъmbar* ʿHummel, Käferʾ. 2) Zur gleichen Wurzel mndd. *bromete*, mndl. *breemse*, ahd. *brimissa*, das im 16. Jh. aus dem Niederdeutschen ins Hochdeutsche übernommen wird (die althochdeutsche Form ging ohne Nachfolger unter; sie hätte **Brimse* ergeben müssen).

Bremse[2] *f.* ʿHemmschuhʾ (< 14. Jh.). Spmhd. *bremse*, ʿKlemme, Maulkorb u.ä.ʾ zu einem Verb, das ʿzwängen, klemmenʾ bedeutet, mhd. *pfrengen* und (lautlich genauer) mndd. *pramen*. Weitere Herkunft unklar. *Bremse* war auch die Nasenklammer zur Bändigung störrischer Pferde, von dort aus übertragen auf die Vorrichtung zum Anhalten von Fahrzeugen. Verb: **bremsen**.

W. Seibicke *MS* (1964), 253.

brennen *sw V.* (< 8. Jh.). 1) Formal liegt voraus mhd. *brennen*, ahd. *brennen*, as. *gibrennian*, aus g. **branneja-* ʿverbrennenʾ (trans.), auch in gt. *gabrannjan*, anord. *brenna* (älter *brinna*), ae. *bærnan*, afr. *barna, berna, burna*, Kausativ zu 2) mhd. *brinnen*, ahd. *brinnan*, as. *brinnan* aus g. **brenn-a- st V.* ʿbrennenʾ (intrans.), auch in gt. *brinnan*, anord. *brenna* (älter *brinna*), ae. *beornan*, afr. *burna*. In nachmittelhochdeutscher Zeit ist das starke Verb

ausgestorben und seine Funktion vom schwachen Verb übernommen worden. Das germanische Verb ist wahrscheinlich ein altes *nu*-Präsens zu der ig. Wurzel **gʷʰer-* ʿbrennenʾ. Dieses in ai. *ghr̥ṇóti* ʿleuchtet, brenntʾ (Lexikonwort), arm. *ǰeṙnowm*, *ǰeṙay* ʿich wärme michʾ; die einfache Wurzel in gr. *théromai* ʿich werde warm, wärme michʾ, akslav. *grěti sę* ʿsich wärmenʾ, lit. *garéti* ʿbrennenʾ, air. *fogeir* ʿerhitzt, entflammtʾ, l. *formus* ʿwarmʾ.

Nndl. *branden*, ne. *burn*, nschw. *brinna, bränna*, nisl. *brenna*. S. *abgebrannt, Brand, Brandung, Branntwein, Brandy, braten, brenzeln, Brunst, durchbrennen, Weinbrand*. – Zum Lautlichen vgl.: E. Seebold (1970), 137–139; ders. in: Mayrhofer/Peters/Pfeiffer (1980), 431–484, besonders 478 f.; Röhrich 1 (1991), 253 f.

Brennpunkt *m.* (< 17. Jh.). Lehnübersetzung für l. *pūnctum ūstiōnis* für den Treffpunkt der durch eine Linse gehenden Strahlen, mit dem (im Fall von Sonnenstrahlen usw.) brennbare Stoffe entzündet werden können. Wie das entsprechende l. *focus* dann übertragen auf ʿdie Stelle, auf die sich alle Aufmerksamkeit konzentriertʾ.

Brente *f. per. fach.* ʿRückentraggefäßʾ (< 15. Jh.). Spmhd. *brente* wie nordit. *brenta*. Ein Wort der Alpenregion, das in germanischen und romanischen Sprachen verbreitet ist. Herkunft unklar, vermutlich Substratwort. Nach anderer Auffassung (Meier s. u.) mit Varianten und Erweiterungen zu l. *vitta* ʿStirnbandʾ, weil das Traggefäß durch ein Stirnbarn auf dem Rücken gehalten wurde.

E. Öhmann *NPhM* 42 (1941), 105 f.; H. Meier in: *FS R. Lapesa* (Madrid 1972), 433–438, und in: *FS Alinei* 2 (1987), 310–314.

brenzlig *Adj.* ʿkritisch, verdächtigʾ (< 16. Jh.). Die ursprüngliche Bedeutung ist ʿangebrannt riechendʾ, zu **brenzeln** ʿangebrannt riechenʾ, weiter zu *brenzen*, das mit Suffix *-ezz-* (g. **-atja-*) aus *brennen* gebildet ist.

Bresche *f.* (< 16. Jh.). Als militärisches Fachwort entlehnt aus frz. *brèche* gleicher Bedeutung. Dieses ist seinerseits wohl aus einem westfränkischen Wort aus der Sippe von *brechen* entlehnt. Vor *Bresche* wurde in frühneuhochdeutscher Zeit *Lucke* gesagt.

DF 1 (1913), 97; Röhrich 1 (1991), 254 f.

bresthaft *Adj. obs.* ʿmit Gebrechen behaftetʾ (< 16. Jh.). Spmhd. *bresthaft* zu *breste* ʿGebrechenʾ, also ʿmit Gebrechen behaftetʾ. S. *Gebresten*.

Brett *n.* (< 8. Jh.). Mhd. *bret*, ahd. *bret*, as. *(beddi-)bred* aus wg. **breda- n.* ʿBrettʾ. Im Ablaut dazu steht *Bord*[1]; es ist deshalb nicht ausgeschlossen, daß hier eine gemeinsame, ablautende Grundlage (also ein Wurzelnomen) vorausliegt. Zu der Wurzel (ig.) **bʰer-*, die unter *brechen* und *bohren* dargestellt ist; eine Bedeutung ʿschneiden (o.ä.)ʾ ist in ihrem Rahmen nicht ausgeschlossen, so daß die Grundbedeutung ʿGeschnittenesʾ sein könnte. – Das schwarze *Brett* war ursprünglich eine Tafel, auf die mit Kreide geschrieben wurde, später ´Anschlagtafel´. Vielleicht besteht ein Zusammenhang mit den sogenannten Hohn- und Spott-Tafeln norddeutscher Zünfte, die seit dem 16. Jh. bezeugt sind. Der Ausdruck *schwarzes Brett* ist hierfür allerdings erst im 18. Jh. bezeugt. − *Einen Stein im Brett haben* kommt von den Brettspielen. − *Bretter* sind u. a. die Skier (nach dem Vorbild von bair. *Brettl*); *Bretter* auch für ´Bühne, Theater´ (nach der besonders aufgebauten Bretterbühne), davon abgesetzt *Brettl* ´Kabarett´. − *Ein Brett vor dem Kopf* haben die störrischen Ochsen, denen das Jochbrett über die Augen gehängt wird.

S. *Pritsche*. − J. Warncke *NZV* 6 (1928), 179−183; A. Götze *NGH* 7 (1929), 14−20; Röhrich 1 (1991), 255−257.

Brevier *n. erw. fach.* ´Gebetbuch; Auszug wichtiger Textstellen´ (< 15. Jh.). Entlehnt aus l. *breviārium*, einem Kollektivum zu l. *brevis* ´kurz´. Zunächst nur ein kurzes Verzeichnis der Elemente des kirchlichen Stundengebets, dann erweitert um die jeweiligen Gebete, Psalmen und Gesänge, und schließlich übertragen auf außerliturgische Sammlungen. S. *Brimborium* und *Brief*.
LM 2 (1983), 640−642.

Brezel *f. erw. obd.* ´Gebäck mit verschlungenen Enden´ (< 12. Jh.). Mhd. *brēzel* (u.ä.), ahd. *brezzitella* (u.ä.) sind aus einem romanischen Wort entlehnt, das durch it. *bracciatello m.* vertreten ist. Dieses ist ein Diminutiv zu l. *brac(c)hia Pl.* ´Arme´ und benennt damit das Gebäckstück nach der Form, die wie gekreuzte Arme ineinander gelegte Enden. Auf eine einfachere Vorform *braciata* gehen ahd. *brezzita*, mhd. *prēze*, schwäb. *brezet* zurück.
S. *brachial*. − Röhrich 1 (1991), 257.

Bridge *n. per. fach.* (ein Kartenspiel) (< 19. Jh.). Entlehnt aus ne. *bridge*, das auf den Ausruf *biritch* zurückgeht, mit dem das Spiel ohne Trumpf angesagt wird. Die Herkunft des Wortes ist unbekannt. Heute kann die Bezeichnung des Spiels als ´Brücke´ verstanden werden, weil die einander gegenübersitzenden Spieler jeweils zusammenspielen.
K. Müller *Sprachpflege* 34 (1985), 119; Rey-Debove/Gagnon (1988), 95.

Brief *m.* (< 9. Jh.). Mhd. *brief*, ahd. *briaf*, neben as. *brēf*, afr. *brēf n.*, anord. *brēf n.* Frühe Entlehnung aus l. *breve n.* ´kurzes Schreiben´ (zu l. *brevis* ´kurz´). Dabei geht g. $\bar{e}^2$ auf gedehntes l. *e* zurück, *f* ist der Reflex von bereits spirantisch gewordenem l. *v*. Die Bedeutung ist ursprünglich ´Urkunde, kurze schriftliche Festlegung´; die heutige Bedeutung wird ursprünglich von *Sendbrief* getragen, das seit mittelhochdeutscher Zeit vereinfacht wird. Die ältere Bedeutung noch in *Brief und Siegel*, **verbriefen**, **Schuldbrief** u.ä. Adjektiv: **brieflich**.

S. *Brevier*, *Brimborium*. − *RGA* 3 (1978), 461−463; *LM* 2 (1983), 648−682; Röhrich 1 (1991), 257 f.

Bries *n.*, **Briesel** *n.*, **Brieschen** *n.*, **Bröschen** *n. per. fach.* ´innere Brustdrüse bei jungen Kälbern´ (< 17. Jh.). Fnhd. *brüs*. Am ehesten abgeleitet von *brust*, doch ist mangels früher Formen keine Klarheit zu gewinnen. Das Wort kann auch, wegen des bröseligen Aussehens der Drüse, näher mit *Brosam* verwandt sein.
Nschw. *kalvbräss*, vgl. vielleicht auch ne. *brisket* ´Tierbrust´, frz. *bréchet m.* ´Brustbeinkamm der Vögel´. S. *Brust*. − Kretschmer (1969), 248 f.

Brigade *f. erw. fach.* (eine Truppenabteilung) (< 17. Jh.). Entlehnt aus frz. *brigade*, dieses aus it. *brigata* ´Kampftruppe´, einer Ableitung von it. *brigare* ´kämpfen´, abgeleitet von it. *briga* ´Streit´. Die weitere Herkunft ist nicht geklärt. Dazu **Brigant** ´Straßenräuber´, älter ´Kämpfer´. *Brigade* ´Arbeitsgruppe´ in der Sprache der DDR nach russischem Vorbild, entsprechend wurde dort **Brigadier** ´Leiter einer Arbeitsbrigade´ auch nach russischem Vorbild [brigadi:r] ausgesprochen, gegenüber [brigadie] als militärischem Rang.
S. *Brigg*. − *DF* 1 (1913), 97; Jones (1976), 162 f.; *DEO* (1982), 156;

Brigg *f. per. fach.* ´Zweimaster´ (< 18. Jh.). Entlehnt aus ne. *brig*, einer Kürzung von ne. *brigantine*, das ebenfalls ins Deutsche übernommen wurde. Bezeichnet wird so ein Schiff mit niedrigem Bord, zu *Brigant* ´Kämpfer, Räuber´ (s. *Brigade*).
Vgl. *Kuff*. − Ganz (1957), 47.

Brikett *n. erw. fach.* ´Preßkohle´ (< 19. Jh.). Entlehnt aus frz. *briquette f.*, einer Ableitung von frz. *brique f.* ´Ziegelstein´, dieses aus mndl. *bricke* (zu *brechen*)´ So benannt nach der Form, in die die Kohle gepreßt wird (also ´Ziegelstein-Kohle´, parallel zu ´Eierbrikett´).

brillant *Adj. erw. fremd.* (< 18. Jh.). Entlehnt aus frz. *brillant*, dem PPräs. zu frz. *briller* ´glänzen´, aus it. *brillare*. Die weitere Herkunft ist nicht völlig geklärt (vielleicht zu *Beryll*, s. *Brille*). Substantiviert **Brillant** *m.* für einen besonders geschliffenen Diamanten. Verb: **brillieren**; Abstraktum: **Brillanz**.
A. Gombert *ZDW* 3 (1902), 169 f.; *DF* 1 (1913), 97−99; Littmann (1924), 17; Brunt (1983), 167 f.

Brille *f.* ´Augengläser´ (< 15. Jh.). Mhd. *berille*, *barille m.*, fnhd. *b[e]rille*, entlehnt aus l. *bēryllus m.*, dieses aus gr. *bḗryllos m.*, bedeuten ´Beryll, bläulich gefärbter Kristall´. Man schliff Berylle in Reliquiare und Monstranzen ein, um den Inhalt sichtbar zu machen und erkannte daran die optische Wirkung des Halbedelsteins. Sie wurde gegen 1300 ausgenützt zur Verfertigung von Sehhilfen, die aus Beryll (oder Bergkristall) geschliffen wurden, bis man Glas ohne Bläschen herstellen konnte. Das deutsche Femininum *Brille* ist ursprünglich der Plural des Maskulinums, mit dem der Stein bezeichnet wird. S. *Beryll* und *brillant*.

LM 2 (1983),689–692; Röhrich 1 (1991), 258–261.

Brimborium *n. stil.* ´übergroßer Aufwand´ (< 18. Jh.). Entlehnt aus frz. *brimborion m.* ´Hokuspokus, Lappalie´. Dieses aus mfrz. *breborion* ´Brevier´, später auch ´Zauberformel, Zaubergebete´ (s. *Brevier*). Die mechanisch heruntergesagten Gebete werden als wirkungsloser Aufwand betrachtet.

Röhrich 1 (1991), 261.

bringen *unr. V.* (< 8. Jh.). Mhd. *bringen*, ahd. *bringan*, as. *brengian* aus g. **breng-a- unr. V.* ´bringen´, auch in gt. *briggan*, ae. *bringan*, afr. *bringa*. Die Stammbildung ist im Germanischen singulär: starkes Präsens, aber schwaches, abgelautetes Präteritum; dazu westgermanisch teilweise ein starkes Partizip (das im Althochdeutschen sekundär auch zu starken Präteritalformen geführt hat). Das Verb kann verglichen werden mit einem keltischen und vielleicht einem tocharischen Verb unter einer Grundform (ig.) **bʰrenk-*, was für das Germanische grammatischen Wechsel voraussetzen würde: kymr. *hebrwng*, *hebryngaf*, ´führen, bringen´ (aus **sem-bʰronk-*), toch. AB *pränk-* ´sich zurückhalten´. Diese Bildung wird als Wurzelkontamination von **bʰer-* ´tragen´ (s. *gebären*) und **(e)nek-* ´erreichen´ (s. *genug*) angesehen. Da sich diese beiden Verben im Griechischen suppletiv ergänzen, ist eine solche Annahme naheliegend. Konkretum: *Mitbringsel*; Adjektiv: *unwiederbringlich*. Nndl. *brengen*, ne. *bring*, nschw. *bringa* (entlehnt). S. *umbringen*.

Seebold (1970), 136 f.

Brink *m. per. ndd.* ´Grashügel´ (< 18. Jh.). Übernommen aus dem Niederdeutschen: Mndd. *brinc*, mndl. *brinc* ´Anger´, ähnlich me. *brinke*, *brenke*, *bringe* n. ´Rand, Ufer´, anord. *brekka f.* ´Abhang eines Hügels´. Gemeint ist offenbar der Rand eines Grashügels, hinter dem das Gelände abfällt. Am ehesten zu den Wörtern mit der Bedeutung ´Rand´ von einer Grundlage (ig.) **bʰ(e)r(e)m-*, einerseits in anord. *barmr* ´Rand´, andererseits in mhd. *brem n.* ´Einfassung´, me. *brimme*, *brumme n.* ´Rand´ (s. *verbrämen*), also (ig.) **bʰrem-go*. Auffallend ähnlich ist kymr. *bryn* ´Hügel, Höhe´, das aber in andere Zusammenhänge gestellt wird.

Das Wort ist häufig in niederdeutschen Ortsnamen und davon abhängigen Personennamen. – *LM* 2 (1983), 694.

brisant *Adj. erw. fremd.* (< 20. Jh.). Entlehnt aus frz. *brisant*, dem PPräs. von frz. *briser* ´brechen, zerbrechen, sprengen´. Offenbar ohne französische Vorlage das Abstraktum *Brisanz*.

Das französische Wort wohl zu afrz. *brisier* ´zermalmen´ (von Trauben), vgl. afrz. *brisa* ´Rückstand beim Keltern´ (´das Zermalmte´), vermutlich Substratwort aus dem Keltischen. – *Brisante Wörter* (1989), 585–588.

Brise *f. erw. fach.* ´leichter Wind´ (< 18. Jh.). In die Seemannssprache entlehnt aus einem Wort, das in mehreren germanischen und romanischen Sprachen verbreitet, aber unklarer Herkunft ist: ne. *breeze*, frz. *brise*, span. *brisa* usw.

S. auch *Bise*. – Ganz (1957), 47; N. Törnqvist. *KVNS* 77 (1970), 22 f.

Brocken *m.* (< 9. Jh.). Mhd. *brocke*, ahd. *brocko* ist eine Bildung mit expressiver Gemination (oder *n*-Assimilation) zu *brechen*, also ´Bruchstück, Abgebrochenes´. Das auslautende *n* ist aus dem Plural und den obliquen Formen übernommen. Dazu *brocken* (´Brot o.ä. in Stücke brechen und in die Suppe o.ä. werfen´) und *bröckeln* (´in Brocken zerfallen´). Adjektiv: *bröckelig*.

Lühr (1988), 226; Röhrich 1 (1991), 261 f.

brodeln *sw V.* (< 13. Jh.). Mhd. *brodelen*, nndl. *bordelen*. Iterativ-Ableitung zu einem Wort für ´Brühe´, wg. **bruda- n.* in ahd. *brot*, ae. *broþ*, anord. *broð* (selten). *Brudler* u.ä. sagt man süddeutsch für ´Brauer, Koch´ u.ä., *Aschenbrödel* ist ´Küchenjunge´ (derjenige aus der Küche, der mit Asche zu tun hat). Zu der unter *brauen* behandelten Verbalwurzel. S. auch *prudeln* und *sprudeln*.

Brodem *m. arch.* ´Dunst, Dampf´ (< 11. Jh.). Mhd. *brādem*, *bradem*, ahd. *brādam*, mndl. *bradem*; daneben ae. *bræþ* ´Geruch, Ausdünstung, Dampf´, ne. *breath* ´Atem´. Wahrscheinlich gehen beide Formen auf wg. **brāda- m.* zurück, und das deutsche Wort ist nachträglich an *Atem* angepaßt worden. Das Grundwort ist vielleicht bezeugt in mhd. *bræhen* ´riechen´, aber dies ist nur einmal als Variante bezeugt (Parzival 171,23). Weiter zu ig. **gʷʰrē-* ´riechen´ in ai. *jíghrati* ´riecht´, toch. A *krām* ´Nase´, gr. *os-phraínomai* ´ich rieche´, gr. *ósphrēsis f.* ´Geruchssinn´ (**ods-gʷʰrē-*) erweitert l. *fragrāre* ´duften´.

S. *Flair*. – Zum Lautlichen vgl.: E. Seebold in: Mayrhofer/Peters/Pfeiffer (1980), 482.

Broiler *m. per. omd. ondd.* ´Brathähnchen´ (< 20. Jh.). Entlehnt aus ne. *broiler* ´Brathühnchen´, zu ne. *broil* ´rösten, grillen´, das vermutlich auf frz. *brûler* ´brennen, rösten´ zurückgeht. Eine auf die DDR beschränkte Entlehnung.

Carstensen 1 (1993), 176 f.

Brokat *m. erw. fach.* ´kostbares, durchwirktes (Seiden)Gewebe´ (< 17. Jh.). Entlehnt aus it. *broccato*, einer Ableitung von it. *broccare* ´durchwirken´, aus einem gallo-rom. **brocca* ´Spitze´. So benannt nach der Besonderheit, daß das Seidengewebe mit Gold- bzw. Silberfäden durchwirkt wurde.

S. *Brokkoli, Brosche, Broschüre*. – *DF* 1 (1913), 99; *DEO* (1982), 160 f.; *LM* 2 (1983), 712.

Brokkoli *m. erw. fach.* (ein Gemüsekohl) (< 20. Jh.). Entlehnt aus it. *broccoli*, dem Plural von it.

broccolo ´Sprossenkohl, Spargelkohl`, zu it. *brocco* ´Schößling`, eigentlich ´Spitze`. S. *Brokat.*

Brom *n. erw. fach.* (ein chemisches Element) (< 19. Jh.). 1826 von dem Franzosen A. J. Balard entdeckt und aufgrund des unangenehmen Geruchs nach gr. *brõmos m.* ´Gestank` benannt.

Brombeere *f.* (< 10. Jh.). Mhd. *brāmber n.*, ahd. *brāmberi n.*, mndd. *bramber,* d. h. die Beere des Dornstrauchs, der ahd. *brāma f.*, *brāmo m.*, mhd. *brāme m.* heißt (nndl. *braam*); eine Weiterbildung in ae. *brāmel,* ne. *bramble.* Da es ein voreinzelsprachl. **moro-* ´Maulbeere, Brombeere` gibt (gr. *móron n.*, arm. *mor,* kymr. *morwydden n.*, l. *mōrum n.* − von denen aber mindestens das lateinische Wort aus dem Griechischen entlehnt ist), ist es verlockend, für wg. **brāmōn* von voreinzelsprachl. **mrēmo-* auszugehen; die Form der Erweiterung ist aber unklar. Ig. (eur.) **moro-* kann zu einem schlecht faßbaren **mer-* ´schwarz, dunkel` gehören.

L. Wienesen: *Die Brombeere* (Gießen 1952); Röhrich 1 (1991), 262.

Bronchie *f. erw. fach.* ´Luftröhrenast` (< 19. Jh.). Entlehnt aus l. *bronchia n. Pl.* ´Luftröhrenäste`, dieses aus gr. *brónchia n. Pl.*, zu gr. *brónchos m.* ´Luftröhre`. Die Entzündung der Bronchien heißt **Bronchitis,** hierzu s. -*itis.*

Bronze *f. erw. fach.* (Kupferlegierung) (< 16. Jh.). Entlehnt aus it. *bronzo m.* ´eine Metall-Legierung`. Weiter vermutlich über eine unbezeugte arabische Zwischenstufe aus pers. *biriñ* ´Messing`. Adjektiv: *bronzen.*

DF 1 (1913), 99; Lippmann (1970), 549−569; A. Steiger: *Origin and Spread* (New York 1963), 37−39; *LM* 2 (1983), 712−717. Anders: *DEO* (1982), 162 f.

Brosam *m.*, **Brosame** *f.*, meist **Brosamen** *Pl.* (< 9. Jh.). Mhd. *brosem(e)*, *brosme f.*, ahd. *brōs(a)ma f.*, as. *brosmo m.* aus vd. **brusmōn f.* ´Krume, Brosame`; aus der gleichen Grundlage mit anderen Suffixen mir. *bruar* ´Stückchen, Brosame`, mir. *bruscar* ´Brosamen`, bret. *bruzun* ´Brotkrume`, kymr. *briwionyn* ´Brotkrume`, l. *frustum n.* ´Stückchen` zu (ig.) **bʰreus-* ´zerbrechen` in ae. *brȳsan* ´zerreiben, zerstampfen`, mir. *brúaid* ´zerbricht, zerschmettert`; mit anderem Auslaut anord. *brjóta,* ae. *brēotan* ´brechen` (es wäre nicht ausgeschlossen, **brusmōn* als **brut-smōn* unmittelbar auf dieses Verb zurückzuführen). *Brösel* ist ein altes Diminutiv hierzu (mhd. *brosemlīn n.*), zu diesem weiter **(zer-)bröseln.** Diese Wörter zeigen noch eine allgemeinere Bedeutung, während *Brosamen* wohl durch den Anklang an *Brot* auf ´Brotkrümel` festgelegt ist.

Brosche *f.* ´Anstecknadel` (< 19. Jh.). Entlehnt aus frz. *broche,* dieses aus gallo-rom. *\*brocca* ´Spitze`. S. *Brokat, Broschüre.*

DF 1 (1913), 99; S. P. Pužule in *Valoda tipologiskās iezīms* (Riga 1988), 90−96.

Bröschen *n.* s. *Bries.*

Broschüre *f. erw. fach.* ´kleineres, geheftetes Schriftstück` (< 18. Jh.). Entlehnt aus frz. *brochure,* Konkretum zu frz. *brocher* ´heften`, dieses aus gallo-rom. **brocca* ´Spitze`. Die Bedeutung ist also eigentlich ´Heftung`; das zugrundeliegende Verb ist als **broschieren** entlehnt. S. *Brokat, Brosche.*

Brösel *m.* s. *Brosam.*

Brot *n.* (< 8. Jh.). Mhd. *brōt,* ahd. *brōt,* as. *brōd* aus g. **brauda- n.*, auch in anord. *brauð,* ae. *brēad,* afr. *brād,* krimgt. *broe.* Das Wort hat im Althochdeutschen und Altsächsischen das ältere g. **hlaiba-* (s. *Laib*) in der Bedeutung ´Brot` verdrängt; das Gotische hat noch allgemein *hlaifs m.*, im Altenglischen und Altnordischen haben die ältesten Quellen noch *hlāf m.* und *hleifr m.* Westgermanisch heißt schon seit frühester Zeit die eßbare Bienenwabe ´Bienenbrot`: ae. *bēobrēad,* as. *bībrōd,* ahd. *bībrōt.* Die Etymologie ist unklar: 1) Normalerweise geht man von einer Ableitung von *brauen* aus, mit dem Hinweis darauf, daß mit *Brot* ursprünglich das nach der neuen Technik gesäuerte Brot gemeint war (im Gegensatz zu einfacheren Herstellungsarten der *Laibe*). Gegen diese Etymologie spricht, daß kein anderes Wort für Brot (in irgendeiner Sprache) dieses Benennungsmotiv zeigt. Das ´Bienenbrot` müßte bei dieser Etymologie eine übertragene Bedeutung sein. 2) In Anbetracht der im Nordhumbrischen auftretenden Bedeutung ´Stück, Bissen` bei ne. *bread* wird an die Grundlage **breu-* ´brechen` und die davon abgeleiteten (allerdings lautlich abweichenden) Wörter für ´Brosamen` angeknüpft (s. *Brosam*). ´Bissen, Leckerbissen` ist ein häufiges Benennungsmotiv für ´Brot` (nachvollziehbar z. B. in ngr. *psōmí n.* ´Brot` zu gr. *psōmós* ´Brocken, Bissen`); das ´Bienenbrot` wäre dann ein ´Leckerbissen von den Bienen`. Diese Etymologie ist aber lautlich und morphologisch nicht befriedigend. 3) Zu erwägen wäre auch ein Zusammenhang mit *brauchen* in Anbetracht von l. *frūmentum* ´Korn, Nahrungsmittel` und der häufigen Herleitung von Wörtern für ´Brot` aus Getreidebezeichnungen. Das ´Bienenbrot` wäre dann ´Bienennahrung`. Aber auch hier ist kein einfacher lautlicher oder morphologischer Weg der Verbindung erkennbar (l. *frūmentum* geht vermutlich auf **bʰrūg-ment-* oder **bʰrūgsment-* zurück). Diminutivum: *Brötchen;* Adjektiv: *brotlos.*

Nndl. *brood,* ne. *bread,* nschw. *bröd,* nisl. *brauð.* − O. Schrader in: *FS E. Sievers* (Halle/Saale 1896), 5−11; *RGA* 3 (1978), 545−552; *LM* 2 (1983), 719−721; Röhrich 1 (1991), 262−266. Nach J. Koivulehto *BGDSL-T* 103 (1981), 179−181 auch ins Finnische entlehnt.

Brotzeit *f. bair.* s. *Frühstück.*

Bruch[1] *m.* ´Gebrochenes´ (< 9. Jh.). Mhd. *bruch*, ahd. *bruh*, as. *bruki* aus wg. **bruki-* *m.* ´Bruch´, auch in ae. *bryce*, afr. *breke* zu g. **brek-a-* ´brechen´ (s. *brechen*). Die Einzelbedeutungen sind durchsichtig; zu beachten ist **Bruch(zahl)**, das eine Lehnübersetzung von l. *numerus frāctus* ist. Hierzu *in die Brüche gehen*, ursprünglich ´nicht aufgehen, einen Bruch ergeben´, dann unter Einfluß der Grundbedeutung ´zunichte werden´. Adjektive: **brüchig, unverbrüchlich**; Konkretum: **Bruchstück**.
Röhrich 1 (1991), 266 f.

Bruch[2] *m./n. per. ndd.* ´Sumpfland´ (< 11. Jh.). Mhd. *bruoch*, ahd. *bruoh n./(m.?)*, vielleicht hierher auch ae. *brōc m.* ´Bach´ (vermutlich ´Bach mit sumpfigen Ufern´); dann wg. **brōka- m./n.* ´Sumpfland´, (vielleicht als Vriddhi-Bildung) zu der unter *Brackwasser* behandelten Sippe g. **brak-* für ´Sumpf, stehendes Wasser´ usw. aus ig. (nordeur.) **m(e)r(e)g-* neben **m(e)r(e)k-*, wohl Erweiterung zu **mer-* ´Gewässer, Sumpf´, zu dem auch *Meer* und *Moor* gehören.
Häufig in Ortsnamen. Nndl. *broek*, ne. *brook*. S. *Bach*, *Brühl*. − H. Dittmaier *ZDA* 84 (1952), 174−178; A. Kutzelnigg *MS* 82 (1972), 173; Udolph (1994), 130−132.

Bruch[3] *f./n. arch.* ´kurze Hose´ (< 9. Jh.). Mhd. *bruoch f.*, ahd. *bruoh f.*, as. *brōc f.* aus g. **brōk- m. (Pl.)* ´Hose´, auch in anord. *brók f.*, ae. *brēc, brǣc Pl. f.*, afr. *brēk, brōk*. Gemeint ist die kurze Hose, an die in früherer Zeit die Beinlinge *(Hosen)* befestigt wurden. Das gleiche Wort für die gleiche Sache bestand auch bei den Kelten *(brāca)*, sogar auch in einer Nebenform mit expressiver Verdoppelung oder *n*-Assimilation (ae. *braccas Pl. m.*, gall. *bracca*). Eine der beiden Sprachen muß wegen des gleichen Auslauts aus der anderen entlehnt haben (nach Szemerényi s. u. gilt dies allerdings nicht, wenn für das Keltische von kelt. **brāgikā* auszugehen ist). Da im Altertum die *brāca* als typisch gallische Kleidung galt (man unterschied sogar *Gallia brācāta* ´das behoste Gallien´ = ´Gallia Narbonensis´ von *Gallia togāta* ´das togatragende Gallien´ = ´Oberitalien´), wurde *brāca* häufig als ursprünglich keltisches Wort angesehen. Den Ausschlag dürfte aber geben, daß im Germanischen eine klare etymologische Anknüpfung möglich ist, so daß das Germanische die gebende Sprache gewesen sein muß: Gleichlautend gibt es im Germanischen Wörter für ´Hinterteil´, so daß die Hose nach dem Körperteil benannt wurde, den sie bedeckt (vgl. frz. *culotte f.* ´Hose´ zu frz. *cul m.* ´Hinterteil´), anord. *brók f.* ´Oberschenkel´, ae. *brēc f.* ´Hinterteil´, schwz. *bruech* ´Schamgegend´ und von der geminierten Form das unter *Backe*[2] behandelte Wort. Verwandt sein kann ferner l. *suffrāgo f.* ´Hinterbug der Tiere´ und vielleicht gäl. *breaman* ´Hinterteil, Schwanz von Schafen und Ziegen´. Auch dieses Argument wird aber hinfällig, falls die Hesych-Glosse zuverlässig ist, daß (gr.) *brakkai* ein Kleidungs-

stück aus Ziegenleder bei den Kelten war. In diesem Fall könnten die Wörter urverwandt sein.
Nndl. *broek*, ne. *breeches*. − Birkhan (1970), 247 f.; Szemerényi (1989), 117−123.

Brücke *f.* (< 8. Jh.). Mhd. *brücke, brucke, brügge*, ahd. *brugga*, as. *bruggia* aus g. **brugjō f.*, auch in anord. *bryggja* ´Landebrücke, Landesteg´, ae. *brycg*, afr. *brigge*. Daneben mit anord. *brú* ´Brücke´. Außergermanisch vergleicht sich das zweite Wort mit slavischen Wörtern (aruss. *bervĭ* ´Floß´, ukr. *berv* ´Baumstumpf´, bulg. *brəv* ´Steg, Furt´, serbo-kr. *br̃v* ´Balken, Stegbrücke´ u. a.), älter akslav. *brĭvĭno n.* ´Balken´, das eigentliche slavische Wort für ´Brücke´ ist aber akslav. *mostŭ m.* usw. Anschließbar ist ferner das in einigen Ortsnamen auftauchende Element gall. *briva*, das ´Brücke´ bedeuten könnte, in den belegten keltischen Sprachen ist das Wort ´Brücke´ aber air. *drochet*, kymr. *pont*. Auszugehen ist wohl von einem kelt.-g.-slav. Wort **bʰr̥w-*, das ´Stamm, Bohle´ und ´einfache Brücke (aus einem Stamm)´ bedeutete, hierzu anord. *brú*. Als technisch anspruchsvollere Brücken auftraten, konnte dieses Wort erhalten bleiben; daneben gab es für die neuere Form aber auch spezielle Bezeichnungen, in der Regel kollektivartige Ableitungen zu einem Wort für ´Stämmchen, Prügel´ (so gehört das altirische Wort wohl zu **druko-* ´Stämmchen´ zu **deru-* ´Baum´). G. **brugjō* ist am ehesten eine Ableitung zu einem solchen Wort, nämlich **bʰru-k(o)-*, erhalten in *Prügel* (seit spätmittelhochdeutscher Zeit belegt) und schwz. *Brügi* ´Prügeldamm, Plattform, Heubühne (usw.)´; zu vergleichen ist vielleicht auch lit. *brūklỹs* ´Prügel´. Das Wort *Brücke* selbst weist in den Mundarten ebenfalls Bedeutungen wie ´Zwischenboden, Bettstelle über dem Ofen u.ä.´ auf. Das ursprüngliche Wort fiel der Homonymie mit dem alten Wort *Braue* zum Opfer; im Nordischen wurde dieses mit *-n* erweitert, so daß *brú* ´Brücke´ bestehen bleiben konnte; im Süden ist das alte Wort ausgestorben. Präfixableitung: **überbrücken**.
Brücke ist häufiges Element von Ortsnamen. Nndl. *brug*, ne. *bridge*, nschw. *brygga*, nisl. *brú*, *bryggja* ´Hafendamm, Anlegebrücke´. − L. L. Hammerich *BGDSL-T* 77 (1955), 183; *RGA* 3 (1978), 555−580; E. Seebold *IF* 87 (1982), 189−191; R. Hinderling *Archiv für Geschichte von Oberfranken* 62 (1982), 229−233; *LM* 2 (1983), 725−732; Röhrich 1 (1991), 267 f.

Bruder *m.* (< 8. Jh.). Mhd. *bruoder*, ahd. *bruoder*, as. *brōðar* aus g. **brōþēr- m.* ´Bruder´, auch in gt. *broþar*, anord. *bróðir*, ae. *brōðor*, afr. *brōther, brōer*. Dieses aus ig. **bʰrātēr m.* ´Bruder´, auch in toch. A *pracar*, ai. *bhrātar-*, gr. *phrátēr* ´Mitglied einer Bruderschaft´, l. *frāter*, air. *bráthair*, akslav. *brat(r)ŭ*, lit. (Diminutiv) *brólis* aus *broterėlis*. Weitere Herkunft unklar, doch das Wort enthält aber das für indogermanische Verwandtschaftsnamen typische *-tēr*-Suffix. Die ursprüngliche Bedeutung des Wortes war offenbar ´zur gleichen Generation gehörige männliche Blutsverwandte innerhalb der Großfamilie´. Adjektiv: **brüderlich**; Kollektiv: **Gebrüder**; Abstraktum/Konkretum: **Brüderschaft/Bruderschaft**; Präfixableitung: **verbrüdern**.

Nndl. *broeder*, ne. *brother*, nschw. *broder*, nisl. *bróðir*. S. *fraternisieren*. − E. Risch *MH* 1944−1947, 117 f.; J. Trier *ZSSR-GA* 65 (1947), 225 f.; Benveniste (1969/1993), 166−168; Bartholmes (1970), 81−93; Szemerényi (1977), 22−32; *RGA* 3 (1978), 552−555; Röhrich 1 (1991), 268−270.

brühen *sw V. alt.* (< 12. Jh.). Mhd. *brüejen, brüen*, mndd. *broien, brogen*, mndl. *broeien* aus vd. **brō(w)-ja- sw V.* ´brühen´. Das Wort gehört sicher zu der unter *brauen* behandelten Sippe ig. **bʰerw-/bʰreu-* ´wallen, sieden´, entweder als unabhängige Erweiterung *(*bʰrō-)* oder, was wahrscheinlicher ist, als dehnstufige Bildung zu **breww-a-* ´brauen´ *(*bʰrōw-)*. Von den Wörtern für ´Brühe´ gehört **Brühe**, mhd. *brüeje*, mndl. *broei(e)* zu *brühen*; anord. *broð* n., ae. *broð*, ahd. *broth, brod* n. näher zu *brauen*. − Bei der in älteren Texten gelegentlich auftretenden Bedeutung ´necken, plagen´ handelt es sich um ein anderes Wort (die niederdeutsche Form von *bräuten*, zunächst ´beschlafen´, dann ´ärgern, necken´, wie bei Wörtern dieser Bedeutung auch sonst). Präfigierung: *ver-*.

Nndl. *broeien*. S. *abgebrüht*. − Röhrich 1 (1991), 270.

Brühl *m. arch.* ´feuchte Wiese´ (< 13. Jh.). Mhd. *brüel*, ahd. *brüel*, entlehnt aus ml. *bro(g)ilus* aus gall. **brogilos* voraussetzt. Dieses zu ig. **mrog-*, das als Erbwort in *Brackwasser* und *Bruch²* auftritt. Das Wort ist häufiges Element in Ortsnamen. H. Dittmaier *ZDA* 84 (1952), 174−178; Bader 3 (1973), 133−150; *LM* 2 (1983), 751.

brüllen *sw V.* (< 13. Jh.). Mhd. *brüelen* setzt vd. **brōl-ja-* voraus. Im Ablaut zu diesem mhd. *pral, bral* ´Schrei´. Herkunft unklar, wohl lautmalend. Abstraktum: **Gebrüll**.

S. *prahlen*. − H. Glombik-Hujer *DWEB* 5 (1968), 152−157; Röhrich 1 (1991), 270 f.

brummen *sw V.* (< 12. Jh.). Mhd. *brummen*. Lautmalende Bildung, der Wörter für ´summen, surren´ am nächsten stehen (s. *Brem[s]e*). Weiter ab liegt die Bedeutung ´brüllen´, die bei entsprechender Lautform vorkommt (ahd. *breman*, l. *fremere* u. a.) Die Bedeutung ´im Gefängnis sitzen´ ist wohl in der Studentensprache rückgebildet aus rotw. *Brummbajes* ´Bienenstock, Gefängnis´. Abstraktum: **Gebrumm**; Nomen agentis: **Brummer**; Adjektiv: **brummig**; Iterativum: **brummeln**.

Nndl. *brommen*. S. *Brunft*. − Seebold (1970), 136; Wolf (1985), 65.

brünett *Adj. erw. fremd.* ´braunhaarig, von dunklem Teint´ (< 18. Jh.). Entlehnt aus frz. *brunet, brunette*, einer Ableitung von frz. *brun* ´braun´, dieses aus dem germanischen Farbwort (s. *braun*).

DF 1 (1913), 100; Jones (1976), 163; Brunt (1983), 171 f.

Brunft *f. erw. fach.* ´Paarungszeit des Wildes´ (< 13. Jh.). Mhd. *brunft*. Formal als *ti*-Abstraktum zu ahd. *breman* ´brüllen´ aufzufassen, also ´das Brüllen des Rotwilds in der Paarungszeit´ (nach dem Muster der Bildungen vor der Lautverschiebung, die ein *p* zwischen *m* und *t* einschalten; *-mpt- > -mft-*). Die tatsächliche Verwendung entspricht eher der übertragenen Bedeutung von *Brunst*. Die beiden Wörter haben sich wohl gegenseitig beeinflußt.

Brünne *f. obs.* ´Teil der Rüstung´ (< 9. Jh.). Mhd. *brünne, brünje*, ahd. *brunnī, brunna*, as. *brunnia* können auf g. **brunjōn f.* ´Brustharnisch´ zurückgeführt werden, auch in gt. *brunjo*, anord. *brynja*, ae. *byrne*. Eine angemessene Herleitung wäre die Annahme einer Zugehörigkeitsbildung zu einem Wort für ´Brust´. Die germanischen Wörter dieser Bedeutung gehen von ig. **bʰreus-* aus (s. *Brust*). Da bei diesen im Germanischen das *-s-* nicht hätte schwinden dürfen, bleibt die Annahme einer Entlehnung aus dem Keltischen: air. *bruinne m.* bedeutet ´Brust´. Allerdings stößt auch die Annahme einer Entlehnung aus einem mit diesem zusammenhängenden keltischen Wort auf Schwierigkeiten, da die keltische Geminate im Germanischen wohl nicht vereinfacht worden wäre und ein Wort für ´Brünne´ wohl aus einem gleichbedeutenden keltischen Wort entlehnt worden wäre − nicht aus einem Wort für ´Brust´, zu dem dann erst im Germanischen eine Zugehörigkeitsbildung geformt worden wäre. Es ist deshalb wohl wahrscheinlicher, daß die wesentlich schwerer faßbaren Wörter für ´Brust´ heranzuziehen sind, die auf ig. **bʰren-d⁽ʰ⁾-* oder − falls russ. *grud´ f.* ´Brust´ und seine Verwandten dazugehört − ig. **gʷʰren-d⁽ʰ⁾-* zurückführen (unerweitert könnte hierher wohl auch gr. *phrḗn* gehören, das ursprünglich wohl ´Brust´ bedeutet hat, aber als ´Sinn, Herz´ und ´Zwerchfell´ bezeugt ist, die Dentalerweiterung in dem abgeleiteten *phrázomai, péphrade* ´sinnen´); im Germanischen ist diese Bildung nur mit anderer Erweiterung bezeugt in anord. *bringa* ´Brust´. Das Wort für ´Brünne´ könnte unmittelbar auf die Dentalerweiterung zurückgehen (vor-g. **gʷʰr̥nd⁽ʰ⁾-jā* ´die zur Brust Gehörige´), da der Dental zwischen *n* und *j* schwinden mußte.

Maschke (1926), 168−176; M. Szadrowsky *GRM* 31 (1943), 273; Birkhan (1970), 155−158; *LM* 2 (1983), 764.

Brunnen *m.* (< 9. Jh.). Mhd. *brunne*, ahd. *brunno*, as. *brunno* aus g. **brunnōn m.* ´Brunnen, Quelle´, auch in gt. *brunna*, ae. *burna*, afr. *burna*; mit abweichender Stammbildung anord. *brunnr*; dieses vergleicht sich unmittelbar mit dem gr. *r/n*-Stamm *phréar (-ātos)* aus (ig.) **bʰrēw-r̥/-nt-*, von dem der *r*-Stamm im arm. *albewr* (älter: *albiwr*) ´Quelle´ fortgesetzt ist, der *n(t)*-Stamm (mit ursprünglich vorauszusetzender Schwundstufe **bʰru-n[t]-*) in g.

*brunnōn. Das zweite -n- stammt wohl aus der n-Flexion. Vom nt-Stamm (vielleicht umgebaut) auch air. tipra f. ´Quelle, Brunnen`. Aus *bʰr-u-nt- vielleicht auch mit Ausfall des r nach Labial l. fōns (-ntis) ´Quelle` (alt mit -u-). Wohl denominativ hierzu (trotz Flexion eines Primärverbs) air. bruinnid ´quillt hervor, sprudelt`. Vermutlich zu der unter brauen dargestellten Grundlage. Auf r-Metathese beruht die wd. Form Born.

Sowohl Brunnen wie Born sind häufige Namenelemente. Nndl. bron, e. (dial.) burn, nschw. brunn, nisl. brunnur. S. brunzen. − RGA 4 (1981), 1−16; LM 2 (1983), 764−784; A. Dalen, N. Århammar in: FS M. Alinei 1 (1986), 280−297; Röhrich 1 (1991), 271 f.

Brunst f. obs. ´Paarungszeit des Wildes` (< 9. Jh.). Mhd. brunst, ahd. brunst aus g. *brunsti- f. ´Brand, Hitze`, auch in gt. ala-brunsts ´Brandopfer`. Formal ein ti-Abstraktum zu brinnen (s. brennen) mit nicht ausreichend geklärtem s-Einschub. Die alte Bedeutung noch in **Feuersbrunst**, übertragen auf ´edle Leidenschaft` in **Inbrunst**; als einfaches Wort nur noch für ´geschlechtliche Erregung von Tieren` (wofür häufig Wörter für ´Hitze` übertragen werden). S. **Brunft.**

brunzen sw V. vulg. erw. obd. ´urinieren` (< 15. Jh.). Vorauszusetzen ist mhd. brunnezen, wie brunnen sw V. gleicher Bedeutung von Brunnen abgeleitet, also ursprünglich: ´einen Brunnen machen`.

brüsk Adj. (< 18. Jh.). Entlehnt aus frz. brusque, dieses aus it. brusco ´stachlig, rauh`, das wohl aus Bezeichnungen für Pflanzen mit rauher Oberfläche (etwa it. brusco ´Mäusedorn`) stammt. Verb: **brüskieren.**

DF 1 (1913), 100.

Brust f. (8. Jh.). Mhd. brust, ahd. brust, mndd. borst, mndl. borst aus g. *brusti- f. ´Brust`, auch in gt. brusts. Meist im Plural, auf den Dual der natürlichen Paarigkeit zurückgehend. Im Ablaut dazu g. *breusta- n. in anord. brjóst n., ae. brēost n., afr. br(i)ast, burst, borst, as. briost, breost (meist Pl.) ´Brust`. Vorauszusetzen ist eine Grundlage ig. (w/oeur.) *bʰreus- (oder ein s-Stamm zu *bʰreu-) im Bedeutungsbereich ´Bauch − Brust`. Hierzu *bʰrus-ōn/-n- in air. brú n./f. ´Bauch, Brust, Mutterleib`; *brusnā in kymr. bron ´Brust` und *bʰrusnjō in air. bruinne m. ´Brust` (s. auch **Brünne**), russ. brjúcho ´Bauch, Wanst`, und vielleicht mhd. briune, brūne ´weibliches Geschlechtsteil, Unterleib`. Die Wörter können auf eine Bedeutung ´sprießen, schwellen` zurückführen. Möglicherweise ein Relikt der Ausgangsbedeutung in as. brustian ´sprießen`. Vielleicht ist die Bedeutung ´Brust` nicht unmittelbar aus der verbalen Grundlage abzuleiten, sondern übertragen aus einem Wort für ´Knospe`. S. Biest[1] und Bries zu problematischen Mitgliedern dieser Wortsippe. − **Sich brüsten** ist ´sich in die Brust werfen, prahlen`. **Brüstung** ist die ´brusthohe Schutzmauer`.

Nndl. borst, ne. breast, nschw. bröst, nisl. brjóst. − Röhrich 1 (1991), 273 f.

Brut f. (< 14. Jh.). Mhd. bruot. Wie ae. brōd ´Brut (der Bienen, Vögel)` möglicherweise eine Rückbildung zu brüten oder eine Ableitung aus der gleichen Grundlage, die semantisch angepaßt wurde.

brutal Adj. (< 16. Jh.). Entlehnt aus spl. brūtālis ´unvernünftig, tierisch`, dieses aus l. brūtus ´schwerfällig, stumpf, gefühllos`. Abstraktum: **Brutalität.**

S. brutto. − DF 1 (1913), 100.

brüten sw V. (< 9. Jh.). Mhd. brüeten, ahd. bruoten aus wg. *brōd-ja- sw V. ´brüten, wärmen`, auch in ae. brēdan; vermutlich Kausativ zu *brōd-a- ´wärmen, braten` (s. braten). Eine entsprechende Bedeutungsentwicklung bei der einfachen Wurzel (ig. *gʷʰer- ´brennen, wärmen`) in kymr. gôr, air. guirid ´brütet aus` (neben anderen Bedeutungen).

Nndl. broeien, ne. breed. S. Brut.

brutto Adv. Partikel ´ohne Abzug` (< 16. Jh.). Entlehnt aus it. brutto, dieses aus l. brūtus ´schwerfällig, stumpf, unrein`. Zunächst vor allem zur Bezeichnung des Rohgewichts nach it. brutto peso.

S. brutal. − DF 1 (1913), 100; E. Salvaneschi Quaderni di semantica 12 (1991), 135−166.

brutzeln sw V. stil. (< 16. Jh.). Formal näher mit brodeln zusammenhängend, aber semantisch zu braten gehörig. Lautmalerisch. S. backen.

Bube m. (< 13. Jh.). Mhd. buobe, būbe, mndd. bove, mndl. boef, boeve, bouve, md. būfe. Die Beleglage ist auffällig: Entsprechende Wörter tauchen in spätmittelhochdeutscher Zeit (und entsprechend spät in anderen Sprachen) im ganzen westgermanischen Bereich auf, sind vorher aber nirgends bezeugt. Es gibt zwar Namen, die offenbar lautgleich sind, von denen aber natürlich nicht mit Sicherheit gesagt werden kann, daß sie zu dem Appellativum Bube gehören. Bezeugt sind als Namen ahd. Buobo, as. Bōvo, ae. Bōfa neben Bōja, der Entsprechung zu ne. boy, fr. boi. Die Bedeutung des Appellativums ist im Deutschen von Anfang an 1) ´männliches Kind` (ein vertrauliches Wort) und 2) ´Troßbube, Diener, Knecht` (niederen Standes), dann auch 3) ´Schelm, Spitzbube`. Die Beleglage dürfte darauf hinweisen, daß es sich um ein Wort der Unterschicht handelt, die in den frühen Quellen normalerweise nicht zu Worte kommt. Daß das Wort offenbar zuerst in Namen bezeugt ist, kann damit in Einklang stehen, denn von solchen Leuten (und damit ihrem Namen) wird häufiger geredet, als daß sie selbst (in der schriftlichen Überlieferung) sprachlich erkennbar werden. Des weiteren ist nicht ausgeschlossen, daß es sich ursprünglich um ein Kinderwort handelte. Man kann eine Grundlage (g.) *bō- erschließen, die im Deutschen mit b erweitert (oder redupliziert) erscheint, im

Englischen und Friesischen als *j*-Bildung (**bōbōn* und **bōjōn*). Die Herkunft dieses Elements aus einer kindersprachlichen Verstümmelung von *Bruder* (so bezeugt in fläm. *boe*, nnorw. *boa*) ist denkbar. Der Umkreis von schwz. *bābi, bābəli*, ne. *babe* usw. (s. *Baby*) bleibt trotz ähnlicher Herkunft besser fern. Hierzu auch **Boofke** als gutmütige Schelte. Adjektiv: **bübisch**; Abstraktum: **Büberei**.

Nndl. *boef*, ne. *boy*. S. auch *Buhle, Lausbube, Spitzbube, Cowboy*. − E. E. Müller *Sprache der Gegenwart* 5 (1968), 129−146; W. Kaestner *KVNS* 77 (1970), 10 f.; K. Roelandts in: N. R. Århammar u. a. (Hrsg.): *Miscellanea Frisica* (Assen 1984), 123−136; Röhrich 1 (1991), 274.

Bubikopf *m.* erw. stil. (< 20. Jh.). Bezeichnung einer jungenhaft geschnittenen Damenfrisur. Zu der Koseform *Bubi* zu *Bub(e)*.

Buch *n.* (< 8. Jh.). Mhd. *buoch*, ahd. *buoh* *f./n./ m.*, as. *bōk* (s. u.) aus g. **bōk-(ō)* *f.*, auch in gt. *boka* *f.* ´Buchstabe`, gt. *bokos* ´Schriftstück, Buch`, anord. *bók* *f.* (ursprünglich Wurzelnomen) ´gesticktes Kissen, Buch`, ae. *bōc* *f.* (auch *n.*) (ursprünglich Wurzelnomen) ´Buch`, afr. *bōk* ´Buch`, as. *bōk* *f./ Sg.* ´Schrifttafel`, sonst *f./n.Pl.* ´Buch, Bücher`; auch althochdeutsch kann der Plural (normalerweise *neutrum*, aber auch *maskulinum* und *femininum*) für ein einzelnes Buch gebraucht werden (*in einen buachon* usw.). Auszugehen ist ersichtlich von einem femininen Wurzelnomen mit der Bedeutung ´Buchstabe` (so gotisch und in Spuren althochdeutsch). Dessen Verwendung im Plural mit der Bedeutung ´Schriftstück, Buch` (eindeutig im Gotischen, aber auch im Altsächsischen und Althochdeutschen) entspricht dem Gebrauch von gr. *grámma* *n.* und l. *littera* *f.* und ist deshalb wohl von den alten Sprachen entlehnt. Daraus wird offenbar im Westgermanischen ein Singular gebildet, der auch vom Altnordischen übernommen wird. Möglicherweise hat dazu beigetragen, daß in echt germanischer Ausdrucksweise der Singular **bōk-* auch ´etwas, auf dem Zeichen (Buchstaben) stehen` bedeuten konnte. Darauf könnte die altnordische Bedeutung ´gesticktes Kissen` weisen (ob sie nun echt nordisch oder aus dem Westgermanischen entlehnt ist, vgl. as. *bōkon* ´sticken`). Für diesen Singular setzt sich im Deutschen das sporadisch auch außerhalb bezeugte Neutrum durch. Die Bedeutung ´Buchstabe` (die im übrigen auch in die slavischen Sprachen entlehnt wird, vgl. russ. *búkva* *f.* usw.) wird im Westgermanischen und im Anschluß daran im Altnordischen (zur Bezeichnung lateinischer Buchstaben gegenüber den Runen) verdeutlicht durch **staba-* *m.*, das auch für sich allein ´Buchstabe` bedeuten konnte. Diese Bedeutung ´Buchstabe, Zeichen`, aus der sich alle anderen herleiten lassen, kann mit dem Wort *Buche* (so die übliche Etymologie) aus formalen und sachlichen Gründen nichts zu tun haben: aus formalen Gründen, weil das Wort **bōk-s* ´Buchstabe` ursprünglich ein Wur-

zelnomen war und die angebliche Grundlage **bōkō* ´Buche` ein femininer *ō*-Stamm; aus sachlichen, weil nirgends das Schreiben von Runen (um das es ursprünglich gegangen sein muß) auf Buchentafeln bezeugt ist. Andererseits kann die allgemeinere Bedeutung ´Zeichen` aus ´Loszeichen, Los` stammen, wie etwa der lett. Neologismus *burts* ´Buchstabe`, eigentlich ´Zauberzeichen`, zu lit. *bùrtai* *m.* Pl. ´Los, Zauberei, Wahrsagerei`, zu lit. *bùrti* ´zaubern, weissagen` (zum Sachlichen vgl. für das Germanische v.a. Tacitus *Germania* 10). Deshalb kann sich das germanische Wort vergleichen mit ai. *bhága-* ´Wohlstand, Glück, Besitz`, avest. *baga-* ´Anteil, Los`, mit Langvokal ai. *bhāgá-* ´Anteil, Los, Schicksal`, avest. *bāga-* ´Anteil` (auch Wurzelnomina sind bezeugt, allerdings mit weniger genauer Bedeutungsentsprechung), zu ai. *bhájati* ´teilt zu`. Kollektivum: **Bücherei**.

Nndl. *boek*, ne. *book*, nschw. *bok*, nisl. *bók*. S. *buchen, Buchstabe*. − *RGA* 4 (1981), 34−37; Seebold (1981), 290−292; E. A. Ebbinghaus *GL* 22 (1982), 99−103; Peeters ebd. 266; *LM* 2 (1983), 802−811; E. Seebold in: Brogyanyi/Krömmelbein (1986), 527−532; E. A. Ebbinghaus *AJGLL* 3 (1991), 51−56; Röhrich 1 (1991), 274 f. Anders (Entlehnung aus dem Türkischen) O. Szemerényi in: *FS W. Meid* (1989), 368−378.

Buche *f.* (< 8. Jh.). Mhd. *buoche*, ahd. *buohha*, as. *bōka* aus g. **bōkō* *f.* ´Buche`, auch in anord. *bók*, ae. *bōc* (neben einer *jō*-stämmigen Form *bēce*); dieses aus ig. (eur.) *\*bʰāgā* *f.* ´Buche`, am genauesten vergleichbar mit l. *fāgus* ´Buche`, semantisch abweichend gr. *phēgós* ´Eiche` und vermutlich kelt. **bāgos* in Ortsnamen. Das Wort spielt eine Rolle in dem ´Buchenargument` bei der Bestimmung der Heimat der Indogermanen, da die Verbreitung der Buche eingeschränkt ist. Da die Bedeutung des Wortes aber nicht ausreichend (etwa durch eine klare Etymologie) gesichert werden kann, reicht dieses Argument zu weiterführenden Schlüssen nicht aus.

Nndl. *beukeboom*, ne. *beech*, nschw. *bok*. S. *bauchen*. − W. Wissmann: *Der Name der Buche* (Berlin 1952); W. Krogmann *ZVS* 72 (1955), 1−29; *ZVS* 73 (1956), 1−25; W. Eilers/M. Mayrhofer *MAG* 92 (1962), 61−92; *RGA* 4 (1981), 55−59.

Buchecker *f.* s. *Ecker*.

buchen swV. ´in die Bücher (heute: die Buchhaltung) eintragen, eine Flugkarte bestellen` (< 16. Jh.). Lehnübersetzung von ne. *to book*, dieses zu ne. *books* ´Buchhaltung`; auch neuere Bedeutungsentwicklungen des englischen Worts werden übernommen. Abstraktum: **Buchung**.

Rey-Debove/Gagnon (1988), 76.

Buchhalter *m.*, **Buchhaltung** *f.* (< 15. Jh.). Die verbale Fügung *die Bücher halten* (seit dem 15. Jh.) ist eine Lehnübersetzung aus it. *tenere i libri*. Sie hat sich zwar nicht gehalten, wohl aber die Ableitungen.

Schirmer (1911), 38; *LM* 2 (1983), 829−836.

Buchs(baum) *m. erw. fach.* (< 10. Jh.). Mhd. *buhsboum,* ahd. *buhsboum,* mndd. *bussbōm,* mndl. *busch, buschboom* ist aus l. *buxus f.* entlehnt. Das lateinische Wort geht zurück auf gr. *pýxos f.* gleicher Bedeutung und unklarer Herkunft.
S. *Büchse.* – Marzell 1 (1943), 702 f.; *LM* 2 (1983), 893.

Buchse *f. erw. fach.* 'Hohlzylinder zur Aufnahme eines Steckers' (< 18. Jh.). Ursprünglich nicht umgelautete, regionale Form von *Büchse.* Im 20. Jh. fachsprachlich verbreitet.

Büchse *f.* (< 10. Jh.). Mhd. *bühse,* ahd. *buhsa* ist in früher Zeit entlehnt aus l. *puxis, buxis f.,* dieses aus gr. *pyxís f.* 'Döschen aus Buchsholz' zu *Buchs.* Gemeint waren kleine Kästchen für Arzneimittel, Gewürze u.ä. Die spätere Bedeutung 'Feuerwaffe' bezieht sich wie **Feuerrohr** auf den Lauf des Gewehrs.
S. *Box, Buchs(baum), Buchse.* – Zu *Büchse* im Sinn von *Feuerwaffe* s. *LM* 2 (1983), 893; Röhrich 1 (1991), 276.

Buchstabe *m.* (< 8. Jh.). Mhd. *buochstap, buochstabe,* ahd. *buohstab,* as. *bōkstaf* aus wg. **bōk-staba- m.* 'Buchstabe', auch in ae. *bōcstæf,* daraus entlehnt anord. *bókstafr.* Verdeutlichende Komposition des alten **bōk-s* 'Buchstabe' durch das Wort *Stab,* das auch allein (vor allem im Altnordischen und Altenglischen) 'Buchstabe' bedeuten konnte. Die ursprüngliche Bedeutung von *Stab* in diesem Zusammenhang war sicher die eines Stäbchens oder Zweigs mit einem darauf geritzten Zeichen – mit dem Hauptstab der Runen (dem für die meisten Zeichen typischen senkrechten Strich) hat sie sicher nichts zu tun. Teilweise (ae., anord.) wird in der frühen Zeit zwischen *Buchstaben* und *Runenstäben* unterschieden. Adjektiv: **buchstäblich**; Verb: **buchstabieren.**
Nndl. *boekstaaf,* nschw. *bokstav,* nisl. *bókstafur.* S. *Buch, Stab, Stabreim.* – W. Krogmann *IF* 48 (1930), 268; H. Rosenfeld *Gutenberg-Jahrbuch* 1969, 338–344; *RGA* 4 (1981), 87 f.; E. A. Ebbinghaus *GL* 21 (1981), 194–197; *LM* 2 (1983), 894; Röhrich 1 (1991), 276.

Bucht *f.* (17. Jh.). Übernommen aus ndd. *bucht* 'Biegung, Krümmung' in der technischen Bedeutung 'landeinwärtsgebogene Strandlinie'. Dieses ist ein altes *ti*-Abstraktum zu *biegen,* bewahrt in anord. *-bót,* ae. *byht,* mndd. *bucht, bocht.* Ndd. *Bucht* bedeutet auch 'Verschlag für Haustiere', wohl ausgehend von der Bedeutung 'Winkel'. Partikelableitung: **einbuchten.**

Buchweizen *m. arch.* (< 16. Jh.). Ursprünglich niederdeutsch (mndd. *bōkwete, bōkweite,* mndl. *boecweit*). Die Benennung erfolgte nach der Form der Samen, die kleinen Bucheckern ähnlich sehen; *-weizen* nach Geschmack und Verwendung. Die frühere Bezeichnung (seit dem 15. Jh.) ist **Heide(n)korn** (wegen der Einführung aus heidnischen Ländern, vgl. frz. *(blé) sarrasin* usw.).

Bertsch (1947), 232–234; Marzell 2 (1972), 406; O. Kieser *NJ* 84 (1961), 67–77; Abegg-Mengold (1979), 70 f., 95–97; *RGA* 4 (1981), 88 f.

Buckel *m.* (< 12. Jh.). Mhd. *buckel f./m.*; entlehnt aus afrz. *boucle* 'Schildknauf', das seinerseits aus l. *buccula f.,* Diminutiv zu l. *bucca f.,* ursprünglich '(aufgeblasene) Backe' stammt. Das Wort bezeichnet seit frühneuhochdeutscher Zeit verschiedene Erhebungen, etwa 'Hügel' und 'krummer Rücken'; letzteres wohl unter dem Einfluß von *bükken.* Dazu das Verb **buckeln**; Adjektiv: **buck(e)lig.**
S. auch *Mißpickel.* – Valtavuo (1957), 79–82; Röhrich 1 (1991), 276 f.

bücken *swV.* (< 13. Jh.). Mhd. *bücken,* mndd. *bucken,* mndl. *bocken.* Intensivum zu *biegen* mit Intensiv-Gemination (**bukk-ja-* zu **beug-a-*).

Bücking *m.* s. *Bückling*[1/2].

Bückling[1] *m. erw. stil.* 'Verbeugung (der Männer)' (< 17. Jh.). Fnhd. *bücking* 'jmd., der sich höflich verbeugt'; dann einerseits Anpassung an die Ableitungen auf *-ling,* andererseits Übertragung auf die Handlung (wie *Diener* 'Dienender'; jmd., der sich wie ein Diener verbeugt; höfliche Verbeugung'). Zu *bücken.*

Bückling[2] *m.* 'geräucherter Hering' (15. Jh.). Spmhd. *bückinc* ist aus mndd. *buckink,* mndl. *bukkinc* übernommen. Wie nndl. *boks-haring* eine Ableitung von *Bock* wegen des eindringlichen Geruchs dieser Fische. Später Anpassung an die Ableitungen auf *-ling.*

Buddel *f.,* **Buttel** *f. per. ndd.* 'Flasche' (< 17. Jh.). Aus ndd. *buddel,* das im 17. Jh. aus frz. *bouteille* entlehnt wurde (vgl. ne. *bottle*). Das französische Wort geht auf ml. *but(t)icula* 'Flasche, Krug' zurück, eine Verkleinerungsform von ml. *but(t)is* 'Faß' (s. *Bütte*).
S. *Bouteille.* – *DF* 1 (1913), 103; *DEO* (1982), 148.

buddeln *swV. stil.* 'mit den Händen im Sand wühlen, graben' (< 18. Jh.). Herkunft unklar; vgl. für die entsprechende Tätigkeit im Wasser **puddeln** und (aus dem Neuenglischen) **Paddel.**
S. *Boden.* – H. Schlemmer: *Semantische Untersuchungen zur verbalen Lexik* (Göppingen 1971), 143–149.

Bude *f. stil.* (< 13. Jh.). Mhd. *buode,* mndd. *bode,* mndl. *boede.* Das vorauszusetzende vd. **bōþō* kann zu **bōww-a-* 'bauen' mit Verlust des zweiten Diphthongbestandteils gehören. In diesem Fall vergleichen sich näher anord. *búð* 'Wohnung, Laden, Bude' (aus **bū-*), sowie außergermanisch (mit Vokalkürze) air. *both* 'Hütte', lit. *bùtas* 'Haus, Hütte'. Ne. *booth* (entlehnt aus dem Altnordischen), nschw. *bod,* nisl. *búð.* S. *Baude, bauen.* – Stammler (1954), 205–208; Bielfeldt (1965), 25; Röhrich 1 (1991), 278 f.

Budget *n. erw. fach.* 'Finanzplanung' (< 18. Jh.). Über frz. *budget* entlehnt aus ne. *budget,* dieses aus afrz. *bougette* 'Lederbeutel', einem Diminutivum zu frz. *bouge m.* ´Ledersack´, aus l. *bulga f.* (Eigentlich ist das englische Wort entlehnt und dann der französischen Aussprache angepaßt worden). Im Englischen bedeutete *to open one's budget* ´seine Absichten darlegen´ (eigentlich ´seinen Beutel öffnen´); dies wurde dann speziell von der jährlichen Erklärung des englischen Finanzministers vor dem Parlament gesagt, in der er sich über die vermutlichen Einkünfte und Ausgaben des folgenden Jahres ausließ. Von da aus wird *budget* zu einem Ausdruck für die Finanzplanung, der dann (meist scherzhaft) auch in andere Bereiche übernommen wird. S. *Bulge.* Zur germanischen Verwandtschaft s. *Balg.* – *DF* 1 (1913), 100 f.; Ganz (1957), 49; Rey-Debove/Gagnon (1988), 97 f.

Budike *f.* ´kleiner Laden, kleine Kneipe´, s. *Boutique.*

Büfett *n.* ´Geschirrschrank, Anrichte, zum Selbstbedienen aufgestellte Speisen´ (< 18. Jh.). Entlehnt aus frz. *buffet m.*, dessen weitere Herkunft nicht geklärt ist. Möglicherweise wie *Büro* benannt nach dem Stoff, mit dem die Anrichte bespannt ist, oder als ´Klapptisch´ zu einer Lautnachahmung. *DF* 1 (1913), 101; Brunt (1983), 172; *DEO* (1982), 167 f.

Büffel *m.* (< 14. Jh.). Spmhd. *büffel.* Entlehnt aus frz. *buffle*, das auf spl. *būfalus*, Nebenform von *būbalus* zurückgeht. Dieses stammt aus gr. *boúbalos*, einer unklaren Ableitung von gr. *boũs f./m.* ´Rind´, die ursprünglich ´Gazelle´ bedeutet (´das rind-ähnliche Tier´?), dann aber unter dem Einfluß des Grundworts auf den Büffel übertragen wird. Die Büffel waren früher Arbeitstiere, deshalb **büffeln** ´hart arbeiten´ (wonach später **ochsen**). S. *Kuh, Posaune.*

Buffo *m. per. fach.* ´Sänger und Darsteller eines lustigen Parts in der Oper´ (< 19. Jh.). Entlehnt aus it. *buffo*, zu it. *buffone* ´Possenreißer´, dieses aus it. *buffare* ´die Backen aufblasen, Possen reißen´.

Bug[1] *m. erw. fach.* ´Schulterstück von Pferd und Rind; Strebe im Gebälk´ (< 9. Jh.). Mhd. *buoc*, ahd. *buog* aus g. **bōg(u)- m.* ´Arm´ (vermutlich nur noch in besonderen Verwendungen), auch in anord. *bógr*, ae. *bog.* Dieses aus ig. **bʰāgʰu- m.* ´Arm´ in ai. *bāhú-* ´Arm´, gr. *pẽchys* ´Unterarm, Ellenbogen´, umbr. *fahe* ´Bug´. Weitere Herkunft unklar. Ne. *bough* ´Ast, Zweig´ – H. Rix *Sprache* 32 (1986), 311–323.

Bug[2] *m. erw. fach.* ´Schiffsbug´ (< 17. Jh.). In den späten germanischen Sprachen verbreitet (nschw. *bog*, ne. *bow*, nndl. *boeg*), ursprünglich wohl niederdeutsch/niederländisch. Herkunft unklar. Vermutlich mit der Bedeutung ´Flanke´ eine Übertragung aus *Bug*[1]; sonst wäre an eine regional entstandene Ableitung aus *biegen* zu denken, die

bei der Verbreitung einen abweichenden Lautstand angenommen hätte. S. *bugsieren.*

Bügel *m.* (< 17. Jh.). Fnhd. *bügele f.*, vorher mndl. *bogel, buegel*, mndd. *bog(g)el*, eigentlich ´gebogenes Stück´; späte Instrumentalbildung zu *biegen.* Zunächst für Steigbügel u.ä. S. *bügeln.* Nndl. *beugel.*

bügeln *swV.* (< 17. Jh.). Vermutlich ist mit diesem Wort ursprünglich ´mit einem (heißen?) Instrument Rundkrägen biegen´ gemeint, also ´einen „Bügel" machen´. Die Bedeutung wäre dann ausgeweitet worden und zu dem späteren *glätten* (s. *glatt*) oder *plätten* (s. *platt*) in Konkurrenz getreten. Die Beleglage ist aber für eine sichere Beurteilung zu dürftig. Denkbar ist auch, daß das **Bügeleisen** früher benannt wurde (wegen seines Bügelgriffs?) und davon das Verb abgeleitet ist. S. *Bügel.* – Röhrich 1 (1991), 279.

bugsieren *swV. erw. fach.* ´Schiff ins Schlepptau nehmen´ (< 17. Jh.). Entlehnt aus nndl. *boegseren*, das seinerseits aus port. *puxar* ´ziehen, zerren´ stammt (dieses aus l. *pulsāre* ´stoßen´, das mit l. *pellere* ´stoßen, schlagen´ verwandt ist). Sowohl im Niederländischen wie im Deutschen hat die Anlehnung an *Bug* auf Aussprache und Schreibung eingewirkt. S. *Puls.*

Bühl *m. per. obd.* ´Hügel´ (< 8. Jh.). Mhd. *bühel*, ahd. *buhil.* Heute nur noch mundartliches Wort und (weit verbreitet) in Orts- und Flurnamen. Herkunft unklar. Valtavuo (1957), 83–88.

Buhle *m. obs.* (< 12. Jh.). Mhd. *buole*, mndd. *bo(u)le*, mndl. *boel.* Trotz der späten Belege wohl ein altes Wort (aus der Sprache niederer Schichten?): zu g. **bōla- n.* ´Schlafplatz´ in anord. *ból n.* ´Schlafplatz, Lager wilder Tiere´ als ´Schlafgenosse´; vgl. das möglicherweise verwandte lit. *guõlis* ´Schlafstätte, Lagerstätte´ nebst lit. *gulõvas* ´Lagergenosse´ und lit. *gulõvė, gulovà f.* ´Beischläferin´. Die gleichlautenden Kosewörter für ´Bruder´ sind wohl abzutrennen und in den Umkreis von *Bube* zu stellen. Verb: **buhlen.** S. *Nebenbuhler.* – E. Seebold in: Mayrhofer/Peters/Pfeiffer (1980), 484.

Buhne *f. per. fach.* ´Uferschutzbau´ (< 17. Jh.). Aus dem Niederdeutschen: mndd. *bune*, nndl. *bun.* Herkunft unklar. Vermutlich hängt es mit dem ebenfalls unklaren *Bühne* zusammen.

Bühne *f.* (< 13. Jh.). Mhd. *bün(e)*, mndd. *bone m./f.* setzt vd. **bunī-/-jō* voraus. Die vielfältigen Bedeutungen lassen sich auf ´Brettergerüst, Decke´ zurückführen. Herkunft nicht ausreichend klar; am ehesten zu voreinzelsprachl. **bʰun-* in avest. *būna- m.* ´Boden´, air. *bun m. (?)* ´dickes Ende, Wurzel´, wohl einer Variante zu dem unter *Boden* behandelten Wort (etwa *bʰudʰnjō* als Ausgangspunkt für das germanische Wort, mit Ausdrängung des Dentals). Die Bedeutung ˹Theaterbühne˺ stammt aus einer Vereinfachung von **Schaubühne**.

Nndl. *beun* ˹Fischkasten˺. S. auch *Buhne*. − Lühr (1988), 343 f.; Röhrich 1 (1991), 279.

Bukett *n. erw. fremd.* ˹besonders festlicher Blumenstrauß˺ (< 18. Jh.). Entlehnt aus frz. *bouquet m.*, einer pikardischen Form von afrz. *boscet*, einem Diminutivum zu afrz. *bois* ˹Holz, Wald˺. Die ursprüngliche Bedeutung ˹kleine Ansammlung von Bäumen und Sträuchern˺ wird verallgemeinert auf eine Zusammenstellung von Blumen. Nach französischem Vorbild dann auch ˹Aroma des Weins˺ (das als eine Zusammenstellung verschiedener Aromen aufgefaßt wird). Das Wort wird (nur in der ersten Bedeutung) in Deutschland unfranzösisch mit auslautendem -*t* ausgesprochen (Schriftaussprache?).

Zur germanischen Verwandtschaft s. *Busch*. − DF 1 (1913), 101. Anders: *DEO* (1982), 142.

Bulette *f. per.* omd. ˹Hackfleischbällchen˺ (< 19. Jh.). Entlehnt aus frz. *boulette (de viande)*, einem Diminutivum zu frz. *boule* ˹Kugel˺, aus l. *bulla* ˹Aufgewalltes, Blase˺. S. *Bulle²*.

Bulge¹ *f. arch.* ˹Meereswelle˺ (< 13. Jh.). Mhd. *bulge*, mndd. *bulge* aus g. **bulgjōn f.* ˹Welle˺, auch in anord. *bylgja*; vermutlich zu g. **belg-a- stV.* ˹schwellen˺ in anord. *bolginn* ˹geschwollen˺ (außerhalb des Nordischen zu ˹zürnen˺ weiterentwickelt). Weiter zu *Ball¹*.

Bulge² *f. arch.* ˹lederner Wasserbehälter˺ (< 13. Jh.). Mhd. *bulge*, ahd. *bulga*. Vermutlich entlehnt aus einem Wanderwort, das auch in spl. *bulga* ˹Ledersack˺ erscheint.

S. *Budget, Balg*. − J. Vendryes *BSL* 41 (1941), 135−139; J. Hubschmid: *Schläuche und Fässer* (Bern 1955), 25−27.

Bullauge *n. per. fach.* (< 19. Jh.). Über ndd. *bulloog* entlehnt ne. *bull's eye* und im zweiten Teil (wohl nicht im ersten) übersetzt. Die *Bullaugen* waren runde Scheiben, die in der Mitte aufgewölbt waren; deshalb der Vergleich mit dem Auge eines Ochsen. S. *Bulle¹, Ochsenauge*.

Bulldogge *f.* (< 18. Jh.). Entlehnt aus ne. *bulldog* ˹Hund für Stierhetze˺, entsprechend zu **Bullenbeißer** aus ndd. *bullenbyter*. Die Bestandteile entsprechen nhd. *Bulle¹* und *Dogge*. In neuerer Zeit ein zweites Mal als **Bulldog** *m.* ˹Traktor˺ entlehnt (ursprünglich Markenname).

Ganz (1957), 50; J. Eichhoff in: *FS Martin* (1980), 156−159; Rey-Debove/Gagnon (1988), 99.

Bulle¹ *m.* ˹Stier˺ (< 17. Jh.). Ursprünglich ein niederdeutsches Wort: ndd. *bulle*, ndl. (dial.) *bol*, *bōl*, *bolle* u. a. und nndl. *bul* aus den Kasusformen eines *n*-Stammes **bulōn*, **buln- m.* ˹Stier˺, in einfacher Form bezeugt in anord. *boli* ˹Stier, Stierkalb˺, weitergebildet in ae. *bulluca* ˹Stierkalb˺. Das Wort

ist mit großer Wahrscheinlichkeit ein Ausdruck *pars pro toto*, der ursprünglich das Zeugungsglied bedeutet, voreinzelsprachl. **bʰl̥̄-* in gr. *phallós* (neben *phálēs*), air. *ball* ˹Glied, Geschlechtsglied˺, im Germanischen mit Ablaut ae. *beallucas* ˹Hoden˺, hess. *bille* ˹Penis˺. Falls die Bedeutung ˹Zeugungsglied˺ ursprünglich ist, kann an die Wurzel (ig.) **bʰel-* angeschlossen werden, die Bezeichnung für aufgeblasene oder aufgeschwollene Gegenstände liefert (s. *Ball¹*). Die allgemeine Bedeutung ˹Glied˺ in dem altirischen Wort ist dieser Annahme aber nicht günstig.

Nndl. *bul*, ne. *bull*, nisl. *boli*. S. *Bullauge, Bulldogge, Phallus*. − Röhrich 1 (1991), 279.

Bulle² *f. per. fach.* ˹päpstliche Verordnung˺ (< 14. Jh.). Mhd. *bulle*. Entlehnt aus l. *bulla* gleicher Bedeutung, ursprünglich ˹Siegelkapsel˺, auch eine Bezeichnung *pars pro toto*. Ausgangsbedeutung ist ˹Wasserblase, Kugel˺.

S. (zur Bedeutung ˹Kugel˺) *Bowling, Bulette, Billett, Bulletin*, (zur Bedeutung ˹sieden, Blasen werfen˺) *Boiler, Bouillon*. − RGA 4 (1981), 109−112; LM 2 (1983), 932−936.

Bullenbeißer *m.* s. *Bulldogge*.

bullern *swV.*, auch **bollern** *swV. erw. ndd.* (< 18. Jh.). Ein Schallverb. In der Bedeutung ˹schießen˺ beeinflußt von *Böller*.

Bulletin *n. per. fach.* ˹offizieller, veröffentlichter Bericht˺ (< 19. Jh.). Entlehnt aus frz. *bulletin m.*, einer Ableitung zu afrz. *bulle* ˹Kugel˺, dieses aus l. *bulla f.* Die Bedeutungsentwicklung in metonymischer Übertragung von der Siegelkapsel zur Urkunde.

S. *Bulle²*. − DF 1 (1913), 101.

Bult *m.*, **Bülte** *f. per. ndd.* ˹moos- und grasbewachsene Bodenerhebung in Moor oder Bruch˺ (< 16. Jh.). Ndd. *bulte*, mndd. *bulte* ˹(Stroh-) Haufe, Hügel˺. Auch in Ortsnamen, in denen es schon früher bezeugt ist. Wohl aus dem Umkreis der bei *Ball¹* dargestellten Lautgebärde. Näheres unklar.

Bumerang *m. exot.* ˹Wurfholz˺ (< 19. Jh.). Entlehnt aus ne. *boomerang*, dieses aus einer Eingeborenensprache Australiens. Weiterführende Erklärungen sind nicht hinreichend gesichert. Als etwas, das (unerwartet) zurückkommt häufig in übertragenen Redewendungen.

Littmann (1924), 135; Rey-Debove/Gagnon (1988), 78; Carstensen 1 (1993), 182 f.

bummeln *swV. stil.* (< 17. Jh.). Zunächst in der Bedeutung ˹hin und herschwingen˺ bezeugt (vgl. *baumeln*, auch *Bammel, Bommel*, s.dd.), Lautgebärde, oder falls unmittelbar vom Hin- und Herschwingen des Glockenklöppels auszugehen ist, Lautnachahmung. Daraus übertragen ˹hin- und herschlendern, nichts tun˺. Dazu die Rückbildung **Bummel**. Nomen agentis: **Bummler**.

O. Ladendorf *ZDW* 5 (1903), 107; Stammler (1954), 208−212; Röhrich 1 (1991), 279.

bumsen *sw V.* ´dumpf dröhnen, heftig anprallen` (< 16. Jh.). Schallnachahmung, vgl. die Interjektion *bums*. Danach (vermutlich ausgehend von einer abschätzigen Bezeichnung von Blechmusik) als abwertender Bestandteil in *Bumslokal*, *Bumsmusik*. In neuerer Zeit, ausgehend von ´anprallen`, umgangssprachlich für ´Geschlechtsverkehr haben`. S. auch *bimsen*.

Bund *m.* (< 11. Jh.). Mhd. *bunt*, mndd. *bunt*, mndd. *bonde*, *bunde*, *bunne* ´Bündel, Vereinigung`, mndl. *bont* aus vd. *\*bundi- m.* ´Verbundenes, Einfassung` zu *binden*. Hierzu das Diminutiv *Bündel* (alt *m.* und wohl mit ae. *byndele*, *bindele f.* ´Bündel` unmittelbar zu vergleichen) und seit dem 18. Jh. *bündeln* ´ein Bündel machen, zusammenbinden`. Das Adjektiv *bündig*, mhd. *bündec*, mndl. *bondich* bedeutet zunächst ´festgebunden, in einem Bund` und bekommt dann in der Fachsprache der Handwerker die Bedeutung ´auf gleicher Höhe abschließend` (wie etwa Stäbe in einem Bund). Hieraus die Redensart *kurz und bündig*. Da die Bundesrepublik ein Bund von Ländern ist, bezeichnet *Bund* (besonders in Zusammensetzungen) auch die übergreifenden Institutionen gegenüber den Ländern (z. B. *Bundesgericht*, umgangssprachlich *Bund* = Wehrdienst).

Nndl. *bond.* − *Grundbegriffe* 1 (1972), 583−671; Röhrich 1 (1991), 280.

Bundschuh *m. arch.* ´Schnürschuh` (< 15. Jh.). Mhd. *buntschuoch* ´grober Schnürschuh der Bauern` (´Schuh mit Bund`). Wurde im Bauernaufstand zum Symbol der einfachen Bauern, dann auch als Feldzeichen und zur Selbstbezeichnung benutzt.

LM 2 (1983), 936−937.

Bungalow *m. erw. fach.* ´einstöckiges Haus mit flachem Dach` (< 19. Jh.). Entlehnt aus ne. *bungalow*, dieses aus hindī *banglā* ´einstöckiges, strohbedecktes Haus mit offener Veranda in Bengalen` (eigentlich ´das Bengalische`).

Littmann (1924), 121 f.; Rey-Debove/Gagnon (1988), 101; Carstensen 1 (1993), 183 f.

Bunker *m.* ´großes Behältnis, Schutzraum` (< 19. Jh.). Entlehnt aus ne. *(coal) bunker*. Die weitere Herkunft ist nicht eindeutig geklärt. Zunächst ´Behälter für Kohlen auf Dampfern und in Fabriken`; in der Zeit vor dem 2. Weltkrieg dann auch ´Betonfort` und ´Schutzraum`.

bunt *Adj.* (< *12. Jh., Bedeutung < 14. Jh.). Mhd. *bunt*, mndd. *bunt*, mndl. *bont*. Die ursprüngliche Bedeutung ist ´schwarz-weiß` (von Pelzwerk), auch als Neutrum ´schwarz-weißes Pelzwerk`. Seit dem 13. Jh. beginnt das Wort älteres mhd. *vēh* in

der Bedeutung ´vielfarbig` abzulösen. Zunächst ein Klosterwort für schwarze Stickerei auf weißem Grund. Vermutlich zu l. *pūnctus* ´Stich, Stechen`.

S. *Akupunktur.* − Röhrich 1 (1991), 280.

Bürde *f.* (< 9. Jh.). Mhd. *bürde*, ahd. *burdin*, *burdī*, mndd. *borde*, *borden(e)* aus g. **burþīn- f.* ´Bürde`, auch in gt. *baurþei*, anord. *byrðr*. Formal handelt es sich um ein Adjektiv-Abstraktum zu einer (alten) Partizipialform *(\*burda-)* des starken Verbs g. *\*ber-a-* ´tragen` (s. *gebären*), also etwa ´das, was getragen wird`. Dazu die Weiterbildung ae. *byrðen*. − Die Ableitung *bürden* ´belasten` heute nur noch in *aufbürden* und *überbürden*.

Ne. *burden*, nschw. *börda*, nisl. *byrði*.

Burg *f.* (< 8. Jh.). Mhd. *burc*, ahd. *burg*, as. *burg* aus g. **burg-* (Wurzelnomen) *f.* ´Burg, Stadt`, auch in gt. *baurgs*, anord. *borg*, ae. *burg*, afr. *burch*, *burg*. Mit diesem Wort werden zunächst befestigte Städte bezeichnet, und zwar − da die alten Germanen keine Städte hatten − zunächst römische oder sonstige antike Anlagen. In einheimischen Namen taucht das Wort etwa in *saltus Teutoburgiensis* ´Teutoburger Wald` auf (eigentlich ´Wald der Volksburg`, mit Kompositionssuffix *-ja-*). Solche Bezeichnungen beziehen sich wohl auf befestigte Fliehburgen. Ab etwa 900 entstehen befestigte Anlagen als Herrensitze, die zu den Ritterburgen (und der Bedeutung im heutigen Sinn) führen. Schließlich werden Städte mit ausgeprägteren Befestigungsanlagen *Burg* genannt (wozu dann *Bürger*). Im Altnordischen kann *borg* auch ´Hügel (auf dem eine Wohnanlage steht)` bedeuten. Diese Sachverhalte machen es schwierig, die Etymologie festzulegen, zumal mehrere konkurrierende Möglichkeiten bestehen: 1) kann *Burg* im Ablaut zu *Berg* stehen und näher zu diesem gehören. Dann war die Ausgangsbedeutung kaum etwas anderes als ´Höhe`, was nicht recht zu der Bedeutung ´Stadt` paßt. 2) kann *Burg* näher zu *bergen* gehören (Ort, an dem man sich birgt, versteckt, wohin man flieht). 3) Schließlich gibt es das sehr ähnliche gr. *pýrgos m.* ´Turm, Mauerturm`, auch ´Burgmauer, Wirtschaftsgebäude u.ä.`, zu dem l. *burgus m.* ´Kastell, Wachturm` gehört. Entlehnung aus dem Germanischen kann zwar für das lateinische Wort, kaum für das griechische geltend gemacht werden; wenn gr. *Pérgamos* ´Burg von Troja` dazugehört, ist sie ganz ausgeschlossen. Außerdem gibt es griechische Glossen wie *phýrkos m.* ´Mauer`. Dieser Befund würde am ehesten auf ein vorindogermanisches Substratwort weisen. Bei der vielseitigen Bedeutung von *Burg* ist es natürlich auch möglich, daß verschiedene Quellen zusammengekommen sind, etwa indem ein einheimisches Wort semantisch von einem fremden beeinflußt wurde o.ä. Vorerst kann eine Entscheidung noch nicht getroffen werden. −

Häufig in Ortsnamen, sowohl für ´Burg`, wie auch für ´Stadt`.

Nndl. *burcht*, ne. *borough*, nschw. *borg*. S. *Bürger, Bourgeois*. − P. Kretschmer *Glotta* 22 (1933), 100−122; W. Schlesinger in: *FS Mayer* (1954), 97−150; M. Pfütze *BGDSL-H* 80 (1958), 272−320; W. Schlesinger *SG* 16 (1963), 433−444; *RGA* 4 (1981), 117−216; Tiefenbach (1973), 24−28; L. Motz *IF* 81 (1976), 204−220; E. E. - Metzner *BN* 14 (1979), 412−463; *RGA* 4 (1981), 117−216, 5 (1984), 105−112 (*curtis*); *LM* 2 (1983), 957−1003. Als Lehnwort erklärt von: Güntert (1932), 30 f.

Bürge *m.* (< 8. Jh.). Mhd. *bürge, borge*, ahd. *burgo*, as. *burgio* aus wg. **burgjōn* m. ´Bürge`, auch in ae. *byrgea*, afr. *borga*. Hierzu **bürgen** in mhd. *bürgen*, ahd. *burgōn*, wozu auch anord. *ábyrgjast* ´sich verbürgen`, anord. *ábyrgð* ´Verantwortung für etwas` gehört. Der *Bürge* ist ursprünglich eine Art Treuhänder, der einem Rächer dafür bürgt, daß der Verfolgte seine Tat sühnt oder sich der Rache stellt. Ausgangsbedeutung ungefähr ´Schützer`. Abstraktum: *Bürgschaft*. Weiter wohl zu *bergen*.

S. *borgen, bergen*. − F. Beyerle *ZSSR-GA* 47 (1927),567−645, besonders 599−607; *RGA* 4 (1981), 105−107; Röhrich 1 (1991), 280 f.

Bürger *m.* (< 9. Jh.). Mhd. *burgære, burger*, ahd. *burgāri, burgeri*, mndd. *borgere*, mndl. *borger*. Zunächst ist dies eine Täterbezeichnung zu *Burg*, doch weist das inhaltlich entsprechende ae. *burgware, burgwaran* darauf hin, daß vermutlich eine alte Einwohnerbezeichnung mit dem zweiten Kompositionsglied g. **warōn* (oder **wazōn*) vorliegt, die erst sekundär (nach dem lautgesetzlichen Schwund des *w*) an die Nomina agentis angepaßt wurde. Dieses Kompositionsglied taucht bereits in alten germanischen Stammesbezeichnungen auf, z. B. *Amsivarii* ´Emsanwohner`. Es wird normalerweise zu *wehren* gestellt, dann wäre der *Bürger* ursprünglich ein ´Stadtverteidiger`; doch ist ein Anschluß an g. **wes-a-* ´sein, bleiben`, auch ´wohnen` in ahd. *wesan* usw. (s. *Wesen*) semantisch wahrscheinlicher. Es fragt sich allerdings, ob ein **-waz-* schon in den alten Stammesnamen als *-varii* (mit *-r-*) hätte auftauchen können. Als Stadtbewohner hatte der Bürger im Mittelalter eine besondere Stellung; in der Neuzeit spiegelt die Bedeutung des Wortes in hohem Maße die gesellschaftlichen Veränderungen. Adjektiv: *bürgerlich*; Abstrakta: *Bürgerschaft, Bürgertum*.

W. Meschke: *Das Wort* ´Bürger` (Diss. masch. Greifswald 1952); Bartholmes (1970), 95−125; *HWPh* 1 (1970), 962−966; *Grundbegriffe* 1 (1972), 672−725; H.-M. Militz: *Die Bezeichnungsgeschichte von* ´Bürger` *im Französischen* (Diss Halle 1975); ders.: ´Bürger` *im Französischen* (Berlin 1979); J. Fleckenstein/K. Stackmann (Hrsg.): *Über Bürger, Stadt und städtische Literatur im Spätmittelalter* (Göttingen 1980), insbesondere R. Schmidt-Wiegand, 106−126; *LM* 2 (1983), 1005−1041; Röhrich 1 (1991), 281 f.; R. Schneider *AB* 34 (1991), 225−236.

Bürgermeister *m.* (< 13. Jh.). Bezeichnung für das Stadtoberhaupt als ´Anführer der Bürger`, mit der älteren Bedeutung von *Meister*.

Bürgersteig *m. reg.* (< 19. Jh.). Ursprünglich nur nord- und mitteldeutsch für die vom Schmutz der Straße abgehobenen und erhöhten Gehsteige. Ersatzwort für *Trottoir*.

S. *Steig*. − Röhrich 1 (1991), 282.

burlesk *Adj. per. fremd.* ´spaßhaft` (< 17. Jh.). Entlehnt aus frz. *burlesque*, dieses aus it. *burlesco*, einer Ableitung von it. *burla* ´Posse`, wohl aus l. *burra* ´zottiges Gewand, (Pl.) Possen`. Konkretum: *Burleske*.

DF 1 (1913), 102; Brunt (1983), 173.

Burnus *m. per. exot.* ´weißer Kapuzenumhang` (< 19. Jh.). Entlehnt aus frz. *burnous*, dieses aus arab. *burnus*.

Lokotsch (1975), 30; *LM* 2 (1983), 1106.

Büro *n.* (< *17. Jh., Form < 20. Jh.). Entlehnt aus frz. *bureau* m. ´Amtszimmer`, aus afrz. *bure, burel* ´grober Wollstoff`, aus l. *burra* f. ´zottiges Gewand`. Die Bedeutungsentwicklung verläuft von ´Tuch` über ´mit Tuch bedeckter Tisch` zu ´Schreibtisch` und schließlich zu ´Raum mit Schreibtisch, Schreibstube, Amtszimmer`. Man überzog insbesondere den Rechentisch mit Stoff, da auf ihm Münzen zur Kontrolle der Echtheit aufgeworfen wurden.

S. *Bürokratie*. − Schirmer (1911), 38; *DF* 1 (1913), 101; G. Janneau *VL* 268 (1974), 432−434; *DEO* (1982), 168.

Bürokratie *f. erw. fach.* ´Beamtenapparat` (< 18. Jh.). Entlehnt aus frz. *bureaucratie* (V. de Gournay vor 1764). Adjektiv: *bürokratisch*; Täterbezeichnung: *Bürokrat*.

S. *Büro* und *Demokratie*. − *DF* 1 (1913), 102; M. Albrow: *Bürokratie* (München 1972); A.-M. Bijaoui-Barnon *VL* 272 (1974), 640−644.

Bursch *m. obs.* ´Mitglied einer Studentenverbindung` (< 17. Jh.). An den frühen Universitäten hießen die aus einer gemeinsamen Kasse (Stiftung) verköstigten und sonst versorgten Studentengemeinschaften fnhd. *bursche* (aus ml. *bursa* f. ´Geldbeutel`, s. *Börse*[1]). Die einzelnen Teilnehmer hießen *burßgesell, bursant, mitbursche* usw. Seit dem 17. Jh. kann *Bursche* aber auch als Plural gefaßt und dazu ein Singular *der Bursch* gebildet werden (vgl. die Entwicklung von *Frauenzimmer*). Kollektivum: *Burschenschaft*.

S. *Bursche, burschikos*. − W. Stammler (1954), 201−204.

Bursche *m.* ´junger Mann` (< 17. Jh.). Die unter *Bursch* aufgeführten Wörter *Bursche* ´Studentengemeinschaft`, *Bursch* ´Mitglied einer solchen Gemeinschaft` werden auch übertragen auf andere Gemeinschaften (Soldaten, Handwerker u. a.), so daß der Singular *Bursch(e)* auch die allgemeine Bedeutung ʽjunger Mannʼ bekommen kann, in der das Wort auch in Nachbarsprachen entlehnt wird: norw. (dial.) *busse* ʽMannʼ, nschw. *buss* ʽmutiger, kräftiger Kerlʼ, nndl. *borst* ʽjunger Mannʼ. Die hier vorgenommene semantische Differenzierung der Varianten *Bursch* und *Bursche* wird in der Hochsprache bevorzugt, gilt aber nicht allgemein.

Stammler (1954), 201−204.

burschikos *Adj. stil.* ʽungezwungenʼ (< 18. Jh.). Eine studentische Scherzbildung mit dem gr. Adverbialsuffix *-ikós* (das im 18. Jh. in der Studentensprache auch an andere deutsche und lateinische Wörter gehängt wurde) zu *Bursch* in der Bedeutung ʽStudentʼ, also ʽnach Art der Studentenʼ, dann ʽohne weitere Umstände, burschenhaft ungezwungenʼ.

Stammler (1954), 204.

Bürste *f.* (< 12. Jh.). Mhd. *bürste* zu *Borste*. Es handelt sich am ehesten um eine Zugehörigkeitsbildung (ʽdie mit Borsten verseheneʼ), doch fallen Formen und Bedeutungen der Belege auseinander, so daß keine sichere Beurteilung möglich ist. Vielleicht Rückbildung aus *bürsten*. S. *Bart*.

Bürstenbinder *m. phras.* (in der Wendung *saufen wie ein Bürstenbinder*) (< 16. Jh.). Das schwache Verb *bürsten* bedeutet fnhd. auch ʽtrinkenʼ − wohl zu verstehen als ʽ(die Kehle) ausbürsten, auswaschenʼ. Danach schon im 16. Jh. *Bürstenbinder* für jemanden, der stark trinkt, wohl in scherzhafter Umdeutung der Handwerkerbezeichnung.

Röhrich 1 (1991), 283 f.

Bürzel *m. erw. fach.* ʽGeflügelsteißʼ (< 16. Jh.). Fnhd. *bürtzel, pirtzel*, zu *borzen, bürzen* ʽhervorstehen, strotzenʼ, das seinerseits zu ahd. *bor* ʽobenʼ (s. *empor*) gehört. Hierher wohl auch *purzeln*.

Lloyd/Springer 1 (1988), 566 f.

Bus *m.* s. *Omnibus*.

Busch *m.* (< 12. Jh.). Mhd. *busch, bosch(e)*, ahd. *busc, bosc*, as. *(brāmal-)busc* aus vd. **buski-* m., auch **buskōn* (mhd. *bosche* u.ä.). Das Wort hat keine klare Vergleichsmöglichkeit. Auffällig ist ml. *boscus* ʽWaldʼ mit frz. *bois*, it. *bosco*, die keine lateinische Herkunft haben und deshalb teilweise als aus dem Germanischen entlehnt gelten. Die Bedeutung ʽWaldʼ erscheint aber bei dem germanischen Wort erst so früh noch gar nicht, so daß der Verdacht einer gemeinsamen Entlehnung (aus dem Gallischen?) besteht. Ein entsprechendes keltisches Wort läßt sich allerdings auch nicht nachweisen. Zu denken wäre schließlich an eine Vorform g. **brus-k-*, wie in nnorw. *brusk* ʽBüschel, Gebüsch, Gestrüppʼ, außergermanisch vergleichbar mit lit. *brūzgai* Pl. ʽGestrüpp, Unterholzʼ mit *r*-Ausdrängung zwi-

schen Labial und Dental. Aber die Beleglage ist insgesamt zu wenig klar für eine Etymologie. Kollektivum: *Gebüsch*; Adjektiv: **buschig**.

Nndl. *bos*, ne. *bush* (im Mittelenglischen entlehnt), nschw. *buske* (entlehnt). S. *Böschung, Bukett, Büschel, Puschel*. − J. Hubschmid *VR* 29 (1970), 82−122, 282−302; Röhrich 1 (1991), 284 f.

Buschwindröschen *n.* s. *Anemone*.

Busen *m. stil.* (< 8. Jh.). Mhd. *buosem, buosen*, ahd. *buosum*, as. *bōsom* aus wg. **bōsma-* m. ʽBusenʼ, auch in ae. *bōs(u)m*, afr. *bōsem*. Herkunft unklar.

Nndl. *boezem*, ne. *bosom*. − Röhrich 1 (1991), 285.

Bussard *m. erw. fach.* (ein Greifvogel) (< 16. Jh.). Entlehnt aus frz. *busard* ʽWeihe, Bussardʼ. Dieses ist umgestaltet aus älterem *bu(i)son* (das mhd. *būsant* ergibt), aus l. *būteo* (ein Greifvogel, vielleicht ʽBussardʼ). Der ältere volkstümliche Name für *Bussard* war **Maus-Aar** (s. *Aar*), **Mauser**.

Suolahti (1909), 352−356.

Buße *f.* (< 9. Jh.). Mhd. *buoz* m., *buoze* f., ahd. *buoz(a)*, as. *bōta* aus g. **botō* f. ʽBesserungʼ, auch in gt. *bota*, anord. *bót*, ae. *bōt*, afr. *bōte*; dehnstufiges Abstraktum zu dem in *baß, besser* vorliegenden Adjektiv (Komparativ). Aus der ursprünglich konkreten Bedeutung (ʽBesserungʼ) entwickelt sich die rechtliche (besonders in der Schweiz für ʽStrafeʼ) und die religiöse. Die alte Bedeutung noch in **Lückenbüßer**.

Nndl. *boete*, ne. (arch.) *boot*, nschw. *bot*, nisl. *bót*. S. *baß, besser, büßen*. − J. Weisweiler: *Buße* (Halle 1930); *HWPh* 1 (1970), 967 f.; *LM* 2 (1983), 1123−1151; Röhrich 1 (1991), 285.

büßen *swV.* (< 9. Jh.). Mhd. *büezen*, ahd. *buozen*, as. *bōtian* aus g. **bōt-ja-* swV. ʽbessernʼ, auch in gt. *gabotjan*, anord. *bœta*, ae. *bētan*, afr. *bēta*; dehnstufiges Faktitivum zu *baß, besser* oder denominatives Verb zu *Buße*. Aus konkretem ʽverbessern, ausbessernʼ entwickelt sich die rechtliche und vor allem religiöse Bedeutung ʽBuße tunʼ. Nomen agentis: **Büßer**.

Nndl. *boeten*, ne. *boot*, nschw. *bota*, nisl. *bæta, botá*. S. *Buße, Lückenbüßer*. − Reuter (1906), 15−23.

Busserl *n. erw. oobd.* ʽKußʼ (< 17. Jh.). Zu zahlreichen meist familiären Wörtern für ʽKuß, küssenʼ auf einer lautmalenden Grundlage *bu-/bus-*. Vgl. etwa ne. (arch., dial.) *buss*, span. *buz*, poln. *buzia*, lit. *bučiúoti* u. a.

Büste *f. erw. fach.* ʽkünstlerische Nachbildung der Kopfpartie eines Menschenʼ (< 18. Jh.). Entlehnt aus it. *busto* m. und frz. *buste* m. Die weitere Herkunft ist nicht sicher geklärt. Im 19. Jh. wird aus dem französischen Wort die Bedeutung ʽweibliche Brustʼ entlehnt.

DF 1 (1913), 103; *DEO* (1982), 171 f.; *LM* 2 (1983), 1155−1159.

Büstenhalter *m.* (< 20. Jh.). Veraltetes *Büste* für die Brust der Frau ist entlehnt aus frz. *buste* 'Brust' (s. *Büste*) und bleibt in *Büstenhalter*. Die Wahl des (seltenen) ursprünglich französischen Wortes für die Bildung eines Wortes für dieses Kleidungsstück hängt einerseits mit der Bevorzugung des Französischen in der Mode zusammen (vgl. frz. *bustier* 'Mieder', nhd. *Bustier*), andererseits sicher mit der Tabuisierung von Wörtern für die weibliche Brust. Vgl. auch das Vordringen der Abkürzung *B. H.*, die auch in die gesprochenen skandinavischen Sprachen übernommen wird.

Butike *f.* s. *Boutique*.

Butler *m. per. fach.* 'Hausdiener (besonders bezogen auf englische Verhältnisse)' (< 20. Jh.). Entlehnt aus ne. *butler*, dieses aus afrz. *bouteiller* 'Kellermeister', zu ml. *but(t)icula f.* 'Krug, kleines Faß'. S. *Bütte, Bouteille*.

Butt *m.*, auch **Butte**[1], **Bütte**[1] *f. erw. fach.* (ein Plattfisch) (< 18. Jh.). Fnhd. *butt*. Ein Wort aus dem Niederdeutschen/Niederländischen (mndd. *but*, mndl. *bot[te]*, *but[te]*); vermutlich zu dem Adjektiv mndd. *but*, mndl. *bot* 'stumpf, plump' (wegen der massigen Gestalt). Vgl. ahd. *agabūz* 'Barsch', nhd. (alem.) *Butz(li)* 'gemeiner Barsch'. Der *Steinbutt* heißt nach den über die Oberseite verteilten Knochenhöckerchen; der *Heilbutt* (ndd. *hilligbutt*, ne. *halibut*) scheint nach der abergläubischen Wertschätzung dieses besonderen Fisches (offenbar ausgehend von den skandinavischen Ländern) so zu heißen.

Nndl. *bot*, ne. *but(t)*, nschw. *butta* (entlehnt). S. auch *Hagebutte*. – W. B. Lockwood *ZAA* 17 (1969), 253–255; Lloyd/Springer 1 (1988), 73–75.

Bütte[2] *f.* *Butte*[2] *f. erw. fach.* 'offenes Daubengefäß' (< 9. Jh.). Mhd. *büt(t)e, büten*, ahd. *butin, butin(n)a*, as. *budin*, wie ae. *byden* und anord. *bytta f.*, *bytti n.* früh entlehnt aus ml. *butina* 'Flasche, Gefäß' aus gr. *bytínē, pytínē* 'umflochtene Weinflasche' unter Einfluß von ml. *but(t)is* 'Faß' (Einzelheiten sind nicht ausreichend klar). Hierzu der Handwerkername *Büttner*. – Bei den Papiermachern war der Papierbrei in der *Bütte*, aus der früher von Hand geschöpft wurde; daher die Bezeichnung für das handgeschöpfte *Büttenpapier*. – Da Karnevalsreden aus einem solchen Faß gehalten wurden, bedeutet das Wort in der regionalen Form *Bütt* 'Vortragspult für Karnevalsredner'. Entsprechend *Büttenrede, Büttenredner*.

S. *Bottich, Böttcher, Bouteille, Buddel, Butler*. – Frings (1932), 90; J. Hubschmid: *Schläuche und Fässer* (Bern 1955), 38–66, 76–78.

Buttel *f.* s. *Buddel*.

Büttel *m. obs.* 'Gerichtsdiener' (< 9. Jh.). Mhd. *bütel*, ahd. *butil*, as. *budil* aus wg. **budila- m.* 'Aufbieter', auch in ae. *bȳdel*; Nomen agentis zu g.

*beud-a- 'bieten' (s. *bieten*). Das Wort bezeichnet eine Gerichtsperson, später einen Gemeindediener, regional auch den Scharfrichter.

Nndl. *beul*. – Angstmann (1928), 7–10; *LM* 2 (1983), 1161–1162.

Butter *f.*, obd. *m.* (nach dem Genus von *Anken* 'Butter') (< 11. Jh.). Mhd. *buter m./f.*, spahd. *butira*, wie ae. *butere* entlehnt aus spl. *būtyrum n.* aus gr. *boútyron n.* 'Kuhquark', das seinerseits fremden Vorbildern folgt. Die Umbildung zum Femininum erfolgt über den Plural des spätlateinischen Wortes. Die alten germanischen Wörter für 'Butter' scheinen in *Anke(n)* und *Schmer* (s. dd.) vorzuliegen; in der Antike war dagegen Butter als Nahrungsmittel nicht üblich. Daß die Germanen dennoch ein Wanderwort für Butter entlehnten, dürfte mit einer neuartigen Zubereitungsweise zusammenhängen. Verb: *buttern*.

S. *unterbuttern*. – B. Martin: *Kirne und Girbe* (Berlin 1895), 15–24; Förster (1941), 585 Anm. 1; *RGA* 4 (1981), 285–290; *LM* 2 (1983), 1162; Röhrich 1 (1991), 285–287.

Büttner *m.* s. *Bütte*.

Butz *m.*, *Butzemann* *m. erw. grupp.* 'Poltergeist' (< 13. Jh.). Mhd. *butz(e)*. Vielleicht zu ahd. *bōzen* 'schlagen' (s. *Amboß*), aber mangels näherer Angaben unsicher. Ähnliche Koboldbezeichnungen mit schwer zu beurteilendem Zusammenhang sind ne. *Puck* und lit. *babaûžē f.* 'Schreckgespenst, mit dem man Kindern Furcht einjagt', lit. *bužỹs* 'Popanz, Vogelscheuche'; vgl. auch langob. *walapauz, walapoz* 'Untat durch Vermummte'.

A. Webinger *ZV* 7 (1937), 157–160; G. Princi Braccini *AION-G* 27 (1984), 135–205.

Butzen *m. obd.* (< 15. Jh.). Vor allem *Apfelbutzen* 'Kernhaus des Apfels', sonst 'Klumpen, Schlacke'. Mundartlich tritt neben 'Kernhaus' auch die Bedeutung 'Fliege am Apfel' auf, die ursprünglicher sein kann, weil sie ihrerseits auf die besser bezeugte Bedeutung 'Knospe' (mhd. *butze f.*(?)), mndl. *botte*, nndl. *bot*; vermutlich entlehnt me. *budde*, ne. *bud*; ebenso frz. *bouton m.* 'Knospe, Knopf') zurückgehen kann (diese vermutlich zu der unter *Bausch* behandelten Lautgebärde in der speziellen Bedeutung 'schwellen'). Auch die mundartlichen Bedeutungen 'abgebrannter Kerzendocht, schlackenartige Erhöhung der *Butzenscheibe*, 'oberes Ende des zugebundenen Sacks' u.ä. können aus 'Fliege am Apfel' übertragen sein, doch kann der Bereich 'Abfall – Verunreinigung – plumpe Masse' auch zu einer Lautgebärde gehören, die mit *Batzen* näher zusammenhängt. Auf jeden Fall handelt es sich um einen Bereich, in dem einerseits Expressivität und Lautbedeutsamkeit, andererseits Anknüpfungen an bestehende Wortsippen ein schwer durchdringbares Geflecht von Bedeutungsspektren ergeben. Hierher weiter vielleicht auch das unter *Butt* genannte Adjektiv, in obd. Form *butz* als ´plumpes, unförmiges Stück´. Die ***Butzenscheiben*** sind runde, in Blei gefaßte Scheiben, die in der Mitte einen ´Butzen´, eine schlackenartige Erhöhung haben. S. auch *Hagebutte, Popel, putzen*. [Herangezogen wurde die Zulassungsarbeit von M.-L. Riedleder].

Buxe *f. ndd.* ´Hose´ (< 18. Jh.). Übernommen aus dem Niederdeutschen (mndd. *buxe* aus *buckhose ´Hose aus Bocksleder´), vgl. ne. *buckskins*, wie mndd. *lērse* aus *lederse*, zu *leder(en) ho(e)se*. S. auch *Bangbüx*. Ob auch *ausbüxen* ´ausreißen´ (in Anlehnung an *Bangbüx*?) hierhergehört, ist unklar.

C

[Im allgemeinen werden hier die deutschen Schreibungen vorgezogen. Wörter, die unter C vermißt werden, können deshalb unter K oder Z stehen]

Café *n.* ˈKaffeehaus' (< 19. Jh.). Im Französischen wird das Kaffeehaus metonymisch als *café m.* bezeichnet. Dies wird im Deutschen im 18. Jh. zunächst in Bezug auf französische Verhältnisse übernommen, wobei das maskuline Genus bleibt. Danach ersetzt das französische Wort das deutsche *Kaffeehaus*, übernimmt aber dessen neutrales Genus. Die französische Schreibung wird beibehalten, um das Wort von der Bezeichnung für das Getränk zu unterscheiden; die Aussprache und Betonung ist z. T. gleich.

S. *Kaffee.* – *DF* 1 (1913), 104.

Cafeteria *f. erw. fach.* ˈSelbstbedienungsrestaurant' (< 20. Jh.). Entlehnt aus am.-e. *cafeteria*, dieses aus span. *cafetería* (Mexiko) ˈImbißstube', zu span. *cafetero* ˈKaffeeverkäufer', zu span. *café m.* ˈKaffee', aus it. *caffè* (s. *Kaffee*). Das Kaffeehaus war in Mexiko ein Ort des kleinen Mannes, wo auch einfache Nahrungsmittel verkauft wurden. Span. *-ía* bezeichnet den Ort, an dem Geschäfte betrieben werden (span. *carnicero* ˈMetzger' – span. *carnicería* ˈMetzgerei'), im amerikanischen Englischen wird aber das kombinierte Suffix *-teria* (*cafe – cafeteria*) abgelöst und z. T. produktiv (vor allem zur Bezeichnung von Selbstbedienungsläden).

Ph. Barry *ASp* 3 (1927/28), 35–37; Rey-Debove/Gagnon (1988), 109 f.; Carstensen 1 (1993), 196.

Camembert *m. erw. fach.* (ein Weichkäse) (< 20. Jh.). Entlehnt aus frz. *camembert*, so benannt nach dem ursprünglichen Herstellungsort *Camembert* (Dept. Orne, in der Normandie).

Camp *n. per. fach.* ˈ(Feld-)Lager' (< 20. Jh.). Entlehnt aus ne. *camp*, dieses aus frz. *camp m.*, aus it. *campo m.*, aus l. *campus m.* ˈFeld'; dann auch ˈVersammlungsplatz' und (besonders in Ortsnamen) ˈÜbungsplatz u.ä.'. Das Wort bedeutet in der Nachkriegszeit ˈGefangenenlager' (u.ä.), wird dann aber in den Umkreis von *Camping* gezogen (ˈZeltlager' u.ä.).

S. *Camping, kampieren, Kamp, Champagner, Champignon;* zu der weiterentwickelten Bedeutung ˈKampf' s. *Champion, Kampagne;* zur deutschen Verwandtschaft s. *Kampf.* – *LM* 2 (1983), 1420; Carstensen 1 (1993), 199–201.

Camping *n. erw. fach.* ˈZelten, Lagern' (< 20. Jh.). Das Partizip des englischen Verbs *to camp* ˈim Freien lagern' wird zum Modewort der Freizeitkultur der Nachkriegszeit. Dazu rückgebildet *campen* ˈlagern'. S. *Camp.*

Rey-Debove/Gagnon (1988), 113; Carstensen 1 (1993), 203 f.

Cape *n. per. fach.* ˈUmhang' (< 19. Jh.). Entlehnt aus ne. *cape*, dieses aus afrz. *c(h)ape*, aus spl. *cappa f.* ˈKopfbedeckung, Kapuzenmantel'. S. *Eskapade, Kappe.*

Capriccio *n. per. fach.* ˈmunteres Musikstück' (< 18. Jh.). Entlehnt aus der italienischen Fachsprache, die es aus it. *capriccio* ˈLaune, Einfall' übernommen hat (s. *Kaprice* und zur weiteren Verwandtschaft *Chef*).

L. Hartmann: *Capriccio. Bild und Begriff* (Diss. Zürich 1973), besonders S. 7–48; H. Sckommodau in: *FS H. Meier* (Bonn 1980), 570–574.

Cartoon *m. erw. fach.* ˈgezeichnete Bildgeschichte' (< 20. Jh.). Entlehnt aus ne. *cartoon*, dieses aus frz. *carton* ˈZeichnung auf Karton, Karton', aus it. *cartone*, einem Augmentativum zu it. *carta f.* ˈPapier', aus l. *charta f.* ˈPapier, Schriftstück'. Es handelt sich um eine metonymische Verschiebung vom Material auf die darauf gefertigte Zeichnung; die Bedeutungsspezialisierung nach den *Punch Cartoons* seit 1841. S. *Karton* und zur Grundlage die unter *Karte* behandelten Wörter.

Rey-Debove/Gagnon (1988), 121; Carstensen 1 (1993), 211 f.

catchen *swV. erw. fach.* ˈ(Freistil-) ringen', *Catcher* ˈFreistilringer' (< 20. Jh.). Entlehnt aus ne. *catch* und *catcher*, als Bezeichnung der Sportart gekürzt aus *catch-as-catch-can*, wörtlich ˈgreifen, wie man greifen kann', also ˈFreistil'. Das Verb aus me. *catchen* ˈfassen, ergreifen', aus anglonorm. *cachier*, aus spl. **captiāre*, einem Intensivum zu l. *capere* ˈnehmen, fassen'. Die weitere Verwandtschaft unter *kapieren*.

Rey-Debove/Gagnon (1988), 124 f.; Carstensen 1 (1993), 216 f.

Cello *n. erw. fach.* (ein Musikinstrument) (< 18. Jh.). Entlehnt aus it. *violoncello m.* und wie in anderen Sprachen gekürzt. Das italienische Wort ist ein Diminutivum zu it. *violone m.* ˈBaßgeige', eigentlich ˈgroße Geige', einem Augmentativum zu it. *viola f.* ˈBratsche', aus prov. *viola, viula f.* ˈGeige'. S. *Violine,* vgl. *Fiedel.* – *DF* 1 (1913), 105; Relleke (1980), 215 f.

Cellophan *n. erw. fach.* ´durchsichtige Folie´ (< 20. Jh.). Ursprünglich französischer Markenname (frz. *cellophane*), gebildet aus *Zellulose* (s. *Zelluloid*) und gr. *-phanḗs*, etwa in gr. *diaphanḗs* ´durchsichtig´.

Cembalo *n. per. fach.* (ein Tasteninstrument) (< 18. Jh.). Entlehnt und gekürzt aus it. *clavicembalo m.* (ältere Formen **Clavicymbolum, Klavizimbel**); dieses zu l. *clāvis f.* ´Schlüssel, Taste´ und l. *cymbalum* ´Zimbel´ (s. *Zimbel* und *Klausur*).

Cervelat *f.* s. *Servela(t)*.

Chaise *f. arch.* ´vier- oder zweirädriger leichter Wagen´ (< 17. Jh.). Entlehnt aus frz. *chaise*, das eigentlich ´Stuhl´ bedeutet.

Chaiselongue *f./n. obs.* ´Sofa´ (< 19. Jh.). Entlehnt aus frz. *chaiselongue f.*, eigentlich ´langer Stuhl´, zu frz. *chaise f.* ´Stuhl´ (mit Pariser Aussprache statt *chaire*, aus l. *cathedra f.*, dieses aus gr. *kathédra f.*) und frz. *long (f. longue)* ´lang´ (aus l. *longus*).

S. *Kathedrale* und *lang*. − *DF* 1 (1913), 106.

Chalet *n. per. schwz.* ´Landhaus, Sennhütte´ (< 20. Jh.). Entlehnt aus frz. *chalet m.*, dieses wohl aus afrz. *chasel* ´Hütte, Baracke, Gehöft´, aus l. *casālis* ´zum Hof gehörig´, zu l. *casa f.* ´Landgut´. S. *Kasino*.

Chamäleon *n. erw. fremd.* (eine Echse, die ihre Hautfarbe schnell der Umgebung anpassen kann) (< 16. Jh.). Entlehnt aus l. *chamaeleōn m.*, dieses aus gr. *chamailéōn m.*, eigentlich ´kleiner Löwe´ oder ´Erdlöwe´, zu gr. *chamaí* ´bescheiden, niedrig´, eigentlich ´auf der Erde´, und gr. *léōn m.* ´Löwe´ − vermutlich eine Lehnübersetzung aus einer semitischen Sprache. Im Deutschen vor allem in Vergleichen mit Bezug auf die Möglichkeit des Farbenwechsels. S. *Löwe*.

H. Lewy *ZVS* 58 (1930), 33; *LM* 2 (1983), 1670 f.; Röhrich 1 (1991), 289 f.

chamois *Adj. per. fach.* (Farbbezeichnung) (< 20. Jh.). Frz. *chamois* ist die Gemse (aus spl. *camox*). Das Wort wird zunächst übernommen für ein besonders weiches Gemsen- (Ziegen-, Schaf-) Leder, und nach dessen Farbe wird vor allem eine gelbliche Tönung des Foto-Papiers bezeichnet.

Champagner *m. erw. fremd.* (Schaumwein) (< 18. Jh.). Entlehnt aus frz. *(vin de) Champagne*, eigentlich ´Wein aus der Champagne´, so benannt nach der Herkunft aus einer Provinz im östlichen Frankreich. Der Name gehört zu l. *campāna* ´Feld´.

J. A. Walz *ZDW* 12 (1910), 176; *DF* 1 (1913), 106 f.; Brunt (1983), 188.

Champignon *m. erw. fach.* (ein Edelpilz) (< *16. Jh., Form < 18. Jh.). Entlehnt aus frz. *champignon* ´Pilz´, speziell *champignon de couche* ´Zuchtchampignon´. Zunächst entlehnt in latinisierter Form als

Campiniones, dann *Schampinionen*, dann nach der modernen französischen Form.

Das französische Wort ist wohl eine Ableitung von gallorom. *campana* ´Glocke´ (nach anderen zu l. *campānia* ´Feld´, aber das trifft sachlich eigentlich nicht zu). − *DF* 1 (1913), 107; Brunt (1983), 188 f.

Champion *m. erw. fach.* ´Meister einer Sportart´ (< 19. Jh.). Entlehnt aus ne. *champion*, eigentlich ´(Einzel-) Kämpfer´, aus afrz. *champion*. Dieses zu l. *campus* in der Bedeutung ´Kampfplatz´ (s. *Camp*, *Kämpe* und *Kampf*).

DF 1 (1913), 107; Carstensen 1 (1993), 224 f.

Chance *f.* ´günstige Gelegenheit´ (< 17. Jh.). Entlehnt aus frz. *chance*, das zurückgeht auf vorrom. **cadentia*, eine Ableitung des PPräs. von l. *cadere (cāsūrus)* ´fallen´. So benannt nach einem Ausdruck des Würfelspiels, der den (guten) Fall der Würfel bezeichnet. Das Wort kommt als Fachwort des englisch geprägten Pferderennsports ins Deutsche, so daß eine Entlehnung über ne. *chance* unter Rückgriff auf das Französische anzunehmen ist. Zur älteren Entlehnung in Bezug auf das Glücksspiel s. *Schanze*[2].

Zur Sippe von l. *cadere* ´fallen´ s. *Kadenz*. − *DF* 1 (1913), 107.

Chanson *n. erw. fach.* ´geselliges Lied´ (< 18. Jh.). Entlehnt aus frz. *chanson f.* ´Lied´, dieses aus l. *cantio f.*, einer Ableitung von l. *canere (cantum)* ´singen´. Zunächst entlehnt als ´(französisches) Liedchen´; dann im Kabarett ein ´freches, witziges Lied´.

Zu der einfachen Stammform von l. *canere* ´singen´ gehören *Charme* und *Posaune*; alles weitere gehört zu *t*-Ableitungen, besonders zu l. *cantāre*: *Akzent, Diskant, Kantate* und *Shanty* (wie auch *Chanson*). Zur germanischen Verwandtschaft s. *Hahn*. − *DF* 1 (1913), 108; Jones (1976), 199; Brunt (1983), 189; *LM* 2 (1983), 1699−1702. Zu l. *canere BlW* 3 (1988), 214−219.

Chaos *n.* ´großes Durcheinander, Verwirrung´ (< 16. Jh.). Entlehnt aus gr. *cháos* ´leerer Raum´; zunächst aber aus l. *chaos* für gr. *chásma* zur Bezeichnung der Kluft zwischen dem armen Lazarus im Himmel und dem Reichen im Totenreich. Die eigentliche Entlehnung folgt dann den Vorstellungen der griechischen Kosmogonie, nach denen vor der Entstehung der Welt ein ´gähnender Abgrund´ bestand (Hesiod); danach gedeutet als ´leerer Raum´ (Aristoteles) und ´wüstes Durcheinander´ (Platon u. a.). Der Entlehnung ins Deutsche liegt vor allem die zuletzt genannte Auffassung zugrunde. Als Adjektiv hierzu **chaotisch** ohne griechisches Vorbild (wohl nach spl. *chaoticus*).

S. *Chaot, Gas*. − *DF* 1 (1913), 108; *HWPh* 1 (1970), 980−984; *LM* 2 (1983), 1712−1714. Zur griechischen Kosmogonie: L. A. Cordo: *Cháos* (Idstein 1989); R. Mondi *HSCPh* 92 (1989), 1−41; R. Hülsewiesche *AB* 35 (1992), 274−280.

Chaot *m. erw. grupp.* ´Unruhestifter´ (< 20. Jh.). In den Unruhen der 60er Jahre rückgebildet aus *chaotisch.* Tendenziöse Bezeichnung nicht-argumentierender Gegner der Gesellschaft.

S. *Chaos.* − D. Busse *SLWU* 58 (1986), 61−63; ders. in *Sprache zwischen Militär und Frieden.* Hrsg. A. Burkhardt (Tübingen 1989), 93−121; *Brisante Wörter* (1989), 97−100; A. Drews *kultuRRevolution* 21 (1989), 38−41.

Charakter *m.* ´wesentliche Eigenschaft´ (< *13. Jh., Bedeutung < 17. Jh.). Entlehnt aus frz. *caractère,* dieses aus l. *c(h)aractēr,* aus gr. *charaktḗr,* einer Ableitung von gr. *charássein* ´einritzen, prägen´, also eigentlich ´Prägung´. Das Wort hat bereits im Griechischen neben der konkreten Bedeutung die moralische Bedeutung ´Haupteigenschaft´, dann auch ´Unterscheidungsmerkmal´. Von den lateinischen christlichen Schriftstellern vor allem in der Bedeutung ´Zeichen´ aufgenommen und weitergegeben; so auch im Französischen und Deutschen. Noch bei Kant ist *Charakter* ein symbolhaftes Zeichen für einen sprachlich schwer zu fassenden Zusammenhang; daneben gilt das Wort für ´Stand, Rang´ (vgl. *seines Zeichens ein …,* nach französischem Vorbild). Der heute hervortretende sittliche und psychologische Sinn des Wortes ist geprägt durch den französischen Moralisten La Bruyère, der auf die griechische Bedeutung (Theophrast) zurückgreift (´ethische Wesenszüge´). Adjektiv: ***charakteristisch***; Verb: ***charakterisieren***.

DF 1 (f1913), 109 f.; Ganz (1957), 51; *HWPh* 1 (1970), 984−992.

Charge *f. per. fach.* ´Amt, Rang, Dienstgrad´ (< 17. Jh.). Entlehnt aus frz. *charge* ´Last, Amt´, einem Nomen acti zu frz. *charger* ´beladen´, aus spl. *carricāre,* einer Ableitung von l. *carrus m.* ´Wagen´. Nach der Auffassung, daß die dienstliche Position als etwas zu verstehen ist, das dem Menschen ´aufgebürdet´ wird.

Zu weiteren Verwandten s. *Karren.* − *DF* 1 (1913), 110.

Charisma *n. erw. fremd.* ´besondere Ausstrahlung´ (< 20. Jh.). Entlehnt aus spl. *charisma* ´Geschenk, Gnadengabe´, dieses aus ntl.-gr. *chárisma* ´Geschenk, (göttliche) Gnadengabe´, zu gr. *charízesthai* ´schenken´, zu gr. *cháris f.* ´Gunst, Huld, Gnade, Freude, Anmut, Liebreiz´, zu gr. *chaírein* ´Freude haben, liebhaben´. Die heutige Bedeutung geht von dem christlichen griechischen Begriff aus, der ´Amtsgnade, die durch Handauflegen vermittelt wird´ bedeutet, daneben aber auch ´besondere Gnadengaben´. Die moderne Verwendung nach dem Religionssoziologen M. Weber, der unter *Charisma* die Begnadung bestimmter Persönlichkeiten mit besonderen, außeralltäglichen Fähigkeiten (in den Augen einer verehrenden Gemeinde und Anhängerschaft) versteht (dann übertragen auf Politik usw.).

HWPh 1 (1970), 996−999; U. Brockhaus: *Charisma und Amt* (Wuppertal 1972); A. M. Ritter: *Charisma im Ver-*

ständnis des Joannes Chrysostomos und seiner Zeit (Göttingen o.J. 1972); J. Bensman, M. Givant *Social Research* 42 (1975), 570−614; J. R. McRay *Studia Patristica* 12 (1975), 232−237; *LM* 2 (1983), 1719−1723; N. Baumert *Theologie und Philosophie* 63 (1988), 60−78.

Charivari *n. arch. obd. wmd.* ´Katzenmusik; bayrischer Trachtenanhänger´ (< 18. Jh.). Entlehnt aus frz. *charivari m. (faire du charivari)* ´Katzenmusik, ohrenbetäubender Lärm´. Der Brauch, gesellschaftliche Mißbilligung durch nächtlichen Lärm vor dem Haus des Betreffenden zum Ausdruck zu bringen, stammt offenbar aus den romanischen Ländern − in späterer Zeit ist der Anlaß meistens, daß ein Witwer oder eine Witwe zum zweiten Mal heiratet. Sowohl die Herkunft des Wortes wie auch die Geschichte des Brauchs sind umstritten. Vielleicht aus einer Entsprechung zu prov. *varai* ´Radau´ und einer Entsprechung zu frz. *charger* ´anklagen´, also ´Radau-Anklage´. − Die bayrischen Anhänger (meist an der Uhrkette) sind wohl als ´Durcheinander´ (oder als ´Geklapper´) mit dem gleichen Wort benannt.

Zu verschiedenen Thesen s.: Gamillscheg (1969), 213 f.; *DEO* (1982), 209 f.; Röhrich 1 (1991), 290−292.

Charme *m. erw. fremd.* ´Anmut´ (< 18. Jh.). Entlehnt aus frz. *charme,* einer Ableitung von frz. *charmer* ´bezaubern´, das zurückgeht auf l. *carmen n.* ´Gesang, Spruch, Zauberformel´ (vgl. ***bezaubernd***); dieses mit Dissimilierung des *n* aus l. **canmen,* zu l. *canere (cantum)* ´singen´. Adjektiv: ***charmant***; Täterbezeichnung: ***Charmeur***.

Zur Sippe des zugrundeliegenden l. *canere* ´singen´ s. *Chanson.* − Dumonceaux (1975); Jones (1976), 202 f.; *DF* 4 (1978), 68−70; Brunt (1983), 190. Zu l. *carmen*: *BlW* 3 (1988), 261−271.

chartern *swV. erw. fach.* ´mieten´ (< 19. Jh.). Entlehnt aus ne. *charter,* einer Ableitung von ne. *charter* ´Urkunde, Freibrief´, dieses aus afrz. *chartre,* aus l. *chartula* ´kleines Schriftstück´, einem Diminutivum zu l. *charta* ´Papier, Schriftstück´. Benennungsmotiv ist demnach das Verbriefen des zeitlich beschränkten Nutzungsrechts. Für die weitere Verwandtschaft s. *Karte.*

Rey-Debove/Gagnon (1988), 131 f.; Carstensen 1 (1993), 226−229.

Chassis *n. per. fach.* ´Fahrgestell´ (< 19. Jh.). Entlehnt aus frz. *châssis,* zu frz. *châsse* ´Kästchen, Fassung, Gestell´, aus l. *capsa* ´Kasten, Kapsel´. S. *Kapsel*; zur Sippe des zugrundeliegenden l. *capere* ´fangen´ s. *kapieren.*

Chauffeur *m.* ´Fahrer´ (< 20. Jh.). Entlehnt aus frz. *chauffeur,* eigentlich ´Heizer´, einem Nomen agentis zu frz. *chauffer* ´warm machen´, aus l. *calefacere (-factum).* Das Wort bezeichnet also ursprünglich den Lokomotiv-Führer (der zugleich Heizer war); dann übertragen auf das Kraftfahrzeug. Verb: ***chauffieren***. S. *Kalorie* und *infizieren.*

Chaussee *f. obs.* ´Landstraße´ (< 18. Jh.). Entlehnt aus frz. *chaussée*, aus gallo-rom. *(via) calciāta* ´geschotterte Straße´, zu l. *calx (-lcis) f./(m.)* ´Stein, Kalkstein´. Es handelt sich ursprünglich um eine Bezeichnung für Landstraßen in Frankreich, die durch Beschotterung erhöht und befestigt waren.

S. *kalkulieren.* − *DF* 1 (1913), 110.

Chauvinismus *m. erw. fach.* ´exzessiver Nationalismus; fehlgeleitetes, übersteigertes Männlichkeitsverständnis´ (< 19. Jh.). Zunächst entlehnt aus frz. *chauvinisme* ´fanatische Vaterlandsliebe´, das wohl auf einen Eigennamen *Chauvin* zurückgeht (eine Figur in dem französischen Lustspiel *La cocarde tricolore* [1831] der Brüder Cogniard, in dem der übertriebene Patriotismus karikiert wird). Im angelsächsischen Bereich ist *chauvinism* nicht auf ´Vaterlandsliebe´ beschränkt, sondern auf verschiedene übersteigerte Haltungen anwendbar. Deshalb im Rahmen der Frauenbewegung ne. *male chauvinism* ´übersteigerte Vorstellung von der Stellung des Mannes´; daraus gekürzt **Chauvi** ´Mann mit solchen Vorstellungen´, das in neuester Zeit auch ins Deutsche entlehnt wurde.

DF 1 (1913), 110 f.; W. Seibicke *SD* 23 (1979), 65−68; *Brisante Wörter* (1989), 100−112.

checken *sw V. per. fach.* ´nachprüfen, kontrollieren´ (< 20. Jh.). Entlehnt aus ne. *check* gleicher Bedeutung. Das Wort ist vor allem für Kontrollen im Luftfahrbereich üblich; in der Jugendsprache auch für ´verstehen´ (hier häufig mit Anlaut *sch-* gesprochen und teilweise auch geschrieben).

Das englische Wort aus afrz. *eschaquier, eschecquier,* das vor allem ´Schach spielen, im Schach bedrohen´ bedeutet. Dies scheint aber aus einer Grundbedeutung ´Beute machen, Figuren gewinnen´ herzuleiten zu sein (s. *Schach*), und die ursprünglichere Bedeutung ist offenbar auch zu ´Steuer einnehmen´ u. dgl. geworden (vgl. afrz. *eschequier* ´Staatsschatz, Parlament´, ne. *Chancellor of the Exchequer* ´Finanzminister´). Daraus *to check* ´kontrollieren, abhaken´ (nämlich die Einnahmen). − *DEO* (1982), 252; Rey-Debove/Gagnon (1988), 133; Röhrich 1 (1991), 292; Carstensen 1 (1993), 232−234.

Chef *m.* ´Vorgesetzter´ (< 17. Jh.). Entlehnt aus frz. *chef,* dieses aus l. *caput n.* ´Haupt, führende Person´.

Von l. *caput* ´Haupt´ kommen als volkssprachliche Fortsetzer des Wortes selbst *Chef* (frz.), *Kap* (it.), *Kapo* (it.) und zusammengerückt *Dakapo* (it.); von Ableitungen: *Kapital* (it.), *Kapitel* (l.) mit *kapitulieren* (frz.) und *Kapitell* (l.), *Kapitän* (frz.), *Kappes* (l.), *Kadett* (frz.), *Kappzaum* (it.), *Capriccio* (it.) und *Kaprice* (frz.), *Korporal* (frz.); ein altes Kompositum liegt in *Bizeps* vor und vielleicht hat das Wort bei der Lautgestalt von *Kabeljau* eine Rolle gespielt. Zur germanischen Verwandtschaft s. *Haupt.* − Schirmer (1911), 39; *DF* 1 (1913), 111; Jones (1976), 204; Brunt (1983), 191 f. Zu l. *caput: BlW* 3 (1988), 233−248.

Chemie *f. erw. fach.* ´Wissenschaft von der Zusammensetzung der Stoffe´ (< 17. Jh.). Sachlich ist die Chemie aus der Alchemie, der Goldmacherkunst, hervorgegangen. Das Wort ist wohl aus dem älteren *Alchemie* vereinfacht unter Einfluß des zugrundeliegenden gr. *chymeía, chēmeía* ´Beschäftigung mit der Metallumwandlung´. Die Einzelheiten der Wortgeschichte sind umstritten. Die zunächst übliche Schreibung ist *Chymie,* die dann nach 1800 durch *Chemie* verdrängt wird. Adjektiv: **chemisch**; Täterbezeichnung: **Chemiker**, Konkretum: **Chemikalie**. Als Vorderglied moderner Bildungen wird **Chemo-** gebraucht (das kein antikes Vorbild hat).

DF 1 (1913), 111; Diels (1920), 121−154; Lippmann (1970), Kapitel III; F. Piselli: *Nota sulla chēmeía* (Bergamo 1972); *LM* 2 (1983), 1791 f.

Chemisette *f. arch.* ´gestärkte Hemdbrust´ (< 18. Jh.). Entlehnt aus frz. *chemisette,* einem Diminutivum zu frz. *chemise* ´Hemd´, dieses aus l. *camīsia* ´Hemd, Überwurf´.

S. *Kamisol.* − *DF* 1 (1913), 111.

-chen *Suffix* zur Bildung von Diminutiven. Ältere Form *-ichen,* ndd. *-iken.* Im Mittelhochdeutschen dafür noch *-(e)līn; -ikīn* nur in Nachahmungen niederdeutscher/niederländischer Sprechweise. Erst nach Luther setzt sich die nördliche Form *-chen* gegen das südliche *-lein* durch. Entstanden ist das Suffix durch eine *-īn*-Erweiterung eines alten *k*-Suffixes (das am ehesten auf ig. **k* beruht, mit unregelmäßiger Lautvertretung durch Verallgemeinerung von Sonderentwicklungen, etwa in der Stellung nach *s*).

E. Seebold in *Dialektologie.* Hrsg. W. Besch u. a. Berlin 2 (1983), 1250−1255; *Wortbildung* 2 (1975), 124, 317.

Chicorée *m./f. erw. fach.* (< 19. Jh.). Entlehnt aus frz. *chicorée f.,* dieses aus ml. *cicorea f.,* aus l. *cichōrium n., cichōreum n.* ´eßbare Sprosse der Salat-Zichorie´, aus gr. *kíchora n. Pl., kichórē f., kichórion n.* ´Wegwarte, Endivie´. S. *Zichorie.*

Chiffon *m. per. fach.* (ein feines Seidengewebe) (< 19. Jh.). Entlehnt aus frz. *chiffon* in der älteren Bedeutung ´dünner, durchsichtiger Stoff´ (jünger: ´Lumpen, durchsichtiges Gewebe´), einem Diminutivum zu frz. *chiffe* ´leichter Stoff von schlechter Beschaffenheit, Papierlappen´, das auf arab. *šiff* ´leichtes, durchsichtiges Gewand´ zurückgeht.

Lokotsch (1975), 150.

Chiffre *f. erw. fach.* ´Geheimkode´ (< 17. Jh.). Entlehnt aus frz. *chiffre m.* ´Ziffer, Zahl, Geheimschrift´, dieses aus afrz. *cifre* ´Null, Ziffer´, über das Mittellateinische aus arab. *ṣifr* ´Null, Ziffer (s. *Ziffer*). Die Bedeutungsentwicklung zu ´Geheimschrift´ nach der Verwendung von Ziffern in Geheimschriften. Verb: **(de)chiffrieren**.

DF 1 (1913), 111 f.; Littmann (1924), 77; W. Taylor *LSE* 2 (1933), 67−71; Jones (1976), 206; Brunt (1983), 193 f.; *HWPh* 1 (1970), 1001.

Chili *m. erw. fach.* ´Schote des Cayenne-Pfeffers, daraus hergestellte Würzsoße´ (< 20. Jh.). Über das Spanische (und Englische?) entlehnt aus Nahuatl *chilli* gleicher Bedeutung.

Chimäre *f.* s. *Schimäre.*

Chip *m. per. fach.* ´Halbleiter-Element mit elektronischen Schaltungen´ (< 20. Jh.). Entlehnt aus ne. *chip,* eigentlich ´Splitter, Span´, wohl zu einem lautmalenden Verb *to chip* ´splittern, abbrechen´. Das Wort bedeutet dann ´Spielmarke´ und schließlich ´Wertmarke, mit der Geräte in Gang gesetzt werden können´ − daraus dann die entlehnte Bedeutung.

Carstensen 1 (1993), 239 f.

Chirurg *m. erw. fach.* (< *15., Form < 16. Jh.). Entlehnt aus l. *chīrūrgus,* dieses aus gr. *cheirourgós,* zu gr. *cheír f.* ´Hand´ und gr. *érgon n.* ´Tätigkeit´ (s. *Energie*), zunächst in lateinischer Form, dann endungslos. So benannt, weil er durch die Geschicklichkeit der Hände heilt, im Gegensatz etwa zum Verabreichen von Medikamenten. Der *Chirurg* galt bis ins 19. Jh. als ´Handwerker´ im Gegensatz zum akademischen Arzt. Adjektiv: **chirurgisch**; Abstraktum: **Chirurgie**.

DF 1 (1913), 113; D. Rössler in *Typenbegriffe* 3 (1981), 203, 235, 243 f.; *RGA* 4 (1981), 462−476; *LM* 2 (1983), 1845−1859.

Chlor *n. erw. fach.* (ein gelbgrünes Gas) (< 19. Jh.). Neubildung zu gr. *chlōrós* ´gelblichgrün´. Zunächst von dem englischen Chemiker Davy *chlorine* genannt, dann im Französischen zu *chlore* gekürzt, daraus das deutsche Wort. Zur germanischen Verwandtschaft s. *gelb.* S. *Chlorophyll.*

Chlorophyll *n. per. fach.* ´Farbstoff der Pflanzen´ (< 19. Jh.). Neoklassische Bildung durch französische Biologen im 19. Jh. zu gr. *chlōrós* ´gelblichgrün´ (s. *Chlor*) und gr. *phýllon* ´Blatt´.

Cholera *f. erw. fach.* ´Brechruhr´ (< 10. Jh.). Mhd. *colera,* ahd. *koloro* ist entlehnt aus ml. *cholera,* das auf gr. *choléra* ´Gallensucht´ zurückgeht. Dieses zu gr. *cholḗ* ´Galle´. Die Verschiebung in der Bedeutung beruht darauf, daß Gallenleiden (vgl. Gallenbrechruhr) ähnliche Symptome haben können wie die Brechruhr.

S. *Koller, Choleriker, Melancholie.* − DF 1 (1913), 113.

Choleriker *m. erw. fach.* ´jähzorniger Mensch´ (< 15. Jh.). Zunächst als Adjektiv **cholerisch** entlehnt aus ml. *cholericus*; dieses aus gr. *cholerikós.* Gemeint ist eines der vier Temperamente (s. *Melancholie, phlegmatisch, sanguinisch*), und zwar das, das als von der Galle (gr. *cholḗ f.*) her bestimmt galt. S. *Cholera, Koller, Melancholie.*

Chor *m.* ´Sängergruppe´ (< 9. Jh.). Im Althochdeutschen (ahd. *chōr,* mhd. *kōr*) entlehnt aus l. *chorus* ´(auch:) Tanz´, dieses aus gr. *chorós.* In der griechischen Antike Bezeichnung für den Tanzplatz und eine Gruppe von Tänzern, dann ´Kultgesang bzw. Kulttanz für die Gottheiten´. Ausgehend von der Bedeutung ´Sänger (Pl.)´ in der christlichen Kirche der ´Platz der Sänger vor dem Altar´, dann Erweiterung auf den ´Bereich der Kirche, den Geistlichen vorbehalten war´ (vgl. **Chorgestühl**). − Der **Choral** ist ein ´Chorgesang´: kirchen-l. *cantus choralis.* − Bei der **Choreographie** handelt es sich um das (Vor-)Schreiben der Tanzbewegungen − hier wird also auf die alte, vorliturgische Bedeutung zurückgegriffen (formal zu gr. *choreíos* ´zum Tanz gehörig´).

DF 1 (1913), 113; *LM* 2 (1983), 1877−1880.

Chrisam *n./m. per. fach.* ´geweihtes kirchliches Salböl, Salbung, Ölung´ (< 8. Jh.). Im Althochdeutschen (ahd. *chrismo* ´Salbung, Ölung´, mhd. *krisem(e), kresem(e), krisme, kresme m.*) entlehnt aus ml. *chrisma,* zu spl. *chrīsma n.* ´Salbung, Ölung´, dieses aus gr. *chrîsma, chrîma n.* ´Salböl´.

S. *Christ*[1]. − Röhrich 1 (1991), 292.

Christ[1] *m.* (Christus) (< 8. Jh.). Im Althochdeutschen (ahd. *Kris[t]* u. a., mhd. *Krist*) entlehnt aus l. *Chrīstus,* dieses aus gr. *Chrīstós* (eigentlich ´Gesalbter´ zu gr. *chríein* ´salben, bestreichen´), einer Lehnübersetzung von hebr. *māšîᵃḥ* ´Messias´. Der Beiname ist dann zum Eigennamen geworden.

S. *Creme, Chrisam, Christ*[2]*, Christbaum, Kretin.* − *RGA* (1981), 599−604.

Christ[2] *m.* ´Angehöriger einer christlichen Glaubensgemeinschaft´ (< 16. Jh.). Substantivierung von mhd. *kristen* ´christlich´, dieses aus ahd. *kristāni,* aus l. *chrīstiānus,* eigentlich ´zu Christus gehörig, Anhänger Christi´ (s. *Christ*[1]). Die alte Form bleibt in **Christenheit** usw. Adjektiv: **christlich**.

S. *Christ*[1]*.* − W. Kettler in: *FS St. Sonderegger* (Bayreuth 1978), 63−85; *RGA* 4 (1981), 501−599 (*Christentum*); Röhrich 1 (1991), 292 f.

Christbaum *m. reg.* ´Weihnachtsbaum´ (< 18. Jh.). Der zu Ehren der Geburt Christi aufgestellte und geschmückte Tannenbaum (vorwiegend oberdeutsch). Die Sitte beginnt mit dem Aufstecken von Tannenzweigen als Segenserwartung (bezeugt seit dem 15. Jh.). Kerzenschmuck seit dem 17. Jh. Allgemeine Verbreitung des Christbaums seit dem 19. Jh.

Röhrich 1 (1991), 293.

Chrom *n. erw. fach.* (chemisches Element) (< 18. Jh.). Bei der Untersuchung des sibirischen roten Bleispats fand der deutsche Chemiker M. H. Klaproth 1797 heraus, daß er ein noch unbekanntes Metall enthalten müsse. Nachgewiesen wurde dies im Jahr darauf durch den französischen Chemiker N. L. Vauquelin, der den Stoff wegen der Farbenvielfalt seiner Verbindungen frz. *chrome m.* nannte (nach gr. *chrôma* ´Farbe (u. a.)´. Die Benennung wurde praktisch gleichzeitig überall akzeptiert. Zum Grundwort s. auch *chromatisch, Chromosom.*

[Herangezogen wurde die Magisterarbeit von M. Mathes].

chromatisch *Adj. per. fach.* ´in Halbtönen fortschreitend´ (Musik) (< 18. Jh.). Übernahme von gr. *chrōmatikós* ´gefärbt´, einer Ableitung von gr. *chrōma* ´Farbe´. Die Erhöhung bzw. Erniedrigung um einen halben Ton wird mit der Abtönung von Farben verglichen. Zum Grundwort s. *Chrom, Chromosom.*

Zu *Chroma: LM* 2 (1983), 1950–1952.

Chromosom *n.*, meist *Pl., per. fach.* ´Träger der Erbfaktoren´ (< 20. Jh.). Neubildung des 20. Jhs. aus gr. *chrōma n.* ´Farbe´ und gr. *sōma n.* ´Körper´, also eigentlich ´Farbkörper´. So benannt, weil die Zellfäden, um die es dabei geht, durch Färbung sichtbar gemacht werden können. S. *chromatisch, Chrom.*

Chronik *f. erw. fach.* ´Geschichtsbuch´ (< 13. Jh.). Mhd. *krōnik[e]* ist entlehnt aus l. *chronica* ´Geschichtsbuch´, dieses substantiviert aus gr. *chronikós* ´die Zeit betreffend´, zu gr. *chrónos m.* ´Zeitdauer, Zeitverlauf, Zeit´. Täterbezeichnung: *Chronist*, Adjektiv (mit abweichender Bedeutung) *chronisch.*

Zu gr. *chrónos* ´Zeit´ sind an sich *synchron* und *diachron* exozentrische Komposita (doch handelt es sich um moderne Bildungen, wenn auch gr. *sygchronos* ´gleichzeitig´ existiert); mit der Kompositionsform sind gebildet *Chronologie* und *Chronometer;* zu einer griechischen Adjektivbildung *Chronik* und (über das Lateinische) *chronisch;* formal zu einem abgeleiteten Verbum: *Anachronismus.* – *DF* 1 (1913), 114; *LM* 2 (1983), 1954–2028.

chronisch *Adj. erw. fach.* ´andauernd, ständig (von Krankheiten)´ (< 18. Jh.). Entlehnt aus l. *(morbus) chronicus* ´anhaltende Krankheit´, eine Bezeichnung, die langwierige Krankheiten von akuten Krankheiten unterscheidet (aus gr. *chronikós* ´die Zeit betreffend´ zu gr. *chrónos* ´Zeit´).

S. *Chronik.* – *DF* 1 (1913), 114.

Chronologie *m. per. fach.* ´Zeitfolge´ (< 16. Jh.). Neubildung aus gr. *chrónos* ´Zeit´ und dem Element *-logie.*

S. *Chronik* und *-logie.* – *DF* 1 (1913), 114; *LM* 2 (1983), 2035–2048.

Chronometer *n. per. fach.* ´genau gehende Uhr´ (< 18. Jh.). Neubildung (im englischen Bereich) aus gr. *chrónos* ´Zeit´ und gr. *métron* ´Meßgerät´.

S. *Chronik* und *Meter.* – *DF* 1 (1913), 114 f.

Chrysantheme *f. per. fach.* ´Winteraster´ (< 20. Jh.). Entlehnt aus l. *chrȳsanthemon n.*, dieses aus gr. *chrysánthemon n.* ´Goldblume´, zu gr. *chrȳsós n.* ´Gold´ und gr. *ánthemon n.* ´Blume´, zu gr. *ánthos n.* ´Blume, Blüte´. Bezeichnet wurde offenbar zunächst eine gelbblühende Art. S. *Anthologie* und *Antilope.*

Chuzpe *f. per. fremd.* ´Dreistigkeit´ (< 20. Jh.). Erst in diesem Jahrhundert bezeugt, aber wohl schon früher aus wjidd. *chutzpe* entlehnt. Dieses aus hebr. *ḥuṣpā(h)* ´Frechheit´.

Röhrich 1 (1991), 294.

City *f. erw. fach.* ´Zentrum einer großen Stadt´ (< 19. Jh.). Entlehnt aus ne. *city* ´Großstadt´, dieses aus afrz. *cité* ´Stadt´, aus l. *cīvitās* ´Stadt, Bürgerschaft´, einer Ableitung von l. *cīvis* ´Bürger´. Die im Deutschen übliche Bedeutung ´(modernes) Stadtzentrum´ nach ne. *city center.*

Zur Sippe des zugrundeliegenden l. *cīvis* ´Bürger´ s. *zivil.* – Schirmer (1911), 40; Ganz (1957), 52; Carstensen 1 (1993), 245 f.

Clan *m. erw. exot.* ´Sippschaft´ (< 18. Jh.). Über das Englische entlehnt aus ir. *clann,* schott.-gäl. *clann* ´Kinder, Sippe, Familienverband´, das lautlich kymr. *plant* ´Kinder´ entspricht. Herkunft unklar, Entlehnung aus l. *planta f.* ´Gewächs, Sprößling´ kaum wahrscheinlich.

Ganz (1957), 52; *LM* 2 (1983), 2120 f.; Rey-Debove/Gagnon (1988), 146; Carstensen 1 (1993), 247–249.

Claqueur *m. arch.* ´jmd., der gegen Entlohnung Beifall klatscht´ (< 19. Jh.). Entlehnt aus frz. *claqueur,* einer Ableitung von frz. *claquer* ´klatschen´, eigentlich ´knallen, klappern´, dieses eine Vermengung aus frz. *cliquer* ´lärmen´ (s. *Clique*) und mfrz. *claper* ´lärmen´, das wohl lautnachahmenden Ursprungs ist. Eine ganze Gruppe solcher Leute wurde *Claque* genannt; heute allenfalls noch übertragen gebraucht.

DF 1 (1913), 115 f.

Clavicembalo *n.* s. *Cembalo.*

clever *Adj. erw. fremd.* ´raffiniert´ (< 20. Jh.). Entlehnt aus ne. *clever* ´gescheit´, dessen weitere Herkunft nicht sicher geklärt ist. Die Bedeutungsveränderung von ´klug, gescheit´ zu ´wendig, gerissen´ ergibt sich daraus, daß das Wort im Deutschen zunächst nur zur Bezeichnung bestimmter Geschäftspraktiken in Wirtschaft und Handel verwendet wurde.

Carstensen 1 (1993), 251–253.

Clinch *m. per. fach.* ´Umklammerung, Nahkampf´ (< 20. Jh.). In der Sprache der Boxer entlehnt aus ne. *clinch,* einer Ableitung von e. *clinch* ´umklammern´, einer Nebenform von e. *clench,* dieses aus ae. *clencan.* Heute wird vor allem *im Clinch* vielfach übertragen verwendet.

Carstensen 1 (1993), 255.

Clip *m. erw. fach.* ´Ohrgehänge´ (< 20. Jh.). Entlehnt in der Sprache der Mode aus ne. *clip,* das zu dem Verb ne. *to clip* ´festklemmen´ gehört.

Rey-Debove/Gagnon (1988), 149; Carstensen 1 (1993), 255 f.

Clipper *m.* s. *Klipper.*

Clique *f. erw. fremd.* ´Gruppe´ (< 18. Jh.). Entlehnt aus frz. *clique,* einer Ableitung von afrz. *cli-*

quer, clinquer 'lärmen, klingen', das wohl auf eine Vermengung von ndl. *klinken* 'schallend schlagen' und ndl. *klikken* 'petzen, schwatzen' zurückgeht. Das Benennungsmotiv ist wohl 'lärmende Zustimmung, laute Unterhaltung', was bei solchen Gruppen für den Außenstehenden ein auffälliges Merkmal ist. Das Wort wird zunächst ins Deutsche übernommen als Spottwort für Gruppen literarischer Anhänger und Bewunderer; dann für wirtschaftliche und politische Gruppierungen (wobei das Wort einen ziemlich negativen Beiklang bekommt, vgl. **Cliquenwirtschaft**). Heute auch als Selbstbezeichnung harmloser Gruppierungen möglich.

DF 1 (1913), 116.

Clou *m. erw. fremd.* 'Glanzpunkt' (< 20. Jh.). Entlehnt aus frz. *clou* 'Nagel, Höhepunkt', dieses aus l. *clāvus* 'Nagel'. Zu dem umgangssprachlichen Bedeutungsübergang vgl. in der modernen Umgangssprache *das ist der Hammer*; oder *Schlager* oder *den Nagel auf den Kopf treffen*. Das wirkungsvolle Einschlagen des Nagels dient als Bild für den krönenden Abschluß, die Hauptsache usw.

Clown *m.* 'Spaßmacher' (< 19. Jh.). Entlehnt aus ne. *clown*. Es liegt ein Wort zugrunde, das 'Bauer; plumper Bursche' bedeutete (l. *colōnus* 'Bauer'). Im englischen Schauspiel zunächst der Tölpel, dann Entwicklung zur Bezeichnung von Spaßmachern im Zirkus; in Deutschland durch Shakespeares Komödien bekannt geworden.

Zur Sippe des zugrundeliegenden l. *colere* 'bebauen' s. *Kolonie*. − *DF* 1 (1913), 116; Ganz (1957), 115; Rey-Debove/Gagnon (1988), 151 f.; Carstensen 1 (1993), 259 f.

Coach *m. per. fach.* 'Trainer' (< 20. Jh.). Entlehnt aus ne. *coach*. Ursprünglich vom Trainieren junger Pferde gesagt (ne. *to coach*): 'vor den Wagen (ne. *coach*) spannen und ins Wagenfahren einführen'.

Zur deutschen Verwandtschaft s. *Kutsche*. J. P. Maher *CoE* 10 (1980), 2 f.; Carstensen 1 (1993), 263.

Cockpit *n. per. fach.* 'Raum des Piloten' (< 20. Jh.). Entlehnt aus ne. *cockpit*, einer Zusammensetzung aus e. *cock* 'Hahn' und e. *pit* 'Grube'. Aus der ursprünglichen Bedeutung 'Grube für Hahnenkämpfe' entwickeln sich im Englischen übertragene Bedeutungen, so auch 'Raum junger Marineoffiziere'. Aus dem nautischen Bereich dann Übertragung auf Flugzeuge usw. Zum Vorderglied s. auch *Cocktail*, zur germanischen Verwandtschaft des Hintergliedes s. *Pfütze*.

Rey-Debove/Gagnon (1988), 159 f.; Carstensen 1 (1993), 267 f.

Cocktail *m. erw. fach.* 'alkoholisches Mischgetränk' (< 20. Jh.). Entlehnt aus ne. *cocktail*, einer Zusammensetzung aus e. *cock* 'Hahn' und e. *tail* 'Schwanz'. Das Benennungsmotiv ist trotz einiger phantasievoller Ansätze nicht sicher geklärt. Das

Wort ist wohl zunächst Bezeichnung eines bestimmten (Misch-)Getränks, dann Bezeichnung einer Gruppe von Mischgetränken und schließlich dann allgemeine Bezeichnung für 'etwas Gemischtes'. Plausibel erscheint die Deutung, daß man das Getränk nach den *cocktails* benannte, das sind Pferde, die diese Bezeichnung wegen ihrer gestutzten und hochgebundenen Schweife erhielten ('Hahnenschwanz'). Es handelte sich dabei grundsätzlich um nicht reinrassige Pferde. Der Vergleich des nicht ganz reinen (d. h. nicht rein alkoholischen) Getränks mit dem nicht ganz reinen Blut der Pferde würde ein einsichtiges Benennungsmotiv bieten. Zum Vorderglied s. auch *Cockpit*, zur germanischen Verwandtschaft des Hintergliedes s. *Zagel*.

G. M. Messing in: *FS A. A. Hill* 3 (1978), 147−153; Rey-Debove/Gagnon (1988), 160 f.; Carstensen 1 (1993), 269−272.

Coiffeur *m. per. schwz.* 'Frisör' (< 19. Jh.). Entlehnt aus frz. *coiffeur* gleicher Bedeutung. Dieses zu frz. *coiffe* f. 'Haube'. Vgl. *Frisör*.

Brunt (1983), 197 f.

Collage *f. per. fach.* 'Kunstwerk, das aus verschiedenen Teilen zusammengestellt ist' (< 20. Jh.). Entlehnt aus frz. *collage* m., einer Ableitung von frz. *coller* 'leimen, kleben', abgeleitet von frz. *colle* 'Leim', aus gr. *kólla*. Das Wort wird gebraucht seit etwa 1910 für die von G. Braque und P. Picasso geschaffenen kubistischen Bilder, in die Zeitungs-, Tapeten- und Wachstuchteile eingeklebt waren; dann Verallgemeinerung.

Brisante Wörter (1989), 588−592.

Colt *m. erw. fach.* 'Revolver' (< 19. Jh.). Entlehnt aus am.-e. *colt*, eigentlich ein spezieller Typ des Revolvers mit vereinfachtem Patronen-Transport, entwickelt von dem amerikanischen Industriellen S. Colt. Dann durch Bücher über den Wilden Westen und Westernfilme geläufig geworden.

Rey-Debove/Gagnon (1988), 164; Carstensen 1 (1993), 279 f.

Comeback *n. erw. fach.* 'Rückkehr in die alte Vorrangstellung' (< 20. Jh.). Entlehnt aus ne. *comeback*, einer Ableitung von e. *come back* 'zurückkommen'. Gemeint waren zunächst die (Welt-)Meister im Boxen, die − wenn sie ihren Titel einmal verloren hatten − ihn wieder zu erreichen suchten (aber: *they never come back*). Zur germanischen Verwandtschaft s. *kommen* und *Backbord*.

Rey-Debove/Gagnon (1988), 165; Carstensen 1 (1993), 280 f.

Comics *m. Pl. erw. fach.* (< 20. Jh.). Entlehnt und verkürzt aus am.-e. *comic strips*, eigentlich 'komische Streifen' (nach den ursprünglich eher witzigen Bildern). Die Verkürzung ist im Englischen nur umgangssprachlich. S. *komisch*.

W. Hofmann *Merkur* 23 (1969), 251−262; Rey-Debove/ Gagnon (1988), 165 f.; Carstensen 1 (1993), 282−284.

Computer *m.* (< 20. Jh.). Entlehnt aus ne. *computer*, einer Ableitung von e. *compute* 'berechnen', dieses aus frz. *computer*, aus l. *computāre* 'berechnen, zusammenrechnen, überschlagen', zu l. *putāre* 'rechnen, berechnen, putzen, reinigen' und l. *con-*, zu l. *putus* 'rein, gereinigt'. Die Übersetzung **Rechner** hat sich bis jetzt nur in Teilbereichen (auch **Taschenrechner**) durchgesetzt. Zur Sippe des zugrundeliegenden l. *putāre* 'schneiden − rechnen' s. *amputieren*.

Rey-Debove/Gagnon (1988), 171; Carstensen 1 (1993), 287−292.

Conférencier *m. per. fach.* 'Unterhalter' (< 20. Jh.). Entlehnt aus frz. *conférencier*, abgeleitet von frz. *conférence* 'Besprechung, Unterhaltung'. S. *Konferenz*, zur Sippe des zugrundeliegenden l. *ferre* 'tragen' s. *Differenz*.

Container *m. erw. fach.* 'normierter Großbehälter' (< 20. Jh.). Entlehnt aus ne. *container*, einer Ableitung von e. *contain* 'enthalten', aus frz. *contenir*, aus l. *continēre* 'umfassen', zu l. *tenēre* 'halten' und l. *con-*. Zur Sippe von l. *tenēre* 'halten' s. *Tenor*.

Rey-Debove/Gagnon (1988), 181 f.; Carstensen 1 (1993), 294−296.

Copyright *n. erw. fach.* 'Urheberrecht' (< 19. Jh.). Entlehnt aus ne. *copyright* 'Abdrucksrecht' zu ne. *copy* 'abdrucken, kopieren' und ne. *right* 'Recht'. Der in den Vereinigten Staaten beschlossenen Copyright-Vereinbarung hat sich Deutschland 1892 angeschlossen.

S. *Kopie*, zur Sippe des zugrundeliegenden l. *operārī* 'arbeiten' s. *operieren*, zum Hinterglied s. *Recht*. − Rey-Debove/Gagnon (1988), 188.

Couch *f. reg.* 'Sofa' (< 20. Jh.). Entlehnt aus ne. *Couch*, dieses aus afrz. *couche* 'Lager', einer Ableitung von afrz. *coucher* 'niederlegen', aus l. *collocāre* 'aufstellen, legen, setzen', aus l. *locāre* 'stellen, legen' und l. *con-*. Die älteren Wörter **Gautsche**, **Gutsche** 'Bett, Kinderbett' beruhen auf früherer Entlehnung aus dem Französischen. Zur Sippe des zugrundeliegenden l. *locus* 'Ort' s. *lokal*.

Carstensen 1 (1993), 308.

Coup *m. erw. fach.* '(gelungenes) riskantes Unternehmen' (< 18. Jh.). Entlehnt aus frz. *coup*, dieses über ml. *col(a)pus* 'Streich, Schlag' aus l. *colaphus* 'Faustschlag, Ohrfeige', aus gr. *kólaphos*. Die Bedeutungsübertragung wie bei *Schlag* und *Streich*.

Schirmer (1911), 40; *DF* 1 (1913), 119; Jones (1976), 249; Brunt (1983), 217.

Coupé *n. per. fach.* (ein Sportwagentyp u. a.) (< 19. Jh.). Entlehnt aus frz. *Coupé m.*, eigentlich 'abgeschnittener/abgeteilter Gegenstand', dem substantivierten PPrät. von frz. *couper* 'abschneiden'.

So bezeichnet wird im Französischen zunächst eine zweisitzige abgeschlossene Kutsche (wohl weil der Doppelsitz für sich abgeschlossen war gegenüber der üblichen viersitzigen Kutsche). Von da aus übertragen auf die Eisenbahnabteile der ersten Klasse, die ebenfalls nur eine Bank hatten. Diese Bezeichnung wurde dann im Eisenbahnwesen üblich, später aber von *Abteil* abgelöst (allerdings nicht in Österreich und der Schweiz). Schließlich (wieder von der Bezeichnung der Kutsche aus) übertragen auf einen zweisitzigen geschlossenen Sportwagen − in dieser Bedeutung als technischer Ausdruck heute noch üblich.

S. *Kupon, kupieren*. − *DF* 1 (1913), 119; Jones (1976), 250; Krüger (1979), 312 f.

Couplet *n. per. fach.* 'Liedchen mit gereimten Strophen' (< 18. Jh.). Entlehnt aus frz. *couplet m.* 'gereimte Strophe(n), Reimpaare', einem Diminutivum zu frz. *couple m.* 'Paar, Vereinigung', aus l. *cōpula f.* 'Vereinigung' (vgl. l. *cōpulāre* 'verbinden'). Aus 'Liedchen mit gereimten Strophen' entwickelt sich (u. a. in Berlin) 'Spottliedchen, Kabarett-Stück'. Zu weiteren Verwandten s. *Kopula*.

DF 1 (1913), 119 f.; *LM* 3 (1986), 314 f.

Courage *f. erw. fremd.* 'Mut, Beherztheit' (< 16. Jh.). Entlehnt aus frz. *courage m.*, einer Ableitung aus frz. *cœur m.* 'Herz', dieses aus l. *cor (cordis) n.* Zur Sippe von l. *cor* 'Herz' s. *Akkord*. − *DF* 1 (1913), 120 f.; Jones (1976), 251 f.; Röhrich 1 (1991), 295.

Cousin m. 'Vetter' (< 17. Jh.). Entlehnt aus frz. *cousin*, dieses aus l. *cōnsobrīnus* ('die Geschwisterkinder zueinander sind'), aus l. *sobrīnus* 'Geschwisterkind', einer Ableitung von l. *soror f.* 'Schwester'. Das Femininum hat sich in der eingedeutschten Form *Kusine* stärker durchgesetzt als das Maskulinum. Die französischen Verwandtschaftsbezeichnungen wurden aufgenommen, als die deutschen, stärker (zwischen Mutter- und Vaterseite) differenzierenden, Bezeichnungen aufgegeben wurden.

Zur germanischen Verwandtschaft s. *Schwester*. − *DF* 1 (1913), 121; Jones (1976), 261; Brunt (1983), 219 f.

Cowboy *m.* 'berittener Rinderhirt' (< 20. Jh.). Entlehnt aus am.-e. *cowboy*, einer Zusammensetzung aus e. *cow* 'Kuh' und e. *boy* 'Junge, Bursche'; durch Bücher und Filme über Amerika populär geworden. S. *Kuh* und *Bube*.

Rey-Debove/Gagnon (1988), 195 f.; Carstensen 1 (1993), 316−318.

Creme *f.*, auch eingedeutscht als **Krem** *m.* und *f.* (< 18. Jh.). Entlehnt aus frz. *crème*. Die älteste Bedeutung ist 'Süßspeise' und 'Sahne'; von dort übertragen 'Oberschicht der Gesellschaft' (hierfür häufig auch *crème de la crème*), weil auf Torten u. dgl. die Creme die Oberschicht darstellt. Die Bedeutung 'pflegende Salbe' im Deutschen erst seit dem 20. Jh.

Die Herkunft des französischen Wortes ist unklar, vielleicht stammt es aus einer Vermengung von gall. *krama* ʿSahneʾ und spl. *chrīsma n.* ʿSalbung, Ölungʾ, aus gr. *chrīsma n.*, einer Ableitung von gr. *chríein* ʿsalben, einreibenʾ. Zu diesem s. *Chrisam*. Anders Meier mit guten Gründen: zu l. *spumula* ʿSchaumʾ. − *DF* 1 (1913), 121; Brunt (1983), 221 f.; H. Meier *VR* 47 (1988), 14−18.

crescendo *Partikel per. fach.* ʿlauter werdend (musikalische Bezeichnung)ʾ (< 18. Jh.). Entlehnt aus it. *crescendo*, dem Gerundivum von it. *crescere* ʿwachsen, zunehmenʾ (aus l. *crēscere* ʿwachsenʾ − zu dessen Sippe s. *kreieren*).

Crew *f. per. fach.* ʿBesatzung, Teamʾ (< 19. Jh.). Entlehnt aus ne. *crew*, dieses aus afrz. *crue* ʿAnwachsen, Zuwachsʾ, dem substantivierten PPrät. von afrz. *croître* ʿwachsen, sich mehrenʾ, aus l. *crēscere* − zu dessen Sippe s. *kreieren*. Der Bedeutungswandel geht von ʿVerstärkungʾ zu ʿTruppenverstärkungʾ zu ʿTruppe, Mannschaftʾ. B. Carstensen *MS* 87 (1977), 302−313; Carstensen 1 (1993), 326−329.

Croupier *m. per. fach.* ʿAngestellter einer Spielbankʾ (< 18. Jh.). Entlehnt aus frz. *croupier*, einer Ableitung von frz. *croupe f.* ʿHinterteilʾ (s. *Kruppe*, zu den germanischen Entsprechungen s. *Kropf*). Zunächst Bezeichnung für eine Person, die hinter dem Reiter sitzt und mitreitet, dann verschiedene Übertragungen über die Bedeutungskomponenten ʿhelfenʾ und ʿprofitierenʾ. In der heutigen Bedeutung wohl aus ʿAssistent beim Spielʾ. *DF* 1 (1913), 121.

Cup *m. erw. fach.* ʿSiegespokalʾ (< 20. Jh.). Entlehnt aus ne. *cup* ʿTasse, Trinkgefäß, Pokalʾ, aus spl. *cuppa* (s. *Kopf*). Da solche Pokale besonders bei Wettkämpfen nach der Regel ʿSieger gegen Siegerʾ als Preis ausgesetzt wurden, bezeichnet das Wort auch solche Wettkämpfe. Carstensen 1 (1993), 333.

Curry *m. erw. fach.* (eine Gewürzmischung) (< 19. Jh.). Entlehnt aus ne. *curry(-powder)*, dieses aus anglo-i. *curry*, aus tamil. *kari* ʿSoße, Tunkeʾ. Littmann (1924), 123 f.; Rey-Debove/Gagnon (1988), 206.

D

da¹ *Adv. des Ortes.* (< 8. Jh.). Mhd. *dā(r)*, ahd. *dā(r)*, as. *thār* aus wg. **þēr Adv.* ʹda, dortʹ, auch in ae. *þēr*, afr. *thēr*. Von einer kurzvokalischen Form **þar* gehen dagegen aus gt. *þar*, anord. *þar* (die altfriesischen und altsächsischen Formen sind mehrdeutig). Lokativ-Bildung auf *-r* zu dem demonstrativen Pronominalstamm ig. **to-* mit verschiedenen Ablautformen (oder verschiedenen Vokalentwicklungen unter Sonderbedingungen wie dem Satztiefton). Das auslautende *r* schwindet in solchen unbetonten Wörtern seit mittelhochdeutscher Zeit; in Zusammenrückungen vor Vokal (wie *daran*, *darauf*) hat es sich gehalten und gilt dort als ʹHiattrennerʹ.

Nndl. *daar*, ne. *there*, nschw. *där*, nisl. *þar*. S. auch *dann*, *dannen*, *dar*, *dort*. − M. Moilanen: *Zum lokalen Gebrauch der Demonstrativadverbien da und dort* (Helsinki 1973); ders. in: *Die Partikeln der deutschen Sprache*. Hrsg. H. Weydt (Berlin 1979), 187−201.

da² *Adv. der Zeit, Konj.* (< 8. Jh.). Mhd. *dō*, ahd. *dō*, as. *thō*, entsprechend ae. *þā*. Entweder langvokalische Adverbialbildung zum demonstrativen Stamm ig. **to-* (wohl instrumental) oder ursprünglich Form des Akkusativs Singular femininum des demonstrativen Pronomens (Artikels), wobei ein Begriff wie ʹZeitʹ zu ergänzen wäre. Später auch kausal. Die Lautform würde dabei zwar dem gotischen Pronomen *(þo)*, nicht aber dem althochdeutschen/altsächsischen entsprechen. Die unregelmäßige Lautentwicklung im Deutschen durch Anschluß an *da*¹.

E. Arndt *BGDSL-H* 82 (1960), 242−260; R. Harweg *ZVS* 86 (1972), 137−154; 90 (1977), 290−314; Ch. Thim-Mabrey *SW* 7 (1982), 197−219.

da capo s. *dakapo.*

Dach *n.* (< 9. Jh.). Mhd. *dach*, ahd. *dah*, mndd. *dack*, *dahe* n./m., mndl. *dac*, *dec* aus g. **þaka- n.* ʹDachʹ, auch in anord. *þak*, ae. *þæc*; dieses aus ig. (eur.) **togo-*, auch in l. *toga f.* ʹDachʹ und ʹBedeckung, Togaʹ, kymr. *to m.* ʹDachʹ zu der Verbalwurzel ig. **teg-* ʹdeckenʹ in l. *tegō* ʹich deckeʹ, im Osten **steg-* in gr. *stégō* ʹich deckeʹ. Das ʹDachʹ ist also die ʹDeckeʹ. *Jemandem aufs Dach steigen* beruht auf einem Brauch der Volksjustiz, bei dem einem Missetäter das Dach seines Hauses abgedeckt wurde.

Nndl. *dak*, ne. *thatch*, nschw. *tak*, nisl. *þak*. S. *decken.* − *RGA* 5 (1984), 123−134; *LM* 3 (1986); 409−425; Röhrich 1 (1991), 296−299, R. Schmidt-Wiegand (1991), 293.

Dachhase *m.* s. *Böhnhase.*

Dachs *m.* (< 11. Jh.). Mhd. *dahs*, ahd. *dahs*, mndd. *das(se)*, mndl. *das* (as. in Ortsnamen *Thahs-*) aus g. **þahsu- m.* ʹDachsʹ, auch in nnorw. *svintoks* ʹSchweinedachsʹ, unklarer Herkunft. Das Wort ist offenbar ins Lateinische *(taxus)* und in die romanischen Sprachen entlehnt worden.

Nndl. *das*. − F. Sommer *IF* 31 (1913), 259−361; G. Burchardi *IF* 47 (1929), 103 f.; J. Vendryes *EG* 3 (1948), 133; J. Wiese *NJ* 88 (1965), 139; *RGA* 5 (1984), 134−137; *LM* 3 (1986), 427; Röhrich 1 (1991), 299; J. Bonner Bellquist *JIES* 21 (1993), 331−346.

Dachsbeil *m.*, **Dächsel** *m.* s. *Dechsel.*

Dachshund *m.* s. *Dackel.*

Dachstuhl *m. erw. fach.* (< 16. Jh.). Das Element *-stuhl* bedeutet bei technischen Bezeichnungen ʹGestellʹ, besonders ein solches, auf dem etwas anderes ruht. Hier: ʹGestell, auf dem die **Dachhaut** ruht, angebracht istʹ. Vgl. *Glockenstuhl*, *Webstuhl.*

Dachtel *f. arch.* ʹOhrfeigeʹ (< *15. Jh., Bedeutung 17. Jh.). Frühester Beleg im 15. Jh. in der Bedeutung ʹMurmelʹ; daneben *dachteln*, *dacheln*, *dakern*, *daksen* u.ä. swV. ʹeine Dachtel geben, prügeln, aufschlagen (vom Regen, vom Fallobst usw.), mit Murmeln spielen, mit einer Murmel eine andere treffen usw.ʹ. Eine expressive Sippe mit expressiven Abwandlungen; als Ausgangspunkt läßt sich (g.) **þak(k)-* ʹberührenʹ vermuten, das sich auch in ae. *þaccian* ʹberühren, streichelnʹ, as. *thakolon* ʹstreichelnʹ und außergermanisch in l. *tangere* ʹberührenʹ zeigt.

H.-G. Maak *ZDL* 42 (1975), 189−196. Als ʹDenkzettelʹ zu mhd. *dâht f.* ʹDenkenʹ nach G. Weitzenböck *ZM* 13 (1937), 26.

Dackel *m.* (< 18. Jh.). Spmhd. *dachshund* (15. Jh.) bezeichnet einen Hund, der zum Aufjagen von Fuchs und Dachs in ihrem Bau gebraucht wird. Für diese Hundesorte taucht im 18. Jh. ndd. *Teckel*, im 19. Jh. obd. *Dackel* auf. Dies ist offenbar eine hypokoristische Kurzform mit den für solche Formen typischen Lautveränderungen.

J. Wiese *NJ* 88 (1965), 139; Hiersche: *Wörterbuch D*(1990), 10 f.; N. Wagner *HS* 103 (1990), 281−285.

Daffke *Partikel phras. erw. städt.* in der Wendung *aus Daffke* ʹzum Trotzʹ (< 20. Jh.). Aus rotw. *dafko* ʹdurchaus, absolutʹ, dieses aus wjidd. *dafke(s)* ʹnun gerade, erst rechtʹ; dieses aus hebr. *dawqā(ʼ)* ʹnur so (und nicht anders), durchausʹ. Die deutsche Wendung beruht auf der Hypostasierung einer satzwertigen Partikel.

Röhrich 1 (1991), 300.

daheim *Adv.* (< *9. Jh., Form < 12. Jh.). Aus mhd. *dā heime*, ahd. *dār heime*, einer Verstärkung von älterem *heime* 'zu Hause'. Das Ortsadverb *da* tritt besonders mittelhochdeutsch gerne verstärkend vor Ortsbezeichnungen. Die Zusammenrückung seit dem 12. Jh.
Röhrich 1 (1991), 300 f.

dahlen *swV. arch.* 'einfältig reden, tändeln' (< 16. Jh.). Daneben auch fnhd. *tallen* und *talmen*. Vgl. bei Luther *ein tillens tellens und unnütz gepleuder*, sowie ne. *dally* 'tändeln' und *dilly-dally*. Eine alte lautnachahmende Sippe.
H. G. Maak *NPhM* 75 (1974), 377–385.

Dahlie *f. per. fach.* 'Georgine' (< 19. Jh.). Neubildung des 18. Jhs. nach dem Namen des schwedischen Botanikers *A. Dahl*. Älterer Name *Georgine* (nach dem Naturforscher *G. Georgi*).

Dakapo *n. per. fach.* 'Wiederholung' (< 18. Jh.). Als Fachterminus entlehnt aus it. *da capo* 'von Anfang an', zu it. *capo* 'Kopf, (Anfang)', aus l. *caput*. Damit wird zunächst auf dem Notenblatt der Wiederholungsteil angegeben. Später auch Aufforderung des Publikums zur Wiederholung eines Stücks und von dort aus verallgemeinert.
Zur Sippe des zugrundeliegenden l. *caput* 'Kopf' s. *Chef*. – *DF* 1 (1913), 121 f.

Daktylus *m. per. fach.* (ein Versfuß) (< 17. Jh.). Entlehnt aus l. *dactylus*, dieses aus gr. *dáktylos* eigentlich 'Finger'. Angeblich so benannt, weil die Abfolge einer langen und zweier kurzer Silben der Anordnung der Länge der Fingerglieder entspricht. S. *Dattel*.
Cottez (1980), 113.

Dalben *Pl.* s. *Duckdalbe*.

Dalk *m.*, **dalken** *swV.*, s. *Talk, talken*.

Dalle *f.* s. *Delle*.

Dalles *m. per. wmd.* 'Geldverlegenheit' (< 18. Jh.). Letztlich aus wjidd. *dalles* 'Armut' aus hebr. *dallūṯ* 'Armut'. Das Wort ist auch im Rotwelschen belegt, aber erst nach seiner Bezeugung in der neuhochdeutschen Umgangssprache, so daß der Weg der Übernahme nicht eindeutig ist. Ein anderes *Dalles* in *den Dalles haben* 'kaputt sein, tot sein' u.ä. scheint auf hebr. *tallit* 'Totenkleid' zurückzugehen, doch haben sich die beiden Bedeutungen vermengt und weiterentwickelt.
Wolf (1985), 76; Röhrich 1 (1991), 301.

dalli *Partikel vulg.* 'hurtig' (< 19. Jh.). Im Neuhochdeutschen entlehnt aus poln. *dalej* 'weiter, los, vorwärts'.
DF 1 (1913), 122; Eichler (1965), 33; Steinhauser (1978), 83; J. Knobloch *ZDL* 51 (1984), 359 f.; J. Wiese *ZS* 32 (1987), 602; Röhrich 1 (1991), 301.

damals *Adv.* (< 16. Jh.). Fnhd. *damal(en)*, mhd. *des māles*; also ausgehend von *māles*, adverbialer Genetiv zu mhd. *māl* 'Zeitpunkt' (s. *Mahl*[1]), *da* verstärkend wie bei *daheim*, also 'zu dem Zeitpunkt'. Eine entsprechende Bildung ist **dazumal** (mhd. *dō ze male* 'dann, zu diesem Zeitpunkt'). Adjektiv: **damalig**.

Damast *m. per. fach.* 'feines, in sich gemustertes Gewebe' (< *14. Jh., Form < 15. Jh.). Entlehnt aus it. *damasco*, das zurückgeht auf den Namen der Stadt *Damaskus*, aus der das Gewebe eingeführt wurde. Die Form ist zunächst *damasch, damask*, dann *Damast* (nach it. *damasto*, wohl über frz. *damas*).
S. *Zwetschge*. – *DF* 1 (1913), 122; Littmann (1924), 94; Lokotsch (1975), 38; M. Wis *NPhM* 65 (1964), 67 f.; F. Höfler *ZRPh* 84 (1968), 149; *LM* 3 (1986), 465–469.

Dame[1] *f.* 'vornehme Frau' (< 16. Jh.). Entlehnt aus it. *dama*, span. *dama* und frz. *dame*, dieses aus l. *domina* ' (Haus-)Herrin', der movierten Form von l. *dominus m.* ' (Haus-)Herr', zu l. *domus* 'Bau, Haus'. Es wird als Wort höfischer Kreise gegen etwas älteres *Frauenzimmer* durchgesetzt. Zunächst Bezeichnung adeliger Damen, dann verallgemeinert.
Zu l. *domus* 'Haus' gehört zunächst *Dom*[1] und *Domizil*; dann als Zugehörigkeitsbildung *Domestik*, und als 'Herr des Hauses' l. *dominus* mit *Domino*, dem Verb *dominieren* und der Zugehörigkeitsbildung *Domäne*; das Femininum in it. (*Donna*), *Madonna, Primadonna*, das Diminutiv in *Dunzel*; frz. *Dame*[1/2], (*Madame*) mit dem Diminutiv (*Mademoiselle*), *Mamsell*; zur germanischen Verwandtschaft s. *Zimmer*. – *DF* 1 (1913), 122–124; E. Alanne *ZDS* 21 (1965),88; Jones (1976), 267–270; *LM* 3 (1986), 471.

Dame[2] *f.* in *Dame spielen, Damespiel, Damebrett* usw., auch die *Dame* im Schach und im Kartenspiel (< 17. Jh.). (1) Die Spielkarte mit dem Bild der Dame, in Deutschland seit der 1. Hälfte des 17. Jhs. Die ältere Bezeichnung ist it. *regina*, frz. *reine*, also 'Königin'. In Italien um 1600 ersetzt durch it. *dama* (frz. *dame* offenbar erst wesentlich später). (2) Im Schachspiel ist auch im Deutschen die älteste Bezeichnung *königin* nach französischem Vorbild durch europäische Umdeutung des 'Minister, Wesir' beim indischen (und persischen) Vorbild. Dafür frz. *dame* seit dem 16. Jh., im Deutschen *Dame* seit dem 18. Jh. (3) Der Doppelstein im Brettspiel: Seine Bezeichnung entspricht der der Dame im Schach (doch scheint 'Königin' nicht vorgekommen zu sein). Das Spiel verbreitet sich von Frankreich nach Deutschland im 16. Jh., das Wort ist im Deutschen am frühesten bezeugt als *dammenspiel* 1616 (noch früher ist die Übersetzung als *Frauenspiel* 1575). Die Beleglage ist nicht völlig klar, so daß die Vermutung, hier sei ein anderer Ursprung umgedeutet worden, nicht völlig von der Hand zu weisen ist. So etwa Lokotsch: Ursprünglich arab. *aš-šiṭranǧ at-tāmm* 'das vollständige Schach' über span. *ajadrez atama*, umgedeutet zu span. *ajedrez de la dama*, frz. *jeu de dames*. Das mndd. *damspil*, über das nichts Näheres bekannt ist, gehört wohl nicht hierher.

Nndl. *dam.* − *DF* 1 (1913), 124; Lokotsch (1975), S. 149, Nr. 1871; *LM* 3 (1986), 471.

dämeln *swV.*, **dammeln** *swV.* u.ä. *per. ndd. md.* ´sich kindisch benehmen, verwirrt sein` (< 18. Jh.). Literarisch kaum bezeugt, aber regional häufig. Semantisch ähnlich zu beurteilen wie *taumeln*, formal eher zu *dämmern*, also vielleicht Übertragung des Halblichts auf beschränkte geistige Leistungen. Grundlage von Bildungen wie *dämlich*. Der Zusammenhang zwischen diesen familiären Wörtern läßt sich im einzelnen nicht mehr rekonstruieren.

Damhirsch *m. erw. fach.* ´Hirsch mit Schaufelgeweih`, früher auch **Dan-, Dän-, Tann-** (< 16. Jh.). Wie *Dambock* und *Damwild* ein verdeutlichendes Kompositum zu mhd. *tāme*, *tām n.*, ahd. *tāmo* (seit dem 8. Jh.), mndl. *dam(m)e*. Dies ist entlehnt aus l. *dāma*, *damma f.*, einer allgemeinen Bezeichnung für rehartige Tiere (auch Antilopen usw.).
Eine Entlehnung des lateinischen Wortes aus dem Keltischen wird erwogen (vgl. air. *dam* ´Ochse`, air. *dam allaid* ´wilder Ochse` = ´Hirsch`), doch sind Bedeutungen wie ´Antilope` dieser Annahme nicht günstig. Entlehnung aus afrikanischen Sprachen ist denkbar, aber nicht ausreichend zu sichern. − N. Thun *SN* 40 (1968), 94−113.

damisch *Adj.*, älter **dämisch**, *erw. obd.* ´dumm` (< 15. Jh.). Die Lautform ist unfest, weshalb eine sichere Beurteilung nicht möglich ist; vielleicht liegt ein Diphthong zugrunde. In diesem Fall wäre Anschluß an mhd. *toum*, ahd. *toum* ´Dampf, Dunst, Rauch` (zu diesem s. *Dampf*) möglich, das Adjektiv hätte also ursprünglich ´vernebelt` bedeutet. Mit einheitlicher Herkunft ist aber nicht zu rechnen.

dämlich *Adj. stil.* (< 18. Jh.). Zu dem regional verbreiteten schwachen Verb *dämeln*, das aber kaum literarisch geworden ist. Das Adjektiv (Ausgangsbedeutung etwa ´nicht ganz helle, taumelig`) ist deshalb auch eher ein Schimpfwort (wie auch ***Däm(e)lack*** aus derselben Grundlage).
A. Götze *BGDSL* 24 (1899), 507 f. Zum zweiten Bestandteil von *Däm(e)lack*: P. Hessmann *ABÄG* 29 (1989), 83−87.

Damm *m.* (< *13. Jh., Form < 16. Jh.). Mhd. *tam(m)*, mndd. *dam*, mndl. *dam*. Wie anord. *damm n.* und afr. *damm*, *domm* eine späte Rückbildung aus *dämmen*. Die Schreibung mit *d-* im Hochdeutschen beginnt seit frühneuhochdeutscher Zeit vom Niederdeutschen her einzudringen, da an der Küste die Dämme eine wesentlich größere Rolle spielen als in Süddeutschland und deshalb das Wort dort eine stärkere Stellung hat. Von dort her auch die Bedeutungsentwicklung zu ´erhöhte, befestigte Straße` (weil die Dämme ursprünglich Fahrwege boten und häufig für diese überhaupt erst gebaut wurden). Hierzu auch *auf dem Damm sein* usw. (= ´auf der befestigten Straße sein und deshalb weiterkommen können`).
Nndl. *dam*, ne. *dam*, nschw. *damm*. S. *dämmen*. − *RGA* 5 (1984), 216−225; Röhrich 1 (1991),301. Als Lehnwort erklärt von Güntert (1932), 30.

dammeln *swV.* s. *dämeln*.

dämmen *swV.* (< 9. Jh.). Mhd. *temmen*, ahd. *(bi-, fir-) -temmen* aus g. **damm-ja- swV.* ´dämmen, hindern`, auch in gt. *faur-dammjan* ´versperren`, anord. *demma*, ae. *fordemman*, afr. *damma*, *demma*. Herkunft unklar; vgl. das laut- und bedeutungsähnliche *stemmen*. Der Vergleich mit gr. *thémethla* ´Fundamente, Grund` nebst den unklaren gr. *themóō* (vielleicht ´treiben`) (aus ig. **dhemə-?*) ist ansprechend, doch ist die griechische Sippe selbst auch kaum durchsichtig. Nndl. *(af)dammen*, ne. *dam*, nschw. *dämma*. S. *Damm*.

Dämmer *m.*, **Dämmerung** *f.*, **dämmern** *swV.* (< 11. Jh.). Ausgangspunkt der Sippe ist mhd. *demere f.*, ahd. *demar m.* ´Dämmerung` (9. Jh.) aus einem alten *s*-Stamm ig. *\*temes-*, der außergermanisch bezeugt ist in ai. *támas- n.* ´Dunkel` und l. *tenebrae f. Pl.* (aus **temes-rā*) ´Finsternis`. Auch in anderen Ableitungen weit verbreitet, ein Verb z. B. in lit. *témti* ´dunkel werden`, also ig. **temə-* ´dunkel (werden)`. Hierzu mhd. *demerunge f.*, ahd. *demarunga f.*; aber erst frühneuhochdeutsch das Verb *dämmern*. Das nhd. poetische *Dämmer* setzt wohl das Grundwort fort, sondern ist eine späte Rückbildung aus *dämmern*. Adjektiv: ***dämmerig***. S. *finster*.

Damoklesschwert *n. bildg.* ´sichtbare, ständig vorhandene Bedrohung` (< 19. Jh.). So benannt nach dem Höfling *Damokles*. Als dieser das Glück des Tyrannen Dionysios von Syrakus überschwenglich pries, wollte letzterer ihm die ständige Bedrohung jeglichen Glücks versinnbildlichen. Dazu setzte er dem *Damokles* köstliche Speisen vor, befestigte aber über seinem Sitzplatz ein Schwert lediglich an einem Pferdehaar. Die Geschichte ist bei Cicero überliefert.
Röhrich 1 (1991), 301 f.

Dämon *m. erw. fremd.* ´böser Geist` (< 15. Jh.). Entlehnt aus l. *daemōn*, dieses aus gr. *daímōn*, das in frühester Zeit jedes Wirken eines Gottes bezeichnet, der nicht genannt werden kann oder soll; dann alle Formen des Göttlichen (aber immer weniger die olympischen Götter und bei der Verwendung im Singular häufig negativ). Im Christentum dann in Richtung auf ´Teufel` abgewandelt und mit dieser Bedeutung zunächst in die Volkssprachen übernommen; dann Rückgriff auf griechische Vorstellungen. Adjektiv: ***dämonisch***.
S. *Pandämonium*. − K. J. Obenauer *MS* 1953, 145−149; Ganz (1957), 54; H. Nowak: *DAIMON* (Diss. Bonn 1960); K.-H. Weimann *DWEB* 2 (1963), 388; *HWPh* 2 (1972), 1−6; *RGA* 5 (1984), 137−141; *LM* 3 (1986), 474−487; E. Seebold *HS* 104 (1991), 38.

Dampf[1] *m.* (< 10. Jh.). Mhd. *dampf*, *tampf*, ahd. *dampf*, mndd. *damp*, mndl. *damp* aus vd. **dampi- m.* ´Ausdünstung, Dampf`; ferner mhd. *dimpfen stV.* ´dampfen (von der körperlichen Ausdünstung)'. Das alte indogermanische Wort für 'Dampf', das z. B. in l. *fūmus* erscheint, führt auf ig. **dʰou-mo-/dʰū-mo-* zurück – hierzu ahd. *toum* 'Dampf, Dunst' und mit *s mobile* ae. *stēam*, ne. *steam*. Die lautliche Vorform von *Dampf* führt dagegen auf eine Bedeutung 'blasen, fauchen', lit. *dùmti* 'blasen, wehen, schnuppern', mit Labialerweiterung lit. *dùmplės f.* 'Blasebalg', lit. *dumpliúoti* 'schnaufen, keuchen'. Zu dieser Bedeutung 'blasen, (atmen)' gehören unmittelbar **dämpfen** 'erstikken' (s. *Dampf²*) – zu den Bedeutungsverhältnissen vgl. die balto-slavischen Verben von der Wurzel (ig.) **dʰwes-* bei R. Trautmann: *Balto-slavisches Wörterbuch* (Göttingen ²1970), 65 – und wohl auch die Bedeutung 'Ausdünstung'. Dann hat die Sippe offenbar als Kraftwort (besonders deutlich bei *dämpfen*) von der anderen Sippe die Bedeutung 'Dampf' übernommen. Das starke Verb *dimpfen* ist kaum ein Fortsetzer des der ganzen Sippe zugrundeliegenden Verbs, eher eine nur mittelhochdeutsche Rückbildung.

Nndl. *damp*. S. *Dampf²*, Dampfer, Dämpfer, *dumpf*. – Röhrich 1 (1991), 302.

Dampf² *m. arch.* 'Asthma' (< 13. Jh.). Mhd. *dampfe*, ahd. *dampho* ist eine *n*-stämmige Ableitung aus der gleichen Grundlage wie *Dampf¹*, evtl. unter Beeinflussung der Bedeutung durch die Ableitung nhd. **dämpfen**, mhd. *dempfen*, ahd. *dempfen*, *t(h)empfen* 'ersticken'. S. auch *Dämpfer*.

Dampfer *m.* (< 19. Jh.). Nach ne. *steamship* und abgekürzt ne. *steamer* erscheint im 19. Jh. im Deutschen **Dampfboot, Dampfschiff** und *Dampfer* als Lehnbildung. Früh erscheinen auch Formen mit Umlaut (**Dämpfer**), die wohl durch Anknüpfung an die seltene Nebenform *dämpfen* zu *dampfen* (also als Nomen instrumenti) zu erklären sind.

Kluge (1911), 173–175; Ganz (1957), 54 f.; Röhrich 1 (1991), 302 f.

Dämpfer *m. erw. fach.* 'Vorrichtung zum Vermindern der Tonstärke und Verändern der Klangfarbe bei Geige, Cello usw.' (< *16. Jh., Bedeutung < 18. Jh.). Zu *dämpfen* (s. *Dampf²*). Die früheste Bedeutung ist 'Bezwinger', als Bezeichnung von Vorrichtungen seit dem 18. Jh. Daraus übertragen *jemandem einen Dämpfer aufsetzen* u.ä. (seit dem 19. Jh.).

Dampfnudel *f. erw. obd.* (eine Mehlspeise) (< 17. Jh.), auch **Dämpfnudel**. Zu *Nudel* in der früher noch allgemeinen Bedeutung (etwa 'Knödel') und *Dampf* oder *dämpfen*, weil die *Dampfnudeln* in einer gut verschlossenen Kachel im Dampf zubereitet werden.

Röhrich 1 (1991), 303.

Danaergeschenk *n. bildg.* 'unheilbringendes Geschenk' (< 19. Jh.). Wohl nach l. *Danaum fātāle mūnus* 'das unheilvolle Geschenk der Danaer' bei Seneca gebildet, in Anspielung auf Vergil *Aeneis*

II,49 (*Quidquid id est, timeo Danaōs et dōna ferentes* 'Was es auch ist, ich fürchte die Danaer, auch wenn sie Geschenke bringen'). Damit ist das von den *Danaern* (= poetischer Name für die Griechen bei Homer) den Trojanern überlassene Trojanische Pferd gemeint.

Röhrich 1 (1991), 303.

Dandy *m. bildg.* 'eleganter junger Mann, der durch extravagante Kleidung aufzufallen sucht' (< 19. Jh.). Entlehnt aus ne. *dandy*, dessen Herkunft nicht sicher geklärt ist (im 18. Jh. war es zunächst im englisch-schottischen Grenzgebiet eine Bezeichnung für junge Leute, die in auffälliger Bekleidung Kirche oder Jahrmarkt besuchten).

G. Koehler: *Der Dandyismus* (Halle 1911); *DF* 1 (1913), 124; O. Mann: *Der moderne Dandy* (Heidelberg 1925); R. Majut *DLZ* 79 (1958), 779; V. Brink-Wehrli: *Englische Mode- und Gesellschaftsausdrücke* (Diss. Zürich 1961), 41–43; Rey-Debove/Gagnon (1988), 212 f.

Dank *m.* (< 8. Jh.). Mhd. *danc*, ahd. *danc*, as. *thank* aus g. **þanka- m.* 'Dank', auch in gt. *þagks*, anord. *þǫkk f.*, ae. *þanc*, Rückbildung zu *denken*. Der Sinn ist 'in Gedanken halten' = 'danken' (vgl. *Ich werde daran denken* als Wort des Dankes oder der Drohung). Verb: **danken**; Präposition: **dank**; Höflichkeitsfloskel: **danke**; Adjektiv: **dankbar**.

Nndl. *dank*, ne. *thanks* Pl., nschw. *tack*, nisl. *þökk*. S. *abdanken, denken, dünken, Gedanke*. – Röhrich 1 (1991), 304; Heidermanns (1993), 612.

dann *Adv. Konj.*, Nebenform **denn** (funktionell bis ins 18. Jh. nicht verschieden) (< 8. Jh.). Mhd. *dan(ne)*, *den(ne)*, ahd. *danna*, *danne*, *denne*, *than(n)e* u. a., as. *than(na)*, *thanne*, wie afr. *than(a)*, ae. *don(ne)*, die mit einer *n*-Partikel erweiterte Form des Zeitadverbs g. **þan*, anord. *þá* (runennord. *þa̧*); dieses mit temporalem *n*-Suffix gebildet zum demonstrativen *to*-Pronomen (vgl. *da¹* und *da²*, *der* usw.). Die älteste Verwendung der Partikel im Deutschen ist die einer Vergleichspartikel und einer temporalen Konjunktion (und eines temporalen Adverbs).

S. auch *denn, wann*. – G. vStuckrad *BGDSL-H* 79 (1957) (= *Sonderband FS Frings*), 489–535.

dannen *Adv. arch.* (< 9. Jh.) Nur noch in *von dannen*. Mhd. *danne(n)*, *dan(e)*, ahd. *than(n)ana*, *danana* u. a. Mehrfach erweiterte Adverbialbildung auf die Frage 'woher?' (ursprünglich *-na* zum demonstrativen *to*-Pronomen, vgl. *da*, *der*, *dann*, usw.).

dar *Partikel* (< 8. Jh.). In den zusammengerückten Formen *daran*, *darauf* liegt das Adverb des Ortes *da¹* vor. Als Verbzusatz wie in *darreichen* = mhd. *dar*, ahd. *dara* ein Ortsadverb auf die Frage 'wohin?' zum demonstrativen *to*-Pronomen, vgl. *da*, *der*, *dann*, *dannen* usw.

darben *swV. obs.* (< 9. Jh.). Mhd. *darben*, ahd. *darbēn*, as. *tharƀon* aus g. **þarƀ-ē- swV.* 'darben', auch in gt. *ga-þarban* ´sich enthalten´. Wohl denominativ zu **þarbō f.* ´Mangel´ in gt. *þarba*, anord. *þǫrf*, ae. *þearf*, afr. *therve*, as. *tharf*, ahd. *darba*, dieses zu *dürfen* in der alten Bedeutung ´bedürfen, nicht haben´. Vgl. aber immerhin čech. *trpět* (usw.) ´leiden´, das auf einen anderen Zusammenhang weist. Vielleicht sind hier zwei Wurzeln zusammengefallen.

E. Karg-Gasterstädt *BGDSL* 67 (1944), 357–361; V. Machek *ZSPh* 23 (1954), 116 f.; W. Betz in: *FS Hammerich* (1962), 8 f.

Darlehen *n.* (< *15. Jh., Form < 16. Jh.). Ursprünglich oberdeutsche Form mit *lehen (lehnen)* im Sinn von ´leihen´ (s. *leihen* und *Lehen*) und dem Verbzusatz *dar*. Etwas älter ist die Form *darleihen*.

Darm *m.* (< 8. Jh.). Mhd. *darm*, ahd. *darm*, as. *tharm* aus g. **þarma-* ´Darm´, auch in anord. *þarmr*, ae. *þearm*, afr. *therm*. Dieses kann mit gr. *tórmos* ´Zapfen, Loch, Radnabe usw.´ unmittelbar gleichgesetzt werden (weiter zu ig. **ter-* ´drehen, reiben, bohren´). Ausgangsbedeutung ist also ´Loch´. Gemeint ist der Mastdarm vom After aus, nicht in erster Linie das Gedärm von Schlachttieren. Vgl. ndn. *næsebor* ´Nasenloch´ zu *bohren*. Anders Knobloch: ´das durch Drehen brauchbar Gemachte´.

Nndl. *darm*, nschw. *tarm*, nisl. *þarmur*. S. *drehen* – J. Knobloch *Lingua* 26 (1970/71), 297 f.

Darre *f. per. fach.* ´Horde zum Trocknen von Obst usw.´ (< 11. Jh.). Mhd. *darre*, ahd. *darra*, mndd. *dar(n)e* aus g. **þarzō f.*, auch in schw. (dial.) *tarre*. Entsprechend (von der Schwundstufe) gr. *tarsós m.*, *tarsiá* ´Vorrichtung zum Dörren´, arm. *tʿaṙ* ´Stange zum Trocknen von Trauben usw.´ zu ig. **ters-* ´dörren, trocknen´ (s. *dürr*).

darstellen *swV.* (< 15. Jh.). Eigentlich ´ (für einen bestimmten Zweck) hinstellen´, dann auch ´benennen´ und ´herstellen´. Die spätere Verwendung, besonders bei dem Nomen agentis **Darsteller** und dem Abstraktum **Darstellung** geht mehr auf die künstlerische Wiedergabe und Gestaltung eines Geschehens, besonders im Theater.

das *Pron. Art.* s. *der*.

dasig *Adj. per. obd.* ´dortig´ (< 15. Jh.). Zuerst im 15. Jh. in der Bedeutung ´derjenige´ belegt. Man vermutet ein älteres **da-wesic* ´hier seiend´, das aber nicht bezeugt ist; vgl. aber nndl. *aanwezig* ´anwesend u.ä.´, sowie *daig*, was auf Übertragung des *s* aus *hiesig* schließen läßt.

A. Götze *BGDSL* 64 (1940), 204 f.; J. M. Echols *Language* 16 (1940), 161–163; E. Öhmann *NPhM* 55 (1954), 188 f.; B. Garbe *ZDA* 108 (1979), 443–448.

daß *Konj.* (< *8. Jh., Form < 16. Jh.). Sprachgeschichtlich identisch mit dem neutralen Nominativ Singular des demonstrativen Pronomens *(das)* und von ihm erst in neuhochdeutscher Orthographie geschieden. Die Entwicklung zur Konjunktion, die in allen germanischen Sprachen und vielfach bei Entsprechungen in anderen indogermanischen Sprachen stattgefunden hat, verläuft im Prinzip über eine Vorauswsung: *ich höre das: er kommt* wird neu interpretiert als *ich höre, daß er kommt.* So der Stand im frühen Althochdeutschen. Die Gliederungsverschiebung und die orthographische Differenzierung ist seit dem 16. Jh. ausgeprägt.

W.-D. Michel *BGDSL-H* 79 (1957) (= Sonderband FS Frings), 536–549; G. Müller/Th. Frings *BVSAW* 103 (1959), 6.

Dasselfliege *f. per. fach.* ´große Fliege, die ihre Eier auf der Haut von Säugetieren ablegt´ (< 19. Jh.). Vermutlich aus ndd. *dase* ´Stechfliege´. Weitere Herkunft unklar.

Tiernamen (1963 ff.), 751–759.

Daten *Pl. erw. fach.* ´Informationen´ (< *17. Jh., Form < 19. Jh.). Eigentlich Plural von *Datum* als ´das Gegebene´ und deshalb zunächst in der lateinischen Form *Data* verwendet. Starke Ausweitung des Gebrauchs im 20. Jh. mit der elektronischen Datenverarbeitung. Zur Sippe des zugrundeliegenden l. *dare* ´geben´ s. *Datum*.

Carstensen 1 (1993), 340.

Dativ *m. erw. fach.* ´Wemfall´ (< *15. Jh., Form < 17. Jh.). Entlehnt aus l. *(cāsus) datīvus*, zu l. *dare (datum)* ´geben´, zunächst in lateinischer Form, dann endungslos. Das lateinische Wort übersetzt gr. *dotikḗ ptōsis*. Im *Dativ* stehen häufig Personen oder Sachen, die das im Akkusativobjekt Bezeichnete ´erhalten´, deshalb der ´Gebe-Fall´.

Zur Sippe des zugrundeliegenden l. *dare* ´geben´ s. *Datum*. – E. Leser *ZDW* 15 (1914), 53.

Datsche *f. per. omd. ondd.* ´Landhaus´ (< 19. Jh.). In Ostdeutschland entlehnt aus russ. *datscha* ´Landsitz´, eigentlich ´der Anteil´ (zu russ. *dat´* ´geben´), ursprünglich ´Schenkung des Fürsten´. Bereits im 19. Jh. als Exotismus bezogen auf russische Verhältnisse bezeugt. Zu den Verwandten des russischen Verbs s. *Datum*.

Datschi *m. per. bair.* ´Obstkuchen´ (< 19. Jh.). Auch in der Form **Datsch, Datschen** zur Bezeichnung von breiigen oder sonst weichen Lebensmitteln. Zu den auf *datsch-* beruhenden Lautnachahmungen für ´hinklatschen, breitdrücken u.ä.´

Dattel *f. exot.* (< *11. Jh., Form < 13. Jh.). Im Anschluß an frz. *datte*, span. *dátil*, it. *dattero m.* angeglichen aus mhd. *dactel*, ahd. *dahtil*, älteste Bezeugung *dahtilboum* 11. Jh. Dieses aus spl. *dactylus m.* aus gr. *dáktylos m.* ´Dattel´. Dieses ist wohl ein Lehnwort aus den semitischen Sprachen (arab. *daqal* usw.), wegen der Form der Blätter der Dattelpalme sekundär an das griechische Wort für ´Finger´ angeschlossen. S. *Daktylus*.

LM 3 (1986), 582.

Datum *n.* (< 13. Jh.). Entlehnt aus substantiviertem l. *datum* ´ausgefertigt (am)´, dem PPP. von l. *dare (datum)* ´geben, ausfertigen´; zunächst in lateinischer Formulierung. Es handelt sich um den Beginn der üblichen Einleitungsformel von Briefen, der den Ausstellungszeitpunkt bezeichnet. Die verbale Fügung wird dann nominalisiert und begrifflich verselbständigt. Zu einem anderen Gebrauch desselben Wortes s. *Daten*.

Von l. *dare* ´geben´ sind Präfigierungen und Kompositionen entlehnt in *addieren* und *kommandieren*; das PPP in *Datum* (*Daten*) und *Mandat*; ein Abstraktum in *Tradition* und *Edition*, eine Weiterbildung im Französischen in *Pardon*; aus einer Intensivbildung kommt *dotieren*, zu einer Adjektivbildung gehört *Dativ*. Zu der griechischen Entsprechung gehören *Dosis* und *Anekdote*; zur russischen *Datsche*. − *DF* 1 (1913), 124.

Daube *f. per. fach.* ´Faßdaube´ (< *13. Jh., Form < 16. Jh.). Seit Luther bezeugtes Wort, neben dem in gleicher Bedeutung bereits früher bezeugtes mhd. *dūge* steht. Entlehnt aus ml. *doga, dova* ´Gefäß´, dann auch ´Faßdaube´; dieses aus gr. *dokā́* ´Gefäß´.

W. Kaspers *ZN* 19 (1943), 241−246; R. Hiersche in: *FS H. Kolb* (Bern 1989), 258−263. Erklärungsversuch als Erbwort bei: H.-G. Maak *ZDPh* 94 (1975), 367−371.

däuchten, auch **deuchten**, *swV. arch.* ´dünken´ (< 15. Jh.). Rückgebildeter Infinitiv zu *mir däucht*, das aber ursprünglich Konjunktiv des Präteritums von *dünken* ist.

Dauerbrenner *m. stil.* (< 20. Jh.). Seit dem beginnenden 20. Jh. belegte Zusammensetzung für ´Ofen, der andauernd brennen kann´ aus *dauern*[1] ´währen´ und *Brenner* (Nomen instrumenti zu *brennen*, s.d.). Dann scherzhafte Nachdeutung für ´langandauernder Kuß´ (im Kino), ´Ware, die sich immer wieder gut verkauft usw.´.

Röhrich 1 (1991), 305.

dauern[1] *swV.* ´währen´ (< 12. Jh.). Ursprünglich niederdeutsches Wort (mndd. *duren*, mndl. *duren*), wie afr. *dūria* entlehnt aus l. *dūrāre* ´dauern´ und seit mittelhochdeutscher Zeit nach Süden verbreitet. Abstraktum: *Dauer*; Adjektive: *dauerhaft* (zum Substantiv), *dauernd* (zum Verb).

HWPh 2 (1972), 26 f.

dauern[2] *swV.* ´leid tun´ (< 13. Jh.). Mhd. *tūren* neben *mich nimmt eines dinges tūr* ´ich lege einer Sache Gewicht bei´. Wird im allgemeinen zu *teuer* gestellt, doch läßt der Lautstand dies ohne Annahme von Zusatzentwicklungen (die erst noch zu erweisen wären) nicht zu, also Herkunft unklar. Präfigierung: *bedauern*.

Daumen *m.* (< 8. Jh.). Mhd. *dūme*, ahd. *dūm(o)*, as. *thūmo* aus wg. *þūmōn* ´Daumen´, auch ´Daumenbreit, Zoll´, auch in ae. *þūma*. Daneben stehen die nordischen Sprachen mit kurzvokalischen Formen (auch im Altenglischen ist die Länge nicht aus-

reichend gesichert): aschw. *þum* ´Zoll´, aschw. *þumi* ´Daumen´, anord. *þumall* ´Däumling am Handschuh´, anord. *þumalfingr* ´Daumen´. Wohl als ´der Dicke, Geschwollene´ zu der in l. *tumēre* ´geschwollen sein´ vorliegenden Verbalwurzel; vgl. dazu die Adjektivbildungen ai. *túmra-* ´kräftig, dick, groß´ und ai. *tūtumá-* ´wirkungsvoll, kräftig´. Der Unterschied in der Vokallänge der germanischen Wörter bleibt dabei unklar; er ist aber nicht allzu gewichtig, da die letztlich zugrunde liegende Wurzel als (ig.) **teuə-* angesetzt werden kann; also etwa **tuəm-*, teilweise mit Schwund des *ə*. Eine expressive Dehnung im Westgermanischen ist aber bei der angesetzten Bedeutung ebenfalls nicht ausgeschlossen. Zugehörigkeitsbildung: **Däumling**.

Nndl. *duim*, ne. *thumb*, nschw. *tumme*, nisl. *þumalfingur*. S. *tausend, Tumor*. − Röhrich 1 (1991), 305−308.

Daune *f. erw. fach.* ´Flaumfeder´ (< *15. Jh., Form < 17. Jh.). Aus ndd. *dūne*, mndd. *dune*; dieses entlehnt aus den nordischen Sprachen, vgl. anord. *dúnn* *m.* ´Flaumfeder, Daune´, besonders *Eiderdaune* aus anord. *æðar-dúnn* (S. *Eider*). Die hochdeutsche Diphthong-Lautung erst nach dem 17. Jh. Das feminine Genus wohl nach *Feder*. Einheimisch ist nndl. *dons* ´Daune, Flaum´. Obd. *Federstaub* zeigt, wie anord. *dúnn* und nndl. *dons* (zu nhd. *Dunst*) als Ableitungen einer Wurzel (ig.) **dʰeuə-*, bzw. **dʰwen-* ´stieben´ zu verstehen sind.

Daus[1] *n. per. fach.* ´zwei Augen im Würfelspiel, Spielkarte´ (< 12. Jh.). Spahd. *dūs f.*, entlehnt aus nordfrz. *daus*, das frz. *deux* entspricht (aus l. *duos* zu *duo* ´zwei´). Das *Daus* ist die höchste Spielkarte − wie das Wort zu diesem Wert gekommen ist, ist unklar, da die Entwicklung der Spielregeln in der frühen Zeit nicht bekannt ist.

Daus[2] *m. phras. obs.* in Wendungen wie *Ei der Daus!* (= Ausruf der echten oder gespielten Verblüffung) (< 15. Jh.). Die älteste Bedeutung ist ´Betrüger´; daneben ndd. *dūs* ´Teufel´; seit dem 18. Jh. ´Teufelskerl´. In einem Teil der Bedeutungen scheint ein für das Gallo-Romanische bezeugtes Wort für ´Dämon´ fortgesetzt zu sein (in lateinischer Form ml. *dusius*). Die Einzelheiten sind aber nicht ausreichend klar.

Röhrich 1 (1991), 309.

de- *Präfix* für fremdstämmige Verben und ihre Ableitungen. Ein solches Präfix kann zunächst abgelöst werden aus Entlehnungen, die mit l. *de-* ´von − weg´ präfigiert sind (z. B. *deponieren* − *Position*). Diese Präfigierungen sind aber weder im Französischen noch im neoklassischen Bereich jemals wirklich produktiv gewesen. Im Französischen sind sie in großem Umfang in den folgenden Typ übergegangen. Dieser zeigt die französische Lautform des Präfixes l. *dis-* (frz. *dé-*, vor Vokalen *des-*) mit reversativer Funktion (wie nhd. *ent-*, auch *ab-*), z. B. *demaskieren, demontieren, demoralisieren*; vor Vokal

desillusioniert, desorganisiert usw. Nur in Entlehnungen aus dem Französischen, die aber häufig leicht analysierbar sind.
Wortbildung 1 (1973), 227.

-de *Suffix* zur Bildung von Adjektiv-Abstrakta, sekundär auch Verbalabstrakta. Heute nicht mehr produktiv. Aus g. *-iþō in gt. *-iþa, anord. *-ð, ae. *-ð, ahd. *-ida, as. *-ida. Ein indogermanisches Dentalsuffix, das an den Zwischenvokal *-i-* antrat. Vgl. etwa *Freude, Gemeinde*.
E. Dittmer in: *FS H. Kolb* (1989), 53−69.

Debakel *n. erw. fremd.* ´schwere Niederlage, unheilvoller Ausgang´ (< 19. Jh.). Entlehnt aus frz. *débâcle f.*, eigentlich ´Eisgang, plötzliche Auflösung´, einer Ableitung von frz. *débâcler* ´aufbrechen´, zu frz. *bâcler* ´versperren, verrammeln´ und frz. *de-*, vermutlich ´mit einem Balken oder Stab (l. *bac(c)ulum*) versperren´. Zu weiteren Verwandten s. *Baguette*.

Debatte *f. erw. fach.* ´Diskussion, Auseinandersetzung´ (< 17. Jh.). Entlehnt aus frz. *débat m.*, einer Ableitung von frz. *débattre* ´diskutieren´, eigentlich ´zerschlagen´, dieses aus l. *battuere* ´schlagen´ und l. *de-*, also ´sich (mit Worten) schlagen´. Die heutige Bedeutung steht unter dem Einfluß von ne. *debate*. Verb: *debattieren*.
S. *Bataillon, Batterie, Kombattant, Rabatt.* − DF 1 (1913), 124 f.; Ganz (1957), 56; A. J. W. Hilgers: *Debatte* (Diss. Bonn 1960); Jones (1976), 273; Brunt (1983), 224.

debil *Adj. per. fach.* ´leicht schwachsinnig´ (< 17. Jh.). Entlehnt aus l. *dēbilis* ´schwächlich, gelähmt, ungelenk, verkrüppelt´, eigentlich ´von Kräften´ zu *de-* und einem Wort für ´Kraft´ in ai. *bálam n.* ´Kraft, Stärke´ u. a. Das Wort bezeichnet zunächst allgemein eine Schwäche und wird dann spezialisiert auf die Geistesschwäche. Abstraktum: *Debilität*.

Debüt *n. erw. fach.* ´erstes Auftreten; Erstlings-´ (< 18. Jh.). Entlehnt aus frz. *début m.*, einer postverbalen Ableitung von frz. *débuter* ´anspielen, beginnen, zum ersten Mal auftreten´, dieses zusammengerückt aus frz. *(jouer) de but* ´aufs Ziel ausrichten, sich auf das Ziel einstellen´. Nomen agentis *Debütant(in)*; Verb: *debütieren*.
DF 1 (1913), 125.

Dechant *m.* s. *Dekan*.

Decher *n./m. per. fach. arch.* ´zehn Stück Felle´ (< 13. Jh.). Mhd. *decher, techer*, mndd. *deker, daker m.* Entlehnt aus l. *decuria f.* ´Zehnerschaft´ (wonach die Römer Felle zählten). Das Wort wird deshalb bedeutend, weil germanische Stämme Felle als Tribut an die Römer zu liefern hatten (vgl. Tacitus *Annalen* 4,72 zu den Friesen). S. *Dezember*.

Dechse(l) *f.*, auch **Dachsbeil** *n. per. fach.* ´Queraxt´ (< 10. Jh.). Mhd. *dehse(l) f.*, ahd. *dehsa(la) f.*, mndd. *desele, de(i)ssel f.*, mndl. *dissel* aus g.

*þehsalōn ´Zimmermannsaxt (o.ä.)´, auch in anord. *þexla f.*, ne. (dial.) *thixel*. Entsprechende außergermanische Wörter (mit verschiedenen Ablautstufen) sind russ. *teslá*, lit. *taš ìklis*, air. *tál* ´Axt´, vielleicht l. *tēlum n.* ´Wurfgeschoß´, zu ig. **teks-* ´behauen´ in ai. *tāṣṭi, tákṣati*, akslav. *tesati*, lit. *tašýti* und (mit abweichender Bedeutung) l. *texere* ´weben´, mhd. *dehsen stV.* ´Flachs schwingen´. Ob und wie die Bedeutungen ´behauen´ und ´weben usw.´ miteinander zusammenhängen, ist umstritten.
Nndl. *dissel*, e. (dial.) *thixel*, schw. (dial.) *täxla*. S. *Text.* − Seebold (1970), 511; Weber-Keller (1990), 51−53.

Deck *n. erw. fach.* ´Boden des Schiffes´ (< 17. Jh.). Ursprünglich niederländisches Wort der Seemannssprache (dafür ndd. **Verdeck**), zuerst vielleicht in nndl. *overdeck*, eigentlich ´Überdecke´ zu *decken*, Lehnbildung zu it. *coperta f.*, frz. *couverte f.* (durchgehende Böden in Schiffen wurden zuerst im mittelmeerischen Schiffsbau eingeführt). Zu modernen Bedeutungen aus dem Englischen (*Kassettendeck*) s. Carstensen.
S. *Doppeldecker, Verdeck.* − Kluge (1911), 177−183; Carstensen 1 (1993), 346; Röhrich 1 (1991), 309.

decken *swV.* (< 8. Jh.). Mhd. *decken*, ahd. *decchen, deckon*, as. *-thekkian* aus g. **þak-ija- swV.* ´decken´, auch in anord. *þekja*, ae. *þeccan*, afr. *thekka*. Vermutlich ein Denominativum zu *Dach*, eine kausativ-intensive Bildung zu dem dort genannten Grundverb ist aber ebenfalls möglich. Das parallele air. *tuigithir* ´bedeckt´ ist denominal. Konkreta: *Decke, Deckel*; Kollektivum: *Gedeck*.
Nndl. *dekken*, ne. *thatch*, nschw. *(be)täcka*, nisl. *þekja*. S. *Abdecker, Dach, Deck*, zur lateinischen Verwandtschaft s. *Detektiv, Tiegel, Ziegel.* − LM 3 (1986), 618−619; Röhrich 1 (1991), 309 f.; *Deckel*: 310 f.

Deckmantel *m.* (< 13. Jh.). Nur in übertragener Verwendung bezeugt, die von der Wendung *mit dem Mantel der christlichen Nächstenliebe zudecken* (l. *pallio Chrīstiānae dīlēctiōnis tegere*) stammt. Heute fast nur noch für ´Vorspiegelung´ gebraucht.
S. *bemänteln.* − Röhrich 1 (1991), 311.

dedizieren *swV. per. fach.* ´widmen, schenken´ (< 16. Jh.). Entlehnt aus spl. *dēdicāre* ´(Gott) weihen, widmen´, dieses aus l. *dēdicāre* ´kundgeben, erklären, weihen´, zu l. *dicāre* ´weihen, verkünden´ und l. *de-*, Intensivum zu l. *dīcere* ´sagen´. Hierzu als Abstraktum *Dedikation* ´Widmung, Geschenk´.
Zur Sippe des zugrundeliegenden l. *dīcere* ´sagen´ s. *diktieren.* − DF 1 (1913), 126.

deduzieren *swV. per. fach.* ´ableiten, herleiten´ (< 17. Jh.). Entlehnt aus l. *dēdūcere (dēductum)* ´abführen, herabziehen, wegziehen´, zu l. *dūcere* ´ziehen, schleppen´ und l. *de-*. Hierzu (schon etwas früher entlehnt) als Abstraktum *Deduktion f.* ´Ableitung aus dem Allgemeinen´ (aus l. *dēductio*) und *deduktiv* ´ableitend´ (aus frz. *déductif*).

Zur Sippe des zugrundeliegenden l. *dūcere* ´ziehen` s. *produzieren*; zur germanischen Verwandtschaft s. *ziehen*. − *HWPh* 2 (1972), 27−29; *LM* 3 (1986), 630 f.

Deez *m.* s. *Dez*.

Defätismus *m. per. fach.* ´Mutlosigkeit, Schwarzseherei` (< 20 Jh.). Entlehnt aus frz. *défaitisme m.* (zu frz. *défaite* ´Niederlage`, ursprünglich PPrät. zu frz. *défaire* ´zerstören`). Im ersten Weltkrieg von dem russischen Publizisten G. Aleksinskij gebildet, zunächst als russ. *poraženec* ´Defätist` zu *poraženie* ´Niederlage`, dann von demselben im Französischen (*défaitiste*) als Bezeichnung pessimistischer Haltung gegenüber dem Kriegsausgang. Von Lenin aufgegriffen und verbreitet. Als Vorwurf von ähnlichem Gewicht wie *Hochverrat*. Täterbezeichnung: **Defätist**; Adjektiv: **defätistisch**.
Zur Sippe des zugrundeliegenden l. *facere* ´tun, machen` s. *infizieren*. − *Brisante Wörter* (1989), 113−115; K. Müller *Sprachpflege* 39 (1990), 51 f.

Defekt *m.* ´Fehler, Schaden` (< 16. Jh.). Entlehnt aus l. *dēfectus m.* ´Fehlen, Mangel`, Abstraktum von l. *dēficere* ´abnehmen, fehlen`, zu l. *facere (factum)* ´machen, tun` und l. *de-*. Die ursprüngliche Bedeutung ist ´Fehlbetrag` (wofür heute mit einer Bildung aus der gleichen Grundlage **Defizit** gesagt wird, s.d.). Das Adjektiv **defekt** aus l. *dēfectus*, dem substantivierten PPP des gleichen Verbs, erscheint erst später und bedeutet zunächst ´fehlend, lückenhaft` (wofür heute meist **defektiv** aus einer Weiterbildung l. *dēfectīvus*, z. T. auch vom Englischen beeinflußt).
Zur Sippe des zugrundeliegenden l. *facere* ´tun, machen` s. *infizieren*. − Schirmer (1911), 42 f.; *DF* 1 (1913), 126.

defensiv *Adj. erw. fach.* ´zurückhaltend, verteidigend` (< 16. Jh.). Entlehnt aus ml. *defensivus*, einer Ableitung aus dem PPP von l. *dēfendere (dēfēnsum)* ´abwehren, wegstoßen`. Moderne Verwendungen (*defensives Fahren* usw.) nach amerikanisch-englischem Vorbild. Abstraktum: **Defensive**.
Vgl. *Offensive*. − *DF* 1 (1913), 126 f.; Jones (1976), 276 f.; Carstensen 1 (1993), 347 f.

defilieren *swV. per. fach.* ´in Reihen vorbeiziehen` (< 18. Jh.). Entlehnt aus frz. *défiler*, einer Präfixableitung zu frz. *file* ´Reihe` (vgl. frz. *de file* ´der Reihe nach, in einer Reihe`). Hierzu als Abstraktum **Defilee** *f.* Dessen ältere Bedeutung ´Hohlweg, Engpaß` beruht auf einer schon im Französischen vorgegebenen Metonymie: ´Stelle, an der man nur hintereinander (in einer Reihe) gehen kann`.
Frz. *file* ´Reihe` ist eine Ableitung von frz. *filer* ´an einem Faden, in einer Reihe vereinigen` (zuerst als *à file, à la file*), aus l. *fīlāre* ´einen Faden ziehen`, zu l. *fīlum* ´Faden`. Zu weiteren Verwandten s. *Filet*. − *DF* 1 (1913), 127; Brunt (1983), 228 f.

definieren *swV.* (< 16. Jh.). Entlehnt aus l. *dēfīnīre*, eigentlich ´abgrenzen`, einer Ableitung von l. *fīnis* ´Grenze` (s. *fein* und *de-*). Etwas früher bezeugt ist das Abstraktum **Definition** *f.* ´Begriffsbestimmung` (aus l. *dēfinītio*). Aus der Fachsprache heraus fällt die Ableitung **definitiv** ´endgültig (bestimmt)` (aus l. *dēfinītīvus*).
Das lateinische Wort ist eine Lehnbildung zu gr. *horízein* ´abgrenzen, bestimmen` (zu gr. *hóros* ´Grenze`). Für die weitere Verwandtschaft s. *fein*. − *DF* 1 (1913), 127; *HWPh* 2 (1972), 29−42. Zu *definitiv*: *HWPh* 2 (1972), 30 f.; zu *Definition*: *LM* 3 (1986), 636.

Defizit *n. erw. fach.* ´Mangel, Fehlbetrag` (< 18. Jh.). Entlehnt aus frz. *déficit m.*, dieses hypostasiert aus l. *dēficit* ´es fehlt`, zu l. *dēficere* ´abnehmen, fehlen`, zu l. *facere (factum)* ´machen, tun` und l. *de-*; s. *Defekt*.
Zur Sippe des zugrundeliegenden l. *facere* ´tun, machen` s. *infizieren*. − Schirmer (1911), 43; *DF* 1 (1913), 127 f.

deflorieren *swV. per. fach.* ´entjungfern` (< 16. Jh.). Entlehnt aus l. *dēflorāre* ´der Blumen berauben`, das in bestimmten Wendungen auch schon ´entjungfern` bedeutet. Dann spezialisiert im Hinblick auf l. *flōs* ´Blume, Jungfräulichkeit (von Männern und Frauen)`. Zu weiteren Verwandten s. *Flor³*.

deformieren *swV. erw. fremd.* (< *16. Jh., Bedeutung < 19. Jh.). Entlehnt aus l. *dēformāre*, das einerseits ´abbilden`, andererseits ´verunstalten` bedeutet (den verschiedenen Funktionen von l. *de-* entsprechend). So zunächst auch die Entlehnungen ins Deutsche, wobei die zweite Bedeutung auf den Sonderfall ´seiner Würde entkleiden` beschränkt bleibt. Im 19. Jh. bedeutet es dann unter Einfluß von frz. *déformer* ´verunstalten, verbilden`. Abstraktum: **Deformation**.

deftig *Adj. stil.* ´kräftig` (< 17. Jh.). Ursprünglich niederdeutsches Wort aus nndl. *deftig* ´gewichtig`, auch ´vornehm` (eigentlich ein friesisches Wort). Dieses gehört zu ae. *gedæfte* ´freundlich`, *Adv.* ´passend, bereit`, ist also offenbar ein altererbtes Wort. Zugrunde liegt g. *\*dab-a- st V.* ´passen, zutreffen` in gt. *gadaban* ´betreffen`, ae. *gedafen* ´angebracht, angemessen`. Entsprechungen hierzu in lit. *dabà* ´Natur, Art und Weise, Charakter`, akslav. *podobati* ´geziemen, müssen` (hierzu, in der Bedeutung zu dem germanischen Adjektiv passend, akslav. *dobrŭ* ´gut, tüchtig, schön`); hierzu wohl auch l. *faber* ´Handwerker, Künstler`. Es liegt also ig. (w/oeur.) **dhabh-* ´fügen, passen (o.ä.)` voraus. Die Ausgangsbedeutung des Adjektivs ist wohl ´vornehm, trefflich`, das dann wie in *ein anständiges Stück, eine ordentliche Portion* zu ´kräftig, derb` wird.

Degen¹ *m. arch.* ´Krieger` (< 8. Jh.). Mhd. *degen*, ahd. *degan, thegan*, as. *thegan* aus g. *\*þegna- m.* ´Knabe, Diener, Krieger`, auch in anord. *þegn*, ae. *þeg(e)n*. Die ursprüngliche Bedeutung ´Knabe` noch im Altsächsischen (teilweise) und in ahd. *thegankind n.* ´Knabe`. Außergermanisch entspricht gr. *téknon* n. ´Kind`, das zu gr. *tíktō (\*ti-tk-ō)* ´ich bringe hervor, gebäre` gehört, weiter allenfalls noch ai. *tákman-* n. ´Abkömmling`. Also ´Geborenes, Kind, Junges` zu einem weitgehend ausgestorbenen ig. Verb **tek-* ´hervorbringen, gebären`.

Ne. *thane*, nisl. *þegn*. S. *Haudegen*. – H. Kuhn *ZSSR-GA* 73 (1956), 35–37; J. P. Strid in: *Runor og runinskrifter* (Stockholm 1987), 301–316.

Degen[2] *m.* ´Stichwaffe` (< 14. Jh.). Spmhd. *degen*, vermutlich entlehnt aus ofrz. *degue* (frz. *dague* *f.*) ´Dolch`. Dessen Herkunft ist unklar. Die Formen in den verschiedenen germanischen Sprachen fallen lautlich auseinander, so daß eine Beurteilung der Zusammenhänge sehr erschwert ist. Man rechnet einerseits mit einer ursprünglichen Bezeichnung als ´das dakische (Kurzschwert)`, was nicht bezeugt und unbeweisbar ist, andererseits mit einem rekonstruierten l. *\*deacua* ´das sehr Scharfe, Spitze` (vgl. l. *acus* ´Nadel`, l. *acuere* ´schärfen`, l. *acūtus* ´scharf`).

S. *Haudegen*. – *DEO* (1982), 235 f.; *LM* 3 (1986), 637.

degenerieren *swV. erw. fach.* ´sich zurückentwickeln, verkümmern` (< 16. Jh.). Entlehnt aus l. *dēgenerāre* ´ausarten`, Präfixableitung zu l. *genus* n. ´Geschlecht, Art` und l. *de-*.

Zur Sippe des zugrundeliegenden l. *gignere* ´erzeugen` s. *Genus*. – *DF* 1 (1913), 128; *HWPh* 2 (1972), 44.

degenmäßig *Adj. per. wobd.* ´zahm, friedfertig` (< 17. Jh.). Offenbar regionale Weiterbildung von mhd. *teig* ´weich` mit unregelmäßiger Monophthongisierung (vgl. anord. *deigr* ´weich, stumpf, feige`, mndl. *deech*, mndd. *dēg* ´teigig, nicht gut ausgebacken`). Dieses zu g. *dig-a- stV.* ´kneten` (s. *Teig*). Die Herkunft des Anlauts ist in dem ausschließlich regionalen Wort nicht mehr erkannt worden.

Heidermanns (1993), 145.

degoutieren *swV. per. fremd.* ´anwidern` (< 17. Jh.). Mit **Degout** ´Abneigung` und dem Partizip **degoutant** ´widerwärtig` entlehnt aus frz. *dégoûter*, Präfigierung (s. *de-*) von frz. *goûter* ´kosten, schmecken`, einer Ableitung von frz. *goût* ´Geschmack`, dieses aus l. *gūstus*.

S. *Hautgout, Ragout*; zur germanischen Verwandtschaft s. *kosten*[2]. – Brunt (1983), 231.

degradieren *swV. erw. fach.* ´herabsetzen (im Rang); herabwürdigen` (< 14. Jh.). Mhd. *degradieren* ist entlehnt aus ml. *dēgradāre*, einer Ableitung von l. *gradus* ´Schritt, Rang` und l. *de-*, weiter zu l. *gradī (gressum)* ´gehen, schreiten`. Als militärischer Terminus vom Französischen beeinflußt. Älter ist der Ausdruck aber für die Bestrafung von Geistlichen.

S. *Grad*. – *DF* 1 (1913), 128; *LM* 3 (1986), 637–638.

degustieren *swV. per. fremd.* ´kosten, prüfen` (< 17. Jh.). Entlehnt aus l. *dēgūstāre*, zu l. *gūstāre* ´versuchen, kosten` und l. *de-*. Heute noch in **(Wein-) Degustation**. Zur germanischen Verwandtschaft s. *kosten*[2].

dehnen *swV.* (< 8. Jh.). Mhd. *den(n)en*, ahd. *dennen, then(n)on*, as. *thennian* aus g. **þan-eja-* ´dehnen, strecken`, auch in gt. *uf-þanjan* ´sich ausstrecken`, anord. *þenja*, ae. *þennan, þenian* ´ausbreiten`. Vermutlich Kausativ-Bildung zu der Verbalwurzel ig. *\*ten-* ´dehnen, ziehen` in ai. *tanóti* ´spannt`, gr. *teinō* ´ich dehne, spanne`, erweitert in l. *tendere* ´dehnen, spannen`. Abstraktum: **Dehnung**; Adjektiv: **dehnbar**.

Nschw. *tänja*, nisl. *þenja*. S. *aufgedunsen, Deichsel, Dohne, dünn, gedunsen*; zur lateinischen Verwandtschaft s. *Tenor*.

Deibel *m.* s. *Deixel*.

Deich *m. erw. fach.* (< 15. Jh.). Spmhd. *dīch, tīch*, entlehnt (unter teilweiser Umsetzung in hochdeutsche Lautform) aus mndl. *dijc*, dieses aus as. *dīc*, wozu afr. *dīk*, ae. *dīc* ´Erdwall`, ae. *dīc* f. ´Graben`, erweitert anord. *díki* n. ´Pfütze, Morast`. Vorauszusetzen ist also ein *\*dīka* o.ä. in den nordseegermanischen Sprachen, dessen Bedeutung ´der beim Graben eines Wasserlaufs an der Seite aufgeworfene Wall (als Erhöhung oder Verstärkung des Randes)` gewesen sein muß. Zu einer Verbalwurzel ig. (nordeur.) **dʰeig-* ´in die Erde stechen/stecken` in lit. *diegti* ´in die Erde stecken, setzen, stechen`, l. *fīgere* ´heften, hineinstecken, durchbohren`.

S. *Teich*, zur lateinischen Verwandtschaft s. *fix*. – E. Christmann *ZM* 31 (1964), 191–193; J. Knobloch *SW* 5 (1980), 197; *RGA* 5 (1984), 216–225; zu *Deich- und Dammbau: LM* 3 (1986), 640–648.

Deichsel *f.* (< 10. Jh.). Mhd. *dīhsel*, ahd. *dīhsala*, as. *thīsla* aus g. **þīhslō*, älter **þenhslō* f. ´Deichsel`, auch in anord. *þísl*, ae. *þīxl, þīsl*. Außergermanisch vergleichen sich mit abweichenden Suffixen und einer Verbalwurzel (ig.) *\*teng-* ´ziehen`: l. *tēmo* m. ´Deichsel` (*\*teng-s-mōn*), apreuß. *teausis* ´Deichsel` (**teng-s-jo*), die Verbalwurzel **teng-* ´ziehen` in aruss. *tjagati* ´ziehen` und wohl auch (trotz abweichendem Anlaut) avest. *ϑang-* ´(Wagen) ziehen`, vermutlich eine Erweiterung von *\*ten-* ´spannen, ziehen` (s. *dehnen*). Auszugehen ist wohl von einem *s*-Stamm ig. **tengos-* ´das Ziehen`, zu dem mit verschiedenen Zugehörigkeitssuffixen die Wörter für ´Deichsel` gebildet wurden.

Nndl. *dissel*, nschw. *tistel*, nisl. *þísl*. S. *deichseln, dehnen, denken, dünken*. – Heidermanns (1993), 629 f.

deichseln *swV. stil.* (< *15. Jh., Bedeutung < 19. Jh.). Ableitung von *Deichsel*. Im 15. Jh. belegt in der Bedeutung ´einen Wagen mit einer Deichsel versehen`. Für die heutige, seit dem 19. Jh. bezeugte (ursprünglich wohl studentensprachliche) Übertragung ´eine schwierige Sache meistern` ist auszugehen von ´den Wagen mit der Deichsel rückwärts lenken`, was einen erheblichen Aufwand an Geschicklichkeit und Kraft erfordert.

Röhrich 1 (1992), 311.

deihen *st V.* s. *gedeihen.*

dein *Pron.* (= Genetiv von *du* [s.d.], Possessiv-Pronomen der 2. Person Singular) (< 8. Jh.). Mhd. *dīn*, ahd. *dīn, thin*, as. *thīn* aus g. **þīna-*, auch in gt. *þeins*, anord. *þinn*, ae. *þīn*. Zugehörigkeitsbildung auf *-no-*, ausgehend vom ursprünglich enklitischen Pronominalstamm **tei* (in heth. *-ti*, al. *tīs*), also ´bei dir befindlich`.
Nndl. *dijn*, ne. (arch.) *thine*, nschw. *din*, nisl. *þinn*. S. *dich, dir, du.* – Seebold (1984), 49–51.

Deixel *m. per. obd. omd.* ´Teufel` (in Ausrufen u.ä.) (< 17. Jh.). Aus euphemistischen Gründen entstellt aus *Teufel*. Entsprechende Hüllformen sind etwa **Deibel, Deubel, Deiger, Deiner, Drixel** usw. (vgl. auch die Zusammenrückung **Gottseibeiuns**). Dahinter steckt der – keine strikte Trennung zwischen Sache und Bezeichnung kennende – Volksglaube, daß man den Teufel durch das Aussprechen seines richtigen Namens herbeirufen würde.

deka- *LAff.* Wortbildungselement mit der Bedeutung ´zehn` (z. B. *Dekagramm*). Es wurde in griechischen Entlehnungen (über das Französische) ins Deutsche übernommen und wird bei Bedarf in neoklassischen Bildungen herangezogen; sein Ursprung ist gr. *déka* ´zehn`. S. *Dekade*; zur germanischen Verwandtschaft s. *zehn*, zur lateinischen *Dezember.*

Dekade *f. erw. fach.* ´zehn Stück, Zeitraum von zehn Einheiten` (< 17. Jh.). Entlehnt aus frz. *décade*, dieses aus l. *decas (-adis)* ´eine Anzahl von zehn`, aus gr. *dekás*, zu gr. *déka (-ádos)* ´zehn`.
S. *deka-.* HWPh 2 (1972), 48 f.

Dekadenz *f. erw. fremd.* ´Verfall` (< 17. Jh.). Entlehnt aus frz. *décadence*, dieses aus ml. *decadentia*, zu spl. *cadentia* ´das Fallen` und l. *de-*, zu l. *cadere* ´fallen`. Adjektiv: **dekadent**.
Zur Sippe des zugrundeliegenden l. *cadere* ´fallen` s. *Kadenz.* – DF 1 (1913), 129; W. Krüger: *Das Dekadenzproblem bei Jakob Burkhardt* (Diss. Köln 1929); Jones (1976), 275; Brunt (1983), 225; HWPh 2 (1972), 47 f.; R. Bauer *Cahiers roumains d´études littéraires* 1 (1978), 55–80; ders. in: *FS R. Wellek*, ed. J. Strelka (Bern u. a. 1[1984, 2. Aufl. 1985]), 35–68; *Brisante Wörter* (1989), 592–597.

Dekan *m. per. fach.* ´Vorsteher (einer Fakultät, usw.)` (< \*10. Jh., Form 15. Jh.). Entlehnt aus l. *decānus*, eigentlich ´Vorsteher von zehn`, einer Ableitung von l. *decem* ´zehn`. Zunächst Führer der aus zehn Mann bestehenden Untereinheit der Zenturie bzw. Kommandeur eines Geschwaders von zehn Schiffen, im Kirchenlatein ´Vorgesetzter von zehn Mönchen`, dann Verallgemeinerung der Bedeutung unter Verlust des Bezugs auf diese Anzahl. Das Wort wird zunächst zu ahd. *degan* entlehnt, dann (mit sekundärem Dental) zu mhd. *techant* (15./16. Jh. *Dechan*), das heute noch oberdeutsch bei katholischen Geistlichen als **Dechant** üblich ist

(bei evangelischen *Dekan*). Die jüngste Entlehnungsstufe (vor allem im Hochschulbereich) im 15. Jh. Abstraktum: **Dekanat**.
S. *Dezember.* – DF 1 (1913), 129; Götze (1929), 7; LM 3 (1986), 651–654.

dekantieren *sw V. per. fach.* ´Wein vom Bodensatz abgießen` (< 17. Jh.). Entlehnt aus frz. *décanter*, dieses zu vor-rom. *\*canthare* ´kippen` zu ml. *canthus* ´Winkel`.
DEO (1982), 206.

deklamieren *sw V. erw. fach.* ´(pathetisch) aufsagen` (< 16. Jh.). Entlehnt aus l. *dēclāmāre*, einem Intensivum zu l. *clāmāre* ´rufen, schreien` und l. *de-*, zu l. *clārus* ´laut; hell`. Im Deutschen zunächst verwendet als Bezeichnung der (lateinischen) Redeübungen in der Tradition der klassischen Rhetorikausbildung an den Schulen. Abstraktum: **Deklamation**; Adjektiv: **deklamatorisch**.
Zu l. *clāmāre* ´rufen` gehören außer *deklamieren/(Deklamation)* noch *Akklamation, (exklamieren)/Exklamation, proklamieren/(Proklamation), reklamieren/(Reklamation)* und als französische Bildung *Reklame*. Zu l. *clārus* ´laut, hell` gehören *klar, Klarinette* und *deklarieren*; zu dem möglicherweise zugrundeliegenen l. *calāre* kann *Konzil* gehören; zur germanischen Verwandtschaft s. *holen.* – DF 1 (1913), 129; *Brisante Wörter* (1989), 116–118.

deklarieren *sw V. erw. fach.* ´angeben, erklären` (< 14. Jh.). Entlehnt aus l. *dēclārāre*, zu l. *clārāre* ´deutlich machen` und l. *de-*, zu l. *clārus* ´laut; hell, klar`. Abstraktum: **Deklaration**.
Zur Sippe des zugrundeliegenden l. *clārus* ´hell, laut` s. *deklamieren.* – Schirmer (1911), 43.

deklinieren *sw V. erw. fach.* ´morphologisch abwandeln` (< 15. Jh.). Entlehnt aus l. *dēclīnāre*, eigentlich ´abbiegen`, zu l. **clīnāre* ´biegen, beugen` und l. *de-*, Lehnbedeutung nach gr. *klínein*. Das ´Abbiegen` der Wortform meint die morphologische Veränderung irgendwelcher Art, zunächst auch die von verschiedenen Wortarten. Die Beschränkung auf die Kasus-Veränderung erst seit dem 17. Jh. Abstraktum: **Deklination**.
S. *Klima, Klimax, Klinik*; zur germanischen Verwandtschaft s. *lehnen.* Ersatzwort ist *beugen.* – E. Leser *ZDW* 15 (1914), 49 f.

dekolletiert *Adj. erw. fach.* ´mit einem (tiefen) Ausschnitt` (< 19. Jh.). Entlehnt aus frz. *décolleté*, eigentlich ´ohne Halskragen`, dem PPrät. von frz. *décolleter* ´den Hals entblößen`, einer Ableitung von frz. *collet* ´Halskragen` mit l. *de-*, zu frz. *col* ´Hals`, aus l. *collum* ´Hals`. Heute ist die Substantivierung **Dekolleté** *n.* üblicher.
S. *Koller²*, *Kollier*; zur germanischen Verwandtschaft s. *Hals.*

dekorieren *sw V. erw. fach.* ´verzieren` (< 16. Jh.). Entlehnt aus l. *decorāre*, einer Ableitung von l. *decus (-coris)* ´Schmuck, Zierde`. Später wesentlicher Einfluß von frz. *décorer*. Abstraktum: **Dekoration**;

Nomen agentis: **Dekorateur**; Adjektiv: **dekorativ**. Zu dem zugrundeliegenden l. *decus* gehört (unter Einfluß der Ableitungen) **Dekor**.

S. *dezent, indigniert* und weiter entfernt *dozieren*. – *DF* 1 (1913), 129 f.

Dekret *n. erw. fach.* ʹErlaßʹ (< 13. Jh.). Mhd. *decret* ist entlehnt aus l. *dēcrētum*, eigentlich ʹEntscheidungʹ, dem substantivierten PPP. von l. *dēcernere* ʹentscheidenʹ, zu l. *cernere* (*crēvī, crētum*) ʹscheidenʹ und l. *de-*.

Zu dessen Sippe s. *Konzern*; zur germanischen Verwandtschaft s. *rein*. – *DF* 1 (1913), 130.

delegieren *swV. erw. fach.* ʹabgeben, abordnenʹ (< 16. Jh.). Entlehnt aus l. *dēlēgāre*, zu l. *lēgāre* ʹ(gesetzlich) verfügenʹ und l. *de-*, Ableitung von l. *lēx* (*lēgis*) ʹGesetzʹ. Als PPP zu diesem Verb *lēgātus* ʹAbgesandterʹ, und dessen Bedeutung wirkt zurück auf das Verb: ʹals Gesandten absenden, zum Legaten machenʹ. Abstraktum: **Delegation**; Nominalableitung: **Delegierter**.

Zur Sippe des zugrundeliegenden l. *lex* ʹGesetzʹ s. *legal*. – *DF* 1 (1913), 130; Jones (1976), 278 f.; Brunt (1983), 232 f; *LM* 3 (1986), 668.

delikat *Adj.* ʹfein, wohlschmeckend; heikelʹ (< 16. Jh.). Entlehnt aus frz. *délicat*, dieses aus l. *dēlicātus* ʹzart, elegant, üppigʹ, PPP eines nicht bezeugten l. **dēlicāre*, zu al. *delicere* ʹanlocken, ergötzenʹ. Konkretum: **Delikatesse**.

DF 1 (1913), 131 f.; Jones (1976), 278 f.; Brunt (1983), 232; *Brisante Wörter* (1989), 597–601.

Delikt *n. erw. fach.* ʹStraftat; Verfehlungʹ (< 16. Jh.). Entlehnt aus l. *dēlictum*, dem substantivierten PPP. von l. *dēlinquere* ʹin seiner Pflicht fehlen, sich vergehenʹ; eigentlich ʹausgehen, fehlenʹ, zu l. *linquere* ʹlassen, überlassen, zurücklassenʹ und l. *de-*; l. *dēlictum* ist der zentrale Begriff des römischen Privatrechts für alle Straftaten, die der Betroffene zu verfolgen hatte (im Gegensatz zum *crīmen* [Mord und Hochverrat], das von Seiten des Staates geahndet wurde). Dazu **Delinquent**, eigentlich ʹjmd., der sich vergehtʹ. S. *Reliquie*; zur germanischen Verwandtschaft s. *leihen*.

LM 3 (1986), 671. Zu *Delinquent* s. *DF* 1 (1913), 132.

Delirium *n. erw. fach.* ʹBewußtseinstrübungʹ (< 16. Jh.). Entlehnt aus l. *dēlīrium* ʹIrreseinʹ, zu l. *dēlīrus* ʹwahnsinnigʹ (und l. *dēlīrāre* ʹwahnsinnig sein; Unsinniges reden, faselnʹ), das auf einer Zusammenbildung von l. *dē līrā* (*īre*), eigentlich ʹvon der Furche abweichenʹ, (übertragen:) ʹvom Normalen abweichenʹ beruht. In der Medizin Bedeutungsverengung auf einen bestimmten Fall von Abnormität, eine (durch Alkoholgenuß, Fieber usw.) hervorgerufene Bewußtseinstrübung, die Faseln und Wahnvorstellungen als charakteristische Begleiterscheinung aufweist.

Zur germanischen Verwandtschaft von l. *līrā* s. *Geleise*. – *DF* 1 (1913), 132; Röhrich 1 (1991), 311.

Delle *f.*, **Telle** *f.*, **Dalle** *f. erw. reg.* ʹVertiefung im Gelände, in Blech usw.ʹ (< 14. Jh.). Spmhd. *telle*, mndl. *delle*. Alte umgangssprachliche Ausdrücke (wg. **dal-jō f.* u.ä.) für ʹVertiefungʹ, auch in ae. *dell m./n.*, afr. *dele*. Zugehörigkeitsbildungen auf g. **ja/ jō* zu dem Wort *Tal*. Als **Däle** ʹder niedrigere Teil des (zweistufigen) Fußbodensʹ im niedersächsischen Bauernhaus.

Nndl. *del*, ne. *dell*. S. *Tal, Tülle*. – W. Jungandreas *NJ* 77 (1954), 69–83.

Delphin *m. erw. fach.* (ein Meeressäugetier) (< 13. Jh.). Mhd. *delfîn* ist entlehnt aus l. *delphīnus*, dieses aus gr. *delphís* (*-înos*), zu gr. *delphýs* ʹGebärmutter, (Tierjunges)ʹ. Das /n/ wird aus flektierten Formen in den Nominativ übernommen. So benannt, da es sich bei diesem Meeresbewohner um ein Säugetier (einen ʹFischʹ mit Gebärmutter, bzw. mit lebendgeborenen Jungen) handelt. Ein alter deutscher Name für den Fisch ist **Meerschwein**.

LM 3 (1986), 683 f.

Delta *n. per. fach.* ʹdreieckiges Gebiet einer Flußmündung; Nilmündungʹ (< *16. Jh., Bedeutung < 19. Jh.). Entlehnt aus l. *delta f./n.*, dieses aus gr. *délta*, eigentlich die Bezeichnung des vierten (dreieckigen) Buchstabens des griechischen Alphabets, diese aus hebr. *daleth*. Herodot benannte das in Unterägypten von den Nilarmen gebildete Gebiet nach der Ähnlichkeit mit dem Buchstaben als *Delta*. Lange Zeit blieb das Wort darauf beschränkt. Dann Verallgemeinerung der Bedeutung auf alle derartigen Flußmündungen.

DF 1 (1913), 132.

Demagoge *m. erw. fach.* ʹpolitischer Hetzerʹ (< 19. Jh.). Entlehnt aus gr. *dēmagōgós*, zu gr. *dẽmos* ʹVolkʹ und gr. *ágein* ʹführen, treibenʹ. Zunächst wertneutrale Bezeichnung für Vertreter der Sache des Volkes. Im Griechischen tritt dann aber eine Bedeutungsverschlechterung zu ʹAufwieglerʹ ein, weil man dem Demagogen vorwirft, das Volk zur Durchsetzung von unlauteren Eigeninteressen aufzuhetzen. In Rom wird keine allgemeine Funktion so bezeichnet, weshalb der Begriff erst in der Neuzeit wieder aufgenommen wird. Weitere Bedeutungsverschlechterung seit dem 19. Jh. Abstraktum: **Demagogie**; Adjektiv: **demagogisch**.

Zur Sippe des zugrundeliegenden gr. *ágein* ʹführenʹ s. als Nomina agentis *Pädagoge, Demagoge*, als Abstraktum *Synagoge*, aus einer einfacheren Bildung *Strategie*. Zu dem zugehörigen gr. *agón* ʹWettkampfʹ gehören *Agonie*, *Antagonismus* und *Protagonist*; mit anderer Bedeutung *Axiom*; zur lateinischen Verwandtschaft s. *agieren*. Zum Vorderglied s. *Demokratie*. – *DF* 1 (1913), 132 f.; *Brisante Wörter* (1989), 118–122.

Demant *m. arch.* Alte Nebenform zu *Diamant* (< 15. Jh.). Entlehnt aus afrz. *demant*, Nebenform zu *diamant* (oder regionale lautliche Entwicklung *diamant – diemant – demant*).

Demarche *f. per. fach.* (< 17. Jh.). Entlehnt aus frz. *démarche* ´Schritt´, Abstraktum zu frz. *démarcher* ´losgehen, abmarschieren´ (s. *Marsch*[1]). Im Deutschen eingeengt auf ein diplomatisches Vorgehen.

Demarkation *f. per. fach.* ´Grenzfestlegung´ (< 18. Jh.). Entlehnt aus frz. *démarcation*; dieses aus span. *demarcación* (die erste größere Demarkation betraf die Grenzziehung zwischen spanischen und portugiesischen Besitzungen in der Neuen Welt durch Papst Alexander VI, 1494). Dieses aus span. *demarcar* ´die Grenze festlegen´, zu span. *marca*, das wie entsprechende Wörter der romanischen Sprachen aus g. **markō* ´Grenze´ entlehnt ist (s. *Mark*[1]).

Dementi *n. erw. fach.* ´Widerruf, offizielle Richtigstellung´ (< 18. Jh.). Entlehnt aus frz. *(donner un) démenti m.*, zu frz. *démentir* ´abstreiten; erklären, daß etwas falsch ist´, einer Ableitung von frz. *mentir* ´lügen´ und *de-*, aus l. *mentīrī*. Verbum: **dementieren**.

Für weitere Verwandte des lateinischen Wortes s. *mental* und *monieren*, die griechische Verwandtschaft unter *Automat*, die germanische unter *mahnen*. − DF 1 (1913), 133.

Deminutiv *n.* s. *Diminutiv.*

Demokratie *f.* ´Herrschaft der Mehrheit´ (< 16. Jh.). Entlehnt aus *dēmocratia*, dieses aus gr. *dēmokratía*, zu gr. *dēmos m.* ´Volk´ und gr. *kratein* ´herrschen´. Diese (noch gar nicht existierende) Herrschaftsform wird von den griechischen Denkern eher kritisch betrachtet, ist dann in der Neuzeit ein zunächst ziemlich theoretisches Konzept, das nach der französischen Revolution immer stärker zu einem Zentrum des politischen Denkens wird. Täterbezeichnung: **Demokrat**; Adjektiv: **demokratisch**.

Entsprechende Hinterglieder in *Aristokrat*, *Bürokratie*; zur germanischen Verwandtschaft s. *hart*. Zum Vorderglied s. *Demoskopie*, *Demagoge*, *Epidemie*. − DF 1 (1913), 133; A. Debrunner in *FS E. Tièche* (Bern 1947), 11−24; H. E. Stier: *Die klassische Demokratie* (Opladen 1954); G. Blanke *Jahrbuch für Amerikastudien* 1 (1956), 41−52; J. A. Christophersen: *The Meaning of ´Democracy´* (Oslo 1966); P. Noack *Tutzinger Texte* 2 (1968), 41−57; *HWPh* 2 (1972), 50−55; *Grundbegriffe* 1 (1972), 821−899; J. Kleinstück: *Verfaulte Wörter* (Stuttgart 1974); R. Breitling in: P. Haungs (Hrsg.): *Res publica*, *FS D. Sternberger* (München 1977), 37−52; K. H. Kinzl *Gymnasium* 84 (1978), 117−127, 312−326; J. Irmscher in *Typenbegriffe* 4 (1981), 168−179; W. Braun in *Typenbegriffe* 4 (1981), 11−56; Ch. Meier: *Die Entstehung des Begriffs Demokratie* (Frankfurt/Main 1981); H. Dippel *PSG* 6 (1986), 57−97; F.-J. Meißner: *Demokratie* (Stuttgart 1990); Cottez (1980), 115.

demolieren *swV. erw. fremd.* ´zerstören, stark beschädigen´ (< 16. Jh.). Entlehnt aus frz. *démolir*, dieses aus l. *dēmōlīrī*, zu l. *mōlīrī* ´fortbewegen; errichten; zerstören´ und l. *de-*, zu l. *mōlēs* ´Masse, Last, Bau´. Im Deutschen zunächst beschränkt auf das ´Zerstören, Schleifen von Festungswerken´, im 19. Jh. dann in allgemeinerer Bedeutung.

S. *Molekül*. − DF 1 (1913), 133; W. J. Jones *SN* 51 (1979), 254 f.

demonstrieren *swV.* ´zeigen, beweisen; eine Kundgebung machen´ (< 16. Jh.). Entlehnt aus l. *dēmōnstrāre* ´hinweisen, verdeutlichen´, zu l. *mōnstrāre* ´zeigen´ und l. *de-*, zu l. *mōnstrum* ´Mahnzeichen´, zu l. *monēre* ´mahnen´. Die Bedeutung ´öffentliche Kundgebung´ (eigentlich: ´öffentliches Kundtun seiner Meinung´) wird im 19. Jh. aus dem Englischen übernommen. Abstraktum: **Demonstration**; Nomen agentis: **Demonstrant**; Adjektiv: **demonstrativ**.

Zur Sippe des zugrundeliegenden l. *monēre* ´mahnen´ s. *monieren*, zur Wurzelstufe *mental*; zur griechischen Verwandtschaft s. *Automat*, zur germanischen s. *mahnen*. − DF 1 (1913), 133 f.

Demoskopie *f. erw. fach.* ´Volksbefragung´ (< 20. Jh.). Neubildung zu gr. *dēmos m.* ´Volk´ und einer Ableitung von gr. *skopein* ´sehen, schauen´ (das Vorbild gr. *-skopía* etwa in *Teichoskopie* s.d.). In der Nachkriegszeit in Westdeutschland geläufig geworden durch das *Institut für Demoskopie* in Allensbach. S. *Demokratie* und *Skepsis*.

Demut *f. obs.* (< 9. Jh.). Mhd. *diemüete, diemuot*, ahd. *diomuotī*, Adjektiv abstraktum zu ahd. *diomuoti Adj.* ´demütig´. Dies ist ein Bahuvrīhi-Kompositum mit *ja*-Suffix zu *Mut* in der alten Bedeutung ´Sinn´ und einem alten Wort für ´Diener, Gefolgsmann´, g. **þewa- m.* in gt. *þius*, runennord. *þewaz*, ae. *þēow*; also ´der die Gesinnung eines Gefolgsmannes, Dieners, hat´. Nhd. *e* statt *ie* beruht auf niederdeutschem Einfluß. Adjektiv: **demütig**; Faktitivum: **demütigen**.

Nndl. *deemoed*. S. *dienen*. − M.-L. Rotsaert in: *FS Schützeichel* (1987), 1048−1058. Abweichend: W. Braune *BGDSL* 43 (1918), 397; Schmidt-Wiegand (1972), 22 f.; *HWPh* 2 (1972), 57−59; *LM* 3 (1986), 693 f.; vOlberg (1991), 193−204; Heidermanns (1993), 615 f.

dengeln *swV. erw. fach.* (< 12. Jh.). Mhd. *tengelen*, ein wohl nur wegen seiner speziellen Bedeutung (´die Sense schärfen´) schlecht bezeugtes Verb. Formen mit *l* sind ahd. *tangil* ´Dengelhammer´, ahd. *tangilāri, tengilāri* ´Kaltschmied´; Formen ohne *l* führen zunächst auf g. **dang-eja-* ´hämmern, dengeln´ in anord. *dengja*, ae. *dencgan*, mhd. *tengen*; dazu vielleicht als ursprüngliches starkes Verb aschw. *diungha* ´schlagen´ (nur Präsens, selten), me. *dingen*, *dengen* ´schlagen´. Weitere Herkunft unklar. Die neuhochdeutsche Form kann von dem Gerätenamen (ahd. *tangil*) abgeleitet sein (also ´mit dem *tangil* arbeiten´) oder eine Iterativ-Bildung zu mhd. *tengen* darstellen.

W. Mitzka *HBV* 49/50 (1958), 151−155; Lühr (1988), 364.

denken *swV.* (< 8. Jh.). Mhd. *denken*, ahd. *denken*, as. *thenkjan* aus g. **þank-(i)ja- swV.* ´denken´, auch in gt. *þagkjan*, anord. *þekkja*, ae. *þencan*, afr. *thanka*, *thenza*, Kausativum (oder allenfalls Primärverb) zu einer zunächst nicht klaren Verbalwurzel; parallel l. *tongēre* ´wissen´. Nun zeigt die unter *Deichsel* aufgeführte ig. Verbalgrundlage *teng-* ´ziehen, spannen´ im Slavischen auch die Bedeutung ´wiegen´ (aruss. *tjagnuti* ´schwer sein [auf der Waagschale], wiegen´, russ. *tjanút´* [meist unpersönlich] ´wiegen´). Dies weist darauf hin, daß das germanische Wort für ´denken´ ursprünglich ein ´erwägen´, l. *tongēre* den nach diesem Vorgang erreichten Zustand (´wissen´) bezeichnete; *dünken* vielleicht als Fortsetzer des primären Verbs ´mir wiegt etwas, mir ist etwas gewichtig´. Nomen agentis: *Denker*; Präfigierungen: *ge-, be-*; Partikelverb: *nach-*; Adjektiv: *nachdenklich*;

Nndl. *denken*, ne. *think* (formal = *dünken*), nschw. *tänke*, nisl. *þekkja*. S. *Andacht, Andenken, Dank, Deichsel, dünken, Gedanke, verdenken*. − *HWPh* 2 (1972), 60−104; Röhrich 1 (1991), 311 f.

Denkmal *n.* (< 16. Jh.). Lehnbildung nach (ntl.-)gr. *mnēmósynon* ´Gedächtnis, Denkmal´ mit *denken* ´sich erinnern´ und *Mal*[2] ´Zeichen´. Die ursprüngliche Bedeutung ist also ´Erinnerungszeichen´ allgemein; erst später wird (wohl unter Einfluß von l. *monumentum*) ´Gedenkstein, Monument´ vorherrschend.

LM 3 (1986), 697−702.

Denkzettel *m. stil.* (< 15. Jh.). Zusammensetzung aus *denken* ´sich erinnern´ und *Zettel*[2]. Zuerst im 15. Jh. als Fachwort der Rechtssprache belegt: mndd. *denkcedel* = ´Urkunde, schriftliche Vorladung´. Im 16. Jh. gebraucht es Luther zur Übersetzung von ntl.-gr. *phylaktḗrion n.* ´jüdischer Gebetsriemen mit Gesetzessprüchen´; von daher die Bedeutung ´Erinnerungsmerkblatt´ und allgemein ´Erinnerungszeichen´. Die Bedeutung ´Strafe (an die man lange denken wird)´ ist schon seit dem 16. Jh. bezeugt; die Einengung auf ´Prügelstrafe´ geschah wohl zuerst in der Schulsprache.

Röhrich 1 (1991), 312.

denn *Konj.* (< 18. Jh.). Funktionell bis ins 18. Jh. nicht von *dann* geschieden. Deshalb erst von diesem Zeitpunkt an als eigenes Wort aufzufassen.

R. Métrich *Nouveaux cahiers d'allemand* 7 (1989), 1−15. Zur Herausbildung der kausalen Konjunktion vgl. Behaghel 3 (1926), 112−122.

Dental *m. per. fach.* ´mit Zunge und Zähnen gebildeter Laut´ (< *18. Jh., Form < 19. Jh.). Neubildung des 19. Jhs. (l. *dentālis*) zu l. *dēns (dentis)* ´Zahn´, zunächst in lateinischer Form als *dentalis*, dann endungslos. S. *Dentist* und zur germanischen Verwandtschaft *Zahn*.

Dentist *m. erw. fach.* ´Zahnarzt´ (< 18. Jh.). Entlehnt aus frz. *dentiste*, das zu l. *dēns (dentis)* ´Zahn´ gebildet ist.

S. *Dental* und zur germanischen Verwandtschaft *Zahn*. − *DF* 1 (1913), 134; M. Leroy in: *FS M. Grevisse* (Gembloux 1966), 231−235.

denunzieren *sw V. erw. fach.* ´anzeigen, verpfeifen´ (< 16. Jh.). Entlehnt aus l. *dēnūntiāre* ´anzeigen, ankündigen´, zu l. *nūntiāre*, einer Ableitung von l. *nūntius* ´Bote, Verkünder´ und l. *de-*. Nomen agentis: **Denunziant**.

S. *Annonce, Nuntius, prononciert*. − *DF* 1 (1913), 134; *LM* 3 (1986), 703; *Brisante Wörter* (1989), 122−125.

Deodorant *n. erw. fach.* ´Pflegemittel gegen Körpergeruch´ (< 20. Jh.). Entlehnt aus ne. *deodorant*, einer neoklassischen Präfixableitung zu l. *odor m.* ´Geruch´ und *de-*. Die Variante **Desodorant** folgt frz. *désodorisant*. Meist abgekürzt als **Deo** (nur Deutsch).

Rey-Debove/Gagnon (1980), 219; Carstensen 1 (1993), 351 f.

Depesche *f. obs.* ´Eilbotschaft, Telegramm´ (< 17. Jh.). Entlehnt aus frz. *dépêche*, einer Ableitung von frz. *dépêcher* ´beschleunigen, absenden´, eigentlich ´die Füße von Hindernissen befreien´, gebildet als Gegenwort zu frz. *empêcher* ´hindern´, eigentlich ´Fußangeln legen´ und frz. *de-*; weiter aus spl. *impedicāre* ´verwickeln, festhalten, behindern´, zu l. *pedica* ´Fußfessel, Fußschlinge´, zu l. *pēs (pedis) m.* ´Fuß´. Verb: **depeschieren**.

Zur Sippe des zugrundeliegenden l. *pēs* ´Fuß´ s. *Pedal*. − *DF* 1 (1913), 134 f.; Schirmer (1911), 44; Jones (1976), 285; Brunt (1983), 236 f.

deponieren *sw V. erw. fremd.* ´ablegen, hinterlegen´ (< 16. Jh.). Entlehnt aus l. *dēpōnere*, zu l. *pōnere (positum)* ´setzen, stellen, legen´ und l. *de-*. Konkreta: *Depot*, *Deponie*.

Zur Sippe des zugrundeliegenden l. *pōnere* ´setzen´ s. *komponieren*. − *DF* 1 (1913), 135; Schirmer (1911), 44.

Deportation *f. per. fach.* ´Zwangsverschickung´ (< 16. Jh.). Entlehnt aus l. *dēportātio*, Abstraktum zu l. *dēportāre* ´wegbringen, verbannen´ (entlehnt als **deportieren**) zu l. *portāre* ´tragen´ und *de-*; zur Sippe s. *transportieren*.

DF 1 (1913), 135.

Depot *n. erw. fach.* ´Lager, Rückstand beim Wein´ (< 18. Jh.). Entlehnt aus frz. *dépôt*, das auf l. *depositum* zurückgeht, einer Substantivierung des PPP von l. *deponere* ´niederlegen´. S. *deponieren* und zur Sippe *komponieren*.

Depp *m. vulg. obd.* (Schimpfwort für einen ungeschickten Menschen) (< 15. Jh.). Gehört wie früheres *Tapp* und *Taps* zu *täppisch*.

Röhrich 1 (1991), 312 f.

Depression *f. erw. fach.* ´Niedergeschlagenheit; wirtschaftlicher Rückgang´ (< 18. Jh.). Entlehnt aus frz. *dépression*, eigentlich ´Niederdrückung, Senkung´, dieses aus l. *dēpressio (-ōnis)*, einer Ableitung von l. *dēprimere (dēpressum)* ´niederdrükken, senken', zu l. *premere (pressum)* 'drücken' und l. *de-*. Verbum: **deprimieren** mit den verbalen Adjektiven **deprimierend** und **deprimiert**; ferner *depressiv*.

Zu dem zugrundeliegenden l. *premere* 'drücken' gehören *deprimieren*, *imprimieren* und *komprimieren* mit *Depression*, *Impression* und *Kompression* als Abstrakta. Zum PPP gehören *Presse* (frz.), *pressen*, *pressieren*, *express*, *Expressionismus*, *Espresso* (it.) und *Impressum*. Eine Hypostase ist *Imprimatur*; ein weitläufiger Verwandter ist auch *Printe*. − *DF* 1 (1913), 135; Schirmer (1911), 44; *HWPh* 1 (1991), 115.

Deputat *n. per. fach.* 'zugehörige Sachleistung; zu leistende Zahl von Unterrichtsstunden' (< 16. Jh.). Entlehnt aus l. *dēpūtātum* (eigentlich 'Bestimmtes, Zugeteiltes'), dem substantivierten PPP. von l. *dēpūtāre* 'zuteilen; für jmd./etwas bestimmen', zu l. *putāre* 'schneiden, reinigen, berechnen (u. a.)' und l. *de-*, zu l. *putus* 'rein, lauter'. Bei **Deputation** und **Deputierter** handelt es sich um Personen, die für eine Aufgabe bestimmt worden sind. Ersatzwort für sie ist *Abordnung* und *Abgeordneter*. Verb: *deputieren*.

Zur Sippe des zugrundeliegenden l. *putāre* 'schneiden' und 'reinigen' s. *amputieren*. − *DF* 1 (1913), 136; Röhrich 1 (1991), 313.

der *Pron. Art.* (< 8. Jh.). Dieses Pronomen (nhd. *der, die, das*; mhd. *der, diu, daz*, ahd. *der, diu, daz*) beruht auf einer Umgestaltung des alten ig. *to*-Pronomens mit demonstrativer Funktion. Die Funktion des Artikels hat dieses Pronomen in allen westgermanischen Sprachen übernommen; im Gotischen nur ansatzweise, in den nordischen Sprachen nur in bestimmten Fügungen (während dort sonst ein suffigierter Artikel anderer Herkunft verwendet wird).

R. Lühr *BGDSL* 113 (1991), 195−211.

derb *Adj.* (< 9. Jh.). Mhd. *derp*, ahd. *derb(i)*, as. *therf, thervi, therpi* aus g. **þerba-* *Adj.* 'ungesäuert, nicht salzig (von Wasser), nicht sauer (von Milch)', also etwa 'einfach, ohne besonderen Geschmack', auch in ae. *þeorf*, anord. *þiarfr*. Damit gehört das Wort vermutlich zu l. *torpēre* 'steif sein, gefühllos sein' (von den Gliedern), und entsprechend lit. *tiřpti* 'einschlafen, erstarren', russ. *terpnut'*. Die Bedeutungsentwicklung im Deutschen ist dann dadurch beeinflußt worden, daß im Niederdeutschen ein ursprungsverschiedenes Adjektiv damit zusammenfiel, nämlich anord. *djarfr* 'kühn, mutig', as. *derbi* 'grob, roh', afr. *derve* 'verwegen'. Die Einzelheiten dieses Zusammenfalls sind aber noch nicht ausreichend erhellt.

V. Machek *ZSPh* 23 (1954), 116 f.; Heidermanns (1993), 152 f. und 620.

Derby *n. per. fach.* 'Pferderennen; besonderes Sportereignis' (< 19. Jh.). Entlehnt aus ne. *Derby (race)*, so benannt nach dem 12. *Earl of Derby*, der solche Pferderennen (Zuchtprüfungen) Ende des

18. Jhs. einführte. Aus der Bezeichnung für ein bestimmtes Pferderennen entwickelt sich dann bald ein Appellativum für eine ganze Klasse von Pferderennen, und dann noch allgemeiner 'besonderes Sportereignis, Wettkampf' (vgl. *Lokal-Derby* u.ä.). Rey-Debove/Gagnon (1988), 220; Carstensen 1 (1993), 352 f.

derivieren *swV. per. fach.* 'herleiten, ableiten' (< 16. Jh.). Entlehnt aus l. *dērīvāre (dērīvātum)*, eigentlich 'eine Flüssigkeit wegleiten', einer Präfixableitung zu l. *rīvus* 'Bach, Kanal'. Bereits im Lateinischen ist die Bedeutung 'ein Wort von einem anderen ableiten' bezeugt. Abstraktum: **Derivation**, substantiviertes Partizip: **Derivat**; Adjektiv: **derivativ**. S. *Rivale*.

dero *Pron. arch.* (< 15. Jh.). Es handelt sich um die volle, nicht zu *-e* abgeschwächte Form des Genetivs Plural des Artikels (s. *der*). Ahd. *dero* erscheint mittelhochdeutsch meist als *der(e)*; im Alemannischen hält sich aber die Vollform auf *-o* (daneben auch *-a* und *-u*) und wird dort als Demonstrativ- und Relativpronomen in der Kanzleisprache fest. Von da dringt *dero* als Demonstrativpronomen, vorwiegend für den Genetiv Plural aller Genera, seltener für den Genetiv und Dativ Singular Femininum, in die deutsche Kanzleisprache ein. Seit dem 15. Jh. kann es als eigenes Wort gelten. S. auch *desto*.

Derwisch *m. per. exot.* 'muslimischer Ordensangehöriger' (< 16. Jh.). Entlehnt aus türk. *derviş*, dieses aus pers. *darwīš*, eigentlich 'Armer'. *DF* 1 (1913), 136; *LM* 3 (1986), 714.

des- *Präfix* s. *de-* und *dis-*.

Desaster *n. erw. fremd.* 'schreckliches Unglück' (< 19. Jh.). Entlehnt aus frz. *désastre m.*, zu frz. *astre m.* 'Gestirn' und l. *de-, dis-*, aus l. *astrum*, aus gr. *ástron*, zu gr. *astēr m.* 'Stern, Gestirn'. So bezeichnet nach der Vorstellung, daß bestimmte Gestirnkonstellationen für das Schicksal der Menschen verantwortlich sind. Lehnübersetzung ist *Unstern*. S. *Aster*.

desavouieren *swV. per. fremd.* 'bloßstellen' (< 18. Jh.). Entlehnt aus frz. *désavouer* aus frz. *dés-* (s. *de-, dis-*) und frz. *avouer* 'anerkennen' aus l. *advocare* 'herbeirufen'.

S. *Advokat*. − *DF* 1 (1913), 136 f.

Dese *f.* s. *Dose*.

Desem(er) *m.* s. *Besemer*.

desertieren *swV. erw. fach.* 'fahnenflüchtig werden' (< 17. Jh.). Entlehnt aus frz. *déserter*, dieses aus spl. *dēsertāre* 'verlassen', zu l. *dēserere* 'verlassen, abtrennen', zu l. *serere* '(aneinander)fügen, reihen' und l. *de-*. Nomen agentis: **Deserteur**.

Zu dem zugrundeliegenden l. *serere* 'fügen, reihen' s. *inserieren*. − *DF* 1 (1913), 137; Brunt (1983), 242 f.; Eppert (1963), 55−62.

Desiderat *n. per. fach.* ʼErwünschtes, Benötigtesʼ (< 19. Jh.). Entlehnt aus l. *dēsīderātum*, dem substantivierten PPP. von l. *dēsīderāre* ʼnach etwas verlangen, begehren, vermissenʼ.

Zur Herkunft des lateinischen Wortes vgl. M. Nyman *ZVS* 103 (1990), 51–68

Design *n. erw. fach.* ʼ(Entwurf von) Gestalt, Aussehen; Planʼ (< 20. Jh.). Entlehnt aus ne. *design*, dieses aus frz. *dessein* m., aus it. *disegno* m., einer postverbalen Ableitung von it. *disegnare* ʼbeabsichtigen, bezeichnenʼ, aus l. *dēsīgnāre*, zu l. *sīgnum* ʼZeichenʼ. Nomen agentis: *Designer*. Das aus dem französischen Wort unmittelbar entlehnte *Dessin* hält sich in der Bedeutung ʼStoffmusterʼ. S. *designieren* und *signieren*.

Rey-Debov/Gagnon (1988), 222f.; Carstensen 1 (1993), 353–357.

designieren *swV. per. fach.* ʼfür etwas bestimmenʼ (< 16. Jh.). Entlehnt aus l. *dēsīgnāre* ʼbestimmen, beabsichtigen, bezeichnenʼ, zu l. *sīgnāre* ʼzeichnen, bezeichnen, siegelnʼ und l. *de-*, zu l. *sīgnum* ʼZeichen, Kennzeichen, Merkmalʼ. Abstraktum: *Designation*. Zu dessen Sippe s. *signieren*, wo auch die weitere Verwandtschaft genannt ist.

LM 3 (1986), 727–729.

desinfizieren *swV. erw. fach.* (< 19. Jh.). Vor allem in dem Cholerajahr 1831/32 bekannt geworden. Eigentlich Entlehnung aus frz. *désinfecter*, das aber nach *infizieren* (s.d., auch für die zugrundeliegende Sippe) umgestaltet wurde.

DF 1 (1913), 137.

deskribieren *swV. per. fach.* ʼbeschreibenʼ (< 15. Jh.). Entlehnt aus l. *dēscrībere*, zu l. *scrībere* ʼschreiben, zeichnen, entwerfenʼ und l. *de-*. In der modernen Sprache wichtiger sind die wissenschaftstheoretischen Termini *Deskription* ʼBeschreibungʼ (etwa gegenüber *Erklärung*) und *deskriptiv* ʼbeschreibendʼ.

Zu l. *scrībere* ʼschreibenʼ gehören außer der alten Entlehnung *schreiben* noch die jüngeren Präfigierungen *deskribieren, (präskribieren), subskribieren* und *transkribieren* mit den Abstrakta *(Deskription), (Subskription)* und *Transkription*. Aus dem PPP *Skriptum, Manuskript* und in einer Weiterbildung *präskriptiv, deskriptiv*.

Desodorant *n.* s. *Deodorant*.

desolat *Adj. erw. fremd.* ʼtraurig, trostlosʼ (< 16. Jh.). Entlehnt aus l. *dēsōlātum*, dem adjektivischen PPP. von l. *dēsōlāre* ʼeinsam lassen, verlassenʼ, Präfixableitung zu l. *sōlus* ʼallein, einsamʼ mit l. *de-*. S. *solo*.

despektierlich *Adj. erw. fremd.* ʼabfälligʼ (< 17. Jh.). Adjektivbildung zu l. *dēspectāre* ʼherabsetzen, verachtenʼ, einem Intensivum zu l. *dēspicere* ʼherabblicken, niederblickenʼ, zu l. *specere, spicere* ʼsehenʼ und l. *de-*.

Zu dessen Sippe s. *inspizieren*. – *DF* 1 (1913), 137.

Desperado *m. per. fremd.* ʼjmd., der sich zu gefährlichen Verzweiflungstaten hinreißen läßtʼ (< 19. Jh.). Entlehnt aus ne. *desperado*, dieses wohl eine hispanisierende Ableitung von e. *desperate* ʼverzweifeltʼ (vgl. span. *desesperado*), aus l. *dēspērātus*, dem adjektivischen PPP. von l. *dēspērāre* ʼverzweifeln, etwas aufgebenʼ, zu l. *spērāre* ʼerwarten, vermuten, hoffenʼ und l. *de-*.

S. *desperat*. – Rey-Debove/Gagnon (1988), 244.

desperat *Adj. per. fremd.* ʼverzweifeltʼ (< 16. Jh.). Entlehnt aus l. *dēspērātus*, dem PPP. von l. *dēspērāre* ʼverzweifeln, keine Hoffnung habenʼ, zu l. *spērāre* ʼerwarten, vermutenʼ und l. *de-*.

S. *Desperado*. – *DF* 1 (1913), 137.

Despot *m. erw. fremd.* ʼGewaltherr(scher)ʼ (< 15. Jh.). Entlehnt aus gr. *despótēs* ʼHerr, Hausherr, Herrscherʼ, wohl eine Zusammenrückung ʼdes Hauses Herrʼ. Das Hinterglied ist umgebildet aus ig. **poti- (m.)* ʼHerrʼ, das zu l. *potis* ʼmächtig, vermögendʼ gehört (s. *potent*). Das Vorderglied gehört zu dem ig. Wort für ʼHausʼ (s. *Zimmer*). Im Deutschen zunächst Bezeichnung für Fürsten, dann im Zusammenhang der französischen Revolution die Bedeutungsverschlechterung zu ʼgewaltsamer Herrscher, der willkürlich vorgehtʼ. Adjektiv: *despotisch*.

DF 1 (1913), 137; *HWPh* 2 (1972), 132–146; I. Stark *Typenbegriffe* 5 (1981), 169–182; *LM* 3 (1986), 733, *Grundbegriffe* 6 (1990), 651–706.

Dessert *n. stil.* ʼNachtischʼ (< 17. Jh.). Entlehnt aus frz. *dessert* m. (älter: *desserte*), zu frz. *desservir* ʼabtragenʼ, zu frz. *servir* ʼaufwarten, dienenʼ und *de-, des-*, zu l. *servīre* ʼdienen, Sklave seinʼ, neben l. *servus* m. ʼDiener, Sklaveʼ. Das *Dessert* ist also der Gang, der beim oder nach dem Abräumen der Tafel verzehrt wird.

Zur Sippe von l. *servīre* ʼdienenʼ s. *konservieren*. – *DF* 1 (1913), 138.

Dessin *n.* s. *Design*.

Dessous *n. Pl. erw. fremd.* ʼelegante Damenunterwäscheʼ (< 20. Jh.). Entlehnt aus frz. *dessous* m./Pl., eigentlich ʼUnteres, Unterseiteʼ, einer Substantivierung von frz. *dessous* ʼdarunterʼ, dieses aus l. *de subtus* ʼvon unterhalbʼ, zu l. *sub* ʼuntenʼ.

destillieren *swV. erw. fach.*, früher auch **distillieren**, ʼflüssige Stoffe mit unterschiedlichen Siedepunkten thermisch trennenʼ (< 15. Jh.). Entlehnt aus l. *dēstillāre* ʼherabträufelnʼ, zu l. *stillāre* ʼtropfen, träufeln, tropfenweise fallenʼ und l. *de-*; Ableitung von l. *stilla* ʼTropfen, ein Bißchenʼ, einem Diminutivum zu l. *stiria* ʼTropfenʼ. So benannt, da beim *Destillieren* ein Flüssigkeitsgemisch zum Sieden erhitzt und der entstehende Dampf durch Abkühlen kondensiert wird, wobei sich die enthaltenen Substanzen tröpfchenweise wieder verflüssigen. Abstraktum: *Destillation*.

DF 1 (1913), 138; *LM* 3 (1986), 735f.

Destination *f. per. fremd.* ʼBestimmung, End-zweckʼ (< 18. Jh.). Entlehnt aus l. *dēstinātio (-ōnis)*, einer Ableitung von l. *dēstināre* ʼbefestigen, festmachen, festsetzenʼ, einem Kausativum zu l. *stāre* ʼstehen, verweilen, befindenʼ. Das Grundverb *destinieren* ʼbestimmenʼ ist schon wesentlich früher (frühes 16. Jh.) bezeugt. Zum gleichen Grundverb s. *obstinat*, zur weiteren Verwandtschaft s. *Distanz*.

desto *Adv.* (< 15. Jh.). Mhd. *deste, dest,* zusam-mengerückt aus *des diu*, dem Genetiv und dem alten Instrumental des Artikels; spätalthoch-deutsch (bei Notker) neben *deste* auch *desto, des toh*; also Zusammenrückung von *des* mit *doch*. Ob die kanzleisprachliche Form auf Entsprechendes zurückgeht oder eine formalisierende Neubildung nach *dero* usw. ist, muß offen bleiben. Auf jeden Fall muß sie seit dem 15. Jh. als selbständiges Wort angesehen werden.

destruktiv *Adj. erw. fremd.* ʼzerstörerischʼ (< 19. Jh.). Entlehnt aus frz. *destructiv*, dieses aus spl. *dēstructīvus*, zu l. *dēstructum*, PPP von l. *dēstruere* ʼzerstörenʼ. Wesentlich früher bezeugt ist das un-mittelbar aus dem Lateinischen entlehnte Abstrak-tum **Destruktion** (16. Jh.).
Zu Sippe des zugrundeliegenden l. *-struere* s. *konstruieren*. – *HWPh* 2 (1972), 146 f.

Detail *n. erw. fremd.* ʼEinzelheitʼ (< 17. Jh.). Ent-lehnt aus frz. *détail m.*, einer Ableitung von frz. *détailler* ʼzerteilen, abteilenʼ, zu frz. *tailler* ʼschnei-den, zerlegenʼ und *de-, dis-*, aus l. *tāliāre* ʼspaltenʼ, zu l. *tālea f.* ʼabgeschnittenes Stückʼ. Ein *Detail* ist also eigentlich ein ʼAbschnittʼ. Adjektiv: *detailliert*.
S. *Taille*. – Schirmer (1911), 45; *DF* 1 (1913), 138 f.

Detektiv *m.* (< 19. Jh.). Entlehnt aus ne. *detec-tive (policeman)*, zu e. *detect* ʼermitteln, aufdek-kenʼ, dieses aus l. *dētegere (dētēctum)*, zu l. *tegere* ʼbedecken, verhüllen, verheimlichenʼ und l. *de-*. Die Detektive waren ursprünglich eine von der Polizei in England eingerichtete Spezialtruppe ausgewähl-ter Polizisten, die sich nicht mit polizeilicher Routi-nearbeit, sondern ausschließlich mit Spezialunter-suchungen (und -überwachungen) zu beschäftigen hatte. Diese ʼEntdeckungs-Polizeiʼ arbeitete mitun-ter auch in Zivil. Privatpersonen in einer derartigen Funktion heißen auf Englisch *private detective*. Im Deutschen gibt es die staatliche Institution nicht; die entsprechenden Privatpersonen werden mit dem einfachen Wort *Detektiv* (auch *Privatdetektiv*) benannt. Ein vergleichbares Nomen agentis ist **De-tektor** ʼGerät zum Nachweis nicht wahrnehmbarer Stoffe (u. a.)ʼ.
S. *protegieren*; zur germanischen Verwandtschaft s. *decken*. – *DF* 1 (1913), 139; Rey-Debove/Gagnon (1988), 225.

determinieren *swV. per. fach.* ʼbestimmen, festle-genʼ (< 16. Jh.). Entlehnt aus l. *dētermināre*, zu l. *termināre* ʼbegrenzen, beschränken, beschließenʼ und l. *de-*, zu l. *terminus* ʼGrenzeʼ. Nomen agentis:

Determinante; Abstraktum: **Determination**; Adjek-tiv: **determinativ**. Hierzu **Determinismus** als ʼLehre von der Vorbestimmtheit alles Geschehensʼ mit **De-terminist**.
S. *Termin*. – K.-H. Weimann *DWEB* 2 (1963), 388; *HWPh* 2 (1972), 147–150; *LM* 3 (1986), 736 f.

detonieren *swV. erw. fach.* ʼexplodierenʼ (< 18. Jh.). Entlehnt aus frz. *détoner*, dieses aus l. *dētonāre* ʼlosdonnernʼ, zu l. *tonāre* ʼdonnernʼ. Abstraktum: **Detonation**. Zur germanischen Verwandtschaft s. *Donner*.

Detz *m.* s. *Dez.*

Deubel *m.* s. *Deixel.*

Deut *m. obs. phras.* ʼkleine Münzeʼ (< 17. Jh.). In *keinen Deut auf etwas geben* u.ä. Aus dem Nie-derdeutschen/Niederländischen mndl. *duit* u.ä. Name einer niederländischen/westniederdeutschen Scheidemünze, die weithin bekannt war. Das Wort erinnert lautlich an anord. *þveiti n.* ʼMaßeinheit, kleinste Scheidemünzeʼ, das offenbar zu einem Ver-bum gehört, das in ae. *þwītan stV.* ʼabschneidenʼ bezeugt ist; also eigentlich ʼAbschnitt, Abgeschnit-tenesʼ. Dies kann in seiner Grundbedeutung zu ei-nem Wort für ʼScheidemünzeʼ werden; man kann aber auch daran denken, daß bei Münzen mit Ma-terialwert (oder Edelmetallstücken als Zahlungs-mittel) Stücke davon als Gegenwert kleinerer Be-träge gebraucht wurden. Der Zusammenhang zwi-schen dem mittelniederländischen und dem altnor-dischen Wort bleibt aber im einzelnen (auch laut-lich) unklar. Vgl. zum Benennungsmotiv *Scherf-lein.*
Röhrich 1 (1991), 313–316.

deuteln *swV.* (< 16. Jh.). Verkleinerungsbildung zu *deuten.* Indem das ʼan Kleinem herumdeutenʼ zu einem Suchen nach Ausflüchten und Widersprü-chen wird, erhält das Wort seine negative Bedeu-tung.

deuten *swV.* (< 11. Jh.). Mhd. *diuten*, ahd. *diuten, tiuten*, mndd. *duden*, mndl. *dieden* heißt in der alten Sprache vielfach ʼbedeuten in der Volksspracheʼ, entsprechend zu mhd. *ze diute* ʼin der Volksspra-cheʼ. Das Wort ist also wohl auf ahd. *diot* ʼVolkʼ bezogen worden (s. *deutsch*), doch kann es seman-tisch keine Ableitung zu diesem sein; auch sprechen verwandte Formen gegen diese Annahme (vgl. etwa ae. *gepēodan* ʼübersetzenʼ); anord. *þýða* in der Be-deutung ʼübersetzenʼ und ʼ(einen Traum) deutenʼ ist kaum vom Altenglischen und Deutschen unab-hängig. Möglicherweise ist ein Wort anderer Her-kunft in den Bedeutungsbereich von ʼVolk, Volks-spracheʼ hineingezogen worden; aber die Einzelhei-ten sind nicht ausreichend untersucht. Abstraktum: **Deutung**; Adjektiv: **ein-, zwei-, mehrdeutig**; Präfigie-rung: **be-** mit **bedeutend** und **Bedeutung**.
Nndl. *duiden*, nschw. *tyda*, nisl. *þýða*. S. *deuteln, deutlich, deutsch*. – Zu *Bedeutung* vgl.: R. Haller *AB* 7 (1962),

57−119; *HWPh* 2 (1972), 157−159; Heidermanns (1993), 621−623.

deutlich *Adj.* (< 14. Jh.). Mhd. *diutlīche*, zunächst nur als Adverb. Eigentlich ´was leicht gedeutet werden kann` zu *deuten*.

deutsch *Adj.* (< 11. Jh.). Mhd. *tiutsch, diut(i)sch*, ahd. *diutisc, as. thiudisc* ist abgeleitet von g. **þeudō* f. ´Volk` in gt. *þiuda*, anord. *þjóð*, ae. *þēod*, afr. *thiād*, as. *thiod(a)*, ahd. *diot*, dieses aus ig. *\*teutā* f. ´Volk` in alit. *tautà*, air. *túath*, osk. *touto* und wohl auch heth. *tuzzi-* ´Heer` (eine ältere Bedeutung zeigt wohl npers. *tōda* ´Masse, Erdhaufen`, so daß von ´Volksmasse` auszugehen ist). Es bedeutet also ´zum Volk gehörig` und ist ein systematisch gebildetes Adjektiv wie etwa gt. *þiudisks* ´heidnisch`, das formal genau entspricht, aber eine Lehnbildung nach gr. *ethnikós* (l. *gentīlis*) ist. Wegen des Vokalunterschieds ahd. *diot* − ahd. *diutisc* muß das Adjektiv alt sein. Die Bedeutung ´in der Volkssprache` wurde im Frankenreich schon früh festgelegt, zuerst bezeugt in latinisierter Form *(theodisce, theodisca lingua)*. Dieser latinisierte Gebrauch ist früh auch schon in England für ´volkssprachlich, in der Volkssprache` (d. h. hier also: ´in Altenglisch`) bezeugt, möglicherweise in Anlehnung an den fränkischen Gebrauch. Parallel zu ahd. *heimisc* ´heimisch`, das einerseits ´inländisch, heimisch` bedeutet, andererseits ´ungebildet, stümperhaft` (vgl. anord. *heimskr* ´dumm`) kann das Adjektiv einerseits bedeutet haben ´zum Volk gehörig`, andererseits ´nur zum Volk gehörig, auf die Volkssprache beschränkt` (im Gegensatz zu denjenigen, die auch Latein konnten). Ein Einfluß von l. *gentīlis*, das außer ´(zum Volk gehörig), heidnisch` auch ´volkssprachig` bedeuten konnte, ist nicht ausgeschlossen. Ein solcher Wortgebrauch wäre im Umkreis der Klöster denkbar, der auch die frühe lateinische Bezeugung erklären würde. Der Gegensatz zur Volkssprache muß ursprünglich das Latein gewesen sein; im Zuge der Romanisierung der Westfranken und der Abgrenzung des Altfranzösischen gegen das Althochdeutsche (Fränkische) wird dann aber *deutsch* als Bezeichnung gegenüber dem Romanischen verwendet. Im Laufe des 10. und 11. Jhs. wird es zur allgemeinen Bezeichnung kontinentalgermanischer Sprachen. Auch die niederländischen Sprachausprägungen wurden (auch in der Selbstbezeichnung) *deutsch* genannt (*Dietsc* in Flandern, *Duutsc* in Holland, im 16. Jh. *Duits*). Seit dem 16. Jh. im Zusammenhang mit den Selbständigkeitsbestrebungen im Nordwesten dafür dessen auch *Nederlands*, das im 19. Jh. (abgesehen von Relikten) zur allein gebräuchlichen Bezeichnung wird. − *Deutschland* ist eine Zusammenrückung, die seit dem 15. Jh. auftritt; vorher mhd. *daz diutsche lant, in diutschen landen* usw. Präfixableitung *verdeutschen*.

Nndl. *duits*, ne. *dutch* ´niederländisch`, nschw. *tysk*, nisl. *þýzka*. S. *deuten*. − Für die fast unübersehbare Literatur s. die Literaturverzeichnisse von Th. Klein in *FS H. Beck* (Berlin 1994), 381−410 und v. R. Lühr in *Erlanger Gedenkfeier für Johann Kaspar Zeuß*. Hrsg. B. Forssman (Erlangen 1990), 75−116. Ferner K.-H. Roth: ´Deutsch` (München 1978); N. Morciniec in *FS de Smet* (Leuven 1986), 355−362; Th. Klein *RV* 51 (1987), 187−302; ders. *HZ* 247 (1988), 295−332; H. Beck in *FS Erben*. Hrsg. W. Besch (Frankfurt/Main 1990), 443−453; Röhrich 1 (1991), 316 f.; G. Must *IF* 97 (1992), 103−121. Zum Grundwort vgl. K. R. McCone in: Meid (1987), 101−154; S. Zimmer in: Meid (1987), 326. Zu *Deutschland*: H. Berschin: *Deutschland − ein Name im Wandel* (München und Wien 1979).

Devise *f.* erw. fach. ´Wahlspruch` (< 16. Jh.). Entlehnt aus frz. *devise*, eigentlich ´Abgeteiltes`, zu frz. *deviser* ´ein-, abteilen`, über spl. *\*dēvisāre, \*dīvisāre* aus l. *dīvidere (dīvīsum)*. Das Wort stammt aus der Wappenkunde und bezeichnet zunächst die Unterteilungen der Wappen. Der in ein solches Feld geprägte Wahlspruch war der ´Devisenspruch`, woraus sich dann die allgemeine Bedeutung ´Motto` entwickelte.
S. *Devisen*. − *DF* 1 (1913), 139.

Devisen *Pl.* erw. fach. ´Zahlungsmittel in fremder Währung` (< 19. Jh.). Im frühen 19. Jh. werden in den Bankhäusern die Auslandswechsel nach Bankplätzen, frz. *par devises*, sortiert, nach einer *devise Amsterdam, devise Vienne, devise Berlin* usw. Eine Devise ist also zunächst die Gesamtheit der auf einen auswärtigen Bankplatz ausgestellten Wechsel; dann ein Auslandswechsel allgemein und schließlich ´ausländisches Zahlungsmittel`. Warum die Einteilung in Bankplätze *Devisen* genannt wird, ist nicht ganz klar; vermutlich haben die einzelnen Bankplätze Kennwörter (s. *Devise*) gehabt. Ein Rückgriff auf die alte Bedeutung ´Einteilung` scheint aber nicht ausgeschlossen.
S. *Devise* und zur lateinischen Verwandtschaft *dividieren*. − A. Schirmer *MS* 1949, 66−68; G. Rabuse *Der österreichische Betriebswirt* 11 (1961), 195−201; *LM* 3 (1986), 925 f.

devot *Adj.* erw. fremd. ´unterwürfig` (< \*15. Jh., Standard < 17. Jh.). Entlehnt aus l. *dēvōtus* ´hingeben`, PPP zu l. *dēvovēre* ´sich weihen, hingeben`. Zunächst nur niederdeutsch. Als Weiterbildung **Devotion** und **Devotionalien** ´Andachtsgegenstände` (l. *dēvōtionalia* ´was zur Andacht gehört`).
S. *Votum, Votivtafel*. − *DF* 1 (1913), 139 f.

Dez *m.*, **Deez, Doetz** *m.* vulg. ´Kopf` (< 18. Jh.). Ausgegangen von ndd. *döts*. Herkunft unklar. (Zusammenhang mit frz. *tête* f. ´Kopf`?).
Niekerken *NJ* 84 (1961), 139; Röhrich 1 (1991), 313.

Dezember *m.* (< 13. Jh.). Entlehnt aus l. *(mēnsis) December*, eigentlich ´der zehnte Monat`, mit unklarer Wortbildung (aus *\*dekmo-mens-ri-*?) zu l. *decem* ´zehn`. So benannt als der zehnte und letzte

Monat des 304 Tage dauernden Mondjahres, das mit dem *Martius* ˈMärzˈ begann. Mit der Einführung des 365 Tage dauernden Mondsonnenjahres (unter Hinzunahme von Januar und Februar, 7. Jh. v.C.) wird er dann zum zwölften Monat. Die ältere deutsche Bezeichnung ist ahd. *heilagmānōd*.

Zu l. *decem* ˈzehnˈ gehört als Ableitung von Dezimalzahlwort *decimus* ˈzehnterˈ *dezimal* und *dezimieren*, über das Französische auch *dezi-*. Andere Ableitungen in *Decher* und *Dekan*; zur griechischen Verwandtschaft s. *Dekade*, zur germanischen s. *zehn*. − Szemerényi (1989), 56−59.

dezent *Adj. stil.* ˈzurückhaltend, gedämpftˈ (< 18. Jh.). Entlehnt aus l. *decēns (-entis)*, dem PPräs. von l. *decēre* ˈsich ziemen, wohl anstehen, zierenˈ, zu l. *decus* ˈZierde, Anstandˈ.

S. *dekorieren*, *indigniert* und weiter entfernt *dozieren*. − DF 1 (1913), 140.

Dezernent *m. per. fach.* ˈSachbearbeiterˈ (< 18. Jh.). Neoklassische Substantivierung von l. *dēcernēns (-entis)*, dem PPräs. von l. *dēcernere* ˈentscheidenˈ, zu l. *cernere (crētum)* ˈtrennen, scheidenˈ und l. *de-*. Das Wort entsteht im Deutschen aus Aktennotizen wie *Dec[ernat] collega N.*, mit denen den zuständigen Sachbearbeitern vom Amtsvorstand Akten zur Bearbeitung zugeteilt wurden (l. *decernat* ˈer möge entscheidenˈ). Sodann *Dezernent* als ˈderjenige, der entscheidetˈ und **Dezernat** ˈSachbereichˈ. Zur Sippe des zugrundeliegenden l. *cernere* ˈscheidenˈ s. *Konzern*.

dezi- *LAff.* Wortbildungselement mit der Bedeutung ˈzehntelˈ (z. B. *Dezimeter*). Es wurde vornehmlich in französischen Entlehnungen (frz. *déci-*) ins Deutsche übernommen; sein Ursprung ist l. *decimus* ˈzehnterˈ, zu l. *decem* ˈzehnˈ. Weiteres s. *Dezember*.

Cottez (1980), 114.

dezidiert *Adj. erw. fremd.* ˈbestimmt, energischˈ (< 18. Jh.). Partizipialadjektiv zu d. *dezidieren*, dieses aus l. *dēcīdere*, eigentlich ˈabschneidenˈ, zu l. *caedere* ˈhauen, schlagenˈ und l. *de-*. Vorbild ist frz. *décidé*.

Zu der Sippe des zugrundeliegenden l. *caedere* ˈschlagenˈ gehören als Nominalbildungen nach dem Muster von l. *parricīda* ˈVatermörderˈ in volkssprachlicher Weiterbildung *Herbizid* und ähnliche Zusammensetzungen; eine Ableitung ist *Zement*; auf das PPP führen zurück *präzise* und *konzis*, und als Weiterbildungen *Kaiserschnitt*, *Zäsur*, *ziselieren*. Ein Sekundäreinfluß wohl in *Akzise*. Die deutsche Verwandtschaft in *Beutheie*, *Heide*[1], *Heister*.

dezimal- *LAff.*, selten *Adj.* (< 17. Jh.). Entlehnt aus ml. *decimalis* ˈauf das Dezimalsystem bezogenˈ, zu l. *decimus* ˈzehnterˈ, zu l. *decem* ˈzehnˈ. S. *Dezember*.

dezimieren *swV. erw. fremd.* ˈdurch Gewalt an Zahl sehr stark verringernˈ (< 18. Jh.). Entlehnt aus l. *decimāre* ˈjeden zehnten Mann tötenˈ, einer Ableitung von l. *decimus* ˈder Zehnteˈ, zu l. *decem*

ˈzehnˈ. Im Deutschen zunächst in dieser Bedeutung verwendet in Schilderungen römischer Kriegsbräuche. Bei der *decimatio*, der Strafe für Meuterei, wurde durch Losentscheid jeder zehnte Mann zum Tode verurteilt, während die übrigen Meuterer mit Kürzungen der Rationen davonkamen. Nach der Loslösung vom römischen Hintergrund Verallgemeinerung der Bedeutung unter Verlust des ursprünglichen Benennungsmotivs.

S. *Dezember*. − DF 1 (1913), 140.

di- *LAff.* Wortbildungselement mit der Bedeutung ˈzweiˈ (z. B. *Dipol*). Es wird vornehmlich in neoklassischen Bildungen verwendet; sein Ursprung ist die Kompositionsform gr. *di-* von gr. *dís* ˈzweimalˈ. Zur lateinischen Verwandtschaft s. *bi-* und *Duo*, zur deutschen s. *zwie-* und *zwei*.

Wortbildung 3 (1978), 249; Cottez (1980), 118 f.

Dia *n.* s. *Diapositiv*.

dia- *Präfix.* Zunächst in Entlehnungen aus dem Griechischen mit dem Präfix *dia-* (*diagonal*); dann in neoklassischen Bildungen übernommen. Besonders produktiv in der linguistischen Fachsprache zur Kennzeichnung der Parameter der sprachlichen Variation. Vorbild für die Entwicklung ist wohl *Dialekt*; die erste fachsprachliche Bildung ist *diachronisch* von F. de Saussure (1906−1911) für ein früheres *metachronisch*; reihenbildend wird das Präfix bei L. Flydal (1952) mit *diatopisch* und *diastratisch*.

Cottez (1980), 119. [Herangezogen wurde die Magisterarbeit von P. Obermüller].

Diabetes *m. erw. fach.* ˈZuckerkrankheitˈ (< 18. Jh.). In der neoklassischen Fachsprache enthalten als neo-kl. *Diabetes mellitus*, dieses aus gr. *diabḗtēs* ˈHarnruhrˈ und l. *mellītus* ˈhonigsüßˈ. So bezeichnet nach dem typischen Symptom der Krankheit: dem hohen Zuckergehalt im Urin. Das Grundwort zu gr. *diabaínein* ˈdie Beine spreizenˈ; das Substantiv bezeichnet zweischenklige Werkzeuge: den Zirkel und den Doppelheber (zur Entnahme von Wein). Nach dem Doppelheber ist die Krankheit benannt: Der Kranke kann die Flüssigkeit nicht halten, sie fließt durch ihn hindurch wie durch einen Heber. Sekundär dann Verengung auf die ˈZuckerharnruhrˈ. Täterbezeichnung: **Diabetiker**.

Zur Sippe von gr. *bainein* ˈkommenˈ s. *Basis*. K. Kalbfleisch *AGMN* 42 (1958), 142−144; G. Tonelli *AB* 7 (1962), 120−139.

diabolisch *Adj. erw. fremd.* ˈteuflischˈ (< 16. Jh.). Entlehnt aus kirchen-l. *diabolicus*, zu ntl.-gr. *diábolos* ˈTeufel, Feind, Widersacherˈ (s. *Teufel*).

diachronisch *adj. per. fach.* ˈzeitverschieden, geschichtlichˈ (< 20. Jh.). Übernommen von durch den französisch-sprachigen Sprachforscher F. de Saussure geprägten Ausdruck frz. *diachronique* aus *dia-* und gr. *chrónos* ˈZeitˈ (s. *dia-*, zur Sippe von gr. *chrónos* ˈZeitˈ s. *Chronik*).

Diadem 177 Diapositiv

Diadem *n. erw. fach.* ´Stirn-, Kopfschmuck` (< 9. Jh.). Mhd. *dīadēm*, ahd. *dīadēma* ist entlehnt aus l. *diadēma*, dieses aus gr. *diádēma* ´Stirnband`, eigentlich ´Umgebundenes`, einer Ableitung von gr. *diadeîn* ´umbinden`.

Diadochenkämpfe *Pl. bildg.* ´Konkurrenzkampf um die Nachfolge in einem bedeutenden Amt` (< 19. Jh.). Aus gr. *diádochos m.* ´Nachfolger`, einer Substantivierung von gr. *diádochos* ´nachfolgend, übernehmend`, zu gr. *diadéchesthai* ´übernehmen, ablösen`, zu gr. *déchesthai* ´hinnehmen, in Empfang nehmen, abnehmen`. Verallgemeinert aus der Bezeichnung der Auseinandersetzungen um die Nachfolge Alexanders des Großen.

Diagnose *f. erw. fach.* ´Bestimmen einer Krankheit oder eines Defekts` (< *18. Jh., Form < 19. Jh). Entlehnt aus frz. *diagnose*, dieses aus gr. *diágnōsis*, einer Ableitung von gr. *diagignṓskein* ´völlig erkennen, beurteilen`, zu gr. *gignṓskein* ´erkennen`; vgl. gr. *gnōsis* ´Erkenntnis`. Zuerst in der gräzisierenden Form *Diagnosis*, dann eingedeutscht. Verb: *diagnostizieren*.
S. *Prognose*; zur lateinischen Verwandtschaft s. *rekognoszieren*, zur germanischen s. *können.* HWPh 2 (1972), 162 f.; Zu *Diagnostik*: LM 3 (1986), 935−939.

diagonal *Adj. erw. fach.* (< *15. Jh., Form < 18. Jh.). Entlehnt aus ml. *diagonalis*, eigentlich: ´durch die Winkel`, einer Bildung zu gr. *diá* ´durch` und gr. *gōnía* ´Winkel`. Die *Diagonale* verbindet je zwei Ecken eines Vielecks in gerader Linie. Zuerst in Zusammensetzungen und in lateinischer Form; eingedeutscht erst wesentlich später. Substantivierung: *Diagonale*.
Zur germanischen Verwandtschaft s. *Knie.* − Schirmer (1912), 14 f.

Diagramm *n. erw. fach.* ´graphische Darstellung` (< *16. Jh., Form < 19. Jh.). Entlehnt aus gr. *diágramma* ´geometrische Figur, Umriß`, zu gr. *diagráphein* ´aufzeichnen`, zu gr. *gráphein* ´schreiben, zeichnen` und gr. *dia-*. Zuerst in griechischer Form entlehnt, dann eingedeutscht. Zur Sippe von gr. *gráphein* ´schreiben` s. *Graphik.*

Diakon *m. erw. fach.* ´(Pfarr)Helfer; Pfleger` (< 9. Jh.). Mhd. *dīāken*, ahd. *diacan*, mndd. *diacen*, mndl. *diaken* ist entlehnt aus kirchen-l. *diāconus*, dieses aus gr. *diákonos* ´Diener`. Nachträglich wurde es wieder genauer an den lateinischen Lautstand angeglichen. Femininform mit abweichender Bedeutung: *Diakonisse*.
DF 1 (1913), 140 f.; LM 3 (1986), 940−943.

diakritisch *Adj. per. fach.* ´der Unterscheidung dienend` (< 19. Jh.). Entlehnt aus gr. *diakritikós*, zu gr. *diakrīnein* ´trennen`, zu gr. *krīnein* ´schichten, trennen` und gr. *dia-*. Zu dessen Sippe s. *Krise.*

Dialekt *m.* ´Mundart` (< 17. Jh.). Entlehnt aus l. *dialectus f.*, dieses aus gr. *diálektos* ´Unterredung, Redeweise, Mundart`, zu gr. *légein* ´sprechen, zählen, berechnen` und gr. *diá* ´auseinander, entzwei, anders`. Gleichzeitig mit der Entlehnung wird das Ersatzwort *Mundart* gebildet. Um der Verwechslung mit *Dialektik* zu entgehen, wird das Adjektiv **dialektisch** mehr und mehr durch **dialektal** ersetzt.
Zur Sippe von gr. *légein* ´zählen, reden` s. *Logik.* − DF 1 (1913), 141; HWPh 2 (1972), 164.

Dialektik *f. per. fach.* (ein Argumentationsverfahren) (< 16. Jh.). Entlehnt aus l. *(ars) dialecticē*, dieses aus gr. *dialektikḗ (téchnē)*, zu gr. *diálektos m.* ´Unterredung (usw.)`, zu gr. *dialégesthai* ´sich unterreden, sprechen`, zu gr. *légein* ´sprechen, reden, sammeln` und gr. *dia-*. Vom Mittelalter bis zum 18. Jh. versteht man unter *Dialektik* die (Schul-)Logik. Adjektiv: **dialektisch**.
S. *Dialekt.* − K.-H. Weimann DWEB 2 (1963), 388; HWPh 2 (1972), 164−226; LM 3 (1986), 944−946.

Dialog *m.* ´Zwiegespräch` (< *14. Jh., Form < 18. Jh.). Entlehnt aus l. *dialogus*, dieses aus gr. *diálogos*, eigentlich ´Gespräch`, zu gr. *dialégesthai* ´sich unterreden, sprechen`, zu gr. *légein* ´sprechen, reden, sammeln` und gr. *dia-*. Zunächst in lateinischer Form entlehnt, dann − unter Einfluß von frz. *dialogue* − eingedeutscht.
Zur Sippe von gr. *légein* ´zählen, reden` s. *Logik.* − DF 1 (1913), 141; HWPh 2 (1972), 226−229; LM 3 (1986), 946−965.

Diamant *m.* (< 13. Jh.). Mhd. *dīemant*, *dīamant[e]* ist entlehnt aus afrz. *diamant*, dieses aus ml. *diamas (-antis)*, zu. l. *adamās (-antis)* (bzw. *adimant*) ´das härteste Eisen; Diamant`, aus gr. *adámas*. Dieses ist in der Bedeutung ´Diamant` wohl eine Entlehnung, die volksetymologisch auf gr. *damnánai* ´bezwingen` und gr. *a-* bezogen wird. Vor der wissenschaftlichen Analyse der Neuzeit stehen allegorische und abergläubische Deutungen von Eigenschaften der Metalle und Mineralien im Vordergrund − so auch hier die Eigenschaft der sehr großen Härte. Der sich in den romanischen Sprachen entwickelnde Wortanfang *dia-* dürfte auf einer volksetymologischen Anlehnung an gr. *diaphaínein* ´durchscheinen` beruhen, mit der eine Abgrenzung von der Bedeutung ´Metall` erreicht wird.
S. auch *Demant.* − Lüschen (1979), 201 f.; LM 3 (1986), 967; Lloyd/Springer 1 (1988), 50 f.

diametral *Adj. per. fremd.* ´gegensätzlich, entgegengesetzt` (< 18. Jh.). Entlehnt aus spl. *diametrālis* ´zum Durchmesser gehörig`, zu l. *diametrus* ´Durchmesser`, dieses aus gr. *diámetros*, zu gr. *métron* ´Maß` und gr. *diá* ´durch`. Der Durchmesser eines Kreises verbindet die weitestmöglich voneinander entfernten Punkte (im Gegensatz zu einer Kreissehne). S. *Meter.*

Diapositiv *n. erw. fach.* ´durchsichtige Fotografie zum Projizieren auf Leinwände usw.` (< 20. Jh.).

Neubildung zu gr. *diá* 'durch, hindurch' und *positiv*. Das Positiv zeigt das wirkliche, positive Bild, im Gegensatz zum Negativ, das Licht- und Farbwert umkehrt. Meist abgekürzt als **Dia**.

Diarium *n. per. fach.* 'Tagebuch' (< 17. Jh.). Entlehnt aus l. *diārium*, zu l. *diēs f./m.* 'Tag'. S. *Diäten*. − *DF* 1 (1913), 141 f.

Diarrhöe *f. per. fach.* 'Durchfall' (< 18. Jh.). In der medizinischen Fachsprache entlehnt aus gr. *diárroia* 'Durchfall', eigentlich 'Durchfließen' zu gr. *diá*- 'durch' und gr. *réō* 'fließe'. Zu dessen Sippe s. *Rheuma*.
DF 1 (1913), 142.

Diaspora *f. per. fach.* '(Lebensraum einer) konfessionellen bzw. ethnischen Minderheit' (< 19. Jh.). Entlehnt aus kirchen-l. *diaspora*, dieses aus ntl.-gr. *diasporá* (dass., ursprünglich 'die außerhalb Judäas lebenden Juden', eigentlich 'Zerstreuung, Ausstreuung', zu gr. *diaspeírein* 'zerstreuen, ausstreuen', zu gr. *speírein* 'ausstreuen, säen' und gr. *diá* 'durch, auseinander, entzwei'. Zu dessen Sippe s. *Sperma*.

Diät *f.* 'Schonkost' (< 15. Jh.). Entlehnt aus l. *diaeta*, dieses aus gr. *díaita*, eigentlich 'Lebensweise, Lebensunterhalt'. Das allgemeine Wort für die Lebensart wird seit Hippokrates medizinisch als Bezeichnung für eine besondere, schonende Lebensart und die damit verbundene Ernährung verwendet.
Das griechische Wort ist eine Rückbildung zu gr. *diaitáomai* 'sich ernähren, sich aufhalten'; dieses zu gr. *aínymai* 'greifen, nehmen' und gr. *diá* 'auseinander, durch', also eigentlich 'die Verteilung'. S. *Diäten*. − J. W. Walz *ZDW* 12 (1910), 177; *DF* 1 (1913), 142; *HWPh* 2 (1972), 231 f.

Diäten *Pl. erw. fach.* 'Tagegelder (von Abgeordneten)' (< *15. Jh., Bedeutung < 18. Jh.). Entlehnt aus ml. *dieta f.* 'Tagung'. Dieses entweder = l. *diaeta* 'Lebensart' und falsch auf l. *diēs f./m.* 'Tag' bezogen oder (unregelmäßig) aus diesem gebildet. Zunächst 'Tagung', dann 'Tagegeld, Aufwandsentschädigung'. Gleichzeitige Bildungen wie *Diätengelder* 'Versammlungsgelder' zeigen das Benennungsmotiv.
S. *Diarium, Diät, Journal, jovial.* − *DF* 1 (1913), 142.

dibbern *swV. per. grupp.* 'reden', besonders 'leise auf jmd. einreden' (< 15. Jh.). Übernommen aus dem Rotwelschen und den Händlersprachen. Aus wjidd. *dibbern/dabbern* aus der hebräischen Wurzel *dābār* 'sprechen'.

dich *Pron.* Akkusativ zu *du* (< 8. Jh.). Mhd. *dich*, ahd. *dih*. Dieser Form entspricht sonst nur anord. *þik* und ae. (angl.) *þec*; das Gotische weicht im Vokal ab *(þuk)*, und den anderen Sprachen fehlt der konsonantische Auslaut (ae. *þe*; afr. *thi*, as. *thi*). Die einfache Form g. **þe* geht auf das undifferenzierte ig. **te* zurück, die verstärkende Partikel ig.

*-ge findet sich außer im Germanischen noch im Hethitischen und (in selbständiger Form) im Griechischen. Das *-u-* im Gotischen *(þuk)* ist typisch für die volltonigen Formen. S. einerseits *du, dein, dir* und andererseits *mich*.
Seebold (1984), 36 f. und 98 − 105.

Dichotomie *f. per. fach.* 'Zweiteilung, Gegensatz' (< 18. Jh.). Entlehnt aus gr. *dichotomía* 'Zweiteilung', einer Ableitung von gr. *dichótomos* 'halbiert, geteilt', zu der Kompositionsform von gr. *dícha* 'entzwei, auseinander' und gr. *-tomos*, Nomen agentis zu gr. *témnein* 'schneiden, zerschneiden, teilen, spalten'.
S. *Anatomie, Atom, Fliete.* − *HWPh* 2 (1972), 232.

dicht *Adj.* (< 13. Jh.). Mhd. *dīhte*, mndd. *dicht(e)*, mndl. *dicht(e)*, aus g. **þīhta-/ja-*, älter **þenh-t-* *Adj.* 'dicht, dick', auch in anord. *þéttr* '(wasser)dicht, schwer', ae. *þīht* (selten) 'fest'. Vermutlich abgeleitet von g. **þīh-a-* aus **þenh-a-* 'gedeihen'. In der Sippe dieses Verbs kommen Bedeutungen wie 'gerinnen, zusammenziehen' vor, die die besondere Bedeutung von *dicht* ausreichend erklären können, vgl. besonders air. *técht* 'geronnen' (das dem germanischen Wort genau entspricht), lit. *tánkus* 'dicht', avest. *taxma-* 'fest, dicht', die Wurzel ist also ig. **tek-* 'gerinnen, zusammenfahren' (mit Nasalierung). Die Kürze im Neuhochdeutschen beruht auf einer niederdeutschen Kürzung vor Doppelkonsonanz, die sich im Neuhochdeutschen durchgesetzt hat. Abstraktum: **Dichte**.
Nndl. *dicht*, ne. *tight* (unregelmäßiger Anlaut), nschw. *tät*, nisl. *þéttur*. S. *gedeihen, dichten*[1], *Tang*; zur lateinischen Verwandtschaft s. *Ton*[1]. − Röhrich 1 (1991), 318; Heidermanns (1993), 619 f.

dichten[1] *swV.* 'dicht machen' (< 15. Jh.). Zu *dicht*. Konkretum: **Dichtung**[1].

dichten[2] *swV.* 'ein sprachliches Kunstwerk verfassen' (< 9. Jh.). Mhd. *tihten*, ahd. *dihtōn*, mndd. *dichten*, mndl. *dichten* 'den Text eines Schriftstücks verfassen, dichten', sind wie afr. *dichta* 'abfassen', ae. *dihtan* 'anordnen', anord. *dikta* 'etwas auf Latein abfassen' entlehnt aus l. *dictāre* 'etwas zum Aufschreiben vorsagen', einem Intensivum zu l. *dīcere* 'sagen'. **Dichter**, belegt seit dem 12. Jh., ist zunächst kein häufiges Wort (mhd. *tihter, tichtære*); erst seit es im 18. Jh. als Verdeutschung von *Poet* durchgesetzt wird, hat es im Deutschen einen festen Platz. Abstraktum: **Dichtung**[2]; Kollektivum: **Gedicht**.
Zur Sippe von l. *dīcere* 'sagen' s. *diktieren*; zur germanischen Verwandtschaft s. *zeihen*. − A. Maas *ZdW* 6 (1904/05), 233−298; A. Ernout *REL* 29 (1959), 155−161; C. Soetemann in: *FS Hammerich* (1962), 271−280; *RGA* 5 (1984), 376−392; Röhrich 1 (1991), 318 f.; *LM* 3 (1986), 975.

dick *Adj.* (< 9. Jh.). Mhd. *dic(ke)*, ahd. *dicki*, as. *thikki f.* 'Dicke' aus g. **þeku-* *Adj.* 'dick' (mit diesem Lautansatz ist wohl auszukommen, obwohl die Nachfolgeformen Gemination und Aufhellung des Vokals vor *j* voraussetzen; hierfür dürfte aber der Ausgleich innerhalb der Flexion maßgeblich gewesen sein); auch in anord. *þykkr*, ae. *þicce*. Dieses aus ig. (weur.) *tegu-* *Adj.* ´dick`, das auch gemeinkeltisch ist (air. *tiug*, kymr. *tew* ´dick, dicht`). Weitere Herkunft unklar. Vielleicht zu einer nasallosen Variante der unter *gedeihen* behandelten Grundlage (da bei dieser Grundlage auch Auslautvariation vorkommt). In diesem Fall näher zu *dicht* gehörig. Abstraktum: **Dicke.**

Nndl. *dik*, ne. *thick*, nschw. *tjock*, nisl. *þykkur*. S. *gedeihen, dicht, Dickicht.* – Röhrich 1 (1991), 319 f.; Heidermanns (1993), 617 f.

Dickicht *n.* stil. (< 17. Jh.). Aus dem Adjektiv fnhd. *dickicht* ´dicht, undurchdringlich` substantiviert und als Kollektiv auf *-icht* nach dem Muster von *Röhricht* u. a. aufgefaßt. Ähnlich in der Bedeutung schon früher bezeugtes **Dickung** ´dichtes Gebüsch`, beides jägersprachlich (*Dickung* noch heute). Zugrunde liegt das Adjektiv *dick* ´dick, dicht` und seine Abstraktbildung mhd. *dicke f.* ´dichtes Gebüsch`.

W. A. Benware *BGDSL-T* 101 (1979), 343.

Dickkopf *m.* (< *16. Jh, Bedeutung < 17. Jh.). Zunächst ein Possessiv-Kompositum für Tiere mit dickem Kopf (etwa Kaulquappen). Dann in einem ähnlichen Bild wie bei *halsstarrig* übertragen auf eigensinnige Personen; schließlich auch für ´Eigensinn` (*er hat einen Dickkopf*).

didaktisch *Adj. erw. fach.* ´das (gute) Lehren betreffend` (< 18. Jh.). Entlehnt aus gr. *didaktikós* ´zum Lehren geeignet`, zu gr. *didáskein* ´lehren`, einem Kausativum zu gr. *daênai* ´lernen`. Abstraktum: **Didaktik**, Täterbezeichnung: **Autodidakt.**

HWPh 2 (1972), 233–235; J. Knecht *AB* 28 (1984), 100–122.

die *Pron. Art.* s. *der.*

Dieb *m.* (< 9. Jh.). Mhd. *diep*, ahd. *diob, thiob*, as. *thiof* aus g. *þeuba-* *m.* ´Dieb`, auch in gt. *þiufs*, anord. *þjófr*, ae. *þēof*, afr. *thiāf*. Herkunft unklar. *Dieb* bezeichnet im Germanischen denjenigen, der einem anderen etwas wegnimmt (oder andere Rechte beeinträchtigt). Durch Einfluß aus dem Lateinischen und Griechischen, besonders im Rahmen des Christentums, wurde später unterschieden zwischen der heimlichen Entwendung (d. *Dieb*) und der gewaltsamen Entwendung (d. *Räuber*), vgl. l. *fur* und l. *latro*, gr. *kléptēs* und gr. *lēstēs*. Da das mit lit. *čiáupti* ´fest zusammenpressen` im Ablaut stehende lit. *čiùpti* ´greifen, packen` bedeutet (´die Finger oder die Faust zusammenpressen`), ist der Ausgangspunkt ig. (weur.) *teup-* ´zusammenziehen` (und dann ´packen`) denkbar. Adjektiv: **diebisch**; Kompositum: **Diebstahl.**

Nndl. *dief*, ne. *thief*, nschw. *tjuv*, nisl. *þjófur*. S. *Ducht*. – *RGA* 5 (1984), 405–407; *LM* 3 (1986), 987–997; B. Schlerath *HS* 104 (1991), 224–235; Röhrich 1 (1991), 320.

Diechter *m.* s. *Tichter.*

Diele *f. reg.* (8. Jh.). Mhd. *dil f./m.*, *dille f.*, ahd. *dil(o)*, *dilla f.*, *dili*, as. *thili* aus einer auf g. *þel-* beruhenden Wortsippe mit der Bedeutung ´Brett, Bretterboden (u.ä.)`. Hierzu anord. *þil(i) n.* ´Bretterwand, Getäfel, Dielung`, ae. *þille f.* ´Diele`; e-Vokal haben anord. *þel n.* ´Grund`, ae. *þel n.* ´Fußboden` und Formen deutscher Mundarten (Nörrenberg, s. u.). Zugrunde liegende Wörter, die auf ig. *tel-* zurückgehen und ´Boden, Fläche u.ä.` bedeuten, sind: ai. *tala-* ´Fläche, Ebene`, ai. *taliman-* ´Fußboden`, gr. *tēlía* ´Tisch, Brett, Gestell`, l. *tellūs* ´Fußboden, Erdboden, Erde`, air. *talam m./ f.* ´Erde` und näher am Germanischen lit. *tìlès Pl.* ´Bodenbretter im Kahn`. Die hochsprachlich übliche Bedeutung ´Flur` ist vom Westniederdeutschen ausgegangen. Im einzelnen sind Abgrenzung und Zusammenstellung aber unsicher.

Nndl. *deel*, nschw. *tilja*, nisl. *þil*. – E. Nörrenberg *WF* 1 (1938), 326–357; *LM* 3 (1986), 1003.

Dieme *f.*, **Diemen** *m. per. ndd.* ´Strohhaufen` (< 14. Jh.). Mndd. *dime*; vermutlich eine Lautvariante zu *Feim, Feimen* gleicher Bedeutung (vgl. die Lautverhältnisse bei *finster* s.d.), mndd. *vim(m)e*, *vine m.* Weiter einerseits mit Kürze zu as. *aranfimba f.* ´Getreidehaufen`, andererseits zu ahd. *wituvīna f.* ´Scheiterhaufen`, ae. *wudu-fīn f.* ´Holzhaufen`. Einzelheiten und weitere Herkunft unklar.

L. E. Schmitt *BGDSL-H* 72 (1950), 299–301.

dienen *swV.* (< 8. Jh.). Mhd. *dienen*, ahd. *dionōn, thionōn*, as. *thionon* aus g. *þiwa-nō-* *swV.* ´dienen`, auch in anord. *þjóna*, afr. *thiānia*; vielleicht Ersatz für älteres *skalki-nō-* in gt. *skalkinōn* gleicher Bedeutung und entsprechender Herkunft (zu gt. *skalks* ´Diener`). Denominative Durativ-Bildung zu g. *þewa-* *m.* ´Diener` in gt. *þius*, runen-nord. *þewaz*, ae. *þēow*. Weiter zur Wurzel ig. *tekʷ-* ´laufen`, vgl. lit. *tekúnas* ´Läufer, Bote`, lett. *teksnis* ´Aufwärter, Bedienter` (zu lit. *tekéti*, lett. *tecêt* ´laufen`). Genaueres s. u. *Dirne*. Adjektiv: **dienlich**; Präfigierung: **be-**.

Nndl. *dienen*, nschw. *tjäna*, nisl. *þjóna*. S. *Demut, Diener, Dienst, verdienen.* – Darms (1978), 61–66.

Diener *m.* (< 11. Jh.). Mhd. *dienære*, ahd. *thionāri*. Nomen agentis zu *dienen*. Die Bedeutung ´Verbeugung` (seit dem 17. Jh.) stammt aus *einen Diener machen* ´sich wie ein Diener verbeugen`, vielleicht unter dem Einfluß der mit Verbeugung gesprochenen Abschiedsformel *Ergebenster Diener* (u.ä.).

Vgl. *Bückling¹*. – T. L. Markey in: *FS M. Alinei* 2 (1987), 275–289; Röhrich 1 (1991), 321.

Dienst *m.* (< 8. Jh.). Mhd. *dien(e)st m./n.*, ahd. *dionōst*, as. *thionost* aus g. **þewanōsta- m.* ´Dienst´, auch in anord. *þjónasta, þjónusta (f.)*, ae. *þēonest-*, mit *st*-Suffix zu *dienen*.
RGA 5 (1984), 410−417; *LM* 3 (1986), 1003 f.; Röhrich 1 (1991), 321.

Dienstag *m.* (< 13. Jh.). Die Namen der Wochentage wurden in der Antike nach orientalischem Vorbild mit den Namen von Planeten benannt; diese wiederum waren identisch mit den Namen der zugeordneten Götter. Von den Germanen wurde diese Namengebung nachgeahmt, indem entsprechende einheimische Götter eingesetzt wurden. Der Dienstag war l. *Martis diēs* (vgl. frz. *mardi*), und mit dem römischen Gott *Mars* wurde der g. Gott **Teiwa-* (in anord. *Týr*, ae. *Tīw, Tī(g)*, ahd. *Ziu*) gleichgesetzt. Dieser Name bedeutet eigentlich ´göttlich´ und entspricht l. *dīvus*, er ist nahe verwandt (aber nicht identisch) mit dem indogermanischen Namen des Himmelsgotts (gr. *Zeus*, l. *Juppiter*) und dem alten Wort für den Taghimmel. Unmittelbar zu **Teiwa-* gehören anord. *tysdagr*, ae. *Tīwesdæg*, afr. *tiesdei, tiesdi*, ahd. *zīestag* ´Dienstag´. Statt dessen wurde am Niederrhein mndd. *dingesdach, dinsedach*, mndl. *dinx(en)dach* ´Dienstag´ gebraucht, nach einem inschriftlich bezeugten g. Gott *Mars Thingsus*, von dem sonst aber nichts bekannt ist (oder ´Tag, an dem das *Thing* ´Gerichtsverhandlung´ abgehalten wird?). Dieses Wort ist die Form Luthers und danach die der Hochsprache geworden, das südd. *Ziestag* wurde aber erst im 17. Jh. zurückgedrängt und lebt heute noch in den Mundarten. Wieder ein anderes Wort ist bair. *Ergetag* (s.d.), das aus dem Griechischen stammt (*Arēos hēméra*, nach *Ares*, der griechischen Entsprechung zu *Mars*).
Nndl. *dinstag*, ne. *Tuesday*, nschw. *tisdag*. S. *adieu*. − M. Förster *Anglia* 68 (1944), 1−3; W. Niekerken in: *FS U. Pretzel* (1973), 376 f.; Pfister (1980), 78−84 (Wochentagsbezeichnungen allgemein); A. Dalen, N. Århammar in: *FS M. Alinei* 1 (1986), 384 f., 393−397 (J. Kruijsen, E. Mooijman).

dieser *Pron.* (< 8. Jh.). Mhd. *diser (dirre), disiu, ditze (diz)*; ahd. *deser, desiu, diz(i)*; as. *these, thius, thit*. Das verstärkt demonstrative Pronomen wurde im Vordeutschen durch das einfache Pronomen ausgedrückt, an das eine Partikel *-si* gehängt wurde. Ursprünglich wurde dabei das Pronomen, nicht aber die Partikel flektiert (letzter Rest im Althochdeutschen: *desse [Gen. Sg.]* im *Muspilli*); danach trat die Flexion ans Ende dieses Gebildes und wurde im Innern aufgegeben. Dieser Stand (mit Flexion nur noch am Ende) ist im Deutschen (bis auf wenige Relikte) bereits beim Beginn der Überlieferung erreicht. Die Verallgemeinerung des *i*-Vokalismus ist früh und beruht wohl auf analogischer Ausbreitung. Vgl. afr. *this, thius, thit*; ae. *þes, þeos, þis*; altnordisch nur in einzelnen Formen, z. B. *þessa (Gen. wg. m.)*.

Nndl. *deze*, ne. *this*. − H.-F. Rosenfeld *FF* 29 (1955), 172−178.

diesig *Adj. reg.* ´dunstig´ (< 18. Jh.). Aus der niederdeutschen Seemannssprache. Ndd. *disig*, ndl. dial. *dijzig*, ndn. *diset*, nschw. *disig* gehen auf ndn. *dis* oder nordfr. *dīsh* ´Dunst´ zurück, vgl. mndd. *disinge* ´Nebelwetter´. Ohne klare Anschlußmöglichkeit. Vielleicht mit Nasalschwund und Ersatzdehnung aus g. **þemsa-* ´dunkel´ (mit Variante **þemza-?*) zu der in *Dämmer* und *finster* (s.dd.) vorliegenden Grundlage.
Heidermanns (1993), 619.

Dietrich *m. stil.* ´Nachschlüssel´ (< 15. Jh.). Schon im 14. Jh. wird der Nachschlüssel (*Mit-, After-, Diebschlüssel*) scherzhaft durch Männernamen bezeichnet (gewissermaßen als ständiger Begleiter o.ä. benannt). So vor allem obd. *Dietz*, mndd. *diderik*, ndd. *Dierk*, hd. *Dietrich*; sonst auch *Peterchen, Klaus (Kläuschen)* u. a. Vielleicht spielte bei *Dietrich* der Anklang an *Dieb*, bei *Peterchen* der Gedanke an *Petrus* (mit dem Himmelsschlüssel) eine Rolle.
O. Meisinger: *Hinz und Kunz* (Dortmund 1924), 18.

diffamieren *sw V. erw. fremd.* ´verunglimpfen´ (< 16. Jh.). Entlehnt aus frz. *diffamer*, dieses aus l. *diffāmāre*, zu l. *fāma* ´Gerede, Gerücht´, das zu l. *fārī* ´sprechen, sagen´ gehört und l. *dis-*.
Zur Sippe von l. *fārī* ´sprechen´ s. *famos*, zu den germanischen Entsprechungen s. *Bann*. − W. J. Jones *SN* 51 (1979), 255; *Brisante Wörter* (1989), 125−128.

Differenz *f. erw. fremd.* ´Unterschied´ (< 15. Jh.). Entlehnt aus l. *differentia*, einem Abstraktum zu l. *differre* ´sich unterscheiden; auseinandertragen´, zu l. *ferre* ´tragen´ und l. *dis-*. Verb: *differieren*; Adjektiv: *indifferent*.
Zu dem zugrundeliegenden l. *ferre* ´tragen´ gehören als Präfigierungen *offerieren, referieren, transferieren, (konferieren), (präferieren)* mit den Abstrakta *Präferenz, Konferenz, (Referenz)*; ein altes Wurzelnomen ist *Luzifer*, weiter abliegend sind *Conférencier* (frz.), *Fortüne* (frz.), *Frettchen* (ml.) und *Furunkel*. Zur griechischen Verwandtschaft s. *Metapher*, zur germanischen s. *gebären*. Zum Suppletivstamm 1. *tuli* s. *Geduld*, zum Suppletivstamm l. *lātum* s. *Prälat*. − Schirmer (1912), 15; *DF* 1 (1913), 142; *HWPh* 2 (1972), 235 f.; W. J. Jones *SN* 51 (1979), 255; *LM* 3 (1986), 1041 f.

diffizil *Adj. erw. fremd.* ´schwierig´ (< 18. Jh.). Entlehnt aus frz. *difficile*, dieses aus l. *difficilis*, zu l. *facilis* ´leicht, bequem´ und l. *dis-*, zu l. *facere* ´machen, tun´. Zu dessen Sippe s. *infizieren*.
DF 1 (1913), 142 f.

diffus *Adj. erw. fremd.* ´unklar, verschwommen, durcheinander´ (< 19. Jh.). Entlehnt aus l. *diffūsus* ´ausgebreitet, sich weit erstreckend´, dem PPP. von l. *diffundere* ´ausgießen, ausströmen lassen´, zu l. *fundere* ´gießen, fließen lassen´ und l. *dis-*. S. *konfus, Fusion, Infusion, Fondue* und zur germanischen Verwandtschaft *gießen*.

digital *Adj. per. fach.* ´in Ziffern darstellbar´ (< 20. Jh.). Entlehnt aus ne. *digital*, zu e. *digit* ´Ziffer´, aus l. *digitus* ´Finger´.
Rey-Debove/Gagnon (1988), 229; Carstensen 1 (1993), 359−361.

Diglossie *f. per. fach.* ´situationsabhängiger Gebrauch von verschiedenen Sprachen´ (< 20. Jh.). Neubildung zu gr. *glôssa* ´Zunge, Sprache´ und gr. *di-*. S. *Glosse* und *polyglott*.

Diktatur *f. erw. fach.* ´Gewaltherrschaft´ (< 16. Jh.). Entlehnt aus l. *dictātūra*, zu l. *dictātor (-ōris) m.* ´Befehlshaber, Diktator´, zu l. *dictāre* ´vorsagen, befehlen, vorschreiben´, einem Intensivum zu l. *dīcere* ´sagen´. Nomen agentis: **Diktator**; Adjektiv: **diktatorisch**.
Zur Sippe des zugrundeliegenden l. *dīcere* s. *diktieren*; zur germanischen Verwandtschaft s. *zeihen*. − *HWPh* 2 (1972), 245−247; *Grundbegriffe* 1 (1972), 900−924.

diktieren *swV.* (< 15. Jh.). Entlehnt aus l. *dictāre*, einem Intensivum zu l. *dīcere (dictum)* ´sprechen´. Abstraktum: **Diktat**.
Eine frühere Entlehnung aus dem gleichen Wort ist *dichten*[2]. Zum Grundverb l. *dīcere* ´sagen´ gehören (über das Italienische) *benedeien* und *vermaledeien*, als PPP [*Diktum* ´Ausspruch´], *Edikt* und *Verdikt* (und über das Italienische *dito*), als Wurzelnomen *Index*, als Abstraktum [*Diktion* ´Ausdrucksweise´] und *Kondition*; als Ableitung *Indiz*. Zu dem Intensivum l. *dicāre* ´sagen´ gehören *dedizieren* und *predigen*, als Abstraktum *Indikation* nebst *Indikativ*, als PPP *Prädikat* und *Predigt*. Zur griechischen Verwandtschaft s. *apodiktisch, Paradigma, Police* und *Syndikat*; zur germanischen s. *zeihen*. − *DF* 1 (1913), 143; *LM* 3 (1986), 1051 f.

Dilemma *n. erw. fremd.* ´Zwangslage´ (< 16. Jh.). Entlehnt aus l. *dilēmma* ´Doppelsatz´, dieses aus gr. *dilēmma*, zu gr. *lēmma* ´Einnahme, Annahme´ aus gr. *lambánein* ´nehmen, ergreifen´ und gr. *di-*. Zunächst ein Wort der Logik. Es bezeichnet eine Schlußart, bei der eine Situation der notgedrungenen Wahl zwischen zwei Möglichkeiten herbeigeführt wird, die beide nicht wünschenswert sind (Fangschluß). Dann Verallgemeinerung auf schwierige Entscheidungslagen.
S. *Lemma, Epilepsie*. − *DF* 1 (1913), 143 f.; *HWPh* 2 (1972), 247 f.; Röhrich 1 (1991), 321 f.

Dilettant *m. erw. fremd.* ´Stümper; ambitionierter Laie´ (< 18. Jh.). Entlehnt aus it. *dilettante* ´Kunstliebhaber usw.´, einer Ableitung von it. *dilettare* ´erfreuen, amüsieren´, aus l. *dēlectāre*, einem Intensivum zu l. *dēlicere* ´an sich locken, ergötzen´, zu l. *lacere* ´locken´. Aus der Bezeichnung für jemand, der sich zur Kunst (usw.) hingezogen fühlt, aber keine professionelle Ausbildung dafür hat, entwickelt sich die abwertende Bezeichnung, die immer auch mangelndes Können meint. Verb: **dilettieren**; Abstraktum: **Dilettantismus**.
S. *Lasso, Latz*. − *DF* 1 (1913), 144; H. R. Vaget *SJ* 14 (1970), 131−158; *HWPh* 1 (1972), 248 f.; J. Stenzel *SJ* 18

(1974), 235−244; *Berichte zur Wissenschaftsgeschichte* 9 (1986), besonders Th. Kleinknecht 147−160.

Dill *m. erw. fach.* (< 8. Jh.). Mhd. *tille m./f.*, ahd. *tilli, tilla f.*, as. *dilli* aus wg. **delja- m.* ´Dill´, auch in ae. *dile*, nschw. *dill*. Daneben ae. *dyle* (selten), ndl. *dulle*, mhd. *tüll(e)*, nnorw. *dylla*. Am ehesten zu *Dolde*, das auch in dentallosen Formen auftritt (ahd. *tola*). Vielleicht g. **dul-* ´Dolde´ und **dulja-* ´Dill´ (= ´mit einer Dolde versehen´).
Nndl. *dille*, ne. *dill*, nschw. *dill*. S. *Dolde*. − Trier (1952), 56; *RGA* 5 (1984), 442; *LM* 3 (1986), 1052 f.

Dimension *f. erw. fach.* ´Ausdehnung, Größe´ (< 16. Jh.). Entlehnt aus l. *dīmēnsiō*, einem Abstraktum zu l. *dīmētīrī* ´ausmessen, vermessen´, zu l. *mētīrī (mēnsus sum)* ´messen´ und l. *dis-*.
S. *immens, kommensurabel, Mensur*; von der Parallelwurzel *meditieren, Medikament, Medizin*, zur germanischen Verwandtschaft s. *Monat, Mahl*[l] und *messen*. − Schirmer (1912), 15.

Diminutiv *n. per. fach.*, auch **Deminutiv** ´Verkleinerungsbildung´ (< *17. Jh., Form < 18. Jh.). Entlehnt aus l. *(nōmen) dīminūtīvum, dēminūtīvum*, zu l. *dēminūtīvus, dīminūtīvus* ´vermindernd´, zu l. *dēminuere* ´vermindern, schmälern, schwächen´, zu l. *minuere* ´kleiner machen´ und l. *de-*, zu l. *minus* ´weniger, kleiner´ (zu dessen Sippe s. *minus*). Zunächst mit lateinischer Endung, dann endungslos.

Dimmer *m. per. fach.* ´Helligkeitsregler´ (< 20. Jh.). Entlehnt aus ne. *dimmer*, einem Nomen instrumenti zu ne. *dim* ´dämpfen, verdunkeln´, zu ne. *dim* ´dunkel´ aus ae. *dim*.
Heidermanns (1993), 151 f.; Carstensen 1 (1993), 362.

DIN *Partikel erw. fach.* (< 20. Jh.). Abkürzung für *Deutsche Industrie-Norm*. Dann verselbständigt in **DIN-Format** u.ä. Heute auch für *Deutsches Institut für Normung*.

Diner *n. erw. fremd.* ´festliches Essen´ (< 18. Jh.). Entlehnt aus frz. *dîner m.*, einer Ableitung von frz. *dîner* ´essen´, aus afrz. *disner*, aus spl. **disieiūnāre*, eigentlich ´mit dem Fasten aufhören´, zu l. *ieiūnus* ´nüchtern´ und l. *dis-*. Verb: **dinieren**.
DF 1 (1913), 145; M. Höfler *ZRPh* 84 (1968), 301−308.

Ding *n.* (< 8. Jh.). Mhd. *dinc*, ahd. *ding, thin(g)*, as. *thing* läßt sich zunächst auf g. **þenga- n.* ´Übereinkommen, Versammlung, Thing´, auch in anord. *þing*, ae. *þing*, afr. *thing*, zurückführen. Für die heutige Bedeutung ist von einer Bedeutungsverschiebung ´das, was auf dem Thing verhandelt wird, Gerichtssache´ auszugehen, die wie bei *Sache* oder bei frz. *chose f.* ´Sache´ (aus l. *causa f.* ´Gerichtssache´) zu einer starken Bedeutungsverallgemeinerung (´Gegenstand´) geführt hat. Daneben steht gt. *þeihs n.* ´Zeit´, das zu einem gemeinsamen Ausgangspunkt g. **þengaz- n.* ´Zeit´ oder ´Festsetzung´ führen könnte (also einem neutralen *s*-Stamm, im Gotischen ohne grammatischen Wechsel; die Bedeutung ist entweder ´Zeit´ und ´Zeit der Versammlung´ oder ´Festsetzung´ und ´festgesetzte Zeit´). Die Möglichkeiten der Herleitung sind nicht eindeutig: auf der einen Seite könnte verglichen werden mir. *téchtae* ´gesetzmäßig, vorgeschrieben´, mir. *téchtae* n. ´Rechtmäßigkeit´ aus (ig.) *tenktjo-* oder *tn̥ktjo-*, das zu der Bedeutung ´Thing´ passen würde und wohl mit der Wurzel von *gedeihen* zusammenhängt (die sehr wahrscheinlich auf ig. *tek-* + Nasalierung zurückführt). Auf der anderen Seite könnten Wörter für ´Zeit´ verglichen werden: air. *tan* f. und l. *tempus* n. (bei Annahme verschiedener Wurzelerweiterungen) − diese sind am ehesten zu ig. *ten-* ´dehnen, spannen´ zu stellen. Eine sichere Entscheidung und Abgrenzung ist bis jetzt nicht möglich. Adjektiv: ***dinglich***.

Nndl. *ding*, ne. *thing*, nschw. *ting*, nisl. *þing*. S. *allerdings, bedingen^1/2, dingen, dingfest, Dings, Teiding, Thing, verteidigen*. − E. Karg-Gasterstädt: *Althochdeutsch ´thing´ - neuhochdeutsch ´Ding´* (Berlin 1958) (= *BVSAW* 104,2 [1958]); *HWPh* 2 (1972), 249−251; *RGA* 5 (1984), 443−465; *LM* 3 (1986), 1058−1063; Röhrich 1 (1991), 322 f.

dingen *st V. obs.* ´in Dienst nehmen´ (< 9. Jh.). Mhd. *dingen* *st V./sw V.*, ahd. *dingōn* *sw V.*, as. *thingon* aus g. *þeng-ō-* (auch andere Stammbildungen) *sw V.* ´eine Versammlung abhalten, einen Vertrag abschließen´, auch in anord. *þinga*, ae. *þingian*, afr. *thingia*, ist abgeleitet von *Ding*. Da das Verb wie ein starkes Verb der III. Klasse aussah, bekam es im 17. Jh. starke Formen. Die Bedeutung ist vielfältig: ´ein Thing abhalten (beraten, prozessieren, einklagen)´ − ´einen Vertrag abschließen (Frieden schließen, in seine Gewalt bringen, brandschatzen − verhandeln, etwas vermachen, sich verdingen / einstellen, feilschen)´. S. auch *Leibgedinge*.

dingfest *Adj. obs. phras.* (< 19. Jh.). Nur in der Wendung *jemanden dingfest machen* = ´festnehmen´. Archaisierende Zusammensetzung des 19. Jhs. mit *Ding* in der alten Bedeutung ´Gericht´ und *fest*, vielleicht nach dem Vorbild von älterem *jemanden handfest, dingpflichtig machen*. S. auch *handfest*.

Dings *m.*, **Dingsbums** *n.*, **Dingsda** *m. stil.* (Ersatzwörter für etwas, das der Sprecher nicht nennen will oder dessen Name ihm gerade nicht einfällt, auch für Ortsnamen) (< 16. Jh.). Umgangssprachliche Ausdrücke, die letztlich auf den Genetiv von *Ding* zurückführen; es ist aber nicht klar, in welchem Umfang regionale Bildungen auf *-s* (wie bei *Klecks* usw.) mitgewirkt haben.

Dinkel *m. erw. fach.* ´Weizenart´ (< 9. Jh.). Mhd. *dinkel*, ahd. *dinkil, thinkil*. Herkunft unklar. In Ortsnamen verbreitet. Nebenformen *tünkel, tunkel*. Bertsch (1947), 39−49; *RGA* 5 (1984), 466−468.

Dinosaurier *m. erw. fach.* (ein Urzeit-Tier) (< 19. Jh.). 1841 von R. Owen gebildet aus gr. *deinós* ´gewaltig, furchtbar´ und gr. *saûros* m. ´Eidechse´; die Endung *-ier* zur Anpassung an das Deutsche, da das nach Verlust der lateinischen Endung entstehende *Saur* lautlich unbequem gewesen wäre. Rey-Debove/Gagnon (1988), 231.

Diözese *f. erw. fach.* (Amtsgebiet eines katholischen Bischofs) (< 16. Jh.). Entlehnt aus l. *dioecēsis*, eigentlich ´Haushaltung, Verwaltung´, aus gr. *dioíkēsis*, zu gr. *dioikeîn* ´verwalten, einrichten´, zu gr. *oikeîn* ´haushalten, wohnen´, zu gr. *oîkos* m. ´Haus, Wohnhaus´.
S. *Ökologie, Ökonomie, Ökumene*. − *LM* 3 (1986), 1097−1099.

Diphtherie *f. erw. fach.* ´Halsbräune´ (eine Krankheit) (< 19. Jh.). 1821 benennt der französische Arzt Bretonneau die Halsbräune als *diphtheritis* zu gr. *diphthéra* ´gegerbte Haut´ (und dem ´Krankheitssuffix´ *-itis*) nach den Belägen, die bei dieser Krankheit auf den Schleimhäuten auftreten. Im Französischen wird frz. *diphthérite* umgestaltet zu frz. *diphthérie*, das dann auch ins Deutsche übernommen wird.

Diphthong *m. erw. fach.* ´Zwielaut´ (< 14. Jh.). Entlehnt aus l. *diphthongus* f. (zu ergänzen: *syllaba* ´Silbe´), dieses aus gr. *díphthongos* zu gr. *phthóngos* ´Ton´ und gr. *di-*, zu gr. *phthéngesthai* ´tönen´. S. *Monophthong*.

Diplom *n. erw. fach.* ´Urkunde´ (< 17. Jh.). Entlehnt aus l. *diplōma*, dieses aus gr. *díplōma*, eigentlich ´Gefaltetes, Gedoppeltes´, zu gr. *diplóos, diploûs* ´doppelt´ und gr. *di-*. Das Wort dient zunächst zur Bezeichnung jeder Art von Gedoppeltem (z. B. ein Doppelgefäß), auch zur Bezeichnung des gefalteten (= ´gedoppelten´) und versiegelten offiziellen Briefes; dann verliert sich das Benennungsmotiv. Vor allem in Zusammensetzungen auch ´Abschlußprüfung, die durch ein Diplom bestätigt wird´.
S. *Diplomat* und für die lateinische Entsprechung *doppelt*. − *DF* 1 (1913), 145.

Diplomat *m. erw. fach.* ´Vertreter eines Staates´ (< 19. Jh.). Entlehnt aus frz. *diplomate*, einer Rückbildung aus frz. *diplomatique* ´die (internationalen) Urkunden betreffend´; deshalb ´jemand, der für die internationalen Verträge zuständig ist´ mit anschließender Bedeutungsverallgemeinerung. Da das Adjektiv und seine Ableitungen zugleich in der alten Bedeutung fortbesteht, sind die formal zusammengehörigen Wörter z. T. von unterschiedlicher Bedeutung oder mehrdeutig (***Diplomatik*** ´Urkundenlehre´, ***diplomatisch*** 1. ´die Urkunden betreffend, buchstabengetreu´, 2. ´für die internationalen Verträge zuständig, geschickt im Verhandeln´). Abstraktum: ***Diplomatie***. S. *Diplom*.
DF 1 (1913), 145.

dir *Pron.* (< 8. Jh.). Dativ zu *du*. Mhd. *dir*, ahd. *dir*; dazu vermutlich mit Abfall des auslautenden *-z* as. *thi*, afr. *thi*, ae. *þe*, anord. *þér*, die auf g. **þez* führen, während gt. *þus* ein g. **þuz* voraussetzt. Vermutlich ist die Form mit *u* die ursprünglich volltonige, die mit -*e*- die ursprünglich nebentonige; doch kann die Form mit -*e*- auch auf sekundäre Angleichung an die Form der 1. Singular beruhen. Ausgangspunkt ist die undifferenzierte ig. Form **te*-, an die ein sonst in dieser speziellen Funktion nicht bezeugtes -*s* trat.

S. einerseits *du, dein, dich* und andererseits *mir*. − Seebold (1984), 44−46 und 98−105.

direkt *Adj.* (< 15. Jh.). Entlehnt aus l. *dīrēctus* (eigentlich: ´gerade ausgerichtet´), dem PPP. von l. *dīrigere (dīrēctum)* ´ausrichten´, zu l. *regere* ´lenken, leiten´ und l. *dis*-.

S. *Direktor, dirigieren* und (für die Sippe von l. *regere* ´lenken´) *regieren*. − DF 1 (1913), 145.

Direktor *m.* (< 16. Jh.). Entlehnt aus spl. *dīrēctor* ´Lenker, Leiter´, Nomen agentis von l. *dīrigere* ´richten, lenken´). Teilweise neben der französischen Entsprechung **Direkteur**. Femininum: **Direktrice** (veraltet); Abstraktum: **Direktion**; Kollektivum: **Direktorium**.

S. *direkt, dirigieren* und (für die Sippe von l. *regere* ´lenken´) *regieren*. − DF 1 (1913), 145 f.

dirigieren *swV.* (< 16. Jh.). Entlehnt aus l. *dīrigere*, zu l. *regere* ´lenken, leiten´ und l. *dis*-. Zunächst mit allgemeiner Bedeutung, heute praktisch eingeschränkt auf die Leitung eines Chors oder Orchesters. Nomen agentis: **Dirigent**; das Adjektiv **dirigistisch** (mit **Dirigismus**) ist stärker abwertend (´reglementierend´).

Zur Sippe des zugrundeliegenden l. *regere* ´lenken´ s. *regieren, direkt, Direktor*. − DF 1 (1913), 146.

Dirndl *n.* s. *Dirne*.

Dirne *f. obs.* (< 8. Jh.). Mhd. *diern(e), dirn(e)*, ahd. *diorna*, as. *thiorna* aus g. **þewernō f.* ´Jungfrau´, auch in anord. *þerna*. Unter Umständen ist das Wort ursprünglich nur deutsch und die nordische Form aus dem Niederdeutschen entlehnt. Der Diphthong ist im Deutschen vor Doppelkonsonanz gekürzt. Morphologisch kann es sich um eine der seltenen Ableitungen auf g. **-ern*- zu Nominalstämmen handeln (wie gt. *widuwairna* ´Waise´ zu gt. *widuwo* ´Witwe´); die Grundlage müßte dann das Wort für ´Diener´ sein, das unter *dienen* besprochen wird. Da *Dirne* aber in der alten Zeit ´Jungfrau´, und nicht ´Dienerin´ bedeutet, müßte auch für g. **þewa*- eine andere Bedeutung als ´Diener, Knecht´ vorausgesetzt werden. Semantisch entspricht am genauesten lit. *núotaka* ´Braut, Mädchen im heiratsfähigen Alter´, lit. *tekū̃tė* ´Braut´ (und weiter Wörter für ´heiraten´: lit. *tuõkti, tekéti*), für die Bedeutung ´Diener´ kann von lit. *tekū̃nas* ´Läufer, Bote´ ausgegangen werden. Während sich das Maskulinum nun ohne weiteres an lit. *tekéti* ´laufen, rinnen´ und damit an die Wurzel

idg. **tekʷ*- ´laufen´ anschließen läßt, sind die Bedeutungszusammenhänge beim Femininum nicht klar. Vermutlich ist zu der verbalen Bedeutung ´aufgehen, entspringen´ (vgl. auch heth. *watkuzzi* ´entspringt´ aus **wo-tkʷ-ti*) eine nicht mehr bezeugte adjektivische Bedeutung ´jung, frisch´ gebildet worden, auf die die Bedeutung ´Jungfrau, junges Mädchen´ zurückgeht. − In der Hochsprache ist das Wort weitgehend als Hüllwort zu der Bedeutung ´Prostituierte´ abgesunken. In den Mundarten ist es z. T. noch in der alten Bedeutung lebendig. Dabei das Diminutiv bair. **Dirndl** auch für eine in Bayern übliche weibliche Tracht (in dieser Bedeutung wohl gekürzt aus **Dirndlkleid**).

Nndl. *deern*, nschw. *tärna*, nisl. *þerna*. − A. S. C. Ross *Proceedings of the Leeds Philosophical and Literary Society* 5 (1939), 113−124; E. Karg-Gasterstädt *BGDSL* 66 (1942), 308−326; F. Mezger *MLN* 57 (1942), 432 f.; Ch. Peters *IF* 81 (1976), 29 f.; H. Nowicki *ZDA* 106 (1977), 83−87; J. Wittmann: *A Semantic Study* (Diss. Colorado 1982), 9−30; E. P. Hamp *IF* 88 (1983), 93 f.; T. L. Markey in: *FS M. Alinei* 2 (1987), 275−289.

dis- *Präfix.* Wortbildungselement, das eine Verneinung zum Ausdruck bringt (z. B. *diskontinuierlich, Disproportion*). Es wurde vornehmlich in lateinischen Entlehnungen ins Deutsche übernommen; sein Ursprung ist l. *dis*-. − Vor /f/ lautet die Form *dif*- (z. B. *Differenz*), in manchen französischen Entlehnungen erscheint es als *de(s)*- (z. B. *desinteressiert*).

S. *de*-. Zur germanischen Verwandtschaft s. *zer*-. − Lenz (1991).

Disagio *n. per. fach.* ´Abschlag, um den der Kurs hinter dem Nennwert zurücksteht´ (< 19. Jh.). Entlehnt aus it. *disaggio m.* Dieses aus it. *aggio* ´Betrag über dem Nennwert´ und *dis*- (s.d).

Das italienische Wort stammt aus gr. (byz.) *allágion* (gr. *allagḗ* ´Tausch´). − Schirmer (1911), 46.

Diskant *m. per. fach.* ´höchste Stimmlage oder Tonlage´ (< 14. Jh.). Mhd. *discant[e]* ist entlehnt aus ml. *discantus*, eigentlich ´Gegenstimme´, zu l. *cantus* ´Singen, Gesang´ und l. *dis*-, zu l. *canere* ´singen´. So benannt als eine höhere, frei kontrapunktierende Gegenstimme zum Cantus firmus. Zur Sippe des zugrundeliegenden l. *canere* ´singen´ s. *Chanson*.

Diskette *f. erw. fach.* ´magnetisierbare Kunststoffscheibe zur Speicherung von Daten´ (< 20. Jh.). Gebildet (im Deutschen?) zu e. *disk* ´Platte, Scheibe´, dieses aus l. *discus m.* ´Scheibe´, aus gr. *dískos m.* S. *Diskjockey, Diskothek, Disko, Diskus*; zur älteren Entlehnung s. *Tisch*.

Carstensen 1 (1993), 374.

Diskjockey *m. per. fach.* ´jmd., der Platten präsentiert´ (< 20. Jh.). Entlehnt aus am.-e. *diskjockey*, einer Zusammensetzung aus ne. *disk* ´Platte, Scheibe´ und ne. *jockey* ´Handlanger, Fahrer, Reiter'. Das Wort *discjockey* erschien zuerst 1941 in der Zeitschrift *Variety*. Zuvor gab es den am.-e. *record jockey* für den Radio-Ansager, der eine Platten-Auswahl ansagt. Heute meist abgekürzt als **D. J.**

S. *Diskette* und *Jockey*. – W. Randle *ASp* 1962,72 f.; Rey-Debove/Gagnon (1988), 231; Carstensen 1 (1993), 367 f.

Disko *f. erw. grupp.* 'Ort für Tanzveranstaltungen von Jugendlichen' (< 20. Jh.). Wohl aus dem amerikanischen Englischen, obwohl das Wort, wie das zugrundeliegende frz. *discothèque* 'Schallplattensammlung; Ort, wo Schallplatten abgespielt werden' (s. *Diskothek*) offenbar in Paris entstanden ist. Die amerikanische Form erschien zuerst 1964 im *Playboy*.

I. W. Russell *ASp* 40 (1965), 142 f.; Rey-Debove/Gagnon (1988), 231; Carstensen 1 (1993), 368–371.

Diskont *m. per. fach.* 'Vorzinsen' (< 17. Jh.). Entlehnt aus it. *disconto*, dieses zu ml. *discomputare* 'abrechnen, abziehen' analog zu it. *conto* 'Rechnung'. In der älteren Zeit noch mit der italienischen Form *Diskonto* gebraucht. S. *Computer*, *Skonto* und (zur Sippe des zugrundeliegenden l. *putāre* 'schneiden') *amputieren*.

Diskothek *f. erw. fach.* 'Tanzlokal' (< 20. Jh.). Neubildung zu e. *disk* 'Schallplatte' und gr. *thḗkē* 'Behältnis' nach dem Muster von *Bibliothek*; ausgehend von Paris. Zunächst Bezeichnung für ein Behältnis für Platten bzw. eine Plattensammlung (so offenbar schon früher in it. *discoteca*), dann übertragen auf 'Ort, wo man Schallplatten hören kann, Lokal mit Tanzmusik von der Platte'. Heute überwiegend nach amerikanischem Vorbild gekürzt als *Disko* (s.d.). S. *Diskette, Diskjockey* und *Theke*.

I. W. Russell *ASp* 40 (1965), 143; Carstensen 1 (1993), 375.

Diskrepanz *f. erw. fremd.* 'Mißverhältnis' (< 16. Jh.). Entlehnt aus l. *discrepantia*, einem Abstraktum zu l. *discrepāre* 'nicht übereinstimmen, im Widerspruch stehen', eigentlich 'schlecht zusammenklingen', zu l. *crepāre* 'lärmen' und l. *dis-*.

S. *krepieren*. – *DF* 1 (1913), 147; W. J. Jones *SN* 51 (1979), 255 f.

diskret *Adj.* (< 16. Jh.). Entlehnt aus frz. *discret* 'verschwiegen', dieses aus l. *discrētus* 'abgesondert, unterschieden', dem PPP. von l. *discernere* 'unterscheiden', zu l. *cernere (crētum)* 'unterscheiden' und l. *dis-*. Abstraktum: **Diskretion**. Wichtig ist vor allem die negierte Form **indiskret, Indiskretion**.

Zur Sippe des zugrundeliegenden l. *cernere* 'unterscheiden' s. *Konzern*. – *DF* 1 (1913), 147 f.; W. J. Jones *SN* 51 (1979), 256.

diskriminieren *swV. erw. fach.* 'herabwürdigen, schlechter behandeln' (< 19. Jh.). Entlehnt aus l. *discrīmināre*, eigentlich 'abtrennen', einer Ableitung von l. *discrīmen (-minis)* 'das Trennende, der Unterschied, der Abstand', zu l. *discernere* 'unter-

scheiden, trennen', zu l. *cernere (crētum)* 'scheiden' und l. *dis-*. Die Bedeutungsverschlechterung durch Einengung auf 'aus der (eigenen) Gruppe aussondern'. Abstraktum: **Diskriminierung**.

S. *kriminell*. Zur Sippe des zugrundeliegenden l. *cernere* 'unterscheiden' s. *Konzern*. – *Brisante Wörter* (1989), 128–132.

Diskurs *m. per. fach.* 'Abhandlung, Unterhaltung, Erklärung' (< 16. Jh.). Entlehnt aus l. *discursus* 'Erörterung, Mitteilung', eigentlich Auseinanderlaufen, zu l. *discurrere (discursum)* 'auseinanderlaufen, ausbreiten, mitteilen, erörtern', zu l. *currere* 'laufen, rennen' und l. *dis-*. Adjektiv: **diskursiv**.

Zur Sippe des zugrundeliegenden l. *currere* 'laufen' s. *konkurrieren*. – *Brisante Wörter* (1989), 601–605.

Diskus *m. erw. fach.* 'Wurfscheibe' (< 18. Jh.). Entlehnt aus l. *discus*, dieses aus gr. *diskos*, zu gr. *diskeīn* 'werfen'. S. *Diskette* und *Tisch*.

diskutieren *swV.* (< 16. Jh.). Entlehnt aus l. *discutere*, eigentlich 'zerlegen', zu l. *quatere (quassum)* 'treiben, stoßen, schütten' und l. *dis-*. Abstraktum: **Diskussion**; Adjektiv der Möglichkeit: **(in)diskutabel**.

S. *Kasko, Squash*; zur germanischen Verwandtschaft s. *schütten*. A. J. W. Hilgers: *Debatte* (Diss. Bonn 1960); *HWPh* 2 (1972), 262.

disparat *Adj. per. fach.* 'nicht zueinander passend' (< 18. Jh.). Entlehnt aus l. *disparātus*, dem adjektivischen PPP. von l. *disparāre* 'absondern, trennen', zu l. *parāre* 'gleichmachen' und l. *dis-*, zu l. *pār* 'gleich'.

Zur Sippe des zugrundeliegenden l. *parāre* 'bereiten' s. *parat*. – *DF* 1 (1913), 148.

Dispatcher *m. per. fremd.* 'jemand, der für die zentrale Lenkung und Kontrolle des Arbeitsablaufs in der Produktion und im Verkehrswesen verantwortlich ist' (< 20. Jh.). In der DDR gebräuchlich gewordene und semantisch ausgeweitete Entlehnung aus ne. *dispatcher* 'Zuständiger für den Versand'. Ne. *dispatch* 'absenden, zu Ende bringen' ist aus it. *dispacciare* 'absenden' entlehnt, dessen Herkunft nicht mit ausreichender Sicherheit zu bestimmen ist.

Rey-Debove/Gagnon (1988), 233; Carstensen 1 (1993), 375.

dispensieren *swV. per. fach.* 'befreien' (< 13. Jh.). Entlehnt aus ml. *dispensāre* 'Freiheiten gewähren', aus l. *dispēnsāre* 'zuteilen, genau abwägen', zu l. *dispendere* 'auswägen, zuteilen', zu l. *pendere (pēnsum)* 'wiegen, abwägen' und l. *dis-*. Die Bedeutungsentwicklung geht über 'zugestehen'. Das Verb wird zunächst als kirchenrechtlicher Ausdruck entlehnt. Abstraktum: **Dispens** 'Befreiung von einer Vorschrift'; konkret **Dispenser** (aus e. *dispenser*) 'Vorratsbehälter, der zum Gebrauch passende Mengen des Inhalts freigibt'. Zur Sippe des zugrundeliegenden l. *pendere* 'wiegen' s. *suspendieren*.

DF 1 (1913), 148 f.; *LM* 3 (1986), 1113 f.; Carstensen 1 (1993), 376.

disponieren *swV. erw. fremd.* ˹einteilen, planen˺ (< 16. Jh.). Entlehnt aus l. *dispōnere (dispositum)*, zu l. *pōnere* ˹stellen, legen˺ und l. *dis-*. Abstraktum: ***Disposition***; Adjektiv der Möglichkeit: ***disponibel***.
S. *indisponiert.* Zur Sippe des zugrundeliegenden l. *ponere* ˹stellen, legen˺ s. *komponieren.* – Schirmer (1911), 46 f.; *DF* 1 (1913), 149; *HWPh* 2 (1972), 262–266.

Disput *m. erw. fach.* ˹Auseinandersetzung, Wortstreit˺ (< 17. Jh.). Entlehnt aus frz. *dispute f.*, einer postverbalen Ableitung von frz. *disputer* ˹streiten˺, dieses aus l. *disputāre*, eigentlich ˹auseinandersetzen˺, zu l. *putāre (putātum)* ˹schneiden, trennen˺ und l. *dis-*. Das Verbum ***disputieren*** wird schon wesentlich früher (13. Jh.) aus dem Lateinischen entlehnt. Abstraktum: ***Disputation***.
Zur Sippe des zugrundeliegenden l. *putāre* ˹schneiden˺ s. *amputieren.* – *DF* 1 (1913), 149 f.; *LM* 3 (1986), 1116–1120.

Dissens *m. per. fach.* ˹Uneinigkeit, Meinungsverschiedenheit˺ (< 17. Jh.). Entlehnt aus l. *dissēnsus*, dem substantivierten PPP. von l. *dissentīre* ˹verschiedener Meinung sein, nicht übereinstimmen˺, zu l. *sentīre* ˹fühlen, denken, wahrnehmen, urteilen˺ und l. *dis-*.
Zur Sippe des zugrundeliegenden l. *sentīre* ˹fühlen˺ s. *sentimental.* – Ganz (1957), 58 f.

Dissertation *f. erw. fach.* ˹Doktorarbeit˺ (< 17. Jh.). Entlehnt aus l. *dissertātiō (-ōnis)* ˹Erörterung, wissenschaftliche Abhandlung˺, einer Ableitung von l. *dissertāre* ˹auseinandersetzen˺, zu l. *disserere*, zu l. *serere (sertum)* ˹fügen, reihen˺ und l. *dis-*. Zunächst in der allgemeineren Bedeutung des lateinischen Wortes verwendet; im 18. Jh. dann Einengung auf ˹Doktorarbeit˺.
Zur Sippe des zugrundeliegenden l. *serere* ˹fügen, reihen˺ s. *inserieren.* – *DF* 1 (1913), 150.

Dissident *m. per. fach.* ˹Abweichender, Andersdenker˺ (< 16. Jh.). Entlehnt aus l. *dissidēns (-entis)*, dem PPräs. von l. *dissidēre* ˹getrennt sein, anders denken, eigentlich voneinander getrennt sitzen˺, zu l. *sedēre (sessum)* ˹sitzen˺ und l. *dis-*. Gemeint sind zunächst religiös Andersdenkende.
Ersatzwort: *Abweichler.* Zur Sippe des zugrundeliegenden l. *sedēre* ˹sitzen˺ s. *Residenz.* – *DF* 1 (1913), 150; B. Horlitz *NPhM* 81 (1980), 240–242.

Dissonanz *f. erw. fach.* ˹unharmonischer Zusammenklang, Unstimmigkeit˺ (< *15. Jh., Form < 17. Jh.). Entlehnt aus l. *dissonantia*, einer Ableitung aus l. *dissonāre* ˹verworren tönen, nicht übereinstimmen˺, zu l. *sonāre* ˹tönen˺, zu l. *sonus m.* ˹Ton, Klang˺. Zu dessen Sippe s. *Sonate.* Zunächst in lateinischer Form entlehnt, dann endungslos. Ersatzwort ist *Mißklang.*
DF 1 (1913), 150; *LM* 3 (1986), 1121.

Distanz *f.* ˹Entfernung˺ (< 15. Jh.). Entlehnt aus l. *dīstantia*, einem Abstraktum zu l. *dīstāre* ˹voneinander wegstehen˺, zu l. *stāre* ˹stehen˺ und l. *dis-*, vermutlich unter dem Einfluß von frz. *distance*. Verb: ***distanzieren***, Adjektiv: ***distanziert***.
Zur Sippe des zugrundeliegenden l. *stāre* ˹stehen˺ gehören als Partizip des Präsens *konstant* und als Abstrakta (auf *-ntia*) *Distanz, Instanz, Substanz* (mit *Substantiv*); (auf *-tu-*) *Status* mit *Staat* und *Etat* (auch die späten Weiterbildungen *Stativ, Statist, Statistik*); (auf *-tio*) *Station* und *Etage*; späte Bildungen zu l. *restāre* sind *Rest* und *Arrest*, zu l. *constāre Kosten* und zu spätem *contra-stāre Kontrast*. Zu entfernteren Ableitungen gehören (l. *stabilis*) *stabil, etablieren, Establishment*; (l. *obstināre*) *obstinat*; (l. *stāgnum*) *stagnieren*. Weitere Bildungen aus abgeleiteten Formationen s. unter *existieren* (l. *sistere*) und *Statut* (l. *statuere*). Die germanische Verwandtschaft unter *stehen*, die griechische unter *Statik.* – Schirmer (1912), 15; *DF* 1 (1913), 150; Jones (1976), 293; *HWPh* 2 (1972), 267–269.

Distel *f.* (< 9. Jh.). Mhd. *distel m./f.*, ahd. *distil m.*, *distila f.*, as. *thistil m.* aus g. **þistila- m.* (und andere Stammbildungen), das einer plausiblen Etymologie zuliebe als **þīhstila-* angesetzt werden kann. Zu einer *s*-losen Variante der Wurzel **(s)teig-* ˹stechen˺ (s. *stechen*), und zwar von einem *s*-Stamm, wie er in ai. *téjas- n.* ˹Schneide, Spitze˺ vorliegt. Hierzu eine *t*-Erweiterung und ein Instrumentalsuffix mit *-l-*.
Nndl. *distel*, ne. *thistle*, nschw. *tistel*, nisl. *þistill.* S. *stechen.* – *LM* 3 (1986), 1121–1122.

Distichon *n. per. fach.* ˹Verspaar˺ (in der Regel ist das ***elegische Distichon*** gemeint, das aus einem Hexameter und einem Pentameter besteht) (< 16. Jh.). Entlehnt aus l. *distichon, -um*, dieses aus gr. *distichon*, zu gr. *dístichos* ˹zwei Zeilen habend, zweizeilig˺, zu gr. *stichós f.* ˹Reihe, Linie˺ (vgl. auch *di-*), zu gr. *steíchein* ˹schreiten, gehen˺. Zur germanischen Verwandtschaft s. *steigen*.

Distinktion *f. per. fach.* ˹Unterscheidung, Auszeichnung˺ (< 16. Jh.). Entlehnt aus l. *distīnctio (-ōnis)*, zu l. *distinguere (distīnctum)* ˹absondern, trennen, abteilen˺, das zu l. **stinguere* ˹stechen˺ gebildet ist und l. *dis-*. Adjektive aus dem zugrundeliegenden Verb sind ***distinguiert*** und ***distinkt(iv)***.
S. *Instinkt, stimulieren.* – *DF* 1 (1913), 150 f.; *HWPh* 2 (1972), 271 f.; *LM* 3 (1986), 1127–1129.

Distribution *f. per. fach.* ˹Verteilung˺ (< 16. Jh.). Entlehnt aus l. *distribūtio*, zu l. *distribuere*, zu *tribuere* ˹zuteilen˺ und l. *dis-*, zu l. *tribus* ˹Bezirk˺. Zu dessen Sippe s. *Tribut.*

Distrikt *m. erw. fach.* ˹Bezirk˺ (< 16. Jh.). Entlehnt aus spl. *dīstrictus* ˹Gerichtsbezirk˺, dieses zu l. *dīstringere (dīstrictum)* ˹ausdehnen˺, zu l. *stringere* ˹zusammenziehen, fassen˺ und l. *dis-*.
S. *strikt.* – *DF* 1 (1913), 151.

Disziplin *f.* ˹Zucht, Ordnung; Fach, Teilbereich˺ (< 13. Jh.). Entlehnt aus l. *disciplīna* ˹Erziehung, Zucht˺, zu l. *discipulus m.* ˹Schüler˺, das zu l. **disci-*

pere ´erfassen` gebildet ist (zu l. *capere* ´fassen`, s. auch *dis-*). Wichtig für die Entlehnung ist der Begriff der l. *disciplīna mīlitāris*, die sowohl die militärische Zucht als auch die militärische Ausbildung und das damit verbundene Wissen meinte; von da dann Verallgemeinerung. Im 15. Jh. dann auch ´Wissenschaftszweig, Fach usw.`. Verb: *disziplinieren* mit *diszipliniert*; Adjektiv: *disziplinär*, Kompositionsform: *Disziplinar-*.

Zur Sippe des zugrundeliegenden l. *capere* ´fassen` s. *kapieren*. – *DF* 1 (1913), 151; O. Mauck: *Der lateinische Begriff* ´disciplina` (Diss. Freiburg/Schweiz 1941); *HWPh* 2 (1972), 256–261; *LM* 3 (1986), 1130.

Dithyrambe *f. per. fach.* ´enthusiastisches Gedicht` (< *16. Jh., Form < 18. Jh.). Entlehnt aus l. *dīthyrambus m.*, dieses aus gr. *dīthýrambos m.* (dass., eigentlich ein Beiname des Bacchus). Zunächst so benannt als ´Lobgesang auf Bacchus`; dann verallgemeinert. Erst in lateinischer Form und als Maskulinum gebraucht, dann eingedeutscht.

dito *Partikel erw. fremd.* ´desgleichen, dasselbe` (< 15. Jh.). Entlehnt aus it. *detto*, Partizip zu it. *dire* ´sagen`, aus l. *dīcere (dictum)* – zu dessen Sippe s. *diktieren*. Es bezeichnet also das ´bereits Gesagte`, auf das wiederholend hingewiesen wird. *DF* 1 (1913), 151 f.

Dittchen *n. omd. arch.* ´kleine Münze` (< 16. Jh.). Fnhd. *düttgen*, ndd. *düttke*, entlehnt aus poln. *dudek m.* ´Wiedehopf`, das als spöttische Bezeichnung der polnischen Dreigroschenmünze verwendet wurde, da diese einen Adler als Wappentier enthielt.

Diva *f. erw. fremd.* ´gefeierte Künstlerin` (< 19. Jh.). Entlehnt aus it. *diva* ´die Göttliche` (aus l. *dīvus, dīva* ´göttlich`, zu l. *deus m.* ´Gott`). *Diva* ist eines der aus romanischen Sprachen entlehnten Wörter, die durch Entlehnungen aus dem amerikanischen Englischen verdrängt werden (s. *Star³*).

S. *adieu*. – *DF* 1 (1913),152; A. Burger *MS* 76 (1966), 33–48.

Divan *m.* s. *Diwan*.

divergent *Adj. per. fach.* ´verschieden, auseinandergehend` (< 18. Jh.). Entlehnt aus ml. *divergens (-entis)*, Partizip von l. *dīvergere*, zu l. *vergere* ´sich neigen, gelegen sein, erstrecken` und l. *dis-*. Das zugrundeliegende Verb ist entlehnt als *divergieren*, Abstraktum *Divergenz*.

S. *konvergent*; zur germanischen Verwandtschaft s. *renken*. – Schirmer (1912), 15.

divers *Adj. erw. fremd.* ´verschieden` (< 17. Jh.). Entlehnt aus l. *dīversus*, PPP von l. *dīvertere* ´auseinandergehen, voneinander abweichen`, zu l. *vertere (versum)* ´umwenden, drehen` und l. *dis-*. Hierzu das faktitive Verb *diversifizieren* mit dem Abstraktum *Diversifikation*.

Zur Sippe des zugrundeliegenden l. *vertere* ´wenden` s. *konvertieren*. Zur germanischen Verwandtschaft s. *werden*. – *DF* 1 (1913), 152; W. J. Jones *SN* 51 (1979), 256.

Dividende *f. erw. fach.* ´Aktiengewinn` (< 18. Jh.). Entlehnt aus frz. *dividende m.*, dieses aus ne. *dividend*, dieses aus l. *dīvidendus m.* ´das zu Teilende`, zu l. *dīvidere* ´teilen, trennen` und l. *dis-*.

S. *dividieren*. – Schirmer (1911), 47; *DF* 1 (1913), 153.

dividieren *sw V. erw. fach.* ´teilen` (< 14. Jh.). Entlehnt aus l. *dīvidere* ´teilen`.

S. *Devise, Devisen, Dividende, Division*. – Schirmer (1912), 16.

Division *f. erw. fach.* (< 15. Jh.). In zwei Stufen entlehnt: In der Bedeutung ´Teilung` (als Grundrechenart) im 15. Jh. unmittelbar aus dem Lateinischen; im 18. Jh. in der Bedeutung ´Heeresteil` aus frz. *division*, eigentlich ´Abteilung`, dieses aus l. *dīvīsio (-ōnis)* ´Teilung, Zerlegung, Ausgeteiltes`, zu l. *dīvidere* ´teilen, trennen` und l. *dis-*.

S. *dividieren*. – *LM* 3 (1986), 1133.

Diwan *m. erw. exot.* ´Sofa` (< 18. Jh.). Entlehnt aus türk. *divan*, dieses aus pers. *dīwān* (älter *dēvān*), letztlich auf eine Bedeutung ´schreiben` zurückgehend. Die Bedeutung dieser (über das Französische ins Deutsche gelangten) Wörter ist vielschichtig: Zunächst eine Sammlung von Geschriebenem (u. a. auch Gedichte) – in dieser Bedeutung bekannt geworden durch Goethes *West-östlichen Divan* (so benannt nach der Gedichtsammlung des persischen Dichters Hafis) –, andererseits ´Schreibstube` und ´Amtszimmer` und die Einrichtung eines solchen Ortes (Liegen mit großen Sitzkissen) – hierzu die Bedeutung ´Sofa`; im Deutschen nur als Exotismus in Bezug auf morgenländische Verhältnisse (und in der Regel in der alten Schreibung *Divan*).

DF 1 (1913), 152; Littmann (1924), 75, 88 f.; Lokotsch (1975), 42; *LM* 3 (1986), 1137 f.

Döbel *m.* s. *Dübel*.

Dobermann *m. per. fach.* (eine Hunderasse) (< 20. Jh.). Nach dem Züchter K. F. L. Dobermann, der die Rasse durch Kreuzung von Pinscher und Schäferhund entwickelte (eigentlich **Dobermann-Pinscher**).

doch *Konj.* (< 8. Jh.). Mhd. *doch*, ahd. *doh*, *tho(h)*, as. *thōh* aus g. **þau-h*, auch in gt. *þauh*, anord. *þó*, ae. *þēah*, afr. *thāch*, besteht aus dem adverbialen *þau*, wie es im Gotischen belegt ist (vergleichbar etwa mit ai. *tú* ´doch`) und dem enklitischen *-h* (gt. *-uh*, *-h* nach Vokal), das l. *-que* (u. a.) entspricht. Das nhd. *o* ist in unbetonter Stellung gekürzt.

Ai. *tú* wird jetzt auf das Pronomen der 2. Person Singular zurückgeführt. Falls dies richtig ist, muß die Verbindung mit *doch* wegen des vorausgesetzten Ablauts aufgegeben werden. Vgl. J. S. Klein *Sprache* 28 (1982), 1–26, besonders S. 11. Zum Stand der Diskussion vgl. Mayrhofer *EWAi* 1 (1991),651. Zum Germanischen R. Lühr *MSS* 34 (1976), 77−79.

Docht *m.* (< 10. Jh.). Mhd. *tāht*, ahd. *tāht m./n.* aus g. **þāhta- m.* ´Docht, Litze`, auch in anord. *þáttr* ´Litze eines Seils, Abschnitt`. In neuhochdeutschen Mundarten auch andere Suffixe: bair. *dāhen*, els. *dōche*, schwz. *dägel*. Semantisch am ehesten zu einem (ig.) **tek-* ´zusammendrehen`, das aber nur in abgelegenen Sprachen bezeugt ist: arm. *t´ek´em* ´drehen, flechten`, arm. *t´iur* (**tēk-ro-)* ´gedreht`; osset. *taxun* ´weben`, osset. *an-dax* ´Faden`; vielleicht auch mit *s*-Erweiterung l. *texere* ´flechten, weben`. Der Docht wäre also ´das Zusammengedrehte`. Der Anlaut *t* im Althochdeutschen und Mittelhochdeutschen beruht auf einer auch sonst zu beobachtenden Weiterverschiebung (vgl. *tausend*); *ō* für *ā* ist in vorwiegend mündlich überlieferten Wörtern zu erwarten.

Nschw. *tåt*, nisl. *þáttur*. Zur lateinischen Verwandtschaft s. *Text.* − Eichhoff (1968), 83 f.

Dock *n. erw. fach.* (Anlage zum Halten von Schiffen außerhalb des Wassers) (< 18. Jh.). Aus dem Niederdeutschen, mndd. *docke*, mndl. *docke*; gegebenenfalls aus dem Englischen (Wort der Küstensprachen). Herkunft unklar. Daneben mndl. *docke* ´Wasserrinne`, für das ein l. *\*ductia* ´Wasserleitung` (zu l. *dūcere* ´leiten, führen`) vorausgesetzt wird.

Zu l. *dūcere* s. *produzieren*, zur germanischen Verwandtschaft s. *ziehen*. − Kluge (1911), 187 f.; Stiven (1936), 16 f.; N. Törnqvist *KNVS* 75 (1968), 28−30; Carstensen 1 (1993), 378.

Docke *f. per. obd.* ´Puppe; Klötzchen u.ä.` (< 10. Jh.). Mhd. *tocke*, ahd. *tocka*, mndd. *docke* aus g. *\*dukkōn f.* unklarer Ausgangsbedeutung (ungefähr ´etwas Rundes`), auch in anord. *dokka* ´Puppe, Mädchen`, as. *dokka*, ae. *finger-docce f./m.(?)* ´Fingermuskel`. Keine naheliegende Vergleichsmöglichkeit. Vor weiteren Anknüpfungen muß die Ausgangsbedeutung im Germanischen geklärt werden.

S. *Dogge*. Lühr (1988), 226 f.

Dogge *f. erw. fach.* (Hunderasse) (< *16. Jh., Form < 18. Jh.). Entlehnt aus ne. *dog* ´Hund`, me. *dogge*, ae. *docga*, zunächst in der Form (*englische*) **Docke**. Gemeint waren speziell zur Hetzjagd abgerichtete Tiere. Später festgelegt auf bestimmte Hunderassen: die Lautform mit *-gg-* ist niederländisch bestimmt. Ausgangsform vielleicht *\*duðkōn* ´Bündel` o.ä. (zunächst auf den jungen Hund bezogen) und verwandt mit *Docke*.

S. *Bulldogge, Hotdog*. − *LM* 3 (1986), 1162 f.; Lühr (1988), 290; Th.L. Markey *JIES* 11 (1983), 373−378.

Dogma *n. erw. fach.* ´verbindliche Lehrmeinung` (< 16. Jh.). Entlehnt aus l. *dogma*, dieses aus gr. *dógma*, zu gr. *dokeīn* ´erwarten, meinen`. Adjektiv:

dogmatisch mit der Täterbezeichnung **Dogmatiker**. Abstraktum: **Dogmatik**.

S. *Paradox*; zur lateinischen Verwandtschaft s. *dozieren*. − *HWPh* 2 (1972), 275−277; M. Herberger: *Dogmatik* (Frankfurt/Main 1981); F. Horak *ZSSR-RA* 101 (1984), 275−293; *LM* 3 (1986), 1164 f.

Dohle *f. erw. fach.* (ein Rabenvogel) (< 13. Jh.). Mhd. *tāle, tōle, tāhele* (ins Italienische entlehnt als it. *taccola*), erweiternde *l*-Bildung zu mhd. *tāhe*, ahd. *tāha*, neben dem ae. **dawe* steht; es wird also von wg. **dagwōn/dahwōn (-ǣ-) f.* ´Dohle` auszugehen sein. Vergleichbar ist apreuß. *doacke* ´Star`. Weitere Herkunft unklar. Vielleicht lautmalend.

Ne. *jackdaw*. Gegen die Gleichsetzung von **tahele* und mhd. *tāle, tōle*: Suolahti (1909), 185−189; *LM* 3 (1986), 1165 f.

Dohne *f. per. fach.* ´Schlinge zum Vogelfang` (< 15. Jh.). Mhd. *don(e)*, ahd. *dona*, as. *thona* aus wg. *\*þunōn f.* ´Zweig, Rute`, speziell ´Dohne`, auch in ae. *(ælf)þone* ´Geißblatt`. Vergleichbar sind l. *tenus -i*. ´Schnur mit Schlinge zum Vogelfang`, russ.-kslav. *teneto n.* ´Schlinge zum Vogelfang`, die zu ig. **ten-* ´ziehen, dehnen, spannen` gehören. Also etwa ´Spanner` als Grundbedeutung. S. auch *dehnen*.

Doktor *m.* (< 14. Jh.). Mhd. *doctor* ist entlehnt aus l. *doctor* ´Lehrer`, zu l. *docēre (doctum)* ´lehren, unterrichten`. Zunächst eine Standesbezeichnung der Gelehrten, die einer Lehrtätigkeit nachgingen; als für die offizielle Lehrtätigkeit bestimmte Voraussetzungen gemacht werden, erhält die Berufsbezeichnung Titelcharakter. Mit der Einrichtung weiterer akademischer Lehrberechtigungen (z. B. dem Bakkalaureat) verliert das Wort die allgemeine Bedeutung ´Hochschullehrer` und wird zum reinen Titel. Aus *Doctor medicinae* entsteht die Bedeutung ´Arzt` (weil der Mediziner auch außerhalb der Universität praktiziert, wo die Unterscheidung der Fakultäten überflüssig ist), wobei der gelehrte ´Doktor` dem nicht akademisch ausgebildeten ´Arzt` gegenübergestellt wurde. (Heute **Arzt** gegenüber **Heilpraktiker**). Zu dem seltenen Verb **doktorieren** gehört das Nomen agentis **Doktorand** und das Abstraktum **Doktorat**.

Zur Sippe von l. *docēre* ´lehren` s. *dozieren*, zur griechischen Verwandtschaft s. *Dogma* und *Paradox*. − *DF* 1 (1913), 153 f.; Götze (1929), 9−11; zu *Dozent*: Nyström (1925), 124 f.

Doktrin *f. erw. fach.* ´Lehrmeinung` (< 16. Jh.). Entlehnt aus l. *doctrīna* ´Belehrung, Unterricht, Lehre`, zu l. *docēre (doctum)* ´lehren, unterrichten`. Adjektiv: **doktrinär**.

Zur Sippe von l. *docēre* ´lehren` s. *dozieren*; zur griechischen Verwandtschaft s. *Dogma* und *Paradox*. − *DF* 1 (1913), 154; *HWPh* 2 (1972), 259−261.

Dokument *n.* (< 16. Jh.). Entlehnt aus ml. *documentum*, dieses aus l. *documentum* ´Beweis, eigentlich ´wodurch man etwas lehren, woraus man etwas schließen kann`, zu l. *docēre (doctum)* `lehren, unterrichten, nachweisen`. Verb: **dokumentieren** mit dem Abstraktum **Dokumentation**; Adjektiv: **dokumentarisch**.

Zur Sippe des zugrundeliegenden l. *docēre* s. *dozieren*. – *DF* 1 (1913), 154.

Dolch *m.* (< 15. Jh.). Fnhd. *dollich, dolken* u.ä. Herkunft unklar. Lautähnlich ist l. *dolo*, gr. *dólōn* `Stockdegen, Stilett`, doch bleibt die Herkunft des Tektals *g/ch* unklar. Zur germanischen Bewaffnung der Eisenzeit gehören keine Dolche. Eine Übernahme von außen ist also wahrscheinlich. Präfixableitung **erdolchen**.

RGA 5 (1984), 551.

Dolde *f. erw. fach.* (Blütenstand) (< 11. Jh.). Mhd. *dolde, tolde*, ahd. *toldo* m. führt auf vd. **dulþōn f.* `Dolde`, neben dem dentalloses ahd. *tola* `Kamm der Weintraube` steht. Weitere Herkunft unklar.

S. *Dill, Tolle.* – Trier (1952), 56; *LM* 3 (1986), 1171.

Dole *f. per. fach.* `bedeckter Abzugsgraben` (< 9. Jh.). Ahd. *dola* `Röhre, Abzugskanal, Rinne`; daneben mit Langvokal *ō* anord. *dæla* `eine Art Schiffspumpe oder Ableitung für das Bilgwasser`. Wegen der Unklarheit des Lautstands ist auch die Etymologie unklar. S. auch *Tülle*.

Dollar *m.* s. *Taler*.

Dolle *f. per. fach.* `Pflock, Ruderpflock` (< 17. Jh.). Aus dem Niederdeutschen, mndd. *dolle, dulle*, wie in afr. *tholl*, ae. *þoll* m., nschw. *tull* m. Vielleicht liegt wegen der seltenen Bedeutung (und damit späten Beleglage) Urverwandtschaft zwischen diesen Wörtern vor (g. **þulla-*, vielleicht mit *ln*-Assimilierung); vermutlich ist das Wort aber von einem nicht mehr klaren Ausgangspunkt aus verbreitet worden. Außergermanisch vergleicht sich am nächsten lit. *tulis* `Achsnagel` nebst anderem weniger Klaren, das auf eine Wurzel ig. **teu-* `schwellen` zurückgeführt wird.

Dolmen *m. per. fach.* `vorgeschichtliches Steingrabmal` (< 19. Jh.). Entlehnt aus frz. *dolmen* `vorgeschichtliches (teilweise für keltisch gehaltenes) Steindenkmal`. Dieses ist (nach Loth s. u.) von Legrand d'Aussy mißverstanden aus dem Bretonischen entnommen worden: Gemeint war *tol* `Tisch` (das nach dem Artikel zu *dol* mutiert wird) und *men* `Stein`, das aber nach dem femininen Vorderglied zu *ven* hätte mutiert werden müssen. Gemeint war also *tol-ven* `Steintisch`, das aber als solches kein übliches Wort ist.

J. Loth *Revue Celtique* 44 (1927), 284; *RGA* 5 (1984), 552 f.

Dolmetsch(er) *m.* (< 13. Jh.). Mhd. *tolmetsche, tulmetsche*, fnhd. *dolmetsch*; dazu das Verb **dolmetschen**. Aus diesem das Nomen agentis **Dolmetscher**, das das ursprüngliche Wort verdrängt (*tolmescher* aber schon im 13./14. Jh.). Über ung. *tolmács* oder

russ. *tolmáč* (oder einer anderen slavischen Sprache) entlehnt aus türk. *tilmaç*. Dieses ist eine volksetymologische Angleichung an atürk. *til* `Zunge, Sprache` und das Suffix *-maç*, doch weist das Fehlen der Vokalharmonie auf Entlehnung. Da in der kleinasiatischen Mitanni-Sprache schon im 15. Jh. v. Chr. ein *Talami* `Dolmetscher` bezeugt ist, wird das türkische Wort irgendwie mit diesem zusammenhängen.

Steinhauser (1978), 63 f. *RGA* 5 (1984), 553–557.

Dom[1] *m.* `Bischofskirche` (< *9. Jh., Form < 14. Jh.). Die früheste Bezeugung ist ahd. *tuom* `Bischofskirche`, andfrk. *duom*, mhd. *tuom*, nhd. (bis ins 18. Jh.) *Thum*; daneben mfrz. *dôme*, dessen Form auf die deutsche einwirkt und sich dann durchsetzt. Zugrunde liegt l. *domus ecclesiae*, eine Bezeichnung für das Wohnhaus der Priester bei einer Kirche. Die Bezeichnung wird bald eingeengt auf das betreffende Haus eines Bischofs, also eigentlich *domus [ecclesiae] episcopalis*. Daneben wird auch die Bischofskirche (l. *domus [dei] episcopalis* `Gotteshaus des Bischofs`) so bezeichnet und schließlich zu *domus* gekürzt.

Zur Sippe des zugrundeliegenden l. *domus* `Haus` s. *Dame*[1]. – P. Kretschmer *ZVS* 39 (1906), 539–548; *DF* 1 (1913), 155; Masser (1966), 53–70; W. Cubber *SGG* 14 (1988), 58–60.

Dom[2] *m. erw. fach.* `gewölbeartige Struktur` (< 18. Jh.). Technisches Wort zunächst der Baukunst, das aber in Verwendungen wie **Himmelsdom** usw. von *Dom*[1] aufgesogen worden ist. Entlehnt aus frz. *dôme* `Kuppel`, das über spl. *dōma* n. `Dach` auf gr. *dõma* n. `Dach, Haus, Tempel` zurückgeht.

DF 1 (1913), 155.

Domäne *f. erw. fach.* `Gebiet, Staatsgut` (< 17. Jh.). Entlehnt aus frz. *domaine* m. `Gut in landesherrlichem Besitz` dieses aus l. *dominium* n. `Herrschaft, herrschaftlicher Besitz`, zu l. *dominus* m. `Herr, Eigentümer`, zu l. *domus* `Haus`.

Zur Sippe des zugrundeliegenden l. *domus* `Haus` s. *Dame*[1]. – *DF* 1 (1913), 155; Jones (1976), 294; *LM* 3 (1986), 1175.

Domestik *m. arch.* `Dienstbote` (< 17. Jh.). Entlehnt aus frz. *domestique*, Substantivierung eines Adjektivs mit der Bedeutung `zum Haus gehörig`, dieses aus l. *domesticus*, zu l. *domus* f. `Haus`. Mit anderer Anwendung der gleichen Grundlage: **Domestikation** `Zähmung von Wildtieren, Anpassung von Wildpflanzen` mit dem Verb **domestizieren**.

Zur Sippe des zugrundeliegenden l. *domus* `Haus` s. *Dame*[1]. – C. Petitfrere *PSG* 13 (1992), 47–71. Zu *Domestikation*: *HWPh* 2 (1972), 280 f.; *RGA* 5 (1984), 589–591.

dominieren *sw V. erw. fremd.* `beherrschen` (< 16. Jh.). Entlehnt aus l. *domināri* `herrschen`, zu l. *dominus* `Herr`. Adjektiv: **dominant** mit der Substantivierung **Dominante**.

Zur Sippe des zugrundeliegenden l. *domus* 'Haus' s. *Dame*[1]. − *HWPh* 2 (1972), 281 f.

Domino *m. per. fach.* 'Karnevalskostüm' (< 18. Jh.). Entlehnt aus frz. *domino*, dieses aus it. *domino* (dass., eigentlich: 'Kapuzenmantel der Mönche'), zu l. *dominus* 'Herr', zu l. *domus f.* 'Haus'. Aus der Bezeichnung des Wintermantels der Mönche (Metonymie: Bezeichnung für das Kleidungsstück aus der für den Träger des Kleidungsstücks) entwickelt sich zunächst die allgemeine Bedeutung 'Mantel'; im 18. Jh. erfolgt dann eine Spezialisierung der Bedeutung auf 'schwarzseidener Maskenmantel beim Karneval in Venedig'. Das *Dominospiel* wird ebenfalls im 18. Jh. aus frz. *domino* entlehnt. Sein Name stammt vermutlich daher, daß der Gewinner sich l. *dominus* 'Herr' nennen sollte.
Zur Sippe des zugrundeliegenden l. *domus* 'Haus' s. *Dame*[1]. − *DF* 1 (1913), 155 f.; Röhrich 1 (1991), 324.

Domizil *n. erw. fach.* 'Wohnsitz' (< 19. Jh.). Entlehnt aus l. *domicilium* 'Wohnsitz, Wohnung, Palast, Residenz', zu l. *domus f.* 'Haus'. S. *Dame*[1].

Dompfaff *m. erw. fach.* 'Gimpel' (< *16. Jh., Form < 18. Jh.). So benannt wegen des roten Federkleides mit schwarzem Scheitel, das dem Talar und der Kappe eines Domgeistlichen vergleichbar ist. Dem Wort *Dom* entsprechend ist die ältere Form *thumpfaff*. S. *Dame*[1] und *Pfaffe*.

Dompteur *m. erw. fach.* 'Tierbändiger' (< 20. Jh.). Entlehnt aus frz. *dompteur*, einem Nomen agentis zu frz. *dompter* 'zähmen', aus l. *domitāre*, einem Intensivum zu l. *domāre* 'zähmen'. Zur germanischen Verwandtschaft s. *zahm*.

Donner *m.* (9. Jh.). Mhd. *doner, toner*, ahd. *donar, t(h)onar*, as. *thunar* aus g. **þunra- m.* 'Donner' (auch 'Donnergott'), auch in anord. *þórr, þunarr*, ae. *þunor*, afr. *thuner, tonger*, zu einer Schallwurzel, die speziell auch Wörter für 'donnern' aufweist: ig. **ten-* in l. *tonāre* 'donnern', ai. *tanyú-* 'donnernd', ae. *þunian* 'donnern', mit *s mobile* ig. **sten-* in ai. *stánati* 'donnert', auch ai. *stanáyati*. Verb: *donnern*; ein *Donnerwetter* ist ein Wetter mit Blitz und Donner, also ein Gewitter, meist in Verwünschungen und Flüchen benutzt.
Nndl. *donder*, ne. *thunder*. S. *aufgedonnert, Donnerkeil, Donnerstag, verdonnern, stöhnen*; zur lateinischen Verwandtschaft s. *detonieren*.

Donnerkeil *m. per. fach.* 'Blitzstrahl; Versteinerung; Steinzeitbeile' (< 16. Jh.). Zusammensetzung aus *Donner* in der mittelhochdeutschen Nebenbedeutung 'Blitz' und *Keil*. Gemeint sind zunächst offenbar die *Blitzröhren* (*Fulgurite*), d. h. durch Blitzeinschlag in Sand entstandene, versinterte Röhren. Mit diesen gleichgesetzt wurden die (entfernt ähnlich aussehenden) Versteinerungen des Hinterteils der Kopffüßler (*Belemniten* zu gr. *bélemnon* 'Geschoß', auch für 'Hagel' u.ä., wohl auch 'Blitz', also offenbar von der gleichen Vor-

stellung ausgehend); dann ausgedehnt auf die Versteinerungen von Belemniten allgemein und andere ungewöhnliche Formen aus Stein, wie Steinzeitbeile. − Der Verwendung als Fluchwort liegt wie bei *Donnerwetter* der übertragene Gebrauch der erstgenannten Bedeutung zugrunde.
J. Reitinger in: *FS R. Pittioni* 2 (1976), 511−546 (zu *Donnerkeil* 'Steinzeitbeil'); Lüschen (1979) 203−205 (*Donnerstein*).

Donnerlittchen, **Donnerlüttchen** *Interj. stil. reg.* (< 19. Jh.). Eigentlich *Lichtchen*, vgl. opreuß. *lichting* 'Blitz', also im Gebrauch als Ausruf eine Entsprechung zu *Donnerwetter*.

Donnerstag *m.* (< 11. Jh.). Zum Prinzip der Bezeichnung der Wochentage vgl. *Dienstag*. Im Fall von 'Donnerstag' liegt l. *Iovis diēs* voraus (vgl. frz. *jeudi*), also die Benennung nach dem Planeten Jupiter und indirekt nach dem obersten Himmelsgott (wie gr. *hēméra diós f.*). In den germanischen Sprachen wurde er durch den Wetter- und Donnergott vertreten, der vermutlich bei der bäuerlichen Bevölkerung als oberster Gott galt; eine weitere Anknüpfung besteht an die Blitze schleudernden *Juppiter tonāns* (= 'donnernd') der Römer. Vgl. anord. *þórsdagr*, ae. *þunres dæg*, afr. *thunresdei*, mndl. *dondersdach, donre(s)dach, donredach, dunredach*, mhd. *donerstac, donrestac, dunrestac*, ahd. *donarestag*. Bair.-österr. *Pfinztag* stammt aus dem Griechischen und ist eigentlich der 'fünfte Tag' (*pémptē hēméra f.*).
Nndl. *Donderdag*, ne. *Thursday* (unter nordischem Einfluß), nschw. *Torsdag*. S. *Donner, Gründonnerstag*. − M. Förster *Anglia* 68 (1944), 1−3; J. W. Taylor *Mankind Quarterly* 20 (1979), 132 f.; Röhrich 1 (1991), 324.

Dönse *f. per. ndd.* 'geheizte Stube; Schrankbett u. a.' (< 13. Jh.). Im Oberdeutschen dafür **Türnitz**. Im Niederdeutschen belegt seit dem 13. Jh. (*dornise*, in Halle), im Oberdeutschen seit dem 11. Jh. als *turniza*. Entlehnt aus slav. **dvorǔnica* 'Hofstube' zu akslav. *dvorǔ* 'Hof' (zuerst im Polabischen um 1700 als *dwarneiz*). Es handelt sich um den geheizten Raum in slavischen Adelshäusern, der zunächst für das Grenzgebiet, dann auch weiter im Westen vorbildlich wurde. Zurückgedrängt wurde das Wort vor allem durch *Stube*.
B. Schier in: *FS Foerste* (1970), 177−197; Eichler (1965), 35 f. Anders: H. H. Bielfeldt: *Die slawischen Wörter im Deutschen* (Leipzig 1982). 262−274; 275−277; 279−287.

Döntje *n. per. ndd.*, auch **Döneke** 'Anekdote' (< 19. Jh.). Eigentlich 'kleine Erzählung, kleines Lied' zu *don* 'Ton, Weise' mit dem Diminutivsuffix. S. *Ton*[2].

doof *Adj. vulg.* (< 20. Jh.). Niederdeutsche Entsprechung von hd. *taub*, die in übertragener Bedeutung im 20. Jh. von Berlin aus üblich wurde.
Röhrich 1 (1991), 324 f.

dopen *sw V. erw. fach.* ´durch verbotene Mittel kräftigen, aufputschen` (< 20. Jh.). Entlehnt aus ne. *dope*, zu e. *dope* ´Mittel, Droge, Substanz`, dessen weitere Herkunft nicht sicher geklärt ist. (Vermutlich zu ndl. *doop* ´Soße zum Eintunken`, verwandt mit *taufen*).
Rey-Debove (1988), 240; Carstensen 1 (1993), 382−384.

Doppel *n. erw. fach.* (< 17. Jh.). Entlehnt aus frz. *double* ´Kopie` (s. *doppelt*).

Doppeldecker *m. erw. fach.* ´Flugzeug mit zwei Lagen von Tragflächen` (< 20. Jh.). Gebildet nach dem Vorbild von **Dreidecker** (und vielleicht **Zweidecker**), d. h. Schiffe mit mehreren *Decks* (Stockwerken). S. *Deck*.

doppeln *sw V. arch.* ´würfeln` (< 13. Jh.). Mhd. *toppeln*, *topelen* ist entlehnt aus mndl. *dobbelen*; dieses wahrscheinlich aus dem Französischen (s. *doppelt*), aber mit ganz unklarer Bedeutungsentwicklung. Möglicherweise bezieht sich die Bezeichnung auf eine Form des Würfelspiels, bei dem zwei Würfel die gleiche (also doppelte) Augenzahl zeigen müssen (vgl. *Pasch*).

doppelt *Adj.* (< 14. Jh.). Entlehnt aus afrz. *doble* (frz. *double*) aus l. *duplus* ´zweifältig`, zu l. *duo* ´zwei`. Das auslautende *-t* wurde offenbar von gleichbedeutendem **gedoppelt** übernommen. Zusammensetzungen wie **Doppelpunkt** bleiben ohne *-t*, ebenso das Verb **(ver)doppeln**.
Zur Sippe von l. *duo* ´zwei` s. *Duo*. − W. A. Benware *BGDSL-T* 101 (1979), 330; Röhrich 1 (1991), 325 f.

Dorf *n.* (< 8. Jh.). Mhd. *dorf*, ahd. *dorf*, *thorf*, as. *thorp* aus g. *þurpa- n.* ´Dorf, Gehöft`, auch in gt. *þaurp* ´bebautes Land, Acker`, anord. *þorp* ´Dorf, Garten`, ae. *þorp*, *þrop m.*, afr. *thorp*, *therp*. Semantisch vergleichen sich (neben dem vom Germanischen vorausgesetzten [ig.] *trəb-*) im Keltischen mir. *treb f.*, kymr. *tre(f)* ´Haus, Dorf, Anwesen` (vgl. denominativ mir. *trebaid* ´pflügt, bebaut, bewohnt`, sowie air. *dithrub*, kymr. *didref* ´*Un-dorf*` = ´Wildnis`) aus [ig.] *treb-*; osk. *triíbúm* ´Haus, Gebäude` aus *trēb-* und lit. *trobà f.* ´Haus, Gebäude` aus *trāb-*. Lautlich noch ferner steht gr. *téramna Pl.* ´Haus` aus *terəb-no-*. Diese schließen sich eigentlich zwanglos an die Verbalbedeutung von kslav. *trěbiti* ´reinigen, roden` an, so daß von ´Rodung` auszugehen wäre (vgl. besonders die keltischen Bedeutungen). Daß möglicherweise l. *trabs f.* ´Baumstamm, Balken usw.` zugehörig ist, läßt sich aus dem semantischen Umfeld verstehen (´das Ausgerodete`?); die Grundbedeutung (dann weiter zu ´Blockhaus`, zu ´Dorf` usw.) ist in diesem Wort sicher nicht zu suchen. Als älteste germanische Bedeutung ist zu erschließen ´Gehöft`, und zwar vorzugsweise ein Aussiedlerhof im Rodungsgebiet, bestehend aus Haus und eingezäuntem Ackerland. Die älteste, teilweise nur in Ortsnamen faßbare, Schicht zeigt sich dabei in anord. *þorp*, nnorw. *torp*,

ae. *þrop*, afr. *therp*, as. *thorp*, ahd. *thorf*; eine jüngere geht auf dem Weg der Entlehnung vom Niederdeutschen aus (anord. *þorp* in jüngerer Bedeutung, ae. *þorp*, afr. *thorp*). Die heute übliche Bedeutung ´Ansammlung von zusammengehörigen Gehöften` entwickelt sich offenbar in neuen Siedlungsgebieten, in denen die Wohnstätten aus Sicherheitsgründen größere Einheiten umfaßten. Aus der gleichen Grundlage entstammen auch die Bedeutungen ´Ackerland`, ´Versammlungsort (regional)` und ´Pferch`, letzteres nur in Relikten greifbar, aber in der Bedeutungsverschiebung zu ´Herde` faßbar in anord. *þorp*, nnorw. *torp* (auch für ´Menschenmenge`) und andfrk. (latinisiert) *troppo*, das frz. *troupeau m.* und frz. *troupe f.* ergibt (s. *Trupp*). Sind die Bedeutungszusammenhänge damit einigermaßen klar, so bleiben die Ablautverhältnisse (in der zweiten Silbe) doch rätselhaft. Adjektiv: **dörflich**.
Nndl. *dorp*, ne. (vor allem in Ortsnamen) *thorp*. − W. Foerste *SG* 16 (1963), 422−433; R. Schützeichel *AAWG phil.-hist.* III, 109 (1981), 9−36; *RGA* 6 (1986), 82−114; *LM* 3 (1986), 1266−1312; Röhrich 1 (1991), 326 f.

Dorn *m.* (< 8. Jh.). Mhd. *dorn*, ahd. *dorn*, *thorn*, as. *thorn* aus g. *þurnu- m.* ´Dorn`, auch in gt. *þaurnus*, anord. *þorn*, ae. *þorn*, afr. *thorn*; entsprechend ig. *trn-* (mit verschiedenen Stammbildungen) ´Spitze, Dorn` in akslav. *trŭnŭ* ´Dorn`; ferner ai. *tr̥ṇá- n.* ´Grashalm`. Setzt eine Wurzel *ter-* voraus, die ´stechen` bedeutet haben müßte, die aber nur in Ableitungen und nicht sehr deutlich zu fassen ist (evtl. *ster-*). Adjektiv: **dornig**.
Nndl. *doorn*, ne. *thorn*, nschw. *torn*, nisl. *þyrnir*. − *RGA* 6 (1986), 118 f.; Röhrich 1 (1991), 327 f.

dorren *sw V.* (< 9. Jh.). Mhd. *dorren*, ahd. *dorrēn*, *t(h)orrēn*. Inchoativum zu *dürr*. Präfigierung: **ver-**.

dörren *sw V.* (< 9. Jh.). Mhd. *derren*, ahd. *derren*, *t(h)erren*, mndl. *dorren* aus g. *þarz-eja sw V.* ´dörren`, auch in anord. *þerra*, ae. *þi(e)rran*; Kausativum zu g. *þers-a- st V.* ´dorren` (s. *dürr*).

Dorsch *m. erw. fach.* (< 14. Jh.). Aus dem Niederdeutschen (mndd. *dorsch*, *dors[k]*, mndl. *dorsc*) in die Hochsprache übernommen. Dieses entlehnt aus anord. *þorskr*, eigentlich ´der zum Dörren geeignete Fisch` zu g. *þers-a-* ´dorren` (der Dorsch wird getrocknet als **Stockfisch** gehandelt). Russ. *treská* ´Stockfisch, Kabeljau` kann urverwandt oder aus dem Germanischen entlehnt sein.
RGA 6 (1986), 119−124.

dort *Adv.* (< 9. Jh.). Mhd. *dort*, ahd. *tharot*, *dorot*, *thorot*, as. *tharod*. Wie afr. *thard* ´dorthin` gebildet aus g. *þar*, der kurzvokalischen Variante von *da*[1] mit einem Suffix zur Bezeichnung der Richtung. Adjektiv: **dortig**.
M. Moilanen: *Zum lokalen Gebrauch der Demonstrativadverbien da und dort* (Helsinki 1973).

Dose *f.* (< *14. Jh., Standard < 17. Jh.). Ein ursprünglich niederdeutsches Wort unklarer Herkunft. Vermutet wird eine Entlehnung aus gr. *dósis* ʿGabeʾ über ml. *dosis* unter der Annahme, daß Arzneigaben in einer Kapsel verabreicht wurden, so daß die Bedeutungsverschiebung von der Sache zum Behälter erfolgen konnte (s. *Dosis*). Unklar ist auch, ob ein Zusammenhang zu Bezeichnungen für größere Gefäße besteht (*Döse* ʿBottichʾ, *Dese* ʿWaschfaßʾ u.ä.): die lautliche Berührung ist gegeben, die Bedeutung macht aber Schwierigkeiten (eine *Dose* ist ein kleines Gefäß mit Deckel). *Döse* usw. geht wohl auf ein slavisches Wort für Backtrog zurück (russ. *dežá* usw., zu einem Wort für ʿknetenʾ, s. *Teig*).

dösig *Adj. stil. reg.* ʿschläfrig, benommenʾ (< 19. Jh.). Aus dem Niederdeutschen übernommen (mndl. *dösich*, ae. *dysig*, ne. *dizzy*). Etwas später auch **dösen** ʿhalb schlafenʾ (vgl. ne. *doze*). Zu Wörtern auf einer Grundlage ig. **dʰeus/dʰwes-* für ʿverwirrt sein, betäubt seinʾ (s. *Tor¹*), die vermutlich auf **dʰeu-* ʿstieben, durcheinanderwirbelnʾ zurückgehen. S. *Dunst, ram(m)dösig.*

Dosis *f. erw. fach.* ʿzugemessene Menge, verabreichte Mengeʾ (< 16. Jh.). Entlehnt aus ml. *dosis* ʿGabeʾ, dieses aus gr. *dósis, ti*-Abstraktum zu gr. *didónai* ʿgebenʾ. Verb: **dosieren**.

S. *Dose*. Zur gleichen Grundlage gehört *Anekdote*; zur lateinischen Verwandtschaft s. *Datum*, zur slavischen *Datsche*. − *DF* 1 (1913), 156; J. W. Walz *ZDW* 12 (1910), 177.

Dossier *n. per. fach.* ʿumfängliche Akteʾ (< 19. Jh.). Entlehnt aus frz. *dossier m.*, einer Ableitung von frz. *dos m.* ʿRückenʾ, dieses aus l. *dorsum*. Zunächst so bezeichnet als ʿein Bündel Akten, das durch einen Umschlag zusammengefaßt ist, auf dessen Rücken der Inhalt vermerkt wirdʾ.

Dost *m. per. fach.* ʿoriganum vulgare, wilder Majoranʾ (< 10. Jh.). Mhd. *doste, toste*, ahd. *dost(o)*. Die Bedeutung ist teilweise auch ʿBüschel, Straußʾ. Herkunft unklar.

R. Löwe *BGDSL* 59 (1935), 256−260; *LM* 3 (1986), 1328.

dotieren *swV. per. fach.* ʿausstatten, mit Geld versehenʾ (< 15. Jh.). Mhd. *dotieren* ist entlehnt aus l. *dōtāre (dōtātum)*, zu l. *dōs (-ōtis)* ʿGabeʾ, zu l. *dare* ʿgeben, reichenʾ. Zu dessen Sippe s. *Datum*.

Dotter *m.* (auch *f./n.*) (< 11. Jh.). Mhd. *toter, tuter m./n.*, ahd. *totoro, toter*, as. *dodro*; vgl. ae. *dydrin* ʿDotterʾ. Vielleicht zu toch. B *tute* ʿgelbʾ, sonst unklar.

Heidermanns (1993), 164 f. Zu dem weiter verbreiteten Pflanzennamen *Dotter* s. Marzell 1 (1943), 753−757.

Double *n. erw. fach.* ʿErsatzdarsteller, Doppelgängerʾ (< 19. Jh.). Entlehnt aus frz. *double m.* ʿDoppelgängerʾ (zunächst auch in dieser Bedeutung), einer Substantivierung von frz. *double* ʿdoppeltʾ, dieses aus l. *duplus*, zu l. *duo* ʿzweiʾ. Später (nach dem Vorbild des Französischen?) auch ʿErsatzdarstellerʾ (der im normalen Französischen frz. *doublure* heißt).

S. *doppelt*. − Röhrich 1 (1991), 328; Carstensen 1 (1993), 384 f.

Doyen *m. per. fach.* ʿÄltester des diplomatischen Korps u.ä.ʾ (< 19. Jh.). Entlehnt aus frz. *doyen* ʿDekanʾ aus l. *decānus*, s. *Dekan*.

dozieren *swV. erw. fach.* ʿlehrenʾ (< 16. Jh.). Entlehnt aus l. *docēre* ʿlehrenʾ. Nomen agentis: **Dozent**.

Zu l. *docēre* ʿlehrenʾ gehören das Nomen agentis *Doktor* und die Instrumentalbildungen *Doktrin* und *Dokument*. Zur griechischen Verwandtschaft s. *Paradox*. − *DF* 1 (1913), 157.

Drache¹ *m.* (< 9. Jh.). Mhd. *trache, tracke, drache, dracke*, ahd. *trahho*; wie anord. *dreki*, ae. *draca* entlehnt aus l. *draco (-ōnis)*, das seinerseits aus gr. *drákōn* übernommen ist. Das griechische Wort bedeutet eigentlich ʿder scharf Blickendeʾ zu gr. *dérkomai* ʿich seheʾ. Das Fabeltier galt als geflügeltes Reptil mit lähmendem Blick. *Drachen* als Spielzeug zum Fliegenlassen entstanden in Nachahmung chinesischer Drachen (die tatsächlich Drachenbilder waren).

S. *Dragoner, drakonisch, Estragon*. − *RGA* 6 (1986), 131−137; *LM* 3 (1986), 1339−1346; Röhrich 1 (1991), 329−331.

Drache² *m. s. Enterich*.

Drachensaat *f. bildg.* ʿZwietracht säende Äußerungenʾ (< 19. Jh.). Klammerform für **Drachenzähnesaat*, nach den in der griechischen Mythologie von Kadmos ausgesäten Drachenzähnen, aus denen Krieger erwuchsen, die sich alle (bis auf fünf) gegenseitig erschlugen.

Röhrich 1 (1991), 331.

Drachme *f. per. exot.* (ein Gewicht, eine Münze) (< 15. Jh.). Entlehnt aus l. *drachma*, dieses aus gr. *drachmḗ*, eigentlich ʿeine Handvollʾ, zu gr. *drássomai* ʿich fasse, ergreifeʾ. Auf deutsche Verhältnisse bezogen nur als Apothekergewicht. Zur germanischen Verwandtschaft s. *Zarge*.

Dragee *n. erw. fach.* ʿmit Guß überzogene Pilleʾ (< 17. Jh.). Entlehnt aus frz. *dragée f.* ʿüberzuckerte Früchte u.ä.ʾ. Die ältere Bedeutung des Wortes ist ʿMischfutter aus Wildpflanzenʾ, so daß es bei den *Dragees* ursprünglich wohl um eine Konfekt-Mischung gegangen ist.

Das französische Wort ist eine Ableitung aus dem ursprünglich gallischen *dravoca* ʿUnkrautʾ, speziell ʿLolchʾ. − K.-H. Weimann *DWEB* 2 (1963), 389; *DEO* (1982), 245.

Dragoman *m. per. exot.* ʿÜbersetzerʾ (< 16. Jh.). Über it. *dragomanno*, frz. *dragoman*, span. *dragoman* entlehnt aus arab. *targumān*. Das zugrundeliegende Verb arab. *targuma* ʿdolmetschenʾ ist entlehnt aus syr. *targem* ʿerläuternʾ.

Dragoner *m. erw. fach.* ´leichter Reiter (ursprünglich Infanterist, der sich auch zu Pferde fortbewegen kann´ (< *16. Jh., Form < 17. Jh.). Entlehnt aus frz. *dragon*, dieses aus l. *draco (-ōnis)* ´Drache´, aus gr. *drákōn*. Der deutsche Stamm auf *-er* ist eine nachträgliche Verdeutlichung (als Täterbezeichnung, älter fnhd. *trachen*).

Bei frz. *dragon* handelt es sich ursprünglich wohl um die Bezeichnung einer Handfeuerwaffe (´feuerspeiender Drache´, eine Metapher), mit der die Kavalleristen bewaffnet waren. Dann Bezeichnungsübertragung auf die damit ausgerüstete Person (Metonymie). Nach anderer Ansicht handelt es sich bei frz. *dragon* um die Bezeichnung von Feldzeichen. S. *Drache*. − *DF* 1 (1913), 157; Jones (1976), 297 f., Röhrich 1 (1991), 331.

Draht *m.* (< 11. Jh.). Mhd. *drāt*, ahd. *drāt*, as. *thrād* ´Faden´ aus g. **þrēdu- m.* ´Draht´, auch in anord. *þráðr* ´Faden, Leine´, ae. *þrǣd*, afr. *thrēd*, eigentlich ´der Gedrehte´ (*tu*-Abstraktum zu *drehen*, s. d.). Der gezogene Metallfaden ist nach dem gedrehten Zwirn benannt. *Draht* ist seit dem 19. Jh. Ersatzwort für *Telegraph* (*Drahtantwort* usw.) nach den Verbindungsdrähten. Hierzu **drahtlos** und das Verb **drahten**; vielleicht auch **auf Draht sein** ´schnell, geschäftstüchtig sein´. **Drahtzieher** seit dem 18. Jh. für ´Hintermann´ − gemeint ist derjenige, der die Marionetten an *Drähten* bewegt. Das Adjektiv **drahtig** geht wohl aus von der Bedeutung ´sehnig´, ist in seiner Verwendung aber nicht eigentlich klar (vielleicht wie ndd. **drähtig** zunächst von sehnigem Fleisch gesagt).
Eichhoff (1968), 80 f.; *RGA* 6 (1986), 140−152; *LM* 3 (1986), 1351 f.; Röhrich 1 (1991), 331 f.

drainieren *swV.* s. *dränieren*.

Draisine *f. arch.* (1. ein kleines Schienenfahrzeug, 2. ein Vorläufer des Fahrrads) (< 19. Jh.). Neubildung des 19. Jhs. nach dem Namen des deutschen Erfinders Freiherr Karl Friedrich *Drais* von Sauerbronn. Die französische Aussprache des Wortes ist also historisch unrichtig.

drakonisch *Adj. erw. fremd.* ´sehr streng, übermäßig hart´ (< 18. Jh.). Ableitung von gr. *Drákōn*, dem Namen eines altgriechischen (athenischen) Staatsmannes, unter dem sehr strenge Gesetze galten. Der Name bedeutet eigentlich ´Drache´.
DF 1 (1913), 157.

drall *Adj. reg.* ´stramm´ (< *15. Jh., Standard < 18. Jh.). Aus dem Niederdeutschen (mndd. *dral*), eigentlich ´fest gedreht´, zu einem nur wenig früher bezeugten *drillen*. Von da aus etwa im Sinn von ´stramm´ auf Personen übertragen. Gleicher Herkunft ist das Substantiv **Drall**, das die Drehung im gezogenen Lauf von Feuerwaffen, und danach die Drehung der Geschosse bezeichnet. Heute besonders **Linksdrall** usw. für die Neigung eines Fahrzeugs, nach links zu fahren. Auch übertragen auf politische Haltungen u. ä.
S. *drehen, drollig*. − Heidermanns (1993), 623 f.

Drama *n.* (< 16. Jh.). Entlehnt aus spl. *drāma* ´Schauspiel´, dieses aus gr. *drāma*, eigentlich ´Handlung, Geschehen´, zu gr. *drān* ´handeln, tun´. Die Bedeutung ´tragisches Geschehen (usw.)´ ergibt sich aus der Verallgemeinerung des Geschehens in Tragödien. Adjektiv: **dramatisch** mit dem zugehörigen Verb **dramatisieren**; Täterbezeichnungen: **Dramatiker, Dramaturg**.
S. *drastisch*. − *DF* 1 (1913), 157; *HWPh* 2 (1972), 289 f.; *LM* 3 (1986), 1353−1367.

dran *Adv.* (< 14. Jh.). Kurzform von *daran*, s. *dar, an* und *draus*.
Röhrich 1 (1991), 332.

Drang *m.* (< 12. Jh.). Erst mittelhochdeutsch zu *dringen* gebildet, obwohl auch ältere Stufen der anderen germanischen Sprachen entsprechende Bildungen zeigen. Auch das Kausativ **drängen** zu *dringen* ist erst mittelhochdeutsch (neben parallelen Bildungen in anderen germanischen Sprachen). Präfigierung: **Andrang**; Iterativum: **drängeln**; kollektives Abstraktum: **Gedränge**.
S. *drangsalieren, dringen, gedrungen*. − *HWPh* 2 (1972), 290−293.

drangsalieren *swV.* (< 19. Jh.). Zu **Drangsal** hybrid gebildet (neben **drangsalen**). Das Grundwort ist ein seit dem 15. Jh. bezeugtes Abstraktum *Drangsal f.* (auch *n.*) zu *drängen* (s. *Drang*) mit ähnlicher Bedeutung wie **Bedrängnis**.

dränieren *swV. per. fach.*, auch **drainieren** ´durch Anlage eines Röhrensystems entwässern, Flüssigkeiten ableiten´ (< 19. Jh.). Entlehnt aus frz. *drainer*, dieses aus ne. *drain*, aus ae. *dreahnian* ´trocknen´. Abstraktum: **Drainage**. Zur germanischen Verwandtschaft s. *trocken*.

Drank *m. per. ndd.* ´Spülwasser, Schweinefutter´ (< 20. Jh.). Eigentlich niederdeutsche Form von *Trank* zu *trinken*. Bezeichnet das flüssige Schweinefutter, in das Küchenabfälle usw. gegeben werden.

drapieren *swV. per. fach.* ´in Falten legen, kunstvoll behängen´ (< 18. Jh.). Im Frühneuhochdeutschen entlehnt aus frz. *draper*, zu frz. *drap* ´Tuch´, dessen weitere Herkunft nicht sicher geklärt ist. Abstraktum: **Draperie**.
DF 1 (1913), 157.

drastisch *Adj.* (< 18. Jh.). Entlehnt aus gr. *drastikós*, zu gr. *drān* ´handeln, wirken, tun´. Zunächst nur für stark wirkende Medizin verwendet; dann Verallgemeinerung.
S. *Drama*. − *DF* 1 (1913), 157 f.

dräuen *swV. arch.* ´Alte Form von *drohen*.

draus *Adv.*, **draußen** *Adv.* (< 9. Jh.). Aus *daraus, daraußen* wie *dran* und *drin* aus *daran* und *darin* (s. *dar*).

drechseln *swV.* (< 10. Jh.). Mhd. *dræseln, drehseln* ist abgeleitet aus mhd. *dræhsel, drehsel,* ahd. *drāhsil* ´Drechsler´, neben dem schon althochdeutsch die Erweiterung *thrāhslari* steht. Vd. **þrēhs-* mit Nomen-agentis-Suffix *-ila,* neben ae. *þrǣstan* ´drehen, zwingen´. Vorausgesetzt wird (ig.) **trēk-,* zu ig. **terk-* ´drehen, drechseln´; am nächsten beim Germanischen stehen der Bedeutung nach ai. *tarkú-* ´Spindel´, gr. *átraktos* ´Spindel´ (*a*-unklar), l. *torquēre* ´drehen, verdrehen, winden´. Der Lautstand des germanischen Wortes (Dehnstufe der zweiten Silbe) ist wohl an den von *drehen* angepaßt worden. Nomen agentis: **Drechsler.**
S. *drillen*; zur lateinischen Verwandtschaft s. *Tortur.* – Zu den Berufsbezeichnungen (*Drechsler* usw.) vgl.: E. Christmann *ZN* 19 (1943), 115–119; *LM* 3 (1986), 1371 f. Zur Sache: *RGA* 6 (1986), 154–171.

Dreck *m.* (< 12. Jh.). Mhd. *drec,* spahd. *drec,* mndd. *dreck,* mndl. *drec* aus g. **þrekka- m.* ´Dreck, Kot´, auch in anord. *þrekkr,* ae. (weitergebildet) *þreax* ´Fäulnis´, afr. *threkk.* Das *-kk-* kann auf Assimilation von *kn* oder expressiver Verdoppelung beruhen. Zugrunde liegt eine Wurzel [ig.] **terg-,* mit *s mobile *sterg-,* auch mit Auslaut *k.* Am nächsten zu dem germanischen Wort steht gr. *stergános* ´Dung´, mit Auslautvariation l. *stercus n.* ´Dünger´, vgl. auch lit. *teršti* ´(be)schmutzen´. Adjektiv: **dreckig.**
Nndl. *drek,* nschw. *träck.* – E. P. Hamp *NOWELE* 5 (1985), 107 f.; Röhrich 1 (1991), 332–334.

drehen *swV.* (< 8. Jh.). Mhd. *dræjen,* ahd. *drāen,* as. *thrāian* setzt ein altes starkes Verb g.**þrē-a-* ´drehen´ fort, das als solches nur noch in ae. *þrāwan* belegt ist. Zu ig. **terə-* ´reiben, bohren, drehen´ mit Vollstufe der zweiten Silbe; formal entspricht am ehesten gr. *titráō* ´ich durchbohre´ (**ti-trə-*), semantisch am besten l. *torquēre* ´drehen, verdrehen, winden´. Der gängige Bedeutungsübergang von ´drehen´ zu ´werfen´ zeigt sich im Verhältnis zu ne. *throw.*
Nndl. *draaien,* ne. *throw* ´werfen´. S. *Darm, Draht, drechseln, dringen, drohen,* sowie *drall, drillen, drollig*; zur lateinischen Verwandtschaft s. *Tour.* – Seebold (1970), 519. Zu den Berufsbezeichnungen (*Dreher* usw.) vgl.: E. Christmann *ZN* 19 (1943), 115–119.

drei *Num.* (< 8. Jh.). Mhd. *drī,* ahd. *drī,* as. *thria, thrie, threa* aus g. **þrej(ez)* ´drei´, auch in gt. *þreis,* anord. *þrír,* ae. *þrī,* afr. *thrē, thria, thriū* (bis in mittelhochdeutsche Zeit war das Zahlwort noch flektiert); dieses aus ig. **trejes (Nom. Pl. m.)* in ai. *tráyas m.,* gr. *treîs, tría,* akslav. *trije m.,* lit. *trỹs,* l. *trēs,* air. *trí,* vgl. heth. *teri,* toch. A *tre m.,* *tri* f.
Nndl. *drie,* ne. *three,* nschw. *tre,* nisl. *þrír.* S. *Drillich, Drilling, dritte*; zur lateinischen Verwandtschaft s. *Trio.* – Meyer (1987), 214–331; F. Villar in: *FS E. C. Polomé* 1 (1991), 136–154; Ross/Berns (1992), 575–579, 597 f., 613 f.

Dreidecker *m.* s. *Doppeldecker.*

Dreifaltigkeit *f. erw. fach.* ´Einheit der drei göttlichen Personen´ (< 12. Jh.). Mhd. *drīvaltecheit,* mndd. *drēvoldichēt,* mndl. *drīvoudicheit,* zu mhd. *drīvaltec* ´dreifältig, dreifach´ (usw.). Übersetzt l. *trīnitās,* das wörtlich ´Dreierleiheit´ bedeutet.
LM 3 (1986), 1374–1377.

dreigen *swV.* s. *dringen* und *drohen.*

Dreikäsehoch *m. stil.* (< 18. Jh.). Scherzhafte Bezeichnung für ein kleines (= nicht hochgewachsenes) Kind. Im einzelnen ist das Benennungsmotiv unklar. Vgl. frz. *haut comme trois pommes.*

dreist *Adj.* (< *13. Jh., Standard < 16. Jh.). Ursprünglich niederdeutsches Wort (mndd. *drīst*), das früher weiter verbreitet war: **þrīstja-* aus älterem **þrenh-st-ja-* in as. *thrīst(i),* ae. *þrīste.* Da es zu *dringen* gehört, ist die Ausgangsbedeutung offenbar ´zudringlich o.ä.´. Präfixableitung: **sich erdreisten**; Abstraktum: **Dreistigkeit.**
Heidermanns (1993), 626 f.

Drell *m. erw. fach.* ´Leinengewebe aus dreifachen Fäden´ (< 15. Jh.). Aus dem Mittelniederdeutschen (mndd. *drell[e]*) übernommen. Vermutlich eine parallele Bildung zu oder unregelmäßige Kürzung aus dem unter *Drillich* behandelten Wort.

dreschen *stV.* (< 8. Jh.). Mhd. *dreschen,* ahd. *dreskan, threskan,* mndd. *derschen, dorschen,* mndl. *derscen* aus g. **þresk-a- stV.* ´dreschen´, auch in gt. *þriskan,* aschw. *þryskia,* ae. *þerscan,* wfr. *terskje.* Keine genaue Vergleichsmöglichkeit. Obwohl die Bedeutung des germanischen Wortes eher auf ´schlagen u.ä.´ weist, ist wohl an ig. **terə-* ´reiben (u.ä.)´ anzuknüpfen, da die Bedeutungen ´reiben´, ´stampfen´, ´dreschen´, ´mahlen´ häufig eng zusammenhängen (vgl. l. *terere frūmentum* ´dreschen´). Die *sk*-Bildungen dieser Sippe sind lit. *trékšti* ´quetschen, pressen, melken´, lit. *trùškinti* ´zerkleinern, zermalmen´, gr. *titróskō* ´ich schädige, verletze´, toch. AB *trāsk-* ´kauen´. Gedroschen wurde in frühester Zeit offenbar durch Herausstampfen der Körner; deshalb bedeuten alte Lehnwörter aus g. **þresk-a-* im Romanischen ´trampeln, tanzen´ (it. *trescare,* prov. *trescar,* afrz. *treschier*). – Einen Versuch, die romanischen Wörter aus **trīsiare* (zu spl. **trīsus,* Variante von l. *trītus* zu l. *terere*) zu erklären, unternimmt H. Bursch. Wie weit dies für die romanischen Wörter gilt, muß dahingestellt bleiben. Daß die im Germanischen gut bezeugte Bedeutung ´dreschen´ aber aus den sehr spärlichen romanischen Ansatzpunkten entlehnt sei, ist kaum denkbar. Aufklärung über Einzelheiten wäre erwünscht. Nomen agentis: **Drescher.**
Nndl. *dorsen,* ne. *thrash,* nschw. *tröska,* nisl. *þreskja.* S. *abgedroschen, drücken, Trittschäuflein.* – Seebold (1970), 522 f.; H. Bursch *ASNSL* 213 (1976), 1–8; *RGA* 6 (1986), 180–186; Röhrich 1 (1991), 337–339.

Dreß *m. erw. fach.* ´(Sport)Bekleidung´ (< 19. Jh.). Entlehnt aus ne. *dress,* einer Ableitung von e.

to dress 'herrichten', dieses aus afrz. *dresser*, aus spl. *dīrēctiāre, aus l. *dīrigere* 'ausrichten', zu l. *regere* 'richten, lenken' und l. *dis-*. Zur Sippe von l. *dīrigere* s. dirigieren, zu der von l. *regere* s. regieren. Carstensen 1 (1993), 389–391.

dressieren *swV.* (< 16. Jh.). Entlehnt aus afrz. *dresser*, dieses aus spl. *dīrēctiāre 'herrichten', aus l. *dīrigere* 'ausrichten', zu l. *regere (rēctum)* 'lenken, leiten' und l. *dis-*. Zunächst gebraucht für das Abrichten der Hunde für die Jagd. Abstraktum: *Dressur*.

Zur Sippe von l. *dīrigere* s. dirigieren, zu der von l. *regere* s. regieren. — DF 1 (1913), 158; Brunt (1983), 255; HWPh 2 (1972), 295.

dribbeln *swV. erw. fach.* 'den Ball mit kleinen Stößen vorantreiben' (< 20. Jh.). Entlehnt aus ne. *dribble*, dieses zu nndl. *dribbelen* 'trippeln'. Häufig substantivisch als **Dribbling** gebraucht.

Carstensen 1 (1993), 393.

Driesch *m. per. fach.* 'erschöpfter Acker, der brach liegen bleibt', dann auch 'Weide u. a.' (< 13. Jh., in Ortsnamen bereits seit dem 8. Jh.). Ursprünglich niederländisch/niederdeutsches Wort: Mndd. *drēsch, drīsch*, vgl. auch mndl. *driesch* und alem. *driesch* 'brach'. Vermutlich als [g.] **þreuteska-* zu **þreut-a-* *stV.* 'ermüden, erschöpfen' (s. verdrießen).

H. Dittmaier in: FS Steinbach (1960), 704–726; W. Foerste NW 6 (1966), 57–69; Bader 3 (1973), 170–173; LM 3 (1986), 1399 f.

Drift *f. per. fach.* 'durch Wind erzeugte Strömung; unkontrolliertes Treiben' (< 14. Jh.). Ursprünglich niederdeutsches Seemannswort aus einem ti-Abstraktum zu *treiben*, also Entsprechung zu nhd. *Trift*. Neuere Bedeutungen hängen in der Regel unmittelbar von ne. *drift* 'Strömung, Tendenz' ab.

drillen *swV. erw. fach.* 'drehen; streng ausbilden' (< 16. Jh.). Erst frühneuhochdeutsch bezeugt, besonders niederdeutsch, auch mittelniederländisch. Hierzu schon mhd. *gedrollen* 'rund'. Formal kann es sich um eine l-Erweiterung der unter *drehen* behandelten Wurzel ig. **terə-* 'reiben, drehen' handeln, doch ist dann das späte Auftreten des Wortes schwer zu erklären. Die Bedeutung 'streng ausbilden' wohl als 'exerzieren lassen' in Bezug auf die dabei auszuführenden Drehungen. Abstraktum: *Drill*. S. drall, Drilling², drollig.

Drillich *m. erw. fach.* 'festes Gewebe' (< 11. Jh.). Mhd. *dril(i)ch* 'mit drei Fäden gewebtes Zeug', Substantivierung des Adjektivs mhd. *dril(i)ch* 'dreifach', das aus l. *trilīx* 'dreifädig' (zu l. *tri-*, Kompositionsform von l. *trēs, tria* 'drei' und l. *līcium n.* 'Faden') entlehnt und nach *drei* und *-lich* umgebildet ist. Die norddeutsche Entsprechung ist *Drell* (s.d.).

Drilling¹ *m.* (< *15. Jh., Form < 16. Jh.). Unter Einfluß von *Zwilling* im 17. Jh. aus älterem *Dreiling* (mhd. *drīlinc*, mndd. *drelink, drilink*), einer Ableitung zum Numerale *drei*, umgebildet. **Drilling²** *m.* 'Triebrad (einer Mühle)', **Drillbohrer** *m.* usw. gehören dagegen zu *drillen* 'drehen'.

drin *Adv.*, **drinnen** (< 13. Jh.). Vereinfacht aus *darin* und *darinnen*. S. dar, in, innen und draus.

dringen *stV.* (< 8. Jh.). Mhd. *dringen*, ahd. *dringan, thringan*, as. *thringan* aus g. **þrenh-a-* *stV.* 'drängen, dringen', auch in gt. *þreihan*, anord. *þryngva, þryngja*, ae. *þringan*, afr. *ur-thringa* ('verdrängen'). Der ursprüngliche Wechsel zwischen *h* im Präsens (mit Nasalschwund von *-enh-* zu *-īh-*) und *g (-ung-)* im Präteritum ist auf verschiedene Weise ausgeglichen worden: Das Gotische hat die Präsensform als Grundlage für ein starkes Verb der Klasse I genommen, die außergotischen Sprachen haben den Lautstand des Präteritums und den grammatischen Wechsel durchgeführt. Vergleichbar können sein: lit. *treñkti* 'kräftig schlagen, stampfen, anstoßen' und avest. *ϑraxta-* 'zusammengedrängt' (von der Schlachtreihe), das aber nur einmal bezeugt ist (ig. **trenk-* 'stoßen, drängen'). Bedeutungsmäßig ist ein Anschluß an ig. **terə-* 'reiben, drehen' (s. drehen) möglich, doch kann dies nicht näher gestützt werden. Adjektive: **dringend, (auf-, zu-) dringlich, gedrungen**; das Partikelverb **aufdringen** ist im Gegensatz zum Simplex transitiv.

Nndl. *dringen*, ne. (Substantiv) *throng*, nschw. *tränga*. S. Drang, dreist, drehen, drohen, drücken, gedrungen. — Seebold (1970), 520 f.; Heidermanns (1993), 624.

Drischel *m./f. arch.* 'Dreschflegel' (< 12. Jh.). Mhd. *drischel*, ahd. *thriskil*. Mit dem Instrumentalsuffix *-ila-/ō* gebildet zu *dreschen*.

dritte *Num.* (< 8. Jh.). Mhd. *drit(t)e*, ahd. *drit(i)o, thrit(t)o*, as. *thrida* aus g. *þridjōn 'dritter', auch in gt. *þridja*, anord. *þriði*, ae. *þridda, þirda*, afr. *thredda, thirda* aus ig. **tritjo-*, auch in avest. *ϑritiia-*, l. *tertius* und kymr. *trydydd*; vielleicht aus älterem **trijo-* umgebildet im Anschluß an andere Ordinalzahlen, die scheinbar ein *t*-Suffix enthielten (das aber aus dem Auslaut einer älteren Form der Kardinalzahlen stammt). Andere Sprachen haben teils andere Ablautstufen (ai. *tr̥tíya-* usw.) oder einfaches *-o-* statt *-jo-* (gr. *trítos* usw.).

Nndl. *derde*, ne. *third*, nschw. *tredje*, nisl. *þriði*. S. drei. — Röhrich 1 (1991), 339.

Drittel *n.* (< *12. Jh., Form < 14. Jh.). Mhd. *dritteil, drittel*, eigentlich 'der dritte Teil', dann lautlich abgeschwächt.

Droge *f. erw. fach.* 'Rohstoff für Heilmittel (usw.); Rauschgift' (< 16. Jh.), etwas älter ist in dieser Bedeutung *drogeri/ei*. Entlehnt aus frz. *drogue* (und *droguerie*), dessen Herkunft unklar und umstritten ist. Lokale Ableitung: **Drogerie**, Täterbezeichnung: **Drogist**. Die Bedeutung ´Rauschgift´ vor allem unter Einfluß von ne. *drug* (desselben Ursprungs).

Die Annahme einer abenteuerlichen Entlehnung des französischen Wortes aus mndd. *droge, druge* ´trocken´ ist nicht ausreichend gestützt: Bei der Entlehnung ins Französische hätte die ndd. Fügung *droge fate* ´(wörtlich:) trockne Fässer´ als ´Fässer mit Getrocknetem´ verstanden worden sein müssen (d. h. als ´Drogenfässer´ im Sinne von ´Wirkstoff-Fässer´), wobei sich dann die Bedeutung auf die getrockneten Rohstoffe für Arzneimittel usw. eingeengt haben müßte. Der Versuch einer Herleitung aus l. *derogāre* ´abschaffen, vermindern´ ist semantisch nicht überzeugend. − Littmann (1924), 90, 152; Lokotsch (1975), 44; *DEO* (1982), 246 f.; *LM* 3 (1986), 1402−1404; Carstensen 1 (1993), 399 f.

dröge *Adj. per. ndd.* ´trocken, langweilig´ (< *16. Jh., Bedeutung < 19. Jh.). Niederdeutsche Entsprechung zu *trocken*, die Übertragung auf Personen in der Hochsprache erst spät bezeugt.

Drogerie *f.* (< *16. Jh., Bedeutung < 19. Jh.). Entlehnt aus frz. *droguerie*, einer semantisch nicht festgelegten Ableitung aus frz. *drogue* ´Droge´. Früh entlehnt in der Bedeutung ´Drogen´, die heutige Bedeutung ´Verkaufsstelle für „Drogen" und Kosmetika´ erst in neuerer Zeit. Früher auf eine entsprechende Bedeutung festgelegt wird die Täterbezeichnung **Drogist**, frz. *droguiste*.

drohen *swV.* (< 8. Jh.). Mhd. *drōn*, Nebenform zu *dröuwen*, ahd. *drewen* aus wg. *þraw-ja-* swV. ´drohen´, auch in ae. *þrēan, þrēagan*. Die neuhochdeutsche Form ist lautlich von umgebungsbedingten Varianten, hauptsächlich dem Substantiv mhd. *drō, drouwe* ´Drohung´ beeinflußt. Das eigentlich lautgesetzliche *dräuen* ist heute veraltet. Das Wort gehört zu ig. *treu-* ´stoßen, drängen, bedrängen´; auf gleicher Stufe mit etwas abweichender Bedeutung gr. *trýō* ´ich drücke nieder, erschöpfe´, kslav. *tryti* ´reiben´. Besser bezeugt ist die Erweiterung, die unter *verdrießen* behandelt ist (mit deren Lautstand die Bedeutung ´drohen´ in ae. *þrēat(n)ian*, ´quälen, peinigen, bedrängen, nötigen´, ne. *threaten* ´drohen´). Weiter zu ig. *terə-* ´reiben, zerreiben´ (s. unter *drehen*). − Gleichbedeutendes nndl. *dreigen* gehört wohl zu *dringen*, und damit vermutlich zur gleichen Wurzel. Präfigierung: **be-**, Abstraktum: **Drohung**.

Ne. (Ableitung) *threaten*. S. auch *dräuen*. − Franck/van Wijk (1912/36) Suppl. 37 f.); Heidermanns (1993), 625 f.

Drohne *f. erw. fach.* ´männliche Biene´ (< *9. Jh., Form < 17. Jh.). Das Wort ist aus dem Niederdeutschen in die Hochsprache übernommen worden als Ersatz des veraltenden mhd. *tren*, ahd. *tren(o)*, das offenbar wegen der Homonymie mit *Träne* unbequem wurde. Das niederdeutsche Wort ist wg. *drǣnō f.* ´Drohne´, auch in ae. *drǣn, drān*, as. *dreno, drāno*. Außergermanisch entspricht am genauesten gr. *thrõnax* ´Drohne´ in einer dem Lako-nischen zugeschriebenen Glosse. Daneben stehen im Griechischen verschiedene Wörter für bienenartige Insekten, die ein Element *-thrē-d-* oder *thrē-n-* aufweisen, was für das germanische Wort auf eine Trennung in *dʰrē-n-* weisen und die Kürze im althochdeutschen Wort unerklärt lassen würde. Daneben aber die Anlautdublette lit. *trānas m.* ´Drohne´ und gleichbedeutende slavische Wörter, die auf [ig.] *trond-/tront-* zurückweisen. Vgl. außerdem etwa ae. *dora m.* ´Hummel´, so daß insgesamt auf die lautlich unfeste Schallwurzel [ig.] *dʰer-* ´tönen, dröhnen, summen´ usw. zurückzugreifen ist, die verschiedene Erweiterungen aufweist, u. a. *dʰrē-* und *dʰren-*. Das feminine Genus nach *Biene*, da die biologische Funktion der Drohnen früher nicht bekannt war. Daß sie keinen Honig sammelten, war klar (deshalb die Übertragung zu ´Schmarotzer´); als Funktion vermutet wurde das Ausbrüten von Jungbienen (deshalb teilweise auch als **Brutbienen** bezeichnet).

Vgl. *dröhnen*. − Röhrich 1 (1991), 339 f.

dröhnen *swV.* (< 17. Jh.). Aus dem Niederdeutschen übernommen (mndd. *dronen*). Das Wort gehört mit gt. *drunjus* ´Schall´ und anderen Schallwörtern zu einer Erweiterung (ig.) *dʰren-* der Schallwurzel *dʰer-*. Die Bedeutungen fallen naturgemäß weit auseinander; einen semantisch verhältnismäßig einheitlichen Komplex s. unter *Drohne*.

drollig *Adj.* (< 17. Jh.). (Über das Niederdeutsche?) entlehnt aus nndl. *drollig*; dies ist (vielleicht unter Einfluß von frz. *drôle* ´lustig, spaßhaft´) aus nndl. *drol* ´Knirps, Possenreißer´ (verwandt mit *drall* und *drillen*) abgeleitet. Im Deutschen kommt das Wort früher (18. Jh.) auch mit Suffix *-icht, -igt* (*drollicht/drolligt*) vor. S. *drehen*.

Dromedar *n. erw. fach.* ´einhöckeriges Kamel´ (< 13. Jh.). Mhd. *tromedār, dromedār* ist entlehnt aus l. *dromedārius m.*, eigentlich ´Schnell-Läufer´, zu l. *dromas (camelus)* ´laufend´, aus gr. *dromás* ´laufend, gehend´. Frühe Eindeutschungen führen zu **Trumeltier, Trampeltier**. Die Unterscheidung zwischen Kamel und Dromedar verschiebt sich mit dem klassifizierenden Interesse der Biologie von ´schnell-laufend´ zu ´einhöckrig´ (beide Merkmale treffen auf das Dromedar zu).

Drops *m./n. erw. fach.* ´Fruchtbonbon´ (< 19. Jh.). Entlehnt aus ne. *drop*, eigentlich ´Tropfen´. Der Stammauslaut *-s* geht auf einen als Singular verstandenen englischen Plural zurück. Ursprünglich so benannt als ´kleine, kugelförmige (eigentlich ´tropfenförmige´) Süßigkeit´. S. *Tropfen*.

Droschke *f. obs.* ´leichtes Fuhrwerk; Taxi´ (< 18. Jh.). Entlehnt aus russ. *drózki Pl.* ´leichter Wagen´. Bei der Umstellung auf motorisierte Fahrzeuge blieb die Bezeichnung nach der Funktion (zunächst und teilweise) erhalten, vgl. *Taxi* aus *Taxameterdroschke*.

A. Gombert *ZDW* 8 (1906/07), 124−126; H. Krebs *ZDW* 8 (1906/07), 379.

dröseln *swV. erw. md. ndd.* ´aufdrehen` (< 18. Jh.). Niederdeutsches Wort unklarer Herkunft. Vielleicht regionale Abwandlung von Wörtern für ´ziehen, drehen` (vgl. etwa unter *triezen*).

Drossel[1] *f.* (ein Vogel) (< 10. Jh.). Mitteldeutsch-niederdeutsches Wort (ahd. *drosela*, as. *throsla*), das obd. *droschel, droschdle* ersetzt; vgl. ahd. *drōsca(la)*. Vorauszusetzen ist wg. **þrust-lō f.*, auch in ae. *þrostle*, in das sich offenbar eine *sk*-Erweiterung eingemischt hat. Im Ablaut dazu steht anord. *þrǫstr m.* aus **þrastu-*. Zugrunde liegt ig. (weur.) **tr(o)zdo-* ´Drossel`, das mit *\*storen-* ´Star` verwandt ist (s. *Star*[1]). Zugehörig ist außerdem die Lautung [ig.] **ter-* zur Bezeichnung von Hühnervögeln, Tauben u.ä. Es wird sich letztlich um eine Schallwurzel **ter-* handeln, die die regelmäßigen, nicht melodischen Laute dieser Vögel bezeichnet. Dazu mit *s mobile* und Suffix einer Täterbezeichnung **storen-* ´Star` (also eigentlich ´Schmatzer o.ä.`) und von einem *s*-Stamm ***teros-* ´das Gackern, Schmatzen usw.` die Ableitung *\*tr(o)z-d-*, bei der das *d* zu *\*dō-* ´geben` gehören kann, also ´Schmatzlaut-Geber`, ´Drossel`; so in l. *turdus m.* ´Drossel`, mir. *truid* ´Star`, anord. *þrǫstr m.* und mit Anlautvariation russ. *drozd m.*, mit *s mobile* lit. *strãzdas m.* ´Drossel`. Die *sk*-Formen und *l*-Erweiterungen (diese möglicherweise nach dem Wort *Amsel*) in kymr. *tresglen* ´Drossel` und den westgermanischen Wörtern. − E. P. Hamp erklärt die Anlautvariation (auch in kymr. *drudw* ´Star`) durch den Ansatz von *\*(s)drosdʰ-*. In der Tat könnte mit *\*s-der-en* ´Star` neben **s-dr-os/z-d(ʰ)-* auszukommen sein.

Ne. *thrush*, nschw. *trast*, nisl. *þröstur*. S. *Star*[1]. − E. P. Hamp in: D. Farkas /W. M. Jacobsen/K. W. Todrys (Hg.): *Papers from the Parasession on the Lexicon, Chicago Linguistic Society* (Chicago 1978), 187 f.; E. P. Hamp *ZVS* 95 (1981), 81; *LM* 3 (1986), 1411 f.

Drossel[2] *f. erw. reg.* ´Kehle` (< *10. Jh., Form < 13. Jh.). Spmhd. *drozze, drüzzel*. Weiterbildung mit *l* zu mhd. *drozze*, ahd. *drozza* aus wg. *\*þrutō(n) f.* ´Kehle`, auch in ae. *þrotu*, in afr. *throtbolla m.* ´Kehle` (oder Rückbildung aus früher bezeugtem **(er-)drosseln**, wie me. *throttle*). Mit *s mobile* as. *strota*, ahd. *strozze*, nhd. (wmd.) **Strosse**; die nordfriesischen Mundarten setzen ebenfalls *\*strote* voraus. Zugrunde liegt offenbar ein Wort für ´Rohr`, das in lit. *tr(i)ušis* ´Rohr, Schilfrohr`, akslav. *trĭstĭ* vorliegt. Dieses vermutlich zu der unter *strotzen* behandelten Sippe: Das Wort bezeichnete (ausgehend von ´wachsen, sprießen`) ursprünglich die Schößlinge, danach das (hochaufgeschossene) ´(Schilf-)Rohr` und andere hohle Pflanzenstengel. Vgl. **Schnapsdrossel** ´Säufer` (´Schnaps-Kehle`) und die Märchenfigur **König Drosselbart** (´Bart an der Kehle`).

Ne. *throat*. − Herbermann (1974), 69−107; Lühr (1988), 256 f.

Drost *m. per. ndd.* ´Amtshauptmann` (< *13. Jh., Standard < 16. Jh.). Niederdeutsches Wort aus mndd. *dros(sē)te*, der Entsprechung zu mhd. *truh(t)sæze* ´Truchseß`. S. *Truchseß*. *LM* 3 (1986), 1412.

drüben *Adv.*, **drüber** *Adv.* (< 17. Jh.). Vereinfachte Formen aus *darüber* und als Parallelbildung dazu *drüben* (selten und wohl sekundär *darüben*). S. *über, oben* und *draus*.

Drückeberger *m. stil.* (< 19. Jh.). Scherzhafte Bezeichnung in Form eines Orts- oder Familiennamens, wie *Schlauberger, Schlaumeier* u.ä. zu *sich drücken* in entsprechender Bedeutung.

drucken *swV.* (< *9. Jh., Bedeutung < 15. Jh.). Oberdeutsche Nebenform zu *drücken*, da im Oberdeutschen *ck* den Umlaut hindert. Da die wichtigen Mittelpunkte des frühen Buchdrucks in Oberdeutschland lagen, hat sich die dortige Ausdrucksweise für ´Bücher drucken` (eigentlich ´drücken`, vgl. *Presse*) durchgesetzt. Abstraktum: **Druck**; Nomen agentis: **Drucker**; Lokalableitung: **Druckerei**. Stammler (1954), 144−148; S. Corsten in: Schützeichel (1979), 620−642.

drücken *swV.* (< 9. Jh.). Mhd. *drücken, drucken*, ahd. *thrucken, drucchen, drucken* aus wg. **þrukk-ja- swV.* ´drücken`, auch in ae. *þryccan*; wohl eine Intensiv-Bildung zu *\*þrūg-* in anord. *þrúga* ´drücken`. Eine speziell germanische Weiterbildung der Wurzel, die in anderen Weiterbildungen in *dreschen, dringen* und *verdrießen* vorliegt. Präfigierungen: **be-, unter-**; Partikelverben: **aus-, ein-**; Nomen instrumenti: **Drücker**; Abstraktum: **Unterdrückung**, sonst **Druck** (**Ein-, Aus-**); Adjektiv: **ein-, ausdrücklich**. S. *Drückeberger*. − Stammler (1954), 144−148; Röhrich 1 (1991), 340; Heidermanns (1993), 627 f.

drucksen *swV. stil.* (< 16. Jh.). Neuhochdeutsche Intensivbildung zu *drucken* ´drücken`. Zugrunde liegen diesem Typ deverbative Bildungen auf ahd. *-isō-*.

Drude *f. arch.* ´Zauberin` (< 14. Jh.). Spmhd. *trut(e)*. Da es sich regional um Wesen handelt, die Alpdruck erzeugen (**Nachttrut** usw.), ist ein Zusammenhang mit *treten* (bzw. dessen schwundstufiger Präsensform) nicht ausgeschlossen. Sonst unklar. Das Pentagramm gilt als Fußabdruck der Druden und heißt deshalb **Drudenfuß**. Als **Drudenstein** werden gewisse Steine mit einem natürlichen Loch bezeichnet, die zur Abwehr von *Druden* verwendet wurden. Zu *Drudenstein*: Lüschen (1968), 209. Zu *Drudenfuß*: *LM* 3 (1986), 1414.

Drudel *m./n. obs.* ´scherzhaftes Bilderrätsel` (< 20. Jh.). Offenbar eine Phantasiebezeichnung, aufgekommen in den 50er Jahren des 20. Jhs.

Druide *m. erw. exot.* ´Priesterklasse der alten Kelten` (< 16. Jh.). Hauptsächlich aus Caesars Beschreibung bekannt. Dessen l. *druidēs* aus einem gallischen Wort, dem ir. *drúi,* ´Zauberer`, kymr. *dryw* entspricht.

Voraus liegt **dru-wido-,* dessen zweiter Teil zu **weid-* ´sehen, wissen` gehört (s. *wissen*); der erste Teil gehört zu dem Wort für ´Eiche, Holz`, das auch ´fest, treu` bedeutet und im Keltischen ein Verstärkungswort liefert. Also etwa ´der sicher Sehende` oder ´der Hochweise o.ä.`. – J. W. Taylor *Mankind Quarterly* 20 (1979), 112–114; *LM* 3 (1986), 1415.

Drusch *m. per. fach.* ´Dreschen, Dreschertrag` (< 17. Jh.). Erst neuhochdeutsche Bildung mit einem Ablaut ohne Vorbild; vielleicht aus dem Partizip abgewandelt.

Drüse *f.* (< 8. Jh.). Mhd. *druos, drüese,* ahd. *druos,* mndd. *drose, druse.* Das alte Wort bezeichnet Körperschwellungen und müßte neuhochdeutsch als *Drus(e)* fortgesetzt sein. In dieser Lautform tritt es auch auf als Bezeichnung einer Pferdekrankheit und bergmännisch für Hohlräume im Gestein. Die neuhochdeutsche Singularform ist aus dem Plural rückgebildet und ergibt so den medizinischen Fachausdruck. Herkunft unklar.

Lüschen (1979), 207; Röhrich 1 (1991), 340.

Drusen *Pl. arch.* ´(Wein-, Bier-) Hefe` (< 10. Jh.). Mhd. *dru(o)sene, drusine f.,* ahd. *truosana f.* ´Bodensatz, Hefe`, mndd. *druse f.,* mndl. *droese* aus wg. **drōsnō f.* ´Bodensatz, auch in ae. *drosna.* Da die nächst vergleichbaren Formen eine tektale Erweiterung aufweisen, ist vermutlich von (g.) **drōhsnō f.* auszugehen. In diesem Fall sind vergleichbar anord. *dregg f.* ´Hefe`, alit. *dragés Pl.* ´Hefe`, akslav. *droždije f. Pl.* ´Hefe` und mit Auslautvariation l. *fracēs f.* ´Ölhefe`. Unter Hefe ist hier jeweils ´Bierhefe u.ä.` gemeint.

S. *Treber, Trester.* – E. Alanne: *Das Fortleben einiger mhd. Bezeichnungen für die Weinlese und Weinbehandlung am Oberrhein* (Helsinki 1956), 22–24; *LM* 3 (1986), 1416 f.

Dschungel *m. exot.* ´Urwald` (< 19. Jh.). Entlehnt aus ne. *jungle,* dieses aus hindī *jangal* ´Ödland, Wald`, aus ai. *jáṇgala-* ´wasserarme, menschenleere, unfruchtbare Gegend`. Im Indischen zunächst ´unkultiviertes Land`, dann Bezeichnung von wildbewachsenem Land.

Littmann (1924), 121; Lokotsch (1975), 74; Carstensen 1 (1993), 403 f.

Dschunke *f. per. exot.* (ein chinesisches Segelschiff) (< 16. Jh.). Entlehnt aus mal. *djung* ´großes Schiff`, das selbst aus dem Chinesischen übernommen ist. Die Entlehnung ins Deutsche wohl über englische und portugiesische Vermittlung.

G. Kahlo *MS* (1961), 32; Lokotsch (1975), 59.

du *Pron.* (< 8. Jh.). Mhd. *dū, duo,* ahd. *dŭ, t(h)ŭ̆,* as. *thu* aus g. **þu* ´du` (mit der Möglichkeit der Längung unter dem Hochton); dieses aus ig. *\*tu,* das unerweitert auch in avest. *tū,* akslav. *ty,* lit. *tù,* l. *tū,* air. *tú* vorliegt. Das Element *-u* wird auch zur Markierung von Gegensätzen verwendet; der Stamm *t-* ist mit dem Pronominalstamm *\*to-* ´dieser, der` vergleichbar. Verb: **duzen**.

Nndl. *du* (arch.), ne. *thou* (arch.), nschw. *du,* nisl. *pú.* S. *dein.* – Seebold (1984), 24 f., 98; *HWPh* 2 (1972), 295–297; Röhrich 1 (1991), 341.

Dual *m. per. fach.* ´Numerus der Zweiheit` (< \*19. Jh., Form < 20. Jh.). Entlehnt aus l. *duālis (numerus),* zu l. *duālis* ´von zweien, zwei enthaltend`, zu l. *duo* ´zwei, die beiden`. Zuerst in der lateinischen Form als *Dualis,* dann endungslos. Zu den verwandten Wörtern s. *Duo.*

Dualismus *m. erw. fach.* ´Lehre von den Gegensätzen` (< 18. Jh.). Internationalismus, der offenbar von dem englischen Philosophen Th. Hyde (1700) gebildet wurde, um die Vorstellung von einem guten und einem bösen Weltwesen (im Manichäismus) zu bezeichnen.

Zu den verwandten Wörtern s. *Duo, Dual* und *-ismus.* – *DF* 1 (1913), 158; *HWPh* 2 (1972), 297–299; *LM* 3 (1986), 1421–1423.

Dübel *m.,* auch **Döbel** *m. erw. fach.* ´Hilfsmittel zum Einschrauben`, früher ´Pflock, Holznagel` (< 9. Jh.). Aus mndd. *dovel,* mhd. *tübel,* ahd. *tubil* aus vd. **dubila- m.* ´Pflock`. Außergermanisch steht am nächsten das gr. Glossenwort *týphoi Pl.* ´Keil`, so daß (ig.) **dʰubʰ-* mit einer Instrumentalbildung auf *-ila-* vorauszusetzen ist. Weitere Verknüpfungen unsicher.

dubios *Adj. erw. fremd.* ´zweifelhaft` (< 17. Jh.). Entlehnt aus l. *dubiōsus,* zu l. *dubius* ´zweifelnd, hin und her schwankend`, zu l. *duo* ´zwei`.

Zu den verwandten Wörten s. *Duo.* – Schirmer (1911), 49; Brunt (1983), 256.

Dublee *n. per. fach.* ´Metall mit Überzug aus Edelmetall` (< 19. Jh.). Entlehnt aus frz. *doublé m.,* dem substantivierten PPrät. von frz. *doubler* ´doppeln`, dieses aus spl. *duplare,* zu l. *duplus* ´doppelt`, zu l. *duo* ´zwei`. Gemeint ist die Beteiligung von zwei Metallen (frz. *doubler* bedeutet auch ´füttern` u.ä., also ´mit einem Überzug versehen u.ä.`). Zu den verwandten Wörtern s. *Duo.*

Dublette *f. erw. fach.* ´Doppelstück` (< 18. Jh.). Entlehnt aus frz. *doublet m.,* zu frz. *double* ´doppelt`, dieses aus l. *duplus,* zu l. *duo* ´zwei`.

Zu den verwandten Wörtern s. *Duo.* – *DF* 1 (1913), 159.

Dublone *f. arch.* (eine Goldmünze) (< 18. Jh.). Entlehnt aus frz. *doublon m.,* dieses aus span. *doblón,* zu span. *doble* ´doppelt`, aus l. *duplus,* zu l. *duo* ´die beiden`. Der Bedeutung nach ein ´doppelter Escudo`. Zu den verwandten Wörtern s. *Duo.*

Ducht *f. per. fach.* ´Ruderbank` (< \*12. Jh., Form < 17. Jh.). Niederdeutsches Wort (mndl. *docht[e]*) mit *-cht-* für hd. *-ft-* in ahd. *dofta.* Zugrunde liegt g. *puftōn f. ´Ruderbank`, auch in anord. popta, ae. poft(e). Vermutlich zu verbinden mit lit. tũpti ´sich hinhocken`, als ´das, worauf man hinhockt`. S. Dieb.

Duckdalbe m. per. fach. ´Pfahlgruppe zum Festmachen von Schiffen` (< 18. Jh.). Aus nndl. dukdalf. Vermutlich zu dallen ´Pfähle` und ducken ´sich neigen` (auch ´tauchen`) als ´geneigte Pfähle` oder ´eingetauchte Pfähle`. Schon früh erklärt als Bezug auf den Herzog Alba (Duc d' Alba) für ´Pfahlgruppe, die zur Befestigung von Schiffen in den Hafen eingerammt ist` in dem dem Herzog anhängenden Amsterdam. Dies ist aber sicher sekundär.
Goedel (1902), 115–117; F. Ritter Upstalsboom 1 (1911/12), 83 f.

ducken swV. (< 14. Jh.). Mhd. tucken, tücken ´sich schnell nach unten neigen`. Intensivbildung zu tauchen mit niederdeutschem Lautstand.

Duckmäuser m. stil. (< 15. Jh.). Dieses Wort erscheint in verschiedenen Varianten, zuerst als spmhd. duckelmūser, zu mhd. duckelmūsen ´heimlichtun`, vermutlich zu mhd. dockelmūs u.ä. ´Maus, die sich duckt`.

dudeln swV. stil. (< 17. Jh.). Vermutlich rückgebildet aus Dudelsack; Lautnachahmung ist aber nicht ausgeschlossen.
Wick (1939), 21 f.; Relleke (1980), 134.

Dudelsack m. erw. fach. (< 17. Jh.). Verdrängt älteres **Sackpfeife** (mhd. blāterpfīfe, mhd. stīve), wie die von Osten vordringende Instrumentform das alte Instrument ersetzt. Dem Vorderglied liegt zugrunde čech. dudy (Pl.), das auf türk. düdük ´Flöte` zurückgehen kann – voneinander unabhängige Lautnachahmungen wie bei nhd. tuten sind aber nicht ausgeschlossen.
Steinhauser (1978), 58–60; Röhrich 1 (1991), 341.

Duell n. (< 17. Jh.). Entlehnt aus ml. duellum, dieses aus al. duellum ´Krieg, Zweikampf`. Die normale Weiterentwicklung ist zu l. bellum, doch wird das Wort im Sinn von ´Zweikampf` wieder an l. duo angeschlossen und erhält den Anlaut d-. Verb: **duellieren**.
S. Rebell. – J. W. Walz ZDW 12 (1910), 177; DF 1 (1913), 159 f.; W. J. Jones SN 51 (1979), 256.

Duett n. erw. fach. ´Musikstück für zwei Singstimmen` (< 18. Jh.). Entlehnt aus it. duetto m., einer Ableitung von it. due ´zwei`, dieses aus l. duo ´zwei`.
Zu den verwandten Wörtern s. Duo. – DF 1 (1913), 160.

Duft m. (< 11. Jh.). Mhd. tuft m./f., ahd. duft. Die Bedeutung ´Geruch` ist nicht allgemein; mittelhochdeutsch bedeutet das Wort ´Reif, Nebel, Dunst`, althochdeutsch einmal ´Reif` und einmal ´Hitze` (beides in Glossen). Falls diese Bedeutungen zusammengehören, ist an eine Grundlage zu

denken, wie sie etwa in gr. týphō ´ich rauche, qualme, glimme` vorliegt (vgl. den Zusammenhang von riechen und rauchen). Das Wort wäre dann wohl ein tu-Abstraktum. Verb: **duften**; Adjektiv: **duftig**.
S. doof, taub, toben, verduften. – Röhrich 1 (1991), 341 f.

dufte Adj. erw. städt. stil. (< 19. Jh.). Von Berlin ausgehend; aus dem Rotwelschen, wo es seit dem 18. Jh. bezeugt ist. Als Quelle kommt wjidd. tauw, tow ´gut` in Frage (auch hebr. ṭōw ´gut`), aber dieses ist (auch neben dufte) als toff bezeugt. In den Händlersprachen lautet das Wort für ´gut` doff oder toff; im Jenischen der Eifler Hausierer doft. Evtl. aber zu rotw. dufte ´Kirche` (daraus ´recht, richtig`, dann ´großartig`).
Günther (1919), 11; A. Lasch: Berlinisch (Berlin 1927), 175.

Dukaten m. obs. (eine Goldmünze) (< 14. Jh.). Mhd. ducate ist entlehnt aus ml. ducatus und it. ducato, eigentlich ´Herzogtum`, zu it. duca ´Herzog`, aus l. dux (ducis), zu l. dūcere ´ziehen` (nach der Aufprägung Sit tibi Christe datus quem tu regis iste ducatus ´Dir, Christus, sei dieses Herzogtum gegeben, welches du regierst`). Die Münze war seit 1559 deutsche Reichsmünze.
Zur Sippe des zugrundeliegenden l. dūcere ´ziehen` s. produzieren. – Röhrich 1 (1991), 342; LM 3 (1986), 1445.

Düker m. per. fach. ´unter einem Hindernis verlaufende Rohrleitung` (< 20. Jh.). Ursprünglich niederdeutscher Fachausdruck, der hd. Taucher entspricht. Entsprechend nndl. duiker.

dulden swV. (< 8. Jh.). Mhd. dulden, dulten, ahd. thulten, dulten, mndd. dulten, mndl. dulden aus wg. *puld-ija- swV. ´dulden`, auch in ae. gepyldi(ge)an, afr. th(i)elda, denominativ zu *puldi- ´das Dulden` (s. Geduld). Das denominative Verb ersetzt teilweise das ältere ahd. dolēn, dolōn ´dulden`. Der Umlaut fehlt vor der Gruppe -ld-; -ld- ist frühe Erweichung von -lt-. Nomen agentis: **Dulder**, Präfigierung: **ge-**; Adjektive: **duldsam**, **geduldig**.
S. tolerieren. – G. de Smet LB 44 (1954), 1–20, 47–64; G. de Smet WW 5 (1954/55), 69–79.

Dult f. per. oobd. ´Fest, Jahrmarkt` (< 8. Jh.). Heute vor allem bekannt die Auer Dult in München. Mhd. dult, ahd. tuld(ī). Beschränkt auf den oberdeutschen, in späterer Zeit nur den bairischen Raum. Vergleicht sich mit gt. dulps ´Fest` und ist offenbar mit gotisch-arianischen Missionsbestrebungen über die Alpen nach Süddeutschland gelangt. Möglicherweise ti-Abstraktum zu g. *dwela- stV. ´verharren` (s. toll) als ´(in Ruhe) Verharren` = ´Feiertag`.
H. Wesche BGDSL 61 (1937), 94–97; P. Wiesinger in: Beumann/Schröder (1985), 173, 190–193. Anders: A. Senn JEGPh 32 (1933), 513, 528 (aus l. indultum n. ´Erlaubnis, Gabe, Ablaß`).

Dulzinea *f. bildg.* ´Freundin, Geliebte` (abwertend) (< 18. Jh.). Entlehnt aus span. *Dulcinea del Toboso*, dem Namen der Angebeteten von Don Quichote. Bald auch als Appellativum verwendet, ausgehend von Studentenkreisen.

DF 1 (1913), 160; J. W. Walz *ZDW* 12 (1910), 177.

Dumdum(geschoß) *n. arch.* ´abgestumpfte Geschosse` (< 19. Jh.). Entlehnt aus ne. *dumdum*, das seinerseits auf den Ortsnamen *Dāmdamä* bei Kalkutta zurückgeht (eigentlich ´Erdwall`), wo die englische Artillerie von Bengalen ihren Standort hatte. Dort sollen die Geschosse zuerst hergestellt worden sein.

Littmann (1924), 125 f.

dumm *Adj.* (< 9. Jh.). Mhd. *tumb*, *tump*, ahd. *tumb*, as. *dumb* aus g. *dumba-* Adj. ´stumm`, dann ´unerfahren, töricht`, auch in gt. *dumbs*, anord. *dumbr*, ae. *dumb*. afr. *dumb*. Herkunft unklar. Da ´taub` und ´stumm` häufiger durch die gleichen Wörter bezeichnet werden, könnte eine nasalierte Form von *taub* vorliegen. Abstraktum: **Dummheit**; Modifikation: **dümmlich**.

Nndl. *dom*, ne. *dumb*, nschw. *dum*. S. *stumm*, *tumb*. — Lühr (1988), 101–103; *RGA* 2 (1972), 299 f.; Röhrich 1 (1991), 342–345; Heidermanns (1993), 166. Anders: H. G. Maak in: *FS Schützeichel* (1987), 1082–1084.

dummdreist *Adj. stil.* (< 17. Jh.). Gebildet nach dem ndd. Kopulativkompositum *dumdrīste Adj.*, dessen erster Bestandteil *dum* (wie *drīste*, s. *dreist*) im Mittelniederdeutschen auch ´kühn, waghalsig` bedeuten konnte. Entsprechende Bildungen sind **dummkühn**, **dummkeck**, **dummfrech**; **tollkühn**. Unter dem Einfluß der hochdeutschen Bedeutung des Vorderglieds hat sich die Bedeutung dann zu ´unverschämt` (dumm und dreist) verändert.

Dummerjan *m. stil.* (< 17. Jh.). Da zuerst (16. Jh.) nur die Fügung *dummer Jan* belegt ist, liegt wohl Zusammenrückung von *dumm* und der niederdeutschen Kurzform für *Johann* vor. Ähnliche Verbindungen mit Vornamen sind das etwa gleich alte *Dummerheinz* und ndd. *Dummhinnerk* ´Dummheinrich` und *Duffritjen* ´doofes Fritzchen`. Die seit dem 17. Jh. belegte Form **Dummrian** und das jüngere **Dummian** stehen offensichtlich unter dem Einfluß von *Grobian* und *Schlendrian*, in denen das l. Suffix *-iānus* verbaut ist.

dumpf *Adj.* (< 17. Jh.). Erst neuhochdeutsch, wohl rückgebildet aus **dumpfig** ´modrig`, das zu **Dumpf** ´Moder, Schimmel` und **dumpfen** ´modern, schimmeln` gehört. In bezug auf Töne ist wohl auf die alte Nebenbedeutung ´engbrüstig, asthmatisch, heiser` zurückzugreifen. Als Herkunft wird eine Ablautform zu *Dampf* vermutet. Abstraktum: **Dumpfheit**.

Dumpingpreis *m. erw. fach.* ´Preis, der deutlich unter dem Angemessenen liegt` (< 20. Jh.). Entlehnt aus ne. *dumping* ´das Verkaufen zu Schleuder-

preisen`, zu e. *dump* ´unter Wert verkaufen, wegwerfen, abladen`, dessen weitere Herkunft nicht sicher geklärt ist.

Rey-Debove/Gagnon (1988), 255; Carstensen 1 (1993), 406 f.

Düne *f.* (< 16. Jh.). Über das Niederdeutsche aus dem nndl. *duin* entlehnt. Dieses führt mit mndl. *dune*, *duun*, ae. *dūn* ´Hügel` und ahd. *dūna* ´Vorgebirge, Düne` auf wg. *dūnō(n) f.* ´Hügel` zurück. Herkunft unklar. Ähnlich ist gr. *thís (thīnós) m./f.* ´Sandhaufen, Düne` und ai. (ved.) *dhiṣṇíya-* ´Erdaufwurf, Feueraltar`, die sich auf (ig.) *dʰisn-* zurückführen lassen.

S. auch *Showdown*. — *RGA* 6 (1986), 244–250.

Dung *m.* (< 12. Jh.). Mhd. *tunge* aus wg. *dung-* (mit verschiedenen Stammbildungen und Genera) ´Dung`, auch in ae. *dung*, afr. *dung*. Daneben steht mhd. *tunc m./f.* ´halb unterirdischer Raum, Webraum`, ae. *dung* ´Kerker`, anord. *dyngja f.* ´Frauengemach`. Für beide Wörter kann die Ausgangsbedeutung ´Bedeckung` geltend gemacht werden, die in lit. *deñgti* ´decken` (und etwa lit. *padánga* ´überhängendes, fast bis auf den Boden herunterreichendes Dach`) eine Stütze findet. Auch ´Dung` kann Bedeckung sein — einmal als **Dünger**, dann aber auch (wie Tacitus *Germania* 16 und Plinius *Naturalis historia* 19,1 berichten) zur Isolierung solcher halb-unterirdischer Räume. Bedenken erregt bei dieser kulturgeschichtlich interessanten Etymologie, daß Entsprechungen wie lett. *danga* ´eine durch das Befahren entstandene Rinne, kotige Pfütze` zwar zu der Bedeutung ´Dung`, nicht aber zu der Bedeutung ´Bedeckung` passen. Vielleicht liegt deshalb doch eher eine Homonymie vor. Verb: **düngen**.

Ne. *dung*, nschw. *dynga*. — Heyne (1899), 46 f.; J. Knobloch *SW* 5 (1980), 172–200; H. Tiefenbach in: Beck/Denecke/Jankuhn (1980), 52 f.; *RGA* 6 (1986), 250–260.

dunkel *Adj.* (< 8. Jh.). Mhd. *tunkel*, *dunkel*, ahd. *tunkal*, *thunchel*, mndl. *donkel*; daneben mit anderem Suffix mhd. *tunker*, as. *dunkar* und von anderer Ablautstufe afr. *diunk*, anord. *døkkr*. Diese führen auf ein g. *denkw- Adj.* ´dunkel`, das offenbar ablauten konnte und aus der Schwundstufe mit *r*- und *l*-Suffixen die kontinentalgermanischen Formen lieferte. Außergermanisch vergleicht sich kymr. *dewaint* ´Dunkelheit` und heth. *dankui-* ´dunkel, schwarz`. Offenbar ein altes Wort ohne weitere Anknüpfungsmöglichkeit. Abstraktum: **Dunkelheit**; Verb: **(ver-) dunkeln**.

Heidermanns (1993), 146 und 167.

Dünkel *m. stil.* (< 16. Jh.). Frühneuhochdeutsche Weiterbildung zu älterem *dunk* ´Bedünken, Meinung`. Wohl als Diminutiv empfunden, deshalb ´kleines Bedünken` und daraus ´kleinkarierter Stolz`. S. *dünken*.

Dunkelmann *m. bildg.* (< 18. Jh.). Übersetzung zu l. *vir obscūrus* ´dunkler Mann` nach der im

16. Jh. erschienenen Satire *Epistolae obscurorum virorum* (hier = ´Briefe unberühmter Männer´), worin die Rückständigkeit gewisser Zeitgenossen gegeißelt wird (die Schrift als satirisches Gegenstück zu Briefen *clarorum virorum* ´erleuchteter Männer´). Als die Verbindung mit der historischen Situation nicht mehr geläufig war, wurde der Gebrauch des Wortes stärker an die systematische Bedeutung angeglichen.

dünken *swV. stil.* (< 8. Jh.). Mhd. *dunken*, ahd. *dunken, dunchen, thunken*, as. *thunkian* aus g. **þunk-ja- swV.* ´dünken´, auch in gt. *þugkjan*, anord. *þykkja*, ae. *þyncan*, afr. *thinza*. Wie unter *denken* ausgeführt, handelt es sich wohl um ein Verb, das ursprünglich ´wiegen´ bedeutete, also (unpersönlich) ´mir wiegt etwas, mir ist etwas gewichtig´. Hierzu *denken* als Kausativ (´erwägen´).

Nndl. *dunken*, ne. *think*, nschw. *tycka*, nisl. *þykja*. S. *denken, Dank, däuchten, Deichsel, Dünkel*.

dünn *Adj.* (< 8. Jh.). Mhd. *dünne*, ahd. *dunni*, as. *thunni* aus g. **þunnu- Adj.* ´dünn´, auch in anord. *þunnr*, ae. *þynne*, afr. *thenne*. Die Geminate stammt wie in parallelen Fällen aus alten Kasusformen, in denen auf das *u* ein Vokal folgte, sich also die Lautfolge -nw- ergab, die assimiliert wurde. Auszugehen ist also von g. **þenu-*, dem ig. **tenu- Adj.* ´dünn´ vorausliegt, auch in ai. *tanú-*, l. *tenuis*, air. *tana(e)*, lit. *tévas*, akslav. *tĭnŭkŭ*. Das ebenfalls zugehörige gr. *tany-* (nur noch als Vorderglied von Komposita und in Ableitungen) bedeutet ´lang´ und weist damit darauf hin, daß das Wort als Ableitung von **ten-* ´dehnen, spannen´ (s. *dehnen*) ursprünglich ´langgezogen´ (und damit ´dünn´) bedeutete. Präfixableitung: **verdünnen**.

Nndl. *dun*, ne. *thin*, nschw. *tunn*, nisl. *þunnur*. S. *dehnen*. – Röhrich 1 (1991), 345; Heidermanns (1993), 630.

Dunst *m.* (< 10. Jh.), ndd. auch **Dust**. Mhd. *dunst, tunst*, mitteldeutsch auch *f.*, ahd. *tun(i)st f.* ´Sturm´; vgl. ae. *dust n.* ´Staub´, mndd. *dunst* ´Dunst´. Obwohl sich diese Formen auf den gleichen Lautstand zurückführen lassen, sind sie kaum unmittelbar zusammengehörig. Der Bedeutung ´Sturm´ entspricht am besten gr. *thý(n)ō* ´ich stürme, brause, tobe´, das auf (ig.) **dʰu-nw-* zurückgehen kann, und **dʰunes-t-* oder **dʰu-nu-st-* wäre für das althochdeutsche Wort eine befriedigende Ausgangsform. Die Bedeutungen ´Dunst´ und ´Staub´ können zusammenhängen, sind aber nach verschiedenen Richtungen vergleichbar: ´Dunst´ mit lett. *dvans* ´Dunst, Dampf´, lett. *dviñga* ´Dunst, Kohlendampf´, was (ig.) **dʰwen-* (und germanisch eine Schwundstufe **dʰun-st-*) vorauszusetzen würde; ´Staub´ mit ai. *dhváṃsati-* ´verfällt, zerfällt zu Staub´, ai. *dhvasrá-* ´staubig´ usw., was entweder **dʰwen-s-* oder eine nasalierte Form von **dʰwes-* fortsetzt. Alles zusammen gehört auf jeden Fall zu der Wurzel **dʰeu(ə)-* ´stieben´, doch bleibt die Ent-

wicklung im einzelnen unklar. Verben: **dunsten, dünsten**; Adjektiv: **dunstig**.

Ne. *dust*. S. *dösig, Dusel, quasseln, Tor*[1].

Dünung *f. per. fach.* ´Seegang nach Sturm´, älter auch **Deining** (aus dem Niederländischen) (< 19. Jh.). Zu ndd. *dünung*, nndl. *deining* ´Dünung´ zu ndd. *dünen* ´auf- und niederwogen´, nndl. *deinen* ´leise auf- und niederwogen´. Die weitere Herkunft bleibt, vor allem wegen der Unsicherheit des Anlauts, unklar.

Dunzel *f. per. wmd.* ´dickes, dummes oder leichtfertiges Mädchen´ (< 17. Jh.). Entlehnt aus frz. *donzelle* ´launisches Mädchen´, aus it. *donzella* ´Mädchen´ (oder span. *doncella*), aus ml. *dominicella* ´kleine Herrin´, zu l. *domina* ´Herrin´ (s. *Dame*[1]).

Duo *n. erw. fach.* ´Musikstück für zwei Instrumente´ (< 18. Jh.). Entlehnt aus it. *duo*, substantiviert aus l. *duo* ´zwei´.

Zu l. *duo* ´zwei´ gehören als abgeleitete Zahlwörter und ihre Weiterungen 1. *doppelt* (frz.), *Duplikat, Dublee* (frz.), *Dublette* (frz.), *Dublone* (span.); 2. *dubios*; 3. *Dual, Dualismus*; 4. *bi-*; 5. (über das französische Wort für ´zwölf´) *Dutzend*; die griechische Verwandtschaft in *di-*; die germanische in *zwei*.

düpieren *swV. per. fremd.* ´überlisten, narren´ (< 17. Jh.). Entlehnt aus frz. *duper*, einer Ableitung von frz. *dupe* ´Dummkopf, Wiedehopf´, mit unregelmäßiger Lautentwicklung aus l. *upupa* ´Wiedehopf´.

DF 1 (1913), 160; Brunt (1983), 256 f.

Duplikat *n. erw. fach.* ´Zweitausfertigung´ (< 17. Jh.). Entlehnt aus l. *duplicātum* ´verdoppelt´, dem PPP. von l. *duplicāre* ´verdoppeln´, zu l. *duplex* ´doppelt´, zu l. *duo* ´zwei´. Verb: **duplizieren** mit dem Abstraktum **Duplizität**. Zu den verwandten Wörtern s. *Duo*.

Dur *n. erw. fach.* (das ´männliche´ Tongeschlecht) (< 17. Jh.). Die Bezeichnung geht letztlich zurück auf l. *dūrus* ´hart´. So wurde zunächst der Ganztonschritt zum zweiten Notenwert von der Erniedrigung um einen Halbton unterschieden (*b durum* und *b molle*, heute *h* und *b*). Dann Übertragung auf die diese Töne enthaltenden Tonarten und schließlich mit der Entwicklung der Chromatik auf die Tongeschlechter. ´Hart´ und ´weich´ charakterisieren zunächst das Notenzeichen, das eckig oder gerundet geschrieben wird – inwieweit bereits eine symbolische Ausdeutung eine Rolle spielte, läßt sich nicht feststellen.

C. Dahlhaus *AM* 12 (1955), 280–296.

durativ *Adj. per. fach.* ´verlaufend´ (< 20. Jh.). Neubildung zu l. *dūrāre* ´dauern´.

durch *Präp.* (< 8. Jh.). Mhd. *dur(ch)*, ahd. *duruh, thuru(c)h*, as. *thurh, thuru* aus wg. **þur-h-*, auch in ae. *þurh*, afr. *thr(i)uc* ´durch´, neben gt.

þairh, ae. *þerh* aus (g.) **þer-h-* mit Ablaut. Außergermanisch vergleichbar ist vor allem ai. *tirás-* *(*tr̥os-)* ´durch, über`, zu dem eine tektale Erweiterung ai. *tiraśc-* ´waagrecht, querliegend` gehört. Im Germanischen scheint diese tektale Erweiterung (die etwa **-k^(w)e-* sein kann) an eine einfachere Form mit Beibehaltung der Grundbedeutung angetreten zu sein. Diese weiter zu ai. *tárati* ´setzt über, überwindet` *(\*terə-)*. Partikeln mit der Bedeutung ´durch` sind in den Nachbarsprachen aus **terə-* erweitert, vgl. l. *trāns* (vermutlich **trānt-s*), air. *tre*, kymr. *drwy, trwy (*trei)*.

Nndl. *door*, ne. *through*. − N. Kjellman: *Die Verbalzusammensetzung mit ´durch`* (Lund 1945); Röhrich 1 (1991), 345 f.; W. A. Benware *AJGLL* 4 (1992), 149−180; Heidermanns (1993), 621.

durchaus *Adv.* (< 14. Jh.). Eigentlich ´hindurch und hinaus`, dann zu ´ganz und gar`.

durchbrennen *swV. stil.* ´heimlich davonlaufen` (< 19. Jh.). In der Studentensprache entstanden; vermutlich ausgehend von ´durchbrennen` = ´durch eine Umhüllung o.ä. durchbrennen`; der konkrete Ausgangspunkt ist aber nicht klar.

durchfallen *swV.* ´Mißerfolg (bei einem Examen, bei einer Wahl, auf der Bühne) haben` (< 18. Jh.). Wohl verkürzt aus der schon im 16. Jh. verbreiteten Redensart *durch den Korb fallen*. Sie geht angeblich zurück auf einen mittelalterlichen Schwankstoff, in dem der unerwünschte Liebhaber von seiner Geliebten in einem so schwachen Korb zu sich hinaufgezogen wird, daß er dabei durch den Boden hindurch fällt. Die ursprüngliche Bedeutung wäre demnach ´bei der Liebeswerbung keinen Erfolg haben`. Seit dem 17. Jh. studentensprachlich auf Mißerfolge bei Prüfungen u.ä. übertragen. (Gleichen Ursprungs soll die jüngere Redensart *jemandem einen Korb geben* sein − die Beleglage läßt beide Annahmen nicht als wahrscheinlich erscheinen.). Abstraktum **Durchfall**, das aber auch ´Diarrhöe` bedeuten kann.

Röhrich 1 (1991), 346

durchlaucht *Adj. obs.* (Titel und Anredeform) (< *12. Jh., Bedeutung < 15. Jh.). Lehnbildung zu l. *perillūstris* ´sehr berühmt` (eigentlich ´erleuchtet`); *durchlūht* ist mitteldeutsche Variante zu mhd. *durchliuhtet* ´erleuchtet` *(PPrät.).* S. *erlaucht, leuchten.*

Durchmesser *m.* (< 17. Jh.). Lehnübersetzung von auch als Lehnwort übernommenem l. *diameter* *f.* von gr. *diámetros f.* ´durch einen Mittelpunkt gehende Linie`. Formal handelt es sich um ein Nomen instrumenti auf *-er* zu *durchmessen*, vgl. gr. *diametréō* ´ich durchmesse, messe ab`.

Durchschnitt *m.* (< 16. Jh.). In mehreren Bedeutungen, die dem Wortsinn näher stehen, gebildet, z. B. ´Aufriß`, dann festgelegt auf ´Mittelwert` (ausgehend von der Arithmetik: das Mittel wird gewonnen durch Zusammenzählen und dann Teilen [durchschneiden] der Summe durch die Anzahl der Summanden). Adjektiv: ***durchschnittlich.***

Durchstecherei *f. erw. grupp.* ´Betrügerei` (< 18. Jh.). Abstraktum zu einem niederdeutschen Wort: ndd. *dōresteken* mit verschiedenen Bedeutungen wie ´schmuggeln`, ´mit jemand unter einer Decke stecken` u. a. Es gibt verschiedene Erklärungsansätze, die aber nicht ausreichend wahrscheinlich gemacht werden können.

Röhrich 1 (1991), 346.

durchtrieben *Adj.(PPrät.)* (< 13. Jh.). Es handelt sich um das Partizip Präteritum von mhd. *durchtrīben stV.* ´durchziehen, (geistig) durchdringen, erfüllen`, das schon mittelhochdeutsch neben ´von etwas ganz erfüllt, durchdrungen` auch ´verschlagen, abgefeimt` bedeuten konnte. Das Verb ist zusammengesetzt aus mhd. *durch* und mhd. *trīben* (s. *treiben*), dessen Partizip Präteritum mittelhochdeutsch auch in der Bedeutung ´geübt` belegt ist.

Röhrich 1 (1991), 346 f.

durchweg(s) *Adv.* (< 18. Jh.). Bildung wie *schlechtweg (schlechthin, schlechterdings)*, wohl aus dem Adverb *weg*.

dürfen *Prät.-Präs.* (< 9. Jh.). Mhd. *durfen, dürfen*, ahd. *durfan*, as. *thurban* aus g. **þarf/þurb-* *Prät.-Präs.* ´bedürfen`, auch in gt. *þaurban*, anord. *þurfa*, ae. *þurfan*, afr. *thurva*; die ursprüngliche Bedeutung zeigt sich noch in der Präfigierung **bedürfen**; aus ig. *\*terp-* in ai. *tr̥pyati, tarpati* (älter *tr̥pnóti*) ´sättigt sich, wird befriedigt`; toch. AB *tsärw-* ´sich freuen`; gr. *térpō* ´ich sättige, erfreue`, lit. *tarpà* ´Gedeihen`, apreuß. *enterpo* ´nutzt`. Semantisch läßt sich zwar eine Brücke bauen von ´sich sättigen, genießen` (als verlaufende Handlung) zu ´bedürfen` (vgl. *brauchen − gebrauchen*), doch ist dies mit der Form eines Perfekts nicht in Einklang zu bringen. Es bleiben deshalb beträchtliche Unklarheiten. S. *darben, dürftig, Notdurft.*

W. Betz in: *FS Hammerich* (1962), 8 f.; Seebold (1970), 509 f.; Hiersche D(1990), 33 f.

dürftig *Adj.* (< 8. Jh.). Mhd. *dürftic, durftic*, ahd. *durftīg*, as. *thurftig* ist ein denominales Adjektiv zu ahd. *durft*, as. *thurft*, gt. *þaurfts* (aus g. **þurfti- f.* ´Bedürfnis`). S. *darben, dürfen, Notdurft.*

dürr *Adj.* (< 8. Jh.). Mhd. *dürre, durre*, ahd. *durri, thurri, durre*, mndl. *dorre* aus g. **þurzú- Adj.* ´dürr`, auch in gt. *þaursus*, anord. *þurr*, ae. *þyrre*; dieses aus ig. *\*tr̥sú-* ´trocken, dürr`, in avest. *taršauu-* ´trocken, fest`, al. *torrus* ´trocken`; in der Bedeutung abweichend ai. *tr̥ṣú-* ´gierig` (´lechzend`). Primäres Adjektiv zu ig. **ters-* ´trocknen, dorren`, das unter *Durst* dargestellt wird. Abstraktum: ***Dürre.***

Nndl. *dor*, nschw. *torr*. S. *Darre, dorren, dörren, Durst*; zur lateinischen Verwandtschaft s. *Terrasse*. − Seebold (1970), 515; Heidermanns (1993), 632 f.

Durst *m.* (< 9. Jh.). Mhd. *durst*, ahd. *durst*, *thu(r)st*, as. *thurst* aus wg. **þurstu- m.* ´Durst´ (eigentlich ´Dürre´), auch in ae. *þurst*. Daneben steht gt. *þaurstei*, das ein Abstraktum zu einem **þursta-* ´vertrocknet, durstig´ zu sein scheint; anord. *þorsti* kann entweder Umbildung eines *u*-Stamms oder ein nominaler *n*-Stamm zu einem solchen Adjektiv sein. Da beide Bildungen (Substantiv und Adjektiv) gleich naheliegen, läßt sich eine sichere morphologische Entscheidung nicht treffen; doch gehören die Wörter auf jeden Fall zu ig. **ters-* ´trocknen, dorren´ in gr. *térsomai* ´ich werde trocken´, l. *torrēre* ´dorren´, der germanischen Gruppe *dorren/ dörren* und mit abgeleiteter Bedeutung ai. *tṛṣyati* ´dürstet, lechzt´. Adjektiv: *durstig*; Verb: *dürsten*.

Nndl. *dorst*, ne. *thirst*, nschw. *törst*, nisl. *þorsti*. S. *dürr*; zur lateinischen Verwandtschaft s. *Terrasse*. – Röhrich 1 (1991), 347; Heidermanns (1993), 632.

Dusche *f.* (< 18. Jh.). Entlehnt aus frz. *douche* (auch: ´Wasserrinne´), dieses aus it. *doccia*, zu it. *doccione m.* ´Wasserspeicher, Leitungsröhre´, aus l. *ductio (-ōnis)* ´Leitung´, einer Ableitung von l. *dū- cere (ductum)* ´führen´. Zunächst ein medizinisches Fachwort; im 19. Jh. Verallgemeinerung. Verb: *duschen*.

Zur Sippe des zugrundeliegenden l. *dūcere* ´ziehen´ s. *produzieren*; zur germanischen Verwandtschaft s. *ziehen*. – DF 1 (1913), 160 f.; Röhrich 1 (1991), 347 f.

Düse *f.* (< 16. Jh.). Seit dem 16. Jh. als Fachwort der Erzschmelzer bezeugt als *t(h)üsel*. Gemeint ist die Röhre, durch die der Blasebalg in den Schmelzofen mündet. Das Wort ist vermutlich entlehnt aus čech. *duše* ´(Auto)Schlauch´; doch macht der Lautstand Schwierigkeiten.

Bielfeldt (1965), 27; S. A. Wolf *MS* 77 (1967), 377–378.

Dusel *m. stil.* (< 16. Jh.). Mit verschiedenen Bedeutungen aus dem Niederdeutschen übernommen. Im ursprünglichen Sinn ´Schwindel, Rausch, Schlaf´ gehört es zu *dösen* (s. *dösig*, hierzu auch *Dussel*); der Übergang zu ´unverdientes Glück´ ist nicht ausreichend erklärt. Daß es der Herr den Seinen im Schlafe gibt (Psalm 127,2), reicht insofern nicht zur Erklärung aus, als das Wort in dieser Bedeutung fast ausschließlich in der Wendung *Dusel haben* auftritt.

S. *Dunst*, *Tor*[1]. – Stammler (1954), 164–167; Röhrich 1 (1991), 348.

Dussel *m. erw. ndd. md.*, auch **Dusel** ´Dummkopf´ (19. Jh.). Nebenform von *Dusel*; also eigentlich ´jemand der schläft oder einen Rausch hat´.

Dust *m.* s. *Dunst*.

düster *Adj.* (< *12. Jh., Standard < 16. Jh.). Übernommen aus dem Niederdeutschen (mndd. *duster*, mndl. *du(u)ster*, as. *thiustri*) aus wg. **þeu-* *strija-* ´lichtlos´, auch in ae. *þýster*, *þ̄ystre*, afr. *thiūstere*. Falls ae. *þuhsian* ´verfinstern´ (vom Himmel) hinzugehört, ist der Lautstand als **þeuhs- (t)r-ja-* zu erschließen; dann ist wohl eine *ro*-Ableitung zu einem *s*-Stamm **þeuhaz-* vorauszusetzen (wie bei *finster*, s.d., und l. *tenebrae*). Vergleichbar ist aber allenfalls russ. *túsk* ´Nebel, Finsternis´, das lautlich weiter absteht. Im übrigen unklar. Abstraktum: *Düsternis*; Präfixableitung: *verdüstern*.

Heidermanns (1993), 621.

Dutt *m. per. ndd.* ´Haarknoten´ (< 20. Jh.). Aus dem Niederdeutschen übernommen, eigentlich ´Haufe, Klumpen´. Weitere Herkunft unklar.

Düttchen *n.* s. *Dittchen*.

Dutte *f. vulg.* ´Zitze, weibliche Brust´ (< 9. Jh.). Mhd. *tut(t)e m./f.*, ahd. *tutta*. Offenbar ein Lallwort, das sich teilweise der Lautverschiebung entzieht.

Vgl. *Zitze*, *Titte* und *Tüttel*.

Dutzend *n.* (< 14. Jh.). Zunächst als *totzen* bezeugt, mit späterem Antreten eines *-d*. Entlehnt aus afrz. *dozeine* ´Zwölfheit´, das zu *douze* ´zwölf´ gehört.

Zu den verwandten Wörtern s. *Duo*. – Rosenqvist (1942), 443–445; Röhrich 1 (1991), 348.

duzen *swV.* (< 13. Jh.). Mhd. *du(t)zen*, mndd. *du(t)zen*. Eine Ableitung vom Personalpronomen *du* mit dem Suffix *-zen* (ahd. *-azzen*, *-ezzen*, *-izzen*), vielleicht unter Einfluß von ml. *tuisare* ´duzen´ gebildet. Etwas früher belegt ist mhd. *irzen*, erst seit dem 18. Jh. dagegen *erzen* und *siezen*. S. *ihrzen*.

dynamisch *Adj.* (< 18. Jh.). Neubildung zu gr. *dýnamis* ´Kraft´, einer Ableitung von gr. *dýnasthai* ´können, vermögen´. Abstraktum: *Dynamik*.

Aus derselben Quelle werden im 19. Jh. *Dynamit* (= ein Sprengstoff) und *Dynamo* (= ein Stromgenerator [zunächst *dynamoelektrische Maschine*, dann *Dynamo-Maschine*] neugebildet. Ein schon altes Abstraktum ist *Dynastie*. – Heller (1970), 163–184; *HWPh* 2 (1972), 302; *LM* 3 (1986), 1493–1497.

Dynamit *n.* (< 19. Jh.). Von dem Erfinder A. Nobel gebildet zu gr. *dýnamis* ´Kraft´, s. *dynamisch*.

Dynamo *m. erw. fach.* (< 19. Jh.). Von dem Erfinder W. vSiemens als *dynamo-elektrische Maschine* bezeichnet; dann gekürzt zu *Dynamo-Maschine* und schließlich nach englischem Vorbild zu *Dynamo*. Die Form ist die Kompositionsform von gr. *dýnamis* ´Kraft´.

S. *dynamisch*. – DF 1 (1913), 161; Cottez (1980), 126.

Dynastie *f. erw. fach.* ´Herrscherhaus, Herrschergeschlecht´ (< 16. Jh.). Entlehnt aus gr. *dynasteia* ´Herrschaft´, einem Abstraktum zu gr. *dýnasthai* ´können, vermögen´. Adjektiv: *dynastisch*.

S. *dynamisch*. – DF 1 (1913), 161.

E

-e *Suffix.* Dient zur Bildung von 1) Verbalabstrakta, häufig mit Ablaut *(geben − Gabe)*; Herkunft aus alten femininen ō- und ōn-Stämmen. 2) Adjektiv-Abstrakta, in der Regel mit Umlaut *(rot − Röte)* aus Stämmen auf ahd. -ī. 3) (nicht mehr produktiv): Nomina agentis, in der Regel mit Ablaut zu starken Verben *(bieten − Bote)* aus alten maskulinen ōn-Stämmen. Der Typ mit Umlaut *(schießen − Schütze)* geht auf -jōn-Stämme zurück.

Wortbildung 2 (1975), 58 f. und die dort angegebenen Stellen.

Ebbe *f.* (< 16. Jh.). Ursprünglich niederdeutsches Wort: Mndl. *ebbe,* afr. *ebba,* ae. *ebba m.(?),* as. *ebbiunga* aus wg. **abjōn f.* ´Ebbe`. Das Wort kann entweder zu nhd. *ab* gehören, dann ist die Ausgangsbedeutung ´das Ab-, Wegfließende`, oder zu den verwandten Formen mit der Bedeutung ´wieder`, die unter *aber* behandelt sind, also ´das Wiederkommende, Zurückkommende`. In diesem Fall wäre die ursprüngliche Bedeutung ´Gezeiten` gewesen. Falls anord. *efja* ´Schlamm, Schlick` dazugehört, ist eher von der ersten Möglichkeit auszugehen. Die in den Wörterbüchern angegebene Bedeutung ´Gegenstrom in einem Fluß` (die für die zweite Möglichkeit sprechen würde) ist zumindest im Altnordischen nicht nachzuweisen; norw. *evje* bedeutet sowohl ´Bucht mit sumpfigen Ufern`, wie auch ´Strudel (am Rande einer Strömung)`.

Röhrich 1 (1991), 349.

eben *Adj./Adv.* (< 8. Jh.). Mhd. *eben(e),* ahd. *eban,* as. *eƀan* aus g. **ebna- Adj.* ´eben`, auch in gt. *ibns,* anord. *jafn, jamn,* ae. *efen,* afr. *even, iven;* daneben Formen mit *-mn-* (besonders im Altenglischen) der der üblichen Verteilung von *-bn-* und *-mn-* nicht entsprechen. Herkunft deshalb unklar. Der Anschluß von kymr. *iawn* ´gerecht, passend`, korn. *ewn-,* mbret. *effen* ´gleich` ist semantisch ansprechend, aber lautlich schwierig. Auch mir. *emon m.* ´Zwillingspaar, Zwilling` kommt für einen Vergleich in Frage. Abstraktum: **Ebene**; Verb: **ebnen**.

Nndl. *effen,* ne. *even,* nschw. *jämn,* nisl. *jafn.* S. auch *neben.* − F. Sommer *IF* 13 (1913), 361 f.; F. Mezger *ZVS* 79 (1965), 44 f.; Heidermanns (1993), 171 f. Zur englischen Beeinflussung von *Ebene* s. Carstensen 1 (1993), 409 f.

Ebenbild *n. obs.* (< 12. Jh.). Mhd. *ebenbilde.* Zu *Bild* und *eben* in der Bedeutung ´gleich`, die auch in **ebenbürtig** und **Ebenmaß** auftritt. Vermutlich Lehnbildung zu l. *configuratio.*

HWPh 2 (1972), 305.

Ebenholz *n. erw. fach.* (< **11. Jh., Form < 16. Jh.). Spahd. *ebenus,* mhd. *ebēnus m.;* daneben *eb(b)oum m., ebeienbaum m.* und (seit Luther) *(h)ebenholtz.* Entlehnt aus l. *(h)ebenus* ´Ebenholzbaum, Ebenholz`, das seinerseits über gr. *ébenos f.* auf aägypt. *hbnj* zurückführt, dessen Vokalisierung wir nicht kennen.

Eber *m.* (< 11. Jh.). Mhd. *eber,* ahd. *ebur,* as. *eƀur(spiot) n.(?)* aus wg. **ebura- m.* ´Eber`, auch in ae. *eofor.* Das entsprechende anord. *jǫfurr* wird nur als übertragene Bezeichnung für ´Fürst` verwendet. Entsprechend l. *aper* (mit abweichendem Vokal) und (mit v-Vorschlag) akslav. *veprĭ,* lett. *vepris.* Weitere Herkunft unklar.

Evtl. ist auch gr. *ébros* (für gr. *trágos bátēs* ´Ziegenbock`) heranzuziehen, vgl. A. vBlumenthal *IF* 49 (1931), 174; *RGA* 6 (1986), 328−336.

Eberesche *f. erw. fach.* (< 15. Jh.), auch als ***Aberesche, Eberbaum*** u.ä. bezeugt. Trotz des späten Auftretens wird der Zusammenhang mit einem keltischen Wort (und damit hohes Alter) vermutet: mir. *ibar* ´Eibe` usw. Eiben und Eberesches haben gleichermaßen rote Beeren; deshalb könnte die Bedeutungsübertragung verständlich sein.

A. Kutzelnigg *MS* 84 (1974), 240 f.; *RGA* 6 (1986), 336 f.

Eberraute *f. per. fach.* (Wermutpflanze) (< 14. Jh.). Umgestaltet aus gleichbedeutendem l. *(h)abrotonum n.,* das seinerseits auf gr. *abrótonon n.* unklarer Herkunft zurückgeht.

LM 3 (1986), 1524−1526; Lloyd/Springer 1 (1988), 28−30.

echauffieren *swV. refl. per. fremd.* ´sich erregen, erhitzen` (< 17. Jh.). Entlehnt aus frz. *échauffer,* das auf vor-rom. **ex-calefacere* zurückgeht.

Zu l. *calefacere* ´erhitzen`, s. *infizieren* und *Kalorie.* − *DF* 1 (1913), 161.

Echo *n.* (< 16. Jh.). Entlehnt aus l. *ēchō f.,* dieses aus gr. *ēchó f.,* zu gr. *ēché f.* ´Schall`.

S. *Katechismus.* − *DF* 1 (1913), 162.

Echse *f. per. fach.* (Unterordnung der Kriechtiere) (< 19. Jh.). Von dem deutschen Naturforscher L. Oken 1816 als Oberbegriff mit falscher Ablösung aus *Eidechse* gebildet.

echt *Adj.* (< 13. Jh.). Aus dem Niederdeutschen übernommen (mndd. *echte,* mndl. *echte*). Das Wort ist mit dem Wandel *ft* zu *cht* eine Entsprechung zu obd. *ehaft* und kontrahiertem afr. *aft* ´gesetzmäßig`, besonders in *ehafte Not* ´rechtmäßige Gründe für das Nicht-Erscheinen vor Gericht'. Älter ist ahd. *ēohaft* 'der Sitte (*Ehe*, s.d.) entsprechend, fromm'. Abstraktum: **Echtheit**.

M. Wandruszka *Zeitschrift für französische Sprache und Literatur* 66 (1956), 68−80; Seebold (1981), 79−81, 95−98; Röhrich 1 (1991), 349. D. *ehaft* im Sinne von 'rechtmäßig geboren' könnte semantisch von l. *līber* abhängig sein, s. Benveniste *REL* 14 (1936), 50−58.

Ecke *f.; obd.* auch **Eck** *n.* (< 11. Jh.). Mhd. *ecke*, ahd. *egga*, as. *eggia* aus g. **agjō f.* 'Schärfe, Kante', auch in anord. *egg*, ae. *ecg*, afr. *egg*, ig. Außergermanisch am nächsten l. *aciēs* 'Schärfe, Schlachtreihe'; mit *r*-Suffix ai. *áśri-* 'Ecke, Kante, Schneide', gr. *okrís* 'Zacken', al. *ocris m.* 'Bergzakken', mir. *ochair* 'Ecke, Rand'. Falls heth. *hēkur n.* 'Fels, Felsgipfel' dazugehört, ist ig. **hok-* anzusetzen. Zu einer schwer abgrenzbaren Wortsippe, die einerseits ein (ig.) **ak-* 'spitzig', andererseits **ak-/ok-* 'scharf' enthält. G. **agjō* gehört zum zweiten Bereich. Die neutrale Form des deutschen Wortes ist seit mittelhochdeutscher Zeit belegt und vor allem im Oberdeutschen weit verbreitet. Sie ist festgeworden in **Dreieck** usw.

Ne. *edge*, nschw. *egg*. S. *acht*, *Ahorn*, *Ähre*, *Egge*¹ᐟ². Zu den Fremdwortentsprechungen s. *Akrobat*. − Röhrich 1 (1991), 351. Zur möglichen Entlehnung in die finnischugrischen Sprachen s. *LÄGLOS* (1991), 1; Koivulehto (1991), 23−25.

Ecker *f. erw. fach.* (< 11. Jh.). Vor allem als **Buchecker** bezeugt und stark vom Niederdeutschen her bestimmt; im Althochdeutschen nur einmal bezeugt (*ekarn*, vgl. K. Siewert: *Glossenfunde* [Göttingen 1989], 167 f.), dann mhd. *ackeran, m./n.* und so auch noch in den Mundarten. Das Femininum seit dem 15. Jh. als Variante. Aus g. **akrana- n.* 'Wildfrucht', auch in gt. *akran* 'Ertrag, Frucht', anord. *akarn n.* 'Eichel', ae. *ǣcern, ǣcirn n.* 'Eichel, Nuß'. Die Bedeutung 'Eichel' noch in *Ecker(n)* als Farbe im Kartenspiel. Außergermanisch stehen formal am nächsten mir. *áirne m.* 'Schlehe', kymr. *aeron* 'Frucht, Beere' (**agranjo-/agrinjo-* neben **agrono-* für das Germanische). Weiter als 'Sammelfrucht' zu gr. *ágrios*, l. *agrestis* 'wild, wildwachsend' und dem Wort für 'Acker' (als 'Ort, an dem das Sammeln stattfindet', s. *Acker*). Die Zugehörigkeit der baltisch-slavischen Wörter für 'Beere', die auf (ig.) **ōg-* zurückführen, ist denkbar.

Nndl. *aker*, ne. *acorn*, schw. (dial.) *akarn*, nisl. *ákarn*. S. *Acker*.

Ecu *m. per. fach.* (europäische Währungseinheit) (< 20. Jh.). In Anlehnung an frz. *écu*, einer Münzbezeichnung wie etwa der *Taler*, geschaffene Abkürzung aus *European Currency Unit*. Der ursprüngliche *écu* wurde zuerst 1266 unter Ludwig IX. geprägt und wurde 1577 unter Heinrich III. zur gesetzlichen Währungseinheit Frankreichs. Die Bezeichnung bezieht sich auf das Wappenschild mit den französischen Lilien, das auf das Goldstück ge-

prägt war (frz. *écu* 'Schild' aus l. *scutum* 'Schild'). Entsprechend der italienische *Scudo* und die spanisch-portugiesische *Escudo*.

Carstensen 1 (1993), 411.

edel *Adj.* (< 9. Jh.). Mhd. *edel(e)*, ahd. *edili*, as. *eðili* aus wg. **aþl-ja-* 'edel', auch in ae. *æðel-*, afr. *ethele*; Zugehörigkeitsbildung zu *Adel*, also eigentlich 'zum Adel gehörig, vornehm', später meist übertragen gebraucht. Komposita: **Edelmut**, **Edelstein**, **Edelweiß**.

Nndl. *edel*. − F. Vogt: *Der Bedeutungswandel des Wortes edel* (Marburg 1908); H. Zutt: *Adel und Edel* (Mannheim 1956); F. Maurer in: *FS G. Tellenbach* (1968), 1−5; Heidermanns (1993), 107−109. Zu *Ed(e)ling* vgl. D. Ludvik *Acta Neophilologica* 5 (1972), 61−85; vOlberg (1991), 185−190.

edieren *swV.* s. *Edition*.

Edikt *n. per. fach.* 'Erlaß' (< 12. Jh.). Entlehnt aus l. *ēdictum*, dem substantivierten PPP. von l. *ēdīcere (ēdictum)* 'bekanntgeben', zu l. *dīcere* 'sagen' und l. *ex-*. Bereits bei den Römern ist es Bezeichnung für öffentliche Bekanntmachungen. Zur Sippe des zugrundeliegenden l. *dīcere* 'sagen' s. *diktieren*.

Edition *f. erw. fach.* 'Ausgabe, Herausgabe von Schriften' (< 16. Jh.). Entlehnt aus l. *ēditio (-ōnis)*, einer Ableitung von l. *ēdere (ēditum)* 'herausgeben', das dann auch als **edieren** entlehnt wird. Nomen agentis: **Editor**. Über das Englische auch **Editorial** 'Leitartikel, Impressum' (d. h. also 'Herausgeber-Text').

Zu dem zugrundeliegenden l. *dare* 'geben' s. *Datum*. − *RGA* 6 (1986), 447−452.

Efeu *m.* (< 10. Jh.). Mhd. *ep-höu, ebehöu*, ahd. *(h)ebah*. An *Heu* angelehnte Umdeutung (wie an *Rebe* in schwz. *Räbheu*; an *Laub* in mndd. *iwlōf, ifflōf*) eines Wortes, das in älterer Form wohl in ahd. *ebach*, ae. *ifig n.* vorliegt. Verwandt sind weiter ae. *ifegn n.* und die Grundlage von mndd. *iwlōf*, mndl. *iloof*. In ahd. *ebach* könnte *-ach* ein Kollektivsuffix sein, das erste Element ist unklar und wohl entlehnt. Die Anknüpfung an l. *ibex m.* 'Steinbock' unter der Annahme einer gemeinsamen Grundlage, die 'klettern' bedeuten soll, bleibt hypothetisch.

Marzell 2 (1972), 756−765; *RGA* 6 (1986), 455.

Effeff *n. stil. phras.* (in *etwas aus dem Effeff können* usw.) 'etwas sehr gut beherrschen' (< 19. Jh.). Die Herkunft ist nicht sicher geklärt; dem Wortgebrauch nach *(aus dem Effeff)* am ehesten für die alte Abkürzung *ff* für die Digesten (Gesetzessammlungen des römischen Rechts); *ff* ist dabei entstellt aus einem durchstrichenen *D*.

Röhrich 1 (1991), 351 f.

Effekt *m. stil.* 'Wirkung' (< 15. Jh.). Entlehnt aus l. *effectus*, dem substantivierten PPP. von l. *ef-*

ficere (effectum) 'bewirken, entstehen lassen', zu l. *facere (factum)* 'machen' und l. *ex-*. Adjektive aus dem Grundwort (**effizient**) und dem PPP (**effektiv**) mit den Abstrakta **Effizienz** und **Effektivität**. Zu einem Abstraktum aus dem Grundverb s. **Effekten**. Aus der französischen Entsprechung (frz. *effet*) ist entlehnt **Effet** 'Drall, der *bewirkt* wurde (beim Billard)'.

Zur Sippe des zugrundeliegenden l. *facere* 'machen' s. *infizieren*. − DF 1 (1913), 162 f., 164; K.-H. Weimann *DWEB* 2 (1963), 389.

Effekten *Pl. per. fach.* 'Wertpapiere' (< 17. Jh.). Entlehnt aus frz. *effets Pl.*, it. *effe(c)ti* 'Vermögen, Wertpapiere' (zu l. *effectus* als 'erreichter Besitz', s. *Effekt*) und relatinisiert.

Zur Sippe des zugrundeliegenden l. *facere* 'machen' s. *infizieren*. − DF 1 (1913), 163 f.

Effet *m.* s. *Effekt*.

Effizienz *f.* s. *Effekt*.

egal *Adj. stil.* (< 17. Jh.). Entlehnt aus frz. *égal*, dieses aus l. *aequālis* 'gleich', einer Ableitung von l. *aequus* 'gleich'.

Zur Sippe des zugrundeliegenden l. *aequus* 'gleich' s. *aequi-*. − DF 1 (1913), 164; Jones (1976), 301 f.; Brunt (1983), 263.

Egart *f. per. fach. obd.*, auch **Egerte** 'Grasland, das in anderen Jahren als Acker benützt wird' (< 12. Jh.). Mhd. *egerde, egerte*, ahd. *egerda*. Herkunft unklar.

Bader 3 (1973), 162−170.

Egel *m. erw. fach.* 'Blutsauger' (< 8. Jh.). Mhd. *egel(e) f.*, ahd. *egala f.*; heute meist **Blutegel**. Herkunft unklar. Auffällig ist die Ähnlichkeit von air. *gil*, kymr. *gele(n)* 'Blutegel' und evtl. gr. *bdélla f.* 'Blutegel'.

LM 2 (1983), 289.

Egerte *f.* s. *Egart*.

Egge[1] *f. erw. fach.* (landwirtschaftliches Gerät) (< 8. Jh.). Mhd. *egede*, ahd. *egida*, as. *egitha* aus wg. *agiþō f.* 'Egge', auch in ae. *egeðe*, afr. *eide*; dieses (mit angepaßtem Mittelvokal) aus ig. (weur.) *oketā f.* 'Egge', auch in lit. *ekéčios Pl., akéčios Pl.*, kymr. *og(ed)* und mit lautlicher Unregelmäßigkeit (Konsonantenumstellung aus *otika*?) l. *occa*. Aus der gleichen Grundlage mit anderem Suffix ist gr. *oxína f.* 'Egge' gebildet. Aus der Sippe, die ig. *ak-* 'spitzig' und *ak/ok-* 'scharf' enthält (s. *Ecke*), wobei *Egge* zur Bedeutung 'spitzig' gehört, vermutlich als ein Kollektivum (Kollektiv von Spitzen). Der Konsonantismus des litauischen Wortes macht bei dieser Annahme allerdings Schwierigkeiten. Da die Endung im Germanischen wie ein Partizip aussah, wurde das Verbum rückgebildet zu vd. *agija-* in ahd. *eggen, eckan, ekken*, nhd. **eggen**. Die nhd. Form *Egge* steht in der Lautung unter dem Einfluß dieses Verbs.

Nndl. *eg(ge)*. S. *Ecke*. − LM 3 (1986), 1608.

Egge[2] *f. per. fach.* 'Webkante' (< 18. Jh.). Niederdeutsche Form zu *Ecke*.

F. Specht *ZVS* 62 (1935), 210−215.

Egoismus *m.* (< 18. Jh.). Entlehnt aus frz. *égoïsme*, dieses zu l. *ego* 'ich' (s. auch *-ismus*). Die ältere Form **Egotismus** stammt aus dem Englischen, wo sie vielleicht im Anschluß an *Idiotismus* gebildet wurde. Entsprechend die Täterbezeichnungen **Egoist** und **Egotist**. Die Bedeutungen der frühen Bildungen fallen auseinander − im Deutschen zunächst Bezeichnung der später *Solipsismus* genannten philosophischen Richtung. Adjektiv: **egoistisch**. Vgl. das bedeutungsverwandte *egozentrisch*.

Zur germanischen Verwandtschaft s. *ich*. Ersatzwort ist *Selbstsucht*. − DF 1 (1913), 164 f.; Ganz (1957), 61 f.; *HWPh* 2 (1972), 310−314.

eh *Partikel per. oobd.* 'ohnehin' (< 19. Jh.). Regionale Variante von *ehe* und von diesem durch eine semantische Sonderentwicklung geschieden. Entsprechender Herkunft ist das weiter verbreitete formelhafte *seit eh und je* 'seit langem'.

B. Schlieben-Lange in: *Die Partikeln der deutschen Sprache*. Hrsg. H. Weydt (Berlin 1979), 307−317.

ehe *Konj.* (< 15. Jh.). Ursprünglich eine Variante von *eher*: dessen *r* ist (nach Langvokal im Auslaut bei Unbetontheit) abgefallen, dann Zerdehnung des so entstandenen *ē* wie bei *ēr* und funktionale Differenzierung gegenüber diesem. Die Funktion der Konjunktion nach dem Muster *Ich gehe nicht, ehe er kommt* aus *Ich gehe nicht. Eher kommt er*.

S. *eher*. − Behaghel 3 (1926), 166.

Ehe *f.* (< 8. Jh.). Mhd. *ē(we)*, ahd. *ēwa, ēwī*, as. *ēo* aus wg. *aiwā-/-j- f.* 'Sitte, Recht', auch in ae. *ǣwe n., ǣ(w)*, afr. *ēwa, ēwe*. Die Spezialisierung auf die heutige Bedeutung ist erst mittelhochdeutsch, früher schon belegbar im Altenglischen. Am nächsten steht bei Annahme einer Grundform (ig.) *ajeu-* l. *iūs* aus *(a)jewes-*, das später allgemein 'Recht' bedeutet, aber ursprünglich ebenfalls von 'Sitte' ausgegangen ist. Beide Wörter beruhen auf *ajeu-* 'lenken', verbinden', das auch Wörter für 'Folge, Dauer, Ewigkeit' liefert (s. *ewig*). Auszugehen ist also von 'Herkommen, Überlieferung'. Die Zweisilbigkeit der neuhochdeutschen Form beruht auf Zerdehnung. Adjektiv: **ehelich**.

S. *echt*. − M. Wachsner: *Die deutschen Ausdrücke für Verlobung, Hochzeit, Ehe* (Diss. Gießen 1921 Teildruck); J. Weisweiler in: *FS W. Streitberg* (1924), 419−462; *HWPh* 2 (1972), 895−904; H. Beck in: *Gedenkschrift H. Güntert* (Innsbruck 1974), 47−56; Seebold (1981), 89−98; *LM* 3 (1986), 1616−1648; Röhrich 1 (1991), 352; *RGA* 6 (1986), 478 f., 8,1 (1991), 35−37; R. Schmidt-Wiegand in: *FS Schützeichel* (1987), 937−958; U. Haibach: *Familienrecht in der Rechtssprache* (Frankfurt/Main 1991); Sousa-Costa (1993), 123−127. Zur möglichen Entlehnung ins Finnische J. Koivulehto *NPhM* 74 (1973), 600−608.

eher *Adv.* (< 8. Jh.). Mhd. *ēr*, ahd. *ēr* aus g. *airiz* *Adv.* eines Komparativs, der in ahd. *ēriro*, afr. *ērra*, ārra, ae. *ærra*, *ærre* vorliegt und zu dem der Superlativ in *erst* erhalten ist. Das Adverb des Komparativs auch in gt. *airis* (mit wiederhergestelltem Endungsvokal), ae. *ǣr*, der Positiv vermutlich in gt. *air*, anord. *ár* ´früh´. Ausgangsbedeutung ist offenbar ´bei Tagesanbruch´, vgl. gr. *eri-* (aus **ajeri*) und avest. *aiiar-* ´Tag´ (*r/n*-Stamm). Die Zweisilbigkeit der neuhochdeutschen Form beruht auf Zerdehnung. Nndl. *eer(der)*, ne. (arch.) *ere*. S. *ehe, erst*.

ehern *Adj. stil.* (< 9. Jh.). Nur noch in übertragener Bedeutung üblich. Mhd. *ērīn*, ahd. *ērīn*, aus wg. **aizīna-* *Adj.* ´ehern´, auch in ae. *ǣr(e)n*, afr. *ēren*, Materialadjektiv zu g. **ajaz-* n. ´Erz´ in gt. *aiz*, anord. *eir*, ae. *ār*, ahd. *ēr(e)*, as. *ēr*; dieses zu ig. **ajos-* n. ´Erz´, dem einzigen grundsprachlichen Metallwort, das in der Bedeutung allerdings nicht einheitlich ist: ai. *áyas-* ´Eisen, Erz´, l. *aes* ´Erz, Bronze, Kupfer´; auch gotisch und altnordisch bedeutet das Wort eher ´Kupfer´ als ´Eisen´. Weitere Herkunft unklar. Die Zweisilbigkeit im Neuhochdeutschen beruht auf Zerdehnung. S. *Ära*.

Ehezärter *m. arch.* ´Ehevertrag´ (< 16. Jh.). Zusammensetzung aus *Ehe* und *Zärter, Zarter* (ndd. *Zerter*), dem das aus dem Französischen entlehnte *chartre* f. (von l. *chartula* f.) ´Urkunde´ zugrunde liegt.

Ehre *f.* (< 8. Jh.). Mhd. *ēre*, ahd. *ēra*, as. *ēra* aus g. **aizō* f. ´Achtung´, auch in anord. *eir* ´Gnade, Milde, Hilfe´, ae. *ār* ´Wohltat, Schonung, Ehre´, afr. *ēre*; mit Rücksicht auf die außergermanischen Verwandten ist von (ig.) ***aids-ā* auszugehen, einer Erweiterung eines *s*-Stammes, der in gr. *aidṓs* ´Ehrfurcht, Scheu´ vorliegt. Dieses zu gr. *aidéomai, aidomai* ´ich scheue, verehre´. Eine Weiterbildung **aids-d-* ´Scheu, Ehre geben´ in gt. *aistan* ´scheuen, achten´ und vielleicht ai. *ī́ṭṭe* ´preist, verehrt´ (Lautstand unklar). Verb: *ehren*; Adjektive: **ehrlich, ehrbar**, sowie **ehrfürchtig** und **ehrwürdig**.

Nndl. *eer*. – E. Karg-Gasterstädt *BGDSL* 70 (1948), 308–331. Anders: G. Must *PMLA* 76 (1961), 326–329. F. Maurer *WW* 2 (1951/52), 72–80; ders. in: *FS Kohlschmidt* (Bern 1969), 30–44; *HWPh* 2 (1972), 319–323; *Grundbegriffe* 2 (1975), 1–63; *RGA* 6 (1986), 500–504; *LM* 3 (1986), 1662 f.; Röhrich 1 (1991), 352 f. Zur möglichen Entlehnung ins Finnische s. *LÄGLOS* (1991), 10.

ehrenrührig *Adj. stil.* (< 16. Jh.). Eigentlich ´was an die Ehre rührt (sie betrifft, speziell: sie angreift, verletzt)´. S. *Ehre* und *rühren*.

Ehrenwort *n.* (< *16. Jh., Bedeutung < 18. Jh.). Zusammensetzung aus *Ehre* und *Wort*. Zuerst nur in der systematischen Bedeutung ´ehrendes Wort, höfliche Rede, Kompliment´, seit dem 18. Jh. dann in der heutigen Bedeutung gebraucht.

Röhrich 1 (1991), 354.

Ehrfurcht *f.* (< 16. Jh.). Rückbildung aus dem seit dem 16. Jh. nachgewiesenen Adjektiv *ehrfürchtig*, das aus *Ehre* und *Furcht* (mit Adjektivsuffix)

zusammengesetzt ist (also etwa ´um die Ehre besorgt´).

Nichtenhauser (1920), 25; *HWPh* 2 (1972), 323 f.; H. Bayer *WW* 28 (1978), 401–422.

Ehrgeiz *m.* (< 16. Jh.). Rückbildung aus dem Adjektiv **ehrgeizig**, mhd. *ērgītec*, das aus *Ehre* und *geizig* in der älteren Bedeutung ´habsüchtig, gierig´ (einer Ableitung zu *Geiz*, s.d.) zusammengesetzt ist. Also ´nach Ehre verlangend´.

HWPh 6 (1972), 324 f.; *LM* 3 (1986), 1663.

ehrlich *Adj.* (< 8. Jh.). Mhd. *ērlich*, ahd. *ērlīh* ´ehrenwert´, dann vor allem im Gegensatz der ehrlichen und unehrlichen Gewerbe eingeengt und neuhochdeutsch zu ´aufrichtig´ verschoben.

HWPh 2 (1972), 325 f.

Ehrn *m.* s. *Ern*.

ehrwürdig *Adj.* (< 8. Jh.). Ahd. *ērwirdig*, mhd. *ērwirdec*; vor allem als Beiwort für die Bezeichnung von Angehörigen geistlicher Stände. Daraus im 16. Jh. die Rückbildung **Ehrwürden** als Anrede.

Ei *n.* (< 8. Jh.). Mhd. *ei*, ahd. *ei*, as. *ei* aus g. **ajjaz-* n. ´Ei´, auch in anord. *egg*, ae. *ǣ(i)g*, krimgt. *ada*. Gehört zu einer lautlich auseinanderfallenden, aber offenbar zusammengehörigen Gruppe von Wörtern für ´Ei´ in den indogermanischen Sprachen, mit denen wahrscheinlich ein lautlich ebenfalls schwieriges, aber offenbar altes Wort für ´Vogel´ zusammengehört. Offenbar ist das *Ei* als das ´zum Vogel Gehörige´ benannt (nicht umgekehrt der Vogel als ´Eiertier´). Das Wort für ´Vogel´ ist (ig.) **əwei-* in ai. *ví-* m., l. *avis* f. und vielleicht (sehr unsicher) auch gr. *āetós* m., gr. (ion.) *aietós* m. ´Adler´, kymr. *hwyad(en)* ´Ente´; das Wort für ´Ei´ (**o-əwi-o-?*) erscheint ohne das voraussetzende *w* auch im Germanischen und in akslav. *ajíce* (aus **ōjo-*); unsicher l. *ōvum* und arm. *ju*, kymr. *ŵy*; mit *w* gr. *ōión* (Sapph.), *ṓion* (in Glossen *ṓbea*, wodurch das *w* erwiesen wird). Der lautliche Übergang von voreinzelsprachlichem **ōwj-* bzw. **ōj-* zu g. **ajj-* ist nicht ausreichend aufgehellt. – Die Form-Metapher von ´Ei´ zu ´Hode´ ist gebräuchlich, vgl. lit. *paũtas* ´Ei, Hode´, russ. *jaíčko* ´kleines Ei (Diminutiv), Hode´, ai. *aṇḍa-* n. ´Ei, Hode´, in der älteren Sprache ai. *āṇḍa-* n. ´Ei´, m./f. Dual ´Hoden´, l. *testiculum* ´Hode´ zu l. *testa* in der Bedeutung ´Eierschale´.

Nndl. *ei*, ne. *egg* (entlehnt), nschw. *ägg*, nisl. *egg*. S. *oval*. – J. Schindler *Sprache* 15 (1969), 144–167; *RGA* 6 (1986), 511–524; *LM* 3 (1986), 1663–1665; Röhrich 1 (1991), 354–359.

ei *Interj.* (Zum Ausdruck von Verwunderung, Freude, Spott) (< 12. Jh.). Mhd. *ei(ā)*. Ähnlich gr. *aĩ* als Ausruf der Verwunderung bzw. als Weheruf; ähnliche Interjektionen für weiter abstehende Funktionen auch in anderen indogermanischen Sprachen.

-ei *Suffix.* Es dient zur Bildung von denominativen Abstrakta *(Barbarei)* und Bezeichnungen von Orten, an denen ein Beruf ausgeübt wird *(Bäckerei)* u.ä., sekundär auf Verben bezogen in der Form *-erei (Raserei)*; heute auch bei Bezeichnungen von Sammlungen beliebt *(Kartei, Datei)*. In mittelhochdeutscher Zeit entlehnt im Rahmen von französischen Wörtern wie *vilanie* mit Unterstützung durch Latinismen auf *-tia* wie *profezie*. Kann als heimisch gelten, zeigt aber noch den französischen Akzent auf dem Suffix. Eine Variante ohne Diphthongierung ist *-(er)ie*, wie in den Wörtern *Galanterie, Pikanterie* usw., die zwar auf fremder Grundlage beruhen, aber teilweise erst im Deutschen entstanden sind.

Wortbildung 2 (1975), 68 f. und die dort angegebenen Stellen.

Eibe *f. erw. fach.* (< 9. Jh.). Mhd. *īwe*, ahd. *īwa*, mndd. *iwe* aus g. **īw-* (mit verschiedenen Stammbildungen) *f.* ´Eibe´, auch in anord. *ýr m.*, ae. *īw*, häufige Nebenbedeutung ist ´Bogen´, auch ´Armbrust´ (da aus dem Holz der Eiben Bogen hergestellt wurden). Daneben Formen mit Tektal in ahd. *īgo m.*, as. *īh*; da eindeutig ig. (eur.) **(o)iwā* vorausliegt, sind diese unerklärt. Vielleicht liegt ein *n*-Stamm mit schwundstufigem Suffix und Übergang von g. *-w-* zu *-g-* vor. Ig. (eur.) **(o)iwā* ´Eibe´ ist bezeugt in air. *eó m.*, kymr. *ywen* ´Eibe´, apreuß. *iuwis* ´Eibe´ (vielleicht entlehnt) und mit abweichender Bedeutung gr. *oíē, óa* ´Vogelbeerbaum´, lit. *ievà* ´Faulbaum´, russ. *íva* ´Weide´. Der Anschluß von heth. *eja- n.* ´ein immergrüner Baum´ ist verlockend – die Form zeigt aber kein Suffix (**oi-en-* oder **ei-en-*). Der Baumname wird auf ein Farbwort für ´rötlich´ zurückgeführt, der sich teils auf das Kernholz, teils auf die Beeren beziehen soll. Da ein solches Farbwort aber nicht eindeutig belegt ist, bleibt auch diese Annahme unsicher. Bei striktem Vergleich erscheint die Bedeutung ´Eibe´ nur im Keltischen und Germanischen, die beide noch ein weiteres Wort für ´Eibe´ (ig. weur. **eburo-*, s. *Eberesche*) ausschließlich gemeinsam haben; das germanische Wort führt dabei am ehesten auf (ig.) **īkʷo-* oder **eikʷo-*, das keltische auf **iwo-*. Vielleicht hat das Germanische das keltische Eibenwort **eburo-*, das Keltische das (späte) germanische **īwa-* entlehnt.

Nndl. *ijf*, ne. *yew*, nschw. *yd*, nisl. *ýr*. – *RGA* 6 (1986), 524–530; N. J. A. Williams in: *FS J. Carney* (Maynroth 1989), 543 f.

Eibisch *m. per. fach.* (Pflanzenname) (< 9. Jh.). Mhd. *ībesch(e)*, *ybesch f.*, ahd. *ībisca, īwisca f.* entlehnt aus l. *(h)ibīscum n.*, das seinerseits aus dem Keltischen entlehnt ist. Weitere Herkunft unklar.

S. *Hibiskus*. – Marzell 1 (1943), 229 f.; *LM* 3 (1986), 1665.

Eiche *f.* (< 8. Jh.). Mhd. *eich*, ahd. *eih(ha)*, as. *ēk* aus g. **aik-(ō)*, älter **aik- f.* ´Eiche´, häufig auch ´Schiff aus Eichenholz´, auch in anord. *eik* (Konsonantstamm), ae. *āc*, afr. *ēk*. Ähnlich in Form und Bedeutung sind l. *aesculus* ´Bergeiche´ und gr. *aigílōps m.* ´eine Eichenart, Flughafer´, gr. *aígeiros* ´Schwarzpappel´. Adjektiv: *eichen*.

Nndl. *eik(eboom)*, ne. *oak*, nschw. *ek*, nisl. *eik*. S. *Eichel*. – *RGA* 6 (1986), 530–534; *LM* 3 (1986), 1665–1666; Röhrich 1 (1991), 539.

Eichel *f.* (< 9. Jh.). Mhd. *eichel*, ahd. *eihhila*, mndd. *eikel* sind Zugehörigkeitsbildungen in Form eines Diminutivums zu *Eiche*.

RGA 6 (1986), 534–536;

eichen *swV. erw. fach.* ´amtlich abmessen´ (< 14. Jh.). Spmhd. *īchen*, mndd. *īken*, mndl. *iken* sind entlehnt aus spl. *aequāre* ´gleichsetzen´ wie afrz. *essever* ´eichen´ aus spl. *exaequāre*. Der Lautstand scheint auf eine frühe Entlehnung (vor der Lautverschiebung) zu weisen.

Zur zugrundeliegenden lateinischen Sippe s. *äqui-*. – L. Guinet *EG*, 31 (1976), 249 f.

Eichhörnchen *n.*, auch **Eichhorn** *n.* (< 11. Jh.). Mhd. *eich(h)orn*, ahd. *eihhurn(o)*, *eihhorno*, mndd. *e(c)keren, ekerken, ekorn n./m.*, mndl. *eencoren, eenhoorn* führen zurück auf g. **aikurna- m./n.* ´Eichhörnchen´, auch in aschw. *ēkorne* (neben früher bezeugtem, aber entwicklungsgeschichtlich späterem anord. *īkorni m.*), ae. *ācwern* – fast überall mit sekundären Umgestaltungen. Der vorausliegende nordeuropäische Name ist **woiwer-*, wobei in der ersten Silbe auch *ē* oder *ā* erscheint. Morphologisch handelt es sich wohl um eine Intensiv-Reduplikation oder eine Vriddhi-Bildung zu einer einfachen nominalen Reduplikation (bei der *i* oder *e* denkbar wäre). Vgl. lit. *vėveris f., vaiveris m., voveris f.*, aruss. *věverica*, kymr. *gwiwer*, nir. *georog* und mit leicht abweichender Bedeutung l. *vīverra f.* ´Frettchen´. Das germanische Wort unterscheidet sich von diesen in einer auch sonst bezeugbaren Veränderung von inlautendem *w* zu g. *k* und im Fehlen des Anlauts *w-* (was möglicherweise in nir. (reg.) *iora* eine Parallele hat). Vorauszusetzen ist also (ig.) **(w)oiwr-*. Weitere Herkunft unklar. Die sekundäre Umgestaltung im Deutschen zu *-horn*, *-hörnchen* (schon seit spätalthochdeutscher Zeit) hat in neuerer Zeit zu der Ablösung *Hörnchen* für die ganze Familie dieser Tiere geführt (*Flughörnchen* usw.).

Nndl. *eekhorn*, nschw. *ekorre*, nisl. *ikorni*. – E. Seebold *IF* 87 (1982), 175 f.; *RGA* 6 (1986), 536 f.; *LM* 3 (1986), 1668; Röhrich 1 (1991), 539–361.

Eid *m.* (< 8. Jh.). Mhd. *eit*, ahd. *eid*, as. *(mēn)ēth* aus g. **aiþa- m.* ´Eid´, auch in gt. *aiþs*, anord. *eiðr*, ae. *āþ*, afr. *ēth*. Außergermanisch sind vergleichbar air. *oeth m.* ´Eid´, kymr. *anudon* ´Meineid´. Es handelt sich bei diesen aber nicht um die normalen keltischen Wörter für ´Eid´, deshalb ist die Annahme, daß die germanischen Wörter aus den keltischen entlehnt seien, nicht sehr wahrscheinlich. Formal entspricht gr. *oĩtos m.* ´(unglückliches) Schicksal´. Alles weitere ist unklar. Adjektiv: *eidlich*, Präfixableitungen: *be-, ver-eidigen.*

Nndl. *eed*, ne. *oath*, nschw. *ed*, nisl. *eiður.* S. auch *Meineid.* – *HWPh* 2 (1972), 326–329; *RGA* 6 (1986), 537–542; *LM* 3 (1986), 1673–1692; Röhrich 1 (1991), 361; Sousa-Costa (1993), 185 f.

Eidam *m.* arch. ´Schwiegersohn´ (< 9. Jh.). Mhd. *eidem*, ahd. *eidum*, mndd. *eidom, eidum* aus wg. **aiþuma- m.* ´Schwiegersohn´, auch in ae. *āðum*, afr. *āthom.* Mundartlich ist die Bedeutung ´Erbtochtermann´ (´jmd., der in eine Familie einheiratet, die nur Töchter hat´). Die lautliche Nähe von gr. *aítios* ´(schuldig), verantwortlich, (Urheber)´ würde eine ansprechende Deutung als ´der Verantwortliche´ ermöglichen (das meist genannte avest. *aēta-* ´gebührender Teil, Strafe´ scheint ein Phantomwort zu sein, das auf Textmißverständnissen beruht). Ein grundsprachliches Wort für ´Schwiegersohn´ hat es auf Grund der damaligen Familienstruktur wohl nicht gegeben.

E. Risch *MH* 1944–47, 117; F. Debus *DWEB* 1 (1958), 31–37; Müller (1979), 121–179; A. Dalen, N. Århammar in *FS M. Alinei* 1 (1986), 316–339; H. Fischer, R.-P. Ritter *MSS* 52 (1991), 9–13 (zum Avestischen).

Eidechse *f.* (< 8. Jh.). Mhd. *egedehse, eidehse*, ahd. *egidehsa, ewidehsa*, as. *egithassa* aus wg. **agwi-þahsjōn f.* ´Eidechse´, auch in ae. *āðexe.* Falls anord. *eyðla* ´Eidechse´ auf dieselbe Grundform zurückführt, wäre sie gemeingermanisch. Die lautlichen Verhältnisse sind jedoch noch nicht ausreichend geklärt, zumal bei diesem Wort in späterer Zeit starke Umgestaltungen aufgetreten sind, die auch für die frühe Zeit nicht ausgeschlossen werden können (vgl. etwa die Verschiedenheit des altnordischen und des westgermanischen Wortes). Im Vorderglied dürfte aber ein altes Wort für ´Schlange´ stecken (ig. **ogʷʰi-* in ai. *áhi-*, gr. *óphis* u. a.); im Hinterglied am ehesten eine zu ig. **tek-* ´laufen´ gehörige Bildung (eine *s*-Bildung bei dieser etwa in lett. *teksnis* ´Bote, Bedienter´), so daß die Eidechse als ´Schlangenläuferin´ (´laufende Schlange´) bezeichnet wäre. – Im 19. Jh. entsteht durch falsche Ablösung der Oberbegriff *Echse* (s. d.).

Nndl. *hagedis*, nschw. *ödla*, nisl. *(sand)eðla.* – F. Holthausen *ZVS* 69 (1951), 165–171; W. Steinhauser *ZM* 30 (1963/64), 331–334; V. Machek *ZSPh* 23 (1954), 120 f.; J. O. Plassmann *BGDSL* 82 (1961), Sonderband 117 f.; *LM* 3 (1986), 1692.

Eider *m.*, **Eiderente** *f.*, erw. fach. (< 18. Jh.). Im Zuge des Daunenhandels als Bezeichnung für den Vogel und seine Federn entlehnt aus isl. *æðr* (das diphthongisch ausgesprochen wird), (nisl. *æður, æðarfugl*). Erste wissenschaftliche Beschreibung durch Worm 1655, der die Lautform der europäischen Sprachen festlegt; später **Eider-Ente.** Da das eigentliche isländische Wort *æðarfugl* ist, dürfte *æður* ein charakteristisches Merkmal des Vogels bezeich-

nen, und das kann kaum etwas anderes sein als die Daunen, zumal nur das Weibchen so bezeichnet wird – das Männchen heißt *bliki* ´Glänzer´ wegen seines hellen Gefieders. Ein denkbarer Anschluß ist dann an ig. **ēt-men* ´Hauch, Atem´ in Bezug darauf, daß Daunen beim leisesten Windhauch oder Atemzug wegfliegen. S. *Ente.* – W. B. Lockwood *Annal. societ. scient. Færoensis* 22 (1974), 112–115.

Eierkopf *m.* per. grupp. ´Intellektueller´ (< 20. Jh.). Übersetzt aus am.-e. *egghead*, das seit 1952 in Amerika in Gebrauch ist. Das Tertium comparationis ´dünne Schale und darunter weiche Masse´. P. Tamony *ASp* 38 (1963), 235 f.; Carstensen 1 (1993), 414 f.

eiern *swV.* stil. ´unrund laufen (von einem Rad)´ (< 20 Jh.). Nach der Verformung der Felge zu einem ´Ei´.

Eiertanz *m.* erw. fach. (< 17. Jh.). Bekannt aus Goethe (*Wilhelm Meisters Lehrjahre* II,8 und III,6), von einem italienischen Kunsttanz zwischen ausgelegten Eiern. Ein solcher Tanz ist auch oberdeutscher Volksbrauch gewesen (Fischer 2[1908], 568). Übertragen von jmd., der sich mit gewundenen Worten um heikle Dinge herumdrückt (*er führt einen Eiertanz auf*).

Röhrich 1 (1991), 361–363.

Eifer *m.* (< *14. Jh., Form < 15. Jh.). Zunächst im Nomen agentis spmhd. *eifrær* ´Zelot´, dann der substantivierte Infinitiv *eifern* ´Eifersucht´, schließlich *Eifer* bei Luther, der es als neues Wort bezeichnet. Herkunft unklar. Am ehesten als vd. **ībra-Adj.* eine Variante zu ahd. *eibar, eivar*, ae. *afor* ´rauh, herb´ (aus vd. **aibra-*, vgl. den Ablaut bei gt. *baitrs* – ahd. *bittar*, s. *bitter*). Dies kann angeknüpft werden an lit. *aitrùs* ´bitter, herb, scharf´ – ein weiterer Anschluß von russ. *járy* ´jähzornig, eifrig´ wäre im Hinblick auf die deutschen Bedeutungen verlockend, ist aber lautlich unklar (und wohl aufzugeben). Vielleicht verschiedene Erweiterungen zu ig. **ai-* ´brennen´, das aber als solches nicht bezeugt, sondern nur aus Erweiterungen zu erschließen ist (z. B. ahd. *eit* ´Glut´, anord. *eisa* ´Feuer, glühende Asche´). Vgl. immerhin das unter *eilen* Ausgeführte. Verb: *eifern*, Adjektiv: *eifrig.* S. *Eifersucht, Wetteifer.* K. vBahder *ZHM* 1 (1900), 300 f.; *IF* 14 (1903), 261; H. G. Maak in *FS H.-F. Rosenfeld*, 507–527; Heidermanns (1993), 95 f.

Eifersucht *f.* (< 16. Jh.). Eine seit dem 16. Jh. belegte verdeutlichende Zusammensetzung aus *Eifer* in der alten Bedeutung ´Eifersucht (Argwohn gegenüber einem Nebenbuhler)´ und *Sucht.* Die Ableitung *eifersüchtig Adj.* erscheint im 17. Jh.

LM 3 (1986), 1703; P. Kühn *ZPhSK* 40,2 (1987), 267–278; Röhrich 1 (1991), 363 f.

eigen *Adj.* (*P Prät.*). (< 8. Jh.). Mhd. *eigen*, ahd. *eigan*, as. *ēgan*, germanisch Partizip Präteritum zu dem Prät.-Präs. g. **aih* ´besitzt´ in gt. *aih*, anord. *á*, ae. *āh*, afr. *āch*, as. *ēgun Pl.*, ahd. *eigun Pl.*; das

Partizip auch in anord. *eiginn*, ae. *ǣgen*, afr. *ēin*. Das Verb vergleicht sich vor allem mit ai. *ī́śe* 'hat zu eigen, besitzt, beherrscht' (wird als athematisches Präsens behandelt, ist aber sicher eine Umgestaltung aus einem alten Perfekt). Abstraktum: ***Eigenheit***.

Nndl. *eigen*, ne. *own*, nschw. *egen*, nisl. *eiginn*. S. die folgenden Artikel und *Fracht*. – Seebold (1970), 69–72; Röhrich 1 (1991), 364f. Zu *Eigentum*: HWPh 2 (1972), 339–342; *Grundbegriffe* 2 (1975), 65–115; *RGA* 6 (1986), 561–564.

Eigenbrägler *m.*, **Eigenbrätler** *m.*, s. *Eigenbrötler*.

Eigenbrötler *m. stil.* 'Sonderling' (< *17. Jh., Standard < 19. Jh.). Zusammenbildung aus *eigen*, *Brot* und Suffix *-ler*. Als systematische Bedeutung ist zu erschließen 'einer, der sein eigenes Brot bäckt'; belegt ist das Wort zuerst nur im Schwäbischen in der Bedeutung 'Junggeselle mit eigenem Haushalt', etwas später (weil Junggesellen gerne als Sonderlinge betrachtet werden und wohl auch unter Einfluß von *eigen* in der Bedeutung 'sonderbar') als 'Sonderling'. Ähnliche Bezeichnungen (aus dem süddeutschen Raum) sind ***Eigenbrätler***, ***Eigenbrägler***, ***Einmüßler*** (*ein* = *eigen*); vgl. auch spmhd. *einbrætec Adj.* 'einen eigenen Herd habend'.

Eigenname *m.* (< 16. Jh.). Lehnbildung mit *eigen* und *Name* zu l. *nōmen proprium* (*nōmen* = 'Name' und grammatischer Begriff für Substantiv und Adjektiv, *proprius* = 'eigen'). Vorher (16. und 17. Jh.) werden Fügungen gebraucht wie *(der) eigene Namen*, *(der) eigentliche Namen* oder *das Eigene*.

Vortisch (1910), 46; *HWPh* 2 (1972), 333.

Eigennutz *m. stil.* 'der Nutzen für sich selbst, nicht für das Gemeinwohl' (< 15. Jh.). Vermutlich Rückbildung zu *eigennützig* 'wer sich selbst nützt'. Die Begriffsbestimmung ist schon alt und findet sich etwa in dem Gegensatz *bonum commune* und *bonum privatum* bei Thomas von Aquin. Die Bezeichnung als *Eigennutz* wird wohl unter dem Einfluß von ne. *self-interest* im 17. Jh. üblich.

HWPh 2 (1972), 333f.

eigens *Adv. stil.* (< 18. Jh.). Adverbialer Genetiv zu *eigen* in der Bedeutung 'besonders, ausschließlich zugehörig'.

Eigenschaft *f.* (< 12. Jh.). Mhd. *eigenschaft*, ahd. *eiganscaft* 'Eigentum, Eigentümlichkeit'. Seit dem 16. Jh. wurde das Wort zur Übersetzung von l. *qualitas* verwendet und wurde dann auf diese Bedeutung festgelegt.

HWPh 2 (1972), 334–339.

Eigensinn *m.* (< 16. Jh.). Rückbildung aus dem schon im Mittelhochdeutschen nachweisbaren Adjektiv *eigensinnig* (mhd. *eigensinnec*), das mit *eigen*, *Sinn* und Suffix *-ig* zusammengebildet ist. Die Fügung *(der) eigen Sinn* ist im 17. Jh. nachweisbar.

Entsprechende Rückbildungen sind: ***Blöd-, Doppel-, Hoch-, Kalt-, Leicht-, Scharf-, Tief-, Un-, Wahn-*** und ***Widersinn***.

Ruppel (1911), 20f.

eigentlich *Adj.* (< *12. Jh., Form < 13. Jh.). Mhd. *eigenlich*, dann mit Dentaleinschub *eigentlich*, mndd. *egentlik*, mndl. *eigenlijc*. Ableitung mittels Suffix *-lich* von *eigen Adj.* oder *eigen n.* 'Besitz'. Im Mittelhochdeutschen ist das Wort sowohl in der ursprünglichen Bedeutung 'eigen = im Besitz habend' als auch in der von 'eigentümlich, ausdrücklich, bestimmt' nachzuweisen. Die heutige Bedeutung ist abhängig von 'den Kern, das Wesen ausmachend'.

HWPh 2 (1972), 339; M. Pérennec *Cahiers d'études germaniques* 18 (1990), 57–72.

eigentümlich *Adj.* (< 15. Jh.). Zu *Eigentum n.*, dem Abstraktum zu *eigen Adj.* gebildet, zunächst mit der Bedeutung 'als Eigentum zugehörig', dann 'jemand als Besonderheit zukommend, typisch', und schließlich 'merkwürdig'.

W. Fleischhauer in: *FS O. Seidlin* (Tübingen 1976), 56–63; G. Plumpe *AB* 23 (1979), 175–196. Zu *Eigentum*: *LM* 3 (1986), 1714–1725.

eignen *swV. refl.* (< 13. Jh.). Mhd. *eigenen*, mndd. *ēgenen* aus wg. **eign-ǣ- swV.* 'zu eigen haben, besitzen', auch in ae. *āhnian*, *āgnian*; es gehört zu *eigen*, aber wohl eher zu einem Substantiv (wie etwa anord. *eign* 'Eigentum') als zu dem Adjektiv (Partizip Präteritum). Anders gebildet sind anord. *eigna* 'sich aneignen, erwerben' und gt. *ga-aiginon* 'übervorteilen' (*ō*-Verb 'zu eigen machen'), hierzu ahd. *eiganen* (9. Jh.), nhd. **sich aneignen**. Die Bedeutung von *eignen* ist im Deutschen zunächst 'gehören, rechtlich zustehen', dann 'entsprechen, sich ziemen' (vgl. *Eigenschaft*, *eigentümlich*, *eigenartig*) und schließlich 'zu etwas taugen, gut entsprechen'. Nomen agentis: ***Eigner***; Abstraktum: ***Eignung***; Präfigierung: ***enteignen***; Partikelverb: ***zueignen***.

Eiland *n. obs.* (< *13. Jh., Standard < 16. Jh.). Übernommen aus dem Niederdeutschen (mndd. *e(i)lant*, *eyglant*, mndl. *eiland*). Dies ist eine späte Verdeutlichung, die auch in afr. *eiland*, *eilond*, ae. *ēgland*, *ēglond* und anord. *eyland* auftritt, zu g. **agwijō f.* 'die zum Wasser gehörige' – was im Deutschen zu *Au(e)* wird (s.d.), in den nordseegermanischen Sprachen zu einem Wort für 'Insel' in anord. *ey f.*, ae. *īg*, *ēg f.*, mndd. *ō*, *oe*, *oge*, afr. *-ey* in Ortsnamen. *Eiland* ist also 'Inselland'. Schon mhd. *einlant* 'Insel' mit Umdeutung des Vorderglieds ('allein liegendes Land'), auch mit einer Variante *eilant*, doch ist dieses Wort schon früh ausgestorben.

Nndl. *eiland*, ne. *island*. S. *Au(e)*. – Rooth (1979), 14–17.

eilen[1] *swV.* (< 9. Jh.). Mhd. *īlen*, ahd. *īl(l)en*, as. *īlian* aus vd. **īljan swV.*, zunächst 'sich mühen, anstrengen', dann auch schon früh 'eilen', das sich später durchsetzt. Herkunft unklar, da ein Anschluß an ig. *ei- ´gehen` die ältere Bedeutung unberücksichtigt läßt. Vielleicht schwundstufiges ig. *iəlo- ´Eifer` neben *jālo- in gr. zēlos ´Eifer`, air. ailid ´erfleht, bedrängt`, kymr. iolaf ´ich flehe an, lobpreise`, evtl. weiter zu ai. yā-, das einerseits als ´anflehen` (vgl. ai. yắti ´bittet, fleht an`), andererseits in Ableitungen für ´verfolgen, rächen` (vgl. ai. yātắ ´Rächer, Verfolger`) bezeugt ist. Abstraktum: *Eile*, Adjektiv *eilig*[1].

Röhrich 1 (1991), 365.

eilfertig *Adj. obs.* (< 16. Jh.). Eigentlich ´bereit *(fertig)* zu eilen`, verwendet im Sinn von ´eifrig bemüht, etwas zu tun, besonders gefällig zu sein`.

eilig[2] *Adj. arch.* ´stumpf (von Zähnen)` (< 15. Jh.). Auch **eilen**[2] ´stumpf sein (von Zähnen)` neben **ilgern** ´stumpf werden (von Zähnen)`. Herkunft unklar. Vielleicht mit dem gleichen Wechsel (ig.) *iəl/ jēl- wie bei *eilen* zu lit. jễlas, lett. jēls ´roh` (sowohl von Milch und Fleisch, als auch von der Haut), ´wund` usw.

Eimer *m.* (< 9. Jh.). Mhd. *eimer, eimber, einber,* ahd. *eimbar m./n., eimb(a)ri n., eimbarī(n) n.* Das Wort ist ursprünglich, wie ae. *āmber, ōmbor m./ n.(?)* entlehnt aus l. *amphora f.* ´Gefäß mit zwei Henkeln`, das seinerseits aus gr. *amphoreús* entlehnt ist, das durch Haplologie aus ebenfalls belegtem gr. *amphi-phoreús* ´Doppelträger` (zweihenkliger konischer Krug) entstanden ist. Offenbar wurde die Funktion dieses Gefäßes dann durch einen Kübel mit Henkel übernommen, worauf das Wort umgedeutet wurde zu ahd. *eim-bar* ´Ein-Trage` zu dem Zahlwort *eins* und einer möglichen Ableitung zu *beran* ´tragen` (s. *gebären*).

Zur Sippe von gr. *phérein* ´tragen` s. *Metapher*, vgl. *Zuber.* – R. Hildebrandt *DWEB* 3 (1963), 381 f.; *RGA* 2 (1976), 324–330; 6 (1982), 582–601; *LM* 3 (1986), 1729; Röhrich 1 (1991), 365.

ein[1] *Num. Art.* (< 8. Jh.). Mhd. *ein,* ahd. *ein,* as. *ēn* aus g. *aina-,* auch in gt. *ains,* anord. *einn,* ae. *ān,* afr. *ān;* dieses aus ig. (eur.) *oi-no- ´ein` in gr. *oinós* ´Eins auf dem Würfel`, l. *ūnus,* air. *oen, oín,* kymr. *un,* apreuß. *ains,* lit. *vienas,* akslav. *inŭ.* Aus der gleichen Grundlage gebildet ist ai. *éka- ´ein`.* Vermutlich zu dem Pronominalstamm *ei-*, also ´dieser`. Die Entwicklung zum unbestimmten Artikel hat schon vorliterarisch eingesetzt (deutsch und englisch). Das alte Adverb *eine* ´allein` wird durch *allein* fortgesetzt. Abstraktum: *Einheit.* Verb: *(ver-) einen.*

Nndl. *een,* ne. *one,* nschw. *en,* nisl. *einn.* S. *allein, eins, Einbaum, einfach, einig, Einkorn, eins, einsam, einst, einzeln, eit, entweder, nein.* – Henzen (1969), 133–178; W. P. Schmid: *Wort und Zahl* (Mainz 1989). Zu *Einheit* s. *Grundbegriffe* 2 (1975), 117–151.

ein[2] *Adv.* (< 14. Jh.). Mhd. *īn,* ahd. *īn,* as. *in;* betonte und deshalb gedehnte Form von *in.* Nach

weisbar seit dem 14. Jh. durch Reime auf Langvokal, sonst von der kurzen Form nicht zu unterscheiden.

W. Mitzka *ZM* 31 (1964), 173–179.

einander *Pron.* (< 11. Jh.). Zusammenbildung von *ein* und *ander* im Sinn von ´einer den anderen`.

einbalsamieren *swV. exot. (ass.)* (< *13. Jh., Form 17. Jh.). Verdeutlichung von älterem (mhd.) *balsamiren.* Gemeint ist die Haltbarmachung von Toten als Mumien (unter Verwendung von Balsam). In der modernen Sprache häufig übertragen verwendet *(sich einbalsamieren lassen* u.ä.). S. *Balsam.*

Einband *m.* (< 18. Jh.). Für älteres *Band* in der Bedeutung ´Zusammengebundenes` für Deckel und Rücken eines gebundenen Buches.

Einbaum *m. erw. fach.* (< 18. Jh.). Zuerst nur süddeutsch belegt. Wohl eine Rückbildung aus dem schon im Althochdeutschen (jedoch später nicht mehr) nachzuweisenden Adjektiv *einboimih,* einer Lehnbildung zu l. *monoxilus Adj.,* aus gr. *monóxylos Adj.* (mit gr. *mónos* ´einzig` und gr. *xýlon n.* ´Holz`), zusammengebildet aus *ein, Baum* und Suffix *-ih(t).*

RGA 6 (1986), 601–613; *LM* 3 (1986), 1730 f.

einbilden *swV.* (< 12. Jh.). Mhd. *īnbilden.* Aus der Mystik stammende Zusammensetzung mit *ein Adv.* (s. *in* und *ein-*[2]) und *bilden* (s. *Bild*). Die ursprüngliche Bedeutung bei den Mystikern ist ´etwas (in die Seele, die Seele in Gott) hineinprägen`, später im kirchlichen Bereich ´einprägen` allgemein und seit dem 17. Jh. mit dem Reflexivum *(sich einbilden)* ´irrtümlich annehmen, wähnen`. (Nndl. *inbeelden,* ndn. *in(d)bilde,* nschw. *inbilla* sind Lehnbildungen nach dem deutschen Wort.) Aus der Mystik stammen auch **Einblick, Eindruck, Einfall, einleuchten** usw.

S. *Einfluß* und *einsehen.* – *HWPh* 2 (1972), 346–358.

einblasen *swV. stil.* ´vorsagen, eingeben` (< 11. Jh.). Zunächst in der religiösen Sprache ´für Leben einhauchen` usw., dann verallgemeinert unter Einfluß von l. *inspīrāre* ´einhauchen, beflügeln`. In der Sprache des Theaters und der Schüler dann auch für ´zuflüstern`, woraus die heutige Bedeutung.

Eindruck *m.* (< 14. Jh.). Aus *eindrücken* rückgebildet, aber sicher nicht ohne Einfluß von l. *impressio.* In konkreter Bedeutung selten, von Anfang an auf den Eindruck in die Seele übertragen.

S. *einbilden.* – *HWPh* 2 (1972), 358–360; Röhrich 1 (1991), 366.

einfach *Adj.* (< 15. Jh.). Gebildet aus *ein*[1] und *-fach,* zunächst in eigentlicher Bedeutung ´einmal` und ´in sich einheitlich`, dann in übertragenem Gebrauch. Abstraktum: *Einfachheit;* Präfixableitung: *vereinfachen.*

HWPh 2 (1972), 384–389; R. Métrich *Nouveaux cahiers d'allemand* 6 (1988), 263–275.

Einfall *m.* (< 14. Jh.). Ausdruck der Mystik für das unvermittelte, nicht beeinflußbare Eindringen von Gedanken. Zu **einfallen**, das auch in diesem Sinn gebraucht wird. Die eigentliche Bedeutung beim Substantiv später und seltener.
S. *einbilden.* – *HWPh* 2 (1972), 389–394; Röhrich 1 (1991), 366.

einfältig *Adj.* (< *8. Jh., Form < 11. Jh.). Mhd. *einvalt,* ahd. *einfalt;* vermutlich schon sehr alt, vgl. gt. *ainfalþs,* anord. *einfaldr,* ae. *ānfeald* 'einfach'; aber wohl zuerst eine Lehnübersetzung aus l. *simplex* 'einfach' mit immer stärkerer Bedeutungsverschlechterung bis zu 'töricht'. Die Form des Bahuvrīhi-Adjektivs wird neuhochdeutsch durch *-ig* erweitert. Das Substantiv **Einfalt** ist in dieser Form erst aus dem Adjektiv rückgebildet (früher ahd. *einfaltī,* mhd. *einvelte*).
S. *falten.* – *HWPh* 2 (1972), 394 f.

Einfaltspinsel *m. stil.* (< 18. Jh.). Das heute nur noch selten gebrauchte Schimpfwort *Pinsel*[2], verstärkt durch *Einfalt.*

einflößen *swV.* (13. Jh.). Mhd. *vlœzen in.* Kausativ zu *einfließen,* also eigentlich 'einfließen lassen' von Flüssigkeiten, dann auch von abstrakten Dingen (Furcht, Respekt). S. *fließen.*

Einfluß *m.* (< 14. Jh.). Lehnbildung der Mystik aus *ein Adv.* (s. *in*) und *Fluß,* zu ml. *influx* und *influentia f.,* zu l. *īnfluere* 'hineinfließen'. Ursprünglich bedeutet das Wort 'das wirkende Hineinfließen göttlicher Kräfte in den Menschen', danach wird es – wie heute fast nur noch – übertragen gebraucht. Das Verb **einfließen** (s. *fließen*) ist erst seit dem 18. Jh. belegt.
K. Heisig *BGDSL-T* 86 (1964), 338–342; *HWPh* 2 (1972), 395 f.

einfrieden *swV.,* **einfriedigen** *swV. obs.* 'umzäunen' (< 15. Jh.). Zu mhd. *vride* 'Umzäunung' (s. *Friedhof*). Die mittelhochdeutsche Form ist *bevriden.*
LM 3 (1986), 1734–1736; *RGA* 7 (1989), 10–20.

eingeboren *Adj.(PPrät.)* (< 9. Jh.). In der neuhochdeutschen Form sind zwei Bildungen zusammengeflossen: Der *eingeborene Sohn Gottes* ist der 'alleingeborene, einzige' zu ahd. *ein* (ahd. *einboran,* mhd. *ein(ge)born,* seit dem 9. Jh.). Die *Eingeborenen* 'Einheimischen' sind in dem Land geboren, zu mhd. *in* (mhd. *īngeborn,* seit dem 11. Jh., vermutlich unter dem Einfluß von l. *ingenuus*). Beide zu *gebären.*

Eingebung *f.* (< 15. Jh.). Abstraktum zu *eingeben,* das dann als Ersatzwort für *Intuition* benützt wird.

eingefleischt *Adj. phras.* (< 14. Jh.). Vor allem in *eingefleischter Junggeselle.* Ursprünglich aus der religiösen Sprache für 'Fleisch geworden' als Lehnübersetzung von l. *incarnātus.* Zum Adverb *ein* (als Variante von *in*) und *Fleisch* als Partizip einer nicht realisierten Partikelableitung.
Röhrich 1 (1991), 366.

eingefuchst *Adj. obs.* 'bewandert' (< 19. Jh.). Partizip zu ebenfalls bezeugtem **einfuchsen** 'einüben, unterweisen'. Vermutlich ist ursprünglich die Einweisung der *Füchse* (der Jung-Mitglieder einer Studenten-Verbindung) in ihre Rechte und Pflichten gemeint.
S. *Fuchs*[2]. – Röhrich 1 (1991), 366.

eingehen *swV.* (< 8. Jh.). Mhd. *īngān,* ahd. *īngān,* as. *ingān,* afr. *ingān.* In der eigentlichen Bedeutung 'in etwas hineingehen' schon alt; früh auch schon 'eine Verpflichtung eingehen' und 'etwas erörtern'. Die spezielle Bedeutung geht aus vom Eingehen der Stoffe beim Waschen und der Früchte im Altern, also 'einschrumpfen', auch von Gebäuden und Mauern 'zusammenfallen'. Die abschätzige Bedeutung 'verenden' seit dem 17. Jh., offenbar ebenfalls aus 'einschrumpfen' oder 'zusammenfallen'.
Röhrich 1 (1991), 367.

Eingeweide *n.* (< 13. Jh.). Verdeutlichung zu etwas älterem mhd. *geweide.* Eine Bildung zu ig. *weiə-* 'winden' wie **Gekröse** und **Geschlinge** (s.d.); unmittelbar zu vergleichen ist wohl l. *vīscus, vīscera (Pl.)* 'Eingeweide'. Dazu **ausweiden** 'die Eingeweide herausnehmen' und **weidwund** 'ins Eingeweide getroffen'.
R. A. Fowkes *JEGPh* 52 (1953), 96–98.

einheimsen *swV. stil.* (< 16. Jh.). Zu älterem mhd. *heimsen* 'heimbringen', einer Bildung auf *-isō-* zu *heim.*

einhellig *Adj.* (< *11. Jh., Form < 13. Jh.). Mhd. *einhellec,* erweitert aus ahd. *einhel(li);* vgl. ahd. *in ein hellan* 'in eins klingen' = 'übereinstimmen' zu dem starken Verb *hellan* 'tönen' und *ein* 'eins, einheitlich'. S. *hallen, mißhellig.*

Einhorn *n. obs.* (< 9. Jh.). Mhd. *einhorn m./n., einhurne, einhürne m.,* ahd. *einhurno, einhorno m., einhorn, einhurn m./n.(?)* 'Einhorn, Nashorn', wie ae. *ānhorn(a) m.* Lehnbildung zu l. *ūnicornis m.,* das auf gr. *monókerōs m.* zurückgeht. Damit wird eigentlich das Rhinozeros bezeichnet, doch knüpft sich an den Namen schon früh die Vorstellung von einem pferdeähnlichen Fabeltier mit einem Horn auf der Stirn.
J. W. Einhorn: *Siritalis Unicornis* (München 1975); *LM* 3 (1986), 1741–1742; Röhrich 1 (1991), 367 f.

einig[1] *Adj.* 'übereinstimmend' (< *9. Jh., Bedeutung < 16. Jh.). Mhd. *einec, einic,* ahd. *einag, einīg,* as. *ēnag;* vermutlich wie ae. *ǣnig,* anord. *einigr* eine Anpassung an den normalen Ableitungstyp auf *-g-* aus g. **aina-ha- Adj.* 'einzig' in gt. *ainaha, f. ainoho.*

Die Bedeutung ʽübereinstimmendʼ ist erst frühneuhochdeutsch (*eine Meinung haben = die gleiche Meinung haben*). Abstraktum: **Einigkeit**; Verb: **(ver-) einigen.**

einige[2] *Pron. (Pl.)* ʽmehrereʼ (< 8. Jh.). Mhd. *einic*, ahd. *einīg (Adj.)* ʽirgendjemandʼ, Weiterbildung des Numerales *ein*[1]. Der Plural mit der Bedeutung ʽetlicheʼ erst frühneuhochdeutsch (17. Jh.). Ne. *any.*

Einkommen *n.* (< 14. Jh.). Wie *Einkünfte* eine frühneuhochdeutsche Substantivierung zu *einkommen* in der Bedeutung ʽin die Kasse kommenʼ.

Einkorn *n. per. fach.* ʽDinkelʼ (< 12. Jh.). Mhd. *einkorn*, ahd. *einkorn*. Danach benannt, daß im Gegensatz zum Weizen in jeder Hülse nur ein Korn ist.

Bertsch (1947), 24−33; *RGA* 7 (1989), 23 f.

Einlieger *m. erw. fach.* (< 14. Jh.). Mndd. *inligger*, mndl. *inliggere*. Früher (u. a.) ʽArbeiter oder Handwerker ohne eigenen Landbesitz, der bei einem Bauern zur Miete wohntʼ. Diese Bedeutung ist mit der Sache veraltet; doch wurde die Bezeichnung aufgegriffen für den im neueren Steuerrecht relevanten Tatbestand, daß jemand eine selbständige Wohneinheit innerhalb einer anderen Wohneinheit (Einfamilienhaus usw.) bewohnt. Hierzu vor allem **Einliegerwohnung.**

einlullen *swV. stil.* (< 18. Jh.). Erst spät bezeugtes lautnachahmendes Verb. Vgl. ne. *lullaby* ʽWiegenliedʼ. S. *lullen.*

einmotten *swV. stil.* (< 19. Jh.). Heute nur noch in der übertragenen Bedeutung ʽfür längere Zeit stillegenʼ (Schiffe usw.). Ursprünglich von Kleidung und Pelzen gesagt, die über den Sommer (oder den Winter) aufbewahrt und zum Schutz gegen Motten mit einem besonderen Mittel (Mottenkugeln, getrocknete Kräuter usw.) behandelt wurden.

einmummen *swV.* s. *ein*[2] und *Mumme, vermummen.*

Einöde *f.* (< 8. Jh.). Mhd. *einœte, einæde, einōte*, ahd. *einōti f./n.*, as. *ēnōdi* ʽEinsamkeitʼ, wie ae. *ānād n.* eine Bildung auf g. *-ōdja-* zu *ein* im Sinne von ʽalleinʼ (das Suffix ist schwer abgrenzbar, vgl. *Armut* und *Heimat*). Die alte Bedeutung ʽallein liegendʼ bewahrt noch bair. **Einödhof** ʽallein stehender Hofʼ; sonst ist das Wort seit mittelhochdeutscher Zeit an *Öde* (s. *öde*) lautlich, semantisch und im Genus angeglichen worden.

eins *Num.* (< 10. Jh.). Neutrale Form des Numerales. Als Einheit der Zahlenreihe bezeugt seit dem 10. Jh., aber wohl schon älter.

S. auch *ein*[1]. − Meyer (1987), 1−91; Röhrich 1 (1991), 369; Ross/Berns (1992), 559−561.

einsam *Adj.* (< 14. Jh.). Schon das ahd. *einsamana f.* ʽEinheitʼ setzt das erst seit dem 14. Jh. belegte Adjektiv *einsam* voraus. Dieses fnhd. *einsam* ist eine Ableitung auf *-sam* zu mhd. *ein Num.* in der Bedeutung ʽallein(ig)ʼ (s. *ein*[1]). Es verstärkt ursprünglich die Bedeutung des Grundworts und steht seit dem 16. Jh. auch für ʽunverheiratetʼ und (wie heute nur noch) ʽfür sich allein, verlassenʼ.

HWPh 2 (1972), 407−413; Röhrich 1 (1991), 369 f.

einschlägig *Adj. erw. fach.* (< 18. Jh.). Zu *einschlagen* im Sinn von ʽsich in ein Gebiet hineinerstrecken, etwas betreffenʼ.

einschränken *swV.* (< 16. Jh.). Zunächst in der eigentlichen Bedeutung ʽmit Schranken zurückhaltenʼ (s. *Schranke* und *schränken*), Nebenformen **einschrenken, einschranken.** Seit dem 18. Jh. meist übertragen auf ʽeinengen, (sich) begnügenʼ.

einsehen *stV.* (< 12. Jh.). Mhd. *īnsehen*. Wichtig wird das Wort in der Mystik (13. Jh.) als Lehnbildung mit *ein*[2] und *sehen* zu l. *īnspicere* ʽhinein schauenʼ. Die ursprüngliche Bedeutung ist ʽin etwas hineinsehenʼ, in der Mystik übertragen (im Sinne religiösen Erkennens); seit dem 18. Jh. steht es dann allgemein für ʽerkennenʼ. Das dazugehörige Abstraktum **Einsicht** *f.* ist vom 18. Jh. an für älteres **Einsehen** *n.* (mhd. *īnsehen n.*) nachweisbar.

HWPh 2 (1972), 414−416.

einseifen *swV. vulg.* ʽbetrügenʼ (< 17. Jh.). Zunächst in eigentlicher Bedeutung (etwa ʽeinseifen beim Rasierenʼ). In übertragener Bedeutung vermutlich angepaßt an rotw. *beseiwelen, beseibeln*, eigentlich ʽbescheißenʼ zu wjidd. *sewel* ʽDreck, Mistʼ aus hebr. *zäväl* ʽDünger, Abfälle, Dreckʼ.

S. A. Wolf *MS* 66 (1956), 68−70; Röhrich 1 (1991), 370.

Einsiedler *m.* (< *8. Jh., Form < 16. Jh.). Spmhd. *einsidelǣre* ist mit *-er* verdeutlicht zu älterem nhd. *Einsiedel m.*, mhd. *einsidel(e)*, ahd. *einsidil(o), einsidil(a)*, einer unter dem Einfluß von gr. *monachós*, l. *monachus* ʽEinsiedler, Mönchʼ (s. *Mönch*) entstandenen Zusammensetzung aus ahd. *ein* in der Bedeutung ʽalleinʼ (s. *ein*[1]) und ahd. *sidilo m.* ʽBewohner, Einwohnerʼ, der Täterbezeichnung zu ahd. *sidila, sidella f./n.* ʽSitz, Wohnsitzʼ (s. *siedeln* und *sitzen*). − Das von **Einsiedel** abgeleitete Wort **Einsiedelei** *f.* ist seit dem 17. Jh. belegt.

O. Behaghel *ZDW* 1 (1901), 64.

einst *Adv.* (< *9. Jh., Form < 11. Jh.). Mhd. *einst*, ahd. *eines*. Ursprünglich adverbialer Genetiv wie ae. *ǣnes* zu *ein*[1] im Sinne von *einmal*. Das *-t* ist sekundär angetreten.

Ne. *once*. − R. Glasser *IF* 57 (1940), 186 f.; W. A. Benware *BGDSL-T* 101 (1979), 343−345.

Einstand *m. erw. fach.* ʽAmtsbeginnʼ, meist ʽdie zum Amts- oder Arbeitsbeginn bezahlte Freirundeʼ (< *15. Jh., Bedeutung < 17. Jh.). Ausgangsbedeutung von *einstehen* und *Einstand* ist wohl das Eintreten in den Zeugenstand vor Gericht. Danach andere übertragene Verwendungen, wie ´eine neue Stelle (usw.) antreten´.

Eintracht *f.* (< 14. Jh.). In spätmittelhochdeutscher Zeit übernommen aus ndd. *endraht*, Abstraktum zu *ēn drāgen* und *ōver ēn drāgen*, also ´in eines tragen´, vgl. nhd. *übereinkommen*. Das Adjektiv *einträchtig* dringt schon ein Jahrhundert früher nach Süden vor. S. *Zwietracht*.

Eintrag *m.*, **Eintracht** *m. arch.* ´Hindernis, Schaden´ (< 13. Jh.). Dringt aus der Kanzleisprache in die allgemeine Sprache ein (s. vor allem *beeinträchtigen*). Die Bedeutungsentwicklung ist unklar. Vielleicht aus ´die in den Aufzug am Webstuhl eingebrachten Querfäden´ (sonst *Einschlag*) und von dort aus übertragen als ´etwas, das in die Quere kommt´.

Röhrich 1 (1991), 370.

einverleiben *swV. refl.* (< 15. Jh.). Mndd. *invorlīven*. Verstärkung der heute nicht mehr üblichen gleichbedeutenden Präfixableitung *verleiben* zu *Leib*.

einwecken *swV. obs.* ´einkochen´ (< 20. Jh.). Bezeichnung der Firma *Weck* für das 1894 eingeführte Verfahren, Obst, Gemüse und Fleisch keimfrei einzukochen. Es wird seit seiner ersten Verwendung in die Hochsprache übernommen.

einzeln *Pron.* (< 10. Jh.). Mhd. *einzel*, Weiterbildung zu mhd. *einez*, *ein(i)z*, ahd. *einaz* (nur in ahd. *einazen* ´stückweise, schrittweise´ bezeugt), Ableitung auf g. *-t-* von *ein¹*. Vermutlich hat sich eine Deutung als *Ein-Zahl* eingemischt. Schon früh mit der Kasusform auf *-n* adverbial gebraucht. Als Kompositionsform noch ohne *-n* (vgl. das Abstraktum *Einzelheit*), ebenso das *Einzel* beim Tennis.

W. Kurrelmeyer *MLN* 59 (1944), 321−325; *HWPh* 2 (1972), 425−427.

einzig *Adj.* (< 12. Jh.). Mhd. *einzec*, *einzic*; ähnliche Weiterbildung wie *einzel* aus derselben Grundlage (s. unter *einzeln*).

HWPh 2 (1972), 427−430.

Eis *n.* (< 8. Jh.). Mhd. *īs*, ahd. *īs*, as. *is* aus g. **īsa-* n. ´Eis´, auch in anord. *iss* m., ae. *īs*, afr. *īs*; vermutlich aus älterem **eisa-*. Dieses hat eine genaue Vergleichsmöglichkeit lediglich in den iranischen Sprachen, z. B. avest. *aēxa-* n. ´Frost, Eis´, avest. *isauu-* ´eisig´ usw. Offenbar ist diese Bedeutung aber wie bei *Frost* (s. *frieren*) aus ´Rauhreif´ entstanden, das in lit. *ýnis* m./f., russ. *ínej* m. ´Rauhreif´ bezeugt ist (wird als **īnjo-* mit abweichender Wurzelerweiterung angesetzt; es scheint aber denkbar, von (ig.) **isnjo-* mit unregelmäßiger Lautentwicklung auszugehen). Dieses weiter zu (ig.) **eis-* ´sprühen´, etwa in anord. *eisa* ´sprühen, schäumen´, einer Spezialisierung von ig. **eis-* ´antreiben, schnellen´ in ai. *iṣṇāti* ´setzt in Bewegung, schwingt, eilt´ usw. − Die Bedeutung

´Speiseeis´ ist eine Lehnbedeutung zu frz. *glace*, das in der Schweiz nicht übersetzt, sondern entlehnt wird. Adjektiv: *eisig*; Partikelableitung: *loseisen*.

Nndl. *ijs*, ne. *ice*, nschw. *is*, nisl. *ís*. − Röhrich 1 (1992), 371 f.

Eisbein *n. per. ndd.* (< 10. Jh.). Mhd. *īsbēn*, ahd. *īsbēn*, as. *īsbēn*, auch e. (dial.) *ice-bone*, ndn. *isben*. Altes fachsprachliches Wort der Ärzte und Jäger für das Hüftbein und naheliegende Knochen; vermutlich entlehnt aus l. *ischia* ´Hüftgelenk´, das seinerseits aus gr. *ischion* ´Hüftbein´ stammt. Das Wort erscheint frühneuhochdeutsch als *Eisbein* ´Hälfte des Schlosses an zahmen oder wilden Tieren´ (d. h. also ´Hinterviertel´). Erst neuhochdeutsch erscheint mit Bedeutungsverschiebung ndd. *Eisbein*, weiter südlich *Eisknochen*, für ´Schweinsfüße´ (als Gericht).

S. *Ischias*. − Anders: H. Sperber *WS* 6 (1914), 51−53.

Eisbombe *f. erw. fach.* (< 20. Jh.). In Form einer Bombe gefrorenes Speiseeis.

Eisen *n.* (< 8. Jh.). Mhd. *īsen*, ahd. *īsan*, *īser*, älter *īsarn*, as. *īsarn* aus g. **īsarna-* n. ´Eisen´, auch in gt. *eisarn*, anord. *járn* (neben älterem *īsarn*), ae. *īse(r)n*, *īren*, afr. *īsern*, mit unregelmäßiger lautlicher Vereinfachung von *-rn-*. Die gleiche Form wird durch die keltischen Wörter für ´Eisen´ vorausgesetzt: air. *iarann*, *iarn* m./n., kymr. *haearn*, *haiarn*. Das Wort ist sicher aus einer dritten Sprache entlehnt; alles weitere ist jedoch unklar. Adjektiv: *eisern*.

Nndl. *ijzer*, ne. *iron*, nschw. *järn*, nisl. *járn*. − H. Birkhan: *Germanen und Kelten* (Wien 1970), 126−141; Lippmann (1970), 607−629; *RGA* 7 (1989), 58−61; Röhrich 1 (1991), 372−374; (zum Lautlichen:) Seebold (1984), 52−54; *LM* 3 (1986), 1749−1753. Zur Sache (ursprünglich Raseneisenerz) O. N. Trubačev in: *Lětopis Instituta za serbski ludospyt* A 34 (1987), 38−44.

Eisenbahn *f.* (< 18. Jh.). Ursprünglich für die eisernen Schienen der Förderbahnen im Bergbau. Bei Einführung der Dampfzüge wird das Verkehrsmittel nach seinen eisernen Schienen benannt. Später gekürzt zu *Bahn*.

Krüger (1979), 201−215; Röhrich 1 (1991), 374.

Eisenfresser *m. obs.* ´Prahlhans´ (< 16. Jh.). Bezeichnung für jemanden, der mit seinen Kriegstaten groß tut. Auch *Eisenbeißer*, mhd. *īsenbīz*. Zu mhd. *īsen ezzen/frezzen* ´im Krieg vor nichts zurückscheuen´, häufig ironisch gebraucht.

Eisenhut *m. erw. fach.* (< 16. Jh.). Das blaublühende Hahnenfußgewächs wird nach der Form seiner Blüten als *Eisenhut* (älteres Wort für ´Helm´) bezeichnet.

LM 3 (1986), 1756, 2.E.

Eisheilige *Pl.* (< 19. Jh.). Ursprünglich ´die Heiligen, an deren Tagen üblicherweise nochmals Kälteeinbrüche auftreten´ (11.−15. Mai: Mamertus,

Pankratius, Servatius, Bonifatius und die Kalte Sophie). Heute wird das Wort unmittelbar für diese Tage gebraucht.

S. auch *Hundstage, Schafkälte.* − *LM* 3 (1986), 1757f.; Röhrich 1 (1991), 375.

Eisknochen *m.* s. *Eisbein.*

Eiß *m.,* **Eiße** *f. per. obd.* ´Geschwür´ (< 9. Jh.). Mhd. *eiz,* ahd. *eiz m.,* verwandt nisl. *eitill m.* ´Drüse´ aus g. **aita-* ´Schwellung´. Die Wörter gehören zu einer indogermanischen Wurzel (ig. [eur.] **oid-*), die nur noch in Ableitungen bezeugt ist. Am nächsten liegt gr. *oîdos n.* ´Geschwulst´, neben gr. *oidéō* ´ich schwelle´ arm. *ayt-nu-m* ´ich schwelle´; auch l. *aemulus* ´geschwollen´ kann zugehörig sein (der Diphthong paßt aber nicht zum Griechischen). S. *Eiter.*

Eisvogel *m. erw. fach.* (< 12. Jh.). Mhd. *īsvogel,* ahd. *īsfogal,* daneben aber ahd. *īsarno, īsaro, īsarar,* also ursprünglich ´Eisenvogel´, wohl nach dem metallisch glänzenden Gefieder. Dann auf *Eis* bezogen, evtl. in Folge einer Umdeutung als ´Eis-Aar´. Für die Umdeutung maßgeblich war wohl der Bericht des Plinius, der Vogel brüte im Winter.

D. vKralik *GGA* 176 (1914), 134−138; *LM* 3 (1986), 1759.

eitel *Adj.* (< 9. Jh.). Mhd. *ītel,* ahd. *ītal,* as. *īdal* aus wg. **īdla Adj.* ´nichtig, leer´, auch in ae. *īdel,* afr. *īdel.* Die heutige Bedeutung ´eingebildet´ ist wohl über ´aufgeblasen, leer´ entstanden. Herkunft unklar. Abstraktum: *Eitelkeit.*

Nndl. *ijdel,* ne. *idle.* S. *vereiteln.* − *HWPh* 2 (1972), 431; G. Bonfante *BSL* 69 (1974), 69−71 (zu heth. *idalus* ´böse, schlecht´ − unwahrscheinlich); Heidermanns (1993), 321.

Eiter *m.* (< 9. Jh.). Mhd. *eiter n.,* ahd. *eitar n.,* as. *ēttar n.* aus g. **aitro- n.* ´Eiter, Gift´, auch in anord. *eitr n.,* ae. *āt(t)or n.;* aus derselben Wurzel wie *Eiß* (s.d.); offenbar wird so zunächst die aus Geschwüren austretende Flüssigkeit bezeichnet, erst sekundär ´Gift´. Das Maskulinum ist erst neuhochdeutsch. Näher zu vergleichen ist lett. *idra* ´das faule Mark eines Baumes´, russ. *jad* ´Gift´. Verb: *eitern;* Adjektiv: *eitrig.* Nndl. *etter,* nschw. *etter,* nisl. *eitur.*

Ejakulation *f. per. fach.* ´Samenerguß´ (< 18. Jh.). Entlehnt aus l. *eiaculātio* ´Auswurf´, Abstraktum zu l. *eiaculārī* ´auswerfen´, das formal über eine Ableitung auf *-cul-* (vgl. l. *iaculus* ´Wurf´) zu l. *eicere* ´hinauswerfen´ gehört. Zur Sippe des zugrundeliegenden l. *iacere* ´werfen´ s. *projizieren.* Die Bedeutung ist zunächst allgemein, hält sich aber nur in der fachsprachlichen Verwendung.

Ekel *m.* (< 16. Jh.). Älter ist das Adjektiv ndd. *ekel.* Herkunft unklar. Vielleicht mit niederdeutschem Übergang von *w* zu *g, gg, ch, k* aus g. **aiw-* in gt. *aiwiski,* ae. *æwisc f.* ´Schande´. Außergermanisch vermutlich gr. *aîschos n.* ´Schande´ (aus ig. **aigʷʰs-ko* mit lautlich unklarer Weiterentwick-

lung), evtl. auch l. *aeger* ´krank, verstimmt´. Zu erwägen ist auch eine Rückführung (mit unregelmäßigem Ausfall von *r*) auf fnhd. *erken, erkelen* ´Abscheu haben´, mhd. *erklich* ´zuwider´. Entsprechend me. *irken* ´anwidern´, avest. *ərəɣaṇt-* ´abscheulich´; doch ist bei so spät bezeugten Wörtern die Annahme so hoher Altertümlichkeiten mißlich. Verb: *ekeln;* Adjektiv: *ekelhaft.*

H. Schröder *BGDSL* 29 (1904), 557; *HWPh* 2 (1972), 432.

Ekelname *m. obs.* (< 16. Jh.). Aus ndd. *ökelname,* das aus einer nordischen Sprache entlehnt ist, letztlich anord. *aukanafn* ´Übername´ (zu anord. *auka* ´vermehren´); ins Englische entlehnt als *nickname* (aus *ekename* mit falscher Ablösung des unbestimmten Artikels). Im Neuhochdeutschen sekundär an *Ekel* angeschlossen.

Eklat *m. erw. fremd.* ´Aufsehen, Skandal´ (< 17. Jh.). Entlehnt aus frz. *éclat* ´Splitter; Krach, Knall´ (prov. *asclat* ´Holzsplitter´, prov. *esclat* ´Lärm´), zu afrz. *esclater* ´in Splitter schlagen, lärmvoll brechen´, dieses wohl aus spl. **ascla* ´Splitter, Span´, einer Nebenform von l. *astula, assula f.* Auch der Ansatz einer schallnachahmenden Wurzel vor-rom. **clacc-* kommt in Frage. Zunächst Bezeichnung des Zersplitterns, dann auch für das davon hervorgerufene Aufsehen; letzteres verselbständigt sich in der ins Deutsche übernommenen Bedeutung. Adjektiv: *eklatant.*

DF 1 (1913), 165f.; H. Meier *RJ* 10 (1959), 271−273; *DEO* (1982), 253; Brunt (1983), 261.

eklektisch *Adj. per. fach.* ´unsystematisch auswählend´ (< 18. Jh.). Entlehnt aus gr. *eklektikós,* eigentlich ´auswählend´, zu gr. *eklégein* ´auslesen, auswählen´, zu gr. *légein* ´lesen, auslesen, sammeln´ und gr. *ex.* Täterbezeichnung: *Eklektiker;* Abstraktum: *Eklektizismus.*

Zur Sippe des zugrundeliegenden gr. *légein* ´auflesen, zählen´ s. *Logik.* − *HWPh* 2 (1972), 432f.; *Brisante Wörter* (1989), 605−608.

Eklipse *f. per. fach.* ´Sonnen-, Mondfinsternis´ (< *13. Jh., Form 17. Jh.). Entlehnt aus l. *eclipsis,* dieses aus gr. *ékleipsis* ´das Ausbleiben, Verschwinden´ zu gr. *ekleipein* ´auslassen, verlassen, sich verfinstern´, zu gr. *leipein* ´lassen´. Zunächst in lateinischer Form entlehnt, dann, vom Plural ausgehend, eingedeutscht. S. *Ellipse* und zur germanischen Verwandtschaft *leihen.*

LM 3 (1986), 1769.

Ekstase *f. erw. fach.* ´Verzückung, tranceartiger Zustand´ (< 16. Jh.). Entlehnt aus kirchen-l. *ecstasis,* dieses aus ntl.-gr. *ékstasis,* aus gr. *existánai* ´heraustreten, sich entfernen´, zu gr. *histánai* ´stellen, legen´. Im heutigen Sinn vor allem seit dem 17. Jh. unter Einfluß von frz. *extase* ´höchste Erregung´; zuvor in theologischen Zusammenhängen (insbesondere Heiligenlegenden) vor allem das

'Heraustreten der Seele aus dem Leib'. Adjektiv: *ekstatisch*.

Zur Sippe des zugrundeliegenden gr. *histánai* 'setzen, legen' s. *Statik*. – *DF* 1 (1913), 166; *HWPh* 2 (1972), 434–436; *LM* 3 (1986), 1772 f.; *RGA* 7 (1989), 91–94.

Ekzem *n. per. fach.* 'Hautausschlag' (< 19. Jh.). In der medizinischen Fachsprache übernommen aus gr. *ékzema* 'Ausschlag', abgeleitet von gr. *ekzeĩn* 'aufkochen, Blasen werfen' aus gr. *ek(s)-* und gr. *zeĩn* 'kochen, wallen', also eigentlich 'Bläschen'. Zur germanischen Verwandtschaft s. *gären*.

-el *Suffix*. In dieser Form erscheinen im Neuhochdeutschen Suffixe verschiedener Herkunft: 1) Alte Diminutivbildungen, die im Genus ihrem Grundwort folgen und ursprünglich in der Regel als *n*- (oder *jōn*-) Stämme flektierten (z. B. *Ärmel*). 2) Alte Nomina agentis, normalerweise maskuline *a*-Stämme auf g. **-ila*- (z. B. *Büttel*). 3) Mit diesen ursprungsgleich Nomina instrumenti (Gerätebezeichnungen), die maskulin oder feminin sein können und als *a/ō*-Stämme oder als *n*-Stämme flektieren (z. B. *Meißel*). 4) Adjektivbildungen, die auf ig. **-lo*- zurückgehen und nicht mehr produktiv sind (keine klaren Beispiele im Neuhochdeutschen).

Lloyd/Springer 1 (1988), 131–133.

elaboriert *Adj.(PPrät.) per. fach.* 'ausgearbeitet' (< 20. Jh.). Entlehnt aus ne. *elaborate*, dieses aus l. *ēlabōrātus*, dem PPP. von l. *ēlabōrāre* 'ausarbeiten', zu l. *labōrāre* 'arbeiten' und l. *ex-*. Die fachsprachliche Verwendung konzentriert sich auf die sozio-linguistische Unterscheidung entwickelter und unentwickelter Sprachbeherrschung ('elaborierter' und 'restringierter' Code nach B. Bernstein). Schon früher (18. Jh.) aus dem Lateinischen entlehnt ist ***Elaborat*** als Schulwort für Arbeiten von Schülern, heute pejorativ.

DF 1 (1913), 166.

Elan *m. erw. fremd.* 'Schwung, Energie' (< 18. Jh.). Entlehnt aus frz. *élan*, einer postverbalen Ableitung von frz. *élancer* 'vorwärtsschnellen', zu frz. *lancer* 'schleudern', aus spl. *lanceāre* 'die Lanze schwingen', zu l. *lancea f.* 'Lanze'.

S. *Lanze*. – *DF* 1 (1913), 166; *HWPh* 2 (1972), 437.

elastisch *Adj.* (< 17. Jh.). Entlehnt aus neo-kl. *elasticus* 'treibend', das auf gr. *elaúnein* 'ziehen, treiben' zurückgeht (in dessen morphologisch schwer durchschaubarer Sippe auch Bildungen auf *-st-* auftreten). In der Fachterminologie der Neuzeit taucht das Wort zuerst in dem Konzept der *elastica virtus* zur Bezeichnung der Treibkraft der Luft auf (Pecquet 1651). Die Eigenschaft der Luft, sich nach Zusammenpressen wieder auszudehnen, wird dann auch in Körpern gesehen, die nach Gestaltsveränderung ihre ursprüngliche Gestalt zurückgewinnen. Abstraktum: ***Elastizität***. In der DDR üblich ***Elaste*** für dehnbare Kunststoffe.

DF 1 (1913), 166 f.

Elativ *m. per. fach.* (absoluter, d. h. nicht vergleichender Superlativ [z. B. *schönstes Wetter*]) (< 20. Jh.). Neubildung zu l. *ēlātus* 'erhaben, hoch', dem adjektivischen PPP. von l. *efferre (ēlātum)* 'emporheben, tragen', zu l. *ferre* 'tragen' und l. *ex-*. Für weitere Zusammenhänge s. *Prälat* zum Stamm des Partizips und *Differenz* zum Stamm des Präsens.

Elch *m.* (< 9. Jh.). Mhd. *elch*, ahd. *elahho* aus wg. **elha-/ōn m.* 'Elch', auch in ae. *eolh*, mndd. *elk*; dazu im grammatischen Wechsel und Ablaut steht nordg. **algi- m.* 'Elch' in anord. *elgr*. In der antiken Überlieferung scheint dem Vokalismus nach zu schließen die nordgermanische Form als l. *alcēs f.*, gr. *álkē f.* aufgenommen worden zu sein. Urverwandt ist das germanische Wort mit russ. *los'* 'Elch' (aus **olki-*); vielleicht weiter hierher mit Schwundstufe ai. ṛ́*śya-* 'Antilopenbock'. Es handelt sich um *k̑*-Erweiterungen einer Wurzel ig. **el-*, mit der hirschartige Tiere bezeichnet werden. Zu einer Erweiterung mit *-n-* gehören arm. *eln* 'Hirsch', gr. *ellós* 'junger Hirsch', gr. *élaphos m./f.* 'Hirsch' (mit gr. *a* aus ig. ṇ), kymr. *elain* 'Hirschkuh', lit. *élnis, álnis* 'Hirsch', lett. *alènis* 'Elentier', akslav. *jeleni* 'Hirsch'.

H. H. Bielfeldt *FF* 39 (1965), 86; W. Wüst: *Idg. *peleku-* 'Axt, Beil'* (Helsinki 1956), 60; *LM* 3 (1986), 1788; W. J. J. Pijnenburg *IF* 93 (1988), 237–246; *RGA* 7 (1989), 127–130; E. P. Hamp *NOWELE* 24 (1994), 47 f..

Eldorado *n. erw. fremd.* 'Traumland, Paradies' (< 16. Jh.). Entlehnt aus span. *El Dorado*, 'das vergoldete (Land)', Partizip des Nachfolgers von l. *deaurāre* 'vergolden', zu l. *aurum* 'Gold' und l. *de-*. Zunächst vermutlich gekürzt aus *el pays del cacique dorado* 'das Land des goldenen Kaziken', nach der Sage von dem Häuptling, der sich jeden Tag mit Goldstaub bestreute. Dann Verallgemeinerung der Bedeutung unter Verlust des Bezugs auf Wertgegenstände (z. B. 'ein Eldorado für Wassersportler').

DF 1 (1913), 167; Scheid: *Studien zum spanischen Sprachgut im Deutschen* (Greifswald 1934), 32 f.; Palmer (1939), 35 f.; Röhrich 1 (1991), 377.

Elefant *m.* (< 9. Jh.). Im Althochdeutschen (ahd. *helpfant, helfent*, mhd. *él(e)fant*) entlehnt aus l. *elephantus*, dieses aus gr. *eléphās (-phantos)* 'Elfenbein, Elefantenzahn, Elefant'. Das Wort war bekannt, lange bevor man das Tier in Europa zu sehen bekam.

Das Wort wird üblicherweise an kopt. *eb[o]u*, ägypt. *āb(u)* 'Elfenbein, Elefant' und hamit. *elu* 'Elefant' angeschlossen, womit die Form aber nicht ausreichend erklärt wird. Neuere Versuche greifen wieder auf die alte Annahme zurück, dem Wort liege semitisch **alap* 'Ochse' (akk. *alpu* usw.) mit einem qualifizierenden Beiwort zugrunde (nach West *ḫanu* 'aus Hanu'). S. *Elfenbein*. – Littmann (1924), 14; P. Kretschmer *AÖAW* 1951,21, 307–325 (und ebda 1952,13, 191–193); Frisk 3 (1972), 86; V. D. Corazza in: *FS Bonfante* 1 (1976), 217–223; *LM* 3 (1986), 1791; C. Sandoz *Latomus* 48 (1989), 753–764;

Röhrich 1 (1991), 377 f.; M. L. West *Glotta* 70 (1992), 125−128.

elegant *Adj.* (< 18. Jh.). Entlehnt aus frz. *élégant*, dieses aus l. *ēlegāns (-antis)*, einer Nebenform von l. *ēligēns (-entis)*, dem PPräs. von *ēligere* 'herauslesen, auslesen, auswählen'. Zunächst ein Wort der Kunstkritik, dann Verallgemeinerung auf Kleidung usw. *Eleganz* wurde als Fachausdruck der Rhetorik bereits im 16. Jh. aus dem Lateinischen (l. *ēlegantia*) übernommen; dann folgt es auch dem französischen Gebrauch.

Zur Sippe des zugrundeliegenden l. *legere* 'lesen' s. *Legende*. − DF 1 (1913), 167 f.; Lokotsch (1975), 68 f.

Elegie *f. erw. fach.* 'Klagelied' (< 16. Jh.). Entlehnt aus l. *elegīa*, dieses aus gr. *elegeía*, einer Ableitung von gr. *élegos m.* 'Trauergesang'. Zunächst nach dem dabei üblichen Versmaß 'Gedicht in Distichen', dann entsprechend dem Wortsinn 'Gedicht mit wehmütigem und klagendem Inhalt' (in gereimten Alexandrinern). Dann übertragen auf andere Dichtungsformen (z. B. auch in der altenglischen Dichtung); und schließlich wie *elegisch* 'wehmütig' auch auf Situationen außerhalb der Dichtung übertragen.

DF 1 (1913), 168; LM 3 (1986), 1791, 1796; RGA 7 (1989), 130−136.

elektrisch *Adj.* (< 18. Jh.). Im heutigen Verständnis (*elektrischer Strom*) bezieht sich das Wort auf die im Laufe des 19. Jhs. entwickelte Induktions-Elektrizität, die die Eigenschaften magnetischer Felder ausnützt. Die Bezeichnung *elektrisch* bezieht sich ursprünglich auf diese magnetischen Eigenschaften und ist übernommen aus der Untersuchung der älteren Reibungs-Elektrizität (= Anziehungskraft), die an Bernstein, Glas, Siegellack usw. beobachtet wurde. Diese Eigenschaften waren schon im Altertum bekannt, traten dann aber besonders in den Untersuchungsbereich der modernen Wissenschaft. Namengebend war dabei der Engländer W. Gilbert, der in seiner Schrift *De Magnete* (1600) die Bezeichnung *attractio electrica* 'dem Bernstein eigentümliche Anziehungskraft' gebrauchte. Dies zu l. *electrum* 'Bernstein', aus gr. *ḗlektron*. In Deutschland wird das Wort in lateinischen Texten schon im 17. Jh., in deutschen Texten im 18. Jh. übernommen. Verben: *elektrisieren, elektrifizieren*; Täterbezeichnung: *Elektriker*; Abstraktum: *Elektrizität*; Kompositionsform: *elektro-*.

DF 1 (1913), 168 f.; Ganz (1957), 62 f.; Gerlach (1962), 51−55; K.-H. Weimann *DWEB* 2 (1963), 389; L. Deroy/ R. Halleux *Glotta* 52 (1974), 36−52.

elektro- *l.Aff.* Kompositionselement zur Bezeichnung elektrischer Sachverhalte. Zu *elektrisch* unter Rückgriff auf die Kompositionsform von gr. *ḗlektron*, das eigentlich 'Bernstein' bedeutet. S. *elektrisch*.

Elektrode *f. per. fach.* 'Bauteil, von dem aus elektrische Ladungen in Flüssigkeit oder Gas überge-

leitet werden' (< 19. Jh.). Entlehnt aus ne. *electrode*, das von Faraday aus ne. *electro-* und dem zweiten Element von ne. *anode* und ne. *cathode* gebildet wurde. Dieses geht letztlich auf gr. *hodós* 'Weg' zurück.

S. *elektrisch* und *Anode, Kathode, Methode*. − Gerlach (1962), 46 f.; Rey-Debove/Gagnon (1988), 264.

Elektron[1] (auf allen Silben betonbar, im Plural ist das *o* betont) *n. per. fach.* 'elektrisch negativ geladenes Elementarteilchen' (< 20. Jh.). Entlehnt aus ne. *electron*, einer Neubildung aus ne. *electric* 'elektrisch' und *-on* (analogisch nach ne. *ion* 'elektrisch geladenes Teilchen'). Zunächst Bezeichnung der elektrischen Elementarladung, dann übertragen auf das die Ladung tragende Teilchen. Adjektiv: *elektronisch* mit dem Abstraktum *Elektronik*.

S. *elektrisch* und *Ion*. − Rey-Debove/Gagnon (1988), 265.

Elektron[2] (auf der zweiten Silbe betont, kein Plural) *n. per. fach.* 'Gold-Silber-Legierung' (auch andere Legierungen) (< 20. Jh.). Entlehnt aus gr. *ḗlektron n.*, das die natürlich vorkommende Gold-Silber-Legierung bezeichnet (ebenso den Bernstein − s. *elektrisch* − das Wort bezeichnet wohl in erster Linie die Leuchtkraft oder die besondere Farbe). Heute wird das Wort einerseits verwendet, um das griechische Material (als Münzmetall usw.) zu bezeichnen, andererseits ist es übertragen auf moderne Magnesium-Legierungen. In der heute nicht mehr üblichen Bedeutung 'Bernstein' schon im 14. Jh. bezeugt.

Lippmann (1970), 530−537; LM 3 (1986), 1797f.; RGA 7 (1989), 136−141.

Element *n.* (< *11. Jh., Form 13. Jh.). Mhd. *element* ist entlehnt aus l. *elementum* 'Grundstoff' (häufig als die 'vier Elemente'); häufig übertragen als 'grundlegend, Anfangs-'. Mit lateinischer Flexion schon bei Notker. Die Konzeption der chemischen Elemente wird dann im 17. Jh. entwickelt. Die Herkunft des lateinischen Wortes ist unklar. Es übersetzt gr. *stoicheîa*. Adjektiv: *elementar*.

Schirmer (1912), 20; DF 1 (1913), 169; Littmann (1924), 8; A. Lumpe *AB* 7 (1962), 285−293; Heller (1970), 101−113; HWPh 2 (1972), 439−441; Bonfante *AANL* 40,3/4 (1985), 93; LM 3 (1986), 1800−1802; Röhrich 1 (1991), 378.

Elen *n./m. erw. fach.* 'Elch' (< 13. Jh.). Nachdem in Deutschland der Elch ausgestorben war, wurde in Ostpreußen die baltische Entsprechung des Wortes *Elch* als Bezeichnung entlehnt: fnhd. *elen(dt)*, *Elentier* aus lit. *élnis* (älter *ellenis*) usw.

W. Pijnenburg *LB* 76 (1987), 305−314.

elend *Adj.* (< 8. Jh.). Mhd. *ellende*, ahd. *elilenti*, as. *elilende* aus wg. **alja-landja-* (oder **ali-*) 'außer Landes seiend', auch in ae. *ellende* mit dem Neutrum in der Funktion des Abstraktums (nhd. *Elend*). Bahuvrīhi-Bildung zu *Land* und einem im Germanischen sonst aussterbenden ig. **alja-* 'anderer' in gt. *aljis*, l. *alius*, air. *aile*, gr. *állos*. 'Außer

Landes' oder 'in einem anderen Land' ist der Verbannte oder Vertriebene, daher die Bedeutungsentwicklung zu 'unglücklich, jammervoll'. Vgl. hiermit ne. *wretch* 'Elender' (eigentlich 'Vertriebener' zu *rächen*, s.d.) und it. *cattivo* 'elend, schlecht' zu l. *captīvus* 'gefangen'. Präfixableitung: **verelenden**. Röhrich 1 (1991), 378 f.

elf *Num.* (< 9. Jh.). Mhd. *eilf, einlif, einlef*, ahd. *einlif*, as. *ellevan* aus g. **aina-lif-* (teilweise mit Endung der *n*-Stämme) 'elf', auch in gt. *ainlif*, anord. *ellifu*, ae. *endleofan*. Das Germanische hat in der Zahlenreihe diese besondere Formation auf *-lif-* bei *elf* und *zwölf*, offenbar als Relikt eines Kontrastes zwischen einem Zehner- und einem Zwölfer-System. Eine ähnliche Bildungsweise zeigen im Litauischen die Zahlen von *elf* bis *neunzehn*, gebildet mit lit. *-lika*. Dabei zeigen die alit. Ordinalzahlen *liēkas* 'der elfte' und *antras liēkas* 'der zwölfte', daß von 'der Überschüssige' und 'der zweite Überschüssige' auszugehen ist. Man kann lit. *-lika* und g. **-lif-* etymologisch miteinander verbinden, wenn man von (ig.) **-likʷ-* ausgeht. Man muß dann annehmen, daß der Labiovelar nach dem Labial in *zwölf* (*-w-*) labialisiert und diese Artikulation auf *elf* übertragen wurde. Es ist aber auch möglich, daß es sich um parallele Wurzeln **leikʷ-* (s. *leihen*) und **leip-* (s. *bleiben*) handelt. Ordinale: **Elfter**. Substantivierung: **Elf** für 'Fußballmannschaft'. Nndl. *elf*, ne. *eleven*, nschw. *elva*, nisl. *ellefu*. S. *ein*[1]. – H.-F. Rosenfeld *NJ* 79 (1956), 115–140; J. Voyles *JEGPh* 86 (1987), 487–495; Meyer (1987), 615; Röhrich 1 (1991), 479 f.; Ross/Berns (1992), 593–596.

Elf *m.*, **Elfe** *f. erw. exot. (ass.)* 'Naturgeist' (< 18. Jh.). Durch Bodmer und Wieland entlehnt aus ne. *elf* (bei Milton und Shakespeare). Das neuenglische Wort geht auf ae. *ælf m.* zurück, dem mhd. *alp, alb m./n.* entspricht (s. *Alb*). Die *Alben* waren eher gefährliche Wesen; die Vorstellung von den zierlichen, freundlichen Elfen stammt aus der Romantik. Die ursprüngliche deutsche Form ist *Elbe m./f.* (wozu das Adjektiv **elbisch**), das im 18. Jh. ausstarb. Die später wiederbelebte Form konnte sich gegen die Entlehnung aus dem Englischen nicht durchsetzen. C. A. Mastrelli *StG* 13 (1975), 5–13; Ch.L. Peeters *GL* 28/2 (1988), 119.

Elfenbein *n.* (< 10. Jh.). Mhd. *helfenbein*, ahd. *helfantbein, helphan(t)bein*. Ahd. *helfan(t), helpfant* bedeutet wie gr. *eléphās m.* sowohl 'Elefant' wie auch 'Elfenbein'. Die Komposition mit *Bein* ist also, wie ae. *elpenbān*, lediglich eine Verdeutlichung. Die Form ohne *h-* seit Luther. Die Formel *im elfenbeinernen Turm* (u.ä.) für das Wirken ohne Zusammenhang mit der umgebenden Gesellschaft stammt letztlich aus dem Hohen Lied (7,4, dort im Vergleich mit dem Hals der Geliebten) und ist im 20. Jh. mit dem Bild des Turms als Ort des Rückzugs in Zusammenhang gebracht worden.

S. *Elefant*. – R. Bergmann *ZDA* 92 (1963), 292–320 (*elfenbeinerner Turm*); *LM* 3 (1986), 1812–1820; *RGA* 7 (1989), 141–144; Röhrich 1 (1991), 380.

eliminieren *swV. erw. fremd.* 'beseitigen' (< 17. Jh.). Entlehnt aus frz. *éliminer*, dieses aus l. *ēlīmināre*, eigentlich 'über die Schwelle treiben, aus dem Haus jagen', zu l. *līmen* 'Schwelle', das mit l. *līmes* 'Querweg, Rain, Grenze' verwandt ist und l. *ex-*. S. *Limit* und *sublim*. – Schirmer (1912), 20; W. J. Jones *SN* 51 (1979), 257.

Elite *f. erw. fach.* 'Auswahl der Besten' (< 17. Jh.). Entlehnt aus frz. *élite* 'das Auserwählte', einer Ableitung von frz. *élire* 'auswählen', dieses aus l. *ēligere* 'auswählen', zu l. *legere* '(auf)lesen' und l. *ex-*. Zur Sippe des zugrundeliegenden l. *legere* 'lesen' s. *Legende*. – *DF* 1 (1913), 169; *HWPh* 2 (1972), 443–445; Jones (1976), 303; *Brisante Wörter* (1989), 134–138.

Elixier *n. erw. fach.* 'Zaubertrank, Heiltrunk' (< 16. Jh.). Die Wortgeschichte ist nicht ausreichend aufgeklärt. Einerseits kann über ml. *elixir*, frz. *élixir*, span. *elixir* 'Lebenssaft, Heiltrank, Zaubertrank' auf arab. *al-iksīr* 'Stein der Weisen' zurückgegriffen werden – dies würde die Vorstellung der starken Wirksamkeit erklären, aber nicht, warum unter einem Elixier immer ein Trank oder Saft verstanden wird (zumal arab. *iksīr* auf gr. *xēríon* 'Trockenpulver' zurückgeht). Andererseits ist eine Weiterentwicklung aus ml. *elixir* aus l. *ēlixūra f.*, einer Nebenform zu l. *ēlixātūra f.* 'Absud' denkbar. Vielleicht haben sich zwei Ansätze vermischt. *DF* 1 (1913), 169; K.-H. Weimann *DWEB* 2 (1963), 389; J. Vernet: *Spanische und arabische Kultur in Orient und Okzident* (Zürich u. a. 1984), 239 f.; *LM* 3 (1986), 1843–1845.

-ell *Suffix*. Dient der Bildung desubstantivischer Adjektive (z. B. *konfessionell*). Es wurde in französischen Entlehnungen ins Deutsche übernommen; sein Ursprung ist l. *-ālis*. Deshalb konkurriert es mit Entlehnungen aus dem Lateinischen (oder Relatinisierungen) mit *-al* (*emotional – emotionell*). Nur in Bildungen mit französischer Grundlage; es kann aber sein, daß einige von ihnen nur im Deutschen gebildet sind (statt *finanziell* z. B. sagt man auf französisch *financier* – es gibt aber keine hybriden Formen). Bei der Analyse ergeben sich gelegentlich Suffixformen auf *-uell* (*intellektuell, sexuell*), doch beruhen diese auf Besonderheiten der gebenden Sprache und können nicht als produktive Suffixform aufgefaßt werden. S. *-al*.

Elle *f. obs.* 'Längenmaß, Vorderarm' (< 8. Jh.). Mhd. *el(l)e, eln(e), elline*, ahd. *elina*, as. *elina* aus g. **alīnō f.* 'Elle', auch in gt. *aleina*, anord. *ǫln*, ae. *eln*. Dieses zu einer allgemein verbreiteten Grundlage für 'Elle' und ähnlichen Bedeutungen, deren Bildungen aber so weit auseinanderfallen, daß keine gemeinsame Grundform rekonstruiert werden kann (g. *alīnō?). Dem Germanischen stehen am nächsten mit (ig.) *olīnā: l. *ulna* ´Ellenbogenknochen`, mir. *uilen* ´Ellenbogen, Winkel` (air. *uilen[n]* ´Winkel`), kymr. *elin*; weiter ab stehen gr. *ōlénē* ´Ellenbogen`, noch weiter ai. *aratni-* ´Ellenbogen`. Falls das Wort *Glied* zugehörig ist, ist von einer Bedeutung ´(Ellenbogen-) Gelenk` auszugehen. Möglicherweise weiter zu heth. *halija-* ´niederknien` – dann ist von ig. *hel-* ´beugen` auszugehen. Allgemein für ´lang` gebraucht in *ellenlang*.

Nndl. *el*, *elleboog*, ne. *ell*, *ellbow*, nschw. *aln*, nisl. *alin*, *ol(n)bogi*. S. auch *Glied*, *Lünse*. – C. A. Mastrelli in: *FS Bonfante* (1976), I, 447–472; *LM* 3 (1986), 1845 f.; *RGA* 7 (1989), 160; Puhvel *Hittite Etymological Dictionary* 3, 28 f.; Röhrich 1 (1991),381 f.; D. Boutkan *ABäG* 41 (1995), 9–11.

Ell(en)bogen *m.* (< 8. Jh.). Eine wohl schon gemeingermanische Bildung zu *Elle* ´Unterarm` und *Bogen* ´Biegung`, im Sinn von ´Gelenk`, vgl. anord. *ǫl(n)bogi*, ae. *elnboga*, ahd. *elinbogo*, mhd. *el(l)enboge*. Die ***Ellenbogenfreiheit*** ´Durchsetzungsvermögen` ist die Freiheit, die man sich im Gedränge verschafft, indem man die anderen mit den Ellenbogen auf Distanz hält und sich so nach vorne bewegen kann.

Röhrich 1 (1991), 382.

Eller *f.* s. *Erle*.

Ellerling *m.* s. *Elritze*.

Ellipse *f. erw. fach.* (ein Kegelschnitt); ´Auslassung` (< 17. Jh.). Entlehnt aus l. *ellīpsis*, dieses aus gr. *élleipsis*, eigentlich ´Mangel, das Auslassen`, einer Ableitung von gr. *elleipein* ´unterlassen, auslassen`, zu gr. *leipein* ´lassen`. Es wird bereits in der antiken Rhetorik als Bezeichnung für die sprachliche Auslassung verwendet. In der Geometrie wird damit ein bestimmter Kegelschnitt bezeichnet, bei dem der Wert der Ordinate kleiner ist als der der Abszisse, also einen ´Mangel` aufweist. Adjektiv: ***elliptisch***.

S. *Eklipse* und zur germanischen Verwandtschaft *leihen*. – Schirmer (1912), 21.

Eloquenz *f. per. fach.* ´Beredsamkeit` (< 16. Jh.). Entlehnt aus l. *ēloquentia*, dem Abstraktum von l. *ēloquī* ´aussprechen, heraussagen, vortragen`, zu l. *loquī* ´sprechen` und l. *ex-*. Adjektiv: ***eloquent***. S. *Kolloquium*.

Elritze *f. per. fach.* (ein Fisch) (< *13. Jh., Form < 16. Jh.). Ursprünglich sächsisch, ältestbezeugt mhd. *erlinc*, wie heute noch bairisch. Außerdem ***Erlitz***, ***Irlitze***, ***Ellerling*** u. a. Die Namen scheinen mit dem Baumnamen *Erle*, *Eller* zusammenzuhängen, doch ergibt sich kein klares Benennungsmotiv.

Elster *f.* (< 10. Jh.). Mhd. *elster*, *agelster*, ahd. *agalstra* aus vd. *aglistrjōn f.* ´Elster`; andere Formen sind as. *agastria*, ahd. *agaza* (das zu schw. *Hetze* führt) nebst der Erweiterung *agazzala*, aus

der *Atzel* stammt. Die einfachste Form scheint in ahd. *aga*, ae. *agu* ´Elster` vorzuliegen. Herkunft unklar. Vielleicht ´die Spitze` nach dem spitzigen Schwanz (s. *Ecke* und vgl. schw. *skata* ´Elster` mit schw. *skate* ´vorspringende Landzunge, Wipfel`)

W. de Cubber in: *FS de Smet* (1986), 93–100; Lloyd/ Springer 1 (1988), 72 f., 79 f., 85 f., 89–91; Röhrich 1 (1991), 382 f.

Eltern *Pl.* (< 8. Jh.). Mhd. *altern*, *eltern*, ahd. *eltiron*, *altiron*, as. *eldiron*, *aldiro* aus wg. *aldizōn-*, Plural des Komparativs von *alt*, auch in ae. *eldran*, *yldra*, afr. *alder*, *elder*. Vgl. gt. *airizans* ´Vorfahren`, zu gt. *airis* ´früher`.

Nndl. *ouders*, ne. *elders* ´die Älteren als gesellschaftlich Höherstehende`. S. *alt*. – *RGA* 7 (1989), 195 f.; Röhrich 1 (1991), 383.

Eltervater *m.*, **Eltermutter** *f. per. md.* ´Großvater, Großmutter` (< 12. Jh.). Mhd. (md.) *eltervater*, *eltermuoter*. Zusammensetzung mit dem Komparativ *älter*, der auch in *Eltern* auftritt. *Eltervater* ist seit dem 12., *Eltermutter* seit dem 13. Jh. bezeugt.

-em *Suffix* der linguistischen Fachsprache zur Kennzeichnung systematischer Einheiten. Vorbild ist *Phonem*, frz. *phonème*, das 1874 von Dufriche-Desgenettes als Oberbegriff für Vokale + Konsonanten gebildet wurde. Aufgenommen und für systematische Einheiten verwendet von F. de Saussure und der Schule von Kazan. Dann analogische Ausweitung durch B. de Courtenay (*Morphem*, *Graphem* usw.).

Email *n.*, **Emaille** *f.* (ein Schmelzüberzug) (< 18. Jh.). Entlehnt aus frz. *émail m.* (älter: *esmail*). Das Wort wird durch französische Miniaturmalereien auf *Email* in Deutschland bekannt. Verb: ***emaillieren***.

Für das französische Wort rechnet man mit einer Herkunft aus andfrk. *smalt* ´Schmelzung`, einer Ableitung von andfrk. *smeltan* ´schmelzen`; zur germanischen Verwandtschaft s. *schmelzen*. In Frage kommt aber auch l. *maltha* ´Erdpech, Firnis` und ein zu diesem vorauszusetzendes vor-rom. *malthare* ´mit Firnis überziehen`. Dieses aus gr. *máltha* ´Mischung von Wachs und Pech`. – *DF* 1 (1913), 169 f.; *DEO* (1982), 256; Brunt (1983), 266; *LM* 3 (1986), 1868–1873; *RGA* 7 (1989), 197–255.

Emanze *f. erw. stil.* ´emanzipierte Frau` (< 20. Jh.). Eine nur im Deutschen auftretende Kürzung aus *emanzipierte Frau*. Vorbild und Kontext des ersten Auftretens sind unbekannt. S. *Emanzipation*.

Emanzipation *f. erw. fach.* (< 16. Jh.). Entlehnt aus l. *ēmancipātio (-ōnis)*, einem Abstraktum zu l. *ēmancipāre* ´entlassen, für selbständig erklären`, zu l. *mancipāre* ´zu eigen geben` und l. *ex-*, zu l. *manus* ´Hand` und l. *capere* ´fangen, ergreifen`. Das Bezeichnungsmotiv für das Verb *mancipāre* liegt in der juristischen Prozedur, das förmliche Eigentumsrecht an einem Gegenstand durch Anfassen desselben in Gegenwart von fünf Zeugen zu erlangen. Die Gegensatzbildung dazu meint zunächst vor allem das Entlassen eines Sklaven oder Sohnes aus der Gewalt des Herrn bzw. Vaters (eine recht komplizierte Prozedur, bei der eine dreimalige *mancipātio* an einen Vertrauensmann zu erfolgen hatte). Dann Verallgemeinerung der Bedeutung. Im Deutschen vor allem im Zusammenhang der Französischen Revolution und der Befreiung der amerikanischen Negersklaven gebraucht. Aktualisiert wurde der Begriff durch die Frauenbewegung der 60er und 70er Jahre. Erste Verwendung in diesem Sinn bei K. Gutzkow 1839; kurz zuvor in Bezug auf die Juden: L. Börne 1833. Verb: *emanzipieren*, bei dessen romanischen Entsprechungen seit dem 15. Jh. der reflexive Gebrauch im Sinne von ´sich selbst befreien´ auftritt. Auch dies hat die Bedeutungsentwicklung des Nomens beeinflußt.

S. *kapieren* und *manuell*. – A. Gombert *ZDW* 3 (1902), 173; *DF* 1 (1913), 170 f.; W. Hildebrandt *Deutsche Studien* 9 (1971), 243–248; *HWPh* 2 (1972), 448 f.; W. Lampert *Nysvenska Studier* 13 (1973), 62–70; U. Herrmann *AB* 18 (1974), 85–143; *Grundbegriffe* 2 (1975), 153–197; H. J. Herwig: *Formen des modernen Emanzipationsbegriffs* (München 1980); R. Kosellek in: *Europa und die Folgen.* Hrsg. K. Michalsky (Stuttgart 1988), 51–83; *Brisante Wörter* (1989), 608–616.

Embargo *n. per. fach.* ´Ausfuhrverbot´ (< 18. Jh.). Entlehnt aus span. *embargo* m. ´Beschlagnahme, Sperre´, einer Ableitung von span. *embargar* ´beschlagnahmen, behindern´, das zurückgeht auf gallorom. **barra* ´Querbalken´. Zunächst das staatliche Festhalten ausländischer Schiffe in heimischen Häfen und Gewässern, dann verallgemeinert auf das Verbot des Ausführens von Waren (insbesondere, um wirtschaftlichen Druck auf andere Staaten auszuüben). S. *Barre*.

LM 3 (1986), 1875 f.

Emblem *n. per. fach.* ´Sinnbild, Kennzeichen´ (< *16. Jh., Form < 18. Jh.). Entlehnt aus l. *emblēma* ´Einlegearbeit´, aus gr. *émblēma*, einem Nomen acti zu gr. *embállein* ´einlegen´, zu gr. *bállein* ´treffen, werfen´. Zuerst als *Emblema* entlehnt, dann endungslos. In der Antike ist das *Emblem* eine eingelassene Reliefarbeit auf Prunkgefäßen, bzw. eine in Fußböden eingelassene Mosaiktafel. Beginnend mit dem *Emblematum liber* des A. Alciatus (Augsburg 1531) setzt dann in der Zeit des Humanismus eine neue Tradition ein, in der es um besondere Verbindungen von Bild, Text und Symbolik geht.

Zur Sippe des zugrundeliegenden gr. *bállein* ´werfen´ s. *Symbol.* Ersatzwort ist *Sinnbild*. – *HWPh* 2 (1972), 449–452.

Embolie *f. per. fach.* ´Verstopfung eines Blutgefäßes´ (< 19. Jh.). Neoklassische Bildung zu *Embolus*

´Blutpfropfen´, aus gr. *émbolos* ´Pfropfen´, zu gr. *embállein* ´hineinwerfen, hineinstopfen´, zu gr. *bállein* ´werfen´ (s. *Symbol*) und *en-*.

Cottez (1980), 131 f.

Embryo *m. erw. fach.* ´im Entstehen befindlicher Organismus´ (< 15. Jh.). Über l. *embryo* entlehnt aus gr. *émbryon* n. ´Neugeborenes, ungeborenes Leben´, zu gr. *brýein* ´sprossen, treiben´ und l. *en-*. Adjektiv: *embryonal*.

K.-H. Weimann *DWEB* 2 (1963), 389.

emendieren *swV. per. fach.* ´berichtigen´ (< 16. Jh.). Entlehnt aus l. *ēmendāre*, zu l. *mendum* ´Fehler´ und l. *ex-*.

emeritieren *swV. per. fach.* ´entpflichten´ (< 17. Jh.). Abgeleitet von **Emeritus** ´entpflichteter Hochschullehrer´, eigentlich PPP von l. *ēmerēre (ēmeritum)* ´ausgedient haben´, zu l. *merēre* ´verdienen´ und l. *ex-*. S. *Meriten*.

emigrieren *swV. erw. fach.* ´(wegen Verfolgung) auswandern´ (< 17. Jh.). Entlehnt aus l. *ēmigrāre* ´auswandern, ausziehen´, zu l. *migrāre* ´wandern´ und l. *ex-*. Die Entlehnung wird gestützt von ne. *emigrate*. Nomen agentis: **Emigrant**; Abstraktum: **Emigration**. S. *Amöbe*.

eminent *Adj. erw. fremd.* ´bedeutsam, groß, herausragend´ (< 17. Jh.). Entlehnt aus frz. *éminent*, dieses aus l. *ēminēns (-entis)*, dem PPräs. von l. *ēminēre* ´herausragen´, zu l. *minae* ´Zinnen, hochgende Spitzen´, das zur Sippe von l. *mōns (-ontis)* ´Berg´ gehört, und l. *ex-*. Die deutsche Form unter Einfluß des lateinischen Adjektivs. Abstraktum: **Eminenz**.

S. *montan, montieren, promenieren, prominent.* – *DF* 1 (1913), 172.

Emission *f. per. fach.* ´Ausgabe (Wertpapiere, Briefmarken); Ausströmen von Schadstoffen´ (< 16. Jh.). Entlehnt aus frz. *émission*, dieses aus l. *ēmissio* ´Hinausschicken´, Abstraktum zu l. *ēmittere* ´heraus-, hinausschicken´ zu l. *mittere* ´schikken´ und *ex-*. Das Wort ist im Deutschen relativiert worden und wurde für die neueren Bedeutungen, die stärker vom amerikanischen Englischen bestimmt sind, beibehalten. Zur Sippe des zugrundeliegenden l. *mittere* ´schicken´ s. *kompromittieren*.

Emmchen *Pl. stil.* ´Mark´ (< 19. Jh.). Scherzhafte Verwendung der alten Abkürzung *M.* für *Mark* (noch vor *Reichsmark* und *Deutsche Mark*). Ursprünglich auch *Em*, das heute nicht mehr üblich ist.

Emmer *m. per. fach. obd.* ´Dinkel´ (< 10. Jh.). Mhd. *amer, emer*, ahd. *amar(o), amari*, as. *amer*. Das Wort ist die alte Bezeichnung des Dinkels. Herkunft unklar. Aus älterem *emmerkorn* entstand schwz. **Merkorn**.

S. *Ammer.* Vgl. *Dinkel, Einkorn, Spelt.* – Bertsch (1947), 16–23; Lloyd/Springer 1 (1988), 190–192; *RGA* 7 (1989), 270–272.

Emmeritz, Emmerling *m.* s. *Ammer.*

Emotion *f. erw. fremd.* ´Gefühl´ (< 17. Jh.). Entlehnt aus frz. *émotion,* einer Ableitung von frz. *émouvoir* ´bewegen, erregen´ (unter formaler Anlehnung an frz. *motion* ´Bewegung´), dieses aus l. *ēmovēre* ´herausbewegen, emporwühlen´, zu l. *movēre* ´bewegen´ und l. *ex-.* Adjektive: *emotional, emotionell;* Abstraktum: *Emotionalität.*
Zur Sippe des zugrundeliegenden l. *movēre* ´bewegen´ s. *Promotion.* – Jones (1976), 306.

empfangen *st V.* (< 9. Jh.). Mhd. *empfāhen, enphāhen, entvāhen,* ahd. *intfāhan.* Assimilationsform aus *ent-* + *fangen. Fangen* ist hier in der allgemeinen Bedeutung ´(auf-, an-) nehmen´ gebraucht. Abstraktum: *Empfang,* älter *Empfängnis;* Nomen agentis: *Empfänger;* Adjektiv: *empfänglich.*

empfehlen *st V.* (< 12. Jh.). Mhd. *empfelhen, enphelhen.* Assimilationsform aus *ent-* und dem starken Verb, das im Neuhochdeutschen sonst nur noch in *befehlen* auftritt. Die ursprüngliche Bedeutung ist ´jmd. etwas anvertrauen´, später abgeschwächt zu ´etwas als gut vorschlagen´. Abstraktum: *Empfehlung.*

empfinden *st V.* (< 9. Jh.). Mhd. *empfinden, enpfinden, entvinden,* ahd. *intfindan,* wie ae. *onfindan* Nachfolger einer offenbar schon westgermanischen Präfigierung. Neuhochdeutsch eine Assimilationsform aus *ent-* + *finden.* Die Bedeutung ist also eigentlich ´herausfinden, wahrnehmen´, im Deutschen später eingeschränkt auf das Wahrnehmen seelischer Regungen. Das Adjektiv *empfindsam* wird im 18. Jh. gebildet, um ne. *sentimental* zu übersetzen. Beide Wörter waren ursprünglich positiv gemeint (etwa im Sinne von ´feinfühlig´, ´das Feingefühl berührend´), sind dann aber als Modewörter in ihrer Bedeutung abgesunken. Abstraktum: *Empfindung;* Adjektiv: *empfindlich.*
Pfaff (1933), 28 f.; E. Erätmetsä in: *FS E. Öhmann* (Helsinki 1954), 659–666; Ganz (1957), 64–68; G. Jäger: *Empfindsamkeit und Roman* (Stuttgart 1969); *HWPh* 2 (1972), 454–474; G. Sauder: *Empfindsamkeit, Bd. I* (Stuttgart 1974); F. Baasner *Studies in 18th. Century Culture* 15 (1986), 77–96.

Emphase *f. erw. fach.* ´Hervorhebung, Nachdruck´ (< 16. Jh.). Entlehnt aus frz. *emphase,* dieses aus l. *emphasis,* aus gr. *émphasis,* eigentlich ´Verdeutlichung´, einer Ableitung von gr. *emphaínein* ´aufzeigen, sichtbar machen´, zu gr. *phaínein* und gr. *en-.* Zu dessen Sippe s. *Phänomen.* Adjektiv: *emphatisch.*
DF 1 (1913), 172.

empirisch *Adj. erw. fach.* ´auf Beobachtung basierend, aus der Erfahrung gewonnen´ (< 16. Jh.). Entlehnt aus l. *empīricus,* dieses aus gr. *empeirikós* ´erfahren´ (zunächst im medizinischen Bereich), zu gr. *peîra* ´Versuch, Erfahrung´. Abstraktum: *Empirie;* Täterbezeichnung: *Empiriker, Empirist.*

S. *Pirat.* – K.-H. Weimann *DWEB* 2 (1963), 390; *HWPh* 2 (1972), 453 f.

empor *Adv.* (< 8. Jh.). Mhd. *enbor(e),* ahd. *in bor* ´in die Höhe´, ahd. *in bore* ´in der Höhe´ besteht also offenbar aus der Präposition *in* und einem Substantiv für ´Höhe´. Dieses ist bezeugt in ahd. *bor,* mhd. *bor* mit meist technischen Bedeutungen, wie ´ein bestimmter Raum im oberen Teil des Hauses´, aber auch als ´Höhe´. Zu einer Reihe von Wörtern für ´hoch u.ä.´, die auf ig. **bher-* zurückführen (vgl. etwa ig. **bherĝh-* ´Höhe´ unter *Berg*). Man schließt sie üblicherweise an die Verbalwurzel ig. **bher-* ´tragen, bringen´ an (s. *gebären*), was möglich, aber nicht sicher ist. Die neuhochdeutsche Form ist zusammengerückt und assimiliert worden. Zu ihr auch *Empore* ´oberer Raum in der Kirche´ (mhd. auch *borkirche*).
S. *empören.* – *LM* 3 (1986), 1895–1897.

empören *sw V.* (< 13. Jh.). Mhd. *enbœren,* andfrk. *aneboren,* zu mhd. *bōr* ´Trotz, Aufruhr´ (nur einmal belegt). Das Wort sieht mit seiner Bedeutung ´sich erheben´ aus wie eine Ableitung von *empor,* stimmt aber mit diesem nicht zusammen, da es eindeutig eine Länge aufweist. Das Wort kann deshalb nur auf eine Variante von *böse* mit grammatischem Wechsel zurückgehen. Nachträglich ist es aber mit *empor* in Verbindung gebracht worden, was sich zumindest an der Schreibung zeigt. Nomen agentis: *Empörer;* Abstraktum: *Empörung.*

emsig *Adj. stil.* (< 9. Jh.). Mhd. *emzec, emzic,* ahd. *emezzīg, emizzīg* ´beharrlich, fortwährend´; zu ahd. *emiz-* ´beständig´. Am nächsten verwandt ist nisl. *amstr* ´Anstrengung´, nnorw. *ama seg* ´sich anstrengen´ (anord. *ama* ´dauernd an jmd. herummachen, plagen´). Hierzu al. *ámīti* ´dringt an, bedrängt´. Also wohl ig. **omǝ-,* g. **am(a)-* ´bedrängen, zusetzen´ als Grundlage.

Emulsion *f. per. fach.* ´Gemenge aus zwei nicht mischbaren Flüssigkeiten; lichtempfindliche Schicht´ (< 18. Jh.). Neubildung zu l. *ēmulsum n.,* dem PPP. von l. *ēmulgēre* ´ausmelken, abmelken´, zu l. *mulgēre* ´melken´ und l. *ex-.* So benannt nach dem trüben, milchigen Aussehen solcher Gemenge.

en- *Präfix.* Wortbildungselement mit der Bedeutung ´hinein, innerhalb´. Es kommt einerseits in Entlehnungen aus dem Griechischen vor (*Enthusiasmus, Emphase*), ist in diesen aber vom deutschen Standpunkt aus nicht mehr analysierbar; andererseits geht es auf l. *in-,* frz. *en-* zurück, wo es teilweise analysierbar ist (*Enklave* – *Exklave*). Es ist im Deutschen aber nicht produktiv gewesen. Vor Labial lautet die Form *em-,* vor allem in Wörtern griechischer Herkunft (z. B. *Emphase, empirisch*). Zur germanischen Verwandtschaft s. *in.*

-en *Suffix* s. *-ern.*

Ende *n.* (< 8. Jh.). Mhd. *ende m./n.,* ahd. *enti m./ n.,* as. *endi m.* aus g. **andija- m.* ´Ende´, auch in gt.

andeis, anord. *endi(r) m.*, ae. *ende m.*, afr. *enda m.*
Eine *jo*-Bildung wie ai. *ántya-* ´am Ende befindlich,
letzt` zu ig. *\*hant-*, für das die Bedeutungen ´Vorderseite, Stirn, Ende` bezeugt sind. Vermutlich ist
von ´Stirn` auszugehen (wie in ahd. *endi*, anord.
enni – also ohne grammatischen Wechsel gegenüber ´Ende`, l. *antiae f.* ´Stirnhaare`, air. *étan, édan
m.* ´Stirn`). Sonst heth. *hanza Adj.* ´vorn`, ai. *ántam.* ´Ende, Grenze, Rand`, gr. *ánta* ´gegenüber, ins
Gesicht` u. a. Verben: **enden** mit **Endung, beenden,
-igen**; Adjektiv: **endlich**.

Nndl. *eind(e)*, ne. *end*, nschw. *ända*, nisl. *endir*. S. **ent-,
Happy-End, und, verenden**. – *HWPh* 2 (1972), 481–491;
Röhrich 1 (1991), 383–385. Zur Möglichkeit der Entlehnung ins Finnische s. J. Koivulehto in: *Germanic Dialects*.
Hrsg. B. Brogyanyi, Th. Krömmelbein (Amsterdam 1986),
260–263.

Endivie *f.* (eine Salatpflanze) (< 15. Jh.). Über
romanische Vermittlung entlehnt aus l. *intubus, intubum, intibus, intibum n.* Die Bezeichnung geht offenbar darauf zurück, daß die Pflanze bei ihrer
Kultivierung mit einem röhrenförmigen Gefäß (*Tubus*) überdeckt wurde. Falls das Wort letztlich aus
einer nicht-indogermanischen Sprache entlehnt ist,
beruht die lateinische Form auf einer Sekundär-Motivation. In diesem Fall ist auch eine direkte
Entlehnung über das Spanische aus dem Arabischen nicht ausgeschlossen.

LM 3 (1986), 1902; J. Knobloch *SW* 14 (1989), 280 f.

Energie *f.* (< 18. Jh.). Entlehnt aus frz. *énergie*,
dieses aus spl. *energīa* ´Wirksamkeit`, aus gr. *enérgeia*, zu gr. *érgon n.* ´Werk, Wirken` und gr. *en-*.
Die Fortschritte der Physik des 19. Jhs. prägen das
heutige Wortverständnis. Adjektiv: **energisch**.

Zu gr. *érgon* ´Werk` gehören schon als griechische Wörter
Chirurg als Täterbezeichnung (´Handwerker`) und als
komponiertes Abstraktum *Liturgie* (´Volkswerk`); modern
sind *Allergie* (als Gegenstück zu *Energie*) und *Ergonomie*;
im Ablaut zu dieser Grundlage stehen (vermutlich) *Organ*
und *Orgie*; zur germanischen Verwandtschaft s. *Werk*. –
DF 1 (1913), 173; Heller (1970), 163–184; *HWPh* 2 (1972),
494–499; *LM* 3 (1986), 1904 f.

Enfant terrible *n. erw. fremd.* ´jmd., der (bewußt)
gegen Konventionen verstößt oder der seine Seite
durch unvorsichtigen Umgang mit Informationen
bloßstellt` (< 19. Jh.). Entlehnt aus frz. *enfant terrible m.*, eigentlich ´schreckliches Kind`.

Frz. *enfant m.* aus l. *īnfāns m./f.*, eigentlich ´der nicht sprechen kann`, zu l. *fārī* ´sagen` und l. *in-*; frz. *terrible* aus l.
terribilis, zu l. *terrēre* ´schrecken, erschrecken`. Zur weiteren Verwandtschaft von l. *fārī* ´sagen` s. *famos*. – *DF* 1
(1913), 173.

eng *Adj.* (< 8. Jh.). Mhd. *enge*, ahd. *engi*, as. *engi*
aus g. **angu-* (später **angwu-/ja-*) *Adj.* ´eng`, auch
in gt. *aggwus*, anord. *ǫngr, øngr*, ae. *enge*; dieses
aus ig. **angʰú-* ´eng`, auch in ai. *aṁhú-* ´eng`, arm.
anjowk ´eng`, akslav. *ǫzŭkŭ* ´eng`; abweichende Bildungen auch in anderen Sprachen. Die Grundlage

ig. **angʰ-* ´beengen, einschnüren` liegt vor in avest.
ązaŋhe ´zu bedrängen`, gr. *ánchō* ´ich schnüre zusammen, erdrossle`, l. *angere* ´beengen, zuschnüren`. Abstraktum: **Enge**; Präfixableitungen: **be-,
verengen**; Partikelableitung: **einengen**.

Nndl. *eng*, nisl. *öngur*. S. **Angst, bange**. – Heidermanns
(1993), 100 f.

Engagement *n. erw. fremd.* ´Einsatz, Anstellung`
(< 17. Jh.). Entlehnt aus frz. *engagement m.*, einer
Ableitung von frz. *engager* ´verpflichten`, eigentlich
´in Sold nehmen`, zu frz. *gage m.* ´Pfand, Lohn`
und *en-*. In der Bedeutung ´politische oder militärische Verpflichtung` mit englischer Aussprache aus
dem Englischen entlehnt. Verb: **engagieren** mit dem
partizipialen Adjektiv **engagiert**.

S. *Gage*. – Schirmer (1911), 53 f.; *DF* 1 (1913), 173 f.;
HWPh 2 (1972), 500; Jones (1976), 309; Brunt (1983),
271–273; Carstensen 1 (1993), 426.

Engel *m.* (< 8. Jh.). Mhd. *engel*, ahd. *engil*, as.
engil. Wie gt. *aggilus*, anord. *engell*, ae. *engel* entlehnt aus gr. *ángelos* ´Bote` (evtl. unter Mitwirkung
der l. Entlehnung *angelus*). Das griechische Wort
ist seinerseits wohl ein altes Lehnwort aus einer unbekannten Sprache. Im christlichen Wortschatz ist
es eine Lehnbedeutung von hebr. *mᵃl´āk* ´Bote
(Gottes)`.

S. *Evangelium*. – *HWPh* 2 (1972), 500–503; *LM* 3 (1986),
1905–1914; Röhrich 1 (1991), 385–387; zum Adjektiv
englisch vgl. R. Keller *ZPhSK* 42 (1989), 383–396.

Engerling *m. erw. fach.* ´Maikäferlarve` (< *10.
Jh., Form < 11. Jh.). Mhd. *enger(l)inc*, ahd. *engiring* ´kleiner Wurm, Made, Finne`; Verkleinerungsform zu ahd. *angar(ī)*, mhd. *anger, enger* ´Made`.
Zu einer schwer abgrenzbaren Sippe, bei der die Wörter für ´Schlange, Aal, Wurm, Made` voneinander
geschieden werden müssen. Semantisch am nächsten stehen bei dem germanischen Wort (mit lautlicher Umbildung) gr. *inkstiras* ´Finne, Trichine`,
lett. *anksteri* ´Maden, Larven, Engerlinge`, russ.
úgorĭ ´Finne`. Die weiter hierher gestellten Wörter
für ´Schlange` und ´Aal` sind wohl abzutrennen. Es
kann also ig. (oeur.) **(h)angʰ-* vorausgesetzt werden, ein weiterer Anschluß ist unsicher.

Nndl. *engerling*. – *Tiernamen* (1963–1968), 245,
533–538; Lloyd/Springer 1 (1988), 246 f.

Enkel[1] *m.* ´Kindeskind` (< 12. Jh.). Mhd. *eninkel*, spahd. *eniklīn, enichlin*; Verkleinerungsform zu
ahd. *ano* ´Ahn` (s. *Ahn*), es wird also das gleiche
Verwandtschaftsverhältnis von der anderen Seite
her betrachtet. Eine entsprechende Herkunft zeigen
vermutlich die slavischen Wörter für ´Enkel`, aruss.
vŭnukŭ usw. (zu einer Tiefstonform von **an-*). Übertragung der Verwandtschaftsbezeichnung vom Vertreter der älteren Generation auf den der jüngeren
findet sich im Mittelhochdeutschen auch sonst vielfach markiert durch das Diminutiv (z. B. *Muhme*
´Mutterschwester` – *Mühme, Mühmlein* ´Schwe-

stertochter'). Erklärt wird diese Erscheinung meist durch den Anredewechsel (d. h. in der Anrede antwortet der Verwandte mit der gleichen Form, mit der er angeredet wird).

Zu den älteren Ausdrücken vgl. *Neffe* und *Tichter.* − E. Öhmann *NPhM* 66 (1965), 512−519; J. Erben in: *FS Dam* (1977), 101−113; Müller (1979), 71−119; Ruipérez (1984), 35−41, 106 f., 119−121; Lloyd/Springer 1 (1988), 258−261; *RGA* 7 (1989), 302 f.

Enkel[2] *m. per. oobd. wmd. ndd.* 'Fußknöchel' (< 9. Jh.). Mhd. *enkel,* ahd. *ankala, enkil,* mndd. *enkel,* mndl. *enkel*; Weiterbildung (evtl. Diminutiv) zu ahd. *anka f.* 'Genick', mhd. *anke* 'Gelenk'. Eine entsprechende Bildung in anord. *ǫkla n.,* erweitert in ae. *ancleow.* Außergermanisch vergleicht sich ai. *áṅga- n.* 'Glied'. Weitere Herkunft unklar.

Nndl. *enkel,* ne. *ancle.* − E. Knetschke: *Genick und Knöchel in deutscher Wortgeographie* (Giessen 1956), 21−24; E. Öhmann *NPhM* 66 (1965), 512−519; Lloyd/Springer 1 (1988), 258−261.

Enklave *f. per. fach.* '(kleines) eingeschlossenes Gebiet' (< 19. Jh.). Entlehnt aus frz. *enclave,* einer postverbalen Ableitung von frz. *enclaver* 'einschließen', zu l. *clāvis* 'Schlüssel' und l. *en-.* S. *Exklave, Konklave*; zur Sippe des damit zusammenhängenden l. *claudere* 'schließen' s. *Klausur.*

enorm *Adj.* (< 16. Jh.). Entlehnt aus frz. *énorme,* dieses aus l. *ēnōrmis,* eigentlich 'aus der Norm herausfallend', zu l. *nōrma* 'Regel, Norm' und l. *ex-.* Zunächst in der Gerichtssprache für übermäßige Vergehen (hier wohl unmittelbar aus dem Lateinischen übernommen), dann (dem Französischen folgend) Verallgemeinerung der Bedeutung und Bedeutungsverbesserung.

S. *Norm.* − *DF* 1 (1913), 174; W. J. Jones *SN* 51 (1979), 257.

Enquete *f. per. fach.* 'Kommissionsuntersuchung, Umfrage' (< 19. Jh.). Entlehnt aus frz. *enquête* 'Nachforschung, Umfrage', dieses über spätlateinische Zwischenstufen zu l. *inquīrere* 'nachforschen', zu l. *quaerere* 'suchen' und l. *in.*

S. *Inquisition,* zu dem zugrundeliegenden l. *quaerere* 'suchen' s. *requirieren.* − *DF* 1 (1913), 174 f.

Ensemble *n. erw. fach.* 'Gruppe, Zusammenstellung' (< 18. Jh.). Entlehnt aus frz. *ensemble m.,* zu frz. *ensemble Adv.* 'zusammen', aus l. *īnsimul* 'zugleich', zu l. *simul* 'zugleich' und *similis* 'ähnlich'.

Zur Sippe von l. *similis* 'ähnlich' s. *Faksimile.* − *DF* 1 (1913), 175; Jones (1976), 310.

-ent *Suffix,* Variante zu *-ant.*

ent- *Präfix.* Es bezeichnet normalerweise die Trennung von etwas. Voraus liegt g. **anda-,* das in den präfixbetonten Nominalkomposita nhd. *Ant-* ergibt (*Antwort, Antlitz,* vgl. aber *Aufenthalt*), in den unbetonten Verbalpräfigierungen *ent-.* Die Formen sind mhd. *ent-,* ahd. *int-* u. a. (aus verschiedenen Quellen), ebenso as. *ant-,* afr. *und-,*

ond-, ae. *and-* (gegenüber *oð-,* aber mit der Variante *on-,* die für beides stehen kann, und dem ahd. *int-* funktionell entspricht), gt. *and-* (gegenüber *in-, und-, unþa-,* die alle in ahd. *int-* aufgehen). Der Hauptquelle g. **anda-* entsprechen Kasusformen von ig. **hant-* (s. *entrisch*) mit der Bedeutung 'gegenüber' in gr. *ánta,* lit. *añt* und mit anderer Endung heth. *hanti,* ai. *anti,* gr. *antí,* l. *ante.* Zu einer der anderen Quellen (gt. *unþa-,* ae. *oð-?*) die Funktion als Inchoativum (*entbrennen, entstehen*)

S. *Ende, anheischig.* − *Wortbildung* 1 (1973), 148 und die dort angegebenen Stellen; Lloyd/Springer 1 (1988), 268−270; Lenz (1991).

entbehren *swV.* (< 9. Jh.). Mhd. *enbern,* ahd. *inberan* ist eigentlich das verneinte Verb *beran* 'tragen, bringen' (s. *gebären*), also eigentlich 'nicht tragen', das zu 'nicht haben' und schließlich 'ermangeln' wird. Die verbale Negation ist sekundär in der Präfixform *ent-* aufgegangen; die starke Flexion ist in nachmittelhochdeutscher Zeit der schwachen gewichen. Abstraktum: **Entbehrung**; Adjektiv: **entbehrlich**.

entbinden *stV. stil.* (< 8. Jh.). Mhd. *enbinden,* ahd. *intbintan,* as. *antbindan* bedeuten zunächst einfach 'losbinden', dann allgemein 'befreien'. Schon seit dem 14. Jh. wird es speziell auf den Geburtsvorgang bezogen.

entblöden *swV. refl. obs. phras.* (< 17. Jh.). Nur in der Wendung *sich nicht entblöden* 'sich nicht scheuen'. Die Wendung lautet ursprünglich *sich entblöden etwas zu tun* 'seine Blödigkeit aufgeben, sich getrauen'. Da die Wendung schon bald nicht mehr verstanden wurde, kamen negative und positive Formulierung durcheinander.

entdecken *swV.* (< 8. Jh.). Mhd. *endecken,* ahd. *intdecken* bedeutet eigentlich 'aufdecken' und wird zunächst in diesem konkreten Sinn verwendet. Dann 'jmd. etwas entdecken' für 'mitteilen' und schließlich (vielleicht unter dem Einfluß von frz. *découvrir*) 'auffinden'. Abstraktum: **Entdeckung**; Nomen agentis: **Entdecker**.

Ente *f.* (< 10. Jh.). Mhd. *ant,* ahd. *anut,* as. *anad* (in Ortsnamen) aus g. **anuði- f.* 'Ente', auch in anord. *ǫnd,* ae. *ened*; dieses aus ig. **(h)anət- f.* 'Ente' (oder anderer Wasservogel), auch in ai. *āti-,* gr. *nēssa* (aus **nətja*), lit. *ántis,* kslav. *ǫty,* l. *anas.* Die altindische Form ist allerdings lautlich mehrdeutig und semantisch nicht ausreichend bestimmbar; sie könnte auch zu *Eider* gehören. Der Mittelvokal in den germanischen Formen ist unklar, da er eigentlich hätte schwinden müssen. Aus einer Variante mit *-i-* stammt die Form ahd. *enita,* die später für die Hochsprache bestimmend geworden ist. *Ente* 'Zeitungslüge' ist eine Lehnbedeutung zu frz. *canard m.* im 19. Jh. (Benennungsmotiv nicht ausreichend durchsichtig).

Nndl. *eend*, nschw. *and*, nisl. *önd.* S. *Enterich.* –
E. P. Hamp *ZVS* 92 (1978), 29–31; A. J. Storfer: *Wörter
und ihre Schicksale* (Wiesbaden, Zürich 1981), 82–87;
Lloyd/Springer 1 (1988), 291–293; *RGA* 7 (1989),
391–399; Röhrich 1 (1991), 388 f.

Entente *f. per. fach.* ´Staatenbündnis´ (< 19. Jh.).
Entlehnt aus frz. *entente* ´Übereinstimmung´, eigentlich ´Absicht´, dieses über frühromanische
Zwischenstufen aus l. *intendere (animum)* ´auf etwas achten, lenken, richten, wenden´, zu l. *tendere*
´spannen, ausstrecken´ und l. *in-*. Dazu **Entente
cordiale**, eigentlich ´herzliches Einverständnis´ als
Bezeichnung für die bündnisähnlichen Beziehungen zwischen England und Frankreich nach 1904
(zur Verständigung über die nordafrikanischen Kolonialfragen); im Französischen ist die Wendung
aber schon älter. Zur Sippe des lateinischen Grundworts s. *Tendenz* und *Tenor*.

Enterich *m.* (< 11. Jh.). Mhd. *antreche*, ahd.
anutrehho, mit Rücksicht auf me. *drake*, ndd.
dräke, hd. (dial.) *drache* (thür.), *(t)rech* (schwz.) als
*anut-trehho aufzufassen. Lautlich und morphologisch ist das Wort neuhochdeutsch an die Männernamen auf *-rich* angelehnt worden, und das vermeintliche Suffix *-erich* ist beschränkt produktiv
geworden (*Gänserich*, zunächst scherzhaft *Mäuserich* usw., s. *-[e]rich*). Die Herkunft des Wortes ist
nicht ausreichend geklärt.
Lloyd/Springer 1 (1988), 293–295.

entern *swV. erw. fach. ndd.* (< *15. Jh., Standard
< 17. Jh.). Einerseits für ´ein feindliches Schiff besteigen´, andererseits für ´in die Takelung klettern´,
über das Niederdeutsche entlehnt aus nndl. *enteren*.
Dieses geht auf span. *entrar* zurück, das seinerseits
aus l. *intrāre* ´eintreten, hineingehen´ stammt.

Entertainer *m. erw. fach.* ´Unterhalter´ (< 20.
Jh.). Entlehnt aus ne. *entertainer*, einem Nomen
agentis zu e. *entertain* ´unterhalten´, aus frz. *entretenir*, zu frz. *tenir* ´halten´ (aus l. *tenēre*) und *inter-*.
Die Bedeutungsentwicklung geht von ´unterstützen´ zu ´bewirten, versorgen´ zu ´unterreden, unterhalten´. Zur Sippe des lateinischen Grundworts s.
Tenor.
Carstensen 1 (1993), 427 f.

entfachen *swV.* s. *fachen.*

entfernen *swV.* (< 13. Jh.). Mhd. *entfernen*, älter
auch *entverren*, mndd. *entver(n)en*, Präfixableitung
zu *fern*. Als Partizip dazu **entfernt**, das dann im
Sinn von ´fern, weit entfernt´ erstarrt. Zu diesem
Partizip das Abstraktum **Entfernung** im Sinn von
´Distanz´ (17. Jh.).

entgegen *Adv.* (< 8. Jh.). Mhd. *engegen*, ahd. *ingagan(i)*, *ingegin, angegini*, as. *ange(g)in* aus einer
schon westgermanischen Zusammenrückung der
Präpositionen *in* und *gegen*, vgl. ae. *ongeagn, ongēan*. Das Vorderglied wird später lautlich an das
Präfix *ent-* angeglichen.

entgeistert *Adj. (PPrät.)* (< 17. Jh.). Formal eine
Präfixableitung vom Plural von *Geist*; Gegenstück
zu *begeistern*.

entgelten *stV.* (< 9. Jh.). Mhd. *en(t)gelten*, ahd.
in(t)geltan, Präfigierung zu *gelten*. Dazu das Abstraktum **Entgelt** *n.* ´Vergütung´ und das Adjektiv
unentgeltlich ´umsonst´.

Enthusiasmus *m. erw. fach.* ´Begeisterung´ (< 16.
Jh.). Entlehnt aus gr. *enthousiasmós* ´Gottesbegeisterung´, einem Abstraktum zu gr. *éntheos* ´gottbegeistert´, zu gr. *theós m./f.* ´Gott´ und gr. *én* ´in´.
Das Wort meint im Griechischen zunächst das
Durchdrungenwerden der menschlichen Existenz
vom Heiligen, später in christlichen Zusammenhängen die ekstatische Gottesverehrung, dann
auch (pejorativ) religiöses Schwärmertum. Seit
dem 18. Jh. Säkularisierung und Verallgemeinerung der Bedeutung unter Verlust des ursprünglichen Benennungsmotivs. Adjektiv: *enthusiastisch*.
S. *Atheismus, Theologie.* – *DF* 1 (1913), 175 f.; W. Horn
ASNSL 181 (1942), 110 f.; P. Spoo in *Europäische Schlüsselwörter* 2 (1964), 50–66; W. Krauss *WZUH* 19 (1970),
91–100; S. I. Tucker: *Enthusiasm* (London 1972); *HWPh*
2 (1972), 525–528.

entlang *Adv. Postp.* (< 19. Jh.). Aus dem Niederdeutschen entnommen, wo es aus den Präpositionen *in* und *lang* ´längs´ zusammengerückt ist.
Nachträglich an das Präfix *ent-* angeglichen. In
norddeutscher Umgangssprache bleibt *ent-* häufig
weg. S. *in* und *lang²*.

entlehnen *swV.* (< 9. Jh.). Mhd. *entleh(en)en*,
ahd. *intlēhanon*. Eigentlich ´zu Lehen geben´, vgl.
belehnen und *Lehnwort*.

Entleibung *f. obs.* (< 16. Jh.). Bildung des
16. Jhs. für ´Selbstmord´ (früheste Bezeichnung
dieser Bedeutung im Deutschen).
K. Baumann: *Selbstmord und Freitod in sprachlicher und
geistesgeschichtlicher Bedeutung* (Diss. Gießen 1934).

entpuppen *swV. refl.* (< 19. Jh.). Nur in übertragener Bedeutung bezeugt (eigentlich vom Schmetterling: aus der Puppe herauskommen, von der
Puppe zum Schmetterling werden). S. *Puppe.*

entraten *stV. obs.* ´entbehren´ (< 13. Jh.). Mhd.
entrāten (mit Genetiv), aber auch in gleicher Bedeutung *gerāten* (gelegentlich mit schwacher Flexion). Offenbar abhängig vom Substantiv mhd. *rāt*
´Rat´, das auch ´Abhilfe, Befreiung´ (mit Genetiv
der Sache) bedeuten kann. Die Bedeutung des
Verbs ist also ´Befreiung haben von einer Sache´.
Es ist eigentlich denominativ und müßte damit
schwach flektieren, ist aber weitgehend an das
Grundverb angeglichen worden.

entrinnen *stV.* (< 10. Jh.). Mhd. *entrinnen*, ahd.
intrinnan ist in seiner Bedeutung sicher von *rinnen*
beeinflußt worden (also ´wegrinnen´), ursprünglich
aber mit Sicherheit ein anderes Verb. Der Anlaut

ist näher bestimmbar durch ahd. *abtrunni*, as. *abdrunnig* 'abtrünnig', doch scheint der Vergleich mit *trennen* (das allerdings nicht ohne weiteres herangezogen werden kann, s.d.) auf g. **tr-* zu weisen. Auffällig ist die Ähnlichkeit mit gr. *apodidråskō, apodidréskō* 'ich laufe weg', was für (in diesem Fall anzusetzendes) g. **trenn-a-* voreinzelsprachliches **drnǝ-* oder **drǝ-nǝ-* mit Ablautentgleisung voraussetzen würde. S. auch *abtrünnig*.

Seebold (1970), 507 f.; W. H. Snyder *ZVS* 85 (1971), 77; R. Lühr *MSS* 35 (1976), 79.

entrisch *Adj. per. oobd.* 'unheimlich' (< 12. Jh.). Mhd. *entrisch*, ahd. *entrisc* 'uralt, altertümlich'. Zu ig. **hant-* 'Vorderseite' gehört die Bedeutung 'vor' und daraus abgeleitet 'früher, alt' (wie in l. *antīquus*). Sie wird im Germanischen gespiegelt durch eine Komparativform **andiz-* 'früher' in anord. *endr* 'wieder, früher', ae. *end* 'vorher', ahd. *enti* 'früher', semantisch abweichend gt. *andiz-uh* 'entweder'. Hierzu ein Abstraktum ahd. *enteri* 'Vorzeit, frühe Zeit' zu dem *entrisch* eine Zugehörigkeitsbildung sein kann. Offenbar ist aber das Wort mit einem zweiten, ahd. *endrisk* 'fremd, barbarisch', das nur bei Notker belegt und wohl aus *ander-* abgeleitet ist, zusammengefallen, so daß sich hieraus seine besondere Bedeutung ergibt.

S. *ent-*. – L. de Grauwe *SGG* 21 (1980/81), 258–266.

entrückt *Adj.(PPrät.) stil.* (< 13. Jh.). Mhd. *entrücken*, eigentlich 'herausreißen, fortreißen' (s. *rükken*); seit der Mystik auch 'in Ekstase bringen', wozu das als Relikt gebliebene Partizip *entrückt*. Abstraktum: ***Entrückung***. Vgl. *entzücken, verzückt*.

entrümpeln *swV.* (< 20. Jh.). Präfixableitung zu *Gerümpel* mit Unterdrückung des Präfixes *ge-*.

entrüsten *swV.* (< 13. Jh.). Mhd. *entrüsten* heißt eigentlich 'die Rüstung ausziehen, abnehmen', übertragen 'aus der Fassung bringen'. S. *rüsten*.

entsagen *swV.* (< 8. Jh.). Mhd. *entsagen*, ahd. *intsagēn*, zu *sagen* mit verschiedenen Bedeutungen. Heute 'lossagen, verzichten'.

entscheiden *stV.* (< 14. Jh.). Mhd. *entscheiden*, zunächst von der richterlichen Entscheidung u.ä., also 'die Aussagen, Ansichten usw. voneinander trennen, um zur richtigen Einsicht zu kommen'. Im Neuhochdeutschen abgeschwächt und verallgemeinert.

S. *scheiden*. – *HWPh* 2 (1972), 541–544.

entschlagen *swV. arch.* in *sich einer Sache entschlagen* 'sich innerlich von etwas frei machen'. Mhd. *entslahen*. Ursprünglich 'herausschlagen' (etwa Feuer aus dem Stein u.ä.). Dann übertragen für 'freimachen, loslösen', worauf die heutige, abgeschwächte Bedeutung beruht.

entschließen *stV.* (< 8. Jh.). Mhd. *entsliezen*, ahd. *intsliozan* bedeutet ursprünglich 'aufschließen', auch bei reflexivem Gebrauch. Seit frühneuhoch-

deutscher Zeit bildlich in heutigen Sinne ('sich für eine Sache öffnen, entscheiden'), ursprünglich mit Genetiv, dann mit *zu* konstruiert. Abstrakta: ***Entschluß***, ***Entschließung***; Adjektiv (PPart.): ***entschlossen***.

HWPh 2 (1972), 547 f.

entsetzen *swV.* (< 9. Jh.). Mhd. *entsetzen*, ahd. *intsezzen* 'außer Fassung bringen' zu mhd. *entsitzen stV.*, ahd. *intsizzen stV.* 'außer Fassung kommen'. Zu vergleichen ist etwa *außer sich sein*. Adjektiv: *entsetzlich*.

H. Bergenholtz: *Das Wortfeld Angst* (Stuttgart 1980).

entsorgen *swV. erw. fach.* 'Müll, besonders Giftmüll, beseitigen' (< 20. Jh.). In verharmlosender Absicht gebildetes Gegenstück zu *besorgen*, mit Bezug auf *Sorge* als 'die Sorge für etwas abnehmen'.

G. Inghult *MoS* 75 (1981), 35–40; *Brisante Wörter* (1989), 462–466.

entsprechen *stV.* (< *12. Jh., Bedeutung < 15. Jh.). Das Wort ist im Sinne von 'gemäß sein' wohl eine Lehnbedeutung zu frz. *répondre* 'antworten, etwas entsprechen', denn das Wort hatte mittelhochdeutsch (süddeutsch) die Bedeutung 'antworten' (u.ä.).

B. Erker *Lichtenberg-Jahrbuch* 1989, 80–86.

enttäuschen *swV.* (< 19. Jh.). Als Ersatzwort für frz. *désabuser* und *détromper* gebildet. Es bedeutet eigentlich 'aus einer Täuschung herausreißen', wird aber heute nur noch im negativen Sinn 'einer Erwartung nicht entsprechen' benützt.

entweder *Konj.* (< 11. Jh.). Mhd. *eintweder*, ahd. *ein weder*, as. *ēndihweðar*; zunächst zu wg. **hwedera-* 'welcher von beiden' (s. *weder*). Im Vorderglied steht *ein*[1], der Dental ist wohl ein Gleitlaut. Gemeint ist also: 'eines von beiden: A oder B', woraus nach heutigem Verständnis 'entweder A oder B'.

entwerfen *stV.* (< 9. Jh.). Mhd. *entwerfen*, ahd. *intwerfan*. Zunächst einerseits in eigentlicher Bedeutung 'hinwerfen', andererseits als Fachterminus der Weberei (ausgehend von *werfen* in der Bedeutung 'drehen') 'beim Anzetteln des Gewebes die Fäden auseinanderdrehen, d. h. in die richtige Ordnung bringen', dann einfach 'anzetteln'; schließlich übertragen 'künstlerisch ausführen' (Malerei, Einlegen, Sticken, Aufnähen usw.). Später unter dem Einfluß von l. *prōiectāre* und frz. *projeter* vom Hinwerfen einer schnellen, flüchtigen Umrißzeichnung gesagt. Konkretum: ***Entwurf***.

S. Singer *ZDW* 4 (1903), 127; E. Schröder *ZDA* 68 (1931), 283 f.; N. O. Heinertz *SMS* 16 (1946), 57–91.

entwickeln *swV.* (< 17. Jh.). Gebildet unter dem Einfluß von l. *explicāre* und frz. *évoluer*. Deshalb fast nie in der eigentlichen Bedeutung 'aufwickeln' gebraucht, sondern zunächst 'einen Gedanken entwickeln', 'ein Rätsel lösen', 'etwas nachprüfen'. Das Reflexivum weitet dann seinen Anwendungsbereich aus zu ´sich allmählich herausbilden´. Abstraktum: **Entwicklung**.

HWPh 2 (1972), 550–560; *Grundbegriffe* 2 (1975), 199–228.

entwischen *sw V. stil.* (< 13. Jh.). Mhd. *entwischen*, ahd. *intwiskan*, eigentlich ´wegstreifen´, dann mit Konstruktionswechsel zum Intransitivum übertragen gebraucht.

entziffern *sw V.* (< 18. Jh.). Präfixableitung zu *Ziffer* nach dem Vorbild von frz. *déchiffrer*, zu frz. *chiffre*. Also: ´die Zeichen herausbringen´. Abstraktum: **Entzifferung**.

entzücken *sw V.* (< 12. Jh.). Mhd. *en(t)zücken*, eigentlich ´wegziehen, wegreißen´ (zu *zucken, zükken*, s.d.). Dies wird im konkreten Sinn gebraucht, erhält aber in der Mystik (wie *verzückt, entrückt* u.ä.) die Bedeutung ´in Ekstase bringen, kommen´. Meist werden nur Partizip und Infinitiv verwendet. Dann Übertragung auf die irdische Liebe *(jemanden entzücken)* und schließlich allgemein für ´jmd. erfreuen´.

entzwei *Adj.* (< 8. Jh.). Mhd. *enzwei*, ahd. *in zwei*, also zusammengewachsen aus *in zwei (Teile)* mit nachträglicher Angleichung an das Präfix *ent-*. Dies ist ursprünglich bei dem Verb **entzweien**.

-enz *Suffix*, Variante zu *-anz*.

Enzian *m. erw. fach.* (eine Gebirgspflanze mit glockigen Blüten) (< 14. Jh.). In der Glossentradition ahd. *enciān(e) f.*; entlehnt aus l. *gentiāna f.*

LM 3 (1986), 2030; *RGA* 7 (1989), 399.

Enzyklika *f. per. fach.* ´päpstliches Rundschreiben´ (< 18. Jh.). Entlehnt aus neo-kl. *encyclica*, einer Neubildung zu spl. *encyclios* ´einen Kreis bildend´, dieses aus gr. *egkýklios* ´kreisförmig, allgemein´, zu gr. *kýklos m.* ´Kreis, Rad´ und gr. *en* ´in´, also ´Rund(schreiben)´. Zur Sippe des zugrundeliegenden gr. *kýklos* ´Kreis´ s. *Zyklus*.

Enzyklopädie *f. erw. fach.* ´umfassendes Nachschlagewerk´ (< *15. Jh., Bedeutung < 18. Jh.). Entlehnt aus frz. *encyclopédie*, dieses aus l. *encyclopaedia* ´Grundlehre der Wissenschaften und Künste´, aus gr. *egkyklopaideía* (für gr. *egkýklios paideía*), zu gr. *egkýklios* ´kreisförmig, allgemein´ (zu gr. *kýklos m.* ´Kreis´) und gr. *paideía* ´Lehre, Ausbildung´. Das Wort meint zunächst Universalwissen (bei den Sophisten) bzw. das dem wirklichen Studium zugrundeliegende propädeutische Wissen. In der Neuzeit versteht man darunter Repetitorien und Lehrwerke, in denen das Wichtigste aus der Fachliteratur in Kurzfassung zusammengetragen ist (in dieser Bedeutung wohl unmittelbar aus dem Lateinischen entlehnt), bis im 18. Jh. unter dem Einfluß der französischen Enzyklopädisten die Bedeutung ´umfassende Sammlung des verfügbaren

Wissens (in Buchform)´ entsteht. Adjektiv: **enzyklopädisch**.

Zur Sippe von gr. *kýklos* ´Kreis´ s. *Zyklus*, zu der von gr. *paideía* s. *Pädagogik*. – J. Henningsen *AB* 10 (1966), 271–357; K. Hjort *MS* 77 (1967), 353–365; *HWPh* 2 (1972), 573–575; U. Dierse: *Enzyklopädie* (Bonn 1977); *LM* 3 (1986), 2031–2039.

Enzym *n. per. fach.* ´Wirkstoff´ (< 19. Jh.). Neoklassische Bildung zu gr. *zýmē* ´Sauerteig´ und gr. *én-* ´in´. Das Wort wurde 1878 von W. Kühne eingeführt. Die Wirkstoffe wurden also (wie bei dem älteren Wort *Fermente*) als ´Hefen´ bezeichnet.

Epaulett *n.*, **Epaulette** *f. per. fach.* ´Achsel-, Schulterstück der Uniform, Schulterschutz´ (< 18. Jh.). Entlehnt aus frz. *épaulette f.*, einem Diminutivum zu frz. *épaule f.* ´Achsel, Schulter´. Vgl. die Übertragung der Bezeichnung des Körperteils auf die des Kleidungsstücks mit Hilfe eines Diminutiv-Suffixes bei *Ärmel*.

Das französische Wort wohl aus l. *spatula f.* ´Schulterblatt, eigentlich ´Löffel´, einem Diminutivum zu l. *spatha f.* ´Löffel, Spatel´, aus gr. *spáthē f.* (wohl auch: ´Schulterblatt´). S. *Spachtel*. – *DF* 1 (1913), 177.

epi- *Präfix*. Wortbildungselement mit der Bedeutung ´daneben, darüber, darauf´ (z. B. *Epigramm*). Es geht zurück auf gr. *epí* ´auf, darauf, hinauf, neben, nach´. Die Form vor Vokal lautet *ep-* (z. B. *Epoche*), vor /h/ erscheint es als *eph-* (z. B. *ephemer*). Das Präfix ist in deutschen Wörtern gelegentlich als Element der Analyse erkennbar (z. B. *Epigramm* neben anderen Wörtern auf *-gramm*) und in neoklassischen Bildungen begrenzt produktiv (z. B. *Epidiaskop* zu *Diaskop* ´Durchleuchter, Dia-Projektor´; beim Epidiaskop werden die Bilder nicht durchleuchtet, sondern ´daneben´ gelegt). S. *ob*[2].

Epidemie *f. erw. fach.* ´Massenerscheinung, Massenerkrankung´ (< *16. Jh., Form < 18. Jh.). Entlehnt aus ml. *epidemia*, dieses aus gr. (dor.) *epídāmos* ´im Volk verbreitet´, zu gr. *dēmos m.* ´Volk´ und gr. *epí Präp.* ´dazu, dabei; auf, an, bei, etc.´. Zunächst in lateinischer Form entlehnt, dann eingedeutscht. Adjektiv: **epidemisch**.

S. *Demokratie* und *Demagoge*. – *DF* 1 (1913), 177 f.; K.-H. Weimann *DWEB* 2 (1963), 390; *LM* 3 (1986), 2055–2059.

Epigone *m. erw. fach.* ´Nachahmer, unbedeutender Nachfolger´ (< 18. Jh.). Entlehnt aus gr. *epígonoi*, eigentlich ´Nachgeborene´, zu gr. *gígnesthai* ´entstehen´ und gr. *epí Präp.* ´nach´. Der neuzeitliche Wortsinn geht auf die Bezeichnung einer bestimmten Gruppe von Nachfahren in einer griechischen Sage zurück: die Söhne der sieben Helden, die im Kampf um das mächtige Theben unterlegen waren. Einige Jahre nach dem Tod ihrer Väter ziehen sie aus, um diese zu rächen. Sie können Theben zwar erobern, aber was sie zerstören, ist eine in der Zwischenzeit schwach gewordene Stadt, deren Einwohner auf einen Seherspruch hin in der Nacht zuvor geflohen waren. Von dieser Geschichte aus dann Verallgemeinerung der Bedeutung. Adjektiv: *epigonal.*

Zur Sippe des zugrundeliegenden gr. *gígnesthai* ʿentstehenʾ s. -*gen*; zur lateinischen Verwandtschaft s. *Genus*, zur germanischen *Kind.* Ersatzwort ist *Nachgeborene* (Pl.). − *DF* 1 (1913), 178; M. Windfuhr *AB* 4 (1959), 182−209; *HWPh* 2 (1972), 581 f.; *Brisante Wörter* (1989), 621 f.

Epigramm *n. erw. fach.* ʿSinn-, Spottgedichtʾ (< *17. Jh., Form < 18. Jh.). Entlehnt aus l. *epigramma*, dieses aus gr. *epígramma*, eigentlich ʿInschrift, Aufschriftʾ, zu gr. *grámma* ʿGeschriebenesʾ, zu gr. *gráphein* ʿschreibenʾ, und gr. *epí Präp.* ʿauf, darüberʾ. Im Griechischen eine Aufschrift auf Kunstgegenständen, die diese (oft pointenhaft) beschreibt und erklärt. Im Deutschen zunächst in lateinischer Form übernommen, dann endungslos.

Zur Sippe des zugrundeliegenden gr. *gráphein* ʿschreibenʾ s. *Graphik.* Ersatzwort ist *Sinngedicht.* − *DF* 1 (1913), 178; *HWPh* 2 (1972), 582−584; *LM* 3 (1986), 2060−2063.

Epilepsie *f. erw. fach.* ʿFallsuchtʾ (< 16. Jh.). Entlehnt aus l. *epilēpsia*, dieses aus gr. *epílēpsis*, eigentlich ʿErgreifenʾ), zu gr. *epilambánein* ʿerfassen, überfallenʾ, zu gr. *lambánein* ʿfassen, nehmenʾ und gr. *epí Präp.* ʿauf, darüberʾ. Also eigentlich ʿAnfallʾ. Adjektiv: *epileptisch*; Täterbezeichnung: *Epileptiker.*

S. *Lemma, Dilemma.* − K.-H. Weimann *DWEB* 2 (1963), 390; *LM* 3 (1986), 2064 f.; H. Schneble: *Krankheit der ungezählten Namen* (Bern 1987).

Epilog *m. erw. fach.* ʿNachwort, Nachspielʾ (< *16. Jh., Form < 18. Jh.). Entlehnt aus l. *epilogus*, dieses aus gr. *epílogos*, zu gr. *lógos* ʿSprechen, Redeʾ und gr. *epí Präp.* ʿnachʾ. Zur Sippe des zugrundeliegenden gr. *lógos* ʿSprechenʾ s. *Logik.*

LM 3 (1986), 2065 f.

Episkopat *n. per. fach.* (< 16. Jh.). Entlehnt aus kirchen-l. *episkopātus*, Kollektiv zu l. *episcopus* ʿBischofʾ, aus gr. *epískopos* ʿAufseher, Bischofʾ (s. *Bischof*). Zur Sippe des zugrundeliegenden gr. *skopeîn* ʿsehenʾ s. *Skepsis.*

Episode *f. erw. fach.* ʿ(unbedeutendes) Ereignisʾ (< 18. Jh.). Entlehnt aus frz. *épisode*, dieses aus gr. *epeisódion* *n.* ʿeingeschobene Dialogteileʾ, eigentlich ʿHinzukommendesʾ, zu gr. *hodós* ʿGang, Wegʾ, gr. *epí Präp.* ʿhinzuʾ und gr. *eis Präp.* ʿhineinʾ. Zunächst Bezeichnung des im frühen griechischen Theater zum Chor hinzukommenden Dialogs. Als der Dialog eine immer größere Rolle spielt, entwickelt sich die Bedeutung hin zu ʿNebenhandlungʾ, dann auch Verallgemeinerung zu ʿunbedeutendes Ereignisʾ. Adjektiv: *episodisch.*

Zu den anderen Komposita mit gr. *hodós* ʿGang, Wegʾ s. *Methode.* − *DF* 1 (1913), 178.

Epistel *f. per. fach.* ʿSendschreiben, Teil der christlichen Liturgieʾ (< 14. Jh.). Spmhd. *epistole*

ist entlehnt aus l. *epistula, epistola*, dieses aus gr. *epistolḗ*, eigentlich ʿÜbersandtesʾ, zu gr. *epistéllein* ʿzuschickenʾ, zu gr. *stéllein* ʿschicken, fertigmachenʾ und gr. *epí Präp.* ʿnach, überʾ (s. *epi-*). Als Bestandteil der Liturgie eigentlich ʿLesung aus den Briefenʾ.

Zur Sippe von gr. *stéllein* ʿschickenʾ gehört neben *Epistel* die parallele Nominalableitung *Apostel*; aus einer vom PPP abhängigen Adjektiv-Bildung *Peristaltik.* Eine Nominalableitung vom Simplex ist *Stola.* Zur germanischen Verwandtschaft s. *Stall.* − *LM* 3 (1986), 1069.

Epoche *f. erw. fach.* ʿZeitraumʾ (< 18. Jh.). Über romanische Vermittlung entlehnt aus gr. *epochḗ* ʿGestirnposition, fester Zeitpunktʾ, eigentlich ʿAnhaltenʾ, zu gr. *epéchein* ʿan-, festhalten, verweilenʾ, zu gr. *échein* ʿhaltenʾ und gr. *epí Präp.* ʿanʾ. Das Wort bezeichnet also eigentlich den Zeitpunkt eines Ereignisses (vgl. *Epoche machen* ʿals bedeutendes Ereignis geltenʾ nach frz. *faire époque*). Erst nachträglich kommt es zu der Bedeutung ʿZeitraumʾ nach dem Vorbild des Französischen. Das Adjektiv *epochal* ʿfür eine ganze Epoche bedeutsamʾ wird heute fast nur noch ironisch verwendet.

Zu gr. *échein* ʿhaltenʾ gehören noch *Eunuch* als komponiertes Nomen agentis, *hektisch* als Adjektiv-Ableitung aus dem PPP, zu der vom Schwundstufe des Aorist-Stammes *Schema* und *Schule.* Zur germanischen Verwandtschaft s. *Sieg.* − *DF* 1 (1913), 178 f.; *HWPh* 2 (1972), 596−599.

Epos *n. erw. fach.* ʿerzählende Dichtungʾ (< 18. Jh.). Entlehnt aus l. *epos*, dieses aus gr. *épos*, einem *s*-Stamm zu gr. *eipeîn* ʿsagenʾ. Hierzu als Adjektiv *episch* und zu diesem *Epik.*

Zur germanischen Verwandtschaft s. *erwähnen.* − *HWPh* 2 (1972), 599−601; *LM* 3 (1986), 2076−2091; *RGA* 7 (1989),423−428.

Eppich *m. per. fach.* ʿSellerie (auch andere Pflanzen)ʾ (< 11. Jh.). Mhd. *epfich* n., ahd. *ephih* m./ n.(?), mndd. *eppe*, md. *eppe, eppich*, also in mitteldeutscher oder mittelniederdeutscher Form in die Hochsprache gelangt. Das Wort bezeichnet die Sellerie, die im frühen Mittelalter aus Italien nach Deutschland gebracht wurde. Mit der Sache wurde der Name (l. *apium n.*) entlehnt. Das lateinische Wort wird von l. *apis f.* ʿBieneʾ abgeleitet als ʿvon den Bienen bevorzugte Pflanzeʾ − was sachlich kaum stimmt; wohl von einer anderen Pflanze übertragen.

Equipage *f. per. fach.* ʿKutscheʾ (< 17. Jh.). Entlehnt aus frz. *équipage* (auch: ʿBesatzung, Ausrüstungʾ), einer Ableitung von frz. *équiper* ʿ(ein Schiff) ausrüsten, mit dem Nötigen versehenʾ, aus anord. *skipa* ʿeinrichten, einordnenʾ; besonders ʿein Schiff mit Ausrüstung und Besatzung versehenʾ. Von Ausrüstung entwickelt sich die Bedeutung zu ʿRüstwagen eines Offiziersʾ, woraus dann ʿherrschaftliche Kutscheʾ entsteht.

S. *Equipe.* Zur germanischen Verwandtschaft s. *Schiff.* − *DF* 1 (1913), 179; Brunt (1983), 281.

Equipe *f. per. fach.* ´Mannschaft` (< 20. Jh.). Entlehnt aus frz. *équipe*, das abgeleitet ist von frz. *équiper* ´(ein Schiff) ausrüsten, bemannen`. S. *Equipage*.

er *Pron.*, **es** *Pron.* (< 8. Jh.). Mhd. *er*, *ez*, ahd. *er*, *iz*. Das Maskulinum *er* geht zurück auf g. **eiz* aus ig. (weur.) **eis*, wie genau entsprechendes air. *é* und die Reliktform l. *eis*; entsprechend, ohne *-s*, ai. *ayám*. Im Voralthochdeutschen muß der Diphthong zu *ē²* kontrahiert und dann gekürzt worden sein (vgl. daß ahd. *er* im Gegensatz zu *iz* und *es* nie in Enklise seinen Vokal verliert). Das Neutrum *iz* setzt g. **it*, ig. **id* fort. Das Pronomen bestand ursprünglich aus einem Stamm **e-* ´der`, der durch eine Partikel *-i* zu einem anaphorischen Pronomen erweitert wurde. Deshalb erscheinen in den indogermanischen Sprachen Stämme mit *e* und mit *i* nebeneinander. Als Höflichkeitsanrede im 17. und 18. Jh. gebraucht.
S. auch *Identität, ihm, ihn, ihr²*. – Zu den Einzelheiten vgl. Seebold (1984), 58–73, 79–84.

er- *Präfix*. Mhd. *er-*, ahd. *ar-* (Tatian), *ir-* (Otfrid), *er-* (Notker) entspricht gt. *us-* und führt damit auf g. **uz-* zurück. Die übrigen Sprachen haben in seiner Funktion *ā-*. In Nominalverbindungen mit betontem Vorderglied steht ahd. mhd. *ur-* (vgl. *Urteil* – *erteilen*). Die Partikel bedeutet eigentlich ´aus` und ist am ehesten eine Parallelbildung zu g. *\*ūt-* ´aus` (ig. **ud-* neben **ud-s-*). Als Präfix bildet sie vorwiegend inchoative Verben (die den Anfang einer Handlung bezeichnen). Mundartlich ist durch Assimilation im Satzzusammenhang die südod. Variante *der-* entstanden.
S. *ur-*. – A. Wolf: *Das Präfix uz-* (Diss. Breslau 1915); H. Gruber: *Das adverbale uz-Präfix* (Jena 1930); T. Ahldén: *der-* = *er-* (Göteborg 1953); *Wortbildung* 1 (1973), 148 f. und die dort angegebenen Stellen.

-er *Suffix* (zur Bildung von Nomina agentis und Gerätebezeichnungen, selten auch Vorgangsbezeichnungen, z. B. *Arbeiter, Bohrer, Seufzer*). In alter Zeit bei Bildungen aus Substantiven, dann mehr und mehr bei Bildungen aus Verben (so heute fast ausschließlich). Varianten sind *-ler* und *-ner*. Übernommen und abgelöst aus lateinischen Bildungen mit dem Suffix *-ārius*, das teils durch mhd. *-ære*, teils durch mhd. *-ere* wiedergegeben wird; die Einzelheiten der Verteilung sind unklar. In der Regel haben die Ableitungen mit diesem Suffix Umlaut. Im Deutschen gleichlautend ist das Suffix zur Bildung von Einwohnerbezeichnungen; dieses geht vermutlich auf g. **-wazōn-* zurück (s. *Bürger*).
S. *-ar*. – *Wortbildung* 2 (1975), 62–68 und die dort angegebenen Stellen; Lloyd/Springer 1 (1988), 326–329; G. W. Davis *AJGLL* 4 (1992), 103–116.

erbarmen *swV.* (< 9. Jh.). Mhd. *(er)barmen*, ahd. *(ir)barmēn* neben ahd. *armēn*, as. *armon*, gt. *(ga-)arman* ´sich erbarmen`, eine Lehnbildung zu l. *miserēre* neben l. *miser* ´arm, elend`. Die Form

mit *b-* beruht offenbar auf einer Präfigierung mit *ab-*, wie in ae. *of-earmian*. Die Beleglage ist aber auffällig.
Vgl. *barmherzig*. – Lloyd/Springer 1 (1988), 478–480; Röhrich 1 (1991), 389; A. L. Lloyd *AJGLL* 4 (1992), 117–130. Zur Entlehnung ins Finnische s. *LÄGLOS* (1991), 34 f.

erbauen *swV. stil.* (< 13. Jh.). Mhd. *erbūwen*, mndd. *erbūwen, erbiuwen, erbouwen*; zunächst konkret ´zu Ende bauen`, dann nach dem Vorbild von l. *aedificāre* und ntl.-gr. *oikodoméō* geistlich gewendet. Hierzu **erbaulich** und *von etwas* **erbaut** *sein*.
HWPh 2 (1972), 601–604.

Erbe¹ *n.* ´Erbgut` (< 9. Jh.). Mhd. *erbe*, ahd. *erbi*, as. *erƀi* aus g. *\*arbija-* n. ´Erbe`, auch in gt. *arbi*, ae. *i(e)rfe, yrfe*, afr. *erve*; entsprechendes anord. *erfi* bedeutet ´Leichenschmaus`. Die ursprünglichen Zusammenhänge spiegelt am besten das Altwestnordische. Dort steht in einer Serie anord. *arfr* m. (*\*arba-*) ´Hinterlassenschaft` neben anord. *arfi* m. (**arbōn-*) ´(Hinterlassener), Erbe`, und in einer zweiten Serie anord. *erfi* n. (*\*arbija-*) ´Leichenschmaus` (= ´das zur Hinterlassenschaft Gehörige, für sie Typische` neben anord. *erfi* m. ´Erbberechtigter, Haupterbe` (**arbijōn-*, Täterbezeichnung zu **arbija-*). Diese Viergruppe ist für die urgermanische Zeit wohl allgemein anzusetzen. Im Westgermanischen und Gotischen sind dann die formal und semantisch charakteristischen *j*-Formen für ´Erbe` n. und ´Erbe` m. verallgemeinert worden, im Altostnordischen bestand diese Möglichkeit als Variante. Ziemlich genau entspricht diesem vorausgesetzten Zustand der Befund des Altirischen: air. *orb* m. (**orbʰo-*) (1) ´Hinterlassenschaft`, (2) ´(Hinterlassener), Erbe` (die zweite Bedeutung ist im Germanischen durch einen *n*-Stamm verdeutlicht), neben air. *orbe* n. (**orbʰijo-*) ´Erbteil`, air. *comarbhe* m. (*\*kom-orbʰijo-*) ´Erbe, Nachfolger`. Vorauszusetzen ist offenbar g.-kelt. **órbʰo-* m. ´Hinterlassenschaft`, mit morphologisch relevantem Akzentwechsel g.-kelt. *\*orbhó-* m. ´Hinterlassener`; dazu als zweite Serie g.-kelt. **orbʰijo-* n. ´das für die Hinterlassenschaft Spezifische, das ihr Zugehörige`, und eine Weiterbildung (kelt. *\*kom-*, g. *\*-ōn*) ´der durch das *\*orbʰijo-* Charakterisierte, der Haupterbe`. Zum weiteren s. *Erbe* m. Verb: **erben**; Adjektiv: **erblich**; Kollektivum: **Erbschaft**.
Nschw. *arv*, nisl. *arfur*. S. *Erbe²*, *Ganerbe*. – O. Grønvik: *The words for ´heir`, ´inheritance` and ´funeral feast` in early Germanic* (Oslo 1982); *LM* 3 (1986), 2102–2116.

Erbe² *m.* (< 8. Jh.). Mhd. *erbe*, ahd. *erbo*, mndd. *erve* n. aus g. **arbijōn* m. ´der Erbe`, auch in gt. *arbja*, runen-nord. *arbija-*, afr. *erva*. Während g. *\*arbijōn* ´Erbberechtigter, Haupterbe` nur mit air. *comarbe* ´Erbe, Nachfolger` zu vergleichen ist, hat die nordische Entsprechung anord. *arfi*, die zunächst offenbar nur ´Hinterlassener`, evtl. ´Waise` bedeutet hat, genauere Parallelen: Zunächst weist finn. *orpo* 'Waise', das wohl aus dem Germanischen entlehnt ist, darauf hin, daß das Germanische eine entsprechende Bedeutung gehabt hat. Sie vergleicht sich (als *o*-Stamm) mit l. *orbus* 'beraubt, verwaist', gr. *orpho-* (in nur in Glossen bezeugten Komposita), arm. *orb* 'Waise', erweitert in gr. *orphanós* verwaist, also ig. (eur.) *orb^hó-* 'hinterlassen, zurückgelassen, verwaist'. Die Bedeutung 'Erbe' geht dabei davon aus, daß das 'Erbgut' als 'verwaistes Gut' bezeichnet wird; ähnlich gehört zu ig. **g^hēro-* 'verwaist, beraubt' (vgl. gr. *chḗra f.* 'Witwe') die Bedeutung 'Erbgut' in gr. *chērōstaí m.* 'Seitenverwandte, die einen Verstorbenen mangels näherer Verwandter beerben' und l. *hērēs (-ēdis) m.* 'der Erbe'. Ferner akslav. *rabŭ* 'Knecht, Sklave', arm. *arbaneak* 'Diener' (aus **ṛb^h-*) (s. *Arbeit*), heth. *harp-* 'sich absondern, sich aufteilen, sich beigesellen', also zu ig. **horb^h-* 'absondern, trennen, hinterlassen', ig. **horb^hó-* 'der Zurückgelassene', einerseits 'Waise', andererseits 'Diener' und schließlich 'Erbe' — drei Aspekte derselben Situation. Nur germanisch und keltisch steht daneben die Akzentvariante (ig.) **hórb^ho-* 'die Hinterlassenschaft', und dann spezielle Ausdrücke, die ein rechtlich besonders relevantes Erbe bezeichnen: (ig.) **horb^hijo-* 'das Haupterbe', im Altnordischen 'Leichenschmaus' — offenbar die Gelegenheit, bei der die Verfügungsgewalt auf den Haupterben überging, und dann die Weiterbildung g. **arbijōn,* kelt. **kom-horb^hijo-* 'der Haupterbe'. — Eine andere Ausdrucksweise für den Erben (die unter Umständen nicht genau dasselbe bedeutet) ist 'Erbnehmer', vgl. zu *nehmen* gt. *arbinumja,* ae. *irfenuma,* ahd. *erbinomo* und außergermanisch gr. *klēronómos* (zu gr. *klēros* 'Anteil, Erbgut'), anders anord. *arftaki* und wieder anders l. *hērēs (-ēdis)* und ai. *dāyādá-* 'Erbe' (zu ai. *dāyá-* 'Anteil, Erbschaft') zu einem (ig.) **ǝd-* 'nehmen' oder zu **dō-* mit einem Präfix (nach Dunkel, s. u., 'das Erbe fressen' zu ig. **ed-* für den Erben, der nicht der Sohn des Toten ist). Im übrigen vgl. *Erbe[1]*.

N. Reiter *Zeitschrift für Balkanologie* 13 (1977), 125 – 142; E. P. Hamp ebda. 17 (1981), 32 f.; G. E. Dunkel in *FS H. Hoenigswald* (Tübingen 1987), 91 – 100; O. Szemerényi in *FS Meid* (1989), 359 – 368; Röhrich 1 (1991), 389 f. Zur Entlehnung ins Finnische s. *LÄGLOS* (1991), 36 f.; Koivulehto (1991), 106.

Erbfeind *m.* (< 13. Jh.). Mhd. *erbevīnt* ist eigentlich der Teufel, dessen Feindschaft die Menschheit mit der Erbsünde geerbt hat. Dann übertragen auf die Türken in den Türkenkriegen, und schließlich auch auf die Franzosen (schon im 16. Jh., dann vor allem im 19. Jh.).

F. Behrend: *Altdeutsche Stimmen* (Berlin 1916), 7 – 25.

Erblasser *m.* erw. fach. 'der nach seinem Tod ein Erbe hinterläßt' (< 16. Jh.). Zusammenbildung aus mhd. *daz erbe lān* 'das Erbe hinterlassen' als Verdeutschung von l. *testātor*; zunächst nur von demjenigen, der ohne Testament ein Erbe hinterläßt, danach verallgemeinert.

Pfaff (1933), 29 f.

erbosen *swV.* (< 17. Jh.). Von den Sprechern auf *böse* bezogen und von diesem in der Bedeutung beeinflußt, aber kaum von ihm abgeleitet. Vgl. me. *boosten,* ne. *boast* 'prahlen', das sich mit *erbosen* auf 'aufblasen o.ä.' vereinigen läßt und wohl in den Zusammenhang der unter *Bausch* aufgeführten Lautgebärden gehört.

Erbschleicher *m.* (< 17. Jh.). 'Jemand, der sich ein Erbe erschleicht', wohl im Anschluß an l. *heredipeta* (zu l. *hērēdium* 'Erbe *n.*' und l. *petere* 'erstreben').

Erbse *f.* (< 10. Jh.). Mhd. *erbīz, areweiz, arwīz, arwīs* u.ä., ahd. *araw(e)iz,* as. *er(iw)it* aus vd. **arw(a)-(a)itō f.* 'Erbse'. Das Wort ist sicher entlehnt; es ist aber nicht klar, auf welcher Stufe es alt ist, kann man ein Hinterglied g. **ait-* ablösen, das sich mit ae. *āte* 'Hafer', ne. *oats* vergleichen läßt und das 'Korn' bedeutet haben könnte. Das Vorderglied wäre vergleichbar mit l. *ervum n.* 'Hülsenfrucht', (evtl. mir. *orbaind* 'Korn'), gr. *órobos m.,* *eré*binthos m. 'Kichererbse'. Vermutlich entlehnt aus einem alten vorindogermanischen Wanderwort. Bei anord. *ertr Pl.* 'Erbsen' ist umstritten, ob es aus dem Altsächsischen entlehnt ist oder mit den deutschen Wörtern zusammen auf eine ältere Stufe zurückgeht.

G. Binz *ZDPh* 38 (1906), 369 – 372; Bertsch (1947), 165 – 170; *RGA* 7 (1989), 433 – 436; Lloyd/Springer 1 (1988), 308 – 311; Röhrich 1 (1991), 390 f.

Erbsünde *f.* (< 13. Jh.). Mhd. *erbesünde,* Lehnübersetzung von l. *peccātum hērēditārium n.* für die Sünde, die die Menschheit von Adam geerbt hat.

LM 3 (1986), 2117 – 2120.

Erchtag *m.* s. *Ergetag.*

Erdapfel *m.* reg. 'Kartoffel' (< *11. Jh., Bedeutung < 17. Jh.). Mhd. *ertapfel,* ahd. *erdaphul* bezeichnen andere Früchte, die im oder auf dem Boden wachsen, wie Cyclamen, Kürbis, Melone und Gurke (Lehnübersetzung von l. *mālum terrae*). Die Übertragung der Bezeichnung auf die Kartoffel in Europa weit verbreitet (vgl. etwa frz. *pomme de terre f.*). In Deutschland ist teilweise der *Erdapfel* von der **Grund- (Erd-, Boden-) Birne** unterschieden worden. In diesem Fall bezeichnet *Erdapfel* die Topinambur-Knolle, *Grundbirne* die länglichere Kartoffel.

Vgl. *Kartoffel.* — C. Abegg-Mengold (1979), 175 – 179; Seebold (1981), 213 – 215.

Erdbirne *f.* s. *Erdapfel.*

Erde *f.* (< 8. Jh.). Mhd. *erde,* ahd. *erda,* as. *ertha* aus g. **erþō f.* 'Erde', auch in gt. *airþa,* anord. *jǫrð,* ae. *eorþe,* afr. *erthe.* Außergermanisch mit gleicher Bedeutung gr. *éra* (Glossenwort; weiter verbreitet ist gr. *érāze* ´auf die Erde, zur Erde`), arm. *erkir* ´Erde` und innerhalb des Germanischen ahd. *ero* m. Semantisch abweichend kymr. *erw* ´Feld, Land`. Weitere Verknüpfungen sind unsicher. Präfixableitung: **beerdigen**.

Nndl. *aarde*, ne. *earth*, nschw. *jord*, nisl. *jörð*. S. auch *irden*, *irdisch*. – *RGA* 7 (1989), 436–441; Röhrich 1 (1991), 391. Zu *Erde* als Terminus der Mineralogie und Chemie vgl. Lüschen (1968), 214 f.

erden *sw V. erw. fach.* ´mit der Erde elektrisch leitend verbinden` (< 20. Jh.). Fachwort der Telegraphenbauer und Starkstromtechniker nach der von G. M. Marconi im letzten Jahrzehnt des 19. Jhs. entwickelten Technik.

Erdnuß *f.* (< *10. Jh., Bedeutung < 18. Jh.). Früher (mhd. *ertnuz*, ahd. *erd[h]nuz*) Bezeichnung für verschiedene Knollengewächse, ähnlich wie *Erdapfel*. Seit dem 18. Jh. auf eine exotische Frucht übertragen, die eigentlich nicht eine Nuß, sondern Samen eines Schmetterlingsblütlers ist (dessen Samenhülsen sich in die Erde senken).

erdrosseln *sw V.* (< 17. Jh.). Aus *Drossel²* ´Kehle` abgeleitet.

Erdschocke *f. per. omd.* (< 19. Jh.). Sekundäre (regionale) Umgestaltung von *Artischocke*. Regional teilweise auf ´Kartoffel` übertragen.

ereignen *sw V. refl.,* älter **eröugen**, (< *8. Jh., Form < 17. Jh.). Ahd. *irougen* ´vor Augen stellen`, eine (Präfix-) Ableitung zu ahd. *ouga* ´Auge` (vgl. gt. *at-augjan* ´zeigen`). Die Nebenform auf *-nen* und die Entwicklung sind regional und haben sich vielleicht durch den sekundären Anschluß an *eigen* durchgesetzt. Abstraktum: **Ereignis**.

HWPh 2 (1972), 608 f.

Erektion *f. erw. fach.* ´Versteifung` (< 20. Jh.). Entlehnt aus l. *ērectio f.* ´Aufrichtung` mit neuer Bedeutung. Zu l. *ērigere* ´aufrichten`, s. *alert* und *regieren*.

Eremit *m. erw. fach.* ´Einsiedler` (< 16. Jh.). Entlehnt aus l. *erēmīta* und frz. *ermite*, aus gr. *erēmítēs*, einer Ableitung von gr. *érēmos* ´einsam`. Lokalbezeichnung: **Eremitage**.

erfahren *st V.* (< 9. Jh.). Mhd. *ervarn*, ahd. *irfaran*, ursprünglich ´durchreisen`, dann ´ein Land kennenlernen` zu allgemein ´kennenlernen`. Seit dem 15. Jh. ist das Partizip **erfahren** ´bewandert, klug` bezeugt.

HWPh 2 (1972), 609–617.

Erfolg *m.* (< 17. Jh.). Rückbildung zu *erfolgen* ´erreichen, erlangen`; vielleicht unter dem Einfluß von frz. *succéder* und *succès*. S. *folgen*.

ergattern *sw V. stil.* (< 16. Jh.). Erklärt als ´durch das Gatter erwischen` (etwa der Fuchs die Hühner), doch ist schon in den frühesten Belegen kein solcher konkreter Bezug mehr vorhanden. S. *Gatter*.

ergeben *st V.* (< 8. Jh.). Mhd. *ergeben*, ahd. *irgeban*. Das Verb hat verschiedene Bedeutungs-Spezialisierungen, von denen die wichtigste ´die Waffen strecken, aufgeben` ist. Partizip und Abstraktum sind dagegen auf ´unterwürfig, Unterwerfung` eingeengt. Abstraktum: **Ergebung**. S. *geben*.

Ergtag *m. per. oobd.* ´Dienstag` (< 13. Jh.). Mhd. *ergetac*, *ertac* (aus *erjotag* aus *arjotag*). Entlehnt aus gr. *Áreōs hēméra f.* ´Tag des Ares` (vgl. l. *diēs Mārtis* ´Tag des Mars`). Sekundäre Varianten sind **Erchtag**, **Ertag** und **Erntag**. Das Wort gehört mit *Pfinztag* (s.d.) und dem nur ahd. *pherintag* ´Freitag` zu den ostgermanischen Einflüssen auf das Bairische.

Vgl. *Dienstag, Samstag.* – Kranzmayer (1929), 25–41, 74–76; P. Wiesinger in: Beumann/Schröder (1985), 153–200; ders. in *FS F. Hausmann* (Graz 1987), 639–654.

Ergonomie *f. per. fach.* ´Wissenschaft von den Leistungen und Belastungen des Menschen am Arbeitsplatz` (< 20. Jh.). Entlehnt aus ne. *ergonomics*, einer neoklassischen Bildung aus gr. *érgon n.* ´Arbeit` und der englischen Entsprechung zu *-nomie* (s.d.). Vermutlich hat ne. *economics* ´Volkswirtschaft(slehre)` als Vorbild gewirkt. Adjektiv: **ergonomisch**.

Zur Sippe von gr. *érgon* ´Arbeit` s. *Energie.* – Cottez (1980), 139; Rey-Debove/Gagnon (1988), 273.

ergötzen *sw V. stil.* (< 11. Jh.). Mhd. *ergetzen*, ahd. *irgezzen*; Kausativum zu ahd. *irgezzan st V.*, mhd. *ergezzan*, *vergezzan st V.* ´vergessen` (s. *vergessen*). Ausgangsbedeutung ist also ´vergessen machen` (Leid, Kummer, Sorge usw.). Das *ö* seit dem 16. Jh. als unregelmäßige Rundung.

erhaben *Adj.(PPrät.)* (< 17. Jh.). Das alte Partizip zu **erheben**, während die heutige Partizipialform **erhoben** nach dem Präteritum ausgeglichen ist. Differenzierung seit dem 17. Jh.

HWPh 2 (1972), 624–635; Ch. Begemann *DVJS* 58 (1984), 74–110.

erheblich *Adj.* (< 16. Jh.). Gebildet zu *erheben* ´durchsetzen`, zunächst in der Bedeutung ´erreichbar, tunlich`. Das Wort dient dann in der Sprache der Juristen und der Kanzleien zur Wiedergabe von l. *relevāns* ´relevant` (eigentlich ´schwer genug, um die andere Waagschale zu heben`). Von dort aus wird es gemeinsprachlich.

A. Götze *ZDW* 11 (1909), 254–260.

erholen *sw V.* (< 9. Jh.). Mhd. *erholn*, ahd. *irholōn* ist ursprünglich nur ein verstärktes *holen*. Im reflexiven Gebrauch bekommt es frühneuhochdeutsch (unter anderem) die Bedeutung ´sich für etwas entschädigen`, daraus die heutige Bedeutung ´seine Kraft wiederzuerlangen suchen`.

-erie *Suffix* s. *-ei*.

Erika *f. erw. fach.* (< 16. Jh.). Entlehnt aus spl. *erícē*, aus gr. *ereíkē*, *eríkē* ´Heidekraut`, das seinerseits wohl aus einer Substratsprache entlehnt ist. Ursprüngliche Lautform wohl *wereik-, neben *wroiko- im Keltischen (air. *froich*, kymr. *grug*, ml. *brūcus*) und vielleicht auch balt./slav. *wer(ĝ)*? in lit. *virẑês*, russ. *veres(k)* usw. – alle 'Heidekraut'. Die Anfangsbetonung im Deutschen beruht auf einer Anlehnung an den Personennamen *Erika* neben *Erich*.

J. Hubschmid *VR* 27 (1968), 319–359.

erinnern *swV.* (< 14. Jh.). Mhd. *(er)innern, inren* ist abgeleitet von dem Raumadjektiv ahd. *innaro* 'der Innere, innerer' und bedeutet ursprünglich 'machen, daß jmd. etwas inne wird'. Abstraktum: ***Erinnerung***.

HWPh 2 (1972), 636–643.

erkennen *swV.* (< 8. Jh.). Mhd. *erkennen*, ahd. *arkennen, irkennen*, mndd. *erkennen*. Präfigierung von *kennen*, die eigentlich den Beginn der Handlung ausdrückt, vielfach aber auch als bloße Verstärkung gebraucht wurde. Vor allem bei Fügungen mit *als* bekommt das Wort häufig die Bedeutung, die heute mit *anerkennen* ausgedrückt wird. Der weitere Sinn von 'dankbar anerkennen' zeigt sich heute noch in *erkenntlich*. Weitere spezielle Anwendungen sind 'Urteil sprechen' *(für recht erkennen)* und 'gutschreiben' *(für einen Betrag erkennen)*. Biblisches *ein Weib erkennen* 'Geschlechtsverkehr haben' ist eine Lehnbedeutung aus dem Urtext (l. *cōgnōscere* 'kennen lernen, erkennen', gr. *gignōskō* 'ich erkenne, lerne kennen', die ihrerseits auf hebräische Vorbilder zurückgehen). Abstraktum: ***Erkenntnis***; Präfigierung: *an-*.

S. auch *Urkunde*. – *HWPh* 2 (1972), 643–681.

erkenntlich *Adj. phras. stil.* (< *13. Jh.; Form < 15. Jh.). Nur in *sich erkenntlich zeigen*. Das Adjektiv bedeutet eigentlich 'erkennbar', wird dann aber (17. Jh.) festgelegt auf Wendungen, in denen es heißt '(seine Dankbarkeit) erkennbar (werden lassen)'. Mhd. *erkennelich*, das *-t-* ist sekundär. S. *erkennen*.

Erker *m erw. fach.* (< 12. Jh.). Mhd. *erker, erkære, ärkēr, ärker* ist entlehnt aus nordfrz. *arquiere* 'Schießscharte', entsprechend einem spl. *arcuarium* zu l. *arcus* 'Bogen'. Vom Festungsbau sind Sache und Wort in den Wohnungsbau übernommen worden.

S. *Arkade, Arkebusier, Armbrust*. – B. Keller: *Der Erker* (Diss. Zürich 1980); *LM* 3 (1986), 2152 f.

erklecklich *Adj. obs.* (< 18. Jh.). Zu *erklecken* 'ausreichen, genügen', also eigentlich 'ausreichend'. Das Verb selbst (s. *klecken*) hat weit auseinanderfallende Bedeutungen, deren Zusammenhang noch nicht ausreichend aufgehellt ist.

erlangen *swV.* (< 12. Jh.). Perfektive Bildung zu *langen* 'nach etwas greifen, sich ausstrecken'.

erlauben *swV.* (< 8. Jh.). Mhd. *erlouben*, ahd. *irlouben* aus g. *uz-laub-ija- swV.* 'erlauben', auch in gt. *uslaubjan*, ae. *alȳfan*. Altes Abstraktum zu *erlauben* ist *Urlaub*. Semantisch am nächsten steht lett. *ļaũt* 'erlauben, gestatten, zulassen, einräumen' (aus *leu-), das zu lit. *liáuti(s)* 'aufhören' gehört, außerdem kleinruss. *livyty* 'nachgeben, nachlassen'. Denkbar, aber nicht ausreichend sicher, ist eine ig. (oeur.) Wurzel *lēu- 'lassen', die neben semantisch entsprechendem (ig.) *lēi- steht (s. *lassen*). Abstraktum: ***Erlaubnis***.

S. auch *Verlaub*. – D. Wiercinski *ZDPh* 84 (1965), 98 f.

erlaucht *Adj. obs.* 'hochstehend' (< 14. Jh.). Mhd. *erliuht* (md. *erlūht*), Partizip Präteritum zu *erliuhten* 'erleuchten'. Wie *durchlaucht* als Lehnbedeutung zu l. *illustris* verwendet. S. *leuchten*.

erläutern *swV.* (< 11. Jh.). Mhd. *erliutern*, ahd. *irliuteren*. Das Wort gehört zu *lauter*, wie *erklären* zu *klar*.

Erle *f.*, auch **Eller** *f.* (< 9. Jh.). Mhd. *erle*, ahd. *erila, elira*, as. *elira*, mndd. *elre* aus g. *alizō f.*, auch in gt. *alisa* (zu erschließen aus span. *aliso m.* 'Erle'), anord. *ǫlr m.* (mit Suffixablaut oder unregelmäßigem Einfluß von auslautendem *-u* aus *-ō*), ae. *alor m.* Im Deutschen sind die beiden Liquiden *l-r* zu *r-l* umgesprungen. Die Form *Eller* stammt aus dem Niederdeutschen. Außergermanisch entspricht am nächsten russ. *ól'chá* 'Erle'; Weiterbildungen mit *n* in lit. *al̃ksnis m.*, lett. *èlksnis* und l. *alnus* (*alisnos*). Man vermutet als Grundlage einen Farbnamen für 'gelb, rötlich' nach der Farbe des Holzes.

S. *Ulme, Erlitze*. – Th. Frings in: *FS Wartburg* (1958), 239–259; O. Szemerényi *Glotta* 38 (1960), 227–229; *RGA* 7 (1989), 508–510.

erledigen *swV.* (< 12. Jh.). Mhd. *erledigen, erledegen* ursprünglich 'etwas ledig, frei machen', dann allgemein zu 'etwas zu Ende bringen'. S. *ledig*.

erlegen *swV.* (< 8. Jh.). In der heutigen Bedeutung 'schießen' ursprünglich ein Jägerausdruck, der bis in die mittelhochdeutsche Zeit zurückgeht. Auszugehen ist von 'niederlegen'. Früher bezeugt ist die Bedeutung 'auferlegen'. Vgl. *erliegen*.

erliegen *stV.* (< 8. Jh.). Mhd. *erligen*, ahd. *irligen* 'umkommen'; auszugehen ist von einem ähnlichen Bild wie *unterliegen*. Vgl. *erlegen*.

Erlitz(e) *m./f.* s. *Elritze*.

Erlkönig *m. obs.* (< 18. Jh.). Umdeutung von mißverstandenem ndd. *elle(r)konge*, das eigentlich *elverkonge*, dän. *ellekonge* 'Elfenkönig' ist (zu *Eller* s.d.).

ermitteln *swV.* (< 19. Jh.). In der Bedeutung 'den Durchschnittswert feststellen' ist das Wort abhängig von *Mitte, (arithmetisches) Mittel*; möglicherweise gehen alle Bedeutungen auf diesen Ausgangspunkt zurück. Vgl. anord. *mið n.* 'Fischplatz im

Meer' (wohl = 'Mitte', da der Platz als Kreuzungspunkt zweier durch Landmarken bestimmter Linien wiedergefunden werden konnte).

Reuter (1906), 192–196.

-ern, -en *Suffix* zur Bildung von Materialadjektiven aus Substantiven. Das gemeingermanische Suffix geht auf **īna-* zurück, d. h. auf ein *n*-Suffix nach Zwischenvokal *-i-*, der gedehnt wird, vgl. gt. *-eins*, anord. *-enn*, ae. *-en*, ahd. as. *-in*, mhd. *-en* (*golden*, *irden*). Die Variante *-ern*, die sich später stark ausbreitet, beruht ursprünglich auf Ableitungen zu *s*-Stämmen (*hölzern*, *steinern*).

Wortbildung 3 (1978), 106 und die dort angegebenen Stellen.

Ern *m.*, auch **Ähren** *m.*, **Ehren** *m.*, **Öhrn** *m. erw. wobd. wmd.* 'Hausflur' (< 8. Jh.). Mhd. *er(e)n*, ahd. *arin*, *erin* *n.* 'Fußboden' gilt als entlehnt aus l. *arēna f.* 'Sand (boden)'. Aber auch Urverwandtschaft mit l. *ārea* 'freier Platz, Dreschtenne' oder ein Anschluß an anord. *arinn* 'Feuerstätte, Herd' ist nicht ausgeschlossen.

J. Knobloch *Lingua* 26 (1971), 295.

Ernst *m.* (< 9. Jh.). Mhd. *ern(e)st*, ahd. *ernust m./n./f.*, as. *ernisti f.* aus wg. **ernusti- m.* 'Ernst, Festigkeit, Kampf', auch in ae. *eornost f.*, offenbar *(s)ti*-Abstraktum zu einem *nu*-Präsens von ig. **er-/ or-* 'sich erheben (gegen)' in heth. *arai-* 'sich erheben', ai. *r̥ṇváti* 'erhebt sich', avest. *arənauu-* '(Wett-)Kampf', gr. *éris* 'Streit, Kampf', *eréthō* 'reize auf', *epéreia* 'Kränkung, Drohung', l. *adorior* 'ich greife an'. Adjektive: *ernst, ernstlich*.

Nndl. *ernst*, ae. *earnest*. – H. Krahe *BGDSL-H* 71 (1949), 238; *HWPh* 2 (1972), 720–723; S. Latzel *DS* 16 (1988), 206–225; A. Blanc *Revue des études grecques* 102 (1989), 175–182 (zur griechischen Sippe); Röhrich 1 (1991), 391; Heidermanns (1993), 105.

Erntag *m.* s. *Ergetag*.

Ernte *f.* (< 11. Jh.). Ahd. *arnōd m.*, aus vd. **az(a)nōþu- m.* 'Ernte', zu ahd. *arnōn* 'ernten'; daneben mhd. *ernde f.* aus vd. **arnidō f.* 'Ernte' zu mhd. *ernen* (**azn-ija-*), ebenso, ohne grammatischen Wechsel ae. *ernð*. Die Verben sind Weiterbildungen zu gt. *asans f.* 'Ernte, Sommer', anord. *ǫnn* (**aznu-*) 'Feldarbeit', afr. *ern* 'Ernte', ahd. *aren m.* 'Ernte' (die Stammbildungen lassen sich nicht glatt vereinigen). Außergermanisch vergleicht sich zunächst russ. *ósenĭ* 'Herbst' und unter Annahme eines vorausliegenden *r/n*-Stammes gr. *opṓra f.* 'Spätsommer, Frühherbst' aus **op-osar-ā* 'Nach-Sommer'. Zu erschließen ist also ig. (eur.) **osōr/- n-* 'Ernte, Spätsommer' mit verschiedenen Weiterbildungen. Verb: *ernten*.

Lloyd/Springer 1 (1988), 304–307; *RGA* 7 (1989), 518–527; N. Wagner *HS* 105 (1992), 273–275. Zur Möglichkeit einer Entlehnung ins Finnische: J. Koivulehto *Virittäjä* 78 (1974), 126 f.

erobern *swV.* (< * 9. Jh., Form < 15. Jh.). Mhd. *(er)oberen*, ahd.*(ke)oberōn* zu *ober*[1] im Sinn von 'der Obere bleiben, Oberhand behalten'. Die Präfigierung mit *er-* ist erst spät; ebenso die Einschränkung auf den militärischen Bereich. Abstraktum: *Eroberung*; Nomen agentis: *Eroberer*.

erörtern *swV.* (< 16. Jh.). Lehnbildung zu l. *dētermināre* 'bestimmen, untersuchen', gebildet zum Plural *Örter* = l. *termini*, gr. *tópoi*, also 'ein Urteil auf seine *termini* zurückführen' (vielleicht konkreter: 'auf seine Endpunkte, Grenzen, zurückführen', s. *Ort*). Abstraktum: *Erörterung*.

Erosion *f. erw. fach.* 'zerstörende Wirkung der Witterung auf die Erdoberfläche' (< 19. Jh.). Entlehnt aus l. *ērōsio (-ōnis)* 'das Zerfressenwerden', einer Ableitung von l. *ērōdere* 'wegnagen', zu l. *rōdere* 'nagen' und l. *ex-*. Verb: *erodieren*. S. *Korrosion, räß*.

erotisch *Adj. erw. fach.* (< 18. Jh.). Entlehnt aus frz. *érotique*, dieses aus gr. *erōtikós* 'zur Liebe gehörig', einer Ableitung von gr. *érōs, eros* 'Liebe'. Abstraktum: *Erotik*, in speziellen Verwendungen *Eros*.

DF 1 (1913), 179; Cottez (1980), 140.

Erpel *m. erw. fach.* (< 15. Jh.). Übernommen aus dem Niederdeutschen (mndd. *erpel, arpel*, mndl. *erpel*). Vielleicht liegt ein (nicht genau faßbares) Farbwort zugrunde.

erpicht *Adj.(PPrät.) phras.* (< 16. Jh.). Früher auch **verpicht**; die ursprüngliche Bedeutung ist 'mit Pech festgeklebt an etwas'. Das Bild ist vom Vogelfang genommen, bei dem der Vogel an der *Leimrute* oder *Pechrute* kleben bleibt und nicht mehr davon loskommt. Bedeutung also: Von etwas nicht mehr loskommen können.

Röhrich 1 (1991), 391 f.

erpressen *swV.* (< 16. Jh.). Eigentlich 'aus etwas herausdrücken', wohl Lehnübersetzung zu l. *exprimere*.

erquicken *swV. stil.* (< 9. Jh.). Mhd. *erquicken, erkücken*, ahd. *irquicken* ist abgeleitet von ahd. *quick* 'lebendig' (bezeugt in ahd. *quicken* 'lebendig machen') (s. *keck* und *Quecksilber*), also eigentlich 'lebendig machen'. Adjektiv: *erquicklich*.

Erratum *n. per. fach.* 'Fehler, Druckfehler' (< 19. Jh.). Entlehnt aus l. *errātum* 'Fehler, Irrtum', dem substantivierten PPP. von l. *errāre* 'irren'. Das Adjektiv **erratisch** in *erratischer Block* 'Findling' ist abhängig von frz. *bloc erratique* 'umherirrender Stein' aus der gleichen Grundlage.

S. *irre*. – *DF* 1 (1913), 179.

erschöpfen *swV.* (< 9. Jh.). Mhd. *erschepfen* ahd. *irskephen*, zunächst in der ursprünglichen Bedeutung 'ausschöpfen, zu Ende bringen'. Seit dem 17. Jh. die übertragene Bedeutung 'stark ermüden' (auch reflexiv), die heute vorherrscht.

erschrecken *stV.* und *swV.* (< 11. Jh.). In diesem Verb sind zwei zusammengehörige Verben aufgegangen: mhd. *erschricken,* ahd. *irscricken* intr., eigentlich ʿaufspringenʾ, und das Kausativum dazu mhd. *erschrecken* ʿaufspringen machenʾ. Der Lautstand ist aus beiden Formen gemischt; das eine bleibt aber im allgemeinen starkes, das andere schwaches Verb. Zur Bedeutung vgl. *auffahren* u.ä. S. *Schreck.*

erschüttern *swV.* (< 16. Jh.). Intensivum auf *-r-* zu mhd. *erschüt(t)en,* ahd. *irscutten* ʿschütteln, erschütternʾ. Adjektiv: ***unerschütterlich.*** S. *schütten.*

erschwingen *swV. stil.* (< * 13. Jh., Bedeutung < 16. Jh.). Mhd. *erswingen* ist zunächst einfach eine Verstärkung zu *schwingen.* Der heutige Gebrauch (ʿetwas aufbringenʾ) geht wohl mit Konstruktionsänderung auf *sich erschwingen zu etwas* zurück, d. h. ʿsich zu etwas aufschwingenʾ. Adjektiv: ***erschwinglich.***

erst *Adj.* (< 8. Jh.). Mhd. *ēr(e)st, ērste,* ahd. *ērist,* as. *ērist* aus wg. **airista-,* auch in ae. *ǣrest* zu g. **air-* ʿfrühʾ, das unter *eher* dargestellt wird. Nndl. *eerst.* – Röhrich 1 (1991), 392; Ross/Berns (1992), 624 f.

erstatten *swV.* (< 14. Jh.). Mhd. *erstaten* ʿhinbringenʾ zu *Statt* ʿStelleʾ. Die alte Bedeutung ist noch mehr oder weniger erhalten in *Bericht erstatten,* dagegen beruht die Bedeutung ʿzurückgeben, ersetzenʾ auf Bedeutungsspezialisierung.

erstehen *stV. stil.* (< 13. Jh.). Mhd. *erstān, erstēn,* ahd. *irstān, irstantan,* wie as. *(ā)stān, (ā)standan* und gt. *usstandan.* Ein präfigiertes Verb mit verschiedenen Bedeutungen. Alt ist z. B. ʿaufstehenʾ (vgl. ***Auferstehung*** mit dem alten Abstraktum mhd. *urstende* ʿAuferstehungʾ). Die heutige Bedeutung des transitiven Verbs geht zurück auf ʿbestehen, überstehen, durchstehenʾ; besonders als Rechtsausdruck: *ein Urteil, sein Recht, eine Strafe erstehen =* ʿsie schließlich bekommenʾ, verstanden als ʿdurch Stehen erlangenʾ. In diesem Sinne wurde die Verwendung ausgedehnt bis zu ʿerwerbenʾ.

ersticken *swV.* (< 10. Jh.). Mhd. *ersticken,* ahd. *arsticken,* ursprünglich Intransitivum zu dem Kausativum *erstecken,* mit dem es sich aber schon früh vermischt hat. Man erstickt, wenn etwas in der Kehle steckt. Davon sind die Bedeutungen ausgegangen (s. unter *stecken*).

ersuchen *swV. stil.* (< 9. Jh.). Mhd. *ersuochen,* ahd. *arsuohhan* in verschiedenen Bedeutungen, die einfaches *suchen* verstärken. Das heutige ʿdringend bittenʾ ist seit spätmittelhochdeutscher Zeit bezeugt; es leitet sich her aus ʿjmd. aufsuchen (um ihm eine Bitte vorzutragen)ʾ.

Ertag *m.* s. *Ergetag.*

ertappen *swV.* (< 16. Jh.). Zu *tappe* ʿPfoteʾ gebildet, ähnlich wie ʿin die Finger bekommenʾ.

eruieren *swV. per. fach.* ʿfeststellen, herausfindenʾ (< * 15. Jh., Bedeutung < 17. Jh.). Entlehnt aus l. *ēruere,* eigentlich ʿherausgrabenʾ), zu l. *ruere* ʿaufwühlen, niederreißen, stürzen, rennenʾ und l. *ex-,* zunächst in der konkreten Bedeutung ʿjätenʾ, dann übertragen. S. *Ruine.*

Eruption *f. erw. fach.* ʿ(Vulkan-)Ausbruchʾ (< 19. Jh.). Entlehnt aus l. *ēruptio (-ōnis),* einem Abstraktum zu l. *ērumpere* ʿausbrechenʾ, zu l. *rumpere (ruptum)* ʿreißen, brechenʾ und l. *ex-.* Adjektiv: *eruptiv.* Zu weiteren Verwandten s. *abrupt.*

erwähnen *swV.* (< * 9. Jh., Form < 16. Jh.). Mit Präfix *er-* erst frühneuhochdeutsch, vorher mhd. *gewahenen, gewähen(en) stV.,* ahd. *giwānen stV.,* as. nur unklares *giwegi* ʿsuggeratʾ. Auffälliges Suppletiv-Paradigma zwischen einem schwachen Nasalpräsens und einem starken Präteritum in der frühen Sprache. Aus etymologischen Gründen ist g. **wahw-na-* ʿerwähnenʾ vorauszusetzen, wozu noch anord. *váttr* ʿZeugeʾ und vielleicht ae. *wōm* ʿLärmʾ. Außergermanisch vergleichen sich toch. A *wak,* toch. B *wek* ʿStimmeʾ, heth. *huek-, huk-* ʿbeschwörenʾ, ai. *vívakti* ʿredet, sprichtʾ, gr. *eîpon* ʿer sagteʾ, apreuß. *enwackē* ʿsie rufen anʾ, air. *focal, focull* ʿWort, Spruch, Urteil, Versprechenʾ, l. *vōx* ʿStimmeʾ, l. *vocāre* ʿheißen, nennenʾ, also ig. **hwekʷ-* ʿnachdrücklich sprechenʾ. Abstraktum: ***Erwähnung.*** S. *Epos, Vokal.* – Seebold (1970), 531.

erwerben *swV.* (< 8. Jh.). Mhd. *erwerben,* ahd. *irwerban* ist eine perfektivierende Präfigierung zu einfachem *werben,* also etwa ʿdurch Bemühen erreichenʾ, zunächst auf spezielle Fälle bezogen, die dem einfachen *werben* entsprechen, danach stark verallgemeinert zu ʿbekommenʾ (meist durch Geschäfte).

erwischen *swV. stil.* (< 13. Jh.). Zu *wischen,* das hier für eine schnelle Bewegung steht. Vgl. *entwischen.* Röhrich 1 (1991), 393.

Erz *n.* (< 9. Jh.). Mhd. *erze,* ahd. *aruz m., aruzzi n./m.(?),* as. *arut.* Altes Lehnwort, das letztlich auf sumer. *urud(u)* ʿKupferʾ zurückgeht. Unsicher ist die Zugehörigkeit von anord. *ørtog, ertog, ærtog f.* ʿkleine Münze, Drittelunzeʾ, das auf **aruti-taugō* zurückgehen kann. Mhd. *erze* hat älteres *ēr* ʿErzʾ (s. *ehern*) verdrängt. T. E. Karsten: *Die Germanen* (Berlin 1928), 196; *LM* 3 (1986), 2192; Lloyd/Springer 1 (1988), 355–358.

Erz-, erz- *Präfix.* Mhd. *erz(e)-,* ahd. *erzi-,* entlehnt aus spl. *archi-* (mit der *z*-Aussprache von *k, ch*), das seinerseits auf gr. *archi-* ʿder erste, obersteʾ zurückgeht. Die Entlehnung erfolgt in Bildungen wie ahd. *erzi-biscof* aus l. *archiepiscopus;* zu einer älteren Bildung und Entlehnung vgl. *Arzt.* Das Präfix wird dann in frühneuhochdeutscher Zeit auf an-

dere Amtsbezeichnungen und schließlich auch auf außerhalb stehende Wörter übertragen, seit dem 17. Jh. auch auf Adjektive. Zur Sippe von gr. *archis. Anarchie.*
Wortbildung 2 (1975), 141, 3 (1978), 192 f.

erzählen *sw V.* (< 8. Jh.). Mhd. *erzeln, erzellen,* ahd. *irzellen* bedeutet ursprünglich ʽaufzählen', dann ʽin geordneter Folge hersagen, berichten', woraus durch Verallgemeinerung die heutige Bedeutung entstand. Abstraktum: *Erzählung*; Nomen agentis: *Erzähler.* S. *Zahl.*

erzen *sw V.* obs. ʽmit *Er* anreden' (< 18. Jh.). Nach dem Vorbild von *duzen* gebildet.

erziehen *st V.* (< 8. Jh.). Mhd. *erziehen,* ahd. *irziohan.* Für ʽaufziehen, großziehen', wie l. *ēdūcāre,* das teilweise auf die Bedeutung eingewirkt hat.
HWPh 2 (1972), 733–735; *RGA* 7 (1989), 542–551.

es *Pron.* s. *er.*

Esch *m. per. fach.* ʽGetreideteil der Gemarkung' (< 9. Jh.). Mhd. *ezzisch,* ahd. *ezzisc,* as. *ezk-* aus g. **ateska-* ʽSaatfeld, Flur', auch in gt. *atisk,* ae. *edisc n.* ʽeingezäunte Weide, Acker' (Vermischung mit ae. *eodor* ʽZaun', s. *Etter*). Herkunft unklar. In Mundarten und Flurnamen verbreitet.
H. Dittmaier in: *FS Steinbach* (1960), 704–726; H. Tiefenbach in: Beck/Denecke/Jankuhn (1980), 312–314; *RGA* 7 (1989), 551–559; *LM* 4 (1989), 3 f.

Esche *f.* (< 9. Jh.). Mhd. *esch(e),* auch *asch m.,* ahd. *asc m., asca,* as. *asc m.* aus g. **aska- m.* ʽEsche', auch in anord. *askr m.,* ae. *æsc m.* Das hierdurch vorausgesetzte ig. **osk-* auch in gr. *oxýa* ʽBuche, Speer', alb. *ah* ʽBuche', arm. *haçi* ʽEsche'; statt dessen eine *n*-Bildung in l. *ornus* ʽwilde Bergesche, Speer' (**osino-),* air. *(h)uinnius,* kymr. *onnen* ʽEsche', russ. *jásen' m.* ʽEsche' (usw.), unerweitert lit. *úosis m./f.* (balto-slav. **ōs-*). Weitere Herkunft unklar. Die neuhochdeutsche Form ist aus dem Plural oder dem Materialadjektiv rückgebildet. Aus Eschenholz wurden in alter Zeit vor allem Speere u. dgl. hergestellt, deshalb dient der Baumname häufig zur Bezeichnung solcher Gegenstände.
Nndl. *esch,* ne. *ash,* nschw. *ask,* nisl. *askur.* − Marzell 2 (1972), 486–493; Lloyd/Springer 1 (1988), 360–363; *RGA* 7 (1989), 561–564. Zu möglichen Verwandten in den (arischen) Kafirsprachen: R. Normier *Sprache* 27 (1981), 22–29.

Esel *m.* (< 9. Jh.). Mhd. *esel,* ahd. *esil,* as. *esil,* wie ae. *e(o)sol* und gt. *asilus* entlehnt aus l. *asinus* mit Suffixersatz (wohl nicht aus dem spl. Diminutivum *asellus*), dagegen anord. *asni* ʽEsel' aus afrz. *asne.* Dem lateinischen Wort entspricht gr. *ónos* ʽEsel' und arm. *êš.* Es sind wohl alle drei unabhängig voneinander aus einer Substratsprache entlehnt.
RGA 7 (1989), 566; *LM* 4 (1989), 13; Röhrich 1 (1991), 393–400.

Eselsbrücke *f. bildg.* (< 18. Jh.). Lehnübersetzung zu l. *pōns asinōrum m.,* bzw. *pōns asini m.* ʽBrücke der Esel bzw. des Esels'. *Pōns asinōrum* bezeichnete in der scholastischen Philosophie den Weg über einen logischen Mittelbegriff; *pōns asini* wurde in der älteren Schulsprache für einen Lehrsatz des Euklid gebraucht. Im Deutschen ist das Wort zuerst auch nur auf den Schulbereich beschränkt und bedeutet ʽSchwierigkeit, vor der Unwissende stutzen', dann (wie heute nur noch) ʽGedächtnisstütze, Verstehenshilfe'; regional (süddeutsch) bezeichnet *Eselsbrücke* auch den mathematischen Lehrsatz des Pythagoras. Zugrunde liegt dem allem wohl die letztlich auf Plinius zurückgehende Volksmeinung, daß ein Esel keine Brücke überschreitet, wenn er durch deren Belag das Wasser sehen kann. So wie der Esel durch diese Brücke die Gefahr sehen kann, so sieht der Begriffsstutzige durch die ʽEselsbrücke' die Zusammenhänge im Bereich der Logik und Mathematik. Entsprechende Bildungen sind in den meisten europäischen Sprachen belegt.
HWPh 2 (1972), 743–745; Röhrich 1 (1991), 400 f.

Eselsohr *n. stil.* ʽumgeknickte Ecke einer (Buch-)Seite' (< 17. Jh.). Zugrunde liegt ein Vergleich mit dem nach hinten gebogenen Ohr eines Esels (vgl. mit ähnlichem Benennungsmotiv ne. *dog's ear,* nschw. *hundöra* mit derselben Bedeutung = eigentlich ʽHundeohr'); im 18. Jh. ist dafür auch nur das Simplex *Ohr* belegt.

Eser *m.* s. *Aser.*

-esk *Suffix.* Dient der Bildung von desubstantivischen Adjektiven, wobei es die Bedeutung ʽin der Art von, wie' zum Ausdruck bringt (z. B. *balladesk, kafkaesk*) (einige Bildungen sind synchronisch nicht analysierbar [z. B. *burlesk, grotesk, pittoresk*]). Das Suffix wurde in romanischen Wörtern (auf it. *-esco,* frz. *-esque*) ins Deutsche übernommen und ist fachsprachlich produktiv geworden.
Wortbildung 3 (1978), 338 f.; Björkmann: *L'incroyable, romanesque, picaresque épisode sur le suffixe français -esque* (Uppsala 1984).

Eskalation *f. erw. fach.* ʽZuspitzung' (< 20. Jh.). Entlehnt aus ne. *escalation,* das wie das Verb *escalate* ʽsich zuspitzen' offenbar rückgebildet ist aus ne. *escalator* ʽRolltreppe'. Dieses ist (nach dem Muster von *elevator* ʽAufzug' und anderen Bildungen auf *-tor*) angepaßt aus ne. *escalade* ʽerstürmen, übersteigen (Mauern)', aus frz. *escalader,* aus ml. *scalare,* zu l. *scālae (-ārum)* Pl. ʽLeiter', zu l. *scandere* ʽsteigen, ersteigen'. Verbum: *eskalieren* (Rückbildung, vielleicht nach ml. *scalare*). Zu weiteren Verwandten s. *Skala.*
Carstensen 1 (1993), 436–438.

Eskapade *f. erw. fremd.* ʽSeitensprung, eigenwillige Handlung' (< 18. Jh.). Entlehnt aus frz. *escapade,* dieses aus it. *scappata* und span. *escapada,* über spätlateinische Zwischenformen mit l. *ex-* zu l. *cappa* ʹKopfbedeckung, Kapuzenmantelʹ. Die Bedeutung ist zunächst ʹEntkommenʹ (eigentlich: ʹaus dem [Ordens-] Mantel entschlüpfenʹ), wobei der Bezug zu l. *cappa* wohl bereits im Spätlateinischen nicht mehr gesehen wurde.

Zu weiteren Verwandten s. *Kappe* und *Cape*. – E. Öhmann *NPhM* 41 (1940), 36.

Eskorte *f. erw. fach.* ʹBegleitung, begleitende Bewachungʹ (< 18. Jh.). Entlehnt aus frz. *escorte*, dieses aus it. *scorta*, einer postverbalen Ableitung von it. *scorgere* ʹgeleitenʹ, zu l. *corrigere* ʹauf den richtigen Weg führenʹ und l. *ex-*, zu l. *regere* ʹleiten, lenkenʹ und l. *kon-*. Verbum: **eskortieren**.

Zur Sippe des zugrundeliegenden l. *regere* ʹlenken, leitenʹ s. *regieren*. – Jones (1976), 317; Brunt (1983), 283.

esoterisch *Adj. erw. fach.* ʹnur für Eingeweihte verständlichʹ (< 18. Jh.). Entlehnt aus frz. *ésotérique*, dieses aus gr. *esōterikós*, eigentlich ʹinnerlichʹ, zu gr. *esōteros*, dem Komparativ von gr. *eísō, ésō* ʹinnerhalb, drinnenʹ. Gegensatzbildung zu gr. *exōterikós* ʹöffentlichʹ, zunächst von bestimmten philosophischen Auffassungen der Griechen (Pythagoras, Stoa). Abstraktum: **Esoterik**; Täterbezeichnung: **Esoteriker**.

HWPh 2 (1972), 865–867.

Espe *f.* (< 9. Jh.). Mhd. *aspe*, ahd. *aspa*, mndd. *espe*, mndl. *espe* aus g. **aspō f.* ʹEspeʹ, auch in ae. *æsp(e)*, anord. *ǫsp*. Der Umlaut im Neuhochdeutschen ist offenbar nördlicher Herkunft, er könnte vom Materialadjektiv *espen* herrühren (vgl. *Esche*). Eine besser vergleichbare Form ist ae. *æpse* aus **apsō*, aus dem die heutigen Formen durch Umstellung der Konsonanten entstanden sind; zu diesem nordlit. *apušìs* aus **op(u)si-*, russ. *osína* (aus **opsinā*). Wenn türk. *apsak* ʹPappelʹ und tschuwaschisch *ëwës* ʹEspeʹ aus einer indogermanischen Sprache entlehnt sind, würde dies eine ursprünglich weitere Verbreitung erweisen. Weitere Herkunft unklar. – Daß das **Espenlaub** besonders stark zittert, ist zwar sachlich begründet, in der Redewendung aber nur eine Verstärkung von älterem *zittern wie ein Laub*.

P. Thieme *AAWLM* (1953), XI, 546–548, 550; K. L. Janert *ZVS* 79 (1964), 89 ff.; ders. *ZVS* 97 (1984), 202 f.; F. Sofer *Glossa* 18 (1985), 129; Lloyd/Springer 1 (1988), 370–372; *RGA* 7 (1989), 571–573. Über weitere mögliche Zusammenhänge vgl. R. Normier *Sprache* 77 (1981), 22–29. – Zu *Espenlaub* Röhrich 1 (1991),401.

Esperanto *n. erw. fach.* (Name einer Welthilfssprache) (< 19. Jh.). Pseudonym von L. Zamenhof, der die Grundlagen für diese Sprache schuf (wörtliche Bedeutung: ʹder Hoffendeʹ, zum Ausgangspunkt vgl. *Desperado*).

Espresso *m.* ʹstarker, dunkel gerösteter Kaffeeʹ (< 20. Jh.). Entlehnt aus it. *(caffè) espresso*, dem PPrät. zu it. *esprimere* ʹausdrücken, hervortreten machenʹ, aus l. *exprimere (expressum)*, zu l. *pre-*

mere (pressum) ʹdrückenʹ und l. *ex-*. Bei der Zubereitung von *Espresso* wird Wasserdampf unter Druck durch das Kaffeepulver gepreßt – es ist aber nicht sicher, daß dies als Benennungsmotiv in Anspruch genommen werden darf. Zur Sippe von l. *(premere), pressum* ʹdrückenʹ s. *Presse*.

Esprit *m. erw. fremd.* ʹGeist, Witzʹ (< 18. Jh.). Entlehnt aus frz. *esprit*, dieses mit unregelmäßiger Formentwicklung aus l. *spīritus* ʹGeist, Hauchʹ.

Zur Sippe des zugrundeliegenden l. *spīrāre* ʹatmenʹ s. *konspirieren*. – Jones (1976), 318; Brunt (1983), 284 f.

Essay *m./n. erw. fach.* ʹAbhandlung, Aufsatzʹ (< 18. Jh.). Entlehnt aus ne. *essay*, dieses aus afrz. *essai*, eigentlich ʹProbe, Versuchʹ, aus l. *exagium n.* ʹdas Wägenʹ, einer postverbalen Ableitung von l. *exigere (exāctum)* ʹabwägen, beurteilenʹ, zu l. *agere (āctum)* ʹtreiben, handelnʹ und l. *ex-*. Die spezielle Bedeutung ʹliterarischer Versuch, Abhandlungʹ geht auf den Titel *Essais* eines Werkes von Montaigne zurück. Ins Deutsche kommt das Wort vor allem mit *Essays* englischer Autoren, nachdem es zuvor bereits vereinzelt aus dem Französischen übernommen worden war (dabei allerdings gerne durch *Versuch* ersetzt wurde). Täterbezeichnung: **Essayist**; Adjektiv: **essayistisch**.

Zur Sippe des zugrundeliegenden l. *agere* ʹtreiben, handelnʹ s. *agieren*. – *DF* 1 (1913), 180; *HWPh* 2 (1972), 746–749; Rey-Debove/Gagnon (1988), 275.

Esse *f. erw. fach.* ʹFeuerherd, Schmiedefeuerʹ (< 9. Jh.). Mhd. *esse*, ahd. *essa* aus g. **asjō f.* ʹEsseʹ, auch in aschw. *æsja*. Außergermanisch vergleicht sich l. *āra* ʹBrandaltarʹ und heth. *haššā-* ʹHerd, Feuerstelleʹ. Offensichtlich Relikte eines alten Wortes für ʹHerdʹ, ig. **has-* (oder **həs-*, die Lautform ist nicht völlig klar). Zu weiter zugehörigen Wörtern s. unter *Asche*. Eine Grundlage **has-* ʹbrennen, bratenʹ kann sich zeigen in l. *ārēre* ʹtrocken seinʹ, l. *ārdēre* ʹbrennenʹ und l. *assus* ʹtrocken, gebratenʹ.

Nschw. *ässja*. – G. Schilling: *Die Bezeichnungen für den Rauchabzug im deutschen Sprachgebiet* (Diss. Marburg 1961, Gießen 1963); G. Nagy *HSCPh* 78 (1974), 71–82; Röhrich 1 (1991), 401 f. Zur Entlehnung ins Finnische *LÄGLOS* (1991), 5 f.; Koivulehto (1991), 29.

-esse[1] *Suffix.* Dient der Bildung deadjektivischer Eigenschaftsbezeichnungen (z. B. *Akkuratesse*). Es wurde in französischen Entlehnungen ins Deutsche übernommen; sein Ursprung ist frz. *-esse*. Die Bildungen sind analysierbar, das Suffix ist aber im Deutschen nicht produktiv.

-esse[2] *Suffix.* Dient der Bildung weiblicher Personenbezeichnungen (z. B. *Baronesse*). Es wurde vornehmlich in französischen Entlehnungen ins Deutsche übernommen; sein Ursprung ist frz. *-esse* aus gr. *-issa*. Das Suffix war im Deutschen produktiv und ist dann verstärkt worden durch Entlehnungen mit ne. *-ess* (*Stewardeß*), die z. T. in die französische Form übergehen. Eine neuere Bildung ist z. B. *Politesse*.

M. Meredith *ASp* 5 (1930), 476–481.

essen *stV.* (< 8. Jh.). Mhd. *ezzen*, ahd. *ezzan*, as. *etan* aus g. **et-a- stV.* ˈessenˈ, auch in gt. *itan*, anord. *eta*, ae. *etan*, afr. *īta*; dieses aus ig. **ed-* (athematisches Verb) ˈessenˈ in heth. *ed-*, *ad-* ˈessen, fressenˈ, ai. *átti* ˈer ißtˈ, gr. *édō* ˈich esseˈ, akslav. *jasti* ˈessenˈ, lit. *ésti* (balto-slavische Langvokale) ˈessenˈ, air. *éss*, Konjunktiv zu air. *ithid* ˈißtˈ, l. *edere* ˈessenˈ. Da das indogermanische Wort für ˈZahnˈ (**dont-*, ablautend) möglicherweise zugehörig ist, dürfte von einer ursprünglicheren Bedeutung ˈbeißenˈ auszugehen sein.

Nndl. *eten*, ne. *eat*, nschw. *äta*, nisl. *eta*. S. *Aas*, *atzen*, *ätzen*, *fressen*, *Obst*, *Zahn*. – F. Rundgren in: *FS A. Pagliaro* (1969), 1787–191; Seebold (1970), 179 f.; Röhrich 1 (1991), 402 f. Zur Entlehnung ins Finnische s. *LÄGLOS* (1991), 58 f.

Essenz *f. erw. fach.* ˈKonzentratˈ (< 16. Jh.). Entlehnt aus l. *essentia*, einem Abstraktum zu l. *esse* ˈseinˈ nach Vorbild von gr. *ousía* ˈWesenˈ. Die Spezialisierung auf ˈKonzentratˈ erfolgt in der Sprache der Alchimisten; vermutlich durch Verkürzung von *Quintessenz*. Adjektiv: **essentiell**.

Zur Sippe von l. *esse* ˈseinˈ gehört als Partizip einer Präfigierung *Präsens*; als Abstraktum *Essenz* mit *Quintessenz*. Zu verbalen Weiterbildungen über das Französische: *interessant* und *repräsentieren*; auf einer Hypostase beruht *prosit*. Zur germanischen Verwandtschaft s. *sein*. – *DF* 1 (1913), 180; K.-H. Weimann *DWEB* 2 (1963), 390; *HWPh* 2 (1972), 753–755.

Essig *m.* (< 9. Jh.). Mhd. *ezzich*, ahd. *ezzīh*; wie anord. *edik n.* entlehnt aus einer wohl schon in der gebenden Sprache erfolgten Umstellung **atēcum* zu l. *acētum n.* ˈEssigˈ (zu l. *acidus* ˈsauerˈ). Aus der Normalform sind entlehnt gt. *akeit*, ae. *eced m./n.*, as. *ekid n.*, schwz. *Achiss.*

L. Guinet *EG* 31 (1976), 249; *RGA* 7 (1989), 578 f.; *BlW* 1 (1981), 218 f.; Röhrich 1 (1991), 403.

Essigmutter *f. per. fach.* ˈBodensatz im Essigˈ (< 17. Jh.). Zu mndl. *mo(e)der*, nndl. *moer* ˈSinkstoffeˈ, ne. *mother* ˈHefeˈ, die zu *Moder* gehören. Der Gebrauch des Wortes ˈMutterˈ für ˈEssighefeˈ in einigen romanischen Sprachen (z. B. frz. *mère de vinaigre*) beruht wohl auf Bedeutungsentlehnung aus dem Deutschen.

Establishment *n. erw. fach.* ˈstaatstragende Gesellschaftˈ (< 20. Jh.). Entlehnt aus ne. *establishment*, einem Abstraktum zu ne. *establish* ˈeinrichten, begründenˈ. Das Wort bezeichnet im Englischen zunächst die anglikanische Kirche und wird dann übertragen. Ins Deutsche wird naturgemäß nur die übertragene Bedeutung entlehnt, so daß sich der Sinn etwas verschärft.

S. *etablieren* und *stabil*. Zur Sippe des zugrundeliegenden l. *stare* ˈstehenˈ s. *Distanz*. – R. Schmid *Merkur* 23 (1969), 400–402; *HWPh* 2 (1972), 755–758; Rey-Debove/Gag-non (1988), 275; *Brisante Wörter* (1989), 138–140; Carstensen 1 (1993), 440 f.

Ester *m. per. fach.* (chemische Verbindung, die aus Säuren und Alkohol unter Wasseraustritt entsteht) (< 19. Jh.). In J. Liebigs Gießener Laboratorium entstanden als Verschmelzung aus *Essig*-*Äther*.

Estrade *f. per. fach.* ˈerhöhter Bodenˈ (< 18. Jh.). Entlehnt aus frz. *estrade*, dieses aus prov. *estrada*, eigentlich ˈStraßeˈ, aus spl. *strāta* ˈgepflasterte Straßeˈ, eigentlich ˈHingebreiteteˈ, zu l. *sternere (strātum)* ˈhinbreiten, ausbreiten, sich erstreckenˈ. S. *Straße*, *Substrat*. Zur germanischen Verwandtschaft s. *streuen*. Bedeutungsentwicklung in der DDR zu ˈvolkstümliches Varietéˈ nach russischem Vorbild.

Estragon *m. per. fach.* (ein Küchenkraut) (< 20. Jh.). Entlehnt aus frz. *estragon*, der ältere deutsche Name ist *Dragon*. Beides geht zurück auf arab. *ṭarḥūn*, das seinerseits auf gr. *drákōn* zurückgeht. Die französische Form ist mit einem unregelmäßigen Präfix versehen. Das griechische Wort ist das Wort für ˈDracheˈ (s. *Drache*) – der Bedeutungszusammenhang ist unklar.

Estrich *m. erw. wobd.* ˈFußbodenˈ (< 9. Jh.). Mhd. *est(e)rīch*, *est(e)rich*, ahd. *estrīh*, *astrih*, mndd. *astrak*, *asterik*, *esterik n.* entlehnt aus ml. *astracus*, *astricus* ˈEstrichguß, Pflasterˈ, das seinerseits auf gr. *óstrakon n.* ˈknöcherne, harte Schale von Schnecken etc., Scherbeˈ zurückgeht. Zur Herstellung des Estrichs aus Scherben vgl. Isidor *Etymologiae* XV 8, 11 = XIX 10, 26.

RGA 7 (1989), 601; *LM* 4 (1989), 44.

etablieren *swV. erw. fremd.* ˈbegründen, sich festsetzenˈ (< 17. Jh.). Entlehnt aus frz. *établir*, eigentlich ˈfestmachenˈ, aus l. *stabilīre* ˈbefestigenˈ, zu l. *stabilis* ˈfestˈ, das mit l. *stāre* ˈstehenˈ verwandt ist. In **Etablissement** ˈzwielichtiges (Vergnügungs-)Unternehmenˈ wird das allgemeine Wort für ˈUnternehmenˈ verhüllend auf bestimmte Unternehmen angewendet.

S. *stabil*, *Establishment* und zur Sippe von l. *stare* ˈstehenˈ s. *Distanz*. – Schirmer (1911), 56; *DF* 1 (1913), 180 f.; Jones (1976), 319; Brunt (1983), 286 f.; *Brisante Wörter* (1989), 140–142.

Etage *f. erw. fremd.* ˈStockwerkˈ (< 18. Jh.). Entlehnt aus frz. *étage m.* (älter: ˈRang, Aufenthaltˈ), das über spätlateinische Zwischenstufen zurückgeht auf l. *statio* ˈAufenthalt, Standort (usw.)ˈ, zu l. *stāre (statum)* ˈstehenˈ.

Zur Sippe von l. *stare* s. *Distanz*. – *DF* 1 (1913), 181; Jones (1976), 319.

Etappe *f. erw. fach.* ˈAbschnitt, Hinterlandˈ (< 18. Jh.). Entlehnt aus frz. *étape*, eigentlich ˈNiederlassung, Handelsplatzˈ, dieses aus mndl. *stapel*, eigentlich ˈStapelplatzˈ. Die Bedeutungsentwicklung verläuft von 'Handelsniederlassung' über 'Rastort, Verpflegungsstelle' zu 'Strecke zwischen Verpflegungsstellen'. Dann Verallgemeinerung auf Abschnitte größerer Wegstrecken.

Zur germanischen Verwandtschaft s. *Stapel.* − DF 1 (1913), 181; Jones (1976), 319; Brunt (1983), 287 f.; Röhrich 1 (1991), 403.

Etat *m. erw. fach.* '(Plan für) Haushalt, Finanzmittel (eines Staates)' (< 18. Jh.). Entlehnt aus frz. *état,* eigentlich 'Zustand', dieses aus l. *status* 'Zustand', zu l. *stāre (statum)* 'stehen'.

Zur Sippe des zugrundeliegenden l. *stare* 'stehen' s. *Distanz.* − DF 1 (1913), 181 f.; Jones (1976), 320; Brunt (1983), 288.

et cetera *Partikel erw. fremd.* 'und so weiter', eigentlich 'und weitere' (< 16. Jh.). In Zeiten der Prüderie nicht selten als Euphemismus verwendet für Wörter, die nicht ausgesprochen oder geschrieben werden sollten.

H. Schulz *ZDW* 10 (1909), 130−133; Röhrich 1 (1991), 403 f.

etepetete *Adj. stil.* 'geziert, übermäßig fein' (< 18. Jh.). Verstärkende Reduplikationsbildung *(ete-pet-ete),* wohl zu ndd. *ete, öte* 'geziert'.

Röhrich 1 (1991), 404.

Ethik *f. erw. fach.* 'Sittenlehre, Moralphilosophie' (< 17. Jh.). Entlehnt aus l. *ēthicē ([rēs] ēthica),* dieses aus gr. *ēthikḗ,* zu gr. *ēthikós* 'sittlich, moralisch, gebräuchlich', zu gr. *éthos* n. 'Sitte, Gewohnheit, Brauch'. Adjektiv: **ethisch**; Täterbezeichnung: **Ethiker.** Das Grundwort **Ethos** wird, den Ableitungen folgend, auch im Sinne von 'moralisches Bewußtsein' gebraucht.

Zur germanischen Verwandtschaft s. *Sitte.* − HWPh 2 (1972), 759−809; Cottez (1980), 142; Ch. Chamberlain *Hermes* 112 (1984), 176−183; RGA 7 (1989), 601−611; LM 4 (1989), 54−56.

ethnisch *Adj. per. fach.* 'die Kultur einer Volksgruppe betreffend' (< 19. Jh.). Entlehnt aus gr. *ethnikós* 'zum (fremden) Volke gehörig, volkstümlich', zu gr. *éthnos* 'Volk, Schar'. Konkretum: **Ethnie**; als zugehörige Wissenschaften: **Ethnologie, Ethnographie.**

K.-H. Weimann *DWEB* 2 (1963), 390; Cottez (1980), 142.

Etikett *n.* 'Aufkleber, Schildchen' (< 18. Jh.). Entlehnt aus frz. *étiquette f.,* zu afrz. *estiquier, estequier* 'feststecken', einer der dialektalen Nebenformen von afrz. *estichier, estechier* 'hineinstechen', aus fläm. *steeken.* Es handelt sich also ursprünglich um ein aufgestecktes Schildchen. Verb: **etikettieren.**

S. *Etikette* und *Ticket;* zur germanischen Verwandtschaft s. *stechen.* − Schirmer (1911), 56; Brunt (1983), 289; Röhrich 1 (1991), 404.

Etikette *f. erw. fach.* 'gesellschaftliche Konvention' (18. Jh.). Das gleiche Wort wie *Etikett n.,* das

ursprünglich ebenfalls ein Femininum ist und sekundär differenziert wird. Aus der Bedeutung 'Aufschrift' entwickeln sich schon im Französischen die Bedeutungen 'Vorschrift' und 'gesellschaftlicher Zwang'.

DF 1 (1913), 182; Röhrich 1 (1991), 404.

etlich *Pron.-Adj. stil.* (< 8. Jh.). Mhd. *et(es)līch,* ahd. *eddelīh* 'etlich', ahd. *eddeshwelīh* 'irgendeiner', Pl. 'manche' zu ahd. *eddes-* 'irgend' und ahd. *hwelīh* (s. *welch),* also 'irgendwelch'. Das Vorderglied zeigt eine ähnliche Assimilation wie in der Verwandtschaft von *oder* und gehört vielleicht in deren Umkreis. S. auch *etwa.*

-ette *Suffix.* Dient der Bildung von Diminutiven zu Substantiven (z. B. *Oper* − *Operette).* Es wurde in französischen Wörtern ins Deutsche übernommen; sein Ursprung ist frz. *-ette.* Beschränkt produktiv, besonders in Markenbezeichnungen *(Scheiblette, Stenorette* usw.).

Etter *m./n. arch. obd.* 'Zaun' (< 11. Jh.). Mhd. *eter,* ahd. *etar m.,* as. *edor, eder* aus g. **edara- m.* 'Zaun', auch in anord. *jaðarr m.* 'Rand, Kante', ae. *eodor m.* Zu entsprechenden Wörtern für Brettergestelle u.ä. etwa akslav. *odrŭ m.* 'Lager, Bahre' (vgl. den Bedeutungszusammenhang bei *Pritsche).*

Nisl. *jaðar* 'Rand, Kante'. S. auch *Esch.* − R. Meringer *IF* 18 (1905/06), 256−258; Bader 1 (1957), 74−117.

Etüde *f. erw. fach.* 'Musikstück mit besonderen Schwierigkeiten' (< 18. Jh.). Entlehnt aus frz. *étude* 'Übungsstück', eigentlich 'Studie', aus afrz. *estudié,* aus l. *studium n.,* eigentlich 'Drang, Streben, Eifer', zu l. *studēre* 'sich um etwas bemühen, streben, trachten'. S. *studieren.*

Etui *n.* 'Behältnis' (< 18. Jh.). Entlehnt aus frz. *étui m.,* aus afrz. *estui,* einer postverbalen Ableitung von afrz. *estuier, estoier* 'in eine Hülle legen, verbergen, aufsparen', dieses aus vor-rom. **extuicare* zu l. *tuēre, tuēri* 'bewachen, beschützen'.

DF 1 (1913), 182; Brunt (1983), 290; DEO (1982), 273.

etwa *Adv.* (< 11. Jh.). Mhd. *ete(s)war, ete(s)wā* 'irgendwo', aus *wo* und dem in *etlich* behandelten Vorderglied. Adjektiv: **etwaig.** Entsprechend **etwas.**

Etymologie *f. per. fach.* 'Erforschung der Herkunft der Wörter' (< 16. Jh.). Entlehnt aus l. *etymologia,* dieses aus gr. *etymología,* eigentlich 'Lehre vom Wahren', zu gr. *étymos* 'wahr, wirklich' und *-logie.* Adjektiv: **etymologisch;** Täterbezeichnung: **Etymologe;** Verbum **etymologisieren** 'den Ursprung eines Wortes herausfinden'; **Etymon** 'Grundwort einer analysierbaren Bildung'. Das Gefühl, daß das Benennungsmotiv etwas über das Wesen des Bezeichneten aussagt, führt zu der Auffassung, daß das Grundwort den wahren Kern der Bedeutung bietet − wobei auch Vorstellungen über einen Zusammenhang zwischen Wortgestalt und Bedeutung eine Rolle gespielt haben mögen.

DF 1 (1913), 183; E. Leser *ZDW* 15 (1914), 15 f.; P. Zumthor in: *FS W. v Wartburg* (1958), 873−893; *HWPh* 2 (1972), 816−818; Pfister (1980), 7−10; *RGA* 7 (1989), 611−617; *LM* 4 (1989), 60 f.

euch *Pron.* (< 8. Jh.). Mhd. *iu(wi)ch*, ahd. *iuwih*, Akkusativformen, von denen sich der Dativ mhd. *iu*, ahd. *iu* unterscheidet. Ansätze zu einer entsprechenden Unterscheidung im Anglischen, sonst sind Dativ und Akkusativ des Pronomens der 2. Person Plural in den germanischen Sprachen gleich. Die Unterscheidung beruht auf der Übernahme der Endung der 1. Person Singular (und 2. Person Singular). Für die einfache Form zeigt das Gotische *izwis*, dem anord. *yðr* lautlich genau entsprechen kann. Die westgermanischen Formen (ae. *ēow*, afr. *iu* und obige) können mit diesen auf (g.) **izwez* zurückgeführt werden (wobei die Lautentwicklung im einzelnen nicht klar ist). Hierfür ergibt sich als Ausgangspunkt ig. **sg^{h}wes*, das auch in anderen Pronomina der 2. und 3. Person in den indogermanischen Sprachen vertreten ist. Der Wechsel zwischen 2. und 3. Person, wie auch die ungewöhnliche Lautform, die das ältere, einfachere Pronomen **(j)usmé* verdrängt, weisen darauf hin, daß hier ein Sonderfall vorliegen muß. Die Annahme, daß es sich um ein altes Höflichkeitspronomen (aus **seg^{h}u-* ´mächtig, stark`, also ´der Starke`) gehandelt hat, ist dabei nicht von der Hand zu weisen.

Nndl. *u*, ne. *you*, nschw. *eder, er*, nisl. *yður* (Höflichkeitsform). − F. Kluge *ZDW* 10 (1908/09), 65; Schmidt (1978), 218−225; E. Seebold *Sprache* 29 (1983), 27−36; Seebold (1984), 41−44. Anders: H.-F. Rosenfeld *ZVPh* 8 (1954), 370−372.

euer *Poss.-Pron.* (< 9. Jh.). Mhd. *i(u)wer*, ahd. *iuwēr, iuwar*. Wie in den anderen germanischen Sprachen gebildet durch das Suffix *-ero* zum (einfachen) Obliquus-Stamm des Personalpronomens.

Eukalyptus *m. erw. fach.* (ein immergrüner Baum, dessen Blätter ein ätherisches Öl enthalten) (< 18. Jh.). Neubildung eines französischen Botanikers in der zweiten Hälfte des 18. Jhs. zu gr. *eú(s)* ´gut, wohl` und gr. *kalýptein* ´bedecken, umhüllen`, wohl so benannt nach der haubenartig geschlossenen Blütenkelchen, die sich beim Aufblühen wie Deckel lösen. Das griechische Wort ist eine Erweiterung zu der unter *hehlen* beschriebenen Grundlage (ig.) **kel-* ´verbergen`.

Cottez (1980), 142 f.

Eule *f.* (< 9. Jh.). Mhd. *iuwel, iule*, ahd. *ūwila, ūla* aus vd. **ūwilōn*, älter **uwwilōn f.* ´Eule` neben (mit Suffixablaut) g. *\*uwwalōn* in anord. *ugla*, ae. *ūle*. Weiterbildung zu g. *\*uwwōn* (s. *Uhu*); sicher ein lautnachahmendes Wort. Ndd. *Eule* ´Handbesen`, älter *(hār)ūle* soll nach seiner Form so benannt sein.

S. *Uhu, Ulk.* − *RGA* 8,1 (1991), 16 f.; Röhrich 1 (1991), 404−406. Zur Bedeutung ´Narr` vgl.: G. F. Lussky *ZDPh*

63 (1938), 235−251; Müller-Graupa *BGDSL-H* 79 (1957), 464.

Eunuch *m. erw. exot.* ´Entmannter, Haremswächter` (< 16. Jh.). Entlehnt aus l. *eunūchus*, dieses aus gr. *eunoûchos* ´Kämmerer`, eigentlich ´Bettschützer`, zu gr. *eunḗ f.* ´Bett` und gr. *óchos* ´Träger, Halter`, zu gr. *échein* ´halten`. Da die Aufsicht über die Frauengemächer im wesentlichen Kastraten anvertraut war, nimmt das Wort allmählich auch die Bedeutung ´Kastrat` an.

Zur Sippe des zugrundeliegenden gr. *échein* ´halten` s. *Epoche.* − *LM* 4 (1989), 99−102.

Euphemismus *m. per. fach.* ´Hüllwort, beschönigende Bezeichnung` (< 18. Jh.). Entlehnung aus gr. *euphēmismós* ´Ersatz unheilträchtiger Wörter durch wohltönende (während eines Ritus usw.)`, über das Verb gr. *euphēmizomai* zu gr. *eúphēmos* ´wohlredend` (auch im übertragenen Sinn), zu gr. *eú(s)* ´wohl, gut, tüchtig` und gr. *phḗmē f.* ´Rede`, zu gr. *phánai* ´sprechen`. Adjektiv: **euphemistisch**.

Zur Sippe des zugrundeliegenden gr. *phánai* ´sprechen` s. *Blasphemie.* − *Brisante Wörter* (1989), 622 f.

Euphorie *f. erw. fremd.* ´ausgelassene Hochstimmung` (< *\*18. Jh., Form < 19. Jh.). Entlehnt aus gr. *euphoría* ´Wohlbefinden`, zu gr. *eúphoros* ´kräftig, stark, gewandt, sich wohl befindend`, zu gr. *eú(s)* ´wohl, gut` und gr. *phérein* ´tragen, sich befinden` über das Abstraktum gr. *phorós*. Adjektiv: **euphorisch**.

Zur Sippe des zugrundeliegenden gr. *phérein* ´tragen` s. *Metapher.* − *HWPh* 2 (1972), 823 f.; Cottez (1980), 142 f.

-eur *Suffix.* Dient der Bildung von deverbativen Personenbezeichnungen (z. B. *Kontrolleur*). Es wurde vornehmlich in französischen Entlehnungen ins Deutsche übernommen; sein Ursprung ist frz. *-eur*. Das Suffix ist im Deutschen produktiv zur Bildung von Nomina agentis zu Verben auf *-ieren*, dabei tritt auch eine Variante *-ateur* auf (*dekorieren* − *Dekorateur*).

-euse *Suffix.* Dient der Bildung von deverbativen femininen Personenbezeichnungen (z. B. *Friseuse*). Es wurde in französischen Entlehnungen ins Deutsche übernommen; sein Ursprung ist frz. *-euse*.

Euter *n.* (< 11. Jh.). Mhd. *ūter, iuter m.*, ahd. *ūtar(o) m.*, as. *ūder* aus wg. **ūdara- n.* ´Euter`, auch in ae. *ūder*; daneben mit Ablaut *(\*eudara-)* anord. *júr, júgr*, afr. *uder, jāder*, as. *geder*; doch ist die Beurteilung des Lautstands problematisch. Aus ig. *\*ūd$^h$ar-/-n- n.* ´Euter`, auch in ai. *ū́dhar-, ū́dhan-*, gr. *oûthar (-atos)*, l. *ūber*; umgebildet in russ. *výmja*, weitergebildet in ai. *ūdrúoti* ´trächtig sein`. Der sonst durchgehende Vokal *ū* weicht im Griechischen und teilweise im Germanischen ab. Man erklärt dies durch einen alten Ablaut *ēu/ōu/ū*, doch hat diese Annahme nicht viel Wahrscheinlichkeit für sich. Insgesamt also: ein *r/n*-Stamm zu einer Wurzel ig. *\*ūd$^h$*. Diese Wurzel kann ´schwellen` bedeutet haben, doch ist diese Bedeutung wesentlich schlechter bezeugt (russ. *údit'* ʾanschwellen, reifenʾ).

Nndl. *uier*, ne. *udder*, nschw. *juver*, nisl. *júgur*. – E. P. Hamp *Glotta* 48 (1970), 141–145.

Euthanasie *f. erw. fach.* ʾSterbehilfeʾ (< 18. Jh.). Entlehnt aus gr. *euthanasía* ʾleichter, schöner Todʾ, Abstraktum zu gr. *euthánatos* ʾglücklich sterbendʾ, zu gr. *eú(s)* ʾwohl, gutʾ und gr. *thánatos m.* ʾTodʾ. *HWPh* 2 (1972), 828 f.

evakuieren *swV. erw. fach.* ʾaussiedelnʾ (< 16. Jh.). Entlehnt aus l. *ēvacuāre* ʾräumen, leer machenʾ, zu l. *vacuus* ʾleerʾ und l. *ex-*. Das Wort hat verschiedene Anwendungsbereiche gehabt – ʾPersonen aussiedelnʾ erst seit dem 20. Jh. Abstraktum: *Evakuierung*, älter *Evakuation*.
S. *Vakuum.* – K.-H. Weimann *DWEB* 2 (1963), 390.

evaluieren *swV. per. fach.* ʾbewerten, beurteilenʾ (< 20. Jh.). Entlehnt aus frz. *évaluer*, zu l. *valēre* ʾwert sein, kräftig seinʾ. Abstraktum: *Evaluation*. Zur Sippe des zugrundeliegenden l. *valēre* ʾstark sein, wert seinʾ s. *Valenz*.

Evangelium *n. erw. fach.* ʾHeilsbotschaftʾ (< 9. Jh.). Im Althochdeutschen (ahd. *ēvangēlio, ēwangēlio m.*, mhd. *ēwangēli, ēvangēli, ēvangelje*) entlehnt aus kirchen-l. *euangelium*, dieses aus gr. *euaggélion*, eigentlich ʾgute Botschaftʾ, zu gr. *euággelos* ʾgute Kunde bringendʾ, zu gr. *eû* ʾgutʾ und gr. *ággelos m.* ʾBote, Gesandterʾ. Ein *Evangeliar* ist ein Buch, das die Evangelien enthält; *evangelisch* ist die Konfession, die sich (ursprünglich) ausschließlich auf das Evangelium stützt; ein *Evangelist* ist der Verfasser eines Evangeliums. S. *Engel*.
DF 1 (1913), 183; *LM* 4 (1989), 140, zu *Evangeliar*: 127–130, zu *Evangelist*: 135–138.

eventuell *Adj.* (< 18. Jh.). Entlehnt aus frz. *éventuel*, aus ml. *eventualis* ʾzufällig, möglichʾ zu l. *ēventus* ʾEreignis, Zufallʾ, zu l. *ēvenīre* ʾsich ereignen, herauskommenʾ, zu l. *venīre* ʾkommenʾ und l. *ex-*. Abstraktum: *Eventualität*.
Zu der Sippe des zugrundeliegenden l. *venīre* ʾkommenʾ s. *intervenieren.* – *DF* 1 (1913), 183.

Evergreen *m. erw. fremd.* ʾlanglebiges Musikstück u.ä.ʾ (< 20. Jh.). Entlehnt aus ne. *evergreen*, eigentlich ʾImmergrünʾ, einer Zusammensetzung aus e. *ever* ʾimmerʾ und e. *green* ʾgrünʾ.
Carstensen 1 (1993), 442–444.

Evidenz *f. erw. fach.* ʾDeutlichkeit, Gewißheitʾ (< 18. Jh.). Unter dem Einfluß von frz. *évidence* entlehnt aus l. *ēvidentia*, einem Abstraktum zu l. *ēvidēns* ʾoffenkundigʾ, zu l. *vidēre* ʾsehen, erkennenʾ und l. *ex-*. Adjektiv: *evident*.
Zu der Sippe des zugrundeliegenden l. *vidēre* ʾsehenʾ s. *revidieren.* – *DF* 1 (1913), 183 f.; *HWPh* 2 (1972), 829–834.

Evolution *f. erw. fach.* ʾEntwicklungʾ (< 18. Jh.). Unter dem Einfluß von frz. *évolution* entlehnt aus l. *ēvolūtio* ʾdas Aufrollen, Aufwickeln (einer Buchrolle)ʾ, zu l. *ēvolvere (ēvolūtum)* ʾauseinanderwickeln, entwickelnʾ, zu l. *volvere* ʾdrehen, rollenʾ und l. *ex-*. Das Wort hat zu verschiedenen Zeiten verschiedene Bedeutungen, als Gegenbegriff zu *Revolution* gewinnt es insbesondere in der Rezeption der Darwinschen Entwicklungstheorie an Gewicht.
M. Briegel: *Evolution* (Diss. masch. Freiburg/Br. 1963); P. J. Bowler *JHI* 36 (1975), 95–114; W. J. Jones *SN* 51 (1979), 257.

evozieren *swV. per. fach.* ʾhervorrufen, bewirkenʾ (< 20. Jh.). Entlehnt aus l. *ēvocāre*, zu l. *vocāre* ʾrufen, herbeirufenʾ und l. *ex-*, mit l. *vōx (vōcis)* ʾStimmeʾ verwandt. Abstraktum: *Evokation*; Adjektiv: *evokativ*.
Zur Sippe des zugrundeliegenden l. *vocāre* ʾrufenʾ s. *provozieren.* – *HWPh* 2 (1972), 834 f.

Ewer *m. per. fach. ndd.* ʾFlußfahrzeug auf der unteren Elbeʾ (< *13. Jh., Standard < 18. Jh.). Niederdeutsches Wort (mndl. *ever*) zu fläm. *envare* ʾEin-fahrerʾ. Benennungsmotiv unklar (ʾSchiff, auf dem nur ein Mann fährtʾ?).
F. Kluge (1911), 229–231.; H. Szymanski: *Der Ewer der Unterelbe* (Lübeck 1932).

ewig *Adj.* (< 8. Jh.). Mhd. *ēwic*, ahd. *ēwīg*, as. *ēwīg*, wie afr. *ēwich, ēwelik* abgeleitet von g. **aiwi-* ʾEwigkeitʾ in gt. *aiws*, anord. *ævi*, ahd. *ēwa*; dieses aus ig. **əiw-* ʾLebenszeit, Ewigkeitʾ in avest. *āiiar* ʾ(Lebens)Dauerʾ, gr. *aiōn* ʾLebenszeit, lange Zeit, Ewigkeitʾ, l. *aevum* ʾLebenszeit, Ewigkeitʾ. Dies zur Verbalwurzel (ig.) **(ə)jeu-* ʾlenken, verbindenʾ, die auch zu Wörtern für ʾfortlaufend, ununterbrochenʾ und damit auch zu ʾewigʾ führt.
Nndl. *eeuwig*. S. *Ehe, je, Joch, nie.* – E. Benveniste *BSL* 38 (1937), 103–112; Seebold (1981), 93–98; *HWPh* 2 (1972), 838–844; *BlW* 2 (1984), 109–114; Röhrich 1 (1991), 407 f. Zur Entlehnung ins Finnische s. *LÄGLOS* (1991), 10 f.

ex- *Präfix.* Wortbildungselement mit der Bedeutung ʾaus ... heraus, weg, ehemaligʾ. Es wurde in durchsichtigen lateinischen Wörtern (z. T. vermittelt über andere Sprachen) ins Deutsche entlehnt; sein Ursprung ist l. *ex-*. Daneben bestehen auch Entlehnungen aus dem Griechischen mit der griechischen Entsprechung (*Ekstase*), doch sind die im Deutschen nicht analysierbar. In echt griechischen und lateinischen Wörtern gibt es verschiedene Assimilationsformen an den folgenden Laut. Das Präfix ist in neoklassischen Bildungen beschränkt produktiv; geläufig ist aber nach französischem Vorbild der Typ *Exweltmeister* = ʾfrüherer Weltmeisterʾ (nach dem Vorbild von l. *excōnsul* ʾehemaliger Konsulʾ).
Wortbildung 2 (1975), 201; Cottez (1980), 144.

exakt *Adj.* (< 17. Jh.). Entlehnt aus l. *exāctus*, dem PPP. von l. *exigere* ʾabwägen, untersuchen', zu l. *agere* ʾtreiben, betreiben' und l. *ex-*.

Zur Sippe des zugrundeliegenden l. *agere* ʾtreiben, betreiben' s. *agieren*. − *DF* 1 (1913), 184; Brunt (1983), 291; *HWPh* 2 (1972), 848 f.

exaltiert *Adj.* (*PPrät.*) *erw. fremd.* ʾüberspitzt, überreizt' (< 18. Jh.). Partizip des nicht mehr gebräuchlichen Verbs *sich exaltieren* ʾsich begeistern, erregen', das unter dem Einfluß von frz. *exalter* entlehnt ist aus l. *exaltāre* ʾerhöhen', einer Präfixableitung von l. *altus* ʾhoch' und l. *ex-*.

Zur Sippe des zugrundeliegenden l. *alere* ʾnähren' s. *Aliment*. − *DF* 1 (1913), 184; K.-H. Weimann *DWEB* 2 (1963), 390.

Examen *n.* (< 16. Jh.). Entlehnt aus l. *exāmen* ʾPrüfung' (eigentlich: ʾdas Zünglein an der Waage'), einer Ableitung aus l. *exigere (exāctum)* ʾabwägen, untersuchen', zu l. *agere* ʾtreiben, betreiben' und l. *ex-*. Also eigentlich: ʾdas Austarieren, Abwägen'. Verb: *examinieren*; Nomen agentis: **Examinator**.

Zur Sippe des zugrundeliegenden l. *agere* ʾtreiben, betreiben' s. *agieren*. − *DF* 1 (1913), 184; *LM* 4 (1989), 150 f.

Exegese *f. per. fach.* ʾBibelauslegung, Schrifterklärung' (< 19. Jh.). Entlehnt aus gr. *exḗgēsis* ʾAuseinandersetzung, Erklärung', zu gr. *exēgeĩsthai* ʾauslegen, ausführen, erklären', zu gr. *hēgeĩsthai* ʾführen, vorangehen'. Täterbezeichnung: *Exeget*.

S. *Hegemonie* und zur germanischen Verwandtschaft *suchen*.

Exekution *f. erw. fach.* ʾHinrichtung' (< 15. Jh.). Entlehnt aus l. *ex(s)ecūtio (-ōnis)* ʾAusführung (einer Anordnung)', einem Abstraktum zu l. *exsequī* ʾverfolgen, ausführen', zu l. *sequī* ʾFolge leisten' und l. *ex-*. Zunächst mit allgemeinerer Bedeutung (vgl. **Exekutive** ʾausführende Staatsgewalt'), im 17. Jh. verengt sich die Bedeutung dann auf die Ausführung einer bestimmten Anordnung, der Vollstreckung eines Todesurteils. Verb: **exekutieren**.

Zur Sippe des zugrundeliegenden l. *sequi* ʾfolgen' s. *Konsequenz*. − *DF* 1 (1913), 185; W. J. Jones *SN* 51 (1979), 257 f.

Exekutive *f. per. fach.* (< 18. Jh.). Zu *exekutieren* (s. *Exekution*) in der ursprünglichen Bedeutung ʾausführen' (ʾausführende Gewalt'). Adjektiv: **exekutiv**.

Exempel *n. stil.* (< 14. Jh.). Mhd. *exempel* ist entlehnt aus l. *exemplum*, eigentlich ʾdas (als Muster) Herausgegriffene', zu l. *eximere (exēmptum)* ʾherausnehmen', zu l. *emere* ʾnehmen' und l. *ex-*. Im 16. Jh. dazu dann **Exemplar**, wozu weiter **exemplarisch** ʾbeispielhaft'. Verb: **exemplifizieren**

Zu dem zugrundeliegenden l. *emere* ʾnehmen' und seinen Präfigierungen gehören *prompt* als PPP, *Exempel* als Instrumentalbildung und *Prämie* als schon im Lateinischen nicht mehr durchschaubare Ableitung. Zu der formal nicht ganz durchsichtigen Präfigierung l. *sūmere* ʾnehmen'

gehört die Sippe von *konsumieren* und über das Französische *resümieren*. − Schirmer (1912), 21 f.; *DF* 1 (1913), 185 f.; H. Kornhardt: *Exemplum* (Diss. Göttingen 1935; Borna/Leipzig 1936); *LM* 4 (1989), 161−165.

Exequien *Pl. per. fach.* ʾTotenmesse, Begräbnisfeier' (< 17. Jh.). Entlehnt aus l. *ex(s)equiae f. Pl.*, einer Ableitung von l. *ex(s)equī* ʾnachfolgen, einer Leiche das Geleit geben, verfolgen', zu l. *sequī* ʾfolgen, begleiten' und l. *ex-*.

Zur Sippe des zugrundeliegenden l. *sequi* ʾfolgen' s. *Konsequenz*. − *DF* 1 (1913), 186.

exerzieren *swV.* (< 17. Jh.). Entlehnt aus l. *exercēre*, eigentlich ʾnicht ruhen lassen, Bewegung verschaffen', zu l. *arcēre* ʾin Ruhe halten' und l. *ex-*. Ein in der Bedeutung spezialisiertes Abstraktum in **Exerzitien**.

DF 1 (1913), 186 f.

Exhibition *f. per. fach.* ʾZurschaustellung (im Deutschen speziell: der Geschlechtsteile)' (< 20. Jh.). Entlehnt aus l. *exhibitio (-ōnis)*, zu l. *exhibēre* ʾvorzeigen, beibringen, herschaffen', zu l. *habēre* ʾhaben, führen, tragen' und l. *ex-*. Täterbezeichnung: **Exhibitionist**; als ʾkrankhafte Neigung' **Exhibitionismus**. Zur Sippe von l. *habēre* ʾhaben' s. *Prohibition*.

exhumieren *swV. per. fach.* ʾeine Leiche ausgraben' (< 19. Jh.). Entlehnt aus ml. *exhumāre*, einer Präfixableitung zu l *humus* ʾErde', s. *Humus* und *ex-*.

Exil *n. erw. fach.* ʾVerbannung(sort)' (< 16. Jh.). Entlehnt aus l. *ex(s)ilium*, zu l. *ex(s)ul m./f.* ʾder, die Verbannte'.

DF 1 (1913), 187.

existieren *swV.* (< 18. Jh.). Entlehnt aus l. *ex(s)istere*, eigentlich ʾherauskommen, zum Vorschein kommen', zu l. *sistere* ʾstellen, einstellen' und l. *ex-*. Abstraktum: **Existenz**, und dazu das Adjektiv **existentiell** (dann weiter: **Existentialismus** als philosophische Richtung usw.).

Zu l. *sistere* ʾstellen' gehören als Partizipien von Präfigierungen *Assistent, konsistent* und *resistent*; eine Mischbildung zu einem Nomen agentis ist *Transistor*. Das Verb gehört zu l. *stare* ʾstehen', dessen Sippe unter *Distanz* behandelt ist. − *DF* 1 (1913), 187; *HWPh* 2 (1972), 854−860.

Exitus *m. per. fach.* ʾTod' (< 19. Jh.). Entlehnt aus l. *exitus*, eigentlich ʾHerausgehen, Ausgang', zu l. *exīre (exitum)* ʾweggehen', zu l. *īre* ʾgehen' und l. *ex-*.

Zu den Präfigierungen von l. *īre* ʾgehen' gehören als *tu*-Abstrakta *Exitus, Koitus* und über das Italienische *Transit*; zu einem PPP gehört *Präteritum* und zu einem PPräs. über das Italienische *Ambiente* und zu einem Partizip des Futurs *Abitur*, zu einer Adjektivbildung *transitiv*. Eine Abstraktbildung ist *Ambition*; zu einem aus einem Abstraktum abgeleiteten Adjektiv gehört *Initiale*; eine volkssprachliche Weiterbildung des Infinitivs (über französisch und englisch) in *Trance*; die Femininform zu einem Wurzelnomen in *Komteß*.

Exklamation *f. erw. fach.* ´Ausruf´ (< 19. Jh.).
Entlehnt aus l. *exclāmātio (-ōnis)*, einer Ableitung
von l. *exclāmāre* ´laut schreien´, zu l. *clāmāre* ´rufen´ und l. *ex-*. Zur Sippe von l. *clāmāre* ´rufen´ s.
deklamieren; zur dazugehörigen Wurzel s. *klar*.

Exklave *f. per. fach.* ´Gebiet innerhalb eines
fremden Staatsgebiets´ (< 19. Jh.). Parallel zu *Enklave* gebildet.

exklusiv *Adj.* ´außergewöhnlich, ausschließlich´
(< 19. Jh.). Entlehnt aus ne. *exclusive*, eigentlich
´absondernd, abgesondert´, dieses aus l. *exclūsīvus*
´abgesondert´, einer Adjektivbildung zu l. *exclūdere
(exclūsum)* ´absondern´, zu l. *claudere* ´schließen,
sperren´ und l. *ex-*. Abstraktum: *Exklusivität*.
Zur Sippe von l. *claudere* ´schließen´ s. *Klausur*. − *DF* 1
(1913), 187 f.

exkommunizieren *swV. per. fach.* ´aus der Gemeinschaft der Gläubigen ausschließen´ (< 16.
Jh.). Entlehnt aus kirchen-l. *excommūnicāre*, Präfixableitung aus l. *commūnio* ´Gemeinschaft´ (s.
Kommunion) und l. *ex-*. Abstraktum: *Exkommunikation*.
DF 1 (1913), 188.

Exkrement *n. erw. fremd.* ´Kot´ (< 16. Jh.). Entlehnt aus l. *excrēmentum* n., eigentlich ´Ausscheidung´, zu l. *excernere, excrētum* ´ausscheiden, aussondern´. Zu l. *cernere* ´scheiden´.
Zu dessen Sippe s. *Konzern*. − *DF* 1 (1913), 188.

Exkursion *f. erw. fach.* ´Ausflug´ (< 18. Jh.). Entlehnt aus l. *excursio* ´Ausflug, Ausfall, Abschweifung´, zu l. *excurrere (excursum)* ´herauslaufen,
reisen´, zu l. *currere* ´laufen, rennen´ und l. *ex-*. Aus
dem parallelen Abstraktum l. *excursus* m. stammt
Exkurs ´Abschweifung´.
Zur Sippe des zugrundeliegenden l. *currere* ´laufen´ s. *konkurrieren*. *DF* 1 (1913), 188.

Exlibris *n. per. fach.* ´in Bücher geklebter Zettel
mit Namen des Besitzers´ (< 19. Jh.). Hypostasierung von l. *ex libris* ´aus den Büchern´, zu l. *liber*
m. ´Buch´ und l. *ex-*. S. *Libretto*.
LM 4 (1989), 171.

exmatrikulieren *swV.* s. *Matrikel*.

Exodus *m. per. fremd.* ´Auszug (einer gesamten
Gruppe)´ (< 20. Jh.). Entlehnt aus l. *exodus* f., dieses aus gr. *éxodos* f. ´Auszug, Abzug, Weggang´, zu
gr. *hodós* f. ´Weg, Marsch´ und gr. *ex-*. Ursprünglich wurde der Auszug des Volkes Israel aus Ägypten so bezeichnet (vgl. auch das so benannte 2.
Buch Mose). Zur Sippe von gr. *hodós* ´Weg´ s. *Methode*.
LM 4 (1989), 172.

exorbitant *Adj. erw. fremd.* ´gewaltig, enorm´
(< 18. Jh.). Entlehnt aus l. *exorbitāns (-antis)*, dem
PPräs von l. *exorbitāre* ´abweichen, zur Seite springen´, zu l. *orbita* ´Bahn, Wagengeleise´ (zu l. *orbis*
´Rundung, Gleis´) und l. *ex-*.
DF 1 (1913), 188.

Exorzismus *m. per. fach.* ´Teufelsaustreibung´
(< 20. Jh.). Entlehnt aus l. *exorcismus* ´Beschwörung´, dieses aus gr. *exorkismós*, zu gr. *exorkízein*
´durch Beschwörung austreiben´, zu gr. *hórkos*
´Eid, Schwur´ und gr. *ex-* ´aus, hinaus´. Nomen
agentis: *Exorzist*.
LM 4 (1989), 172−174.

exotisch *Adj.* (< 18. Jh.). Entlehnt aus l. *exōticus*,
aus gr. *exōtikós*, zu gr. *éxō* ´außerhalb´, einer Weiterbildung zu gr. *ex-* ´aus, hinaus´. Abstraktum:
Exotik; moderne Rückbildung als eine Art Täterbezeichnung: *Exot*.
DF 1 (1913), 188.

Expansion *f. erw. fach.* ´Ausweitung, Vergrößerung´ (< 19. Jh.). Entlehnt aus frz. *expansion*, dieses aus l. *expānsio (-ōnis)*, einem Abstraktum zu
l. *expandere* ´ausdehnen´, einem Intensivum zu l.
pandere (pānsum) ´ausbreiten´ und l. *ex-*; (unregelmäßiges) Kausativum zu l. *patēre* ´offenstehen,
klaffen´. Zunächst in die Fachsprache der Physik
entlehnt, dann allgemeinerer Gebrauch. Verb: *expandieren*; Adjektiv: *expansiv*.
Zu der verwandten Sippe von l. *patēre* ´offenstehen´ s. *Patent* und *passieren*. − *DF* 1 (1913), 188 f.

Expedition *f.* (< 16. Jh.). Entlehnt aus l. *expedītio (-ōnis)* ´Erledigung, Abfertigung, Feldzug´, einem Abstraktum zu l. *expedīre* ´erledigen, losmachen´, eigentlich den Fuß aus Fesseln befreien´, einer Präfixableitung zu l. *pēs (pedis)* m. ´Fuß´. Zunächst entlehnt in der Bedeutung ´Feldzug´, dann
Erweiterung zu ´Reise, um wissenschaftliche Erkenntnisse zu gewinnen´. Die Entlehnung des
Verbs *expedieren* bleibt bei der allgemeinen Bedeutung ´abfertigen, erledigen´.
Zur Sippe des zugrundeliegenden l. *pēs* ´Fuß´ s. *Pedal*. −
DF 1 (1913), 189.

Experiment *n.* (< 16. Jh.). Entlehnt aus l. *experīmentum*, einer Ableitung von l. *experīrī (expertus)*
´versuchen´. Im 16. Jh. medizinischer Terminus
(´erprobte Arznei´); dann Ausdruck der Philosophie für eine Art der Erfahrung; im 17. Jh. Terminus der Wissenschaftstheorie unter dem Einfluß
von Bacon. Verb: *experimentieren*; Adjektiv: *experimentell*.
S. *Experte* und zur germanischen Verwandtschaft *Gefahr*.
− *DF* 1 (1913), 189 f.; K.-H. Weimann *DWEB* 2 (1963),
390; J. A. Kranzhoff: *Experiment* (Diss. Bonn 1965);
HWPh 2 (1972), 868−870; *LM* 4 (1989), 184 f.

Experte *m. erw. fach.* ´Fachmann´ (< 19. Jh.).
Entlehnt aus frz. *expert* ´Sachkundiger´, dieses aus
l. *expertus*, dem PPP von l. *experīrī* ´versuchen´ (s.
Experiment). Hierzu *Expertise* ´Gutachten´.
HWPh 2 (1972), 875 f.; Carstensen 1 (1993), 445 f.

explizit *Adj. erw. fach.* ´eindeutig, ausführlich´
(< 20. Jh.). Entlehnt aus l. *explicitus*, dem PPP von
l. *explicāre* ´ausbreiten, erklären´, zu l. *plicāre*

´flechten` und *ex-*. Verb: *explizieren*; Abstraktum: *Explikation*.

Zur Sippe des zugrundeliegenden l. *plicāre* ´flechten` s. *kompliziert*. − *HWPh* 2 (1972), 876 f.

explodieren *swV.* (< *16. Jh., Bedeutung < 19. Jh.). Entlehnt aus ne. *explode*, dessen Bedeutung nach ne. *explosion* ´das Zerbersten` ausgerichtet wurde. Das zugrundeliegende l. *explōdere*, (älter:) l. *explaudere* bedeutet eigentlich ´ausklatschen, unter Lärm hinaustreiben` (und ist in dieser Bedeutung früher auch ins Deutsche entlehnt), zu l. *plaudere (plausum)* ´klatschen, schlagen` und l. *ex-*. Die Bedeutungsübertragung offenbar nach dem Geräuscheindruck, dann terminologisch festgelegt. Abstraktum: *Explosion*; Adjektiv: *explosiv*.

S. *applaudieren* und *plausibel*. − *DF* 1 (1913), 190.

exponiert *Adj.(PPrät.)* erw. fremd. ´herausgehoben` (< 14. Jh.). Partizip zu *exponieren*, das aus l. *exponere* ´herausstellen, ausstellen` entlehnt ist. Dieses aus l. *ponere (positum)* ´legen, stellen` und *ex-*. Fachsprachlich ist **Exponent** ´Hochzahl` (sonst auch ´herausragender Vertreter einer Richtung`); nur wenig ins Deutsche integriert sind **Exponat** ´Ausstellungsstück` (nach dem Russischen) und **Exposition** ´Darlegung, Ausstellung`.

Zur Sippe des zugrundeliegenden l. *ponere* ´legen, stellen` s. *komponieren*. − *DF* 1 (1913), 190.

Export *m.* (< 18. Jh.). Entlehnt aus ne. *export*, einer Ableitung von ne. *export* ´ausführen`, aus l. *exportāre*, zu l. *portāre* ´tragen` und l. *ex-*. Verb: *exportieren*; Nomen agentis: *Exporteur*.

Zu der Sippe des zugrundeliegenden l. *portāre* ´tragen` s. *transportieren*. − Ganz (1957), 69 f.; Rey-Debove/Gagnon (1988), 282 f.

Exposé *n. per. fach.* ´Übersicht, Plan, Entwurf, Bericht` (< 19. Jh.). Entlehnt aus frz. *exposé m.*, einer Substantivierung des PPrät. von frz. *exposer* ´darlegen, auslegen`, dieses aus l. *expōnere (expositum)*, zu l. *pōnere* ´legen, setzen, stellen` und *ex-*. Zur Sippe von l. *pōnere* ´legen, stellen`, s. *komponieren*.

expreß *Adj. stil.* ´ausdrücklich; eilig` (< 16. Jh.). Entlehnt aus l. *expressus* ´ausdrücklich, deutlich`, dem adjektivischen PPP. von l. *exprimere* ´herausdrücken, auspressen, deutlich aussprechen, erpressen`, zu l. *premere* ´drücken` und l. *ex-*. Die Bedeutungsentwicklung zu ´eilig` ergibt sich daraus, daß vor allem ´spezielle Boten` zugleich ´Eilboten` sind. Die ältere Bedeutung noch in *expressiv* und das Abstraktum *Expressivität*, s. auch *Expressionismus*.

Zur Sippe des zugrundeliegenden l. *premere* ´drücken` s. *Depression*. − *DF* 1 (1913), 191.

Expressionismus *m. erw. fach.* (Kunstrichtung) (< 20. Jh.). Im Französischen zu frz. *expression* ´Ausdruck` als *expressionisme* gebildet und dann ins Deutsche übernommen. Vor allem das Adjektiv

expressionistisch wird in einem weiteren Sinn gebraucht. S. *expreß* und für die ganze Sippe *Depression*.

H. Kreuzer *MoH* 56 (1964), 336 f.

exquisit *Adj. erw. fremd.* ´erlesen, von besonderer Qualität` (< 17. Jh.). Entlehnt aus l. *exquīsītus*, dem PPP. von l. *exquīrere*, (älter:) l. *exquaerere* ´aussuchen`, zu l. *quaerere* ´suchen, fragen` und l. *ex-*.

Zur Sippe des zugrundeliegenden l. *quaerere* ´suchen` s. *requirieren*. − *DF* 1 (1913), 191.

extemporieren *swV. per. fach.* ´aus dem Stegreif reden` (< 17. Jh.). Hypostasierung aus l. *ex tempore* ´aus dem Stegreif` bzw. zu l. *(ōrātio, āctio) extemporālis f.* ´unvorbereitete Rede`, l. *extemporālis* ´unvorbereitet, aus dem Stegreif`, eigentlich ´ohne (Vorbereitungs)Zeit`, zu l. *tempus* ´Zeit` und l. *ex-*.

Zur Sippe von l. *tempus* ´Zeit` s. *Tempo*. − *DF* 1 (1913), 192.

Extension *f. per. fach.* ´Ausdehnung, Erstreckung` (< 18. Jh.). Entlehnt aus l. *extēnsio (-ōnis)*, zu l. *extendere* ´ausdehnen, ausbreiten`, zu l. *tendere* ´spannen, ausdehnen, ausstrecken` und l. *ex-*. Adjektiv: *extensiv*.

Zur Sippe des zugrundeliegenden l. *tenēre* ´halten` s. *Tendenz* und *Tenor*. − *HWPh* 2 (1972), 878.

extern *Adj. erw. fremd.* ´außerhalb, äußerlich` (< 19. Jh.). Entlehnt aus l. *externus*, einer Nebenform zu l. *exterus, exter*, zu l. *ex* ´aus, heraus` und l. *ex-*. S. *extra, extrem*.

extra *Adv.* (< 16. Jh.). Entlehnt aus l. *extrā (ordinem)* ´außerhalb (der Reihe)`, aus einem früheren Lokativ l. *exterā (parte)* ´im äußeren Teil` von l. *exterus, exter* ´außen`, zu l. *ex-* ´aus, heraus` (s. *ex-, extrem, extern*).

DF 1 (1913), 192−195; Carstensen 1 (1993), 448.

extra- *Präfix.* Wortbildungselement, mit dem der Bedeutung das Element ´besonders, außergewöhnlich` hinzugefügt wird (z. B. *Extrablatt, extrastark*). Es wurde in lateinischen Entlehnungen ins Deutsche übernommen; das lateinische Präfix *extra-* basiert auf der formgleichen lateinischen Präposition mit der Bedeutung ´außen, außerhalb`.

Wortbildung 2 (1975), 203 f., 3 (1978), 221; Cottez (1980), 145 f.

Extrakt *m. erw. fach.* (< 16. Jh.). Entlehnt aus l. *extractum n.*, dem substantivierten PPP. von l. *extrahere* ´herausziehen`, zu l. *trahere* ´ziehen` und l. *ex-*. Verb: *extrahieren*, Abstraktum: *Extraktion*.

Zur Sippe des zugrundeliegenden l. *trahere* ´ziehen` s. *abstrakt*. − *DF* 1 (1913), 195; Weimann *DWEB* 2 (1963), 391.

extravagant *Adj.* (< 18. Jh.). Entlehnt aus frz. *extravagant*, dieses aus ml. *extravagans*, zu l. *extrā* ´außerhalb` und l. *vagārī* ´umherschweifen, umherziehen', zu l. *vagus* 'umherschweifend, unstet'. Abstraktum: ***Extravaganz.***

S. *Vagabund* und *vage*. − *DF* 1 (1913), 195 f.; W. J. Jones *SN* 51 (1979), 258. *LM* 4 (1989), 187 f.

extravertiert *Adj. erw. fach.* 'offen, nach außen gewandt' (< 20. Jh.). Neubildung von C. G. Jung zu l. *extrā* 'außen, außerhalb' und l. *vertere* 'wenden, kehren, drehen' nach dem Vorbild von *introvertiert*. Deshalb auch die Form **extrovertiert**. Zur Sippe von l. *vertere* 'wenden' s. *konvertieren*.

extrem *Adj.* (< 17. Jh.). Entlehnt aus l. *extrēmus*, dem Superlativ von l. *externus* 'außen', zu l. *ex* 'aus, heraus'. Spezielle Anwendungen: ***Extremitäten***, fachsprachlich für 'Gliedmaßen', ***Extremist*** für Vertreter radikaler Haltungen in Politik und Wissenschaft (usw.).

S. *ex-, extern, extra*. − *DF* 1 (1913), 196; K.-H. Weimann *DWEB* 2 (1963), 391; *Brisante Wörter* (1989), 142−146.

extrovertiert *Adj.* s. *extravertiert.*

exzellent *Adj.* (< 16. Jh.). Entlehnt aus frz. *excellent*, dieses aus l. *excellēns*, dem PPräs. von l. *excellere* 'herausragen', das mit l. *culmen* 'Gipfel' verwandt ist. Als Anredeformel für Staatsmänner und Fürsten: ***Exzellenz.***

DF 1 (1913), 196; W. J. Jones *SN* 51 (1979), 257.

exzentrisch *Adj. erw. fach.* 'ungewöhnlich, abweichend' (< 18. Jh.). Entlehnt aus ml. *eccentrus*, dieses aus gr. *ékkentros* 'aus dem Mittelpunkt gerückt', zunächst für Umlaufbahnen von Gestirnen, bei denen die Erde nicht im Mittelpunkt steht. Täterbezeichnung: ***Exzentriker.***

S. *Zentrum* und *ex-*. − *DF* 1 (1913), 197.

exzeptionell *Adj. per. fremd.* 'außergewöhnlich' (< 19. Jh.). Entlehnt aus frz. *exceptionnel* zu frz. *exception* 'Ausnahme'. Dieses aus l. *exceptio*, zu l. *excipere* 'herausnehmen'. Zur Sippe des zugrundeliegenden l. *capere* 'fangen' s. *kapieren.*

exzerpieren *swV. erw. fach.* 'Auszüge machen' (< 17. Jh.). Entlehnt aus l. *excerpere (excerptum)*, zu l. *carpere* 'pflücken, aussuchen, auswählen' und l. *ex-*. Abstraktum: ***Exzerpt.***

DF 1 (1913), 197.

Exzeß *m.* (< 16. Jh.). Entlehnt aus l. *excessus*, dem *tu*-Abstraktum von l. *excēdere* 'herausgehen', zu l. *cēdere* 'gehen, weichen' und l. *ex-*. Adjektiv: ***exzessiv.***

Zur Sippe von l. *cēdere* 'weichen' s. *Abszeß*. − *DF* 1 (1913), 197.

Ezzes *Pl. per. oobd.* 'Ratschläge' (< 19. Jh.). Aus rotw. *eize* 'Rat', wjidd. *eize* aus hebr. *'ēṣā(h) f.* 'Rat'.

F

Fabel *f. erw. fach.* ´lehrhafte Erzählung, Handlungskern´ (< 13. Jh.). Mhd. *fabel[e]* ist über afrz. *fable* entlehnt aus l. *fābula* ´Erzählung, Sage, Rede´, einer Ableitung von l. *fārī* ´sprechen´. In diesen Sinn gibt das lateinische Substantiv gr. *mỹthos m.* wieder (s. *Mythos*). Die Bedeutung ´lehrhafte Tiergeschichte´ geht auf eine Übernahme des 18. Jhs. aus dem Französischen zurück (Rückgriff auf die Fabeln Äsops). Verbum: **fabulieren**, auch **fabeln**; Adjektive **fabulös** (semantisch nahe beim Grundwort) **fabelhaft** (stärker übertragen).

Zur Sippe des zugrundeliegenden l. *fārī* ´sprechen´ s. *famos*. − *DF* 1 (1913), 197 f.; *Reallexikon der deutschen Literaturgeschichte*. Bd. I² (Berlin 1958), 433−441; K. Grubmüller: *Meister Esopus* (Zürich 1977); Cottez (1980), 147; W. Freytag *Mittellateinisches Jahrbuch* 20 (1985), 66−102, 21 (1986), 3−33; *LM* 4 (1989), 201−208; *RGA* 8,1/2 (1991), 77−86.

Fabrik *f.* (< 17. Jh.). Entlehnt aus frz. *fabrique* ´Herstellungsgebäude, Herstellung´, dieses aus l. *(officina) fabrica* ´Werkstatt´ (neben l. *fabrica* ´Herstellung, Herstellungsart´) zu l. *faber m.* ´Handwerker´. Die Entlehnung bedeutet zunächst vor allem ´Fabrikation´, wird dann aber auf das Gebäude eingeschränkt und ersetzt das aus dem Englischen gekommene *Manufaktur*. Nomen agentis: **Fabrikant**; Verb: **fabrizieren**, Abstraktum: **Fabrikation**; Nomen acti: **Fabrikat**.

DF 1 (1913), 198; A. Rehmann: *Die Geschichte der technischen Begriffe ´fabrica´ und ´machina´ in den romanischen Sprachen* (Diss. Münster, Bochum 1935); Schirmer (1911), 58; K.-H. Weimann *DWEB* 2 (1963), 391; *Grundbegriffe* 2 (1975), 229−252; Brunt (1983), 293 f.

fabulieren *sw V. erw. fremd.* ´phantasievoll erzählen´ (< 16. Jh.). Entlehnt aus l. *fābulārī* ´sprechen, schwatzen, plaudern´, zu l. *fābula* ´Rede, Sage, Gerede´ (s. *Fabel*, zur zugrundeliegenden Sippe s. *famos*).

Facette *f. per. fach.* ´Schleiffläche an Edelsteinen´ (< 18. Jh.). Entlehnt aus frz. *facette*, einem Diminutivum zu frz. *face* ´Seite, Vorderseite, Außenfläche´, dieses aus l. *faciēs* ´Gesicht, Vorderseite´, letztlich zu l. *facere* ´machen, fertigen, hervorbringen´. Zu dessen Sippe s. *infizieren*.

Fach *n.* (< 8. Jh.). Mhd. *vach*, ahd. *fah*, as. *(juk)fac* aus wg. **faka- n.* ´Fach, Teil, Abteilung´, auch in ae. *fæc*, afr. *fek*. Diese Wörter erscheinen in einer großen Zahl von technischen Bedeutungen, die sie mit entsprechenden Wörtern außerhalb des Germanischen verknüpfen. Anzusetzen ist ig. (eur.)

*pāg-, schwundstufig **pəg-* in l. *pangere* ´befestigen´, l. *compāgēs f.* ´Fuge´, l. *impāges f.* ´Leiste´, l. *pāgus m.* ´Distrikt, Gau usw.´, gr. *pḗgnymi* ´ich befestige, füge zusammen´. Gr. *pḗgma* ´Gerüst´, gr. *nau-pēg-ós m.* ´Schiffsbaumeister usw.´, russ. *paz m.* ´Fuge, Nute´; die Ausgangsbedeutung ist also ´festmachen, befestigen´ (zumal das Wort im Griechischen auch ´gefrieren´ heißt). Eine Variante mit ig. **-k* s. unter *fangen*. Seit dem 19. Jh. werden unter den *Fächern* die Teildisziplinen an der Universität usw. verstanden, womit einerseits die Spezialisierung (vgl. *Fachwort, Fachsprache*), andererseits die genaue Kenntnis (**Fachmann**) angesprochen ist. Verb: **fächern** ´in Fächer einteilen´.

S. auch *fair, fügen* und die Entlehnungen aus der lateinischen Sippe unter *kompakt*. − E. Schröder: *Deutsche Namenkunde* (Göttingen 1938), 271−285; W. Foerste *NW* 5 (1965), 86−95.

-fach *Suffix* (zur Bildung von Multiplikativ-Zahlwörtern). Mhd. *-vach*. Zu *Fach*, das im Mittelhochdeutschen auch die Bedeutung ´Falte´ haben kann. Vielleicht ist das Suffix deshalb unmittelbar an mhd. *manecvalt* ´mannigfaltig´ anzuschließen, es kann sich aber auch um eine unabhängige Bildung handeln.

fächeln *sw V.* (< 16. Jh.). Zu fnhd. *fechel* ´Fächer´. S. *fachen* und *Fächer*.

fachen *sw V.*, meist **anfachen, entfachen** *stil.* (< 15. Jh.). Fnhd. *fochen*. Mit Lautsubstitution entlehnt aus ml. *focare* ´entfachen´ (zu l. *focus* ´Feuerstelle´). S. *fächeln, Fächer* und *Fokus, Foyer*.

Fächer *m.* (< *15. Jh., Bedeutung < 17. Jh.). Bei der Einführung des Luftfächers aus Frankreich wird er bezeichnet mit dem Namen des bereits vorhandenen *focher, fechel* usw. ´Feuerwedel, Blasebalg´ (zum Feuermachen in der Küche). Dieses zu *fachen*, das aus ml. *focare* entlehnt ist. S. *fachen, fächeln* und *Fokus, Foyer*.

LM 4 (1989), 216 f.

fachsimpeln *sw V. stil.* ´(zur Unzeit) Fachgespräche führen´ (< 19. Jh.). Studentensprachlich zusammengebildet aus *Fach* ´Spezialgebiet´ und *Simpel* ´Einfaltspinsel´ bzw. *simpel Adj.* ´einfältig´. Ursprünglich eine despektierliche Bezeichnung für das Verhalten der (jungen) Studenten, die zur Unzeit mit ihrem neu erworbenen Wissen prahlen wollten; dann verallgemeinert. In der Neuzeit verschärft durch den Ausdruck **Fachidiot**.

Fachwerk *n. erw. fach.* ´an der Außenseite des Hauses sichtbare Balkenstruktur´ (< 17. Jh). Die durch die tragenden Balken gebildeten Zwischenräume werden technisch als Fächer bezeichnet; dazu das Kollektivum mit *-werk*.

Zu *Fachwerkbau* s. *LM* 4 (1989), 221–225.

Fackel *f.* (< 8. Jh.). Mhd. *vackel*, ahd. *fack(a)la*, *fackila*, *fackula*, as. *fakla* entlehnt aus l. *facula*, Weiterbildung zu l. *fax (-acis)* ´Fackel´.

fackeln *swV. stil. phras.* (< *14. Jh., Bedeutung < 18. Jh.). Spmhd. *vackelen*, ursprünglich ´unruhig brennen wie eine Fackel´, dann übertragen auf das ´Hin- und Herbewegen, ohne das Ziel anzugehen´ (*nicht lange fackeln*). Eine andere Herkunftsmöglichkeit s. unter *Faxe*. Ein Partikelverb führt zu dem technischen Ausdruck ***abfackeln*** ´überschüssige Gase abbrennen´.

Röhrich 1 (1991), 409.

fade *Adj.*, oobd. *fad* (< 18. Jh.). Entlehnt aus frz. *fade* (dass., älter auch: ´schwächlich, albern´), dieses aus vor-rom. **fatidus*, das wohl aus einer Vermengung von l. *fatuus* ´albern´ mit l. *vapidus* ´verdorben´ (zu l. *vappa* ´umgeschlagener Wein´) oder allenfalls durch Übernahme des Suffixes von l. *sapidus* ´schmeckend´ entstanden ist.

DF 1 (1913), 198 f.

Faden *m.* (< 8. Jh.). Mhd. *vaden*, *vadem*, ahd. *fadum*, *fadam*, as. *Pl. faðmos* ´Klafter´ aus g. **faþma- m.* 1) ´Umarmung´, 2) ´Klafter´, 3) ´Faden´ (nur deutsch), auch in anord. *faðmr* ´Klafter, Arme, Umarmung´, ae. *fæðm* ´Umarmung, Klafter´, afr. *fethem* ´Klafter´. Was hier als ´Klafter´ umschrieben wird, ist ein Längenmaß (oder eigentlich mehrere), das unterschiedlich beschrieben wird. Es scheint aber die Bedeutung ´von Fingerspitze zu Fingerspitze bei ausgebreiteten Armen´ zugrunde zu liegen. Mit diesem Maß werden vor allem Höhen und Tiefen sowie Umfänge gemessen. Die Etymologie gibt insofern Rätsel auf, als ´Umarmung´ oder ´ausgebreitete Arme´ gut vergleichbar ist – es entspricht die ig. Sippe **peta-* ´ausgebreitet sein, offen stehen´ etwa in l. *patēre*. Der einzige formal genaue Vergleich (falls gr. *potamós* ´Fluß´ nicht dazugehört) ist aber eine keltische Sippe, von der der gälische Zweig (schott.-gäl. *aitheamh*) die Bedeutung ´Klafter´ zeigt, der britannische (kymr. *edau*, *edef*, *edaf*, *edyf*) die Bedeutung ´Faden´. Dabei ist der Bedeutungsübergang von ´Klafter´ zu ´Faden´ singulär: Er muß wohl über ´Fadenmaß, Klafter´ zu ´Faden´ allgemein gegangen sein (größere Längen mißt man mit einem Faden und bestimmt dessen Länge, indem man zählt, wie oft man ihn mit den ausgestreckten Armen und Händen spannen kann); kaum *Faden* als ´das Umfassende, womit man zusammenbindet´, weil der Faden immer dünn war. Die parallele Entwicklung im Deutschen und Kymrischen ist dabei höchst auffällig. Vgl.

außerhalb noch besonders l. *passus* ´Schritt´ (auch als Längenmaß). – Der *rote Faden* ist durch Goethe eingeführt und erklärt worden (*Wahlverwandtschaften* II,2): Bei der englischen Marine geht durch alle Taue ein roter Faden, den man nicht herauslösen kann, und der sie als der Krone gehörig ausweist. Partikelableitungen: ***ein-***, ***auffädeln*** (Lautform entweder aus **fadmen* oder zu einem Diminutivum *Fädel*).

Nndl. *vadem*, *vaam*, ne. *fathom*, nschw. *famn*, nisl. *faðmur*. Zur Sippe der lateinischen Entsprechung s. *Patent*. – Eichhoff (1968), 90; Röhrich 1 (1991), 409–411; Sousa-Costa (1993), 162–164.

fadenscheinig *Adj.* (< *16. Jh., Form < 18. Jh.). Weiterbildung zu dem schon früher bezeugten Adjektiv *fadenschein* ´was die Fäden durchscheinen läßt´, einem Kompositum aus *Faden* und Adjektiv mhd. *schīn* ´scheinend´ (zu *scheinen*, s.d.). Die Ableitung kommt im 17. Jh. auch mit Suffix *-isch* vor und wird zuerst wie das zugrundeliegende Adjektiv nur vom abgenutzten Gewebe, dessen Fäden durchscheinen, und erst seit dem 19. Jh. auch in übertragener Bedeutung (´leicht durchschaubar´) gebraucht.

Fagott *n. erw. fach.* (ein Holzblasinstrument) (< 17. Jh.). Entlehnt aus it. *fagotto m.*; die weitere Herkunft ist nicht sicher geklärt. Vielleicht vor-rom. **fagicotto* ´aus Buche bestehend´.

DF 1 (1913), 199; *DEO* (1982), 273 f.

Fähe *f. erw. fach.* ´Füchsin´ (< 9. Jh.). Mhd. *vohe*, ahd. *foha*, aus g. **fuhōn f.* ´Füchsin´ (auch ´Weibchen von vierfüßigen Raubtieren in der Größe von Hunden´), auch in gt. *fauho*, anord. *fóa*. Femininbildung zu der gleichen Grundlage wie bei *Fuchs*[1]. Der Umlaut aus einer Entrundung von *föhe*, das wohl von einem übercharakterisierten *Föhin* abhängig ist.

fähig *Adj.* (< 15. Jh.). Mhd. **væhec* und *vengec*; Ableitungen zu mhd. *vāhen* ´fangen´, also eigentlich ´was gefangen werden kann´ und ´wer fangen kann´. In der Rechtssprache kann man z. B. ***erbfähig*** sein (´imstande, ein Erbe zu empfangen´), und entsprechende Bildungen sind auch heute noch in Gebrauch. Als einfaches Wort wird *fähig* aber immer stärker auf ´imstande, etwas zu tun´ eingeengt. Vgl. etwa die entsprechenden Verhältnisse bei l. *capāx (-ācis)* zu l. *capere*. Abstraktum: ***Fähigkeit***; Präfixableitung: ***befähigen***. S. *fangen*.

fahl *Adj.* (< 9. Jh.). Mhd. *val*, ahd. *falo*, as. *falu* aus g. **falwa- Adj.* ´fahl´, auch in anord. *fǫlr*, ae. *fealu* (und vielleicht gotisch erschließbar aus dem Pferdenamen mgr. *phálbas*). Außergermanisch vergleichen sich am genauesten lit. *pal̃vas* ´fahl, bleich´, russ. *polóvyj*, *polovój* ´fahl, isabellfarbig´, während semantisch zugehörige Formen anderer Sprachen nicht *wo-*stämmig sind: ai. *palitá-* ´grau´, gr. *poliós* ´grau`, gr. *peliós* ´fahl`, l. *pallidus* ´blaß, bleich`.

Nndl. *vaal*, ne. *fallow*, nisl. *fölur*. S. auch *falb, Felchen*. − Schwentner (1915), 83−86; E. Schwyzer *ZDA* 66 (1929), 95 f.; Heidermanns (1993), 189 f.

fahnden *swV.* (< *8. Jh., Bedeutung < 18. Jh.). Erscheint erst im 18. Jh. mit der speziellen Bedeutung ´polizeilich suchen`. Es stammt wohl aus mhd. *vanden, vannen*, mndd. *vanden, vannen* ´besuchen, heimsuchen`, das auf ein gut bezeugtes älteres Verb zurückgeht: wg. **fand-ō-* ´suchen, erforschen` in ae. *fandi(g)an*, afr. *fandia, fondia*, as. *fandon*, ahd. *fantōn*; eine Intensivbildung zu *finden*. Schreibung und Aussprache im Neuhochdeutschen sind vielleicht durch *fähen* (s. unter *fangen*) bestimmt. Abstraktum: **Fahndung**.

Fahne *f.* (< 9. Jh.). Mhd. *van(e) m.*, ahd. *fano m.*, as. *fano m.* aus g. **fanōn m.* ´Tuch`, auch in gt. *fana m.*, ae. *fana m.*, afr. *fana m.* Die heutige Bedeutung ist schon früh aus einer Kürzung von ahd. *gundfano* ´Kriegsfahne` (eigentlich ´Kriegstuch`) entstanden; dadurch stellvertretend für ´Militär` (**Fahnenflucht** u.ä.). Das feminine Genus ist erst deutsch. Vergleichbar sind l. *pannus m.* ´Tuch, Lappen`, gr. *pḗnē* ´Spule, Gewebe`. Übertragen in **Wetterfahne** und **Korrekturfahnen**. Das Diminutivum **Fähnchen** häufig in der Bedeutung ´billiges Kleid`.

S. auch *Fähnlein, Fähnrich, Rainfarn*. − Tiefenbach (1973), 32 f.; *LM* 4 (1989), 228 f.; Röhrich 1 (1991), 411; Sousa-Costa (1993), 291 f.

Fähnlein *n. erw. fach.* (< 16. Jh.). Zunächst ´kleine Fahne`, dann ´Kriegszeichen` und ´Trupp von Landsknechten unter einem Fähnlein`. Von da an weiter im Gebrauch als militärischer Fachausdruck.

Fähnrich *m. erw. fach.* (ein militärischer Grad) (< *9. Jh., Form < 16. Jh.). Mhd. *venre, vener, vaner*, ahd. *faneri* ´Fahnenträger` sind Täterbezeichnungen zu *Fahne*. Das Wort bleibt schweizerisch als **Venner** erhalten, wird sonst aber nach dem Muster *Dieter* zu *Dietrich* in *Fähn(d)rich* umgebildet. Es ist nicht ganz ausgeschlossen, daß das etwas früher bezeugte nndl. *vaandrig* gleicher Bedeutung nicht eine Entlehnung aus dem Deutschen, sondern das Vorbild des deutschen Wortes ist (in diesem Fall zu nndl. *dragen* ´tragen`?).

Fähre *f.* (< 13. Jh.). Mhd. *vere*, mndd. *ver(e) n.*, mndl. *vere*, wie anord. *ferja* abgeleitet von g. **far-eja-* ´übersetzen`, Kausativum zu *fahren*, in gt. *far-jan* ´zur See reisen`, anord. *ferja*, ae. *feri(g)an*, afr. *feria*, as. *ferian*, ahd. *ferien, ferren*, mhd. *vern* (der Bedeutung nach liegt der Ansatz eines Denominativums zu g. **fara-* ´Fahrzeug, Schiff` näher; von der Form des Verbs her läßt sich aber keine Entscheidung treffen). Hierzu die Täterbezeichnungen **Fährmann** und *Ferge*.

LM 4 (1989), 230 f.; *RGA* 8,1/2 (1991), 94−99.

fahren *stV.* (< 8. Jh.). Mhd. *var(e)n*, ahd. *faran*, as. *faran* aus g. **far-a- stV.* ´fahren`, auch in gt. *faran*, anord. *fara*, ae. *faran*, afr. *fara*. Außergermanisch vergleicht sich am nächsten gr. *poreúō* ´ich trage, bringe`, medial ´ich gehe, gehe hinüber`. Mit dessen aktiver Bedeutung vergleicht sich weiter l. *portāre* ´tragen, bringen`; ferner ai. *píparti*, das neben anderem auch ´hinüberbringen` bedeutet, sowie weiter Abstehendes aus anderen Sprachen. Diese Bildungen gehören zur Wurzel ig. \**per-* ´durchbohren, hinüberbringen`; ob sie selbständige Entwicklungen aus dieser sind oder unter sich näher zusammengehören, kann kaum entschieden werden. Nomen agentis: **Fahrer** und aus dem partizipialen Adjektiv **fahrend**: *der Fahrende*; Abstraktum: **Fahrt**.

Nndl. *varen*, ne. *fare*, nschw. *fara*, nisl. *fara*. Zu *fahren* gehören *fahrig, fahrlässig, Vorfahr(e), (Fahrt)/Fährte, Hoffart, Wohlfahrt* mit *fertig* und *Gefährte*; zu dem *a*-stufigen Kausativ gehören *Fähre, Ferge*; zum *ō*-stufigen Kausativ (*führen*) gehört *Fuhre*; vermutlich zur gleichen Wurzel gehören *fern, Förde, Furt, Gefahr, ver-*. Zur griechischen Verwandtschaft gehört *Aporie*, zur lateinischen *Pore, Porto*, zur slavischen *Prahm*. − Seebold (1970), 186−188; W. Breidbach *BGDSL-T* 110 (1988), 332−350; *RGA* 8,1/2 (1991), 151−153; Röhrich 1 (1991), 411.

fahrig *Adj. stil.* ´nervös` (< 16. Jh.). Eine Bildung wie fnhd. *ferig* ´hurtig, schnell`, zu *fahren*, vermutlich zunächst mit der Bedeutung ´schnell, beweglich o.ä.`. Vgl. umgangssprachliches **herumfahren** ´herumfuchteln`.

fahrlässig *Adj.* (< 15. Jh.). Zu mhd. *varn lān* ´fahren lassen, vernachlässigen`, als Ausdruck der Rechtssprache gebildet. S. *fahren*.

Fahrnis *f. arch.* ´fahrende Habe` (< 16. Jh.). Kollektivbildung für ´bewegliche Habe`; dem Sinn nach am ehesten zu *fahrend*.

RGA 8,1/2 (1991), 167−170.

Fahrrad *n.* (< 19. Jh.). Ende des 19. Jhs. mit *fahren* und *Rad* als Ersatzwort für *Veloziped* (s.d.) gebildet.

Fahrstuhl *m.* (< 17. Jh.). Zunächst nur ein beweglicher Sitz in Bergwerken u.ä. (deshalb -*stuhl*, auch **Fahrsessel**); im 19. Jh. auf den elektrischen Lift übertragen.

Fährte *f.* (< 18. Jh.). Erst neuhochdeutsch als Singular aufgefaßter Plural des Wortes *Fahrt* (mhd. *vart*, ahd. *fart*, as. *fard*, afr. *ferd*, ae. *fyrd, fœrd*, anord. *ferð* aus **fardi-*, *ti*-Abstraktum zu **far-a-* ´fahren`). Zu *Fahrt* wird statt dessen ein neuer Plural *Fahrten* gebildet. Die heutige Bedeutung geht über ´Wildwechsel, Wege des Wilds` zu ´Wildspur`. In dieser (Form und) Bedeutung gesichert seit dem 18. Jh.

Fahrzeug *n.* (< *17. Jh., Bedeutung < 19. Jh.). Seit dem Ende des 17. Jhs. übernommen aus ndd. *fārtüg*, nndl. *vaartuig* ´Schiff` (aus *fahren* und

Zeug). Die alte Bedeutung von *Fahrzeug* ist ebenfalls ´Schiff´; erst seit dem 19. Jh. ist es als ´Fuhrwerk, Wagen´ und dann allgemein als ´Transportmittel zu Land´ bezeugt.

Faible *n. erw. fremd.* ´Schwäche, Vorliebe´ (< 17. Jh.). Entlehnt aus frz. *faible m.*, einer Substantivierung von frz. *faible* ´schwach´.

Das französische Wort wohl aus l. *flēbilis* ´kläglich, bemitleidenswert´, zu l. *flēre* ´weinen´ (mit einer Dissimilation in Anlehnung an l. *dēbilis* ´schwach´). − *DF* 1 (1913), 199; Röhrich 1 (1991), 412.

fair *Adj.* (< 19. Jh.). Entlehnt aus ne. *fair (play)*. Zunächst vor allem in der Sprache des Sports verwendet; daneben aber auch als Qualitätsbezeichnung. Abstraktum: **Fairneß**.

Das englische Wort geht zurück auf ae. *fæger*, das ahd. *fagar* entspricht; einer Adjektiv-Bildung, vermutlich zu der unter *Fach* behandelten Sippe. − Schirmer (1911), 58; Rey-Debove/Gagnon (1988), 287; Röhrich 1 (1991), 412; Carstensen 2 (1994), 455−457.

Fäkalien *Pl. per. fach.* ´Kot´ (< 19. Jh.). Entlehnt und weitergebildet aus frz. *fécal Adj.*, einer neoklassischen Bildung zu l. *faex, Pl. faeces* ´Bodensatz, Hefe´.

Fakir *m. erw. exot.* ´religiöser Asket, Gaukler´ (< 19. Jh.). Entlehnt aus arab. *faqīr* ´Armer, arm´. Zunächst Bezeichnung für moslemische Bettelmönche, dann auch für hinduistische Asketen verwendet, während die eigentliche Bedeutung auf *Derwisch* übergeht. Die von den indischen Yogis mitunter praktizierten asketischen Übungen haben zu weiter Bekanntheit des Wortes mit stereotypischen Vorstellungen (Nagelbrett usw.) geführt.

Littmann (1924), 64; Lokotsch (1975), 45 f. [Herangezogen wurde die Lizentiatsarbeit von L. Vasta].

Faksimile *n. erw. fach.* ´Nachbildung´ (< 19. Jh.). Neubildung zu l. *fac simile* ´mach ähnlich´, zu l. *facere* ´machen, tun´ und l. *similis* ´ähnlich´. Hierzu (*Tele-*) *Fax* (s.d.).

Zur Sippe von l. *facere* ´tun, machen´ s. *infizieren*. Zu l. *similis* ´ähnlich´ gehören auch als verbale Ableitungen *simulieren, assimilieren* und weiter entfernt *Ensemble* und *simpel*. Zur germanischen Verwandtschaft s. *zusammen*. − *DF* 1 (1913), 199; Ganz (1957), 71.

faktitiv *Adj. per. fach.* ´bewirkend´ (< 19. Jh.). Neubildung zu l. *factitāre* ´oft, gewöhnlich machen´, einem Frequentativum zu l. *facere (factum)* ´machen, tun´. Substantivierung: **Faktitivum** ´Verb, das das Bewirken dessen, was im Grundwort genannt ist, bezeichnet´. Zur Sippe des zugrundeliegenden l. *facere* ´tun, machen´ s. *infizieren*.

Faktor *m. erw. fach.* ´etwas, das Wirkungen hervorruft; Größe, mit der eine andere multipliziert wird; Leiter einer Setzerei´ (< 15. Jh.). Entlehnt aus l. *factor (-ōris)* ´Verfertiger, Schöpfer, Urheber´, einem Nomen agentis zu l. *facere* ´machen, tun, schöpfen´. Im Deutschen zunächst in der Be-

deutung ´Geschäftsführer´; die heute üblichen Bedeutungen seit dem 18. Jh. Zur älteren Bedeutung **Faktorei** ´Handelsniederlassung´.

Zur Sippe des zugrundeliegenden l. *facere* ´machen, tun´ s. *infizieren*. − *DF* 1 (1913), 200 f.; *LM* 4 (1989), 234 f.

Faktotum *n. bildg.* ´Person, die sich um alles kümmert, skurrile Person´ (< 16. Jh.). Hypostasierung aus l. *fac tōtum* ´mach alles´, zu l. *facere* ´machen, tun´ und l. *tōtus* ´ganz, völlig´.

Zur Sippe von l. *facere* ´tun, machen´ s. *infizieren*; zu l. *tōtus* s. *total*. − *DF* 1 (1913), 201.

Faktum *n. erw. fach.* ´Tatsache´ (< 16. Jh.). Entlehnt aus l. *factum*, eigentlich ´das Gemachte´, dem substantivierten PPP. von l. *facere (factum)*. Adjektiv: **faktisch**. Die Form **Fakt**, die vor allem in der DDR gebräuchlich war, stammt aus dem Russischen (und dieses hat die Form aus dem Englischen).

Zur Sippe des zugrundeliegenden l. *facere* ´tun, machen´ s. *infizieren*. − J. W. Walz *ZDW* 12 (1910), 179; *DF* 1 (1913), 200 f.; Carstensen 2 (1994), 457−458.

Fakultät *f. erw. fach.* ´Fachbereich, Wissenschaftszweig´ (< 15. Jh.). Entlehnt aus l. *facultās (-ātis)* ´Befähigung, Talent u.ä.´, dem Abstraktum von l. *facul* ´leicht´, zu l. *facere* ´machen, tun´. Die Bedeutung ´Wissen(schaft)szweig´ ist eine Lehnbedeutung aus dem Griechischen, wo Aristoteles gr. *dýnamis* ´Kraft, Fertigkeit´ auch als Bezeichnung der Fertigkeiten in einem Wissenszweig verwendet. Bei der Gründung der Universitäten wird *Fakultät* zum Namen der Gesamtheit von Lehrern und Hörern einer der Hauptwissenschaften, deren Lehrkörper zunächst *collegium facultatis* heißt. Adjektiv (zur Ausgangsbedeutung): **fakultativ** ´nach freiem Ermessen´ (über frz. *facultatif*).

Zur Sippe des zugrundeliegenden l. *facere* ´machen, tun´ s. *infizieren*. − Schirmer (1912), 23; *DF* 1 (1913), 202; Götze (1929), 12; *LM* 4 (1989), 235−237; Röhrich 1 (1991), 412.

falb *Adj. erw. fach.* (< 15. Jh.). Nebenform zu *fahl*, da aus mhd. *val, valwes* in der Nominativform *fahl*, in Formen mit Endungen *falb* werden mußte. Dabei ist *fahl* besonders niederdeutsch, *falb* besonders oberdeutsch verallgemeinert worden. *Falb, Falbe* gilt heute praktisch nur noch als Pferdefarbe und als Bezeichnung für ein Pferd dieser Farbe.

Schwentner (1915), 83−86; Heidermanns (1993), 189 f.

Falbel *f. per. fach.* ´gefältelter oder gekrauster Besatz an Kleidern´ (< 18. Jh.). Als *falbala* entlehnt aus frz. *falbal m.* ´Faltensaum´ umstrittener Herkunft.

DEO (1982), 274 f.

Falke *m.* (< 9. Jh.). Mhd. *valke*, ahd. *falk(o)*, mndd. *valke*, mndl. *valke*. Ein zunächst nur deutsches Wort, neben dem das lautgleiche spl. *falco* steht. Unter diesen Umständen ist es schwierig festzustellen, wo das Wort seinen Ursprung genom-

hat. Eine germanische Etymologie, die an *fahl* anknüpft und das Wort ins Lateinische entlehnt sein läßt, würde der Beleglage entsprechen, ist aber semantisch unbefriedigend. Eine lateinische Etymologie (die an l. *falx (falcis) f.* ´Sichel´ anknüpft, wegen der sichelförmigen Krallen dieses Greifvogels) ist semantisch befriedigender, erklärt aber nicht das späte Auftreten des Wortes im romanischen Bereich. Germanische Völker- und Personennamen können keinen Ausschlag geben, da nicht erwiesen werden kann, daß in ihnen tatsächlich das Wort für ´Falke´ steckt. Auf jeden Fall ist die Falkenjagd später als das erste Auftreten des Wortes. Täterbezeichnung: *Falkner.*
Suolahti (1909), 327−333; Birkhan (1970), 210 f.; *LM* 4 (1989), 239; *RGA* 8,1/2 (1991), 173−176; Röhrich 1 (1991), 412 f.

Fall *m.* (< 8. Jh.). Mhd. *val*, ahd. *fal*, as. *fal* aus vd. **falla- m.* ´Fall´ (in anderen germanischen Sprachen andere Stammbildungen). Zunächst Abstraktum zu *fallen*; später ´Rechtsangelegenheit´ u. a.; l. *cāsus* (mit entsprechender Bedeutungsvielfalt) hat als Vorbild sicher mitgewirkt. *Fall* als Terminus der Grammatik ist eine im 17. Jh. aufgekommene Lehnbedeutung von l. *cāsus*, das seinerseits gr. *ptōsis* übersetzt. Dieses benennt die Verschiedenheit der grammatischen Fälle nach der Verschiedenheit beim Fall der Würfel.
HWPh 2 (1972), 887−894; Röhrich 1 (1991), 413.

Falle *f.* (< 8. Jh.). Mhd. *valle*, ahd. *falla*, as. *falla* aus wg. **fallōn* ´Falle´, auch in ae. *fealle*. Die Bedeutung geht offenbar von Fallen mit Falltüren aus (wie bei bestimmten Mausefallen); schon die frühesten Belege zeigen aber Anwendung auf anderes (Fangstrick usw.). Deshalb vielleicht eher ´was (das Tier) zu Fall bringt´.
Röhrich 1 (1991),413.

fallen *st V.* (< 8. Jh.). Mhd. *vallen*, ahd. *fallan*, as. *fallan* aus g. **fall-a- st V.* ´fallen´, auch in anord. *falla*, ae. *feallan*, afr. *falla* (das Gotische hat dafür *driusan*). Keine sichere Vergleichsmöglichkeit. Eine möglicherweise vergleichbare baltische Sippe (lit. *pùlti* ´fallen´) weist auf einen Langvokal, der auf eine Dehnstufe zurückgehen müßte. Lautlich mit dem Germanischen übereinstimmend ist apreuß. *aupallai*, das aber ´findet´ bedeutet. Weiter wird verglichen arm. *p´ul* ´Fall´ und schwundstufiges arm. *p´lanim* ´ich falle, stürze ein´; und mit *s mobile* gr. *sphállō* ´ich lasse fallen, stürze, stelle ein Bein´, was **(s)phal(n)-* voraussetzen würde. Präfigierungen: *ge-, ver-*; Partikelverben: *aus-, auf-, ein-, um-, zu-*.
Nndl. *vallen*, ne. *fall*, nschw. nisl. *falla*. S. *Fall, Falle, fällen, Fallout, gefallen.* − F. Kluge *ZDW* 8 (1906/07), 31−34; Seebold (1970), 181 f.

fällen *sw V.* (< 9. Jh.). Mhd. *vellen*, ahd. *fellen*, as. *fellian* aus g. **fall-eja- sw V.* ´fällen´, auch in

anord. *fella*, ae. *fellan, fyllan*, afr. *fella, falla*. Kausativum zu *fallen*, also eigentlich ´fallen machen´. Nndl. *vellen*, ne. *fell*, nschw. *fälla*, nisl. *fella*.

fällig *Adj.* (< 10. Jh.). Mhd. *vellec, vellic*, ahd. *fellīg*, eigentlich ´zum Fallen kommend´, in dieser Bedeutung noch in *baufällig, fußfällig* u.ä. Da *fallen* auch vom Nachwuchs der Tiere und vom Ertrag von Bäumen und Pflanzen gebraucht wird, können auch Zinsen usw. ´fallen´ (heute *anfallen*). Zu dem Zeitpunkt, an dem dies geschieht, werden sie *fällig*. So die heutige Bedeutung des einfachen Wortes (seit dem 15. Jh.).

Fallout *m. per. fach.* ´radioaktiver Niederschlag´ (< 20. Jh.). Entlehnt aus ne. *fall-out*, ´Ausfall´, zu e. *fall* ´fallen´ (s. *fallen*) und e. *out* ´aus´ (s. *aus*).
Rey-Debove/Gagnon (1988), 288; Carstensen 2 (1994), 459.

Fallreep *n. per. fach.* ´herablaßbare Treppe an einem Schiff´ (< 18. Jh.). Eigentlich ein ´Seil (ndd. *reep*, ne. *rope*) zum Hinunterlassen´ übertragen auf die Leiter oder Treppe, die dieses Seil ersetzte.
S. *Reep* und *Reif¹*. − Kluge (1911), 243 f.

falls *Konj.* (< 17. Jh.). Zu *Fall* in der Bedeutung ´eintretende Möglichkeit´. Adverbialer Genetiv mit der Bedeutung ´im Fall, für den Fall´. Bleibt die folgende Konjunktion *(daß)* weg, so wird *falls* zur Konjunktion, wie heute allgemein.

Fallstrick *m.* (< 16. Jh.). Die ursprüngliche Bedeutung ist ´Schlinge zum Fangen von Wildtieren´, eigentlich ´Schlinge, die zu Fall bringt´, die übertragene Bedeutung ´Hinterhalt, schwer erkennbare Schwierigkeit´ ist jedoch vor dieser bezeugt.
Röhrich 1 (1991), 413.

falsch *Adj.* (< 12. Jh.). Mhd. *vals(ch)*. Entlehnt aus afrz. *fals*, das seinerseits aus l. *falsus* ´falsch´ stammt (zu l. *fallere* ´täuschen´). Die Lautung wurde durch mndl. *valsch* bestimmt. Vgl. aber auch *fälschen*. Abstraktum: *Falschheit*; Adverb: *fälschlich*.
S. *Falsett, Fauxpas, fehlen.* − Röhrich 1 (1991), 413 f.

fälschen *sw V.* (< 9. Jh.). Mhd. *velschen*, ahd. *felsken* (u. a.) ist entlehnt aus spl. **falsicāre*, das aus l. **falsificāre* gekürzt ist (bezeugt ist lediglich das PPP. l. *falsificātus*). Die Ableitung *fälschen* ist also früher entlehnt als das zugrundeliegende *falsch*. Abstraktum: *Fälschung*; Nomen agentis: *Fälscher*.

Falsett *n. per. fach.* ´Fistelstimme´ (< 17. Jh.). Entlehnt aus it. *falsetto m.*, zu it. *falso* ´falsch´, dieses aus l. *falsus*, zu l. *fallere (falsum)* ´täuschen´. Gemeint ist wohl die ´nicht normale´ Stimme. Zuerst von Instrumenten gesagt in Bezug auf die Obertöne.
S. *falsch.* − *DF* 1 (1913), 202.

-falt, -fältig *Suffix* (zur Bildung von Multiplikativ-Zahlwörtern). Mhd. *-valt*, ahd. *-falt*, as. *-fald* aus g. *-falda-, auch in gt. -falþs (ohne grammatischen Wechsel), anord. -faldr, ae. -feald, afr. -fald. Vom Deutschen und Germanischen her gesehen liegt eine Ableitung zu Falte (oder eine verwandte Bildung) vor, was semantisch ausreichend verständlich wäre. Allerdings sind die Multiplikativ-Zahlwörter auf einer Grundlage *pel- besser vergleichbar als das Verbum falten und seine Ableitungen, so daß eine Trennung vielleicht ratsam ist. Vgl. gr. diplásios 'doppelt' (*pl-t-), l. duplus 'doppelt', mir. díabul 'doppelt', gr. diplóos 'doppelt' (*plo-) und zu *pl-ek- l. duplex 'doppelt', gr. díplax 'doppelt gelegt, zweifach'.

Nndl. -voudig, ne. -fold. S. Diplom, einfältig, falten, Zweifel. – Heidermanns (1993), 187 f.

falten swV. (< 9. Jh.). Mhd. valten, valden, ahd. faldan, mndd. volden, mndl. vouden aus g. *falþ-a-stV. 'falten', auch in gt. faifalþ Prät., anord. falda, ae. fealdan. Keine genaue Vergleichsmöglichkeit. Vielleicht als schwundstufige Nomina air. alt 'Gelenk, Glied, Abschnitt' und (sehr unsicher) ai. puṭa- 'Falte, Tasche'. Vielleicht als 'knicken' zu (ig.) *pel- 'stoßen, schlagen' (s. falzen). Die Multiplikativ-Zahlwörter auf -falt sind auffälligerweise wesentlich besser außergermanisch vergleichbar. Konkretum: **Falte**.

Nndl. vouw, ne. fold, nschw. fålla 'säumen', nisl. faldur 'Saum'. S. einfältig, falzen, Fauteuil. – Seebold (1970), 183; T. Burrow BSOAS 35 (1972), 537 f.; Maher (1986), 63. Zur Entlehnung ins Finnische s. Koivulehto BGDSL-T 103 (1981), 354–355.

Falter m. (< *9. Jh., Form < 18 Jh.). Abgelöst aus mhd. vīvalter, nachdem das Vorderglied auch in verschiedener Weise umgestaltet worden war. Das mittelhochdeutsche Wort aus ahd. fīfalt(a)ra f., fīfalter, as. fifaldra f. aus g. *fifal-drōn m. 'Falter', auch in ae. fīff(e)alde f. (mit Verlust des r) und anord. fifrildi n. (mit Vorwegnahme des r). Außergermanisch vergleicht sich l. pāpilio 'Schmetterling', so daß das Wort als eine Reduplikationsform zu verstehen ist. Weitere Anschlüsse an eine indogermanische Verbalwurzel sind kaum ratsam angesichts der ähnlichen Wörter in benachbarten Sprachen. Vgl. etwa kymr. pili-pala, (ost-) lit. peteliškė (aus *pel-tel-? vgl. lett. peteligs 'flatterhaft'), lett. pledins (zu lett. pledinât 'die Flügel bewegen', lett. plēvinât 'flattern'), russ. pikalí Pl., pekelёk 'Schmetterling' u. a.

H. Krause: Geschichte der zoologischen Nomenklatur (Diss. Göttingen 1918), 48; W. Oehl in: FS Schuchardt (1922), 75–115.

falzen swV. (< 9. Jh.). Mhd. valzen, velzen, ahd. (ga)falzjan. Es kann sich um eine Intensivbildung zu falten handeln, aber ein ahd. *faldezzen ist nicht belegt, und die Lautform falz- erscheint früher als eine Kontraktion stattgefunden haben könnte. Allerdings sind die frühen Belege nicht mit Sicherheit zu beurteilen, da die Abgrenzung gegenüber

einem ursprungsverschiedenen ahd. falzan (möglicherweise ein starkes Verb), das 'schlagen (u. a.)' bedeutet, kaum durchführbar ist. Rückbildung: **Falz**.

Fama s. famos.

Familie f. (< 15. Jh.). Entlehnt aus l. familia, zu l. famulus m. 'Diener'. Das Wort bedeutet zunächst 'Hausgenossenschaft (einschließlich der Sklaven), Gesinde' und wird dann eingeengt. Adjektiv: **familiär** (meist übertragen: 'vertraut').

S. Famulus. – DF 1 (1913), 202 f.; Schmidt-Wiegand (1972), 19 f.; HWPh 2 (1972), 895–904; Grundbegriffe 2 (1975), 253–301; LM 4 (1989), 254–256, 256–282; RGA 8,1/2 (1991), 181–183; Röhrich 1 (1991), 414.

famos Adj. stil. (< 18. Jh.). Entlehnt aus frz. fameux, dieses aus l. fāmōsus 'vielbesprochen', zu l. fāma 'Gerede, Gerücht' (das als Fama auch im Deutschen gebraucht wird), zu l. fārī 'sprechen'. Die Form wird an das bereits im 17. Jh. aus dem Lateinischen übernommene famos 'berüchtigt' angeglichen.

Zu l. fārī 'sprechen' gehört als Partizip l. īnfāns 'Kind', wozu Infanterie, enfant terrible, Fant; als Instrumentalbildung Fabel; und als Abstraktum l. fātum 'Schicksal', wozu fatal, Fata Morgana, Fee. Zu dem abgeleiteten Nomen l. fāma 'Gerede' gehören famos, infam, diffamieren, und zu der verwandten fatērī 'bekennen' Konfession und Professor. Zu den germanischen Verwandten s. Bann. – DF 1 (1913), 203 f.

Famulus m. per. fach. 'Medizinstudent im Krankenhauspraktikum' (< 16. Jh.). Entlehnt aus l. famulus 'Diener, Helfer', zunächst als Bezeichnung für Hilfskräfte akademischer Lehrer, dann Einengung auf den Bereich der Medizin.

S. Familie. – DF 1 (1913), 204.

Fan m. erw. fach. 'begeisterter Anhänger' (< 20. Jh.). Entlehnt aus ne. fan, einer Kurzform von ne. fanatic, zu ne. fanatic Adj. 'schwärmend, eifernd', dieses aus l. fānāticus.

Das lateinische Wort zu l. fānum n. 'Ort der Gottheit, Tempel'. S. fanatisch, profan und weiter Entferntes unter Ferien. – Rey-Debove/Gagnon (1988), 289; Brisante Wörter (1989), 146–151; Carstensen 2 (1994), 260–262.

Fanal n. erw. fremd. 'Feuerzeichen, Wahrzeichen' (< 18. Jh.). Entlehnt aus frz. fanal 'Leuchtfeuer', dieses aus it. fanale, und dieses auf nicht ganz klarem Weg aus gr. phānós 'Leuchte, Fackel'.

DF 1 (1913), 204; Röhrich 1 (1991), 414.

fanatisch Adj. (< 16. Jh.). Entlehnt aus l. fānāticus 'religiös schwärmerisch, von der Gottheit ergriffen', zu l. fānum 'Ort der Gottheit, Tempel'. Der Bezug auf Religiöses verliert sich ausgehend vom Französischen des 18. Jhs., das den Begriff in politischen Zusammenhängen verwendet. Täterbezeichnung: **Fanatiker (Fan)**, Abstraktum: **Fanatismus**.

S. Fan, profan und weiter Entferntes unter Ferien. – A. Gombert ZDW 3 (1902), 174 f.; DF 1 (1913), 204 f.;

Schalk (1966), 60−74; R. Spaemann *AB* 15 (1971), 256−274; *HWPh* 2 (1972), 904−908; *Grundbegriffe* 2 (1975), 303−327; Th. Schleich *PSG* 4 (1986), 51−115; A. Grabner-Haider: *Fanatismus und Massenwahn* (Graz 1987); *Brisante Wörter* (1989), 146−151.

Fanfare *f.* (< 18. Jh.). Entlehnt aus frz. *fanfare* ´Trompetenstoß`, dessen Herkunft nicht sicher geklärt ist. Der manchmal angesetzte arabische Ursprung muß als unwahrscheinlich gelten. Als Bezeichnung für das Musikinstrument gekürzt aus *Fanfarentrompete*.

DF 1 (1913), 205; Littmann (1924), 100, 102; Jones (1976), 327.

fangen *st V.* (< 9. Jh.). Mhd. *vāhen, vān*, ahd. *fāhan*, as. *fāhan* aus g. **fanh-a- st V.* ´fangen`, auch in gt. *fāhan*, anord. *fá* (später *fanga*), ae. *fōn*, afr. *fā*. Dieses ist eine nasalierte Form zu ig. *\*pāk̑-* ´befestigen, halten` (also **pən̑k̑-* als Grundlage des germanischen Wortes; vielleicht unmittelbar zu vergleichen ist das l. Glossenwort *pancra rapina* ´Raub`). Die Wurzel ist bezeugt in gr. *pḗgnymi* ´ich befestige`, l. *pacīscor* ´ich schließe einen Vertrag`, g. *\*fōg-ja-* ´fügen` (s. *fügen*) und vielleicht ai. *pā́śa-* ´Schlinge, Band`. Zu der Variante *\*pāg-* s. unter *Fach* (der Gebrauch dieser Sippe könnte darauf hinweisen, daß ´fangen` ursprünglich ´Fische fangen` bedeutete). Die moderne Form *fangen* beruht auf dem Ausgleich des grammatischen Wechsels, der ursprünglich nur dem Präteritum zukam. Abstraktum: *Fang*, Nomen agentis: *Fänger*; Präfigierungen: *ver-, empfangen*.

Nndl. *vangen*, nschw. *få*, nisl. *fá*. S. *empfangen, fähig, fügen, Gefängnis, Rauchfang, verfangen, Wildfang, Windfang*. − Seebold (1970), 185 f.

Fant *m. arch.* ´unreifer Jüngling` (< 17. Jh.). In oberdeutschen Mundarten aufgenommen aus it. *fante* ´Knabe, Knecht, Bauer` (zu l. *īnfāns m./f.* ´Kind`, das auf l. *fārī* ´sprechen` zurückgeht, also eigentlich ´der nicht sprechen kann`). In mhd. *vende, vent* ´Knabe, Fußgänger, Bauer im Schachspiel` hat sich wohl dieselbe Quelle mit einem älteren ahd. *fuoz-fendo* ´Fußgänger` (das zu einer Ableitung von *finden* oder zu einem Verwandten von l. *passus* ´Schritt` gehört) vermischt. Wieder ein anderes Wort scheint mndd. *vent* ´Knabe, Knecht, Genosse` zu sein: es wird auf mndl. *vennoot* ´Genosse` aus mndl. *veemgenoot* ´Mitglied der Feme (Genossenschaft)` zurückgeführt.

Zur Sippe des l. *īnfāns* zugrundeliegenden l. *fārī* ´sprechen` s. *famos*. − K. vBahder *BGDSL* 22 (1897), 527−531; zu *fendo* s. E. Hamp in: *FS M. Alinei* I (1986), 103 f.

Fantasie *f.* s. *Phantasie*.

Farbbuch *n.* s. *Blaubuch*.

Farbe *f.* (< 8. Jh.). Mhd. *varwe, var*, ahd. *far(a)wa* aus g. **farwa-lō m./f.* ´Form, Gestalt, Farbe`, auch in gt. *farwa ( Dat. Sg.)* ´Gestalt`. Vermutlich mit Wechsel von ig. *k^w* zu g. *f* vor Labial

aus voreinzelsprachl. **k^wor-wo-* zu ig. **k^wer-w-* ´machen, gestalten` in ai. *kr̥ṇóti* ´macht usw.` Von derselben Wurzel mit anderen Suffixen air. *cruth m.* ´Gestalt`, kymr. *pryd (\*k^wr̥tu-)*; ai. *kŕ̥p-* ´Gestalt`, l. *corpus n.* ´Körper, Fleisch, Gestalt`, mir. *crí* ´Fleisch, Gestalt`. Die Bedeutung ´Farbe`, die sich später durchsetzt, ist wohl entstanden in Bahuvrīhi-Komposita wie *rosen-faro* ´das Aussehen von Rosen habend` = ´rosenfarbig`. Faktitivum: *färben*; Adjektiv: *farbig*.

Nndl. *verv*. S. *Körper*. − V. Pisani *StG* 10 (1972), 35−40; O. Szemerényi *Language* 48 (1972), 5−9; *HWPh* 2 (1972), 908−910; E. P. Hamp *NOWELE* 4 (1984), 51 f.; *LM* 4 (1989), 285−291; Röhrich 1 (1991), 414−416; *RGA* 8,1/ 2 (1991), 206−224. Anders: A. Kutzelnigg *ZM* 32 (1965), 221−250 und G. Must *IF* 86 (1981), 255−270 (Lehnwort aus arab. *farw[a]* ´Pelz, pelzbesetztes Gewand`).

Farce *f. erw. fremd.* ´Posse, lächerliche Angelegenheit` (< 17. Jh.). Entlehnt aus frz. *farce*, eigentlich ´(Fleisch-) Füllung` − in dieser Bedeutung wird das Wort in die Küchensprache entlehnt −, zu l. *farcīre* ´stopfen`. Die übertragene Bedeutung geht aus von Einlagen in den mittelalterlichen geistlichen Schauspielen, die sich dann zu eigenständigen Darbietungen verselbständigen. Die Wörter *farcieren, faschieren* und *Faschiertes* basieren auf der ursprünglichen Bedeutung ´Füllung aus kleingehacktem Fleisch`.

S. *Infarkt*. − *DF* 1 (1913), 205 f.; Jones (1976), 372 f.; Brunt (1983), 296; *LM* 4 (1989), 294; Röhrich 1 (1991), 416.

Farin *m. per. fach.* ´gelblichbrauner Zucker` (< 17. Jh.). Als *Farinzucker* über it. *farina f.* ´Mehl` entlehnt aus l. *farīna f.* ´Mehl`. Das Wort bedeutet ursprünglich ´wenig raffinierter Zucker` oder ´Reste von Zucker verschiedener Sorten`, vermutlich wie ´Sandzucker` bezogen auf die Feinheit (allerdings wurde solcher Zucker auch durch den Zusatz von Mehl gefälscht, so daß die Bezeichnung hierauf zielen könnte). Später, durch Rückanschluß an l. *farīna f.* usw. in der Bedeutung ´Puderzucker` verwendet.

DF 1 (1913), 206.

Farm *f. exot. ass.* ´landwirtschaftlicher Betrieb in Übersee` (< 18. Jh.). Entlehnt aus ne. *farm*, dieses aus afrz. *ferme* ´Pachthof`. Heute übertragen verwendet für Großbetriebe in der Tierhaltung u.ä. Täterbezeichnung: *Farmer*.

Das französische Wort ist als ´Pachtvertrag` eine Ableitung von afrz. *fermer* ´einen Vertrag schließen, beschließen, (älter:) festmachen`, aus l. *firmāre* ´festmachen`, zu l. *firmus* ´stark`. S. *firm* für weitere Verwandte. − Ganz (1957), 71; Carstensen 2 (1994), 465.

Farn *m.* (< 9. Jh.). Mhd. *varm, varn*, ahd. *farn, farm*, as. *farn* aus wg. **farna- m.* ´Farn`, auch in ae. *fe(a)rn n.* Aus ig. *\*pte/or-(no-)* ´Farn` zu ig. **petor/n* ´Flügel` (zu ig. *\*pet-* ´fallen, fliegen`) mit Vereinfachung der Anlautgruppe *pt-* außerhalb des Griechischen. Entsprechende Wörter für ´Farn`: gr.

ptéris f., lit. *papártis,* russ. *páporot' f.,* air. *raith f.;* morphologisch dem germanischen Wort entsprechend ai. *parṇá- n.* ́Feder, Blatt ́. Für ́Flügel ́: heth. *pattar n.,* gr. *pterón n.,* ai. *parṇá- n.* und mit *s mobile* lit. *spar̃nas. Farn* ist also ursprünglich ́der Gefiederte ́.

Nndl. *varen,* ne. *fern.* S. *Feder.* − Röhrich 1 (1991), 416; anders: A. Kutzelnigg *Orbis* 17 (1968), 142−157.

Farre(n) *m. erw. obd.* ́Stier ́ (< 8. Jh.). Mhd. *var(re), pfar(re),* ahd. *far(ro),* mndd. *varre, verre,* mndl. *var(r)e* ́junger Stier ́, aus g. **farza-/ōn m.* ́Stier ́, auch in anord. *farri,* ae. *fearr,* afr. abgeleitet *fēring. Farre(n)* ist das Maskulinum, zu dem *Färse* die Femininform ist, vermutlich in dem Sinne ́junge Kuh, die zum ersten Mal zum Stier kommt ́. Das Femininum offenbar in gleichem Sinn, aber ohne *-s-* in ae. *hēah-fore,* ne. *heifer* und gr. (ep.) *póris,* auch gr. *pórtis;* weiter vielleicht arm. *ort ́* ́Kalb ́ (ausgehend von ́junge Kuh ́). Weitere Herkunft unklar (zu ig. **per-/por-* ́tragen, bringen ́?).

O. Paul *WS* 20 (1939), 38.

Färse *f. erw. ndd.* ́junge Kuh ́ (< 15. Jh.). Spmhd. *verse,* mndl. *verse,* trotz der späten Bezeugung wohl schon alt und als g. **farsī/jō* anzusetzen. Zur Etymologie s. *Farre(n).*

farzen *swV. vulg. arch.* (< 14. Jh.). Mhd. *varzen.* Ableitung oder lautliche Abwandlung zu g. **ferta-* ́furzen ́, auch in ae. **feortan* (zu erschließen aus ae. *feorting* ́Furz ́), ahd. *ferzan,* mhd. *verzen,* anord. (mit tabuisierender Metathese) *freta.* Vgl. anord. *frata* ́furzen ́ und *Furz.* Zugrunde liegt ig. **perd-* ́furzen ́ in ai. *párdate,* gr. *pérdomai,* russ. *perdét', peržú,* lit. *pérsti* und aus dem Keltischen vielleicht kymr. *rhech* ́Furz ́, das auf **prd-kā* zurückgeführt werden kann.

Fasan *m..* (< **9. Jh., Form < 13. Jh.). Im Althochdeutschen (ahd. **fasiān, fesihuon n.* [Fasanhuhn], mhd. *fasān, fasant)* entlehnt aus aus l. *(avis) Phāsiāna f.,* aus gr. *(órnis) Phasianós,* eigentlich ́Vogel aus der Gegend des Flusses *Phasis* (am Schwarzen Meer). Die mittelhochdeutsche Form basiert auf einer erneuten Entlehnung, diesmal aus afrz. *faisan* desselben Ursprungs.

Littmann (1924), 15; *LM* 4 (1989), 302 f.

Fasche *f. arch. obd.* ́lange Binde, Schnürbrust ́ (< 14. Jh.). Entlehnt aus it. *fascia* ́Band, Binde ́, zu l. *fascia,* das zu einer Wortsippe für ́Bündel, Binde ́ gehört (dazu auch l. *fascis m.* ́Bund ́, s. *Faschismus*).

Faschine *f. per. fach.* ́Reisigbündel ́ (< 17. Jh.). Entlehnt aus it. *fascina,* aus l. *fascīna* zu l. *fascis* ́Bündel ́. S. *Faschismus.*

Fasching *m. reg.* (< 13. Jh.). Ostoberdeutsch für *Fastnacht.* Seit dem 13. Jh. als *vaschanc, vaschang* belegt und erst später den Wörtern auf *-ing* angeglichen. Die Herkunft des ersten Elements ist *fasa-,*

das zu *fasten* gehört, zu den Einzelheiten s. *fasten* und *Fastnacht-.* Das zweite Element ist unklar, vermutlich *-gang.* Mndd. *vastgank,* anord. (spät) *fǫstugangr* ́Beginn der Fastenzeit ́ könnten entsprechen.

F. Wilhelm *Münchener Museum für Philologie des Mittelalters und der Renaissance* 4 (1924), 86; P. Wiesinger in: Beumann/Schröder (1985), 160 f.; P. Wiesinger in: *FS W. Kleiber* (1989), 71−109; St. Arend in: *FS H. Friebertshäuser* (1989), 71−90. Anschluß an *Faß* sucht mit beachtlichen Gründen: H. Moser *SAV* 68/69 (1972/73), 433−453.

Faschismus *m. erw. fach.* ́antidemokratische, rechtsradikale Bewegung ́ (< 20. Jh.). Entlehnt aus it. *fascismo,* zu it. *fascio* ́Bund ́, aus l. *fascis,* eigentlich ́Rutenbündel ́, insbesondere das Rutenbündel mit Beil, dem symbolischen Zeichen der Herrschergewalt; es wurde bei öffentlichen Auftritten von den römischen Liktoren den Magistraten als Zeichen der Macht vorangetragen. Im Italienischen ist *Faschismus* zunächst Eigenbezeichnung von Arbeiterbünden, besonders der Bewegung, die unter Mussolini 1922 an die Macht kam. Die Bezeichnung steht in der Tradition sozialrevolutionärer ́Bünde ́ des 19. Jhs. (z. B. *fasci dei lavoratori*). Schon vor 1930 wird die Bedeutung verallgemeinert, indem Mussolini von einer über Italien hinausgehenden Bedeutung des Faschismus ausging, und andererseits die Kommunistische Internationale offiziell im Faschismus eine allgemeine Herrschaftsstruktur des Finanzkapitals sah und ihn damit zu einem Feindbild erhob. Später wurde der Faschismus mehrfach mit dem deutschen Nationalsozialismus in Zusammenhang gebracht. Heute allgemein als abwertende Bezeichnung für politische Gegner gebraucht − zumindest in Deutschland keine Selbstbezeichnung einer politischen Gruppierung. Täterbezeichnung: ***Faschist;*** Adjektive: ***faschistisch, faschistoid.***

S. *Fasche, Faschine, Faszikel.* − O. Straßer: *Der Faschismus.* (Wien 1965); E. Nolte: *Die faschistischen Bewegungen.* München 1966 u.ö.; ders.: *Der Faschismus* (München 1968); *HWPh* 2 (1972), 912 f.; *Grundbegriffe* 2 (1975), 329−336; *Brisante Wörter* (1989), 151−170.

Fase *f. erw. fach.* ́abgeschrägte Kante ́ (< *11. Jh., Bedeutung < 16. Jh.). Das alte Wort für ́Faser, Band ́ wird in den Handwerkersprachen des 16. Jhs. zu einem Terminus für ́abgeschrägte Kante ́. Vermutlich ist die Bedeutungsentwicklung über das Verb ***abfasen*** gegangen, für das die Bedeutung ́eine Faser, ein Band abnehmen ́ vorausgesetzt werden kann. Ein zusätzlicher Einfluß von it. *fascia* ́Band ́ ist anzunehmen.

R. Hinderling *ZDPh* 96 (1977), 118−133.

Fasel *m. per. fach.* ́geschlechtsreifes Rind oder Schwein, meist männlich ́ (< 11. Jh.). Mhd. *vasel,* ahd. *fasal m./(n.)* aus wg. **fasla- m.* ́Zucht, Zuchttier ́, auch in ae. *fæsl m.(?)/n.(?)* ́Nachkommenschaft ́. Mit Rücksicht darauf, daß gr. *spáō* ́ich ziehe, reiße' auch 'ich leite her, stamme ab' bedeuten kann, wohl zu diesem als *(s)pəs-lo- 'Zucht, Abstammung'.

faseln *sw V. stil.* 'wirr reden' (< 17. Jh.). Neben *fasen*, vgl. mndd. *vase, visevase, vasevise* 'dummes Zeug'. Vielleicht zu ahd. *faso* 'Franse', mhd. *vase* 'Faser' im Sinn von 'Wirrwarr' oder 'Herumgeblasenes' (s. *Faser*). Vgl. nnorw. *fjas n.* 'Unsinn, dummes Zeug', regional auch 'Brennholz aus Reisig'. Abstraktum: **Faselei**.

L. Hermodsson *SN* 37 (1965), 112−115.

Faser *f.* (< 11. Jh.). Spmhd. *vaser*, Weiterbildung zu mhd. *vase*, ahd. *faso m.(?)*, *fasa*, mndd. *vesen(e)*, *vese*, mndl. *vēse*, aus wg. **fasōn m./f.* 'Faser', auch in ae. *fæs*. Offenbar zu ig. (w/oeur.) **pes-* (älter **pwes-* 'wehen, reinigen') in russ. *pachát* 'wehen, fegen', l. *pūrus* 'rein'. Das Wort bezeichnet also zunächst den Flaum oder die kleine Faser, die man wegblasen kann. Semantisch ähnlich weitergebildet wie das spätere germanische Wort ist russ. *pásmo n.* 'Garnsträhne'. Verb: **fasern**; Adjektiv: **faserig**.

S. *abfieseln, faseln, fasernackt.* − E. Seebold in: *FS H.-F. Rosenfeld* (1989), 496−499.

fasernackt *Adj. reg.* 'ganz nackt' (< 17. Jh.). Auch **fadennackt** und gekreuzt mit *splitternackt* **splitterfasernackt**. Wohl als 'nackt bis auf die letzte Faser' verstanden. Häßlein (18. Jh.) gibt an *futnaket, fasenakend* 'so daß die Scham nicht bedeckt ist' − das ist plausibel, könnte aber auch eine Sekundärmotivation sein. Vielleicht zu *faseln* 'jungen' (s. *Fasel*) als 'so nackt wie ein frischgeworfenes Tier'? Und entsprechend *splinternackt* 'so nackt wie ein Baumstamm, bei dem sogar der Splint (unterste Bastschicht) abgezogen ist'? S. *splitternackt*.

Faß *n.* (< 8. Jh.). Mhd. *vaz*, ahd. *faz*, as. *fat* aus g. **fata- n.* 'Faß, Gefäß', auch in anord. *fat*, ae. *fæt*, afr. *fet*. Außergermanisch zeigt gleichen Lautstand lit. *púodas m.* 'Topf'. Unklar ist das Verhältnis zu spl. **pottus* 'Topf' (s. *Pott*) und zu *fassen*. Weitere Herkunft unklar.

S. auch *Fetzen, Gefäß.* − J. Trier *ZDPh* 70 (1947/49), 353−355; R. Hildebrandt *DWEB* 3 (1963), 345−348; *RGA* 3 (1978), 324−330; T. Capelle in: Schmidt-Wiegand (1981), 52−57; *LM* 4 (1989), 303; Röhrich 1 (1991), 417−419. Zu der Bedeutung 'Sarg' vgl.: Cox (1967), 61−63.

Fassade *f. erw. fach.* 'Vorderseite, Außenseite' (< *17. Jh., Form < 18. Jh.). Entlehnt aus frz. *façade*, dieses aus it. *facciata*, einer Ableitung von it. *faccia* 'Vorderseite ('Gesichtsseite)', aus l. *faciēs* 'Aufmachung, Aussehen, Gesicht'. Eine etwas frühere Entlehnung folgte der italienischen Form, hat sich aber nicht durchgesetzt.

Das lateinische Wort wohl zu l. *facere* 'tun, machen'; zu dessen Sippe s. *infizieren*. − *DF* 1 (1913), 206; Brunt (1983), 294; *LM* 4 (1989), 303 f.; Röhrich 1 (1991), 420.

fassen *sw V.* (< 10. Jh.). Mhd. *vazzen*, ahd. *fazzōn*, mndd. *vaten*, mndl. *vaten* aus g. **fat-ō- sw V.* 'fassen', auch in anord. *fata*, ae. *fetian*, afr. *fatia*. Sowohl die Zusammengehörigkeit dieser Wörter untereinander als auch der Vergleich mit *Faß*, *Fessel* und außergermanischen Wörtern sind unklar. Die Ausgangsbedeutung 'in ein Gefäß füllen' ist denkbar, aber nicht ausreichend gesichert. Anord. *fata* 'finden' und ae. *fetian* 'holen, bringen' sind vielleicht abzutrennen und zu g. **fet-a-* 'fallen' (anord. *feta*, ahd. *fezzan*) zu stellen. Abstraktum: **Fassung**; Adjektive: **faßlich, faßbar**, s. auch *gefaßt*; Präfigierungen: **be-, er-, um-**; Partikelverben: **ab-, ein-**.

Fasson *f. per. fach.* 'Form, Machart' (< 15. Jh.). Entlehnt aus frz. *façon*, dieses aus l. *factio (-ōnis)* 'das Machen', zu l. *facere (factum)* 'machen, tun'. Gleichen Ursprungs ist **Fashion** 'Mode' (aus ne. *fashion*). Die deutsche Schreibweise zuerst im 17., und allgemein erst seit dem 19. Jh.

Zur Sippe des zugrundeliegenden l. *facere* 'tun, machen' s. *infizieren*. − *DF* 1 (1913), 206 f.; Röhrich 1 (1991), 420.

fast *Adv.* (< 16. Jh.). Ursprünglich umlautloses Adverb zu *fest* (ahd. *fasto* 9. Jh.). Noch frühneuhochdeutsch Verstärkung, dann isoliert und durch Ausweitung des Gebrauchs abgeschwächt zu 'beinahe' (vgl. *ganz gut, recht gut* usw.).

fasten *sw V.* (< 9. Jh.). Mhd. *vasten*, ahd. *fastēn* aus g. **fast-ǣ- sw V.* 'fasten', auch in gt. *fastan*, anord. *fasta*, ae. *fæstan*. Vorchristliche Wörter für 'fasten' in den alten Sprachen bezeichnen entweder einfach das 'Nicht-Essen' (gr. *nēstis* 'nicht essend, fastend, nüchtern', l. *iēiūnus* 'nüchtern, leer, hungrig') oder Wörter, die das kultische Fasten bezeichnen (gr. *hagnós*, eigentlich 'heilig, rein', l. *castus*, eigentlich 'rein, enthaltsam [besonders in sexueller Hinsicht]'). Bei der Bezeichnung für das christliche Fasten wurde nicht auf die griechischen und lateinischen Wörter für das kultische, sondern die einfachen Wörter zurückgegriffen. Das germanische Wort kann ein altes Wort für kultisches Fasten sein − es kann als (ig.) **pwos-to-* 'rein' und 'rechtschaffen, gewissenhaft' näher zu l. *pūrus* 'rein' und l. *pius* 'rechtschaffen' gehören; im Germanischen kann die Grundlage vorliegen in den Hintergliedern von gt. *witoda-fasteis* und ae. *æwfæst* 'gesetzestreu, rechtschaffen'. Akslav. *postŭ* 'Fasten' und vielleicht apreuß. *pastauton* 'fasten' (die übrigen baltischen Wörter kommen sicher aus den slavischen Sprachen) können mit dem germanischen Wort urverwandt oder aus ihm entlehnt sein. Auf (ig.) **wes-* (das aus **pwes-* vereinfacht sein könnte) gehen kymr. *dirwest* 'fasten' und ai. *up-vas-* 'fasten' zurück.

Nndl. *vasten*, ne. *fast*, nschw. *fasta*, nisl. *fasta*. S. *Fasching, Fastnacht.* − E. Seebold in: *FS H.-F. Rosenfeld* (1989), 493−505; *LM* 4 (1989), 304−310; zur Sache und zum historischen Hintergrund: P. R. Arbesmann: *Das Fasten bei den Griechen und Römern* (Gießen 1929); Th. Pichler: *Das Fasten bei Basileios dem Großen und im antiken Heidentum* (Innsbruck 1955).

Fastnacht *f. reg.* (< 13. Jh.). Die Formen von Reliktmundarten weisen auf ursprüngliches **fasanaht* unklarer Herkunft hin (der zweite Bestandteil ist aber sicher *Nacht*). Schon früh ist das Wort als *fastnacht* 'Vorabend der Fastenzeit' verstanden worden, doch beruht dies sicher auf sekundärer Motivation – auch Anschlüsse an *Faß* kommen vor. Bairisch-österreichisch dafür meist *Fasching*, älter auch *faschang*. Der etymologische Vergleich erweist die größte Wahrscheinlichkeit für einen Anschluß an (ig.) **pwos-* 'reinigen, läutern' (mit regulärer Vereinfachung des Anlauts); das nächstverwandte außergermanische Wort wäre l. *pūrus* 'rein'. Gemeint ist also offenbar ein Reinigungsfest, ähnlich wie die römischen Lupercalien, das dann den christlichen Bräuchen eingepaßt wurde. Bedeutung also 'Reinigungsnacht' (so wie ein Name der römischen Lupercalien *Februa Pl.*, d. h. 'Reinigung' ist) oder 'Nacht vor der Zeit der Reinigung'. Gemeint ist die kultische Reinigung, bei der auch das Fasten eine Rolle spielt.

S. *fasten, Fasching*. – A. Hiß *WJV* (1965/69), 123–193; K. Meisen *RJV* 17/18 (1967), 7–47; H. Rosenfeld *AK* 51 (1969), 175–181; S. Wagner: *Der Kampf des Fastens gegen die Fastnacht* (München 1986); H. Moser: *Volksbräuche* (München 1985), 98–140, 315–318; K. Finsterwalder *ZDPh* 105 (1986), 385 f.; P. Wiesinger in: *FS W. Kleiber* (1989), 71–109; E. Seebold in: *FS H.-F. Rosenfeld* (1989), 493–505; St. Arend in *FS H. Friebertshäuser* (1989), 71–90; *LM* 4 (1989), 313 f.; D.-R. Moser: *Fastnacht – Fasching – Karneval* (Graz u. a. 1986); Röhrich 1 (1991), 416 f. Anschluß an *Faß* sucht mit beachtlichen Gründen: H. Moser *SAV* 68/69 (1972/73), 433–453.

Faszikel *m./n. per. fach.* 'Aktenbündel, Bündel' (< 18. Jh.). Entlehnt aus l. *fasciculus m.* 'kleines Bündel, Paket', einem Diminutivum zu l. *fascis m.* 'Bund, Bündel, Paket'.

S. *Fasche, Faschine, Faschismus*. – *DF* 1 (1913), 207.

faszinieren *swV. stil.* 'begeistern, anziehen' (< 18. Jh.). Entlehnt aus l. *fascināre* 'behexen', dessen Herkunft nicht sicher geklärt ist. Zunächst entlehnt in der Bedeutung 'bezaubern', dann Weiterentwicklung zu 'anziehen'. Abstraktum: *Faszination*. Offensichtlich mit dem lateinischen Wort zusammenhängend ist gr. *báskanos* 'verleumderisch, behexend', gr. *baskánion* 'Behexen, Zauber'. Die Lautverhältnisse sind aber unklar – es wird eine Entlehnung aus dem Thrakischen oder einer anderen Restsprache erwogen. – *DF* 1 (1913), 207.

fatal *Adj. stil.* 'verhängnisvoll' (< *16. Jh., Form < 17. Jh.) entlehnt aus l. *fātālis* 'verderbenbringend', einer Ableitung von l. *fātum* 'Mißgeschick, Lebensschicksal, Weissagespruch' (selten auch deutsch *Fatum*), zu l. *fārī* 'sprechen'. Die ältere Entlehnung ist *fatalisch*, die jüngere wohl unter dem Einfluß von frz. *fatal*. Abstraktum: *Fatalis-*

mus: Täterbezeichnung: *Fatalist*, Adjektiv: *fatalistisch*.

Zur Sippe des zugrundeliegenden l. *fārī* 'sprechen' s. *famos*. Ersatzwort ist *verhängnisvoll*. – *DF* 1 (1913), 207 f.; *HWPh* 2 (1972), 913–915; Carstensen 2 (1994), 470.

Fata Morgana *f. erw. exot. (ass.)* 'Luftspiegelung, Trugbild' (< Im 18. Jh.). Entlehnt aus it. *fata morgana* (eigentlich: *fata morgana* 'Fee Morgana'). It. *fata* 'Fee ('Schicksalsgöttin')' gehört zu l. *fātum n.* 'Schicksal, Weissagespruch', zu l. *fārī* 'sprechen'; der Frauenname *Morgana* aus der semitischen Grundlage von gr. *margarítēs m., márgaron n.* 'Perle' (arab. *marğān* 'Koralle'). Die so bezeichnete Fee wurde vom Volksglauben für die Luftspiegelungen in der Straße von Messina verantwortlich gemacht; dann Ausweitung auf andere Trugbilder, insbesondere solche in der Wüste, und schließlich übertragen.

Zur Sippe des zugrundeliegenden l. *fārī* 'sprechen' s. *famos*. S. *Fee*. – P. Beck *ZDW* 3 (1902), 366; A. Gombert *ZDW* 3 (1902), 146; *DF* 1 (1913), 208; Röhrich 1 (1991), 420.

Fatum *n.* s. *fatal*.

Fatzke *m. städt.* 'eitler Geck' (< 19. Jh.). Wohl aus dem poln. Personennamen *Wacek* (Anredeform: *Wacku*) gebildet. Der Name ist eine Kurzform zu poln. *Wacław* (aus čech. *Václav*, latinisiert *Vencislaus*). Ein Einfluß von älterem fnhd. *fatzen* 'zum Narren halten' ist nicht ausgeschlossen.

S. *Wenzel, Scharwenzel*. – M. Vasmer *ZSPh* 2 (1915), 124; Lasch (1928), 198 f.; Bielfeldt (1965), 31 f.; Wolf (1985), 92.

fauchen *swV.*, auch **pfauchen** *swV.* (< *14. Jh., Form < 19. Jh.). Mhd. *pfūchen*, meist von Katzen gesagt und dann übertragen. Zu der unter *Bausch* behandelten Lautgebärde (und Lautnachahmung). Partikelverb: *an-*.

faul *Adj.* (< 9. Jh.). Mhd. *vūl, voul*, ahd. *fūl* aus g. **fūla-* *Adj.* 'faul, verfault', auch in gt. *fūls*, anord. *fúll*, ae. afr. *fūl*. Adjektivische *l*-Bildung zu einer Wurzel, die unerweitert noch in den nordischen Sprachen auftaucht: anord. *fúinn* (Partizip) 'verfault', anord. *feyja* 'verfaulen lassen' (Kausativ), anord. *fúna* 'verwesen, faulen'. Zu ig. **pū-* 'faulen' in ai. *pūyati* 'wird faul, stinkt', lit. *púti* 'faulen', mit Erweiterung gr. *pýthomai* 'ich faule', unerweitert in gr. *pýon, pýos* 'Eiter', l. *pūs (puris)* 'Eiter'; eine *l*-Bildung wie im Germanischen wird durch lit. *púliai* 'Eiter' vorausgesetzt. Der Wurzel kann ein Laut des Abscheus (wie unser *pfui*) zugrundeliegen. Die Übertragung auf 'träge' geht von 'so lange liegen geblieben, bis Fäulnis eintritt' aus. Abstraktum: *Fäulnis* (eigentliche Bedeutung), *Faulheit* (übertragene Bedeutung); Modifikation: *faulig*; Verb: *faulen*.

Nndl. *vuil*, ne. *foul*, nschw. *ful*. S. die folgenden Artikel und *Foul*. – Seebold (1970), 196 f.; *HWPh* 2 (1972), 916–918; Röhrich 1 (1991), 420 f.; Heidermanns (1993), 219.

Faulbett *n. arch.* (< 16. Jh.) Altes Wort für 'Sofa'. Bezieht sich wie **Lotterbett** (s. *Lotter-*) auf die nachlässige Haltung, die man darauf einnimmt. S. *faul* und *Bett*.

faulenzen *swV.* (< 14. Jh.). Mhd. *vūlezen*. Ableitung zu mhd. *vūl, voul* (s. *faul*) mit dem bei Verben des Riechens häufigen Suffix *-zen*. Die ursprüngliche, im Mittelhochdeutschen belegte, Bedeutung ist 'faulig riechen'. Das Wort verbreitete sich seit dem 16. Jh. in der omd. Form *-enzen* und wird dabei in Anlehnung an *faul* 'träge' fast nur übertragen gebraucht.

Zum Bildungstyp: K. Rother *ZDW* 14 (1912), 219 f.

Faulpelz *m.* (< 16. Jh.). Ursprünglich (frühneuhochdeutsch) die Pilzschicht, die sich auf stark verfaulten Stoffen bildet. Danach als Kraftwort (wie *faules Aas* u.ä.) übertragen auf träge Personen. Allerdings ist die Ausgangsbedeutung selbst nicht bezeugt, nur bei J. Maaler (1561): *faul werden vnnd von feule ein belz überkommen*; das Schimpfwort spätestens seit dem frühen 17. Jh. in der Schweiz (in nicht datierbaren Quellen möglicherweise älter).

Faultier *n. erw. fach.* (< 17. Jh.). Lehnbildung nach span. *perezoso m.*, einer Substantivierung des Adjektivs span. *perezoso* 'faul, träge, schwerfällig' (aus l. *piger* 'faul') zur Bezeichnung des in Mittel- und Südamerika heimischen schwerfälligen Tieres aus der Familie der *Bradypodidae*. Seit dem 19. Jh. auch auf träge Menschen übertragen.

Faun *m. bildg.* 'triebhafter Waldgeist, lüsterner Mensch' (< 16. Jh.). Entlehnt aus l. *Faunus*, dem Namen des römischen Gottes der Hirten und Herden. Die Vorstellung von dem lüsternen Waldgott wird in der Mythologie aus dem Bild des griechischen Hirtengottes Pan übernommen. Der Name der Waldgöttin *Fauna* (Frau, Schwester oder Tochter von *Faunus*) ist Grundlage für nhd. **Fauna** 'Tierwelt'.

DF 1 (1913), 208 (*Fauna*).

Faust *f.* (< 8. Jh.). Mhd. *vūst*, ahd. *fūst*, as. *fūst* aus wg. **fūsti- f.* 'Faust', auch in ae. *fȳst*, afr. *fest*. Hierzu serb.-kslav. *pęstī* und mit Umstellung lit. *kùmstė*, so daß sich als Ausgangspunkt ig. (oeur.) **pn̥k-sti-*, früh-g. **funhsti-* ergibt. Regionales *faunzen* 'ohrfeigen, Nasenstüber geben' könnte eine abweichende Bildung zeigen, die den Nasal erhalten hat. Man hat versucht dieses Wort an *fünf* anzuschließen, doch gibt es hierfür keine besonderen Stützen. Auffällig ist die lautliche Nähe von l. *pūgnus m.*, gr. *pygmē* 'Faust(kampf)', gr. *pýx* 'fäustlings, im Faustkampf'. Am befriedigendsten wäre ein Ansatz ig. (eur.) **peug-* 'stechen, stoßen' mit einer nasalierten Form **pu-n-k-sti-*; die slavischen Formen müßten dann aber umgestaltet worden sein, und der Zusammenhang mit *fünf* wäre aufzugeben. – Die Faust steht sinnbildlich für 'Gewalt, Krieg' in Fügungen wie **Faustrecht**; fnhd. *von der*

Faust weg bedeutet 'frisch von der Leber weg, ohne Umstände, unbekümmert', hierzu **Faustregel** (es ist nicht ganz klar, worauf sich die Wendung bezieht – vielleicht auf das Essen aus der Hand). Das **Faustpfand** ist das Pfand, das man in der Hand hält, über das man also unmittelbar verfügen kann. Weiter hierzu **Fäustling** 'Fausthandschuh'.

Nndl. *vuist*, ne. *fist*. – Röhrich 1 (1991), 421 f.

Fauteuil *m. obs. österr.* 'bequemer Polstersessel' (< 18. Jh.). Entlehnt aus frz. *fauteuil*, älter *faldestueil, faldestoel* 'zusammenklappbarer Stuhl', das auf andfrk. **faldistōl* zurückgeht,

S. *falten* und *Stuhl.* – *DF* 1 (1913), 208. Zum 'Faltstuhl' vgl. *RGA* 8,1/2 (1991), 176–181.

Fauxpas *m. erw. fach.* 'Taktlosigkeit' (< 18. Jh.). Entlehnt aus frz. *faux pas* (wörtlich: 'falscher Schritt'); frz. *faux* 'falsch' aus l. *falsus*, s. *falsch*, und frz. *pas* 'Schritt' aus l. *passus*, s. *passieren*.

DF 1 (1913), 208.

Favorit *m. erw. fremd.* 'Begünstigter, aussichtsreichster Teilnehmer' (< 17. Jh.). Entlehnt aus frz. *favorite m./(f.)* 'Günstling (usw.)', dieses aus it. *favorito*, zu it. *favorire* 'begünstigen', einer Ableitung von it. *favore* 'Gunst', aus l. *favor (-ōris)*, zu l. *favēre* 'geneigt sein'. Die Bedeutung 'aussichtsreichster Teilnehmer' ("Günstling des Publikums") im 20. Jh. aus ne. *favourite* gleichen Ursprungs. Hierzu das Femininum **Favoritin**, das in der älteren Sprache aber auf 'bevorzugte Geliebte einer hochgestellten Persönlichkeit' spezialisiert ist. Verbum: **favorisieren**.

W. J. Jones *SN* 51 (1979), 258; Brunt (1983), 331 f.

Fax, Telefax *n. erw. fach.* 'telegraphierte Kopie' (< 20. Jh.), dazu **faxen** 'ein Fax schicken'. Internationalismus, der auf einer Abkürzung von *Faksimile* beruht. Mit diesem Wort wurden entsprechende Versuche schon bei der Firma Telefunken in den zwanziger Jahre bezeichnet, doch ist unklar, ob dies auf die spätere Benennung Einfluß gehabt hat.

Faxen *f. Pl. stil.* 'Narrheiten' (< 17. Jh.). Älter ist für '(unruhig und meist nutzlos) hin- und herbewegen' **fickfacken**, mit **Fickesfacken** 'Possen', aus dem *Fackes, Facks* abgelöst sein kann. Auch einfaches **ficken, facken, fucken** für 'hin- und herbewegen', **Fickmühle** 'Zwickmühle' u.ä. Wenn die Form mit Vokalwechsel die älteste ist, kann eine Lautgebärde vorliegen.

S. auch *fackeln, Federfuchser, Fex, ficken.* – Lasch (1928), 198 f.; Röhrich 1 (1991), 422.

Fazit *n. erw. fremd.* 'Ergebnis, Schlußfolgerung' (< *14. Jh., Bedeutung < 16. Jh.). Hypostasierung von l. *facit* 'es macht' zur Einleitung der Summe in Rechnungsbüchern usw., zu l. *facere (factum)* 'machen, tun'. Es bezeichnet zunächst nur die Summe einer Rechnung, dann Erweiterung zur heutigen Bedeutung.

Zur Sippe des zugrundeliegenden l. *facere* ´tun, machen´ s. *infizieren*. − Schirmer (1911), 60 f.; Schirmer (1912), 23; *DF* 1 (1913), 209 Röhrich 1 (1991), 422.

Feature *n. per. fach.* ´Dokumentarbericht, speziell zusammengesetzte Sendung´ (< 20. Jh.). Entlehnt aus am.-e. *feature*, dieses etwa im Sinn von ´Zusammenstellung´ aus me. *feture* ´Aufmachung´, aus afrz. *faiture*, aus l. *factūra f.*, zu l. *facere* ´machen, tun´. Zur Sippe s. *infizieren*.
Carstensen 2 (1994), 470−472.

Februar *m.* (< 15. Jh.). Entlehnt aus l. *(mēnsis) februārius*, eigentlich ´Reinigungsmonat´, zu l. *februāre* ´reinigen´ (im Deutschen zuvor *Hornung*). So benannt, da in der zweiten Hälfte dieses Monats die Reinigungs- und Sühnopfer für die Lebenden und die Toten abgehalten wurden. Er war der letzte Monat des altrömischen Kalenders − daher letztlich auch die von den anderen Monaten abweichende Dauer.

Fechser *m. per. fach.* ´bewurzelter Schößling´ (< 15. Jh.). Fnhd. *fechser*, vermutlich Nominalableitung zu mhd. *vahs m./n.* ´Haar´, aus g. **fahsa-n.*, auch in ahd. *fahs*, as. *fahs n./m.(?)*, afr. *fax n.*, ae. *feax n.* und anord. *fax n.* ´Mähne´. Also ´der Haare (eine Mähne) hat´, d. h. ´der bewurzelt ist´. S. *fechten*.

fechten *st V.* (< 8. Jh.). Mhd. *vehten*, ahd. *fehtan*, as. *fehtan* aus wg. **feht-a- st V.* ´fechten, kämpfen´, auch in ae. *feohtan*, afr. *fiuchta*. Dieses aus einer Verbalwurzel ig. (eur.) **pek̑-* ´rupfen, raufen´, die gelegentlich mit einer *t*-Erweiterung erscheint. Der Bedeutungsübergang von ´raufen´ zu ´kämpfen´ ist dabei besonders im Litauischen deutlich sichtbar. Auf **pek̑t-* führen l. *pectere* ´kämmen´, scherzhaft ´prügeln´, gr. *pektéō* ´ich schere´ (Übergang von ´Wolle raufen´ zu ´Wolle scheren´); mit **pek-* lit. *pèšti* ´rupfen, zausen, an den Haaren reißen´, lit. *pèštis* refl. ´miteinander raufen, sich prügeln´, gr. *pékō* ´ich kämme, schere Wolle´, sowie g. **fahsa-* ´Haar´ (s. unter *Fechser*). Von der ursprünglichen Bedeutung ausgehend bedeutet *fechten* mundartlich auch ´sammeln´ (Beeren usw.). Daher im 17. Jh. im Rotwelschen ´betteln´, das dann weiter in die niedere Umgangssprache gelangt. Die Bedeutung ´auf Wanderschaft betteln´ scheint aber von dem alten Brauch des Schau-Fechtens von Wanderburschen für Geld herzukommen. Kollektives Abstraktum: *Gefecht*.
Nndl. *vechten*, ne. *fight*. S. *anfechten, Fuchtel, fuchtig, Harm*. − F. Specht *ZVS* 68 (1944), 205; D. Ader in: *FS Trier* (1964), 146−159; Wolf (1985), 92 f.; Seebold (1970), 190 f.; *LM* 4 (1989), 324−328; Röhrich 1 (1991), 422 f.

Feder *f.* (< 10. Jh.). Mhd. *veder(e)*, ahd. *fedara*, as. *feðara* aus g. **fed(u)rō f.* ´Feder´, auch in anord. *fjǫðr*, ae. *feðer*, afr. *fethere*. Zugehörigkeitsbildung zu ig. **petor/n-* ´Flügel´, das zu ig. **pet-* ´fliegen´ gehört (ig. **pet-* ´fliegen´ in ai. *pátati*

´fliegt, schwebt´, gr. *pétomai*; der *r/n*-Stamm für ´Flügel´ in heth. *pattar n.* und abgeleitet in ai. *patañgá- m.* ´fliegend, Vogel´ und kymr. *adar, aderyn, ederyn* ´Vogel´ neben kymr. *adain, aden* ´Flügel´). Entsprechende Wörter für ´Feder, Flügel´ sind l. *penna (*petn-ā)*, gr. *ptéron*, kslav. *pero n.* (s. *Farn*). − *Feder* als Schreibgerät beruht darauf, daß früher mit den Kielen von Schwungfedern geschrieben wurde (etwa seit dem 5. Jh., vorher mit Rohr, in Glossenhandschriften des 10./11. Jhs. wird l. *calamus* als Schreibgerät teils mit *rora*, teils mit *fedara* übersetzt); seit dem 19. Jh. werden die Schreibgeräte aus Metall gefertigt, der Name aber beibehalten. Vom 16. Jh. an wurden teilweise auch die Bleistifte *(Blei-) Federn* genannt. − Die Bedeutung ´Metallfeder, elastisches Element´, wozu das Verb *federn*, geht vermutlich auf die Wagenfederung mit Lagen von Blattfedern zurück, die entfernt von Teile von Vogelfedern aussahen. Das Wort ist seit dem 16. Jh. in dieser Bedeutung bezeugt, die Sache wird erst im 17. Jh. üblich − sie muß also ein anderes Vorbild gehabt haben, vielleicht bei Schleuderwaffen (Armbrust?). Bei Uhrfedern, die es etwas früher gegeben hat, läßt die Form den Bedeutungsübergang unerklärt. Anders Maher: In dieser Bedeutung sei das Wort vermutlich rückgebildet aus *Federung*, mhd. *viderinc m.*, ahd. *fidering m.(?)* ursprünglich ´Schleuder, Wurfriemen´, das wohl auf ein Adjektiv (ig.) **petro-* ´fliegend´ zurückgeht.
Nndl. *veer*, ne. *feather*, nschw. *fjäder*, nisl. *fjöður*. S. *Farn, finden, Fittich, Gefieder*, die lateinische Verwandtschaft unter *Petition*, die griechische unter *Symptom*. − J. P. Maher in: Christie (1976), 389−409; Röhrich 1 (1991), 423 f.; *Achse, Rad und Wagen*. Hrsg. W. Treue (Göttingen 1986), 243−348.

Federfuchser *m. obs.* ´Schreiber, der andere durch seine Pedanterie ärgert´ (< 18. Jh.). Vermutlich Fortbildung eines älteren *Federfuchs* ´Pedant mit der Feder´ wie *Schulfuchs* ´Pedant in der Schule´. Schon im 16. Jh. als sprechender Name *Lupoldus Federfusius* in den ´Briefen der Dunkelmänner´. Umbildung im Zusammenhang mit *sich fuchsen* ´sich ärgern´ (wohl zu *fucken* ´hin- und herfahren´, Abwandlung zu *ficken* und *facken*, s. *Faxen*).
H.-F. Rosenfeld *BGDSL-H* 77 (1955), 256; Röhrich 1 (1991), 424 f.

Federlesen *n. phras. stil.* In Wendungen wie *nicht viel Federlesens machen*; *ohne viel Federlesens* (< 13. Jh.). Mhd. *vederlesen* ´schmeicheln´, noch ursprünglicher ´Federn vom Kleid ablesen´. Zusammensetzung mit *Feder* ´Vogelfeder´ und *lesen* ´auf-, ablesen, einsammeln´, entsprechend mhd. *vederklūben* gleicher Bedeutung. Zugrunde liegt die Sitte, Höhergestellten die lästigen kleinen Flaumfedern vom Kleide zu nehmen, was offensichtlich schon im Spätmittelalter einerseits als Schmeichelei und andererseits als Ausdruck einer übertriebenen

Sauberkeit und Umständlichkeit galt (offenbar im Anschluß an gr. *krokýda aphaireîn* ´Flausen wegnehmen´ als Merkmal des Schmeichlers); dies führte in der negativen Form *(ohne viel Federlesens, nicht viel Federlesens)* zu der schon seit dem 16. Jh. bezeugten Bedeutung ´nicht viel Umstände machen´.

Röhrich 1 (1991), 425 f.

Federweißer *m. per. oobd. wmd.* ´junger Wein´ (< 16. Jh.). *Federweiß* ist eigentlich der Name verschiedener Mineralien (Talk, Alaun), also ´weiß wie Federn´; dann auch als substantiviertes Adjektiv (vor allem westmitteldeutsch) ´junger Wein´ und ´junger, trüber Most´. Das Benennungsmotiv ist unklar (Bezeichnung nach der Farbe? Zugabe von Alaun in den Wein?).

Lüschen (1979), 214 f.

Fee *f.* ´weibliches Märchenwesen mit Zauberkräften´ (< 18. Jh.). Entlehnt aus frz. *fée*, dieses aus l. *Fāta* ´Schicksalsgöttin´, zu l. *fātum n.* ´Schicksal(sspruch)´, zu l. *fārī* ´sprechen´. Im 12. Jh. ist es schon einmal als mhd. *veie* (afrz. *fae*) übernommen worden. Als Entsprechung zu frz. *fée* in der auch in Deutschland beliebt werdenden *conte de fée* sucht Bodmer das alte *Fei* wiederzubeleben, doch setzt sich alsbald die junge Entlehnung *Fee* durch. Die alte Form noch poetisch-archaisch (*Waldfei*); hierzu auch **gefeit**. Adjektiv: **feenhaft**.

S. *Fata morgana*; zur Sippe des zugrundeliegenden l. *fārī* ´sprechen´ s. *famos*. − J. A. Walz *ZDW* 14 (1912/13), 190−210.

Feedback *n. per. fach.* ´Rückmeldung, Reaktion´ (< 20. Jh.). Entlehnt aus ne. *feedback*, dieses aus e. *feed* ´einspeisen, füttern´ (aus ae. *fēdan*, s. *Futter*[1]) und e. *back* ´zurück´ (s. *Backbord*). Zunächst technische Bezeichnung für die Kontrolle von Einstellungen durch die Rückmeldung von Ergebnisdaten; dann übertragen auf die menschliche Kommunikation.

Rey-Debove/Gagnon (1988), 293.

fegen *swV. reg.* (< 10. Jh.). Mhd. *vegen*, ahd. *fegōn*, as. *fegon*. Nur unter Annahme eines merkwürdigen Ablauts verknüpfbar: Mhd. *vegen* setzt *e* voraus; anord. *fága* ´schmücken, reinigen´, mndl. *vagen* dagegen g. *ǣ*; außergermanisch vergleichbar ist lit. *puõšti* ´schmücken, putzen´, das auf ig. *ō* zurückgeht. Die Lautzusammenhänge sind klärungsbedürftig.

Heidermanns (1993), 194.

Feg(e)feuer *n. erw. fach.* (< 13. Jh.). Mhd. *vegeviur*, mndd. *vege(n)vūr*, mndl. *vegevier*. Lehnbildung mit *fegen* ´reinigen´ und *Feuer* zu l. *pūrgātōrius īgnis m.* ´reinigendes Feuer´ oder l. *pūrgātōrium* ´Ort, wo gereinigt wird´.

LM 4 (1989), 328−331; Röhrich 1 (1991), 426 f.

Feh *f. per. fach.* ´sibirisches Eichhörnchen´ (als Pelz) (< *8. Jh., Form < 16. Jh.). Mhd. *vēch n.*

´buntes Pelzwerk´ zu g. **faiha-* ´bunt, versehen mit´ in gt. *filu-faihs* ´sehr bunt, mannigfaltig´, anord. *blá-fár* ´blau gesprenkelt´, *eitr-fár* ´giftig´ (´mit Gift versehen´), ae. *fāh* ´bunt´, ahd. *fēh* ´verschiedenfarbig, bunt´. Wann das Adjektiv eindeutig als Substantiv mit der Bedeutung ´buntes Pelzwerk´ und dann als (´Hermelin´ und) ´sibirisches Eichhörnchen´ erscheint, ist nicht genau zu bestimmen (ca. 16. Jh.). In der Neuzeit z. T. auch Femininum und Vermischung mit *Fähe*. Das alte Adjektiv vergleicht sich außergermanisch zunächst mit den Ableitungen gr. *poikílos* ´bunt´, russ. *pёstryj* ´bunt´ (kslav. *pĭstrŭ*); dann weiter mit den Substantiven ai. *-péśa-m.*, *péśas- n.* ´Schmuck, Zierat´, lit. *paĩšas m.* ´Fleck, Klecks´. Es ist am ehesten aus einem Kompositum mit der Struktur von ai. *puru-péśa-* ´vielfarbig, vielgestaltig´ herausgelöst; es kann aber auch aus dem Substantiv entstanden sein (mit Bedeutungsverschiebung wie in der griechischen und der kirchenslavischen Adjektiv-Ableitung) oder unmittelbar auf das Verb zurückgehen. Die Wörter gehören zu ig. **peik-* ´zubereiten, herrichten, schmücken´ in ai. *pĭṁśáti* ´zubereiten, bilden, schmücken´, lit. *piẽšti* ´zeichnen, verzieren´, akslav. *pĭsati* ´schreiben´, runen-germanisch *faihida* ´schrieb, ritzte, malte´.

S. *feig, Feile.* − *LM* 4 (1989), 331; Heidermanns (1993), 183 f.

Fehde *f. obs.* (< 10. Jh.). Mhd. *vē(he)de*, ahd. *(gi)fēhida*, mndd. *vede-*, mndl. *ve(e)de* aus wg. **faih-iþō f.* ´Feindseligkeit´, auch in ae. *fǣhð(u)*, afr. *fāithe, fēithe*, Abstraktbildung zu dem Adjektiv wg. **faiha-* ´feindselig, geächtet´ in ae. *fāh*, afr. *fāch*, ahd. *gifēh*, mndl. *gevee*; hierzu auch gt. *bifaih* ´Übervorteilung´, gt. *bifaihon* ´übervorteilen´. Zu ig. **peik-* ´zürnen (o.ä.)´ in air. *oech* ´Feind´, ai. *píśuna-* ´böse, verleumderisch´, lit. (mit Verhalten einer Kentum-Sprache) *peĩkti* ´tadeln, schmähen´, lit. *piktas* ´böse´, lit. *pŷkti* ´zürnen´. Eine einfachere Wurzelform **pei-* wird unter *Feind* dargestellt. Eine Präfixableitung ist **befehden**. Der **Fehdehandschuh** ist der einem Ritter als Aufforderung zu Kampf oder Fehde einem Gegner hingeworfene Handschuh. Die Ausdrucksweise kommt aber erst im 18. Jh. im Anschluß an frz. *jeter le gant* ´den Handschuh hinwerfen´ auf.

S. *Feind, Urfehde.*− A. Maier *ZDW* 10 (1908), 181−187; J. A. Walz *ZDW* 12 (1910), 179−182; *LM* 4 (1989), 331−334; Heidermanns (1993), 184 f.; Sousa-Costa (1993), 186−193.

Fehl *m. stil.* (< 13. Jh.). Mhd. *væle* ist entlehnt aus afrz. *faille*, das auf l. *falla* ´Betrug´ zurückgeht. Das Wort setzt sich im Deutschen nicht gegen *Fehler* durch, bleibt aber in Phrasen (*ohne Fehl* − frz. *sans faille*) und Zusammensetzungen (**Fehltritt, Fehlgeburt, Fehlanzeige**), auch als Verbzusatz (**fehlgehen, fehlschlagen**, vgl. auch **fehl am Platz**). S. *falsch, fehlen, Fehler.*

fehlen *sw V.* (< 13. Jh.). Mhd. *vælen, velen, valen.* Entlehnt aus afrz. *faillir* 'verfehlen, sich irren', dieses über vor-rom. **fallire* aus l. *fallere* 'täuschen' (vor allem in unpersönlichen Ausdrücken). Die Bedeutung 'nicht da sein' ist nur deutsch, geht aber auf die französische Nebenbedeutung 'entgehen, mangeln, nötig sein' zurück. Adjektiv: *fehlbar.* Präfigierung: *ver-.* S. *falsch, Fehl, Fehler.*

Fehler *m.* (< 16. Jh.). Nomen actionis in der Form eines Nomen agentis zu *fehlen,* zunächst für einen Fehlschuß gebraucht. S. *falsch, Fehl, fehlen.*

Fei *f.,* **feien** *sw V.,* s. *Fee* und *gefeit.*

Feier *f.* (< 9. Jh.). Mhd. *vīre,* ahd. *fīr(r)a.* Entlehnt aus spl. *fēria* 'Festtag' aus l. *fēriae Pl.* 'Tage, an denen keine Geschäfte vorgenommen werden'. Verb: *feiern;* Adjektiv: *feierlich.* S. *Ferien.*

Feierabend *m.* (< 16. Jh.). Fnhd. *vīrābent* 'Vorabend eine Festes'. Zusammensetzung mit *Feier* in der alten Bedeutung 'Festtag, Feiertag' und *Abend* 'Vorabend', also zunächst 'Vorabend eines Feiertags'. Die ursprüngliche Bedeutung wird in Anlehnung an *Feier* 'Ruhe von der Arbeit' zuerst nur handwerkersprachlich zu '(Beginn der) Ruhezeit am Abend' umgedeutet.
Röhrich 1 (1991), 427.

feig(e) *Adj.* (< 9. Jh.). Mhd. *veige,* ahd. *feig(i),* as. *fēgi* aus g. **feigja- Adj.* 'todgeweiht' – diese Bedeutung hat das Adjektiv in allen alten Sprachzuständen; sekundär entwickelt sich daraus 'sich verhalten wie jmd., der todgeweiht ist'; in den nordischen Sprachen ist das 'ungewöhnlich, verrückt', im Mittelhochdeutschen zunächst 'verhaßt u.ä.', dann seit Luther 'verzagt' mit einem noch nicht ausreichend aufgehellten Bedeutungsübergang. Das Adjektiv gehört sehr wahrscheinlich zu ig. **peik̑-* 'zubereiten, herrichten, schmücken', das unter *Feh* behandelt ist. Daraus wohl zuerst Bildungen wie ae. *dēað-fǣge* 'todgeweiht', eigentlich 'für den Tod bereitet, hergerichtet' mit anschließender Herauslösung des Adjektivs aus dem Kompositum (oder Bedeutungsspezialisierung eines einfachen Adjektivs mit der Bedeutung 'bereitet'). Es kann sich um das gleiche Adjektiv handeln wie g. **faiha-* 'bunt' (s. *Feh),* falls es sich tatsächlich um Herauslösungen aus dem Kompositum handelt und der grammatische Wechsel durch die Stellung im Kompositum bedingt ist. Abstraktum: *Feigheit;* Täterbezeichnung: *Feigling.*
Nndl. *veeg,* nisl. *feigur.* – A. Schütt *ZDW* 11 (1909), 274 f.; D. M. E. Gillam *SGG* 4 (1962), 165–201; Heidermanns (1993), 182 f.

Feige *f.* (< 9. Jh.). Mhd. *vīge,* ahd. *fīga,* as. *fīga.* Entlehnt aus prov. *figa,* das aus l. *fīcus* 'Feige' stammt. Dies wiederum ist aus einer Substratsprache entlehnt, aus der auch gr. *sȳkon n.* 'Feige' stammt. Das *Feigenblatt* als Sinnbild verschämter (und kaum zulänglicher) Verhüllung nach 1. Mos.

3,7 (Adam und Eva suchen ihre Scham mit Feigenblättern zu verhüllen). Die *Feige* als Geste (der Faust mit dem zwischen den Fingern steckenden Daumen) ist wegen ihrer sexuellen Grundlage beleidigend: *Feige* ist eigentlich eine Metapher für das weibliche Geschlechtsglied; der durch die Finger gesteckte Daumen soll dazuhin den Geschlechtsverkehr andeuten.
S. *Ohrfeige.* – Röhrich 1 (1991), 427–430; *LM* 4 (1989), 335 f.

feil *Adj. obs.* (< 9. Jh.). Mhd. *veil(e),* ahd. *feili, fāli,* mndd. *vēl(e), veile,* vgl. anord. *falr.* Die Bedeutung ist überall 'verkäuflich', der Vokalismus ist unvereinbar. Da bei dieser vergleichsweise speziellen Bedeutung verschiedene Quellen kaum in Frage kommen, muß eine Ablautentgleisung auf der Seite des Deutschen vorliegen (etwa bei einem zugrundeliegenden Präsens **filj-* aus **felj-,* und dazu eine Hochstufe nach dem Muster des *ei/i*-Ablauts). Ahd. *fāli* ist ein schwer deutbarer Einzelbeleg – sonst steht überall *ei.* Auszugehen ist also wohl von dem Vokalismus des Nordischen *(*fala-),* der sich anschließt an lit. *peľnas* 'Verdienst', lit. *pelnýti* 'verdienen, gewinnen', akslav. *plěnŭ* 'Beute', ai. *pánya-* 'Ware', ai. *pánate* 'handelt ein, kauft' und mit Ablaut gr. *pōléō* 'ich biete feil, verkaufe'. Heidermanns rechnet mit einer Kreuzung mit ig. **pō(i)-* 'schützen' (wegen mndd. *vēlich* 'beschützt, sicher' usw.).
S. *feilschen;* zur griechischen Entsprechung s. *Monopol.* – Heidermanns (1993), 185 f. Zur Entlehnung ins Finnische s. Koivulehto *BGDSL-T* 103 (1981), 343–348.

Feile *f.* (< 9. Jh.). Mhd. *vīle,* ahd. *fīhala,* as. *fīla* aus g. **fīlō f.* 'Feile', auch in anord. *þél* (vermutlich mit Lautübergang *f* zu *þ),* ae. *fēol.* Dies kann weiter auf g. ***finhlō* zurückgeführt werden, was Anschluß an ai. *piṃśati* 'haut aus, bereitet, schmückt' erlaubt. In diesem Fall also ein nasaliertes ig. **peik̑-,* zu dem ohne Nasal auch gr. *pikrós* 'scharf, spitz, stechend' gehört (die unter *Feh* [s.d.] behandelte Sippe mit abweichender Bedeutung). Verb: *feilen.*
Nndl. *vijl,* ne. *file,* nisl. *þjöl.* – Etwas anders (nicht überzeugend): Trier (1951), 12. – Röhrich 1 (1991), 430.

feilschen *sw V. stil.* (< 13. Jh.). Mhd. *veilsen;* Ableitung auf *-isō-* zu *feil.*

Feim *m. obs.* 'Schaum' (< 9. Jh.). Mhd. *veim,* ahd. *feim* aus wg. **faima- m.* 'Schaum', auch in ae. *fām n.* Außergermanisch finden sich Ableitungen auf *m* und *n,* meist mit *s mobile,* so daß ig. **spoimno-* vorausgesetzt werden kann. Zu diesem ai. *phéna-* 'Schaum', l. *spūma f.* 'Schaumgischt', *spainé f.* 'Schaumstreifen auf bewegter See', akslav. *pěna f.* 'Schaum, Speichel'. Weitere Herkunft unklar. Ne. *foam.* S. *abgefeimt.*

Feim(en) *m.,* **Feime** *f. per. reg.* 'Strohhaufen' (< 16. Jh.). Lautvariante zu *Dieme* (s.d.). Die Form mit *f*- niederdeutsch seit dem 12. Jh., hochdeutsch seit dem 16. Jh.

fein *Adj.* (< 12. Jh.). Mhd. *vīn*, mndd. *fīn*, mndl. *fijn*. Entlehnt aus afrz. *fin*, das aus dem Substantiv l. *fīnis* ʼEnde, Grenzeʼ in prädikativer Stellung entstanden ist (ʼdas ist die Grenzeʼ = ʼdas ist das äußersteʼ = ʼdas ist das besteʼ). Abstraktum: *Feinheit*; Präfixableitung: *verfeinern*.

L. *fīnis* ʼEndeʼ zeigt sich mit der Bedeutung ʼEndeʼ in *Finale* (it.) und *Finish* (e.), als ʼAbgrenzung, Begrenzungʼ in *definieren*, *finit*, *Infinitiv* und *Paraffin*; als ʼBezahlungʼ in *Finanzen*. Die junge Bedeutung ʼfeinʼ in *Finesse* und *raffiniert*. – E. Steinmeyer *ZDA* 34 (1890), 282 f.; Miettinen (1962), 205–209.

Feind *m.* (< 8. Jh.). Mhd. *vīant*, *vī(e)nt*, ahd. *fīant*, *fījant*, as. *fiand*, *fiond* aus g. **fijǣnd-* m. ʼFeindʼ, auch in gt. *fijands*, anord. *fjándi*, ae. *fēond*, afr. *fiand*; erstarrtes Partizip Präsens zu g. **fij-ǣ-* ʼhassenʼ in gt. *fijan*, anord. *fjá*, ae. *fēon*, ahd. *fiēn*. Zu ig. **peiə-* ʼhassen, verderbenʼ, auch in ai. *pī́yati* ʼschmäht, höhntʼ. Adjektiv: *feind(lich)*; Präfixableitungen: *verfeinden*; Abstraktum: *Feindschaft*. Eine Erweiterung hierzu s. unter *Fehde*.

Nndl. *vijand*, ne. *fiend*, nschw. *fiende*, nisl. *fjándi*. – E. Steinmeyer *ZDA* 34 (1890), 282 f.

feindselig *Adj.* (< 15. Jh.). Aus Ableitungen auf -*ig* zu Substantiven auf -*sal* (wie *mühselig* zu *Mühsal*) kann durch Bezug auf das Grundwort (*Mühe* – *mühselig*) eine Element -*selig* abgelöst werden, das in Fällen wie *feindselig* produktiv geworden ist (zuerst nur in der Bedeutung ʼverhaßtʼ).

feist *Adj. stil.* (< 8. Jh.). Mhd. *veiz(e)t*, ahd. *feiz(i)t* (vgl. auch ae. *fǣtt*), ursprünglich Partizip Präteritum zu dem erst spät bezeugten mhd. *veizen*, anord. *feita* ʼfett machen, mästenʼ, Faktitivum zu g. **faita-* Adj. ʼfettʼ in anord. *feitr*, ae. *fǣtt*, afr. *fatt*, *fet*, mndl. *feit*, mhd. *veiz*. Zu ig. **peiə-* ʼfett sein, strotzenʼ (das allerdings keine genau vergleichbare Bildung mit -*d*- aufweist). Vergleichbar in der Bedeutung sind ai. *pīná-* ʼfeist, dickʼ, gr. *píon*, *píeira* ʼfett, fruchtbarʼ u. a.

S. *fett*. – E. Linke *BGDSL-H* 82 (1961) (= *Sonderband FS Karg-Gasterstädt*), 235–244; Heidermanns (1993), 186 f.

feixen *swV. reg. stil.* (< 19. Jh.). Norddeutsche Bildung zu *feix* ʼjunger Studentʼ, also etwa ʼverlegen lachenʼ (wie die Neulinge es tun). Nach Rosenfeld ist das Grundwort entstellt aus *Feist* ʼ(junger) Furzʼ.

H.-F. Rosenfeld *BGDSL-H* 77 (1955), 246–305, besonders 255–268; H. Glombik-Hujer *DWEB* 5 (1968), 41–44.

Felche(n) *m. per. fach.* (ein Bodenseefisch, *Coregonus*), in Bayern *Renke(n)* (s.d.) (< 14. Jh.). Mhd. *velche m.(?)*. Herkunft unbekannt. Vielleicht mit -*l*- aus -*r*- (wie in *Kilche, Kirche*) zu dem Grundwort von *Forelle*?

Feld *n.* (< 8. Jh.). Mhd. *velt*, ahd. *feld*, as. *feld* aus wg. **felþa-* n., auch in as. *feld*, afr. *feld*; hierzu mit Ablaut **fuldō* ʼErde, Bodenʼ in anord. *fold* f., ae. *folde* f., as. *folda* f. Ableitung aus der ig. Verbalwurzel **pelə/plā-* ʼausbreitenʼ (ursprünglich wohl zu ig. **pel-* ʼstoßen, schlagenʼ als ʼbreitschlagenʼ), zu der mehrere bedeutungsähnliche (aber nicht formal gleiche) Wörter gehören, etwa arm. *hoł* ʼErde, Boden, Landʼ, air. *láthar* ʼOrt, Lageʼ, akslav. *polje* ʼFeldʼ u. a. Also ʼAusgebreitetes, Ebeneʼ als Ausgangsbedeutung. Aus der Bezeichnung des Kampfplatzes als *Feld* wird das Wort in Zusammenhänge mit ʼKrieg, Militärʼ gezogen (*im Feld, Feldwebel*).

Nndl. *veld*, ne. *field*. S. *Gefilde*. – *HWPh* 2 (1972), 923–929; Maher (1986), 63, 65; Röhrich 1 (1991), 430 f. Zur Entlehnung ins Finnische s. Koivulehto (1991), 29.

Feldscher *m.*, **Feldscherer** *m. arch.* ʼHeereswundarztʼ (< **16. Jh., Form < 17. Jh.). Eigentlich der ʼBartscherer im Feld (Krieg)ʼ, da in alter Zeit der Barbier auch Wundarzt war.

Feldstecher *m. erw. fach.* ʼFernglasʼ (< 19. Jh.). Älter ist *Stechbrille*, eine Brille, mit der man besser in die Weite sehen konnte, und die offensichtlich (mit einer Klammer) auf die Nase *gesteckt* wurde. Dazu ist *Stecher* wohl eine Kurzform (gemeint ist ein Opernglas), im Gegensatz dazu der *Feldstecher* für den Gebrauch im Freien (auch *Krimstecher* für ein im Krimkrieg gebrauchtes Fernglas).

Feldwebel *m. erw. fach.* (Unteroffizier) (< 16. Jh.). Fnhd. *feldweibel*. Seit dem 16. Jh. zu *Weibel* ʼGerichtsdienerʼ (s.d.), also eine untergeordnete Amtsperson im Feld (Krieg, Heer). Das -*e*- beruht auf einer ostmitteldeutschen Variante.

E. Fraenkel *ZSPh* 20 (1948), 51–89; Maher (1986), 75.

Felge[1] *f. erw. fach.* ʼRadkranzʼ (< 9. Jh.). Mhd. *velge*, ahd. *felga*, as. *felga* aus wg. **felgō* ʼKrummholz, besonders am Radʼ, auch in ae. *felg(e)*. Außergermanisch vergleicht sich russ. *póloz* m. ʼSchlittenkufeʼ. Allerdings ist das russische Wort mit slavischen Wörtern für ʼSchlangeʼ und ʼReptilʼ verwandt und kann auf ein Wort für ʼkriechen, gleitenʼ zurückgeführt werden (akslav. *plĭzati* ʼkriechenʼ usw.). Das bedeutet, daß entweder die slavischen Wörter abzutrennen sind, oder daß *Felge* nicht (wie allgemein angenommen) auf eine Bedeutung ʼgekrümmtʼ zurückgeht, sondern auf ʼdas Gleitende, Rutschendeʼ. In Anbetracht der schlechten Vergleichbarkeit ist die zweite Möglichkeit durchaus zu erwägen.

Nndl. *velg*, ne. *felloe*, *felly*. S. auch *Felge*[2]. – Röhrich 1 (1991), 431.

Felge[2] *f. arch.*, auch **Falge** ʼBrachland nach dem Umpflügenʼ (< 13. Jh.). Ahd. *felga* ʼumgepflügtes Feldʼ, vgl. mndd. *valge*, mndl. *valge*; dann erst wieder in der Neuzeit mundartlich (bairisch) bezeugt. Mhd. nur *valgen*, *velgen* ʼumackern, umgrabenʼ, aber ae. *fealh*, *fe(a)lg* ʼgefelgte Bracheʼ. Außergermanisch vergleicht sich gall. *olka* ´Ackerland`, russ. *polosá* ´(Land)-Strich, Streifen, Ackerfurche`. Zu der unter *Felge*[1] behandelten gleichlautenden slavischen Sippe mit der Bedeutung ´gleiten` – ´Schlange` – ´Schlittenkufe` gehören auch Wörter mit der Bedeutung ´Pflugsohle` (die Stelle, über die der Pflug gleitet). Von hier aus könnte sich die Bedeutung ´Brachland usw.` erklären lassen. Eine für *Felge*[1] und *Felge*[2] gemeinsame Grundbedeutung ´wenden` ist weniger wahrscheinlich, aber nicht ausgeschlossen.

Fell n. (< 8. Jh.). Mhd. *vel*, ahd. *fel* aus g. **fella-n.*´Haut, Fell`, auch in gt. *fill* (gt. *filleins* ´ledern`, gt. *þrutsfill* ´Aussatz`), anord. *fjall, fell*, ae. *fell*. Dieses aus voreinzelsprachl. *\*pelno-* n. ´Fell, Haut`, auch in l. *pellis* f., gr. *pélla* f. Anderes steht weiter ab. Zur Verbalwurzel ig. **pel-* ´bedecken`.
Nndl. *vel*, ne. *fell*, nschw. *fjäll* ´Schuppe`. S. *Film*. – Anders (nicht überzeugend): Trier (1951), 30. – Röhrich 1 (1991), 431–433.

Felleisen n. obs. ´lederner Reisesack` (< 14. Jh.). Zunächst in den Formen *velīs(en), felliß, fellentz, fellus, felles* f. entlehnt aus ml. *valixia, valisia* f. ´Satteltasche` in der Lautform einer romanischen Sprache (ober-italienisch?), auf die auch frz. *valise* ´Gepäckstück, Koffer` zurückgeht. Die Bedeutung ist einerseits ´Tornister, Reisesack`, andererseits ´Satteltasche`. Die seit dem 16. Jh. auftretenden diphthongierten Formen bewirkten dann eine Anlehnung an *Fell* und *Eisen* und damit Wechsel vom Femininum zum Neutrum. Der Sachentwicklung folgt die Bedeutungsentwicklung, so daß die Bedeutung in die Nähe von ´Koffer` kommt.
Das lateinische Wort ist eine Weiterbildung von l. *vidulus* ´geflochtener Korb`. – B. Schier *Hermelin. Illustrierte Zeitschrift für Pelz und Mode* 19 (1949), 9/10, 30. Anders: *DEO* (1982), 519.

Felonie f. arch. ´Treubruch, Verstoß gegen die Rittersitte` (< 16. Jh.). Zunächst in der Form *felonei* entlehnt aus frz. *félonie*, zu frz. *félon* ´treubrüchig, verräterisch`, aus afrz. *fel, felon* ´treulos, böse, schurkisch`.
Zur Etymologie des französischen Wortes vgl. U. Joppich-Hagemann: *Fünf romanische Wortfamilien vermeintlich germanischen Ursprungs* (Bonn 1972), 63 -125 (zu l. *follis* ´Schlauch`, vgl. die Entwicklung zu frz. *fou* ´wahnsinnig` über ´aufgeblasen`) und *DEO* 280 f. (zu l. *fel* ´Galle`, übertragen ´Zorn`); *DF* 1 (1913), 209; *LM* 4 (1989), 345.

Fels m. (< 9. Jh.). Mhd. *vels(e)*, ahd. *felis*, as. *fel(i)s* aus vd. **feleza-* m.. Weiter verbreitet ist eine Form, die auf g. **felz-*, ig. **pels-* zurückgeht: anord. *fjall, fell* n. ´Gebirge`; gr. *pélla* f. ´Stein` (Glossenwort), mir. *all* ´Klippe`, ai. *pāṣāṇá-* ´Stein, Fels`. Die Form mit einfachem *l* vielleicht noch in air. *ail* ´Felsen` (ig. **pali-*) und in dem Ortsnamen *Alesia* (aus **pales-j-*). Weitere Herkunft unklar.
Nschw. *fjäll* n., nisl. *fjall* n. – Frings (1932), 215; Lüschen (1979), 216 f.

Feme f. obs. ´heimliches Gericht` (< 14. Jh.). Mhd. *veme*, mndd. *veme*; daneben mhd. (obd.) *feim*, mndl. *vēme, veem*. Das Wort bedeutet ursprünglich ´Genossenschaft`, *verfemen* ist ´aus der Genossenschaft ausstoßen`. Die Einrichtung der *Fem(e)gerichte* geht vom Niederdeutschen aus (daher auch der heutige Lautstand). Wort und Sache bedürfen noch weiterer Aufklärung.
J. Trier *ZSSR-GA* 65 (1947), 256; *LM* 4 (1989), 346–349; Röhrich 1 (1991), 433 f.

feminin Adj. stil. ´weiblich` (< 15. Jh.). Entlehnt aus l. *fēminīnus*, zu l. *fēmina* ´Frau`. Substantiviert (als grammatischer Terminus) *Femininum*.

Feminismus m. erw. fach. ´Eintreten für die (vollständige Durchführung der) Frauen-Emanzipation` (< 20. Jh.). Entlehnt aus frz. *féminisme*, semantisch in der Gegenwartssprache von dem ebenfalls daraus entlehnten am.-e. *feminism* bestimmt. Täterbezeichnung: *Feministin*.
Brisante Wörter (1989), 105–113.

Fenchel m. (< 8. Jh.). Mhd. *fen(i)chel*, ahd. *fenihhal, fenichen*, as. *fenecal, fenikel*. Entlehnt aus ml. **feniclum* n., umgangssprachliche Form von l. *fēniculum* n. (wegen seines Heudufts nach l. *fēnum* n. ´Heu` benannt).
LM 4 (1989), 349.

Fenn n. per. fach. ndd. ´Sumpfland` (< 9. Jh.). Mhd. *venne*, ahd. *fenni*, ndd. *vēn(ne)*, mndl. *vene, veen*, as. *fen(n)i* aus g. *\*fanja-* n. ´Sumpf`, auch in gt. *fani* ´Schlamm`, anord. *fen*, ae. *fen(n)* n./m., afr. *fen(n)e* m./f. Das moderne Wort aus dem Niederdeutschen. Außergermanische vergleichen sich unter ig. *\*pen-* ´Sumpf` ai. *páṅka-* n. ´Schlamm, Kot, Sumpf`, apreuß. *pannean* ´Moorbruch`, mir. *enach* n./(m.) ´Sumpf`. Weitere Herkunft unklar.
Nndl. *veen*, ne. *fen*, nisl. *fen*. S. auch *feucht*. – Teuchert (1944), 188–190; Udolph (1994), 300–317.

Fenster n. (< 8. Jh.). Mhd. *venster*, ahd. *fenstar* n., *finstra* f. Wie ae. *fenester* entlehnt aus l. *fenestra* f., dessen Herkunft dunkel ist. Das neutrale Genus wohl nach dem älteren *ougatora* ´Tür in Form eines Auges` (Rundfenster).
S. *fensterln*. – *LM* 4 (1989), 350–354; Röhrich 1 (1991), 434.

fensterln swV. oobd. obs., älter auch **fenstern** ´abends bei seinem Mädchen in die Kammer einsteigen` (< 16. Jh.). Seit dem 16. Jh. meint man mit *Kammerfenster* häufig speziell das Fenster zu der Kammer eines mannbaren Mädchens, und es wird für die jugendlichen Liebhaber üblich, abends vor dieses Fenster zu ziehen. Ihre Erhörung besteht zunächst nur in der Unterhaltung durch das Fenster; später ist das Einsteigen (in Ehren) üblich, wenn es dann auch gegebenenfalls nicht bei der durch die Sitte vorgegebenen Zurückhaltung bleibt – worauf die Sitte dann weithin verboten wird. Wie *fenstern* zu *Fenster* ist *fensterln* zu dem Diminutiv *Fensterl* gebildet.

Ferge *m. arch.* (< 9. Jh.). Mhd. *ver(e)*, *verje*, *ver-(i)ge*, ahd. *ferio*, *fer(i)go*, *ferro*. Nomen agentis zu g. **far-eja- swV.* 'überführen, übersetzen' in gt. *farjan* 'zur See reisen', anord. *ferja*, ae. *feri(g)an*, afr. *feria*, ahd. *ferien*, *ferren*, as. *ferian*, mhd. *vern*. Also vd. **far-ejōn- m.* 'der Überführende, Fährmann'. S. *Fähre* und *fahren*.

Ferien *Pl.* (< 15. Jh.) 'arbeitsfreie Zeit, Ruhetage'. Entlehnt aus l. *fēriae*, das (wie l. *fēstus* 'festlich, feierlich' und l. *fānum n.* 'Heiligtum') auf eine Wurzel zurückführt, deren Bildungen heilige Sachverhalte bezeichnen (die Zugehörigkeit von gr. *theós* 'Gott' ist umstritten). Eine verbale Grundlage ist nicht erkennbar. Die *Ferien* waren ursprünglich die Tage religiöser Handlungen, an denen keine Geschäfte betrieben wurden. Im Deutschen zunächst in der Gerichtssprache die verhandlungsfreien Tage. Dann übernommen in das Schulwesen; von hier Verallgemeinerung der Bedeutung. Die ältere Entlehnung ist *Feier*.
S. *Fan, fanatisch, Fest, profan.* − *DF* 1 (1913), 209 f.

Ferkel *n.* (< 9. Jh.). Mhd. *verhelīn*, *verhel*, ahd. *farhilī(n)*, Diminutivform zu ahd. *far(a)h* aus wg. **farha- m./n.* 'Schwein', auch in ae. *fearh m.* Dieses aus ig. (w./oeur.) **porko- m.* 'Schwein', auch in l. *porcus m.*, lit. *paršas m.*, kslav. *prasę*, mir. *orc m.*; zu ig. **perk̑-* 'aufwühlen', das unter *Furche* dargestellt ist, also 'Aufwühler, Furcher'. Nhd. *ch* ist im Silbenanlaut zu *k* geworden (unregelmäßige Entwicklung). Die Diminutivform auf *-el* ist regional. Es ist aber auch möglich, daß sie ursprünglich ist, und die Belege mit den normalen Diminutivformen auf Anpassung an die Normalform beruhen. Ähnliche Bildungen außerhalb des Germanischen sind l. *porculus*, *porcellus m.* und lit. *paršēlis*.
Zur lateinischen Entsprechung s. *Porzellan.* − Benveniste (1969/1993), 23−32; W. J. J. Pijnenburg *SW* 10 (1985), 359−364; Röhrich 1 (1991), 434 f. Zur Entlehnung ins Finnische s. Koivulehto (1991), 24, 98 f.

Fermate *f. per. fach.* 'Zeichen in musikalischer Notation, das für eine Verlängerung steht' (< 18. Jh.). Entlehnt aus it. *fermata*, eigentlich 'Aufenthalt, Halt', einer Ableitung von it. *fermare* 'anhalten, befestigen', dieses aus l. *firmare*, zu l. *firmus* 'fest, stark'.
Zur weiteren Verwandtschaft s. *firm.* − *DF* 1 (1913), 210.

Ferment *n. per. fach.* 'Enzym' (< 16. Jh.). Entlehnt aus l. *fermentum* 'Gärung, Sauerteig', einer Ableitung von l. *fervēre* 'wallen, sieden'. Verb: ***fermentieren*** mit dem Abstraktum ***Fermentation***.
Zur germanischen Verwandtschaft s. *Bärme.* − K.-H. Weimann *DWEB* 2 (1963), 391.

fern *Adj./Adv.* (< 8. Jh.). Das Adverb mhd. *fer-ren(e)*, ahd. *ferrana*, *ferranān* antwortet eigentlich auf die Frage 'woher?', ist also 'von ferne'; das Adjektiv ist dieser Form angepaßt worden. Auf die Frage 'wo?' antwortete das jetzt nicht mehr übliche mhd. *verre*, ahd. *ferro*, samt einem zugehörigen Adjektiv *verre*, *ver*. Nur das Adverb ist alt, das Adjektiv ist im Deutschen aus ihm entwickelt. Zugrunde liegt g. **fer(e)rō* 'fern', auch in gt. *fairra*, anord. *fjarri*, älter anord. *ferri*, ae. *feor*. Dies ist eine (lautlich wegen des ausgefallenen Zwischenvokals unregelmäßig entwickelte) Gegensatzbildung auf ig. **-ero-* zu ig. **per-*, das in entsprechender Bedeutung in ai. *páraḥ* 'ferner', arm. *heri* 'fern', gr. *pérā* 'weiter', l. *porrō* 'vorwärts' vorliegt. Es kann weiter zu **pera-* 'hinüberbringen' gehören (s. *fahren* und *ver-*). Abstraktum: ***Ferne***; Präfixableitung: ***entfernen***.
S. *entfernen, Firn, vor.* − G. Stötzel: *Die Bezeichnung der zeitlichen Nähe* (Marburg 1963), 17−32.

Fern- *Präfixoid.* In vielen technischen Ersatzwörtern steht *Fern-* für *Tele-*, z. B. in *Fernsprecher* (s. *Telefon*). Danach wird am Ende des 19. Jhs. *Fernsehen* gebildet, dazu *Fernseher* (Anfang 20. Jh.) und *fernsehen* (Mitte 20. Jh.). Das Wort *Fernsprecher* hatte es schon im 17. Jh. gegeben, um einen projektierten optischen Signalgeber zu bezeichnen; zu *Fernseher* s. auch *Fernglas.* Bei den Experimenten der deutschen Firma *Telefunken* wurden auch Bildübertragungen getestet, wobei das Wort *Fernseher* gebraucht wurde (z. B. *25 Jahre Telefunken* von 1928, S. 89); entsprechende Verwendung auch von *Faksimile* (s. *Fax*); doch haben sich diese Wörter erst später, als solche Geräte kommerziell hergestellt und verbreitet werden konnten, durchgesetzt.

Ferner *m.* 'Gletscher', *südd.* Zu *Firn.*

Fernglas *n.* (< 17. Jh.). Lehnbildung zu nndl. *verrekijker*, eigentlich 'Ferngucker', womit zuerst nur das zu jener Zeit in Holland erfundene einrohrige Instrument, etwas später jedoch (wie heute nur noch) auch das doppelrohrige bezeichnet wurde. Am Ende desselben Jhs. erscheinen dann noch folgende Wörter: das dem Vorbild genau entsprechende ***Ferngucker***, die Fremdwörter *Teleskop* und ***Perspectiv***, wofür alsbald als Ersatz ***Fernschauer***, ***Fernseher***, ***Ferngesicht***, ***Fernrohr*** (nicht nur wie heute für das einrohrige Gerät) und ***Sehrohr*** vorgeschlagen werden. Jünger sind dagegen *Fernstecher* und *Feldstecher* zu *Stecher* 'Opernglas'.

Fernrohr *n.* (< 17. Jh.). Wie *Fernglas* eine Lehnbildung zu nndl. *verrekijker.* Die Bezeichnung bezieht sich auf die Rohre, in die die Linsen eingesetzt sind.

Fernseher *m.* (< 17. Jh., Bedeutung < 20. Jh.). Das Wort gehört bereits im 17. Jh. zu den Übersetzungsvorschlägen für nndl. *verrekijker* (s. *Fernglas*). Es geht dann zurück und wird im 20. Jh. als Übersetzung von *Television* gebraucht (in Deutschland ist das Wort älter, aber nur fachsprachlich). Die Form auf *-er* für das Gerät und den Zuschauer, sonst **Fernsehen**.

Ferse *f.* (< 9. Jh.). Mhd. *versen(e)*, ahd. *fers(a)na*, as. *fersna* aus g. **fersnō f.* 'Ferse', auch in gt. *fairzna* (woher ist das stimmhafte *z*?), als *i*-Stamm ae. *fiersn*, *fyrsn*. Das Wort ist sicher alt, aber lautlich (und damit auch semantisch) ganz unklar. Das Altindische hat einen Langvokal *(pārṣṇi-)*, das Griechische einen unklaren Anlaut *(ptérnē)*. Unter diesen Umständen ist es unsicher, ob l. *perna* 'Hüfte, Hinterkeule' und heth. *paršina-* mit unklarer Bedeutung (etwa 'Oberschenkel, Hinterbacken') hierhergezogen werden dürfen (vgl. immerhin heth. *parš(a)nāi-* 'sich niederhocken', d. h. mit den Hinterbacken auf den Fersen sitzen). Röhrich 1 (1991), 345.

Fersengeld *n. stil. phras.* (< 13. Jh.). Die Wendung *Fersengeld geben* 'fliehen' ist schon mittelhochdeutsch. Die Herkunft ist ungeklärt; vielleicht liegt im ersten Glied tatsächlich das Wort *Ferse* vor, da Redewendungen wie *Fersen* oder *Fußsohlen zeigen* für 'fliehen' schon seit der Antike bekannt sind. Ebenfalls im 13. Jh. ist mhd. *versengelt*, mndd. *versengelt* und *versne penning* für nicht genau bestimmbare Abgaben (einmal im Zusammenhang mit der Ehescheidung bei den Wenden) bezeugt. Röhrich 1 (1991), 435 f.

fertig *Adj.* (< 10. Jh.). Mhd. *vertec*, *vertic*, mndd. *verdich*, mndl. *vaerdich*. Abgeleitet von *Fahrt* (s. unter *fahren*), also 'bereit zur Fahrt, zum Aufbruch', dann übertragen 'bereit zu etwas' bei anderen Dingen (*buß-*, *friedfertig* usw.) und schließlich allgemein 'bereit', mit Verschiebung des Gesichtspunkts 'abgeschlossen' (ursprünglich mit den Vorbereitungen, dann mit der Arbeit). In dieser Bedeutung auch das Faktitivum *fertigen* mit dem Abstraktum *Fertigung*. Auf den seelischen Bereich übertragen bedeutet *fertig* 'am Ende, völlig erschöpft'; hierzu *fertigmachen* 'schlecht behandeln'. S. auch *Fertigkeit*, *rechtfertigen*.

Fertigkeit *f.* (< 16. Jh.). Der Bedeutungsübergang etwa im Sinn von 'bereit, etwas zu tun' zu 'imstande, etwas zu tun'. HWPh 2 (1972), 935–937.

fesch *Adj. oobd.* 'hübsch, flott, modisch' (< 19. Jh.). Aus ne. *fashionable*, (zu e. *fashion* 'Aufmachung, Mode', aus afrz. *façon* 'Aufmachung, Machart') wird zunächst in der Wiener Umgangssprache *fashionabel* entlehnt. Dies wird zur einsilbigen Wortform gekürzt. Schon etwas früher in Berlin *feschen*, das sich aber nicht durchgesetzt hat. Das französische Wort aus l. *factio (-ōnis)* 'das Machen', zu l. *facere (factum)* 'machen, tun'. Zu dessen Sippe s. *infizieren*. – DF 1 (1913), 206; Röhrich 1 (1991), 436; Carstensen 2 (1994), 477.

Fessel[1] *f.* (früher auch *m.* und *n.*) 'Band' (< *9. Jh., Bedeutung < 15. Jh.). Der Form nach ist mhd. *vezzel m.*, ahd. *fezzil m.*, mndd. *vetel* 'Band, Nestel' ein Wort für 'Gehänge, Band', g. **fatila-*, auch in anord. *fetill m.*, ae. *fetel m.*; damit im Zusammenhang mit *fassen*. Der Bedeutung nach setzt es ein anderes Wort fort, das im 16. Jh. seine alte Form aufgab: mhd. *vezzer*, ahd. *fezzara*, as. *feteros (Pl.)* aus g. **fetura- m.* 'Fessel', auch in anord. *fjǫturr m.*, ae. *fetor*. Dieses gehört wie mehrere ähnliche Wörter in den außergermanischen Sprachen zu dem alten Wort für 'Fuß' mit *e*-Stufe (die sonst in den überlieferten westindogermanischen Sprachen bei diesem Paradigma nicht bezeugt ist). Die Fessel ist also etwas für die Füße; etwas, das am Fortgehen hindert. Vgl. l. *pedica* 'Schlinge', l. *compēs* 'Fußschelle', l. *impedīre* 'hindern', gr. *pédē* 'Fußfessel', gr. *pedáō* 'ich feßle' und vielleicht avest. *bibda-m.* 'zweifache Fessel'. Vgl. auch russ. *pétljá* 'Schlinge' usw. (lautlich unregelmäßig – Entlehnung aus dem Germanischen?). Die Bedeutung ist heute verallgemeinert: auch Hände können gefesselt werden (vgl. auch **Fesselballon**). Verb: *fesseln*. S. auch *Fessel*[2], *Fuß*. – V. Machek *Slavia* 21 (1953), 264–266. Zur Entlehnung ins Finnische s. *LÄGLOS* (1991), 99.

Fessel[2] *f. erw. fach.* 'Teil des (Pferde-) Fußes' (< 12. Jh.). Mhd. *vezzel* und das Kollektivum mhd. *vizzeloch n.* 'Hinterbug'. Es gehört zu dem Wort für 'Fuß', doch ist wegen des späten Auftretens auch an die Möglichkeit zu denken, daß es der Teil des Fußes ist, an dem man die Pferde beim Weiden anzubinden pflegte (also zu *Fessel*[1]).

Fest *n.* (< 13. Jh.). Mhd. *fest*, auch *feste f.* Entlehnt aus l. *fēstum n.* 'Feiertag' zu l. *fēstus* 'feierlich, der religiösen Feier gewidmet' (zu dem unter *Feier* behandelten lateinischen Wort). Der Plural des lateinischen Wortes ergibt gleichbedeutendes afrz. *feste f.*, unter dessen Einfluß das mittelhochdeutsche Femininum steht. S. *Ferien*. – HWPh 2 (1972), 938–940; Brunt (1983), 300; R. Schmidt-Wiegand in: *Brüder-Grimm-Symposion 1985* (1986), 116–118; Röhrich 1 (1991), 436 f.

fest *Adj.* (< 8. Jh.). Mhd. *vest(e)*, ahd. *festi*, as. *festi*; außerhalb des Deutschen kein *ja*-Stamm, deshalb liegt vielleicht ein *u*-Stamm zugrunde, also g. **fastu- Adj.* 'fest', auch in anord. *fastr*, ae. *fæst*, ae. *fast*. Außergermanisch ist außer einem zweifelhaften Vergleich mit arm. *hast* 'fest' nichts zu finden. Am ehesten ist das Wort 'Fuß' heranzuziehen, entweder mit seiner Bedeutung 'Fundament' (wie im Slavischen) oder mit der Bedeutung 'Fessel, hindern' (wie griechisch, lateinisch, germanisch), doch findet sich nichts genau Vergleichbares. Denkbar wäre eine *to*-Ableitung zu einem *s*-Stamm **podos*. Mit Rücksicht auf air. *ast-* 'festhalten, hindern, befestigen' (aus **ad-suid-* 'hinsetzen' zu ig. **sed-* 'sitzen', s. *sitzen*) wäre auch ein Ansatz **(a)po-sd-u-*

(vgl. *Ast, Nest*) nicht ausgeschlossen. In diesem Fall könnte ai. *vīḍu-* ʿfest, hartʾ (aus **vi-sd-u-* ʿweggesetztʾ?, avest. *vōiẑd-* ʿerhebenʾ ist fernzuhalten) morphologisch verglichen werden. – Zu dem früheren umlautlosen Adverb s. unter *fast*. Alte Abstraktbildungen, die dann Konkreta wurden, sind das obsolete *Feste* (< 8. Jh.) und das ursprünglich deverbale *Festung* (ahd. *festinunga* zu ahd. *festinon* ʿbefestigenʾ). Das Verbum *(be)festigen* und das Abstraktum *Festigkeit* zeigen eine Erweiterung auf -*ig*-.

Nndl. *vast*, ne. *fast*, nschw. *fast*, nisl. *fastur*. – Ch. de Lamberterie *Sprache* 26 (1980), 133–144; Röhrich 1 (1991), 436; Heidermanns (1993), 192 f.

Festival *n. stil.* (< 20. Jh.). Entlehnt aus ne. *festival* im Sinne von ʿ(wiederkehrende) größere Veranstaltung im kulturellen oder sportlichen Bereichʾ. Ne. *festival adj.* bedeutet zunächst nur ʿfestlichʾ und ist bei der Bezeichnung derartiger Ereignisse in der Bedeutung eingeschränkt worden. Das englische Wort stammt aus frz. *festival*, dieses aus ml. *fēstīvālis*, einer Modifikationsbildung zu l. *fēstīvus* ʿfestlichʾ zu l. *fēstus* (s. *Fest*).

Rey-Debove/Gagnon (1988), 297 f.; Carstensen 2 (1994), 477–482.

Festland *n.* (< *17. Jh., Bedeutung < 19. Jh.). Ursprünglich ʿfestes Landʾ im Gegensatz zum Wasser (und dem Aufenthalt auf dem Schiff); dann als Ersatzwort für *Kontinent* verwendet (das als ʿzusammenhängendʾ ein ähnliches Benennungsmotiv hat).

feststellen *swV.* (< 17. Jh.). Die Bedeutung ʿkonstatierenʾ beruht auf der Situation, daß unsichere, unklare oder umstrittene Sachverhalte gesichert (*fest* gemacht) werden. Dann Bedeutungsverallgemeinerung.

Fete *f. stil.* (< 18. Jh.). Entlehnt aus frz. *fête f.* ʿFestʾ, dieses aus l. *fēsta f.* zu l. *fēstus* ʿfestlichʾ (s. *Fest*).

DF 1 (1913), 210.

Fetisch *m. erw. fach.* ʿmagischer Gegenstand, Götzenbildʾ (< 18. Jh.). Entlehnt aus frz. *fétiche*, dieses aus port. *feitiço* ʿZauber, Zaubermittelʾ, eigentlich ʿkünstlich Hergerichtetesʾ, zu l. *facere* ʿmachen, tunʾ. Eine direkte Entlehnung aus dem Portugiesischen schon im 17. Jh. als *Fetis(so)*, das sich aber nicht durchsetzt. Täterbezeichnung: *Fetischist*; Abstraktum: *Fetischismus*.

Zu dem zugrundeliegenden l. *facere* ʿmachenʾ s. *infizieren*. – Littmann (1924), 139; *HWPh* 2 (1972), 940–942.

fett *Adj.* (< 14. Jh.). Ursprünglich niederdeutsches Wort, das sich langsam nach Süden ausgebreitet hat. Zugrunde liegt das alte Adjektiv g. **faita-* ʿfettʾ in anord. *feitr*, ae. *fǣt*, afr. *fatt, fet*, mndl. *feit, feitijs* ʿwohlgeformt, schönʾ, mit dem sich die kontrahierte Form des Partizips zu dem abgeleite-

ten Verb, also die Entsprechung zu obd. *feist*, aus *veizzit*, also *feitt, fett*, vermischt hat. Zur Etymologie s. *feist*. Die Substantivierung **Fett** *n.* ist schon alt und weit verbreitet. **Ins Fettnäpfchen treten** bezieht sich ursprünglich auf das Näpfchen mit Stiefelfett, das seiner Verwendung entsprechend auf dem Boden stand. Verb: *fetten*.

Nndl. *vet*, ne. *fat*. – E. Linke *BGDSL-H* 82 (1961) (= Sonderband FS Karg-Gasterstädt), 235–244; R. Schützeichel in: *FS Quint* (1964), 203–211; Röhrich 1 (1991), 437 f. Zur Entlehnung ins Finnische s. Koivulehto *Virittäjä* 80 (1976), 286 f.

Fetzel *m.* s. *Fötzel*.

Fetzen *m.* (< 14. Jh.). Spmhd. *vetze*. Die Beleglage des Wortes bietet erhebliche Schwierigkeiten. Einerseits kann trotz der späten Bezeugung ein altes Wort vorliegen, da es ein **fat-jōn* ʿzum Kleid Gehörigesʾ, vom Kleid Stammendesʾ fortsetzen kann (zu anord. *fat*, besonders *fǫt Pl.* ʿKleiderʾ; vgl. mhd. *vazzen* ʿkleiden, anziehenʾ, vermutlich zu *Faß* gehörig, s.d.). Besonders die von Schmeller für das Donau-Ries bezeugten **Alltagsfetzen, Sonntagsfetzen** für ʿAlltagskleider, Sonntagskleiderʾ sprechen dafür. Auf der anderen Seite ist die deutliche semantische Nähe zu it. *pezza f.* ʿLappenʾ und seine Verwandtschaft unverkennbar, einschließlich der ungefähr um dieselbe Zeit auftretenden Vorform zu ne. *patch*. Dies weist auf ein romanisches Wort für ʿStück Tuch, Flickenʾ, das vermutlich zu kymr. *peth* ʿStückʾ gehört, also ursprünglich wohl gallisch ist. Dieses Wort scheint in der Schweiz aus einer romanischen Sprache entlehnt worden zu sein, mit Lautsubstitution von *p* zu *pf* und folgender alemannischer Vereinfachung zu *f*-. Der älteste Beleg (bei dem Taler, vermutlich Ostschweiz Anfang des 14. Jhs.) zeigt, daß es deutlich ein Wort der niederen Sprache war (vermutlich in der Bedeutung ʿ[Kleider mit aufgesetzten] Flickenʾ). Die Bedeutungsentwicklung zu ʿabgerissenes Stückʾ ist offenbar nur deutsch. Hierzu als Präfixableitung *zerfetzen* ʿin Fetzen reißenʾ, während das einfache *fetzen* durch Dekomposition entstanden zu sein scheint. Jugendsprachliches *fetzen* ʿtoll seinʾ mit *fetzig* ʿtollʾ beruht wohl auf Bedeutungsübertragungen, die vom Eindruck des Schnellen (oder dem Gehörseindruck) beim Zerreißen von Stoff oder Papier ausgehen (vgl. z. B. *fetzen* im Sinn von ʿschnell laufen oder fahrenʾ).

S. auch *Fötzel*. – W. H. Wolf-Rottkay *Kratylos* 10 (1964), 191.

feucht *Adj.* (< 8. Jh.). Mhd. *viuhte*, ahd. *fūht(i)*, as. *fūht* aus wg. **fūhti-* (oder einer ähnlichen Stammbildung) *Adj.* ʿfeuchtʾ, auch in ae. *fūht*. Da ein langes *ū* in dieser Stellung ungewöhnlich ist, wird wohl **funhti-* vorausliegen. Außergermanisch keine einwandfreie Vergleichsmöglichkeit. Man kann an ai. *páṅka- m.* ʿSumpf, Schlammʾ anknüpfen (s. unter *Fenn*), dann wäre mit *feucht* ursprünglich die Feuchtigkeit des Bodens gemeint. Abstraktum: *Feuchtigkeit*; Verb: *(an-, be-)feuchten*.

Nndl. *vocht.* – Heidermanns (1993), 221 f.

feudal *Adj. obs.* ´das Lehenswesen betreffend´, übertragen ´vornehm´ (< 17. Jh.). Entlehnt aus ml. *feodalis*, einer Ableitung von ml. *feodum* ´Lehensgut´, zu ml. *fe(v)um* ´Lehen´ (das aus dem germanischen Wort für ´Vieh, Besitz´ stammt, s. *Vieh*). Das /d/ in ml. *feodum* wohl in Anlehnung an das Rechtswort ml. *allodium* ´Eigengut´ (s. *Allod*). *Feudal* ist zunächst ein Terminus des Lehenswesens; im 19. Jh. wird es über die Bedeutungskomponente ´besitzend´ (scherzhaft) auf Vornehmes und Teures übertragen. Abstraktum: *Feudalismus* ´Lehenswesen´, als marxistisches Schlagwort ´privater Grundbesitz – Ausbeutung´.

Zur germanischen Verwandtschaft s. *Vieh*. – *DF* 1 (1913), 210 f.; H. Krawinkel: *Feudum* (Weimar 1938); *HWPh* 2 (1972), 942–945; Tiefenbach (1973), 100–102; *Grundbegriffe* 2 (1975), 337–350; G. vdHeuvel *PSG* 10 (1988), 78–54; *LM* 4 (1989), 411–421.

Feudel *m. per. ndd.* ´Scheuertuch´, *feudeln sw V.* ´aufwischen´ (< 18. Jh.). Vermutlich im Vokalismus und im intervokalischen *-d-* eine hyperkorrekte Form zu *feiel, feuel*, zunächst in ofr. *feil* ´Scheuertuch´ bezeugt. Als Ausgangspunkt wird angesehen frz. *faille f.* ´Mantel, grober Stoff´. Falls aber ndd. *fuddeln* ´scheuern (u. a.)´ nebst früh bezeugtem Personennamen *Fudeler* auf ein altes *fudel* ´Lappen´ weisen, muß das Wort älter sein. Die Annahme der Entlehnung aus dem Französischen trifft dann nicht zu.

Feuer *n.* (< 8. Jh.). Mhd. *viur, vi(u)wer*, ahd. *fiur*, as. *fiur* aus wg. *fewur n.* ´Feuer´, auch in ae. *fȳr*, afr. *fior, fiur*; daneben steht anord. (arch.) *fúrr m.* (mit langem *ū* und sekundärer Überführung in einen *i*-Stamm), anord. *funi m.* ´Feuer, Flamme´ und der unregelmäßige gt. *n*-Stamm *fōn, funins*. Diese Verteilung weist wie bei dem Wort für ´Wasser´ auf einen grundsprachlichen *r/n*-Stamm und ist im Falle von *Feuer* das wichtigste Material zu dessen Erschließung neben der direkten Bezeugung im Hethitischen. Ausgangspunkt ist ig. *pehwr/phwnos n.* ´Feuer´ (mit schwundstufiger Nominativ-Endung, die die Abweichungen gegenüber dem Wort für ´Wasser´ ergibt). (Weiter zu einer Lautgebärde **phu-* ´blasen´, indem ursprünglich die durch Blasen auflodernde Flamme gemeint war?). So bezeugt in heth. *pahhu(wa)r, pahhwenaš (Gen.)*. Daraus haben die westgermanischen Sprachen wie auch sonst den Nominativ/Akkusativ-Stamm verallgemeinert und sind mit ihrer Lautung die einzige Quelle für diese Form. Altes ahd. *fuir* ist zu erklären als Schreibung für das früh entstandene *ü* (Schweikle, s. u.). Die ungewöhnliche Stammform des Nominativ/Akkusativ ist anderswo schon voreinzelsprachlich so ausgeglichen worden, daß auch der Nominativ/Akkusativ-Stamm die Schwundstufe

der Wurzel übernahm, daß also *phwr* zu *pur* entstand. Dies ist als *r*-Stamm flektiert worden, wurde in der einsilbigen Form aber gedehnt zu *pūr*. Das ist der Zustand von gr. *pȳr*, umbr. *pir* und Überführung in eine vokalische Stammklasse in arm. *hur* und anord. *fúrr m.*, weitergebildet in slavischen Wörtern für ´Asche´ (čech. *pýr m.* ´glühende Asche´ usw.). Auch der umstrittene Ansatz von gall. *ur* ´Feuer´ wird jetzt durch die Inschrift von Botorrita gestützt. Das Gotische und Nordische, die auch sonst den *n*-Stamm von *r/n*-Stämmen fortsetzen (vgl. *Wasser*) haben zu dem Genetiv *phwnes* (so für das Vor-Germanische anzusetzen) einen Nominativ mit gedehnter Endungssilbe gebildet: *phwōn*, dessen unmittelbarer Fortsetzer gt. *fon* ist. Bei der Beseitigung der *n*-Stämme mit schwundstufigem Suffix ist dann das zu erwartende **funs* nicht zu *fuins* (was systematisch gewesen wäre), sondern verständlicherweise zu *funins* ausgeglichen worden. Der dadurch entstandene unregelmäßige *n*-Stamm ist im Nordischen zu *funōn* (anord. *funi m.*) vereinheitlicht worden. Vgl. noch toch. A *por*, toch. B *puwar* ´Feuer´. Adjektiv: *feurig*; Verb: *feuern* (die Bedeutung ´entlassen´ ist aus dem Englischen entlehnt).

Nndl. *vuur*, ne. *fire*. S. *Funke(n)*. – G. Schweikle *BGDSLT* 86 (1964), 215; Cohen *CoE* 2,2 (1972), 2; Röhrich 1 (1991), 438–440; Carstensen 2 (1994), 482.

Feuerprobe *f. per. fach.* (< 17. Jh.). Zuerst nur für ´Läuterung des Goldes im Feuer´ gebraucht, seit dem 18. Jh. für das mittelalterliche Gottesurteil (bei dem ein glühendes Eisen berührt werden mußte) und dann übertragen für ´Prüfung (mit hoher Belastung)´.

Feuerstein *m. erw. fach.* (heller Kieselstein) (< 12. Jh.). Mhd. *viurstein*. Eigentlich ´Stein, der zum Feuerschlagen geeignet ist´.

Lüschen (1979), 217 f.

Feuertaufe *f. erw. fach.* (< 18. Jh.). Zunächst ´Erteilung der übernatürlichen Gaben (an die Apostel und ersten Christen)´ nach der Bibelstelle Mt. 3,11 und Lk. 3,16: *der nach mir kommt … wird euch mit dem Heiligen Geist und mit Feuer taufen.* Im 19. Jh. in Anlehnung an *Feuer* im militärischen Bereich (*Feuer geben, im Feuer stehen, Feuerüberfall, feuern* usw.) umgedeutet zu ´Einweihung eines Kriegers, indem er zum ersten Male dem feindlichen Feuer ausgesetzt´ und später allgemein ´erste Bewährungsprobe´.

Feuerwehr *f.* (< 19. Jh.). Neubildung nach Mustern wie *Landwehr*, in denen *-wehr* eine der Verteidigung dienende Truppe bezeichnet. Das Wort tritt mit der Einrichtung der freiwilligen Feuerwehr in Deutschland auf (zuerst Meißen 1841).

Feuerwerk *n.* (< 16. Jh.). Das Wort bedeutete sowohl ´Brennmaterial´ wie dann auch ´durch Abbrennen erzeugtes künstliches Licht´. Die Sitte entwickelte sich in den spätmittelalterlichen Hofhaltungen zur Bereicherung festlicher Veranstaltungen.

Feuilleton *n. erw. fach.* ʿUnterhaltungsteil, literarischer Beitragʾ (< 19. Jh.). Entlehnt aus frz. *feuilleton m.*, einem Diminutivum zu frz. *feuille f.* ʿBlattʾ, dieses aus l. *folium.* So benannt wurde zunächst ein Beiblatt mit nicht-offiziellem Inhalt (Kunstbetrachtungen u.ä.), das (wie die heutigen Magazine) französischen Zeitungen beigelegt wurde (genannt wird vor allem das *Journal des Débats*). Dann wurden solche Betrachtungen in die Zeitung selbst aufgenommen, von der Politik durch einen Strich getrennt; die Bezeichnnung der ursprünglichen Erscheinungsform wurde dabei beibehalten.
S. *Folie.* – *DF* 1 (1913), 211; *Brisante Wörter* (1989), 624–627; Röhrich 1 (1991), 441

feurio *Interj. arch.* (< 15. Jh.). Alter Notschrei bei Ausbrechen einer Feuersbrunst. Zu einer nicht mehr faßbaren alten Endung, die ihre volle Vokalfarbe in der Pluti (Überdehnung bei Ausrufen usw.) bewahren konnte.

Fex *m. per. obd.* ʿNarrʾ (besonders in Zusammensetzungen wie **Bergfex**) (< 18. Jh.). Die Geschichte dieses Wortes ist nicht ausreichend klar. Semantisch steht auf der einen Seite das von Schmeller angegebene *Fex m., Feckin f.* für ʿKretinʾ (in den Gebirgstälern), daneben in späterer Zeit das harmlosere *Bergfex* u.ä. Möglicherweise hat eine Kürzung aus dem seit 15. Jh. belegten Scherzwort *Narrifex* eine Rolle gespielt, das wie *Versifex* lateinische Bildungen vom Typ *pontifex* nachahmt. Der Zusammenhang mit *Faxe* u.ä. muß offen bleiben.
A. Lindquist *BGDSL* 76 (1954), 234–236; H.-F. Rosenfeld *BGDSL-T* 77 (1955), 259.

Fez[1] *m. erw. stil. städt.* ʿSpaßʾ (< 19. Jh.). Kommt aus Berlin. Herkunft unklar. Man vermutet den Plural von frz. *fête* ʿFestʾ als Ausgangspunkt, doch ist die Aussprache des *e* [*feːts*], aber [*fɛːtə*]) dieser Annahme nicht günstig (allerdings ist auch der Zusammenfall der langen *e*-Laute in den nördlichen Regionalsprachen in Betracht zu ziehen). Vielleicht aus e. *feats* ʿTatenʾ, das ironisch gebraucht sein kann.
DF 1 (1913), 210; Lokotsch (1975), 47 f.

Fez[2] *m. erw. exot.*, auch **Fes** ʿorientalische Kopfbedeckungʾ (< 19. Jh.). Entlehnt aus türk. *fez*, nach der marokkanischen Stadt, aus der ursprünglich diese Kopfbedeckung kam. Die Araber selbst bezeichnen sie als *tarbūsch.*
DF 1 (1913), 210.

ff. *m.* s. *Effeff.*

Fiaker *m. österr.* ʿMietkutscheʾ (< 18. Jh.). Entlehnt aus frz. *fiacre*, dessen Herkunft damit erklärt wird, daß diese Fahrzeuge in Paris ihren Standplatz

zunächst vor einem Haus mit dem Bildnis des hl. *Fiacrius* hatten und mit einem Bild dieses Heiligen versehen waren. Im übrigen Sprachgebiet dafür **Droschke**.
DF 1 (1913), 211; J. Knobloch in *FS M. Wandruszka* (Tübingen 1971), 60–63; Brunt (1983), 301.

Fiasko *n. erw. stil.* ʿMißerfolg, Reinfallʾ (< 19. Jh.). Entlehnt aus it. *(far) fiasco* ʿdurchfallenʾ, eigentlich ʿFlasche [machen])ʾ, zu it. *fiasco m.* ʿFlascheʾ aus spl. *flasco m.* ʿWeinkrugʾ, aus wg. **flaska* ʿFlascheʾ. Zunächst als *Fiasko machen* entlehnt und insbesondere auf durchgefallene Bühnenaufführungen angewendet. Man vermutet, daß die Wendung im Italienischen auf einer Lehnbedeutung von frz. *bouteille f.* ʿFlascheʾ beruht, das in der Schülersprache auch ʿFehlerʾ bedeutete (vgl. d. *Flasche* ʿVersager, Nichtskönnerʾ). Die Übertragung von Bezeichnungen für Hohlkörper (Flasche, Kürbis, Korb usw.) auf Fehlleistungen ist gebräuchlich – die Entwicklung im vorliegenden Einzelfall ist aber unklar.
S. *Flasche.* – *DF* 1 (1913), 211; H.-F. Rosenfeld *NPhM* 53 (1952), 277–287; *NPhM* 54 (1953), 327–356; *DEO* (1982), 281; Röhrich 1 (1991), 442.

Fibel[1] *f. erw. fach.* ʿLesebuch, Lehrbuchʾ (< 15. Jh.). Es handelt sich um das gleiche Wort wie *Bibel* (s.d. – also eigentlich ʿBiblische Geschichteʾ mit Bedeutungsausweitung), wobei die unregelmäßige phonologische Ersetzung von /b/ durch /f/ nicht sicher geklärt ist. Vielleicht eine kindersprachliche Dissimilierung – vielleicht hat aber auch ein sekundärer Anschluß an l. *fibula* ʿHeftnadelʾ eine Rolle gespielt (vgl. das Benennungsmotiv von *Broschüre*). Verbreitet durch Luther.
Nyström (1915), 200; Littmann (1924), 10.

Fibel[2] *f. per. fach.* ʿGewandnadel der Vorzeitʾ (< 19. Jh.). Entlehnung der Archäologie und Kunstwissenschaft aus l. *fibula* ʿFibelʾ (< **fivibula*; der Auslaut ist ursprünglich -*gʷ*-), zu l. *figere* ʿheftenʾ.
Zu l. *figere* ʿheftenʾ s. *Affix.* – *LM* 4 (1989), 427–429.

Fiber *f. erw. fach.* ʿFaserʾ (< 16. Jh.). Entlehnt aus l. *fibra*, zu der gleichen Grundlage (ig. **gʷʰis*-) wie l. *filum n.* ʿFadenʾ. S. *Filet.*

Fichte *f.* (< 11. Jh.). Mhd. *viehte*, ahd. *fiuhta*, as. *fiuhtia* aus vd. **feuht(j)ōn f.* ʿFichteʾ. Außergermanisch vergleicht sich bei entsprechendem Lautstand air. *ochtach* (**puktakō*) ʿFichteʾ; ohne das ableitende *t* gr. *peúkē*, lit. *pušìs* ʿKiefer, Fichteʾ. Da es im Griechischen Bildungen gibt, die ein ig. **peuk*- ʿstechenʾ voraussetzen (mit einer Variante im Auslaut auch l. *pungere* ʿstechenʾ), kann der Name im Hinblick auf die Nadeln als ʿStecher o.ä.ʾ erklärt werden (gegebenenfalls als ʿder mit Nadelnʾ, wenn ein nicht bezeugtes Wort für ʿNadelʾ von dieser Wurzel vorausgesetzt wird. Vgl. immerhin gr. *eche-*

peukếs (Beiwort), was ´eine Spitze habend´ bedeuten kann).

S. *ficken* und zur lateinischen Verwandtschaft *Punkt.* – Röhrich 1 (1991), 442.

ficken *swV. tabu.* (< 16. Jh). Da Belege für ein Wort mit der Bedeutung ´koitieren´ in der frühen Literatur nicht zu erwarten sind, läßt sich der Zusammenhang mit gleich- und ähnlichlautenden Wörtern schwer oder gar nicht bestimmen. Für den Vergleich in Frage kommen zunächst Verben mit der Bedeutung ´reiben, hin- und herfahren´ (*ficken, facken, fucken, fickfacken,* s. *Faxe*). Bei ihnen ist aber durchaus nicht sicher, ob sie den Ausgangspunkt für das obszöne Wort bilden oder nicht umgekehrt Kraftwörter sind, die von der obszönen Bedeutung ausgehen oder überhaupt eine andere Herkunft haben. Auf höheres Alter des obszönen Wortes weist immerhin gleichbedeutendes ne. *fuck,* das im Falle eines Zusammenhangs den Vokalismus auf *-u-* festlegen würde (mit nhd. *i* als Entrundung von *ü*). Darauf könnte eine vereinzelte, nachgetragene Glosse des 11. Jhs. weisen: *vita-vuchut* zu *dum spurca mendicat stupra* ´wenn er um schmutzige Hurereien bettelt´ (Gl. 2,433,24). Vokalvariation und damit nur indirekte Verwandtschaft ist bei einem Wort dieser Art aber nicht ausgeschlossen. Da es sich bei *-ck-* um eine Intensiv-Gemination handeln muß, läßt sich bei einer Rückführung auf den Vokal *-u-* weiter *vögeln* anschließen, was eine Lautform g. **fug-* voraussetzen würde. So auch gleichbedeutendes nndl. *fokken* (nicht hochsprachlich), zu dessen lautlichen und semantischen Varianten Stoett zu vergleichen ist (zur Weiterentwicklung zu ´necken, aufziehen´ s. *foppen* und *fuchsen*). Weiter sehr wahrscheinlich zu ig. **peuk-/peug-* ´stechen, stoßen´, z. B. in l. *pungere* ´stechen, stoßen, eindringen´ (s. *Fichte, Faust* und *Punkt*). Wenn eine Polysemie ´stechen´ – ´Loch, Tasche´ – ´Geschlechtsverkehr haben´ angesetzt wird, kann vielleicht auch zu gr. *pȳgế* ´Hinterteil´, gr. *pȳgízein* ´Analverkehr haben´ angeschlossen werden.

S. *abgefuckt.* – O. Weise *ZDW* 3 (1902), 243 f.; H. Sperber *Imago* 1 (1912), 414, 435 f.; F. A. Stoett *TNTL* 36 (1917), 61 – 66; E. Ochs *NPhM* 22 (1921), 124; A. W. Read *ASp* 9 (1934), 264 – 278; J. T. Shipley *Maledicta* 1 (1977), 23 – 29; W. Whallon *NPhM* 88 (1987), 35 – 37.

fickfacken *swV.* s. *Faxe* und *ficken.*

fidel *Adj. stil.* (< 17. Jh.). Entlehnt aus l. *fidēlis* ´treu´, zu l. *fidēs* ´Treue, Vertrauen´, zu l. *fídere* ´trauen´. Die Bedeutungsentwicklung von ´treu´ zu ´vergnügt´ erfolgte in der Studentensprache des 18. Jhs.

S. *perfide, Hi-Fi, Föderalismus.* – DF 1 (1913), 212; W. J. Jones *SN* 51 (1979), 258.

Fidibus *m. arch.* ´Papierstreifen zum Anzünden des Tabaks´ (< 17. Jh.). Studentischer Ausdruck, dessen Entstehung nicht sicher geklärt ist. Seit der frühesten Bezeugung gibt es Herkunftslegenden zur

Entstehung (aus l. *vide bos* ´schau, du Ochs´ oder l. *fid[elibus fratr]ibus* u.ä.). Vielleicht scherzhafte Entstellung der Horazstelle *ture et fidibus* (Ode 1,36,1) ´mit Weihrauch und Saiten(spiel)´, wobei *Weihrauch* auf das Rauchen bezogen und *fidibus* scherzhaft umgedeutet worden wäre.

DF 1 (1913), 212; *Bibliothek zur historischen deutschen Schüler- und Studentensprache* Hrsg. H. Henne und G. Objartel 5 (1984), 27 f., 139.

Fieber *n.* (< 9. Jh.). Mhd. *fieber, vieber,* ahd. *fiebar.* Wie ae. *fefer m.* entlehnt aus l. *febris f.* (eigentlich ´Hitze´). Adjektiv: *fiebrig,* übertragen: *fieberhaft;* Verb: *fiebern.*

W. Horn *ASNSL* 182 (1943), 52.

Fiedel *f. obs.* (< 9. Jh.). Mhd. *videl(e),* ahd. *fidula, fidala,* mndl. *vedele.* Wie ae. *fiðele* und anord. *fiðle* unklarer Herkunft (spl. **vītula* ´Saiteninstrument´ ist erst später bezeugt) – auch die Herkunft von *Violine* und *Viola* ist im übrigen nicht ausreichend klar. Verb: *fiedeln.*

S. auch *Cello, gebumfiedelt.* Vgl. *Geige.* – Relleke (1980), 75 – 79, 178 f.; Röhrich 1 (1991), 442 f.

fiepen *swV. per. fach.* ´einen leisen, hohen Ton von sich geben´ (meist aus Angst) (< 19. Jh.). Wohl lautmalend.

fieren *swV. per. fach. ndd.* ´eine Last durch Lösen des Befestigungstaus hinunterlassen´ (< 16. Jh.). Zunächst als *firen,* ebenso nndl. *vieren,* fries. *fierje,* ne. *veer.* Vermutlich ist zu vergleichen ahd. *gifieren* ´wenden, lassen, bringen´ zu ahd. *fiera* (gt. *fēra*) ´Seite´.

Kluge (1911), 250; N. Törnquist *SN* 13 (1941), 253 – 290.

fies *Adj. stil.* ´widerwärtig´ (< 20. Jh.). Ursprünglich niederdeutsches Wort, ebenso nndl. *vies.* Vermutlich zu mhd. *vist, vīst* ´Fist, Furz´ (gegebenenfalls über Ableitungen wie *Fiesling* ´widerwärtiger Mensch´); dieses zu an. *fisa stV.* ´furzen´.

H.-F. Rosenfeld *BGDSL-H* 78 (1956), 402 – 406; *BGDSL-H* 80 (1958), 424 – 428.

fifty-fifty *Adv. erw. fremd.* ´halbe-halbe´ (< 20. Jh.). Entlehnt aus ne. *fifty-fifty* (also: für beide Teile je 50%).

H. Askew *Notes & Queries* 163 (1932), 69; Rey-Debove/ Gagnon (1988), 298 f.; Röhrich 1 (1991), 443; Carstensen 2 (1994), 483 f.

Figur *f.* (< 13. Jh.). Mhd. *figūr[e], figiure.* Entlehnt aus afrz. *figure,* dieses aus l. *figūra.*

Das lateinische Wort ist eine Ableitung von l. *fingere (fictum)* ´formen, gestalten´. Zu dessen Sippe s. *fingieren;* zur germanischen Verwandtschaft s. *Teig.* – Schirmer (1912), 23 f.; W. F. Michael *GR* 21 (1946), 3 – 8; *HWPh* 2 (1972), 948 – 951; *LM* 4 (1989), 439 – 440.

Fiktion *f. per. fremd.* ´Erdachtes, Irreales´ (< 17. Jh.). Entlehnt aus l. *fictio (-ōnis) f.,* einem Abstraktum zu l. *fingere (fictum)* ´formen, gestalten´. Zunächst juristischer Begriff (´Vortäuschung´), dann rhetorischer und literatur-theoretischer Terminus. Vorbild war vermutlich der französische Wortgebrauch, aus dem auch das Adjektiv *fiktiv* (frz. *fictif*) stammt.

Zur Sippe des Grundworts s. *fingieren*. − *DF* 1 (1913), 212 f.; *HWPh* 2 (1972), 951−953.

Filet *n.* (1) *arch.* ʿdurchbrochene Handarbeitʾ (< 18. Jh.), (2) ʿLendenstück; entgrätetes Stück Fischfleischʾ (< 19. Jh.). In beiden Bedeutungen entlehnt aus frz. *filet m.*, eigentlich ʿNetzʾ (setzt vor-rom. **filātum* ʿFadenwerkʾ voraus), zu frz. *fil m.* ʿFadenʾ, aus l. *filum*. Die knochenlosen Fleischstücke wurden früher häufig nach Art einer Roulade mit einem Netz zusammengebunden und so zubereitet. Später werden verschiedene Arten von knochenlosem Fleisch (ohne Rücksicht auf die Art der Zubereitung) so bezeichnet.

S. *Filigran*; entfernter verwandt sind *Profil* und *defilieren*; wurzelverwandt ist *Fiber*. − *DF* 1 (1913), 213; Brunt (1983), 302.

Filiale *f. erw. fach.* (< 19. Jh.). Zu l. *filia* ʿTochterʾ wird kirchen-l. *filiālis* ʿTochter-ʾ gebildet, in ʿTochter-Klöster, Tochter-Kirchen usw.ʾ zu bezeichnen. Dieses wird im 16. Jh. als *Filial n.* ʿTochterkircheʾ ins Deutsche übernommen, dann auch Zusammensetzungen wie *Filialkirche*. Im 19. Jh. in den weltlichen Bereich übertragen (*Filialhandlung, Filialbank*), aus denen schließlich *Filiale* rückgebildet wird (vermutlich unter Einfluß von frz. *filiale*).

DF 1 (1913), 213.

Filigran *n. erw. fach.* ʿGeflecht aus Edelmetallfädenʾ (< 17. Jh.). Entlehnt aus it. *filigrana f.*, zunächst in der Form *Filigran-Arbeit*. Das italienische Wort ist zusammengesetzt aus it. *filo m.* ʿFadenʾ (aus l. *filum* ʿFadenʾ) und it. *grana f.* ʿKornʾ (aus l. *grānum* ʿKorn, Körnchenʾ). It. *grana* ʿKornʾ wird auch zu der (rauhen, körnigen Metall-) Oberfläche gesagt, das Kompositum bedeutet also ʿmit Fäden gewirkte Oberflächenstrukturʾ.

S. *Filet* (und weiter entfernt *Profil, defilieren, Fiber*), sowie *Gran* und *Granate*. − *DF* 1 (1913), 213; *LM* 4 (1989), 448−449.

Film *m.* (< 19. Jh.). Entlehnt aus ne. *film*, eigentlich ʿHäutchenʾ, aus ae. *fylmen n.* Es handelte sich bei den photographischen Filmen ursprünglich − 1889 bei Edison und Eastman − um eine auf Glas getrocknete Masse, die dann abgezogen wurde. Später wurde auch die Ausgangsbedeutung ʿdünne Schichtʾ entlehnt (z. B. in *Ölfilm*). Adjektiv: *filmisch*; Verb: *(ver-)filmen*.

Zur germanischen Verwandtschaft s. *Fell*. − T. Ramsaye *ASp* 1 (1925), 358; H. Moser in: Maurer/Rupp (1974/78), 541, 573; Rey-Debove/Gagnon (1988), 299 f.; Röhrich 1 (1991), 443; Carstensen 2 (1994), 487−490.

Filou *m. per. fremd.* ʿjmd., der es versteht, andere (harmlos) zu übervorteilnʾ (< 17. Jh.) entlehnt aus frz. *filou* ʿGaunerʾ, dieses wohl zu frz. (reg.) *enfiler* ʿtäuschenʾ.

DF 1 (1913), 213 f.; *DEO* (1982), 284; Brunt (1983), 302, 334.

Filter *m.* (< *16. Jh., Form 19. Jh.). Zunächst in lateinischer Form entlehnt aus ml. *filtrum n.*, eigentlich ʿ(Seihgerät aus) Filzʾ, dieses aus g. **filta-* ʿFilzʾ (s. unter *Filz*), wohl über das Niederfränkische. Verbum: *filtern, filtrieren*.

S. *Filz, infiltrieren*. − *DF* 1 (1913), 214; K.-H. Weimann *DWEB* 2 (1963), 391.

Filz *m.* (< 9. Jh.). Mhd. *vilz*, ahd. *filz*, as. *filt n.* ʿWollmasseʾ aus wg. **filta- m.* ʿFilzʾ, auch in ae. *felt*. Vergleicht sich mit ähnlichen Wörtern in den Nachbarsprachen, mit denen es aber lautlich (und vor allem morphologisch) nicht genau übereinstimmt: gr. *pilos* ʿFilz, Filzhut, Filzschuhʾ, l. *pīleus* ʿFilzkappe, Filzmützeʾ (auch l. *pilus* ʿHaarʾ?), aruss. *pülsti* ʿFilzdeckeʾ. Am ehesten ein altes Kulturwort mit unbekannter Quelle. Seit dem 15. Jh. bedeutet *Filz* auch ʿgrobschlächtiger Bauerʾ (nach seiner Kleidung), dann auch ʿunfreundlicher Geizkragenʾ (also der Bauer aus der Sicht der Fahrenden). Adjektiv: *filzig*. Verb: *verfilzen*.

S. *filzen, Filter, kompilieren*. − Flasdieck (1952), 133−138. Anders Maher (1986), 63: zu ig. **pel-* ʿstoßen, schlagenʾ als ʿGestampftesʾ.

filzen *swV. erw. stil.* ʿdurchsuchenʾ (< 19. Jh.). Aus der Gaunersprache entnommen, wo es zunächst ʿkämmenʾ bedeutet (*Filzer* ʿKammʾ). Offensichtlich eine Ableitung zu *Filz* in der Bedeutung ʿdichtes Haarʾ.

Fimmel[1] *m. erw. stil.* ʿleidenschaftlich betriebene Beschäftigungʾ (< 20. Jh.). Herkunft unbekannt. Röhrich 1 (1991), 443.

Fimmel[2](hanf) *m. per. fach.* ʿder kürzere männliche Hanf, der nach der Besamung dem weiblichen verholztʾ (< 16. Jh.). Entlehnt aus l. *fēmella f.* ʿWeibchenʾ, weil der kürzere Hanf für den weiblichen gehalten wurde (wenn das Geschlecht nicht erkennbar ist, wird allgemein das stärkere Exemplar für das männliche gehalten). Entsprechend heißen die eigentlich weiblichen Pflanzen schweizerisch (*arch.*) *mäsch, mäschel*, was zu *maskulin* gehört.

Finale *n.* ʿSchlußteil, Endspielʾ (< *16. Jh., Form 17. Jh.). Entlehnt aus it. *finale m.*, dieses aus l. *finālis* ʿam Ende befindlich, die Grenzen betreffendʾ, zu l. *finis m./(f.)* ʿEndeʾ. Zunächst als *Final* entlehnt mit der Bedeutung ʿSchlußbuchstabeʾ, dann ʿEnde eines Musikstücksʾ; im 20. Jh. unter Einfluß des Englischen auch ʿEndspielʾ. Als Adjektiv ist das lateinische Wort entlehnt in *final* ʿam Ende befindlichʾ (in der Fachsprache der Grammatik ʿZiel und Zweck angebendʾ).

Zur Sippe des zugrundeliegenden l. *finis* ʿEnde, Grenzeʾ s. *fein*. − *DF* 1 (1913), 214; Jones (1976), 335 f.; Röhrich 1 (1991), 443 f.; Zu *Finalis* s. *LM* 4 (1989), 452.

Finanzen *Pl.* (< 17. Jh.). Entlehnt aus frz. *finances*, dieses aus ml. *financia*, dem substantivierten PPräs. von ml. *finare* ʾbezahlenʾ, zu l. *fīnis m./(f.)* ʾEnde, Grenzeʾ, später auch ʾAbgabeʾ (Lehnbedeutung zu gr. *télos* ʾEnde, Abgabeʾ?). Verbum: **finanzieren**; Adjektiv: **finanziell**.
Zu Sippe des zugrundeliegenden l. *fīnis* ʾEnde, Grenzeʾ s. *fein*. – *DF* 1 (1913), 214; Jones (1976), 335 f.

Findelkind *n. obs.* (< *15. Jh., Form < 18. Jh.). Zuerst bezeugt in der Form *fündel* (Diminutiv zu *Fund*); danach an den Infinitiv *finden* angeschlossen und durch *Kind* verdeutlicht. Parallel **Findelhaus** ʾHaus, vor dem unerwünschte Kinder niedergelegt werden, damit sie Aufnahme findenʾ.
Röhrich 1 (1991), 444.

finden *st V.* (< 8. Jh.). Mhd. *vinden*, ahd. *findan*, as. *findan* aus g. **fenþ-a- st V.* ʾfindenʾ, auch in gt. *finþan*, anord. *finna*, ae. *findan*, afr. *finda*. Keine sichere Vergleichsmöglichkeit; am ehesten eine Nasalierung zu ig. **pet-* ʾfliegen, fallenʾ (vgl. *auf etwas verfallen*), zu diesem s. unter *Feder*. Abstraktum: **Fund**; Adjektive: **findig, fündig**.
Nndl. *vinden*, ne. *find*, nschw. nisl. *finna*. S. *abfinden, empfinden, fahnden, Findelkind, Findling, Fundgrube, spitzfindig*. – Seebold (1970), 193 f.

Findling *m. erw. fach.* ʾFindelkind; erratischer Blockʾ (< *13. Jh., Form < 15. Jh.). Mhd. *vundelinc*, wie *vunt*, *vüntel* und *vündelīn*, eigentlich ʾFundʾ, dann auch ʾFindelkindʾ, und seit dem 19. Jh. ʾerratischer Blockʾ. Die Form wird dann an den Infinitiv angepaßt.
S. *finden*. – Lüschen (1979), 218.

Finesse *f. erw. stil.* ʾKunstgriff, Feinheitʾ (< 17. Jh.). Entlehnt aus frz. *finesse*, einem Abstraktum zu frz. *fin* ʾfein, durchtriebenʾ, aus spl. *fīnus* ʾäußerstes, bestesʾ, aus l. *fīnis m./(f.)* ʾGrenze, Endeʾ.
S. *fein*. – *DF* 1 (1913), 214 f.

Finger *m.* (< 8. Jh.). Mhd. *vinger*, ahd. *fingar* aus g. **fengra-* (oder **fingra-*) *m.* ʾFingerʾ, auch in gt. *figgrs*, anord. *fingr m./(n.)*, ae. *finger*. Das Wort wird zu dem Zahlwort *fünf* gestellt, was formal möglich wäre, semantisch aber nicht unmittelbar befriedigt. Denkbar wäre als Ableitung zu *fünf* ein (unbezeugter) *r*-Stamm mit der Bedeutung ʾHandʾ (***penkʷōr-* ʾFünfheitʾ), wozu *Finger* eine dehnstufige Zugehörigkeitsbildung sein könnte (ig. ***pēnkʷro-*). Verb: **fingern**; Zugehörigkeitsbildung: **Fingerling**.
Nndl. *vinger*, ne. *finger*, nschw. *finger*, nisl. *fingur*. – Röhrich 1 (1991), 444–449. Über Fingernamen: W. Grimm: *Kleine Schriften* (Berlin 1884), III, 425–450.

fingieren *sw V. erw. fremd.* ʾvortäuschenʾ (< 16. Jh.). Entlehnt aus l. *fingere* ʾbilden, erdichten, vorgebenʾ.
Ein Abstraktum dazu in *Fiktion* mit dem zugehörigen Adjektiv *fiktiv*; dazu über das Englische *Science-fiction*, über

das Italienische *Finte*. Entfernter verwandt ist *Figur*. Zur germanischen Entsprechung s. *Teig*. – *DF* 1 (1913), 215.

Finish *m./n. per. fremd.* (< 20. Jh.). Entlehnt aus der englischen Terminologie des Pferderennens: *finish* ʾEndspurtʾ, Substantivierung des gleichlautenden Verbs, das auf die erweiterten Formen von frz. *finir* ʾbeendenʾ zurückgeht. Dieses aus l. *fīnīre* ʾbeendenʾ zu l. *fīnis* ʾEnde, Grenzeʾ. S. *fein*.
Rey-Debove/Gagnon (1988), 301; Carstensen 2 (1994), 490–493.

finit *Adj. per. fach.* ʾbestimmt (als Terminus der Grammatik)ʾ (< 19. Jh.). Übernommen aus l. *fīnītus*, eigentlich ʾbegrenztʾ, PPP. zu l. *fīnīre* ʾbegrenzenʾ, zu l. *fīnis* ʾGrenze, Endeʾ (s. *fein*).
HWPh 2 (1972), 954.

Fink *m.* (< 8. Jh.). Mhd. *vinke*, ahd. *finko, finc* aus wg. **finkōn* (oder **fenkōn*) *m.* ʾFinkʾ, auch in ae. *finc*; vielleicht entspricht diesem mit *s mobile* norw. (dial.) *spikke* ʾkleiner Vogelʾ. Außergermanisch vergleicht sich kymr. *pinc* ʾFinkʾ, mit *s mobile* gr. *spingos* ʾ(Buch)Finkʾ. Der Name ist zweifellos (in seiner voreinzelsprachlichen Form) eine Nachahmung des Rufs dieses Vogels. Der Gebrauch als Schimpfwort in **Dreck-, Schmier-, Schmutzfink** u.ä. geht vielleicht auf rotw. *Pink, Bink, Fink* ʾMannʾ (ein verächtliches Wort, wohl aus **Pink** ʾmännliches Gliedʾ übertragen, s. *Pinkel*) zurück.
Suolahti (1909), 109 f.; Wolf (1985), 246 f. Zu der Variante *pink, spink* vgl. M. Förster *Anglia* 62 (1938), 66 f.

Finken *Pl. per. wobd.* ʾHausschuheʾ (< 19. Jh.). Entspricht ungefähr ml. *ficones*. Weitere Herkunft unklar.

Finne[1] *f. per. fach.* ʾLarve, Pustelʾ (< 15. Jh.). Mhd. *phinne, vinne*, mndd. *vinne*, mndl. *vinne*; nndl. *vin*. Herkunft unklar. Adjektiv: **finnig**.

Finne[2] *f. per. fach.* ʾRückenflosse großer Fischeʾ (< 16. Jh.). Aus ndd. *vinne*, vgl. mndd. *finne*, mndl. *vinne*, nndl. *vin*; ae. *finn*, nschw. *fena*. In der Bedeutung und im Anlaut entspricht l. *pinna* ʾFeder, Flosseʾ, Nebenform zu l. *penna* (aus **pet-s-nā*, s. *Feder*), es ist aber unklar, ob die germanische Geminate auf eine solche Vorform zurückgehen kann.

finster *Adj.* (< 8. Jh.). Mhd. *vinster*, ahd. *finstar*, as. *finistar, finistri* ʾFinsternisʾ. Das Wort hat in dieser Form keine Vergleichsmöglichkeit. Daneben steht aber besser vergleichbares mhd. *dinster*, ahd. *dinstar*, so daß angenommen werden kann, daß vorausliegendes *þ-* unregelmäßig in *f-* ausgewichen ist (vgl. zum umgekehrten Vorgang *Feile*). Zugrunde liegt eine *ro*-Bildung zu ig. **temos-* ʾDunkelʾ (s. *Dämmer*); der Bildung nach entspricht l. *tenebrae* ʾFinsternisʾ (aus **temes-rā*) und ai. *támisrā* ʾdunkle Nachtʾ (**temǝs-rā*), ursprünglich also **temǝ-os-* + *-ro-*. Im Germanischen wird *-sr-* zu *-str-*. Abstraktum: **Finsternis**; Verb: **(ver-) finstern**.
S. auch *düster*. – *LM* 4 (1989), 483–485; Heidermanns (1993), 618 f.

Finte *f. erw. stil.* (< 17. Jh.). Entlehnt aus it. *finta* 'List, Trugstoß', zunächst als ein Wort der Fechtersprache. Das italienische Wort geht zurück auf das Partizip von l. *fingere* 'bilden, erdichten'.
S. *fingieren.* – *DF* 1 (1913), 215; Jones (1976), 332; Brunt (1983), 299; Röhrich 1 (1991) 449.

finzelig *Adj. per. reg.* 'knifflig' (< 19 Jh.). Herkunft unbekannt, vielleicht eine Kreuzung aus *fein* und *winzig* (o.ä.).

Fips *m. per. reg.* 'unscheinbarer Mensch', früher 'Schneller mit dem Mittelfinger' (wie *Schnips*) (< 18. Jh.). Wohl beides Rückbildungen aus *fipsen* 'schnellen', das am ehesten eine Lautgebärde ist. Das 'Unscheinbare' liegt an der wegwerfenden Bewegung.

Firlefanz *m. erw. stil.* (< 14. Jh.). Mhd. *firlifanz*, Bezeichnung für einen (närrischen?) Tanz, aus mhd. *firlei* 'ein Tanz', das aus afrz. *vire-lai* 'Ringellied' übernommen ist. Das Wort wird dann zu mhd. *firlefei* u.ä. erweitert; *firlifanz* wohl in Anlehnung an *tanz* oder an *alfanz* 'Possen' (s. *alfanzen*).
O. Weise *ZDW* 3 (1902), 123 f.; Röhrich 1 (1991), 449.

firm *Adj. erw. fremd.* (< 18. Jh.). Entlehnt aus l. *fīrmus* 'fest, sicher, stark', wohl in Anlehnung an ne. *firm.*
Hierzu unmittelbar *firmen*, zu dessen lateinischem Vorbild auch *Firma* und *Firmament* gehören; ein Abstraktum zu einer Präfigierung ist *Konfirmation*. Über das Französische und Englische gehört hierzu auch *Farm*, über das Italienische noch *Fermate.* – *DF* 1 (1913), 215.

Firma *f.* (< 18. Jh.). Entlehnt aus it. *firma* 'rechtskräftige Unterschrift unter einer geschäftlichen Vereinbarung', einer Ableitung von it. *firmare* 'befestigen, bekräftigen', aus l. *fīrmāre*, zu l. *fīrmus* 'fest, tüchtig'. Im Deutschen entwickelt sich die Bedeutung (unter Einfluß von ne. *firm?*) von 'Unterschrift' über 'Handelsname' zu 'Geschäft, Unternehmen (dieses Namens)'.
DF 1 (1913), 216; E. Öhmann *NPhM* 61 (1960), 150–152; *LM* 4 (1989), 487–489.

Firmament *n. erw. stil.* 'Himmel, Himmelsgewölbe' (< 13. Jh.). Mhd. *firmament*. Entlehnt aus spl. *firmamentum* (eigentlich: 'Befestigungsmittel'), zu l. *fīrmāre* 'befestigen', zu l. *fīrmus* 'fest'. Nach mittelalterlicher Vorstellung hatte jeder der sieben Planeten eine Sphäre (einen Himmel) für sich; darüber war als achte Sphäre das *Firmament*, an dem die *Fixsterne* befestigt gedacht waren. S. *firm.*

firmen *swV. erw. fach.* (< *10. Jh., Form 11. Jh.). Das katholische *firmen* geht wie das evangelische **konfirmieren** auf l. *(con)fīrmāre* 'bestärken' zurück: die liturgische Handlung soll den jungen Christen in seiner Zugehörigkeit zur Kirche bestärken (d. h. er soll sich jetzt selbst vertreten, nachdem bei der Taufe seine Paten ihn vertreten hatten). Ab-

straktum: **Firmung** – **Konfirmation**; Nominalableitung: **Firmling** – **Konfirmand**.
S. *firm.* – *LM* 4 (1989), 490–493.

Firn *m.* **Firne** *f. per. obd.* 'der vorjährige Schnee, Altschnee' (< 16. Jh.). Zu schwz. *firn* 'vorjährig'. Sonst wird geschieden zwischen mhd. *virne (*fern-ja-)* 'alt' und mhd. *vern(e)* u.ä. (*ferna-)* 'vorjährig'. Die jo-Bildung auch in ahd. *firni*, gt. *fairneis*, ae. *fyrn* 'ehemalig'; einfaches *ferna-* 'vorjährig' in as. *fernun gere*, gt. *af fairnin jera* 'im vorigen Jahr'. Außergermanisch in lett. *pērn* 'vorjährig', lit. *pérnai(s)*, anders gebildet gr. *pérysi(n)*, ai. *parút-* 'im vorigen Jahr'; verwandt mit dem Raumadverb *fern.* **Ferner** *m.* 'Gletscher' gekürzt aus *ferner Schnee.*
Heidermanns (1993), 196.

Firnis *f. erw. fach.* (< 13. Jh.). Im Mittelhochdeutschen (mhd. *firnīs, firnīz, firnes, vernīz*) entlehnt aus afrz. *vernis*, dieses aus it. *vernice* oder ml. *veronice*, das ein zur Firnisbereitung verwendetes Harz bezeichnet. Dieses wiederum aus gr. *beroníkē*, das vielleicht auf den Stadt-Namen *Beroníkē* zurückgeht.
S. *Vernissage.* – W. Förster *ZRPh* 32 (1908), 338–348; Meineke (1984), 30–32, 67–74.

First *m.* (auch *f.*) *erw. fach.* (< 8. Jh.). Mhd. *virst*, ahd. *first m./f.(?)*, mndl. *verste* aus wg. *fersti-* m. 'First', auch in ae. *first*. Das Wort erklärt sich zwanglos aus ig. *per-* 'heraus, hervor' und einer schwundstufigen Ableitung von *stʰā-* 'stehen', also *per-stʰə-i-* 'der Hervorstehende'. Entsprechend sind gebildet ai. *pṛṣthá-* n. 'hervorstehender Rücken, Gipfel' (*pṛ-stʰə-ó-*) und wohl auch l. *postis*, gr. *pastás f.* '(Tür)Pfosten, Pfeiler, Vorhalle' (*por-stʰə-i-* und *pṛ-stʰə-*).
S. auch *Forst.* – H. Osthoff *IF* 8 (1897), 1–29; Tiefenbach (1973), 34–38.

Fisch *m.* (< 8. Jh.). Mhd. *visch*, ahd. *fisc*, as. *fisk* aus g. *fiska-* m. 'Fisch', auch in gt. *fisks*, anord. *fiskr*, ae. *fisc*, afr. *fisk*. Vergleichbar sind air. *íask* 'Fisch' (mit *-ei-*) und l. *piscis* 'Fisch'. Wie ngr. *psári* n. 'Fisch' auf ntl.-gr. *opsárion* n. 'Zukost, Fische' zurückgeht, so kann für das westindogermanische Wort für 'Fisch' eine Zugehörigkeitsbildung zu (ig.) *peitos-* 'Nahrung' (ai. *pitú-* 'Nahrung, Speise', akslav. *pišta f.* 'Speise, Nahrung', air. *ith* n. 'Getreide', lit. *piẽtūs* Pl. 'Mittagsmahl'), ein genau vergleichbarer s-Stamm angesetzt werden: *pits-ko/i* für das Germanische und Lateinische, *peits-ko-* für das Altirische. Der Fisch wäre also zunächst als Nahrungsmittel ('Zukost') benannt und diese Bezeichnung auf das Tier im Wasser übertragen worden. Verb: *fischen*; Nomen agentis: *Fischer*; Adjektiv *fischig* 'nach Fisch riechend, nicht ganz in Ordnung'.
Nndl. *vis*, ne. *fish*, nschw. *fisk*, nisl. *fiskur.* – O. J. Sadovsky *JIES* 1 (1973), 81–100; E. Seebold in: *FS Kno-*

bloch (1985), 443−451. Zu den indogermanischen Fisch-wörtern und damit zusammenhängenden geographischen Fragen vgl. J. P. Mallory *JIES* 11 (1983), 263−279; *LM* 4 (1989), 493−495; Röhrich 1 (1991), 449−452.

Fisimatenten *Pl. erw. stil.* ´Ausflüchte, Winkelzüge´ (< 16. Jh.), auch als **visipatent** u.ä. Vermutlich Streckform zu fnhd. *fisiment* ´bedeutungsloser Zierat (am Wappen)´, zu mhd. *visieren,* das u. a. ´die Wappenfiguren ordnen und beschreiben´ bedeutet. Zahlreiche andersartige Erklärungsversuche können nicht ausreichend gestützt werden. *DF* 1 (1913), 216.

Fiskus *m. erw. fremd.* ´Staatskasse´ (< 16. Jh.). Entlehnt aus l. *fiscus* gleicher Bedeutung, eigentlich ´Korb, Geldkorb´). Adjektiv: ***fiskalisch.*** S. *konfiszieren. − DF* 1 (1913), 216; *LM* 4 (1989), 502.

fisseln *swV. per. ndd.* ´fein regnen´ (< 20. Jh.). Herkunft unbekannt.

Fist *m. per. reg.* ´leiser Bauchwind´ (< 14. Jh.). Mhd. *vist, vīst,* mndd. *vist;* vgl. ae. *fisting f.* In den modernen Fortsetzern sind Reflexe von altem *ī, i* und auch *ai* vertreten. Formal handelt es sich um *ti*-Abstrakta zu dem in anord. *fisa* ´furzen´ vorliegenden starken Verb. Da aber praktisch gemeinindogermanisch ein Unterschied gemacht wird zwischen **perd-* ´(laut) furzen´ und **p(e)zd-* ´leise fisten´, und da g. **fisti-* semantisch einwandfrei zu **pezdi-* stimmt und in gr. *pézis* ´Bofist´ ein genaues Gegenstück hat (s. *Bofist*) dürfte die Ableitung älter als das starke Verb sein. Anord. *fisa* ist dann entweder durch Rückbildung entstanden, oder es hat ursprünglich ´blasen´ bedeutet (vgl. l. *spīrāre* aus **speis-*) und von dem Nomen, das lautlich und morphologisch wie eine Ableitung zu ihm aussah, die belegte Bedeutung bezogen. H.-F. Rosenfeld *BGDSL-H* 78 (1956), 357−520; Seebold (1970), 191; B. Forssman *MSS* 29 (1972), 47−70.

Fistel *f. erw. fach.* (< 13. Jh.). Mhd. *fistel* ´eiterndes Geschwür´. Entlehnt aus l. *fistula* ´röhrenförmiges Geschwür´. Das lateinische Wort bedeutet eigentlich ´Pfeife´. Von dieser Grundbedeutung aus wurde in neuerer Zeit **Fistelstimme** ´hohe Stimme´ (wie eine Rohrpfeife) entlehnt.

fit *Adj.* (< 20. Jh.). Entlehnt aus ne. *fit,* dessen Herkunft nicht sicher geklärt ist. Rey-Debove/Gagnon (1988), 303; Röhrich 1 (1991), 453; Carstensen 2 (1994), 498 f.

Fittich *m. obs.* (< 9. Jh.). Mhd. *vetach, vetech m./ n.* u. a., *vittich,* ahd. *feddāh,* mndd. *vit(te)k.* Am ehesten eine Variante zu ahd. *fedarah n./m.(?),* fedarahha f., as. *federac;* im einzelnen ist die Stammbildung (und z. T. die Lautentwicklung) aber rätselhaft. S. *Feder, Schlaffittich. −* Lühr (1988), 258; Röhrich 1 (1991), 453−454.

Fitze *f. per. fach.* ´Garnsträhne´ (< 10. Jh.). Mhd. *vitze,* ahd. *fizza;* lautlich vergleichbar sind as.

fittea, ae. *fitt* ´Abschnitt eines Gedichts´ und anord. *fit* ´Gewebekante, Schwimmhaut der Vögel´. Die Vielzahl der technischen Bedeutungen dieser Wörter ist schwer in einen Zusammenhang zu bringen. Den möglichen Ausgangspunkt zeigt auffälligerweise ein griechisches Wort: gr. *péza* (aus **ped-ja-,* das dem germanischen Wort genau entsprechen kann) ist eigentlich ´das zum Fuß Gehörige, der Spann am Fuß´. Von Kleidern ist es der Teil, der am Fuß liegt, der Saum, die Gewebekante. Daraus wird dann ein allgemeines Wort für ´Saum, Kante´ (auch bei Übertragungen). Hierzu eindeutig das nordische Wort (zu der Bedeutung ´Schwimmhaut´ vgl. ne. *web* in dieser Bedeutung). Der Übergang zu den anderen Bedeutungen ist nicht ausreichend klar. Vielleicht ist von ´Webkante´ zu ´Fadenenden des alten Aufzugs zum Anknüpfen des neuen´ (so althochdeutsch) zu kommen; von dort aus zu ´Garnsträhne´; doch müßte dies noch eingehender, unter Berücksichtigung der technischen Bedeutungen, geklärt werden. S. *verfitzen. −* Eichhoff (1968), 81 f. Etwas anders: N. Foerste *NW* 5 (1965), 110 f.

fix[1] *Adj. erw. fach.* ´fest, konstant´ (< 16. Jh.). Entlehnt aus l. *fīxus,* dem PPP. von l. *fīgere* ´festmachen´. Zunächst in der Sprache der Alchimisten zur Bezeichnung des festen Aggregatszustandes von Stoffen, dann Verallgemeinerung. S. *fix*[2]*, fixen, fixieren* und zur zugrundeliegenden Sippe *Affix. − DF* 1 (1913), 216; K.-H. Weimann *DWEB* 2 (1963), 391; Röhrich 1 (1991), 454.

fix[2] *Adj. stil.* ´gewandt, geschickt, schnell´ (< 15. Jh.). Vermutlich aus *fix*[1] entstanden, doch ist der Bedeutungsübergang nicht völlig klar. In dem früh bezeugten *fix tanzen* z. B. kann aus ´sicher tanzen´ die Bedeutung ´gewandt, geschickt tanzen´ entstehen, auch ein Übergang zu ´schnell´ ist denkbar. *DF* 1 (1913), 217 f.

fixen *swV. per. fach.* ´Rauschmittel spritzen´ (< 20. Jh.). Entlehnt aus der amerikanischen Umgangssprache; die Bedeutung stammt wohl aus ne. *fix up* ´(sich) herrichten´ mit zahlreichen Sonderverwendungen. S. *fix*[1] und zur Sippe *Affix.* Rey-Debove/Gagnon (1988), 304; Carstensen 2 (1994), 500 f.

fixieren[1] *swV. per. fach.* ´lichtbeständig machen´ (< 16. Jh.). In der Sprache der Alchemisten aus *fix*[1] gebildet oder entlehnt aus ml. *fīxare* ´festmachen, unbeweglich machen´, zu l. *fīxus* ´fest´ (oder der französischen Entsprechung *fixer*). Im 19. Jh. als Terminus der Photographie verwendet. Zur Sippe s. *Affix. −* A. Gombert *ZDW* 8 (1906/07), 126 f.; *HWPh* 2 (1972), 954−957.

fixieren[2] *swV. obs.* ´anstarren´ (< 18. Jh.). Entlehnt aus frz. *fixer* gleicher Bedeutung, das aus Wendungen wie ´seine Augen an jemanden heften´

vereinfacht worden ist. Aus ml. *fixare* 'festmachen' (s. *fixieren*[1] und *fix*[1], und zur Sippe *Affix*).

Fjord *m.* s. *Förde*.

Flabbe *f.* s. *Flappe*.

flach *Adj.* (< 9. Jh.). Mhd. *vlach*, *flach*, ahd. *flah*, mndd. *vlak*, mndl. *vlac* aus vd. **flaka-* *Adj.* 'flach'. Hierzu as. *flaca* 'Fußsohle' und ndd. *flake* 'Scholle; mit Ablaut anord. *flóki* 'Flachfisch, Flunder', ae. *flōc* 'Flachfisch'. Zugrunde liegt voreinzelsprachl. **pelǝg-/plāg-*, auch in gr. *pélagos* 'offene See, Meeresfläche', l. *plaga* 'Fläche' usw., eine *g*-Erweiterung (neben häufigerer *k*-Erweiterung) zu ig. **pelǝ/plā-* 'ausbreiten, flach'. Abstraktum: *Fläche*; Modifikation: *flächig*.

Zum möglichen Anschluß von *Blachfeld* s.d.; zu der Variante mit ig. *k* s. *Fluh*; expressive Geminationen vielleicht in *flacken* und *Fleck*. Zur unerweiterten Grundlage s. *Feld*; Ableitungen zu dieser vielleicht in *Flomen* und *Flur*; eine dentale Erweiterung in *Fladen*, *Flunder* (vgl. auch *Plateau*) und *Flöz*. – Darms (1978), 283 f.; Röhrich 1 (1991), 454; Heidermanns (1993), 199.

Flachmann *m. per. reg.* 'flache Schnapsflasche, die man in die Tasche stecken kann' (< 20. Jh.). Mit dem nord- und mitteldeutschen Halbsuffix *-mann* gebildet.

Flachs *m. erw. fach.* (< 9. Jh.). Mhd. *vlahs*, ahd. *flahs*, as. *flas* aus wg. **flahso m.* 'Flachs', eine nicht näher einzuordnende *s*-Bildung zu der unter *flechten* dargestellten verbalen Grundlage. Sachlich ist dieser Zusammenhang aber nicht begründet (Flachs wird nicht geflochten), so daß auch eine sekundäre Angleichung vorliegen kann. Da das möglicherweise wurzelverwandte russ. *polotno* 'Leinen' und zugleich 'Fahrbahn' bedeutet, kann (ig.) **pel-* 'schlagen, stoßen' zugrundeliegen (als 'das Gebrochene', weil Flachs mit der Breche bearbeitet wird).

Nndl. *vlas*, ne. *flax*. – Bertsch (1947), 201–210; Maher (1986), 68; *LM* 4 (1989), 508–509.

flachsen *swV. stil.* 'necken' (< 20. Jh.). Übernommen aus rotw. *flachsen* 'schmeicheln, aufziehen'.

flacken *swV. per. obd.* 'herumliegen' (< 16. Jh.). Am ehesten eine Ableitung zu *flach* mit expressiver Gemination.

flackern *swV.* (< 14. Jh.). Mhd. *vlackern*. Entsprechend mit der Bedeutung 'flattern': ahd. *flogarōn* (9. Jh.), me. *flakeren* (ae. *flacor* 'fliegend'), anord. *flǫkra*. Wohl zu ig. **plāg/plǝg-* 'schlagen' in gr. *plēgnai* Pass., l. *plangere* 'schlagen'; die moderne Bedeutung wohl beeinflußt von *blaken* (s.d.). S. auch *Flader, flattern*. – Lühr (1988), 369; Heidermanns (1993), 199 f.

Fladen *m.* (< 10. Jh.). Mhd. *vlade*, ahd. *flado*, mndd. *vlade*, mndl. *vlade* aus vd. **flaþōn m.* 'Fladen, Scheibe'. Zu ig. **plāt-/plǝt-* 'ausbreiten, breit' in ai. *pṛthá-* 'flache Hand', gr. *platýs* 'breit', kymr. *lled* 'Breite, Weite', lit. *plótas* 'Platte' u. a. Dieses ist eine Erweiterung zu ig. **pelǝ/plā-* 'ausbreiten' (vgl. *flach*).

S. *Flunder, Plateau*. – A. Wurmbach *ZV* 56 (1960), 20–40.

Flader *f. per. fach.* Spmhd. *vlader m.* 'Holzmaserung' (< 14. Jh.). Seit dem 19. Jh. durch *Maser(ung)* ersetzt. Vermutlich wegen der Form als 'Flamme' bezeichnet, und zu *flattern* (s.d. und *Fledermaus*) zu ziehen. Der Zusammenhang von 'flattern' und 'flacken, Flamme' zeigt sich auch bei *flackern*.

Flagge *f.* (< 17. Jh.). Entlehnt aus nndl. *vlag* 'Schiffsflagge'. Dies ist ursprünglich ein nordisches, in England aufgekommenes Wort, vermutlich Rückbildung zu anord. *flǫgra* 'flattern'. Verb: *flaggen*.

Kluge (1911), 254–263; Stammler (1954), 213–215; Lühr (1988), 290; *LM* 4 (1989), 512–513; Röhrich 1 (1991), 454–455.

flagrant *Adj. per. fremd.* 'deutlich hervorstechend' (< 19. Jh.). Entlehnt aus gleichbedeutendem frz. *flagrant*, das auf l. *flagrāns, -nt-* zurückgeht, dem PPräs. von l. *flagrāre* 'brennen, lodern'. Im juristischen Sprachgebrauch des Mittellateinischen wird das augenfällige, gegenwärtige Vergehen als 'brennend' bezeichnet (wie im Germanischen als *handhaft*, also 'greifbar'). Unmittelbar aus dem Lateinischen *in flagranti* 'auf frischer Tat'. S. *flambieren* und *Flamme*.

Flair *n. per. fremd.* 'persönliche Note, Ausstrahlung' (< 19. Jh.). Entlehnt aus frz. *flair m.* 'Spürsinn, Geruchsinn', zu frz. *flairer* 'wittern, riechen', aus l. *fragrāre* 'stark riechen, duften' (mit Dissimilierung). S. *Bracke, Brodem*.

A. H. Marckwardt *ASp* 10 (1935), 104–106; J. E. Gillet *ASp* 12 (1937), 247–257.

Flak *f. per. fach.* 'Flugzeug-Abwehr-Geschütz' (< 20. Jh.). Im ersten Weltkrieg gebildete Abkürzung aus den Anlautbuchstaben von *Flieger-Abwehr-Kanone*.

Flakon *n./m. per. fach.* 'Fläschchen' (< 18. Jh.). Entlehnt aus frz. *flacon m.*, dieses aus afrz. **flascon*, das wohl über das Niederfränkische aus wg. **flaskō* 'Flasche' entlehnt ist.

S. *Flasche*. – *DF* 1 (1913), 218.

Flamberg *m. arch.* 'breites Landsknechtsschwert' (< 15. Jh.). Literarisches Wort, eigentlich *die Flamberge*, nach dem Schwertnamen frz. *flamberge f.*, im Anschluß an frz. *flambe f.* 'Flamme' umgestaltet aus *Floberge*. So hieß das Schwert des Renaut de Montauban (eigentlich der Frauenname andfrk. *Flotberga* o.ä.).

flambieren *swV. erw. fach.* 'mit Alkohol übergießen und anzünden' (< 19. Jh.). Die Bedeutung ist zunächst allgemein ´absengen´. Entlehnt aus frz. *flamber*, einer Ableitung von frz. *flambe* ´Flamme´. S. *Flamme*.

Flamingo *m. erw. fach.* (ein Wasservogel) (< 19. Jh.). Entlehnt aus span. *flamenco*, dessen weitere Herkunft nicht sicher geklärt ist.

Flamme *f.* (< 10. Jh.). Mhd. *vlamme*, ahd. *flamma*. An verschiedenen Stellen und zu verschiedenen Zeiten entlehnt aus l. *flamma* ´Flamme´, dieses aus *flagma zu l. *flagrāre* ´flammen, lodern, brennen´.
S. *flambieren, flimmern*. – Röhrich 1 (1991), 455.

Flanell *m. erw. fach.* (ein aufgerauhtes Gewebe) (< 18. Jh.). Entlehnt aus frz. *flanelle*, dieses aus ne. *flannel*, das ursprünglich *flannen* gelautet hat. Dieses aus der im Anlaut mutierten Form *wlanen* von kymr. *gwlanen*, einer Zugehörigkeitsbildung zu kymr. *gwlân* ´Wolle´ (s. *Wolle*).
DF 1 (1913), 218; Ganz (1957), 74; Brink-Wehrli (1958), 76 f.; W. B. Lockwood *ZAA* 16 (1968), 66–68.

flanieren *swV. per. fremd.* ´umherschlendern´ (< 19. Jh.). Entlehnt aus frz. *flâner*, dieses vermutlich über unbezeugte Ableitungen zu l. *follis* ´Blasebalg usw.´ (´Windbeutel´ – ´sich herumtreiben´).
DF 1 (1913), 218 f.; U. Joppich-Hagemann: *Fünf romanische Wortfamilien* (Diss. Bonn 1972 [1973]), S. 121–125.

Flanke *f. erw. fach.* (< 17. Jh.). Entlehnt aus frz. *flanc m.* ´Weiche´, das seinerseits vielleicht aus andfrk. *hlanka* ´Seite, Hüfte, Lende´ (s. *Gelenk*) umgestaltet ist. Zugehöriges Verbum ist **flankieren** ´Seitendeckung geben´, im Sport **flanken**.
DF 1 (1914), 219.

Flansch *m. per. fach.* ´überstehender Rand an Rohren´ (< 13. Jh.). Mhd. *vlans* ´Mund, Maul´, wie nhd. *Flunsch* – gemeint ist der Schmollmund oder Kußmund, dessen Bezeichnung gern für solche Übertragungen herangezogen wird. Zu *flennen*.

Flappe *f. per. ndd.*, auch **Flabbe** ´herabhängende Unterlippe, offener Mund´ (< 20. Jh.). Übernommen aus dem Niederdeutschen (mndd. *vlabbe*), dazu nndl. *flab, fleb*, vgl. isl. *flipi* ´Pferdelippe´; dazu **flappen** ´klatschen (von Segel u.ä. im Wind)´. Wohl lautmalend, wie etwa *klapp, Klappe, klappen*. Weiter **Flaps** ´plumper, unbeholfener Mensch´ und *flapsig* ´burschikos´.

Flasche *f.* (< 8. Jh.). Mhd. *vlasche, vlesche*, ahd. *flasca* aus g. *flaskō f.* ´Flasche´, auch in anord. *flaska*, ae. *flasce*. Es wird vermutet, daß es sich ursprünglich um die Bezeichnung eines umflochtenen Gefäßes handelte (wie in der Tat gläserne Flaschen erst spät gebräuchlich werden). In diesem Fall ist ein Anschluß an *flechten* denkbar: g. *flaht-ska-* ´das zum Geflecht Gehörige´. Die Bedeutung ´Schwächling´ nach dem gängigen Gebrauch von Bezeichnungen für Hohlkörper in diesem Sinn. Täterbezeichnung: **Flaschner**.

Nndl. *flesch*, ne. *flask*, nschw. *flaska*, nisl. *flaska*. S. auch *Fiasko, Flakon, Flaschner*. – E. Schröder *ADA* 23 (1897), 157. Anders (zu *plē-* ´füllen´ als *plə-skā*): V. Pisani *ZVS* 90 (1976), 18 f. Zu *Flasche* ´Schwächling´ vgl.: H.-F. Rosenfeld *NPhM* 53 (1952), 277–287; *NPhM* 54 (1953), 237–356; Röhrich 1 (1991), 455–457.

Flaschenzug *m. erw. fach.* (< 17. Jh.). Die Bezeichnung rührt vom flaschenhalsförmigen Gehäuse der Rollen.

Flaschner *m. per. obd.* ´Klempner´ (< 15. Jh.). Der mittelalterliche *vlaschener* stellte blecherne und zinnerne Flaschen her (vgl. *Wärmflasche*).
S. *Flasche*. – Kretschmer (1969), 282–284.

flattern *swV.* (< 15. Jh.). Fnhd. *fladern* neben *flattern* (auch *flutteren, flotteren* u. a.). Außerdeutsch ne. *flutter*. Gehört zu einer Variante mit dentalem Auslaut zu *flackern*, bezeugt etwa in lit. *plazdéti*, lett. *plezdinât* ´schwingen, flattern´. Adjektiv: **flatterhaft**.
A. Liberman *GL* 30 (1990), 92–95.

flattieren *swV. per. fremd.* ´schmeicheln, schöntun´ (< 16. Jh.). Entlehnt aus frz. *flatter*, dessen weitere Herkunft nicht sicher geklärt ist.
Vermutlich ist das französische Wort eine Ableitung von l. *flaccus* ´schlaff´ (*flaccitāre* ´schlaff machen, besänftigen, liebkosen´). – D. Woll *RF* 98 (1986), 1–16.

flau *Adj. stil.* (< 17. Jh.). Wort der Seemannssprache, das über das Niederländische und Niederdeutsche aus afrz. *flau* ´sanft´ (frz. *flou* ´sanft, weich´) entlehnt ist. Dieses wiederum ist aus ahd. *hlao* (s. unter *lau*) entlehnt. Partikelableitung **abflauen**. S. *Flaute*.

Flaum *m. erw. fach.* (< 10. Jh.). Mhd. *phlūme, vlūme m./f.*, ahd. *phlūma f.* ´Flaumfeder´, as. *plūmon* ´mit Federn füllen´; wie ae. *plūmfeðer f.* entlehnt aus l. *plūma f.* ´Flaumfeder´ (zu dessen germanischer Entsprechung s. unter *Flausch*). Adjektiv: **flaumig**.

Flaumen *Pl.* s. *Flomen*.

Flausch *m.*, auch **Flaus** *m.* (< 18. Jh.). Ursprünglich niederdeutsches Wort (mndd. *vlūs, vlūsch n.* ´Schaffell´), das einerseits als *Flaus(ch)rock* ´wollener Überrock´ in die frühe Hochsprache gelangt, andererseits als **Flausen**, (< 16. Jh.) eigentlich ´herumfliegende Wollflocken´, dann übertragen auf ´närrische Einfälle´. Das niederdeutsche Wort geht zurück auf voreinzelsprachl. *plus-* ´Wollflocke´, auch in lit. *plùskos f. Pl.* ´Haarzotten´, mir. *ló, lóe* ´Wollflocke´, l. *plūma f.* (aus *plus-ma*) ´Flaumfeder´.
S. *Flaum, Fluse, Vlies*. – Röhrich 1 (1991), 457 f.

Flausen *Pl.* s. *Flausch*.

Flaute *f. erw. fach.* ´Windstille´ (< 18. Jh.). Abstraktum zu *flau*.

Fläz *m. per. reg.* ´Flegel´ (< 17. Jh.). Aus dem Niederdeutschen stammendes Scheltwort mit dem dort beliebten -s-Suffix für derartige Personenbezeichnungen. Zugrunde liegt vielleicht *vlote* ´breiter Abrahmlöffel´ (wie auch *Löffel* als Scheltwort herangezogen wird). Auch ein Zusammenhang mit *Flöz* ´Gesteinsschicht´ (s.d.) als ´hingeworfene Masse´ kann erwogen werden.

H. Schröder *GRM* 1 (1909), 703.

Flechse *f. erw. fach.* ´Sehne´ (< 17. Jh.). Es wird ein Anschluß an *Flachs* versucht oder ein altes *Flecht-sehne* vorausgesetzt. Beides wegen der späten Bezeugung nicht nachweisbar und wenig überzeugend.

G. Weitzenböck *Teuthonista* 7 (1930/31), 157.

Flechte *f. erw. stil.* (< 14. Jh.). Spmhd. *vlehte*, zunächst für die *Haarflechte*, danach übertragen auf das Moos und den Hautausschlag.

flechten *stV.* (< 9. Jh.). Mhd. *vlehten*, ahd. *flehtan*, as. *flehtan* aus g. **fleht-a- stV.* ´flechten´, auch in ae. *flohten-fōte* ´Zehen mit Schwimmhäuten´, anord. *flétta swV.* ´flechten´, gt. *flahta* ´Flechte´. Zugrunde liegt die verbreitete Verbalwurzel ig. (eur.) **plek-* ´flechten´, die in mehreren Sprachen mit *t*-Erweiterung erscheint. Mit *t*: l. *plectere*, akslav. *plěti* ´jäten´; ohne *t*: l. *plicāre* ´zusammenfalten´, gr. *plékō* ´ich flechte, winde´ und vielleicht das germanische Wort für *Flachs*. Präfigierung: *ver-, ent-*; Kollektivum: *Geflecht*.

Nndl. *vlechten*, nschw. *fläta*, nisl. *flétta*. S. *Flasche* und zur lateinischen Verwandtschaft *kompliziert*. − B. Schier: *Flechten im Lichte der historischen Volkskunde* (Frankfurt/M. 1951); Seebold (1970), 198 f.

Fleck *m.*, **Flecken** *m.* (< 8. Jh.). Mhd. *vlec(ke)*, ahd. *flec(ko)*, mndl. *vlecke* aus g. **flekka-/ōn m.* ´Fleck´ (darübergesetzter Lappen, Farbfleck, Eingeweidestück; Ortschaft), auch in anord. *flekkr*. Die Bedeutung ´Ortschaft´ geht aus von *Marktflek-k(en)* (14. Jh.), also ´Marktplatz´. Wie l. *plagula f.*, *plagella f.* ´Lappen´ zu l. *plaga f.* ´Fläche, Gegend´, so kann *Fleck* zu *flach* gehören. Es wäre dann wohl von einer Weiterbildung mit *-n-* oder einer Expressiv-Gemination zu (ig.) **pləg-* ´Ausgebreitetes´ auszugehen. Nach Sommer eher zu einer Lautnachmung für ´hinklatschen´, vgl. *Placken*. Vielleicht könnte auch von **flikk-* auszugehen sein, vgl. anord. *flik(a) f.* ´Lappen, Fetzen´, ae. *flicce n.* ´Speckseite´, mndd. *vli(c)e, vlecke* ´Speckseite´. Adjektiv: *fleckig*; Präfixableitung: *beflecken*. S. auch *Kuttelfleck* unter *Kutteln*.

Zur Sippe s. *flach*, sowie *Fleisch, flicken, Placken*. − Sommer (1977), 15; Lühr (1988), 216−218; zu *Flecken* im Sinne v. *Siedlung* s. *LM* 4 (1989), 539; Röhrich 1 (1991), 458.

fleddern *swV.* s. *Leichenfledderei*.

Fledermaus *f.* (< 9. Jh.). Mhd. *vledermūs*, ahd. *fledarmūs*, mndd. *vledermūs, vlērmūs*, mndl. *vledermuus*, eigentlich ´Flatter-Maus´, zu dem unter *flattern* behandelten Wort. Der ältere und eigentlich genauere Name ist ahd. *mūstro m.* ´Tier, das einer

Maus ähnelt´ wie ai. *aśvatará- m.* ´Maultier, Tier, das einem Pferd ähnelt´ zu ai. *aśva- m.* ´Pferd´.

Nndl. *vleermuis*. S. *zerfled(d)ern*. − Palander (1899), 22−24; *LM* 4 (1989), 540−541; A. Liberman *GL* 30 (1990), 81−88.

Flederwisch *m. obs.* ´Putzgerät´ (< *14. Jh., Form 15. Jh.). Mhd. *vlederwisch* ´Gänseflügel zum Abwischen´; ursprünglich *vederwisch* und sekundär an mhd. *vleder(e)n* ´flattern´ angeglichen. Also eigentlich ´etwas zum Wischen, aus Federn´.

Röhrich 1 (1991), 458.

Flegel *m.* (< 10. Jh.). Mhd. *vlegel*, ahd. *flegil*, as. *flegil*. Entlehnt aus l. *flagellum n.* ´Geißel, Flegel´, da die Germanen das Dreschen mit Flegeln von den Römern (Romanen) kennenlernten. Als Schimpfwort zunächst gebraucht für den Bauern nach seinem typischen Arbeitsgerät. Adjektiv: *flegelhaft*; Abstraktum: *Flegelei*; Verb: *sich (hin-) flegeln*.

Röhrich 1 (1991), 458−459.

flehen *swV.* (< 8. Jh.). Mhd. *vlē(he)n, vlēgen*, ahd. *flēhōn, flēhen*, as. *flehōn* ´dringend bitten´. Die Beurteilung der Etymologie ist mit dem Problem der noch unklaren Lautentsprechung gt. *þl-* − nordg./wg. *fl-* belastet (gt. *gaþlaihan* ´ermahnen, trösten´). Entsprechungen sind deshalb vorerst als unsicher zu beurteilen. Vgl. immerhin l. *supplex* ´demütig flehend´, l. *supplicāre* ´demütig flehen´, die zum nord- und westgermanischen Lautstand stimmen. Adjektiv: *flehentlich*; Präfigierung: *er-*.

Seebold (1970), 516 f.

Fleisch *n.* (< 8. Jh.). Mhd. *vleisch, fleisch*, ahd. *fleisc*, as. *flēsk* aus wg. **fleiska- n.* ´Fleisch´, auch in ae. *flǣsc*, afr. *flēsk*; dazu anord. *flesk(i)* ´Speck´, das wohl aus dem Westgermanischen entlehnt ist. Hierzu weiter anord. *flikki*, ae. *flicce*, mndl. *vlec(ke)* ´Stück Speck, Speckseite´. Dies kann weiter führen zu lit. *pleīkti* ´(einen Fisch) der Länge nach aufschlitzen und dann ausnehmen´. Im Falle eines Vergleichs wäre von (ig.) **ploik-sko-* und **plikk-jōn* (o.ä.) auszugehen, die Grundbedeutung wäre ´Speckseite, ausgenommenes Schwein´. In Betracht zu ziehen ist aber auch akslav. *plǫtĭ f.* ´Fleisch, Leib, Haut´, lett. *pluta* ´Fleisch, Haut´, lit. *plutà f.* ´(Brot)Kruste, Schweineschwarte´, die wurzelverwandt sein könnten. Vorläufig nicht ausreichend klar. Ausgangsbedeutung ist wohl ´Stück eines zerlegten Schlacht- oder Jagdtiers´ zu einem Verbum für ´zerteilen, zerlegen´. Adjektive: *fleischlich, fleischig*; Täterbezeichnung: *Fleischer*; Verb: *(zer-)fleischen*.

Nndl. *vlees*, ne. *flesh*, nschw. *fläsk*, nisl. *flesk*. S. *eingefleischt, zerfleischen, Fleck*. − Silfverbrand (1958), 1−80; *HWPh* 2 (1972), 957−959. Zur Täterbezeichnung *Fleischer*: W. Braun in: Dückert (1976), 55−119. *LM* 4 (1989), 541−545; Röhrich 1 (1991), 459.

Fleischkäse *m.* s. *Leberkäse*.

Fleischpflanzl *n. per. oobd.* ʹFleischküchleinʹ (< 20. Jh.). Eigentlich *Fleischpfanzl* aus *Pfann-Zelten* (s. *Zelte[n]*) ʹPfannkuchenʹ mit sekundärer Angleichung an *Pflanze.*

Fleiß *m.* (< 8. Jh.). Mhd. *vlīz,* ahd. *flīz,* as. *flīt* aus wg. **flīta-* (**fleita-*) *m.* ʹStreit, Anstrengungʹ, auch in ae. *flit,* afr. *flīt.* Abstraktum zu wg. **fleita- stV.* ʹwetteifernʹ in ae. *flītan,* as. *(and)flītan,* ahd. *flīzan,* mhd. *vlīzen,* das keine überzeugende Anschlußmöglichkeit außerhalb des Germanischen hat. Adjektiv: *fleißig.* Nndl. *vlijt.*

S. *beflissen, geflissentlich.* − Seebold (1970)., 199 f.

flektieren *swV. per. fach.* ʹmorphologisch beugenʹ (< 17. Jh.) Entlehnt aus l. *flectere (flexum)* ʹbeugen, biegenʹ. Abstraktum: *Flexion.*

S. *reflektieren, Reflexion; flexibel.* − E. Leser *ZDW* 15 (1914), 48 f.

Flemen *Pl.* s. *Flomen.*

flennen *swV. erw. reg.* ʹnach Kinderart weinenʹ (< 15. Jh.). Zunächst *pflennen,* oobd. *flehnen;* bezeugt ist auch die Bedeutung ʹlachenʹ, die die Verbindung zu ahd. *flannēn* ʹden Mund verziehenʹ herstellt. Weiter zugehörig sind vermutlich mhd. *vlans* ʹMund, Maulʹ und norw. schw. (dial.) *flīna* ʹdie Zähne zeigen, grinsenʹ. Weitere Herkunft unklar.

S. *Flunsch, Flansch.* − H. Glombik-Hujer *DWEB* 5 (1968), 69−75.

fletschen *swV. phras.* (< 14. Jh.), praktisch nur in *Zähne fletschen.* Mhd. *vletschen* zu mhd. *vletzen* ʹebnen, ausbreitenʹ, zu ahd. *flaz* ʹflach, breitʹ, also eigentlich ʹden Mund breitziehenʹ.

S. *Fladen, Flöz.* − H. Glombik-Hujer *DWEB* 5 (1968), 80−82.

fletschern *swV. per. fach.* ʹmit gründlichen Kaubewegungen essenʹ (< 20. Jh.). Nach dem amerikanischen Ernährungsphysiologen H. *Fletcher,* der diese Eßweise vorschlug.

Flett *n.,* **Fletz** *n./m.,* s. *Flöz.*

flexibel *Adj.* (< 17. Jh.). Entlehnt aus l. *flexibilis,* wohl unter dem Einfluß von frz. *flexible* ʹbiegsamʹ. Das lateinische Wort ist ein Adjektiv der Möglichkeit zu l. *flectere (flexum)* ʹbeugen, biegenʹ, ausgehend von der Form des PPP.

Flibustier *m. arch.* ʹSeeräuberʹ (< 18. Jh.). Entlehnt aus frz. *flibustier,* dieses aus e. *filibuster,* wohl aus e. *flibutor, freebooter,* aus ndl. *vrijbuiter* ʹFreibeuterʹ.

S. *frei* und *Beute[1].* − Rey-Debove/Gagnon (1988), 307.

flicken *swV.* (< 14. Jh.). Mhd. *vlicken,* eigentlich ʹeinen Fleck aufsetzenʹ (s. *Fleck*).

Flickflack *m. per. fach.* ʹHandstandüberschlag rückwärtsʹ (< 20. Jh.). Entlehnt aus frz. *flic-flac,* einer Lautgebärde mit Vokalvariation.

Flieder *m.* (< 16. Jh.). Zunächst niederdeutsches Wort (mndd. *vleder,* mndl. *vlie(de)r*). Mit *Flieder* wird zunächst der Holunder bezeichnet; im 16. Jh. bei Einführung des Flieders (*syringa vulgaris*) wird das Wort auf diesen übertragen, zunächst mit verdeutlichenden Adjektiven (*spanischer, welscher, türkischer Flieder*), dann auch als einfaches Wort. Heute wird *Flieder* für Holunder vor allem noch in nordostdeutschen Mundarten gebraucht, häufig verdeutlicht als *wilder* oder *schwarzer Flieder.* Das Wort ist vermutlich gebildet mit dem westgermanischen ʹBaumnamensuffixʹ *-dra-* (s. unter *Holunder*), das Vorderglied läßt sich nicht weiter anknüpfen.

Teuchert (1944), 214 f.

fliegen *stV.* (< 8. Jh.). Mhd. *vliegen,* ahd. *fliogan,* mndd. *vlegen,* mndl. *vliegen* aus g. **fleug-a- stV.* ʹfliegenʹ, auch in anord. *fljúga,* ae. *flēogan,* afr. *fliāga.* Außergermanisch läßt sich ein baltisches Wort bei Ansatz eines (ig.) **pleuk-* ʹfliegen, schwimmenʹ vergleichen, was voraussetzen würde, daß das germanische Wort den grammatischen Wechsel zugunsten des stimmhaften Lautes ausgeglichen hätte. Mit Rücksicht auf die Vermeidung eines Zusammenfalls mit *fliehen* in den außergotischen Sprachen ist diese Annahme durchaus möglich. Vgl. lit. *plaũkti* ʹschwimmen, herbeiströmenʹ und vielleicht lit. *plùnksna* ʹFederʹ (neben lit. *plũsna*). Unter Umständen ist die auf **pleus-* zurückführende Sippe von *Flaum* und *Flausch* näher zugehörig. Weiter zu ig. **pleu-* ʹfließenʹ, das unter *fließen* dargestellt ist. Einen ähnlichen Bedeutungswandel von ʹschwimmenʹ zu ʹfliegenʹ zeigt toch. AB *plu-* ʹschwebenʹ von der einfacheren Wurzelstufe (sowie vielleicht **plus-* ʹWollflocke, Flaumfederʹ). Auch ai. *plávate* heißt neben ʹschwimmen, fließenʹ gelegentlich ʹschweben, fliegenʹ. − Schon westgermanisch ist das Wort *Fliege* (mhd. *vliege,* ahd. *fliuga,* as. *fliega,* ae. *flēoge*), dazu im Ablaut anord. *fluga* gleicher Bedeutung. Abstraktum: *Flug;* Nomen agentis: *Flieger.*

Nndl. *vliegen,* ne. *fly,* nschw. *flyga,* nisl. *fljúga.* S. *flitzen, Flocke, Flucht[2], Flügel, flügge, flugs.* − Th. Schumacher *ZM* 23 (1955), 59−64; zu *Fliege* s. *Tiernamen* (1963−1968), 694−696, 762−764; Seebold (1970), 201 f.; Röhrich 1 (1991), 460−461.

Fliegender Sommer *m.* s. *Altweibersommer.*

Fliegenpilz *m.* ʹAmanita muscariaʹ (< 17. Jh.). Die Zusammensetzung von *Fliege* (s. *fliegen*) und *Pilz* rührt daher, daß dieser Giftpilz schon seit alters mit Milch abgekocht wurde, um damit Fliegen und Insekten zu töten. Ältere Bezeichnungen mit entsprechendem Benennungsmotiv sind spmhd. (14. Jh.) *muckenswam* ʹMückenschwammʹ, fnhd. *Fleugenschwamm* ʹFliegenschwammʹ (s. *Schwamm*); weiter sind belegt *Fliegenteufel, Fliegentod* usw. Ähnliche Bezeichnungen findet man auch in anderen europäischen Sprachen.

Marzell 1 (1943), 237.

fliehen *st V.* (8. Jh.). Mhd. *vliehen*, ahd. *fliohan*, as. *fliohan* aus n./wg. **fleuh-a- st V.* ´fliehen`, auch in ae. *flēon*, as. *fliohan*, afr. *fliā* und Resten im Altnordischen (mit *fljúga* ´fliegen` zusammengefallen). Im Deutschen ist der grammatische Wechsel zugunsten von *-h-* ausgeglichen, wohl um das Verb von *fliegen* getrennt zu halten. Im Gotischen entspricht *þliuhan* ´fliehen`. Der Wechsel gt. *þl- – n./ wg. fl-* in bestimmten Wörtern ist bis heute nicht ausreichend geklärt. Für ursprüngliches *fl-* mit Entwicklung zu *þl-* vor Spirant tritt K. Matzel ein, der aber nicht alle widersprechenden Fälle zu klären vermag. Andererseits ist für gt. *þl-* kein überzeugender Ausgangspunkt zu finden (kaum ig. *tl-*). Die Etymologie dieser Wörter muß deshalb offen bleiben. Präfigierung: *ent-*.

Nndl. *vlieden*, ne. *flee*, nschw. *fly sw V.*, nisl. *flýja sw V.* S. *Floh, Flucht*[1]. – K. Matzel *Sprache* 8 (1962), 220–237; Seebold (1970), 517 f.

Fliese *f.* (< 17. Jh.). Ursprünglich niederdeutsches Wort (mndd. *flise, vlise* ´Steinplatte`). Vielleicht vergleicht sich dieses mit anord. *flís* ´Splitter, gespaltenes Holz` (die Bedeutung ´Fliese` dürfte entlehnt sein). In diesem Fall wäre die Ausgangsbedeutung ungefähr die von *Schiefer*. Falls ahd. *flins* ´Kiesel, Fels` entspricht (was von der Bedeutung her nicht naheliegt), ist die Vokallänge durch Nasalschwund mit Ersatzdehnung entstanden. Vielleicht eine Form ohne *s mobile* zu der Sippe von *spleißen*.

fließen *st V.* (< 8. Jh.). Mhd. *vliezen*, ahd. *fliozan*, as. *fliotan* aus g. **fleut-a- st V.* ´fließen`, auch in anord. *fljóta*, ae. *flēotan*, afr. *fliāta*, im Gotischen ist kein Wort dieser Bedeutung belegt. Dieses aus einer auch in den Nachbarsprachen des Germanischen bezeugten Erweiterung *\*pleud-* zu der ig. Wurzel *\*pleu-* ´fließen`; **pleud-* in lit. *plústi* ´strömen`, lit. *pláuti* ´spülen, waschen`, air. *lúaidid* ´bewegt sich`, air. *imm-* ´bewegt, trägt, treibt, fährt herbei`; **pleu-* in ai. *plávate* ´schwimmt, gleitet`, gr. *pléō* ´ich segle, schiffe, schwimme`, akslav. *pluti* ´befahren`, air. *luïd* (ursprünglich Deponens) ´bewegt sich, fliegt`. Dieses aus einer einfacheren Wurzelstufe (ig.) **pelə-* ´gießen, füllen` in lit. *pìlti* ´gießen, füllen`, ai. *píparti* ´füllt, nährt` (selten); ´fließen` ist also eigentlich ´überfließen`.

Nndl. *vlieten*, ne. *fleet*, nschw. *flyta*, nisl. *fljóta*. S. *Floß, Flosse, flößen, flott, Flotte, Fluß, Flut*. – Seebold (1970), 202–204.

Fließband *n.* (< 20. Jh.). Deutsche Bezeichnung der durch Henry Ford in den U. S. A. eingeführten Fertigungsmethode.

Fließpapier *n. obs.* (< 16. Jh.). Bezeichnung für saugfähiges Papier, auf dem die Tinte verfließt. Zum Trocknen der Tinte u.ä. verwendet.

Fliete *f. arch.* ´Aderlaßeisen` (< 9. Jh.). Mhd. *fliet(e), vlie(de)me*, ahd. *fliodema, fliotema*. Wie

ae. *flīthme, flȳtme* entlehnt aus l. *phlebotomus m.* aus gr. *phlebotómon n.* (zu gr. *phléps* ´Ader` und gr. *témnein* ´schneiden`).

S. *Anatomie.* – *RGA* 1 (1973), 78 f.

flimmern *sw V.* (< 17. Jh.). Zu *flimmen* neben *flammen*, von unruhigen Bewegungen. Wohl ursprünglich von *Flamme* abgeleitet, aber lautmalerisch abgewandelt.

flink *Adj.* (< 17. Jh.). Aus dem Niederdeutschen übernommen, wo es ursprünglich ´glänzend, blank` bedeutete (ndd. *flinken* ´glänzen`). Die Bedeutungsübertragung war möglich, weil offenbar ein unruhiges, wechselndes Glänzen gemeint war (vgl. auch den Bedeutungszusammenhang bei *Blitz*). Herkunft unklar; wohl lautmalerische Abwandlung von *blinken*, vgl. auch *flimmern*.

Lühr (1988), 106 f.

Flins(e) *f.* s. *Plinze*.

Flinte *f. obs.* (< 17. Jh.). Ursprünglich neben *Flintbüchse* und *Flintrohr*. Damit wird ein im 30jährigen Krieg aufgekommenes Gewehr mit (Feuer)-Steinschloß (das zuvor nur die Pistolen hatten) bezeichnet. Davor wurde mit der *Lunte* der Schuß ausgelöst. Dabei ist *flint* die schwedische Form des Wortes für ´Feuerstein` (ahd. *flins m.*, mhd. *vlins m.*; dagegen nschw./ndn. ndd./nndl. ne. *flint*). Die schwedischen Wörter *flintebössa, flinterör, flinta* sind früher bezeugt als die deutschen Entsprechungen und haben diesen offenbar als Vorbild gedient. Das schwedische Wort ist seinerseits dem frz. *fusil à silex m.* nachgebildet. – Die *Flinte ins Korn werfen* für ´aufgeben` ist offenbar ein spezieller Ausdruck für ´seine Waffen (als Zeichen der Aufgabe oder der Harmlosigkeit) wegwerfen`.

Ganz (1957), 74 f.; Lüschen (1968), 219; F. de Tollenaere *SN* 53 (1981), 245–257; Lühr (1988), 105 f.; Röhrich 1 (1991), 461.

Flipper *m. per. fach.* (ein Spielautomat) (< 20. Jh.). Entlehnt aus ne. *flipper*, einer Ableitung von e. *flip* ´schnipsen, schnellen`, dessen Herkunft nicht sicher geklärt ist. Verbum *flippe(r)n* ´mit Spielautomaten spielen`. S. *ausflippen*.

Rey-Debove/Gagnon (1988), 308; Carstensen 2 (1994), 508 f.

flirren *sw V. per. reg.* (< *17. Jh., Bedeutung 18. Jh.). Ursprünglich niederdeutsches Wort, das zuerst ´flattern` bedeutet. Sicher eine Lautgebärde, bei der die Lautgestalt ähnlicher Wörter mitgewirkt haben mag (*schwirren, flimmern*).

flirten *sw V. stil.* (< 19. Jh.). Entlehnt aus ne. *flirt*, dessen Herkunft nicht sicher geklärt ist. Dazu *Flirt* ´Liebelei` nach e. *flirtation*.

DF 1 (1913), 219; Rey-Debove/Gagnon (1988), 311; Carstensen 2 (1994), 511–514.

flispern *sw V. per. ndd.* ′flüstern, beim Sprechen mit der Zunge anstoßen′ (< 18. Jh.). Wohl eine Mischbildung aus *flüstern* und *wispern* oder *lispeln*.

Flitscherl *n. per. oobd.* (< 20. Jh.). Entsprechung zu *Flittchen*.

Flittchen *n. stil.* ′leichtfertiges Mädchen′ (< 19. Jh.). Wohl rückgebildet aus *flittern* ′kichern′, auch ′liebkosen′. S. *Flitter, flittern, Flitscherl.*

Flitter *m. erw. fach.* (< 16. Jh.). Zunächst ′kleine Blechmünze′, dann ′glitzerndes Metallplättchen, Glanz′. Rückbildung aus *flittern.*

flittern *sw V. per. reg.* (< 15. Jh.). Mhd. *vlittern, vlettern* ′kichern′, dann auch ′flüstern, kosen, schmeicheln′, am frühesten bezeugt ist das formal abweichende ahd. *flitarezzen* ′schmeicheln, liebkosen′ (11. Jh.). Wohl eine Lautgebärde wie *flattern* und mit Vokalvariation zu diesem und ähnlichen Wörtern gebildet. Ausgangsvorstellung sind wohl schnelle, leise Bewegungen; die Lichtvorstellungen (′glitzern′) wohl unter dem Einfluß der nominalen Ableitung *Flitter.* S. *Flittchen.*

Flitterwochen *Pl.* (< 16. Jh.). Zu *flittern* in der Bedeutung ′liebkosen′.
Röhrich 1 (1991), 461.

Flitzbogen *m.* s. *flitzen.*

flitzen *sw V. stil.* (< *16. Jh., Bedeutung 19. Jh.). Die ältere Bedeutung ist ′mit Pfeilen schießen′. Abgeleitet von *Flitze (flitsche) f.* ′Pfeil′, einer morphologisch unklaren niederdeutschen/niederländischen Ableitung von mndd. *fleke, flieke,* mndl. *vl(i)eke* ′Pfeil′ (evtl. über frz. *flèche* ′Pfeil′, das aus einer entsprechenden germanischen Form stammt). Dieses kann eine Ableitung auf *-ikōn* zu dem Wort *fliegen* sein. Gebräuchlich ist auch noch *Flitzbogen* mit der alten Bedeutung.

Flocke *f.* (< 9. Jh.). Mhd. *vloc, vlocke m.,* ahd. *flocko m.,* mndd. *vlocke,* mndl. *vlocke* aus vd. **flukk(ōn) m.* ′Flocke′. Am ehesten entlehnt aus l. *floccus m.* ′Flocke′. Falls Erbwort, gehört es zu lett. *plauki* ′Schneeflocken′, lett. *plaūkas Pl.* ′Fasern, Abgang von Wolle und Flachs′ und weiter zu *fliegen.* Die Beleglage spricht aber eher für eine Entlehnung. Adjektiv: *flockig;* Verb: *(aus-) flocken.*
S. *Plane.* − Lühr (1988), 218 f.

Floh *m.* (< 9. Jh.). Mhd. *vlō(ch) m./f.,* ahd. *flōh,* mndd. *vlo,* mndl. *vlo f.* aus g. **flauha- m.* ′Floh′, auch in anord. *flō f.,* ae. *flēa.* Außergermanisch wird das Tier mit ähnlichen, aber lautlich nicht genau vereinbaren Wörtern bezeichnet. Vermutlich expressive Umgestaltungen oder sekundäre Angleichungen, die etwa von (ig.) **plus-* ausgehen, vgl. ai. *plúṣi-,* gr. *psýlla f./(m.)* (vielleicht angelehnt an gr. *psēn* ′kratzen′), arm. *lu,* lit. *blusà f.,* l. *pūlex.* Im Germanischen eventuell an *fliehen* angeschlossen.
Nndl. *vlo,* ne. *flea.* − Tiernamen 35−50; Röhrich 1 (1991), 461−462.

Floh- in **Flohzirkus** *m.,* **Flohkino** *n.,* **Flohmarkt** *m.* Die erste Bildung ist wohl die älteste und bezeichnet Vorführungen mit Flöhen (< 18. Jh.). Danach, wohl schon als negatives ′Halbpräfix′ gebraucht, *Flohkino* (kaum weil es dort Flöhe gibt), und schließlich *Flohmarkt,* das in der modernen Sprache eine größere Rolle spielt. Die Beziehung zu frz. *marché aux puces, les puces* ist noch nicht geklärt.

Flomen *Pl. per. ndd.* ′rohes Bauch- und Nierenfett′, regional auch **Flaumen** u. a. (< 18. Jh.). Hochdeutsch würde *Flumen* entsprechen (vgl. mndd. *vlome*), das teilweise als Verhochdeutschung vorkommt. Süddeutsch entspricht *Flamen* u.ä., das meist ′dünne Haut u.ä.′ bedeutet und zu *Flomen* im Ablaut steht. Wohl zu der gleichen Grundlage wie bei *Fladen* und *flach*; es bezeichnet (vermutlich) die ausgebreitete Fläche.
E. Damköhler *WBZDS* 6,43 (1927), 185−192; E. Christmann *ZDPh* 55 (1930), 230−237; Kretschmer (1969), 328.

Flop *m. per. fremd.* ′Reinfall, Mißerfolg′ (< 20. Jh.). Entlehnt aus ne. *flop,* eigentlich ′das Hinfallen′, einer Ableitung von e. *flop* ′ (mit Lärm) hin(unter)fallen′, neben e. *flap,* dessen weitere Herkunft nicht sicher geklärt ist; man vermutet Lautnachahmung.
G. Zimmermann 1988, 136; Rey-Debove/Gagnon (1988), 313; Röhrich 1 (1991), 463; Carstensen 2 (1994), 517.

Flor[1] *m. erw. stil.* ′Schleier′ (< 15. Jh.). Entlehnt aus nndl. *floers* ′Schleier′; dessen Herkunft ist unklar − möglicherweise aus frz. *fleurs* ′Blumen′ nach einem ähnlichen Bild wie bei der Bezeichnung der **Florett-Seide** ′schlechte Seide aus dem oberen Gespinst der Seidenwürmer′ aus frz. *fleuret* ′Blümchen′ (′Blume′ = ′oberer Teil′?).
DF 1 (1913), 220; M. Zimmermann *GermL* 1979, 51 f.

Flor[2] *m. per. fach.* ′aufrecht stehende Fasern von Samt usw.′ (< 18. Jh.). Entlehnt aus nndl. *floers* ′Samt′, das auf mfrz. *velours* zurückgeht (s. *Velours*).

Flor[3] *m. erw. stil.* ′Blüte, Wohlstand, Gedeihen′ (< 16. Jh.). Entlehnt aus l. *flōs (-ōris)* ′Blume, Blüte′. Verbum: *florieren* ′gedeihen′ aus l. *florēre,* frz. *florir* ′blühen′.
S. *Flora, Florett, Florin, Floskel, deflorieren, Karfiol.* − *DF* 1 (1913), 219 f.

Flora *f. erw. fach.* ′Pflanzenwelt′ (< 17. Jh.). Der Name der römischen Frühlingsgöttin l. *Flora* wird seit dem 17. Jh. in Titel von Pflanzenbeschreibungen verwendet, z. B. *Flora Danica* (1647) für eine Beschreibung der dänischen Pflanzenwelt. Daraus dann die appellativische Verwendung.
S. *Fauna, Flor*[3]. − *DF* 1 (1913), 220.

Florett *n. erw. fach.* (eine Stoßwaffe mit biegsamer Klinge) (< 17. Jh.). Entlehnt aus frz. *fleuret m.,* dieses aus it. *fioretto m.,* auch ′Kugel an der Spitze des Degens′, eigentlich ′Knospe, Blümchen′,

einem Diminutivum zu it. *fiore m.* ´Blume, Blüte´, aus l. *flōs (-ōris) m.* So benannt nach der kleinen Kugel, die bei Übungen auf die Spitze des Degens gesteckt wurde, um ernsthafte Verletzungen zu vermeiden. Die vom Französischen abweichende Lautform wohl durch Relatinisierung.
S. *Flor*[3]. − DF 1 (1913), 220

Florin *m. per. fach.* ´niederländischer Gulden´ (< 14. Jh.). Entlehnt aus ml. *florenus* ´(Florentiner) Gulden´, einem substantivierten Adjektiv zu l. *flōs (-ōris)* ´Blume, Blüte´. So benannt als die ´Münze mit der Blume´, da sie auf der Rückseite eine Lilie eingeprägt hatte (zuerst in Florenz, wo die Lilie in das Stadtwappen gehört). S. *Flor*[3].

Floskel *f.* (< 18. Jh.). Entlehnt aus l. *flōsculus m.* ´Denkspruch, Sentenz´, eigentlich ´Blümchen´, einem Diminutivum zu l. *flōs (-ōris) m.* ´Blume, Blüte´. Das Wort wird als Terminus der Rhetorik (einprägsame Formulierung) entlehnt. Die Bedeutungsverschlechterung ergibt sich aus der Abschwächung und Sinn-Entleerung häufig verwendeter Wendungen, besonders wenn fadenscheinige Argumente rhetorisch aufgeputzt werden.
S. *Flor*[3]. − DF 1 (1913), 220 f.; Cottez (1980), 151.

Floß *n.* (< 10. Jh.). Mhd. *vlōʒ m./n.*, ahd. *flōʒ*, as. *flōt* in verschiedenen Bedeutungen, die das Wort als Ableitung zu *fließen* (s.d. und unter *Flotte*) erweisen (´das Schwimmende´). Hierzu als Faktitivum *flößen*[1] ´im Floß oder als Floß befördern´.
LM 4 (1989), 578−579.

Flosse *f.* (< 9. Jh.). Mhd. *vlozze*, ahd. *flozza* zu *fließen* in der Bedeutung ´schwimmen´.

flößen[2] *swV. arch.* ´fließen lassen´ (< 13. Jh.). Mhd. *vlæzen*, Kausativ zu *fließen*, also ´fließen machen, schwimmen machen´. Modern praktisch nur noch in **einflößen**.

Flöte *f.* (< 13. Jh.). Mhd. *vloit(e)*, *flöute*. Entlehnt aus afrz. *fleute* über mndl. *flute, fleute, floyte*. Verb: *flöten*.
Die Herkunft des romanischen Wortes ist unklar. Vielleicht zu l. *flāre* ´blasen´ + frz. *huter* ´hu machen´, also etwa ´hu blasen´. − DF 1 (1913), 221; Relleke (1980), 54 f.; DEO (1982), 291; Röhrich 1 (1991), 463−464.

flötengehen *stV. stil.* ´verloren gehen´ (< 18. Jh.). Herkunft dunkel. Mögliche Herleitung aus dem Jiddischen über das Rotwelsche bei Wolf, zur gleichen Quelle wie *Pleite*.
J. Knobloch *Lingua* 26 (1970/71), 300 f.; Wolf (1985), 103; Röhrich 1 (1991), 463 f.

flott *Adj.* (< 17. Jh.). Aus dem Niederdeutschen übernommen; dort ist es zunächst in Wendungen wie *flott werden* (von einem Schiff) üblich, und erweist sich damit als Ableitung von *fließen*. Die heutige Bedeutung entstand vermutlich über *flott leben* (u.ä.) in der Studentensprache. Als neutrales Abstraktum ndd. *Flott* in **Entenflott** ´Entengrütze´

und in der Bedeutung ´Sahne´ (oben Schwimmendes).
Kluge (1911), 271.

Flotte *f.* (< 16. Jh.). Vermutlich zunächst entlehnt aus mndd. *vlōte*, mndl. *vlōte* ´Schiffsverband´ (ähnlich wie *Floß* eine Ableitung zu *fließen*). Das Wort gerät dann − dem Schicksal der militärischen Terminologie dieser Zeit entsprechend − unter den Einfluß der romanischen Entsprechungen (it. *flotta*, frz. *flotte*), die ihrerseits auf das germanische Wort zurückgehen (anord. *floti m.* über das Normannische; vgl. auch ae. *flota m.*), aber wohl mit Ableitungen aus l. *fluctuāre* ´fließen´ vermischt wurden. Hierzu als Diminutivum (aus dem Spanischen und Französischen) *Flotille*.
Kluge (1911), 271; DF 1 (1913), 221; Jones (1976), 340; DEO (1982), 290; LM 4 (1989), 579−594.

Flöz *n. per. fach.* ´waagrechte Gesteinsschicht´ (<*8. Jh., Bedeutung 16. Jh.). Fnhd. *flez*. Das Wort beruht auf einer Übertragung aus mhd. *vletz(e)* ´Tenne, Stubenboden u.ä.´, ahd. *flezzi*, as. *fletti* aus g. **flatja- n.* ´(bearbeiteter) Boden´, auch in anord. *flet*, ae. *flet(t)*, afr. *flett*; eine Ableitung (Abstraktbildung) von g. **flata- Adj.* ´flach´, in anord. *flatr*, as. *flat*, ahd. *flaz* (parallele Erweiterung von *flach*, s.d.; vielleicht als ´Gestampftes´ zu ig. **pel-* ´schlagen, stoßen´). Das Wort ist die technische Bezeichnung für den Fußboden innerhalb des Hauses; als solches wird es auch in der ndd. Form *Flett* erwähnt.
S. auch *fletschen*. − Hoops (1911/19), II,66−68; W. Jungandreas *NJ* 77 (1954), 69−83; Maher (1986), 65; Heidermanns (1993), 200.

fluchen *swV.* (< 9. Jh.). Mhd. *vluochen swV.*, ahd. *fluohhōn swV., fluohhan stV.*, as. *flōkan stV.* aus g. **flōk-a- stV.*, auch in gt. *faiflokun Prät.* ´betrauerten´, anord. *flókinn* ´verworren´, ae. *flocan stV.* ´die Hände zusammenschlagen´, afr. *urflōkin* ´verflucht´. Die Ausgangsbedeutung ist wohl ´stoßen, schlagen´; daraus die deutsche Bedeutung (vgl. einen *Fluch ausstoßen*) und in einem anderen Bild ´die Hände zusammenschlagen´ im Englischen; dies als Zeichen der Trauer und Verzweiflung im Gotischen (wobei die Fügung syntaktisch weiterentwickelt ist, im Akkusativ die betrauerte Person steht, nicht die Hände o.ä.). Das germanische Verb geht zurück auf ig. (eur.) **plāg-* ´schlagen´ in l. *plangere* ´schlagen, an die Brust schlagen, trauern´, gr. *plḗssō* ´ich schlage, treffe, treibe´. Eine Variante mit *-k* in lit. *plàkti* ´schlagen, peitschen, prügeln´. Abstraktum: *Fluch*; Präfigierung: *ver-*.
Nndl. *vloeken.* − M. Förster in: *FS F. Liebermann* (Halle 1921), 154−156; Seebold (1970), 205 f.; LM 4 (1989), 596−597; Röhrich 1 (1991), 465.

Flucht[1] *f.* (zu *fliehen*) (< 9. Jh.). Altes Abstraktum: ahd. *fluht*, mhd. *vluht*, as. *fluht*, afr. *flecht*, ae. *flyht m.* aus wg. **fluhti- f.* ´Flucht´. Dagegen ein *n-*

Stamm in anord. *flótti m.*, ein *m(i)*-Stamm in gt. *plauhs.* Verb: **flüchten**; Nominalableitung: **Flüchtling**; Adjektiv: **flüchtig**; Präfigierungen: **Zu-, Aus-**. Nndl. *vlucht*, ne. *flight*. S. *Ausflucht, fliehen*. − Eppert (1963), 87−94.

Flucht[2] *f. obs.* ʹzusammenfliegende Schar Vögel, Zimmerflucht' (< 17. Jh.). Aus dem Niederdeutschen übernommen (ndd. *flugt*). Dieses ist *ti*-Abstraktum zu *fliegen*. Hierher auch **Fluchtlinie** (vgl. *Fluglinie*) ʹGeradeʹ, **Zimmerflucht** und der technische Ausdruck **fluchten** ʹin einer Linie stehenʹ. Nndl. *vlucht*, ne. *flight*. S. *fliegen*.

Flugblatt *n.* Wie **Flugschrift** *f.* (< 18. Jh.) Lehnbildung aus *Flug* (s. *fliegen*) und *Blatt* bzw. *Schrift* (s. *schreiben*) zu frz. *feuille volante f.*, wörtlich ʹfliegendes Blattʹ, weil es sich dabei im Gegensatz zu gebundenen Büchern um lose Blätter handelte (und dann auch wegen ihrer schnellen Verbreitung. Im 19. Jh. wird **Flugschrift** als Ersatz für *Broschüre*, *Pamphlet* und **Pasquill** vorgeschlagen.

Flügel *m.* (< 13. Jh.). Mhd. *vlügel*, mndd. *vlogel*, mndl. *vleughel*; wie anord. *flygill* eine jüngere Instrumentalbildung auf *-ila-* zu *fliegen*. *Flügel* ʹTasteninstrumentʹ heißt so nach der Form: zunächst war der *Flügel* eine entsprechend geformte Harfe (mndd. *vlogel*, 14. Jh.). S. *überflügeln*. − Relleke (1980), 264 f.; Röhrich 1 (1991), 465.

flügge *Adj. stil.* (< *13 Jh., Form 15. Jh.). Mhd. *vlücke*. Die neuhochdeutsche Form mit *-gg-* beruht auf ndd. *vlügge*. Das Wort ist westgermanisch: ae. *flycge*. Ein Adjektiv der Möglichkeit auf *-ja-*, also wg. *flug-ja-* ʹimstande zu fliegenʹ. S. *fliegen*. − Heidermanns (1993), 203 f.

flugs *Adv. stil.* (< 15. Jh.). Mhd. *vluges* als adverbialer Genetiv zu *Flug*, also ʹim Flugeʹ, der dann etwa im 15. Jh. erstarrt. S. *fliegen*.

Flugschrift *f.* s. *Flugblatt*.

Flugzeug *n.* (< 20. Jh.). Nach dem Muster von *Fahrzeug* gebildet.

Fluh *f. per. schwz.* ʹFels, Felswandʹ (< 9. Jh.). Mhd. *vluo*, ahd. *fluoh* aus g. *flōhi- f.* ʹFels, Felsstück, Felswandʹ, auch in anord. *fló* ʹSchicht, Absatz an einer Felswandʹ, ae. *flōh* ʹFelsstück, Flieseʹ. Am ehesten aus einer Variante (ig.) *plāk- neben *plāg-*, das in *flach* vorliegt. Hierher gr. *pláx* ʹFlächeʹ, l. *placidus* ʹflach, ebenʹ, lit. *plãkanas* ʹflachʹ. S. *Nagelfluh*.

Fluidum *n. per. fremd.* ʹWirkung, Ausstrahlungʹ (< 18. Jh.). Neubildung zu l. *fluidus* ʹflüssigʹ, zu l. *fluere* ʹfließen, strömenʹ, also eigentlich ʹFlüssigkeit, Fließendesʹ. Dann Übertragung auf die Ausstrahlung von Gegenständen oder Menschen, von der Vorstellung elektrischer und magnetischer Wellen ausgehend. S. *fluktuieren*. − DF 1 (1913), 221.

fluktuieren *swV. per. fremd.* ʹschwanken, sich ändernʹ (< 18. Jh.). Entlehnt aus l. *flūctuāre* (auch: ʹWellen schlagen, wogenʹ), zu l. *flūctus* ʹStrömen, Wogen, Strömungʹ, zu l. *fluere* ʹfließenʹ. Abstraktum: **Fluktuation**. S. *Fluidum, Fluor, Influenza*. − Schirmer (1911), 64.

Flumen *Pl.* s. *Flomen*.

Flunder *f.* (< 16. Jh.). Im 16. Jh. als englischer Name vermerkt, vgl. ne. *flounder*, nnorw. *flundra*. Daneben in spätmittelalterlichen Vokabularien *vlander, vluoder* u.ä. Vermutlich zu dem unter *Fladen* aufgeführten (ig.) *plət-/plāt- ʹflachʹ mit sekundärer Nasalierung. Die Verbreitung dieser Form ist aber im einzelnen unklar.

flunkern *swV.* (< 18. Jh.). Zu **flinken** ʹglitzernʹ u.ä., zunächst im Norden (ndd. *flunkern*, ndl. *flonkeren*). Übertragen gebraucht für ʹsich glanzvoll darstellenʹ; dann ʹaufschneidenʹ. S. *flink*. − Lühr (1988), 106 f.

Flunsch *m. per. ndd.* ʹMaul (zum Weinen verzogen)ʹ (< 19. Jh.). Mit Lautabwandlung zu der unter *flennen* dargestellten Sippe. S. *Flansch*.

Fluor *m. erw. fach.* (ein Gas mit stechendem Geruch) (< 19. Jh.). Neubezeichnung zu l. *fluor* ʹdas Fließenʹ, zu l. *fluere* ʹfließenʹ. Dies ist ursprünglich Bezeichnung des Flußspats, dem wichtigsten Fluor enthaltenden Mineral; dann übertragen auf das Gas. Flußspat wurde im Hüttenwesen dazu benutzt, den Schmelzfluß bei Erzen zu fördern; daher seine Bezeichnung. Dazu **fluoreszieren** usw., mit dem ʹwie gewisse Fluorverbindungen im Licht reagierenʹ gemeint ist, da man die Erscheinung zunächst an den Kristallen des Flußspats beobachtete. S. *fluktuieren*.
Cottez (1980), 151.

Flur *f.* (< 12. Jh.). Mhd. *vluor m.*, ahd. *fluor m.*, mndd. *flōr*, mndl. *vloer* aus g. *flōra- m.* ʹBodenʹ, auch in anord. *flórr m.*, ae. *flōr m.* Außergermanisch entspricht *plā-ro- in air. *lár n./(m.)*, kymr. *llawr* ʹBodenʹ, von derselben Grundlage ig. *plā-* wie *flach, Fladen, Flöz* usw. Im Deutschen ist *Flur* ʹFeldflurʹ ererbt und hat in spätmittelhochdeutscher Zeit sein Genus zum Femininum umgestellt. *Flur m.* ʹHausgangʹ ist erst im Neuhochdeutschen aus dem Niederdeutschen aufgenommen worden.
Nndl. *vloer*, ne. *floor*. − W. Mitzka *BF* 11 (1940), 66−68; Kretschmer (1969), 203−210; *LM* 4 (1989), 597−600.

Fluß *m.* (< 8. Jh.). Mhd. *vluz*, ahd. *fluz*, as. *fluti* aus vd. *fluti- m.* ʹFließen, Flußʹ zu *fließen*. Häufig in Gewässer- und Ortsnamen. Heute hat *Fluß* fast ausschließlich die Bedeutung ʹfließendes Gewässerʹ; die allgemeine Bedeutung ʹFließenʹ in der Ableitung **flüssig** adj. und in Präfigierungen wie **Einfluß** und **Ausfluß**.

Flußspat *m.* s. *Fluor*.

flüstern *swV.* (< 15. Jh.). Fnhd. *flistern*. Ursprünglich niederdeutsches Wort, das wohl auf Lautmalerei beruht.

Röhrich 1 (1991), 467.

Flut *f.* (< 8. Jh.). Mhd. *vluot m.*, ahd. *fluot*, as. *flōd f./m.* aus g. **flōdu- m.* 'Flut', auch in gt. *flodus*, anord. *flōð n.*, *flœðr*, ae. *flōd n./m.*, Abstraktbildung zu g. **flōw-a-* 'fließen' in ae. *flōwan stV.*, anord. *flóa swV.* 'überfließen'. Dieses ist eine dehnstufige Bildung zu ig. **pleu-* 'fließen', das unter *fließen* dargestellt wird. Verb: *fluten.* – Eine Übertragung auf andere Sinnesbereiche in *Flutlicht.*

Nndl. *vloed*, ne. *flood*, nschw. *flod*, nisl. *flóð*. – Kluge (1911), 276; Röhrich 1 (1991), 467–468.

flutschen *swV. stil.* 'rutschen, flüchtig arbeiten, gut vorankommen', auch **fluschen** (< 19. Jh.). Niederdeutsches Wort, wohl aus einer Lautgebärde entstanden.

H. Gombik-Hujer *DWEB* 5 (1968), 82 f.

Fock *f. per. fach.*, **Focksegel** 'Segel am Vormast' (< 16. Jh.). Zunächst bezeugt als ndd. *fok*, nndl. *fok, fock* (auch ndn., nschw.); dazu ndd. *focken* 'Segel hissen', vielleicht nndl. *fokken* 'aufziehen, züchten'. Die Zusammenhänge sind nicht ausreichend klar. Für 'Zieher' (zu *fokken* 'ziehen') ergibt sich kein plausibler Ausgangspunkt. Fr. *fok* 'dreieckiges Stück Land' scheint von der Form des Segels so benannt zu sein, nicht umgekehrt. Nach Sperber übertragen von einer Bezeichnung des (dreieckig dargestellten) weiblichen Geschlechtsteils.

Kluge (1911), 278.; H. Sperber *Imago* 1 (1912), 436.

Föderalismus *m. per. fach.* 'bundesstaatliche Staatsform' (< 19. Jh.). Neubildung zu l. *(cōn)foederātio (-ōnis) f.* 'Vereinigung' (auch deutsch als *Konföderation*), einer Ableitung von l. *foederāre* 'durch ein Bündnis vereinen', zu l. *foedus n.* 'Bündnis'; dieses zu l. *fīdere* 'vertrauen'. Die Bildung zunächst in frz. *fédéralisme*. Adjektiv: *föderalistisch*. Das gleiche Grundwort (l. *fīdere*) liegt auch *fidel*, *Hi-Fi* und *perfide* (s.dd.) zugrunde.

Fohe *f.*, **Föhe** *f.*, s. *Fähe* und *Fuchs*[1].

Fohlen *n.* (< 9. Jh.). Mhd. *vol(e) m.*, ahd. *folo*, as. *folo m.* aus g. **fulōn m.* 'Fohlen', auch in gt. *fula*, anord. *foli m.*, ae. *fola m.*; das Neutrum wie das aus den Kasus außerhalb des Nominativ eingedrungene *-n* erst frühneuhochdeutsch. *Fohlen* ist hauptsächlich ein nördliches Wort gegenüber südlichem *Füllen*. Semantisch genau entsprechend und lautlich vergleichbar ist gr. *põlos m./f.* 'junges Pferd, Fohlen'; zu diesem Vergleich würde (ig.) **pl-ōn* mit Schwundstufe für das Germanische, **pōlo-* mit Dehnstufe für das Griechische genügen. Falls jedoch andere Wörter für Tierjunge und Kinder (z. B. l. *pullus m.* 'Tierjunges, auch Fohlen' und evtl. l. *puer m.* 'Knabe') herangezogen werden sol-

len, muß von **pu-l-* ausgegangen werden. In diesem Fall wäre das griechische Wort eine vom germanischen Wort unabhängige Bildung aus einer Dehnstufe **pōu-* und nicht näher mit ihm zu vergleichen. Der Anschluß an **pu-* als Bezeichnung für 'Junge von Tieren und Menschen' dürfte näher liegen, zumal sich an Wörter für 'klein, gering' mit dieser Lautung anknüpfen läßt (z. B. l. *paucus* 'wenig').

Ne. *foal*, nschw. *fåle*, nisl. (weitergebildet) *folald*. S. *Füllen* und zum griechischen Vergleichsmaterial *Pädagogik*.

Föhn *m. erw. obd.* 'warmer Fallwind' (< 10. Jh.). Mhd. *phönne*, ahd. *fōnno*. Naturgemäß ein süddeutsches Wort, das aus l. *(ventus) favōnius* 'lauer Westwind' entlehnt ist. Dieses zu l. *fovēre* 'wärmen'. Der deutschen Form liegt eine wohl schon spätlateinische Kontraktion **faonius* zugrunde. Adjektiv: *föhnig*.

S. *Fön*. – H. Wehrle *ZDW* 9 (1907), 166–168.

Föhre *f. erw. fach.* (< 9. Jh.). Mhd. *vorhe*, ahd. *for(a)ha*, as. *furia* aus g. **furhō f.* 'Föhre', auch in anord. *fura*, *fúra*, ae. *furh*. Außergermanisch wird zum Vergleich it. (trent.) *porca* 'Föhre' angegeben; sonst bestehen keine klare Anschlußmöglichkeit. Daß das Wort zu dem alten Wort für 'Eiche' (ig. **perk^u-*, l. *quercus* usw.) gehören soll, ist wegen des damit vorausgesetzten Ablauts und der Bedeutung nicht glaubhaft (eine echte Entsprechung in ahd. *fereh-eih* 'Steineiche'). Die Umlautform wohl aus einer alten Adjektivbildung *(*forhīn)*.

Ne. *fir* (entlehnt), nschw. *fura*, nisl. *fura*; s. *Kiefer*. – W. Horn in: *FS D. Behrens* (Jena, Leipzig 1929), 111.

Fokus *m. per. fach.* 'Brennpunkt' (< 20. Jh.). Entlehnt aus l. *focus* 'Feuerstätte u.ä.'.

S. *Foyer*. – G. Nagy *HSCPh* 78 (1974), 88–91 (zum Grundwort).

folgen *swV.* (< 8. Jh.). Mhd. *volgen*, ahd. *folgen*, as. *folgon* aus g. **fulg-ē- swV.* 'folgen', auch in anord. *fylgja*, ae. *folgian*, *fylgean*, afr. *folgia*, *fulgia*, *folia*, das Gotische hat dafür *laistjan* (s. unter *leisten*). Außergermanisch besteht keine klare Vergleichsmöglichkeit. Kymr. *ôl* 'Spur' würde zwar semantisch gut passen, ist aber lautlich mehrdeutig (könnte allenfalls auf [ig.] **polgh-* zurückgehen) und ist selbst auch vereinzelt. Vom Germanischen her würde ein Anschluß an g. **felh-a-* (s. *befehlen*) am meisten befriedigen, und die dort für die Grundlage (ig.) **pel-* gegebenen Formen stehen der Bedeutung 'folgen' teilweise semantisch recht nahe (zum Griechischen vgl. noch gr. *pelátēs* 'Höriger, Lohnarbeiter', gr. *plátis* 'Gattin', gr. *pélasis* 'Annäherung'), aber hier handelt es sich nur um eine Wurzeletymologie, was die außergermanischen Formen anbelangt, und die Bedeutungen stimmen auch nicht wirklich ausreichend überein. – Zur Grundbedeutung gehört das Abstraktum *Folge*; zu der damit zusammenhängenden Bedeutung 'gehorsam sein' gehört vor allem das Adjektiv *folgsam*; zu der semantischen Übertragung auf die logische Schlußfolgerung gehören *Folge, folglich, folgern, folgenschwer* und *folgerecht*.

Nndl. *volgen*, ne. *follow*, nschw. *följa*, nisl. *fylgia*; s. *Erfolg, Gefolge, verabfolgen*.

folgenschwer *Adj.* (< 18. Jh.). Lehnbildung mit *Folge* (s. *folgen*) und *schwer* zu frz. *gros de conséquences* (aus frz. *gros* 'groß, schwer, schwanger'; frz. *conséquence* 'Folge').

folgerecht *Adj. arch.* (< 18. Jh.). Als Ersatzwort für *konsequent*, zu dem es eine Lehnbildung ist (l. *sequī* 'folgen'). Heute *folgerichtig*.

Foliant *m. per. fach.* 'unhandliches Buch, Buch im Format eines halben Bogens' (< 17. Jh.). Neubildung zu *Folio* 'Buchformat in der Größe eines halben Bogens'; dieses wieder eine Hypostasierung zu l. *in folio* 'in einem Blatt', zu l. *folium n.* 'Blatt'. S. *Folie.* – DF 1 (1913), 221 f.

Folie *f.* '(sehr dünnes Material als) Grundlage, Hintergrund' (< 16. Jh.). Entlehnt aus ml. *folia* 'Metallblättchen', dieses aus l. *folium n.* 'Blatt'. Zunächst im Deutschen vor allem 'Metallblättchen als Unterlage von Edelsteinen zur Erhöhung ihres Glanzes', dann Verallgemeinerung. Anfänglich auch in der Lautform *fol(i)g*, wohl nach it. *foglia*. S. *Folio, Feuilleton, Foliant*; zur germanischen Verwandtschaft s. *Blatt.* – DF 1 (1913), 221.

Folio *n.* s. *Foliant*.

Folklore *f.* 'Volkstümliches (in Kleidung, Musik usw.)' (< 19. Jh.). Entlehnt aus ne. *folklore*, eigentlich 'Volkskunde'. Das Wort wurde 1846 von W. J. Thomas als zusammenfassende Bezeichnung für die Volksüberlieferungen gebildet. Der erste Bestandteil, ne. *folk*, ist verwandt mit d. *Volk*, der zweite, ne. *lore*, mit d. *Lehre*. Nachträglich wurde die Bedeutung ausgeweitet und steht heute im Deutschen als Bezeichnung für touristische und merkantile Bemühungen im Gegensatz zu der wissenschaftlichen *Volkskunde*.

M. Höfler *ASNSL* 216 (1979), 368–374; W. Brückner in *FS der Wissenschaftlichen Gesellschaft der J.-W.-Goethe-Universität Frankfurt* (Wiesbaden 1981), 73–84; Rey-Debove/Gagnon (1988), 316 f.; Carstensen 2 (1994), 523 f.

Folter *f.* (< 15. Jh.). Mit der Sache entlehnt aus ml. *poledrus*, das ein scharfkantiges Gestell bezeichnet, auf das der Verdächtige mit beschwerten Füßen gesetzt wurde. Das lateinische Wort ist erweitert aus gr. *pōlos m./f.* gleicher Bedeutung, eigentlich 'Fohlen'. Diese Herkunft des Wortes war bekannt, zumal daneben auch eine l. Übersetzung *eculeus m.* existierte. Deshalb wurde das Wort im Anlaut an *Fohlen* angeglichen. Das Femininum im Anschluß an *Marter*. Verb: *foltern*.

LM 4 (1989), 614–616; Röhrich 1 (1991), 468.

Fön *m.* 'elektrischer Heißlufttrockner' (< 20. Jh.). Zuerst 1908 als Warenzeichen eingetragen, im Anschluß an *Föhn* mit abweichender Schreibung. Verb: *fönen*.

Fond *m. per. fach.* 'Hintergrund, eingekochter Fleischsaft' (< 18. Jh.). Entlehnt aus frz. *fond* 'Grund, Grundstock', dieses aus l. *fundus*. Gleichen Ursprungs ist *Fonds Pl.* 'Vermögensreserve, Grundstock'. S. *Fundament.* – DF 1 (1913), 222.

Fondant *m./n. per. fach.* 'Pralinen aus Zuckermasse' (< 19. Jh.). Entlehnt aus frz. *fondant* gleicher Bedeutung. Als 'zerschmelzend' PPräs. von frz. *fondre* 'gießen, schmelzen' (s. *Fondue*).

Fonds *Pl. erw. fremd.* 'Geldmittel' (< 18. Jh.). Entlehnt aus frz. *fonds* 'Grundkapital' (s. *Fond*). DF 1 (1913), 222.

Fondue *n. per. reg.* (ein am Tisch über dem Feuer zubereitetes Gericht, ursprünglich aus geschmolzenem Käse) (< 19. Jh.). Zunächst in der Schweiz entlehnt aus frz. *fondue f.*, eigentlich 'Geschmolzenes', zu frz. *fondre* 'schmelzen', aus l. *fundere (fūsum)* 'flüssig machen, gießen'. S. *diffus, Fusion, Infusion, konfus*; zur germanischen Verwandtschaft s. *gießen.* – Jones (1976), 341 f.

Fontäne *f. erw. fach.* 'Wasserstrahl (eines Springbrunnens)' (< 17. Jh.). Entlehnt aus frz. *fontaine*, dieses aus spl. *fontāna* 'Quelle', aus l. *fōns (fontis) m.* Im Mittelhochdeutschen (mhd. *funtāne*, *fontāne*) war das Wort in der Bedeutung 'Quelle' bereits einmal (aus dem Altfranzösischen) entlehnt worden. DF 1 (1913), 222; Jones (1976), 342.

Fontanelle *f. per. fach.* 'Lücke im Schädel von Neugeborenen' (< 17. Jh.). Entlehnt aus neo-kl. *fontanella*, entsprechend zu it. *fontanella*, frz. *fontenelle*. Die romanischen Wörter bedeuten 'kleine Quelle' (s. *Fontäne*) und bezeichnen ursprünglich ein künstliches Ableitungsgeschwür, das Flüssigkeit absondert und deshalb mit einer Quelle verglichen wird. Der Übergang zur heutigen Bedeutung ist nicht klar – vielleicht weil bei Wasserkopf die große Fontanelle punktiert werden konnte.

foppen *swV. stil.* (< 14. Jh.). Ursprünglich Wort der Gaunersprache, zunächst nur oberdeutsch, dann weiter verbreitet. Der Lautstand kann nicht oberdeutsch sein, aber eine mögliche westjiddische Quelle kann ebenfalls nicht nachgewiesen werden. Als wahrscheinlichste Herkunft ist nndl. *fokken* (s. *Fock[segel]*) zu betrachten, das sich mit *foppen* weithin semantisch berührt. Ein Lautwechsel -*pp*-/ -*kk*- ist aber sonst nicht in dieser Stellung zu beobachten. Ausgangspunkt ist damit ein Verb für 'stoßen, stechen', das unter *ficken* besprochen wird. Vielleicht gehört hierzu auch ne. *fob* 'betrügen'.

H. Schulz *ZDW* 10 (1908), 242–253; H. Sperber *Imago* 1 (1912), 434 f.; *DF* 1 (1913), 222; F. A. Stoett *TNTL* 36 (1917), 61–66; Wolf (1985), 104.

forcieren *sw V. erw. fremd.* ˈerzwingen, verstärken, mit Nachdruck betreiben˂ (< 17. Jh.). Entlehnt aus frz. *forcer*, das über spätlateinische Zwischenstufen zurückgeht auf l. *fortis* ˈstark, fest˂.

S. *Fort.* − Schirmer (1911), 65; Jones (1976), 343 f.

Förde *f. per. reg.* ˈlanggestreckte Meeresbucht˂ (< 19. Jh.). Übernommen aus dem Niederdeutschen, das das Wort aus ndn. *fjord*, nnorw. *fjord*, nschw. *fjord* ˈschmaler Meeresarm˂ entlehnt hat; diese aus anord. *fjǫrðr n.* gleicher Bedeutung (g. *ferðu-*). Dies ist eine hochstufige Bildung, die im übrigen dem schwundstufigen *Furt* entspricht (zu *Fähre* und *fahren*, s.d.). Der Bedeutung nach am ehesten vergleichbar ist l. *portus m.* ˈHafen˂, so daß von ˈMeeresbucht, Meeresarm˂, besonders im Hinblick auf die leichte Zugänglichkeit durch Schiffe, auszugehen ist.

fordern *sw V.* (< 8. Jh.). Mhd. *vo(r)dern*, ahd. *ford(a)rōn*, mndd. *vorderen*. Eine Ableitung zu *vorder* mit der Bedeutung ˈmachen, daß etwas oder jmd. hervorkommt (z. B. zum Kampf fordern)˂ (vgl. *äußern*, *erinnern* u. a.). Regional ist teilweise das erste *r* durch Dissimilation geschwunden. Präfigierung: **über-**; Partikelverben: **an-, auf-, heraus-**; Abstraktum: **Forderung**.

fördern *sw V.* (< 9. Jh.). Mhd. *vürdern, vurdern*, ahd. *furd(i)ren*, mndl. *vorderen* aus wg. *furdiz-ija- sw V.* ˈfördern˂, auch in ae. *fyrþran*; abgeleitet aus *fürder*, eigentlich also ˈvorwärts bringen˂. Abstraktum: **Förderung**; Adjektiv: **förderlich**.

S. *befördern.* − Wolf (1958), 196.

Forelle *f.* (< 9. Jh.). Mit einer seit dem 16. Jh. bezeugten Verlagerung des Akzents entstanden aus mhd. *forhe(n), forhel, förhel*, ahd. *for(a)hana*, as. *furnia* aus wg. *furhnō f.* ˈForelle˂ (*n* zu *l* kann lautgesetzlich oder Suffixersatz sein). Dieses zu ig. *pr̥k-n-* ˈgefleckt, gesprenkelt˂ in ai. *pŕ̥śni-* ˈgefleckt˂. Vgl. mit Hochstufe gr. *perknós* ˈgesprenkelt˂ und gr. *pérkē* ˈFlußbarsch˂; ferner mir. *erc* ˈgefleckt, dunkelrot˂, als Substantiv ˈLachs˂. Die Forelle ist also nach ihrer gesprenkelten Zeichnung benannt.

Zur Entlehnung ins Finnische s. *LÄGLOS* (1991), 132.

Forke *f. per. ndd.* ˈHeu-, Mistgabel˂ (< 10. Jh.). Mndd. *vorke*, mndl. *vorke*. Wie ae. *forca m.* entlehnt aus l. *furca* ˈGabel˂, dessen Herkunft unklar ist.

Form *f.* (< 13. Jh.). Mhd. *form[e]*). Entlehnt aus l. *fōrma*. Im Laufe der Zeit entwickelt das Wort eine große Bedeutungsvielfalt, die zum Teil auf dem Lateinischen, zum Teil aber auch auf dem Englischen und auf eigenen Entwicklungen im Deutschen beruht.

Hierzu die Adjektive *formal* und *formell*, die Verben *formen* und *(in)formieren*, das Diminutiv *Formel*; possessive Adjektive können mit *-förmig* gebildet werden, dem frz.

-forme entspricht und teilweise als Vorbild dient. S. auch *konform, pro forma, Uniform.* − *DF* 1 (1913), 223 f.; A. Kutzelnigg *MS* 82 (1972), 27−37; Jones (1976), 344; *LM* 4 (1989), 636−645; Röhrich 1 (1991), 468; zu frz. *-forme* Cottez (1980), 153.

formal *Adj.* (< 16. Jh.). Entlehnt aus l. *fōrmālis*, zu l. *fōrma* ˈForm˂. Aus der gleichen Grundlage über das Französische *formell*. Eine Substantivierung in **Formalie**, Abstrakta in **Formalismus, Formalität**; Täterbezeichnung: **Formalist**: Verbum **formalisieren**, eine Modifikationsbildung in **formalistisch**. S. *Form.*

Format *n.* (< 16. Jh.). Entlehnt aus l. *fōrmātum* ˈGestaltetes, Reguliertes˂, dem substantivierten PPP. von l. *fōrmāre* ˈbilden, regulieren, gestalten˂, zu l. *fōrma f.* ˈGestalt, Form, Figur, Umriß˂. Zunächst Bezeichnung der Druckersprache für ein genormtes Größenverhältnis (vgl. *im Format DIN A4*). Ein entsprechendes Abstraktum zum gleichen Verb ist **Formation**. S. *Form, formen* und *formieren.*

Formel *f.* (< 16. Jh.). Entlehnt aus l. *fōrmula* ˈGestalt, Form, Gesetz, Bestimmung, feste Wendung, Formular˂, zunächst als juristischer Terminus. Das Wort ist ein Diminutivum zu l. *fōrma* ˈGestalt, Form, Figur, Umriß˂. Das zugehörige Verbum ist **formulieren**, das über frz. *formuler* entlehnt wurde; hierzu das Abstraktum **Formulierung** und das Konkretum **Formular**. S. *Form.*

formell *Adj.* (< 18. Jh.). Entlehnt aus frz. *formel* ˈvorschriftsmäßig, unpersönlich˂, dieses aus l. *fōrmālis*, zu l. *fōrma* ˈGestalt, Form, Figur, Umriß˂. S. *Form* und *formal.*

formen *sw V.* (< 13. Jh.). Mhd. *formen*. Gebildet zu mhd. *form*, wohl unter Einfluß von l. *fōrmāre* ˈbilden˂ und dem zu diesem gehörigen frz. *former*. S. *Form.*

formidabel *Adj. per. fremd.* ˈgroßartig, (älter: furchterregend)˂ (< 17. Jh.). Entlehnt aus frz. *formidable*, dieses aus l. *fōrmīdābilis* ˈfurchterregend˂, zu l. *fōrmīdō (-inis)* ˈGrausen, peinigende Furcht˂. Die Bedeutungsentwicklung verläuft wohl von ˈfurchterregend˂ zu ˈgewaltig˂, wobei es abgeschwächt und dann sogar als ˈgroßartig˂ ins Positive gekehrt wird.

formieren *sw V. erw. fremd.* ˈaufstellen, in eine Ordnung bringen˂ (< 17. Jh.). Entlehnt aus frz. *former*, dieses aus l. *fōrmāre* ˈbilden, regulieren, gestalten˂ (oder unmittelbar aus diesem), zu l. *fōrma* ˈGestalt, Form, Figur, Umriß˂. Zu dem lateinischen Verb gehören auch *Format* und *Formation*; sowie die Instrumentalbildungen **Formans** und **Formativ**. Zu den Präfigierungen gehören **deformieren, informieren, reformieren** und **transformieren** (s. *Transformator*). S. *Form.*

förmlich *Adj. stil.* (< 15. Jh.). Gebildet zu *Form* im Sinne von ˈgesellschaftliche Formen˂ und damit eine Entsprechung zu *formell.*

Formular *n.* (< 16. Jh.). Neoklassische Bildung zu l. *fōrmulārius* 'zu den Rechtsformeln gehörig', zu l. *fōrmula f.* 'Gesetz, Bestimmung, Vordruck', zu l. *fōrma f.* 'Gestalt, Form, Figur, Umriß'. S. *Form* und *Formel.*

formulieren *sw V.* (< 19. Jh.). Entlehnt aus frz. *formuler,* einer Ableitung von frz. *formule* 'fester Ausdruck', dieses aus l. *fōrmula,* einem Diminutivum zu l. *fōrma.* S. *Form* und *Formel.*

forsch *Adj.* (< 19. Jh.). Übernommen aus dem Niederdeutschen, offenbar über die Studentensprache. Das Adjektiv ist rückgebildet aus *Forsche* 'Kraft', das seinerseits aus frz. *force* 'Kraft' entlehnt ist und auf l. *fortis* 'stark' zurückgeht. S. *Fort.*

forschen *sw V.* (< 8. Jh.). Mhd. *vorschen,* ahd. *forscōn* 'fragen nach', neben ahd. *forsca* 'Frage'. Lautlich entspricht genau ai. *pṛccháti* 'fragt' und ai. *pṛcchā* 'Frage'; vgl. ferner toch. A *prak-*, toch. B *prek-* 'fragen' mit *s*-Präsens, l. *pōscere* 'fordern' aus ig. **pṛk-sk-* zu ig. **p(e)r(e)k̑* 'fragen' (s. *Frage*). Abstraktum: *Forschung*; Nomen agentis: *Forscher*; Präfigierung: *er-*; Partikelverb: *aus-*. S. *postulieren.* — W. Porzig *IF* 45 (1927), 156 f.; T.-M. Nischik in: A. Diemer (Hrsg.): *Konzeption und Begriff der Forschung in den Wissenschaften des 19. Jhs.* (Meisenheim 1978), 1–10.

Forst *m.* (< 9. Jh.). Mhd. *forst, vorst,* ahd. *forst* 'Bannwald'. Nach Trier eigentlich 'Gehegtes' zu mndl. *dat vorste* 'Umhegung' und schwz. *forst* 'Zauntor'; und weiter zu *First.* Gemeint ist der gehegte Forst im Gegensatz zum wilden Wald. Die Etymologie ist aber umstritten. Nach *DEO* zu l. *foris* 'außerhalb' als 'außerhalb der Gemeinde liegendes Land'. Täterbezeichnung: *Förster*; Präfixableitung: *durchforsten* 'auslichten'; Partikelableitung: *aufforsten.*

E. Lerch *RF* 60 (1947), 650–653; K.-H. Borck in: *FS Trier* (1954), 456–476; R. Schützeichel *ZDA* 87 (1956/57), 105–124; W. Kaspers *WZUL* 7 (1957/58), 87–97; Gamillscheg in *FS M. Grevisse* (Gembloux 1966), 124–126; Tiefenbach (1973), 42–52; Trier (1981), 132–137 und weitere Literatur auf S. 126[1]; *DEO* (1982), 294; M. J. Swisher *ABÄG* 27 (1988), 25–52; *LM* 4 (1989), 658–663.

Forsythie *f. per. fach.* (ein Zierstrauch, 'Goldflieder') (< 19. Jh.). Zu Ehren des englischen Botanikers W. Forsyth so benannt.

fort *Adv.* (< 12. Jh.). Mhd. *vort,* as. *forð* aus wg. **furþa- Adv.* 'vorwärts', auch in ae. *forþ,* afr. *forth,* eine Bildung auf *-þ-* auf die Frage 'wohin?' zu der in *vor* vorliegenden Grundlage. Das Wort scheint in alter Zeit vom Norden her ausgebreitet worden zu sein.

Nndl. *voort,* ne. *forth.* S. *fürder, vor.* — Röhrich 1 (1991), 468.

Fort *n. per. fach.* 'Befestigungsanlage' (< 16. Jh.). Entlehnt aus frz. *fort m.,* einer Substantivierung von frz. *fort* 'stark', dieses aus l. *fortis.*

S. *forcieren, forsch, forte, Komfort, Piano(forte).* — *DF* 1 (1913), 224; W. J. Jones *SN* 51 (1979), 259.

forte *Partikel per. fach.* 'stark, laut' (< 17. Jh.). Entlehnt aus it. *forte* gleicher Bedeutung, das auf l. *fortis* 'stark' zurückgeht. Elativ: *fortissimo.*

S. *Fort.* — *DF* 1 (1913), 224.

Fortschritt *m.* (< 18. Jh.). Lehnbildung mit *fort* und *Schritt* (s. unter *schreiten*) zu frz. *progrès* aus l. *prōgressus* 'Fortschreiten, Vorrücken, Ausbreitung'. Adjektiv: *fortschrittlich.*

H. W. Opaschowski *MS* 80 (1970), 314–329; *HWPh* 2 (1972), 1031–1059; *Grundbegriffe* 2 (1979), 351–423.

Fortüne *f. per. fremd.* 'Glück, Erfolg' (< 17. Jh.). Entlehnt aus frz. *fortune,* dieses aus l. *fortūna* 'Glück, Zufall, Schicksal', zu l. *fors* 'Geschick', zu l. *ferre* 'tragen, bringen'.

Zur Sippe des zugrundeliegenden l. *ferre* 'tragen' s. *Differenz.* — Jones (1976), 346.

Forum *n. erw. fremd.* 'Plattform, Personenkreis' (< 18. Jh.). Entlehnt aus l. *forum* 'länglicher, viereckiger freier Raum; Marktplatz, Gerichtsort'. Zunächst vor allem in der Bedeutung 'Gericht' verwendet.

DF 1 (1913), 224; *LM* 4 (1989), 667–669.

Fossil *n. erw. fach.* 'Überrest einer vergangenen Zeit' (< 18. Jh.). Entlehnt aus frz. *fossile m.,* eigentlich 'Ausgegrabenes', zu l. *fossilis* 'ausgegraben', zu l. *fodere (fossum)* 'graben, ausgraben'.

foto-, photo-. Dient als Bestimmungswort zur Bildung von Wörtern, die verschiedene Aspekte der Belichtung von lichtempfindlichem Material bezeichnen. Es geht zurück auf gr. (ep., poet.) *pháos,* gr. (att.) *phōs (phōtós)* 'Licht' (Kompositionsform *photo-*), das mit gr. *phaínein* 'sichtbar machen, sehen lassen' verwandt ist. S. *Phänomen.*

fotogen *Adj.,* **photogen** *erw. fach.* 'gut geeignet, fotografiert zu werden' nach am.-e. *photogenic,* das zunächst einfach 'photographisch' bedeutet. Indem diese Bedeutung durch *photograph-* übernommen wird, wird *fotogenic* für Bedeutungsspezialisierungen frei.

Rey-Debove/Gagnon (1988), 726.

Fotografie *f.* (< 19. Jh.). Bei den frühesten Versuchen, Bilder mit Hilfe lichtempfindlicher Stoffe zu reproduzieren, wurde Tageslicht (also Sonnenlicht) verwendet, weshalb man die Technik *Heliographie* nannte (zu gr. *hḗlios* 'Sonne' und *-graphie* [s.d.], also 'Sonnenschrift', vielleicht unter dem Einfluß von *Heliograph,* ursprünglich einem Verfahren der Übermittlung von Schrift mit Hilfe von Sonnenstrahlen). Es gelang dann 1835 L. J. M. Daguerre, die Bilder zu fixieren (*Daguerreotypie*) und W. H. F. Talbot 1839, Positiv-Kopien von einem Negativ herzustellen. Talbot nannte die Bilder *photogenic drawing* 'lichtentstandene Zeichnung'; zur gleichen Zeit benützte J. Herschel *photograph (-ic,*

-*y*), das sich dann durchsetzte (vielleicht eine Kreuzung von Helio*graph* und *photo*genic). Das Wort *Photographie* (s. *foto*-), also ´Lichtschrift´ wurde im Deutschen erstmalig 1839 verwendet; die deutsche Bezeichnung **Lichtbild** war damals schon üblich. Abkürzung *Foto*.

DF 2 (1942), 508 f.; Rey-Debove/Gagnon (1988), 726.

Fotz *m.* ´Fetzen, Zettel´ *schwz.* s. *Fetzen*.

Fotze *f. tabu.* (< 15. Jh.). Neben weiter verbreitetem und früher bezeugtem mhd. *vut* ´Scheide´, regional auch ´Hintern´, vgl. e. (dial.) *fud* ´Scheide, Hintern´, anord. *fuð*- ´Scheide´ (nur in Zusammensetzungen belegt). Wegen der schlechten Bezeugung läßt sich nicht festlegen, ob das -*tz*- von *Fotze* aus einer expressiven Geminate (g. *futt*-) mit Lautverschiebung stammt oder aus einer *s*-Bildung (für das letztere könnte der Plural *Hundsfötter* zu *Hundsfott* s.d. sprechen; vgl. aber auch, daß Kilian *fotte* ´cunnus´ neben *fotse* ´villus´ hat). Für die Bedeutung von mhd. *vut* ist zunächst festzustellen, daß bei einem Nebeneinander der Bedeutungen ´Scheide´ und ´Hintern´ die letztere in der Regel die ursprünglichere ist, weil die Wörter für ´Scheide´ stärker tabuisiert sind und deshalb im aktuellen Sprachgebrauch das Wort für ´Hintern´ (zumal wenn es mit ´Oberschenkel´ o. dgl. zusammenhängt) verhüllend dafür eintreten kann. Deshalb entspricht dem germanischen Wort auch am nächsten (allerdings auch mit Vokallänge und erst spät bezeugt, so daß die Ausgangsform nicht mit Sicherheit erschlossen werden kann) ai. *pŭtau m.* ´die beiden Hinterbacken´, wozu die späteren indisch-arischen Sprachen (die *pūta*-, *budda*-, *pucca*- fortsetzen) Ausdrücke für ´Hintern´ und für ´Scheide´ bieten (falls die indischen Wörter historisch nicht zugehörig sind, zeigen sie zumindest diesen wichtigen Bedeutungsübergang. Vgl. auch it. *polta* ´Scheide´ (geschichtlich undurchsichtig). Weiter können verwandt sein: Gr. *pȳgḗ* ´der Hintere, Steiß´ (dagegen gehört l. *pōdex m.* in andere Zusammenhänge), gr. (Glosse) *pynnos m.* ´Hinterteil´. Zu ig. *pu(ə)*- ´dick, aufgeblasen´, also ´der Dicke´ oder ´die Dikken´. Auf der anderen Seite weisen die späten deutschen Wörter in andere Zusammenhänge: Auffällig sind vor allem die reimenden Wörter für ´Scheide´ im Germanischen: neben *fut(t)* steht *put(t)* in schw. (dial.) *puta*, ofr. *put(e)*, mndd. *pute*, rotw. *Potz*, österr. (Kärnten) *Putze*; mit -*s(s)*- aisl. *púss* (bei Pferden), schw. (dial.) *puso*, fr. *puss*, ndd. *puse*; (andersartig auch *kut(t)*- in mndd. ndd. *kutte*, nndl. *kut*, me. *cutte*, ne. *cut*, nschw. *kuta* und mit -*s*- *kusa*). Häufiger stehen bei solchen Wörtern Bedeutungen wie ´Kuß, Kußmund´, ´Schmollmund, Maul´ usw. (s. hierzu auch Heinertz, der daraus ganz verfehlte Schlußfolgerungen zieht), wozu vermutlich auch bair. *Fotze* ´Mund, Maul´. Hier liegt eine auch in anderen Sprachen zu beobachtende Bedeutungsentwicklung von ´dicke Lippe, Kuß-

mund, Schmollmund´ zu ´Scheide, (Schamlippen)´ vor, die letztlich auf den gleichen Ausgangspunkt ´dick´ (wie oben) zurückführt. Bei den deutschen Wörtern scheinen beide Entwicklungen (1. ´dick´ > ´Hinter(backen)´ > ´Scheide´ und 2. ´dick´ > ´dicke Lippe´ > ´Scheide´) eine Rolle zu spielen. Bei dem vermutlichen Ursprung von (ig.) *pu*-´dick´ aus einer Lautgebärde (s. hierzu *Bausch*) können auch lautähnliche Wörter anderer Sprachen zum Vergleich herangezogen werden (čech. *potka* ´Scheide´, it. *potta* ´Scheide´ neben südfrz. *poto* ´dicke Lippe´, *faire la potte* ´maulen´ usw.).

K. F. Johansson *ZVS* 36 (1900), 352 f.; W. van Helten *ZdW* 10 (1908/09), 195−197; H. Sperber *Imago* 1 (1912), 433 f.; H. O. Heinertz (1927), 76−80; G. Melzer: *Das Anstößige in der deutschen Sprache* (Breslau 1932), 14 f.; V. Pisani *NPhM* 80 (1979), 85−87; H. Meter in *FS H. Vernay* (Tübingen 1979), 215−243 (Metaphorik in den romanischen Sprachen); J. Müller: *Schwert und Scheide* (Bern 1988), 64−76.

Fötzel *m. per. schwz.* ´Schimpfwort, besonders für den Nicht-Einheimischen´, wie bair. **Fetzel** ´nichtswürdiger Mensch´, schwäb. **Fetz** ´Lump, durchtriebener Kerl´ (< 17. Jh.). Einerseits wohl als ´Lump´ zu *Fetzen* und schwz. *Fotz* ´Zotte, Fetzen´, dessen Zusammenhang mit *Fetzen* nicht ausreichend klar ist; andererseits schwer abgrenzbar gegen die Reihe **Fößli** (schwz.) ´Lumpenkerl´ − **Fosse** ´Taugenichts, Faulenzer, Lump´ − **foß** ´faul, schwammig´ − **fosch, pfosch** ´faul´ (vgl. anord. *fauskr* ´vermodertes Holz´ und weiter wohl zu *faul*).

Foul *n. erw. fach.* ´regelwidriges, unsportliches Verhalten´ (< 20. Jh.). Entlehnt aus ne. *foul*, das urverwandt ist mit d. *faul*, aber eine allgemeinere Bedeutung hat (´abstoßend, schlecht´). Verb: **foulen**.

Carstensen 2 (1994), 527.

Foyer *n. erw. fremd.* ´Vorraum, Wandelhalle´ (< 19. Jh.). Entlehnt aus frz. *foyer m.* (eigentlich: ´Raum mit Feuerstelle´), aus l. *focārius* ´zum Herd gehörig´, zu l. *focus m.* ´Feuerstätte´. Ausgehend von der Bedeutung ´beheizbarer Raum, Aufenthaltsraum´ wird das Wort verwendet zur Bezeichnung des Aufenthalts- und Umkleideraumes der Künstler im Theater; dann erfolgt die Erweiterung zur heutigen Bedeutung, wobei das ursprüngliche Benennungsmotiv verlorengeht.

S. *fachen*, *Fächer*, *Fokus*, *Füsilier*. − *DF* 1 (1913), 224.

Fracht *f.* (< 16. Jh.). Ein letztlich friesisches Wort, das über mndd. *vracht* in den Süden gelangt ist. Das Wort entspricht ahd. *frêht* ´Lohn, Verdienst´ und ist das *ti*-Abstraktum zu g. *aih* ´haben´ (s. unter *eigen*), präfigiert mit *ver*-, dessen Vokal geschwunden ist. Ausgangsbedeutung der Entlehnung ist ´Beförderungsgebühr für Schiffsladungen´, daraus allgemein ´Beförderungsgebühr´ und dann durch Bedeutungsverschiebung 'befördertes Gut'. Präfixableitungen *be-*, *ver-*.

Kluge (1911), 282 f.; Schirmer (1911), 65; *LM* 4 (1989), 677 f.

Frack *m.* (< 18. Jh.). Entlehnt aus ne. *frock (coat)*, dieses aus afrz. *froc* 'Kutte', dessen weitere Herkunft nicht sicher geklärt ist. Der Vokal des entlehnten Wortes gibt die Aussprache des englischen Vorbilds zur Zeit der Entlehnung wieder (vgl. die heutige amerikanische Aussprache).

Ganz (1957), 75 f.; Brink-Wehrli (1958), 55; Röhrich 1 (1991), 469.

Frage *f.*, **fragen** *swV.* (< 8. Jh.). Mhd. *vrāg(e)*, ahd. *frāga*, afr. *frēge*; mhd. *vrāgen*, ahd. *frāhēn*, *frāgēn*, as. *frāgon* aus wg. **frāg-ǣ- swV.* 'fragen', auch in afr. *frēgia*. Das Verbum ist – trotz besserer Bezeugung – vom Nomen abgeleitet. Dieses ist ein dehnstufiges Abstraktum zu g. **freg-na- stV.* 'fragen' in gt. *fraihnan* (grammatischer Wechsel zurückgenommen), anord. *fregna*, ae. *fregnan*, *frignan*, *frinan*, as. Prät. *fragn*, ahd. nur im Wessobrunner Gebet *gafregin*. Eine weitere alte Bildung s. unter *forschen*. Zu ig. **p(e)rek-* 'fragen' in l. *precor* 'ich bitte, bete', air. *(com-)aircc*, *(com-)aircim* 'fragen', lit. *piršti* 'für jmd. um die Hand eines Mädchens anhalten', akslav. *prositi* 'erbitten, verlangen', sowie die unter *forschen* aufgeführten *sk*-Bildungen. Zugehörige Adjektive sind **fraglich** und **fragwürdig**.

Aus dem verwandten slavischen Wort: *Pracher*, aus dem lateinischen: *prekär*. – Seebold (1970), 208–210; *HWPh* 2 (1972), 1059–1061; Röhrich 1 (1991), 469.

Fragment *n.* (< 16. Jh.). Entlehnt aus l. *frāgmentum*, einer Ableitung von l. *frangere (frāctum)* 'brechen'. Ersatzwort ist *Bruchstück*. Adjektiv: **fragmentarisch**. Abstraktum: **Fraktion**.

S. *Fraktur*, *Refrain*; zur germanischen Verwandtschaft s. *brechen*. – *DF* 1 (1913), 224 f.

Fraktion *f.* *erw.* *fach.* 'parlamentarische Vertretung einer Partei, Gruppe' (< 19. Jh.). Entlehnt aus frz. *fraction* 'Gruppierung', älter 'Bruchstück, Teil', dieses aus l. *frāctio (-ōnis)* 'Bruchstück', zu l. *frangere (frāctum)* 'brechen'. S. *Fragment*.

DF 1 (1913), 225; *Grundbegriffe* 4 (1978), 677–733.

Fraktur *f.* *erw.* *fach.* 'Schrift mit gebrochenen Linien, Knochenbruch' (< 16. Jh.). Entlehnt aus l. *frāctūra* 'Bruch', zu l. *frangere (frāctum)* 'brechen'. Die Bedeutung 'Knochenbruch' besteht schon in der lateinischen Fachsprache; die Bezeichnung der Schrift (als 'gebrochene, kantige') erfolgt in Abgrenzung von den runden Formen der lateinischen Schrift. Die Redensart *Fraktur reden* beruht darauf, daß in Frakturschrift deutsche – nicht lateinische – Texte abgefaßt wurden; deshalb für *Fraktur reden* die Bedeutung 'deutlich, unmißverständlich die Meinung sagen' wie etwa in *mit jemandem deutsch reden*, *auf gut deutsch* usw.

S. *Fragment*. – A. Gombert *ZDW* 8 (1906/07), 127; *DF* 1 (1913), 225; *LM* 4 (1989), 678 f.; Röhrich 1 (1991), 469–470.

Fräle *f.* s. *Frauche*.

frank *Adj.* *phras.* (< 15. Jh.), nur noch in *frank und frei*. Entlehnt aus frz. *franc* 'frei', das vermutlich mit dem Stammesnamen der Franken zusammenhängt. Dieser aus einem germanischen Wort, für das es verschiedene Anschlußmöglichkeiten gibt.

S. *frankieren*. – R. Wenskus: *Stammesbildung* (Köln 1961), 512–541; Schmidt-Wiegand (1972), 30 f.; Tiefenbach (1973), 52–56; Röhrich 1 (1991), 470; Heidermanns (1993), 210.

Franken *m.* *erw.* *fremd.* (< 14. Jh.). Ursprünglich französisches Geldstück (heute *franc*), dann schweizerisches. Eigentlich 'das französische' (vielleicht wegen der Aufschrift *francorum rex* 'König der Franzosen'), zum ersten Mal 1360 geprägt.

frankieren *swV.* (< 17. Jh.). Entlehnt aus it. *francare*, einer Ableitung von it. *(porto di) franco* '(fracht)frei', woraus auch **franco** 'gebührenfrei'. Dieses zu der unklaren Vorform von *frank*.

Schirmer (1911), 66; *DF* 1 (1913), 225.

Franse *f.* (< 15. Jh.). Mhd. *franze*, entlehnt aus afrz. *fringe*, *frenge* über mndl. *fringe*, *frange*, *fran(d)je*. Das französische Wort geht (mit unregelmäßiger Entwicklung) auf l. *fimbria* 'Franse, Troddel' zurück. Partikelableitung **ausfransen** 'sich in Fransen auflösen'.

Franz- in **Franzmann** *m.* 'Franzose' u. a., *obs.* (< 17. Jh.). Schon mhd. *franze* 'Franzose' (wie *Franzose* auf ml. *Francia* 'Frankenland' zurückgehend), dann erweitert mit *Mann*; seit dem 18. Jh. auch scherzhaft gebraucht. Entsprechende Bildungen mit der Bedeutung 'französisch' sind: **Franzband** 'Ledereinband nach französischer Art', **Franz(brannt)wein**, **Franzbrot** usw.

frappieren *swV.* *erw.* *fremd.* 'in Erstaunen versetzen, befremden' (< 18. Jh.). Entlehnt aus frz. *frapper* (eigentlich: 'schlagen'). Die Bedeutungsentwicklung hin zu 'befremden' wohl auf der Basis des Überraschungseffektes eines plötzlichen Schlages (vgl. ne. *striking*). Das französische Wort vielleicht aus andfrk. **hrapon* 'raufen, raffen', zu ahd. **raffōn*. Partizipiales Adjektiv: **frappant**.

DF 1 (1913), 225.

Fräse *f.* *erw.* *fach.* (spanabhebende Maschine) (< 19. Jh.). Entlehnt aus frz. *fraise* 'Rundfeile', eigentlich 'Halskrause' (zu frz. *fraiser* 'kräuseln'). Verb: **fräsen**.

fraternisieren *swV.* *per.* *fremd.* 'sich verbrüdern' (< 18. Jh.). Entlehnt aus frz. *fraterniser*, dieses aus spl. *frāternāre*, zu l. *frāternus* 'brüderlich', zu l. *frāter* 'Bruder'. Zu dessen Verwandtschaft s. *Bruder*.

DF 1 (1913), 225.

Fratze *f.* (< 16. Jh.). (Vielleicht durch Luther) entlehnt aus it. *frasche Pl.* ´Possen´ (vielleicht zu it. *frasca* ´Laubast, der als Schankzeichen ausgesteckt wird´, vgl. *Besenwirtschaft* u.ä., der Bedeutungswandel nach dem dort üblichen ausgelassenen Treiben). Die Bedeutung ´entstelltes Gesicht´ ist gekürzt aus *Fratzengesicht*. *Fratz* ´ungezogenes Kind´ vielleicht unmittelbar aus dem italienischen Wort, das auch ´ausgelassener Mensch´ bedeutet.

Anders: L. M. Hollander *ZDW* 7 (1906), 296; Littmann (1924), 47–49.

Frau *f.* (< 9. Jh.). Mhd. *vro(u)we*, ahd. *frouwa*, as. *frūa* aus vd. **frawjōn f.* ´Herrin´, Femininbildung zu g. **fraw-jōn m.* ´Herr´ in gt. *frauja*, ahd. *frō m.* (s. *Fron, Fronleichnam*). Der Unterschied zwischen Maskulinum und Femininum beruht in der Flexionsverschiedenheit; einen vielleicht älteren Zustand zeigen die anord. Götternamen *Freyr m.* und *Freyja*, die wohl ursprungsgleich sind; sie unterscheiden **frauja- m.* und **fraujōn f.* Diese Wörter gehören sicher zu den Erweiterungen von ig. **per-*, die ´vorne, früh, erster´ bedeuten (vgl. die Herkunft von *Fürst* aus derselben Wurzel). Allerdings sind die vergleichbaren *wo*-Bildungen entweder hochstufig mit **prō-wo-* und bedeuten ´nach vorne geneigt, abschüssig´, oder tiefstufig **prə-wo-* und bedeuten dann ´erster´, wie von den germanischen Wörtern vorausgesetzt, vgl. ai. *pūrva-* ´vorderer, früherer´, akslav. *prīvŭ* ´erster´. Vermutlich geht die germanische Form auf **prəw(o)-* (mit unsilbischem *r*) zurück. Adjektive: **fraulich, frauenhaft**.

S. die folgenden Wörter und *für*. – J. D. Wittmann: *A Semantic Study of Five Words für ´Girl´ and ´Woman´* (Diss. Colorado 1982), 60–87; *LM* 4 (1989), 825–874; Röhrich 1 (1991), 471–472.

Frauche *f. per. lux.-lothr.*, **Fräle** *f. per. ofrk.* ´Großmutter´ (< 19. Jh.). Kürzung aus *Ahnfrau* mit dem Suffix der Koseformen. Vgl. in Nürnberg **Aferlein, Anferlein** (´Ahnfräulein´) in dieser Bedeutung.

Vgl. *Herrche, Herrle*. – Müller (1979), 50.

Frauenglas *n.*, **Fraueneis** *n.*, ´Gipskristall´ s. *Marienglas*.

Frauenmantel *m. per. fach.* ´Alchemilla vulgaris´ (< 16. Jh.). Seit etwa 1500 belegte Zusammensetzung mit *Frau* und *Mantel*. Der Name rührt wohl daher, daß die Form der rundlichen, etwas gefalteten Blätter an den auf Bildern öfters dargestellten Mantel Marias (oft auch *Unsere liebe Frau* u.ä. genannt) erinnerten. Entsprechende regionale Bezeichnungen sind **Liebfrauen-, Muttergottes-, Marienmantel** usw.; in anderen Sprachen etwa ml. (16. Jh.) *Sanctae Mariae pallium*, nndl. *(lieve) vrouenmantel*, ne. *(our) lady's mantle*, ndn. *vor frues kaabe*, nschw. *Mariekåpa*. Die Annahme von Heilwirkungen gegen Frauenleiden ist aus dem Namen herausgesponnen.

Marzell 1 (1943), 174.

Frauenzimmer *n. obs.* (< *15. Jh., Bedeutung 19. Jh.). Spmhd. *vrouwenzimmer* ursprünglich ´Wohngemächer (Zimmer) der Fürstin (Frau)´, dann mit Bedeutungsverschiebung vom Aufenthaltsort zu den Bewohnern ´Gefolge der Fürstin´; dann Verwendung für Einzelpersonen statt für ein Kollektiv (´vornehme Dame´). Schließlich durch die Konkurrenz von *Dame*[1] in der Bedeutung abgesunken.

E. Seidenadel *ZDW* 5 (1903/04), 59–98; F. A. *Anthropophyteia* 9 (1912), 244–249; Seebold (1981), 15–26.

Fräulein *n.* (< 12. Jh.). Mhd. *vrouwelīn, vröu(we)lin*. Diminutiv auf *-lein* zu *Frau*. Im Mittelhochdeutschen ist das Wort in der ursprünglichen diminutivischen Bedeutung ´Mädchen, junge Frau vornehmen Standes´ (vgl. die alte Bedeutung von *Frau*) und dann auch speziell mit der Komponente ´unverheiratet´ bezeugt, wobei es an die Stelle von mhd. *juncvrou(w)e, juncvrou* (s. *Jungfrau*) tritt (Zwischenform *juncvrouwelin*). Als ´unverheiratete Frau aus dem Adelsstande´ hält es sich bis ins beginnende 19. Jh., wird dann auch für bürgerliche Mädchen verwendet und löst damit die Entlehnungen aus dem französischen *Demoiselle, Mamsell* (s.d.) ab. Entlehnungen von mndd. *vrouken, vroiken* sind ndn. *frøken*, nschw. *fröken*. Das Wort wird heute im Zuge der Gleichberechtigung verdrängt.

Th. Matthias *ZDW* 5 (1903/04), 23–58.

frech *Adj.* (< 8. Jh.). Mhd. *vrech*, ahd. *freh*, mndl. *vrec* aus g. **freka- Adj.* ´gierig´, auch in anord. *frekr*, ae. *frec*, gt. in *faihu-friks* ´habgierig´. Die Bedeutung wechselt einerseits zu ´wild u.ä.´, andererseits zu ´kühn, tapfer, eifrig´. Die Abgrenzung der Sippe ist problematisch, weil neben dem *-e-* in *frech* z. B. auch *-ō-* erscheint (anord. *frœkn*, ae. *frǣcne*, as. *frōkni, frēkni* ´kühn, verwegen´, ahd. *fruoh-(ha)nī* ´früh, zeitig´), was morphologisch nicht recht erklärbar ist. Auch außergermanisch ergibt sich kein überzeugender Anschluß. Man vergleicht poln. *pragnąć* ´gierig verlangen´, kymr. *rhewydd* ´Geilheit´ und andererseits mit *s mobile* gr. *spargáō* ´ich strotze, begehre heftig´. Die Sippe bedarf einer genauen Analyse. Abstraktum: **Frechheit**.

G. S. Lane *Language* 9 (1933), 258; E. Piirainen: *froð und klōk* (Helsinki 1971), 44–46; Röhrich 1 (1991), 472; Heidermanns (1993), 212f., 218f. Zur Entlehnung ins Finnische s. Koivulehto (1991), 26.

Frechdachs *m. stil.* (< 19. Jh.). Schimpfwort, dessen Motiv nicht ganz klar ist. Schon früher wird *Dachs* in ähnlicher Funktion verwendet.

Fregatte *f. per. fach.* (ein wendiges Kriegsschiff) (< 16. Jh.). Entlehnt aus it. *fregata* und frz. *frégate*, deren weitere Herkunft nicht sicher geklärt ist.

DF 1 (1913), 225f.; *DEO* (1982), 299f.; Röhrich 1 (1991), 472.

frei *Adj.* (< 9. Jh.). Mhd. *vrī*, ahd. *frī* aus g. **fri-ja-* *Adj.* ´frei`, auch in gt. *freis*, ae. *frēo*; altnordisch statt dessen die Ableitung *frjáls*, die auch in ahd. *frīhals*, ae. *frēols*, gt. *freihals* auftritt und vermutlich als Bahuvrīhi-Kompositum ´dessen Hals frei ist` zu erklären ist. Zu diesem germanischen Wort stimmt genau kymr. *rhydd* ´frei`, das wegen seines Lautstands urverwandt sein muß. Mit dieser Übereinstimmung setzen sich das Germanische und das Kymrische (Keltische?) von den übrigen Sprachen ab, in denen *\*prijo-* ursprünglich ´eigen`, dann ´vertraut, lieb` bedeutet (ai. *priyá-* ´eigen, lieb`, l. *proprius* ´eigen`, evtl. auch gr. (poet.) *propreón* ´geneigt, bereitwillig`; s. auch *freien*). Die Bedeutung ´eigen` zu ig. *\*per(ə)i-* ´nahe, bei` (= ´das, was bei mir ist`); auch das Primärverb ai. *prīṇáti* ´erfreut, genießt` muß ursprünglich lokale Bedeutung gehabt haben (´ist dabei, nähert sich o.ä.`). Die Bedeutung ´frei` entwickelt sich aus ´eigen` vermutlich in Wendungen wie ´die eigenen Kinder`, das nur dort gesagt wird, wo es erbrechtlich usw. von Belang ist. Vielleicht zeigt auch g. **frī-halsa-* den Bedeutungsübergang: ´dessen Hals eigen ist` = ´dem sein Hals selbst gehört‘ = ‘frei`. − Modern auch Halbsuffix *-frei* (*koffeinfrei, busenfrei*). Abstraktum: **Freiheit**; Präfixableitung: **befreien**; Adverb: **freilich**.

Nndl. *vrij*, ne. *free*. S. die folgenden Wörter und *Flibustier, Freund, Friede(n), Friedhof, Gefreiter, ver-*. − Scheller (1959), 1−86; F. Metzger *ZVS* 79 (1964), 32−38; E. Risch *MH* 22 (1965), 19[4]; Benveniste (1969/1993), 257 f.; Schmidt-Wiegand (1972), 26; J. Schlumbohm: *Freiheitsbegriff und Emanzipationsprozeß* (Göttingen 1973); ders. *AB* 17 (1973), 140−142; M. Schwartz in: *Monumentum Nyberg* 2 (1975), 207[31]; Szemerényi (1977), 108−149; Th. Zotz *Zeitschrift für Geschichte des Oberrheins* 125 (1977), 3−20; Günther (1979); *Grundbegriffe* 2 (1979), 425−542; G. vOlberg: *Freie Nachbarn und Gefolgsleute* (Frankfurt 1983); dies. (1991), 74−78; C. Schott *ZSSR-GA* 104 (1987), 84−109; Röhrich 1 (1991), 472; Heidermanns (1993), 215.

Freibank *f. per. fach.* ´Verkaufsstelle für Fleisch aus Notschlachtungen usw.` (< 16. Jh.). Ursprünglich (obd.) Fleischverkaufsstelle auf Märkten, an denen Bauern und Metzger ihr Vieh frei (ohne Einschränkung) schlachten und verkaufen durften.

Freibeuter *m. obs.* (< 16. Jh.). Entlehnt aus nndl. *vrijbuiter*; dieses aus mndl. *vrijbuiten* ´freibeuten`, aus mndl. *vrij* ´frei` und mndl. *buit* ´Beute`, also ´freie Beute machen`. S. *Beute*[1] und *frei*.

Freibrief *m. phras.* (< 15. Jh.). Ursprünglich ´Freilassungsurkunde`, ´Berechtigungsurkunde`, dann übertragen verwendet im Sinne von ´Erlaubnis, nach Willkür zu handeln` (meist in Wendungen wie *dies ist kein Freibrief für …*).

Freidenker *m. erw. fach.* (< 18. Jh.). Lehnbildung mit *frei* und *Denker* für ne. *freethinker* zur Bezeichnung religiös unabhängiger Denker (und Menschen allgemein).

Ganz (1957), 76−78; *HWPh* 2 (1972), 1062−1063.

freien *swV. obs.* ´um eine Frau werben` (< 12.Jh.). Ursprünglich nicht oberdeutsch, durch Luther allgemein eingeführt. Mhd. *vrien*, mndd. *vrien, vrigen* ´heiraten, umwerben` ist eine Spezialisierung von g. **frijō- swV.* ´freundlich behandeln, umwerben`, wohl unter dem Einfluß von as. *frī* ´(Ehe)Frau`. Das Verb auch in gt. *frijon*, anord. *frjá*, ae. *frēogan*, mndl. *vrien* ´hold sein, lieben`. Es ist grundsprachlichen Alters, vgl. ai. *priyāyáte*, akslav. *prijati* ´hold sein, beistehen, sorgen (für)`, ein Denominativ zu ig. **prijo-* ´eigen, lieb, freundlich` (s. *frei*). Zu beachten ist allerdings kymr. *priodi* ´heiraten` (< **kʷrei-*) falls im Übergang von ig. **kʷr-* zu g. **fr-* angesetzt werden kann. − Ein **Freier** ist eigentlich ein ´Brautwerber, Verlobter`, heute fast nur noch als ´Kunde einer Prostituierten`. Zur alten Bedeutung noch ***auf Freiersfüßen gehen*** ´sich mit dem Gedanken einer Hochzeit befassen`.

S. auch *Freite*. − Scheller (1959), 89−101; etwas anders: F. Metzger *ZVS* 79 (1964), 32−38.

Freigeist *m. obs.* (< 17. Jh.). Lehnbildung mit *frei* und *Geist* zu frz. *esprit libre* ´freier Geist`. Schon früher die genaue Übersetzung ***freier Geist***.

freigebig *Adj.* (< 16. Jh.). Gebildet mit *frei* im Sinn von ´großzügig`, vgl. mhd. *mit vrier hant* ´großzügig`.

Freihandel *m. erw. fach.* (< 19. Jh.). Lehnbildung mit *frei* und *Handel* für ne. *free trade* gleicher Bedeutung.

Freiherr *m.*, **Freifrau** *f. obs.* (< 14. Jh.). Universiert aus der Bezeichnung ´freier Herr`, ´freie Frau`, dann Adelstitel, der ungefähr dem Baron entspricht.

freilich *Adv.* (< 9. Jh.). Mhd. *vrīliche(n)*, ahd. *frīlīh* ´auf freie Weise, offenbar`. Durch die Anerkennung des vom Gesprächspartner Gesagten mit diesem Wort (mit nachfolgender Entgegensetzung der eigenen Meinung) bekommt das Adverb seinen adversativen Charakter.

Freimaurer *m. per. fach.* (< 18. Jh.). Lehnbildung mit *frei* und *Maurer* für gleichbedeutendes ne. *free mason*. Ursprünglich wurden mit *free masons* im Spätmittelalter die Steinmetze bezeichnet, die nach der Gesellenprüfung in die Geheimzeichen der Bauhütten (ne. *lodge*, s. *Loge*) eingeweiht waren und zur Arbeitssuche frei durchs Land ziehen konnten.

Ganz (1957), 78 f.

freimütig *Adj.* (< 13. Jh.). Bahuvrihi-Adjektiv zu *frei* und *Mut* mit verschiedenen Bedeutungen, von denen sich dann ´unerschrocken` durchsetzt. **Freimut** ist dazu eine Rückbildung.

Freistaat *m. erw. fach.* (< 18. Jh.). Als Ersatzwort für *Republik* gebildet; zunächst in bezug auf die Schweizer Eidgenosssenschaft gebraucht. Gemeint ist ein Staat, in dem alle die politischen Freiheiten haben. Nach 1918 bezeichnet sich die Mehrzahl der deutschen Länder als *Freistaat*, nach 1945 nur noch Baden und Bayern, nach der Wiedervereinigung auch Sachsen.

Freistatt *f. obs.* (< 17. Jh.). Ersatzwort für *Asyl*, doch taucht das Wort schon wesentlich früher als Flurname (Bedeutung?) auf.

Freitag *m.* (< 9. Jh.). Mhd. *vrītac*, ahd. *frī(j)atag*, mndd. *vridach*, mndl. *vridach*, wie afr. *frīadei*, ae. *frigdæg* als Nachbildung von spl. *Veneris diēs*; der römischen *Venus* wurde also die germanische *Freia* gleichgesetzt. Das lateinische Wort ist seinerseits Nachbildung von gr. *Aphrodítēs hēméra* (zu Aphrodite). − Nndl. *vrijdag*, ne. *friday*.
M. Förster *Anglia* 68 (1944), 1−3.

Freite *f. arch.* ˈBrautwerbungˈ (< 13. Jh.). Mhd. *vrīāt(e)*. Abstraktum zu *freien* und wie dieses aus dem Niederdeutschen ins Hochdeutsche gelangt.

Freitod *m. stil.* (< 20. Jh.). Zusammensetzung mit *frei* und *Tod* als Euphemismus für *Selbstmord* nach Nietzsches Überschrift der 22. Rede Zarathustras ˈVom freien Todˈ (wohl in Anlehnung an l. *mors voluntāria* ˈfreiwilliger Todˈ).
K. Baumann: *Selbstmord und Freitod* (Diss. Gießen 1934).

freiwillig *Adj.* (< 16. Jh.). Aus *frei* und *Wille* zusammengebildet, wohl nach dem Vorbild älterer Nominalbildungen (**Freiwilligkeit**).

fremd *Adj.* (< 8. Jh.). Mhd. *vrem(e)de*, *vröm(e)de*, ahd. *fremidi*, as. *fremiði* aus g. **framaþja-Adj.*, auch in gt. *framaþeis*, ae. *frem(e)de*, einer Adjektivbildung zu g. **fram-* ˈfern von, weg vonˈ in gt. *fram*, anord. *fram*, ae. *from* und ahd. *fram* ˈvorwärts, fortˈ; Ausgangsbedeutung also etwa ˈfort seiendˈ. Dann auch allgemein ˈaußerhalb der gewohnten Umgebungˈ, dann speziell etwa in **fremdgehen** ˈSeitensprünge machenˈ. Präfixableitungen: **be-, ent-, verfremden**; häufig als Vorderglied von Komposita.
Nndl. *vreemd*. − U. Beul: *Fremd* (Diss. Berlin 1968); *HWPh* 2 (1972), 1102; Röhrich 1 (1991), 473.

frenetisch *Adj. per. fremd.* ˈüberschwenglich, leidenschaftlichˈ (< *16. Jh., Bedeutung 19. Jh.). Entlehnt aus frz. *(applaudissements) frénétiques* ˈfrenetischer Beifallˈ, eigentlich ˈwahnsinnigˈ, dieses aus l. *phrenēticus*, *phrenīticus* ˈwahnsinnig, gehirnkrankˈ, aus gr. *phrenitikós*, zu gr. *phrēn* ˈZwerchfellˈ (als Sitz der Seele, s. *Brünne*). In der fachsprachlichen Bedeutung ˈgeisteskrankˈ schon im 16. Jh. bezeugt.
DF 1 (1913), 226; K.-H. Weimann *DWEB* 2 (1963), 392; Schalk (1966), 75−95.

Frequenz *f. erw. fach.* ˈHäufigkeit, Schwingungszahlˈ (< 17. Jh.). Entlehnt aus l. *frequentia* ˈHäufigkeitˈ, einem Abstraktum zu l. *frequēns (frequen-*

tis) ˈhäufigˈ (verwandt mit l. *farcīre* ˈstopfenˈ, zu diesem s. *Farce*). Verb: **frequentieren**.
DF 1 (1913), 226.

Fresko *n. per. fach.* ˈMalerei auf frischem, noch feuchtem Putzˈ (< 18. Jh.). Entlehnt aus it. *(pittura al) fresco* ˈFreskomalereiˈ, eigentlich ˈfrischˈ, das aus dem Germanischen (s. *frisch*) entlehnt ist.
DF 1 (1913), 226.

Fressalien *Pl. vulg.* ˈLebensmittelˈ (< 19. Jh.). Scherzwort der Studentensprache, das wohl nach dem älteren **Schmieralien** ˈBestechungsgelderˈ (seit dem 16. Jh.) und **Viktualien** nachgebildet ist. Zu *fressen* mit der an die deutsche Sprachform angepaßten lateinischen Endung *-alia (Pl.)*.

Fresse *m. vulg.* (< 16. Jh.). Vulgäre Bezeichnung des Mundes nach seiner Funktion (s. *fressen*).

fressen *st V.* (< 8. Jh.). Mhd. *v(e)rezzen*, ahd. *frezzan*, as. *fretan*, eine schon alte Verschmelzung des Verbs *essen* mit der Vorsilbe *ver-*, vgl. ae. *fretan* und gt. *fret Prät.* (aber Präsens getrennt *fra-itan*). Zur Etymologie s. *essen*. Die Bedeutung ist ˈaufessen, verzehrenˈ, erst in mittelhochdeutscher Zeit beginnt die Differenzierung *essen* bei Menschen − *fressen* bei Tieren. Abstraktum: **Fraß**; Nomen agentis: **Fresser**; Adjektiv: **gefräßig**.
Nndl. *vreten*, ne. *fret*. S. auch *Fressalien, Fresse*.

Frett(chen) *n. per. fach.* (< 15. Jh.). Fnhd. *frett(e)*, später *Frettchen*. Über frz. *furet* und mndl. *foret* entlehnt aus ml. *furet(t)us* ˈFrettchenˈ, einer Ableitung von l. *fūro m.* ˈIltisˈ (das wohl zu l. *fūr m.* ˈDiebˈ gehört). S. *Furunkel*; zur Sippe des zugrundeliegenden l. *ferre* ˈtragenˈ s. *Differenz*.

Freude *f.* (< 9. Jh.). Mhd. *vröude*, *vröide*, *vreude*, ahd. *frewida*, *frouwida*, vd. **frawiþō*, Abstraktbildung zu *freuen* und damit zu *froh* gehörig. Adjektiv: **freudig**.
Röhrich 1 (1991), 474−475.

Freudenhaus *n. s. Freudenmädchen.*

Freudenmädchen *n. erw. stil.* (< 18. Jh.). Lehnbildung mit *Freude* und *Mädchen* für frz. *fille de joie f.* gleicher Bedeutung als Euphemismus für ˈProstituierteˈ. Andere Lehnbildungen jener Zeit sind **Töchterchen/ Tochter der Freude**. **Freudenhaus** ˈBordellˈ ist eine etwa gleich alte Klammerform für *Freudenmädchenhaus*; davon zu trennen ist älteres **Freudenhaus** (mhd. *vröudenhūs*) ˈHaus voller Freudenˈ im Gegensatz zu *Trauerhaus*.

freuen *sw V.* (< 9. Jh.). Mhd. *vröuwen*, *vröiwen* u.ä., ahd. *frewen*, *frouwen*, mndd. *vrouwen*, mndl. *vrowen* aus vd. **frawija- sw V.* ˈfreuenˈ, ein Faktitivum zu *froh*, also eigentlich ˈfroh machenˈ.
Röhrich 1 (1991), 475.

Freund *m.* (< 8. Jh.). Mhd. *vriunt*, ahd. *friunt*, as. *friund* aus g. **frijond- m.* ˈFreund, Verwandterˈ, auch in gt. *frijonds*, ae. *frēond*, afr. *friōnd*. Dazu mit stärkerer Umbildung anord. *frændi* ´Verwandter´. Das Wort ist eine Partizipialbildung zu g. **frij-ō- swV.* ´freundlich behandeln, umwerben´, das unter *freien* behandelt ist, dieses weiter zu *frei*. Abstraktum: **Freundschaft**; Adjektiv: **freundlich**; Präfixableitung: **befreunden**.

Nndl. *vriend*, ne. *friend*, nschw. *frände*, nisl. *frændi*. S. *frei*. – Scheller (1959), 105–108. Etwas anders: F. Metzger *ZVS* 79 (1964), 32–38. *HWPh* 2 (1972), 104–1105; Th. Nolte *FS* 24 (1990), 126–140; Jones (1990), 80–106; Röhrich 1 (1991), 475–476. Zu *Freundschaft* ´Verwandtschaft´ vgl. A. Götze *ZDW* 12 (1910), 93–108; *LM* 4 (1989), 911 f.

Frevel *m. obs.* (< 9. Jh.). Mhd. *vrevel(e)*, ahd. *fravalī* ist wie ae. *fræfel* ein Abstraktum zu dem Adjektiv wg. **frafla-/ja.* ´übermütig, hartnäckig, verschlagen´ in ahd. *fravali*, as. *fravol*, ae. *fræfel(e)*. Vermutlich ist es zusammengesetzt aus dem Präfix *ver-* mit Verlust des Vokals und einem Substantiv **afla-* ´Kraft´ in anord. *afl n.*, ae. *afol n.*, vgl. ahd. *afalōn, avalōn* ´zuwege bringen´ und mit anderem Suffix *l. abrs* ´stark´. Also **fr(a)-af-la-(-ja-)* ´dessen Stärke vorangeht´, etwa im Sinne von ´rücksichtslos´. Adjektive: **frevelhaft, freventlich**; Verb: **freveln**.

Sousa-Costa (1993), 306–309.

Friede(n) *m.* (< 8. Jh.). Mhd. *vride*, ahd. *fridu*, as. *friðu* aus g. **friþu- m.* ´Friede´, auch in anord. *friðr*, ae. *friþ m./n.*, afr. *fretho*, gt. in *gafriðon* ´versöhnen´ (sonst ist ´Friede´ gt. *gawairþi*). Ein *tu*-Abstraktum zu der in *frei* vorliegenden Grundlage ig. **pri-*, die von ´nahe, bei´ ausgeht. *Friede* müßte demnach ungefähr das ´Beieinandersein´ im Sinne von ´das gegenseitige Behandeln wie innerhalb der Sippe´ sein. Adjektiv: **friedlich**; Verben: **befrieden, befriedigen**. Zur Bedeutungsverzweigung s. *frei, freien, Freund*. Eine Nebenbedeutung ´umgeben, schützen´ in **ein-, umfrieden**.

Nndl. *vrede*, nschw. *fred*, nisl. *friður*. S. auch *Friedhof, zufrieden*. – Scheller (1959), 113 f.; *HWPh* 2 (1972), 1114–1119; Tiefenbach (1973), 56–60; *Grundbegriffe* 2 (1979), 543–591; *LM* 4 (1989), 919–921; Röhrich 1 (1991), 476; Sousa-Costa (1993), 193–197.

Friedhof *m.* (< *9. Jh., Form 16. Jh.). Mhd. *vrīthof*, ahd. *frīthof m./(n.?)*, as. *frīdhof*, ursprünglich ´Vorhof, eingefriedetes Grundstück´ zu ahd. *frīten* ´hegen´, gt. *freidjan* ´schonen´. In ungestörter Entwicklung wäre nhd. *Freithof* zu erwarten gewesen, was auch tatsächlich regional bezeugt ist; doch ist das Wort als Bezeichnung des Kirchhofs an *Friede* angeglichen worden durch das Verständnis als ´Immunitätsland´: Die öffentlichen Beamten hatten kein Eingriffsrecht auf dem Friedhof – entsprechendes gilt für das gleiche Wort als Orts- und Hofbezeichnung. Ahd. *frīten* gehört zu der Sippe von *frei, freien, Freund* und *Friede(n)* mit der Sonderbedeutung ´hegen, schonen, pflegen´. Unmittelbar zugrunde liegt das Adjektiv g. **frīda-* ´gepflegt,

schön´ in anord. *friðr*, ae. *friþ*, außergermanisch vergleichbar ist ai. *prītá-*, Partizip zu ai. *prīnấti* (s. *frei*).

Scheller (1959), 114–117; Kretschmer (1969), 275–278; *LM* 4 (1989), 923–930; P. Ilisch *NW* 30 (1990), 103–108.

frieren *st V.* (< 8. Jh.). Mhd. *vriesen*, ahd. *friosan*, mndl. *vriesen* aus g. **freus-a- st V.* ´frieren´, auch in anord. *frjósa*, ae. *frēosan*, gt. in *frius* ´Frost´. Das Verb hat in der gleichen Bedeutung keine Anknüpfungsmöglichkeit, dagegen zeigt die Ableitung *Frost* (ae. *frost*, afr. *frost*, as. *frost*, ahd. *frost*; daneben anord. *frør, frer*, ahd. *frōr*) gute Vergleichsmöglichkeit mit l. *pruīna* ´Rauhreif´, auch ´Winter´, kymr. *rhew* ´Eis, Frost´ und ai. *prúṣvā* (auch ai. *pruṣvā̆*) ´Tropfen, Tau´, vielleicht auch ´Rauhreif´. Die außergermanischen Wörter hängen aber von einem **preus-* ´sprühen, spritzen´ ab, das in lit. *praũsti* ´waschen´, serbo-kr. *prskati* ´spritzen, sprengen´, ai. *pruṣṇóti* ´besprengt, träufelt, näßt´ bezeugt ist. Daraus ist zu schließen, daß **freus-a-* ursprünglich ´sprühen´ bedeutete und Ableitungen mit der Bedeutung ´Rauhreif, Frost´ bildete. Unter dem Einfluß dieser Ableitungen verschob sich dann seine Bedeutung im Germanischen zu ´frieren´.

Nndl. *vriezen*, ne. *freeze*, nschw. *frysa*, nisl. *frjósa*. S. *Frost*. – Seebold (1970), 210 f.; E. P. Hamp *JIES* 1 (1973), 215–223.

Fries[1] *m. per. fach.* ´Zierstreifen (an Säulen usw.)´ (< 17. Jh.). Entlehnt aus frz. *frise f.* gleicher Bedeutung. Dieses wohl aus it. *fregio* und weiter zu l. *phrygium* ´phrygisch´.

Lokotsch (1975), 872; *DEO* (1982), 303; *LM* 4 (1989), 968 f.

Fries[2] *m. per. fach.* ´krauses Wollzeug´ (< 17. Jh.). Entlehnt aus frz. *frise*, das seinerseits aus mndl. *frise* ´krauses Tuch´ entlehnt ist. Dieses wohl ursprünglich *drape de Frize* ´friesischer Wollstoff´.

Frieseln *Pl. per. reg.* ´Hautausschlag´ (< 16. Jh.). Vermutlich zu regional gebräuchlichem *freiseln* ´frösteln´ (also eigentlich ´Gänsehaut´?). Eine andere Möglichkeit wäre der Anschluß an russ. *prosjanica* ´Hirsegrütze, Frieselausschlag´, doch gehört dies zu russ. *próso* ´Hirse´, dessen Herkunft unklar ist (und bei dieser Bedeutung liegt die Annahme der Entlehnung nahe).

N. Jokl in: *FS Jagić* (1908), 484 f.

frigide *Adj. erw. fremd* ´gefühlskalt´ (< 19. Jh.). Entlehnt aus l. *frīgidus* ´kalt´, zu l. *frīgēre* ´kalt sein, erkaltet sein´, wohl unter dem Einfluß von frz. *frigide*. Abstraktum: **Frigidität**.

Frikadelle *f. erw. reg.* ´gebratenes Hackfleischklößchen´ (< 18. Jh.). Entlehnt aus nndl. *frikadel*, dieses aus einem französischen Vorbild, das neben frz. *fricandeau* ´Pastetenfülle´ steht (**fricada*, das *n* in *fricandeau* ist sekundär, zur gleichen Grundlage auch *Frikassee*), vielleicht gekreuzt mit einer Entlehnung aus it. *frittadella* ´Pfannengebackenes´.

Herkunft und Entwicklung der französischen Wörter ist unklar. Es wird über eine Bedeutung ´lecker´ ein Anschluß gesucht an germanische Wörter aus der Sippe von *frech* über eine Bedeutung ´begierig´. Nach *DEO* aus einem vorrom. *frīxicāre zu vor-rom. *frīxāre ´durchbraten´. – E. Gamillscheg in *FS M. Grevisse* (Gembloux 1966), 126 f.; *DEO* (1982), 301 f.; *DF* 1 (1913), 226 f.

Frikassee *n. erw. fach.* ´Ragout aus weißem Fleisch´ (< 16. Jh.). Entlehnt aus frz. *fricassée f.*, einer Ableitung von frz. *fricasser* ´Fleisch schnetzeln und in Soße zubereiten´. Zu einer lautlich und etymologisch unklaren romanischen Wortsippe, die unter *Frikadelle* genannt wird.

DF 1 (1913), 227.

frisch *Adj.* (< 11. Jh.). Mhd. *vrisch*, ahd. *frisc*, mndd. *versch, vers, varsch*, mndl. *versch* aus wg. **friska-* Adj. ´frisch´, auch in ae. *fersc*, afr. *fersk*. Außergermanisch keine sichere Entsprechung. Offenbar auf (ig.) **prēska-* gehen zurück lit. *préskas* ´süß, ungesäuert, frisch, fade´, russ. *présnyj* ´ungesäuert, süß, fade´. Aber wie ist das vom Germanischen vorausgesetzte *-i-* zu vermitteln? Nach Mentz als ´dem Ursprung nah´ zu l. *prīscus* und vielleicht weiter zu den genannten baltisch-slavischen Wörtern. – Präfixableitung: **erfrischen**; Partikelableitung: **auffrischen**; *-frisch* ist in der modernen Sprache ein Halbsuffix (besonders in der Werbesprache).

Nndl. *vers*, ne. *fresh*. S. *Fresko, Frischling, Sommerfrische*. – F. Mentz *ZVS* 65 (1938), 263–265; Heidermanns (1993), 216 f.

Frischling *m. erw. fach.* ´junges Wildschwein´ (< *9. Jh., Form 15. Jh.). Mhd. *vrisch(l)inc*, ahd. *frisking* mit einer Anzahl Nebenformen. Wohl einfache Zugehörigkeitsbildung zu *frisch* ´der Frische (Neue, Frischgeborene)´.

Palander (1899), 131–133.

frisieren *m.* (< 17. Jh.). Entlehnt (unter Einfluß von nndl. *friseren*) aus frz. *friser* ´kräuseln´. Es bezeichnet zunächst das Zurechtmachen der Perükken, wobei deren Locken wieder frisch eingedreht wurden. Nur deutsch ist die Weiterentwicklung zu ´die Haare herrichten´, ebenso wie die Berufsbezeichnung **Frisör, Friseuse**, die im Französischen zwar als systematische Bildungen ebenfalls in Gebrauch gewesen zu sein scheinen, aber nur im Deutschen lexikalisiert wurden. Das Konkretum **Frisur** ist aus frz. *frisure* ´Lockenfrisur´ entlehnt, die Bedeutungsverallgemeinerung ist ebenfalls nur deutsch. In übertragener Bedeutung dann auch allgemein ´herrichten, verbessern, verfälschen´ (z. B. *einen Motor, eine Bilanz frisieren*).

Das französische Wort scheint auf ein gallo-rom. *fretiare ´kräuseln´ zurückzugehen. S. *Fries*[1]. – *DF* 1 (1913), 227; *DEO* (1982), 303; Brunt (1983), 311; [herangezogen wurde die Zulassungsarbeit von U. Rodler].

Frist *f.* (< 9. Jh.). Mhd. *vrist*, ahd. *frist*, as. *frist* ´Gelegenheit´ aus g. **fristi-* ´Frist, Zeit´, auch in

anord. *frest n.*, ae. *first m.*, afr. *ferst n.*, *frist n.* Herkunft unklar; vgl. immerhin toch. A *praṣt*, toch. B *preściya* ´Zeit´. Verb: **(be-) fristen**; Adjektiv: **fristlos**.

S. *fristen*. – N. O. Heinertz in: *SMS* 1928, 3–24.

fristen *swV.* (< 11. Jh.). Mhd. *vristen*, ahd. *fristen*, eigentlich ´bewahren, aufschieben´ zu *Frist*.

Frisur *f.* s. *frisieren*.

fritieren *swV. per. fach.* ´in heißem Fett schwimmend garen´ (< 20. Jh.). Neubildung zu frz. *frit*, dem PPrät. von frz. *frire* ´backen, braten´, dieses aus l. *frīgere (frīctum)* ´rösten, braten´.

frivol *Adj. erw. stil.* ´anzüglich, leichtfertig´ (< 18. Jh.). Entlehnt aus frz. *frivole* ´nichtig, leichtfertig´, dieses aus l. *frīvolus*, eigentlich ´zerbrechlich´, zu l. *friāre* ´zerreiben, zerbröckeln´ (verwandt mit l. *fricāre* ´reiben´). Abstraktum: **Frivolität**.

S. *frottieren*. – *DF* 1 (1913), 227.

-fritze *Halbsuffix stil. ndd.* Bildet umgangssprachliche Täterbezeichnungen für Verkäufer oder Anhänger einer Sache (**Filmfritze, Zeitungsfritze**). Zu dem Personennamen *Fritz*.

froh *Adj.* (< 8. Jh.). Mhd. *vrō*, ahd. *frō*, as. *frā* aus vd. **frawa-* Adj. ´froh´, zu dem auch afr. *frē* stimmt; dagegen bedeutet anord. *frár* ´schnell´, was wohl die Ausgangsbedeutung ist. Dieses kann eine *-wo-*Ableitung zu ig. *pro ´vor, voran, vorwärts´ sein, vgl. etwa ai. *pravaṇá-* ´steil, jäh, abfallend´, *pravát- f.* ´Vorwärtsdrang, schneller Fortgang´. – Die alte Modifikationsbildung **fröhlich** hat sich heute in ihrer Bedeutung verselbständigt.

Nndl. *vro*. S. *Freude, freuen, frohlocken*. – Heidermanns (1993), 211 f.

frohlocken *swV. stil.* (14. Jh.). Spmhd. *vrolocken*. Vermutlich zu *lecken* ´springen, hüpfen´ mit Umbildung, als das einfache *lecken*[2] unterging.

fromm *Adj.* (< 8. Jh.). Mhd. *vrum, vrom*, ahd. nur Substantiv *fruma, froma* ´Vorteil, Nutzen´. Im prädikativen Gebrauch wird dieses zu einem Adjektiv mit der Bedeutung ´nützlich u.ä.´, das dann zu ´tüchtig´ und ´rechtschaffen´ wird. Außerhalb des Deutschen hat das Grundwort eine andere Vokalstufe (anord. *framr* ´tapfer, vorzüglich´, ae. *fram* ´förderlich´), wie auch die außergermanischen Formen in ihrem Ablaut auseinandergehen: gr. *prómos* ´Vorkämpfer, Führer´, l. *prīmus*, lit. *prmas* ´Erster´. Zu der Wurzel ig. **per-* ´vorne, früh, erster´ zu der auch *Fürst* und *Frau* gehören (s. diese; dort weitere Verweise). Abstraktum: **Frömmigkeit**; die alte Bedeutung ist bewahrt in der verbalen Ableitung **frommen** ´nützen´, heute veraltet. Dagegen drückt die verbale Ableitung **frömmeln** eine übertriebene und heuchlerische Haltung aus.

S. *für*. – V. Günther: ´*Fromm*´ in der Zürcher Reformation (Aarau 1955); *HWPh* 2 (1972), 1123–1125; E. E. Müller *BGDSL-T* 95 (1973), 333–357; Röhrich 1 (1991), 477.

Fron *f. obs.* ´Frondienst´ (<*9. Jh., Bedeutung 19. Jh.). Zu ahd. *frō m.* ´Herr´ gehört als Genetiv Plural *frōno* ´der Herren, speziell der Götter´, daraus einerseits die Bedeutung ´göttlich´ mit adjektivischer Flexion; so übernommen ins Christentum. Andererseits (auch als Vorderglied von Komposita) ´rechtlich, gerichtlich, öffentlich´ (etwa ***Fronbote*** ´Gerichtsbote´). Hierzu mhd. *vrondienest* ´Herrendienst´, aus dem *die Fron* abgelöst ist. Zur Etymologie s. *Frau.*

S. *fronen, Fronleichnam.* – K. Müller (1976), 149–169 *LM* 4 (1989), 986–989.

fronen *swV.*, **frönen** *swV. obs.* (< 10. Jh.). Mhd. *vrōnen, vrænen*, ahd. *fronen.* Die beiden Formen sind Varianten des gleichen Wortes, nämlich der Ableitung von *Fron* mit der Bedeutung ´dienen, unterworfen sein´. Die Variante mit Umlaut heute nur übertragen *(seinen Leidenschaften frönen).*

Fronleichnam *m. erw. fach.* (< 13. Jh.). Ursprünglich ´der Leib des Herrn´ (mhd. *vrōnlīchname*), dann der ihm seit 1246 geweihte zweite Donnerstag nach Pfingsten. Zu mhd. *līcham(e)* ´Leib´ (s. *Leichnam*) und *Fron* als alter Genetiv (s. *Frau* und *Fron*).

LM 4 (1989), 990 f.

Front *f.* ´Vorderseite, vordere Reihe´ (< 17. Jh.). Entlehnt aus frz. *front m.*, dieses aus l. *frōns (frontis)* ´Stirn, vordere Linie´. Das Substantiv im Deutschen weitgehend festgelegt auf ´vorderste Kriegslinie´. Adjektiv ***frontal.***

Das lateinische Grundwort ist auch enthalten in *Affront* (Rückbildung aus einer Präfixableitung im Französischen), *konfrontieren* (´gegenüberstellen´, ebenfalls eine Präfixableitung) und *Frontispiz.* – *DF* 1 (1913), 228; Jones (1976), 350 f.; Röhrich 1 (1991), 477.

Frontispiz *n. per. fach.* ´Vordergiebelseite, Titelseite eines Buches´ (< 18. Jh.). Entlehnt aus frz. *frontispice m.*, dieses aus ml. *frontispicium* ´Giebel eines Gebäudes´, zu l. *frōns (frontis) f.* ´Vorderseite, Stirn´ und l. *spicere, specere* ´sehen´, also etwa ´Vorderansicht´. S. *Front* und *Spektakel.*

Frosch *m.* (< 8. Jh.). Mhd. *vrosch*, ahd. *frosc*, mndd. *vors(ch)*, mndl. *vorsch(e)* aus g. *fruska- m.* ´Frosch´, auch in anord. *froskr.* Varianten hierzu sind anord. *frauki* und ae. *frogga.* Außergermanisch vergleicht sich am ehesten russ. *prýgat´* ´springen, hüpfen´, so daß der Frosch (verständlicherweise) als ´Hüpfer´ bezeichnet wäre. Die Anschließbarkeit des slavischen Wortes ist aber dürftig, so daß die Etymologie unsicher bleibt. Nach Foerste wird das Wort für ´Frosch´ in mehreren Sprachen für die Krankheit ´Soor´ verwendet (so auch ndd. *fasch*, fläm. *vesch* aus *fersk/forsk-*), was eine Ausgangsbedeutung ´weiche Masse´ nahelegt. Das von ihm angegebene Vergleichsmaterial ist aber nicht überzeugend.

C. Marstrander in: *FS S. Bugge* (Kristiania 1908), 243; H. Falk/I. Reichborn-Kjennerud *MM* 1923, 65–73; W. Foerste *NW* 1 (1960), 13–20; N. Wagner *HS* 103 (1990), 281–285; Röhrich 1 (1991), 477–479.

Frost *m.* (< 8. Jh.). Mhd. *vrost*, ahd. *frost*, as. *frost* aus wg. *frusta- m.* ´Frost´, auch in ae. *frost*; vergleichbar ist weiter anord. *frost n.* Abstraktum zu *frieren.* Adjektiv: ***frostig***; Verb: ***frösteln.*** – Nndl. *vorst*, ne. *frost.*

frottieren *swV. stil.* ´(mit einem Tuch) abreiben´ (< 18. Jh.). Entlehnt aus frz. *frotter*, das wohl mit unregelmäßiger Formentwicklung auf l. *fricāre (frictum)* ´reiben´ zurückgeht. Zugehöriges Konkretum ist ***Frottee.***

Zum lateinischen Grundwort gehören noch *Affrikate* und *frivol.* – *DF* 1 (1913), 228; *DEO* (1982), 304.

frotzeln *swV. stil.* (< 19. Jh.). Ursprünglich ostoberdeutsch. Herkunft unklar; vielleicht zu it. *frottola* ´Flause, Scherzlied, Märchen´, frz. *frotter à quelqu'un* ´sich mit jmd. anlegen´ (also aus den romanischen Sprachen mit der Ausgangsbedeutung ´reiben´). Auch ein Anschluß an *Fratze* ist nicht ausgeschlossen. Abstraktum: ***Frotzelei.***

Frucht *f.* (< 9. Jh.). Mhd. *vruht*, ahd. *fruht*, as. *fruht.* Entlehnt aus l. *frūctus m.* gleicher Bedeutung (zu l. *fruī* ´genießen´). Das deutsche Wort ist Femininum geworden im Anschluß an die *ti*-Abstrakta wie *Flucht* usw. Adjektive: ***fruchtig, fruchtbar***; Verb: ***(be-) fruchten.*** S. *frugal.*

frugal *Adj. erw. fremd.* ´einfach, gesund und nahrhaft´ (< 18. Jh.). Entlehnt aus frz. *frugal*, dieses aus l. *frūgālis* ´Nutzen bringend, zu den Früchten gehörig´, zu l. *frūx (-ūgis)* ´Frucht, Getreide´, zu l. *fruī* ´von etwas Genuß haben, aus etwas Nutzen ziehen´. In der Fügung *frugales Mahl* wird meist ´reichhaltig´ darunter verstanden.

S. *Frucht*; zur germanischen Verwandtschaft s. *brauchen.* – *DF* 1 (1913), 228; W. J. Jones *SN* 15 (1979),259.

früh *Adj.* (< 9. Jh.). Mhd. *vruo*, ahd. *fruo*, mndd. *vro*, mndl. *vroe(ch)* aus vd. *frō-.* Außergermanisch vergleichen sich auf einer Grundlage ig. *prō-* gr. *prōí* ´früh´ und ai. *prātár* ´früh´. Letztlich gehört die Sippe zu der Wurzel ig. *per-* ´vorne, früh, erster´. Abstraktum: ***Frühe.*** S. *für.*

Frühling *m.*, ***Frühjahr*** *n.* (< 15. Jh.). Die Wörter sind verhältnismäßig späte (frühneuhochdeutsche) Bildungen, wie ***Spätling, Spätjahr*** ´Herbst´ (die sich in der Hochsprache nicht gehalten haben).

M. Tallen *DWEB* 2 (1963), 159–229.

Frühstück *n.* (< 15. Jh.). Mhd. *vruostücke, vrüestücke*, Zusammensetzung mit *früh* und *Stück.* Ursprünglich bezeichnet es wie mhd. *morgenbrōt* das morgens in der Frühe gegessene Stück Brot. Im Mittelhochdeutschen ist dafür auch *vruo-ezzen, vruoimbīz m.* ´Frühessen, Frühimbiß´ bezeugt. Vgl. auch mndd. *vrokost f.* (entlehnt zu ndn. *frokost,*

nschw. *frukost*) ´Frühkost´ und schwz. **Morgenessen** sowie bair. **Brotzeit** ´zweites Frühstück, Zwischenmahlzeit´. Ebenfalls schon im 15. Jh. ist die Ableitung *vruostücken* belegt.
Röhrich 1 (1991), 479.

frustrieren *sw V.* ´Erwartungen enttäuschen´ (< 18. Jh.). Entlehnt aus l. *frūstrāre*, zu l. *frūstrā* ´irrtümlich, vergebens´, zu l. *fraudāre* ´täuschen, betrügen´. Die heutige Bedeutung beruht auf der Übernahme des englischen Terminus *frustration*, der aus der Tiefenpsychologie stammt und seinerseits S. Freuds Terminus **Versagung** wiedergibt, im 20. Jh. Das Substantiv wird jugendsprachlich zu **Frust** (*m.*!) gekürzt.
HWPh 2 (1972), 1125−1127; W. J. Jones *SN* 51 (1979), 259; G. Trempelmann *Sprachpflege* 33 (1985), 145−148; Röhrich 1 (1991), 479; Carstensen 2 (1994), 541−543.

Fuchs[1] *m.* (ein Tier) (< 11. Jh.). Mhd. *vuhs*, ahd. *fuhs*, as. *fohs* aus wg. **fuhsa- m.* ´Fuchs´, auch in ae. *fox*. Der Vergleich mit dem Femininum **Fohe/ Fähe** (s. *Fähe*) zeigt, daß das *s* suffixal ist (wie auch bei anderen Tierbezeichnungen). Suffixlos ist auch gt. *fauho* ´Fuchs´. Wie bei span. *raposo* ´Fuchs´ zu span. *rabo* ´Schwanz´ oder lit. *uodēgis* ´Fuchs´ zu lit. *uodegà f.* ´Schwanz´ ist der Fuchs nach seinem Schwanz benannt, vgl. ai. *púccha-* ´Schwanz´ (**puḱ-sḱo-*), aruss. *puchŭ* ´Pelzbesatz´, lit. *paustìs* ´Tierhaar´.
Nndl. *vos*, ne. *fox*. − Anders: A. Kutzelnigg *MS* 90 (1980), 185−188 (Bezeichnung nach dem Geruch). Röhrich 1 (1991), 479−483.

Fuchs[2] *m. per. fach.* ´angehender Student´ (< *15. Jh., Form 17. Jh.). Älter *Fux*, dieses wohl umgebildet nach noch älterem *Feix*. Für dieses wird eine Herkunft aus *Feist* ´Furz´ vermutet, entsprechend der Art der damaligen Schelten. Künstliche Täterbezeichnungen auf -*x* sind in der Studentensprache üblich. − Ein anderes Wort ist **Schulfuchs**, das aus dem Rotwelschen stammt und davon seinen Ausgang genommen hat, daß wjidd. *schuol* ´Fuchs´ bedeutet.
H.-F. Rosenfeld *BGDSL-H* 77 (1955), 246−305; Wolf (1985), 301.

fuchsen *sw V. stil.* ´sich ärgern´ (< 19. Jh.). Herkunft unklar. Vermutlich besteht ein Zusammenhang mit *fucken* ´hin- und herfahren´ (s. *fickfakken*). Im Hinblick auf die Bedeutungszusammenhänge bei *foppen* ist auch eine nähere Verbindung mit *fuchsen* ´beschlafen´ zu erwägen.
Müller-Graupa *BGDSL-H* 79 (1957), 466 f.

Fuchsie *f. erw. fach.* (Topfpflanze) (< 19. Jh.). Von dem französischen Botaniker Plumier nach dem deutschen Botaniker L. Fuchs so benannt (in latinisierter Terminologie als *Fuchsia*).

Fuchsschwanz *m.* ´Holzsäge´ (< 19. Jh.). Zusammensetzung mit *Fuchs*[1] und *Schwanz*. Wohl so benannt nach der Form des Sägeblattes, die als dem Schwanz eines Fuchses ähnlich empfunden wurde.
Weber-Keller (1990), 121−123.

fuchsteufelswild *Adj. stil.* (< 16. Jh.). Auch in der Form **fuchswild** bezeugt. Verstärkungswort, vielleicht zu verstehen als ´wild wie ein Fuchs, wild wie ein Teufel´.

Fuchtel *f. obs.* (< 16. Jh.). Frühneuhochdeutsch zu *fechten* gebildet. Als ´Fechtdegen´ wird es zum Symbol soldatischer Zucht, dann allgemein für ´Herrschaft´ (umgangssprachlich). Dazu **unter der Fuchtel** und **(herum)fuchteln** vor allem in bildlichem Gebrauch. S. *fechten*, *fuchtig*.

fuchtig *Adj. per. reg.* ´erbost´ (< 19. Jh.). Nach einem ähnlichen Bild wie bei umgangssprachlich *herumfuchteln* zu *fechten* (s. *Fuchtel*): Wer zornig ist, gestikuliert mit den Armen, er *fuchtelt* mit ihnen herum.

Fuder *n. obs.* (< 12. Jh.). Mhd. *vuoder*, ahd. *fuodar*, as. *vōther* aus wg. **fōdra- n.* ´Wagenladung´ (auch für Maße und evtl. für Gefäße). Dem Sinn nach am ehesten eine Instrumentalableitung zu *fahren*, *führen*, also **fōr-þra-*; doch ist der dissimilatorische Schwund von *r* vor *r* (vgl. *Köder*, *fordern* u. a.) so früh sonst nicht bezeugt.
Anders: J. Trier *ZSSR-GA* 65 (1947), 239−243; Trier (1981), 14 f.

Fug *m. phras.* (13. Jh.). Mhd. *vuoc m.* ´Schicklichkeit´. Heute noch in *mit Fug und Recht*: das Gegenwort *Unfug* ist aber nicht beschränkt. Ableitung zu dem unter *fügen* genannten Verb, hier in der Bedeutung ´sich fügen, passen´.

Fuge[1] *f. erw. fach.* (< 11. Jh.). Mhd. *vuoge*, ahd. *fuogī* ´Verbindungsstelle´. Abgeleitet zu dem unter *fügen* genannten Verb.

Fuge[2] *f. erw. fach.* (Musikstück) (< *14. Jh., Bedeutung 17. Jh.). Entlehnt aus l. *fuga*, eigentlich ´Flucht, Entrinnen´. So bezeichnet in einer Metapher, die den aufeinander folgenden Einsatz von Stimmen wie das Davonlaufen der Stimmen voneinander auffaßt. Zunächst Bezeichnung des Kanons, dann mit der Weiterentwicklung in der Musik auch Veränderung der Bedeutung; das heutige Verständnis vor allem seit dem 17. Jh.
S. *Zentrifuge*. − *DF* 1 (1913), 228.

fügen *sw V.* (< 8. Jh.). Mhd. *vüegen*, *vuogen*, ahd. *fuogen*, as. *fōgian* aus wg. **fōg-ija- sw V.* ´fügen´, auch in ae. *fēgan*, afr. *fōgia*. Dieses aus ig. **pāḱ*- ´befestigen´ in ai. *pāśáyati* ´bindet´, denominativ zu ai. *pā́śa-* ´Schlinge´, gr. *pḗgnymi* ´ich befestige´ und von der Variante **pāg*- l. *compāgēs* ´Fuge´. Die Ausgangsbedeutung von *fügen* ist nicht mehr in großem Umfang erhalten (**Fuge**[1], **Gefüge**), dagegen spielen Bedeutungsübertragungen eine große Rolle. Zu *sich fügen* gehören die Adjektive **fügsam**, **gefügig**; zu der verbal nicht mehr erhaltenen Bedeutung

´passen, sich schicken´ gehören **Fug** und **Unfug**; zu der Bedeutung ´fügen, erlauben´ gehören **verfügen**, **befugt**, **Befugnis** und **unbefugt**; Übertragungen sind **Fügung** ´Geschick´ und **ungefüge**.

Nndl. *voegen*. S. *fangen*, *Fach*. – Heidermanns (1993), 205.

fühlen *sw V.* (< 9. Jh.). Mhd. *vüelen*, ahd. *fuolen*, as. *(gi)fōlian* aus wg. **fōl-ija- sw V.* ´fühlen´, auch in ae. *fēlan*, afr. *fēla*; dazu mit Ablaut anord. *falma* ´tappen, tasten´. Außergermanisch stimmt dazu (mit Erweiterung) l. *palpārī* ´streicheln, schmeicheln´ (im Vokalismus zu anord. *falma* passend); hierzu weiter, aber mit abenteuerlichen Lautentsprechungen, gr. *psēlapháō* ´ich betaste, streichle, untersuche´. Alle diese Zusammenhänge sind klärungsbedürftig. – Als Abstraktum dient heute **Gefühl** *n.*, älteres **Fühlung** ist phraseologisch beschränkt. Instrumentalbildung: **Fühler**. – Nndl. *vuolen*, ne. *feel*.

Fuhre *f.* (< 9. Jh.). Mhd. *vuore*, ahd. *fuora* aus wg. **fōrō f.* ´Fuhre, Fahrt´, auch in ae. *fōr*. Das Wort ist wohl eine dehnstufige Ableitung zu *fahren*, steht aber mindestens semantisch auch unter dem Einfluß von *führen*. Kollektivum: **Fuhrwerk**.

A. Bammesberger *ZVS* 99 (1986), 308 f.

führen *sw V.* (< 8. Jh.). Mhd. *vüeren*, ahd. *fuoren*, as. *fōrian* aus g. **fōr-eja- sw V.* ´führen´, auch in anord. *føra*, ae. *færan*, *feran*, afr. *fēra*. Dehnstufiges Kausativum zu *fahren*, entsprechend etwa ai. *pārá-yati* ´führt hinüber´ zu ai. *píparti* ´setzt über´. Es ist aber nicht ausgeschlossen, daß zwei homonyme Wurzeln vorliegen (ig. **per-* ´fahren´ und **per-* ´durchdringen, hinüberbringen´). Präfigierung: **ver-führen**; Partikelverben: **auf-, aus-, vorführen**.

Nndl. *voeren*, nschw. *föra*, nisl. *færa*. S. *fahren*, *Fuhre*, *Fuder*. – Zu *Führer*: Bartholmes (1970), 151–174.

Fülle *f.* (< 8. Jh.). Mhd. *vülle*, ahd. *fullī*, *follī* aus g. **full-īn- f.* ´Fülle´, auch in gt. *(ufar)fullei*, anord. *fylli*, ae. *fyll*; Adjektiv-Abstraktum zu *voll* (s.d. und *füllig*, *Füllhorn*).

füllen *sw V.* (< 8. Jh.). Mhd. *vüllen*, ahd. *fullen*, as. *fullian* aus g. **full-ija- sw V.* ´füllen´, auch in gt. *fulljan*, anord. *fylla*, ae. *fyllan*, afr. *fella*; Faktitivum zu *voll*, also eigentlich ´voll machen´.

Nndl. *vullen*, ne. *fill*, nschw. *fylla*, nisl. *fylla*. – S. *Füller*, *Füllsel*.

Füllen *n. reg.* ´Fohlen´ (< 9. Jh.). Mhd. *vülī(n)*, *vül(n)*, *vüle*, ahd. *fulī(n)*, mndl. *vælen* ist eine Diminutivbildung zu *Fohlen*. Ähnliche Ableitungen sind anord. *fyl* (**ful-ja-*) und mhd. *vülhe f.*, ahd. *fulihha f.* ´weibliches Fohlen´. Nndl. *veulen* und evtl. ne. *filly*.

Füller *m.* (< 20. Jh.). Das Wort wurde natürlich schon früher in systematischer Bedeutung (´jemand, der füllt´) gebraucht. Das lexikalisierte Wort ist gekürzt aus **Füllfederhalter**, d. h. ´Federhalter,

der gefüllt werden kann´ zu *Feder* und *halten*. Zum Grundwort s. *füllen*.

Füllhorn *n. bildg.* (< 17. Jh.). Lehnbildung aus *Fülle* (zu *voll*) und *Horn* für l. *cornū cōpiae* ´Horn der Fülle, des Reichtums´. Es bezeichnet im Deutschen zuerst wie das lateinische Vorbild ein mit Blumen und Früchten gefülltes Horn als Symbol des Überflusses, das in allegorischen Darstellungen weit verbreitet war und auf die antike Mythologie zurückgeht; danach auch übertragen für ´Überfluß´ allgemein. Nicht gehalten hat sich die etwa gleich alte Lehnbildung **Fruchthorn**.

füllig *Adj.* (< 16. Jh.). Abgeleitet von *Fülle* als Euphemismus für ´dick, beleibt´.

Füllsel *n. obs.* (< 15. Jh.). Mit dem nicht mehr produktiven Suffix *-sal* gebildetes Konkretum zu *füllen*. Zunächst von Füllungen in Speisen gesagt, heute für Füllungen ohne eigenen Wert.

fulminant *Adj. per. fremd.* (< 18. Jh.). Entlehnt aus frz. *fulminant* und l. *fulmināns (-āntis)* ´blitzend, Blitze schleudernd´, zu l. *fulmināre* ´blitzen und donnern´, zu l. *fulmen (-minis)* ´Blitz, Donnerkeil´, zu l. *fulgēre* ´blitzen´. Dementsprechend einerseits ´drohend´ (veraltet), andererseits ´großartig, überwältigend´.

S. *blitzen*. – *DF* 1 (1913), 228; Cottez (1980), 156.

fummeln *sw V. stil.* ´herumtasten, unsachgemäß arbeiten´ (< 18. Jh.). Jüngeres, aus dem Norden (mndd. *fummelen*) stammendes Wort, dessen Herkunft unklar ist. Vermutlich liegt eine (nicht recht durchsichtige) Lautgebärde zugrunde, da es eine Reihe ähnlicher Wörter gibt: mndd. *fimmelen* ´herumtasten´, nndl. *fommelen* ´betasten´, ne. *fumble* ´umhertappen´, nschw. *fumla* ´umhertappen´.

Fundament *n.* (< 9. Jh.). Mhd. *fundament*, ahd. *fundament*. Entlehnt aus l. *fundamentum n.* ´Grundlage´, Konkretum zu l. *fundāre* ´gründen´ zu l. *fundus* ´Grund, Boden´. Auch diese Vorstufen werden den entlehnt (mhd. *funden*, *fundieren*; fnhd. *fundus* ´Grundlage´); ebenso wie die Ableitung **fundamental** ´grundlegend´.

S. auch *Fond*, *Plafond* und *profund*; zur germanischen Verwandtschaft s. *Boden*. – Ganz (1957), 81; Schirmer (1911), 67; *DF* 1 (1913), 229.

Fundgrube *f.* (< 14. Jh.). Zusammensetzung aus *Fund* und *Grube*. Zuerst nur bergmännisch gebraucht für ´Stelle, wo Erz für eine sich lohnende Ausbeutung zu finden ist´; der übertragene Gebrauch (´Ort mit ergiebigen, wertvollen Informationen´) ist aber schon um 1500 bezeugt.

Wolf (1958), 168 f.; J. Mendels *MS* (1963), 168 f.

fünf *Num.* (< 8. Jh.). Mhd. *vünf*, ahd. *fimf*, as. *fīf* aus g. **femf(e)*, auch in gt. *fimf*, anord. *fim(m)*, ae. *fīf*, afr. *fīf*. Mit *f* aus ig. *q^u* nach Labial aus ig. **penq^ue Num.* ´fünf´ in ai. *páñca*, gr. *pénte*, l. *quīnque*, air. *cóic*, lit. *penkì*, akslav. *petī*. Auch die Ordinalzahl *fünfter* ist von grundsprachlichem Alter *(*penqᵘ-to)*, aber im Germanischen wohl sekundär dem Lautstand der Kardinalzahl angepaßt worden.

Nndl. *vijf*, ne. *five*, nschw. *fem*, nisl. *fimm*. S. *Finger* − A. J. van Windekens *IF* 87 (1982), 8−14; K. Shields *Diachronica* 2 (1985), 189−200; J. Voyles *JEGPh* 86 (1987), 487−495; J. D. Bengtson *Diachronica* 4 (1987), 257−262; Meyer (1987), 403−442; Ross/Berns (1992), 584 f., 599 f., 616 f.

fungieren *swV. per. fremd.* ´eine bestimmte Aufgabe haben bzw. ausführen` (< 17. Jh.). Entlehnt aus l. *fungī (fūnctus sum)* ´verrichten, vollziehen`. S. *Funktion*. − DF 1 (1913), 229.

Funk *m.* (< 20. Jh.). In der Frühzeit der drahtlosen Telegraphie standen sich in Deutschland die Bezeichnungen **Funkentelegraphie** (A. Slaby, seit 1897) und **Wellentelegraphie** (F. Braun) gegenüber, ersteres wegen der beim Bilden der Kontakte entstehenden Funken (die mit Drähten arbeitende Telegraphie war vom Prinzip der Funkenbildung bereits zu leistungsfähigeren Verfahren übergegangen). Beim späteren Ausbau erweisen sich diese Ausdrücke, von denen sich der erste bald durchsetzt, als zu lang, so daß vor allem viele Klammerformen mit *Funken-* gebildet werden (**Funkenwagen**, **Funkentelegramm**). Dann ist offenbar (bezeugt seit 1904) eine Verdeutschung **Funkspruch** (für *Funkentelegraphie*) mit Kürzung des Vordergliedes gebildet worden; ungefähr gleichzeitig wird die (wohl denominale) Täterbezeichnung **Funker** gebildet, seit 1914 gibt es das Verb **funken**, seit 1918 auch **Rundfunk**.

S. *Funke, funkeln.* − A. Slaby: *Die Funkentelegraphie* (Berlin 1897); W. T. Runge *Technik Geschichte* 37 (1970), 146−166. [Herangezogen wurde die Magisterarbeit von A. Bramkamp].

Funke(n) *m.* (< 11. Jh.). Mhd. *vunke*, ahd. *funko*, mndd. *vunke f.*, mndl. *vonke* aus vd. **fun-k-ōn m.* ´Funke, Feuer`. Eine Zugehörigkeitsbildung zu dem schwundstufigen *n*-Stamm von *Feuer*. Die mhd. Variante *vanke* setzt eine *o*-Stufe voraus, die nach dem paradigmatischen Ablaut nicht zu erwarten wäre. Vielleicht handelt es sich bei ihr um eine bloße Lautabwandlung. In der Schweiz ist *Funke(n)* auch ´Freudenfeuer`.

S. *Funk, funkeln, funken, Funzel.* − Bahder (1925), 63 f.

funkeln *swV.* (< 15. Jh.). Iterativbildung zu *funken* in seiner ursprünglichen Bedeutung ´Funken von sich geben`.

funkelnagelneu *Adj. stil.* (< 18. Jh.). Älteres *funkelneu* (´so neu, daß es noch funkelt`) ist mit *nagelneu* (´frisch genagelt`) zusammengezogen zu der heute üblichen Verstärkung **funkelnagelneu**.

funken *swV.* (< *13. Jh., Bedeutung 20. Jh.). Mhd. *vunken* ´Funken von sich geben`; heute (bereits veraltet) für ´drahtlos telegraphieren` (s. *Funk*).

Funktion *f.* (< 17. Jh.). Entlehnt aus l. *fūnctio* ´Verrichtung, Obliegenheit`, Abstraktum zu l. *fungī* ´verrichten` (s. *fungieren*). Hierzu Ableitungen, die semantisch z. T. stark auseinanderfallen, weil die zugehörigen Wörter teils unmittelbar aus dem Latein, teils über das (weiterentwickelte) Französische entlehnt wurden: Adjektive **funktional** (l.) und **funktionell** (frz.), Verb **funktionieren** (frz.), Täterbezeichnung **Funktionär** (frz.)

Schirmer (1912), 25; DF 1 (1913), 229. Zu *Funktionär* vgl.: R. Breitling *MS* 81 (1971), 22−41.

Funzel *f. vulg.* (< 18. Jh.). Vermutlich eine neuere Ableitung auf *-sel* zu der Grundlage von *Funke(n)*; vielleicht ist es auch aus *funk-sel* (nndl. *vonksel* ´Zündstoff`, 17. Jh.) vereinfacht.

H. Gombik-Hujer *DWEB* 5 (1968), 231 f.

für *Präp.* (< 8. Jh.). Mhd. *vür(e)*, ahd. *furi*, as. *furi* aus vd. **furi* ´vor, für`; vergleichbar ist anord. *fyr(ir)* ´vor`, aus vd. **pri* zu ig. **per-* ´vorne, früh, erster`. Die Bildung selbst hat kein genaues Vergleichsstück (außer evtl. kelt. *are-* in Namen), ist aber als Lokativ ohne weiteres klar. Von derselben Stufe ist *Fürst* gebildet; mit anderer Endung gehört dazu *vor*; die Abgrenzung in der Bedeutung (nach der *für* nur noch im übertragenen Sinn steht) ist erst neuhochdeutsch. S. auch *Frau, fromm, früh*.

Furage *f. per. fremd.* ´Futter` (< 17. Jh.). Entlehnt aus frz. *fourrage m.*, dieses aus afrz. *fuerre* ´Viehfutter`, das wohl germanischen Ursprungs ist (g. **fōdra- n.*, s. *Futter¹*). Dazu **Furier** *m.* ´Unteroffizier, der für das Quartierwesen zuständig ist`.

DF 1 (1913), 229.

fürbaß *Adv. arch.* ´besser fort, weiter` (< 13. Jh.). Mhd. *vürbaz*, aus *für* und *baz*, dem alten Adverb von *besser* (s. *baß*).

Furche *f.* (< 9. Jh.). Mhd. *furch*, ahd. *fur(u)h*, mndd. *vore, vare*, mndl. *vore* aus wg. **furh-(ō) f.* ´Furche`, auch in ae. *furh*, afr. *furch*. Dieses zu ig. (weur.) *\*prk-o/ā* ´Furche`, auch in l. *porca* ´Erhöhung zwischen zwei Furchen`, kymr. *rhych* ´Furche`. Das Wort gehört weiter zu (ig.) **perk-* ´aufreißen, wühlen`, zu dem auch Wörter für ´Schwein` (als ´Wühler`) gehören (s. *Ferkel*). − Nndl. *voor*, ne. *furrow*. Verb: **furchen**.

Zur Entlehnung ins Finnische s. *LÄGLOS* (1991), 110.

Furcht *f.* (< 8. Jh.). Mhd. *vorht(e)*, ahd. *forahta*, as. *for(a)hta* ist wie gt. *faurhtei*, ae. *fyrhto*, afr. *fruchte* eine Abstraktbildung zu einem Adjektiv g. **furhta-* ´furchtsam` in gt. *faurhts*, ae. *forht*, ahd. *-for(a)ht*, as. *for(a)ht*; von derselben Grundlage das Verb **fürchten** g. **furht-ija-* in gt. *faurhtjan*, ae. *forhtian, fyrhtan*, afr. *fruhtia*, as. *forhtian*, ahd. *for(a)hten, furhten*. Das allen diesen Bildungen zugrundeliegende Adjektiv **furhta-* ist offenbar eine *to*-Bildung (Partizip) zu einem Verb (ig.) **perk-*, das so nicht belegt ist (allenfalls toch. AB *pärsk-*

´sich fürchten`, *sk*-Präsens, das auf *\*perk-sḱ-* zurückgehen kann). Im übrigen wohl eine Erweiterung auf *-k-* (oder *-g-*) zu *\*per-*, das in Wörtern für ´Gefahr`, ´riskieren` u.ä. auftaucht (s. *Gefahr*). Hierzu die Adjektiv-Bildungen **furchtbar, furchtsam, fürchterlich** und **furchtlos**.

Ne. *fright.* – Anders: A. Kutzelnigg *Orbis* 19 (1970), 492–499. H. Bergenholtz & A-Th. Faets in *Zur historischen Semantik des deutschen Gefühlswortschatzes*. Ed. L. Jäger (Aachen 1988), 56–94; Heidermanns (1993), 225 f. S. auch die Literaturangaben unter *Angst*.

fürder *Adv. arch.* (< 9. Jh.). Mhd. *vürder, vurder*, ahd. *furdir* ´weiter`, entsprechend ae. *furðor, furður*. Geht wohl auf eine Erweiterung der alten Adverbialform des Komparativs zu *fort* zurück. Vgl. ne. *further*. S. auch *fördern*.

Furie *f. bildg.* ´wütende Frau` (< 18. Jh.). Entlehnt aus l. *Furia*, übertragen von der Bezeichnung der Rachegöttinnen in der Mythologie, zu l. *furia* ´Wut, Raserei`, einer Ableitung von l. *furere* ´rasen, wüten`. Die Bedeutung ´Rachegöttin` basiert auf einer Identifikation mit den griechischen Rachegöttinen, den Erinnyen.

S. *furios, Furore.* – *DF* 1 (1913), 229 f.; W. J. Jones *SN* 51 (1979), 259.

furios *Adj. erw. fremd.* ´rasend, mitreißend, leidenschaftlich` (< 17. Jh.). Entlehnt aus l. *furiōsus*, Adjektiv zu l. *furia* ´Wut, Raserei`. Hierzu auch *furioso* ´leidenschaftlich` als Tempo-Angabe in der Musik (über die entsprechende italienische Form). S. *Furie*.

furnieren *swV. erw. fach.* ´mit höherwertigem Holz überziehen` (< 16. Jh.). Entlehnt aus frz. *fournir* ´versehen`, aus andfrk. **frummjan* ´fördern`, zu ahd. *frummen* ´vollbringen u.ä.` (zu dessen Sippe s. *fromm*). In der Fachsprache wird die Bedeutung im Deutschen spezialisiert. Hierzu als Konkretum **Furnier**.

DF 1 (1913), 230.

Furore *f. per. phras.* (< 19. Jh.) (vor allem in der Wendung *Furore machen* ´Aufsehen erregen`). Nach it. *far furore* ´Begeisterung erwecken`, zu it. *furore m.* ´heftige Gemütsbewegung, Wut, Raserei`, dieses aus l. *furor (-ōris) m.*, zu l. *furere* ´rasen, wüten`.

S. *Furie.* – *DF* 1 (1913), 230.

Fürst *m.* (< 9. Jh.). Mhd. *vürste*, ahd. *furisto*, as. *furisto*, Substantivierung zu dem Superlativ g. **furista-* ´der erste` in anord. *fyrstr*, ae. *fyr(e)st*, afr. *ferist, ferst, ferost*, ahd. *furist*, as. *furist*. Die Bedeutungsspezialisierung wie in l. *prīnceps* ´der Erste, Fürst`, zu dem es wohl eine Bedeutungsentlehnung ist. Zu den Bildungen im Positiv s. *für* und *vor*. Komparativ ahd. *furiro*, anord. *fyrr(i)*. Adjektiv: **fürstlich**; Konkretum: **Fürstentum**.

E. Schröder *ZSSR-GA* 44 (1924), 9–29.

Furt *f.* (< 9. Jh.). Mhd. *vurt m.*, ahd. *furt m.*, as. *vord* aus wg. **furdu- m.* ´Furt`, auch in ae. *ford m.*,

afr. *forda m.* Das Femininum dringt erst mittelhochdeutsch vor, vermutlich in Analogie zu den *ti*-Abstrakta wie *Geburt*. Allerdings könnten Ortsnamen wie *Fürth* und ae. *-fyrd* darauf hinweisen, daß das Femininum ebenfalls alt ist. G. **furdu-* auf ig. **pr̥tu-* ´Durchgangsmöglichkeit, Zugangsmöglichkeit, Furt`, auch in avest. *pərətauu- m./f.* ´Furt, Brücke` (vgl. *Euphrat*, avest. *hu-pərəϑβ(ii)a-* ´dessen Furt gut ist`), l. *portus m.* ´Hafen`, kymr. *rhyd* ´Furt`; zu *\*per-* ´hinüberbringen, überbringen` (s. unter *fahren* und *führen*). Eine gleichartige hochstufige Bildung in anord. *fjǫrðr n.* ´Meeresarm, Bucht, Fjord` (dazu *Fjord, Förde*). – Nndl. *voorde*, ne. *ford*. S. *Portier*.

Fürtuch *n. per. obd.* ´Schürze` (< 15. Jh.). Spmhd. *vortuoch*; eigentlich ´das vorgebundene Tuch`, deshalb auch für ´Serviette`. Zu *vor, für* und *Tuch* (s.dd.).

Furunkel *m. erw. fach.* ´Eitergeschwür` (< 16. Jh.). Entlehnt aus l. *fūrunculus*, eigentlich ´kleiner Dieb`; auch ´Nebenschößling eines Rebstocks`, einem Diminutivum von l. *für* ´Dieb`, eigentlich ´jmd., der etwas wegträgt`, zu l. *ferre* ´tragen`. Zum Bedeutungsübergang s. etwa *Mitesser*. Zur Sippe des lateinischen Grundworts s. *Differenz*.

Fürwort *n. erw. fach.* (< 17. Jh.). Neben ursprünglich anderen Bedeutungen (wie ´Ausflucht, Fürsprache`) wird das Wort seit dem 17. Jh. als Lehnbildung zu l. *praepositio f.* ´Präposition`, eigentlich ´das Vorangesetzte` verwendet (mit *für* in der alten Bedeutung ´vor`). Nachdem *für* und *vor* im 18. Jh. funktionell getrennt worden waren, entsprach nhd. *für* dem l. *prō*, so daß der grammatische Terminus nun auf l. *prōnōmen* übertragen werden konnte.

Pfaff (1933), 30.

Furz *m. vulg.* (< 11. Jh.). Mhd. *vurz*, spahd. *furz*, mndd. *vort*, mndl. *vort* aus vd. **furti- m.* ´Furz`. Abstraktbildung zu g. *\*fert-a- stV.* ´furzen` (s. unter *farzen*). Denominal spmhd. **vurzen**.

Seebold (1970), 194 f.

Fusel *m. vulg.* (< 18. Jh.). Bezeichnung für schlechten Branntwein. Die Herkunft des Wortes ist unklar. Da es zuerst im Rotwelschen bezeugt ist, ist ein Anschluß an l. *fūsilis* ´flüssig` wenig wahrscheinlich.

Füsilier *m. arch.* ´Schütze` (< 17. Jh.). Entlehnt aus frz. *fusilier*, einer Ableitung von frz. *fusil (à silex)* ´Feuersteinflinte, (älter: Feuerstrahl)`, das über spätlateinische Zwischenstufen zurückgeht auf l. *focus* ´Feuerstätte, Herd`. Hierzu das ebenfalls archaische **füsilieren** ´standrechtlich erschießen`.

S. *Foyer.* – *DF* 1 (1913), 230.

Fusion *f. erw. fremd.* ´Verschmelzung, Zusammenschluß` (< 19. Jh.). Entlehnt aus l. *fūsio (-ō-*

nis) 'das Gießen, das Schmelzen', einem Abstraktum von l. *fundere* 'gießen'. Zunächst in der konkreten Bedeutung des (Ver)Schmelzens entlehnt, dann Verallgemeinerung und Übertragung der Bedeutung.

S. *Fondue.* — Schirmer (1912), 67.

Fuß *m.* (< 8. Jh.). Mhd. *vuoz,* ahd. *fuoz,* as. *fōt* aus g. **fōt-(u)- m.* 'Fuß', auch in gt. *fotus,* anord. *fōtr,* ae. *fōt.* Dieses aus ig. **pod- m.* 'Fuß' (mit starkem Ablaut innerhalb des Paradigmas, einzelsprachlich verschieden ausgeglichen): ai. *pắt,* gr. (dor.) *pốs,* l. *pēs,* toch. A *pe,* toch. B *paiyye* und Ableitungen in anderen Sprachen. Zu *e*-stufigen Ableitungen von diesem Wort s. *Fessel[1].* Letztlich Lautnachahmung für schwerfälliges Auftreten. — Die Rechtsformel *stehenden Fußes* bezog sich ursprünglich darauf, daß ein Urteil nur gescholten werden konnte, so lange der Scheltende seinen Fuß noch nicht von der Stelle gerückt hatte. Verb: ***fußen.***

Nndl. *voet,* ne. *foot,* nschw. *fot,* nisl. *fótur.* S. *Pedal, Podium.* — Sommer (1977), 13–15; St. Sonderegger *Orthopädische Praxis* 18 (1982), 539–548. Zu *stehenden Fußes:* R. Schmidt-Wiegand *FS* 25 (1991), 283–299.

Fußball *m.* (< 17. Jh.). Lehnbildung mit *Fuß* und *Ball[1]* für gleichbedeutendes ne. *football,* das auch als Fremdwort im Deutschen verwendet wurde.

Stiven (1936), 96; H. Gillmeister *Stadion* 10 (1984), 77–94; Rey-Debove/Gagnon (1988), 317f.

Fussel *f. erw. reg.* 'Faser' (< 19. Jh.). Herkunft unklar, wohl Variation zu mhd. *visel, vesel m./f.* entsprechender Bedeutung (und ebenfalls unklarer Herkunft).

Fußstapfe *f.* (< 12. Jh.). Mhd. *vuozstaphe,* ahd. *fuozstapho.* Zu *Stapf.* Vielfach dafür *Fußtapfe* mit falscher Ablösung, was weiterhin zu einem schwachen Verb *tapfen* für *stapfen* geführt hat.

Fut *f. vulg. reg.* 'Scheide' (< 13. Jh.). Mhd. *vut.* Grundwort zu *Fotze* (s.d. für die Etymologie).

futsch *Interj. vulg.* 'zunichte', **pfutsch** *Adj.* bair. Offensichtlich eine Lautgebärde wie in *witsch* u.ä. Also zuerst 'weg', dann 'zunichte'. Zu beachten ist die lautliche Nähe von frz. *foutu* 'futsch' (Partizip von *foutre,* vermutlich in der ursprünglichen Bedeutung 'beschlafen').

S. auch unter *pfuschen.* — Anders: L. Spitzer *WS* 5 (1913), 212. J. Knobloch *ZDL* 51 (1984), 360[6].

Futter[1] *n.* 'Nahrung' (< 8. Jh.). Mhd. *vuoter,* ahd. *fuotar,* mndd. *voder, vōr,* mndl. *voeder* aus g. **fōdra- n.* 'Futter', auch in anord. *fóðr,* ae. *fōdder;* daneben mit ursprünglich gleicher Bedeutung (g.) **fōstra-* in anord. *fóstr* 'Erziehung, Unterhalt', ae. *fōstor,* as. in *fōstir-mōdar f.* Dazu als Verbum g. **fōd-ija-* 'füttern' in gt. *fodjan,* anord. *fǿða,* ae. *fēdan,* afr. *fōdia,* as. *fōdian,* ahd. *fuoten,* im Deutschen ersetzt durch das denominative ***füttern;*** von der Schwundstufe ahd. *fatunga f.* 'Nahrung'. Zu ig. (eur.) **pā-t-/pə-t-* 'nähren' in gr. *patéomai* 'ich esse, verzehre'. (Dieses ist wohl von der Wurzel **pā-* 'weiden' zu trennen, da diese näher zu **pōi-* 'weiden, hüten, schützen' gehört).

Nndl. *voer,* ne. *fodder,* nschw. *foder,* nisl. *fóður.* S. *Furage.* — Tiefenbach (1973), 38–42.

Futter[2] *n.* 'Unterfutter' (< 12. Jh.). Mhd. *vuoter* 'Unterfutter, Futteral', ahd. *fuotar,* mndd. *voder, vōr* aus g. **fōdra- n.* 'Unterfutter, Futteral, Scheide', auch in gt. *fodr* 'Scheide', anord. *fóðr* 'Futteral, Scheide, Kleiderfutter', ae. *fōdder,* afr. *fōder.* Offensichtlich eine Instrumental-Ableitung auf *-tro-,* wie sie auch in ai. *pắtra-* 'Behälter, Gefäß' vorliegt (ein ebenfalls genanntes heth. *pattar, pattur* 'Korb' ist nicht ausreichend sicher nachzuweisen). Das altindische Wort erweist sich dabei als klare Ableitung von ai. *pắti* 'schützt, behütet, bewahrt', das auf ig. **pah-* zurückzuführen ist (heth. *pahs-* 'schützen'). Hierzu auch gr. *põma* 'Deckel'. Ausgangsbedeutung des germanischen Wortes ist also 'Schutz'.

S. *Futteral.* — Zur Entlehnung ins Finnische s. *LÄGLOS* (1991), 126.

Futteral *n.* (< 15. Jh.). Entlehnt aus ml. *fotrale,* das seinerseits aus *Futter[2]* entlehnt und weitergebildet ist.

DF 1 (1913), 230.

Futur *n. erw. fach.* 'Zukunft' (< 15. Jh.). Entlehnt aus l. *(tempus) futūrum,* zu l. *futūrus* 'zukünftig', eigentlich 'sein werdend'.

Zur germanischen Verwandtschaft s. *bauen.* — E. Leser *ZDW* 15 (1914), 62.

G

Gabe *f.* (< 9. Jh.). Mhd. *gābe*, ahd. *gāba*, mndd. *gave*; verhältnismäßig spät bezeugte Abstraktbildung zu g. **geb-a-* ´geben` von der Vokalstufe des Präteritums Plural. Ältere Bildungen gleicher Bedeutung sind ahd. *geba* und ahd. *gift* (s. *Gift*). Der Plural *Gaben* bezeichnet auch ´Talente` (das, was man ´mitbekommen` hat).

S. *begabt.* – G. vOlberg in *FS Schmidt-Wiegand* (1986), 625–645; *LM* 4 (1989), 1069; Röhrich 1 (1991), 497.

gäbe *Adj. phras.* (< 12. Jh.), nur noch in *gang und gäbe*. Mhd. *gæbe*, mndd. *geve*, mndl. *gave*, *gheve*, afr. *jēve*, *gēbe*, anord. *gæfr* ´gut, tüchtig, annehmbar, dienlich`. Eigentlich Adjektiv der Möglichkeit zu *geben*, also ´was gegeben werden kann`; die tatsächliche Bedeutung war aber eher ´annehmbar`.

Heidermanns (1993), 236 f.

Gabel *f.* (< 9. Jh.). Mhd. *gabel(e)*, ahd. *gabala*, as. *gabala*, *gaflia* aus wg. **gablō f.* ´Gabel`, auch in ae. *gafol*; ig. (weur.) *\*gʰabʰlo-* ´Gabel`, auch in air. *gabul f./m.* ´Gabel, Schenkelspreize`; l. *gabalus m.* ´Galgen` ist wohl aus dem Keltischen entlehnt; ohne das *l*-Suffix ai. *gabhá- m.* ´Vulva, Schenkelspreize`. Weitere Herkunft unklar. Die Bedeutung geht wohl von der Schenkelspreize aus, geht dann über zu ´Astgabel` (vgl. etwa *Gabelung*) und dann zu der (Mist- usw.) Gabel als Arbeitsinstrument. Als Eßgerät im deutschsprachigen Bereich ungefähr seit dem 17. Jh. Verb: *(auf-) gabeln*; Modifikation: *Gabelung*.

S. *aufgabeln, Gaffel.* – J. Trier *ZDA* 76 (1939), 15–19, 40–43; *LM* 4 (1989), 1069f.; Röhrich 1 (1991), 497.

Gabelfrühstück *n. obs.* (< 19. Jh.) ´zweites Frühstück in der Art eines kalten Büfetts, besonders bei festlichen Anlässen`. Lehnübersetzung aus frz. *déjeuner à la fourchette*; so genannt, weil man nur im Stehen einzelne Häppchen mit der *Gabel* aufnahm.

M. Höfler *ZDS* 24 (1968), 127f.; H. P. Schwake *SN* 47 (1975), 265–274.

Gabelstapler *m. erw. fach.* (< 20. Jh.). Gerät zum Stapeln von schweren Waren mit Hilfe eines verschiebbaren, gabelförmigen Greifers. Vielleicht Lehnübersetzung von ne. *forklift (truck)*.

Carstensen 2 (1994), 550.

gach *Adj.* s. *jäh*.

gackern *swV.*, auch **gacksen, gackeln** (< 11. Jh.). Lautmalende Bildungen wie ahd. *gackezzen*, *gakkizzōn* ´schnattern`. Der Laut der Hühner wird mit

gack nachgeahmt, ähnlich auch in anderen Sprachen.

H. Glombik-Hujer *DWEB* 5 (1968), 193–197.

Gadem *m./n. arch. reg.*, auch **Gaden** ´Haus mit nur einem Raum u.ä.` (< 8. Jh.). Mhd. *gadem, gaden n.*, mndd. *gadem, gām n.*, ahd. *gadum, gadem n.* Herkunft unklar.

N. Törnquist *NPhM* 61 (1960), 153–159.

Gaffel *f. per. fach.* ´Segelstange mit gabelförmigem Rundholz, das den Mast von hinten umfaßt` (< 18. Jh.). Mittelniederdeutsche und mittelniederländische Form von *Gabel*.

gaffen *swV.* (< 11. Jh.). Vgl. ahd. *geffida f.* ´Betrachtung`; mndd. *gapen*, mndl. *gapen* ´den Mund aufsperren`, ebenso anord. *gapa*; dazu ae. *ofergapian* ´vergessen, vernachlässigen`. Expressives und deshalb lautlich unfestes Wort zu ig. *\*ǵʰē-/ǵʰə-* ´gähnen, klaffen`, z. B. in gr. *cháskō* ´ich gähne, klaffe`. Labiale Erweiterungen (die lautlich nicht genau mit dem germanischen Wort übereinstimmen) sind lit. *žiopsóti* ´mit offenem Mund dastehen`, ai. *hāphikā* ´das Gähnen u. a.`. Unter Umständen ist das litauische Wort (< **gʰijāp-s-*) Anlaß zum Ansatz von ursprünglicherem (ig.) **gʰjāb-* für das Germanische. Dies würde einen sonst nicht bezeugten Übergang von ig. **gʰj-* > g. *g-* voraussetzen. Nomen agentis: *Gaffer*; Präfigierung: *sich vergaffen*.

S. *gähnen, jappen.* – Lokotsch (1975), 88.

Gag *m. erw. fremd.* ´witziger Einfall, Besonderheit` (< 20. Jh.). Entlehnt aus am.-e. *gag*.

Das Wort bezeichnet zunächst einen ´Knebel`, dann einen Einschub in den vorgesehenen Text durch die Schauspieler und schließlich einen vorbereiteten (plumpen) Scherz innerhalb eines Stücks. Ausgangsbedeutung ist also wohl (verbal) ´stopfen`, (nominal) ´Stopfen, Knebel` und dann ´Einschub`. – Rey-Debove/Gagnon (1988), 333 f.; Carstensen 2 (1993), 550–553.

Gagat *m. per. fach.* (als Schmuckstein verwendete Pechkohle) (< 13. Jh.). Mhd. *gagātes* ist entlehnt aus l. *gagātēs (lapis)*, dieses aus gr. *gagátēs*. So benannt nach der Stadt und dem Fluß *Gagas* in Kleinasien.

Lüschen (1979), 221.

Gage *f. erw. fach.* ´Künstlerhonorar` (< 17. Jh.). Entlehnt aus frz. *gages Pl.* ´Löhnung, Sold`, dem Plural von frz. *gage m.* ´Pfand, Spieleinsatz`, (mit romanisch *g* < *w*) aus andfrk. **wadi* ´Pfand, Einsatz' (g. *wadja). Zunächst verwendet zur Bezeichnung der Entlöhnung von Soldaten.

S. *Engagement*; zum zugrundeliegenden germanischen Wort s. *Wette*. – Kluge (1911), 293; *DF* 1 (1913), 230 f.; Jones (1976), 352 f.; anders *DEO* (1982), 309.

Gähnaffe *m.* s. *Maulaffe*.

gähnen *sw V.* (< 8. Jh.). Mhd. *genen, ginen, geinen*, ahd. *ginēn, ginōn*, as. *ginon*. Verschiedene Bildungen, die auf einem Nasalpräsens von einer Grundlage g. *gei- beruhen. Vgl. als starkes Verb anord. *gína*, ae. *gīnan*; als schwaches Verb ae. *gānian* usw. Ausgangsbedeutung ist 'gähnen, klaffen'; außergermanisch bezeugt in l. *hiāre* 'klaffen, gähnen', lit. *žióti* 'öffnen', refl. 'gähnen', akslav. *zinǫti* 'gähnen, klaffen'. Die neuhochdeutsche Form ist eine Schriftaussprache einer etymologisch unrichtigen Schreibung.

S. *Chaos, gaffen*. – Seebold (1970), 219–221.

Gala *f. erw. stil.* 'festliche Kleidung' (< 17. Jh.). Entlehnt aus span. *gala f.* 'Staatskleidung, Festlichkeit', das vermutlich zu frz. *galer* 'sich erfreuen' gehört (s. *galant*). Die Entlehnung erfolgt zunächst in Zusammensetzungen (z. B. *Galakleid, Galavorstellung*).

S. *Galan, galant*. – A. Götze *ZDW* 2 (1902), 279; *DF* 1 (1913), 231; Schramm (1914), 49–57; Littmann (1924), 100 f.; Lokotsch (1975), 68 f.

galaktisch *Adj.* s. *Galaxis*.

Galan *m. obs.* 'Höfling, Liebhaber' (< 17. Jh.). Entlehnt aus span. *galán m.*, dieses aus dem Adjektiv span. *galano* 'in Gala gekleidet, höfisch, artig' zu *Gala* unter Einfluß von frz. *galant* (s. *galant*). *DF* 1 (1913), 231.

galant *Adj. erw. fremd.* 'höflich, zuvorkommend' (< 17. Jh.). Entlehnt aus frz. *galant* 'liebenswürdig', dem PPräs. von afrz. *galer* 'sich erfreuen, unterhalten', einer Ableitung von afrz. *gale* 'Vergnügen, Freude', das vermutlich aus einem germanischen Wort entlehnt ist. Auch die entsprechenden italienischen und spanischen Wörter können an der Entlehnung beteiligt sein. Abstraktum: *Galanterie*. Die *Galanterie-Waren* 'modisches Zubehör' hängen von der mit *Gala* ausgedrückten Bedeutungsspezialisierung zusammen.

DF 1 (1913), 231 f.; E. Thurau: 'Galant' (Frankfurt/M. 1936); Lokotsch (1975), 68 f.; Jones (1976), 355 f.; *DEO* (1982), 310 f.; S. Stehmeier *ASNSL* 222 (1985), 144 f.

Galaxis *f. per. fach.* 'Milchstraße', auch **Galaxie** (< 17. Jh.). Entlehnt aus ml. *galaxiās*, dieses aus gr. *galaxías (kýklos)* 'Milchkreis', zu gr. *gála n.* 'Milch'. Heute wird zwischen *Galaxis* 'Milchstraße' und *Galaxie* 'Sternensystem' unterschieden. Adjektiv: *galaktisch*. S. *Milchstraße*.

Galeere *f. obs. exot.* (ein von Sträflingen gerudertes Schiff) (< 16. Jh.). Entlehnt aus it. *galera*, dieses mit Suffix-Erweiterung aus ml. *galea*, aus mgr. *ga-*

léa, wohl zu gr. *galéē* 'Wiesel', übertragen 'Schwertfisch', nach der Wendigkeit dieses Schiffstyps. Dazu das mit einem Augmentativsuffix aus der gleichen Grundlage gebildete *Galeone*, mit dem ein größeres Handels- und Kriegsschiff bezeichnet wird. *Galionsfigur* bezeichnet eine Figur am Bug eines solchen Schiffes (die Lautform ist bedingt durch das Niederländische, aus dem das Wort entlehnt ist).

DF 1 (1913), 232; D. C. Hesseling *NPh* 6 (1921), 208–213; H. Kahane/R. Kahane in: *FS Wartburg* (1958), 428–439; W. J. Jones *SN* 51 (1979), 259 f.

Galeone *f.* s. *Galeere*.

Galerie *f.* 'umlaufender Gang, Kunsthandlung, Rang (usw.)' (< 16. Jh.). Entlehnt aus it. *galleria* oder frz. *galerie* 'Säulengang', wozu metonymisch 'Gemäldesammlung' nach den in solchen Gängen aufgehängten Bildern. Das Wort geht vermutlich (mit Dissimilierung des *l* zu *r*) auf ml. *galilea* 'Vorhalle einer Kirche' zurück; dieses wiederum auf den Namen der Provinz *Galilea* in Palästina. Diese Provinz gilt im Neuen Testament allgemein für heidnisch; deshalb wird mit dem Namen in Rom der Aufenthaltsplatz von Ungetauften während des Gottesdienstes bezeichnet. Anders: *DEO*.

DF 1 (1913), 232 f.; Jones (1976), 356–359; *DEO* (1982), 311 f.; *LM* 4 (1989), 1084.

Galgen *m.* (< 8. Jh.). Mhd. *galge*, ahd. *galga f.*, *galgo m.*, as. *galgo* aus g. *galgōn m.* 'Galgen', auch in gt. *galga*, anord. *galgi*, ae. *gealga*, afr. *galga*. Das Vergleichsmaterial zeigt, daß damit ursprünglich ein biegsamer Stamm bezeichnet wurde, an dem der zu Hängende in die Luft geschnellt wurde: anord. *gelgja f.* 'Stange', lit. *žalgà f.* 'Stange', lett. *žalga* 'Angelrute'.

Nndl. *galg*, ne. *gallows*, nschw. *galge*, nisl. *gálgi*. Vgl. *Kreuz*. – *LM* 4 (1989), 1085 f.; Röhrich 1 (1991), 498–499. Zur Entlehnung ins Finnische s. Koivulehto *Mémoires de la Société Finno-ougrienne* 185 (1983), 142 f.

Galgenfrist *f. stil.* (< 16. Jh.). Eigentlich 'der dem Verbrecher vor der Hinrichtung gewährte Aufschub'; danach übertragen gebraucht.

Galgenhumor *m.* (< 19. Jh.). Gemeint ist 'Humor trotz bevorstehender Hinrichtung'; dann verallgemeinert.

Galgenschwengel *m. obs.* (< 13. Jh.). Mhd. *galgenswengel, galgenswenkel* 'Schelm, der für den Galgen reif ist'. Die Bezeichnung rührt daher, daß man den Gehängten scherzhaft mit dem Schwengel einer Glocke verglich – wie auch der Galgen selbst seit dem 16. Jh. mit der Bezeichnung *Feldglocke* bezeugt ist.

Galgenstrick *m. stil.* (< 16. Jh.). Im 15. Jh. in der ursprünglichen Bedeutung 'Strick, womit der Verurteilte am Galgen aufgeknüpft wird' bezeugt, seit dem 16. Jh. dann übertragen zuerst als 'galgenreifer Schelm' (wie *Galgenschwengel* und *Galgenvogel*) und später allgemeiner als 'Strolch, (durchtriebener) Spitzbube'. Entsprechende Bezeichnungen sind auch **Galgendraht**, **Galgenholz**, **Galgennagel**. Gemeint ist 'etwas, das naturgemäß zum Galgen gehört'.

Galgenvogel *m. stil.* (< 16. Jh.). Seit dem 16. Jh. sowohl in der Bedeutung 'Rabe' (weil sich diese Vögel gern bei Aas und Leichen – und somit auch beim Galgen – einfinden) als auch übertragen wie *Galgenschwengel* und *Galgenstrick* belegt.

Galimathias *m./n. bildg.* 'verworrenes Gerede' (< 18. Jh.). Entlehnt aus frz. *galimatias m.*, eigentlich *jargon de galimatias* 'Sprache der Einwohner von Galimathie', zu *Galimathie*, einer fiktiven Ortsbezeichnung in der Satire *Ménippée* (16. Jh.). Ob der Name seinerseits schon ein entsprechendes Wort voraussetzt, ist umstritten (s. die Literaturangaben zu den zahlreichen Etymologisierungsversuchen).
DF 1 (1913), 233 f.; A. Nelson: *Strena philol. Upsaliensis* (Upsala 1922), 289–308; *HWPh* 3 (1974), 1; *DEO* (1982), 313; Röhrich 1 (1991), 499 f.

Galionsfigur *f.* s. *Galeere* und *Figur*.

Gallapfel *m. erw. fach.* (Mißbildung bei Pflanzen) (< 15. Jh.). Kreuzung aus *Galle²* und gleichbedeutendem mhd. *eichapfel*.

Galle¹ *f.* (eine Körperflüssigkeit) (< 9. Jh.). Mhd. *galle*, ahd. *galla*, as. *galla* aus g. **gallōn* 'Galle' (vielleicht ursprünglich Neutrum), auch in anord. *gall n.*, ae. *gealla m.* aus g. **galōn-*, **galn-* (woraus die Geminate). Aus ig. **ǵʰel-* in l. *fel n.* (Anlaut unregelmäßig), gr. *cholḗ f.*, avest. *zāra- m.*, akslav. *zlŭčĭ* (später sekundär auch *ž-*); mit Umstellung lit. *tulžìs*. Die Galle ist nach ihrer gelb-grünen Farbe benannt: zu ig. **ǵʰel-* 'gelb' (und 'grün'), s. *gelb*. Da nach altem Glauben die Galle Bitterkeit und Bösartigkeit bewirkt, steht das Wort in vielen Zusammenhängen in entsprechender Bedeutung (*die Galle kommt mir hoch*, *gallenbitter*, *gallig* 'bösartig' usw.).
Nndl. *gal*, ne. *gall*, nschw. *galla*, nisl. *gall*. S. *vergällen.* – Röhrich 1 (1991), 500.

Galle² *f. per. fach.* (Geschwulst an Pflanzen und Tieren) (< 15. Jh.). Spmhd. *galle*, mndd. *galle*, wie ae. *gealla m.* entlehnt aus l. *galla* 'Gallapfel'. Hierzu **Gallwespe**, weil die Eiablage dieses Insekts zu *Gallen* führt. S. *Gallapfel*.

Gallert *n.*, **Gallerte** *f. erw. fach.* 'eingedickte, verfestigte Flüssigkeit' (< 13. Jh.). Im Mittelhochdeutschen (mhd. *galreide f.*) entlehnt aus ml. *gelatria*, *geladia f.*, aus l. *gelāta f.*, dem substantivierten PPP. von l. *gelāre (gelātum)* 'gefrieren', zu l. *gelū n.* 'Eis, Frost'. Das Wort tritt im Deutschen wie in den romanischen Sprachen in verschiedenen, im einzelnen schwer zu beurteilenden, Lautformen auf. S. *Gelatine*.

Gallone *f. per. fremd.* (ein Hohlmaß) (< 20. Jh.). Entlehnt aus ne. *gallon*, dieses aus afrz. *galon*, *galun*, einer nördlichen Variante von zentralem afrz. *jalon*, *jallon*, *jaillon*, das auf afrz. **galla* 'Gefäß' zurückgeht (oder zu nordfrz. *gallon* 'Stäbchen' als Längenmaß?).
DEO (1982), 313; Rey-Debove/Gagnon (1988), 335.

Gallwespe *f.* s. *Galle²*.

Galopp *m.* (eine sehr schnelle Gangart) (< 16. Jh.). Entlehnt aus it. *galoppo*, dieses aus frz. *galop*, einer Ableitung von frz. *galoper* 'sehr schnell reiten', aus afrz. *waloper* aus andfrk. **wala hlaupan*, wörtlich 'gut laufen'. Älter (seit dem 13. Jh.) sind die aus dem Französischen stammenden Formen *Balab*, *Walab* u.ä. und (seit dem 12. Jh.) das Verb **galoppieren**, *balopieren* u.ä. Hierzu die Präfigierung *sich vergaloppieren* 'so schnell handeln oder argumentieren, daß man nicht bemerkt, wie man in die Irre gerät'.
Zu den Grundwörtern s. *wohl* und *laufen. DF* 1 (1913), 234; Segelcke (1969), 148–163. – Anders: J. Knobloch in: *Symbolae Linguisticae in honorem Georgii Kuryłowicz* (Warschau 1965), 173 f.; wieder anders: *DEO* (1982), 311, 314; Jones (1976), 359 f.; Röhrich 1 (1991), 501.

Galosche *f. obs.* 'Überschuh, (Haus-)Schuh' (< 15. Jh.). Entlehnt aus frz. *galoche*, dieses vermutlich mit unregelmäßiger Lautentwicklung aus ml. *gallicula* (dass., auch: 'Sandale'), einem Diminutiv zu l. *(solea) gallica* 'gallische Sandale' – vielleicht in Nachahmung von l. *caligula* 'Soldatenstiefel'. Zunächst entlehnt in der Bedeutung 'lederner Überschuh', im 19. Jh. dann Bezeichnung für 'Überschuh aus Gummi'.
DEO (1982), 313 f.

galt *Adj.* s. *gelt¹*.

galvanisieren *swV. per. fach.* 'durch Elektrolyse mit einer Schicht überziehen' (< 19. Jh.). Entlehnt aus frz. *galvaniser*. Der Internationalismus **galvanisieren/galvanisch/Galvanismus** wurde im Umkreis des italienischen Physikers Volta geprägt zu Ehren des italienischen Naturforschers Luigi *Galvani*, der in Tierversuchen Erkenntnisse gewonnen hatte, die den Ausgangspunkt der modernen Elektrochemie bildeten (auch wenn er selbst die Erscheinungen nicht richtig gedeutet hatte).
DF 1 (1913), 235; *HWPh* 3 (1974), 1–3.

Gamasche *f. obs.* (eine Beinbekleidung) (< 17. Jh.). Entlehnt aus frz. *gamache*, dieses aus span. *guadamecí m.* '(eine Art weiches Leder)', eigentlich '(Leder) aus der Stadt *Ghadames* (in Libyen)', aus arab. *ġadāmasī*.
DF 1 (1913), 235; Littmann (1924), 94; Lokotsch (1975), 50; Jones (1976), 360; Röhrich 1 (1991), 501.

Gambe *f. per. fach.* 'Kniegeige' (< 18. Jh.). Entlehnt und gekürzt aus it. *viola da gamba* (zu it. *viola* 'Altgeige' und it. *gamba* 'Bein').
Vgl. *Bratsche.* – *DF* 1 (1913), 235.

Gambit *n. per. fach.* ʿBauernopfer, um Eröffnungsvorteil zu erlangenʾ (< 16. Jh.). Ausdruck des Schachspiels, gelegentlich übertragen verwendet. Entlehnt aus span. *gambito*, das seinerseits übernommen ist aus it. *dare il gambetto* ʿein Bein stellen, einen Hinterhalt legenʾ zu it. *gamba f.* ʿBeinʾ.

Gammler *m. erw. stil.* (< 20. Jh.). Das Wort taucht in der Mitte des 20. Jhs. plötzlich als Bezeichnung arbeitsscheuer Jugendlicher auf; vorher war wohl das Verbum *gammeln* schon in der Soldatensprache üblich gewesen. Es findet Anschluß an eine regional westoberdeutsche Wortsippe **Gammel, gammelig, gammeln**, die letztlich auf ahd. *gaman n.* ʿLustʾ zurückgeht. Dieses auch in as. *gaman*, afr. *game*, ae. *gamen*, anord. *gaman* unklarer Herkunft. Bereits mittelhochdeutsch gibt es dazu eine Variante mhd. *gamel*, die auf den verbreiteten Suffixwechsel *-n* zu *-l* zurückgehen kann, aber wohl auch von der verbreiteten Adjektiv-Ableitung mhd. *geme(l)lih* beeinflußt ist. Die regionale Bedeutungsentwicklung scheint dann zu ʿGeschlechtslustʾ, dann zu ʿÜbermut, Ausgelassenheitʾ und schließlich ʿWohlleben, Nichtstun, Arbeitsscheuʾ gegangen zu sein. Wie das Wort sich hochsprachlich durchgesetzt hat, ist nicht klar; auf jeden Fall hat dabei die Assoziation mit einem auf andere Regionen beschränkten Wort mitgespielt, das hochsprachlich als **vergammelt** erhalten ist.

Gams *f.*, auch *m./n. per. obd.* (< 19. Jh.). Regionale (bairische) Form von *Gemse*; besonders verbreitet in **Gamsbart** *m.* ʿBüschel von Rückenhaaren der Gemse, das als Schmuck an bayrischen Trachtenhüten getragen wirdʾ, (zu *Bart* in weiterer Bedeutung). Die Lautform kann unmittelbar auf spl. *camox* zurückgehen, doch weichen die althochdeutschen Formen ab.

Ganeff *m. per. österr.* ʿGanoveʾ, scherzhaft ʿSchwiegersohnʾ (< 19. Jh.). Entlehnt aus dem Rotwelschen, wo es seit dem 18. Jh. bezeugt ist (schon seit dem frühen 16. Jh. das Verbum **genffen** ʿstehlenʾ). Dieses aus wjidd. *gannew*, das aus hebr. *gannāv* ʿDiebʾ stammt. Dasselbe Wort ergibt aus seiner Pluralform wjidd. *ganōwim* das Wort *Ganove*.

L. M. Feinsilber *ASp* 47 (1972), 147−151.

Ganerbe *m. arch.* ʿNebenerbe, Gesamtheit der zu einem Erbe Berechtigten, durch Erbverbrüderung Verbundeneʾ (< 9. Jh.). Die älteste Form ist *ge-an-ervun (Dat. Pl.)* neben *ganervo (Sg.)* in der gleichen Urkunde. Mhd. *ganerbe*, mndd. *ganerve*; auch (13. Jh., Rheinland) *anegerve*. Zu erklären als **gi-ana-erbo* ʿdie Gesamtheit *(gi-)* derer, die einen Anspruch *(-ana-)* auf ein Erbe habenʾ. S. *Erbe*[1].

H. Naumann *Mitteilungen des Historischen Vereins der Pfalz* 71 (1974), 59−153.

Gang *m.* (< 8. Jh.). Mhd. *ganc*, ahd. *gang*, as. *gang* aus g. **ganga- m./n.* ʿGangʾ, auch in gt. *gagg*

n., anord. *gangr m.*, ae. *gang m.*, afr. *gang, gong, gung*. Verbalabstraktum aus dem defektiven starken Verb g. **gang-a-* ʿgehenʾ in gt. *gaggan*, anord. *ganga*, ae. *gangan*, afr. *gunga*, as. *gangan*, ahd. *gangan, gān, gēn*. Das Verb bildet im Gotischen und Altenglischen das Präteritum aus einer anderen Wurzel. Im Deutschen ist es mit dem (unverwandten) starken Verb *gehen* kombiniert worden und liefert in der Gegenwartssprache dessen Präteritum und Partizip. Außergermanisch zeigt sich eine *e*-stufige Vergleichsmöglichkeit (ig. **ghengh-*) in lit. *žeñgti* ʿschreitenʾ; vielleicht auch ai. *jáṅghā f.* ʿUnterschenkelʾ, ai. *jaṅghāla-* ʿschnellfüßigʾ; mit Anlautvariation *(*kengh-)* air. *cingid* ʿgeht, schreitetʾ. Adjektive der Möglichkeit sind **gangbar** und **gängig**.

Nndl. *gang*, ne. *gang*, nschw. *gång*. S. auch *gängeln, Gang/ Gangster, Gangspill, Gangway*. − Seebold (1970), 213−216; Röhrich 1 (1991), 501.

Gang *f. per. fremd.* ʿVerbrecherbandeʾ (< 20. Jh.). Entlehnt aus am.-e. *gang*, das etymologisch nhd. *Gang* entspricht. Die besondere Bedeutung geht aus von ʿGruppe, die zusammengeht, Arbeitskolonneʾ und wird dann weitgehend auf ʿorganisierte Bandeʾ eingeengt (und in dieser Bedeutung entlehnt). Hierzu *Gangster*.

Rey-Debove/Gagnon (1988), 335 f.; Carstensen 2 (1994), 555 f., 557.

gang *Adv. phras.* (nur noch in *gang und gäbe* ʿüblichʾ) (< 11. Jh.). Mhd. *genge*, ahd. *gangi* aus g. **gang-i- Adj.* ʿgangbar, imstande zu gehenʾ, auch in anord. *gengr* ʿGangʾ, ae. *genge*, afr. *gendze, ganse, ginse*; Adjektiv der Möglichkeit zu dem unter *Gang* aufgeführten starken Verb g. **gang-a-* ʿgehenʾ. Die ältere Form *gänge* ist erweitert in **gängig**. Die Wendung *gang und gäbe* bezog sich ursprünglich auf Münzen (ʿgeläufig und annehmbarʾ), dann allgemeiner auf Waren und schließlich auch auf anderes. Die heutige Form *gang* ist dissimiliert gegen das zweite *ä* in dieser Wendung.

Kluge (1926), 112; Heidermanns (1993), 229 f.

gängeln *swV.* (< 16. Jh.). Iterativbildung zu dem jetzt ausgestorbenen Verb mhd. *gengen* ʿlaufen machenʾ, einem Kausativum zu ahd. *gangan* ʿgehenʾ (s. *Gang*). Die alte Bedeutung ist ʿein Kind gehen lehrenʾ, doch wird es schon im 16. Jh. übertragen (aber noch nicht abwertend wie heute) gebraucht. Die Zusammensetzung **Gängelband** ist seit dem 18. Jh. belegt, zuerst nur als ʿBand, an dem man ein Kind beim Gehenlernen führtʾ.

Zu *Gängelband*: Röhrich 1 (1991), 502.

Ganglion *n. per. fach.* ʿeinfache Nervenbahnʾ (< *17. Jh., Form 19. Jh.). Zunächst entlehnt aus l. *ganglium*, dann an dessen Vorbild gr. *gagglion* ʿGeschwulstʾ angepaßt. Der Plural ist eingedeutscht (*Ganglien*).

Gangspill *n. per. fach. ndd.* ´aufrecht stehende Winde (*Spill*, s.d.), die bedient wird, indem man um sie herumgeht und dabei die Kabeltrommel mitdreht´ (< 18. Jh.).

Gangster *m. stil.* ´Verbrecher´. Im 20. Jh. entlehnt aus ne. *gangster*, einer Ableitung von e. *gang* ´Verbrecherbande´ (s. *Gang f.*).
Rey-Debove/Gagnon (1988), 336 f.

Gangway *f. per. fach.* ´Treppe zum Ein- und Ausstieg bei Flugzeugen´, *fachsprachl.* Im 20. Jh. entlehnt aus ne. *gangway*, das seinerseits aus einem ostnordischen Wort übernommen ist (z. B. schwed. *gångväg* ´Fußweg´).
Carstensen 2 (1994), 558.

Ganove *m. erw. stil.* ´Verbrecher´ (< 20. Jh.). Aus dem Plural des unter *Ganeff* (s.d.) behandelten rotwelschen Wortes rückgebildet.

Gans *f.* (< 9. Jh.). Mhd. *gans*, ahd. *gans*, mndl. *gans*, mndd. *gōs*, *gūs* aus g. **gans- f.* ´Gans´ (ursprünglich offenbar Konsonantstamm, später *i*-Stamm), auch in anord. *gás*, ae. *gōs*. Dieses aus ig. **gʰans- f.* ´Gans´ (auch ähnliche Wasservögel) in ai. *haṃsá- m.* ´Gans, Schwan´, gr. *chén f./m.* (aus **gʰans*), lit. *žąsìs*; l. *ānser m.* hat anlautendes *h-* verloren; air. *géis* (aus **gʰansī*) ´Schwan´. Da die Lautform Ähnlichkeit mit verschiedenen Wörtern für ´gähnen usw.´ hat, ist die *Gans* wohl nach ihrem charakteristischen zischenden Verteidigungslaut benannt. − Neben diesem Wort hat es im Germanischen andere gegeben, die von einfacherem (ig.) **gʰan-* ausgehen. Schon bei Plinius ist l. *ganta* als germanischer Name der Gans genannt. Es entspricht wohl ae. *ganot m.*, ahd. *ganazzo*, *ganzo*, mhd. *ganze m.* (später verdeutlicht zu **Ganzer**, **Ganser**) ´Gänserich´ (**ganōt- o.ä.*). Wieder anders (mit g. *-d-*) ae. *gan(d)ra m.*, mndd. *gante m.* ´Gänserich´ (ne. *gander*, auch hd. [dial.] **Gander**, **Ganter**, das aber auch aus **ganōt* kommen kann). Die moderne Form ist *Gänserich*.
Nndl. *gans*, ne. *goose*, nschw. *gås*, nisl. *gæs*. S. auch *Gössel*. − Suolahti (1909), 410−415; Röhrich 1 (1991), 503.

Gänseblümchen *n.* (< 16. Jh.). Fnhd. *gensbluome*; älteres mhd. *gensebluome* bezeichnet (anders als heute) die weiße Glockenblume, so daß das Benennungsmotiv wohl ´weiß´ (und ´häufig´) ist.

Gänsefüßchen *n.* (< 18. Jh.). Ersatzwort der Druckersprache für l. *signum citationis* ´Zitierzeichen´. Wohl so benannt nach der Form des Fußes bzw. der Fährte einer Gans. Vorher (seit Mitte 18. Jh.) ist dafür die Lehnübersetzung **Anführungszeichen** bezeugt. Nicht gehalten haben sich die folgenden Bezeichnungen aus dem 18. Jhs.: **Gänseaugen** (wie ndn. *gåseøjne*), **Hasenohr** und **Hasenöhrchen**.
Klenz (1900), 43 f., H. Klenz *ZDW* 1 (1901), 75 f.; Röhrich 1 (1991), 506.

Gänsehaut *f.* (< 16. Jh.). So benannt, weil die Haut des Menschen bei Schreck und Kälte an diejenige einer gerupften Gans erinnern kann. Mit entsprechendem Benennungsmotiv regional auch **Hühnerhaut**.
Röhrich 1 (1991), 506.

Gänseklein *n.*, älter **Gänsekleint** *n. per. reg.* (< 18. Jh.). Aus *Gänsekleinod* (s. *Kleinod*), weil die Kleinteile des Schlachttiers bis ins 18. Jh. *Kleinod* heißen.
Kretschmer (1969), 213−215.

Gänsemarsch *m.* (< 19. Jh.). Nach der bei den Gänsen beliebten Formation ´eine hinter der anderen´.

Ganser *m.* s. *Gans*.

Gänserich *m.* (< 16. Jh.). Neubildung nach dem Muster von *Enterich*, dessen Herkunft aber nicht suffixal ist. Ältere Namen der männlichen Gans s. unter *Gans*.

Gant *f. arch. schwz.* ´Versteigerung´ (< 14. Jh.). Entlehnt aus ml. *inquantare*, *incantare* ´versteigern´ (zu der Frage des Auktionators l. *in quantum* ´wie hoch?´), vgl. it. *incanto m.* ´Versteigerung´.

Ganter *m.* s. *Gans*.

ganz *Adj.* (< 8. Jh.). Mhd. *ganz*, ahd. *ganz* ´heil, unverletzt, vollständig´ aus vd. **ganta- Adj.* ´heil´. Außergermanisch entspricht am genauesten der alit. Komparativ *gandžiaus* ´im Gegenteil, vielmehr, lieber´ aus ig. (oeur.) **gʰond-*, mit lit. *gandéti* ´genug haben, befriedigt sein, zufrieden gestellt sein wollen´; mit *-s-* gt. *gansjan*, etwa ´bereiten, fertig machen´, russ. *gustój* ´dick, dicht´; von einfacherem ig. **gʰon-* ai. *ghaná-* ´kompakt, fest, hart, dicht´, npers. *ā-ganiš* ´voll´, lit. *ganà* ´genug´, akslav. *goněti* ´genügen´. Auf anderer Ablautstufe und auch sonst problematisch ist alb.-geg. *i zanë* ´dicht, dick´. Ausgangsbedeutung ist also ´genug, fertig´; aber eine klare verbale Grundlage fehlt. − Abstrakta: **Gänze**, **Ganzheit**; Präfixableitung: **ergänzen**; Modifikationsbildung: **gänzlich**.
E. Fraenkel *ZVPh* 8 (1954), 58 f.; E. Koller in *FS J. Erben* (1990), 129−140; Heidermanns (1993), 232; zu ndd. *gant* vgl. W. Mitzka in: *FS Foerste* (1970), 319−326.

gar *Adj.* (< 8. Jh.). Mhd. *gar(e)*, ahd. *garo*, as. *garo* aus g. **garwa- Adj.* ´bereit, fertig´, auch in anord. *gǫrr*, ae. *gearo*. Herkunft umstritten. Die Bedeutung war früher allgemein ´bereit´ (auch z. B. von Personen gesagt), deshalb gehört hierher auch *gerben*. Der Anschluß an g. **arwa-* ´schnell, bereit´ in anord. *ǫrr* ´bereit(willig)´, as. *aru* ´bereit, reif´ aus ig. **orwo-* ´schnell, bereit´ in avest. *aurva-* ´schnell, tapfer´, toch. A *ārwar*, B *ārwer* ´bereit, fertig´, weiter zu gr. *órnymi* ´treibe an, setze in Bewegung´ usw. (so zuletzt Sanders) wird wahrscheinlich gemacht durch Heidermanns: Zu g. **arwa-* ´bereit´ wird die verbale Ableitung g. **g(a)-arwija-* ´bereitmachen´ gebildet. Zu diesem ist g. **garwa-* ´bereit´ eine Rückbildung. Diese Annahme wird dadurch gestützt, daß anord. *gǫrr* das Partizip von anord. *gǫrva* 'bereiten' vertritt.

Nndl. *gaar*. − A. Kabell *ZVS* 87 (1973), 26−35; W. Sanders in FS H. Kolb (1989), 558−568; Heidermanns (1993), 233 f.

Garage *f.* (< 20. Jh.). Entlehnt aus frz. *garage* *m.*, einer Ableitung von frz. *garer* 'in eine sichere Verwahrstelle bringen', aus prov. *garar* 'achtgeben, bewahren', entweder mit Übergang von *w* zu *g* aus g. *war-ō- 'beachten' (s. *wahren*) oder zu l. *varāre* 'ausweichen' (zu l. *vārus* 'auseinandergebogen').

I. Burr in: *FS H. Meier* (Bonn 1980), 89−97.

Garantie *f.* (< 17. Jh.). Entlehnt aus frz. *garantie*, einer Ableitung von frz. *garant m.* 'Bürge', aus afrz. *guarant, warant* 'wer bei Gericht die Gewähr leistet, (später: Beschützer)'; dieses seinerseits entlehnt aus andfrk. *werend* 'Gewähr leistend' (s. *gewähren*). Die Änderung der Vokale im Französischen einerseits durch Anlehnung an afrz. *garir* 'beschützen' (s. *wehren*), andererseits durch Angleichung an das PPräs. auf *-ant*. Im Deutschen zunächst ein Fachwort der Sprache der Diplomatie; dann Verallgemeinerung und Erweiterung der Bedeutung. Verbum: **garantieren**, Nomen agentis: **Garant** (im Französischen das Grundwort).

DF 1 (1913), 235 f.; Schirmer (1911), 69; Brunt (1983), 314.

Garaus *m. phras.* (< 15. Jh.). Ursprünglich Ausruf, der die Polizeistunde begleitete. Daraus verallgemeinert zu 'Ende', besonders in der Wendung *den Garaus machen*.

Röhrich 1 (1991), 507.

Garbe *f.* (< 8. Jh.). Mhd. *garbe*, ahd. *garba*, as. *garƀa, garva* aus vd. *garƀōn f.* 'Garbe'. Vermutlich vergleicht sich unter ig. (weur.) *gʰerbʰō (mit unklarer Vokalstufe) *f.* 'Büschel, Rupfung' in l. *herba* 'Kraut' (eine Garbe war ursprünglich so viel Korn, wie man mit der Hand umfassen und dann mit der Sichel abschneiden konnte). Es paßt lautlich und semantisch zu ig. *gʰrebʰ- 'fassen, greifen', zeigt allerdings eine andere Vokalstellung als dieses. Vgl. ig. *gʰrabʰ- 'ergreifen, fassen' in ai. *gr̥bhṇā́ti*, lit. *grabstýti* 'ergreifen, packen', akslav. *grabiti* 'rauben'. Germanische Verwandte s. unter *grapsen*. (Im Germanischen scheinen die einschlägigen Bildungen zugunsten des homonymen *graben* beseitigt worden zu sein). − Nndl. *garf*.

Garde *f. stil.* (< 15. Jh.). Entlehnt aus frz. *garde* *m.* 'Leibwache'. Dies ist seinerseits mit Übergang von *w* zu *g* aus andfrk. *warda*, einer Entsprechung zu unserem *Warte*, entlehnt. Täterbezeichnung: **Gardist** (deutsche Bildung).

S. *Avantgarde, Garderobe*. − *DF* 1 (1913), 236; Brunt (1983), 315.

Garderobe *f.* (< 17. Jh.). Entlehnt aus frz. *garderobe* 'Kleiderablage', eigentlich 'Verwahrung der Kleider' zu frz. *garde m.* 'Verwahrung, Bewachung' (s. *Garde*) und frz. *robe* 'Kleid, Kleidung' (s. *Robe*).

DF 1 (1913), 236 f.; Röhrich 1 (1991), 507.

Gardine *f.* (< 16. Jh.). Entlehnt aus mndl. *gardine* 'Bettvorhang', dieses aus frz. *courtine*, aus kirchen-l. *cortīna* 'Vorhang', einem substantivierten Adjektiv zu l. *cōrs* 'Einzäunung, Hofraum', aus l. *cohors*; Lehnübersetzung zu gr. *aulaía* 'Vorhang' zu gr. *aulḗ* 'Hofraum'. So bezeichnet wird zunächst ein Vorhang, der einen Raum von einem Innenhof abgrenzt. Im Deutschen zunächst für den Bettvorhang und dann in Differenzierung zu dem im Oberdeutschen vorgezogenen *Vorhang* 'weißer, durchsichtiger, innerer Vorhang' am Fenster. Die **schwedischen Gardinen** sind eine scherzhafte Bezeichnung für die Gitter in Gefängnissen, wobei *Gardinen* für das Fenster und *schwedisch* für besonders guten ('schwedischen') Stahl steht.

Nndl. *gordijn*. S. *Kurtisane*. − *DF* 1 (1913), 237; E. Öhmann *NPhM* 64 (1963), 338 f.; Röhrich 1 (1991), 507.

Gardinenpredigt *f. stil.* (< 18. Jh.). Vielleicht Lehnbildung zu nndl. *gordijnpreek* (17. Jh.) gleicher Bedeutung. Die ursprüngliche Bedeutung ist 'nächtliche Strafrede der Ehefrau an ihren Mann'; so benannt, weil sich die Frau bereits im Bett (hinter den Gardinen) befand, wenn ihr Mann zu spät in der Nacht (und vielleicht betrunken) heimkehrte. Vgl. ndn. *gardinpræken* (nach deutschem Vorbild); vgl. auch ne. *curtain lecture*, wörtlich 'Gardinenvortrag'; nndl. *bed-sermoen*.

Röhrich 1 (1991), 507 f.

gären *st V.* (< 8. Jh.). Mhd. *jesen*, ahd. *jesan, gesan*, aus vd. *jes-a- st V.* 'sieden, gären'; in anderen germanischen Sprachen: anord. *jǫstr* 'Gärung, Hefe', ae. *gist* 'Hefe'. In dieser Sippe sind offenbar spätestens im Deutschen zwei verschiedene Wurzeln zusammengefallen: Einmal das eindeutig faßbare ig. *jes- 'schäumen, wallen, sieden' in ai. *yásyati* 'siedet, wird heiß, schäumt über', toch. A *yäs-* 'sieden', gr. *zéō* 'ich walle, siede, koche', kymr. *iasu* 'kochen lassen'; und andererseits ein schwerer faßbares ig. (w/oeur.) *gher- 'Bodensatz, Hefe' ohne eindeutige verbale Grundlage und mit abweichenden Bedeutungen in den verwandten Sprachen.

S. *Germ, Gischt, Kieselgur*. − Seebold (1970), 287.

Garn *n.* (< 9. Jh.). Mhd. *garn*, ahd. *garn*, mndd. *garn*, mndl. *gaern, gar(e)n, gairn* aus g. *garna- n.* 'Garn', auch in anord. *garn*, ae. *gearn*. Daneben die Bedeutung 'Darm' in anord. *gǫrn f.* und die Bedeutung 'Eingeweidefett' in ahd. *mittigarni*, as. *midgarni*. Vergleichbar ist nur die Bedeutung 'Darm', vgl. lit. *žárna f.* 'Darm, Schlauch', l. *hernia f.* 'Eingeweidebruch'; ohne das *n*-Suffix ai. *híra- m.* 'Band', ai. *hirā́ f.* 'Ader', gr. *chordḗ f.* '(Darm)-Saite, ig. *gʰ(e)r-n- 'Darm'. *Garn* besteht also ursprünglich aus (gedrehten) Därmen. **Ins Garn gehen**

bedeutet ´ins Netz gehen´ zu der Bedeutung ´Netz´ bei diesem Wort. Präfixableitung: **umgarnen**.

Nndl. *garen*, ne. *yarn*, nschw. nisl. *garn*. S. auch *Midder*. – Eichhoff (1968), 80; Röhrich 1 (1991), 508–509.

Garnele *f. erw. fach.* (eine Krebsart) (< 16. Jh.). Entlehnt aus nndl. *garneel* (heute *garnaal*). Die frühest-bezeugte Form ist *gernaet* (16. Jh.), das als *Garnat* ins Deutsche entlehnt wird (heute nicht mehr üblich). Die weitere Herkunft ist unklar.

garnieren *swV.* (< 17. Jh.). Entlehnt aus frz. *garnir*, eigentlich ´ausrüsten´, dieses mit Übergang von *w* zu *g* aus andfrk. **warnjan* ´sich vorsehen´ (s. *warnen*). Eine **Garnitur** ist eigentlich eine komplette Ausrüstung; bei der **Garnison** handelt es sich um eine Schutzausrüstung, bzw. -truppe. Die Bedeutung ´Truppenstandort´ aus frz. *ville de garnison*.

DF 1 (1913), 237 f.; Brunt (1983), 317.

garren *swV.* s. *girren*.

garstig *Adj.* (< 15. Jh.). Erweiterung von mhd. *garst*, mndd. *garst* ´ranzig, verdorben schmeckend´, wozu ahd. *gerstī f.* ´Groll, Garstigkeit´ als Abstraktum. Zu dem vorauszusetzenden g. **garsta-* als *i/ja*-Stamm anord. *gerstr* ´bitter, unwillig, mürrisch´. Außergermanisch vergleicht sich zunächst lit. *grastìs* ´Drohung´ und ohne das ableitende *-t-* lit. *grèsti* ´drohen, durch Drohung abschrecken´, *grasùs* ´unausstehlich, widerwärtig´ und arm. *garšim* ´ich habe Abscheu´. Mehrdeutig sind l. *fāstīdium* ´Ekel, Widerwille´ und air. *goirt* ´bitter, salzig´.

W. P. Schmid in *FS J. Untermann* (1993), 381[25]; Heidermanns (1993), 233.

Garten *m.* (< 8. Jh.). Mhd. *garte*, ahd. *garto*, as. *gardo* aus g. **gardōn m.* ´Garten´, auch in gt. *garda*, afr. *garda*. Daneben **garda- m.* in gt. *aurti-gards* ´Garten´ (*i*-Stamm), anord. *garðr* ´Zaun, Hof, Garten´, ae. *geard* ´Hof´, ahd. *gart* ´Kreis´. Beide aus ig. **gʰortó-* ´Umzäunung´ in gr. *chórtos* ´Hof, Gehege´, l. *hortus* ´Garten´, air. *gort*, *gart* ´Saatfeld´, air. *lubgort* ´Gemüsegarten´, kymr. *garth* ´Garten, Pferch´. Ein nur wurzelverwandtes Wort ist dagegen gt. *gards* ´Haus´, ai. *gr̥há-* ´Haus´ *(*gʰordʰ-)*. Ein mögliches Grundwort **gʰer-* ´(um)fassen´ kann in ai. *hárati* ´nimmt, bringt, holt herbei´ vorliegen, doch bleibt dieses vereinzelt und ist auch in seiner Lautung nicht unproblematisch. Die ganze Sippe weist lautliche Schwierigkeiten auf; die Möglichkeit von Substrateinflüssen ist nicht von der Hand zu weisen. Vgl. noch *gürten*. – Täterbezeichnung: **Gärtner**.

Entlehnungen aus der lateinischen Verwandtschaft sind *Hortensie, Kurtisane, Gardine*. – U. Scheuermann *NJ* 92 (1969), 97 f.; H. Tiefenbach in: Beck/Denecke/Jankuhn (1980), 291–294; *LM* 4 (1989), 1121–1126; Röhrich 1 (1991), 509.

Gas *n.* (< 18. Jh.). Entlehnt aus nndl. *gas*, das der Brüsseler Chemiker van Helmont zur Bezeich-

nung des durch Kälte entstandenen Wasserdunstes (im Gegensatz zu dem durch Wärme entstandenen Dampfes = *Blas*) verwendete. Vorbild war neo-kl. *cháos* ´Luftraum´ (s. *Chaos*), das schon Paracelsus für ´luftförmigen Dampf´ verwendete. Das initiale <g> entspricht nach niederländischer Schriftkonvention dem griechischen <ch> und wird erst im Deutschen durch Schriftbildaussprache als /g/ wiedergegeben. Das <a> anstelle von <áo> ist unklar – vielleicht wegen *Blas*. Zunächst auf fachsprachlichen Gebrauch beschränkt; mit der Einführung von Gasbeleuchtung dann in allgemeinem Gebrauch. Präfixableitung: **vergasen**.

DF 1 (1913), 238; H. Strigl *Sprachwissenschaft für alle* 3 (1911), 5–11; R. Loewe *ZVS* 63 (1936), 118–122; K.-H. Weimann *DWEB* 2 (1963), 376 f.

Gasse *f. alt.* (< 10. Jh.). Mhd. *gazze*, ahd. *gazza*; daneben anord. *gata* und gt. *gatwo* ´Straße einer Stadt, Platz´ (wobei zumindest die altnordische Form keine genaue Entsprechung der gotischen ist). Herkunft unklar.

Röhrich 12 (1991), 509 f.

Gassenhauer *m. stil.* (< 16. Jh.). Zu *hauen* in der seit dem 15. Jh. bezeugten Bedeutung ´gehen, eilen´ (s. *abhauen*). Das Wort taucht im 16. Jh. zuerst nur als ´auf der Straße gesungenes Tanzlied´ auf; die ursprüngliche Bedeutung ´jmd., der (unnütz) in den Gassen herumläuft´ (entsprechend **Pflastertreter**) ist jedoch ebenfalls noch in demselben Jahrhundert belegt und wurde dann übertragen auf die in allen Gassen zu hörenden Lieder. Das Wort bezeichnet auch ´Tänze auf den Gassen´, doch scheint dies nicht früher zu sein.

Röhrich 1 (1991), 510.

Gast *m.* (< 8. Jh.). Mhd. *gast*, ahd. *gast*, as. *gast* aus g. **gasti- m.* ´Gast´, auch in gt. *gasts*, anord. *gestr*, ae. *giest*, afr. *jest*, dieses aus ig. (o/weur.) **gʰosti- m.* ´Fremdling´, speziell ´Gast´, auch in akslav. *gostĭ* ´Gast´, l. *hostis* ´Fremdling, Feind´, l. *hospes* ´Fremder, Fremdling, Gastfreund´ (**gʰosti-pot-s*, vgl. akslav. *gospodĭ* ´Gastherr´). Weitere Herkunft unklar; erwogen wird gr. *xénos* ´Fremdling, Gast´ (< **gʰs-en-wo-*), alb. *huaj*, und weiter zu ai. *ghásati* ´verzehrt´ als ´Kostgänger´ o.ä. – Das Gegenstück zum Gast ist der **Gastfreund** (Abstraktum **Gastfreundschaft**) oder der **Gastgeber**; das durch Gäste hervorgehobene Essen ist das **Gastmahl**. Die berufliche Bewirtung von Gästen findet im **Gasthof, Gasthaus** oder der **Gaststätte, Gastwirtschaft** durch den **Gastwirt** statt (s. auch *Gastronomie*). Reisende Künstler **gastieren** bei einem **Gastspiel**.

Nndl. *gast*, ne. *guest*, nschw. *gäst*, nisl. *gestur*. S. *Hospital*. – F. Schröder *ZDPh* 56 (1931), 385–394; A. Lehr *MS* 1939, 143–145; *LM* 4 (1989), 1130 f.; Röhrich 1 (1991), 510 f.

Gastronomie *f. erw. fach.* ´Gaststättengewerbe, Kochkunst´ (< 19. Jh.). Entlehnt aus frz. *gastrono-*

mie 'Lehre vom feinen Essen', deutsch zuerst 1815 in dieser Bedeutung. Das französische Wort (seit 1623) aus gr. *gastronomía*, zu gr. *gastḗr* 'Bauch'. Es handelt sich dabei um den Titel eines Werkes ('Lehre von der Pflege des Bauches'), das der griechische Schriftsteller Archestratos (zitiert bei Athenaeus) verfaßt hatte. Modisch wurde das Wort durch das Buch 'La physiologie du goût' von J. A. Brillat-Savarin (1825). Die starke Betonung der gewerblichen Seite (gegenüber der Seite des Verbrauchers, also des Feinschmeckers) ist nur deutsch. Ihre Verbreitung hat mit dem Anklang an *Gastwirtschaft* zu tun, hat sich zunächst aber unabhängig davon entwickelt (indem das Gastgewerbe das Wort *Gastronomie* als Charakterisierung seiner Betriebe in Anspruch nimmt). Dieser Sonderentwicklung entsprechend ist frz. *gastronom* ein 'Feinschmecker', d. *Gastronom* ein ' (guter) Koch'.
DF 1 (1913), 239. [Herangezogen wurde die Magisterarbeit von P. Forget].

Gaststätte *f.* (< 20. Jh.). Ersatzwort des beginnenden 20. Jhs. für *Restaurant* und das in dieser Bedeutung heute veraltete *Restauration* aus l. *restaurātio* 'Erneuerung, Wiederherstellung'. *Gastwirtschaft* für älteres *Wirtschaft* ist dagegen schon seit dem beginnenden 19. Jh. bezeugt ('Wirtschaft, in der auch Gäste beherbergt werden').

Gat(t) *n. per. ndd.* 'Loch, Öse' (< 16. Jh.). As. *gat*, afr. *jet*, *gat* 'Loch', ae. *g(e)at* 'Tor, Tür, Öffnung', anord. *gat* 'Loch'. Niederdeutsch/niederländisch (dialektal) bedeutet das Wort auch 'Arschloch', und in dieser Bedeutung könnte es angeschlossen werden an ig. *gʰed-* 'scheißen' (ai. *hadati*, gr. *chézō*). Es ist aber wohl auszuschließen, daß aus einer solchen Bedeutung ein neutrales 'Loch, Tür, Tor' wird, wie es für das Germanische vorauszusetzen wäre. Deshalb handelt es sich wohl nur um eine zufällige Ähnlichkeit. Hierher **Kattegat** 'Loch in der Tür für die Katze' als Name einer Meerenge (*Skagerrak*). S. auch *Gatter*, *Speigatt*.
E. Schröder *HG* 45 (1919), 343−345 (zu *Kattegat*).

gätlich *Adj. per. ndd.* 'passend' (< 14. Jh.). Ndd. *gadlich*; vgl. ahd. *gegat* 'passend' zu der gleichen Grundlage wie *Gatte*.

Gatte *m. stil.* (< 11. Jh.). Mhd. *gate*, älter ahd. *gegate*, as. *gigado* aus wg. *ga-gadōn* m. 'Genosse', auch in ae. *gegada*, Substantivierung des Adjektivs ahd. *gegat* 'passend, zugehörig'. Eine ältere Bildung gleicher Bedeutung aus dieser Grundlage ist g. *gadilinga-* 'Genosse, Verwandter' in gt. *gadiliggs*, ae. *gædeling*, as. *gaduling*, ahd. *gatiling*. Das Grundwort dieser Bildungen ist offenbar untergegangen; vgl. aber wg. *gad-ō* 'zusammenkommen, passen' in afr. *gadia* 'vereinigen', mndd. *gaden* 'passen, gefallen, sich begatten', ahd. *bigaton*, mhd. *gaten* 'zusammenkommen, passen'. Außergermanisch vergleicht sich akslav. *godŭ* 'Zeit, pas-

sende Zeit', akslav. *-godĭnŭ* 'gefällig'. Weiteres, wie auch die Zugehörigkeit von *gut*, ist unsicher. S. *begatten, gätlich, Gattung, vergattern*.

Gatter *n. erw. fach.* (< 8. Jh.). Mhd. *gater* m./n., ahd. *gataro* m., mndd. *gaddere*. Hierzu stimmt semantisch am genauesten die *geat, gat* 'Tor, Gatter, Schranke' (s. *Gatt*). Weitere Herkunft unklar. S. *ergattern, Gitter*.

Gattung *f.* (< 15. Jh.). Spmhd. *gatunge*, mndl. *gadinge*, Abstraktum zu *gatten* 'zusammenfügen', also 'Zusammengefügtes, Zusammengehöriges'.
S. *Gatte*. − *HWPh* 3 (1974), 24−30.

Gau *m. obs.*; auch **Gäu** *n. obd.* (< 9. Jh.). Mhd. *gou, göu, geu* n., ahd. *gewi, gouwi* n. (Gen. *gouwes*), as. *-gā, -gō* in Namen, aus g. *gaw-ja- n.* 'Gegend, Landschaft', auch in gt. *gawi*, afr. *gā*. Entspricht am ehesten gr. *chōra f.*, *chōros m.*, die sowohl 'freier Raum', wie auch 'Gegend, Land' bedeuten. Der Vokalismus wird deutlicher durch arm. *gawaṙ* 'Gebiet, Vaterstadt, Dorf', das sich mit dem germanischen Wort auf (ig.) *gʰau-* zurückführen läßt. Zu diesem würde das griechische Wort eine Vollstufe *gʰō(u)-* zeigen. Die für das germanische Wort übliche Etymologie als *ga-agwja-* 'das am Wasser Gelegene' ist weder lautlich noch semantisch wahrscheinlich. Dagegen kommt die früher vorgeschlagene Verknüpfung mit gr. *oiē f.* 'Dorf (*aujā*) ernstlich in Frage, wenn von einem Kollektivum *ga-au-ja-* ausgegangen wird. ('Gesamtheit der Dörfer'). Dafür spräche ahd. *inouwa f.* 'Wohnung, Wohnsitz'.
S. *Gaumen*. − Schrader/Nehring (1917/29), II, 454; Heinertz (1927), 46−50; *LM* 4 (1989), 1141.

GAU *m. erw. fach.* [gao] (< 20. Jh.). Akronym aus *Größter anzunehmender Unfall*; auch **Super-GAU**.
Brisante Wörter (1989), 479−475.

Gaube *f.*, auch **Gaupe** *f.*, **Gauke** *f. per. fach.* 'Dacherker' (< 15. Jh.). Spmhd. *gūpe*; Herkunft unklar. Vielleicht zu regionalen Wörtern für 'hinausschauen, gaffen' (**gauken**, hess. **geipen** o.ä.).

Gauch *m. arch.* 'Kuckuck, Narr' (< 8. Jh.). Mhd. *gouch*, ahd. *gouh*, as. *gōk* aus g. *gauka- m.* 'Kuckuck', auch in anord. *gaukr*, ae. *gēac*. Das alte Wort für den Kuckuck beruht sicher auf dessen Ruf (*guck-guck*), hat aber eine auffällige Hochstufe. Vielleicht eine Art Vriddhi-Bildung mit Zugehörigkeitsfunktion ('der, der guk schreit'). Später durch das stärker lautmalende *Kuckuck* ersetzt (seit dem 13. Jh.). Der Kuckuck gilt als töricht (wohl wegen seines eintönigen Geschreis), deshalb die Nebenbedeutung 'Narr' (schon ahd. *gouh*). S. auch *gaukeln, geck, Kuckuck*.

Gauchheil, Ackergauchheil *n. per. fach.* 'Anagallis arvensis' (< 15. Jh.). Der Name rührt daher, daß dieses Ackerunkraut früher als Heilmittel gegen

Geisteskrankheiten galt. Entsprechende regionale Bezeichnungen sind **Geckenheil, Narrenheil, Vernunftkraut, Wutkraut.**

Nndl. *guichelheil.* – Marzell 1 (1943), 253–255.

Gaudium *n. arch.* ´Belustigung´ (< 17. Jh.). Entlehnt aus l. *gaudium*, einer Ableitung von l. *gaudēre* ´fröhlich sein´. Dazu die oberdeutsche Kürzung **Gaudi.**

DF 1 (1913), 239.

Gaufel *f. per. obd.* ´hohle Hand, die zusammengelegten hohlen Hände voll´, auch **Gauf, Gaufe** (< 15. Jh.). Mhd. *goufe,* ahd. *goufana* aus g. **gaupnō f.* ´hohle Hand´, auch in anord. *gaupn.* Weiter wohl zu **gaupa-* ´krumm´ in ae. *geap* als ´die Gekrümmte´.

Heidermanns (1993), 234 f.

Gauke *f.* s. *Gaube.*

gaukeln *swV.* (< 10. Jh.). Mhd. *goukeln, gougeln,* ahd. *gougalōn,* mndd. *gokelen,* mndl. *gokelen* ´Narrenpossen treiben´; dazu könnte mhd. *goukel, gougel,* ahd. *gougal, goucal* ´Narretei, Zauberei´ das Grundwort sein. Noch weiter verbreitet ist das Nomen agentis **Gaukler**: mhd. *goukelǣre, gougelǣre,* ahd. *gougalāri, goucalāri,* mndd. *gokeler,* mndl. *gokelare, gogelare, gukelare,* ae. *gēoglere.* Semantisch stimmen diese Wörter zu l. *ioculārī* ´scherzen, schäkern´, *ioculātor* ´Spaßmacher´, morphologisch und lautlich können sie nicht ohne weiteres als Entlehnung erklärt werden. Entweder Vermischung mit einem heimischen Wort (etwa *Gauch*) oder Entlehnung durch eine vermittelnde Sprache (aber welche?). Abstraktum: **Gaukelei.** S. auch *gokeln.*

Gaul *m. stil.* (< 14. Jh.). Spmhd. *gūl* ´schlechtes Pferd´ (wie spmhd. *gurre* ´schlechte Stute´), daneben auch ´Ungetüm´ und andere Bedeutungen. Herkunft so unklar wie beim Femininum *Gurre* (s.d.).

Nndl. *guil.* – F. Sommer *IF* 31 (1912), 362–371; Röhrich 1 (1991), 511 f.

gaumen *swV. per. schwz.* ´hüten, wahren´ (< 8. Jh.). Mhd. *goumen* ´eine Mahlzeit halten; Aufsicht, Wache halten´, ahd. *goumen* ´erfrischen, achtgeben´, as. *gōmian* aus g. **gaum-ija-* ´beachten, besorgen´, auch in gt. *gaumjan,* anord. *geyma* ´beachten, sorgen für´, ae. *gȳman, gīeman.* Ableitung von g. **gaumō f.* ´Aufmerksamkeit, Obacht´ in anord. *gaum, gaumr,* ae. *gȳme,* as. *gōma,* ahd. *gouma,* mhd. *goum(e).* Dieses ist eine nominale Ableitung zu der Verbalwurzel ig. **gʰau-* in anord. *gá* ´beachten´, l. *favēre* ´gewogen sein´, akslav. *gověti* ´verehren´.

Gaumen *m.* (< 9. Jh.). Mhd. *guom(e), goum(e),* ahd. *goumo* neben *guomo* (mhd. *guome*); daneben ae. *gōma,* anord. *gómr;* ahd. *giumo.* Das Nebeneinander der verschiedenen Vokalstufen weist darauf hin, daß verschiedenartige Fortentwicklungen eines

Diphthongs vorliegen, der im Germanischen beseitigt wurde, nämlich *āu* in (ig.) **gʰāumōn m.* ´Gaumen´. Außergermanisch steht am nächsten lit. *gomurỹs* ´Kehle, Schlund´; morphologisch und semantisch weiter entfernt sind gr. *cháos n.* ´leerer Raum´, gr. *chaũnos* ´locker, klaffend´, l. *faucēs Pl.* ´Schlund´ und toch. B *koym* ´Mund´, toch. A *ko* ´Mund´, toch. B *kor* ´Kehle´. Offenbar ursprünglich ´der aufgerissene Rachen´ zu ig. **gʰāu-* ´gähnen, klaffen´.

Ne. *gums,* nschw. *gom,* nisl. *gómur.* S. *Gau.* – W. Winter *JIES* 10 (1982), 181–183.

Gauner *m. stil.* (< 16. Jh.). Mit omd. Lautung *g-* für *j-* aus älterem *Joner,* das im 15. Jh. noch ´(Falsch)-Spieler´ bedeutet, ebenso *junen* ´falsch spielen´. Das Wort kommt aus dem Rotwelschen, wo es aber die Bedeutungsverallgemeinerung nicht mitmacht, sondern immer auf das Kartenspiel bezogen bleibt. Das Wort bedeutet vermutlich ursprünglich ´Grieche´, so wie frz. *grec* auch für ´Falschspieler´ stehen konnte (zu wjidd. *jōwōn* ´Griechenland´, zu dem es ein **yewōne[r]* ´Grieche´, eigentlich ´Jonier´ gegeben haben kann). Im einzelnen nicht ausreichend klar. Abstraktum: **Gaunerei.**

Wolf (1985), 119 f.

Gaupe *f.* s. *Gaube.*

gautschen[1] *swV. per. wobd.* ´schaukeln, wiegen´ (< 15. Jh.). Andernorts auch **gauken, gaukeln,** so daß wohl ein altes **gūkezzen* o.ä. vorausliegen wird. Das Wort ist aber in alter Zeit nicht bezeugt.

gautschen[2] *swV. per. fach.* (< 18. Jh.). Fachausdruck der Papierherstellung: ´die geschöpften Bogen aus Pressen auf ein Brett legen´, danach im Buchdruckergewerbe: ´ausgelernte Lehrlinge durch Eintauchen oder anderes Naßmachen in die Zunft aufnehmen´. Vermutlich Lehnwort aus gleichbedeutendem frz. *coucher* oder ne. *couch,* auf das *gautschen*[1] lautlich eingewirkt haben mag.

Gaze *f. erw. fach.* (ein leichtes Gewebe) (< 17. Jh.). Entlehnt aus nndl. *gaas,* dieses aus frz. *gaze,* aus span. *gasa,* und dieses vermutlich aus arab. *qazz* ´Rohseide´, aus pers. *käz.*

DF 1 (1913), 239; Littmann (1924), 94; Lokotsch (1975), 55, 91 f.; Brunt (1983), 318.

Gazelle *f. exot.* (eine Art Antilope) (< 16. Jh.). Entlehnt aus frz. *gazelle,* dieses aus span. *gacela,* aus arab. *ġazāla.*

DF 1 (1913), 239; Lokotsch (1975), 55.

Gazette *f. arch.* ´Zeitung´ (< 17. Jh.). Entlehnt aus frz. *gazette,* dieses aus it. *gazetta,* aus der venezianischen Bezeichnung *gazeta de la novità.* Ursprünglich handelt es sich bei venez. *gazeta* um den Namen einer Münze im Wert von zwei venezianischen Kreuzern – dem Preis, der im 16. Jh. für ein

Nachrichtenblatt entrichtet werden mußte (vgl. zur Bezeichnung d. *Groschenheft*).

W. J. Jones *SN* 51 (1979), 260; *DEO* (1982), 319.

ge- *Präfix.* Mhd. *ge-*, ahd. *gi-*, *ga-*, as. *gi-*, afr. *i-* (meist abgefallen), ae. *ge-*, gt. *ga-*, (altnordisch sind alle unbetonten Präfixe abgefallen). Die Grundform ist also am ehesten g. **ga-*. Funktionell entsprechen l. *com-*, gr. *sýn*, *xýn*, die sich aber wegen des Anlauts weder mit g. **ga-* noch untereinander vereinigen lassen. Funktionell ist **ga-* 1) ein Verbalpräfix mit starken Ansätzen zur Verallgemeinerung mit perfektiver Bedeutung in den frühen germanischen Sprachen – davon ist im heutigen Deutschen die Verwendung im Partizip geblieben; 2) ein nominales Präfix, besonders bei Kollektiven *(Gebirge* zu *Berg)* und Abstrakten *(Geschrei* zu *schreien)*; auch Soziativbildungen wie *Geselle* zu *Saal.* In einigen Bildungen ist der Vokal ausgefallen (s. *glauben, gleich, begleiten* u. a.).

Ph. Scherer *Word* 20 (1964), 221–245; J. W. R. Lindemann *JEGPh* 64 (1965), 65–83; *Wortbildung* 2 (1975), 50 f. und die dort angegebenen Stellen; W. Hoffmann in *FS E. Skála* (1988), 167–184; D. P. Quinlin *AJGLL* 3 (1991), 145–159.

Gebärde *f.* (< 8. Jh.). Mhd. *gebærde*, ahd. *gibārida*, *gibāridī* 'Benehmen, Aussehen, Wesen', Verbalabstraktum zu mhd. *gebæren*, ahd. *gibāren* 'sich benehmen' (s. *gebaren*).

S. auch *ungebärdig.* – *HWPh* 3 (1974), 30–31.

gebaren *swV. refl. obs.* (< 9. Jh.). Mhd. *gebāren*, ahd. *gibāron* neben dem *jan*-Verb mhd. *gebæren*, ahd. *gibæren* gleicher Bedeutung (s. *Gebärde*). Zum *jan*-Verb auch as. *gibārion*, ae. *gebæran*. Denominales Verb zu wg. **bǣr-ja- n.* 'Betragen' in ae. *gebǣre*, as. *gibāri*, mhd. *gebǣre* oder seinem nominalen Grundwort. Dieses eine Ableitung zu g. **ber-a-* 'tragen' (s. *gebären*); vgl. gleichbedeutendes *Betragen.* Heute wird das Verb meist durch das denominale *sich gebärden* ersetzt.

B. vLindheim *BGDSL* 62 (1938), 421–425; H. Götz *BGDSL-H* 81 (1959), 191–203; W. H. Wolf-Rottkay *Kratylos* 9 (1964), 196.

gebären *stV.* (< 8. Jh.). Mhd. *gebern*, ahd. *giberan*, as. *giberan* aus g. **ga-ber-a- stV.* 'gebären', auch in gt. *gabairan*, (anord. *bera*) ae. *geberan*, perfektivierende Präfigierung zu g. **ber-a-* 'tragen, bringen' in den gleichen Sprachen. Dieses aus ig. **bʰer-* 'tragen, bringen' in ai. *bhárati, bíbharti,* toch. AB *pär-*, gr. *phérō*, air. *ber-*, l. *ferre*, mit abweichender Bedeutung lit. *beřti* 'streuen, ausschütten' und akslav. *bīrati* 'sammeln, lesen, wählen'. Die Verben sind vielfach suppletiv. Die Spezialisierung auf 'gebären' die beim germanischen Verb auch im Simplex auftritt, findet sich auch teilweise im Lateinischen und deutlicher im Altirischen (dort allerdings häufiger bei dem suppletiv ergänzenden *ro-ucc-*, da *ber-* selbst keine *ro*-Formen bilden kann

– die *ro*-Formen entsprechen funktionell den germanischen *ga*-Formen); sporadisch (bei Ableitungen usw.) auch in anderen Sprachen. *Gebären* ist also 'austragen, zu Ende tragen'. Die Schreibung mit *ä* ist etymologisch unrichtig.

Nndl. *baren*, ne. *bear*, nschw. *bära*, nisl. *bera.* – Die Sippe des Wortes ist nicht mehr eigentlich durchsichtig, da das Grundwort ausgestorben ist. Abstraktum zum vorliegenden Verb ist *Geburt* (s. auch *Ausgeburt*); Konkretbildungen zum unpräfigierten Grundwort sind *Bahre, Barn, Bürde, Urbar, Radeberge* und in weiterem Zusammenhang *Eimer* und *Zuber*; eine Adjektivbildung in *-bar*; eine semantisch abweichende Gruppe in *gebaren, Gebärde, ungebärdig*; aus dem Grundwort weiterentwickelt ist *entbehren*; eine Kontamination mit einem anderen Verb in *bringen*; semantisch mehr oder weniger sicher zugehörig sind *Adebar, Bärme, gebühren, Ungeziefer.* Die lateinische Verwandtschaft unter *Differenz*, die griechische unter *Metapher.* – Seebold (1970), 104–106; Lloyd/Springer 1 (1988), 546–548.

Gebärmutter *f.* (< 16. Jh.), älter *Bärmutter.* Zu *Mutter* in der Bedeutung 'Gebär-Organ' mit Verdeutlichung durch das Verb *gebären.*

Gebäude *n.* (< 12. Jh.). Mhd. *gebūwede*, ahd. *gibū(w)ida*, *gibūidī* 'Bau', Ableitung zu *bauen*; eigentlich 'das Gebaute'.

geben *stV.* (< 8. Jh.). Mhd. *geben*, ahd. *geban*, as. *geban*, aus g. **geb-a- stV.* 'geben', auch in gt. *giban*, anord. *gefa*, ae. *giefan*, afr. *jeva.* Dieses Verb ist außerhalb des Germanischen nicht unmittelbar zu vergleichen. Am nächsten steht ein in den europäischen indogermanischen Sprachen bezeugtes **gʰabʰ-* 'nehmen, bringen, halten'. Es stimmt dazu aber weder der Vokalismus noch die Bedeutung (allerdings treten 'nehmen' und 'geben' häufiger bei der gleichen Verbalwurzel auf). Vgl. l. *habēre* 'haben', air. *gaibid* 'nimmt, ergreift', lit. *gabénti* 'befördern, herbeischaffen, fortschaffen', poln. *gabać* 'angreifen, ergreifen'. – Durchsichtige Partikelverben sind *ab-, bei-, hin-*, Präfigierungen *um-, untergeben.*

Nndl. *geven*, ne. *give* (entlehnt), nschw. *giva*, nisl. *gefa.* S. *Gabe, gäbe, Gift*; zu stärker lexikalisierten Präfigierungen und Partikelverben s. *angeben, Aufgabe, ausgiebig, begeben, Eingebung, ergeben, nachgeben, übergeben, vergebens, zugeben*; zur lateinischen Verwandtschaft s. *Prohibition.* – Seebold (1970), 217–219; G. Stojčevski *Orbis* 23 (1974), 433–437; Röhrich 1 (1991), 512 f.

Gebet *n.* (< 8. Jh.). Mhd. *gebet*, ahd. *gibet*, as. *gibed* aus wg. **ga-beda- n.* 'Gebet', auch in ae. *gebed.* Das Wort ist eine Ableitung zu *bitten* und muß ursprünglich eine entsprechende Bedeutung gehabt haben ('Bitte o.ä.'). Dann Gebrauch für 'Gebet' im Rahmen des Christentums. Das Verb *beten* ist jünger. Die Wendung *ins Gebet nehmen* 'scharf zurechtweisen' kann dem Sinn nach kaum das gleiche Wort sein. Ansprechend ist die Vermutung, daß es sich um ndd. *gebet(t)* 'Gebiß' handelt, d. h. der eiserne Querriegel im Maul des Pferdes, mit dem dieses gezügelt wird.

LM 4 (1989), 1155–1159; Röhrich 1 (1991), 513.

Gebiet *n.* (< 13. Jh.). Mhd. *gebiet(e) n./f.* Ableitung von *gebieten* (s. *bieten*), ursprünglich mit der Bedeutung ´Befehlsgewalt´; dann übertragen zu ´Befehlsbereich, Gebiet, in dem der Befehl gilt´; dann verallgemeinert zu ´Bereich´. S. *bieten, unbotmäßig.*

Gebirge *n.* (< 9. Jh.). Mhd. *gebirge,* ahd. *gibirgi,* as. *gibirgi.* Kollektivbildung zu *Berg,* also eigentlich ´Gesamtheit der Berge´.

Geblüt *n. obs.* (< 15. Jh.). Das Wort ist eigentlich eine Kollektivbildung zu *Blut,* also ´Gesamtheit des Blutes´. Die heutige Verwendung in *von fürstlichem Geblüt* u.ä. ist aber abhängig von der Soziativbildung fnhd. *geblut* ´von gleichem Blut´, im Sinne von ´von gleicher Abstammung´, aber auch übertragen gebraucht.

gebrechen *st V. phras.* (*es gebricht an,* älter auch mit Genetiv, ´es fehlt´) (< 11. Jh.). In dieser Bedeutung seit mittelhochdeutscher Zeit. Ausgangsbedeutung ist offenbar ´es bricht ab von, es geht ab von, es fehlt´. S. *brechen, Gebrechen.*

Gebrechen *n. obs.* (< 13. Jh.). Substantivierter Infinitiv zu *gebrechen,* der älteres mhd. *gebreche m.* ´Mangel, Beschwerde, Krankheit´ verdrängt. Im Laufe der frühneuhochdeutschen Zeit setzt sich die übertragene Bedeutung ´Krankheit´ als einzige durch.

Gebresten *n./Pl. arch.* ´Krankheit(en)´ (< 11. Jh.). Entsprechend zu *Gebrechen* abgeleitet von mhd. *gebresten n.,* das mit Metathese des *r* zu *bersten* gehört. Schon ahd. *bresta f.* ´Mangel´, ahd. *gibrestan st V.* ´ermangeln´. S. *bresthaft.*

Gebück *n.* ´geflochtene Hecke´, *arch.* (< 15. Jh.). Fnhd. *gebucke* ´ein zur Bezeichnung der Waldgrenzen ineinander gebogenes oder geflochtenes Gebüsch´, zu *bücken,* das eine Intensivform zu *biegen* ´knicken´ ist.

gebühren *sw V. obs.* (< 9. Jh.). Mhd. *gebürn,* ahd. *giburien,* as. *giburian* aus g. **ga-bur-ija-* ´gebühren´, auch in ae. *gebȳrian,* (anord. *byrja*), gt. in *gabaurjaba* ´gern´. Die bezeugten Bedeutungen sind ´beginnen´ – ´sich ereignen, zutragen´ – ´gebühren, sich gehören´. Das Verbum gehört sicher zu **bera-* ´tragen, bringen´ (s. *gebären*), doch ist der morphologische und weitgehend auch der semantische Zusammenhang unklar. Evtl. handelt es sich um ein altes *jo*-Präsens von der Schwundstufe. Rückbildung: *Gebühr*; Adjektiv: **gebührlich.** Nndl. *gebeuren.* S. *gebären* und *empören.*

gebumfiedelt *Adj. (PPrät.) stil. phras.* in *sich gebumfiedelt fühlen* ´sich geehrt fühlen´ (< 20. Jh.). Eigentlich ´sich durch ein Ständchen geehrt fühlen´ zu *Fiedel* und wohl einer lautmalenden Verstärkung, vgl. etwa *fiedelfumfei* als Nachahmung der *Fiedel.*

Geburt *f.* (< 8. Jh.). Mhd. *geburt,* ahd. *giburt,* as. *giburd* aus g. **ga-burdi- f.* ´Geburt´, auch in gt. *gabaurþs* (grammatischer Wechsel zurückgenommen), anord. *byrð,* ae. *gebyrd,* afr. *berde.* Ein ti-Abstraktum zu *gebären;* außergermanisch entspricht air. *breth, brith* ´Geburt´. – Hierzu das Adjektiv **gebürtig.** In der Bedeutung festgelegt sind **Ausgeburt** und **Nachgeburt.**
Nndl. *geboorte,* ne. *birth* (entlehnt), nschw. *börd.* S. *gebären.* – Röhrich 1 (1991), 514.

Geburtstag *m.* (< 9. Jh.). Mhd. *geburttac,* ahd. *giburtitag(o)* ´Tag der Geburt´. Lehnbildung mit *Geburt* und *Tag* zu gleichbedeutendem l. *diēs nātālis.* In Anlehnung an *Tag* als ´Jahres-, Gedenktag´ seit dem 16. Jh. in der heutigen Bedeutung ´Tag, an dem die Geburt sich jährt und gefeiert wird´.

Geck *m. stil.* (< 14. Jh.). Ursprünglich niederdeutsches Wort (mndd. *geck,* mndl. *gec*), im 14. für ´Hofnarr´, heute im Rheinland *Jeck* ´Narr´ (besonders im Karneval). Das Adjektiv *jeck* ´närrisch, verrückt´ ist aus dem Substantiv in prädikativem Gebrauch entstanden. Oberdeutsch entspricht mundartliches *gagg,* bairisch auch *gacks.* Offenbar ein lautmalendes Wort; vgl. auch *Gauch.*
Röhrich 1 (1991), 514 f.

Gedächtnis *n.* (< 9. Jh.). Mhd. *gedæhtnisse,* ahd. *githehtnissi* ´das Denken an etwas´. Adjektiv-Abstraktum zum Partizip von *(ge)denken* (s. *denken*). Später ´Erinnerung´ und ´Erinnerungsvermögen´.

Gedanke *m.* (< 8. Jh.). Mhd. *gedanc,* ahd. *gidanc,* as. *githanko* aus wg. **ga-þanka-/ōn m.* ´Gedanke´, auch in ae. *geþonc m./n.*; offenbar altes Verbalabstraktum zu *denken,* da es dessen *j*-Suffix nicht übernimmt. Die schwachen Flexionsformen sind offenbar vom Norden her eingedrungen. – Der **Gedankenstrich** (18. Jh.) markiert, wo Gedanken abgebrochen wurden oder eingeschoben werden.
HWPh 3 (1974), 52–55; Röhrich 1 (1991), 515 f.

gedeihen *st V.* (< 10. Jh.). Mhd. *gedīhen,* ahd. *gidīhan,* as. *(gi-)thīhan.* Im Altenglischen geht das Verbum nach der III. Klasse: *þēon, þāh, þungon, þungen.* Dies weist darauf hin, daß von **þenh-* auszugehen ist, das nach dem Nasalschwund im Präsens wie ein starkes Verb der I. Klasse aussah und deshalb in diese übertrat. Ebenfalls auf **þenh-* weisen ae. *þyhtig* ´gediegen´ und vielleicht ae. *athengian* ´ausführen´. Das Gotische hat ebenfalls schon die sekundäre Form (gt. *þeihan, þaih*). G. **þenh-st V.* ´gedeihen´ hat keine sichere Vergleichsmöglichkeit. Vermutlich ist von ig. **tenk-* ´gerinnen´ auszugehen; dieses in ai. *tanákti* ´zieht zusammen, gerinnt´, air. *con-téici* ´es gerinnt´ und aus dem Germanischen noch nisl. *þél* ´geronnene Milch´. Den Übergang zu ´gedeihen´ bilden Bedeutungen wie ´fest werden, stark werden´. Adjektiv: **gedeihlich**; das Abstraktum nur noch in *auf Gedeih und Verderb.*

Nndl. *gedijen*. S. *dicht, gediegen*. – Trier (1951), 16–23; E. Benveniste *Word* 19 (1954), 253 f.; Ch. Donath *BGDSL-H* 84 (1962), 445, 453; Seebold (1970), 512–514; Röhrich 1 (1991), 516.

gediegen *Adj. (PPrät.)* (< 8. Jh.). Mhd. *gedigen*, ahd. *gidigan*. Die alte Partizip-Form von *gedeihen*. Die Bedeutungsentwicklung ist im einzelnen unklar.
E. Ochs *BGDSL* 44 (1920), 318 f.

Gedöns *n. per. ndd.* 'Aufhebens' (< 13. Jh.). Mhd. *gedense* 'Hin- und Herziehen' zu mhd. *dinsen* 'ziehen' (s. unter *gedunsen*). Die heutige Form stammt aus dem Niederdeutschen.
S. *aufgedunsen*. – Röhrich 1 (1991), 516 f.

gedrungen *Adj. (PPrät.)* 'kurz und breit' (< 16. Jh.). Eigentlich Partizip zu *dringen*, der Bedeutung nach aber eher zu *drängen* gehörig ('zusammengedrückt, gestopft').

Geduld *f.* (< 8. Jh.). Mhd. *gedult, gedulde*, ahd. *gidult*, as. *githuld* aus wg. **ga-þuldi- f.* 'Geduld', auch in ae. *geþyld*; *ti*-Abstraktum zu g. **þul-ǣ-sw V.* 'dulden' in gt. *þulan*, anord. *þola*, ae. *þolian*, as. *tholon, thol(o)ian*, ahd. *t(h)olēn, dolēn*. Die Ableitung muß alt sein, da sie das verbale Suffix -*ǣ*- nicht übernimmt. Das Verb geht zurück auf ig. **telǝ-/tlā-* 'tragen' im Sinne von 'ertragen', vgl. l. *tollere* 'aufheben, tragen', l. *tolerāre* 'ertragen' (s. *Toleranz*), gr. *tlēnai* 'ertragen'.
HWPh 3 (1974), 74 f.; P. Schmoock in *FS G. Cordes* (Neumünster 1976), 2, 322–353; Röhrich 1 (1991), 517–518.

Geest *f. per. ndd.* 'hochliegendes Heideland über der Marsch' (< *17. Jh., Form 18. Jh.). Ursprünglich niederdeutsches Wort (mndd. *gēst, gast*, mndl. *geest*; vgl. fr. *gāst*). Substantivierung des Adjektivs ndd. *gēst*, afr. *gāst* 'unfruchtbar, trocken', vgl. ae. *gǣsne*, ahd. *geisinī* 'Unfruchtbarkeit, Armut', nisl. *gisinn* 'trocken, rissig'. Weitere Herkunft unklar. Im Hochdeutschen erst als Kompositum **Geestland**, dann als Simplex.

Gefahr *f.* (< *9. Jh., Form 15. Jh.). Mhd. *gevāre* 'Hinterlist, Betrug' zu älterem mhd. *(ge)vāre*, ahd. *fāra*, as. *fār* 'Nachstellung' aus g. **fǣrō f.* 'Nachstellung, Gefahr', auch in anord. *fár* n. 'Feindschaft, Betrug', ae. *fǣr m.* Dehnstufige Nominalbildung zu einer Wurzel ig. (eur.) **per-* 'versuchen, riskieren' in l. *perīculum n.* 'Gefahr', l. *experīmentum n.* 'Versuch, Prüfung', gr. *peīra* 'Erfahrung, Versuch'. Vermutlich eine Bedeutungsspezialisierung der Wurzel ig. **per-* 'durchdringen, hinübersetzen' (s. *fahren, führen*). Hierzu das Adjektiv **gefährlich** und (über ein Zwischenglied) das Verb **gefährden**.
S. *Experiment, Furcht, unverfroren, ungefähr, willfahren*. – N. Spinar: *Zu Entwicklung, Bedeutung und Anwendungsbereich der spätmittelalterlichen Formel 'ane geværde'* (Diss. Erlangen 1965). Anders: A. Kutzelnigg *Orbis* 19 (1970), 492–499.

Gefährte *m.* (< 9. Jh.). Mhd. *geverte*, ahd. *gifarto, giferto* mndd. *geverde* ist eine Sozativbildung zu *Fahrt*, also 'jmd., der mit auf der (gleichen) Fahrt ist'. S. *fahren*.

Gefälle *n.* (< 11. Jh.). Mhd. *gevelle*, ahd. *gifelli*. Kollektivum zu *Fall*, heute beschränkt auf ('Folge von Fällen,') 'Höhenunterschied'.

gefallen *st V.* (< 9. Jh.). Mhd. *gevallen*, ahd. *gifallan* 'zufallen, zuteil werden'; Präfigierung von *fallen*. Die Bedeutung 'zu-fallen' ist naheliegend, ist aber vielleicht unterstützt worden von Ausdrücken beim Würfelspiel. Noch mittelhochdeutsch stehen bei *gevallen* qualifizierende Adverbien wie *wol, baz* usw. Adjektiv **gefällig** mit dem Abstraktum **Gefälligkeit**.
HWPh 3 (1974), 75–79.

Gefängnis *n.*, älter auch *f.* (< *13. Jh., Bedeutung 15. Jh.). Mhd. *(ge)vancnisse, (ge)vencnisse*, mndd. *gevenknisse*, mndl. *gevancnesse*; Verbalabstraktum zu *(ge)fangen* (s. *fangen*). Die Bedeutung ist ursprünglich 'Gefangenschaft, Gefangennahme'; erst im 15. Jh. beginnt sich die Bedeutungsverschiebung zu 'Kerker' durchzusetzen.
LM 4 (1989), 1168 f.

Gefäß *n.* (< 11. Jh.). Mhd. *gevǣze*, ahd. *gifāzi*, eigentlich 'Ausrüstung, Schmuck', dann zu der heutigen Bedeutung spezialisiert unter dem Einfluß von *Faß*, als dessen Kollektivum das Wort aufgefaßt wurde (es ist aber höchstens eine weitläufige Verwandtschaft anzunehmen, wenn es sich nicht überhaupt um zwei verschiedene Wörter handelt). Zu dem deutschen Wort in seiner alten Bedeutung stimmen gt. *fetjan* 'schmücken', gt. *gafeteins* 'Schmuck', anord. *fœta* 'schön tun', ae. *fæt n.* in der Bedeutung 'bearbeitetes Metall, Goldschmuck'. Die im einzelnen unklaren Bedeutungsverhältnisse erschweren eine etymologische Beurteilung. Spätere Sonderanwendungen in **Blutgefäß** und **Staubgefäß**.
LM 4 (1989), 1169 f.

gefaßt *Adj. (PPrät.)* 'beherrscht' (< 16. Jh.). Ursprünglich als Partizip zu *fassen*, refl. *sich fassen*, eigentlich 'sich mit Vorräten usw. ausrüsten', 'Vorräte fassen' gebraucht. Daher *gefaßt* = 'vorbereitet'; dann auf die seelische Verfassung übertragen.

gefeit *Adj. (PPrät.)* obs. (< 19. Jh.). Im Rückgriff auf älteres *Fei* (für *Fee*) wird das Verb **feien** gebildet als 'durch Zauberkraft stark oder unverwundbar machen', hierzu das Partizip. Ein älteres Wort ist mhd. *feinen* zu mhd. *fei(e), feine* 'Fee'.

Gefieder *n.* (< 8. Jh.). Mhd. *gevider(e)*, ahd. *gifederi*, Kollektiv zu *Feder*, also 'Gesamtheit der Federn'. Adjektiv: **gefiedert**.

Gefilde *n.* obs. (< 9. Jh.). Mhd. *gevilde*, ahd. *gefildi*, Kollektiv zu *Feld*, also 'Gesamtheit der Felder'.

gefinkelt *Adj. per. österr.* ´schlau` (< 20. Jh.). Zu *Fink* ´schlauer Mensch`.

geflissentlich *Adv./Adj. obs.* (< *16. Jh., Form 18. Jh.). Ohne eingeschobenes *-t-* seit dem 16. Jh. Das zugrundeliegende Adjektiv *geflissen* ist Partizip Präteritum zu mhd. *vlīzen* ´sich befleißigen` (s. *Fleiß*); die Ausgangsbedeutung ist also etwa ´absichtlich`.

Geflügel *n.* (< 9. Jh., Form 14. Jh.). Spmhd. *gevlügel(e)*, älter *gevügel(e)*, ahd. *(gi-)fugilī(n)*, ein Kollektiv zu *Vogel*, also ´Gesamtheit der Vögel`. Das Wort ist sekundär an *Flügel* angeglichen worden; daher die neuhochdeutsche Form.

Gefreiter *m. erw. fach.* (< 16. Jh.). Substantiviertes Partizip Präteritum von *freien*, mhd. *vrīen* ´frei machen, befreien` (zu *frei*). Soldatensprachliche Lehnbildung des 16. Jhs. zu l. *exemptus*, dem Partizip Perfekt Passiv von l. ´herausnehmen`. Die alte Bedeutung ist − dem lateinischen Vorbild entsprechend − ´der (vom Schildwachdienst und anderen Tätigkeiten) Befreite`. Daneben tritt das Wort im 16. Jh. auch in der Sprache der Bibel als ´Freigelassener` auf.
R. M. Meyer *ZDW* 12 (1910), 148 f.

gegen *Präp.* (< 9. Jh.). Mhd. *gegen*, ahd. *gegin*, *gagan*, as. *gegin* aus g. **gagna-*, auch in anord. *gagn*, ae. *geagn*, neben **gegni-*, auch in anord. *gegn*, ae. *gegn*, afr. *jēn*. Vgl. anord. *gaghals* ´mit zurückgebogenem Kopf` und ähnliche Bildungen. Klare außergermanische Vergleichsmöglichkeiten fehlen. S. *begegnen, entgegen, gen*.

Gegend *f.* (< 13. Jh.). Mhd. *gegende, gegenōte*, ahd. *gaganōti*. Offenbar eine Lehnübersetzung von ml. *contrata, contrada* ´das Gegenüberliegende` in it. *contrada*, frz. *contrée* (ne. *country*, mhd. *contrāte*).
Röhrich 1 (1991), 520.

Gegengift *n.* (< 17. Jh.). Lehnübersetzung zu frz. *contrepoison m.*, das seinerseits eine Lehnbildung zu l. *antidotum n.* gleicher Bedeutung ist. Dieses aus gr. *antídotos Adj.* ´dagegen gegeben`, später gr. *antídotos f.* ´Gegengift` (zu gr. *antí* ´gegen`, s. *anti-* und gr. *dídōmi* ´ich gebe`). Auf deutschem Vorbild beruhen nndl. *tegengif(t)*, ndn. *modgift*, nschw. *motgift*, nisl. *moteitur*.
A. Götze *ZDW* 11 (1909), 260−266; W. Betz *BGDSL* 67 (1944), 302.

Gegensatz *m.* (< 15. Jh.). Zuerst nur in der Rechtssprache als ´Entgegnung im Rechtsstreit` bezeugt, wohl Lehnbildung zu l. *oppositio f.* (zu l. *oppōnere* ´entgegenstellen`).
HWPh 3 (1974), 105−119.

Gegenstand *m.* (< 16. Jh.). Lehnbildung zu *Objekt* (l. *oculō obiectum n.* ´dem Auge gegenüberliegend, gegenüberstehend`). Wird durch die Fachsprache der Philosophen durchgesetzt.
Pfaff (1933), 30 f.; *HWPh* 3 (1974), 129−134.

Gegenstück *n.* (< 18. Jh.). Ersatzwort für *Pendant n.*, das im 18. Jh. aus frz. *pendant*, dem Partizip Präsens von frz. *pendre* ´hängen, (unentschieden sein, gleich sein)`, entlehnt wurde.
Pfaff (1933), 31 f.

gegenüber *Präp./Adv.* (< 16. Jh.). Zusammenrückung aus *gegen* und *über*.

Gegenwart *f.* (< 9. Jh.). Rückgebildet aus mhd. *gegenwertec, gegenwürtec* ´gegenwärtig`, ahd. *gaganwertig* ´gegenwärtig, anwesend`. Eigentlich ´gegenüber seiend`. Zum zweiten Bestandteil s. *-wärts*. Präfixableitung zum Adjektiv: **vergegenwärtigen**.
HWPh 3 (1974), 136 ff.

Gegner *m.* (< *14. Jh., Standard 16. Jh.). Ursprünglich norddeutsch, breitet sich dann aber auf das ganze Sprachgebiet aus. Mndd. *gegenere* ist Lehnübersetzung von l. *adversārius* (*gegen* steht für l. *adversus* ´gegenüber`). Adjektiv: **gegnerisch**.
C. Walther *ZDW* 7 (1905), 35−38.

gehaben *swV.* (auch *refl.*) *obs. phras.* Hochsprachlich nur noch in *Gehab dich wohl*. (< 9. Jh.). Aus mhd. *sich gehaben*, ahd. *sih gihabēn* ´halten, sich befinden`. Der Bedeutungsübergang wie bei ne. *behave* ´sich benehmen`. Abstraktum: **Gehabe**.

Gehalt *n./m.* (< 15. Jh.). Spmhd. *gehalt*, Verbalabstraktum zu *gehalten* ´festhalten` (s. unter *halten*). Das Wort zeigt verschiedene Bedeutungen, von denen sich zunächst ´Edelmetallgehalt von Münzen`, dann allgemein ´Anteil` (an erwünschten Stoffen) durchsetzt. Die Bedeutung ´Besoldung` ist spät (18. Jh.) und geht aus von ´die Summe, für die man jmd. in Diensten hält`. Sekundär sind Genus und Pluralformen getrennt worden in das Neutrum ´Besoldung` (*Pl. Gehälter*) und das Maskulinum ´Anteil, Inhalt` (*Pl. Gehalte*)
HWPh 3 (1974), 140−145.

geharnischt *Adj. (PPrät.)* (< 15. Jh.). Zu *Harnisch* als ´in Kampfbereitschaft gebracht`, übertragen für ´heftig, nachdrücklich`.

Gehäuse *n.* (< 15. Jh.). Spmhd. *gehiuse*, Kollektiv zu *Haus*, aber eher als Modifikation gebraucht: ´etwas in Art eines Hauses`.
HWPh 3 (1974), 145 f.

gehaut *Adj. (PPrät.) per. österr.* ´durchtrieben` (< 20. Jh.). Wohl ausgehend vom Hauen der Feile (= ´schärfen`).

Gehege *n.* (< 13. Jh.). Mhd. *gehege*, am ehesten ein Kollektiv zu *Hag* (s.d.), also ´Gesamtheit der Zäune oder Hecken, Umzäunung`. Vgl. langobard. *gahagium* ´eingefriedetes Gebiet`.
Tiefenbach (1973), 60−62; Röhrich 1 (1991), 520.

geheim *Adj.* (< 15. Jh.). Spmhd. *geheim*, eigentlich eine Soziativbildung ´der im gleichen Hause ist` und damit ein Wort für ´vertraulich`; daraus verallgemeinert zur heutigen Bedeutung. Abstraktum: **Geheimnis**; Adverb: **insgeheim**. S. *Heim*.

gehen *st V.* (< 8. Jh.). Mhd. *gān, gēn*, ahd. *gān, gēn*, as. *gān* aus g. **gā- st V.* ´gehen`, auch in krimgt. *geen*, aschw. *gā*, ae. *gān*, afr. *gān*; überall suppletiv ergänzt durch **gang-a-* (s. unter *Gang*). Die am weitesten verbreitete Form **gā-* ist im Althochdeutschen athematisch; sie vergleicht sich außergermanisch mit gr. *kichánō* (aus **ǵʰə-nw-*) ´ich erreiche, erlange, treffe an`, ai. *jíhīte* ´springt auf, begibt sich zu`. Die Herkunft von d. *gē-*, das auf g. **gai-* zurückgehen sollte, ist umstritten. Es handelt sich aber sicher um eine sekundäre Abwandlung. − Durchsichtige Präfigierungen und Partikelverben sind **ab-, an-, auf-, aus-, ent-, er-, über-, unter-, vorgehen**; stärker lexikalisierte s. unter *begehen, eingehen, hintergehen, vergangen*.

Nndl. *gaan*, ne. *go*, nschw. *gå*. − Seebold (1970), 216 f.; H. Kolb in *FS Eggers* (1972), 126−141; W. Mańczak *KN* 34 (1987), 3−10; Röhrich 1 (1991), 520−522.

geheuer *Adj.* (< *9. Jh., Form 13. Jh.). Mhd. *gehiure*, eigentlich eine Präfigierung, die aber wohl erst aus dem Gegensatz zu *ungihiuri* neben ahd. *unhiuri* herausgelöst ist. Zugrunde liegt g. **hiurja-* (älter offenbar **heiw-ra-*) ´lieb` in anord. *hýrr*, ae. *hīere*, as. *unhiuri*, ahd. *unhiuri* ´unheimlich`. Außergermanisch vergleicht sich ai. *śéva-* ´lieb, wert, vertraut`. Die weitere Etymologie s. unter *Heirat*. S. *Ungeheuer*.

Heidermanns (1993), 290 f.

gehl *Adj.* s. *gelb*.

gehorchen *sw V.* (< 13. Jh.). Die Bedeutung ´auf jmd. hören (und dann seinem Rat, Befehl usw. folgen)` wird zu einem Wort für ´gehorsam sein`; zunächst auf die Gegenden beschränkt, in denen auch *horchen* üblich ist. Die ältere Bildung mit dieser Bedeutung *(gehorsam)* geht von *hören* aus und ist eine Lehnbildung zu l. *oboedīre* ´gehorchen`, l. *oboediēns* ´gehorsam`, l. *oboedientia* ´Gehorsam`.

W. Betz in: W. Meid/K. Heller (Hrsg.): *Sprachkontakt als Ursache von Veränderungen der Sprach- und Bewußtseinsstruktur* (Innsbruck 1981), 19−22; zum Bedeutungsübergang Sweetser (1990), 41−44; zu *Gehorsam*: *HWPh* 3 (1974), 146−154; *LM* 4 (1989), 1174.

gehören *sw V.* (< 8. Jh.). Das Wort war weit verbreitet als Intensiv-Form zu *hören*. Die heutige Bedeutung entwickelt sich aus ´auf jmd. hören` = ´zu ihm gehören`, geht also ursprünglich von Personen aus und ist dann auf Sachen verallgemeinert worden. Auf verschiedene Bedeutungen des Verbs gehen die Adjektivbildungen und ihre Ableitungen zurück: **gehörig − angehörig − zugehörig**. Zu *gehorsam* usw. s. *gehorchen*.

gehorsam *adj.* s. *gehorchen*.

Gehre *f.*, auch **Gehren** *m. per. reg.* ´Kleiderschoß, keilförmiges Stück` (< 8. Jh.). Mhd. *gēr(e) m.*,

ahd. *gēro m.* aus g. **gaizōn m.* ´Spitziges, Keilförmiges`, auch in ae. *gār m.* ´Stück Zeug`, anord. *geirer m.* ´dreieckiges Zeugstück`, einer Ableitung von g. *\*gaiza-* ´Ger, (Spitze)` (s. unter *Ger*). Heute sind vor allem die Ableitungen **gehren** ´schräg zuschneiden` und **Gehrung** ´schräger Zuschnitt` als technische Ausdrücke der Holzbearbeitung üblich.

Gehrock *m.* (< 19. Jh.). Wohl gekürzt aus **Ausgehrock* (s. *Rock*).

Geier *m.* (< 9. Jh.). Mhd. *gīr*, ahd. *gīr*, mndd. *gire* aus vd. **gīra-/ōn m.* ´Geier`, einer Substantivierung zu einem allerdings erst später und mit anderer Stammbildung belegten Adjektiv *\*gīra-* ´gierig` in mhd. *gir*, mndd. *gir, ger*. Die Gier der Geier gilt auch heute noch als auffälligster Zug dieser Vögel (vgl. *wie die Geier* u.ä.). Zur Grundlage des Adjektivs s. unter *Gier*.

Nndl. *Gier*. − Röhrich 1 (1991), 522 f.; Heidermanns (1993), 238.

Geifer *m. obs.* (< 14. Jh.). Späte Bildung zu dial. *geifen* ´gähnen, klaffen, verlangend blicken`. Offenbar ist der Geifer zunächst als Zeichen des Verlangens, Gelüstens aufgefaßt worden (vgl. *mir läuft das Wasser im Mund zusammen*), dann erst Verschiebung zu der späteren Bedeutung, die mehr auf das ´Schäumen vor Wut` abzielt. Älter auch vom ausfließenden Speichel bei Kindern, Hunden usw. S. *giepern*.

Geige *f.* (< 12. Jh.). Mhd. *gīge*. Ursprünglich offenbar in gleichem Sinn gebraucht wie *Fiedel*, dann zur Differenzierung eines neuen Instrumentes (das kleiner war und einige andere Baumerkmale aufwies) verwendet. Das Wort war am ehesten ursprünglich eine Scherzbezeichnung und bezog sich (wie lautmalendes mhd. *gīgen, gieksen* u.ä.) auf schrille Töne, die mit der Geige hervorgebracht werden können. Diese Herkunft ist aber schon in den frühesten literarischen Belegen nicht mehr zu erkennen. Verb: *geigen*.

R. Meringer *IF* 16 (1904), 133−137; Relleke (1980), 185f.; Röhrich 1 (1991), 523 f.

geil *Adj.* (< 8. Jh.). Mhd. *geil*, ahd. *geil*, as. *gēl* aus g. **gaila- Adj.* ´lustig, lüstern`, auch in ae. *gāl*, erweitert in anord. *geiligr* ´schön` und in gt. *gailjan* ´erfreuen`. Im Deutschen entwickelt sich die Bedeutung einerseits zu ´sexuell lüstern`, andererseits zu ´üppig, aber kraftlos wachsend` (von Pflanzentrieben). In der modernen Jugendsprache häufig als allgemeiner Ausdruck der Anerkennung gebraucht. − Außergermanisch vergleichen sich lett. *gails* ´wollüstig (u. a.)`, lit. *gailùs* ´beißend, scharf` und vielleicht akslav. *(d)zělo* ´sehr`. Die Bedeutungen in den beteiligten Sprachen fallen ziemlich weit auseinander und sind kaum auf eine einheitliche Grundform zurückzuführen. Die Zusammenhänge im einzelnen sind klärungsbedürftig (vgl. die Bedeutungen ´unzüchtig` und ´wildwachsend` bei l.

follis und seinen Nachfolgern). Vermutlich liegt eine *l*-Ableitung zu der unter *Geiz* und *Geier* behandelten Wurzel (ig.) *g^hei-* ´verlangen, begehren´ vor. Abstraktum: **Geilheit**; Partikelableitung: **aufgeilen**.

R. Brandt: *Wortgeschichts- und Wortbedeutungsstudien* (Frankfurt 1989); Heidermanns (1993), 226.

Geisel *m./f.* (< 8. Jh.). Mhd. *gīsel m./n.*, ahd. *gīsal m.*, as. *gīsal m.* aus g. *geisla- m.* ´Geisel´, auch in anord. *gísl m.*, ae. *gīsel, gȳsel m.* Außergermanisch vergleicht sich ig. (kelt.) *$g^heistlo$-* in air. *gíall m.*, kymr. *gwystl* ´Geisel´. Der Ablaut zu wohl zugehörigem ir. *giall, geill* ´Einsatz, Pfand´ ist auffällig (*g^histlo-*). Vielleicht ist *Geisel* eine Zugehörigkeitsbildung zu dem Wort für ´Pfand´. Da auf der Seite des Germanischen keine weiter vergleichbaren Wörter vorliegen, ist der Verdacht begründet, daß das germanische Wort aus dem Keltischen entlehnt ist.

LM 4 (1989), 1175 f.

Geiser *m.*, **Geisir** *m.*, s. *Geysir*.

Geiß *f. südd. westmd.* (< 8. Jh.). Mhd. *geiz*, ahd. *geiz*, as. *gēt* aus g. *gait(i)- f.* ´Ziege´, auch in gt. *gaits*, anord. *geit*, ae. *gāt.* Außergermanisch ist genau vergleichbar l. *haedus m.* ´Ziegenbock´, was auf ig. (weur.) *g^haid-* ´Ziege´ zurückführt. Dabei könnte anord. *geitungr* ´Wespe´ darauf hinweisen, daß *g^haid-* ursprünglich ´Spitze, Horn, Stachel´ bedeutete (vgl. *Hornisse*). Im Germanischen ist das allgemeine Wort wie auch bei *Kuh* und anderen auf die Bezeichnung des weiblichen Tiers eingeschränkt worden.

Nndl. *geit*, ne. *goat*, nschw. *get*, nisl. *geit.* S. *Kitz.* — A. Janzén: *Bock und Ziege* (Göteborg 1938), insbesondere 32–40; K. Rein *DWEB* 1 (1958), 192–255; Flechsig (1980); F. de Tollenaere *ZVS* 96 (1982/83), 141–145; Röhrich 1 (1991), 524 f.

Geißel *f.* (< 9. Jh.). Mhd. *geisel*, ahd. *geisila*, mndl. *gesele* aus vd. *geislōn f.* ´Peitsche´; vergleichbar mit anord. *geisli m.* ´Stab, Strahl´ zu anord. *geisl m.* ´Stab´. Das Wort ist wohl mit einem *l*-Suffix, das häufig Gerätebezeichnungen bildet, von g. *gaiza-* ´Ger´ abgeleitet (s. *Ger*). Die Verschiedenheit *z/s* hängt dabei offenbar an einem Betonungsunterschied. Verb: **geißeln**.

Nndl. *gesel*, nisl. *geisli.* — R. Müller: *Die Synonymik von* ´Peitsche´ (Marburg 1966).

Geißfuß *m. per. fach.* (< 16. Jh.). Eigentlich ´Ziegenfuß´, aber übetragen gebraucht zur Bezeichnung verschiedener vorne gespaltener Geräte (insbesondere einer Brechstange, aber auch eines Holzschnitt-Geräts). Ebenso ist das Wort auch als Bezeichnung für die Pflanze **Giersch** (s.d.) bezeugt, benannt nach deren ziegenfußartigen Blättern. Vgl. **Kuhfuß** ´Stemmeisen, Nagelzieher´.

Marzell 1 (1943), 124–132.

Geist *m.* (< 8. Jh.). Mhd. *geist*, ahd. *geist*, as. *gēst* aus wg. *gaista- m.* ´überirdisches Wesen, Ge-

mütsverfassung´, auch in ae. *gāst*, afr. *jēst.* Aus ig. *g^heis-d-* ´außer sich sein´, auch in ai. *hīd-* ´zürnen´; unerweitert in avest. *zaēša-* ´schauderhaft´, gt. *usgeisnan* ´erschrecken´, gt. *usgaisjan* ´erschrecken (*trans.*)´, anord. *geiskafullr* ´völlig erschrocken´. Da zu der weitläufigen Verwandtschaft von *$g^h\partial$-/$g^h\partial i$-* ´gähnen´ auch die Bedeutung ´den Mund aufsperren´ gehört, ist wohl von einem *g^hies-* ´Mundaufsperrung´ auszugehen; das *-d-* ist wohl Schwundstufe von *dō-* ´geben´, also ´Mundaufsperrung herbeiführen; machen, daß man den Mund aufsperrt´. — In der modernen Sprache stehen nebeneinander die Bedeutungen ´Gespenst´ und (als Lehnbedeutung nach frz. *esprit*) ´Verstand, Witz´ (vgl. **geistig, geisteskrank, geistreich/-los, geistesabwesend** usw.); daneben in Ableitungen schon früh ´religiös, theologisch´ (**geistlich**).

Ne. *ghost.* S. *Begeisterung, entgeistert.* — W. Betz *Liturgie und Mönchtum* 20 (1957), 48–55; E. Lutze: *Die germanischen Übersetzungen von* ´*spiritus*´ *und* ´*pneuma*´ (Diss. Bonn 1960); U. R. Mahlendorf *JEGPh* 59 (1960), 480–490; W. Betz in: *FS Hammerich* (1962), 7 f.; G. Bekker: *´Geist´ und ´Seele´ im Sächsischen und im Althochdeutschen* (Heidelberg 1964); M. Putscher: *Pneuma, Spiritus, Geist* (Wiesbaden 1973); *HWPh* 3 (1974), 154–204; B. G. Weidmann *Orbis* 32 (1987), 223–240; Röhrich 1 (1991), 525 f.; B. La Farge: ´*Leben´ und ´Seele´* (Heidelberg 1991). Anders: V. Machek *Sprache* 4 (1958), 74 f.

Geisterfahrer *m.* ´Fahrer, der auf der Autobahn entgegengesetzt zur vorgeschriebenen Fahrtrichtung fährt´ (< 20. Jh.). Um 1975 aufgekommen, wohl in Analogie zu **Geisterschiff** ´unbemanntes (und damit unnormales) Schiff´ (Sagenmotiv). Erste Auseinandersetzung mit dem Wort im SPIEGEL 1978, 49,102–121 ohne Erklärung der Herkunft (*Fliegender Holländer? Kirmesspaß?*).

Geiz *m.* (< 14. Jh.). Spmhd. *gīz* (eigentlich *gītese*); Rückbildung aus mhd. *gītesen, gītsen*, wie ae. *gītsian* ´begehren, verlangen´. Das Verb ist eine Ableitung zu ahd. *gīt*, mhd. *gīt* ´Habsucht, Gier´. Außergermanisch vergleicht sich lit. *geĩsti* ´begehren, verlangen´. Wohl zu der auch in *Gier* und *Geier* (s.dd.) auftretenden Wurzel (ig.) *g^hei-* ´begehren´). Im 18. Jh. setzt sich die Nebenbedeutung ´Knauserei´ gegenüber dem alten ´Habgier´ durch. Die **Geize** (Nebentriebe) an Pflanzen werden so bezeichnet, weil sie die Kraft der Pflanze (gierig) an sich saugen. Adjektiv: **geizig**; Verb: **geizen**.

S. auch *Ehrgeiz, geil.* — *HWPh* 3 (1974), 217–219; Röhrich 1 (1991), 526.

Geize *f. per. fach. wobd.* ´Pflugsterz´ (< 10. Jh.). Mhd. *geize*, ahd. *geiza* aus vd. *gait-jōn*, einer Ableitung zu *gaiti-* ´Geiß´ (die Griffe werden verglichen mit den Hörnern einer Geiß).

Reuter (1906), 31–33.

Geizhals *m. stil.* (< 15. Jh.). Mit *Geiz* in der alten Bedeutung ´Gier´ ursprünglich ´gieriger Rachen´ und als Possessivkompositum ´einer mit gierigem

Rachen' sowie übertragen als 'Geldgieriger', seit dem 18. Jh. dann in Anlehnung an *Geiz* 'übertriebene Sparsamkeit' im heutigen Sinne gebraucht. Mit gleicher Bedeutung tritt seit dem beginnenden 19. Jh. auch **Geizkragen** auf (mit *Kragen* [s.d.] in der alten Bedeutung 'Hals').

Gekröse *n. per. fach.* (< 14. Jh.). Mhd. *gekrœse* 'das kleine Gedärm', vgl. ahd. *kroes* 'Krapfengebäck'. Außerdeutsch mndl. *croos* 'Eingeweide', also vd. **kraus-ja-*, das 'Gekräuseltes' bedeutet haben kann (wenn das Wort zu *kraus* gehört). Man schließt normalerweise an *kraus* an, doch ist ein Ablaut *ū* − *au* bei so spät belegten Wörtern nicht selbstverständlich. Vgl. immerhin, daß mndd. *krose*, *kruse*, *krosele(n)*, *krusele* einerseits 'Knorpel, Weichbein', andererseits 'Gekröse, Bauchfett' bedeutet.
Zur Entlehnung ins Finnische s. Koivulehto *Virittäjä* 90 (1986), 175−177.

Gel *n.* s. *Gelatine*.

gelackmeiert *Adj. (PPrät.) vulg.* 'hereingelegt' (< 19. Jh.). Vermutlich scherzhafte Kreuzung zwischen **gelackt**, **lackiert** gleicher Bedeutung und seltenem **(an-)meiern** 'betrügen'.

Gelage *n.* (< 14. Jh.). Zunächst westniederdeutsch (*geloch* u.ä.) belegt, dann der hochsprachlichen Form angepaßt. Die Bedeutung ist ursprünglich 'Zusammengelegtes, Umlage', dann die so bezahlte Gasterei. Vielleicht hat bei der Bildung l. *collātio f.* eingewirkt, das auch als Lehnwort fnhd. *kollaz* 'Schmaus, Fest' auftritt.
Röhrich 1 (1991), 526 f.

Gelände *n.* (< 9. Jh.). Mhd. *gelende*, ahd. *gilenti*, Kollektiv zu *Land*, also eigentlich 'Gesamtheit der Landstücke'.

Geländer *n.* (< 14. Jh.). Kollektivbildung zu mhd. *lander n./f.* 'Stangenzaun'. Zu diesem vgl. lit. *lentà f.* 'Brett, Tafel'.
S. *Linde*. − Zu der Verwandtschaft mit *Glind* 'Gehege' s. U. Scheuermann *NJ* 92 (1969), 98 f.

gelangen *swV.* (< 9. Jh.). Mhd. *gelangen*, ahd. *-langēn*. Präfigierung zu *langen* 'reichen'.

Gelaß *n. obs.* (< *13. Jh., Bedeutung 18. Jh.). Mhd. *gelæze* 'Niederlassung', 'Ort, wo man etwas lassen kann'. Im 18. Jh. verengt zu der Bedeutung 'Zimmer'.

gelassen *Adj.* 'ruhig, beherrscht, gleichmütig' (< 9. Jh.) (vgl. *gesetzt*). Es ist formal ein Partizip Präteritum von *lassen* bzw. von ahd. *gilāzan*, mhd. *gelāzen* 'erlassen, verlassen, unterlassen, sich niederlassen, sich benehmen'. Die heutige Bedeutung nimmt ihren Ausgangspunkt in der Sprache der Mystik, wo das Adjektiv mhd. *gelāzen* 'gottergeben' bedeutete und über 'ruhig (im Gemüt)' im Pietismus des 18. Jhs. zur heutigen Bedeutung gelangte. Abstraktum: **Gelassenheit**.

L. Völker in: *FS Mohr* (1972), 281−312; zu *Gelassenheit*: *HWPh* 3 (1974), 219−224; *LM* 4 (1989), 1198.

Gelatine *f. erw. fach.* (< 16. Jh.). Neubildung (wohl zunächst im Italienischen) zu l. *gelāre (gelātum)* 'gefrieren, verdichten, erstarren', zu l. *gelū n.* 'Eis, Frost'. Aus *Gelatine* gekürzt ist **Gel**.
S. *Gallert, Gelee, Gletscher*; zur germanischen Verwandtschaft s. *kalt*. − *DF* 1 (1913), 239.

geläufig *Adj.* (< 17. Jh.). Verstärkung zu *läufig* in der alten Bedeutung "gängig, üblich' (auch in der Bedeutung 'beweglich').

gelb *Adj.* (< 8. Jh.). Mhd. *gel*, ahd. *gel(o)*, as. *gelo, gelu* aus wg. **gelwa- Adj.* 'gelb', auch in ae. *geolo*. Aus der Nominativform stammt regionales **gehl**, die hochsprachliche Form aus den flektierten Kasus (*gelw-*). Außergermanisch entspricht genauer l. *helvus* 'honiggelb'. Zu ig. **ghel-*, das die Wörter für gelbe und grüne Farben liefert: ai. *hári-* 'gelblich', akslav. *zelenū* 'grün', lit. *želvas* 'grünlich', gr. *chlōrós* 'grün, gelb'. Modifikation: **gelblich**; Präfixableitung **vergilben**.
Nndl. *geel*, ne. *yellow*. S. *Chlor, Galle¹, Gold*. − Schwentner (1915), 66−68; Kluge (1926), 93; Röhrich 1 (1991), 527 f.; *RGA* 8,1 (1991), 209; Heidermanns (1993), 240.

Gelbschnabel *m. obs.* (< 16. Jh.) 'junger, unerfahrener Mensch'. So benannt, weil die Haut am Schnabelansatz junger Vögel eine gelbliche Farbe hat. Danach wird seit dem 18. Jh. in Anlehnung an *grün* 'frisch, unreif, unerfahren' auch **Grünschnabel** gebildet (zumal die betreffende Schnabelhautfarbe auch als 'grünlich' interpretiert werden kann). Entsprechende Bildungen sind nndl. *geelbek*, frz. *béjaune* (aus *bec jaune*).

Geld *n.* (< 9. Jh.). Mhd. *gelt m./n.*, ahd. *gelt* 'Entgelt, Belohnung', as. *geld* 'Vergeltung, Lohn' aus g. **geld-a- n.* 'Vergeltung, Entgelt', auch in gt. *gild* 'Steuer', anord. *gjald* 'Bezahlung, Gabe, Tribut', ae. *gild, gyld* 'Gabe, Bußgeld', afr. *jeld* 'Kaufpreis'. Die Bedeutung 'geprägtes Zahlungsmittel' seit dem 14. Jh. Das Wort ist eine Ableitung von g. **geld-a-* 'entgelten'.
S. *gelten, Wergeld*. − G. Niemer: *Das Geld* (Breslau 1930); *HWPh* 3 (1974), 224−226; Röhrich 1 (1991), 528−530.

Geldschneider *m. obs.* 'zu sehr auf Gewinn bedachter Kaufmann' (< 17. Jh.). Ursprünglich jmd., der Münzen am Rand beschneidet, bevor er sie weitergibt (um sich am Materialwert des Goldes oder Silbers zu bereichern).

Gelee *n. erw. fach.* (< 18. Jh.). Entlehnt aus frz. *gelée f.*, dieses aus l. *gelāta f.*, dem substantivierten PPP. von l. *gelāre* 'gefrieren, verdichten', zu l. *gelū* 'Eis, Frost'. Verb: **gelieren**.
S. *Gelatine*. − *DF* 1 (1913), 239 f.; Brunt (1983), 318.

Gelegenheit *f.* (< 13. Jh.). Mhd. *gelegenheit*, Abstraktum zu mhd. *gelegen*, das eigentlich Partizip Präteritum zu *liegen* ist und 'gleich liegend, passend' bedeutet. Auch *Gelegenheit* bedeutet ursprünglich nur 'Lage', erst später 'Möglichkeit usw.'. Hierzu auch **gelegentlich**, das auf die zeitliche Bedeutung festgelegt ist.

E. Lerch *Geistige Arbeit* 9 (1942), Nr. 21, 5 f.; Röhrich 1 (1991), 530 f.

Geleise *n.*, meist *Pl.*, gekürzt **Gleis** *n.* (< 14. Jh.). Mhd. *geleis f.*, eine Kollektivbildung zu mhd. *leis(e) f.*, ahd. *-leisa f.* 'Spur'. Außergermanisch vergleicht sich mit diesem Wort l. *līra f.* 'Furche'. Weiteres s. unter *Leist(en), lehren, Delirium.*

Krüger (1979), 267–270; Röhrich 1 (1991), 553.

Gelenk *n.* (< 11. Jh.). Mhd. *gelenke* 'Hüftgelenk' und von dort aus verallgemeinert. Das Wort ist eine Kollektivbildung zu mhd. *lanke, lanche f.*, ahd. *(h)lanca f.* 'Hüfte', die zu ae. *hlenca f.*, *hlence m.* 'Glied in einer Kette', anord. *hlekkr m.* 'Ring, Kette' gehören. Auszugehen ist also von g. **hlanki-* 'Biegung' (mit verschiedenen Stammbildungen). Außergermanisch hat das Wort keine klare Entsprechung. Vielleicht gehört dazu l. *clingere* 'umgürten'; doch gibt es bessere Vergleichsmöglichkeiten bei der Lautform (ig. **lenk-* (lit. *leñkti* 'biegen, krümmen usw.') – handelt es sich um Varianten? S. *lenken* und als Rückentlehnung *Flanke*. Adjektive: **gelenk(ig)/ungelenk.**

F. Hinze in *FS J. Schröpfer* (München 1991), 201–211; Heidermanns (1993), 292.

Gelichter *n. obs.* (14. Jh.). Spmhd. *gelichter* 'Sippe, Zunft'. Seit dem 17. Jh. in der Bedeutung abgesunken (vgl. etwa **Sippschaft** als verächtlichen Ausdruck). Es wird angenommen, daß das Wort ursprünglich 'Geschwister' bedeutet hat, denn es könnte eine Soziativbildung zu ahd. *lehtar m./n.* 'Gebärmutter' sein ('die aus der gleichen Gebärmutter stammen' = 'Geschwister'). Vgl. gr. *adelphós m.* 'Bruder' zu gr. *delphýs f.* 'Gebärmutter' oder anord. *barmi m.* 'Bruder' zu anord. *barmr m.* 'Busen, Schoß'. Gegen diese Annahme bestehen aber lautliche und semantische Bedenken: Schon früh steht *-ä-* neben *-i-* und *-ft-* neben *-cht-*; die Bedeutung 'Art' und 'der Partner in einem Paar' – 'Geschwister' ist (trotz der späten Bezeugung) nicht belegt. Die Etymologie muß deshalb als ungeklärt gelten.

gelieren *swV.* s. *Gelee.*

gelinde *Adj. phras.* (< 15. Jh.). Mhd. *gelinde*, verstärkte Form zu *lind*. Heute nur noch in *gelinde gesagt* u.ä.

gelingen *stV.* (< 9. Jh.). Mhd. *gelingen*, ahd. *gilingan*; ein Simplex evtl. in mhd. *lingen* 'vorwärtskommen'. Eine nur im Deutschen auftretende Wortfamilie ohne nähere Verknüpfungsmöglichkeit.

Möglicherweise Zugehöriges s. unter *langen* und unter *leicht, lungern, mißlingen.* – Seebold (1970), 331.

gell *Interj.* s. *gelt*[2].

gellen *swV.* (< 8. Jh.). Mhd. *gellen*, ahd. *gellan stV.*, mndd. *gellen* aus g. **gell-a-* 'gellen' *stV.*, auch in anord. *gella, gjalla*, ae. *gellan, gi(e)llan*. Schallwort ohne genaue Vergleichsmöglichkeit. Vgl. immerhin das unter *Nachtigall* aufgeführte *galan* 'singen'.

H. Glombik-Hujer *DWEB* 5 (1968), 111–114; Seebold (1970), 222 f.

geloben *swV. obs.* (< 9. Jh.). Mhd. *geloben*, ahd. *gilobōn*, mndd. *geloven* 'versprechen, beistimmen'. Da das Beistimmen zu einem Vertrag eine Verpflichtung mit sich bringt, entwickelt das Wort die heutige Bedeutung 'versprechen'. Die Einzelheiten des Zusammenhangs mit *Lob* und *loben* bleiben unklar.

Zu *Gelöbnis:* LM 4 (1989), 1207 f.

Gelse *f. per. österr.* 'Stechmücke', früher auch **Golse** (< 15. Jh.). Zu bair. *gelsen* 'summen', einem Schallverb wie *gellen.*

gelt[1] *Adj.*, auch **galt** *Adj. per. fach.* 'keine Milch gebend, unfruchtbar' (< 11. Jh.). Mhd. *galt*, ahd. *g(i)alt*, mndl. *gelt* aus g. **galdi- Adj.* 'unfruchtbar', auch in anord. *geldr*, ae. *gelde*. Herkunft unklar.

Heidermanns (1993), 228. Anders: P. Lessiak *ZDA* 53 (1912), 146 f. (als 'verhext', ursprünglich Partizip zu ahd. *galan* 'singen' s. *Nachtigall*).

gelt[2] *Interj.*, auch **gell** u.ä. *Interj. stil.* (< 14. Jh.). Mhd. *gelte*, eigentlich 'es möge gelten' (dial. auch **was gelt's, geltet** u.ä.).

Gelte *f. per. reg.* 'Milchgefäß u.ä.' (< 10. Jh.). Mhd. *gelte*, ahd. *gellita, gellida*. Wie ae. *gellet n.(?)* entlehnt aus ml. *gal(l)eta* 'Gefäß, Kübel'.

gelten *stV.* (< 8. Jh.). Mhd. *gelten*, ahd. *geltan*, as. *geldan* aus g. **geld-a- stV.* 'entgelten', auch in gt. *-gildan*, anord. *gjalda*, ae. *gieldan*, afr. *jelda*. Die heutige Bedeutung führt über 'ist wert' zu 'ist gültig'. Die genaueste Vergleichsmöglichkeit besteht zu akslav. *žlasti* und akslav. *žlěsti* 'abzahlen, vergelten', doch ist bei diesen der Verdacht, daß sie aus dem Germanischen entlehnt sind, nicht mit Sicherheit zu entkräften. Durchsichtige Präfigierungen sind **ent-, vergelten.**

Nndl. *gelden*, nschw. *gälla*, nisl. *gjalda*. S. *Geld, gelt, Gilde, Gült, gültig, vergelten.* – E. Rooth: *Wortstudien* (1926), 221 f.; V. Machek *Slavia* 21 (1953), 252 f.; Seebold (1970), 221 f.; A. Greule in: *Sprache, Literatur, Kultur.* Ed. A. Greule & U. Ruberg (Stuttgart 1989), 29–45.

Gelübde *n.* (< 11. Jh.). Mhd. *gelübede*, ahd. *gilubida*. Verbalabstraktum zu *geloben.*

Gelze *f. arch.* 'verschnittene Sau' (< 11. Jh.). Mhd. *gelz(e), galze*, ahd. *galza, gelza*, mndd. *gelte* 'verschnittenes weibliches Schwein' aus vd. **galtjōn f.* 'verschnittenes Schwein'. Außerdeutsch vergleichen sich ae. *gilte* und anord. *gylta, gyltr*, die auf die gleiche Grundform zurückgehen, aber (zumindest im Nordischen) ʹjunges Schweinʹ bedeuten. Vgl. einerseits anord. *gelda* ʹkastrierenʹ, andererseits anord. *galti, galtr m.* ʹEberʹ. Vor dem Versuch einer Etymologie sind diese nicht übereinstimmenden Bedeutungen zu klären.

gemach *Adv. obs.* (< 8. Jh.). Mhd. *gemach*, ahd. *gimah*, as. *gimak* führt mit anord. *makr*, ae. *gemæc* auf g. *-*maki-* ʹpassend, bequemʹ, einem Adjektiv der Möglichkeit zu *machen*, also ʹwas zu machen ist, was gemacht werden kannʹ. Heute ist die Modifikationsbildung **gemächlich** häufiger. S. *allgemach, allmählich, Gemach, macklich, Ungemach.*

Gemach *n. obs.* (< 9. Jh.). Mhd. *gemach*, ahd. *gimah* ʹder passende, bequeme (Ort)ʹ, Substantivierung von *gemach*. Die Ausgangsbedeutung ist noch stärker bemerkbar in **Ungemach.**

Gemächt(e) *n. arch.* ʹZeugungsgliedʹ (< 11. Jh.). Mhd. *gemaht f.*, ahd. *gimaht f.*, mndl. *gemacht(e)*, *gemechte* ʹmännliches Gliedʹ. Vermutlich zu *Macht* in der Sonderbedeutung ʹZeugungskraftʹ; verhüllend auf den Körperteil übertragen. Es ist aber zu beachten das nicht weiter etymologisierbare air. *maca* ʹHodenʹ – vielleicht liegt Verwandtschaft mit diesem und Sekundärmotivation vor. – Dagegen ist **Gemächte** ʹGeschöpfʹ ein altes mhd. *gemächede*, ahd. *gimahhida f.*, Ableitung zu *machen.*
W. Betz *MSS* 18 (1965), 5–11.

Gemahl *m. stil.* (< 11. Jh.). Mhd. *gemahel(e)*, ahd. *gimahalo* ʹBräutigam, Gatteʹ, ahd. *gimahala f.* ʹBraut, Gattinʹ; Soziativbildung zu g. **maþla-* ʹfestes Wort, Verhandlung, Versammlungʹ in gt. *maþl*, anord. *mál n.*, ae. *mæðel n.* und mit Übergang von *þl* zu *hl* in ahd. as. *mahal n.* Also eigentlich ʹVersprochene; die die Zusage (mit) gegeben habenʹ. In ähnlicher Weise bedeutet langob. *gamahal* ʹEideshelferʹ. Das Grundwort ist vermutlich eine Instrumentalbildung auf *-*tlo-* zu der Wurzel, die in heth. (redupliziert) *mema-* ʹsprechenʹ bezeugt ist. Wegen der Vereinzelung aber unsicher. Femininum: **Gemahlin.** S. *Mahl², vermählen.*

Gemälde *n.* (< 11. Jh.). Mhd. *gemälde*, spahd. *gimāli(di)*. Ursprünglich Abstraktum zu *malen*, das aber seit seiner frühesten Bezeugung als Konkretum gebraucht wird.

gemäß *Adj./Präp.* (< 9. Jh.). Mhd. *gemǣze*, ahd. *gemāze* aus wg. **ga-mǣtja-* ʹangemessenʹ, auch in ae. *(ge)mǣte*. Adjektiv der Möglichkeit zu *messen*, also ʹwas gemessen werden kannʹ. In der Bedeutung ʹpassend zu …ʹ heute als Halbsuffix verwendet (*kindgemäß* usw.).
Zum Gebrauch von -*gemäß* als Suffixoid s. W. Seibicke *MS* 1963, 33–47, 73–78; G. Inghult: *Die semantische Struktur desubstantivischer Bildungen auf* ʹ-*mäßig*ʹ (Stockholm 1975); 121–129.

gemein *Adj.* (< 8. Jh.). Mhd. *gemein(e)*, ahd. *gimeini*, as. *gimēni* aus g. **ga-maini- Adj.* ʹallgemeinʹ,

auch in gt. *gamains*, ae. *gemǣne*, afr. *mēne*. Genau gleich gebildet ist l. *commūnis* gleicher Bedeutung (wohl zu l. *mūnus* ʹVerrichtung, Aufgabeʹ). Zugrunde liegt ein (ig.) **moino-* ʹWechsel, Tauschʹ (s. *Meineid*); Ausgangsbedeutung ist also ʹworin man sich abwechselt, was einem im Wechsel zukommtʹ. Die Bedeutungsverschlechterung (die bei Wörtern dieser Sphäre häufig ist) ist erst neuhochdeutsch. Die Ausgangsbedeutung ist erhalten in dem Abstraktum **Gemeinschaft**, die neue Bedeutung speziell in **Gemeinheit.**
Nndl. *gemeen*, ne. *mean*. S. auch *Gemeinde, Allmende, handgemein, Meineid* und zum lateinischen Wort *immun, Kommune.* – D. Schlechter: *Der Bedeutungswandel des Wortes* ʹ*gemein*ʹ *im 19. Jh.* (Köln 1955); Röhrich 1 (1991), 532; Heidermanns (1993), 396 f.

Gemeinde *f.* (< 8. Jh.). Mhd. *gemeinde*, ahd. *gimeinida*, as. *gimēntho m.*; Adjektivabstraktum zu *gemein* in dessen alter Bedeutung ʹallgemeinʹ. Vermutlich steht die Bildung unter dem Einfluß von l. *commūnio* ʹGemeinschaftʹ.
S. *Allmende.* – Bader 2 (1962), 13–20; *HWPh* 3 (1974), 238 f.; *LM* 4 (1989), 1209–1212.

Gemeingeist *m.* (< 18. Jh.). Lehnübersetzung von ne. *public spirit*. Nicht durchgesetzt hat sich die zu jener Zeit ebenfalls vorgeschlagene Bildung **Allgemeingeist**. Unabhängig davon ist kurz vorher schon *Gemeingeist* als ʹGeist einer religiösen Gemeindeʹ bezeugt.
Ganz (1957), 82.

Gemeinplatz *m. erw. fach.* (< 15. Jh.). Lehnübersetzung von l. *locus commūnis* ʹSatz, der unter vielen Gesichtspunkten betrachtet doch immer seine Gültigkeit behältʹ, wörtlich ʹgemeinsamer, allgemeiner Ortʹ, einem Fachausdruck der Rhetorik. Wohl unter dem Einfluß von ne. *common place* nimmt es schon im 18. Jh. die heutige Bedeutung ʹAltbekanntes, Abgegriffenes, Banalesʹ an. Nicht durchgesetzt haben sich die konkurrierenden Bildungen jener Zeit wie **Gemeinort, Gemeinsatz, Gemeinspruch**. Entsprechende Lehnbildungen zum lateinischen Ausdruck sind neben ne. *common place* auch nndl. *gemeenplaats* und frz. *lieu commun.*
O. Ritschl: *System und systematische Methode* (Bonn 1906), 8²; Pfaff (1933), 32; Ganz (1957), 82 f.

gemeinsam *Adj.* (< 9. Jh.). Mhd. *gemeinsam*, ahd. *gimeinsam*; Verdeutlichung von *gemein* in dessen alter Bedeutung, unter dem Einfluß von l. *commūnis.*

Gemeinsinn *m.* (< 17. Jh.). Lehnübersetzung des philosophischen Fachausdrucks l. *sēnsus commūnis* ʹallgemeiner Sinn (in dem sich die Wahrnehmung der fünf Sinne zur Einheit sammelt)ʹ, wörtlich ʹallgemeiner Sinnʹ. Die heutige Bedeutung ʹgesunder Menschenverstandʹ, seit dem 18. Jh. bezeugt, entstand wohl unter dem Einfluß von ne. *common sense*, wörtlich ʹallgemeiner Sinn, Verstandʹ. Die jüngere Verwendung des Wortes als ˈBürgersinn, Verantwortlichkeitˈ steht wohl unter dem Einfluß von älterem *Gemeingeist*.

Ganz (1957), 83. Zu *common sense* vgl. H. Körver: *Common Sense* (Diss. Bonn 1967); *HWPh* 3 (1974), 243−247.

Gemme *f. per. fach.* (ein geschnittener [Halb]-Edelstein) (< 18. Jh.). Entlehnt aus it. *gemma*, dieses aus l. *gemma* (dass., ursprünglich: ˈdas Auge, die Knospe an Rebstöcken, Bäumen usw.ˈ). Das Wort war bereits im Althochdeutschen (ahd. *gimma*, mhd. *gimme*) entlehnt worden, ging dann aber wieder verloren.

DF 1 (1913), 240; *RGA* 6 (1986), 427−441.

Gemse *f. erw. fach.* (< 13. Jh.). Mhd. *gemeze*, ahd. *gamiza*. Entlehnt aus einer romanischen Sprache (it. *camoscio m.*, spl. **camox*) oder aus der Substratsprache, aus der das lateinische Wort vermutlich stammt.

S. *Gams*. − H. Güntert *SHAW* (1932/33), I, 21f.; *LM* 4 (1989), 1215.

Gemüse *n.* (< 15. Jh.). Spmhd. *gemüese*, mndd. *gemöse*. Kollektivbildung zu *Mus*. Die Bedeutungen von *Mus* und *Gemüse* sind regional stark verschieden. Die heutige Bedeutung von *Gemüse* geht wohl auf ˈBrei, zerkleinerte Nahrungˈ zurück und ist sekundär auf ˈpflanzliche Nahrung, eßbare Pflanzenˈ eingeengt worden.

Gemüt *n.* (< 9. Jh.). Mhd. *gemüete, gemuote*; ahd. *gimuoti*. Kollektivbildung zu *Mut* in dessen alter Bedeutung, also etwa ˈGesamtheit der seelischen Kräfte und Sinnesregungenˈ; daraus in neuerer Zeit ˈSitz der Empfindungˈ.

W. Braune *BGDSL* 43 (1918), 356−359; J. A. Bizet in: *FS F. Mossé* (Paris 1959), 37−40; *HWPh* 3 (1974), 258−264; Röhrich 1 (1991), 532f.

gemütlich *Adj.* (< 16. Jh.). Mhd. *gemuotlich, gemüetlich*, Erweiterung zu älterem ahd. *gimuati* ˈwohltuend, dem Sinn (Mut) entsprechendˈ. Im 19. Jh. hat es seine spezielle Bedeutungsausprägung erhalten.

Gen *n. erw. fach.* ˈTräger eines Erbfaktorsˈ (< 20. Jh.). Eingeführt von dem dänischen Vererbungsforscher W. Johannsen 1909 in einer deutsch geschriebenen Schrift. Rückbildung aus den Possessiv-Komposita mit gr. *génos* (s. -gen und *Genus*).

gen *Präp. arch.* (< 13. Jh.). Mhd. *gein*, mit Vokalisierung des zweiten *g* aus *geg(i)ni*, s. unter *gegen*. Heute nur noch in gehobener (Kirchen)-Sprache gebraucht.

-gen *LAff.* zur Bildung von Adjektiven der Bedeutung ˈ... erzeugendˈ in der Fachsprache. Zugrunde liegen griechische Possessiv-Komposita mit gr. *génos n.* ˈHerkunft usw.ˈ, dessen Kompositionsform gr. *-genḗs* ist, z. B. gr. *homogenḗs* ˈvon gleicher Herkunftˈ (zu gr. *homós* ˈgleichˈ). Das Kompositionsglied wird in Wörtern wie *autogen, homogen*,

heterogen entlehnt und wird als Suffix in Adjektiven, die den Ausgangspunkt nennen (*neurogen* ˈvon einem Nerv kommendˈ) in der Fachsprache produktiv; dann aber besonders zur Bezeichnung von Stoffen, die der Ausgangspunkt für das sind, was im Adjektiv genannt wird (*kanzerogen* ˈKrebs erzeugendˈ − das Adjektiv nennt also nicht mehr den Ausgangspunkt, sondern das Ergebnis).

Dem griechischen Wort liegt die Verbalwurzel ig. **genə-* ˈerzeugenˈ zugrunde, die im Griechischen selbst medial als gr. *gignesthai* ˈwerden, entstehenˈ bezeugt ist. Für die Entlehnungen von größerer Bedeutung ist der *s*-Stamm gr. *génos n.* ˈGeschlechtˈ und seine Kompositionsform gr. *-genḗs* (hierzu *auto-, hetero-, homo-gen* und der Name *Eugen* aus gr. *eugenḗs* ˈwohlgeborenˈ); daraus rückgebildet: *Gen*. Im Lateinischen entspricht genau der *s*-Stamm l. *genus* (s. *Genus*). Eine weniger typische griechische Ableitung aus dem Verb ist gr. *geneá* ˈGeneration, Generationˈ, wozu *Genealogie*. Das *ti*-Abstraktum ist gr. *génesis*, das in dieser Form der Name des 1. Buches Mose (mit der Schöpfungsgeschichte) ist und das über das Französische *Genese* ergeben hat. Späte neoklassische Bildungen wie *Genetik, genetisch* gehören formal zum Lateinischen (s. *Genetiv*), inhaltlich eher zum Griechischen. Eine weitere Nominalbildung in *Epigone*. Zur germanischen Verwandtschaft s. *Kind*. − Cottez (1980), 162.

genant *Adj.* s. *genieren*.

genau *Adj.* (< 13. Jh.). Mhd. *genou* ˈsorgfältigˈ, *Adv.* ˈknappˈ, mndd. *nau*, mndl. *noauwe* ˈeng, schmal, knappˈ, nndl. *nauw* ˈeng, pünktlichˈ aus g. **hnawwa-* *Adj.* ˈknapp, engˈ, auch in anord. *hnǫggr*, ae. *hneaw*, wfrs. *nau*. Gehört zu *benauen* (s.d.) und weiter zu einer Grundlage g. **-hnōww-a-st V.* ˈreibenˈ, die lautlich ziemlich unfest ist. Abstraktum: *Genauigkeit*.

Seebold (1970), 123f.; Heidermanns (1993), 300.

Gendarm *m. obs. obd.* ˈPolizistˈ (< 19. Jh.). Entlehnt aus frz. *gendarme*, dem Singular einer Zusammenrückung von frz. *gens d'arme*, (älter) *gents d'arme*, wörtlich ˈbewaffnete Männerˈ. Zunächst Bezeichnung für Soldaten; seit der Französischen Revolution (auch) Bezeichnung für die Polizei.

Frz. *gent* kommt aus l. *gēns (gentis)* ˈSippeˈ (s. *Genus*), zu frz. *arme* s. *Armee*. − *DF* 1 (1913), 240; Jones (1976), 362; Brunt (1983), 319.

Genealogie *f. per. fach.* ˈWissen über die Geschlechterfolgeˈ (< 14. Jh.). Spmhd. *genealogye* ist entlehnt aus l. *geneālogia*, das seinerseits aus gr. *geneālogía* entlehnt ist. Das griechische Wort aus gr. *geneá* ˈGeschlecht, Generationˈ (s. *-gen*) und dem Halbsuffix *-logía* (s. *-logie*).

Cottez (1980), 163.

genehm *Adj. obs.* (< *9. Jh., Form 12. Jh.). Mhd. *genæme*. Adjektiv der Möglichkeit zu *nehmen*, also eigentlich ˈwas genommen werden kann, was man gerne nimmtˈ. Älter ist das einfache ahd. *nāmi* gleicher Bedeutung.

S. *angenehm* und *nehmen*. − Heidermanns (1993), 424f.

genehmigen *swV.* (< 18. Jh.). Eigentlich ˹für genehm ansehen˼, deshalb ˹erlauben˼. Vorbild ist wohl frz. *agréer* ˹gefallen˼, transitiv ˹gutheißen, genehmigen˼ zu frz. *à gré* ˹zu Gefallen˼. S. *genehm* und *nehmen*.

General *m.* (< 13. Jh.). Mhd. *general* ist entlehnt aus kirchen-l. *generālis (abbās)* ˹Oberhaupt eines Mönchsordens˼, aus l. *generālis* ˹allgemein˼, zu l. *genus n.* ˹Gattung (u. a.)˼. Aus dem klerikalen Bereich wird das Wort in frühneuhochdeutscher Zeit unter Einfluß von frz. *(capitaine, lieutenant) général* ˹Befehlshaber einer militärischen Truppe˼ in das Heereswesen übernommen.
S. *Genus* und *generell*. – R. M. Meyer *ZDW* 12 (1910), 152 f.; *DF* 1 (1913), 241 f.

Generation *f.* (< 16. Jh.). Entlehnt aus l. *generātio* ˹Zeugungskraft, Nachkommenschaft˼, dem Abstraktum von l. *generāre* ˹erzeugen˼, das als *generieren* später auch entlehnt wird. Zu l. *genus n.* ˹Gattung, Geschlecht, Abstammung˼ (s. *Genus*). Ebenso **Generator** ˹Erzeuger, energie-erzeugende Maschine˼ aus l. *generātor* (Nomen agentis, 19. Jh.); dagegen ist *generativ* ˹erzeugend˼ (zugehöriges Adjektiv, 20. Jh.) eine neoklassische Bildung.
DF 1 (1913), 242; *HWPh* 3 (1974), 274–277; Carstensen 2 (1994), 563 f.

generell *Adj. erw. fremd.* (< 18. Jh.). Entlehnt aus frz. *général* mit französischem Suffix *-ell*, das in der Vorlage aber gar nicht bestand. Das französische Wort ist l. *generālis* ˹allgemein˼, das früher auch schon als *general* entlehnt worden war und zu dem auch *generalisieren* ˹verallgemeinern˼ gehört.
S. *General* und *Genus*. – *DF* 1 (1913), 242; *HWPh* 3 (1974), 277 f.

generös *Adj. erw. fremd.* ˹großzügig˼ (< 17. Jh.). Entlehnt aus frz. *généreux*, dieses aus l. *generōsus* ˹von vornehmer Abstammung; edel, hochherzig˼, zu l. *genus* ˹Geburt, Abstammung, Klasse˼ (s. *Genus*). Abstraktum: *Generosität*.
DF 1 (1913), 242.

Genese *f. per. fach.* ˹Entstehung˼ (< 19. Jh.). Entlehnt über frz. *genèse* und l. *genesis* aus gr. *génesis* ˹Entstehung˼, zu gr. *gígnesthai* ˹entstehen˼ (s. *-gen*). Häufig auch *Genesis*, meist in Anlehnung an *Genesis* ˹Schöpfungsbericht˼ (als Titel des 1. Buches Mose).
S. *genetisch* und zur lateinischen Verwandtschaft *Genus*. – *HWPh* 3 (1974), 278.

genesen *stV. obs.* (< 9. Jh.). Mhd. *genesen*, ahd. *ginesan*, as. *ginesan* aus g. **ga-nes-a- stV.* ˹überstehen, genesen˼, auch in gt. *ganisan*, ae. *genesan*. Dieses aus ig. **nes-* ˹heimkommen, ankommen, überstehen˼, auch in ai. *násate* ˹tritt heran, sucht auf, vereinigt sich˼, gr. *néomai* ˹ich komme davon, gelange glücklich wohin, kehre glücklich heim˼ und vielleicht toch. A *nas-*, toch. B *nes-* ˹sein˼. Die Aus-

gangsbedeutung ist offenbar ˹unbeschadet zurückkommen˼. Abstraktum: *Genesung*. S. *nähren*.
Seebold (1970), 359 f.; B. Schlerath *Proceedings XXXII International Congress for Asian and North African Studies 1986* (Stuttgart 1992), 391–393.

genetisch *Adj. erw. fach.* ˹die Entstehung betreffend; erblich bedingt˼ (< 18. Jh.). Aus einem spl. *geneticus*, das formal zu den lateinischen Bildungen der Wurzel ig. **genə-* ˹erzeugen˼ gehört, semantisch aber von gr. *génesis* ˹Entstehung˼ abhängig ist.
S. *-gen* und *Genus, Genitiv*. – *DF* 1 (1913), 242.

Genetiv *m. erw. fach.*, auch **Genitiv** ˹Wesfall˼ (< 18. Jh.). Entlehnt aus l. *(casus) genetīvus* (weniger genau auch *genitīvus*), zu l. *gignere* (PPP *genitum*) ˹erzeugen˼. Es handelt sich dabei um eine Lehnbildung zu gr. *genikḗ (ptōsis) f.* ˹die Gattung, Herkunft, Abstammung bezeichnender Fall˼.
S. *Genus*. – E. Leser *ZDW* 15 (1914), 53.

genial *Adj.* s. *Genie*.

Genick *n.* (< 13. Jh.). Mhd. *genic(ke)*, Kollektivbildung zu mndd. *necke*, afr. *hnekka m.*, ae. *hnecca m.* ˹Nacken˼. Dieses steht im Ablaut zu *Nacken*.

Genie *n.* ˹außergewöhnlich begabter Mensch; besondere Begabung˼ (< 18. Jh.). Entlehnt aus frz. *génie m.*, dieses aus spl. *genius m.* ˹Begabung, schöpferischer Geist˼, älter ˹Schutzgeist˼. Die Entwicklung geht von ˹Schutzgeist˼ zu ˹Schöpfergeist˼; möglicherweise unter dem Einfluß von l. *ingenium* ˹angeborene Art, Charakter, Phantasie˼ (auf das wohl auch das neutrale Geschlecht im Deutschen zielt). Adjektiv: *genial*, älter *genialisch*.
Das lateinische Wort ist ursprünglich vermutlich ˹das Leben-Erzeugende, die Wirkkraft˼, zu l. *gignere* (Perfekt *genui*) ˹erzeugen, hervorbringen˼, s. *Genus*. – *DF* 1 (1913), 242 f.; K. Bauerhorst: *Der Geniebegriff* (Diss. Breslau 1930); G. Matoré & A. J. Greimas *Le Français moderne* 25 (1957), 256–272; *HWPh* 3 (1974), 279–309; Brunt (1983), 320 f.; J. Schmidt: *Die Geschichte des Genie-Gedankens* (Darmstadt 1985); Röhrich 1 (1991), 533 f.

genieren *swV. refl.* (< 18. Jh.). Entlehnt aus frz. *gêner* ˹bedrücken, stören˼, *refl.* ˹sich genieren˼, aus afrz. *gehiner* ˹foltern˼, einer Ableitung von afrz. *gehine* ˹das durch Folter erpreßte Geständnis˼, dieses abgeleitet von afrz. *jehir* ˹zum Geständnis zwingen, gestehen˼, vermutlich aus andfrk. **jahhjan* ˹zum Gestehen bringen˼, einem Faktitivum zu andfrk. **jehan* (= ahd. *jehan*) ˹eingestehen˼ (s. *Beichte*) – anders *DEO*. Adjektive: *genant, geniert*.
DF 1 (1913), 243, 240 (*genant*), 241 (*Gene*); Littmann (1924), 35; Lokotsch (1975), 56; Dumonceaux (1975); *DEO* (1982), 319–321; Röhrich 1 (1991), 534.

genießen *stV.* (< *8. Jh., Form 9. Jh.). Mhd. *geniezen*, ahd. *giniozan*, älter *niozan*, as. *niotan* aus g. **neut-a- stV.* ˹genießen˼, auch in gt. *niutan*, anord. *njóta*, ae. *nēotan*, afr. *niāta*. Dieses hat außer lit. *naudà* ˹Nutzen, Vorteil˼ usw. (und seinen baltischen

Verwandten) keine brauchbare Anschlußmöglichkeit. Die einfache Bedeutung ´essen´ im Adjektiv **genießbar**, die spezielle ´mit Wohlbehagen essen´ in dem Nomen agentis **Genießer**; beide beim Abstraktum **Genuß**.

Nndl. *genieten*, nschw. *njuta*, nisl. *njóta*. S. *Genosse, Nießbrauch, nütze, Nutzen*. − Seebold (1970), 361. Zu *Genuß* vgl.: W. Binder *AB* 17 (1973), 66−92; R. Brandt: *Wortgeschichts- und Wortbedeutungsstudien* (Frankfurt 1989).

Genitalien *Pl. erw. fach.* ´Geschlechtsglied´ (selten Singular *das Genitale*) (< 18. Jh.). Entlehnt aus dem substantivierten Neutrum von l. *genitālis* ´die Fortpflanzung betreffend´ zu l. *gignere* (PPP *genitum*) ´hervorbringen, gebären´. Auch das Adjektiv selbst wird später als **genital** entlehnt.

Genitiv *m.* s. *Genetiv*.

Genius *m.* s. *Genie*.

Genosse *m. stil.* (< 8. Jh.). Mhd. *genōze*, ahd. *ginōzo*; neben mhd. *genōz*, ahd. *ginōz*, as. *ginōt* aus g. **ga-nauta-/-ōn m.* ´Genosse´, auch in einerseits anord. *nauti*, andererseits anord. *nautr*, ae. *genēat*, afr. *nāt*. Sozialbildung zu g. **nauta- n.* ´Vieh, wertvolle Habe´ in anord. *naut n.*, ae. *nēat n.*, afr. *nāt*, as. *nōt*, ahd. *nōz n.* Ausgangsbedeutung ist also: ´der das gleiche Vieh hat, der das Vieh gemeinsam hat´. Das Grundwort vermutlich zu g. **neut-a-* ´genießen´ (s. *genießen*). Kollektivbildung: **Genossenschaft**.

Nndl. *genoot*. S. auch *Knote*. − E. Schröder *ZDA* 60 (1923), 70; W. Krogmann *BGDSL* 60 (1936), 398 f.; R. Schäfer *Sprachpflege* 6 (1959), 97 f., 7 (1960), 134−139; Bader 2 (1962), 3−13; H. Bartholmes: *Das Wort ´Volk´ im Sprachgebrauch der SED* (Düsseldorf 1964), 125−128; ders. *MS* 78 (1968), 193−222; ders. (1970), 175−222; ders. *AB* 20 (1976), 120. Zu *Genossenschaft*: G. Dilcher in *Recht, Gericht, Genossenschaft und Polizey*. Ed. G. Dilcher & B. Diestelkamp (Berlin 1986), 114−123.

Genre *n. erw. fach.* ´Kunstgattung´ (< 18. Jh.). Entlehnt aus frz. *genre* ´Geschlecht, Art´, dieses aus l. *genus* (*generis*) s. *Genus* (formal aus den Kasusformen oder dem Plural). Als Fachwort der Kunsttheorie bezeichnet das Wort einen künstlerischen Stil u. dgl., sowie charakteristische Szenen aus einem bestimmten Milieu (**Genrebild** usw.).

DF 1 (1913), 243 f.

gentil *Adj.* s. *Gentleman*.

Gentleman *m. erw. fremd.* ´Mann von Lebensart und Charakter´ (< 18. Jh.). Entlehnt aus ne. *gentleman*, einer Lehnübersetzung zu frz. *gentilhomme*, beides ursprünglich ´Edelmann´. Ne. *gentle* geht über frz. *gentil* zurück auf l. *gentīlis* ´von guter Abstammung´ (woraus auch **gentil**), zu l. *gēns (-entis) f.* ´Sippe´, das mit l. *genus n.* ´Geschlecht, Art, Gattung´ verwandt ist.

S. *Genus* und *Mann*. − *DF* 1 (1913), 244; A. Hoyler: *Gentleman-Ideal* (Leipzig 1933); Ganz (1957), 84; G. F. Pflaum: *Die Geschichte des Wortes ´Gentleman´ im Deutschen* (Diss.

München 1965); Rey-Debove/Gagnon (1988), 340−342; Röhrich 1 (1991), 534; Carstensen 2 (1994), 564−566.

genug *Adj.* (< 8. Jh.). Mhd. *genuoc*, ahd. *ginuogī*, as. *ginōg(i)* aus g. **ga-nōga- Adj.* ´genügend´, auch in gt. *ganohs*, anord. *gnógr*, ae. *genōg, genōh*, afr. *(e)nōch*; mit ungewöhnlichem Ablaut gebildetes Verbaladjektiv zu g. **nah/nug- (Prät.-Präs.)* ´genügen´, in gt. *ganah*, ae. *geneahhe*, ahd. *ganah*. Dieses gehört zu einer ig. Verbalwurzel **(e)nek-* ´erreichen´, auch ´tragen´ in l. *nancīscī* ´erreichen, erhalten´, air. *ro-icc* ´erreicht, kommt an´, lit. *nèšti* ´tragen, bringen, reichen bis´, akslav. *nesti* ´tragen´, gr. *enenkeĩn* ´herbeischaffen, davontragen´ (suppletiv zu **bher-* ´tragen´, Ansatz der Vorform umstritten), ai. *aśnóti* ´gelangt, erreicht´, toch. A *ents-*, toch. B *eṅk-* ´ergreifen´, heth. *nininik-* ´heben, aufheben, auflauern´ (*nin*-Infix). Abstraktum: **Genüge**; Verb: **genügen** mit den partizipialen Adjektiven **genügend** und **ungenügend**; Bedeutungsdifferenzierung bei den ursprungsgleichen Adjektiven **genugsam** und **genügsam**.

Nndl. *genoeg*, ne. *enough*, nschw. *nog*, nisl. *nógur*. S. auch *begnügen, bringen, Genugtuung, vergnügen*. − Seebold (1970), 355 f.; Heidermanns (1993), 428 f.

Genugtuung *f.* (< 15. Jh.). Abstraktum zu *genug tun* ´Genüge leisten, befriedigen´, wohl Lehnübersetzung zu l. *satisfacere* und l. *satisfactio*.

genuin *Adj. per. fremd.* ´echt´ (< 18. Jh.). Entlehnt aus l. *genuīnus*, eigentlich ´angeboren, natürlich´, zu l. *gignere* ´zeugen, erzeugen, gebären´ (s. *Genus*). Mit auffälligem *u*-Stamm als Grundlage, der vermutlich von l. *ingenuus* ´einheimisch´ beeinflußt ist.

DF 1 (1913), 244.

Genus *n. per. fach.* ´Geschlecht, Art, Gattung´ (< 17. Jh.). Im Neuhochdeutschen entlehnt aus l. *genus (-eris)* ´Geschlecht, Art´, einer Ableitung aus l. *gignere* ´hervorbringen´. In der Bedeutung ´grammatisches Geschlecht´ Lehnbedeutung aus dem urverwandten gr. *génos n.*

Die Grundlage der lateinischen Sippe ist das Verb l. *gignere (genitum)* ´hervorbringen, gebären, zeugen´, doch ist für die Entlehnungen am wichtigsten der *s*-Stamm l. *genus (generis)* (vgl. *-gen* zu den griechischen Verwandten). Hierzu *Genus* und über das Französische *Genre*, sowie die Bildungen auf der Grundlage *gener-*: Aus einem Zugehörigkeits-Adjektiv *General* und *generell* (mit *generalisieren*), aus einem Herkunfts-Adjektiv über das Französische *generös*, aus den abgeleiteten Verben *generieren, de-, re-*; zu verschiedenen nominalen Ableitungen des Grundverbs gehören *Gendarm, genetisch, Genie/Genius, genital, Genetiv, Gentleman, genuin* und *Ingenieur*; zu der Wurzelform *gnā-* mit Hochstufe der zweiten Silbe *prägnant, imprägnieren* und mit Verlust des anlautenden *g* auch *naiv, Nation, Natur* und *Renaissance*. Zum germanischen Vergleichsmaterial s. *Kind*. − E. Leser *ZDW* 15 (1914) 51; *HWPh* 3 (1974), 311−315.

geo- *LAff.* Dient als Bestimmungswort mit der Bedeutung ´die Erde betreffend´. Es ist in Lehnwörtern aus dem Griechischen (*Geographie, Geometrie*) ins Deutsche (wie in andere europäische Sprachen) gelangt und geht auf die Kompositionsform von gr. *gẽ* 'Erde, Erdboden, Land' zurück. Es wird dann produktiv in neoklassischen Bildungen. Cottez (1980), 165.

Geographie *f.* (< 16. Jh.). Über das Lateinische entlehnt aus gr. *geōgraphía* 'Erdbeschreibung' (s. *geo-* und *-graphie*). Nomen agentis: **Geograph**; Adjektiv: **geographisch**.
DF 1 (1913), 244 f.

Geologie *f. erw. fach.* (< 18. Jh.). Neoklassische Bildung aus *geo-* und *-logie*. Nomen agentis: **Geologe**; Adjektiv: **geologisch**.

Geometrie *f.* (< 12. Jh.). Mhd. *geometrie* ist über das Lateinische entlehnt aus gr. *geōmetría* 'Landvermessung'. Diese ursprüngliche Bedeutung ist bewahrt in **Geometer**, während die Wissenschaft zu einer mathematischen Disziplin wurde. S. *geo-* und *-metrie*. Adjektiv: **geometrisch**.

Gepäck *n.* (< 14. Jh.), älter auch mhd. *gepac*. Kollektivbildung zu *Pack(en)*. Ausgangsbedeutung also 'Gesamtheit der Packen (Gepäckstücke)'.

Gepard *m. per. fremd.* 'kleiner Leopard' (< 18. Jh.). Entlehnt aus frz. *guépard*, das seinerseits auf it. *gattopardo* 'Pardelkatze' zurückgeht. Dieses zu spl. *cattus* 'Kater' (s. *Katze*) und dem unter *Leopard* behandelten Wort.

Ger *m. arch.* (< 9. Jh.). Mhd. *gēr(e)*, ahd. *gēr*, as. *gēr* aus g. **gaiza-* m. 'Ger', auch in anord. *geirr*, ae. *gār* (gotisch wohl in Personennamen). Auf (eur.) **gʰaisó-*, auch in gr. *chaíos* 'Hirtenstab', air. *gae*, woraus l. *gaesum* n. 'Wurfspeer' entlehnt ist. Auch das germanische Wort steht möglicherweise unter dem Einfluß des Keltischen. Weitere Herkunft unklar.
S. auch *Gehre, Geißel, Näber*. – Hüpper-Dröge (1983), 314–327; Szemerényi (1989), 123 f.; Heidermanns (1993), 437 f.

gerade[1] *Adj. erw. fach.* 'durch zwei ohne Rest teilbar' (< 11. Jh.). Mhd. *gerat, gerade*, ahd. *gerad* 'aus zwei gleichen Zahlen bestehend, gerade'. Gehört zu einer Bildung wie gt. *raþjō* f. 'Zahl', doch kann keine genaue Entsprechung vorliegen, da die deutschen Wörter keinen Umlaut aufweisen. Etwa **ga-raþa-* 'dessen Zahl gleich ist'. Zu der entsprechenden Grundlage s. unter *Rede*.
S. auch *hundert, nachgerade, Reim*. – Schirmer (1912), 27; Götze (1919), 67–70.

gerade[2] *Adj.* 'in unveränderter Richtung verlaufend' (< 8. Jh.). Mhd. *gerat, gerade*, ahd. *gihradi* 'schnell, gewandt', auch 'gerade aufgeschossen', danach die Bedeutung 'lotrecht', von der die heutige Bedeutung ausgegangen ist (möglicherweise unter Einfluß von *gerade*[1]). Zum Grundwort s. unter *rasch*. Konkretum: **Gerade**.

gerammelt *Adj.* (*PPrät.*) *stil. phras.* (in *gerammelt voll*) (< 19. Jh.). Zu *rammeln* in der ursprünglichen Bedeutung 'immer wieder stoßen, (stopfen), rütteln', die hochsprachlich sonst nur in *rammen* vorliegt (s. *Ramme*). Gemeint ist, einen Sack beim Füllen immer wieder schütteln, damit sich das Füllgut verteilt und der Raum bestmöglich ausgefüllt wird. Dann übertragen auf volle Säle usw.

Geranie *f.* (ein Storchschnabelgewächs) (< 18. Jh.). Entlehnt aus neo-kl. *geranium*, dieses aus l. *geranion* n., dieses aus gr. *geránion* n., zu gr. *géranos* f./(m.) 'Kranich'. So bezeichnet nach der Form der Früchte mit einem Fortsatz, der einem Kranichschnabel gleichsieht (vgl. nhd. **Storchschnabel**).

Gerät *n.* (< 8. Jh.). Mhd. *geræte*, ahd. *girāti*, as. *girādi*, Kollektiv zu *Rat* (s. *raten*); demgemäß ist die Bedeutung althochdeutsch 'Beratung, Fürsorge', altsächsisch 'Vorteil'. Da das Grundwort, wohl ausgehend von 'Vorsorge', zunehmend konkrete Bedeutung übernimmt (vgl. auch **Hausrat**, **Vorrat**, **Unrat**), bekommt auch das Kollektiv zunehmend die Bedeutung 'Gerätschaft'.

geraten *stV.* (< 9. Jh.). Mhd. *geraten*, ahd. *girātan* 'beraten, beschließen'. Ursprünglich lediglich Verstärkung (und Perfektivierung) von *raten*; dann Übergang zur heutigen Bedeutung ('beschließen' – 'bewirken' – 'gelingen'). Die Zusammenbildung **aufs Geratewohl** seit dem 16. Jh.

geraum *Adj. phras. stil.* (in *seit geraumer Zeit*) (< 8. Jh.). Mhd. *gerūm(e)*, ahd. *girūmo* Adv. 'bequem', mndd. *gerume*. Westgermanische Verstärkung **ga-rūma-* Adj. 'geräumig' des unter *Raum* behandelten Adjektivs g. **rūma-* 'geräumig', auch in ae. *gerūme*.

Geräusch[1] *n.* 'Schall' (< 13. Jh.). Mhd. *geriusche*; zunächst Verbalabstraktum zu dem unter *rauschen* genannten Verb. Danach Bedeutungsverallgemeinerung zur Bezeichnung beliebiger Gehörseindrücke.

Geräusch[2] *n. per. fach.* 'Eingeweide von erlegten Tieren' (< *15. Jh., Form 16. Jh.). Spmhd. *ingeriusche* (Präfix wie *Eingeweide*, s.d.); das Simplex in gleichbedeutendem mndd. *rusch*, ndd. *rusch*. Wohl als (g.) **rūs-ka-* (o.ä.) zu **rus-* in anord. *holdrosa* f. 'Fleischseite der Haut', as. *hrusil* (mit sekundärem Anlaut?) 'rohes Stück Fett', ae. *rysel* m. 'Fett, Speck'. Weitere Herkunft unsicher. Vielleicht als 'Lappen, Flecken' zu (ig.) **reuten* 'reißen' (s. *reuten* und vgl. dial. **Altreuß**, **Altreuscher** 'Schuhflicker').
W. Kaspers *BGDSL-H* 80 (1958), 174.

gerben *swV.* (< 8. Jh.). Mhd. *gerwen, garwen*, ahd. *garawen*, as. *gar(u)wian, ger(i)wian* aus g. **garw-ija-* swV. 'fertig machen', auch in anord.

gǫrva, gera 'machen', ae. *gearwian,* äußerlich gesehen eine Ableitung von g. **garwa- Adj.* 'fertig, bereit', doch weist die Etymologie wohl darauf hin, daß *gar* in Wirklichkeit eine Rückbildung ist, und das Verb eine Präfixableitung zu dem älteren Adjektiv g. **arwa-* darstellt (s. unter *gar*). Im Verlauf der mittelhochdeutschen Zeit wird das Verb eingeengt auf 'Leder fertigmachen, gerben'. Da beim Gerben das Leder geknetet und gepreßt wird, bekommt *gerben* sekundär auch die Bedeutung 'würgen, sich erbrechen'. − Nomen agentis: *Gerber.*
Nschw. *göra,* nisl. *gera, gjora.* − Zu *Gerber: LM* 4 (1989), 1299.

gerecht *Adj.* (< 10. Jh.). Mhd. *gereht,* ahd. *gireht;* Verstärkung von *recht,* zunächst im konkreten Sinn 'gerade, richtig, passend'; vielleicht als Lehnbildung zu l. *dīrēctus.* Die Bedeutung 'dem Rechtsgefühl entsprechend' entwickelt sich erst in mittelhochdeutscher Zeit, ist aber z. B. schon in der Entsprechung gt. *garaihts* vorhanden. In neuerer Zeit auch als Halbsuffix mit der Bedeutung 'eingerichtet für, passend zu' verwendet (*mediengerecht* u.ä.). Abstraktum: *Gerechtigkeit.*
H. Hommel *Antike und Abendland* 15 (1969), 159−186; zu *Gerechtigkeit: HWPh* 3 (1974), 329−338; Röhrich 1 (1991), 535.

Gericht[1] *n.* 'richtende Körperschaft' (< 11. Jh.). Mhd. *geriht(e),* ahd. *girihti,* mndd. *gerichte,* mndl. *gherechte* ursprünglich Adjektiv-Abstraktum zu *gerecht* in dessen konkreter Bedeutung 'gerade, richtig', also etwa 'Richtigstellung', schon althochdeutsch für 'Gericht, Urteil'.
Nndl. *gericht.* − R. Schnerrer *BGDSL-H* 85 (1963), 248−312; *HWPh* 3 (1974), 338−343; *LM* 4 (1989), 1322−1327.

Gericht[2] *n.* 'Speise' (< 13. Jh.). Mhd. *geriht(e),* mndd. *gerichte,* mndl. *gherechte* in der Bedeutung 'angerichtete Speise'. Verbalabstraktum zu *richten* 'errichten, herrichten'. Nndl. *gerecht.*

gerieben *Adj. (PPrät.) per. reg.* 'schlau' (< 15. Jh.). Wie in *raffiniert* u. a. wird die Bezeichnung für eine Verfeinerung von Stoffen und Gegenständen auf Menschen übertragen, um deren besonders geschicktes Verhalten (mit einem leicht tadelnden Unterton) zu kennzeichnen. S. *reiben.*

gering *Adj.* (< 9. Jh.). Mhd. *geringe,* ahd. *(gi)ringi* 'leicht', mndd. *geringe,* mndl. *gering(e)* wie afr. *ring* aus vd. **rengja-* 'leicht'. Außergermanisch vergleicht sich zunächst lit. *iŗangùs* 'hurtig, rührig bei der Arbeit' (**rongʰu-*) und dann als (ig.) **rengʰwa-* gr. *rímpha Adv.* 'rasch, behend'. Der westgermanische *ja*-Stamm könnte auf einen alten *u*-Stamm, also (ig.) **rongʰu-* zurückgehen; andererseits stimmt die Wurzelstufe besser zu gr. *rímpha* und damit (ig.) **rengʰwa-.* Weitere Herkunft unsicher. Zusammenbildungen in **geringfügig** und **geringschätzig.**
Heidermanns (1993), 445 f.

gerinnen *st V.* (< 8. Jh.). Eine bereits germanische Präfigierung zu *rinnen,* allerdings in der ursprünglichen Bedeutung 'zusammenrinnen, zusammenlaufen'. Die heutige Bedeutung 'dick werden' (von Flüssigkeiten) setzt sich im Mittelhochdeutschen durch, ist aber bereits althochdeutsch und altenglisch zu belegen. Eine nominale Ableitung in **(Blut-) Gerinnsel.**

Gerippe *n.* (< 17. Jh.). Kollektiv zu *Rippe* und damit zunächst den Brustkorb bezeichnend; dann ausgeweitet zu 'Skelett'.
Kranemann (1958), 77 f.

gerissen *Adj. stil.* 'schlau' (< 19. Jh.). Herkunft wohl aus einem technischen Fachwort, das aber nicht mehr erkennbar ist. Vielleicht zu *sich reißen um jemanden.* Vgl. im übrigen *gerieben, gewieft, gehaut, abgefeimt* usw.

Germ *m./(f.) per. oobd.* 'Backhefe' (< 13. Jh.). Aus mhd. *gerwen f.* mit bairischer Realisierung der Endung. Späte Bildung mit der Bedeutung 'Hefe' bei *gären.*

gern *Adv.* (< 9. Jh.). Mhd. *gern(e),* ahd. *gerno,* Adverb zum Adjektiv mhd. *gern(e),* ahd. *gern(i),* as. *gern* aus g. **gerna- Adj.* 'begierig, eifrig', auch in anord. *gjarn,* ae. *georn,* gt. in *faihu-gairns* 'habsüchtig'. Zu germanischen Formen ohne *n* s. unter *begehren.* Aus ig. **gʰer-* 'gern haben, begehren', auch in ai. *háryati* 'findet Gefallen, hat gern', gr. *chaírō* 'ich freue mich', l. *hortārī* 'antreiben, ermuntern'. In den Formen ohne *n* haben sich Nachfolger der Wurzel **gʰer-* mit *r*-Erweiterung der Wurzel **gʰei-* (s. unter *Geier, Gier*) so vermischt, daß sie teilweise nicht mehr auseinandergehalten werden können.
Nndl. *gaarne,* nschw. *gärna,* nisl. *gjarna.* − Röhrich 1 (1991), 535 f.; Heidermanns (1993), 242.

Gerner *m.* s. *Karner.*

Geröll *n.* (< *16. Jh., Form 18. Jh.). Ableitung zu *rollen* als Bezeichnung für Steinlagen an Bergabhängen, die leicht ins Rollen (Rutschen) geraten und auf denen man auch leicht ausrutscht. Älter *gerülle.*

gerren *sw V.* s. *girren.*

Gerste *f.* (< 9. Jh.). Mhd. *gerste,* ahd. *gersta,* as. *gersta* aus vd. **gerstō.* Außergermanisch ist zunächst verwandt l. *hordeum n.* 'Gerste', das als Grundform (ig.) **gʰerz-dō* erweist (im Lateinischen Schwundstufe oder *o*-Stufe); nicht ohne weiteres vereinbar sind gr. *krithḗ* 'Gerste' und alb. *drithë.* An sich läßt sich das germanisch-lateinische Wort weiter anschließen an ig. **gʰers-* 'starren, sich sträuben' (womit auf die auffälligen Grannen der Gerste Bezug genommen würde), doch lassen die ähnlichen und doch auseinanderfallenden Lautungen der Einzelsprachen eher auf ein nicht-indogermanisches Wanderwort schließen, das evtl. im Germanischen und Lateinischen sekundär durch den Anschluß an *g^hers- motiviert wurde.

Hoops (1905), 364−371; Bertsch (1947), 64−78; E. P. Hamp *ZVS* 98 (1985), 11 f.

Gerstenkorn *n. erw. reg.* ´Geschwulst am Augenlid´ (< 16. Jh.). Wohl Lehnbildung zu l. *hordeolus* m. (zu l. *hordeum* ´Gerste´), das seinerseits gr. *krithḗ* f. ´Gerste´ übersetzt, womit schon bei Hippokrates das betreffende Augenleiden bezeichnet wird. So benannt, weil die Geschwulst an ein Samenkorn der Gerste erinnern konnte. Ähnliche Benennungsmotive liegen vor in den Bezeichnungen *(Augen)-haber, Hagelkorn, Erbse, Perle* usw. Vgl. auch frz. *grain d'orge* m., *orgelet* m. ´Gerstenkorn´, das schwz. *Ürseli* ergab. Seit dem Mittelhochdeutschen ist *Gerstenkorn* auch als Bezeichnung eines der kleinsten Gewichte und Längenmaße und seit dem 18. Jh. für ´grobkörniges Stoffgewebe´ bezeugt, denen ebenfalls Vergleiche mit dem Samenkorn der Gerste zugrundeliegen dürften.

H. Maas *Jahrbuch für fränkische Landesforschung* 21 (1961), 305−315.

Gerte *f. stil.* (< 8. Jh.). Mhd. *gerte*, ahd. *gerta*, *gart*, as. *gerdia* aus wg. *gazdjō* f. ´Gerte´, auch in ae. *gerd*, afr. *jerde*, erweitert aus g. *gazda-* m. ´Stecken, Stab´ in gt. *gazds*, anord. *gaddr* m., ahd. *gart*, mhd. *gart*. Vergleichbar ist mir. *gat* m. ´Weidenrute´. Weitere Herkunft unklar. − Ne. *yard*.

Geruch *m.* (< 15. Jh.). Spmhd. *geruch* ist wie mhd. *ruch* in Verbalabstraktum zu *riechen*. Da *Gerücht* in regionalen Formen lautgleich wird, kommt es zu Verwendungen wie *in den Geruch kommen, im Geruch stehen* und zu mhd. *gerühte* mit der Bedeutung ´Geruch´.

Röhrich 1 (1991), 536.

geruhen *swV. obs.* (< *8. Jh., Form 16. Jh.). Erst in frühneuhochdeutscher Zeit an *ruhen* angeschlossen und entsprechend geschrieben. Zuvor mhd. *geruochen*, ahd. *(gi)ruohēn*, as. *rōkian* aus g. *rōkija-* swV. ´sich um etwas kümmern, sorgen´, auch in anord. *rækja*, ae. *reccan* (lautlich unregelmäßig). Möglicherweise liegt das Grundwort hierzu vor in ahd. *ruohha* ´Bedacht, Sorge´. Außergermanisch vergleicht sich lediglich (mit *ē* gegenüber g. *ō*) gr. *arḗgō* ´ich helfe, stehe bei´. Weitere Herkunft unklar.

S. auch *ruchlos, verrucht*. − Zur Entlehnung ins Finnische s. Koivulehto *BGDSL-T* 103 (1981), 358 f.

Gerümpel *n. stil.* (< *13. Jh., Bedeutung 16. Jh.). Mhd. *gerumpel, gerümpel* bedeutet eigentlich ´Getöse´ (zu *rumpeln* s. d.). Die Bedeutung ´alter Hausrat´ wohl von der Bezeichnung des (nachlässigen) Transports solcher Gegenstände. In gleicher Bedeutung auch *Geröll/Gerüll, Gerummel* u. a. S. *entrümpeln*.

Gerundium *n. per. fach.* (Nominalform des Verbs) (< 20. Jh.). Entlehnt aus l. *gerundium*, zu l. *gerere* ´ausführen u. a.´, also ´das Auszuführende´.

S. *Register, Gerundivum*. − E. Leser *ZDW* 15 (1914), 64.

Gerundivum *n. per. fach.* (Partizip Passiv Futur im Lateinischen). Entlehnt aus spl. *(modus) gerundīvus*, zu l. *gerere* ´tragen, ausführen, besorgen´, also ´was auszuführen ist´. S. *Register, Gerundium*.

Gerüst *n.* (< 8. Jh.). Mhd. *gerüste*, ahd. *girusta* f., *girusti* ´Hilfsmittel, Ausrüstung, Zurichtung´, Verbalabstraktum zu *rüsten*. Die Einengung auf die heutige Bedeutung ist erst neuhochdeutsch.

LM 4 (1989), 1358.

gesamt *Adj.* (< 8. Jh.). Mhd. *gesam(en)t, gesamnet*, ahd. *gisamanōt*, Partizip von ahd. *samanōn* ´(ver)sammeln´ (s. *sammeln*). Ausgangsbedeutung also ´gesammelt´. Abstraktum: *Gesamtheit*.

Gesandter *m.* (< 15. Jh.). Kürzung aus spmhd. *gesandter pote*. Wird dann wie *Abgesandter* (das sich gehalten hat) als Entsprechung zu frz. *envoyé* in der Diplomatensprache gebraucht. − Kollektivum: *Gesandtschaft*.

LM 4 (1989), 1363−1382.

Gesäß *n. stil.* (< *9. Jh., Bedeutung 13. Jh.). Mhd. *gesæze*, ahd. *gisāzi*. Ursprünglich ein dehnstufiges Verbalabstraktum zu dem präfigierten *gi-sizzen* ´sich setzen´ mit der Bedeutung ´Sitz, Ruheort u. ä.´. Seit mittelhochdeutscher Zeit bedeutet es auch ´Körperteil, mit dem man sitzt´, und diese Bedeutung hat sich im Neuhochdeutschen durchgesetzt.

Geschäft *n.* (< 12. Jh.). Mhd. *gescheffede, geschefte*, eine Abstraktbildung zu *schaffen* ´arbeiten´. Der Form nach liegt einerseits ein *ti*-Abstraktum zu *schaffen* mit der Bedeutung ´Schöpfung, Geschöpf´ (gt. *gaskafts*, ae. *gesceaft* f., ahd. *giscaf[t]*) voraus, andererseits eine Ableitung auf *-ida*, worauf sich die beiden Formen vermischen. Bedeutungsdifferenzierung zwischen den Adjektiven *geschäftig* und *geschäftlich*.

S. *schaffen*. − Kluge (1926), 68; Röhrich (1991), 537.

Geschäftsträger *m. erw. fach.* (< 18. Jh.). Lehnbildung zu frz. *chargé d'affaires* ´mit politischen und kaufmännischen Geschäften Beauftragter´. *Geschäftsmann* (um 1800) ist Lehnbildung zu frz. *homme d'affaires*; (davon zu trennen ist die am Ende des 15. Jhs. bezeugte Zusammensetzung *gescheftsman* ´Testamentsvollstrecker´).

geschehen *st V.* (< 11. Jh.). Mhd. *geschehen*, ahd. *giskehan* geht mit air. *skiā* zurück auf wg. *skeh-a-st V.* (meist mit *ga-* präfigiert) ´geschehen`. Wie die Ableitungen mhd. *schehen sw V.* ´eilen, dahinjagen`, ahd. *sciht* ´Flucht` zeigen, handelt es sich um eine Bedeutungsübertragung aus einem Verb für ´laufen`, also ursprünglich ´verlaufen`. Außergermanisch vergleichen sich air. *scuchid, scuichid* ´geht weg, hört auf` und akslav. *skočiti* ´springen`. Abstrakta: **Geschehen, Geschehnis**.

S. auch *Geschichte, schicken.* − L. Weisgerber in: *FS Trier* (1964), 23−46; G. Heintz: *Geschehen* (Diss. Münster 1968); Seebold (1970), 408 f.; Heidermanns (1993), 490 f.

Geschein *n. per. fach.* ´Blütenstand der Weinrebe` (< 19. Jh.). Vermutlich im Sinne von ´erscheinen` für die neu aufbrechenden Blütenstände.

gescheit *Adj.* (< 14. Jh.). Mhd. *geschīde* gehört zu mhd. *schīden* ´scheiden, unterscheiden`. Dieses ist eine sekundäre Nebenform zu *scheiden*. Ausgangsbedeutung ist also ´unterscheidend, unterscheidungsfähig`.

W. H. Wolf-Rottkay *Kratylos* 9 (1964), 196 f.

Geschichte *f.* (< 11. Jh.). Mhd. *geschiht*, ahd. *giskiht* ´Ereignis, Zufall, Hergang`; *ti*-Abstraktum zu *geschehen*, also eigentlich ´Geschehnis`. Adjektiv: **geschichtlich**.

P. E. Geiger: *Das Wort ´Geschichte`* (Diss. Freiburg i.B. 1908); J. Hennig *DVLG* 16 (1938), 511−526; *HWPh* 3 (1974), 344−398; *Grundbegriffe* 2 (1975), 593−717; Günther (1979); J. Knape *GRM* 38 (1988), 15−34; Röhrich 1 (1991), 537 f.

Geschick *n.* (< 13. Jh.). Mhd. *geschicke* ´Begebenheit, Ordnung, Gestalt` zu *schicken*, das wohl ein Intensivum zu *(ge)schehen* ist. *Geschick* als Eigenschaft ist wohl von ´Ordnung, Benehmen` ausgegangen; *Geschick* ´Schicksal` wohl als ´das Geschickte, die Fügung`. Die erste Bedeutung auch in **Geschicklichkeit**, die zweite in **Mißgeschick**.

geschickt *Adj.* (< 13. Jh.). Mhd. *geschicket*, Partizip von *schicken* in der Bedeutung ´anordnen, einrichten` (s. die erste Bedeutung von *Geschick*). Abstraktum: **Geschicklichkeit**.

Geschirr *n.* (< 10. Jh.). Mhd. *geschirre*, ahd. *giskirri* ´Gefäß, Gerät, Werkzeug, Bespannung usw.`; im Neuhochdeutschen dann festgelegt auf einerseits das Geschirr im Haushalt und andererseits das Pferdegeschirr. Offensichtlich ein Kollektiv zu einer nicht näher bestimmten Grundlage.

S. *anschirren, schirren.* − N. O. Heinertz *BGDSL* 41 (1916), 489−495; Röhrich 1 (1991), 538.

Geschlecht *n.* (< 11. Jh.). Mhd. *gesleht(e)*, *geslähte*, ahd. *gislahti*; Kollektivum zu mhd. *slaht(e)* *f.*, ahd. *slahta* *f.* ´Generation, Art, Ursprung`, ursprünglich ´Gesamtheit der Loden eines Ausschlagstammes`, dieses zu *schlagen*. Die Bedeutung ´Sexus` ist spät von l. *sexus* *m.* übernommen, zunächst in Ableitungen wie **geschlechtlich**.

S. *ungeschlacht* und *schlagen*. − Ader (1958), 11−38; Maher (1987), 68−71; Röhrich 1 (1991), 538.

Geschlinge *n. per. reg.* ´Lunge, Herz und Gurgel des Schlachttiers` (< 15. Jh.). Offenbar ein Kollektiv zu **Schlung**, einer Nebenform zu **Schlund** (also *\*Geschlünde* ´der Schlund und was dazugehört`).

S. *Schlund.* − Kretschmer (1969), 216 f. Anders: Lühr (1988), 150 f.

Geschmack *m.* (< 11. Jh.). Mhd. *gesmac(h)*, ahd. *gismac, gismah, gesmacko*; Verbalabstraktum zu *(ge)schmecken* (s. unter *schmecken*). Die wertende Übertragung (hier positiv: *guter Geschmack* usw.) tritt bei Wörtern des Tast-, Geruch- und Geschmackssinns häufig auf; sie kann aber nach romanischem Vorbild erfolgt sein (it. *gusto*, frz. *goût*). Adjektive: **geschmackvoll, geschmacklos**.

S. *abgeschmackt.* − *HWPh* 3 (1974), 444−456; J.-J. Gabler: *Geschmack und Gesellschaft* (Bern 1982); Röhrich 1 (1991), 538 f.

Geschmeide *n. erw. stil.* (< 11. Jh.). Mhd. *gesmīde*, ahd. *gesmīdi* ´Metall, Metallwerkzeug, Schmuck`. Kollektiv zu ahd. *smīda f.* ´Metall`. Zur Etymologie s. unter *Schmied*. Das Adjektiv **geschmeidig** muß seiner Lautform nach zu *Geschmeide* gehören, also ´für Geschmeide geeignet` (d. h. ´gut schmiedbar`).

Geschmeiß *n. erw. vulg.* (< *14. Jh., Bedeutung 16. Jh.). Mhd. *gesmeize*, Ableitung aus mhd. *smeizen, smīzen* ´scheißen` (hauptsächlich von kleinen Tieren); wohl eine Umdeutung von mhd. *smīzen* ´schmieren` (s. unter *schmeißen*) nach *scheißen*. Als *Geschmeiß* wird der Kot oder auch die Eier der Fliegen bezeichnet, dann auch kleine Insekten (usw.) selbst, schließlich auch verächtlich von Personen.

S. *Schmeißfliege.* − *Tiernamen* (1963−1968), 7.

Geschoß *n.* (< 10. Jh.). Mhd. *geschoz, geschōz*, ahd. *gescōz*, mndd. *geschōt*, mndl. *gescot*. Verbalabstraktum zu *schießen*. Die Herkunft der Bedeutung ´Stockwerk` ist unklar; vielleicht ursprünglich Abschnitt von Pflanzen mit Knoten am Stengel, also ´das, was auf einmal aufschießt`?

Geschütz *n.* (< 12. Jh.). Mhd. *geschütze, geschüz*, mndd. *geschutte*; Kollektiv zu *Schuß*.

S. *schießen.* − *LM* 4 (1989), 1385.

Geschwader *n. erw. fach.* (< 16. Jh.). Kollektiv zu spmhd. *swader*, das entlehnt ist aus it. *squadra f.* ´im Viereck angeordnete Truppe` (besonders *Reiter*). Dieses aus it. *squadrare* aus spl. *\*ex-quadrāre* ´im Quadrat aufstellen`. Übertragen auf Scharen von Seevögeln und dann schließlich festgelegt auf Schiff- und Flugzeugformationen.

S. *Quadrant, Schwadron.* − Kluge (1911), 311 f.

geschweige *Konj. stil.* (< 15. Jh.). Verkürzt aus mhd. *ich geswīc* ´ich schweige`; zur Bedeutung vgl. etwa ´nicht zu reden von …`.

Behaghel 3 (1928), 177 f.; A. Lindquist (1961), 75.

geschwind *Adj. reg.* (< 13. Jh.). Mhd. *geswinde,* mndd. *geswint, geswinde* ´stark´; althochdeutsch nur in Namen, also wohl von Norden her ausgebreitet; aus g. **swinþa-* ´stark, ungestüm´, auch in gt. *swinþs,* anord. *svinnr, sviðr* ´verständig´, ae. *swiþ,* as. *swīð(i),* afr. *swīthe Adv.* ´sehr´. Vermutlich aus ig. **sg̑huwent-* ´mächtig´ wie in sogd. *xšawan-* ´Macht´, ai. *kṣumant-* ´mit Macht versehen´ zu **s(e)g̑hu-* ´Macht´ in gr. *ischýs* ´Macht, Stärke´, ai. *sáhuri-* ´gewaltig, überlegen´. Zu der Verbalwurzel **seg̑h-* ´verfügen können´ (s. auch *Sieg*). Abstraktum: **Geschwindigkeit.**
S. *gesund.* − E. Seebold *Sprache* 29 (1983), 32 f.; Heidermanns (1993), 577 f.

Geschwister *Pl.* (< 9. Jh.). Mhd. *geswister, geswester,* ahd. *giswester,* Kollektivum zu *Schwester,* also eigentlich ´Gesamtheit der Schwestern´. Derselbe Ausgangspunkt auch in anord. *systkini* ´Geschwister´.
E. Hermann *IF* 53 (1935), 101 f.

Geschworene *Pl. erw. fach.* (< 15. Jh.). Substantivierung des Partizips von *schwören.* Gemeint sind die eidlich verpflichteten Schöffen.

Geschwulst *f.* (< 10. Jh.). Mhd. *geswulst,* ahd. *giswulst.* Verbalabstraktum zu *(ge)schwellen.* S. *schwellen* und *Schwulst.*

Geschwür *n.* (< *8. Jh., Form 16. Jh.). Fnhd. *geschwür* neben *geschwär,* das die ältere Form ist (mhd. *geswer m./n.,* ahd. *giswer*). Verbalabstraktum zu *schwären,* also eigentlich ´etwas, das schwärt, eitert´.

Geseire(s) *n.,* **Geseier** *n. erw. vulg.* ´Geschwätz´ (< 19. Jh.). Aus dem Rotwelschen, das es seinerseits von wjidd. *geseire* ´böser Zustand, Verhängnis´ hat. Die Bedeutung ist wohl vermittelt durch ´Klagen über die verhängnisvolle Lage´.
Wolf (1985), 115.

Geselle *m.* (< 9. Jh.). Mhd. *geselle,* ahd. *gisello;* Soziativbildung zu *Saal,* also ´jmd., der im gleichen Haus (Saal) wohnt´, dann verallgemeinert zu ´Gefährte´ und schließlich (schon mittelhochdeutsch) festgelegt auf ´Handwerksgeselle´. Die alte Bedeutung ist erhalten in **gesellig** und dem Kollektivum **Gesellschaft;** auch in dem Verb **sich gesellen.**
S. auch *Junggeselle.* − E. Adelberg in: Dückert (1976), 121−172; *LM* 4 (1989),1386 f. Zu Gesellschaft s. *Grundbegriffe* 2 (1975), 719−862.

Gesetz *n.* (< *8. Jh., Form 13. Jh.). Mhd. *gesetzede n./f., gesetze,* ahd. *gisezzida f.,* also eigentlich ´das Gesetzte´ mit einem ähnlichen Bedeutungsübergang wie bei *Satzung.* Adjektiv: **gesetzlich.**
S. *setzen.* − *HWPh* 3 (1974), 480−514; *Grundbegriffe* 2 (1975), 863−922; *LM* 4 (1989), 1390 f.; Röhrich 1 (1991), 542.

gesetzt *Adj. stil.* ´ruhig, würdig´ (< 18. Jh.). Ursprünglich Partizip zu *gesetzen,* das auch ´sich setzen machen, beruhigen´ bedeutete.

Gesicht *n.* (< 8. Jh.). Mhd. *gesiht,* ahd. *gisiht,* ähnlich ae. *gesiht f.* ´das Sehen, der Anblick´, Abstraktum zu *sehen.* Die heutige Bedeutung entwickelt sich aus ´Anblick´.
S. *Angesicht.* − Röhrich 1 (1991), 542 f.

Gesichtspunkt *m.* (< 16. Jh.). Lehnbildung zu frz. *point de vue,* das seinerseits zu dem lateinischen Fachausdruck des Zeichnens *pūnctum vīsus* ´Perspektive´, wörtlich: ´Punkt des Sehens´ gebildet ist. Später wird die Bedeutung verallgemeinert.

Gesinde *n. obs.* (< 9. Jh.). Mhd. *gesinde,* ahd. *gisindi,* as. *gisīði* aus g. **ga-senþja- n.* ´Begleitung´, später ´Gesinde´, auch in gt. *gasinþi,* anord. *sinni m.* ´Gefährte´, ae. *gesīþ m.* ´Gefährte´; Kollektiv zu g. **ga-sinþōn m.* ´Begleiter´ in gt. *(miþ)gasinþa,* anord. *sinni,* ae. *gesīþ m.* ´Gefährte, Kamerad´, as. *gisīð m.,* ahd. *gisind m.,* mhd. *gesint m.* Dieses ist eine Soziativbildung zu g. **senþa-* ´Weg´ in gt. *sinþs,* anord. *sinn m.,* ae. *sīþ m.,* afr. *sīth m.,* as. *sīth m.,* ahd. *sind m.,* also ´der den gleichen Weg hat´. Aus der Bedeutung ´Begleitung, Gefolge´ hat sich in neuhochdeutscher Zeit die Bedeutung ´Dienerschaft´ entwickelt.
S. *Gesindel, senden.* − E. Seebold *BGDSL-T* 96 (1974), 1−11; *LM* 4 (1989), 1402−1404; vOlberg (1991), 112−124.

Gesindel *n. stil.* (< 16. Jh.). Fnhd. *gesindlein* (und andere Verkleinerungen) bedeutet zunächst nur ´kleines Gesinde´; dann erfolgen regionale Differenzierungen, von denen sich in der Hochsprache die zu *Gesindel* ´Lumpenpack´ durchsetzt. S. *Gesinde, senden.*

gesinnt *Adj.* (< 16. Jh.). Präfixableitung zu *Sinn,* also ´den Sinn habend´; wegen der formalen Gleichheit mit einem Partizip tritt teilweise das Partizip von *sinnen stV.* in diese Funktion ein (*gesonnen*).

Gesocks *n. erw. vulg.* ´Gesindel´ (< 19. Jh.). Herkunft nicht ausreichend klar, doch liegt offenbar die abwertende Bezeichnung von Personen als *Socke* zugrunde (´jemand, der auf Socken geht; Leisetreter´?).
J. Scharnhorst *Sprachpflege* 1963, 105.

Gespan *m. arch.* ´Gefährte´ (< 16. Jh.). Fnhd. *gespan;* Soziativbildung mit unklarer Grundlage. Vielleicht zu *spannen,* da das Wort schon früh auch als Bezeichnung von Fuhrleuten auftritt, also ´einer, der am gleichen Wagen anspannt´. Die ältere Erklärung als ´Milchbruder´ (vgl. *Spanferkel*) ist semantisch einleuchtender, aber durch den Gebrauch nicht zu stützen (vgl. aber spmhd. *spünebruoder* in dieser Bedeutung).
LM 4 (1989), 1404.

Gespann *n.* (< 16. Jh.). Das Paar Zugtiere, das zusammen vor einen Wagen oder Pflug gespannt ist, also Kollektivbildung (mit verschiedenen Übertragungen).

Gespenst *n.* (< 9. Jh.). Mhd. *gespenst, gespanst f.*, *gespenste n.* ´Lockung, Trugbild, Gespenst´, ahd. *gispensti f.*, *gispanst*, as. *gispensti* ´Verlockung´. Verbalabstraktum zu ahd. *spanan st V.* ´verlocken´; also zunächst von verlockenden Gaukelbildern, dann verallgemeinert. Adjektive: **gespenstig, gespenstisch**; Verb: *(herum-) gespenstern.* S. *abspenstig.*

Gespinst *n. alt.* (< 16. Jh.). Älter *gespünst, gespunst*, kollektives Verbalabstraktum zu *spinnen.*

Gespons *m./f. arch.* ´Gatte, Verlobte(r)´ (< 15. Jh.). Mhd. *gespons, gespunse m./n.* ´Bräutigam, Braut´, entlehnt aus l. *spōnsus m.*, *spōnsa f.* ´Verlobter, Verlobte´ (zu l. *spondēre [spōnsum]* ´geloben, versprechen´). S. *Gspusi, Sponsor.*

Gestade *n. obs.* (< *8. Jh., Form 13. Jh.). Mhd. *gestat, stade*, ahd. *stado m.*, *stad m./n.*, as. *stath m.* aus g. **staþa- n.* ´Gestade´, auch in gt. *staþa (Dat. Sg.)*, ae. *stæþ*, afr. *sted(e)*; die Kollektivbildung mit *ge-* seit mittelhochdeutscher Zeit. Ableitung zu *stehen*, also (ig.) **sthə-to-* ´Stätte, Stelle´. Das Wort ist in neuerer Zeit durch *Ufer* zurückgedrängt worden.

S. auch *Staden.* – Bahder (1925), 37 f.

Gestalt *f.* (< 14. Jh.). Mhd. *gestalt* ´Aussehen, Beschaffenheit´, etwas älter *ungestalt* ´Unförmigkeit´. Eigentlich Partizip zu *stellen*, also ´das Gestellte´. Das Verbum **gestalten** ist hiervon abgeleitet.

S. *ungestalt, verunstaltet.* – A. Kutzelnigg *MS* 82 (1972), 27–37; *HWPh* 3 (1974), 540–548.

gestanden *Adj. (PPrät.) phras.* (in *ein gestandener Mann* u.ä.) (< 13. Jh.). Schon mittelhochdeutsch in der Bedeutung ´erwachsen, erfahren´. Wohl als ´zum Stehen gekommen´ = ´erwachsen´. S. *stehen.*

gestatten *sw V.* (< 9. Jh.). Mhd. *gestatenen*, ahd. *gistatōn* ´gewähren´. Abgeleitet von ahd. *stata* ´günstiger Ort´, also ´einen günstigen Ort geben´. Das Grundwort gehört wie *Stätte* zu *stehen.*

Geste *f.* (< *15. Jh., Form 18. Jh.). Entlehnt aus l. *gestus m.* ´Mienenspiel, Gebärdenspiel´ (zu l. *gerere [gestum]* ´sich benehmen´), zunächst in der lateinischen Form, dann aus dem Plural *Gesten* rückgebildet die heutige deutsche.

S. *gestikulieren, Register, Gerundium.* – *DF* 1 (1913), 245 f.; *LM* 4 (1989), 1411 f.

gestehen *st V.* (< 9. Jh.). Mhd. *gestēn*, ahd. *gistān* ´stehen bleiben, hintreten, einräumen´. Die Einengung auf die heutige Bedeutung erst neuhochdeutsch. Auch die Ableitungen von suppletiven Formen haben diese Bedeutung: **geständig, Geständnis.**

Gestell *n.* (< 9. Jh.). Mhd. *gestelle*, ahd. *gistelli*, Kollektivum zu ahd. *stal* ´Standort, Stelle´ (s. *Stall*).

gestern *Adv.* (< 9. Jh.). Mhd. *gester(n)*, ahd. *gesterēn, gestre, gest(e)ra*, mndl. *gisteren* aus wg. **gestra-* (mit adverbialen Kasusformen) ´gestern´, auch in ae. *geostra*; daneben mit anderer Vokalstufe anord. *í gær* und als Kompositum gt. *gistradagis* ´morgen´ (´der Tag, an dem der heutige = gestern ist´? Oder Bedeutungsverallgemeinerung?). Entsprechend gebildet ist l. *hesternus* ´gestrig´; wie ai. *hyá-* und wohl auch gr. *chthés* zeigen, ist von ig. **ǵhjes* auszugehen, das ein adverbialer Genetiv sein könnte. Lautlich unklar sind air. *indé* und kymr. *(d)doe*. Die nordische Form dürfte auf eine späte sekundäre Dehnung zurückgehen. Lautlich schwierig, aber semantisch ansprechend ist die Zurückführung aller dieser Formen (mit lautlichen Vereinfachungen) auf ig. ***ǵh-djes* ´jenes Tages´ aus einer deiktischen Partikel und einem Wort für ´Tag´. Adjektiv: *gestrig.*

Nndl. *gisteren*, ne. *yesterday.* – F. Kluge *BGDSL* 41 (1916), 182; J. Schindler *Sprache* 23 (1977), 32, 34. Anders: F. Specht *ZVS* 68 (1944), 201–205; Röhrich 1 (1991), 543 f.

gestikulieren *sw V. erw. fach.* (< 17. Jh.). Entlehnt aus l. *gesticulārī*, das von l. *gesticulus*, dem Diminutiv des unter *Geste* behandelten Wortes, abgeleitet ist. Abstraktum: **Gestikulation.**

Gestirn *n.* (< 10. Jh.). Mhd. *gestirn(e)*, ahd. *gistirni*; Kollektiv zu *Stern*[1], also zunächst ´Sternbild u.ä.´. Dann auch für einzelne Sterne gebraucht.

HWPh 3 (1974), 552–555.

Gestöber *n.* (< 13. Jh.). Spmhd. *gestöber, gestobere, gestübere* zu mhd. *stöbern*, eigentlich ´stieben machen´, also zu *stieben* und *stöbern.*

Gestör *n. per. obd.* ´Verbindung mehrerer Stämme beim Flößen´ (< 15. Jh.). Spmhd. *gestore*, Kollektiv zu *storre* ´Baumstumpf, Baumstamm´ (s. *Storren*).

Gestrüpp *n.* (< 16. Jh.). Kollektivbildung zu mhd. *struppe f.* ´struppige Pflanzen´. Dieses zu *struppig* und *sträuben.*

Gestüt *n. erw. fach.* (< 16. Jh.). Kollektivbildung zu mhd. *stuot f.* ´Pferdeherde´, das sich in dieser Zeit zur Bezeichnung für das weibliche Pferd wandelt (s. *Stute*). Vom Kollektivum ´Pferdeherde´ aus verschiebt sich die Bedeutung zu ´Hof, auf dem Pferde gezüchtet werden´.

vOlberg (1991), 216–220.

Gesuch *n. stil.* (< 9. Jh.). Mhd. *gesuoch*, ahd. *gisuoh.* Verbalabstraktum zu *suchen.* Von den verschiedenen Spezialbedeutungen setzt sich seit 17. Jh. die Bedeutung ´Bitte, Ersuchen´ durch im Anschluß an die Verbalbedeutung ´um etwas nachsuchen, ersuchen´.

Gesums *n. erw. stil.* ´unnötiges Gerede´ (< 19. Jh.). Pejoratives Abstraktum zu *summen* mit einem eher in Norddeutschland üblichen Suffix.

gesund *Adj.* (< 8. Jh.). Mhd. *gesunt*, ahd. *gisunt(i)*, mndl. *gesonde, gesont* aus wg. **ga-sunda-Adj.* ´gesund´, auch in ae. *gesund*, afr. *sund*. Das Wort gehört am ehesten zu *geschwind*: so wie dieses auf (ig.) **sĝʰuwent* zurückgeht, kann *gesund* auf schwundstufiges (ig.) **sĝʰu-nt-* zurückführen. Die Ausgangsbedeutung wäre dann ´mächtig, stark´. Abstraktum: **Gesundheit**.

Nndl. *gezond*, ne. *sound*. – *HWPh* 3 (1974), 559–561; E. Koller in *FS J. Erben* (1990), 129–140; Röhrich 1 (1991), 544f.; Heidermanns (1993), 586; zu *Gesundheit* s. *LM* 4 (1989), 1412f.

gesundstoßen *st V. refl. erw. grupp.* (< 20. Jh.). In der Gegenwartssprache entstanden, zunächst offenbar an der Börse: ´seine wirtschaftliche Lage durch günstiges Abstoßen von Aktien verbessern´.

Getreide *n.* (< 11. Jh.). Mhd. *getregede, geträgete*, spahd. *gitregidi*; Verbalabstraktum zu *(ge)-tragen*, eigentlich ´das Getragene, der Ertrag´. Seit dem 14. Jh. speziell auf den Kornertrag spezialisiert, und dann überhaupt zu ´Korn´ geworden.

S. *tragen*. – J. Knobloch in: Schmidt-Wiegand (1981), 50f.; *LM* 4 (1989), 1413–1418.

Getriebe *n.* (< 15. Jh.). Abstraktum zu *treiben*; dann zunächst vom Antriebsmechanismus der Mühlen gesagt und von dort aus verallgemeinert.

Getto *n. erw. fach.*, auch **Ghetto** geschrieben, ´abgetrenntes Wohnviertel; Judenviertel´ (< 17. Jh.). Entlehnt aus it. *ghetto m.*, ursprünglich Bezeichnung des Judenviertels in Venedig (seit dem 16. Jh.). Die Juden wurden in Venedig 1595 auf das Gelände einer Gießerei beschränkt (*Geto Nuovo* ´die neue Gießerei´, als einschlägige Bezeichnung schon 1531); dann kam die alte Gießerei (*Geto Vecchio*) dazu und schließlich wurde das *Geto Nuovissimo* angeschlossen, wo gar keine Gießerei war. In dieser Zeit hatte *Geto* also bereits die Bedeutung ´Judenviertel´ angenommen. Da Venedig als erste Stadt ein eigenes Viertel für die Juden hatte, wurde der Name vorbildlich.

DF 1 (1913), 246; Littmann (1924), 59; C. Roth *Romania* 60 (1934), 67–76; S. A. Wolf *BN* 12 (1961), 280–283; H. Meier *ASNSL* 209 (1972), 1–8.

Getümmel *n.* (< 16. Jh.). Kollektiv zu mhd. *tumel m.* ´Lärm, Durcheinander´, das zu *tummeln* und weiter zu *taumeln* gehört.

Gevatter *m. obs.* (< 12. Jh.). Mhd. *gevater(e) f./m.*, ahd. *gifatero*; Lehnübersetzung von ml. *compater* ´Mitvater in geistlicher Verantwortung, Pate´. Während für diese Bedeutung *Pate* allgemein üblich wird, wird *Gevatter* auf die schon ae. bezeugte Bedeutung ´Freund der Familie´ zurückgedrängt.

R. Hildebrandt in: *FS Schmitt* (1988), 672–674; Röhrich 1 (1991), 545.

Geviert *n. obs.* ´Rechteck´ (< *11. Jh., Form 16. Jh.). Ahd. *gefierōt* ´vierteilig´ ist formal das Partizip zu einem von *vier* abgeleiteten Verb (also etwa ´geviertelt´). Im 16. Jh. als geometrischer Terminus gebraucht, wobei **Vierung** verdrängt wird. Letztlich setzen sich aber **Rechteck, Viereck** und **Quadrat** durch.

gewahr *Adj. obs.* (< 9. Jh.). Mhd. *gewar*, ahd. *giwar*, as. *giwar* aus g. **war-a-* ´aufmerksam´, auch in gt. *wars* ´behutsam´, anord. *varr*, ae. *gewær*. Zu ig. **werə-* ´beobachten, aufmerken´, das unter *wahren* dargestellt ist. Ableitungen hierzu sind **gewahren** und **Gewahrsam**, beides seit mittelhochdeutscher Zeit. Die Fügung **in Gewahrsam** geht aus von der Bedeutung ´Aufsicht´.

Ne. *aware*. – Heidermanns (1993), 657f.

gewähren *sw V. stil.* (< 9. Jh.). Mhd. *gewern*, ahd. *(gi)werēn* ´zugestehen´ führt wie afr. *wera* ´Gewähr leisten´ auf **wer-ē-* ´gewähren´. Zu ig. **werə-* ´achten´, das einerseits ´wahrnehmen´ ergibt (s. *gewahr* und *wahren*), andererseits übertragen wird auf moralische und religiöse Vorstellungen (l. *verērī* ´scheuen, verehren´, s. *wahren*). Semantisch am nächsten bei *gewähren* steht gr. *epì ḗra phérein* ´jmd. einen Gefallen erweisen´. Die Wendung **gewähren lassen** geht auf älteres *gewerden lassen* zurück (zu mhd. *gewerden lāzen* ´tun lassen, in Ruhe lassen´), ist also etymologisch abzutrennen. Das Abstraktum **Gewähr** vor allem in **gewährleisten** und **Gewährsmann**.

S. *Garantie*. – F. Klaeber *JEGPh* 18 (1919), 250–271; E. Seebold *IF* 78 (1973), 159–161.

Gewalt *f.* (< 8. Jh.). Mhd. *gewalt m./f.*, ahd. *giwalt m./f.*, as. *giwald m./f.*; wie afr. *wald, weld f./n.* ein Verbalabstraktum zu *walten*. Eine andere Stammbildung zeigen anord. *vald n.*, ae. *gew(e)ald m./n.* (neutrale *a*-Stämme) gleicher Bedeutung. Adjektive **gewaltig, gewaltsam, gewalttätig**; Präfixableitung **vergewaltigen**; Nomen agentis **Gewalthaber**.

Nndl. *geweld*, nschw. *våld* (s.o.), nisl. *vald* (s.o.). – *HWPh* 3 (1974), 562–570; *Grundbegriffe* 2 (1982), 817–935; Röhrich 1 (1991), 545f.; D. Busse: *Diachrone Semantik und Pragmatik*. Hrsg. D. Busse (Tübingen 1991), 259–275.

Gewand *n. obs.* (< 11. Jh.). Mhd. *gewant*, ahd. *giwant*. Ableitung zu *wenden*. In älterer Zeit bedeutet es ´Wendung´ und ´Gewendetes´ und kann sich so auch auf Tuchballen beziehen, in denen das Tuch gefaltet, also gewendet ist. In der Bedeutung ´Kleid´ dürfte das Wort aber eine Umdeutung aus älterem mhd. *gewǣte, gewāte*, ahd. *giwāti, giwādi* ´Kleidung´ sein. Dieses bedeutet ursprünglich ´Gewebe´ und gehört zu *weben*; das einfache Wort ahd. *wāt*, mhd. *wāt* bedeutete ebenfalls ´Kleid´.

S. auch *Leinwand, Wat*. – H. Wunderlich *IF* 14 (1903), 406–420.

Gewandhaus *n. arch.* (< 14. Jh.) ´Haus, in dem Tuch gestapelt und verkauft wird´. Heute noch als Name vorhanden.

gewandt *Adj.* *(PPrät.).* Das Partizip zu *wenden* wird wie *wendig* zu einem Ausdruck für ´geschickt´ (etwa seit dem 17. Jh.). Abstraktum: *Gewandtheit.*

Gewann(e) *f. arch.* ´Teil der Gemarkung´ (häufig in Flurbezeichnungen) (< 15. Jh.). Mhd. *gewande,* mndl. *gewande* ´Ackergrenze, Ackerlänge´. Ursprünglich die Grenze des Ackers, an der beim Pflügen gewendet wurde. Dann über ´Grenze´ zu den weiteren Bedeutungen. Die Assimilierung zu -nn- ist regional. S. *Gewende* und *wenden.*

gewärtig *Adj. phras.* (< 15. Jh.). Mhd. *gewertec* zu mhd. *gewarten* ´sich bereithalten´. Auch die Ableitung **gewärtigen** ist nicht mehr üblich. S. *warten.*

Gewäsch *n. stil.* ´Geschwätz´ (< 15. Jh.). Zu mhd. *waschen, weschen* ´schwätzen´, eigentlich ´waschen´ (bezogen auf die Unterhaltung der gemeinsam waschenden Frauen). S. auch *Wischiwaschi.* – Röhrich 1 (1991), 546.

Gewebe *n.* (< 9. Jh.). Mhd. *gewebe,* ahd. *giweb(bi).* Verbalabstraktum zu *weben,* doch so stark lexikalisiert, daß das Wort auf natürliche Stoffe übertragen werden kann (**Zellgewebe** usw.).

Gewehr *n.* (< 9. Jh.). Mhd. *gewer,* ahd. *-giweri.* Zunächst ´Verteidigungswaffe´ (zu *wehren*), danach allgemein ´Waffe´ und schließlich eingeschränkt auf eine bestimmte Schußwaffe. Die allgemeinere Bedeutung noch in **Seitengewehr.** Röhrich 1 (1991), 546.

Geweih *n.* (< 13. Jh.). Mhd. *gewīge.* Wie in mndd. *hertestwīch* ´Hirschgeweih´ zu mndd. *twīch* ´Zweig´ steht das deutsche Wort (mhd. *hizgewīh*) neben einem Wort für ´Zweig´, das in ai. *vayā f.* und dehnstufig in akslav. *věja f.* ´Zweig´ bezeugt ist. Diese zu ig. **weiə-* ´weben, flechten´ (also eigentlich ´Rute, Gerte´), das auch im Germanischen bezeugt ist. Das Geweih wird also als ´Geäst´ bezeichnet. S. auch *Gewicht².*

Gewende *n. arch.* ´Ackergrenze, Feldmaß´ (< 15. Jh.). Zu *wenden* mit dem gleichen Bedeutungszusammenhang wie bei *Gewann(e)* (s.d.).

Gewerbe *n.* (< 13. Jh.). Mhd. *gewerbe* gehört als Abstraktum zu *(ge)werben* in dessen allgemeiner Bedeutung ´tätig sein´; also eigentlich ´Tätigkeit´. In frühneuhochdeutscher Zeit auf ´Berufstätigkeit´ eingeengt. Adjektiv: *gewerblich.* Röhrich 1 (1991), 546 f.

Gewerkschaft *f.* (< 16. Jh.). Kollektiv auf *-schaft* zu **Gewerke,** mhd. *gewerke* ´Handwerks-, Zunftgenosse; Teilhaber an einem Bergwerk´. Schon in mittelhochdeutscher Zeit wird die Bedeutung von *Gewerke* auf den Bergbau eingeschränkt, und *Gewerkschaft* bedeutet deshalb bis ins 18. Jh. ´Gesamtheit der Inhaber eines Bergwerks´; von da an wird es auch auf andere Berufe ausgedehnt und bekommt seit der Mitte des 19. Jhs. unter Einfluß von ne.

trade union ´Arbeiterverband´ die heutige Bedeutung. Nicht durchgesetzt haben sich dagegen für den englischen Ausdruck **Gewerkverein** und **Gewerksgenosssenschaft.**

Gewese *n. per. ndd.* ´Benehmen´ (< 20. Jh.). Abstraktbildung zu dem starken Verb *wesen,* hochsprachlich nur noch in Präteritalbildungen *(war, gewesen)* und Ableitungen *(Wesen).*

Gewicht¹ *n.* (Schwere eines Körpers) (< 12. Jh.). Mhd. *gewiht(e),* eine Kollektivbildung zu g. **weh-ti- f.* ´Gewicht´ (aus g. **weg-ti-* zu *wiegen,* s.d.) in anord. *vætt f.,* ae. *wiht f.(?),* afr. *wicht,* mndd. *wicht(e)* f. Adjektiv: *gewichtig.* Nndl. *wicht,* ne. *weight,* nisl. *vætt.* S. *Wichte, wichtig, wiegen, Wucht.* – *LM* 4 (1989), 1422 f.; Röhrich 1 (1991), 547.

Gewicht² *n. per. fach.* ´Geweih´ (< 16. Jh.). Frühneuhochdeutsch zu *Geweih.* Bildung unklar.

gewieft *Adj. stil.* ´gerissen´ (< 20. Jh.). Herkunft unklar. Scherzhaft zu frz. *vif* ´aufgeweckt, lebendig´? Oder zu mhd. *wīfen* ´hin- und herbewegen´ (s. *Weife*)?

gewiegt *Adj. (PPrät.) erw. stil.* ´schlau´ (< 16. Jh.). Offenbar Partizip Präteritum zu *wiegen* ´mit dem Wiegemesser fein hacken´, also ´feingehackt´ mit ähnlicher Bedeutungsentwicklung wie bei *raffiniert, gerieben* u.ä.

Gewinde *n. erw. fach.* (< 15. Jh.). Verbalabstraktum zu *winden.* Später Verengung zu ´Schraubengewinde u.ä.´.

gewinnen *st V.* (< 9. Jh.). Mhd. *gewinnen,* ahd. *giwinnan;* gemeingermanische Präfigierung, die aber nur im Westgermanischen die Bedeutung ´erwerben´ hat. Grundwort ist g. **wenn-a-* ´sich mühen´ in gt. *winnan,* anord. *vinna,* ae. *winnan,* afr. *winna,* as. *winnan,* ahd. *winnan; gewinnen* ist also ´durch Mühe erreichen´. Zu ig. **wenə-* ´erstreben´ in ai. *vanóti* ´wünscht, verlangt, gewinnt´, akslav. *uniti* ´wollen´, l. *venus* ´Liebe, Liebesgenuß´. Die Geminate des Germanischen geht am ehesten auf **wenw-* zurück (vgl. die altindische Form aus **wen-u-*). Nach Trier ist die Ausgangsbedeutung ´rupfen´ (von Laubbüscheln), was mit beachtlichen Gründen gestützt wird (ved. *vánas-* Bedeutung unsicher, nach Trier ´Laubbüschel´). Abstraktum: **Gewinn;** Nomen agentis: **Gewinner.** Nndl. *winnen,* ne. *win,* nschw. *vinna,* nisl. *vinna.* S. *überwinden, wohnen/gewöhnen, Wahn, Wonne, Wunsch.* – A. G. vHamel in: *FS H. Pedersen* (Aarhus 1937), 103–109; Trier (1963), 118–141; Seebold (1970), 556 f.; Trier (1981), 175–179.

gewiß *Adj.* (< 9. Jh.). Mhd. *gewis,* ahd. *giwis(si),* as. *(gi)wis* aus g. **(ga)wissa-* ´gewiß, sicher´, auch in gt. *unwiss* ´ungewiß´, anord. *viss* (vermischt mit der Entsprechung zu *weise*), ae. *gewis(s),* afr. *wiss.* Ein *to-*Partizip zu g. **wait (Prät.-Präs.)* ´weiß´, also eigentlich ´gewußt, bewußt´. Abstraktum: **Gewißheit;** Präfixableitung: **vergewissern.**

Nndl. *(ge)wis*, nschw. *viss*, nisl. *viss*. S. *wissen*. –
A. Schrimm-Heins *AB* 34 (1991), 123–213, 35 (1992),
115–213; Heidermanns (1993), 681 f.

Gewissen *n.* (< 11. Jh.). Mhd. *gewizzen f.*, ahd.
giwizzanī f.; Lehnbildung zu l. *cōnscientia f.*, ursprünglich ein Ausdruck der Rhetorik vor Gericht,
mit dem die Auswirkungen des Schuldbewußtseins
(Unruhe, Unsicherheit usw.) bezeichnet wurden,
dann Terminus des Christentums. Das baugleiche
griechische Wort *syneídēsis f.* ist dagegen erst für
das Neue Testament belegt. Der Form nach ist ahd.
giwizzanī Adjektiv-Abstraktum zum Partizip *giwiz-
zan* ´gewußt, bewußt´. Adjektive: ***gewissenhaft, ge-
wissenlos***; Komposita: ***Gewissensbiß, Gewissens-
frage, Gewissensfreiheit***.
S. *wissen*. – F. Zucker: *Syneidesis-Conscientia* (Jena 1928);
R. Lindemann: *Conscience* (Jena 1938); W. Betz *BGDSL*
67 (1944), 302; J. Steckenberger: *Syneidesis – conscientia
– Gewissen* (1963); P. W. Schönlein *RMPh* 112 (1969),
289–305; A. Cancrini: *Syneidesis* (Rom 1970); *HWPh* 3
(1974), 574–592; *LM* 4 (1989), 1424–1426; Röhrich 1
(1991), 547.

Gewitter *n.* (< 9. Jh.). Mhd. *gewiter(e)*, ahd. *gi-
witiri*, as. *giwidiri* aus wg. **ga-wedr-ja- n.* ´Gewit-
ter´, auch in ae. *gewider*. Kollektiv zu *Wetter*, das
aber nur vom Unwetter gebraucht wird. Verb: ***ge-
wittern***; Adjektiv: ***gewittrig***. S. auch *Ungewitter*.

gewogen *Adj. (PPrät.) obs.* (< 16. Jh.). In dieser
Bedeutung seit dem 16. Jh. bezeugt, offenbar Partizip zu dem Komplex *wiegen/wägen/bewegen*, wobei
die Bedeutungsentwicklung im einzelnen unklar
bleibt. Zu beachten ist: *jemanden zu etwas bewegen
– ich habe ihn bewogen*; vielleicht als Entsprechung
dazu (in diesem Fall zu *gewegen*) *er ist mir gewogen*.
S. *wiegen*. – Röhrich 1 (1991), 547.

gewöhnen *swV.* (< 10. Jh.). Mhd. *gewenen*, ahd.
giwennen aus g. **wan-ija- swV.* ´gewöhnen´, auch in
anord. *venja*, ae. *gewenian*. Offenbar eine Ableitung
zu (g.) **wana-* in anord. *vanr* ´gewohnt´, neben dem
mit Ablaut ahd. *giwona*, mhd. *gewon* steht. Adjektiv und Verb haben sich im Deutschen angeglichen;
das Verb wird zu *gewöhnen*, das Adjektiv bekommt
die Form eines Partizips (***gewohnt***). Zur Grundlage
s. *wohnen*; die Bedeutungszusammenhänge sind im
einzelnen noch nicht geklärt. Partikelverben: ***ange-
wöhnen, abgewöhnen***; Abstraktum des Adjektivs:
Gewohnheit, des Verbs: ***Gewöhnung***; Adverb zum
Adjektiv: ***gewöhnlich (un-, außer-)***.
Nndl. *wennen*, ne. *wean*, nschw. *vänja*, nisl. *venja*. S. auch
verwöhnen. – E. Rooth *UUÅ* II,8 (1924), 93–106. Zu *Gewohnheit* vgl.: G. Funke *AB* 3 (1958); *HWPh* 3 (1974),
597–616; Röhrich 1 (1991), 547 f.; Heidermanns (1993),
654, 696.

Gewölle *n. per. fach.* ´von Raubvögeln ausge-
würgte unverdauliche Bestandteile ihrer Beute´
(< 15. Jh., Bedeutung 16. Jh.). Spmhd. *gewel(le)*
´Brechmittel (für den Falken), Erbrochenes´. Zu

mhd. *wullen, wüllen, willen*, ahd. *wullōn, willōn* ´er-
brechen, Ekel empfinden´.

Gewürz *n.* (< *13. Jh., Form 15. Jh.). Kollektiv
zu *Wurz* ´Kraut´, also eine ähnliche Bedeutungsverengung wie bei dem Plural *Kräuter*. Etwas älter
mhd. *giwurz f.*
S. *Wurzel*. – *LM* 4 (1989), 1432–1434.

Geysir *m.*, **Geiser** *m. per. fach.* ´heiße Quelle´
(< 19. Jh.). Entlehnt aus nisl. *geysir* (Name einer
solchen Quelle, dann verallgemeinert), dieses zu
nisl. *geysa* ´hervorsprudeln´. Dieses zu anord. *gjósa*
´sprudeln´, einer Auslautvariante zu *gießen*.

Gezähe *n. per. fach.* ´Gerät´ (< 12. Jh.). Mhd. *ge-
zouwe, gezowe*. Wie die bedeutungsähnlichen Wörter afr. *tauw(e) f.*, mndd. *touwe, tow, tau* und –
anders gebildet – ae. *tōl*, anord. *tól* ´Werkzeug´
eine Ableitung zu g. **tau-ja-* ´zurichten´, s. *zauen*
und *Tau*.

Gezeiten *Pl. erw. fach.* (< *9. Jh., Bedeutung
16. Jh.). Mhd. *gezīt*, ahd. *gizīt* ´bestimmte Zeit,
Festzeit´. In der modernen Bedeutung angepaßt
aus mndd. *getīde n.* ´Flutzeit´, einer Spezialisierung
des Kollektivums zu dem Wort *Zeit*.
S. auch *Tide*. – Kluge (1911), 782 f.

Geziefer *n.* s. *Ungeziefer*.

Gezücht *n. phras.*, meist in ***Otterngezücht/ Nat-
terngezücht*** (nach Mt. 3,7) (< 13. Jh.). Mhd. *ge-
zühte*, Kollektivum von *Zucht* im Sinn von ´Brut,
Aufgezogenes´; gewöhnlich pejorativ.

Ghetto *n.* s. *Getto*.

Gicht *f.* (< *9. Jh., Form 13. Jh.). Mhd. *giht n./
f.*, ahd. *gigiht, firgiht*, mndd. *gicht*, mndl. *gicht(e)*.
Herkunft unklar. Eine Ausgangsbedeutung ´Be-
schwörung´ ist von der Form her möglich, aber
nicht ausreichend wahrscheinlich zu machen.
P. Lessiak *ZDA* 53 (1912), 101–182; E. Müller-Graupa
Glotta 19 (1931), 57 f.; H. Schnebel: *Krankheit der ungezählten Namen* (Bern 1987), 85–88; *LM* 4 (1989), 1442.

gichtbrüchig *Adj. obs.* (< 14. Jh.). Mhd. *gihtbrü-
hec* ´einer, dessen Gebrechen die Gicht ist´.

Gickelhahn *m.* s. *Gockel*.

gicksen *swV. per. reg.* (< 12. Jh.). Mhd. *gichsen,
gichzen*, ahd. *irgickezzen* ´einen leichten Schrei aus-
stoßen´. Aus einer lautmalenden Grundlage; vgl.
etwa ae. *geocsa, geoxa m.* ´Schluckauf´.
S. *kieksen*. – Zu *Gicks*: Röhrich 1 (1991), 548.

Giebel[1] *m. erw. fach.* (< 10. Jh.). Mhd. *gibel*, ahd.
gibil, mndd. *gevel*, mndl. *gevel* aus vd. **gibla- m.*
´Giebel´, neben gr. *gibla* ´Giebel´ mit schwacher
Flexion; daneben anord. *gafl* ´Giebelreiter´. Laut-
lich vergleichbar ist ein weiter verbreitetes Wort für
´Kopf´ (ahd. *gibilla f.*, gr. *kephalḗ f.*, toch. A *śpāl*
´Kopf´). Die Bedeutungszusammenhänge sind
nicht ausreichend geklärt. Falls von ´Oberstes

(o.ä.)' auszugehen ist, können 'Kopf' und 'Giebel' zusammenhängen; in diesem Fall ist 'Kopf' wohl die Ausgangsbedeutung. Andererseits ist (ig.) *g^heb^h- 'Kopf' parallel zu *kap- 'Kopf' (s. *Haupt*) und könnte eine Variation von diesem sein; 'Giebel' könnte dagegen näher bei *Gabel* stehen und 'Spitze, Gabelung o.ä.' bedeuten. Eine Entscheidung ist vorläufig nicht möglich.

J. Trier *ZDA* 76 (1939), 13–44. – *LM* 4 (1989), 1442 f.

Giebel[2] *m.*, auch **Gieben** *m. per. fach.* (der Fisch 'Carassius gibellio') (< 16. Jh.). Fnhd. *gibel*; vgl. ahd. *guva f.* Beides wohl entlehnt aus l. *gōbius*, das seinerseits aus gr. *kōbiós* stammt.

giepern *sw V. per. ndd.* 'gierig nach etwas (Eßbarem) verlangen' (< 18. Jh.). Wohl zu einer Entsprechung des nur im Hochdeutschen belegten *Geifer*, also 'vor Begierde Speichel absondern'. *Gieper* 'Begierde' ist daraus rückgebildet. Denkbar ist aber auch eine Erweiterung zu ndd. *giepen* 'starren, gaffen' ('sich die Augen aus dem Kopf schauen').

Gier *f.* (< 8. Jh.). Mhd. *gir*, ahd. *girī* 'Begierde', Adjektivabstraktum zu ahd. *ger, giri*, mhd. *gir, ger* 'begierig'. In den Wörtern dieser Lautform mischen sich zwei Quellen: ig. *g^her- 'verlangen' (s. *gern*) und *r*-Ableitungen von (ig.) *g^hei- 'gähnen, klaffen, verlangen' (s. *Geier*). Adjektiv: *gierig (neu-, hab-)*; Komposita oder Rückbildungen aus den zugehörigen Adjektiven: *Neugier, Habgier*. Dagegen gehört *Begier* usw. zu *begehren*.

S. auch *Geiz*. – Heidermanns (1993), 241 f.

Giersch *m. per. reg.* ('Geißfuß', ein Unkraut) (< 12. Jh.). Mhd. *gers, gīres, gīrst*, ahd. *gers, gires*, mndd. *gers(ele), gersgerse*. Damit können urverwandt sein (mit Ablaut) lit. *garšvà f.*, *gaŕšas* 'Angelika, Engelwurz'.

Marzell 1 (1943), 124–126.

gießen *st V.* (< 8. Jh.). Mhd. *giezen*, ahd. *giozan*, as. *giotan* aus g. *geut-a- *st V.* 'gießen', auch in gt. *giutan*, anord. *gjóta*, ae. *gēotan*, afr. *gjāta*; dieses aus ig. (eur.) *g^heud-, einer Erweiterung zu ig. *g^heu- 'gießen'. Ig. *g^heud- in l. *fundere* 'gießen, schütten', gr. *kochydéō* 'ich ströme hervor'; ig. *g^heu- in ai. *juhóti* 'opfert, gießt Butter ins Feuer', gr. *chéō* 'ich gieße, schmelze', l. *fūtis* 'Wassergefäß', toch. AB *ku-* 'gießen, spenden'. – Auf die Tätigkeit bei der Metallverarbeitung sind spezialisiert das Nomen agentis *Gießer* und die Lokal-Bildung *Gießerei*; Präfixableitung: *begießen*.

Nndl. *gieten*, nschw. *gjuta*, nisl. *gjóta*. S. *Fondue, Gosse, Guß, Geysir*. – Seebold (1970), 228 f.

Gift *n.*, früher auch *f./m.* (< *9. Jh., Bedeutung 11. Jh.). Mhd. *gift f.* ahd. *gift f.*, mndd. *gifte f.*, mndl. *gift(e)* aus g. *gefti- *f.* 'Gabe' (zu *geben*, s.d.), auch in gt. -*gifts*, anord. *gift(a) f.*, ae. *gift f.*, afr. *jeft(e) m./f.* Das Wort kann seit dem Althochdeutschen (wohl im Anschluß an gr. *dós [dótós]*

*f.*und l. *dōs [dōtis] f.* 'Gabe, Arzneigabe, Giftgabe') 'Gift' bedeuten; im 16. Jh. wird differenziert: die Bedeutung 'Gabe' bleibt Femininum (s. *Mitgift*), die Bedeutung 'Gift' wird Neutrum. Danach stirbt das Femininum bis auf Relikte aus. Präfixableitung: *vergiften*; Adjektiv: *giftig*.

Nndl. *gift*, ne. *gift*, nschw. *gift*. – V. Pisani *StG* 10 (1972), 29–34; G. vOlberg in *FS R. Schmidt-Wiegand* (1986), 625–645. Zur Bedeutungsentwicklung vgl.: M. G. Arcamone *StG* 5 (1967), 5–40. *LM* 4 (1989), 1446 f.; Röhrich 1 (1991), 548 f.

Gig *f. per. fach.* 'Ruderboot des Kapitäns' (< 19. Jh.). Entlehnt aus ne. *gig* 'leichtes Boot', das auch 'leichter Wagen' bedeuten kann. Weitere Herkunft unklar.

Carstensen 2 (1994), 569.

Gigant *m.* (< 9. Jh.). Entlehnt aus l. *Gigās (Gigantis)*, dieses aus gr. *Gigās (Gigantos)*. In der altgriechischen Sage sind die *Giganten* die riesenhaften Söhne der *Gaia*, die von Zeus wegen ihres Frevelmuts bekämpft werden. Dann wird der Name metaphorisch gebraucht und verallgemeinert. Adjektiv: *gigantisch*.

DF 1 (1913), 246.

Gigerl *m./n. per. oobd.* 'Modegeck' (< 19. Jh.). In Österreich aufgekommen; eigentlich ein Mundartwort für 'Hähnchen'.

R. Sprenger *ZDU* 7 (1893), 142 f.; R. Dundatschek, ebd. 692; Ladendorf (1906), 107 f.

Gigolo *m. obs.* 'Eintänzer; Mann, der sich von Frauen aushalten läßt' (< 20. Jh.). Entlehnt aus frz. *gigolo*, das eine regionale Bildung zu frz. (dial.) *gigo* 'Schenkel' (frz. *gigot* 'Hammelkeule') ist; daneben frz. *gigoter* 'die Schenkel bewegen, tanzen'. Grundlage dieser Wörter ist frz. *giguer* 'hüpfen'; vielleicht zu der altniederfränkischen Entsprechung von *Geige*.

Gilde *f. erw. fach.* (< *8. Jh., Standard 17. Jh.). Ursprünglich niederdeutsches Wort (mndd. *gilde f./n.* 'Brüderschaft, Gesellschaft'); ein Kollektiv in der gleichen Bedeutung liegt in ae. *gegilda m.* 'Kompanion, Genosse', anord. *gildi m.* 'Gildebruder' vor. Gehört offenbar zu *Geld* in der Bedeutung 'Abgabe'. Vermutlich wird dadurch eine Gesellschaft bezeichnet, die gemeinsame Mittel durch Umlage aufbringt. In fränkischen Kapitularien werden solche Bünde (ml. *gildonium, gelda*) verboten, was darauf hindeuten könnte, daß ursprünglich Opfergemeinschaften so bezeichnet wurden. Der Sache nach setzen sie aber die antiken *coniurationes* fort.

E. vKünßberg *ZM* 11 (1935), 242–245; J. de Vries: *Altgermanische Religionsgeschichte*, 2. = 3. Aufl. 1 (1956), 448–491; R. Schmidt-Wiegand *AAWG* III,122 (1981), 335–369; dies. *HG* 100 (1982), 21–40; Obst (1983), 142–157; dies. in *Text und Sachbezug in der Rechtssprachgeographie*. Hrsg. R. Schmidt-Wiegand (München 1985),

104–122; *Gilden und Zünfte*, hrsg. B. Schwineköper (Sigmaringen 1987), besonders die Beiträge von O. G. Oexle 151–214 und R. Schmidt-Wiegand 31–52; *LM* 4 (1989), 1452 f.

Gimpel *m. per. oobd. wmd.* (Dompfaff) (< 15. Jh.). Spmhd. *gümpel*. Die Herleitung der Bedeutung ist unsicher, da mit Homonymie zu rechnen ist. Die Herleitung aus mhd. *gumpen* 'springen', also etwa 'Hüpfer', ist nicht überzeugend, weil der Dompfaff nicht besonders beweglich ist. Mit Hinblick auf die Bezeichnung als 'Dompfaff' wäre ein Anschluß an das veraltete *gimpel* 'Brustschleier' (aus afrz. *guimple*) naheliegend; doch ist zumindest in Wortspielen der Vogelname schon früh auf mhd. *gumpen* bezogen worden. Da sich der Vogel leicht durch die Nachahmung seines Rufes locken läßt, Übertragung auf den Menschen als 'einfältiger Tropf' – doch auch hier ist möglicherweise mhd. *gumpelman* 'Springer, Possenreißer' vielleicht das Ältere (diese Annahme setzt aber eine ungewöhnlich lange Lücke in der Bezeugung voraus).

Suolahti (1909), 137–140; Lühr (1988), 366.

Gin *m. erw. fach.* 'Wacholderbranntwein' (< 18. Jh.). Entlehnt aus ne. *gin*, einer Kurzform von e. *geneva*, aus nndl. *genever*, aus afrz. *gene(i)vre* 'Wacholder', aus l. *iūniperus f.*

Rey-Debove/Gagnon (1988), 346 f.; Carstensen 2 (1994), 570 f.

Ginster *m. erw. fach.* (< *11. Jh., Form 13. Jh.). Mhd. *ganeister f., ginster*, ahd. *geneste(r)*. Entlehnt aus spl. *genista f.*, it. *ginestra f.*, deren Herkunft unklar ist. Das *-r* ist sekundär, wohl nach romanischem Vorbild (afrz. *genestre*).

Marzell 2 (1972), 601 f.; *LM* 4 (1989), 1455.

Gipfel *m.* (< 15. Jh.). Spmhd. *güpfel*, Diminutiv zu mhd. *gupf(e)* 'Spitze'. Dieses ist eine oberdeutsche Entsprechung zu *Kuppe*. Verb: **gipfeln**.

Anders: Lühr (1988), 273 f.

Gips *m.* (< 11. Jh.). Mhd. *gips*, ahd. *gips*. Entlehnt aus l. *gypsum n.*, das aus gr. *gýpsos f.* stammt. Dieses vielleicht aus einer Entsprechung zu hebr. *gāwīš* 'Kristall'. Das Maskulinum des deutschen Wortes wohl im Anschluß an *Kalk*. Verb: **gipsen**; Nomen agentis: **Gipser**.

W. Horn *BGDSL* 22 (1897), 218 f.; Goltz (1972), 76 f., 172 f. Lokotsch (1975), 56; Lüschen (1979), 225 f.; *LM* 4 (1989), 1458 f.

Giraffe *f. exot.* (*14. Jh., Form 15. Jh.). Entlehnt aus it. *giraffa*, dieses aus arab. *zurāfa*. Frühere Belege zeigen einen Zischlaut (*s-, sch-*) im Anlaut und gehen wohl unmittelbar auf das arabische Wort zurück.

DF 1 (1913), 246 f.; Littmann (1924), 79, 138; Lokotsch (1975), 173 f.; *LM* 4 (1989), 1459.

Girlande *f. erw. fach.* (< 18. Jh.). Entlehnt aus frz. *guirlande*, dieses aus it. *ghirlanda*, das selbst

wohl aus dem Französischen (afrz. *garlande*) übernommen ist. Die weitere Herkunft ist unklar.

DF 1 (1913), 247; *DEO* (1982), 352 f.

Girlitz *m. per. fach.* (ein Finkenvogel) (< 16. Jh.). Entlehnt aus einem slavischen Wort (vgl. sloven. *gŕlica* 'Turteltaube').

Giro *n. erw. fach.* (< 17. Jh.). Entlehnt aus it. *giro m.*, eigentlich 'Kreis, Umlauf', dieses aus l. *gȳrus m.* 'Kreis', aus gr. *gȳros m.* Bezeichnet wird damit der Umlauf der bargeldlosen Zahlungsmittel; geläufig vor allem das Kompositum **Girokonto**.

DF 1 (1913), 247.

girren *swV. erw. stil.* (< 16. Jh.). Lautmalendes Wort wie *garren, gerren, gurren, kirren* in entsprechender Verwendung.

O. Hauschild *ZDW* 11 (1909), 176; P. Kretschmer *Glotta* 13 (1924), 136 f.

Gischt *m.*, auch *f. erw. fach.* (< *13. Jh., Form 17. Jh.). Mhd. *gest, jest*; Verbalabstraktum zu *gischen, geschen swV.* 'schäumen', die Nebenformen zu (g.) **jes-a-* 'gären' sind (s. *gären*). Zu diesem die mittelhochdeutsche Lautform.

gissen *swV. per. fach. ndd.* 'die Position eines Schiffes schätzen' (< 15. Jh.). In den Nordseesprachen gebräuchliches Wort (nschw. *gissa*, ndn. *gisse*, ndd. *gissen*), das wohl als (g.) **gets-ija-* zu **get-a-* (s. *vergessen*) gehört. Die Bedeutung ist ursprünglich 'mutmaßen' und hat sich dann eingeengt auf die fachsprachliche Bedeutung.

Kluge (1911), 320.

Gitarre *f.* (< 17. Jh.). Entlehnt aus span. *guitarra*, dieses aus arab. *qītāra*, das übernommen ist aus gr. *kithárā* 'große Leier'.

S. *Zither*. – *DF* 1 (1913), 247; Littmann (1924), 90 f.

gitt(e) *Interj.* s. *igitt*.

Gitter *n.* (< 15. Jh.). Auch *gegitter*. Offenbar eine jüngere Abwandlung zu *Gatter* und damit in seiner Herkunft unklar wie dieses. Präfixableitung: **vergittern**.

Glacéhandschuh *m. erw. fach. phras.* (< *18. Jh., Form 19. Jh.). Entlehnt aus frz. *gants glacés*, zunächst in der Form **glasierte Handschuhe**. Frz. *glacer* bedeutet eigentlich 'vereisen', dann aber auch 'mit Glasur überziehen' (u.ä.); also '(durch Oberflächenbehandlung) glänzende Handschuhe'. Das Wort veraltet mit der Sache, doch bleibt der Ausdruck **mit Glacéhandschuhen anfassen** für 'vorsichtig behandeln'.

DF 1 (1913), 247 f.

Gladiator *m. erw. exot.* 'Kämpfer in den Zirkusspielen des alten Roms' (< 18. Jh.). Entlehnt aus l. *gladiātor*, einer Ableitung von l. *gladius* 'Schwert'.

S. *Gladiole*.

Gladiole *f. erw. fach.* (ein Schwertliliengewächs) (< 19. Jh.). Entlehnt aus l. *gladiolus m.*, 'kleines

Schwert', zu l. *gladius m.* 'Schwert'. S. *Gladiator.* So benannt nach der Form der Blätter.

Glanz *m.* (< 12. Jh.). Mhd. *glanz* neben dem Adjektiv mhd. *glanz*, ahd. *glanz* 'glänzend'. Daneben eine Reihe weiterer 'Glanz'-Wörter mit Anlaut *gl-*, ohne daß es sinnvoll wäre, daraus eine besondere Wurzel o.ä. zu konstruieren. Der Anlaut *gl-* ist im Deutschen ein Phonaesthem für 'leuchten'. Präfigierung: *Abglanz*; Verbum: *glänzen.*

H. Schwarz in: *FS Trier* (1954), 439–442 (= *KS* 45–48); *HWPh* 3 (1974), 626; Röhrich 1 (1991), 549 f.; Heidermanns (1993), 247. Zu den Phonaesthemen s. Lühr (1988), 58 f.

Glas[1] *n.* (< 9. Jh.). Mhd. *glas*, ahd. *glas*, as. *glas* aus wg. **glasa-* n. 'Glas', auch in ae. *glæs.* Daneben mit grammatischem Wechsel mndd. *glar* 'Harz', ae. *glær* 'Bernstein', anord. *gler* 'Glas' aus (g.) **glaza-*. Offenbar haben die Germanen das Glas zunächst als Schmuck kennengelernt und mit einem Wort für Bernstein bezeichnet. Das Wort stellt sich zwar zu den anderen 'Glanz'-Wörtern mit Anlaut *gl-* (s. *Glanz*), ist aber kaum ein Erbwort. – Präfixableitung *verglasen*; Nomen agentis: *Glaser*; Adjektive: *gläsern, glasig.*

S. auch *glasieren, Glasur.* – Kritisch zu der Bedeutung 'Bernstein': Meineke (1984), 45–62, 67–74. K. Ostberg *BEDS* 3 (1983), 269–277; G. Bonfante *Journal of Baltic Studies* 16 (1985), 316–319; *LM* 4 (1989), 1477–1482; Röhrich 1 (1991), 550 f.

Glas[2] *n. per. fach.* 'halbe Stunde' (in bestimmten Wendungen). Nach dem Plural *Glasen* zu urteilen, im Niederländischen entstanden. Gemeint ist ursprünglich die Sanduhr (aus Glas), nach deren Ablauf der Wachdienst auf den Schiffen geregelt war.

glasieren *sw V. erw. fach.* (< 16. Jh.). Die Wörter *glasieren* und *Glasur* zeigen eine schwer durchschaubare gegenseitige Beeinflussung von französischen und deutschen Wörtern. Von der Beleglage her ist *glasieren* mit fremder Endung zu *Glas*[1] gebildet, würde also bedeuten 'mit glasartigem Überzug versehen'; frz. *glacer* könnte davon abhängig sein, zeigt aber zumindest in der Schreibung den Einfluß von frz. *glace* 'Eis', das bedeutungsmäßig ebenfalls die Grundlage sein könnte.

Glast *m. arch. obd.* 'Glanz' (< 13. Jh.). Mhd. *glast.* Gehört zu den 'Glanz' Wörtern mit Anlaut *gl-* ohne nähere Verknüpfbarkeit (s. *Glanz*).

Glasur *f. erw. fach.* (< 17. Jh.) Wie *glasieren* mit fremder Endung zu *Glas*[1], wobei möglicher französischer Einfluß zu berücksichtigen ist. Frz. *glaçure* gilt aber als von dem deutschen Wort abhängig.

glatt *Adj.* (< 8. Jh.). Mhd. *glat*, ahd. *glat*, as. *glad-* 'froh' aus g. **glada-* Adj. 'glatt, schlüpfrig', übertragen 'froh' auch in anord. *glaðr* 'blank, froh', ae. *glæd* 'glänzend, froh', afr. *gled* 'glatt, schlüpfrig'. Außergermanisch vergleicht sich l. *glaber* 'glatt, kahl' (**g*ʰ*lad*ʰ*-ro-*) und mit Dehnstufe

lit. *glod(n)ùs*, akslav. *gladŭkŭ* 'glatt, eben'. Weitere Herkunft unklar. Abstraktum: *Glätte*; Verbum: *glätten* (regional auch 'bügeln'); Kompositum: *Glatteis.*

Nndl. *glad*, ne. nschw. *glatt*, nisl. *glaður.* S. *Glatze.* – H. Schwarz in: *FS Trier* (1954), 445–449 (= *KS* 51–56); Heidermanns (1993), 244 f.

Glatze *f.* (< 11. Jh.). Mhd. *glat(z) m.*, ahd. *glaz.* Zu *glatt* mit Intensivgemination. Das Femininum seit dem 15. Jh.

Lühr (1988), 258 f.

glauben *sw V.* (< 8. Jh.). Mhd. *g(e)louben*, ahd. *gilouben*, as. *gilōƀian* aus g. **(ga-)laubija-* 'glauben', auch in gt. *galaubjan*, ae. *geliefan*, *gelyfan*; dazu nur wg. **ga-laub-ōn m.* (mhd. *g[e]loube*, ahd. *giloubo*, as. *gilōƀo*, ae. *gelēafa*). Abgeleitet von **ga-lauba-* Adj. 'vertraut, Vertrauen erweckend' in gt. *galaufs*, ahd. *giloub*, also 'vertraut machen'. Vermutlich gehört dieses Wort zu *Laub* in der Bedeutung 'Laubbüschel als Futter und Lockmittel für das Vieh' und bedeutet dann ursprünglich 'zutraulich, folgsam, handzahm' (wie das Vieh, dem ein Laubbüschel hingehalten wird). Abstraktum: *Glaube*; Adjektive: *gläubig, glaublich, glaubhaft, glaubwürdig.*

Nndl. *geloven*, ne. *believe.* S. *Laub.* – Th. Frings *BGDSL-H* 91 (1969), 30–32; H. Kuhn: *Kleine Schriften* (Berlin 1978), IV, 309–317; *HWPh* 3 (1974), 627–645; R. Hinderling in: *FS G. de Smet* (1986), 207–216; Röhrich 1 (1991), 551 f.; W. Meid: *Aspekte der germanischen und keltischen Religion* (Innsbruck 1991), 29–32; ders. in *Germanische Religionsgeschichte.* Hrsg. H. Beck u. a. (Berlin 1992), 504–507; Heidermanns (1993), 365.

Glaubersalz *n. obs.* 'Natriumsulfat als Abführmittel' (< 17. Jh.). Nach J. R. *Glauber*, der es herstellte und anpries.

Lüschen (1979), 227.

Gläubiger *m. erw. fach.* 'Geldgeber' (< 14. Jh.). Lehnübersetzung von l. *creditor* oder it. *creditore* zu l. *credere* 'glauben' (im Sinne von 'für vertrauenswürdig halten').

gleich *Adj.* (< 8. Jh.). Mhd. *gelīch(e)*, ahd. *gilīh*, as. *gilīk(o)* aus g. **ga-leika-* Adj. 'gleiche Gestalt habend', auch in gt. *galeiks*, anord. *(g)līkr*, ae. *gelīce*, afr. *līk.* Zu dem damit vorausgesetzten g. **leika-* 'Gestalt', s. *Leiche.* Die Lautform des Adjektivs ist aber etymologisch mehrdeutig, und die einzelnen Quellen sind nicht mehr sicher zu unterscheiden. Neben der angeführten Deutungsmöglichkeit steht ein g. **līka-*, das selbst schon 'gleich' bedeutet und mit lit. *lýgus* 'gleich, gleichartig' verglichen werden kann. Außerdem gibt es tektale Ableitungen zu Bildungen auf ig. **-li-* (lit. *tolýgus* 'entsprechend, gleich'). Verbum: *gleichen*; Präfixableitungen: *begleichen, vergleichen*; Abstraktum: *Gleichheit, Vergleich*; Sonderbedeutungen in *Gleichnis, Gleichgewicht, gleichgültig.*

Nndl. *gelijk*, ne. *like*, nschw. *lik*, nisl. *líkur.* S. auch *Gleisner, mißlich, sogleich.* – E. Seebold in: *FS W. Meid* (1989),

343−351; Röhrich 1 (1991), 552 f.; Heidermanns (1993), 381−383. Zu *Gleichheit*: *Grundbegriffe* 2 (1975), 997−1046; O. Dann: *Gleichheit und Gleichberechtigung* (Berlin 1980); A. Schönfeld in *FS Schmitt* (1988), 443−463; Heidermanns (1993), 381−383.

Gleichgewicht n. (< 17. Jh.). Lehnbildung zu frz. *équilibre* m. und l. *aequilibrium* (aus l. *aequus* ´gleich´ und l. *lībra* f. ´Waage, Pfund´). *Grundbegriffe* 2 (1975), 959−996.

gleichgültig Adj. (< 17. Jh.). Eigentlich ´gleich viel geltend´, und da dies bedeutet ´es ist unwichtig, wie man sich entscheidet´ dann auch ´unwichtig, bedeutungslos´.

gleichmäßig Adj. (< 15. Jh.). ´mit gleichem Maß´, dazu die Rückbildung **Gleichmaß**. Nichtenhauser (1920), 25.

Gleichnis n. (< 8. Jh.). Mhd. *gelīchnisse, gelīchnus f./n.*, ahd. *gilīhnissa* ´Gleichheit´, dann ´Ebenbild´ und schließlich ´Gleichnis, Parabel´ (alle Bedeutungen schon althochdeutsch).

Gleichung f. erw. fach. (< 17. Jh.). Lehnübersetzung von l. *aequatio*; früher **Vergleichung** (vgl. *Algebra*).

gleichwohl Konj./Adv. (< 15. Jh.). Aus mhd. *gelīche wol* ´ebenso wohl, ebenso wirksam´ zusammengerückt. Behaghel 3 (1928), 181 f.

Gleis n. s. *Geleise*.

Gleisner m. obs. ´Heuchler´ (< 12. Jh.). Mhd. *gelīchsenære, glīsenære*, Nomen agentis zu mhd. *gelīchsenen, gelīchesen, gelīhsen*, ahd. *gilīhhisōn* ´es jmd. gleichtun, sich verstellen´; Ableitung zu *gleich*. Zur Bedeutung vgl. l. *simulāre* ´ähnlich machen, abbilden, erheucheln´ zu l. *similis* ´ähnlich´. Der tektale Reibelaut ist aus der Konsonantengruppe geschwunden, hat aber wohl bewirkt, daß der Zischlaut stimmlos (bzw. eine Fortis) blieb; deshalb auch die orthographische Variante **Gleißner**. A. Wallner *ZDA* 63 (1926), 214−216.

Gleiße f., auch **Gleiß**, m. per. reg. ´Hundspetersilie´ (< 16. Jh.). Spmhd. *glise*, fnhd. *gleisz*. Vermutlich wegen der großen Ähnlichkeit dieser giftigen Pflanze mit dem Würzkraut *Petersilie* zu mhd. *gelīchsenen* ´es jmd. gleichtun, sich verstellen´ mit stimmlosem Zischlaut aus der Einwirkung des geschwundenen -*ch*-. S. *Gleisner*. − Marzell (1943/79), I, 135−137.

gleißen swV. obs. (< 9. Jh.). Mhd. *glīzen*, ahd. *glīzan*, as. *glītan* aus vd. **gleit-a- stV.* ´gleißen´ (schwache Flexion erst neuhochdeutsch). Außerdeutsch in gt. *glitmunjan* ´glänzen´, anord. *glita* ´glimmen´, ae. *glitinian* ´glitzern´. Das Wort hat keine brauchbare Vergleichsmöglichkeit. Es gehört zu den ´Glanz´-Wörtern mit Anlaut *gl*-. Dazu auch *glitzern* (s. d. und *Glanz*). Seebold (1970), 231 f.

gleiten stV. (< 12. Jh.). Mhd. *glīten*, as. *glīdan*, andfrk. *glīdan* aus wg. **gleid-a- stV.* ´gleiten´, auch in ae. *glīdan*, afr. *glīda*; im Nordischen vielleicht hierher anord. *gleiðr* ´mit gespreizten Beinen´, anord. *gleða* ´Milan´. Das Wort hat keine brauchbare Vergleichsmöglichkeit. Besser vergleichbar ist eine Variante g. **greid-*, etwa in gt. *grids** ´Schritt´, obd. *gritten* ´die Beine spreizen, gehen´ (lit. *grìdyti* ´gehen, wandeln´, vielleicht auch akslav. *gręsti* ´kommen´ und mit anderer Vokalisierung l. *gradī* ´schreiten´ (s. *Grad*). Vielleicht liegt unregelmäßige Variation oder Wurzelmischung vor. Nndl. *glijden*, ne. *glide*. S. auch *glitschen, Grätsche*. − Seebold (1970), 230 f. Anders: Th. Krisch *HS* 103 (1990), 116−131; K.-H. Mottausch *HS* 105 (1992), 276−286.

Gletscher m. (< 16. Jh.). Entlehnt aus schweizerdeutschen Mundartwörtern, die auf spl. *glaciārium* n., einer Ableitung von spl. *glacia* f. ´Eis´, aus l. *glaciēs* f. zurückgehen. S. *Gelatine*. − W. Meyer-Lübke *ZDW* 2 (1902), 73 f.

Glibber m. per. ndd. ´schlüpfrige Masse´ (< 20. Jh.). Aus der niederdeutschen Umgangssprache. Rückbildung aus fnhd. *geliefern*, mhd. *gelibert*, ahd. *giliberot* ´geronnen, gefroren´. Die weitere Verwandtschaft ist unter *Lab* dargestellt.

Glied n. (< 10. Jh.). Mhd. *g(e)lit*, ahd. *gilid*, mndd. *gelit*, mndl. *gelit*; Kollektivbildung zu einfachem g. **liþu-* m. ´Glied´ in gt. *liþus*, anord. *liðr* m., ae. *liþ* m./n., afr. *lith*, as. *lið* m., ahd. *lid* m./n./f. Von derselben Grundlage gebildet sind anord. *limr*, ae. *lim*; auszugehen ist also von (ig.) **li*-. Dies kann eine Erweiterung sein zu der in *Elle* belegten Grundlage **el-ei*, aber eine genauere Entsprechung findet sich nicht. Verbum: **gliedern** mit dem Abstraktum **Gliederung**. S. *Mitglied*. − Röhrich 1 (1991), 553 f.

Gliedmaßen Pl. (< 14. Jh.). Spmhd. *lidemāz*, mndd. *litmate, litmete*, mndl. *litmate*, afr. *lithmete*; etwas anders mhd. *gelidemæze* f. In den späten nordischen Sprachen (nisl. *liðamót* usw.) scheint ein anderes Hinterglied vorzuliegen (vergleichbar mit ne. *to meet* ´treffen´, die Bedeutung ist ´Gelenk, Glied, Mitglied´. Die kontinentalen Wörter bedeuten ´Leibeslänge, Gliederlänge, Glied u. ä.´. Ausgangspunkt unklar. Daß die deutsche und die nordische Sippe zu trennen sein soll, ist nicht recht glaubhaft.

glimmen stV. (< 13. Jh.). Mhd. *glimmen*, mndd. *glimmen*, mndl. *glimmen*, wfr. *glimme*. Keine rechte Vergleichsmöglichkeit. Gehört zu den ´Glanz´-Wörtern mit Anlaut *gl*- (s. *Glanz*). **Glimmstengel** wird von Campe als Ersatzwort für *Zigarre* vorgeschlagen (1802); das Wort setzt sich aber nur als umgangssprachliches Scherzwort für *Zigarette* durch. Seebold (1970), 232.

Glimmer *m. per. fach.* (Stein mit glänzenden Partikeln) (< 16. Jh.). Wohl wegen des Glanzes. Es kann auch abwertend (wie *Blende*, s.d.) gemeint sein. In der modernen Mineralogie für bestimmte Tonerdesilikate.
Lüschen (1979), 227 f.

glimpflich *Adj. phras.* (< 9. Jh.). Nur noch in Wendungen wie *glimpflich davonkommen* (d. h. ʿohne größeren Schadenʾ). Mhd. *gelimpflich*, ahd. *gilimphlih* ʿangemessenʾ zum starken Verb ahd. *gilimpfan* ʿsich geziemen, gebührenʾ (vielleicht über das Substantiv ahd. *gilimpf*, das aber später und schlechter als das Adjektiv bezeugt ist). Das Verb reicht nicht über das Westgermanische (ae. *limpan* ʿgeschehenʾ) hinaus und hat keine brauchbare Vergleichsmöglichkeit. S. *verunglimpfen*.
Seebold (1970), 330 f.; Heidermanns (1993), 373.

glitschen *swV. stil.* (< 15. Jh.). Intensivbildung zu *gleiten*. Adjektiv: *glitschig* (auch übertragen auf nicht ausgebackenes Backwerk: ʿspeckigʾ).

glitzern *swV.* (< 15. Jh.). Erweitert aus mhd. *glitzen* (vergleichbar sind aber anord. *glit[r]a* und ne. *glitter*). Intensivbildung zu *gleißen* und wie dieses ohne brauchbare Etymologie.

Globetrotter *m. obs.* ʿWeltenbummlerʾ (< 20. Jh.). Entlehnt aus ne. *globe-trotter*, einer Zusammensetzung aus e. *globe* ʿGlobus, Weltʾ (s. *Globus*) und e. *trotter* ʿjmd., der viel läuft, sich ständig bewegtʾ, einem Nomen agentis zu ne. *trot* ʿsich schnell bewegen, trabenʾ, dieses aus afrz. *trotter*, dieses aus mhd. *trot(t)en*. S. *Trott*.
Rey-Debove/Gagnon (1988), 351; Carstensen 2 (1994), 578 f.

Globus *m. erw. fach.* (< 15. Jh.). Mit Bedeutungsspezialisierung zu l. *globus* ʿKugel, Klumpenʾ, zuerst bei M. Behaim. Adjektiv: *global*.
S. *Konglomerat*. − DF 1 (1913), 248.

Glocke *f.* (< 11. Jh.). Mhd. *glocke, glogge*, ahd. *glocka, klocke*, as. *glogga*. Entlehnt aus air. *cloc(c)* m. ʿSchelle, Glockeʾ. Die irischen Glaubensboten trugen Handglocken, die z. T. noch erhalten sind. Dann Übertragung auf die großen Kirchenglocken. Vermutlich geht das irische Wort auf ein lateinisches zurück, das auf spl. *cuticulare*, zu l. *quatere/excutere* ʿschütteln, schlagen, erschütternʾ, zurückgeht. Häufig in Formbeschreibungen, z. B. *Glockenblume*; Täterbezeichnung: *Glöckner*.
H. Meier: *Neue Beiträge zur romanischen Philologie* (Heidelberg 1975), 283−293; Relleke (1980), 101−111, 221−241; LM 4 (1989), 1497−1501; Röhrich 1 (1991), 554−557.

Glockenspeise *f. per. fach.* ʿGußmetall für die Glockeʾ (< 13. Jh.). Mhd. *glockenspīse*. Der zweite Teil ist unmittelbar aus l. *expēnsa* ʿAufwand, Nahrungʾ übernommen.

Glockenstuhl *m. per. fach.* ʿHolzwerk, das die Glocke trägtʾ (< 16. Jh.). Zu *Stuhl* in der allgemeinen Bedeutung ʿGestellʾ (wie in *Webstuhl, Dachstuhl*).

Gloms *f.* s. *Glumse*.

Glorie *f. erw. fremd.* (< 13. Jh.). Mhd. *glōrje* ist entlehnt aus l. *glōria* ʿRuhm, Ehreʾ. Verb: *glorifizieren*; Adjektive: *glorreich*, (*stil.*) *glorios*. Fnhd. *glori(e)* bezeichnet den die heiligen Personen umgebenden Schein, daraus einerseits das Diminutivum *Gloriole* ʿHeiligenscheinʾ, andererseits die Wendung *mit Glanz und Gloria*, ursprünglich auf die Erscheinung heiliger Personen bezogen; heute nur noch spöttisch gebraucht.
DF 1 (1913), 248 f.; Brunt (1983), 322; Röhrich 1 (1991), 557.

glosen *swV.*, **glosten** *swV. arch.* ʿglimmen, schwelenʾ (< 13. Jh.). Mhd. *glosen, glosten*. Entsprechend mhd. *glost(e)* ʿGlutʾ und einiges weiter abstehende. Gehört näher zu *glühen*; aber auch dieses hat keine genaue Vergleichsmöglichkeit. Es gehört zu den ʿGlanzʾ-Wörtern mit *gl-* im Anlaut.

Glossar *n. per. fach.* ʿWörterverzeichnisʾ (< 12. Jh.). Mhd. *glosar* ist entlehnt aus l. *glossārium* ʿWörterbuch zur Erklärung veralteter (usw.) Wörterʾ, zu *Glosse*.

Glosse *f. per. fach.* ʿprägnanter schriftlicher Kommentar, Randbemerkungʾ (< 13. Jh.). Mhd. *glōse* ist entlehnt aus l. *glōssa*, dieses aus gr. *glõssa* ʿSprache, eigentümlicher Ausdruckʾ, eigentlich ʿZungeʾ. Zunächst Bezeichnung für ein erklärungsbedürftiges Wort, dann übertragen auf die Erklärungen vermeintlich schwieriger Wörter, dann Verallgemeinerung der Bedeutung hin zu ʿprägnante Stellungnahme zu einem Ereignis usw.ʾ
S. *Glossar, Diglossie, polyglott*. − DF 1 (1913), 249; LM 4 (1989), 1504−1515; Röhrich 1 (1991), 557 f.

glosten *swV.* s. *glosen*.

glotzen *swV. vulg.* (< 13. Jh.). Mhd. *glotzen*. Ähnlich sind me. *glouten* ʿstarrenʾ und evtl. anord. *glotta* ʿgrinsenʾ. Weitere Herkunft unklar.
Ne. *gloat*. − Lühr (1988), 114.

Glück *n.* (< 13. Jh.). Mhd. *g(e)lücke*, mndd. *gelucke*, mndl. *geluc(ke)*. Herkunft unklar. Nach Sanders Bedeutungsübertragung aus afrz. *destinée*, das einerseits ʿFestsetzung, Bestimmung, Beschlußʾ, andererseits ʿchristliches Fatumʾ bedeutet. So zuerst in andfrk. *gilukki* zu andfrk. *lūkan* ʿschließenʾ, danach auch ʿbeschließen, festsetzen, bestimmenʾ. Verb: *glücken, be-*; Adjektive: *(un)glücklich, glückselig*; Präfigierung: *Unglück* mit der Präfixableitung *verunglücken*;
R. Winzer DZPh 14 (1966), 1100−1112; HWPh 3 (1974), 679−707; W. Sanders: *Glück* (Köln 1965), insbesondere S. 236−261; Röhrich 1 (1991), 558−560.

Glück auf *Partikelgruppe per. fach.* (< 17. Jh.). Grußformel wie etwas älteres *Glück zu*; zu der einfachen Wunschformel (*Glück*) tritt wohl anfeuerndes *Auf*. Seit dem 17. Jh. Gruß der Bergleute.

H.-F. Rosenfeld *AASF* B50,4 (1942); G. Heilfurth: *Glück auf* (Essen 1958); Röhrich 1 (1991), 561 f.; Heidermanns (1993), 387 f.

Glucke *f. erw. fach.* ˈBruthenneˈ (< 15. Jh.). Mhd. *klucke* zu dem lautnachahmenden *glucken*.

glucken *swV. erw. fach.* (vom Lockruf der Bruthennen) (< 13. Jh.). Lautnachahmendes Wort, das viele Parallelen hat (mhd. *klucken, glucken*, mndl. *clocken*, ae. *cloccian*; außergermanisch gr. *klṓzein* ˈkrächzen, schnalzenˈ, l. *glōcīre* mit seinen romanischen Nachfolgern). Nndl. *klokken*, ne. *cluck*, nschw. *skrocka*. S. *gluckern, glucksen*.

gluckern *swV. stil.* (vom Wasser oder anderen Flüssigkeiten, die aus einer Flasche fließen) (< 16. Jh.). Lautmalend wie *glucken* (s.d.).

glucksen *swV. stil.* (beim Lachen u.ä.) (< 15. Jh.). Fnhd. *glucksen, klucksen*; lautmalend wie *glucken* (s.d.).

Glückskind *n. stil.* (< 16. Jh.). Entweder Lehnbildung zu l. *fortūnae fīlius m.* ˈSohn des Glücksˈ oder in Anlehnung an *Glückshaube* gebildet mit der ursprünglichen Bedeutung ˈKind, das mit einer Glückshaube geboren wurdeˈ; dabei handelt es sich um Reste der Embryonalhaut am Kopf des Neugeborenen, was nach altem Volksglauben als Zeichen für zukünftiges Glück galt.

M. Höfler: *Deutsches Krankheitsnamenbuch* (München 1899), 221, 229; *HWDA* 3 (1931), 890−894; Röhrich 1 (1991), 562 f.

Glückspilz *m. stil.* (< 18. Jh.). Zuerst nur in der Bedeutung ˈEmporkömmlingˈ, deshalb wohl Lehnbildung zu ne. *mushroom*, das neben ˈPilzˈ auch ˈEmporkömmlingˈ bedeutet (wobei ein Vergleich mit dem schnellen Aufschießen der Pilze zugrunde liegt); seit der zweiten Hälfte des 19. Jhs. dann fast nur noch als ˈGlückskindˈ bezeugt.

Glücksritter *m. stil.* (< 18. Jh.). Von Anfang an mit kritischem Unterton gebraucht: ˈRitter, der auszieht, um sein Glück zu suchenˈ (mit Bezug auf die Ritterromane), vielleicht als Übersetzung von frz. *aventurier*. Sehr bald auch Ausdruck für die sich mit allen Mitteln bereichernden Spekulanten des Frühkapitalismus.

Glufe *f.*, auch **Guf** *f. per. obd.* ˈStecknadelˈ (< 15. Jh.). Spmhd. *glufe, gufe*. Herkunft unklar. Es wird eine Entlehnung aus obit. *glove* ˈAstgabelˈ erwogen, das seinerseits aus ahd. *klob(o) m.* ˈFalle, Schlinge, gespaltenes Holzˈ stammt.

L. Engelhardt/E. Diedrichs *ZPhAS* 10 (1957), 30−48; H. Lüdtke *ZPhAS* 10 (1957), 392−397..

glühen *swV.* (< 9. Jh.). Mhd. *glü(ej)en*, ahd. *gluoen*, as. *glōian* aus g. **glō-a-* ˈglühenˈ, das ursprünglich ein starkes Verb war, aber als solches nur noch in ae. *glōwan* erhalten ist; auch anord. *glóa* ist ein schwaches Verb. Das Wort hat keine genaue Vergleichsmöglichkeit. Es gehört zu den ˈGlanzˈ-Wörtern mit Anlaut *gl-*. Nndl. *gloeien*, ne. *glow*, nschw. *glöda*, nisl. *glóa*. S. auch *glosen*, *Glut*. − Seebold (1970), 233. Zur Entlehnung ins Finnische s. Koivulehto *BGDSL-T* 103 (1981), S. 358 f.

Glühbirne *f.* (< 20. Jh.). Birne nach der Form, *Glüh-* im Anschluß an älteres *Glühstrumpf*, dem Leuchtkörper der Gasbeleuchtung, auf den die Beschreibung ˈglühendˈ eher zutrifft.

Glühwein *m.* (< 19. Jh.). Univerbiert aus älterem *geglühter Wein* (17. Jh.), also ˈauf Glut erhitzter Weinˈ.

Glühwürmchen *n. erw. fach.* (< 19. Jh.). Diminutiv zu *Glühwurm* (18. Jh.), zu *Wurm*, das älter und regional auch ˈInsekt, Käferˈ bedeuten kann. So benannt, weil der Käfer beim Herumfliegen in der Nacht leuchtet.

Tiernamen 336.

Glumse *f. per. omd.* ˈQuarkˈ, auch **Gloms** (< 16. Jh.). Entlehnt aus poln. *glomz(d)a* gleicher Bedeutung.

glupen *swV.*, **glupschen** *swV. per. ndd.* ˈmit großen Augen ansehen, schräg ansehenˈ (< *16. Jh., Standard 18. Jh.). Mndd. *glupen*, fnndl. *gloepen*, nndl. *gluipen*, auch afr. *glūpa* ˈschleichenˈ. Herkunft unklar, vielleicht unregelmäßige Entsprechung zu aruss. *glipati* ˈsehenˈ. Hierzu **glupsch** ˈfinster, heimtückischˈ.

Glut *f.* (< 8. Jh.). Mhd. *gluot*, ahd. *gluot* aus g. **glō-di- f.* ˈGlutˈ, auch in anord. *glóð*, ae. *glēd*, afr. *glēd*; *ti*-Abstraktum zu *glühen*. Nndl. *gloed*, ne. *gleed*, nschw. *glöd*, nisl. *glóð*.

Glyptothek *f. per. fach.* ˈSammlung von Skulpturenˈ (< 19. Jh.). Neubildung zu *Glypte* ˈSkulpturˈ aus gr. *glyptḗ (lithos)* ˈSkulpturˈ, einer Ableitung von gr. *glýphein* ˈgravieren, meißelnˈ (s. *Hieroglyphe* und zur germanischen Verwandtschaft *klieben*, zum zweiten Bestandteil s. *Theke*).

Cottez (1980), 169.

Glyzerin *n. per. fach.* (Bestandteil der natürlichen Fette) (< 19. Jh.). Entlehnt aus frz. *glycérine f.*, einer Neubildung zu gr. *glykerós* ˈsüßˈ neben gr. *glykýs* ˈsüßˈ. So benannt durch den französischen Chemiker Chevreul (1823). Entdeckt wurde das Glycerin von dem schwedischen Chemiker Scheele, der es (auf deutsch) wegen seines Geschmacks als *Ölsüß* bezeichnete. *Glycerin* ist eine Lehnbildung dazu. S. *Lakritze*.

Cottez (1980), 168.

Gnade *f.* (< 8. Jh.). Mhd. *g(e)nāde*, ahd. *gināda, ginādī*, as. *ginātha* aus g. **(ga)nēþōn f.* ˈWohlwollen, Gunstˈ, auch in anord. *náð* (möglicherweise entlehnt, dann ist das Wort ursprünglich nur deutsch), afr. *nēthe*. Kann ein Verbalabstraktum sein zu einem Verb, das nur in gt. *nipais* ʿdu mögest unterstützenʾ bezeugt ist (möglicherweise steht in diesem nur einmal bezeugten Wort gt. *i* für gt. *e*, wie auch sonst gelegentlich. Sonst würde Ablaut vorliegen). Außergermanisch vergleicht sich ai. *nā̆-thate* ʿsucht Hilfe, flehtʾ, auch mit anderem Auslaut ai. *nādhamāna-* ʿhilfesuchendʾ; wohl erweitert aus ig. (eur.) **onā-*, das in gr. *onínēmi* ʿich nützeʾ, g. **ann* (s. *gönnen*) vorliegt. Das Wort wird vom Christentum aufgenommen zur Bezeichnung der Güte Gottes, dann übertragen auf die Gewährung von Vergünstigungen durch Fürsten; dann allgemein für Vergünstigungen amtlicher Stellen (Gerichte, Parlamente). Hierzu die Präfixableitung **begnadigen** und Komposita wie **Gnadenbrot** und **Gnadenfrist**, s. auch *Gnadenstoß*. Von allgemeinerer Bedeutung sind die Adjektive **gnädig** und **gnadenvoll, -reich**; spezialisiert auf ʿvon Gott, vom Schicksal durch besondere Talente begünstigtʾ: **begnadet**, eigentlich Partizip zu dem nicht mehr üblichen **begnaden**.

P. Wahmann: *Gnade* (Berlin 1937); *HWPh* 3 (1974), 707−713; Röhrich 1 (1991), 563 f.

Gnadenstoß *m. erw. fach.* (< 18. Jh.). Da mittelalterliche Todesstrafen, insbesondere das Rädern, vielfach auf lange andauerndes Quälen hinausliefen, wurden Delinquenten, denen man dies ersparen wollte, ʿaus Gnadeʾ in einem frühen Stadium der Hinrichtung durch den Henker erdolcht und die weitere ʿStrafeʾ an dem Leichnam ausgeführt; teilweise wurde dies allgemeine Praxis. Dieses Verfahren wurde (teilweise) *Gnadenstoß* genannt. Dann vielfach übertragen, z. B. auf das Abfangen (mit dem Jagdmesser töten) des todwunden Wildes. S. *Gnade*.

Gnagi *n. per. schwz.* ʿgepökelte Teile von Kopf, Schwanz und Füßen des Schweinsʾ (< 20. Jh.). Eigentlich ʿGenageʾ zu *nagen*.

Gneis *m. per. fach.* (Gesteinsart) (< 16. Jh.). Vermutlich zu mhd. *ganeist(e) f./m.*, ahd. *gneista f.* ʿFunkeʾ (nach den glänzenden Bestandteilen). Daneben ahd. *gnaneista f.* und *ganeheista f.*, das lautlich nicht ausreichend aufgeklärt ist.

Lüschen (1979), 228 f.

Gnitze *f.*, auch **Gnitte**, *per. ndd. omd.* ʿkleine Mücke, Schnakeʾ (< 20. Jh.). Mndd. *gnitte*; auch mit Vokalvariation ndd. *gnatte*, wozu ae. *gnæt m.* ʿMückeʾ gehört; in der Hochsprache selten und erst seit neuerer Zeit. Herkunft unklar. Wörter mit entsprechendem Anlaut und expressiver Bedeutung ähnlicher, aber nicht gleicher Art, gibt es besonders in den baltischen und slavischen Sprachen (z. B. lit. *gniežéti* ʿjuckenʾ).

Gnom *m. obs.* ʿKoboldʾ (< 16. Jh.). Das Wort ist zuerst bei Paracelsus bezeugt, wurde aber offenbar von ihm aus anderer Quelle übernommen. Er bezeichnet damit Elementargeister (in der Regel Erdgeister, selten auch Luftgeister) und benützt es nur im Plural; als deutsche Entsprechung benützt er *bergmännlein, erdmännlein, schrötel* u. a. Die Herkunft ist unklar. Das Wort wird bei den Naturphilosophen des 16. und 17. Jhs. zum Internationalismus und wird dann von französischen und englischen Dichtern auch im Singular verwendet; entsprechend dann auch im Deutschen. Dann übertragen auf absonderliche, wenig zugängliche Menschen.

DF 1 (1913), 249.

Gnu *n. per. exot.* (< 18. Jh.). Übernommen aus Afrikaans *ghnoe*, das aus dem hottentottischen *gnu* stammt. Im Afrikaans wurde das Wort dann ersetzt durch *wildebees*, wegen der Homonymie mit dem Namen des Steinbocks (afrik. *ghnoe* aus hottentot. *!noa-b*).

Littmann (1924), 138; R. Loewe *ZVS* 61 (1933), 119 f.; E. Polomé *JIES* 11 (1983), 49.

Gobelin *m. per. fach.* ʿWandteppich mit Bildmotivenʾ (< 18. Jh.). Entlehnt aus frz. *gobelin*, das zurückgeht auf den Namen *les Gobelins*, einer Teppichfabrik in Paris, dieser nach dem Färber Gilles *Gobelin*. Zunächst also Bezeichnung für Teppiche dieser Firma, dann übertragen auf eine bestimmte Klasse von Teppichen, die dort hergestellt wurden, schließlich Bezeichnung dieser Art von Teppichen, unabhängig vom Hersteller. Die Verwendung im Singular tritt zuerst im Deutschen auf.

DF 1 (1913), 249.

Gockel *m. erw. reg.* ʿHahnʾ (< *15. Jh., Form 16. Jh.). Zuerst als **Gockelhahn** bezeugt. Auch **Güggel, Göcker, Gockel** u.ä. (auch mit *i* aus *ü Gickelhahn*). Eine Nachahmung des Sammelrufs des Hahns, vgl. *Küken*.

Röhrich 1 (1991), 565.

Gocks *m.* s. *Koks*[3].

Goder *m. per. österr.* ʿDoppelkinnʾ (< 15. Jh.). Spmhd. *goder* ʿGurgel, Schlundʾ. Variante von *Koder* (s.d.).

Röhrich 1 (1991), 565 (*Goderl*).

Gof *m./n. per. schwz.* ʿungezogenes Kindʾ (< 20. Jh.). Herkunft unklar. Vgl. bair. *Goff* ʿDummkopfʾ aus it. *goffo* ʿTölpel, plumper Menschʾ.

Goi (**Goj**) *m. per. grupp.* (< 18. Jh.). Jiddisches Wort für ʿNichtjudeʾ aus hebr. *gōj* ʿNichtjude, Heideʾ. Entsprechendes **Goje** ʿNichtjüdinʾ ist weniger üblich geworden.

Go-in *n. erw. grupp.* ʿunbefugtes Eindringen Demonstrierenderʾ (< 20. Jh.). Nur im Deutschen übliche Bildung analog zu *Sit-in*. Englisches Vorbild unsicher (dort statt dessen *walk-in*). Zu ne. *go* ʿgehenʾ und ne. *in* ʿein, hineinʾ.

G. D. Schmidt *DS* 7 (1979), 160−165; Carstensen 1 (1993), 581 f.

gokeln *swV.*, auch **kokeln** *swV. per. omd.* ´mit Feuer spielen` (< 15. Jh.). Hängt wohl mit *gaukeln* zusammen. Einzelheiten unklar.

Gold *n.* (< 8. Jh.). Mhd. *golt*, ahd. *gold*, as. *gold* aus g. **gulþa- n.* ´Gold`, auch in gt. *gulþ*, anord. *goll, gull*, ae. *gold*, afr. *gold*. Im Ablaut zu dem dadurch vorausgesetzten (ig.) *\*ǵʰl̥to-* steht akslav. *zlato (\*ǵʰolto-)* und lett. *zelts (\*ǵʰelto-)*; mit *n*-statt *t*-Suffix ai. *híraṇya-* ´Gold`. Auf die Grundlage **ǵʰel-* führen auch Farbwörter für ´gelb` und ´grün` zurück (s. *gelb* und *Galle*[1]) so daß das Gold als ´das Gelbe` benannt sein dürfte. Auffällig ist allerdings die starke Verschiedenheit in Morphologie und Ablaut. Adjektive: *golden, goldig*. Präfixableitung: *vergolden*.

Nndl. *goud*, ne. *gold*, nschw. *guld*, nisl. *gull*. S. auch *Gulden*. − Lippmann (1970), 519−527; Lüschen (1979), 229 f.; *LM* 4 (1989), 1535−1538; Röhrich 1 (1991), 565 f.

Goldammer *f.* s. *Ammer*.

Goldlack *m. per. fach.* (eine Blume, ´Cheiranthus Cheiri`) (< 18. Jh.). Benannt nach der goldenen Farbe der Blüten dieser Pflanze. Goldlack im eigentlichen Sinne gab es z. B. als Siegellack − von daher mag die Übertragung kommen. Der ältere Name ist *Gelbveilchen*.

Marzell 1 (1943), 917−923.

Golf[1] *m. erw. fach.* ´größere Meeresbucht` (< 14. Jh.). Entlehnt aus it. *golfo*, dieses aus spl. *colphus*, aus gr. *kólpos* (eigentlich ´Wölbung, Busen`).

Wis (1955), 133.

Golf[2] *n. erw. fach.* (ein Rasenspiel) (< 18. Jh.). Entlehnt aus ne. *golf*, das seinerseits auf ndl. *kolfen* (flämisch) zurückgeht, zu ndl. *kolf* ´Schläger, Kolben`. Gemeint ist ursprünglich das vom Französischen ausgehende Spiel frz. *soule à la crosse*, bei dem mit Schlägern (die auf Schäferstäbe zurückgingen) auf Tore gespielt wurde. Dann stufenweise Entwicklung zu der heutigen Spielform.

H. Gillmeister in *Olympic Scientific Congress. Official Report. Sport History.* Ed. N. Müller und J. K. Rühl (Niedernhausen 1985), 54−74; ders. *Schweizer Beiträge zur Sportgeschichte.* Hrsg. M. Triet. 2 (1990), 20−29; Rey-Debove/Gagnon (1988), 355−357; Carstensen 2 (1994), 583 f.

Gondel *f. erw. fach.* ´ein venezianisches Boot, Ballon-Korb` (< 16. Jh.). Entlehnt aus it. *gondola*, dessen Herkunft nicht sicher geklärt ist. Da mit dem Fahren der Gondel die Vorstellung der Gemächlichkeit verbunden wird, bedeutet die Ableitung *gondeln* ziemlich allgemein ein langsames, umständliches Vorwärtsbewegen in einem Fahrzeug.

DF 1 (1913), 249 f.

Gong *m.* (< 19. Jh.). Entlehnt aus ne. *gong*, einem angloindischen Wort, das auf mal. *(e)gung* zurückgeht. Dieses sicher lautmalend.

DF 1 (1913), 250; Lokotsch (1975), 44.

gönnen *swV.* (< 9. Jh.). Mhd. *gunnen, günnen*, ahd. *(gi)unnan*. Festgewordene Präfigierung zu dem alten Präterito-Präsens g. **ann/unn-* in anord. *unna* ´lieben, gönnen`, ae. *unnan*, as. *gionsta Prät.*, ahd. *unnan*. Die Bedeutung ist etwa ´gewogen sein`. Dies erweist die Verwandtschaft mit gr. *onínēmi* ´ich nütze, helfe, erfreue` (aus ig. **onǝ-* mit Präsens-Reduplikation). Die Geminate im Germanischen aus *-nā-*. Nomen agentis: *Gönner*.

Nndl. *giunnen*, nschw. *unna*, nisl. *unna*. S. *Gnade, Gunst*. − Seebold (1970), 79 f.

Göpel *m. arch.* ´mit Pferden betriebene Fördermaschine` (< 16. Jh.). Wohl entlehnt aus einem obersorbischen Wort *\*hibadlo* ´Bewegungswerkzeug`, das allerdings nicht unmittelbar bezeugt ist.

Wolf (1958), 186; K. Müller *ZS* 28 (1983),438 f.

Gör *n.*, **Göre** *f.* ´Mädchen`, *Gören Pl.* ´kleine Kinder`, *erw. ndd.* (< 16. Jh.). Ursprünglich niederdeutsches Wort. Verglichen wird rhein. *gor, gorich* ´gering, armselig` (dann wäre von ´Kleine` auszugehen); doch ist für die Bedeutung ´Mädchen` ein Zusammenhang mit *Gurre* (s.d.), westfäl. *güre* ´Mähre` nicht außerhalb des Denkbaren. Im übrigen ist auch die Ähnlichkeit mit dem etymologisch unklaren ne. *girl* auffällig. Herkunft also unklar.

Gorilla *m.* ´ein Menschenaffe`, übertragen ´Leibwächter` (< 19. Jh.). Entlehnt aus ne. *gorilla*. Das Wort taucht zuerst in dem Reisebericht des Karthagers Hanno (5. Jh. v. Chr.) auf und bezeichnet in Afrika (Kamerun) angetroffene schwarzhaarige Wilde (die als Frauen von Pygmäen aufgefaßt werden). Das Wort beruht sehr wahrscheinlich auf einer falschen Lesung *GORILLAS* für *GORGADAS* (in griechischer Schrift); dieses könnte eine Ableitung zu einem aus der mythischen Gestalt der *Gorgo* zu erschließenden gr. **gorgō* ´Fratze` sein, also ´die Fratzenhaften` (*fPl.*). Bei der näheren Erforschung der Menschenaffen im 19. Jh. wurde der Name von dem amerikanischen Naturwissenschaftler Savage auf eine entsprechend aussehende Affenart übertragen. Dann weiter übertragen auf bullige, aggressive Menschen, insbesondere ´Leibwächter, Türhüter`.

Littmann (1924), 26; H. Philipp *Gymnasium* 63 (1956),151; Rey-Debove/Gagnon (1988), 357; Röhrich 1 (1991), 568.

Gösch *f. per. fach.* ´kleine viereckige Flagge` (< 17. Jh.). Entlehnt aus nndl. *geus(je)*, also eigentlich ´Bettlerchen`, vgl. die Bedeutungsvielfalt von ne. *jack*, das ebenfalls diese Bedeutung haben kann.

Kluge (1911), 324 f.

Gosche *f.*, auch **Gusche** *f. vulg.* ´Mund` (< 16. Jh.). Herkunft unklar. Vgl. auf jeden Fall l. *geusiae Pl.* ´Rachen, Schlund` (keltisches Wort?) und mit anderer Erweiterung l. *gula* ´Schlund, Kehle`.

Gose *f. arch.* ´obergäriges Bier` (< **14. Jh., Standard 16. Jh.). Mndd. *gose*, angeblich ursprünglich

Goslarer Bier, nach dem Flüßchen *Gose*, das durch Goslar fließt.

Anders (mit beachtlichen Gründen): L. Mehlber *JGGB* (1982), 123−126; *JGGB* (1983), 63 f.

Gospel *m./n. per. fach.* ´rhythmisches religiöses Lied´ (< 20. Jh.). Entlehnt aus am.-e. *gospel (song)*, besondere Form rhythmischer religiöser Lieder der amerikanischen Schwarzen. Ne. *gospel* ´Evangelium´ aus ae. *god-spell n.*, wörtlich ´gute Kunde´, einer Lehnbildung zu l. *bona annūntiātio f.*, das die eigentliche Bedeutung von l. *evangelium n.*, aus gr. *euangélion n.*, verdeutlichen sollte. S. *Beispiel*.

Rey-Debove/Gagnon (1988), 357 f.

Gosse *f. obs.* (14. Jh.). Fnhd. *gossen*, mndd. *gote*, mndl. *gote*. Ursprünglich ein technisches Wort für ´Abzugskanal u.ä.´, im Ablaut zu *gießen*; seit dem 18. Jh. als ´Abflußrinne´.

Nndl. *goot*. − Lühr (1988), 259; Röhrich 1 (1991), 568.

Gössel *f. per. ndd.* ´junge Gans´ (< 18. Jh.). Verkleinerungsform zu ndd. *gōs* (s. *Gans*).

Gote *f. per. obd. wmd.* ´Patin´ (< 13. Jh.). Mhd. *göt(t)e, got(t)e*, ahd. *gota, gode*; südwestdeutsch auch **Götti** ´Pate´; dann auch **Göttikind** ´Patenkind´ u. a. Vermutlich eine bereits heidnische Bezeichnung für einen Eltern-Ersatz (oder -Zusatz), die zu anord. *gode* ´Priester´ (= ´der zu Gott Gehörige´) gehört (mit anderem Suffix gt. *gudja* ´Priester´). S. *Tote*. − J. Knobloch *RIL* 119 (1985/87), 43−46; R. Hildebrandt in: *FS Schmitt* (1988), 661−666.

gotisch *Adj.* (< 16. Jh.). Eigentlich Herkunftsadjektiv zu dem Stammesnamen **Goten**; aber im späten Mittelalter ziemlich ausgedehnt auch für ´altertümlich, geschmacklos u.ä.´ verwendet. Vorbild für diesen Gebrauch ist weitgehend das Französische. Deshalb **gotische Schrift, gotische Architektur**, die jeweils mit den Goten nichts zu tun haben.

G. Lüdtke: *Geschichte des Wortes ´Gothisch´ im 18. und 19. Jh.* (Diss. Heidelberg 1903) Straßburg 1903; *DF* 1 (1913), 250; J. Haslag: *´Gothic´ im 17. und 18. Jh.* (Köln 1963); L. Wolf in *FS H. Vernay* (Tübingen 1979), 443−451.

Gott *m.* (< 8. Jh.). Mhd. *got*, ahd. *got*, as. *god* aus g. **gu╪-* ´Gott´, ursprünglich offenbar ein Neutrum, dann bei der Übertragung auf den christlichen Gott allgemein zum Maskulinum geworden; auch in gt. *gu╪* (Wurzelnomen), anord. *gođ, guđ m./n.*, ae. *god*. Vermutlich Abstraktbildung mit ableitendem *-t-* zu ig. **gʰeu-* ´gießen´ (besonders ein Opferhandlungen) in ai. *juhóti* ´opfert, gießt Butter ins Feuer´, avest. *zaotar-* ´(Ober)Priester´, gr. *chéō* ´ich gieße aus, schmelze, löse auf´, toch. AB *ku-* ´gießen, spenden u. a.´. Ursprünglich also ´Gießen, Opferung´, dann übertragen auf den Gott, zu dessen Ehren das Opfer stattfindet. Der Name einer gallischen Priesterklasse ist *gutuater*, was aus

*gʰutu-pətēr ´Vater des Gußopfers´ entstanden sein kann. Dies würde auf die gleiche Bezeichnung der gleichen Sachgrundlage zurückweisen. Femininum: **Göttin**; Kollektivum: **Gottheit**; Adjektiv: **göttlich**; Präfixableitung: **vergöttern**.

Nndl. *god*, ne. *god*. nschw. *gud*, nisl. *goð, guð*. S. auch *Götze*. − J. B. Wimmer *ZKTh* 41 (1917), 625−655; E. Karg-Gasterstädt *BGDSL* 67 (1944), 420−433; E. Seebold *BGDSL-T* 92 (1970), 309; C. Watkins in: M. Mayrhofer u. a. (Hrsg.): *Antiquitates Indogermanicae, Gedenkschrift H. Güntert* (Innsbruck 1974), 155−163; *HWPh* 3 (1974), 721−814; *LM* 4 (1989), 1581−1583; Ch. Zimmer *Linguistica biblica* 62 (1989), 5−48; Röhrich 1 (1991), 568−572.

Götterdämmerung *f. bildg.* (< 18. Jh.). Lehnbildung zu anord. *ragnarǫk n. Pl.* ´Götterschicksal´, einer Bezeichnung der nordischen Mythologie für den Untergang der Götter und der Welt, in (etymologisch falscher) Anlehnung an anord. *røkkr* ´Dunkelheit´.

O. Ladendorf *ZSV* 25 (1910), 348 f.

Gottesacker *m. obs.* (< 14. Jh.). Im Süddeutschen und Ostmitteldeutschen verbreitetes Wort für ´Friedhof´, und zwar der nicht neben der Kirche, sondern auf einem Feldstück außerhalb des Ortes liegende.

Gottesfurcht *f.* (< 15. Jh.). Wohl Zusammenrükkung der seit althochdeutscher Zeit belegten Genetivfügung ahd. *gotes forahta*, das l. *timor deī* übersetzt.

Gottseibeiuns *m.* s. *Deixel*.

Götze *m.* (< 15. Jh.). Spmhd. *götze*; Ableitung von *Gott* mit dem verkleinernden *z*-Suffix, das vor allem Kurzformen zu Namen bildet (*Dietz* zu *Dietrich*, *Heinz* zu *Heinrich* usw., so auch *Götz* zu *Gottfried*). Früh bezeugt ist vor allem die Bedeutung ´Heiligenbild´; ´falscher Gott´ vor allem bei Luther.

Gourmand *m. erw. fremd.* ´jmd., der gern viel und gut ißt´ (< 18. Jh.). Entlehnt aus frz. *gourmand*, das eigentlich Adjektiv ist und dessen Herkunft nicht sicher geklärt ist (vielleicht aus der Vorlage von *Gourmet* umgestaltet).

DF 1 (1913), 250; *DEO* (1982), 338.

Gourmet *m. erw. fremd.* ´Feinschmecker, Weinkenner´ (< 19. Jh.). Entlehnt aus frz. *gourmet*, dieses aus afrz. *gormet* ´Gehilfe des Weinhändlers´, dann ´Weinkenner, Feinschmecker´.

DEO (1982), 337−339.

goutieren *swV. per. fremd.* ´gutheißen´ (< 18. Jh.). Entlehnt aus frz. *goûter* ´kosten, schmecken, billigen´, aus l. *gustare*. Zur deutschen Verwandtschaft s. *kosten*.

DF 1 (1913), 250 f.

Gouvernante *f. obs.* ´Erzieherin´ (< 18. Jh.). Entlehnt aus frz. *gouvernante*, dem substantivierten PPräs. von frz. *gouverner* ´lenken´, aus l. *gubernāre*.

S. *Gouverneur*. − *DF* 1 (1913), 251; Brunt (1983), 323 f.

Gouverneur *m. erw. fremd.* ʿStatthalter, Befehls-haberʾ (< 16 Jh.). Entlehnt aus frz. *gouverneur*, zu frz. *gouverner* ʿlenkenʾ, dieses aus l. *gubernāre* (vgl. l. *gubernātor* ʿLenkerʾ).
S. *Gouvernante.* – DF 1 (1913), 251; *LM* 4 (1989), 1614.

grabbeln *swV. per. ndd.* ʿherumtasten, herum-wühlenʾ (< 17. Jh.). Wie *grapsen* (s.d.) eine Inten-sivbildung zu einer Grundlage (g.) **grab-* ʿergrei-fen, packenʾ (s. *greifen*). Vergleichbar ist ne. *grab* ʿpackenʾ, ne. *grabble* ʿtastenʾ und ne. *grasp* ʿer-greifenʾ.

graben *stV.* (< 9. Jh.). Mhd. *graben*, ahd. *graban*, as. *gravan* aus g. **grab-a- stV.* ʿgrabenʾ, auch in gt. *graban*, anord. *grafa*, ae. *grafan*, afr. *grēva, griova*. Aus voreinzelsprachl. **gʰrebʰ-* ʿgrabenʾ, auch in lett. *grebt* ʿausschaben, aushöhlenʾ, akslav. *greti* ʿrudern, grabenʾ. Kann weiter zu (ig.) **gʰrebʰ-* ʿgreifenʾ gestellt werden (s. *greifen* und *grapsen*). Konkreta: **Grab, Graben, Grube**; Präfigierung: **be-graben**.
Nndl. *graven*, ne. *grave*, nschw. *gräva*, nisl. *grafa*. S. *Gracht, gravieren, Grube, grübeln, Gruft.* – Seebold (1970), 235 f.; J. P. Maher *JIES* 9 (1981), 341–347.

Gracht *f. per. fremd.* ʿKanalstraßeʾ (< 18. Jh.) Entlehnt aus dem Niederländischen, in erster Linie, um niederländische Verhältnisse zu bezeichnen. Das Wort gehört zu *graben* mit niederdeutsch-nie-derländischem Wechsel von *-ft-* zu *-cht-*.

Grad *m.* (< 11. Jh.). Mhd. *grat*, ahd. *grad* sind entlehnt aus l. *gradus* ʿSchritt, Stufeʾ (*u*-Stamm zu l. *gradī* ʿschreitenʾ), zunächst als ʿakademischer Gradʾ, dann als ʿTemperaturschrittʾ, dann in wei-teren Bedeutungen. Adjektiv: **graduell**; Verbum: **gradieren, de-** und unmittelbar aus dem Lateini-schen **graduieren** mit dem Partizip **graduiert**.
Zur Sippe des zugrundeliegenden l. *gradī* ʿschreitenʾ gehö-ren als Ableitungen zu Präfigierungen *Aggression, -or, -iv; Progression, -iv; Kongreß; Regreß, Regression*; und aus ei-nem PPräs. *Ingredienzien.* Zu einem Intensivum gehört *grassieren.* – Schirmer (1912), 29; *DF* 1 (1913), 251 f.; Lo-kotsch (1975), 57 f.

Graf *m.* (< 8. Jh.). Mhd. *grāve*, ahd. *grāvo*, mndl. *grave, greve* (daneben auch eine Form mit *j*-Suffix); Bezeichnung verschiedener königlicher Verwaltungsbeamter (ml. *-gravius*). Die Deutung ist umstritten; am ehesten handelt es sich um ein Lehnwort; dann kommt gr. *grapheús*, ursprünglich ʿSchreiberʾ am ehesten als Quelle in Betracht. Zu dessen Grundlage s. *Graphik.* Adjektiv: **gräflich**; Abstraktum: **Grafschaft**.
RGA 5 (1984), 63–68 (*comes*).

Graffiti *Pl. per. fremd.* (mit Farbe auf Wände usw. gesprühte Texte und Bilder) (< 20. Jh.). Ent-lehnt aus ne. *graffiti Pl.*, dieses aus it. *graffito m.* ʿEingeritztesʾ, zu it. *graffiare* ʿkratzenʾ.
Carstensen 2 (1994), 588 f.

Gral *m. per. fach.* ʿHeiligtum (Stein, Kelch o.ä.)ʾ (< 13. Jh.). Mhd. *grāl* ist entlehnt aus afrz. *graal* gleicher Bedeutung. An den Gral knüpfen sich eine Reihe christlicher Legenden (ʿSchale, mit der das Blut Christi am Kreuz aufgefangen wurdeʾ). Sowohl die Ausgangsbedeutung wie auch die weitere Her-kunft ist aber unklar.
J. Trier *ZDPh* 70 (1947/49), 365–370; V. Günther in: *FS Wartburg* (1968), II, 339–356; Lokotsch (1975), 57 f.; *LM* 4 (1989), 1616–1621.

gram *Adj. obs.* (< 11. Jh.). Mhd. *gram*, ahd. *gram*, as. *gram* aus g. **grama- Adj.* ʿgram, böseʾ, auch in anord. *gramr*, ae. *gram*. Das zugehörige Maskulinum **Gram** erst seit mittelhochdeutscher Zeit; dagegen ist das Verb **(sich) grämen** gemein-germanisch: gt. *gramjan* ʿerzürnenʾ, anord. *gremja*, ae. *gremian*, ahd. *gremmen*. Die Sippe steht im Ab-laut mit *grimm*; außergermanisch vergleicht sich eine Sippe (ig.) **gʰrem-* die offensichtlich von ʿmit den Zähnen knirschenʾ ausgeht, vgl. gr. *chrómados* ʿdas Knirschenʾ und wohl auch lit. *grumždéti* ʿmit den Zähnen knirschenʾ und gt. *grisgramon*. Näher an der Bedeutung von *gram* und *grimm* steht avest. *gramantam* ʿderer, die (uns) gram sindʾ, avest. *gran-ta-* ʿergrimmtʾ. Die weiteren Zusammenhänge wei-sen auf eine Schallwurzel für ʿdonnern, poltern usw.ʾ; andererseits auf Wörter für ʿreibenʾ, was sich nicht auszuschließen braucht.
Nndl. *gram*, nisl. *gramur*. S. *Griesgram, grimm, Grind.* – S. Blum *BGDSL-H* 82 (1960), 186–188; Heidermanns (1993), 253.

Gramm *n.* (< 19. Jh.). Entlehnt aus frz. *gramme m.*, dieses aus l. *gramma*, dieses aus gr. *grámma* ʿGewicht von 1/24 Unzeʾ, eigentlich ʿSchriftzei-chenʾ (nach der Aufschrift?). Zum Grundwort s. *Graphik.*

-gramm *LAff.* Tritt in Zusammensetzungen in den Bedeutungen ʿSchrift, Geschriebenesʾ auf (z. B. *Monogramm*). Es wurde vornehmlich in grie-chischen Entlehnungen ins Deutsche übernommen; sein Ursprung ist gr. *grámma*, zu gr. *gráphein* ʿrit-zen, schreibenʾ. S. *Graphik.*

Grammatik *f.* (< 11. Jh.). Mhd. *gramatic(a)*, ahd. *grammatih*. Entlehnt aus l. *(ars) grammatica* ʿSprachlehreʾ, dieses aus gr. *grammatikḗ (téchnē)*, zu gr. *grámma n.* ʿGeschriebenes, Buchstabeʾ, einer Ableitung zu gr. *gráphein* ʿeinritzen, schreibenʾ. Ausgangsbedeutung ist ʿKunst des Lesens und Schreibensʾ (Übersetzung dazu ist l. *litteratura*), dann kommt hinzu die Auslegung der Dichter (Phi-lologie), erst später ʿSprachlehreʾ. Adjektive: **gram-matisch, grammatikalisch**; Täterbezeichnung: **Grammatiker**.
Ersatzwort ist *Sprachlehre.* S. *Graphik.* – *DF* 1 (1913), 252; E. Leser *ZDW* 15 (1914), 10–13; *HWPh* 3 (1974), 846–860; *LM* 4 (1989), 1637–1645; F. Ferlanto *Bollettino dei Classici* 11 (1990), 164–177.

Grammel *f. per. oobd.* ´Griebe´ (< 19. Jh.). Herkunft umstritten.

Grammophon *n. obs.* (< 19. Jh.). Nachfolger des von Edison erfundenen **Phonographen** (´Lautschreiber´); neoklassische Bezeichnung als ´Stimme des Aufgezeichneten´. S. *Grammatik, Graphik* und *Phonetik* zu den Grundwörtern.
Rey-Debove/Gagnon (1988), 359.

Gran *n./m. per. fach.* ´kleines Gewicht´ (< 15. Jh.). Entlehnt aus ml. *granum n.*, älter l. *grānum n.* ´Korn´ (auch ein Gewicht). S. *Granate.*

Granat *m. per. fach.* (ein braunrotes Mineral) (< 13. Jh.). Mhd. *grānāt* ist entlehnt aus ml. *granatus*, dieses aus l. *(lapis) grānātus*, entweder ´mit Körnern versehener Edelstein´, zu l. *grānum n.* ´Korn´ (der Granat zeigt im Rohzustand häufig beigeschlossene Gesteinskörner) oder nach der Farbe der Blüten des *Granat-Apfels* benannt.
S. *Granate.* – Lüschen (1979), 230 f.; *LM* 4 (1989), 1650; Röhrich 1 (1991), 574.

Granate *f.* (< 16. Jh.). Entlehnt aus it. *granata* (eigentlich ´Granat-Apfel´), dieses aus l. *(mālum) grānātum n.*, zu l. *grānum n.* ´Korn, Kern´. Der Granat-Apfel enthält besonders viele kleine Kerne, und dies ist auch der Grund für die Übertragung des Namens auf die Sprengkörper (weil diese mit Sprengstoff und Körnern gefüllt sind). Die Granaten waren zunächst Wurfgeschosse (so heute noch **Handgranate**); dann übertragen auf Geschosse der Artillerie. Auf der frz. Form *grenade* von it. granata beruht d. **Grenadier** als Täterbezeichnung.
S. *Filigran, Gran, Granat, Granit, granulieren*; zur germanischen Verwandtschaft s. *Kern* und *Korn*[1]. – *DF* 1 (1913), 252; Jones (1976), 368 f.

Grand[1] *m. per. ndd.* ´grober Sand´ (< 18. Jh.). Übernommen aus ndd. *grand*. Dieses ist abgeleitet aus g. *grend-a- stV.* ´zerreiben´ in ae. *grindan* ´zerreiben, zermalmen´.

Grand[2] *m. per. fach.* ´höchstes Spiel im Skat´ (< 19. Jh.). Entlehnt aus frz. *grand jeu* ´großes Spiel´; dieses aus l. *grandis* ´groß´ (s. *grandios*).
DF 1 (1913), 252.

Grandezza *f. per. fremd.* ´großartiges Benehmen´ (meist ironisch) (< 17. Jh.). Entlehnt aus span. *grandezza* ´Größe, Pracht´. Abstraktum zu der Entsprechung von l. *grandis* ´groß´ (s. *grandios*).
DF 1 (1913), 252.

grandios *Adj. erw. fremd.* (< 18. Jh.). Entlehnt aus it. *grandioso*, einer Ableitung von it. *grande* ´groß´, wohl unter Einfluß von span. *grandioso* zu span. *grande*. Beide aus l. *grandis* ´groß´.
DF 1 (1913), 252 f.

Granit *m. erw. fach.* (ein sehr hartes Gestein) (< 14. Jh.). Entlehnt aus it. *granito* oder frz. *granit*, und ml. *granitum marmor n.*, zu it. *granire* ´kör-

nen´, einer Ableitung von it. *grano* ´Korn´, aus l. *grānum n.* Gemeint ist wohl weniger eine körnige Struktur, als die Zusammensetzung aus verschiedenfarbigen Bestandteilen.
S. *Granate.* – Lüschen (1979), 231; Röhrich 1 (1991), 574.

Granne *f. erw. fach.* (< 8. Jh.). Mhd. *gran(e)*, ahd. *gran(a)* ´Schnurrbart´ aus g. **granō f.* ´Haarspitze´ (besonders ´Schnurrbart´ und ´Ährengranne´), auch in anord. *grǫn*, ae. *granu*; für das Gotische bezeugt durch Isidors ml. *granus m.* ´Schnurrbart´. Außergermanisch vergleichen sich (mit Erweiterung) mir. *grend* ´Bart´, bret. *grann* ´Augenbraue´ (ig. **gʰrndʰ-no-*). Weiter entfernt sind Wörter, die auf **gʰer-* zurückführen und ´Spitze u.ä.´ bedeuten. S. auch *Grans, Grat, gräßlich.*

Grans *m. per. obd.* ´Hinter- und Vorderteil des Schiffs, Schnabel´ (< 9. Jh.). Mhd. *grans*, ahd. *grans*. Vermutlich eine mit *Granne* verwandte Bildung mit der Bedeutung ´Spitze´.
Kluge (1911), 326.

grantig *Adj. per. obd.* ´übelgelaunt´ (< 16. Jh.). Herkunft unklar. Vielleicht zu obd. *grennen* ´weinen´.
Lühr (1988), 116 f.

granulieren *swV. per. fach.* ´körnig machen´ (< 16. Jh.). Verbalbildung zu l. *grānulum* ´Körnchen´, zu l. *grānum* ´Korn´. Konkretum: **Granulat.** S. *Granate.*

Grapefruit *f. erw. fach.* (eine Zitrusfrucht) (< 20. Jh.). Entlehnt aus am.-e. *grapefruit*, einem Kompositum aus e. *grape* ´Traube´ und e. *fruit* (s. *Frucht*). Die Bezeichnung als Traube wegen der Blütenstände.
E. *grape* ist übernommen aus afrz. *grape, grappe*, einer Ableitung von afrz. *graper* ´weinlesen, (älter:) packen´, dieses abgeleitet von afrz. *grappe* ´Haken´, aus prov. *grapa*, aus gt. **krappa*. – Rey-Debove/Gagnon (1988), 359 f.

-graph *LAff.* Tritt in Zusammensetzungen in den Bedeutungen ´Schrift, Geschriebenes´ (z. B. *Autograph*) sowie ´Schreiber´ (z. B. *Stenograph*) auf. Es wurde vornehmlich in griechischen Entlehnungen ins Deutsche übernommen; sein Ursprung ist gr. *-gráphos* als Nomen agentis und Adjektiv zu gr. *gráphein* ´ritzen, schreiben´. S. *Graphik.*
Cottez (1980), 173 f.

-graphie *LAff.* Tritt in Zusammensetzungen in den Bedeutungen ´Beschreiben, graphisches oder fotografisches Darstellen, Schreiben´ (z. B. *Geographie*) auf. Es wurde vornehmlich in griechischen Entlehnungen ins Deutsche übernommen; sein Ursprung sind griechische Komposita mit gr. *-graphía*, die Zugehörigkeitsbildungen zu Nomina agentis auf gr. *-gráphos* (zu gr. *gráphein* ´ritzen, schreiben´) sind, z. B. gr. *geōgraphía* ´Erdbeschreibung, Geographie᾽ zu gr. *geōgráphos* ᾽Geograph᾽. S. *Graphik*.

Cottez (1980), 174−176.

Graphik *f.* ᾽Schaubild, Zeichenkunst᾽ (< 18. Jh.). Neubildung nach gr. *graphikḗ (téchnē)* ᾽die Kunst des Schreibens, Malens, Zeichnens᾽, zu gr. *gráphein* ᾽einritzen, schreiben᾽. Adjektiv: **graphisch**, Täterbezeichnung: **Graphiker**.

Unmittelbar zu dem zugrundeliegenden gr. *gráphein* ᾽ritzen, schreiben᾽ gehören die Bildungen mit *-graph* (Nomen agentis) und *-graphie*: Biblio-, Bio-, Foto-, Geo-, Kinemato-, Ortho-, Porno-, Steno-, Tele- und die Ableitung *hektogrꞓphieren*; zu den Adjektiven *Paragraph*; dann die neoklꞓssischen Bildungen *Graphik*, *Graphit* und *Graphologie*. Scꞓwieriger zu beurteilen ist der Zusammenhang mit *Graf* und *Griffel*. Eine größere Gruppe schließt dann an die Nominalableitung gr. *grámma* ᾽Geritztes, Geschriebenes, Buchstabe, Schrift᾽ an: Zu diesem Wort s. *Gramm* und als Hinterglied *-gramm*, *Ana-*, *Auto-*, *Dia-*, *Epi-*, *Pro-*; als Weiterbildung *Grammatik*. Zur germanischen Verwandtschaft s. *kerben*. − *LM* 4 (1989), 1655−1657.

Graphit *m.* (ein schwarzgraues Mineral aus reinem Kohlenstoff) (< 18. Jh.). Neubildung zu gr. *gráphein* ᾽schreiben᾽. So von dem deutschen Mineralogen A. G. Werner 1789 bezeichnet, da man es zur Herstellung von Schreib- und Zeichenstiften verwendete.

S. *Graphik*, vgl. *Bleistift*. − Lüschen (1979), 232; Cottez (1980), 176.

Graphologie *f.* ᾽Handschriftdeutung᾽ (< 19. Jh.). Neoklassische Bildung aus gr. *gráphein* ᾽schreiben᾽ (s. *Graphik*) und *-logie* (s.d.). Nomen agentis: **Grapholologe**; Adjektiv: **graphologisch**.

Cottez (1980), 176.

grapsen *swV.*, auch **grapschen** *swV. vulg.* (< 18. Jh.). Entsprechend ne. *grab*, *grasp*; auch anord. *grápa* ᾽an sich reißen, mausen᾽. Eine entsprechende Grundlage (ig.) **gʰrebʰ-* ᾽greifen᾽ ist gut bezeugt (s. *greifen*); so daß es sich wohl um alte Wörter der Vulgärsprache handelt. Lautnachahmung (᾽Zuschnappen᾽) ist wahrscheinlich.

S. auch *Garbe*, *grabbeln*, *graben*, *grübeln*. − K. H. Meyer *IF* 35 (1915), 224 f.; Sommer (1977), 5.

Gras *n.* (< 8. Jh.). Mhd. *gras*, ahd. *gras*, as. *gras* aus g. **grasa- n.* ᾽Gras, Kraut᾽, auch in gt. *gras*, anord. *gras*, ae. *græs*. Am nächsten scheint zu stehen l. *grāmen* (aus **grasmen*) ᾽(Gras)Stengel᾽ (besonders als Futter); doch ist dieses mehrdeutig − es kann auch zu gr. *gráō* ᾽ich fresse᾽, gr. *grástis* *f.* ᾽Futterkraut, Grünfutter᾽ (auch *kr-*), ai. *grásati* ᾽verschlingt, frißt᾽ gehören. Da die Gruppe auch im Griechischen einen unfesten Anlaut hat, kann evtl. auch g. **grasa-* mit Anlautvariation zu ig. **gras-* gehören. Andernfalls zu g. **grō-a-* ᾽wachsen᾽ (s. unter *grün*) als morphologisch unklare Ableitung. − Verb: **grasen**. In Ausdrücken wie *Grasaffe* (Goethe) steht *Gras* wie *grün* für ᾽unreif, jung᾽.

Nndl. *gras*, ne. *grass*, nschw. *gräs*, nisl. *gras*. − Röhrich 1 (1991), 574−580.

Grasbürger *m.* s. *Pfahlbürger*.

Grasmücke *f. erw. fach.* (kleiner Vogel) (< 12. Jh.). Mhd. *gras(e)mucke*, ahd. *grasasmugga*. Vermutlich ein **grasa-smucka* zu *smucken*, Intensivbildung zu *schmiegen*, also ᾽Grasschlüpfer᾽ mit sekundärer Umdeutung (deren Grund allerdings nicht ersichtlich ist).

Suolahti (1909), 69−71.

grassieren *swV. erw. fremd.* ᾽sich ausbreiten, wüten᾽ (< 16. Jh.). Entlehnt aus ml. *grassari*, dieses aus l. *grassāri* ᾽wüten, umhertoben᾽, einem Frequentativum zu l. *gradī* ᾽schreiten᾽.

S. *Grad*. − *DF* 1 (1913), 253.

gräßlich *Adj.* (< 9. Jh.). Mhd. *graz*, ahd. *Adv. grazzo* ᾽wütend, zornig᾽. Vermutlich hat sich später mndd. *greselik* ᾽schaudererregend᾽ (zu mndd. *grese* ᾽Schauder᾽) eingemischt. Das hochdeutsche Wort wohl zu mhd. *graz* ᾽Sproß, Zweig᾽ (und weiter zu *Grat*, s.d.), so daß von einer Ausgangsbedeutung ᾽scharf, hervorstechend᾽ auszugehen ist.

S. auch *vergrätzen*. − Heidermanns (1993), 255.

Grat *m. erw. fach.* (< 13. Jh.). Mhd. *grāt*, mndl. *graet*. *Grat* kann zu den Wörtern von einer Grundlage (ig.) **gʰer-* mit der Bedeutung ᾽Spitze᾽ gehören, doch zeigt sich keine nähere Vergleichsmöglichkeit. Von einer entsprechenden Schwundstufe kann russ. *grot* ᾽Wurfspeer᾽ und ähnliches im Slavischen kommen, doch gibt es keine alten Formen.

S. *Granne*, *Gräte*, *Rückgrat*.

Gräte *f.* (< 17. Jh.). Das Wort ist ursprünglich dasselbe wie *Grat* und hat sich dann mit einer aus dem Plural rückgebildeten Form spezialisiert. Präfixableitung: **entgräten**.

Gratifikation *f. erw. fach.* ᾽Sonderzuwendung᾽ (< 19. Jh.). Entlehnt aus l. *grātificātio* ᾽Gefälligkeit᾽, einer Ableitung von l. *grātificārī* ᾽sich gefällig zeigen᾽, zu l. *grātus* ᾽erwünscht, willkommen᾽ und l. *facere* ᾽machen᾽.

S. *Grazie* und *infizieren*. − Schirmer (1911), 76.

gratis *Adj.* (< 16. Jh.). Entlehnt aus l. *grātīs* ᾽umsonst᾽, zu l. *grātia* ᾽Gefallen᾽ (Ablativ Plural *gratīs*), zu l. *grātus* ᾽erwünscht, willkommen᾽. Also etwa: ᾽aus Erkenntlichkeit᾽.

S. *Grazie*. − *DF* 1 (1913), 253.

Grätsche *f.* ᾽Sprung mit gespreizten Beinen᾽ (< 19. Jh.). Von Jahn zu **grätschen**[1] *swV.* ᾽die Beine spreizen, mit gespreizten Beinen gehen᾽ gebildet. Dieses ist Intensivum zu **gräten** gleicher Bedeutung. Weitere Herkunft unklar. Von dem Abstraktum *Grätsche* ᾽Sprung mit gegrätschten Beinen᾽ ist **grätschen**[2] ᾽mit gespreizten Beinen springen᾽ abgeleitet.

S. *gleiten*.

gratulieren *sw V.* (< 16. Jh.). Entlehnt aus l. *grātulārī*, zu l. *grātēs* ´Dank´ (zu l. *grātus* ´dankbar, angenehm´); vielleicht vereinfacht aus l. **grati-tulor* ´ich bringe Zuneigung´, zu l. *tollere* ´(er)heben´ (s. *Grazie* und *Toleranz*). Nomen agentis: *Gratulant*, Abstraktum: *Gratulation*.

S. *Grazie*. − *DF* 1 (1913), 253 f.; W. Havers in: *GS P. Kretschmer* 1 (1956), 154−157.

Grätzel *n. per. österr.* ´Häuserblock´ (< 20. Jh.). Zu einer Bildung wie mhd. *gereiz m.* ´Umkreis´ zu *reißen* mit österreichischer Aussprache des Diphthongen.

grau *Adj.* (< 9. Jh.). Mhd. *grā*, ahd. *grāo* aus g. **grē-wa-* *Adj.* ´grau´, auch in anord. *grár*, ae. *grǣg*, *grēg*, afr. *grē*. Außergermanisch ist ähnlich l. *rāvus* ´grau´ (lautlich unklar). Weitere Herkunft unsicher. Verbum *(er)grauen*; Modifikation: *gräulich*.

Nndl. *grauw*, ne. *grey*, nschw. *grå*, nisl. *grár*. − Schwentner (1915), 76−79; Röhrich 1 (1991), 580; Heidermanns (1993), 259.

grauen *sw V.* (< 11. Jh.). Mhd. *grūwen*, ahd. *(in)-grūēn* ´schaudern´. In der Bedeutung vergleichbar ist die dentale Erweiterung in lit. *graudùs* ´rührend, wehmütig´, russ.-kslav. *sŭ-grustiti sja* ´sich grämen´. Semantisch naheliegend ist der Wurzel-Vergleich mit ig. **ghers-* ´schreckenstarr, erregt sein´ in ai. *hárṣate* ´starrt, ist erregt´, l. *horrēre* ´starren, beben´. Es lassen sich dann weiter die Wörter mit der Bedeutung ´Spitze´ (s. *gräßlich, Granne*) anschließen, indem von den gesträubten Haaren ausgegangen wird. Abstraktum: *Grauen*; Adjektive: *grauenhaft, grauenvoll*. S. weiter *graulen, grausen, grausam, Greuel, grieseln, gruseln*.

graulen *sw V. per. reg.* ´sich fürchten´ (< 14. Jh.). Mhd. *griuweln, grūweln, griulen, grulen*. Erweiterung zu *grauen*.

Graupe *f.*, meist *Pl. erw. fach.* (< 15. Jh.). Entlehnt aus dem Slavischen (obsorb. *krupa* ´Getreidegraupe´, auch ´Hagelschloße´). Zu der zweiten Bedeutung fnhd. *graupen, graupeln* ´fein hageln´, *Graupelwetter* usw.

Wick (1939), 22 f.; P. vPolenz *DWEB* 2 (1963), 267−279; Eichler (1965), 40; Röhrich 1 (1991), 580.

grausam *Adj.* (< 13. Jh.). Mhd. *grūwesam*. Zu mhd. *grūwe* ´Schauder´, das zu *grauen* gehört. Abstraktum: *Grausamkeit*.

grausen *sw V.* (< 10. Jh.). Mhd. *grūsen*, ahd. *irgrūwisōn, -grūsōn*. Erweiterung der unter *grauen* dargestellten Grundlage. Abstraktum: *Grausen*, in Phrasen auch *Graus*; Adjektiv: *grausig*.

gravieren[1] *sw V. erw. fach.* ´ein Muster (ein-)ritzen´ (< 18. Jh.). Entlehnt aus frz. *graver*, dieses aus mndl. *graven*, eigentlich ´(ein)graben´. Nomen agentis: *Graveur*; Konkretum: *Gravur*.

Zur germanischen Verwandtschaft s. *graben*. − *DF* 1 (1913), 254; Brunt (1983), 325; *LM* 4 (1989), 1660 f.

gravierend *Adj. erw. fremd.* ´erschwerend´ (< 17. Jh.). Partizipiales Adjektiv zu einem nicht mehr gebräuchlichen *gravieren*[2] ´beschweren, belasten´. Dieses entlehnt aus l. *gravāre* zu l. *gravis* ´schwer´. S. *gravitätisch*.

Gravis *m. per. fach.* (ein diakritisches Zeichen) (< 19. Jh.). Entlehnt aus l. *(accentus) gravis* ´schwerer, gesenkter Ton´. S. *gravitätisch*.

Gravitation *f. erw. fach.* (< 19. Jh.). Neoklassische Bildung, entsprechend l. *gravitas*, Abstraktum zu l. *gravis* ´schwer´. S. *gravitätisch*.

gravitätisch *Adj. bildg.* ´würdevoll, gemessen´ (< 16. Jh.). Deutsche Neubildung zu dem Lehnwort *Gravität* ´Schwere, Würde´, aus l. *gravitās*, dem Abstraktum von l. *gravis* ´schwer, gewaltig´, das mit gr. *barýs* ´schwer, tief´ verwandt ist.

Zur gleichen Grundlage gehören *gravierend, Gravis, Gravitation*. Zum griechischen Vergleichsmaterial vgl. *Bariton, Barometer*. − *DF* 1 (1913), 254. Zu *Gravitation* s. *HWPh* 3 (1974), 863−866.

Grazie *f. erw. fremd.* ´Anmut´ (< 18. Jh.). Im frühen 18. Jh. wird frz. *grace* ´Anmut´ ins Deutsche entlehnt und nachträglich relatinisiert als *Gratie* und dann *Grazie*. Im Plural für die (drei) römischen Göttinnen der Anmut. Das Vorbild ist l. *grātia*, Abstraktum zu l. *grātus* ´anmutig, willkommen u.ä.´. Adjektiv: *graziös*.

Das Grundwort wird als *gratis* entlehnt; s. auch *Gratifikation* und *gratulieren*. − *DF* 1 (1913), 254 f.; *HWPh* 3 (1974), 866−871; Röhrich 1 (1991), 580 f.

grazil *Adj. erw. fremd.* Im 19. Jh. entlehnt aus frz. *gracile*, dieses aus l. *gracilis* ´schmal, dünn, mager´. Die Bedeutungsentwicklung steht sicher unter dem Einfluß von *Grazie*, mit dem es aber nicht verwandt ist.

Da das zu dem lateinischen Wort gehörige *gracentes* eine Variante *cracentes* hat, und *gracilis* in dieser Lautform keinen Anschluß findet, ist es wohl eine Lautvariante zu einer Grundlage mit **k-*, die etwa mit ai. *kŕśá-* ´mager, schlank´ verglichen werden kann. Die lautliche und morphologische Beurteilung ist aber nicht klar.

Greif *m. obs.* (< 10. Jh.). Mhd. *grīf(e)*, ahd. *grīf(o)*. Entlehnt aus spl. *gryps, grȳp(h)is*, dieses aus gr. *grýps*. Als Name für ein Fabeltier ist dieses möglicherweise aus dem Akkadischen entlehnt; es hat aber eine Wortsippe ausgebildet, die indogermanisch vergleichbar ist (vgl. *krumm*). Der Vokalwechsel zum Althochdeutschen beruht wohl auf Anlehnung an *greifen*.

F. Wild: *Gryps − Greif − Gryphon* (SBÖAW 241, Wien 1963); B. Schlerath in *FS N. Reiter* (Wiesbaden 1993), 225−232.

greifen *st V.* (< 9. Jh.). Mhd. *grīfen*, ahd. *grīfan*, as. *grīpan*, aus g. **greip-a- st V.* ´greifen´, auch in gt. *greipan*, anord. *grípa*, ae. *grīpan*, afr. *grīpa*. Unter einer voreinzelsprachlichen Grundform ig. (oeur.) **ghreib-* läßt sich vergleichen lit. *griẽbti*

´greifen nach, haschen, anfassen´. Daneben steht mit abweichendem Vokalismus ig. *$g^h reb^h$-, dessen Zusammenhang mit *$g^h reib$- unklar ist. Vgl. ai. g̥bhn̥áti ´ergreift´ (z. T. mit unregelmäßiger *i*-Erweiterung, vgl. g̥bhītá- *PPP*), akslav. *grabiti* ´raffen, ergreifen´, lit. *grébti* ´rechen, harken, rauben´. Präfigierungen und Partikelverben: **angreifen, er-, über-, vergreifen** mit ihren Ableitungen; Konkretum: **Griff**; Instrumental-Ableitung: **Greifer**; Adjektiv: **greifbar**.

Nndl. *grijpen*, ne. *gripe*, nschw. *gripa*, nisl. *grípa*. S. *grapsen*, *graben*, *Greif*, *Griff*, *Griffel*, *Grips*. — Seebold (1970), 237–239; B. Schlerath in *FS A. Behrmann* (Heidelberg 1993), 188 f.

greinen *swV. per. reg.* (< 9. Jh.). Mhd. *grīnen stV.*, ahd. *grīnan stV.*, mndd. *grinen stV.*, mndl. *grinen stV.* Die Bedeutungen sind vielfältig; auszugehen ist etwa von ´den Mund verziehen´; daraus einerseits ´lachen´, andererseits ´weinen´, auch ´grinsen´, ´winseln u. a.´. Offenbar eine Lautgebärde. Vergleichbar ist noch ae. *grānian* ´weinen´.

S. *grieflachen*, *grienen*, *griemeln*, *grinsen*. — H. Glombik-Hujer *DWEB* 5 (1968), 89–94; Seebold (1970), 236 f.

Greis *m.* (< 12. Jh.). Mhd. *grīse* ´alter Mann´. Substantivierung zu mhd. *grīs*, ahd. *grīs*-, as. *grīs*, mndd. *grīs* ´grau´; ein offenbar sich von Norden aus durchsetzendes Wort. Die Bedeutungsentwicklung geht über die Bezeichnung nach den grauen Haaren. Eine entsprechende Sippe auch in den romanischen Sprachen (frz. *gris*, it. *griso*), dorthin möglicherweise aus dem Germanischen entlehnt. Herkunft unklar.

Nndl. *grijs* ´grau´. S. *gries*. — Heidermanns (1993), 257.

grell *Adj.* (< 13. Jh.). Mhd. *grel* ´zornig, laut´, mhd. *grellen* ´vor Zorn schreien´; vgl. ae. *grillan* ´knirschen, grell tönen´. Zumindest in der Vokalabwandlung eine lautbedeutsame Sippe, vgl. **grillen, grellen, grollen**; s. auch *Groll*. *Grell* für Farben ist eine Übertragung auf einen anderen Sinnesbereich (wie bei *hell*).

S. auch *Grille*. — Heidermanns (1993), 257 f.

Gremium *n. erw. fach.* ´Ausschuß, Körperschaft´ (< 19. Jh.). Entlehnt aus l. *gremium*, ursprünglich ´Schoß, Innerstes´, dann ´(ein Schoß voll)´, ein Armvoll´, dann übertragen auf ´eine Handvoll Leute´ (als Ausschuß, Leitung usw.).

Grenadier *m. obs.* (< 17. Jh.). Entlehnt aus frz. *grenadier* ´Fußsoldat´, ursprünglich ein ´mit Granaten kämpfender Soldat´, s. *Granate*.

DF 1 (1913), 255.

Grenze *f.* (< 13. Jh.). Mhd. *greniz(e)*. Entlehnt aus dem Slavischen (russ. *granica*, poln. *granica*, čech. *hranice* ´Grenzmarke, Grenzzeichen´, zu russ.-kslav. *granĭ* ´Ecke´). Seine Aufnahme in die Hochsprache verdankt das Wort dem Gebrauch durch Luther. Das alte Wort *Mark*[1] bedeutet eher

´Grenzgebiet´ und paßte deshalb nicht mehr zu den moderneren Vorstellungen einer Grenze.

Wick (1939), 23; Bielfeldt (1965), 29 f.; Eichler (1965), 40 f.; Bellmann (1971), 228–231; *HWPh* 3 (1974), 873–875; K. Müller (1976), 21–58; Steinhauser (1978), 61–63; M. Sordi (Hrsg.) *Il confine nel mondo classico* (Milano 1987), besonders S. 3–12; *LM* 4 (1989), 1700 f.; H. Kolb *ASNSL* 226 (1989), 344–356.

Gretchenfrage *f. bildg.* ´Gewissensfrage´ (< 19. Jh.). Nach der Frage Gretchens an Faust (Goethe: *Faust* I, 3415): *Nun sag´, wie hast du´s mit der Religion?*

B. vMalsen, H. Kattler *ZDS* 25 (1969), 188 f.; Röhrich 1 (1991), 581.

Greuel *m.* (< 13. Jh.). Mhd. *griu(we)l*, *griule*, mndl. *gruwel*. Weiterbildung zu *grauen*; vielleicht Rückbildung aus dem Verb mhd. *grūweln*. Hierzu auch **greulich**.

Griebe *f.* ´ausgebratener Speckwürfel´ (< 11. Jh.). Mhd. *griebe m.*, ahd. *grieben Pl.*, auch in ae. *(ele)greofa* ´Ölgriebe´, so daß sich ein wg. *greub(j)ōn* erschließen läßt. Die Bedeutung ist allerdings nicht einheitlich: ahd. *griobo m.* bedeutet auch ´kleingemachtes Anfeuerholz´, ahd. *griupa* auch ´Pfanne´. Wenn diese zusammengehören, müßte ein Schallwort (wie ´brutzeln, prasseln´) zugrundeliegen. Nachweisbar ist aber nichts dieser Art. Die Bedeutung ´Pfanne´ auch in mndd. *grope(n) m.*, fnhd. *groppen*. Ist diese Bedeutung abzutrennen?

Ne. *greaves*. — B. Martin *Teuthonista* 3 (1926), 63 f.; J. Müller *NVRH* 3 (1931/32), 94 f.; Teuchert (1944), 290–293; Röhrich 1 (1991), 581.

Griebs *m. per. reg.* ´Kernhaus´ (< 15. Jh.). Spmhd. *grubz*, *grübz*; auch **Gröbs**, älter *grabiz*, *grobiz*. Auffällig ist danebenstehendes mhd. *ebiz*, *ebitz*, *ewitz*, bair. *ebütz*. Deutungsversuche sind vor einer Analyse der Lautvarianten nicht ratsam. — Die Bedeutung ´Adamsapfel´ hängt mit dem Volksglauben zusammen, Adam sei der ´Griebs´ des ihm von Eva gereichten Apfels im Hals stecken geblieben.

J. Müller *NVRH* 3 (1931/32), 90 f.

grieflachen *swV. per. ndd.* ´heimlich lachen´ (< 15. Jh.). Das Vorderglied gehört wohl zur Sippe von *greinen* und *grinsen* (s.dd.) und bezieht sich damit auf die Mundstellung. Genauere Festlegungen sind schon wegen der zahlreichen Varianten dieses isolierten Bestandteils nicht möglich.

H. Glombik-Hujer *DWEB* 5 (1968), 94 f.

griemeln *swV. per. wmd.* ´schadenfroh in sich hineinlachen´ (< 18. Jh.). Ähnlich zu beurteilen wie *grieflachen* (s.d.).

Grien *n./(m.) per. wobd.* ´Kies´ (< 14. Jh.). Mhd. *grien*, *grin m./n.* Vermutlich mit *Grieß*, *Grütze* usw. zu den Verben für ´zerreiben, vermahlen´ (ae. *grindan*, ahd. *firgrozzen PPrät.*); ein genauer Anschluß an eine bezeugte Grundlage ist aber nicht möglich.

grienen *swV. per. ndd.* ´schadenfroh lachen´ (< 19. Jh.). Niederdeutsche Form zu *greinen*. Die Bedeutungsverschiedenheit erklärt sich aus älterem ´den Mund verziehen´.

gries *Adj. per. reg.* ´grau´ (< 19. Jh.). Wohl entlehnt aus frz. *gris*; es kommt aber auch eine mundartliche (nicht diphthongierte) Form von obd. *greis* (s.d.) in Frage.

grieseln *swV. per. ndd.* ´erschauern´ (< 16. Jh.). Dazu **Grieselfieber** ´Schüttelfrost´. Aus mndl. *grisen* ´grausen´ *stV.*, ae. *grīsan stV.* ´erschauern´; auch ahd. *grīsenlīh* ´furchtbar, schrecklich´. Ähnlich zu beurteilen wie *grausen* und *grauen* und wohl wurzelverwandt mit diesen, aber besser bezeugt.

Nndl. *afgrijzen*.

Griesgram *m. stil.* (< 18. Jh.). Wie mhd. *grisgram* ´Zähneknirschen´ aus ahd. *grisgramōn* ´mit den Zähnen knirschen´ (vgl. ahd. *grisgramōn*, *gris[t]grimmōn*, as. *gristgrimmo*, ae. *grist-bitian* usw.). Ae. *grist*, ne. *grist* ist ´Mahlgut´; es wird also ein Wort für ´zerreiben´ zugrundeliegen, das mit (g.) *greut-a-* (s. *Grieß*) und ae. *grindan* ´zermahlen´ verwandt ist; eine genauer vergleichbare Form läßt sich aber nicht feststellen. Die neuhochdeutsche Bedeutung des Wortes ist stärker von *grämlich* u.ä. beeinflußt und läßt die alte Bedeutung nicht mehr erkennen. Adjektiv: **griesgrämig.**

Grieß *m.* (< 8. Jh.). Mhd. *griez m./n.* ´Sand, Kies´, ahd. *grioz*, as. *griot* aus wg. *greut-a- m.* ´Sand, Kies´, auch in ae. *grēot n.* (auch als Neutrum, zu dem auch anord. *grjót n.* ´Sand, Kies´ gehört). Ableitung zu einem starken Verb *greut-a-*, das nur noch in dem ahd. Partizip Präteritum *firgrozzen* erhalten ist. Außergermanisch vergleicht sich lit. *grústi* ´stampfen, zerstoßen, drängen´; wurzelverwandt ist wohl ae. *grindan* ´zerreiben´ und anderes (s. *Grien*, *Griesgram*). Die neuhochdeutsche Bedeutung zuerst in spmhd. *griezmel* ´grob gemahlenes Mehl´ (wie **Sandzucker** u.ä.); dann übernimmt das einfache Wort diese Bedeutung. S. auch *groß*, *Grus*, *Grütze*[1].

Griff *m.* (< 9. Jh.). Mhd. *grif*, ahd. *-grif* aus wg. *gripi- m.* ´Griff´, auch in ae. *gripe*; Abstraktbildung zu *greifen*. Komposita: **Handgriff, Kunstgriff;** Adjektiv: **griffig.**

Ne. *grip*. – Röhrich 1 (1991), 581.

Griffel *m.* (< 9. Jh.). Mhd. *griffel*, ahd. *grif(f)il*, *gref(f)il*. Formal handelt es sich um eine Instrumentalbildung zu *greifen*. Die frühe Bezeugung in der Bedeutung ´Schreibstift´ läßt aber eine solche Bildung nicht als wahrscheinlich erscheinen, zumal die technische Bezeichnung ahd. *graf* ´Schreibgerät`, das aus afrz. *grafe* entlehnt wurde, lautlich ähnlich ist. Dieses über spl. *graphium n.* aus gr. *grapheîon n.* ´Schreibgerät´ (zu gr. *gráphein* ´schreiben´). Offenbar liegt hier Sekundärmotivation vor,

oder es sind zwei verschiedene Ansätze zusammengeflossen (*Griffel* in der Bedeutung ´Finger´ und dann übertragen?). Die Einzelheiten können nicht ausreichend geklärt werden.

S. *Graphik.* – Kluge (1926), 48. [Herangezogen wurde die Magisterarbeit von A. Zimmermann].

Grill *m.* (< 20. Jh.). Entlehnt aus ne. *grill*, dieses aus frz. *grille f.* ´Rost´, aus afrz. *greille*, *graille*, aus l. *crātīcula f.* ´kleiner Rost´, einem Diminutivum zu l. *crātis f.* ´Flechtwerk´, dessen germanische Verwandtschaft unter *Hürde* dargestellt ist. Verbum: **grillen.**

DEO (1982), 343; Rey-Debove/Gagnon (1988), 363; Carstensen 2 (1994), 593–595.

Grille *f.* (< 10. Jh.). Mhd. *grille m.*, ahd. *grillo m.* Letztlich lautmalenden Ursprungs. Ob es aus gleichbedeutendem l. *gryllus m.* (sehr spät bezeugt) entlehnt ist, kann offen bleiben. Im Deutschen findet das Wort Anschluß an die Sippe von *grell*, während das lateinische Wort isoliert ist. Die Bedeutung ´Laune, verrückter Einfall´ kommt vermutlich von dem Volksaberglauben, daß Grillen in das Gehirn kriechen (zum gleichen Motiv s. **Ohrwurm**; Grille und Ohrwurm sind nah miteinander verwandt). Zu dieser übertragenen Bedeutung **Grillenfänger** ´wunderlicher Kauz´ (seit dem 17. Jh.) und **grillisieren** ´seinen Launen nachhängen´ aus derselben Zeit.

K. Jaberg *SAV* 47 (1951), 111 f.; A. Lindqvist *BGDSL* 76 (1954), 239 f.; W. Böttger *Sprachpflege* 32 (1983), 53–56; Röhrich 1 (1991), 581–584.

Grimasse *f.* (< 17. Jh.). Entlehnt aus frz. *grimace*, dessen Herkunft nicht zweifelsfrei geklärt ist. Vermutlich liegt ein germanisches Wort für ´Maske´ zugrunde (ahd. *grīmo*, ae. *grīma*).

W. Feldmann *ZDW* 8 (1906/07), 73; *DF* 1 (1913), 255; Brunt (1983), 326 f.

grimm *Adj. obs.* (< 8. Jh.). Mhd. *grim(me)*, ahd. *grim(mi)*, as. *grim* aus g. *gremma- Adj.* ´grimmig´, auch in anord. *grimmr*, ae. *grim*, afr. *grimm*. Daneben ein Verbum ae. *grimman*, as. *grimman*, ahd. *grimmen* ´toben´ (das wohl kein starkes Verb ist). Die Etymologie s. unter *gram*. Die Herkunft der Geminate ist unklar. Abstraktum: **Grimm** mit dem Adjektiv **grimmig;** Präfixableitung: **ergrimmen.** S. auch *Ingrimm*.

Ne. *grim*, nschw. *grym*, nisl. *grimmur*. – Seebold (1970), 239; Heidermanns (1993), 252 f.

Grimmen *n.*, meist **Bauchgrimmen** *n. stil.* (< 15. Jh.). Mhd. *krimmen*, ahd. *krimman swV.*; erst in neuerer Zeit an *grimm* angeschlossen und so geschrieben. Ahd. *krimmen*, mhd. *krimmen* bedeutet ´mit den Krallen packen, zerfleischen´ und hat keine genaue Vergleichsmöglichkeit. Weiter entfernt verwandt s. *Krampf* und *krumm*.

Hoffmann (1956), 20–22.

Grind *m. per. reg.* ´Schorf´; *vulg. wobd.* für ´Kopf´ (< 9. Jh.). Mhd. *grint*, ahd. *grint*; wohl zu vergleichen mit mndl. *grinde* ´grober Sand, Grind´ und damit eine Ableitung zu **grend-a-* st*V.* ´zerreiben´ in ae. *grindan*. Dieses ist wurzelverwandt mit *gram*.

Seebold (1970), 240; Röhrich 1 (1991), 584.

Grinsel *n. per. österr.* ´Kimme am Gewehrlauf´ (< 20. Jh.). Eigentlich **Gerünsel* zu mhd. *runs(t) m., runse f.* ´Wasserrinne´ (zu *rinnen*).

grinsen *swV.* (< 15. Jh.). Fnhd. *grinzen*, Intensivbildung zu mhd. *grinnen*, das weiter zu *greinen* gehört. Ursprünglich ´den Mund verziehen´.

Grippe *f.* (< 18. Jh.). Entlehnt aus frz. *grippe*, zuerst mit französischem Artikel als *la grip(p)e*, dann seit etwa 1800 allgemein als *Grippe*. Das französische Wort ist eine der volkssprachlichen Bezeichnungen, mit denen die einander ähnlichen, aber nicht gleichen epidemischen Krankheiten benannt wurden; als *grippe* zuerst die von 1743 (während die vorausgehende *la follette* hieß). Die Bezeichnungen bedeuten häufig ´Mode´ oder ´Laune´ (= ´Depression´?), so auch *grippe*, dessen eigentliche Bedeutung ´Grille, Laune´ ist. Auffällig ist das Auftreten laut- und bedeutungsähnlicher Wörter im Deutschen und Slavischen. So bereits im 16. Jh. in der Schweiz *grüppi* für einen epidemischen Schnupfen (modern *grupi* ´Rheumatismus im Hals, Nackenstarre´), dann im Zusammenhang mit frz. *grippe* 1788 in München: *Kryps*, 1789 in der Oberpfalz *Grips* ´Grippe´. Diese sind wohl Bedeutungsanpassungen eines bereits vorhandenen Mundartworts. Entsprechend wohl čech. *chřipka* ´Grippe´ zu russ. *chrip m.* ´Heiserkeit´.

W. Feldmann *ZDW* 8 (1906/07), 73; W. Kurrelmeyer *JEGPh* 19 (1920), 513 f.; H. Orth *MMW* (1958), 462; C. Schelenz *MMW* (1959), 63. [Herangezogen wurde die Magisterarbeit von G. Sigl].

Grips *m. erw. vulg.* ´Verstand´ (< 19. Jh.). Zu regionalem *grippen*, auch *gripsen*; Intensivformen zu *greifen*, etwa ´fassen, packen´ (also ´Auffassungskraft´).

grob *Adj.* (< 11. Jh.). Mhd. *g(e)rop*, ahd. *g(e)rop*, *grob*, mndd. *grof*, mndl. *grof*. Zu einer Sippe mit Wörtern für ´Kruste´, ´Schorf u.ä.´, vgl. mit Hochstufe und ohne grammatischen Wechsel anord. *hrjúfr* ´rauh, schorfig´, ae. *hrēof*, ahd. *riob* gleicher Bedeutung, auch ´aussätzig´; außergermanisch lit. *kraupùs* ´rauh´, lit. *nu-krùpęs* ´schorfig´, kymr. *crawen, crafen, crofen* ´Kruste´. Für das Adjektiv ist also von (g.) **ga-hruba-* ´mit Kruste, mit Schorf´ auszugehen; dann Bedeutungsverallgemeinerung. Modifikationsbildung: **gröblich**; Präfixableitung: **vergröbern**; Kompositum **grobschlächtig** ´von grober Art´ (vgl. *Geschlecht*).

S. *Grobian*. – Röhrich 1 (1991), 584; Heidermanns (1993), 306 f.

Grobian *m.* (< 15. Jh.). Scherzbildung aus *grob* und der lateinischen Endung *-iān(us)*. Unmittelba-

res Vorbild sind vielleicht (Heiligen)Namen wie *Damian, Cassian, Cyprian*.

Röhrich 1 (1991), 584 f.

Groden *m. per. ndd.* ´angeschwemmtes, bewachsenes Vorland von Deichen´ (< 17. Jh.). Mndd. *grode, grude* dasselbe, eigentlich ´Wachstum´, zu mndd. *groien* ´wachsen´ (s. *grün*).

Grog *m. erw. fach.* (ein Getränk aus Rum, Zukker und heißem Wasser) (< 18. Jh.). Entlehnt aus ne. *grog*, das auf ein wind. Wort *grog* für eine Mischung aus Rum und Wasser zurückgeht (bezeugt seit 1770). Schon früh ist dann eine Herkunftslegende bezeugt, nach der das Wort auf den Spitznamen ´Old Grog´ des Admirals Vernon zurückgeht (zu e. *grogram* ´Überrock aus Kamelhaar´). Nach der Erzählung soll Admiral Vernon einen solchen Überrock getragen haben und nach ihm benannt worden sein. Als er die Anordnung gegeben hatte, Rum mit Wasser zu verdünnen, soll das Mischgetränk von den Matrosen nach seinem Spitznamen benannt worden sein.

DF 1 (1913), 256; Ganz (1957), 87; W. Seibicke *SD* 20 (1976), 185–187; Rey-Debove/Gagnon (1988), 364 f.

groggy *Adj. vulg.* ´betrunken, angeschlagen´ (< 20. Jh.). Entlehnt aus e. *groggy* zu *Grog*. Also etwa ´von (zu viel) Grog beeinträchtigt´.

Rey-Debove/Gagnon (1988), 365; Carstensen 2 (1994), 596.

grölen *swV. stil.* (< ***15. Jh., Standard 17. Jh.). Spmhd. *grälen, gralen* (ndd. und md.). Offenbar zu mndd. *grāl* ´Herrlichkeit, Pracht, rauschendes Fest´. Weitere Herkunft unklar.

A. Götze *NPhM* 25 (1924), 118; H. Glombik-Hujer *DWEB* 5 (1968), 126 f.

Groll *m.* (< 14. Jh.). Mhd. *groll(e)* ´Zorn´; zu der unter *grell* dargestellten lautbedeutsamen Sippe. Der Groll ist also nach den mit ihm verbundenen Lautäußerungen benannt. Verb: **grollen**.

Gros *n. erw. fremd.* ´Hauptmasse´ (< 17. Jh.). Entlehnt aus frz. *gros m.*, einer Substantivierung von frz. *gros* ´dick, beträchtlich´, aus l. *grossus*. Mit anderer Bedeutungsspezialisierung **Grossist** ´Großhändler´, das im Deutschen gebildet wurde zu *en gros* ´im Großen, in großen Mengen, im Großhandel´ (später auch ins Französische übernommen). Die Bedeutung ´zwölf Dutzend´ (mit der Aussprache [gros], *arch.*) ist entlehnt aus frz. *gros m.*, dieses gekürzt aus frz. *grosse douzaine f.* ´Großdutzend´.

S. *Groschen*. – *DF* 1 (1913), 256; Jones (1976), 369; Brunt (1983), 328; *LM* 4 (1989); 1726.

Groschen *m.* (< 13. Jh.). Mhd. *gros(se)*, die Lautform mit *-sch-* offenbar aus Böhmen mit čechischer Aussprache (die böhmischen Groschen gehörten zu den wichtigsten). Entlehnt aus spl. *dēnā-*

rius grossus ´dicker Denar` (geprägt seit 1266 in Tours); in den Volkssprachen it. *grosso*, frz. *gros*. Mit auffälliger Lautumsetzung vom Hochdeutschen zum Niederdeutschen ndd. *grot* (und ne. *groat*).
S. *Gros*. – Wick (1939), 24; Steinhauser (1978), 67 f.; *LM* 4 (1989), 1726 f.; Röhrich 1 (1991), 585.

groß *Adj.* (< 9. Jh.). Mhd. *grōz*, ahd. *grōz*, as. *grōt* aus wg. **grauta- Adj.* ´groß`, auch in ae. *grēat*, afr. *grāt*. Daneben steht anord. *grautr* ´Grütze`, so daß von einer Bedeutung ´grob gemahlen` auszugehen ist. Dieses zu g. *\*greut-a-* ´zerreiben, zermahlen`, das als starkes Verb nur noch in ahd. *firgrozzen (PPrät.)* bezeugt ist. Formal entspricht dem Adjektiv lit. *graudùs* ´spröde, bröckelig`, semantisch lit. *griauzdùs* ´grob, ungeschlacht`. Zur weiteren Etymologie s. *Grieß*. Abstraktum: **Größe**; Verbum: **vergrößern** (älter *größern*); verstärktes Adjektiv: **großartig**.
Nndl. *groot*, ne. *great*. S. *Grieß, Grütze¹*. – Röhrich 1 (1991), 585 f.; Heidermanns (1993), 256; ablehnend: T. F. Hoad in *Current Trends in West Germanic Etymological Lexicography.* Hrsg. R. H. Bremmer, J. vdBerg (Leiden 1993), 124–131.

Größenwahn *m.* (< 19. Jh.). Zu *Größe* und *Wahn*, auch deutlicher **Größenwahnsinn**, wozu das Adjektiv **größenwahnsinnig**.

Großhundert *n. arch.* ´120 Stück` (bei bestimmten Waren) (< 17. Jh.). Vielleicht nach dem Vorbild von e. (dial.) *great hundred* oder *long hundred*; zuvor wurde auch zu dieser Einheit meist *hundert* gesagt (andere genauere Bezeichnungen sind ahd. *tualepti* ´Zwölfheit` [Lex Salica], anord. *tolfrǽtt hundrað* ´Zwölferhundert`). Bei den Germanen gab es außer dem als indogermanisch gesicherten dezimalen Hundert auch ein duodezimales. Das Großhundert hält sich am längsten im Handel an der Seeküste.

Grossist *m.* s. *Gros*.

großkotzig *Adj. vulg.* (< 19. Jh.). Gelangt aus Berlin in die Hochsprache. Vergröbernder Ausdruck für ´jmd., der in großem Bogen spuckt`.

großmütig *Adj.* (< 14. Jh.). Ersetzt älteres ahd. *mihhilmuotig*; offenbar Lehnübersetzungen von l. *magnanimus*.

Großmutter *f.*, **Großvater** *m.* (< 14. Jh.). Eine Bezeichnungsweise, die seit dem 14. Jh. für deutsch, niederländisch, französisch und englisch bezeugt ist. Ausgangspunkt der semantisch durchsichtigen Bildung ist offenbar das Französische. Grund für die rasche Verbreitung war wohl die klare Unterscheidungsmöglichkeit von Maskulinum und Femininum gegenüber älterem *Ahn*. Ein Wort für ´Großvater` (und wohl auch ´Großmutter`) hat es in der Grundsprache wohl nicht gegeben, da hier das Oberhaupt der Familie generell der ´Vater`

war. Bei Bedarf konnte er als der ´alte` oder ´große` Vater bezeichnet werden.
E. Risch *MH* 1944–47, 118–121; J. Erben in: *FS Dam* (1977), 101–113; Müller (1979), 17–69; Röhrich 1 (1991), 586 f.

Großtat *f.* (< 17. Jh.). Rückbildung aus dem schon seit dem 15. Jh. bezeugten Adjektiv *großtätig* ´groß handelnd, kraftvoll, machtvoll`, das wohl eine Lehnbildung zu l. *māgnificus* ´großartig, prachtvoll` (aus l. *māgnus* ´groß` und l. *facere* ´machen, tun`) ist, zusammengesetzt mit *groß* und *tätig* (zu *Tat*).
Ruppel (1911), 39 f.

Großvater *m.* s. *Großmutter*.

großzügig *Adj.* (< 19. Jh.). Zusammengebildet aus *in großen Zügen*.

Groteske *f. erw. fremd.* (< 17. Jh.). Entlehnt aus frz. *grotesque*, zunächst als Ausdruck der bildenden Kunst für nicht-natürliche Kombinationen von Menschen-, Tier- und Pflanzen-Teilen. Dieses aus it. *grottesco*, das eigentlich ´zur Höhle gehörig` bedeutet (s. *Grotte*). Gemeint sind damit antike Malereien, die in Höhlen und verschütteten Räumen entdeckt wurden. Adjektiv: **grotesk**.
DF 1 (1913), 256 f.; P. Knaak: *Über den Gebrauch des Wortes ´grotesque`* (Greifswald 1913); M. Wis *NPhM* 64 (1963), 129–143; *HWPh* 3 (1974), 900–902; A. R. W. James *CL* 51 (1987), 159–176.

Grotte *f.* ´Felsenhöhle` (< 15. Jh.). Entlehnt aus it. *grotta*, dieses aus spl. *crupta* (auch: ´Gewölbe`), aus l. *crypta*, aus gr. *krýptē*.
S. *Krypta*. – *DF* 1 (1913), 257.

Grube *f.* (< 8. Jh.). Mhd. *gruobe*, ahd. *gruoba*, mndl. *groeve* aus g. **grōbō f.* ´Grube`, auch in gt. *groba*, anord. *gróf*. Dehnstufiges Abstraktum zu g. *\*grab-a-* ´graben`. Diminutiv: **Grübchen**.
Nndl. *groeve*. S. *graben*. – Röhrich 1 (1991), 587.

grübeln *swV.* (< 9. Jh.). Mhd. *grübelen*, ahd. *grubilōn*. Mit unregelmäßigem Ablaut gebildet zu *graben* als Iterativbildung. Vielleicht gehört das Wort aber eher als ´herumtasten` zur Sippe von *grapsen* usw.; vgl. ndd. *grubbeln*, nndl. *grobbelen* ´herumtasten, herumwühlen`. Nomen agentis: **Grübler**; Adjektiv: **grüblerisch**.

Grüezi *Partikel per. schwz.* (< 20. Jh.). Gekürzt aus *(Gott) grüße (euch)*.
Reuter (1906), 33–36.

Gruft *f.* (< 11. Jh.). Mhd. *gruft*, ahd. *gruft*, *kruft* ´Höhle, Schlupfwinkel; Graben, Krypta`. In welchem Umfang hier eine Ableitung von *graben* mit unregelmäßigem Ablaut und eine Entlehnung aus l. *crypta* zusammengespielt haben, läßt sich nicht mehr mit Sicherheit bestimmen.

grummeln *swV. erw. stil.* ´brummen` (< 18. Jh.). Lautmalerische Bildung (vgl. *murmeln* u.ä.).

Grummet *n. per. reg.* ´zweite Heuernte´ (< 13. Jh.). Mhd. *grüenmāt, grummat*; aus *Mahd* und einer umlautlosen Variante zu *grün*, die noch im Schweizerdeutschen gut bezeugt ist. Dort auch die Bedeutung ´frisch, jung´, die hier wohl zugrunde liegt, also ´Schnitt der jungen (nachgewachsenen) Triebe´.

G. Ruppenthal: *Der zweite Grasschnitt in deutscher Synonymie* (Gießen 1950); W. Steinhauser *ZM* 20 (1952), 65−92; R. Bruch *BGDSL-T* 79 (1957), 406−412; Röhrich 1 (1991), 587−589.

grün *Adj.* (< 8. Jh.). Mhd. *grüene*, ahd. *gruoni*, as. *grōni* aus g. **grō-ni- Adj.* ´grün´, auch in anord. *grænn*, ae. *grēne*, afr. *grēne*. Mit *ni*-Suffix abgeleitet von g. **grō-a-* ´wachsen´, als starkes Verb in anord. *gróa*, ae. *grōwan*, als schwaches Verb in afr. *grōia*, ahd. *grūēn*. Ausgangsbedeutung also ´wachsend´. Verb: **grünen**; Modifikationsbildung: **grünlich**.

Nndl. *groen*, ne. *green*, nschw. *grön*, nisl. *grænn*. S. auch *Groden, Grummet, Singrün*. − Schwentner (1915), 62−66.; Seebold (1970), 242 f.; F. Hundsnurscher in: *Poetica* (Tokyo 1988), 75−103; J. Knobloch *SD* 35 (1991), 172−174; *RGA* 8 (1991), 209; Röhrich 1 (1991), 589 f.; Heidermanns (1993), 260 f. Zur Morphologie: G. R. Solta *Sprache* 12 (1966), 26−47

Grund *m.* (< 8. Jh.). Mhd. *grunt*, ahd. *grunt*, as. *grund* aus g. **grundu-* ´Grund, Boden´, auch in gt. *grundu-*, anord. *grunnr*, ae. *grund*, afr. *grund*. Die außergermanischen Vergleichsmöglichkeiten sind problematisch: Einerseits air. *grindell* ´Grund eines Sees, Untergrund´, das (ig.) **ghrndh-* voraussetzen würde; dem widerspricht auf der germanischen Seite offensichtlich das Nordische, das **ghrnt-* vorauszusetzen scheint. Auf der anderen Seite lit. *pāgrindas* ´Grundlage, Fundament´ mit den gleichen formalen Problem und außerdem klaren Verbindungen zu Wörtern für ´Brett, Bohle´, so daß in diesem Fall an einen künstlichen Boden zu denken ist. Muß vorläufig als ungeklärt gelten. Verbum: **gründen (be-, er-)**; dazu das Nomen agentis: **Gründer**; Adjektive: **gründlich, grundlos**. Bedeutungsspezialisierungen besonders zu ´Landbesitz´ (**Grundbesitz, Grundstück**), ´Fundament´ (**Grundlage, -satz, -riß**) und ´Ursache´ (**begründen, grundlos**).

Nndl. *grond*, ne. *ground*, nschw. *grund*, nisl. *grunnur*. S. *Grundel, gründeln*. − H. Kunisch: *Das Wort ´Grund´* (Münster 1929); *HWPh* 3 (1974), 902−910; Röhrich 1 (1991), 590 f.

Grundbirne *f.* s. *Erdapfel*.

Grundel *f./m.*, auch **Gründel** *m.*, **Gründling** *m. erw. fach.* (ein Fisch) (< 11. Jh.). Mhd. *grundel, grundelinc m.*, ahd. *gruntila, grundila f.* So benannt, weil sich dieser Fisch gerne am *Grund* des Wassers aufhält.

gründeln *sw V. per. fach.* ´mit dem Oberkörper ins Wasser tauchen, um Nahrung zu suchen´ (von Enten usw.) (< 16. Jh.). Von *Grund* abgeleitet; viel-

leicht aber nur Sekundärmotivation zu älterem **grüdeln** ´stochern´.

grundieren *sw V. erw. fach.* (< 18. Jh.). Mit Fremdsuffix von *Grund* abgeleitet (neben etwas älterem *gründen*). Zur Bildungsweise vgl. *schattieren, lackieren, schraffieren* im gleichen fachsprachlichen Bereich.

Gründling *m.* s. *Grundel*.

Gründonnerstag *m.* (< 15. Jh.). Zusammensetzung mit *grün* und *Donnerstag*, jedoch schon vorher (13. Jh.) als Fügung mhd. *der grüene donerstac*. Die Herkunft ist nicht geklärt. Offensichtlich handelt es sich um eine ursprünglich eher volkstümliche Bezeichnung, so daß die Herleitung von der seit dem 14. Jh. bezeugten und weit verbreiteten Sitte, an diesem Tag grüne Heilkräuter und grünes Gemüse zu essen, nicht von vornherein auszuschließen ist. Lehnbildung nach l. *diēs viridium* ´Tag der Grünen´ (nach Lk. 23,31), womit die an diesem Tag von den Sünden und Kirchenstrafen Freigesprochenen gemeint sein sollen, ist auszuschließen, da die lateinische Fügung erst seit dem 17. Jh. nachzuweisen ist und offensichtlich ihrerseits nach dem deutschen Vorbild gebildet wurde; allerdings ist *grün* (und l. *viridis*) vom 14. bis 16. Jh. vereinzelt in kirchlichem Sprachgebrauch in Anlehnung an *grün* in der Bedeutung ´frisch´ als ´erneuert, sündlos´ belegt; vgl. hierzu auch die Bezeichnung *Antlaßtag* (s.d.) ´Tag des Erlasses (der Sünden und Kirchenstrafen), des Ablasses´. Weitere Bezeichnungen sind *Hoher Donnerstag* (14. Jh.), *Großer Donnerstag* (15. Jh.), *Guter Donnerstag* (16. Jh.).

HWDA 3 (1931), 1186 f. Anders (Umdeutung von ahd. *grun stm./stf.* ´Jammer, Unglück´): H. Jeske *SW* 11 (1986), 82−109; *LM* 4 (1989), 1752 f.

Grundriß *m.* (< 17. Jh.). Zu *Riß* in der Bedeutung ´Zeichnung´ und *Grund* in der Bedeutung ´Boden, unterste Lage, Fundament´.

Grünschnabel *m.* s. *Gelbschnabel*.

Grünspan *m. erw. fach.* (< 15. Jh.). Spmhd. *grüenspān, grüenspāt* (auch umgekehrt: **Spangrün**). Lehnübersetzung zu ml. *viride hispanicum n.* ´spanisches Grün´, weil von dort Kupferoxyd nach Deutschland exportiert wurde. Schon seit früher Zeit auch *Grünspat* (s. *Spat*[1]) durch Nachdeutung des Wortes.

grunzen *sw V.* (< 9. Jh.). Mhd. *grunzen*, ahd. in *grunnizōd, grunnizōt* ´das Grunzen´; entsprechend ae. *grunnian*; Intensivbildung zu erst frühneuhochdeutsch belegtem *grunnen* gleicher Bedeutung, das wie l. *grundīre, grunnīre* und gr. *grýzein* lautmalend ist.

Ne. *grunt*. − O. Hauschild *ZDW* 12 (1910), 41−44; P. Kretschmer *Glotta* 13 (1924), 135; H. Glombik-Hujer *DWEB* 5 (1968), 205 f.

Gruppe *f.* (< 18. Jh.). Zunächst als Terminus der bildenden Kunst entlehnt aus frz. *groupe m.*, das seinerseits aus it. *gruppo m.* entlehnt ist. Weitere Herkunft unklar. Verb: *gruppieren.*

Kranemann (1958), 107–112. Anders: M. Eusebi *ASNSL* 198/113 (1961), 30–32.

Grus *m. per. reg.* 'Zerbröckeltes' (< 18. Jh.). Ursprünglich niederdeutsches Wort, dem obd. *Graus* 'Sandkorn' entspricht. Mhd. *grūz m./f.,* vergleichbar mit ae. *grytta f.* 'grobes Mehl'. Mit untypischem Vokalismus wie *Grieß* zu g. **greut-a-* 'zerreiben'.

gruseln *swV.* (< 17. Jh.). Für älteres mhd. *griuseln.* Intensivbildung zu *grausen.* Adjektiv: *gruselig*; eine moderne Scherzbildung ist *Grusical* 'Gruselgeschichte' im Anschluß an e. *musical.*

grüßen *swV.* (< 9. Jh.). Mhd. *grüezen,* ahd. *gruozen,* as. *grōtian* aus wg. **grōt-eja- swV.* 'ansprechen', auch 'anklagen, angreifen'; formal entspricht anord. *grœta* 'zum Weinen bringen', das ein Kausativ zu gt. *gretan,* anord. *gráta stV.* 'weinen' ist; der Bedeutungszusammenhang ist aber nicht ausreichend klar. Liegt eine frühe Einwirkung von l. *grātus* 'lieb, willkommen' o.ä. vor? Abstraktum: *Gruß.*

Nndl. *groeten,* ne. *greet.* S. auch *gräßlich.* – W. Bruckner *SAV* 37 (1939), 65–86; Seebold (1970), 241.

Grütze[1] *f.* (< 9. Jh.). Mhd. *grütze n./f.,* ahd. *gruzzi n.,* mndd. *grutte,* mndl. *gort(e)* aus wg. **grutjō f.* 'Grütze', eigentlich 'Grobgemahlenes', auch in ae. *grytta.* Wie *Grieß* zu g. **greut-a- stV.* 'zerreiben, zermahlen'. Nndl. *gort,* ne. *grits.* S. auch *groß.*

Grütze[2] *f. vulg.* 'Verstand' (< 17. Jh.). Vermutlich zu fnhd. *kritz in der Nase haben* 'naseweis sein, sich klug dünken'. Herkunft unklar. Vielleicht zu *kritz* 'Kitzel'.

Seebold (1970), 242; Röhrich 1 (1991), 597 f.

Gspusi *n. per. oobd.* 'Liebschaft, Liebste(r)' (< 19. Jh.). Weiterbildung mit *ge-* zu einer Entlehnung aus it. *sposa f.* 'Braut', it. *sposo m.* 'Bräutigam'. Dieses aus l. *spōnsus m.* 'Bräutigam', l. *spōnsa f.* 'Braut' (s. *Gespons*).

Guano *m. per. fach.* 'organischer Dünger aus Exkrementen von Seevögeln' (< 19. Jh.). Entlehnt aus span. *guano,* dieses aus Ketschua *huanu.*

DF 1 (1913), 257; Palmer (1939), 41 f.; Lüschen (1979), 234.

gucken *swV. stil.*; gelegentlich unter Einfluß des entsprechenden ndd. *kieken* (s.d.) **kucken** geschrieben (< 15. Jh.). Erst seit dem Mittelhochdeutschen belegt, aber wohl älter; mhd. *gucken-berglin* 'verstecken spielen'. Herkunft unklar. Wenn das Wort alt ist, kann es als g. **gugg-* zu ig. **gʰeugʰ-* 'verstecken' gehören, vgl. ai. *gū́hati* 'verbirgt, verhüllt, versteckt', lit. *gūžti* 'zudecken', lit. *gūžinéti* 'mit kleinen Schritten in gebückter Haltung gehen, Blindekuh spielen usw.'. Die Bedeutung wäre dann 'aus

einem Versteck herausspähen', was zu den deutschen Bedeutungen recht gut paßt.

Gucks *m.* s. *Jux.*

Guerilla *m. erw. exot. (ass.)* 'Kleinkrieg' (< 19. Jh.). Entlehnt aus span. *guerilla f.,* einem Diminutivum zu span. *guerra f.* 'Krieg', aus andfrk. **werra* 'Streit'.

Zur germanischen Verwandtschaft s. *wirr.* – *DF* 1 (1913), 257 f.

Gufe *f.* s. *Glufe.*

Gugelhopf *m.,* auch **Gugelhupf** *m. per. reg.* (ein Gebäck) (< 17. Jh.). Zu mhd. *gugel(e) f.* 'Kapuze' und einer Nebenform von *Hefe.* Nach der Form und der ursprünglichen Machart (Hefeteig) benannt.

Güggel *m.* s. *Gockel.*

Guillotine *f. erw. fach.* 'Fallbeil' (< 18. Jh.). Entlehnt aus frz. *guillotine,* das zurückgeht auf den Namen des Befürworters dieser Hinrichtungsart, den französischen Arzt *Guillotin.*

Ersatzwort ist *Fallbeil.* – *DF* 1 (1913), 258; G. Schoppe *ZDW* 15 (1914), 186; Röhrich 1 (1991), 598.

Gulasch *n./m.* (< 19. Jh.). Entlehnt aus ung. *gulyás (hus),* eigentlich 'Fleisch der Rinderhirten', zu ung. *gulyás* 'Rinderhirt', zu ung. *gulya* 'Rinderherde'. Gemeint war ursprünglich eine Speise, die heute *Gulaschsuppe* heißen würde (sie enthielt auch Kartoffelstückchen). Was wir *Gulasch* nennen, heißt auf ungarisch *pörkölt.*

DF 1 (1913), 258.

Gulden *m. erw. fach.* (< 14. Jh.). Bei Goldmünzen wird häufig das Material genannt, so mndl. *gulden florijn* 'goldener Florin' (ursprünglich aus Florenz), mhd. *guldîn pfenninc* u. a. Das Wort wird dann als Währungsbezeichnung fest; heute gilt es für den niederländischen Gulden (abgekürzt *fl.* für *Florin*). Dabei wird an die ursprüngliche Materialbezeichnung nicht mehr gedacht, so daß früher auch *Silbergulden* möglich war.

Nndl. *gulden.* S. *Gold.* – *LM* 4 (1989), 1790 f.

Gülle *f. erw. wobd.* (< *13. Jh., Bedeutung 16. Jh.). Mhd. *gülle* 'Lache, Pfütze, Pfuhl'. Wohl zu mndd. *göle* 'Sumpf', nschwed. *göl* 'Pfütze, Tümpel'. Die Bedeutung 'Mistjauche' erst wesentlich später.

Gully *m. erw. fach.* 'Abfluß' (< 19. Jh.). Entlehnt aus ne. *gully,* wohl einer Nebenform von e. *gullet* 'Schlund', dieses aus afrz. *goulet,* einem Diminutivum zu afrz. *gole, goule* 'Kehle', aus l. *gula f.* S. *Kehle.*

Gült(e) *f. arch.* 'Schuld, Zins' (< 12. Jh.). Mhd. *gülte, gilte.* Ableitung von *gelten.*

gültig *Adj.* (< 14. Jh.). Mhd. *gültic* 'zu zahlen verpflichtet, wert' zu mhd. *gülte* 'Zahlung, Schuld, Wert', das zu *gelten* (s.d. und *Gült*) gehört.

Gummi *m./n.* (< 13. Jh.). Im Mittelhochdeutschen *(gummi)* entlehnt aus ml. *gummi*, dieses aus l. *cummi n.*, *cummis f.*, aus gr. *kómmi n.*, das auf ein ägyptisches Wort zur Bezeichnung eines Harzes zurückgeht. Verb: **gummieren**.

DF 1 (1913), 258 f.; Littmann (1924), 12; Röhrich 1 (1991), 598.

Gumpe *f.*, auch **Gumpen** *m. per. wobd.* ʹtiefe Stelle im Wasserʹ (< 14. Jh.). Mhd. *gumpe m.* ʹWasserwirbelʹ. Herkunft unklar; vielleicht zu *gumpen* ʹspringenʹ (s. *Gimpel*).

Gundelrebe *f. per. fach.* (< 11. Jh.). Mhd. *grunderebe*, ahd. *guntreba, gundareba*. Vielleicht aus *gruntreba* nach den Ausläufern am Boden und in Anlehnung an die lateinische Bezeichnung *hedera terrestris* so benannt (vgl. auch die Bezeichnung **Erd-Efeu**). Im 12. Jh. wird der Pflanzenname in Anlehnung an den Männernamen *Gundram* umgebildet zu ahd. *gunderam m.*; daraus später **Gundermann** (seit dem 17. Jh.).

R. Löwe *BGDSL* 60 (1936), 164–166; Marzell 2 (1972), 699–704.

Günsel *m.*, früher auch *f. per. fach.* (eine Pflanze) (< 11. Jh.). Ahd. *kunsele*. Entlehnt aus l. *cōnsolida f.*, it. *consolida f.* (zu l. *cōnsolidāre* ʹfestmachenʹ); dieses ist wiederum ein Lehnübersetzung aus gr. *sýmphyton n.* ʹZusammenwachsenʹ als Bezeichnung für Heilpflanzen, die das Zuheilen von Wunden fördern (vgl. *Beinwell*).

Gunst *f.* (< *9. Jh., Form 13. Jh.). Mhd. *gunst m.*, mndd. *gunst m./f.*; entsprechend ahd. *unst m.*, ahd. *abunst m./f.*; as. *abunst* ʹMißgunstʹ. Ein *ti*-Abstraktum (mit *s*-Einschub) zu ahd. *g(i)unnan* ʹgönnenʹ (s. *gönnen*). Adjektiv: *(un)günstig*, dazu die Präfixableitung **begünstigen**; verneinte Form: **Un-, Mißgunst**. **Günstling** ist Ersatzwort für *Favorit*.

P. Wahmann: *Gnade* (Berlin 1937); Lloyd/Springer 1 (1988), 265–267; Röhrich 1 (1991), 598 f.

Gur *f.* s. *Kieselgur*.

Gurgel *f.* (< 10. Jh.). Mhd. *gurgel*, ahd. *gurgula*, mndd. *gorgel(strate)*. Entlehnt aus l. *gurgulio m.* ʹLuftröhreʹ, das das mit ihm urverwandte ahd. *querca(la)* verdrängt. Verb: **gurgeln**.

Nndl. *gorgel*. – W. Goldberger *Glotta* 18 (1930), 34; Röhrich 1 (1991), 599.

Gurke *f.* (< 16. Jh.). In verschiedenen Formen bezeugt (österr. *umurke*, ndd. *augurke* usw.). Entlehnt aus poln. *ogurek m.* (heute *ogórek m.*), das seinerseits (mit anderen slavischen Wörtern) aus mgr. *ágovros* ʹunreifʹ stammt. Die süddeutsche Form **Guckummer** stammt dagegen aus l. *cucumis (-mesis) m.*, *cucumer*, das wohl aus einer Substratsprache kommt.

Wick (1939), 25 f.; Marzell 1 (1943), 1256 f.; Bielfeldt (1965), 29; Eichler (1965), 43; Bellmann (1971), 97–99; Steinhauser (1978), 50–52; Röhrich 1 (1991), 599.

Gurre *f. per. reg.* ʹschlechte Stuteʹ (< 13. Jh.). Mhd. *gurre, gorre*. Herkunft unklar. S. *Gör(e)*, vgl. *Gaul*.

gurren *swV.* (< 14. Jh.). Mhd. *gurren*. Lautmalende Bildung.

gürten *swV.* (< 9. Jh.). Mhd. *gürten, gurten*, ahd. *gurten* aus g. *gurd-ja- swV.* ʹgürtenʹ, auch in anord. *gyrða*, ae. *gyrdan*, afr. *un-e-gert* ʹungegürtetʹ. Dazu **Gürtel** aus g. *gurd-ila-* in anord. *gyrðill*, ae. *gyrdel*, afr. *gerdel*, ahd. *gurtil*, mhd. *gürtel m./f./n.* (?). Die Wörter gehören zu der ig. Sippe *gʰerdʰ-* ʹUmfassungʹ (s. *Garten*), in der aber keine Primärverben bezeugt sind. Deshalb ist gt. *bigaurdans* ʹgegürtetʹ wohl auch nicht Rest eines starken Verbs, sondern sekundäre Nominalbildung. Auffällig ist immerhin der Ablaut in *gerdō f.* ʹGürtelʹ (gt. *gairda*). Ein weiteres Konkretum ist **Gurt**.

Nndl. *-gorden*, ne. *gird*, nschw. *gjorda*, nisl. *gyrða*. – Seebold (1970), 225.

Guru *m. per. fremd.* ʹreligiöser Lehrer im Hinduismusʹ (< 20. Jh.). Entlehnt aus hindī *gurū*, dieses aus ai. *gurú-*, eigentlich ʹschwer, gewichtigʹ.

Guß *m.* (< 10. Jh.). Mhd. *guz*, ahd. *guz*, mndd. *gote f.* aus wg. *guti- m.* ʹGußʹ, auch in ae. *gyte*. Verbalabstraktum zu *gießen*.

Röhrich 1 (1991), 600.

Gusto *m. per. fremd.* ʹNeigung, Lustʹ (< 17. Jh.). Entlehnt aus it. *gusto*, zu l. *gustāre* ʹkostenʹ.

S. *goutieren* und für die deutsche Verwandtschaft *kosten*. – *DF* 1 (1913), 259.

gut *Adj.* (< 8. Jh.). Mhd. *guot*, ahd. *guot*, as. *gōd* aus g. *gōda Adj.* ʹtrefflich, gutʹ, auch in gt. *gods*, anord. *góðr*, ae. *gōd*. Am besten vergleicht sich dem Sinn nach gr. *agathós* ʹgut, tüchtig, trefflichʹ, das als Entsprechung zu g. *gōda-* eigentlich *akathós* lauten müßte. Dieses ist in der Form gr. *akathón*, allerdings nur als Glosse, bezeugt. Eine weitere Verbindung mit der Sippe von *Gatte* ist möglich. Die Ausgangsbedeutung wäre dann ʹpassendʹ. – Häufig substantiviert (**Gut** n.) im Sinne von ʹVermögenʹ. Als zweiter Bestandteil von Komposita des Typs *Saatgut* oder *Diebesgut* ist diese Substantivierung zu einem Halbsuffix (**-gut**) verblaßt. Modifikation: **gütlich**.

Nndl. *goed*, ne. *good*, nschw. *god*, nisl. *góður*. – F. Schmidt: *Zur Geschichte des Wortes 'gut'* (Diss. Berlin 1898); W. Mitzka *BGDSL* 58 (1934), 319–321; Röhrich 1 (1991), 601; Heidermanns (1993), 250 f.

guttural *Adj. per. fach.* ʹkehlig, im Bereich der Kehle gebildetʹ (< 17. Jh.). Neoklassische Bildung zu l. *guttur* ʹKehleʹ.

Gymnasium *n.* ʹOberschuleʹ (< 15. Jh.). Entlehnt aus gr. *gymnásion* ʹÜbungs- und Ausbildungsstätteʹ, einer Ableitung von gr. *gymnázesthai* ʹ(sich mit bloßem Körper sportlich betätigenʹ, zu gr. *gymnós* ʹnacktʹ. In den Gymnasien lehrten auch

Philosophen, so daß sie eine Stätte der allgemeinen Ausbildung waren. Im Zeitalter des Humanismus dann auf die geistige Ausbildungsstätte (zunächst Universitätsschulen, dann verallgemeinert) beschränkt (vgl. dagegen e. *gymnasium* ʿTurnhalleʾ). S. *Gymnastik*. Zur möglichen germanischen Verwandtschaft s. *nackt*. Adjektiv: ***gymnasial***; Täterbezeichnung: ***Gymnasiast***.

DF 1 (1913), 259 f.; Nyström (1915), 23−26.

Gymnastik *f.* (< 18. Jh.). Bereits früher bei der Beschreibung antiker Verhältnisse: l. *gymnastica ars*, gr. *gymnastikḗ (téchnē)*. Zugrunde liegt das griechische Wort für ʿnacktʾ (gr. *gymnós*), aus dem ein Wort für denjenigen gebildet wird, der sich mit bloßem Körper sportlich betätigt (gr. *gymnastḗs*), speziell der Trainer solcher Leute. Hierzu das Zugehörigkeitsadjektiv, das wieder allgemeinere Bedeutung hat (ʿzur sportlichen Betätigung gehörendʾ). Adjektiv: ***gymnastisch***.

S. *Gymnasium*. − *DF* 1 (1913), 260; Cottez (1980), 177.

Gynäkologie *f. per. fach.* ʿmedizinische Fachrichtung für Frauenkrankheiten und Geburtshilfeʾ (< 18. Jh.). Neoklassische Bildung aus -*logie* und gr. *gynḗ (-naikós)* ʿFrauʾ. S. *androgyn*.

Cottez (1980), 177 f.

H

Haar[1] *n.* (< 8. Jh.). Mhd. *hār*, ahd. *hār*, as. *hār* aus g. **hēra- n.* ʿHaarʾ, auch in anord. *hár*, ae. *hēr*, *hēr* (im Gotischen steht dafür *tagl*, s. *Zagel*). Am ehesten ursprünglich ein dehnstufiger kollektiver *s*-Stamm, der sich vergleichen läßt mit lit. *šerỹs m.* ʿBorste, (Tier)-Haarʾ, lit. *širỹs* ʿHaarʾ (ig. **ker-, k̑r̥)*; mit *s* erweitert (Reflex eines *s*-Stammes?) russ. *šerstʾ f.* ʿWolleʾ. Weitere Herkunft unklar. Verbum: **haaren**; Adjektiv: **haarig**.

Nndl. *haar*, ne. *hair*, nschw. *hår*, nisl. *hár*. S. *hären.* – D. Q. Adams *JIES* 16 (1988), 69–93; Röhrich 1 (1991), 603–608.

Haar[2] *m. per. fach.* ʿ(nicht zubereiteter) Flachsʾ (< 9. Jh.). Mhd. *har*, ahd. *har(o)* aus g. **hazwa- m.* ʿFlachsʾ, auch in anord. *hǫrr*, afr. *her*. Vermutlich zu ig. **kes-* ʿkämmenʾ in heth. *kisai-* ʿkämmenʾ, akslav. *česati* ʿkämmen, abstreifenʾ, lit. *kasà f.* ʿHaarflechteʾ, mir. *cír f.* ʿKammʾ und vielleicht gr. *késkeon* ʿWergʾ, also ʿdas zu Kämmendeʾ (?). – Nisl. *hör*. S. *Hede, hären.*

haarscharf *Adj.* (< 18. Jh.). Wohl mit *Haar*[1] zusammengesetzt (vgl. *um ein Haar*). Anders Mitzka: eine Verdeutlichung von mhd. *har(e)* ʿherb, bitter, rauh, scharfʾ (s. unter *herb*); doch dürfte dieses Wort schon früh ausgestorben sein, so daß es wohl nicht mehr zu dieser späten Bildung führen konnte. W. Mitzka *HBV* 49/50 (1958), 154 f.

haben *swV.* (< 8. Jh.). Mhd. *haben*, ahd. *habēn*, as. *hebbian* aus g. **hab-ǣ- swV.* ʿhabenʾ, auch in gt. *haban*, anord. *hafa*, ae. *habban*, afr. *habba, hebba*; Durativum zu g. **haf-ja-* ʿhebenʾ (s. *heben*); dem Sinn nach näher zu l. *capere* ʿfassen, greifenʾ: Was man ergriffen hat, das *hat*, besitzt man. Ganz parallel gehört l. *habēre* ʿhabenʾ zu *geben* (aus ig. **gʰebʰ-* ʿnehmenʾ); **kap-* und **gʰebʰ-/-gʰabʰ-* sind Parallelwurzeln (ursprünglich Lautgebärde: **kap-* usw. ʿzuschnappenʾ). Konkretum: *Habe*, als Ausdruck der Buchhaltung *Haben*; Vorderglied eines Kompositums: *Habsucht*.

Nndl. *hebben*, ne. *have*, nschw. *hava*, nisl. *hafa*. S. *habhaft, Habseligkeiten, Haft, haschen, heben.* – W. Oehl *IJVS* 1 (1926), 50–61; *HWPh* 3 (1974), 981–983; Sommer (1977), 4; Röhrich 1 (1991), 609 f. Zu *Soll und Haben*: H. Peter *Der österreichische Betriebswirt* 11 (1961), 250–265.

Haber *m.* s. *Hafer.*

Haberfeldtreiben *n. per. oobd.* ʿnächtliches Rügegericht, besonders wegen sexueller Ausschreitungenʾ (< 18. Jh.). In später Zeit so erklärt, daß gefallene Mädchen in ein Haberfeld und wieder zurückgetrieben wurden. Dies ist aber wohl erst aus dem Wort herausgesponnen, das möglicherweise aus *Haber-Fell* ʿBocksfellʾ (s. *Habergeiß*) entstellt ist. Alle Einzelheiten sind aber unklar.

Schmeller 1 (1872), 1033 f.; H. Jaekel *ZSSR-GA* 40 (1906), 121; G. Queri: *Bauernerotik und Bauernfehme* (München 1911), 57–162; Röhrich 1 (1991), 610 f.

Habergeiß *f. per. reg.* ʿSumpfschnepfeʾ (< 15. Jh.). Wie *Himmelsziege* eine Übertragung eines anderen Tiernamens (wegen der meckernden Geräusche beim Balzflug). Das Wort ist eine Zugehörigkeitsbildung zu einem alten Wort für ʿZiegenbockʾ, ae. *hæfer m.*, anord. *hafr m.*; außergermanisch in l. *caper m.* ʿZiegenbockʾ (und gr. *kápros* ʿEberʾ). Weitere Herkunft umstritten.

S. *Hafer, Hippe*[2] und für die lateinische Verwandtschaft *Kapriole.* – Suolahti (1909), 276–278; F. Lochner-Hüttenbach in: *FS Pokorny* (1967), 51–55; Flechsig (1980); L. Schauwecker: *Ziege und Eule. Ziege und Bock* (Berlin 1992, Privatdruck). Zur Entlehnung ins Finnische s. Koivulehto (1991), 28.

habhaft *Adj. phras.* (< 15. Jh.). In *einer Sache habhaft werden* u.ä. Ursprünglich ʿmit Habe versehen, wohlhabendʾ; mit *werden* (seit dem 16. Jh.) ʿetwas bekommenʾ; daraus die heutige Bedeutung. S. *haben.*

Habicht *m.* (< 8. Jh.). Mhd. *habech, habich*, ahd. *habuh, habech*, as. *havuk* aus g. **habuka- m.* ʿHabichtʾ, auch in anord. *haukr*, ae. *hafoc, heafoc*. Das *-t* im Deutschen ist sekundär angetreten. Außergermanisch vergleicht sich (unter ig. **kabh-*) russ. *kóbec* ʿBienen-, Wespenfalkeʾ. Es kann auch ig. **kap-* ʿpacken, greifenʾ zugrundeliegen (s. *heben*), aber da l. *capus* ʿFalkeʾ oder ʿHabichtʾ (unsicher bezeugt) als etruskisch gilt, ist auch für das germanische und slavische Wort Entlehnung aus einer Substratsprache nicht ausgeschlossen. Daß dennoch von einer Lautgebärde **kap-* ʿpackenʾ auszugehen ist, kann erwogen werden. Vgl. evtl. l. *accipiter* ʿHabichtʾ, das aber als Umdeutung aus **acu-peter* ʿSchnellfliegerʾ erklärt wird.

Nndl. *havik*, ne. *hawk*, nschw. *hök*, nisl. *haukur.* – Suolahti (1909), 359–362; W. A. Benware *BGDSL-T* 101 (1979), 343; Röhrich 1 (1991), 611. Zur Entlehnung ins Finnische s. *LÄGLOS* (1991), 87 f.

habilitieren *swV. per. fach.* ʿdie Lehrberechtigung erwerben bzw. erteilenʾ (< 17. Jh.). Entlehnt aus ml. *habilitare* ʿfähig machenʾ, dieses gebildet zu l. *habilis* ʿleicht zu handhaben, fähig, tüchtigʾ, einer

Ableitung von l. *habēre* ʼhaben, beherrschen, an sich tragenʼ. Abstraktum: ***Habilitation***.

DF 1 (1913), 260 f.

Habitus *m. per. fremd.* ʼVerhalten, Erscheinungsbildʼ (< 18. Jh.). Entlehnt aus l. *habitus*, zu l. *habēre* ʼhaben, an sich tragenʼ. Aus der Verwendung des lateinischen Wortes für ʼOrdenstrachtʼ ist heutiges ***Habit*** entnommen.

S. *Prohibition* für die lateinische Sippe. – *DF* 1 (1913), 261; *LM* 4 (1989), 1813–1815.

Habseligkeiten *Pl. stil.* (< 17. Jh.). Zu *Habseligkeit* ʼHabeʼ, das auf ein Adjektiv ***habselig*** und dieses wiederum auf ein **Habsal*, wie *Labsal*, *Trübsal*) verweist. Möglicherweise ist das Substantiv aber in Analogie zu *Armseligkeit*, *Saumseligkeit* usw. gebildet.

Haché *n. s. Haschee*.

Hachel *f. per. omd.* ʼGranne, Stachelʼ (< 16. Jh.). Fnhd. *hachel*, *hechel*, mit *h*-Vorschlag zu ahd. *ahil*. Dieses ist auch in nhd. ***Achel*** erhalten und gehört zur Verwandtschaft von *Ähre*.

Hachse *f.*, auch **Hechse** *f.*, **Haxe** *f. per. reg.* ʼUnterschenkel und Fuß von Mensch und Tierʼ (< 10. Jh.). Mhd. *hahsen*, *hehsen Pl.* ʼKniebug der Pferde und Hundeʼ, Singular selten für ʼSchenkelʼ, ahd. *hāhs(i)na* ʼAchillessehneʼ aus g. **hanh(a)-sinwō f.* ʼAchillessehneʼ, auch in anord. *hásin*, ae. *hōh-sinu*, afr. *hōx(e)ne* (mit Bedeutungserweiterung zu ʼWadeʼ und dann ʼUnterschenkelʼ). Daneben aus g. **hanhō* ae. *hō(h) m.* ʼFerse, Wadeʼ, und aus **hanhilō* *hæll m.*, ae. *hēla*, afr. *hēla* m. ʼFerseʼ. Grundbedeutung also ʼFersensehneʼ (der Bezug zu ʼhängenʼ kommt davon, daß Schlachttiere an den Sehnen der Hinterbeine aufgehängt werden können). Außergermanisch vergleicht sich lit. *kenklė̃* ʼKniekehleʼ, lit. *kinka* ʼKniekehle, Hachseʼ. Auffällig ist, daß neben diesem (ig.) **konk-* ein **kalk-* mit entsprechender Bedeutung existiert (l. *calx*, *calcis f.* usw.), ebenso **kag-* (nhd. *Hacke*[1], s.d.) und mit ähnlichen Bedeutungen **koks-* (l. *coxa* usw.).

S. *Sehne*. – G. Weitzenböck *Teuthonista* 7 (1934), 156 f.

Hackbrett *n. per. fach.* (Musikinstrument) (< 15. Jh.). Eigentlich ʼBrett zum Hacken von Fleisch usw.ʼ, dann für ein mit Holzschlegeln geschlagenes Saiteninstrument. Die Übertragung kann zwar die Form des Instruments zum Anlaß genommen haben, ist aber wohl scherzhaft bezogen auf die Tätigkeit beim Spielen.

Relleke (1980), 83, 187 f.

Hacke[1] *f. erw. ndd.* ʼFerse, Absatzʼ (< 12. Jh.). Mndl. *hac*. Vielleicht läßt sich anord. *hækill m.* ʼHinterfußʼ (bei einem Fell) vergleichen. Weitere Herkunft unklar.

Nndl. *hak*. Vgl. *Hachse*. – Röhrich 1 (1991), 611 f. Zu dem Nebeneinander von **hak-* und **hōk-* vgl. Darms (1978), 302.

Hacke[2] *f.* (< 13. Jh.). Mhd. *hacke*. Instrumentalbildung zu *hacken*.

hacken *swV.* (< 11. Jh.). Mhd. *hacken*, ahd. *hakkōn*, mndd. *hakken*, mndl. *hacken* aus wg. **hakk-ō- swV.* ʼhackenʼ, auch in ae. *haccian*, afr. *hakia*. Die Bedeutung ist ursprünglich ʼaushacken (die Augen, von den Vögeln), in den Fuß stechen (von der Schlange)ʼ und ʼabschlagen, auseinanderschlagenʼ. Morphologisch handelt es sich um eine Intensivbildung wie *picken*, *packen*, *zwicken*, *zucken* usw. Weitere Herkunft unklar. Vielleicht näher zu *Haken*, wenn vom Arbeiten mit Klauen oder gekrümmten Werkzeugen ausgegangen wird. Es gibt für eine solche Annahme aber keine ausreichenden Anhaltspunkte.

Nndl. *hakken*, ne. *hack*. S. auch *Hacke*[2], *Hackepeter*, *Häcksel*, *Hickhack*. – Lühr (1988), 285 f.; Röhrich 1 (1991), 613. Zur Entlehnung ins Finnische s. *LÄGLOS* (1991), 67 f.

Hackepeter *m. per. ndd.* ʼHackfleisch, Mettʼ (< 20. Jh.). Der zweite Bestandteil ist der Personenname ***Peter***. Ein Grund für diese Namensverwendung ist nicht ersichtlich. Vielleicht scherzhaft im Anschluß an (gehackte) ***Petersilie***. *Peter* wird im Norddeutschen häufiger appellativ verwendet. Für Personen etwa ***Lügenpeter*** ʼkleiner Lügnerʼ; sonst ***Ziegenpeter*** für eine Krankheit usw.

Häcksel *m./n. erw. fach.* ʼkleingeschnittenes Strohʼ (< 16. Jh.). Konkretbildung zu *hacken*.

Röhrich 1 (1991), 614.

Hader[1] *m. obs.* ʼStreitʼ (< 14. Jh.). Zunächst im Ostmitteldeutschen belegt, dann durch Luther in der Hochsprache durchgesetzt, aber ein Wort der gehobenen Sprache. Vergleichbar ist vor allem akslav. *kotora f.* ʼStreit, Zwistʼ; auf einfacherer Grundlage g. **haþu-* ʼKampfʼ (fast nur in Personennamen bezeugt, vgl. ***Hadubrand***) mit air. *cath* ʼKampfʼ; hierzu (näher an der Bedeutung von *Hader*) gr. *kótos m.* ʼGroll, Haßʼ und ai. *śatru- m.* ʼFeindʼ (dann muß aber ig. *k̑* vorausliegen und das slavische Wort das Verhalten einer Kentum-Sprache zeigen). Vielleicht mit unregelmäßiger Lautvertretung weiter zu *Haß*. Die Lautverhältnisse sind klärungsbedürftig. Verb: ***hadern***.

Udolph (1994), 52.

Hader[2] *m. per. obd.* ʼLumpenʼ (< 10. Jh.). Mhd. *hader*, ahd. *hadara f.* ʼLappen, Schafspelzʼ; daneben as. *haðilīn n.* ʼLumpenʼ, ahd. *zi-hadilen* ʼzerfetzenʼ. Herkunft unklar. Auffällig ist die lautliche Nähe von l. *cento* ʼaus Flicken zusammengenähtes Kleidʼ, ai. *kanthā f.* ʼLumpen, geflicktes Gewandʼ.

S. *Haderlump*, *Hudel*. – W. Belardi *RL* 4 (1958), 29–57; E. P. Hamp *AION-L* 2 (1960), 155–157; Lühr (1988), 120 f. Zur Entlehnung ins Finnische s. T. Hofstra *NOWELE* 11 (1988), 38–41.

Haderlump *m. per. reg.* (vor allem *österr.*) ʼLumpʼ (< 15. Jh.). Das Wort *haderlump(en)* ist ursprünglich eine verdeutlichende Zusammensetzung zu *Hader*[2]. Dann, wie das Grundwort, übertragen auf ´(Lumpensammler, in Lumpen Gekleideter), Lump´.

Hades *m. bildg.* ´Totenreich, Unterwelt´ (< 18. Jh.). Entlehnt aus gr. (att.) *Háidēs*, zunächst einer der Söhne des Kronos und Gott der Unterwelt, dann die Unterwelt selbst.

Der Name bedeutet möglicherweise ´der Unsichtbare´ oder ´der nicht Ansehbare´. − *LM* 4 (1989), 1818 f.

Hafen[1] *m. per. obd.* ´Topf´; *nordd.* nur in **Glückshafen** ´Topf für die Lose´ (< 11. Jh.). Mhd. *haven*, ahd. *havan*. Herkunft unklar.

S. auch *Hafner*. − J. Trier *ZDPh* 70 (1947/49), 344 f.; P. Hovda: *Norske Fiskeméd* (Oslo 1961), 18−34; R. Hildebrand *DWEB* 3 (1963), 309−319; Röhrich 1 (1991), 614 f.

Hafen[2] *m.* ´Schiffshafen´ (< *13. Jh., Form 16. Jh.). Aus mndd. *have(n)* *m./f.*, das aber wohl wie spae. *hæfen(e)* f. aus anord. *hǫfn* f. entlehnt ist. Zunächst als mhd. *habene* entlehnt, später mit *-f-* wie das Niederdeutsche (vielleicht auch Einfluß von *Hafen*[1]). Verwandt scheint air. *cúan* ´Seehafen´ (kelt. **kap-no-*). Weitere Herkunft unklar. Vielleicht zu *Haft*.

Kluge (1911), 340−344; *LM* 4 (1989), 1825−1835.

Hafer *m.* (< 10. Jh.). Mhd. *haber(e)*, ahd. *habaro*, as. *havoro* führt mit anord. *hafri* auf g. *habrōn* m. ´Hafer´. Mit Rücksicht auf gr. *aigílōps* ´Flughafer´, eigentlich ´Ziegenkraut´, gehört das germanische Wort wohl zu g. **habra-* ´Ziegenbock´ (s. *Habergeiß*). Ausgangsbedeutung also ´Ziegenbockskraut´. Allerdings könnte air. *corca*, kymr. *ceirch* ´Hafer´ (< kelt. **korkkjo-*) für das Germanische auf eine Grundform (ig.) **korkʷro-* (mit Dissimilierung des ersten *-r-* und Labial für Labiovelar) führen, so daß eine andersartige Herkunft (wohl Substratwort) anzusetzen wäre. Das Wort ist aus dem Nordischen ins Finnische als finn. *kakra* entlehnt. Die Form *Hafer* ist erst in neuhochdeutscher Zeit aus dem Niederdeutschen eingedrungen. Zuvor obd. *Haber*.

Nndl. *haver*, nschw. *havre*, nisl. *hafur*. − Marzell 1 (1943), 531−533; Bertsch (1947), 78−83; Röhrich 1 (1991), 615−618. Zur Entlehnung ins Finnische s. J. Koivulehto: *Jäten* (Helsinki 1971), 139−141.

Haff *n. per. ndd.* ´Küstenbucht hinter Nehrung´ (< *13. Jh., Form 19. Jh.). Die ältere Bedeutung ist ´Wattenmeer, Meer´. So in anord. *haf*, ae. *hæf*, afr. *hef*, mndd. *haf*, aus dem mhd. *hap* ´Meer, Hafen´ entlehnt ist. Die Form *Haff* mit spezieller Bedeutung wird in der Neuzeit im Rahmen von Ortsnamen in die Hochsprache übernommen. Herkunft unklar.

H. Heeger *KVNS* 73 (1966), 42−47.

Hafner *m. per. obd.* ´Ofensetzer´ (< 9. Jh.). Mhd. *havenære*, ahd. *havanari*. Zu *Hafen*[1] in der Bedeutung ´Ofenkachel´.

LM 4 (1989), 1836.

Haft *f.* (9. Jh.). Bei diesem Wort sind folgende Bildungen zu unterscheiden: 1) Das Femininum in der Bedeutung ´Gefangenschaft´ ist eine junge Anpassung an die *ti*-Abstrakta (mhd. *haft* f.); älter ist die Bedeutung beim neutralen Genus. 2) Die Bedeutungen mhd. *haft* m. ´Gefangener´, mhd. *haft* m. ´Haft´ und ´Fessel´ sind Substantivierungen des unter 3) zu nennenden Adjektivs. Belegt ist anord. *hapt* n. ´Fessel´, anord. *haptr* m. ´Gefangener, Leibeigener´, ae. *hæft* m. ´Gefangener, Fessel´, afr. *heft(e)* ´Haft´, afr. *heftene* ´Verhaftung, Fessel´, ahd. *haft* m. ´Fessel´. 3) Das Adjektiv (Partizip Präteritum) g. **hafta-* in den Bedeutungen ´behaftet´ und ´gefangen´ in gt. *hafts*, as. *haft*, haht, ahd. *haft*. Zugrunde liegt eine partizipiale *to*-Bildung der Wurzel ig. **kap-* ´packen, ergreifen´ (s. unter *heben*), wie sie in gleicher Form vorliegt in l. *captus* ´gefangen´ und den Substantiven air. *cacht* ´Gefangener, Fessel´, kymr. *caeth* ´Sklave, Gefangenschaft, Fessel´, l. *captīvus* m. ´Gefangener´. Präfixableitung **verhaften** ´gefangennehmen´ (dagegen gehört die ältere Bedeutung ´befestigen´ zu einer Präfigierung von *haften*).

S. *haben, Heft, heften, inhaftieren*. − Heidermanns (1993), 263 f.

-haft *Halbsuffix* s. das unter *Haft* aufgeführte Adjektiv ahd. *haft*. Der alte Kompositionstyp (noch älter: syntaktische Fügungen von g. **hafta-* mit Dativ-Ergänzung) hat zwei Zweige: Der eine ist vom Typ as. *stedihaft* (das in dem Gleichnis vom Sämann gebraucht wird, dessen Korn zum Teil auf Steine fiel und dort nicht *stedihaft* werden konnte, also ´den Platz haltend´). Dieser Typ wurde produktiv in Bildungen mit der Bedeutung ´das, was im Vorderglied ausgedrückt ist, habend´. Der zweite Typ hat im Vorderglied Ausdrücke wie *Gesetz, Sitte, Vertrag* usw., z. B. ahd. *treuhaft*. Dieser Typ spezialisiert sich auf ´den Vertrag (usw.) haltend´. Dieser Typ liefert vor allem moralisch wertende Adjektive. Er wird − auf Personen angewandt − allmählich immer stärker ausgeweitet (´wie es für das, was im Vorderglied steht, angemessen ist´), bis er zu der allgemeinen Funktion des Typ *mädchenhaft* wird (´wie es für Mädchen angemessen ist, in der Art der Mädchen´). Häufig erweitert mit *-ig* (**wahrhaftig**), woraus die regelmäßige Abstraktbildung auf *-(haft)igkeit*.

Haftel *n./(m./f.) per. reg.*; auch **Heftel**, älter **Häftel** ´Häkchen am Kleidungsstück, Fiebel, Befestigungspflock´ (< 13. Jh.). Mhd. *haftel, heftel* n.; ursprünglich Diminutiv zu *Haft*[2] in der Bedeutung ´Fessel, Haken´.

haften *swV.* (< 9. Jh.). Mhd. *haften*, ahd. *haftēn*, as. *hafton*, eigentlich ´hängen bleiben, festhalten´, danach die rechtliche Bedeutung ´für etwas einstehen´ (= ´an der umstrittenen Sache hängen bleiben´). Abstraktum: **Haftung**.

Hag *m. obs.* (< 8. Jh.). Mhd. *hac m./n.*, ahd. *hag, hac*; sonst mit *n*-Flexion as. *hago, hag m.(?)*, ae. *haga*, anord. *hagi* aus g. **haga-/ōn m.* ´Umzäunung (umzäuntes Grundstück, Weideplatz, Hecke)´. Außergermanisch vergleicht sich l. *caul(l)ae f.* ´Schafhürden´ (aus **caholae*), kymr. *cae* ´Gehege´. Weitere Herkunft unklar. Die Sippe macht nicht den Eindruck einer altererbten Wortfamilie.

Nndl. *haag*, ne. *haw*, nschw. *hage*. S. zunächst *Hagebuche, -butte, -dorn*, und (stärker lexikalisiert) *Hagestolz*, dann mit anderer Lautform *Hain* und *hanebüchen*, mit Geminate *Hecke* (und *Heck*), semantisch abweichend *hegen* mit *Gehege* und vielleicht *Hexe*, auf Umwegen verwandt ist *Kai*. − Marzell 1 (1943), 1219−1223; U. Scheuermann *NJ* 92 (1969), 99 f.; Röhrich 1 (1991), 618. Zur Entlehnung ins Finnische s. *LÄGLOS* (1991), 67.

Hagebuche *f.*, auch **Hainbuche** *f. erw. fach.* (< 9. Jh.). Eigentlich ´Heckenbuche´, obwohl es sich um ein Birkengewächs handelt. Mhd. *hagenbuoche*, ahd. *haganbuohha*, mndd. *hageboke*. Nndl. *haagbeuk*. S. *Hag, Hain*.

Hagebutte *f. erw. reg.* (< *12. Jh., Bedeutung 15. Jh.). Verdeutlicht aus älterem *butte* (vielleicht verwandt mit **Butzen**, **Butt**, s.d.); nordd. *hambutten* u.ä. zu *hagan* in der Bedeutung ´Dornstrauch, Hekkenrose´ (s. unter *Hag*). Daraus wieder verkürzt auch wobd. *hege* ´Hagenbutte´ und wobd. *hegemark* für die aus den Früchten gewonnene Marmelade. Die älteste Form *haganbutta* bedeutet ´Weißdorn´ (auch der Weißdorn hat rote Früchte).

G. Paetzer: *Hagebutte* (Diss. masch. Marburg 1949).

Hagedorn *m. per. fach.* ´Weißdorn´ (< 9. Jh.). Mhd. *hage(n)dorn*, ahd. *haganthorn*, aus g. **hagaþurna m.* ´Hagedorn´, auch in anord. *hagþorn*, ae. *hægþorn*. Eigentlich ´Dornstrauch für Hecken´, s. *Hag*.

Nndl. *hagedoorn*, ne. *hawthorn*, nschw. *hagtorn*. − Marzell 1 (1943), 1219−1237.

Hagel *m.* (< 9. Jh.). Mhd. *hagel*, ahd. *hagal*, as. *hagal* aus g. **hagla- m.* ´Hagel´, auch in anord. *hagl n.*, ae. *hagal, hagol*. Vergleichbar könnte sein gr. *káchlēx* ´Steinchen, Kiesel´, für das aber die Herkunft aus einer Substratsprache erwogen wird. Weitere Herkunft also unklar. Verbum: **hageln**. Häufig übertragen gebraucht wird die Präfigierung **verhageln**.

Nndl. *hagel*, ne. *hail*, nschw. *hagel*, nisl. *hagl*. S. *Janhagel*. − Lüschen (1979), 234f.; Röhrich 1 (1991), 618 f.

Hagelkorn *n.* ´Geschwulst am Augenlid´ s. *Gerstenkorn*.

hager *Adj.* (< 13. Jh.). Aus dem Niederdeutschen übernommen. Herkunft dunkel. Anklingend sind lit. *nukašéti* ´ganz entkräftet werden´ und avest. *kasauu-* ´klein, gering´ (also ig. **kak̑-*). Semantisch befriedigender ist ein Anschluß an ai. *kr̥śá-* ´hager´ und evtl. l. *gracilis* ´schlank, schmal, mager´ (bei Ennius *cracentes*), das aber ig. **krak-ro-* mit Dissi-

milierung des stammhaften *r* gegen das *r* des Suffixes (oder Angleichung an *mager*) voraussetzen würde.

Hagestolz *m. obs.* (< *9. Jh., Form 13. Jh.). Mhd. *hagestolz*, älter *hagestalt*, ahd. *hagustalt, hagastalt*, as. *hagustald, hagastald* aus g. **hagu-stalda- m.*, auch in runen-nord. *hagustaldaz*, anord. *haukstaldr, haukstallr* (lautlich umgeformt), ae. *hægsteald m./f.(?)*. Die mittelhochdeutsche/neuhochdeutsche Form ist sekundär an *stolz* angeglichen. Die deutsche Bedeutung ist im Prinzip ´unverheirateter Mann, Junggeselle´, die nordische und englische eher ´junger Krieger´. Die Bestandteile sind offenbar *Hag* und die Entsprechung zu gt. *staldan* ´besitzen´ − alles weitere ist unklar und spekulativ.

J. de Vries *ANF* 58 (1944), 93−104; J. Trier *ALV* 1 (1949), 96−98; ders.: *Wortgeschichten aus alten Gemeinden* (Köln 1965), 22 f.; Seebold (1970), 461 f.; Röhrich 1 (1991), 619 f. Zu *Gastalde* vgl. Tiefenbach (1973), 29−32.

Häher *m. erw. fach.* (< 10. Jh.). Mhd. *heher m./f.*, ahd. *hehara, hēra f.*; daneben mit grammatischem Wechsel mndd. *he(i)ger, hegger*, ae. *higera, higora*; mit anderer Bedeutung anord. *hegri* ´Reiher´ (s. *Reiher*). Außergermanisch vergleichen sich gr. *kíssa* (**kik-ja*) ´Häher, Elster´, ai. *kikidīví-* ´blauer Holzhäher´. Zugrunde liegt offenbar ein lautmalendes **kik(i)*, das den Schrei dieser Vögel wiedergeben soll; wohl deshalb hat sich auch das altindische Wort den Lautentwicklungen (Palatalisierung) entzogen. Im Gegensatz dazu ist das Wort auf dem Weg ins Germanische verschoben worden, und hat seinen lautmalenden Charakter verloren.

Suolahti (1909), 198−205; E. Christmann *ZV* 40 (1930), 217−224.

Hahn *m.* (< 8. Jh.). Mhd. *han(e)*, ahd. *han(o)*, as. *hano* aus g. **hanōn m.* ´Hahn´, auch in gt. *hana*, anord. *hani*, ae. *hana*, afr. *hana, hona*; eigentlich ´der Sänger´ zu einer Entsprechung von l. *canere* ´singen´; air. *canaid* ´singt´; vgl. lit. *gaidȳs* ´Hahn´ zu lit. *gáida f.* ´Melodie, Gesang´ und lit. *giedóti* ´singen´, russ. *petúch* ´Hahn´ zu russ. *pet´* ´singen´ usw. Unmittelbar zu vergleichen ist vielleicht das gr. Glossenwort *ēikanós* ´Hahn´ (´Morgenfrühe-Singer´). Der Hahn ist also danach benannt, daß er die Morgenfrühe mit seinem Gesang begrüßt (oder nach älterer magischer Vorstellung: sie hervorruft). Die Übertragung auf ´Wasserhahn´ u.ä. wohl nach der Form (Kopf und Schwanz des Hahns als parallel nach oben gebogene Seitenteile oder als ´Hahnenkamm´). Anders (Übertragung aus *Hahn* ´männliches Geschlechtsglied´): Baird. − Der *rote Hahn* steht für den Brand des Daches, da Hähne gern auf dem Dachfirst zu sitzen pflegten.

Nndl. *haan*, nschw. *hane*, nisl. *hani*. S. *Henne, Hinkel, Huhn* und zu der lateinischen Verwandtschaft *Chanson*. − Suolahti (1909), 228−242; B. Schlerath *ZVS* 71 (1953), 28−32; Seebold (1981), 42−44; L. Y. Baird *Maledicta* 5

(1982), 213−226; Röhrich 1 (1991), 620−626; B. Schlerath in *FS K. H. Schmidt* (Berlin 1994), 164−167. Zur Entlehnung ins Finnische s. Koivulehto (1991), 38, 112.

Hahnenfuß *m. erw. fach.* (< 10. Jh.). Mhd. *hanenvuoz*, ahd. *hanafuoz, hanenfuoz*. Bezeichnet nach der Form der Blätter.

LM 4 (1989), 1863; Röhrich 1 (1991), 626.

Hahnenkamm *m. per. fach.* (eine Pflanze) (< 11. Jh.). So benannt nach der Form der Blüte mit Hochblatt. Lehnbildung zu l. *crista galli f.* und spgr. *alektorolophos*.

Hahnentritt *m. per. fach.* (< 18. Jh.). 1) Stoffmuster (nach dem Trittsiegel des Hahns). 2) fehlerhafter Gang von Pferden (nach den auffälligen Trittbewegungen des Hahns vor dem Versuch, eine Henne zu treten). 3) Keimscheibe auf dem Eidotter (als Zeichen der Befruchtung; vgl. *der Hahn tritt die Henne*).

Hahnrei *m. obs.* (< 15. Jh.). Aus dem Niederdeutschen eingeführt (mndd. *hanerei*). Die Herkunft des Wortes ist dunkel; doch ist auf folgenden sachlichen Hintergrund hinzuweisen: Ein Bezeichnungsmotiv für den betrogenen Ehemann ist der Vergleich mit einem verschnittenen Tier und die Bezeichnung als ´gehörnt, hörnertragend u.ä.´. Die antike Bezeichnung (gr. *kerasphóros* usw.) geht vielleicht auf das Wissen zurück, daß kastrierte Hirsche ihr Geweih nicht abwerfen (Aristoteles; Plinius *Naturalis historia* 8, 50/117). Denkbar ist auch *Horn* als Form der weiblichen Haartracht; somit ´einer, der die Haartracht einer Frau trägt, der die Rolle der Frau einnimmt´. Zumindest in Deutschland ist das Bild neu interpretiert worden durch den Bezug auf die Hörner der Kapaune: Den Hähnen wurden bei der Kastrierung Kamm und Sporen abgeschnitten, damit sie nicht durch übermäßiges Wachstum das Tier behinderten und damit die Kapaune leichter von den Hähnen unterschieden werden konnten. Steckte man die abgeschnittenen Sporen in die Schnittwunde des Kamms, so wuchsen sie an und erreichten eine größere Länge als die normalen Sporen. Auf diese Praxis bezieht sich mit Sicherheit der Ausdruck *Hörner aufsetzen* (also eigentlich ´zum Kapaun machen´). Zu allen Zeiten ist diese ´sexuelle Abartigkeit´ in der Bezeichnung aber vermischt worden mit ihrem Gegenteil, der Geilheit (z. B. im Griechischen durch die Vermischung mit dem Bild des geilen Bocks). Was nun *Hahnrei* anbelangt, so sind folgende Komplexe in Erwägung zu ziehen: Einerseits ofr. (friesisch!) *hānrūne* ´Kapaun´ (nebst ofr. *rūne*, nndl. *ruin* ´verschnittenes Pferd´), das lautlich nicht zu (Hahn)*rei* übereinstimmt. Andererseits ae. *wrēne* ´geil´, hd. (dial.) *reihisch, reisch, reinisch* ´brünstig´, hd. (dial) *reihen* ´sich paaren (von Vögeln)´, ahd. *(w)reinisc* ´geil´, ahd. *reiniscāri, (w)reiniscros* ´Deckhengst´ (also wohl zu g. **wreih-a- stV.* ´decken´ und ´geil´

aus ´rossig, brünstig´) mit unklarer Verteilung des Anlauts *wr-*. Lautlich und semantisch zu *Hahnrei* passendes fnhd. (obd.) *rein* ´castratus´ und *reinen* ´castrare´ sind nur in Wörterbüchern bezeugt und deshalb unsicher.

S. auch *Rune*. − Die Sitte des Hörnens der Kapaune ist in Handbüchern der Geflügelzucht (u.ä.) des 16. bis 19. Jhs. gut bezeugt, z. B. V. Sickler: *Die deutsche Landwirtschaft*, Bd. 7, (Erfurt 1806), 234−241. Ferner: H. Dunger *Germania* 29 (1884), 59−70; S. Singer *ZDW* 3 (1902), 228; J. Bolte *ZVV* 19 (1909), 63−82; O. B. Schlutter *ZDW* 14 (1913), 155; M. Bonaparte *Imago* 14 (1928), 100−141; L. Röhrich in *FS A. Taylor* (New York 1960), 120−149, besonders 130; *DEO* (1982), 222 f.; Röhrich 1 (1991), 626−629 Heidermanns (1993), 690.

Hai *m.* (< 17. Jh.). Entlehnt aus nndl. *haai*, das aus nisl. *hai* entlehnt ist; anord. *hár*, das außer ´Hai´ auch ´Pfahl´ und später ´Kesselhaken´ bedeutet − letztlich verwandt mit *hängen*. Der Fisch ist deshalb am ehesten nach der hakenförmigen Rückenflosse benannt.

Röhrich 1 (1991), 629.

Hain *m. obs.* ´Wäldchen´ (< *8. Jh., Form < 14. Jh.). Kontrahierte Form von mhd. *hagen* ´gehegter Wald´, ahd. *hagan* ´Dornstrauch usw.´, also eine Variante zu *Hag* mit etwas anderer Bedeutungsentwicklung. Als Wort der gehobenen Sprache verbreitet durch Klopstock und den Göttinger Hainbund (18. Jh.). Entsprechend ***Hainbuche*** für *Hagebuche*.

Zur technischen Bedeutung in der Niederwaldwirtschaft s. Trier (1981), 18 f.

hakeln *sw V. per. oobd. ndd.* (< 19. Jh.). Regionale Variante zu *häkeln* in verschiedenen Bedeutungen, von denen besonders das bairische Fingerhakeln (an den ineinandergehakten Fingern über den Tisch ziehen) bekannt ist.

häkeln *sw V. erw. fach.* ´mit der Häkelnadel arbeiten´ (< 17. Jh.). Zunächst in allgemeinerer Bedeutung (´mit Haken fassen´) bezeugt. Wohl eine Iterativ-Bildung mit *l*-Suffix; aber auch eine Ableitung zum Diminutiv mhd. *hækel* ´Häckchen´ ist nicht ausgeschlossen (s. *Haken*).

Haken *m.* (< 9. Jh.). Mhd. *hāke(n)*, ahd. *hācko* aus vd. **hæggōn m.* ´Haken´ neben g. **hakōn* in as. *hako*, ae. *haca*, anord. *haki* und g. **hōka* in mndd. *hōk, huk*, afr. *hōk*, ae. *hōc* ´Haken´ und anord. *hækja f.* ´Krücke´. Außergermanisch vergleicht sich am ehesten russ. *kógot* ´Klaue, gekrümmte Eisenspitze´; anderes steht weiter ab. Der Ablaut läßt sich vielleicht so erklären, daß von **hakōn* ´Haken´ auszugehen ist, zu dem Zugehörigkeitsbildungen mit Vriddhi gebildet werden: in den Haken wird ´das zum Haken gehörige´ (d. h. ein anderer Haken oder eine Öse) eingehängt (vgl. zur Sache etwa Kleiderhaken + Haken an einem Kleiderbügel). Zur Problematik des Lautstandes vgl. Darms. Verbum: ***haken (ein-, aus-)***.

S. *hacken, hakeln, häkeln, Hechel, Hecht.* − Darms (1978), 507[264]; Lühr (1988), 285 f.; Röhrich 1 (1991), 629.

Halali *n. per. fach.* (ein Jagdruf) (< 18. Jh.). Entlehnt aus gleichbedeutend frz. *hallali m.*, für das man lautnachahmenden bzw. lautsymbolischen Ursprung annimmt.

H. Adolf *Studies in Philology* 46 (1949), 514−520 (Entlehnung aus dem Hebräischen); Lokotsch (1975), 5.

halb *Adj.* (< 8. Jh.). Mhd. *halp*, ahd. *halb*, as. *half* aus g. **halba- Adj.* ´halb`, auch in gt. *halbs*, anord. *halfr*, ae. *healf*, afr. *half*; das substantivierte Femininum dazu bedeutet gemeingermanisch ´Seite`. Herkunft unklar. Vielleicht zu lit. *šalìs* ´Seite, Gegend`, lett. *salis* ´Speckseite`, lett. *sala* ´Hälfte des geschlachteten Schweins`. Vielleicht weiter zu ai. *kalpáyati* ´teilt zu` (usw.). Zu beachten ist der Bildungstyp *anderthalb* = 1 1/2 (eigentlich: ´das zweite halb`).

Nndl. *half*, ne. *half*, nschw. *halv*, nisl. *hálfur*. S. auch *-halb*, *halbieren, Hälfte, innerhalb, meinethalben.* − Behaghel 1 (1923), 443; M. Boeters in: *Mittelhochdeutsches Wörterbuch.* Hrsg. W. Bachofer (Tübingen 1988), 183−195; Heidermanns (1993), 272 f.

-halb, -halben, -halber *Suffixoid* ´wegen-` (< 10. Jh.). Aus gleichbedeutendem mhd. *halp, halbe(n)*, ahd. *halb*, zu mhd. *halbe*, ahd. *halba* ´Seite` (s. unter *halb*); *meinethalben* also ´von meiner Seite her`.

E.-M. Heinle und H. Wellmann in *FS Matzel* (1984), 165−187.

halb- *Präfixoid.* Abgeschwächt zur Bezeichnung von einem geringeren Grad, meist abschätzig, z. B. **Halbfisch** *m.* (14. Jh.), mhd. *halpvisch*, Bezeichnung für Fische, die nicht für vollwertig gelten; **Halbinsel** *f.* (17. Jh.), Lehnbildung zu l. *paenīnsula* (´fast eine Insel`) (W. Betz *BGDSL* 67[1944], 301); **halbseiden** *Adj.*, fnhd. *halbsīdin* zunächst für das aus Seide und (Baum)-Wolle gemischte Gewebe; dann sinnbildlich für nur scheinbar wertvolle Kleidung. Von da aus übertragen auf anderes, etwa im Sinn von ´zwielichtig`, auch ´homosexuell`; **Halbstarker** (19. Jh.) in Hamburg aufgekommener Ausdruck für verwahrloste jugendliche Randalierer.

H. Himmel *ZDS* 27 (1970), 107−112.

halbieren *swV.* (< 13. Jh.). Mhd. *halbieren*, die älteste bezeugte Bildung aus deutschem Stamm und romanischer Endung bei den abgeleiteten Verben, die ältere Bildung ist mhd. *halben*. Der Ausdruck wird zunächst gebraucht für die nach französischem Vorbild aus Stoffen verschiedener Farbe je zur Hälfte zusammengesetzte Kleidung.

halbpart *Adv. erw. phras.* (< 18. Jh.). Eigentlich Substantiv *Halbpart* ´Hälfte` (halbe Partie).

Halbwelt *f.* (< 19. Jh.). Lehnübersetzung von frz. *demi-monde*, das Alexandre Dumas 1855 als Titel eines Lustspiels wählte. Er verstand darunter die ´Klasse der aus ihrer Klasse Ausgeschlossenen`.

Der neuere Gebrauch des Wortes ist im Deutschen wie im Französischen stärker pejorativ.

Zu dieser Bedeutungsverschlechterung s. *DEO* (1982), 242.

Halde *f. erw. fach.* (< 9. Jh.). Mhd. *halde*, ahd. *halda*; Substantivierung aus dem Adjektiv g. **halþa-* ´schräg, geneigt`, in anord. *hallr*, ae. *heald* (der Auslaut ist nicht einheitlich). Herkunft unklar. Eine semantisch passende Wurzel (ig.) *\*kel-* ´sich neigen` ist auf dieser Wurzelstufe praktisch nicht belegt (eigentlich nur **klei-*), so daß ein Vergleich allenfalls mit einer etwas problematischen Wurzeletymologie möglich ist. Mit anderem Tektal lit. *atkaĺti* ´anlehnen` (Kentum-Verhalten des Litauischen oder andere Wurzel?). S. auch *Helling, hold*.

Hälfte *f.* (< 15. Jh.). Aus dem Niederdeutschen eingedrungen (mndd. *helfte*, mndl. *halfte, helfte m.*, afr. *halfte, helfte m.*, anord. *helfð, helft f.* aus g. **halb-idō*).

S. *halb*. − Röhrich 1 (1991), 630.

Halfter[1] *m./n./(f.) erw. fach.* ´Zaum ohne Gebißstange` (< 9. Jh.). Mhd. *halfter f.*, ahd. *halftra*, *hal(f)ter f.*, mndd. *halter n.*, mndl. *halfter, halchter* aus wg. *\*halftrōn f.* ´Halfter`, auch in ae. *hælftre f.* Offenbar eine Instrumentalbildung mit (ig.) *-tr-* von unklarer Grundlage. Zu erwägen wäre ig. **kʷel-* ´drehen, wenden` (l. *colere* ´warten, pflegen, bebauen u. a.`, gr. *pélomai* ´ich rege mich, bewege mich`, ai. *cárati* ´bewegt sich, wandert`) als ´Mittel zum Wenden` oder ´Mittel zum Bewegen`? In diesem Fall wäre das labiale Element vor ig. **o* ausgefallen (vgl. unter *Hals*). S. *Helm*[2]. Das Verbum **abhalftern** wird häufig übertragen (´aus einer Funktion ausschalten`) gebraucht.

Halfter[2] *f./n.*, auch **Hulfter** *f.*, **Holfter** *f. per. fach.* ´Pistolentasche` (< 13. Jh.). Mhd. (*hulfe*), *hulft(er)*, (*hulst*) *f.* ´Köcher`. Instrumentalbildung zu ig. **kel-* ´verbergen` (s. *hehlen*). Vergleichbare Bildungen sind gt. *hulistr n.* ´Hülle, Decke`, ae. *heolstor n.* ´Versteck`, ndd. *holster* ´Hülle` und ahd. *hulst f.* ´Satteldecke`.

S. auch *Holster.* − Kluge (1926), 50.

Halle *f.* (< 9. Jh.). Mhd. *halle*, ahd. *halla*, as. *halla* aus g. **hallō f.* ´Halle, von Säulen getragener Vorbau`, auch in anord. *họll*, ae. *heall*. Außergermanisch vergleichbar mit einigen Bezeichnungen für Räumlichkeiten im ganzen indogermanischen Raum, von denen l. *cella* ´Vorratskammer, Stübchen` am nächsten steht. Vielleicht weiter zu (ig.) **kel-* ´verbergen` (s. unter *hehlen*).

Nndl. *hal*, ne. *hall*, nschw. *hall*, nisl. *höll.* − E. Schröder *NKB* 35 (1915), 54 f.; Güntert (1932), 29 f.; Ganz (1957), 90; *LM* 4 (1989), 1877.

hallelujah *Interj.* (ein freudiger Ausruf) (< 14. Jh.). Entlehnt aus kirchen-l. *hallelūiāh*, dieses aus hebr. *halalūjāh, halalū-jāh*, wörtlich ´preiset Jahwe`.

Röhrich 1 (1991), 631.

hallen *swV.* (< 15. Jh.). Abgeleitet von mhd. *hal* ´Hall`, einer Ableitung zu wg. *\*hell-a- stV.* ´schallen` in as. *hellan,* ahd. *hellan,* mhd. *hellen* aus ig. **kelə-* (s. *holen*). Das Substantiv ist in den Komposita **Nachhall** und **Widerhall** noch gebräuchlich.
S. auch *einhellig, mißhellig, hell.* − Seebold (1970), 253 f.

Hallig *f. per. ndd.* ´flache, gegen die Flut nicht geschützte Insel` (< 18. Jh.). Zu ae. *healh* ´erhöhte, von Marsch umgebene Fläche`; vielleicht weiter zu nordfr. *hall* ´trocken, ausgetrocknet`, mhd. *hel(l)* ´schwach, matt`, und mit abweichendem Vokalismus wfr. *hāl,* mndl. *hael* ´seicht, trocken, ausgetrocknet`; außergermanisch lett. *kàlst* ´vertrocknen` zu vergleichen. Formal näher steht ae. *holh* ´Höhle, Loch`, doch macht die Bedeutung Schwierigkeiten (´Versteck`?). Auch ein näherer Anschluß an *Holm*[1] kommt in Frage; setzt aber eine andere Wurzelerweiterung voraus.
S. *behelligen.* − Kluge (1911), 348; H. Mutschmann: *The Place-Names of Nottinghamshire* (1913), 170; Krogmann *NM* 4 (1948), 71−73; P. Jørgensen *NM* 6 (1950), 58−60; Lerchner (1965), 93−95; E. Löfstedt *NM* 22 (1966), 43−46; Heidermanns (1993), 275; P. V. Stiles: *OE halh* (Aufsatz im Druck).

Hallimasch *m. per. fach.* (ein Pilz) (< 19. Jh.). Ursprünglich österreichisches Wort, das auch als *Halawatsch* und *Halamarsch* (zu *hal* ´glatt, schlüpfrig`, wegen der abführenden Wirkung des Pilzes) auftritt. Vielleicht entstellt aus der lateinischen Bezeichnung *Armillariella.*
Marzell 1 (1943), 395 f.

hallo *Interj.* (< 15. Jh.). Ursprünglich der Imperativ zu ahd. *halōn, holōn* (s. unter *holen*), vergleichbar mit *holla* zu *holen.* Eigentlich Zuruf an den Fährmann *(hol über)* mit im Zuruf gedehnter Endsilbe (Pluti), die deshalb in voller Form erhalten bleibt.
Schwentner (1924), 33 f.

Hallodri *m. per. oobd.* ´Luftikus`. (< 19. Jh.). Vermutlich aus *Allotria* umgeformt.

Hallore *m. per. reg.* ´Salzwerkarbeiter` (< 17. Jh.). Rückbildung aus dem Genetiv Plural *(hallorum)* eines latinisierten *hallo* ´Einwohner von Halle`.
A. Gebhardt *ZDW* 10 (1908/09), 205−208; B. Sommerlad *TSZGK* 18 (1929), 92−96.

Halluzination *f. erw. fach.* ´eingebildete Wahrnehmung` (< 19. Jh.). Neubildung zu l. *(h)alūcinārī* ´träumen, faseln`, einer Kreuzung zwischen entlehntem gr. *alýein* ´außer sich sein` und l. *vāticinārī* ´weissagen, schwärmen`.
DF 1 (1913), 262; *HWPh* 3 (1974), 989 f.

Halm *m.* (< 8. Jh.). Mhd. *halm,* ahd. *halm,* mndd. *halm,* mndl. *halm* aus g. **halma- m.* ´Halm`, auch in anord. *halmr,* ae. *healm n.* aus ig. (eur.) *\*koləmo- m.* ´Halm, Schilf`, auch in gr. *kálamos*

´Rohr, Schilf, Halm` (wohl mit Vokalassimilation), l. *culmus* ´Halm`, apreuß. *salme* ´Stroh`, russ. *solóma* ´Stroh`. Weitere Herkunft unklar. Halme wurden im Mittelalter auch als Schreibgerät verwendet.
Nndl. *halm,* ne. *halm,* nschw. *halm,* nisl. *halmur.* S. *Karamel.* − Röhrich 1 (1991), 631 f.

Halma *n.* (< 19. Jh.). Ein schon im Altertum bekanntes Brettspiel, benannt nach gr. *hálma* ´Sprung` (aus gr. *hállomai* ´ich springe`, das verwandt ist mit l. *salīre* ´springen`). Entlehnung über das Englische. S. *Salto.*

Hals *m.* (< 8. Jh.). Mhd. *hals,* ahd. *hals,* as. *hals* aus g. **halsa- m.* ´Hals`, auch in gt. *hals,* anord. *hals,* ae. *h(e)als,* afr. *hals.* Zunächst zu l. *collum n.,* auch *collus m.* ´Hals`; als gemeinsame Ausgangsform wird angenommen (ig.) **kʷolso-* (mit Ausfall des labialen Elements vor ig. *o* und mit Assimilation des *s* bzw. g. *z*); dieses eine Erweiterung zu einem *s*-Stamm **kʷelos-* ´Drehung` zu der Wurzel *\*kʷel-* ´drehen` (in l. *colere* ´warten, pflegen, bebauen u. a.`, gr. *pélomai* ´ich rege mich, bewege mich` u. a.). Der Hals wäre also als ´Ort der Drehung` (des Kopfes) aufgefaßt wie in akslav. *vratŭ* ´Marterwerkzeug, Rad` zu akslav. *vratiti sę* ´drehen` und lit. *kãklas* ´Hals` zu dem Wort für ´Rad` (ai. *cakrá-* usw.). Verbum: **(um)halsen.** Vielfach auf die Todesstrafe (durch Hängen oder Köpfen) bezogen, s. das Folgende.
Nndl. *hals,* nschw. *hals,* nisl. *háls.* S. *halten,* zur lateinischen Verwandtschaft *Kolonie,* zur slavischen *Kalesche,* zur griechischen *Pol* und *Zyklus.* − Röhrich 1 (1991), 632−635.

Halsgericht *n. arch.* ´Gericht, das Todesurteil verhängen kann` (< 14. Jh.). Mhd. *halsgerihte. Hals* steht bildlich für ´Leben − Todesstrafe`, da die normale Todesstrafe durch Erhängen erfolgte.
LM 4 (1989), 1881 f.

halt *Partikel erw. obd.* ´eben` (< 9. Jh.). Mhd. *halt,* ahd. *halt,* as. *hald* aus dem Adverb des Komparativs g. *\*haldiz-* ´mehr, eher`, auch in gt. *haldis,* anord. *heldr.* Herkunft unklar.
Behaghel 3 (1928), 182−185; Lindquist (1961), 24−27; E. Seebold *BGDSL-T* 107 (1985), 27 f.

halten *stV.* (< 8. Jh.). Mhd. *halten, halden,* ahd. *haltan,* as. *haldan* aus g. **hald-a- stV.* (reduplizierend), auch in gt. *haldan,* anord. *halda,* ae. *h(e)aldan,* afr. *halda.* Die Bedeutung ist zunächst ´hüten − schützen − bewahren`, daraus ´halten, festhalten` (konkret und übertragen: Gesetze halten, Feste halten usw.). Herkunft unklar. Am ehesten kommt der Bedeutung nach in Frage ein Anschluß an die Wurzel (ig.) **kʷel-* ´sich um etwas herumbewegen, drehen, wenden (usw.)` in l. *colere* ´warten, pflegen, bebauen u. a.`, gr. *pélomai* ´ich rege mich, bewege mich` usw. Dies würde voraussetzen, daß das labiale Element vor ig. *o* geschwunden ist. Sonst kommt auch ein Anschluß an gr. *kéllein* 'antreiben, bewegen' in Frage. Abstrakta: *Halt, Haltung*; Nomen agentis und instrumenti: *Halter, Behälter*; Präfigierungen mit *be-, ent-, er-, unter-*; Partikelverben mit: *an-, aus-, ein-*.

Nndl. *houden*, ne. *hold*, nschw. *hålla*, nisl. *halda*. S. auch *Hals, Gehalt, Hinterhalt, reichhaltig*. – Seebold (1970), 248 f.; Röhrich 1 (1991), 635. Zur Entlehnung ins Finnische s. *LÄGLOS* (1991), 72.

-haltig *Suffixoid* mit der Bedeutung '- enthaltend' *(säurehaltig, erzhaltig* usw.). Zu *Halt* in der Bedeutung, die heute *Gehalt* hat. Ein einfaches *haltig* für 'erzhaltig' ist schon früher in der Bergmannssprache bezeugt, von der die Bildungen wohl ihren Ausgang genommen haben.

Halunke *m. stil.* (< *16. Jh., Form < 19. Jh.). Entlehnt aus čech. *holomek* 'Bettler, Gauner, Diener, Knecht'. Älter zunächst *Holunke*; das vortonig entwickelte *a* setzt sich erst im 19. Jh. durch. Im Deutschen bedeutet das Wort zunächst ebenfalls 'Bettler' (daneben schlesisch auch 'Bote, Wächter'); wird dann aber wie im Slavischen zu 'schlechter Kerl, Lump' verallgemeinert und kommt schließlich zu der heutigen Bedeutung 'Schurke'.

Stammler (1954), 161–163; Eichler (1965), 44 f.; Bellmann (1971), 239–242; Steinhauser (1978), 71 f. Anders: H. Schröder (1906), 11–19.

Hamburger *m. erw. fremd.* 'Brötchen mit (Hack)-Fleischfüllung' (< 20. Jh.). Entlehnt aus ne. *hamburger*, eigentlich 'Hamburger Steak', im Englischen aber mit *ham* 'Schinken' assoziiert, worauf analogisch weitere Bildungen mit *-burger* (*cheeseburger* usw.) erfolgen konnten. Die Bezeichnung geht möglicherweise auf nhd. *Hamburger Rundstück* zurück, mit dem ein aufgeschnittenes Brötchen mit einer Scheibe Rindfleisch und warmer Soße bezeichnet wurde (vgl. das Kochbuch von Henriette Davidis nebst Anhang *Die Hamburger Küche*, Berlin ca. 1912, S. 317; Hinweis durch das Staatsarchiv Hamburg, durch Vermittlung von W. Seibicke).

A. Williams *ASp* 14 (1939), 154; Rey-Debove/Gagnon (1988), 376; Carstensen 2 (1994), 606 f.

Häme *f.* s. *hämisch*.

Hamen[1] *m. per. fach.* 'Angelhaken' (< 10. Jh.). Mhd. *ham(e)*, ahd. *hamo*; entlehnt aus l. *hāmus* 'Haken, Angelhaken'.

Hamen[2] *m. per. fach.* 'Netz' (< 12. Jh.). Mhd. *ham(e)*, ahd. *hamo*, mndd. *hame*; Herkunft unklar. Vielleicht Sonderbedeutung zu dem Wort für 'Haut, Hülle, Kleid', das in *Leichnam* vorausgesetzt ist (mhd. *ham[e]*). Eine weitere Bedeutung (*Hamen*[3]) ist 'Kummet', *wmd.* Mndl. *hame*, vgl. nndl. *haam*; Herkunft ebenfalls unklar. Mit 2) und 3) vergleichbar könnten sein gr. *kēmós* 'Maulkorb, geflochtener Deckel der Stimmurne, Fischreuse, Mundbinde usw.', lit. *kãmanos f. Pl.* 'Zaumzeug mit

Gebiß'. Es wäre eine Ausgangsbedeutung 'Flechtwerk' möglich, andererseits ist ein Zusammenhang mit *hemmen* zu erwägen. Die Beleglage für *Kum(m)et*, die hier ebenfalls einschlägig ist, wird unter diesem Wort dargestellt.

S. auch *Hemd*. – Zur Entlehnung ins Finnische s. LÄGLOS (1991), 90 f.

hämisch *Adj.* (< 13. Jh.). Mhd. *hem(i)sch*, erweitert aus mhd. *hem* 'aufsässig, böswillig'. Die frühneuhochdeutsch bezeugte Vermischung mit *heimisch* und *heimlich* spricht nicht dafür, daß es sich um ein Erbwort handelt. Herkunft unklar. *Häme* ist eine junge Rückbildung aus dem Adjektiv.

S. auch *Heimtücke*. – A. Götze *BGDSL* 24 (1900), 503–505.

Hammel *m.* (< 12. Jh.). Mhd. *hamel*, ahd. *hamal*, mndd. *hamel*, mndl. *hamel* 'verschnittener Schafbock' ist eine Substantivierung des Adjektivs ahd. *hamal* 'verstümmelt' zu dem auch g. **hamlō- swV.* 'verstümmeln' in anord. *hamla*, ae. *hamelian*, afr. *hamelia, homelia*, ahd. *hamalōn* gehören. Weitere Herkunft unklar. Vom Lautstand her gesehen am ehesten zu *hemmen*. Zu beachten sind die Bezeichnungen für verschnittene Tiere, die auf (ig.) **(s)kap-* zurückgehen (s. *Kapaun* und *Schöps*). Lautlich ist dieses aber kaum mit **kam-* zu vermitteln. Vgl. noch anord. *hamalkyrni* 'Korn ohne Grannen'.

Palander (1899), 128 f.; Röhrich 1 (1991), 635–637; Heidermanns (1993), 277.

Hammelsprung *m. per. fach.* (< 19. Jh.). Scherzwort für ein Abstimmungsverfahren, bei dem alle Abgeordneten den Saal verlassen und (den Parteiführern wie Leithammeln folgend) ihn durch die *Ja-, Nein-* oder *Enthaltungs-*Tür wieder betreten. In den 70er Jahren des 19. Jhs. in Berlin aufgekommen.

Hammer *m.* (< 9. Jh.). Mhd. *hamer*, ahd. *hamar*, as. *hamar, hamur* aus g. **hamara- m.* 'Hammer', auch in anord. *hamarr*, ae. *hamer, homer, hamor*, afr. *hamer, homer*. Anord. *hamarr* bedeutet auch 'Stein, Klippe' (westgermanisch vermutlich in Ortsnamen), so daß denkbar ist, daß *Hammer* auf ein Wort für 'Stein' zurückgeht (sei es, daß an Steinhämmer zu denken ist, oder daß der Hammer Funktionen hat, die sonst auch Steine erfüllen können). Das zugrundeliegende Wort für 'Stein' ist lautlich und morphologisch sehr schwer zu beurteilen. Mehrere Sprachen weisen auf (ig.) **aḱmōn* (ai. *áśmā*, lit. *akmuõ* 'Stein', gr. *áḱmōn* 'Amboß'), dabei weisen Ableitungen auf einen alten Wechsel zwischen *r* und *n* (ai. *aśmará-* 'steinern'). Davon weicht die Vokalisierung des Germanischen ab (**kamer-* ?); sie hat ein Gegenstück in akslav. *kamy* 'Stein'. Das *k* im Baltischen und Slavischen ist gegenüber ai. *ś* auffällig (Entlehnung oder Verhalten einer Kentumsprache?). Zu der Verwandtschaft mit

Himmel s.d. Nach Maher ist die Ausgangsbedeutung ´scharf´. Verb: **hämmern**. **Unter den Hammer
kommen** bezieht sich auf den Hammer des Auktionators.

Nndl. *hamer*, ne. *hammer*, nschw. *hammare*, nisl. *hamar*. −
J. P. Maher *JIES* 1 (1973), 441 f.; F. Crevatin *IL* 1 (1974),
61−81; 2 (1975), 47−60; 3 (1976/77), 29−40; J. P. Maher
in: McCormack/Wurm (1978), 85−106; ders. *Mankind
Quarterly* 20 (1979), 161−163; H. Schelesniker in: *FS Ölberg* (1987), 23−26; N. Wagner in *FS H. Kolb* (1989),
771−774; *LM* 4 (1989), 1892; Röhrich 1 (1991), 637 f. Zur
Entlehnung ins Finnische s. *LÄGLOS* (1991), 77.

Hämoglobin *n. per. fach.* ´Blutfarbstoff´ (< 20.
Jh.). Neoklassische Bildung zu gr. *haîma* ´Blut´ und
l. *globus* ´Kugel´.

Hampelmann *m.* (< 16. Jh.). Zunächst in der Bedeutung ´Einfaltspinsel´ bezeugt; seit dem 17. Jh.
für ´hüpfende Puppe´ zu ndd. *hampeln* ´sich hin-
und herbewegen´; unklarer Herkunft (wohl Lautgebärde). R. Lühr sieht in dem Verb eine Kreuzung
zwischen ndd. *hoppen* (s. *hüpfen*) und ndd. *ampeln*;
entsprechend *strampeln*.

Lühr (1988), 118 f.; Röhrich 1 (1991), 638.

Hamster *m.* (< 11. Jh.). Mhd. *hamster*, ahd. *hamustro*, as. *hamustra* f., *hamustro*. Entlehnt aus
russ.-kslav. *choměstorū* ´Hamster´ (vgl. russ. *chom-
ják* ´Hamster´ und lit. *stãras* ´Hamster´; Herkunft
beider Wörter umstritten). Verbum: **hamstern** ´Vor-
räte anhäufen´, Nomen agentis dazu: **Hamsterer**.

Wick (1939), 27 f.; Steinhauser (1978), 40−42; Bielfeldt
(1965), 54; *LM* 4 (1989), 1892.

Hand *f.* (< 8. Jh.). Mhd. *hant*, ahd. *hant*, as. *hand*
aus g. **handu-* f. ´Hand´, auch in gt. *handus*, anord.
hǫnd, ae. *hond*, afr. *hand*, *hond*. Herkunft umstritten. Denkbar ist ein Anschluß an g. **henþ-a- stV.*
´fangen, ergreifen´ in gt. *frahinþan*; die Hand wäre
dann als ´Greiferin´ bezeichnet. Morphologisch ist
diese Annahme allerdings problematisch, weil es
keine entsprechenden Nomina agentis dieser Art
gibt. Partikelableitung: **aushändigen**.

Nndl. *hand*, ne. *hand*, nschw. *hand*, nisl. *hönd*. S. die folgenden Artikel und *abhanden, allerhand, behende, Oberhand, überhandnehmen, vorhanden, zuhand*. − A. Jensen
ZVPh 6 (1952), 50−57; Seebold (1970), 253 f.; Devlee-
schouwer *Orbis* 23 (1974), 130−141; Th.L. Markey *JIES*
12 (1984), 261−292; Röhrich 2 (1992), 639−655. Ein Versuch zu einer anderen Etymologie bei: E. Seebold *TPhS*
(1975), 166 f.

Handbuch *n.* (< 15. Jh.). Vgl. ae. *hand-bōc*. Lehnbildung zu l. *manuāle* (zu l. *manus* f. ´Hand´), das
seinerseits gr. *encheirídion* (zu gr. *cheír* f. ´Hand´)
wiedergibt. Ursprünglich war mit der Bezeichnung
das Handbuch eines Geistlichen gemeint (das in die
Hand genommen, nicht auf das Lesepult gelegt
wird).

Handel *m.* (< 13. Jh.). Mhd. *handel*. Rückbildung zu *handeln*, zunächst allgemein in den Bedeu-

tungen dieses Verbs, dann spezialisiert auf die kauf-
männische Bedeutung.

S. *Hand, Händel*. − Ganz (1957), 90 f.; *LM* 4 (1989),
1895−1901; Röhrich 2 (1992), 655.

Händel *m. stil.* (< 16. Jh.). Frühneuhochdeutsche Variante von *Handel* in der Sonderbedeutung
´Verhandlung, Streitsache´; vor allem im Plural
spmhd. *hendel* (vielleicht unter dem zusätzlichen
Einfluß der Verbalform *hendeln*, die zunächst nur
eine Variante von *handeln* ist).

S. *Hand, Handel*. − Röhrich 2 (1992), 655.

handeln *swV.* (< 9. Jh.). Mhd. *handeln*, ahd. *han-
talōn*, as. *handlon*, mndd. *handelen*, mndl. *handelen*
aus g. **handlō- swV.*, auch in anord. *handla, hǫndla*,
ae. *handlian*, afr. *handelia, hondelia*. Die Bedeutung
ist ursprünglich ´greifen, ergreifen, befühlen´, dann
auch übertragen ´behandeln´, dann im Deutschen
allgemein ´verrichten, tun (usw.)´. Die kaufmänni-
sche Geltung etwa seit dem 16. Jh. Eine Ableitung
zu *Hand*, also ´etwas mit der Hand tun´ (wie etwa
ae. *cnēowlian* ´knien´ zu ae. *cnēow* ´Knie´); sie
scheint aber keinen Mittelvokal gehabt zu haben.
Abstraktum: **Handlung**; Nomen agentis: **Händler**;
Präfigierungen: **be-, miß-, unter-, verhandeln**; Partikelverb: **abhandeln**.

Nndl. *handelen*, ne. *handle*, nisl. *handla, höndla*. S. *Hand,
Handel, Händler*. − *HWPh* 3 (1974), 992−994.

handfest *Adj.* (< 12. Jh.). Mhd. *hantveste* 1) ´ge-
fangen´ (wohl ´an den Händen gefesselt´, sondern ´fest in der Hand´); später ersetzt durch *dingfest*; 2) ´fest mit der Hand, stark, kräftig´. Heute
nur noch übertragen gebraucht. Eine dritte Bedeutung s. unter *Handfeste*.

Röhrich 2 (1992), 655.

Handfeste *f. per. fach.* ´mittelalterliche Verlei-
hungsurkunde´ (< 13. Jh.). Vgl. ae. *handfǣstan*
´verloben´, ae. *handfǣst(n)ung* ´Handschlag, der
ein Versprechen bekräftigt´. Ursprünglich wohl ein
Adjektiv (s. *handfest*) mit der Bedeutung ´durch
Handschlag bekräftigt´; dann allgemein zu ´Ver-
sprechen, Vertrag, Verleihung´.

S. *Hand, handfest*. − *LM* 4 (1989), 1901 f.

Handgeld *n. obs.* (< 17. Jh.). Eigentlich ´in die
Hand gegebenes (bares) Geld´, von Anfang an spe-
ziell ´bei Vertragsabschluß geleistete Geldzahlung
(Anzahlung)´, vor allem militärisch im Rahmen der
Soldatenwerbung.

Röhrich 2 (1992), 655 f.

handgemein *Adj. erw. phras.* (< 18. Jh.). Meist in
handgemein werden ´aneinandergeraten´. Ursprünglich wohl aus dem Ringkampf ´die Hände zusammen (*gemein[sam]*) habend, sich an den Händen
oder Handgelenken fassend´, aber meist in allgemeineren Zusammenhängen.

Handhabe *f. obs.* (< 9. Jh.). Mhd. *hanthabe*, ahd.
hanthaba, hanthabī, das vermutlich im Anschluß an

Hand umgedeutet ist aus ahd. *anthaba* ʹGegengriffʹ (vgl. *Antwort* ʹGegenwortʹ). Der zweite Bestandteil (ahd. *haba* ʹHenkel, Griffʹ) gehört näher zu *heben* als zu dem wurzelverwandten *haben*. Vgl. l. *capulus m.* ʹHandhabeʹ zu l. *capere* ʹgreifen, nehmenʹ. Das schwache Verb **handhaben** bedeutet ursprünglich ʹschützenʹ und ist als solches eine Lehnübersetzung von ml. *manutenere*. Die Bedeutung ist dann aber im Anschluß an das Substantiv verändert worden.
Röhrich 2 (1992), 656.

Handikap *n. erw. fach.* ʹBehinderung, Nachteilʹ (< 20. Jh.). Entlehnt aus ne. *handicap (race)* ʹRennen, bei dem Gewichtsvorteile durch Benachteiligung ausgeglichen werdenʹ, dessen Herkunft nicht sicher geklärt ist. Man hat eine Zusammenrückung aus e. *hand in the cap* vermutet und angenommen, daß der Ursprung in einem Wettspiel zu suchen ist, bei dem es um Ziehungen aus einer Mütze o.ä. geht. Entscheidend für die Weiterentwicklung des Begriffes ist dabei der von einem Schiedsrichter vorgenommene Ausgleich der unterschiedlich wertvollen eingesetzten Gegenstände. Die Tatsache, daß der Ausgleich eine Erschwernis bzw. Behinderung eines Beteiligten bedeutet, führt dann zu der heutigen Bedeutung ʹNachteilʹ. Adjektiv: **gehandikapt**.
Brink-Wehrli (1958), 102; Röhrich 2 (1992), 656 f.; Rey-Debove/Gagnon (1988), 376 f.; Carstensen 2 (1994), 607 f. Anders: J. Knobloch *SW* 16 (1991), 95 – 98.

Handlanger *m. obs.* (< 15. Jh.). Gebildet zu *langen* ʹgreifen, reichenʹ für jmd., der Handreichungen ausführt. Früher bezeugt ist das Verb **handlangen** (14. Jh.), das aber aus morphologischen Gründen kaum die ältere Bildung ist.
M. Holmberg: *Verbale Pseudokomposita im Deutschen* (Göteborg 1976), 18[14].

handsam *Adj. arch.* ʹleicht zu haben, anstelligʹ (< 16. Jh.). Nach der gleichen Vorstellung wie bei *zur Hand*, *handlich* u.ä.

Handschellen *f. Pl.* s. *Schelle*[2].

Handschuh *m.* (< 9. Jh.). Mhd. *hantschuoch, hentschuoch, hentsche*, ahd. *hantscuoh*. Vielfach mit abgeschwächtem zweiten Glied in den Mundarten (*hentschich, hentsche* usw.). Durchsichtige Bildung, die offenbar älteres *Wanten* (s.d.) ersetzt. Der Handschuh spielt als Symbol im Ritterwesen eine Rolle (**Fehdehandschuh**, *den Handschuh hinwerfen* als Aufforderung zur Fehde).
Heyne (1899/1903), III, 300 – 302; *LM* 4 (1989), 1909 f.; Röhrich 2 (1992), 658.

Handstreich *m. obs.* (< 16. Jh.). Zunächst (einheimisch) in der Bedeutung ʹHandschlagʹ (bei Kaufabschluß, Verlöbnis usw.). Davon zu trennen ist das gleichlautende Wort für ʹÜberraschungsangriffʹ, das zur Zeit der Freiheitskriege frz. *coup de main* übersetzt.
Röhrich 2 (1992), 658.

Handwerk *n.* (< 11. Jh.). Mhd. *hantwerc*, ahd. *hantwerc*, zunächst ʹHandarbeitʹ. Schon mittelhochdeutsch für ʹGewerbeʹ. Täterbezeichnung: **Handwerker**.
Obst (1983), 188 – 197; *LM* 4 (1989), 1910 – 1918; Röhrich 2 (1992), 659.

hanebüchen *Adj. obs.* (< *12. Jh., Form < 18. Jh.). Mhd. *hagenbüechīn* ʹaus dem Holz der Hagebucheʹ mit der Nebenform *hainbüechīn* in der Übertragung für ʹderb, klotzigʹ (bezeugt seit dem 18. Jh. als *hanbüchen*). Dann umgestaltet ohne Verständnis für die Ausgangsform. S. *Hag*.

Hanf *m.* (< 10. Jh.). Mhd. *hanef, han(i)f*, ahd. *hanaf, hanif*, as. *hanup* aus g. **hanapa- m.* ʹHanfʹ, auch in anord. *hampr*, ae. *hænep*. Altes Lehnwort (Lautverschiebung!) aus der gleichen Quelle, die auch gr. *kánnabis f.* geliefert hat. Nach Herodot 4,74 f. sind das die Skythen; zu beachten ist aber immerhin sumer. *kunibu* ʹHanfʹ.
E. Lewy *IF* 53 (1935), 122; Marzell 1 (1943), 775 – 779; Bertsch (1947), 210 – 213; *LM* 4 (1989), 1918 f.; Röhrich 2 (1992), 659.

Hänfling *m. erw. fach.* (< 14. Jh.). Mhd. *henfelinc*. Der Vogel ist danach benannt, daß er sich gern vom Hanfsamen ernährt.

Hang *m.* (< 15. Jh.). Fnhd. *hanc* wie ungefähr gleichzeitiges *abhang* gebildet zu *abhin* (oder *ze tale*) *hāhen* (s. unter *hängen*) ʹherunterhängen, sich nach unten neigenʹ. Dann übertragen, wie etwa auch bei *Neigung*.

Hangar *m. per. fach.* ʹHalle für Flugzeugeʹ (< 20. Jh.). Entlehnt aus frz. *hangar*, eigentlich ʹSchuppen, Schirmdachʹ.
Das französische Wort aus andfrk. **haimgard*, einem Kompositum aus andfrk. **haim* ʹGehöftʹ (*Heim*) und andfrk. **gard* ʹGehegeʹ (*Garten*). Etwas anders *DEO* (1982), 354.

Hängematte *f.* (< *16. Jh., Form < 17. Jh.). Schon Kolumbus lernt auf Haiti die Schlafnetze der Eingeborenen kennen, die diese mit einem karibischen Wort als *hamáka* bezeichneten. Die Sache wird weithin bekannt und dient zunächst als Vorbild für die Schlafstellen der Matrosen. Das Wort wird zunächst als Exotismus entlehnt und erscheint im Deutschen als *Hamaco* (zuerst 1529 in einer Reisebeschreibung), *Hamach* u.ä., dann (wohl in Anlehnung an die Umgestaltung in nndl. *hangmak* und dann *hangmat*) sekundär motiviert als *Hängematte* (niederländisch bei Montanus 1671, dann in dessen Übersetzung ins Deutsche durch Dapper 1673). Das Englische ist mit *hammock* bei der Entlehnung geblieben.
R. Loewe *ZVS* 61 (1933), 57 – 61; W. Kurrelmeyer *MLN* 59 (1944), 374 – 378.

hängen *st V./sw V.* (< 9. Jh.). Das starke Verb mhd. *hāhen*, ahd. *hāhan*, as. *hāhan* aus g. **hanh-a-*

stV. ʼhängenʼ *(intr.)*, ʼhängen lassenʼ, auch in gt. *hāhan,* anord. *hanga,* ae. *hōn,* afr. *huā* ist wie *fangen* im Präsens nach den Formen mit grammatischem Wechsel ausgeglichen worden und hat sich dabei mit einem alten Zustandsverb *hangen* ʼhängenʼ *(intr.)* vermischt. Dieses in mhd. *hangen,* ahd. *hangen,* as. *hangon* aus g. **hang-ǣ- swV.* ʼhängenʼ *(intr.)*, auch in gt. *hāhan* mit Beseitigung des grammatischen Wechsels, anord. *hanga* (vermischt mit dem starken Verb), ae. *hangian,* afr. *hangia, hongia.* Die Vermischung hat dann auch auf das alte Faktitivum (ʼhängenʼ *trans.*) übergegriffen: mhd. *hengen,* ahd. *hengen,* anord. *hengja,* afr. *hingia* (zu einer Variante davon s. unter *henken).* Das starke Verb führt zurück auf ig. **k̑onk-* ʼhängenʼ, dessen Ausgangsbedeutung außer im Germanischen nur noch im Hethitischen (heth. *gank-* ʼhängen, wägenʼ) erscheint. Außerdem in übertragener Bedeutung ʼschwanken, unsicher sein/lassenʼ, die auch im Gotischen auftritt (ʼin Unsicherheit lassenʼ), l. *cūnctārī* ʼzögern, schwanken, zweifelnʼ, ai. *śankate* ʼzweifelt, befürchtet, ist vorsichtig, mißtrauisch, sorgt sichʼ. Der weitere Anschluß an Wörter für ʼHaken u.ä.ʼ (Pokorny [1959/69], 537f.) wäre semantisch ansprechend (gewissermaßen ʼetwas aufhakenʼ, ʼetwas ist am Hakenʼ), verträgt sich aber nicht mit der Flexion eines Primärverbs und muß deshalb aus morphologischen Gründen außer Betracht bleiben. Abstraktum: *(An-, Ab-, Aus-, Um-) Hang;* Nomen agentis: *(An-) Hänger;* Kollektivum: *Gehänge;* Adjektive: *(an-, ab-) hängig, anhänglich;* Konkretum: *Anhängsel*

Nndl. *hangen,* ne. *hang,* nschw. *hänga,* nisl. *hanga.* S. *Abhang, abhängig, anhängig, Hai, Hang, Henkel, henken, Verhängnis, Vorhang.* – F. Rißleben: *Die Geschichte der Verbalgruppe* ʼ*hāhan – hangen – hengen – henken*ʼ (Diss. Greifswald 1931); Seebold (1970), 249f.

hangeln *swV.* (< 19. Jh.). Iterativum zu *hängen,* also ʼimmer wieder (neu) hängenʼ.

Hans *m. stil.* (< 13. Jh.). Eigentlich männlicher Vorname, der aber auch im appellativischen Wortschatz eine Rolle spielt. Im 13. Jh. aus *Johannes* verkürzt; dieses als biblischer Name aus dem Hebräischen. Als einer der geläufigsten Taufnamen wurde *Hans* in vielen Umschreibungen, Übernamen u.ä. verwendet (*Hanswurst, Prahlhans, Hans-Dampf-in-allen-Gassen).* Entsprechend in Namensformeln, deren Nachname den Charakter angibt: *Hans Liederlich, Hans Arsch von Rippach, Hans Hagel (Zornhagel), Hans Küchenmeister* usw. In *Hans Dampf* ist mit *Dampf* ʼEitelkeit, Nichtigkeitʼ gemeint (etwa wie *Schall und Rauch).* *Hans Dampf in allen Gassen* ist eine Kontamination mit *Hans in allen Gassen* (so seit dem 16. Jh.).

Meisinger (1924), 29–35; Röhrich 2 (1992), 660–663.

Hanse *f. obs.* (< 9. Jh.). Mhd. *hans(e),* mndd. *hanse, hense* ʼHandelsgesellschaftʼ, ahd. *hansa* ʼ(Krieger)-Scharʼ aus g. **hanso f.* ʼScharʼ, auch in gt. *hansa* ʼSchar, Mengeʼ, ae. *hōs* ʼGefolge, Scharʼ. Nachdem das Wort seit dem 12. Jh. für ʼKaufmannsgildeʼ gebraucht worden war, wurde es 1358 als *düdesche hense* zum Namen des norddeutschen Städtebunds. Die Herkunft des Wortes ist unklar. Falls es sich um ein Erbwort handelt, ist es am ehesten eine Ableitung von einem *s*-Stamm (oder eine Ableitung mit einem *t*-Suffix), also (ig.) **kont-s-ā* (oder mit *a,* oder mit einem anderen Dental, oder **kont-tā).* Vergleichbar wäre kymr. *cant* ʼScharʼ, mir. *céte (?)* ʼVersammlungʼ (falls diese nicht zu dem Wort für ʼhundertʼ gehören). Nach mittellateinischen Ableitungen modern auch **Hanseat, hanseatisch.**

S. auch *hänseln.* – H. Jacobsohn *HG* 45 (1919), 71–101; J. Schnetz *BBGS* 58 (1922), 37f.; E. Mayer *ZDSSR-GA* 45 (1925), 291–293; W. Krogmann *ASNSL* 169 (1936), 1–8; E. vKünßberg *ZMF* 17 (1941), 164–167; J. Trier *BGDSL* 66 (1942), 232–264; Benveniste (1969/1993), 64f.; R. Schmidt-Wiegand *KVNS* 88 (1981), 33–35; dies. *HG* 100 (1982), 21–40; Obst (1983), 224–231; *LM* 4 (1989), 1921–1928. Zur Entlehnung ins Finnische s. Koivulehto (1991), 42, 79.

hänseln *swV.* (< 17. Jh.) ʼjmd. aufziehen, nekkenʼ. Die Entstehung ist nicht völlig eindeutig: Einerseits bedeutete *hänseln* ʼin eine Gesellschaft aufnehmenʼ, was mit allerhand Bräuchen verbunden sein konnte, die zum Teil auch Neckereien enthalten mochten. Bezeugt ist diese Bedeutung nicht vor der anderen; sie könnte aber älter sein. Abzuleiten ist sie wohl von *Hanse,* also ʼin die Hanse, die Gesellschaft, aufnehmenʼ, dafür älter und nie in der verschobenen Bedeutung *hansen.* Diese Erklärung wird im allgemeinen vorgezogen, doch ist der Zusammenhang zwischen Aufnahme in eine Gesellschaft (u.ä.) und Neckerei keineswegs ausreichend erwiesen. Schon wegen der älteren Bezeugung (15. Jh.) ist eine Ableitung von *Hohn* sehr in Betracht zu ziehen (*eyner den andern zu zorne reisze, hontzel, spei oder schelle* Frankfurt 1481), auch nassau. *hohnseln* ʼhänselnʼ – dies wäre wohl eine Verbalbildung zu einem nicht bezeugten **Hohn-sal.* Auch eine Ableitung zu dem Diminutiv *Hänsel* des Namens *Hans* (vielfach im Sinn von ʼNarrʼ verwendet) kommt in Frage. Zu erwägen ist schließlich auch obd. *hanzeln* ʼtätscheln, streichelnʼ, wohl auch ʼstupfenʼ als Ableitung von *Hand.* Im allgemeinen wird der Ableitung von *Hanse* der Vorzug gegeben, doch könnten zusätzliche Belege das Bild leicht ändern. Eine wortgeschichtliche Klärung wäre dringend erwünscht.

Röhrich 2 (1992), 663.

Hanswurst *m. stil.* (< 16. Jh.). Zuerst als spöttische Bezeichnung dicker Leute bezeugt. Bei Luther in der Bedeutung ʼungeschickter Tölpelʼ belegt, dann Bezeichnung des ungeschickten Bauern und schließlich des Narren im Lustspiel.

Röhrich 2 (1992), 661–662.

Hantel *f.*, auch *m. erw. fach.* (< 19. Jh.). Ein ursprünglich niederdeutsches Wort für ˈGriffˈ, abgeleitet von *Hand* (mit auffälligem Dental − vielleicht nach *hantieren*). Von Jahn 1816 als Bezeichnung für ein Turngerät übernommen.

hantieren *swV.* (< 14. Jh.). Spmhd. *hantieren* ˈHandel treibenˈ, aus mndd. *hanteren* (noch älter mndl. *antieren*), das seinerseits aus frz. *hanter* ˈhin- und herziehen, oft besuchenˈ als Terminus der Kaufleute (in der Bedeutung stark beeinflußt von *handeln*) entlehnt ist. Im Neuhochdeutschen wird das Wort mit *Hand* verknüpft und seine Bedeutung daran angepaßt; die Schreibung bleibt, wohl wegen der fremden Endung, von *Hand* getrennt.
Rosenquist (1942), 367−373. [Herangezogen wurde die Magisterarbeit von St.C. Preuß]

hantig *Adj. per. oobd.* ˈbitter, scharfˈ (< 12 Jh.). Mhd. *handec*, ahd. *hantag*, *hantīg*. Zu voreinzelsprachl. **kent-*, auch in gr. *kentéō* ˈich steche, stachleˈ, lett. *sīts* ˈJagdspießˈ.

hapern *swV.* (< 17. Jh.). Übernommen von mndl. *hap(e)ren* ˈstottern, stockenˈ, dann bildlich übertragen auf das Stocken in einem Verlauf u.ä. Das niederländische Wort geht wohl auf eine Lautgebärde für ˈschnappenˈ zurück (vgl. *nach Luft schnappen* u.ä.). S. den folgenden Artikel.

Happen *m.* (< 18. Jh.). Aus dem Niederdeutschen; ursprünglich eine Lautgebärde wie auch die Interjektion *happ(s)*, also ˈdas Erschnappteˈ. Etwas früher bezeugt ist nndl. *happen* ˈschnappenˈ; es könnte aber viel älter sein und die Grundlage von frz. *happer* ˈwegschnappenˈ (12. Jh.) abgegeben haben.
S. *happig*. − Sommer (1977), 4.

Happening *n. per. fach.* (< 20. Jh.) (eine Art Kunstveranstaltung). Entlehnt aus am.-e. *happening* (geprägt 1957 in New Jersey), einem Abstraktum von ne. *happen* ˈgeschehenˈ, zu me. *hap* ˈZufall, Glückˈ, aus anord. *happ*; also eigentlich ˈEreignis, Geschehnisˈ. S. *Happy-End*.
D. Higgins *ASp* 51 (1976), 268−271; Rey-Debove/Gagnon (1988), 378; *Brisante Wörter* (1989), 627−630; Carstensen 2 (1994), 611−613.

happig *Adj. stil.* (< 18. Jh.). Zu (ndd.) *happen* ˈschnappenˈ (s. *Happen*) gehört ndd. *happig* ˈgierigˈ und und zu *Happen* ondd. *happig* ˈderb, grobˈ (eigentlich ˈin großen Happenˈ). In der Hochsprache meist für ˈein starkes Stückˈ.

Happy-End *n.* (< 20. Jh.). Entlehnt aus ne. *happy ending* mit Anpassung an ne. *end* ˈEndeˈ (so auch im Französischen). Ne. *happy* ist abgeleitet von me. *hap* ˈGlück, Zufallˈ, aus anord. *happ*. S. *Happening*.
Rey-Debove/Gagnon (1988), 379; Carstensen 2 (1994), 614 f.

Harakiri *n. erw. exot. (ass.)* ˈSelbstmord, waghalsige Unternehmungˈ (< 19. Jh.). Entlehnt aus

jap. *harakiri*, zu jap. *hara* ˈBauchˈ und jap. *kiru* ˈschneidenˈ (Selbstmord als Sühne durch Aufschlitzen des Bauches). Heute meist übertragen verwendet für riskante Unternehmungen, bei denen der eigene Untergang in Kauf genommen wird.
Littmann (1924), 135; Lokotsch (1975), 64; Röhrich 2 (1992), 663 f.

Harde *f. per. ndd.* ˈVerwaltungsbezirkˈ (< 13. Jh.). Mndd. *harde, herde n.* Entlehnt aus anord. *herað n.* ˈBezirkˈ.

Hardware *f. per. fach.* ˈdie Geräte einer Datenverarbeitungsanlageˈ (< 20. Jh.). Entlehnt aus ne. *hardware*, einem Kompositum aus e. *hard* ˈhart, festˈ und e. *ware* ˈErzeugnisˈ (*Ware*). Das englische Wort bedeutet ursprünglich ˈWerkzeug, Geräteˈ und bekommt dann in der Computer-Technik eine spezielle Anwendung durch den Gegensatz zu dem neugeprägten *software*, das die Programme usw. bezeichnet.
Rey-Debove/Gagnon (1988), 381; Carstensen 2 (1994), 620−622.

Harem *m. exot. (ass.)* ˈFrauenabteilung eines orientalischen Wohnhauses, mehrere Frauen eines Mannesˈ (< 18. Jh.). Entlehnt aus türk. *harem* ˈFrauenräume, Privaträumeˈ, dieses aus arab. *ḥarām* ˈgeheiligter, verbotener Ortˈ. Im osmanischen Reich wird das Wort auf die für Nicht-Familienmitglieder unzugänglichen Frauenräume beschränkt; die moderne Vorstellung verknüpft sich dagegen eher mit ˈVielweibereiˈ.
DF 1 (1913), 262; Lokotsch (1975), 64; P. Kunitzsch *ADA* 94 (1983), 110. [Herangezogen wurde die Lizentiatsarbeit von L. Vasta].

hären *Adj. obs.* ˈaus groben Fasern bestehendˈ (< 9. Jh.). Mhd. *hārīn*, ahd. *hārīn*; fnhd. auch *haren*, eigentlich ˈaus Haaren bestehendˈ (ˈRoßhaar, Ziegenhaarˈ u.ä.). In bezug auf Kleidungsstücke dürfte aber *Haar²* eingewirkt haben (das in alter Zeit kurzes *a* hat).

Häresie *f. per. fach.* ˈKetzereiˈ (< 13. Jh.). Mhd. *(h)ēresīe* ist entlehnt aus l. *haeresis*, dieses aus gr. *hairesis* ˈWahl, Überzeugung u. a.ˈ, zu gr. *hairein* ˈan sich nehmenˈ. Die heutige Bedeutung ist geprägt von dem christlichen Philosophen Justin. Dieser übernahm die speziell philosophische Bedeutung ˈphilosophische Schuleˈ, um damit abweichende Richtungen der Christentums zu bezeichnen. Täterbezeichnung: **Häretiker**; Adjektiv: **häretisch**.
K.-H. Weimann *DWEB* 2 (1963), 392; *HWPh* 3 (1974), 999−1001; A. Le Boulluec: *La notion d'hérésie* (Paris 1985); *LM* 4 (1989), 1933−1937.

Harfe *f.* (< 9. Jh.). Mhd. *harpfe*, ahd. *har(p)fa*, *harf* aus g. **harpō* f. ˈHarfeˈ, auch in anord. *harpa*, as. *harpa*, ae. *hearpe*, *hærpe*. Die latinisierte Form ml. *harpa* schon im 6. Jh. Herkunft unklar. Vgl. immerhin das unter *Harpune* genannte, in dieser Bedeutung nicht bezeugte (g.) *harpon ʿzupfenʾ. Danach wäre die Harfe eine ʿZupfeʾ.

Ndl. *harp*, ne. *harp*, nschw. *harpa*, nisl. *harpa*. – R. Meringer *IF* 16 (1904), 128–133; H. Sperber *WS* 3 (1912), 68–77; J. Werner in: *FS Mayer* (1954), 9–15; H. Steger *DVLG* 35 (1961), 96–147; Relleke (1980), 84–88, 188–191; *DEO* (1982), 356; Lühr (1988), 264f.; *LM* 4 (1989), 1937; Röhrich 2 (1992), 664f. Zur Entlehnung ins Finnische s. Koivulehto *NM* 72 (1971), 585–592.

Harke *f. erw. ndd.* (< 16. Jh.). Mndd. *harke*, mndl. *harke*. Die Entsprechung im Süden ist *Rechen*. Daneben ndd. *harken* ʿschaben, kratzenʾ. Weitere Herkunft unklar, wohl lautmalend (in der noch nicht lautverschobenen Form, vgl. etwa – mit *s mobile* - akslav. *skrĭgŭtati* ʿknirschenʾ).

Röhrich 2 (1992), 665.

Harlekin *m. per. fach.* ʿSpaßmacherʾ (< 17. Jh.). Entlehnt aus frz. *arlequin*, dieses aus it. *arlecchino*, Bezeichnung einer Figur der *Comedia dell' arte*, das wohl auf afrz. *mesnie Hellequin* ʿlustige Teufelscharʾ zurückgeht. Abstraktum: *Harlekinade*.

Die Herkunft dieser Bezeichnung ist umstritten (nach Flasdieck aus ae. *Herela cyng* ʿKönig Hariloʾ, als Wotansname in Bezug auf das ʿWilde Heerʾ). – M. Rühlemann: *Etymologie des Wortes ʿharlequinʾ und verwandter Wörter* (Diss. Halle 1912); *DF* 1 (1913), 262; K. Malone *ES* 17 (1935), 141–144; H. M. Flasdieck *Anglia* 61 (1937), 225–340; *DEO* (1982), 50f.

Harm *m. obs.* (< 8. Jh.). Mhd. *harm*, ahd. *harm*, as. *harm m./n.* aus g. **harma-* m. ʿHarmʾ, auch in anord. *harmr*, ae. *hearm*, afr. *herm*. Falls akslav. *sramŭ* ʿSchandeʾ und avest. *fšarəma-* m. ʿScham(gefühl)ʾ (mpers. *šarm*, npers. *šarm*) zugehörig sind, muß das Wort ursprünglich mit *p* angelautet haben. In diesem Fall wäre an **pkor-mo-* zu denken, das zu (ig.) **pek̑-* ʿdie Haare raufenʾ (s. unter *fechten*) gehören könnte. Also ʿHaare-Raufungʾ? Verb: *(ab-) härmen*; Adjektiv: *harmlos*.

Ne. *harm*, nschw. *harm*, nisl. *harmur*. – J. A. Walz *GR* 10 (1935), Nr. 2, 98–113; Heidermanns (1993), 282; Sousa Costa (1993), 276–282.

Harmonie *f.* ʿÜbereinstimmung, Wohlklangʾ (< 16. Jh.). Entlehnt aus l. *harmonia*, dieses aus gr. *harmonía*, eigentlich ʿFügungʾ. Die vom 13. bis zum 15. Jh. bezeugte Form *armonīe* ist aus dem Französischen entlehnt und wird durch die relativisierte Form verdrängt. Verben: *harmonieren, harmonisieren*; Adjektiv: *harmonisch*.

Das griechische Wort ist das Abstraktum zu einem nur in Eigennamen bezeugten Adjektiv gr. *hármōn* (etwa ʿgefügtʾ), einer (wohl partizipialen) Ableitung von der Wurzel *ar-* ʿfügenʾ. Der *spiritus asper* ist unklar, vielleicht war das Suffix *s*-haltig. S. *philharmonisch*; zur germanischen Verwandtschaft s. *Arm*. – *DF* 1 (1913), 262f.; O. Gigon *SG* 19 (1966), 539–547; H. Hüschen *SG* 19 (1966), 548–554; *HWPh* 3 (1974), 1001; Richter (1989), 153f.; *LM* 4 (1989), 1939.

Harmonika *f. erw. fach.* (< 18. Jh.). B. Franklin nennt das von ihm gebaute Musikinstrument (ne.) *armonica*, in Anlehnung an gr. *harmonikós* ʿharmonischʾ. Es handelte sich dabei um die **Glasharmonika**; doch wurde die Bezeichnung dann auf andere Akkorde erzeugende Instrumente übertragen (**Zieh-, Mundharmonika**). Im Deutschen wird normalerweise die Ziehharmonika mit dem einfachen Wort bezeichnet.

DF 1 (1913), 263; Rey-Debove/Gagnon (1988), 381f.

Harmonium *n. erw. fach.* (< 19. Jh.). Die Verbesserung eines Tasteninstruments, das der Orgel nachempfunden war (frz. *orgue expressif*) wurde von ihrem Konstrukteur, dem Franzosen A. F. Debain *harmonium* genannt (in Anlehnung an das Wort *Harmonie*). Mit der Sache wird das Wort in Deutschland übernommen.

Harn *m.* (< 9. Jh.). Mhd. *harn*, ahd. *harn* mit der regionalen Nebenform *harm*. Ablautend dazu mhd. *hurmen* ʿdüngenʾ. Das Wort hat keine genaue Vergleichsmöglichkeit. Anschließbar sind Wörter mit *s mobile* und der Bedeutung ʿKot, Mistʾ, zunächst in anord. *skarn* n., ae. *scearn* n., afr. *skern*, ndd. *scharn* ʿMistʾ. Dieses kann weiter gehören entweder zu (ig.) **skerə-* ʿschneiden, scheidenʾ (vgl. ai. *apaskara-*, l. *ex-crē-mentum* n. ʿAusscheidungʾ) oder zu dem alten *r/n*-Stamm **sekōr/sakn-* ʿKot, Mistʾ in heth. *šakkar, zakkar* n., gr. *skōr (skatós)* n., l. *-cerda* f. ʿKotʾ (l. *mūscerda* f. ʿMäusekotʾ, l. *sūcerda* f. ʿSchweinekotʾ), russ. *srat* ʿscheißenʾ und avest. *sairiia-* ʿDünger, Mistʾ. Verb: *harnen*.

LM 4 (1989), 1940f.

Harnisch *m. obs.* (< 12. Jh.). Mhd. *harnas(ch) m./n.* ist entlehnt aus afrz. *harnais* ʿRüstungʾ, das seinerseits etymologisch umstritten ist.

S. *geharnischt*. – E. Ploß *BGDSL-T* 81 (1959), 107–110; N. Tönquist *KVNS* 76 (1969), 43f.; G. Siebel: *Harnisch und Helm* (Diss. Hamburg 1969); *LM* 4 (1989), 1941; Röhrich 2 (1992), 665f.

Harpune *f. erw. fach.* (< 17. Jh.). Entlehnt aus nndl. *harpoen*, dieses aus frz. *harpon* m. (eigentlich ʿEisenklammerʾ), entweder Augmentativum zu afrz. *harpe* ʿKralleʾ oder Nomen instrumenti zu afrz. *harper* ʿankrallenʾ. Verb: *harpunieren*.

Die Herkunft des französischen Wortes ist umstritten, man rechnet mit andfrk. *harpōn ʿzupfenʾ. – Kluge (1911), 355f.; *DF* 1 (1913), 263; Jones (1976), 371f.

harren *swV. obs.* (< 13. Jh.). Mhd. *harren*. Ursprünglich regionales Wort, das vor allem durch Luther verbreitet wird. Herkunft unklar. Die ursprüngliche Bedeutung ist ʿfeststecken, nicht mehr weiterkönnenʾ. Präfigierung: *be-, ver-*; Partikelverb: *aus-*; Adjektiv: *beharrlich*.

Bahder (1925), 93, 121f.

Harsch *m. per. obd.* ʿSchneekrusteʾ (< 19. Jh.). Vgl. mndd. *harsch* ʿrauhʾ. Dazu *verharschen* ʿverschorfen' (von Wunden). Am ehesten mit *sk*-Suffix neben dem Dentalsuffix von *hart* zur gleichen Grundlage wie dieses.

Heidermanns (1993), 282 f.

Harst *m. per. schwz.* 'Schar, Gruppe' (< 14. Jh.). Spmhd. *harsch, harst* 'Kampfgruppe'. Herkunft unklar.

hart *Adj.* (< 8. Jh.). Mhd. *herte (Adv. harte)*, ahd. *hart (Adv. hart[o])* aus g. **hardu-* *Adj.* 'hart', auch in gt. *hardus*, anord. *harðr*, ae. *heard*. Mit gleicher Bedeutung (aber einfacherer Wurzelform ig. **ker-*) ai. *karkara-* (spät bezeugt) und das gr. Glossenwort *kárkaroi*; vielleicht auch das morphologisch unklare Wort für den Krebs, ai. *karkaṭa-*, gr. *karkínos*, l. *cancer*. Formal gleich, aber mit abweichender Bedeutung sind lit. *kartùs* 'bitter', russ.-ksl. *kratŭkŭ* 'kurz', ai. *kaṭú-* 'scharf, beißend' (zu lit. *kìrsti* 'hauen', ai. *kṛntáti* 'schneidet'). Morphologisch verlockend wäre ein Anschluß an gr. *kratýs* 'stark, mächtig' (auch gr. *kart-*), ai. *krátu-* 'Kraft'; doch weicht die Vokalisierung und die Bedeutung ab; auch scheint die Verwendung als Adjektiv sekundär zu sein. Vor einer Entscheidung über die Etymologie müßten die möglichen Bedeutungszusammenhänge sorgfältig geprüft werden. Abstraktum: *Härte*; Verb: *(ab-, er-, ver-) härten*.

Nndl. *hard*, ne. *hard*, nschw. *hård*, nisl. *harður*. S. auch *Harsch, Hartmond, Hardware*. − Benveniste (1969/1993), 348−359; K. Strunk *Acta Iranica* 2 (1975), 265−296; ders. *MSS* 34 (1976), 169 f.; Röhrich 2 (1992), 666; Heidermanns (1993), 280−282. Zur Entlehnung ins Finnische s. *LÄGLOS* (1991), 83 f.

hartleibig *Adj. arch.* 1) 'an Verstopfung leidend', 2) 'geizig' (< 17. Jh.). Die zweite, häufiger bezeugte, Bedeutung ist übertragen aus der ersten.

Hartmond *m.*, **Hartmonat** *m.*, auch **Hartung** *m. arch.* 'Januar' (auch 'November' oder 'Dezember') (< 11. Jh.). Mhd. *hartmānōt, hartmān*, ahd. *hartimānōd, hertimānōd*. Zu *hart* in der Bedeutung 'kalt, gefroren'.

hartnäckig *Adj.* (< 15. Jh.). Bahuvrihi-Adjektiv 'einer, der einen harten Nacken hat' (übertragen vom starken Nacken der Zugrinder).

Röhrich 2 (1992), 666.

Hartriegel *m. per. fach.* (ein Strauch mit hartem Holz) (< 11. Jh.). Mhd. *hartrügel m.*, ahd. *hart-(t)rugil*. Ursprünglicher scheint das einfache, nicht verdeutlichte Wort zu sein, das als afrz. *troine*, regional *truèle* entlehnt wurde. Das Verhältnis zwischen *l* und *n* ist dabei nicht ganz klar; es ist aber nicht auszuschließen, daß -*n*- auch in der ursprünglichen deutschen Form enthalten war. Dann ist von **trugun* aus g. **truwun* aus voreinzelsprachl. **druwṇo-* auszugehen, zu ig. **dru-* 'Baum, Holz, hart' (s. *Teer*), das *n*-Ableitungen mit entsprechender Bedeutung aufweist (ai. *dārúṇa-* 'hart, herb, rauh', air. *dron* 'fest, stark, hart'). Bei dieser An-

nahme hätte schon das einfache Wort den Strauch bezeichnet ('der Harte'), und die verdeutlichende Komposition mit *hart-* wäre zu einer Zeit erfolgt, in der das Wort als Appellativum unüblich war, aber noch verstanden wurde.

S. *Holunder*. − Marzell 1 (1943), 1173−1179; E. Seebold *IF* 87 (1982), 186.

Harz *n.* (< 9. Jh.). Mhd. *harz n./m.*, ahd. *harz*, as. *hart* aus vd. **harta- n.* 'Harz'. Keine Anschlußmöglichkeit. Am ehesten vergleichbar sind die Wörter für 'Wachs' (gr. *kērós m.*, lit. *korŷs m.* 'Honigwabe'), für die Entlehnung aus einer orientalischen Sprache erwogen wird. Evtl. ai. *kunda- m.* 'Harz des Weihrauchbaums'.

J. Loewental *BGDSL* 52 (1928), 457; R. A. Fowkes *JEGPh* 45 (1946), 218 f.; G. Klingenschmitt *MSS* 18 (1965), 29−33; *LM* 4 (1989), 1950 f.

Hasard(spiel) *n. per. fremd.* 'gewagtes Spiel/Unternehmen' (< 17. Jh.). Entlehnt aus frz. *jeu de hasard m.* (eine Art Würfelspiel), dieses über span. *azar* aus arab. *az-zahr* 'Würfel zum Spielen'. Schon im Mittelhochdeutschen war das Wort als mhd. *hasehart* 'Würfelspiel' entlehnt worden, ging dann aber wieder unter. Täterbezeichnung: *Hasardeur*.

DF 1 (1913), 263; Lokotsch (1975), 170 f.; Jones (1976), 327; Brunt (1983), 331, 347.

Haschee *n. erw. fach.* (< 18. Jh.). Entlehnt aus frz. *(viande) hachée f.* 'gehacktes Fleisch', also dem Partizip von frz. *hacher* 'zerhacken'. Im Französischen selbst wird die Form *hachis m.* aus derselben Grundlage vorgezogen.

DF 1 (1913), 263 f.

haschen[1] *swV.* (< 14. Jh.). Spmhd. *haschen*, zunächst regional (ostmitteldeutsch), dann vor allem durch Luther verbreitet. Der Bedeutung nach könnte es ein Intensivum zu **hab-* 'packen, fangen' sein (vgl. l. *capere*), während die germanischen Wörter in der Bedeutung abgewandert sind, s. *heben*. In diesem Fall wäre (g.) **haf-skō-* anzusetzen. Nomen agentis: *Häscher*.

Röhrich 2 (1992), 666.

Hascher *m.* 'bemitleidenswerter Mensch', **Hascherl** *n. per. oobd.* 'bemitleidenswertes Kind' (< 19. Jh.). Herkunft unklar.

Haschisch *n.* (ein Rauschgift) (< 19. Jh.). Entlehnt aus arab. *ḥašīš*, eigentlich 'Kraut, Gras'. Kurzform: *Hasch*; Verb: *haschen*[2].

Lokotsch (1975), 66 f.

Hase *m.* (< 8. Jh.). Mhd. *has(e)*, ahd. *has(o)*, mndd. *hase*, mndl. *hase* aus vd. **hasōn m.* 'Hase', neben dem mit grammatischem Wechsel **hazōn* anzusetzen ist, das in anord. *heri*, ae. *hara* auftritt. Aus ig. **kosó-/ōn m.* 'Hase' auch in ai. *śaśá-* (das zweite *ś* durch Assimilation entstanden), apreuß. *sasins*, erweitert kymr. *ceinach*. Das Wort bedeutet ursprünglich offenbar 'der Graue' (vgl. lit. *šìrvis*

ʹHaseʹ zu lit. *šir̃vas* ʹgrauʹ); dieses in ae. *hasu* ʹgraubraunʹ, anord. *hoss* ʹgrauʹ; und außergermanisch l. *cānus* (aus **kasno-*).

Nndl. *haas*, ne. *hare*, nschw. *hare*, nisl. *héri*. − Schwentner (1915), 79 f.; H. Hendriksen *IF* 56 (1938), 27; M. Mayrhofer *Sprache* 7 (1961), 181; *LM* 4 (1989), 1951 f.; Röhrich 2 (1992), 667−672; Heidermanns (1993), 283 f.

Hasel *f.* (< 9. Jh.). Mhd. *hasel*, ahd. *hasal, hasel* *m.*, *hasala*, mndd. *has(s)el m.*, mndl. *hasel* aus g. **hasla- m.* ʹHaselʹ (im Deutschen dem Genus anderer Baumnamen angeglichen), auch in anord. *hasl m.*, ae. *hæsel m.* Außergermanisch vergleicht sich kymr. *coll* (aus **koslo-*) und mit Rhotazismus l. *corylus, corulus*, beide ʹHaselʹ, dazu noch alit. *kasulas* ʹJägerspießʹ. Weitere Herkunft unklar.

Nndl. *hazelaar*, ne. *hazel*, nschw. *hassel*, nisl. *hasl, hesli*. − Marzell 1 (1943), 1199−1207; Röhrich 2 (1992), 672 f.

Haselhuhn *n. per. fach.* (< 12. Jh.). Mhd. *haselhuon*, ahd. *hasalhuon, hasenhuon*, mndd. *hasenhūn*. Wie das *Birkhuhn* nach seinem Hauptaufenthaltsort benannt. Regionales *Hasenhuhn* ist eine Umdeutung.

Suolahti (1909), 253 f.

Haselnuß *f.* (< 11. Jh.). Mhd. *haselnuz*, ahd. *hasalnuz*; zu *Hasel* und *Nuß*[1].

Hasenfuß *m. stil.* ʹFeiglingʹ (< 14. Jh.). Spmhd. *hasenvuoz*. Da der Hase schnell davonläuft, wird mhd. *has(e)* auch für ʹFeiglingʹ; jmd., der davonläuft gebraucht. Hierzu *Hasenfuß* als Pars-pro-toto-Bezeichnung, die das Fortlaufen betont (ähnlich **Hasenherz**).

Anders K. Schroeder *Stader Archiv* 5 (1915), 67−69.

Hasenpanier *n. stil. phras.* (< 16. Jh.). Zunächst scherzhafte weidmännische Bezeichnung für den Schwanz des Hasen, so wie *Fahne* für den Schwanz des Eichhörnchens. Während das Banner im Kampf vorangetragen wird, zeigt der Hase sein ʹPanierʹ bei der Flucht. Deshalb *das Hasenpanier ergreifen, aufwerfen, aufstecken* usw. für ʹdie Flucht ergreifenʹ. Zuerst niederdeutsch bezeugt.

hasenrein *Adj. erw. fach.* ʹ(von einem Hund:) zum Verfolgen einer besonderen Fährte abgerichtet, ohne sich von kreuzenden Fährten ablenken zu lassenʹ (< 19. Jh.). In der Wendung *etwas ist nicht (ganz) hasenrein* ʹnicht ganz einwandfreiʹ ist das Wort wohl nur als Verstärkung von *rein* gebraucht.

Hasenscharte *f.* (< 14. Jh.). Mhd. *hasinscharte* (als Name), sonst erst seit frühneuhochdeutscher Zeit bezeugt, aber in ähnlichen Bezeichnungen weit verbreitet; vgl. ae. *hærsceard n.*, ne. *hare-lip*, nndl. *hazelip*, ndn. *hareskaar*, afr. *hasskerde (Adj.)*; außergermanisch l. *labium leporīnum n.*, frz. *bec de lièvre m.*. Benannt nach der für die Hasen typischen gespaltenen Oberlippe.

Haspe *f. per. fach.* ʹHaken (und Bänder) an der Tür, Garnwinde, Strang Wolle oder Garn (so viel

auf einmal gehaspelt wird)ʹ (< 15. Jh.). Fnhd. *haspe*, mndd. *haspe*, mndl. *haspe* aus g. **has-pō(n) f.* ʹTürhaken, Garnwinde, Strang Garnʹ, auch in anord. *hespa (jōn-*Stamm?). Die Ausgangsbedeutung ist offenbar ʹHaken, um den sich etwas drehtʹ (wie *Angel* u.ä.). Weitere Herkunft unklar. Ne. *hasp*, nschw. *hasp*. S. *Haspel*.

Haspel *f. per. fach.* ʹGarnwindeʹ (auch andere Bedeutungen von *Haspe*) (< 12. Jh.). Mhd. *haspel m.*, ahd. *haspil m.*, mndd. *haspel*, mndl. *haspel* aus vd. **haspilō f.* ʹGarnwindeʹ; mit Instrumentalsuffix **-ilō* oder Diminutiv-Suffix zu *Haspe* gebildet. Nndl. *haspel*. S. *verhaspeln*.

Haß *m.* (< 8. Jh.). Mhd. *haz*, ahd. *haz*, as. *heti* aus g. **hatas- n.* ʹHaßʹ, auch in gt. *hatis*, anord. *hatr n.*, ae. *hete* (das Maskulinum ist sekundär im deutschen Bereich entstanden). Dieses setzt ig. (eur.) **kǝdos-* voraus, das eine hochstufige Entsprechung in gr. *kẽdos n.* (-ā-) ʹSorge, Trauerʹ hat (entsprechend vielleicht kymr. *cawdd* ʹZornʹ?). Verb: **hassen**.

S. auch *häßlich, hetzen*. − Heidermanns (1993), 284 f.

häßlich *Adj.* (< 12. Jh.). Mhd. *hez(ze)lich, haz(ze)lich*, ahd. *hazlih*, as. *hetilīk* aus wg. **hates-līka- Adj.* ʹHaß erregend, gehässigʹ, auch in ae. *hetelīc* (die Bildungen können allerdings auch selbständig und später sein), zu *Haß*. Spätestens in frühneuhochdeutscher Zeit beginnt das Wort im Deutschen den Gegensatz von ʹschönʹ zu bezeichnen.

A. Götze *ZDW* 7 (1905), 202−220; *HWPh* 3 (1974), 1003−1007; Röhrich 2 (1992), 673.

Hast *f.* (< 16. Jh.). Aus dem Niederdeutschen aufgenommen, wohin es aus dem Niederländischen gelangt ist. Dorthin ist es entlehnt aus afrz. *haste* (frz. *hâte*), das seinerseits aus dem Germanischen entlehnt ist: auf ein **haifsti-* ʹStreit, Anstrengungʹ führen gt. *haifsts*, ahd. *heifti* ʹheftig, schrʹ und ae. *hǣst(e)* ʹheftigʹ. *Hast* ist also ursprünglich ʹAnstrengungʹ. Verb: **hasten**; Adjektiv: **hastig**.

S. auch *heftig*. − E. Öhmann *ZDW* 16 (1960), 161−167; Heidermanns (1993), 266 f.

hatschen *swV. per. oobd.* ʹlatschen, hinkenʹ, eigentlich **hätschen** (< 16. Jh.). Ein expressives Wort wie etwa *rutschen*, mit dem es einige Bedeutungen teilt. Ein genauerer Ausgangspunkt ist unbekannt.

hätscheln *swV.* ʹliebkosenʹ, **verhätscheln** *swV.* ʹverwöhnenʹ (< 17. Jh.). Expressives Wort, das ʹtätschelnʹ oder ʹwiegenʹ bedeuten kann. Vgl. *hatschen* und österr. **hutschen**. Ein genauerer Ausgangspunkt ist unbekannt.

Hattrick *m. per. fach.* ʹdreimaliger Erfolgʹ (< 20. Jh.). Entlehnt aus ne. *hattrick*, einer Zusammensetzung aus e. *hat* ʹHutʹ und e. *trick* ʹDreh, Kunststückʹ. Der Ausdruck scheint im Kricket aufgekommen zu sein und auf der Gepflogenheit zu beruhen, einem Werfer einen Hut zu überreichen, wenn er das Wicket drei oder mehrere Male getroffen hatte. Von hier aus dann ins Fußballspiel übernommen und weiter verallgemeinert.

Carstensen 2 (1994), 625 f.

Hatz *f. erw. stil.* ʹHetze, Eile, Jagdʹ, auch **Hatze**, das eine unumgelautete Variante von *Hetze* ist (< 16. Jh.). Rückbildungen zu *hetzen*.

Haube *f.* (< 10. Jh.). Mhd. *hūbe*, ahd. *hūba*, as. *hūva* aus g. **hūbōn f.* ʹHaubeʹ, auch in anord. *húfa*, ae. *hūfe*, afr. *hūve*, *houwe*. Kann zu den indogermanischen Wörtern für ʹHöcker, Buckelʹ gehören, die ein **kūbh-* (auch **kubh-*) voraussetzen, so gr. *kȳphós* ʹgebückt, buckeligʹ, ai. *kakúbh-* ʹSpitze, Gipfel, Höckerʹ; lit. *kuprà* ʹBuckel, Höckerʹ u. a.

LM 4 (1989), 1958 f.; Röhrich 2 (1992), 674.

Haubitze *f. obs.* (< 15. Jh.). Entlehnt aus čech. *houfnice*, eigentlich ʹSchleuderʹ.

Bellmann (1971), 276 f.; Steinhauser (1978), 82 f.

hauchen *swV.* (< 13. Jh.). Mhd. *hūchen* (omd.). Herkunft unklar. Vielleicht eine expressive Abwandlung von mhd. *kūchen* ʹhauchenʹ (s. unter *keuchen*). Abstraktum: *Hauch*.

Haudegen *m.* (< 17. Jh.). Zunächst ʹHiebwaffeʹ im Gegensatz zu *Stoßdegen*. Im 18. Jh. neu gedeutet als ʹDraufgängerʹ, im Anschluß an *Degen* ʹKriegerʹ. Einzelheiten bleiben unklar.

hauen *stV.* (< 9. Jh.). Mhd. *houwen*, ahd. *houwan*, as. *hauwan* aus g. **hauww-a- stV.* ʹhauenʹ, auch in anord. *hǫggva*, ae. *hēawan*, afr. *hāwa*, *houwa*. Aus ig. **kowa-* ʹhauen, schlagenʹ in lit. *káuti* ʹschlagen, hauen, umbringenʹ, akslav. *kovati* ʹschmiedenʹ, toch. B *kau-* ʹtötenʹ; mit *d*-Erweiterung l. *cūdere* ʹschlagen, schmiedenʹ. Nomen agentis: *Hauer*; Nomen instrumenti: *Haue*; Präfigierungen: *ver-, zer-*; Partikelverb: *ab-*.

Nndl. *houwen*, ne. *hew*, nschw. *hugga*, nisl. *höggva*. S. *Heu, Hieb, Verhau*. — Seebold (1970), 251; Röhrich 2 (1992), 675 f. Zur Entlehnung ins Finnische s. *LÄGLOS* (1991), 63.

Haufen *m.* (< 8. Jh.). Mhd. *hūfe*, ahd. *hūfo*, mndd. *hōp, hoppe, hupe* neben dem stark flektierten mhd. *houf*, ahd. *houf*, as. *hōp*, ae. *hēap*. Außergermanisch stehen am nächsten (mit Auslautvariation) lit. *káupas* ʹHaufenʹ, akslav. *kupŭ* ʹHaufenʹ. Neben diesen steht im Litauischen ein Primärverb *kaũpti* ʹreinigen, säubernʹ, so daß etwa von ʹzusammengerechter Haufenʹ ausgegangen werden kann. Die Anwendung auf Menschenmengen wäre dann sekundär. Verben: *(auf-) häufen, häufeln*.

Nndl. *hoop*, ne. *heap*. — Röhrich 2 (1992), 676 f.

häufig *Adj.* (< 16. Jh.). Eigentlich ʹhaufenweiseʹ, seit dem 18. Jh. ʹoftʹ.

Hauhechel *f. per. fach.* (< 16. Jh.). Die Pflanze wird wegen ihrer Dornen mit einer Hechel verglichen, zumal gerne *Heu* (dies ist der erste Bestandteil) an ihnen hängen bleibt. S. *Hechel*.

Haupt *n. obs.* (< 8. Jh.). Mhd. *houbet*, ahd. *houbit*, as. *hōbid* aus g. **haubida- n.* ʹHauptʹ, auch in gt. *haubiþ*, anord. *haufuð*, ae. *hēafod*, afr. *hāved*, *hā(u)d, hafd*. Neben diesem steht anord. *hǫfuð*, ae. *hafud*, die auf g. **habuda-* zurückführen und mit l. *caput* unmittelbar zu vergleichen sind. Vermutlich liegt eine Bildung mit Suffixablaut (ig.) **kapwet-/kaput-* vor, bei der die im Germanischen zu erwartende Lautfolge *-fw-* bei der ersten Form umgesprungen ist und den Diphthong ergeben hat. Andere Wörter von derselben Grundlage, wie ai. *kapāla-* ʹSchale, Hirnschale, Schädelʹ weisen darauf hin, daß semantisch von ʹHirnschaleʹ auszugehen ist (vgl. die Entwicklung bei *Kopf*). Präfixableitung: *enthaupten*.

Nndl. *hoofd*, ne. *head*, nschw. *huvud*, nisl. *höfuð*. S. *behaupten, Chef, Skinhead*. — G. Augst: „Haupt" und „Kopf" (Diss. Mainz 1970); Nussbaum (1986); P. A. Perotti *Latomus* 48 (1989), 341–343 (anders, nicht überzeugend); Röhrich 2 (1992), 677.

Haupt- *Präfixoid* mit der Bedeutung ʹerster, wichtigster, obersterʹ. So in Hauptmann, **Hauptsache** usw., auch **Hauptwort**, das seit dem 16. Jh. als Ersatzwort für *Substantiv* verwendet wird.

Häuptling *m.* (< 17. Jh.). Zunächst ʹAnführer, Oberhauptʹ, zu *Haupt*; seit dem 19. Jh. festgelegt auf ʹAnführer eines Stammesʹ.

LM 4 (1989), 1959 f.

Hauptmann *m.* (< 9. Jh.). Mhd. *houbetman*, ahd. *houbitman*; wie ae. *hēafodman* ʹAnführer, Erster unter seinesgleichenʹ. Von Friedrich Wilhelm IV. als Ersatzwort für *Kapitän* verwendet und seither in diesem Gebrauch festgeworden.

F. Kluge *ZDW* 1 (1901), 76.

Haus *n.* (< 8. Jh.). Mhd. *hūs*, ahd. *hūs*, as. *hūs* aus g. **hūsa- n.* ʹHausʹ, auch in gt. *-hūs* (nur in *gudhūs* ʹTempelʹ, sonst gt. *razn*), anord. *hús*, ae. *hūs*, afr. *hūs*. Herkunft unklar. Verwandtschaft mit *Hütte* ist anzunehmen, so daß **hūsa-* wohl auf **hud-s-a-* (mit Dentalschwund und Ersatzdehnung) zurückgehen wird. Ein Zusammenhang mit gr. *keúthos n.* ʹVersteck, Höhle, Tiefeʹ und seiner Verwandtschaft ist denkbar, aber nicht naheliegend. **Häuschen** in Wendungen wie *aus dem Häuschen geraten* geht aus von *Häuschen* ʹIrrenanstaltʹ (*Petites-maisons* war der Name einer Pariser Irrenanstalt). Also eigentlich *aus dem Häuschen sein* = ʹaus der Irrenanstalt seinʹ, ʹirre seinʹ, dann Übertragung auf andere Wendungen. Adjektiv: *häuslich*.

Nndl. *huis*, ne. *house*, nschw. *hus*, nisl. *hús*. S. *Gehäuse, hausen, Hütte*. — O. Streicher *ZADS* 37 (1922), 63 f.; Ganz (1957), 92; *HWPh* 3 (1974), 1007–1020; *LM* 4 (1989), 1960–1971; E. P. Hamp *NOWELE* 18 (1990), 95 f.; Röhrich 2 (1992), 678–680. Zu ʹaus dem Häuschen seinʹ: Rieger: *Die Julius-Universität und das Julius-Spital* (Würzburg 1916), 56–61. Zu *Haus* in der Bedeutung ʹFirmaʹ: E. Öhmann *NPhM* 61 (1960), 150 f.

hausbacken *Adj. (PPrät.)* (< 16. Jh.). Gebildet mit Auslassung des *ge-* wie in **altbacken**. Das hausgebackene Brot gilt als einfach, alltäglich, gegenüber dem Bäckerbrot; deshalb bekommt das Wort die Nebendeutung ´nüchtern, schwunglos, langweilig´. Nndl. *huisbakken.*

Hausehre *f. arch.* (13. Jh.). Mhd. *hūsēre* ´Ehre des Hauses, Hauswesen´. Mit Anspielung auf das Sprichwort *hausehr liegt am weib, nit am man* (bezeugt seit dem 16. Jh.) wird das Wort auch für ´Hausfrau´ verwendet; schon früh häufig scherzhaft.

Hausen *m. per. fach.* (ein Fisch) (< 11. Jh.). Mhd. *hūse*, ahd. *hūso*, mndd. *husen*. Gehört am ehesten zu einem Wort für ´Fischblase´, ähnlich wie in gr. *kýstis f.* ´Blase, Harnblase´. Vgl. **Hausenblase** (seit dem 16. Jh.), nndl. *huisblas* (die Blase dieser Fische wird zu verschiedenen Zwecken, u. a. zur Leimherstellung, verwendet).

hausen *swV.* (< *11. Jh., Bedeutung < 16. Jh.). Zunächst ´wohnen, wirtschaften, haushalten´, häufig *übel* (*böse* usw.) *hausen*, dann festgeworden für ´schlecht mit etwas umgehen´.

Hauser *m.* ´Haushälter´, **Hauserin** *f. per. obd.* (< 16. Jh.). Zu älterem *hausen* im Sinn von ´wirtschaften, haushalten´.

Haushalt *m.* (< 15. Jh.). Rückbildung aus der Zusammenbildung **haushalten**, mhd. *hūshalten*, mit *Haus* im Sinn von ´Haushalt´.

hausieren *swV.* (< 15. Jh.). Hybridbildung, zunächst in verschiedenen Bedeutungen (´haushalten´, ´schlimm hausen´), schriftsprachlich festgeworden mit ´von Haus zu Haus feilbieten´. Zu *Hausierer* s. *LM* 4 (1989), 1973.

Häusler *m. arch* (< 17. Jh.). Tagelöhner und andere sozial schlechter Gestellte wurden auf dem Dorf so bezeichnet, weil sie lediglich ein kleines Häuschen besaßen, aber kein Land und wenig oder kein Vieh.

Hausmannskost *f. stil.* (< 15. Jh.). Ähnlich wie bei *hausbacken* gilt die Kost, die für die eigene Familie bereitet wird, als einfach, aber nahrhaft.

Hausrat *m.* (< 12. Jh.). Mhd. *hūsrāt*. Zu *Rat* in der weiteren Bedeutung ´Vorrat, Gerätschaften´.

Hausse *f. per. fach.* ´Steigen des Börsenkurses´ (< 19. Jh.). Entlehnt aus frz. *hausse*, zu frz. *hausser* ´erhöhen´, aus l. *altiare* zu l. *altus* ´hoch´ (der Anlaut wohl nach dem germanischen Wort für ´hoch´). Zur Sippe des lateinischen Grundworts s. *Alimente.*

Haussuchung *f.* (< *11. Jh., Form < 15. Jh.). Mhd. *hūssuoche*, ahd. *hūssuocha* und das spätere mhd. *hūssuochunge* sind mehrdeutig: Einerseits bezeichnen sie (wie *Heimsuchung*) den ´Hausfriedensbruch´, andererseits die rechtlich erlaubte

Durchsuchung eines Hauses. Semantik und Morphologie sind zwar im Prinzip klar, aber im einzelnen untersuchungsbedürftig.

Haut *f.* (< 9. Jh.). Mhd. *hūt*, ahd. *hūt*, as. *hūd* aus g. **hūdi- f.* ´Haut´, auch in anord. *húð*, ae. *hȳd*, afr. *hēd*. Gehört zu den Dental-Erweiterungen der (ig.) Wurzel **(s)keu(ə)-* ´bedecken´ (in ai. *skunáti* ´bedeckt´), zu denen auch l. *cutis* ´Haut´ gehört; mit abweichendem Vokal lit. *kiáutas* ´Schale, Hülse´; mit *s mobile* gr. *skýtos n.* ´zubereitete Haut, Leder´, mit abweichendem Dental mir. *codal* ´Haut´. Verb: **häuten.**
Nndl. *huid*, ne. *hide*, nschw. *hud*, nisl. *húð*. − *LM* 4 (1989), 1976; Röhrich 2 (1992), 680−683; Heidermanns (1993), 312 f.

Hautevolee *f. obs.* ´vornehme Gesellschaft´ (< 19. Jh.). Entlehnt aus frz. *des gens de haute volée Pl.* ´Leute von hohem Rang´, wörtlich ´von hohem Flug´ zu frz. *voler* ´fliegen´, offenbar durch mangelhaftes Verstehen dieser Wendung. Ersetzt älteres *Beaumonde*, in späterer Zeit nur noch spöttisch oder ironisch gebraucht.
Zur Verwandtschaft des ersten Elements s. *Alimente*, zu der des zweiten s. *Volant.* − *DF* 1 (1913), 264.

Hautgout *m. erw. fach.* ´Wildgeschmack nach dem Abhängen´ (< 17. Jh.). Fachsprachlich schon früh in Deutschland bekannt, aber erst im 18. Jh. eingebürgert. Aus frz. *haut goût* ´starker Geschmack´ (frz. *haut* eigentlich ´hoch´, aus l. *altus*). Häufig pejorativ (im Sinne von ´angefault´) und übertragen (´übersteigerter Geschmack´ usw.) gebraucht.
Zur Verwandtschaft des ersten Elements s. *Alimente*, zu der des zweiten s. *degoutieren.* − *DF* 1 (1913), 264.

Havarie *f. per. fach.* ´Unfall, Beschädigung´ (< 17. Jh.). Entlehnt aus nndl. *averij* und nndd. *Haverye*, diese aus frz. *avarie*, aus it. *avaria*, aus arab. *ʿawār* ´Schaden, Fehlerhaftigkeit´ bzw. arab. *ʿawārīya* ´beschädigte Güter´. Das anlautende *h*-wohl in Anschluß an *Hafen.*
Littmann (1924), 97; Lokotsch (1975), 12; H. D. Schlosser *DS* 31 (1987), 167.

Haxe *f.* s. *Hachse.*

Hearing *n. per. fach.* ´Anhörung´ (< 20. Jh.). Entlehnt aus ne. *hearing*, einem Abstraktum von ne. *hear* ´hören´. Zur deutschen Verwandtschaft s. *hören.*
Carstensen 2 (1994), 629−631.

Hebamme *f.* (< 9. Jh.). Mhd. *hebeamme*; älter ist ahd. *hevian(n)a*, *hevanna*, *hevamma*, das mundartlich noch heute fortlebt (*hebane* usw.). Die Herkunft des Zweitglieds *-anna* ist dunkel; das ´heben´ bezieht sich offenbar auf das Hochheben des Kindes unmittelbar nach der Geburt. Die neuere Form *Hebamme* beruht auf Vermischung mit einfachem *Amme* in der Bedeutung ´Mutter´, auch ´Hebamme´.

S. *heben*. − M. Virkkunen: *Die Bezeichnungen für Heb-amme in deutscher Wortgeographie* (Gießen 1957); W. Wolf-Rottkay *Kratylos* 9 (1964), 197; *LM* 4 (1989), 1983.

Hebel *m.* (< 15. Jh.). Fnhd. *hebel* ʹHebestangeʹ. Mit dem Instrumentalsuffix *-el* (aus *-ila-*) zu *heben*. Ahd. *hevil(o)* bedeutet ʹHefeʹ.
Röhrich 2 (1992), 683.

heben *stV.* (< 8. Jh.). Mhd. *heben*, ahd. *heven*, *heffen*, as. *hebbian* aus g. **haf-ja stV.* ʹhebenʹ, auch in gt. *hafjan*, anord. *hefja*, ae. *hebban*, afr. *hebba*; dieses aus ig. **kap-* ʹfassen, nehmenʹ in l. *capio* ʹich nehme, ergreifeʹ, lett. *kàmpt* ʹgreifen, fassenʹ (mit Nasalierung), gr. *káptō* ʹich schnappe, schluckeʹ; zugrunde liegt wohl eine Lautgebärde ʹschnappenʹ. Als Variante mit auffälligen Übereinstimmungen vergleicht sich (ig.) **gʰabʰ-* (s. unter *geben*).
Nndl. *heffen*, ne. *heave*, nschw. *häva*, nisl. *hefja*. S. *anhe-ben*, *beheben*, *Behuf*, *erheblich*, *haben*, *Habicht*, *Haft*, *Handhabe*, *haschen*, *Hefe*, *Heft*[1/2], *Urheber*; zu Entlehnungen aus der Sippe der lateinischen Entsprechung s. *kapie-ren*. − Seebold (1970), 244 f.; Röhrich 2 (1992), 683.

Hebeschmaus *m. per. reg.* ʹRichtfestʹ (< 18. Jh.). Zu *heben* im technischen Sinn von ʹden Rohbau eines Hauses erstellenʹ. Auch als **Hebemahl** schon im 18. Jh. bezeugt.

Hechel *f. per. fach.* (< 15. Jh.). Mhd. *hachel*, *hechel*; vgl. ne. *hatchel*, nschw. *häckla*. Eine Instrumentalbildung zu der Sippe, zu der auch *Haken* gehört. (Gebrochener Flachs wird durch die Hechel gezogen, um die Fasern vom Werg zu trennen. Das Gerät besteht aus nebeneinanderstehenden Metallspitzen). Verb: **hecheln**. Substantiv und Verb vielfach übertragen für ʹüber jemanden lästernʹ (*durchhecheln*, *durch die Hechel ziehen*).
S. *Hauhechel*. − Eichhoff (1968), 48−50; Röhrich 2 (1992), 684 f.

Hechse *f.* s. *Hachse*.

Hecht *m.* (< 11. Jh.). Mhd. *hech(e)t*, ahd. *hehhit*, as. *hakth* aus wg. **hakida- m.* ʹHechtʹ, auch in ae. *haced*; daneben scheint auch **hakuda-* (ae. *hacod*) vorauszusetzen zu sein. Der Hecht wird nach seiner Körperform und Bewegung meist als ʹSpieß o.ä.ʹ bezeichnet (ne. *pike* ʹStachel, Hechtʹ, frz. *brochet* ʹHechtʹ zu frz. *broche f.* ʹSpießʹ, nschw. *gädda* ʹHechtʹ zu nschw. *gadd* ʹStachelʹ), doch haben Wörter, zu denen *Hecht* der Lautform nach passen würde, eher die Bedeutung ʹHakenʹ als ʹSpitzeʹ (s. *Haken*, *Hechel*). Auch ahd. *hecken* ʹdurchbohren, stechenʹ, ahd. *hecki* ʹSpitzeʹ *n.(?)* stimmt nicht genau dazu.
Röhrich 2 (1992), 685 f.

Heck *n. erw. fach.* ʹOberteil des Hinterschiffsʹ (< 18. Jh.). Aus mndd. *heck* ʹUmzäunungʹ, nordd. *Heck* ʹGattertür, Koppelʹ, weil der dort befindliche Platz des Steuermanns eingehegt war.
S. *Hag*. − Kluge (1911), 360 f.

Hecke *f.* (< 12. Jh.). Mhd. *hegge*, *hecke f./n.*, *heck n.*, ahd. *hegga*, mndl. *hegge* aus wg. **hagjō(n) f.* ʹHecke, Umzäunungʹ, auch in ae. *hecg*; Weiterbildung zu *Hag*.
Nndl. *heg*, ne. *hedge*. − *LM* 4 (1989), 1984; Röhrich 2 (1992), 686.

hecken *swV.*, meist *aushecken obs.* (< 13. Jh.). Mhd. *hecken*, vgl. me. *hacchen*, ne. *hatch*. Eigentlich ʹausbrütenʹ; zu einem Stamm **hag-* ʹsich fortpflanzenʹ, der auch belegt ist in **Hagen** ʹZuchtstierʹ, mhd. *hagen*; ahd. *hegidruos(a)*, *hegidrousī*, mhd. *hegedruose* ʹHode, (Fortpflanzungsdrüse)ʹ u. a. Weitere Anknüpfungen sind nicht gesichert. In Frage kommen russ.-kslav. *kočanŭ* ʹmännliches Gliedʹ (das aber mit Wörtern für ʹKohlstrunk, Kohlkopfʹ zusammengehört), lett. *kakale* ʹHodensackʹ. S. *Heckpfennig*.

Heckenschütze *m. erw. fach.* ʹjemand, der auf eigene Faust hinter der Frontlinie im feindlichen Bereich kämpftʹ (< 20. Jh.). Ersatzwort für frz. *franctireur* (das sonst durch **Freischütz**, **Freischärler** übersetzt wird). Offenbar ist hier *Schütze* Übersetzung von frz. *tireur*, während das Vorderglied von Wörtern wie **Heckenreiter** ʹStrauchdiebʹ übernommen ist, also ʹjemand, der aus dem Verborgenen schießtʹ.

Hecker *m.* s. *Hicker*.

Heckmeck *m. erw. stil.* ʹdummes Zeug, dummes Geredeʹ (< *15. Jh., Form < 18. Jh.). Wohl nach älterem **Hackemack**, **Hack und Mack**, eigentlich ʹGehacktes und Durcheinandergemengtesʹ, dann auch ʹPlunder, Pöbel, zusammengelaufenes Gesindel, dummes Geredeʹ. Heute eher aufgefaßt als reimende Doppelbildung zu *meckern*, also ʹGemeckerʹ.
Röhrich 2 (1992), 686.

Heckpfennig *m. arch.* (< 18. Jh.). Nach dem Volksglauben der Pfennig im Geldbeutel, den man nicht ausgeben darf, weil er weitere Pfennige hervorbringt (zu *hecken*).

Hede *f. per. ndd.* ʹWergʹ (< 15. Jh.). Mndd. *hēde*, mndl. *hēde*, afr. *hēde* aus wg. **hezdōn f.* ʹWergʹ mit Ausfall des *z* unter Ersatzdehnung. Ohne diesen Ausfall in ae. *heordan*; daneben mit Ablaut anord. *haddr m.* ʹweibliches Haupthaarʹ. Mit anderem Suffix von der gleichen Grundlage gr. *késkeon n.*, russ. *česka* ʹWergʹ zu ig. **kes-* ʹkämmenʹ, das unter *Haar*[2] angeführt ist. *Hede* ist also ʹdas Ausgekämmteʹ. Nndl. *hede*, ne. *hards*. S. *Haar*[2], *verhedern*.

Hederich *m. per. fach.* (< 11. Jh.). Name verschiedener Ackerunkräuter. Mhd. *hederich*, *hederīch*, ahd. *hederīh*, mndd. *hederik*, *hederich*. Vermutlich aus l. *hederacēus* ʹefeu-ähnlichʹ im Anschluß an *Wegerich* umgebildet.

Heer *n.* (< 8. Jh.). Mhd. *her*, ahd. *heri m./n.*, as. *heri m./f.* aus g. **harja- m.* ʹHeerʹ, auch in gt. *harjis*, anord. *herr m.*, ae. *here m.* (das neutrale Genus ist erst deutsch); schon seit runen-nordischer Zeit vielfach in Namen bezeugt; dieses aus ig. (eur.) **korjo-m.* ´Heer`, auch in lit. *kãrias* ´Heer`, mir. *cuire* ´Schar, Menge` und weitergebildet in gr. *koíranos m.* ´Heerführer, Herr`. Dies ist vermutlich eine Zugehörigkeitsbildung zu einem Wort für ´Krieg`, das nur noch in lit. *kãras* ´Krieg` bezeugt ist. Eine andere Zugehörigkeitsbildung (mit Vriddhi) wäre apers. *kāra-* ´Kriegsvolk, Heer`.

Nndl. *heer,* nschw. *här,* nisl. *her.* S. *Herberge, Herold, Herzog, verheeren.* − F. Specht *ZVS* 60 (1933), 130−138; Benveniste (1969/1993), 91−94; Schmidt-Wiegand (1972), 18 f.; K. R. McCone in: Meid (1987), 101−154; *LM* 4 (1989), 1987−2007; S. Kumar Sen *NOWELE* 16 (1990), 91; Röhrich 2 (1992), 686 f.

Heerbann *m. obs.* (< 9. Jh.). Mhd. *herban,* ahd. *heriban* ´Aufgebot der waffenfähigen Freien zur Heeresfolge`, zu *Heer* und *bannen, Bann* in der Bedeutung ´aufbieten, Aufgebot`.

Tiefenbach (1973), 64−66.

Hefe *f.* (< 11. Jh.). Mhd. *hebe, hefe m./f.*, ahd. *hevo, heffo m.,* mndl. *heffe* aus wg. **haf-jōn m.* ´Hefe`, eigentlich ´der Hebende` zu *heben.* Entsprechende Bildungen sind ahd. *hevil(o), hefo m.,* *heva,* *urhab m./n.*

H.-F. Rosenfeld *NW* 13 (1973), 25−30; Lühr (1988), 356; Röhrich 2 (1992), 687.

Heft[1] *n.* ´Schreibheft` (< 16. Jh.). Rückbildung zu *heften,* also ´das Geheftete`. **Heft**[2] *n.* ´Griff (einer Waffe, eines Werkzeugs)` (< 11. Jh.). Mhd. *hefte,* ahd. *hefti,* mndd. *hechte* ´Messergriff` aus g. **haft-ja- n.* ´Griff`, auch in ae. *hæft,* anord. *hepti,* eigentlich ´Halter` zu *heben* in der ursprünglichen Bedeutung ´fassen, packen` dieser Wurzel, formal Erweiterung des *ti*-Abstraktums.

Nndl. *hecht.* − Röhrich 2 (1992), 687.

heften *swV.* (< 8. Jh.). Mhd. *heften,* ahd. *heften,* as. *heftian* aus g. **haft-ija- swV.* ´befestigen, haften`, auch in ae. *hæftan,* afr. *hefta,* anord. *hepta,* gt. *haftjan,* Faktitivum zu ahd. *haft* ´gefangen, gebunden` (s. unter *Haft*), also ´gebunden machen`.

heftig *Adj.* (< *11. Jh., Form < 13. Jh.). Mhd. *heftec,* erweitert aus älterem *heifte* ´ungestüm` mit Monophthongierung und Kürzung. Dieses gehört wohl zu (g.) *\*haifsti-* ´Streit, Anstrengung`, das unter *Hast* behandelt ist. Vermutlich sind **heist-* und **heift-* verschiedene Vereinfachungen aus **haifst-*. Vielleicht hat bei der Lautentwicklung mhd. *heftec* ´haftend` (zu *haft,* s. *Haft*) eingewirkt.

Heidermanns (1993), 266 f.

Hegemonie *f. per. fach.* ´Vorherrschaft, Vormachtstellung` (< 19. Jh.). Entlehnt aus gr. *hēgemonía* (eigentlich ´Führerschaft`), zu gr. *hēgemṓn* ´Führer`, Nomen agentis zu gr. *hēgeîsthai* ´vorangehen, führen`.

S. *Exegese* und zur germanischen Verwandtschaft *suchen.* − *DF* 1 (1913), 264; B. Walz in *Typenbegriffe* 5 (1981), 183−190.

hegen *swV.* (< 9. Jh.). Mhd. *hegen,* ahd. in *umbiheggen* ´umzäunen`. Faktitivum zu *Hag,* also zunächst ´mit einem Hag umgeben, umzäunen`, dann zu ´pflegen, bewahren` weiterentwickelt. Entsprechend ae. *hegian* ´umzäunen`. Abstraktum: **Hege.**

hehlen *swV.* (< 8. Jh.). Mhd. *hel(e)n stV.,* ahd. *helan,* as. *helan* aus g. **hel-a- stV.* ´hehlen`, auch in ae. *helan,* afr. *hela*; gotisch und altnordisch in Ableitungen, s. z. B. *hüllen.* Zu ig. (weur.) *\*kel-* ´verbergen` auch in l. *occulere* ´verbergen`, l. *celare* ´verbergen`, air. *ceilid* ´verbirgt`. Vielleicht gehört weiter hierher ai. *śaraṇá-* ´schützend, verteidigend` (doch s. *Schirm*). In Erweiterungen (gr. *kalýptein* ´verbergen`) ist die Wurzel weiter verbreitet. Abstraktum: **Hehl;** Nomen agentis: **Hehler;** Präfigierung: **ver-.**

Nndl. *helen.* S. *Halfter*[2], *Halle, Hel, helfen*[1], *Helm*[1], *Hölle, Hülle, Hülse;* zu einer Erweiterung der Wurzel s. *Lid;* zur lateinischen Verwandtschaft s. *okkult* und *Kolorit;* zur griechischen Verwandtschaft *Eukalyptus.* − Seebold (1970), 252 f.; Bahder (1925), 135 f.

hehr *Adj. obs.* (< 8. Jh.). Mhd. *hēr(e),* ahd. *hēr,* as. *hēr* aus g. **haira- Adj.* ´grau(haarig)`, das im Westgermanischen zu ´ehrwürdig` weiterentwickelt und im Deutschen weiter zu ´vornehm u.ä.` wird; außerhalb vergleichen sich anord. *hárr,* ae. *hār* ´grau`. Ein entsprechendes Farbwort ist mir. *cíar* ´dunkel` (von der *e*-Stufe) und ksl. *sěrŭ* ´grau`, mit anderem Suffix kslav. *sinĭ* ´schwarzblau, schwärzlich` (**keini-*).

Nndl. *heerlijk,* ne. *hoary.* S. *Herr.* − Schwentner (1915), 80−82; Heidermanns (1993), 269 f.

Heia *f. kind.* ´Bett` (< 18. Jh.). Die Lautung ist kindersprachlich und mundartlich ober- und mitteldeutsch verbreitet in Bedeutung wie ´Wiege − Kinderbett − schlafen`; der Wiegenlied-Refrain *eia (popeia)* dürfte damit zusammenhängen. Es kann sich um Lautmalerei handeln, doch ist Anschluß an altes Wortgut (ig. **kei-* ´liegen, schlafen`) nicht unmöglich.

Heide[1] *f.* ´unbebautes Land` (< 10. Jh.). Mhd. *heide,* ahd. *heida,* as. *heiða, hēða* aus g. *\*haiþ(ǣ)i-f.* ´Wildland`, auch in gt. *haiþi,* anord. *heiðr,* ae. *hǣþ.* Außergermanisch vergleicht sich kymr. *coed* ´Wald`, l. *caedes* in der Bedeutung ´Aushauen` (von Hecken usw.), sonst ´Niedermetzeln u.ä.`. Als ´nutzbares Wildland` (´das Auszuhauende`) zu l. *caedere* ´abhauen, niederschlagen`, unerweitert in mndl. *hei(d)en* ´feststampfen`.

Nndl. *hei(de),* ne. *heath,* nschw. *hed,* nisl. *heiði.* S. *Heide*[2], *Heidelbeere, Heidschnucke;* zur Verwandtschaft des lateinischen Wortes s. *dezidiert.* − J. Trier *ALV* (1949), 63−103; E. Seebold in: Mayrhofer/Peters/Pfeiffer (1980), 455 f.

Heide[2] *f. erw. fach.* ´Heidekraut` (< 11. Jh.). Mhd. *heide,* ahd. *heida,* as. *heiða, hēða* aus wg.

*haiþjō f. ´Heidekraut´, auch in ae. *hǣð*; vermutlich eine Zugehörigkeitsbildung zu *Heide*[1] durch Thematisierung (*haiþj-ō-).

L. Wolff *ZDA* 105 (1976), 255–257.

Heide *m.* (< *8. Jh., Form < 14. Jh.). Mhd. *heiden*, ahd. *heidan*. Der älteste Stand im Althochdeutschen ist das Substantiv *heiden* und ein zugehöriges Adjektiv *heidanisc, heitnisc, heidhanliih*; dann wird ahd. *heidan* als Adjektiv gebraucht (vor allem in der Wendung *heidanin gommane* ´Heidenleute, Heidenmänner´), als Suffixform setzt sich dabei mehr und mehr *-in-* durch. Beim Substantiv wird die Form dann als Plural aufgefaßt, und ein Singular *der Heide* gebildet. Das Wort ist offenbar übernommen aus dem Gotischen (belegt ist das Femininum gt. *haiþnō*) mit Umsetzung des für dieses Wort anzusetzenden langen *ǣ* zu ahd. *ei*, der normalen Entsprechung bei alten Diphthongen. Das gotische Wort ist aber seinerseits entlehnt aus gr. *tà éthnē* ´die Heiden´, eigentlich ´die Völker´, mit sekundärem Gebrauch für Einzelpersonen (das gt. *-ai-* stammt also nicht aus einem Diphthong). Vom Althochdeutschen ausgehend hat sich das Wort als Adjektiv **haiþina-* zu den anderen germanischen Sprachen verbreitet. Bei Bedarf wurde aus dem Adjektiv ein Substantiv gebildet. Die Wendung ´die Völker´ bezeichnet zunächst bei den Juden die Nicht-Juden, später bei den Christen die Nicht-Christen, die germanischen Wörter sind dann nicht mehr durchsichtig. Adjektiv: **heidnisch**; Abstraktum: **Heidentum**. Wohl im Anschluß an *Heidenlärm* ist *Heiden-* teilweise als verstärkendes Vorderglied produktiv geworden (**Heidenangst, Heidengeld**).

E. Seebold *BGDSL-T* 93 (1971), 29–45; D. Harmening: *Superstitio* (Berlin 1979), 273–292; Röhrich 2 (1992), 688.

Heidelbeere *f.* (< *10. Jh., Form < 15. Jh.). Mhd. *heitber*, ahd. *heid(i)beri* wie ae. *hǣdberige* eine Bildung aus *Heide*[1] und *Beere*, im Deutschen sekundär mit *-l-* im Vorderglied. Dieses *l* ist möglicherweise aus *n* durch Suffixersatz entstanden und gehört zu einem Wort, das für sich allein die Heidelbeere bezeichnen kann (südd. *Heidel*, schwz. *Heiden*).

R. Vollmann *BHV* (1916), 119–128; H. Hepding *HBV* 22 (1923), 1–58; B. Martin *Teuthonista* 3 (1926/27), 310–313; E. Christmann *OZV* 15 (1941), 79–84; *LM* 4 (1989), 2009.

Heidenkorn *n.* s. *Buchweizen*.

Heidenlärm *m. stil.* (< 19. Jh.). Gebildet im Anschluß an Psalm 2,1 *Warum toben die Heiden?*

Heidschnucke *f. per. fach.* (eine Schafart) (< 17. Jh.). Aus *Heide*[1] und *Schnucke*, ndd. *snucke* (Nebenformen *Schnacke* und *Schnicke*). Wohl eine lautmalende Bezeichnung nach dem Blöken der Schafe (vgl. *snukkern* ´schluchzen´).

H. Schröder *BGDSL* 29 (1904), 558; V. Kruppa-Kusch/ F. Wortmann *NW* 4 (1964), 42–44.

Heie *f.* **heien** *swV.* s. *Beutheie*.

Heiermann *m. per. grupp.* ´Fünfmarkstück´ (< 20. Jh.). Vielleicht entrundet aus *Heuer* (Fünfmarkstück als Handgeld bei Vertragsabschluß von Seeleuten). Zu beachten ist allerdings, daß **hei** das händlersprachliche Wort für ´5´ ist (= *hē*, Name des fünften Buchstabens im hebräischen Alphabet). Die Bildungen auf *-mann* für Gegenstände, die durch das im Vorderglied Genannte charakterisiert sind, kommen norddeutsch und mitteldeutsch öfter vor.

heikel *Adj.* (< 16. Jh.). Wenn das Wort ererbt ist, kann es als vd. **haikula-* aus (ig.) **kaiwlo-* angesetzt werden und gehört dann zu ai. *kévala-* ´jmd. ausschließlich eigen, allein´, l. *caelebs* ´ehelos´ (aus **kaiwlo-lib-* ´allein lebend´). Zum Bedeutungsübergang ist zu beachten, daß auch *eigen* die Bedeutung ´heikel´ haben kann. Die Erklärung setzt außerdem voraus, daß das g. *-k-* vor *l* geminiert wurde – aber der (obd.) Inlaut *-k-* ist auch auf andere Weise nicht ohne weiteres zu erklären. Die Lautverhältnisse bedürfen also noch weiterer Aufklärung.

Zum Lautlichen vgl.: E. Seebold *IF* 87 (1982), 172–183. Anders: G. Weitzenböck *ZM* 12 (1937), 229–232.

heil *Adj.* (< 8. Jh.). Mhd. *heil*, ahd. *heil*, as. *hēl* aus g. **haila-* Adj. ´heil, ganz, gesund´, auch in gt. *hails*, anord. *heill*, ae. *hāl*, afr. *hāl*. Diesem am nächsten stehen akslav. *cělŭ* ´gesund, ganz, unversehrt´, apreuß. *kailūstiskun (Akk.)* ´Gesundheit´ und vielleicht die Hesych-Glosse gr. *koílу. tò kalón* (´das Gute´?). Anzusetzen wäre dann ig. (eur.) **koilu-* ´gesund´ (o.ä.). Das Substantiv **Heil** ist nicht eine einfache Substantivierung und unter Umständen etymologisch gar nicht verwandt: Das Neutrum anord. *heill*, ae. *hāl*, afr. *hēl*, as. *hēl*, ahd. *heil* ´Vorzeichen´ geht auf einen *s*-Stamm g. **hailaz* zurück; daneben existierte ein gleichlautendes Femininum im Altnordischen und Altenglischen mit der Bedeutung ´Heil, Segen, Glück´. Die beiden haben sich nachträglich vermischt. Außergermanisch vergleicht sich mit diesem zunächst kymr. *coel* ´Zeichen, Vorzeichen, Schicksal´, auch ´Glaube, Vertrauen´, dann osk. *kaila* ´Tempel´ und vielleicht mit andersartiger Erweiterung (oder unregelmäßiger Lautveränderung?) l. *caerimōnia* ´religiöse Handlung´. Vgl. auch akslav. *cělovati* ´begrüßen, (die Reliquien) küssen´. Die Grundbedeutung wäre dann am ehesten ´Zeichen´ (zu ai. *keta-* ´Zeichen´, s. *-heit* und *heiter*), die Grundform wäre ig. **kai-*, lautlich also mit der Vorform des Adjektivs nicht ohne weiteres zu vereinbaren.

Nndl. *heel*, ne. *whole, hale*, nschw. *hel*, nisl. *heill.* – J. W. Muller *TNTL* 57 (1938), 63–74; Boethe (1942); H. Hartmann: *heil und ehilig* (Heidelberg 1943); H. Kuhn *ADA* 62 (1944), 1–5; Ganz (1957), 93; R. Schützeichel in: *FS H. Eggers* (1972), 369–391; *HWPh* 3 (1974), 1031–1033; E. Koller in *FS J. Erben* (Frankfurt 1990), 133 f.; Heidermanns (1993), 267 f.

Heiland *m. stil.* (< 8. Jh.). Mhd. *heilant*, ahd. *heilant*, as. *hēliand, hēl(e)and* wie ae. *hǣlend* eine

Lehnübersetzung von l. *salvātor* ´Retter` (zu l. *sal-vāre* ´retten`), das seinerseits gr. *sōtḗr* (zu gr. *sṓizein* ´retten`) übersetzt. Ursprünglich Partizip Präsens zu *heilen*[1], das von *heil* abgeleitet ist.

H. Kolb in: *FS Schützeichel* (1987), 1234–1249; *LM* 4 (1989), 2013.

Heilbutt *m.* s. *Butt.*

heilen[1] *swV.* ´heil machen` (< 9. Jh.). Mhd. *hei-len*, ahd. *heilen*, as. *hēlian* aus g. *\*hailija- swV.* ´heil machen`, auch in anord. *heila*, ae. *hǣlan*, afr. *hēla*; Faktitiv zu dem Adjektiv *heil*. Das Intransitiv ´heil werden` geht auf das ursprünglich verschiedene ahd. *heilēn* ´heil werden` zu der gleichen Grundlage zurück.

Nndl. *helen*, ne. *heal*. – M. Leumann *ZVS* 67 (1942), 215–217.

heilen[2] *swV. per. fach.* ´kastrieren` (< 15. Jh.). Obd. *heilen*, mndd. *he(i)len*, ae. *tōhǣlan.* Vermutlich Lehnübersetzung von l. *sānāre* ´dem männlichen Tier durch Wegschneiden der Hoden die Wildheit nehmen` (d. h. es l. *sānus* ´gesund` im Sinne von ´zahm, brauchbar` machen) und damit ein Ableger von *heilen*[1]. Ebenso ndd. *böten* (= *bü-ßen*) ´heilen, kastrieren`.

Bahder (1925), 156 f.; M. Förster *Anglia* 67 (1944), 98 f.; Niederhellmann (1983), 87–91.

heilfroh *Adj. stil.* ´ganz und gar froh` (< 18. Jh.). Zu *heil* in der Bedeutung ´ganz` (niederdeutsch und mitteldeutsch, vgl. ne. *whole*).

heilig *Adj.* (< 8. Jh.). Mhd. *heilec, heilic,* ahd. *heilīg, heilag,* as. *hēlag* aus g. **hailaga- Adj.* ´heilig, mit Heil versehen`, auch in ae. *hālig,* anord. *heilagr,* runisch (gotisch?) *hailag* (Pietroassa). Zugehörigkeitsbildung zu dem Substantiv *Heil* (s. *heil*). Abstraktum: *Heiligkeit*; Konkretum: *Heiligtum*; Verb: *heiligen*.

Nndl. *heilig,* ne. *holy,* nschw. *helig,* nisl. *heilagur.* S. *heil, Helgen.* – Baetke (1942); H. Hartmann: *heil und heilig* (Heidelberg 1943); H. Kuhn *ADA* 62 (1944), 1–5; G. Must *JEGPh* 59 (1960), 184–189; *HWPh* 3 (1974), 1034–1037; *LM* 4 (1989), 2014–2020; Röhrich 2 (1992), 690;S H. Lutzky *JIES* 21 (1993), 283–301.

heillos *Adj. stil.* (< 16. Jh.). Eigentlich ´ohne Heil – elend – übel`, dann wie viele Ausdrücke für Unangenehmes als Steigerungswort gebraucht (vgl. *elend, entsetzlich* usw.).

Heim *n.* (< *10. Jh., Form < 12. Jh.). Mhd. *heim,* ahd. *heima,* as. *hēm* aus g. **haima- m.* ´Heim, Welt`, auch in anord. *heimr m., heima* (als Kompositionsglied auch *heimis-*), ae. *hām.* Im Gotischen flektiert der Singular als femininer *i*-Stamm, der Plural als femininer *ō*-Stamm. Dieses Formenverhältnis ist ungeklärt, hat aber eine auffällige Parallele in ai. *bhū́ma* (neutraler *n*-Stamm) ´Erde, Welt, Wesen` neben ai. *bhū́mi- f.* (femininer *i*-Stamm) ´Erde, Boden`. Die Formen sind Abstrakta auf -mo- zu der ig. Wurzel **k̑ei-* (der modernere Ansatz ist ***tkei-*) ´wohnen`, also *\*k̑poimo-* (*\*\*tkoi-mo-*) ´Wohnung, Siedlung`, vgl. ai. *kṣéma- Adj.* ´wohnlich`, ai. *kṣéma n.* ´Sicherheit, Ruhe`, vielleicht auch ´Wohnsitz`; weiter lit. *kiẽmas* ´Bauernhof, Dorf`, das entweder das Verhalten einer Kentum-Sprache zeigt oder aus dem Germanischen entlehnt ist. Das zugrundeliegende Verbum in ai. *kṣéti* ´wohnt`, gr. *eù ktímenos* ´wo sich`s gut wohnt`.

Nndl. *heem,* ne. *home,* nschw. *hem,* nisl. *heimur.* S. *anheim, anheimeln, geheim, Heirat, Oheim.* – Ganz (1957), 93 f.

heim *Adv.* (< 9. Jh.). Mhd. *heim,* ahd. *heim* aus g. **haiman* (so wohl als adverbialer Akkusativ anzusetzen) ´heim`, auch in anord. *heima,* ae. *hām* (keine Entsprechung im Gotischen bezeugt).

Ne. *home,* nschw. *hem,* nisl. *heima.* S. *einheimsen, Heim.* – Röhrich 2 (1992), 690 f.

Heimat *f.* (< 11. Jh.). Mhd. *heimuot(e), hei-mōt(e), heimōde, heimüete f./n.,* ahd. *heimōti, hei-muoti,* mndd. *he(i)mode, heinmōt n.* Die Bedeutung ist ungefähr ´Stammsitz`. Der zweite Bestandteil ist unklar, besonders im Vergleich mit ahd. *heimuodil, heimōdil m.,* gt. *haimōþli* gleicher Bedeutung, die semantisch zwar zu *\*ōþala-* ´Erbbesitz` gehören, aber lautlich (Mittelvokal) nicht dazu stimmen (s. *Adel*). Sonst zu *Heim.* Adjektiv: *heimatlich.*

L. Mackensen *Baltische Monatshefte* 1 (1936), 76–94; *HWPh* 3 (1974), 1037–1039; W. vBredow, H.-F. Foltin: *Zwiespältige Zufluchten* (Bonn 1981); Röhrich 2 (1992), 691.

Heimchen *n. erw. reg.* ´Hausgrille` (< *10. Jh., Form < 15. Jh.). Mhd. *heime m.,* ahd. *heimo m.,* mndd. *heime* aus wg. *\*haimōn m.* ´Grille`, auch in ae. *hāma m.* Die Verkleinerungsform *Heimchen* taucht so seit dem 15. Jh. auf, ist aber wohl eine Umbildung einer anderen Form: mndd. *he(i)meke,* schwz. *heimuch* und umgestellt ahd. *mūhheimo m.,* so daß vielleicht sogar ein abgeschwächtes Kompositum vorliegt. Das Wort ist sicher mit *Heim* verbunden worden und -*much* kann zu gt. *mūka-* ´sanft` gehören, aber vermutlich liegen hier Umdeutungen älterer Bezeichnungen vor. Daneben schon ahd. *heimilī(n).*

R. Much *ZDA* 69 (1932), 48; Röhrich 2 (1992), 691 f.

heimleuchten *swV. stil.* (< 16. Jh.). Erstarrte Fügung mit Adverb ´jemandem nach Hause leuchten`, d. h. ´mit Licht begleiten`. Dann als *pars pro toto* für das Nachhause-Bringen gebraucht, heute nur noch übertragen für ´rächen` (= ´zurückweisen, zurückschicken`).

heimlich *Adj.* (< 11. Jh.). Mhd. *heim(e)lich, heimlich,* mndd. *hemelik,* mndl. *heimelijc* zu *Heim* mit der Ausgangsbedeutung ´zum Haus gehörig, einheimisch`; schon von Anfang an auch zur Bezeichnung des damit verbundenen Aspekts: wer sich in das Heim zurückzieht, verbirgt sich vor anderen, vor Fremden. Heute wird der Zusammenhang mit *Heim* nicht mehr gefühlt. Abstraktum: **Heimlichkeit**; Präfixableitung: **verheimlichen**.

Nndl. *heimelijk*. S. *Heim*, *geheim*. – Bahder (1925), 136.

Heimsuchung *f.* (< 13. Jh.). Mhd. *heimsuochunge*, Zusammenbildung aus *Heim* und *suchen*, wie afr. *hāmsēke(ne)*, *hemsēkene*, *hāmsēkinge*, *hāmsēkenge* und, mit anderem Suffix, aschw. *hēmsōkn*, ae. *hāmsōcn*. Dabei handelt es sich ursprünglich um einen Rechtsterminus für das ´im Hause aufsuchen´, d. h. den Überfall im Hause, ´Hausfriedensbruch´. Später in allgemeinerer und übertragener Bedeutung gebraucht, auch in positivem Sinn (´Besuch´). Mhd. *heimsuochen* *swV.* ist daraus rückgebildet.

LM 4 (1989), 2036; Röhrich 2 (1992), 692.

Heimtücke *f.* Älter *heimliche* oder *hämische* *Tücke* (< *16. Jh., Form < 18. Jh.); zu *Tücke* und wohl zu dem in seiner Herkunft unklaren *hämisch*, wobei aber sicher auch die Bedeutung von *heimlich* und *geheim* eine Rolle gespielt hat. Die Zusammenbildung zunächst im Adjektiv **heimtückisch**, das Substantiv ist dazu eine Rückbildung.

A. Götze *BGDSL* 24 (1900), 505.

Heimweh *n.* (< 16. Jh.). Zuerst als Krankheit aufgefaßt, dann allgemeiner als ein Sehnsuchtsgefühl. Das gleichzeitig auftauchende Wort *Nostalgie* ist wohl nur eine (medizinische) Übersetzung des deutschen Wortes, das ursprünglich von der Schweiz ausging und teilweise auch als *Schweizer Heimweh* verdeutlicht wurde.

S. *Heim*. – F. Kluge *ZDW* 2 (1902), 234–251; A. Ladendorf *ZDU* 17 (1903), 782–788; E. Borst *ZDW* 11 (1909), 27–36; K.-H. Gerschmann *AB* 19 (1975), 83–88; W. Betz: *Verändert Sprache die Welt?* (Zürich 1977), 36–42; Röhrich 2 (1992), 692.

Hein *m. per. reg.* (< 17. Jh.). In der Wendung *Freund Hein* als Hüllwort für den Tod gebraucht. Kurzform des Vornamens *Heinrich* – warum aber gerade dieser für den Tod gebraucht wird, ist unklar.

Meisinger (1924), 39; Röhrich 2 (1992), 692–694.

heint *Adv. arch.* ´letzte Nacht´ (< 9. Jh.). Mhd. *hīnaht*, ahd. *hīnaht* ´diese Nacht´ mit demselben Pronomen wie in *heute* und *Nacht* in stark abgeschwächter Form.

Heinzelmännchen *n.* (< 16. Jh.). Name für gute Hausgeister. Offenbar handelt es sich um eine Koseform des Vornamens *Heinz*, doch ist unklar, warum gerade dieser Name für diese Bezeichnung ausgewählt wurde.

Meisinger (1924), 36; Röhrich 2 (1992), 694.

Heirat *f.* (< 11. Jh.). Mhd. *hīrāt*, ahd. *hīrāt m./ f.*, ´Vermählung´, älter ´Hausstand´, wie ae. (ws.) *hīrēd*, *hīrd m.*; *hīwrǣden* ´Haushalt, Familie´, selten ´Heirat´; äußerlich gesehen eine Zusammensetzung

aus g. **heiwa-/ōn* ´Hausgemeinschaft, Familie´ und *Rat* (in dessen älterer allgemeinerer Bedeutung ´Besorgung o.ä.´), aber vielleicht liegt eher eine Umbildung aus unklarer Grundlage vor. Das Vorderglied ist bezeugt in gt. *heiwa-frauja m.* ´Hausherr´, sowie anord. *hjón*, *hjú(n) n.*, ae. *hīwen n.*, *hīwan*, *hīgan Pl.*, afr. *hiōna*, *hiūna*, *hīna Pl.*, ahd. *hīwun*, *hīun Pl.* ´Eheleute, Hausgemeinschaft, Familie´. Eine Ableitung von der Wurzel (ig.) **ḱei-* ´liegen´ in ai. *śáye* ´liegt´, gr. *keīsthai*, heth. *kitta*; vgl. gr. *koítē* ´Lager´, gr. *ákoitis* ´Gemahlin´; sowie gr. *koímēma* ´Schlaf, Beischlaf´ (zu beachten ist auch die Bedeutung ´Geschlechtsverkehr haben´ bei gr. *kīnéō*) und ae. *hǣman* ´beschlafen´, wobei wohl auch ig. **kþei-* ´wohnen´ eingewirkt hat (s. *Heim*; besonders auffällig ist die Nähe der beiden Wurzelbedeutungen bei der Bedeutung ´Hausbewohner´: lit. *šeimà* ´Familie, Gesinde´, russ.-kslav. *sěmija* ´Familie´). Auf ig. **ḱei-wo-* ´zusammen liegend, zusammen wohnend´ weisen ai. *śéva-* ´lieb, vertraut´, lett. *sìeva* ´Weib, Ehefrau´ und wohl auch l. *cīvis m.* ´Bürger, Hausgenosse´ und die genannten baltisch-slavischen Wörter für ´Familie´ (mit *m* für *w*?). Verb: **heiraten**.

S. *geheuer*, *Heim*, *zivil*. – W. Steinberg *WZUH* 8 (1959), 695–714; W. Müller *Archiv für die Geschichte von Oberfranken* 53 (1973), 143–178; D. Bain *Classical Quarterly* 41 (1991), 63–67.

heischen *swV. obs.* (< 8. Jh.). Mhd. *(h)eischen*, ahd. *eiscōn*, as. *ēskon* aus wg. **aiskō- swV.* ´fragen, fordern´, auch in ae. *ascian*, afr. *āskia* (das *h-* im Deutschen ist sekundär und vielleicht von *heißen* übernommen). Dieses aus ig. **ais-sko-* ´wünschen, begehren´, auch in ai. *icchátì* ´sucht, wünscht´, lit. *ieškóti*, akslav. *iskati*, sowie l. *aeruscāre* ´bitten´ (**aisos-k-*) zu der Wurzel **ais-* ´suchen, bitten´, die etwa in ai. *ẹṣati* ´sucht´ vorliegt. Vielleicht eine Ableitung zu dem Nomen ahd. *eisca* ´Forderung´, ai. *icchā́* ´Wunsch´, akslav. *iska* ´Wunsch´; aber eher eine primäre *sk*-Bildung, die im Germanischen schwach geworden ist. Präfigierung: **er-**. Ne. *ask*.

S. *anheischig*.

heiser *Adj.* (< *9. Jh., Form < 11. Jh.). Mhd. *heiser*, Weiterbildung zu mhd. *heis(e)*, ahd. *heis(ar)* aus g. **haisa-* ´heiser´, auch in ae. *hās* und anord. *háss*, dessen Lautstand allerdings unklar ist (aber kaum **hairsa-* vorausgesetzt). Norw. (dial.) *haas* ´rauh´ läßt vermuten, daß ´rauh, trocken´ die Ausgangsbedeutung ist. Im übrigen unklar. Ne. *hoarse* wohl von ne. *coarse* beeinflußt. Abstraktum: **Heiserkeit**.

Nndl. *hees*, ne. *hoarse*, nschw. *hes*, nisl. *hás*. – Heidermanns (1993), 270 f.

heiß *Adj.* (< 9. Jh.). Mhd. *heiz*, ahd. *heiz*, as. *hēt* aus g. **haita- Adj.* ´heiß´, auch in anord. *heitr*, ae. *hāt*, afr. *hēt*; gt. in *heito* ´Fieberhitze´. Zu einer *d*-Erweiterung von ig. (oeur.) **kai-* ´brennen´, zu dem wohl auch **kai-* ´leuchten´ gehört. ´Brennen´ in ahd. *gihei(ge)* ´Hitze, Dürre´; mit *t*-Erweiterung lit. *kaĩsti* ´heiß werden´; zu der Bedeutung ´leuchten´ s. unter *heiter*.

Nndl. *heet*, ne. *hot*, nschw. *het*, nisl. *heitur*. S. *heizen, Hitze, Hotdog*. − Röhrich 2 (1992), 694; Heidermanns (1993), 271 f.

heißen *st V.* (< 8. Jh.). Mhd. *heizen*, ahd. *heizan*, as. *hētan* aus g. **hait-a- st V.* ´heißen´, auch in gt. *haitan*, anord. *heita*, ae. *hātan*, afr. *hēta*. Die Bedeutung ist mit Akkusativ der Person ´jmd. heißen, befehlen, rufen, einladen´; dann ´versprechen u.ä.´, mit doppeltem Akkusativ ´jmd. etwas heißen, jmd. mit einem Namen benennen´; mit Prädikatsnomen ´h. ißen´, passiv ´genannt werden´. Eine nur germanische *d*-Erweiterung der Wurzel ig. **keiə-* ´in Bewegung setzen´. Sie liegt vor in l. *cieo* ´ich setze in Bewegung, lasse kommen, nenne mit Namen, rufe hervor´ (später ersetzt durch das Frequentativum l. *citāre*); gr. (hom.) *ékion* ´ging´ (mit sekundärem Präsens gr. *kíō* ´ich gehe´), mit *eu*-Erweiterung ai. *cyávate* ´bewegt sich (hin und her), entfernt sich´, mit zusätzlichem Nasalpräsens gr. *kīnéō* ´ich setze in Bewegung´. Abstraktum: **Geheiß**.

Nndl. *heten*, nschw. *heta*, nisl. *heita*. S. auch *heischen, Schultheiß, verheißen*. − Seebold (1970), 246−248; D. Hoffmann *NW* 20 (1980), 85−110; E. Green *IJAL* 51 (1985),425−427; Röhrich 2 (1992), 694 f.; J. L. García-Ramón in *FS J. Untermann* (1993), 125−139.

Heißsporn *m.* (< 19. Jh.). Übersetzung des Beinamens ne. *Hotspur* von Henry Percy in Shakespeares *König Heinrich IV.* durch A. W. Schlegel. Das Wort wird nach 1800 übertragen und schließlich als Appellativ gebraucht.

Ganz (1957), 94; Röhrich 2 (1992), 695.

Heister *m. per. fach.* ´junge Buche, junger Laubbaum aus einer Baumschule´ (< 15. Jh.). Fnhd. *heister*, mndd. *he(i)ster*, mndl. *heister* aus älterem **hais-tru-* mit dem Suffix, das Baumnamen bildet (s. *Holunder*). Bedeutung des Wortes ist ´Niederwaldbaum´. Das Wort wird aus dem Mittelniederdeutschen ins Französische übernommen als *hêtre* ´Buche´. Das erste Glied als *Hees (*haisi-)* und *Heest (haisipi-)* noch in niederländisch-nordwestdeutschen Ortsnamen bezeugt und ist ein Wort für die im Niederwaldbetrieb stehende Hecke oder den Wurzelstock, aus dem die jungen Stämme wachsen. Hierzu wohl weiter der bei Tacitus bezeugte Waldname *Caesia Silva* als Latinisierung eines germanischen Wortes. Die etymologische Erklärung wird durch verwandte Fachwörter im Lateinischen geliefert: Romanische Wörter für ´Hecke´ gehen auf **caesa* zurück, und das klassische lateinische Wort für ´Niederwald´ ist *silva caedua*. Es handelt sich dabei um Ableitungen von l. *caedere* ´hauen, fällen´, das damit eine Entsprechung im Germanischen gehabt haben muß (ebenso wie die Partizip-Bildung ig. **kaiso-* aus

*kaid-to-). Andernfalls müßte das Wort in sehr früher Zeit entlehnt worden sein.

S. *Heide*[1] und zu Entlehnungen aus der lateinischen Verwandtschaft *dezidiert*. − T. Frings/W. vWartburg *ZRPh* 57 (1937), 195−210; 58 (1938), 542−549; Trier (1952), 95−106 mit weiterer Literatur; L. G. Romell in: H. Bekkers/H. Schwarz (Hrsg.): *Gedenkschrift J. Trier* (Köln, Wien 1975), 243−250.

-heit *Suffix* für Abstraktbildungen aus Adjektiven und (seltener) Substantiven. Die Varianten *-keit* und *-igkeit* sind aus falscher Ablösung von Adjektiven auf *-ig* (mhd. *-ec*: *-ec-heit* = *-ec-keit*; *-ig-keit*) entstanden; mhd. *-heit*, ahd. *-heit*, as. *-hēd* aus wg. **-haidu-*, auch in ae. *-hād*, afr. *-hēd(e)*. Das selbständige Wort ist als g. **haidu-* ´Art und Weise, Erscheinung´ anzusetzen. Es tritt auf in gt. *haidus* ´Art und Weise´, anord. *heiðr* ´Ehre, Würde´, ae. *hād* ´Wesen, Person, Rang, Würde, Geschlecht´, as. *hēd*, ahd. *heit* ´geistlicher Stand, Person, Geschlecht´, mhd. *heit* ´Wesen, Beschaffenheit, Rang, Würde´. Außergermanisch ist genau vergleichbar ai. *ketú-* ´Licht, Erscheinung, Gestalt´ zu einer Wurzel (ig.) **kai-* ´leuchten´, auf die unter *heiter* verwiesen wird.

Nndl. *-heid*, ne. *-hood*. S. *heil, heiter*. − J. C. Wells in: *FS Taylor Starck*. Hrsg. W. Betz u. a. (The Hague 1964), 51−55; ders. in: *FS E. H. Sehrt* (Miami 1968), 229−240; H. Kolb in *FS J. Erben* (Innsbruck 1985), 419−428.

heiter *Adj.* (< 8. Jh.). Mhd. *heiter*, ahd. *heitar*, as. *hēdar* aus wg. **haidra- Adj.* ´heiter´ (zunächst vom Himmel, dann übertragen), auch in ae. *hādor*. Hierzu im Germanischen anord. *heið* ´klarer Himmel´, anord. *heiðr* ´klar, heiter´ (**haida-*). Grundlage ist ein *ro*-Adjektiv zu einer *t*-Erweiterung der Wurzel (ig.) **kai-* ´leuchten´ (wohl zu **kai-* ´brennen´, s. unter *heiß*); vgl. ai. *citrá-* ´hervorragend, hell´ und mit *s mobile* (und *d*-Erweiterung) lit. *skáidrus* ´hell, klar´. Von der gleichen Wurzel l. *caelum* ´Himmel´ und das unter *-heit* behandelte Wort. Abstraktum: **Heiterkeit**; Präfixableitung: **erheitern**; Partikelableitungen: **aufheitern, angeheitert**.

Heidermanns (1993), 265 f. Zu *Heiterkeit*: *HWPh* 3 (1974), 1039−1043.

heizen *sw V.* (< 10. Jh.). Mhd. *heizen*, ahd. *heizēn* ´heiß sein, lodern, erglühen´ aus g. **haitija- sw V.* ´heizen, heiß machen´, auch in anord. *heita*, ae. *hētan*; Faktivik zu g. **haita- Adj.* ´heiß´; das intransitive Verb wohl mit Spirans und alter *ē*-Flexion. Abstraktum: **Heizung**; Nomen agentis: **Heizer**; Präfigierung: **ver-**; Partikelverben: **an-, ein-**.

Ne. *heat*. − Reuter (1906), 36−38.

Hektar *m. erw. fach.* (= 100 Ar) (< 19. Jh.). Entlehnt und 1868 amtlich eingeführt aus frz. *hectare*, einer Neubildung zu gr. *hekatón* ´hundert´ (mit der dem Französischen angepaßten Kompositionsform *hecto-*) und frz. *are*, dieses aus l. *ārea f.* ´Fläche´ (s. *Ar*). Zur germanischen Verwandtschaft s. *hundert*.

Cottez (1980), 180.

hektisch *Adj.* (< 18. Jh.). Entlehnt aus gr. *hekti-kós* ʿgewohnheitsmäßig, anhaltendʾ, speziell als Ausdruck der Medizin ʿfiebrigʾ, zu gr. *héktos* ʿanhaltendʾ, zu gr. *échein, íschein* ʿhalten, haben, anhaltenʾ (zu diesem s. *Epoche*). Das Wort ist geläufiger Ausdruck der spätmittelalterlichen Medizin und wird dann (ähnlich wie *fieberhaft*) verallgemeinert. Abstraktum: *Hektik*.

DF 1 (1913), 265.

hekto- *LAff.* Wortbildungselement mit der Bedeutung ʿvielfach, hundertfachʾ (z. B. *Hektoliter, hektographieren*). Es wurde in französischen Entlehnungen ins Deutsche übernommen; sein Ursprung ist gr. *hekatón* ʿhundertʾ, lautlich an das Französische angepaßt. − Vor Vokal lautet die Form *hekt-* (z. B. *Hektar*) − nicht in jüngeren Bildungen.

Cottez (1980), 180.

hektographieren *swV. per. fach.* ʿvervielfältigenʾ (< 19. Jh.). Neubildung des 20. Jhs. mit *hekto-* aus gr. *hekatón* ʿhundertʾ und gr. *gráphein* ʿschreibenʾ. Die Zahl 100 steht in dieser Bildung verallgemeinert für ʿvielfach, in großer Zahlʾ. S. *Graphik*.

Hel *f. per. fach.* ʿUnterwelt, Totengöttinʾ (in der nordischen Mythologie) (< 18. Jh.). Entspricht dem Wort *Hölle*, das nur als christlicher Terminus bezeugt ist, und weist damit darauf hin, daß der Ausdruck schon vorchristlich bei den Germanen in Gebrauch war.

LM 4 (1989), 2115.

Held *m.* (< 9. Jh.). Mhd. *helt*, ahd. *helid*, mndd. *helt*, mndl. *helet*, as. *heliđ* aus g. **haluð-* (wohl erst sekundär aus **haliđ-*) ʿHeld, Kämpfer, freier Mannʾ, auch in anord. *hǫlðr* ʿErbbauer, Mannʾ, neben anord. *halr* ʿMannʾ, ae. *hæle(þ)*. Vor allem wegen der unsicheren Ausgangsbedeutung läßt sich keine klare Vergleichsmöglichkeit finden. Vielleicht zu (ig.) **kʷel-* ʿdrehen, besorgenʾ, das Wörter für ʿWirtʾ und ʿBauerʾ geliefert hat. Nach Wagner zu ig. **kal-* ʿSchwiele, harte Hautʾ. *Held* als ʿHauptpersonʾ ist Lehnbedeutung nach ne. *hero*. Adjektive: *heldisch, heldenhaft*.

Nndl. *held*, nschw. *hjälte*. − Ganz (1957), 94 f.; H. Kolb in: *FS Tschirch* (1972), 384−406; *HWPh* 3 (1974), 1043−1049; H. Fromm *MDB* 13 (1979), 1−10; N. Wagner *ZVS* 97 (1984), 281−283.

helfen *stV.* (< 8. Jh.). Mhd. *helfen*, ahd. *helfan*, as. *helpan* aus g. **help-a- stV.* ʿhelfenʾ, auch in gt. *hilpan*, anord. *hjalpa*, ae. *helpan*, afr. *helpa*. Das Wort hat keine genaue Vergleichsmöglichkeit. In Betracht kommen drei baltische Varianten: 1) alit. *šelbtis* ʿauszukommen suchen, sich zu helfen suchenʾ (kann lautlich genau entsprechen), 2) lit. *šelpti* ʿunterstützen, fördern, helfenʾ; kann als Auslautvariante entsprechen; 3) lit. *gélbėti* ʿhelfenʾ als Anlautvariante (**gelb-* oder **gʰelb-*). Eine Zurückführung auf (ig.) **kel-* ʿverbergenʾ (auch ʿbeschir-

men u.ä.ʾ) ist denkbar (s. *hehlen*). Präfigierungen: *be-, ver-*; Partikelverb: *ab-*; Nomen agentis: *Helfer*; Abstraktum: *Hilfe*.

Nndl. *helpen*, ne. *help*, nschw. *hjälpa*, nisl. *hjálpa*. S. *Notbehelf, unbeholfen* − Seebold (1970), 254 f.; Trier (1951), 56; Röhrich 2 (1992), 695 f. Zur Entlehnung ins Finnische s. Koivulehto *Virittäjä* 78 (1974), 126.

Helge *f.*, meist *Pl.*, Nebenform zu *Helling*.

Helgen *m. per. schwz.* ʿkleines Bildʾ (< 16. Jh.). Eigentlich ʿHeiligerʾ, da es sich ursprünglich um Heiligenbildchen handelte.

Helikopter *m. erw. fach.* ʿHubschrauberʾ (< 20. Jh.). Entlehnt aus ne. *helicopter*, das seinerseits auf frz. *hélicoptère* zurückgeht. Dieses ist eine neoklassische Bildung aus gr. *hélix, -ikos* ʿWirbelʾ (u. a.) und gr. *pterón* ʿFliegerʾ.

Cottez (1980), 181; Carstensen 2 (1994), 640.

Helium *n. erw. fach.* (ein farbloses Edelgas) (< 19. Jh.). Neubildung englischer Naturwissenschaftler zu gr. *hḗlios m.* ʿSonneʾ. So benannt, weil die Spektrallinien mit denen eines auf der Sonne nachgewiesenen Elements identisch sind. Zur germanischen Verwandtschaft s. *Sonne*.

Cottez (1980), 181 f.

hell *Adj.* (< 11. Jh.). Mhd. *hel*, ahd. *hel*, mndl. *hel* gehört zu ahd. *hellan stV.* ʿtönen, klingenʾ (s. unter *hallen* und *holen*). Das Wort bedeutet also zunächst ʿtönendʾ, dann ʿschallend, lautʾ und wird dann übertragen auf Gesichtseindrücke (helle Farben u.ä.), vgl. den Ausdruck *schreiende Farben* u.ä. Ganz entsprechend bedeutet das wurzelverwandte l. *clārus* ʿlaut schallend; hell, klarʾ. Abstrakta: *Helle, Helligkeit*; Präfixableitung: *er-*; Partikelableitung: *auf-*.

Kretschmer (1969), 234 f.; Röhrich 2 (1992), 696; Heidermanns (1993), 289 f.

hellauf *Adv.* (< 18. Jh.). Offenbar zusammengewachsen aus der Partikel *auf* und dem Adverb *hell*, z. B. *hellauf lachen* = *hell auflachen*. Dann abgelöst und auf andere Kontexte übertragen (*hellauf begeistert* usw.).

Hellebarde *f. obs.* (< 13. Jh.). Umgestaltet aus mhd. *helmbarte*, das aus *Barte* ʿBeilʾ (zu *Bart*) und *Helm²* ʿStiel, Handhabeʾ zusammengesetzt ist, also eigentlich ʿStiel-Beilʾ; entsprechend mhd. *helm-akes* (zu *Axt*). Ne. *halberd* usw. sind aus dem Deutschen entlehnt.

Heller *m. obs.* ʿScheidemünzeʾ (< 15. Jh.). Mhd. *hallære, Haller pfenninc*, später *heller*, ist der in Schwäbisch Hall seit 1208 geprägte Pfennig (ml. *denarius Hallensis*). Das ähnliche Wort ahd. *helling*, mhd. *hellinc*, as. *halling* scheint aber auf *halbling* ʿhalber Pfennigʾ zurückzugehen und ist deshalb abzutrennen.

LM 4 (1989), 2122; Röhrich 2 (1992), 696.

Helling *f. per. fach.*, auch **Helge** *f.* ´geneigte Holzbahn beim Schiffbau` (< 19. Jh.). Aus mndd. *hellink, hellinge*, älter *heldinge* ´Schräge` zu *Halde* und mhd. *helden* ´neigen`.

Kluge (1911), 364.

Hellseher *m.* (< 18. Jh.). Lehnübersetzung von frz. *clairvoyant*. Dieses bedeutet auch ´weitsichtig` (zu frz. *clair* ´hell, klar`). Die Bedeutung wird im Deutschen einseitig festgelegt.

HWPh 3 (1974), 1053 f.

Helm[1] *m.* (< 9. Jh.). Mhd. *helm*, ahd. *helm*, as. *helm* aus g. **helma-* m. ´Helm`, auch in gt. *hilms*, anord. *hjalmr*, ae. *helm*, afr. *helm*. Vermutlich eine Konkretbildung auf *-mo-* zu ig. *\*k̑el-* ´verbergen, schützen` (s. unter *hehlen*), genauer vergleichbar mit ai. *śárma(n)* n. ´Schirm, Schutzdach, Decke`.

Nndl. *helm*, ne. *helm(et)*, nschw. *hjälm*, nisl. *hjálmur.* − Maschke (1926), 141−160; G. Siebel: *Harnisch und Helm* (Diss. Hamburg 1969); *LM* 4 (1989), 2123. Zur Entlehnung ins Finnische s. *LÄGLOS* (1991), 92 f.

Helm[2] *m. arch.* ´Stiel, Handhabe` (< 14. Jh.). Mhd. *helm, halm(e)*; wohl als *\*halbn-* zu ahd. *halb, helb*, as. *helvi* n., ae. *helfe* m./n. gleicher Bedeutung. Näher zugehörig können auch sein *Halfter*[1] und baltische Wörter für ´Schlinge u.ä.` (lit. *kilpa* ´Schlinge, Schleife` usw.). Wörter ähnlicher Bedeutung sind nndl. *helm* ´Griff des Steuerruders`, ae. *helma* ´Steuerruder`, anord. *hjalmvǫlr* ´Ruderpinne`; anord. *hjalt* n., ae. *hilt* m./n., mndl. *hebte, hilte*, ahd. *helza* f. ´Schwertgriff` u. a. Eine klare Grundlage ist nicht ersichtlich.

Ne. *helm*. S. *Halfter*[1], *Hellebarde, Holm*[2]. − Kluge (1911), 364 f.; H. Sperber *WS* 3 (1912), 77−80.

Hemd *n.* (< 8. Jh.). Mhd. *hem(e)de*, ahd. *hemidi*, as. *hemithi* aus wg. **hamiþja-* n. ´Hemd`, auch in ae. *hemeðe*, afr. *hamethe, hemethe*. Weiterbildung zu wg. *\*hamōn* m. ´Hülle, Kleidung, Leib` in ae. *hama* m. ´Kleidung, Haut, Leib`, afr. *hama, homa* m. ´Gewand`, ahd. (Hildebrandslied) *gūndhama* ´Kampfhemd`. Weitere Verknüpfungen sind unsicher (ai. *śámulyà- Akk.* ´Gewand der Braut`). *camīsia* f., gr. *kamásion* n. sind wohl aus einem urverwandten Wort einer Balkansprache entlehnt worden.

Nndl. *hemd*. S. *Leichnam, Hamen.* − J. Sofer *Glotta* 17 (1929), 29f.; *LM* 4 (1989), 2128; Röhrich 2 (1992), 696−697; J. Kramer *Archiv für Papyrusforschung* 40 (1994), 133−142.

Hemisphäre *f. erw. fach.* ´Erdhälfte, Halbkugel` (< 18. Jh.). Übernommen aus l. *hēmisphaerium*, dieses aus gr. *hēmisphaírion* ´Halbkugel` aus gr. *hē-mi-* ´halb-` (s. auch *semi-*) und gr. *sphairíon* ´kleine Kugel`, Diminutiv zu gr. *sphaîra* ´Kugel`.

S. *Sphäre.* − *DF* 1 (1913), 265.

hemmen *swV.* (< 14. Jh.). Mhd. *hamen, hemmen*, mndl. *hemmen* aus g. **hamija- swV.* ´hemmen`,

auch in anord. *hemja*. Weitere Herkunft unklar. Abstraktum: **Hemmung**; Konkretum: **Hemmnis**.

Bahder (1925), 119; *HWPh* 3 (1974), 1054 f.

Hengst *m.* (< 9. Jh.). Mhd. *heng(e)st*, ahd. *hengist*, mndl. *henxt* aus wg. **hangista-* m. ´Pferd`, besonders ´Hengst`, auch ´Wallach`, auch in ae. *hengest*, afr. *hengst, hangst, hanxt* ´Pferd`. Daneben in den nordgermanischen Sprachen ohne grammatischen Wechsel **hanhista-* m. ´Pferd` (anord. *hestr*). Unmittelbar zu vergleichen ist kymr. *caseg* ´Stute` (**k̑ankstikā*). Es scheint sich um eine seltene, aber auch sonst in Tiernamen auftretende *st*-Bildung in der Funktion eines Nomen agentis zu handeln; eine Grundlage zeigt sich in lit. *šankùs* ´beweglich, schnell`, lit. *šankìnti* ´springen lassen` (ein Pferd), also ´Springer` (wohl im Sinne von ´schnell laufen`, nicht von ´bespringen`, da die Bedeutung ´Hengst` nicht allgemein ist).

Nndl. *hengst*, nschw. *häst*, nisl. *hestur.* − W. Krause *ANF* 48 (1932), 156−166; H. Krahe *BGDSL* 71 (1949), 245; G. Must *JEGPh* 56 (1957), 60−64.

Henkel *m.* (< 15. Jh.). Instrumentalbildung zu *henken* in dessen alter Bedeutung ´etwas aufhängen`, also ´Mittel zum Aufhängen`.

Lühr (1988), 120.

henken *swV. obs.* (< 11. Jh.). Mhd. *henken*, ahd. *henken* ´kreuzigen` mit der (unregelmäßig bewahrten) Geminate vor altem *j*. Das Wort ist dann gegenüber der Variante *hängen (trans.)* differenziert worden; heute meint man mit *henken* nur noch ´einen Menschen (als Todesstrafe) aufhängen`; entsprechend **Henker**, das aber zu ´Scharfrichter` verallgemeinert wurde.

Angstmann (1928), 28−31; Lühr (1988), 364 f.

Henkersmahlzeit *f.* (< 17. Jh.). Von der Sitte ausgehend, daß der Henker dem Verurteilten ein letztes Mahl richtet und dabei dessen Wünsche erfüllt. Heute ´Mahlzeit vor einem unangenehmen Ereignis`.

Röhrich 2 (1992), 698 f.

Henne *f.* (< 9. Jh.). Mhd. *henne*, ahd. *henin, henna*, mndd. *henne, hinne*, mndl. *henne* aus wg. **han-n-ja/jō-*, auch in ae. *henn*, afr. *hanne, henne*; alte Femininbildung zu *Hahn*, also ´Weibchen des Hahns`.

Nndl. *hen*, ne. *hen*. S. *Hahn.* − Röhrich 2 (1992), 699.

Heppe *f.* s. *Hippe*[2].

her *Adv.* (< 9. Jh.). Mhd. *her*, ahd. *hera*. Mit einem Suffix zur Angabe der Richtung (vgl. ahd. *wara* ´wohin`, ahd. *dara* ´dorthin`) zum Pronominalstamm **hi-* (der den Ort, an dem der Sprecher steht, bezeichnet). Wird der Ausgangspunkt mitbezeichnet (*vom Haus her* usw.), so tritt dieser in den Vordergrund, so daß der Ausdruck auch verwendet werden kann, wenn die Richtung nicht auf den Sprecher zu ist.

S. *hier.* – G. Manganella *AION-G* 1 (1958), 139–151; Henzen (1969), 279–293.

Heraldik *f. per. fach.* ˈWappenkundeˈ (< 18. Jh.). Entlehnt aus frz. *(science) héraldique*, eigentlich ˈKunde der Heroldeˈ (die Herolde hatten die Wappen der beim Turnier Antretenden zu prüfen). Adjektiv: **heraldisch.**

herauskristallisieren *swV.* (< 18. Jh.). Das Grundwort aus frz. *cristalliser*. Vom Ausfällen der Kristalle aus einer Flüssigkeit; dann fast ausschließlich übertragen verwendet.

herausstreichen *swV.* (< 16. Jh.). Durch Striegeln werden Pferde (für den Kauf) ansehnlich gemacht. Schon im 16. Jh. übertragen und heute allgemein für ˈlobend hervorhebenˈ.

herb *Adj.* (< 12. Jh.). Mhd. *har(e)*, *her(e)* ˈscharf schneidendˈ, mhd. *herwe* ˈHerbheitˈ. Keine genaue Vergleichsmöglichkeit, doch liegt es von der Bedeutung her nahe, an (ig.) **sker-* ˈschneidenˈ mit unregelmäßigem Verlust des *s* zu denken (s. unter *scheren*[1]). Gleichen Lautstand zeigen noch mhd. *herwen* ˈärgernˈ und ae. *hyrwan* ˈverspottenˈ. S. *haarscharf, Herling.* – W. Mitzka *HBV* 49/50 (1958), 151–155; Heidermanns (1993), 283.

Herbarium *n. per. fach.* ˈSammlung getrockneter Pflanzenˈ (< *16. Jh., Bedeutung < 18. Jh.). In Frankreich mit Bedeutungsänderung entlehnt aus ml. *herbarium* ˈGemüsegarten, Kräutergartenˈ, zu l. *herba f.* ˈPflanze, Krautˈ. Zunächst ˈKräuterbuchˈ, dann die heutige Bedeutung. *DF* 1 (1913), 265; *LM* 4 (1989), 2147.

Herberge *f. obs.* (< 9. Jh.). Mhd. *herberge*, ahd. *heriberga*, as. *heriberga.* Wie afr. *hereberge* eine Zusammenbildung aus dem Wort für *Heer* und einer Ableitung des starken Verbs *bergen*, also eigentlich ˈBergung, Unterkunft für das Heerˈ; dann verallgemeinert zu ˈUnterkunftˈ. Hierher auch ne. *harbour* ˈHafenˈ (ˈZufluchtsortˈ) aus dem Nordischen, das es wiederum aus dem Niederdeutschen hat. Präfixableitung: **beherbergen.** Nndl. *herberg.* – W. Gerster *VR* 9 (1946/47), 57–151; R. Schmidt-Wiegand in: *FS de Smet* (Leuven 1986), 419–428; dies.: *Brüder-Grimm-Symposion zur historischen Wortforschung.* Hrsg. R. Hildebrandt, U. Knoop (Berlin 1986), 124–130; *LM* 4 (1989), 2148; Sousa-Costa (1993), 263–268.

Herbizid *n. per. fach.* ˈchemisches Unkrautvertilgungsmittelˈ (< 20. Jh.). Neubildung zu l. *herba f.* ˈUnkraut, Pflanzeˈ (s. *Herbarium*) und l. *caedere* ˈtöten, hauen, schlagen, niedermachenˈ (in Zusammensetzungen in der Form l. *-cīdere*, z. B. l. *percīdere* ˈzerhauenˈ, s. *dezidiert*).

Herbst *m.* (< 8. Jh.). Mhd. *herb(e)st*, ahd. *herbist(o)* aus g. **harbista- m.* ˈHerbstˈ, ursprünglich wohl ˈErnteˈ, auch in anord. *haust n.*, ae. *hærfest*, afr. *herfst.* Zu ig. (eur.) **karp-* ˈerntenˈ in l. *carpere*

gr. *karpízomai* (gr. *karpós* ˈFruchtˈ), lit. *kir̃pti* ˈschneidenˈ; ferner Wörter für ˈSichelˈ in mir. *corrán*, russ. *čerp*, gr. *krṓpion n.* Adjektiv: **herbstlich.** Nndl. *herfst*, ne. *harvest*, nschw. *höst*, nisl. *haust.* – H. Krahe *BGDSL* 71 (1949), 240; M. Tallen *DWEB* 2 (1963), 159–229; Röhrich 2 (1992), 700 f.

Herbstzeitlose *f.* s. *Zeitlose.*

Herd *m.* (9. Jh.). Mhd. *hert*, ahd. *herd*, as. *herth* aus wg. **herþa- m.* ˈHerdˈ, auch in ae. *heorþ*, afr. *herth.* Eine nur germanische und morphologisch unklare *t*-Erweiterung oder *t*-Ableitung zu ig. **ker(ǝ)-* ˈheizenˈ in lit. *kùrti* ˈheizenˈ und vielleicht ai. *kūḍayati* ˈversengt, verbrenntˈ; ferner mit der Bedeutung ˈKohleˈ l. *carbo*, gt. *hauri* und lett. *ceri* ˈGlutsteineˈ. Semantisch am nächsten liegen slavische Wörter (**kerno-*): russ. *čéren* ˈSalzpfanne der Salzsiedereien, Feuerherd, Kohlenbeckenˈ, ukr. *čerín* ˈFeuerherdˈ, poln. *trzon* ˈHerdˈ. In *Brandherd* u.ä. liegt eine Lehnübersetzung von l. *focus* ˈHerd, Brennpunktˈ vor. Nndl. *haard*, ne. *hearth.* S. *Karfunkel, Pottharst, Vogelherd.* – Röhrich 2 (1992), 701.

Herde *f.* (< 11. Jh.). Mhd. *hert*, ahd. *herta* aus g. **herdō f.* ˈHerdeˈ, auch in gt. *hairda*, anord. *hjǫrð*, ae. *heord*; dieses aus voreinzelsprachl. **kerdʰā f.* ˈReihenfolge, Herdeˈ, auch in akslav. *črěda* ˈReihe, Herdeˈ, davon abgeleitet lit. *keřdžius m.* ˈerwachsener Oberhirtˈ; weiter abliegend kymr. *cordd* ˈGruppe, Stamm, Scharˈ, gr. *kórthys* ˈGetreidehaufen, Garbeˈ. Weitere Herkunft unklar. Das *-d-* in dem neuhochdeutschen Wort gilt als Einfluß des Niederdeutschen. Ne. *herd*, nschw. *hjord*, nisl. *hjörð.* S. *Hirt.*

Hering *m.* (< 9. Jh.). Mhd. *herinc*, ahd. *hāring*, *hærinc*, mndd. *herink*, *harink*, mndl. *harinc* geht wie ae. *hǣring* auf **hǣrenga-* (oder *-inga-*) zurück, während ahd. *hering*, as. *hering* auf Kürze (**harenga-*) weist. Herkunft unklar. Bereits im 6. Jh. ins Lateinische *(haringus)* entlehnt. Nndl. *haring*, ne. *herring.* – E. Müller-Graupa *Glotta* 18 (1930), 136[3]; W. B. Lockwood *ZAA* 17 (1969), 255–258; Röhrich 2 (1992), 701 f. Zur Entlehnung ins Finnische s. T. Hofstra *NOWELE* 11 (1988), 36–38.

Herkules *m. bildg.* ˈsehr starker Mannˈ (< 18. Jh.). Entlehnt aus l. *Herculēs*, dem lateinischen Namen für den griechischen Sagenhelden *Herakles*, dessen besondere Qualitäten seine Kraft und sein Einfallsreichtum waren. Besonders *Herkulesarbeit* im Hinblick auf die von Herkules zu vollbringenden 12 schweren Arbeiten. *DF* 1 (1913), 265 f.; *LM* 4 (1989), s. *Herakles*, 2141; Röhrich 2 (1992), 702.

Herkunft *f.* (< 16. Jh.). Zu *herkommen*, ursprünglich wie dessen Substantivierung *Herkommen n.* ˈBrauchtumˈ und ˈAbkunftˈ; heute praktisch nur noch das zweite.

Herling *m. per. fach.* ´unreife Traube` (< 12. Jh.). Mhd. *herlinc,* ahd. *herling.* Zu mhd. *here, herves* ´herb` als ´herbe (Traube)`.

E. Björkman *ZDW* 3 (1902), 269; R. Hildebrandt in: *FS W. Kleiber* (Stuttgart 1989), 47–55.

Hermaphrodit *m. per. fach.* ´Zwitter` (< 16. Jh.). Entlehnt aus l. *hermaphrodītus,* dieses aus gr. *hermaphródios,* nach der Sagenfigur des *Hermaphródios* (Sohn des Hermes und der Aphrodite). Er wurde auf Wunsch einer Quellnymphe, die er zurückgewiesen hatte, von den Göttern mit ihr auf ewig vereint, indem sie aus den beiden ein Wesen − halb Mann, halb Frau − schufen.

DF 1 (1913), 266.

Hermelin *n. erw. fach.* (< *11. Jh., Form < 12. Jh.). Mhd. *hermelin,* ahd. *harmilī(n), harmil* ´Wiesel` (besonders das im Winterpelz). Verkleinerungsform zu ahd. *harmo,* as. *harmo* m., ae. *hearma* m. ´Wiesel`. Aus voreinzelsprachl. **kermōn* in lit. *šermuõ, šarmuõ* m.; Zugehörigkeitsbildung zu (ig.) **kormo-* ´Reif, Schnee, Hagel` in lit. *šařmas* m. ´Reif, gefrorener Tau`, als ´das wie Schnee aussieht`. Die neuhochdeutsche Endbetonung geht aus von dem Wort für den Pelz und hängt vielleicht von it. *ermellino* m. ab. In dieser Bedeutung ist das Wort im Maskulinum (= ´Pelz`). Die Ähnlichkeit des deutschen Wortes mit frz. *hermine* (und it. *ermellino, armellino* m.), das auf *Armenius mus* ´Maus aus Armenien` zurückgeführt wird, ist auffällig.

H. Meyer-Lübke *ZRPh* 19 (1895), 94; J. Koivulehto in: *FS M. Alinei* (Amsterdam 1986), I, 133–147 (auch zur Entlehnung ins Finnische).

Hermeneutik *f. per. fach.* ´Verfahren zum Verstehen eines Textes` (< 17. Jh.). Entlehnt aus gr. *hermēneutikē (téchnē)* ´Kunst der Deutung`, zu gr. *hermēneúein* ´erklären, auslegen, denken`.

HWPh 3 (1974), 1061–1073.

hermetisch *Adj. erw. fach.* ´dicht verschlossen` (< 16. Jh.). Entlehnt aus neo-kl. *hermetice,* das zurückgeht auf neo-kl. *sigillum Hermetis* ´das Siegel des Hermes`. Der Name ist die griechische Bezeichnung (eigentlich gr. *Hermḗs Trismégistos* ´dreifach größter Hermes`) für den Urvater alchimistischer Weisheit, den ägyptischen Gott Thot, der ein Siegel erfunden haben soll, mit dem man Röhrchen luftdicht („hermetisch") abschließen konnte.

J. W. Walz *ZDW* 12 (1910), 185; *DF* 1 (1913), 266; K.-H. Weimann *DWEB* 2 (1963), 392; *HWPh* 43 (1974), 1075–1078.

Heroin *n. erw. fach.* (ein Rauschgift) (< 19. Jh.). Neubildung aus gr. *hērṓïos, hērōios* ´heldenhaft` in der späteren Bedeutung ´stark`, einer Ableitung von gr. *hḗrōs* m. ´Held` mit dem fachsprachlichen Suffix *-in.* Gemeint ist ein besonders stark wirkendes Arzneimittel.

heroisch *Adj. erw. fremd.* ´heldenmütig, erhaben` (< 16. Jh.). Entlehnt aus l. *hērōicus,* dieses aus gr.

hērōïkós, zu gr. *hḗrōs* ´Held` (dieses gelegentlich entlehnt als *Heros* oder *Heroe,* letzteres eine Rückbildung aus dem Plural *Heroen*). Abstraktum: *Heroismus.*

DF 1 (1913), 266; D. Q. Adams *Glotta* 65 (1987), 171–178.

Herold *m. obs.* ´mittelalterlicher Hofbeamter, Verkünder` (< 14. Jh.). Im Spätmittelhochdeutschen (spmhd. *heralt, heralde*) entlehnt aus afrz. *héraut, haraut, hiraut,* das wohl zurückgeht auf andfrk. **heriwald* („Heeres-walter"). Auf diese Form könnte vor allem der schon bei Tacitus bezeugte Männername *Chariovalda* hinweisen. Semantisch liegt allerdings ein Anschluß an gt. *hazjan* ´loben, preisen`, ahd. *harēn* ´rufen, schreien` näher, doch bleibt dann das vorauszusetzende Hinterglied unklar. Vgl. noch ahd. *foraharo* ´Verkünder`. Gleichen Ursprungs ist nhd. *Heraldik* ´Wappenkunde`, das sein Benennungsmotiv aus der Funktion der Herolde bezieht, bei Turnieren die Wappen der Teilnehmer zu prüfen.

LM 4 (1989), 2172 f.

Heros *m.* s. *heroisch.*

Herr *m.* (< 8. Jh.). Mhd. *herre, hērre,* ahd. *hērro, hēroro,* as. *hērro,* eigentlich der Komparativ zu *hehr.* Seit dem 8. Jh. als Substantiv verwendet im Anschluß an l. *senior* in gleicher Verwendung (das eigentlich ´der ältere` bedeutet). Ebenso afr. *hēra;* während ae. *hearra* und anord. *herra, harri, herri* aus dem Deutschen entlehnt sind. Im Anschluß daran *Herren-* in Komposita: eigentlich ´den Herren (Adeligen) vorbehalten`, dann häufig für ´besser, hochstehend`. Femininum: *Herrin;* Adjektiv: *herrisch.*

S. *hehr.* − A. Schirokauer: *Germanistische Studien* (Hamburg 1957), 213–221; R. Schmidt-Wiegand *NAWG* 1972, 37; *LM* 4 (1989), 2176–2179; Röhrich 2 (1992),702.

Herrche *m.,* **Herrle** *m.* ´Großvater`, *per. wmd.* (< 17. Jh.). Kürzung aus *Ahnherr* mit dem Suffix der Koseformen.

S. *Ahn, Herr.* Vgl. *Frauche, Fräle.* − Müller (1979), 50.

herrlich *Adj.* (< 11. Jh.). Mhd. *hērlih,* ahd. *hērlīh,* as. *hērlīk.* Ursprünglich Weiterbildung von *hehr;* dann auf *Herr* bezogen und entsprechend abgewandelt. Abstraktum: *Herrlichkeit.*

HWPh 3 (1974), 1079–1084; Röhrich 2 (1992), 703.

Herrschaft *f.* (< 9. Jh.). Mhd. *hērschaft,* ahd. *hērschaf(t),* zunächst ´Würde, Ehrenamt`, aber auch ´Herrschaft`, also zu *hehr,* aber von vornherein unter dem Einfluß von *Herr.* Adjektiv: *herrschaftlich.*

HWPh 3 (1974), 1084–1088; Günther (1979); *Grundbegriffe* 2 (1982), 1–102.

herrschen *sw V.* (< 10. Jh.). Mhd. *hērs(ch)en, hersen,* ahd. *hērisōn.* Ableitung zu *hehr,* aber semantisch ausgehend von *Herr,* also ursprünglich ´Herr sein`.

Herz *n.* (< 8. Jh.). Mhd. *herz(e)*, ahd. *herza*, as. *herta* aus g. *hertōn n. ʿHerzʾ, auch in gt. *hairto*, anord. *hjarta*, ae. *heorte* *f.*, afr. *herte*, *hirtz f.* Aus dem ursprünglich ablautenden Wurzelnomen ig. **k̑erd-* n. ʿHerzʾ, auch in heth. *kard-*, gr. *kardía f.*, gr. (ep.) *kēr*, l. *cor (cordis)*, air. *cride*, lit. *širdis f.*, akslav. *srědīce*; eine Variante liegt vor in ai. *hŕd-*, *hŕdaya- (*g̑herd-)*. Weitere Herkunft unklar. Verb: *herzen*; Adjektive: **herzig, herzlich, herzhaft.**

Nndl. *hart*, ne. *heart*, nschw. *hjärta*, nisl. *hjarta*. S. *Akkord.* – O. Szemerényi in *FS Stang* (Stockholm 1970), 515–533; *HWPh* 3 (1974), 1100–1112; G. Cohen *CoE* 14,5/6 (1984), 9–11; *LM* 4 (1989), 2187–2189; E. P. Hamp *CoE* 19,7 (1990), 23; Röhrich 2 (1992), 704–708. Zur Entlehnung ins Finnische s. *LÄGLOS* (1991), 98.

Herzog *m. obs.* (< 8. Jh.). Mhd. *herzoge*, ahd. *herizogo*, as. *heritogo* aus wohl schon gemein-g. **harja-tug(ōn)* m. ʿHeerführerʾ, auch in anord. *hertogi*, *hertugi*, ae. *heretoga*, afr. *hertoga* (zu *Heer* und *ziehen*). Das Wort dürfte eine Lehnübersetzung aus gr. (ion., att.) *stratēgós* oder eher noch von gr. (poet.) *stratēlátēs* ʿHeerführerʾ sein (zu gr. *stratós* ʿHeerʾ und *elaúnein* ʿziehenʾ). Solche Heerführer waren im römischen Reich häufig Germanen, so daß ein unmittelbarer Zusammenhang gegeben ist. Möglicherweise ist das Wort aber eine erst merowingische Prägung. In der Karolingerzeit wird aus dem militärischen Rang eine Fürstenbezeichnung. Adjektiv: **herzoglich**; Konkretum: **Herzogtum.**

E. Schröder *ZSSR-GA* 44 (1924), 1–9; H. Zeiss *Wiener Prähistorische Zeitschrift* 19 (1932), 145–160; R. Herzog *SPAW* (1933), 411; R. Much *Teuthonista* 9 (1933), 105–116; H.-D. Kahl *ZSSR-GA* 77 (1960), 164 f. Anm. 27; *RGA* 6 (1986), 296–311 (*dux*); *LM* 4 (1989), 2189–2193.

Hetäre *f. bildg.* ʿgebildete und (meist) politisch und gesellschaftlich einflußreiche Freundin bzw. Geliebteʾ (< 19. Jh.). Entlehnt aus gr. *hetaíra* ʿGefährtin, Freundinʾ, der movierten Form von gr. *hetaíros m.* ʿGefährteʾ, auch speziell ʿ(makedonischer) Adliger in der Funktion, den König zu beraten und zu unterstützenʾ. Bezeichnung für gebildete Prostituierte, mit denen der Verkehr nicht als anstößig galt – im Gegensatz zum Umgang mit den ungebildeten Dirnen (gr. *pórnai*).

hetero- *Präfixoid.* Wortbildungselement mit der Bedeutung ʿverschieden, fremd, andersʾ (z. B. *Heterodoxie, heterosexuell*). Es wurde vornehmlich in griechischen Entlehnungen in die Volkssprachen übernommen; sein Ursprung ist gr. *héteros* ʿder andere, abweichend, verschiedenʾ. Gegensatz: *homo-* ʿgleich-ʾ. Selbständig gebraucht Verkürzung von *heterosexuell(er)*.

Cottez (1980), 184.

heterogen *Adj. erw. fremd.* ʿgemischt, verschiedenʾ (< 18. Jh.). Entlehnt aus ml. *heterogeneus*, dieses aus gr. *heterogénēs*, zu gr. *héteros* ʿanders,

verschiedenʾ und gr. *génos* ʿKlasse, Artʾ, das mit l. *genus* ʿGeschlecht, Artʾ verwandt ist.

DF 1 (1913), 267; Cottez (1980), 184.

Hetze[1] *f.* s. *Elster.*

hetzen *swV.* (< 13. Jh.). Mhd. *hetzen* aus wg. **hat-eja-* ʿverfolgen, hetzenʾ, auch in ae. *hettan*. Dem Sinn nach gehört dieses Verb zu gr. (hom.) *hypò kekádonto* ʿsie wichen zurückʾ (also ʿzurückweichenʾ und dazu ein Kausativ ʿin die Flucht schlagen, verfolgen, hetzenʾ). Das griechische Verb bedeutet aber im Aktiv ʿrauben, beraubenʾ, so daß die Bedeutungsverhältnisse nicht ausreichend klar sind. Unklar ist auch der Zusammenhang mit *Haß* und seiner Sippe. Vgl. auch gt. *hatjan* ʿhassenʾ, das formal dem westgermanischen *hetzen* entspricht (neben g. *hatan*, das sich mit der Form der anderen germanischen Sprachen vergleicht). Abstrakta: **Hatz, Hetze**[2] (übertragen); Nomen agentis: **Hetzer**; Präfigierung: **ver-.**

Heu *n.* (< 9. Jh.). Mhd. *höu(we)*, *hou(we)*, *heu*, ahd. *hou(wi)*, *hewi*, as. *hōi* aus g. **haw-ja-* n. ʿHeuʾ, auch in gt. *hawi*, anord. *hey*, ae. *heg*, afr. *hā*, *he*. Das Wort gehört vermutlich zu *hauen* als ʿdas gehaune Grasʾ. Zu beachten ist allerdings eine lautlich mehrdeutige Gruppe, die aus anord. *há f.* ʿGrummetʾ, lit. *šékas m.* ʿfrisch gehauenes (Grün)-Futterʾ und evtl. ai. *śāka-* ʿeßbares Kraut, Gemüseʾ (dieses vielleicht aber nicht indogermanisch) besteht. Falls ig. **k̑ēk̑ʷ-* angesetzt wird, könnte *Heu* (als **kək̑ʷ-jo-* zu **hagw-ja-*) eine schwundstufige Bildung dazu sein.

Nndl. *hooi*, ne. *hay*, nschw. *hö*, nisl. *hey*. S. *Hauhechel.* – J. Trier in: *FS Arnold* (1955), 258; Röhrich 2 (1992), 708 f. Zur Entlehnung ins Finnische s. *LÄGLOS* (1991) 65 f.

heucheln *swV.* (< 16. Jh.). Erst seit Luther bezeugt; aus dem Niederdeutschen eingedrungen, vgl. nndl. *huichelen*. Mit niederdeutschem Übergang von *w* zu *g/ch* aus vorangehendem *hiuwelen, zu ae. *hiwian* ʿbilden, bemalen, heuchelnʾ zu g. **hiwja-* n. ʿAussehen, Farbe, Formʾ in gt. *hiwi*, ae. *hiw* (auch ein Intensivum auf *-ihhō-* wäre nicht ausgeschlossen); ʿheuchelnʾ ist also ursprünglich ʿetwas bilden, formenʾ, evtl. ʿfärbenʾ. Abstraktum: **Heuchelei**; Nomen agentis: **Heuchler.**

H. Schröder *BGDSL* 29 (1904), 556 f. Zu *Heuchelei*: *HWPh* 3 (1974), 1113–1115.

Heuer *f. erw. ndd.* ʿMiete, Lohn (besonders für Seeleute)ʾ (< *13. Jh., Standard < 17. Jh.). Aus ndd. *hüre*; in echt hochdeutschen Quellen seit dem 17. Jh. bezeugt. Das vorauszusetzende **hūr-ija-* (nndl. *huren*, afr. *hēra*, ae. *hȳrian*, ne. *hire*) ist vielleicht vergleichbar mit gr. *á-kyros* ʿohne Rechtskraftʾ, gr. *kȳros* n. ʿRechtskraftʾ, gr. *kyróō* ʿich mache, werde rechtskräftigʾ u.ä. Wenn aber **kūs-* (mit Rhotazismus) vorauszusetzen ist, könnte heth. *kuššan-* n. ʿLohn, Sold, Preisʾ verglichen werden. Verb: **(an-) heuern.**

S. *Heiermann.* – Kluge (1911), 365 f.; B. Čop *Sprache* 3 (1957), 138–141; A. R. Bomhard *RHA* 31 (1973), 111–113; E. Seebold *ZVS* 96 (1982/83), 47.

heuer *Adv. per. obd.* ˈdieses Jahrˈ (< 9. Jh.). Mhd. *hiure*, ahd. *hiuro*, *hiuru* aus *hiu jāru* ˈin diesem Jahrˈ (zum ersten Element s. *heute*).
S. *heurig, heute, Jahr.* – G. Stötzel: *Die Bezeichnung der zeitlichen Nähe* (Marburg 1963), 17–32.

heulen *swV. stil.* (< 11. Jh.). Mhd. *hiulen*, *hiuweln*, ahd. *hūwilōn*, *hūlōn*, mndd. *hulen*; eigentlich ˈschreien wie eine Euleˈ zu mhd. *hiuwel*, *hūwel*, ahd. *hūwo* ˈUhu, Euleˈ. Ähnlich l. *ululāre* ˈheulenˈ von l. *ulula* ˈKauzˈ. Im Grunde sind Nomen wie Verb gleichermaßen lautnachahmend.
H. Glombik-Hujer *DWEB* 5 (1968), 188–193; Röhrich 2 (1992), 709 f.

heureka *bildg.* ˈich habe es gefundenˈ (ein Ausruf) (< 18. Jh.). Übernommen aus dem angeblichen Ausruf des Archimedes, als er das Prinzip des spezifischen Gewichts entdeckte. Zu gr. *heurískein* ˈfindenˈ (Perfekt *heúrēka*).
DF 1 (1913), 267; Röhrich 2 (1992), 710 f.

heurig *Adj. per. oobd.* ˈdiesjährigˈ (< 11. Jh.). Mhd. *hiurec*, ahd. *hiurīg*. Adjektivbildung zu *heuer*. Der *Heurige* ist in Österreich der junge Wein.

Heuristik *f. per. fach.* ˈLösungsverfahrenˈ (< 18. Jh.). Neubildung zu gr. *heurískein* ˈfindenˈ. Zuerst bezeugt neo-kl. *limeneuretikē* 1599 ˈdie Kunst, den Hafen zu findenˈ, dann 1605 *heuretik* ˈMethode zur Bestimmung der longitudinalen Positionˈ, dann 1724 *Heuristik* ˈErfindungskunst in moralischen und mathematischen Dingenˈ (H. Koehler). Adjektiv: *heuristisch*.
DF 1 (1913), 267; M. E. vMatuschka *Philosophia Naturalis* 22 (1985), 416–424.

Heuschrecke *f.*, auch **Heuschreck** *m.* (< 9. Jh.). Mhd. *höuschrecke*, *höuschricke m.*, ahd. *hewiscrecko*, *houwiscrecko m.*, eigentlich ˈHeuspringerˈ zu altem *schrecken* ˈspringenˈ (s. unter *schrecken*).
R. Neubauer *ZDU* 21 (1907), 702–714; *LM* 4 (1989), 2197 f.; Röhrich 2 (1992), 711.

heute *Adv.* (< 8. Jh.). Mhd. *hiute*, ahd. *hiutu*, *hiuto*, as. *hiudu*, wie afr. *hiūdega*, *hiūde*, *hiōda*, ae. *hēodæg* aus *hiu dagu* ˈan diesem Tagˈ zusammengewachsen. Der gleiche Pronominalstamm g. *hi*-ˈdieserˈ erscheint in gt. *himma daga* ˈheuteˈ und *und hina dag* ˈbis heuteˈ (bis zu diesem Tag). Außergermanisch entspricht morphologisch gr. *tḗmeron*, gr. (ep., ion., hell.) *sḗmeron* ˈheuteˈ aus *ki*- und dem griechischen Wort für ˈTagˈ; mit anderen Stämmen l. *hodiē*. Der Pronominalstamm ig. *ki*- erscheint auch in l. *cis* ˈdiesseitsˈ, l. *citrō* ˈhierherˈ usw.; air. *cē* ˈhier, diesseitsˈ; lit. *šìs*, akslav. *sǐ* ˈdieserˈ, apreuß. *schai* ˈhierˈ, heth. *kī* (*Nom./Dat. Sg.*) ˈdieses hierˈ. Adjektiv: *heutig*.
S. *heint, hier.* – Röhrich 2 (1992), 711.

Hexameter *m. per. fach.* (ein Versmaß) (< 18. Jh.). Entlehnt aus l. *(versus) hexameter*, aus gr. *hexámetros* ˈsechsfüßigˈ, zu gr. *héx* ˈsechsˈ und gr. *métron* *n.* ˈMaß, Versfußˈ. So bezeichnet als sechsfüßiger Vers.
DF 1 (1913), 267; *LM* 4 (1989), 2200.

Hexe *f.* (< 10. Jh.). Mhd. *hecse*, ahd. *hazissa*, *hagzussa* u.ä., mndl. *hagetisse* aus wg. **haga-tusjō* (o.ä.) *f.* ˈHexeˈ, auch in ae. *hægtesse*. Der erste Bestandteil ist *Hag*, das an das Gehöft angrenzende, aber nicht mehr voll zu ihm gehörende Gebiet. Außerdem scheint es – nach anord. *túnriða*, mhd. (14. Jh.) *zunrite* ˈZaunreiterin, Hexeˈ zu schließen –, daß in der germanischen Vorstellung von Hexen, diese auf dem Zaun (oder Dachfirst) reiten. Der zweite Bestandteil könnte zu voreinzelsprachl. **dʰwes-* ˈGeistˈ gehören, vgl. lit. *dvasià* ˈGeistˈ und dehnstufig mhd. *getwās n.* ˈGespenstˈ. Näher am Germanischen ist ein seit Augustinus den Kelten zugeschriebenes übernatürliches Wesen *Dusius*, das auch in dem westfälischen Wort *Dus* für den Teufel gespiegelt sein kann. Offenbar handelte es sich um ein Wesen, das bis zum Hag des Gehöfts mächtig war. Das germanische Femininum ist entweder ein weibliches Gegenstück oder eine Frau in der Macht eines solchen Wesens, im Mittelalter ganz in vom Christentum geprägte Vorstellungen gekleidet. (Vgl. zu dieser Interpretation vor allem die Argumente von Lecouteux). Verb: *(be-, ver-) hexen*; maskuline Form: *Hexer*; wohl unabhängig davon das Abstraktum *Hexerei*.
Nndl. *heks*, ne. *hag*. S. *Hag.* – J. Franck in: *Quellen und Untersuchungen zur Geschichte des Hexenwahns. Hrsg.* J. Hansen (Bonn 1901), auch als Sonderdruck; O. Lauffer in: *FS H. Hepding* (Gießen 1938), 114–130; Y. Poortinga *Philologia Frisia* 1966 (1968), 88–104; C. Lecouteux *EG* 38 (1983), 161–178; L. Bleckert, A. Westerberg in *FS Alinei* 1 (1986), 360–379; Ferreira & Saramgo zu den romanischen Entsprechungen: *ebenda* 1–30; E. C. Polomé in: *FS Schützeichel* (1987), 1107–1112; K. Morris *GL* 27 (1987), 82–95; *LM* 4 (1989), 2200 ff.; Röhrich 2 (1992), 711 f.

Hexenkessel *m.* (< 19. Jh.). Zunächst nur der Kessel, in dem die Hexe ihre Tränke braut (und mit dem sie auch das Wetter bestimmen kann). Dann als *brodelnder Hexenkessel* übertragen auf erregte Menschenmengen.

Hexenschuß *m.* (< 16. Jh.). Erst frühneuhochdeutsch bezeugt, beruht aber offenbar auf einer alten Vorstellung, vgl. ae. *hægtessan gescot* neben ae. *ylfa gescot* ˈElfengeschoßˈ und ne. *elf-arrow* für die gleiche Krankheit.
P. Lessiak *ZDA* 53 (1912), 136–140; *HWDA* 7 (1936), 1576 f.; Röhrich 2 (1992), 713.

Hibiskus *m. per. fach.* (< 19. Jh.). Junge Entlehnung einer Variante (l. *hibiscus*) zu dem unter *Eibisch* behandelten Wort (l. *ibiscum*).

hickeln *sw V. per. reg.* ´hinken´ (< 14. Jh.). Mhd. *hickeln* ´springen, hüpfen´. Herkunft unklar.

Hicker *m. per. reg.*, auch **Hecker**, ´Schluckauf´ (< 20. Jh.). Lautmalend (vgl. *hick* als Interjektion, ne. *hiccup*). Verb: **hicksen**.

Hickhack *n. erw. stil.* ´Streiterei´ (< 20. Jh.). Ablautende und reduplizierende Bildung zu *hacken*, etwa im Sinn von ´hin- und herhacken´ (von den Vögeln).

hie *Adv. arch.* s. *hier*.

Hieb *m.* (< 15. Jh.). Abstraktum zu *hauen*, gebildet aus dem Präteritum (die Bildungsweise ist ungewöhnlich: sonst stehen bei Ableitungen Ablautformen, die nur zufällig mit den Präteritalformen identisch sind. Hier handelt es sich um einen sekundären Ablaut).
Röhrich 2 (1992), 713 f.

Hiefe *f. per. obd.* ´Hagebutte´ (< 10. Jh.). Mhd. *hiefe*, ahd. *hiofa, hiufa*, as. *hiopo m.* aus g. **heupōn f.* (auch *m.*), auch in ae. *hēopa m.*, *hēope* und in nordischen Mundarten. Mit dem Baumnamensuffix (vgl. *Holunder*) ahd. *hiofaltra, hiufaltar, hiufoltra* ´Dornstrauch, wilde Rose´. Vermutlich mit russ. *suníca* ´Walderdbeere´ zu ai. *śóṇa-* ´rot, hochrot´, also Bezeichnung nach der Farbe der Beere.
Nndl. *joop*, ne. *hip*. – Bahder (1925), 151 f. Anders: R. Trautmann *ZVS* 42 (1908/09), 369.

hienieden *Adj. arch.* ´hier unten´ (< 11. Jh.). Zusammenrückung aus fmhd. *hie*, einer Variante von *hier* und *niden(e)* ´unten´, einer heute nicht mehr gebräuchlichen Lokativform zu *nieder*.

hier *Adv.*, auch **hie** *Adv. arch.* (< 8. Jh.). Mhd. *hie(r)*, ahd. *hia(r)*, as. *hēr* aus g. **hēr (ē²)* ´hier´, auch in gt. *her*, anord. *hér*, as. *hēr*, afr. *hīr*; eine Lokativbildung auf *-r* zu dem Pronominalstamm (ig.) **kei-* ´hier´, auch ´dieser hier´ (s. unter *heute*) mit noch unaufgeklärter Vokalveränderung (vermutlich **kei-r* oder **kēi-r*).
S. *her, heuer, heute, hienieden, hiesig, hin, hinnen*. – Röhrich 2 (1992), 714.

Hierarchie *f. erw. fach.* ´Rangordnung´ (< *17. Jh., Form < 18. Jh.). Zunächst in lateinischer Form entlehnt aus kirchen-l. *hierarchia* ´innerlich festbestimmte Rangordnung´, dieses aus nicht klassischem gr. *hierarchía* ´Amt des Priesters´, zu gr. *hiereús m.* ´Priester´, zu gr. *hierós* ´heilig´; der zweite Bestandteil geht zurück auf gr. *árchein* ´herrschen´. Zunächst beschränkt auf die Rangordnung von Priestern und Engeln; dann Verallgemeinerung. Adjektiv: **hierarchisch**.
S. *Anarchie* und *Hieroglyphe*. – *DF* 1 (1913), 267; *HWPh* 3 (1974), 1123–1126; *Grundbegriffe* 2 (1982), 103–129.

Hieroglyphe *f. erw. fach.* ´bilderschriftliches Zeichen´ (< 18. Jh.). Entlehnt aus frz. *hiéroglyphe m.*, das zurückgeht auf gr. *hieroglyphikà grámmata* Pl. ´die heiligen Schriftzeichen´, zu gr. *hierós* ´heilig´ und gr. *glýphein* ´eingravieren´. Die Wendung *hieroglypische Figuren* schon im 16. Jh.
S. *Glyptothek* und *Hierarchie*. – Cottez (1980), 185.

hiesig *Adj.* (< 16. Jh.). Als Ausgangspunkt wird **hie-wesig* zu *wesen* ´sein, wohnen´ vermutet. Vgl. *dasig*.
S. *hier*. – E. Öhmann *NPhM* 55 (1954), 188 f.

hieven *sw V. erw. fach.* (< 19. Jh.). Als Seemannsausdruck aus dem Englischen *(to heave)* entlehnt (dieses zu *heben*).

Hi-Fi *Partikel erw. fach.* ´hohe Wiedergabequalität´ (< 20. Jh.). Entlehnt aus ne. *hi-fi*, eigentlich *high fidelity* ´hochgradige (Klang-)Treue´. Zu diesen s. *hoch* und *Föderalismus*.
Rey-Debove/Gagnon (1988), 385; Carstensen 2 (1994), 645–647.

Hifthorn *n. arch.*, auch umgedeutet als **Hüfthorn** = ´an der Hüfte getragenes Horn´, älter **Hiefhorn** (< 17. Jh.). Zu *Hift*, älter *Hief(t)* ´Stoß ins Horn´, vergleichbar mit gt. *hiufan* ´klagen´.

Hilfe *f.* (< *8. Jh., Form < 9. Jh.). Mhd. *helfe*, ahd. *helfa, hilfa* zeigen eine von den Präsensformen beeinflußte Lautung. Die ältere Form ist mhd. *helfe*, ahd. *helfa*, as. *helpa*, afr. *helpe*, ae. *help m./f.*, anord. *hjǫlp*. Auch fnhd. *Hülfe*, mhd. *hülfe*, ist eine nicht deutsche und wohl sekundäre Form. Nomen agentis: *Gehilfe*.
Nndl. *hulp*, ne. *help*, nschw. *hjälp*, nisl. *hjálp*. – Zur Entlehnung ins Finnische s. *LÄGLOS* (1991), 93.

Hilpertsgriffe *Pl. per. fach.* ´Roßtäuscherkniffe´ (< 16. Jh.). Vermutlich zurückgehend auf Meister Albrants Roßarzneibuch (13. Jh.), das im Laufe der Zeit entartete und als Anleitung für Täuschungsmanöver gelten konnte. Die Lautform selbst beruht aber wohl auf *Hildebrandsgriff* (das auch bezeugt ist), und mit diesem wird wohl darauf Bezug genommen, daß nach dem Volkslied Hildebrand seinen Sohn mit einem unlauteren Griff besiegte.
G. Eis (1939), 106 f.

Himbeere *f.* (< 10. Jh.). Mhd. *hintber n.*, ahd. *hintberi n.*, as. *hindberi n.* aus wg. **hinda-basja- n.* ´Himbeere´, auch in ae. *hindberige*. Das Wort kann eine Zusammensetzung aus *Hinde* und *Beere* sein, obwohl das Benennungsmotiv unklar bleibt. Nach Hermodsson ´Strauch, der sticht´ zu gr. *kentéō* ´steche´, was semantisch überzeugt, aber auf ungünstiger Beleglage beruht.
R. Loewe: *Germanische Pflanzennamen* (Heidelberg 1913); L. Wienesen: *Die Brombeere* (Gießen 1952), 90 f.; J. Höing *DWEB* 5 (1968), 335–403; L. Hermodsson *SN* 62 (1990), 79–84.

Himmel *m.* (< 8. Jh.). Mhd. *himel*, ahd. *himil*, as. *himil*, wie afr. *himel, himul* durch Suffix-Ersatz (oder Dissimilierung) aus älterem g. **himena- m.*

'Himmel' entstanden. Dieses zeigt sich in gt. *himins*, anord. *himinn*; während ae. *heofon*, as. *hebɑn* das *m* dissimilatorisch zu *v* (stimmhafter bilabialer Reibelaut) weiterentwickelt haben. Der etymologischen Deutung stellt sich folgendes Problem entgegen: Die Bedeutung 'Himmel' tritt in verschiedenen indogermanischen Sprachen bei Wörtern auf, die sonst 'Stein' bedeuten – völlig sicher ist dies nur bei iranischen Wörtern (avest. *asman- m.* 'Stein, Himmel', apers. *asman- m.* 'Himmel'), bei der altindischen Entsprechung (ai. *áśmā* 'Stein') ist es umstritten; die griechische Entsprechung (gr. *ákmōn*) bedeutet normalerweise 'Amboß', doch fällt in der *Theogonie* des Hesiod (722) ein *chálkeos ákmōn* vom Himmel (ein 'eherner Amboß'? oder ein Meteorstein?). Das germanische Wort für den Himmel entspricht diesen Wörtern in den Konsonanten, aber nicht im Vokalismus und in der Stellung des Wurzelvokals – allerdings taucht dasselbe Problem auch bei dem Wort *Hammer* auf, das mit einiger Sicherheit in diese Sippe gehört (und das diese Besonderheit auch im Slavischen zeigt). Bei diesem Stand der Dinge ist keine Sicherheit zu gewinnen, zumal der Bedeutungszusammenhang zwischen 'Stein' und 'Himmel' alles andere als klar ist (nach Maher eigentlich 'Gewitterhimmel' im Gegensatz zu **djēu-* 'Taghimmel', benannt nach den 'Donnerkeilen' = 'Steinen', die aus ihm kommen, vgl. den Hammer des Donnergottes Thor, Ausgangsbedeutung wäre 'scharf'). Andererseits ist eine Etymologie, die auf diese möglichen Zusammenhänge keine Rücksicht nimmt (und das Wort *Himmel* etwa zu ig. **ḱem-* 'bedecken' stellt) unbefriedigend, weil sie potentiell aufschlußreiche grundsprachliche Zusammenhänge außer Acht läßt. Adjektiv: ***himmlisch***.

S. *anhimmeln*. Nndl. *hemel*, ne. *heaven*, nisl. *himinn*. – E. Fraenkel *ZVS* 63 (1936), 183f.; J. Schindler *Kratylos* 15 (1970), 152; J. P. Maher *JIES* 1 (1973), 441–462; *HWPh* 3 (1974), 1127–1130; J. P. Maher in: McCormack/Wurm (1978), 85–106; ders. *Mankind Quarterly* 20 (1979), 161–163; Darms (1978), 388–390; O. Szemerényi *Studia Iranica* 9 (1980), 54⁹⁴; Mayrhofer 1986 ff., 137 f.; *LM* 5 (1991), 22–24; Röhrich 2 (1992), 714–718.

himmelschreiend *Adj.* (< 17. Jh.). Gebildet im Anschluß an 1. Mose 4,10 (*das Blut deines Bruders schreit zu mir*, vom Brudermord Kains).

Himten *m. per. ndd. omd.* 'Getreidemaß' (< 16. Jh.). Fnhd. (md.) *hemmete*; früher als ml. *hemeta* bezeugt. Offenbar sind das l. *hēmīna f.* (s. *Immi*) und das deutsche *Metze*, mndd. *matte, mette f.* gekreuzt worden.

E. Schwentner *BGDSL* 56 (1932), 351–354.

hin *Adv.* (< 8. Jh.). Mhd. *hin(e)*, ahd. *hin(n)a*, mndl. *hene*, auch altenglisch als Vorderglied *hin-* bezeugt. Als Pronominalbildung zur Bezeichnung des Ausgangspunktes 'von hier' zu dem Pronominalstamm g. **hi-*, ig. **ḱi-* gebildet.

Nndl. *heen*. S. *hier*. – Henzen (1969), 279–293; Röhrich 2 (1992), 719.

Hinde *f. erw. fach.* 'Hirschkuh' (< 8. Jh.). Mhd. *hinde*, ahd. *hinta, hinda, hinna* aus g. **hindō f.* 'Hinde', auch in anord. *hind*, ae. *hind*. Vorauszusetzen ist ig. *ḱemtā 'die Geweihlose' zu ai. *śáma-* 'hornlos', lit. *šmùlas* 'hornlos', gr. *kemás, (-ádos)* 'Hirschkalb, junge Hinde, junger Hirsch'.

Nndl. *hinde*, ne. *hind*, nschw. nisl. *hind*. S. auch *Himbeere*. – N. Thun *SN* 40 (1968), 94–113.

hindern *swV.* (< 9. Jh.). Mhd. *hindern*, ahd. *hintaren* wie ae. *hindrian*, anord. *hindra* eine Ableitung zu *hinter*, also etwa 'hintansetzen, zurückhalten' (vgl. *fördern*). Konkretum: ***Hindernis***; Adjektiv: ***hinderlich***; Präfigierungen: **be-, ver-**. Nndl. *hinderen*, ne. *hinder*.

Hinkel *n.*, etymologisch genauer **Hünkel** *n. per. md.* 'Hühnchen' (< 9. Jh.). Mhd. *hünkel, hinkel, huoniclīn*, ahd. *huoni(n)klīn*; mit einem komplexen Diminutiv-Suffix zu *Huhn* gebildet.

S. *Hahn*. – Röhrich 2 (1992), 719.

hinken *swV.* (< 9. Jh.). Mhd. *hinken stV.*, ahd. *hincan stV.*, mndd. *hinken* aus g. **henk-ō- swV.* 'hinken', auch in anord. *hinka*, ae. *hincian*. Daneben mit Ablaut mhd. *hanken*, mit *s mobile* anord. *skakkr* 'hinkend, schief'. Das Wort ist althochdeutsch und mittelhochdeutsch (wohl sekundär) stark flektiert. Außergermanisch ist die Variante mit *s-* vergleichbar: gr. *skázō* 'ich hinke', ai. *kháñjati* 'hinkt' (mittelindische Lautvertretung von *sk-*). Die Variante ohne *s* muß also schon vor der Lautverschiebung vorhanden gewesen sein.

Nndl. *hinken*. S. *Schenkel*. – Seebold (1970), 255; Röhrich 2 (1992), 719.

hinnen *Adv. obs.* (< 8. Jh.). Mhd. *hinnen*, ahd. *hin(n)ān*, as. *hinan(a)*, wie ae. *heonan* eine erweiterte Adverbialbildung zur Angabe des Ausgangspunktes, also 'von hier weg' zum Pronominalstamm **hi-* 'hier'. S. *hier*.

hinrichten *swV.* (< 15. Jh.). Entspricht *richten* 'verurteilen, Urteil vollstrecken' (durch den Zusammenhang *Richter – Scharfrichter, Nachrichter* veranlaßt) mit verstärkendem *hin-*, so daß die Bedeutung frühneuhochdeutsch einerseits 'zugrunde richten', andererseits 'das Todesurteil vollstrecken' ist.

Hinsicht *f.* (< 18. Jh.). Gelehrte Verstärkungs-Bildung, vielleicht im Anschluß an l. *respectus*. Hierzu die Präposition ***hinsichtlich***.

hinten *Adv.* (< 10. Jh.). Mhd. *hinden*, ahd. *hintana*, as. *(bi-)hindan*; entsprechend ae. *hindan*, gt. *hindana*. Sekundäre Lokativbildung zu *hinter* (u.ä.) abgelösten Stamm *hind-*.

hinter *Präp. Adj.* (< 10. Jh.). Mhd. *hinder, hinter*, ahd. *hintar* aus g. **henderan Präp.* 'hinter', auch in gt. *hindar*, ae. *hinder*, eigentlich Akkusativ Neutrum eines alten Komparativs (oder einer Gegensatzbildung) auf ig. *-tero- (wozu als Superlativ gt. *hindumists*, ae. *hindema*). Die Grundlage ist vermutlich ein komplexes Pronomen aus den Stämmen *k- und *-en-, wie im anord. Anaphorikum *hann* usw. Aus dem zugehörigen Adjektiv *hinter-* ist **der Hintere** oder **Hintern** (mhd. *hinder*) ´Gesäß` substantiviert.

S. auch *hindern, hinten, Hinterhalt.* – H. Schulz *ZDW* 10 (1909), 143 f.; Henzen (1969), 86–132; Seebold (1984), 65; Röhrich 2 (1992), 719 f.

Hinterbieten *m.* s. *Bieten.*

hinterfotzig *Adj. per. oobd.* ´hinterhältig` (< 20. Jh.). Herkunft nicht ausreichend klar; wohl zu *fotzeln = frotzeln* ´zum besten haben` (´hinter dem Rücken zum besten haben`); dann die Rückbildung **Hinterfotze** ´hinterhältiger Mensch`. Oder dieses ist zu bair. *Fotz* ´Mund` gebildet und das Adjektiv davon abgeleitet.

hintergehen *swV.* (< 14. Jh.). Eigentlich ´hinter einen gehen, ihn überrumpeln`, dann übertragen gebraucht, wie heute allgemein.

Hinterhalt *m.* (< 16. Jh.). In der heutigen Bedeutung bezeugt seit dem 16. Jh. Eigentlich ein Versteck, um den Gegner von hinten zu überfallen; auch die Truppen, die dies tun.

Hintern *m.* s. *hinter.*

hinterrücks *Adv.* (< 15. Jh.). Eigentlich ´hinter dem Rücken` mit adverbialem Genetiv (zu der alten Form **Ruck**). Älter ist der von der Präposition abhängige Dativ: mhd. *hinderrucke*, ahd. *hintar rukke*, allerdings mit der Bedeutung ´rückwärts`.

Hintersaß *m.*, **Hintersasse** *m.* ´Abhängiger` *per. schwz.* (< 14. Jh.). Spmhd. *hinder-sæze, hinder-sezze*. Mit der gleichen Ableitung von *sitzen* wie *Insasse* gebildet.

Hintertreffen *n. phras.* (< 18. Jh.). Eigentlich der beim Kampf *(Treffen)* hinten stehende Teil des Heeres, ohne Anteil an den Vergünstigungen im Fall eines Sieges. Heute nur noch übertragen *ins Hintertreffen geraten* ´in Nachteil geraten`.
Röhrich 2 (1992), 721.

Hinterwäldler *m. stil.* (< 19. Jh.). Lehnübersetzung von am.-e. *backwoodsman.* Gemeint sind die Bewohner der ´neuen Ansiedlungen jenseits des Alleghanygebirges`.
A. Gombert *ZDW* 7 (1905), 146; Röhrich 2 (1992), 721.

Hinz und Kunz *Partikelgruppe stil.* ´jeder beliebige` (< 15. Jh.). Nach zwei gebräuchlichen altdeutschen Vornamen: *Hinz* ist wie *Heinz* Kurzform zu *Heinrich* und ist der Lautform nach mitteldeutsch; *Kunz* gehört zu *Konrad* und ist eine oberdeutsche Form. Die Wahl gerade dieser beiden Namen (und Namenformen) ist sicher nicht zuletzt wegen der dadurch gewonnenen Lautabwandlung

erfolgt. *Hinz, Hinze, Heinz* steht sonst regional für verschiedene Tiermännchen (wie ne. *tomcat* u.ä.).
Meisinger (1924), 35–39; Röhrich 2 (1992), 721 f.

Hiobspost *f. obs.*, **Hiobsbotschaft** *f. bildg.* ´Unglücksnachricht` (< 18. Jh.). Gebildet zum Eigennamen *Hiob* aus dem Alten Testament (Buch *Hiob* 1). Hiob bekommt eine Reihe von Unglücksbotschaften, die er demütig und in festem Glauben erträgt. Die Wendung bezieht sich darauf, daß die Schicksalsschläge in ungewöhnlicher Häufung aufeinanderfolgen. *Post* in der alten Bedeutung ´Botschaft`.
Röhrich 2 (1992), 722.

Hippe[1] *f. obs. phras.* ´Sichelmesser (symbolisches Werkzeug des Todes)` (< 11. Jh.). Mhd. *hepe*, ahd. *habba, heppa*, mndd. *hep(p)e, hep, heipe, hiepe*, mndl. *hepe* aus vd. *\*hēbjōn f.* ´Sichelmesser`. Die lautlichen Abwandlungen beruhen darauf, daß sich für den schriftlich kaum gebrauchten Fachausdruck keine überregionale Form herausgebildet hat, so daß die regionale Herkunft der Belege von Zufälligkeiten abhängt. Ähnliche Ausdrücke liegen vor in gr. *kopís, (-ídos) m.* ´Schlachtmesser, krummer Säbel`, gr. *kopás, (-ádos)* ´beschnitten, gestutzt` zu gr. *kóptō* ´ich schlage, haue` (s. auch *Komma*), lit. *kapõnē* ´Haue, Beil` zu lit. *kapóti* ´hakken, spalten` und lit. *kàpti* ´hauen, fällen`; russ. *kopát* ´hacken, hauen, graben`. Der Vokalismus des germanischen Wortes bleibt dabei unklar.
Th. Frings *ZRPh* 63 (1943), 174–178.

Hippe[2] *f.*, auch **Heppe** *f.*, **Happe** *f. per. reg.* ´Ziege` (< 18. Jh.). Geht zurück auf eine affektive Verschärfung des inlautenden Konsonanten zu *Haber(geiß)* (s.d.), worauf das auslautende *r* abfiel.
K. Rein *DWEB* 1 (1958), 260–272; Flechsig (1980); L. Schauwecker: *Ziege und Eule* (Berlin 1992, Privatdruck).

Hippie *m. erw. grupp.* ´zumeist junger Mensch, der natürliches und friedfertiges Zusammenleben in der Art der Jugendbewegung der 60er/70er Jahre propagiert` (< 20. Jh.). Entlehnt aus am.-e. *hippie, hippy*, einer hypokoristischen Ableitung von am.-e. *hip, hep* ´modern, informiert`, dessen Herkunft nicht geklärt ist.
Rey-Debove/Gagnon (1988), 388; Röhrich 2 (1992), 722; Carstensen 2 (1994), 661 f.

Hirn *n.* (< 8. Jh.). Mhd. *hirn(e)*, ahd. *hirn(i)*; dabei zeigt mndl. *hersene*, daß in g. **hersnja-* (oder *-rzn-*) auszugehen ist; vermutlich geht darauf auch anord. *hjarni m.* ´Hirn` mit sekundärer Umgestaltung zurück. Grundlage hierfür ist ein Wort, das noch in nisl. *hjassi*, nschw. *hjässa* ´Schädel` bezeugt ist und das auf **hersōn* zurückgeht. *Hirn* ist also eigentlich ´das im Schädel, im Kopf befindliche`, zu der gleichen Grundlage wie l. *cerebrum* ´Gehirn` *(*keras-ro-)* und gr. *krānion* ´Schädeldecke, Scheitel`. Das zugrundeliegende Wort für

ʿKopfʾ ist bezeugt in ai. *śiras- n.* (zu dem die übrigen Kasusformen von einem erweiternden *n*-Stamm gebildet werden) und gr. *kárā.* Kollektivbildung: **Gehirn.**

Nndl. *hersenen,* nschw. *hjärna.* S. *Hirsch, Horn, Zervelatwurst.* – Seebold (1981), 158–161; Nussbaum (1986), 185–194; *LM* 5 (1991), 34; Röhrich 2 (1992), 722.

Hirsch *m.* (< 8. Jh.). Mhd. *hirz,* ahd. *hir(u)z,* as. *hirot* aus g. **heruta- m.* ʿHirschʾ, auch in anord. *hjǫrtr,* ae. *heorot.* Von der gleichen Grundlage (aber morphologisch verschieden) wie kymr. *car,* l. *cervus m.* ʿHirschʾ zu (ig.) **kerə-u-* ʿHornʾ in avest. *srū, sruuā-* ʿHornʾ, also ʿder ein Horn (Geweih) hatʾ. Mit dieser Grundlage verwandt ist auch unser Wort *Horn* und dessen nähere Verwandtschaft. Ausgangsbedeutung ist ʿSpitzeʾ.

Nndl. *hert,* ne. *hart,* nisl. *hjörtur,* nschw. *hjort.* S. *Hirn, Horn.* – N. Thun *SN* 40 (1968), 94–113; Seebold (1981), 161f.; *LM* 5 (1991), 36; Röhrich 2 (1992), 722f.

Hirschfänger *m. erw. fach.* ʿSeitengewehr des Weidmanns, mit dem er das Wild *abfängt,* d. h. ʿabstichtʾ (< 17. Jh.). Für älteres **Weidmesser.**

Hirschhornsalz *n. per. fach.* ʿAmmoniumcarbonat als Treibmittel für Backwerkʾ (< 19. Jh.). Früher aus Hirschhorn gewonnen.

Hirschkäfer *m. erw. fach.*(< 17. Jh.). Benannt nach dem geweihartigen Oberkiefer. Verdeutlichende Zusammensetzung nach älterem einfachen *hirz,* vgl. l. *cervus* gleicher Bedeutung, zu dem es vielleicht eine Bedeutungsentlehnung darstellt.

Tiernamen (1963–1968), 376–390.

Hirse *f. obs.* (< 10. Jh.). Mhd. *hirs(e) m.,* ahd. *hirso, hirs(i) m.,* as. *hirsi* m. aus vd. **hersja- m.* ʿHirseʾ (Rispenhirse). Offenbar eine Zugehörigkeitsbildung auf *-jo-* zu einem (ig.) **keros- m.* ʿSättigung, Nahrungʾ, am besten erhalten in l. *Cerēs,* dem Namen der römischen Göttin des pflanzlichen Wachstums, arm. *ser* ʿAbkunft, Geschlechtʾ; der Bedeutung nach näher stehen gr. *kóros m.* ʿSättigungʾ, gr. *korénnymi* ʿsättigenʾ, lit. *šérti* ʿfütternʾ und mit Vollstufe der zweiten Silbe l. *crēscere* ʿwachsenʾ (s. *kreieren*).

M. Niedermann: *Symbolae in honorem J. Rozwadowski* (Cracoviae 1927), I, 109–117; Bertsch (1947), 83–92; *LM* 5 (1991), 36.

Hirt *m.* (< 8. Jh.). Mhd. *hirt(e),* ahd. *hirt(i), herte,* as. *hirdi* aus g. **herd-ija- m.* ʿHirtʾ, auch in gt. *hairdeis,* anord. *hirðir,* ae. *hi(e)rde.* Zugehörigkeitsbildung (Täterbezeichnung) zu dem Wort *Herde.* Genau vergleichbar ist lit. *ker̃džius* ʿOberhirtʾ.

Ne. *shepherd,* nschw. *herde,* nisl. *hirðir.* – *LM* 5 (1991), 36 f.

Hirtentäschel *n. per. fach.* (eine Pflanze) (< 19. Jh.). Entsprechende Bezeichnungen sind dem Typ nach seit dem 16. Jh. bezeugt. Die Pflanze heißt so nach der Form der Samenschoten.

Marzell 1 (1943), 788–795.

hissen *sw V. erw. fach.* ʾ (Segel, Fahne) hochziehenʾ (< 16. Jh.). Aus der niederdeutschen Seemannssprache (mndd. *hissen*); offenbar lautmalend nach dem Geräusch, das entsteht, wenn Taue über Rollen o.ä. gezogen werden. Neuer auch *heißen* (aus nndl. *hijsen*); sonst auch *hitzen* u.ä.

Kluge (1911), 370–372. Vgl. die Auseinandersetzung bei: C. Walter *NBK* 19 (1896/97), 78, 81 f. und *NBK* 20 (1898), 1–9.

Historie *f. erw. fach.* (< 13. Jh.). Mhd. *histōrje* ist entlehnt aus l. *historia,* dieses aus gr. *historía* zu gr. *histōr m.* ʿder Kundige, Zeugeʾ. Dieses wird normalerweise zu ig. **weid-* ʿWissenʾ gestellt. Anders Floyd: als ʿRichter, Schiedsrichterʾ zu gr. *hizein* ʿsitzenʾ. Im Deutschen Zug um Zug durch *Geschichte* ersetzt, so daß nur die Täterbezeichnung **Historiker** und das Adjektiv **historisch** üblich bleiben.

S. *Story;* zur germanischen Verwandtschaft s. *wissen.* – K. Keuck: *Historia* (Diss. Münster 1934); A. Seifert *AB* 21 (1977), 226–284; J. Knape: *Historie* (Baden-Baden 1984); E. D. Floyd *Glotta* 68 (1990), 157–166.

Hit *m. erw. grupp.* ʿerfolgreiches Produktʾ (< 20. Jh.). Entlehnt aus ne. *hit,* einer Ableitung von e. *hit* ʿschlagen, treffenʾ, aus ae. *hittan,* aus anord. *hitta.* Es handelt sich um ein Nomen acti im Sinne von ʿetwas, das eingeschlagen hat, Trefferʾ.

Rey-Debove/Gagnon (1988), 389; Carstensen 2 (1994), 663–665.

Hitze *f.* (< 9. Jh.). Mhd. *hitze,* ahd. *hizza,* as. **hitti* aus g. **hitjō;* ähnlich anord. *hita* und anord. *hiti m.* ʿHitzeʾ, während ae. *hǣte* ʿHitzeʾ und gt. *heito* ʿFieberʾ auf die Hochstufen **hait-* und **heit-* zurückführen. Abstraktbildung zu dem Adjektiv *heiß;* der starke Ablaut läßt aber wohl auf die Mitwirkung eines (nicht mehr bezeugten) starken Verbs schließen. Adjektiv: **hitzig;** Präfixableitung: **erhitzen.**

Nndl. *hitte,* entsprechend ne. *heat,* nschw. *hetta,* nisl. *hita, hiti.* – Röhrich 2 (1992), 723.

hm *Interj.* (zum Ausdruck des Nachdenkens und Zweifelns) (< 19. Jh.). Früher auch *hem, hum* geschrieben. Vgl. ne. *hem,* frz. *hem, hom, hum,* l. *(e)heman.* Wohl eine Nachahmung des Räusperlautes.

Schwentner (1924), 31 f.

Hobby *n.* (< 20. Jh.). Entlehnt aus ne. *hobby (horse),* dessen Ursprung nicht mit letzter Sicherheit geklärt ist. Es bedeutet ursprünglich ein kleines Pferdchen bzw. die Nachbildung eines solchen aus Holz usw. Das Bild vom vergnüglichen Reiten eines Spielzeugpferdchens dient als Grundlage der Bedeutungsentwicklung, die verallgemeinernd eine Bezeichnung für jegliche ʿBeschäftigung zur Erholung und zum Zeitvertreibʾ entstehen läßt. Ersatzwort ist *Steckenpferd.*

Rey-Debove/Gagnon (1988), 390 f.; Carstensen 2 (1994), 668 f.

hobeln *sw V.* (< 14. Jh.). Spmhd. *hobel(e)n, hoveln*, mndd. *höveln*; vermutlich zu mndd. *hovel*, nndl. *heuvel* ´Hügel, Unebenheit, Anschwellung´; also ein ursprünglich niederdeutsches Wort für ´Unebenheiten beseitigen´ (zum Grundwort s. unter *Hübel*). Davon rückgebildet die Werkzeugbezeichnung **Hobel** (mhd. *hovel, hobel*, ahd. *hobil*, mndd. *hovel*). Der ältere Ausdruck ist *schaben* und *Schabe*.
Zu *Hobel* in der Bedeutung ´Sarg´ vgl. Cox (1967), 65–68. Weber-Keller (1990), 173 f.; Röhrich 2 (1992), 723 f.

Hoboe *f.* s. *Oboe*.

hoch *Adj.* (< 8. Jh.). Mhd. *hōch*, ahd. *hōh*, as. *hōh* aus g. **hauha-* Adj. ´hoch´, auch in gt. *hauhs*, anord. *hár*, ae. *hēah*, afr. *hāch*; vielleicht auch enthalten im Stammesnamen der *Chauken*. Vergleichbar ist vielleicht (mit abweichendem Auslaut) toch. A *koc*, toch. B *kauc* ´hoch, nach oben´. Weitere Herkunft unklar. Wohl nicht zu *Hügel*, sondern zu ai. *śávīra-* ´stark, mächtig´, gr. *kýrios m.* ´Herrscher, Besitzer´, kymr. *cawr* ´Riese´; also (ig.) **kou-ko-*, ursprünglich wohl ´groß, stark´. Abstraktum: **Höhe**; Konkretum: **Hoch**; Präfixableitung: **erhöhen**.
Nndl. *hoog*, ne. *high*, nschw. *hög*, nisl. *hár*. S. **Hoheit, Hi-Fi**. – Röhrich 2 (1992), 724 f.; Heidermanns (1993), 285 f.

hochdeutsch *Adj. erw. fach.* (< 15. Jh.). Entsprechend zu dem Gegenwort *niederdeutsch*.
A. Socin: *Schriftsprache und Dialekte* (Heilbronn 1888), 173 f.; N. vWijk *ZDW* 12 (1910), 239 f.

Hochmut *m.* (< 11. Jh.). Mhd. *hochmuot*, ahd. *hōhmuot*. Ursprünglich ´edle Gesinnung´, dann festgelegt als Entsprechung zu l. *superbia*.

hochnäsig *Adj.* (< 18. Jh.). Vgl. *die Nase hoch tragen*, d. h. den Kopf so hoch tragen, daß man andere nicht sieht.

Hochrippe *f. per. fach.* ´Rückgratrippe des (geschlachteten) Schweins´ (< 11. Jh.). Schon spahd. *hōchrippe n.* Heute südwestdeutsches Wort gegenüber südöstlichem *Hochrucke*.

Hochstapler *m.* (< 18. Jh.). Aus dem Rotwelschen. Zu *Stappler* ´Bettler´ (zu *stappeln* ´betteln, von Ort zu Ort gehen´, dessen Herkunft unklar ist, vielleicht zu *Stapf*, auf jeden Fall von *stapeln* ´aufschichten´ verschieden). Ein *Hochstappler* ist zunächst ein Bettler, der sich als in Not geratener vornehmer Mann ausgibt und dadurch Mitleid zu erregen sucht.
O. Ladendorf *ZDW* 7 (1905), 46; Wolf (1985), 138, 316.

höchstens *Adv.* (< 16. Jh.). Mit adverbialem Genetiv gebildet zum Superlativ von *hoch*, eigentlich ´des höchsten Grades´.

hochtrabend *Adj.* *(PPräs.)* (< 14. Jh.). Als fachsprachlicher Ausdruck ist ein **Hochtraber** ein Pferd, das beim Traben den Reiter hochwirft, also unbequem zu reiten ist. Die übertragene Bedeutung dürfte damit aber nicht zusammenhängen, sondern von einem ähnlichen Bild wie **vom hohen Roß herab** stammen.

Hochwild *n. per. fach.* ´edles, zur Jagd den Privilegierten vorbehaltenes Wild´ (< 15. Jh.), entsprechend den *hohen* und *niederen* Jagd. In der Schweiz wird das Wort umgedeutet zu ´Wild im Gebirge´.
P. Ott: *Sprache der Jäger* (Frauenfeld 1970), 60–65.

Hochzeit *f.* (< *9. Jh., Bedeutung < 15. Jh.). Mhd. *hōch(ge)zīt f./n.*, zusammengewachsen aus ahd. *diu hōha gezīt* ´hohes Fest´, übernimmt dann die Bedeutung des älteren *Brautlauf* (s.d.), während es in der älteren Bedeutung durch das Lehnwort *Fest* verdrängt wird. Die neue enge Bedeutung schon bei Luther, doch gilt die alte Bedeutung noch bis ins 17. Jh.
M. Wachsner: *Die deutschen Ausdrücke für Verlobung, Hochzeit, Ehe* (Diss. Gießen 1921); *RGA* 3 (1978), 421–425; R. Schmidt-Wiegand *Brüder-Grimm-Symposion zur historischen Wortforschung*. Hrsg. R. Hildebrandt, Ulrich Knoop (Berlin 1986), 113–138.

Hocke¹ *f. per. ndd.* ´Getreide- oder Heuhaufen´ (< 18. Jh.). Älter mndd. *hocke* ´Garben- oder Heuhaufen´. Wohl mit Verschärfung des Auslauts zu dem Wort *Hügel* und seinen Verwandten. Vgl. (mit unterschiedlichem Auslaut) russ. *kúča* ´Haufen, Heuschober´ und lit. *kiũgis* ´großer Heuhaufen von mehreren Fudern´. Möglicherweise verwandt ist *Schock¹*.

Hocke² *f. erw. fach.* (Turnübung). Rückgebildet aus *hocken sw V.*

hocken *sw V. stil.* (< 16. Jh.). Intensivbildung zu mhd. *hūchen*, anord. *húka* ´kauern´, auch mit Ablaut anord. *heykjask* ´sich niederhocken´. Diese Wörter beruhen auf einer Auslautvariante zu der unter *Hügel* behandelten Sippe. Die Ausgangsbedeutung ist ´sich krümmen´ (vgl. ai. *kucáti* ´krümmt sich´); der gleiche Bedeutungswandel wie im Germanischen bei apoln. *kuczeć*, serb. *čúčati* ´hocken´. Instrumentalbildung: **Hocker**.
Nndl. *hukken*. S. auch *Hocke²*, *Höcker*, *Hügel*, *hudern*, *Hutzel*. – Seebold (1970), 257. Zur Entlehnung ins Finnische s. Koivulehto *NM* 72 (1971), 580–585.

Höcker *m.* (< 12. Jh.). Mhd. *hocker, hoger* ´Buckel´. Formal gehört das Wort zu *Hügel*, *Hocke¹* und *hocken*, in deren Sippe auch semantisch ähnliche Wörter auftreten (etwa lett. *kukurs* ´Höcker, Beule´). Früher und besser bezeugt ist für diese Bedeutung aber ahd. *hovar*, mhd. *hover*, ae. *hofer*; vgl. lit. *kuprà f.* ´Buckel´ und gr. *kȳphos n.* ´Höcker, Buckel´, so daß vielleicht eine Umbildung vorliegt. Adjektiv: **höckerig**.

Hockey *n. erw. fach.* (ein Feldspiel) (< 19. Jh.). Entlehnt aus ne. *hockey*, dessen weitere Herkunft nicht sicher geklärt ist.
Rey-Debove/Gagnon (1988), 391.

Hode *m./f.* (< 9. Jh.). Mhd. *hōde m.*, ahd. *hodo m.*, mndl. *hode m.* Das Femininum seit dem 18. Jh. Vorauszusetzen ist vd. **hupōn*, das gleiche für afr. *hothan (Pl.).* Damit ist vergleichbar kymr. *cwd* ʹBeutelʹ, auch ʹHodensackʹ, gr. *kýtos n.* ʹRundung, Wölbung eines Schildes, Hülle, Hautʹ, l. *cutis f.* ʹHautʹ, alit. *kutỹs m.* ʹBeutelʹ, die wohl weiter zu (ig.) **skeu-* ʹbedecken, umhüllenʹ gehören (s. unter *Scheuer*). Der *n*-Stamm des Germanischen könnte auf eine Zugehörigkeitsbildung ʹwas zum (Hoden)-Sack gehörtʹ zurückgehen. Die andere, und wohl wahrscheinlichere, Möglichkeit ist mit Rücksicht auf den Zusammenhang ʹEi − Hodeʹ der Hinweis auf lit. *kiaũšis* ʹEiʹ (zu lit. *káušas* ʹHirnschale, Muschelschale, Schneckenhaus usw.ʹ) bei einer Auslautvariante derselben Wurzel und damit ein Ansatz ʹSchale − Ei − Hodeʹ.

Hof *m.* (< 9. Jh.). Mhd. *hof*, ahd. *hof*, as. *hof* aus g. **hufa- m.* ʹHof, Gehöftʹ, auch in anord. *hóf n.*, ae. *hof*, afr. *hof n.* Zu vergleichen sind zunächst l. *cavum aedium n.* ʹHofʹ (eigentlich ʹHöhle des Hausesʹ) und andererseits gr. *kýpai* (Glossenwort) *Pl.* ʹBehausungen aus Holz und Umfriedungʹ. Denkbar ist, daß das Wort zunächst ein Anwesen oder Heiligtum auf einem Hügel bezeichnete und deshalb zu der unter *hobeln* behandelten Sippe gehört. Die spätere Bedeutung ʹFürstenhofʹ steht unter dem Einfluß von frz. *cour f.* gleicher Bedeutung. Die Bedeutung ʹheller Nebelring um Sonne oder Mondʹ tritt seit dem 15. Jh. auf und geht wohl von ʹUmgebung, Umzäunungʹ aus. Kollektivum: *Gehöft*.

Nndl. *hof*, nisl. *hóf* ʹTempelʹ. − W. Schrader: *Studien über das Wort ʹhöfischʹ* (Würzburg 1935); Th. Andersson in: *FS Schmidt-Wiegand* (1986), 1−9; P. Ganz in *Höfische Literatur, Hofgesellschaft, höfische Lebensformen.* Hrsg. G. Kaiser, J.-D. Müller (Düsseldorf 1986), 39−68.

Hoffart *f. obs.* (< 12. Jh.). Mhd. *hōchvart* ʹdie vornehme (hohe) Art zu leben (Fahrt)ʹ, mit einer Ableitung zu *fahren* in einer allgemeinen Bedeutung ʹleben, sich befindenʹ (s. auch *Wohlfahrt*). Die Bedeutung wurde bald ins Negative gekehrt (ʹHochmut, Übermut, eitler Aufwand usw.ʹ). Der Vokal des ersten Gliedes wurde vor schwerer Konsonanz gekürzt, dann wurden die Konsonanten assimiliert, so daß das Wort heute verdunkelt ist. Adjektiv: *hoffärtig*.

hoffen *swV.* (< 12. Jh.). Mhd. *hoffen*, mndd. *hopen, hapen*, mndl. *hopen* aus wg. **hup-ō- swV.* ʹhoffenʹ, auch in ae. *hopian*, afr. *hopia*. Die Bedeutung steht unter dem Einfluß von l. *spēs, spērāre*. Semantisch zu beachten ist, daß in altniederdeutschen Glossen auch die Bedeutung ʹfürchtenʹ auftritt (entsprechend in oberdeutschen Mundarten), sowie daß nhd. *verhoffen* beim Wild ʹeinhalten, um zu sichernʹ bedeutet. Dies macht einen Vergleich mit gr. *kýptō* ʹich bücke mich, beuge mich nach vorn, lasse den Kopf hängenʹ, gr. *kýbda* ʹvornüber gebeugtʹ

wahrscheinlich: Indem man sich nach vorne beugt, versucht man weiter zu sehen, genauer zu sehen. Dann wäre die heutige Bedeutung übertragen als ʹin die Ferne, in die Zukunft sehenʹ; vgl. auch *unverhofft* ʹunerwartetʹ. Letztlich gehört das Wort zu ig. **keu-* ʹbiegen, bückenʹ. Der Vergleich mit heth. *kup-* ʹ(einen Anschlag) planenʹ ist kaum angängig, zumal das hethitische Wort unter dem Verdacht steht, ein Fremdwort zu sein. Nach Sommer zu einer Lautgebärde **hup-* in Bewegungen von unten nach oben. Abstraktum: *Hoffnung*; Adverb: *hoffentlich*.

B. Čop *Sprache* 3 (1957), 146−148; H. Kuhn in: *FS Hammerich* (1962), 114 f.; Th. Frings *BGDSL-H* 91 (1969), 35−38; Sommer (1977), 8; W. Sanders in: *FS de Smet* (Leuven 1986), 411−417; W. Sanders, St. Szlęk, J. Niederhauser: *Ein neues Wörterbuch der deutschen Sprache* (Bern 1987), 74−80.

hofieren *swV.* (< 13. Jh.). Mhd. *hovieren, hofieren* ʹsich gesellig (wie am Hof) verhalten, den Hof machen (frz. *faire la cour*), ein Ständchen darbringenʹ zu mhd. *hof.* Heute eingeengt auf ʹjmd. schmeichelnʹ.

höflich *Adj.* (< 12. Jh.). Mhd. *hovelich* ʹder Sitte des Hofes gemäßʹ, ähnlich wie *höfisch* und *hübsch*. Dann Bedeutungsausweitung wie in frz. *courtois*.

K. Grubmüller in *FS de Smet* (Leuven 1986), 169−181.

Höfling *m. obs.* (< 15. Jh.). Zugehörigkeitsbildung zu mhd. *hof* im Sinn von ʹFürstenhofʹ.

Hofschranze *m. obs.* ʹHöflingʹ (< 16. Jh.). Zu mhd. *schranz(e)* ʹRiß, Schlitzʹ (s. *Schranz*) gehört auch die Bedeutung ʹgeschlitztes Gewandʹ und metonymisch ʹjmd., der solche Kleider trägt, Geck, Höflingʹ.

Höft *n. per. ndd.* ʹUfervorsprung, Vorsprung der Kaimauer u. a.ʹ (< 16 Jh.). Eigentlich ʹHauptʹ (mndd. *hovet, hōft*), entsprechend der Verwendung von *Kopf* für ʹvorneʹ. Teilweise ins Hochdeutsche als *Haupt* übernommen.

högen *swV. per. ndd.*, meist reflexiv ʹsich freuenʹ (< 20. Jh.). Mndd. *hogen* ʹsich erfreuen, tröstenʹ mndd. zu *hoge* ʹSinn, Geist, Stimmung, Freudeʹ; dieses zu as. *huggian* ʹdenkenʹ (g. **hug-ja-* ʹdenkenʹ in gt. *hugjan*, anord. *hyggja*, ae. *hycgan*, afr. *hugia*, ahd. *hug[g]en, huckan*).

Hoheit *f.* (< 14. Jh.). Vereinfacht aus spmhd. *hōchheit*, dem Abstraktum zu *hoch*. Der Gebrauch als Titel und als höfliche Anrede seit dem 17. Jh.

hohl *Adj.* (< 8. Jh.). Mhd. *hol*, ahd. *hol*, as. *hol* aus g. **hula- Adj.* ʹhohlʹ, auch in anord. *holr*, ae. *hol*, afr. *hol.* Eine entsprechende Grundlage liegt vor in l. *cavus*, mir. *cúa* ʹhohlʹ, mit *-n-* ai. *śūnyá-* ʹleer, ödeʹ, mit *l* gr. *koĩlos* (aus **kowilo-*) ʹhohlʹ, alb. *thelë* ʹtiefʹ, arm. *soyl* ʹHöhleʹ; morphologisch entspricht dem Germanischen am besten gr. *kýla* ʹHöhlen unter den Augenʹ. In entsprechender Lautung treten auch Wörter für 'Loch u.ä.' auf (avest. *sūra* 'Loch', gr. *kýar* 'Nasenloch'); sonst ist die Sippe schwer abgrenzbar. Vermutlich gehen die Adjektive auf Substantive zurück ('hohl' = 'was eine Höhlung, ein Loch, hat'). Das germanische Wort könnte dann die Schwundstufe eines *l*-Stammes (*kowel-* 'Loch' − *kul-ó-* 'hohl') voraussetzen. Partikelableitung: **aushöhlen**. Abstraktum: **Höhlung**.

Nndl. *hol*, ne. *hole* 'Loch', nisl. *holur*. − Heidermanns (1993), 310 f. Zur Entlehnung ins Finnische s. *LÄGLOS* (1991), 118.

Höhle *f.* (< 8. Jh.). Mhd. *hüle*, ahd. *hulī*, Abstraktbildung zu *hohl*. Die Anpassung des Umlauts an das Grundwort ist erst neuhochdeutsch.

Hohn *m.* (< 9. Jh.). Mhd. *hōn*, mndd. *hōn*, ahd. *hōna f.* sind Substantivbildungen zu dem Adjektiv g. **hauni-* 'niedrig, verachtet' in gt. *hauns*, ae. *hēan*, afr. *hāna*, ahd. *hōni*, mhd. *hæne*. Gleich gebildet ist das gr. Glossenwort *kaunós* 'schlecht' und lett. *kàuns* 'Scham, Schande, Schmach'; ohne das *n* anord. *háð n.* 'Spott' *(*hawiða-)* und lit. *kūvétis* 'sich schämen'. Alt ist auch das Verbum **höhnen** (mhd. *hænen*, ahd. *hōnen*, afr. *hēna*, ae. *hȳnan*, gt. *haunjan* 'erniedrigen'). Vielleicht ursprünglich 'niedrig' aus 'zusammengekrümmt' zu (ig.) **keu-* 'biegen, krümmen' (s. etwa *hocken*). Adjektiv: **höhnisch**.

A. Bammesberger: *Morphologie des urgermanischen Nomens* (Heidelberg 1990), 246 (zu *hauen*); Heidermanns (1993), 286 f.

Höker *m. per. ndd.* 'Kleinhändler' und **hökern** *swV.* 'verkaufen' (< 16. Jh.). Übernommen aus dem Niederdeutschen, zu mhd. *hucke*, mndd. *hoke(r)*, *hoken* neben mndl. *hoecster* und ohne Suffix mhd. *hucke*, also zu *Hucke* 'Traglast des Hausierers'. Heute meist nur **verhökern** in übertragener Bedeutung.

Hokuspokus *m./n.* (< 17. Jh.). Zunächst Zauberformel, die dann zur Bezeichnung für allerlei Zauber und Blendwerk wird. Bezeugt zunächst im 17. Jh. in England als *hocospocos* 'Taschenspieler'. Dann als Taschenspielerlehre über den Kontinent verbreitet (*Hocus Pocus Junior* seit 1634). Ähnliche gleichzeitige Ausdrücke in Deutschland sind *ox box*, *Hogges und Pogges*, *Okos Bokos* u.ä. Die Formel ist sicher eine Reimformel von dem schon 1563 bezeugten Typ *hax pax max Deus adimax*. Sie knüpft an natursprachliche Wörter an (in der genannten Formel sind es lateinische; bei *Hokus Pokus* sind die beiden ersten Wörter daraus entnommen) und entstellt sie zu möglichst beeindruckenden gleichklingenden Wörtern. Daß es sich ursprünglich um eine Entstellung der Meßformel (*hoc est enim corpus meum*) handelt, ist nicht ausgeschlossen.

DF 1 (1913), 268 f.

hold *Adj. obs.* (< 8. Jh.). Mhd. *holt*, ahd. *hold*, as. *hold* aus g. **hulþa-* *Adj.* 'zugeneigt', auch in gt.

hulþs, anord. *hollr*, ae. *hold*, afr. *hold*. Wohl mit Ablaut zu g. **halþa-* *Adj.* 'schräg, geneigt' (s. unter *Halde*); vgl. l. *cliēns* 'Höriger, Klient' zu einer *ei*-Erweiterung derselben Wurzel.

Nschw. *huld*, nisl. *hollur*. S. *abhold*, *Huld*, *Unhold*; vgl. *Kobold*. − G. Royen in: *Donum Natalicium Jos. Schrijnen* (Nijmegen, Utrecht 1929), 713−716; Trier (1951), 55 f.; M. Ohly-Steiner *ZDA* 86 (1955/56), 81−119; I. Rosengren: *milti* (Lund 1968), 51−55; F. Mezger *ZVS* 83 (1969), 150−152; Heidermanns (1993), 311 f.

Holder *m.* s. *Holunder*.

holdselig *Adj. obs.* (< 15. Jh.). Adjektiv-Ableitung zu einem nicht bezeugten Abstraktum auf *-sal* zu *hold* (oder bereits mit dem fertigen Kombinationssuffix *-selig* gebildet). Abstraktum: **Holdseligkeit**.

holen *swV.* (< 8. Jh.). Mhd. *hol(e)n*, ahd. *holōn*, neben mhd. *haln*, ahd. *halōn*, as. *halōn*, *haloian* wg. **hal-ō-* *swV.* mit der Variante **hul-ō-* 'holen', auch in afr. *halia* und ae. *geholian*. Zu ig. **klā-* *kalā-* 'rufen, herbeirufen' in l. *calāre* (dazu l. *clārus* 'laut, hell'), gr. *kaléō* 'ich rufe', heth. *kalleš-* und mit einer alten Sonderanwendung air. *cailech* 'Hahn', ai. *uṣākala-* 'Hahn', weniger sicher lett. *kaļuôt* 'schwatzen'. Auf eine zugehörige *e*-Stufe kann zurückgeführt werden wg. **hell-a-* 'schallen' in ahd. *hellan*, as. *hellan*; doch ist eine *e*-Stufe außerhalb des Germanischen allenfalls in gr. *kélados* 'Getöse' anzutreffen. Anord. *hala* 'ziehen' (und die daraus entlehnten französischen und englischen Wörter, vgl. ne. *hale* und ne. *haul*) stammt wohl aus einer anderen Wurzel, die aber möglicherweise die Bedeutung der oben aufgeführten Sippe beeinflußt hat.

Nndl. *halen*. S. *erholen*, *überholen*, *kielholen*, *hallen*, *hell*, *holla*; zur lateinischen Verwandtschaft s. *deklamieren*, − Seebold (1970), 253 f. Kritisch: J. Mansion *BGDSL* 33 (1908), 547−570. Zur Entlehnung ins Finnische s. *LÄGLOS* (1991), 70 f.

Holfter *f.* s. *Halfter²*.

Holk *f./m.* s. *Hulk*.

holla *Interj.* (< 16. Jh.). Entsprechend zu *hallo* gemäß der Variante ahd. *holōn* neben *halōn* (s. unter *holen*). Auslautendes *-a* ist wohl gekürzt aus altem *-ā*, während das *-o* in *hallo* Beibehaltung der Länge und deren weithin übliche Verschiebung zu *-ō* voraussetzt.

Hölle *f.* (< 9. Jh.). Mhd. *helle*, ahd. *hell(i)a*, as. *hellia* aus g. **haljō f.* 'Unterwelt, Totenwelt', auch in gt. *halja*, anord. *hel*, ae. − *hell*, afr. *helle*; in der Regel für den christlichen Begriff der Hölle bezeugt, im Altnordischen aber für die entsprechende germanische Vorstellung; dort auch die Personifizierung *Hel* für die Totengöttin. Man kann vermuten, daß die Germanen die Totenwelt als das die Toten Bergende bezeichneten und damit an g. **hel-a-* 'bergen' (s. unter *hehlen*) anschließen; doch bleibt dies bei einem mythologischen Begriff eine bloße Vermutung. Sonderbedeutungen wie ´Raum zwischen Kachelofen und Wand´ oder in *Hellegat* ´kleiner Aufbewahrungsraum auf Schiffen´ (eigentlich ´Höllenloch´) können ohne weiteres als bildliche Übertragungen verstanden werden und zeigen kaum den Reflex einer älteren Bedeutung. Adjektiv: *höllisch*.

Nndl. *hel*, ne. *hell*, nisl. *hel(víti)*. S. *hehlen*, *Hel*. – Kluge (1911), 363 f.; M. Szadrowsky *BGDSL* 72 (1950), 221–235; S. D. Völkl in: *FS Ölberg* (1987), 27–33; H. Le Bourdelles in *Historical linguistics 1987*. Hrsg. H. Andersen, K. Koerner (Amsterdam 1990), 303–308.

Höllenmaschine *f.* (< 19. Jh.). Lehnbildung zu frz. *machine infernale*, dem Sinn nach eigentlich ´verderbenbringende Maschine´, aber wörtlich wiedergegeben.

Höllenstein *m. per. fach.* ´Silbernitrat´ (< 18. Jh.). Entlehnt aus l. *lapis înfernālis* (vgl. frz. *pierre infernale*). Der Stoff heißt so wegen seiner starken Ätzkraft.

Holm[1] *m. per. ndd.* ´kleine Insel´ (< 17. Jh.). Ursprünglich aus dem Niederdeutschen, vgl. mndd. *holm*, as. *holm* n. aus g. **hulma-* m. ´kleine Insel´, auch in anord. *holmi*, *holmr*, ae. *holm*. Eine ziemlich genaue außergermanische Entsprechung kann sein l. *columen* n. *(*kl̥-men-)* ´Gipfel, Höhepunkt´ zu l. *(prae-)cello* ´ich rage hervor´. Zu dieser Wurzel (verbal noch in lit. *kélti* ´emporheben, tragen´) gehört eine Reihe von Wörtern für ´Hügel´, mit denen sich die Bedeutung des germanischen Wortes verknüpfen läßt: gr. *kolōnós*, l. *collis*, ae. *hyll* *(*kl̥ni-)*, lit. *kalvà f.*; also ig. (eur.) **kl̥mo-* m. ´(Erhebung, Hügel) Insel´. Das nordische Wort wird auch für größere Inseln verwendet, vgl. Ortsnamen wie *Bornholm*.

Nschw. *holme*. – R. Holsten *NKB* 57 (1950), 2–6.

Holm[2] *m. per. fach.* ´waagrechte Stange, Griff´, auch Teil eines Turngeräts (Barren); auch **Hulbe(n)**, aus dem es wohl durch Assimilation von *bn* zu *m* entstanden ist (< 19. Jh.). Vergleichbar ist *Helm*[2], mit dem es wohl verwandt ist.

Holocaust *m. per. fach.* ´Völkermord, besonders an den Juden in der Nazizeit´ (< 20. Jh.). Entlehnt aus ne. *holocaust*; dort übertragen aus einem biblischen Wort für ´Brandopfer´ (aus l. *holocaustum* n., gr. *holokaútōma* n., zu gr. *hólos* ´ganz, völlig´ und gr. *kaiein* ´verbrennen, verwüsten´ – beim antiken Opfer wurden normalerweise nur Teile des Opfertiers verbrannt, deshalb die besondere Erwähnung). Entlehnt als unübersetzter Titel einer Fernsehserie und dann appellativisch gebraucht.

Cottez (1980), 186; Carstensen 2 (1994), 672 f.

holpern *swV.* (< 16. Jh.). Daneben **holpeln**, **hilpeln** und schwz. **hülpen** ´hinken´. Ähnlich lit. *klùpti* ´stolpern´; zu beachten ist das Reimwort *stolpern*. Wohl eine Lautgebärde. Adjektiv: *holprig*.

Holster *n. per. fach.* ´Ledertasche für Handfeuerwaffe´ (< 20. Jh.). Entlehnt aus ne. *holster*, das seinerseits aus nndl. *holster* stammt. Dieses ist eine Nebenform zu *holfter*, s. *Halfter*[2].

Holunder *m.* (< 9. Jh.). Mhd. *holunter*, *holunder*, ahd. *holuntar*, *hol(d)er*. Das Vorderglied hat eine Entsprechung in ndn. *hyld*, nschw. *hyll* ´Holunder, Flieder´ (der neu eingeführte Flieder wird häufig als *Holunder*, meist mit einem Beiwort, bezeichnet, vgl. *Flieder*). Daraus läßt sich ein **hulun/huln*, ig. (eur.) **kl̥n-* erschließen, mit dem russ. *kalína f.* ´Maßholder, gemeiner Schneeball´ verglichen werden kann. Falls es sich um ein Erbwort handelt, kann an gr. *kelainós* ´schwarz´ (wegen der blauschwarzen Beeren) angeknüpft werden. Das „Baumnamensuffix" *-der* führt zunächst auf (ig.) **-tro-* zurück, doch ist auch denkbar, daß es eigentlich aus einem zweiten Kompositionsglied abgeschwächt ist, das dem alten Wort für ´Baum´ entspricht (der Konsonantismus stimmt allerdings nicht): g. **trewa-* n. ´Baum´ in gt. *triu*, anord. *tre*, ae. *trēow* n., afr. *trē* n., as. *treo*, *trio* n. Zum Weiteren s. unter *Teer*. Das Suffix taucht in folgenden deutschen Baumnamen auf: *Affolter* (s. *Apfel*), *Flieder*, *Heister*, *Holunder*, *Maßholder*, *Reckholder*, *Rüster*, *Wacholder*. Der *Holunder* wäre also ein ´Schwarz(beeren)baum´. Die Betonung der zweiten Silbe ist jung; die Entstehungszeit ist aber nicht klar.

S. *Hartriegel*, *Teer*, *Trog*. – Lühr (1988), 203. Anders: C. P. Hebermann (1974), 91 f. Anders zum Baumnamensuffix: Lloyd/Springer 1 (1988), 61.

Holz *n.* (< 8. Jh.). Mhd. *holz*, ahd. *holz*, as. *holt* aus g. **hulta-* n. ´Holz´, auch in anord. *holt*, ae. *holt* m./n., afr. *holt*. Ausgangsbedeutung ist eigentlich ´Gesamtheit der zu schlagenden Schößlinge des Niederwaldbaums´ (Trier); daher vergleichen sich unmittelbar (neben g. **hulta-* aus ig. **kl̥d o-*) gr. *kládos* m. ´Zweig´ *(*klado-)* und mir. *caill f.*, kymr. *celli* ´Wald, Hain´ *(*kl̥dī)*; semantisch ferner steht russ.-kslav. *klada* ´Balken, Holz´. Zu (ig.) **kela-* ´schlagen, brechen´ in gr. *kláō* ´ich breche, beschneide junge Zweige´, l. *percellere* ´zu Boden werfen, zerschmettern´ (wohl **kela-n-*), lit. *kálti* ´schlagen, schmieden´, akslav. *klati* ´stechen, schlachten´. Adjektive: *hölzern*, *holzig*.

Nndl. *hout*, ne. *holt*, nschw. *hult*. – Trier (1952), 43–51; K.-H. Borck in: *FS Trier* (1954), 456–476.

Holzapfel *m. erw. fach.* ´wilder Apfel´ (< 13. Jh.). Mhd. *holzapfel*. Gebildet mit *holz* in der Bedeutung ´Wald´.

holzen *swV. per. fach.* ´mit überstarker Fußarbeit Fußball spielen´ (< 20. Jh.). Übernommen aus dem Hockeyspiel, wo man damit den überstarken Einsatz der Schläger bezeichnete.

Holzweg *m. phras.* Meist in *auf dem Holzweg* u.ä. ´im Irrtum befangen´ (< *13. Jh., Bedeutung < 15.

Jh.). Mhd. *holzwec* ʿWeg im Wald, auf dem Holz geführt wirdʾ. Da diese Wege häufig auf einem Holzplatz o.ä. enden und nicht weiterführen, wird das Wort bildlich für ʿSackgasseʾ und dann für ʿIrrwegʾ benutzt.

homo- *Präfixoid* mit der Bedeutung ʿgleich, gleichartigʾ, vor Vokalen **hom-** (*homosexuell, homorgan*). Es wird in griechischen Wörtern übernommen und geht auf gr. *homós* ʿzusammen, gemeinsamʾ zurück (zur germanischen Verwandtschaft s. *zusammen*). In den Fachsprachen produktiv.

Wortbildung 3 (1978), 244 f.; Cottez (1980), 186.

homogen *Adj. erw. fach.* ʿgleichartig, gleichmäßig aufgebautʾ (< 18. Jh.). Entlehnt aus ml. *homogeneus*, dieses aus gr. *homogenḗs* ʿvon der gleichen Herkunftʾ (s. *homo-* und *-gen*).

DF 1 (1913), 269.

homonym *Adj. per. fach.* ʿgleichlautendʾ (< 19. Jh.). Entlehnt aus gr. *homṓnyma Pl.* ʿ(Begriffe), deren Name gleich istʾ. Zu gr. *ónoma* ʿNameʾ (s. *anonym*).

Cottez (1980), 186.

Homöopathie *f. erw. fach.* (eine Heilbehandlung, Naturheilverfahren) (< 18. Jh.). Neubildung von S. Hahnemann 1810 zu gr. *homoîos* ʿgleich, gleichartigʾ (s. *homo-*) und gr. *páthos n.* ʿLeiden, Krankheitʾ (s. *Pathos, Allopathie*). Lehre, die in schwachen Dosen Arzneien verabreicht, die in hohen Dosen bei Gesunden ähnliche Auswirkungen hätten, wie sie beim Erkrankten infolge der Krankheit auftreten. Adjektiv: **homöopathisch**; Täterbezeichnung: **Homöopath**.

Cottez (1980), 186.

homophon *Adj. per. fach.* ʿgleichlautend (d. h. verschieden geschrieben, aber gleich gesprochen)ʾ (< 20. Jh.). Neubildung aus *homo-* und gr. *phōnḗ* ʿStimme, Lautʾ.

Homosexualität *f. erw. fach.* (< 19. Jh.). Neubildung von R. vKrafft-Ebing aus *homo-* und *Sexualität* (s. *Sex*), im allgemeinen nur von der Gleichgeschlechtlichkeit bei Männern gesagt. Da *sexuell* auf ein lateinisches Wort zurückgeht, ist die Bildung hybrid. Adjektiv: **homosexuell**.

W. vWangenheim *Forum Homosexualität* 9 (1990), 15 f.

Homunkulus *m. bildg.* ʿkünstlich geschaffener Menschʾ (< 19. Jh.). Ursprünglich eine Vorstellung der Alchimisten: der in der Retorte geschaffene Mensch (so bei Paracelsus). In deutschen Texten seit Goethes *Faust II*. Zu l. *homunculus* ʿMenschlein, schwaches Erdenkindʾ, einem Diminutivum von l. *homo* ʿMensch, Irdischerʾ.

S. *human*. – K.-H. Weimann *DWEB* 2 (1963), 377; Cottez (1980), 186.

honett *Adj. arch.* ʿredlich, anständigʾ (< 17. Jh.). Entlehnt aus frz. *honnête*. Dieses aus l. *honestus* ʿehrbarʾ, zu l. *honor* ʿEhreʾ (s. *Honorar*).

DF 1 (1913), 269 f.

Honig *m.* (< 8. Jh.). Mhd. *honec, honic n.*, ahd. *honag n.*, as. *honeg* aus g. **hunanga- n.* ʿHonigʾ, auch in anord. *hunang n.*, ae. *hunig n.*, afr. *hunig*. Dieses aus ig. **kn̥ako- Adj.* ʿgoldfarbenʾ in ai. *kā̃canā- n.* ʿGoldʾ, *Adj.* ʿgoldenʾ, auch Name verschiedener Pflanzen, gr. *knēkos f.* ʿwilder Safranʾ, gr. (dor.) *knākós* ʿgelblichʾ und vielleicht l. *canicae f.* ʿeine Art Kleieʾ. Wegen der speziellen Bedeutungen ist dieser Vergleich in allen Teilen unsicher. Das zweite *n* beruht wohl auf Einmischung des Suffixes *-ing/ ang-*; es wird später lautgesetzlich wieder getilgt nach Stämmen, die mit *n* auslauten.

Nndl. *honing*, ne. *honey*, nschw. *honung, honing*. – B. Schlerath in *FS A. Behrmann* (Heidelberg 1993), 187–193. Zur Entlehnung ins Finnische s. *LÄGLOS* (1991), 121.

Honneurs *Pl. per. phras.* in *die Honneurs (des Hauses) machen* ʿGäste gebührend (mit den ihnen gebührenden Ehrerweisungen) empfangenʾ (< 18. Jh.). Entlehnt aus frz. *faire les honneurs (d'une maison)*, eigentlich ʿdie Ehren[bezeugungen] machenʾ, zu frz. *honneur* ʿEhre, Ehrbezeugungʾ, aus l. *honor* ʿEhreʾ. Früher auch Ausdruck für ʿTrümpfeʾ (im Kartenspiel). S. *honett, Honorar*.

Honorar *n.* (< 18. Jh.). Entlehnt aus l. *honōrārium* ʿdas Ehrengeschenkʾ, einer Substantivierung von l. *honōrārius* ʿehrenhalberʾ, zu l. *honor m.* ʿEhreʾ. Zunächst freiwillige, dann regelmäßige Zahlung für eine intellektuelle Dienstleistung (z. B. von Lehrern und Anwälten). Im 16. und 17. Jh. häufig als *Verehrung* übersetzt. Verb: **honorieren**.

DF 1 (1913), 270.

Honoratioren *Pl. obs.* ʿangesehene Bürgerʾ (< 17. Jh.). Übernommen aus kanzleisprachlichem Latein, eigentlich ml. *honōrātiōrēs* ʿdie Angesehenerenʾ, Komparativ zu ml. *honōrātus* ʿgeehrtʾ, zu l. *honōrāre* ʿehrenʾ, zu l. *honor* ʿEhreʾ.

DF 1 (1913), 270.

Hooligan *m. per. grupp.* ʿRandaliererʾ (< 20. Jh.). Entlehnt aus ne. *hooligan* und üblich geworden bei der Diskussion um Ausschreitungen auf Fußballplätzen. Die Herkunft des englischen Wortes ist unklar, es wird vermutet, daß ein Personenname zugrundeliegt.

Carstensen 2 (1994), 677–679.

Hopfen *m.* (< 11. Jh.). Mhd. *hopfe*, ahd. *hopfo*, mndd. *hoppe(n)*, mndl. *hoppe*. Herkunft unklar. Zu beachten ist die Lautähnlichkeit mit einer anderen Bezeichnung für den Hopfen, nämlich anord. *humli*, ae. *hymele f.* Diese passen zu aruss. *ch(ŭ)melĭ*, finn. *humala*, wogul. *qumlix*, ung. *omló*, ngr. *chouméli*. Von welcher Sprache die Entlehnungen ausgegangen sind, ist aber umstritten. **Hopfen und Malz** stehen als Bestandteile des Biers für das Bier selbst.

Nndl. *hop*, ne. *hop* (entlehnt). – E. Neumann in: *FS Mogk* (1924), 424–432; Bertsch (1947), 234–239; L. Mehlber *JGGB* (1980/81), 58–65; Lühr (1988), 234.

hoppeln *swV.* (< 17. Jh.). Iterativbildung zu ndd./md. *hoppen* ʼhüpfenʼ. Vgl. die Interjektionen **hopp** und **hoppla**.

hoppnehmen *swV. vulg.* ʼverhaftenʼ, entsprechend **hochgehen** ʼverhaftet werdenʼ (< 19. Jh.). Nach dem Ausruf *hopp*, mit dem z. B. zum (raschen) Aufstehen und Mitkommen aufgefordert wird; aber wohl eine Entstellung von **hochgehen** und **hochnehmen**, letztlich aus der Gaunersprache.

hopsen *swV. stil.* (< 19. Jh.). Erst neuhochdeutsche Weiterbildung zu *hoppen* (s. unter *hoppeln* und *hüpfen*), vermutlich ausgehend von einer Interjektion **hops** o.ä.

Sommer (1977), 8.

hops gehen *swV. vulg.* ʼsterbenʼ (und Variante zu *hoppgehen*) (< 19. Jh.). Vermutlich ausgehend vom Zerbrechen des Geschirrs und ʼeinen Sprung bekommenʼ; ursprünglich gaunersprachlich.

horchen *swV.* (< 11. Jh.). Mhd. *hōr(e)chen, horchen*, spahd. *hōrechen*, mndd. mndl. *horken* ist wie afr. *harkia* und ae. *hyrcnian* mit einem intensivierenden *k*-Suffix zu *hören* gebildet. Zunächst ein nördliches Wort, das im Laufe der Zeit nach Süden vordringt. Ne. *hark*. S. *gehorchen*.

Horde *f.* (< 15. Jh.). Zunächst für einen Trupp herumziehender Kriegsleute gebraucht, vor allem für Tataren. Das Wort ist entlehnt, vermutlich aus poln. *horda*, das seinerseits auf türk. *ordu* ʼHeerlager, Heer, Troßʼ zurückgeht. Dieses aus tatar. *urdu* ʼLagerʼ (zu tatar. *urmak* ʼschlagenʼ).

G. Schoppe *ZDW* 15 (1914); 186; Littmann (1924), 109; Lokotsch (1975), 128.

hören *swV.* (< 8. Jh.). Mhd. *hæren*, ahd. *hōren*, as. *hōrian* aus g. **hauz-ija- swV.* ʼhörenʼ, auch in gt. *hausjan*, anord. *heyra*, ae. *hȳran*, afr. *hēra*. Zunächst verwandt ist gr. *akoúō* ʼich höreʼ (**-kous-*, Deutung des *a-* umstritten); vielleicht weiter dazu als primäres Verb gr. *akéuei* ʼbeachtetʼ, das aber nur als Glossenwort bezeugt ist. Ohne das auslautende *-s-* hierzu gr. *koéō* ʼich bemerke, vernehme, höreʼ, l. *caveō* ʼich nehme mich in Acht, sehe mich vorʼ und ai. *ā-kúvate* ʼbeabsichtigtʼ. Eine Dentalerweiterung mit unklarem Aufbau auch in air. *auchaidir* ʼhörtʼ. Eine möglicherweise parallele Wurzel (ig.) **skeu-* ʼwahrnehmenʼ s. unter *schauen*. Präfigierungen: **er-, ge-, ver-**; Partikelverb: **auf-**; Nomen agentis: **Hörer**.

Nndl. *horen*, ne. *hear*, nschw. *höra*, nisl. *heyra*. S. *horchen, Hearing*. Zur griechischen Verwandtschaft s. *Akustik*, zur lateinischen s. *Kaution*. – J. Corthals *HS* 103 (1990), 269–271.

hörig *Adj.* (< 14. Jh.). Spmhd. *hærec*. Ursprünglich ein Rechtsausdruck für den von einem Herrn Abhängigen (ʼhörendʼ = ʼgehorchendʼ).

R. Schmidt-Wiegand (1972), 14; vOlberg (1991), 213–216.

Horizont *m.* (< 16. Jh.). Entlehnt aus l. *horizōn (-ontis)*, dieses aus gr. *horizōn (kýklos)*, eigentlich ʼGrenzlinieʼ, zu gr. *horízein* ʼbegrenzenʼ, einer Ableitung von gr. *hóros* ʼGrenzeʼ. So benannt als die (vermeintliche) Grenzlinie zwischen Himmel und Erde. Adjektiv: **horizontal**.

S. *Aphorismus*. – Schirmer (1912), 32; *DF* 1 (1913), 270 f.

Hormon *n.* (< 20. Jh.). Von dem englischen Physiologen E. H. Starling 1905 zu gr. *hormān* ʼanregenʼ gebildetes Wort; dieses ist eine Ableitung von gr. *hormḗ f.* ʼAntrieb, Andrangʼ, das mit gr. *reîn* ʼfließen, strömenʼ (s. *Rheuma*) entfernt verwandt ist. Es handelt sich um die Stoffe, die im lebenden Organismus Stoffwechsel, Wachstum und die Grundlagen der Fortpflanzung steuern (»anregen«).

Cottez (1980), 187; Rey-Debove/Gagnon (1988), 395.

Horn *n.* (< 8. Jh.). Mhd. *horn*, ahd. *horn*, as. *horn* aus g. **hurna- n.* ʼHornʼ, auch in gt. *haurn*, anord. *horn*, ae. *horn m.*, afr. *horn*. Außergermanisch entspricht am genauesten (als *u*-Stamm) l. *cornū* ʼHorn, Spitzeʼ (al. *cornum*), kelt. *kárnon* ʼHorn, Trompeteʼ (Hesych), weiter dazu (mit morphologisch unklarem *-g-*) ai. *śŕṅga- n.* ʼHornʼ (vermutlich verschiedene Weiterbildungen zu einem zugrundeliegenden *n*-Stamm). Auszugehen ist wohl von einem alten (ig.) **(a)ker-* ʼSpitzeʼ, zu dem auch ein altes Wort für ʼKopfʼ (= ʼdas an der Spitzeʼ) gehört (s. unter *Hirn*). Zu **Hörner aufsetzen** s. *Hahnrei*. Adjektive: **hornig, hürnen**.

Nndl. *hoorn*, ne. *horn*, nschw. *horn*, nisl. *horn*. S. *hürnen*, *Rind* und zur griechischen Verwandtschaft *Rhinozeros* und *Karat*, zur lateinischen *Kornett*. – Seebold (1981), 161–165; Nussbaum (1986); K. Strunk *BGDSL-T* 114 (1992), 204 f. Zum Musikinstrument: Relleke (1980), 41 f., 57–64. Zu *Hörner aufsetzen*: A. Blok in *Europäische Ethnologie*. Hrsg. H. Nixdorf, Th. Hauschild (Berlin 1982), 165–183; H. Kröll in *FS H. Meier* (Bonn 1980), 293–308.

Hörnchen[1] *n.* ʼGebäck, Art von Teigwarenʼ (< 19. Jh.). Zunächst Diminutiv von *Horn*, dann speziell für das Gebäck und anderes.

Hörnchen[2] *n. per. fach.* ʼFamilie der Nagetiereʼ (< 19. Jh.). Rückgebildet aus *Eichhörnchen*.

Hornisse *f.* (< 8. Jh.). Mhd. *horniz, hornuz m.*, ahd. *hornuz, hurniz m./n.*, as. *hornut m./n.*, ae. *hyrnet(u)*. Außergermanisch vergleicht sich l. *crābro (-ōnis) m.* ʼHornisseʼ, lit. *širšė* ʼWespeʼ (apreuß. *sirsilis m.* ʼHornisseʼ), russ.-slav. *strъšenъ, srъšenъ* ʼHornisse, Bremseʼ, alle aus ig. (oeur.) **kr̥sen-* so, daß für das germanische Wort wohl **hurzn-ud-* vorauszusetzen ist. Der Anklang an *Horn*, der in as. *horn-bero m.*, nndl. *hoornaar* aufgenommen ist, stimmt deshalb nicht unmittelbar zu dem g. Wort *hurna-, kann aber mittelbar zutreffen, da auch (ig.) *kerəs- ein Wort für ´Horn` ist (gr. kéras n.). Ob die Hornisse nach ihren gebogenen Fühlhörnern so heißt, oder ob Horn in der älteren Bedeutung ´Spitze` zu verstehen ist und sich auf den Stachel bezieht, ist nicht ausreichend zu sichern. Genuswechsel im 16. Jh.

Ne. hornet. – Nussbaum (1986), 248–260.

Hornung m. arch. ´Februar` (< 11. Jh.). Mhd. hornunc, ahd. hornung. Die lautliche Entsprechung in den anderen germanischen Sprachen anord. hornungr, ae. hornungsunu, afr. hōrni(n)g bedeutet ´Bastard` und gehört zu horn in der Bedeutung ´Winkel, Eck` (´der im Winkel, und nicht im Ehebett Gezeugte`). Der Monatsname beruht offenbar darauf, daß der Februar kürzer ist als die übrigen Monate, spiegelt also den Einfluß der römischen Zeitrechnung.

E. Hofmann ZVS 59 (1931), 135–139; W. Preußler IF 54 (1936), 181 f.; J. Knobloch ZVS 88 (1974), 122–125.

Horoskop n. (< 18. Jh.). Entlehnt aus l. hōroscopīum, dieses aus gr. hōroskopeîon ´Instrument zum Erkennen und Deuten der Geburtsstunde`, zu gr. hóra f. ´Zeit, rechte Zeit, Stunde` und gr. sképtomai ´betrachten, spähen`. Der Ausdruck wurde zunächst durch Schillers Piccolomini (II,6) allgemein bekannt. S. Uhr und Skepsis.

Horror m. erw. fremd. ´Schrecken` (< 18. Jh.). Entlehnt und relatinisiert aus frz. horreur f., dieses aus l. horror, einer Ableitung von l. horrēre ´schauern, sich entsetzen`. Im 20. Jh. auch unter dem Einfluß von ne. horror. Dazu (veraltend) **horrend** ´schrecklich, übermäßig` aus l. horrendus ´wovor man sich zu entsetzen hat`, Gerundivum von l. horrēre ´sich entsetzen`.

DF 1 (1913), 271.

Horsd'oeuvre n. per. fach. ´Vorspeise, Nebensache` (< 19. Jh.). Entlehnt aus frz. hors d'oeuvre ´Nebensache` (eigentlich ´außerhalb des Werks`). Hauptanwendungsbereich des Wortes ist die Bezeichnung der Vorspeisen, für die das Wort auch entlehnt wurde.

DF 1 (1913), 271.

Horst m. erw. fach. (< 10. Jh.). Mhd. hurst f., ahd. hurst m./f., as. hurst f. ´Gebüsch, Gestrüpp`; daneben mit abweichender Stammbildung ae. hyrst ´Hügel, Gebüsch`. Das Wort hat mehrere Sonderbedeutungen wie ´stehengebliebenes Waldstück`, ´Erhöhung im Sumpfgebiet u.ä.`. Die heutige Lautung ist ostmitteldeutsch, die Bedeutung ´Raubvogelnest` beruht (nach Trier) auf dem Bau von Nestern in den Schößlingen eines Horstes (= Wurzelstock mit neuem Ausschlag). Etymologisch gehört das Wort zu einer weitläufigen und nicht genau faßbaren Gruppe von Wörtern auf einer Grundlage (ig.) *kʷres-, die mit Wald- und Holzformen der Niederwaldwirtschaft zu tun haben. Am nächsten

bei dem deutschen Wort steht kymr. prys ´Reisig, Gebüsch` aus *kʷrestjo-, das seinerseits mit kymr. preun ´Baum` (*kʷres-no-), air. crann n. ´Baum` (*kʷṛs-no-) zusammenhängt. Weiter sloven. kŕš, lett. cers ´Strauch`.

Nndl. horst, ne. hurst. – H. Krahe BGDSL 71 (1949), 243; J. Trier (1952), 72–81; J. Trier in: FS Foerste (1970), 100–108; E. P. Hamp in: FS H. Penzl (The Hague, New York 1979), 175–181; ders. BBCS 29 (1980), 85.

Hort m. obs. (< 8. Jh.). Mhd. hort, ahd. hort n., as. hord, horð n. aus g. *huzda- n. ´(verborgener) Schatz`, auch in gt. huzd, anord. hodd f., ae. hord m./n. Das maskuline Genus ist erst mittelhochdeutsch. Zu der Wurzel *keudh- ´verbergen` in gr. keúthō ´ich verberge, verhehle` und ae. hȳdan gehört der s-Stamm gr. keúthos n. ´Versteck, Höhle`. Zu einem derartigen s-Stamm gehört (mit Schwundstufe des Grundworts) *kudhs-dhə-o-, wobei *dhə- die Schwundstufe der Wurzel *dhē- ´setzen` ist (am deutlichsten bezeugt in gr. títhēmi ´ich setze`). Der Hort ist also ´das ins Versteck gesetzte`; ähnlich wie l. cūstōs ´Wärter` der ´zum Versteck Gehörige` (mit unklarem zweiten Bestandteil) ist. Das Wort war in nachmittelhochdeutscher Zeit ausgestorben und ist nach der Entdeckung des Nibelungenlieds aus dessen Text wiederbelebt worden. Heute ist vor allem die Ableitung **horten** üblich. Neuerdings auch **Kinderhort** u.ä., aus dem ein neues Hort ´Kindergarten` rückgebildet wurde. Ne. hoard. [Herangezogen wurde die Magisterarbeit von S. Oswald].

Hortensie f. per. fach. (ein Zierstrauch) (< 19. Jh.). Von einem französischen Botaniker im 18. Jh. zum Eigennamen Hortense gebildet.

Hose f. (< 10. Jh.). Mhd. hose, ahd. hose, as. hosa aus g. *husōn f., auch in anord. hosa, ae. hosa m./f. So bezeichnet wurde ursprünglich eine Art Strümpfe, die an der eigentlichen Hose (s. unter Bruch) befestigt waren (deshalb noch nhd. ein Paar Hosen u.ä.). Später wurden ´Bruch` und ´Hosen` zu einem einzigen Kleidungsstück vereinigt. Dem entsprechend ist die ursprüngliche Bedeutung von Hose ´Umhüllung`, wie etwa auch in ae. hosa m. ´Fruchthülse, Schote` und fnhd. hose, mndd. hose ´Butterfaß`. Die weitere Herkunft ist unklar. Entweder als morphologisch singuläre Bildung zu (ig.) *(s)keu- ´bedecken` oder mit gr. kýstis f. ´Blase, Schlauch, Säckchen` (vgl. ne. hose ´Schlauch`) zu (ig.) *kwes- ´blasen` (ai. śvásiti ´schnaubt, bläst`). **Wind-** und **Wasserhose** sind nach der Form dieser Naturerscheinungen benannt.

Nndl. (water)hoos, ne. hose, nschw. hosa, nisl. hosa. – F. Kaufmann ZDPh 40 (1908), 386–396; G. Wolter: Die Verpackung des männlichen Geschlechts (Marburg 1988). [Herangezogen wurde die Magisterarbeit von A. Stieber].

Hosenrolle f. per. fach. ´Männerrolle, die von einer Frau gespielt wird` (< 20. Jh.). Benannt nach dem auffälligsten Unterschied der Kleidung. **Die**

Hosen anhaben u.ä. in der Bedeutung ʿdas Regiment in der Ehe führenʾ (von der Frau) seit dem 16. Jh.

Hospital *n.* (< 11. Jh.). Mhd. *hospitāl*, ahd. *hospitālhūs* ist entlehnt aus l. *hospitālium* ʿGastzimmerʾ, ml. auch ʿHerberge für Pilger, Arme und Krankeʾ, aus l. *hospitālis* ʿgastfreundlichʾ, zu l. *hospes (-pitis) m.* ʿGastfreund, Gastgeberʾ. Zunächst vor allem als Bezeichnung für Armen- und Altenhäuser verwendet; ausgehend von der Pflegebedürftigkeit der beherbergten Personen, dann Bedeutungsentwicklung hin zu ʿKrankenhausʾ. Die gekürzte Form ist *Spital* in gleicher Bedeutung, während die deutsche Form *Spittel* auch ein ʿAltersheimʾ meint. *Hospiz* ist eine verwandte Form (zu l. *hospitium* ʿGastfreundschaft, Herbergeʾ), die für christliche Herbergen gebraucht wird.

S. *Hotel*; zur germanischen Verwandtschaft s. *Gast*. – H. Sparmann *BGDSL-H* 86 (1964), 464–467.

hospitieren *swV. per. fach.* ʿals Gast an einer Veranstaltung teilnehmenʾ (< 18. Jh.). Entlehnt aus l. *hospitārī* ʿzu Gast seinʾ.

DF 1 (1913), 272.

Hostess, Hosteß *f. erw. fach.* ʿBetreuerinʾ (< 20. Jh.). Entlehnt aus ne. *hostess*, eigentlich ʿGastgeberinʾ, dann ʿdie für die Gäste zuständige Dameʾ. Dieses aus afrz. *hostesse* (frz. *hôtesse*), Femininform zu afrz. *hoste* ʿGastgeber, Gastʾ aus l. *hospes (-itis)*. Das Wort ist vor allem durch die Brüsseler Weltausstellung 1958 bekannt geworden.

Rey-Debove/Gagnon (1980), 399; Carstensen 2 (1994), 680–682.

Hostie *f. erw. fach.* ʿgeweihte Oblate in der katholischen Messeʾ (< 14. Jh.). Mhd. *hostie* ist entlehnt aus l. *hostia* ʿOpfertier, Sühneopferʾ.

Hot dog *n./m. per. fremd.* ʿheißes Würstchen in einem Brötchenʾ (< 20. Jh.). Entlehnt aus am.-e. *hot dog*, eigentlich ʿheißer Hundʾ. Die Tradition des Verkaufs dieser Kombination begann gegen 1860 in Amerika. Die Bezeichnung der Wurst als ʿHundʾ hat zwei Quellen: 1. die frühe Bezeichnung der *frankfurters* als *dachshund* und 2. die häufige Unterstellung, die von ambulanten Händlern verkauften Würstchen enthielten das Fleisch von Hunden, Katzen und Pferden. Die Bezeichnung *hot dog* selbst ist zuerst 1888 (vermutlich in New York) bezeugt.

Zum Wortmaterial s. *heiß* und *Dogge*. – G. Cohen *CoE* 6 (1977),8, 5[1]; P. Tamoney, G. Cohen *CoE* 7 (1978),15, 9 (1980),7, 1–15; Carstensen 2 (1994), 682f.

Hotel *n.* (< 18. Jh.). Entlehnt aus frz. *hôtel* ʿWirtshaus mit Gastzimmernʾ, aus l. *hospitale* ʿGastzimmerʾ. Das *h-* ist im Französischen nie ausgesprochen worden, die deutsche Entlehnung beruht also auf einer Schriftaussprache (kaum Rück-

griff auf das Lateinische). Die Entlehnung erfolgte zunächst in Gasthausnamen, dann allgemeine Bezeichnung für ein feines Gasthaus, durch das spätere *Restauration, Restaurant* zu ʿGasthaus mit Übernachtungsmöglichkeitʾ differenziert.

DF 1 (1913), 272; W. Gerster *VR* 9 (1946/47), 57–151.

hott *Interj. erw. fach.* ʿZuruf an das Pferd zum Rechtsgehen oder Schnellergehenʾ (< 15. Jh.). Dazu kindersprachl. *Hottepferd, Hottehüh* u.ä. Herkunft unklar.

Hub *m. erw. fach.* (< 17. Jh.). Verbalabstraktum zu *heben* mit untypischem Vokal (kein Ablaut).

Hübel *m.*, **Hubel** *m. per. reg.* ʿHügelʾ (< 12. Jh.). Mhd. *hübel, hubel, hovel*, ahd. *hubil*, as. *huvel* aus vd. **hubila- m.* ʿErhebung, Hügel, Höckerʾ. Vergleichbar ist lit. *kuprà f.* ʿHöcker, Buckelʾ (das allerdings genauer zu ahd. *hovar* ʿHöckerʾ stimmt), russ. *kuper* ʿBürzelʾ, avest. *kaofa-* ʿBergrückenʾ. Zu einer Reihe von bedeutungsähnlichen Wörtern auf einer Grundlage (ig.) **keu-*, für die man eine verbale Bedeutung ʿbiegenʾ als Grundlage voraussetzt. Vgl. etwa *Hügel* und *Höcker*. Nndl. *heuvel*. S. *hobeln*.

hüben *Adv.* (< 16. Jh.). Gegensatzbildung zu *drüben* ohne genaues Vorbild. Die Grundlage *üben* (zu *über*) ist nur regional.

hübsch *Adj.* (< 12. Jh.). Mhd. *hübesch*; übernommen aus mndl. *hovesch* über mfrk. *hüvesch*, eigentlich ʿhöfischʾ, also ʿwie es sich am Hof geziemt, zum Gefolge des Königs gehörigʾ, als Lehnübersetzung von frz. *courtois*. Umsetzung von *v* zu *b* nach Mustern in Erbwörtern mit altem *b*; die Bedeutung wurde schon früh von ʿzierlichem Benehmenʾ zu einer allgemein lobenden Äußerung. Die durchsichtige Bildung *höfisch* ist jünger.

K. Grubmüller in: *FS de Smet* (1986), 169–181; P. Ganz in *Höfische Literatur, Hofgesellschaft, höfische Lebensformen*. Hrsg. G. Kaiser, J.-D. Müller (Düsseldorf 1986), 39–68.

Hubschrauber *m.* (< 20. Jh.). *Hub*, weil sich das Fahrzeug senkrecht hebt, *-schrauber* wohl im Anschluß an das aus dem Französischen stammende *Helikopter*, dessen Vorderglied ʿSchraube, Propellerʾ bedeutet.

Huchen *m. per. fach.* ʿRaubfisch, der vor allem in der Donau vorkommtʾ (< 15. Jh.). Spmhd. *huchen*. Vielleicht zu ahd. **huoh* ʿHakenʾ (als ʿHakenlachsʾ), wegen der im Alter stark gekrümmten Kiefer.

N. Wagner *BzN* 12 (1977), 395–397; A. R. Diebold: *The Case of ʿHuchenʾ* (Washington 1985).

Hucke *f. obs.* ʿBündel des Hausierersʾ (< 15. Jh.). Spmhd. *hucke*. Vielleicht ursprünglich zu einem Wort für ʿMantelʾ, mndl. *hoyke, houke*, vgl. gt. *hakuls*, anord. *hǫkull m.*, ae. *hacele*, afr. *hezil*, ahd. *hahhul m.* ʿKapuze, Mönchskutteʾ; dieses zu einem Wort für ´Ziege´ (akslav. *koza*, dehnstufig ae. *hēcen*, mndd. *hoken, huken n.* ´Zicklein´). Vgl. *jemandem die Hucke vollschlagen /die Jacke vollschlagen.*

S. auch *Höker.* — E. Bergkvist: *Zwei Wanderwörter* (Eksjö 1934); K. Rein *DWEB* 1 (1958), 282−285.

huckepack *Adv. stil.* ´auf dem Rücken´ (< 18. Jh.). Zu *Hucke* und dem von diesem abgeleiteten Verb *hucken* ´als Last tragen´ und *back* ´Rücken´ (s. *Backbord*); also ein niederdeutsches Wort, das bei der Aufnahme im Süden an *Pack* angeschlossen wurde.

Hude[1] *f. per. ndd.* ´Anlegestelle für Flußschiffe (besonders in Namen)´ (< 12. Jh.). Mndd. *hude*, auch in ae. *hȳþ f.*, also wohl wg. **hūpi-/ō- f.* ´Anlegestelle´ (wohl nur sächsisch). Herkunft unklar.

Ne. *hithe*. — A. C. Förste: *Das älteste Buxtehude* (Moisburg 1982, Privatdruck); Udolph (1994), 460−473.

Hude[2] *f. per. ndd.* ´Viehweide´ (< 16. Jh.). Ungenaue Verschriftlichung von mndd. *hode, hude, hote*, das zu mhd. *huot(e)* ´Ort, wo man hütet´ und weiter zu *hüten* (s. *Hut*[2]) gehört.

Hudel *m. per. reg.* ´Lumpen´ (< 14. Jh.). Spmhd. *hudel, huder*. Herkunft unklar, vgl. aber das lautähnliche *Hader*[2]. Gebräuchlich ist die Ableitung **hudeln** ´schlampig arbeiten´, vgl. auch *lobhudeln.*

hudern *swV. per. reg.* ´die Küken unter die Fittiche nehmen, im Sand baden´ (< 20. Jh.). Zu lautähnlichen Wörtern der Bedeutung ´niederkauern´ (**hoddern** u.ä.). Zu einer ähnlichen Grundlage wie *hocken* oder eine lautliche Abwandlung von diesem.

Huf *m.* (< 9. Jh.). Mhd. *huf*, ahd. *huof*, as. *hōf* aus g. **hōfa- m.* ´Huf´, auch in anord. *hófr*, ae. *hōf*, afr. *hōf*. Vergleichbar ist ai. *śaphá- m.* ´Huf, Klaue´ und russ. *kopýto n.* ´Huf´, das an russ. *kopát́* ´graben, hauen´ (´scharren´?) angeschlossen werden kann. Könnte also ´die Scharre´ sein aus einer Wurzel ig. **kap-* oder **kop-*, mit Dehnstufe im Germanischen und einer Aspirata unklarer Herkunft im Indischen. Das Russische zeigt hier den Anlaut einer Kentum-Sprache. Nndl. *hoef*, ne. *hoof*, nschw. *hov*, nisl. *hófur*.

Hufe *f. arch.*, obd. **Hube** *f.* ´Landmaß´ (< 8. Jh.). Mhd. *huobe*, ahd. *huob(a), huobi*, as. *hōƀa, hōva* vergleicht sich mit gr. *kêpos m.* ´Garten, eingehegtes, bepflanztes Land´. Vermutlich weiter zu lit. *kõpti* ´scharren, scharrend häufen´, lit. *kuõpti* ´reinigen, säubern, ernten´. Ausgangsbedeutung ist wohl ´das zubereitete, hergerichtete Land´.

Hoops (1911/19), II, 565; W. Schlesinger in: E.-J. Schmidt (Hrsg.): *FS W. Schröder* (Berlin 1974), 15−85; W. P. Schmid *AAWG* III,115 (1979), 71−73; H. Tiefenbach in: Beck/Denecke/Jankuhn (1980), 314−316.

hufen *swV. per. reg.*, auch **hūpen** *ndd.* ´zurückgehen lassen´ (< 19. Jh.). Dazu der Zuruf an Zugtiere

hūf, hauf ´zurück´; vgl. ae. *onhupian*, anord. *hopa* ´sich zurückbewegen´. Herkunft unklar. Vielleicht mit teilweise gedehnter Schwundstufe zu (ig.) **keub-* ´sich biegen, beugen´ (s. unter *Hüfte*), weil die Tiere beim Zurückweichen einen Buckel machen müssen.

Huflattich *m. erw. fach.* (< 12. Jh.). Mhd. *huofleteche f.*, ahd. *huofletihha f.*, *huofletich*. Entlehnt aus l. *lattūca f.*, das in diesem Fall aus l. *lapathum n.* ´Ampfer´ stammt; dieses wiederum aus gr. *lápathon n.* ´Ampfer´. Vermischt mit l. *lactūca f.*, das unter *Lattich* behandelt ist. Das Vorderglied *Huf-* nach der breiten Form.

Hüfte *f.* (< *9. Jh., Form < 15. Jh.). Mhd. *huf*, ahd. *huf* aus g. **hupi- m.* ´Hüfte´, auch in gt. *hups*, ae. *hype m.* Das *t* ist im Neuhochdeutschen sekundär angetreten; das Femininum nach dem Plural. Außergermanisch entspricht an sich am genauesten gr. *kýbos m.* ´Höhlung vor der Hüfte beim Vieh´, doch bedeutet dieses Wort auch ´Würfel u. a.´, so daß der Zusammenhang nicht gesichert ist. Semantisch weiter entfernt ist l. *cubitum n.* ´Ellbogen´ (also ´Gelenk´?). Zu Wörtern für ´sich biegen, beugen´ auf einer Grundlage (ig.) **keu-* mit verschiedenen Auslauten (gr. *kýptō* u.ä.). Vgl. das Reimwort mndd. *schuft* (?) ´Vorderschulterblatt´.

Nndl. *heup*, ne. *hip*. S. auch *hufen, kubik-.* — Niederhellmann (1983), 169 f. Zur Entlehnung ins Finnische s. Koivulehto *BGDSL-T* 103 (1981), 178.

Hügel *m.* (< 16. Jh.). Vom Ostmitteldeutschen aus verbreitet, vor allem durch Luther. Älter ist die hochstufige Form mhd. *houc n.*, ahd. *houg, houc, hōg n.*, anord. *haugr*. Letztlich zu einer Grundlage (ig.) **keuk-* ´sich biegen, wölben, krümmen´ (in ai. *kucáti* ´sich zusammenkrümmen´, serbo-kr. *čúčati* ´hocken, kauern´, s. nhd. *hocken*) gehören Wörter für verschiedene Erhebungen, etwa ai. *kuca- m.* ´weibliche Brust´, lit. *kaũkas* ´Beule´, lit. *kaũkaras* ´Hügel´.

S. auch *Hohn.* — B. Hesselman *MASO* 2 (1939), 12 f.; Valtavuo (1957), 37−49; K. Bischoff: *Germ. *haugaz* ´Hügel, Grabhügel´ im Deutschen (Mainz, Wiesbaden 1975).

Huhn *n.* (< 9. Jh.). Mhd. *huon*, ahd. *huon*, as. *hōn, hān* aus g. **hōnaz n.* ´Huhn´, auch verbaut in anord. *hæns n.*, *hænsni Pl.* (u.ä.). Dehnstufige Zugehörigkeitsbildung (Vriddhi) zu *Hahn*, also ´das zum Hahn Gehörige´.

Darms (1978), 122−133.

Hühnerauge *n.* (< 16. Jh.). Vielleicht im Anschluß an l. *oculus pullīnus m.* gleicher Bedeutung gebildet. Die Benennung erfolgt nach dem Aussehen: eine runde Erhebung von einem Hornring umgeben.

Huld *f. obs.* (< 8. Jh.). Mhd. *hulde*, ahd. *huldī*, as. *huldi*; wie afr. *helde*, ae. *hyldu* und anord. *hylli*. Adjektiv-Abstraktum zu *hold*. Verb: **huldigen**.

M. Ohly-Steimer *ZDA* 86 (1955), 81−119; G. Althoff *FMJS* 25 (1991), 259−282.

Hulfter *f.* s. *Halfter*[2].

Hulk, **Holk** *f./m./(n.) per. fach.* ´abgetakeltes Schiff´ (< 12. Jh.). Mndd. *hulk m.*, spahd. *holco m.* ´Lastschiff´, entlehnt (über afrz. *hulque*) aus ml. *hulcus m.*, das seinerseits aus gr. *holkás f.* ´Schleppkahn´ (zu gr. *hélkein* ´ziehen´) stammt.
Kluge (1911), 383 f.

Hülle *f.* (< 9. Jh.). Mhd. *hülle*, ahd. *hulla* ´Obergewand´; Verbalabstraktum zu *hehlen* in seiner ursprünglichen Bedeutung ´verbergen´, also das ´(Ver)bergende´. Gemeint ist zunächst die Kleidung, besonders in der Formel *Hülle und Fülle*, die wie l. *vīctus et amictus* ´Kleidung und Nahrung´ bedeutet (zu *voll* ´satt´), danach aber nach der jüngeren Bedeutung von **Fülle** umgedeutet wird. Abgeleitet oder parallel aus *hehlen* gebildet ist das Verb **hüllen**. S. *Hülse*.

Hülse *f.* (< 11. Jh.). Mhd. *hülse*, ahd. *hulis(a)*, *hulsca*. Mit einem *s*-Suffix (etwa *-isjō*) gebildet zu *hehlen* in dessen ursprünglicher Bedeutung ´verbergen´ (und ´bedecken´), also ´Bedeckung´.
S. *Hülle*. − Kluge (1926), 45.

Hulst *m. per. fach.* ´Stechpalme´ (< 10. Jh.). Mhd. *huls*, ahd. *hul(i)s(boum)*, as. *hul(i)s*. Mit anderen Suffixen und Weiterbildungen ae. *hole(g)n* (ne. *holly*), anord. *hulfr* und außergermanisch mir. *cuilenn*, kymr. *celyn*. Mit anderen Bezeichnungen für spitzige Gegenstände wohl zu einer Erweiterung zu **ak-* ´spitzig´ (s. unter *Ähre*).
E. Björkmann *ZDW* 2 (1902), 211 f.; F. Solmsen *BGDSL* 27 (1902), 366 f.; V. Hubschmied *VR* 3 (1938), 69 f.; Marzell 2 (1972), 979−982.

human *Adj. erw. fremd.* ´menschenwürdig´ (< 17. Jh.). Entlehnt aus l. *hūmānus*, zu l. *homo* ´Mensch´ (die Lautverhältnisse sind aber unklar). Abstraktum: **Humanität**; Adjektiv: **humanitär**. Da das damit verknüpfte antike Lebensideal mit der Wiederaufnahme antiker Studien (seit dem 14. Jh.) in den Vordergrund gestellt wurde, kann die Täterbezeichnung **Humanist** und das Adjektiv **humanistisch** einfach ´auf das Studium der alten Sprachen bezogen´ bedeuten.
Das lateinische Wort wird als ´Irdischer´ zu einem Wort für ´Erde´ (l. *hūmus*) gestellt; zur germanischen Entsprechung s. *Bräutigam*. S. auch *Homunculus* und *Lomber*. − *DF* 1 (1913), 272−274; G. Schoppe *ZDW* 15 (1914), 186 f.; P. O. Kristeller *Byzantion* 17 (1944/45), 346−374; K.-H. Weimann *DWEB* 2 (1963), 392; R. Newald: *Humanitas, Humanismus, Humanität* (Berlin 1963), 1−66; R. Schulte in *Europäische Schlüsselwörter* 2 (1964), 382−411; V. R. Giustiniani *JHI* 46 (1985), 167−195.

Humbug *m. stil.* (< 19. Jh.). Entlehnt aus ne. *humbug*, dessen Ursprung nicht mit Sicherheit geklärt ist.

DF 1 (1913), 274; J. L. Knethe *AS* 13 (1938), 86 f.; Rey-Debove/Gagnon (1988), 403.

Hummel *f.* (< 10. Jh.). Mhd. *hum(m)el*, *humbel m.*, ahd. *humbal*, *hummel m.*, mndd. *homele*, *hummel*, mndl. *hom(m)el*. Wie me. *humbil*, nnorw. nschw. *humla* ein altes lautmalendes Wort für den Summton dieser Insekten; vgl. mhd. *hummen*, nndl. *hommelen*, me. *hummen*, ne. *hum* ´summen´. Außergermanisch stehen am nächsten russ. *šmel' m.*, apreuß. *camus* ´Hummel´, lit. *kamãnē* ´Erdbiene´.
O. Hauschild *ZDW* 12 (1910), 32; E. Nieminen *LP* 3 (1951), 187−205; W. Mitzka in *FS W. Schröder* (Berlin 1974), 154−161.

Hummer *m.* (< 16. Jh.). Entlehnt über ndd. *hummer* aus anord. *humarr*. Das altnordische Wort läßt sich mit gr. *kámmaros* ´eine Art Krebs´ vergleichen, doch ist die Art des Zusammenhangs unklar (es ist nicht ausgeschlossen, daß das griechische Wort aus dem Germanischen entlehnt ist).
P. Kretschmer *Glotta* 22 (1933), 103 f.

Humor *m.* (< *16. Jh., Bedeutung < 18. Jh.). Zunächst aus l. *hūmor* entlehnt, das eigentlich ´Feuchtigkeit´ bedeutet, aber in der mittelalterlichen Medizin auch die ´Körpersäfte´ umfaßt, deren Mischung die Temperamente (*cholerisch*, *phlegmatisch*, *sanguinisch* und *melancholisch*) bewirkt. Bedeutung: ´Laune, Stimmung´; Endbetonung des Wortes nach den flektierten Formen oder durch Einfluß von frz. *humeur*. Im Englischen wird das Wort (eigentlich *good humour* ´gute Säftemischung´) zur Bezeichnung für ein bestimmtes, Heiterkeit und gute Laune ausstrahlendes Temperament, also eine Bedeutungsspezialisierung, die im 18. Jh. auch ins Deutsche übernommen wird und die alte Bedeutung verdrängt, dabei aber eine spezifisch deutsche Bedeutungsfärbung bekommt: Täterbezeichnung: **Humorist**; Adjektiv: **humoristisch**.
Ganz (1957), 98 f.; K. O. Schütz *MS* 70 (1960), 193−202; K.-H. Weimann *DWEB* 2 (1963), 392; W. Schmidt-Hidding: *Humor und Witz* (München 1963); Rey-Debove/Gagnon (1988), 404−406.

Hümpel *m. per. ndd.* ´Haufen´ (< 20. Jh.). Mndd. *humpel*, entfernter in der Bedeutung ne. *hump* ´Buckel´. Das Wort ist zwar vergleichbar (z. B. ai. *kúmba- m./n.* ´das dicke Ende eines Knochens´), doch legen die allgemeine Bedeutung und die Bezeugung die Annahme von Urverwandtschaft nicht nahe. Vielleicht nasalierte Form zu *Haufen*.

humpeln *swV.* (< 18. Jh.). Übernommen aus dem Niederdeutschen, vgl. nndl. *hompelen*. Wie etwa ne. *hobble* eine expressive Bildung auf einer Grundlage (ig.) **keu-* mit labialem Auslaut (und Nasalierung). Weitere Vergleiche liegen nicht nahe.
S. *behum(p)sen*. − F. Sommer *IF* 51 (1933), 248−251.

Humpen *m. obs.*, früher auch **Humpe** *f.* (< 16. Jh.). Das Wort ist zuerst ostmitteldeutsch bezeugt; es ist vermutlich durch Leipziger Studenten verbreitet worden. Es ist an sich vergleichbar (gr. *kýmbos m.*/(*n.*) 'Schale', gr. *kýmbē f.* 'Trinkgefäß', ai. *kumbhá- m.* 'Topf'), doch handelt es sich bei diesen eher um Wanderwörter als um Urverwandtschaft, und auch das späte Auftreten des deutschen Wortes ist einem solchen Vergleich nicht günstig. Vielleicht handelt es sich um ein Wort der niederen Umgangssprache; aber dann ist es eher als 'Klotz, Kloben' (emphatische Bezeichnung für einen schweren Krug) zu mndd. *hump* 'Höcker' und ähnlichen Wörtern zu stellen.

Lühr (1988), 117 f.

Humus *m. erw. fach.* (< 19. Jh.). Entlehnt aus l. *humus f.* 'Erde'. S. *human*.

Hund *m.* (< 8. Jh.). Mhd. *hunt*, ahd. *hunt*, as. *hund* aus g. **hunda- m.* 'Hund', auch in gt. *hunds*, anord. *hundr*, ae. *hund*, afr. *hund*. Dieses mit dentaler Erweiterung zu ig. **ḱu-ōn m.* 'Hund', auch in ai. *śvā́*, gr. *kýōn*, l. *canis* (lautlich unregelmäßig), air. *cú n./m.*, kymr. *ci*, lit. *šuõ*, toch. AB *ku*; hieroglyphenluwisch *suwani-* (Oshiro), heth. *kuwaš* (Melchert). Weitere Herkunft unklar. Adjektiv: *hündisch*. Femininum: *Hündin*.

Nndl. *hond*, ne. *hound*, nschw. *hund*, nisl. *hundur*. S. *hunzen, zynisch*. – Müller-Graupa *BGDSL* 79 (1957), 470–472; S. Gutenbrunner *ASNSL* (1960), 65–82; Ch. Peeters *IF* 78 (1973), 75–77; E. P. Hamp *FLH* 4 (1983), 137 f.; ders.: *IF* 85 (1980), 35–42; T. Oshiro *Orient* 24 (1988), 48; H. C. Melchert *MSS* 50 (1989), 97–101; H.-J. Sasse in *FS J. Untermann* (Innsbruck 1993), 349–366. Zu *Hund* 'Bergwerksfahrzeug' vgl.: Bielfeldt (1965), 27. Zur Entlehnung ins Finnische s. Koivulehto *Mémoires de la Société Finno-ougrienne* 185 (1983), 145–147.

hundert *Num.* (< *9. Jh., Form < 12. Jh.). Mhd. *hundert*. Das alte Wort für 'hundert' (zu 'hundertzwanzig' s. *Großhundert*) ist g. **hunda- in gt. *hund*, ae. *hund*, as. *hund*, ahd. *hunt*, mhd. *hunt*. Dazu die Erweiterung mit **-raþa- 'Zahl' (s. unter *gerade¹*) in anord. *hundrað*, ae. *hundred*, afr. *hunderd*, *hundred*, as. *hunderod*, offenbar eine Bildung der nordseegermanischen Sprachen, die nachträglich auch im Deutschen ausgebreitet wurde. G. **hunda- 'hundert' entspricht ig. **ḱm̥tó- 'hundert' in ai. *śatám*, gr. *hekatón* (*he-* zu **sem* 'eins'), l. *centum*, air. *cét*, lit. *šim̃tas*, akslav. *sŭto* (lautlich unklar), toch. A *känt*, toch. B *kante*. Vermutlich ist das Wort eine Ableitung zu **déḱm̥* 'zehn', also **dḱm̥tó- 'Zehnerschaft (von Zehnern)'.

Nndl. *honderd*, ne. *hundred*, nschw. *hundra*, nisl. *hundrað*. Zum Vorderglied s. noch *tausend*, zum Hinterglied *Rede*, zur lateinischen Verwandtschaft *Zentner*, zur griechischen *Hektar*. – A. Jensen *ZVPh* 6 (1952), 50–57; E. Risch *IF* 67 (1962), 129–141; Ch. Peeters *ZVS* 92 (1978), 27 f.; J. D. Bengtson *Diachronica* 4 (1987), 257–262; Meyer (1987), 784; Justus (1988); Ross/Berns (1992), 620.

Hundsfott *m. vulg.* (< 16. Jh.). Schimpfwort im Sinn von 'verächtlich, feige'. Eigentlich 'Fotze der Hündin'; ursprünglich sehr ordinärer Ausdruck

(vgl. entsprechendes anord. *fuðhundr* [als Spottname], ne. *son of a bitch* 'Sohn einer Hündin'; angespielt wird auf die sexuelle Aufdringlichkeit der läufigen Hündin; eventuell auch Unterstellung von Homosexualität).

Hundstage *Pl.* (< 14. Jh.). Die von dem Sternbild *canīcula*, dem Hund des Orion, beherrschten Wochen vom 24. Juli bis zum 23. August heißen schon im nachklassischen Latein *diēs canīculāres*, entsprechend in den Volkssprachen. Gemeint sind sehr heiße Tage (wie unter den *Eisheiligen* sehr kalte Frühjahrstage verstanden werden).

H. Soulahti: *Niederdeutsche Studien für C. Borchling* (Neumünster in Holstein 1932), 191–196.

Hüne *m.* (< 13. Jh.). Mhd. *hiune*, seit dem 13. Jh. in der Bedeutung 'Riese', vorher 'Hunne', wie ahd. *Hun(i) Pl.*, as. *hūn*, der Name des im 4. Jh. nach Europa einbrechenden Völkerstamms (die Form *Hunne* erscheint erst in der Humanistenzeit). Es wird angenommen, daß sich ein älteres, allerdings nicht klar faßbares Wort, sekundär mit dem Völkernamen vermischt hat. Adjektiv: *hünenhaft*.

J. Hoops in *FS H. Paul* (Straßburg 1902), 167–180; R. Much *WS* 1 (1909), 45; W. Steinhauser in *FS Pittioni* (Wien 1976), 504–347.

Hünkel *n.* s. *Hinkel*.

Hunger *m.* (< 8. Jh.). Mhd. *hunger*, ahd. *hunger*, as. *hungar* aus g. **hungru- m.* 'Hunger', auch in anord. *hungr m.*/(*n.*), ae. *hungor*, afr. *hunger*; ohne grammatischen Wechsel (mit Nasalschwund vor *h*), vgl. aber gt. *huggrjan* 'hungern'. Semantisch am genauesten stimmt hierzu das gr. Glossenwort *kénkei* 'hungert', dazu lit. *keñkti* 'weh tun' und das sekundäre anord. *há* (**hanhō-*) 'plagen, quälen'. Die Sonderbedeutung ist wohl in unpersönlichen Ausdrücken ('es plagt mich' = 'es hungert mich') entstanden; dazu das germanische Verbalnomen *Hunger*, das wohl auf einem alten *r*-Stamm beruht. Verb: *hungern*; Adjektiv: *hungrig*.

Nndl. *honger*, ne. *hunger*, nschw. *hunger*, nisl. *hungur*. – Schulze (1933), 329.

Hungertuch *n. obs. phras.* (< 15. Jh.). Zunächst bezeugt als Weihegabe für überstandene Hungersnot. Diese Bezeichnung geht dann auf die Fastentücher über, mit denen schon im 13. Jh. während der Fastenzeit die Altäre verhüllt wurden. Dies gibt zu bildlichen Wendungen wie *am Hungertuch flikken, nähen* für 'hungern, kärglich leben' Anlaß, später durch Mißverständnis *am Hungertuch nagen*.

hunzen *sw.V. per. grupp.* (< 16. Jh.). Neuhochdeutsch zu *Hund* gebildet wie entsprechendes schwäb. (*ver*)*hundaasen* zu *Hunde-Aas*. Die Bedeutung ist 'mißhandeln, verächtlich behandeln', eigentlich 'behandeln wie einen Hund'. Häufiger ist die Präfigierung mit *ver-*.

E. Gutmacher *BGDSL* 38 (1913), 560–562.

Hupe *f.* (< *18. Jh., Bedeutung < 19. Jh.). Zunächst bezeugt als Wort für eine Weidenpfeife; dann übertragen auf die modernen Signalhörner. Das Wort ist wohl lautmalend (wie *tūt, tūten* u.ä.). Verb: **hupen**. Zu beachten ist die Funktionsübertragung bei **Lichthupe**.
Th. Matthias *MS* 43 (1928), 8.

hüpfen *swV.* (< 12. Jh.). Mhd. *hupfen, hüpfen,* mndd. *huppen* neben *hopfen* (obd.), ndd. *hoppen,* ae. *hoppian,* anord. *hoppa,* vgl. auch **hopsen** und **hoppeln**. Ein expressives Wort ohne nähere Anknüpfungsmöglichkeit. Vielleicht zu gr. *kybistáō* ´ich schlage ein Rad, überschlage ̗mich, tummle mich herum´, das aber seinerseits etymologisch unklar ist. Nach Sommer zu der Lautgebärde *hup-* für eine Bewegung von unten nach oben.
S. auch *Hampelmann.* − Sommer (1977), 8. Zur Entlehnung ins Finnische s. *LÄGLOS* (1991), 131 f.

Hürde *f.* (< 9. Jh.). Mhd. *hurt,* ahd. *hurt, hurd,* as. *hurth* aus g. **hurdi- f.* ´Flechtwerk´, besonders ´geflochtene Tür´, auch in gt. *haurds,* anord. *hurð,* ae. weitergebildet in *hyrdel.* Die Ausgangsbedeutung ist ´Flechtwerk´, wie in l. *crātis* (**kṛti-),* mir. *ceirtle* ´Knäuel´ und einigem weiter Abliegenden. Man sieht die lateinische Form, die ṛə voraussetzt, als sekundär an und sucht hinter ai. *kṛṇátti* ´dreht, spinnt´ ein ursprüngliches Verb für ´flechten o.ä.´, das die Grundlage der genannten Wörter abgeben könnte. Die Zusammenhänge sind aber nicht ausreichend klar. S. *Grill, Roße.*

Hure *f. stil.* (< 8. Jh.). Mhd. *huore,* ahd. *huor n.,* mndd. *hor(r)e,* mndl. *hoere* aus g. **hōrōn f.* ´Hure´, auch in anord. *hóra,* ae. *hōre;* ein entsprechendes Maskulinum ist g. **hōra-,* anord. *hórr m.* ´Hurer´. Offenbar als ´Liebhaberin´ und ´Liebhaber´ Substantivierungen eines Adjektivs, das im Germanischen nicht mehr bezeugt ist, s. aber l. *cārus* ´lieb, begehrt´, lett. *kãrs* ´lüstern´, dazu air. *cara m.* ´Freund´ und air. *caraid* ´liebt´; *ro*-Bildungen zu (ig.) **kā-* ´begehren, lieben´, das in dem Partizip ai. *kā́yamāna-* ´begehrend, liebend´ und in ai. *kā́mam. m.* ´Wunsch, Begehren, Liebe´ vorliegt. Verb: **huren**; Abstraktum: **Hurerei**.
Nndl. *hoer,* ne. *whore,* nschw. *hora.* S. *Karitas.* − Anders (entlehnt aus slav. *kurǔva* dass.): V. Machek *Slavia* 21 (1953), 259−261. Zur Entlehnung ins Finnische s. *LÄGLOS* (1991), 125 f.

hürnen *Adj. obs.* ´aus Horn´ (< 12. Jh.). Mhd. *hürnīn, hurnīn.* Materialadjektiv auf *-īna-* zu *Horn.*

hurra *Interj.* Freudenruf (< 18. Jh.). Bezeugt erst seit dem 18. Jh., aber wohl älter. Seemannssprachliches *hurra* geht wohl auf das englische Vorbild zurück; es könnte aber auch ein Imperativ von mhd. *hurren* ´sich schnell bewegen´ eine Rolle gespielt haben; die Herkunft ist aber aufs ganze gesehen unklar.

Lokotsch (1975), 169; J. A. Waltz *JEGPh* 39 (1940), 33−75.

·Hurrikan *m.* s. *Orkan.*

hurtig *Adj. obs.* (< 14. Jh.). Spmhd. *hurtec* zu *hurten* ´vorprellen´ und *hurt(e)* ´Anprall´, Ausdrücke aus der Turniersprache, die aus afrz. *hurt* ´Stoß, Anprall´, afrz. *hurter* ´stoßen´ entlehnt und weiterentwickelt sind.

Husar *m. obs.* (< 15. Jh.). Entlehnt aus ung. *huszár* ´Lanzenreiter´. Die Eindeutschung *Husser* hat sich nicht durchgesetzt.
Zur Herkunft des Wortes gibt es verschiedene Theorien. In dem neuesten *Etymologischen Wörterbuch des Ungarischen* (hrgs. L. Burkö, Budapest 1993 ff.) wird es als Entlehnung aus serbo-kr. *husar* ´Räuber´ erklärt. − *DF* 1 (1913), 275; Steinhauser (1978), 84−92.

huschelig *Adj. per. reg.* ´unordentlich´ (< 18. Jh.). Vgl. **huscheln** ´unordentlich arbeiten´, **Huschel** ´unordentliche Frauensperson´. Wohl zu *huschen* als ´etwas (zu) schnell tun´.

huschen *swV.* (< *16. Jh., Form < 18. Jh.). Wie die Interjektion **husch** (die wohl die Grundlage bildet) seit dem 16. Jh. bezeugt (zunächst in der Form *hoschen*). Als Interjektion vergleicht sich außerhalb des Deutschen ne. *hush* ´still´. Es besteht wohl ein Zusammenhang mit *sch,* **pscht** u.ä., so daß für *huschen* wohl von ´sich lautlos (und schnell) bewegen´ auszugehen ist.
Schwentner (1924), 31.

Husten *m.* (< 9. Jh.). Mhd. *huoste,* ahd. *huosto,* mndd. *hōste,* mndl. *hoesten* aus g. **hwōstōn m.* ´Husten´, auch in anord. *hósti,* ae. *hwēsan, hwōsta;* Abstraktbildung zu altem **hwōs-a- stV.* ´husten´, das nur noch in ae. *hwēsan, hwōsan* bezeugt ist. Dieses zu ig. **kʷās-* ´husten´ in ai. *kā́ste,* kslav. *kašĺьnǫti,* lit. *kóséti* ´husten´, mir. *cosachtach f.* ´Hustenanfall´, kymr. *peswch* ´Husten´. Verben: **husten, hüsteln**.
Nndl. *hoest,* nschw. *hosta,* nisl. *hósta.* − Seebold (1970), 286 f.

Hut[1] *m.* (< 8. Jh.). Mhd. *huot,* ahd. *huot,* as. *hōd* aus wg. **hōda- m.* ´Hut, Bedeckung´, auch in ae. *hōd,* afr. *hōd;* daneben morphologisch abweichend (g.) **hattu- m.* ´Hut´ in anord. *hǫttr,* ae. *hæt(t).* Die Etymologie ist kompliziert, da hier offenbar verschiedene schwer greifbare Ansätze zusammengespielt haben. Von der Bedeutung her sind zunächst zu beachten l. *cassis f.* ´Helm´ und l. *cappa f.* ´Kappe, Überwurf´, die aber beide etymologisch nicht klar sind; zumindest l. *cassis* ist der Entlehnung aus einer anderen Sprache verdächtig. Dann ist zu berücksichtigen, daß Kleidungsstücke, die Kopf und Schultern bedecken in früherer Zeit offenbar häufig aus Ziegenfell gefertigt wurden, so daß, wie bei anord. *heðinn* ´kurzes Kleidungsstück mit Kapuze, von Pelz gemacht´ zu anord. *haðna f.* ´Ziege´, auf dieses auch im Deutschen bezeugte

Wort für ´Ziege´ zurückgegriffen werden könnte. In diesem Fall würde es sich um Zugehörigkeitsbildungen handeln (´aus Ziegenfell gemacht´, vgl. unsere *Lammfellmützen*). Schließlich gibt es offenbar eine Wurzel (ig.) **kat-*, die (von welchem Ausgangspunkt auch immer − vermutet wird ´flechtend zusammendrehen´) mit ´einschließen, bedecken u.ä.´ zu tun hat, vgl. etwa l. *catēna f.* (**katesnā*) ´Kette´, l. *cassis* ´Jägergarn, Netz, Spinngewebe´, l. *casa f.* ´Hütte u.ä.´. Die Anknüpfung an das Ziegenfell ist die natürlichste; die andere Wurzel hat sich möglicherweise durch lautlichen Zusammenfall eingemischt. Vgl. *Hut²*.

Nndl. *hoed*, ne. *hood, hat*, nschw. *hatt*, nisl. *hattur, höttur*. S. auch *Chalet, Hut², Hattrick*. − H. F. Foltin *DWEB* 3 (1963), 1−296. Zur Entlehnung ins Finnische s. *LÄGLOS* (1991), 87.

Hut² *f. obs.* (< 11. Jh.). Mhd. *huot(e)*, ahd. *huota*. Rückbildung aus dem wg. schwachen Verb **hōd-ija-* ´hüten´ in ae. *hēdan*, afr. *hōda*, as. *hōdian*, ahd. *huoten*, mhd. *hüeten*. Das Verb gehört wohl zu einem Substantiv mit der Bedeutung ´Bedeckung´ zu der unter *Hut¹* genannten Wurzel (ig.) **kat-*, die mit ´einschließen, bedecken´ zu tun hat; möglicherweise ist es in *Hut¹* aufgegangen. Verb: **(be-, ver-) hüten**; Präfigierungen: **Vor-, Nachhut**.

S. *Hude²*. − H. F. Foltin *DWEB* 3 (1963), 1−296. Zur Entlehnung ins Finnische s. *LÄGLOS* (1991), 111 f.

Hutsche *f. arch.* ´Fußbank´ (< 17. Jh.). Aus **hutschen** ´rutschen, schieben´ unklarer Herkunft.

Hutschnur *f. erw. phras.* (< 17. Jh.). Die Phrase *bis über die Hutschnur* bedeutet regional dasselbe wie *bis über die Ohren*; daß *wie eine Hutschnur* gelegentlich auch als Maß eines Wasserstrahls u.ä. benützt wird, hat darauf kaum einen Einfluß gehabt.

K. Gleißner *BGDSL* 58 (1934), 296 f.

Hütte *f.* (< 9. Jh.). Mhd. *hütte*, ahd. *hutta*; zu derselben Grundlage (g. **hud-*) wie *Haus*. Ne. *hut* u. a. sind aus dem Deutschen entlehnt. Als *Hütte* wurde von den Bergleuten auch der Bau bezeichnet, in dem Erz geschmolzen wurde, daher **Hüttenwerk** und **Glashütte**; auch **verhütten**.

Wolf (1958), 102 f.

Hutzel *f. per. reg.* ´gedörrtes Obst´ (< 14. Jh.). Mhd. *hützel, hutzel* ´getrocknete Birne´ zu **(ver)-hutzeln**, ndd. *hotten* ´einschrumpfen´, vgl. ndd. *hotte* ´geronnene Milch´. Vielleicht zu einer Dentalerweiterung der Wurzel (ig.) **keu-* ´sich biegen, zusammenkrümmen´ (zu deren Tektalerweiterung s. *hocken*).

A. Palm *WJV* (1961/64), 134−154.

Hyäne *f. exot.* (< 11. Jh.). Ahd. *(h)ijēna*, dann wieder fnhd. *hienna, hientier*. Entlehnt aus l. *hyaena*, dieses aus gr. *hýaina* (der Form nach von dem Wort für ´Schwein´ abgeleitet, doch ist das Benen-

nungsmotiv unklar − vielleicht wegen des borstigen Rückens).

DF 1 (1913), 275.

Hyazinthe *f. erw. fach.* (eine Blume) (< 17. Jh.). Entlehnt aus l. *hyacinthus*, dieses aus gr. *hyákinthos*, die ursprünglich eine andere Blume bezeichnen.

DF 1 (1913), 275 f.

Hybride *f./m. per. fach.* ´durch Kreuzung entstandenes Wesen´ (< 19. Jh.). Entlehnt aus l. *hybrida, hibrida f.* unbekannter Herkunft. Adjektiv: **hybrid**.

Hybris *f. bildg.* ´Hochmut, Vermessenheit´ (< 19. Jh.). Entlehnt aus gr. *hýbris*, eigentlich ´frevelhafte Vermessenheit gegenüber den Göttern´.

J. T. Hooker *AB* 19 (1975), 125−137; Richter (1981), 155 f..

Hydrant *m. erw. fach.* ´Wasserzapfstelle´ (< 19. Jh.). Entlehnt aus ne. *hydrant*, einer Neubildung zu gr. *hýdōr n.* ´Wasser´. Da das Suffix lateinisch ist, handelt es sich um eine Hybridbildung.

Cottez (1980), 188.

hydraulisch *Adj. erw. fach.* (< 18. Jh.). Entlehnt aus l. *hydraulicus*, dieses aus gr. *hydraulikós*, eigentlich ´zur Wasserorgel gehörig´ (zu gr. *hýdōr* ´Wasser´ und gr. *aulós* ´Flöte, Röhre´). Dann übertragen auf Maschinen mit ähnlichen Leitungssystemen.

DF 1 (1913), 276; Cottez (1980), 188.

hydro- *Präfixoid* mit der Bedeutung ´Feuchtigkeit, Wasser´ (z. B. *Hydrokultur*). Es wurde in Entlehnungen aus dem Griechischen ins Deutsche übernommen und in neoklassischen Bildungen verwendet; es ist die Kompositionsform von gr. *hýdōr* ´Wasser´.

Cottez (1980), 188 f.

Hygiene *f. erw. fach.* (< 18. Jh.). Zuerst im Französischen aus gr. *hygieiná* ´Gesundheit´ entlehnt, *n. Pl.* des Adjektivs gr. *hygieinós* ´heilsam, der Gesundheit dienlich´, dieses ist eine Ableitung von gr. *hygieía* ´Gesundheit´, zu gr. *hygiḗs* ´gesund, heilsam´ (eigentlich ´gut lebend´).

Zur griechischen Verwandtschaft s. *Biologie*, zur lateinischen *vital*, zur deutschen *keck*. − *DF* 1 (1913), 276.

hygro- *Präfixoid* mit der Bedeutung ´Feuchtigkeit´ (z. B. *Hygrometer, hygroskopisch*). Es wurde vornehmlich in griechischen Entlehnungen ins Deutsche übernommen; sein Ursprung ist gr. *hygrós* ´naß´.

Cottez (1980), 190.

Hymne *f.* (< 8. Jh.). In verschiedenen Lautformen zu verschiedenen Zeiten entlehnt aus l. *hymnus m.*, dieses aus gr. *hýmnos m.*, dessen Ursprung nicht mit letzter Sicherheit geklärt ist (zu *Hymen* als ursprüngliches Hochzeitslied?). Die heutige Form und Bedeutung geht auf eine Entlehnung des

18. Jhs. zurück, bei der wohl die französische Lautform (frz. *hymne*) eine Rolle gespielt hat. Adjektiv: **hymnisch**.

DF 1 (1913), 276; Maher (1987), 71.

hyper- *Präfixoid* mit der Bedeutung ´über, hinaus, übermäßig´. Es wird in griechischen Wörtern übernommen und geht auf gr. *hýper, hypér* zurück. Damit verwandt ist l. *super*.

Cottez (1980), 191 f.; *Brisante Wörter* (1989), 387–390.

Hyperbel *f. per. fach.* (< 18. Jh.). Entlehnt aus l. *hyperbole*, dieses aus gr. *hyperbolḗ*, eigentlich ´das darüber hinaus Werfen´ zu gr. *bállein* ´werfen´. Gemeint ist in der Rhetorik eine Übertreibung, in der Geometrie eine Figur, die über das Maß des Kreises hinausgeht.

DF 1 (1913), 276.

hypnotisch *Adj. erw. fach.* (< 18. Jh.). Entlehnt aus l. *hypnōticus*, dieses aus gr. *hypnōtikos* ´einschläfernd´, zu gr. *hýpnos* ´Schlaf´ (**hypnotisches Pulver** ´Schlafpulver´). Die heutige Bedeutung geht auf ne. *hypnotism* und *hypnotize* zurück, die zuerst von dem Arzt J. Braid 1843 so benutzt wurden. Das Abstraktum **Hypnose** ist ohne antikes Vorbild. Verb: **hypnotisieren**.

DF 1 (1913), 276; Cottez (1980), 192.

hypo- *Präfixoid* mit der Bedeutung ´darunter, unter´. Es wird in griechischen Wörtern übernommen und geht auf gr. *hýpo, hypó* zurück. Verwandt ist *auf*.

Cottez (1980), 192 f.

Hypochonder *m. per. fach.* ´Person mit unbegründeten Krankheitsvorstellungen´ (< 18. Jh.). Rückbildung zu d. *hypochondrisch* ´schwermütig´ (zunächst nur von Männern gesagt, im Gegensatz zu *hysterisch*). Dieses geht zurück auf gr. *hypochóndrios* eigentlich ´unterhalb des Brustknorpels liegend´, zu gr. *chóndros* ´Brustknorpel´ und gr. *hypo-*.

Nach antiker Auffassung saßen die Gemütskrankheiten im Unterleib.

DF 1 (1913), 276 f.; Ganz (1957), 102.

hypotaktisch *Adj. per. fach.* ´untergeordnet (von Satzteilen)´ (< 19. Jh.). Entlehnt aus gr. *hypotaktikós*; dieses aus gr. *hypotássein* ´unterordnen´, aus gr. *hypo-* und *tássein* ´ordnen´. Als grammatischer Terminus aber erst in der syntaktischen Theorie des 19. Jhs. verwendet.

Hypotenuse *f. per. fach.* ´die dem rechten Winkel gegenüberliegende Seite eines Dreiecks´ (< 15. Jh.). Entlehnt aus ml. *hypotenūsa*, dieses aus gr. *hypoteínousa* ´die darunter ausgestreckte (Seite)´, zu gr. *hypo-* und gr. *teínein* ´spannen´. Zur lateinischen Verwandtschaft s. *Tenor*, zur deutschen *dehnen*.

Hypothek *f. erw. fach.* (< 16. Jh.). Entlehnt aus l. *hypothēca*, dieses aus gr. *hypothḗkē*, eigentlich ´Unterlage, Untergestell´, zu gr. *hypotithénai* ´darunterstellen, verpfänden´, zu gr. *tithénai* ´setzen, stellen, legen´ und gr. *hypo-*. Das Pfandrecht wird also als ´Grundlage´ (eines Vertrags) angesehen. Adjektiv: **hypothekarisch**.

Zur griechischen Verwandtschaft s. *Theke*. – *DF* 1 (1913), 277.

Hypothese *f. erw. fach.* (< 18. Jh.). Entlehnt aus ml. *hypothesis*, dieses aus gr. *hypóthesis*, zu gr. *hypotithénai* ´unterstellen´, zu gr. *tithénai* ´setzen, stellen, legen´ und gr. *hypo-*. Adjektiv: **hypothetisch** (schon 17. Jh.).

Zur griechischen Verwandtschaft s. *Theke*. – *DF* 1 (1913), 277; A. Menne *AB* 22 (1978), 120 f.

hysterisch *Adj. erw. fach.* (< 18. Jh.). Entlehnt aus l. *hystericus*, dieses aus gr. *hysterikós*, eigentlich ´die Gebärmutter betreffend´, zu gr. *hystéra* ´Gebärmutter, Mutterleib´. Die Hysterie wurde von der älteren Medizin als eine Frauenkrankheit gesehen und auf eine Erkrankung der Gebärmutter zurückgeführt.

DF 1 (1913), 277; Cottez (1980), 194.

I

-i *Suffix* (besonders in Kosenamen und Übernamen). In neuerer Zeit häufig Ausgang in Abkürzungen (*Krimi* aus *Kriminalroman*, aber als echtes Suffix [ohne Vorbild im Grundwort] in *Ami* aus *Amerikaner, Fundi* aus *Fundamentalist*). Jugendsprachliche Ausdrücke wie *Grufti* folgen eher englischen Bildungen wie *Hippie, Junkie* usw.

A. Greule *MS* 94 (1983/84), 207−217; ders. *SD* 30 (1986), 141−143.

-iade *Suffix* zur Bildung von Substantiv-Abstrakta; Variante von *-ade*. Während dieses nur beschränkt produktiv geworden ist, wurde *-iade* zu einem beliebten Suffix für (etwas herablassend betrachtete) literarische Werke und ungewöhnliche Ereignisse (*Köpenickiade, Münchhauseniade*).

-ianer *Suffix* zur Bezeichnung von Anhängern eines Mannes oder einer Richtung (*Freudianer, Kantianer, Wagnerianer*). Das Suffix beruht auf den lateinischen Adjektivbildungen auf *-(i)ānus*, die mit dem Suffix des Nomen agentis (usw.) adaptiert wurden.

Wortbildung 2 (1975), 405 f.

-ial *Suffix* s. *-al*.

-ibel *Suffix* s. *-abel*.

ich *Pron.* (< 8. Jh.). Mhd. *ich*, ahd. *ih*, as. *ik* aus g. **ek/ekan*; diese beiden Formen werden in den runischen Texten noch als *ek* (am Satzanfang) und *-eka* (enklitisch nach dem Verb) unterschieden, in den späteren Sprachen mußten diese Formen lautgesetzlich zusammenfallen, so daß ein Unterschied nicht mehr erkennbar ist. So auch in gt. *ik*, anord. *ek* (aonord. *iak*), ae. *ic*, afr. *ik*. Die beiden germanischen Formen gehen auf ig. **eǵ* und **eǵom* zurück; beide Formen nebeneinander zeigen auch die slavischen Sprachen, etwa in aruss. *ja* neben *jazŭ* und (mit problematischem Vokalismus) heth. *uk* neben *uga* (ebenfalls mit problematischem Vokalismus). Nur die kürzere Form haben die baltischen Sprachen (lit. *eš, aš* usw. mit unregelmäßig entwickeltem Vokalismus und Konsonantismus), nur die längere haben die arischen Sprachen (ai. *ahám* mit unregelmäßigem Konsonantismus). Ein dritter (wohl morphologisch selbständiger) Ausgang (ig.) **-ō* liegt vor in gr. *eǵō*, l. *egō*, wohl auch in der ahd. Emphaseform *ihha* und vielleicht in heth. *uk*. Die obliquen Kasus werden seit alter Zeit von dem Stamm **me-* gebildet (s. unter *mein*). Das Pronomen **eǵ* ist vielleicht mit dem ich-deiktischen Pronomen **ḱe-/ḱi-* in Verbindung zu bringen; die Verschiedenheit der Artikulationsart ist dabei ungeklärt.

Nndl. *ik*, ne. *I*, nschw. *jag*, nisl. *jeg*. S. *Egoismus*. − *HWPh* 4 (1976), 1−18; Seebold (1984), 20−24, 95; V. N. Toporov in *FS Polomé* 1 (1991), 64−88; Röhrich 2 (1992), 778.

-icht[1] *Suffix* zur Bildung von Kollektiven, hauptsächlich bei Pflanzen, z. B. *Röhricht, Kehricht*. Das auslautende *-t* ist sekundär und seit dem 16. Jh. angetreten, die älteren Formen sind mhd. *-ich, -ech, -ach*, ahd. *-ahi*.

W. A. Benware *BGDSL-T* 101 (1970), 340−343; *Wortbildung* 2 (1975), 174 f.; Lloyd/Springer 1 (1988), 104 f.; A. R. Rowley *ZDL* 61 (1994), 3−30.

-icht[2] *Suffix* zur Bildung von Adjektiven (z. B. *töricht*), heute weitgehend auf die Mundarten beschränkt (*obd.* meist als *-et*, das aber auch andere Herkunft haben kann). In der Hochsprache ist das Suffix weitgehend durch *-ig* ersetzt worden. Das *t* ist sekundär angetreten, aber schon mhd. *-oht, -eht, -iht*; ahd. *-aht, -oht*; (der ältere Zustand in gt. *stainahs* usw.). Es handelt sich um den letzten Rest einer Adjektivbildung mit ˊStammauslaut + *-ha-* und modifizierender Funktion, während *-ig* auf eine Variante mit grammatischem Wechsel (Stammauslaut + *-ga-*, gegebenenfalls mit präsuffixaler Dehnung) und exozentrischer Funktion zurückgeht.

J. Haltenhoff: *Zur Geschichte des mhd. Adjektivsuffixes ˊ-icht' und seiner Verwandten* (Diss. Heidelberg 1904); E. Seebold *TPhS* (1975), 157−172; *Wortbildung* 3 (1978), 352 f.

Idee *f.* (< 17. Jh.). Entlehnt aus l. *idea* und frz. *idée*, die zurückgehen auf gr. *idéa* ˊVorstellung, Meinung, Aussehen', zu gr. *ideĩn* ˊerblicken, erkennen', ursprünglich Aorist zu gr. *eidénai* ˊwissen, verstehen, gesinnt sein'. Der Übergang von ˊeine Idee von' zu ˊsehr wenig' (auch für Konkreta) ist nur deutsch. Hierzu als Adjektiv **ideell**. In der Bedeutung früh verselbständigt hat sich das Adjektiv ml. *ideālis* ˊder Idee, dem Urbild, entsprechend' und damit ˊmustergültig, vorbildlich, vollkommen', ins Deutsche übernommen als Adjektiv **ideal** und Substantiv **Ideal** *n.* Hierzu das Verb **idealisieren**, das Abstraktum **Idealismus**, das Nomen agentis **Idealist** und das Adjektiv **idealistisch**.

S. *Ideologie, Idol, Idylle, Kaleidoskop*; zur germanischen Verwandtschaft s. *wissen*, zur lateinischen *revidieren*. − *DF* 1 (1913), 277−280; *HWPh* 4 (1976), 55−134; W. J. Jones *SN* 51 (1979), 260; *Grundbegriffe* 2 (1982), 977−1020; Brunt (1983), 337; *LM* 5 (1991); 324−326; Röhrich 2 (1992), 778 f.

Identität *f. erw. fach.* (< 18. Jh.). Entlehnt aus ml. *identitās,* einem Abstraktum zu l. *īdem* ʿderselbeʾ, einer Erweiterung von l. *is* ʿer, derʾ. Adjektiv: *identisch*; Verb: *identifizieren.*
Das Grundwort ist verwandt mit *er.* – *DF* 1 (1913), 280; G. Schmidt *MS* 86 (1976), 333–354. Zu *Identifikation:* *HWPh* 4 (1976), 138–144.

Ideogramm *n. per. fach.* (< 19. Jh.). In der Wissenschaftssprache gebildet, um ein Schriftzeichen zu benennen, das einen Inhalt (eine Idee) repräsentiert und nicht (oder nicht von vornherein) auf die Lautform Bezug nimmt.

Ideologie *f. erw. fach.* (< 19. Jh.). Entlehnt aus frz. *idéologie,* einer neoklassischen Bildung aus gr. *idéa* ʿIdeeʾ (mit einer historisch unechten Kompositionsform) und *-logie.* Mit dem Wort wird zunächst der Versuch bezeichnet, aus den natürlichen Gegebenheiten des Menschen Prinzipien für soziale und pädagogische Ordnungen zu finden (Destutt de Tracy). Durch die Gegner der Richtung wird die Bezeichnung abgewertet. Heute versteht man darunter eine politische oder soziale Grundeinstellung, die gegen Argumente von außen immun gehalten wird. Nomen agentis: *Ideologe*; Adjektiv: *ideologisch.*
DF 1 (1913), 280; J. S. Roucek *JHI* 5 (1944), 479–488; J. Frese: *Ideologie* (Diss. Münster 1965); H. Oertel *DZPh* 18 (1970), 206–211; H.-Chr. Rauh *ebenda,* 689–715; J. Plamenatz: *Ideology* (London 1970; deutsch: München 1972); *HWPh* 4 (1976), 158–185; E. Kennedy *JHI* 40 (1979), 353–368; B. W. Head *Studies on Voltaire* 183 (1980), 257–264; *Grundbegriffe* 2 (1982), 131–169; H. Lübbe *Tutzinger Texte* 3 (1968), 9–34.

idio- *Präfixoid.* Wortbildungselement mit der Bedeutung ʿselbst, eigentümlichʾ (z. B. *Idiosynkrasie*). Es wurde in griechischen Entlehnungen ins Deutsche übernommen und ist in neoklassischen Bildungen produktiv geworden; sein Ursprung ist gr. *idios* ʿselbst, eigenʾ. S. *Idiot.*
Cottez (1980), 200.

Idiolekt *m. per. fach.* ʿSprache einer Personʾ (ursprünglich noch enger gefaßt) (< 20. Jh.). Entlehnt aus ne. *idiolect,* einer Neubildung (B. Bloch 1948) nach dem Vorbild von e. *dialect* ʿMundartʾ zu gr. *idios* ʿeigen, eigentümlichʾ.

Idiom *n. per. fach.* ʿSpracheigentümlichkeit, Phraseʾ (< 16. Jh.). Über ml. *idiōma* entlehnt aus gr. *idiōma* ʿEigentümlichkeitʾ, besonders ʿsprachliche Eigentümlichkeitʾ (Sprachausprägung oder Phrase); dieses zu gr. *idios* ʿeigen, selbstʾ. In beiden Bedeutungen wird das Wort im Deutschen verwendet, heute vorwiegend im Sinn von ʿPhraseʾ. Adjektiv: *idiomatisch*; Abstraktum: *Idiomatik.*
Cottez (1980), 200.

Idiosynkrasie *f. per. fach.* ʿEigenart, Überempfindlichkeitʾ (< 18. Jh.). Entlehnt aus gr. *idiosynkrāsía* ʿbesondere Mischung der Körpersäfte; die

dadurch bewirkte Beschaffenheit des Körpers; die Besonderheit der Reaktionenʾ, zu gr. *idios* ʿeigen, seltsam, merkwürdigʾ mit gr. *sýn* ʿzusammenʾ und gr. *krãsis, krẽsis* ʿMischungʾ, zu gr. *keránnymi* ʿich mischeʾ.
S. *idio-* und *Krater.* – *DF* 1 (1913), 280; *HWPh* 4 (1976), 187; Cottez (1980), 200.

Idiot *m.* (< 16. Jh.). Entlehnt aus l. *idiōta, idiōtēs* ʿder Ungebildete, Laie, Stümperʾ, dieses aus gr. *idiōtēs* (dass., eigentlich: ʿdie Einzelperson im Gegensatz zum Staat, der Nichtkenner im Gegensatz zum Sachverständigenʾ), zu gr. *idios* ʿeigen, privat, eigentümlichʾ. Zunächst in der Bedeutung ʿLaieʾ entlehnt; die heutige Bedeutung beruht auf einer Bedeutungsentlehnung aus ne. *idiot* ʿSchwachsinnigerʾ im 18. Jh. – im Englischen hatte das Wort diese Bedeutung als juristischer Terminus angenommen: So wurden Personen bezeichnet, die nicht im Vollbesitz der geistigen Kräfte und somit zu rationalem Denken nicht fähig sind. – Auf der ursprünglichen Bedeutung ʿeigenʾ beruhen einige Entlehnungen, die etwas Eigenartiges bezeichnen, besonders *Idiotismus* ʿsprachliche Besonderheitʾ und *Idiotikon* ʿMundartwörterbuchʾ, eigentlich ʿVerzeichnis der einer bestimmten Mundart ausschließlich eigenen Besonderheitenʾ. Abstraktum: *Idiotie*; Adjektiv: *idiotisch.*
S. *idio-.* – *DF* 1 (1913), 280 f.; E. Leser *ZDW* 15 (1914), 7; Ganz (1957), 403; K.-H. Weimann *DWEB* 2 (1963), 393; I. Schneider in *Typenbegriffe* 4 (1981), 111–131; J. Schneider *ebenda* 132–157. Zu *Idiotismus:* *HWPh* 4 (1976), 187 f.

Idol *n. erw. stil.* ʿvergöttertes Vorbildʾ (< 18. Jh.). Entlehnt aus l. *īdōlum, īdōlon* ʿSchattenbild eines Abgeschiedenen, das Bild in der Seele, das Götzenbildʾ, dieses aus gr. *eídōlon,* zu gr. *ideĩn* ʿerkennen, erblickenʾ, ursprünglich Aorist zu gr. *eidénai* ʿsehen, wissenʾ. Im Griechischen zunächst ʿVorstellung, Scheinbildʾ, dann vor allem auch im christlichen Sinn ʿGötzenbildʾ. Die heutige, positivere Bedeutung wohl aus dem Französischen und Englischen.
S. *Idee.* – *HWPh* 4 (1976), 188–192.

Idylle *f.,* **Idyll** *n.* ʿparadiesische Landschaft, friedliche Abgeschiedenheitʾ (< 18. Jh.). Entlehnt aus l. *īdyllium n.,* dieses aus gr. *eidýllion n.* ʿBildchen, besonders mit Darstellung von Szenen aus der Hirtenwelt, Hirtengedichtʾ, einem Diminutivum zu gr. *eĩdos n.* ʿErscheinung, Idee, Zustandʾ, zu gr. *ideĩn* ʿerkennen, erblickenʾ, ursprünglich Aorist zu gr. *eidénai* ʿsehen, erkennen, wissenʾ. Die spezielle Festlegung auf die Hirtenwelt beruht darauf, daß einschlägige Gedichte Theokrits so genannt wurden; sie wurden wiederum vorbildlich für die neuzeitliche Schäferdichtung. Später verallgemeinert, so daß heute der Bezug auf die Hirten- und Schäferwelt nicht mehr gespürt wird. Adjektiv: *idyllisch.*
S. *Idee.* – *DF* 1 (1913), 281; *HWPh* 4 (1976), 192–197.

-ie *Suffix* zur Bildung von desubstantivischen Kollektiva (z. B. *Aristokratie*) und von desubstantivischen (und deadjektivischen) Bezeichnungen für Verhaltensweisen oder Wissenschaftszweige (z. B. *Ökonomie, Philosophie*). Es wurde in romanischen, besonders französischen, Entlehnungen ins Deutsche übernommen; sein Ursprung ist l. *-ia*, dieses aus gr. *-ía*. − In einigen Wörtern ist die Form erweitert zu *-erie* (z. B. *Clownerie, Scharlatanerie*). Anderer Herkunft ist das Suffix in Wörtern wie *Poesie* (gr. *-si-s*, Form des *ti*-Abstraktums). Aus einer früheren Entlehnung desselben Suffixes stammt *-ei*.

Wortbildung 2 (1975), 74 f. und die dort angegebenen Stellen.

-ier *Suffix*. Dient der Bildung von desubstantivischen Personenbezeichnungen *(Bankier, Kanonier)*. Es wurde in französischen Entlehnungen ins Deutsche übernommen; sein Urprung sind funktional entsprechende lateinische Bildungen auf *-arius*. Die Entlehnung des Suffixes aus dem Lateinischen ins Deutsche hat *-er* ergeben. Die Aussprache ist teils deutsch (*Kanonier*, so bei den ganz alten und meist bei den späten Entlehnungen), teils französisch (*Bankier*, so bei den Entlehnungen seit dem 16. Jh.).

E. Öhmann *NPhM* 72 (1971), 526−539; *Wortbildung 2* (1975), 389.

-ier(en) *Suffix* zur Bildung von Verben, vielfach nur Adaptionssuffix. Es kommt aus der Infinitivform französischer Verben einerseits auf *-ier* (die auf die lateinische Infinitivform *-āre* nach Palatal zurückgehen), anderseits auf frz. *-ir* (l. *-īre*), hat sich dann aber ausgeweitet und auch Hybridbildungen ergeben (*buchstabieren*). Eine Variante (mit einem ursprünglichen Ableitungssuffix) ist *-isieren*.

E. Öhmann / L. V. Seppänen / K. Valtasaari *NPhM* 54 (1953), 159−176; *Wortbildung 1* (1973), 36−39 und die dort angegebenen Stellen; *Mediterrane Kulturen* (1986), 9−12.

-iere *Suffix*, vornehmlich zur Bildung desubstantivischer Personenbezeichnungen (z. B. *Garderobiere, Gondoliere*); daneben finden sich jedoch weitere Bildungen mit breiter semantischer Fächerung (z. B. *Sauciere, Bonbonniere*). Es wurde in französischen Entlehnungen ins Deutsche übernommen; ist dort aber nur in Augenblicksbildungen produktiv geworden. Sein Ursprung ist l. *-arius, -arium, -aria*.

Wortbildung 2 (1975), 114.

-ig *Suffix* zur Bildung von Adjektiven. Mhd. *-ic*, *-ec*, ahd. *-ig* neben seltenem *-ag* (weshalb diese Bildungen teilweise Umlaut haben, teilweise nicht). Heute das gebräuchlichste Suffix zur Bildung von Eigenschaftsadjektiven; ursprünglich Stammauslaut + *-ga-* (aus *-ko-* mit grammatischem Wechsel) zur Bildung exozentrischer Adjektive, häufig mit präsuffixaler Dehnung. Das Vorherrschen des *-i*-

rührt von der Möglichkeit, den Stammauslaut vor Ableitungssuffixen durch *-i-* zu ersetzen.

S. *-icht²*. − *Wortbildung 3* (1978), 108 f. und die dort angegebenen Stellen.

Igel *m.* (< 9. Jh.). Mhd. *igel*, ahd. *igil*, as. *igil* aus wg. **egila- m.* ΄Igel΄, auch in ae. *igel*; daneben mit Länge des Wurzelvokals anord. *igull*, ae. *īl*. Aus ig. (eur.) **eg^hi-* in lit. *ežỹs*, skr.-kslav. *ježĭ*, gr. *echīnos*, arm. *ozni*. Die Grundform kann schon ΄Igel΄ bedeutet haben und ist dann nicht weiter anschließbar. Ein etymologischer Anschluß wird versucht an (ig.) **eg^hi-* ΄Schlange, Wurm΄, so daß der Igel als ΄der zur Schlange (zum Wurm) Gehörige΄, also als ΄Schlangenfresser΄ bezeichnet wäre. Das Schlangenwort hat aber normalerweise eine andere Lautform, und in welchem Umfang diese abweichende Variante allgemein vorausgesetzt werden darf, ist unklar. Der (besonders in der zusammengerollten Verteidigungsstellung) nach allen Seiten stachelbewehrte Igel hat zu zahlreichen Übertragungen Anlaß gegeben (z. B. **Igel-Fisch, Igel-Schnitt, Igel-Stellung** usw.). Ableitung mit Partikelverb: **einigeln**.

Nndl. *egel*. − J. Brüch in: *FS P. Kretschmer* (Wien, Leipzig, New York 1926), 10 f.; Müller-Graupa *BGDSL-H* 79 (1957), 472; *LM* 5 (1991), 365 f.; Röhrich 2 (1992), 779.

igitt *Interj.* zum Ausdruck von Ekel und Abscheu, meist verdoppelt als **igittigitt**, älter auch **gittegitt**, vor allem niederdeutsch (< 20. Jh.). Wohl nur aus [i:] als Ausdruckslaut für Ekel herausbildet (kaum Entstellung von *o Gott*).

-igkeit *Suffix* s. *-heit*.

Iglu *m./n. erw. exot.* (eine aus Schneeblöcken gebaute Hütte) (< 19. Jh.). Entlehnt aus grönländ. *iglu*.

Ignoranz *f. erw. fremd.* (< 16. Jh.). Entlehnt aus l. *īgnōrantia*, einem Abstraktum zu l. *īgnōrāre* ΄nicht kennen, nicht kennen wollen, unwissend sein΄ (entlehnt als **ignorieren**), zu l. *gnārus* ΄wissend΄ und negierendem *in-*. Nomen agentis: **Ignorant**.

Zur lateinischen Sippe s. *rekognoszieren*. − *DF* 1 (1917), 281 f.

Ihle *m. per. fach.* ΄Hering, der schon gelaicht hat΄ (< 20. Jh.). Wohl zu ndl. (dial.) *iel* ΄schwach, dünn΄.

ihm *Pron.* Dativ zu *er/es* (< 8. Jh.). Mhd. *im(e)*, ahd. *imu*, as. *im(u)*; auch gt. *imma*; während altnordisch, altenglisch und altfriesisch eine mit *h*-lautende Form vorausgesetzt wird. Vd. etwa **i(s)-mōd* neben **ismēd* oder **esmēd* für das Gotische.

S. *er, es, ihn, ihr¹, ihr²*. − Seebold (1984), 70 f.

ihn *Pron.* Akkusativ zu *er* (< 8. Jh.). Mhd. *in(en)*, ahd. *in(an)*, as. *ina*; auch gt. *ina*; während altnordisch, altenglisch und altfriesisch eine mit *h*-anlautende Form voraussetzen. Aus ig. **i-m*, das zu **in* wird, worauf verschiedene Partikeln antreten: Im Gotischen *-ō*, im Deutschen eine Form, die zur Akkusativendung des Adjektivs umgeformt wird.

S. *er, es, ihm, ihr¹, ihr²*. − Seebold (1984), 69 f.

ihr[1] *Pron.* (= 2. Person Plural) (< 8. Jh.). Mhd. *ir*, ahd. *ir*, as. *gi* aus wg. **jiz* ´ihr´, auch in ae. *ge*, afr. *ji*, *i*. Daneben mit Länge anord. *ér*, aschw. *ir* und mit anderem Vokalismus gt. *jus*. Die gotische Form ist die ältere nach Ausweis von avest. *yūš*, lit. *jūs* und mit anderem Aufbau ai. *yūyám*. Die außergotischen Formen sind an die der 1. Plural im Vokalismus angeglichen worden. In Anlehnung an den französischen Gebrauch auch (seit dem 12. Jh.) als Höflichkeitsanrede gebraucht.

Nndl. *gij*. S. auch *ihn*, *ihrzen*. − Seebold (1984), 30 f.

ihr[2] *Pron.* (Formen des anaphorischen Pronomens) (< 8. Jh.). Genetiv Plural mhd. *ir*, ahd. *iro*, as. *iro*, gt. *ize*, sowie das zugehörige Possessivum; Genetiv Singular femininum mhd. *ir*, ahd. *ira*, as. *ira*, gt. *izos* und das zugehörige Possessivum; Dativ Singular femininum mhd. *ir*, ahd. *iru*, as. *iru*, gt. *izai*. Obwohl die ig. Pronominalstämme **e-* und **i-* im Germanischen lautlich nicht mehr auseinanderzuhalten sind, läßt sich ansetzen, daß die Genetiv-Plural-Form auf **i-s-ōm* zurückgeht, die femininen Formen auf **esjāi* und **esjās* mit Verlust des *j* im Germanischen. Die Erweiterung *-s(j)-* der Pronominalstämme geht wohl auf archaische Kasusformen zurück.

S. *er*. − Seebold (1984), 72 f.

ihro *Pron.* arch. (< 17. Jh.). Nach *dero* gebildet.

ihrzen *swV.* arch. ´mit *Ihr* anreden´ (< 12. Jh.). Mhd. *irzen*; mit Suffix *-zen* zum Personalpronomen *ihr* (s. *ihr*[1]) gebildet (Näheres s. *duzen*).

-ik *Suffix* zur Bildung denominaler Substantive, die eine Gesamtheit oder ein Fachgebiet bezeichnen (z. B. *Motivik*, *Informatik*). Daneben finden sich auch Bezeichnungen für ´Geartetheit, Beschaffenheit´ (z. B. *Theatralik*, *Esoterik*). Es wurde in romanischen Entlehnungen ins Deutsche übernommen und in einer Reihe von neoklassischen Bildungen verwendet (im Deutschen regelmäßig neben Adjektiven auf *-isch*, daneben Nomina agentis auf *-iker*); sein Ursprung ist gr. *-ikē*, l. *-ica*.

Wortbildung 2 (1975), 76 f. und die dort angegebenen Stellen.

Ikone *f. per. exot.* ´Kultbild´ (< 19. Jh.). Entlehnt aus russ. *ikóna*, dessen Vorform (akslav. *ikona*) aus byz. *eikóna* (vgl. auch spl. *īcōn*), aus gr. *eikōn* ´bildliche Darstellung, Ebenbild´. In wissenschaftlichen Termini, wie **Ikonoklast** ´Bilderstürmer´, ist das Wort allgemeiner verwendet; in zeichentheoretischen Ausdrücken wie **ikonisch** ´auf bildlichen Vorstellungen beruhend´ geht es auf die Grundbedeutung zurück.

LM 5 (1991), 371−376. Zu *ikonisch*: *HWPh* 4 (1976), 199.

Iler *m. per. fach.* ´Schabeisen des Kammachers´ (< 19. Jh.). Zu *ilen* ´Horn an der Innenseite abschaben´. Herkunft unklar.

ilgern *swV. per. reg.* ´stumpf werden´ (von den Zähnen) (< 15. Jh.). S. unter *eilig* ´stumpf (von den Zähnen)´.

Illumination *f. per. fach.* ´Beleuchtung, Ausmalung´ (< 18. Jh.). Entlehnt aus frz. *illumination*, dieses aus ml. *illūminatio*, zu ml. *illūmināre* ´erleuchten´, zu l. *lūmen* ´Licht´.

S. *Luzifer* und zur deutschen Verwandtschaft *Licht*. − *DF* 1 (1913), 282.

Illusion *f.* (< 18. Jh.). Entlehnt aus frz. *illusion* und l. *illūsio* *(-ōnis)*, dieses zu l. *illūdere (illūsum)* ´täuschen, betrügen, verspotten´, zu l. *lūdere (lūsum)* ´Possen treiben, spielen, täuschen´ und l. *in-*. Adjektiv: **illusorisch**; Präfixableitung: **desillusionieren**.

S. *Präludium*. − *DF* 1 (1913), 282; *HWPh* 4 (1976), 204−215; W. J. Jones *SN* 51 (1979), 260.

illustrieren *swV.* (< 16. Jh.). Entlehnt aus l. *illūstrāre* ´erläutern, aufklären, verschönern´, zu l. *illūstris* ´offenbar, strahlend, angesehen, berühmt´, zu l. *lūstrāre* ´hell machen, beleuchten´, zu l. *lūx* ´Licht´ und l. *in-*. Die Bedeutung ´mit Bildern versehen´ kommt im 19. Jh. auf und besagt eigentlich ´mit Bildern erläutern und veranschaulichen´. Abstraktum: **Illustration**. Hierher ferner **Illustrierte** *f.*, gekürzt aus **Illustrierte Zeitung** (´bebilderte Zeitung´). Das Grundwort ist als **illuster** ´berühmt´ entlehnt worden, ist heute aber nicht mehr üblich.

S. *Lüster*, *Luzifer* und zur germanischen Verwandtschaft *Licht*. − *DF* 1 (1913), 283.

Iltis *m.* (< 11. Jh.). Mhd. *iltis*, *eltes*, ahd. *illintis(o)*, *illitiso* (in der Regel als Glosse zu l. *hyaena*, wohl auf Grund einer alten Glosse ´nächtliches Untier´, was sowohl auf die Hyäne wie auch auf den Iltis paßt). Gelegentliche Diphthonge des zweiten Elements weisen auf ursprüngliche Länge des zweiten *ī*. Vgl. ndd. nndl. *ilk*, *ülk*, *ülling*. Alles Weitere ist unklar.

P. Lessiak *ZDA* 53 (1912); 121 f., 128; H. Suolahti in: *FS E. Sievers* (Halle/S. 1925), 107−114; Teuchert (1944), 345 f.; H.-F. Rosenfeld *BGDSL-H* 80 (1958), 429−435.

Image *n. erw. fremd.* ´Bild von jmd. in der Öffentlichkeit´ (< 20. Jh.). Entlehnt aus ne. *image*, dieses aus frz. *image*, älter afrz. *imagene* ´Bild´, aus l. *imāgo (-ginis) f.* ´Bild, Bildnis, Abbild´. Entfernt verwandt ist die Vorform von *imitieren*.

HWPh 4 (1976), 215−217; Carstensen 2 (1994), 693−695. Zu *Imago*: *LM* 5 (1991), 384.

imaginär *Adj. erw. fremd.* ´nicht wirklich´ (< 19. Jh.). Entlehnt aus frz. *imaginaire* (mit latinisierender Aussprache). Dieses als ´eingebildet´ zu dem unter *Image* behandelten Wort.

DF 1 (1913), 283.

Imbiß *m. obs.* (< 9. Jh.). Mhd. *imbīz*, *inbīz m./n.*, ahd. *imbiz*, *inbiz m./n.*, mndd. *immet*, Abstraktum zu ahd. *inbīzan* ´essen´ (eigentlich ´entbeißen´); die

Bedeutungsentwicklung beim Verb ist nicht hinreichend klar. Alem. *zimmes* ist aus *ze imbiz* 'zum Imbiß' zusammengewachsen. Nndl. *ontbijt*. S. *beißen*.

imitieren *swV.* (< 16. Jh.). Entlehnt aus l. *imitārī*, das mit l. *imāgo* 'Bild, Bildnis, Abbild' verwandt ist. Abstraktum: *Imitation*; Nomen agentis: *Imitator*.

Imker *m. erw. fach.* (< 18. Jh.). Aus dem Niederdeutschen/Niederländischen übernommen für das alte *Bienenvater* und *Zeidler*. Das Wort ist eine Täterbezeichnung auf *-ker* zu *Imme* (wohl nicht zu einem **imbi-kaz-ja-* 'Bienenkorb', das nicht bezeugt ist).
Th. Frings *BGDSL* 54 (1930), 159; M. J. vdMeer *BGDSL* 55 (1931), 73−76; H. Dittmaier in: *FS Foerste* (1970), 202−205.

immanent *Adj. per. fach.* 'in der Sache liegend' (< 18. Jh.). Entlehnt aus dem ml. *immanēns* der philosophischen Wissenschaftssprache; dieses eine Partizipialform zu l. *immanēre* 'darin bleiben, anhaften'. Aus der gleichen Grundlage *permanent* und weiter entfernt *Menagerie*.

immatrikulieren *swV.* s. *Matrikel*.

Imme *f. obs.* (< 9. Jh.). Mhd. *imbe, imp(e), imme m.*, ahd. *imbi m.* aus wg. **imbi- m.* 'Schwarm, Bienenschwarm', auch in ae. *ymbe m.(?)*. Die Bedeutung 'Biene' ist erst spätmittelhochdeutsch, in den Mundarten wird z. T. zwischen den beiden Bedeutungen unterschieden (westfäl. *īme f.* 'Biene', westfäl. *īmen m.* 'Bienenschwarm', schwz. *immi n.* 'Biene', schwz. *imb m.* 'Bienenschwarm'). Die Herkunft ist unklar. Vielleicht zu air. *imbed, imbad n./m.* 'große Menge, Überfluß'.
S. *Imker*. Vgl. *Biene*. − E. Müller-Graupa *Glotta* 18 (1930), 132−137; B. Schier: *Der Bienenstand in Mitteleuropa* (Leipzig 1939), 63; N. Törnqvist *SN* 17 (1945), 182−200; Röhrich 2 (1992), 779.

immens *Adj. erw. fremd.* (< 19. Jh.). Entlehnt aus l. *immēnsus*, zu l. *mētīrī (mēnsus sum)* 'messen' und negierendem l. *in-*.
Zur Verwandtschaft des lateinischen Grundworts s. *Dimension*. − DF 1 (1913), 283f.

immer *Adv.* (< 8. Jh.). Mhd. *im(m)er, iemer*, ahd. *iomēr*, as. *eomēr, iemar*. Zusammengerückt aus ahd. *io* (s. unter *je*) und ahd. *mēr* (s. unter *mehr*). Ausgangsbedeutung ist 'immer mehr, von jetzt an', dann verallgemeinert zu 'immer'.
Nndl. *immer*. S. *nimmer*. − Behaghel 3 (1928), 189; B. Latour *MS* 99 (1980), 299−321. Zur Entlehnung ins Finnische s. *LÄGLOS* (1991), 18f.

Immi *n. arch.* (= ein Hohlmaß) (< 14. Jh.). Spmhd. *imī(n)*. Entlehnt aus l. *hēmīna f.*, ein Flüssigkeitsmaß (Hälfte eines Sextarius), das auf gr. *hēmína f.* 'Hälfte' (als Maß, zu gr. *hēmi-* 'halb-') zurückgeht. S. auch *Himten*.

immigrieren *swV.* s. *emigrieren* und *in-*.

Immobilie *f.*, meist *Pl.*, *erw. fach.* (< 18. Jh.). Entlehnt aus ml. *immobilia* für *rēs immōbilēs* 'unbewegliche Dinge'. S. *mobil, Mobiliar* und zur Grundlage *Promotion*.

immun *Adj.* (< 18. Jh.). Entlehnt aus l. *immūnis* 'frei (von Abgaben), dienstfrei, unberührt, rein', zu l. *mūnus* 'Verrichtung, Aufgabe' und negierendem l. *in-*. Abstraktum: *Immunität*; Verb: *immunisieren*.
LM 5 (1991), 390-393.

Imperativ *m. erw. fach.* (Modus des Befehlens) (< 15. Jh.). Im Frühneuhochdeutschen entlehnt aus l. *(modus) imperātīvus*, zu l. *imperāre* 'befehlen', zu l. *parāre* 'rüsten, sich zu etwas bereiten' und l. *in-*.
Zu Entlehnungen aus der lateinischen Sippe s. *parat*. − E. Leser *ZDW* 15 (1914), 63; Brunt (1983), 338.

Imperfekt *n.* s. *Perfekt*.

Imperium *n. erw. fach.* (< 16. Jh.). Entlehnt aus l. *imperium* 'Befehlsgewalt, Reich', einer Ableitung von l. *imperāre* 'befehlen, herrschen' aus l. *parāre* 'rüsten, bereiten' und l. *in-*. Zum gleichen Verb gehört als Nomen agentis *Imperator* aus l. *imperātor* 'Befehlshaber, Kaiser' und zur ganzen Sippe das neoklassische *Imperialismus* (formal zu dem Adjektiv l. *imperiālis* 'kaiserlich').
DF 1 (1913), 283; M. Awerbuch *AB* 25 (1981), 162−184; *LM* 5 (1991), 396f. Zu *Imperator*: *LM* 5 (1991), 394f. Zu *Imperialismus*: R. Koebner / H. D. Schmitt: *Imperialism* (London 1964); *Grundbegriffe* 2 (1982), 171−236; *Brisante Wörter* (1989), 170−177.

impertinent *Adj. per. fremd.* 'unverschämt' (< 17. Jh.). Entlehnt aus frz. *impertinent*, dieses aus l. *impertinēns* 'ungehörig, unpassend', zu l. *pertinēre* 'zu etwas gehören, sich beziehen auf, sich erstrecken' und negierendem l. *in-*, zu l. *tenēre* 'halten, haben' (zu diesem s. *Tenor*) und l. *per-*. Aus der Bedeutung 'nicht zur Sache Gehöriges sagen', die vor allem in juristischer Fachsprache üblich war, entwickelt sich 'Ungehöriges sagen', daraus dann bei größerer Verbreitung des Wortes 'sich unpassend benehmen, unverschämt sein'. Abstraktum: *Impertinenz*.
A. Gombert *ZDW* 3 (1902), 179; *DF* 1 (1913), 284; W. J. Jones *SN* 51 (1979), 261.

impfen *swV.* (< *9. Jh., Bedeutung < 18. Jh.). Mhd. *impfe(te)n, inpfeten*, ahd. *impfōn, impitōn*; zunächst ein Ausdruck des Wein- und Gartenbaus für 'veredeln (pfropfen)'. Im 18. Jh. übertragen auf die Schutzimpfung von Menschen. Das Wort ist entlehnt aus l. *imputāre* gleicher Bedeutung, das seinerseits eine Nachdeutung von gr. *emphyteúō* 'ich pflanze ein, pfropfe auf' sein kann. Auf späterer Neuentlehnung beruhen schwäb. *im(p)ten*, ndd. *enten*. Die moderne Bedeutung ist eine Lehnübersetzung zu dem früheren *inokulieren*. Abstraktum: *Impfung*.
E. Nörrenberg *NJ* 71 (1948), 328f.; H. Schuchart *ZM* 20 (1951/52), 8−23; Ganz (1957), 104.

implizieren *sw V. per. fach.* ʹmitbedeuten, einschließenʹ (< 19. Jh.). Entlehnt aus l. *implicāre (implicitum, implicātum)* ʹumfassenʹ, zu l. *plicāre* ʹzusammenfalten, zusammenwickelnʹ und l. *in-*. Abstraktum: **Implikation**; Adjektiv: **implizit** (von diesem wohl die Aussprache des Verbs). Zur Sippe des lateinischen Grundworts s. *kompliziert*. − *HWPh* 4 (1976), 263−268.

Imponderabilien *Pl. per. fremd.* ʹunberechenbare Einflüsseʹ (< 19. Jh.). Substantivierung des aus ne. *imponderable* entlehnten und dann latinisierten Adjektivs (l. *ponderābilis* ʹwägbarʹ). Das Wort stammt aus der Frühgeschichte der modernen Physik, hat sich im Deutschen aber nur in übertragener Bedeutung (etwa in der Politik) gehalten. Zur Sippe des lateinischen Grundworts s. *suspendieren*. − *DF* 1 (1913), 294 f.

imponieren *sw V.* (< 18. Jh.). Das Wort ist der Form nach entlehnt aus l. *impōnere* ʹauflegen, hineinlegenʹ, zu l. *pōnere* ʹsetzen, stellen, legenʹ und l. *in-*; die Bedeutung ʹbeeindruckenʹ wird aber aus frz. *imposer* übernommen, bei dem sich das lateinische Wort mit dem Nachfolger von l. *pausāre* ʹinnehaltenʹ (s. *Pause*) vermischt hat. Das Adjektiv *imposant* ʹbeeindruckendʹ ist dagegen eine direkte Entlehnung aus dem Französischen. S. *komponieren*. − *DF* 1 (1913), 285. Zu *Imponiergehabe* vgl.: *HWPh* 4 (1976), 268 f.

Import *m. erw. fach.* (< 18. Jh.). Entlehnt aus ne. *import*, einer Ableitung von e. *import* ʹeinführenʹ (entlehnt als **importieren**), aus l. *importāre* ʹhineintragen, einführenʹ, zu l. *portāre* ʹtragen, befördernʹ und l. *in-*. Nomen agentis: **Importeur**. S. *Porto*. − *DF* 1 (1913), 285; Ganz (1957), 104 f.; Schirmer (1911), 86; W. J. Jones *SN* 51 (1979), 261; Rey-Debove/Gagnon (1988), 416 f.

imposant *Adj.* s. *imponieren*.

impotent *Adj. erw. fach.* ʹzeugungsunfähigʹ (< 17. Jh.). Entlehnt aus l. *impotens*, der verneinten Form von l. *potens* ʹmächtig, vermögendʹ (s. *potent*). *DF* 1 (1913), 285.

imprägnieren *sw V. erw. fach.* (< 16. Jh.). Das Wort ist entlehnt aus l. *impraegnāre* ʹschwängernʹ, zu l. *praegnāns* ʹschwangerʹ und l. *in-*, zu l. *nāscī* ʹgezeugt werden, geboren werden, entstehenʹ und l. *prä-*. Das lateinische Wort wird auch in der übertragenen Bedeutung ʹerfüllen, sättigenʹ gebraucht, auf die sich die moderne Bedeutung bezieht, zunächst in der Fachsprache der Chemie. Zur Sippe des lateinischen Wortes s. *Genus*. − *DF* 1 (1913), 285; K.-H. Weimann *DWEB* 2 (1963), 393.

Impresario *m. per. fach.* ʹKünstleragentʹ (< 18. Jh.). Entlehnt aus it. *impresario*, zu it. *impresa* f. ʹUnternehmenʹ, zu l. *prehendere, (prehēnsum)* ʹfassen, ergreifen, nehmenʹ und l. *in-*. Die Schreibung zunächst mit *-ss-* (durch falschen Anschluß an *-press-*?). S. *Prise, preisgeben, Repressalie*. − *DF* 1 (1913), 285.

Impression *f. per. fremd.* ʹEindruckʹ (< 16. Jh.). Entlehnt aus frz. *impression* oder von l. *impressio*. Dieses ist Abstraktum zu l. *imprimere (impressum)* ʹeindrückenʹ aus l. *premere* ʹpressenʹ und l. *in-*. Hiervon abgeleitet (nach französischem Vorbild, L. Leroy 1874) **Impressionismus** und **Impressionist**.

Impressum *n. per. fach.* ʹDruckvermerkʹ (< 19. Jh.). Entlehnt aus l. *impressum*, eigentlich ʹgedrucktʹ (normalerweise das erste Wort des Druckvermerks). Zu l. *imprimere (impressum)* ʹeindrükken, druckenʹ aus l. *premere* ʹpressenʹ und l. *in-*.

Imprimatur *n./(f.) per. fach.* ʹFreigabe zum Druckʹ (< 18. Jh.). Der lateinische Ausdruck bedeutet ʹes werde gedruckt, es kann gedruckt werdenʹ. Benützt bei der kirchlichen Druckerlaubnis und in späterer Zeit bei der Freigabe der Korrekturfahnen zum Druck durch die Zensurbehörden oder den Autor. *DF* 1 (1913), 286.

improvisieren *sw V.* (< 18. Jh.). Entlehnt aus it. *improvvisare*, zu it. *improvviso* ʹunvermutetʹ, aus l. *improvīsūs*, zu l. *prōvidēre* ʹvorhersehen, Vorkehrungen treffenʹ und l. *in-*, zu l. *vidēre* ʹsehen, begreifenʹ und l. *pro-*. Das Wort wird aus dem italienischen Stegreiftheater übernommen. Abstraktum: **Improvisation**. Zu Entlehnungen aus der lateinischen Sippe s. *revidieren*. *DF* 1 (1913), 286 f.

Impuls *m.* (< 18. Jh.). Entlehnt aus l. *impulsus* ʹAnstoßʹ, dem Abstraktum zu l. *impellere (impulsum)* ʹanstoßen, bewegenʹ, zu l. *pellere* ʹstoßen, schlagenʹ und l. *in-*. Adjektiv: **impulsiv**. Zu Entlehnungen aus der Sippe des Grundworts s. *Interpellation*. − *DF* 1 (1913), 287; *HWPh* 4 (1976), 272−274.

in *Präp.* (< 8. Jh.). Mhd. *in*, ahd. *in*, as. *in* aus g. **in*, älter **eni*, auch in gt. *in*, anord. *í*, ae. *in*, afr. *in*. Dieses aus voreinzelsprachl. **eni* in gr. *én(i)*, l. *in*, apreuß. *en* und wohl mit Schwundstufe lit. *į*. Nndl. ne. *in*, nschw. *i*, nisl. *í*. S. *ein-²*, *empor*, *en-*, *inne*, *innen*, *inner*, *innig*, *Innung*.

in-¹ *Präfix* zur Negierung des Inhalts von Adjektiven und von diesen abgeleiteten Wörtern (z. B. *indiskret*). Es wurde in Entlehnungen aus dem Lateinischen und aus den romanischen Sprachen ins Deutsche übernommen; sein Ursprung ist l. *in*, verwandt mit d. *un-* und gr. *a-* (s. *a-*). Die Assimilationsformen sind vor Labialen *im-* (*immobil*), vor /l/ *il-* (*illegitim*) und vor /r/ *ir-* (*irrational*). *Wortbildung* 3 (1978), 182 f.; Cottez (1980), 202 f.; Lenz (1991).

in-² *Präfix* mit der Bedeutungskomponente ʹhineinʹ und denselben Assimilationsformen wie *in¹* (*in-*

filtrieren, immigrieren). Es ist im Deutschen häufig analysierbar, hat aber kaum zu speziell deutschen Neubildungen geführt.

-in[1] *Suffix* der Motion (d. h. zur Bildung femininer Nomina aus maskulinen oder aus allgemeinen Artbezeichnungen). Mhd. *-īn, -inne*; ahd. *-in, -inna*; ae. *-en*. Zugrunde liegen movierende *i*-Suffixe (*ī/jō, -i-, -jō*), die im Germanischen zusammengefaßt und an verschiedene Ablautstufen von *n*-Stämmen gefügt werden.

-in[2] *Suffix* zur Bezeichnung chemischer Stoffe (z. B. *Heroin*) in neoklassischen Bildungen.

-in[3] *Kompositionsglied* in englisch-amerikanischen und amerikanisierenden Bildungen vom Typ *sit-in* (s.d.).

F. Preuß *Die neueren Sprachen* 11 (1962), 327–329; W.-D. Bald *Lebende Sprachen* 13 (1968), 65–68; K. B. Harder *ASp* 43 (1968), 149–160; F. Tschirch *ZDS* 26 (1970), 37–41; M. Uesseler *ZAA* 22 (1974), 66–72; G. D. Schmidt *DS* 7 (1979), 160–165; Carstensen 2 (1994), 697 f.

Inauguration *f. per. fach.* 'feierliche Einsetzung' (< 18. Jh.). Entlehnt aus l. *inaugurātio (-ōnis)*, einem Abstraktum zu l. *inaugurāre* 'ein *augurium* (Weissagung aus dem Vogelflug) einholen', zu l. *augur m.* 'der Augur, Vogeldeuter'. Die Auguren waren angesehene Priester, die aus dem Flug und dem Verhalten von Vögeln die Zukunft deuteten. Bei wichtigen Anlässen (z. B. Einweihung eines Tempels) wurde zuerst ein solches *augurium* eingeholt. Später vor allem im Bildungswesen übernommen, vgl. etwa *Inauguraldissertation*.
S. *Malheur*. – *DF* 1 (1913), 288.

Inbrunst *f. stil.* (< 13. Jh.). Eigentlich 'innere Glut', zu *in-* 'innen' und *Brunst* als Abstraktum zu *brennen*.

indem *Konj.* (< 15. Jh.). Mhd. *in dem*, entsprechend ahd. *innan thiu* drückt aus, daß der folgende Satz zeitlich den vorausgehenden oder nachfolgenden Satz umfaßt. Später univerbiert.
Behaghel 3 (1928), 189–192.

indessen *Adv.* (< 17. Jh.). Mhd. *inne(n) des*, ahd. *innan thes*. Der Genetiv *des* bezieht sich auf den zuvor genannten Satz. Die Erweiterung im Zuge der üblichen Erweiterung dieser Pronomina.
Behaghel 3 (1928), 192–194.

Index *m. erw. fach.* (< 19. Jh.). Entlehnt aus l. *index (indicis)* 'Register, Verzeichnis, Katalog', zu l. *indīcere* 'ansagen, bekanntmachen' (die Bedeutung unter Einfluß des Intensivums l. *indicāre* 'anzeigen, bekanntmachen'), zu l. *dīcere (dictum)* 'sagen, sprechen' und l. *in-*.
Zu Entlehnungen aus dieser Sippe s. *diktieren*. – *DF* 1 (1913), 288.

indifferent *Adj.* s. *Differenz* und *in-*[1].

indigniert *Adj. per. fremd.* (< 19. Jh.). Entlehnt aus frz. *indigné* 'entrüstet', Partizip zu einem Verb

frz. *s'indigner* 'sich empören' (zu diesem auch das Abstraktum *Indignation*). Die französische Sippe zu frz. *indigne* 'unwürdig', dieses aus l. *indignus*, Verneinung zu l. *dignus* 'würdig'. S. *dekorieren*.

Indigo *m./n. per. fach.* (ein dunkelblauer Farbstoff) (< *14 Jh., Form < 17. Jh.). Die frühere Form spmhd. *indich* ist entlehnt aus l. *indicum*, dieses aus gr. *indikón*, eigentlich 'der indische (Farbstoff)'. Danach *Indigo* im Anschluß an obit. *indigo* (aus der gleichen Quelle).
DF 1 (1913), 288; Lokotsch (1975), 72 f.; *LM* 5 (1991), 405.

Indikation *f. per. fach.* 'Feststellung von Anzeichen für bestimmte medizinische Reaktionen' (< 19. Jh.). Entlehnt aus l. *indicātio (-ōnis)* 'Anzeige (des Preises)', zu l. *indicāre* 'anzeigen, bekannt machen', einem Intensivum zu l. *dīcere (dictum)* 'sprechen, sagen' und l. *in-*. S. *Index*.

Indikativ *m. per. fach.* (Modus der „Aussage") (< 18. Jh.). Entlehnt aus l. *(modus) indicātīvus*, zu l. *indicāre* 'anzeigen, bekanntmachen'. S. *Index* und *Indikation*.
E. Leser *ZDW* 15 (1914), 62.

indisponiert *Adj. (PPrät.) per. fremd.* 'unpäßlich' (< 18. Jh.). Entlehnt aus frz. *indisposé* mit Relatinisierung der Form. Vgl. die Abstrakta *Indisponiertheit* und *Indisposition*.
S. *disponieren*; die negative Form bedeutet zunächst 'beeinträchtigen'. – *DF* 1 (1913), 289.

Individuum *n.* (< 16. Jh.). Neubildung zu l. *indīviduum* 'das Unteilbare', zu l. *dīvidere* 'teilen, trennen' und l. *in-*. Das lateinische Wort selbst ist eine Lehnbildung zu gr. *átomos m.* 'das Unteilbare' (s. *Atom*). Zunächst in der Philosophie der Stoa Bezeichnung eines Existierenden, das nicht weiter zerteilt werden kann, ohne seine Eigenart zu verlieren; dann in Renaissance und Humanismus Bezeichnung eines menschlichen Einzelwesens; schließlich das Einzelwesen im Gegensatz zur Gesellschaft. Adjektiv: *individuell* mit dem Abstraktum *Individualität*. Weiterbildungen: *Individualismus, Individualist*.
Zu Entlehnungen aus der lateinischen Sippe s. *dividieren*. – *DF* 1 (1913), 289; A. Viguier *CL* 13 (1968), 95–126; *HWPh* 4 (1976), 300–323; A. Viguier *DUSP* 4 (1987), 111–143; *LM* 5 (1991), 406–411.

Indiz *n. erw. fach.* (< 19. Jh.). In der Rechtssprache entlehnt aus l. *indicium* 'Anzeichen, Anzeige'. Dieses zu l. *indīcere* 'anzeigen' (s. *Index*).

indogermanisch *Adj. per. fach.* (< 19. Jh.). Bezeichnung für die von Franz Bopp nachgewiesene Sprachfamilie. Die Bezeichnung stammt von Malte-Brun: *Précis de la géographie universelle* (Paris 1810) für die Sprachfamilie zwischen Germanisch und Indisch (weiter westlich ist allerdings das Keltische, und weiter östlich das Tocharische).

H. Siegert *WS* (1941/42), 73−99; K. Koerner *IF* 86 (1981), 1−29; F. R. Shapiro *Historiographica Linguistica* 8 (1981), 165−170.

induktiv *Adj. per. fach.* ʿvom Einzelnen zum Allgemeinen gehendʾ (< 19. Jh.). Entlehnt aus l. *inductīvus* ʿzur Annahme geeignet, zur Voraussetzung geeignetʾ, zu l. *indūcere* ʿhinführenʾ (d. *induzieren*), zu l. *dūcere (ductum)* ʿführenʾ und l. *in-*. Abstraktum: **Induktion**. Eine zweite Anwendung der lateinischen Sippe besteht in der Physik bei der *magnetischen Induktion* ʿEinführung in Spannungsfelderʾ. Zu Entlehnungen aus der lateinischen Sippe s. *produzieren*. − *HWPh* 4 (1976), 323−335; *LM* 5 (1991), 411.

Industrie *f.* (< 18. Jh.). Entlehnt aus frz. *industrie*, eigentlich ʿFleiß, Geschäftigkeitʾ, dieses aus l. *industria*, einem Abstraktum zu l. *industrius* ʿbetriebsamʾ. Die Bedeutungsentwicklung im Anschluß an das Französische und später (ʿGesamtheit der Produktionsstättenʾ) auch an das Englische (Adam Smith?). Adjektiv: *industriell*; Verb: *industrialisieren*.

Das lateinische Wort wohl zu l. *struere* ʿschichten, bereitenʾ (Vorderglied unklar, vielleicht *in-*²). S. *konstruieren*. − A. Gombert *ZDW* 3 (1902), 180; Schirmer (1911), 87; *DF* 1 (1913), 290 f.; W. Schröder *Lendemains* 4 (1976), 45−61; *HWPh* 4 (1976), 338−343; *Grundbegriffe* 2 (1982), 237−304.

infam *Adj. erw. fremd.* (< 17. Jh.). Entlehnt aus l. *īnfāmis* ʿberüchtigtʾ oder seinem Nachfolger frz. *infâme*, zunächst als Rechtsterminus ʿehrlosʾ, dann verallgemeinert. Das lateinische Wort ist eine Präfixableitung zu l. *fāma* ʿRufʾ und bedeutet ʿder keinen (guten) Ruf hatʾ. S. *famos*. Abstraktum: *Infamie*.
DF 1 (1913), 291.

Infanterie *f. erw. fach.* (< 17. Jh.). Entlehnt aus it. *infanteria* (sowie ebenfalls aus dem Italienischen entlehntem span. *infantería* und frz. *infanterie*), einem Kollektivum zu it. *infante m.* ʿFußsoldatʾ, älter ʿEdelknabe, Kindʾ, dieses aus l. *īnfāns (-antis) m./f.* ʿein kleines Kind, Knäbleinʾ, eigentlich ʿder (noch) nicht reden kannʾ, zu l. *fārī* ʿsprechen, sagenʾ und l. *in-*. Täterbezeichnung: *Infanterist*.
S. *infantil* und zur Sippe des lateinischen Grundworts *famos*. − E. Öhmann *NPhM* 41 (1940), 37 f.; Jones (1976), 381. Zu *Infant* s. *LM* 5 (1991), 412 f.

infantil *Adj. per. fach.* (< 19. Jh.). Entlehnt aus l. *īnfāntīlis* ʿkindlichʾ, zu l. *īnfāns* ʿKindʾ, eigentlich ʿnoch nicht redendʾ zu l. *fārī* ʿsprechenʾ. S. *famos* und *in-*¹.
Cottez (1980), 204.

Infarkt *m. erw. fach.* ʿdurch Unterbrechung der Blutzufuhr verursachtes Absterben eines Organ(teil)sʾ (< 19. Jh.). Neoklassische Bildung aus l. *īnfarcīre* ʿhineinstopfenʾ, zu l. *farcīre (far[c]-tum)* ʿstopfenʾ und l. *in-*. S. *Farce*.

Infektion *f.* s. *infizieren*.

infernalisch *Adj. erw. fremd.* (< 16. Jh.). Entlehnt aus l. *īnfernālis* ʿunterirdischʾ, zu l. *īnfernus* ʿder untere, in der Unterwelt befindlichʾ, zu l. *īnfer* ʿder, die, das Untereʾ. Die Bedeutung ist bestimmt durch kirchen-l. *infernus*, it. *inferno* ʿHölleʾ.
K.-H. Weimann *DWEB* 2 (1963), 393.

infiltrieren *swV. per. fach.* ʿeindringen, einflößenʾ (< 19. Jh.). Entlehnt aus frz. *infiltrer*, einer Ableitung von frz. *filtre* ʿFilter, Tuch zum Seihenʾ, dieses aus ml. *filtrum*. Abstraktum: *Infiltration*. S. *Filter*.
Brisante Wörter (1989), 179−181.

Infinitiv *m. erw. fach.* (die unflektierte Zitierform des Verbs) (< 18. Jh.). Entlehnt aus l. *(modus) īnfīnītīvus*, eigentlich ʿder nicht Festgelegte (d. h. bezüglich Person und Numerus nicht Spezifierte)ʾ, zu l. *fīnīre* ʿbegrenzenʾ und l. *in-*, weiter zu l. *fīnis* ʿGrenzeʾ.
S. *finit*, *fein*. − Schirmer (1912), 39; E. Leser *ZDW* 15 (1914), 63.

infizieren *swV. erw. fach.* (< 16. Jh.). Entlehnt aus l. *īnficere (īnfectum)*, eigentlich ʿmit etwas anmachen, mit etwas (z. B. Gift) tränkenʾ, zu l. *facere* ʿmachenʾ und l. *in-*.

L. *facere* ist entlehnt worden in den Präfigierungen *affizieren*, *infizieren (des-)*; die Imperativform in *Faksimile* und *Faktotum*; die Form für 3.Sg. in *Fazit*, *Defizit*; über das Französische der Infinitiv in *Affäre*; das PPP in *Faktum* (usw.), präfigiert in *Effekt* (frz. *Effet*), *Konfekt*, *perfekt*, *Perfekt*, *Präfekt*; in verschiedenen französischen Formen verbaut in *Profit*, *Defätismus* und *Konterfei*, in italienischer Form in *Konfetti*; ein Partizip des Präsens in französischer Form in *süffisant*. Dann das Abstraktum in *Affekt*, *Defekt*; ein formal anderes in *Konfektion* und *Satisfaktion*; zu diesem über das Französische *Fasson*, über das Englische *Fashion*, woraus schließlich auch *fesch*; eine komplexere Form des Abstraktums in (*Faktur*), *Kontrafaktur*, *Manufaktur*, und über das Englische *Feature*; s. auch *offiziell*; das Nomen agentis in *Faktor*; zu einer damit verwandten Lokal-Ableitung *Refektorium* und *Remter*; eine Nominalkomposition in *Malefiz*; verschiedene Formen des Adjektivs der Möglichkeit in *diffizil* und *Fakultät*; eine Ableitung aus der französischen Form des präfigierten Verbs in *Konfiserie*. Zu einem Frequentativum gehört *faktitiv* und über das Portugiesische *Fetisch*. Eine abgeleitete Kompositionsform des Verbs in *identifizieren*, *modifizieren*, *ratifizieren* nebst ihren Abstrakta, zu denen auch *Gratifikation* gehört, sowie das substantivierte Partizip *Zertifikat*, das partizipiale Adjektiv *signifikant* und das Nomen agentis *Kalfaktor*; zum gleichen Wort über das Französische gehören auch *Chauffeur* und *echauffieren*. Zu einem verwandten Nomen agentis ferner *Pontifikat*. Entferntere Verwandtschaft zu *Facette*, *Fassade*. − *DF* 1 (1913), 291 f.; K.-H. Weimann *DWEB* 2 (1963), 393.

in flagranti *Adv. erw. fach.* ʿauf frischer Tatʾ (< 17. Jh.). Entlehnt aus l. *in flagranti (crīmine)*, zu l. *flagrāns (-antis)*, eigentlich ʿbrennendʾ, zu l. *flagrāre* ʿbrennenʾ. Zunächst ein Wort der Gerichtssprache.
S. *flagrant*, *Flamme*. − Röhrich 2 (1992), 779.

Inflation *f.* (< 19. Jh.). Amerikanische Entlehnung von l. *īnflātio (-ōnis)* 'das Anschwellen', eigentlich 'das Sich-Aufblasen', zu l. *īnflāre* 'hineinblasen, aufblasen', zu l. *flāre* 'blasen' und l. *in-*. Das Wort bezeichnet zunächst das Vergrößern der Geldmenge; später als Folge davon die Geldentwertung. Adjektive: *inflatorisch, inflationär*.
S. *soufflieren*. − K.-H. Weimann *DWEB* 2 (1963), 393.

Influenza *f. per. fach.* 'Grippe' (< 18. Jh.). Entlehnt aus it. *influenza*, eigentlich 'Einfluß (der Sterne)', dieses aus ml. *influentia* 'Einfluß', zu l. *influere* 'hineinfließen', zu l. *fluere* 'fließen' und l. *in-*. Seit dem 15. Jh. bedeutet das italienische Wort auch 'Epidemie, Ansteckung' (weil deren Auftreten den Sternen zugeschrieben wurde) und wird danach auf die Grippe spezialisiert.
S. *Fluidum, fluktuieren, Fluor*. − *DF* 1 (1913), 292.

Informatik *f. per. fach.* 'Wissenschaft von der elektronischen Datenverarbeitung' (< 20. Jh.). Entlehnt aus frz. *informatique*, ursprünglich eine Adjektiv-Bildung zu frz. *informer* 'informieren, unterrichten' (s. *informieren*). Durch den modernen, formalisierten Informationsbegriff spielt die elektronische Datenverarbeitung im Bereich der Information eine zentrale Rolle, die sich in diesem Terminus niederschlägt (ne. *computer science*).

informieren *swV.* (< 14. Jh.). Entlehnt aus l. *īnfōrmāre*, eigentlich 'bilden, eine Gestalt geben', zu l. *fōrmāre* 'etwas gestalten, bilden' und l. *in-*, zu l. *fōrma* 'Gestalt, Figur'. Abstraktum: *Information*; Nomen agentis: *Informator*; Adjektiv: *informativ*.
Zur lateinischen Sippe s. *Form*. − *HWPh* 4 (1976), 356 f.; R. Capurro: *Information* (München 1978).

infra- *Präfix* mit der Bedeutung 'unter, unterhalb' (z. B. *infrarot, Infrastruktur*). Es wurde vornehmlich in neoklassischen Bildungen verwendet; sein Ursprung ist l. *infra* 'unterhalb'. S. *unter* und *infernalisch*.
Cottez (1980), 204 f.

Infusion *f. per. fach.* 'Einträufelung von Flüssigkeiten' (< 18. Jh.). Entlehnt aus l. *īnfūsio (-ōnis)* 'das Hineingießen, das Einspritzen', zu l. *īnfundere* 'hineingießen, hineinspritzen', zu l. *fundere* 'gießen, fließen lassen' und l. *in-*. S. *Fondue*.

-ing *Suffix* zur Bildung von Zugehörigkeitssubstantiven u.ä. Mhd. *-inc*, ahd. *-ing*; eine erweiterte Form ist *-ling*. Entsprechend as. *-ing*, ae. *-ing*, anord. *-ingr*. Zugrunde liegt ein (ig.) *-ko-* Suffix, das an vollstufige *n*-Stämme antrat. Die Ortsnamen auf *-ingen* (und bair. *-ing* < *-iŋ-ŋ*) sind ursprünglich Dative des Plurals zu entsprechenden Namensableitungen: *Machtlfing* 'bei den Leuten des Machtolf'.
H. H. Munske: *Das Suffix '*-inga/-unga' in den germanischen Sprachen* (Marburg 1964).

Ingenieur *m.* (< 16. Jh.). Entlehnt aus it. *ingegnere* 'Kriegsbaumeister' und (später) aus frz. *ingénieur*, zu l. *ingenium n.* 'sinnreiche Erfindung, Scharfsinn', später auch 'Kriegsmaschine', zu l. *gignere* 'hervorbringen' und l. *in-*. In der Neuzeit zuerst übertragen auf Schiffsbaumeister u. a., dann verallgemeinert zu 'Techniker (mit theoretischer Ausbildung)' (in Frankreich im 17., in Deutschland im 18. Jh.).
S. *Genus*. − H. Schimank *Zeitschrift des Vereins deutscher Ingenieure* 83 (1939), 325−331 und 1287; ders.: *Der Ingenieur* (Köln 1961); Jones (1976), 381 f.; *LM* 5 (1991), 417 f.
Zu *Ingenium*: *HWPh* 4 (1976), 360−363.

Ingredienzien *Pl. per. fach.* 'Zutaten' (< 16. Jh.). Entlehnt aus dem Latein der Apotheker: ml. *ingredientia* 'was hinzukommt' zu l. *ingredī* 'eintreten, hinzukommen' (s. *Grad*).
DF 1 (1913), 292 f.

Ingrimm *m. obs.* (< 18. Jh.). Aus *in-* 'inner-' und *Grimm* als 'innerer Zorn, unterdrückter Zorn'.

Ingwer *m. erw. fach.* (< 10. Jh.). Mhd. *ingwer, ingeber*, ahd. *gingibero* (u.ä.). Entlehnt aus afrz. *gimgibre*, dieses aus l. *zingiber, gingiber n.*, dieses aus gr. *ziggiberis m./f.*, dieses wiederum aus dem Mittelindischen, z. B. pāli *singivera- n.* Davon ist der zweite Bestandteil *vera-* ein dravidisches Wort für 'Wurzel' (Ingwer wird aus einer Wurzel gewonnen), das Vorderglied ist in praktisch allen Sprachen Südostasiens in ähnlicher Lautform vorhanden, ohne daß sich eine bestimmte Sprache als Ausgangspunkt feststellen ließe. Die Deutungsmöglichkeit im Indischen (ai. *śṛṅga-vera-* 'Hornwurzel', wegen der gebogenen Form) beruht auf Sekundärmotivation.
A. S. C. Ross: *Ginger* (Oxford 1952); ders.: *Etymology* (London 1958), 146−148; Seebold (1981), 99−101; *LM* 5 (1991), 419.

Inhaber *m. stil.* (< 14. Jh.). Mhd. *inhaber*, Nomen agentis zu *innehaben*.

inhaftieren *swV. erw. fach.* (< 18. Jh.). In der Gerichtssprache zusammengebildet aus *in Haft nehmen* und mit fremder Endung versehen.

inhalieren *swV. erw. fach.* (< 20. Jh.). Entlehnt aus l. *inhālāre* 'jmd. etwas zuhauchen, anhauchen', zu l. *hālāre* 'ausduften, ausdünsten, hauchen, duften' und l. *in-*. Die Bedeutungsveränderung wohl nach frz. *inhaler*, das als Gegenstück zu *exhaler* 'ausatmen' aufgefaßt wurde. Abstraktum: *Inhalation*.
Das lateinische Wort ist wohl mit l. *animus, anima* 'Lebenshauch, Seele' urverwandt. S. *animieren*.

Inhalt *m.* (< 15. Jh.). Mhd. *innehalt*; Abstraktum zu *innehalten* 'beinhalten, in sich schließen', meist auf Schriftwerke bezogen. Adjektiv: *inhaltlich*; Präfixableitung: *beinhalten*.

inhärent *Adj. per. fach.* 'innewohnend, anhaftend' (< 19. Jh.). Entlehnt aus l. *inhaerēns (-entis)*, dem PPräs. von l. *inhaerēre* ʹanhaften, an etwas kleben', zu l. *haerēre* ʹhängen, stecken, kleben' und l. *in-*. Abstraktum: **Inhärenz.**

S. *kohärent* und zur germanischen Verwandtschaft *ahnden.* – *LM* 5 (1991), 419 f.; *HWPh* 4 (1976), 363–366.

Initialen *Pl. erw. fach.* (< 18. Jh.). Substantiviert aus l. *initiālis* ʹanfänglich' (historisch gesehen ist das Wort allerdings aus *Initialbuchstabe* gekürzt); dieses zu l. *initium* ʹAnfang', zu l. *inīre* ʹhineingehen, beginnen'. S. *Exitus.*

LM 5 (1991), 421–424.

Initiative *f.* (< 19. Jh.). Entlehnt aus frz. *initiative (législative)* ʹVorschlagsrecht (für Gesetze), Gesetzesinitiative', zu frz. *initier* ʹeinführen, den Anfang machen, einweihen', aus l. *initiāre*, zu l. *initium n.* ʹAnfang, Eingang, Ursprung', zu l. *inīre* ʹhineingehen, anfangen', zu l. *īre* ʹgehen' und l. *in-*. Zunächst entlehnt in politischen Zusammenhängen, in denen es um das Einbringen von Gesetzesentwürfen ging; danach allgemeinere Verwendung.

S. *Exitus.* – A. Gombert *ZDW* 3 (1902), 180–182; *DF* 1 (1913), 293; *Brisante Wörter* (1989), 630–632.

Injektion *f. erw. fach.* ʹEinspritzen von Flüssigkeiten' (< 19. Jh.). Entlehnt aus l. *iniectio (-ōnis)* ʹdas Einspritzen', eigentlich ʹdas Hineinwerfen', zu l. *inicere* ʹeinflößen, hineinwerfen' (entlehnt als **injizieren**), zu l. *iacere* ʹwerfen, ausstreuen' und l. *in-*. S. *projizieren.*

Injurie *f. per. fremd.* ʹBeleidigung' (< 16. Jh.). Entlehnt aus l. *iniūria* (auch: ʹUngerechtigkeit, Gewalttätigkeit'), zu l. *iniūrius* ʹungerecht', zu l. *iūs (iūris) n.* ʹSatzung, Verordnung, Recht' und l. *in-*. S. *Jura.* – *DF* 1 (1913), 293.

Inkarnation *f. per. fach.* ʹVerkörperung, Fleischwerdung, Menschwerdung' (< 18. Jh.). Entlehnt aus l. *incarnātio (-ōnis)*, einer Ableitung von kirchen-l. *incarnāre* ʹzu Fleisch werden', zu l. *caro (carnis)* ʹFleisch' und l. *in-*.

S. *Karner, Karneval.* – *HWPh* 4 (1976), 368–382; *LM* 5 (1991), 425 f.

inklusiv *Präp. erw. fremd.* (< 16. Jh.). Entlehnt aus ml. *inclusivus*, zu l. *inclūdere (inclūsum)* ʹeinschließen', zu l. *claudere* ʹschließen, versperren' und l. *in-*. Abstraktum: **Inklusion.**

S. *Klausur.* – *DF* 1 (1913), 294. Zu *Inklusen: LM* 5 (1991), 426 f. Zu *Inklusion: HWPh* 4 (1976), 383 f.

inkognito *Adv. erw. fremd.* ʹunter anderem Namen, unerkannt' (< 17. Jh.). Entlehnt aus l. *incognito*, dieses aus l. *incōgnitus* ʹunbekannt, nicht erkannt', zu l. *cōgnōscere (cōgnitum)* ʹerkennen, wahrnehmen, bemerken', zu l. *in-*, zu l. *nōscere* ʹkennenlernen'.

S. *rekognoszieren.* – *DF* 1 (1913), 294 f.

Inkubationszeit *f. per. fach.* ʹZeitraum zwischen Ansteckung und Ausbruch einer Infektionskrank-

heit' (< 19. Jh.). Übernahme von l. *incubātio (-ōnis)* ʹdas Brüten', zu l. *incubāre* ʹbebrüten, niederlegen', zu l. *cubāre* ʹliegen' und l. *in-*. S. *Konkubine.*

Inkunabeln *Pl. per. fach.* ʹErstlingsdrucke, Wiegendrucke' (< 18. Jh.). Entlehnt aus l. *incūnābula n. Pl.* ʹdie Windeln, die Wiege, die Kindheit, der Anfang', zu l. *cunae f. Pl.* ʹWiege'. Als *Inkunabeldrucke* im Sinne von ʹfrüheste Drucke' Bezeichnung für die ersten Druckerzeugnisse bis zum Jahre 1500.

LM 5 (1991), 428 f.

Inlay *n. per. fach.* (eine Zahnfüllung) (< 20. Jh.). Entlehnt aus ne. *inlay*, einer Ableitung von ne. *inlay* ʹeinlegen, einpassen', zu e. *lay* ʹlegen' und ne. *in.* S. *legen.* – Rey-Debove/Gagnon (1988), 427.

Inlett *n. per. fach.* ʹdicht gewebter Baumwollstoff für Federbetten' (< 16. Jh.). Ursprünglich niederdeutsches Wort, eigentlich *īnlāt* ʹdas Eingelassene' (zu *ein* und *lassen*). Mit dem norddeutschen Leinenhandel verbreitet.

Kretschmer (1969), 240 f.

inmitten *Präp.* (< 8. Jh.). Mhd. *in mitten*, ahd. *in mitten* + Dativ, wobei *mitten* eigentlich attributives Adjektiv ist (s. *mitten*). Neuhochdeutsch wird die Wendung umgedeutet zu ʹin der Mitte von' und demgemäß mit Genetiv konstruiert.

Behaghel 2 (1924), 32.

inne *Adv. obs.* (< 8. Jh.). Mhd. *inne*, ahd. *inna*, as. *inna* ʹinwendig' aus g. **innē Adv.* ʹinnerhalb, inwendig, innen', auch in gt. *innana*. Adverbialbildung zu *in.*

innen *Adv.* (< 8. Jh.). Mhd. *innen*, ahd. *innan(a)* aus g. **innanē Adv.* ʹinnen' (mit einzelsprachlichen Umformungen), auch in gt. *innana*. Adverbialbildung zu *in.*

inner *Adj.* (< 8. Jh.). Mhd. *inner*, ahd. *innaro, inner*; Adjektivbildung zu *in.*

innerhalb *Adv.* (< 11. Jh.). Mhd. *innerhalp*, ahd. (mit Flexion) *innerūnhalp, ininhalb, innanhalb Präp.* eigentlich ʹauf der inneren Seite' zu ahd. *halba* ʹSeite' (s. *unterhalb*).

innig *Adj. stil.* (< 11. Jh.). Mhd. *innec, innic*, mndl. *innich*, ahd. *inniglīh* ʹinnerlich'. Adjektiv-Ableitung zu den Adverbialbildungen von *in.* Abstraktum: **Innigkeit.**

H. Paul *ZDW* 10 (1909), 126; W. Fleischhauer *MDU* 37 (1945), 40–52; 40 (1948), 89–100.

Innovation *f. per. fremd.* ʹNeuheit' (< 19. Jh.). Entlehnt aus l. *innovatio* ʹErneuerung, Veränderung', Abstraktum zu l. *innovāre* ʹerneuern', zu l. *novus* ʹneu'. Der neuere Gebrauch unter englischem Einfluß. S. *Novum, neu.*

Brisante Wörter (1989), 636–639; Carstensen 2 (1994), 703.

Innung *f. erw. fach.* (< 14. Jh.). Mhd. *innunge*, mndd. *inni(n)ge, innic*; Verbalabstraktum zu ahd. *innōn* 'in einen Verband aufnehmen, verbinden'. Dieses zu *inne* und weiter zu *in*.

Obst (1983), 168−178; Röhrich 2 (1992), 779 f.

in petto *Adv. per. phras.* 'in Bereitschaft' (< 18. Jh.). Entlehnt aus it. *avere a petto*, zu it. *petto* 'Brust', aus l. *pectus*. Die Redensart ist wohl im klerikalen Rom entstanden und meint den Zustand, daß der Papst einen Priester für das Kardinalsamt zwar bereits ausgesucht hat, seine Entscheidung jedoch noch nicht bekanntgeben will.

Input *m./n. per. fach.* 'Eingabe' (< 20. Jh.). Entlehnt aus ne. *input*, einer Ableitung von ne. *put* 'setzen, stellen, legen' und ne. *in-*.

Rey-Debove/Gagnon (1988), 429; Carstensen 2 (1994), 703.

Inquisition *f. per. fach.* '(gerichtliche) Untersuchung, besonders der katholischen Kirche' (< 16. Jh.). Entlehnt aus l. *inquīsītio (-ōnis)*, einer Ableitung von l. *inquīrere (inquīsītum)* 'suchen, erkunden', zu l. *quaerere (quaesītum)* 'suchen' und l. *in-*. Seit dem 13. Jh. ist das Wort in lateinischen Texten für die Untersuchungen der Rechtgläubigkeit durch die katholische Kirche belegt. Nomen agentis: **Inquisitor**. S. *requirieren*.

Insasse *m. obs.* (< 14. Jh.). Mhd. *insæze, īnsæze* 'Einsitzender' zu *in* und *sitzen* über ein dehnstufiges Verbalabstraktum. Ähnliche Bildungen sind *Beisasse* und *Hintersasse*. Aus entsprechendem mndd. *insēte* kommt ndd. *Inste m.* 'Häusler'. S. auch *Kossat, Saß, Truchseß*.

Insekt *n.* (< 16. Jh.). Entlehnt aus l. *īnsecta Pl.*, dem substantivierten PPP. von l. *īnsecāre (īnsectum)* 'einschneiden, zerschneiden', zu l. *secāre* 'schneiden, zerschneiden' und l. *in-*. Das lateinische Substantiv (zuerst bei Plinius) ist eine Lehnbildung zu gr. *éntomon*, zu gr. *entémnein* 'einschneiden' (zuerst bei Aristoteles). Die Tiere werden nach der Segmentierung des Körpers als die 'Eingeschnittenen' bezeichnet.

S. *sezieren*. Ersatzwort ist *Kerbtier*; daneben auch *Ziefer* vorgeschlagen. − *LM* 5 (1991), 447−449; *Tiernamen* (1963−1968), 1−14.

Insel *f.* (< *9. Jh., Form < 13. Jh.). Mhd. *insel(e)* neben älterem *i(n)sule*, ahd. *isila*. Entlehnt aus l. *insula* gleicher Bedeutung (Herkunft umstritten). Auf älterer Entlehnung über romanische Zwischenstufen beruht das noch in Namen erhaltene *Isel*. S. *isolieren*.

inserieren *swV. erw. fach.* (< 16. Jh.). Entlehnt aus l. *īnserere* 'hineinfügen, hineinbringen', zu l. *serere (sertum)* 'fügen, reihen' und l. *in-*. Zunächst das Hinzufügen eines Textstücks zu einem größeren Text; seit Ende des 18. Jhs. mit Aufkommen des Anzeigenwesens für das Einfügen von Anzeigen in einen Zeitungstext gebraucht. Konkretum: **Inserat**; Nomen agentis: **Inserent**.

Ableitungen aus l. *serere* in *Sermon, Serie*; zu einer Intensivbildung gehören *desertieren* und *Dissertation*; zu *o*-stufigen Ableitungen *Sorte, Konsorte, Konsortium* und *Ressort*. − Schirmer (1911), 88; *DF* 1 (1913), 295 f.

Insider *m. per. fach.* 'Eingeweihter' (< 20. Jh.). Entlehnt aus ne. *insider*, einer Ableitung von ne. *inside* 'innen, innerhalb', zu ne. *side* 'Seite' und ne. *in-*. Zur deutschen Verwandtschaft s. *Seite*.

Carstensen 2 (1994), 704−706.

Insiegel *n. per. fach.* 'Abdruck einer Fährte' (< 10. Jh.). Mhd. *insigil(e)*, ahd. *insigil(i)* 'Siegelabdruck', eigentlich 'das ein Siegel enthält'.

LM 5 (1991), 449.

Insignien *Pl. per. fach.* 'Kennzeichen von Würde und Macht' (< 16. Jh.). Entlehnt aus l. *īnsīgnia f.* 'Abzeichen', einer Ableitung von l. *īnsīgnis* 'durch ein Abzeichen von anderen zu unterscheiden', zu l. *sīgnum n.* 'Zeichen, Abzeichen' und l. *in-*, zu l. *secāre* 'schneiden'.

S. *sezieren*. − *LM* 5 (1992), 449 f.

insolent *Adj. per. fremd.* 'unverschämt' (< 17. Jh.). Entlehnt aus l. *īnsolēns (-entis)* (eigentlich: 'ungewöhnlich'), zu l. *solēre* 'pflegen, gewohnt sein' und l. *in-*. Abstraktum: **Insolenz**.

DF 1 (1913), 296; W. J. Jones *SN* 51 (1979), 263.

Inspektion *f.* s. *inspizieren*.

Inspiration *f. erw. fremd.* 'schöpferischer Einfall' (< 17. Jh.). Entlehnt aus l. *īnspīrātio (-ōnis)*, eigentlich 'Einhauchen, Einatmen', einem Abstraktum zu l. *īnspīrāre* 'einflößen, hineinblasen', zu l. *spīrāre* 'blasen, wehen, hauchen' und l. *in-*. Verb: **inspirieren**.

S. *konspirieren*. − *DF* 1 (1913), 297; K.-H. Weimann *DWEB* 2 (1963), 394; *HWPh* 4 (1976), 401−407; *LM* 5 (1991), 450.

inspizieren *swV. stil.* (< 18. Jh.). Entlehnt aus l. *īnspicere (īnspectum)*, zu l. **specere* 'sehen' und l. *in-*. Abstraktum: **Inspektion**; Nomen agentis: **Inspektor**.

Zum PPP der Präfigierungen des lateinischen Verbs gehören *suspekt* und die Weiterbildung *Perspektive*; zu den Abstrakta *Aspekt, Prospekt* und *Respekt*; zu einer Kompositionsableitung *Frontispiz*, zu einer anderen *Auspizien*; zu nominalen Ableitungen *Spektrum, spekulieren* und das Lehnwort *Spiegel*. Zu einem Frequentativum gehören das Adjektiv *despektierlich*, das Adverb *respektive* und das Konkretum *Spektakel*. Entfernter verwandt ist *speziell*. Zu den germanischen Entsprechungen s. *spähen*, zu den griechischen *Skepsis*. − *DF* 1 (1913), 297.

installieren *swV. erw. fremd.* (< 16. Jh.). Entlehnt aus ml. *installare* 'in ein Amt einsetzen', zu ml. *stallus* 'Stuhl' (Zeichen der Amtswürde, vgl. *Lehrstuhl*). Dieses eine Latinisierung von d. *Stall*. Abstraktum: **Installation**, Nomen agentis: **Installateur**.

DF 1 (1913), 297 f.

inständig *Adj.* (< 11. Jh.). Schon althochdeutsch als *instendigo Adv.* einmal bezeugt, dann erst wieder im 16. Jh., nun als Wiedergabe (Lehnübersetzung) von l. *instanter* ´eindringlich´. Das Wort gehört zu älterem *instand m.* ´Fortdauer, Bestand´.

Instant- *Präfixoid* mit der Bedeutung ´sofort gebrauchsfähig´. Bildungen der Werbesprache nach dem Vorbild von ne. *instant coffee* ´sofort löslicher, sofort gebrauchsfähiger Kaffee´. Ne. *instant* stammt über mfrz. *instant* aus l. *īnstāns* ´nahe bevorstehend´, Partizip Präsens zu l. *īnstare* ´bevorstehen´.

Instanz *f. erw. fach.* (< 14. Jh.). Entlehnt aus l. *īnstantia,* eigentlich ´Drängen, dringendes Bitten´, einer Ableitung von l. *īnstāre* ´nahe bevorstehen´, zu l. *stāre* ´stehen, sich aufhalten´ und l. *in-*. Im Deutschen zunächst die ´beharrliche Verfolgung einer Sache´, dann übertragen auf die (Dienst)-Stelle, die gewisse Sachen verfolgt, d. h. bearbeitet – der Bedeutungsübergang ist aber im einzelnen klärungsbedürftig.
Zur lateinischen Sippe s. *Distanz.* – *HWPh* 4 (1976), 407 f.

Inste *m.* s. *Insasse.*

Instinkt *m.* (< 18. Jh.). Entlehnt aus ml. *instinctus (naturae)* ´Naturtrieb´, zu l. *īnstinguere (īnstīnctum)* ´antreiben, anstacheln´, zu l. **stinguere* ´stechen´ und l. *in-*. Adjektiv: **instinktiv**.
S. *Distinktion, stimulieren* und zur deutschen Verwandtschaft *stechen.* – *DF* 1 (1913), 298; *HWPh* 4 (1976), 408–417.

Institut *n.* (< 18. Jh.). Entlehnt aus l. *īnstitūtum* ´Einrichtung´, dem substantivierten PPP. von l. *īnstituere (īnstitūtum)* ´hinstellen, aufstellen, einrichten, regeln´, zu l. *statuere* ´stellen, errichten´ und l. *in-*. Abstraktum: **Institution**.
Zur lateinischen Verwandtschaft s. *Statut* und weiter *Distanz;* zur deutschen s. *stehen.* – *DF* 1 (1913), 298. Zu *Institution*: *HWPh* 4 (1976), 418–424.

instruieren *swV.* (< 16. Jh.). Entlehnt aus l. *īnstruere,* eigentlich ´hineinfügen, herrichten, ausrüsten´, zu l. *struere* ´schichten, errichten´ und l. *in-*. Näher an der Ausgangsbedeutung bleibt die Sippe von *Instrument.* Abstraktum: **Instruktion**; Nomen agentis: **Instrukteur**; Adjektiv: **instruktiv**.
Zur lateinischen Verwandtschaft s. *konstruieren.* – *DF* 1 (1913), 298; K.-H. Weimann *DWEB* 2 (1963), 394.

Instrument *n.* (< 16. Jh.). Entlehnt aus l. *īnstrūmentum* ´Gerät, Urkunde´, Konkretum zu l. *īnstrūere* ´herrichten, ausrüsten´, mit übertragener Bedeutung ´unterrichten´ (s. *instruieren*). Adjektiv: **instrumental**; Kollektivum: **Instrumentarium**.
DF 1 (1913), 298 f.

intakt *Adj.* (< 19. Jh.). Entlehnt aus l. *intāctus* oder frz. *intact* ´unberührt, unverletzt, unversehrt´, im Französischen auch ´einwandfrei´; im Deut-

schen umgedeutet als ´im Takt, in Ordnung´ (deshalb auch z. B. von einem Motor gesagt).
Das lateinische Wort zu l. *tangere* ´berühren´ (s. *Tangente*). – *DF* 1 (1913), 300.

Intarsie *f. per. fach.* ´Einlegearbeit´ (< 19. Jh.). Entlehnt aus it. *intarsio m.,* dieses aus arab. *tarsī* ´das Einfügen von Pretiosen´.
LM 5 (1991), 456 f.

integer *Adj.* s. *integrieren.*

integrieren *swV. erw. fach.* (< 18. Jh.). Entlehnt aus l. *integrāre (integrātum)* ´wiederherstellen, ergänzen´, zu l. *integer* ´unversehrt, unberührt, unbefangen, unbescholten´, das zu l. *tangere (tāctum)* ´berühren´ gebildet ist. Abstraktum: **Integration**.
S. *Tangente.* – Schirmer (1912), 35; *DF* 1 (1913), 300. Zu *Integration* s. *HWPh* 4 (1976), 428–431.

Intellekt *m. erw. fremd.* (< 19. Jh.). Entlehnt aus l. *intellēctus* ´Erkenntnisvermögen´, Abstraktum von l. *intellegere* ´verstehen´, aus l. *legere* ´zusammennehmen, aussuchen´ und l. *inter-*. Adjektiv: **intellektuell** (häufig substantiviert).
S. *intelligent.* – *DF* 1 (1913), 300; G. Idt *CL* 15 (1969), 35–46; T. Field *TLL* 14 (1976), 159–167; D. Bering: *Die Intellektuellen* (Stuttgart 1978); *HWPh* 4 (1976), 435–438, 444 f.; *Brisante Wörter* (1989), 181–187.

intelligent *Adj.* (< 18. Jh.). Entlehnt aus l. *intellegēns (-entis),* dem PPräs. von l. *intellegere (intellēctum)* ´verstehen, wahrnehmen, erkennen´, zu l. *legere* ´zusammennehmen, ins Auge fallen, aussuchen´ und l. *inter-*. Das lateinische Wort zu gr. *alégein* ´auf etwas achten, sich um etwas kümmern´. Abstraktum: **Intelligenz**.
S. *Intellekt, Negligé, Religion.* – *DF* 1 (1913), 300 f.; R. Schulte in *Europäische Schlüsselwörter* (München 1964), 18–49; O. W. Müller: *Intelligencija* (Frankfurt 1971); H.-J. Im: *Die Entwicklung eines europäischen Schlüsselwortes. Intelligenz* (Diss. Bonn 1975); Jones (1976), 383 f.; *HWPh* 4 (1976), 445–461.

Intendant *m. per. fach.* (< 18. Jh.). Entlehnt aus frz. *intendant* ´Verwaltungsleiter´; dieses ist dekomponiert aus älterem *superintendant,* aus ml. *superintendens,* aus l. *super* und l. *intendere* ´seine Aufmerksamkeit auf etwas lenken´. Im Deutschen wird diese Bezeichnung auf das Theater beschränkt, während die unmittelbare Entlehnung aus dem Lateinischen (**Superintendent**) vorwiegend ein kirchlicher Titel ist. S. *Intention, Tendenz.*

intensiv *Adj.* (< 18. Jh.). Entlehnt aus frz. *intensif* und relatinisiert. Das französische Wort aus frz. *intense* ´heftig´, dieses aus l. *intēnsus,* Partizipialform zu l. *intendere* ´seine Aufmerksamkeit auf etwas richten´ (von der Wurzelform *tend-,* die ursprünglich nur dem Präsens zukommt; das reguläre Partizip ist *intentus*). Abstraktum: **Intensität**; Verb: **intensivieren**.
S. *Intention* und *Tendenz.* – *DF* 1 (1913), 301.

Intention *f. per. fremd.* ´Absicht, Bestreben´ (< 16. Jh.). Entlehnt aus l. *intentio (-ōnis)*, einem Abstraktum zu l. *intendere (intentum)* ´hinwenden, anschicken, sein Streben auf etwas richten´, zu l. *tendere (tentum, tēnsum)* ´spannen, sich anstrengen für, bestrebt sein´ und l. *in-*.
Zur Sippe des zugrundeliegenden l. *tenēre* s. *Tenor* und *Tendenz*. − *DF* 1 (1913), 301; K.-H. Weimann *DWEB* 2 (1963), 394; Jones (1976), 384; *HWPh* 4 (1976), 466−474; *LM* 5 (1991), 464−466.

inter- *Präfix* mit der Bedeutung ´zwischen, in der Mitte von´ (z. B. *interkontinental, Interregnum, Intermezzo*). Es wurde in romanischen Entlehnungen ins Deutsche übernommen; sein Ursprung ist l. *inter-*; vgl. d. *unter*. In modernen Bildungen ist *inter-* gelegentlich aus *international* gekürzt.
Wortbildung 3 (1978), 223; Cottez (1980), 205 f.; Carstensen 2 (1994), 708 f.

Interesse *n.* (< *13. Jh., Bedeutung < 18. Jh.). Entlehnt aus ml. *interesse*, Substantivierung des Infinitivs von l. *interesse* ´an etwas Anteil nehmen, dazwischensein´, zu l. *esse* ´sein´ und l. *inter-*. Das Wort hat im Rechtsbereich verschiedene Bedeutungen (´Zinsen´ − ´entgangener Nutzen´ − ´Eigennutz´); im 18. Jh. übernimmt es die Bedeutung von frz. *interêt* ´Aufmerksamkeit, Teilnahme´, die aus der finiten Form l. *interest* ´es ist von Wichtigkeit´ stammt. Entsprechend nach dem französischen Vorbild das Adjektiv *interessant* und das Verb *interessieren*.
S. *Essenz* zur lateinischen Sippe. − *DF* 1 (1913), 301−303; W. Sucharowski *PL* 20 (1979), 3−36; *SW* 4 (1979), 370−410; Jones (1976), 384−386; *HWPh* 4 (1976), 478−494; *Grundbegriffe* 2 (1982), 305−365.

Interieur *n. per. fremd.* ´das Innere, die Innenausstattung´ (< 19. Jh.). Entlehnt aus frz. *intérieur m.*, dieses aus l. *interior m.*, einer Substantivierung der gleichlautenden Komparativform von l. *inter* ´innen, zwischen´.
DF 1 (1913), 303.

Interim *n. per. fach.* ´Übergangslösung´ (< 17. Jh.). Entlehnung und Substantivierung des Adverbs l. *interim* ´unterdessen, zwischenzeitlich´ (zu l. *inter*). Häufiger sind Komposita (*Interims-Regierung* usw.). Adjektiv: *interimistisch*.
DF 1 (1913), 303 f.

Interjektion *f. erw. fach.* (< 18. Jh.). Entlehnt aus l. *interiectio*, eigentlich ´das Dazwischenwerfen´, Abstraktum zu l. *intericere*, zu l. *inter* und l. *iacere* ´werfen´. Zu dessen Sippe s. *projizieren*.

Intermezzo *n. erw. fach.* ´Zwischenspiel´ (< 18. Jh.). Entlehnt aus it. *intermezzo m.*, das zurückgeht auf l. *intermedius* ´zwischen etwas befindlich, das Mittlere´, zu l. *medius* ´in der Mitte befindlich´ und l. *inter-*. Zunächst in die Bühnensprache übernommen als ´lustiges Zwischenspiel´; dann Verallgemeinerung.
DF 1 (1913), 304.

intern *Adj.* (< 19. Jh.). Entlehnt aus l. *internus* ´im Inneren befindlich, einheimisch´, zu l. *inter* ´innen, zwischen´. Dazu die neoklassische Bildung *Internat*, die Täterbezeichnung *Internist* und das Verbum *internieren*, unter englischem Einfluß auch *internalisieren*.
Carstensen 2 (1994), 710 f.

Interpellation *f. per. fach.* (< 16. Jh.). Entlehnt aus l. *interpellatio* ´Einspruch´, Abstraktum zu l. *interpellāre* ´Einspruch erheben´, Intensivum zu l. *pellere* ´schlagen, treffen, stoßen´ und l. *inter-* ´zwischen´.
Aus einer parallelen lateinischen Formation *appellieren*; vom Grundverb abgeleitet ist *Impuls* und *Propeller*.

interpretieren *sw V.* (< 16. Jh.). Entlehnt aus l. *interpretārī*, einer Ableitung von l. *interpres* ´Erklärer, Vermittler´.
K.-H. Weimann *DWEB* 2 (1963), 394; *HWPh* 4 (1976), 514−517.

Interpunktion *f. erw. fach.* (< 17. Jh.). Entlehnt aus l. *interpunctio* zu l. *punctum* ´Punkt´, also ´Punkte dazwischen setzen´ nach dem üblichen antiken Trennungszeichen. Das Verb *interpungere*, eigentlich ´dazwischenstechen´ muß eine Rückbildung sein.

Interregnum *n. per. fach.* (< 18. Jh.). Entlehnt aus l. *interrēgnum* ´(Zeit) zwischen den Regierungen´ zu l. *rēgnum* ´Herrschaft, Regierung´ (zu dessen Sippe s. *regieren*). So benannt ist die Zeit zwischen dem Tod des alten und der Wahl oder Krönung des neuen Königs, die Zeit zwischen dem Abgang der alten Konsuln und dem Antritt der neuen; in Deutschland besonders die kaiserlose Zeit im 13. Jh.

interrogativ *Adj. per. fach.* ´fragend´ (< 19. Jh.). Entlehnt aus l. *interrogātīvus*, eigentlich ´dazwischenfragend´, zu l. *rogāre* ´fragen, fordern´ (s. auch *arrogant* und *Surrogat*).

Intervall *n. per. fach.* ´Zwischenraum´ (< 17. Jh.). Entlehnt aus l. *intervāllum*, eigentlich ´Raum zwischen zwei Schanzpfählen´, zu l. *vāllus m.* ´Pfahl´ und l. *inter-*. Zunächst übernommen in der Bedeutung ´Abstand zwischen zwei Tönen´; dann Verallgemeinerung.
S. *Wall*. − *DF* 1 (1913), 305; K.-H. Weimann *DWEB* 2 (1963), 394; *LM* 5 (1991), 469 f.

intervenieren *sw V. erw. fach.* (< 17. Jh.). Entlehnt aus frz. *intervenir*, dieses aus l. *intervenīre* ´dazwischenkommen´. Abstraktum: *Intervention*.
Zur Sippe des lateinischen Grundworts *venīre* ´kommen´ gehören als Verbalabstrakta *Advent* und *Konvent*, von einer anderen Form *Konvention* und *Subvention*; auf ein Partizip des Futurs geht (über das Französische) *Abenteuer* zurück; auf Partizipien des Präsens und zugehörige Abstrakta *Konvenienz* und *Provenienz*. Ein zum Verbalabstraktum gehöriges Adjektiv ist (über das Französische) *eventuell*, ähnlich, von anderen Formen, *präventiv*; ein Kol-

lektiv zum PPP ist *Inventar*; die Substantivierung eines französischen Partizips in *Parvenü*, eines französischen Infinitivs *Souvenir*. Zur griechischen Verwandtschaft s. *Basis*, zur deutschen s. *kommen*. − *DF* 1 (1913), 305.

Interview *n. erw. fach.* (< 19. Jh.). Entlehnt aus ne. *interview*, dieses aus frz. *entrevue m.* 'Zusammenkunft', einer postverbalen Ableitung von frz. *entrevoir* 'sehen, treffen', zu frz. *voir* 'sehen', aus l. *vidēre* und l. *inter-*. Verb: *interviewen*. Zur Sippe des Grundworts s. *revidieren*.
DF 1 (1913), 305 f.; Rey-Debove/Gagnon (1988), 437 f.; Carstensen 2 (1994), 711−713.

intim *Adj.* (< 18. Jh.). Entlehnt aus l. *intimus* 'der innerste, vertrauteste, geheimste' (als 'vertrauter Freund' entlehnt in *Intimus*), der Superlativform von l. *intra* 'innen'. Abstraktum: *Intimität*.
DF 1 (1913), 306.

intra- *Präfix* mit der Bedeutung 'innerhalb, einwärts' (z. B. *intrazellular, intramuskulär*). Es wurde vor allem in lateinischen Entlehnungen ins Deutsche übernommen; sein Ursprung ist l. *intra-*, ursprünglich ein Adverb. Im Fachwortschatz produktiv.
S. *inter-*. − Cottez (1980), 206 f.; B. Latour *MS* 99 (1980), 299−321; *Wortbildung* 3 (1978), 218 f.

Intrige *f. erw. fremd.* (< 17. Jh.). Entlehnt aus frz. *intrigue*, einer postverbalen Ableitung von frz. *intriguer* 'Ränke schmieden, in Verlegenheit bringen', dieses aus it. *intrigare* 'verwirren, verwickeln', aus l. *intrīcāre*, zu l. *trīcae* 'Possen, Unsinn' und l. *in-*. Weiter zu l. *torquēre* 'drehen, verzerren'. Nomen agentis: *Intrigant*; Adjektiv: *intrigant*; Verb: *intrigieren*.
S. *Tortur*. − *DF* 1 (1913), 306 f.; Brunt (1983), 341, 342 f.; J. Guilhaumou *DUSP* 4 (1987), 145−165.

intrinsisch *Adj. per. fach.* 'aus eigenem Antrieb, von innen her' (< 20. Jh.). Entlehnt aus ne. *intrinsic*, dieses aus frz. *intrinsèque*, aus l. *intrīnsecus Adv.* 'inwendig, innerlich'.

intro- *Präfix* mit der Bedeutung 'hinein, nach innen, innerlich' (z. B. *introvertiert, Introduktion*). Es wurde vornehmlich in lateinischen Entlehnungen ins Deutsche übernommen; sein Ursprung ist l. *intro-*, ursprünglich ein Adverb. Im Fachwortschatz produktiv.
Cottez (1980), 207.

introvertiert *Adj.(PPrät.) per. fach.* 'nach innen gekehrt' (< 20. Jh.). Terminus von C. G. Jung, im Gegensatz zu *extravertiert*, zu l. *vertere* 'wenden' (zu diesem s. *konvertieren*).
HWPh 2 (1972), 879 f.

Intuition *f. erw. fach.* 'Gespür, Erkennen eines Sachverhalts ohne bewußte Reflexion' (< 18. Jh.). Entlehnt aus ml. *intuitio (-onis)* 'unmittelbare Anschauung', älter 'Erscheinen des Bildes auf der Oberfläche eines Spiegels', zu l. *intuērī* 'genau hin-

sehen, anschauen', einem Intensivum zu l. *tuērī* 'schauen' und l. *in-*. Adjektiv: *intuitiv*.
HWPh 3 (1976), 524−540; *LM* 5 (1991), 472−474.

intus *Adv. per. fremd.* 'innen, einverleibt' (< 17. Jh.). In der Studentensprache übernommen aus l. *intus* 'innen'.
DF 1 (1913), 307; Röhrich 2 (1992), 780.

Invalide *m.* (< 18. Jh.). Entlehnt aus frz. *invalide*, einer Ableitung von frz. *invalide* 'kraftlos (u. ä.)', dieses aus l. *invalidus*, einer Gegensatzbildung zu l. *validus* 'kräftig, stark' und l. *in-*, zu l. *valēre* 'kräftig sein' (zu diesem s. *Valenz*). Abstraktum: *Invalidität*; Adjektiv: *invalid(e)*.

Invasion *f.* (< 17. Jh.). Entlehnt aus frz. *invasion*, dieses aus spl. *invāsio (-ōnis)*, einer Ableitung von l. *invādere* 'eindringen, losgehen', zu l. *vādere* 'schreiten, losgehen' und l. *in-*.
S. *waten*. − W. J. Jones *SN* 51 (1979), 263.

Inventar *n. erw. fach.* (< 15. Jh.). Entlehnt aus l. *inventārium*, einem Kollektivum zum PPP *inventum*, von l. *invenīre* 'finden, bekommen', zu l. *venīre* 'kommen, zukommen' (s. zu diesem *intervenieren*) und l. *in-*. Also 'Gesamtheit des Gefundenen'. Verb: *inventarisieren*. Die Bestandsaufnahme ist die *Inventur*, aus ml. *inventura*, Verbalabstraktum in der Form des Futurpartizips.
Schirmer (1911), 89; *LM* 5 (1991), 474 f.; W. J. Jones *SN* 51 (1979), 263 f.

Investition *f. erw. fach.* (< 19. Jh.). Entlehnt aus it. *investire*, zu l. *investīre* 'bekleiden, einsetzen', zu l. *vestīre* 'kleiden' und l. *in-*, zu l. *vestis* 'die Bekleidung, das Kleid' (s. *Weste*). Das Investieren war das Bild für die Amtseinsetzung (vgl. das Fachwort *Investitur*), bei dem Finanzterminus geht es um das Einsetzen von Geld in ein Geschäft. Verb: *investieren*; Nomen agentis: *Investor*.
LM 5 (1991), 476 f.

Inzest *m. erw. fach.* 'Blutschande' (< 19. Jh.). Entlehnt aus l. *incestum n.*, einer Substantivierung von l. *incestus* 'unrein, sündhaft, blutschänderisch', einer Gegensatzbildung zu l. *castus* 'rein, unschuldig, anständig' mit l. *in-*.

inzwischen *Konj.* (< 13. Jh.). Mhd. *da enzwischen* 'zwischen diesem'.
S. *zwischen*. − Behaghel 3 (1928), 194 f.

-ion *Suffix*. Ein ursprüngliches Suffix dieser Form (z. B. in *Religion*) ist im Deutschen nicht zu isolieren − die Suffixform ist bei durchsichtigen Bildungen (Verbalabstrakta) immer *-(a-/-i-) -tion* mit einer vom Deutschen her unklaren Variante *-(s)sion*. Allerdings ergibt sich eine Suffixform *-ion* in einigen Fällen nach Unterdrückung des Adaptionssuffixes *-ier-* beim Grundverb, doch endet dieses Grundverb in fast allen Fällen auf Dental oder *s* und zeigt damit seine Besonderheit (*exekutieren*

− *Exekution, rezensieren* − *Rezension*, anders: *rebellieren* − *Rebellion*). Schließlich ist bei einer kleinen Gruppe von Adjektiv-Abstrakta ein Suffix *-ion* isolierbar, doch endet auch bei diesen der Stamm auf Dental oder *s* (*diskret* − *Diskretion*, *präzis(e)* − *Präzision*).

S. *-tion.* − *Wortbildung* 2 (1975), 30 und 54 f., sowie die dort angegebenen Stellen.

Ion *n. per. fach.* (ein elektrisch geladenes Teilchen) (< 19. Jh.). Neubildung im Englischen (Faraday) zu gr. *ión* ´wandernd`, dem neutralen PPräs. von gr. *iénai* ´gehen, wandern`. Die so benannten Teilchen wandern bei der Elektrolyse zu den jeweils entgegengesetzt geladenen Elektroden.

Rey-Debove/Gagnon (1988), 440; Gerlach (1962), 47 f.

irden *Adj. obs.* (< 11. Jh.). Mhd. *irdīn*, ahd. *irdīn-*, mndd. *erden*; wie gt. *airþeins* Materialadjektiv zu *Erde*, also ´aus Erde`.

irdisch *Adj.* (< 8. Jh.). Mhd. *irdisch, irdesch*, ahd. *irdisc*; Zugehörigkeitsadjektiv zu *Erde*; im Laufe der Zeit auf den Gegensatz zu *himmlisch* festgelegt.

irgend *Partikel* (< 11. Jh.). Mhd. *iergen*, entsprechend ahd. *io (h)wergin*; dieses ist zusammengerückt aus *io* (s. unter *je*) und **hwar-gen-* ´wo auch immer, irgend` in as. *hwergin*, ae. *hwergen*, anord. *hvergi* ´wer immer, jeder`. Dieses aus **hwar* ´wo` (s. unter *wo*) und einer Indefinitpartikel, die auch als gt. *-hun* und ai. *caná* auftritt, und deren genaue Lautform unsicher ist (ig. **kʷon-?*). Nhd. *-d* ist sekundär angetreten. S. *nirgends.*

Iris *f. erw. fach.* (< 19. Jh.). Entlehnt aus gr. *īris* ´Regenbogen, Regenbogenhaut, Schwertlilie`. Die Schwertlilie ist wegen ihrer Farbenverschiedenheit schon bei den Griechen und Römern nach dem Regenbogen benannt, dann aus der Wissenschaftssprache in die Volkssprache übernommen. ´Regenbogen` heißt bei den Griechen auch ein Farbring, etwa bei den Augen im Schwanz eines Pfaus. Danach der Teil des Auges in der Wissenschaftssprache.

Irlitze *f.* s. *Elritze.*

Ironie *f.* (< 18. Jh.). Entlehnt aus l. *īrōnīa*, dieses aus gr. *eirōneía*, zu gr. *eírōn* ´einer, der sich unwissend stellt`. Adjektiv: *ironisch.*

DF 1 (1913), 308; G. Markantonatos *RFIC* 103 (1975), 16−21; *HWPh* 4 (1976), 577−582; Röhrich 2 (1992), 780.

irre *Adj.* (< 9. Jh.). Mhd. *irre*, ahd. *irri* aus g. **erzja-* ´verirrt`, auch ´zornig`, auch in gt. *airzeis*, ae. *irre, yrre*. Die Bedeutung ´verirrt` ist eindeutig anschließbar an l. *errāre* ´irren`; die Bedeutung ´zornig, rasend` läßt sich weiter verknüpfen mit der Sippe von *rasen*: ai. *irasyáti* ´zürnt`, lit. *arsùs* ´heftig` u. a. Möglicherweise handelt es sich um zwei verschiedene Wörter, die sich unter der Bedeutung ´rasend` attrahiert haben. Verb: *irren*; Abstrakta:

Irrtum, Irre; Substantivierung: *Irrer*; Modifikation: *irrig.*

Röhrich 2 (1992), 780; Heidermanns (1993), 177 f.

irritieren *sw V.* (< 16. Jh.). Entlehnt aus l. *irrītāre* ´erregen, reizen, provozieren`, einem Intensivum zu l. *rītāre* ´aufregen` und l. *in-*. Im Deutschen zunächst in der ursprünglichen Bedeutung verwendet; ab dem 19. Jh. dann in Anlehnung an d. *irren* die Entwicklung der modernen Bedeutung.

S. *reizen.* − *DF* 1 (1913), 308 f.; W. J. Jones *SN* 51 (1979), 264; R. Gusmani *IL* 12 (1987/88), 173.

Irrlicht *n. erw. fach.* ´Flämmchen über dem Moorboden` (< 17. Jh.), wohl wegen der unruhigen Bewegung, als ´herumirrende Lichter` bezeichnet (im Volksglauben als tote Seelen vorgestellt).

Irrwisch *m. per. reg.* ´unruhiger Mensch` (< 16. Jh.). Zu *Wisch* ´Fackel` (eine spezielle Bedeutung des unter *Wisch* behandelten Wortes).

-isch *Suffix* zur Bezeichnung der Herkunft (z. B. *norwegisch*), auch andere Ableitungen, meist von Personenbezeichnungen *(mörderisch)*, häufig pejorativ (*weibisch* gegenüber *weiblich*). Mhd. *-isch/-esch*, ahd. *-isc*, as. *-isc*; auch ae. *-isc*, gt. *-isk-*, also g. **-isko-*.

M. Schläfer: *Die Adjektive auf ´-isch` in der deutschen Gegenwartssprache* (Heidelberg 1977); L. M. Eichinger: *Syntaktische Transposition und semantische Derivation* (Tübingen 1982); ders.: *Grazer Linguistische Studien* 21 (1984), 99−118; ders. in: *FS Brekle* (1987), 155−176; Th. Klein in *FS H. Beck* (Berlin 1994), 381−410.

Ische *f. per. grupp.* ´Mädchen` (< 18. Jh.). Aus wjidd. *ische*, das aus hebr. *`iššā(h)* ´Weib, Gattin` stammt. Seit dem 18. Jh. auch im Rotwelschen bezeugt.

Ischias *m./n.* (< 19. Jh.). In der medizinischen Fachsprache über l. *ischias f.* entlehnt aus gr. *ischiás (nósos) f.* ´Hüftschmerz`, zu gr. *ischion n.* ´Hüftgelenk` (s. *Eisbein*).

Isegrimm *m. per. grupp.* (< 12. Jh.). Name des Wolfs im Tierepos. Das Wort wird als Männername (´Eisenhelm` zu *Eisen* und ae. *grīma*, anord. *gríma f.* ´Maske, Helm`) erklärt. Seit dem 18. Jh. auch übertragen auf mürrische und trotzige Menschen, wobei sicher der Anklang an *grimmig* eine Rolle gespielt hat.

Zu *Isengrimus*: *LM* 5 (1991), 674 f.

-ismus *Suffix* zur Bildung desubstantivischer und deadjektivischer Substantive. Die wichtigsten Bedeutungen sind: (a) ´Lehrmeinung, System` (z. B. *Rationalismus, Kapitalismus, Marxismus*), (b) ´Gesamtheit` (z. B. *Organismus*), (c) ´Krankheitsbezeichnung` (z. B. *Mongolismus*) und (d) ´Spracheigentümlichkeit` (z. B. *Anglizismus, Provinzialismus*). In einigen Wörtern lautet die Form *-asmus* (z. B. *Pleonasmus*) − so aber nicht produktiv. Das Suffix wurde vornehmlich in romanischen Entlehnungen ins Deutsche übernommen; sein Ursprung sind latinisierte Formen von gr. *-ismós* und *-asmós*, die zu griechischen Verben auf *-ízō* und *-ázō* gehören.

I. Hahn in *Typenbegriffe* 4 (1981), 52−99; *Brisante Wörter* (1989), 188−208.

iso- *Präfixoid* mit der Bedeutung ῾gleich᾽, aus gr. *isos* ῾gleich᾽. Produktiv in der Wissenschaftssprache (*Isobar, Isotop* usw.).

Cottez (1980), 208 f.

isolieren *sw V.* (< 18. Jh.). Entlehnt aus frz. *isoler*, dieses aus it. *isolare*, einer Ableitung von it. *isola* ῾Insel᾽, aus l. *īnsula*. Wörtlich also ῾zu einer Insel machen᾽. Abstraktum: ***Isolation***.

DF 1 (1913), 309.

-ist *Suffix* zur Bildung von desubstantivischen Personenbezeichnungen (z. B. *Impressionist, Pianist*). Es wurde in griechischen, lateinischen und französischen Entlehnungen ins Deutsche übernommen; sein Ursprung sind l. *-ista* aus gr. *-istēs*, letztlich einer Bildung auf gr. *-tēs* zu Grundlagen auf *-is-*. Eine nicht aktive Variante ist *-ast* (*Gymnasiast*).

Wortbildung 2 (1975), 383−386; M. R. Dressman *ASp* 60 (1985), 238−243.

ist *unr V.* Die Formen der 3. Person Singular *ist*, mhd. *ist*, ahd. *ist* aus g. **ist(i)*, älter **esti*, auch in gt. *ist*, entsprechend anord. *er*, ae. *is* sind hochstufige Formen der Wurzel ig. **es-* ῾sein᾽, die unter *sein* behandelt ist. Die Form ist gemein-indogermanisch. Eine entsprechende Form ist verbaut in *bist* und *bin*.

Seebold (1970), 176−179.

-istik *Suffix* zur Bildung von Wissenschaftsbezeichnungen u.ä. Ursprünglich gebildet zu Bezeichnungen der Ausübenden dieser Wissenschaft, z. B. *Linguistik* ῾Sprachwissenschaft᾽ zu *Linguist* ῾Sprachwissenschaftler᾽ zu l. *lingua* ῾Sprache᾽ (eigentlich ῾Zunge᾽).

-ität *Suffix* s. *-tät*.

Iterativum *n. per. fach.* ῾Wiederholung ausdrückendes Verb᾽ (< 17. Jh.). Entlehnt aus ml. *(verbum) iterātīvum* zu l. *iterāre* ῾wiederholen᾽ (zu l. *iterum* ῾abermals᾽).

-itis *Suffix* zur Bezeichnung von Krankheiten (z. B. *Bronchitis*), meist zu Körperteilnamen gebildet.

I. Nortmeyer in: *Deutsche Lehnwortforschung.* Hrsg. G. Hoppe u. a. (Tübingen 1987), 331−408.

J

ja *Adv.* (< 9. Jh.). Mhd. *ja*, ahd. *ja*, as. *ja* aus g. **ja Adv.* 'ja' (mit Möglichkeit der Dehnung des Vokals), auch in gt. *ja*, anord. *já* (mit unregelmäßig erhaltenem Anlaut), ae. *gea*, afr. *je*. Außergermanisch vergleicht sich zunächst kymr. *ie*, bret. *ya*, die — eingeschränkter als im Germanischen — auch als Antwortpartikel verwendet werden. Ferner steht etwa l. *iam* 'schon'. Vermutlich ist von einem demonstrativen Pronominalstamm ig. **i-* auszugehen; näheres ist aber unklar.

Nndl. *ja*, ne. *yea* (und ne. *yes* durch Zusammenwachsen mit altem *swa* 'so'), nschw. *ja*, nisl. *já*. S. *bejahen*. — Röhrich 2 (1992), 780. Zur Entlehnung ins Finnische s. *LÄGLOS* (1991), 138 f.

Jawort *n. stil.* (< 16. Jh.). Zusage, besonders Eheversprechen (das mit *ja* gegeben wird).

Jacht *f. erw. fach.* (< 16. Jh.). Als *Jachtschiff* oder *Jageschiff* übernommen aus dem Niederdeutschen. Bezeichnung für schnellfahrende Schiffe mit dem Wort *Jagd* in niederländisch-niederdeutscher Lautform. Die Schreibung mit *Y-* beruht auf Anlehnung an das englische Wort (*yacht*), das aber seinerseits aus dem Niederländischen entlehnt ist.

Jacke *f.* (< 14. Jh.). Als *jacca* entlehnt aus frz. *jaque* 'kurzer, enger Männerrock', älter *jaque (de mailles)* 'Panzerhemd, Kriegswams'. Im 19. Jh. ist auch die Verkleinerungsform frz. *jaquette* als *Jakkett* entlehnt worden.

Die Herkunft des französischen Wortes ist umstritten. S. auch *Janker*. — *DEO* (1982), 360 f.; Röhrich 2 (1992), 780 f.

Jackpot *m. per. fach.* 'Einsatz, der sich ständig vergrößert, Hauptgewinn' (< 20. Jh.). Entlehnt aus ne. *jackpot*, zu e. *jack* 'Bube (im Kartenspiel)' und e. *pot* 'Einsatz, Topf' (im Lotto usw.). Die Bezeichnung stammt aus dem Pokerspiel, in dem der Einsatz nur von demjenigen angegriffen werden konnte, der mindestens zwei Buben hatte.

Carstensen 2 (1994), 717 f.

Jade *m./f. per. fach.* (ein blaßgrüner Schmuckstein) (< 19. Jh.). Entlehnt aus frz. *jade m.* (aus *ejade* mit falscher Ablösung nach dem Artikel), dieses aus span. *(piedra de la) ijada f.* '(Stein für die) Flanke' (Jadesteine wurden von den Eingeborenen Amerikas als Heilmittel gegen Nierenkoliken angesehen).

Das spanische Wort aus l. *īlia* 'die Weichen'. — Lüschen (1979), 243 f.

jagen *swV.* (< 8. Jh.). Mhd. *jagen*, ahd. *jagōn*, mndd. *jagen*, mndl. *jagen*, auch afr. *jagia*. Herkunft unklar. Zu beachten ist lit. *jóti* 'reiten, austreiben', das auf eine auch sonst (aber nicht in dieser Bedeutung) bezeugte Erweiterung von ig. **ei-* 'gehen' zurückgeht (s. *Jahn*). Vielleicht weiter zu vergleichen gr. *diōkō* (< ig. **dis-jōk-?*) 'treibe, jage', also (ig.) **jə-k-* als Ausgangspunkt für das germanische Wort (?). Abstraktum: *Jagd*; Nomen agentis: *Jäger*.

S. *Jacht*. — *LM* 5 (1991), 270; Röhrich 2 (1992), 781.

Jägerlatein *n.* (< 19. Jh.). Scherzhafte Bezeichnung der für Laien unverständlichen Fachsprache der Jäger. Nachträglich auch verwendet für Aufschneidereien bei Jagderzählungen. Anspielung auf das für Laien unverständliche Latein als Fachsprache an den Universitäten und als liturgische Sprache in der Kirche.

Röhrich 2 (1992), 782.

Jaguar *m. erw. fach.* (ein Raubtier) (< 18. Jh.). Entlehnt aus port. *jaguar*, dieses aus der südamerikanischen Indianersprache Tupí *jagwár* 'fleischfressendes Tier'.

Littmann (1924), 144; R. Loewe *ZVS* 60 (1933), 177–184.

jäh *Adj. obs.* (< 8. Jh.). Regional auch **gäh(e)**, sowie (mit dem Lautstand des alten Adverbs) **jach**, **gach**. Mhd. *gæhe*, *gāch Adv.*, ahd. *gāho Adv.*, *gāhi*, as. *gāhliko*, *gāhun Adv.* Die regionale Aussprache mit *j-* wird durch Luther verbreitet. Herkunft unklar. Adverb: *jählings*.

Heidermanns (1993), 231 f.

Jahn *m. per. fach.* 'Grasschwade' (< 14. Jh.). Spmhd. *jān* 'Reihe (von Reimen)'. Fachwort, das sonst im Germanischen nicht bezeugtes altes Wortgut bewahrt: g. **jēna- m.* 'Reihe' ist eigentlich 'Gang' wie ai. *yắma-* 'Gang, Lauf, Bahn'; es handelt sich um eine *no*-Ableitung zu ig. **jā-* 'gehen' in ai. *yắti* 'geht', toch. A *yā-* 'gehen, fahren', lit. *jóti* 'reiten' u. a. Der Vokalismus stimmt zwar nicht überein, doch ergeben sich derartige Abweichungen auch sonst. Vgl. noch *jagen, Jahr*.

Jahr *n.* (< 8. Jh.). Mhd. *jār*, ahd. *jār*, as. *gēr*, *jār* aus g. **jēra- n.* 'Jahr', auch in gt. *jer*, anord. *ár*, ae. *gēar*, afr. *jēr*. Vergleichbar, aber mit *ō*-Stufe, ist zunächst gr. *hṓra f.* 'Jahreszeit, Jahr, Zeit, Blütezeit' (später auch gr. *hōros m.* 'Jahr') und mit mehrdeutigem Lautstand avest. *yār-* 'Jahr' (altindisch nur in ai. *paryāríṇī f.* 'nach einem Jahr kalbend'), l. *hōrnus* 'heurig' (aus **ho-jōri-no-*, vgl. *heuer*). Es ist von der Bedeutung 'Frühling' auszugehen, mit Übergang zu der Bedeutung 'Jahr' durch die Zählung der Jahre nach den Lenzen. Das germanische Wort weicht im Vokalismus ab. Man versucht, auf *jē-/jō- ʿgehenʾ und eine Bedeutung ʿGangʾ zurückzugreifen (s. auch *Jahn*), doch ist dies sehr unsicher. Verb: *(ver-) jähren*; Adjektiv: *jährlich*.

Nndl. *jaar*, ne. *year*, nschw. *år*, nisl. *ár*. S. *heuer*, *Uhr*. − *LM* 5 (1991), 276f.; Röhrich 2 (1992), 782f. Zu *Jahrhundert*: Pfaff (1933), 34f.; J. Erben *BGDSL-H* 75 (1953), 312−314.

Jalousie *f. erw. fach.* (< 18. Jh.). Entlehnt aus frz. *jalousie*, das diese Bedeutung wohl als Lehnbedeutung von it. *gelosia* übernommen hat. In der eigentlichen Bedeutung ʿEifersuchtʾ ist es eine Ableitung von frz. *jaloux* ʿeifersüchtigʾ, das zurückgeht auf l. *zēlus m.* ʿEiferʾ, aus gr. *zēlos m.* Der Bedeutungswandel scheint in Venedig erfolgt zu sein, wo diese Art des Sichtschutzes aus dem Orient importiert wurde. Ein Zusammenhang mit den Eigenschaften der Sache (durch eine Jalousie kann man hinaus-, aber nicht hineinblicken) ist denkbar, kann aber im einzelnen nicht nachgewiesen werden.

DF 1 (1913), 309; M. Grzywacz *ARPh* 42 (1937), 119−125; Jones (1976), 387; Brunt (1983), 345.

Jambus *m. per. fach.* (ein Versfuß, bei dem eine lange Silbe auf eine kurze folgt) (< 18. Jh.). Entlehnt aus l. *iambus*, dieses aus gr. *iambos*, unklarer Herkunft. Adjektiv: *jambisch*.

Jammer *m.* (< 9. Jh.). Mhd. *jāmer m./n.*, ahd. *jāmar* zu dem gleichlautenden Adjektiv ahd. *jāmar*, as. *jāmar-*, ae. *gēomor* ʿtraurigʾ. Man vermutet die Ableitung von einem Schmerzenslaut hinter dieser Bildung. Vgl. die Nebenformen spahd. *āmar*, mhd. *āmer* und anord. *amra*, ahd. *āmarōn* ʿersehnenʾ. Verb: *jammern*; Adjektiv: *jämmerlich*. S. auch *Katzenjammer*.

Heidermanns (1993), 323f.

jammerschade *Adj. stil.* (nur prädikativ) (< 18. Jh.). Zusammengewachsen aus der prädikativ verwendeten Formel *Jammer und Schade*.

Jammertal *n. erw. stil.* (< 13. Jh.). Lehnprägung aus l. *vallis lacrimarum f.* (ʿTal der Tränenʾ) nach Psalm 83,7; aufgenommen und verbreitet durch Luther.

Janhagel *m. arch.* (< 17. Jh.). *Jan Hagel* erscheint im 17. Jh. im Niederländischen als Schelte von Kerlen, die jeden Augenblick *de hagel sla hem* rufen. Dann vorwiegend als Spottname hamburgischer Bootsleute bezeugt.

A. Gombert *ZDW* 3 (1902), 310; Kluge (1911), 396; Röhrich 2 (1992), 784.

janken *sw V. per. ndd.* ʿwinseln, quietschenʾ (< 17. Jh.). Aus mndd. *janken*, mndl. *janken*, das wohl lautmalender Herkunft ist.

Janker *m. per. oobd.* ʿkurzes Obergewandʾ (< 16. Jh.). Zuerst als *Jencker* bezeugt; oberdeutsches

Wort, auch als (schwäb.) *Jänke*, älter *jenggen*. Herkunft unklar; ein Zusammenhang mit *Jacke* ist denkbar, aber lautlich unaufgeklärt.

Januar *m.* (< 18. Jh.). Entlehnt aus l. *(mēnsis) Iānuārius*, das man in der Regel mit dem Namen des altitalischen Gotts *Iānus* in Beziehung setzt; allerdings ist dieser Zusammenhang wie auch das zugrundeliegende Benennungsmotiv nicht mit Sicherheit geklärt. Bereits in frühneuhochdeutscher Zeit war aus der spätlateinischen Variante *Ienuarius* die Form **Jänner** übernommen worden, die heute noch landschaftlich gilt.

jappen *sw V. per. ndd.* (< 18. Jh.). Niederdeutsche Form von *gaffen*, eigentlich ʿden Mund aufsperrenʾ, mit *j* für *g* und abweichender Bedeutungsentwicklung. Hierzu auch **japsen** gleicher Bedeutung.

Jargon *m. erw. fach.* (< 18. Jh.). Entlehnt aus frz. *jargon* (eigentlich ʿunverständliches Geredeʾ), dieses aus gallo-rom. **gargone* ʿGezwitscher, Geschwätzʾ.

DF 1 (1913), 309f.; *DEO* (1982), 361.

Jasmin *m. erw. fach.* (< 16. Jh.). Entlehnt aus span. *jazmín*, dieses aus arab. *yāsamīn*, aus pers. *yāsaman*.

Littmann (1924), 81, 86; Lokotsch (1975), 75.

Jaß *m. per. schwz.* (schweizerisches Kartenspiel) (< 19. Jh.). Vermutlich durch Schweizer Söldner aus dem Niederländischen eingeführt; dort ist *jas* eine Spielkarte (Trumpfbauer). Weitere Herkunft umstritten; vielleicht gekürzt aus nndl. *paljas* ʿHanswurst, Bajazzoʾ (mit Rücksicht auf andere Kartenbezeichnungen wie südndl. *zot* ʿNarrʾ, frz. *fou* ʿNarrʾ).

jäten *sw V.* Regional auch **gäten** (< 10. Jh.). Mhd. *jeten*, ahd. *jetan*, *getan*, as. *gedan*; bis zum 17. Jh. ein starkes Verb. Herkunft unklar.

Seebold (1970), 286f.; J. Koivulehto: ʿJätenʾ *in deutschen Mundarten* (Helsinki 1971).

Jauche *f. erw. fach.* (< 15. Jh.). Mndd. *juche*. Entlehnt aus slav. *jucha* ʿBrühe, Suppeʾ, das im Sorbischen auch ʿStalldüngerʾ bedeutet.

B. Martin *Teuthonista* 2 (1925), 134−136; Wick (1939), 30f.; Bielfeldt (1965), 40−42; Eichler (1965), 51f.; Kretschmer (1969), 241−243; Bellmann (1971), 201−204; H. H. Bielfeldt *BGDSL-H* 94 (1974), 80−100.

jauchzen *sw V.* (< 15. Jh.). Mhd. *jūchezen*; eigentlich *jūch (juhu)* rufenʾ; entsprechend **juchzen**, das im Vokal gekürzt ist. Das Suffix *-ezzen* leitet häufiger Verben aus Interjektionen ab (vgl. *ächzen* usw.). Die Grundlage **jū-* ist in dieser Verwendung schon älter; vgl. l. *jūbilum* ʿfreudiger Aufschreiʾ und gr. (poet.) *iauoĩ* ʿjuchheʾ.

H. Glombik-Hujer *DWEB* 5 (1968), 129−131.

jaulen *sw V.* (< 18. Jh.). Übernommen aus ndd. *jaulen*; vgl. ne. *yowl*. Wohl lautmalend wie *jappen* u.ä.

H. Glombik-Hujer *DWEB* 5 (1968), 175−178.

Jause *f. per. österr.* (< 15. Jh.). Mhd. *jūs m.*, entlehnt aus sloven. *júžina* ´Mittagessen´ (zu sloven. *júg* ´Süden, Mittag´, vgl. *Jugoslawien* eigentlich ´Südslawien´).

Wick (1939), 79 f.; Steinhauser (1978), 120−122; Wünschmann (1966), 61−70; M. Frenzell in: K. Müller (1976), 183−196.

Jazz *m.* (eine Musikrichtung). Im 20. Jh. (zunächst mit Schriftaussprache) entlehnt aus ne. *jazz*, dessen Herkunft umstritten ist. Erster Beleg für am.-e. *jazz* in der Bedeutung ´synkopierte Musik´ in Amerika 1913.

J. A. Joffe *Word* 3 (1947), 105 f.; J. Stave *MS* 68 (1958), 80−87; P. Tamony *Jazz* 1 (1958), 33−42; M. Höfler *ZRPh* 95 (1979), 343−357; P. Tamony *John Edwards Memorial Foundation Quarterly* 16 (1980), 9−18; Carstensen 2 (1994), 719−722. Zur Beurteilung des auch vom *OED Supplement* gegebenen phonographischen Frühbelegs von 1909: D. Shulman *CoE* 16 (1986),5/6, 2−6 und G. Blacker *CoE* 19 (1990),7, 11−15; Rey-Debove/Gagnon (1988), 447 f.

je *Partikel* (< 9. Jh.). Mhd. *ie*, ahd. *io*, as. *ēo*, mit Verschiebung des Silbengipfels in spätmittelhochdeutscher Zeit aus g. **aiwin* ´immer, irgendeinmal´, auch in gt. *(ni) aiw*, anord. *æ*, ae. *ā*. Das Wort ist eine Kasusform zu **aiwi- m.* ´Zeit, Ewigkeit´ (s. unter *ewig*). Eine ähnliche außergermanische Bildung ist gr. *aiƒei* ´immer´ (aus **aiwes-i*).

S. auch *immer*, *irgend*. − Behaghel 3 (1928), 198−200.

Jeans *Pl.* (< 20. Jh.). Entlehnt aus ne. *(blue) jeans*, einer Bezeichnung dieses speziellen Baumwollstoffs, wohl aus me. *Gēne*, *Jene* (usw.), das über romanische Zwischenstufen wahrscheinlich auf den Namen der Stadt Genua (frz. *Gênes*) zurückgeht. Also ´der aus Genua stammende Stoff´.

Jeans. Hrsg. M. Scharfe (Tübingen 1985); Rey-Debove/Gagnon (1988), 450; Carstensen 2 (1994), 722−724.

Jeck *m. per. grupp.* ´Karnevalsnarr´ (< 17. Jh.). Lautvariante zu *Geck*.

jeder *Pron.* (< 8. Jh.). Mhd. *ieweder*, ahd. *iowedar*, älter *eohwedar*, auch *eogiwedar*, as. *iehweðar*, *iahweðar* aus wg. **aiwin-gi-hweþera-*, auch in ae. *æghwæðer*. Die Bildung ist zusammengewachsen aus **aiwin* ´immer´ (s. unter *je*) und **gihweþera* (s. unter *weder*) ´jeder von beiden´, also ursprünglich ´alle beide´, erst seit mittelhochdeutscher Zeit auch für mehr als zwei verwendet.

Behaghel 1 (1923), 388 f.; H. Kolb *SW* 8 (1983), 48−76.

jedweder *Pron. obs.* (< 13. Jh.). Mhd. *ietweder* aus *ieg(e)-weder*, eine Entwicklungs-Variante zu der Vorform von *jeder* mit Beibehaltung des inneren *gi*. Die Lautfolge *-gw-* wird (wohl im Anschluß an *jeder*) ersetzt durch *-tw-*.

Behaghel 1 (1923), 389 f.

Jeep *m. erw. fach.* (< 20. Jh.). Nach dem 2. Weltkrieg entlehnt aus am.-e. *jeep*. So benannt wurde ursprünglich ein schwereres Geländefahrzeug, das seinerseits nach einer Comic-Figur benannt wurde.

J. Fleece *ASp* 18 (1943), 68 f.; 19 (1944), 310; A. S. King *ASp* 37 (1962), 77 f.; Rey-Debove/Gagnon (1988), 450; Carstensen 2 (1994), 725 f.

jeglich *Pron. obs.* (< 8. Jh.). Mhd. *iegelich*, ahd. *iogilīh*, älter *iogihwelih*; also Zusammenrückung der Vorformen von *je* und *welch*. Später durch *jeder* zurückgedrängt.

S. *männlich*. − Behaghel 1 (1923), 390 f.

jein *Partikel stil.* (< 20. Jh.). Moderne Verschmelzung von *ja* und *nein* als Antwort auf eine Frage, die sowohl bejaht als auch verneint werden kann.

Jelängerjelieber *m./n. per. fach.* (Name verschiedener Pflanzen) (< 16. Jh.). Ursprünglich für den roten Nachtschatten (*ye lenger ye lieber*, nndl. *hoe langer hoe liever*), weil seine Rinde erst bitter schmeckt, dann aber immer süßer, je länger man sie kaut (deshalb auch ***Bittersüß***); dann angewandt auf Pflanzen, deren Schönheit dem Betrachter ´immer lieber´ wird, seit dem 19. Jh. vor allem das Geißblatt.

R. Loewe *BGDSL* 60 (1936), 399−406; Marzell 1 (1943), 165.

jemals *Adv.* (16. Jh.). Eine neuhochdeutsche Nachbildung zu mhd. *ēmāles* ´vormals, früher´ (*ehe* und der adverbiale Genetiv von *Mal*), ebenso *niemals* und *nachmals*.

jemand *Pron.* (< 8. Jh.). Mhd. *ieman*, *iemen*, ahd. *ioman*, *eoman*, aus den Vorformen von *je* und *Mann*, *man* zusammengerückt, also ´jeder (beliebige) Mann, irgendein Mann´. Das *-d* ist erst neuhochdeutsch angetreten.

Behaghel 1 (1923), 399 f.

jemine *Interj. per. grupp.* (< 17. Jh.). Zusammengezogen aus *Jesu domine* ´Herr Jesu´, um die Nennung des heiligen Namens abzuschwächen.

jener *Pron.* (< 9. Jh.). Mhd. *jener*, ahd. *jenēr*, mndd. *jen(n)e* u. a., afr. *jen(e)*, *jena*; mit abweichendem Vokalismus ae. *geon*, wieder anders gt. *jains*. Ohne den Anlaut *j-* anord. *enn*, *inn*, ahd. *enēr*, mhd. *ener*. Diese einfache Form ist ig. **eno-* gut vergleichbar: heth. *anni* (abweichende Flexion), ai. *ana-*, akslav. *onŭ*, lit. *ańs*; zum Artikel weitergebildet (wie im Altnordischen) auch im Armenischen. Das Pronomen tritt häufig als zweiter Bestandteil auf und kann dann mit dem vorausgehenden Element verschmelzen; so mit **(e)k-* in gr. *ekeīnos* und anord. *hinn*, mit **to-* in gr. (dor.) *tēnos* und apreuß. *tāns*, mit **ol-* in l. *ille* (älter *olle* aus **ol-ne*), mit **i-*, *jo-* in ahd. *jenēr*, gt. *jains*. − Aus spmhd. *der jener* ist nhd. *derjenige* entwickelt.

E. Seebold in: J. Untermann/B. Brogyani (Hrsg.): *Das Germanische und die Rekonstruktion der Indogermanischen Grundsprache* (Amsterdam, Philadelphia 1984), 155−179.

jenisch *Adj. per. fach.* ´in der Sprache der Fahren-
den` (< 18. Jh.). Zunächst Selbstbezeichnung: Ad-
jektiv-Ableitung zu romani *dšan-* ´wissen` (urver-
wandt mit *kennen*), also eigentlich ´wissend`; ge-
meint ist ´Sprache der Eingeweihten`.
Wolf (1985), 144 f.

Jet *m. stil.* (< 20. Jh.). Entlehnt aus ne. *jet*, eigentlich ´Düse`, dann gekürzt aus Fügungen wie *jet
plane* ´Flugzeug mit Düsenantrieb`. Als bevorzug-
tes Verkehrsmittel der ´High Society` gekennzeich-
net in **Jet Set**, auch *jetten* u.ä.
Ne. *jet* von *to jet* ´ausströmen`; dieses aus frz. *jeter* ´wer-
fen, schnellen` aus l. *iactāre* ´werfen`. Zu dessen Sippe s.
projizieren. − Rey-Debove/Gagnon (1988), 452 f.; Carstensen 2 (1994), 726.

Jeton *m. per. fach.* ´Spielmarke, Rechenpfennig`
(< 19. Jh.). Entlehnt aus frz. *jeton*, einer postverbalen Ableitung von frz. *jeter* ´werfen`.
Dieses über ml. *jactare* aus l. *iactāre* ´ (wiederholt) werfen`,
einem Intensivum zu l. *iacere* ´werfen`, s. *projizieren.* −
Brunt (1983), 346.

jetzt *Adv.* (< 12. Jh.). Mhd. *jeze*, älter *je zuo* aus
je und *zu* mit auffälliger Einschränkung der Bedeutung auf den gegenwärtigen Zeitpunkt. Beim Zu-
sammenrücken entstehen mehrere Varianten: die
heutige Form führt zu *jetz*, an das im Neuhochdeutschen ein *t* anwächst. Daneben die häufige
Form *itz* (ebenfalls zu **itzt** erweitert) und die volle
Form **jetzo**, auch **itzo**; **jetzund** und **jetzunder** haben
andersartige Adverbialsuffixe übernommen.

jeweils *Adv.*, auch **jeweilen** *Adv.* (< 17. Jh.). Zusammenrückung aus *je* und *Weile*, also ´jedes Mal`
(´jede Weile`).

Job *m. stil.* (< 20. Jh.). Entlehnt aus ne. *job* ´Ar-
beit, Aufgabe, usw.`, eigentlich *job of work* ´Stück
Arbeit`. *Jobber* ´Börsenspekulant` schon im 19. Jh.
Weiter zu altem *job* ´Stück, Klumpen` aus frz. *gobet* ´Bis-
sen` zu frz. *gober* ´verschlingen`. − *DF* 1 (1913), 311; Ganz
(1957), 108; W. Meurers in *Europäische Schlüsselwörter* 2
(1964), 317−354; Rey-Debove/Gagnon (1988), 455; Carstensen 2 (1994), 731−735.

Jobeljahr *n.* s. *Jubel.*

Joch *n. obs.* (< 8. Jh.). Mhd. *joch*, ahd. *joh, juh,*
as. *juk* aus g. **juka-* n. ´Joch`, auch in gt. *juk,*
anord. *ok*, ae. *geoc.* Dieses aus ig. **(ə)jugo-* n.
´Joch`, auch in ai. *yugá-*, gr. *zygón*, l. *iugum*, akslav.
igo; bei heth. *iuga-* ´Joch` ist umstritten, ob es Erb-
wort oder Entlehnung aus dem Indischen ist (vgl.
Tischler [1983 ff.], I, S. 448 f.). Das Wort gehört zunächst zu einer Verbalwurzel **(ə)jeug-* ´anschirren,
verbinden` in ai. *yunákti* ´schirrt an, spannt an`,
gr. *zeúgnymi* ´ich spanne an, joche zusammen`, l.
jungere, lit. *jùngti*; diese geht auf einfacheres
**(ə)jeu-* ´anbinden, anschirren` (ai. *yáuti*) zurück.
Präfixableitung: **unterjochen**.
Nndl. *juk*, ne. *yoke*, nschw. *ok*, nisl. *ok*. S. auch *ewig, Juchart, Konjunktion, Yoga.* − Seebold (1981), 93−98; Röh-

rich 2 (1992), 785. Zur Entlehnung ins Finnische s. *LÄ-
GLOS* (1991), 143 f.

Jockey *m. erw. fach.* (< 18. Jh.). Entlehnt aus ne.
jockey, einer hypokoristischen Form von *Jock*, der
nordenglischen und schottischen Variante des Namens *Jack*. Zunächst Bezeichnung für ´jmd., der
Hilfsarbeiten erledigt`, dann auch speziell für
´jmd., der sich um Pferde kümmert`, dann übertra-
gen auf ´Kutscher, angeheuerter Reiter`.
S. *Diskjockey.* − *DF* 1 (1913), 311; Littmann (1924), 48;
Ganz (1957), 108 f.; Brink-Wehrli (1958), 102; Rey-De-
bove/Gagnon (1988), 455 f.; Carstensen 2 (1994), 738 f.

Jod *n.* (< 19. Jh.). Das chemische Element wurde
von Courtois 1811 in der Asche des Seetangs entdeckt und von Gay-Lussac 1814 nach gr. *ioeidēs*
´veilchenfarbig` (zu gr. *ion* ´Veilchen`), frz. *iode*
´veilchenfarbig` benannt, weil es sich bei der Erhit-
zung in veilchenblauen Dampf verwandelte.

jodeln *swV. erw. fach.* (< 19. Jh.). Wohl abgeleitet
aus einem Jodelruf *(jo)*, vgl. gleichbedeutendes *jut-
zen* (schwz.). Einzelheiten sind unklar, vgl. *johlen.*
W. Senn *JÖV* 11 (1961), 150−166.

Joga *m./n.* s. *Yoga.*

Jogging *n. erw. fach.* (< 20. Jh.). Entlehnt aus ne.
jogging, einem Verbalsubstantiv zu e. *jog* ´laufen,
bewegen, usw.`, dessen Herkunft nicht mit Sicher-
heit geklärt ist. Lautmalerischer Ursprung wird
vermutet.
Rey-Debove/Gagnon (1988), 457; Carstensen 2 (1994),
739−741.

Joghurt *m./n. erw. fach.* (< 20. Jh.). Entlehnt aus
türk. *yoğurt* ´Dickmilch`.
Littmann (1924), 112; Lokotsch (1975), 76; R. Arveiller
RLR 52 (1988), 89−114.

Johannisbeere *f. erw. reg.* (< 16. Jh.). So benannt, weil die Beere schon um den Johannistag
(24. Juni) reift.
Bertsch (1947), 148−150.

Johannisbrot *n. per. fach.* (< 14. Jh.). Die Hülsen
von ´Ceratonia siliqua`, sonst **Bockshorn** genannt,
heißen nach *Johannes dem Täufer*, dessen Kost sie
nach der Legende vervollständigten.
Marzell 1 (1943), 898 f.

Johanniswürmchen *n. per. reg.* ´Leuchtkäfer`
(< 16. Jh.). Weil das Tier um den Johannistag (24.
Juni) herum leuchtet (Paarungszeit).
Tiernamen (1963−1968), 351−354.

johlen *swV.* (< 13. Jh.). Mhd. *jōlen* ´laut singen`,
mndd. *jolen* ´jubeln`. Wohl als ´Freudenrufe aus-
stoßen` (*jo* rufen`) aufzufassen und damit näher
zu *jodeln* gehörig. Einzelheiten sind aber unklar.

Joker *m. erw. fach.* (eine beliebig einsetzbare
Spielkarte u.ä.) (< 20. Jh.). Entlehnt aus am.-e. *jo-
ker*, einem Nomen agentis zu e. *joke* ´Spaß`. Die
Karte war ursprünglich weiß und wurde so be-

nannt, weil sich mit ihr allerhand anstellen ließ. Nachträglich wurden auf Grund dieser Bezeichnung auf diesen Spielkarten immer Narren und Spaßmacher abgebildet. Das englische Wort aus l. *iocus* ˈSpaß, Scherzˈ. S. *Jux*.
Rey-Debove/Gagnon (1988), 458.

Jolle *f. per. fach.* ˈeinmastiges Fahrzeugˈ (< 16. Jh.). Aus der Seemannssprache, Ursprung dunkel. Bezeugt sind ndd. *jolle, jelle,* nndl. *jol,* ne. *yawl, jollyboat* u. a. Vielleicht aus afrz. *galie* ˈRuderschiffˈ.
N. Törnqvist *KVNS* 76 (1969), 10.

Jongleur *m. erw. fach.* (< 18. Jh.). Entlehnt aus frz. *jongleur,* dieses aus l. *ioculātor* ˈSpaßmacherˈ, einem Nomen agentis zu l. *ioculārī* ˈscherzen, schäkernˈ, zu l. *ioculus* ˈSpäßchenˈ, einem Diminutivum zu l. *iocus* ˈScherz, Spaßˈ. Die Herkunft der Nasalierung ist unklar. Verb: *jonglieren.*
S. *Jux.* – *DF* 1 (1913), 311; *LM* 5 (1991), 626.

Joppe *f. erw. reg.* (< 13. Jh.). Mhd. *jop(p)e, juppe (schōpe, schop[p]e f./m.).* Entlehnt aus (älterem) it. *giubba, guppa* ˈJacke, Wamsˈ, das seinerseits auf arab. *ǧubba* ˈObergewand mit langen Ärmelnˈ zurückgeht. Gleicher Herkunft ist vielleicht *Schaube* (s.d.).

Journal *n. erw. fach.* (< 17. Jh.). Entlehnt aus frz. *journal m.* ˈTageszeitungˈ, einer Substantivierung von frz. *journal* ˈjeden einzelnen Tag betreffendˈ, zu frz. *jour m.* ˈTagˈ. Das Wort bezeichnete im Französischen und im Deutschen zunächst eher gelehrte Zeitschriften, die nicht täglich erschienen, es hat also eher die Bedeutung ˈregelmäßige Information, regelmäßige Bestandsaufnahmeˈ, die aus der (zuerst in it. *giornale* auftretenden) kaufmännischen Bedeutung ˈtäglich geführtes Rechnungsbuchˈ stammen wird. Die Ableitungen sind Wörter für das Pressewesen allgemein: Täterbezeichnung: *Journalist*; Adjektiv: *journalistisch*; Abstraktum: *Journalismus*; abwertendes Kollektiv: *Journaille* (Kreuzung mit *Kanaille*).
Das französische Wort aus l. *diurnum (tempus)* ˈTagˈ, älter: ˈerlebter Tag, Tagewerkˈ, zu l. *diēs f./(m.)* ˈTag, Tageslichtˈ (s. *Diäten*). – Schirmer (1911), 90; *DF* 1 (1913), 312; Brunt (1983), 347.

jovial *Adj. erw. fremd.* ˈumgänglich, leutseligˈ (< 16. Jh.). Wohl über frz. *jovial* (aus it. *gioviale*) entlehnt aus l. *ioviālis* ˈvon heiterer Gemütsartˈ, eigentlich ˈzu Jupiter gehörigˈ, zu l. *Iovis* ˈJupiterˈ (l. *iovis* aus **dju-* neben **diēus*, das l. *diēs* ˈTagˈ ergibt). Die heutige Bedeutung aufgrund astrologischer Deutungen, die den im Zeichen des Planeten Jupiter Geborenen heitere Gemütsart zusprachen.
DF 1 (1913), 312 f.; K.-H. Weimann *DWEB* 2 (1963), 394.

Jubel *m.* (< 13. Jh.). Mhd. *jūbel* gehört zu mhd. *jūbiliren,* das aus afrz. *jubiler* ˈjauchzenˈ (l. *iūbilāre*) entlehnt ist. Dieses geht auf l. *iūbilum n.* ˈFreuden-

ruf der Hirten, Jäger etc.ˈ zurück. Hierzu die Verben *jubeln* und *jubilieren.* Damit vermischt sich eine zweite Quelle, die hauptsächlich in *Jubeljahr* (oder *Jobeljahr*) bezeugt ist: Nach dem mosaischen Gesetz war jedes 50. Jahr ein Erlaßjahr, das mit dem Widderhorn (hebr. *jōvēl*) eingeblasen wurde. Papst Bonifatius VIII. führt 1300 ein christliches Jubeljahr ein, das alle hundert Jahre wiederkehren soll und Kirchenstrafen erläßt. Von späteren Päpsten wird der Zeitraum auf 50 Jahre, dann auf 33 und schließlich auf 25 verkürzt. Hierzu Bildungen wie *Jubiläum* und *Jubilar,* die heute an *jubeln* angeschlossen werden.
DF 1 (1913), 313; H. Grundmann in: *FS Trier* (1954), 477–511; Lokotsch (1975), 76; Röhrich 2 (1992), 786 f.

Juchart *m. per. obd.* (ein Feldmaß), regional auch **Jauchert** (< 11. Jh.). Spahd. *jūhhart m.,* ae. *gicer, gycer n.* Vermutlich entlehnt aus l. *iūgerum n.* ˈMorgen Landesˈ (zu der Sippe von *Joch,* l. *iugum n.* als ˈso viel Land, wie ein Joch Ochsen an einem Tag zu pflügen vermagˈ), das *-t* kann von mhd. *egerte, egerde f.* ˈBrachlandˈ übernommen sein. Der Ansatz eines Erbwortes ist aber nicht ausgeschlossen (vgl. gt. *jukuzi* ˈJochˈ).
H. Tiefenbach in: Beck/Denecke/Jankuhn (1980), 317–319; R. Schmidt-Wiegand in *FS W. Kleiber* (Stuttgart 1989), 111–124.

juchen *swV.* s. *jauchzen.*

Juchten *n./m. per. fach.* ˈauf bestimmte Weise gegerbtes Lederˈ (< 17. Jh.). Wie mndd. *juften* u.ä. entlehnt aus russ. *juft', jucht' f.* gleicher Bedeutung, dessen Herkunft umstritten ist. Vielleicht ist das Wort über das Turko-Tatarische entlehnt aus npers. *juft* ˈPaarˈ (weil die Häute paarweise gegerbt wurden).
Lokotsch (1975), 166; Steinhauser (1978), 43 f.

juchzen *swV.* s. *jauchzen.*

juckeln *swV. per. reg.* ˈunruhig hin- und herrutschen, langsam und wackelig fahrenˈ (< 20. Jh.). Iterativum zu *jucken* in der alten Bedeutung ˈhüpfenˈ.

jucken *swV.* (< 9. Jh.). Mhd. *jucken,* ahd. *jucken,* mndl. *joken;* ebenso ae. *giccan,* ne. *itch.* Eine andere, und wohl ältere, Bedeutung ist ˈspringenˈ. Herkunft unklar. S. auch *juckeln.*

Jugend *f.* (< 8. Jh.). Mhd. *jugent,* ahd. *jugund,* as. *juguð* aus wg. **jugunþi- f.* ˈJugendˈ, auch in ae. *ġeoguþ.* Die westgermanische Form ist entstanden aus **juwunþi-* mit Übergang von *w* zu wg. *g.* Es handelt sich um ein *ti*-Abstraktum zu ig. **ju(w)n Adj.* ˈjungˈ in ai. *yúvan-,* l. *iuvenis,* air. *óa* ˈjüngerˈ, lit. *jáunas.* Parallele Abstrakta sind l. *iuventūs* und air. *oítiu.* Das Gotische (*junda* mit unsilbischem *n*) und das Altnordische (*æska* aus **junhiskā*) haben die für den Wandel zu *g* kritische Lautumgebung gemieden. Adjektiv: *jugendlich.*

Nndl. *jeugd,* ne. *youth.* S. *jung.* – E. Seebold *IF* 87 (1982), 183 f.

Juli *m.* (< 16. Jh.). Entlehnt aus l. *(mēnsis) Iūlius,* so benannt nach C. Julius Caesar, auf den die Kalenderreform zurückgeht.

Julklapp *m. per. ondd.* ʿWeihnachtsgeschenk (mit besonderen Bräuchen verbunden)ʾ (< 18. Jh.). Entlehnt aus dem Schwedischen: Der Schenker, der unerkannt bleiben will, klopft an die Tür – *klapp!* – und wirft das reichlich umhüllte Geschenk in die Stube, indem er *Julklapp!* ruft. Seit dem 18. Jh. bezeugt (Vorpommern war 1648–1815 von Schweden besetzt). Zu *Jul,* dem schwedischen Wort für Weihnachten (ursprünglich Sonnwendfest, Herkunft umstritten).
W. Krogmann *ZVS* 60 (1933), 114–129; J. Knobloch: *Weihnachten und Ostern* (Heidelberg 1986), 10–12, 17 f. Zur Entlehnung von *Jul* ins Finnische s. *LÄGLOS* (1991), 142 f.

jung *Adj.* (< 8. Jh.). Mhd. *junc,* ahd. *jung,* as. *jung* aus g. **junga- Adj.* ʿjungʾ, auch in gt. *juggs,* anord. *ungr,* ae. *geong,* afr. *jung.* Dieses ist eine *ko*-Weiterbildung zu ig. **ju(w)n- Adj.* ʿjungʾ; dieselbe Weiterbildung findet sich in air. *óc, ác,* kymr. *ieuanc, ifanc,* l. *iuvencus* ʿJungstierʾ, ai. *yuvaśá-* ʿjugendlich, jungʾ. Die Grundlage s. unter *Jugend.* Verb: **jungen** ʿJunge bekommenʾ; Präfixableitung: **verjüngen**.
Nndl. *jong,* ne. *young,* nschw. *ung,* nisl. *ungur.* – Ganz (1957), 110 f.; Röhrich 2 (1992), 788; Heidermanns (1993), 325 f.

Junge *m.* (< 16. Jh.). In der Bedeutung ʿKnabeʾ Substantivierung des Adjektivs. Vgl. nndl. *jongen.*
E. E. Müller *JIDS* (1968), 129–146; Röhrich 2 (1992), 789.

Jünger *m. erw. grupp.* (< 10. Jh.). Mhd. *junger,* ahd. *jungiro.* Wie bei ae. *gyngra* dient der Komparativ von *jung* zur Lehnübersetzung von l. *junior* ʿSchüler, Untergebenerʾ. In neuerer Zeit vor allem für das (kirchen-)l. *discipulus* verwendet.
H. Eggers in: *FS T. Starck.* Hrsg. W. Betz u. a. (The Hague 1964), 62–81.

Jungfer *f. obs.* (< 14. Jh.). Mit Abschwächung des zweiten Kompositionsglieds entstanden aus mhd. *juncvrou(we), juncvrowe* ʿjunge Herrin, Edelfräuleinʾ; dann Verallgemeinerung wie später bei *Fräulein.* In der Bedeutung ʿLibelleʾ *(Wasserjungfer)* liegt wohl eine Lehnbedeutung zu l. *nympha,* gr. *nýmphē* vor. Die spezielle Bedeutung von ʿJungfrauʾ zeigt sich in Ableitungen wie **entjungfern**. Die **Jungfernfahrt** und die **Jungfernrede** (Lehnbildung zu ne. *maiden speech*) sind nach dem Vorbild von ne. *maiden race* ʿRennen mit Pferden, die zum ersten Mal rennenʾ zu ne. *maiden* ʿPferd, das zum ersten Mal renntʾ gebildet.
A. Gombert *ZDW* 7 (1905), 147; Stiven (1936), 49.

Jungfrau *f.* (< 11. Jh.). Mhd. *juncvrou(we), juncvrowe,* ahd. *jungfrouwa*; zunächst als ʿjunge Herrinʾ die Bezeichnung der Edelfräulein, später verallgemeinert zu ʿjunge (unverheiratete) Frauʾ. In der Mystik wird das Wort im Rahmen des Marienkultes eingeengt auf die unberührte Jungfrau, so daß das Wort schon bald auf (unberührte) Frauen übertragen werden kann. Auf diese Bedeutung ist das Wort heute weitgehend beschränkt. Vgl. nndl. *jonkvrouw, juffrouw, juffer.*
Röhrich 2 (1992), 789. Zu *Jungfräulichkeit:* *LM* 5 (1991), 808 f.

Junggeselle *m.* (< 15. Jh.). Zunächst im Gegensatz zu *Altgesell* als ʿder jüngste Gesell in einem Handwerksbetriebʾ. Es ist sachlich nicht ausreichend zu begründen, daß mit diesen das Merkmal ʿunverheiratetʾ auf besondere Weise verbunden gewesen wäre; sehr wahrscheinlich geht die heutige Bedeutung deshalb auf *Geselle, junger Geselle* als Bezeichnung für die jungen Leute männlichen Geschlechts zurück (wie *Jungfrau* für das Gegenstück – *Gesellen und Jungfrauen* ist eine gängige Bezeichnung der Jungmannschaft im 16. Jh.); gelegentlich steht *junger Geselle* auch im Gegensatz zu *Witwer.* Deshalb wohl eine einfache Bedeutungsverengung (ʿjunger Mannʾ zu ʿunverheirateter Mannʾ, wobei dann das Merkmal ʿjungʾ zurücktritt), die von der Bedeutungsverengung in *Geselle* ʿHandwerksgehilfeʾ unabhängig ist.
Röhrich 2 (1992), 789.

Jüngling *m. obs.* (< 9. Jh.). Mhd. *jungelinc,* ahd. *jungiling, jungelinc,* as. *jungling* aus g. **jungilinga- m.* ʿJünglingʾ, auch in anord. *ynglingr,* ae. *geongling,* afr. *jungeling.* Demgegenüber gt. *juggalauþs* (zu gt. *laudi f.* ʿGestaltʾ). Nndl. *jongeling.*

jüngst *Adv. obs.* (< 9. Jh.). Mhd. *(ze)jungest(e), jungist,* ahd. *zi jungist* ʿin jüngster Zeitʾ, in frühneuhochdeutscher Zeit gekürzt.

Juni *m.* (< 16. Jh.). Entlehnt aus l. *(mēnsis) Iūnius,* so benannt nach der römischen Göttin Juno.

Junior *m. stil.* (< 19. Jh.). Verwendung von l. *iūnior* ʿder jüngereʾ und l. *senior* ʿder Ältereʾ zunächst in Firmennamen, um Vater und Sohn gleichen Namens zu unterscheiden. Dann Verallgemeinerung z. B. in der Sportsprache.

Junker *m. obs.* (< 15. Jh.). Mhd. *juncherre, junchērre,* entsprechend nndl. *jonk(he)er.* Zunächst ʿder junge Herrʾ und dann in Lautung und Bedeutung lexikalisiert.
LM 5 (1991), 811.

Junktim *n. per. fach.* ʿvertragsmäßige Verkoppelungʾ (< 20. Jh.). Eingeführt in Anlehnung an das Adverb l. *iūnctim* ʿzusammenʾ (Hypostasierung), zu l. *iūnctus,* dem PPP. von l. *jungere* ʿverbindenʾ. S. *Konjunktion.*

Junta *f. per. fach.* ʿRegierungs-, Verwaltungsbehörde, Militärregime' (< 19. Jh.). Entlehnt aus span. *junta* ʿVereinigung, Rat', einer Substantivierung von span. *junto* ʿvereinigt', aus l. *iūnctus*, dem PPP. von l. *iungere* ʿverbinden'. S. *Konjunktion*.

Jura *Pl. erw. fach.* ʿRechtswissenschaft' (< 17. Jh.). Entlehnt aus l. *iūra*, der Pluralform von l. *iūs (-ūris) n.* ʿRecht, Satzung, Verordnung'. Täterbezeichnung: **Jurist**; Adjektiv: **juristisch**. S. *Injurie*. − DF 1 (1913), 313 f.

Jurte *f. per. exot.* ʿNomadenzelt' (< 17. Jh.). Übernommen aus russ. *jurta* zu russ. *jurt m.* ʿHaus, Hof', einem Lehnwort aus dem Turko-Tatarischen.

Jury *f. erw. fach.* ʿGruppe von Fachleuten, Sachverständigen oder Geschworenen' (< 19. Jh.). Entlehnt aus ne. *jury*, dieses aus afrz. *juré* ʿVersammlung der Geschworenen', zu afrz. *jurer* ʿschwören, durch Schwur das Recht verstärken', aus l. *iūrāre*, zu l. *iūs (-ūris) n.* ʿRecht'. Die Aussprache spiegelt wieder, daß die französische Bezeichnung (frz. *jury*) im Zusammenhang mit dem französischen Recht in Deutschland wirksam wurde. S. *Jura*.

A. L. J. Michelsen: *Über die Genesis der Jury* (Leipzig 1947, reprint 1970); Rey-Debove/Gagnon (1988), 463.

just *Adv. obs.* (< 16. Jh.). Mit nndl. *juist*, ne. *just* entlehnt aus l. *iuste* ʿangemessen, gehörig' zu l. *iūstus* ʿdem Recht gemäß' unter Einfluß von frz. *juste*. Im 18. Jh. galt teilweise die französische Aussprache.

S. *Jura*. − Brunt (1983), 349 f.

justieren *swV. per. fach.* (< 16. Jh.). Entlehnt aus ml. *iustāre* ʿberichtigen', zu l. *iustus* ʿdem Recht gemäß'.

Justiz *f.* (< 16. Jh.). Entlehnt aus l. *iūstitia* ʿGerechtigkeit', Abstraktum zu l. *iūstus* ʿdem Recht gemäß'.

DF 1 (1913), 314.

Justizmord *m. erw. fach.* (< 18. Jh.). Hinrichtung eines Unschuldigen auf Grund eines **Justizirrtums**, eines Irrtums beim Gerichtsverfahren. Die Verwendung des unangemessenen Wortes **Mord** spiegelt die kritische Einstellung derer, die es verwenden (z. B. zur Todesstrafe).

Jute *f. per. fach.* (< 19. Jh.). Entlehnt aus ne. *jute* und zunächst wie dieses ausgesprochen. Das englische Wort stammt aus hindī *jūṭ*, Bezeichnung der betreffenden Faser, die zunächst nach England eingeführt und dort verarbeitet wurde. Das Wort geht vielleicht zurück auf ai. *jaṭā f.* ʿ(Haar)Flechte'.

Littmann (1924), 123 f.; Lokotsch (1975), 54 f.; Rey-Debove/Gagnon (1988), 463.

Juwel *n./m.* (< 15. Jh.). Entlehnt aus mndl. *juweel*, dieses aus afrz. *joël* ʿSchmuck', dessen weitere Herkunft nicht mit letzter Sicherheit geklärt ist. Täterbezeichnung: **Juwelier**.

DF 1 (1913), 314.

Jux *m. stil.* (< 18. Jh.). L. *iocus* ʿSpaß, Scherz' wird zunächst unverändert in die deutsche Rede eingeschoben, dann von Studenten zu **Jock**, **Gucks**, **Jux** entstellt. S. auch *Joker*, *Jongleur*.

Röhrich 2 (1992), 789.

K

Kabale *f. per. fremd.* ´Intrige´ (< 17. Jh.). Entlehnt aus frz. *cabale* (eigentlich: ´Kabbala, jüdische Geheimlehre´), dieses aus hebr. *qabbālā(h)* (ursprünglich: ´Überlieferung´).
DF 1 (1913), 314 f.; Littmann (1924), 49, 51; Lokotsch (1975), 78; Jones (1976), 163.

Kabarett *n. erw. fach.* (< *17. Jh., Bedeutung < 19. Jh.). Entlehnt aus frz. *cabaret m.* (älter: ´Schenke´), dessen weitere Herkunft nicht mit Sicherheit geklärt ist (vielleicht zu frz. *chambre*). Täterbezeichnung: ***Kabarettist***.
DF 1 (1913), 315; Jones (1976), 164; *DEO* (1982), 176.

Kabäuschen *n. per. reg.* ´kleiner Raum´ (< 20. Jh.). Verkleinerungsform zu dem unter *Kombüse* behandelten Wort.

kabbeln *swV. (refl.) per. ndd.* ´sich um etwas streiten´ (< 19. Jh.). Mndd. *kabbelen* ´gegeneinanderlaufen (von Wellen), zanken´. Sowohl lautlich (auch *kibbeln* u.ä.) als auch semantisch ohne klare Abgrenzung. Herkunft deshalb unklar.

Kabel[1] *n.* ´Tau´ (< 13. Jh.). Bezeugt und in dieser Zeit (mit der Bedeutung ´Ankertau´) über das Niederländische entlehnt aus frz. (pikard.) *câble m.* Dessen Herkunft ist unklar; vermutlich haben sich bei seiner Herausbildung mehrere Quellen vermischt. Da die Überseeleitungen für Telephone auch so genannt werden, entstehen (wohl nach englischem Vorbild) Wörter wie ***Kabeltelegramm*** und ***kabeln***. Daraus dann auch rückgebildet **Kabel** ´Telegramm´.
Eichhoff (1968), 89.

Kabel[2] *f.* ´Anteil, Los´ *arch.* (< 16. Jh.). Vgl. mndd. *kavelen* ´verlosen´, mndl. *cavele*; vgl. afr. *kavelia* ´verlosen´. Diese Sippe ist vor allem mit nordgermanischen Wörtern vergleichbar, und zwar vergleicht sich in der Bedeutung zunächst am genauesten anord. *kefli n.* ´Stab, Pflock´, vor allem als Terminus für Runenbriefe und andere mit Runenzeichen versehene Holzstücke. *Kabel* ´Los´ ist also zunächst ein Runenstäbchen, und mit solchen wurden offenbar Anteile ausgelost. Im Nordischen hat das Wort aber noch die ganz allgemeine Bedeutung ´Holzstab, Holzpflock´, etwa auch zum Knebeln (vgl. *kefla* ´knebeln, einem Lamm oder Kalb Holz vor das Maul binden, um es am Saugen zu hindern´), ebenso anord. *kafli m.* ´runder Stock, Stab´. Auszugehen ist offenbar von (g.) **kabla-* ´Holzstück, Rute, Zweig´, mit dem sich lit. *žãbas m.* ´Ast, Gerte, Reisig´ unter Ansatz von ig. (oeur.) **ĝobʰ-* unmittelbar vergleichen läßt. Semantisch vergleichbar ist vor allem lit. *žabóti* ´zäumen´ (dem Pferd das Gebiß einlegen), lit. *žabõklas m.* ´Zügel, Zaumzeug, Gebiß´, lit. *žabõklis m.* ´Knebel´; vgl. lett. *žabeklis* ´Stöckchen oder Dornen, womit man einem jungen Tier das Maul so umzäumt, daß es nicht saugen kann´. Hierher auch slav. **zobadlo* (z. B. in slovak. čech. *zubadlo*) ´Zaum, Gebiß´; sonst keine weitere Vergleichsmöglichkeit. Nndl. *kavel*.

Kabeljau *m.* (< 14. Jh., Standard < 16. Jh.). Entlehnt aus nndl. *cabbeliau*, das in latinisierter Form als *cabellauwus* schon im 12. Jh. bezeugt ist. Dieses ist offenbar mit Konsonantenumstellung aus span. *bacalao* entlehnt (im 16./17. Jh. noch einmal ohne Umstellung als *bakeljauw*). Das spanische Wort gehört vielleicht zu l. *baculus* ´Stab´ (nach der Form des Fisches), vgl. ***Stockfisch*** für denselben Fisch, wenn er gedörrt ist. Wegen der verschiedenen Besonderheiten der Beleglage ist diese Etymologie aber in allen Punkten unsicher. Nach Polomé zu ml. **baccallanus* (einer Variante zu ml. *baccalarius*, s. *Backfisch*), weil der Fisch auch als ´Abt´ oder ´Kurat´ bezeichnet wird (Benennungsmotiv?), und mit Umstellung der Konsonanten im Anschluß an frz. *chabot* (= l. *caput n.* ´Kopf´, nach dem großen Kopf).
E. Polomé *JIES* 11 (1983), 49.

Kabine *f.* (< 17. Jh.). Entlehnt aus ne. *cabin*, aus me. *caban(e)*, dieses aus afrz. *cabane* ´Hütte u.ä.´. Die heutige Form unter Einfluß von frz. *cabine* gleichen Ursprungs. Zunächst entlehnt als Bezeichnung für die Unterkunft auf Schiffen. ***Kabinett*** geht auf ein Diminutivum zu frz. *cabine* zurück. Es wird dann zur Bezeichnung des Arbeitszimmers von Fürsten (klein im Vergleich mit den Sälen und mit Betonung des privaten Charakters, wie bei ***Raritätenkabinett*** ´Privatsammlung´), dann zu ´Ministerrat´.
DF 1 (1913), 315 f.; Rey-Debove/Gagnon (1988), 107; nach Knobloch stammt das Wort aus **kata-pannare* ´unter ein Segeldach bringen´ zu l. *panna* ´Segel´ (*FS A. Pagliaro*, Rom 1969, 3,53 f.). Zu *Kabinett* s. Brunt (1983), 174; *DEO* (1982), 176.

Kabis *m.* s. *Kappes*.

Kabriolett *n. erw. fach.* ´offener Wagen´ (< 18. Jh.). Entlehnt aus frz. *cabriolet* als Bezeichnung eines leichten, einspännigen (Pferde-) Wagens, der nicht schwer auf der Straße liegt und deshalb Sprünge macht (frz. *cabrioler* ´Luftsprünge machen´). Dann übertragen auf offene Automobile. S. *Kapriole*.

Kabuff *n. per. reg.* (< 18. Jh.). Streckform zu mndd. *kuffe, küffe, kiffe f.* ´kleines, schlechtes Haus´ unter dem Einfluß von *Kabuse* (s. *Kombüse*). Schröder (1906), 26−28.

Kabuse *f.*, **Kabüse** *f.*, s. *Kombüse*.

Kachel *f.* (< 11. Jh.). Mhd. *kachel(e)*, ahd. *kahhala* ´irdener Topf´, mndd. *kachel* ´Ofenkachel´. Entlehnt aus spl. **cacculus* ´Kochgeschirr´ (vgl. tarent. *caccalo*), einer Variante von l. *caccabus m.*, das aus gr. *kákkabos m.* ´Tiegel, Schmorpfanne´, ursprünglich ´dreibeiniger Kessel´, entlehnt ist. Dieses ist seinerseits ein Lehnwort aus dem Semitischen (genaue Quelle unklar).
Heyne (1899/1903), I, 240 f.; J. Brüch *ZRPh* 57 (1937), 385−394; R. Hildebrandt *DWEB* 3 (1963), 356−358; Röhrich 2 (1992), 790.

kacken *swV. vulg.* (< 15. Jh.). Fnhd. *kacken*; entsprechend l. *cacāre*, gr. *kakkáō*, mir. *caccaid*. Offensichtlich eine Lautgebärde aus der Kindersprache (vgl. *ʔaʔa*, das noch deutlicher auf diesen Bereich festgelegt ist) mit Vertretung des durch die ´Darmpresse´ entstehenden Kehlkopflautes durch Tektale. Übernahme aus dem Lateinischen der Schülersprache ist aber nicht ausgeschlossen. Konkretum: *Kacke*.
S. *Kakerlak.* − Zu *Kacke*: Röhrich 2 (1992), 790.

Kadaver *m.* (< 16. Jh.). Entlehnt aus l. *cadāver n.* (eigentlich: ´der gefallene, tot daliegende Körper´), zu l. *cadere* ´fallen´.
S. *Kadenz.* − *DF* 1 (1913), 316; K.-H. Weimann *DWEB* 2 (1963), 394.

Kadavergehorsam *m. erw. fach.* (< 19. Jh.). Das Wort bezieht sich auf die Vorschrift der jesuitischen Ordensregeln, daß die Ordensbrüder den Oberen widerspruchslos, wie ein toter Körper (*si cadaver essent*), zu gehorchen hätten. Als Prägung bedeutsam wurde das Wort aber erst durch die Übertragung auf den militärisch und staatlich geforderten Gehorsam durch die Sozialdemokraten.

Kadenz *f. per. fach.* ´Schlußakkordfolge (usw.)´ (< 16. Jh.). Entlehnt aus it. *cadenza*, dieses aus einer spätlateinischen Abstraktbildung ml. *cadentia* zu l. *cadere* ´fallen´ für die den Schluß eines Stücks einleitenden Akkorde; dann (nach dem Vorbild der antiken Rhetorik) auf den Schlußrhythmus von Versen übertragen.
Zu l. *cadere* ´fallen´ gehören als Abstrakta *Kadenz, Dekadenz, Akzidenz* und *Koinzidenz*; aus einem Partizip des Präsens kommt *Okzident*; aus einem *tu*-Abstraktum *Kasus*, aus einem Adjektiv zu einer Bildung auf *-tio okkasionell*; *Kaskade* geht auf ein italienisches Iterativum zurück; die Bildungsweise von *Kadaver* hat zwar Parallelen, ist aber sonst nicht durchsichtig. − *DF* 1 (1913), 316; *LM* 5 (1991), 847.

Kader *m./(n.) per. fach.* ´Stammbelegschaft, Kern´ (< 19. Jh.). Entlehnt aus frz. *cadre m.*, eigentlich ´Einfassung, Rahmen´, dieses aus it. *qua-*

dro *m.* ´Viereck, Gemälde im Rahmen´, aus l. *quadrus m.* ´Viereck, viereckig´, zu l. *quattuor* ´vier´. Zunächst bezogen auf das Offizierskorps im Militär, nach dem zweiten Weltkrieg im Osten nach russischem Vorbild bezogen auf die Stammbelegschaft von Betrieben und die Führungskräfte der Partei. Sie werden bei dieser Ausdrucksweise als der Rahmen empfunden, der dem Ganzen den Halt gibt. **Kern-** oder **Stamm-** gehen dagegen vom Bild des Baum(stamm)es aus, dessen wichtigster Teil innen ist. S. *Quadrant*.

Kadett *m. erw. fach.* (< 18. Jh.). Entlehnt aus frz. *cadet* (auch: ´nachgeborener Sohn´), bei dem sich eine regionale französische Homonymie bemerkbar macht: prov. *cadel* 1. ´Chef´ (aus l. *capitellum*) und 2. ´Tierjunges´ (aus l. *catellus*). Hieraus die auffällige Bedeutungsmischung.
S. *Chef.* − *DF* 1 (1913), 316; Brunt (1983), 174 f.; *DEO* (1982), 179.

Kadi *m. erw. exot. (ass.)* (< 16. Jh.). Entlehnt aus arab. *qāḍī* in orientalischen Erzählungen; dann scherzhaft auf einheimische Richter u.ä. übertragen.
J. W. Walz *ZDW* 12 (1910), 187; Littmann (1924), 71; *LM* 5 (1991), 848; Röhrich 2 (1992), 790.

Käfer *m.* (< 9. Jh.). Mhd. *kever*, ahd. *kevur, kevar, kever*; auch schwach: mhd. *kevere*, ahd. *kevuro, keviro, kevero*, as. *kevera f.*. Dieses führt auf vd. **kebra-/ōn*, neben dem ae. *ceafer* aus **kabra-* steht. Beides geht (vielleicht ursprünglich als aktives Adjektiv) auf die unter *Kiefer*[1] dargestellte Lautgebärde mit der Bedeutung ´fressen, kauen´ zurück; der Käfer wird also als ´Fresser´ bezeichnet. Das Wort bedeutet ursprünglich ´Heuschrecke´, die Verallgemeinerung erst im 18. Jh., wobei älteres *Wibel* aus dieser Bedeutung verdrängt wird.
Nndl. *kever*, ne. *chafer.* − *Tiernamen* (1963−1968), 63−616; dazu W. Pfeifer: Beiheft 1 (1963); R. Hildebrandt *ZM* 32 (1965), 311−318; *LM* 5 (1991), 848; Röhrich 2 (1992), 790.

Kaff[1] *n. vulg.* ´elendes Nest´ (< 19. Jh.). Übernommen aus dem Rotwelschen, in das es aus romani *gāw* ´Dorf´ gekommen ist. Älteres rotw. *kefar* ´Dorf´, das die Lautform wohl mitbestimmt hat, stammt aus wjidd. *kefar* und dieses aus hebr. **kāfār* ´Dorf´. S. *Kaffer*.

Kaff[2] *n. per. ndd.* ´Fruchthülse des Getreides´ (< 13. Jh.). Mndd. *kaf, kave*, mndl. *caf*, das wie ae. *ceaf* auf **kafa- (-b-)* zurückführt, neben ahd. *keva f.* ´Hülse, Schalenerbse, *Kefe´* aus **kebōn*. Weitere Herkunft unklar.

Kaffee *m.* (< 17. Jh.). Entlehnt aus frz. *café*, dieses aus it. *caffé*, aus türk. *kahve*, aus arab. *qahwa*. *Café* ´Kaffeehaus´ ist eine Entlehnung des 19. Jhs. aus derselben Quelle.
S. *Cafeteria.* − *DF* 1 (1913), 317; Littmann (1924), 81 f.; Ganz (1957), 111 f.; Kretschmer (1969), 159−161; Lokotsch (1975), 80; Röhrich 2 (1992), 790 f.

Kaffeebohne *f.* (< 18. Jh.). Die Frucht des Kaffeestrauchs (der Sache nach eigentlich eine Kirsche) heißt im Arabischen arab. *bunn*, was im Deutschen und Englischen zu einer Wiedergabe durch das lautähnliche *Bohne* geführt hat (anders in den romanischen Sprachen, in denen das Wort für ꞌBohneꞌ nicht lautähnlich ist). Dann übertragen auf die *Kakaobohne*, für die kein solcher Anlaß besteht.

Kaffer *m. vulg.* ꞌdummer Kerlꞌ (< 18. Jh.). Aus dem Rotwelschen, in dem es seit dem 18. Jh. bezeugt ist. Dorthin kam es aus *wjidd. Kaf(f)er* ꞌBauer, Dörflerꞌ (aus hebr. [nachtalmudisch] *kafrī* ꞌdörflichꞌ zu *wjidd. kefar* ꞌDorfꞌ, s. unter *Kaff*[1]). Die afrikanische Stammesbezeichnung ist davon unabhängig: sie stammt aus *span. cafre*, *port. cafre* ꞌBarbarꞌ, das aus *arab. kāfir* ꞌUngläubigerꞌ kommt. Die beiden Wörter sind aber bei den Sprechern gleichgesetzt worden.
Littmann (1924), 47 f.; Lokotsch (1975), 79.

Käfig *m.* (< 10. Jh.). Mhd. *kevje f.*, ahd. *kev(i)a*, *keba f.*, as. *kevia f.* Entlehnt aus *l. cavea f.* ꞌKäfig, Behältnis, Höhleꞌ (zu *l. cavus* ꞌhohlꞌ, das sich aber wohl mit einer anderen Quelle vermischt hat). Das Suffix wohl aus dem Kollektivsuffix wie in *Kehricht*.
S. *Kaue*, *Koje*. – E. Rooth in: *FS Pretzel* (1963), 301–307.

Kaftan *m. erw. exot. (ass.)* (ein langes, weites Obergewand, für bestimmte modische Kleidungsstücke übernommen) (< 16. Jh.). Entlehnt aus *türk. kaftan*, dieses aus *arab. quṭān*, dieses aus *pers. ḥaftān* ꞌunter dem Panzer zu tragendes Gewandꞌ.
DF 1 (1913), 317 f. [Herangezogen wurden die Lizentiatsarbeit von L. Vasta und die Magisterarbeit von E. Spanakakis]

Käfter(chen) *n. per. md.* ꞌkleiner Abstellraumꞌ (< 8. Jh.). Wohl zu *ahd. kafteri m.* ꞌBienenkorbꞌ (aus *spl. capistērium* ꞌMulde, Behälter, Bienenkorbꞌ. das seinerseits aus *gr. skaphistērion* ꞌTrog, Muldeꞌ stammt). Einzelheiten bleiben aber unklar.

kahl *Adj.* (< 8. Jh.). Mhd. *kal(wes)*, ahd. *kalo*, mndl. *calu* aus *wg. *kalwa- Adj.* ꞌkahlꞌ, auch in *ae. calu(w)*. Zu vergleichen ist vermutlich *akslav. golŭ* ꞌnacktꞌ, zu dem einerseits *lit. gáldyti* ꞌscheuern, reinigenꞌ (ꞌblank machenꞌ), andererseits *lit. galvà*, *akslav. glava* ꞌKopfꞌ (vgl. *l. calva* ꞌSchädelꞌ zu *l. calvus* ꞌkahlꞌ) gehören. Weitere Herkunft unklar. Entlehnung aus *l. calvus* (so zuletzt A. Senn, s. u.) ist weniger wahrscheinlich, aber nicht auszuschließen. Die lautliche Parallelität ist auf jeden Fall beachtlich.
S. auch *Halunke*. Nndl. *kaal*, ne. *callow*. – A. Senn *JEGPh* 32 (1933), 521; Heidermanns (1993), 329.

Kahm *m. per. fach.* ꞌSchimmel auf gegorenen Flüssigkeitenꞌ, auch älteres **Kahn** (< 13. Jh.).

Fnhd. *kōn*, mhd. *kān*; sonst mhd. *kām*, mndd. *kām*, nndl. *kaam*; wie e. (dial.) *canes*, *keans* ꞌSchaum auf Gegorenemꞌ entlehnt aus *spl. *cāna* ꞌSchmutzschicht auf Weinꞌ (zu *l. cānus* ꞌgrauꞌ), vermutlich über *afrz. chanes*, *chienes*. Es wird aber auch Zusammenhang mit *anord. kámr* ꞌschwärzlich, dunkel, schmutzigꞌ und damit Ansatz eines Erbworts erwogen.
E. Alanne: *Das Fortleben einiger mhd. Bezeichnungen für die Weinlese und Weinbehandlung am Oberrhein* (Helsinki 1956), 24 f.; Heidermanns (1993), 331.

Kahn *m.* (< 15. Jh.). Ursprünglich nur nord- und mitteldeutsch *(kane)*, durch Luther in die Schriftsprache eingeführt. Vergleichbar ist zunächst *ndn. (arch.) kane* ꞌBoot, Schlittenꞌ zu *anord. kani* ꞌGefäß, Schüsselꞌ, neben dem als Vriddhi-Ableitung *kæna* ꞌeine Art Bootꞌ steht. Weitere Herkunft unklar.
K. Bischoff *Elbostfälische Studien* (1954), 90 f.; Kretschmer (1969), 245 f.; Röhrich 2 (1992), 791 f.

Kai *m. erw. fach.* ꞌgemauerter Uferdammꞌ (< 17. Jh.). Entlehnt aus *nndl. kaai*, das wie *ne. quay* auf *frz. quai* beruht. Dieses aus einem keltischen Wort, das *kymr. cae* ꞌGehegeꞌ (s. unter *Hag*) entspricht. Zu diesem auch *abret. caiou Pl.* ꞌSchutzwallꞌ, das die Bedeutungsbrücke liefert.
DF 1 (1913), 318; Kranemann (1958), 84–95.

Kainszeichen *n. bildg.* (< 18. Jh.). Nach dem Zeichen, mit dem der Gott den Brudermörder *Kain* zeichnet (1. Mose 4,15). Verallgemeinert zu ꞌZeichen eines Brudermördersꞌ oder noch allgemeiner ꞌeines verwerflichen Menschenꞌ.
Littmann (1924), 42 f. Zu *Kainsmal*: Röhrich 2 (1992), 792.

Kaiser *m.* (< 9. Jh.). Mhd. *keiser*, ahd. *keisur*, *keisar*, as. *kēsur* gehen mit *ae. Cāsere*, *gt. kaisar* zurück auf eine der ältesten Entlehnungen des Germanischen aus dem Lateinischen: Der Herrschertitel *l. Caesar*, übernommen aus dem Eigennamen *C. Julius Caesar*, bezeichnet zunächst den Herrscher des römischen Reichs, dann den Herrscher allgemein. Gleicher Herkunft ist *russ. carꞌ*, *aruss. cěsarī* (wohl über *gt. kaisar*). Die Entlehnung spiegelt einen auffallend frühen Lautstand des Lateinischen (*k* vor hellem Vokal, Diphthong). Zu seiner Erklärung wird teils griechische Vermittlung, teils Lautersatz nach vorliegenden Mustern angenommen. – Im alten Österreich wurde *Kaiser-* nicht selten zur Markierung des in seiner Art Hervorragenden verwendet, besonders bei Speisen (**Kaiserbirne**, **Kaisersemmel**, **Kaiserfleisch**, **Kaiserschmarrn** u. a.). Adjektiv: **kaiserlich**.
LM 5 (1991), 851–856; Röhrich 2 (1992), 792 f.

Kaiserling *m. per. reg.* (der Blätterpilz ꞌAmanita caesareaꞌ) (< 16. Jh.). Die Bezeichnung geht darauf zurück, daß *Kaiser* Claudius 54 nach Christus an Gift starb, das man einem Gericht dieser Pilze beigemischt hatte (Plinius *Naturalis historia* 22,92).

Die Bezeichnung ist im Deutschen seit dem 16. Jh. erwähnt und wurde verstanden als ´vortrefflicher Pilz´.

Marzell 1 (1943), 236.

Kaiserschnitt *m. erw. fach.* (< 17.). Bei Plinius (*Naturalis historia* 7,47) wird der Name *Caesar* damit erklärt, daß der erste Träger dieses Namens seiner Mutter aus dem Leib geschnitten wurde (l. *caedere [caesum]* ´hauen, fällen, ausschneiden u.ä.´). Danach heißt die operative Entbindung im späten Mittelalter *sectio caesarea.* Dies wird im 17. Jh. übersetzt zu *Kaiserschnitt.*

Zur Sippe von l. *caedere* s. *dezidiert.* – *LM* 5 (1991), 860.

Kajak *m./(n.) erw. fach.* (ein Paddelboot) (< 17. Jh.). Entlehnt aus einem grönländischen Dialekt.

Kajüte *f. erw. fach.* ´Wohnraum in einem Schiff´ (< 15. Jh.). Übernommen aus mndd. *kajute,* älter nndl. *kajute.* Herkunft unklar; vielleicht Streckform aus *Kute, Küte, Kaute* ´Loch, Höhle´ (s. unter *Kaute*).

Schröder (1906), 35–39.

Kakadu *m. erw. fach.* (< 17. Jh.). Übernommen aus nndl. *kak(k)etoe,* das seinerseits auf ein malayisches Wort zurückgeht, das ganz oder in Teilen lautmalend ist (vermutlich *kaka* ´Papagei´ nach dem Schrei des Vogels + *tūa* ´alt´).

R. Loewe *ZVS* 61 (1933), 120–130; G. Kahlo *MS* (1961), 32.

Kakao *m.* (< 16. Jh.). Entlehnt aus span. *cacao,* dieses aus dem mexikanischen Dialektwort *kakahuatl* ´Kakaobohne´. Bei der Entlehnung ist die Vermittlung weiterer romanischer Sprachen anzunehmen.

DF 1 (1913), 318; J. W. Walz *ZDW* 12 (1919), 187; Littmann (1924), 146, 150; R. Loewe *ZVS* 61 (1933), 84–93; Röhrich 2 (1992), 793.

kakeln *swV. per. ndd.* ´gackern, schwatzen´ (< 16. Jh.). Lautmalende Bildung, schon mndd. *kakelen;* weiter nndl. *kakelen,* ne. *cackle,* nschw. *kackla* u. a.

Kakerlak *m. per. grupp.* ´Schabe´, übertragen ´Albino (da ebenfalls lichtscheu), lichtscheuer Mensch´ (< 17. Jh.). Zunächst als Schimpfwort (angelehnt an *kacken,* s.d.?) bezeugt. Die Herkunft ist nicht ausreichend klar. Das Wort ist wohl von den Niederlanden aus verbreitet. Da das so bezeichnete Tier aus Südamerika eingeschleppt wurde, kann span. *cucaracha f.* zugrunde liegen, das auch die englische Entsprechung *cockroach* geliefert hat.

Tiernamen (1963–1968), 54 f., sowie Beiheft 2 (1965), 36–40.

Kaktus *m.* (< 18. Jh.). Entlehnt aus gr. *káktos,* das eine andere stachelige Pflanze bezeichnet und dessen weitere Herkunft nicht geklärt ist. Dazu die Nebenform *Kaktee,* die aus der wissenschaftlichen

Bezeichnung *Cacteae* für die ganze Pflanzenfamilie stammt.

Röhrich 2 (1992), 793.

Kalamität *f. per. fremd.* ´mißliche Lage´ (< 17. Jh.). Entlehnt aus l. *calamitās (-ātis)* (auch: ´Schaden, Unglück, Verderben´, zunächst ´landwirtschaftliches Unglück [z. B. Hagelschlag, Viehsterben usw.]´).

DF 1 (1913), 318; *BlW* 3 (1988), 200–202.

Kalauer *m. erw. stil.* ´wenig geistreicher Wortwitz´ (< 19. Jh.). Vermutlich eine in Berlin entstandene volksetymologische Umdeutung von frz. *calembour* ´Wortspiel´ nach dem Namen der Stadt *Calau* in der Niederlausitz. Alles weitere ist spekulativ. Die Kalauer waren bekannt für die Herstellung von Stiefeln, man scheint den Schustergesellen eine Art sprachlicher Primitivität nachgesagt zu haben, und *Kalauer* war eine spöttische Anrede für Schustergesellen um 1840. Erster Beleg für die Bedeutung ´Wortwitz´ merkwürdigerweise in französischer Sprache als *Calovien* im *Kladderadatsch* vom 11.8.1850 (*Calovia* ist der latinisierte Name von *Calau*). Verb: **kalauern.**

DF 1 (1913), 318 f.; R. Moderhack *Zeitschrift des Vereins für die Geschichte Berlins* 57 (1940), 76–80; *DEO* (1982), 184 f.

Kalb *n.* (< 8. Jh.). Mhd. *kalp,* ahd. *kalb,* as. *kalf* aus g. **kalbaz- n.* ´Kalb´, auch in anord. *kalfr m.,* ae. *cealf m./n.*; im Gotischen ist nur die Ableitung *kalbo f.* ´junge Kuh´ bezeugt, entsprechend zu ahd. *kalba.* Der Ansatz eines *s*-Stamms ergibt sich aus dem *r*-Plural und aus der altnordischen Form. Aus einer damit ablautenden Form könnte wg. **kelbuzjō f.* ´Mutterlamm´ abgeleitet sein (in ahd. *kilburra, kilb(ir)ra f.,* ae. *cilforlamb*). Morphologisch und semantisch passen dazu einige Ausdrücke für ´Gebärmutter, Tierjunges (u.ä.)´ im Indischen und Griechischen (diese Bedeutungen gehen häufig ineinander über); doch weist das Griechische auf einen Anlaut **gʷ-,* der nicht zum Germanischen stimmt. Vgl. ai. *gárbʰa- m.* ´Mutterleib, Leibesfrucht´, avest. *gərə-buš- n.* ´Tierjunges´, gr. *delphýs f.* ´Gebärmutter´, in Glossen auch gr. *dolphós f.,* ein *s*-Stamm ist vielleicht verbaut in gr. *adelpheós m.* ´Bruder´ (Homer). Die Zusammenhänge (Parallelwurzeln oder sekundäre Vermischung) sind deshalb im einzelnen unklar. Vielfach in Übertragungen für ´täppisch, albern´ nach den tolpatschigen Bewegungen junger Kälber.

Nndl. *kalf,* ne. *calf,* nschw. *kalv,* nisl. *kálfur.* – M. Platschek: *Lamm und Kalb* (Gießen 1957), 14–16; Röhrich 2 (1992), 793–795.

Kalbfell *n.* ´Trommel´ *arch.* (< 17. Jh.). Bezeichnung der Werbetrommel (nach deren Bespannung). Nicht selten in Wendungen und Übertragungen (die teilweise auch davon ausgehen, daß auf der Trommel gewürfelt wurde).

Röhrich 2 (1992), 795 f.

Kalbsmilch *f. per. ndd. md.* ́Brustdrüse des Kalbs ̓ (< 18. Jh.). Wie bei **Milken** u.ä. wird die Drüse nach ihrer Zartheit bezeichnet.

Kretschmer (1969), 248 f.

Kaldaune *f.,* meist ́ *Pl., per. reg.* ́eßbare Innereien ̓ (< 14. Jh.). Spmhd. *kaldūne* ist entlehnt aus mittellateinischen Bildungen, die zu l. *cal(i)dus* ́warm ̓ gehören. Wahrscheinlich so bezeichnet als die ́noch warmen Teile eines ansonsten bereits erkalteten geschlachteten Tieres ̓.

Röhrich 2 (1992), 796.

Kalebasse *f. per. exot.* (ein bauchiges Gefäß mit langem Hals) (< 17. Jh.). Entlehnt aus frz. *calebasse,* dieses aus span. *calabaza* ́Kürbis(pflanze) ̓, dessen weitere Herkunft nicht sicher geklärt ist.

Kaleidoskop *n. erw. fach.* (< 19. Jh.). Neubildung in England zu gr. *kalós* ́schön ̓, gr. *eĩdos* ́Bild, Gestalt ̓ (zu gr. *ideĩn* ́sehen ̓) und gr. *skopeĩn* ́schauen ̓ in Analogie zu *Mikroskop.* Somit also ein ́Gerät zum Betrachten von schönen Bildern ̓ (entstanden 1815). S. *Idee* und *Skepsis.*

Cottez (1980), 215; Rey-Debove/Gagnon (1988), 464 f.

Kalender *m.* (< 15. Jh.). Entlehnt aus ml. *calendarius,* dieses aus l. *Calendae f.* ́der erste Tag des Monats, Monat ̓, zu l. *calāre* ́ (die Kalenderdaten) ausrufen ̓.

Lokotsch (1975), 82; *LM* 5 (1991), 866 f.; Röhrich 2 (1992), 796.

Kalesche *f. obs.* (eine leichte Kutsche) (< 17. Jh.). Entlehnt aus čech. *koleska* und poln. *kolaska,* zu poln. *koło n.* ́Rad ̓, das mit der unter *Hals* beschriebenen Wurzel verwandt ist.

DF 1 (1913), 319; Kretschmer (1969), 312 f.; Steinhauser (1978), 78−80.

Kalfakter *m. arch.* ́jmd., der Hilfsdienste tut ̓ (< 16. Jh.). Entlehnt aus ml. *cal(e)factor* ́Heizer ̓, einem Nomen agentis zu l. *cal(e)facere* ́einheizen ̓, zu l. *cal(i)dus* ́warm, heiß ̓ und l. *facere* ́machen ̓. Zunächst entlehnt als Bezeichnung für denjenigen, der in der Schule mit dem Einheizen beauftragt war. Dann Verallgemeinerung zu ́jmd., der Hilfsdienste verrichtet ̓. Die französische Entsprechung ist *Chauffeur.*

kalfatern *swV. per. fach.* ́Wände von Schiffen (mit Teer usw.) abdichten ̓ (< 17. Jh.). Entlehnt aus ndl. *kalfateren,* dieses aus frz. *calfater,* it. *calafatare* und span. *calafatear,* dieses wohl zu arab. *qalfaṭa* ́abdichten ̓, das aber nicht echt arabisch aussieht.

Kali *n. erw. fach.* (< 18. Jh.). Von dem deutschen Chemiker M. H. Klaproth aus *Alkali* gekürzt und als Sammelbezeichnung für die Kaliumsalze verwendet; besonders bei Düngemitteln gebraucht.

Cottez (1980), 215.

Kaliber *n. erw. fach.* ́Größe, Art (bes. von Geschützen) ̓ (< 17. Jh.). Entlehnt aus frz. *calibre m.,* dieses aus it. *calibro m.,* über mittellateinische Vermittlung aus arab. *qālib* ́Form, Modell, Schusterleisten ̓, aus gr. *kālopódion* ́Schusterleisten, (eigentlich: Holzfüßchen) ̓, einem Diminutivum zu gr. *kālopous m.* ́Holzfuß, Schusterleisten ̓, einer Zusammensetzung aus gr. *kālon* ́Holz ̓ und gr. *poús m.* ́Fuß ̓.

A. Kluyver *ZDW* 11 (1909), 219−224; *DF* 1 (1913), 319; Littmann (1924), 98, 100; Lokotsch (1975), 83.

Kalif *m. erw. exot.* (< 19. Jh.) ́islamischer Würdenträger ̓. Entlehnt aus arab. *ḫalīfa* ́Stellvertreter, Nachfolger ̓ (nämlich des Propheten).

Kalium *n. per. fach.* (< 19. Jh.). Der deutsche Chemiker M. H. Klaproth unterscheidet die früher für identisch gehaltenen Ausprägungen von Soda als **Natron** und **Kali.** Die aus diesen isolierbaren Metalle (zuerst von Humphry Davy 1807 durchgeführt) werden *Natrium* und *Kalium* genannt.

Kalk *m.* (< 8. Jh.). Mhd. *kalc,* ahd. *kalc,* as. *kalc* beruhen wie ae. *cealc* auf früher Entlehnung aus l. *calx (calcis) f.,* das seinerseits aus gr. *chálix m./f.* ́Kies, Kalkstein, ungebrannter Kalk ̓ entlehnt ist. Die Germanen lernten die Verwendung des Kalks mit dem Steinbau von den Römern kennen und entlehnten mit der Sache das Wort. In ihrer ursprünglichen Bauweise benützten sie Lehm. Verb: **kalken;** Adjektiv: **kalkig.**

S. *kalkulieren.* − Hoops (1911/19), 5 f.; Lüschen (1979), 246; *LM* 5 (1991), 870 f.

kalkulieren *swV. erw. fach.* (< 16. Jh.). Entlehnt aus l. *calculāre* (eigentlich ́mit Rechensteinen umgehen ̓), zu l. *calculus* ́Steinchen, Rechenstein, Berechnung ̓, einem Diminutivum zu l. *calx (calcis)* ́Stein, Spielstein, Kalkstein ̓, verwandt mit gr. *chálix* ́kleiner Stein, Kalkstein ̓. Abstraktum: **Kalkulation;** Rückbildung: **Kalkül.**

S. *Chaussee, Kalk.*   Schirmer (1911), 92; Schirmer (1912), 34 f.; K.-H. Weimann *DWEB* 2 (1963), 394; G. Cohen *CoE* 15 (1985), 3/4, 16 f. Zu *Kalkül:* *HWPh* 4 (1976), 672−681.

Kalle *f. per. vulg.* ́Braut; Prostituierte ̓ (< 18. Jh.). Im Rotwelschen seit dem 18. Jh. bezeugt. Aus wjidd. *kalle* ́Braut ̓, das zu hebr. *kallā(h)* gleicher Bedeutung gehört.

L. Günther *Anthropophyteia* 9 (1912), 11−13.

Kalmen *Pl. per. fach.* ́Windstille ̓ (< 16. Jh.). Durch Palästinafahrer im Deutschen eingeführt. Zugrunde liegt ein romanisches Wort (frz. *calme m.,* it. span. port. *calma f.*), das die Ruhe bezeichnet, die bei großer Hitze einzutreten pflegt. Es geht zurück auf gr. *kaũma n.* ́Hitze ̓, das unter dem Einfluß von l. *calēre* ́warm sein ̓ umgebildet wurde.

Kluge (1911), 415 f.

Kalorie *f. erw. fach.* (eine Maßeinheit für den Energiegehalt von Lebensmitteln) (< 20. Jh.). Neubildung zu l. *calor (-ōris)* ́Wärme, Hitze ̓, zu l. *calēre* ́glühen, warm sein ̓.

S. *Chauffeur, Kalfakter, Nonchalance*; zur germanischen Verwandtschaft s. *lau*.

kalt *Adj.* (< 9. Jh.). Mhd. *kalt*, ahd. *kalt*, as. *kald* aus g. **kalda- Adj.* ʹkaltʹ, auch in gt. *kalds*, anord. *kaldr*, ae. *ceald*, afr. *kald*. Altes *to*-Partizip zu g. **kal-a- stV.* ʹfrieren, kalt werdenʹ in anord. *kala*, ae. *calan*. Außergermanisch vergleichen sich nur Nomina: l. *gelū* ʹFrost, Kälteʹ, lit. *gélmenis, gelumà* ʹheftige Kälte, Frostʹ, russ. *gólotʹ* ʹGlatteisʹ. Abstraktum: **Kälte**; Präfixableitung: **erkalten**.
Nndl. *koud*, ne. *cold*, nschw. *kall*, nisl. *kaldur*. S. *Gelatine, kühl*. − Seebold (1970), 288 f.; Röhrich 2 (1992), 797 f.; Heidermanns (1993), 328.

Kalter *m. per. fach.* ʹtragbarer Behälter für Fischeʹ (< 14. Jh.). Spmhd. *kalter*, eigentlich *gehalter* zu *gehalten* ʹbehalten, aufbewahrenʹ.

Kalumet *n. per. exot.* ʹFriedenspfeifeʹ (< 19. Jh.). Es handelt sich um ein französisches Regionalwort (nordfrz. *calumet* ʹRöhrchenʹ, Entsprechung zu frz. *chalumeau m.* ʹStrohhalm usw.ʹ, aus l. *calamellus m.* ʹRöhrchenʹ, zu l. *calamus m.* ʹSchilfrohrʹ), das von französischen Siedlern in Nordamerika zur Bezeichnung der (ihnen unbekannten) Pfeife diente.

Kamel *n.* (< *13. Jh., Form < 16. Jh.). Im Mittelhochdeutschen (mhd. *kembel, kemmel, kémel, kamel m.* u. a.) entlehnt aus gr. *kámēlos m./f.*, das auf ein semitisches Wort zurückgeht (arab. *ǧamal*). Später auch Einfluß von l. *camēlus m./f.*
Littmann (1924), 15; Lüschen (1968); 224; Lokotsch (1975), 52; *LM* 5 (1991), 881; Röhrich 2 (1992), 798.

Kämelgarn *n. per. fach.* ʹGarn aus dem Haar der Angoraziegeʹ (< 18. Jh.). Zu fnhd. *kemel* ʹKamelʹ (s. *Kamel*), übertragen auf die Angoraziege wegen ihres langen Halses.

Kamelie *f. per. fach.* (eine Pflanze mit immergrünen Blättern und rosenähnlichen Blüten) (< 19. Jh.). Neubildung zum Namen des Missionars *Kamel* (latinisiert *Camellus*), der eine Beschreibung der ostasiatischen Pflanzenwelt verfaßte.

Kamelle *f. per. reg.* Mundartliche Variante von *Karamel* (< 20. Jh.).

Kamellen *Pl. per. reg. phras.* (in der Fügung *alte/ olle Kamellen* ʹAltbekanntesʹ) (< 20. Jh.). Mundartliche Variante von *Kamille*. Alte Kamillen verlieren ihre Wirkkraft und sind zu nichts mehr nütze.
Röhrich 2 (1992), 798.

Kamera *f.* (< 19. Jh.). Entlehnt aus neo-kl. *camera obscura*, wörtlich ʹdunkle Kammerʹ, aus l. *camera* ʹGewölbe, gewölbte Decke, Wölbungʹ, dieses aus gr. *kamára* ʹGewölbe, gewölbte Kammerʹ. Die *camera obscura* beruht auf dem damals nicht erklärlichen Prinzip, daß eine kleine Öffnung zur Außenwelt in einem dunklen Raum ein auf dem Kopf stehendes Abbild des nach außen Sichtbaren liefert. Dann übertragen auf die mit Linsen arbeitenden Geräte.
DF 1 (1913), 104.

Kamerad *m.* (< 16. Jh.). Entlehnt aus frz. *camerade*, dieses aus it. *camerata m./f.* ʹGefährte, Kammergemeinschaftʹ, zu it. *camera* ʹKammerʹ, aus l. *camera* ʹGewölbe, gewölbte Decke, Wölbungʹ, aus gr. *kamára* ʹGewölbe, gewölbte Kammerʹ. Also eine Soziativbildung ʹder in der gleichen Kammer lebtʹ, vgl. *Geselle*. Abstraktum: **Kameradschaft**.
DF 1 (1913), 320.

Kamikaze *m. per. exot.* ʹsich selbst opfernder Pilot/Menschʹ (< 20. Jh.). Entlehnt aus jap. *kamikaze*, zu jap. *kami* ʹGottʹ und jap. *kaze* ʹWindʹ, wörtlich also ʹGotteswindʹ. Bezeichnung japanischer Piloten, die sich im 2. Weltkrieg mit ihren sprengstoffbeladenen Flugzeugen auf amerikanische Kriegsschiffe stürzten und dabei selbst den Tod fanden.

Kamille *f.* (< 14. Jh.). Im Mittelhochdeutschen (mhd. *camille*) entlehnt aus l. *chamaemēlon, chamomilla*. Dieses aus gr. *chamaímēlon n.*, zu gr. *chamaí* ʹauf der Erde, niedrig wachsendʹ und gr. *mēlon n.* ʹApfelʹ (wohl wegen Form und Geruch der reifen Blüten).
S. *Kamellen*. − *LM* 5 (1991), 883.

Kamin *m.* (< 13. Jh.). Mhd. *kámīn, kémīn* ʹSchornsteinʹ ist entlehnt aus l. *camīnus* ʹFeuerstelle, Schmiedeesse, Herdʹ, dieses aus gr. *kámīnos* ʹOfenʹ.
S. *Kemenate*. − J. Trier *ZDPh* 70 (1947/49), 352 f.; J. Schepers in *FS J. Trier* (Meisenheim 1954), 339−377; G. Schilling: *Die Bezeichnungen für den Rauchabzug* (Diss. Marburg 1961, Gießen 1963); Kretschmer (1969), 439 f.; *LM* 5 (1991), 883 f.; Röhrich 2 (1992), 799.

Kamisol *n. arch.* ʹUnterjacke, Miederʹ (< 17. Jh.). Entlehnt aus frz. *camisole*, dieses aus it. *camiciola*, einem Diminutivum zu it. *camicia*, ml. *camisia* ʹHemdʹ. Zur germanischen Verwandtschaft s. *Hemd*.

Kamm *m.* (< 10. Jh.). Mhd. *kambe, kamme m./ f., kam(p)*, ahd. *kamb*, as. *kamb* aus g. **kamba- m.* ʹKammʹ, auch in anord. *kambr*, ae. *camb*. Dieses aus ig. **ǵombʰo-* ʹZahnʹ in ai. *jámbha-* ʹZahn, Fangzahnʹ, gr. *gómphos* ʹPflock, Nagelʹ, akslav. *zǫbŭ*, lett. *zùobs* (lit. *žam̃bas* ʹBalkenkanteʹ). Da die Stammbildung überall gleich ist, liegt im Germanischen kaum eine Zugehörigkeitsbildung (ʹmit Zähnen versehenʹ) oder ein Kollektivum vor; deshalb wohl als *pars pro toto* aufzufassen. Die verbale Grundlage zu diesem Nomen ist wohl ig. **ǵembʰ-* in ai. *jámbhate* ʹschnappt, packtʹ, arm. *camem* ʹich kaueʹ, lit. *žembiù* ʹich zerschneideʹ, aksalv. *zębǫ* ʹich zerreißeʹ, obwohl die semantischen Verhältnisse nicht ganz klar sind.
Nndl. *kam*, ne. *comb*, nschw. *kam*, nisl. *kambur*. S. auch *Knebel*. Zur Bedeutungsentwicklung vgl. *Strähl*. − *LM* 5 (1991), 884 f.; Röhrich 2 (1992), 799.

Kammer *f. obs.* (< 8. Jh.). Mhd. *kamer(e)*, ahd. *chamara*, as. *kamara*. Früh entlehnt aus l. *camera*

´gewölbte Decke´, dann ´Zimmer mit gewölbter Decke, Wölbung´, das seinerseits aus gr. *kamára* ´Gewölbe, gewölbte Kammer´ entlehnt ist.

S. *Kamera*. − Heyne (1899/1903), I, 90; *LM* 5 (1991), 885−889.

Kammerjäger *m. erw. stil.* (< 17. Jh.). Ursprünglich ´fürstlicher Leibjäger´, dann scherzhaft umgedeutet zu ´Rattenfänger´ und ´Vertilger von Ungeziefer´. Die Umdeutung ist im 17. Jh. in Norddeutschland aufgekommen.

Kammerton *m. per. fach.* (< 18. Jh.). Eingeführt als der für die Kammermusik übliche Grundton (der Grundton der Oper war tiefer, der der Orgel höher). Danach Verallgemeinerung des Grundtons mit entsprechender Veränderung der Bedeutung des Wortes.

Kammertuch *n. per. fach.* ´feine Leinwand´ (< 16. Jh.). Ursprünglich ´Tuch aus *Cambrai*´ (nndl. *Kamerijk*); entsprechend nndl. *kameriksdoek*, dann gekürzt zu *kamerdoek*, das ins Deutsche übertragen wird. Dies aus frz. *toile de Cambrai* übersetzt.

M. Höfler:*Untersuchungen zur Tuch- und Stoffbenennung* (Tübingen 1967).

Kammgarn *n. per. fach.* (< 19. Jh.). Gebildet zur Bezeichnung von Garn aus Wolle, die durch Kämmen gereinigt und aufgelockert worden war.

Kamp *m. per. reg.* ´Grasplatz, kleine Baumschule´ (< 16. Jh.). Mndd. *kamp*, entlehnt aus l. *campus* ´Feld´.

S. *Camp*. − Jones (1976), 170.

Kampagne *f. erw. fremd.* (< 17. Jh.). Entlehnt aus frz. *campagne*, dieses aus it. *campagna* ´Ebene, Feld´, aus spl. *campānia f./(n.)*, einer Substantivierung von spl. *campāneus* ´das flache Land betreffend´, zu l. *campus m.* ´Feld´. Die Bedeutung ist also ´Feldzug´, in einer metonymischen Bezeichnung (´Ort, an dem die Aktion durchgeführt wird´).

DF 1 (1913), 320 f.; Schirmer (1911), 92; Jones (1976), 170.

Kämpe *m. obs.* (< 18. Jh.). Niederdeutsche Entsprechung zu *Kämpfe(r)*, die im 18. Jh. wiederbelebt und in die Schriftsprache übernommen wurde.

Kampf *m.* (< 11. Jh.). Mhd. *kampf*, ahd. *kampf* wie ae. *comp* und anord. *kapp n.* ´Wettstreit´, wohl eine alte Entlehnung aus l. *campus* ´Feld´. Die Ausgangsbedeutung im Germanischen ist ´Zweikampf´; solche Zweikämpfe wurden in einem abgesteckten Feld durchgeführt, für das offenbar l. *campus* als Bezeichnung diente. Verb: **kämpfen**; Nomen agentis: **Kämpfer**.

S. *Camp*. − *HWPh* 43 (1976), 685−687.

Kampfer *m. per. fach.* (eine harzige Masse mit charakteristischem Geruch) (< 15. Jh.). Spmhd. *kampfer*, *gaffer* ist entlehnt aus einem letztlich austroasiatischen Wort (Khmer *kāpōr* usw.). Die ver-

schiedenen Inlautkonsonanten (*Kampfer*, e. *camphor*, it. *canfora f.*, arab. *kāfūr*, ai. *karpūra-*) erklären sich wohl aus einer Variation, die letztlich auf Präfixverschiedenheiten zurückgeht.

LM 5 (1991), 896.

Kämpfe(r) *m.* (< 12. Jh.). Mhd. *kempfe*, ahd. *kempf(e)o*, as. *kempio*, ae. *cempa*, anord. *kappi* bedeuten ursprünglich ´Zweikämpfer´ und gehören als Täterbezeichnung zu *Kampf*; dann Anpassung an die normale Form der Täterbezeichnungen. Zu *Kämpfer* ´Balkenkopf´ s. *Käpfer*, *Köper*.

kampieren *swV. erw. fremd.* ´im Freien übernachten´ (< 17. Jh.). Gebildet zu *Kamp* in der Bedeutung ´Feldlager´ und von verschiedenen Entsprechungen (frz., e.) nachträglich beeinflußt.

DF 1 (1913), 321.

Kanaille *f. erw. fremd.* (< 17. Jh.). Entlehnt aus frz. *canaille* ´Gesindel´, dieses aus it. *canaglia* ´Hundepack´, einem Kollektivum zu it. *cane m.* ´Hund´, aus l. *canis m.*

DF 1 (1913), 321; Brunt (1983), 176 f.

Kanake *m. erw. vulg.* (eine abwertende Bezeichnung für Ausländer) (< 20. Jh.). Entlehnt aus der Bezeichnung für Südseeinsulaner, diese aus polyn. *kanaka* ´Mensch´.

Kanal *m.* (< 15. Jh.). Entlehnt aus it. *canale* ´Röhre, Rinne, Wasserlauf´, dieses aus l. *canālis m./f.*, einer Substantivierung von l. *canālis* ´rohrförmig´, zu l. *canna f.* ´kleines Rohr, Schilf´, aus gr. *kánna f.* ´Rohr´, einem semitischen Lehnwort. Frühere Entlehnung bereits im Alt- und Mittelhochdeutschen (s. *Kandel*). Verb: **kanalisieren**. Kollektivum: **Kanalisation**.

S. *Knaster*, *Kanne*. − *DF* 1 (1913), 321 f.; Kluge (1911), 419; *LM* 5 (1991), 897 f.; Röhrich 2 (1992), 799.

Kanapee *n. erw. fach.* ´Sofa´ (< 18. Jh.). Entlehnt aus frz. *canapé m.*, dieses aus l. *cōnōpēum*, *cōnōpium* ´Himmelbett, mit einem Mückennetz geschützte Lagerstätte, feinmaschiges Mückennetz´, aus gr. *kōnōpeîon*, zu gr. *kṓnōps m.* ´Mücke, Stechmücke´.

J. W. Walz *ZDW* 12 (1910), 187; G. Janneau *VL* 266 (1974), 276−278.

Kanarienvogel *m.* (< 17. Jh.). Neubildung zu frz. *canari*, so benannt nach den Kanarischen Inseln, dem Herkunftsort des Vogels.

Suolathi (1909), 133 f.

Kandare *f. per. fach.* ´Gebißstange im Zaumzeug von Pferden´ (< 16. Jh.). Entlehnt aus ung. *kantár*. Dazu *jemanden an die Kandare nehmen* ´jmd. hart herannehmen´.

Lokotsch (1975), 84 f.; *LM* 5 (1991), 898; Röhrich 2 (1992), 799 f.

Kandel *m./f. per. reg.* (< 12. Jh.). Das Wort weist jungen Gleitlaut *d* zwischen *n* und *l* auf und geht in der Bedeutung 'Kanne' (bairisch, ostfränkisch) zurück auf mhd. *kannel f.*, ahd. *kannella, kannala f.* (zu *Kanne*); in der Bedeutung 'Straßenrinne, Dachrinne' auf mhd. *kandel f.* aus ahd. *kanali m.* (s. unter *Kanal*). Die beiden Wörter gehen letztlich auf die gleiche Grundlage zurück, haben aber verschiedene morphologische und semantische Entwicklungen durchgemacht.

Kandelaber *m. erw. fach.* 'mehrarmiger Ständer für Kerzen' (< 18. Jh.). Entlehnt aus frz. *candélabre*, dieses aus l. *candēlābrum n.*, einer Ableitung von l. *candēla f.* 'Kerze, Talglicht', dieses abgeleitet von l. *candēre* 'glänzen, schimmern' (zu diesem s. *Kandidat*).

kandieren *swV.* s. *Kandis*.

Kandidat *m.* (< 16. Jh.). Entlehnt aus l. *candidātus*, einer Substantivierung von l. *candidātus* 'weiß gekleidet', zu l. *candidus* 'glänzend weiß, fleckenlos', zu l. *candēre* 'glänzen, schimmern'. Zunächst vor allem der Bewerber um eine Magistratur, der während der Bewerbung eine mit Kreide geweißte *toga candida f.* trug. Verbum: **kandidieren**; Abstraktum: **Kandidatur**.

DF 1 (1913), 322 f.; *BlW* 3 (1988), 205−212.

Kandis *m. erw. fach.* (eine Zuckersorte) (< *16. Jh.; Form < 18. Jh.). Entlehnt aus it. *(zucchero) candi(to)*, dieses aus arab. *qandī* 'vom Zuckerrohr', zu arab. *qand* 'Zuckerrohr, Rohrzucker', aus ai. *khaṇḍaka-* 'Zucker in kristallartigen Stücken'. Das auslautende /s/ wohl aus der Variante **candisieren** des Verbs **kandieren** in den Stamm des Substantivs übernommen. Mundartlich bereits zuvor entlehnt als *Kandelzucker, Kandizucker* u.ä. Dazu nach italienischem und französischem Vorbild das Verb **kandieren** 'mit Zucker überziehen'.

S. *Zuckerkand(el)*. − *DF* 1 (1913), 323; Littmann (1924), 81, 87. Zu *kandieren*: Lokotsch (1975), 85; Brunt (1983), 177 f.

Känguruh *n. exot.* (< 18. Jh.). Über englische Vermittlung entlehnt aus einer Eingeborenensprache Australiens, in der es aber eine allgemeinere Bedeutung hat.

Littmann (1924), 135; Rey-Debove/Gagnon (1988), 465.

Kaninchen *n.* (< 16. Jh.). Diminutivum zu d. *Kanin*, dieses aus afrz. *conin*, aus l. *cunīculus m.* Andere Entlehnungsformen sind **Karnickel** und **Königshase**.

F. Holthausen *Anglia Beiblatt* 44 (1933), 3; J. Hubschmied *RH* 20 (1943), 265−270; A. Schulten: *Iberische Landeskunde* (Strasbourg 1955/57), II, 567; *LM* 5 (1991), 899; Röhrich 2 (1992), 800.

Kanister *m. erw. fach.* (< 19. Jh.). Entlehnt aus ne. *canister*, dieses aus l. *canistrum n.* 'ein aus Rohr geflochtener Korb', aus gr. *kánastron n.*, zu gr. *kánna f.* 'Rohr', einem semitischen Lehnwort. Im Englischen von 'Korb' auf 'Behältnis' ausgeweitet,

u. a. auch 'Blechdose'. Von hier aus dann die Entlehnung in der eingeschränkten Bedeutung. In der Bedeutung 'Korb' findet sich das Wort bereits früher im Deutschen. Zur griechisch-lateinischen Sippe s. *Kanne* und *Kanal*.

Kanker[1] *m. per. reg.* 'Weberknecht' (< 14. Jh.). Spmhd. *kanker*. Trotz seiner späten Bezeugung offenbar ein altes Wort. Mit verschiedenen lautlichen Umgestaltungen vgl. nordfr. *kunker*, anord. *kǫngurváfa, kǫngulváfa f.*, ae. *gongelwæfre f.* Zugrundezuliegen scheint ein Wort für 'weben', vgl. die Entlehnung ins Finnische *kangas* 'Gewebe', finn. *kankuri* 'Weber' und vielleicht russ. *guž* 'Seil, Tau'. Kaum ein Erbwort. Zum folgenden?

Kanker[2] *m. per. fach.* 'Krebs an Bäumen' (< 11. Jh.). Ahd. *kancur*; wie ae. *cancer* eine Entlehnung aus l. *cancer* 'Krebs' (eigentlich und übertragen). Möglicherweise hat die Entlehnung ein Erbwort überlagert, das gr. *góngros* 'Auswuchs an (Oliven)-Bäumen', gr. *gángraina f.* 'bösartige Geschwulst' entsprechen würde.

F. Kluge *ZVS* 26 (1883), 86.

Kanne *f.* (< 11. Jh.). Mhd. *kanne*, ahd. *kanna*, as. *kanna*, vergleichbar mit anord. *kanna*, ae. *canne*. Vermutlich entlehnt aus ml. *canna* gleicher Bedeutung (die umgekehrte Entlehnungsrichtung ist nicht ausgeschlossen). Falls aus dem Lateinischen, ist das Wort eine Bedeutungsverschiebung aus l. *canna* 'Schilf, Ried, Rohr' und bedeutet ursprünglich 'Gefäß mit einer Ausgußöffnung'. Fnhd. *kante* gleicher Bedeutung stammt aus ahd. *kannata, kanta*, das aus der l. Ableitung *(ōlla) *cannāta* 'mit Ausgußöffnung versehener (Topf)' entlehnt ist. Nach Lühr ursprünglich germanisch und zu anord. *kani m.* 'Schüssel' (usw.) zu stellen.

Zu dem lateinischen Wort gehört die Gruppe *Knaster/Kanister*, zu einer *l*-Bildung *Kanal, Kandel, Kännel*, zu einer anderen *Kanüle*; Modifikationsbildungen in *Kanon, Kanone*. − Frings (1932), 129 f.; J. Schnetz *ZN* 19 (1943), 150−153; Lühr (1988), 204 f.; *LM* 5 (1991), 899; Röhrich 2 (1992), 800.

Kännel *m. per. reg.* 'Dachrinne' (< 13. Jh.). Mhd. *kanel, kenel*, eingedeutschte Form des Lehnworts ahd. *kanali* (aus l. *canālis* 'Röhre, Rinne, Wasserlauf'). S. *Kanal*.

Kannibale *m. exot. (ass.)* (< 16. Jh.). Entlehnt aus der gleichbedeutenden Pluralform span. *caníbal* (zuerst bei Kolumbus), einer Ableitung zu dem Stammesnamen der menschenverzehrenden Kariben (mit dem Überlieferungsfehler /n/ statt /r/). Das Grundwort bleibt ein Völkername, während die Ableitung zu einem Wort für 'Menschenfresser' wird. Es wird dann ausgeweitet auf die Bezeichnung aller Wesen, die ihre eigene Art fressen. Abstraktum: **Kannibalismus**; Adjektiv: **kannibalisch**.

DF 1 (1913), 323; Littmann (1924), 145; R. Loewe *ZVS* 61 (1933), 38−48; Palmer (1939), 63−65; M. Wis *NPhM*

66 (1965), 621. [Herangezogen wurde die Lizentiatsarbeit von L. Vasta].

Kanon *m. erw. fach.* (< 9. Jh.). Entlehnt aus l. *canōn* 'Regel, Vorschrift', dieses aus gr. *kanṓn* 'Stange', dann 'Richtscheit', dann 'Regel usw.'. Es gehört wohl metonymisch zu gr. *kánna f.* 'Rohr', einem semitischen Lehnwort. Zuerst entlehnt in der Bedeutung 'verbindliches Verzeichnis'. In der Bedeutung 'Lied' bezieht es sich auf die streng geregelte Folge des Einsatzes der Stimmen (wie auf dem Richtmaß die Markierungen in regelmäßigem Abstand angebracht sind; ältere Bezeichnung *fuga legata*). Adjektiv: *kanonisch*.

Zur lateinisch-griechischen Sippe s. *Kanne* und *Kanal*. – *DF* 1 (1913), 323; Littmann (1924), 18; H. Oppel: *KANΩN* (Diss. Berlin 1937); *HWPh* 4 (1976), 688–692; *LM* 5 (1991), 900.

Kanone *f.* (< 16. Jh.). Entlehnt aus it. *cannone m.*, einem Augmentativum zu it. *canna* 'Rohr', aus l. *canna*, aus gr. *kánna*, einem semitischen Lehnwort. Die Augmentativbildung erhält die Bedeutung 'Geschütz' in einer Pars-pro-toto-Übertragung von 'großes Rohr' zu 'Gerät mit großem Rohr'. *Unter aller Kanone* ist eine Scherzbildung zu l. *sub omnī canōne* und meint 'unterhalb jeglichen Maßes'. Die Wendung steht damit nur volksetymologisch in Bezug zu *Kanone* und gehört zu *Kanon*. Die Übertragung zu *Sportskanone* wohl von den Ballspielen her, bei denen solche Spieler den Ball 'wie aus der Kanone schießen können'. Täterbezeichnung: *Kanonier*; Abstraktum: *Kanonade*.

Zur griechisch-lateinischen Sippe s. *Kanne* und *Kanal*. – *DF* 1 (1913), 323 f.; Littmann (1924), 18; Röhrich 2 (1992), 800 f.

Kanonenfieber *n.* s. *Lampenfieber*.

Kanossa-Gang *m.* oder **Gang nach Kanossa** 'eine durch die Situation erforderliche Selbsterniedrigung oder Demütigung' *bildg.* (< 19. Jh.). Nach *Canossa* (einer Felsenburg in Oberitalien bei Reggio Emilia), dem damaligen Aufenthaltsort Papst Gregors VII., ging Kaiser Heinrich IV. 1077, um die Aufhebung des über ihn im Jahr zuvor verhängten Kirchenbannes zu erwirken. Das in seiner Bedeutung bei den Historikern umstrittene Ereignis wurde im 19. Jh. häufig sehr pathetisch und einseitig geschildert. Ein Schlagwort wurde das Wort, als Bismarck 1872 die Ablehnung des Kardinals Hohenlohe als deutscher Botschafter bei Papst Pius IX. kommentierte mit dem Satz *Nach Canossa gehen wir nicht.*

Büchmann (1986), s. unter diesem Wort; Röhrich 1 (1991), 289.

Kantate *f. per. fach.* (ein Gesangstück) (< 18. Jh.). Entlehnt aus it. *cantata*, einer Ableitung von it. *cantare* 'singen', aus l. *cantāre*, einem Intensivum zu l. *canere* 'singen'.

Zur Sippe des lateinischen Wortes s. *Chanson*. – *DF* 1 (1913), 325.

Kante *f.* (< 17. Jh.). Entlehnt aus ndd. *kant(e)*, nndl. *kant(e)*, das seinerseits auf afrz. *cant* 'Ecke' zurückgeht. Dieses offenbar aus einem gallischen Wort, das als *cant(h)us m.* 'eiserner Radreifen' auch ins Lateinische entlehnt wurde. Gleicher Herkunft und ebenfalls aus dem Niederländischen entlehnt ist *Kante* '(geklöppelte) Spitze'. Adjektiv: *kantig*.

S. *kentern*. – Schirmer (1912), 35; Röhrich 2 (1992), 801 f.

Kantel *n. per. reg.* 'Lineal von quadratischem Querschnitt' (< 19. Jh.). Von Jahn 1833 als Ersatz für *Lineal* vorgeschlagen und in der Schulsprache des Nordens und Ostens durchgedrungen. Abgeleitet von *Kante*.

Kant(en) *m. per. reg.* 'Brotranft' (< 20. Jh.). Es handelt sich ursprünglich um das gleiche Wort wie *Kante*, das sich mit der Bedeutung 'Rand' verselbständigt hat.

Teuchert (1944), 287–290; W. Mitzka *ZM* 23 (1955), 39.

Kanter *m. per. wobd.* 'Kellerlager' (< 14. Jh.). In spätmittelhochdeutscher Zeit entlehnt aus einer regionalen Variante von frz. *chantier* 'Stapellager, Kellerlager', das wohl auf l. *canthērius* 'Gaul, verschnittener Hengst' zurückgeht (mit einer ähnlichen Bedeutungsübertragung wie bei *Bock*, also 'Gestell zum Aufbewahren').

Kantersieg *m. per. fach.* 'müheloser, hoher Sieg' (< 20. Jh.). Zu *Kanter* 'kurzer leichter Galopp', das aus dem Englischen entlehnt ist (vgl. ne. *win in a canter* 'mit einem leichten Galopp gewinnen'). Dieses soll gekürzt sein aus *Canterbury gallop*, der den Pilgern nach *Canterbury* zugeschriebenen Fortbewegungsart.

Carstensen 2 (1994), 753.

Kanthaken *m. per. fach.* 'kurzer Eisenhaken, mit dem Schauerleute in norddeutschen Häfen Ballen und Kisten kanten und fortbewegen' (< 17. Jh.). Dieses Wort vermischt sich in Redewendungen mit *einen beim Kamm nehmen* u.ä. (wobei mit *Kamm* der obere Teil des Halses von Pferden usw. gemeint ist). Offenbar sind *beim Kamm* und *mit dem Kanthaken* durcheinandergebracht worden, so daß auch *Kanthaken*, *Kammhaken* 'Genick' auftritt.

O. Hauschild *NKB* 41 (1928), 57–59; Röhrich 2 (1992), 802.

Kantine *f.* (< 19. Jh.). Entlehnt aus frz. *cantine* 'Soldatenschenke, Flaschenkeller', dieses aus it. *cantina* 'Flaschenkeller', dessen weitere Herkunft nicht sicher geklärt ist. Zunächst in der Bedeutung 'Soldatenschenke' übernommen; dann Verallgemeinerung.

Kanton *m. erw. reg.* 'Bundesland (Schweiz)' (< 16. Jh.). Entlehnt aus frz. *canton* 'Ecke, Landstrich, Bezirk', dieses aus it. *cantone*, einer Augmentbildung zu it. *canto* 'Ecke'. Veraltet ist *Kanton* 'Aushebungskreis für Rekruten' (in Preußen);

hierzu **Kantonist** ´Dienstpflichtiger´, gelegentlich noch üblich als **unsicherer Kantonist** ´Dienstpflichtiger, dessen Antreten nicht gesichert ist´. Adjektiv: **kantonal**.

DF 1 (1913), 325; *DEO* (1982), 206.

Kantor *m. per. fach.* ´Organist, Dirigent des Kirchenchors´ (< 15. Jh.). Entlehnt aus l. *cantor* ´Sänger´, Nomen agentis zu l. *cantare* (weiter zu l. *canere* ´singen´). Die Bedeutung entwickelt sich über ´Vorsänger´ zu ´Chorleiter´.

S. *Chanson.* − Nyström (1915), 93−95.

Kanu *n. erw. fach.* (ein Paddelboot) (< 18. Jh.). Entlehnt aus ne. *canoe*, dieses aus span. *canoa f.* ´Einbaum´, das auf ein Wort eines Dialektes in der Karibik zurückgeht. Älter sind als Exotismen *canoa* (aus dem Spanischen) und *canot* (aus dem Französischen. Täterbezeichnung: **Kanute** (Form analogisch, Vorbild aber unklar).

DF 1 (1913), 326; R. Loewe *ZVS* 61 (1933), 54−57; E. Öhmann *NPhM* 41 (1940), 36; Rey-Debove/Gagnon (1988), 115.

Kanüle *f. per. fach.* ´Hohlnadel´ (< 19. Jh.). Entlehnt aus frz. *canule*, dieses aus l. *cannula* ´kleines Rohr´, einem Diminutivum zu l. *canna* ´Rohr, Schilfrohr´. S. *Kanal* und *Kanne*.

Kanzel *f.* (< 9. Jh.). Mhd. *kanzel*, ahd. *kanzella*; entlehnt aus l. *cancellī m.* (ursprünglich *Pl.*) ´Schranken´. Damit waren die Schranken gemeint, die den Chorraum der Kirche vom Mittelschiff trennten. Dort stand das Lesepult für die Predigt des Diakons. Das Wort bleibt Bezeichnung für die Stelle, von der aus in der Kirche gelehrt wird, auch als dieser Ort sich ändert. Auch übertragen für andere Stellen, an denen gelehrt wird; schließlich auch für die Pilotenkabine im Flugzeug, etwa als ´enger Raum, in den man hinaufsteigt´. Partikelableitung: **abkanzeln**.

S. *Kanzlei, Kanzler.* − H.-W. Klewitz *DA* 1 (1937), 44−79; *LM* 5 (1991), 909 f.; Röhrich 2 (1992), 802 f.

Kanzlei *f. obs.* (< 14. Jh.). Spmhd. *kanzelīe*. Formal mit Adaptionssuffix *-īe* entlehnt aus l. *cancellī m.* (ursprünglich *Pl.*) ´Schranken´; in der Bedeutung aber eine Wiedergabe von ml. *cancellaria* ´Verwaltungsbehörde, Schreibstube des Kanzlers´. Es handelt sich also wohl um eine Verkürzung der Entlehnung.

S. *Kanzel.* − *LM* 5 (1991), 910−929.

Kanzler *m.* (< 10. Jh.). Mhd. *kanzelære, kanzler*, ahd. *kanzellāri, kanzilāri*. Entlehnt aus spl. *cancellārius* ´Vorsteher einer Behörde´ (s. *Kanzlei*). Ursprünglich ein spätrömischer Amtstitel, bezeugt seit dem 4. Jh. Er bezeichnet den Amtsdiener, der den Verkehr zwischen den durch Schranken (l. *cancelli*) von der Öffentlichkeit abgetrennten Magistraten und dem Publikum regelt. Dann Gerichtsschreiber und Urkundenbeamter und schließlich

Vorsteher einer Behörde, dann sogar der Regierung. Sein Arbeitsplatz und dann seine Behörde ist die *Kanzlei* (heute veraltet).

S. *Kanzel.* − H.-W. Klewitz *DA* 1 (1937), 44−79.

Kap *n. erw. fach.* ´Vorgebirge´ (< *15. Jh., Standard < 17. Jh.). Entlehnt aus mndl. *kaap* (aus frz. *cap m.*) ins Niederdeutsche und von da aus im 17. Jh. in die Hochsprache. Zuvor wird it. *capo m.* ´Kopf, Spitze´ (zu l. *caput* ´Haupt´), von dem auch das französische Wort ausgeht, als Fremdwort verwendet.

S. *Chef.* − Jones (1976), 174.

Kapaun *m. obs.* ´gemästeter, kastrierter Hahn´ (< *11. Jh., Form < 13. Jh.). Auch umgedeutet zu **Kapphahn**. Im Althochdeutschen (ahd. *kappo*) zunächst entlehnt aus spl. *cāpo (-ōnis)*, einer späteren Nebenform von l. *cāpus* ´Kapaun´. Dann ein zweites Mal entlehnt (oder formal angepaßt) aus afrz. *capon* (oder den Flexionsformen des lateinischen Wortes) zu mhd. *kappūn*, das der heutigen Form zugrundeliegt.

Kapazität *f.* (< 16. Jh.). Entlehnt aus l. *capācitās* ´Fassungsvermögen´. Dies ist ein Abstraktum zu l. *capāx* ´umfassend, brauchbar´, das zu l. *capere* ´fassen´ gehört (s. *kapieren*). Die Verschiebung zu ´bedeutender Vertreter eines Fachgebiets´ ist modern.

DF 1 (1913), 326.

Kapelle *f.* (< 9. Jh.). Im Althochdeutschen (ahd. *kapella*, mhd. *kap[p]elle, kappel*) mit der Bedeutung ´kleines Gotteshaus´ entlehnt aus ml. *cap-(p)ella*, eigentlich ´kleiner Mantel´, einem Diminutivum zu l. *cappa* ´eine Art Kopfbedeckung´. Zunächst Bezeichnung für das Gebäude, in dem ein Umhang als Reliquie des Heiligen Martin von Tours aufbewahrt wurde. Dann Verallgemeinerung, auf ´kleines Gotteshaus´. Die Bedeutung ´Gruppe von Musikern´ entsteht als Bezeichnung für Musiker, die bei festlichen Anlässen in der Schloßkapelle spielten.

S. *Kappe.* − W. de Cubber *SGG* 14 (1988), 77−79; Masser (1966), 109−113; *LM* 5 (1991), 931 f.

Kaper *f.*, meist *Pl.*, *erw. fach.* ´eingelegte Blütenknospe von Capparis spinosa´ (< 15. Jh.). Fnhd. *gappern* u.ä., entlehnt aus l. *capparis*, das seinerseits aus gr. *kápparis* unklarer Herkunft stammt.

LM 5 (1991), 935.

kapern *swV. stil.* (< 17. Jh.). Zu *Kaper* ´Freibeuter, Freibeuterschiff´; dieses ist aus dem Niederländischen entlehnt; seine Herkunft ist umstritten.

LM 5 (1991), 934 f.

Käpfer *m.*, **Kämpfer** *m. per. fach.* ´Balkenkopf´ (< 15. Jh.). Fnhd. *kepfer*, mndd. *kepere*, mndl. *keper* ´Strebebalken´. Entlehnt aus einer Vorform von frz. *chevron* ´Stützbalken´ (*capreonem*), einer Ableitung zu l. *caper* ´Bock´. Im 18. Jh. wird das undurchsichtige Wort umgedeutet zu *Kämpfer*; die Bedeutung wird vom Holzbau auf den Steinbau übertragen.

S. *Köper*. − F. Kluge *BGDSL* 41 (1916), 180; Zu *Kämpfer*: *LM* 5 (1991), 896 f.

kapieren *sw V. stil.* (< 17. Jh.). Entlehnt aus l. *capere* 'fassen', übertragen 'begreifen'. Dazu die französisierende Bildung **Kapee** in *schwer von Kapee sein* und (aus dem Italienischen) *capito* 'verstanden'.

Aus l. *capere* 'fassen' stammt unmittelbar *kapieren*, aus einer Präfigierung *konzipieren*, aus einem Intensivum *okkupieren*, aus einem Partizip *Rezept, Konzept*; ferner *exzeptionell* und *akzeptieren;* eine französische Form des Partizips in *Aperçu*. Ableitung aus einem (komponierten) Wurzelnomen sind *Partizip* und *Prinzip*, letzteres ergibt über das Französische *Prinz*; Abstrakta sind *Konzeption, Kontrazeption* und von dem Intensivum *Emanzipation*. Auf eine Adjektiv-Ableitung geht *Kapazität* zurück, auf Nominalableitungen *Disziplin* und *Kapsel* (über das Italienische: *Kasse*, über das Französische *Chassis*), auf die spätlateinische verbale Weiterbildung in *catchen* und *Kescher*. Zur germanischen Verwandtschaft s. *heben*. − *DF* 1 (1913), 327.

Kapital *n.* (< 16. Jh.). Entlehnt aus it. *capitale m.*, dieses aus l. *capitālis* 'Haupt-, den Kopf bzw. das Leben betreffend', zu l. *caput* 'Haupt, Kopf'. Das Wort meint zunächst die Kopfzahl (des Viehbestands) im Gegensatz zum Zuwachs durch die frisch geworfenen Tiere (die gewissermaßen die Zinsen darstellen). Adjektiv: *kapital*; Täterbezeichnung: *Kapitalist*; Abstraktum: *Kapitalismus*; Verb: *kapitalisieren*.

S. *Chef*. − Schirmer (1911), 93 f.; *DF* 1 (1913), 327; J. Knobloch *MS* 82 (1972), 157 f.; *Grundbegriffe* 2 (1982), 399−454; A. Höfer *PSG* 5 (1986), 27−60; *LM* 5 (1991), 937 f.; Röhrich 2 (1992), 803.

Kapitän *m.* (< 13. Jh.). Im Mittelhochdeutschen (mhd. *kapitān*) entlehnt aus afrz. *capitaine* 'Führer', dieses aus spl. *capitāneus* 'durch Größe hervorragend', zu l. *caput n.* 'Haupt, Anführer, Kopf'. Eine weitere Entlehnung im 15. Jh. (aus it. *capitano*) führt die Bedeutung 'Schiffsführer' speziell ein.

S. *Chef*. − Kluge (1911), 422−424; *DF* 1 (1913), 328; E. Öhmann *NPhM* 41 (1940), 150 f.; Wis (1955), 151 f.

Kapitel *n.* (< 10. Jh.). Auf verschiedenen Stufen und in verschiedenen Bedeutungen entlehnt: ahd. *kapital* 'Inschrift, Überschrift', mhd. *kapitel* 'Hauptversammlung einer geistlichen Körperschaft' (unter dem Einfluß der Bedeutung 'Führer' bei l. *caput*), fnhd. *kapitel* 'Abschnitt' aus spl. *capitulum* 'Abschnitt, Passus', einem Diminutivum zu l. *caput* 'Haupt, Paragraph, Kapitel'. Der Bedeutungsübergang von 'Kopf' zu 'Abschnitt' ist bezogen auf den Neu-Anfang, den Kopf, eines Textteils.

S. *Chef*. − *DF* 1 (1913), 328; *LM* 5 (1991), 938−941; Röhrich 2 (1992), 803.

Kapitell *n. per. fach.* 'Säulenkopf' (< 13. Jh.). Mhd. *kapitel* ist entlehnt aus l. *capitellum* 'Säulen-kopf', einer Zugehörigkeitsbildung zu l. *caput* 'Haupt'.

LM 941−943.

Kapitulation *f.* (< 16. Jh.). Entlehnt aus frz. *capitulation* 'Vertragsartikel, Vergleichsvertrag', Abstraktum zu frz. *capituler*, dieses aus ml. *capitulare* 'über einen Vertrag verhandeln', aus l. *caput* 'Paragraph, Hauptsatz (in Gesetzen und Schriften)', eigentlich 'Haupt'. Verb: **kapitulieren**.

S. *Chef*. − *DF* 1 (1913), 328; K.-H. Weimann *DWEB* 2 (1963), 395; W. J. Jones *SN* 51 (1979), 260.

Kaplan *m. erw. fach.* 'Hilfsgeistlicher, Geistlicher mit besonderen Aufgaben' (< 13. Jh.). Mhd. *kappellān, kaplān* ist entlehnt aus ml. *cap(p)el(l)anus* 'Geistlicher für die Kappelle', zu ml. *cap(p)ella f.* 'Kapelle'.

Hoops (1911/19), III, 12 f.; *LM* 5 (1991), 946.

Kapo *m. erw. vulg.* 'Chef' (< 17. Jh.). Vor allem in der Bedeutung 'Vorarbeiter am Bau' entlehnt aus it. *capo*, das wohl aus it. *caporale* 'Unteroffizier' gekürzt wird (aber seinerseits von it. *capo* 'Anführer' (aus l. *caput* 'Haupt') abgeleitet ist.

kapores *Adj. per. vulg.* 'kaputt, tot' (< 18. Jh.). Im Rotwelschen bezeugt seit dem 18. Jh., bald danach auch literarisch. Aus wjidd. *kapōres*, das herausgelöst wurde aus *kapōres schlagen*. Damit war ursprünglich das Schlachten von Hühnern als Versöhnungsopfer, hebr. *kappārā(h)*, am Vorabend des Versöhnungstages gemeint. Die spätere Entwicklung ist wohl von *kaputt* beeinflußt.

Röhrich 2 (1992), 803.

Kappe *f.* (< 9. Jh.). Mhd. *kappe*, ahd. *kappa, kapfa, gapfa*, mndl. *cappe*; ursprünglich 'Mantel mit Kapuze', entlehnt aus ml. *cappa* unklarer Herkunft. In der Weiterentwicklung wird *Kappe* im Süddeutschen in der Hochsprache zur Bezeichnung einer Kopfbedeckung, im Thüringischen zu 'Bauernkittel'.

S. *Cape, Kapelle, Kaplan, Käppi, Kapuze, verkappen*. − H. Kuhn in: *FS Hammerich* (1962), 113−124; *LM* 5 (1991), 947; Röhrich 2 (1992), 803 f.

kappen *sw V. erw. fach.* '(Tau) abhauen' (< 17. Jh.). Hochsprachlich seit dem 17. Jh. Zu mndl. *cappen* 'abhauen' unbekannter Herkunft (aus ml. *cappare* zu ml. *cappo* 'Kapaun'?).

Kluge (1911), 424 f.; H. Kuhn in: *FS Hammerich* (1962), 115−117; Lokotsch (1975), 78; Steinhauser (1978), 45.

Kappes *m.*, auch **Kappus** *m.*, **Kappis** *m.* u.ä. 'Kohl', *per. reg.* (< 11. Jh.). Mhd. *kabez, kap(pū)s, kappiz, kappuz*, ahd. *kabuz*. Entlehnt aus ml. **caputia*, einer Weiterbildung zu l. *caput n.* 'Haupt'. Häufig übertragen gebraucht als 'dummes Zeug u.ä.'.

S. *Chef*. − Kretschmer (1969), 565 f.

Kapphahn *m.* s. *Kapaun*.

Käppi *n. erw. grupp.* (< 19. Jh.). Als Soldaten-mütze in Deutschland eingeführt. Das Wort ist eine schweizerische Verkleinerungsform von *Kappe*.

Kappzaum *m. per. fach.* ´Zaum mit Nasenband´ (< 17. Jh.) als *Kappezan* entlehnt aus it. *cavezzone* gleicher Bedeutung. Dieses ist eine Vergrößerungs-form zu it. *cavezza f.* ´Halfter´ (aus l. *capitium n.* ´Haube´ zu l. *caput n.* ´Haupt´). Das Fremdwort wird umgedeutet im Anschluß an *Kappe* und *Zaum*. S. *Chef.*

Kaprice *f. per. fremd.* ´Laune, Eigensinn´ (< 17. Jh.). Entlehnt aus frz. *caprice*, dieses aus it. *capriccio m.* unklarer Herkunft. Verb: ***kaprizieren***; Adjektiv: ***kapriziös***.

S. *Chef.* − *DF* 1 (1913), 329.

Kapriole *f. erw. fremd.* ´übermütiger Streich´ (< 17. Jh.). Entlehnt aus it. *capriola* ´kunstvoller Sprung, Bocksprung´, einer Ableitung von it. *capro m.* ´Bock´, dieses aus l. *caper (-prī) m.* Die heutige Bedeutung ´Streich´ wohl aus Wendungen wie *Ka-priolen schneiden* ´Sprünge, Faxen machen´.

S. *Habergeiß.* − *DF* 1 (1913), 329 f.; Röhrich 2 (1992), 804.

Kapsel *f.* (< 15. Jh.). Fnhd. *kapsel* ist entlehnt aus ml. *capsella*, zu l. *capsula*, einem Diminutiv zu l. *capsa* ´Behälter´ (zu l. *capere* ´fassen, enthalten´). Die ältere Entlehnung wird zu einem Diminutiv umgeformt (ahd. *kapsilīn*, as. *kapsilīn n.*). Präfix-ableitung: ***verkapseln***; Partikelableitung: ***abkapseln***. S. *kapieren.*

kaputt *Adj. stil.* Neubildung nach der Wendung *caput machen* ´ohne Stich sein´ (beim Kartenspiel), gebildet nach frz. *faire capot*, unter Beeinflussung von frz. *faire capot* ´umschlagen, kentern´.

DF 1 (1913), 330; Röhrich 2 (1992), 804 f.

Kapuze *f.* (< 15. Jh.). Entlehnt aus it. *cappuccio*, dieses aus ml. *caputium*, das weiter zu l. *cappa* ´Kappe´ gehört.

LM 5 (1991),947.

Kar *n. per. obd.* ´Gebirgskessel´ (< 9. Jh.) Mhd. *kar*, ahd. *kar*, mndd. *kar(e)* ´Gefäß´ aus g. *kaza-n.* ´Gefäß´, auch in gt. *kas*, anord. *ker*, as. in *bī-kar* ´Bienenkorb´; auch sonst lebt das Wort noch in speziellen Verwendungen in den Mundarten. Ent-sprechende Formen finden sich auch in den außer-indogermanischen Sprachen, so daß es sich wohl um ein altes Wanderwort handelt. Einzelheiten über den Entlehnungsweg sind aber unklar. Vgl. as-syr. *kâsu* ´Schale´, arab. *ka´s*, aram. *kāsā´*, hebr. *kōs* ´Becher´.

S. *Kasten.* − L. Berthold in: *FS Helm* (1951), 238 f.; R. Hildebrandt *DWEB* 3 (1963), 348−351.

Karabiner *m. erw. fach.* (< 17. Jh.). Entlehnt aus frz. *carabine* (eigentlich ´Reiterflinte´, auch: ´kleine Armbrust´), einer Ableitung von frz. *carabin* ´leich-ter Reiter´.

DF 1 (1913), 331; Jones (1976), 178 f.; *DEO* (1982), 192−194.

Karacho *n. erw. vulg.* ´große Geschwindigkeit, Heftigkeit´ (< 20. Jh.). Entlehnt aus span. *carajo*, einem derben Fluch (eigentlich Bezeichnung für das männliche Glied). Die im Deutschen übliche Bedeutung wohl nach der spanischen Redensart *al carajo contigo* ´Geh zum Teufel!, Mach, daß du fortkommst!´; möglicherweise hat nhd. ***Krach*** mit eingewirkt; vielleicht auch (bei den Reitern) ***Kar-riere***. Der Ausdruck ist zuerst in der Hamburger Seemannssprache zu finden. Vgl. immerhin den ähnlichen Gebrauch bei Walter Scott in der 1. Hälfte des 19. Jhs. (Knowlton).

H.-K. Schneider in: *Homenaje a R. Grossmann.* Hrsg. S. Horl u. a. (Frankfurt/M. 1977), 455−466; E. C. Knowl-ton Jr. *Maledicta* 4 (1980), 99−107.

Karaffe *f. erw. fach.* (< 18. Jh.). Entlehnt aus frz. *carafe*, dieses aus it. *caraffa*, aus span. *garrafa*, die-ses aus arab. *ġarrāfa*, eigentlich ´Wasserheberad mit Schaufeln´, zu arab. *ġarafa* ´schöpfen´.

DF 1 (1913), 331; Littmann (1924), 90, 92; Kretschmer (1969), 225 f.; Lokotsch (1975), 54; Brunt (1983), 179.

Karambolage *f. erw. fremd.* (< 19. Jh.). Entlehnt aus frz. *carambolage m.*, einer Ableitung von frz. *caramboler* ´zusammenstoßen´, zu frz. *carambole* ´roter Ball beim Billardspiel´, dieses wohl zu frz. *carambole* ´Frucht des Karambolabaumes´. Zu-nächst nur im Zusammenhang des Billardspiels verwendet; dann Verallgemeinerung.

DEO (1982), 195.

Karamel *n./m.* (< 19. Jh.). Entlehnt aus frz. *cara-mel*, dieses aus span. *caramelo m.* ´gebrannter Zuk-ker, Zuckerrohr´, vermutlich ein Diminutiv zu l. *calamus m.* ´Rohr´, aus gr. *kálamos m.* (s. *Halm*). S. *Kamelle.*

Karat *n. erw. fach.* (eine Gewichtseinheit für Gold und Edelsteine) (< 16. Jh.). Entlehnt aus frz. *carat m.*, dieses aus it. *carato m.*, aus arab. *qīrāṭ*, aus gr. *kerátion* (eigentlich ´Hörnchen´), einem Di-minutiv zu gr. *kéras (-ātos)* ´Horn´ (s. *Horn*). Die Samen des Johannisbrotbaumes werden im Griechischen nach der Form als ´Hörnchen´ be-zeichnet. Daraus entsteht die Bedeutung ´Ge-wichtseinheit´, weil man die gleich großen Samen beim Aufwiegen von Gold, Diamanten und Juwe-len als Gewicht verwendete.

Littmann (1924), 76; Lokotsch (1975), 94; Röhrich 2 (1992), 805.

Karavelle *f. arch.* (ein Segelschiff mit geringem Tiefgang) (< 18. Jh.). Entlehnt aus frz. *caravelle*, dieses aus port. *caravela*, zu spl. *carabus m.* ´kleiner Kahn aus Flechtwerk´.

Karawane *f. erw. exot.* (< 16. Jh.). Entlehnt aus it. *carovana*, dieses aus pers. *kārwān*. Die zusätzli-chen Vokale wurden der persischen Form im romanischen Sprachraum wohl aus euphonischen Gründen hinzugefügt. Ortsbezeichnung: **Karawanserei** (Hinterglied identisch mit *Serail*).

Schirmer (1911), 94; *DF* 1 (1913), 331; Littmann (1924), 111; Lokotsch (1975), 94; *LM* 5 (1991), 949 f.; Röhrich 2 (1992), 805.

Karbe *f. per. reg.* ʹFeldkümmelʹ (< 15. Jh.). Mhd. *karwe*, *karve*, mndd. *karve*, mndl. *carvi* (nndl. *karwij*, ne. *caraway*). Entlehnt aus ml. *care(i)um n.* u.ä., das auch in den romanischen Sprachen fortlebt. Dieses aus arab. *karāwijā* ʹKümmelʹ.

Marzell 1 (1943), 859 f.

Karbid *n. erw. fach.* ʹVerbindung zwischen Kohlenstoff und Metall oder Halbmetallʹ (< 19. Jh.). Neoklassische Bildung zu l. *carbo m.* ʹKohleʹ. Aus technischem Karbid und Wasser entsteht das brennbare **Acetylen**; dazu **Karbidlampe** usw.

Karbol *n. per. fach.* (einfacher Alkohol) (< 19. Jh.). Neoklassische Bildung zu l. *carbo m.* ʹKohleʹ. So bezeichnet als Kohlenstoffverbindung.

Röhrich 2 (1992), 805.

Karbon *n. per. fach.* ʹErdzeitalter (mit Kohlevorkommen in den entsprechenden Schichten)ʹ (< 19. Jh.). Gelehrte Bildung zu l. *carbo m.* ʹKohleʹ.

Karbonade *f. per. reg.* ʹgebratenes Rippenstückʹ (< 18. Jh.). Über nndl. *karbonade* aus frz. *carbonnade* entlehnt. Dieses aus it. *carbonada f.* zu it. *carbone m.* ʹKohleʹ (aus l. *carbo m.* ʹKohleʹ).

Kardamom *m./n. per. fach.* (Gewürzpflanze) (< 13. Jh.). Mhd. *kardamuome f.*, *kardamōm m.* ist entlehnt aus l. *cardamōmum n.*, dieses aus gr. *kardámōmon n.*

LM 5 (1991), 950.

Kardanwelle *f. per. fach.* (eine aus Teilstücken zusammengesetzte Welle, die eine Übertragung des Drehmoments unter wechselnden Winkeln zuläßt) (< 20. Jh.). Neubildung zum Namen des italienischen Erfinders *Cardano*.

Kardätsche *f. arch.* ʹWollkammʹ; ʹPferdebürsteʹ (< 17. Jh.). Rückgebildet aus nur wenig älterem **kardätschen** ʹWolle kämmenʹ. Dieses entlehnt aus (älter) it. *cardeggiare* zu *Karde* (l. *carduus*), weil die Weberdisteln zum Krempeln der Wolle benützt wurden.

Karde *f. per. fach.* ʹWeberdistelʹ (< 9. Jh.). Mhd. *karte*, ahd. *karta*, as. *karda*. Entlehnt aus l. *carduus m.* (auch *cardo*) ʹDistelʹ (noch vor der 2. Lautverschiebung). Die neuhochdeutsche Schreibung mit *d* beruht auf Neu-Anschluß an das lateinische Wort (und sollte wohl der Unterscheidung von **Karte** dienen). Das lateinische Wort gehört zu l. *carere* ʹWolle krempelnʹ.

S. *Kardätsche*. − Marzell 2 (1972), 141−143.

Kardinal *m. erw. fach.* (< 13. Jh.). Mhd. *kardenāl*, *kardināl* ist entlehnt aus kirchen-l. *(episcopus)*

cardinālis wörtlich ʹwichtigster Geistlicherʹ, einem spätlateinischen Adjektiv zu l. *cardo (-dinis)* ʹTürangel, Dreh- und Angelpunktʹ. Zusammensetzungen wie **Kardinaltugend** gehen über entsprechende lateinische Vorbilder (l. *virtūtes cardinālēs Pl.*) auf die Ausgangsbedeutung des lateinischen Adjektivs (ʹHaupt-, wichtigstʹ) zurück.

DF 1 (1913), 332; *LM* 5 (1991), 950−952.

kardio- *LAff.* für ʹHerz-ʹ aus gr. *kardía* ʹHerzʹ (über mittellateinische Formen).

Cottez (1980), 65.

Karenz *f. per. fremd.* ʹEnthaltsamkeit, Wartefristʹ (< 19. Jh.). Entlehnt aus l. *carentia* ʹEntbehrung, Freisein vonʹ, einem Abstraktum zu l. *carēre* ʹfrei sein, sich enthalten, entbehrenʹ.

Karfiol *m. per. österr.* ʹBlumenkohlʹ (< 17. Jh.). Entlehnt aus it. *cavolfiore* (eigentlich ʹKohlblumeʹ), einer Zusammensetzung aus it. *cavolo* ʹKohlʹ und it. *fiore* ʹBlumeʹ (aus l. *flōs*, s. *Flor*[2]).

DF 1 (1913), 332.

Karfreitag *m.* (< 13. Jh.). Mhd. *karvrītac* (oder die Klammerform *kartac*), entsprechend *karwoche f.* Gebildet mit mhd. *kar*, ahd. *kara* as. *kara* ʹKummer, Sorgeʹ aus g. **karō f.* ʹSorge, Kummerʹ, auch in gt. *kara*, ae. *cearu f.* (ne. *care*), anord. wohl *kǫr f.* ʹKrankenlagerʹ. Daneben das schwache Verb **kar-ō-* in gt. *karon* ʹsich kümmernʹ, ae. *cearian* ʹsorgenʹ, ahd. *karōn*, as. *karon* ʹwehklagenʹ. Die Wörter werden auf eine Schallwurzel (ig.) **gar-* zurückgeführt, was in Anbetracht der Rechtserheblichkeit von Rufen und Schreien in der alten Zeit denkbar ist. Die teilweise aber deutlich davon abgehobenen Bedeutungen des Germanischen (ʹSorgeʹ, dehnstufig anord. *kæra* ʹanklagen, sich beschwerenʹ) weisen im Zusammenhang mit toch. A *kärye* ʹSorge, Bedenkenʹ (zu toch. A *käry-* ʹbedenken, bestimmenʹ) aber doch vielleicht darauf hin, daß im Germanischen zwei Quellen (1. ʹklagenʹ, 2. ʹsorgen, bedenkenʹ) zusammengeflossen sind.

S. *karg*. − *LM* 5 (1991), 954.

Karfunkel *m. erw. fach.* (ein roter Edelstein) (< 12. Jh.). Mhd. *karfunkel*, *karvunkel* ist entlehnt aus l. *carbunculus* (eigentlich ʹkleine [Glut-]Kohleʹ), einem Diminutivum zu l. *carbo (-ōnis)* ʹKohleʹ. Die deutsche Form mit -*f*- wohl in Anlehnung an *Funke*.

Zur germanischen Verwandtschaft s. *Herd*. − Lüschen (1979), 247−249; Röhrich 2 (1992), 806.

karg *Adj.* (< 9. Jh.). Mhd. *karc*, ahd. *karag*, as. *karag*; einerseits ʹbetrübt, bekümmertʹ, dann auch ʹbesorgt, vorsichtigʹ und ʹdürftigʹ, andererseits (besonders mittelhochdeutsch) ʹklug, schlau, zäh im Hergebenʹ. Eine Ableitung von westgermanischer Verbreitung (ae. *cearig* ʹtraurigʹ) zu der unter *Kar-(freitag)* aufgeführten nominalen Grundlage. Der Vokal der Ableitungssilbe ist im Deutschen lautgesetzlich geschwunden. Abstraktum: **Kargheit**; Verb: **kargen**; Modifikation: **kärglich**. Nndl. *karia*, ne. *charn*.

kariert *Adj.* s. *Karo*.

Karies *f. erw. fach.* (< 18. Jh.). Im Neuhochdeutschen entlehnt aus l. *cariēs* ´Morschheit, Fäulnis´ − so als medizinischer Terminus. Adjektiv: **kariös**.

Karikatur *f.* (< 18. Jh.). Entlehnt aus it. *caricatura* (eigentlich ´Überladung´), einer Ableitung von it. *caricare* ´beladen, komisch darstellen´, zu l. *carrus m.* ´Karren´. So bezeichnet, da solche bildlichen Darstellungen ihre Prägnanz sehr oft aus dem Überzeichnen bestimmter Elemente usw. beziehen. Verb: **karikieren**; Nomen agentis: **Karikaturist**. *DF* 1 (1913), 332f.; *HWPh* 4 (1976), 696−701. Zum Ersatzwort *Zerrbild* s. Pfaff (1933), 59f.

Karitas *f. erw. fach.* ´Wohltätigkeit, christliche Nächstenliebe´ (< 19. Jh.). Entlehnt aus l. *cāritās (-ātis)* ´Hochschätzung, Wert´, zu l. *cārus* ´teuer, wert, geschätzt´ (s. *Hure*). Adjektiv: **karitativ**. *BlW* 3 (1988), 249−261.

Karkasse *f. per. fach.* ´Gerippe (auch eines Reifens usw.)´ (< 17. Jh.). Entlehnt aus frz. *carcasse*. Dieses zu nordfrz. *carquier* ´tragen´ (= frz. *charger*), also ´Träger´. − *DEO* (1982), 196f.

Karmesin *n. erw. fach.* (ein kräftiges Rot, ein solcher Farbstoff) (< 15. Jh.). Entlehnt aus (arch.) it. *carmessino, cremisi, cremisino m.*, dieses aus arab. *qirmizī*, letztlich zu ai. *kŕmi-jā f.* ´von der Schildlaus kommend´ (der Farbstoff wird aus der Färber-Schildlaus gewonnen). Dazu die Variante **Karmin**. S. auch *Kermes*.

Karn *f. per. ndd.* ´Butterfaß´ (< 16. Jh.). Fnhd. *kerne*, mndd. *kerne, karne*, ae. *ceren, cyrin*, anord. *kirna* weisen auf g. **kern(j)ōn f.* ´Butterfaß´; dazu als Verbum ´Butter rühren´ fnhd. *kernen*, ndd. *karnen*, nndl. *kernen, karnen*, ae. *cernan* sowie Wörter für ´Rahm´ in hd. **Kern** (pfälz.-frk.), mndl. *kerne*, nisl. *kjarna*, vermutlich als Rückbildung. S. *kirnen*, ne. *churn*.

Karner *m.*, auch **Kerner** *m.*, **Gerner** *m.* ´Beinhaus´, ´Fleischkammer´, *arch. obd.*, besonders *oobd.* (< 14. Jh.). Mhd. *karnære, kerner, gerner*. Entlehnt aus ml. *carnarium n.* ´Fleischkammer´ (zu l. *caro f.* ´Fleisch´). S. *Inkarnation, Karneval*. − *LM* 5 (1991), 1001.

Karneval *m.* (< 17. Jh.). Entlehnt aus it. *carnevale*, dessen Herkunft nicht mit Sicherheit geklärt ist. Möglicherweise eine Lehnbildung mit it. *carne f.* ´Fleisch´ und it. *levare* ´wegnehmen´ (*de carne levare ieiunium*, gekürzt zu *carnelevare, carnelevarium*, dann *carnevale*). Ursprünglich Bezeichnung des Tages vor der vorösterlichen Fastenzeit; dann Erweiterung des bezeichneten Zeitraumes (vgl. *Fastnacht*). Täterbezeichnung: **Karnevalist**.

S. *Karner*. − *DF* 1 (1913), 333f.; P. Aebischer in: *FS M. K. Michaelsson* (Gothenburg 1952), 1−10; N. O. Heinertz *MoS* 47 (1954), 352f.; H. Rosenfeld *AK* 51/52 (1969/70), 175−181; D.-R. Moser: *Fastnacht − Fasching − Karneval* (Graz u. a. 1986); J. Gippert in: *Akten der 13. Österr. Linguistentagung 1985* (Graz 1988), 85−98; St. Arend in *FS H. Friebertshäuser* (1989), 71−90; *LM* 5 (1991), 1001.

Karnickel *n. stil.* (< 16. Jh.). Aus älterem *kanikel* zu l. *cunīculus m.* mit der gleichen Entwicklung des Vokals wie bei *Kaninchen*. Der Einschub des *r* ist ein Hyperkorrektismus, da *r* in entsprechender Stellung in niederdeutschen Mundarten häufig schwindet (*swatt* statt *swart* ´schwarz´ usw.). F. Holthausen *Anglia Beiblatt* 44 (1933), 3; Röhrich 2 (1992), 806−808.

Karo *n.* (< 18. Jh.). Entlehnt aus frz. *carreau m.*, dieses aus gallo-rom. **quadrellum*, einem Diminutivum zu spl. *quadrum* ´Viereck, Quadrat´, zu l. *quadrus* ´viereckig´, zu l. *quattuor* ´vier´. Adjektiv: **kariert**. Dazu auch **Karree** ´Viereck´. S. *Quadrant*.

Karosse *f. erw. stil.* ´Prunkfahrzeug´ (< 17. Jh.). Entlehnt aus frz. *carrosse m.*, dieses aus it. *carrozza*, einer Ableitung von it. *carro m.* ´Wagen´, aus l. *carrus m.* ´Karren´. Die Karossen waren die ersten modernen Fahrzeuge, nachdem die mittelalterlichen Kobelwagen praktisch nur von Frauen benutzt worden waren. Jones (1976), 184; Brunt (1983), 181; R. H. Wackernagel in: *Achse, Rad und Wagen* (1986), 205f., 212−229.

Karosserie *f. erw. fach.* (< 20. Jh.). Entlehnt aus frz. *carrosserie*, einer Kollektivbildung zu frz. *carrosse*.

Karotte *f.* (< 16. Jh.). Entlehnt aus ndl. *karote*, dieses aus frz. *carotte*, aus l. *carōta*, aus gr. *karōtón n.* *DF* 1 (1913), 334; Kretschmer (1969), 338.

Karpfen *m.* (< 12. Jh.). Mhd. *karpfe*, ahd. *karpf(o)*, mndl. *carpe(r)*. Die Herkunft des Wortes ist unbekannt. Der Fisch kam vor allem im Alpengebiet vor und wurde dann vor allem als Zuchtfisch weiter verbreitet. Aus einer germanischen Sprache (Gotisch?) stammt l. *carpa f.*, von dort die romanischen Formen. Lühr (1988), 265; *LM* 5 (1991), 1017.

Karree *n.* s. *Karo*.

Karren *m. obd.*, auch **Karre** *f. ndd.* (< 10. Jh.). Mhd. *karre f.*, ahd. *karra, garra f.*, *karro*, mndd. *kar(re)*, mndl. *carre f.* Früh entlehnt aus l. *carrus m.* ´Wagen´, das seinerseits entlehnt ist aus gall. *karros* (zu einem Verbum für ´laufen, fahren´). Die Form *karch* (wobd.), mhd. *karrech, karrich m.* beruht auf l. *carrūca f.* (das in frz. *charrue f.* ´Pflug´ weiterlebt, ein Reflex der Einführung des Zweiräderpflugs). Verb: **karren**; Nomen agentis: **Kärrner**. S. *Charge, Karikatur, Karosse, Karriere*. − Th. Frings *ZV* 40 (1930), 100−105; *LM* 5 (1991), 1017; Röhrich 2 (1992), 808f.

Karriere *f.* (< 18. Jh.). Entlehnt aus frz. *carrière* (auch: 'Rennbahn'), dieses aus it. *carriera* 'Fahrstraße', aus ml. *(via) carraria* 'Fahrstraße', zu l. *carrus m.* 'Wagen, Karre'.
S. *Karren.* − *DF* 1 (1913), 334 f.; Jones (1976), 183 f.

Karst[1] *m. per. reg.* 'Hacke' (< 12. Jh.). Mhd. *karst*, ahd. *karst.* Herkunft unklar.
R. Meringer *IF* 17 (1904), 120.

Karst[2] *m. per. fach.* 'ausgelaugte Gebirgslandschaft' (< 19. Jh.). Name eines Gebirges in Jugoslavien, in dem diese Erscheinung zuerst studiert wurde (im Altertum *Karousadion*). Appellativum seit dem 19. Jh.
K. Müller, G. Ginschel *Namenkundliche Informationen* 48 (1985), 26−29.

Kartätsche *f. arch.* (ein Artilleriegeschoß) (< 17. Jh.). Entlehnt aus it. *cartoccio m.* 'Tüte, Zylinder, Kartusche', aus it. *cartaccia* 'grobes Papier', zu it. *carta* 'Papier', aus l. *charta* (s. *Karte*). So benannt, da es sich um ein Geschoß handelt, bei dem eine Umhüllung aus Stoff oder Papier mit Kugeln und Metallstücken gefüllt wird, die beim Abfeuern platzt, und eine starke Streuung des Metalls zuläßt. Die Form im Deutschen wohl in volksetymologischer Anlehnung an d. *Kardätsche* 'Bürste, Striegel' (oder in Angleichung an ne. *cartage*).

Kartause *f. per. fach.* 'Kloster der Kartäusermönche' (< 14. Jh.). Im Spätmittelhochdeutschen (spmhd. *karthūse*, [älter:] *chartusey*) entlehnt aus ml. *Cartusia*, so benannt nach dem südfranzösischen Kloster *Chartreuse* (in der Nähe von Grenoble).
LM 5 (1991), 1017 f.; Röhrich 2 (1992), 809.

Karte *f.* (< 14. Jh.). Spmhd. *karte*, entlehnt aus frz. *carte* 'steifes Blatt', das auf l. *charta* zurückgeht. Dieses aus gr. *chártēs m.*, das wohl ägyptischen Ursprungs ist. Die Bedeutung 'Spielkarte' ist aus dem Italienischen übernommen. Kollektivum: *Kartei* (ursprünglich geschützter Markenname, vgl. *SD* 23[1979],12,196); Partikelableitung: *abkarten*.
S. *Kerze, Karton, Cartoon, chartern, Kartätsche, Kartusche, Kartell, Skat.* − Wis (1955), 159 f.; Röhrich 2 (1992), 809−812.

Kartell *n. erw. fach.* (< 17. Jh.). Entlehnt aus frz. *cartel m.* 'Schriftstück, schriftliche Vereinbarung', dieses aus it. *cartello m.* 'Vereinigung, Verband', einem Diminutivum zu it. *carta f.*, dieses aus l. *charta f.* 'Geschriebenes, Urkunde'.
S. *Karte.* − *DF* 1 (1913), 335; W. J. Jones *SN* 51 (1979), 250; *LM* 5 (1991), 1024 f.

karto- *LAff.* mit der Bedeutung 'Karte' − einerseits im Sinn von 'Landkarte', andererseits im Sinne von 'Kartei'.

Kartoffel *f.* (< 17. Jh.). In dieser Form bezeugt seit dem 17. Jh., älter *tartoffel* u.ä. Letztlich aus it. *tartuficolo m.* (zu einem ml. **territūberum* 'Erdknolle', das eigentlich die Trüffel meint; die Übertragung nach dem Wachsen in der Erde und äußerer Ähnlichkeit; entsprechend schon im Spanischen). Die Dissimilation des Anlauts trat zuerst in Südfrankreich ein, hat sich aber nur im Deutschen durchgesetzt. − Der Sache nach wurden aus Amerika drei eßbare Knollen eingeführt, die in der Bezeichnung häufig durcheinandergingen: 1) Die Kartoffel (*solanum tuberosum*, Nachtschattengewächs), 2) die Topinambur oder Roßkartoffel (*helianthus tuberosus*, ein sonnenblumenartiger Korbblütler), 3) die Batate oder Süßkartoffel (*ipomoea batatas*, ein Windengewächs). Alte Anbaugebiete (16./17. Jh.) sind Norditalien − Südfrankreich − Schweiz, woher die Bezeichnung als 'Trüffel' kommt, und England − Irland, wo der der Süßkartoffel zukommende Name (e. *potato*) gewählt wurde. Deutsche Bezeichnungen sind **Erdapfel** (ein altes Wort, das verschiedene Knollen bezeichnet, und das vor allem für die Topinambur gebraucht wird) und **Grundbirne** (im Kontrast dazu gebildet, zunächst für die länglichere Kartoffel).
S. *Erdapfel, Trüffel.* − B. Martin *Teuthonista* 2 (1925), 64−67; Bertsch (1947), 213−220; *DWEB* (1963), 1−126; Kretschmer (1969), 256−264; Abegg-Mengold (1979), Kapitel 2; Seebold (1981), 212−217 mit weiterer Literatur; Röhrich 2 (1992), 812 f.

Karton *m.* (< 17. Jh.). Entlehnt aus frz. *carton*, dieses aus it. *cartone*, einem Augmentativum zu it. *carta f.* 'Papier', aus l. *charta f.*
S. *Karte.* − *DF* 1 (1913), 335 f.; Röhrich 2 (1992), 813.

Kartusche *f. per. fach.* 'ornamentale Einfassung' (< 19. Jh.). Entlehnt aus frz. *cartouche*, das auf it. *cartuccia* zurückgeht, einem Diminutivum zu it. *carta* (s. *Karte*). Eine ältere Entlehnung in der Bedeutung 'Patrone'.

Karussell *n.* (< 18. Jh.). Entlehnt aus frz. *carrousel m.* 'Ringelstechen', dieses aus it. *carosello m.* Das Reiterspiel, bei dem in vollem Lauf nach Ringen u.ä. gestochen wurde, wird dann volkstümlich zu einem Spiel, bei dem von einem sich drehenden Gestell aus nach Ringen gestochen wurde, und schließlich besteht das Vergnügen in dem Reiten auf Pferden (und Fahren in Fahrzeugen) in einem solchen Drehgestell.

Das ursprüngliche Spiel stammt aus Spanien und scheint maurischen Ursprungs zu sein; die Bezeichnung ist aber italienisch und scheint auf ein Wort für 'Fest' zurückzugehen (frz. *carousse* 'Zecherei', e. *carouse* 'zechen'). Dazu über ein Adjektiv **carosellus* das it. *carosello*, eigentlich 'Fest, Schauspiel' und dann auf ein bestimmte Festlichkeit eingeengt. Das Wort für 'Fest' letztlich aus gr. *kára* 'Kopf', das zu spl. *cara* 'Angesicht' entlehnt wird; daraus mit einer Bedeutungsentwicklung, die an (älter) frz. *chère* 'Angesicht − freundlicher Empfang − Festlichkeit' nachvollzogen werden kann, ein **carosus* mit den genannten Bedeutungen. (Nach *DEO*.) − *DF* 1 (1913), 336; Littmann (1924), 100, 102; Jones (1976), 184 f.; *DEO* (1982), 199 f.; Brunt (1983), 182; Röhrich 2 (1992), 813.

Karzer *m.*, auch *n.*, *obs.* (< 14. Jh.). An den Universitäten entlehnt aus l. *carcer m.* (das früher schon als *Kerker* entlehnt wurde). Die Karzer der Universität waren Zeichen deren eigener Gerichtsbarkeit.

DF 1 (1913), 336 f.; J. Knobloch *HS* 103 (1990), 113–115 (zur Etymologie des lateinischen Wortes).

Karzinom *n. per. fach.* ´bösartige Geschwulst, Tumor´ (< 18. Jh.). Entlehnt aus l. *carcinōma*, dieses aus gr. *karkinōma*, zu gr. *karkínos m.* ´Krabbe, Krebs´.

Kasack *m. per. exot. (ass.)* (eine Art Bluse) (< 16. Jh.). Entlehnt aus frz. *casaque*. Es ist umstritten, ob die Bezeichnung auf den Namen (und die Sache auf die Kleidung) der Kosacken zurückgeht.

Steinhauser (1978), 96 f.; *DEO* (1982), 200.

kascheln *sw V. per. omd.* ´auf dem Eis schlittern´ (< 20. Jh.). Herkunft unklar.

Kaschemme *f. stil.* ´schlecht beleumundete Gastwirtschaft´ (< 19. Jh.). Gaunersprachlich bezeugt seit dem 19. Jh. Aus romani *katšima f.*, *kartschima* ´Wirtshaus´, das seinerseits auf ein slavisches Wort zurückgeht (z. B. serb. *curtschema*, auch ins Deutsche entlehnt als *Kretscham*).

Lokotsch (1975), 90; Wolf (1956), 154.

kaschieren *sw V. stil.* (< 17. Jh.). Entlehnt aus frz. *cacher* ´verstecken´, älter: ´zusammendrücken, quetschen´, dieses aus gallo-rom. **coacticare* ´zusammendrücken´, einem Intensivum zu l. *coāctāre* ´mit aller Gewalt zwingen´, einem Intensivum zu l. *cōgere* ´zwingen, zusammentreiben´, zu l. *agere* ´treiben, tun´.

Käse *m.* (< 9. Jh.). Mhd. *kæse*, ahd. *kāsi*, as. *k(i)ēsi* geht wie ae. *cēse* auf eine frühe Entlehnung aus l. *cāseus* ´Käse´ zurück, die ihrerseits zu einem Wort für ´Gärung, Gärmittel´ gehört (vgl. akslav. *kvasŭ* ´Sauerteig´ u. a.). Das lateinische Wort wird mit der Labkäsebereitung entlehnt. Zuvor kannten die Germanen nur Weichkäse (Quark). Verb: *käsen*; Adjektiv: *käsig*.

LM 5 (1991), 1029; Röhrich 2 (1992), 813 f.

Kasematte *f. arch.* ´geschützter (Festungs-) Raum´ (< 16. Jh.). Entlehnt aus frz. *casemate*, dieses aus it. *casamatta* ´Wallgewölbe´. Zunächst Bezeichnung eines unterirdischen, bombensicheren Festungsgewölbes, dann auch übertragen auf gepanzerte Geschützräume auf Schiffen.

Die ursprüngliche Bedeutung scheint ´mit Erdschollen bedecktes Haus´ gewesen zu sein, aus it. *casa* ´Haus´ und dem regionalen *matta* ´Erdscholle u. a.´. – G. Baist *RF* 10 (1899), 177 f.; *DEO* (1982), 200.

Kaserne *f.* (< 17. Jh.). Entlehnt aus frz. *caserne*. Verb: *kasernieren*.

Das französische Wort ist ersichtlich eine Ableitung von ml. *casa* ´Haus´ mit dem gleichen Suffix wie in *caverna*.

Die Beurteilung wird erschwert durch ein prov. *cazerna* ´Gruppe von vier Personen´ (aus spl. **quaderna* ´Gruppe von vier Personen´, zu l. *quattuor* ´vier´), aus dem man ein prov. *cazerna* ´Wachgebäude für vier Soldaten´ zu erschließen gesucht hat. – DF 1 (1913), 337; *DEO* (1982), 200 f.

Kasino *n. erw. fach.* ´Speiseraum (für Offiziere), Gebäude für gesellige Zusammenkünfte´. Entlehnt aus it. *casino m.* ´Gesellschaftshaus´, einem Diminutivum zu it. *casa f.* ´Haus´, aus l. *casa f.* S. *Chalet*.

DF 1 (1913), 337.

Kaskade *f. per. fremd.* ´stufenförmiger Wasserfall, Sprung´ (< 17. Jh.). Entlehnt aus frz. *cascade*, dieses aus it. *cascata*, einer Ableitung von it. *cascare* ´fallen´, dieses ein formal unklares Frequentativum zu l. *cadere*.

S. *Kadenz*. – DF 1 (1913), 337.

Kasko *m. erw. fach.* ´Schiffsrumpf, Fahrzeug (ohne Ladung)´ (< 18. Jh.). Entlehnt im Rahmen des Versicherungswesens aus span. *casco* ´Schiff, Schiffsrumpf´, dieses mit unregelmäßiger Bedeutungsentwicklung zu span. *cascar* ´zerbrechen´, zu l. *quassus* ´zerbrochen´, dem PPP. von l. *quatere* ´zerschlagen, zerstoßen, schütteln´. Die *Kaskoversicherung* ist eine ´Versicherung gegen Schäden am eigenen Fahrzeug´. Heute meist zu *Kasko* gekürzt. S. *diskutieren*.

Kasper *m. stil.*, meist diminutiv **Kasperle** u.ä. Hauptfigur im Puppenspiel, nach dem Namen eines der Heiligen Drei Könige, der in den Dreikönigsspielen als Schwarzer häufiger zur Belustigung beiträgt und später zur bloßen komischen Figur absinkt; dann in eigenen Spielen verselbständigt. Zuerst *der schwarze Kaspar* (häufig auch als Teufel gesehen) (< 17. Jh.), das eigentliche Puppenspiel im 19. Jh. Dazu *(herum-) kaspern* ´sich albern benehmen´, früher auch ´necken, plagen´ (von der Figur des Teufels ausgehend).

Kasse *f.* (< 16. Jh.). Entlehnt aus it. *cassa*, dieses aus l. *capsa* ´Behältnis, Kapsel, Kasten´, einer Ableitung von l. *capere* ´greifen, fassen´. Die deutsche Endung ist erst im 18. Jh. üblich geworden. Die Bedeutung ist auch erweitert ´Auszahlungsstelle´, dann komponiert in *Krankenkasse*, das wiederum zu *Kasse* gekürzt wird. Verb: *kassieren*[1]; Nomen agentis: *Kassier*, heute vielfach *Kassierer*.

S. *kapieren* zur Verwandtschaft des Grundworts. – Schirmer (1911), 95 f.; *DF* 1 (1913), 337 f. [Herangezogen wurde die Magisterarbeit von S. Oswald].

Kasserole *f. erw. fach.* ´Topf zum Schmoren´ (< 18. Jh.). Entlehnt aus frz. *casserole*, einem Diminutivum zu frz. *casse* ´Pfanne´.

Das französische Wort geht mit dialektalem frz. *cassot* ´Nußschale´ auf ein Wort für ´ (Nuß-) Schale, Schneckenhaus u.ä.´ zurück, dieses aus l. *cassus* ´ausgehöhlt, leer´, *nux cassa* ´Nußschale´. – *DF* 1 (1913), 338; R. Hildebrandt *DWEB* 3 (1963), 363 f.; *DEO* (1982), 201; Brunt (1983), 183.

Kassette *f.* Ursprünglich ˊKästchen für Wertsachenˋ (< 18. Jh.). Entlehnt aus frz. *cassette,* it. *cassetta,* das ein Diminutivum zu it. *cassa* ist (s. *Kasse*).

Kassiber *m. per. grupp.* ˊaus dem Gefängnis geschmuggelter Briefˋ (< 19. Jh.). Im Rotwelschen bezeugt seit dem 19. Jh.; etwas früher das Grundwort *kaseremen* ˊschreibenˋ, das heute nicht mehr üblich ist. Die hebräische Wurzel ist zwar klar, doch ist die genaue Grundform strittig; vermutlich hebr. *kᵉṯīvā(h)* ˊdas Schreibenˋ (wozu wjidd. *kessiwe, kessiwurenen* ˊschönschreibenˋ).
Wolf (1985), 155.

kassieren² *swV. erw. fach.* ˊfür ungültig erklärenˋ (< 14. Jh.). Über afrz. *casser* entlehnt aus ml. *cassāre,* wohl als Variante zu l. *quassāre,* ein Intensivum zu l. *quatere* ˊschütteln, zerbrechenˋ, also etwa ˊvernichtenˋ, es hat aber wohl eine Ableitung von l. *cassus* ˊausgehöhlt, leerˋ darauf eingewirkt.
DF 1 (1913), 338.

Kastagnette *f. per. exot.* (ein kleines Rhythmusinstrument) (< 18. Jh.). Entlehnt aus span. *castañeta,* einem Diminutivum zu span. *castaña* ˊKastanieˋ (s. *Kastanie*). So benannt nach der äußeren Ähnlichkeit mit der Frucht des Kastanienbaumes.
DF 1 (1913), 338.

Kastanie *f.* (< *11. Jh., Form < 13. Jh.). Mhd. *castanie,* ahd. *kastanie.* In dieser Form neu entlehnt aus l. *castanea,* dieses aus gr. *kástana Pl.,* aus einem kleinasiatischen Wort (zu dem auch arm. *kask* ˊKastanieˋ gehört). Vielleicht zu einem Ortsnamen (gr. *Kastanís, Kastanéa* u. a.), der aber umgekehrt auch aus dem Pflanzennamen gebildet sein kann. Eine ältere Entlehnung in ahd. *kestin(n)a, kesten,* mhd. *kesten(e),* auch mhd. *kestennuz* wie ne. *chestnut;* reg. (südd.) *Käste(n).* Gemeint ist ursprünglich die eßbare Edelkastanie, später auch die ungenießbare Roßkastanie. Der Ausdruck *die Kastanien aus dem Feuer holen* stammt aus der Fabel von La Fontaine ˊDer Affe und die Katzeˋ (bei der der Affe die Katze veranlaßt, für ihn die gerösteten Kastanien aus dem Feuer zu holen).
S. *Kastagnette.* − *LM* 5 (1991), 1035; Röhrich 2 (1992), 814f.

Kaste *f. erw. exot.* ˊabgeschlossener Stand, Rasseˋ (< 18. Jh.). Entlehnt aus frz. *caste.* Das Wort ist eigentlich portugiesisch (port. *casta* ˊRasse, Abkunftˋ, ursprünglich wohl Substantivierung zu l. *castus* ˊreinˋ) und bezeichnete zunächst die unvermischte Rasse der Iberer (gegenüber den Mauren). Im 16. Jh. wenden es die Portugiesen auf die gegeneinander abgeschlossenen Stände Indiens an, und mit dieser Bedeutung hat es sich allgemein verbreitet.
E. Öhmann *NPhM* 41 (1940), 36; *HWPh* 4 (1976), 701−703.

kasteien *swV. refl., obs.* ˊenthaltsam leben, Entbehrungen auf sich nehmenˋ (< 8. Jh.). Im Althochdeutschen (ahd. *kestigōn,* mhd. *kastigen, késtigen,* spmhd. *kastyen*) entlehnt aus ml. *castigare,* dieses aus l. *castīgāre* ˊzurechtweisen, züchtigen, strafenˋ zu l. *castus* ˊrein, keuschˋ.

Kastell *n. per. fach.* ˊbefestigtes Truppenlager, Schloßˋ (< 9. Jh.). Im Althochdeutschen (ahd. *kastel,* mhd. *kástel*) entlehnt aus l. *castellum,* einem Diminutivum zu l. *castrum* ˊFestungˋ. Weitere Beeinflussung durch die romanischen Sprachen: Die Bedeutung ˊSchloßˋ aus dem Französischen, die Endbetonung aus dem Italienischen. Täterbezeichnung: *Kastellan.*
DF 1 (1913), 338f.; E. Öhmann *ZM* 20 (1951/52), 94f.; *LM* 5 (1991), 1036.

Kasten *m. reg.* (< 8. Jh.). Mhd. *kaste,* ahd. *kasto* ˊBehälterˋ, mndl. *caste* ˊKornscheuerˋ. Herkunft unklar. Vielleicht eine frühe Weiterbildung zu g. **kaza-* ˊGefäßˋ (s. unter *Kar*).
LM 5 (1991), 1038; Röhrich 2 (1992), 815f.

kastrieren *swV. erw. fach.* ˊentmannenˋ (< 16. Jh.). Entlehnt aus l. *castrāre* eigentlich ˊverschneidenˋ. Abstraktum: *Kastration.*
DF 1 (1913), 339. Zur mittelalterlichen Sachgeschichte s. Niederhellmann (1983), 142−154.

Kasus *m. per. fach.* ˊFallˋ (< 16. Jh.). Entlehnt aus l. *cāsus,* einer Ableitung von l. *cadere* ˊfallenˋ. Die grammatische Bedeutung hat das lateinische Substantiv als Lehnbedeutung von gr. *ptōsis* ˊKasus, Fallˋ.
S. *Kadenz.* − *DF* 1 (1913), 339; E. Leser *ZDW* 15 (1914), 52.

Katafalk *m. per. fach.* (ein Gerüst für den Sarg während der Trauerfeier) (< 18. Jh.). Entlehnt aus frz. *catafalque,* dies it. *catafalco,* über spätlateinische Zwischenstufen aus l. *catasta f.* ˊSchaugerüstˋ. Der ältere Ausdruck ist *castrum doloris.*
DF 1 (1913), 339.

Katakomben *Pl. per. exot.* ˊunterirdische Bestattungsanlageˋ (< 18. Jh.). Entlehnt aus it. *catacombe,* dieses aus spl. *catacumbae.*
DEO (1982), 201f.; *LM* 5 (1991), 1035f.

Katalog *m.* (< 16. Jh.). Entlehnt aus l. *catalogus,* dieses aus gr. *katálogos,* einer Ableitung von gr. *katalégein* ˊaufzählenˋ, zu gr. *légein* ˊzählen, berechnenˋ und gr. *kata-* ˊhinab, herabˋ. Verb: *katalogisieren.*
S. *Logik* für die Sippe des griechischen Wortes. − Schirmer (1911), 96; *LM* 5 (1991), 1059.

Katalysator *m. erw. fach.* ˊStoff, durch dessen Vorhandensein chemische Reaktionen beeinflußt werdenˋ (< 20. Jh.). Neubildung zu gr. *katalýein* ˊauflösenˋ, zu gr. *lýein* ˊlösenˋ (s. *Analyse*) und gr. *kata-* in der Bedeutung ˊganzˋ.

Katamaran *m. per. fach.* (ein Segelboot mit zwei Rümpfen) (< 20. Jh.). Entlehnt aus ne. *catamaran*, dieses aus tamil. *kaṭṭumaram* 'Auslegerboot', zu tamil. *kaṭṭu* 'binden' und tamil. *maram* 'Baumstamm'.

Katapult *n./m. erw. fach.* 'Schleudereinrichtung' (< 18. Jh.). Im Neuhochdeutschen entlehnt aus l. *catapulta f.*, dieses aus gr. *katapéltēs m.*, einer Ableitung von gr. *pállein* 'schwingen, schütteln'. Verb: **katapultieren**.

Katarakt *m. per. fach.* 'Stromschnelle, Wasserfall' (< 16. Jh.). Entlehnt aus l. *cataracta f.*, dieses aus gr. *katarráktēs*, einer Substantivierung von gr. *katarráktēs* 'herabstürzend', zu gr. *katarráttein* 'herabstürzen', zu gr. *ráttein* 'schlagen, niederschmettern' (ig. **rāg-*) und gr. *kata-* 'herab-, hinab-'.
DF 1 (1913), 340.

Katarrh *m.* (< 16. Jh.). Entlehnt aus l. *catarrhus* 'Schnupfen', dieses aus gr. *katárrhous, katárrhoos* (eigentlich 'das Herabfließen'), einer Substantivierung von gr. *katárrhous* 'herunterfließend', zu gr. *katarrheîn* 'herunterfließen', zu gr. *rheîn* 'fließen' (s. *Rheuma*) und gr. *kata-* 'herab, hinab'. So bezeichnet wegen der Absonderungen, die mit der Schleimhautentzündung verbunden sind; nach der antiken Vorstellung waren sie die Ursache der Krankheit.
DF 1 (1913), 340.

Kataster *m./n. per. fach.* 'amtliches Grundstücksverzeichnis' (< 17. Jh.). Entlehnt aus it. *catasto m.* 'Steuerregister, Zinsregister', dessen weitere Herkunft nicht sicher geklärt ist.
LM 5 (1991), 1061 f.

Katastrophe *f.* (< 17. Jh.). Entlehnt aus l. *catastropha, catastrophē*, dieses aus gr. *katastrophḗ* (eigentlich 'Umkehr, Wendung'), zu gr. *katastréphein* 'umkehren, umwenden', zu gr. *stréphein* 'wenden' und gr. *kata-* 'herab, hinab'. Eigentlich die Wendung nach unten; so bezeichnet ist der Zeitpunkt des Umschlagens der Handlung in der Tragödie. Adjektiv: **katastrophal**.
S. *Strophe.* – *DF* 1 (1913), 340.

Kate *f. per. ndd.* 'Hütte' (< 16. Jh.). Älter *kot(e)*. Mndd. *kot(t)e*, mndl. *cote*, ae. *cot* 'Hütte', ae. *cote* 'Stall', anord. *kot n.* 'Hütte' weisen auf g. **kuta-/ō* 'Hütte, Stall'. Daneben mit Hochstufe *(*kautjōn)* ae. *cyte*, norw. (dial.) *køyta* 'Waldhütte'. Herkunft unklar. Täterbezeichnung: **Kätner**. S. *Kietze, Kittchen, Kossat*.

Katechismus *m. erw. fach.* 'Lehrbuch für den Glaubensunterricht' (< 16. Jh.). Entlehnt aus l. *catēchismus* 'Unterweisung im Glauben' zu gr. (Hesych) *katēchízein* 'unterrichten', zu ntl.-gr. *katēcheîn* 'eindringlich einreden auf, auffordern', zu gr. *ēcheîn* 'schallen, tönen' und gr. *kata-* 'hinab,

herab'. Bis zur Reformation handelt es sich bei der **Katechese** um mündlichen Unterricht mit Memorierung dogmatischer Formulierungen. Nomen agentis: **Katechet**.
S. *Echo.* – A. Knauber *AB* 13 (1969), 95–97; *HWPh* 4 (1976), 710–712.

Kategorie *f. erw. fach.* (< 18. Jh.). Entlehnt aus l. *catēgoria*, dieses aus gr. *katēgoríā* (eigentlich 'Tadel, Beschwerde, Klage'), einer Ableitung von gr. *katēgoreîn* 'aussagen, anklagen', zu gr. *agoreúein* 'in der Öffentlichkeit reden' und gr. *kata-* 'herab, hinab', zu gr. *agorá* 'öffentliche Rede, Versammlung, öffentlicher Markt'. Zunächst ein Terminus der Philosophie, der die entscheidende Prägung durch die Kategorienlehre des Aristoteles erhielt. Dieser unterschied zehn Arten, wie man mit Aussagen über das Seiende urteilen kann: Substanz, Quantität usw. Damit vollzieht sich der Übergang von 'Aussageweise' zu 'Seinsweise'. Dazu **kategorisch** 'von den Kategorien bestimmt und deshalb unbedingt gültig'. Andere Adjektive sind **kategorial, kategoriell**.
S. *Allegorie.* – *DF* 1 (1913), 341; *HWPh* 4 (1976), 714–776; *LM* 5 (1991), 1062–1064.

Kater[1] *m.* 'männliche Katze' (< 9. Jh.). Mhd. *kater(e)*, ahd. *kataro*, mndl. *cater* (die niederdeutschen Mundarten setzen aber z. T. *-d-* voraus). Gebildet aus der Vorform des Wortes *Katze* noch bevor dessen *-t-* geminiert wurde. Das Wort ist lautlich und morphologisch rätselhaft: Seine Bildung verweist auf hohes Alter, zu dem aber die regionale Verteilung des Inlauts (ndd. *-t-* – hd. *-t-*) nicht stimmt (vgl. auch junges ne. *caterwaul* 'Katzengeschrei'). Und dann gibt es im Althochdeutschen noch kein Suffix zur Bildung speziell männlicher Formen (eine ähnliche Problematik besteht bei ae. *ganra* 'Gänserich', ne. *gander*). Die Bildung ist deshalb sicher germanisch, aber die gebende Sprache läßt sich nicht ausmachen.
S. *Kuder.* – Palander (1899), 53 f.; Seitz (1976); L. Schauwecker: *Ziege und Eule* (Berlin 1992, Privatdruck), 7–9. Anders (als Kompositum erklärt): F. Kluge *BGDSL* 14 (1889), 585–587..

Kater[2] *m. stil.* 'Katzenjammer' (< 19. Jh.). In Leipziger Studentenkreisen aufgekommen. *Kater* war Name für ein Bier (z. B. in Stade) 'denn es kratzt dem Menschen der sich zu viel getrunken hat, des morgens im Kopff' (1575). Darauf ist offenbar dieses 'Kratzen im Kopf' als *Kater* bezeichnet worden (s. *Katzenjammer*, das schon vorher für 'Unwohlsein nach Alkoholgenuß' gebraucht wird ([Mehlber]).
S. auch *Muskelkater.* – F. Kluge *ZDW* 5 (1904), 262; L. Mehlber *JGGB* (1982), 112–115; *JGGB* (1983), 63; *ZDPh* 103 (1984), 430–437; Röhrich 2 (1992), 816.

Katheder *n./m. per. fach.* 'Pult, Podium, Lehrstuhl' (< 16. Jh.). Entlehnt aus l. *cathedra f.*, dieses aus gr. *kathédrā f.* ʿSitz, Stuhl, Lehrstuhl', zu gr. *hédrā f.* ʿSitz, Sessel' und gr. *katá-* ʿherab, hinab'. S. *Chaiselongue*; zur germanischen Verwandtschaft s. *sitzen.* – A. Gombert *ZDW* 3 (1902), 312 f.; *DF* 1 (1913), 341 f.

Kathedrale *f. erw. fach.* (< 16. Jh.). Übernommen aus l. *ecclesia cathedralis* ʿKirche des Bischofssitzes', zunächst als **Kathedralkirche**, dann wie in den anderen Sprachen gekürzt. S. *Katheder*.

Kathete *f. per. fach.* (Seite eines rechtwinkligen Dreiecks) (< 15. Jh.). Entlehnt aus l. *cathetus* ʿsenkrechte Linie', dieses aus gr. *káthetos* ʿSenkblei'. S. *Katheter*.

Katheter *m. per. fach.* (ein Röhrchen zur Einführung in Körperorgane) (< 17. Jh.). Entlehnt aus l. *cathetēr*, dieses aus gr. *kathetḗr*, Nomen instrumenti zu gr. *kathiénai* ʿherabsetzen, herabwerfen, sich niederlassen' (zu gr. *hiénai* ʿschicken' und gr. *kata* ʿherab, hinab').

Kathode *f. per. fach.* ʿnegative Elektrode' (< 19. Jh.). Entlehnt aus ne. *kathode*, dieses aus gr. *káthodos* ʿHinabweg, Rückweg', zu gr. *katá* ʿabwärts' und gr. *hodós* ʿWeg' (nach der Vorstellung, daß die Elektronen am Minuspol der Stromquelle austreten). S. *Methode*.

katholisch *Adj.* (eine christliche Konfession betreffend) (< 16. Jh.). Entlehnt aus kirchen-l. *catholicus* (auch: ʿallgemein'), dieses aus gr. *katholikós* ʿallgemein, universal', zu gr. *kathólou* ʿim allgemeinen, überhaupt', einer Zusammenrückung aus gr. *kath' hólou*, zu gr. *hólos* ʿganz' und gr. *katá* ʿherab, hinab'. Zunächst gebraucht als Bezeichnung der Gesamtheit der Gläubigen. Später benutzt, um die (Recht-)Gläubigen von den Anhängern anderer Konfessionen abzugrenzen; damit dann Bezeichnung einer bestimmten Konfession. Täterbezeichnung: **Katholik**; Abstraktum: **Katholizismus**.
DF 1 (1913), 342; *HWPh* 4 (1976), 787–789; Röhrich 2 (1992), 816 f.

katschen *sw V.*, auch **kätschen** *sw V., per. reg.* ʿschmatzend kauen' (< 19. Jh.). Wohl eine regionale Weiterbildung oder Abwandlung zu *kauen*, deren Vorform nicht bezeugt ist (*kawezzen* wäre denkbar).

Kätscher *m.* s. *Kescher*.

Kattun *m. erw. fach.* (ein festes Gewebe aus Baumwolle) (< 17. Jh.). Entlehnt aus ndl. *kattoen*, dieses aus arab. *quṭn*, span.-arab. Nebenform *quṭún* ʿBaumwolle'.
Ne. *cotton.* – Röhrich 2 (1992), 817.

katzbalgen *sw V. erw. stil.* (< 16. Jh.). Das Wort ist zwar semantisch naheliegend (ʿbalgen wie Katzen'), muß aber morphologisch von einem Substantiv **Katzbalg** abgeleitet sein. Dieses bedeutet

aber nicht (oder nur äußerlich gesehen) ʿKatzenfell', sondern ist ein Wortspiel (ʿdas Balgen von Katzen'). S. auch *Affe*.

Katze *f.* (< 9. Jh.). Mhd. *katze*, ahd. *kazza* (auch ahd. *kazzo m.*), mndd. *katte*, mndl. *catte* gehören wie anord. *kǫttr m.*, *ketta*, ae. *cat(t) m.*, afr. *katte* zu einem gemeineuropäischen, aber recht spät auftretenden Wanderwort; vgl. spl. *cattus m.*, *catta* (4. Jh. nach Chr.), air. *cat(t) m.*, kymr. *cath*, gemein-slav. *kotŭ m.* ʿKater', lit. *katė̃* ʿKatze', lit. *kãtinas m.* ʿKater'. Herkunftssprache unklar, die Lautform nordafrikanischer Sprachen klingt an.
S. auch *Kater*[1]. – Palander (1899), 51–53; W. Kaspers *ZVS* 67 (1942), 218 f.; Seitz (1976); Lühr (1988), 260–262; *LM* 5 (1991), 1078–1080; Röhrich 2 (1992), 817–827.

Katzelmacher *m. per. vulg.* (Scheltname für Italiener in Südostdeutschland), (< 18. Jh.). Ursprünglich für die Grödner in Südtirol, die bis ins 19. Jh. hölzernes Küchengerät herstellten und vertrieben. Stellvertretend für dieses die *Ggatzlen* ʿhölzerne Schöpfkellen', Verkleinerungsform zu tirol. *ggǎtze* ʿSchöpfkelle' aus gleichbedeutendem venez. *cazza*.
Anders: E. Trauschke *GRM* 8 (1920), 105 f.

Katzenauge *n. per. fach.* ʿreflektierender Quarz, Rückstrahler' (< 18. Jh.). Die auffällig starke Reflexion von Lichtstrahlen durch das Auge von Katzen hat zu dieser Übertragung geführt.
Lüschen (1979), 250.

Katzengold *n.* (< *12. Jh., Bedeutung < 16. Jh.). Ahd. *kazzungolt* bezeichnet das goldgelbe Kirschbaumharz (auch **Katzengummi**, **Katzenklar** genannt), das spätere Wort einen goldglänzenden Glimmer (auch **Katzenglimmer** genannt, es gibt auch **Katzensilber**). Gemeint ist jeweils ʿfalsches Gold (usw.)', wie häufig minderwertige Varianten mit Tierbezeichnungen versehen werden. An die ʿFalschheit der Katzen' braucht dabei nicht notwendigerweise gedacht zu werden, obwohl auch dies eine Rolle gespielt haben mag.
Lüschen (1979), 250.

Katzenjammer *m. stil.* (< 18. Jh.). Zunächst allgemein für ʿ(ein besonderes) Leibweh', dann einerseits spezialisiert auf ʿNachwehen von zu reichlichem Alkoholgenuß', andererseits als *moralischer Katzenjammer* oder kurz *Moralischer* für ʿstarke Niedergeschlagenheit'. *Katzenjammer* ist eigentlich die ʿKatzenmusik (Brunstschreie der Katzen)', ist dann wohl aber auf Grund der Doppeldeutigkeit von *Jammer* auf ʿSchmerzen, Unwohlsein' bezogen worden, da Katzen ihr Unwohlsein sehr ausdrucksstark zeigen können. Denkbar ist auch ein Anschluß an *Jammer* ʿRausch', näher bestimmt durch *Katze*, eines der durch Tiernamen bezeichneten, volkstümlich klassifizierten Stadien des Rausches (Riegler).
S. auch *Kater*[2]. – H. Klenz *ZDW* 1 (1901), 76; Kluge (1912), 100–102; R. Riegler *WS* 6 (1914/15), 194–196.

Katzenkopf *m. per. fach.* (< 18. Jh.). In einer Reihe von übertragenen Verwendungen, die im einzelnen nicht durchsichtig sind. Der Name für einen bestimmten Pflasterstein stammt wohl vom Rohrstein (grau, gedrungen, mit Zacken wie Ohren); die Bezeichnung des ˈSchlags an den Kopfˈ vom Umgang mit Katzen.

Katzentisch *m. erw. vulg.* (< 17. Jh.). Zunächst scherzhafte Bezeichnung des Fußbodens, dann für kleinere, abseits stehende Tische. Die Wendung *am Katzentisch sitzen* für ˈabseits von der Gemeinschaft (auf dem Fußboden oder an einem niedrigen Tisch) essenˈ (als Strafe) scheint aus dem Klosterleben zu stammen.

Katzoff *m. per. reg.* ˈFleischer, Schlächterˈ (< 18. Jh.). Aus wjidd. *kazzow* ˈFleischerˈ (vgl. ivr. *qaṣṣāv* ˈMetzgerˈ) zu hebr. *qaṣṣāv* ˈMetzgerˈ.

H. P. Althaus *ZDS* 21 (1965), 20–41.

kaudern *sw V. per. reg.* ˈwie ein Truthahn kollern, schwatzenˈ (< 16. Jh.). Ursprünglich wohl lautmalend. Zu *Kauder* ˈTruthahnˈ (regional).

kauderwelsch *Adj.*, auch *n. (substantiviert) stil.* (< 16. Jh.). Zunächst als *Kauder-* oder *Kuderwelsch* bezeugt. Das Wort ist schon früh auf die Rätoromanen (die Welschen von Chur, also Churerwelsch) bezogen worden, vgl. bei Luther: *der Chauderwelschen oder Churwallen kahle Glossen*; doch ist unsicher, ob das Wort tatsächlich als ˈChurerwelschˈ zu erklären ist. Vgl. immerhin **uckerwendsch** gleicher Bedeutung in der Mark Brandenburg. Möglich ist auch ein Anschluß an obd. *Kauderer* ˈFlachshändler, Garnhändlerˈ (oft mit abschätzigem Unterton gesagt; Fischart sagt in solchem Zusammenhang *kuderwelsche*) – dann würde sich die Bezeichnung auf eine (wohl jiddisch geprägte) Händlersprache beziehen. Als Name ist *Kudirwale* schon im 13. Jh. bezeugt.

R. vPlanta *BüM* (1931), 101 f.; J. Knobloch *Lingua* 26 (1970/71), 305; Röhrich 2 (1992), 828.

Kaue *f. per. reg.* ˈfensterloser Raum, meist Waschkabineˈ (< 14. Jh.). Spmhd. *kouwe*. Wie nndl. *koje* (s. unter *Koje*) entlehnt aus l. *cavea* ˈUmfriedungˈ, das auch *Käfig* ergeben hat. S. auch *Kebse*.

kauen *sw V.* (< 8. Jh.). Mhd. *kiuwen*, ahd. *kiuwan st V.*, *kūwen*, aus wg. **keww-a- st V.* ˈkauenˈ, auch in ae. *cēowan*; daneben anord. *tyggja*, *tyggva*, das wohl sekundär (*k* zu *t*) umgestaltet ist. Zu ig. **ǵeu-* ˈkauenˈ in npers. *jāvidan* ˈkauenˈ, serb.-kslav. *žīvati* ˈkauenˈ, toch. AB *śu-*, *śwā-* ˈessenˈ, lit. *žiáunos Pl. f.* ˈKiemen, Kieferˈ. Nhd. *kauen* geht auf md. *kūwen* zurück; die ungebrochene Entwicklung in **wiederkäuen**.

Nndl. *kauwen*, ne. *chew.*, nschw. *tugga*, nisl. *tyggja*. S. *katschen, Kieme.* – *DF* 1 (1913), 294 f.

kauern *sw V.* (< 18. Jh.). Aus dem Niederdeutschen übernommen (mndd. *kuren* ˈlauernˈ); ähnlich im Englischen und in den nordischen Sprachen (entlehnt?). Eine frühe Variante ist *hūren*, wie *hauchen*, ndd. *hūken* neben *kauchen* (alle mehr oder weniger in der gleichen Bedeutung). Vermutlich handelt es sich um Variationen des unter *hocken* behandelten Lautkomplexes.

kaufen *sw V.* (regional z. T. umgelautet **käufen**, ndd. *köpen*) (< 9. Jh.). Mhd. *koufen*, ahd. *koufen*, as. *kōpian* führen auf g. **kaup-ō- sw V.* ˈkaufen, Handel treibenˈ zurück, auch in gt. *kaupon* ˈHandelsgeschäfte treibenˈ, anord. *kaupa*. Das Wort beruht auf einer sehr frühen Entlehnung aus dem Lateinischen, und zwar liegt letztlich l. *caupo* ˈSchankwirt, Kleinhändlerˈ zugrunde, das als ahd. *koufo*, ae. *cȳpa* entlehnt wird. Vermutlich ist aber die bereits im Lateinischen bezeugte Verbalableitung *caupōnāri* ˈschachernˈ der Ausgangspunkt für die germanischen Verben (nicht eine germanische Ableitung zu dem bereits entlehnten Nomen). Eine frühe Rückbildung zu diesem Verb ist *Kauf* m., mhd. *kouf*, ahd. *kouf*, as. *kōp*, afr. *kāp*, ae. *cēap*, anord. *kaup n*.

J. Brüch *ZDA* 83 (1951), 92–103; Röhrich 2 (1992), 828 f.

Kaulquappe *f.* (< 15. Jh.). Zu *Quappe*; das Bestimmungswort *Kaul-* kommt auch in **Kaulbarsch** und **Kaulkopf** vor und geht auf mhd. *kūle*, zusammengezogen aus mhd. *kugel(e)*, zurück, bedeutet also ˈKugel, Klumpenˈ. Vgl. ahd. *kūlhoubit* ˈDöbel (Weißfisch mit großem Kopf)ˈ.

S. *Keule, Kielkropf.* – O. Kieser *ZDL* 49 (1982), 208–216; ders. *ZDL* 50 (1983), 183–193.

kaum *Adv.* (< 9. Jh.). Mhd. *kūm(e)*, ahd. *kūmo Adv.* ˈmit Mühe, schwerlichˈ, dazu das Adjektiv ahd. *kūmig* ˈkraftlos, mühsamˈ. Die Grundbedeutung ist ˈkläglichˈ zu ahd. *kūmen*, *kūmōn*, as. *kūmian* ˈtrauern, klagenˈ.

Heidermanns (1993), 345 f.

kausal *Adj. erw. fach.* (< 19. Jh.). Entlehnt aus spl. *causālis*, zu l. *causa* ˈGrundˈ. Abstraktum: **Kausalität**.

S. *kosen.* – *HWPh* 4 (1976), 798–803; *BlW* 3 (1985), 288–310; *LM* 5 (1991), 1088–1090.

Kausativ *n. per. fach.* ˈBewirkungsverbˈ (< 19. Jh.). Entlehnt aus l. *causatīvus* ˈbewirkendˈ, zu l. *causa* ˈUrsacheˈ. S. *kausal*.

kaustisch *Adj. per. fach.* ˈscharf, ätzend, sarkastischˈ (< 18. Jh.). Entlehnt aus l. *causticus* ˈätzend, brennend, beizendˈ, dieses aus gr. *kaustikós* ˈbrennendˈ, zu gr. *kaíein* ˈbrennenˈ.

Kaute *f. per. md.* ˈGrubeˈ (< 14. Jh.). Spmhd. *kūte*. Herkunft unklar. Vielleicht ist *Kuhle* näher zu vergleichen.

S. auch *Kajüte.* – E. Christmann *ZM* 31 (1964), 194 f.

Kautel *f. per. fach.* 'Vorbehalt, Sicherheitsvorkehrung' (< 16. Jh.). Entlehnt aus l. *cautēla* 'Behutsamkeit, Vorsicht', einer Ableitung von l. *cautus* 'vorsichtig, behutsam', dem adjektivischen PPP. von l. *cavēre* 'Vorsichtsmaßregeln treffen, sich hüten, sich vorsehen'. S. *Kaution*.

Kaution *f. erw. fach.* 'Bürgschaft' (< 16. Jh.). Entlehnt aus l. *cautio (-ōnis)* (auch: 'Behutsamkeit, Vorsicht'), mit unregelmäßiger Formentwicklung aus l. *cavitio*, einer Ableitung von l. *cavēre* 'sich hüten, sich vorsehen'.
S. *Kautel*; zur germanischen Verwandtschaft s. *hören*. – Schirmer (1911), 98.

Kautsch *f.* s. *Couch*.

Kautschuk *m. erw. fach.* (natürlicher Rohstoff für die Herstellung von Gummi) (< 17. Jh.). Entlehnt aus frz. *caoutchouc*, dieses aus span. *caucho* (älter: *cauchuc*), das aus einer peruanischen Indianersprache stammt.
DF 1 (1913), 342 f.; R. Loewe *ZVS* 60 (1933), 162–166.

Kauz *m.* (< 15. Jh.), vor allem als *(stein)kūz(e)* 'Steinkauz'. Sicher ursprünglich eine lautmalende Bildung (vgl. mhd. *kūz(e)* 'Schreihals', mndd. *kuten* 'schwatzen'), obwohl der Ruf des Käuzchens einen *u*-Laut nicht nahelegt (er wird meist mit *kiwitt* umschrieben); vermutlich handelt es sich ursprünglich um einen Namen des Uhus, der übertragen wurde. – Seit dem 16. Jh. als Übername für den Sonderling, wegen der bei Tag zurückgezogenen Lebensweise dieses Vogels. Zu diesem das Adjektiv *kauzig*.
Röhrich 2 (1992), 728, 829 f.; L. Schauwecker: *Ziege und Eule* (Berlin 1992, Privatdruck).

Kavalier *m.* (< 16. Jh.). Entlehnt aus frz. *cavalier* 'Reiter, Ritter', dieses aus it. *cavaliere*, das über das Provenzalische auf ml. *caballarius* (zu ml. *caballus* 'Pferd') zurückgeht. Zunächst nach italienischem Vorbild Bezeichnung von Ordensrittern; dann 'Edelmann, Hofmann, (auch:) Offizier', schließlich nach französischem Vorbild 'galanter Liebhaber'. Die Bedeutung des Grundworts ist noch erhalten in *Kavalkade* und *Kavallerie*.
DF 1 (1913), 343 f.; Schramm (1914), 32–43; Jones (1976), 193–197.

Kavalkade *f. per. fach.* 'Reiteraufzug' (< 17. Jh.). Unter französischem Einfluß entlehnt aus it. *cavalcata*, Abstraktum zu it. *cavalcare* 'reiten' (aus ml. *caballicāre* zu ml. *caballus* 'Pferd').

Kavallerie *f. erw. fach.* 'berittene Truppe' (< *16. Jh., Form < 17. Jh.). Entlehnt aus it. *cavalleria* 'Reiterei' (auch 'Ritterlichkeit'), Kollektivum und Abstraktum zu it. *cavaliere* 'Reiter' (aus ml. *caballārius*, zu ml. *caballus* 'Pferd'). Zugehörigkeitsbildung: *Kavallerist*.

Kaverne *f. per. fach.* '(unterirdischer) Hohlraum' (< 20. Jh.). Entlehnt aus l. *caverna* 'Höhlung, Grotte', zu l. *cavus* 'hohl, gehöhlt, konkav'.
A. J. van Windekens *HS* 102 (1989), 72.

Kaviar *m. erw. fach.* 'Fischrogen' (< 17. Jh.). Über venez. *caviaro* entlehnt aus türk. *havyar*.
Nach W. Eilers in *FS J. Nobel* (Neu Delhi 1963), 48–58 liegt iran. *māhi-i-χāvi-yar* 'der Eier tragende Fisch' als Bezeichnung für den Stör voraus, woraus dann die Bezeichnung für die Fischeier durch Metonymie. Littmann (1924), 110; Lokotsch (1975), 68; Röhrich 2 (1992), 830.

Kebse *f. obs.* 'Nebenfrau' (< 9. Jh.). Mhd. *kebes*, *keb(e)se*, ahd. *kebis(a)*, as. *kevis* aus wg. **kabisō* *f.* 'Nebenfrau', auch in ae. *cefes*. Entsprechend anord. *kefsir* *m.* unklarer Bedeutung. Vermutlich feminine Zugehörigkeitsbildung auf *-isjō* zu dem auch in *Kaue* und *Koje* vorliegenden, aus l. *cavea* früh entlehnten Wort, wohl ausgehend von dessen Bedeutung 'Bett', also 'Bettgenossin'.
E. Rooth in: *FS Pretzel* (1963), 301–307. Anders: H. Schröder *ZDPh* 38 (1906), 523; K. H. Menges *ZSPh* 43 (1983), 400–406 (entlehnt aus einem uralischen Wort für 'Mädchen').

keck *Adj.* (< 11. Jh.). Mhd. *kec*, *quec*, ahd. *quic*, *quec* 'lebendig, lebhaft' aus g. **kwiku-* *Adj.* 'lebendig', auch in anord. *kvikr*, ae. *cwicu*. Das Adjektiv beruht auf einer *g*-Erweiterung der ig. Wurzel **gʷei̯ə-* 'leben'. Diese liegt vor in gr. *béomai*, *ebíōn* und anderen Formen von verschiedenen Ablautstufen 'leben', avest. *jiiātauu-*, *jiiātaii-* 'Leben', arm. *keam* 'ich lebe', schwundstufig in akslav. *žiti* 'leben', lit. *gýti* 'sich erholen'; zu einer *w*-Erweiterung l. *vīvere*, ai. *jīvati* 'lebt' und gt. *qius* 'lebendig' (**gʷiwo-*, wie in gr. *bíos* 'Leben', air. *béo*, *biu*, kymr. *byw* 'lebendig'); das *g*-Suffix in lett. *dzīga* 'Leben', l. *vigēre* 'kräftig sein' u. a. Die lautlichen Verhältnisse sind nicht ganz eindeutig zu beurteilen. Andere Auffassungen: g. **kwikwa-* (redupliziert, Bammesberger), ig. **gʷiH₃wo-* (Klein nach Cowgill), g. **kwiwa-* (und Dissimilation, Heidermanns). Abstraktum: *Keckheit*.
Nndl. *kwiek*, ne. *quick*, nschw. *kvick*, nisl. *kvikur*. S. *erquicken*, *Quecke*, *Quecksilber*, *Quickborn*, *quicklebendig*, *verquicken*, *Wacholder*; zur griechischen Verwandtschaft s. *Biologie*, zur lateinischen s. *vital*. – A. Bammesberger *GL* 26 (1986), 259–263; J. Klein *Kratylos* 37 (1992), 140; Heidermanns (1993), 352 f. Zur Entlehnung ins Finnische s. Koivulehto *NM* 84 (1983), 66–73.

keckern *swV. per. fach.* (< 19. Jh.). Bezeugt für die Laute der Marder-Arten (Wiesel usw.). Lautmalend.

Keder *m.*, auch **Queder** *m., per. fach.* 'schnurartige Randverstärkung' (< 14. Jh.). Mhd. *ke(r)der*, *querder* *m./n.*, 'Streifen an Schuhen oder Kleidern'. Die Beleglage ist etwas undurchsichtig. Die Wörter mit dem Bedeutungselement 'Schnur' könnten mit *Kordel* zusammenhängen, also aus frz. *corde* entlehnt sein; unklar bleiben die Anlautsvarianten *qu-* (falsche Umsetzung?) und das Bedeutungselement 'Flicken'.

Kees *n. per. oobd.* 'Gletscher' (< 11. Jh.). Mhd. *kes* 'fetter Boden, steiniger Sand', ahd. *kes* 'Eis'.

Die Zugehörigkeit des mittelhochdeutschen Wortes ist ganz unsicher. Herkunft unklar.

Kefe *f. per. schwz.* ´Schotenerbse´ (< 12. Jh.). Fnhd. *kif-arbis*, ahd. *keva* ´Schote´. Herkunft unbekannt.

Kefir *m. per. fach.* (ein aus Milch durch Gärung gewonnenes Getränk). Entlehnt aus russ. *kefír*.

Kegel *m.* (< 9. Jh.). Mhd. *kegel*, ahd. *kegil* ´Nagel, Pflock´, mndd. *kegel* aus vd. **kagila- m.* ´Kegel´ zu südd. *Kag* ´Strunk´, nndl. *keg* ´Keil´. Außergermanisch läßt sich vergleichen lit. *žãgas* ´kegelförmiger Heuschober´, lit. *žaginỹs* ´Pfahl, Pfosten´; im übrigen ist die Herkunft unklar. Deshalb ist auch nicht sicher zu entscheiden, ob *Kegel* (mhd. ´uneheliches Kind´) in *Kind und Kegel* hierhergehört oder abzutrennen ist.

S. auch *Kufe*[1]. – Röhrich 2 (1992), 830.

Kehle[1] *f.* (< 8. Jh.). Mhd. *kel(e)*, ahd. *kel(a)*, as. *kela* aus wg. **kelōn f.* ´Kehle´, auch in ae. *ceole*. Falls *Kiel* ´Grundbalken des Schiffs´ hierhergehört, hat das Wort auch im Nordischen eine Entsprechung (mit der Bedeutung ´Kehle´ entlehnt ins Lappische: südlappisch *geäluo* ´Kehle des Rentiers´). Außergermanisch vergleicht sich zunächst l. *gula* ´Schlund, Kehle´, doch macht der Konsonantismus Schwierigkeiten. Während l. *gula* an (ig.) **g^wel-* ´verschlingen´ angeschlossen werden kann, ist dies bei *Kehle* wegen des Anlauts kaum möglich. Vermutlich gehören die beiden Wörter aber doch zusammen, und wg. **kelōn* ist sekundär abgewandelt worden. Adjektiv: *kehlig.* Nndl. *keel.* S. *Gully.*

J. Koivulehto in *Finnisch-ugrische Sprachen* Hrsg. L. Honti u. a. (Amsterdam 1992), 91–93.

Kehle[2] *f. per. fach.* (< 13. Jh.). In der Bedeutung ´Schlucht´ in Flurnamen, als ´Rinne´ in *Hohlkehle* und *Kniekehle.* Mhd. *kniekel*; weiteres in den Mundarten; vgl. nschw. *käl(l)a* ´aushöhlen´. Außergermanisch passen Wörter für ´aushöhlen´ auf einer Grundlage (ig.) **gel-*, die aber außergermanisch überall durch *-b^h-* erweitert ist; vgl. russ. *žólob m.* ´Rinne´ usw.

S. *Kelle.* – V. O. Heinertz *BGDSL* 41 (1916), 499 f.

Kehraus *m. arch.* (< *15. Jh., Bedeutung < 18. Jh.). Bezeugt als Schlußtanz (eine Art Polonaise) und erklärt als ´Tanz, bei dem die Kleider der Tänzerinnen den Saal fegen´. Wesentlich früher bezeugt ist *Kehraus in der Stirn* (15. Jh.) mit nicht ganz klarer Bedeutung (es geht dabei um Trinken und um Abschied). Entsprechender Bedeutung ist frühes *Kehrab*; unter Umständen ist *Kehrab und Garaus* (in dieser Kombination bezeugt) zu *Kehraus* zusammengezogen worden.

S. *kehren*[2]. – Röhrich 2 (1992), 830 f.

kehren[1] *swV.* ´wenden´ (< 9. Jh.). Mhd. *kēren*, ahd. *kēren*, as. *kērian*; ebenso afr. *kēra.* Bedeutungsmäßig entspricht ae. *cerran* ´wenden´, das aber im Vokalismus nicht übereinstimmt. Herkunft unklar. Vgl. anord. *keirr* ´nach hinten gebeugt´; vielleicht osset. *zīlīn* ´herumdrehen´. Abstraktum: *Kehre*; Präfigierungen: *be-, ver-*; Partikelverben: *um-, ein-.* Die Form *kehrt(machen)* kommt aus dem Imperativ Plural (militärischer Befehl). Nndl. *keren.*

H. Petersson *BGDSL* 44 (1920), 178 f.; R. Bielmeier: *Historische Untersuchungen* (Frankfurt 1977), 158.

kehren[2] *swV. reg.* ´fegen´ (< 8. Jh.). Mhd. *ker(e)n*, ahd. *kerien* aus vd. **kar-eja- swV.* ´fegen´. Wohl denominativ zu dem Substantiv, das auch in ahd. *ubar-kara* ´Kehricht´ verbaut ist. Dieses vielleicht zu lit. *žėrti* ´glühende Kohlen zusammenscharren´. Weitere Herkunft unklar.

Nndl. *keren.* S. *Kehraus, Kehricht.*

Kehricht *m./n. obs.* (< 15. Jh.). Spmhd. *kerach n.*; Kollektivbildung (wie *Röhricht* u.ä.) zu *kehren*[2] oder einem davon abgeleiteten Substantiv. Ursprünglich ostmitteldeutsch.

Röhrich 2 (1992), 831.

Kehrreim *m. erw. fach.* (< 18. Jh.). Von G. A. Bürger 1793 eingeführtes Ersatzwort für *Refrain*; es liegt also *wiederkehren* zugrunde. S. *kehren*[1].

Kehrseite *f.* (< 18. Jh.). Ersatzwort für *Revers*; es liegt also *umkehren* zugrunde. S. *kehren*[1].

Keib(e) *m. per. wobd.* (Schimpfwort) (< 15. Jh.). Eigentlich ein Wort für ´Leichnam, Aas (Gehenkter)´, sonst unerklärt.

keifen *swV.* (im Norden auch *stV.*), *stil.* Hochdeutsch ursprünglich *keiben*, mhd. *kīben, kīven*, neben *kibelen, kivelen*, das sich in obd. *kibbeln* ´nekken´ fortsetzt; mndd. *kiven*, mndl. *kīven* aus g. **kīb-ō- swV.* ´zanken´, auch in anord. *kifa*, afr. *zīvia.* Weitere Herkunft unklar. Nndl. *kijven.* S. *kiebig.*

Keil *m.* (< 9. Jh.). Mhd. *kīl*, ahd. *kil*, mndd. *kil*, *kel.* Zu einem starken Verb, das in ae. *cīnan* ´aufbrechen, aufspringen´ erhalten ist und vermutlich mit dem gleichlautenden Verb für ´keimen´ (gt. *keinan* usw., s. unter *Keim*) identisch ist. Mit der Bedeutung ´aufbrechen o.ä.´ ist es außergermanisch nicht vergleichbar. Neben mhd. *kīl* steht auch *kīdel*; es ist denkbar, daß beide Formen auf vd. **kei-þla-* (oder *-ī-*) zurückgehen, doch sind die damit zusammenhängenden lautlichen Regelungen noch nicht endgültig geklärt. In diesem Fall wäre *Keil* ein ´Mittel zum Aufbrechen´. S. *Kien.*

keilen *swV. erw. vulg.* ´schlagen, prügeln´ (< 17. Jh.). Entnommen aus dem Rotwelschen, wie auch *Keile* ´Schläge´. Von dort stammt die Bedeutungsverschiebung bei dem Verb von ´Keile eintreiben´ (wobei kräftig zugeschlagen werden muß) zu ´schlagen´. Abstraktum: *Keilerei.*

Keiler *m. erw. fach.* ´Wildeber im dritten Jahr` (< 17. Jh.). Vermutlich Täterbezeichnung zu *Keil*, indem die Hauer mit *Keilen* verglichen werden.

Keilschrift *f. per. fach.* (< 19. Jh.). Nach den mit *Keilen* in Lehm eingedrückten und damit auch keilförmigen Schriftzeichen der babylonisch-assyrischen Schrift. Als Gegensatz zur Bilderschrift der Hieroglyphen eingeführt 1802, zunächst für die (einfachere) altpersische Schrift.

Keim *m.* (< 8. Jh.). Mhd. *kīm(e)*, ahd. *kīmo*. Konkret-Bildung zu dem starken Verb g. **kei-na-* ´keimen` in gt. *keinan*, as. *kīnan*, ahd. *kīnan*; die ältere Bedeutung zeigt vermutlich ae. *cīnan* ´aufbrechen, aufspringen` (s. unter *Keil*). Allerdings läßt sich nur die weiterentwickelte Bedeutung auch außerhalb vergleichen: lett. *ziêdêt* ´hervorblühen, zum Vorschein kommen`, lit. *žýdéti* ´blühen`; eine *l*-Ableitung kann vorliegen in arm. *cił* ´Keimling, Sproß, Sprößling`. Verb: **keimen**.

Nndl. *kiem*. S. auch *Kien*. − Seebold (1970), 290 f.; *HWPh* 4 (1976), 809 f. Zur Entlehnung ins Finnische s. Koivulehto (1991), 51.

kein *Pron.* (< 9. Jh.). Vereinfacht aus *nichein* (auch *enchein*) mit Verhärtung des Silbenanlauts *ch*-, dieses aus älterem *nihein* ´und nicht ein` (vgl. gt. *nih* ´und nicht`, l. *neque*). Die entsprechenden mittelniederdeutsch-mittelniederländischen Formen mit *g(h)*- sind im Satztiefton entstanden (kaum ein echter grammatischer Wechsel). Mhd. *kein* bedeutet auch ´irgendein`, in dieser Bedeutung kommt es aus *dehein*, das seit Otfrid bezeugt ist − sein Vorderglied ist unklarer Herkunft.

O. Behaghel *Wiss. Beiheft zur ZVS* 36 (1913), 178−181; Behaghel 1 (1923), 422−425; Ph. Marcq *EG* 41 (1986), 1−7.

-keit *Suffix* s. *-heit*.

Keks *m.* (< 19. Jh.). Entlehnt aus ne. *cakes* Pl. für ´kleine Kuchen`. Zu dessen Herkunft s. unter *Kuchen*. Die deutsche Schreibung wurde eingeführt, als Ersatzwörter die Entlehnung nicht verdrängen konnten.

Littmann (1924), 112; Rey-Debove/Gagnon (1988), 110 f.

Kelch *m.* (< 8. Jh.). Mhd. *kel(i)ch*, ahd. *kelih*, as. *kelik*, wie ae. *cælic*, afr. *zilik* entlehnt aus l. *calix* ´Kelch`.

LM 5 (1991), 1095 f.

Kelle *f. erw. fach.* (< 9. Jh.). Mhd. *kelle*, ahd. *kella*, mndd. *kelle*, mndl. *kele* aus vd. **kaljō*; entsprechend ae. *ciellan* m. mit der Bedeutung ´Feldflasche, Flasche aus Leder u. ä.`. Weitere Herkunft unklar. Vielleicht als ursprünglich ´ausgehöhltes Gefäß` zu *Kehle*[2].

N. O. Heinertz *BGDSL* 41 (1916), 495−501.

Keller *m.* (< 8. Jh.). Mhd. *keller*, ahd. *kellari*, *keller*, *kelre*, as. *kellari*. Entlehnt aus l. *cellārium* n. ´Vorratsraum`, das seinerseits zu *cella* f. (s. unter *Zelle*) gehört. Ursprünglich waren die Keller nicht unterirdisch, sondern eine Art Speicher. Kollektivum: **Kellerei**; Partikelableitung: **einkellern**.

S. *Kellner*. − Heyne (1899/1903), I, 92 f.; *LM* 5 (1991), 1097; Röhrich 2 (1992), 831.

Kellerhals *m. per. reg.* ´Seidelbast, Zeiland, deutscher Pfeffer` (< 15. Jh.), auch mndd. *kelder*. Vermutlich zu mndd. *kellen*, *killen*, mhd. *queln*, *kellen* swV. ´quälen, schmerzen`, weil die Beeren ein starkes Purgiermittel sind und im Hals heftig brennen; die genaue Vorform ist aber unklar.

Kellner *m.* (< 9. Jh.). Mhd. *kelnære*, *kelner*, ahd. *kel(l)enāri*, *kelnere* (mit der Nebenform mhd. *kellerer*, fnhd. *Keller*). Entlehnt aus l. *cellenārius*, das aus l. *cellerārius* dissimiliert ist. Die Bedeutung ist ursprünglich ´Vorsteher der Vorratshauses` und entwickelt sich mit der Veränderung der gesellschaftlichen Zustände. Die heutige Bedeutung etwa seit dem 18. Jh. Femininum: **Kellnerin**.

Kelter *f. erw. fach.* (< 9. Jh.). Mhd. *kalter*, *kelter*, ahd. *kelter-*, *kalc(a)tura*. Entlehnt aus l. *calcātūra* ´das Keltern`, einer Nebenform zu l. *calcātōrium* n. ´Kelter`, zu l. *calcāre* ´treten` (aus l. *calx* ´Ferse`), weil die Trauben vor dem Pressen mit den Füßen zerstampft wurden. Verb: **keltern**.

S. *Trotte*. − Heyne (1899/1903), II, 359 f.; *LM* 5 (1991), 1100 f.

Kemenate *f. obs.* ´Frauengemach, persönlicher Raum` (< 8. Jh.). Im Althochdeutschen (ahd. *kemināta*, *kemināda*, mhd. *kemenāte*) entlehnt aus ml. *caminata*, eigentlich ´heizbares Zimmer`, zu l. *camīnātum* ´mit einem Kamin versehen`, dem PPP. von l. *camīnāre* ´in Form eines Kamins aufbauen`, zu l. *camīnus* m. ´Feuerstätte, Kamin`, aus gr. *kámīnos* ´Ofen`.

Heyne (1899/1903), I, 119; *LM* 5 (1991), 1101 f.

kennen *swV.* (< 9. Jh.). Mhd. *kennen*, ahd. -*kennen*, meist in Präfigierungen *(bi-, ir-)*, as. *(ant-) kennian* aus g. **kann-eja-* swV. ´kennen machen, kennenlernen`, auch in gt. *kannjan* ´bekannt machen`, anord. *kenna* ´bekannt machen, wahrnehmen, genießen`, ae. *cennan* ´erklären`, afr. *kanna*, *kenna* ´kennen`, Kausativum zu dem Präterito-Präsens *kann* (s. unter *können*). Im Kontinentalgermanischen haben sich die Bedeutungen von Grundwort und Ableitung aneinander angeglichen und erst sekundär wieder differenziert. Nomen agentis: **Kenner**; Präfigierungen: **er-, ver-**; Abstraktum: **Kenntnis**; Adjektiv: **kenntlich**.

Nndl. *kennen*, nschw. *känna*, nisl. *kenna*. S. *erkennen*, *jenisch*. − Seebold (1970), 289 f.

Kennwort *n.* (< 20. Jh.). Neubildung nach dem Muster von älterem *Kennzeichen* und *Kennziffer*.

Kennzeichen *n.* (< 16. Jh.). Neubildung mit der Bedeutung ´Erkennungszeichen`.

kentern *sw V. erw. fach.* (< 17. Jh.). Aus der niederdeutsch-niederländischen Seemannssprache, ndd. *kenteren,* nndl. *kenteren, kanteren,* zu *Kante,* also ˈkanten, umkippenˈ.
Kluge (1911), 437 f.

Keramik *f.* (< 19. Jh.). Entlehnt aus frz. *céramique,* dieses zu gr. *kéramos m.* ˈTöpfererde, Tongefäßˈ. Adjektiv: **keramisch**.
LM 5 (1991), 1111−1115.

Kerbel *m. erw. fach.* (< 12. Jh.). Mhd. *kervel(e) f./m.,* ahd. *kervola, kervila, kerbele f.,* wie ae. *cerfille f.* entlehnt aus l. *caerefolium f.,* das aus gr. **chairéphyllon n.* (nur in l. Form *chaerephyllum n.* bezeugt) ˈKerbelˈ (eigentlich ˈliebliches Blattˈ, wegen seines Duftes und Geschmacks) angepaßt ist.
Vgl. *Kälberkern.* − Marzell 1 (1943), 330 f.; *LM* 5 (1991), 1115.

kerben *sw V.* (< 14. Jh.). Spmhd. *kerben,* mndd. *kerven,* mndl. *kerven;* früher nicht bezeugt, vgl. aber afr. *kerva,* ae. *ceorfan,* die ein starkes Verb g. **kerb-a-* ˈeinschneidenˈ fortsetzen (anord. in *kurfr* ˈBaumstumpfˈ u.ä.). Das Verb kann verwandt sein mit gr. *gráphō* ˈich ritze ein, schreibeˈ. Konkretum: **Kerbe**.
Nndl. *kerven,* ne. *carve.* − Seebold (1970), 292 f.

Kerbholz *n. obs. phras.* (< 15. Jh.). Holzstab, auf dem mit Hilfe von Kerben Summen u.ä. festgehalten werden; besonders bei Zechschulden, deshalb *etwas auf dem Kerbholz haben* zunächst ˈZechschulden habenˈ.

Kerbtier *n. erw. fach.* (< 18. Jh.). 1791 von Campe zur Übersetzung von *Insekt* gebildet.
Pfaff (1933), 36; *Tiernamen* (1963−68), 7 f.

Kerf *m. per. fach.* ˈInsektˈ (< 19. Jh.). Rückbildung von Oken 1815 aus *Kerbtier* und teilweise in den Gebrauch übergegangen. Das *-f-* stammt aus der niederdeutschen Form.

Kerker *m. obs.* (< 8. Jh.). Mhd. *karkære, kerkære, kerker,* ahd. *karcāri, karcher,* as. *karkari,* wie ae. *carcern n.* (mit Anlehnung an ae. *-ærn* ˈHausˈ), gt. *karkara* entlehnt aus l. *carcer.* Die Entlehnung muß wegen des *k* vor *e* früh sein. Partikelableitung: **einkerkern** (nach ml. *incarcerare*). S. *Karzer.*

Kerl *m. stil.* (< 13. Jh.). Aus mndd. *kerle* ˈfreier Mann nicht ritterlichen Standesˈ wie afr. *zerl,* ae. *ceorl,* auch ˈMann, Ehemann, Geliebter u.ä.ˈ. Daneben steht (mit Ablaut?) anord. *karl* ˈMann, Ehemannˈ, ae. *carl,* ahd. *karl,* mhd. *karl(e);* weiter hat anord. *karl* auch die Bedeutung ˈalter Mannˈ (wie anord. *kerling f.* ˈalte Frauˈ), und schließlich ist *Karl* als Herrschername nicht ohne weiteres mit den sonstigen Bedeutungen dieses Wortes in Verbindung zu bringen. Der übliche Anschluß an ig. **ǵerə-* ˈaltˈ (in gr. *gérōn* ˈGreisˈ u. a.) vermag diese Bedeutungsvielfalt nicht zu erklären. Die Bedeu-

tung ˈalt, ehrwürdigˈ kann kaum der Ausgangspunkt für ˈFreier nicht-ritterlichen Standesˈ; Ehemann, Geliebter u.ä.ˈ sein. Deshalb ist zumindest Einmischung eines anderen Wortes anzunehmen; möglicherweise ist die Sippe aber überhaupt anders zu erklären. Herkunft deshalb unklar.
Nndl. *kerel,* ne. *churl.* − R. M. Meyer *ZDW* 1 (1901), 12−14; Röhrich 2 (1992), 833.

Kermes *m. per. fach.* (< 18. Jh.). Das Wort kommt vor allem in Tier- und Pflanzenbezeichnungen vor, die mit ˈrotˈ zu tun haben *(Kermes-Schildlaus, Kermes-Eiche).* Entlehnt aus span. *carmesí,* der Bezeichnung eines roten Farbstoffs, der unter *Karmesin* behandelt ist.

Kern *m.* (< 9. Jh.). Mhd. *kern(e),* ahd. *kern(o)* aus g. **kernōn m.* ˈKernˈ, auch in anord. *kjarni.* Am ehesten mit Ablaut zu *Korn¹,* obwohl die *e-*Stufe bei dieser Bildung auffällig ist. Ausgehend von Wörtern wie **Kernspaltung** wird das Wort in Zusammensetzungen ein Ersatzwort für *Atom* (vgl. *Nuklear-).* Verb: **(aus-, ent-) kernen**. Nndl. *kern.* S. *Granate, Karn.*
Brisante Wörter (1989), 430−438.

kernen *sw V.* ˈbutternˈ s. *kirnen.*

Kerner *m.* ˈBeinhaus, Fleischkammerˈ s. *Karner.*

kerngesund *Adj.* (< 18. Jh.). Gemeint ist ˈbis den Kern gesundˈ, ausgehend vom Holz (dessen Kern häufig morsch ist).

kernig *Adj.* (< 16. Jh.). Zunächst in der Form *kernicht* (u.ä.), die dann dem allgemeinen Typ angepaßt wird. Die Bedeutung ist einerseits ˈKerne enthaltendˈ, dann (von einer anderen Bildungsbedeutung ausgehend) ˈzum Kern gehörig, zu den festen Teilen gehörigˈ, ausgehend vom Holz *(Kern − Splint),* dann übertragen im Sinne von ˈfest, derb, dauerhaft usw.ˈ.

Kernseife *f. obs.* (< 19. Jh.). Wegen ihrer Härte (im Gegensatz zur **Schmierseife**) so benannt.

Kerze *f.* (< 8. Jh.). Mhd. *kerze,* ahd. *kerza.* Das Wort gehört offenbar zu ahd. *karz(a)* ˈDocht, Wergˈ; doch ist dessen Herkunft unklar. Zu der Annahme einer Entlehnung aus l. *charta* (s. unter *Karte*) vgl. Rohlfs: Es handelt sich eigentlich um spiralförmig gewickelte Streifen aus Birkenrinde, die vor dem Gebrauch in Öl getaucht wurden (vgl., daß auch Papyrus als Kerzendocht gebraucht wurde). W. Pfeifer (1993), 650 erwägt eine Herkunft aus l. *(candēla) cērāta* ˈWachslichtˈ.
G. Rohlfs: *Sprache und Kultur* (Braunschweig 1928); *LM* 5 (1991), 1116; Röhrich 2 (1992), 833.

Kescher *m.,* auch **Kesser** *m.,* **Ketscher** *m., per. fach.* (< 16. Jh.). Aus mndd. *kesser,* das entlehnt ist aus ne. *catcher* ˈFischhamenˈ (zu ne. *catch* ˈfangenˈ). S. *kapieren.*

keß *Adj. stil.* (< 20. Jh.). Übernommen aus dem Rotwelschen, wo es ˈin Diebessachen erfahren, zuverlässig' bedeutet. Man vermutet als Ausgangspunkt den Buchstabennamen für das *ch*, weil mit diesem *kochem* 'gescheit' anfing.

Lasch (1928), 172; Wolf (1985), 161.

Kessel *m.* (< 9. Jh.). Mhd. *kezzel*, ahd. *kezzil*, as. *ketil* führen mit gt. *katil-*, anord. *ketill*, ae. *cytel*, afr. *zetel* auf g. **katila- m.* 'Kessel', das früh aus l. *catillus*, Diminutiv zu *catīnus* 'Schüssel', entlehnt ist. Partikelableitung: *einkesseln*.

J. Brüch in: *FS P. Kretschmer* (Wien, Leipzig, New York 1926), 10−14.

Kesseltreiben *n.* (< 17. Jh.). *Kessel* im weidmännischen Sinn ist der ringsum geschlossene Platz, in den das Wild getrieben wird. Übertragen in die Sprache des Militärs mit *einkesseln* u.ä.

Kesser *m.* s. *Kescher*.

Ketchup *m./n.* (< 20. Jh.). Entlehnt aus ne. *ketchup*, dieses aus chin. *kôechiap, kêtsiap* 'Fischtunke'.

Rey-Debove/Gagnon (1988), 468; Carstensen 2 (1994), 758.

Ketscher *m.* s. *Kescher*.

Kette[1] *f.* 'Metallband aus Gliedern' (< 9. Jh.). Mhd. *keten(e)*, ahd. *ketin(n)a*, mndd. *kedene*. Entlehnt aus l. *catēna* 'Kette', wobei das inlautende *t*, wie auch sonst gelegentlich, mit *d* wiedergegeben wurde. Verb: *ketten*.

Bahder (1925), 64 f.; Röhrich 2 (1992), 834.

Kette[2] *f. per. fach.* 'Schar' (besonders von Rebhühnern) (< 9. Jh.). Mhd. *kütte n.*, ahd. *kutti n.* 'Herde, Schar', mndd. *kudde n./f.*, afr. *kedde n.* Weitere Herkunft dunkel. Nndl. *kudde*.

Ketzer *m.* (< 13. Jh.). Mhd. *ketzer*, mndd. *ketter*. Nach der manichäischen Sekte der *Katharer* (zu gr. *katharós Adj.* 'rein'), ml. *Cathari*, it. *Gazari*. Abstraktum: *Ketzerei*; Adjektiv: *ketzerisch*; Präfixableitung: *verketzern*.

E. Öhmann *NPhM* 40 (1939), 213−221; H. Gipper/H. Schwarz: *Bibliographisches Handbuch zur Sprachinhaltsforschung* (Köln 1962), I, 295; *LM* 5 (1991), 1117. Anders mit beachtlichen Gründen: H. Collitz in: *FS E. Sievers* (Halle/S. 1925), 115−128.

keuchen *swV.* (< *13. Jh., Form < 16. Jh.). Mhd. *kīchen* 'schwer atmen'; sonst nur nasaliert in der Bezeichnung des Keuchhustens: mndd. *kinkhoste*, nndl. *kinkhoest*, fr. *kinkhoast*, ne. *chincough*. Die lautliche Umprägung zum Neuhochdeutschen steht einerseits als hyperkorrekter Ersatz des *ei* durch *eu* in entrundenden Mundarten, hat aber andererseits als Vorbild mhd. *kūchen* 'hauchen' (mndl. *cochen*, nndl. *kuchen*, ae. *cohhetan*, ne. *cough* 'husten'). Im weiteren sind wohl beide Sippen lautmalend. S. auch *hauchen*.

Keule *f.* (< 13. Jh.). Mhd. *kiule* 'Keule, Stock, Stange'; Zugehörigkeitsbildung zu mhd. *kūle* 'Kugel' (s. *Kaulquappe* und *Kugel*), also 'mit einer Ku-

gel (Verdickung) versehen'. Entsprechend (mit dem *g* von *Kugel*) mndl. *cogele* 'Kugel', ae. *cycgel* 'Knüttel'.

Kretschmer (1969), 271; *LM* 5 (1991), 1117.

Keuper *m. per. fach.* (geologische Formation im Trias) (< 19. Jh.). Nach der im Coburgischen üblichen Bezeichnung des zugehörigen Buntsandsteins eingeführt. Vgl. bair. *kiefer m.* 'Sand, Kies', im übrigen unklar.

keusch *Adj.* (< 8. Jh.). Mhd. *kiusch(e)*, ahd. *kūski*, as. *kūski, kūsc*, afr. *kūsk* ist vom Anfang seiner Bezeugung an ein ethischer Begriff, der allerdings eine größere Bedeutungsbreite hat ('schamhaft, sanftmütig, tugendhaft u. a.'). Entlehnt aus l. *cōnscius* 'bewußt' mit Ausfall des Nasals und Ersatzdehnung, die Bedeutung geht wohl von 'beherrscht, der sittlichen Normen (oder der christlichen Lehre) bewußt' aus. Abstraktum: *Keuschheit*.

W. Kaspers *BGDSL* 67 (1944), 151−154; Th. Frings/G. Müller in: *FS Helm* (1951), 109−135; *HWPh* 4 (1976), 817 f.; *LM* 5 (1991), 1118; Röhrich 2 (1992), 834 f.

khaki *Adj. per. fremd.* 'sandfarben' (< 20 Jh.). Entlehnt aus ne. *khaki*, dieses über das Urdu aus pers. *ḫākī*, zu pers. *ḫāk* 'Staub, Erde'.

Rey-Debove/Gagnon (1988), 464.

kibbeln *swV.* s. *keifen*.

Kibbuz *m. per. exot.* 'ländliches Kollektiv (in Israel)' (< 20. Jh.). Entlehnt aus ivr. *qibbūṣ* (eigentlich: 'Gemeinschaft').

Kicher(erbse) *f. per. fach.* (< 9. Jh.). Mhd. *kicher m./f.*, ahd. *kihhira, kihhura* u. a. Früh entlehnt aus l. *cicer n.* gleicher Bedeutung.

kichern *swV.* (< 16. Jh.). Ähnliche Wörter sind nndl. *giechelen*, ahd. *kahhezzen, kahhizzōn*, mhd. *kachezen*, ae. *ceahhettan*. Ursprünglich sicher lautmalend. Der Anlaut *k-*, der sich bei Wörtern dieser Bedeutungssphäre häufig Lautveränderungen entzieht, steht wohl für den (beim Lachen auftretenden) Kehlkopfverschlußlaut.

H. Glombik-Hujer *DWEB* 5 (1968), 46−48.

kicken *swV. stil.* (< 20. Jh.). Entlehnt aus ne. *kick*, dessen Herkunft nicht mit Sicherheit geklärt ist.

Carstensen 2 (1994), 764 f.

kidnappen *swV. erw. fremd.* 'entführen' (< 20. Jh.). Entlehnt aus ne. *kidnap*, einer Rückbildung aus ne. *kidnapper*, zu ne. *kid* 'Junges' (s. *Kitz*) und ne. *nap* 'ergreifen' (dessen Herkunft nicht sicher geklärt ist). Zunächst gebraucht für den Raub junger Leute, die in amerikanischen Plantagen zu arbeiten hatten.

Rey-Debove/Gagnon (1988), 469; Carstensen 2 (1994), 766 f.

kiebig *Adj. per. ndd.* 'vorlaut, gereizt' (< 15. Jh.). Mhd. *kībic*, zu *keifen*.

Kiebitz[1] *m.* (< 14. Jh.). Mhd. *gībitze* (u.ä.), mndd. *kivit, kiwit*, mndl. *kievit*, nndl. *kievit*. Schallnachahmende Bildung nach dem Ruf dieses Regenpfeifers. Die Bedeutung ´Zuschauer beim Spiel` ist zwar an den Vogelnamen angeglichen, stammt aber aus anderer Quelle: s. unter *kiebitzen*.

Suolahti (1909), 264–267; *HWDA* 4 (1932), 1304 f.

kiebitzen *swV. stil.* ´bei einem Spiel zuschauen und sich einmischen` (< 20. Jh.). Aus rotw. *kibitschen* ´visitieren, beobachten`. Weitere Herkunft unklar. Nomen agentis: **Kiebitz**[2].

Kiefer[1] *m.* ´Kinnbacken` (< 15. Jh.). Mhd. *kiver m./n.(?)*, *kivel, kiuwel*, mit anderem Suffix anord. *kjaptr, kjǫptr (*kebuta-)*, mit Ablaut ae. *ceafl*, as. *kaflos Pl.* Die morphologisch stark auseinanderfallende Sippe gehört offenbar zu avest. *zafar-* ´Mund, Rachen`, air. *gop* ´Schnabel, Mund`. Vielleicht aus einer Lautgebärde für ´schnappen`. Im Frühneuhochdeutschen bedeutet das Wort auch ´Kieme`. S. *Käfer*.

Kiefer[2] *f.* (Nadelbaum) (< 15. Jh.). Fnhd. *Kienfer*, mhd. **kienvore* (in mhd. *kienvorhîn* ´aus Kiefernholz`), ahd. *kienforaha*, also ´Kien-Föhre`, d. h. der Baum, aus dem Kienspäne (für Fackeln u.ä.) hergestellt werden (die Kiefer ist besonders harzreich). Ähnlich vereinfacht (und an *Kühe* angeglichen?) sind die vereinzelten Bildungen *Kühfichte* und *Kühtanne*.

LM 5 (1991), 1120.

Kieke *f. per. ndd.* ´Wärmetopf` (< 17. Jh.). Mndd. *kīke*; vgl. ndn. *ild-kikkert* (zu ndn. *ild* ´Feuer`) und westfäl. *fürkīpe* (mit Anlehnung an *Kiepe* ´Korb`). Sonst ist die Herkunft unklar.

kieken *swV. erw. ndd.* ´schauen` (< 16. Jh.). Mndd. *kiken*, mndl. *kīken stV.*, nndl. *kijken*. Herkunft unklar. Vielleicht besteht ein Zusammenhang mit anord. *keikja* ´sich zurückbeugen` (etwa als ´sich vorbeugen, um besser zu sehen`). Hierzu *Kieker* ´Fernrohr` seit dem 18. Jh. und die Redensart *auf dem Kieker haben* ´mißtrauisch beobachten`, dann auch ´beargwöhnen, herumnörgeln`.

S. *Spökenkieker*. – Röhrich 2 (1992), 835.

kieksen *swV.* Variante zu *gicksen*.

Kiel[1] *m.* (Federkiel) (< 14. Jh.). Mhd. *kil m./n.* Rhein. *keil* (ndrhein. *kijl*, 15. Jh.) würden auf altes **kīl-* (und damit Entlehnung aus dem Norden?) weisen. Vergleichbar ist me. *quil(le)*, *quele n.*, ne. *quill* ´Federkiel`. Herkunft unklar. Eine Herleitung aus l. *caulis* ´Stengel, Federkiel` wäre semantisch befriedigend, doch ist der Vokalismus kaum mit dieser Annahme zu vereinigen.

Kluge (1911), 440.

Kiel[2] *m. arch.* ´Schiff` (< 8. Jh.). Mhd. *kiel*, ahd. *kiol, kīl*, as. *kiol* aus g. *\*keula- m.* ´Schiff`, auch in

anord. *kjóll*, ae. *cēol*. Herkunft unklar. Vielleicht vergleichbar ist gr. *gaûlos* ´(rundes) Lastschiff`, doch ist für dieses Entleh nung aus dem Semitischen zu erwägen. Möglicherweise ist deshalb auch das germanische Wort eine Entlehnung.

Kluge (1911), 440.

Kiel[3] *m. erw. fach.* ´Grundbalken des Schiffes` (< 16. Jh.). Aus dem Niederdeutschen verbreitet: mndd. *kel, kil*; vielleicht entlehnt aus anord. *kjǫlr*, das auch zu den Formen der anderen Sprachen geführt haben kann. Dieses kann dem Wort *Kehle*[1] entsprechen. Einzelheiten bleiben unklar.

Kluge (1911), 440–442.

kielholen *swV. per. fach.* ´Schiff so aufsetzen, daß die unter Wasser gehenden Teile bearbeitet werden können` (17. Jh.). Aus ndd. *kielholen*, nndl. *kielholen* aus den Entsprechungen von *Kiel* und *holen* im Sinne von ´ziehen, holen`, also eigentlich ´den Kiel hervorholen`. Dann auch ´einen Menschen als Strafe unter einem Schiff durchziehen`, also ´unter den Kiel ziehen`.

Kluge (1911), 442–444.

Kielkropf *m. arch.* (< 16. Jh.). Bezeugt als Bezeichnung für ein mißgestaltetes (wasserköpfiges), aber gefräßiges Kind, das als vom Teufel (früher evtl. von anderen nicht-menschlichen Wesen) untergeschoben galt, Wechselbalg. Die Bezeichnung kommt in verschiedenen Formen vor; als Vorderglied findet sich *kil-, kül-, kaul-* (zu diesem s. *Kaulquappe*), als Hinterglied *-kropf, -kopf, -krob* u. a., so daß es unmöglich ist, aus dem Namen auf die zugrundeliegende Vorstellung zurückzuschließen. Die regionale Entsprechung *Wasserkind* gibt zu der Vermutung Anlaß, daß im Vorderglied eine mit *Quelle* verwandte Form (fnhd. *kil)* zu suchen sei, doch ist auch dies unsicher.

Kieme *f.* (< 16. Jh.), auch **kimme**. Die ältere Form ist ahd. *kiuwa, kewa, kouwa*, as. *kio m.*, ae. *cian*, also **kewwjōn f.* (u.ä.), das ersichtlich mit *kauen* zusammenhängt und neben ´Kiemen` auch ´Kiefer, Kinnlade` bedeutet. Eventuell geht *Kieme* mit regionalem Wechsel von *w* zu *m* unmittelbar auf diese Form zurück. Deshalb auch (wohl eher als Abwandlungen denn als gleichbedeutende Neubezeichnungen) *Kiefer (kif, kife, kifel)* und *Kinn* (as. *kin[ni] n.*, fnhd. *kinlein*) für ´Kiemen`. Dieselbe Bedeutungsvielfalt zeigt sich in lit. *žiáuna* ´Kieme, Kinnbackenknochen` und anderen baltischen Wörtern. Es ist wohl nicht anzunehmen, daß die Kiemen als Kauwerkzeuge der Fische aufgefaßt wurden; eher wahrscheinlich ist die Bezeichnung der Kiemen als ´Backen o.ä.`, so daß das Wort (ig. *\*ǵeuwōn-*) ursprünglich ´Backe` (**Kauende*) bezeichnete. Semantisch am einleuchtendsten ist aber die Bezeichnung der Kiemen als ´Lippen`, wie etwa in nschw. *gäl*, ne. *chill* ´Kieme`, die zu gr. *chelýnē* ´Lippe, Kinnlade` gehören. Im oben genannten

Fall läßt sich hierfür auf bulg. *žuna* ˋLippeˊ, lit. *žiáuna* ˋBrotknustˊ (der angebackene Teil des Brotes wird häufig als ˋMündchenˊ bezeichnet) heranziehen. Möglicherweise hat diese Bedeutung einen von *kauen* abweichenden Ursprung und ist erst sekundär mit einer Ableitung von diesem gleichgesetzt worden. Nndl. *kieuw*.

Kien *m. obs.* (< 8. Jh.). Mhd. *kien*, ahd. *kien*, mndd. *kēn* ˋKienspan, Fackelˊ aus wg. **kēno-* (*ē*²!) *m.* ˋKienˊ, auch in ae. *cēn* (das allerdings nur als Name der *k*-Rune und in deren Erläuterung auftritt; deshalb ist Übernahme aus einer anderen germanischen Sprache nicht ausgeschlossen). Semantisch kann das Wort zu ae. *cīnan* ˋaufspringen, rissig werdenˊ gestellt werden. (s. unter *Keim*). Das *ē*² müßte dann auf einen *i*-Diphthong (evtl. eine Dehnstufe *ēi*) zurückgeführt werden. Die Kienspäne wurden von größeren Holzstücken abgespalten, später auch abgehobelt, so daß sich der Bedeutungszusammenhang leicht erklärt. Zu beachten ist aber air. *giús* ˋFichteˊ (kelt. **gis-*), das für das Germanische auf (g.) **kiz-na-* (> **kezna-* > **kēna-*) ˋzur Fichte gehörigˊ weisen könnte.

S. *Keil*. − Heyne (1899/1903), I, 123, 275; Röhrich 2 (1992), 835.

Kiepe *f. per. ndd. md.* ˋTragkorbˊ (< *15. Jh., Standard < 18. Jh.). Mndd. *kīpe*; ae. *cӯpa m.* ˋKorbˊ. Es ist also von **kūp-* auszugehen; alles weitere ist unklar − vielleicht zu l. *cūpa* ˋTonneˊ.

Vgl. *Kietze*. − Kretschmer (1969), 272−274.

Kies¹ *m.* ˋkleine Steineˊ (< 12. Jh.). Mhd. *kis m./ n.* (vor allem oberdeutsch und mitteldeutsch); früher bezeugt ist die Ableitung *Kiesel*. Außergermanisch vergleichen sich (wohl nicht von der gleichen Wurzelerweiterung) lit. *žiezdrà f.* ˋKies, Kornˊ und andere baltische Wörter. Grundlage ist also eine nicht weiter erklärbare Wurzel ig. (oeur.) **gei-*. In der modernen Mineralogie Sammelname für Mineralien mit starkem Metallglanz und großer Härte.

Lüschen (1979), 96, 250−252.

Kies² *m. per. vulg.* ˋGeldˊ (< 18. Jh.). Aus dem Rotwelschen über die Studentensprache in die niedere Umgangssprache gelangt. Vermutlich mit der Bedeutung ˋSteinˊ aus *Kies*¹ übernommen, zunächst in der Bedeutung ˋSilbergeldˊ.

Wolf (1985), 163; Röhrich 2 (1992), 835.

Kiesel *m.* (< 8. Jh.). Mhd. *kisel*, ahd. *kisil m.*, ae. *ceosel m.*, ˋKiesel, Hagelschloßeˊ. Zugehörigkeitsbildung zu *Kies*¹.

Kieselgur *f. per. fach.* ˋBergmehlˊ (< 19. Jh.). Der zweite Bestandteil *-gu(h)r* ist ein Fachwort der Mineralogie, das seit dem 16. Jh. vorkommt. Als ˋaus dem Gestein ausgärende Masseˊ ein regionales Abstraktum zu *gären*. Bezeugt ist auch die *Gur* des Bieres.

Lüschen (1979), 234.

kiesen *stV. obs.* (< 8. Jh.). Mhd. *kiesen*, ahd. *kiosan*, as. *kiosan* aus g. **keus-a- stV.* ˋerproben, wählenˊ, auch in gt. *kiusan*, anord. *kjósa*, ae. *cēosan*, afr. *kiāsa, ziāsa*. Hierzu als Partizip Präteritum *erkoren*. Aus ig. **ĝeus-* ˋkosten, ausprobierenˊ in ai. *jušáte* ˋgenießt, hat gern, liebtˊ, gr. *geúomai* ˋich kosteˊ, air. *do-goa* ˋwählen, aussuchenˊ, l. *dēgūnere* (**dē-gus-n-*), glossiert als l. *(dē)gustāre* ˋkostenˊ. Das Wort wurde durch das heute ebenfalls veraltete Wort *küren* ersetzt.

Nndl. *kiezen*, ne. *choose*, nschw. *tjusa*, nisl. *kjósa*. S. *erkoren, kosten*², *Kür, küren, Walküre*. − Seebold (1970), 293 f.

Kietze *f.*, **Kötze** *f., per. md.* ˋTragkorbˊ (< 16. Jh.). Die verschiedenen Mundartformen lassen sich auf mhd. **kœzze* zurückführen. Dies könnte eine Ableitung auf (ahd.) *-issa* zu *Kate, Kote* ˋHütteˊ (auch für kleinere ˋBehältnisseˊ gebraucht) sein (s. unter *Kate*), doch sind die Bedeutungsverhältnisse nicht eindeutig, und ein sonst denkbarer Zusammenhang mit *Kiepe* ist bei dieser Annahme ausgeschlossen. Herkunft deshalb unklar.

Kretschmer (1969), 272−274.

Kiez *m. per. ndd. vulg.* ˋStadtteil (in Berlin besonders der, in dem man zuhause ist, in Hamburg das Vergnügungsviertel)ˊ (< 13. Jh.; Standard < 20. Jh.). Zunächst bezeugt als ˋOrt, wo die Fischer wohnenˊ. Wohl nicht slavischen Ursprungs (akslav. *chyzŭ* ˋHausˊ, auch ˋFischerhütteˊ); vielleicht zu *Kietze* ˋKorbˊ.

G. Schlimpert: *Ortsnamen des Teltow* (Weimar 1972), 106−108; *SD* 30 (1986), 23.

Kif *m. per. grupp.* ˋMarihuana, Haschischˊ (< 20. Jh.). Entlehnt aus ne. *kif*, dieses aus arab. *kaif* (eigentlich ˋWohlbefindenˊ). Verb: *kiffen*.

Carstensen 2 (1994), 768 f.

kikeriki *Interj. kind.* (Ruf des Hahns) (< *16. Jh., Form < 19. Jh.). So erst im 19. Jh.; vorher *kikri* (18. Jh.), *kekerlekyh* (17. Jh.). Stärker abweichend *tutterhui* (16. Jh.) und *guck guck gurith* (16. Jh.). Lautnachahmung wie ne. *cock-a-doodledoo* (vgl. *cock* ˋHahnˊ), frz. *cocorico*, l. *cūcurru*, lit. *kakarýkū* u. a. Auch Wörter für den Hahn gehen auf solche Lautnachahmungen zurück, z. B. ai. *kurkuṭa-*, gr. *kikirros, kikkós*; ebenso für ˋkrähenˊ, z. B. ngr. *kykyrízō*, russ. *kukurékat'*.

O. Hauschild *ZDW* 11 (1909), 165−167.

Killer *m. per. vulg.* ˋbezahlter Mörderˊ (< 20. Jh.). Entlehnt aus ne. *killer*, einem Nomen agentis zu ne. *kill* ˋtötenˊ, dessen Herkunft nicht sicher geklärt ist. Verb: *killen*.

Carstensen 2 (1994), 769−775.

kilo- *LAff.* Bei der französischen Festlegung der Maßeinheiten 1790 als Modifikator mit der Bedeutung ˋtausendˊ festgelegt (nach gr. *chílioi* ˋtausendˊ) und in die anderen modernen Sprachen übernommen. So *Kilometer, Kilogramm, Kilowatt* usw.

Cottez (1980), 216.

Kilt *m.*, **Kiltgang** *m.*, *per. reg.* ´nächtlicher Besuch von Jungburschen bei Mädchen` (< 9. Jh.). Vgl. auch els. *quelte f.* ´Abendbesuch bei Nachbarn`. Älter in ahd. *chwiltiwerch* ´Arbeit bis zur Nachtzeit`; zu g. *\*kwelda-* (auch *i*-Stamm) *m.* ´Zeit des Sonnenuntergangs`, auch in anord. *kveld n.*, ae. *cwyld-tīd* (vgl. *Abend*). Mit Rücksicht auf lit. *gãlas* ´Ende, Schluß` und ae. *cwyld* ´Tod, Verderben` gehört das Wort wohl als ´Ende des Tages` oder ´Untergang der Sonne` (eigentlich ´Tod`) zu der Sippe von *Qual*. Zur Bedeutung vgl. *Abend*.

Ganz (1957), 113; T. L. Markey in *FS M. Gimbutas* (Washington 1987), 299−321.

Kimm *f. per. fach.* ´Horizontlinie`, **Kimme** *f. per. fach.* ´Teil des Visiers, Kerbe in den Faßdauben, durch die der Faßboden gehalten wird` (< 16. Jh.). Ursprünglich das gleiche Wort, regional auch als *kieme* und *keime*; älter in mndd. *kimme* ´Rand, Horizont`, mndl. *kimme* ´Rand eines Fasses`, noch älter ae. *cimbing* ´Fuge` (sowie *cimb-* in Komposita, die semantisch nicht ganz durchsichtig sind); wohl auch anord. *kimbi m.* ´Bündel`. Herkunft unklar.

Kimono *m. per. exot. (ass.)* (ein japanisches, dem Morgenmantel ähnliches Kleidungsstück) (< 19. Jh.). Entlehnt aus jap. *kimono* ´Gewand` (aus jap. *ki* ´anziehen` und jap. *mono* ´Gegenstand, Gewand`). Besonders in bezug auf die Form der Ärmel in die europäische Mode übernommen. [Herangezogen wurde die Magisterarbeit von E. Spanakakis].

Kind *n.* (< 8. Jh.). Mhd. *kint*, ahd. *kind* (as. *kind*, afr. *kind* sind aus dem Hochdeutschen entlehnt) aus vd. **kinþa- n.* ´Kind`. Das Wort kann erklärt werden als ´Geborenes` zu der Wurzel ig. **genə-* ´gebären`, doch ist die betonte Vollstufe dabei auffällig (diese erscheint zwar auch in l. *genitus*, ist dort aber morphologisch besser gestützt). Die für das Germanische zu erwartende Form könnte vorliegen in anord. *kundr m.* ´Sohn, Verwandter` (nur dichterisch und selten). Die Wurzel ig. **genə-* ´gebären, erzeugen` ist vertreten in ai. *jánati* ´erzeugt, gebiert`, gr. *gígnomai* ´ich werde geboren, entstehe`, l. *gignere* ´(er)zeugen, gebären`, air. *gainethar* (neben zahlreichen anderen Formen). Abstraktum: **Kindheit**, abwertend **Kinderei**; Adjektive: **kindisch**, **kindlich**.

S. *König*; s. *Genus* zur lateinischen, *-gen* zur griechischen Verwandtschaft. − H. Humbach *MSS* 7 (1955), 55; *HWPh* 4 (1976), 827−834; E. Hamp *IF* 87 (1982), 77; H. D. Meijering: *Chindh uuirdit uns chiboran* (Amsterdam 1985); B. Meineke: *Chind und barn im Hildebrandslied* (Göttingen 1987); *LM* 5 (1991), 1142−1149; Röhrich 2 (1992), 835−838.

Kindelbier *n. per. reg.* ´Bewirtung der Gäste bei der Taufe` (< 16. Jh.). Die Verwendung des Wortes *Bier* (und seiner Entsprechungen) für ´Fest, Gelage` ist schon alt, ebenso das Wort *Kind* für ´Taufe`.

Kinematograph *m. per. fach.* (ein Apparat zur Aufnahme und Wiedergabe bewegter Bilder) (< 19. Jh.). Entlehnt aus frz. *cinématographe*, einer Neubildung zu gr. *kínēma (-atos) f.* ´Bewegung`, zu gr. *kīneīn* ´bewegen`, und *-graph* zu gr. *gráphein* ´schreiben` (s. *-graphie*). S. *Kino*, *Kintopp*.

Cottez (1980), 216.

Kinetik *f. per. fach.* (Teilgebiet der Mechanik, das sich mit Kräften und Bewegungen befaßt) (< 19. Jh.). Neubildung zu gr. *kinētikós* ´die Bewegung betreffend`

HWPh 4 (1976), 834−837; Cottez (1980), 216; *LM* 5 (1991), 1156−1158.

Kink *m. per. ndd.* ´Knoten, Knick (der sich von selbst gebildet hat)` (< 18. Jh.). Zu mndd. *kinke* ´gewundene Schnecke`. Mit dem ablautenden anord. *køkkr* ´Ball` zu gr. *góngros* ´Auswuchs am Baum`, lett. *gungis* ´Krümmung`, lit. *gùnglė*, *gunkšlē* ´Knorren, Auswuchs`.

Kinkerlitzchen *Pl. stil.* (< 18. Jh.). Zuerst als *Ginkerlitzgen*. Herkunft unklar.

O. Weise *ZDW* 10 (1908), 56−60; W. Seibicke *MS* 85 (1975), 213−227; Röhrich 2 (1992), 839.

Kinn *n.* (< 9. Jh.). Mhd. *kinne*, ahd. *kin(ni)*, as. *kin(ni)* aus g. **kinnu- f.* ´Kinnbacken, Wange`, auch in gt. *kinnus f.* ´Wange`, anord. *kinn f.* ´Wange`, ae. *cinn* ´Kinn`, afr. in *zin-bakka* ´Kinnbacken`. Mit *nn* aus *-nw-* in archaischen obliquen Formen des *u*-Stammes und mit späterer Umbildung zu einem neutralen *ja*-Stamm aus ig. *\*genu- f.* ´Kinnlade (u.ä.)` in gr. *génys f.* ´Kinnlade`, l. *gena f.* ´Wange`, kymr. *gên* ´Kinnlade`, air. *gin m.* ´Mund`, toch. A *śanweṃ f.* ´die beiden Kinnbacken`; daneben lit. *žándas m.* ´Kinnbacke, Wange` (von einer anderen Wurzelerweiterung) und ai. *hánu- f.* ´Kinnbacke` (mit Anlautvariation). Vielleicht ist das Wort für ´Knie` urverwandt, so daß eine Ausgangsbedeutung ´Winkel, Beugung o.ä.` vorliegt. − **Kinnlade** ist zu *Lade* mit der Bedeutung ´bewegliche Unterlage` gebildet. Nndl. *kin*, ne. *chin*, nschw. *kind*, nisl. *kinn*.

Kino *n.* (< 20. Jh.). Gekürzt aus *Kin-(emat)-o-graph* mit metonymischer Übertragung auf ein Gebäude, in das ein solches Gerät installiert ist. In den Nachbarsprachen wird anders gekürzt: frz. *ciné(ma) m.*, e. *cinema*.

H. Kügler *ZD* 48 (1934), 738 f.; P. Sparmberg *ZD* 48 (1934), 737.

Kintopp *m./n. obs. städt.* ´Kino` (< 20. Jh.). Angeblich *Kino Topp* nach einem Gastwirt dieses Namens in Berlin-Kreuzberg.

W. Seibicke *SD* 31 (1987), 105.

Kiosk *m.* (< 18. Jh.). Entlehnt aus frz. *kiosque* ´offener Gartenpavillon`, dieses aus türk. *köşk* ´Gartenhäuschen`, das aus dem Persischen übernommen ist. Die Schreibung *ki-* ist Wiedergabe des palatalen *k*. Die moderne Bedeutung wird im 19. Jh. aus dem Französischen entlehnt.

Littmann (1924), 110 f.; Lokotsch (1975), 58.

Kipf *m. per. obd.* (süddeutsche Brotform) (< 13. Jh.). Bezeichnung nach der Form zu mhd. *kipfe,* ahd. *kipf, kipp m./n.* auch *kipfa f., kipfo* ´Wagenrunge´, das aus l. *cippus* ´Pfahl´ entlehnt ist. Hierzu *Kipfel* (oder mit sekundärer Nachdeutung *Gipfel*) für ´Hörnchen´ als Verkleinerungsform (obwohl auch eine Umgestaltung des belegten *kipfen* vorliegen könnte). S. *Kippe².* – Heyne (1899/1903), II, 277. Anders: Lühr (1988), 234 f.

Kippe¹ *f. per. fremd.* ´Gemeinschaft´ (in *Kippe machen* ´gemeinsame Sache machen´) (< 19. Jh.). Aus ojidd. *kupe, küpe* ´Haufen, gemeinsame Unternehmung´, das aus poln. *kupa* ´Haufe´ stammt.

Anders: S. A. Wolf *MS* 72 (1962), 184 f.; Wolf (1985), 165.

Kippe² *f. stil.* ´Zigarettenrest´ (< 20. Jh.). Niederdeutsche Entsprechung zu fnhd. *kipfe,* beides ´Spitze´. Vermutlich zu einer alten Entlehnung aus l. *cippus m.* ´Pfahl´, die sich zunächst in der nichtliterarischen Sprache gehalten und weiterentwickelt hat.

Anders: Lühr (1988), 356 f.

kippen *swV.* (< 17. Jh.). Vermutlich mit niederdeutscher Lautform zu dem unter *Kippe²* genannten Wort mit der Bedeutung ´Spitze´. Aus dem Verbum rückgebildet ist *Kippe³* in *auf der Kippe stehen* oder in der Bedeutung ´Abraumhalde´.

Röhrich 2 (1992), 839.

Kirbe *f.* Regionale Form von *Kirchweih.*

Kirche *f.* (< 8. Jh.). Mhd. *kirche,* ahd. *kirihha, kilihha,* as. *kirika, kerika* zusammen mit afr. *kerke, zerke,* ae. *cirice* entlehnt aus vulgär-gr. **kyrikē* (nur in ntl.-gr. *kȳriakḗ* ´Sonntag´), eigentlich ntl.-gr. *kȳriakós* ´zum Herrn gehörig´ (zu gr. *kȳrios m.* ´Herr´), vgl. gleichzeitiges l. *dominicum* (*sacrificium*) *n.* ´sonntäglicher Gottesdienst´ (zu l. *dominus m.* ´Herr´). Das feminine Genus wohl aus dem Gebrauch als Verdeutlichung zu l. *basilica* (eigentlich ´Palast´, dann auch ´Kirche´). Das Wort ist wohl zunächst ins Fränkische entlehnt und dann mit der fränkischen Kirchensprache verbreitet worden. Adjektiv: **kirchlich.**

Masser (1966), 17–42; *HWPh* 4 (1976), 837–842; K. Schäferdieck *BGDSL-T* 106 (1984), 46–50; W. de Cubber *SGG* 14 (1988), 34–44; *LM* 5 (1991), 1161–1167; Röhrich 2 (1992), 840 f.

Kirchenlicht *n. bildg.* (< 16. Jh.). Ursprünglich ehrender Ausdruck; so heißt z. B. Augustinus im Mittelalter *lūmen ecclēsiae* ´Licht der Kirche´. Im Anschluß an das spöttische *lūx theologorum f.* ´Licht der Theologen´ in den *Briefen der Dunkel-*

männer (1517) wird das Wort in späterer Zeit praktisch nur noch abschätzig verwendet.

Röhrich 2 (1992), 841.

Kirchhof *m. erw. reg.* (< 12. Jh.). Mhd. *kirch-(h)of,* mndd. *kerkhof* bezeichnet zunächst den Hof vor der Kirche im wörtlichen Sinn. In frühneuhochdeutscher Zeit regional (nord- und westdeutsch) zu ´Begräbnisstätte´ verengt.

Kretschmer (1969), 275–278; *LM* 5 (1991), 1186.

Kirchspiel *n. per. reg.* ´Bezirk, in dem ein Pfarrer predigen und die kirchlichen Amtspflichten ausüben darf´ (< 13. Jh.). Mhd. *kir(ch)spil, kirchspel,* mndd. *ker(k)spel, kar(k)spel* u. a., mndl. *kerspel.* Das Wort geht im 13. Jh. vom rheinischen Nordwesten aus, wo auch ndl. (dial.) *dingspel* ´Dingbezirk´ gilt. Vermutlich zu *-spel* (wie in *Beispiel*), doch ist der Bedeutungszusammenhang nicht ausreichend klar (´Bezirk, in dem das Wort, der Beschluß, die Predigt, gilt´?).

Kirchweih *f. per. reg.* (< 9. Jh.). Mhd. *kirchwīhe,* ahd. *kirihwīha, kiliwīha* bedeutet zunächst ´Einweihung der Kirche´, dann ´Erinnerungsfest der Einweihung der Kirche´ und davon ausgehend allgemein ´Fest, Jahrmarkt u.ä.´. Mundartlich vielfach stark abgeschwächt (alem. *kilbe* zu *kilche,* Nebenform von *Kirche, b* aus *w* nach Konsonant; entsprechend *Kirbe*); vgl. auch *Kirmes.*

LM 5 (1991), 1186–1188; Röhrich 2 (1992), 841 f.

Kirmes *f. per. reg.* (< 12. Jh.). Mhd. *kir(ch)messe* ´Gottesdienst an Kirchweih´; vermutlich Klammerform aus unbezeugtem **Kirchweihmesse.*

Röhrich 2 (1992), 842–844.

kirnen *swV. per. ndd.* ´buttern´ (< 18. Jh.). Vgl. ndl. *kernen, karnen.* Zu *Karn* ´Butterfaß´.

B. Martin: *Kirne und Girbe* (Berlin 1895); Kluge (1926), 43 f.

kirre *Adj. stil.* (< 12. Jh.). Mhd. *kürre* ´zahm, mild´, mndd. *quere* aus g. **kwerru-* *Adj.* ´ruhig, zahm´, auch in gt. *qairrus* ´sanftmütig´, anord. *kvirr, kyrr* ´ruhig´. Herkunft unklar. In der Familie von lit. *gùrti* ´zerfallen´ treten ähnliche Bedeutungen auf (z. B. lit. *gurlùs* ´müde, matt´), doch sind die Gemeinsamkeiten für eine engere Verbindung zu schwach. Verb: *kirren¹.*

J. Knobloch *HS* 103 (1990), 286–288 (zu gt. *qairu* als ´vom Ochsenstachel gezwungen´); Heidermanns (1993), 350–352.

kirren² *swV.* s. *girren.*

Kirsche *f.* (< 11. Jh.). Mhd. *kirs(ch)e, kerse,* ahd. *kirs(a), kirsa,* as. *kirs-* sind wie ae. *cirse* entlehnt aus l. *ceras(i)um n.* ´Kirsche´ (und l. *cerasus* ´Kirschbaum´); dieses aus gr. *kerásion n.* ´Kirsche´, gr. *kerasia* ´Kirschbaum´, das wohl aus einer nichtindogermanischen Sprache stammt.

S. *Kornelkirsche.* – A. Götze *NJKA* 39 (1917), 67 f.; Bertsch (1947), 112–118; *LM* 5 (1991), 1188; Röhrich 2 (1992), 844 f.

Kismet *n. per. exot.* ´(das dem Menschen zuge-teilte) Schicksal´ (< 19. Jh.). Entlehnt aus türk. *kis-met*, dieses aus arab. *qismah* (eigentlich ´Zuge-teiltes´).

Kissen *n.* (< 10. Jh.). Mhd. *küsse(n)*, *küssīn*, ahd. *kussī(n)*, *küssi*, mndd. *kussen*, mndl. *cussen*. Ent-lehnt aus afrz. *coissin*, gallo-rom. *culcinum* neben l. *culcita f.* ´Polster´, das seinerseits wohl auf ein keltisches Wort zurückgeht (die Federkissen galten als gallische Erfindung). Die entrundete Form setzt sich im 18. Jh. durch; vielleicht um die Homonymie mit *küssen sw V.* zu vermeiden.

Röhrich 2 (1992), 845.

Kiste *f.* (< 12. Jh.). Mhd. *kiste*, ahd. *kista*, mndd. *kiste*, *keste*, mndl. *kiste* ist wie ae. *cist*, *cest* und anord. *kista* früh entlehnt aus l. *cista* ´Kasten´, das seinerseits aus gr. *kístē* ´Korb, Kiste´ stammt.

S. *Zisterne.* – Zur Bedeutung ´Sarg´ vgl.: Cox (1967), 74–78; Röhrich 2 (1992), 845.

Kitsch *m.* (< 19. Jh.). Um 1870 in Malerkreisen aufgekommen. Herkunft unklar. Eine Möglichkeit wäre der Anschluß an **kitschen** ´Straßenschlamm zusammenscharren, glattstreichen´ (zu **Kitsche**, dem Instrument, mit dem man dies macht). Aus-gangsbedeutung wäre also ´Geschmier´. Eine an-dere Möglichkeit wäre der Anschluß an *verkitschen* ´verhökern´ als ´im Kleinhandel verhökerte Litera-tur´. Adjektiv: **kitschig**.

E. Koewel *MS* 52 (1937), 58 f.; *HWPh* 4 (1976), 843–846; O. F. Best *MDU* 70 (1978), 45–57; ders.: *Das verbotene Glück* (München, Zürich 1978), S. 209–223.

kitschen *sw V. per. reg.* ´tauschen, verkaufen´ (< 19. Jh.), hochsprachlich nur **verkitschen**. Aus dem Rotwelschen; dorthin wohl aus mhd. *verkiuten* ´vertauschen´ mit expressivem Suffix.

Kitt *m.* (< 12. Jh.). Mhd. *küt(e)*, ahd. *quiti*, *cuti* aus wg. **kwedu- m.* ´Leim, Kitt´, auch in ae. *cwidu*; weiter mit Dehnstufe (vielleicht Vriddhi) anord. *kváða f.* ´Harz´. Auf der Normalstufe ist vergleich-bar ig. **gʷetu-* in ai. *játu n.* ´Lack, Gummi´ und in Ableitungen mir. *beithe* ´Buchsbaum´, kymr. *bedw* ´Birke´ (nach dem austretenden Saft) und das aus dem Keltischen entlehnte l. *bitūmen n.* ´Erdpech´. Verb: **kitten**.

Nndl. *kit*, ne. *cud* (beim Wiederkäuen, wohl bildlich mit Bezug auf das Kauen von Harz). – Littmann (1924), 55; Darms (1978), 49–53; Röhrich 2 (1992), 845 f.

Kittchen *n. vulg.* ´Gefängnis´ (< 19. Jh.). Im Rot-welschen bezeugt seit dem 18. Jh. Vermutlich eine Kreuzung aus fnhd. *keiche*, *keuche*, ´Gefängnis, Kerker´ und rotw. *Kitt(e)* ´Haus´, später auch ´Ge-fängnis´, das wohl zu *Kate* gehört.

Littmann (1924), 56; E. Weißbrodt *ZDPh* 64 (1939), 307; Wolf (1985), 166 f.

Kittel *m. stil.* (< 13. Jh.). Ursprünglich Bezeich-nung für ein hemdartiges Gewand: mhd. *kit(t)el*,

mndd. *kedele*, mndl. *kedel*. Die fnhd. Form *kütel* beruht auf Anlehnung an *Kutte*. Herkunft unklar.

Kitz *n.* (< 9. Jh.). Mhd. *kiz*, *kitze*, ahd. *kizzī(n)*; daneben anord. *kið* (woraus ne. *kid*). Wohl als g. **kid-* neben affektivem **kitt-* (wie *Zicke* neben *Ziege*) anzusetzen. Denkbar ist eine affektive Um-gestaltung aus dem Wort *Geiß*.

S. *kidnappen.* – Ganz (1957), 113 f.; K. Rein *DWEB* 1 (1958), 253 f.

kitzeln *sw V.* (< 8. Jh.). Mhd. *kitzeln*, *kützeln*, ahd. *kizzilōn*, *kuzzilōn*, *kitilōn*, mndd. *kettelen* aus g. **kitil-ō-/kutil-ō- sw V.* ´kitzeln´, auch in anord. *kitla*, ae. *citelian*; daneben mit Konsonantenum-stellung me. *tikelen*, ne. *tickle*. Lautsymbolisches Wort. Abstraktum: **Kitzel**; Adjektiv: **kitzlig**;

Kitzler *m. erw. stil.* ´Klitoris´ (< 18. Jh.). Zu *kit-zeln* wie nndl. *kitelaar* und weitergebildet ndän. *kil-drer*, norw. *kildrer*.

Th. P. Lowry/Th. Snyder Lowry: *The Clitoris* (St. Louis 1976), 163–182.

Kiwi *f. per. exot.* (eine eiförmige Frucht mit safti-gem Fruchtfleisch, ursprünglich aus Neuseeland) (< 20. Jh.). Entlehnt aus ne. *kiwi*, das aus der Maori-Sprache stammt. Das Wort bezeichnet zu-nächst einen nicht-fliegenden Vogel und wird dann als Spitzname auf die Neuseeländer übertragen. Dann ne. *kiwi fruit* als Übername für die zuvor als *Chinese gooseberry* bezeichnete Frucht und schließ-lich die Verkürzung.

Rey-Debove/Gagnon (1988), 472 f.; Carstensen 2 (1994), 777 f.

klabastern *sw V. per. reg.* ´einhertrotten´ (< 18. Jh.). Aus dem Rheinischen, seit dem 18. Jh. litera-risch; in angrenzenden Mundarten ähnliche For-men (westfäl. *kladistern* ´laufen´ u.ä.). Vermutlich entlehnt aus it. *calpestare* ´mit Füßen treten´, aus l. *calce pistāre* ´mit der Ferse stampfen´.

S. *Kelter.* – F. Kluge *ZDW* 8 (1906), 368.

Klabautermann *m. per. ndd.* ´Schiffskobold´ (< 19. Jh.). Vermutlich zu *kalfatern* ´die Planken eines Schiffes abdichten´, vgl. ndd. **Klafatermann**. Dem Glauben der Seeleute nach klopft der *Klabau-termann* an die schadhaften Stellen, um den Schiffszimmermann zur Ausbesserung aufzufor-dern.

L. Radermacher *AR* 7 (1904), 445–452; Kluge (1911), 450 f.; *HWDA* 4 (1932), 1437 f.; W. Stammler (1954), 225 f.; Lokotsch (1975), 82.

klacken *sw V. per. reg.* (Schallverb wie *knacken*) (< 18. Jh.). Schallnachahmend wie nndl. *klacken*, ne. *clack*, nschw. *klakka*. Dazu *Klacks* ´kleine Por-tion von etwas Dickflüssigem´ (´was auf einmal hingeklackt wird´). Da *Klack* auch ´Riß´ bedeutet, ist wohl ursprünglich das Geräusch beim Brechen gemeint. S. *klecksern*.

Kladde *f. per. reg.* ´Schmierheft, Konzept´ (< 17. Jh.). Aus dem Niederdeutschen; gekürzt aus *Kladdebuch* ´Buch zur vorläufigen Eintragung der täglichen Geschäftsvorgänge´, zu mndl. *cladde* ´(Schmutz)-Fleck´, also eine Entsprechung zu **Schmierheft**. Das Wort ist wie *klatschen* (s. unter *klatsch*) lautnachahmend.
S. *klat(e)rig, klittern*. − Schirmer (1911), 99; Lühr (1988), 279−281.

Kladderadatsch *m. erw. stil.* ´Durcheinander, Aufregung´ (< 19. Jh.). Eigentlich Interjektion, die einen klirrenden Sturz begleitet oder beschreibt (wie *klatsch, kladatsch*). Weiter verbreitet durch den Titel der in Berlin 1848 gegründeten politisch-satirischen Wochenschrift. (Nach der Überlieferung, festgehalten in *Die Welt* vom 23.4.1965, ließ der Diener bei der Gründerversammlung ein Tablett fallen, als die Anwesenden sich einen Namen für die geplante Zeitschrift überlegten. Der Redakteur Dohm rief dabei aus : *Kladderadatsch* − und dies wurde zum Namen der Zeitschrift gemacht).
S. *klatsch*. − Ladendorf (1906), 168.

klaffen *swV.* (< 9. Jh.). Mhd. *ūfklaffen* ´sich öffnen´ ist neben mundartlichem *Klapf* ´Schlag´, mhd. *klaffen, klapfen* ´schallen´ und dem ndd. *Klapp* auf ein Schallverb für kurze, laute Geräusche zurückzuführen. *Klaffen* ist eigentlich ´mit einem Krach aufspringen´, wie *(zu)klappen* ´mit Krach zuschlagen´ ist. Deshalb vergleicht sich auch ahd. *klaffōn, klapfōn*, ae. *clappian* ´schlagen, schwatzen´.

kläffen *swV.* (< 18. Jh.). Lautmalende Bildung neben nndl. *kleffen* und nhd. *klaffen* ´bösartig schwatzen´.

Klafter *m./n./(f.)* *obs.* ´Maß der ausgespannten Arme´ (< 9. Jh.). Mhd. *klāfter*, ahd. *klāftra f.*, mndd. *klachter n.* Vergleichbar ist lit. *glėbỹs m.* ´ausgebreitete Arme, Armvoll´, lit. *glėbti* ´umarmen, in die ausgebreiteten Arme nehmen´; auf germanischer Seite paßt dazu ae. *clyppan*, afr. *kleppa* ´umarmen´, doch weicht der Vokal ab.

Klage *f.* (< 9. Jh.). Mhd. *klage*, ahd. *klaga* aus vd. **klagō*; ebenso **klagen**, mhd. *klagen*, ahd. *klagōn, klagēn*, mndd. *klagen*. Vielleicht bei abweichender Vokalisierung vergleichbar mit avest. *gərəzā* ´Klage´, ai. *garhā* ´Tadel, Vorwurf´, sowie ai. *gárhati* ´schmäht, beschuldigt, tadelt´, avest. *garəz-* ´klagen´ und stärker abweichend mir. *glám* ´Geschrei´. Das bloße Schallverb und der rechtserhebliche Ausdruck hängen insofern zusammen, als das Wehgeschrei nach einer Missetat rechtlich vorausgesetzt wurde. Nomen agentis: **Kläger**; Adjektiv: **kläglich**.
LM 5 (1991), 1190−1192.

Klamauk *m. stil.* (< 18. Jh.). Eine von Berlin aus verbreitete lautmalende Bildung vom Typ *Radau, pardautz* u.ä.
Lasch (1928), 182.

klamm *Adj. per. reg.* ´steifgefroren´ (< 14. Jh.). Spmhd. *klam* gehört zu *klemmen*; bedeutet also zunächst ´zusammengedrückt, zusammengekrampft´; woraus durch Spezialisierung auf die Wäsche die heutige Bedeutung (die weiter verallgemeinert wird), früher auch für ´eng, dicht´ gebraucht, in Sonderfällen *(clam gold)* auch ´dicht, gediegen´.
Heidermanns (1993), 333 f.

Klamm *f. per. reg.* ´Felsschlucht mit Wildwasser´ (< 11. Jh.). Das Wort gehört mit mhd. *klam m.*, ahd. *klam* ´Krampf, Beklemmung, Fessel´, ae. *clom m.* ´fester Griff, Kralle, Klaue, Fessel´ zu *klemmen*. Die Ausgangsbedeutung ist also ´Klemme, Enge´.

Klammer *f.* (< 13. Jh.). Mhd. *klam(m)er, klamere*. Wie anord. *klǫmbr f.* ´Klemme, Schraubstock´ eine Ableitung zu *klemmen*. Verb: **klammern**.
S. auch *Klampe*.

klammheimlich *Adj. erw. stil.* (< 19. Jh.). Vielleicht zu *klamm* im Sinne von ´zusammengedrückt, geduckt´; aber wahrscheinlich liegt eine scherzhafte Anpassung von l. *clam* ´heimlich´ zugrunde.
Röhrich 2 (1992), 846.

Klamotten *Pl. vulg.* (< 20. Jh.). Aus dem Rotwelschen. Weitere Herkunft unklar.

Klampe *f. per. fach.* ´Befestigungsteile auf Schiffen und für Schiffe´ (< 15. Jh.). Mndd. *klampe* ´Haken, hölzerner Steg´; entsprechend nndl. *klamp* ´Klammer, Holz´, ne. *clamp* ´Klammer´. Die hochdeutsche Entsprechung ist *Klampfe*. Wohl Lautvariante zu der Grundlage von *Klammer*.
S. *klemmen*. − Seebold (1970), 298 f.

Klampfe *f. per. reg.* (< 19. Jh.). Ursprünglich ´Klammer´ (bair.) und als solches Entsprechung zu ndd. *Klampe*. Daneben seit dem 19. Jh. Ausdruck für ´Zither´, alsbald übertragen auf die Gitarre. Hierbei scheint ein lautmalender Ausdruck **klamp-(f)ern** (vgl. entsprechendes *klimpern*) eine Rolle gespielt zu haben; aber die Einzelheiten sind unklar.
S. *klemmen*. − Relleke (1980), 194.

klamüsern *swV. per. ndd.* ´überlegen´ (16. Jh.). Abgeleitet von **Kalmäuser** ´Stubenhocker, Schulfuchs´, dessen Herkunft unklar ist. Vielleicht Streckform zu ndd. **klüsern** ´grübeln´. Die Formen mit *kal-* und *kla-* stehen nebeneinander.
Schröder (1906), 145−149.

Klan *m.* ´Stammesgruppe´ s. *Clan*.

Klang *m.* (< 11. Jh.). Mhd. *klanc*, ahd. *chlanch*; Abstraktum zu *klingen*. Daneben expressives mhd. *klanc (-kes)* ´List, Kniff´; zu diesem s. *Klinke*. Ähnliche Schallwörter außerhalb des Germanischen sind l. *clangere* ´schallen, schreien´ und gr. *klázō* ´ich erschalle, schreie´ mit gr. *klangḗ f.* ´Klang, Geschrei´. Die Annahme von Urverwandtschaft (und

Ausbleiben der Lautverschiebung im Schallwort) ist aber kaum angemessen. Adjektiv: *klanglich*.

Klapf *m. per. obd.* ´Schlag, Ohrfeige´ (< 17. Jh.). Oberdeutsche Form zu *Klappe*.

Klappe *f.* (< 17. Jh.). Ursprünglich mittel- oder niederdeutsche Lautform, die sich wie in **Klapp**, **Klaps**, **klappen** durchgesetzt hat, weil sie den lautmalenden Charakter dieser Wörter besser bewahrt als hd. *klapf* und *klaff* (s. *Klapf* und *klaffen*). Ebenso **Klapper** und **klappern** (schon mittelhochdeutsch). Die Bedeutungen gehen von ´schlagen, klatschen´ aus und führen zu ´zumachen, aufeinanderpassen´ *(klappen)*, andererseits zu ´angeschlagen, verrückt´ *(einen Klaps haben)*. Röhrich 2 (1992), 846. Zu *Klaps*: Röhrich 2 (1992), 851. [Herangezogen wurde die Magisterarbeit von S. Breitländer]

klapperdürr *Adj. stil.* (< 18. Jh.). Eigentlich ´so dürr, daß die Knochen *klappern*´.

kläppern *swV. per. reg.* ´Eier zerrühren u.ä.´ (< 17. Jh.). Abwandlung zu *klappern* (nach dem helleren Geräusch).

Klapperrose *f.* s. *Klatschmohn*.

Klapperschlange *f. exot.* (< 17. Jh.). Lehnübersetzung von ne. *rattlesnake*.

Klappertopf *m. per. fach.* (< 15. Jh.). So heißt der Rachenblütler ´Alectorolophus´, weil die reifen Früchte im trockenen Kelch rasseln. Schon im 15. Jh. als *Klapper* bezeugt, im 16. Jh. als *Rassel*. Vgl. ndd. *Klöterpott*.

Klaps *m.* s. *Klappe*.

klar *Adj.* (< 12. Jh.). Mhd. *klār*, *clār*. Über frz. *clair* und mndl. *claer* entlehnt aus l. *clārus* ´hell´. Abstraktum: **Klarheit**; Verb: **klären**. S. *deklamieren*. − *BlW* 4 (1992), 74−83; Röhrich 2 (1992), 851.

Klarinette *f.* (< 18. Jh.). Entlehnt aus it. *clarinetto m.*, einem Diminutivum zu it. *clarino m.* (eine hohe Solotrompete, eigentlich: ´die hell Tönende´), einer Ableitung von it. *claro* ´hell tönend´, aus l. *clārus* ´hell´. S. *deklamieren*. − Relleke (1980), 153.

Klasse *f.* (< 16. Jh.). Entlehnt aus l. *classis* (eigentlich ´Herbeirufung´). Zunächst ´Herbeirufen, Ladung, Aufgebot´, dann im Sinne eines Nomen acti Bezeichnung der herbeigerufenen Menge bzw. einer militärischen Abteilung; schließlich übertragen auf die Einteilung des Volkes nach Tributklassen; dann Verallgemeinerung. Die Bedeutung ´Schicht (des Volkes)´ entsteht im 18. Jh. in England, zunächst in *lower classes* ´untere Schichten´. Verb: **klassieren**. S. *deklassieren*. − *DF* 1 (1913), 345; *Grundbegriffe* 6 (1990); *BlW* 4 (1992), 86−90; *LM* 5 (1991), 1194.

klasse *Adj. stil.* (< 20. Jh.). Entstanden aus dem Substantiv *Klasse* im Sinn von ´erster Klasse, besonderer Klasse o.ä.´. Die Herkunft aus dem Substantiv zeigt sich noch daran, daß das Wort in attributiver Verwendung (*ein klasse Spiel* u.ä.) nicht flektiert wird.

Klassiker *m.* (< 18. Jh.). Entlehnung aus l. *(scrīptor) classicus* (unter Einfluß von frz. *auteur classique*). Das l. Adjektiv *classicus* bedeutet zunächst ´in Klassen eingeteilt´ (von den fünf römischen Bürgerklassen), dann aber vor allem die erste der so eingeteilten Klassen, also ´führend, an der Spitze stehend´ (bezeugt ist überhaupt nur die zweite Bedeutung). Dann übertragen auf die führenden, vorbildlichen Schriftsteller. Die Bezeichnung bleibt z. T. eingeengt auf die antiken klassischen Schriftsteller, teilweise wird sie übertragen auf die Vertreter klassischer Epochen anderer Sprachen und Kulturen. Zusammen mit **klassisch** und dem eigens für diesen Bereich gebildeten Wort **Klassik** auch als Gegensatz zu *Romantik* und anderem. Zum lateinischen Wort: *BlW* 4 (1992), 84−86. − *DF* 1 (1913), 345; W. Brandt: *Das Wort ´Klassiker´* (Wiesbaden 1976); C. Träger *WB* 25 (1979),12, 5−20.

klassisch *Adj.* (< 18. Jh.). Entlehnt aus ml. *classicus* ´mustergültig, vorbildlich´, aus l. *classicus* ´die römischen Bürgerklassen betreffend´, zu l. *classis* ´Klasse´. Eingeengt auf die Bezeichnung der höchsten Bevölkerungschicht übernimmt das Wort die Bedeutung ´vorbildlich´, die insbesondere auch in normativer Hinsicht gilt, so etwa in *scrīptor classicus* ´sehr guter − und damit vorbildlicher − Schriftsteller´. *DF* 1 (1913), 345 f. Zu *Klassizismus* vgl.: R. Wellek *SM* 45 (1965/66), 154−173.

klat(e)rig *Adj. per. ndd.* ´unsauber´ (< 17. Jh.). Zu ndd. *klater* ´Schmutz´, entsprechend schwäb. *Klatter* ´Kot´; vermutlich eine Nebenform zu *Kladde* und letztlich lautmalend für das klatschende Geräusch beim Auftreffen von dickflüssigen Massen. S. auch *klittern*.

klatsch *Interj.* (< 17. Jh.). Für ein schallendes Geräusch gebraucht, ebenso als schwaches Verb **klatschen**, das zuerst als *klatzschen* bezeugt ist, entsprechend nndl. *kletsen* ´mit der Peitsche knallen´ u. a. Spezielle Bedeutungsentwicklungen sind ´applaudieren´ *(in die Hände klatschen)* und ´schwätzen, ratschen´, letzteres wohl abschätzig als ´Geräuschemachen´ aufgefaßt. S. *Abklatsch*, *Kladde*, *klitsch*, *Klischee*.

Klatschmohn *m.*, auch **Klatschrose** *f.*, **Klapperrose** *f.* u.ä. (< 19. Jh.). Nach einem Kräuterbuch des 16. Jhs. bezieht sich der Name auf den *knall, welchen die blätlin der rosen verursachen, wenn man sie auf sondre manier, so den jungen buben bekant, zusammen legt und auf die hand oder stirn schlecht*

(d. h. schlägt). Die Bezeichnung *Klapper-* könnte sich allerdings auch auf die reifen Mohnkapseln beziehen.

klauben *swV. erw. reg.* (< 10. Jh.). Mhd. *klūben*, ahd. *klūbōn* ´klauben´. Herkunft unklar.

Klaue *f.* (< 9. Jh.). Ahd. *klāwa, klā* ´Klaue´ setzt **klēwō* voraus; ebenso wohl afr. *klawe, klē,* ae. *clāw* Pl. ´Klaue´; dagegen geht anord. *kló* ´Klaue´ ebenso wie die ahd. Nebenform für ´Klaue´ *klō(a),* wohl auf **klōwō* zurück, mndd. *klouwe, klauwe, kla(we)* auf **klaww-.* Zu einem starken Verb mit der Bedeutung ´kratzen, reiben´, dessen Lautform ebenfalls unfest ist: anord. *klá* führt auf **klah-* zurück, ae. *clawan* auf **klēw-;* schwache Verben sind anord. *kleyja, klæja* ´jucken´ und ahd. *klāwen* ´kratzen´. Außergermanisch gibt es keine sinnvolle Vergleichsmöglichkeit. Die Ausgangsbedeutung von *Klaue* wäre demnach etwa ´Scharrer´.

Seebold (1970), 295 f.

klauen *swV. stil.* (< *9. Jh., Bedeutung < 19. Jh.). Von Mitteldeutschland ausgegangen und im ersten Weltkrieg verbreitet. Wohl eine umgangssprachliche Bildung zu *Klaue* (ugs.) ´Hand´ (vgl. den Ausdruck *Diebs-Klauen* ´Diebshände´ schon im 18. Jh.). Älter sind die Bedeutungen ´mit den Klauen packen´ und ´scharren´.

Klauer *m./n. per. wmd.* ´mit Weiden besetzter Platz´ (auch bei anderen Baumbeständen) (< 14. Jh.). Herkunft unklar.

Klause *f. erw. fach.* (< 8. Jh.). Mhd. *klūs(e),* ahd. *klūsa.* Entlehnt aus l. *clūsa* ´eingehegtes Grundstück, Kloster´, Nebenform zu l. *clausa,* feminines Partizip Perfekt Passiv zu l. *claudere* ´schließen´, also ´das Abgeschlossene´.

LM 5 (1991), 1195.

Klausel *f. erw. fach.* (< 14. Jh.). Entlehnt aus l. *clausula* ´Schlußsatz´ (zu l. *clausus* ´abgeschlossen´, Partizip Perfekt Passiv zu l. *claudere* ´schließen´). Die ursprünglichere Form *Klausul* hält sich als Variante bis ins 18. Jh.

Klausur *f. erw. fach.* ´abgeschlossenes, zurückgezogenes Leben; Prüfungsarbeit´ (< 15. Jh.). Entlehnt aus spl. *clausūra* ´Einschließung´, zu l. *clausūra* ´Verschluß, Türschloß, Fort´, einer Ableitung von l. *claudere (clausum)* ´schließen, sperren´.

Zur Partizipialform des zugrundeliegenden l. *claudere* ´schließen´ gehören *Klause* und über das Französische *Schleuse,* als abgeleitete Adjektive *inklusiv* und *exklusiv,* als Weiterbildung *Klausel,* eine andere über das Englische ist *Klosett.* Eine Lokativbildung in *Kloster.* Zu dem verwandten l. *clāvis* ´Riegel, Schlüssel´ gehören *Enklave, Exklave, Konklave;* mit der Bedeutung ´Nagel´ *Clou* und mit der Bedeutung ´Taste´ *Klavier* und *Cembalo.* Zur deutschen Verwandtschaft s. *schließen.* — *LM* 5 (1991), 1196 f.

Klavier *n.* (< 16. Jh.). Entlehnt aus frz. *clavier* ´Tastenbrett, (älter: Schlüsselbewahrer, Schlüssel-

ring)´, dieses aus ml. *clavis f. (Pl. claves)* ´die Griffstege der Orgel´, das zurückgeht auf l. *clāvis f.* ´Schlüssel´, zu l. *claudere (clausum)* ´schließen, sperren´. Die Bedeutungsentwicklung zum Mittellateinischen erklärt sich aus einer funktionalen Betrachtung der Griffstege dieses Instruments: die *Klaven* dienten dazu, die Windlade der Orgel zu öffnen und zu schließen. Dann ein Wort für die ´Tastatur´ und schließlich in einer Pars-pro-toto-Übertragung generelle Bezeichnung von Instrumenten, deren Saiten über Tasten zum Schwingen gebracht werden; dann eingeengt auf die Bezeichnung eines bestimmten Tasteninstruments (des Pianoforte).

S. *Klausur.* — *DF* 1 (1913), 346 f.; J. W. Walz *ZDW* 12 (1910), 187; Röhrich 2 (1992), 851; H. Henne in *Gedenkschrift H. Hopf* (Münster 1992), 291–294.

kleben *swV.* (< 8. Jh.). Mhd. *kleben,* ahd. *klebēn,* as. *klibon* aus wg. **klib-ǣ-* swV. ´kleben´, auch in ae. *cleofian.* Durativbildung zu g. **kleib-a- stV.* ´haften´ in anord. *klifa* ´klimmen´, ae. *clīfan,* afr. *klīva,* as. *klīban,* ahd. *-klīban* ´haften´. Dieses aus ig. (oeur.) **gleibʰ-* ´haften´, auch in lett. *gliêbtiês* ´sich an jmd. klammern, anschmiegen´, akslav. *u-glĭběti* ´stecken bleiben´. Ausgangsbedeutung für *kleben* ist also ´hängen bleiben, haften bleiben´. Zu einer Wurzel (ig.) **glei-* ´kleben, schmieren´ (s. unter *Klei*). Nomen instrumenti: *Kleber;* Adjektiv: *klebrig.*

Nndl. *kleven.* S. *Klei.* — Seebold (1970), 296 f., 299; Röhrich 2 (1992), 852.

klecken *swV. arch.* ´ausreichen´ (< 9. Jh.). Mhd. *klecken,* ahd. *kleken* aus vd. **klakk-ija-.* Die Bedeutung ist ursprünglich die eines Schallverbs (´krachen, klatschen usw.´), dann auch ´ausreichen´, ähnlich wie bei *klappen;* hierzu *erklecklich.*

kleckern *swV. erw. reg.* (< 17. Jh.). Iterativbildung zu *klecken* und *klacken* in der Bedeutung ´etwas Dickflüssiges hinwerfen´ (so daß es *klack!* macht).

Klecks *m.* (< 16. Jh.). Zunächst *Kleck* zu *klecken* in der Bedeutung ´etwas Dickflüssiges hinwerfen´ (so daß es *klack!* macht). Das *-s* gehört wohl zu den mittel- und norddeutschen Umgestaltungen auf *-s,* die häufig von Wörtern auf *-k* ausgehen; es kann aber auch aus dem Verbum *klecksen* stammen, falls dies älter ist.

Klee *m.* (< 10. Jh.). Mhd. *klē,* ahd. *klē(o),* as. *klē* aus vd. **klaiwa-.* Daneben wohl als **klaibrjōn* (und nicht nur als **klaiw(a)rjōn),* mndd. *klever, klaveren,* mndl. *clavere,* ae. *clæfre n./f.* Herkunft unklar, zumal die Lautverhältnisse nicht ausreichend aufgehellt sind.

Th. Baader *NJ* 76 (1953), 39 f.; W. Foerste in *FS Trier* (1954), 395–416; *LM* 5 (1991), 1197; Röhrich 2 (1992), 852 f.

Klei *m. per. reg.* ʹzäher Tonʹ (< 16. Jh.). Übernommen aus dem Niederdeutschen: mndd. *klei*, mndl. *cleie* ʹTon, Lehmʹ, wie ae. *clǣg* aus wg. **klaija-* *m.* ʹLehm, Tonʹ zu der Wurzel **klei-*, die auch *kleiben* und *kleben* zugrundeliegt. Diese zeigt sich mit Nasalpräsens in as. *klenan*, ahd. *klenan* ʹbestreichenʹ, anord. *klína* ʹbeschmierenʹ und der Ableitung **klaima-* *m.* ʹLehmʹ in ae. *clām*, ahd. *kleim* (auch anord. *kleima* swV. ʹbeschmierenʹ). Aus ig. (eur.) **glei-* ʹschmieren, klebenʹ in l. *glūten* *n.* ʹLeimʹ, air. *glenaid* ʹbleibt hängenʹ, lit. *gliẽti* ʹbestreichen, beschmierenʹ, akslav. *glinǐnǔ* ʹtönern, irdenʹ, gr. *gloiós* ʹklebriger Stoff, Harz, Gummiʹ. Nndl. *klei*, ne. *clay*. S. *klitsch*. − Lüschen (1979), 253; W. Kleiber in: *FS de Smet* (1986), 261−268.

kleiben *swV. per. reg.* ʹklebenʹ (< 9. Jh.). Mhd. *kleiben*, ahd. *kleiben* aus vd. **klaib-eja-*, Kausativum zu g. **kleib-a-* stV. ʹhaftenʹ (s. unter *kleben*).

Kleiber *m. erw. fach.* ʹSpechtmeiseʹ (< 16. Jh.). Zu *kleiben* ʹverkleben, verschmierenʹ, weil die Spechtmeise den Eingang zu ihrer Bruthöhle mit Lehm verengt. S. *kleben*. − Suolahti (1909), 161 f.

Kleid *m.* (< 12. Jh.). Mhd. *kleit*. Vergleichbar ist ae. *clāþ* *m.*, afr. *klāth*, *klēth*, mndl. *cleet* ʹTuch, Kleidʹ. Herkunft unklar. Verb: *kleiden*; Adjektiv: **kleidsam**. Nndl. *kleed*, ne. *cloth*. − Röhrich 2 (1992), 853.

Kleie *f.* (< 9. Jh.). Mhd. *klī(w)e*, ahd. *klī(w)a*, *klīga*, mndd. *klī(g)e*. Herkunft unklar. Der Anschluß an **glei-* ʹschmieren, klebenʹ (unter Hinweis auf die in der Kleie enthaltenen Kleber-Reste) bringt kaum ein ausreichendes Benennungsmotiv.

klein *Adj.* (< 9. Jh.). Mhd. *klein(e)*, ahd. *klein(i)*, as. *klēni* ʹzierlich, feinʹ (die heutige Bedeutung ist jung, erst nach-mittelhochdeutsch) aus wg. **klaini-* *Adj.*, auch in ae. *clǣne* ʹreinʹ. Daneben besteht regional (z. B. schweizerisch) eine Variante *klīn-*, die nicht ohne weiteres als Ablaut erklärt werden kann. Herkunft unklar. Nach Heidermanns zu dem Nasalpräsens (g.) **kli-na-* ʹbeschmierenʹ (s. *Klei*), als ʹfein verputztʹ. Abstrakta: **Kleinheit, Kleinigkeit**; Präfixableitung: **ver-, zerkleinern**; Modifikation: **kleinlich**. Nndl. *klein*, ne. *clean*. − W. Mitzka *BGDSL* 58 (1934), 312−323; W. Mitzka in: *FS E. Kranzmayer* (Marburg 1967), 3−10; Röhrich 2 (1992), 853 f.; Heidermanns (1993), 332 f.

kleinlich *Adj.* (< 9. Jh.). Mhd. *kleinlich*, ahd. *Adv. kleinlīhho*, zunächst mit der Bedeutung ʹfein, zierlich usw.ʹ, dann seit dem 16. Jh. als Charakterisierung eines Verhaltens ʹam Kleinen hängendʹ.

Kleinod *n. obs.* (< 12. Jh.). Mhd. *kleinōt, kleinæte, kleinæde*, mndd. *klēnode, kleinode, kleinade* ʹzierliche, wertvolle Sacheʹ. Die Erhaltung des *ō* und der Plural *Kleinodien* weisen auf den Einfluß der ml. Form *clenodium*; die normale Lautentwicklung führt zu *Kleinet, Kleint*, das mundartlich noch erhalten ist. Ursprünglich eine Substantivbildung auf *-ōdi* (wie in *Heimat, Armut, Zierat* und umgebildet in *Einöde*) zu *klein*, und entsprechend zu dessen Bedeutung in verschiedenartiger Verwendung: 1) im Anschluß an *klein* ʹzierlichʹ bedeutet es ʹzierliche, kunstvolle Arbeit; Schmuck, Geschmeide, Schatzʹ, auch ʹGeschenkʹ; hierzu ʹReichskleinodienʹ und die heutige Verwendung als ʹKostbarkeitʹ, meist im übertragenen Sinn. 2) zu der heutigen Bedeutung von *klein* stellt sich ʹKleinigkeitenʹ (besonders ʹkleine Schlachtteile und Innereienʹ; ʹHabseligkeiten; Küchenkräuter u.ä. aus dem Gartenʹ, heute etwa noch in obsächs. *Kleint* ʹkleine Teile des Schlachttiersʹ). Einzelheiten der Entstehung und Entwicklung sowie des Zusammenhangs mit ml. *clenodium* sind unklar.

Kleister *m. erw. reg.* (< 14. Jh.). Md. *klīster*, ndd. *klīster* ʹKlebstoff, anhaftender Gegenstandʹ; parallel zu fmhd. *klenster* ʹKleisterʹ zu ahd. *klenan* ʹklebenʹ. Es handelt sich also um eine instrumentale *(s)tra-* Bildung zu der Wurzel **klei-* ʹkleben, haftenʹ (s. unter *kleben*).

klemmen *swV.* (< 13. Jh.). Mhd. *klemmen*, ahd. in *biklemmen* wie ae. *clemman* ʹmit den Klauen packen, einzwängen, zusammendrückenʹ; formal ein Kausativum zu *klimmen*, z. T. mit diesem vermischt (s. etwa unter *beklommen*). Theoretisch läßt sich unterscheiden *klimmen* ʹ(sich) zusammenziehen, klimmen und *klemmen* ʹzusammenziehen machen, zusammendrücken, klemmenʹ, aber im einzelnen ergeben sich Abweichungen. S. *Klinse* und als Variante *Klampe* und *Klampfe*. − Zu *Klemme*: Röhrich 2 (1992), 854 f.

Klemmer *m. obs.* ʹAugenglasʹ, älter **Nasenklemmer**. Wie nordd. *Kneifer* und südd. *Zwicker* eine Lehnprägung zu frz. *pince-nez* gleicher Bedeutung.

klempern *swV.* s. *Klempner*.

Klempner *m. erw. ndd.* ʹInstallateurʹ (< 18. Jh.). Umgestaltet aus älterem *klemperer, klamperer*, südd. *klampfer(er)*. Zu *klempern* ʹBlech hämmernʹ, das zu *Klampe, Klampfe* ʹKlammerʹ gehört (vgl. südd. *Spengler* zu *Spange*). S. *klimpern*. − Kretschmer (1969), 282−284; *LM* 5 (1991), 1206.

klengen *swV.*, auch **klenken** *swV., per. fach.* ʹZapfen von Nadelbäumen trocknen, damit die Samen ausfallenʹ (< 19. Jh.). Kausativum zu *klingen*, also ʹklingen machenʹ (nach dem Geräusch des Aufspringens).

Klepper *m. stil.* ʹgeringes Pferdʹ (< 16. Jh.) bezeugt, zunächst ohne herabsetzende Bedeutung. Vermutlich Rückbildung zu *kleppe(r)n, klappern* nach dem Geräusch des Hufschlags.

Kleptomanie *f. per. fach.* ´zwanghafter Trieb zum Stehlen´ (< 19. Jh.). Neubildung zu gr. *kléptein* ´stehlen´ (s. auch *Manie*).

Cottez (1980), 216.

Klerus *m. erw. fach.* ´Geistlichkeit´ (< 18. Jh.). Entlehnt aus kirchen-l. *clērus*, dieses aus gr. *klẽros* ´geistlicher Stand´, eigentlich ´Los, Anteil´; eine Übertragung des 3. Jhs. etwa nach *Apostelgeschichte* 1,17 (den Anteil an diesem Amt, dieser Gemeinschaft). Adjektiv: *klerikal*; Zugehörigkeitsbildung: *Kleriker*.

DF 1 (1913), 347; LM 5 (1991), 1207−1211.

Klette *f.* (< 9. Jh.). Mhd. *klette*, ahd. *kletto m.*, *kletta*, as. *kleddo m.*, *kledda*. Gehört zusammen mit einer Reihe von morphologisch schwer zu beurteilenden Varianten (vielleicht bloßen lautlichen Abwandlungen) zu dem unter *Klei* dargestellten **klei-* ´kleben´. Die *Klette* ist also nach ihren an Mensch und Tier haftenden Blütenköpfen als ´Kleber´ oder ´die Klebrige´ benannt. Vgl. etwa mndl. *clisse*, nndl. *klis*; dann ae. *clite* und ae. *clāte*. Durchsichtiger ist ahd. *klība* zu ahd. *-klīban* ´haften´ (s. *kleben*). Nach Lühr mit *þþ* aus **þχ*. S. auch *klettern*. − Teuchert (1944), 205 f.; Lühr (1988), 255; LM 5 (1991), 1211; Röhrich 2 (1992), 855.

klettern *swV.* (< 15. Jh.). Neben *klet(t)en*, zu dem es formal ein Frequentativum ist. Da außerdem auch *klebern* in der gleichen Bedeutung auftritt, liegt wohl die gleiche Grundlage wie in *Klette* vor; das *Klettern* ist also als ein am Baum oder Fels ´Anhaften´ aufgefaßt. Wörter dieser Bedeutung sind aber lautlich auffallend unfest, vgl. etwa nndl. *klauteren*, ndd. *klattern*, mndd. *klouwern* u. a.

Kletze *f. per. österr.* ´getrocknete Birne´ (< 17. Jh.). Zu mhd. *klœzen* ´spalten´ (mhd. *kloz-bire* ´gedörrte Birne´), vgl. schwäb. *Schnitz* für gedörrte Apfel- oder Birnenschnitze.

klick *Interj.*, **klicken** *swV.* (< 16. Jh.). Lautmalende Bildungen (vgl. auch ne. *click* und nhd. *Klicker*).

Klicker *m. per. wmd.* ´Murmel´ (< 16. Jh.). Entsprechend nordd. *Knicker*, obd. *Klucker*; Varianten zu einem sicher lautmalenden Komplex, zu dem auch *Knäuel* und *Klüngel* gehören. Am besten bezeugt ist also **klu-*, von dem die anderen Formen ausgegangen sein können; das *-k-* kann auf Teilreduplikation beruhen.

Kretschmer (1969), 344−346.

klieben *stV. arch. obd.* ´spalten´ (< 9. Jh.). Mhd. *klieben*, ahd. *klioban*, as. *klioƀan*, mndd. *kluven* aus g. **kleub-a- stV.* ´spalten´, auch in anord. *kljúfa*, ae. *clēofan*. Außergermanisch vergleicht sich unter ig. (eur.) **gleubʰ-* ´spalten, trennen´ l. *glūbere* ´entrinden, schälen, ein Tier abdecken´ und gr. *glýphō* ´ich meiße aus, graviere´.

Nndl. *klieven*, ne. *clave*, nschw. *klyva*, nisl. *kljúfa*. S. *Kloben*, *Klöben*, *Kluft*[1], *Kluppe*, *Knoblauch*; zur griechischen Verwandtschaft s. *Glyptothek*. − Seebold (1970), 301 f.

Klient *m. erw. fach.* (< 16. Jh.). Entlehnt aus l. *cliēns* (*-entis*) ´Schutzbefohlener´. Der Klient ist ursprünglich eine landlose oder landarme Person, die in einem Abhängigkeitsverhältnis zu einem Patron steht. Er gehört dessen Geschlechterverband an und hat bestimmte, genau festgelegte Rechte und Pflichten. Unter anderem gehört dazu auch der Rechtsschutz durch den Patron; mit der Veränderung der Sozialordnung und der Entwicklung anderer Formen der Rechtsvertretung verändert sich die Bedeutung: ´unter dem Schutz eines Anwalts stehend´ − ´unter dem Schutz eines Arztes stehend´, dann ´derjenige, der sich einem Anwalt, Arzt usw. anvertraut´. Im Französischen ist der *client* noch weitergehend der ´Kunde´ allgemein (während im Englischen der Kunde der *patron* sein kann). Kollektivum: *Klientel*.

Die Herkunft des lateinischen Wortes ist umstritten. − BlW 4 (1992), 107 f.; E. Erämetsä NPhM 59 (1958), 36; N. Rouland: *Pouvoir politique* (Bruxelles 1979), 19−22; R. P. Saller: *Personal Patronage* (Cambridge 1982); DEO (1982), 218. Zu *Klientel* vgl. LM 5 (1991), 1214.

Kliff *n. erw. ndd.* ´schroffer Felsen´ (< 20 Jh.). Übernommen aus dem Niederdeutschen (mndd. *klif*, as. *klif*). Entsprechend anord. *klif*, ae. *clif*, Herkunft unklar, vgl. *Klippe*.

Klima *n.* (< 16. Jh.). Entlehnt aus spl. *clīma* (*-atis*), dieses aus gr. *klíma* (eigentlich ´die Neigung´), zu gr. *klínein* ´neigen, beugen, lehnen´. So bezeichnet nach dem witterungsbestimmenden Faktor der geographischen Breite und der damit verbundenen mittleren Neigung des Sonnenstandes. Adjektiv: *klimatisch*.

S. *akklimatisieren*, *Klinik*, *deklinieren*. − DF 1 (1913), 347 f.; LM 5 (1991), 1214 f.

Klimakterium *n. per. fach.* ´Wechseljahre´ (19. Jh.). Neubildung eines Abstraktums zu gr. *klimaktḗr*, das eigentlich ´Leitersprosse´ bedeutet, dann aber auch im Sinn von ´kritischer Punkt im menschlichen Leben´ gebraucht wird (diese kritischen Punkte traten nach astrologischer Auffassung mit 7 Jahre ein, so daß es tatsächlich um eine Entwicklung von Sprosse zu Sprosse handelte). Das griechische Wort ist eine Ableitung zu gr. *klĩmax* (s. das folgende).

Klimax *f. per. fach.* ´Höhepunkt´ (< 18. Jh.). Entlehnt aus l. *clīmax*, dieses aus gr. *klĩmax* (eigentlich ´Leiter´), zu gr. *klínein* ´neigen, anlehnen´. S. *deklinieren*.

Klimbim *m./(n.) erw. stil.* ´nutzloses Zeug´ (< 19. Jh.). Von Berlin ausgegangen; ursprünglich Bezeichnung für anspruchslose (Blech)Musik und damit lautmalend.

klimmen *stV. obs.* (< 9. Jh.). Mhd. *klimmen*, ahd. *klimban* aus g. **klemb-a-* 'klimmen', auch in ae. *climban*, wfr. *klimme*. Da zu **kleib-a-* 'kleben, haften' auch anord. *klīfa* 'klimmen, klettern' gehört, ist **klemb-a-* 'klimmen' wohl ursprünglich ein Nasalpräsens zu diesem (also **kli-m-b-*) mit Ablautentgleisung. Die Bedeutung 'klimmen' kann von 'haften' ausgehen (vgl. *klettern*), aber auch von 'sich zusammenziehen', wozu die ablautenden Formen (s. unter *klemmen*) besser passen.
Nndl. *klimmen*, ne. *climb*. S. *Klumpen*.

klimpern *swV. stil.* (< 17. Jh.). Lautnachahmung, die vielleicht von *klempern* 'Blech bearbeiten' (s. unter *Klempner*) ausgegangen ist.
Lühr (1988), 127.

Klinge[1] *f.* 'Schwertklinge' (< 13. Jh.). Mhd. *klinge*. Offenbar zu *klingen* gebildet nach dem Klang des auf Helm oder Panzer treffenden Schwertes.
Röhrich 2 (1992), 855.

Klinge[2] *f. arch.* 'Gießbach, Talschlucht' (< 9. Jh.). Mhd. *klinge*, ahd. *klingo m.*, *klinga*. Herkunft unklar; Anschluß an *klingen* nicht sehr wahrscheinlich.

Klingelbeutel *m. erw. fach.* 'Beutel für die Kollekte im Gottesdienst' (< 17. Jh.). Nach dem Glöckchen, das an dem Beutel hing, um auf ihn aufmerksam zu machen.

klingeln *swV.* (< 11. Jh.). Mhd. *klingelen*, ahd. *klingilōn*. Frequentativum zu *klingen*. *Klingel f.* ist eine Rückbildung des 17. Jhs.
Röhrich 2 (1992), 855.

klingen *stV.* (< 8. Jh.). Mhd. *klingen*, ahd. *klingan*, mndd. *klingen*, mndl. *clingen* führt wie afr. *klinga* auf vd. **kleng-a- stV.* 'klingen'. Herkunft unklar; Lautmalerei denkbar. Abstraktum: **Klang**; Präfigierungen: **er-, ver-**, Partikelverben: **an-, ab-**.
Nndl. *klinken* (Variante). S. *klengen* und als Variante *Klinke*. – Seebold (1970), 299 f.; Lühr (1988), 125.

Klinik *f.* (< 19. Jh.). Entlehnt aus l. *clīnicē* 'Heilkunst für bettlägerige Kranke, Krankenhaus', dieses zu gr. *klínē* 'Bett, Bahre, Krankenlager', zu gr. *klínein* 'neigen, beugen, lehnen'. Im Deutschen zunächst auch verwendet in der Bedeutung 'Einrichtung zur Unterweisung in Heilkunde'.
S. *Klima*. – DF 1 (1913), 348.

Klinke *f.* (< 14. Jh.). Mhd. *klinke*, mndl. *klinke*. Zu einem Verb (g.) ***kleng-a-* 'festsitzen, gepackt sein', das (wohl in der Gemination) eine Lautvariante (g.) **klenk-* hat, wie auch neben *klingen* weithin (z. B. nndl.) *klinken* steht. Im Deutschen ist sonst nur ein Kausativ vorhanden: ahd. *giklenken* 'die Hände zusammenschlagen, die Zähne zusammenbeißen', *in-* ' (die Schuhriemen) auflösen', ae. *beclencan* ' (mit Fußfesseln) festmachen'; dazu

nndl. *klinken* 'nieten' (mndd. *klinken*, mndl. *klinken* 'festsitzen'); die Variante in ne. *cling* 'umklammern'. Die Sippe gehört weiter zu der Sippe von *klimmen*, deren Ausgangsbedeutung 'sich zusammenziehen' eine häufige Entwicklung zu 'die Klauen zusammenziehen, packen' hat. Formal könnte genau entsprechen lit. *glemžti* 'raffen', so daß von ig. (oeur.) **glem-ǵʰ-* auszugehen wäre (doch stehen die Bedeutungen der litauischen Sippe denen der germanischen nicht nahe). Ausgangsbedeutung für *Klinke* ist also 'Packende, Festsetzende'. Verb: **klinken**.
Kretschmer (1969), 289–291; Lühr (1988), 125; Röhrich 2 (1992), 855 f.

Klinker *m. per. fach.* 'hart gebrannter Ziegelstein' (< 18. Jh.). Mit der Sache aus dem Niederländischen übernommen (nndl. *klinker[t]*). Abgeleitet von *klinken* 'klingen' nach dem hellen Ton, den dieser Stein von sich gibt, wenn er angeschlagen wird.

Klinse *f.*, auch **Klinze** *f., per. reg.* 'feiner Spalt' (< 13. Jh.). Mhd. *klimpse* neben mhd. *klumse*, *klunse*. Vermutlich mit einem *s*-Suffix zu *klemmen* und *Klamm*.
K. Bischoff in *FS G. Cordes* (Neumünster 1976), 20–41.

klipp *Adj. erw. phras.* (nur in der Formel *klipp und klar*) (< 18. Jh.). Übernommen aus ndd. *klipp und klaar*, wobei *klipp* 'passend' zu dem Schallwort *klippen* gehört wie nhd. *klappen* (s. unter *Klappe*), das vor allem 'passen, gelingen' bedeutet.
Röhrich 2 (1992), 856.

Klipp *m.* 'Ohrgehänge' s. *Clip*.

Klipp- Vorderglied in einer Reihe von abschätzigen Ausdrücken wie *Klippschule*, *Klippkram*, *Klippschenke* u. a.; zuerst bezeugt ist *klipschole* im 16. Jh. für eine nicht konzessionierte Schule. Vermutlich zu ndd. *klippen* 'hell tönen' und zunächst für Kleinkram aus Metall u.ä. verwendet.
Zu *Klippschule*: Nyström (1915), 52 f.

Klippe *f. erw. ndd.* (< 14. Jh.). Mhd. *klippe*, *kliffe*, entlehnt aus mndl. *clippe*. Herkunft unklar. Vgl. *Kliff*.

klippen *swV. per. ndd.* 'hell tönen' (< 16. Jh.). Lautmalend wie *klappen* (s. unter *Klappe*).

Klipper *m.*, auch **Clipper** *m., per. fach.* (< 20. Jh.). Heute vor allem 'großes Verkehrsflugzeug' und in dieser Bedeutung nach englischem Vorbild übertragen aus ne. *clipper* 'schnelles Schiff'; auch in dieser früheren Bedeutung entlehnt aus dem Englischen, wo es als Nomen agentis zu *clip* 'schneiden, scheren' (auch von scharfen Schlägen gesagt) gebildet ist. Ausgangsbedeutung also etwa 'schnittiges (Pferd, Schiff, Flugzeug)'.
Rey-Debove/Gagnon (1988), 149; Carstensen 1 (1993), 257.

Klippfisch *m. per. fach.* ʹgetrockneter Dorschʹ (< 16. Jh.). Entlehnt aus nndl. *klipvis*. Angeblich weil dieser Fisch auf Klippen getrocknet wurde, doch ist dies kaum das ursprüngliche Benennungsmotiv. Vgl. ne. *kipper* − ist von ʹaufklappenʹ auszugehen?

klirren *swV.* (< 17. Jh.). Lautmalend.

Klischee *n. erw. fach.* ʹBildstock, Druckstockʹ; ʹAbgegriffenesʹ (< 19. Jh.). Entlehnt aus frz. *cliché m.*, dem substantivierten PPrät. von frz. *clicher* ʹnachbilden, (eigentlich einen Abklatsch herstellen)ʹ, dieses ist lautnachahmend, vielleicht unter dem Einfluß von d. *Klitsch* ʹbreiige Masseʹ. Vom ʹAbklatschʹ zunächst zu ʹModel für den Druckʹ, und da diese Druckstöcke aufbewahrt und später (ohne Veränderung) wieder benützt werden konnten, Übertragung auf ʹAbgegriffenesʹ.

Klistier *n. erw. fach.* ʹEinführen von Flüssigkeit in den Dickdarm zur Darmreinigung usw.ʹ (< 14. Jh.). Im Mittelhochdeutschen (mhd. *klister*) entlehnt aus l. *clystērium* (eigentlich ʹReinigung, Spülungʹ), dieses aus gr. *klystḗrion*, einer Ableitung von gr. *klýzein* ʹspülen, reinigenʹ.

Zur germanischen Verwandtschaft s. *lauter*. − J. W. Walz *ZDW* 12 (1910), 188; *LM* 5 (1991), 1216 f.

Klitoris *f. erw. fach.* ʹKitzlerʹ (< 18. Jh.). Entlehnt aus gr. *kleitorís* (eigentlich ʹkleiner Hügelʹ), das Grundwort ist aber nicht bezeugt, zunächst fachsprachlich, modern dringt das Wort unter dem Einfluß des Englischen auch in die Umgangssprache ein.

Th.P. Lowry, Th.S. Lowry: *The Clitoris* (St. Louis 1976), 163−182.

klitsch *Interj.* für ein helles klatschendes Geräusch (meist durch etwas Nasses verursacht) im Gegensatz zu *klatsch* für ein dunkles solches Geräusch, *erw. stil.* (< 18. Jh.). Hierzu *klitschen* ʹmit der flachen Hand schlagen, mit hellem Ton aufschlagenʹ, seit dem 16. Jh., in der Bedeutung ʹhinklatschen (von einer schmierigen Masse)ʹ schon im 15. Jh. in der Form *(be)klitzen*; *klitschig* ʹklebrig, nicht durchgebackenʹ. Lautmalend, wobei *kl-* für diese Art von Bedeutung häufiger ist (*kleben, Klei*). Der Auslaut geht vielleicht auf eine *-itjan*-Bildung zurück.

Klitsche *f. per. reg.* ʹarmseliger Betrieb u.ä.ʹ (< 19. Jh.). Da das Wort vor allem ostmitteldeutsch ist, kann es aus poln. *kleć* ʹarmseliges Hausʹ entlehnt sein; es kann aber auch zu *klitsch* gehören (vgl. etwa die Bedeutung von *Schmiere*).

S. *Klischee*. − Eichler (1965), 63 f.

klittern *swV. per. reg.* ʹschmieren, klecksenʹ (< 16. Jh.). Wie *klater* (s. unter *klat[e]rig*) lautmalend für das klatschende Geräusch beim Auftreffen von dickflüssigen Massen. *Klitterbuch* (16. Jh.) entspricht *Kladde*.

klitzeklein *Adj. erw. stil.* (< 20. Jh.). Lautsymbolische Verstärkung von *klein*, bei der wohl *klein* und *winzig* beteiligt sind. Ähnliche Ausdrücke für ʹkleinʹ sind *Klitter-, Klapper-* u.ä.

Vgl. *DWB*, V, 1101 zu ähnlichen Verstärkungen, *klitzeklein* wird für das Niederrheinische angegeben.

Kloake *f. erw. fach.* ʹAbwasserkanal, unsauberer Ortʹ (< 16. Jh.). Entlehnt aus l. *cloāca (cluāca)*, einer Ableitung von l. *cluēre* ʹreinigenʹ. Wörtlich demnach der ʹreinigende Kanalʹ; die übertragene Bedeutung ʹunsauberer Ortʹ dann, da ein solcher Kanal naturgemäß Unrat führt. Zur germanischen Verwandtschaft s. *lauter*.

Kloben *m.* (< 11. Jh.). Mhd. *klobe* ʹgespaltener Stock zum Festhalten, Fesselʹ, ahd. *klobo*, as. *fugalklobo* ʹgespaltenes Holz zum Vogelfangʹ, as. *klobo* ʹFußfesselʹ aus g. **klubōn* m. ʹSpalteʹ, auch in anord. *klofi* ʹFelsspalte, Türfugeʹ, afr. *klova* ʹKluftʹ; Substantivbildung zu *klieben* ʹspaltenʹ. Adjektiv: *klobig*.

LM 5 (1991), 1217.

Klöben *m. per. ndd.* ʹKuchen mit Rosinenʹ (< 20 Jh.). Zu *klof* ʹSpalteʹ gebildet (weil dieser Kuchen zusammengeklappt wird, so daß er auf halber Höhe eine Spalte hat). Also ʹder eine Spalte hatʹ. Weiter zu *klieben* ʹspaltenʹ.

Klon *m. per. fach.* ʹerbgleiche Nachkommen, Nachbauʹ (< 20. Jh.). Entlehnt aus am.-e. *clon(e)*, das seinerseits aus gr. *klṓn* ʹSprößling, Zweigʹ übernommen ist. Verb: *klonen*.

Carstensen 2 (1994), 779 f.

klönen *swV. per. ndd.* ʹredenʹ (< 18. Jh.); Herkunft unklar.

Kloot *m. per. ndd.* ʹKugel, Ballʹ (< 20. Jh.). Häufiger ist der Plural *Klöten* ʹHodenʹ. Entsprechung zu *Kloß*.

Klöpfelsnächte *Pl. per. obd.* ʹdie drei letzten Donnerstage vor Weihnachtenʹ (< 15. Jh.). An diesen Tagen klopften die armen Leute und Kinder mit einem *Klöpfel* ʹHämmerchenʹ an die Türen und heischten Gaben. Deshalb auch im 15. Jh. *Klopfan* für ʹNeujahrsspruchʹ. Zu *klopfen*.

klopfen *swV.* (< 9. Jh.). Mhd. *klopfen*, ahd. *klopfōn*, mndd. *kloppen*, mndl. *cloppen*. Lautmalendes Wort, entsprechend zu *klappen, klippen* und ahd. *klockōn, klohhōn*, mhd. *klocken*. Zur niederdeutschen Form gehört *Kloppe* ʹSchlägeʹ.

Nndl. *kloppen*. S. *bekloppt, klöppeln, Klops, Knüppel*. − Anders: O. Haas *Sprache* 4 (1958), 101 f.

klöppeln *swV. per. fach.* (< 16. Jh.). Aufgekommen im Erzgebirge für die neue Kunst des Spitzenwebens. Die dabei verwendeten Endstücke haben die Form von Glockenschwengeln (**Klöppeln**, zu *klopfen*), was der Technik den Namen gibt. Die hochdeutsche Entsprechung *klöpfeln* hat sich nicht durchgesetzt.

kloppen *swV.* s. *klopfen.*

Klops *m. erw. ondd.* (< Im 18. Jh.). In Ostpreußen aufgekommen, gehört vermutlich zu nschw. *kalops*, ne. *collop* 'gebratene Fleischscheibe' unklarer Herkunft. Da mit *Klops* ursprünglich auch ein dünner, mürbe geklopfter Braten gemeint sein konnte, ist auch eine Ableitung aus *kloppen* (s. unter *klopfen*) nicht ausgeschlossen.
W. Foerste *NW* 5 (1965), 110−112.

Klosett *n. obs.* (< 19. Jh.). Entlehnt aus ne. *water-closet* (eigentlich 'abgeschlossener Raum mit Wasser'); im Deutschen zunächst **Wasserklosett** (vgl. *WC*), dann Wegfall des Bestimmungsworts und häufige Kürzung zu *Klo*. Die Endbetonung von *Klosett* basiert auf einer Französisierung (frz. *closet* 'abgeschlossener Raum' ist Grundlage des englischen Wortes).
Zur Sippe des zugrundeliegenden l. *claudere* 'schließen' s. *Klausur*. − *DF* 1 (1913), 348; Ganz (1957), 114 f.

Kloß *m.* (< 12. Jh.). Mhd. *klōz m./n.*, ahd. *klōz*, mndd. *klōt*, mndl. *cloot* 'Klumpen usw.' aus vd. **klauta-*, das eine Entsprechung in russ. *glúda* 'Klumpen' haben kann. Im weiteren zu den Wörtern für 'Klumpen, Knäuel, Kugel usw.', die (ig.) **gleu-* voraussetzen und zu denen auch *Klotz*, *Knäuel* und vielleicht *Klüngel* gehören.
Nndl. *kloot*, ne. *cleat*. S. *Kloot, Klöten, Klut, Kugel*. − G. Florin: *Die Verbreitung einiger Mehlspeisen und Gebäcknamen im deutschen Sprachgebiet* (Gießen 1922); Röhrich 2 (1992), 856.

Kloster *n.* (< 10. Jh.). Mhd. *klōster*, ahd. *klōstar*, mndd. *klōster-*, mndl. *clooster*. Wie afr. *klāster* früh entlehnt aus ml. **clōstrum* 'das Abgeschlossene' (l. *claustrum*, zu l. *claudere* 'schließen'); ne. *cloister* setzt eine Variante **clostrium* voraus, die dem afrz. *cloistre* entspricht. Adjektiv: **klösterlich.**
S. *Klausur*. − *LM* 5 (1991), 1218−1223.

Klöten *Pl. per. reg. vulg.* 'Hoden' (< 19. Jh.). Zu ndd. *klōt* 'Hode', eigentlich *Kloot* 'Kloß'.

Klotz *m.* (< 9. Jh.). Mhd. *kloz m./n.*, ahd. *kloz*; vergleichbar mit ae. *clott*. Entsprechung zu *Kloß* mit emphatischer Verstärkung des Auslauts und dadurch bedingter Vokalkürzung (falls älter, kommt auch eine Schwundstufe in Frage). Adjektiv: **klotzig.**
Röhrich 2 (1992), 857.

klotzen *swV. erw. stil.* 'im großen Stil ausgeben' (< 20. Jh.). Herkunft im einzelnen unklar; wohl zu älterem (studentischem und vulgärem) *klotzen* 'schwere Bußen zahlen müssen' (von *Klötze* als umgangssprachlicher Bedeutung für große Geldstücke?).

Klub *m. erw. exot. (ass.).* (< 18. Jh.). Als eines der ersten Gesellschaftswörter Englands entlehnt aus ne. *club*, der Bezeichnung für eine geschlossene (Männer-)Gesellschaft. Mit der Nachahmung solcher Gesellschaften nach Norddeutschland übernommen, während im Süden (mit etwas anderen Voraussetzungen) *Kasino* üblich war (etwa: *Offizierskasino*). Mit etwas anderer Bedeutung wird das Wort auch von der französischen Entlehnung (*le club*) beeinflußt, mit der eher politische Vereinigungen bezeichnet werden.
Das englische Wort bedeutet eigentlich 'Keule' (me. *clibbe* aus anord. *klubba f.*); der Zusammenhang ist umstritten (vielleicht zurückgehend auf die Sitte, Ladungen zu geschlossenen Vereinigungen durch Herumsenden eines Kerbstockes, der gegebenenfalls auch eine Keule sein konnte, vorzunehmen. Oder 'zu einer Keule formen' und dann 'Zusammengedrücktes, Haufen' und schließlich 'Verein'?). − *DF* 1 (1913), 349; Stiven (1936), 33, 37; Ganz (1957), 114 f.; Brink-Wehrli (1958), 36−38; Rey-Debove/Gagnon (1988), 152−154; Carstensen 1 (1993), 260 f.

Klucke *f.* s. *Glucke.*

Kluft[1] *f. erw. fach.* 'Spalt' (< 9. Jh.). Mhd. *kluft*, ahd. *kluft, kluht*, mndd. *kluft* (mndd. auch *klucht*) aus wg. **klufti- f.* 'Spalt', auch in ae. *geclyft*, einem *ti*-Abstraktum zu dem unter *klieben* behandelten starken Verb. Althochdeutsch bedeutet das gleiche Wort auch 'Zange', afr. *kleft(e)* ist 'Unterabteilung eines Geschlechts' (ähnlich auch im Niederländischen), alle ausgehend von der Bedeutung 'spalten'; ebenso *Kluft(deichsel)* nach dem gespaltenen Ansatzstück (s. auch *Kluppe*). Die im Mittelhochdeutschen bezeugte Bedeutung 'Gruft' beruht wohl auf Einmischung von *Gruft* und *Krypta* (s. unter *Grotte*). Ne. *cleft*. Präfixableitung: **zerklüftet.**

Kluft[2] *f. erw. stil.* 'Gewand' (< 18. Jh.). In der Studentensprache aufgekommen; in diese gelangt es aus dem Rotwelschen, wo seit dem 17. Jh. *Kluft, Klifft* 'Anzug' bezeugt ist. Dieses übernimmt das Wort über das Westjiddische aus hebr. *qᵉlīppā(h)* 'Schale'. Damit ist zu vergleichen, daß auch rotwelsch und umgangssprachlich **Schale** 'Anzug' (vgl. *in Schale werfen*) bedeutet.
Littmann (1924), 57; E. Weißbrodt *ZDPh* 64 (1939), 305; Lokotsch (1975), 92; Wolf (1985), 172; Röhrich 2 (1992), 857.

klug *Adj.* (< 12. Jh.). Mhd. *kluoc*, übernommen aus mndd. *klōk*, mndl. *cloec* im 12. Jh. (mit inlautendem *g*, da das Hochdeutsche zu dieser Zeit kein intervokalisches *k* mehr besaß). Vorauszusetzen ist (g.) **klōka-*, das aus **klōkka-* vereinfacht sein könnte. Die Geminate legt sich nahe durch den Vergleich mit air. *glicc* 'erfahren, einfallsreich, schlau', das allerdings nur (ig.) **glkk-* oder **glgg-* gegenüber **glōgg-* für das Germanische voraussetzt. Semantisch könnte weiter an gr. *glōchís* 'Spitze' (gr. *glōches* 'Ähren', gr. *glōssa* 'Zunge', eigentlich 'Zungenspitze', neben gr. *glássa*) angeknüpft werden, vgl. l. *acūtus* 'schlau, scharfsinnig', eigentlich 'geschärft, gespitzt'; aber die lautlichen Zusammenhänge sind unregelmäßig. Die Frage der Herkunft muß deshalb offen bleiben. Abstraktum: **Klugheit.**

Nndl. *kloek*. − J. Trier *ZD* 46 (1932), 625−635; F. Scheidweiler *ZDA* 78 (1941), 184−233. Anders: E. Piirainen: *Germ.* ´*frōō-* und germ. ´*klōk-* (Helsinki 1971); Heidermanns (1993), 336.

Klumpatsch *m. erw. vulg.* ´Zeug´ (< 20. Jh.). Wohl zusammengezogen aus *Klump(en)* und *Quatsch*. Auffällig ist die lautliche Nähe zu *Gelump* (schwäb. *Glump*), das einer ähnlichen Stilhöhe angehört.

Klumpen *m.*, auch **Klumpe** *m.* und *(nordd.)* *Klump* *m.* (< 16. Jh.). Ursprünglich nur niederdeutsch, erst in neuerer Zeit auch hochdeutsch üblich. Vgl. mndd. *klump(e)* (auch ´Holzschuh´), mndl. *clompe* (nndl. *klomp*). Lautsymbolisches Wort, das von der Sippe von *klimmen* ausgegangen sein kann. Adjektiv: *klumpig*; Verb: *klumpen*. Röhrich 2 (1992), 857.

Klüngel *m. per. wmd.* ´Knäuel´, übertragen auf den ´gesellschaftlichen Filz´ (zuerst besonders in Köln gebräuchlich) (< 12. Jh.). Mhd. *klüngelīn*, ahd. *klungilīn*; Diminutiv zu ahd. *klunga f.* (neben dem auch ein Maskulinum möglich war). Entsprechend anord. *klungr* ´Hagebutte´. Die Wörter können zurückgeführt werden auf eine Entsprechung zu ae. *clingan* ´sich zusammenziehen, schrumpeln´ (ahd. selten *klingan* ´sich kräuseln´). Da dieses Wort aber nicht weiter vergleichbar ist und andererseits eine Grundlage *kleu-*, voreinzelsprachl. *gleu-*, häufiger in Wörtern dieser Bedeutung auftritt (s. *Knäuel* und *Kloß*), wäre *kleug-* mit Nasalierung denkbar, aus dem dann erst das starke Verb *kleng-a-* ´sich zusammenziehen´ entwickelt worden wäre. S. *Kloß*.

Klunker *m./f. erw. stil.* ´Quaste, Metallgehänge´ (< 18. Jh.). Erst neuhochdeutsch, vgl. aber mhd. *klungeler f.* ´Troddel´, mhd. *glunke f.* ´baumelnde Locke´, mhd. *glunkern* ´baumeln, schlenkern´. Die Bedeutungen ´Quaste, Gebilde usw.´ gehen wohl wie *baumeln* auf ein Lautbild für das Anschlagen hängender Gegenstände zurück, das zu *klinken*, einer Variante zu *klingen*, gehört (s. *Klinker*).

Kluppe *f. per. fach.* ´Klammer, Zange´ (< 11. Jh.). Mhd. *kluppe*, ahd. *klubba*. Letztlich zu *klieben* ´spalten´ zunächst vom Einklemmen in nur teilweise gespaltenes Holz. Die Herkunft der Geminate wohl aus der Assimilation des *n*-Formans von *Kloben*.
Lühr (1988), 295; Seebold *ADA* 100 (1989), 153 f. (ohne das Beispiel selbst).

Klus *f. per. schwz.* ´Engpaß´ (< 13. Jh.). Mhd. *klus(e)*, mndl. *klūse*. Späte Entlehnung aus ml. *clusa*, Variante zu l. *clausa* ´Abgeschlossenes´ (s. unter *Klause*). Die Bedeutung ´Engpaß´ bereits im lateinischen Wort.

Klüse *f. per. fach.* ´Öffnung für die Ankerkette´ (< 17. Jh.). Übernommen aus nndl. *kluis* ´enge Öffnung´, mndl. *klūse*, das entlehnt ist aus ml. *clusa*

´Abgeschlossenes´ (s. *Klus* und *Klause*). Gemeint war mit dem Wort zunächst der abgesonderte Raum und erst durch Metonymie die Öffnung, die zu ihm führt.

Klut *m.*, auch **Klüten** *m.*, *per. ndd.* ´Klumpen, Kloß´ (< 20. Jh.). Mndd. *klūt(e)*. Lautvariante zu *Klöten* und *Kloß, Kloot*.

Klüver *m. per. fach.* ´dreieckiges Segel´ (< 18. Jh.). Aus älterem nndl. *kluiver*, das zu nndl. *kluif* ´Klaue´ gehört (so heißt auch der Leitring, an dem das Segel fährt). Also ´das mit dem Leitring versehene´ (o.ä.).

knabbern *swV. stil.* (< 18. Jh.). Ursprünglich niederdeutsch, wo *knabbeln* danebensteht. Lautmalendes Wort wie *knappern, knuppern* u.ä. (vgl. auch nschw. *knapra*, nnorw. *knupra* u.ä.). Vielleicht ursprünglich ´Knospen abweiden´ zu *Knopf* und ähnlichen Wörtern mit der Bedeutung ´Knospe´; doch sind in diesem Fall expressive Lautveränderungen anzunehmen.
S. *knaupeln, knuspern*. − J. Trier: *Jacob Grimm als Etymologe* (Münster 1964), 14 f.

Knabe *m.* (< 12. Jh.). Mhd. *knabe*, spahd. *knabo* ´Knabe, Bursche, Diener´ aus wg. **knabōn m.* ´Knabe´, auch in ae. *cnafa*. Daneben steht (wohl mit Assimilation des Formans des *n*-Stammes) *Knappe*, mhd. *knappe*, ahd. *knappo* ursprünglich mit gleicher Bedeutung, dann spezialisiert einerseits auf ´Edelknabe´, andererseits auf ´Bergknappe´ (seit dem 14. Jh.), ae. *cnapa*, andl. *knapo*. Wegen der nicht ganz durchsichtigen Lautverhältnisse wird teilweise ein Substratwort angesetzt. Denkbar ist auch ein Rückgriff auf lautlich entsprechende mundartliche Wörter, die zu *Knebel* gehören und eine entsprechende Bedeutung haben. In diesem Fall würde (wie bei *Stift, Bengel* u. a.) eine Bezeichnung nach dem Geschlechtsglied vorliegen. Vgl. das einmal in einer Variante belegte anord. *knafa* ´Knabenliebe ausüben´. Ähnlich *Knabenkraut* nach den hodenförmigen Wurzelknollen.
Nndl. *knaap*, ne. *knave*. − E. E. Müller *JIDS* (1968), 129−146. Zu *Knappe*: Lühr (1988), 274 f.; *LM* 5 (1991), 1232 f.

Knäckebrot *n.* (< 20. Jh.). Entlehnt aus nschw. *knäckebröd* ´Knackbrot´ nach dem knackenden Geräusch beim Brechen oder Abbeißen.

knacken *swV.* (< 15. Jh.). Fnhd. *knacken*, mndd. *knaken*. Entsprechend als Substantive me. *cnak*, ne. *knack*, nisl. *knakkr*, nhd. *Knack* ´Bruch, Krach´. Mit Lautabwandlung mhd. *knochen*, ae. *cnocian*, ne. *knock*, anord. *knoka*. Lautmalende Bildungen wie das ähnliche *knicken*, das aber leichter Anschluß findet. Vielleicht liegt deshalb eine Abwandlung von *knicken* vor.
S. *Knochen, k.o., Nu, Nacken*. − Sommer (1977), 11−13.

Knacker *m. erw. stil. phras.* (meist *alter Knacker* ´alter Mann, Geizhals´) (< 20. Jh.). Benennungsmotiv unklar. Vielleicht 'bei dem man die Knochen knacken hört', also eine vulgäre Bezeichnung im Sinne von 'Skelett'. S. *Kracke.*

Knacki *m. per. grupp.* 'Gefängnisinsasse' (< 20. Jh.). Rotwelsch nach *knacken* 'verhaften' (vulgär nach *Läuse knacken* = 'zerquetschen, knacken machen').

knacks *Interj.,* **Knacks** *m.* (< 18. Jh.). Lautmalende Bildung zu *knacken.* Verb: **knacksen.** S. *verknacksen.*

Knackwurst *f. erw. reg.* 'Wurst, deren Haut beim Hineinbeißen knackt' (< 16. Jh.). Zuerst in Nürnberg bezeugt.

Knagge *f.,* auch **Knaggen** *m., per. fach.* 'Holzverstärkung, Winkelstück' (< 18. Jh.). Zu mndd. *knagge* 'Knorren, Pflock', entsprechend me. *knagge.* Vielleicht Parallelbildung zu den unter *Knebel* behandelten Wörtern.

Knäkente *f. per. fach.* (eine Entenart) (< 19. Jh.). Wohl lautmalend nach dem Ruf des Männchens.

Knall *m.* (< 16. Jh.). Rückbildung aus mhd. *(er-, ver-)knellen stV.* 'knallen'; vgl. ae. *cnyll* 'Glockenschlag' (u.ä.). Keine klare Herkunftsmöglichkeit, vermutlich lautmalend. *Knall und Fall* 'plötzlich' bezieht sich ursprünglich auf Jagd und Krieg: Mit dem Schuß fällt der Getroffene. *Knalleffekt* ist der bei Feuerwerk und Vorführung mit einem *Knall* begleitete Überraschungseffekt. Dann übertragen auf andere Bereiche, zunächst auf die Malerei. Das Wort *Knall* wird auch auf Farbeindrücke übertragen, daher *knallrot* u.ä. *Einen Knall haben* für 'verrückt sein' ist von Berlin ausgegangen und meint wohl zunächst den Sprung in einer Scheibe (die mit einem *Knall* zerbrochen ist). Verb: **knallen**; Adjektiv: **knallig.**
S. *Knüller, verknallt.* – Röhrich 2 (1992), 857.

Knan *m.,* **Knän** *m. arch. wmd.* 'Vater' (< 12. Jh.) (bekannt vor allem durch Grimmelshausen). Aus mhd. *g(e)nanne, genam(n)e* 'Gleichnamiger' wie entsprechend anord. *nafni* (bei dem die Vorsilbe *ga-* ausgefallen ist); vor allem als Anrede an den Vater und Großvater gebraucht.

knapp *Adj.* (< 16. Jh.). Übernommen aus dem Niederdeutschen. Die weitere Herkunft ist unklar. Man vermutet **ge-hnapp* zu anord. *hneppr* 'eng'; aber das nordische Wort hat auch regionale Varianten mit dem Anlaut *kn-,* so daß dieser unter Umständen alt ist. Vielleicht zu den Wörtern für 'zusammendrücken', die einen Anlaut *kn-* aufweisen (s. *kneipen* und *knapsen*).
Heidermanns (1993), 337.

Knappe *m.* s. *Knabe.*

knappen *swV. per. reg.* 'schnappen, essen (auch anderes)' (< 16. Jh.). Übernommen aus dem Nie-

derländischen. Ursprünglich wohl eine Lautgebärde. Hierzu **Knappsack** 'Vorratsbeutel' (16. Jh.).

knapsen *swV. erw. stil.* 'wegschneiden' (< 18. Jh.). Lautmalend wie *knipsen.* Die Bedeutung 'sparen, knausern' steht unter dem Einfluß von *knapp* (mit der Vorstellung, daß man sich das Nötige abschneidet). Vgl. *Knicker, knipsen.*

knarren *swV.* (< 14. Jh.). Mhd. *knarren, gnarren.* Lautnachahmend wie *knurren* (u. a.). Die Ableitung *Knarre* bezeichnet zunächst ein Lärminstrument ('Ratsche') und wird dann üblich als saloppe Bezeichnung für das Gewehr. S. *knarzen, knirschen.*

knarzen *swV. per. reg.* (< 16. Jh.). Fnhd. *knarsen,* lautmalende Abwandlung von *knarren* (mit dem bei solchen Verben häufigen Suffix *-z-[en],* vgl. *ächzen* u.ä.).

Knast *m. erw. vulg.* 'Gefängnis' (< 19. Jh.). Kommt über das Rotwelsche aus dem Westjiddischen (*knass* 'Geldstrafe', wjidd. *(ver)knassen* 'bestrafen' aus hebr. *qᵉnās* 'Geldstrafe').
Lokotsch (1975), 84.

Knaster *m. erw. stil.* 'übelriechender Tabak' (< 18. Jh.). In der Studentensprache abgesunken, ursprünglich (um 1700) ein Wort für feinen Tabak, der in Rohrkörbchen (span. *canastro* aus gr. *kánastron n.,* s. *Kanister*) versandt wurde. Deshalb *K(a)nastertobak* und nach holländischem Vorbild gekürzt *Knaster.*
Palmer (1939), 73–75.

Knatsch *m. per. reg. vulg.* 'Ärger' (< 18. Jh.). Auch **knatschen** 'nörgeln, weinerlich sein', **knatschig** 'quengelig'. Ausgangsbedeutung 'Straßenkot' und 'geräuschvoll essen'. Regional in vielfältigen Abwandlungen bezeugt, die auf einen lautmalenden Ausgangspunkt hinweisen. Ursprünglich ist wohl der Laut gemeint, der beim Zerdrücken oder Zertreten von etwas Weichem entsteht; damit zum weiteren Umfeld von *knutschen.*

knattern *swV.* (< 17. Jh.). Etwas früher *Geknetter.* Lautnachahmend wie *knittern.*

Knäuel *m./n.* (< *11. Jh., Form < 14. Jh.). Spmhd. *kniuwel m.,* dissimiliert aus *kliuwelīn n.,* ahd. *kliuwilī(n) n., kliuwil n.,* Diminutiv zu ahd. *kliuwa f.* u.ä. 'Kugel, Knäuel'. Daneben as. *kliuwin m.* 'Klumpen, Bissen', ae. *cleowen m., cliwen m.* mit (wohl ebenfalls diminutivem) *n*-Suffix, das im Deutschen ebenfalls *-el* ergeben konnte, so daß die genaue Vorform unklar ist. Auf jeden Fall zu einer Grundlage (g.) **kleu-,* (ig.) **gleu-,* die etwa auch in mir. *gló, glau* 'Ball', gr. *gloutós m.* 'Hinterbacken', ai. *gláu-* 'Klumpen, Auswuchs' und Verwandtem vertreten ist. Verb: **knäueln.**
Nndl. *kluwen,* ne. *clew.* S. *Klicker, Kloß, Klüngel.*

Knauf *m. erw. fach.* (< 11. Jh.). Mhd. *knouf,* ahd. *knouf,* mndd. *knoop,* mndl. *cnoop;* vielleicht auch anord. *knypr(i) n.* Zu bedeutungsähnlichen Wörtern für verdickte Gegenstände mit Anlaut *kn-* vgl. *Knolle* und besonders *Knopf, Knüppel.*

knaupeln *swV. per. md.* ´an etwas nagen, einen Knoten zu lösen suchen´ (< 18. Jh.). Eigentlich ´nagen, knabbern´ und zu der Gruppe lautmalender Wörter um *knabbern* zu stellen. Vgl. *abknaupen, abkneipen* (*DWB*).

Knaus *m.,* **Knäuschen** *n.,* s. *Knust.*

Knauser *m. erw. stil.* (< 17. Jh.). Vielleicht zu fnhd. *knaus,* mhd. *knūz* ´hochfahrend (u. a.)´. Die neuhochdeutsche Bedeutung wohl aus ´hochfahrend gegenüber den Armen´. Die Herkunft des Wortes ist unklar. Dem Sinn nach eher zu einem Wort für ´zusammendrücken´, evtl. zu *Knoten.* Verb: *knausern;* Adjektiv: *knauserig.*

Knaust *m.* s. *Knust.*

knautschen *swV. erw. stil.* ´zusammendrücken´ (< 18. Jh.). Lautvariante zu *knutschen,* vielleicht Umsetzung ins Hochdeutsche von einer niederdeutschen Form mit Langvokal. Weiter zu den Wörtern für ´zusammendrücken´ mit dem Anlaut *kn-* (s. *kneipen*). Fachsprachlich in Bildungen wie *Knautschzone.*

Knebel *m.* (< 11. Jh.). Mhd. *knebel,* ahd. *knebil,* as. *knevil,* mndd. *knevel* für verschiedene Ausprägungen von kurzen, schmalen Hölzern; entsprechend anord. *knefill* ´Querstange´, so daß g. **knabila-* m. ´Knebel´ erschlossen werden kann. Im Germanischen treten mehrere vergleichbare (aber regional beschränkte) Formen auf, s. etwa *Knabe.* Außergermanisch läßt sich allenfalls unter Annahme eines Schwebeablauts (ig.) **genebʰ-* und einer Variante (ig.) **gombʰ-* (aus **gon-bʰ-*) Vergleichbares finden in lit. *gémbė* f. ´Haken, Waldpflock´ und gr. *gómphos* ´hölzerner Pflock, Nagel´, doch wird letzteres üblicherweise zu der Sippe von *Kamm* gezogen (das Litauische müßte dabei das Verhalten einer Kentum-Sprache zeigen). Das Ganze ist also reichlich unsicher. Verb: *knebeln.* Nndl. *knevel.* Vgl. *Knagge.*

Knebelbart *m. obs.* (< 16. Jh.). In entsprechender Bedeutung afr. *kanep, k(e)nep,* ae. *cenep,* anord. *kampr* ´Schnurrbart´. Herkunft und Art des Zusammenhangs mit *Knebel* sind unklar.
Trier (1925), 86.

Knecht *m.* (< 8. Jh.). Mhd. *kneht,* ahd. *kneht,* as. *kneht* ´Jüngling (u. ä.)´ aus wg. **knehta-* m. ´Jüngling (usw.)´, auch in afr. *kniucht, knecht,* ae. *cniht.* Herkunft unklar. Abstraktum: *Knechtschaft;* Adjektiv: *knechtisch;* Verb: *knechten.*
Nndl. *knecht,* ne. *knight.* – *LM* 5 (1991), 1233 f.

Kneif *m. arch.* ´kurzes gekrümmtes Messer´ (< 17. Jh.). Fnhd. *kneif,* vergleichbar anord. *knīfr,* spae. *cnīf* (wohl aus dem Nordischen entlehnt). Da-

neben mit Ablautvariation *Kneip* aus mndd. *knīp, knīf.* Herkunft unklar. Vielleicht als ´zusammengekrümmt´ zu den Wörtern für ´zusammendrücken´ mit dem Anlaut *kn-* (vgl. *kneipen*).

kneifen *stV. stil.* (< 16. Jh.). Übernommen aus ndd. *knipen* (s. unter *kneipen*). Die Bedeutung ´sich drücken´ wohl aus ´den Schwanz einkneifen´.
S. *Kniff.* – Seebold (1970), 304 f.; Kretschmer (1969), 297–299.

Kneifer *m. obs.* ´Augenglas´ (< 19. Jh.). Älter *Nasenkneifer* (oder der Mundart entsprechend *Kniper*). Wie *Klemmer* und südd. *Zwicker* eine Lehnprägung zu frz. *pince-nez* gleicher Bedeutung.

Kneip *m.* s. *Kneif.*

Kneipe *f. stil.* (< 18. Jh.). Zunächst als *Kneipschenke,* dann in Studentenkreisen verkürzt zu *Kneipe.* Vermutlich ist wie bei *Quetsche* und ähnlichen Wörtern eine Schenke gemeint, in der man eng zusammengedrückt sitzen muß. Damit zu *kneipen.*
F. Kluge *ZDW* 3 (1902), 114–121; O. Ladendorf *ZDW* 3 (1902), 362–366; Kluge (1912), 1–19; A. Meiche *MVSV* 6 (1912), 84–94, 173 f.

kneipen *stV./swV. erw. reg.* (< 15. Jh.). Übernommen aus mndd. *knipen stV.* und dann weitgehend durch die ins Hochdeutsche übertragene Form *kneifen* ersetzt. Außergermanisch entspricht lit. *gnýbti* ´kneifen´, doch liegen letztlich lautsymbolische Folgen zugrunde; wie Ausdrücke für ´zusammendrücken u. ä.´ mehrfach mit der Folge *kn-* beginnen (*knapp, knautschen/knutschen, kneten, knuddeln, knüllen* sowie, stärker lautnachahmend, *knaken/knicken, knapsen* und vielleicht noch anderes). Ein weiterer Zusammenhang mit den Wörtern für verdickte Gegenstände (s. unter *Knolle*) ist denkbar.

kneippen *swV. per. fach.* ´eine Kur nach Kneipp machen´ (< 19. Jh.). Nach dem Begründer des Verfahrens, Pfarrer Sebastian *Kneipp.*

Knete *f. erw. vulg.* ´Geld´ (< 20. Jh.). Eigentlich ´Knetmasse´; die Übertragung wohl deshalb, weil man Geld häufig längere Zeit in der Hand hält. Es ist aber auch eine Variation von *Kitt* o. ä. denkbar.
G. Augst *Diagonal* 1991, 61–71.

kneten *swV.* (< 9. Jh.). Mhd. *kneten stV.,* ahd. *knetan, knedan,* as. *knedan* aus wg. **kned-a- stV.* ´kneten´, auch in ae. *cnedan.* Die ältere Stammbildung zeigt wohl das tiefstufige aschw. *knodha.* Außergermanisch vergleicht sich apreuß. *gnode* ´Knetmulde´, akslav. *gnesti* ´drücken, bedrücken´. Zu den lautsymbolischen Bildungen der Bedeutung ´zusammendrücken´ mit Anlaut *kn-* (s. unter *kneipen*).
Nndl. *kneden,* ne. *knead,* nschw. *knåda.* – Seebold (1970), 303 f.

Knick *m. per. ndd.* ʾHecke, Zaun' (< 16. Jh.). Die Hecken heißen danach, daß sie (ursprünglich) alle drei Jahre *geknickt* wurden, um sie in ihrer Form und Dichte zu halten.

knicken *swV.* (< 15. Jh.). Übernommen aus ndd. *knikken,* das mit ne. *knick* vergleichbar ist. Weiter entfernt sind anord. *kneikja* ʾdrücken, biegen u.ä.'. Offenbar also eine der Bildungen mit der Bedeutung ʾzusammendrücken' und dem Anlaut *kn-.* Die jüngeren Bedeutungen sind aber deutlich lautnachahmend und haben vielleicht zu einer Abwandlung in *knacken* geführt. Abstraktum: **Knick.**

Knicker *m. erw. reg.* ʾGeizhals' (< 17. Jh.). Dazu **knickig, knick(e)rig** u.ä. Nach älterem *knicken* ʾabzwacken, sparen' (vgl. *knapsen*).

Knickerbocker(s) *Pl. erw. fach.* (eine Hose mit Bündchen unterhalb des Knies) (< 20. Jh.). Entlehnt aus ne. *knickerbockers,* so benannt nach dem Eigennamen *Knickerbocker* aus dem Roman *History of New York* von W. Irving. In der bebilderten Ausgabe trug diese Figur die Kniehosen ihres holländischen Herkunftslandes.

Rey-Debove/Gagnon (1988), 474 f.

Knicks *m.,* älter auch **Knick,** *obs.* (< 17. Jh.). Zu *knicken* in der Bedeutung ʾdie Knie einknicken', d. h. eine höfliche Verbeugung oder einen angedeuteten Kniefall machen. Die Bildungen auf *-s* sind regional und umgangssprachlich. Verb: **knicksen.**

Knie *n.* (< 8. Jh.). Mhd. *knie,* ahd. *knio,* as. *knio* aus g. **knewa-* n. ʾKnie', auch in anord. *kné,* ae. *cnēo,* afr. *knī, knē;* gotisch nur indirekt in *knussjan* ʾknien'. Dieses ist in die *a*-Deklination übergeführt aus ig. **genu-* n. ʾKnie', auch in heth. *genu-, ganu-* ʾKnie, Geschlechtsteil, Geschlecht' (ʾGeschlechtsteil' wie im Akkadischen, daher vielleicht ursprünglich als ʾSchenkelbeuge'), ai. *jānu,* toch. A **kanwe,* toch. B *keni,* gr. *góny* ʾKnie, Gelenk', l. *genu.* Verb: **knien.**

Nndl. *knie,* ne. *knee,* nschw. *knä,* nisl. *knje.* S. *diagonal, Knochen.* – Röhrich 2 (1992), 858.

Kniekehle *f.* (< 13. Jh.). Mhd. *kniekel* gehört zu *Kehle²* als ʾEinbuchtung, Rinne am Knie'.

Kniff *m.* (< 18. Jh.). Die heutige Bedeutung ʾKunstgriff' stammt aus der Studentensprache; vorher ist das Wort negativer (ʾGaunertrick') und bezeichnet offenbar zunächst das Zinken von Spielkarten mittels Einkneifen (also von *kneifen* abgeleitet); entsprechend mndd. *knepe.*

knifflig *Adj.* (< 19. Jh.). Zu dem nur regionalen **kniffeln** ʾklauben'.

Knigge *m. erw. stil.* ʾBuch mit Verhaltensregeln' (< 19. Jh.). Nach dem Buch *Über den Umgang mit Menschen* von A. Freiherr von *Knigge* (1788), das vor allem als Zitat weithin bekannt wurde.

Knilch *m. erw. grupp.* ʾ(unangenehmer) Kerl' (< 20. Jh.). Herkunft unklar; vermutlich als ʾKlotz, Knolle' ein Schimpfwort für ʾBauer'.

F. Neumann *ZDPh* 78 (1959), 309–318; J. Knobloch *Lingua* 26 (1970/71), 307.

knipsen *swV.* (< 17. Jh.). Zuerst in der Bedeutung ʾzupfen, zausen'; zu **Knips** ʾSchnippchen' und der Interjektion **knips.** Lautmalend, und in der heutigen Bedeutung wohl von *kneipen* beeinflußt (vgl. *knapsen*). Die Bedeutung ʾfotografieren' geht von der lautmalenden Bedeutung aus und bezieht sich auf das Geräusch von Auslöser und Verschluß der Kamera.

Knirps *m. stil.* (< 18. Jh.). Nach mundartlichen Formen zu schließen ist wohl von **knürbes(-z)* auszugehen. Gehört wohl als expressive Bildung zu dem Umfeld von *Knorpel.*

Vgl. *Knolle.* – H. J. W. Kroes *GRM* 40 (1959), 87.

knirschen *swV.* (< 14. Jh.). Spmhd. in dem Abstraktum *knirsunge,* mndd. *knirsen, knarsen, knersen;* ferner mhd. *zerknürsen* ʾzerquetschen'. Ähnliche Lautmalereien sind nndd. *knarsen, knersen, knarsetanden* ʾmit den Zähnen knirschen', sowie auf einfacherer Grundlage *knirren* (seit dem 16. Jh.). S. *knarren* und *knurren.*

knispeln *swV. per. reg.* ʾ(mit Fingernägeln o.ä.) ein leises, helles Geräusch machen' (< 20. Jh.). Lautmalend. Dazu **Knispel** *m.* ʾlästiger Mensch'.

knistern *swV.* (< 16. Jh.). Frequentativum zu einem älteren *knisten,* das in mhd. *knistunge* ʾKnirschen' bezeugt ist. Lautmalend.

Röhrich 2 (1991), 858.

Knittel *m.* s. *Knüttel.*

Knittelvers *m. per. fach.* (< 16. Jh.), auch in der Form **Klüppelvers,** als abschätzige Bezeichnung zunächst von spruchartigen Reimpaaren (auch lateinischen), dann von einfachen Reimen, dann von leonischen Hexametern, Kehrreimen u. a. Seit Beginn des 18. Jhs. technische Bezeichnung der vierhebigen Reimpaare, wie sie vor allem Hans Sachs benutzte; in dieser Bedeutung ist der Ausdruck aufgewertet worden. Mit *Knittel* oder *Klüppel* sind offenbar die Reime gemeint, die groß wie Knüppel wirken, aber im einzelnen ist das Benennungsmotiv unklar.

knittern *swV.* (< 17. Jh.). Übernommen aus ndd. *knittern,* mndd. *kneteren.* Schallnachahmende Bildung mit Vokalvariation zu *knattern.* Übertragen: ʾkleine Falten bekommen' (bei Papier, Stoff usw.), vom Geräusch der Behandlung, die diese Falten hervorruft.

knobeln *swV. obs.* ʾwürfeln' (< 19. Jh.). Älter **knöcheln** (vgl. auch mhd. *würfelbein* ʾWürfel'); offenbar von dem Würfeln mit Knochen (seit der Antike üblich und noch lange Zeit volkstümlich)

zu **Knobel** u.ä., mundartlicher Ausdruck für ˈFingerknöchelˈ, mhd. *knübel*, spahd. *knobel, knovel*, aus **knuwila-* zu *Knochen* und *Knöchel*. Hierzu **Knobelbecher** ˈWürfelbecherˈ, in der Soldatensprache übertragen auf die Stiefel. S. auch *Knopf*.
Zu den Knöchelspielen vgl. J. Simon in *FS J. Goossens* (Neumünster 1990), 119−159.

Knoblauch m. (< *9. Jh., Form < 11. Jh.). Mhd. *knobelouch*, älter *klobelouch*, ahd. *klobalouh* u.ä., as. *kluflôk*; Kompositum aus *Lauch* und *klubō ˈZeheˈ in ae. *clufe* (ne. *clove*), das zu *klieben* ˈspaltenˈ gehört. Der *Knoblauch* ist also ˈder in Zehen gespaltene Lauchˈ. Dabei wird das erste *l* gegen das zweite zu *n* dissimiliert. Nndl. *knoflook*.

Knöchel m. (< 15. Jh.). Fnhd. *knochel, knöchel, knuchel*, mndd. *knokel*, mndl. *cnokel* und me. *knokil*. Alte Diminutivbildung zu *Knochen*.
Nndl. *knokke*, ne. *knuckle*. S. *knobeln*. − Silfwerbrand (1958), 147−151.

Knochen m. (< 14. Jh.). Mhd. *knoche*, mndd. *knoke, knake*; daneben anord. *knúi* ˈFingerknöchelˈ aus *knūwōn, mit unerweitertem **knu-* neben einer *k*-Erweiterung. Die Wörter können zu ig. **genu-* ˈKnieˈ gehören, vgl. gr. *góny* n. ˈKnie, Gelenk, Knoten an Halmenˈ; die Erweiterung vielleicht auch in gr. *gnýx* ˈauf den Knienˈ. Nach Sommer (s. u.) zu einer Schallwurzel, die das Knacken der Gelenke wiedergibt (s. *knacken*). Präfixableitung: **verknöchern**; Adjektiv: **knochig**.
Nndl. *knook*, schw. (dial.) *knoka*. S. *Knie, knobeln, Knöchel, Knoten*. − L. Weisgerber *RV* 9 (1939), 32−43; Silfwerbrand (1958), 147−151; Kretschmer (1969), 299; H. Schüwer *NW* 17 (1977), 115−123; Sommer (1977), 115−123; Lühr (1988), 219 f.; Röhrich 2 (1992), 858 f.

knock out s. *k. o.*

Knocke f. arch. ˈFlachsbündelˈ (< 17. Jh.d). Aufgenommen aus ndd. *knocke*, mndd. *knucke, knocke* ˈFlachsbündelˈ. Vergleichbar ist me. *knucche* ˈHeubündelˈ, ne. *knitch* ˈHolzbündelˈ; dazu ae. *(ge)-cnycc* m. ˈBandˈ. Außergermanisch vergleicht sich lit. *gniūžis* m. ˈBündel, Handvollˈ, so daß ig. (oeur.) **gneuĝ-* zugrundeliegen kann.

Knödel m. (< 14. Jh.). Spmhd. *knödel* n. Gehört zu den Ausdrücken für verdickte Gegenstände mit Anlaut *kn-*, vgl. *Knolle*.
S. auch *Nudel*. − Kretschmer (1969), 291−296.

Knolle f., **Knollen** m., (< 8. Jh.). Mhd. *knolle* m., ahd. *knollo*. Gehört zu den Wörtern für verdickte Gegenstände mit Anlaut *kn-*, vgl. *Knauf* (*Knopf, knüpfen, Knüppel, Knopper, Knospe*), *Knödel, Knorren* (*Knorz, Knirps, Knorpel*), *Knösel, Knubbe, Knust, Knüttel*. Ein weiterer Zusammenhang mit den Wörtern für ˈzusammendrückenˈ und Anlaut *kn-* (s. *kneipen*) ist denkbar. Adjektiv: **knollig**.

Knopf m. (< 9. Jh.). Mhd. *knopf*, ahd. *knopf* ˈKnorren, Knospe, Knotenˈ. Gehört zu den Aus-

drücken für verdickte Gegenstände mit Anlaut *kn-*, vgl. *Knolle*; besonders nahe stehen *knüpfen* und *Knospe*. Die Bedeutungsnähe von *Knopf*/*knüpfen* zu *Knoten* ließe auch einen Anschluß an die Gruppe *knobeln*/*Knochen*/*Knoten* zu. Verb: **knöpfen**; Partikelableitung: **vorknöpfen**.
Nndl. *knoop*, ne. *knob*. S. *Knüppel, Noppe*. − H. Schüwer *NW* 17 (1977), 115−123; Lühr (1988), 287; *LM* 5 (1991), 1237; Röhrich 2 (1992), 859 f.

Knöpfle *Pl. per. wobd.* (regionale Form von Teigwaren) (< 15. Jh.). Diminutivform zu *Knopf*.

Knopper f. per. österr. ˈGallapfel am jungen Kelch der Eichelˈ (< 18. Jh.). Weiterbildung zu *Knopf*, die Lautform ist aber unklar.

knorke Adj. erw. städt. ˈvorzüglichˈ (< 20. Jh.). Herkunft unsicher.
Lasch (1928), 204; H. Kügler *ZD* 48 (1934), 738 f.

Knorpel m. (< 15. Jh.). Bezeugt mit verschiedenen Vokalisierungen. Gemeint ist in erster Linie der härtere Teil der Ohrmuschel. Gehört zu den Ausdrücken für verdickte Gegenstände mit Anlaut *kn-*. Näher verwandt sind wohl *Knirps* und *Knorren*.

Knorren m. erw. reg. (< 13. Jh.). Mhd. *knorre*, mndd. *knorre*. Verwandt sind ahd. *chniurīg* ˈmuskulösˈ; nndl. *knor*, ne. *knar*. Alles Bildungen mit der Bedeutung ˈverdickter Gegenstandˈ und Anlaut *kn-*, vgl. *Knolle*. S. auch *Knorpel, Knorz*.

Knorz m. per. obd. (< 11. Jh.). Mhd. *knorz*, ahd. *knorz* ˈAuswuchs, Knotenˈ. Näher verwandt mit *Knorren*; im übrigen eine der Bildungen zur Bezeichnung verdickter Gegenstände mit Anlaut *kn-*, vgl. *Knolle*.

Knösel m. per. ndd. ˈkleine Pfeifeˈ (< 19. Jh.). Gehört zu den Ausdrücken für verdickte Gegenstände mit Anlaut *kn-*, vgl. *Knolle*.

Knospe f. (< 16. Jh.). In der heutigen Bedeutung hat es älteres *Knopf* ersetzt, das heute noch regional (süddeutsch) gilt. *Knospe* ist offenbar eine Ableitung auf -*s* zu *Knopf* (oder einer einfacheren Form dieses Wortes) mit Umsprung von Labial und *s*. Es gehört damit wie dieses zu den Wörtern für verdickte Gegenstände mit Anlaut *kn-* (vgl. *Knolle*). Verb: **knospen**.

Knote m. arch. ˈplumper Menschˈ (< 18. Jh.). Älter ondd. *gnôte* ˈHandlungsdienerˈ. Schreibung und jüngere Bedeutung offenbar beeinflußt von *Knoten*; das ältere Wort ist dagegen ein niederdeutsche Form des Wortes *Genosse*, das in bestimmten Bereichen abgesunken ist.

Knoten m. (< 8. Jh.). Mhd. *knote, knode*, ahd. *knoto, knodo*, mndd. (geminiert) *knutte*, as. *knotto* ˈKnoten an Fäden usw., Verdickung an Halmen usw.ˈ. Ebenfalls die geminierte Form zeigt ae. *cnotta* (ne. *knot*), zu dem ae. *cnyttan* ˈstrickenˈ (ne.

knit), ndd. *knütten* ´Netze knüpfen´ gehört. Als dritte Variante gehört hierher anord. *knútr* ´Knoten´, anord. *knúta f.* ´Knöchel´; also nebeneinander **knup-/knud-*, **knut(t)-* und **knūt-*. Die Gruppe kann in den Bereich ´verdickte Gegenstände mit Anlaut *kn-*´ gehören (s. *Knolle*); es kann sich aber auch um eine Erweiterung zu ig. **genu-* ´Knie´ handeln, vgl. gr. *góny n.* ´Knie, Gelenk, Knoten an Halmen´; entsprechend *knobeln* und *Knochen/Knöchel.* *Knoten* als seemännisches Maß der Schiffsgeschwindigkeit ist entlehnt aus ne. *knot* und bezieht sich auf die Zahl der Knoten, die in einer bestimmten Zeit von der Logleine abgelaufen sind. Verb: *knoten*; Adjektiv: ***knotig.***

S. *Knopf, Knüttel.* – H. Schüwer *NW* 17 (1977), 115–123. Anders: Lühr (1988), 281 f.; Röhrich 2 (1992), 860 f.

Knöterich *m. per. fach.* (< 18. Jh.). So benannt wegen der knotigen Stengelgelenke. Zum Suffix vgl. *Wegerich.*

LM 5 (1991), 1237 f.

Know-how *n. per. fach.* ´Spezialwissen´ (< 20. Jh.). Entlehnt aus ne. *know-how* (eigentlich ´Wissen wie´), aus e. *know* ´wissen´ (aus ae. *cnāwon*) und e. *how* ´wie´ (aus ae. *hū*).

Rey-Debove/Gagnon (1988), 476; Carstensen 2 (1994), 782 f.

Knubbe *f.*, **Knubben** *m., per. reg.* ´Knorren´ (< 17. Jh.). Übernommen aus ndd. *knubbe*, mndd. *knobbe.* Dieses gehört zu den Ausdrücken für verdickte Gegenstände mit Anlaut *kn-*, die unter *Knolle* zusammengestellt sind.

H. Schüwer *NW* 17 (1977), 115–123.

knuddeln *swV. per. reg.* ´zusammendrücken, umarmen´ (< 20. Jh.). Gehört zu den Ausdrücken für ´zusammendrücken´ mit einem Anlaut *kn-*; vgl. *kneipen.*

knuffen *swV. erw. reg.* ´stoßen´ (< 18. Jh.). Übernommen aus dem Niederdeutschen. Wohl lautsymbolisch (vgl. *puffen*) – oder zu *knobeln* als ´mit den Fingerknöcheln stoßen´.

Knülch *m.* s. *Knilch.*

knüll *Adj. per. ndd. md.* ´erschöpft, betrunken´ (< 19. Jh.). Aus der Studentensprache. Vermutlich eine Rückbildung zu *knüllen*, wobei das Benennungsmotiv aber unklar bleibt (etwa im Sinn von ´zerknittert´?). Vgl. fnhd. *knollicht trinken* ´viel, haufenweise trinken´.

O. Weise *ZDW* 5 (1903), 256; H. Schröder *ZDPh* 38 (1906), 523 f.

knüllen *swV.*, meist *zerknüllen, zusammenknüllen* ´(Papier, Stoff) zusammendrücken´ (< 15. Jh.). Fnhd. *knüllen* ´zusammendrücken, drücken, prügeln u. a.´. Gehört zu den Ausdrücken für ´zusammendrücken´ mit einem Anlaut *kn-* (s. unter *kneipen*), doch haben sich wohl auch andere Sippen (etwa *knallen* u.ä.) eingemischt, so daß die älteren

Bedeutungen z. T. untypisch sind. Vgl. ae. *cnyllan* ´klopfen, schlagen´, anord. *knylla* ´prügeln´. Vielleicht hierher auch *knüll* und *Knüller.*

Knüller *m. stil.* ´etwas, das einschlägt´ (ursprünglich von Zeitungsartikeln) (< 20. Jh.). Herkunft unklar. Wohl zu *knüllen*, aber der Bedeutungszusammenhang ist unklar (´mit Nachrichten geknüllt voll´?). Möglicherweise statt dessen zu *knallen* (*knellen, knillen*, s. *Knall*), vielleicht über das Westjiddische.

S. A. Wolf *MS* (1955), 283; R. Glunk *ZDW* 17 (1961), 122–124; M. Dietrich *SD* 17 (1973), 145 f.

knüpfen *swV.* (< 8. Jh.). Mhd. *knüpfen*, ahd. *knupfen*, mndd. *knüppen.* Denominativ zu *Knopf*, also ´einen Knopf (Knoten) machen´. Zu weiteren Wörtern für verdickte Gegenstände mit Anlaut *kn-* s. unter *Knolle.*

Knüppel *m.* (< 15. Jh.), älter fnhd. *knüpfel.* Daneben md. *klüppel*, ndd. *klüppel*, obd. *klüpfel* (das formal zu *klopfen* gestellt werden kann). Die beiden Formen gehen leicht ineinander über (vgl. etwa *Knittelvers*). *Knüppel* gehört zu *Knopf* in der Bedeutung ´Astknorren´, ist also eigentlich ein ´Knotenstock´. In der Fachsprache der Forstwirtschaft ist *Knüppel* das auf bestimmte Länge geschnittene Rundholz. Ein *Knüppeldamm* (seit dem 16. Jh.) ist ein mit solchen Hölzern gelegter Weg (in einem Moor o.ä.). Verb: **(nieder-) knüppeln.**

Röhrich 2 (1992), 861.

knurren *swV.* (< 16. Jh.). Lautmalend wie *knarren* und *knirschen.*

O. Hauschild *ZDW* 12 (1910), 15.

Knurrhahn *m. per. fach.* (< 18. Jh.). Ein Nordseefisch, der, wenn er an die Luft kommt, die Kiemendeckelknochen aneinander reibt und damit *knurrt* (´Trigla hirundo´); auch ein anderer *knurrender* Fisch (´Cottus scorpius´); nachdeutend übertragen auf mürrische Menschen.

knuspern *swV. stil.* (< 18. Jh.). Ursprünglich niederdeutsch. Lautmalend wie *knabbern* und andere Wörter dieser Art (*gnaspern* und die unter *knabbern* genannten). Vielleicht ursprünglich zu *Knospe* als ´Knospen abweiden´; doch sind in diesem Fall expressive Lautveränderungen anzunehmen. Adjektiv: ***knusprig.***

Trier (1964), 14 f.

Knust *m.*, auch **Knaust** *m.*, **Knaus** *m.* (**Knäuschen** *n.*), *per. reg.* ´Brotende´ (< 20. Jh.). Daneben die Bedeutung ´Knorren, Astansatz´, gemeint ist ursprünglich das angebackene Brotende, wodurch sich der Vergleich nahelegt. Zu den Ausdrücken für verdickte Gegenstände mit Anlaut *kn-* (vgl. *Knolle*).

D. Berger *NJ* 76 (1953), 44–63; W. Mitzka *ZM* 23 (1955), 43–45.

Knute *f. erw. exot.* (< 17. Jh.). Entlehnt aus russ. *knut m.* ´Knotenpeitsche`, das seinerseits aus anord. *knútr m.* ´Knoten` entlehnt ist. Das Femininum aus der Kürzung von **Knutpeitsche**. Übertragen auch ´Gewaltherrschaft`.

Wick (1939), 33 f.; R. Müller: *Die Synonymik von ´Peitsche`* (Marburg 1966), 94–98; Steinhauser (1978), 72.

knutschen *swV. stil.* (< *13. Jh., Bedeutung < 19. Jh.). Zuerst mit der Bedeutung ´zusammendrükken, quetschen`. Der Bedeutungswandel tritt auch bei verwandten Wörtern ein (*knüllen*, *knutzen* u. a.), bleibt dort aber regional beschränkt. Gehört mit dem unmittelbar zugehörigen *knautschen* zu den Wörtern mit der Bedeutung ´zusammendrükken` und Anlaut *kn-* (vgl. *kneipen*).

S. *Knatsch*. – H. Glombik-Hujer *DWEB* 5 (1968), 99–104.

Knüttel *m.*, auch **Knittel** *m.*, *reg.* (< 11. Jh.). Mhd. *knüt(t)el*, ahd. *knutil*. Das Wort geht wohl aus von *Knoten* als ´Knotenstock`, wird dann aber in den Bereich der Wörter für verdickte Gegenstände mit Anlaut *kn-* (vgl. *Knolle*) gezogen und wechselt mit *Knüppel* und *Klüppel*.

ko- *Präfix* s. *kon-*.

k.o. *Adj. stil.* (< 20. Jh.). Entlehnt aus ne. *knock out* ´kampfunfähig schlagen`, eigentlich ´ausklopfen`. Auch in der Vollform *Knock-out* üblich. S. *knacken* und *aus*.

Rey-Debove/Gagnon (1988), 475 f.; Carstensen 2 (1994), 780–785.

Koala *m. per. exot.* (ein Beuteltier mit wolligem Pelz) (< 20. Jh.). Entlehnt aus einer australischen Eingeborenensprache.

Rey-Debove/Gagnon (1988), 476 f.

Koalition *f. erw. fach.* (< 18. Jh.). Entlehnt aus frz. *coalition*, dieses aus ne. *coalition*, aus spl. *coalitus m.* ´Verbindung, Vereinigung`, zu l. *coalēscere (coalitum)* ´sich vereinigen, zusammenwachsen`, zu l. *alēsco* ´heranwachsen, gedeihen` und l. *con-*, zu l. *alere* ´nähren, ernähren`. Zunächst chemischer Terminus, der dann auf internationale Beziehungen übertragen wird (in der Regel eine Koalition gegen jemanden oder etwas), erst spät ein ´Regierungsbündnis`.

Zur lateinischen Sippe s. *Alimente*. – *DF* 1 (1913), 349; Ganz (1957), 117.

Kobalt *n./(m.) erw. fach.* (< 16. Jh.). Bezeugt als *kobolt*, *kobelt*, latinisiert *cobaltum n.* Es handelt sich eigentlich um das Wort *Kobold*, das die Bergleute dem für sie wertlosen Metall beilegten (nach der Sage wird dieses Material von dem Bergmännchen an die Stelle des von ihm gestohlenen Silbers gebracht).

Vgl. zur Sache: *Quarz*. – E. Göpfert: *Die Bergmannssprache in der Sarepta des Johann Mathesius* (Straßburg 1902); G. Schröder: *Die pharmazeutisch-chemischen Produkte*

(Bremen 1957), 180–183; K.-H. Weimann *DWEB* 2 (1963), 377; Lüschen (1979), 97–99, 104–106, 253. [Herangezogen wurde die Magisterarbeit von M. Mathes].

Kobel *m. per. obd.* ´Nest des Eichhörnchens, Kleintierstall` (< 15. Jh.). Gehört zu *Koben* als Diminutivum oder mit Ersatz von *-en* durch *-el*. **Kobelwagen** hießen die frühesten Kutschen, die nur für Frauen bestimmt waren.

Zu *Kobelwagen*: R. H. Wackernagel in: *Achse, Rad und Wagen* (1986), 198–209.

Koben *m. per. fach.* ´Schweinestall` (< 14. Jh.). Mhd. *kobe*; daneben **Kofen** *m.* aus mndd. *kove(n)*, *kave(n)*. Zugrunde liegt g. *\*kubōn m.* ´Gemach, Stall`, auch in anord. *kofi* ´Hütte, Verschlag`, ae. *cōfa* ´Gemach`; eine abweichende Weiterbildung derselben Grundlage ist ahd. *kubisi* ´Hütte`. Lautlich vergleichbar ist ein gr. Glossenwort *gýpē f.* ´unterirdische Wohnung`, wohl auch akslav. *župište* ´Grab`; Zusammenhang und alles weitere unklar. Abweichende Erweiterungen derselben Grundlage könnten vorliegen in Wörter auf *-t*, wie ne. *cot* ´Hütte` und Verwandtem.

Ne. *cove*, nisl. *kofi*. – J. Knobloch *SW* 5 (1980), 185–192.

Kober *m. per. reg.* ´Korb, Fischreuse` (< 14. Jh.). Spmhd. *kober* ´Korb, Tasche`. Vergleichbar sind ohne *r* nndl. *kub(be)* ´Fischreuse`, fnhd. *koben* ´Aalfangkasten`. Vielleicht zur gleichen Grundlage wie *Koben*. Auch hier entsprechen Varianten mit *t*, etwa ae. *cyt-wēr* ´Fischreuse`.

Röhrich 2 (1992), 861 f.

Kobold *m.* (< 13. Jh.). Mhd. *kobold* (mit Betonung auf der ersten oder der zweiten Silbe); als Variante mehrfach *oppold*. Im Altenglischen wird l. *Larēs Pl.*, *penātēs* (also ´Hausgeister`) mit *cōf-godas* wiedergegeben; deshalb wird der erste Bestandteil wohl das unter *Koben* behandelte Wort sein. Der zweite Bestandteil könnte *-wald* sein (vgl. *Herold*); wahrscheinlicher ist aber, mit Rücksicht auf *Unhold* und mhd. *die guoten holden* ´Hausgeister`, die Annahme eines *-hold (*-hulþa-)*. Das Wort bezeichnete früher auch ein Metgetränk (wegen dessen heimtückischer Wirkung?).

S. *Kobalt* und *Kobolz*. – P. Kretschmer *ZVS* 55 (1928), 87 f.; Röhrich 2 (1992), 862 f. Anders: Schröder (1906), 157–169.

Kobolz *m. per. ndd.* ´Purzelbaum` (< 19. Jh.). Gilt als Entwicklung aus *Kobold* (*s*-Plural?), doch ist nndl. *kopje-buitelen* („Köpfchen-Purzeln"), auch einfaches *buitelen* gleicher Bedeutung, zu beachten. Allerdings ist *buitelen* etymologisch unklar; so daß die Zusammenhänge insgesamt undurchsichtig sind. Hat frz. *culbuter* (das allerdings wörtlich ´Hintern-Stoßen` bedeutet) eingewirkt?

Röhrich 2 (1992), 863. Anders: Schröder (1906), 157–169.

Koch[1] *m.* ´Küchenmeister` (< 9. Jh.). Mhd. *koch*, ahd. *koh(ho)*, as. *kok* ist früh entlehnt aus spl. *coco* (älter l. *coquus* zu l. *coquere* 'kochen'). Femininum: **Köchin**.

LM 5 (1991), 1245; Röhrich 2 (1992), 863.

Koch² *n. per. oobd.* 'Brei' (< 13. Jh.). Mhd. *koch*. Ableitung aus *kochen*.

kochem *Adj. per. vulg.* 'schlau' (< 19. Jh.). Gaunersprachlich aus wjidd. *kochem*; dieses aus hebr. *ḥāḵām* 'weise'. **Kochemer Loschen** 'die Sprache (zu hebr. *lāšōn* 'Zunge') der Schlauen, der Eingeweihten' ist die Gaunersprache. S. *ausgekocht*.

kochen *sw V.* (< 10. Jh.). Mhd. *kochen*, ahd. *kohhōn*, mndd. *koken*, mndl. *coken* ist wie afr. *kokia* früh entlehnt aus l. *coquere* 'kochen'. Nomen instrumenti: **Kocher**.

S. *Küche, kulinarisch*. – Kretschmer (1969), 300 f.; Wolf (1985), 176 f.

Köcher *m. obs.* Mhd. *kocher*, ahd. *kohhar, kohhāri*, andl. *cocar*; entsprechend ae. *cocer* und außergermanisch mgr. *koúkouron n.*, ml. *cucura f.* u. a. Offenbar ein Lehnwort, als dessen Ausgangspunkt hunn. **kukur* derselben Bedeutung vermutet wird.

S. auch *Koker*. – *LM* 5 (1991), 1246.

Koda *f. per. fach.* 'Schlußteil (eines musikalischen Satzes)' (< 19. Jh.). Entlehnt aus it. *coda*, eigentlich 'Schwanz', dieses aus l. *cauda* 'Schwanz'.

Kode *m. per. fach.* 'Verschlüsselungssystem' (< 19. Jh.). Entlehnt aus ne. *code* und frz. *code*, die zurückgehen auf l. *cōdex* 'Verzeichnis, Urkunde, Hausbuch'. Verb: **kodieren**.

S. *Kodex*. – Schirmer (1911), 40.

Koder *m.*, auch **Köderl** *n. (österr.)*, **Koden** *m. (ndd.), per. reg.* 'Unterkinn, Wamme' (< 14. Jh.). Mndd. *kod(d)er, kader*. Im Prinzip vergleichbar sind l. *guttur n.* 'Kehle', heth. *kuttar n. r/n*-Stamm 'Partie unter dem Hals beim Brust beim Menschen' (als ig. **gʷetr/n* [o.ä., der Vokalismus ist nicht klar]); doch ist die Übereinstimmung kaum ausreichend, um eine so alte Vorform zu postulieren.

R. Lühr in: Meid (1987), 71–73. Zur Entlehnung ins Finnische s. Koivulehto *Virittäjä* 92 (1988), 49.

Köder *m.* (< 10. Jh.). Mhd. *querder*, ahd. *querdar* (mit dissimilatorischem Schwund des ersten *r* und mit *que*- zu *ko*- im Neuhochdeutschen). Setzt vd. **kwer-þra- m.* 'Köder' voraus, das mit Instrumentalsuffix von ig. **gʷerə-* 'verschlingen' gebildet ist, also 'Mittel zum Verschlingen'. Das Grundwort im Germanischen vielleicht in ae. *acworren* 'betrunken, übersättigt', sonst in ai. *giráti*, gr. (Perfekt) *bébrōka*, akslav. *požrěti*, lit. *gérti* 'trinken', l. *vorāre* 'verschlingen'. Morphologisch entspricht gr. *déletron n.* 'Köder' zu der Parallelwurzel **gʷelə-* 'verschlingen'.

S. *Kragen, Kropf*. – Seebold (1970), 318; Kluge (1926), 49 f.

Kodex *m. erw. fach.* 'Handschrift, Gesetzessammlung' (< 18. Jh.). Entlehnt aus l. *cōdex* 'Schreibtafel, Verzeichnis, Buch'. Verb: **kodifizieren**.

S. *Kode*. – *DF* 1 (1913), 349; *RGA* 5 (1984), 40–42; J. Strangas *AB* 32 (1989), 244–268; *BlW* 4 (1992), 110–114.

Kofel *m. per. oobd.* 'mit Wald bedeckte Bergkuppe' (< 15. Jh.). Mhd. *kofel*. Herkunft unklar. Heute meist nur noch in Namen.

J. Schatz in: *FS Kluge* (1926), 125 f.; J. Knobloch *BzN* 26 (1991), 1–4.

Koffein *n. erw. fach.* (< 19. Jh.). 1821 wird der Wirkstoff des Kaffees und des Tees von dem deutschen Chemiker Runge entdeckt und *Caffein* genannt. Danach Anpassung zu *Coffein* nach dem internationalen Sprachgebrauch, der von ne. *coffee* ausgeht.

Koffer *m.* (< 14. Jh.). Zunächst in der Bedeutung 'Kiste, Truhe' bezeugt. Entlehnt aus frz. *coffre* 'Lade, Koffer', das aus l. *cophinus* 'Weidenkorb', dieses aus gr. *kóphinos* unklarer Herkunft. Die Spezialisierung zur heutigen Bedeutung im 18. Jh.

DF 1 (1913), 349 f.; Lokotsch (1975), 98; Jones (1976), 210 f.

Kog *m.* s. *Koog*.

Kogel *m. per. oobd.* 'Berg' (< 19. Jh.). Möglicherweise mit *Kugel* zusammenzustellen. Sonst unklar. Heute meist nur noch in Namen.

J. Schatz in: *FS Kluge* (1926), 125 f.; Valtavuo (1957), 88–90.

Kogge *f. per. fach.* 'dickbauchiges Schiff' (< *12. Jh., Form < 15. Jh.). Mndd. *kogge m.*, ahd. *kocko m.* In althochdeutscher Zeit entlehnt aus afrz. *coque m.* 'Schiff'. Später setzt sich die niederdeutsche Lautform durch.

LM 5 (1991), 1247 f.

Kognak *m.* (< 17. Jh.). Entlehnt aus frz. *cognac*, so benannt nach der französischen Stadt *Cognac*.

Kognition *f. per. fach.* 'Denken, Gedanken' (< 20. Jh.). Entlehnt aus l. *cōgnitio (-ōnis)* 'Kennenlernen, Erkennen, Kenntnis', Abstraktum von l. *cōgnōscere (cōgnitum)* 'kennenlernen, erkennen', zu l. *(g)nōscere* und l. *con-*. Adjektiv: **kognitiv**.

Zur lateinischen Sippe s. *rekognoszieren*. – *HWPh* 4 (1976), 866–877; *BlW* 4 (1992), 116–129.

kohärent *Adj. per. fach.* 'zusammenpassend, zusammenhängend' (< 18. Jh.). Entlehnt aus l. *cohaerēns (-entis)*, dem PPräs. von l. *cohaerēre (cohaesum)* 'zusammenhängen, verbunden sein', zu l. *haerēre* 'kleben, hangen, stecken' und l. *con-*. Abstraktum: **Kohärenz**.

S. *inhärent*. – *HWPh* 4 (1976), 877–879.

Kohl¹ *m.* (eine Gemüsepflanze) (< 8. Jh.). Mhd. *kōl*, ahd. *kōl*, auch *kōla f.* ist wie ae. *cawel, caul*, anord. *kál n.* früh entlehnt aus l. *caulis,* das eigentlich ´Stengel´ bedeutet, in später Zeit aber auch eine Kohlsorte bezeichnet (´Stengelkohl´, bei dem die Blätter abgenommen werden, worauf der Stengel neu treibt); die übliche lateinische Bezeichnung für ´Kohl´ ist l. *brassica f.* Die Nebenform as. *kõli,* ahd. *kõli, kæl,* mhd. *kæl(e),* obd. **Köhl** war früher eine gleichbedeutende Variante, bezeichnet heute aber speziell den Krauskohl oder Wirsing.

Bertsch (1947), 174−179; A. Teepe-Wurmbach *WF* 13 (1960), 151−168; B. Reitz *DWEB* 4 (1964), 471−628; *LM* 5 (1991), 1248; Röhrich 2 (1992), 863 f.

Kohl[2] *m. vulg.* ´Unsinn´ (< 18. Jh.). Als Wort der Gaunersprache bezeugt, wie auch das Verbum **kohlen** ´lügen, beschwatzen´. Herkunft unklar; nach Wolf zu romani *kálo* ´schwarz´ mit der übertragenen Bedeutung ´Lüge´. Zu beachten ist rhein. **Kappes reden** ´dumm herausschwätzen´ zu *Kappes* ´Kohl´, wohl eine Bedeutungsentlehnung. Präfigierung: **verkohlen**.

E. Weißbrodt *ZDPh* 64 (1939), 306; Wolf (1985), 178; Röhrich 2 (1992), 863 f.

Kohldampf *m. erw. stil.* (< 19. Jh.). Aus der Soldatensprache, in die es aus dem Rotwelschen gelangt ist. Dort ist *Kolldampf* seit dem 19. Jh. bezeugt. Sowohl *Dampf* wie auch *Kohler* bedeuten gaunersprachlich ´Hunger´. Die Herkunft des Wortes *Kohler* ist unklar.

Günther (1919), 115 f.; E. Weißbrodt *ZDPh* 64 (1939), 305 f.; S. A. Wolf *MS* (1954), 363; Wolf (1985), 178; Röhrich 2 (1992), 864.

Kohle *f.* (< 8. Jh.). Mhd. *kol m./n.,* ahd. *kolo m., kol n.,* mndd. *kol(e), kale,* mndl. *cole* aus g. **kulan.* (**kulõn m.*) ´Kohle´, auch in anord. *kol n.,* ae. *cõl n.,* afr. *kole.* Im Gotischen dafür *hauri* (zu anord. *hyrr m.* ´Feuer´). Dazu anord. *kola* ´Tranlampe´, alem. *cholle* ´glimmen´. Das Wort bezeichnet ursprünglich, wie das air. *gúal m.* (**geu-lo-*), die Holzkohle. Vielleicht gehört weiter dazu arm. *krak* ´Feuer, glühende Kohlen´ (aus **gu-rā-*). Weitere Herkunft unklar. Hierzu **Köhler,** mhd. *koler* ´Kohlenbrenner´. Präfixableitung: **verkohlen**.

Nndl. *kool,* ne. *coal,* nschw. *kol,* nisl. *kol.* − Lüschen (1979), 254; *LM* 5 (1991), 1248 f.; Röhrich 2 (1992), 864 f.

Kohlensäure *f. erw. fach.* (< 19. Jh.). Hier steht *Kohlen-* wie in einer Reihe anderer moderner Wörter für das Element **Kohlenstoff**. *Kohlensäure* ist in Wasser gelöstes *Kohlendioxyd.* Es ist bekannt als die Ursache des Perlens im Mineralwasser.

Kohlenstoff *m. erw. fach.* (< 19. Jh.). Von Lavoisier als Element der Holzkohle (frz. *charbon*) erkannt und 1787 als *carbon* bezeichnet. Hierzu ist *Kohlenstoff* das Ersatzwort. Erst später wurde erkannt, daß das Element in Form von Graphit und Diamanten auftritt, und wesentlicher Bestandteil lebender Materie ist.

Kohlmeise *f. erw. fach.* (< 17. Jh.). Wegen ihres schwarzen Kopfes so benannt (auch in anderen Sprachen; ae. *colmāse* z. B. schon 11. Jh.).

Kohlrabe *m. erw. fach.* (< 18. Jh.). Wegen seiner schwarzen Farbe durchaus zutreffend benannt; vgl. aber *Kolkrabe.*

Kohlrabi *m.* (< 17. Jh.). Eingedeutscht aus it. *cavolo rapa (Pl. cavoli rape)* (zu den Bestandteilen s. *Kohl*[1] und *Rübe*): Die Eindeutschung ist noch stärker in südd. *Kohlrabe.* Die Form *Kohlrübe* hat sich weitgehend in der Bedeutung abgesetzt und bezeichnet die Steckrübe. Die Pflanze war schon im Mittelalter in Deutschland angebaut worden − die l. Bezeichnung *rāva caulis* ist noch erhalten in nndl. *raapkool,* sächs. *Rübenkohl,* schwz. *Rüebechöl.*

Kretschmer (1969), 301−303.

Kohorte *f. per. exot.* ´militärische Einheit, die dem zehnten Teil einer Legion entspricht´ (< 19. Jh.). Entlehnt aus l. *cohors (-ortis),* ursprünglich ´Hof´, dann ´Umgebung, Begleitung´, und schließlich ´militärische Einheit´. S. *Kurtisane.*

Koinzidenz *f. per. fach.* ´Zusammentreffen´ (< 18. Jh.). Entlehnt aus ml. *coincidentia,* Abstraktum zu ml. *coincidere* ´zusammentreffen, zusammenfallen´, zu l. *incidere* ´treffen, stürzen´ und l. *con-,* zu l. *cadere* ´fallen, sinken´ und l. *in-.*

Zur lateinischen Sippe s. *Kadenz.* − *HWPh* 4 (1976), 879−881.

Koitus *m. erw. fach.* ´Beischlaf´ (< 17. Jh.). Entlehnt aus l. *coitus,* eigentlich ´Zusammengehen, Zusammentreffen´, zu l. *coīre* ´zusammengehen, zusammentreffen´, zu l. *īre* ´gehen´ und l. *con-.* Das Wort ist zunächst ein medizinischer Ausdruck, wird dann aber im 20. Jh. unter dem Einfluß des Englischen gebräuchlicher. Verb: **koitieren.** Zur lateinischen Sippe s. *Exitus.*

Koje *f. erw. grupp.* (< 17. Jh.). Mndd. *koje.* Wie *Käfig* und *Kaue* entlehnt aus l. *cavea* ´Verschlag´. *Koje* ist eine niederdeutsche Form, die sich auf die Bezeichnung der Kajüte spezialisiert hat. S. auch *Kebse.*

Kojote *m. per. fach.* ´Präriewolf´ (< 19. Jh.). Entlehnt aus span. *coyote,* dieses aus Aztekisch *coyotl.*

Kokain *n. erw. fach.* (ein Betäubungs- und Rauschmittel) (< 19. Jh.). Neubildung zu *Koka,* der Bezeichnung des Strauchs, in dessen Blättern der Stoff enthalten ist; dieses aus span. *coca f.,* dieses aus Ketschua *cuca, coca.* Gruppensprachlich verhüllend umgestaltet zu *Koks.*

Kokarde *f. per. fach.* ´Hoheitszeichen (an der Uniformmütze)´ (< 18. Jh.). Entlehnt aus frz. *cocarde,* eigentlich ´Hahnenkamm´, zu afrz. *coq m.* ´Hahn´.

DF 1 (1913), 350; *DEO* (1982), 219.

kokeln *swV.* s. *gokeln.*

Koker *m. per. fach.* ´Öffnung im Schiffsdeck für die Ankerkette´ (< 18. Jh.). Niederdeutsche Form von *Köcher*.

kokett *Adj.* (< 18. Jh.). Entlehnt aus frz. *coquet*, eigentlich ´wie ein Hahn´. Abstraktum: **Koketterie**; Verb: **kokettieren**.

Das französische Wort ist abgeleitet von frz. *coq*, in dem offenbar mehrere Quellen zusammengeflossen sind: ml. *coccus* ´Hahn´ (offenbar lautmalend, vgl. *cococo* als Ruf des Kapauns bei Petron), l. *coccum* ´Scharlach(rot)´ und offenbar ein germanisches (normannisches) *kock-* ´Haufen, Gipfel´. Wie führen zu einer Bedeutung ´Hahnenkamm´, von der Bedeutungen wie ´kokett´ ausgehen. S. *Cockpit, Cocktail, Kokotte*. – *DF* 1 (1913), 350; Brunt (1983), 212 f.; *DEO* (1982), 226 f.

Kokolores *m. per. reg.* ´Unsinn, Getue´ (< 17. Jh.). Das Wort stammt wohl aus der Überlieferung, in der zum Anschein der Gelehrsamkeit pseudo-lateinische Wörter gebraucht werden; so etwa in englischem Kontext *cockalorum* für ´Hahn´, dann für ´Feuer´ und anderes. Vermutlich ist ein solches Wort (mit späterer Umgestaltung) stellvertretend für diese Form des eitlen Prahlens geworden und dann verallgemeinert worden.

J. Bolte *ZVV* 27 (1917), 136; F. de Tollenære, *BGDSL* 66 (1942), 345–350; Röhrich 2 (1992),866.

Kokon *m. per. fach.* (Gespinst von Insekten) (< 18. Jh.). Entlehnt aus frz. *cocon*, dieses aus prov. *coucon* ´Eierschale´. So bezeichnet nach der entsprechenden Funktion der Umhüllung.

Das provenzalische Wort gehört zu l. *coccum*, gr. *kókkos* ´Kern, Beere´; die Bedeutung ´Schale´ über ´Nuß´.

Kokosnuß *f. exot.* (Frucht der Kokospalme) (< 16. Jh.). Entlehnt aus dem Plural von frz. *coco* *m.*, dieses aus port. *coco* *m.*, vermutlich aus l. *coccum* *n.* ´Kern, Beere´, aus gr. *kókkos* *m.* ´Kern von Früchten´. Älter *indianische Nuß*.

Kokotte *f. arch.* ´vornehme Prostituierte´ (< 19. Jh.). Im Umkreis von *kokett*, das eigentlich ´wie ein Hahn´ bedeutet, entlehnt aus frz. *cocotte* ´Huhn, Hühnchen´, dann übertragen ´adrettes Mädchen´; dann abgesunken.

Koks[1] *m. erw. fach.* (Brennstoff) (< 19. Jh.). Entlehnt aus ne. *cokes*, der Pluralform von e. *coke* ´Kohle´, dessen weitere Herkunft nicht mit letzter Sicherheit geklärt ist. Die Form ohne -s in **verkoken**, **Kokerei**.

Ganz (1957), 118; Rey-Debove/Gagnon (1988), 161 f.

Koks[2] *m. per. vulg.* ´Kokain´ (< 20. Jh.). Verhüllende Entstellung von *Kokain*, in der Gaunersprache entstanden. Verb: **koksen**.

Koks[3] *m.*, auch **Gocks** *m.ä.* u.ä., *per. reg.* ´steifer Hut´ (< 19. Jh.). Herkunft unklar. Vielleicht aus wjidd. *gag* ´Dach´ mit umgangssprachlicher Weiterbildung.

Kolben *m.* (< 9. Jh.). Mhd. *kolbe*, ahd. *kolbo*, mndd. *kolve*; ähnlich anord. *kylfa* *f.* ´Keule´

(**kulbjōn*) neben anord. *kólfr* ´Pflanzenknollen, Glockenklöppel´. Wie die nordischen Wörter zeigen, ist von ´mit einer Kugel, einem Klumpen, versehen´ auszugehen, zu einem im Deutschen nicht bewahrten Wort für ´Klumpen, Kugel´ (vgl. *Keule* und *Kugel*). Ursprünglich also eine Entsprechung zu *Keule*, dann auf verschiedene Anwendungsbereiche ausgeweitet.

Kolchose *f. per. exot.* ´landwirtschaftliche Produktionsgemeinschaft´ (< 20. Jh.). Entlehnt aus russ. *kolchóz* *m.*, dieses aus russ. *kol(lektivnoe) choz(jajstvo)* *n.* ´Kollektivwirtschaft´.

Kolibri *m. erw. exot.* (< 17. Jh.). Entlehnt aus frz. *colibri*, das bei französischen Siedlern in der Karibik aufgekommen ist und wohl aus einer Eingeborenensprache stammt (die Quelle ist aber nicht nachgewiesen).

R. Loewe *ZVS* 61 (1933), 77–83.

Kolik *f. erw. fach.* (< 16. Jh.). Entlehnt aus ml. *colica*, dieses aus gr. *kōlikós* ´im Kolon leidend´, speziell *kōlikḗ diáthesis* ´Kolik´, zu gr. *kôlon* *n.* ´Glied, Leib´; die spezielle Bedeutung ist aber eine Variante von gr. *kólon*, Bezeichnung eines Teils der Gedärme. S. *Semikolon*.

Kolk *m. per. fach.* ´Strudel im Wasser, Höhlung am Flußufer´ (< 16. Jh.). Mndd. *kolk, kulk*, auch afr. *kolk* ´Grube, Loch´. In allgemeineren Bedeutungen (´Erdloch´) wohl zu *Kuhle* gehörig. Die Bedeutung ´Strudel´ ist wohl von dem lautmalenden **kolken** ´rülpsen, gurgeln´ beeinflußt. Die Einzelheiten bleiben aber unklar.

Kluge (1911), 471.

Kolkrabe *m. erw. fach.* (< 16. Jh.). Wohl nach dem Laut, den der Vogel von sich gibt *(kolk)*.

Suolahti (1909), 177; G. H. Mahlow *WS* 12 (1929), 47–56.

Kollaborateur *m. per. grupp.* ´jmd., der mit dem Gegner zusammenarbeitet´ (< 19. Jh.). Entlehnt aus frz. *collaborateur*, einem Nomen agentis zu frz. *collaborer* ´mitarbeiten´, aus ml. *collaborāre*, aus l. *laborāre* und l. *con-*. Verbale Grundlage: **kollaborieren**; Abstraktum: **Kollaboration**. S. *Laboratorium*.

Kollaps *m. stil.* (< 19. Jh.). Entlehnt aus ml. *collapsus*, dieses zu l. *collābī* ´in sich zusammensinken, zusammenbrechen´, zu l. *lābī* ´sinken, gleiten´ und l. *con-*. S. *labil*.

Kolleg *n. arch.* (< 19. Jh.). Universitätsveranstaltung, eine Art der Vorlesung. Eigentlich *Privatkollegium*, d. h. ´Zusammentreffen (*Kollegium*) von Studenten´, das dann später von einem Privatdozenten geleitet wird und sich so zur Vorlesung entwickelt. Im Gegensatz dazu stand die *öffentliche Vorlesung*.

DF 1 (1913), 351 f.

Kollege *m.* (< 16. Jh.). Entlehnt aus l. *collēga* ´Amtsgenosse´. Die römische Republik hatte als

Grundsatz der Verfassungsordnung, daß öffentliche Ämter mit mehreren gleichberechtigten Personen zu besetzen seien, wodurch man sich eine Beschränkung der Macht von Einzelpersonen versprach (z. B. das kollegiale Doppelkonsulat). Später dann Verallgemeinerung der Bedeutung. Adjektiv: **kollegial**; Kollektivum: **Kollegium**.

Das lateinische Wort gehört auf morphologisch nicht ganz klare Weise zu l. *lēgāre* 'eine gesetzliche Verfügung treffen, jmd. abordnen' (s. *legal*) und l. *con-*. — DF 1 (1913), 352. Zu *Kollegium*: A. Götze (1929), 17; *BlW* 4 (1992), 136–144.

Kollekte *f. erw. fach.* (< 16. Jh.). Entlehnt aus l. *co'lēcta* 'Beisteuer, Geldsammlung', später speziell 'k rchliche Geldsammlung', aus l. *colligere (collēctum)* 'sammeln', aus l. *legere* 'sammeln' und l. *con-*. S. *Legende*. — DF 1 (1913), 352 f.; *LM* 5 (1991), 1254.

Kollektion *f. erw. fach.* 'Sammlung, Zusammenstellung' (< 18. Jh.). Entlehnt aus frz. *collection*, dieses aus l. *collēctio (-ōnis)* 'das Aufsammeln, die Ansammlung', einer Ableitung von l. *colligere (collēctum)* 'zusammenlesen, sammeln, aufsammeln', zu l. *legere* 'auflesen, lesen, sammeln' und l. *con-*. S. *Legende*. — Schirmer (1911), 100.

kollektiv *Adj. erw. fach.* (< 18. Jh.). Entlehnt aus frz. *collectif* 'gemeinschaftlich', dieses aus l. *collēctīvus* 'gesammelt', Adjektiv auf der Grundlage des Partizips zu l. *colligere (collēctum)* 'zusammenlesen, sammeln'. Die Substantivierung **Kollektiv** *n.* spielt im 20. Jh. eine größere Rolle im Osten Europas unter Einfluß von russ. *kollektív* 'Produktionsgemeinschaft'. S. *Legende*.

Kollektor *m. per. fach.* (< 19. Jh.). Neoklassische Bildung zu l. *colligere (collēctum)* 'sammeln'. S. *Legende*.

Koller[1] *m. obs.* 'Wut' (< 10. Jh.). Mhd. *kolre*, ahd. *koloro* 'Zorn, Bauchweh'. Entlehnt aus spl. *cholera f.* (vgl. frz. *colère f.* 'Wut'), das ursprünglich 'Gallenbrechruhr' bedeutet (s. unter *Cholera*); dann aber nach der mittelalterlichen Medizin und Temperamentenlehre (und Rückanschluß an gr. *cholé f.* 'Galle; Haß, Zorn') umgedeutet wird (s. *Choleriker*).

Heyne (1899/1903), III, 192.

Koller[2] *n. arch.* 'Wams' (< 10. Jh.). Mhd. *koller*, ahd. *kollāri m.*; daneben mhd. *kollier, gollier*, das von afrz. *collier* beeinflußt ist. Direkt und indirekt entlehnt aus spl. *collārium n.* 'Halsschutz' (zu l. *collum n.* 'Hals'). Die Bedeutung geht über von einem Teil der Rüstung zu einem Kleidungsstück, dessen Funktion und Aussehen sich im Laufe der Zeit wandelt. S. *dekolletiert*, *Kollier* und *Hals* zur germanischen Verwandtschaft.

kollern[1] *swV. per. fach.* (Laut des Truthahns) (< 16. Jh.). Lautmalender Herkunft.

kollern[2] *swV.* 'kugeln' s. *Kuller*.

kollidieren *swV.* s. *Kollision*.

Kollier *n. per. fach.* 'wertvolle Halskette' (< 19. Jh.). Entlehnt aus frz. *collier m.*, dieses aus l. *collāre* 'Halsband', einer Ableitung von l. *collum* 'Hals'. S. *dekolletiert*, *Koller*[2], und *Hals* zur germanischen Verwandtschaft.

Kollision *f. erw. fach.* 'Zusammenstoß' (< 16. Jh.). Entlehnt aus l. *collīsio (-ōnis)*, einer Ableitung von l. *collīdere* 'zusammenschlagen, zusammenstoßen', zu l. *laedere* 'verletzen, versehren, beschädigen' (s. *lädieren*) und l. *con-*. Verb: **kollidieren**. DF 1 (1913), 353.

Kolloquium *n. per. fach.* (< 16. Jh.). Entlehnt aus l. *colloquium* 'Unterredung, Gespräch, Geplauder', einer Ableitung von l. *colloquī* 'sich besprechen, unterhandeln', zu l. *loquī* 'sprechen' und l. *con-*. S. *Eloquenz*.

Kolonie *f. erw. fach.* (< 16. Jh.). Entlehnt aus l. *colōnia*, einer Ableitung von l. *colōnus m.* 'Ansiedler, Bebauer', zu l. *colere (cultum)* 'bebauen, pflegen'. Adjektiv: **kolonial**; Verb: **kolonialisieren**; Täterbezeichnung: **Kolonist**; Abstraktum: **Kolonialismus**.

S. *Clown*. — DF 1 (1913), 354; Ganz (1957), 118 H. Rix in *FS Meid* (1989), 225–240; *BlW* 4 (1992), 146–167.

Kolonne *f.* (< 18. Jh.). Entlehnt aus frz. *colonne* (auch: 'Säule, senkrechte Reihe'), dieses aus l. *columna* 'Säule'.

S. *Kolumne*. — Brunt (1983), 198.

Kolophonium *n. per. fach.* (ein Harz zum Bestreichen von Instrumentenbögen) (< 16. Jh.). Entlehnt aus l. *colophonia (resina)*, zu l. *colophōnius m.*, dieses aus gr. *kolophṓnios* 'aus Kolophon', dem Adjektiv zu gr. *Kolophṓn*, dem Namen einer Stadt in Kleinasien. Das Harz ist demnach nach seiner Herkunft benannt. Die Umbildung zum Neutrum (ohne Vorbild im Lateinischen) schon bald nach der Entlehnung (neben der wohl pluralischen Form *Colophonien*).

DF 1 (1913), 354 f.

Koloratur *f. per. fach.* 'Verzierung einer Melodie' (< 16. Jh.). Entlehnt aus it. *coloratura* 'Verzierung, Ausschmückung, Farbgebung', einer Ableitung von it. *colorare* 'färben, ausschmücken', aus l. *colōrāre*, zu l. *color m.* 'Farbe'. Hauptsächlich in **Koloratursopran**.

DF 1 (1913), 355.

kolorieren *swV. per. fach.* 'ausmalen' (< 16. Jh.). Entlehnt aus l. *colōrāre* 'färben, ausschmücken', zu l. *color m.* 'Farbe'.

DF 1 (1913), 355.

Kolorit *n. erw. fach.* 'Farbgebung, Farbe' (< 18. Jh.). Entlehnt aus it. *colorito m.*, einer Ableitung von it. *colorire* 'färben, ausschmücken', dieses aus

l. *colōrāre*, zu l. *color m.* ʹFarbeʹ. Hauptsächlich in *Lokalkolorit*.

Koloß *m.* (< 16. Jh.). Entlehnt aus l. *colossus* ʹRiesenstatue, insbesondere: die dem Sonnengott geweihte Statue auf der Insel Rhodosʹ, dieses aus gr. *kolossós*. Adjektiv: *kolossal*.

DF 1 (1913), 355−357; Littmann (1924), 13.

kolportieren *swV. per. fach.* ʹGerüchte verbreitenʹ (< 19. Jh.). Entlehnt aus frz. *colporter* ʹherumtragen, zusammentragenʹ, dieses aus l. *comportāre* ʹzusammentragenʹ, zu l. *portāre* ʹtragenʹ und l. *con-*. Die Umbildung von *m* zu *l* unter dem Einfluß der Nachdeutung l. *collo portāre* ʹam Hals tragenʹ (gewissermaßen als Bauchladen). Die Bedeutung ist zunächst ʹhausierenʹ (besonders mit Büchern − ein *Kolportageroman* ist ein in Lieferungen erscheinender Roman), dann ʹmit Gerüchten hausierenʹ. Abstraktum: *Kolportage*; Nomen agentis: *Kolporteur*. S. *transportieren*.

Kolster *m.* s. *Qualster*.

Kolter[1] *m./f. arch.* ʹgefütterte Steppdeckeʹ (< 12. Jh.). Mhd. *kulter m./n./f.* Entlehnt aus gleichbedeutendem afrz. *co(u)ltre*, das seinerseits aus l. *culcita f.* ʹPolster, Matratzeʹ stammt.

Kretschmer (1969), 165.

Kolter[2] *n./(m.) arch. ndd.* ʹPflugmesserʹ (< 15. Jh.). Mndd. *kolter*. Früh entlehnt aus l. *culter m.*, wohl über afrz. *coltre*.

Vgl. *Sech.* − Frings (1932), 153 f.; Kratz (1966), 35−55.

Kolumne *f. erw. fach.* (< 16. Jh.). Entlehnt aus ml. *columna* ʹSpalteʹ, eigentlich ʹSäuleʹ. S. *Kolonne*.

Köm *m. per. ndd.* ʹKümmelschnapsʹ (< 20. Jh.). Verkürzt aus *kömmel* ʹKümmelʹ.

Koma *n. erw. fach.* ʹBewußtlosigkeitʹ (< 19. Jh.). Entlehnt aus gr. *kõma* ʹtiefer Schlafʹ.

Kombattant *m. per. fach.* ʹKriegsteilnehmer, Mitkämpferʹ (< 19. Jh.). Entlehnt aus frz. *combattant*, dem substantivierten PPräs. von frz. *combattre* ʹkämpfenʹ, zu l. *battuere* ʹschlagenʹ und l. *con-*. S. *Bataillon*.

Kombination *f.* (< 17. Jh.). Entlehnt aus spl. *combīnātio (-ōnis)*, einer Ableitung von l. *combīnāre (combīnātum)* ʹvereinigen, eigentlich je zwei zusammenbringenʹ, zu l. *bīnī* ʹje zweiʹ (s. auch *bi-* und *kon-*). Verb: *kombinieren*. In der modernen Fachsprache spielt das Wort eine bedeutende Rolle und wird häufig mit *Kombi-* gekürzt. Vgl. auch *Kombine* und *Kombinat* in der früheren ostdeutschen Wirtschaftssprache.

DF 1 (1913), 357.

Kombüse *f. erw. fach.* ʹSchiffskücheʹ (< *15. Jh., Form < 18. Jh.). Aus ndd. *kambūse*, nndl. *kombuis*, seit dem 18. Jh. für älteres mndd. *kabus(e)*, mndl. *cabuse* ʹVorratskammerʹ (seit dem 15. Jh.). Für

ndd. *kabuus* wird auch die Bedeutung ʹKernhausʹ angegeben, so daß sich eine Zusammensetzung mit *-haus* nahelegt. Das Vorderglied bleibt unklar. *Kabüse* wird im Deutschen mit der Bedeutung ʹBretterverschlag (auf dem Schiff)ʹ gebräuchlich.

S. *Kabäuschen.* − Schröder (1906), 28−31; N. Törnqvist *NPhM* 69 (1968), 685−687; J. Knobloch *Lingua* 26 (1970/71), 307; *DEO* (1982), 188.

Komet *m.* (< 14. Jh.). Mhd. *comēte* ist entlehnt aus l. *comēta m./f.*, *comētēs*, dieses aus gr. *komḗtēs* (dass., auch: ʹlanghaarigʹ), zu gr. *kómē f.* ʹHaar, Mähneʹ. Der Himmelskörper ist somit in einem Vergleich mit einer wallenden Mähne nach seiner charakteristischen Form bezeichnet.

LM 5 (1991), 1276 f.

Komfort *m.* (< 19. Jh.). Entlehnt aus ne. *comfort* ʹBequemlichkeit, Annehmlichkeit, (auch: Trost, Stärkung)ʹ, dieses aus afrz. *confort* ʹTrost, Stärkungʹ, einer Ableitung von afrz. *conforter* ʹstärken, tröstenʹ, aus l. *cōnfortāre* ʹkräftig stärkenʹ, zu l. *fortis* ʹstark, festʹ und l. *con-*. Der Bedeutungswandel im Englischen erklärt sich als Übergang von ʹTrost, Stärkungʹ zu ʹZustand des Getröstet- und Gestärktseins, d. h. angenehmer Zustand ohne Schwäche und Leidʹ. Die Aussprache ist französisiert. Adjektiv: *komfortabel*.

S. *Fort.* − A. Gombert *ZDW* 3 (1902), 171 f.; *DF* 1 (1913), 358; Ganz (1957),119 f.; H. Mühlemann: *Luxus und Komfort* (Bonn 1975); *HWPh* 4 (1976), 888 f.

komisch *Adj.* (< 15. Jh.). Entlehnt aus l. *cōmicus*, wohl unter Einfluß von frz. *comique*, zunächst im Sinne von ʹzur Komödie gehörigʹ. Das lateinische Wort stammt aus gr. *kōmikós* ʹzu einer Komödie gehörigʹ (s. *Komödie*). Für die späteren Volkssprachen wird zunächst der Begriff *Komödie* ʹLustspielʹ für das Wort bestimmend, dann aber in großem Umfang auch mit verallgemeinerter Bedeutung (ʹlustig, wunderlichʹ usw.) verwendet. Abstraktum: *Komik*; Täterbezeichnung: *Komiker*.

DF 1 (1913), 358 f.; *HWPh* 4 (1976), 889−893.

Komitee *n. erw. fach.* ʹAusschußʹ (< 18. Jh.). Entlehnt aus frz. *comité*, dieses aus ne. *committee*, einer Ableitung von e. *commit* ʹübertragen, anvertrauenʹ, dieses aus l. *committere* (eigentlich ʹzusammenbringen, zusammenfügenʹ), zu l. *mittere (missum)* ʹschicken, sendenʹ und l. *con-*.

S. *kompromittieren.* − DF 1 (1913), 360; Ganz (1957), 120 f.

Komma *n.* (< 15. Jh.). Entlehnt aus l. *comma* ʹEinschnitt, Abschnitt, Zäsurʹ, dieses aus gr. *kómma* ʹSchlag, Einschnittʹ, einer Ableitung von gr. *kóptein* ʹschlagen, stoßen, abschlagenʹ. Als Satzzeichen seit dem 17. Jh., älter *Virgul*.

S. *Synkope.* − E. Leser *ZDW* 15 (1914), 38 f.

kommandieren *swV.* (< 17. Jh.). Entlehnt aus frz. *commander*, dieses aus spl. *commandare*, zu l. *com-*

mendāre 'anvertrauen, übergeben', zu l. *mandāre (mandātum)* 'übergeben, anvertrauen, beauftragen, Weisung geben' und l. *con-*, dieses aus l. *manus* 'Hand' und l. *dare* 'geben'. Im Spätlateinischen übernimmt das Wort die Bedeutung 'Weisung geben' vom lateinischen Stammwort *mandāre*. Nomen agentis: **Kommandant**; Abstraktum: **Kommando**.

S. *manuell* und *Datum*. − DF 1 (1913), 360 f.; W. J. Jones SN 51 (1979), 250 f.

kommen *stV.* (< 8. Jh.). Mhd. *komen*, ahd. *kuman, queman*, as. *kuman* aus g. **kwem-a- stV.* 'kommen', auch in gt. *qiman*, anord. *koma*, ae. *cuman*, afr. *kuma, koma*. Dieses aus einer ursprünglich wohl schwundstufigen Bildung zu ig. **gʷem-* in ai. *gácchati* 'geht', toch. AB *käm-* 'kommen', gr. *bainō* 'ich gehe', lit. *gimti* 'geboren werden, entstehen' ('auf die Welt kommen'?), l. *venio* 'ich komme'. Präfigierungen: **be-, ver-, über-**; Partikelverben: **ab-, an-, aus-, nieder-, überein-, um-, unter-**; zu diesen als Verbalabstrakta: **-kunft** und **-kommen**.

Nndl. *komen*, ne. *come*, nschw. *komma*, nisl. *koma*. S. *bequem, Zukunft*. Zur lateinischen Verwandtschaft s. *intervenieren*; zur griechischen Basis; aus dem Englischen: *Comeback*. − Seebold (1970), 315−317.

kommensurabel *Adj. per. fach.* 'vergleichbar' (< 20. Jh.). Häufiger die Gegensatzbildung **inkommensurabel**. Entlehnt aus spl. *commēnsūrābilis*, zu l. *commētīrī* 'vergleichen, ausmessen', zu l. *mētīrī (mēnsus)* 'messen' und l. *con-*. S. *Dimension*.

Komment *m. per. fach.* 'Brauch, Regel' (< 19. Jh.). Hypostasierung von frz. *comment* 'wie'.

Dieses ist eine Adverbialbildung zu afrz. *com*, und diese über spätlateinische Zwischenstufen aus l. *quōmodo* + *-mente*, zu l. *quō* 'irgendwie' und l. *modus* 'Art und Weise'. S. *Modus*. − DF 1 (1913), 361.

kommentieren *swV.* (< 17. Jh.). Entlehnt aus l. *commentārī*, einem Frequentativum zu l. *comminīscī* 'sich auf etwas besinnen, ersinnen', das mit l. *mēns* 'Sinn' verwandt ist. Abstraktum: **Kommentar**; Nomen agentis: **Kommentator**.

S. *mental* und *monieren*; zur Verwandtschaft *Automat* (gr.) und *mahnen*. − DF 1 (1913), 361 f.; K.-H. Weimann DWEB 2 (1963), 395; LM 5 (1991), 1279−1283; BlW 4 (1992), 176−179.

Kommers *m. per. fach.* 'feierliche Kneipe' (< 19. Jh.). Aus frz. *commerce* 'Handel, Verkehr' wird einerseits d. *Kommerz* 'Handel, kaufmännischer Verkehr' (s. *kommerziell*), andererseits mundartliches **Kommersch** 'freundschaftlicher Verkehr', dann auch 'lärmendes Treiben'. Von dort aus dann in die Studentensprache übernommen.

DF 1 (1913), 362.

kommerziell *Adj. erw. fach.* (< 19. Jh.). Französierende Bildung zu d. *Kommerz* 'Handel und kaufmännischer Verkehr', dieses aus frz. *commerce*, aus l. *commercium*, zu l. *merx (mercis)* 'Ware, Preis der

Ware' und l. *con-*. Hierzu auch *Kommerzienrat*, ursprünglich Mitglied der Kommerzienkammer (einer Art Wirtschaftsministerium), dann Titel von Großkaufleuten.

S. *Kommers, Markt*. − Schirmer (1911), 101.

Kommilitone *m. per. fach.* 'Studienkollege' (< 16. Jh.). Entlehnt aus l. *commīlito (-ōnis)* 'Mitsoldat, Waffenbruder, Kriegsgefährte', zu l. *mīlito (-ōnis)* 'Kämpfer, Streiter' und l. *con-*, zu l. *mīles (-litis)* 'Soldat'. S. *Militär*.

Kommiß *m. stil.* (< 16. Jh.). Zunächst in der Bedeutung 'Heeresvorräte' (als Femininum) bezeugt. Das Wort ist gekürzt aus *Kommission*, das seinerseits aus l. *commissio (-ōnis)* f. entlehnt ist. So wird zunächst der Auftrag an die Bevölkerung bezeichnet, Unterhaltsmittel für die Armee beizubringen, dann der Vorrat selbst; speziell der Vorrat an Brot (daher **Kommißbrot** für das beim Militär ausgegebene Brot). Das *Kommißbrot* steht stellvertretend für die Versorgung beim Militärdienst, deshalb Übergang von *Kommiß* zu 'Militär' (wie bei *Barras*).

S. *kompromittieren*. − DF 1 (1913), 363 f.

Kommissar *m.* (< 15. Jh.). Entlehnt aus ml. *commissārius* 'Beauftragter' zu l. *committere* (s. *Kommission*). Die Bedeutung ist zunächst 'Geschäftsführer', erst später auch im Verwaltungsbereich gebraucht. Adjektiv: **kommissarisch**; Lokalbildung: **Kommissariat**.

DF 1 (1913), 364 f.

Kommission *f.* (< 15. Jh.). Entlehnt aus l. *commissio (-ōnis)* 'Vereinigung, Verbindung', einer Ableitung von l. *committere (commissum)* 'zusammenlassen, zusammenbringen, anvertrauen', zu l. *mittere* 'laufen lassen, senden, schicken' und l. *con-*.

S. *kompromittieren*. − Schirmer (1911), 102; LM 5 (1992), 1284 f.

kommod *Adj. obs. österr. schwz.* 'bequem, angenehm' (< 18. Jh.). Entlehnt aus frz. *commode*, dieses aus l. *commodus*, zu l. *modus* 'Art und Weise' und l. *con* (Zusammenrückung *con modo*).

S. *akkommodieren, inkommodieren, Modus*. − DF 1 (1913), 365; W. J. Jones SN 51 (1979), 251.

Kommode *f.* (< 18. Jh.). Entlehnt aus frz. *commode*, einer Substantivierung von frz. *commode* 'angenehm, zweckmäßig' (s. *kommod*).

Kretschmer (1969), 303 f.; Brunt (1983), 199 f.

Kommune *f. erw. fach.* 'Gemeinde' (< 13. Jh.). Mhd. *commūn[e] f./n.* ist entlehnt aus afrz. *commune*, aus ml. *communia*, einer Substantivierung von l. *commūnis* 'gemeinsam, gewöhnlich'. Adjektiv: **kommunal**.

Zur germanischen Verwandtschaft s. *gemein*. − R. F. Arnold ZDW 8 (1906/07), 13; LM 5 (1991), 1284−1289.

Kommunikation *f. erw. fach.* (< 16. Jh.). Entlehnt aus l. *commūnicātio (-ōnis)* ´Mitteilung´, Abstraktum von l. *commūnicāre* ´mitteilen, teilen, gemeinschaftlich machen´, zu l. *commūnis* ´gemeinschaftlich, allgemein, gemeinsam´. Adjektiv: **kommunikativ**.
S. *Kommune.* − *HWPh* 4 (1976), 893−896; K. Berg in *FS U. Hötzer* (Freiburg 1983), 13−42.

Kommunion *f. erw. fach.* (< 16. Jh.). Entlehnt aus kirchen-l. *commūnio*, ursprünglich ´Gemeinschaft´ (s. *Kommune*). Verb: **kommunizieren**.
S. *Kommune.* − *LM* 5 (1991), 1289.

Kommuniqué *n. erw. fach.* (< 19. Jh.). Entlehnt aus frz. *communiqué m.* ´Mitteilung´, zu frz. *communiquer* aus l. *commūnicāre* (s. *Kommunikation*).

Kommunismus *m.* (< 19. Jh.). Als Schlagwort für ´staatliche Gütergemeinschaft´ gebildet zu l. *commūnis* ´gemeinsam´ (s. *Kommune*). Als politisches Schlagwort seit 1840 in Frankreich (E. Cabet). Vermutlich über England nach Deutschland gekommen. Täterbezeichnung: **Kommunist**; Adjektiv: **kommunistisch**.
HWPh 4 (1976), 899−908; *Grundbegriffe* 2 (1982), 455−529.

Komödie *f.* ´Lustspiel´. Im Frühneuhochdeutschen entlehnt aus l. *cōmoedia*, dieses aus gr. *kōmōidía*, zu gr. *kômos m.* ´Freudengelage, Belustigung, Fest, ausgelassener Umzug´ und gr. *ōidos* ´Sänger´; gemeint ist der Sänger ausgelassener Lieder bei den Dionysos-Umzügen, die eine Quelle der griechischen Komödie sind. Täterbezeichnung: **Komödiant**.
S. *komisch* und *Ode.* − *DF* 1 (1913), 366 f.; W. Burkart: *Wilder Ursprung* (Berlin 1990), 13−39; *LM* 5 (1991), 1290.

Kompagnon *m. obs.* ´Gesellschafter, Begleiter´ (< 16. Jh.). Entlehnt aus frz. *compagnon* ´Geselle, Genosse´, dieses aus spl. *companio (-onis)*, zu l. *compāgināre* ´sich vereinigen, sich zusammenschließen´, zu l. *compāgēs f.* ´Verbindung´. (Die übliche Anknüpfung an l. *panis* ´Brot´ ist weniger wahrscheinlich). Entsprechend **Kompagnie** ´Gesellschaft´ aus afrz. *compagnie* (s. *Kompanie*).
S. *Kumpan.* − Schirmer (1911), 102 f.; F. Helbling *ZDW* 14 (1912/13), 24 f., 42, 75; *DF* 1 (1913), 367 f.; H. D. Bork *ASNSL* 217 (1980), 1−16; H. Meier *ASNSL* 217 (1980), 17−25.

kompakt *Adj.* (< 16. Jh.). Entlehnt aus frz. *compact*, dieses aus l. *compāctus*, dem PPP. von l. *compingere* ´zusammenschlagen, zusammenfügen, drängen´, zu l. *pangere* ´befestigen, einschlagen´ und l. *con-*.
Zur Sippe von l. *pangere* ´befestigen´ gehört als Partizip außer *kompakt* auch *Pakt* und früher entlehntes *Pacht*; zur nicht-nasalierten Form gehört *Propaganda* und früher entlehntes *pfropfen*; zu dem zugehörigen Wurzelnomen l. *pāx* ´Friede´ gehört *Pazifismus*; zu einer *l*-Bildung *Palisade* und das früh entlehnte *Pfahl*. Zur germanischen Verwandtschaft s. *Fach.* − K.-H. Weimann *DWEB* 2 (1963), 395.

Kompanie *f. erw. fach.* (< *12. Jh., Bedeutung < 16. Jh.). Mhd. *kumpanie* ´Gesellschaft´ ist entlehnt aus afrz. *compagnie* (s. *Kompagnon*). Im 16. Jh. im Anschluß an die französische Bedeutungsentwicklung die heutige, militärische Bedeutung.
LM 5 (1991), 1291 f.

Komparativ *m. per. fach.* (Steigerungsstufe des Adjektivs) (< 18. Jh.). Entlehnt aus l. *comparātīvus*, zu l. *comparāre* ´gegenüberstellen, gleichstellen´, zu l. *compār* ´gleich´, zu l. *pār* und l. *con-*. Der Komparativ beruht auf einem Vergleich. Auf Vergleiche verschiedener Sprachen, Literaturen usw. beziehen sich **komparativ**, **Komparatist**, **Komparatistik**. S. *Paar*.

Komparse *m. per. fach.* ´nicht sprechende Nebenrolle im Theater´ (< 18. Jh.). Entlehnt aus it. *comparsa f.* (eigentlich ´Erscheinen´), einer Ableitung von it. *comparire* ´erscheinen´, dieses aus l. *compārēre*, zu l. *pārēre* ´erscheinen, sich zeigen´ und l. *con-*. S. *parieren*[3].

Kompaß *m. erw. fach.* (< 15. Jh.). Entlehnt aus it. *compasso* ´Zirkel, Magnetnadel´, einer Ableitung von it. *compassare* ´rundherum abschreiten, abmessen´, zu l. *passus* ´Schritt´ und l. *con-*.
S. *passieren.* − E. Öhmann *NPhM* 41 (1940), 148; *LM* 5 (1991), 1292 f.

kompatibel *Adj. per. fach.* ´zusammenpassend, verträglich´ (< 20. Jh.). Entlehnt aus ne. *compatible*, dieses aus afrz. *compatible* ´übereinstimmend´, zu afrz. *compatir* ´übereinstimmen´, aus spl. *compatior* ´zugleich leiden, mitleiden´, zu l. *patior* ´dulden, erdulden´ und l. *con-*. Mit der Übereinstimmung ist also zunächst eine seelische Übereinstimmung gemeint. Abstraktum: **Kompatibilität**.

Kompendium *n. per. fach.* ´Abriß, kurzgefaßtes Lehrbuch´ (< 16. Jh.). Entlehnt aus l. *compendium* ´Abkürzung, Ersparnis, Profit´, zu l. *compendere* ´abwägen´, zu l. *pendere* ´wägen, beurteilen´ und l. *con-*.
S. *suspendieren.* − *LM* 5 (1991), 1293.

kompensieren *swV. erw. fach.* ´ausgleichen´ (< 16. Jh.). Entlehnt aus l. *compēnsāre* ´auswiegen, abwägen´, zu l. *pēnsāre* ´abwägen, ausgleichen´ und l. *con-*, einem Intensivum zu l. *pendere* ´abwägen, beurteilen´. Abstraktum: **Kompensation**.
S. *supendieren.* − *DF* 1 (1913), 368; *HWPh* 4 (1976), 912−918.

kompetent *Adj. stil.* (< 18. Jh.). Entlehnt aus l. *competēns (-entis)*, dem PPräs. von l. *competere* ´zusammentreffen, etwas gemeinsam erstreben, gesetzlich erfordern´, dann auch ´zustehen, zukommen´, zu l. *petere* ´begehren, zu erlangen suchen´ und l. *con-*; das Adjektiv bedeutet also zunächst ´zuständig´. Früher bezeugt ist das Abstraktum **Kompetenz** (16. Jh.), das aber zunächst ´Recht auf

Einkünfte' bedeutet, als Abstraktum des Adjektivs erst im 19. Jh.

S. *Petition.* − *DF* 1 (1913), 368 f.; Jones (1976), 219; *HWPh* 4 (1976), 918−933; W. J. Jones *SN* 51 (1979), 251.

Kompilation *f. per. fach.* ´Auszug aus anderen Quellen' (< 16. Jh.). Entlehnt aus l. *compīlātio* ´Plünderung' (auch übertragen, vgl. l. *compīlātor* ´Plagiator'); Abstraktum zu l. *compīlāre* ´plündern', das etwas später als **kompilieren** entlehnt wird. Die Herkunft des lateinischen Wortes ist unklar. S. *pflücken.*

komplementär *Adj. per. fach.* ´ergänzend' (< 19. Jh.). Entlehnt aus frz. *complémentaire*, einer Ableitung von frz. *complément* ´Ergänzung, Vervollständigung', dieses aus l. *complēmentum*, einer Ableitung von l. *complēre* ´vollmachen, ausfüllen'. S. *Plenum, Kosinus.*

Komplet *n./f. per. fach.* ´letzter Teil des Stundengebets' (< 13. Jh.). So bezeichnet als ´vervollständigendes, beendendes Gebet' zu l. *complētus* ´vollständig'. S. *komplett.*

komplett *Adj.* (< 17. Jh.). Entlehnt aus frz. *complet*, dieses aus l. *complētus*, dem adjektivischen PPP. von l. *complēre* ´füllen, vollmachen'. Dazu **Komplet** *n.* ´Kleid, Mantel oder Jacke aus dem gleichen Stoff', so benannt als ´vollständiges Gewand'. Verb: **komplettieren.**

S. *Plenum.* − *DF* 1 (1913), 369; W. J. Jones *SN* 51 (1979), 251.

komplex *Adj.* (< 18. Jh.). Entlehnt aus l. *complexus*, dem PPP. von l. *complectī* ´umschlingen, umfassen', zu l. *plectere* ´flechten, ineinander flechten' und l. *con-*. Abstraktum: **Komplexität**; Konkretum: **Komplex.**

S. *kompliziert.* − *DF* 1 (1913), 369; *HWPh* 4 (1976), 934 f.

Komplexion *f. per. fach.* (< *14. Jh., Form < 16. Jh., Bedeutung < 19. Jh.). Im Mittelalter bedeutet l. *complexio* die Zusammensetzung der Elemente in einer Person, also eigentlich ihre Wesensart. In deutschen Texten als *complexe, complexie* gebraucht. Die Anpassung an die lateinische Form erst später (vielleicht unter dem Einfluß der Ableitung *complexioniert*). In moderner Zeit in der Anthropologie gebraucht für den Gesamteindruck der Färbung von Augen, Haaren und Haut.

Komplikation *f.* s. *kompliziert.*

Kompliment *n.* (< 17. Jh.). Entlehnt aus frz. *compliment m.*, dieses aus span. *cumplimiento* (eigentlich ´Fülle, Überfluß, Überschwang'), einer Ableitung von span. *cumplir* ´auffüllen, erfüllen', aus l. *complēre* ´vollmachen, ausfüllen', zu l. *plēnus* ´voll' und l. *con-*. So bezeichnet als ´Erfüllung der Schuldigkeit'.

S. *Plenum.* − *DF* 1 (1913), 370; Jones (1976), 219−221; Röhrich 2 (1992), 867.

Komplize *m. erw. fremd.* ´Verbündeter' (< 17. Jh.). Entlehnt aus frz. *complice m./f.*, dieses aus spl. *complex (-licis)* (s. *komplex*). Das Wort wird zunächst im Plural gebraucht (daher auch die Lautform), als ´die miteinander Verbundenen', der Singular erst später.

kompliziert *Adj.* (*PPrät.*) (< 18. Jh.). Eigentlich Partizip zu **komplizieren**, das aber erst später bezeugt ist; somit wohl Nachbildung von frz. *compliqué* aus l. *complicātus*, dem PPP von l. *complicāre* ´zusammenfalten, verwickeln', zu l. *plicāre* ´falten, wickeln' und l. *con-*, einem Intensivum zu l. *plectere (plexum)* ´flechten, ineinander fügen'. Abstraktum: **Komplikation.**

S. *komplex, Komplize;* parallel zu diesem *perplex;* zu l. *plicāre* weiter *multiplizieren, explizit, implizit* und *Replik,* über das Französische *Plissee,* zu l. *plectere* vermutlich noch *Pflicht[2];* zur germanischen Verwandtschaft s. *flechten.*

Komplott *n. erw. fremd.* ´Verschwörung' (< 18. Jh.). Entlehnt aus frz. *complot m.* (älter: ´Häufung, Ansammlung in der Schlacht'), einer Ableitung von vor-rom. **compeloter* ´zusammenknäueln', zu afrz. *pelote* ´Kugel, Spielball' und afrz. *con-* ´mit, zusammen', aus l. *pila f.* ´Ball, Spielball', zu l. *pilus m.* ´Haar, Haarwuchs' (die Bälle waren mit Haaren gefüllt).

DEO (1982), 225; Brunt (1983), 201.

Komponente *f. erw. fach.* (< 19. Jh.). Entlehnt als Substantivierung des Partizips l. *compōnēns* ´zusammensetzend', zu l. *compōnere* ´zusammensetzen' (s. *komponieren*).

komponieren *swV.* (< 16. Jh.). Entlehnt aus l. *compōnere* ´zusammenstellen', zu l. *pōnere (pōsitum)* ´setzen, stellen, legen' und l. *con-*. Das Verb aus al. *po-* ´ab, weg' und l. *sinere (situm)* ´niederlassen, niederlegen'. Nomen agentis: **Komponist**; Abstraktum: **Komposition.**

Zum gleichen Verb gehören *Komponente* und *Kompositum* (das gleiche Wort in verschiedenen Entlehnungs- und Entwicklungsstufen: *Kompost, Kompott, Kunst*). Dasselbe Verb mit anderen Präfixen in *deponieren, disponieren, exponieren, imponieren*, den Abstrakta *Position, Apposition, Opposition, Präposition, Präsupposition, Proposition* und dem Partizip Präsens in *Opponent, Proponent*. Von der Stufe des PPP kommen weiter *Positur* und das Adjektiv *positiv* (mit *Diapositiv*); über die davon abgeleitete Form des französischen Verbs *Pose, imposant, Exposé* und *apropos*. Zu romanischen Fortsetzern des PPP gehören *Post (Postillon), Postament, Posten* und das präfigierte *Propst.* − A. Gombert *ZDW* 3 (1902), 315; *DF* 1 (1913), 370 f.

Kompositum *n. per. fach.* (< 16. Jh.). Entlehnt aus l. *compositum*, der Substantivierung des PPP von l. *compōnere* ´zusammensetzen' (s. *komponieren*).

Kompost *m.* (< 19. Jh.). Entlehnt aus frz. *compost*, das über das Englische und frühromanische

Zwischenstufen zurückgeht auf l. *compositum n.* 'das Zusammengesetzte, Zusammengestellte', dem substantivierten PPP. von l. *compōnere* 'zusammenstellen', zu l. *pōnere* 'setzen, stellen' und l. *con-*. Die moderne Bedeutung entsteht in England, wo zunächst Mischdünger so bezeichnet wird. Verb: *kompostieren*. S. *Komposition, Kompott, Kunst.*

Kompott *n.* (< 18. Jh.). Entlehnt aus frz. *compote f.* 'Eingemachtes', das über frühromanische Zwischenstufen zurückgeht auf l. *compōsitum* 'das Zusammengestellte'. S. *komponieren, Komposition, Kompost, Kunst.*

Kompresse *f. per. fach.* 'Verband, Umschlag' (< 18. Jh.). Entlehnt aus frz. *compresse,* eigentlich 'Zusammengedrücktes', zu frz. *compresser* 'zusammendrücken', aus l. *compressāre,* Intensivbildung zu l. *comprimere* (s. *komprimieren*).

Kompression *f. per. fach.* (< 19. Jh.). Entlehnt aus frz. *compression* und l. *compressio (-ōnis),* zu l. *comprimere (compressum)* 'zusammendrücken, niederdrücken' (s. *komprimieren*). S. *Kompressor, komprimieren; Presse.*

komprimieren *swV. per. fach.* (< 16. Jh.). Entlehnt aus l. *comprimere (-pressum)* 'zusammendrücken' aus l. *premere* 'drücken, pressen' und l. *con-*. Zur Sippe des lateinischen Wortes s. *Depression.*

Kompromiß *m.* (< 15. Jh.). Entlehnt aus l. *comprōmissum n.,* dem substantivierten PPP. von l. *comprōmittere* 'zusagen, sich der Entscheidung eines Schlichters zu beugen; sich ein Versprechen geben', s. *kompromittieren.*
HWPh 4 (1976), 941 f.

kompromittieren *swV. per. fremd.* 'bloßstellen' (< 16. Jh.). Entlehnt aus frz. *compromettre* und relatinisiert nach l. *comprōmittere* 'zusagen, ein Versprechen geben', aus zu l. *prōmittere* 'hervorgehen lassen, zusagen, versprechen' und l. *con-,* das Verb weiter zu l. *mittere* 'laufen lassen, senden' und l. *pro-*. Aus 'sich an einen Schiedsspruch halten' wird 'jemanden zu einem Schiedsspruch zwingen', 'jemanden in eine unbequeme Lage bringen', dann Verallgemeinerung des Gebrauchs.
Das Grundverb in *emittieren* und in Form eines Gerundivs in *Remittende;* als Abstraktum *Mission, Emission* und *Kommission* (lautlich verändert in *Prämisse*); das PPP in *Messe (Lichtmeß, Kirmes)* und *Kommiß* und über das Französische in *remis,* eine zugehörige Adjektivbildung in *Kommissar;* eine latinisierende Weiterbildung der englischen Fortsetzung in *Komitee.* − *DF* 1 (1913), 372.

Komteß *f. obs.,* **Komtesse,** 'unverheiratete Tochter eines Grafen' (< 18. Jh.). Entlehnt aus frz. *comtesse,* einer Movierung von frz. *comte m.* 'Graf', dieses aus l. *comes (-mitis) m.* 'einer aus dem Gefolge, Begleiter', aus l. *īre* 'gehen' (s. *Exitus*) und l. *con-*.

kon- *Präfix* mit der Bedeutung 'zusammen, mit' (z. B. *Kontext*). Es handelt sich eigentlich um ein lateinisches Suffix (l. *con-*) mit Nachfolgern in den romanischen Sprachen. In deutschen Entlehnungen ist es vielfach analysierbar (*konzentrisch, Kooperation*), aber nur in Fachsprachen etwas produktiv. Unter englischem Einfluß ist die ursprüngliche Variante vor Vokal (*Ko-,* ne. *co-,* l. *co-*) häufiger, in der Regel handelt es sich aber um Entlehnungen aus dem Englischen (*Kopilot* usw.). Die lateinischen Assimilationsformen lauten in deutschen Entlehnungen: vor Labialen: *kom-* (z. B. *Kommiß, komplex*), vor /l/: *kol-* (z. B. *Kollekte*), vor Vokalen und h: *ko-* (z. B. *Koexistenz, Kooperation, Kohorte*) und vor /r/: *kor-* (z. B. *korrelativ*).
Cottez (1980), 91, 96; Carstensen 2 (1994), 785.

Kondensator *m. per. fach.* (< 19. Jh.). Neoklassische Bildung eines Nomen agentis zu l. *condēnsāre* 'verdichten' (s. *kondensieren*). Semantisch abweichend in der Bedeutung 'Speicher' im Bereich der Elektrizität.

kondensieren *swV. per. fach.* 'verflüssigen, verdichten' (< 18. Jh.). Entlehnt aus l. *condēnsāre* 'verdichten, zusammenpressen', Präfixableitung mit l. *con-* und l. *dēnsus* 'dicht'. Abstraktum: **Kondensation.**

Kondensmilch *f.* (< 19. Jh.). Entlehnt aus ne. *condensed milk* 'kondensierte (d. h. eingedickte und sterilisierte) Milch'. S. *kondensieren.*

Kondition *f. erw. fach.* (< 16. Jh.). Entlehnt aus l. *condicio (-ōnis),* einer Ableitung von l. *condīcere* 'übereinkommen, bestimmen', zu l. *dīcere* 'sprechen, sagen' und l. *con-*. Ursprünglich sind Lieferbedingungen u.ä. gemeint, dann Bedeutungsausweitung. Die Bedeutung 'gute Verfassung eines Sportlers' ist wohl von ne. *(good) condition* beeinflußt. Von den Adjektivbildungen tendiert **konditionell** zur jüngeren Bedeutung, **konditional** zur älteren. Der **Konditionalis** ist der 'Bedingungsmodus'. Verb: **konditionieren.**
Zur Sippe des lateinischen Verbs s. *diktieren.* − Schirmer (1911), 103; Carstensen 2 (1994), 788 f. Zu *Konditionalismus* vgl. *HWPh* 4 (1976), 946.

Konditor *m.* (< 17. Jh.). Entlehnt aus l. *condītor* 'jmd., der etwas schmackhaft macht', einem Nomen agentis zu l. *condīre* 'einlegen, anmachen, würzen'. Lokalbildung: **Konditorei.** Die Nebenform *Kanditor* durch Anschluß an *kandieren.*
DF 1 (1913), 372 f.; Littmann (1924), 87; K.-H. Weimann *DWEB* 2 (1963), 395; Kretschmer (1969), 304; Lokotsch (1975), 85.

kondolieren *swV. erw. fremd.* (< 17. Jh.). Entlehnt aus l. *condolēre* 'Mitgefühl haben', zu l. *dolēre* 'Schmerz empfinden' und l. *con-*. Die Bedeutung nach frz. *se condouloir* 'sein Beileid bezeugen'. Abstraktum: **Kondolenz.**
DF 1 (1913), 373; Jones (1976), 224.

Kondom *n./m. erw. fach.* (< 19. Jh.). Entlehnt aus ne. *condom*, dessen weitere Herkunft nicht sicher geklärt ist.

Zur Herkunft des englischen Wortes s. W. E. Kruck: *Looking for Dr. Condom* (Alabama 1981) und J. Wallfield *CoE* 13 (1983),5/6, 3–10; Z. P. Thundy *ASp* 60 (1985), 177–179; W. Mieder *SS* 43 (1987), 99–108; W. Seibicke *SD* 31 (1987), 103–105; Carstensen 2 (1994), 789 f. Danach ist die früheste Bezeugung des Wortes eindeutig im Englischen (seit 1705/06). Für die Etymologie kommt zunächst eine Metapher aus der Bezeichnung für ein Kleidungsstück in Frage. Der Hinweis von Wallfield auf it. *guantone* 'Handschuh' hat beachtliche Stützen, so die für die 2. Hälfte des 19. Jhs. bezeugte Bezeichnung it. (reg.) *guanti di Parigi* 'Pariser Handschuhe', und die aus der Zeit um 1770 stammende Beschreibung des Kondoms in einem handschriftlichen Wörterbuch des Venezianischen unter der Bezeichnung *Gondon* 'a modo d'un guante' 'in der Art eines Handschuhs'. Das *-m* der ältesten englischen Formen (*quondam, condum;* dann *cundum, condon, condom*) dürfte aber nicht dazu passen; eine Kreuzung mit l. *qondam* 'ehemals' ist nicht recht wahrscheinlich, obwohl die lateinische Sippe (besonders l. *quaedam*) eindeutig in England zur Verhüllung tabuisierter Wörter verwendet wurde. Es wäre dann allenfalls zu erwägen, das Wort überhaupt als verhüllendes l. *quondam* aufzufassen − aber die Bedeutung 'ehemals' paßt auch nicht recht. Ich würde mit einer Abkürzung von scherzhaft gebrauchtem *con domino* rechnen, da *domino* 'Maskenmantel' (in späterer Zeit) als Hüllwort für 'Kondom' nachweisbar ist. Sachlich ist die früheste Beschreibung von Kondomen bei Fallopius (1564), vgl. N. E. Himes: *Medical History of Contraception* (New York 1936 u.ö.), Kapitel VIII.

Kondor *m. per. exot.* (ein sehr großer Geier) (< 18. Jh.). Entlehnt aus span. *condor*, dieses aus Ketschua *cuntur*.

Kondukteur *m. per. reg.* 'Schaffner' (< 18. Jh.). Entlehnt aus frz. *conducteur* (eigentlich 'Leiter, Aufseher'), dieses aus l. *conductor* 'Mieter, Pächter, Unternehmer', zu l. *condūcere* 'zusammenführen, mieten, pachten', zu l. *dūcere* 'führen' und l. *con-*. Zunächst Ausdruck des Postverkehrs, dann im Eisenbahnverkehr übernommen und 1875 amtlich durch *Schaffner* (und *Zugführer*) ersetzt. Zum Grundverb s. *produzieren*.

DF 1 (1913), 373; Krüger (1979), 304–306.

Konfekt *n. obs.* (< 14. Jh.). Entlehnt aus ml. *confectum* 'Zubereitetes', dem substantivierten PPP. von l. *cōnficere* (*cōnfectum*) 'verfertigen, ausführen', zu l. *facere* 'verfertigen, machen' und l. *con-*. Zunächst gebraucht in der Apothekersprache für zubereitete Früchte, die zu Heilzwecken verzehrt wurden. Dann Verallgemeinerung zu 'Gezuckertes' und 'Süßwaren'.

Zur Sippe des Verbs s. *infizieren*. − *DF* 1 (1913), 374.

Konfektion *f. erw. fach.* 'vorgefertigte Kleidung, Anfertigung' (< 19. Jh.). Entlehnt aus frz. *confection*, das auf l. *cōnfectio* 'Anfertigung' zurückgeht. Dieses zu l. *cōnficere* 'verfertigen, ausführen' (s. *Konfekt* und *infizieren*).

Konferenz *f.* (< 16. Jh.). Entlehnt aus ml. *conferentia*, einer Ableitung von l. *cōnferre* 'zusammenbringen, vereinigen, mitteilen, austauschen', zu l. *ferre* 'tragen, bringen' und l. *con-*. Das Verb ist entlehnt als **konferieren**.

Zum Grundverb s. *Differenz*. − *DF* 1 (1913), 374 f.; Jones (1976), 225.

Konfession *f.* (< 16. Jh.). Entlehnt aus l. *cōnfessio* (*-ōnis*) 'Eingeständnis, Bekenntnis', einer Ableitung von l. *cōnfitērī* (*cōnfessus sum*) 'eingestehen, offenbaren', zu l. *fatērī* 'bekennen, gestehen' und l. *con-*, zu l. *fārī* 'sagen'. Zunächst für die Formulierung von Glaubenslehren; dann 'Religionspartei'. Adjektiv: **konfessionell**.

S. *famos*. − *DF* 1 (1913), 375 f.; *BlW* 4 (1992), 226–232.

Konfetti *n.* (< 18. Jh.). Entlehnt aus it. *confetti* 'Süßigkeiten', das gleiche Wort wie *Konfekt*. Bei den *Konfetti* handelt es sich ursprünglich um im Karneval ausgeteilte Süßwaren, die dann allmählich von Gipsklümpchen und Papierschnipseln abgelöst wurden.

Zum Grundwort s. *infizieren*. − *DF* 1 (1913), 376.

Konfirmation *f. erw. fach.* (< 15. Jh.). Entlehnt aus l. *confirmatio* 'Bestätigung', zuerst als Rechtsterminus, dann (16. Jh.) im kirchlichen Sinn als Bestätigung der bei der Taufe durch die Paten geleisteten Gelübde (bei den Protestanten eingeführt durch M. Bucer 1543). Ursprünglich war das Wort aber nicht konfessionell festgelegt; die Abgrenzung von *Kommunion* und *Firmung* ist später. Verb: **konfirmieren**; Nominalableitung: **Konfirmand**.

Konfiserie *f. per. schwz.* '(Betrieb zur Herstellung von) Süßwaren' (< 19. Jh.). Entlehnt aus frz. *confiserie*, zu frz. *confire* 'zubereiten', aus l. *cōnficere*, zu l. *facere* 'machen' (s. *infizieren*) und l. *con-*.

konfiszieren *swV. erw. fach.* 'beschlagnahmen' (< 16. Jh.). Entlehnt aus l. *confiscāre*, einer Präfixableitung zu l. *fiscus* 'kaiserliche Schatzkammer'.

Konfitüre *f.* (< 17. Jh.). Entlehnt aus frz. *confiture* 'Eingemachtes', Abstraktum zu frz. *confire* 'fertigstellen, einmachen'. Zum Grundwort s. *infizieren*.

Brunt (1983), 206.

Konflikt *m.* (< 18. Jh.). Entlehnt aus l. *cōnflīctus m.*, Abstraktum von l. *cōnflīgere* (*cōnflīctum*) 'zusammenschlagen, zusammenstoßen', zu l. *flīgere* 'schlagen, anschlagen' und l. *con-*.

HWPh 4 (1976), 947–951.

Konföderation *f. per. fach.* 'Staatenbund' (< 16. Jh.). Entlehnt aus l. *cōnfoederātio* (*-ōnis*) 'Bündnis', zu l. *cōnfoederāre* 'verbinden, durch ein Bündnis vereinigen', zu l. *foederāre* 'verbünden, durch ein Bündnis herstellen' und l. *con-*, zu l. *foedus n.* 'Bündnis', zu l. *fīdere* 'trauen, vertrauen'.

S. *Föderalismus*. − *DF* 1 (1913), 377.

konform *Adj. erw. fach.* ʿübereinstimmend, nicht abweichend' (< 16. Jh.). Entlehnt aus l. *cōnformis* ʿgleichförmig', zu l. *forma* ʿForm' und l. *con-*.
DF 1 (1913), 377; *HWPh* 4 (1976), 951−955; *Brisante Wörter* (1989), 208−210.

Konfrontation *f. erw. stil.* (< 17. Jh.). Entlehnt aus ml. *confrontatio* ʿGegenüberstellung', Abstraktum zu ml. *confrontare* ʿgegenüberstellen' (dieses als **konfrontieren** entlehnt), Präfixableitung zu l. *frōns* ʿStirn' und l. *con-*.

konfus *Adj.* (< 16. Jh.). Entlehnt aus l. *cōnfūsus* (eigentlich ʿineinandergegossen'), dem PPP. von l. *cōnfundere* ʿzusammengießen, vermischen', zu l. *fundere (fūsum)* ʿgießen, fließen lassen' und l. *con-*. Abstraktum: **Konfusion**.
Zur Sippe s. *Fondue*. − *DF* 1 (1913), 377 f.

kongenial *Adj. per. fremd.* ʿgeistesverwandt' (< 18. Jh.). Entlehnt aus frz. *congénial*, einer neoklassischen Bildung zu *genial* (s. *Genie*) und l. *con-*.

Konglomerat *n. erw. fach.* ʿheterogenes Gemisch' (< 19. Jh.). Entlehnt aus frz. *conglomérat m.*, einer Ableitung von frz. *conglomérer* ʿzusammenhäufen', aus l. *conglomerāre*, zu l. *glomerāre (glomerātum)* ʿzu einem Knäuel zusammenballen, aufwickeln' und l. *con-*, zu l. *glomus* ʿKloß, Knäuel', einer Nebenform von l. *globus m.* ʿKugel, runder Körper'.
S. *Globus*. − *DF* 1 (1913), 378; Lüschen (1979), 254.

Kongreß *m. erw. fach.* (< 17. Jh.). Entlehnt aus l. *congressus*, dem Abstraktum von l. *congredī* ʿzusammentreten, zusammenkommen', zu l. *gradī* ʿschreiten' und l. *con-*.
Zur Sippe des zugrundeliegenden Verbs s. *Grad*. − W. J. Jones *SN* 51 (1979), 252.

kongruent *Adj. per. fach.* ʿübereinstimmend' (< 16. Jh.). Entlehnt aus l. *congruēns (-entis)*, dem PPräs. von l. *congruere* ʿübereinstimmen, zusammentreffen'. Abstraktum: **Kongruenz**; Verb: **kongruieren**.
Schirmer (1912), 37 f.

König *m.* (< 8. Jh.). Mhd. *künic, künec*, ahd. *kuni(n)g*, as. *kuning* aus wg. **kuninga- m.* ʿKönig', auch in ae. *cyning*; dazu mit Suffixablaut anord. *konungr* ʿKönig'; einen alten Lautstand bezeugt die Entlehnung *kuningas* im Finnischen. Daneben ae. *cyne-* (**kuni-*) im Vorderglied von Komposita für ʿköniglich', auch ahd. in *kuni(ng)rīhhi n.* ʿStaatswesen, Reich'. Ob anord. *konr m.* ʿGeschlechtsgenosse, edler Mann' mit diesen gleichgesetzt werden kann, ist wegen der Bedeutung ganz unsicher. Das Suffix von g. **kuninga-/-unga-* ist klar: Es bildet einerseits Herkunftsbezeichnungen, andererseits Täterbezeichnungen zu Adjektiven und Abstrakt-Bildungen. Die seitherigen Deutungsversuche gehen von einer Bildung parallel zu **Edeling** − anord. *ǫðlingr* (dem Lautstand nach genauer: *-ungr*) zu

Adel aus; es läge dann ein Wort zugrunde, das von ähnlicher Bedeutung wie *Adel* ist. Ein solches Wort könnte zu der Wurzel ig. **g̑enə-* ʿgebären' gehören (vgl. das möglicherweise verwandte gr. *gennikós* ʿedel' zu gr. *génnā f.* ʿGeburt, Geschlecht'), und tatsächlich vorhanden ist g. **kun-ja- n.* ʿGeschlecht' in gt. *kuni*, ahd. *kunni*, as. *kunni n.*, ae. *cynn n.*. Dies kommt jedoch aus formalen Gründen nicht als Grundlage in Frage. Morphologisch ist als Grundlage entweder ein *n*-Stamm (**kunōn* mit **kunen-ga-/kunun-ga-*) oder ein Konsonantstamm (**kun-* mit Suffix *-inga/unga-*) vorauszusetzen, aber eine solche Form ist nicht nachweisbar. Deshalb ist auch der Versuch zu erwägen, an die homonyme Wurzel ig. **g̑enə-/g̑nō-* ʿerkennen' anzuknüpfen (Kahl), da hier eine auffällige Parallele zum Litauischen besteht: lit. *žynỹs* (aus [ig.] **g̑nə-jo-*) bedeutet ʿZauberer, Wahrsager, Priester' und ist wohl zu analysieren als Täterbezeichnung auf *-jo-* zu einem Wurzelnomen (ig.) **g̑nə-* ʿ(geheimes) Wissen' (vgl. etwa ai. *r̥ta-jñā* ʿdessen Wissen die ewige Wahrheit ist' aus [ig.] **g̑nə-* mit Erneuerung der Lautform). Auf dieselbe Grundlage kann g. *kuninga-/unga-* ohne weiteres zurückgehen, so daß es eine Täterbezeichnung zu einem Wort für ʿgeheimes Wissen, Wissen um die Zukunft' wäre. Da gerade das Wissen um die Zukunft für die germanische Vorstellung von einem König maßgeblich ist (Kahl, Seebold), ist diese Möglichkeit semantisch sehr ansprechend. Das *n* im Suffix ist schon früh nach stammauslautendem *n* ausgefallen. Femininum: **Königin**; Adjektiv: **königlich**; Abstraktum: **Königtum**.
Nndl. *koning*, ne. *king*, nschw. *konung, kung*, nisl. *kon(un)gur*. Zum Vergleichsmaterial s. einerseits *Genus*, *-gen* und *Kind*, andererseits *können*. − F. R. Schröder: *Ingunar-Freyr* (Tübingen 1941), 33−38; R. Ekblom *SN* 17 (1944/45), 1−24; H.-D. Kahl *ZSSR-GA* 67 (1960), 198−240; W. Meid *Sprache* 12 (1966), 182−189; Lüschen (1979), 254; *LM* 5 (1991), 1298−1324; Röhrich 2 (1992), 867 f.; E. Seebold in: *Germanische Religionsgeschichte*. Hrsg. H. Beck u. a. (Berlin 1992), 297−310.

Könighase *m. per. österr.* ʿKaninchen' (< 15. Jh.). Verdeutlicht aus **königlein**, das seinerseits aus l. *cunīculus* ʿKaninchen' entlehnt ist und offenbar auf *König* bezogen wurde.

Königskerze *f. erw. fach.* (< 15. Jh.). Fnhd. *kuningeskerze*. Wohl nach der hohen, geraden Gestalt so bezeichnet. Die Angabe, diese Pflanzen seien mit Wachs versehen als Kerzen verwendet worden, dürfte auf einer Herkunftslegende für den Namen beruhen.
LM 5 (1991), 1330.

Konjektur *f. per. fach.* ʿverbessernder Eingriff eines Herausgebers' (< 16. Jh.). Entlehnt aus l. *coniectūra* ʿMutmaßung, Schluß, Deutung', Abstraktum von l. *con(i)icere* ʿhinwerfen, ermitteln, vermuten', das zu l. *iacere (iactum)* ʿwerfen, schleudern' gehört (s. *projizieren*). Verb: **konjizieren**.

konjugieren *sw V. per. fach.* (< 16. Jh.). Entlehnt aus l. *coniugāre* (eigentlich 'verbinden, zusammenjochen'), Präfixableitung zu l. *iugum* 'Joch' und l. *con-*. Gemeint ist, die Formen des gleichen Wortes zusammenzufassen. Abstraktum: *Konjugation*.
S. *Konjunktion* und zur deutschen Verwandtschaft *Joch*. – W. J. Jones *SN* 51 (1979), 254 f.

Konjunktion *f. erw. fach.* (< 17. Jh.). Entlehnt aus l. *coniūnctio (-ōnis)*, einer Ableitung von l. *coniungere* 'zusammenbinden, verbinden', zu l. *iungere* 'verbinden, vereinigen' und l. *con-*. Als astrologischer Terminus schon älter.
S. *konjugieren, Junktim, Junta* und zur deutschen Verwandtschaft *Joch*. – *DF* 1 (1913), 378 f.; E. Leser *ZDW* 15 (1914), 67; K.-H. Weimann *DWEB* 2 (1963), 395; *HWPh* 4 (1976), 966 f.; *LM* 5 (1991), 1332 f.

Konjunktiv *m. erw. fach.* (< 17. Jh.). Entlehnt aus l. *(modus) coniūnctīvus* (eigentlich 'der zur Verbindung Dienliche'), zu l. *coniūnctus* 'verbunden, zusammenhängend', dem PPP. von l. *coniungere* 'zusammenknüpfen, verbinden', zu l. *iungere* 'verbinden' und l. *con-*. Gemeint ist der der Satzverbindung dienende Modus (Modus der abhängigen Sätze).
E. Leser *ZDW* 15 (1914), 62.

Konjunktur *f. erw. fach.* (< 17. Jh.). Entlehnt aus ml. *coniungere* 'zusammenknüpfen, verbinden', zu l. *iungere* 'verbinden' und l. *con-*. So bezeichnet werden zunächst Konstellationen von Gestirnen; dann als astrologischer Terminus der Einfluß dieser Konstellationen auf die Geschehnisse.
DF 1 (1913), 379; *LM* 5 (1991), 1333 f.

konkav *Adj. erw. fach.* (< 18. Jh.). Entlehnt aus l. *concavus*, zu l. *cavus* 'hohl' und l. *kon-*.

Konklave *f. per. fach.* 'Versammlung(sraum), besonders bei der Papstwahl' (< 15. Jh.). Entlehnt aus it. *conclave*, aus l. *conclāve* 'verschließbarer Raum', zu l. *clāvis* 'Schlüssel'. S. *Enklave, Exklave* und *Klausur.*

Konkordanz *f. per. fach.* (< 16. Jh.). Entlehnt aus ml. *concordantia* 'Übereinstimmung, Parallelstelle', aus l. *concordāre* 'übereinstimmen', Ableitung von l. *concors* 'übereinstimmend', aus l. *cor (cordis)* 'Herz' und l. *con-*. S. *Akkord.*
LM 5 (1991), 1334. Zu l. *concordia* s. *BlW* 4 (1992), 185–209.

Konkordat *n. per. fach.* 'Vertrag zwischen dem Vatikan und einem Staat' (< 19. Jh.). Entlehnt aus ml. *concordatum*, dieses aus dem PPP. von l. *concordāre (concordātum)* 'übereinstimmen, sich im Einklang befinden' (s. *Konkordanz*).

konkret *Adj.* (< 18. Jh.). Entlehnt aus l. *concrētus* (eigentlich 'verdichtet, zusammengewachsen'), dem PPP. von l. *concrēscere* 'sich verdichten, sich bilden', zu l. *crēscere* 'wachsen' und l. *con-*, Inchoativum zu l. *creāre* 'schaffen, erschaffen'.
S. *kreieren*. – *HWPh* 1 (1971), 33–42.

Konkubine *f. erw. fach.* (< 15. Jh.). Entlehnt aus l. *concubīna* 'Beischläferin', zu l. *concubāre* 'zusammenliegen', zu l. *cubāre* 'liegen, schlafen' und l. *con-*. Abstraktum: *Konkubinat*.
S. *Inkubationszeit*. – *LM* 5 (1991), 1335.

konkurrieren *sw V.* (< 16. Jh.). Entlehnt aus l. *concurrere (concursum)* 'zusammenlaufen, zusammenrennen, feindlich zusammenstoßen', zu l. *currere (cursum)* 'laufen, rennen' und l. *con-*. Zunächst in der Bedeutung 'zusammentreffen' entlehnt; die heutige Bedeutung beruht auf einer erneuten Entlehnung im 18. Jh. Abstraktum: *Konkurrenz*; Nomen agentis: *Konkurrent*.
Zur Sippe von l. *currere* 'laufen' gehören noch *rekurrieren*, als Abstraktum *Kurs* (*Diskurs, Exkurs, Konkurs, Rekurs* und über das Französische *Parcous*), von einer anderen Form *Exkursion*; als Nomen agentis über das Französische *Kurier*, über das Italienische *Korridor*. Zu den Abstrakta auf *-rs* gehört *Korso, Korsar* und *kursieren*; zum PPP auf *-rs kursiv* und über ein Nomen agentis *kursorisch*. – Schirmer (1911), 104; *DF* 1 (1913), 380; K.-H. Weimann *DWEB* 2 (1963), 395; *HWPh* 4 (1976), 970–977; *LM* 5 (1991), 1336.

Konkurs *m.* (< 18. Jh.). Entlehnt aus l. *concursus (crēditōrum)* 'das Zusammenlaufen (der Gläubiger)', d. h. die Zusammenkunft, um das noch vorhandene Vermögen des Schuldners zu teilen. Das Wort zu l. *concurrere* 'zusammenlaufen' (s. *konkurrieren*).

können *Prät.-Präs.* (< 8. Jh.). Mhd. *kunnen, künnen*, ahd. *kunnan*, as. *kunnan* aus g. **kann (1. Sg.)*, auch in gt. *kann, kunnun*, anord. *kunna*, ae. *can, cunnon*, afr. *kan, kunna* (entsprechend as. *can, kunnun*; ahd. *kann, kunnun*; die Infinitivformen sind erst sekundär). Die Bedeutung ist neben 'kennen' auch 'können, vermögen'. Das Verb gehört zu ig. **ǵenə/ǵnō-* 'kennen, wissen', fällt aber auf durch seine Geminate und die sonst nicht bezeugte Vollstufe der ersten Silbe im Ablaut des Präsens Singular. Die Geminate wird einerseits erklärt durch ein Nasalpräsens, was aber mißlich ist, weil die germanische Form auf ein Perfekt zurückgeht (es müßte also sekundäre Umgestaltung angenommen werden), anderseits durch Assimilation von *-nə-* (Seebold). Ig. **ǵenə/ǵnō-* ist bezeugt in ai. *jānāti* 'kennt, weiß', gr. *gégōna* 'verkündet', lit. *pa-žìnti* 'kennen' und mit durchgeführter Vollstufe der zweiten Silbe in ai. *jñāyáte* (Passiv zu 'wissen'), gr. *gignóskō* 'ich erkenne', akslav. *znati* 'kennen', lit. *žinóti* 'wissen', l. *(g)nōscō* 'ich erkenne'; ferner toch. A *kña-* 'kennen' und vielleicht mit sekundärer Abwandlung der Vokalstufe g. **knēw-a-* 'kennen' in anord. *kná*, ae. *cnōw* 'ich kann, erkenne', as. *biknēgan* 'teilhaftig werden'. Nomen agentis: *Könner*.
Nndl. *kunnen*, ne. *can*, nschw. *kunna*, nisl. *kunna*. S. *kennen, kühn, kund, Kunst*, und zur lateinischen Verwandtschaft *rekognoszieren*, zur griechischen *Diagnose* und *Prognose*. – E. Seebold *ZVS* 80 (1966), 273–283; ders.

(1970), 289 f.; Th.L. Eichmann *ABäG* 5 (1973), 1−10; Röhrich 2 (1992), 868.

Konnexion *f. per. fach.* ′Verbindung′ (< 17. Jh.). Entlehnt aus frz. *connexion*, dieses aus l. *connexio (-ōnis)*, zu l. *connectere* ′verknüpfen′, zu l. *nectere* ′knüpfen, binden′ und l. *con-*. S. *Nexus*.

Konnotation *f. per. fach.* ′Nebenbedeutung′ (< 20. Jh.). Entlehnt aus ml. *connotātio (-ōnis)* ′Mit-Bezeichnung′, aus l. *notātio* und l. *con-*, zu l. *notāre* ′bezeichnen, kennzeichnen′. S. *notieren.* − *HWPh* 1 (1970), 1031; 4 (1976), 975−977.

Konsekration *f. per. fach.* ′liturgische Weihe′ (< 14. Jh.). Entlehnt aus l. *cōnsecrātio (-ōnis)*, zu l. *sacer* ′heilig′ und l. *con-*. S. *Sakrament.*

konsekutiv *Adj. per. fach.* ′folgend, die Folge angebend′ (< 19. Jh.). Entlehnt aus der neoklassischen Adjektivbildung ml. *consecutīvus* zu l. *cōnsecūtio* ′Folge′. Dieses ist Abstraktum zu l. *cōnsequī* ′nachfolgen′ (s. *konsequent*).

Konsens *m. erw. fach.* ′Übereinstimmung′ (< 15. Jh.). Entlehnt aus l. *cōnsēnsus*, Abstraktum von l. *cōnsentīre* ′übereinstimmen, einverstanden sein′, zu l. *sentīre* ′empfinden, wahrnehmen′ und l. *con-*. S. *sentimental.*

DF 1 (1913), 381; *HWPh* 1 (1970), 1031 f.

Konsequenz *f.* (< 16. Jh.). Entlehnt aus l. *cōnsequēntia*, dem Abstraktum von l. *cōnsequī* ′mitfolgen, nachfolgen, die unmittelbare Folge sein′, zu l. *sequī* ′folgen, nachfolgen′ und l. *con-*. Adjektiv: **konsequent**.

Zu l. *sequi* ′folgen′ gehören als Abstrakta *Exekution* und *Exekutive*, zu einer andersartigen Ableitung *Exequien*; zu einer Adjektivbildung *Sekunde* und *sekundär*; eine romanische Ableitung in *Suite*. Zu der Ableitung l. *socius* ′Gefährte′ gehören *Sozius, sozial* und *assoziieren*. − *DF* 1 (1913), 381; E. Morscher *AB* 15 (1971), 132−138; *HWPh* 4 (1976), 977−980.

konservativ *Adj.* (< 19. Jh.). Entlehnt aus ne. *conservative*; dieses aus ml. *conservatīvus*, zu l. *cōnservāre* ′erhalten, bewahren′ (s. *konservieren*).

DF 1 (1913), 381; *HWPh* 4 (1976), 980−985; *Grundbegriffe* (1982), 531−565; *Brisante Wörter* (1989), 210−229; J. Bolten *SLWU* 20 (1989), 58−69.

Konservatorium *n. per. fach.* (< 18. Jh.). Entlehnt aus it. *conservatorio* ′Musikschule′ und relatinisiert. Die Bezeichnung ist ursprünglich dadurch begründet, daß die namengebenden Musikschulen an Waisenhäuser angeschlossen waren, die sich als ′Rettungsanstalten′ verstanden (zu l. *cōnservāre*, s. *konservieren*). Später als ′Anstalten zur Bewahrung der Musikkultur′ verstanden.

DF 1 (1913), 381.

konservieren *swV.* (< 16. Jh.). Entlehnt aus l. *cōnservāre*, zu l. *servāre* und l. *con-*. Der Zusammenhang mit l. *servus* ′Diener′ ist nicht klar. Konkretum: **Konserve**; Nomen agentis: **Konservator**.

Zu l. *servāre* bewahren gehört *reservieren* und als Ableitungen *Observatorium* und *Präservativ*. Zu l. *servus*, dessen Zugehörigkeit unklar ist, gehören *Servus, servil*, als Verb *servieren* (l. *servīre*) und *Dessert*. Zur germanischen Verwandtschaft s. *Sorge.* − *DF* 1 (1913), 381 f.; K.-H. Weimann *DWEB* 2 (1963), 395.

konsistent *Adj. per. fach.* ′fest, in sich stimmig′ (< 18. Jh.). Entlehnt aus l. *cōnsistēns (-entis)*, dem PPräs. von l. *cōnsistere* ′sich hinstellen, hintreten, standhalten, fortdauern′, zu l. *sistere* ′stehen, stellen′ (s. *existieren*) und l. *con-*. Abstraktum: **Konsistenz**.

Konsole *f. erw. fach.* ′Wandbord, Vorsprung′ (< 18. Jh.). Entlehnt aus frz. *console*.

Das französische Wort aus frz. *consoler*, das eigentlich ′trösten′ bedeutet, aus l. *cōnsōlārī* ′trösten, erträglich machen′, zu l. *sōlārī* und l. *con-*; die Bedeutung kann auffälligerweise aber in den konkreten Bereich als ′unterstützen′ übertragen werden. − *DEO* (1982), 225; *LM* 5 (1991), 1371.

konsolidieren *swV. per. fach.* ′festigen, sichern′ (< 18. Jh.). Entlehnt aus frz. *consolider*, dieses aus l. *cōnsolidāre*, zu l. *solidāre* ′dicht machen, festmachen, befestigen′ und l. *con-*, zu l. *solidus* ′dicht, gedrungen, stark′ (s. *solide*). Abstraktum: **Konsolidation**.

Schirmer (1911), 106; K.-H. Weimann *DWEB* 2 (1963), 396.

Konsonant *m.* (< 15. Jh.). Entlehnt aus l. *(littera) cōnsonāns f.*, zu l. *cōnsonāns (-antis)* ′mittönend′, dem PPräs. von l. *cōnsonāre* ′mittönen, zusammentönen′, zu l. *sonāre* ′tönen′ (s. *Sonate*) und l. *con-*. Abstraktum: **Konsonantismus**.

E. Leser *ZDW* 15 (1914), 22 f.

Konsorten *Pl. per. fach.* ′Beteiligte′ (< 16. Jh.). Entlehnt aus l. *cōnsortēs*, Sg. *cōnsors*, eigentlich ′einer der das gleiche Schicksal (l. *sors*) hat′. Das Wort ist üblich geworden in der Anklageformulierung *(gegen) X und Konsorten* und hat davon die negative Nebenbedeutung bekommen.

DF 1 (1913), 382 f.

Konsortium *n. per. fach.* ′Zusammenschluß von Unternehmen′ (< 17. Jh.). Entlehnt aus l. *cōnsortium*, einer Ableitung von l. *cōnsors (-rtis) f./(m.)* ′Teilhaber, Genosse′, zu l. *sors (-rtis) f.* ′Los, Anteil, Geschick′ und l. *con-*.

konspirieren *swV. erw. fremd.* ′sich verschwören′ (< 16. Jh.). Entlehnt aus l. *cōnspīrāre* (eigentlich ′zusammen hauchen′), zu l. *spīrāre* ′blasen, wehen, atmen′ und l. *con-*. Abstraktum: **Konspiration**; Adjektiv: **konspirativ**.

Zu l. *spīrāre* ′blasen′ gehört noch *inspirieren* und *transpirieren*, aus dem Partizip des Präsens kommt *Aspirant*. Eine Nominalableitung in *Spiritus* und *Sprit*, über das Französische *Esprit.* − *Brisante Wörter* (1989), 229−231.

Konstabler *m. arch.* (ein Soldat in gehobenem Dienstrang) (< 17. Jh.). Entlehnt aus ml. *con(e)-*

stabularius ´Heerführer, Befehlshaber zur Lager- oder Festungsbewachung`, zu l. *comes stabulī* ´für die Pferdeställe zuständiger Hofbeamter`.
Ganz (1957), 122 f.

konstant *Adj.* (< 18. Jh.). Entlehnt aus l. *cōnstāns (-antis)*, dem PPräs. von l. *cōnstāre* ´fest stehen, beistehen`, zu l. *stāre* ´stehen` (s. *Distanz*) und l. *con-*. Substantivierung: **Konstante**; Abstraktum: **Konstanz**.
HWPh 4 (1976), 985−987; W. J. Jones *SN* 51 (1979), 252; *BlW* 4 (1992), 266−270.

konstatieren *swV. erw. fremd.* (< 18. Jh.). Entlehnt aus frz. *constater*, eine Hypostasierung von l. *cōnstat* ´es steht fest` (s. *konstant*).

Konstellation *f. erw. fach.* ´Lage, Stellung` (< 16. Jh.). Entlehnt aus l. *cōnstellātio (-ōnis)*, zu l. *stella* ´Stern` und l. *con-*. Das Wort meint ursprünglich ´die auf die Schicksale der Menschen einwirkende Stellung der Gestirne`; dann Verallgemeinerung zu ´Stellung und Anordnung bestimmter Faktoren`.
S. *Stern*[1]. − Schirmer (1911), 106; *DF* 1 (1913), 383; *HWPh* 4 (1976), 988−992.

konsternieren *swV. erw. fach.* ´verblüffen, aus der Fassung bringen` (< 17. Jh.). Entlehnt aus frz. *consterner*, dieses aus l. *cōnsternāre*, aus. l. *sternāre* ´ausbreiten, hinwerfen` und l. *con-*. Abstraktum: **Konsternation**.
DF 1 (1913), 383 f.; W. J. Jones *SN* 51 (1979), 252.

Konstituente *f. per. fach.* ´Bestandteil` (< 20. Jh.). Entlehnt aus ne. *constituent*, dieses aus dem Partizip von l. *cōnstituere* ´hinstellen, aufstellen`, auch ´einsetzen, bestehen aus` (s. *Konstitution*).

Konstitution *f. erw. fach.* ´Staats-, Körper-Verfassung` (< 17. Jh.). Entlehnt aus frz. *constitution*, dieses aus l. *cōnstitūtio (-ōnis)* (eigentlich ´die feste Einrichtung`), einer Ableitung von l. *cōnstituere* ´hinstellen, hinsetzen, beistellen`, zu l. *statuere (statūtum)* ´hinstellen, aufstellen, stehenlassen` und l. *con-*, letztlich zu l. *stāre* ´stehen` (s. *Distanz*). Verb: **konstituieren**; Adjektive: **konstitutionell, konstitutiv**.
HWPh 4 (1976), 992−1004; *LM* 5 (1991), 1408.

konstruieren *swV.* (< 16. Jh.). Entlehnt aus l. *cōnstruere*, zu l. *struere (strūctum)* ´schichten, errichten, aufbauen` und l. *con-*. Abstraktum: **Konstruktion**; Nomen agentis: **Konstrukteur**; Adjektiv: **konstruktiv**.
Zur Sippe des zugrundeliegenden l. *struere* ´schichten` gehören auch *instruieren, obstruieren* und *rekonstruieren* mit den zugehörigen Abstrakta auf *-struktion* und den Adjektiven *instruktiv, destruktiv* und *obstruktiv*. Eine Ableitung aus dem Simplex ist *Struktur*; eine unklare romanische Weiterbildung in *Industrie*. − E. Leser *ZDW* 15 (1914), 80; Schirmer (1912), 38; *HWPh* 4 (1976), 1009−1019.

Konsul *m. erw. fach.* (< 15. Jh.). Entlehnt aus l. *cōnsul* ´höchste Magistratsperson, (eigentlich Berater des Volks oder Senates)`, stammverwandt mit l.

cōnsulere (consultum) ´zu Rate gehen, sich beraten`. Im Mittelmeerraum nimmt das Wort in nachrömischer Zeit die heute geläufige Bedeutung ´Auslandsvertreter` an. Ortsbezeichnung: **Konsulat**.
S. *konsultieren*. − *DF* 1 (1913), 384; V. Pisani *FS A. Pagliaro* (Rom 1969), 3,160 f.; *LM* 5 (1991), 1409.

konsultieren *swV. erw. fach.* ´zu Rate ziehen` (< 18. Jh.). Entlehnt aus l. *cōnsultāre*, Intensivum zu l. *cōnsulere* ´beratschlagen`, das etwas früher als **konsulieren** entlehnt wird. Abstraktum: **Konsultation**. S. *Konsul*.

konsumieren *swV.* (< 17. Jh.). Entlehnt aus l. *cōnsūmere (cōnsūmptum)*, zu l. *sūmere* ´zu sich nehmen, nehmen` und l. *con-*, zu l. *emere* ´nehmen, kaufen` und l. *sub-*. Abstraktum: **Konsum**; Nomen agentis: **Konsument**.
Zu Sippe des zugrundeliegenden l. *emere* ´nehmen` s. *Exempel*. − Schirmer (1911), 106; *DF* 1 (1913), 384 f.

Kontakt *m.* (< 17. Jh.). Entlehnt aus l. *contāctus*, Abstraktum von l. *contingere* ´berühren, anrühren`, zu l. *tangere (tāctum)* ´berühren, anrühren` und l. *con-*.
Zur Sippe von l. *tangere* ´berühren` s. *Tangente*. − *HWPh* 4 (1976), 1023 f.

Kontamination *f. per. fach.* ´Vermengung, Verunreinigung` (< 18. Jh.). Entlehnt aus l. *contāminātio (-ōnis)* ´Befleckung, Verderbnis`, zu l. *contāmināre* ´durch Berührung beflecken`, das verwandt ist mit l. *tangere* ´berühren` (s. *Tangente*). Verb: **kontaminieren**.
BlW 4 (1992), 288−291.

Kontemplation *f. per. fach.* ´Nachdenken, Versenkung` (< 14. Jh.). Entlehnt aus l. *contemplātio (-ōnis)*, zu l. *contemplārī* ´sein Augenmerk auf etwas richten, betrachten, berücksichtigen, bedenken`. Aufgenommen durch die Mystiker. Adjektiv: **kontemplativ**.
Das lateinische Wort gehört wohl als Präfixableitung zu l. *templum n.* ´Beobachtungskreis, Tempel` in dessen ursprünglicher Bedeutung ´Ort zur Ausführung der Vogelschau` (s. *Tempel*), und l. *con-*. − *HWPh* 4 (1976), 1024−1026; *LM* 5 (1991), 1414−1416.

Konterbande *f. per. fach.* ´Schleichhandel, Schmuggelware` (< 15. Jh.). Entlehnt aus it. *contrabando m.* ´Schmuggel`, eigentlich ´entgegen der Bekanntmachung` (it. *contra* ´gegen` und it. *bando* ´Erlaß`), häufig in der frz. Form *contrebande* gebraucht. Die d. Entsprechung *Bannware* (seit Campe 1800) ist wie die Entlehnung veraltet.
DF 1 (1913), 385; *LM* 5 (1991), 1416.

Konterfei *n. obs.* ´Abbild, Bildnis` (< 15. Jh.). Entlehnt und umgestaltet aus frz. *contrefait* ´nachgebildet, nachgemacht`, dem PPrät. zu frz. *contrefaire* ´nachmachen`, aus spl. *contrafacere*, zu l. *facere* ´machen` und l. *contra-*. Ableitung mit Partikelverb: **abkonterfeien**.

Zur Sippe von l. *facere* ʾmachenʾ s. *infizieren*. − *DF* 1 (1913), 385 f.; Suolahti (1929), 138 f.

konterkarieren *swV. obs.* ʾhintertreibenʾ (< 19. Jh.). Entlehnt aus frz. *contrecarrer*.

Das französische Wort aus frz. *se carrer* ʾbreitschultrig dastehen als Geste der Oppositionʾ (Bedeutung archaisch, vgl. aber frz. *carrure* ʾSchulterbreiteʾ) und frz. *contre* ʾgegenʾ (aus l. *contrā*). − *DEO* (1982), 225 f.

kontern *swV. erw. stil.* ʾeinen Gegenschlag führen, entgegnenʾ (< 20. Jh.). Entlehnt aus ne. *counter*, zu e. *counter* ʾgegen, entgegenʾ, aus afrz. *contre*, aus l. *contrā*. Die Lautung wurde im Deutschen den romanischen Vorbildern angeglichen.

Kontertanz *m. obs.* (ein alter Gesellschaftstanz) (< 19. Jh.). Entlehnt aus frz. *contredanse f.* (eigentlich „Gegentanz", das Wort ist aber aus ne. *country dance* entlehnt und neu motiviert worden).
DF 1 (1913), 386.

Kontext *m. per. fach.* (< 16. Jh.). Neoklassische Bildung aus *Text* und l. *con-*, vermutlich zuerst in ne. *context*.
K. Stierle *AB* 18 (1974), 144−149; H. O. Spillmann in *FS Schmitt* (1988), 200−209; *LM* 5 (1991), 1416 f.

Kontiguität *f. per. fach.* ʾAngrenzung, Zusammenkommenʾ (< 19. Jh.). Entlehnt aus ml. *contiguitas*, Abstraktum zu l. *contiguus* ʾangrenzendʾ, zu l. *contingere* ʾberührenʾ, zu l. *tangere* (s. *Tangente*) und l. *con-*.
HWPh 4 (1991), 1026 f.

Kontinent *m.* (< 17. Jh.). Entlehnt aus l. *(terra) continēns*, dem PPräs. von l. *continēre* ʾeingeschlossen, umgrenzt werdenʾ, zu l. *tenēre (tentum)* ʾhalten, besitzenʾ (s. *Tenor*) und l. *con-*. Gemeint ist zusammenhängendes Land im Gegensatz zu einer Insel. Adjektiv: **kontinental**.
DF 1 (1913), 386; Ganz (1957), 123 f.; *LM* 5 (1991), 1417.

Kontingent *n. erw. fach.* ʾZuteilung, Zuweisungʾ und ʾpflichtmäßig zu stellender Anteilʾ (< 17. Jh.). Entlehnt aus frz. *contingent m.*, einer Substantivierung von l. *contingēns (-entis)*, dem PPräs. von l. *contingere (contāctum)* ʾjmd. zustehen, berührenʾ, zu l. *tangere* ʾberührenʾ (s. *Tangente*) und l. *con-*. Verb: **kontingentieren**.
Schirmer (1911), 107; *HWPh* 4 (1976), 1027−1038; *LM* 5 (1991), 1417−1420.

kontinuierlich *Adj. erw. fach.* (< 18. Jh.). Ableitung von d. **kontinuieren** ʾfortsetzenʾ, einer Entlehnung aus l. *continuāre* ʾfortsetzen, unmittelbar verbindenʾ, zu l. *continuus* ʾzusammenhängend, unmittelbar aneinander liegendʾ, zu l. *continēre* ʾzusammenhaltenʾ, zu l. *tenēre* ʾhaltenʾ (s. *Tenor*) und l. *con-*. Abstraktum: **Kontinuität**; Konkretum: **Kontinuum**.

Konto *n.* (< 15. Jh.). Entlehnt aus it. *conto m.* ʾRechnungʾ, dieses aus spl. *computus m.* ʾBerech-

nungʾ, zu l. *computāre* ʾzusammenrechnen, ausrechnen, berechnenʾ, zu l. *putāre* ʾrechnen, berechnen; reinigenʾ und l. *con-*, zu l. *putus* ʾreinʾ. Zunächst entlehnt in der Bedeutung ʾRechnungʾ; dann erweitert auf die Berechnung von Geldbewegungen bzw. auf Guthaben.
Zur Sippe von l. *putāre* s. *amputieren*. − Schirmer (1911), 107 f.; *LM* 5 (1991), 1420; Röhrich 2 (1992), 868 f.

Kontor *n. obs.* (< 16. Jh.). Entlehnt aus frz. *comptoir m.* ʾSchreibstube, Zahltischʾ wohl in einer nordfranzösischen Lautung über das Mittelniederländische und Mittelniederdeutsche. Das Wort gehört zu frz. *compter* ʾrechnenʾ aus l. *computāre* (s. *Konto*).

kontra *Partikel*, auch substantiviert (< 16. Jh.), etwa in *pro und kontra* oder als Ausdruck des Kartenspiels (von dort aus verallgemeinert). Entlehnt aus l. *contra* ʾgegenʾ. Auch als Präfix entlehnt und teilweise produktiv geworden; gelegentlich in der französischen Form *contre-* oder eingedeutscht *Konter-* (dies aber nicht produktiv).
BlW 4 (1992), 292−299

Kontrabaß *m.* (< 17. Jh.). Entlehnt aus it. *contrabasso*, zu it. *basso* ʾniedrigʾ und l. *contra-*. *Kontra-* hat hier die Bedeutung ʾtiefʾ.

Kontrafaktur *f. per. fach.* ʾUmdichtungʾ (< 19. Jh.). Relatinisierung der romanischen Sippe it. *contrafattore*, frz. *contrefacteur* ʾFälscherʾ (usw.). Die Verwendung des Abstraktums l. *factūra* hat in den romanischen Vorbildern allerdings keine Parallele. Zu l. *facere* ʾmachen, tunʾ (s. *infizieren*) und l. *contra*.

Kontrahent *m. erw. fach.* ʾWidersacherʾ (< 16. Jh.). Substantiviertes Partizip Präsens von l. *contrahere* ʾzusammenziehen, einen Vertrag schließenʾ (s. *kontrahieren*). Die Bedeutung entwickelt sich aus ʾRivale, Gegner im Zweikampfʾ.

kontrahieren *swV. per. fach.* ʾzusammenziehen, einen Vertrag schließenʾ (< 16. Jh.). Entlehnt aus l. *contrahere (contractum)*, zu l. *trahere* ʾziehenʾ (s. *abstrakt*) und l. *con-*. Die Entlehnung in der Bedeutung ʾeinen Vertrag schließenʾ ist die ältere; ʾzusammenziehenʾ jung und fachsprachlich. Konkretum: **Kontrakt** ʾVertragʾ; Abstraktum: **Kontraktion** ʾZusammenziehungʾ.

Kontrapunkt *m. per. fach.* ʾNebeneinanderführen mehrerer Stimmenʾ (< 15. Jh.). Entlehnt aus ml. *contrapunctum n.*, einer Zusammenrückung und Verkürzung aus ml. *punctus contra punctum* ʾNote gegen Noteʾ, zu ml. *punctus* ʾNoteʾ, aus l. *pūnctus* ʾStechen, Stichʾ, zu l. *pungere* ʾstechenʾ (s. *Punkt*). S. *kunterbunt*.

konträr *Adj. erw. fremd.* ʾgegensätzlichʾ (< 15. Jh.). Entlehnt aus l. *contrārius* ʾwidrigʾ, zu l. *contrā* ʾgegenʾ. Die Lautung unter Einfluß von frz. *contraire*.

DF 1 (1913), 387; *HWPh* 4 (1976), 1065; Brunt (1983), 210; *BlW* 4 (1992), 300–302;

Kontrast *m.* (< 18. Jh.). Entlehnt aus it. *contrasto*, einer Ableitung von it. *contrastare* ˊentgegenstehen ̓, zu l. *contrā* ˊgegen ̓ und l. *stāre* ˊstehen ̓ (s. *Distanz*). Zunächst ein Fachwort der Malerei. Verb: **kontrastieren**.
DF 1 (1913), 387 f.; *HWPh* 4 (1976), 1066–1068.

Kontrazeption *f. per. fach.* ˊEmpfängnisverhütung ̓ (< 20. Jh.). Gegensatzbildung zu **Konzeption** ˊEmpfängnis ̓ mit Hilfe von l. *kontra-*, ersteres aus l. *conceptio (-ōnis)*, zu l. *concipere (conceptum)* ˊempfangen, in sich aufnehmen ̓, zu l. *capere* ˊnehmen, in sich aufnehmen ̓ (s. *kapieren*) und l. *con-*.

Kontribution *f. per. fach.* ˊBeitrag, auferlegte Geldzahlung ̓ (< 16. Jh.). Entlehnt aus l. *contribūtio (-ōnis)*, zu l. *contribuere* ˊzuteilen, zu etwas schlagen ̓, zu l. *tribuere* ˊzuteilen, zuwenden, schenken ̓ und l. *con-*, zu l. *tribus* ˊVolk, Bezirk ̓.
S. *Tribut.* – DF 1 (1913), 388.

Kontrolle *f.* (< 18. Jh.). Entlehnt aus frz. *contrôle m.*, dieses aus älterem frz. *contre-rôle m.* ˊGegenrolle, Gegenregister ̓, zu l. *contrā* ˊgegen ̓ und ml. *rotulus m.* ˊRolle, Rädchen ̓, einem Diminutivum zu l. *rota* ˊRad, Scheibe ̓ (s. *rotieren*). Gemeint ist also ein Gegenstück, das man zur Überwachung und Überprüfung verwendet. Verb: **kontrollieren**; Nomen agentis: **Kontrolleur**.
DF 1 (1913), 388; Jones (1976), 236 f.; W. Laute: *Control* (Diss. Bonn 1969). Zu *Kontrolleur*: Krüger (1979), 307. Zum englischen Einfluß: Carstensen 2 (1994), 791 f.

Kontroverse *f. per. fach.* ˊAuseinandersetzung ̓ (< 17. Jh.). Entlehnt aus l. *contrōversia* (eigentlich ˊdie entgegengesetzte Richtung ̓), einer Ableitung von l. *contrōversus* ˊentgegengewandt, gegenüberliegend ̓, zu l. *contrā* ˊgegen ̓ und l. *versus* ˊgewandt ̓, dem PPP. von l. *vertere* ˊwenden, drehen ̓ (s. *konvertieren*). Adjektiv: **kontrovers**.
BlW 4 (1992), 303–307.

Kontur *f. stil.* ˊLinie, Umriß ̓ (< 18. Jh.). Entlehnt aus frz. *contour m.*, dieses aus it. *contorno m.*, einer Ableitung von ml. *contornare* ˊeinfassen, Umrisse zeichnen ̓, zu l. *tornāre* ˊdrechseln, mit dem Drechseleisen runden ̓ und l. *con-*, aus gr. *torneúein* ˊdrehen, drechseln ̓, zu gr. *tórnos m.* ˊKreisstift, Zirkel, Dreheisen ̓.
S. *Tour.* – DF 1 (1913), 389.

Konus *m. per. fach.* (< 18. Jh.). Entlehnt aus l. *cōnus*, das auf gr. *kónos* ˊKegel, Pinienzapfen ̓ zurückgeht. Adjektiv: **konisch**.

Konvenienz *f. per. fremd.* ˊErlaubtes, Schickliches, Bequemlichkeit ̓ (< 18. Jh.). Entlehnt aus l. *convenientia* ˊÜbereinstimmung, Harmonie ̓, Abstraktum von l. *convenīre* ˊzusammentreffen, zusammenpassen ̓, zu l. *venīre* ˊkommen ̓ und l. *con-*. Verb: **konvenieren**.

S. *Konvent, Konvention* und zur Sippe *intervenieren.* – DF 1 (1913), 389; *HWPh* 4 (1976), 1068–1071.

Konvent *m. erw. fach.* (< 13. Jh.). Mhd. *convent* ist entlehnt aus l. *conventus*, Abstraktum zu l. *convenīre* ˊsich einfinden, zusammenkommen ̓, zu l. *venīre* ˊkommen ̓ und l. *con-*.
S. *Konvenienz, Konvention* und zur Sippe *intervenieren.* – LM 5 (1991), 1423.

Konvention *f. erw. fach.* (< 16. Jh.). Entlehnt aus frz. *convention*, dieses aus l. *conventio (-ōnis)* (eigentlich ˊZusammenkunft ̓), einer Ableitung von l. *convenīre* ˊzusammenkommen, eintreffen ̓, zu l. *venīre* ˊkommen ̓ und l. *con-*. Adjektiv: **konventionell**.
S. *Konvenienz, Konvent* und zur Sippe *intervenieren.* – Schirmer (1911), 109; DF 1 (1913), 389 f.; H. Klammer in *Schlüsselwörter* 2 (1964), 355–381; *HWPh* 4 (1976), 1071–1078.

konvergieren *swV. per. fach.* ˊzusammenlaufen, übereinstimmen ̓ (< 18. Jh.). Entlehnt aus l. *convergere* ˊsich hinneigen, sich zusammenneigen ̓, zu l. *vergere* ˊsich neigen ̓ und l. *con-*. Abstraktum: **Konvergenz**; Adjektiv: **konvergent**.
S. *divergent.* – HWPh 4 (1976), 1080–1082.

Konversation *f. stil.* (< 16. Jh.). Entlehnt aus l. *conversātio (-ōnis)* (eigentlich ˊUmgang, Verkehren ̓), einer Ableitung von l. *conversārī* ˊverkehren, Umgang haben ̓, zu l. *versārī* ˊsich hin und her bewegen, etwas betreiben ̓, einem Frequentativum zu l. *vertere* ˊdrehen, wenden ̓ und l. *con-*.
S. *konvertieren.* – DF 1 (1913), 390 f.

Konversion *f. erw. fach.* (< 16. Jh.). Entlehnt aus l. *conversio (-ōnis)*, Abstraktum von l. *convertere* ˊumkehren, umdrehen, umwenden ̓.
S. *konvertieren.* – K.-H. Weimann *DWEB* 2 (1963), 396; *HWPh* 1 (1970), 1033–1036; 4 (1976), 1082; LM 5 (1991), 1424 f.

konvertieren *swV. erw. fach.* (< 16. Jh.). Entlehnt aus l. *convertere* ˊumkehren, umdrehen, umwenden ̓, zu l. *vertere* ˊdrehen ̓ und l. *con-*. Abstraktum: **Konversion**; Adjektiv: **konvertibel**; Nominalableitung: **Konvertit**.
Zu Formen der Nachfolger von l. *vertere* ˊwenden ̓ gehören außer *konvertieren* noch die deutschen Partizipialformen *extravertiert* und *introvertiert*, und die lateinischen Partizipialformen *divers, pervers* und die Substantivform *Revers*, in lateinischer Form *versus*, Weiterbildungen in *Kontroverse, Prosa, Universum, universal, Universität*. Abstrakta sind *Version, Aversion, Inversion, Konversion* und *Subversion* mit *subversiv*, und von einer anderen Form *Vers* (mit *Versal*); ein Adjektiv der Möglichkeit ist *(ir)reversibel*; aus einer nominalen Ableitung stammt *vertikal*. Zu dem Intensivum l. *versārī* gehören selbst, *Konversation*. Zur germanischen Verwandtschaft s. *werden*.

konvex *Adj. erw. fach.* (< 17. Jh.). Entlehnt aus l. *convexus* ˊgewölbt, nach oben oder unten zusammenstoßend ̓.

Konvikt *n. per. fach.* ´Wohngemeinschaft (für katholische Theologiestudenten)´ (< 18. Jh.). Entlehnt aus l. *convīctus* ´Zusammenleben´, Abstraktum von l. *convīvere* ´mit jmd. zusammenleben, miteinander speisen´, zu l. *vīvere* ´leben´ (s. *vital*) und l. *con-*.

Konvoi *m. erw. fach.* ´Geleitzug´ (< 16. Jh.). Entlehnt aus frz. *convoi* ´Geleit´, einer Ableitung von frz. *convoyer* ´begleiten´, aus spl. **conviare*, Präfixableitung zu l. *via f.* ´Weg´ und l. *con-*. Zunächst nur in der Bedeutung ´Geleit´ verwendet; dann übertragen auf ´Geleitzug´ (zunächst Bezeichnung der die Handelsflotte begleitenden Kriegsschiffe); schließlich auch in allgemeiner Bedeutung. Die Aussprache wird aus dem Englischen übernommen.
S. *trivial.* – Schirmer (1911), 110; *DF* 1 (1913), 118; Jones (1976), 238–240; Carstensen 2 (1994), 792.

Konvolut *n. per. fach.* ´Bündel, Sammlung, Sammelband´ (< 16. Jh.). Entlehnt aus spl. *convolūtum*, dem substantivierten PPP. von l. *convolvere* ´zusammenrollen´, zu l. *volvere* ´rollen, drehen, winden´ und l. *con-*. S. *Volumen.*

Konvulsion *f. per. fach.* ´Schüttelkrampf´ (< 18. Jh.). Entlehnt aus l. *convulsio (-ōnis)*, zu l. *convellere (convulsum)* ´herumzerren, ausrenken, einen Krampf bekommen´, zu l. *vellere* ´rupfen, raufen, zupfen´ und l. *con-*. Adjektiv: **konvulsivisch.**

konzentrieren *swV.* (< 17. Jh.). Entlehnt aus frz. *concentrer* ´in einem Punkt vereinigen´, zu frz. *centre* ´Mittelpunkt´, aus l. *centrum*, aus gr. *kéntron*, eigentlich ´Stachel´, zu gr. *kenteîn* ´stechen´, und l. *con-*. Abstraktum: **Konzentration**; Konkretum: **Konzentrat.** Baugleich ist *konzentrisch.*
S. *Zentrum.* – *DF* 1 (1913), 391 f.

konzentrisch *Adj. erw. fach.* (< 18. Jh.). Entlehnt aus ml. *concentricus* ´den gleichen Mittelpunkt habend´. S. *konzentrieren* und *Zentrum.*

Konzept *n.* s. *konzipieren.*

Konzeption *f.* s. *konzipieren.*

Konzern *m. erw. fach.* ´Zusammenschluß von Unternehmen´ (< 20. Jh.). Entlehnt aus ne. *concern* ´Firma, Unternehmen; Interesse´, einer Ableitung von e. *concern* ´betreffen, angehen´, dieses aus frz. *concerner*, aus l. *concernere*, zu l. *cernere (crētum)* ´sichten, unterscheiden, gewahren´ und l. *con-*.
Zum Präsensstamm von l. *cernere* ´sichten´ gehört außer *Konzern* noch *Dezernent*; zum Perfektstamm *crētum* gehören *Dekret, diskret* und *Sekret* nebst *Sekretär* und ohne das *-t- Exkrement*. Zu der nahestehenden *ī*-Erweiterung *diskriminieren*; s. auch *kriminell.* Zur griechischen Verwandtschaft s. *Krise*, zur germanischen *rein.* Auf das entfernter verwandte l. *certus* ´sicher´ gehen *Konzert* und *Zertifikat* zurück. – Schirmer (1911), 110; W. J. Jones *SN* 51 (1979), 251.

Konzert *n.* (< 17. Jh.). Entlehnt aus it. *concerto m.* (eigentlich ´Wettstreit´), einer Ableitung von it. *concertare* ´wetteifern´, aus l. *concertāre*, zu l. *certāre* ´kämpfen, streiten´ und l. *con-*, zu l. *certus* ´sicher, entschieden´, zu l. *cernere* ´scheiden, kämpfen´.
S. *Konzern.* – *DF* 1 (1913), 393 f.

Konzession *f. erw. fach.* ´Zulassung, Zugeständnis´ (< 16. Jh.). Entlehnt aus l. *concessio (-ōnis)*, Abstraktum von l. *concēdere (concessum)* ´abtreten, sich fügen, zugestehen´, zu l. *cēdere* ´weichen, nachgeben´ und l. *con-*.
S. *Abszeß.* – Schirmer (1911), 110; *DF* 1 (1913), 393.

konzessiv *Adj. per. fach.* ´einräumend´ (< 18. Jh.). Entlehnt aus l. *concessīvus*, Adjektivbildung zu l. *concēdere* ´zugestehen´ (s. *Konzession*).

Konzil *n. erw. fach.* ´Versammlung, Gremium´ (< 13. Jh.). Entlehnt aus l. *concilium*, dessen weitere Herkunft nicht mit Sicherheit geklärt ist; möglicherweise zu l. *calāre* ´zusammenrufen´, zu l. *clārus* ´laut, hell´.
LM 5 (1991), 1429–1431; *BlW* 4 (1992), 180–183.

konziliant *Adj. per. fremd.* ´entgegenkommend´ (< 19. Jh.). Entlehnt aus frz. *conciliant*, dem PPräs. von frz. *concilier* ´aussöhnen´, dieses aus l. *conciliāre* ´verbinden, geneigt machen, gewinnen´, zu l. *concilium* ´Vereinigung, Verbindung´.

konzipieren *swV. erw. fach.* ´planen, entwerfen´ (< 15. Jh.). Entlehnt aus l. *concipere (conceptum)* ´erkennen, aufnehmen, auffassen, schwanger werden´, zu l. *capere* ´nehmen, fassen, empfangen´ und l. *con-*. Zunächst in der Bedeutung ´schwanger werden´ in der Medizin verwendet; dann allgemein ´eine Idee bekommen und einen Entwurf machen´. Abstraktum: **Konzeption**; Konkretum: **Konzept**; Adjektiv: **konzeptuell.**
Zur Sippe von l. *capere* ´fassen´ s. *kapieren.* – *DF* 1 (1913), 392; *HWPh* 4 (1976), 1082–1086; *LM* 5 (1991), 1427; Röhrich 2 (1992), 869.

konzis *Adj. per. fremd.* ´knapp, gedrängt´ (< 18. Jh.). Entlehnt aus l. *concīsus*, dem PPP. von l. *concīdere* ´zerhauen, zerschneiden, zerstückeln´, zu l. *caedere* ´hauen, schlagen, prügeln´ und l. *con-*. S. *dezidiert.*

Koog *m. per. fach. ndd.*, auch **Kog** ´hohes Land vor dem Deich´, dann ´eingedeichtes Land´ (< 19. Jh.). Entlehnt aus nndl. *kaag* (mndl. *cooch*, afr. *kāch* aus g. **kauga-*) unklarer Herkunft.

Koordinate *f. per. fach.* ´Lageangabe´ (< 18. Jh.). Neubildung zu *Ordinate* und l. *con-*.
Schirmer (1912), 38.

koordinieren *swV. erw. fach.* ´Verschiedenes aufeinander abstimmen´ (< 19. Jh.). Entlehnt aus ml. *coordināre* ´zuordnen´, zu l. *ōrdināre* ´ordnen´ und

l. *con-*, zu l. *ōrdo (-dinis)* ʿReihe, Ordnungʾ (s. *ordnen*). Abstraktum: **Koordination.**

HWPh 4 (1976), 1092 f.

Köpenickiade *f. bildg.* ʿnaives Täuschungsmanöver, über das man lachtʾ (< 20. Jh.). Nach der Besetzung des Rathauses von Berlin-Köpenick 1906 durch einen Schuhmacher, der sich mit Hilfe einer Hauptmannsuniform Autorität zu verschaffen wußte.

Köper *m. per. fach.* ʿGewebe, bei denen sich die Fäden des Einschlags mit denen der Kette schräg kreuzenʾ (< 16. Jh.). Ursprünglich für Schrägbalken im Dach und im Wappen. Zur Herkunft s. *Käpfer, Kämpfe(r)*.

Zu *Köperbindung* vgl. *LM* 5 (1991), 1434 f.

Kopf *m.* (< 8. Jh.). Mhd. *kopf* ʿTrinkgefäß, Hirnschaleʾ, ahd. *kopf, kupf* ʿBecherʾ, mndd. *kop*; wie ae. *cuppe f.* ʿBecherʾ, anord. *koppr* ʿGeschirr in Becherform, kleines Schiffʾ früh entlehnt aus l. *cūpa, cuppa f.* ʿBecherʾ. Das Wort ersetzt als expressives Bild (ʿjmd. den Becher einschlagenʾ = ʿden Kopf einschlagenʾ) das alte Wort *Haupt*; ähnlich wie frz. *tête f.* (aus l. *tēsta f.* ʿaus Ton gebranntes Gefäß, Scherbeʾ) das alte Wort l. *caput n.* ersetzt. Verb: **köpfen.**

S. *Kübel, Kufe*[2]. − Anders: Lühr (1988), 275 f. Zur Bedeutungsübertragung: R. Hildebrand *DWEB* 3 (1963), 360−362; G. Augst: *„Haupt" und „Kopf"* (Diss. Mainz 1970); Röhrich 2 (1992), 869−872.

Kopfnuß *f.* s. *Nuß*[2].

Kopie *f.* (< 14. Jh.). Entlehnt aus l. *cōpia* ʿVorrat, Mittel, Fülleʾ, zu l. *ops (-pis)* ʿMacht, Vermögen, Kraftʾ und l. *con-*. In der Kanzleisprache nimmt *Kopie* die Bedeutung ʿVervielfältigungʾ an, sodann ʿAbschrift (usw.)ʾ, schließlich ʿNachbildung eines Kunstwerks (usw.)ʾ. Verb: **kopieren**; Nomen agentis: **Kopist.**

S. *Copyright, operieren.* − Schirmer (1911), 110; *DF* 1 (1913), 393 f.; E. Erämetsä *NPhM* 59 (1958), 38; *LM* 5 (1991), 1437 f.

Koppe *f.* s. *Kuppe.*

Koppel[1] *n. erw. fach.* ʿUniformgürtelʾ (< 13. Jh.). Mhd. *kop(p)el, kup(p)el f./m./n.* ʿBandʾ entlehnt aus l. *cōpula f.* ʿBandʾ (und afrz. *couple*).

S. *Kopula, kuppeln.* − U. Scheuermann *NJ* 92 (1969), 101 f.

Koppel[2] *f. erw. fach.* ʿLeine für mehrere Hunde, Hundemeuteʾ (< 13. Jh.). Dasselbe Wort wie *Koppel*[1] mit Bewahrung des alten Genus.

S. *Kopula.* − U. Scheuermann *NJ* 92 (1969), 101 f.

Koppel[3] *f. erw. fach.* ʿeingezäuntes Weidelandʾ (< 19. Jh.). Entlehnt aus frz. *couple m.* ʿJoch Landesʾ, ursprünglich ʿso viel, wie ein Paar *(couple)* Ochsen an einem Tag pflügen kannʾ; letztlich ursprungsgleich mit *Koppel*[1] (und *Koppel*[2]).

S. *Kopula.* − U. Scheuermann *NJ* 92 (1969), 101 f.

koppen *swV. per. reg.* ʿaufstoßenʾ (< 16. Jh.). Mhd. *koppe* ʿdas Aufstoßen, Rülpsenʾ. Wohl lautmalend. S. *kotzen.*

koppheister *Adv. per. ndd.* ʿkopfüberʾ, auch **heisterkopp.** Der Bestandteil *heister* ist unklar; vielleicht zu der unter *Hast* behandelten Sippe.

Kopula *f. erw. fach.* (< 18. Jh.). Entlehnt aus l. *cōpula* ʿBandʾ.

Das lateinische Wort zu l. *apere* ʿanpassenʾ und l. *con-*. S. *Couplet, Koppel*[1/2/3], *kuppeln.* − E. Leser *ZDW* 15 (1914), 67 f.; *HWPh* 4 (1976), 1099−1101.

kopulieren *swV. obs.* ʿbeschlafen, begattenʾ, auch ʿtrauenʾ (< 16. Jh.). Entlehnt aus l. *copulāre* ʿverknüpfen, zusammenschließen, eng verbindenʾ, zu l. *cōpula* ʿdas Verknüpfendeʾ (s. *Kopula*).

Koralle *f.* (< 13. Jh.). Mhd. *koral[le] m.* ist entlehnt aus afrz. *coral*, dieses aus l. *corallium n.*, aus gr. *korállion n.*, dessen weitere Herkunft nicht geklärt ist.

Lüschen (1979), 255; *LM* 5 (1991), 1441 f.

Korb *m.* (< 9. Jh.). Mhd. *korp*, ahd. *korb, korf.* Entlehnt aus l. *corbis f./m.* − *Einen Korb geben* stammt angeblich von dem Brauch, einem unerwünschten Liebhaber zum Heraufziehen einen Korb ohne Boden hinunterzuschicken (vgl. *durchfallen*). Alle Einzelheiten bleiben dabei unklar. Die spanische Entsprechung *dar calabazas* ʿKürbisse gebenʾ scheint näher mit der deutschen Wendung zusammenzuhängen (Kürbisse als Hohlkörper dienen wie *Flasche* usw. öfter zum Ausdruck des Spottes und der Beschimpfung). Der Weg vom einen zum anderen ist aber nicht zu sehen.

Hoops (1911/19), III, 91; Schulze (1933), 497−508; Röhrich 2 (1992), 872−875.

Kord *m. erw. fach.* ʿgeripptes Gewebeʾ (< 19. Jh.). Entlehnt aus ne. *cord*, eigentlich ʿSchnurʾ (s. *Korde*). Auch als Kürzung von *Kordsamt* ʿKordstoff, bei dem die aufgeschnittenen Rippen eine samtige Oberfläche bildenʾ.

Korde *f. per. fach.* ʿschnurartiger Besatzʾ (< 13. Jh.). Mhd. *korde* ʿSeil, Schnurʾ ist entlehnt aus l. *c(h)orda* (oder frz. *corde*) ʿDarm, Darmsaiteʾ, das auf gr. *chordḗ* ʿDarmsaite, Fessel u.ä.ʾ zurückgeht.

Kordel *f.* (< 15. Jh.). Ursprünglich niederdeutsch, mndd. *kordel*. Entlehnt aus frz. *cordelle*, einer Weiterbildung zu frz. *corde* ʿSchnurʾ, das unter *Korde* dargestellt ist.

Eichhoff (1968), 84−86; Kretschmer (1969), 120.

Kordon *m. erw. fach.* ʿAbsperrung, kettenartige Grenzbesatzungʾ (< 18. Jh.). Entlehnt aus frz. *cordon* (eigentlich ʿSchnur, Reiheʾ), einer Ableitung von frz. *corde f.* ʿSchnur, Seilʾ (s. *Korde*).

DF 1 (1913), 394; Brunt (1983), 213.

kören *swV. per. fach.* ʿmännliche Haustiere zur Zucht auswählenʾ (< 15. Jh.). Niederdeutsche Form von *küren.*

Koriander *m. erw. fach.* (eine Gewürzpflanze) (< 15. Jh.). Entlehnt aus l. *coriandrum n.*, dieses aus gr. *koriannon, koriandron n.*

Marzell 1 (1943), 1159−1162; *LM* 5 (1991), 1444.

Korinthe *f. erw. fach.* ´kleine, kernlose Rosine´ (< 15. Jh.). Neubildung zu frz. *raisin de Corinthe* (eigentlich ´Rosine von Korinth´), zum Namen der Stadt *Korinth*.

Kork *m.* (< 16. Jh.). Bezeugt als Bezeichnung für das Material (Rinde der Korkeiche); später (Ende 17. Jh.) für den Flaschenstöpsel aus Kork. Wohl über nndl. *kurk, kork* entlehnt aus span. *corcho*, das auf l. *cortex m./f.* ´Rinde´, speziell ´Korkrinde´, auch ´Korkstöpsel´ zurückgeht. Ebenfalls aus Kork hergestellt waren zunächst Pantoffeln mit Korksohle; deshalb heißt die Korkeiche im 16. Jh. auch ***Pantoffelbaum***.

S. *verkorksen.* − Kretschmer (1969), 368−370.

Korken *m.* (< 18. Jh.). Variante zu *Kork*, die auf die Bedeutung ´Korkstöpsel´ beschränkt ist.

J. P. Ponten: *obturamentum lagenae* (Marburg 1969), 156−164.

Kormoran *m. per. fach.* (ein schwarzgrüner Schwimmvogel) (< 19. Jh.). Entlehnt aus frz. *cormoran*, dieses aus afrz. *cormareng, corp mareng* (eigentlich ´Meerrabe´), aus spl. *corvus marinus*, zu l. *corvus* ´Rabe´ und l. *marīnus* ´zum Meer gehörig´ (zu l. *mare n.* ´Meer´, s. *Marine*).

LM 5 (1991), 1446.

Korn[1] *n.* (< 8. Jh.). Mhd. *korn*, ahd. *korn*, as. *korn* aus g. **kurna- n.* ´Korn, Getreide´, auch in anord. *korn*, ae. *corn*, afr. *korn*; gt. *kaurn* ´Getreide´, gt. *kaurno* ´einzelnes Korn´. Dieses aus ig. (w./oeur.) **gr̥nó-* ´Korn´, auch in l. *grānum*, air. *grán n./(m.)*, akslav. *zrĭno*, apreuß. *syrne f.* (´Fruchtkern´), lit. *žirnis m.* (´Erbse´). Obwohl es sich ersichtlich um ein *no*-Partizip zu einer zweisilbigen Wurzel handelt, ist die weitere Analyse unklar. Man denkt entweder an ´Gewachsenes´ oder ´zu Reibendes´ − in keinem Fall mit ausreichender semantischer Stütze. Adjektiv: ***körnig***.

Nndl. *koren*, ne. *corn*, nschw. *korn*, nisl. *korn*. S. *Granate, Kern, Popcorn.* − Röhrich 2 (1992), 875.

Korn[2] *m.* ´Kornbranntwein´ (< 19. Jh.). Gekürzt aus *Kornbranntwein*.

Kornblume *f.* (< 14. Jh.). Wie nndl. *korenbloem*, ne. *cornflower*, nschw. *kornblomma* nach dem Standort der Blume in Kornfeldern benannt.

B. Reichert: *Kornblume und Margerite in deutscher Synonymik* (Diss. masch. Tübingen 1955).

Kornelkirsche *f. per. fach.* (< 11. Jh.). Mhd. *kurnelboum*, ahd. *kurnilboum m.* (u.ä.) für den Baum, ahd. *kurni(l)beri, kornilbere, quirnilberi n.* oder ahd. *kurnilo m.* für die Beere; die Bezeichnung als *Kirschen* erst seit dem 18. Jh. Das Wort ist entlehnt aus in dieser Bedeutung nicht bezeugtem l. *corneolus*, einer Diminutivform von l. *corneus* ´zur Kornelkirsche gehörig´, dieses aus l. *corneus* ´Kornelkirschenbaum´ (das als ahd. *kurniboum* entlehnt ist). Dieses mit gr. *krános* ´Kornelkirschbaum, Hartriegel´ aus einer mit dem Wort für *Kirsche* letztlich verwandten, nicht-indogermanischen Grundlage.

Kornett *n. per. fach.* (< 17. Jh.). In der Bedeutung ´Musikinstrument´ entlehnt aus frz. *cornet m.*, einem Diminutivum zu frz. *corne f.* ´Horn´, dieses aus l. *cornū*. Die Bedeutung ´Fähnrich´ (ebenfalls aus dem Französischen) gehört zu frz. *cornette m.* ´Standarte´ − der Zusammenhang mit der Bedeutung ´Horn´ ist unklar.

Korona *f. per. fach.* ´Strahlenkranz; fröhliche Schar´ (< 19. Jh.). Entlehnt aus l. *corōna* ´Kranz, Krone´, dieses aus gr. *korṓnē* ´Bogenende, Türgriff´, eigentlich ´Gekrümmtes´. Der Bedeutungsübergang zu ´Schar´ wie bei *Kreis*. Da diese Entwicklung in Studentenkreisen stattfindet, ist das Wort in dieser Bedeutung salopp umgangssprachlich. S. *Krone*.

Körper *m.* (< 13. Jh.). Mhd. *korper, körper* (der spätere Umlaut ist nicht ausreichend erklärt); fnhd. auch *körpel* mit Dissimilierung des zweiten *r*. Entlehnt aus l. *corpus (-poris) n.* ´Leib´. Ersetzt die älteren Wörter *Leib* und *Leiche* (s.d. zur Bedeutung). Adjektiv: ***körperlich***; Präfixableitung: ***verkörpern***; Kollektivum: ***Körperschaft***. S. *inkorporieren.*

H. Adolf: *Wortgeschichtliche Studien zum Leib/Seele-Problem* (Wien 1937); K. Kunze in: *Bayerisch-Österreichische Dialektforschung*. Hrsg. E. Koller (Würzburg 1989), 130−146.

Korporal *m. obs.* ´Unteroffizier´ (< 17. Jh.). Entlehnt aus frz. *corporal, caporal*, dieses aus it. *caporale*, einer Ableitung von it. *capo* ´Kopf, Haupt´, aus l. *caput n.* Die Lautform ist dann an frz. *corps* ´Truppenverband´ angeglichen worden.

S. *Kapo, Chef.* − R. M. Meyer *ZDW* 12 (1910), 150; Jones (1976), 175 f.

Korporation *f. per. fach.* ´Körperschaft, Verbindung´ (< 18. Jh.). Entlehnt aus ml. *corporatio* ´Körperschaft´ (s. *Körper*).

F. Müller: *Korporation und Assoziation* (Berlin 1965); *HWPh* 4 (1976), 1136−1138.

Korps *n. erw. fach.* ´Verbund, Verbindung´ (< 17. Jh.). Entlehnt aus frz. *corps*, dieses aus l. *corpus n.* ´Körper´, auch ´Körperschaft´.

DF 1 (1913), 395 f.

korpulent *Adj.* ´beleibt´ (< 17. Jh.). Entlehnt aus l. *corpulentus*, zu l. *corpus* ´Körper, Leib, Leichnam, Substanz, Fleisch, Gesamtheit´.

Korpuskel *n. per. fach.* ´kleinstes Teilchen´ (< 20. Jh.). Entlehnt aus l. *corpusculum*, einem Diminutivum zu l. *corpus* ´Körper, Substanz´.

HWPh 4 (1976), 1138.

korrekt *Adj.* (< 16. Jh.). Entlehnt aus l. *corrēctus* (eigentlich ´gebessert, verbessert´), dem PPP. von l. *corrigere* ´zurechtrichten, verbessern, in Ordnung bringen´, zu l. *regere (rēctum)* ´gerade richten, lenken, leiten´ und l. *con-*. Abstrakta: **Korrektheit, Korrektur**; Verb: **korrigieren**; Nomen agentis: **Korrektor**.
S. *regieren*. *DF* 1 (1913), 396 f. Zu *Korrektor*: *LM* 5 (1991), 1448.

korrespondieren *swV. stil.* (< 17. Jh.). Entlehnt aus frz. *correspondre*, einer Neubildung zu l. *respondēre (respōnsum)* ´versichern, versprechen, antworten, entsprechen, übereinstimmen´ und l. *con-*. Abstraktum: **Korrespondenz**; Nomen agentis: **Korrespondent**.
Schirmer (1911), 111; *DF* (1913), 397 f.; Jones (1976), 246 f.; W. J. Jones *SN* 51 (1979), 253.

Korridor *m.* (< 18. Jh.). Entlehnt aus it. *corridore* ´Läufer, Renner´, einer Ableitung von it. *correre* ´laufen´, aus l. *currere (cursum)*.
S. *konkurrieren*. − Kretschmer (1969), 207; Jones (1976), 247.

korrigieren *swV.* (< 14. Jh.). Entlehnt aus l. *corrigere* (s. *korrekt*).

Korrosion *f. per. fach.* ´Zersetzung, Zerstörung´ (< 19. Jh.). Entlehnt aus ml. *corrōsio*, Abstraktum zu l. *corrōdere* ´zerfressen´, das als **korrodieren** entlehnt wird. S. *Erosion, räß*.

korrupt *Adj.* (< 15. Jh.). Entlehnt aus l. *corruptus*, dem PPP. von l. *corrumpere* ´verderben, verführen, zuschanden machen, vernichten´ (das als **korrumpieren** entlehnt wird), zu l. *rumpere (ruptum)* ´reißen, zerbrechen´ und l. *con-*. Abstraktum: **Korruption**.
S. *abrupt*. − K.-H. Weimann *DWEB* 2 (1963), 396; W. Betz in *FS W. Fleischmann* (Amsterdam 1975), 15−30; *HWPh* 4 (1976), 1143; W. Betz: *Verändert Sprache die Welt?* (1977), 63−76; *LM* 5 (1991), 1448−1452.

Korsar *m. obs.* ´Seeräuber´ (< 17. Jh.). Entlehnt aus it. *corsaro*, das über eine mittellateinische Zwischenstufe zurückgeht auf l. *cursus* ´Fahrt (zur See)´, zu mit l. *currere* ´laufen, eilen´.
S. *konkurrieren*. − Kluge (1911), 482; Steinhauser (1978), 90−92; *LM* 5 (1991), 1452.

Korsett *n. obs.* ´Mieder´ (< 18. Jh.). Entlehnt aus frz. *corset*, Diminutiv zu afrz. *cors* ´Körper´, also ´Leibchen´.
Brunt (1983), 214; Röhrich 2 (1992), 875 f.

Korso *m. per. fach.* ´Umzug´ (< 19. Jh.). Entlehnt aus it. *corso*, eigentlich ´Lauf´, aus l. *cursus* ´Lauf´.
S. *konkurrieren*- − *DF* 1 (1913), 398 f.

Kortex *m. per. fach.* ´Rinde (eines Organs)´ (< 20. Jh.). Entlehnt aus l. *cortex m./f.* ´Rinde´.

Koryphäe *f. erw. stil.* ´Fachmann´ (< 18. Jh.). Entlehnt aus frz. *coryphée m.*, dieses aus l. *cory-* *phaeus m.*, aus gr. *koryphaîos m.* ´Anführer´, zu gr. *koryphḗ* ´Gipfel´.
DF 1 (1913), 399.

koscher *Adj. per. exot.* ´rein, gemäß den Speisegesetzen´ (im Sinne der jüdischen Religion); übertragen auf ´sauber, ehrlich, in Ordnung´ (aber meist als *nicht koscher*) (< 18. Jh.). Aus wjidd. *koscher*, das auf hebr. *kāšēr* ´in rechtem Zustand, tauglich´ zurückgeht. Auch rotwelsch bezeugt, was aber höchstens auf die übertragene Bedeutung eingewirkt hat.
Lokotsch (1975), 89; Wolf (1985), 181; Röhrich 2 (1992), 876.

Kosel *f. per. obd.* ´Mutterschwein´ (< 15. Jh.). Herkunft unklar.

kosen *swV.* (< 8. Jh.). Mhd. *kōsen*, ahd. *kōsōn* ´verhandeln, reden´, zu ahd. *kosa* ´Gespräch, Erzählung, Rechtssache´, das aus l. *causa* ´Rechtssache´ entlehnt ist (das Verb kann auch unmittelbar aus l. *causāre* ´einen Grund vorbringen´ kommen). Die Bedeutung entwickelte sich zu ´plaudern´, hauptsächlich in erotischen Zusammenhängen. Das Wort starb dann im 15./16. Jh. in der Schriftsprache aus, hielt sich aber in den Mundarten. Im 18. Jh. wurde es wiederbelebt, geriet aber unter den Einfluß des in der Schriftsprache bewahrten *liebkosen*, dessen Bedeutung es schließlich übernahm. [Herangezogen wurde die Magisterarbeit von I. Hermelink]

kosmetisch *Adj.* (< 18. Jh.). Entlehnt aus frz. *cosmétique*, dieses aus gr. *kosmētikós* ´zum Schmücken gehörig´, zu gr. *kosmeîn* ´ordnen, schmücken´, zu gr. *kósmos* ´Anordnung, Ordnung, Schmuck´. Abstraktum: **Kosmetik**.

Kosmopolit *m. per. fach.* ´Weltbürger´ (< 18. Jh.). Wohl nach Vorbild des Französischen entlehnt aus gr. *kosmopolī́tēs* (zu gr. *kósmos* ´Welt´ und gr. *polī́tēs* ´Bürger´, zu gr. *pólis* ´Stadtstaat´). Gedanklich beruht die Bildung auf der griechischen Vorstellung, daß es eine für alle Menschen gültige Weltordnung gäbe. Das Wort selbst ist zum ersten Mal bei Diogenes von Sinope bezeugt, der auf die Frage, woher er komme, antwortete, er sei *kosmopolī́tēs*.
HWPh 4 (1976), 1155−1167.

Kosmos *m. erw. fach.* (< 19. Jh.). Entlehnt aus gr. *kósmos* ´Ordnung, Weltordnung´. Heute meist in der Bedeutung ´Weltraum´. Adjektiv: **kosmisch**.
W. Kranz *AB* 2 (1955), 5−282; C. Haebler *AB* 11 (1967), 101−118; Heller (1970), 185−203; *HWPh* 4 (1976), 1167−1176; Cottez (1980), 101 f.; Richter (1981), 159 f.; G. vdHeuvel in *PSG* 6 (1986), 41−55; *LM* 5 (1991), 1458.

Kossat *m.*, auch **Kossäte** *m. per. ndd.* ´Häusler´ (< 15. Jh.). Mndd. *kotsete, koste* ´der in einer *Kate* sitzt, eine *Kate* besitzt´; vgl. ae. *cot(e)-setla* ´Landmann´. Das Hinterglied wie bei *Insasse*.

Kost *f.* (< 13. Jh.). Frühneuhochdeutsch auch Maskulinum. Mhd. *kost(e) f./m.* ´Zehrung, Vorrat´. Eigentlich der Singular des Wortes *Kosten* in der Bedeutung ´Aufwand für Lebensmittel´, dann ´Lebensmittel´. In dieser Bedeutung wohl beeinflußt von *kosten²* ´abschmecken, probieren´, das aus anderer Quelle stammt. Präfixableitung: **be-, verköstigen.**

Kosten *Pl.* (< 13. Jh.). Mhd. *koste f./m.*, spahd. *kosta f.* ´Aufwand, Preis, Wert´. Entlehnt aus spätem, aber auch durch die romanischen Sprachen vorausgesetztem ml. **costus m.*, **costa f.* ´Aufwand´ zu l. *constāre* ´zu stehen kommen´ (s. *Distanz*).

kosten¹ *swV.* ´einen bestimmten Preis haben´ (< 13. Jh.). Mhd. *kosten.* Entlehnt aus afrz. *co(u)-ster* (frz. *coûter*); dieses aus ml. *costāre*, aus l. *constāre* ´zu stehen kommen, kosten´ (s. *Distanz*). Adjektive: **kostbar, köstlich.**

kosten² *swV.* ´abschmecken, probieren´ (< 8. Jh.). Mhd. *kosten*, ahd. *kostōn*, as. *koston* aus g. **kus-tō- swV.* ´ausprobieren´, auch in ae. *costian* ´kosten, versuchen´ und mit etwas anderer Bedeutung anord. *kosta* ´anwenden, einsetzen, sich bemühen´. Intensivbildung zu *kiesen*. Parallele Bildungen sind l. *gūstus* ´Geschmack´ und l. *gūstāre* ´versuchen´. S. auch *degoutieren, degustieren*.

Köster *m. erw. ndd.* ´Küster´ (< 16. Jh.). Mndd. *koster, kuster*, mndl. *coster*, afr. *kestere, kuster*, as. *kostarāri* ´Küster´. Das Wort scheint vom gleichbedeutenden *Küster* zu trennen zu sein und ist möglicherweise auf ml. **costurarius* ´Aufseher der liturgischen Gewänder´ zurückzuführen, das zu ml. **con-sutura f.* ´Näherei´ gehört (frz. *couture f.*).

köstlich *Adj.* (< 13. Jh.). Zu *Kosten* mit der Bedeutung ´kostbar, prächtig´. Später (Luther usw.) auch ´entzückend, wundervoll´. Die Festlegung auf Speisen unter dem Einfluß von *kosten²*.

kostspielig *Adj.* (< 18. Jh.). Es gehört vermutlich zu mhd. *spildec* ´verschwenderisch´ und ist sekundär an *Spiel* angeglichen worden. Zu ahd. *irspilden* ´verschwenden, vertun´.

Kostüm *n.* (< 18. Jh.). Entlehnt aus it. *costume m.* ´ethnische Eigenart´, dieses aus l. *cōnsuētūdo (-dinis) f.* ´Gewöhnung, Gewohnheit, Brauch´, einer Ableitung von l. *cōnsuēscere* ´die Gewohnheit annehmen´, zu l. *suēscere* ´etwas gewohnt werden, an etwas gewöhnen´ und l. *con-*. Zunächst in der darstellenden Kunst als Bezeichnung ethnischer Eigenarten verwendet; dann unter französischem Einfluß auf ´historische Bekleidung´ eingeengt; daraus dann die weiteren Bedeutungen (und die französische Aussprache). Verb: **kostümieren.**
DF 1 (1913), 399 f.

Kot *m.* (früher auch *n.*) *erw. reg.* (< 11. Jh.). Fnhd. auch *Kat, Quat*, mhd. *quāt, kāt n.*, *quōt, kōt*

m./n., ahd. *quāt, kōt n.* aus vd. **kwǣda- m./n.* ´Kot, Dung´, neben dem ae. *cwead n.*, afr. *kwād* ´Dung´ mit unerklärtem Lautunterschied steht (**kwauda-*?). Hierzu, wohl durch Verwendung des Substantivs als (prädikatives) Adjektiv mhd. *quāt*, mndd. *quāt*, mndl. *quaet*, nndl. *kwaad* ´schlecht, böse, eklig´. Außergermanisch vergleichen sich wohl ai. *gūtha- m.* ´Kot, Exkrement´ (ai. *guváti* ´scheißt´), arm. *kow, koy* ´Mist´, russ. *govnó n.* ´Mist, Dreck, Kot´. Dabei ließe ein Ansatz (ig.) **gewə-* mit **gwē-* für das Germanische, **guə-* für das Indische, und **gouə-* für das Armenische und Slavische die Formen miteinander verknüpfen. Die Einzelheiten sind aber unsicher.
Bahder (1925), 66 f.; Heidermanns (1993), 348 f.

Kotau *m. per. exot.* ´übertriebene Höflichkeitsbezeugung´ (< 20. Jh.). Über das Englische entlehnt aus chin. *k´o-t´ou*, eigentlich ´Schlagen des Kopfes´, Bezeichnung der Begrüßung, die dem Kaiser dargebracht wird, und die u. a. darin besteht, daß der Boden mit der Stirn berührt wird. Im Deutschen auch übertragen gebraucht.

Kote *f.* s. *Kate*.

Köte *f. per. fach.* ´hintere Seite der Zehe bei Pferden und Rindern´ (< 15. Jh.). Mndd. *kote, kute* ´Knöchel´, auch ´Würfel´ (vom Würfeln mit Knöcheln her); mndl. *cote*, nndl. *koot*, afr. *kate*. Herkunft unklar; vielleicht zu dem Komplex *Kugel*.
Silfverbrand (1958), 144–147.

Kotelett *n.* (< 18. Jh.). Entlehnt aus frz. *côtelette f.*, einem Diminutivum zu afrz. *coste* ´Rippe´, aus l. *costa f.* *Koteletten* ´Backenbart´ ist eine scherzhafte Übertragung aus Berlin, wo man mit *Haarkoteletten* die Form bestimmter Backenbärte kommentierte.
S. *Küste*. – *DF* 1 (1913), 400.

Köter *m. erw. stil.* (< 16. Jh.). Ursprünglich meist *Bauernköter* und *Köterhund*. Herkunft unklar. Die niederdeutschen Mundarten weisen auf *ō*, so daß wohl ein Schallwort auf der Grundlage von **kau-* zugrundeliegt (vgl. etwa rheinfrk. *kauzen* ´bellen, kläffen´).
S. Feist *BGDSL* 33 (1907), 402 f.

Kothurn *m. bildg. phras.* (< 19. Jh.). Meist nur in *auf hohem Kothurn*. In der griechischen Tragödie war der Kothurn (gr. *kóthornos*) der hohe Schuh der Schauspieler. Deshalb schon seit der Antike sinnbildlich für den pathetischen Stil der Tragödie. Nach Knobloch zu (ig.) **ghedh-* ´passen´.
J. Knobloch in *FS Meid* (1989), 101 f.

Kottfleisch *n.* s. *Kutteln*.

Kotze *f. per. obd.*, **Kotzen** *m.*, ´grobes Wollzeug´ (< 10. Jh.). Mhd. *kotze m.*, ahd. *koz(zo), kott m.*, hierzu auch ahd. *kuzzin n.* ´Mantel´, as. *kot m.*, *kottos Pl.* ´wollener Mantel, Rock´ (mit Entlehnungen in die romanischen Sprachen und ins Englische; s. *Kutte*). Westdeutsch auch übertragen für ´Fleischabfälle, Innereien´, Herkunft unklar; kaum ein Erbwort. Nach Knobloch aus ml. *cottus m.*, *cotta* ´Kutta´, das aus gr. *kótthybos m.* (Benennung eines militärischen Ausrüstungsstückes), gr. *kosýmbē* ´Mantel von Hirten und Landleuten´ stammen soll. S. *Petticoat*. – J. Knobloch *SW* 8 (1983), 77–80.

Kötze *f.* ´Tragkorb´ s. *Kietze*.

kotzen *swV. vulg.* (< 15. Jh.); auch als **koptzen**, also wohl eine Intensivbildung **koppetzen* zu *koppen*. Partikelverb: **ankotzen**.
Lokotsch (1975), 101.

Kraal *m.* s. *Kral*.

Krabbe *f.* (< 16. Jh.). Ursprünglich niederdeutsch; mndl. *crabbe*, ae. *crabba m.*, anord. *krabbi m.* beruhen kaum auf einem Erbwort, sondern hängen wohl mit gt. *kárabos*, l. *carabus m.* ´Meerkrebs´ zusammen (die aus einer unbekannten Sprache stammen).
S. *krabbeln*, *Kraut²*, *Krebs*. – Lühr (1988), 296.

krabbeln *swV.* (< 14. Jh.). Ursprünglich niederdeutsch (umgangssprachlich), mndd. *krabbeln*, mhd. *krappeln*. Ursprünglich wohl zu *Krabbe* als ´kriechen wie eine Krabbe´, und dann in der Bedeutung verallgemeinert. S. auch *kribbeln*.

Krach *m.* (< 10. Jh.). Mhd. *krach*, ahd. *krah*, *krac* zu ahd. *krahhen*, mhd. *krachen*, ahd. *krahhōn*, mndd. *kraken*, mndl. *kraken*, ae. *cracian*. Zu einer schallnachahmenden Interjektion *Krack*, *Krach*. Die übertragene Bedeutung unter dem Einfluß von ne. *crash*. Ähnliche Schallwörter auch in anderen Sprachen (lit. *girgždéti* ´krachen´ u.ä.).
Nndl. *kraken*, ne. *crack*. S. *Crack*, *Kracke*, *Krakel*. – Röhrich 2 (1992), 876.

Kracher *m.* s. *Kracke*.

krächzen *swV.* (< 10. Jh.). Fnhd. *krachitzen* wie ae. *cracettan* und mit anderer Vokalstufe mhd. *krochzen*, ahd. *krockezzen*. Zu einer Erweiterung von *krähen*, die auch in anord. *kráka* ´Krähe´, anord. *krákr* ´Rabe´, l. *graculus* ´Dohle´, russ.-kslav. *krakati* ´krächzen´ vorliegt.
Ne. *croak*. S. *Krähe*, *krähen*.

Kracke *f. per. md. ndd.* ´hinfälliges Pferd´ (< 17. Jh.); schon früher nndl. *kraak* gleicher Bedeutung. Gehört zu *krachen* (s. unter *Krach*) wie obd. *(alter) Kracher*; wohl wie bei *Knacker* als ´jmd., bei dem man die Knochen krachen hört´.

Kräcker *m. erw. fremd.* (ein Kleingebäck) (< 20. Jh.). Entlehnt aus ne. *cracker*, zu e. *crack* ´krachen´, aus ae. *cracian*. S. *Crack*.

Krad *n. obs.* ´Motorrad´ (< 20. Jh.). Gekürzt aus *Kraftrad*, der damals amtlichen Bezeichnung für ´Motorrad´.

Kraft *f.* (< 8. Jh.). Mhd. *kraft*, ahd. *kraft*, as. *kraft*, *kraht m./f.* aus g. **krafti- f.* ´Macht, Kraft´, auch in anord. *kraptr m.*, ae. *cræft m.*, afr. *kreft*, *kraft*; Spuren von *u*-Flexion (anord. *krǫptr m.*) weisen wohl auf einen parallelen maskulinen *u*-Stamm. Die Bedeutung ist ziemlich weitreichend und umfaßt auch ´Kunst, List u.ä.´ (vgl. ne. *crafty* ´schlau´). Hierzu (dehnstufig) isl. (spät bezeugt) *kræfr* ´stark, tapfer´. Herkunft unklar. Am ehesten von der gleichen Grundlage wie *Krieg*, vgl. zu diesem air. *bríg* ´Kraft, Macht´, gr. *hýbris* ´Übermut, Zügellosigkeit, Gewalttätigkeit´. Präfixableitungen: *entkräften*, *verkraften*; Adjektiv: *kräftig*; Verb: *kräftigen*.
Nndl. *kracht*, ne. *craft*, nschw. *kraft*, nisl. *kraftur*. – Heller (1970), 163–184; *HWPh* 4 (1976), 1177–1184; *LM* 5 (1991), 1464.

kraft *Präp.* (< 16. Jh.). Ursprünglich Dativ Singular des Wortes *Kraft*, also ´mit der Kraft von´ (konstruiert mit dem Genetiv des Substantiv-Attributs).

Kraftmeier *m. erw. stil.* ´Kraftprotz´ (< 20. Jh.). Zu *Kraft* mit der Verwendung des häufigen Namens *Meier* in appellativischer Funktion. Auch *Krafthuber* u.ä.

Kragen *m.* (< 12. Jh.). Mhd. *krage* ´Hals, Halsbekleidung´, mndd. *krage*, mndl. *crage*. Trotz später Bezeugung ein altes Wort, vgl. air. *bráge* ´Hals, Nacken´ (ig. **gʷrōgʰ-*) und nasaliert gr. *brónchos* ´Luftröhre, Kehle´ neben gr. *bróchthos* ´Schluck, Schlund´ und dem Aorist gr. *bróxai* ´verschlucken´. Die unerweiterte Wurzel **gʷerǝ-* ´verschlingen´ ist unter *Köder* dargestellt.
Nndl. *kraag*, ne. *craw*. S. auch *Kropf*. – Röhrich 2 (1992), 876 f.

Kragstein *m. per. fach.* ´aus einer Mauer hervorragender Stein´ (< 14. Jh.). Spmhd. *kragstein*. Vergleich mit dem Hals *(Kragen)* eines Tieres.
LM 5 (1991), 1464.

Krähe *f.* (< 9. Jh.). Vielfältige Formen in der früheren Sprache: ahd. *krāia*, *krāwa*, *krāha*, *krāa*. Ein *n*-stämmiges Nomen agentis zu *krähen* in der Bedeutung ´krächzen´ mit verschiedenen Übergangslauten. Die Krähe ist westgermanisch als ´Krächzerin´ bezeichnet, vgl. ae. *crāwe*, as. *krāia*; die heutige umgelautete Form setzt die Variante mit *j* voraus. Im Nordischen beruht das Wort auf einer Erweiterung (s. unter *krächzen*).
Nndl. *kraai*, ne. *crow*. S. *krächzen*, *krähen*. – *LM* 5 (1991), 1464 f.; Röhrich 2 (1992), 877 f.

krähen *swV.* (< 9. Jh.). Mhd. *kræjen*, *kræn*, ahd. *krāen*, *krāgen*, *krāwen*, as. *krāia*; voraus liegt ein starkes Verb, das in ae. *crāwan* bezeugt ist; die Bedeutung ist ´krähen, krächzen´. Außergermanisch vergleicht sich lit. *gróti*, russ.-kslav. *grajati* ´krächzen´; zu einer ebenfalls alten Erweiterung s. unter *krächzen*.

Nndl. *kraaien*, ne. *crow*. S. *krächzen*, *Krähe*. – Seebold (1970), 305 f.

Krähl *m.* s. *Kräuel*.

Krähwinkel *Name, bildg.* (typisierender Name einer Kleinstadt) (< 19. Jh.). Tatsächlich auftretender Ortsnamen; gebraucht von Jean Paul 1801, von Kotzebue 1803, um ein typisches Klatschnest zu bezeichnen *(Die deutschen Kleinstädter)*. Seither häufig in dieser typisierenden Bedeutung gebraucht.

S. auch *Posemuckel*. – E. Schröder *GRM* 17 (1929), 29–35; Röhrich 2 (1992), 878 f.

Krail *m.* s. *Kräuel*.

Krake *m. erw. fach.* ´großer Tintenfisch´ (< 18. Jh.). Übernommen aus nnorw. *krakje, krake(n)* ´Tintenfisch´.

LM 5 (1991), 1470.

krakeelen *sw V. stil.* (< 16. Jh.). Wie nndl. *krakeelen* Streckform aus (nndl.) *kreelen*, das aus frz. *quereller* ´streiten´ entlehnt ist. Nomen agentis: *Krakeeler*; Abstraktum: *Krakeel*.

Schröder (1906), 126–128; Lasch (1928), 182; S. de Grave *NPh* 20 (1937), 109; L. Spitzer *NPh* 20 (1937), 108 f.; G. Weizenböck *ZM* 13 (1937), 22 f.

Krakel *m. stil.* ´unregelmäßiger Schriftzug´ (< *16. Jh., Bedeutung < 19. Jh.). In der Bedeutung ´dürrer Ast´ bezeugt seit dem 16. Jh. (zunächst in der Form *Gragel*). Dann übertragen auf Schriftzüge usw.; bei *krakelig* ´zerbrechlich´ tritt ein anderes Merkmal der dürren Äste in den Vordergrund. Wohl lautmalend zu *krachen* (s. unter *Krach*). Verb: *krakeln*; Abstraktum: *Krakelei*. S. auch *krickeln*.

Kral *m. per. exot.* (< 19. Jh.). Entlehnt aus nndl. *kraal* ´umzäuntes Negerdorf´; dieses aus port. *curral*.

LM 5 (1991), 1470.

Kralle *f.* (< 16. Jh.); auch als **Gralle**, **Krelle**. Herkunft unklar; vielleicht zu *kratzen*. Verb: *krallen*.

K. J. Heinisch *ZDS* 20 (1964), 119 f.

Kram *m. stil.* (< 12. Jh.). Mhd. *krām* ´Zeltdecke, Ware´, mhd. *krām(e) f.* ´Bude, Ware´, ahd. *krām* ´Zelt, Marktbude´, mndd. *kram(e)* ´Zeltdecke, Ware´, mndl. *crame, craem* ´Zeltsegel, Ware´. Das Wort bedeutet also zunächst eine Stoffüberdachung; dann das unter ihr stattfindende Marktgeschäft und die Waren selbst; heute verächtliches Wort für ´Kleinzeug´ (s. auch *Krimskrams*). Kaum ein Erbwort (vgl. serb.-kslav. *gramŭ* ´Schenke´ und serb.-kslav. *črěmŭ* ´Zelt´). Verb: *kramen*.

S. *Krämer*. – G. Richter in: Dückert (1976), 173–214; Röhrich 2 (1992), 879.

Krambambuli *m. per. grupp.* (< 18. Jh.). Ursprünglich Name eines Danziger Wacholderbranntweins, vermutlich in Anlehnung an mhd. *kranewite* ´Wacholder´ gebildet (zu diesem s. *Krammetsvogel*). Im 18. Jh. studentensprachlich auch für andere alkoholische Getränke benützt und vor allem in Liedern verbreitet.

Schröder (1906), 208–210; M. Friedländer *ZV* 40 (1930), 93–100; K. Treimer *BGDSL* 66 (1942), 356.

Krämer *m.*, auch **Kramer** *m.*, *obs.* (< 12. Jh.). Mhd. *krāmære, kræmer, krāmer*, ahd. *krāmāri*. Ursprünglich jmd., der in einer Marktbude Waren verkauft (s. *Kram*).

Krammetsvogel *m. per. reg.* ´Wacholderdrossel´ (< 14. Jh.). Mhd. *kranewitvogel* zu regionalem mhd. *kranewiter f.*, *kranewite* ´Wacholder´, weil der Vogel dessen Beeren frißt. Das Bestimmungswort ist ahd. *kranawitu, kranwit m./n.*, aus ahd. *krano* ´Kranich´ und ahd. *witu m./n.* ´Holz´ (s. *Wiedehopf* und vgl. ne. *wood*), also ´Kranichholz´.

S. auch *Krambambuli*. – Suolahti (1909), 62 f.; Hoops (1911/19), III, 95 f.

Krampe *f.*, **Krampen** *m.*, *erw. reg.* ´Türhaken, Klammer´ (< 17. Jh.). Aus dem Niederdeutschen in die Hochsprache aufgenommen; oberdeutsch entspricht eigentlich *Krampf* (ahd. *krampf(o) m.* ´Haken´); mndd. *krampe*, as. *krampo*. Zur gleichen Grundlage wie *Krampf*; vgl. noch *Krempe*, *Krempel²* und *krumm*.

Krampf *m.* (< 10. Jh.). Mhd. *krampf*, ahd. *krampf(o)*, as. *krampo* ´Zusammenziehen der Muskeln´, zu dem Adjektiv ahd. *kramph* ´gekrümmt´, anord. *krappr* ´schmal, eingezwängt´ aus g. *krampa-*, weiter zu g. *krimp-a- st V.* ´zusammenkrampfen´ in anord. *kroppinn (PPrät.)* ´verkrüppelt´, mndd. *krimpen*, mndl. *crempen*, ahd. *krim(p)fan* ´reiben, zerreiben´, mhd. *krimpfen*. Außergermanisch können verglichen werden lett. *grumbt* ´sich runzeln´, gr. *grypaínō, grýptó* ´ich werde krumm´, gr. (Hesych) *grympánein* ´sich runzeln´; mit abweichendem Auslaut akslav. *sŭgrŭždati sę* ´sich verkrampfen´.

Nndl. *kramp*, ne. *cramp*. S. *Grimmen, Krampe, Krempe, Krempel², krimpen, krumm, krumpelig* sowie *Krapfen*. – Seebold (1970), 308; Lühr (1988), 269.

Krampus *m. per. obd.* ´Knecht Ruprecht´ (< 20. Jh.). Die Herkunft ist nicht sicher geklärt. Nach Knobloch ein germanisches Wort für ´Haken, Krallen´, das im Italienischen zu it. *grampūtus* ´mit Krallen versehen´ erweitert wurde (also eine Art Teufel).

F. Lochner vHüttenbach *GLSt* 25 (1986), 195–197; J. Knobloch *MS* 78 (1988), 78 f.

Kran *m.* (< *14. Jh., Bedeutung < 15. Jh.). Spmhd. *krane*, mndd. *krān*, mndl. *crane*, das alte Wort für den Kranich, das im Anschluß an gr. *géranos f./(m.)*, l. *grūs m./f.* ´Kranich, Kran´ auf das Hebewerkzeug übertragen wurde.

Nndl. *kraan*, ne. *crane*. – *LM* 5 (1991), 1470 f.

Kranbeere *f.*, auch **Kränbeere** *f. per. reg.* ´Preißelbeere´ (< 14. Jh.). Als ´Kranichsbeere´ bezeichnet zu dem alten Wort für Kranich. Gemeint ist ursprünglich die Moosbeere, dann Übertragung auf die Preiselbeere. S. *Kronsbeere*.

B. Peters: *Onomasiologie und Semasiologie der Preißelbeere* (Marburg 1967), 90–93.

Krangel *m. per. obd.* ʿdurch Verdrehen entstandene Schleife an einem Seilʾ (< 13. Jh.). Vokalvariante zu *Kringel*.

Kranich *m.* (< 8. Jh.). Mhd. *kranech(e)*, *kranch(e)*, ahd. *kranuh*, *kranih* aus wg. **kranuka- m.* ʿKranichʾ, auch in ae. *cornoc*. Ohne das weiterbildende Suffix s. *Kran* und mhd. *kran(e)*, ahd. *krano*, as. *krano*, ae. *cran m./f.* (**krana-/ōn*) und dehnstufig mhd. *kruon*, mndd. *krān*, *krōn*. Das Wort ist außergermanisch gut vergleichbar, doch lassen sich die Formen nicht auf eine einheitliche Grundlage zurückführen: gr. *géranos f./(m.)*, kymr. *garan* (gall. *-garanos*); lit. *garnỹs* ʿReiher, Storchʾ; mit *k*-Erweiterung wie im Germanischen arm. *kṙunk*; mit *u*-Erweiterung l. *grūs m./f.*, lit. *gérvė f.*, russ.-kslav. *žeravĭ*. Lautnachahmung ist nicht ausgeschlossen, doch paßt diese Annahme eigentlich nur zur lateinischen Form (der Kranich-Schrei kann als *gruu* wiedergegeben werden). Vielleicht liegen in den hochstufigen Formen Vriddhi-Bildungen zur Lautnachahmung vor (vgl. *Gauch*). Im Altnordischen heißt der Kranich *trani*, was wohl eine Umbildung desselben Wortes ist.

S. *Krambambuli, Krammetsvogel, Kran, Kranbeere, Kranewitter, Kronsbeere*. – Suolahti (1909), 292; Kluge (1926), 32 f.; Darms (1978), 134–138; *LM* 5 (1991), 1471; Röhrich 2 (1992), 879 f.

krank *Adj.* (< 13. Jh.). Mhd. *kranc* ʿschmal, gering, schwachʾ, ahd. *kranc* ʿhinfälligʾ, mndd. *krank* ʿschwachʾ. Das Wort ersetzt im Laufe der deutschen Sprachgeschichte das alte Wort *siech*. Seine Herkunft ist unklar; vgl. anord. *krangr* ʿhinfälligʾ und das lautlich unfeste ae. *crinc(g)an* ʿfallen, verderbenʾ. Die verschiedenen Bedeutungen mit diesem Lautstand lassen sich kaum in eine einheitliche Entwicklungslinie einordnen. Abstraktum: ***Krankheit***; Verben: ***kranken, kränkeln***; Substantivierung: ***Kranker***; Modifikation: ***krankhaft***.

Nndl. *krank*, ne. *crank* (?). – Röhrich 2 (1992), 880; *HWPh* 4 (1976), 1184–1190; Niederhellmann (1983), 47–57; E. Koller in *Begegnung mit dem Fremden* Bd 4, hrsg. E. Iwasaki (München 1991), 226–236; Heidermanns (1993), 341 f.

kränken *swV.* (< 14. Jh.). Spmhd. *kranken* ʿkrank machenʾ in allen Bedeutungen des Grundworts. Die heutige Bedeutung ʿerniedrigen, demütigenʾ ist von *krank* ʿgering, niedrigʾ abhängig. Abstraktum: ***Kränkung***.

Kranz *m.* (< 11. Jh.). Mhd. *kranz*, spahd. *kranz* ʿKopfschmuckʾ. Das Wort kann entweder mit lit. *grandis* ʿKettenglied, Armbandʾ verglichen werden (das aber ebenfalls isoliert ist), oder es gehört zu

einer Ablautvariante von *Kring(el)* mit verbaler *z*-Erweiterung (**krangzen*) und Rückbildung. Verb: ***kränzen***.

H.-F. Foltin *DWEB* 3 (1963), 1–296; *LM* 5 (1991), 1475; Röhrich 2 (1992), 881–883.

Kränzchen *n.* (**Kaffeekränzchen** *n.*, auch **Kränzlein** *n.* u.ä.), *stil.* (< 15. Jh.). Für eine Gesellschaft, die sich reihum bei den Mitgliedern trifft; *Kranz* also im Sinn von ʿRing; Reihe, die sich wiederholtʾ.

Krapfen *m. erw. reg.* (ein Gebäck) (< 9. Jh.). Mhd. *krapfe*, ahd. *krapfo, kraffo*. Das Wort bedeutet in der älteren Zeit vor allem ʿKralle, Hakenʾ, das Gebäck ist also nach seiner gebogenen Form so benannt. Ein etymologischer Zusammenhang mit *Krampf* legt sich nahe; es müßte eine frühe, unnasalierte Form vorliegen.

S. *Krapp*. – Heyne (1899/1903), II, 277; Kretschmer (1969), 360; Lühr (1988), 288.

Krapp *m. obs. fach.* ʿFärberröteʾ (< 16. Jh.). Mit der Sache aus dem Niederländischen entlehnt: mndl. in *crapmede* (auch nndl. *meekrap*). Es wird vermutet, daß das Wort mit *Krapfen* zusammenhängt, wegen der hakenförmigen Stacheln der Pflanze ʿRubia tinctorumʾ.

Bertsch (1947), 243 f.; *RGA* 2 (1991), 217 f.; *LM* 5 (1991), 1475 f.

kraß *Adj.* (< 18. Jh.). Entlehnt aus l. *crassus* ʿdick, grobʾ. Schon früher erscheint die l. Formel *īgnōrantia crassa* in deutschen Texten; die Schreibung *graß* beruht auf Vermischung mit dem Grundwort von *gräßlich*.

DF 1 (1913), 401.

Krater *m* (< 18. Jh.). Entlehnt aus l. *crātēr*, das seinerseits aus gr. *krātḗr* stammt. Das griechische Wort bedeutet ursprünglich ʿMischgefäßʾ (zu gr. *keránnymi* ʿvermischeʾ); nach dessen Form sind die Vulkanöffnungen benannt.

-kratie *LAff.* zur Bezeichnung von Herrschaftsformen. Übernommen aus griechischen Bildungen wie *Demokratie*, ursprünglich Abstrakta auf gr. *-ia* zu Nomina agentis auf gr. *-os* zu gr. *krateĩn* ʿherrschenʾ, bzw. gr. *krátos* ʿMachtʾ.

W. Braun in *Typenbegriffe* 5 (1981), 57–77.

Kratten *m.* s. *Krätze*[1].

Kratzbürste *f. erw. fach.* (< 17. Jh.). Eigentlich ein scharfes Reinigungsinstrument, aber in der Regel übertragen gebraucht für eine unfreundliche Person (meist Frauen). Adjektiv: ***kratzbürstig***.

Krätze[1] *f. per. reg.* ʿRückenkorbʾ (< 12. Jh.). Mhd. *kretze f./m.*, ahd. *krezzo m.* ʿKorbʾ; eine Variante ist ahd. *kratto m.*, mhd. *kratte, gratte m.*, nhd. (obd.) *Kratten, Kretten* ʿKorbʾ, auch ʿKorbwagenʾ. Aus der gleichen Grundlage wohl ae. *cradel m.* ʿWiegeʾ (ne. *cradle*). Ein Anschluß an ai. *grathnāti* ʿwindet, knüpftʾ ist denkbar, aber unverbindlich.

Lühr (1988), 282 f.

Krätze[2] *f. erw. reg.* (Krankheit) (< 15. Jh.). Mhd. *kretze, kratz.* Zu *kratzen,* weil es sich um eine jukkende Hautentzündung handelt, die den Befallenen zum Kratzen reizt. Adjektiv: *krätzig.*

kratzen *sw V.* (< 9. Jh.). Mhd. *kratzen, kretzen,* ahd. *krazzōn,* mndl. *cretsen.* Herkunft unklar. Möglicherweise lautmalend. Nomen agentis: *Kratzer.*
S. *abkratzen, aufgekratzt, Kralle, Kreis.* – W. Kaspers *BGDSL-H* 77 (1955), 235–238; Röhrich 2 (1992), 883.

Krätzer *m. per. reg.* ´saurer Wein´ (< 17. Jh.). Spottname wie *Rachenputzer* und travestierendes *Kratzenberger.*

Kratzfuß *m. obs.* ´Verbeugung, bei der ein Fuß nach hinten gezogen wird´ (< 18. Jh.). Nach dem kratzenden Geräusch, das dabei verursacht wird.
S. *abkratzen.* – Röhrich 2 (1992), 883.

Krauche *f.* s. *Krug*[1].

krauchen *sw V. per. reg.* (< 17. Jh.). Mitteldeutsche Variante des Präsens von *kriechen,* alt *krūchen* nebst üblichem *kriechen.* Z. T. in der Bedeutung spezialisiert als ´sich (wegen Verletzung o.ä.) mühsam vorwärtsbewegen´ und schwach flektiert.

Kräuel *m.,* auch **Krail** *m.,* **Krähl** *m.* u.ä., *per. reg.* ´Gartengerät´ (< 11. Jh.). Mhd. *kröu(we)l, krewel* u.ä., ahd. *krewil, krouwil,* as. *krauwil;* wie afr. *krā-wil, krāul* zu *krauen.*

krauen *sw V. erw. stil.* ´mit gekrümmten Fingern kratzen´ (< 8. Jh.). Mhd. *krouwen,* ahd. *krouwōn,* mndl. *crauwen* nebst afr. *krāwia.* Wohl über eine Bezeichnung von Krallen zu *krumm* und ähnlichen Wörtern. Iterativum: *kraulen*[1].

kraulen[2] *sw V.* ´Hand über Hand schwimmen´ (< 20. Jh.) Entlehnt aus am.-e. *crawl* ´kriechen´ (´im Kriechstoß schwimmen´) (s. *krabbeln*).

kraus *Adj.* (< 12. Jh.). Mhd. *krūs,* mndd. *krūs.* Herkunft unklar; vielleicht ist *Gekröse* damit verwandt (doch würde dies Ablaut voraussetzen, was für eine so späte Zeit nicht selbstverständlich ist). Konkretum: *Krause;* Verben: *krausen, kräuseln.* S. *Kreisel, Krollhaar.*
Zu wg. **krausa-* ´auserlesen´: N. Århammar *Philologie Frisica 1988,* 110 f.; Heidermanns (1993), 343.

Krause *f. per. reg.* ´Krug, irdenes Trinkgefäß´ (< 12. Jh.). Mhd. *kruse,* mndd. *krūs,* ahd. *krūselīn;* kaum ein Erbwort. Ursprung ist aber unklar (evtl. gr. *krōssós m.* ´Krug´).

kräuseln *sw V.,* meist *refl.* (< 16. Jh.). Mndl. *cruseln* bereits seit dem 15. Jh. Abgeleitet von *kraus.*

Kraut[1] *n.* (eine Gemüsepflanze) (< 8. Jh.). Mhd. *krūt,* ahd. *krūt,* as. *krūd;* ursprünglich ´Blattpflanze´, dann im Süden zu ´Kohl´, sonst ´Gemüse´, auch ´Latwerge´, ´Schießpulver u. a.´; Pl. ´Küchen- und Heilkräuter´. Außergermanisch vergleicht sich vielleicht gr. *brýō* ´ich sprosse´, dessen Sippe aber ebenfalls isoliert ist. Vorauszusetzen wäre in diesem Fall (ig.) **g^wruə-to-.* – *Kraut* ´Latwerge´ als ursprüngliche Bezeichnung von Heilkräutersirup; in der Bedeutung ´Schießpulver´ Anlehnung an die Herstellung in der Alchimistenküche.
S. *Kreude, Unkraut.* – A. Teepe-Wurmbach *WF* 13 (1960), 164–168; J. Koivulehto: *Jäten* (Helsinki 1971), 109–110 (auch zur Entlehnung ins Finnische); Röhrich 2 (1992), 883–885.

Kraut[2] (**Krautfischer** *m.,* **Krautnetz** *n.* u. a.), *per. reg.* (< 18. Jh.). An der Unterelbe zu ndd. *kraut* aus **kravet* ´Krabbe, Garneele´; s. *Krabbe* und *Krebs.*

Krawall *m.* (< 15. Jh.). Die Herkunft ist nicht sicher geklärt. Vielleicht zu *Charivari.*
A. Gombert *ZDW* 3 (1902), 316; R. F. Arnold *ZDW* 8 (1906), 13 f.; Ladendorf (1906), 181 f.; R. F. Arnold *ZDW* 9 (1907), 157 f.; F. Kainz in: Maurer/Rupp 2 (1974), 410.

Krawatte *f.* (< 17. Jh.). Entlehnt aus frz. *cravate,* dieses aus d. *Krawat* ´die kroatische Halsbinde´, einer mundartlichen Nebenform von *Kroate,* nach einer bestimmten Halsbinde von kroatischen Reitern.
DF 1 (1913), 401 f.; Steinhauser (1978), 98–101; Brunt (1983), 221; Röhrich 2 (1992), 885.

kraxeln *sw V. erw. stil.* ´klettern´ (< 18. Jh.). Erweiterung mit *-s-* zu bair. *krägeln* ´strampeln, klettern´ unbekannter Herkunft.

kreativ *Adj.* (< 19. Jh.). Mit dem Abstraktum *Kreativität* entlehnt aus am.-e. *creative, creativity,* zu ne. *create* ´erschaffen´ (zu l. *creātum,* PPP von l. *creāre* ´erschaffen´, s. *kreieren*).
Brisante Wörter (1989), 639–643; Carstensen 2 (1994), 796 f.

Kreatur *f. obs.* ´Geschöpf, Schöpfung´ (< 13. Jh.). Mhd. *creātiur(e), creātūr(e).* Entlehnt aus afrz. *creature* unter Einfluß von l. *creātūra.* Dieses zu l. *creāre* ´erschaffen´ (s. *kreieren*). Die abschätzige Bedeutung seit dem 17. Jh.
DF 1 (1913), 402; *HWPh* 4 (1976), 1204–1211; *LM* 5 (1991), 1481.

Krebs *m.* (< 8. Jh.). Mhd. *krebez(e), krebz(e),* ahd. *krebaz, krebiz,* as. *krevit.* Das Wort gehört sicher mit *Krabbe* zusammen und ist wie dieses kaum ein Erbwort. *Krebs* heißt auch der Brustharnisch nach seiner Form, die der Krebsschale ähnlich ist; auf das Rückwärtsgehen des Krebses bezieht sich die Bezeichnung der Remittenden bei den Buchhändlern als *Krebse.* Als Krankheitsbezeichnung ist das Wort eine Lehnbedeutung von gr. *karkínos* und l. *cancer* (wohl nach dem Aussehen solcher Geschwüre wie gesottene Krebse).
LM 5 (1991), 1481; Röhrich 2 (1992), 885 f.

Kredenz *f. obs.* ´Anrichte´ (< 15. Jh.). Rückbildung zu *kredenzen* ´ (Speisen) anbieten, darreichen'; dieses zu it. *credenza f.* 'Glauben' (da es sich ursprünglich um ein Überreichen vorgekosteter Speisen handelte). Das italienische Wort zu l. *crēdere* 'Vertrauen schenken, glauben'.

S. *Kredit.* − *DF* 1 (1913), 402.

Kredit *m.* (< 15. Jh.). Entlehnt aus it. *credito* 'Leihwürdigkeit', dieses aus l. *crēditum n.* 'das auf Vertrauen Geliehene', dem substantivierten PPP. von l. *crēdere* 'Vertrauen schenken, Glauben schenken'. Nomen agentis: **Kreditor.**

S. *akkreditieren, diskreditieren, Kredo, Kredenz, Mißkredit.* − Schirmer (1911), 112; *DF* 1 (1913), 402 f.; W. J. Jones *SN* 51 (1979), 253; *LM* 5 (1991), 1481−1483; Röhrich 2 (1992), 886−888.

Kredo *n. erw. fach.* 'Glaubensbekenntnis' (< 12. Jh.). Hypostasierung nach dem ersten Wort des lateinischen Textes: *crēdo* 'ich glaube', zu l. *crēdere* 'glauben, vertrauen'.

kregel, krekel *Adj., per. ndd.* 'munter' (< 19. Jh.). Wegen mndl. *krijghel* 'störrisch, hartnäckig' wohl zu *Krieg* gehörig, doch in den Einzelheiten unklar. Zu beachten ist ahd. *widarkregil* 'widerspenstig'.

Kreide *f.* (< 10. Jh.). Mhd. *krīde*, spahd. *krīda*, as. *krīda*; entlehnt aus l. *(terra) crēta* 'gesiebte Erde' (zu l. *cernere*, s. *Konzern*). Das *-d-* stammt aus der späteren Form *crēda*, während mndl. *crijt*, mndd. *krite* das ursprünglichere *-t-* bewahren. *In der Kreide stehen* und ähnliche Wendungen gehen darauf zurück, daß die Zeche ursprünglich mit Kreide angeschrieben wurde. Adjektiv: **kreidig;** Partikelableitung: **ankreiden.**

Lüschen (1979), 256; L. Guinet *EG* 31 (1976), 251; Röhrich 2 (1992), 888.

kreieren *swV. per. fach.* 'schöpfen, schaffen' (< 15. Jh.). Entlehnt aus l. *creāre (creātum)* unter Einfluß von frz. *créer.* Abstraktum: **Kreation;** Adjektiv: **kreativ,** Konkretum: **Kreatur.**

Zur Sippe von l. *crēscere* 'wachsen' gehört als PPP *konkret*, über eine französische Form aus dem Englischen *Crew* und aus dem Französischen *Rekrut*, und über das Italienische als Gerundium *crescendo*, aus einem Abstraktum *Kreszenz.* Zur germanischen Verwandtschaft s. *Hirse.* − *DF* 1 (1913), 403; K.-H. Weimann *DWEB* 2 (1963), 396; *HWPh* 4 (1976), 1194−1204.

Kreis *m.* (< 12. Jh.). Mhd. *kreiz*, ahd. *kreiz* 'Umkreis, Bezirk', mndd. *kreit*, *krēt(e)* 'Kampfplatz, Kreis' neben ablautenden Formen in mndd. *krīten*, mhd. *krīzen* (vermutlich *stV.*) 'eine Kreislinie ziehen'. Vermutlich zeigt ahd. *krizzōn* 'einritzen' die Ausgangsbedeutung: Ein Kreis ist ursprünglich der auf dem Boden eingeritzte Platz (auf dem z. B. gekämpft wird). Verb: **kreisen (ein-, um-).**

S. *kratzen, kritzeln.* − *HWPh* 4 (1976), 1211−1126; *LM* 5 (1991), 1483−1485; Röhrich 2 (1992), 888 f.

kreischen *swV.* (auch *stV.*) (< 14. Jh.). Spmhd. *krīschen*, mndl. *criscen.* Eine *sk*-Bildung zu dem unter *kreißen* behandelten Wort.

H. Glombik-Hujer *DWEB* 5 (1968), 117−123.

Kreisel *m.* (13. Jh.). Älter *Kräusel*, das die ursprüngliche Form zu sein scheint; *Kreisel* ist offenbar sekundär an *Kreis* angeglichen worden. Vermutlich zu *kraus* über ein (nicht bezeugtes) **krausen (*krüsen)* 'drehen'.

R. Hildebrandt *ZM* 31 (1964), 239−243.

kreißen *swV. obs.* (< 14. Jh.). Mhd. *krīzen stV.* 'schreien, stöhnen', speziell 'Wehen haben' (vgl. *Kreißsaal*), mndd. *kriten*, mndl. *criten*, nwfr. *krite.* Schallverb zu der Sippe von *schreien* (ohne *s mobile*); eine Weiterbildung ist *kreischen.*

Krematorium *n. erw. fach.* (< 19. Jh.). Neoklassische Bildung zu l. *cremāre* 'verbrennen'.

Krempe *f.* (< 17. Jh.). Übernommen aus dem Niederdeutschen. Zu dem unter *Krampe* entwickelten Wort, also eigentlich 'Aufgebogenes'. Verben: **krempen, krempeln (auf-, um-).**

Krempel[1] *m. stil.* (< 16. Jh.). Mhd. *grempel* 'Trödlerkram', Rückbildung aus *gremp(e)ler* 'Trödler' zu *grempeln, grempen* 'Kleinhandel treiben'. Dieses ist entlehnt aus it. *comprare* 'kaufen' aus l. *comparāre* 'verschaffen' (mit Umsprung des *r*).

Krempel[2] *f. per. fach.* 'Wollkamm' (< 18. Jh.). Übernommen aus dem Niederdeutschen. Eine Verkleinerung zu *Krampe*, also als 'Hakeninstrument' bezeichnet.

Kremser *m. arch.* 'Mietwagen' (< 19. Jh.). Benannt nach dem Berliner Hofagenten *Kremser*, der 1825 als erster die Erlaubnis zu einem solchen Betrieb erhielt.

Kren *m. per. reg.* 'Meerrettich' (< 12. Jh.). Mhd. *krēn(e).* Entlehnt aus dem Slavischen (russ. *chren*, čech. *křen*). Zumindest einer der Ausgangspunkte ist das Sorbische (obsorb. *krěn*, ndsorb. *kśěn*).

Wick (1939), 89; Marzell 1 (1943), 398 f.; Bielfeldt (1965), 45; Eichler (1965), 67 f.; Kretschmer (1969), 333 f.; Bellmann (1971), 94−97; Steinhauser (1978), 53−55; Röhrich 2 (1992), 889.

krepieren *swV. vulg.* (< 17. Jh.). Entlehnt aus it. *crepare*, dieses aus l. *crepāre* 'klappern, knattern, knallen'. Die Bedeutung 'elend sterben' ist im Italienischen entstanden als 'platzen' nach dem Bild des Platzens von Geschossen.

S. *Diskrepanz.* − *DF* (1913), 403.

Krepp *m. erw. fach.* (< 16. Jh.). (Zunächst als *Crep*) entlehnt aus frz. *crêpe*, nachdem älteres frz. *cresp* schon ein Jahrhundert früher als *Kresp* entlehnt wurde. Das französische Wort geht auf l. *crispus* 'kraus' zurück.

kreß *Adj. arch.* 'orange' (< 20. Jh.). Als Ersatzwort für *orange* von dem Naturwissenschaftler Ostwald in Anlehnung an die Farbe der Blüten der Kapuzinerkresse eingeführt.

Kresse[1] *f.* (Pflanze) (< 10. Jh.). Mhd. *kresse m./ f.*, ahd. *kresso, krasso m.*, *kressa*, mndd. *kerse m.*,

mndl. *kerse* aus wg. **krasjō f.* ´Kresse', auch in ae. *cressa.* Vielleicht zu lett. *griêzîgs* ´scharf, schneidig' (wegen des scharfen Geschmacks').
Bertsch (1947), 185−187; *LM* 5 (1991), 1487 f.

Kresse[2] *f.* (ein Flußfisch), auch **Kreßling** *m.*, *per. fach.* Mhd. *kresse m.(?)*, ahd. *kresso, krasse m.* Herkunft unklar; vielleicht zu ahd. *kresan* ´kriechen', weil der Fisch am Wassergrund entlang schwimmt.
Ö. Beke *IF* 52 (1934), 137 f.

Kreszenz *f. per. fach.* ´Herkunft, Wachstum, Rebsorte' (< 20. Jh.). Entlehnt aus l. *crēscentia* ´Wachstum, Zunehmen', zu l. *crēscere* ´wachsen, anfangen hervorzukommen', einem Inchoativum zu l. *creāre* ´schaffen, erschaffen'. S. *kreieren.*

Krethi und Plethi *Name, bildg.* (< 18. Jh.). König Davids Leibwache bestand aus fremden Söldnern, wahrscheinlich Kretern und Philistern. Luther übersetzt 2. Sam. 8,18 und öfters *Crethi und Plethi.* In lutherischen Kreisen seit 1710 als geflügeltes Wort für ´gemischte Gesellschaft'.
DF 1 (1913), 404; Röhrich 2 (1992), 889.

Kretin *m. per. fach.* ´Schwachsinniger' (< 18. Jh.). Entlehnt aus frz. *crétin*, einer mundartlichen Weiterentwicklung von afrz. *crestien* ´Christenmensch', dieses aus l. *Chrīstiānus* ´Christ, christlich'. Ursprünglich verhüllende Bezeichnung (ausgehend von der Vorstellung, daß Schwachsinnige ´unschuldig' sind). Abstraktum: *Kretinismus.*
DF 1 (1913), 404.

kreuchen *swV. arch. phras.* (< 16. Jh.). In der Regel nur noch in *was kreucht und fleucht.* Archaische (nicht ausgeglichene) Form von *kriechen*, bei deren Entwicklung aber auch ein Kausativ von *kriechen* eine Rolle gespielt zu haben scheint.

Kreude *f. per. ndd.* ´Pflaumenmus' (< 16. Jh.). Mndd. *krude-* ´Gewürz'. In Anlehnung an den Heilkräutersirup eine Ableitung von *Kraut*[1] (zunächst im Sinne von ´Heilkraut').
A. Teepe-Wurmbach *WF* 13 (1960), 164−168.

Kreuz *n.* (< 8. Jh.). Mhd. *kriuz(e), kriuce*, ahd. *krūzi, kriuze*, as. *krūci*; wie afr. *krioze, kriose* entlehnt aus l. *crux (crucis) f.* als *c* vor Palatal schon die Aussprache *z* hatte. Länge des Vokals durch Wiedergabe des quantitativ ausgeglichenen spätlateinischen *u*-Lauts; Genuswechsel wohl wegen der Stammklasse. Sonst wird in der frühen Zeit des Christentums auch das Wort *Galgen* für ´Kreuz' gebraucht.
S. *Kruzifix.* − *LM* 5 (1991), 1489−1497; Röhrich 2 (1992), 889−891.

kreuzen[1] *swV. erw. fach.* (< 18. Jh.). Ein entsprechendes Wort der alten Sprache bedeutet ´kreuzigen' und ´sich bekreuzigen'. Für das Kreuzen von Wegen und Kreuzen beim Züchten (weil sich die Abstammungslinien überschneiden) erst jung.

kreuzen[2] *swV. erw. fach.* (< 17. Jh.). Übernommen aus nndl. *kruisen*, zunächst als ´hin- und herfahren'. Hierzu *Kreuzer*[1] ´Kriegsschiff, das hin- und herfahrend eine Küste schützt', seit dem 17. Jh. nach dem Vorbild von nndl. *cruiser.* S. *Kreuz* und *kreuzen*[1].
Kluge (1911), 490−492.

Kreuzer[2] *m. obs.* (< 13. Jh.) als Silberpfennig in Verona und Meran geschlagen (**Etschkreuzer**), und nach dem aufgeprägten liegenden Kreuz benannt (daher die Abkürzung *xr*). Mhd. *kriuzerpfenninc* nach l. *dēnārius cruciātus.* Nachher verallgemeinert auf kupferne Pfennigmünzen.
LM 5 (1991), 1497 f.

Kreuzfahrer *m. erw. fach.* ´Teilnehmer an einem Kreuzzug' (< 18. Jh.). S. *Kreuzzug.*

Kreuzgang *m. per. fach.* ´Innenhof von Klöstern' (13. Jh.). Mhd. *kriuz(e)ganc*, eigentlich ´Prozession (bei der ein Kreuz vorangetragen wird)'; dann übertragen auf den Ort, in dem solche Prozessionen stattfinden.
LM 5 (1991), 1499.

kreuzigen *swV.* (< 11. Jh.). Mhd. *kriuzigen*, ahd. *krūzigōn.* Entlehnt aus l. *cruciāre* ´ans Kreuz heften, martern' mit *g* als Übergangslaut zwischen *i* und *ō* (zunächst also *j*).

Kreuzotter *f.* (< 19. Jh.). Benannt nach dem dunklen Rückenband, das aus Kreuzen zusammengesetzt zu sein scheint. S. *Otter*[2].

Kreuzschnabel *m. per. fach.* (< 16. Jh.). Der Vogel ist nach den auseinandergekrümmten Schnabelhälften benannt.

Kreuzspinne *f.* (< 17. Jh.). Benannt nach der Zeichnung auf dem Hinterleib, die einem Kreuz ähnelt.

Kreuzverhör *n.* (< 19. Jh.). Lehnübersetzung von ne. *cross-examination*, der englischen Einrichtung, daß vor Gericht die Zeugen von Staatsanwalt und Verteidiger nach allen Richtungen (ne. *cross*) befragt werden, um Widersprüche oder Lücken in ihren Aussagen aufzudecken.

Kreuzzug *m.* (< 18. Jh.). Die ältere Bezeichnung ist *Kreuzfahrt*, mhd. *kriuzevart.* So genannt nach dem (Teil)Ziel der Auffindung des Kreuzes Christi.
LM 5 (1991), 1508−1519.

kribbeln *swV.* (< 13. Jh.). Mhd. *kribeln* ´kitzeln'. Expressives Wort wie *krabbeln*, von dem es abgewandelt ist. Adjektiv: *kribbelig.*

krickeln *swV. erw. stil.* (< 18. Jh.). In der Bedeutung ´unleserlich schreiben' wohl Abwandlung von *krakeln* (s. unter *Krakel*), doch ist auch *kritzeln* und *Krücke* zu beachten (gleichzeitiger Einfluß verschiedener Quellen ist bei solchen, der Lautbedeutsamkeit unterliegenden Wörtern, durchaus denkbar). Die Bedeutung ´nörgeln, zanken´ wohl als ´an Kleinigkeiten herummachen´ zur gleichen Grundlage, eventuell unter dem Einfluß von *kritisieren*.

Krickente *f. per. fach.* (< 16. Jh.). Benannt nach dem Balzruf des Männchens (als *krlik* wiedergegeben).

Suolahti (1909), 428−432.

Krieche *f. per. reg.* ´Haferpflaume´ (< 12. Jh.). Mhd. *krieche*, ahd. *krihboum*, *krieh(hen)boum* (für den Baum), mndd. *kreke*. Zwar scheint es das Wort für *griechisch* (l. *graecus*) zu sein, doch ist eine entsprechende lateinische Benennung nicht bekannt; deshalb unklar. Nndl. *kriek* ´Süßkirsche´.

kriechen *st V.* (< 9. Jh.). Mhd. *kriechen*, ahd. *kriohhan*, vd. **kreuk-a-*. Hierzu gibt es parallele Bildungen (z. B. **kreup-a-* in ae. *crēopan*, ne. *creep* u. a.), aber keine naheliegende Etymologie. Nomen agentis: *Kriecher*.

S. auch *krauchen*, *kreuchen*. − Seebold (1970), 310.

Krieg *m.* (< 10. Jh.). Mhd. *kriec*, ahd. *krēg*, *krieg*, mndd. *krich*, mndl. *crijch*; der Bedeutungsspielraum geht von ´Hartnäckigkeit´ und ´Anstrengung´ zu ´Streit´, vgl. afr. *halskrīga* ´Halssteifheit´. Herkunft unklar; am ehesten zu einer Grundlage (ig.) **gʷrei-*, wie sie auch in gr. *brímē f.* ´Wucht, Gewalt, Ungestüm´, gr. *hýbris f.* ´Übermut, Überheblichkeit, Gewalttätigkeit´ und vielleicht in air. *bríg f.* ´Kraft, Macht, Wert´, lett. *grins* ´grausam, zornig´, lett. *grīnums* ´Härte, Strenge´ vorliegt. Täterbezeichnung: *Krieger*; Adjektiv: *kriegerisch*.

Nndl. *krijg*. S. *Kraft*, *kregel*, *kriegen*. − E. Karg-Gasterstädt *BGDSL* 61 (1937), 257−259; *HWPh* 4 (1976), 1230−1235; *Grundbegriffe* 3 (1982), 567−615; *LM* 5 (1991), 1525−1527. Anders: E. H. Sehrt *MLN* 42 (1927), 110.

kriegen *sw V. stil.* (< 12. Jh.). Mhd. *kriegen*, mndd. *krigen*, mndl. *crigen*; entsprechend afr. *krīga*, z. T. stark flektiert, wobei Bedeutungsunterschiede, die zum Flexionsunterschied parallel sind, nicht klar erfaßt werden können. Die Bedeutung ´bekommen´ scheint aus ´(sich) erkriegen´ (zu *Krieg*, s.d.) erklärbar zu sein, da sie aus dem gleichen Gebiet stammt, in dem auch *erwerven* ´erwerben´ zu *werven* gekürzt wird. Die Einzelheiten der Entwicklung bleiben unklar.

Röhrich 2 (1992), 891.

Kriegsfuß *m. phras.* (in *mit jemandem auf Kriegsfuß stehen/leben*) (< 19. Jh.). Lehnübersetzung aus frz. *sur le pied de guerre* (im Französischen wird *pied* in größerem Umfang zu übertragenen Wendungen herangezogen als im Deutschen *Fuß*).

kriminell *Adj.* (< 18. Jh.). Entlehnt aus frz. *criminel*, dieses aus l. *crīminālis*, zu l. *crīmen* ´Beschuldigung, Anschuldigung, Vergehen, Verbrechen´. Abstraktum: *Kriminalität*. Sonst wird die Seite der Verbrechensbekämpfung mit der Variante *Krimi-*

nal- bezeichnet. Für den *Kriminalroman* steht häufig die Abkürzung *Krimi*.

Die Etymologie des lateinischen Wortes ist umstritten, weil die Bedeutung schon in den frühesten Belegen festgelegt ist. Entweder als ´Entscheidung´ (> ´gerichtliche Entscheidung´ > ´das, was eine gerichtliche Entscheidung verursacht´) zu l. *discernere* ´trennen, unterscheiden, entscheiden´ (s. *Konzern*) oder als ´Beschuldigung´ zu der unter *schreien* behandelten Grundlage. − *DF* 1 (1913), 404 f. Zu *Kriminalität* vgl. *LM* 5 (1991), 1533 f.

krimpen *sw V. per. reg.* ´einschrumpfen (in der Wäsche)´ (< 18. Jh.). Übernommen aus dem Niederdeutschen, wo es ursprünglich stark flektiert (mndd. *krimpen*, mndl. *crempen st V.*, ahd. Präsens *krimfit*). Eigentlich ´zusammenkrampfen´ und weiter zu *Krampf* zu stellen.

Krimskrams *m. stil.* (< 18. Jh.). Reduplikationsbildung mit Vokalvariation. Älter (mit nicht ganz gleicher Bedeutung) *Kribskrabs* (seit dem 16. Jh.). *Krimskrams* geht wohl von *Kram* aus; *Kribskrabs* als ähnliche Bildung wie *schnipp-schnapp* von *kribbeln* und *krabbeln*.

Kring *m.*, auch **Kringe** *f., per. reg.* ´Kissen unter Kopflasten´ (< 13. Jh.). Mhd. *krinc*, *kringe* ´Ring, Kreis´; entsprechend anord. *kringr* ´Ring´. Lautlich entspricht lit. *gręžti* ´drehen, wenden´; zu vergleichen ist aber vor allem die Variante (g.) **hreng-* (s. unter *Ring*).

Kringel *m.*, auch **Krengel** *m., per. reg.* ´Gebäck´ (< 13. Jh.). Mhd. *kringel m./n.*, mndd. *kringel*; Diminutiv zu *Kring*, also ´Ring´.

S. auch *Krangel*. − Röhrich 2 (1992), 891 f.

Krinoline *f. obs.* ´weit abstehender Rock´ (< 19. Jh.). Entlehnt aus frz. *crinoline* (eigentlich: ´Roßhaargewebe´), dieses aus it. *crinolina*, zu it. *crine m.* ´Pferdehaar´ (aus l. *crīnis m.* ´Haar´) und it. *lino m.* ´Leinen´ (aus l. *līnum n.* ´Leinen, Flachs, Schnur´). Benannt nach dem Gestell aus Fischbein und Roßhaaren, das später durch Stahlreifen ersetzt wurde.

Krippe *f.* (< 8. Jh.). Mhd. *krippe*, ahd. *krippa*, as. *kribbia* aus wg. **kribjōn*, auch in ae. *cribb*; Nebenform mit expressiv verstärktem Auslaut als (ahd.) *kripfa*, mhd. *kripfe*, auch zeigen sich landschaftlich Formen mit *u/ü*. Vermutlich ist die Ausgangsbedeutung ´Flechtwerk´, aus dem Krippen hergestellt werden konnten; vergleichbare Formen stehen unter *Kring*. *Krippe* im Sinn von ´Kinderhort´ bezieht sich darauf, daß das neugeborene Jesuskind in eine Krippe gelegt wurde.

Kranemann (1958); Lühr (1988), 250 f.; *LM* 5 (1991), 1534; Röhrich 2 (1992), 892.

Krise *f.* (< 16. Jh.). Entlehnt aus l. *crisis*, dieses aus gr. *krísis* (eigentlich ´Scheidung, Entscheidung´), zu gr. *krínein* ´scheiden, trennen´. Zunächst ein Fachwort der Medizin, das den entscheidenden Punkt einer Krankheit bezeichnete; dann Verallgemeinerung. Verb: *kriseln*.

S. *Kriterium, kritisch, diakritisch* und zur lateinischen Verwandtschaft *Konzern.* – Schirmer (1911), 113; *DF* 1 (1913), 405; E. Erämetsä *NPhM* 59 (1958), 37; *HWPh* 4 (1976), 1235–1245; R. Bebermeyer *MS* 91 (1981), 345–359; *Grundbegriffe* 3 (1982), 617–650; R. Koselleck in: *Über die Krise.* Hrsg. K. Michalski (Stuttgart 1986), 64–77.

Kristall *m.* (< 11. Jh.). Mhd. *kristal[le]* *f./m.*, ahd. *cristalla* ist entlehnt aus l. *crystallus f./m.*, dieses aus gr. *krýstallos* 'Eis, Bergkristall' (zu gr. *krýos* 'Eis, Frost'). Adjektive: **kristallisch, kristallin**; Verb: **kristallisieren**.

DF 1 (1913), 405; Suolahti (1929), 133; *HWPh* 4 (1976), 1245–1247; Lüschen (1979), 184 f.; *LM* 5 (1991), 1534f.

Kristallnacht *f. erw. fach.* (< 20. Jh.). In der Nacht vom 9. zum 10. 11. 1938 führten Angehörige der NSDAP und der SA eine Judenverfolgung durch, bei der zahlreiche Läden zerstört und Scheiben eingeschlagen wurden. Offiziell dargestellt wurden diese Vorgänge als spontane Kundgebungen nach dem Attentat auf den Sekretär der deutschen Botschaft in Paris durch einen Juden. Der Berliner Volkswitz nannte sie hingegen (in Anlehnung an die zahlreichen offiziellen Bezeichnungen mit *Reichs-*) die **Reichskristallnacht** (mit Bezug auf die zerschlagenen Scheiben).

M. Kinne *SD* 33 (1989), 1–5; E. Isnig ebd. 169–172.

Kriterium *n. erw. fach.* 'unterscheidendes Merkmal' (< 17. Jh.). Über das Lateinische entlehnt aus gr. *kritērion*, zu gr. *kritēr* 'Richter, Kampfrichter', also 'Beurteilungsgesichtspunkt für den Richter'. S. *Krise.* – *DF* 1 (1913), 405.

kritisch *Adj.* (< 17. Jh.). Entlehnt aus frz. *critique*, dieses aus l. *criticus*, aus gr. *kritikós*, zu gr. *krīnein* 'scheiden, trennen, entscheiden'. Gemeint sind zunächst die *kritischen Tage*, d. h. die Tage der Krise einer Krankheit; dann gerät das Wort unter den Einfluß des Bedeutungsstrangs 'richten, beurteilen, entscheiden', wie bei dem Abstraktum *Kritik* oder bei *Kriterium.* Täterbezeichnung: *Kritiker*; Verbum: *kritisieren*.

S. *Krise.* – Zu *Kriterium*: *HWPh* 4 (1976), 1247–1249. Zu *Kritik*: *DF* 1 (1913), 406 f.; *HWPh* 4 (1976), 1249–1282; *Grundbegriffe* 3 (1982), 651–675; Brunt (1983), 222; M. Fontius *PSG* 5 (1986), 7–26 und *PSG* 6 (1986), 409–432.

kritteln *sw V. stil.* (< 17. Jh.). Zunächst als *grittelen* bezeugt, dessen Herkunft unklar ist. Es gerät dann unter den Einfluß von *Kritik* und wird als 'herumkritisieren, herumnörgeln' aufgefaßt.

kritzeln *sw V.* (< 15. Jh.). Iterativbildung zu mhd. *kritzen*, ahd. *krizzōn* 'einritzen'. Offenbar mit *kratzen* zusammenzustellen, sonst ohne Vergleichsmöglichkeit. S. *Kreis.*

Krokant *m. erw. fach.* (eine Süßigkeit aus Mandeln und karamelisiertem Zucker) (< 19. Jh.). Entlehnt aus frz. *croquant* 'Knuspergebäck', dem substantivierten PPräs. von frz. *croquer* 'knuspern, krachen', das wohl lautnachahmenden Ursprungs ist. S. *Krokette.*

Krokette *f. per. fach.* 'Röllchen aus Kartoffelteig' (< 20. Jh.). Entlehnt aus frz. *croquette*, zu frz. *croquer* 'knabbern', das wohl lautnachahmenden Ursprungs ist. S. *Krokant.*

Krokodil *n.* (< 16. Jh.). Entlehnt aus l. *crocodīlus m.*, dieses aus gr. *krokódīlos m.* (auch: 'Eidechse'), wohl zu gr. *krókē f.* 'Kies' und gr. *drīlos m.* 'Wurm' (mit Dissimilierung des zweiten *r*); zunächst wahrscheinlich Bezeichnung der Eidechse, dann verallgemeinernd („Reptil") auf die Krokodile des Nils usw. übertragen.

DF 1 (1913), 407; *LM* 5 (1991), 1542.

Krokodilstränen *f. Pl. stil.* (< 16. Jh.). Nach der alten (aus der Physiologus-Tradition stammenden) Fabel, daß das Krokodil seine Opfer beweint; später, daß es weint um seine Opfer anzulocken.

DF 1 (1913), 407 f.; M. Lemmer *Sprachpflege* 26 (1977), 20 f.

Krokus *m. erw. fach.* (< 18. Jh.). Entlehnt aus l. *crocus*, dieses aus gr. *krókos* 'Safran' (Safran und Krokus sind eng verwandt und einander ähnlich).

LM 5 (1991), 1542.

Krollhaar *n.*, auch **Krolle** *f.* 'Locke', *per. wmd.* (< 14. Jh.). Mhd. *krol, krul m.*, *krolle, krülle f.*, mndl. *crolle, crulle* 'Locke'. Daneben das Adjektiv mhd. *krol*, mndl. *crul* 'lockig'. Wohl als **kruzla-* zu *kraus*, das aber seinerseits nicht ausreichend klar ist.

Krone *f.* (< 8. Jh.). Mhd. *krōn(e)*, ahd. *korōna, corōna, krōna*, mndd. *krone f./m.*; wie ae. *corōna*, afr. *krōne* entlehnt aus l. *corōna*, das auf gr. *korōnē* zurückgeht; dieses zu gr. *korōnós* 'krumm'. Das griechische Wort bezeichnet allerlei gekrümmte Gegenstände, die Bedeutung 'Kranz' tritt dabei nicht hervor. Verb: **krönen**.

S. *Korona.* – *LM* 5 (1991), 1544–1547; Röhrich 2 (1992), 893 f.

Kronleuchter *m. erw. fach.* (< 18. Jh.). In den mittelalterlichen Kirchen war der zentrale Beleuchtungskörper ein mit Lichtern besetzter Ring, ml. *corona f.*, mhd. *krōn(e) f.*, mndd. *krone f./m.* (s. *Krone*). Hierzu ist *Kronleuchter* eine Verdeutlichung.

Kretschmer (1969), 307 f.

Kronsbeere *f. per. wndd.* 'Preißelbeere', eigentlich 'Moosbeere' (< 17. Jh.). Wie ne. *cranberry*, nnorw. *tranebær* als 'Kranichsbeere' bezeichnet, zu der dehnstufigen Form des alten Wortes für 'Kranich'.

S. *Kranbeere.* – B. Peters: *Onomasiologie und Semasiologie der Preißelbeere* (Marburg 1967), 90–93.

Kronzeuge *m. erw. fach.* (< 19. Jh.). Im englischen Recht wird der Verbrecher, der sich in der

Hoffnung auf Begnadigung als Zeuge gegen seine Genossen gebrauchen läßt, *king's evidence* genannt. Dies wird übersetzt als *Kronzeuge*, das aber bald die Bedeutung 'Hauptzeuge' annimmt.

Kropf *m.* (< 9. Jh.). Mhd. *kropf*, ahd. *kropf*, mndl. *crop*, mndd. *krop* aus g. **kruppa- m.* 'Beule, Rumpf', auch in anord. *kroppr* 'Buckel, Beule', neuer 'Tierkörper', ae. *crop(p)* 'Kropf, Büschel, Wipfel'. Wohl eine lautsymbolische Bildung mit einer bei solchen Bedeutungen häufigen Lautstruktur. Da die Bedeutung 'Kropf' häufiger bei der Wurzel (ig.) **gʷerə-* (s. unter *Kragen, Köder*) auftritt, hat vielleicht auch eine Bildung mit Anlaut **gʷr-* mitgewirkt.
Nndl. *krop*, ne. *crop*, nschw. *kropp*. S. *Croupier, Kroppzeug, Kruppe, Krüppel.* − Kranemann (1958), 96−106; Lühr (1988), 235; Röhrich 2 (1992), 894.

Kroppzeug *n. per. ndd.* 'kleine Kinder, Gesindel' (< 18. Jh.). Übernommen aus ndd. *krōptüg*. Das zweite Element hat kollektive Funktion, ndd. *krop* wird auch in gleicher Bedeutung allein gebraucht. Die älteste Bedeutung scheint 'kleines, schlechtes Tier' gewesen zu sein, schon früh häufig auf Menschen übertragen. Das Wort hat also den gleichen Gefühlswert wie *Krüppel* (und dem diesem zugrundeliegenden *Kropf*) und hängt mit diesem wohl etymologisch zusammen. Es ist wegen seiner Isolierung aber meist mit anderen Wörtern in Zusammenhang gebracht worden; zunächst mit ndd. *krupen* 'kriechen', dann mit *grob* (was auch durch die Schreibung **Grobzeug** zum Ausdruck kommen konnte). S. *Krümper.*

kroß *Adj. per. ndd.* 'knusprig' (< 20 Jh.). Ursprünglich niederdeutsches Wort, das auch 'spröde, brüchig' bedeutet und wohl lautmalender Herkunft ist.

Krösus *m. bildg.* 'ein sehr reicher Mensch' (< 18. Jh.). Gattungsbezeichnung nach l. *Croesus*, gr. *Kroîsos*, dem Namen eines Königs von Lydien im 6. Jh. v. Chr., der dem Orakel von Delphi riesige Reichtümer schenkte für einen Spruch zu der Frage, ob er gegen die Perser Krieg führen solle. *DF* 1 (1913), 408.

Kröte *f.* (< 9. Jh.). Mhd. *krot(e)*, *krotte*, *krete*, ahd. *kreta*, *krota*, mndd. *krode*. *Kröte* ist die Form Luthers und wohl ursprünglich eine Mischung aus den beiden älteren Formen. Herkunft unklar. *Ein paar Kröten* als Bezeichnung für Geld ist am ehesten verballhornt aus ndd. *Groten* 'Groschen'.
W. Foerste *NW* 1 (1960), 13−20; *LM* 5 (1991), 1551; Röhrich 2 (1992), 894.

Krücke *f.* (< 8. Jh.). Mhd. *krucke*, *krücke*, ahd. *krucka*, as. *krukka* aus wg. **krukjō- f.* 'Krücke' (Stab mit Krümmung oder Gabelung), auch in ae. *crycc*; ferner nschw. *krycka*. Nächstverwandt sind anord. *krókr m.* 'Haken, Bogen', anord. *kraki m.* 'Bootshaken' (u.ä.). Herkunft unklar.

Nndl. *kruk*, ne. *crutch*, nschw. *krycka*. − J. Trier *ZDA* 76 (1939), 17 f.

krud *Adj. per. fremd.* 'roh' (< 20. Jh.). Wohl unter Einfluß von ne. *crude* entlehnt aus l. *crūdus* 'roh', das mit *roh* verwandt ist.

Krug[1] *m.* 'Gefäß' (< 9. Jh.). Mhd. *kruoc*, ahd. *kruog* führt wie ae. *crog* auf wg. **krōg-* zurück; daneben wg. **krūg-* in ae. *cruce f.*, as. *krūka* (mndd. *kruke*, nhd. *Kruke*), mhd. *krūche*, nhd. *Krauche*. Die Verschiedenheit des Vokalismus weist auf Entlehnung, deren Quelle allerdings unbekannt ist. Auch gr. *krōssós* 'Krug' scheint aus dieser Quelle entlehnt zu sein.
R. Hildebrandt *DWEB* 3 (1963), 395−397; Röhrich 2 (1992), 894 f.

Krug[2] *m. per. reg.* 'Schenke' (< 16. Jh.). Übernommen aus dem Niederdeutschen, wo das Wort seit dem 13. Jh. bezeugt ist (mndd. *krōch, krūch*). Die Herkunft ist unklar. Um dasselbe Wort wie *Krug*[1] kann es sich kaum handeln, da im Verbreitungsgebiet von *Krug*[2] zu dem Gefäß nicht *Krug*, sondern *Kruke* gesagt wird.
F. Hinze in K. Müller (1976), 101−126; L. Mehlber *JGGB* (1982), 164−166.

Kruke *f.* s. *Krug*[1].

Krüllschnitt *m. per. fach.* 'mittelfein geschnittener Tabak' (< 20. Jh.). Zu mndd. *krulle f.*, mndl. *krul* 'gelocktes, gekräuseltes Haar'.

Krume *f.* (< 17. Jh.). Aus dem Mitteldeutschen und Niederdeutschen in die Hochsprache gelangt, md. *krume*, mndd. *krome*, mndl. *crome*, das zusammen mit ae. *cruma m.* auf wg. **krumōn f.* 'das Innere des Brotes, Brosamen' führt. Dazu auch nschw. *inkråm* 'Krume, Eingeweide'. Herkunft unklar. Diminutiv: *Krümel*; Verb: *krümeln*; Adjektiv: *krümelig*. Nndl. *kruim*, ne. *crumb*.

krumm *Adj.* (< 8. Jh.). Mhd. *krump*, ahd. *krumb*, as. *krumb*, aus wg. **krumba-* (auch Nebenformen mit *-mp-*) *Adj.* 'gekrümmt, verdreht', auch in ae. *crumb*. Außergermanisch stimmt gr. *grȳpós Adj.* 'krummnasig, gekrümmt' dazu, wenn angenommen wird, daß im Germanischen eine expressive Nasalierung eintrat (was in diesem Fall denkbar ist). Die Nasalierung auch in gr. *grympánō* 'krümme mich' (Hesych). Weiter wohl zu dem unter *Krampf* behandelten Komplex. Verb: *krümmen*.
Nndl. *krom*, ne. *crump*. S. auch *Grimmen, Krampe, Krempe, Krempel*[2]. − Lühr (1988), 269; Röhrich 2 (1992), 895 f.; Heidermanns (1993), 344 f.

krumpelig *Adj. erw. reg.* 'zerknittert' (< 18. Jh.). Zu *Krumpel* 'Knitterfalte', das als niederdeutsche Form zu dem Komplex *Krampf* gehört.

Krümper *m.* 'ausgebildeter Ersatzreservist', **Krümperpferd** *n.* 'überzähliges Pferd einer berittenen Truppe', *per. fach.* (< 19. Jh.). Ähnlich wie *Krop* (s. unter *Kroppzeug*) ein Scheltwort, das mit

Krüppel zusammenhängt. Der Bedeutungsübergang ist aber nicht klar – geht er von ʿGehhilfeʾ aus?

Kruppe *f. per. fach.* ʿzwischen Kreuz und Schwanz liegender Körperteil von Pferd und Rindʾ (< 17. Jh.). Entlehnt aus frz. *croupe*, das seinerseits aus dem Germanischen stammt (andfrk. **kruppa-*). S. *Kropf*. – Kranemann (1958), 102 f.

Krüppel *m.* (< 14. Jh.). Mhd. *krüp(p)el* stammt über das Mitteldeutsche aus dem Niederdeutschen, mndd. *krop(p)el, krep(p)el*, mndl. *cropel*, as. *krupil*; entsprechend ae. *crypel*, anord. *kryppill*, so daß das Wort praktisch gemeingermanisch ist. Neuhochdeutsch entsprechen mundartliche Wörter, etwa els. *Krüpel*; auch *Kropf, Krapf* und bair. *krüpfen* ʿsich krümmenʾ. Präfixableitung: *verkrüppelt*.

Nndl. *kreupel*, ne. *cripple*. S. *Kropf, Kroppzeug, Krümper*. – Kranemann (1958), 96 – 106.

krüsch *Adj. per. ndd.* ʿwählerischʾ (< 20. Jh.). Umgestellt aus *kürsch* (= *kürisch*), zu *küren* ʿwählen, ausprobierenʾ.

Kruste *f.* (< 9. Jh.). Mhd. *kruste*, ahd. *krusta*, *kroste*, mndd. *korste*, mndl. *corste*; entlehnt aus l. *crūsta* ʿKrusteʾ, ursprünglich das ʿverkrustete Blutʾ, zu l. *cruor m.* ʿBlutʾ. Adjektiv: *krustig*.

Vgl. *Rufe*. – W. Mitzka *ZM* 23 (1955), 39.

Kruzifix *n. erw. fach.* ʿKreuz mit gekreuzigtem Christusʾ (< 14. Jh.). Spmhd. *crūzifix* ist entlehnt aus ml. *crucifixum (signum)*, zu l. *crucifīgere (crucifīxum)* ʿans Kreuz schlagen, kreuzigenʾ, zu l. *crux (crucis) f.* ʿMarterholz, Kreuzʾ und l. *fīgere (fīxum)* ʿheften, steckenʾ. S. *Affix*.

Krypta *f. per. fach.* ʿunterirdische Grabanlage meist in einem Gewölbeʾ (< 18. Jh.). Entlehnt aus l. *crypta*, dieses aus gr. *krýptē* zu gr. *krýptō* ʿverberge, versteckeʾ. S. *Grotte, Gruft*.

kryptisch *Adj. per. fach.* ʿunklar, unverständlichʾ (< 20. Jh.). Entlehnt aus l. *crypticus* ʿbedeckt, verborgenʾ, dieses aus gr. *kryptikós* zu gr. *krýptō* ʿverberge, versteckeʾ. Als Lehnaffix auch *krypto-*.

Cottez (1980), 106; *LM* 5 (1991), 1554 – 1557.

Kübel *m.* (< 10. Jh.). Mhd. *kübel*, ahd. *kubilo* ist wie ae. *cȳf f.* entlehnt aus l. *cūpella f.* ʿTrinkgefäß, Getreidemaßʾ. Aus der Grundform l. *cūpa f.* stammen ae. *cȳf f.* ʿFaßʾ und aus Varianten davon *Kopf* und *Kufe²*.

kubik- *Präfixoid* mit der Bedeutung ʿdritte Potenz (einer Maßeinheit)ʾ (z. B. *Kubikmeter*). Es wird in griechischen Entlehnungen ins Deutsche übernommen und in neoklassischen Bildungen verwendet; sein Ursprung ist gr. *kýbos* ʿWürfel, Knochenʾ. Zur germanischen Verwandtschaft s. *Hüfte*.

Kubus *m. per. fach.* ʿWürfelʾ (< 16. Jh.). Entlehnt aus l. *cubus*, dieses aus gr. *kýbos* ʿWürfel, Knochenʾ. S. *Hüfte*. Adjektiv: *kubisch*.

Küche *f.* (< 9. Jh.). Mhd. *küchen* (u. a., z. B. bair. *kuchel*), ahd. *kuhhina*, wie ae. *cycene*, mndl. *cokene*, mndd. *koke(ne)* eine frühe Entlehnung aus ml. *cocina* (zu l. *coquere* ʿkochenʾ).

Röhrich 2 (1992), 896 f.

Kuchen *m.* (< 9. Jh.). Mhd. *kuoche*, ahd. *kuohho*, mndd. *koke m./f.*, mndl. *kōke* aus wg. **kōkōn- m.* ʿKuchenʾ, ae. nur in der Verkleinerung *cēcil*. Dies ist dehnstufig zu me. *cake*, anord. *kaka f.* Sonst ist die Herkunft dunkel. Mit *Küche* hat das Wort offensichtlich nichts zu tun. Vielleicht ist es ein kindersprachliches (reduplizierendes) Wort. Nach Schuchardt entlehnt aus romanischen Wörtern (sard. *cocca* ʿKuchenʾ, kat. *coca* ʿMilchbrot, Kuchenʾ, südfrz. *coco* ʿovales Weißbrötchenʾ, rätorom. *cocca* ʿKuchenʾ u. a.), die auf **coca* aus l. *cochlea f.* ʿSchneckeʾ zurückführen (als ʿschneckenförmig gerundeter Kuchenʾ?).

Nndl. *koek*, ne. *cooky*. S. *Keks*. – H. Schuchardt: *Romanische Etymologien II* (Wien 1899), 23 – 25, 129; A. Wurmbach *ZV* 56 (1960), 20 – 40; Darms (1978), 299 – 301; Röhrich 2 (1992), 897 f.

Küchenlatein *n. erw. fach.* (verächtliche Bezeichnung schlechten Lateins) (< 16. Jh.). Gemeint ist das in der Küche des Klosters gesprochene Latein. Vgl. nndl. *potjeslatijn*.

R. Pfeiffer *Philologus* 86 (1931), 455 – 459.

Küchenschelle *f. per. fach.* (< 16. Jh.). Das Vorderglied ist vermutlich das Wort **Gucke, Kucke** ʿhalbe Eierschaleʾ (vgl. frz. *coque* ʿSchaleʾ und frz. *coquelourde* ʿKüchenschelleʾ) nach der Form der Blüte, mit Anlehnung des nicht mehr verstandenen Wortes an **Küche, Kuh** und ähnliche Wörter. Vgl. österr. **Aarstgucken** ʿKüchenschelleʾ (zu *erst-* wegen des frühen Erscheinens dieser Frühjahrsblumen) und bair. **Heugucken** ʿHerbstzeitloseʾ. Das Hinterglied *-schelle* bezieht sich ebenfalls auf die Form der Blüte und ist vielleicht eine bloße Verdeutlichung des Vorderglieds.

Marzell 1 (1943), 292 – 294.

Küchlein *n. obs.* ʿKükenʾ (< 14. Jh.). Es ist die normale hochdeutsche Form von *Küken* mit dem oberdeutschen Diminutiv-Suffix. In der frühen Sprache in hochdeutscher Form nicht bezeugt (dafür *Hühnlein* u.ä.).

kucken *swV.* s. *gucken*.

Kuckuck *m.* (< 13. Jh.). Lautnachahmung wie afrz. *cucu*, l. *cucūlus*, gr. *kókkyx* u. a. Im Volkswitz steht der Kuckuck häufig für den Adler des Amtssiegels (so etwa für den Gerichtsvollzieher).

Nndl. *koekoek*, ne. *cuckoo*. S. *Gauch*. – Suolahti (1909), 4 – 8; P. Kretschmer *Glotta* 13 (1924), 135; *LM* 5 (1991), 1559; Röhrich 2 (1992), 898 – 900.

Kuckucksblume *f. per. reg.* (Pechnelke) (< 16. Jh.). Benannt nach dem weißen Schaum auf den Stengeln, der für den Speichel des Kuckucks gehalten wurde (in Wirklichkeit handelt es sich um Exkremente der Schaumzikaden, in denen deren Larven leben.

Kuddelmuddel *m./n. stil.* (< 19. Jh.). Reimbildung zu ndd. *koddeln* ´Sudelwäsche halten´. Dieses gehört zu *Kutteln*, wie auch der Kuttelwäscher *Sudler* hieß. Das Reimwort wohl angelehnt an *Moder*, regional auch *Muddel* ´Schlamm´.

Kuder *m. per. fach.* ´männliche Wildkatze´ (< 19. Jh.). Nach Schauwecker das alte Wort für die Wildkatze (während *Katze* die Importkatze war). S. *Katze.* − L. Schauwecker: *Ziege und Eule* (Berlin 1992, Privatdruck), 7−9.

Kufe[1] *f. erw. fach.* ´Laufschiene des Schlittens´ (< *9. Jh., Form < 16. Jh.). Das *f* ist dissimiliert aus *ch*: südd. *kuechen*, ahd. *kuohho*, mndd. *koke* ´Schlittenschnabel´. Herkunft unklar. Vermutlich ist die Ausgangsbedeutung ´Stange o.ä.´, so daß eine Variante der in *Kegel* vertretenen Sippe vorliegen kann. Anders: H. Sperber *WS* 6 (1914), 52 f.

Kufe[2] *f. per. reg.* ´Gefäß´ (< 9. Jh.). Mhd. *kuofe*, ahd. *kuofa, kufa, kuopa*, as. *kōpa*. Entlehnt aus l. *cūpa*, einer Nebenform von l. *cuppa*. S. *Kopf, Kübel.*

Küfer *m. erw. obd.* (< 15. Jh.). Mhd. *küefer*, zu *Kufe*[2] wie l. *cūpārius* zu l. *cūpa f*. Also ´Handwerker, der *Kufen* (Fässer) herstellt´. Vgl. *Böttcher.*

Kuff *f. per. fach.* ´breit gebautes Handelsfahrzeug mit zwei Masten´ (< 18. Jh.). Ndd. *kuff*, älter (17. Jh.) nndl. *kof, kuf*, ebenso ne. *koff*, nschw. *koff* usw. Wie *Brigg* aus *Brigantine*, so ist *Koff* verkürzt aus *kōpfārdīe* (nndl. für *Kauffartei-Schiff* mit Weglassung des Grundworts). A. Lindquist *MASO* 2 (1938), 47−50.

Kugel *f.* (< 13. Jh.). Mhd. *kugel(e)*, mndd. *kog(g)el, kagel f./m.*, mndl. *cogele*. Das Wort kann auf **kug*- zurückgehen (dann ist das zugehörige *Keule* aus g. **kugl*- entstanden); etwas mehr Wahrscheinlichkeit hat aber die Annahme für sich, daß *Kugel* auf **kuwl̥* und *Keule* auf **kūl*- zurückgehen. Obwohl diese Lautform außergermanisch vergleichbar ist, muß erwogen werden, ob dieses **kuw-l*- mit Dissimilierung aus **kluw-l*- entstanden und an die Sippe von *Kloß* anzuschließen ist. Verb: *kugeln*; Adjektiv: *kugelig.* Nndl. *Kogel.* S. *Kaul(quappe), Keule, Kogel, Köte, Kuhle, Kuller* und zum weiteren *Kloß.* − Röhrich 2 (1992), 901. Zum Lautlichen: E. Seebold *IF* 87 (1982), 193.

Kuh *f.* (< 8. Jh.). Mhd. *kuo*, ahd. *kuo*, as. *kō*; mit abweichendem Vokalismus afr. *kū*, ae. *cū*, anord. *kýr*. Aus diesem ist (zusammen mit dem außergermanischen Vergleichsmaterial) ein ursprüngliches g. **k(w)ōu- f.* ´Kuh´ zu erschließen. Dieses aus ig. **gʷōu- m./f.* ´Rind´ in ai. *gáu- m./f.*, toch. A *ko*, toch. B *keu̯*, gr. *boũs f./m.*, l. *bōs m.* (mit unregelmäßigem Anlaut), air. *bó*, kymr. *bu, buw, buyn*, lett.

gùovs, hieroglyphenluwisch *wawa*-. Das Wort kann lautmalend sein; zu beachten ist sumer. *gu* ´Stier, Rind´. Im Germanischen ist die Bedeutung auf das Femininum eingeschränkt worden. Nndl. *koe*, ne. *cow*, nschw. *ko*, nisl. *kýr*. S. *Büffel, Cowboy.* − Ch. Peeters *ZVS* 88 (1974), 134−136; T. Oshiro *Orient* 24 (1988), 50 (zu den anatolischen Sprachen); Röhrich 2 (1992), 902−906.

Kuhfuß *m. per. fach.* ´Nagelzieher´ (< 18. Jh.). Nach dem klauenförmig gespaltenen Ende dieses Werkzeugs.

Kuhhaut *f. phras.* (in der Wendung *das geht auf keine Kuhhaut*). Vermutlich bezogen auf das aus Tierhäuten hergestellte Pergament. Da dieses eigentlich aus Schafsleder hergestellt wurde, erbringt die Verarbeitung einer Kuhhaut ein besonders großes und grobes Stück. Röhrich 2 (1992), 906−908.

kühl *Adj.* (< 9. Jh.). Mhd. *küele*, ahd. *kuoli*, mndd. **coel* in *kœlen* ´kühlen´, aus wg. **kōlja- Adj.* ´kühl´, auch in ae. *cōl* (vgl. auch anord. *kōlna* ´kalt werden´). Dehnstufiges Adjektiv zu g. **kal-a- stV.* ´frieren´ (s. unter *kalt*). Abstraktum: *Kühle*; Verb: *kühlen*; Nomen agentis: *Kühler.* Nndl. *koel*, ne. *cool.* S. *Kühlte.* − Heidermanns (1993), 339.

Kuhle *f. erw. reg.* ´Mulde´ (< 19. Jh.). Aus mndd. *kule*, oberdeutsch entspricht nicht mehr übliches *kaule* ´Grube´. Herkunft unklar. Vielleicht zu gr. *gýalon n.* ´Höhlung, Wölbung´, auch ´Höhlung der Hand´, l. *vola* ´Höhlung der Hand´, so daß (ig.) **guwl̥/*gūl*- vorauszusetzen wäre. S. *Kaute, Kolk, Kugel.* − Röhrich 2 (1992), 908.

Kühlte *f. per. ndd.* ´leichte Brise´ (< *13. Jh., Form < 18. Jh.). Eigentlich als *külde* (andfrk. *cuolotha*) ein Abstraktum zu *kühl*; das *t* beruht auf falscher Umsetzung ins Hochdeutsche.

kühn *Adj.* (< 9. Jh.). Mhd. *küen(e)*, ahd. *kuoni*, mndd. *kōne*, mndl. *coene* aus g. **kōni- Adj.*, auch in anord. *kœnn*, ae. *cēne* ´erfahren, kundig´ (so noch anord.), dann wg. ´kühn´. Der Bedeutungsübergang wurde wohl begünstigt durch Komposita wie anord. *vígkœnn* ´kampferfahren´. Deshalb zu *kann, können*. Abstraktum: *Kühnheit.* Nndl. *koen*, ne. *keen*, nisl. *kœnn.* S. *können.* − H. Schabram *Anglia* 74 (1962), 181−187; Heidermanns (1993), 339 f.

kujonieren *swV. per. fremd.* ´schikanieren, unwürdig behandeln´ (< 17. Jh.). Entlehnt aus frz. *couyonner* ´eine Memme nennen´, zu frz. *couillon* ´Memme´ (das als nhd. *Kujon* ´Schuft´ entlehnt ist). Dieses aus. it. *coglione* (dass., wörtlich: ´Entmannter´), zu l. *cōleus* ´Hodensack´. *DF* 1 (1913), 408.

Küken *n.* (< 18. Jh.). Aus dem Niederdeutschen übernommen, mndd. *küken*, mndl. *cuken.* Dieses setzt wie ae. *cicen* 'Küken' ein (g.) **kūkīna-* voraus; vergleichbar sind anord. *kjúklingr* und md./obd. *Küchlein.* Offenbar ist **kuk-* (evtl. ist auch eine Hochstufe **keuk-* beteiligt) eine Lautnachahmung, ähnlich **kok-* (ae. *cocc,* anord. *kokr*) für den Hahn. Nndl. *kuiken,* ne. *chicken.*

Kukumer *f. arch.* (< 16. Jh.). Entlehnt aus l. *cucumis (-eris) m.* 'Gurke'.

Kukuruz *m. per. österr.* 'Mais' (< 20. Jh.). Entlehnt aus serb. *kukuruz.*

Wick (1939), 91; Kretschmer (1969), 330; Steinhauser (1978), 52 f.

kulant *Adj. erw. fach.* 'entgegenkommend' (< 19. Jh.). Entlehnt aus frz. *coulant* (eigentlich 'beweglich, flüssig'), dem PPräs. von frz. *couler* 'gleiten lassen, fließen, durchseihen', aus l. *cōlāre* 'durchseihen, reinigen, läutern', zu l. *cōlum* 'Seihkorb, Seihgefäß'. Abstraktum: **Kulanz.**
S. *Kulisse.* — Schirmer (1911), 113.

Kule *f.* s. *Kuhle.*

Kuli[1] *m. erw. exot.* 'billiger Arbeiter, Tagelöhner' (< 19. Jh.). Entlehnt aus ne. *cooly, coolie,* dieses aus i. *kulī;* dies ist offenbar ursprünglich der Name eines Stammes in Gujrat (NW-Indien), dessen Mitglieder sich häufig als Tagelöhner verdingten.
Littmann (1924), 120; Rey-Debove/Gagnon (1988), 187.

Kuli[2] *m. erw. stil.* 'Kugelschreiber' (meist mit kurzem *u* gesprochen) (< 20. Jh.). 1928 gründet der Kaufmann W. Riepe in Hamburg eine Firma zur Herstellung des von ihm so genannten *Tintenkuli,* einer Verbesserung des amerikanischen *Stylopen,* ein Schreibgerät, das mit Tinte und einem Schreibröhrchen arbeitete. Mit dem Markennamen wurde auf *Kuli*[1] angespielt: das Gerät sollte ein preiswerter und zuverlässiger Diener sein. Es wurde dann in der Funktion als billiges (und durchschreibendes) Schreibgerät abgelöst durch den Kugelschreiber, und offenbar wurde *Kuli* als Abkürzung für *Kugelschreiber* gebraucht (was von der Wortform her nicht naheliegt). Die Kürzung des Vokals ist wohl affektiv (man müßte eigentlich *Kulli* schreiben). [Herangezogen wurde die Magisterarbeit von A. Zimmermann].

kulinarisch *Adj. erw. fremd.* 'die (feine) Kochkunst betreffend' (< 18. Jh.). Entlehnt aus l. *culinārius,* zu l. *culīna* 'Küche', zu l. *coquere* 'kochen, reifen' (die lautliche Entwicklung ist aber unklar).
S. *Aprikose, Biskuit, Biskotte; kochen.* — *Brisante Wörter* (1989), 643 f.

Kulisse *f. erw. fach.* 'Bühnenhintergrund, verschiebbare bemalte Seitenwand' (< 18. Jh.). Entlehnt aus frz. *coulisse,* aus afrz. *coleïce* 'Fallgatter, Rinne, Schiebefenster' (also etwas, das verschoben werden kann), einer Substantivierung von afrz. *coleïz* 'zum Durchseihen bestimmt, flüssig', zu afr. *couler* 'durchseihen, fließen', aus l. *cōlāre* 'durch-

seihen, reinigen, läutern', zu l. *cōlum n.* 'Seihkorb, Seihgefäß'. Die Bedeutungsentwicklung geht also von 'fließen' zu 'verschieben'.
S. *kulant.* — Schirmer (1911), 113; *DF* 1 (1913), 409; Röhrich 2 (1992), 909.

Kuller *f. per. reg.* 'Kugel' (< 20 Jh.). Expressive Variante zu *Kugel, kulle* aus **kugle.* Dazu **kollern**[2], **kullern** 'kugeln' (zu einem anderen *kollern*[1] s. unter diesem).

kulminieren *sw V. per. fach.* 'seinen Höhepunkt erreichen' (< 18. Jh.). Entlehnt aus frz. *culminer,* dieses aus l. *culmināre,* zu l. *culmen* 'höchster Punkt, Gipfel'.
S. *exzellent.* — *DF* 1 (1913), 409.

Kult *m.* 'Verehrung' (< 17. Jh.). Entlehnt aus l. *cultus* 'Pflege, Verehrung', zu l. *colere* 'pflegen, verehren' (s. *kultivieren*).
HWPh 4 (1976), 1300−1309; *BIW* 4 (1992), 324−326.

kultivieren *sw V.* (< 17. Jh.). Entlehnt aus frz. *cultiver,* dieses aus ml. *cultivare,* das über ein nicht bezeugtes Adjektiv auf *-t-īvus,* auf l. *colere (cultum)* 'pflegen, bebauen, verehren' zurückgeht.

Kultur *f.* (< 17. Jh.). Entlehnt aus l. *cultūra,* zu l. *colere* 'pflegen, bebauen'. Gemeint ist zunächst der Landbau und die Pflege von Ackerbau und Viehzucht; im 17. Jh. Übertragung aus ml. *cultūra animi* 'Erziehung zum geselligen Leben, zur Kenntnis der freien Künste und zum ehrbaren Leben' (Pufendorf); dann Ausweitung und Übernahme in die Volkssprache. Adjektiv: **kulturell.**
DF 1 (1913), 409−411; J. Niedermann: *Kultur* (Firenze 1941); I. Baur: *Die Geschichte des Wortes Kultur* (Diss. München 1951); dies. *MS* 71 (1961), 220−229; A. L. Kroeber, C. Kluckhohn: *Culture* (New York 1952); H. Schell: *Kultur und Zivilisation* (Bonn 1959); M. Pflaum *WW* 15 (1965), 289−300; *Schlüsselwörter* 3 (1967); A. Banuls *EG* 24 (1969), 171−180; *AB* 15 (1971), 14 f.; D. Sobriella: *Der Ursprung des Kulturbegriffs, der Kulturphilosophie und der Kulturkritik* (Diss. masch. Tübingen 1971); *HWPh* 4 (1976), 1309−1324; Cottez (1980), 107 f.; *Grundbegriffe* 7 (1992), 679−774; *BIW* 4 (1992), 322 f.

Kumme *f.* s. *Kumpf.*

Kümmel *m.* (< 9. Jh.). Mhd. *kumin,* ahd. *kumī(n) n., kumih, kumil,* mndd. *komīn,* ebenso ae. *cymen m./n.;* entlehnt aus l. *cumīnum n.* (wohl über eine romanische Sprache, etwa frz. *comin*). Das Wort geht über gr. *kýmīnon n.* auf eine semitische Bildung zurück (assyr. *kamūnu* 'Mäusekraut', arab. *kammūn,* hebr. *kammōn*). Neben die Form mit *n* tritt später durch Suffix-Ersatz eine *l-*Bildung, die sich auf dem Weg zur Hochsprache durchsetzt (ahd. *kumil,* mhd. *kümel*). Ein anderer Suffix-Ersatz in südd. *kümmich.*
S. *verkümmeln.* — Littmann (1924), 17; Lokotsch (1975), 84; *LM* 5 (1991), 1569 f.; Röhrich 2 (1992), 909.

Kümmelblättchen *n. arch.* 'Kartenspiel (Dreiblatt)' (< 19. Jh.). Das Spiel ist benannt nach dem dritten Buchstaben des hebräischen Alphabets *(Gimel)*, der als Zahlzeichen ʾdreiʾ bedeutet.

Littmann (1924), 57.

Kümmeltürke *m. vulg.* (abwertende Bezeichnung) (< 18. Jh.). Ursprünglich ʾStudent aus der Umgebung von Halleʾ (18. Jh.), weil diese Gegend wegen ihres umfangreichen Kümmelanbaus scherzhaft *Kümmeltürkei* genannt wurde. Dann Verallgemeinerung zu verschiedenen anderen abschätzigen Bedeutungen; neuerdings auch umgedeutet als Schimpfwort zu ʾtürkischer Gastarbeiterʾ.

Kummer *m.* (< 13. Jh.). Mhd. *kumber, kummer* (auch ʾBelastung, Beschlagnahme u. a.ʾ), daneben (so noch wndd. und md.) ʾSchuttʾ. Die konkrete Bedeutung ist entlehnt aus gallo-rom. *comboros* ʾZusammengetragenesʾ, die seelische Bedeutung aus der französischen Weiterentwicklung des gleichen Wortes, vgl. afrz. *encombrier* ʾBeschwerde, Unglück (u. a.)ʾ. Abstraktum: *Kümmernis*; Adjektiv: *kümmerlich*.

H. Götz *ASAWL* 49 (1957), 126−129; Röhrich 2 (1992), 909 f.

kümmern *swV.* (< 12. Jh.). Abgeleitet von *Kummer*, und zwar 1) in der Bedeutung ʾsich sorgen um etwasʾ, *refl.* mit gleicher Bedeutungsentwicklung wie bei *sorgen*; 2) in der Bedeutung ʾdahinvegetierenʾ wohl abhängig von *kümmerlich*, das eine ähnliche Bedeutungsentwicklung durchgemacht hat wie *erbärmlich*. Das Verb erscheint in dieser Bedeutung zuerst jägersprachlich und bezogen auf Pflanzen, so daß eine Vermenschlichung (ʾbekümmert seinʾ) anzusetzen ist. Präfigierungen: *be-, verkümmern*.

Kummet *n./(m.) per. omd.*, **Kumet** *n. omd.*, **Kumt** *n. omd. ondd.* ʾHalsjoch der Zugtiereʾ (< 15. Jh.). Entlehnt aus poln. *chomąto* oder obsorb. *chomot*, deren Etymologie unklar ist; vielleicht handelt es sich um eine Entsprechung zu *Hamen*.

Steinhauser (1978), 76−78; *LM* 5 (1991), 1570.

Kumpan *m. stil.* ʾKamerad, Mittäterʾ (< 13. Jh.). Mhd. *kompān, kumpān* ist entlehnt aus afrz. *compain*, dieses aus ml. *compania f.* ʾGemeinschaftʾ, zu l. *compāgināre* ʾsich vereinigen, sich zusammenschließenʾ, zu *compāgēs f.* ʾVerbindungʾ.

S. *Kompagnon*. − *DF* 1 (1913), 411; Miettinen (1962), 180−189; H. D. Bork *ASNSL* 217 (1980), 1−16; H. Meier *ASNSL* 217 (1980), 17−25.

Kumpel *m. stil.* (< 16. Jh.). Über die Soldatensprache aus der Sprache der Bergleute. Für diese ist *kumpe* bezeugt, zu dem *Kumpel* eine Weiterbildung sein kann; die kurze Form aus *Kumpan*. Möglich ist auch ein Suffixersatz von *n* zu *l* aus einer abgeschwächten Form **kumpen*.

Wolf (1958), 33.

kümpeln *swV. per. fach.* (ein bestimmtes Verfahren, Blech zu biegen) (< 20. Jh.). Eigentlich ʾBlech in Napfform bringenʾ. Zu *kump*, der niederdeutschen Form von *Kumpf*.

Kumpf *m. per. obd.* ʾNapf, Gefäß für den Wetzsteinʾ (< 13. Jh.). Mhd. *kumpf*, mndd. *kump* aus vd. **kumpa-*; daneben mit *-b* ae. *cumb* ʾGetreidemaßʾ, wohl auch nhd. (reg.) *Kumme f.* ʾtiefe Schaleʾ, mndd. *kumme f.* ʾrundes, tiefes Gefäßʾ. Vergleichbar ist gr. *kýmbos m./(n.)* ʾGefäß, Becherʾ, ai. *kumbhá-* ʾGefäß, Topfʾ. Vermutlich liegt überall Entlehnung aus einer unbekannten Substratsprache vor.

S. *kümpeln*. − R. Hildebrandt *DWEB* 3 (1963), 375−377. Anders: Lühr (1988), 117 f.

Kumst *m. per. ndd.* ʾEingemachtesʾ, besonders ʾSauerkrautʾ (< 10. Jh.). Spahd. *kumpost, kompost* ʾEingemachtesʾ aus l. *compositum* ʾzusammengelegtʾ (zu l. *ponere* ʾlegenʾ, s. *komponieren*), das substantiviert eine Reihe von Sonderbedeutungen hat (auch *Kompott* und *Kompost* gehören hierher).

kumulieren *swV. per. fach.* ʾanhäufenʾ (< 20. Jh.). Entlehnt aus l. *cumulāre*, zu l. *cumulus* ʾHaufenʾ. S. *akkumulieren*.

Kumulus *m. per. fach.* ʾHaufenwolkeʾ (< 19. Jh.). Entlehnt aus l. *cumulus* ʾHaufenʾ.

kund *Adj. obs.* (< 8. Jh.). Mhd. *kunt*, ahd. *kund*, as. *kūth* aus g. **kunþa-* Adj. (altes *to*-Partizip) ʾbekanntʾ, auch in gt. *kunþs*, anord. *kunnr*, ae. *cūþ*, afr. *kūth*. Das gleiche Partizip in l. *nōtus* ʾbekanntʾ (ig. **ǵņǝ-to-*). Zu dem Stamm, der in *kennen* und *können* vorliegt − formal gehört das Wort näher zu *können*, semantisch zu *kennen*. Abstraktum: *Kunde*; Verb: *künden*. Ne. in *uncouth*, nisl. *kunnur*.

Kunde *m.* (< **8. Jh., Bedeutung < 16. Jh.). Mhd. *künde, kunde*, ahd. *kund(e)* ʾZeuge, Künderʾ; eigentlich ʾder Bekannteʾ zu *kund*. Die aktive und die passive Bedeutung stehen nebeneinander. Im Verlauf der frühneuhochdeutschen Zeit entsteht die heutige Bedeutung, zunächst ʾWirtshausgastʾ.

kündigen *swV.* (< 13. Jh.). Die ursprüngliche Bedeutung ist ʾkundig machen, verkündigenʾ; dann verengt zu der heutigen Bedeutung, bezeugt seit dem 19. Jh. Etwas älter *aufkündigen* in dieser Bedeutung.

Kundschaft *f.* (< 12. Jh.). Mhd. *kuntschaft* ist zunächst die ʾKunde, Nachrichtʾ; dann ʾKreis von Bekanntenʾ und schließlich die Bedeutung ʾKäuferkreisʾ. Die alte Bedeutung im Nomen agentis *Kundschafter*; im Verb *auskundschaften* u. a.

Kunft *f. arch.* (< 8. Jh.). Abstraktum zu *kommen* in *An-, Ab-, Her-, Zu-*. Mhd. *kunft*, ahd. *kunft, kumft* mit Einschub von *f* zwischen altem *m* und *ti*-Suffix (*ti*-Abstraktum). Ohne solchen Einschub gt. *gaqumþs*, anord. *samkund*. Hierzu das Adjektiv *künftig*, mhd. *künftic, kümftic*, ahd. *kumftīg, kunftīg* ʾdurch Kommen charakterisiertʾ, ʾwas kommen wirdʾ, daher ʾzukünftigʾ.

W. Pijnenburg *NW* 18 (1978), 64−69.

kungeln *sw V. erw. reg.* ´etwas unter der Hand verabreden´ (< 19. Jh.). Eigentlich *kunkeln*. Gemeint ist ´etwas im gemeinsamen Gespräch abmachen´ nach dem Gespräch der Frauen untereinander in der *Kunkel-* oder *Spinnstube* beim gemeinsamen Spinnen.

Kunkel *f. arch.* ´Spinnrocken´ (< 10. Jh.). Mhd. *kunkel*, ahd. *konacla, klonacla, kuncula.* Entlehnt aus l. *conucula*, zu l. *colus* ´Spinnrocken´ (mit Dissimilierung − kaum von l. *conus* ´Kegel´ abhängig). S. *kungeln.* − K. Maurer *RJ* 9 (1958), 282−298.

Kunst *f.* (< 9. Jh.). Mhd. *kunst*, ahd. *kunst*, as. *kunst, kūst*; wie afr. *kunst* ein *ti*-Abstraktum mit Übergangslaut *s* zu *können*. Die Einengung auf künstlerische Betätigung und auf den Gegensatz zu Natur ist erst seit dem 18. Jh. ausgeprägt. Nomen agentis: **Künstler**; Verb: **künsteln**. J. Trier *MUM* 3 (1931), 33−40; *HWPh* 4 (1976), 1357−1434; Röhrich 2 (1992), 910 f.

künstlich *Adj.* (< 13. Jh.). Mhd. *kunstlich* bedeutet ´kunstvoll´; die heutige Bedeutung entsteht mit dem unter *Kunst* genannten Gegensatz. Die ältere Adjektivform ist ahd. *kunstig.*

kunterbunt *Adj.* (< 18. Jh.). Herkunft unklar; vielleicht aus älterem *kontrabund* ´vielstimmig´ (dieses zu *Kontrapunkt*).

Kunz *Name phras.* (< 16. Jh.). Koseform des Namens *Konrad* (ahd. *Kuonrād*), wie *Hinz* zu *Heinrich*. Wegen der Häufigkeit beider Namen wird *Hinz und Kunz* zu ´jeder beliebige´. Meisinger (1924), 51−53.

Kupee *n.* s. *Coupé.*

Kupfer *n.* (< 9. Jh.). Mhd. *kupfer, kopfer*, ahd. *kupfar, kuffar*, mndd. *kopper* neben anord. *koparr m.*, ae. *copor*, mndl. *koper.* Die Geminate beruht auf *-pr-* zu *-ppr-*, das einfache *p* auf *p* vor sonantischem *r* (oder vor Sproßvokal + *r*). Entlehnt aus l. *cuprum, cyprum*, älter *aes cuprium*, dieses aus gr. *kýprios Adj.* ´aus Kupfer´ (eigentlich ´zyprisch´) ´das Zyprische´, weil Zypern der Hauptlieferant für Kupfer war. Adjektiv: **kupfern**. Lippmann (1970), 537−549; Lüschen (1979), 259 f.; E. Neu in: Meid (1987), 182; *LM* 5 (1991), 1576 f.

kupieren *sw V. per. fach.* (< 19. Jh.). Entlehnt aus frz. *couper* ´schneiden´ in verschiedenen technischen Bedeutungen; dieses zu frz. *coup* ´Schlag, Streich´ (s. *Coup*). Brunt (1983), 218.

Kupon *m. fach.* (< 18. Jh.). Entlehnt aus frz. *coupon* ´Abschnitt´, zu frz. *couper* (s. *kupieren*). Die Bedeutungsentwicklung zu ´Gutschein´ über ´Zinsabschnitt bei Wertpapieren´. *DF* 1 (1913), 120.

Kuppe *f.*, auch **Koppe** *f.*, *erw. fach.* (< 18. Jh.). Aus dem Niederdeutschen; hochdeutsche Entspre-

chungen sind ahd. *kupfa* ´Kopfbedeckung´, mhd. *kupfe, gupfe.* Die Wörter sind sicher entlehnt; doch paßt l. *cuppa* ´Becher´ semantisch nicht recht (über ´Haube´ zu ´Hügel´?). Deshalb Herkunft unklar. S. auch *Gipfel, Kuppel.* − Wick (1939), 70 f. Anders: Lühr (1988), 275 f.

Kuppel *f.* (< 17. Jh.). Entlehnt aus it. *cupola*, das wohl aus l. *cuppula, cūpula*, einem Diminutiv zu l. *cuppa* ´Becher´ stammt. Der mögliche Einfluß von arab. *al-qubba* ´gewölbtes Gebäude oder Gemach´ ist nicht ausreichend bestimmbar. S. auch *Kuppe.* − Littmann (1924), 89; *LM* 5 (1991), 1577 f.

kuppeln *sw V. obs.* (< 13. Jh.). Mhd. *kuppeln, kupelen, koppeln, kopelen* ´verbinden´. Kann von mhd. *kup(p)el, kop(p)el* ´Band, Verbindung´ (s. unter *Koppel*[1]) abgeleitet sein; ist aber eher schon als Verb von l. *copulāre* ´verbinden´ (wohl über das Französische) entlehnt. Die heutigen Bedeutungen (1. ´verbinden´ in der Technik, 2. ´zum Beischlaf zusammenbringen´) sind spätere Spezialisierungen. S. *Kopula.*

Kur *f.* (< 16. Jh.). Entlehnt aus l. *cūra* ´Sorge, Fürsorge, Augenmerk´. Zunächst allgemein für ´medizinische Fürsorge´ verwendet, dann Verengung der Bedeutung. Verben: **kuren**; **kurieren**. Komposita zu l. *cūra* ´Sorge´ sind (über das Französische) *Maniküre* und *Pediküre*; eine Ableitung ist *kurios*, und auf eine alte Zusammensetzung geht *sicher* zurück. Von dem Verb l. *cūrāre* ´sorgen´ kommen *Kuratel, Kuratorium* und von einer Präfigierung *Prokura*, vom PPP *akkurat.* − *DF* 1 (1913), 411 f.

Kür *f. erw. fach.* ´Wahl´ (heute meist bei Sportveranstaltungen als Gegensatz zur *Pflicht*) (< 19. Jh.). Mhd. *kür(e)*, ahd. *kuri* ´Überlegung, Prüfung, Wahl´, wg. Abstraktum **kuz-i- m./n.* ´Wahl´ zu **keus-a- st V.* ´wählen´ (s. unter *kiesen*), auch in ae. *cyre m.*, afr. *kere m./f.*, as. in *self-kuri m.* Das Nomen war praktisch ausgestorben und ist dann im 19. Jh. wiederbelebt worden.

Kurare *n. per. exot.* (ein Pfeilgift) (< 20. Jh.). Entlehnt aus span. *curare m.*, dieses aus Tupí *urari* (wörtlich: ´der Getroffene stürzt´).

Küraß *m. obs.* ´Brustharnisch´ (< 13. Jh.). Mhd. *currīz n.* In verschiedenen Lautformen entlehnt aus afrz. *cuirace.* Dieses vermutlich zu l. *coriārius* ´ledern´, also ´Lederpanzer´ (zu l. *corium n.* ´Leder´). Dazu **Kürassier** ´Panzerträger´ (bestimmte Truppenart). Miettinen (1962), 109−112; *LM* 5 (1991), 1578.

Kuratel *n. erw. fremd.* ´Vormundschaft, Bevormundung´ (< 16. Jh.). Entlehnt aus ml. *curatela f.* ´Pflegschaft´, zum PPP von l. *cūrare* ´sorgen´. S. *Kur.*

Kuratorium *n. per. fach.* ´beaufsichtigendes Gremium´ (< 18. Jh.). Neoklassische Bildung zu l. *cūrātor* ´Pfleger´.

Kurbel *f.* (< 15. Jh.). Vorher mhd. *kurbe*, ahd. *kurba*. Entlehnt aus frz. *courbe*, das l. **curva* voraussetzt, zu l. *curvus* ´gekrümmt´. Verb: **kurbeln**. S. *Kurve*. − *LM* 5 (1991), 1578.

Kürbis *m.* (< 9. Jh.). Mhd. *kürbiz m./n.*, ahd. *kurbiz*. Wie ae. *cyrfæt* entlehnt aus ml. *(cu)curbita* ´(Flaschen)-Kürbis´, das seinerseits wohl aus einer unbekannten Sprache entlehnt ist. *LM* 5 (1991), 1579.

küren *swV. obs.* ´wählen´ (< 16. Jh.). Späte Bildung zu *Kür*, mit der das ältere *kiesen* abgelöst wurde. S. auch *kören*, *krüsch*.

Kurfürst *m.* (< 14. Jh.). Bezeichnung der Fürsten, die den Kaiser wählen. Zu *Kür*. *LM* 5 (1991), 1581−1583.

Kurie *f. per. fach.* ´päpstliche Behörde´ (< 19. Jh.). Entlehnt aus ml. *curia*, dieses aus l. *cūria* ´Amtsgebäude´. *LM* 5 (1991), 1583−1589.

Kurier *m.* (< 16. Jh.). Entlehnt aus frz. *courrier*, dieses aus it. *corriere*, einer Ableitung von it. *correre* ´laufen, eilen´, aus l. *currere*. Zu Sippe von l. *currere* ´laufen´ s. *konkurrieren*. − Jones (1976), 255 f.

kurios *Adj. stil.* (< 17. Jh.). Entlehnt aus frz. *curieux* und l. *cūriōsus* ´sorgfältig, interessiert, wißbegierig´, zu l. *cūra* ´Sorge´. Zunächst in der Bedeutung ´wissenswert, merkwürdig´ übernommen, dann Verengung auf ´merkwürdig´. Konkreta: **Kuriosität**, **Kuriosum**. S. *Kur.* − *DF* 1 (1913), 413 f.; W. J. Jones *SN* 51 (1979), 253. Zu *Curiositas* in der alten Bedeutung ´Wißbegier´ s. H. Blumenberg *AB* 14 (1970), 7−40.

Kurpfuscher *m. stil.* (< 18. Jh.). Als ´Pfuscher im Bereich des Heilwesens´ auf nicht ausgebildete Ärzte bezogen und dann verallgemeinert.

Kurs *m.* (< 15. Jh.). Entlehnt aus l. *cursus* ´Lauf, Gang´ unter Einwirkung der romanischen Sprachen. Die Bedeutung ´Wertstand´ *(Börsenkurs)* ist seit dem 16. Jh. bezeugt (als ´Preis´) und steht unter dem Einfluß von it. *corso*. Gemeint ist der ´Verlauf der Transaktionen´ und der sich daraus ergebende Preis. − Seit dem 16. Jh. unter dem Einfluß von frz. *cours* ´Ausfahrt, Fahrtroute´, zunächst in lateinischer Form als *Kursus*. − Seit dem 17. Jh ´Lehrgang´, unmittelbar aus dem lateinischen Wort entnommen. Verb: **kursieren**. Zur Sippe des zugrundeliegenden l. *currere* ´laufen´ s. *konkurrieren*. − *DF* 1 (1913), 414 f.

Kürschner *m.* (< 13. Jh.). Mhd. *kürsenære*, *kürsner*, Nomen agentis zu mhd. *kürsen, kursen f.* ´Pelzrock´, ahd. *kursin(n)a, krusina, kursen f.*, as. *kursina f.* Dieses ist wie gleichbedeutendes afr. *kersna f.*, spae. *crusene f.* entlehnt aus einer slavischen Sprache (urslav. **kŭrzno* ´Pelz´, russ. *kórzno* ´mit Pelz verbrämter Mantel´).

Wick (1939), 36 f.; O. Hansen *ZDPh* 18 (1942), 331−337; B. Schier: *Die Namen des Kürschners* (Leipzig, Berlin 1949), 194; Bielfeldt (1965), 54 f.; M. Frenzel in K. Müller (1976), 21−58; Steinhauser (1978), 42 f.; *LM* 5 (1991), 1590.

kursiv *Adj. erw. fach.* ´schräg, laufend´ (< 17. Jh.). Zu *Kursive* ´Schrägschrift´, entlehnt aus ml. *scriptūra cursiva*, eigentlich die ´fortlaufend´ geschriebene Schreibschrift im Gegensatz zur Druckschrift. *LM* 5 (1991), 1590.

kursorisch *Adj. per. fach.* ´fortlaufend, beiläufig´ (< 18. Jh.). Entlehnt aus ml. *cursōrius* ´zum Laufen gehörig´, zu l. *cursor* ´Läufer´ und l. *currere* ´laufen´ (s. *konkurrieren*).

Kurtisane *f. erw. fremd.* ´Geliebte eines Adeligen´ (< 16. Jh.). Entlehnt aus frz. *courtisane*, dieses aus it. *cortigiana*, einer Movierung von it. *cortigiano m.* ´Höfling´, zu it. *corte m.* ´Hof, Fürstenhof´, aus l. *cōrs (-rtis)* bzw. l. *cohors (-rtis)* ´Hof, Gehege´, zu l. *hortus m.* ´Garten´. S. *Gardine, Kohorte*; zur germanischen Verwandtschaft s. *Garten*. − Jones (1976), 258.

Kurve *f.* (< 18. Jh.). Entlehnt aus l. *curva (līnea)* ´gekrümmte Linie´, dem Femininum von l. *curvus* ´krumm, gekrümmt, gebogen, gewölbt´. Zunächst ein Wort der Mathematik. Verb: **kurven**. S. *Kurbel*. − *DF* 1 (1913), 415.

kurz *Adj.* (< 9. Jh.). Mhd. *kurz*, ahd. *kurz, kurt*. Entlehnt aus l. *curtus* ´kurz´ (eigentlich ´abgeschnitten´ zu einer Wurzel ig. **ker-* ´abschneiden´). Später noch einmal als ahd. *kurt*, afr. *kurt, kort*, anord. *kortr, kurtr* entlehnt. Abstraktum: **Kürze**; Verb: **kürzen**. Röhrich 2 (1992), 912 f.

kürzlich *Adv.* (< 9. Jh.). Zunächst Adverb zu *kurz*, dann spezialisiert auf ´vor kurzer Zeit´.

kusch *Interj.* ´hinlegen´ (< 17. Jh.). Entlehnt aus frz. *couche* ´leg dich´ (frz. *coucher* aus l. *collocāre* ´hinlegen´, s. *lokal*). Ursprünglich Zuruf an Jagdhunde; stärker verallgemeinert ist vor allem die Ableitung **kuschen** ´hinlegen, stillsein´ (s. auch *kuscheln*). *DF* 1 (1913), 416.

Kuschel *f.* s. *Kussel*.

kuscheln *swV. stil.* (< 20. Jh.). Diminutiv-Form zu *kuschen* (s. unter *kusch*), zunächst von Tieren gesagt.

Kusine *f.* (< 18. Jh.). Entlehnt aus frz. *cousine*, das auf l. *cōnsobrīna* zurückgeht (also ´Tochter der Schwester´ − in der ältesten Zeit hatten nur die Kinder der Schwester des Vaters eine besondere Bezeichnung, weil die Kinder der Brüder des Vaters *Brüder* und *Schwestern* hießen, da sie im gleichen Haushalt lebten). Die französische Bezeichnung wurde aufgenommen, als die deutschen Namen, die zwischen der Verwandtschaft väterlicherseits und der Verwandtschaft mütterlicherseits unterschieden, aufgegeben wurden. Dabei ist *Kusine* stärker eingedeutscht worden und hat sich stärker durchgesetzt, als *Cousin*, das durch seinen Nasalvokal deutlicher fremd blieb.

Kussel *f.*, auch **Kuschel** *f., per. ondd.* ʽverkümmerter Nadelbaum᾽ (< 19. Jh.). Entlehnt aus dem Baltischen, vgl. lit. *kùšlas* ʽschwächlich, kümmerlich᾽.
Bielfeldt (1965), 50.

küssen *swV.* (< 9. Jh.). Mhd. *küssen*, ahd. *kussen*, as. *kussian* aus n./wg. **kuss-ija- swV.* ʽküssen᾽, auch in anord. *kyssa*, ae. *cyssan*, afr. *kessa*. Daneben **kuk-ija- swV.* ʽküssen᾽ in gt. *kukjan*, ofr. *kükken*. Hierzu weiter **Kuß** m., mhd. *kos n.*, *kus*, ahd. *kus*, *kos*, as. *kus(s)* aus n./wg. **kussu- m.* ʽKuß᾽, auch in ae. *cos(s)*, afr. *koss*, anord. *koss*. Lautgebärde, bei der das *u* die für den Kuß typischen gerundeten Lippen hervorruft; entsprechend gr. *kyneĩn* (Aorist *ékyssa*), heth. *kuwaš-*, ai. *cúmbati* ʽküßt᾽, so daß bei diesem expressiven Wort offenbar die Lautverschiebung ausgeblieben ist.
Nndl. *kussen*, ne. *kiss*, nschw. nisl. *kyssa*. – B. vdBerg *TT* 4 (1952), 59–62; Röhrich 2 (1992), 913 f.; *LM* 5 (1991), 1590–1592.

Küste *f.* (< 17. Jh.). Über südndl. *küste* entlehnt aus frz. *coste* (frz. *côte*) ʽKüste᾽. Das französische Wort bedeutet eigentlich ʽRippe᾽, dann ʽSeite᾽, dann ʽKüste᾽. Es gehört demgemäß zu l. *costa f.* ʽRippe᾽. Die ältere Bedeutung ʽSeite᾽ zeigt sich auch in *Kotelett*.

Küster *m. obs.* (< 10. Jh.). Mhd. *kuster*, *guster*, ahd. *kustor*, *koster*. Entlehnt aus ml. *custor* ʽWächter᾽, älter l. *cūstōs*, wohl über afrz. *coustre*. Der spätere Umlaut beruht auf der Angleichung an die Berufsbezeichnungen mit Suffix *-er* aus *-āri*. Zu einem gleichbedeutenden, aber ursprungsverschiedenen Wort s. unter *Köster*.
H. Petersen *ZDA* 111 (1982), 1–8.

Kutsche *f.* (< 16. Jh.). Entlehnt aus ung. *kotsi*, so benannt nach dem Dorf *Kocs* bei Raab, wo angeblich solche Wagen (ursprünglich Wagen mit einem Sesselgeflecht) hergestellt wurden (sachlich nicht nachweisbar). Früher auch *Gutsche* u.ä. Nomen agentis: **Kutscher**; Verb: **kutschieren**.
D. Cornides *Ungarisches Magazin* 1 (Preßburg 1781), 15–21; H. Th. Horwirt *BGT* 23 (1934), 130; R. H. Wackernagel in: *Achse, Rad und Wagen* (1986), 209–212.

Kutte *f.* (< 13. Jh.). Mhd. *kutte*; entlehnt aus ml. *cotta*; dieses aus andfrk. **kotta* ʽgrobes Wollzeug᾽, s. unter *Kotze*.

Suolahti (1929), 141. Die umgekehrte Entlehnung vermutet J. Knobloch *SW* 8 (1983), 77–80; *LM* 5 (1991), 1593.

Kutteln *f. Pl. erw. obd.* (< 13. Jh.). Mhd. *kutel f.*, daneben mhd. *kutelvlec m.* (s. *Fleck*), fnhd. *kotfleisch*. Der Auslaut und die Abgrenzung gegenüber ndd. *kut* ʽEingeweide᾽ sind noch nicht ausreichend bestimmt. Denkbar ist eine Verknüpfung mit einem Wort für ʽBauch᾽ (auch ʽMutterleib, Scham᾽): gt. *qiþus* ʽ(Mutter)-Leib᾽, anord. *kviðr m.* ʽBauch᾽, ae. *cwiþ m.* ʽMutterleib᾽, ahd. *quiti* ʽweibliche Scham᾽, die ihrerseits mit l. *botulus m.* ʽDarm, Wurst᾽ (Anlaut unregelmäßig) zusammenhängen.

S. *Kuddelmuddel, kuttentoll.*

kuttentoll *Adj. arch.* ʽmannstoll᾽ (< 18. Jh.). Ein niederdeutsches Wort zu ndd. *kutte* ʽweibliche Scham᾽ mit unklarem Zusammenhang zu dem unter *Kutteln* genannten Wort.
Lühr (1988), 256.

Kutter *m. erw. fach.* (< 18. Jh.). Entlehnt aus ne. *cutter*, eigentlich ein schnittiges, die Wogen durchschneidendes Schiff, zu ne. *to cut* ʽschneiden᾽.
S. *Cutter.* – Ganz (1957), 126.

Kuvert *n.* ʽBriefumschlag, Gedeck᾽ (< 18. Jh.). Entlehnt aus frz. *couvert m.*, einer Ableitung von frz. *couvrir* ʽbedecken, einhüllen᾽, zu l. *cooperīre* ʽvöllig bedecken᾽, zu l. *operīre* ʽzudecken, bedecken᾽ und l. *kon-*.
S. *Cover*; zur germanischen Verwandtschaft s. *wehren.* – Schirmer (1911), 116; *DF* 1 (1913), 416; Brunt (1983), 220 f.; Röhrich 2 (1992), 914.

Kux *m. per. fach.* ʽbörsenmäßig gehandelter Bergwerksanteil᾽ (< 15. Jh.). Zunächst *Kukus* u.ä.; entsprechend čech. *kukus*; Entlehnungsrichtung unklar (evtl. zu vergleichen čech. *kousek* ʽkleiner Anteil᾽). Vielleicht aus ursprünglich kindersprachlichem *Guggus*, einer Reduplikationsform zu *gukken* (*gucken* ʽspekulieren᾽, vgl. l. *speculārī* in beiden Bedeutungen.)
Wolf (1958), 204 f.; J. Mendels *MLN* 76 (1961), 336–341; Bielfeldt (1965), 27; Eichler (1965), 77 f.; *LM* 5 (1991), 1595.

Kybernetik *f. per. fach.* ʽLehre von den Regelungs- und Steuerungsmechanismen᾽ (< 20. Jh.). Entlehnt aus ne. *cybernetics*, dieses aus gr. *kybernētikḗ (téchnē)* ʽKunst des Steuerns, Steuermannskunst᾽, zu gr. *kybernḗtēs m.* ʽSteuermann᾽. Der Ausdruck wurde geprägt von N. Wiener 1948.
E. Lang: *Zur Geschichte des Wortes 'Kybernetik'* (Quickborn 1968); *HWPh* 4 (1976), 1467 f.; Rey-Debove/Gagnon (1988), 207; Carstensen 2 (1994), 800.

L

Lab *n. erw. fach.* (< 10. Jh.). Mhd. *lap*, ahd. *lab*, mndd. *lip*, *laff*; daneben mit Schwundstufe ahd. *kāsilubba f.*, *kāsilubbi*, ae. (*cȳs-)lyb(b)*, mndl. *lebbe*, *lib(be)*; wieder anders ndd. *slibber*, *slipper*, hd. *slipfer(milch)*, wozu (ohne *s*-) mhd. *liberen* ´gerinnen`, mndd. *leveren*, ahd. *lebar-*, *lebir-*, *libermeri* ´(sagenhaftes) geronnenes Meer`, ae. *lifrig* ´geronnen`. Herkunft unklar. − Der vierte Magen des Rindes heißt **Labmagen**, weil hier das *Lab* gebildet wird, das die Milch gerinnen läßt, und das deshalb bei der Käseherstellung verwendet wird. Auch **Labkraut** wird als Gerinnungsmittel benützt.

Nndl. *leb*. S. *Glibber*. − Zu *Labkraut*: Marzell 2 (1972), 591 f.

labbern[1] *swV. per.* ndd. ´schlaff werden` (von Segeln u.ä.) (< 19. Jh.). Adjektiv: **labb(e)rig** *Adj.* ´fade`. Die Wörter sind wohl eine Variante zu der Sippe von *schlaff* (ohne *s mobile*); sie sind aus der Seemannssprache in die Hochsprache eingedrungen.

labbern[2] *swV.* ´schlürfen, schwatzen` s. *labern*.

laben *swV. stil.* (< 9. Jh.). Mhd. *laben*, ahd. *labōn*, as. (*gi)labon* ´erquicken` aus wg. *\*lab-ō- swV.* ´erfrischen, waschen`, auch in ae. *lafian* ´waschen`. Vermutlich früh entlehnt aus l. *lavāre* ´waschen` (s. *Lavabo*). Abstraktum: **Labung**; Konkreta: **Labe**, **Labsal**.

Laberdan *m. arch.* ´gepökelter Kabeljau` (früher Fastenspeise) (< 17. Jh.). Über nndl. *labberdaan* entlehnt aus frz. *laberdan*. Mit falscher Ablösung des Artikels (und unorganischem *h*) auch nndl. *abberdaan*, ne. *haberdine*, afrz. *habordean*. Herkunft umstritten. Am ehesten zu frz. *Labourdain*, alt (l.) *(tractus) Lapurdanus*, Bezeichnung der baskischen Küste an der Adour-Mündung, von wo aus der Kabeljau gefangen wurde. *Lapurdum* ist der alte Name von Bayonne.

labern, **labbern**[2] *swV. erw. reg.* (< 18. Jh.). Einerseits ´leckend trinken` (vor allem vom Hund), andererseits ´dummes Zeug reden` − wohl das gleiche Wort mit regionalen Abwandlungen. Zu der unter *Löffel* behandelten Sippe ig. (w./oeur.) **lab-* ´lecken`.

labial *Adj. erw. fach.* (< 17. Jh.). Als ´mit den Lippen gebildeter Laut` neoklassische Bildung zu l. *labium* ´Lippe`.

Cottez (1980), 217.

labil *Adj.* (< 19. Jh.). Entlehnt aus spl. *lābilis* ´leicht gleitend, leicht verfallend`, zu l. *lābī (lāpsus*

sum) ´gleiten, schlüpfen, entrinnen, straucheln, fallen, fehlen`. Abstraktum: **Labilität**.

Zu l. *lābī* ´gleiten` gehört als Präfigierung das fachsprachliche *kollabieren* mit dem Abstraktum *Kollaps*; ein entsprechendes Abstraktum (in lateinischer Form) zum Grundwort ist *Lapsus*. Eine Ableitung, die über das Räto-Romanische ins Deutsche gekommen ist, ist *Lawine*. Vielleicht ist entfernter verwandt auch l. *labor* ´Arbeit` (s. *Laboratorium*).

Laboratorium *n.* (< 16. Jh.). Entlehnt aus ml. *laboratorium*, zu l. *labor (-ōris) m.* ´Anstrengung, Mühe, Arbeit`, also eigentlich ´Werkraum`. Heute meist gekürzt zu **Labor**. Verb: **laborieren** mit allgemeinerer Bedeutung, dagegen die Täterbezeichnung **Laborant** speziell auf das *Labor* bezogen.

L. *labor* ´Arbeit` gehört vielleicht zu l. *lābī* ´gleiten, entrinnen` (s. *labil*) und l. *labāre* ´schwanken`, etwa als ´unter einer schweren Last schwanken` (Vokallänge!). Aus einer Ableitung von l. *labor* präfigiert ist *Kollaborateur*. − *DF* 2 (1942), 1 f.; E. Erämetsä *NPhM* 59 (1958), 38; *LM* 5 (1991), 1602.

labsalben *swV. per. fach.* ´(Tauwerk) anteeren oder fetten` (< 19. Jh.). Übernommen aus nndl. *lapzalven* (so seit dem 17. Jh.), eigentlich ´mit Lappen salben`.

Labskaus *n. per. ndd.* (ein Seemannsgericht) (< 19. Jh.). Entlehnt aus ne. *lobscouse*, dessen Herkunft unklar ist.

J. Knobloch *MS* 96 (1986), 345.

Labyrinth *n.* (< 16. Jh.). Entlehnt aus l. *labyrinthus m.*, dieses aus gr. *labýrinthos m.* Vor allem bekannt durch das Labyrinth des Minos von Knossos, aus dem Theseus mit Hilfe des Fadens der Ariadne wieder herausfand. Danach in verschiedener Weise (vor allem im Gartenbau) für ´Irrgarten, Irrwege` gebraucht.

Das Wort gehört wohl zu vor-gr. **lábrys* ´Axt`. So benannten in Kreta eingewanderte Griechen den verwirrend aufgebauten und vielfach gegliederten Palast von Knossos, der an vielen Stellen mit dem Symbol der Doppelaxt, einer Königsinsignie, versehen war. Das ´Doppelaxt-Haus` wurde dann vor allem wegen seiner verwirrenden Struktur genannt und konnte so zum Appellativum werden. − C. Müller *ZDW* 3 (1902), 256; R. Eilmann: *Labyrinthos* (Diss. Halle 1931); H. Güntert *SHAW* (1932/33), I; *DF* 2 (1942), 2 f.; P. Kretschmer *Sprache* 2 (1950), 72, 152; K.-H. Weimann *DWEB* 2 (1963), 396 f.; *LM* 5 (1991), 1602 f.; H. Birkhan in *FS R. Pittioni* (1976), 2,423−454.

Lache[1] *f.* ´Pfütze` (< 9. Jh.). Mhd. *lache*, ahd. *lah(ha)*, as. *laca* (in Ortsnamen), mndd. *lake*, mndl. *lake* ´stehendes Wasser, Salzlake`. Weiter zu ae. *lacu* ´Bach, Teich, See`, anord. *lækr m.* ´langsam fließender Bach`. Für diese gibt es zwei Anschlußmöglichkeiten: 1. Entlehnt aus l. *lacus m.* ´Trog, See (u. a.)`, zur Bedeutung vgl. auch l. *lacūna* ´Vertiefung, Grube, Lache, Weiher`; 2. Anschluß an g. *lek-a-* ´undicht sein, tropfen` (s. *leck*) als das ´durch Tropfen, Fließen Entstandene`. Die Dehnstufe des nordischen Wortes spricht für die zweite Möglichkeit, aber die Nähe der Bedeutung der lateinischen Wörter ist beachtlich. Akslav. *loky* ´Wasserlache, Zisterne` paßt in der Bedeutung besser zum Germanischen, in der Form zum Lateinischen. Vielleicht handelt es sich um Varianten derselben Grundlage, so daß durchgehende Urverwandtschaft vorliegt.

S. *Lake*. − J. U. Hubschmied *VR* 3 (1938), 52−58; J. Knobloch *MS* 88 (1978), 260; Udolph (1994), 112 f.

Lache[2] *f. arch.* ´Grenzmarke in Holz, Stein oder Wasser` (< 8. Jh.). Mhd. *lāche(ne)*, ahd. *lah(ha)*, as. *lāc*; dazu mhd. *lāchboum m.* ´Grenzbaum mit Merkzeichen` und mhd. *lāchenen* ´mit Grenzzeichen versehen`. Herkunft unklar. Vgl. aber ai. *lákṣma n.* ´Marke, Kennzeichen`, ai. *lakṣa- n.* ´Marke, Kennzeichen, Merkmal, Ziel`.

J. Knobloch *MS* 88 (1978), 260; J. Knobloch *SW* 5 (1980), 176 f.

lachen *swV.* (< 9. Jh.). Mhd. *lachen*, ahd. *(h)lahhan stV.*, *lahhēn*, mndd. *lachen*; Ableitung oder Umbildung zu dem starken Verb g. *hlah-ja-* ´lachen` in gt. *hlahjan*, anord. *hlæja*, ae. *hlehhan*, ahd. *Prät. Pl. hlogun*, ahd. *Prät. Sg. hlōc*. Offenbar ein Schallwort (ig.) *klak-*, das in ähnlichen Formen und Bedeutungen auch in anderen Sprachen vorkommt. Schon alt ist das Abstraktum *Gelächter*, mhd. *gelehter*, älter *lahter*, ahd. *(h)lahtar*, ae. *hleahtor*, anord. *hlátr*. Diminutivum: *lächeln*; Adjektive: *lächerlich*, *lachhaft*; Abstraktum *(vulg.)*: **Lache**[3].

Nndl. *lachen*, ne. *laugh*, nschw. *le* ´lächeln`, nisl. *hlæja*. − K. R. Kremer: *Das Lachen in der deutschen Sprache und Literatur des Mittelalters* (Diss. Bonn 1961); H. Glombik-Hujer *DWEB* 5 (1968), 1−266; Seebold (1970), 257 f.; M. Schlaefer: *Studien zur Ermittlung und Beschreibung des lexikalischen Paradigmas ´lachen` im Deutschen* (Heidelberg 1987); Röhrich 2 (1992), 917.

Lachs *m.* (< 8. Jh.). Mhd. *lahs*, ahd. *la(h)s*, as. *lahs* aus g. *lahsa- m.* ´Lachs`, auch in anord. *lax*, ae. *leax*. Aus ig. *laḱso-* (oder *loḱso-*) *m.* ´Lachs`, auch in lit. *lašišà f.*, *lãšis*, russ. *losósĭ* und toch. B *laks* ´Fisch`, osset. *læsæg* ´Lachs` (wohl entlehnt oder nicht zugehörig). Zu Wörtern anderer Bedeutung im Altindischen, die auf das Lachswort zurückgehen können, vgl. P. Thieme *ZVS* 69 (1948), 209−216; *AAWLM* (1953), XI, 535−613. Aus sachlichen Gründen ist ein Zusammenhang mit lit. *lĕkti* ´fliegen, laufen, stürzen` möglich, doch müßte dabei angenommen werden, daß das litauische

Wort hier das Verhalten einer Kentum-Sprache zeigt.

Nschw. *lax*, nisl. *lax*. − W. Krogmann *ZVS* 76 (1960), 161−178; W. Krause *NAWG* (1961), IV, 83−98; K. Mäntylä *Orbis* 19 (1970), 172 f.; A. Greule in *FS B. Boesch* (Bühl 1976), 86−94; A. R. Diebold in: Christie (1976), 341−388; ders.: *The Case of Huchen* (Washington 1985); D. Q. Adams *IF* 90 (1985), 72−78; *LM* 5 (1991), 1605 f.; Röhrich 2 (1992), 918 f.; J. Knobloch *Kratylos* 39 (1994), 185 f.

Lachter *f./n./(m.) per. fach.* ´Klafter (besonders im Bergbau)` (< 12. Jh.). Mhd. *lāfter*, *lāchter*. Das Wort ist vermutlich eine Instrumentalbildung auf (ig.) *-tro-/trā-* zu dem Verb, das in ae. *læccan* ´fassen, ergreifen` vorliegt, also ursprünglich ´was man (auf einmal) umfassen kann`. Falls dieses Verb mit gr. *lázomai* ´ich nehme, fasse, ergreife` und gr. *lambánō* ´ich ergreife` zusammengehört, ist (ig.) *lagʷ-* vorauszusetzen. In diesem Fall ist mhd. *lāfter* in seiner Lautform von *Klafter* beeinflußt.

lack *Adj. erw. reg.* ´abgestanden (vom Bier), fad, lau` (< 15. Jh.). Aus mndd. *lak* ´schlaff` und mndl. *lac* ´lau, fade, geistlos`; daneben mndl. *lakr* ´von geringem Wert`. Vergleichbar ist gr. *lagarós* ´schlaff` zu gr. *légō* ´höre auf`, l. *languēre* ´schlaff sein`.

Heidermanns (1993), 359, 683.

Lack *m.* (< 16. Jh.). Entlehnt aus it. *lacca f.*, das über arab. *lakk* und pers. *lāk* auf pāli *lākhā f.* zurückgeht. Dieses aus ai. *lākṣā f.* ´Lack`, das wohl zu ai. *rájyati* ´färbt sich, rötet sich` gehört, also eigentlich ´(rote) Färbung`. Verben: *lacken*, *lakkieren*.

S. *gelackmeiert*, *Schellack*. − Littmann (1924), 90; *DF* 2 (1942), 3 f.; Mayrhofer *GRM* 3 (1953), 71−75; Lokotsch (1975), 103; Röhrich 2 (1992), 919 f.

Lackel *m. per. obd.* ´Tölpel` (< 20. Jh.). Als ´jemand, an dem die Kleidung schlottert` zu *lack* und ähnlichen expressiven Wörtern (*schlackern*).

Lackmus *per. fach.* (< 16. Jh.). Mit der Sache (ein aus Flechten gewonnener Farbstoff) aus Flandern bezogen. Nndl. *lakmoes*, älter *lecmoes*.

Das seit 1500 bezeugte Wort bezeichnet wohl zunächst den Farbbrei (also zu *Mus*) und nicht die Pflanze (*Moos*). Das Vorderglied schon im Niederländischen sekundär an *Lack* (in der allgemeinen Bedeutung ´Farbe`) angeglichen worden, gehört aber wohl zu dem Kausativum (g.) *lak-eja-* ´benetzen` (mhd. *lecken*, ahd. *lecken*) zu (g.) *lek-a-* ´tropfen` (s. *leck*), also wohl ´Brei zum Benetzen (= Färben?)`. − *DF* 2 (1942), 4.

Lade *f. obs.* ´Behälter` (< 13. Jh.). Mhd. *lade*, mndd. *lade*, mndl. *lade* ´Truhe`; wie anord. *hlaða* ´Scheuer` abgeleitet von *laden*[1], also ´Beladenes`. Praktisch nur noch in Komposita (*Schublade*, *Kinnlade*, *Bundeslade*).

Laden *m.* (< 13. Jh.). Mhd. *lade(n)*; ursprünglich ´Brett` (so noch regional üblich, vgl. *Fensterla-*

den) und verwandt mit *Latte*. Das Wort bezeichnete auch das zur Warenauflage dienende Brett und den Verkaufsstand überhaupt. Daraus die heutige Bedeutung ´Geschäft´.

Röhrich 2 (1992), 920.

laden[1] *st V.* ´einfüllen´ (< 8. Jh.). Mhd. *laden*, ahd. *(h)ladan*, as. *hladan*, aus g. **hlaþ-a- st V.* ´laden´, auch in gt. *afhlaþan*, anord. *hlaða*, ae. *hladan*, afr. *(P Prät.)* *hleden*. Der Unterschied zwischen *d* (altenglisch, altsächsisch) und *þ* (gotisch, althochdeutsch) beruht wohl auf unterschiedlichem Ausgleich des grammatischen Wechsels. In gleicher Lautform ist das Wort außergermanisch nicht vergleichbar. Eine lautliche oder morphologische Variante bietet akslav. *klasti (kladǫ)* ´legen, laden´. Die Grundlage hierzu in lit. *klóti (klóju)* ´hinbreiten, überdecken´, das weiter zu lit. *kélti* ´heben´ gehört. Ausgangsbedeutung also ´hinlegen, ausbreiten´. Das Laden von Schußwaffen bezog sich ursprünglich auf das Laden schwerer Geschütze, die tatsächlich „beladen" wurden. Präfigierungen: ***be-**, **entladen**; Abstraktum: ***Ladung***.

Nndl. *laden*, ne. *lade*, nschw. *ladda*, nisl. *hlaða*. S. *Lade*, *Last*. – Seebold (1970), 258 f.; Röhrich 2 (1992), 920 f.

laden[2] *st V. obs.* ´zum Kommen auffordern´ (< *8. Jh., Form < 13. Jh.). Mhd. *laden*, ahd. *ladōn*, as. *ladoian*, *laðian*, also ursprünglich ein schwaches Verb, das durch den lautlichen Zusammenfall mit *laden*[1] zur starken Flexion überging. Aus g. **laþ-ō- sw V.* ´einladen, berufen´, auch in gt. *laþon*, anord. *laða*, ae. *laðian*, afr. *lathia, ladia*. Ableitung von einem Nomen, das wohl auch in gt. *laþa-leiko* ´gern´ (wohl eigentlich ´willig´) erscheint. Deshalb am ehesten zu gr. *lõ* ´ich will, wünsche´ (vgl. l. *invītāre* ´einladen´ und l. *invītus* ´ungewollt, ungern´). Die Einzelheiten bleiben schwierig. Heute vor allem in Partikelverben: ***ein-, vorladen***.

Anders: R. Meringer *IF* 16 (1904), 114–117 (zu *Laden* nach dem herumgesandten Brett oder Kerbstock).

Ladenhüter *m. stil.* ´schlecht verkäufliche Ware´ (< 17. Jh.). Lehnübersetzung zu frz. *garde-boutique*.

Röhrich 2 (1992), 921.

Ladenschwengel *m. per. reg.* ´Verkäufer´ (< 19. Jh.). Studentische Abwandlung von *Galgenschwengel*; eine sexuelle Anspielung ist nicht ausgeschlossen.

Röhrich 2 (1992), 921.

lädieren *sw V. erw. fremd.* ´verletzen, beschädigen, (älter: beleidigen)´ (< 16. Jh.). Entlehnt aus l. *laedere (laesum)* ´verletzen´. Fast nur im Partizip gebräuchlich.

S. *Kollision*. – *DF* 2 (1942), 4; K.-H. Weimann *DWEB* 2 (1963), 397.

Lafette *f. per. fach.* ´Untergestell eines Geschützes´ (< 17. Jh.). Entlehnt aus frz. *l'affût m.* (älter:

l'affust), zu frz. *fût m.* ´Schaft, Stange´, aus afrz. *fust*, dieses aus l. *fūstis m.* ´Stock, Prügel´. Das anlautende *L* aus dem französischen Artikel.

DF 2 (1942), 4 f.; *LM* 5 (1991), 1613.

Laffe *m. obs.* ´Geck´ (< 15. Jh.). Vermutlich zu mhd. *laffen* ´lecken´ (s. unter *Löffel*[1]), wie auch älteres *lecker* in diesem Sinn gebraucht wird.

Röhrich 2 (1992), 921 f.

Lage *f.* (< 9. Jh.). Mhd. *lāge*, ahd. *lāge*. Abstraktum zu *liegen*; aber in der Bedeutung stark verzweigt und lexikalisiert.

Lägel, auch **Legel**, *f./m./n. per. reg.* ´Fäßchen, Hohlmaß´ (< 11. Jh.). Mhd. *lāgel(e)*, *lægel(e) f.*, ahd. *lāgel(la) f.*, mndd. *lēchel(k)en*, *legelen n.*, mndl. *lagel(e)*, *legel(e)*. Entlehnt aus l. *lagoena* (u.ä.) *f.* ´Flasche mit engem Hals und weitem Bauch´; dieses aus gr. *lágȳnos m./f.* unbekannter Herkunft. Im Deutschen *l* für *n* im Rahmen des üblichen Suffixersatzes.

Lager *n.* (< *9. Jh., Form < 14. Jh.). Mhd. *leger*, ahd. *legar*, as. *legar (-bed)* ´Krankenlager´, aus g. **leg-ra- n.* ´Lager´, auch in gt. *ligrs m.* ´Lager, Bett´, anord. *legr* ´Grabstätte, Beilager´, ae. *leger*. Ableitung auf g. *-ra-* zu *liegen*. Seit dem 14. Jh. erscheint die mundartliche Variante mit *a*, die durch Luther hochsprachlich wird. Verb: ***lagern***.

E. Schröder *ZDA* 74 (1937), 48; V. Moser *ZM* 14 (1938), 68–70; R. Schmidt-Wiegand in: *FS de Smet* (1986), 419–428; Röhrich 2 (1992), 922.

Lagune *f. per. exot.* ´durch einen Landstreifen von der offenen See abgetrenntes Gewässer´ (< 16. Jh.). Entlehnt aus it. *laguna*, dieses aus l. *lacūna* ´Teich, See, trogartige Vertiefung´, zu l. *lacus m.* ´See, trogartige Vertiefung´. Zunächst vor allem eine Bezeichnung für die Gewässer um Venedig.

DF 2 (1942), 4 f.; *Wis* (1955), 177.

lahm *Adj.* (< 8. Jh.). Mhd. *lam*, ahd. *lam*, as. *lamo* aus g. **lama-/ōn Adj.* ´lahm, verkrüppelt´, auch in anord. *lami*, ae. *lama*, *loma*, *lame*, afr. *lam*, *lem*. Zu zugehörigen Wörtern mit Dehnstufe s. unter *Lümmel*. Verwandte Krankheitsbezeichnungen sind russ. *lomóta* ´Gliederreißen´ und poln. *ułomny* ´gebrechlich, siech, krüppelhaft´; diese gehören zu russ. *lomítĭ*, poln. *łamać*, akslav. *lomiti* ´brechen´ und verwandten Wörtern für ´brechen, drücken, knicken u.ä.´ aus einer Grundlage (ig.) **lem-*. Zum Benennungsmotiv vgl. *gichtbrüchig*. Duratives Verb: ***lahmen***; faktitives Verb: ***lähmen***.

Nndl. *lam*, ne. *lame*, nschw. *lam*. S. *belemmern*, *Lümmel*. – Heidermanns (1993), 359 f.

Laib *m.* (< 8. Jh.). Mhd. *leip*, ahd. *leib*, älter *hleib* aus g. **hlaiba- m.* ´Brot´, auch in gt. *hlaifs*, anord. *hleifr*, ae. *hlāf*, afr. *hlēf*. Auffällig ähnlich ist gr. *klíbanos* ´Backofen´, gr. *klībanítēs* ´im Klibanos gebackenes Brot´. Da das griechische Wort ziemlich sicher ein Fremdwort aus einer unbekannten

Sprache ist, wird auch das germanische Wort aus dieser Sprache entlehnt sein. Einzelheiten bleiben unklar. Mit *Laib* wurde außer der Form vermutlich auch das auf ältere Weise zubereitete (ungesäuerte) Brot bezeichnet, während *Brot* das nach der neueren Zubereitungsweise gesäuerte Nahrungsmittel war. Die Wichtigkeit des Wortes zeigt sich daran, daß ne. **Lord** und **Lady** (aus ae. *hláford* und *hlǽfdige*) Kompositionen mit ihm sind ('Laibwart' und 'Laibkneterin').

Ne. *loaf*, schw. (dial.) *lev*, nisl. *hleifr*. S. *Lebkuchen*. − Trier (1951), 59; Röhrich 2 (1992), 922.

Laich *m./(n.)* (< 15. Jh.). Spmhd. *leich m.*, mndd. *leik*, nschw. *lek*. Herkunft unklar. Die Berührung mit *Leich* ist sekundär. Verb: *laichen*.

Laie *m.* (< 11. Jh.). Mhd. *lei(g)e*, ahd. *laigo*. Entlehnt aus l. *láicus*, afrz. *lai*, zunächst im kirchlichen Sinn ('Nichtgeistlicher'). Dieses aus gr. *láïkós* 'zum Volk gehörig', zu gr. *láós m.* 'Volk'. Adjektiv: **laienhaft**.

S. *Liturgie*. − *HWPh* 5 (1980), 8−10; W. Braun in *Typenbegriffe* 5 (1981), 235−261; *LM* 5 (1991), 1616 f.

Lakai *m. obs.* 'herrschaftlicher Diener, unterwürfiger Mensch' (< 16. Jh.). Entlehnt aus frz. *laquais* 'Hilfssoldat'. Zunächst in der Bedeutung 'niederer Soldat' übernommen.

Lake *f. erw. ndd.* 'Salzwasser' (< 14. Jh.). Ursprünglich niederdeutsches Wort, das nhd. *Lache* entspricht und in der speziellen Bedeutung 'Salzlake, Heringslake' auch in die Hochsprache aufgenommen wurde.

S. *Lache¹*. − *DF* 2 (1942), 5; Kretschmer (1969), 318 f. Zur Bedeutung vgl. E. Seebold in: *FS Matzel* (1984), 128.

Laken *n.* (< *9. Jh., Form < 15. Jh.). Ursprünglich niederdeutsches Wort (mndd. *laken*, mndl. *laken*, as. *lakan*) dem ahd. *lah(h)an*, mhd. *lachen* entspricht. Zu g. **lak-na* (*lakana-*) 'Stück Gewebe', auch in anord. *-lak*, afr. *leken*, *letzen*, *lezen*. Eine genaue außergermanische Entsprechung kann sein gr. *láganon* 'dünner Kuchen', Ableitung aus einer Wurzel mit den Bedeutungen 'schlaff, dünn, schmächtig u.ä.', vgl. mit *s*-Suffix l. *laxus* 'schlaff, weich usw.', mit *s mobile* und Assimilation des Anlauts ai. *ślakṣṇá-* 'schlüpfrig, schmächtig, dünn'. Das niederdeutsche Wort verbreitete sich im Süden im Zusammenhang mit dem überlegenen westfälischen Tuchhandel. Vielleicht hat auch die Homonymie des ererbten mhd. *lachen* mit dem Verb *lachen* das Vordringen der niederdeutschen Form begünstigt.

S. *lax*, *Leilach(en)*. − R. Schützeichel in: *FS Quint* (1964), 211−213.

lakonisch *Adj.* 'ohne weitere Erläuterung' (< 17. Jh.). Entlehnt aus l. *laconicus*, dieses aus gr. *lakōnikós* 'spartanisch', zu gr. *Lákōn* 'Spartaner'. So benannt nach der sprichwörtlich strengen Lebens-

auffassung dieser Menschen (vgl. *spartanisch*), zu der auch ihre Wortkargheit gehörte.

DF 2 (1942), 5 f.

Lakritze *f. obs.* (eine Süßigkeit aus eingedicktem Süßholzsaft) (< 14. Jh.). Spmhd. *lakerize*, *lekritz(e)* ist entlehnt aus ml. *liquiridia*, *liquiritia*, dieses aus l. *glycyrriza* 'Süßwurzel, Süßholz', aus gr. *glykýs* 'süß' und gr. *ríza* 'Wurzel'. Die mittellateinischen Formen ergeben sich aus einer volksetymologischen Anlehnung an l. *liquor m.* 'Flüssigkeit'.

S. *Glyzerin*. − *DF* 2 (1942), 6; O. Kieser *Orbis* 18 (1969), 92−96.

lallen *swV.* (< 10. Jh.). Mhd. *lallen*, *lellen*, ahd. *lalōn*. Lautnachahmung des Kinderlallens wie in nschw. *lalla* und außergermanisch l. *lallāre* 'trällern', gr. *lálos* 'geschwätzig', gr. *laléō* 'ich schwatze', ai. *lalallā* 'Interjektion des Lallens', lit. *lalúoti* 'lallen', russ. *lála* 'Schwätzer'. Vgl. auch *lullen*. Die Unterscheidung von Elementarparallelen, Urverwandtschaft und Entlehnung ist hier müßig. S. *lamentieren*.

Lama *n. erw. exot.* (ein höckerloses Kamel) (< 16. Jh.). Entlehnt aus span. *lama m.*, dieses aus der südamerikanischen Indianersprache Ketschua *llama*, wo es 'Vieh' bedeutet.

R. Loewe *ZVS* 60 (1933), 149 f.

Lambertsnuß *f. per. exot.* 'große Haselnußart (aus Südeuropa)' (< 18. Jh.). Älter auch **lambertische Nuß**. Eigentlich 'Nuß aus der Lombardei'.

Lamelle *f. erw. fach.* 'dünner Streifen' (< 14. Jh.). Entlehnt aus frz. *lamelle*, dieses aus l. *lāmella*, einem Diminutivum zu l. *lām(i)na* 'Platte, Blatt, Scheibe'. Aber schon seit spmhd. Zeit auch *lamel* 'Messerklinge' u.ä.

S. *Lametta*. − *DF* 2 (1942), 6.

lamentieren *swV. stil.* (< 16. Jh.). Entlehnt aus l. *lāmentārī* 'jammern'. Abstraktum: **Lamento** (über das Italienische); Adjektiv: **lamentabel**. Zu den Lallwörtern unter *lallen*.

DF 2 (1942), 6 f.

Lametta *n.* (< 19. Jh.). Entlehnt aus it. *lametta f.* auch 'Rasierklinge', einem Diminutivum zu it. *lama f.* 'Metallblatt', aus l. *lām(i)na f.* 'Platte, Blatt, Scheibe'.

S. *Lamelle*. − Röhrich 2 (1992), 922.

Lamm *n.* (< 8. Jh.). Mhd. *lam(p)*, ahd. *lamb*, as. *lamb* aus g. **lambaz n.* 'Lamm', auch in gt. *lamb*, anord. *lamb*, ae. *lamb*. Der *s*-Stamm zeigt sich in entsprechenden Pluralen und in Nebenformen wie ae. *lamber*. In dieser Form ist das Wort nur germanisch. Es zeigt das im Tiernamen häufiger auftretenden Suffix (ig. *-bʰo-*). Das davor stehende *m* ist vermutlich durch Assimilation aus *n* entstanden, so daß mit anderer Ablautstufe an Wörter für Horntiere in den verwandten Sprachen angeknüpft werden kann. Vgl. lit. *élnis* m., akslav. *jelenĭ* m. ´Hirsch`, gr. *ellós* (aus *elnos*) m. ´Hirschkalb`, arm. *ełn* ´Hirsch(kuh)`, kymr. *elain* ´Hirschkuh`, air. *elit*, *ailit* f. ´Reh`, toch. A *yäl* m. ´Gazelle`. Verb: *lammen*.

Nndl. *lam*, ne. *lamb*, nschw. *lamm*, nisl. *lamb*. – M. Platschek: *Lamm und Kalb* (Gießen 1957), 4–6; Röhrich 2 (1992), 922 f.

Lampe[1] *f.* ´Beleuchtungskörper` (< 13. Jh.). Mhd. *lampe*, mndd. *lampe*, mndl. *lamp(e)*. Entlehnt aus frz. *lampe*, das aus spl. *lampada* ´Leuchte` entwickelt ist. Dieses aus gr. *lampás*, *(-ádos)* ´Fakkel`, zu gr. *lámpō* ´ich leuchte`. Dazu auch **Lampion**.
S. *Laterne*. – Heyne (1899/1903), I, 283; *DF* 2 (1942), 7; *LM* 5 (1991), 1630–1632; Röhrich 2 (1992), 924.

Lampe[2] *m. erw. stil.* (Name des Hasen in der Tiersage) (< 15. Jh.). Es handelt sich um die Kurzform des Eigennamens *Lamprecht*, ahd. *Lantberaht*. Auch andere Tiernamen der Tierfabel sind von menschlichen Eigennamen übernommen.

Lampenfieber *n.* ´Aufregung vor dem Auftritt` (< 19. Jh.), älter ist **Kanonenfieber** für die Aufregung vor der Schlacht. Frz. *fièvre de la rampe* (eigentlich ´Rampenfieber`) hat vielleicht ebenfalls eingewirkt.
Röhrich 2 (1992), 924 f.

lancieren *swV. per. fremd.* ´eine Sache in die Wege leiten` (< 18. Jh.). Entlehnt aus frz. *lancer* ´schleudern, in Schwung bringen`, dieses aus spl. *lanceāre* ´die Lanze schwingen`, zu l. *lancea* ´Lanze`. Das französische Wort hat eine größere Bedeutungsbreite; im Deutschen ist nur eine spezielle Bedeutung (von ´zuwerfen` ausgehend) übernommen. S. *Elan*.

Land *n.* (< 8. Jh.). Mhd. *lant*, ahd. *lant*, as. *land* aus g. **landa-* n. ´Land`, auch in gt. *land*, anord. *land*, ae. *land*, afr. *land*, *lond*. Hierzu im Ablaut steht schw. (dial.) *linda* ´Brachfeld`. Außergermanisch vergleichen sich air. *ithlann*, *ithla* ´Tenne` (zu air. *ith* ´Getreide`), kymr. *ydlan* ´Scheuer` (eigentlich *\*landʰ-*, aber vielleicht als *\*londʰ-* anzusetzen), apreuß. *(Akk. Sg.)* *lindan* m. ´Tal`, russ. *ljadá* f. ´Rodeland`, čech. *lada* Pl. ´Brache`. Die Ausgangsbedeutung könnte also ´freies Land` gewesen sein, vielleicht ´Brache`. In letzterem Fall könnte an (ig.) **lem-* ´brechen` angeschlossen werden, vgl. kslav. *lemešĭ* m. ´Pflug`, lett. *lemesis* ´Pflugschar`, also *\*lom-dʰ-* ´auf Brache gesetzt`. Die Bedeutung wandelt sich von ´freies, offenes Land` schon in germanischer Zeit zu ´Staatsgebiet`, dann Gegensatz zu Stadt, zu Wasser usw. Verb: *landen*; Adjektiv: *ländlich*; Kollektiva: **Länderei**, **Landschaft**.
Nndl. *land*, ne. *land*, nschw. *land*, nisl. *land*. S. auch *Gelände*. – J. Trier *NAWG* (1940/41), III, 88 f.; O. Brunner:

Land und Herrschaft (Wien 1942), 203–220; Röhrich 2 (1992), 925.

Landauer *m. obs.* ´Viersitzer mit klappbarem Verdeck`, älter **Landau** (wie englisch und französisch) (< 18. Jh.), aus der **Berline** entwickelt. Der Streit um die Herkunft der Bezeichnung scheint sich zugunsten einer Rückführung auf den Ortsnamen *Landau* zu entscheiden: Erste deutsche Erwähnung 1723, offenbar bezogen auf den Wagentyp, den Joseph I bei der Reise mit seinem Hofstaat nach Landau (1702) aus Anlaß der Einnahme der Festung unternahm (Jäger u. a.). Die Herleitung aus span. *lando* ´viersitziger Wagen` (und dieses aus arab. *al-andul* ´Sänfte`, das letztlich auf ai. *hindola-* m. ´Schaukel`, verwandt mit ai. *ăn-dolăyati* ´schaukelt`, zurückgeht – so Lokotsch) scheitert wohl daran, daß die spanischen Erstbelege (1830) sehr spät sind.
Lokotsch (1975), 8; Mayrhofer 1 (1956), 549; 3 (1976), 628; Brink-Wehrli (1958), 108 f.; P. Jäger, R. Wackernagel, A. Fritz: *Der Landauer* (Landau 1985).

Lände *f. per. reg.* ´Landeplatz` (< 9. Jh.). Mhd. *lende*, ahd. *lenti*, Abstraktum zu ahd. *lenten*, mhd. *lenden*, ebenso anord. *lenda*, ´landen, an Land kommen`, das später durch *landen* ersetzt wird.

landen *swV.* (< 17. Jh.). Ursprünglich niederdeutsches Wort (zu *Land*, also: ´an Land kommen`), das seit dem 17. Jh. obd. *länden* aus der Hochsprache verdrängt (zu diesem s. *Lände*).

Länder *m.*, **ländern** *swV.*, s. *Ländler*.

Landjäger *m. per. wobd.* ´Feldschütz, Polizist` (< 18. Jh.). Zu *Jäger* in der allgemeinen Bedeutung ´Soldat, Uniformierter`. Danach Bezeichnung einer Dauerwurst (zunächst *dürrer Landjäger*). Benennungsmotiv nicht recht klar.

landläufig *Adj. stil.* (< 15. Jh.). Abgeleitet von *Landlauf* ´das im Land Geläufige, Übliche`.

Ländler *m. obs.* (Volkstanz) (< 18. Jh.). Eigentlich ´Tanz aus dem *Landl*, d. h. Österreich ob der Enns`. Älter auch **Länderer** und **Oberländer**. Daher älteres **ländern** ´langsam drehend tanzen`.

Landschaft *f.* (< 8. Jh.). Mhd. *lantschaft*, ahd. *lantscaf(t)*, as. *landskepi*. Schon früh Anwendung auf Bilder und auf politische Vertreter eines Territoriums.
R. Gruenter *GRM* 34 (1953), 110–120; G. Hard: *Die ´Landschaft` der Sprache und die ´Landschaft` der Geographen* (Bonn 1970); G. Müller in: A. H. vWallthor/H. Quirin (Hrsg.): *´Landschaft` als interdisziplinäres Forschungsproblem* (Münster 1977), 4–13; P. Oßwald: *Wortfeldtheorie und Sprachvergleich*. (2. Aufl. Tübingen 1977); *HWPh* 5 (1980), 11–28; *LM* 5 (1991), 1675.

Landsknecht *m. obs.* ´Söldner aus kaiserlichen Landen` (im Gegensatz zu *Schweizer*) (< 15. Jh.). Schon früh Umdeutung zu *Lanzknecht*. Kürzung dazu ist *Lanz(t)*, das auch als Schelte für deutsche

Soldaten und Deutsche überhaupt verwendet wird (vgl. it. *lanzo, lanzichenecco*). Hierzu vielleicht im 20. Jh. **Landser**, umgangssprachlich für ʿSoldatʾ.

J. Bolte *ZDPh* 17 (1885), 200; *LM* 5 (1991), 1679; Röhrich 2 (1992), 927.

Landstörzer *m. arch.* ʿLandstreicherʾ (< 17. Jh.). Zu mhd. *sterzer* ʿLandstreicherʾ zu mhd. *sterzen* ʿherumziehenʾ (vermutlich ursprünglich ʿstelzenʾ und zur Sippe von *starren* gehörig).

Landstreicher *m.* (< 15. Jh.). Zu *streichen* im Sinn von ʿherumstreifenʾ.

Landsturm *m. obs. schwz.* ʿ (spätes) Aufgebot der Wehrfähigenʾ (< 17. Jh.). Benannt nach dem Läuten der Sturmglocke, das als Zeichen dieses Aufgebots gilt.

Landtag *m.* (< 14. Jh.). Ursprünglich Einberufung zum Landgericht, dann auf politische Gremien übergegangen. Parallel zu *Reichstag*.

Landwehr *f. obs.* (< 13. Jh.). Mhd. *lantwer*, mndd. *lantwere*. Das Wort bedeutet von Anfang an ʿLandesverteidigungʾ, anderes wie ʿBefestigungswerk im Geländeʾ ist sekundär. Die alte Bedeutung hält sich in der Schweiz (heute für die Wehrpflichtigen vom 33. bis 42. Altersjahr). Von dort im 19. Jh. nach Preußen übernommen.

LM 5 (1991), 1682.

Landwirt *m.* (< 17. Jh.). Zu der alten Bedeutung von *Wirt*, als ʿHausherr, Herr des Hofesʾ. Abstraktum: *Landwirtschaft*.

lang[1] *Adj.* (< 8. Jh.). Mhd. *lanc*, ahd. *lang, lanc(h)*, as. *lang* aus g. **langa-* *Adj.* ʿlangʾ, auch in gt. *laggs*, anord. *langr*, ae. *lang*, afr. *lang, long*. Das Wort ist zunächst nur mit l. *longus* ʿlangʾ zu vergleichen. Daneben stehen aber Wörter für ʿlangʾ auf einer Grundlage (ig.) **doləgʰ/dləgʰ-*, die beim Ansatz einer Form **dlongʰ-* vereinbar wären. Das vermittelnde Element (mit Nasalierung von der anderen Grundlage) könnte mpers. *drang* ʿlangʾ sein. Die Annahme eines Zusammenhangs ist aber nicht problemlos und deshalb umstritten. Die andere Grundlage ist bezeugt in gr. *dolichós*, ai. *dīrghá-*, akslav. *dlígŭ*, lit. *ìlgas* mit unerklärtem Wegfall des anlautenden *d* (Zusammenhang mit den germanischen und lateinischen Wörtern?) aus **dlə-gʰó-*. Abstraktum: *Länge*; Modifikation: *länglich*; Zeitadverbien: *lange, längst*.

Nndl. *lang*, ne. *long*, nschw. *läng*, nisl. *langur*. S. *Chaiselongue, Lenz.* – K. Strunk *Glotta* 47 (1969), 3 f.; Lühr (1988), 161; Heidermanns (1993), 360 f.

lang[2] *adv. erw. ndd.* (< 20. Jh.). Die niederdeutsche Form von *entlang*, die in umgangssprachlichen Wendungen wie *wo's lang geht, da lang* u.ä. in die Hochsprache übernommen wird.

langen *swV.* (< 9. Jh.). Mhd. *langen*, ahd. *(gi)-langōn* ʿreichen, erreichenʾ, vgl. *gelangen*. Das Wort

wird zu allen Zeiten von den Sprechern zu *lang* gezogen; es ist aber wohl damit nicht verwandt, sondern eine Ableitung zu dem in *gelingen* vorliegenden Verb. S. auch *erlangen, gelangen, Handlanger, verlangen*.

Heidermanns (1993), 361 f.

Langeweile *f.* (< 12. Jh.). Syntaktische Fügung zu *Weile* ʿZeitʾ (also die Zeit, die einem lang wird). Zusammenschreibungen seit dem 14. Jh.; Flexion des Adjektivs teilweise noch gegenwartssprachlich (*aus langer Weile*). Adjektiv: *langweilig*; Verb: *langweilen*.

L. Völker: *Langeweile* (München 1975).

Langfinger *m. stil.* ʿDiebʾ (< 17. Jh.). Wohl von dem Herausfingern unter einem Gitter oder Riegel hergeleitet. Wie stark *langen* mitgewirkt hat, läßt sich nicht sagen.

langmütig *Adj.* (< 11. Jh.). Mhd. in *lancmüetecheit*, ahd. *langmuotīg*, älter *langmuot*; Lehnübersetzung von l. *longanimis*, eigentlich ʿjmd., dessen Seele(nkraft) lang anhält, geduldigʾ. Im Deutschen rückgebildet ist das Substantiv *Langmut*.

längs *Präp.* (< 14. Jh.). Mhd. *lenges*, älter *langes* ʿder Länge nachʾ zu *lang*, wie mndd. *langes*, mndl. *langes, lancs* u.ä. Adverbialer Genetiv, der seinerseits einen Genetiv regieren kann, woraus die Verwendung als Präposition entsteht.

langsam *Adj.* (< 9. Jh.). Mhd. *lancsam*, ahd. *langsam*, as. *langsam*, auch ae. *langsum*, also vielleicht schon westgermanische Bildung. Die alte Bedeutung ist ʿlange dauerndʾ. Sie wird beeinflußt von dem danebenstehenden ahd. *langseimi*, mhd. *lancseim* ʿzögerndʾ. Dieses zu anord. *seinn* ʿspätʾ, mhd. *seine* ʿträgeʾ, vgl. gt. *sainjan* ʿsäumenʾ.

Heidermanns (1993), 462 f.

längst *Adv.* (< 15. Jh.). Fnhd. *lenges(t)*. Das Wort ist identisch mit *längs*, zeigt aber das im Deutschen häufig angewachsene *t* nach Konsonant + *s*.

Languste *f. per. fach.* (ein scherenloser Krebs) (< 19. Jh.). Entlehnt aus frz. *langouste* (auch: ʿHeuschreckeʾ), dieses aus l. *locusta* ʿHeuschreckeʾ. Wegen des Fehlens der Scheren besteht eine entfernte Ähnlichkeit zwischen Langusten und Heuschrecken.

J. Knobloch *SW* 14 (1989), 273 f.; *LM* 5 (1991), 1705.

Langwiede *f./(n.) per. fach.* ʿStange zwischen Vorder- und Hintergestell des Ackerwagensʾ (< 8. Jh.). Mhd. *lancwit*, ahd. *langwid*. Eigentlich ʿLangholzʾ zu ahd. *witu*, mhd. *wit(e)* ʿHolzʾ (s. unter *Wiedehopf*).

langwierig *Adj.* (< *11 Jh., Form < 15. Jh.). Fnhd. *lancwiric*, mndd. *lankwarich*, mndl. *lancwarich*. Rückbildung aus spahd. *langwirigi, langwerigi*, das aus *lang* und *werīg, wirīg* ʿdauerndʾ zusammengebildet ist. Zu ahd. *werēn* ´währen` (s. unter *währen*).

Lanze *f. obs.* (< 12. Jh.). Mhd. *lanze*. Entlehnt aus afrz. *lance*. Dieses aus l. *lancea*, ursprünglich Bezeichnung eines spanischen Speers (vermutlich ein ursprünglich keltisches Wort). Später bezeichnet man mit *Lanze* die Stichwaffe, mit *Speer* die Wurfwaffe.

S. *Elan, Landsknecht*. − LM 5 (1991), 1707 f.; Röhrich 2 (1992), 927 f.

Lanzette *f. per. fach.* ´kleines Operationsmesser, Aderlaß-Instrument` (< 17. Jh.). Entlehnt aus frz. *lancette*, einem Diminutivum zu frz. *lance* ´Lanze`.

DF 2 (1942), 8.

lapidar *Adj. erw. fremd.* ´kurz, prägnant` (< 18. Jh.). Entlehnt aus frz. *lapidaire*, dieses aus l. *lapidārius* ´zu den Steinen gehörig, steinern`, zu l. *lapis (-idis)* ´Stein`. Die neuzeitliche Bedeutung geht aus von der Kürze und Bündigkeit von Inschriften auf Denksteinen (*Lapidarstil*).

DF 2 (1942), 8.

Lapislazuli *m. per. fach.* (ein blauer Schmuckstein) (< 18. Jh.). Entlehnt aus ml. *lapis lazuli* ´Lazuli-Stein`, zu l. *lapis* ´Stein` (s. *lapidar*) und einer Entlehnung aus arab. *lāzaward* ´Lasurstein`. S. *azur* und *Lasur*.

LM 5 (1991), 1715.

Lappalie *f. erw. fremd.* ´unbedeutende Sache` (< 17. Jh.). Kanzleiwörtern wie *Personalie* spöttisch nachgebildet; zu *Lappen* im Sinn von ´Lumpen`. Zunächst im Plural gebraucht.

DF 2 (1942), 9.

Lappen *m.* (< 9. Jh.). Mhd. *lappe*, ahd. *lappo* (auch ahd. *lappa f.*). Das *-pp-* erscheint auch außerdeutsch: as. *lappa*, afr. *lappa*, ae. *lappa* (vereinzelt); mit anderem Vokal ae. *læppa*, anord. *leppr*. Die Art der Variation ist unklar. Entlehnung aus dem Niederdeutschen ist nicht wahrscheinlich. Eine ziemlich genaue außergermanische Entsprechung findet sich in gr. *lobós* ´Lappen, Läppchen`; ähnliches in der Sippe von *schlaff*. Weiteres ist unsicher. Die Wendung *durch die Lappen gehen* bezieht sich auf die Abschließung von Geländeteilen durch aufgehängte Lappen, vor denen das Wild scheut. In Notsituationen bricht es aber durch und ´geht durch die Lappen`.

Nndl. *lap*, ne. *lap*, nschw. *lapp*. − Lühr (1988), 278; Röhrich 2 (1992), 928 f.

läppern *swV. erw. reg.* ´schlürfen, verschütten` (< 16. Jh.). Iterativbildung zu mndd. *lapen* ´lecken, schlürfen` (s. unter *Löffel¹*). Niederdeutsche Lautform oder eine ähnliche Variation wie bei *Lappen*.

Röhrich 2 (1992), 929.

läppisch *Adj. stil.* (< 15. Jh.) Fnhd. *leppisch*; Ableitung von *Lappen* im Sinn von ´etwas Schlaffes`,

Kraftloses`. Ebenso wird **Lapp**, **Lappi**, **Jammerlappen** u.ä. als Schimpfwort benützt.

Lapsus *m. per. fremd.* ´Versehen, Ungeschicklichkeit (meist Fehltritt)` (< 17. Jh.). Entlehnt aus l. *lāpsus* ´Fehltritt` zu l. *lābī (lāpsus)* ´ausgleiten`.

S. *labil*. − DF 2 (1942), 9; Cottez (1980), 220.

Laptop *m. per. fach.* (< 20. Jh.). Ungefähr 1958 aus am.-e. *laptop* entlehnt; dies ist ein Computer, der auf dem Schoß (ne. *on top*, ne. *lap*) bedient wird (möglicher Gegensatz: *desktop* ´auf dem Schreibtisch`).

Carstensen 2 (1994), 805 f.

Lärche *f.* (< 11. Jh.). Mhd. *lerche, larche*, ahd. *lerihha*. Entlehnt aus l. *larix (-icis)*, das unbekannter Herkunft ist.

Largo *n. per. fach.* (Tempo- und Satzbezeichnung der Musik) (< 18. Jh.). Entlehnt aus it. *largo* ´breit, weit`.

DF 2 (1942), 9.

Larifari *n. stil.* (< 18. Jh.). Auch als Name des Hanswursts, besonders oberdeutsch. Geschrieben wird älter *Lari fari*; noch älter ist *la re fa re* als Bezeichnung einer Messe (15. Jh.). Dies zeigt die Herkunft aus italienischen Notennamen; die heutige Bedeutung gewissermaßen über ´Trallala`, d. h. Silben, die lediglich zum Singen da sind, aber keinen Sinn ergeben.

DF 2 (1942), 9; Röhrich 2 (1992), 929.

Lärm *m.* (< 16. Jh.). Fnhd. *lerman, larman* ´Ruf zu den Waffen`. Wie *Alarm* entlehnt aus frz. *alarme* (mit regionaler Variante *alerme*), vgl. it. *alle arme*, wörtlich ´zu den Waffen`. Das anlautende *a*- ist vor dem starken Hauptton ausgefallen. Verb: *lärmen*.

S. *Heidenlärm*. − Röhrich 2 (1992), 929 f.

larmoyant *Adj. per. fremd.* ´weinerlich, übermäßig gefühlvoll` (< 18. Jh.). Entlehnt aus frz. *larmoyant*, dem adjektivischen PPräs. von frz. *larmoyer* ´weinen, jammern, tränen`, einer Ableitung von frz. *larme* ´Träne`, dieses aus l. *lacrima*.

DF 2 (1942), 9 f.

Larve *f.* (< 14. Jh.). Spmhd. *larve, larpha*. Entlehnt aus spl. *lārva*, älter *lārua* ´Maske`, zu l. *Lāres Pl.* ´Geister`. Im 18. Jh. übertragen auf ein Entwicklungsstadium der Insekten, unter der Vorstellung, daß sich hinter der Larve das ´wahre` Insekt verbirgt. Präfixableitung: *entlarven*.

DF 2 (1942), 10; Tiernamen (1963−1968), 12; Röhrich 2 (1992), 930.

lasch *Adj. erw. reg.* (< 18. Jh.). Ursprünglich niederdeutsches Wort (mndd. *lasch*, mndl. *lasch*), dazu anord. *lǫskr, laskr* ´schlaff`. Nach Heidermanns gehört (g.) *\*laskʷa*- (aus *\*lakʷ-sk*-) zu g. *\*leskʷa-stV.* ´erlöschen` (s. *löschen*). Dazu air. *lesc* ´faul`. In welchem Umfang frz. *lâche* ´schlaff, feige` an der

Ausbreitung des deutschen Wortes beteiligt war, ist schwer abzuschätzen.

S. *Lasche, latsch.* – Heidermanns (1993), 363.

Lasche *f.* (< 13. Jh.). Mhd. *lasche* ´Lappen, Fetzen`, mndd. *las(che)*, mndl. *lassce, lasch* u.ä. Gehört vermutlich als ´schlaffer Lappen` (d. h. ´herunterhängendes Stück Tuch, in das etwas eingelegt werden kann`) zu *lasch*, stellt aber eine hochdeutsche Entwicklung dar.

Laser *m. erw. fach.* ´gebündeltes Licht` (< 20. Jh.). Entlehnt aus ne. *laser*, einem Akronym aus den Anfangsbuchstaben von ne. *light amplification (by) stimulated emission (of) radiation* ´Lichtverstärkung durch Strahlungsanregung`.

Rey-Debove/Gagnon (1988), 489; Carstensen 2 (1994), 806–808.

lasieren *swV.* s. *Lasur.*

laß *Adj. obs.* (< 8. Jh.). Mhd. *laz*, ahd. *laz* ´matt`, mndd. *lat(e)*, mndl. *lat* aus g. *\*lata-* *Adj.* ´träge, lässig`, auch in gt. *lats*, anord. *latr*, ae. *læt*, afr. *let* (auch ´spät`). Außergermanisch ist vergleichbar l. *lassus* ´matt, müde` (aus ig. **ləd-to-*). Ableitung von der Schwundstufe des in *lassen* vorliegenden Verbs. Die Erweiterung *lässig*, mhd. *lezzec, lezzic* gehört zunächst auch in der Bedeutung näher zu *laß*, wird dann aber näher zu *lassen* gestellt. S. auch *latsch, letzt, verletzen.*

Heidermanns (1993), 363 f.

lassen *stV.* (< 8. Jh.). Mhd. *lāzen*, ahd. *lāz(z)an*, as. *lātan* aus g. **lǣt-a-* *stV.* (ursprünglich reduplizierend), auch in gt. *letan*, anord. *láta*, ae. *lettan*, afr. *lēta.* Mit gleicher Lautform keine genaue Entsprechung. Vgl. l. *lassus* unter *laß* und gr. *lēdeîn* ´ermüden` (unsicheres Glossenwort), alb. *lodh* ´ermüden`. Eine semantisch genauere Entsprechung bietet lit. *léisti (léidžiu)* ´lassen, loslassen, freilassen`. Man versucht, die beiden Sippen unter Ansatz von (ig.) **lēid-* (mit Langdiphthong) zu vereinen, doch ist diese Annahme nicht unproblematisch. Partikelverben: *ab-, an-, aus-, ein-, nach-, nieder-, zu-*; Präfigierungen: *be-, ent-, er-, hinter-, über-, unter-, ver-*; Abstrakta: *Anlaß*; *Entlassung* usw.

Nndl. *laten*, ne. *let*, nschw. *låta*, nisl. *láta.* S. *gelassen, Inlett.* – H. Suolahti *NPhM* 29 (1928), 45–57; Seebold (1970), 333–335.

lässig *Adj.* s. *laß.*

Lasso *n./(m.) exot.* ´Wurfseil` (< 18. Jh.). Entlehnt aus span. *lazo* m., dieses aus l. *laqueus* m. ´Schlinge, Fallstrick`, zu l. *lacere* ´locken`.

S. *Dilettant, Latz.* – DF 2 (1942), 10 f.

Last *f.* (< 9. Jh.). Mhd. *last*, ahd. *(h)last*, mndd. *last f./n.* aus wg. **hlasti- f.* (vielleicht hat auch ein **hlastu- m.* mitgewirkt) ´Last`, Abstraktum auf **-sti-* zu *laden*[1]. Verb: *lasten.*

Nndl. *last*, ne. *last.* – Kluge (1926), 68 f.; Röhrich 2 (1992), 930 f.

Laster *n.* (< 8. Jh.). Mhd. *laster*, ahd. *lastar*, as. *lastar* aus vd. **lastra- n.* ´Laster, Fehler, Schmähung`; daneben mndd. *lachter*, mndl. *lachter*, ae. *leahter m.*, so daß als ältere Form wg. *\*lah-stra-* anzusetzen ist. Außergermanisch vergleicht sich air. *locht m.* ´Schuld, Gebrechen`. Ableitung von dem in g. **lah-a- stV.* ´schelten, tadeln` vorliegenden Verb (ae. *lēan*, as. *lahan*, ahd. *lahan*).

Nndl. *laster.* – F. Mezger *ZVS* 61 (1933), 289–291; Seebold (1970), 321; *HWPh* 5 (1980), 35–37; *LM* 5 (1991), 1721.

Laster *m. stil.* (< 20. Jh.). In Form eines Nomen agentis verkürzt aus **Lastkraftwagen**.

lästern *swV.* (< 8. Jh.). Mhd. *lastern*, ahd. *lastarōn, last(e)rōn, lahtrōn.* Ableitung zu *Laster* in dessen alter Bedeutung ´Schmähung`.

lästig *Adj.* (< 15. Jh.). Fnhd. *lestec, lestic.* Ableitung zu *Last*, zunächst in der Bedeutung ´beschwerlich`, dann ´unangenehm`. Präfixableitung: **belästigen**.

Röhrich 2 (1992), 931.

Lasur *f. per. fach.* ´Schicht aus durchsichtiger Farbe` (< 13. Jh.). Mhd. *lāsūr, lāzūr n.* ist entlehnt aus ml. *lazurium, lasurium n.* ´Blaustein, daraus gewonnene Farbe`. Gleicher Herkunft wie *Lapislazuli* und *azur.* Gemeint ist ursprünglich blaue Farbe, dann ein Farbstoff ohne Festlegung der Farbe, und schließlich seit dem 18. Jh. ´durchsichtiger Farbstoff`. Verb: **lasieren**.

DF 2 (1942), 11; Goltz (1972), 263–265.

lasziv *Adj. erw. fremd.* ´durch gespielte Schläfrigkeit Sinnlichkeit hervorrufend; schlüpfrig` (< 19. Jh.). Entlehnt aus l. *lascīvus* ´mutwillig, tändelnd`, wohl unter Einfluß von frz. *lascif* (oder Relatinisierung aus diesem). Abstraktum: **Laszivität**.

DF 2 (1942), 11.

latent *Adj. erw. fach.* ´verborgen, nicht unmittelbar faßlich` (< 18. Jh.). Entlehnt aus l. *latēns (-entis)*, dem PPräs. von l. *latēre* ´verborgen sein, versteckt sein`.

DF 2 (1942), 11; *HWPh* 5 (1980), 39–46.

lateral *Adj. per. fach.* ´seitlich, die Seite betreffend` (< 20. Jh.). Entlehnt aus l. *laterālis*, einer Ableitung von l. *latus (-teris)* ´Seite`. Auch **bilateral**.

Cottez (1980), 220.

Laterne *f.* (< 13. Jh.). Mhd. *la[n]tern[e]* ist entlehnt aus l. *lanterna, lāterna* dieses aus gr. *lamptḗr*, zu gr. *lámpein* ´leuchten, glänzen, strahlen` mit lateinischem Suffix.

S. *Lampe*[1]*, Latüchte.* – Röhrich 2 (1992), 932.

Latrine *f. erw. fach.* ´(behelfsmäßiger) Abort` (< 16. Jh.). Entlehnt aus l. *lātrīna*, zu l. *lavāre* ´waschen, baden᾿ (s. *Lavabo*). Demnach − verhüllend − eigentlich ein ῾Waschraum᾿.

DF 2 (1942), 12.

latsch *Adj. per. reg.* ῾schlaff und nachlässig gehend᾿ (< 17. Jh.). Wohl zusammenhängend mit *lasch* und *laß*, vielleicht aber auch lautmalend. Hierzu **Latschen** ῾abgetretene Schuhe᾿ und **latschen** ῾nachlässig herumlaufen᾿. **Latsch, Latsche** ist ein ῾schlaffer Mensch᾿, dazu wohl **Lulatsch**.

S. auch *letschert*. − Zu *Latschen*: Röhrich 2 (1992), 932.

Latsche *f. per. oobd.* ῾Legföhre᾿ (< 18. Jh.). Herkunft unbekannt.

Latte *f.* (< 9. Jh.). Mhd. *lat(t)e*, ahd. *latto m.*, *latta, lazza*, as. *latta*, ae. *lætt*. Die Beurteilung der inlautenden Geminate (ohne hochdeutsche Lautverschiebung?) ist schwierig. Zu vergleichen ist noch me. *latthe n.* Außergermanisch vergleicht sich vielleicht air. *slat*, kymr. *llath* ῾Rute u.ä.᾿, so daß (ig.) *slatnā o.ä. anzusetzen wäre. Nach Lühr aus (ig.) *latkā-, g. *laþkōn.

Nndl. *lat*, ne. *lath*. S. *Laden*. − Lühr (1988), 251 f.; Röhrich 2 (1992), 932 f.

Lattich *m. erw. fach.* (< 10. Jh.). Mhd. *lat(t)ech(e)*, *lat(t)ich* u.ä., ahd. *lattuh(ha)*, *latihha*, *lattih*, mndd. *lattuke*, *lattike*, mndl. *lac(h)teke*. Wie ae. *lactuca f.* entlehnt aus l. *lactūca f.* ῾Lattich, Kopfsalat᾿ zu l. *lāc n.* ῾Milch᾿ (wegen seines milchigen Saftes).

S. auch *Huflattich*. − R. Loewe *BGDSL* 61 (1927), 208−223.

Latüchte *f. per. ndd.* ῾Licht, Leuchte᾿ (< 18. Jh.). Zusammengezogen aus *Laterne* und *Lüchte* ῾Leuchte᾿.

Anders: Schröder (1906), 46.

Latwerge *f. per. reg.* ῾Dicksaft᾿ (mundartlich auch andere Bedeutungen) (< 12. Jh.). Mhd. *latwārje* (u. a.). Entlehnt aus l. *ēlect(u)ārium n.* ῾Heilsaft᾿ aus gr. *ekleiktón n.* ῾ (flüssige) Arznei᾿ (zu gr. *ekleíchein* ῾auslecken᾿).

LM 5 (1991), 1750.

Latz *m. stil.* (< 14. Jh.). Spmhd. *laz (latzes)* ῾Schnürstück am Gewand᾿. Entlehnt aus it. *laccio* ῾Schlinge, Schnur᾿, das aus l. *laqueus* ῾Schlinge᾿ stammt. Heute für verschiedene angesetzte Gewandteile und den umgebundenen Kinderlatz.

S. *Lasso*. − Röhrich 2 (1992), 933.

lau *Adj.* (< 9. Jh.). Mhd. *lā (-wes)*, ahd. *lāo*, mndd. *law*, mndl. *la(e)u* aus vd. *hlēwa-, daneben mit wohl sekundärem *ja*-Stamm anord. *hlær* ῾mild, lau᾿. Auf ein normalstufiges *hlewja-῾mild, warm᾿ gehen zurück anord. *hlýr*, ae. *hlēowe* und mndl. *luw*. Diese Wörter berühren sich semantisch teilweise eng mit *hlewa- n.* ῾geschützter Ort, windabgekehrte Seite᾿ (s. unter *Lee*), besonders im Altenglischen, doch scheinen die beiden Sippen

nicht in etymologischem Zusammenhang miteinander zu stehen. Mit der Bedeutung ῾lau᾿ lassen sich semantisch vergleichen kymr. *claear* ῾lau᾿ (aus *klei-?) und als Anlautvariante gr. *chliarós* ῾lauwarm᾿ (aus *g^{h}lei-?), aber die Vermittlung mit dem durch die germanischen Wörter vorausgesetzten *kleu-* ist schwierig. Vielleicht handelt es sich um verschiedene Erweiterungen einer Wurzel *kel-, die in l. *calēre* ῾warm sein, heiß sein᾿, lit. *šilti* ῾warm werden, sich wärmen᾿ vorliegt. Vgl. auch die Sippe von ne. *luke(warm)*.

Nndl. *lauw*. S. *flau, Kalorie, lack*. − Darms (1978), 54−60; Heidermanns (1993), 294 f.

Laub *n.* (< 8. Jh.). Mhd. *loup*, ahd. *loub*, as. *lōf* aus g. *lauba- n.* ῾Blatt᾿, auch in gt. anord. *lauf*, ae. *lēaf*, afr. *lāf*; daneben gt. *laufs m.* ῾Blatt᾿. Das Laub ist benannt als Futterlaub, das abgerissen wird, deshalb zu einem Verb mit der Bedeutung ῾abreißen, rupfen᾿ für das zwei Möglichkeiten in Frage kommen: 1) (ig.) *leup- in lit. *lùpti* ῾abhäuten, schälen᾿, russ. *lupítí* ῾schälen, enthülsen᾿. Eine Variante dazu ist lit. *lãpas m.* ῾Blatt᾿ neben gr. *lépō* ῾ich schäle (ab)᾿, gr. *olóptō* ῾ich schäle ab, rupfe᾿. 2) (ig.) *leub^h- in gr. *olouphō* ῾ich reiße ab, schäle ab, rupfe᾿ (Hesych), l. *liber m.* ῾Bast᾿, russ. *lub m.* ῾Rinde᾿. Präfixableitungen: **be-, entlauben**.

Nndl. *loof*, ne. *leaf*, nschw. *löv*, nisl. *lauf*. S. *glauben, Laube, Laubfrosch, Laubsäge, lieb, Lob, Locke, Lode, Lohe*[2]. − Trier (1952), 126−131.

Laube *f. erw. fach.* (< 9. Jh.). Mhd. *loube*, ahd. *louba*, mndd. *love(ne)*, mndl. *loive, loyfe(n)* u.ä. aus vd. *laub-jōn f.* ῾Laubwerk᾿ zu dem Wort *Laub*. Gemeint ist also zunächst ein Schutzdach aus Laub, dann verschiedene leichte Vorbauten u.ä., die Schutz vor der Witterung bieten können. Schließlich für ῾Vorhalle, Galerie u.ä.᾿. Die heutige Bedeutung ῾Gartenhaus᾿ beruht auf einer Kürzung aus **Gartenlaube**.

Nndl. *luifel* ῾Vordach, Wetterdach᾿. S. *Loge*. − *LM* 5 (1991), 1750; Röhrich 2 (1992), 933.

Laubfrosch *m.* (< 10. Jh.). Mhd. *loupvrosch*, ahd. *loubfrosc*. Benannt nach seiner blattgrünen Farbe.

Laubsäge *f.* (< 18. Jh.). Eigentlich ῾feine Säge zum Aussägen laubförmiger Zierstücke᾿.

Weber-Keller (1990), 139−141.

Lauch *m.* (< 9. Jh.). Mhd. *louch*, ahd. *louh*, as. *lōk n.* aus g. *lauka- m.* ῾Lauch᾿, auch in anord. *laukr*, ae. *lēac n.* Herkunft unklar. Vielleicht verwandt mit *Locke* − dann wäre der Lauch nach seinen abwärts gebogenen Blättern benannt.

Nndl. *look*, ne. *leek*, nschw. *lök*, nisl. *laukur*. S. *Knoblauch, Schnittlauch*. − R. Loewe *BGDSL* 61 (1927), 223 f.; *LM* 5 (1991), 1751.

Laue *f.*, **Lauene** *f.* Regionale Nebenform von *Lawine*.

Lauer *m. arch.* ῾Nachwein᾿ (< 10. Jh.). Mhd. *lūre*, ahd. *lūr(r)a f.* Entlehnt aus l. *lōra f.* ῾mit Wasser aufgegossener Wein' (zu l. *lavāre* 'waschen, spülen', s. *Lavabo*). Die regionale Variante **Leier** geht über mhd. *liure*, ahd. *lūrra f.* 'Tresterwein' auf die l. Nebenform *lōr(e)a f.* zurück.

Heyne (1899/1903), II, 363; W. Stammler (1954), 200.

lauern *sw V.* (< 14. Jh.). Spmhd. *lūren*, dazu mhd. *lūr(e) f.* 'Hinterhalt', mhd. *lūre m.* 'Betrüger'. Ähnlich me. *lurken*. Die Mundarten zeigen verschiedene Bedeutungen, die offenbar auf 'die Augen zusammenkneifen (um besser zu sehen)' zurückgehen. Herkunft unklar. Bedeutungsmäßig lassen sich vergleichen spmhd. *lūschen* 'verborgen liegen', mndd. *luschen* 'auf Wild lauern', mndl. *luuschen* (u.ä.) 'versteckt sein' (s. *lauschen*); ebenso ahd. *lūzēn*, mhd. *lūzen* 'verborgen liegen, aufpassen'; ahd. *loskēn*, mhd. *loschen* 'verborgen liegen'. Die Art des Zusammenhangs zwischen diesen Formen ist nicht klar. Abstraktum: **Lauer**. − Nndl. *loeren*, ne. *lower*.

Laufbahn *f.* (< 17. Jh.). Zunächst wie *Rennbahn*, dann übertragen als 'Aufeinanderfolge' und Übersetzung von l. *curriculum*. Seit dem 18. Jh. Ersatzwort für *Karriere*.

Läufel *f. per. wobd.* 'äußere grüne Schale der Walnuß' (< 16. Jh.). Fnhd. *löufel*; vgl. ahd. *lo(u)ft m.* 'Bast, Baumrinde'. Zu dem unter *Laub* behandelten Verb mit der Bedeutung 'schälen', vgl. noch poln. *łupina* 'äußere grüne Fruchtschale, Hülse, Schote', lit. *lùpena* 'Obstschale', sowie von der dort genannten Variante gr. *lopós m.* 'Schale, Rinde'.

laufen *st V.* (< 8. Jh.). Mhd. *loufen*, ahd. *(h)louf-(f)an*, as. *-hlōpan* aus g. **hlaup-a- st V.* (ehemals reduplizierend) 'laufen', auch in gt. *-hlaupan*, anord. *hlaupa*, ae. *hlēapan*, afr. *hlāpa*. Herkunft unklar. Es ist denkbar, daß es sich um eine Erweiterung der Grundlage (ig.) **keleu-* in lit. *keliáuti* 'wandern, reisen', gr. *kéleuthos* 'Weg, Reise' handelt. Abstraktum: **Lauf**; Nomen agentis: **Läufer**. Partikelverben: *ab-, an-, auf-, aus-, ein-, unter-, über-*; Präfigierungen: *be-, ver-*.

Nndl. *lopen*, ne. *leap*, nschw. *löpa*, nisl. *hlaupa*. S. *Brautlauf, Galopp, Loipe*. − K.-H. Mattausch *ZVS* 77 (1961), 129−139; Seebold (1970), 259−261; Röhrich 2 (1992), 933 f.

Lauffeuer *n. phras.* (< 17. Jh.). Ursprünglich die zur Fernzündung dienende Pulveraufschüttung. Heute nur noch übertragen verwendet (für 'schnelle Verbreitung').

Röhrich 2 (1992), 934 f.

läufig *Adj. erw. fach.* 'brünstig (von Hündinnen)' (< 16. Jh.), etwas früher (14. Jh.) spmhd. *löufec, löufic* 'gangbar, weltläufig'. Die Sonderbedeutung nach dem unruhigen Suchen nach einem Partner bei brünstigen Tieren (älter auch bei Männchen, auch bei *laufen* und *Lauf*).

Laufpaß *m. phras.* (< 18. Jh.). In der Wendung *einem den Laufpaß geben*. Ursprünglich der Paß,

den ein entlassener Soldat bekommt, um seine rechtmäßige Entlassung nachzuweisen.

Röhrich 2 (1992), 935.

Lauft *m. arch.* 'Lauf', aber noch erhalten in *Zeitläufte*, (< 9. Jh.). Mhd. *louft*, ahd. *(h)louft*. Ein *tu*-Abstraktum zu *laufen*. Vgl. noch *Brautlauf*.

Lauge *f.* (< 8. Jh.). Mhd. *louge*, ahd. *louga*, mndd. *log(g)e*, mndl. *loge* aus wg. **laugō f.* 'Lauge', auch im ae. *lēah*. Auf die gleiche Grundform geht anord. *laug* 'warmes Bad' zurück, zu dem semantisch ahd. *l(i)uhhen* 'waschen' gehört. Eine nur germanische Erweiterung zu ig. (eur.) **leuə-* 'waschen, baden' in l. *lavāre*, gr. *loúō* 'ich bade', arm. *loganam*, die sich vermutlich mit der unter *Lohe²* behandelten Sippe zur Bezeichnung von Gerbstoffen semantisch berührt hat. Waschen mit Lauge war früher weithin üblich.

Nndl. *loog*, ne. *lye*, nisl. *laug* 'Bad'. S. auch *auslaugen* und zur Sippe von l. *lavāre* 'waschen' *Lavabo*. − Röhrich 2 (1992), 935.

Laum *m. arch. reg.* 'Wasserdampf' (< 13. Jh.). Mhd. *loum*. Herkunft unklar. Wohl zu *Lohe¹*.

Laune *f.* (< 13. Jh.). Mhd. *lūne* 'Mondphase, Mondwechsel, Gemütsstimmung'. Entlehnt aus l. *lūna* 'Mond'. Die heutige Bedeutung beruht auf der Auffassung der mittelalterlichen Astrologie, daß der Mondwechsel die Gemütsstimmung beeinflusse. Entsprechend it. *luna*, frz. *les lunes Pl.*, ne. *lune, lunacy, lunatic*. Adjektive: **launig, launisch**.

Ganz (1957), 127 f.; Strasser (1976).

Laus *f.* (< 9. Jh.). Mhd. *lūs*, ahd. *lūs*, mndd. *lūs*, mndl. *luus, luse* u.ä. aus g. **lūs- f.* auch in anord. *lús*, ae. *lūs*; s-Erweiterung zu einem **luw-*, das auch in kymr. *llau* 'Läuse' vorliegt. Die Entsprechung im Altindischen ist *yū́kā (*jū-)*, die im Baltisch-Slavischen **ū-*, vgl. lit. *utẽ*, (auch *liùlė*), russ. *vošǐ*. Man denkt dabei an tabuisierende Abwandlungen der gleichen Grundlage (auch expressive Entstellungen sind denkbar). Weitere Herkunft unklar. Verb: **lausen**.

Nndl. *luis*, ne. *louse*, nschw. *lus*, nisl. *lús..* − *Tiernamen* (1963−1968), 13−34; *LM* 5 (1991), 1762; Röhrich 2 (1992), 935−938.

Lausbub *m. stil.*, auch **Lauser** *m.*, **Lauskerl** *m.*, **Lausejunge** *m.* (< 18. Jh.). Wohl mit *Laus-* als allgemein pejorativem Kompositionsglied, etwa im Sinne von 'verlaust'. *Lauser* 'einer, der Läuse hat' schon im 15. Jh.

lauschen *sw V.* (< 13. Jh.). Spmhd. *lūschen* gehört semantisch zu dem unter *losen* behandelten Verb mit der Bedeutung 'hören', zeigt sich aber in der Lautform eines Verbs mit anderer Bedeutung (zu diesem s. unter *lauern*). Die Zusammenhänge sind unklar: Entweder sind zwei ursprungsverschiedene Bildungen lautlich zusammengefallen, oder das ältere *lüschen* ist semantisch von *losen* beeinflußt worden. Nomen agentis: **Lauscher**.

S. *laut*. − Seebold (1970), 340 f.

lauschig *Adj. stil. phras.* (< 18. Jh.), älter *lauschicht*. Ein *lauschiges Plätzchen* ist eigentlich eines, von dem aus sich gut lauschen läßt, also ˈversteckt, heimlichˈ, danach ohne Rücksicht auf die ursprüngliche Funktion ˈtraulich, zurückgezogen, schattig u.ä.ˈ

lausig *Adj. stil.* (< 15. Jh.). Die Bedeutung ist zunächst ˈverlaustˈ, dann ˈschlecht, verwahrlostˈ, dann Steigerungswort für Negatives.

laut *Adj.* (< 8. Jh.). Mhd. *lūt*, ahd. *(h)lūt, chlūd*, as. *hlūd* aus wg. **hlūda- Adj.* ˈlautˈ, auch in ae. *hlūd*, afr. *hlūd*. Aus dem *to*-Partizip der Wurzel ig. **k̑leu̯ə-* ˈhörenˈ (s. *Leumund*) mit der Bedeutung ˈgehört, hörbarˈ. Ein entsprechendes Partizip von der einfacheren Wurzelform ig. **k̑leu-* liegt vor in ai. *śrutá-*, gr. *klytós*, l. *inclutus*, die Bedeutung hat sich hier zu ˈberühmtˈ entwickelt). Verben: **lauten**, **läuten**; Abstraktum: **Laut**.

Nndl. *luid*, ne. *loud*. S. *lauschen, Leumund, losen, verlautbaren, vorlaut*. − Zu den Bedeutungszusammenhängen vgl.: Frisk (1966), 63−82; Heidermanns (1993), 296 f.

Laut *m.* (< 10. Jh.). Mhd. *lūt*, ahd. *(h)lūtī, liutī*, *lūtīn* *f.* ˈTon, Stimme, Wortlautˈ, Abstraktum zu dem Adjektiv *laut* (oder Abstraktum zu der zugrundeliegenden Verbalwurzel). Aus der Angabe *Laut + Text oder Urheber* im Genetiv (= ˈnach der Äußerung vonˈ) entsteht die Präposition *laut*. Vgl. die moderne Wendung *Originalton X*.

Laute *f. erw. fach.* (< 14. Jh.). Spmhd. *lūte*; entlehnt aus afrz. *lëut*, das seinerseits über das Spanische aus arab. *al-ˈūd*, eigentlich ˈdas Holzˈ, Bezeichnung eines Musikinstruments aus Holz, entlehnt ist.

Relleke (1980), 90−92, 194−197; *LM* 5 (1991), 1768; Röhrich 2 (1992), 938.

läuten *sw V.* (< 8. Jh.). Mhd. *liuten*, ahd. *(h)lūten, liuten* u.ä. aus wg. **hlūd-ija- sw V.* ˈlaut machen, lärmen, tönenˈ, auch in ae. *hlȳdan*. Faktitivum zu dem Adjektiv *laut*, in der neueren Sprache auf Glocken usw. eingeschränkt.

Röhrich 2 (1992), 938 f.

lauter *Adj. obs.* (< 8. Jh.). Mhd. *lūter*, ahd. *(h)lūt-(t)ar*, as. *hlŭttar* aus g. **hlūtra- Adj.* ˈlauter, reinˈ, auch in gt. *hlūtrs*, ae. *hlut(t)or, hlut(t)re*, afr. *hlutter*. Ein Adjektiv auf (ig.) *-ro-* zu **k̑leu-d-* ˈwaschen, spülenˈ, auch in gr. *klýzō* ˈich spüle, reinigeˈ, unerweitert in kymr. *clir* ˈhell, klar, heiter, reinˈ und al. *cluere* ˈreinigenˈ. Abweichenden Vokalismus zeigt lit. *šlúoti* ˈfegen, wischenˈ, so daß vielleicht von **k̑lōu-d-* auszugehen ist. Das Adjektiv ist in der neueren Sprache auch formal erstarrt in der Bedeutung ˈausschließlich, ohne etwas anderesˈ (*aus lauter Liebe*).

Zur Sippe des griechischen Wortes s. *Klistier*, zur Sippe des lateinischen s. *Kloake*. − Heidermanns (1993), 297 f.

läutern *sw V.* (< 8. Jh.). Mhd. *liutern*, ahd. *(h)lūtaren*. Wie ae. *hluttrian* Faktitivum zu *lauter*, also eigentlich ˈlauter, rein machenˈ. Abstraktum: **Läuterung**; Präfigierung: **erläutern**.

HWPh 5 (1980), 49−52.

lauthals *Adv. stil.* (< *19. Jh., Form < 20. Jh.). Älter **lauthalsig**, die kürzere Form nach ndd. *lūdhals*. Possessiv-Kompositum, das semantisch etwa *mit voller Kehle* entspricht.

Lava *f. erw. fach.* ˈbei Vulkanausbrüchen austretende Masseˈ (< 18. Jh.). Entlehnt aus it. *lava*, einem ursprünglich regionalen Wort mit Bedeutungen wie ˈSturzbach, Erdrutschˈ, entfernt verwandt mit *Lawine*, letztlich aus l. *lābī* ˈgleiten, rutschenˈ.

Littmann (1924), 100 f.; *DF* 2 (1942), 12 f.; Lüschen (1979), 263.

Lavabo *n. per. wobd.* ˈWaschbecken mit Kanneˈ (< 20. Jh.). Regional entlehnt aus frz. *lavabo m.*, ursprünglich das Gerät bei der Händewaschung in der katholischen Messe (nach dem begleitenden Text, der mit l. *lavabo* ˈich werde waschenˈ beginnt).

Aus dem zugrundeliegenden l. *lavāre* ˈwaschenˈ ist vermutlich *laben* entlehnt; die Ausgangsbedeutung zeigen auch *Lavor, Lavendel, Lotion* und das urverwandte *Lauge*. Zu ˈwässernˈ entwickelt in *Lauer*, die häufige Verwendung von ˈWaschortˈ zu ˈToiletteˈ in *Latrine* (und in frz. *lavabo*).

Lavendel *m. erw. fach.* (eine Mittelmeerpflanze mit stark duftenden Blüten) (< 9. Jh.). Mhd. *lavendel(e) f./m.* ist entlehnt aus it. *lavandula f.*, einer Ableitung von it. *lavanda f.* ˈwas zum Waschen gebraucht werden kannˈ, zu it. *lavare* ˈwaschenˈ, aus l. *lavāre* (s. *Lavabo*). So bezeichnet nach seiner Verwendung als Badezusatz.

J. Knobloch in: *Symbolae Linguisticae in honorem Georgii Kuryłowicz* (Warschau 1965), 51.

lavieren *sw V. erw. fremd.* ˈkreuzen, geschickt operierenˈ (< 16. Jh.). Übernommen aus der niederdeutschen Seemannssprache (mndd. *lavēren*) und semantisch ausgeweitet. Das niederdeutsche Wort scheint zusammen mit seiner niederländischen Entsprechung aus einem französischen Wort zu stammen, das allerdings erst später bezeugt ist (mfrz. *lovier*); dieses aus mfrz. *lof* ˈWindseiteˈ, das seinerseits aus dem Niederländischen stammt (s. *Luv*).

DF 2 (1942), 13.

Lavo(i)r *n. obs.* ˈWaschbeckenˈ (< 17. Jh.). Entlehnt aus frz. *lavoir m.*, zu frz. *laver* ˈwaschenˈ (aus l. *lavāre*, s. *Lavabo*). Die Form mit *-o-* über ndl. *lavoor*.

DF 2 (1942), 13.

Lawine *f.* (< 18. Jh.), älter **Lauwine**. Übernommen aus schwz. *Lauwine*, dieses entlehnt aus rätorom. *lavina*, aus ml. *labina, lavina*, zu l. *lābī* ˈgleiten, rutschen'. Eine bereits im Althochdeutschen erfolgte Entlehnung mit allgemeinerer Bedeutung (auch 'Wildbach, Bergsturz') lebt mundartlich (obd.) als *Laue, Lauene* fort.

Zu l. *lābī* 'gleiten' s. *labil*. – W. Snyder *ZDS* 26 (1970), 184–187.

lax *Adj. stil.* (< 19. Jh.). Entlehnt aus l. *laxus* 'schlaff, lässig'.

S. *leasen, Relais*; zur germanischen Verwandtschaft s. *Laken*. – *DF* 2 (1942), 13 f.; Cottez (1980), 221.

Layout *n. per. fach.* 'Gestaltung, Entwurf, Entwurfsgestaltung' (< 20. Jh.). Entlehnt aus gleichbedeutend ne. *layout*, eigentlich 'Auslage' (zu *legen* und *aus*).

Rey-Debove/Gagnon (1988), 493; Carstensen 2 (1994), 811 f.

Lazarett *n.* (< 16. Jh.). Entlehnt aus frz. *lazaret m.* und mit diesem aus it. *lazzaretto m.*; nach der venezianischen Quarantäne-Insel *lazzaretto vecchio*; dieses offensichtlich zu it. *lazzaro* 'Aussätziger' (nach dem biblischen Lazarus). Das Suffix ist unklar, nach Spitzer ist das Wort vermischt worden mit *Nazaret*, dem Namen der zugehörigen Kirche.

L. Spitzer *WS* 6 (1914/15), 201–205; Littmann (1924), 41; *DF* 2 (1942), 14; Lokotsch (1975), 104; Jones (1976), 392.

leasen *swV. erw. fach.* 'mieten, pachten' (< 20. Jh.). Entlehnt aus ne. *lease*, dieses aus afrz. *lesser, laisser* 'lassen', aus l. *laxāre* 'lösen', zu l. *laxus* 'schlaff, lose' (s. *lax*).

Rey-Debove/Gagnon (1988), 496; Carstensen 2 (1994), 816–819.

Lebemann *m. stil.* (18. Jh.). Lehnübertragung von frz. *bonvivant*, eigentlich 'Gut-Lebender'.

leben *swV.* (< 8. Jh.). Mhd. *leben*, ahd. *lebēn*, as. *libbian* aus g. **lib-ǣ- swV.* 'leben', auch in gt. *liban*, anord. *lifa*, ae. *libban, lifian, leofian*, afr. *libba*. Durativ zu dem unter *bleiben* behandelten starken Verb. Ausgangsbedeutung ist also etwa 'fortbestehen, bleiben'. Abstraktum: *Leben*; Präfigierungen: *er-, über-, verleben*.

Nndl. *leven*, ne. *live*, nschw. *leva*, nisl. *lifa*. S. *Leib*. – B. La Farge: *'Leben' und 'Seele'* (Heidelberg 1991).

lebendig *Adj.* (< 9. Jh.). Mhd. *lebendec, lebendic*, ahd. *lebēntīg*. Das Wort ist eine Erweiterung des präsentischen Partizips von *leben* und ist bis in die neuhochdeutsche Zeit normal anfangsbetont. Seit spätmittelhochdeutscher Zeit wird der Ton auch auf den Vokal vor der schweren Konsonanz *-nd*-gezogen, im 18. Jh. hat sich diese Betonung durchgesetzt.

O. Behaghel: *Geschichte der deutschen Sprache* (Berlin, Leipzig ⁵1928), 262.

Lebenslauf *m.* (< 17. Jh.). Übersetzt aus dem bis dahin üblichen l. *curriculum vītae n.*

Leber *f.* (< 8. Jh.). Mhd. *leber(e)*, ahd. *lebara, lebera*, mndd. *lever*, mndl. *lever(e)* aus g. **librō(n)* f., auch in anord. *lifr*, ae. *lifer*, afr. *livere*. Das Wort bedeutet vermutlich ursprünglich 'die Fette' (vielleicht eigentlich 'die gemästete Leber', vgl. it. *fegato m.* 'Leber' aus l. *iecur fīcātum n.* 'gemästete Leber'). In diesem Fall vergleicht sich gr. *liparós* 'fett' zu gr. *lípos n.* 'Fett, Öl, Salbe' und weiter die unter *bleiben* angeführte Wortsippe. Es ist allerdings nicht völlig ausgeschlossen, daß das germanische Wort das indogermanische Wort für 'Leber' (ig. **jekʷr̥*, vgl. l. *iecur n.* usw.) fortsetzt, da bei diesem auch sonst lautliche Entstellungen auftauchen (z. B. ein Anlaut *l*- im Armenischen, falls das armenische Wort zugehörig ist). Nndl. *lever*, ne. *liver*, nschw. *lever*, nisl. *lifur*.

Leberblume *f. per. fach.* (< 14. Jh.), etwas älter *leberkrūt n.* Name verschiedener Pflanzen, vor allem der Frühlingsblume 'Anemōnē hēpatica', die wegen ihrer leberförmig gelappten Blätter bei den alten Ärzten als Mittel gegen Leberleiden galt.

Marzell 1 (1943), 271 f.

Leberfleck *m.* (< 17. Jh.). Lehnübersetzung von l. *macula hēpatica f.* So benannt nach der Farbe.

Leberkäse *m. erw. obd.* (< 19. Jh.). Heute genauer *Fleischkäse* (ein ursprünglich schweizerisches Wort), da die ursprünglich übliche Beimengung von Leber meist nicht mehr erfolgt. *Käse* nach der Form der Laibe.

Lebertran *m.* s. *Tran*.

lebhaft *Adj.* (< 13. Jh.). Mhd. *lebehaft* 'mit Leben begabt'; später auch mit *-ig* erweitert (davon *Lebhaftigkeit*). Seit dem 17. Jh. in übertragener Bedeutung.

Lebkuchen *m.* (< 13. Jh.). Mhd. *lebekuoche*, mndd. *levekoke*. Daneben mhd. *lebezelte* (s. unter *Zelte[n]*). Herkunft umstritten. Einerseits kann eine Entlehnung aus l. *lībum n.* 'Fladen' vorliegen; andererseits wird an ein zu *Laib* im Ablaut stehendes Wort gedacht (das sich dann auf die Backform beziehen würde). Beide Annahmen machen Schwierigkeiten.

Heyne (1899/1903), II, 275; H. Fincke *MS* 73 (1963), 180 f.; *DLR* (1963), 159–167.

lechzen *swV.* (< 14. Jh.). Spmhd. *lech(e)zen*. Vergleichbar mit akslav. *lakati* 'hungern' neben akslav. *alkati*, lit. *álkti* 'hungern, sehr verlangen'. Im Mittelhochdeutschen daneben ein *lechen, zerlechen, zerlechzen* 'vor Hitze Sprünge bekommen' (zu *leck*). Durch den Zusammenfall der beiden Wörter wohl die Festlegung auf ' (nach Wasser) lechzen, dürsten'.

J. Knobloch *SW* 5 (1980), 176 f.

leck *Adj.* (< 16. Jh.). Ursprünglich niederdeutsches Seemannswort, dessen hd. Entsprechung *lech* verloren gegangen ist. Hierzu anord. *lekr* und wohl mit unechtem Anlaut ae. *hlec*, mndl. *lec(ke)*, mndl. *lak* 'undicht'. Abgeleitet von dem starken

Verb (g.) *lek-a- 'undicht sein' in anord. leka 'leck sein, tropfen', afr. bileka 'austrocknen', ahd. -leh-han, -lehhen 'undicht sein'. Konkretum: **Leck**; Verb: **lecken**³.
S. auch lechzen. − Kluge (1911), 524 f.; Seebold (1970), 330; Heidermanns (1993), 359, 372 f.

lecken¹ swV. 'mit der Zunge über etwas streichen' (< 8. Jh.). Mhd. lecken, ahd. leckōn, lec-c(h)ōn, as. likkon aus wg. *likk-ō- swV. 'lecken', auch in ae. liccian. Das -kk- ist entweder expressiv oder es stammt aus einer Assimilation an -n-. Die einfache Wurzelform in gt. bilaigon 'belecken'. Aus ig. *leiĝʰ- 'lecken' in ai. réḍhi, léḍhi, gr. leíchō, lit. liếžti, akslav. lizati, l. lingere, air. lígim. Eine Form mit s-Anlaut s. unter schlecken. Nndl. likken, ne. lick.

lecken² swV., auch **löcken** swV. obs. phras. 'mit den Füßen ausschlagen' (< 13. Jh.). Mhd. lecken. Herkunft unklar. Vielleicht zu lit. lḗkti 'fliegen, laufen, rennen' oder aber (semantisch ansprechend, aber lautlich schwierig) zu gr. láx 'mit der Ferse, mit dem Fuß', l. calx 'Ferse'. Heute noch in wider den Stachel löcken (mit Stachel ist ein Gerät zum Antreiben der Ochsen gemeint), nach Apostelgeschichte 9,5, 26,14. S. frohlocken.

lecker Adj. (< 14. Jh.). Spmhd. lecker, mndd. lekker, mndl. lecker. Zu lecken¹ als 'was zum Lecken ist'. Im Nordwesten bedeutet lecker 'wählerisch im Essen', wie sonst leckerhaft. Dies zu mhd. lecker 'Tellerlecker, Schmarotzer'. Zu Lautstand und Bedeutung vgl. noch l. ligurrio 'leckerhaft sein, naschen, lüstern sein'. Nndl. lekker.

Lede f. s. Lehde.

Leder n. (< 11. Jh.). Mhd. leder, ahd. ledar, leder, as. leðar- aus g. *leþra- n. 'Leder', auch in anord. leðr, ae. leðer, afr. lether. Zu vergleichen ist air. lethar, kymr. lledr; doch ist unklar, ob die sonst nicht anschließbaren Wörter urverwandt sind, oder ob das germanische Wort aus dem Keltischen entlehnt ist. Im letzteren Fall könnte evtl. an l. pellis f. 'Haut, u.ä.' angeschlossen werden. Adjektiv: **ledern**.
Nndl. le(d)er, ne. leather, nschw. läder, nisl. leður. − J. Loewenthal BGDSL 53 (1929), 462.

ledig Adj. (< 12. Jh.). Mhd. ledec, ledic 'frei, ungehindert', mndd. led(d)ich, mndl. ledich, ledech 'müßig, unbeschäftigt'. Dazu anord. liðugr 'frei, ungehemmt; gelenkig'. Herkunft nicht ausreichend klar: In der Bedeutung 'gelenkig' zu Glied, in der Bedeutung 'frei' wohl zu ahd. lid 'Diener', also 'mit Dienern versehen' und damit 'frei'. Präfixableitungen: **ent-, erledigen**.
Nndl. ledig, leeg. − Heidermanns (1993), 384 f.

Lee f./n. per. fach. 'die vom Wind abgekehrte Seite des Schiffs' (< 17. Jh.). Übernommen aus mndd. le(he) f., as. hleo f. 'Schutz, Decke' aus g.

*hlewa- n. 'schützender Ort, Obdach', auch in anord. hlé n., ae. hleo(w) n., ahd. liwa, lewin(n)a f. u.ä., mhd. lie(ve) f. (die Bedeutung der hochdeutschen Wörter ist nicht ausreichend klar). Herkunft unklar; falls von *hliwa- auszugehen ist, kann an gt. hleiþra f. 'Hütte, Zelt', gt. hlija f. 'Hütte, Zelt', gr. (poet.) klisia f. 'Hütte, Zelt' angeknüpft werden.
Nndl. lij, ne. lee, nisl. hlé. S. auch lau, Luv. − Kluge (1911), 527−529; Darms (1978), 54−60. Zur Entlehnung ins Finnische s. Koivulehto BGDS-T 103 (1981), 202.

leer Adj. (< 11. Jh.). Mhd. lār(e), ahd. l(e)āre, as. lāri aus wg. *lǣzi-/ja- Adj. 'leer', auch in ae. gelār. Herkunft nicht ausreichend sicher; vermutlich als 'was zu lesen ist' ein dehnstufiges Adjektiv der Notwendigkeit zu lesen. Diese Bedeutung könnte ausgehen vom abgeernteten Getreidefeld: es ist zur Nachlese bereit (kann abgelesen werden) und vom Standpunkt des Erntenden aus abgeräumt, leer.
A. Lindquist BGDSL 51 (1927), 99−103; Heidermanns (1993), 381.

Lefze f. erw. stil. (< 9. Jh.). Mhd. lefs(e), ahd. lefs m. Weiterbildung eines alten s-Stammes, der in ahd. leffur m., as. lepor bezeugt ist. Außergermanisch vergleicht sich l. labium, labrum n. 'Lippe, Rand' (mit Schwierigkeiten im Vokalismus). Man knüpft weiter an (lautlich ziemlich unfeste) Wörter mit der Bedeutung 'schlaff' und 'herabhängen' an (s. unter Lappen und schlaff), wobei die Ausgangsbedeutung etwa 'Hautlappen' wäre.
S. labern, Lappen, Lippe, schlaff. − Bahder (1925), 34−36.

legal Adj. stil. (< 17. Jh.). Entlehnt aus l. lēgālis, einer Ableitung von l. lēx (lēgis) 'Gesetzesvorschlag, Gesetz, Verordnung', vielleicht weiter zu l. legere (lēctum) 'lesen, ablesen, vorlesen', verwandt mit gr. légein 'zählen, berechnen' (zu diesen s. Legende und Logik). Abstraktum: **Legalität**; Verb: **legalisieren**. Häufiger ist die negative Form **illegal**.
Zu l. lēx 'Gesetz' gehören außer legal und seiner über das Französische entlehnten Entsprechung loyal noch aus der verbalen Ableitung delegieren und Legat. Auf verschiedene Ableitungen gehen zurück Legislatur, legitim, Kollege und Privileg. − K.-H. Weimann DWEB 2 (1963), 397; V. Pisani FS A. Pagliaro (Rom 1969), 3,160 f.; Grundbegriffe 3 (1982), 677−740.

Legat n. per. fach. 'Vermächtnis' (< 16. Jh.). Entlehnt aus l. lēgātum 'gesetzlich verfügt', PPP zu l. lēgāre (s. delegieren und legal). Das Maskulinum in der Bedeutung '(päpstlicher) Gesandter' seit dem 14. Jh.
DF 2 (1942), 14.

Legel m./n./(f.) s. Lägel.

legen swV. (< 8. Jh.). Mhd. legen, ahd. leg(g)en, lecchen u.ä., as. leggian aus g. *lag-eja- swV. 'legen', auch in gt. lagjan, anord. leggja, ae. lecgan, afr. ledza, lega, leia, eigentlich 'liegen machen', also Kausativum zu liegen. Außergermanisch entspricht akslav. *-ložiti* ´legen`. Partikelverben: **ab-, an-, auf-, aus-, bei-, dar-, ein-, nieder-**; Präfigierungen: **be-, er-, über-, unter-, ver-**.

Nndl. *leggen*, ne. *lay*, nschw. *lägga*, nisl. *leggja*. S. *Filou, Inlay, Layout*. Zur Entlehnung ins Finnische s. Koivulehto *BGDSL-T* 103 (1981), 186 f. (nach T. Itkonen).

Legende *f.* (< 13. Jh.). Mhd. *legende* ist entlehnt aus ml. *legenda* ´Lesung eines Heiligenlebens, eigentlich 'die zu lesenden (Texte)`, zu l. *legere* ´lesen`. Ausgehend von dem oft wunderlichen Charakter solcher Geschichten entsteht dann die Bedeutung ´nicht ganz glaubwürdige Geschichte`. Adjektiv: **legendär**.

Die Ausgangsbedeutung von l. *legere* ist ´auflesen, auslesen` − hierzu *Kollekte, Kollektion, kollektiv, Kollektor, Selektion, Legion* und über das Französische *elegant* und *Elite*, entfernt auch die Sippe von l. *lēx* ´Gesetz` (s. *legal*) −, daraus die Bedeutung ´(Schrift) lesen` in *Lektion, Lektor, Lektüre* und *Legende*. Verwandt ist gr. *légein* ´lesen, zählen, berechnen` (s. *Logik*). − *DF* 2 (1942), 15.

leger *Adj. erw. fremd.* ´lässig, zwanglos` (< 18. Jh.). Entlehnt aus frz. *léger*, dieses aus gallo-rom. *\*leviarius*, zu l. *levis* ´leicht, leichtsinnig, unbeständig`.

Zu dem von l. *levis* ´leicht` abgeleiteten l. *levāre* ´heben` s. *Lever, relevant, Relief*; zur germanischen Verwandtschaft s. *leicht*.

legieren *swV. erw. fach.* ´verbinden` (< 17. Jh.). Entlehnt aus l. *legare* (allgemein: ´verbinden`), dieses aus l. *ligāre* ´verbinden`.

Aus l. *ligāre* ´verbinden` kommt über das Französische noch *liieren*; ein PPP in *obligat*, eine entsprechende deutsch gebildete Form in *Alliierte*; Abstrakta sind über das Spanische *Liga*, das Französische *Liaison* und *Allianz*, das Englische *Rallye*, unmittelbar aus dem Lateinischen *Ligatur*. − *DF* 2 (1942), 15 f.

Legion *f. bildg.* (eine römische Heereseinheit) (< 16. Jh.). Entlehnt aus l. *legio (-ōnis)*, einer Ableitung zu l. *legere* ´sammeln, aussuchen, wählen` (s. *Legende*), gemeint ist ´ein ausgehobenes Heer`. Zunächst Bezeichnung der altrömischen Heereseinheit, dann auch übertragen auf Söldnertruppen. Täterbezeichnung: **Legionär**. Die Wendung *ihre Zahl ist Legion* beruht auf Mk 5,9, wo der ´unsaubere Geist` auf die Frage nach seinem Namen antwortet: ´*Legion* heiße ich, denn wir sind viele`. *DF* 2 (1942), 16.

Legislatur *f. erw. fach.* ´(Amtszeit der) gesetzgebende(n) Versammlung` (< 19. Jh.). Entlehnt und relatinisiert aus frz. *législature*, wie **legislativ, Legislative** aus frz. *législatif, législative*. Die Wörter sind eigentlich englische Bildungen, die in der französischen Revolution in Frankreich übernommen wurden. Zugrunde liegt l. *lēgislatio*, älter *lēgum latio* ´Gesetzgebung` zu l. *lēgem ferre* ´ein Gesetz einbringen` (s. *Differenz* und zum Suppletivstamm *lātum Prälat*). *DF* 2 (1942), 16.

legitim *Adj. erw. fremd.* (< 18.. Jh.). Entlehnt aus l. *lēgitimus*, zu l. *lēx* ´Gesetz` (s. *legal*). Abstraktum: **Legitimation** (16. Jh.); Verb: **legitimieren**.

DF 2 (1942), 16 f.; *Grundbegriffe* 3 (1982), 677−740.

Leguan *m. per. exot.* (eine Tropenechse) (< 17. Jh.). Entlehnt aus nndl. *leguaan*, dieses aus span. *iguana* f. und dem femininen Artikel span. *la*; dieses aus der südamerikanischen Indianersprache Araua *iuwana*.

R. Loewe *ZVS* 61 (1933), 70−72.

Lehde *f. per. ndd.* ´Niederung, Tal` (< 18. Jh.). Übernommen aus nndl. *leegte* (vgl. mndd. *legede*). Wie *hoogte* zu *hoch* gehört *leegte* zu nndl. *laag*, ´niedrig` (g. **lǣgi-*, auch in anord. *lágr*, mhd. *lǣge* ´flach`, nhd. *läg* ´abschüssig`, Bergmannssprache). Adjektiv der Möglichkeit zu *liegen*.

H. Naumann *BGDSL-H* 92 (1970), 151−195; Heidermanns (1993), 368 f.

Lehen *n. obs.* (< 9. Jh.). Mhd. *lē(he)n*, ahd. *lē(ha)n*, as. *lēhan* aus g. **laihwna-* n. ´überlassenes Gut`, auch in anord. *lán*, ae. *lǣn*, afr. *lēn*; Ableitung von *leihen*. Eine auffällige Parallele ist ai. *rékṇa-* ´Besitz, Eigentum, Habe`.

Nndl. *leen*, ne. *loan*, nschw. *län*, nisl. *lán*. S. *Darlehen*.

Lehm *m.* (< 8. Jh.). Ostmitteldeutsche Lautform für heute nur noch mundartliches **Leimen**, mhd. *leim(e)*, ahd. *leim(o)*, as. *lēmo* aus wg. **laima/ōn* m. ´Lehm`, auch in ae. *lām* n. Auf einem *s*-Stamm zu der einfacheren Wurzel beruht anord. *leir* n. ´Lehm`. Außergermanisch vergleicht sich zunächst l. *līmus* ´Schlamm` und von der einfacheren Wurzelstufe apreuß. *layso* ´Ton`, apreuß. *laydis* ´Lehm`, alb. *leth, ledhi* ´feuchter Ton, Schlamm`. Zu einer Wurzel (ig.) **lei-* ´streichen, schmieren` in l. *linere*, gr. *alínō*, lit. *laistýti* ´verschmieren`. Adjektiv: **lehmig**.

Nndl. *leem*, ne. *loam*. S. *Leim*. − Trier (1951), 10−16.

Lehne[1] *f.* ´(Rücken)Stütze` (< 8. Jh.). Mhd. *lene*, *lin(e)*, ahd. *(h)lena*, *(h)lina*, lin. Zu *lehnen*; vergleichbar ist gr. *klínē* ´Lager, Polster`.

Lehne[2] *f.*, auch **Lenne** *f.*, **Löne** *f.* und umgestaltet **Leinbaum** *m., per. reg.* ´Spitzahorn` (< *11. Jh.). Form < 18. Jh.). Mhd. *līmboum, līnboum*, ahd. *līnboum, līnboum, lintboum*; die neuere (niederdeutsche) Form erst seit dem 18. Jh.; wieder anders anord. *hlynr*. Außergermanisch vergleicht sich auf einfacherer Stufe lit. *klēvas* m., mit anderer Erweiterung russ. *klën* m., ml. *clenus* m., gr. (maked.) *klinótrochon* n. Die Vokale (und teilweise auch die Konsonanten) stimmen nicht zusammen, so daß kaum ein Erbwort vorliegt.

lehnen[1] *swV.* (< 8. Jh.). Mhd. *lenen, linen*, ahd. *(h)linēn* aus wg. **hlin-ǣ-swV.* ´sich stützen, lehnen`, auch in ae. *hlinian, hleonian*. Eingemischt hat sich das Kausativum (g.) **hlain(-eja-)* in mhd. *leinen*, ahd. *(h)leinen*, ae. *hlǣnan*. Zu der ig. Wurzel **k̑lei-*

'neigen', die schon in alter Zeit mehrere *n*-Bildungen kannte. Vgl. avest. *sri-nauu-*, (ai. *śráyate*), lit. *šli-n-ù* 'ich lehne mich an', l. *clīnāre*, gr. (umgestaltet) *klínō*. Stark abweichende Bedeutung bei den Partikelverben mit *ab-* und *auf-*.

Nndl. *leunen*, ne. *lean*. S. *Leite, Leiter*, zu einer möglichen einfacheren Wurzel *Halde*, und zur lateinischen Verwandtschaft *deklinieren*. – K. Bischoff: *Germ.* **hlaiw- 'Grabhügel, Grab, Hügel' im Deutschen* (Mainz, Wiesbaden 1979); Heidermanns (1993), 291 f.

lehnen[2] *swV.* (1) 'zu Lehen geben' *arch.*, heute noch **belehnen**; (2) 'ausleihen' *per. reg.*, allgemeiner **entlehnen**; (< 9. Jh.). Mhd. *lēhenen*, ahd. *lēhanon*, as. *lēhnon* 'ausleihen, als Lehen geben'. Verbale Ableitung zu *Lehen*.

Lehnwort *n. erw. fach.* (< 19. Jh.). Vereinfacht aus früherem *entlehntes Wort*.

Ch.J. M. Mellor *MLN* 88 (1973), 1020–1022, 96 (1981), 613 f.

Lehre *f.* (< 8. Jh.). Mhd. *lēre*, ahd. *lēra*, as. *lēra* aus wg. **laizō(n)* 'Lehre', auch in ae. *lār*. In der Bedeutung 'Unterricht, Ausbildung' ist das Wort eine alte Rückbildung zu *lehren*. Die Sonderbedeutung 'Modell, Vorbild' in **Meßlehre, Schieblehre** usw. ist bereits mittelhochdeutsch und geht über die Bedeutung 'Anleitung, Vorbild'.

lehren *swV.* (< 8. Jh.). Mhd. *lēren*, ahd. *lēren* u.ä., as. *lērian* aus g. **lais-eja- swV.* 'lehren', auch in gt. *laisjan*, ae. *lǣran*, afr. *lēra*. Kausativum zu dem Präterito-Präsens *lais in gt. *lais* 'ich weiß', das nicht sicher zu vergleichen ist. Man geht von einer Grundbedeutung 'gehen' aus und vergleicht l. *līra* 'Furche', doch ist diese Annahme in allen Punkten unsicher. Ein besserer Anschluß ergibt sich wohl an air. *lenaid* 'bleibt, haftet', mit Dativ 'folgt'. Die Wurzel (ig.) **lei-* 'haften' (s. *Leim*) hat im altirischen Paradigma auch *s*-Bildungen. Die germanischen Bedeutungen würden dann von 'verfolgen' ausgehen. Nomen agentis: **Lehrer(in)**; Adjektive: **gelehrig, lehrreich**, aus veraltetem **gelehrsam** noch das Abstraktum **Gelehrsamkeit**; Adjektiv (PPrät.): **gelehrt**.

Nndl. *leren*. S. *Folklore, List* und mit der angeblichen Ausgangsbedeutung *Geleise, Leist(en)*. – C. J. S. Marstrander *NTS* 2 (1929), 99–103; M. Boeters: *Lehrer* (Diss. masch. Hamburg 1962); Seebold (1970), 322 f.; W. Sanders in *FS J. Goossens* (Neumünster 1990), 107–118.

Lei *f./(m.)* *per. reg.* 'Stein, Schiefer' (auch in Ortsnamen) (< 14. Jh.). Spmhd. *lei(e) f.*, as. *lēia f.* Regionale (rheinische) Entlehnung aus gall. *lēi, vgl. air. *lía, lie m./(f.)* (aus kelt. **līwank-*), gr. *lâas m./(f.)* 'Stein'. Einzelheiten bleiben unklar.

-lei *Suffix.* Um 1200 in genetivischen Formeln wie mhd. *maneger leie, aller leie, zweier leie* usw. entlehnt aus afrz. *loi* 'Art, Verhalten'. Dieses aus l. *lēx (-egis)* 'Gesetz' (s. *legal*).

E. Schröder *ZDA* 75 (1938), 194 f.; Miettinen (1962), 190–195; H. Kolb in *FS W. Betz* (Tübingen 1977), 388–420.

Leib *m.* (< 8. Jh.). Mhd. *līp, līb*, ahd. *līb, līp(h)* u.ä. *m./n.* aus g. **leiba-* 'Leben', auch in anord. *līf n.*, ae. *līf n.* Das Wort gehört zur Hochstufe derselben Wurzel g. **leib-*, zu der auch *leben* gehört. Die alte Bedeutung 'Leben' hält sich bis in mittelhochdeutscher Zeit und ist in Komposita wie **Leibrente** 'Rente auf Lebenszeit' noch bewahrt. Neben der später üblichen Bedeutung 'Körper' frühneuhochdeutsch auch 'Person', etwa in **Leibarzt** bewahrt. Präfixableitungen: **einver-, entleiben**; Adjektiv: **leiblich**.

Nndl. *lijf*, ne. *life*, nschw. *liv*, nisl. *líf*. S. *live*. – H. Adolf: *Wortgeschichtliche Studien zum Leib/Seele-Problem* (Wien 1937); *HWPh* 5 (1980), 173–185; K. Kunze in: *Bayerisch-Österreichische Dialektforschung*. Hrsg. E. Koller (Würzburg 1989), 130–146; Röhrich 2 (1992), 948 f.; B. La Farge: *'Leben' und 'Seele'* (Heidelberg 1991), 211–228.

Leibchen *n. obs.* (Kleidungsstück) (< 17. Jh.). Gebildet nach dem Muster der Bezeichnung von Kleidungsstücken nach dem Körperteil, den sie bedecken (hier also: der Leib, das Diminutiv hat hier mehr differenzierende als diminuierende Funktion). Vorbild war wohl frz. *corset m.* oder *corselet m.* zu frz. *corps m.* 'Leib'.

leibeigen *Adj. obs.* (< 14. Jh.). Spätmittelhochdeutsche Zusammenrückung aus der Wendung *mit dem lībe eigen* 'mit seinem Leben jmd. zugehörig'. Abstraktum: **Leibeigenschaft**.

LM 5 (1991), 1845–1848.

leiben *swV. erw. phras.* (< 16. Jh.). Nur noch in *wie er leibt und lebt*. Abgeleitet von *Leib* in der alten Bedeutung 'Leben'.

Leibgedinge *n. per. fach.* 'Unterhalt auf Lebenszeit (etwa für Witwen)' (< 13. Jh.). Mhd. *līpgedinge* 'Einkommen auf Lebenszeit', zu *Leib* in der Bedeutung 'Leben' und *gedinge* 'Versprechen' (s. unter *dingen*).

LM 5 (1991), 1848.

leibhaftig *Adj. erw. phras.* (< 13. Jh.). Modifikationsbildung zu dem nicht mehr üblichen mhd. *līphaft*, zu mhd. *līp* 'Leben', hier etwa im Sinne von 'Person', also 'persönlich, selbst'.

Leich *m. per. fach.* (Gedichtform) (< 10. Jh.). Erneuert aus mhd. *leich*, ahd. *leih*, entsprechend zu gt. *laiks* 'Tanz', anord. *leikr* 'Spiel, Sport' und als Neutrum ae. *lāc* 'Spiel, Geschenk'. Es handelt sich um *a*- und *i*-stämmige Ableitungen zu g. **laik-a-stV.* 'spielen' in gt. *laikan* 'hüpfen, springen', anord. *leika* 'spielen', ae. *lācan* 'aufspringen, spielen', mhd. *leichen* (meist *swV.*) 'hüpfen, foppen, betrügen'. Aus ig. **leig-* 'hüpfen, springen', auch in ai. *réjate* 'zittert, hüpft', kurd. *līzim* 'spiele', lit. *láigyti* 'mutwillig sein, herumtollen', air. *lingid* 'springt' (mit Nasalierung), gr. *elelízō* 'ich erschüttere, drehe herum'.

S. *Wetterleuchten*. – Seebold (1970), 321 f.; *LM* 5 (1991), 1850; H. Apfelböck: *Tradition und Gattungsbewußtsein im deutschen Leich* (Tübingen 1991), 13–77.

Leichdorn *m. per. reg.* ʹWarze, Hühnerauge u. a.ʹ (< 11. Jh.). Spahd. *līhdorn,* mhd. *līhdorn.* Eigentlich ʹDorn, Stachel im Körper, Fleischʹ zu *Leiche* in der alten Bedeutung ʹKörperʹ.

Leiche *f.* (< 8. Jh.). Mhd. *līch,* ahd. *lī(c)h n./f.* u.ä., as. *līk* aus g. **līka- n.* ʹKörper, Fleisch, Leicheʹ, auch in gt. *leik n.,* anord. *lik n.,* ae. *līc n.* Das Femininum ist nur deutsch und wohl sekundär. Herkunft unklar. Die sehr komplexen Vergleichsmöglichkeiten lassen vermuten, daß zu der Wurzel ig. **al-* ʹwachsen, nährenʹ ein ig. (w./oeur.) **(a)līko-* (u.ä.) ʹWuchs, Körper, Gestaltʹ gebildet wurde, das außer in dem germanischen Wort noch in russ. *lik* ʹAntlitzʹ neben akslav. *lice* ʹGesicht, Person, Wangeʹ, lit. *liẽknas* ʹschlank gewachsen, wohlgestaltetʹ, ohne Tektal lit. *liemuõ* ʹLeibesgestalt, Körperwuchsʹ, mit abweichendem Tektal air. *li* ʹSchönheit, Farbe, Gesichtsfarbeʹ, kymr. *lliw* ʹForm, Haltung, Farbeʹ. Nndl. *lijk,* nschw. *lik,* nisl. *lík.* S. *gleich, -lich, solch, welch.* – H. Adolf: *Wortgeschichtliche Studien zum Leib/Seele-Problem* (Wein 1937); Röhrich 2 (1992), 949–951; E. Seebold in *FS W. Meid* (1989), 345–347.

Leichenfledderei *f. erw. fach.* ʹBeraubung von Toten, (danach auch) von Schlafenden oder Betrunkenenʹ (< 20. Jh.). *fleddern* ist rotwelsch für ʹbestehlenʹ, vermutlich zunächst ʹwaschenʹ (zu rotw. *Flatter* ʹWäscheʹ = ʹdie im Wind flattertʹ). A. Liberman *GL* 30 (1990), 81–88.

Leichnam *m.* (< 8. Jh.). Mhd. *līcham(e), lichnam(e),* ahd. *lī(c)h-hamo, lihhinamo,* as. *līkhamo* aus g. **līka-hamōn m.* ʹKörperʹ. Der erste Bestandteil ist das gleiche Wort wie *Leiche,* mit dem *Leichnam* die Bedeutungsentwicklung teilt; der zweite ist das unter *Hemd* dargestellte Wort für ʹKörperbedeckung, Körperʹ; entsprechend ae. *flǣsc-hama* ʹKörperʹ. Also eigentlich ʹLebensbedeckung, Gefäß des Lebensʹ; das Wort ist wohl dichterischen Ursprungs. Das *n* in der neuhochdeutschen Form stammt aus einer Variante mit *n*-stämmigem Vorderglied mhd. *līchnam(e),* ahd. *līhhinamo.* Nndl. *lichaam,* nschw. *lekamen.* S. *Fronleichnam.* – Niederhellmann (1983), 175–177. Zur Entlehnung des Hinterglieds in Finnische s. *LÄGLOS* (1991), 77 f.

leicht *Adj.* (< 8. Jh.). Mhd. *līht(e),* ahd. *līhti, lieht,* as. *līht-* aus g. **lenht- Adj.,* das vermutlich auf einen alten Konsonantstamm (ig.) **leng^{wh}ot-/lenk^w t-* zurückführt; ebenso gt. *leihts,* anord. *léttr,* ae. *lēoht, lēht, līht,* afr. *līchte, liochte, liuchte.* Auf eine andere Stammform (*u*-Stamm) führen zurück ai. *raghú-* ʹrasch, leicht, geringʹ, gr. *elachýs* ʹgeringʹ, lit. *leñgvas* ʹleichtʹ, l. *levis* ʹleichtʹ. Das Adjektiv kann im Prinzip auf die in *gelingen* vorliegende Verbalwurzel zurückgehen, doch spricht die Beschränkung dieser Wurzel auf das Deutsche nicht für eine solche Annahme. Abstraktum: *Leichtigkeit.*

Nndl. *licht,* ne. *light,* nschw. *lätt,* nisl. *léttur.* S. *leger, lichten*[2], *Lunge.* – I. Rosengren: *Inhalt und Struktur* (Lund 1968); Seebold (1981), 294–296; Heidermanns (1993), 373 f.

Leichter *m.* ʹkleines Wasserfahrzeug zum Entfrachten größerer Schiffeʹ, *fachsprachl.* Aus dem Niederländischen zu nndl. *lichtern* ʹentladenʹ (eigentlich ʹerleichternʹ).

leichtfertig *Adj.* (< 14. Jh.). Spmhd. *līht-vertec,* also zu *Fahrt,* im Sinne von ʹleicht beweglich, labilʹ.

leichtsinnig *Adj.* (< 16. Jh.). Bahuvrihi-Bildung ʹdessen Sinn leicht istʹ. Das Abstraktum *Leichtsinn* ist eine Rückbildung.

Leid *n.* (< 9. Jh.). Mhd. *leit,* ahd. *leid.* Wie ae. *lāð* ʹBeleidigung, Unrechtʹ eine Substantivierung des Adjektivs g. **laiþa-* ʹbetrüblich, widerwärtigʹ in anord. *leiðr* ʹfeindlich, verhaßtʹ, ae. *lāð,* afr. *lēth,* as. *lēth,* ahd. *leid,* mhd. *leit.* Durch nachträgliche Attraktion ist das starke Verb *leiden* im Deutschen mit *Leid* verbunden worden und hat seine Bedeutung ʹgehenʹ zu ʹleidenʹ gewandelt (ursprünglich ist es nicht verwandt). Dabei mag auch die Bedeutungsentwicklung von *erleiden* ʹerfahrenʹ eine Rolle gespielt haben. Substantiv und Adjektiv *Leid, leid* sind sonst nur schlecht vergleichbar. Man zieht gr. *aleítēs* ʹFrevlerʹ, air. *lius* ʹAbscheuʹ heran. Das Nebeneinander von toch. A *lit-, let-* ʹherabfallenʹ und toch. AB *litk-* ʹabfallen, sich entfernenʹ könnte darauf hinweisen, daß letztlich doch eine Verwandtschaft zwischen den Vorformen von *leiden* (ursprünglich ʹweggehenʹ) und *Leid* (ursprünglich ʹAbwendungʹ) bestand. Präfixableitung: *verleiden.*

Nndl. *leed,* ne. *loath,* nschw. *led.* – F. Maurer: *Leid* (Bern, München 1951); Th.L. Markey *FMS* 8 (1974), 179–194; Röhrich 2 (1992), 951; Heidermanns (1993), 357 f. Zu slawischen Entsprechungen (die vielleicht entlehnt sind) vgl.: V. Machek *ZSPh* 23 (1954), 115 f.

leiden *st V.* (< 9. Jh.). Mhd. *līden,* ahd. *līdan* u.ä., as. *līdan* ʹgehen, weggehen, vergehenʹ aus g. **leiþa- st V.* ʹweggehenʹ, auch in gt. *-leiþan,* anord. *líða,* ae. *līðan,* afr. *lītha.* Die Bedeutung hat sich im Deutschen von ʹweggehenʹ zu ʹleidenʹ gewandelt unter dem Einfluß des präfigierten *erleiden* ʹerfahrenʹ und des nicht unmittelbar verwandten Substantivs *Leid* (s.d. zu dessen Etymologie und dem möglichen mittelbaren Zusammenhang mit *leiden*). Keine unmittelbare Vergleichsmöglichkeit. Mit der weiterentwickelten Bedeutung ʹsterbenʹ, die im Altnordischen als Variante vorliegt (vgl. auch *leiði* ʹGrabstätteʹ kann gr. *loitē* ʹGrabʹ (Glossenwort), avest. *raēϑ-* ʹsterbenʹ zusammenhängen; mit möglicherweise ursprünglicherer Bedeutung toch. A *lit-, let-* ʹherabfallenʹ. Abstraktum: *Leiden.*

Nndl. *lijden,* nisl. *líða.* S. *leiten.* – Seebold (1970), 328–330; *HWPh* 4 (1976), 206–212.

Leidenschaft *f.* (< 17. Jh.). Lehnprägung zu frz. *passion,* das ʹLeidenʹ und ʹLeidenschaftʹ bedeutet.

Dieses aus l. *passio* mit den gleichen Bedeutungen, hier im Anschluß an gr. *páthos*, dessen Bedeutung allgemeiner ist (alles, was den Menschen befällt, auch Ereignisse).

leider *Adv./Interj.* (< 9. Jh.). Mhd. *leider*, ahd. *leidōr, leidhōr* ist ursprünglich der Komparativ zu dem unter *Leid* behandelten Adjektiv *leid*. Anders die Formel **leider Gottes**, die offenbar aus der Beteuerung *Bei dem Leiden Gottes* entstanden ist. K. G. Andresen *ZDA* (1886), 417 f.

leidig *Adj. stil.* (< 11. Jh.). Mhd. *leidec*, ahd. *leidag*. Zugehörigkeitsbildung zum Substantiv *Leid*. S. *beleidigen*.

leidlich *Adj.* (< 15. Jh.). Fnhd. *līdelich* ꞌerträglichꞌ. Zu mhd. *(er)līden* ꞌertragenꞌ mit anschließender Bedeutungsverallgemeinerung.

Leier[1] *f. erw. exot.* (< 9. Jh.). Mhd. *līre*, ahd. *līra*. Entlehnt aus l. *lyra*, das seinerseits auf gr. *lýra* zurückgeht (dieses wohl eine Entlehnung aus einer unbekannten Sprache). Im Mittelalter wurde unter *Leier* die mit einer Kurbel angetriebene Drehleier verstanden. Danach *Leier* ꞌKurbelꞌ (und **leiern, ableiern, ausleiern, herleiern, herunterleiern**). Unter dem Einfluß der Humanisten wurde das Wort dann nur noch auf das antike (4- oder 7-saitige) Instrument angewandt, die Drehleier nannte man dann **Leierkasten**. S. *Lyrik*. − J. Werner in: *FS Mayer* 1 (1954), 9−15; Kretschmer (1969), 324 f.; Relleke (1980), 88−90, 197−200; Röhrich 2 (1992), 951 f.

Leier[2] *m.* ꞌNachweinꞌ s. *Lauer*.

leihen *stV.* (9. Jh.). Mhd. *līhen*, ahd. *lī(h)an*, as. *līhan* aus g. **leihw-a- stV.* ꞌleihenꞌ, auch in gt. *leihvan*, anord. 1. *Sg. Präs. lé*, ae. *lēon*. Aus ig. **leikʷ-* ꞌüberlassenꞌ in ai. *riṇákti* ꞌgibt auf, läßt freiꞌ, gr. *leípō* ꞌich gehe aus, schwindeꞌ, medial ꞌich bleibe zurückꞌ, transitiv ꞌich lasse zurückꞌ, akslav. *otŭ-lěkŭ* ꞌRestꞌ, lit. *likti* ꞌbleiben, übrig bleiben, zurück bleibenꞌ, air. *léicid* ꞌläßtꞌ, air. *a(i)r-léici* auch ꞌleihenꞌ, l. *linquere* ꞌzurücklassen, überlassenꞌ. Präfigierungen: **ent-, verleihen**; Abstraktum: **Leihe, (Verleih)**. (Nndl. *lenen*, ne. *lend*, nisl. *lána*). S. *Darlehen, Lehen*; zur lateinischen Verwandtschaft s. *Reliquie*, zur griechischen *Ellipse*. − Benveniste (1969/1993), 147−155; Seebold (1970), 327 f.; *LM* 5 (1991), 1856 f.

Leikauf *m. arch.* ꞌGelöbnistrunk bei Vertragsabschlüssenꞌ (< 14. Jh.). Eigentlich sphmd. *lītkouf*, mndd. *lī(t)kōp* ꞌKauf beim Weinꞌ zu g. **leiþu-* m. ꞌObstweinꞌ in gt. *leiþu m.*, anord. *lið n.*, ae. *līþ m./n.*, afr. *līth*, as. *līð*, ahd. *līd*, mhd. *līt*. S. auch *Weinkauf*. − Röhrich 2 (1992), 952 f.; zum Bestimmungswort s. Th.L. Markey *FMS* 8 (1974), 179−194.

Leilach(en) *n./m. per. reg.* ꞌLeintuchꞌ (< 15. Jh.). Mhd. *līlach(en) n.*, ahd. *līn-lahhan n.* ꞌLaken aus Leinenꞌ.

Leim *m.* (< 9. Jh.). Mhd. *līm*, ahd. *līm*, as. *līm* aus g. **leima- m.* ꞌLeim, Kalkꞌ, auch in anord. *lim n.*, ae. *līm*. Das Wort gehört zur gleichen Sippe wie *Lehm* und bezeichnet offenbar zunächst einen Stoff zum Verschmieren (von Wänden u.ä.), also Lehm, Mörtel usw. Eine einfach ablautende Bildung zu *Lehm* ist morphologisch nicht recht wahrscheinlich; denkbar ist − mit Wechsel *m/w* − eine Anknüpfung an (ig.) **leiwo-* ꞌglatt(verschmiert)ꞌ in gr. *leîos*, l. *lēvis*. Wenn auch der Zusammenhang zwischen den Bedeutungen ꞌschmierenꞌ und ꞌklebenꞌ problemlos ist, wäre eine Klärung der Bedeutungsaufgliederung in dieser Sippe wünschenswert. Auffällig ist die lautliche Nähe zu (ig.) **kol(ē)i-* ꞌLeimꞌ in gr. *kólla*, akslav. *klějĭ* ꞌLeimꞌ. Verb: **leimen**. Nndl. *lijm*, ne. *lime*, nschw. *lim*, nisl. *lím*. S. *bleiben, lehren, Schleim*. − Röhrich 2 (1992), 953 f.

Leimen *m.* s. *Lehm*.

Leimrute *f. erw. phras.* ꞌzum Vogelfang verwendete, mit Leim bestrichene Ruteꞌ (< 15. Jh.). In *auf der Leimrute sitzen* u.ä. (Vgl. Wendungen wie **auf den Leim gehen**). Fnhd. *līmruote*, mndd. *līmrode*.

Lein *m. obs.* ꞌFlachs, Leinwandꞌ (< 9. Jh.). Mhd. *līn*, ahd. *līn-*, as. *līn* aus g. **leina- n.* ꞌFlachs, Leinwandꞌ, auch in gt. *lein*, anord. *lín*, ae. *līn*; das Maskulinum erst seit dem Mittelhochdeutschen (nach *Flachs?*). Gleichen Lautstand zeigen l. *līnum n.*, gr. *línon n.*, kymr. *llin* gleicher Bedeutung. Sicher liegen Entlehnungen vor, doch sind die Entlehnungswege unklar. Da der Flachsbau bei Germanen und Kelten sehr alt ist, kann auch die Entlehnung sehr alt sein. Urverwandtschaft ist kaum wahrscheinlich. Adjektiv: **leinen**, auch substantiviert. Nschw. *lin*, nisl. *lín*. S. *Krinoline, Leilach(en), Linie, Linnen, Linoleum*. − *LM* 5 (1991), 1858.

-lein *Diminutivsuffix*. Mhd. *-elīn*, ahd. *-ilī(n)*. Eine nur deutsche Suffixkombination von *-il-* und *-ī(n)*, die auch allein als Diminutivsuffixe vorkommen. Das zweite hat sich sekundär mit dem Material- und Herkunftssuffix **īna-* vermischt, zeigt aber ursprünglich eine andere Form und Flexion. Das Suffix *-lein* ist in der ältesten Sprache das vorherrschende Diminutivsuffix, erst in nach-mittelhochdeutscher Zeit setzt sich von Norden her *-chen* durch, das heute in der Hochsprache vorherrscht. *Wortbildung* 2 (1975), 124 f.

Leine *f.* (< 12. Jh.). Mhd. *līne*, ahd. *līna*, mndd. *line*, mndl. *line, lijn* aus g. **leinjōn f.* ꞌLeineꞌ, auch in anord. *lína*, ae. *līne*, afr. *līne*. Herkunftsbildung zu *Lein* als ꞌdie aus Flachs Bestehendeꞌ. Entsprechende Bildungen sind gr. (ion. att.) *lináia* ꞌSeil, Strickꞌ und l. *līnea* (s. unter *Linie*); vermutlich unabhängige Bildungen, die nicht auf eine gemeinsame Grundlage zurückgehen. Nndl. *lijn*, ne. *line*, nschw. *lina*. − Kluge (1926), 43 f.; Röhrich 2 (1992), 954 f.

Leinen *n.* (< 16. Jh.). Substantivierung des Materialadjektivs mhd. *līnen, līnīn* ʼaus Leinenʼ zu *Lein.* S. *Linnen.* – *LM* 5 (1991), 1858–1860.

Leinwand *f.* (< *11. Jh., Form < 16. Jh.). Umbildung von mhd. *līnwāt* unter dem Einfluß von *Gewand.*

Leis *m. arch.* ʼgeistliches Liedʼ (< 13. Jh.). Ausgestorben im 17. Jh., dann wiederbelebt. Aus mhd. *leis(e).* Bestimmte geistliche Lieder wurden so benannt, weil sie mit *Kyrieleis* aufhörten. Dieses aus dem liturgischen *Kyrie eleison* ʼHerr, erbarme dichʼ.

leise *Adj.* (< 9. Jh.). Mhd. *līs(e),* ahd. Adverb *līso,* mndd. *lise,* mndl. *lise.* Die Etymologie ist unsicher. Auf der gleichen Stufe können stehen gr. *liarós* ʼlau, mildʼ (*lisṛo-) und lit. *líesas* ʼmagerʼ. Die Ausgangsbedeutung wäre dann ʼabnehmend, schwachʼ zu einer als (ig.) *lei-* anzusetzenden Wurzel, die z. B. (mit anderer Stammbildung) in gt. *aflinnan* ʼablassen, fortgehenʼ vorliegen könnte. Ch. Peters *IF* 84 (1979), 206; Heidermanns (1993), 370.

Leiste *f.* ʼLatte, Rand, Saumʼ (< 10. Jh.). Mhd. *līste,* ahd. *līsta,* mndd. *liste m./f./(n.?),* mndl. *lijst(e)* aus g. *leistō f.* ʼLeisteʼ, auch in anord. *lista,* ae. *līste.* Herkunft unklar; vielleicht von der Bedeutung ʼSpurʼ ausgehend zu *Leist(en).* Von der Bedeutung ʼRand, Saumʼ geht die Bedeutung ʼÜbergang vom Rumpf zum Schenkelʼ aus. Nndl. *lijst,* ne. *list.* S. auch *Liste.*

Leist(en) *m. erw. fach.* (< 11. Jh.). Mhd. *leist,* ahd. *leist* aus g. *laista- m.* ʼFuß, Spurʼ, auch in gt. *laists,* anord. *leistr,* ae. *lāst.* Die außergermanischen Vergleichsmöglichkeiten sind unsicher; verglichen wird vor allem l. *līra f.* ʼFurcheʼ; innerhalb des Deutschen gehört hierher *Geleise.* Vermutlich zu (ig.) *lei(s)-* ʼhaftenʼ, mit Dativ ʼfolgenʼ. Nndl. *leest,* ne. *last,* nschw. *(sko)läst,* nisl. *leistur.* S. *lehren, Leiste, leisten.* – W. Sanders in *FS J. Goossens* (1990), 107–118; Röhrich 2 (1992), 955 f.

leisten *swV.* (< 9. Jh.). Mhd. *leisten,* ahd. *leisten,* as. *lēstian* aus g. *laistija- swV.* ʼfolgenʼ, auch in gt. *laistjan,* ae. *lǣstan,* afr. *lāsta, lesta.* Eigentlich ʼder Spur folgenʼ und damit Ableitung zu dem unter *Leist(en)* behandelten Substantiv. Die neuhochdeutsche Bedeutung aus ʼein Gebot o.ä. befolgenʼ. Abstraktum: *Leistung.* Ne. *last.* – R. Neuenschwander *SS* 28 (1972), 143–150; Röhrich 2 (1992), 956 f.; *HWPh* 5 (1980), 215–220.

Leitartikel *m.* (< 19. Jh.). Übertragen aus ne. *leading article,* nachdem zuvor *Hauptartikel* und *leitender Artikel* versucht worden waren.

Leite *f. arch.* ʼBerghangʼ (< 11. Jh.). Mhd. *līte,* ahd. *līta,* mndd. *līt(e)* aus g. *hleidō f.* ʼAbhangʼ, auch in anord. *hlíð,* ae. *hlīþ n.* Außergermanisch vergleichen sich gr. *kleitýs* und lit. *šlaītas m.* glei-

cher Bedeutung, zu (ig.) *kĺei-* ʼlehnenʼ (s. unter *lehnen*).

leiten *swV.* (< 8. Jh.). Mhd. *leiten,* ahd. *leiton* u.ä., as. *lēdian* aus g. *laid-eja- swV.* ʼleitenʼ, auch in anord. *leiða,* ae. *lǣda,* afr. *lēda.* Eigentlich ʼgehen machenʼ, Kausativ zu g. *leiþ-a- stV.* ʼ(weg)gehenʼ (s. unter *leiden*). Abstraktum: *Leitung*; Nomen agentis: *Leiter*; Präfigierungen: *ge-, verleiten*; Partikelverben: *an-, einleiten.* Nndl. *leiden,* ne. *lead,* nschw. *leda,* nisl. *leiða.* S. *Lotse.* – Th.L. Markey *FMS* 8 (1974), 179–194.

Leiter *f.* (< 9. Jh.). Mhd. *leiter(e),* ahd. *(h)leitar, leitara,* mndd. *ledder,* mndl. *ladere, leeddre* u.ä. aus wg. *hlaidrjō f.* ʼLeiterʼ, auch in ae. *hlǣd(d)er,* afr. *hladder, hledder, hlēdere.* Instrumentalbildung zu (ig.) *kĺei-* ʼlehnenʼ (s. unter *lehnen*), als ʼdie Angelehnteʼ. Röhrich 2 (1992), 957.

Leitfaden *m.* s. *Ariadnefaden.* Röhrich 2 (1992), 957.

Leitkauf *m.* s. *Leikauf.*

Lektion *f.* (< 9. Jh.). 1) In der Bedeutung ʼLesung in der Kircheʼ schon ahd. *lekza, lecz(i)a* (u.ä.). Wie gt. *laiktjo* entlehnt aus l. *lēctio* ʼLesung, Vorlesungʼ (zu l. *legere* ʼlesenʼ, s. *Legende*). In dieser Bedeutung heute speziell fachsprachlich. 2) Als ʼVorlesungʼ, dann auch ʼLerneinheitʼ und übertragen ʼscharfe Zurechtweisungʼ im 16. Jh. neu entlehnt aus der gleichen Grundlage. *DF* 2 (1942), 17–19; Röhrich 2 (1992), 957. Zu *Lektionar* vgl.: *LM* 5 (1991), 1866 f.

Lektor *m. erw. fach.* (< 15. Jh.). Entlehnt, zunächst als Bezeichnung für einen akademischen Lehrer. Heute spezialisiert zu einerseits ʼLehrer in einer Fremdsprache (der diese als Muttersprache spricht)ʼ, andererseits ʼGutachter eines Verlagsʼ. Grundlage ist l. *lēctor* ʼLeserʼ zu l. *legere* ʼlesenʼ (s. *Legende*). *LM* 5 (1991), 1867.

Lektüre *f. erw. fremd.* (< 18. Jh.). Entlehnt aus frz. *lecture.* Dieses aus ml. *lēctūra* ʼdas Lesenʼ zu l. *legere* ʼlesenʼ (s. *Legende*). *HWPh* 5 (1980), 231–234.

Lemma *n. per. fach.* (< 19. Jh.). Entlehnt aus gr. *lēmma* ʼAnnahmeʼ, Ableitung von gr. *lambánō* ʼnehmeʼ. Die Bedeutung ʼStichwortʼ über ʼAnsatzʼ.

Lemming *m. per. exot.* (kleines Nagetier) (< 18. Jh.). Besonders genannt im Zusammenhang mit dem irrigen Volksglauben, daß sich die Lemminge scharenweise ins Meer stürzen. Entlehnt aus ndn. *lemming,* das auf anord. *læmingi, læmingr* gleicher Bedeutung zurückgeht. Dieses tritt in mehreren Varianten auf. Seine Herkunft ist unklar.

Lemuren *Pl. per. exot.* ʼgespenstische Geister von Verstorbenenʼ (< 19. Jh.). Entlehnt aus l. *lemurēs m. Pl.* ʼSeelen der Abgeschiedenenʼ. *DF* 2 (1942), 19.

Lende *f.* (< 8. Jh.). Mhd. *lende, lente,* ahd. *lentī(n)* u.ä., as. *lendin* aus g. **landī/jō f.* ʿLende, Niereʾ, auch in anord. *lend,* ae. *lendenu* Pl., afr. *lenden.* Außergermanisch vergleicht sich mit entsprechender Ablautstufe l. *lumbus m.* (aus ig. **londʰwo-*), von der *e-*Stufe akslav. *lędviję* Pl. Weitere Herkunft unklar. Nndl. *lende,* nschw. *länd,* nisl. *lend.*

lenken *swV.* (< 12. Jh.). Mhd. *lenken* gehört als Denominativum zu mhd. *lanke, lanche,* ahd. *(h)lanca* ʿHüfte, Gelenkʾ, dessen Herkunft unter *Gelenk* behandelt ist. Die Ausgangsbedeutung ist vermutlich ʿbiegen, hinbiegenʾ, woraus sich die heutige Bedeutung entwickelt hat. Partikelverben: **ab-, einlenken**; Nomen agentis: **Lenker.**

Lenz *m. obs.* (< 11. Jh.). Mhd. *lenze,* ahd. *lenzo*; in den Mundarten daneben Formen mit *-ng-*: schwz. *Langsi,* bair. *Längess, Längsing,* ebenso mhd. *langez,* ahd. *langez* (u. a.). Die längere Form vergleicht sich mit mndd. *lenten,* ae. *lencten* u.ä., so daß sich als Ausgangspunkt wg. **langa-tīn(a)-* ergibt. Daraus ist ahd. *lenzo* usw. wohl verkürzend umgestaltet. Der erste Bestandteil ist *lang,* der zweite ist ein Element, das ʿTagʾ bedeutet und häufig suffixartig verwendet wird: Die selbständige Form in ai. *dína-* (auch dieses meist in Komposita), akslav. *dĭnĭ,* lit. *dienà f.*; die gebundene Form in l. *nūndinae f.* ʿder an jedem neunten Tag gehaltene Marktʾ, gt. *sinteins* ʿtäglichʾ. Der Lenz ist also bezeichnet als die Zeit der länger werdenden Tage. Nndl. *lente,* ne. *lent.* − M. Tallen *DWEB* 2 (1963), 159−229. Zum Grundwort: E. Seebold *HS* 104 (1991), 41−44.

lenzen *swV. per. fach.* ʿBodenwasser aus dem Schiffskörper pumpenʾ (< 19. Jh.). Entlehnt aus dem Niederländischen, wo es von *lens* ʿleerʾ abgeleitet ist und damit ʿleerenʾ bedeutet.

Leopard *m. exot.* (< 10. Jh.). Im Althochdeutschen (ahd. *lēbarto, leopardo, liebarto*) entlehnt aus spl. *leopardus,* zu l. *leo (-ōnis)* ʿLöweʾ (aus gr. *léōn*) und l. *pardus* ʿPantherʾ (aus gr. *párdos*). Die heutige Form entsteht in einer frühneuhochdeutschen Relatinisierung. S. auch *Gepard.* − *DF* 2 (1942), 20; Cottez (1980), 223.

Lepra *f. erw. fach.* ʿAussatzʾ (< 18. Jh.). Entlehnt aus l. *lepra,* dieses aus gr. *lépra,* zu bibel-gr. *leprós* ʿaussätzig, schuppig, unebenʾ, zu gr. *lépein* ʿabschälen, die Haut abziehenʾ. *LM* 5 (1991), 1903; M.Å. Holmberg *NM* 26 (1970), 52.

Lerche *f.* (< 9. Jh.). Mhd. *lērche, lēwer(i)ch* u.ä., ahd. *lērih(ha)* u. a., as. *lēwerka* aus g. **laiwazikōn f.* ʿLercheʾ, auch in anord. *lævirki m.,* ae. *lāwerce, lāwerce,* nordfr. *lāsk* (< **laiwas-kōn*), *liurk.* Die auffällige Form ist der Ausgangspunkt aller germanischen Namen für die Lerche − es gibt praktisch keine Konkurrenten. Trotz der Länge der Laut-

form ist eine Deutung nicht möglich; man kann *-i-kōn* als Suffix ablösen, da ähnliches in anderen Vogelbezeichnungen vorkommt (vgl. *Belche, Habicht, Kranich*), doch bleibt das erste Element dunkel. Lautlich anklingend sind finn. *leivo* ʿLercheʾ und (weiter abliegend) l. *alauda* ʿHaubenlercheʾ. Vielleicht ein Wort für ʿJubelʾ, wie ähnlich in dem griechischen Jubelruf gr. *alalá.* Nndl. *leeuwerik,* ne. *lark,* nschw. *lärka,* nisl. *lævirki.* − Kluge (1926), 32 f.; J. Knobloch *ZDPh* 96 (1977) (= Sonderheft), 89 f.; W. B. Lockwood *Fróðskaparrit* 30 (Tórshavn 1982), 103−105; *LM* 5 (1991), 1905; Röhrich 2 (1992), 957.

lernen *swV.* (< 9. Jh.). Mhd. *lernen, li(e)rnen,* ahd. *lernēn, lirnēn,* as. *līnon* aus wg. **liz-nō- swV.* ʿlernenʾ, auch in ae. *leornian,* afr. *lernia, lirnia.* Formal gehört das Verb zu dem besonders im Gotischen und Nordischen ausgebildeten Typ der Intransitiva/Inchoativa, semantisch muß es der Grundbedeutung der betreffenden Wurzel nahegestanden haben (ʿetwas verfolgenʾ). Es gehört zu *lehren,* das zu ihm die Funktion eines Kausativums hat. Ne. *learn.* − *HWPh* 5 (1980), 241−247; W. Sanders in *FS J. Goossens* (1990), 107−118.

lesbisch *Adj. erw. fach.* ʿhomosexuell (von Frauen)ʾ (< 19. Jh.). Eigentlich ʿzur Insel *Lesbos* gehörig, von dort stammendʾ. Die Bedeutungsübertragung, die schon in der Antike einsetzt, bezieht sich auf die griechische Dichterin Sappho, die dort lebte und (auch) die Liebe unter Frauen besang. Umgangssprachlich gibt es heute auch **Lesbe** u.ä.

lesen *stV.* (< 8. Jh.). Mhd. *lesen,* ahd. *lesan, lesen,* as. *lesan* aus g. **les-a- stV.* ʿauflesen, sammelnʾ, auch in gt. *lisan,* anord. *lesa,* ae. *lesan,* afr. *lesa.* In dieser Ausgangsbedeutung läßt sich das Wort vergleichen mit lit. *lèsti* ʿpicken, pickend fressenʾ, heth. *leššai-* ʿauflesenʾ und vielleicht kymr. *llestr* ʿGefäßʾ. Eine Variante **leg-* ʿauflesenʾ liegt vor in l. *legere,* gr. *(ana)légein* und alb. *mb-ledh* (das den Palatal erweist). Die neuere deutsche Bedeutung ʿ(ein Buch) lesenʾ beruht auf einer Bedeutungsentlehnung aus dem Lateinischen: l. *legere* bedeutet wie gr. *(ana)légein* zunächst ʿauflesenʾ, dann auch ʿeiner Spur folgenʾ und entwickelt daraus die Bedeutung ʿden Schriftzeichen folgen, lesenʾ (s. *Legende* und *Logik*). Da die vermittelnde Bedeutung ʿeiner Spur folgenʾ durchaus im Hintergrund steht, erschien die Bedeutung ʿlesenʾ als abhängig von der Bedeutung ʿauflesenʾ und wurde deshalb von dem deutschen Wort für ʿauflesenʾ übernommen. Durch das Auflesen von Runenstäbchen kann die Bedeutung nicht erklärt werden, da für das Runenlesen praktisch nie das Wort *lesen* verwendet wird (statt dessen vor allem *raten,* was in der Tat das englische Wort für ʿlesenʾ ergeben hat, nämlich *to read,* entsprechend *to write* für ʿschreibenʾ als *ritzen,* ebenfalls ein Wort aus der Runentechnik, während das Deutsche mit *schreiben* wiederum aus dem Lateinischen entlehnt hat). Präfigierungen: **er-, verlesen**; Partikelverben: **ab-, auslesen**; Abstraktum in der Ausgangsbedeutung: **Lese**, in der speziellen Bedeutung: **Lesung**; Adjektiv (PPrät.) **belesen**.

Nndl. *lezen*, nschw. *läsa*, nisl. *lesa*. S. *leer, lismen*. – Ganz (1957), 129; Seebold (1970), 332f.; Ch. Petzsch *ASNSL* 224 (1987), 352–355; *LM* 5 (1991), 1908 f.

Lethargie *f. erw. fremd.* ´körperliche und seelische Trägheit´ (< 16. Jh.). Entlehnt aus l. *lēthargia* ´Schlafsucht´, dieses nach griechischem Vorbild, doch ist im Griechischen nur das Adjektiv *lēthargós* ´schläfrig´ überliefert, zu gr. *lēthē* ´Vergessen, Vergeßlichkeit´ (zu gr. *lanthánein* ´vergessen, vergessen machen´) und gr. *argós* ´untätig´. Adjektiv: **lethargisch**.

DF 2 (1942), 20.

letschert *Adj. per. oobd.* ´schlapp´ (< 20. Jh.). Zu der unter *latsch* behandelten Sippe mit süddeutschem Ableitungssuffix.

Letten *m. per. obd.* ´Lehmboden´ (< 11. Jh.). Mhd. *lette*, ahd. *letto*, vergleichbar mit nisl. *leðja f.* ´Lehm, Schmutz´ unter Ansatz von **laðjōn*. Außergermanisch vergleichen sich mir. *laith* ´Sumpf´, kymr. *llaid* ´Schlamm´. Weiteres ist unklar.

Trier (1951), 36–44.

Letter *f. erw. fach.* (< 17. Jh.). In Anlehnung an frz. *lettre* umgebildet aus älterem *Litter*, das in mittelhochdeutscher Zeit aus l. *littera* ´Buchstabe´ entlehnt ist (frz. *lettre* ist dessen lautgerechter Nachfolger). Die Herkunft des lateinischen Wortes ist nicht ausreichend klar.

S. *Alliteration, Belletristik, Literatur*. – E. Leser *ZDW* 15 (1914), 21; *DF* 2 (1942), 21; L. Deroy *Les études classiques* 43 (1975), 45–58 (Erklärung als etruskisch).

Lettner *m. per. fach.* ´Querbühne zwischen Schiff und Chor der Kirche´ (< *9. Jh.; Form < 15. Jh.). Mhd. *lett(en)er, lecter* ist entlehnt aus ml. *lectionarium n.* ´Buch mit den liturgisch notwendigen Lesungen´, das die Bedeutung des älteren ahd. *lector, lectar m./n.*, entlehnt aus ml. *lectorium n.* ´Lesepult´, übernimmt. Die Bedeutung wird dann verallgemeinert auf den Raum, in dem die Lesungen stattfanden (und in dem das Lesepult stand). Vgl. die alte Bedeutung bei ne. *lectern* gleicher Herkunft.

LM 5 (1991), 1914f.

letzen *swV. refl. obs.* ´sich laben, ergötzen´ (< 10. Jh.), auch *sich mit jemandem letzen* ´mit jmd. Abschied feiern´, das auf mhd. *letzen* ´Schluß mit etwas machen´ beruht. Dieses zu mhd. *letzen* ´beschädigen´, ahd. *lezzen* ´hemmen´, das noch in *verletzen* erhalten ist. Hierher auch **zu guter Letzt** ´zum Abschied´.

letzt *Adj.* (< 9. Jh.). Mhd. *lest, lezzist*, ahd. *lezzist, lazzōst* ist der Superlativ zu dem unter *laß* be-

handelten Adjektiv, also eigentlich ´der Matteste, Säumigste´. In der Lautform hat sich die niederdeutsche Form, die auf as. *lazto, lasto* zurückgeht (dieses mit früher Synkopierung aus **letisto*), durchgesetzt. Vgl. ne. *last* aus ae. *latost*. Nndl. *laatst*, ne. *last*.

Letzt *f. erw. phras.* (in *zu guter Letzt*) (< 16. Jh.). Zu fnhd. *letze, letzt* ´Abschied, Abschiedsfeier´, das zu dem alten *letzen* ´sich laben´ gehört, aber sekundär auf das Adjektiv *letzt* bezogen wurde.

Röhrich 2 (1992), 957 f.

Leuchse *f. per. fach.* ´hölzerne Außenstütze für die Leitern des Wagens´ (< 15. Jh.). Fnhd. *liuhse*. Herkunft unklar.

leuchten *swV.* (< 8. Jh.) Mhd. *liuhten*, ahd. *liuhten*, as. *liohtian, liuhtian* aus g. **leuht-ija- swV.* ´leuchten´, auch in gt. *liuhtjan*, ae. *lēohtan*. Denominativum zu dem Adjektiv **liuhta-* ´licht´ (s. unter *licht*). Präfigierungen: **be-, durch-, erleuchten**; Partikelverb: **einleuchten**; Nomen instrumenti: **Leuchter**; Abstrakta: **Be-, Erleuchtung**.

Nndl. *lichten*, ne. *light*. S. *durchlaucht, erlaucht*. – *LM* 5 (1991), 1916–1918.

leugnen *swV.* (< 9. Jh.). Mhd. *lougen(en)*, ahd. *loug(a)nen* u. a., as. *lōgnian* aus g. **lougnija- swV.* ´leugnen, verneinen´, auch in gt. *laugnjan*, ae. *līgnian*, dazu anord. *leyna* ´verbergen´. Denominativ zu g. **laugnō f.* ´Leugnung´ in ahd. *loug(u)na, lougan*, anord. *laun*. Dieses zu *lügen*. Präfigierung: **verleugnen**; Partikelverb: **ableugnen**.

Leukämie *f. erw. fach.* (eine Erkrankung mit übermäßiger Produktion weißer Blutkörperchen) (< 19. Jh.). Neubildung zu gr. *leukós* ´hell, klar, weiß´ und gr. *haîma n.* ´Blut´. S. *Anämie*.

leuko- *LAff.* mit der Bedeutung ´weiß´, aus der Kompositionsform von gr. *leukós* ´weiß, hell´. S. auch *Levkoje*.

Cottez (1980), 225.

Leumund *m. stil.* (< 8. Jh.). Mhd. *liumunt*, ahd. *(h)liumunt* ´Ruf, Gerücht´ zeigt eine *to*-Erweiterung oder einen angewachsenen Dental zu g. **hleumōn m.* ´Gehör, zu Hörendes´ in gt. *hliuma*, vermutlich auch (mit Umbildung zu einem *a*-Stamm) in anord. *hljómr* ´Laut, Schall´. Außergermanisch entspricht als urverwandt oder parallele Bildung aus der gleichen Grundlage avest. *sraoman- n.* ´Gehör´ und mit *to*-Bildung ai. *śrómata-* ´guter Ruf, Berühmtheit´. Weiter verbreitet ist die Bildung ig. **kleuos n.* ´Ruhm´ in ai. (ved.) *śrávas-*, gr. *kléos*, air. *clú n.*, akslav. *slovo n.* ´Wort´, toch. A *klyu*, toch. B *kälywe*. Die Grundlage ig. **kleu-* ´hören´ in ai. *śrnóti*, gr. *klýein* ´hören´, l. *cluere* ´heißen´. Eine stärkere lautliche Vereinfachung in der Präfixableitung: **verleumden**.

S. *laut*. – *LM* 5 (1991), 1919 f.

Leute *Pl.* (< 8. Jh.). Mhd. *liute*, ahd. *liut(i) m./n./f.*, as. *liud(i)* aus g. **leudi- m.* ˈdingberechtigtes Mitglied des Volksverbandesˈ, *Pl.* ˈVolkˈ, auch in wgt. *leudes* ˈLeuteˈ, burgund. *leudis* ˈGemeinfreierˈ, anord. *ljóðr m.* ˈVolkˈ, anord. *lýðr m.* ˈLeuteˈ, ae. *lēod(a)* ˈEdler, Bewohner eines Gebietes/Landesˈ, ae. *lēod f.* ˈLeute, Volkˈ, afr. *liōde, liūde m. (Pl.)* ˈVolkˈ. Außergermanisch vergleichen sich Wörter für ˈVolk u.ä.ˈ im Baltisch-Slavischen: akslav. *ljudŭ m.* ˈVolkˈ, akslav. *ljudĳe* ˈLeuteˈ, lit. *liáudis f.* ˈ(niederes, gewöhnliches) Volkˈ, lett. *ļàudis* ˈLeute, Menschenˈ; dazu die *ro*-Bildung mit der Bedeutung ˈfreiˈ in gr. *eleútheros m.* ˈfreier Mannˈ und l. *līber*. Vielleicht zu (ig.) **(e)leu-dʰ-* ˈwachsenˈ (zu diesem s. *Lode*).

S. *leutselig* und zur lateinischen Verwandtschaft *liberal.* − Seebold (1970), 335 f.; Schmidt-Wiegand (1972), 24 f.; Szemerényi (1977), 108−125; G. vOlberg in: Schmidt-Wiegand (1981), 91−106; dies. (1991), 60−72; Röhrich 2 (1992), 958 f.; Sousa-Costa (1993), 210−216.

Leutnant *m. erw. fach.* (untergeordneter Offizier) (< 16. Jh.). Entlehnt aus frz. *lieutenant*, zu frz. *lieu* (aus l. *locus*) ˈOrtˈ und dem Partizip Präsens von frz. *tenir* (aus l. *tenēre*) ˈhaltenˈ, also ˈStellvertreterˈ, letztlich zurückgehend auf ml. *locum tenens* ˈStellvertreter eines Beamtenˈ. Die Entwicklung der Lautform durch sekundären Anschluß an *Leute.*

S. *lokal* und *Tenor.* − R. M. Meyer *ZDW* 12 (1910), 150−152; *DF* 2 (1942), 21 f.; Jones (1976), 393−397; Röhrich 2 (1992), 959.

leutselig *Adj. obs.* (< 13. Jh.). Mhd. *liutsælec, liutsælic*, eigentlich ˈden Menschen wohlgefälligˈ (zu *selig* und *Leute*), dann verschoben zu ˈfreundlich gegenüber einfacheren Leutenˈ.

Leuwagen *m. per. ndd.* (< 20. Jh., als niederdeutsches Wort schon früher genannt). (1) ˈSchrubberˈ: Zu ndd. *leu, loi, lei* ˈfaulˈ (oft zur Bezeichnung eines der Bequemlichkeit dienenden Hilfsmittels) und einer Ableitung von *wegen* ˈbewegenˈ, also etwa ˈLeichtbewegerˈ oder ndd. *dwagen* ˈwaschenˈ, (2) ˈStahlbügel, Querleisteˈ: Zum gleichen Vorderglied + ndd. *wange* ˈkrummes Holzstückˈ.

L. Saltveit in *FS G. Cordes* (Neumünster 1976), 294−307.

Level *m./(n.) per. fremd.* ˈNiveau, Rangˈ (< 20. Jh.). Entlehnt aus ne. *level*. Dessen Ausgangsbedeutung ist ˈWasserwaageˈ, aus afrz. *livel*, dieses aus l. *lībella f.* ˈkleine Waageˈ, einem Diminutiv zu l. *lībra f.* ˈWaageˈ. S. *nivellieren.*

Carstensen 2 (1994), 821.

Lever *n. bildg.* ˈAudienz während der Morgentoiletteˈ (< 18. Jh.). Entlehnt aus frz. *lever m.*, einer Substantivierung von frz. *lever* ˈaufheben, sich aufrichten, aufgehenˈ, dieses aus l. *levāre* ˈheben, aufrichten, erleichternˈ, zu l. *levis* ˈleichtˈ. Gemeint ist das Aufstehen des Königs.

S. *leger.* − Brunt (1983), 353.

Leviten *Pl. erw. phras.* (vor allem *jemandem die Leviten lesen* ˈjmd. eine ausführliche Strafpredigt haltenˈ) (< 15. Jh.). Die genaue Entstehung der Redewendung ist unklar, deutliche Frühbelege fehlen. Sie bedeutete ursprünglich wohl ˈaus den Vorschriften für die Priester und Leviten vorlesenˈ (d. h. das Buch *Leviticus*, das seine Bezeichnung nach dem Stamm *Levi* hat, aus dem die Priester der Juden kamen). *Levit* ist eigentlich eine Stammesbezeichnung − in der Formulierung und Bedeutung der Wendung muß also eine Unregelmäßigkeit vorgekommen sein.

J. W. Walz *ZDW* 12 (1910), 189; *DF* 2 (1942), 22; Röhrich 2 (1992), 959.

Levkoje *f.*, **Levkoie** *f. arch.* (eine Blume) (< 18. Jh.). Entlehnt aus it. *leukojo m.*, das über l. *leucoïon n.* auf gr. (poet.) *leukóion n.* ˈWeißveilchenˈ (zu gr. *leukós* ˈweißˈ und gr. *ion n.* ˈVeilchenˈ) zurückgeht.

S. *leuko-, licht.* − *DF* 2 (1942), 22 f.; U. Gosewitz: *Viola* (Marburg 1969).

Lexem *n. per. fach.* ˈWortschatzeinheitˈ (< 20. Jh.). Kunstwort zu *Lexikon.* S. *-em.*

Lexikon *n.* (< 17. Jh.). Entlehnt aus gr. *lexikón (biblíon)*, Neutrum von gr. *lexikós* ˈzu den Wörtern gehörigˈ, dieses zu gr. *léxis f.* ˈWort, Ausdruckˈ, zu gr. *légein* ˈsprechen, auflesenˈ. Adjektiv: *lexikalisch*; Nomen agentis: *Lexikograph.*

S. *Logik.* − K. Hjort *MS* 77 (1967), 353−365; *LM* 5 (1991), 1933−1935.

Liaison *f.* ˈVerbindung, Liebesbeziehungˈ s. *liieren.*

Liane *f. erw. exot.* ˈSchlingpflanzeˈ (< 18. Jh.). Entlehnt aus frz. *liane*, der normannischen Entsprechung von frz. *liseron m.* ˈWindeˈ, aus l. *vīburnum n.* ˈSchlingbaumˈ. Es liegt dabei wohl eine volksetymologische Anlehnung von Spätformen des lateinischen Wortes an frz. *lier* ˈverbindenˈ vor.

Libelle *f.* (< 18. Jh.). Gelehrte Bezeichnung des Insekts mit l. *lībella*, eigentlich ˈkleine Waageˈ, einem Diminutivum zu l. *lībra* ˈWaage, Gleichgewichtˈ. So bezeichnet nach der Fähigkeit dieses Tieres, fliegend eine konstante (waagrechte) Position zu halten.

S. *Level, nivellieren.* − R. Majut *GRM* 45 (1964), 403−420; G. Nitsche: *Die Namen der Libelle* (Berlin 1965).

liberal *Adj. erw. fach.* (< 18. Jh.). Entlehnt aus frz. *libéral* ˈfreiheitlichˈ, dieses aus l. *līberālis* ˈedel, freigebig, freiheitlichˈ, zu l. *līber* ˈfreiˈ. Das lateinische Wort war zuvor bereits in der Bedeutung ˈfreigebigˈ entlehnt worden. Abstraktum (in der früheren Bedeutung): *Liberalität*, (in der speziellen Bedeutung) *Liberalismus*; Verb: *liberalisieren.*

S. *liefern, Livree*; zur germanischen Verwandtschaft s. *Leute.* − *DF* 2 (1942), 23−26; W. Sucharowski: *ˈLiberalˈ im gegenwärtigen Sprachgebrauch* (München 1975); *HWPh* 5 (1980), 256−272; *Grundbegriffe* 3 (1982), 741−815; X. Martin *DUSP* 2 (1986), 45−53.

Libero *m. per. fach.* ʽAbwehrspieler ohne direkten Gegenspielerʼ (< 20. Jh.). Entlehnt aus it. *libero*, eigentlich ʽder Freieʼ, einer Substantivierung von it. *libero* ʽfreiʼ, dieses aus l. *līber* ʽfreiʼ. S. *liberal*.

Libertin *m. arch.* ʽFreigeist, zügellos lebender Menschʼ (< 18. Jh.). Entlehnt aus frz. *libertin(e) m./f.*, dieses aus l. *lībertīnus* ʽder Freigelassene (in bezug auf seinen Stand und seine Stellung im Staat)ʼ, zu l. *lībertus*, zu l. *līber* ʽfreiʼ. Der Bedeutungswandel im Französischen beruht darauf, das zunächst schwärmerische religiöse Sekten (also ʽFreigelasseneʼ) so bezeichnet wurden, denen man daraufhin auch Amoralismus vorwarf. S. *liberal*. – *DF* 2 (1942), 26; *HWPh* 5 (1980), 272–274.

Libido *f. per. fach.* ʽsexuelle Energieʼ. Von S. Freud gebraucht nach l. *libīdo* ʽLustʼ, einer Ableitung von l. *libet* ʽes beliebtʼ. Adjektiv: **libidinös**. *HWPh* 5 (1980), 278–282.

Libretto *n. erw. fach.* ʽText(buch) von Gesangstückenʼ (< 19. Jh.). Entlehnt aus it. *libretto m.*, eigentlich ʽkleines Buchʼ, einem Diminutivum zu it. *libro m.* ʽBuchʼ, dieses aus l. *liber m.* ʽBuch, Schriftʼ, (eigentlich ʽBastʼ). S. *Exlibris*.

-lich *Suffix* zur Bildung von Adjektiven. Mhd. *-lich*, ahd. *-līh*, as. *-līk*, auch in ae. *-līc* und (noch selten) in gt. *-leiks*. Gehört sicher zu dem Wort für ʽKörperʼ, dessen Etymologie unter *Leiche* dargestellt wurde; die Adjektive waren also ursprünglich Bahuvrīhi-Adjektive: **x-leika-* ʽeiner dessen Körper/Gestalt x istʼ, dann bis zum bloßen Adjektivierungs- und Modifizierungssuffix abgeschliffen. M. Schröder *BGDSL-H* 83 (1961), 151–194; *Wortbildung* 3 (1978), 113 f. und die dort angegebenen Stellen; E. Seebold in *FS W. Meid* (Graz 1989), 343–351; Heidermanns (1993), 381–383.

licht *Adj. obs.* (< 8. Jh.). Mhd. *lieht*, ahd. *lio(t)ht*, *leoht*, as. *lioht* aus g. **leuhta-* Adj. ʽlicht, hellʼ, das zwar nur in den westgermanischen Sprachen belegt ist, aber aus der Ableitung *leuchten* als gemeingermanisch zu erschließen ist. Daneben steht im Gotischen ein *liuhaþ* ʽLichtʼ, so daß wohl von einem alten Konsonantstamm (ig.) **leukot-* auszugehen ist. Zu ig. **leuk-* ʽleuchtenʼ in heth. *lukkizzi* ʽist hellʼ, ai. *rócate* ʽleuchtetʼ, toch. AB *luk-* ʽleuchtenʼ und den nominalen Bildungen gr. *leukós* ʽglänzend weißʼ, l. *lūx* ʽLichtʼ, akslav. *luča* ʽStrahlʼ, lit. *laũkas* ʽmit einer Blesse versehenʼ und vielen anderen. Die Substantivierung wie in nhd. *Licht* (auch konkret in der Bedeutung ʽKerzeʼ) ist schon alt. Die Kürzung des Diphthongs vor *-cht* taucht vereinzelt schon im Althochdeutschen auf und setzt sich in neuhochdeutscher Zeit durch.

Nndl. *licht*, ne. *light*. S. *Lohe¹*, *Luchs*; zur lateinischen Verwandtschaft *Luzifer*, zur griechischen *leuko-*. – Kluge (1926), 109 f.; H. Schwarz in: *FS Trier* (1954), 434–455 (= *KS* 56–61); Heidermanns (1993), 379 f. Zu *Licht* vgl.: *HWPh* 5 (1980), 282–289; *LM* 5 (1991), 1959–1962; Röhrich 2 (1992), 959–963.

lichten¹ *sw V.* ʽ(den Wald) lichtenʼ (< 17. Jh.). Als ʽhell machenʼ zu *licht*. Abstraktum: **Lichtung**.

lichten² *sw V. erw. fach.* ʽ(den Anker) hebenʼ (< 15. Jh.). Zu ndd. *licht* ʽleichtʼ, also eigentlich ʽleicht machenʼ (vgl. l. *levāre* ʽhebenʼ zu l. *levis* ʽleichtʼ). Regional berührt sich dieses Verb mit nhd. *lüften*, ndd. *luften, luchten*, das zu *Luft* gehört. Zum Weiteren s. unter *leicht*. Kluge (1911), 539 f.

lichterloh *Adj.* (< 16. Jh.). Zusammengerückt aus dem adverbialen Genitiv mhd. *liehter lohe* ʽmit brennender Lohe (Flamme)ʼ.

Lichtmeß *f. erw. fach.* (< 13. Jh.). Mhd. *liehtwīhe n.*, *liehtmesse*, as. *liohtmissa*; entsprechend ae. *candelmæsse*, ne. *candelmas*. Der 2. Februar wurde zum Gedächtnis der Darstellung Jesu im Tempel mit Lichterprozessionen und Weihe der Kerzen begangen, ausgehend von dem Schriftwort vom Licht zur Erleuchtung der Heiden (Lk. 2,32). S. *Messe*.

Lichtung *f.* (< 19. Jh.). Zu *lichten¹* gebildet nach dem Vorbild von frz. *clairière*.

Lid *n.* (< 9. Jh.), fnhd. auch *Lied*, mhd. *lit*, ahd. *lid, (h)lit*, as. *hlid* aus g. **hlida- n.* ʽVerschlußʼ, auch in anord. *hlið*, as. *hlid*, afr. *hlid*. Die Augenlider werden also als ʽDeckel, Verschlußʼ der Augen bezeichnet. Zu g. **hleid-a- stV.* ʽschließenʼ in ae. *hlīdan*, afr. *hlīda*, as. *-hlīdan*. Außergermanische Vergleiche auf gleicher Stufe sind unsicher, doch geht die Bildung wohl letztlich auf (ig.) **kel-* ʽverbergenʼ zurück (zu diesem s. *hehlen*), vgl. l. *supercilium* ʽAugenbraueʼ zu dieser Wurzel.

Nndl. ne. *lid*. – M. Dolch *ZM* 20 (1952), 157 f.; Seebold (1970), 262 f.

Lidlohn *m. s.* *Liedlohn*.

lieb *Adj.* (< 9. Jh.). Mhd. *liep*, ahd. *liob, liub u.ä.*, as. *liof-* aus g. **leuba-* Adj. ʽliebʼ, eigentlich passiv: ʽgeliebtʼ, auch in gt. *liufs*, anord. *ljúfr*, ae. *lēof*, afr. *liāf*. Zu ig. **leubʰ-* ʽbegehren, verlangenʼ, dessen Bezeugungen im einzelnen unterschiedlich sicher sind; eine genaue Entsprechung im Slavischen. Verbal: ai. *lúbhyati* ʽist gierig, empfindet Verlangenʼ, l. *libet*, älter l. *lubet* ʽes beliebtʼ; nominal: akslav. *ljubŭ* ʽliebʼ, dazu russ. *ljubítĭ* ʽliebenʼ, l. *libīdo* ʽVerlangen, Begierdeʼ. Ein Zusammenhang mit *Laub* ist nicht ausgeschlossen, wenn von der Begierde der Herdentiere nach frischen Laubzweigen ausgegangen wird; Einzelheiten bleiben aber unsicher. Abstraktum: **Liebe**; Substantivierungen **Lieb**, heute meist das Diminutiv **Liebchen**, aber beides veraltet; Nominalableitung: **Liebling**; Verb: **lieben**; Modifikation: **lieblich**.

Nndl. *lief*, ne. (arch.) *lief*, nschw. *ljuv*, nisl. *ljúfur*. – P. Wahmann: *Gnade* (Berlin 1937); I. Rosengren: *Inhalt und Struktur* (Lund 1968); H. Kuhn: *Liebe* (München 1975); *HWPh* 5 (1980), 290–328; E. Kapl-Blume in *Vorschläge für ein historisches Wörterbuch des Gefühlswort-*

schatzes. Hrsg. L. Jäger (Aachen 1988), 215−246; *LM* 5 (1991), 1963−1968; Röhrich 2 (1992), 963−966; Heidermanns (1993), 376 f.

liebäugeln *sw V. stil.* (< 16. Jh.), älter auch **liebaugen**. Ähnlich wie *schöne Augen machen* vom Versuch, jemanden durch freundliche Blicke für sich einzunehmen. Heute meist übertragen (*mit einer Absicht liebäugeln* u.ä.).

Liebde *f. arch.* (Anrede an Höhergestellte: *Euer Liebden*) (< 15. Jh.). Die alte Anrede *Euer Lieb*, unter Höhergestellten gebräuchlich, wurde im 15. Jh. an den „flämischen" Gebrauch angeglichen, vgl. mndl. *liefde*, mndd. *levede*, *lēfte* als Abstraktum des Adjektivs *lieb*.

Liebesapfel *m. arch.* ´Tomate´, auch ´rotes Zukkerwerk an einem Stiel´ (< 19. Jh.). Entlehnt aus frz. *pomme d'amour*.
Das französische Wort scheint falsch verstanden zu sein aus it. *pomi dei Mori* ´Mohrenapfel´, nach falscher Herkunftszuweisung. − J. Knobloch *Lingua* 21 (1968), 238.

Liebfrauenmantel *m.* s. *Frauenmantel.*

liebkosen *sw V. stil.* (< 13. Jh.). Mhd. *liepkōsen*, zusammengerückt aus *einem ze liebe kōsen* ´zu jmd. in Liebe sprechen´ mit späterer Änderung der Konstruktion vom Dativ zum Akkusativ (17. Jh.). Die Bedeutung entwickelte sich zu ´schmeicheln´, von da aus zu ´Zärtlichkeiten austauschen´.

Liebstöckel *n./m. per. fach.* (< 10. Jh.). Mhd. *liebstockel, lübestecke* u.ä. *m.*, ahd. *lub(b)istecho, lubistuckil m.* u.ä. Entlehnt aus l. *levisticum n.*, Nebenform zu *Ligusticum n.* (angeblich nach *Ligurien* benannt), mit sekundärer Anpassung an *lieb* und *Stock*.
J. Brüch *Schlern-Schriften* 57 (1948), 15−21; *LM* 5 (1991), 1968.

Lied *n.* (< 8. Jh.). Mhd. *liet*, ahd. *liod, lioth*, as. *-lioth* aus g. **leuda- n.* ´Liedstrophe´, Pl. ´Lied´, auch in anord. *ljōð*, ae. *lēoþ*; die Existenz im Gotischen ist aus *liuþon* ´lobsingen´ u. a. zu folgern. Herkunft unklar. Vielleicht gehört es zu l. *laus (laudis) f.* ´Lob´. Zu weiteren möglichen Zusammenhängen s. unter *Lob*, mit dem *Lied* wurzelverwandt sein kann.
Nndl. *lied*, nisl. *ljóð*. − H. Schwarz *BGDSL* 75 (1953), 321−365 (= *KS* 3−61); ders. in: *FS Trier* (1954), 434−455; *LM* 5 (1991), 1969−1971; Röhrich 2 (1992), 966 f.

Liederjan *m. per. reg.* (< 19. Jh.). Vor allem im Nordosten und Ostmitteldeutschen bezeugt; gebildet mit *liederlich* und dem Namen *Jan*, wohl nicht ohne Einfluß der hybriden Bildungen vom Typ *Grobian.*

liederlich *Adj.* (< 15. Jh.). Spmhd. *liederlich* ´liederlich, schlecht, boshaft´; vgl. ae. *lȳðre* ´böse, schlecht, gemein´; so daß der deutsche Lautstand wohl auf Entrundung aus *ü* zurückzuführen ist. Damit wohl als wg. **lūdr-ja-* eine Ableitung zu ahd. *lūdara*, as. *lūthara* ´Lumpen, Fetzen´, also ´zer-

lumpt, verwahrlost, lumpig´. Wohl dieselbe Bildung mit Kurzvokal ist *Lotter-*. Der Anschluß an *Luder* ist sekundär. Abstraktum: **Liederlichkeit**.
S. auch *Loddel, schleudern*. − Heidermanns (1993), 391.

Liedlohn *m.*, auch **Lidlohn**, *m. arch.* ´bei Konkurs oder Zwangsversteigerung bevorzugt auszuzahlender Lohn´ (< 14. Jh.). Spmhd. *litlōn, lidlōn m./n.* ´Dienstbotenlohn´. Das Vorderglied ist nicht ausreichend eindeutig. Vielleicht zu ml. *litus, lidus* ´höriger Diener´ oder (weil es auch ´Ehrensold´ bedeutet) zu ahd. *-lit* ´Weggang´ als ´der beim Weggang zu zahlende Lohn´ erschlossen aus ahd. *ab-lit* ´Tod´, ahd. *uz-lit* ´Fehler´ sowie ahd. *līdan* ´weggehen´. Am wahrscheinlichsten ist ´Gesindelohn´ mit anschließender Verallgemeinerung.
Zu *lite* s. vOlberg (1991), 161−180.

liefern *sw V.* (< 15. Jh.). Übernommen aus mndd. *lever(er)en*, mndl. *lev(e)ren, lieveren*, einem Fachwort der Hanse, das aus frz. *livrer* ´übersenden´, einer Bedeutungsspezialisierung aus l. *līberāre* ´befreien, entledigen´, entlehnt wurde. Präfigierung: **be-, überliefern**; Partikelverben: **ab-, an-, aus-, zuliefern**; Abstraktum: **Lieferung**; Nomina agentis: **Lieferant, Lieferer** (*Lieferant* ist trotz seiner entlehnten Elemente eine nur deutsche Bildung).
S. *liberal.* − Schirmer (1911), 120; Röhrich 2 (1992), 967.

liegen *st V.* (< 9. Jh.). Mhd. *ligen, licken*, ahd. *lig(g)en, lig(g)an*, as. *liggian* aus g. **leg-ja- st V.* ´liegen´, auch in anord. *liggja*, ae. *licgan*, afr. *lidza* und gt. *ligan*, bei dem das *j*-Präsens wohl sekundär beseitigt wurde. Zu der Wurzel (ig.) **legh-* ´liegen´, mit gleicher Stammbildung in air. *laigid*, akslav. *lože* ´Lager´; sonst in heth. *lagari* ´neigt sich´, toch. A *lake* ´Lager´, toch. B *leki (leke)* ´Lager´, gr. *léchetai* (Glosse), und nominal l. *lectus* ´Bett´, lit. *palė̃gȳs* ´Bettlägrigkeit´. Präfigierungen: **er-, unterliegen**; Partikelverben: **ab-, an-, aufliegen**; Konkretum: **Liege**; Kausativ: **legen**.
Nndl. *liggen*, ndn. *lie*, nschw. *ligga*, nisl. *liggja*. S. *Anliegen, Gelegenheit, Lager, Lehde, löschen*[1], *überlegen*[2], *verlegen*. − Seebold (1970), 324 f.

Liegenschaft *f. stil.* (< 19. Jh.). Gebildet in der Bedeutung ´liegendes´, im Gegensatz zu ´beweglichem´ Gut.

Liesch *n. per. fach.* ´Riedgras´ (< 10. Jh.). Mhd. *liesche f.(?)*, mndd. *lēsch, lēsk, liesk*, mndl. *liesche*; schon ahd. *lisca* und ahd. *lesc f.* Wohl entlehnt aus ml. *lisca f.*, dessen Herkunft aber nicht klar ist. Vielleicht ist die Entlehnung in umgekehrter Richtung verlaufen, wie auch bei anderen romanischen Wörtern dieser Sippe vermutet wird (it. *lisca f.* ´Hanfspelze´, frz. *laîche, laiche f.*).
Marzell 1 (1943), 827 f.

Lift *m. stil.* (< 19. Jh.). Entlehnt aus ne. *lift*, einer Ableitung von e. *lift* ´heben´, dieses aus anord. *lypta* ´in die Höhe heben, lüften´, zu anord. *lopt, loft n.* ´Luft´. S. *lüften* unter *Luft*.

Rey-Debove/Gagnon (1988), 504 f.; Carstensen 2 (1994), 824 f.

Liga *f. erw. fach.* ´Wettkampfklasse´ (< 15. Jh.). Entlehnt aus span. *liga,* zu span. *ligar* ´binden´ aus l. *ligāre* ´binden´. Das Wort kommt in Gebrauch als Bezeichnung katholischer Bündnisse. S. *legieren.*

Ligatur *f. per. fach.* ´Verbindung, Haltebogen, Buchstabenverbindung´ (< 18. Jh.). Entlehnt aus ml. *ligātūra* ´Band´, zu l. *ligāre* ´binden´ (s. *legieren*).

DF 2 (1942), 27; *LM* 5 (1991), 1977.

liieren *swV. per. fremd.* ´verbinden´ (< 18. Jh.). Entlehnt aus frz. *lier,* dieses aus l. *ligāre* (s. *legieren*). Das ebenfalls entlehnte Abstraktum *Liaison* bezeichnet eine ´Verbindung von Verliebten´.

Likör *m.* (< 18. Jh.). Entlehnt aus frz. *liqueur f.* (eigentlich ´Flüssigkeit´), dieses aus l. *liquor* ´Flüssigkeit, zu l. *liquēre* ´flüssig sein´.

S. *liquidieren.* − *DF* 2 (1942), 27 f.; K.-H. Weimann *DWEB* 2 (1963), 397; Brunt (1983), 354.

lila *Adj.* ´fliederblütenfarbig´ (< 18. Jh.). Entlehnt aus frz. *lilas m.* (älter: *lila;* auch: ´Flieder´), dieses aus span. *lila* ´Flieder´, aus arab. *līlak,* zu pers. *līlǟǧ* usw. ´Indigopflanze´, *nīlä* ´Indigo, blau´, letztlich aus ai. *nīla-* ´Dunkel, dunkelblau´, ai. *nīlī* ´Indigo´.

S. *Anilin.* − Littmann (1924), 81, 87, 124; *DF* 2 (1942), 28; Lokotsch (1975), 105.

Lilie *f.* (< 9. Jh.). Ahd. *lilia,* mhd. *lilje f./m.* ist entlehnt aus l. *lilia,* dem Plural von l. *lilium n.,* dieses wie gr. *leírion n.* aus einer Substratsprache.

Littmann (1924), 13; Cottez (1980), 226; *LM* 5 (1991), 1983 f.; Röhrich 2 (1992), 967 f.

Liliputaner *m.* ´Einwohner Liliputs, zwergwüchsiger Mensch´ (< 18. Jh.). Entlehnt aus ne. *Lilliputian,* einer Wortschöpfung von Jonathan Swift.

Ganz (1957), 129 f.; *DF* 2 (1942), 28; J. Söderlind *SN* 40 (1968), 75−79; Rey-Debove/Gagnon (1988), 507 f.

Limit *n. erw. fach.* ´Grenze, Preisrahmen´ (< 20. Jh.). Entlehnt aus ne. *limit,* dieses aus frz. *limite f.,* aus l. *līmes (limitis) m.* ´Grenzlinie, Querweg, Rain´.
Schon früher aus dem Französischen entlehnt ist die verbale Ableitung *limitieren.*

S. *eliminieren, sublim.* − Schirmer (1911); 120; *DF* 2 (1942), 28 f.; W. J. Jones *SN* 51 (1979), 264; Carstensen 2 (1994), 833 f.

Limonade *f.* (< 17. Jh.). Entlehnt aus frz. *limonade,* einer Ableitung von frz. *limon m.* ´Zitrone´, dieses aus arab. *laimûn,* aus pers. *līmūn.* Das Getränk war bis ins 19. Jh. tatsächlich Zitronenwasser; dann erst wurde die Bezeichnung verallgemeinert.

S. *Pampelmuse.* − Littmann (1924), 81; *DF* 2 (1942), 29; Lokotsch (1975), 105; Brunt (1983), 354.

Limone *f. per. fach.* ´Zitrone´ (< 14. Jh.). Entlehnt aus afrz. *limon* ´Zitrone´ (s. *Limonade*), zunächst (und später noch regional) für ´Zitrone´; heute wird zwischen Limonen und Zitronen ein sachlicher Unterschied gemacht.

Limousine *f. erw. fach.* ´geschlossenes Fahrzeug´ (< 20. Jh.). Entlehnt aus frz. *limousine m./(f.)* (ursprünglich: ´eine Art Mantel´).

Das französische Wort gehört wohl zu l. *līmōsus* ´schlammig´ als ´Schutzmantel gegen Schmutz´. − *DEO* (1982), 373.

lind *Adj. obs.* (< 8. Jh.). Mhd. *linde,* ahd. *lindi* aus wg. **lenþja-* Adj. ´geschmeidig, weich´, auch in ae. *līðe.* Auf weitere Verbreitung weisen vielleicht ndn. *lind* ´biegsam, weich, mild´ und span. port. *lindo* ´hübsch´, falls dieses aus dem Westgotischen stammt. Außergermanisch vergleichbar ist l. *lentus* ´biegsam, zäh, langsam´, das nicht weiter vergleichbar ist. Deshalb fällt die einfachere Form anord. *linr* ´weich, nachgiebig´, mhd. *lin, līn* (Form wegen schlechter Bezeugung unsicher: Länge? Genetiv *linwes?*) ´lau, matt´ auf, die besser vergleichbar ist (z. B. hat ai. *lināti* u. a. die Bedeutung ´sich anschmiegen´). Es ist deshalb nicht ausgeschlossen, daß *lind* eine Erweiterung aus diesem einfacheren Wort ist; l. *lentus* muß bei dieser Annahme wohl aus semantischen Gründen abgetrennt werden. Modifikation: **gelinde**; Verb: **lindern**.

Nndl. *gelinde,* ne. *lithe.* − I. Rosengren: *Inhalt und Struktur* (Lund 1968); Seebold (1970), 331 f.; Heidermanns (1993), 375, 383.

Linde *f.* (< 9. Jh.). Mhd. *linde,* ahd. *linta,* as. *lind(i)a* aus g. **lenþjō(n) f.* ´Linde´, auch in anord. *lind,* ae. *lind.* Das Wort bedeutet öfters auch ´Schild´, da Schilde häufig aus dem leichten Lindenholz gefertigt wurden; im Deutschen mundartlich auch *Lind* ´Bast´ und anord. *lindi m.* ´Gürtel´ (falls damit ein aus Bast geflochtener Gürtel gemeint war − hier sind aber auch andere Erklärungen denkbar). Außergermanisch steht am nächsten russ. *lút* ´Bast, Lindenrinde´ (aus **lont-*). Dies legt die Annahme nahe, daß die Linde nach ihrem weichen Bast benannt ist; dieser wiederum könnte als ´weich, biegsam´ benannt sein und das Wort somit zu l. *lentus* ´biegsam´ gehören (s. unter *lind* zu den etwas problematischen etymologischen Verhältnissen). Vermutlich gehört auch lit. *lentà* ´Brett, Tafel´ hierher (wenn ursprünglich ´Brett aus Lindenholz´).

Nndl. *linde,* ne. *linden,* nschw. *lind,* nisl. *linditré.* S. *Geländer.* − Ö. Beke *IF* 54 (1936), 119−121; *LM* 5 (1991), 1998 f.

Lindwurm *m. obs.* (< 9. Jh.). Im 18. Jh. erneuert aus inzwischen ausgestorbenem mhd. *lintwurm* (auch mhd. *lint(t)rache, lintdrache* zu *Drache*), ahd. *lindwurm,* anord. *linnormr.* Dies ist eine verdeutlichende Komposition zu anord. *linnr* ´Schlange, Drache´ (das Wort *Wurm* hat in der älteren Zeit eine weitere Bedeutung, die auch Schlangen und Drachen in sich schließt). Das einfache Wort ist wohl mit l. *lentus* ´biegsam´ zu vergleichen und gehört damit wohl zu dem Adjektiv *lind* (zur etwas problematischen Etymologie s.d.).

Nschw. *lindorm.* – *LM* 5 (1991), 2002.

Lineal *n.* (< 15. Jh.). Entlehnt aus dem substantivierten Neutrum des Adjektivs l. *līneālis* ´durch Linien charakterisiert´, zu l. *līnea* (s. *Linie*).

DF 2 (1942), 29.

-ling *Suffix* s. *-ing*.

-lings *Suffix* zur Bildung von Adverbien. Mhd. *-lingen*, ahd. *-lingun*. Die Form mit (genetivischem) *-s* ist ursprünglich niederdeutsch (mndd. *-linges*); sie greift im 16. Jh. auf das Mitteldeutsche, im 17. Jh. auf die Hochsprache allgemein über (*rücklings*, *blindlings* usw.). Der Herkunft nach handelt es sich um falsche Ablösungen von Adverbialformen des Adverbialsuffixes *-ing-*, das zum Nominalsuffix *-ing* gehört.

Linguist *f. erw. fach.* ´Sprachwissenschaftler´, früher auch ´Sprachenkenner´ (< 16. Jh.). Neoklassische Bildung zu l. *lingua* ´Zunge, Sprache´. Abstraktum: *Linguistik*; Adjektiv: *linguistisch*.

Zur germanischen Verwandtschaft s. *Zunge*. – *DF* 2 (1942), 29 f.; *HWPh* 5 (1980), 329–343; Cottez (1980), 227; G. Hammarström *FL* 18 (1984), 555 f.

Linie *f.* (< 11. Jh.). Mhd. *linie*, ahd. *linna* ist entlehnt aus l. *līnea* (eigentlich ´Leine, Schnur´, also ´gerade wie eine ausgespannte Schnur´, zu l. *līnum* *n.* ´Faden, Schnur, (eigentlich Flachs)´. Adjektive: *linear*, *-linig*; Verb: *linieren*.

S. *Pipeline*; zur germanischen Verwandtschaft s. *Lein*. – *DF* 2 (1942), 30.

link *Adj.* (< 8. Jh.). Mhd. *linc, lenc*, ahd. *lenca* ´linke Hand´ (für ´links´ noch das alte Wort *win(i)star*); regionale Varianten sind ndrhein. *slink* und fnhd. *glink* (= *gelink*). Das Wort bedeutet eigentlich ´ungeschickt´ (wie die Bezeichnungen für ´links´ überhaupt immer wieder aus diesem Bedeutungsbereich erneuert werden); vgl. hierzu *linkisch* und weiter nschw. *linka* ´hinken´ und weiter vielleicht zu dem allerdings erst spät bezeugten ai. *laṅga-* ´lahm´. Adverb: *links*.

O. Nussbaum *JACh* 5 (1962),158–171; Th. Markey *Mankind Quarterly* 23 (1982), 183–194; J. van Leeuwen-Turnovcová in: *Akten des 23. linguistischen Kolloquiums*. Hrsg. N. Reiter (Tübingen 1989), 573–585; dies.: *Links und Rechts* (Berlin 1990).

Linnen *n. obs.* (< 18. Jh.). Ursprünglich niederdeutsche Form von *Leinen*, die sich seit dem 18. Jh. im Zusammenhang mit dem überlegenen westfälischen Tuchhandel durchsetzt und heute vor allem in gehobener Sprache gebräuchlich ist.

Linoleum *n.* (< 19. Jh.). Entlehnt aus ne. *linoleum*, einer Neubildung zu l. *līnum oleum* ´Leinöl´, einem wesentlichen Bestandteil dieses Materials.

Rey-Debove/Gagnon (1988), 511.

Linse *f.* (< 9. Jh.). Mhd. *lins(e)*, ahd. *linsa*, *lins(ī)*, *linsin*. Entlehnt aus einer unbekannten Sprache, aus der auch l. *lēns (-ntis)* und die entsprechenden baltisch-slavischen Wörter kommen. Eine Entlehnung aus dem Lateinischen, die sachlich naheliegend wäre, ist wegen des Lautstands unwahrscheinlich (da normalerweise aus der Form des Obliquus entlehnt wird, und das wäre hier **lent-*). Die Bedeutung ´Brennglas´ seit dem 18. Jh. nach neoklassischem Vorbild (Bedeutungsübertragung nach der Form). Hierzu wohl **linsen** ´Ausschau halten´.

Linsengericht *n. bildg.* (< 19. Jh. übertragen gebraucht). Nach dem Linsengericht, für das Esau dem Jakob sein Erstgeburtsrecht hergab (1.Mose 25,34).

Bertsch (1947), 170–174.

Lippe *f.* (< 16. Jh.). Ursprünglich niederdeutsches Wort, das als Sprachform Luthers das ältere obd. *Lefze* verdrängt. Das Wort *Lippe* ist in den kontinentalen germanischen Sprachen erst spät bezeugt (zuerst bei Jeroschin, 14. Jh. mitteldeutsch), dann (15. Jh.) mittelniederdeutsch und mittelniederländisch, jeweils als *lippe*. Älter ae. (und afr.) *lippa* *m.* Diese setzen (g.) **lepjōn* voraus, aschw. *læpi* ein (g.) **lepōn*. Die weitere Etymologie s. unter *Lefze*.

S. auch *Schlippe*. – Röhrich 2 (1992), 968 f.

liquid *Adj. erw. fach.* ´zahlungsfähig, flüssig´ (< 17. Jh.). Entlehnt aus l. *liquidus* ´flüssig, fließend´, zu l. *liquēre* ´flüssig sein´. Verb: *liquidieren*; Abstraktum: *Liquidität*. Als Fachausdruck der Phonetik *Liquid(a)* ´Gleitlaut´.

W. Welte *IF* 86 (1981), 146–160.

liquidieren *swV. erw. fach.* ´Geschäft auflösen, zu Geld machen, hinrichten´ (< 16. Jh.). Entlehnt aus spl. *liquidāre* und it. *liquidare*, zu l. *liquidus* ´flüssig´, zu l. *liquēre* ´flüssig sein´. Ein Geschäft wird aufgelöst, indem es in ´flüssige Mittel´ verwandelt wird. Die Bedeutung ´beseitigen, hinrichten´ ist aus ´auflösen´ spezialisiert. Abstraktum: *Liquidation*.

S. *Likör*. – Schirmer (1912), 120 f.; *DF* 2 (1942), 30 f.; W. J. Jones *SN* 51 (1979), 264.

lismen *swV. per. schwz.* ´stricken´ (< 15. Jh.). Fnhd. *lismen*; gehört offenbar zu *lesen*, da anord. *lesa* ´herstellen bunter Gewänder´ bedeutet (Maschen lesen = stricken?). Das *m* wohl unter Einfluß des Wortes *Faden*, mhd. *vadem, vaden*.

W. Mohr *ZDA* 75 (1938), 237.

lispeln *swV.* (< 15. Jh.). Fnhd. *lispeln*, Erweiterung zu ahd. *lispēn*; entsprechend ae. *wlispian*. Zu ae. *wlisp, wlips* ´stammelnd´. Wohl ein Lautbild. Mit anderem Vokal (Ablaut?) nschw. *läspa* ´lispeln´.

Nndl. *lispen*, ne. *lisp.* – Seebold (1970), 685.

List *f.* (< 9. Jh.). Mhd. *list*, ahd. *list* (auch *m.*) aus g. **listi- f.*, auch in gt. *lists*, anord. *list*, ae. *list f./m.* Verbalabstraktum zu dem unter *lehren* und *lernen* behandelten Verbalstamm (g.) **lais-* ʿwissen, (lernen, erkennen)ʾ. Das Wort bedeutet ursprünglich ʿGeschicklichkeitʾ. Adjektiv: **listig**; Präfixableitung: **überlisten**; Partikelableitung: **ablisten**.

Nndl. *list*, nschw. *list*, nisl. *list*. − J. Trier *MUM* 3 (1931), 33−40; F. Scheidweiler *ZDA* 78 (1941), 62−87; G. Hermans: *List* (Diss. masch. Freiburg 1953); W. Sanders in *FS J. Goossens* (1990), 107−118.

Liste *f.* (< 16. Jh.). Entlehnt aus it. *lista*, zunächst in der italienischen Form mit *-a*. Das italienische Wort stammt seinerseits aus ahd. *lîsta* ʿLeisteʾ und bedeutet eigentlich ʿstreifenförmig, leistenförmig geschriebene Aufzählungʾ.

DF 2 (1942), 31; Jones (1976), 395.

Litanei *f. erw. fach.* ʿBittgebet, monotone Aufzählungʾ (< 12. Jh.). Mhd. *letanîe* ist entlehnt aus kirchen-l. *litanîa* ʿBittgebet, Flehenʾ, dieses aus gr. litaneía, über gr. *litaínō* und gr. *litaneúō* zu gr. *lissesthai* ʿbitten, flehenʾ.

S. *Liturgie*. − *DF* 2 (1942), 32; *LM* 5 (1991), 2010 f.

Liter *n./m.* (< 19. Jh.). Mit dem Hohlmaß entlehnt aus frz. *litre m.*, das über ml. *litra f.* aus gr. *litra f.* ʿPfundʾ stammt. Dieses ist aus der gleichen Sprache entlehnt, die auch l. *lîbra f.* ʿWaage, Pfundʾ geliefert hat. 1868 amtlich eingeführt.

S. *nivellieren*. − *DF* 2 (1942), 32; L. Deroy *ECl* 43 (1975), 45−58 (Erklärung als etruskisch).

Literatur *f.* (< 16. Jh.). Entlehnt aus l. *litterātūra* ʿSchrift, Buchstabenschrift, Sprachkunst, Sprachwissenschaft, Sprachunterrichtʾ, zu l. *littera (Pl. litterae)* ʿBuchstabe, Schriftzüge, Aufgezeichnetesʾ, zu l. *linere (litum)* ʿbestreichenʾ. Lehnübersetzung von gr. *grammatikḗ (téchnē)* ʿGrammatikʾ, bezogen auf die Bedeutung ʿPhilologieʾ, die in den beiden Wörtern verschieden weiterentwickelt wurde. Adjektiv: **literarisch**; Täterbezeichnung: **Literat**. S. *Letter*.

DF 2 (1942), 32−35; *Brisante Wörter* (1989), 651−657.

Litfaßsäule *f. obs.* (< 19. Jh.). Der Buchdrucker Ernst *Litfaß* stellte im Jahr 1855 die erste Plakatsäule auf. Nach ihm wurden dann die Plakatsäulen allgemein benannt.

Liturgie *f. erw. fach.* (< 17. Jh.). Entlehnt aus kirchen-l. *liturgia*, dieses aus gr. *leitourgía* ʿStaats-, Dienstleistung, Liturgieʾ, zu gr. *lēiton* ʿGemeindehaus, Stadthausʾ (s. *Laie*) und gr. *érgon n.* ʿArbeit, Dienstʾ (s. *Energie*).

S. *Litanei*. − A. N. Terrin: *Leitourgía* (Brescia 1988); *LM* 5 (1991), 2026−2032.

Litze *f. erw. fach.* (< 14. Jh.). Spmhd. *litze*. Entlehnt aus l. *lîcium n.* ʿFadenʾ.

live *Adv. erw. fremd.* ʿdirekt, gegenwärtigʾ (< 20. Jh.), auch *life* geschrieben. Entlehnt aus ne. *live*,

zu e. *life* ʿLebenʾ. Zur deutschen Verwandtschaft s. *Leib, Leben*.

Carstensen 2 (1994), 836 f.

Livree *f. obs.* ʿuniformartige Bekleidung für Bediensteteʾ (< 14. Jh.). Entlehnt aus frz. *livrée*, zu frz. *livrer* ʿliefernʾ, aus spl. *liberāre* ʿausliefernʾ, aus l. *lîberāre* ʿlosmachen, befreienʾ, zu l. *lîber* ʿfreiʾ. So bezeichnet als ʿdie vom Dienstherrn gestellte Kleidungʾ.

S. *liberal*. − E. Öhmann *NPhM* 41 (1940), 35 f.; *DF* 2 (1942), 35 f.; E. Öhmann *NPhM* 63 (1962), 228−230; Jones (1976), 399.

Lizenz *f. erw. fach.* ʿGenehmigungʾ (< 15. Jh.). Entlehnt aus l. *licentia*, einer Ableitung von l. *licet* ʿes ist erlaubt, man darfʾ.

Schirmer (1911), 121; *DF* 2 (1942), 37.

Lob *n.* (< 9. Jh.). Mhd. *lop m./n.*, ahd. *lob*, as. *lof* aus g. **luba- n.* ʿLobʾ, auch in anord. *lof*, ae. *lof m./n.*, afr. *lof*. Daneben das Verb g. **lub-ō- swV.* ʿlobenʾ in ahd. *lobēn, lobōn*, mhd. *loben*, as. *lobon*, afr. *lovia*, ae. *lofian*, anord. *lofa*. Das Ableitungsverhältnis zwischen den beiden ist nicht sicher zu bestimmen. Vermutlich zu der Sippe von *Laub*, wobei an Zweige als Zeichen des Lobes und der Ehrung zu denken ist. Außergermanisch entspricht semantisch ursprünglich am genauesten lit. *liaupsḗ f.* ʿLobliedʾ, lit. *liáupsinti* ʿlobpreisenʾ (die Annahme, daß diese Wörter aus d. *lobsingen* entlehnt und gekürzt sind, ist weniger wahrscheinlich). Präfigierungen: **ge-, verloben**; Adjektiv: **löblich**.

Nndl. *lof, loven*, nschw. *lov, lova*, nisl. *lof, lofa*. S. *geloben, Laub, Lied, verloben*. − D. Wierscinski *ZDPh* 84 (1965), 76−100.

Lobby *f. erw. fach.* ʿWandelhalle; Interessengruppeʾ (< 20. Jh.). Entlehnt aus ne. *lobby*, das über mittellateinische Vermittlung zurückgeht auf andfrk. **laubja* ʿLaubengangʾ (s. *Laube*). Die metonymische Bedeutung kommt davon, daß in den Wandelhallen des Parlaments die Interessengruppen Einfluß auf die Abgeordneten zu nehmen suchen.

S. *Loge*. − Röhrich 2 (1992), 969; Rey-Debove/Gagnon (1988), 517 f.: Carstensen 2 (1994), 841 f.

lobhudeln *swV. stil.* ʿübertrieben lobenʾ (< 18. Jh.). Im Westmitteldeutschen aufgekommen. Am ehesten ausgegangen von *Lobhudelei* im Sinne von ʿein liederliches Lobʾ, oder zu *hudeln* ʿplagenʾ als ʿdurch Lob plagenʾ im Anschluß an Bildungen wie *lobsingen*. S. *Hudel* zur weiteren Etymologie und *Lob*.

F. Kluge *ZDW* 7 (1906), 40−43.

Loch *n.* (< 8. Jh.). Mhd. *loch*, ahd. *loh* ʿLoch, Öffnung, Höhleʾ aus g. **luk -a- n.* ʿSchluß, Verschlußʾ, auch in afr. *lok* ʿSchloßʾ, ae. *loc* ʿVerschlußʾ, anord. *lok* ʿEnde, Schlußʾ, gt. *uslûk* ʿEröffnungʾ. Abstraktum zu g. **lûk-a- stV.* ʿverschließenʾ

in gt. *-lūkan*, anord. *l(j)úka*, ae. *lūcan*, afr. *lūka*. Außergermanisch besteht keine brauchbare Vergleichsmöglichkeit. *Loch* ist also ursprünglich ein verschließbares Loch, dann hat es seine Bedeutung stark verallgemeinert. Verb: *lochen*; Adjektiv: *löcherig*.

Ne. *lock*, nisl. *lok*. S. *Luke, Lücke*. − J. Koivulehto: *Jäten* (Helsinki 1971), 13−24 (auch zur Entlehnung ins Finnische); Röhrich 2 (1992), 969−972.

Locke *f.* (< 8. Jh.). Mhd. *loc*, ahd. *loc m.*, as. *lok* aus g. **lukka- m.* ʹLockeʹ, älter ʹLaubbüschel, Büschelchen u.ä.ʹ, auch in anord. *lokkr*, ae. *locc*, afr. *lokk*. Das Femininum ist erst neuhochdeutsch aus dem Plural zurückgebildet. Auszugehen ist von der Bedeutung ʹ(Laub)Büschelʹ, die sich ihrerseits als ʹdas Abgerupfteʹ oder ʹdas Abzurupfendeʹ erklärt, wie in gr. *lýgos f./(m.)* ʹZweig, Ruteʹ, ae. *lūcan* ʹjätenʹ, ahd. *arliohhan* ʹausreißenʹ, lit. *láužti* ʹbrechenʹ, ai. *rujáti* ʹbrichtʹ. Wohl wurzelverwandt mit den unter *Laub* behandelten Zusammenhängen. Adjektiv: *lockig*.

Nndl. *lok*, ne. *lock*, nschw.*(kår)lock*, nisl. *lokkur*. S. *Lauch*. − Seebold (1970), 338 f.; Trier (1981), 168−170.

locken *swV.* (< 8. Jh.). Mhd. *locken*, ahd. *lokōn*, auch mhd. *lücken, lucken*, ahd. *lucchen* aus g. **lukk-ō- swV.* ʹlockenʹ, auch in anord. *lokka*, ae. *loccian*. Zu *Locke*, älter *lock* ʹLaubbüschelʹ, so daß sich für *locken* als Ableitung aus diesem die Ausgangsbedeutung ʹ(das Vieh) mit einem Laubbüschel lockenʹ ergibt. Präfigierung: *verlocken*.

Nndl. *lokken*, nschw. *locka*, nisl. *lokka*. − Trier (1963), 154−160; (1981), 168−170.

löcken *swV.* s. *lecken²*.

locker *Adj.* Erst frühneuhochdeutsch als *locker, lucker, luck*. Herkunft unklar. Vielleicht zu *Lücke*. Verb: *lockern*.

Röhrich 2 (1992), 972.

Loddel *m. per. reg.* ʹZuhälterʹ (< 20. Jh.). Wohl Rückbildung aus *loddeln, loddern* ʹmüßig gehen, schwanken, wackelnʹ. Zu einer schwer abgrenzbaren Sippe, die unter *lottern, liederlich* und (mit *s* mobile) *schleudern²* besprochen wird.

Lode *f. erw. reg.* ʹSchößlingʹ (< 15. Jh.). Niederdeutsche Form zu obd. *Lote*, mhd. *sumerlate* und unter Einfluß von *Latte sumerlatte*, as. *sumarloda*. Zu g. **leud-a- stV.* ʹwachsenʹ in gt. *liudan*, anord. *PPrät. loðenn*, ae. *lēodan*, as. *liodan*, ahd. *liotan*; außergermanisch vergleicht sich vor allem ai. *ródhati* ʹwächstʹ. Ein Zusammenhang mit der unter *Laub* behandelten Grundlage ist möglich, wenn nominales (ig.) **(e)leu-* ʹZweig, Sprößlingʹ zugrunde gelegt wird. Dies wäre einerseits ʹdas Abgerupfteʹ, andererseits der Wiederausschlag an den Pflanzen, und **(e)leu-dʰ-* wäre ʹAusschlag hervorbringen, ausschlagenʹ. Zu weiterem s. *Leute*.

S. auch *ausladend, Loden, lodern*. − J. Trier in: *FS Arnold* (1955), 260 f.; Trier (1963), 179−183.

Loden *m. obs.* ʹgrober Wollstoffʹ (< 10. Jh.). Mhd. *lode*, ahd. *lodo, ludo*, as. *lotho* aus g. **luþōn m.* ʹLodenʹ, auch in anord. *loði*, ae. *loða*, afr. *lotha*. Wohl dasselbe wie *Lode(n) m.* ʹZotte, Flockeʹ, bairisch und ostmitteldeutsch auch ʹHaareʹ und letztlich wohl von der gleichen Grundlage wie *Lode* (vielleicht Bedeutungsübertragung). S. *liederlich*.

lodern *swV.* (< 15. Jh.). Zunächst bei niederdeutschen und mitteldeutschen Schriftstellern bezeugt. Vergleichbar ist westfäl. *lodern* ʹüppig wachsenʹ, das zu *Lode* gehört. Der Verbreitung dieser Bedeutungsübertragung war vermutlich die Lautähnlichkeit des Wortes *Lohe* günstig.

Löffel¹ *m.* (Teil des Bestecks) (< 9. Jh.). Mhd. *leffel*, ahd. *leffil, lepfil*, as. *lepil* aus vd. **lapila- m.* ʹLöffelʹ. Instrumentalbildung zu g. **lap-* ʹlecken, schlürfenʹ in ahd. *laffan stV.*, ae. *lapian swV.*, nisl. *lepia swV.* Außergermanisch vergleichen sich l. *lambere* ʹleckenʹ und akslav. *lobъzati* ʹküssenʹ. Das nhd. *ö* beruht auf sekundärer Rundung. Verb: *löffeln*.

Nndl. *lepel*. S. *labbern, Laffe, läppern, schlabbern*. − Lühr (1988), 370; *LM* 5 (1991), 2070; Röhrich 2 (1992), 973 f.

Löffel² *m. erw. fach.* ʹOhr des Hasenʹ (< 13. Jh.). Mhd. *leffel*. Wohl keine Bedeutungsübertragung von *Löffel¹*, sondern eine eigene Bildung, die zu *laff* ʹschlaffʹ, mhd. *erlaffen* ʹerschlaffenʹ gehört. Vgl. auch mndd. *örlepel* ʹOhrläppchenʹ.

Seebold (1970), 323 f.; E. P. Hamp in: *A linguistic happening*. Ed. L. Arbeitman (Louvain-la-Neuve 1988), 501−504; Röhrich 2 (1992), 973 f.

löffeln *swV. arch.* ʹpoussierenʹ (< 16. Jh.). Gebildet zu heute nicht mehr gebräuchlichem *Löffel* ʹverliebter Narrʹ, das zu *Laffe* gehört. Vgl. noch *Rotzlöffel*.

Log *n. per. fach.* ʹGerät zur Bestimmung der Geschwindigkeit eines Schiffsʹ (< 18. Jh.). Entlehnt aus ne. *log*, das eigentlich ʹStamm, Klotzʹ bedeutet. Das Gerät besteht aus einer mit einem Klotz beschwerten Knotenschnur, die man von einer Handrolle ablaufen ließ. Daher auch ʹdas Schiff läuft so und so viel Knotenʹ.

Logarithmus *m. erw. fach.* (< 17. Jh.). Neubildung des englischen Mathematikers Napier zu gr. *lógos* ʹWort, Rechnungʹ (s. *Logik*) und gr. *arithmós* ʹZahlʹ (s. *Arithmetik*).

Schirmer (1912), 43; *DF* 2 (1942), 38; Ganz (1957), 132; Rey-Debove/Gagnon (1988), 521.

Loge *f. erw. fach.* (< 17. Jh.). Entlehnt aus frz. *loge*, dieses aus afrz. *loge*, dessen Herkunft unklar ist, da zwei nicht ohne weiteres vereinbare Bedeutungen (ʹNische zum Aufenthaltʹ − ʹWohnungʹ) zusammenkommen. Die Bedeutung ʹgeheime Vereinigungʹ nach e. *lodge* desselben Ursprungs; so bezeichnet als ʹGruppe von Menschen, die sich an einem geheimen Versammlungsort treffenʹ. Schon im

13. Jh. als *lotsche* in der Bedeutung ʼZelt, Heerlager, Tribüneʼ entlehnt. Zur zweiten Bedeutung das Verb **logieren** und das veraltete *Logis*.

Die Bedeutung ʼNischeʼ ist mindestens mitbestimmt durch ml. *logium* ʼTribüne, Rednerpultʼ aus gr. *logeĩon*; die Bedeutung ʼWohnungʼ wohl aus andfrk. **laubja* ʼHäuschenʼ. S. *Loggia, Laube, Lobby*. – *DF* 2 (1942), 38; Ganz (1957), 132 f.; *DEO* (1982), 375; Brunt (1983), 335; *LM* 5 (1991), 2070.

-loge *Suffix* zur Bildung von desubstantivischen Personenbezeichnungen ʼWissenschaftler, Kundigerʼ (z. B. *Ethnologe, Graphologe*). Es wurde zunächst mit den Ableitungen auf *-logie* aus dem Griechischen und Lateinischen entlehnt; sein Ursprung ist gr. *-lógos*, l. *-logus* in Zusammensetzungen mit gr. *lógos* ʼVernunft, Rede, Wortʼ, z. B. gr. *theológos*, ursprünglich ʼder Mythen (von den Göttern) berichtetʼ (zu gr. *theós* ʼGottʼ), dann ʼPhilosoph, Theologeʼ. Bereits griechische Bildungen sind (mit teilweise stark abweichender Bedeutung) *Biologe, Archäologe (-ie), Theologe*. Anders gebildet ist *Philologe, Philologie*. Danach neoklassische Bildungen, bei denen eigentlich die Wissenschaftsbezeichnung als primär empfunden wird.

S. *Logik*. – Richter (1981), 161–164; W. Rettig in *Deutsche Lehnwortbildung*. Hrsg. G. Hoppe u. a. (Tübingen 1987), 157–170.

Loggia *f. per. fach.* ʼoffener, überdachter Raumʼ (< 17. Jh.). Entlehnt aus it. *loggia* ʼBogenhalleʼ; zu dessen Herkunft s. *Loge*.

DF 2 (1942), 38.

-logie *Suffix* zur Bildung von desubstantivischen Substantiven mit der Bedeutung ʼWissenschaft von, Lehre vonʼ (z. B. *Biologie, Graphologie*). Es handelt sich ursprünglich um Abstrakta auf gr. *-logía* zu Nomina agentis auf *-loge*, gr. *-logos*; dann kamen auch neoklassische Bildungen mit dem kombinierten Suffix vor.

S. *Logik*. – Cottez (1980), 229 f.; W. Hübner: *Die Begriffe Astronomie und Astrologie* (Mainz 1989), 10–13.

Logik *f.* (< *15. Jh., Form < 16. Jh.). Mhd. *lõicã, lõic, lõike* ist entlehnt aus l. *logica*, dieses aus gr. *logikḗ (téchnē)* ʼDialektikʼ, einer flektierten Form von gr. *logikós* ʼdie Vernunft betreffendʼ, zu gr. *lógos m.* ʼVernunft, Wort, Reden (usw.)ʼ, zu gr. *légein* ʼlesen, zählen, sagenʼ. Später nach der ursprünglichen Form erneuert. Adjektiv: *logisch*.

Das zugrundeliegende gr. *légein* bedeutet zunächst ʼlesen, auflesenʼ und ist verwandt mit l. *legere* (s. *Legende*); dann ʼzählen, aufzählenʼ und ʼerzählen, reden, sagenʼ. Zu seiner Normalstufe gehört in der Ausgangsbedeutung *eklektisch* und *Dialekt, Dialektik*, in der abgeleiteten Bedeutung *Lexikon, Lexem*. Besonders produktiv sind die Bildungen mit dem Abstraktum gr. *lógos* ʼWort, Rede, Rechnung, Vernunft, Verhältnisʼ: Zur Ausgangsbedeutung *Anthologie* und *Katalog*; zu ʼRechnung u.ä.ʼ *Logik, analog* und *Logarithmus*; zu ʼRedeʼ *Dialog, Epilog, Monolog, Nekrolog, Prolog, Trilogie* und *Apologie*; zu verschiedenen Bedeutungen die Wissenschaftsbezeichnungen auf *-logie* mit den

Nomina agentis auf *-log(e)*. – *DF* 2 (1942), 39 f.; *HWPh* 5 (1980), 357–383; Richter (1981), 161–164; *LM* 5 (1991), 2071–2077.

Logis *n. s. Loge.*

Loh *m./n. arch.* ʼHainʼ (< 10. Jh.); auch in Ortsnamen. Mhd. *lõ(ch)*, ahd. *lõh m.*, mndd. *lo m.* aus g. **lauha- m.* ʼHain, Lichtungʼ, auch in anord. *ló f.* ʼEbeneʼ (*Oslo* ʼAsenhainʼ), ae. *lẽah m.* ʼWald, Wieseʼ. Dieselbe Bedeutungsverschiedenheit zeigt sich in dem vorausliegenden ig. **louko- m.*: ai. *lokám.* ʼfreier Raum, Platzʼ, lit. *laũkas m.* ʼfreies Feldʼ, l. *lũcus m.* ʼHainʼ. Weitere Herkunft unklar.

Trier (1952), 114–125.

Lohe[1] *f. obs.* ʼFlammeʼ (< 9. Jh.). Mhd. *lohe m.*; häufiger ist die Form mit grammatischem Wechsel mhd. *louc*, ahd. *loug, louc, laug*, as. *lõgna*, afr. *loga*, ae. *līg, lẽg*, anord. *leygr*. Zu der unter *licht* entwickelten Wurzel (ig.) **leuk-* ʼleuchtenʼ. Verb: *lohen*. S. *lichterloh, Waberlohe*.

Lohe[2] *f. per. fach.* ʼGerbemittelʼ (< 12. Jh.). Mhd. *lõ (-wes) n.*, ahd. *lõ n.*, mndd. *lo(we)*, mndl. *lo(o) n.* Ursprünglich ʼabgelöste Baumrindeʼ zu dem unter *Laub* behandelten Wort für ʼabreißen, abschälenʼ. Eine Erweiterung hierzu ist *Lauge*, bei dem sich allerdings eine Berührung mit der ursprungsverschiedenen Wurzel (ig.) **louǝ-* ʼwaschen, badenʼ zeigt.

Trier (1952), 131–136.

Lohn *m.*, älter *n.* (< 8. Jh.). Mhd. *lõn*, ahd. *lõn*, as. *lõn* aus g. **launa- n.* ʼLohnʼ, auch in gt. *laun*, anord. *laun f./n.*, ae. *lẽan*, afr. *lãn*. Von einer entsprechenden Grundlage auch l. *lucrum n.* ʼGewinnʼ (s. *lukrativ*), gr. *leía* ʼJagdbeuteʼ, akslav. *lovŭ* ʼJagd, Fangʼ, air. *lõg* ʼLohn, Preisʼ. Eine verbale Grundlage in gr. *apolaúein* ʼgenießenʼ. Das semantisch genau entsprechende ai. *lóta-, lótra-* ʼBeuteʼ scheint ein sanskritisiertes mittelindisches Wort zu sein, das auf ai. *lóptra-* zurückgeht; es kann deshalb allenfalls wurzelverwandt sein (ig. **lup-*). Verben: *lohnen, löhnen*.

Nndl. *loon*, nschw. *lön*, nisl. *laun*. – Benveniste (1969/1993), 132 f.; *HWPh* 5 (1980), 503–521; Th.L. Markey in: *When Worlds Collide*. Hrsg. Th.L. Markey, J. A. C. Greppin (Ann Arbor 1990), 345–362; *LM* 5 (1991), 2084–2088; Sousa-Costa (1993), 206–208.

Loipe *f. per. fach.* ʼgebahnte Spur für Skilanglaufʼ (< 20. Jh.). Entlehnt aus nnorw. (nynorsk) *løipe*, zum gleichlautenden Verb, das ein Kausativ zu dem Verb für ʼlaufenʼ ist. So bezeichnet wurde ursprünglich der Weg im Schnee, über den gefällte Bäume geschleppt wurden.

R. Hinderling *BN* 3 (1977), 355.

lokal *Adj.* (< 18. Jh.). Entlehnt aus frz. *local*, dieses aus spl. *locãlis*, zu l. *locus* ʼOrt, Platz, Stelleʼ. Substantivierung: *Lokal*; Verb: *lokalisieren*.

S. *Couch, kusch, kuscheln, Leutnant, Milieu*. – *DF* 2 (1942), 40–42.

Lokativ *m. per. fach.* ʿKasus der Ortsangabeʾ (< 19. Jh.). Von J. Grimm gebildet zur Bezeichnung eines Kasus slavischer Sprachen in formaler Anlehnung an alte Kasusbezeichnungen wie *Nominativ*. Älteres **Lokalis** setzt sich nicht durch.

Lokomotive *f.* (< 19. Jh.). Entlehnt aus ne. *locomotive (engine)*, dieses aus *loco motīvum*, des Vermögens der Bewegung, eine der Seelenkräfte nach Aristoteles (*tò kinētikòn katà tópon*). Zu l. *locus m.* ʿOrt, Platz, Stelleʾ und l. *movēre (mōtum)* ʿbewegenʾ (s. *Promotion*).

E. Lerch *SN* 12 (1939/40), 210−236; *DF* 2 (1942), 42; Krüger (1979), 175−184, 331−335 u.ö.; Rey-Debove/Gagnon (1988), 519 f.

Lokus *m. erw. stil.* ʿOrt, Abortʾ (< 17. Jh.). In der Schülersprache übernommen aus der verhüllenden lateinischen Bezeichnung *locus necessitatis* ʿOrt der Notdurftʾ.

DF 2 (1942), 42.

Lolch *m. per. fach.* ʿSchwindelhaferʾ (< 12. Jh.). Mhd. *lul(li)ch, lulche*, ahd. *lolli* (mhd. *ch* ist aus *j* entwickelt). Entlehnt aus l. *lolium n.* ʿSchwindelhafer, Trespeʾ.

Lomber *n. per. fach.* (ein Kartenspiel) (< 17. Jh.). Die Bezeichnung kommt aus dem Französischen ins Deutsche (*l'ombre*), stammt aber aus dem Spanischen (*hombre m.* ʿMenschʾ − gemeint ist der Hauptspieler, der gegen die anderen spielt − aus l. *homo m.* ʿMenschʾ).

DF 2 (1942), 43).

Look *m. per. fremd.* ʿAussehen, Modeerscheinungʾ (< 20. Jh.). Entlehnt aus ne. *look*, zu e. *look* ʿschauen, aussehenʾ. Zur Herkunft s. *lugen*.

Carstensen 2 (1994), 848−850.

Looping *n./m. per. fach.* ʿdas vertikale Kreisen eines Flugkörpersʾ (< 20. Jh.). Entlehnt aus ne. *looping*, zu e. *loop* ʿkreisenʾ, zu e. *loop* ʿReifen, Ringʾ.

Rey-Debove/Gagnon (1988), 524; Carstensen 2 (1994), 850 f.

Lorbaß *m. per. ondd.* ʿTaugenichtsʾ (< 20. Jh.). Entlehnt aus lit. *liùrba, liùrbis*, lett. *ļuřba, ļuřbis* ʿTolpatschʾ, dessen Herkunft umstritten ist.

Lorbeer *m.* (< 9. Jh.). Mhd. *lōrber n./f.*, ahd. *lōrber(i) n.* Zusammengesetzt aus *Beere* und ahd. *lōr* wie in mhd. *lōrboum*. Das Vorderglied ist entlehnt aus l. *laurus f.*, das seinerseits aus einer unbekannten Sprache entlehnt ist. Das neuhochdeutsche Genus wie mhd. *lōrboum, lorberboum*, danach Verdunkelung des Zusammenhangs mit *Beere*.

Lorch *m.* s. *Lurch*.

Lorchel *f. per. fach.* ʿschwarzer Pilzʾ (< 18. Jh.). Zunächst als *Lork* bezeugt. Dies ist eine Übertragung aus einem regionalen (ostfälischen) Wort für ʿKröteʾ (wegen des Aussehens). Die Endung durch sekundäre Angleichung an *Morchel*.

Lore *f. obs.* ʿoffener Eisenbahngüterwagenʾ (< 19. Jh.). Entlehnt aus ne. *lorry*, dessen Herkunft unklar ist.

Rey-Debove/Gagnon (1988), 526.

Lorgnette *f. per. fach.* ʿmit Stiel versehene Brilleʾ (< 18. Jh.). Entlehnt aus frz. *lorgnette* (ʿAugenglas zum Sehen auf die Seiteʾ), zu frz. *lorgner* ʿanschielenʾ, zu afrz. *lorgne* ʿschielendʾ, zu andfrk. **lōrni* ʿfinster blickend, niedergeschlagenʾ. Der Bedeutungswandel im Altfranzösischen wohl durch volksetymologische Anlehnung an afrz. *borgne* ʿschielend, blindʾ. Eine andere Form ist **Lorgnon**.

DF 2 (1942), 43 f.

Los *n.* (< 8. Jh.). Mhd. *lōz n./(m.)*, ahd. *(h)lōz m./n.*, as. *hlōt* aus g. **hlauti- m.* ʿLosung, Losʾ, auch in gt. *hlauts* ʿLos, Anteil, Erbschaftʾ, ae. *hlȳt* ʿLos, Schicksalʾ. Die anord. Entsprechung *hlaut* ist nur relikthaft belegt und offenbar mit einem anderen Wort, das ʿ(Opfer)Blutʾ bedeutet, zusammengefallen. Es scheint ein Femininum zu sein. Das althochdeutsche/altsächsische Wort ist ein *a*-Stamm und teilweise Neutrum; das Neutrum hat sich im Deutschen dann durchgesetzt. *Los* ist die Ableitung von g. **hleut-a- st.V.* ʿlosen*ʾ in anord. *hljóta* ʿerlangen, zuteil werden, erhaltenʾ, ae. *hlēotan*, as. *hliotan* ʿerlosen, erlangenʾ, ahd. *liozan*. Das Wort hat keine klaren außergermanischen Entsprechungen. Vielleicht gehört es zu lit. *kliudýti* ʿanstoßen, treffen, hindernʾ, das ein Intensivum zu lit. *kliúti* ʿhängenbleiben, anstoßen, hindernʾ ist und akslav. *ključiti sę* ʿpassen, zutreffenʾ, aber die Bedeutungsverhältnisse sind nicht ausreichend klar.

S. *Lotterie*. − Seebold (1970), 264 f.

los *Adj.* (< 9. Jh.). Mhd. *los*, ahd. *los*, as. *lōs* aus g. **lausa- Adj.* ʿlos, freiʾ, auch in gt. *laus*, anord. *lauss*, ae. *lēas*. Im Deutschen und Englischen daneben die Bedeutung ʿfalsch, verworfenʾ. Es handelt sich um eine Ableitung aus einem Verbum, das ʿlösenʾ bedeutet haben muß, das aber nur noch präfigiert als *verlieren* im Germanischen erhalten ist. Eine schon alte Ableitung ist **lösen**, gt. *lausjan*, anord. *leysa*, ae. *līsan, lȳsan*, afr. *lēsa*, as. *lōsian*, ahd. *lōsen*. Als zweiter Bestandteil von Kompositionen ist *-los* in der Gegenwartssprache zu einem Suffixoid (mit naheliegender Funktion) geworden.

Nndl. *loos*, ne. *-less*, nschw. *lös*, nisl. *laus*. S. *löschen*[2]. − Heidermanns (1993), 366 f.

löschen[1] *st.V./sw.V.* 1) *st.V.* erlöschen. Mhd. *(er)leschen*, ahd. *(ir)lescan, (ir)lescan*, as. *leskan*, afr. *bileska*. Herkunft unklar. Vielleicht Weiterbildung zu *liegen* als ʿsich legenʾ. 2) Kausativum zu diesem: *löschen*, mhd. *leschen*, ahd. *lesken*, as. *aleskian*. Zusammenfall im Präsens und unregelmäßige Rundung.

Nndl. *lessen*. − Seebold (1970), 333.

löschen[2] *sw.V. erw. fach.* ʿFrachtgüter ausladenʾ (< 18. Jh.). Übernommen aus ndd./nndl. *lossen*

´lösen´ in einer regionalen Variante *lessen*, deshalb Umsetzung gemäß dem gleichlautenden *löschen*.

Kluge (1911), 548 f.

losen *swV. per. obd.* ´hören´ (< 9. Jh.). Mhd. *losen*, ahd. *(h)losēn*. Hierzu g. **hlus-ti- f.* ´Gehör´ in anord. *hlust* ´Ohr´, ae. *hlyst*, as. *hlust*. Außergermanisch vergleichen sich akslav. *slyšati*, toch. A. *klyos-*, toch. B. *klyaus-* und mit abweichendem Anlaut lit. *klausýti*, alle ´hören´, air. *clúas*, kymr. *clūst* ´Ohr´. Zu der unter *Leumund* dargestellten Wurzel ig. **kleu-* ´hören´. Nach Bammesberger ist *losen* von ahd. *hlos* abgeleitet, das seinerseits aus g. **hlusti-* abstrahiert wäre.

S. *lauschen, laut.* – A. Bammesberger *ZVS* 82 (1968), 298–303.

Löß *m. per. fach.* ´besondere, fruchtbare Erde´ (< 19. Jh.). Die Bezeichnung wurde 1823 von dem Geologen K. C. vLeonhard eingeführt. Er nennt als gleichbedeutend **Lösch**, das einem schweizerischen Mundartwort für ´locker (vom Boden)´ entspricht. Der Grund für die Umformung zu *Löß* ist nicht klar.

H. Quiring *ZDG* 88 (1936), 250 f.

Losung[1] *f.* ´Erkennungswort´ (< 15. Jh.). Fnhd. *lozunge, losunge*, entsprechend mndd. *lose*, mndl. *lose, loeze* u.ä. Herkunft nicht ausreichend klar. Ähnliche Bedeutungen gibt es auch bei *Los*, so daß wohl ein Bedeutungsübergang von ´markiertes Zeichen´ zu ´Erkennungszeichen´ anzusetzen ist.

Losung[2] *f. per. fach.* ´Kot des Wildes´ (< 16. Jh.). Zu jägersprachlichem *lösen, losen* im Sinn von ´(den Kot) loslassen´. Die umlautlose mitteldeutsche Form hat sich gegenüber dem ebenfalls bezeugten *Lösung* durchgesetzt.

Lot *n. erw. fach.* ´Lötmetall, Meßblei´ (< 13. Jh.). Mhd. *lōt*, mndd. *lōt, lode*, mndl. *loot* aus wg. **lauda- n.* ´Blei´, auch in ae. *lēad*, afr. *lād*. Die Bedeutungsspezialisierung im Deutschen erst mit der Verdrängung des Wortes durch *Blei n.* Außergermanisch vergleicht sich kymr. *lúaide m.*, das wohl auf **ploudjā* ´fließendes (Metall)´ zurückzuführen ist. Falls diese Annahme zutrifft, muß das germanische Wort aus dem Keltischen entlehnt sein. Verb: *loten.*

Nndl. *lood*, ne. *lead*. S. auch *löten.* – Schirmer (1912), 45.

Lote *f.* s. *Lode.*

löten *swV.* (< 13. Jh.). Mhd. *læten*. Abgeleitet von *Lot* ´Blei´, weil zunächst mit diesem Metall gelötet wurde.

Lotion *f. per. fach.* ´Reinigungs- und Pflegeflüssigkeit für die Haut´ (< 20. Jh.). Entlehnt aus ne. *lotion*, dieses aus frz. *lotion*, aus l. *lōtio (-ōnis)* ´Waschen, Baden´, zu l. *lavāre (lōtus)* ´waschen, baden´. S. *Lavabo.*

Carstensen 2 (1994), 852 f.

Lotos *m. erw. exot.* (eine Seerosenpflanze) (< 18. Jh.). Entlehnt aus gleichbedeutend l. *lōtos, lōtus f.*,

dieses aus gr. *lōtós*, das wohl aus einer Substratsprache kommt. So bezeichnet wurden verschiedene, teils auch märchenhafte, Pflanzen.

Lotse *m.* (< 17. Jh.). Gekürzt aus etwas älterem *Lootsmann*, das aus ne. *loadsman* entlehnt ist (parallel dazu ndd. *loods*, nndl. *loods*). Ne. *loadsman* ist ´Steuermann´ (aus ae. *lād* ´Weg, Reise´ unter Einwirkung von ae. *lādan* ´leiten´, s. *leiten*). Verb: *lotsen.*

K. Lohmeyer *ZDU* 22 (1908), 454–456.

Lotterie *f.* ´Glücksspiel, Verlosung´ (< 16. Jh.). Entlehnt aus gleichbedeutend nndl. *loterij*, zu ndl. *lot* ´Los´.

S. *Los.* – DF 2 (1942), 44.

lottern *swV. obs.* (< 16. Jh.), heute meist **verlottern**. Zu mhd. *lot(t)er* ´locker, leichtsinnig´, ahd. *lotar* ´leer, eitel´, mndd. *lod(d)er, loderer* ´Taugenichts, Gaukler´, vgl. ae. *loddere* ´Bettler´. Hierzu **Lotter-** in Zusammensetzungen wie **Lotterbett** *n.*, **Lotterbube** *m.*

S. *liederlich.* – Heidermanns (1993), 386 f.

Lotto *n.* (< 18. Jh.). Entlehnt aus it. *lotto m.* ´Glücksspiel´, zu frz. *lot m.* ´Los´, das aus der altniederfränkischen Entsprechung von ndl. *lot* stammt.

S. *Lotterie.* – DF 2 (1942), 44.

Löwe *m.* (< 8. Jh.). Mhd. *leu, lewe, louwe*, ahd. *lewo, louwo, leo* u.ä., mndl. *leeuwe, lewe, le(e)u* u.ä. Entlehnt aus l. *leo, (-eōnis)*, das seinerseits aus gr. *léōn* entlehnt ist. Dieses könnte aus den semitischen Sprachen übernommen sein (vgl. assyr. *labbu*, hebr. *l^eva´im Pl.*). Die heutige Form scheint norddeutschen Ursprungs zu sein; mhd. *leu* ist noch als dichterische Form bewahrt.

Nndl. *leeuw.* S. auch *Chamäleon, Leopard.* – Palander (1899), 46–50; Ganz (1957), 133 f.

Löwenanteil *m. phras.* ´der ungerechtfertigt große Anteil, den der Stärkere für sich beansprucht´ (< 16. Jh.). Nach der Äsop-Fabel vom Löwen, Esel und Fuchs, in der der Löwe die ganze Beute für sich beansprucht, anstatt zu teilen. Heute allgemein für den größten Anteil.

K. Gorski: *Die Fabel vom Löwenanteil* (Diss. Rostock 1892).

Löwenmaul *n. erw. fach.* (eine Blume) (< 16. Jh.). Wenn auf die Seiten der Blüten gedrückt wird, öffnet sich die Blüte „wie ein *Löwenmaul*".

Löwenzahn *m.* (< 16. Jh.). Benannt nach der starken Zähnung der Blätter nach dem Vorbild von ml. *dens leonis.*

loyal *Adj.* (< 18. Jh.). Französische Form von *legal*, hier in der Bedeutung ´dem Gesetz entsprechend´. Abstraktum: **Loyalität.**

DF 2 (1942), 45.

Luchs *m.* (< 9. Jh.). Mhd. *luhs,* ahd. *luhs,* as. *lohs* aus wg. **luhsu- m.* ´Luchs´, auch in ae. *lox.* Wie bei *Fuchs* eine *s*-Bildung zur Bezeichnung des männlichen Tiers; die unerweiterte Grundform **luha-* ist bewahrt in aschw. *lo,* nschw. *lo.* Außergermanisch vergleicht sich lit. *lū́šis m./f.,* serb.-kslav. (mit Anlautvariation) *rysĭ f.,* arm. *lowsanown,* gr. (mit Nasalierung) *lýnx m./f.* Der Luchs ist vermutlich nach seinen leuchtenden Augen benannt, die bei diesem Nachttier auffällig sind. Deshalb zu (ig.) **leuk-* ´leuchten´, das unter *licht* dargestellt ist. Verb: **luchsen** ´scharf hinsehen´, doch gehört *abluchsen* (s.d.) wohl nicht hierher. − Nndl. *los.*

Lücke *f.* (< 9. Jh.). Mhd. *lücke, lucke,* obd. *lucke,* ahd. *lucka, luc(c)ha* aus vd. **lukkjō(n).* Gehört zu *Loch* (s. auch *Luke, locker*).

Lückenbüßer *m.* (< 16. Jh.). Nomen agentis zu dem Ausdruck *eine Lücke büßen,* d. h. ´ausbessern´ (zu der alten Bedeutung von *büßen*), ursprünglich konkret, etwa von Mauern; heute meist übertragen, etwa in der Zeitungssprache.

Lude *m. per. grupp.* ´Zuhälter´ (< 20. Jh.). Kurzform des Namens *Ludwig,* vgl. *Louis* in der selben Bedeutung.

Luder *n. stil.* (< 13. Jh.). Mhd. *luoder,* mndd. *lōder* ´Lockspeise´. Herkunft unklar. Vielleicht zur Wurzel (ig.) **lā-* ´verborgen sein´, das etwa in l. *latēre* ´verborgen sein, versteckt sein´ vorliegt (s. *latent*). Die ältere Bedeutung ist ´Tierkadaver´. Der Übergang zum Schimpfwort wie bei *Aas, Keib* u.ä.

Luft *f.* (< 8. Jh.). Mhd. *luft,* ahd. *luft,* as. *luft m./f.* aus g. **luftu- m.* ´Luft´, auch in gt. *luftus,* ae. *lyft m./f./n.* Herkunft unklar, aber wohl zusammenhängend mit Wörtern, die ´Oberstock u.ä.´ bedeuten, vgl. anord. *lopt, loft n.* ´Luft, Obergeschoß´, anord. *ā lopti* ´hoch, oben´ und anord. *lypta,* mndd. *luchten, lichten,* mhd. *lüften* ´heben´. Nach Sommer letztlich zu einer Lautgebärde **lup-* für eine schnelle Bewegung von unten nach oben. Verb: **lüften**; Adjektiv: **luftig**.

Nndl. *lucht.* S. *Lift, lüpfen.* − Sommer (1977), 10 f.

Luftikus *m. stil.* (< 19. Jh.). Als scherzhaft latinisierende Bildung von *luftig* abgeleitet (Vorbild ist etwa *Praktikus* zu *praktisch*). Zu der Bedeutungsvariante ´leichtsinnig´, die bei *Luft* und seinen Ableitungen mehrfach auftritt.

Lüftlmalerei *f. per. oobd.* ´Malerei an den Fassaden bayrischer Häuser und Kirchen´ (< 20. Jh.). Am ehesten zu der Bedeutung ´Oberstock´ von *Luft*; wohl nicht, weil die Malerei im Freien ist.

Luftschloß *n. stil.* (< 17. Jh.). Zu den Wendungen *Schlösser in die Luft bauen* (seit dem 16. Jh.), älter mhd. *ūf den regenbogen būwen.* Wohl in Variation zu *auf Sand bauen,* das auf dem biblischen Gleichnis beruht.

lugen *swV. per. reg.* ´schauen´ (< 9. Jh.). Mhd. *luogen,* ahd. *luogēn* und mit Verschärfung oder Variation des Auslauts as. *lōkon,* ae. *lōcian.* Hierzu vielleicht kymr. *llygad* ´Auge´; sonst keine Vergleichsmöglichkeit.

P. P. Anreiter *IF* 92 (1987), 100−106.

lügen *stV.* (< 8. Jh.). Mhd. *liegen,* ahd. *liogan,* as. *liogan* aus g. **leug-a- stV.* ´lügen´, auch in gt. *liugan,* anord. *ljúga,* ae. *lēogan,* afr. *liāga.* Die unregelmäßige Rundung der neuhochdeutschen Form beruht auf dem Einfluß der Ableitung *Lüge* und setzte sich wohl durch, um die Homonymie mit *liegen* zu beseitigen. Außergermanisch entspricht akslav. *lŭgati* ´lügen´, anderes ist unsicher. Nomen agentis: **Lügner**; Präfigierung: **belügen**, im PPrät. auch **er-, verlogen**.

Nndl. *liegen,* ne. *lie,* nschw. *ljuga,* nisl. *ljúga.* S. *leugnen.* − Seebold (1970), 336 f.

Luke *f. erw. fach.* ´Öffnung im Schiffsdeck´ (< 16. Jh.). Ursprünglich niederdeutsches Seemannswort, mndd. *luke.* Gleicher Herkunft wie *Loch* und *Lücke.*

Kluge (1911), 556 f.

lukrativ *Adj. erw. fremd.* ´einträglich´ (< 18. Jh.). Entlehnt aus frz. *lucratif* und l. *lucrātīvus,* zu l. *lucrārī* ´gewinnen, profitieren´, zu l. *lucrum* ´Gewinn, Vorteil´.

DF 2 (1942), 45.

lukullisch *Adj. per. fremd.* ´reichlich und wohlschmeckend´ (< 18. Jh.). Adjektiv zum Namen des römischen Feldherrn *Lukullus,* wörtlich also ´nach der Art des Lukullus´, einem der reichsten (und verschwenderischsten) Römer seiner Zeit.

DF 2 (1942), 45.

Lulatsch *m.* s. *latsch.*

lullen *swV. erw. reg.* (< 16. Jh.). Heute meist *einlullen.* Lallwort, vgl. ne. *lullaby* ´Wiegenlied´.

Lummel *m. per. obd.* ´Lendenstück´ (< 8. Jh.). Mhd. *lumb, lumbel(e),* ahd. *lumbal.* Entlehnt aus gleichbedeutend l. *lumbulus,* Diminutiv zu l. *lumbus* ´Lende´. Sekundär motiviert in österr. *Lungenbraten.*

Kretschmer (1969), 197 f.

Lümmel *m. stil.* (< 16. Jh.). Zu mhd. *lüemen* ´erschlaffen´, das zu mhd. *lüeme* ´schlaff, matt´ gehört. Weiteres s. unter *lahm,* zu dem diese Wörter im Ablaut stehen. Die Verkürzung des Vokals im Neuhochdeutschen ist wohl emphatisch. Verb: **(herum-)lümmeln**.

Anders: A. Fröhlich *MS*(1958), 384; S. A. Wolf *MS* (1958), 89 f.; Heidermanns (1993), 385 f.

Lump *m. stil.* (< 17. Jh.). Das Wort hat sich von dem ursprungsgleichen *Lumpen* sekundär differenziert. Bedeutungsübertragung (wie etwa auch bei *Waschlappen*) im Sinn von ´zerlumpter Mensch´, aber auch 'schlaffer Mensch, Weichling'. *Sich nicht lumpen lassen* gehört zu *lumpen* sw V. 'jmd. einen Lump schelten'. Vgl. auch *Bazi*.

Lumpen m. (< 15. Jh.). Fnhd. *lumpe*. Mit Vokalvariation zu mhd. *lampen* 'schlaff herunterhängen'. Weitere Herkunft unklar. Adjektive: *lumpig, zerlumpt*. S. *Lunte*.

Lunch m. per. fremd. 'kleineres Mittagessen' (< 20. Jh.). Entlehnt aus ne. *lunch*, dessen Herkunft nicht mit Sicherheit geklärt ist.

DF 2 (1942), 46; Rey-Debove/Gagnon (1988), 529 f.; Carstensen 2 (1994), 860 f.

Lunge f., meist Pl. (< 8. Jh.). Mhd. *lunge*, ahd. *lunga, lungin(n)a, lungun*, Pl. *lungunne*, as. *lunga, lungannia*, aus g. **lungumnijō* f. 'Lunge' (meist im Plural gebraucht und der Form nach wohl ein alter Dual), auch in anord. *lunga* n. (im Plural gebraucht, später auch ein neutraler Singular), ae. *lungen*. Abstraktbildung zu dem Adjektiv *leicht* mit Unterdrückung von dessen Bildungssuffix. Die *Lungen* werden als 'die Leichten' bezeichnet, weil Lungen von Schlachttieren als einzige Innereien auf dem Wasser schwimmen. *Lungen-* als erstes Element von Pflanzennamen bezieht sich normalerweise auf die Form der Blätter. Nach dem Grundsatz des Heilens durch Ähnliches werden solche Pflanzen dann auch als Heilmittel gegen Lungenkrankheiten verwendet. Österr. *Lungenbraten* ist sekundär umgebildet aus *Lummel*.

Nndl. *long*, ne. *lung*, nschw. *lunga*, nisl. *lunga*. – Seebold (1981), 293–296.

lungern sw V. (< 18. Jh.). Zuerst mndd. *lungerie* 'müßiges Herumtreiben, Bettelei' nach vereinzeltem ahd. *irlungaron* 'herumlungern' (12. Jh.). Herkunft unklar. Am ehesten zu der Sippe von *gelingen* über mhd. *lunger*, ahd. *lungar*, as. *lungar*, ae. *lungre* 'schnell', falls dieses ursprünglich 'begierig, neugierig' bedeutet hat.

Heidermanns (1993), 388 f.

Lüning m. per. wndd. 'Sperling' (< 15. Jh.). As. *hliuning*. Herkunft unklar. Vielleicht zu anord. *hljómr* 'starker Laut, Lärm' als 'Lärmer'.

Lunker m. per. fach. 'Hohlraum in Gußteilen' (< 20. Jh.). Zu regionalem *lunken* 'hohl werden'.

Lünse f. per. fach. 'Achsnagel' (< 14. Jh.). Spmhd. *luns(e)*, as. *lunis* m.; das neuhochdeutsche Wort hat sich also vom Niederdeutschen aus verbreitet, das echt hochdeutsche Wort liegt vor in mhd. *lun(e), lan, lüner*, ahd. *lun(a), luning*. Entsprechend ae. *lynies* m. und ae. *lyni-bor*. Das Wort scheint eine Entsprechung in ai. *āṇí-* m. 'Lünse, der unmittelbar über dem Knie liegende Teil des Beins' zu haben: Dieses kann auf (ig.) **ēlni-* zurückgehen, das germanische Wort auf **ḷni-*. Weitere Zugehörigkeit zu der Sippe von *Elle* ist denkbar. Falls diese von 'biegen, krümmen' ausgeht, könnte der Achs-

nagel als 'der Krumme' benannt sein (der Achsnagel wird umgebogen, damit er nicht herausfällt).

Lunte f. obs. (< 15. Jh.). Bezeugt als 'Lampendocht, Zündschnur, Lumpen'. Die heutige Wendung *die Lunte riechen* stammt von den stark riechenden Zündschnüren, die damit schon vor der Zündung wahrgenommen werden konnten. Der waidmännische Gebrauch des Wortes für den Schwanz des Fuchses bezieht sich wohl wegen der roten Farbe auf die brennende Lunte. Herkunft unklar. Vielleicht weist die frühe Nebenform *lombte* auf einen Zusammenhang mit *Lumpen*.

Lupe f. erw. fach. (< 19. Jh.). Entlehnt aus frz. *loupe* und zunächst wie dieses geschrieben. Die Bedeutung des französischen Wortes beruht wohl auf einer Übertragung, da frz. *loupe* auch eine kreisförmige Geschwulst unter der Haut bezeichnet. Diese scheint ursprünglich als 'Wölfin' bezeichnet worden zu sein (zu l. *lupa* 'Wölfin'). Im einzelnen unsicher.

S. auch *Luppe*. – DF 2 (1942), 46.

lüpfen sw V. per. obd., auch **lupfen**, (< 13. Jh.). Mhd. *lupfen*. Herkunft unklar. Wohl zusammenhängend mit *Luft*. Nach Sommer zu einer Lautgebärde **lup-* für schnelle Bewegung von unten nach oben.

Sommer (1977), 10 f.

Lupine f. per. fach. (< 18. Jh.). Entlehnt aus ml. *lupīnuus*, das eigentlich 'zum Wolf gehörig' bedeutet. Das Benennungsmotiv ist unklar.

Luppe f. per. fach. 'rohes, von Schlacken durchzogenes Eisen' (< 20. Jh.). Entlehnt aus frz. *loupe* gleicher Bedeutung, das mit dem unter *Lupe* besprochenen Wort identisch ist.

Lurch m. per. fach. (< 17. Jh.), zunächst als **Lorch**. Ursprünglich niederdeutsches Wort (ndd. *lork* 'Kröte'), in der Wissenschaftssprache von *Kröte* differenziert. Herkunft dunkel.

Lusche f. per. omd. 'Niete, schlechte Karte; Schlampe' (< 17. Jh.). Zuerst bezeugt in der Bedeutung 'Hündin', woraus einerseits 'schlechte Karte', andererseits 'Schlampe' übertragen ist. ('Hund' als schlechter Wurf oder schlechte Karte ist eine verbreitete Metapher, vgl. l. *canis* m.). Weitere Herkunft unklar.

Lust f./m. (< 9. Jh.). Mhd. *lust*, ahd. *lust* m./f., as. *lust* aus g. **lustu-* m. (vielleicht daneben auch **lusti-* f.), auch in gt. *lustus* m., anord. *losti* m., *lyst* f., ae. *lust* m., afr. *lust* f. Das Wort wird von Trier zu **leus-a-* (s. *verlieren*) gestellt in der Annahme, daß mit ihm ursprünglich abgeschlagene Laubbüschel bezeichnet wurden (die bei den Tieren besonders im Frühjahr sehr begehrt sind). Die von Trier vorgebrachten Argumente sind beachtlich, doch ist die Gedankenführung nicht in allen Punkten ausreichend zu stützen. Vorläufig noch zu unsicher.

Adjektiv: *lustig*; Präfixableitungen: *gelüsten*, *belustigen*; Nomen agentis: *Lüstling*.

Nndl. *lust*, ne. *lust*, nschw. *lust*. S. *Wollust*. − J. Trier (1963), 160−175.

Lüster *m. erw. fach.* ´Kronleuchter` (< 18. Jh.). Entlehnt aus frz. *lustre*, das aus it. *lustro* kommt und ursprünglich ´Glanz` bedeutet (zu l. *lūstrāre* ´erleuchten`).

S. *illustrieren, Luzifer*. − *DF* 2 (1942), 47.

lüstern *Adj.* (< 16. Jh.). Vereinfacht aus *lüsternd* zu dem heute nicht mehr gebräuchlichen schwachen Verb *lüstern* ´Lust haben`.

Lustspiel *n. erw. fach.* (< 16. Jh.). Als Ersatzwort für *Komödie* verbreitet.

H. J. Schrimpf *ZDPh* 97 (1978), Sonderheft 152−182.

lustwandeln *swV. stil.* (< 17. Jh.). Von Zesen für *spazierengehen* eingeführt. Formal müßte es sich um eine Ableitung zu dem ebenfalls von Zesen gebrauchten *Lustwandel* ´Spaziergang` handeln.

lutschen *swV.* (< 18. Jh.). Älter *nutschen*. Beides wohl lautmalende Bildungen. Konkretum: *Lutscher*.

lütt *Adj. per. ndd.* ´klein` (< 19. Jh.). Niederdeutsche Entsprechung zu mhd. *lützel, lütz*.

lützel *Adj. arch.* ´klein` (< 9. Jh.), auch in Namen. Mhd. *lützel*, ahd. *luz(z)il*, as. *luttil* aus wg. *l(e)utila- Adj.* ´klein, gering`. Daneben eine Variante mit *i*, besonders in gt. *leitils*, anord. *lítill*, afr. *lītik, littik*, mndl. *luttel, li(t)el* u.ä. Etymologisierungsversuche sind verfehlt, so lange nicht die Verschiedenheit des Vokalismus dieser Varianten erklärt werden kann.

W. Krogmann *IF* 53 (1935), 44−48; K. Matzel *ZDW* 19 (1963), 153−158; Heidermanns (1993), 371 f., 390.

Luv *f./n. per. fach.* ´die dem Wind zugewandte Seite des Schiffs` (< 17. Jh.). Mndd. *lof m.* Die Luvseite heißt nach einem gegen den Wind ausgesetzten flachen Hilfsruder, das als ´Ruderblatt` benannt ist mit einem Wort, das sonst ´Handfläche` bedeutet. Vgl. gt. *lofa m.*, anord. *lófi m.* Vgl. außergermanisch lit. *lópa f.* ´Klaue`, lit. *lopetà f.* ´Schaufel`, russ. *lopáta f.* ´Schaufel, Schulterblatt`.

S. *lavieren* und das das Gegenteil bezeichnende Seemannswort *Lee*. − Kluge (1911), 558−560.

Luxus *m.* (< 16. Jh.). Entlehnt aus gleichbedeutend l. *lūxus* ´üppige Fruchtbarkeit`. Adjektiv: *luxuriös*.

DF 2 (1942), 47 f.; K.-H. Weimann *DWEB* 2 (1963), 397; H. Mühlmann: *Luxus und Komfort* (Bonn 1975).

Luzifer *m. stil.* (< 15. Jh.). Entlehnt aus kirchenl. *Lucifer* ´gefallener Engel, Teufel`, einer Substantivierung von l. *lūcifer* ´Licht bringend`, zu l. *lūx (lūcis) f.* ´Licht` (s. *licht*) und l. *ferre* ´tragen, bringen` (s. *Differenz*). Das lateinische Wort bezeichnet ursprünglich den Morgenstern.

Lymphe *f. per. fach.* (< 18. Jh.). Als medizinscher Terminus ´Blutwasser` entlehnt aus l. *lympha, lumpa* ´Wassergöttin, Wasser` (wohl aus gr. *nymphḗ* ´Nymphe, Quellgöttin`). Bekannt geworden im 19. Jh. durch die Pockenimpfung.

DF 2 (1942), 48; Cottez (1980), 234.

lynchen *swV. erw. fremd.* ´jmd. töten, mißhandeln` (< 19. Jh.). Entlehnt aus ne. *lynch*, das auf den Eigennamen *Lynch* zurückgeht, über dessen Träger gibt es allerdings verschiedene Ansichten.

DF 2 (1942), 48; Rey-Debove/Gagnon (1988), 533.

Lyrik *f.* (< 19. Jh.). Entlehnt aus frz. *(poésie) lyrique*, aus l. *lyricus*, eigentlich ´zum Spiel der Lyra gehörig`, aus gr. *lyrikós*, zu gr. *lýra* ´Leier`. Adjektiv: *lyrisch*; Nomen agentis: *Lyriker*. S. *Leier*.

DF 2 (1942), 48 f.; H. Görgemanns in: *FS Viktor Pöschl* (Frankfurt/Main 1990), 51−61.

Lyzeum *n. obs.* ´höhere Lehranstalt für Mädchen` (< 16. Jh.). Entlehnt aus l. *Lycēum, Lycīum* ´Gymnasium, Lyzeum`, aus gr. *Lýkeion* (das Gymnasium bei einem dem *Apóllōn Lýkeios* geweihten Tempel, der Lehrstätte des Aristoteles). Zunächst entlehnt als Ehrenname für Universitäten, dann allgemeine Bezeichnung für höhere Schulen, schließlich ´Mädchengymnasium`.

Nyström (1915), 26−28; *DF* 2 (1942), 49.

M

Maar *n. per. fach.* ʼKratersee' (< 20. Jh.). Entlehnt aus spl. *mara* ʼSee', das auf l. *mare* ʼMeer' (s. unter *Meer*) zurückgeht. Als Bestandteil von Namen schon älter.

Maat *m. erw. fach.* ʼMarine-Unteroffizier' (< 18. Jh.). Aus ndd. *māt* ʼKamerad', in hochdeutschen Texten seit dem 18. Jh. Mndd. *mate* hat das unbetonte Präfix verloren, es entspricht ahd. *gimazzo* ʼTischgenosse', d. h. ʼderjenige, der die Speise (g. *mati-*, s. unter *Messer*) teilt'.

Machandel *m. per. ndd.* ʼWacholder' (< 15. Jh.). Aus der Vorform von *Wacholder* durch Lautersatz an drei Stellen (oder sonstige Umgestaltung) entstanden.

machen *sw V.* (< 8. Jh.). Mhd. *machen*, ahd. *mahhōn*, as. *makon* aus wg. *mak-ō- sw V.* ʼmachen', auch in ae. *macian*, afr. *makia*. Aus ig. (eur.) *maǵ-* ʼkneten', das einzelsprachlich (besonders im Griechischen) verschiedene Anwendungen auf handwerkliche Sonderbereiche zeigt. Die allgemeine germanische Bedeutung (bei der ʼbauen' eine beträchtliche Rolle spielt) könnte auf ʼ (Hauswände) mit Lehm verschmieren' zurückgehen. Ig. (eur.) *maǵ-* ist bezeugt in gr. *mássō* ʼich knete, presse, wische ab, bilde ab', akslav. *mazati* ʼbestreichen, beschmieren, salben', bret. *meza* ʼkneten', lett. *izmuõzêt* ʼanschmieren'. Hierzu eine Variante mit auslautender Tenuis (und Nasalierung), die unter *mengen* dargestellt wird. Präfigierung: **vermachen**; Partikelverben: **ab-, auf-, aus-, ein-, zumachen**. Nndl. *maken*, ne. *make*. S. *allmählich, gemach, Macker, Makler, Make-up, Match, Steinmetz*. − E. Weiss: *Tun-Machen* (Stockholm 1956); Röhrich 2 (1992), 984 f.

Machenschaften *Pl. (f.)* (< 18. Jh.). Bezeugt als schweizerisches Wort für ʼVergleich, Kontrakt' (zu *machen*). Offenbar unter dem Einfluß des ähnlich klingenden *Machinationen* hat sich die Bedeutung des Wortes zu ʼüble Praktiken' verschlechtert; aber auch *Mache* und *Machwerk* haben negative Bedeutungen. Röhrich 2 (1992), 985.

Macho *m. per. grupp.* ʼMann, der sich Frauen überlegen fühlt' (< 20. Jh.). Entlehnt aus am.-e. *macho*. Dies greift auf einen spanisch-lateinamerikanischen Ausdruck *machismo* ʼMännlichkeit' zurück, der von den Frauenbewegungen als Haltung übertriebenen Männlichkeitsbewußtseins dargestellt wurde. Das spanische Wort ist abgeleitet von span. *macho* ʼmännlich' (aus l. *masculus* [s. *masku-*

lin]); das Substantiv *Macho* setzt formal die Substantivierung des Adjektivs fort, ist aber in der Bedeutung von *machismo* abhängig (ʼjemand, der Machismo zeigt').
Brisante Wörter (1989), 105−113.

Macht *f.* (< 8. Jh.). Mhd. *maht*, ahd. *maht*, as. *maht* aus g. *mah-ti- f.* ʼMacht, Kraft', auch in gt. *mahts*, anord. *máttr* (maskuliner *tu*-Stamm), ae. *meaht, maht, miht* u.ä., afr. *mecht, macht*. Verbalabstraktum auf *-ti-* zu dem Präterito-Präsens g. *mag* ʼkann, vermag' (s. *mögen*). Adjektiv: **mächtig**. Nndl. *macht*, ne. *might*, nisl. *máttur*. S. *Gemächt*. − G. H. Schmidt *MS* 90 (1980), 1−12; *HWPh* 5 (1980), 585−631; *Grundbegriffe* 3 (1982), 817−935; Röhrich 2 (1992), 986 f.; *LM* 6 (1993), 59.

machulle *Adj. per. grupp. phras.* (nur in *machulle sein* ʼerschöpft/pleite/verrückt sein') (< 19. Jh.). Entlehnt aus dem Rotwelschen, wo die Bedeutung ʼerschöpft' seit 1812, ʼbankrott' seit 1840 (literarisch bereits seit 1835) bezeugt ist. Wjidd. *mechulle* ʼBankrott' wird auf hebr. *mᵉkūllä(h)* ʼzu Ende gegangen, erledigt' zurückgeführt. Für die anderen Bedeutungen ist die Einmischung anderer Wörter, z. B. hebr. *maħᵃlā(h)* ʼKrankheit', nicht ausgeschlossen.
Röhrich 2 (1992), 987.

Macke *f. erw. stil.* ʼFehler, Tick' (< 20. Jh.). Aus wjidd. *macke* ʼSchlag, Fehler', das auf hebr. *makkā(h)* ʼSchlag, Plage' zurückgeht.
Röhrich 2 (1992), 987.

Macker *m. per. grupp.* ʼFreund, Bursche, Kollege' (< 20. Jh.). Zugrunde liegt ndd. *macker* ʼMitarbeiter', eigentlich ʼMacher' zu *machen*, aber wohl auf einer Soziativbildung ʼder (zusammen) mit einem etwas macht' beruhend. Vgl. ae. *gemaca, gemǣcca* ʼGefährte'.

macklich *Adj. per. ndd.* ʼbequem' (< 20. Jh.). Niederdeutsche Form von *gemach*, mit *-lich* erweitert.

Mädchen *n.* (< 15. Jh.). Wie *Mädel* u. a. eine Verkleinerungsform zu *Magd* (in dessen alter Bedeutung ʼMädchen'). Die zu erwartende Form *Mägdchen* noch bei Lessing; die Vereinfachung beginnt in der Mitte des 17. Jhs. in Thüringen und Sachsen. Eine andere Vereinfachung in ndd. *Mäke(n)*, md. *Mäche(n)*.
S. auch *Matjeshering*. − Th.L. Markey in *FS Alinei* 2 (1987), 275−289; Röhrich 2 (1993), 987 f.

Made *f.* (< 10. Jh.). Mhd. *made m.*, ahd. *mado m.*, as. *matho m.* aus g. **maþōn f.* ´Made, Wurm`, auch in gt. *maþa m.*, ae. *maða m.*, *maðu*, erweitert in anord. *maðkr m.* Außergermanisch vergleicht sich vielleicht russ. *motýl' m.* ´Schmetterling`, dial. *metýl'* ´Motte`, ukr. *motý'* ´Schmetterling, Falter`; im Germanischen gehört wohl auch *Motte* hinzu. Weiteres ist unklar.

S. auch *Metten*. – M. Dolch *NJ* 68 (1941), 184–191; *Tiernamen* (1963–1968), 691 f.; Röhrich 2 (1992), 988 f.

Mädel *n.* reg. (< 14. Jh.). Wie die vollere Form *Mägdlein* und wie *Mädchen* Verkleinerungsform von *Magd*.

Mädesüß *n. per. fach.* (Name verschiedener Pflanzen) (< 20. Jh.). Übernommen aus ndd. *medesoet*. Der zweite Bestandteil ist *süß*, der erste ist ursprünglich wohl das Wort *Met*, weil die Pflanze als Würzkraut verwendet wurde.

Madonna *f. erw. fach.* (< 16. Jh.). Entlehnt aus it. *madonna*, wörtlich ´meine Herrin`, dieses aus l. *mea domina* ´meine Herrin`, zu l. *dominus m.* ´Hausherr`, zu l. *domus* ´Haus`.

S. *Dame*[1]. – *DF* 2 (1942), 52.

Madrigal *n. per. fach.* ´mehrstimmiges Lied oder Musikstück` (< 16. Jh.). Entlehnt aus it. *madrigale*, das aus ml. *matricale* ´Matrix, Muster` stammt.

DF 2 (1942), 52; *DEO* (1982), 382.

Mafia *f. erw. exot.*, auch **Maffia**, (eine verbrecherische Geheimorganisation) (< 20. Jh.). Entlehnt aus it. *maf(f)ia* (eigentlich ´Überheblichkeit, Anmaßung`). Täterbezeichnung: *Mafioso*.

Carstensen 2 (1994), 864 f.

Magazin *n.* (< 16. Jh.). Entlehnt aus it. *magazzino m.*, dieses aus arab. *maḫzan, Pl. maḫāzin*. Die Bedeutung ´bebilderte Zeitschrift` nach e. *magazine*, gemeint ist dabei ´eine Sammelstelle (von Information)`.

Schirmer (1911), 124; Littmann (1924), 88; *DF* 2 (1942), 52 f.; Ganz (1957), 135; Lokotsch (1975), 108; Jones (1976), 405 f.

Magd *f.* (< 8. Jh.). Mhd. *mag(e)t*, ahd. *magad*, *maged* u.ä., as. *magað* aus g. **magaþi- f.* ´Mädchen, Dienerin, Jungfrau`, auch in gt. *magaþs*, ae. *mæg(e)þ*, afr. *maged, megith*. Das Wort hat eine recht genaue Entsprechung in den keltischen Sprachen: mir. *ingen mac(c)dacht* ´junges, erwachsenes Mädchen`, bret. *matez* ´Dienstmädchen`. Wörter der Bedeutung ´Jungfrau` gehen ziemlich regelmäßig entweder von ´junge Frau` aus oder von ´die (jetzt) eine Brust hat`. Aus diesem Grund scheint es möglich zu sein, an kymr. *magu* ´nähren, säugen, gebären` (ig. *\*mak-*), kymr. *maeth* (ig. *\*mak-t-*) ´Nahrung (besonders des Säuglings)` anzuknüpfen, wobei ablautendes (ig.) **makot-/makt-* vorauszusetzen wäre, ähnlich wie bei gt. *liuhaþ/liuht-* ´Licht`; die Bedeutung wäre wohl ´Nahrung, \*Brust`; dazu

(ig.) **makot-i-* als Zugehörigkeitsbildung, (ig.) **makot-aktā* als Abstraktum; vgl. die Wörter aus einer Grundlage **mā-* und der Bedeutung ´Mutter, Brust`. Eine neuhochdeutsche Nebenform ist **Maid**, das von *Magd* semantisch differenziert ist. Häufig sind Verkleinerungsformen, am ältesten gt. *magaþein* und seine Parallelen (ne. *maiden*); jüngere Bildungen s. unter *Mädchen* und *Mädel*.

Nndl. *maagd*. S. *Metze*[2]. – Kluge (1918), 97; J. Wittmann: *A Semantic Study of Five Words for ´Girl` and ´Woman`* (Diss. Colorado 1982); Th.L. Markey in *FS Alinei* (1987), 2, 275–289.

Mage *m. arch.* ´Verwandter` (< 9. Jh.). Mhd. *māc*, ahd. *māg, māk*, as. *māg* aus g. *\*mēga-* ´Verwandter`, auch in afr. *mēch, mēg, mei*, ae. *mēg*, anord. *mágr* ´Heiratsverwandter`, gt. *megs* ´Schwiegersohn`, ohne sichere Vergleichsmöglichkeit. Das Wort ist nach-mittelhochdeutsch ausgestorben und durch R. Wagner u. a. wiederbelebt worden.

Jones (1990), 80–106.

Magen *m.* (< 8. Jh.). Mhd. *mage*, ahd. *mago*, mndl. *mage* aus g. **magōn m.* ´Magen`, auch in anord. *magi*, ae. *maga*, afr. *maga*. Zu einem voreinzelsprachlichen Wort für ´Beutel`, das in kymr. *megin* ´Blasebalg`, lit. *mãkas*, akslav. *mošĭna f.* ´Beutel` vorliegt.

Röhrich 2 (1992), 989 f.

mager *Adj.* (< 8. Jh.). Mhd. *mager*, ahd. *magar*, mndd. *mager*, mndl. *mager*, aus g. **magra- Adj.* ´mager`, auch in anord. *magr*, ae. *mæger*. Aus ig. *\*makro- Adj.* ´lang, mager`, auch in l. *macer* ´mager`, gr. *makrós* ´lang`, im Suffix abweichend heth. *maklant-* ´dünn, mager`. Partikelableitung: *abmagern*.

Nndl. *mager*, ne. *meagre* (über das Französische), nschw. *mager*, nisl. *magur*. S. *makro-*. – Heidermanns (1993), 393.

Magie *f.* (< 16. Jh.). Entlehnt aus l. *magīa*, dieses aus gr. *mageía*, zu gr. *mageýein* ´zaubern`, zu gr. *mágos m.* ´Zauberer`, dieses aus dem Persischen, dort bezeichnet es ein Mitglied der Priesterklasse, das in den Wissenschaften ausgebildet war. Täterbezeichnung: *Magier*; Adjektiv: *magisch*.

DF 2 (1942), 53 f.; K.-H. Weimann *DWEB* 2 (1963), 397; *HWPh* 5 (1980), 631–636; *LM* 6 (1993), 82–88.

Magister *m. erw. fach.* (< 9. Jh.). Entlehnt aus l. *magister* ´Vorsteher, Lehrer`, zu l. *magis* ´mehr` (vgl. *Minister* zum Gegenteil). Die alte Entlehnung wird zu nhd. *Meister*, die lateinische Form zu einer Bezeichnung der Universitäts-Lehrers (heute der normale Abschluß des Universitäts-Studiums gegenüber dem stärker herausgehobenen *Doktor*). Unmittelbar zu *Magister* gehört *Magistrat*; die assimilierte deutsche Form in *Meister*, die französische (weitergebildet) in *Mätresse*. L. *magis* ist Adverb zu dem Komparativ l. *maior*, das in *Meier, Major, Majestät* und *Majuskel* auftritt; der Positiv l. *magnus* in *Magnifizenz, Magnat*, der Superlativ l. *maximus* in *Maxime, Maximum*; die griechische Verwandtschaft in *mega-*. Götze (1929), 11; *DF* 2 (1942), 55.

Magistrat *m. erw. fach.* ´hoher Beamter, Behörde, Stadtverwaltung´ (< 15. Jh.). Entlehnt aus l. *magistrātus*, einer Ableitung von l. *magister* ´Meister, Vorsteher, Leiter´.
LM 6 (1993), 91 f.

Magma *n. per. fach.* ´glühende, flüssige Masse im Erdinneren´ (< 20. Jh.). Übernommen und übertragen aus l. *magma* ´Bodensatz der Salbe´, dieses aus gr. *mágma* ´geknetete Masse, Bodensatz´.

Magnat *m. per. fremd.* ´mächtige, einflußreiche Person´ (< 16. Jh.). Entlehnt aus ml. *magnas (-atis)*, zu l. *māgnus (māior, māximus)* ´groß, bedeutend´.
S. *Magister.* – *DF* 2 (1942), 55; K.-H. Weimann *DWEB* 2 (1963), 397; *LM* 6 (1993), 93 – 95.

Magnesia *f. per. fach.* (Mineral) (< 18. Jh.). L. *magnēs* aus gr. *magnēs* bezeichnete eigentlich den Magnetstein, mit dem aber schon seit alters das Mineral *Braunstein* verwechselt wurde. Im Mittelalter wurde im Gefolge von Plinius l. *lapis magnesius m.* ´Magnetstein´ und *magnesia f.* ´Braunstein´ sekundär unterschieden (da Plinius in der Anziehungskraft eine männliche Eigenschaft sah). In der Neuzeit (um 1700) wurde auch der Magnesit (Bitterspat) so bezeichnet, speziell als *Magnesia alba*. Die Bezeichnung des Braunsteins wurde im Französischen zu *manganèse*. Das starke terminologische Durcheinander wurde so geklärt, daß das aus Braunstein zu isolierende Metall *Mangan* genannt wurde (seit M. Mercati, 16. Jh., zunächst für das Mineral); das aus dem Magnesit isolierbare Metall wurde zuerst (H. Davy 1808) *Magnium* genannt, doch setzte sich dann *Magnesium* durch. Die Bezeichnung *Magnesia* blieb dem Magnesiumcarbonat.
LM 6 (1993), 95. [Herangezogen wurde die Magisterarbeit von M. Mathes].

Magnet *m.* (< 13. Jh.). Mhd. *magnes*, fnhd. *magnet[e]* ist entlehnt aus l. *magnēs (-ētis)* und *Magnēs lapis*, dieses aus gr. *Mágnēs (líthos)*, eigentlich ´Stein aus *Magnēsíā*´, nach dem natürlichen Vorkommen in der thessalischen Küstenlandschaft. Adjektiv: *magnetisch*; Abstraktum: *Magnetismus*; Verb: *magnetisieren*.
S. *Magnesia.* – *DF* 2 (1942), 55 – 57; Gerlach (1962), 72 – 74; K.-H. Weimann *DWEB* 2 (1963), 397; Lüschen (1979), 267 – 268; Cottez (1980), 238; *LM* 6 (1993), 95 f.

Magnifizenz *f. per. fach.* ´ehrende Anrede (besonders an Universitätsrektoren)´ (< 16. Jh.). Entlehnt aus l. *māgnificentia* ´Großartigkeit´, Abstraktum zu l. *māgnificus* ´großartig´, dieses aus l. *māgnus* ´groß´ und l. *facere* ´machen´ (s. *Magister* und *infizieren*).
DF 2 (1942), 57.

Magnolie *f. erw. fach.* (< 18. Jh.). Bezeichnung nach dem französischen Botaniker P. Magnol.

Magsamen *m. s. Mohn.*

Mahagoni *n. erw. fach.* (ein rotbraunes Edelholz) (< 18. Jh.). Zuerst im Englischen des 17. Jhs. als ne. *mohogeney* bezeugt, dann allgemeine Bezeichnung. Vermutlich aus einer mittelamerikanischen Eingeborenensprache, aus der auch selteneres *Maga* stammt. Alles weitere ist unklar.
R. Loewe *ZVS* 61 (1933), 72 – 76; *DF* 2 (1942), 57 f.

Maharadscha *m. erw. exot.* ´Großfürst (indisch)´, auch übertragen für ´großer Herr´ (< 20. Jh.). Über das Englische entlehnt aus hindī *mahārājā*, dessen Vorform ai. *mahārājá* zu ai. *mahā* ´groß, ausgedehnt, mächtig´ und ai. *rájā* ´König´ gehört (letzteres zu l. *rēx, rēgis* ´König´, zu l. *regere* ´leiten´, s. *regieren*).

Mahd *f. erw. fach.* (< 9. Jh.). Mhd. *māt f./n.*, ahd. *māda* aus wg. **mǣþa-* ´Mahd´, auch in as. *māþ n.*, afr. *mēth*; *to-*Bildung zu der Wurzel wg. **mǣ-* ´mähen´. Außergermanisch ist mit der Ableitung vergleichbar gr. *ámētos* ´Ernte´. – Ne. *-math (aftermath* ´Grummet´). S. auch *Grummet, Matte²*, *Öhmd*.

mähen *swV.* (< 9. Jh.). Mhd. *mæjen*, ahd. *māen*, mndd. *mei(g)en*, mndl. *maeyen* aus wg. **mǣ-a-stV.* ´mähen´, auch in ae. *māwan stV.*, afr. *miā*. Außergermanisch vergleicht sich gr. *amáō* ´ich schneide, mähe, ernte´ (also wohl ig. **hamē-*) und von einer Variante ig. **(ha)met-* l. *metere*, kymr. *medi* ´schneiden, ernten´.
Nndl. *maaien*, ne. *mow.* – Seebold (1970), 347.

Mahl¹ *n. stil.* ´Essen´ (< *11. Jh., Bedeutung < 13. Jh.). Mhd. *māl* ´Zeitpunkt´ (s. *Mal¹*) entwickelt über die Bedeutung ´Essenszeit´ die Bedeutung ´Essen´, wie auch nndl. *maal*, ne. *meal*. Hierzu *Mahlzeit* als verdeutlichendes Kompositum.

Mahl² *n. arch.* ´Versprechen, Verhandlung´ (< 8. Jh.). Nur in Zusammensetzungen: **Mahlschatz** *m.* ´Gabe, die der Bräutigam der Braut bei der Verlobung überreicht´, **Mahlstatt** *f.* ´Gerichtsstätte im Freien´. Zu ahd. *mahal*, das unter *Gemahl* behandelt ist.
Tiefenbach (1973), 71 – 74; Sousa Costa (1993), 127 – 140.

mahlen *swV.* (< 9. Jh.). Mhd. *mal(e)n stV.*, ahd. *malan, mal(e)n stV.*, as. *malan stV.* aus g. **mal-a-stV.* ´mahlen´, auch in gt. *malan*, anord. *mala*. Aus ig. **mel-* ´zermalmen, zerreiben´, besonders ´Korn mahlen´, häufig mit *o*-Vokalismus: l. *molere* ´mahlen´, air. *melid* ´mahlt´, lit. *málti* ´mahlen´, akslav. *mlěti* ´mahlen´, gr. *mýlē* ´Mühle´, ai. *mr̥ṇáti* ´zermalmt, mahlt´, toch. A *malyw-*, toch. B *mely-* ´zerreibt, bedrückt´, heth. *malla-* ´zermalmen, mahlen´. Von der ursprünglich starken Flexion ist nur noch das Partizip **gemahlen** erhalten.
Nndl. *malen*, nschw. *mala*, nisl. *mala*. S. zur gleichen Bedeutung *Mehl* und *Malter*, sowie die Entlehnungen *Mühle* und *Müller*, übertragen *Mahlstrom*. Zur ursprünglicheren

Bedeutung *malmen, Mulm, Müll*; weiter entfernt *Malz, Milbe, mild, mulsch, Schmolle.* – Seebold (1970), 344 f.; Röhrich 2 (1992), 990 f.

mählich *Adj.* s. *allmählich.*

Mahlstrom *m. per. fach.* ʼgefährlicher Wirbelʼ (< 18. Jh.). Entlehnt aus nndl. *maalstroom*, das zu *Strom* und *mahlen* im Sinne von ʼdrehenʼ gebildet ist.
Kluge (1911), 564.

Mähne *f.* (< *9. Jh., Form < 16. Jh.). Aus mhd. *mene*, Plural zu mhd. *man(e) f./m.*, ahd. *man(a)*, mndd. *man (m.)*, mndl. *manen* aus g. **manō f.* ʼMähneʼ, auch in anord. *mǫn*, ae. *manu*, afr. *mana, mona.* Außergermanisch vergleicht sich semantisch am besten die *k*-Erweiterung in mir. *mong*, kymr. *mwng.* Des weiteren entsprechen Wörter für ʼHalsʼ und für ʼHalsbandʼ, bei denen aber dem semantischen Unterschied keine entsprechenden morphologischen Abhängigkeiten entsprechen (etwa in der Art, daß die Wörter für ʼHalsband, Halsschmuckʼ Zugehörigkeitsbildungen zu den Wörtern für ʼHalsʼ wären). Man wird also von ʼHalsʼ ausgehen müssen, ohne daß die Einzelheiten ausreichend klar sind. Vgl. ai. *mányā* ʼNackenʼ, air. *muinél*, kymr. *mwn, mwnwgl* ʼHalsʼ; avest. *minauu-* ʼHalsgeschmeideʼ, l. *monīle* ʼHalsbandʼ, aisl. *men*, ae. *mene, myne*, ahd. *menni* ʼHalsgeschmeideʼ, akslav. *monisto n.* ʼHalsbandʼ. – Nndl. *manen*, ne. *mane*, nschw. *man.*

mahnen *sw V.* (< 8. Jh.). Mhd. *manen*, ahd. *manōn*, mndd. *manen*, mndl. *manen* aus wg. **man-ō-sw V.* ʼmahnenʼ, auch in ae. *(ge)monian.* Intensivum (mit kausativ-artiger Funktion) zu g. **man Prät.-Präs. 1./3.Sg.* ʼmeinen, sich erinnernʼ in gt. *man*, anord. *man* ʼich erinnere michʼ, anord. *mun* (Hilfsverb), ae. *man*, as. *man* ʼglaubeʼ. Dieses zu ig. **men-* ʼdenken, erinnernʼ in l. *memini* ʼich erinnere mich, erwähneʼ, gr. *mémona* ʼich habe im Sinnʼ, air. *do-moinethar* ʼglaubt, meintʼ, lit. *miñti* ʼgedenken, sich erinnernʼ, akslav. *mĭněti* ʼglauben, meinenʼ, ai. *mányate* ʼdenktʼ. Semantisch entspricht wg. **man-ō-* l. *monēre* (dies ist aber eine echte Kausativ-Bildung). Präfigierungen: **er-, gemahnen**; Abstraktum: ***Mahnung.***
Nndl. *manen.* S. *Minne, munter.* Zur griechischen Verwandtschaft s. *Automat*, zur lateinischen *mental* und *monieren.* – Seebold (1970), 345–347.

Mahr *m./f. erw. fach.* ʼAlp(traum)ʼ (< 9. Jh.). Mhd. *mar(e)m./f.*, ahd. *mara f.* aus g. **marō(n) f.* ʼ(Nacht)-Mahrʼ, auch in anord. *mara*, ae. *mære, mare.* In den verwandten Sprachen erscheint air. *mor-rígain* (Name einer Schlacht- und Leichendämonin, zweiter Bestandteil ʼKöniginʼ), russ. *kikímora f.* ʼGespenst, das nachts spinntʼ, in den übrigen slavischen Sprachen z. B. ukr. *móra f.* ʼAlp-(traum)ʼ. Frz. *cauchemar m.* hat seinen zweiten Bestandteil aus dem Germanischen entlehnt. Alles weitere ist unklar.

Nndl. *nachtmerrie* (nach *Mähre* umgestaltet), ne. *nightmare.* – C. Lecouteux *EG* 42 (1987), 1–24; J. Knobloch *SW* 14 (1989), 282–284.

Mähre *f. obs.* (< 9. Jh.). Mhd. *merhe*, ahd. *mer(i)ha*, as. *meriha, meria, merge* aus g. **marhī/jō- f.* ʼStuteʼ, movierte Form zu g. **marha- m.* ʼPferdʼ in anord. *marr m.*, ae. *mearh m.*, ahd. *marahscalc* ʼPferdknechtʼ. Dieses zu air. *marc m.*, kymr. *march* ʼPferdʼ. Da ai. *márya-* sowohl ʼJünglingʼ als auch ʼ(junger) Hengstʼ bedeutet, kommt ig. (weur.) **marko/ā* wohl von ig. **mer-* mit Wörtern für ʼJungeʼ und ʼMädchenʼ. Die heutige Bedeutung von *Mähre* als ʼschlechtes Pferdʼ beruht darauf, daß Stuten schneller altern. Nndl. *merrie*, ne. *mare.* S. *Marschall, Marstall.*

Mai *m.* (< 12. Jh.). Mhd. *mei(g)e*, ahd. *meio.* Entlehnt aus l. *Māius*, das nach dem *Jupiter Maius*, dem Wachstum bringenden Gott, benannt ist.
S. *Maien, Maiensäß.* – Röhrich 2 (1992), 991.

Maid *f.* s. *Magd, Mädchen* und *Mädel.*

Maien *m.* (meist *Pl.*) *per. schwz.* ʼBlumenstraußʼ (< 16. Jh.). Das gleiche Wort wie *Mai* in alter Sonderanwendung auf ʼMaibaum, Baumschmuck im Maiʼ, dann schließlich ʼStrauß, Blumenstraußʼ.

Maiensäß *n. per. obd.* ʼunterste Stufe einer Almʼ (< 20. Jh.). Zu schwz. *Säß*, anord. *sætr n.* ʼAlpʼ. Dieses gehört zu *sitzen*, vielleicht ist es eine Vriddhi-Ableitung zu (ig.) **sedos- n.* ʼWohnsitzʼ, etwa in anord. *setr*, also ʼdas zum Wohnsitz Gehörigeʼ. Auf das Maiensäß wird das Vieh im Mai gebracht; später wird es auf die höheren Alpen getrieben.
Darms (1978), 67–74.

Mais *m.* (< 16. Jh.). Älter auch *mahis*, ein Wort aus dem Taino (Haiti), das durch span. *maiz* vermittelt wurde. Das Wort wird mit der Sache in Deutschland eingeführt, nachdem diese zunächst als **Welschkorn** und **Türkisch Korn** bezeichnet worden war (vgl. ne. **Indian corn**). Mit der Herkunftsbezeichnung *indisch* ist ʼwestindischʼ gemeint; sie wurde dann aber falsch verstanden. *Türkisch* stand zur Zeit der Bezeichnung für ʼasiatischʼ und spiegelt dieses falsche Verständnis. *Welsch* steht hier einfach für ʼfremdʼ.
Littmann (1924), 146, 148; R. Loewe *ZVS* 61 (1933), 67–70; B. Martin *DWEB* 2 (1963), 126–139; Abegg-Mengold (1979), 57–61, 63–73.

Maische *f.*, auch **Maisch** *m., per. fach.* ʼFrüchte oder Malz, zur Alkoholherstellung angesetztʼ (< 14. Jh.). Mhd. *meisch*, mndd. *mesche.* Wie ae. *mǣsc-, māxwyrt* zeigt, liegt wg. **maiks-kō- f.* ʼMaischeʼ vor, das erste *k* kann dabei assimiliert sein. Außergermanisch vergleicht sich russ. *mezgá f.* ʼweicheres Holz zwischen Rinde und Kern, weiche Teile von roten Rüben und Kartoffeln, Musʼ, serbo-kr. *mézgra* ʼBaumsaftʼ. Herkunft unklar. Der

Bedeutung nach würde für einen Teil der Belege ein Anschluß an die Wortsippe von *Mist* passen, für einen anderen ein Anschluß an die Sippe von *mischen*, die auf (ig.) **meik-* und **meig-* zurückführt. Ne. *mash.*

Majestät *f.* (< 14. Jh.). Spmhd. *majestāt* ist entlehnt aus l. *māiestās (-ātis)* 'Hoheit', Abstraktum zum Komparativ l. *maior,* zu l. *māgnus* 'groß'. Seit der Antike zur Anrede und Bezeichnung von Würdenträgern gebraucht. Adjektiv: *majestätisch.*
S. *Magister.* – A. Keller *ZDW* 6 (1904/05), 162 f.; *DF* 2 (1942), 58; W. Seitz: *Majestas* (Diss. masch. 1974), besonders 4–10; Röhrich 2 (1992), 992.

Majolika *f. per. fach.* (eine Art Keramik) (< 15. Jh.). Entlehnt aus it. *maiolica* (*maiorica*), eigentlich 'aus Mallorca stammende Töpferware, bzw. deren Grundstoff'.
DF 2 (1942), 58 f.

Majonnaise *f.* s. *Mayonnaise.*

Major *m.* (< 16. Jh.). Entlehnt aus span. *mayor* (auch: 'größer, erhabener'), aus l. *māior,* dem Komparativ von l. *māgnus* 'groß, bedeutend'.
S. *Magister.* – R. M. Meyer *ZDW* 12 (1910), 151; *DF* 2 (1942), 59.

Majoran *m. per. fach.* (Gewürzpflanze) (< 12. Jh.). Mhd. *majeron, majoran* u.ä. ist entlehnt aus ml. *maiorana*; dieses (wohl – ohne sichtbaren semantischen Grund – in Anlehnung an l. *maior* 'größer') aus l. *amaracum,* das über gr. *amárakon* auf ein kulturelles Wanderwort zurückgeht, das etwa in ai. *maruva-, maruvak-* bezeugt ist.
E. Björkman *ZDW* 6 (1904/05), 188; E. Öhmann *NPhM* 44 (1943), 3.

Majorität *f. per. fach.* 'Mehrheit' (< 17. Jh.). Die politische Bedeutung hat das Wort in England bekommen; von dort aus ins Französische übernommen und relatinisiert ins Deutsche entlehnt. Letztlich aus l. *maiōritās* 'Status des Höheren', zu l. *maior* (s. *Major* und *Magister*).
DF 2 (1942), 60.

Majuskel *f. per. fach.* 'Großbuchstabe' (< 19. Jh.). Als Fachwort entlehnt aus ml. *maiuscula (litera),* zu l. *māiusculus* 'etwas größer', zu l. *maior, maius* 'größer'. S. *Magister.*

makaber *Adj. erw. fremd.* '(im Zusammenhang mit dem Tod) unheimlich' (< 19. Jh.). Entlehnt aus frz. *macabre* und ne. *macabre,* die herausgenommen sind aus frz. *danse macabre* 'Totentanz'.
Die Herkunft des französischen Ausdrucks ist unklar, vielleicht zu hebr. *m(e)qabber* Partizip Pi'el 'begrabend' oder arab. *maqābir* 'Gräber'. – A. Fröhlich *MS* 71 (1961), 184 f.; J. Stave *MS* 71 (1961), 49–52.

Makel *m. stil.* (< 14. Jh.). Spmhd. *makel* ist entlehnt aus l. *macula* *f.* 'Fleck, Fehler'. Das Genus hat sich an *Fleck* und *Tadel* angeglichen, die Vokal-

länge ist vom niederdeutschen Sprachgebrauch bestimmt. Adjektiv: *makellos.* S. *Makulatur.*

mäkeln *swV. stil.* 'herumnörgeln' (< 18. Jh.). Ndd. *mäkeln,* nndl. *makelen* bedeuten ursprünglich 'Geschäfte machen' (s. *Makler*); durch das Feilschen und Kritisieren beim Handeln bekommt das Verb *mäkeln* im 18. Jh. die spezielle Bedeutung, die es in der Hochsprache hat (die Herkunft ist nicht mehr erkennbar, wenn das Herumnörgeln am Essen gemeint ist).

Make-up *n.* (< 20. Jh.). Entlehnt aus ne. *make-up,* Abstraktum zu *to make up* 'sich zurechtmachen' (vgl. nhd. *Aufmachung*), ursprünglich von der Aufmachung im Theater.
Rey-Debove/Gagnon (1988), 548; Carstensen 2 (1994), 867 f.

Makkaroni *Pl.* (< 17. Jh.). Entlehnt aus it. *maccaroni,* Plural von it. *maccarone,* dessen Herkunft unklar ist.
Semantisch nahestehend und wohl auch die Quelle des Wortes ist gr. *makaría,* das einen Brei aus Brühe und Gerstengrütze bezeichnet. Fladen daraus gehörten zum Erstlingsopfer für die Götter (u. a. benannt als gr. *mákares* 'die Glückseligen'), also 'das zu den Glückseligen Gehörige'. – *DF* 2 (1942), 61; M. Fifield *ASp* 39 (1964), 75–77.

Makler *m.* (< 15. Jh.). Aus dem Niederdeutschen übernommen. Wohl Nomen agentis zu ndd. *maken* 'machen'.
S. *machen, mäkeln.* – Kluge (1911), 564; G. Richter in: Dückert (1976), 173–214; Röhrich 2 (1992), 992; *LM* 6 (1993), 156.

Makrele *f. erw. fach.* (ein Speisefisch) (< 14. Jh.). Spmhd. *makrēle* ist entlehnt aus mndl. *maker, macreel*; die weitere Herkunft ist nicht sicher geklärt.

makro- Präfix mit der Bedeutung 'lang, groß' (z. B. *Makrostruktur, makroskopisch*). Es wurde vornehmlich in griechischen Entlehnungen ins Deutsche übernommen; sein Ursprung ist gr. *makrós* 'lang, groß'. S. *mager.*
Cottez (1980), 237 f.

Makrone *f. per. fach.* (Mandelgebäck) (< 17. Jh.). Entlehnt aus frz. *macaron m.,* dieses mit Bedeutungsveränderung aus it. *maccarone, maccherone m.* 'Nudel, Kloß'.
S. *Makkaroni.* – *DF* 2 (1942), 62; E. Öhmann *RV* (1955), 166 f.; Brunt (1983), 358.

Makulatur *f. erw. fach.* (< 16. Jh.). Entlehnt aus ml. *maculatura* (eigentlich 'beflecktes Stück'), zu l. *maculāre* 'fleckig machen, beflecken', zu l. *macula* 'Fleck, Schandfleck, Lücke, Loch'.
S. *Makel.* – *DF* 2 (1942), 62; Röhrich 2 (1992), 992.

Mal¹ *n.* 'Zeitpunkt' (< 11. Jh.). Mhd. *māl,* ahd. *māl* 'Zeitpunkt', mndd. *māl(tīt)* *f.* aus g. **mēla- n.* 'Zeitpunkt', auch in gt. *mel,* anord. *mál* 'Zeitpunkt, Mahlzeit', ae. *mǣl, māl n./m.(?)* 'Maß, Gelegenheit, Mahlzeit', afr. *mēl* 'Mahlzeit'. Außergermanisch findet sich eine genaue Entsprechung in lit. (östl.) *(tuo)mė̃l* ´in einem fort´ (Variante zu lit. *tuomèt*). Ableitung zu der Wurzel ig. **mē-* ´messen´, zu der auch *messen* als formal nicht genau einzuordnende Variante gehört. Die Wurzel **mē-* ist vertreten durch ai. *mā́ti* ´mißt´, l. *mētīrī* ´messen´, akslav. *měra f.* ´Maß´, toch. A *me-*, toch. B *mai-* ´messen´; zu der Variante **met-* gehören gr. *métron* ´Maß´, lit. *mė̃tas m.* ´Zeit, Maß´, lit. *mė̃tai Pl.* ´Jahr´.

Nnd. *maal*, ne. *meal*, nschw. *mål.* S. *Mahl, -mal*; zur lateinischen Verwandtschaft s. *Dimension.*

Mal² *n.* ´Fleck, Markierung´ (< 9. Jh.). Mhd. *māl*, ahd. *māl*, as. *hōbid-māl* ´Kopfbild´ aus g. **mēla- n.* ´Mal, Zeichen´, auch in gt. *mel*, anord. *mál*, ae. *mǣl*, afr. *mēl.* Dehnstufige Bildung zu einer Farbwurzel ig. **mel-* in ai. *mála-* ´Schmutz´, gr. *mélās* ´schwarz´, lit. *mélynas* ´blau´, apreuß. *melne f.* ´blauer Fleck´. In einigen Bedeutungen scheint dieses Wort ein ursprungsverschiedenes mhd. *meil*, ahd. *meil* ´Flecken, Mal´ attrahiert zu haben. S. *Denkmal, Muttermal, malen, Molch.*

-mal Suffixoid zur Bildung von Multiplikativzahlwörtern u.ä. Abgeschwächt aus *Mal¹* ´Zeitpunkt´ in Zusammenrückungen. Dieses in mhd. *māl*, ahd. *māl*, das mit *Mal¹* und *Mahl¹* identisch ist. S. auch *sintemal, zumal.*

malade *Adj. per. fremd.* ´unwohl´ (< 13. Jh.). Mhd. *malāt, malāde, malātes* ist entlehnt aus afrz. *malade*, dieses zu l. *male habēre* ´sich unwohl fühlen´, einer verhüllenden Bezeichnung für l. *aegrōtus, aeger* ´krank, leidend´. Zunächst in der Bedeutung ´aussätzig´ verwendet, dann Abschwächung.

S. *maliziös* und *habilitieren. − DF* 2 (1942), 62.

Malaise *f. per. fremd.* ´Mißstimmung, Unbehagen´ (< 20. Jh.). Entlehnt aus frz. *malaise m.*, einer substantivierten Zusammenrückung aus frz. *(être) mal à l'aise* ´mißgestimmt sein´, zu frz. *aise* ´behaglich´.

W. Heuer *SS* 30 (1974), 169.

Malaria *f. erw. fach.* (eine Infektionskrankheit) (< 18. Jh.). Entlehnt aus it. *malaria*, einer Zusammenrückung aus it. *male* ´schlecht´ und it. *aria* ´Luft´, also ´schlechte Luft´, neben it. *mala d'aria* ´Luftkrankheit´. So bezeichnet nach der bis ins 19. Jh. vertretenen Auffassung, daß bestimmte angenommene Erreger in der Luft diese Krankheit verursachen.

S. *maliziös. − LM* 6 (1993), 162 f.

Malefiz *n. arch.* ´Verbrechen´ (< 15. Jh.). Entlehnt aus l. *maleficium* ´Übeltat´. Zum Vorderglied s. *maliziös*, zum Hinterglied s. *infizieren.*

DF 2 (1942), 62.

malen *swV.* (< 9. Jh.). Mhd. *mālen*, ahd. *mālōn, malēn*, aus g. **mǣl-ǣ- swV.* ´malen, schreiben´,

auch in gt. *meljan* ´schreiben´, anord. *mæla.* Ableitung von *Mal²* ´Zeichen, Fleck, Markierung´ als ´Zeichen machen´. Nomen agentis: ***Maler***; Abstraktum: ***Malerei***; Adjektiv: ***malerisch***.

S. *Gemälde. − Röhrich* 2 (1992), 992 f.

Malheur *n. erw. fremd.* ´Ungeschick, Unglück´ (< 18. Jh.). Entlehnt aus frz. *malheur m.*, zu frz. *mal* ´schlecht´ (aus l. *malus*) und frz. *heur m.* ´glücklicher Umstand´ (aus l. *augurium* ´Anzeichen, Vorzeichen´). Die Lautform des französischen Wortes ist vermutlich beeinflußt von dem etymologisch nicht zugehörigen *heure f.* ´Stunde´ aus l. *hōra f.*

S. *maliziös* und *Inauguration. − DF* 2 (1942), 62; Brunt (1983), 359.

maliziös *Adj. erw. fremd.* ´boshaft´ (< 17. Jh.). Entlehnt aus frz. *malicieux* ´schelmisch, leicht boshaft´, dieses aus l. *malitiōsus*, zu l. *malitia* ´Schelmerei, Schurkerei, Arglist, Bosheit´, zu l. *malus* ´schlecht, böse´. Abstraktum: ***Malice***.

Das gleiche Vorderglied in *malade, Malaise, Malaria, Malheur, maltrātieren, Malus, vermaledeien. − DF* 2 (1942), 62 f.

malmen *swV.*, meist **zermalmen** (< 16. Jh.). Ableitung zu einer Entsprechung von gt. *malma* ´Sand´, anord. *malmr* ´Erz´. Daneben mit Ablaut mhd. ahd. *melm*, as. *melm* ´Sand´, also ´zu Sand zermahlen´. Zugrunde liegt *mahlen.*

Maloche *f. per. grupp.* ´schwere Arbeit´ (< 18. Jh.). Entlehnt aus dem Rotwelschen, wo es seit dem 18. Jh. bezeugt ist. Dorthin über wjidd. *melōche, malōche* ´Arbeit´ aus hebr. *mᵉlā(´)ḵā(h)* ´Arbeit´. Röhrich 2 (1992), 993.

Malter *m./n. obs.* ´Hohlmaß´ (< 11. Jh.). Mhd. *malter, malder*, ahd. *maltar*, as. *maldar.* Instrumentalableitung zu *mahlen.* Die Bedeutung war wohl ursprünglich wie bei dem ablautenden anord. *meldr* ´Mahlgut´, also ´das Mahlgut für eine Füllung der Mühle (o.ä.)´. Weil das Malter in seiner Größe stark schwankte, kam das Maß im 19. Jh. außer Gebrauch.

Kluge (1926), 49 f.

maltrātieren *swV. erw. fremd.* ´mißhandeln´ (< 18. Jh.). Entlehnt aus frz. *maltraiter*, aus frz. *mal* ´schlecht´ (aus l. *malus*) und frz. *traiter* ´behandeln´ (aus l. *tractāre*, zu l. *trahere* ´ziehen, schleppen´).

S. *abstrakt* und *maliziös. − DF* 2 (1942), 63.

Malus *m. per. fach.* ´Abzug´ (< 20. Jh.). Gegensatzbildung zu *Bonus* (s. *Bon*). Vorbild ist l. *malus* ´schlecht´ (s. *maliziös*).

Malve *f. erw. fach.* (Pflanze mit rötlichen Blüten) (< 16. Jh.). Entlehnt aus it. *malva*, dieses aus l. *malva*, das wie gleichbedeutendes gr. *maláchē* aus einer Substratsprache stammt.

Cottez (1980), 239; *LM* 6 (1993), 181.

Malz *n.* (< 9. Jh.). Mhd. *malz*, ahd. *malz*, as. *malt* aus g. **malta- n.* ´Malz’, auch in anord. *malt*, ae. *mealt, malt.* Daneben steht ein schlecht bezeugtes Adjektiv, das etwa ´herb’ bedeutet haben kann (ahd. *malz*, vgl. *malzihho* u.ä. ´Holzapfel’, nisl. mit schlechter Beleglage *maltr* ´bitter’), doch könnte das Adjektiv auch auf das Wort *Malz* zurückgehen. Ein unmittelbarer Anschluß an g. **melt-a-* ´schmelzen’ kommt der Sache nach kaum in Betracht, doch könnte das ig. Adjektiv **mḻdu-* ´weich, zart’, das im Slavischen als **moldo-* erscheint und auf junge Pflanzen und Tiere spezialisiert ist, verglichen werden − das Malz wäre dann nach den Keimlingen des gemälzten Getreides benannt.

Nndl. *mout*, ne. *malt*, nschw. *malt*, nisl. *malt.* − Heyne (1899/1903), II, 339 f.; Heidermanns (1993), 401.

Mama *f.* (< 17. Jh.). In der heutigen Form steht das Wort unter dem Einfluß von frz. *maman*, von dem aus es seit dem 17. Jh. bestimmt wird. Ein kindersprachliches Wort entsprechender Lautung ist aber zweifellos schon vorher vorhanden gewesen. S. hierzu die Artikel *Memme* und *Muhme*. Die Lautung *ma-, mam-* ist als Lautgebärde für ´Brust, Mutter’ weit verbreitet, so daß Rekonstruktionen im Einzelfall nur bedingten Wert haben können. Vgl. auch *Papa*.

DF 2 (1942), 64; B. Rosenkranz *Kratylos* 31 (1986), 91.

Mameluck *m. arch.* ´von christlichen Eltern geborener, im islamischen Glauben erzogener Sklave, besonders Krieger der ägyptischen Sultane’ (< 16. Jh.). Entlehnt aus it. *mammalucco*; dieses aus arab. *mamlūk* (zu arab. *malaka* ´besitzen’), also ´in jemandes Besitz befindlich’, gemeint sind Söldnertruppen.

DF 2 (1942), 64.

Mammon *m. bildg.* ´Geld’ (< 16. Jh.). Entlehnt aus kirchen-l. *mammōna, mam(m)ōnās* aus gr. *māmōnãs*, aus aram. *māmōnā* ´Besitz, Habe’. Biblischer Ausdruck, der in den deutschen Fassungen meist nicht übersetzt wurde.

Littmann (1924), 30; DF 2 (1942), 64; Lokotsch (1975), 110; Röhrich 2 (1992), 993.

Mammut *n.* (< 19. Jh.). Entlehnt aus frz. *mammouth*; dieses aus russ. *mámut*, das aus einer uralischen Sprache stammt (waldjurakisch *jĕaŋ-ŋammурəttəə* ´Erdfresser’). Der erste (unbetonte) Teil ist bei der Übernahme ins Russische weggefallen, der Rest lautlich angepaßt worden. Im Deutschen als Vorderglied in der Bedeutung ´riesig’ (*Mammutveranstaltung* u.ä.).

DF 2 (1942), 64 f.; W. Krogmann *Orbis* 15 (1966), 73−76.

mampfen *swV. stil.* (18. Jh.). Lautmalend für das Reden mit vollem Mund, s. *Pampe*.

Mamsell *f. obs.* ´Angestellte, Hausgehilfin’ (< 18. Jh.). Entlehnt aus frz. *mademoiselle* ´Fräulein’, einer Zusammenrückung aus frz. *ma demoi-*

selle ´mein Fräulein’. Frz. *ma* ´mein’ aus l. *mea*, frz. *demoiselle* wie frz. *damoiselle* ´Edelfräulein’ aus gallo-rom. **dŏmnĭcella*, einem Diminutivum zu l. *domina* ´Herrin’ (s. *Dame*), der Movierung von l. *dominus m.* ´Herr’, zu l. *domus* ´Haus’. Im Deutschen zunächst ehrenvolle Bezeichnung bürgerlicher Mädchen, dann verwendet für ´übergeordnetes Dienstmädchen’.

DF 2 (1942), 50−52.

man[1] *Pron.* (< 8. Jh.). Mhd. *man*, ahd. *man*, as. *man*. Wie in ae. *man*, afr. *ma, me* Abschwächung des Wortes *Mann* ´Mann, Mensch’ zum unpersönlichen Pronomen. Entsprechend frz. *on* aus l. *homo*.

L. H. Gray *Word* 1 (1945), 19−32; Röhrich 2 (1992), 993.

man[2] *Adv. per. ndd.* ´nur’ (< 18. Jh.). Mndd. *man*, über **neman*, aus as. *newan*, entsprechend zu ahd. *ni-wan*, mhd. *ni-wan*, zusammengerückt aus der Verneinung und mhd. *wan*, mndd. *wan Adv./Konj.* ´nur, außer’.

H. Blume *ZGL* 16 (1988), 168−182.

Manager *m.* (< 20. Jh.). Entlehnt aus ne. *manager*, einem Nomen agentis zu e. *manage* ´bewerkstelligen, leiten’, dieses aus it. *maneggiare*, zu it. *mano f.* ´Hand’, aus l. *manus f.* ´Hand’ (s. *manuell*). Abstraktum: *Management*.

Ganz (1957), 136; HWPh 5 (1980), 709−711; Rey-Debove/Gagnon (1988), 555 f.; Carstensen 2 (1994), 868−879.

manch *Pron.-Adj.* (< 8. Jh.). Mhd. *manec, manic*, ahd. *manag*, as. *manag* aus g. **managa- Adj.* ´mancher, viel’, auch in gt. *manags*, spanord. *mangr*, ae. *manig, mænig* u.ä., afr. *manich, monich*. Außergermanisch vergleichen sich akslav. *mŭnogŭ* ´viel’, air. *menic* ´oft’ und mit lautlich unklarem Zusammenhang l. *omnis* ´ganz, jeder’. Weiteres ist noch weniger klar (heth. *humant-* ´ganz, all, jeder’) − also ig. **hmon- ?* ´all, ganz’. Der neuhochdeutsche Auslaut stammt aus Mundarten, die auslautendes *g* als *ch* wiedergeben. Der alte Auslaut ist noch in **mannigfach** und **mannigfaltig** belegt.

O. Behaghel 1 (1923), 401−404.

Mandant *m. per. fach.* ´Klient eines Rechtsanwalts’ (< 20. Jh.). Eigentlich ´der Anvertrauende’, s. *Mandat*.

Mandarin *m. erw. exot.* (chinesischer Würdenträger) (< 17. Jh.). Entlehnt, wohl aus dem Portugiesischen. Das Wort ist eigentlich indisch (ai. *mantrín-* ´Ratgeber eines Fürsten’ zu ai. *mántra-* ´Rede, Ratschlag’) und wurde von den Portugiesen in der Form *mandarin* auf chinesische Verhältnisse übertragen, wobei wohl l. *mandāre* ´beauftragen, befehlen’ mitgewirkt hat. Heute wird auch nach englischem Vorbild die klassische chinesische Amtssprache *Mandarin* genannt.

DF 2 (1942), 65.

Mandarine *f.* (< 19. Jh.). Entlehnt aus frz. *mandarine*, dieses aus span. *(naranja) mandarina*, dessen Herkunft unklar ist.

R. Loewe *BGDSL* 61 (1937), 228−230; *DF* 2 (1942), 65.

Mandat *n. erw. fach.* ´Auftrag, Amt´ (< 14. Jh.). Entlehnt aus l. *mandātum* ´Auftrag, Befehl´, dem substantivierten PPP. von l. *mandāre* ´übergeben, anvertrauen´, zu l. *manus f.* ´Hand´ (s. *manuell*) und l. *dare* ´geben, reichen´ (s. *Datum*).

S. *Mandant*. − *DF* 2 (1942), 65; *LM* 6 (1993), 186 f.

Mande *f.* arch. ´Korb ohne Henkel´ (< 17. Jh.). Fnhd. *mand* aus mndd. *mande*, mndl. *mande*. Vergleichbar ist ae. *mand*. Herkunft unklar. Nndl. *mand*, ne. *maund*.

Mandel[1] *f.* (Frucht) (< 11. Jh.). Mhd. *mandel*, ahd. *mandala*, *mandel*, as. *mandala*. Entlehnt aus spl. *amandula*, das seinerseits aus gr. *amygdálē* stammt. Dieses ist wohl aus einer unbekannten Sprache entlehnt. Die Hals- und Rachenmandeln sind nach dem Vorbild des Lateinischen so benannt (Bedeutungsübertragung nach der Form); die gleiche Bedeutungsübertragung im Arabischen, das ein Vorbild für das Lateinische gewesen sein kann.

Hoops (1905), 555 f.; W. Krogmann *ZDPh* 65 (1940), 26 f.; vgl. C. Tagliavini *ZRPh* 46 (1926), 46 f.; *LM* 6 (1993), 187.

Mandel[2] *f./(m./n.)* arch. ´Menge von 15 oder 16 Stück´ (< 15. Jh.). Ursprünglich auf Garben bezogen. Aus mndl. *mandele* ´Garbenstand´, auch ml. (13. Jh.) *mandala f.* Weitere Herkunft unklar, vielleicht zu einem keltischen Wort für ´Garbe´ (korn. *manal*, nbret. *malan* aus *manatlo-*).

W. Krogmann *ZDPh* 65 (1940), 26 f.

Mandoline *f. erw. fach.* (< 18. Jh.). Entlehnt aus frz. *mandoline*, dieses aus it. *mandolino m.*, einem Diminutivum zu it. *mandola* (älter: *mandora*) ´Zupfinstrument´, das mit unklarer Formentwicklung zurückgeht auf l. *pandūra* (= ein dreisaitiges Instrument). Anders *DEO*: Nach der Form zu frz. *amande* ´Mandel´.

DF 2 (1942), 65; Relleke (1980), 200 f.; *DEO* (1982), 384 f.

Mandrill *m. per. fach.* (Affenart) (< 18. Jh.). Entlehnt aus ne. *mandrill*. Das englische Wort war zunächst Bezeichnung der Schimpansen und war wohl aus einer Eingeborenensprache Westafrikas übernommen. Dann übertragen auf eine Pavianart.

DF 2 (1942), 65; Rey-Debove/Gagnon (1988), 557.

Manege *f.* (< 18. Jh.). Entlehnt aus frz. *manège* ´Pferdedressur, Reitbahn´, dieses aus it. *maneggio m.* (eigentlich ´Behandlung, Betrieb´), einer Ableitung von it. *maneggiare* ´mit etwas umgehen´, zu it. *mano* ´Hand´, aus l. *manus* (s. *manuell* und *Manager*).

DF 2 (1942), 66; Jones (1976), 413; W. J. Jones *SN* 51 (1979), 164; Brunt (1983), 362 f.

mang *Präp. per. ndd.* ´unter, zwischen´ (< 17. Jh.). Aus as. *an gimang* wie ae. *on gemong*, eigent-lich ´unter der Menge´ zu ae. *gemong*, as. *gimang* ´Menge, Schar´. Dieses zu *mengen*. Ne. *among*.

Mangan *n.* s. *Magnesium*.

Mangel *f.*, auch **Mange** *f.*, obs. ´Glättrolle´ (< 15. Jh.). Zuvor bezeichnete das gleiche Wort eine Kriegsmaschine zum Schleudern von Steinen, mhd. *mange*, entlehnt aus ml. *manganum n.*, *manga* (u.ä.), dieses wiederum aus gr. *mánganon n.* ´Wurfmaschine´. Die Kriegsmaschine wurde mit Steinkästen (deren Gewicht die Schleuderkraft hervorriefen) betrieben, die Appreturmaschinen verwendeten entsprechende Steinkästen, um den notwendigen Druck zu erzeugen − daher die Übertragung der Bezeichnung.

Heyne (1899/1903), III, 95; Kretschmer (1969), 391−395; Röhrich 2 (1992), 993.

mangeln *swV. stil.* ´fehlen´ (< 9. Jh.). Mhd. *mangel(e)n*, ahd. *mangolōn*, diminutive Formen zu mhd. *mangen* ´ermangeln, entbehren´. Entlehnt aus l. *mancāre* ´verstümmeln, mangeln, fehlen´. Abstraktum: **Mangel** mit der Ableitung **bemängeln**; Präfigierung: **ermangeln**; Adjektiv: **mangelhaft**.

Mangold *m. erw. fach.* (< 14. Jh.). Mhd. *man(e)golt*. Herkunft unklar.

Marzell 1 (1943), 583−585; Bertsch (1947), 220−229.

Manie *f. erw. fremd.* ´Besessenheit´ (< 16. Jh.). Entlehnt aus l. *mania* ´Wut´, dieses aus gr. *manía* ´Raserei, Wahnsinn, Wut, Tollheit´, zu gr. *maínesthai* ´rasen´, gr. *maínein* ´rasend machen´, weiter zu ig. **men-* ´denken, erinnern´. Als Hinterglied in fachsprachlichen Bezeichnungen seelischer Krankheiten wie **Kleptomanie**, wozu die Bezeichnungen der Kranken auf **-mane**. Adjektiv: **manisch**.

Zur griechischen Verwandtschaft s. *Automat*, zur lateinischen *mental* und zur germanischen *mahnen*. − *DF* 2 (1942), 66; K.-H. Weimann *DWEB* 2 (1963), 398; Cottez (1980), 239 f.; *HWPh* 5 (1980), 717−724.

Manier *f. stil.* (< 13. Jh.). Mhd. *maniere* ist entlehnt aus afrz. *maniere*, dieses aus gallo-rom. **manuaria*, zu gallo-rom. *manuarius* ´handlich, geschickt´, aus l. *mānuārius* ´zu den Händen gehörig´, zu l. *manus* ´Hand´ (s. *manuell*). In der Bedeutung spezialisiert ist der Plural **Manieren** mit dem Adjektiv **manierlich**.

S. *manieriert*. − *DF* 2 (1942), 66−68; Miettinen (1962), 285−290; Cottez (1980), 239 f.; U. Link-Heer in: Gumbrecht/Pfeiffer (1986), 93−114.

manieriert *Adj. erw. fremd.* ´gekünstelt´ (< 18. Jh.). Entlehnt aus frz. *maniéré*. Mit *Manier* ist auch (im Anschluß an it. *maniera*) der dem Künstler eigentümliche Stil gemeint, der bei Übertreibung als ´gekünstelt´ erscheint und so abgewertet wird. So charakterisierte Stilrichtungen werden als **Manierismus** bezeichnet.

H. Federhofer *AB* 17 (1973), 206−220; *HWPh* 5 (1980), 724−726; *Brisante Wörter* (1989), 657−661.

Manifest *n. erw. fach.* ˈProgramm einer Gruppierungˈ (< 17. Jh.). Entlehnt aus ml. *manifestum,* einer Substantivierung von l. *manifēstus* ˈoffenbar, augenscheinlich, handgreiflichˈ, zu l. *manus f.* ˈHandˈ (s. *manuell*). Verb: ***manifestieren.***
DF 2 (1942), 68.

Maniküre *f. erw. fach.* ˈPflege der Händeˈ (< 20. Jh.). Entlehnt aus frz. *manucure,* zu frz. *cure* ˈSorgfaltˈ, aus l. *cūra* ˈSorge, Fürsorgeˈ (s. *Kur*), und l. *manus* ˈHandˈ (s. *manuell*).

Manipulation *f.* (< 18. Jh.). Entlehnt aus frz. *manipulation,* einer Ableitung von frz. *manipuler* ˈzum eigenen Vorteil beeinflussenˈ, älter: ˈchemische u. a. Substanzen handhabenˈ, zu frz. *manipule* ˈeine Handvoll (Kräuter), Bundˈ, aus l. *manipulus m.,* zu l. *manus* ˈHandˈ (s. *manuell*) und l. *plēre* ˈfüllenˈ (verwandt mit l. *plēnus* ˈvollˈ, s. *Plenum*). Verb: ***manipulieren.***
DF 2 (1942), 68 f.; W. Betz: *Verändert Sprache die Welt?* (1977), 87–93; *HWPh* 5 (1980), 726–729; Röhrich 2 (1992), 993; *Brisante Wörter* (1989), 231–242.

manisch *Adj.* s. *Manie.*

Manko *n. stil.* ˈNachteil, Fehlendesˈ (< 19. Jh.). Entlehnt aus it. *manco m.* (älter: *a manco* ˈim Ausfallˈ), zu l. *mancus* ˈunvollständig, gebrechlich, verstümmeltˈ. S. *mangeln.*
Schirmer (1911), 125; *DF* 2 (1942), 69; Röhrich 2 (1992), 993 f.

Mann *m.* (< 8. Jh.). Mhd. *man,* ahd. *man,* as. *man* aus g. **manōn- m.* ˈMann, Menschˈ, auch in gt. *manna,* anord. *maðr, mannr,* ae. *mann(a), monn(a),* afr. *monn.* Der *n*-Stamm, der offenbar in bestimmten Fällen schwundstufig war, führte zu einer Flexion auf der Grundlage von **mann-,* die einfache Form aber z. B. noch in der gt. Kompositionsform *mana-.* Weiterbildung von g. **gumōn-* ˈMann, Menschˈ (s. *Bräutigam*) von der Ablautsform **gman-ōn* mit Erleichterung der Konsonantengruppe im Anlaut. Parallele Bildungen sind lit. *žmónės* ˈMenschenˈ, apreuß. *smunents* ˈMenschˈ. Adjektive: ***männlich, mannhaft***; Präfixableitungen: ***be-, ent-, er-, übermannen***; Kollektivum: ***Mannschaft.***
Nndl. *man,* ne. *man,* nschw. *man,* nisl. *maður.* S. *man¹, Mannequin, Mensch.* – E. Berneker *IF* 9 (1898), 360 f.; P. Ramat *Sprache* 9 (1963), 23–34; S. Levin in: J. P. Maher/A. R. Bomhard/E. F. K. Koerner (Hrsg.): *Papers from the 3rd International Conference on Historical Linguistics* (Amsterdam 1982), 207–215; Röhrich 2 (1992), 994–996.

Manna *n. bildg.* (die wundersame Nahrung der Israeliten nach dem Auszug aus Ägypten) (< 14. Jh.). Spmhd. *mannabrōt* ist mit verdeutlichender Komposition entlehnt aus spl. *manna,* dieses aus ntl.-gr. *mánna,* aus hebr./aram. *mān, mannā( )* (möglicherweise ˈHonigtauˈ).

mannbar *Adj. obs.* ˈheiratsfähigˈ (< 13. Jh.). Zunächst nur von Mädchen gesagt, erst wesentlich

später (15. Jh.) auch von Männern. Die Bildung ist nicht recht durchsichtig; vielleicht zum Verb *mannen* im Sinn von ˈheiratenˈ.

Mannequin *n.* (< 18. Jh.). Entlehnt aus frz. *mannequin m.* ˈModepuppeˈ, dieses aus mndl. *mannekijn* ˈMännchenˈ, einem Diminutivum zu mndl. *man m.* ˈMannˈ. Zunächst Bezeichnung für Puppen, die man zum Nähen und Ausstellen von Kleidung verwendet; dann übertragen auf Frauen, die einem Publikum Kleidung vorführen.
Schirmer (1911), 125; *DF* 2 (1942), 69; *DEO* (1982), 385.

Männertreu *f./(n.),* auch **Mannstreu** *f./n., erw. fach.* (Bezeichnung verschiedener Blumen) (< 15. Jh.). Wohl ironisch nach der Vergänglichkeit der Blüten. Der Wurzelabsud der schon früh so benannten *Veronica chamaedrys* wurde zur Stärkung der Manneskraft empfohlen, doch geht der Name kaum auf diese Verwendung zurück.

mannig, mannigfach, mannigfaltig, *Adj.* s. *manch.*

männiglich *Pron. per. schwz.* ˈjederˈ (< 9. Jh.). Mhd. *mannegelīch,* ahd. *manno gihwiolīh,* zusammengerückt *mannogilīh* ˈjeglicher der Männer/ Menschenˈ. Eine parallele Zusammenrückung in mndd. *manlik, malk,* das auf *mannogihwelīc* zurückgeführt wird.
Behaghel (1923/32), I, 387 f.

Mannsbild *n. obs.* ˈMann (in bezug auf seine Körperlichkeit)ˈ (< 15. Jh.). Gebildet als *mannes und wībes bilde* ˈGestalt/Körper von Mann und Frauˈ, das zu *Mannsbild* und *Weibsbild* führt und im Laufe der Zeit auf regionale Sprachformen zurückgedrängt wird.

Mannschaft *f.* (< 13. Jh.). Mhd. *manschaft* hat verschiedene Bedeutungen, die einem Abstraktum oder Kollektiv zukommen: ˈStatus des (Lehens)-Mannesˈ, ˈGefolgsleuteˈ. Die kollektive Bedeutung setzt sich durch und wird verallgemeinert.

mannstoll *Adj. stil.* (< 14. Jh.). Zusammengerückt aus *mannes toll* ˈtoll (wild) auf einen Mann, auf Männerˈ.

Mannstreu *f./(n.)* s. *Männertreu.*

Mannweib *n. obs.* (< 17. Jh.). Die ältere Bedeutung (seit dem 17. Jh.) ist ˈZwitterˈ als Lehnübersetzung von gr. *andrógynos m.* Im 19. Jh. wird das Wort von Jean Paul verwendet für *Frau von männlichem Gebaren,* also eher für ˈAmazoneˈ. Der heutige Gebrauch folgt im allgemeinen dem von Jean Paul.

Manöver *n.* (< 18. Jh.). Entlehnt aus frz. *manœvre f.* (eigentlich ˈHandhabungˈ), dieses aus spl. *manuopera f.* ˈHandarbeitˈ, zu l. *manū operāre* ˈmit der Hand arbeitenˈ, zu l. *manus f.* ˈHandˈ (s. *manuell*) und l. *opera f.* ˈArbeitˈ (zu l. *operārī* ˈarbeitenˈ, s. *operieren*). Aus ˈHandarbeitˈ ergibt sich die zusätzliche Bedeutung ˈBewegung (der Hand)ˈ,

die dann auf Heeres- und Flottenschwenkungen übertragen wird. Daraus dann einerseits verallgemeinernd ´Truppenübung´, andererseits aus ´geschickte Wendung´ dann ´Kunstgriff´. Verb: *manövrieren*.

DF 2 (1942), 69 f.

Mansarde *f. erw. fach.* ´ausgebautes Dachgeschoß´ (< 18. Jh.). Entlehnt aus frz. *mansarde*, nach dem Namen des Architekten *F. Mansart*, den man (fälschlich) als Erfinder dieser Bauweise ansah.

DF 2 (1942), 70; Brunt (1983), 363 f.

manschen *swV.* s. *mantschen*.

Manschette *f. erw. fach.* ´Abschluß des Ärmels´ (< 17. Jh.). Entlehnt aus frz. *manchette*, einem Diminutivum zu frz. *manche* ´Ärmel´ (zunächst für einen Ärmelansatz aus Spitzen), dieses aus l. *manica* (der lange Ärmel der Tunica, der auch die Hand bedeckte und zugleich als Handschuh verwendet werden konnte), zu l. *manus* ´Hand´ (s. *manuell*). Die Redensart *Manschetten haben* ´Angst haben´ entsteht als spöttischer Spruch über die „modischen Weichlinge", die handfesten Auseinandersetzungen aus dem Weg gingen.

DF 2 (1942), 70 f.; Brunt (1983), 361 f.; Röhrich 2 (1992), 997.

Mantel *m.* (< 11. Jh.). Mhd. *mantel, mandel,* ahd. *mantal,* mndd. *mantel m./f.,* mndl. *mantel,* wie anord. *mǫtull* entlehnt aus l. *mantellum, mantēlum n.* ´Hülle, Decke´, das eine Erweiterung von l. *mantum n.* ´kurzer Mantel´ ist. Dieses scheint ibero-keltischer Herkunft zu sein. Das Wort wird auch übertragen für ´Verhüllung, Umhüllung´ verwendet, auch abstrakt wie *Rahmen* etwa in **Manteltarif**. Präfixableitung: **bemänteln**.

S. *Deckmantel.* − Röhrich 2 (1992), 997−1000; *LM* 6 (1993), 203 f.

mantschen *swV. stil.* ´im Wasser plantschen, mischen´ (< 16. Jh.). Neben *matschen* wie *pan(t)schen* und *patschen*. Wohl lautmalerischen Ursprungs.

S. auch *Matsch.* − J. Minor *ZDW* 1 (1901), 67 f.

manuell *Adj. erw. fremd.* ´von Hand´ (< 19. Jh.). Entlehnt aus frz. *manuel*, dieses aus l. *manuālis*, zu l. *manus* ´Hand´.

Zu l. *manus* ´Hand´ gehören als Komposita *Manifest, Maniküre (frz.), Manöver, Manufaktur (frz.), Manuskript* und die Grundlage von *manipulieren*. Auf verbale Zusammenbildungen gehen zurück *Emanzipation* und die Ableitungen von l. *mandāre* ´übergeben, anvertrauen´ (*kommandieren, Mandant, Mandat*). Auf eine italienische Ableitung gehen zurück *Manager* und *Manege*, auf eine lateinische *Manschette*; zu Adjektivbildungen gehören *Manier, Manual* und *manuell*. Zur germanischen Verwandtschaft s. *Mund²*.

Manufaktur *f. obs.* ´gewerblicher Betrieb mit Fertigung in Handarbeit´ (< 17. Jh.). Entlehnt aus

frz. *manufacture* oder ne. *manufacture*, einer ursprünglich französischen Bildung aus l. *manus* ´Hand´ (s. *manuell*) und l. *factūra*, Abstraktum zu l. *facere* ´machen´ (s. *infizieren*).

DF 2 (1942), 71 f.; *LM* 6 (1993), 212 f.

Manuskript *n. erw. fach.* (< 17. Jh.). Entlehnt aus ml. *manuscriptum*, zusammengerückt aus l. *manū scrīptus* ´mit der Hand geschrieben´, zu l. *manus* ´Hand´ (s. *manuell*) und l. *scrībere* ´schreiben´ (s. *deskribieren*).

DF 2 (1942), 72.

Mappe *f.* (< 15. Jh.). Die heutige Bedeutung ´Umschlag, Behälter´ entstand im 18. Jh. als ´Behälter für Landkarten´, denn das Wort bedeutete ehemals ´Landkarte´. Mit dieser Bedeutung ist es entlehnt worden aus ml. *mappa (mundi)* ´Weltkarte, Landkarte´. L. *mappa* bedeutet ursprünglich ´Tuch´, dann spezialisiert auf ´bemaltes Tuch´.

Mär *f.* s. *Märchen*.

Marabu *m. erw. exot.* (Storchenart) (< 19. Jh.). Entlehnt aus frz. *marabout*. Dieses aus span. *morabito*, port. *marabuto*, dieses aus arab. *murābiṭ* ´(islamischer) Einsiedler, Asket´ und ´Riesenstorch´ (wegen des würdevollen Aussehens und Verhaltens dieser Vögel). Heute wird teilweise zwischen *Marabu* ´Riesenstorch´ und *Marabut* ´islamischer Einsiedler´ unterschieden.

DF 2 (1942),, 72. Zu *Marabut* vgl. *LM* 6 (1993), 215.

Marathonlauf *m.* (< 19. Jh.). 1896 als olympische Disziplin eingeführt im Andenken an die (geschichtlich nicht erwiesene) Tat des Läufers, der von *Marathon* (einem antiken Ort an der Ostküste Attikas) nach dem Sieg über die Perser die 42 Kilometer nach Athen lief, um die Siegesnachricht zu überbringen; worauf er tot zusammenbrach. Deshalb galt dieser Lauf auch über 42 km. Heute ist *Marathon-* eine Art Lehnaffix zur Bezeichnung von etwas Überlangem (**Marathon-Diskussion**).

March *f. per. schwz.* ´Flurgrenze´ (< 18. Jh.). Oberdeutsche Form von *Mark¹*.

Märchen *n.* (< 15. Jh.). Wie obd. **Märlein** seit dem 15. Jh. bezeugt für kleine Erzählungen, meist in Versform; die heutige Bedeutung im wesentlichen festgelegt durch den Wortgebrauch der Gebrüder Grimm. Das Wort ist eine Verkleinerungsform von fnhd. *mære, mær,* mhd. *mære n./f.,* ahd. *māri, māre* ´Nachricht, Kunde´, ahd. *mārī f.* ´Ruhm´, mndd. *mere* ´Kunde, Erzählung, Bericht´ (vgl. *gute, neue Mär* im Weihnachtslied, nach Luther). Dies ist ein Abstraktum zu g. **mær-ija- swV.* ´verkünden, erzählen´ in gt. *merjan,* anord. *mæra,* ae. *(ge)mæran,* as. *mārian,* ahd. *mār(r)en, māran,* mhd. *mæren.* Dieses ist ein Faktitivum zu dem Adjektiv g. **mærja-* ´berühmt´ in gt. *wailamereis* ´löblich´, anord. *mærr,* ae. *mære,* as. ahd. *māri,* mhd. *mære.* Dieses gehört wohl mit Ablaut zu einem keltischen Adjektiv für ʿgroß' (air. *mór*, kymr. *mawr*); dazu mit abweichender Stammbildung *mehr*.

J. Bolte/G. Polivka: *Anmerkungen zu den Kinder- und Hausmärchen der Brüder Grimm* (Leipzig 1913/32), IV, Kapitel I; Röhrich 2 (1992), 1000; *LM* 6 (1993), 224−226; Heidermanns (1993), 408 f.

Marder *m.* (< 9. Jh.). Mhd. *marder*, ahd. *mardar*, as. *marðrīn* ʿaus Marderfell'. Das auslautende *-r* beruht auf einer Erweiterung (wohl g. *-z* wie das erweiternde *-s* in *Fuchs* und *Luchs*). Unerweitert ahd. *mard*, afr. *merth*, ae. *mearþ*, anord. *mǫrðr* aus g. **marþu-*. Die Herkunft des Namens ist unklar. Auffällig sind die häufigen „Übernamen" für Wiesel und Marder, unter denen mehrfach ʿjunge Frau, Braut' erscheint (so in it. *donnola f.*, ngr. *ny(m)-phítsa n.*, slav. *nevěsta f.*). Auf diese Weise könnte mit dem Wort *Marder* lit. *martì* ʿBraut' verknüpft werden. Das Motiv für diese Bezeichnungen ist unklar. Wohl kaum eine beschönigende Benennung (obwohl das Wiesel im Volksglauben mit dem Erscheinen von Krankheiten zu tun hat), sondern ausgehend vom Hermelin eine Übertragung auf Grund der schönen weißen Farbe.

Nndl. *marter*, ne. *marten* (über das Altfranzösische?), nschw. *mård*, nisl. *mörður*. − O. Schrader *BKIS* 15 (1889), 128−131.

mären *swV. per. reg.* ʿherumwühlen, trödeln' (< 13. Jh.). Mhd. *mer(e)n* ʿBrot eintauchen und so essen'. Vermutlich aus **merhen* und vergleichbar mit lit. *meřkti* ʿ (Flachs) einweichen', gall. *embrekton* ʿeingetunkter Bissen' (das zu l. *imbractum* wird). S. *Märte*.

Margarine *f.* (< 19. Jh.). Entlehnt aus frz. *margarine*, einer Neubildung zu frz. *margarique (acide)*, der Bezeichnung einer in der Magarine enthaltenen Säure. Das französische Bestimmungswort ist übernommen aus gr. *márgaros m./f.* (einer Rückbildung zu gr. *margarítēs m.* ʿPerle') ʿperlweiße Farbe, Perle' (s. *Margerite*).

Littmann (1924), 23; Cottez (1980), 240.

Marge *f. per. fach.* ʿDifferenz, Bereich' (< 20. Jh.). Entlehnt aus frz. *marge* ʿRand, Spielraum', aus l. *margo* ʿRand' (s. *marginal*). Zur germanischen Verwandtschaft s. *Mark*[1].

Margerite *f.* (< 16. Jh.). Entlehnt aus frz. *marguerite*, dieses übertragen aus l. *margarīta* ʿPerle', aus gr. *margarítēs m.* ʿPerle', einem Lehnwort aus einer orientalischen Sprache. Das Wort ist schon in der Antike als Name (*Margarete*) verwendet worden.

S. *Margarine.* − Marzell 1 (1943), 956−972; B. Reichert: *Kornblume und Margerite in der deutschen Synonymik* (Diss. masch. Tübingen 1955); M. Masson *Linguistique* 25 (1989), 127−141.

marginal *Adj. per. fremd.* ʿam Rand liegend' (< 16. Jh.). Entlehnt aus neo-kl. *marginalis*, zu l.

margo ʿRand'. Als Substantivierung **Marginalie** ʿRandbemerkung' (älter *Marginale*).

S. *Marge.* − *DF* 2 (1942), 72.

Marienglas *n. per. fach.* ʿGipskristall' (< 18. Jh.), älter **Frauenglas**, noch älter (17. Jh.) **Fraueneis**. Benennungsmotiv unklar; doch scheinen mehrfach Naturprodukte, die Kunstprodukten ähnlich sind, nach der Gottesmutter benannt zu sein. Vielleicht kommt die Bezeichnung daher, daß *Marienglas* zum Schmücken von Marien- und Heiligenfiguren diente.

Lüschen (1979), 220.

Marienkäfer *m.* (< 18. Jh.). Ein Benennungstyp, der über ganz Europa verbreitet ist (vgl. ne. *ladybird*, frz. [dial.] *bête de la vierge* usw.). Der Name geht wohl aus von dem Siebenpunkt, der als Symbol der sieben Schmerzen Mariens angesehen wurde.

Tiernamen (1963−1968), 178−227; Lokotsch (1975), 113; E. Mooijman *TeT* 39,1−2 (1987), 21−53.

Marienmantel *m.* s. *Frauenmantel*.

Marille *f. per. reg.* ʿAprikose' (< 17. Jh.). Über italienische Vermittlung (it. *armellino*) wohl aus l. *Armeniacum (pōmum n.)* (eigentlich ʿarmenischer Apfel') entlehnt. Z. T. vermischt mit *Amarelle* ʿSüßkirsche'. S. *Morelle*.

Marinade *f.* s. *marinieren*.

Marine *f.* (< 17. Jh.). Entlehnt aus frz. *marine*, zu frz. *marin* ʿdie See betreffend', aus l. *marīnus*, zu l. *mare n.* ʿMeer'.

S. *Kormoran, marinieren, Rosmarin, Ultramarin*; zur germanischen Verwandtschaft s. *Meer.* − Kluge (1911), 568; *DF* 2 (1942), 73; Brunt (1983), 366.

marinieren *swV. erw. fach.* ʿin scharfer Tunke einlegen' (< 17. Jh.). Entlehnt aus frz. *mariner*. Dieses aus frz. *mariné* ʿin Salzwasser eingelegt', zu frz. *marine* ʿMeerwasser' (s. *Marine*). Konkretum: **Marinade**.

Marionette *f. erw. fach.* ʿan Fäden bewegliche Puppe' (< 17. Jh.). Entlehnt aus frz. *marionnette*, aus frz. **mariolette*, einer Ableitung von mfrz. *mariole* ʿFigürchen', eigentlich ein Hypokoristikum zu frz. *Marie* (= *Maria*), aber wohl zurückgehend auf l. *marīta* ʿverheiratete Frau'.

S. *Marotte.* − J. W. Walz *ZDW* 12 (1910), 190; Kluge (1911), 568; *DF* 2 (1942), 73; *DEO* (1982), 388 f.; Brunt (1983), 367; Röhrich 2 (1992), 1000.

Mark[1] *f.* ʿGrenzgebiet' *obs.* (< 9. Jh.). Mhd. *marke*, ahd. *marca, mar(c)ha* u.ä., as. *marka* aus g. **mark(ō) f.* ʿGrenzgebiet', auch in gt. *marka*, anord. *mǫrk*, ae. *mearc*, afr. *merke*. Außergermanisch vergleicht sich zunächst l. *margo* ʿRand' (auch das sonst ganz isolierte pers. *marz* ʿLandstrich, Mark'?), dann mit abweichendem Vokalismus *(*mrog-)* air. *mruig*, kymr. *bro* ʿBezirk'. Also (ig.) **mereĝ* ʿGrenze, Grenzgebiet'.

Nndl. *mark*, ne. *march* (über das Französische), nschw. *mark*. S. *ausmarchen*, *March*, *Marke*, und über das Französische *Markise*. Zur lateinischen Verwandtschaft s. *Marge*. − W. Erben *ZSSR-GA* 43 (1922), 1−65; J. V. Hubschmid *VR* 3 (1938), 139−155; Tiefenbach (1973), 74−78; K. Müller (1976), 21−58; Steinhauser (1978), 61; R. Caprini *StG* 16 (1978), 245−266; R. Schmidt-Wiegand: *Mark und Allmende* (Marburg 1981); vOlberg (1991), 148 f.; *LM* 6 (1993), 298−304; Sousa Costa (1993), 244−249.

Mark[2] *f.* ˈWährungˈ (< 12. Jh.). Mhd. *marc(h)*, *marke* ˈhalbes Pfund Silber oder Goldˈ, eigentlich ˈEdelmetallbarren mit Prägestempelˈ aus g. **marka-n.* ˈZeichenˈ in anord. *mark n.*, ae. *mearc*, afr. *merke*, mhd. *marc n.*, mndd. *mark n.* Dieses wiederum ist wohl ein ˈGrenzzeichenˈ und hängt deshalb mit *Mark*[1] zusammen.

Röhrich 2 (1992), 1001; *LM* 6 (1993), 296 f.

Mark *n.* ˈGewebe in Knochen und Pflanzenstengelnˈ (< 9. Jh.). Mhd. *marc*, ahd. *marg*, *marc*, as. *marg* aus g. **mazga- n.* ˈMarkˈ, auch in anord. *mergr m.*, ae. *mearh*, *mærh m./n.*, afr. *merch*, *merg*. Dieses aus ig. **mozgʰo-* ˈMarkˈ, auch in ai. *majján- m.* ˈMarkˈ, toch. A *mäśśunt* ˈMarkˈ, akslav. *mozgŭ m.* ˈGehirnˈ, apreuß. *muzgeno f.* und evtl. (falls auf unregelmäßiger Umstellung beruhend) lit. *smãgenès f.* Pl. ˈGehirn, Markˈ. Weitere Herkunft unklar. Adjektiv: *markig*.

Nndl. *merg*, ne. *marrow*, nschw. *märg*, nisl. *mergur*. − Röhrich 2 (1992), 1000 f.

markant *Adj.* (< 19. Jh.). Entlehnt aus frz. *marquant*, partizipiales Adjektiv von frz. *marquer* ˈkennzeichnenˈ.

S. *markieren*. − *DF* 2 (1942), 73.

Marke *f.* (< 17. Jh.). Entlehnt aus frz. *marque* gleicher Bedeutung. Das französische Wort ist eine Rückbildung aus frz. *marquer* ˈkennzeichnenˈ, und dieses wiederum stammt aus it. *marcare* (die französische Entlehnung ist afrz. *merchier*), zu it. *marco*, das aus g. **marka- n.* ˈZeichenˈ entlehnt ist (s. *Mark*[2]).

S. *markieren*, *merken*. − *DF* 2 (1942), 73 f.; *LM* 6 (1993), 304.

Marketender *m. obs.* ˈdie Truppe begleitender Händlerˈ (< 16. Jh.). Entlehnt aus it. *mercatante*, zu it. *mercato* ˈHandel, Marktˈ, aus l. *mercātus*, zu l. *mercārī* ˈhandelnˈ, zu l. *merx (-rcis) f.* ˈWareˈ.

S. *Markt*. − *DF* 2 (1942), 74.

markieren *swV.* (< 18. Jh.). Entlehnt aus frz. *marquer* ˈkennzeichnenˈ (s. *Marke*). Abstraktum: *Markierung*.

DF 2 (1942), 74.

Markise *f. erw. fach.* ˈbewegliches Sonnendachˈ (< 18. Jh.). Entlehnt aus frz. *marquise*, eigentlich ˈMarkgräfinˈ, movierte Form von frz. *marquis m.* ˈMarkgrafˈ, aus gallo-rom. **markensis*, einer Ableitung von gallo-rom. **marca* ˈGrenzmarkˈ (aus der Vorform von *Mark*[1]). Die Form wird von Sol-

daten scherzhaft (Motiv unklar) auf das besondere Zeltdach von Offizierszelten übertragen; dann für andere Sonnendächer gebraucht.

DF 2 (1942), 74.

Markolf *m. per. wndd.* ˈHäherˈ (< 15. Jh.). Übertragung des Männernamens auf das Tier, vermutlich zuerst in der Tierfabel. Früher bezeugt ist die Bezeichnung als Name eines Spötters (Murner: *Geuchmatt*), so daß der Häher, der die Stimmen anderer Vögel nachahmen kann, danach benannt sein könnte (der Spötter kann aber auch nach dem Häher heißen − in diesem Fall ist das Benennungsmotiv für den Häher unklar). Neben *Markolf* steht in gleicher Bedeutung auch **Markwart**.

Markt *m.* (< 8. Jh.). Mhd. *mark(e)t*, ahd. *marcāt*, as. *markat*. Wie ae. *market n.*, anord. *markaðr* entlehnt aus spl. *marcātus*, Variante von l. *mercātus* ˈKauf, Marktˈ. Dieses über l. *mercārī* ˈHandel treibenˈ zu l. *merx (-rcis) f.* ˈWareˈ.

S. *kommerziell*, *Marketender*, *Mars*. − H. Protze: Das Wort *Markt* in den mitteldeutschen Mundarten *BVSAW* 106 (1961),2; *HWPh* 5 (1980), 753−758; Röhrich 2 (1992), 1001 f.; *LM* 6 (1993), 308−314.

Marmel *f./m.*, auch **Murmel** *f.* ˈSpielkugelˈ (< 9. Jh.). Mhd. *marmel f.*, ahd. *marmul*, *murmul f.* sind Eindeutschungen von l. *marmor*. Während die Bezeichnung für den Stein als *Marmor* erneuert wird, hält sich die alte Form als *Marmel* für das Spielgerät (mit zahlreichen lautlichen Variationen).

E. Kuhn in: *FS W. Braune* (Dortmund 1920), 352−355; Lasch (1928), 160; W. Mohr in: *FS Trier* (1964), 47−68.

Marmelade *f.* (< 16. Jh.). Entlehnt aus port. *marmelada* ˈQuittenmusˈ (wohl über frz. *marmelade*), einer Ableitung von port. *marmelo m.* ˈHonigapfel, Quitteˈ, dieses aus l. *melimēlum n.*, aus gr. *melimēlon n.*, zu gr. *méli n.* ˈHonigˈ und gr. *mēlon n.* ˈApfelˈ. Die Bedeutungsausweitung nach dem Französischen, vgl. aber ne. *marmalade* ˈOrangenmarmeladeˈ.

S. einerseits *Mehltau*, *Melasse*, *Melisse*; andererseits *Melone*. − F. Kuntze *NJKA* 41 (1918), 77 f.; *DF* 2 (1942), 75; Jones (1976), 425.

Marmor *m.* (< 8. Jh.). Ahd. *marmul*, *murmel*, mhd. *marmel* ist entlehnt aus l. *marmor n.*, dieses aus gr. *mármaros* (ursprünglich ˈStein, Felsblockˈ). Die heutige Form durch eine Relatinisierung im 16. Jh.

S. auch *Marmel*. − *DF* 2 (1942), 75; Lüschen (1979), 271 f.; Cottez (1980), 240; *LM* 6 (1993), 316 f.

marode *Adj. erw. fremd.* ˈleicht krankˈ (< 18. Jh.). Als Adjektiv nur deutsch; weitergebildet aus frz. *maraud* (s. *Marodeur*). Das Adjektiv *marode* meint eigentlich ˈmarschunfähigˈ und bezieht sich auf die der Truppe folgenden Nachzügler.

DF 2 (1942), 75 f. Anders (aus dem Arabischen): J. Böhmer *ZM* 13 (1937), 83−85.

Marodeur *m. per. fach.* ´Plünderer´ (< 17. Jh.). Deutsche Bildung zu frz. *marauder* ´herumstrolchen, plündern´, zu frz. *maraud* ´Bettler, Lump´, dessen weitere Herkunft nicht sicher geklärt ist. Am ehesten liegt volkssprachliches frz. *marauder* ´nächtliches Herumtollen der Katzen in der Brunstzeit´ zugrunde (zu frz. dial. *maraud* ´Kater´?).
DF 2 (1942), 76 f.; Röhrich 2 (1992), 1002.

Marone *f. erw. fach.* ´Eßkastanie´ (< 17. Jh.). Entlehnt aus frz. *marron m.*, dieses aus it. *marrone m.*, dessen Herkunft nicht geklärt ist.
DF 2 (1942), 77.

Marotte *f. erw. fremd.* ´seltsame Angewohnheit´ (< 18. Jh.). Entlehnt aus frz. *marotte* (auch: ´Narrenkappe, Narrenszepter mit Puppenkopf´, s. *Marionette*).
S. *Marionette.* − *DF* 2 (1942), 77; Strasser (1976); *DEO* (1982), 388, 392; Röhrich 2 (1992), 1002.

Mars *m./(f.) per. fach.* ´Mastkorb´ (< 15. Jh.). In hochdeutschen Texten bezeugt seit dem 15. Jh.; mndd. *marse, merse f.* ´Mastkorb, Schiffsmast´, mndl. *merse f.* ´Ware, Warenkorb, Korb´. Möglicherweise aus l. *merces Pl.* ´Kaufwaren´.
S. *Markt.* − Kluge (1911), 569 f.; *LM* 6 (1993), 323.

Marsch[1] *m.* (< 17. Jh.). Entlehnt aus frz. *marche*, das ursprünglich ´Gang, Tritt´ bedeutet. Ebenso **marschieren** (aus frz. *marcher*), das aber länger mit -ch- geschrieben wird. Desgleichen der Zuruf **Marsch**! aus dem frz. Imperativ *marche*.
DF 2 (1942), 77 f.; Jones (1976), 417 f.; Röhrich 2 (1992), 1002 f.

Marsch[2] *f. erw. ndd.* ´Niederung´ (< 17. Jh.). In hochdeutschen Texten seit dem 17. Jh.; mndd. *marsch, mersch, masch f./(n.)* mndl. *maersche.* Entsprechend ae. *mer(i)sc m.*, das die Herkunft aus (g.) *mariska- Adj.* ´zum Meer gehörig´ zeigt; weiter zu *Meer.*
Nndl. *mars*, ne. *marsh.* S. *Morast.* − P. vPolenz *NJ* 79 (1956), 59−66; *LM* 6 (1993), 324; Udolph (1994), 364−377.

Marschall *m.* (< 9. Jh.). Mhd. *marschalc*, ahd. *mar(ah)-scalc.* Bei der Lautentwicklung zum Neuhochdeutschen hat wohl frz. *maréchal* (das selbst aus dem Germanischen stammt) mitgewirkt. Das Wort ist zusammengesetzt aus ahd. *marah-* ´Pferd´ (s. *Mähre*) und ahd. *scalc* ´Diener´ (s. *Schalk*); gemeint war der Aufseher über den fürstlichen Troß. Die weitere Bedeutungsentwicklung dann über ´Reitergeneral´. Das Wort wird nicht nur in die romanischen Sprachen entlehnt, sondern auch übersetzt als ml. *comes stabuli*, was zu frz. *connétable*, ne. *constable* ´Polizist´ führt.
S. *Marstall, Seneschall.* − R. M. Meyer *ZDW* 12 (1910), 153−155; *DF* 2 (1942), 78; Jones (1976), 421−423; vOlberg (1991), 221−226; *LM* 6 (1993), 324 f.

Marstall *m. per. fach.* ´Gestüt´ (< 9. Jh.). Mhd. *marstal*, ahd. *marahstal.* Zusammengesetzt aus ahd. *marah-* ´Pferd´ (s. *Mähre*) und *Stall.*
Vgl. *Marschall.* − *LM* 6 (1993), 334 f.

Märte *f. per. md.* ´Kaltschale aus Milch und Brot´ (< 9. Jh.). Mhd. *merāte, mer(ō)t*, ahd. *merāta, merde, merō(d), merōt.* Offenbar zu dem unter *mären* behandelten Verb; das Suffix *-āt* steht aber unter dem Verdacht romanischer Entlehnung, so daß die Einzelheiten offen bleiben müssen.

Marter *f.* (< 8. Jh.). Mhd. *marter(e), martel* ´Blutzeugnis´ neben mhd. *marterære, martelære m.* ´Märtyrer´, ahd. *martyra, martira, mart(e)re* neben ahd. *martirāri m.* Entlehnt l. (christlich) *martyrium n.* und l. *martyr m.* Dieses aus gr. *mártyr m.* ´Zeuge´ (zu ig. **mer-* ´erinnern´), kirchlich ´Blutzeuge´ und davon abgeleitet gr. *martýrion n.* ´Blutzeugnis´. Das abgeleitete Verb **martern**, mhd. *marter(e)n, marteln*, ahd. *mart(i)rōn* ist zunächst ausschließlich religiös gemeint und wird erst später verallgemeinert.
S. *Marterl, Memoiren.* − Zu *Märtyrer, Martyrium* vgl.: Röhrich 2 (1992), 1004; *LM* 6 (1993), 352, 353−357.

Marterl *n. per. oobd.* ´Gedenkkreuz, Gedenksäule´ (< 19. Jh.). Zunächst aus Tirol bekannt. Das Wort bezeichnet ursprünglich eine Darstellung des Leidens Christi (etwa an einem Kreuzweg), dann übertragen auf Gedenkstätten am Ort von Unfällen (u.ä.). Zu *Marter.*

martialisch *Adj. per. fremd.* ´kriegerisch, grimmig´ (< 16. Jh.). Nachdeutung von l. *Mārtiālis* ´zum Kriegsgott gehörig´, zu l. *Mārs*, dem Namen des Kriegsgottes. Die Bildung entsteht in der Astronomie, die damit eine Eigenschaft des im Sternbild Mars Geborenen bezeichnete.
Ersatzwort ist *kriegerisch.* − K.-H. Weimann *DWEB* 2 (1963), 398.

Martinsgans *f. erw. fach.* (< 16. Jh.). Zuerst als die am Martinstag (11. November) als Zins fällige Gans, dann die am Martinstag traditionellerweise als Festbraten verzehrte Gans.
Röhrich 2 (1992), 1003.

Martinshorn *n. erw. fach.* ´Signalhorn der Polizei usw.´ (< 20. Jh.). Benannt nach der Herstellerfirma *Martin.*
H. Walther *SD* 17 (1973), 4 f.

Märtyrer *m.* s. *Marter.*

März *m.* (< 8. Jh.). Mhd. *merze*, ahd. *marzeo, merzo*, mndd. *merte.* Entlehnt aus l. *(mēnsem) mārtium* nach dem Kriegsgott *Mars.* Der März war im römischen Jahr der erste Monat des Jahres.

Marzipan *n./(m.)*, älter **Marzapan** (< 16. Jh.). Mit der Sache entlehnt aus it. *marzapane m.* gleicher Bedeutung.
Dies bedeutet regional (sizilianisch, neapolitanisch, auch provenzalisch) ´Schachtel´, latinisiert *massapanum n.*

'Schmuckkästchen, Reliquienschrein'; der Zusammenhang ist dadurch gegeben, daß Marzipanteig in Holzschachteln aufbewahrt und exportiert wurde. Das Wort scheint auf ein lokales arabisches Wort für ein Gefäß, auch ein Hohlmaß zurückzugehen. – Anders: A. Kluyver *ZDW* 6 (1904/5), 59–68; H. Fincke *ZUL* 53 (1927), 100–126; 56 (1928), 335–340. Gegen die ältere Auffassung: G. B. Pellegrini: *Gli arabismi nelle lingue neolatine* (Brescia 1972), 2,590–599; W. W. Müller in *Mediterrane Kulturen* (1986), 87 f. und 103 f.

Masche[1] *f.* 'Schlinge' (< 9. Jh.). Mhd. *masche*, *masca*, ahd. *maska*, as. *maska* aus g. **maskwō(n)* *f.* 'Masche, Schleife, Netz', auch in anord. *mǫskvi* *m.*, *mǫskum*, ae. *masc*, *max* (mit *s*-Umsprung). Das Grundwort wird vertreten durch lit. *mègzti*, *mezgù* 'knoten, knüpfen, stricken', vgl. lit. *mãzgas* 'Knoten, Schlinge'. Sonst keine Vergleichsmöglichkeit.
Röhrich 2 (1992), 1004.

Masche[2] *f. erw. stil.* 'Lösung, Kniff' (< 20. Jh.). Vermutlich übernommen aus wjidd. *mezio* 'Gewinn, Lösung'.
Röhrich 2 (1992), 1004.

Maschine *f.* (< 17. Jh.). Entlehnt aus frz. *machine*, dieses aus l. *māchina*, aus gr. *mēchanḗ* 'Werkzeug, künstliche Vorrichtung, Mittel' (s. *Mechanik*). Zunächst entlehnt als Bezeichnung für Kriegs- und Belagerungsmaschinen. Adjektiv: **maschinell**; Täterbezeichnung: **Maschinist**.
A. Rehmann: *Die Geschichte der technischen Begriffe 'fabrica' und 'machina' in den romanischen Sprachen* (Diss.-Münster 1935); *DF* 2 (1942), 79–83; *HWPh* 5 (1980), 790–802; K. Jakob: *Maschine, Mentales Modell, Metapher* (Tübingen 1991); *LM* 6 (1993), 362 f.; M. Popplow *Technikgeschichte* 60 (1993), 7–26.

Maser *f. erw. fach.* (< 9. Jh.). Mhd. *maser m.* 'knorriger Auswuchs an Bäumen, gemasertes Holz'. Ahd. *masar m.*, as. *masur m.*, vergleichbar ist anord. *mǫsurr m.* 'Ahorn'. Herkunft des Wortes und Zusammenhang mit *Maßholder* (s.d.) sind ungeklärt. Verb: **masern** mit dem Abstraktum *Maserung*. S. *Masern*.

Masern *Pl.* (< 16. Jh.). Ursprünglich niederdeutsches Wort: mndd. *mas(s)ele*, *maselen*, mndl. *maser*, *masel* (vgl. mhd. *masel(e)*, ahd. *masala* 'Blutgeschwulst'), ist dann aber offenbar an *Maser* angeglichen worden.
S. auch *Miselsucht*. – M. Åsdahl Holmberg *NM* 26 (1970), 41–46.

Maske *f.* (< 17. Jh.). Entlehnt aus frz. *masque*, dieses aus der volleren Form it. *maschera* (aus der auch Mundartwörter wie bair. *maškərə* kommen). Verb: **maskieren**; Abstraktum: **Maskerade**
Das italienische Wort scheint auf arab. *mashara* 'Scherz, Maskerade, Gesichtsmaske' zurückzugehen; doch ist dies umstritten. – Littmann (1924), 100; *DF* 2 (1942), 83–85; Lokotsch (1975), 114; Jones (1976), 427 f.; *DEO* (1982), 395 f.; Röhrich 2 (1992), 1004 f.; *LM* 6 (1993), 363 f.

Maskottchen *n.* (< 20. Jh.). Entlehnt aus frz. *mascotte f.* 'Glücksbringer im Spiel' und diminuiert. Das frz. Wort aus prov. *mascotto* 'Zauberei', zu prov. *masco* 'Zauberin, Hexe'. Die weitere Herkunft ist nicht sicher geklärt.

maskulin *Adj. erw. fremd.* (< 15. Jh.). Entlehnt aus l. *masculīnus*, zu l. *masculus*, zu l. *mās* 'Mann, Männchen'. S. *Macho*.

Masochismus *m. erw. fach.* 'Befriedigung durch Erleiden von Mißhandlungen (durch andere)' (< 19. Jh.). Gebildet zum Eigennamen *von Sacher-Masoch*, einem österreichischen Schriftsteller, der sexuell abartige Personen darstellte. Täterbezeichnung: **Masochist**.
HWPh 5 (1980), 804–806.

Maß *n.* (< 14. Jh.). Spätmittelhochdeutsch entstanden aus einer Vermischung von mhd. *māze f.* und *mez n.* Das Femininum ist noch erhalten in bair. *Maß f.* 'Liter Bier'; hochsprachlich in *dermaßen*, dial. *maßen*, das verkürzt ist aus *inmaßen*. In ursprünglich genetivischen Fügungen wie *einiger Maßen* ist das Femininum zunächst zusammengewachsen *(einigermaßen)* und dann zu einem Suffixoid geworden. Adjektiv: **mäßig**; Partikelableitung: **sich anmaßen**.
S. *messen*. – Behaghel 3 (1928), 205–208; H. Rückert: *'Mâze' und ihre Wortfamilie in der deutschen Literatur bis um 1220* (Göppingen 1975); *HWPh* 5 (1980), 807–825; Röhrich 2 (1992), 1005; *LM* 6 (1993), 366–368. Zur Entlehnung ins Finnische s. Koivulehto *BGDSL-T* 103 (1981), 168.

Massaker *n. stil.* (< 17. Jh.). Entlehnt aus frz. *massacre m.* (zunächst 'Schlächterei'), einer postverbalen Ableitung von frz. *massacrer* 'hinschlachten'.
Die Herkunft des französischen Wortes ist umstritten. – *DF* 2 (1942), 85; Jones (1976), 429.

Masse *f.* (< 9. Jh.). Mhd. *masse*, ahd. *massa*. Entlehnt aus l. *māssa* 'Teig, Klumpen', das seinerseits auf gr. *māza* 'Brotteig' (zu gr. *mássein* 'kneten') zurückgeht. Adjektiv: **massig**.
S. *Massel*[2], *massieren*[2], *massiv*, *Schlamassel*. – *DF* 2 (1942), 85; *HWPh* 5 (1980), 825–832; Röhrich 2 (1992), 1005 f.

Massel[1] *m. per. grupp.* 'unverdientes Glück' (< 20. Jh.). Aus wjidd. *massel*, dieses aus hebr. *mazzālot Pl.* 'Geschick', älter 'Sternbilder'.

Massel[2] *f. per. fach.* 'gegossenes Metallstück' (< 18. Jh.). Entlehnt aus it. *massello m.*, Diminutiv zu it. *massa* (s. *Masse*).

maßen *Konj.* s. *Maß*.

Maßholder *m. per. reg.* 'Feldahorn' (< 11. Jh.). Mhd. *mazalter*, ahd. *mazzoltar*, *mazzaltra*; ferner mit Dissimilierung as. *mapulder*, ae. *mapulder*. Anklingend anord. *mǫsurr* 'Ahorn', doch lautlich nicht vereinbar. Der letzte Bestandteil ist offenbar das unter *Holunder* behandelte „Baumnamensuffix", das Vorderglied ist unklar. Solange der Zusammenhang mit dem nordischen Wort nicht ausreichend geklärt ist, hat es wenig Sinn, einen etymologischen Anschluß zu versuchen.

S. auch *Maser*. − H. Brockmann-Jerosch: *Surampfele und Surchrut* (Zürich 1921), 25; W. Mitzka: *Der Ahorn* (Gießen 1950), 27 f.

massieren[1] *sw V.* (< 18. Jh.). Entlehnt aus frz. *masser*, bei dem nicht sicher geklärt ist, ob es zu gr. *mássein* 'kneten' gehört oder arabischen Ursprungs ist. Nomen agentis: ***Masseur***; Abstraktum: ***Massage***. Da das Wort als Hüllwort für eher sexuell ausgerichtete Tätigkeiten verwendet wird, ist vor allem das Femininum ***Masseuse*** abgesunken und wird vielfach durch ***Masseurin*** ersetzt.

Littmann (1924), 100, 102; *DF* 2 (1942), 85; Lokotsch (1975), 114.

massieren[2] *sw V. erw. fach.* '(Truppen) an einem Ort zusammenziehen, konzentrieren' (< 19. Jh.). Entlehnt aus frz. *masser* 'anhäufen, zusammenballen'. S. *Masse*.

mäßig *Adj.* (< 11. Jh.). Mhd. *mæzec, mæzic*, ahd. *māzīg, māzzīch*, erweitert aus dem Adjektiv der Möglichkeit, das vorliegt in anord. *mætr*, ae. *mǣte*, ahd. *un-māzi* zu *messen*. Verb: ***mäßigen***.

Zu *Mäßigkeit* vgl. *HWPh* 5 (1980), 838−841; *LM* 6 (1993), 371 f.

-mäßig *Suffixoid*. Mhd. *-mæzec*, erweitert aus ahd. Bildungen auf *-māzi*, die auf Komposita mit *māz* (s. *Maß*) + Kompositionssuffix *-ja-* zurückgehen (*x-māzi* 'das Maß, die Größe von x habend'). W. Seibicke *MS* 73 (1963), 33−47, 73−78; G. Inghult: *Die semantische Struktur desubstantivischer Bildungen auf '-mäßig'* (Stockholm 1975).

massiv *Adj.* (< 17. Jh.). Entlehnt aus frz. *massif* 'dicht, gediegen' zu l. *māssa* (s. *Masse*).

DF 2 (1942), 85 f.

Maßliebchen *n. per. reg.* 'Gänseblümchen' (< 15. Jh.). Übertragen aus mndl. *matelieve* gleicher Bedeutung. Dies scheint im Vorderglied das germanische Wort für 'Essen, Speise' zu enthalten (s. *Messer*), so daß das Wort 'Eßliebe, Eßlust' bedeutet haben könnte (die Blume galt als appetitanregend, vgl. friaul. *buinatšēna* 'gute Mahlzeit' als entsprechender Name). Eine Umdeutung aus *ma(a)gdelief* 'der (heiligen) Jungfrau lieb' ist aber nicht ausgeschlossen (vgl. nndl. *marienblompje*).

P. Lessiak *ZDA* 53 (1912), 175; *ADA* 37 (1917), 64; R. Loewe *BGDSL* 61 (1937), 236−241; Marzell 1 (1943), 545−548; H. J. W. Kroes *GRM* 36 (1955), 79.

Maßnahme *f.* (< 19. Jh.). Wie älteres ***Maßnehmung*** Abstraktum zu *Maß nehmen* zu *Maß* im Sinne von 'Regel, Regelung' (wie auch *Maß geben*, vgl. *maßgebend, Maß setzen*).

maßregeln *sw V. stil.* (< 19. Jh.). Zu älterem *Maßregel f.*, eigentlich 'Regelung des Maßes', daher

'Richtlinie, Anordnung'. Das Verb bedeutet zunächst 'zur Ordnung, zum Plan übergehen'.

Mast[1] *m.* 'Segelbaum' (< 9. Jh.). Mhd. *mast*, ahd. *mast*, mndd. *mast(bōm)*, mndl. *mast* aus g. **masta- m.* 'Segelstange', auch in anord. *mastr*, ae. *mæst*. Der Vergleich mit l. *mālus* 'Stange, Mast' führt auf eine Grundform (ig.) **mazdo-*, an die auch air. *mátán* 'Keule' und akslav. *mostŭ* 'Brücke' ('Knüppeldamm') angeschlossen werden können. Weitere Herkunft unklar. Nndl. *mast*, ne. *mast*, nschw. *mast*, nisl. *mastur*.

Mast[2] *f.* 'Fütterung' (< 11. Jh.). Mhd. *mast*, ahd. *mast* aus wg. **mastō f.* 'Mast', auch in ae. *mæst* 'Eicheln, Schweinefutter'. Dieses kann zurückgeführt werden auf ig. **madz-d-*, d. h. dem Wort für 'Essen, Speise', das unter *Messer* dargestellt ist und einem faktitiven *-d-*, das die Schwundstufe der Wurzel ig. **dō-* 'geben' sein kann, also 'Nahrung geben'. Eine klare Parallele findet das Wort in ai. *medáyati* 'macht fett', ai. *médana- n.* 'Mästung'; vielleicht auch in khotan. *maysdara-*, gr. *mazós m.* 'Mutterbrust' (als 'Nahrung gebende'?). Verb: ***mästen***. Nndl. *mast*, ne. *mast*. S. *Mastdarm, Mettwurst, Mus*.

Mastdarm *m. erw. fach.* (< 15. Jh.). Fnhd. *mas(t)-darm*, umgebildet aus mhd. *arsdarm*, ahd. *arsdarm* (aus *Arsch* und *Darm*). Die Umbildung ist wohl rein lautlich zu erklären: Zum Anlaut vgl. etwa wjidd. *morsch* 'Arsch' (etwa aus Wendungen wie *im/am Arsch* falsch abgelöst), der Ausfall des *r* kann auf Erleichterung der schweren Konsonanz beruhen, das *t* der späteren Form beruht sicher auf Verdeutlichung. Ein sekundärer Anschluß an *maz* 'Essen' (s. *Messer*) und *Mast*[2] wird dadurch nicht ausgeschlossen.

Matador *m. per. exot. (ass.)* 'Stierkämpfer, Hauptperson' (< 18. Jh.). Entlehnt aus span. *matador*, zu span. *matar* 'töten', aus l. *mactāre* 'schlachten, opfern, morden'. Eingebürgert in Ausdrücken wie ***Lokalmatador***.

DF 2 (1942), 86 f.

Match *n. erw. fach.* (< 20. Jh.). Entlehnt aus ne. *match*, einer Substantivierung von e. *match* 'abgleichen, vereinigen, gleich stark sein', zu e. *match* 'Teil eines Paares, Gleichartiges', aus ae. *gemæcca f./m.* 'Gemahl(in), Teil eines Paares, Gleichaltriger (usw.)'. Die Bedeutung 'Wettkampfspiel' ergibt sich aus 'messen, ob die Kräfte gleich sind'.

Rey-Debove/Gagnon (1988), 565; Carstensen 2 (1994), 887−889.

Material *n.* (< 15. Jh.). Als Plural *Materialia* entlehnt aus dem Plural des substantivierten Neutrums von l. *materiālis* 'zur Materie gehörig, materiell'.

DF 2 (1942), 87 f.

Materialismus *m. erw. fach.* (< 18. Jh.). Entlehnt aus frz. *matérialisme* und ne. *materialism* (dieses

älter), die zu l. *materiālis* ´materiell´ gehören. Der Form nach steht das Wort näher bei *Material*, der Bedeutung nach näher bei *Materie*. Täterbezeichnung: **Materialist**; Adjektiv: **materialistisch**.
HWPh 5 (1980), 842−850; *Grundbegriffe* 3 (1982), 977−1020; R. Geisler *PSG* 5 (1986), 61−88.

Materie *f. erw. fach.* ´Stoff, Bestandteil, Gegenstand´ (< 13. Jh.). Mhd. *materje* ist entlehnt aus l. *māteria*, dieses zu l. *māter* ´Mutter, Quelle einer Sache, Ursprung´. Adjektiv: **materiell**.
W. Krauss *WZUH* 19 (1970), 85 f.; Heller (1970), 56−77; *HWPh* 5 (1980), 870−924; *LM* 6 (1993), 375 f.

Mathematik *f.* (< 15. Jh.). Entlehnt aus l. *(ars) mathēmatica*, dieses aus gr. *mathēmatikḗ (téchnē)*, zu gr. *mathēmatikós* ´die Mathematik betreffend, lernbegierig´, zu gr. *máthēma n.* ´das Gelernte, Kenntnis, Wissenschaft, (Plural:) Mathematik´, zu gr. *manthánein* ´lernen, erfahren, verstehen´. Es liegt demnach eine Spezialisierung der ursprünglich allgemeineren Bedeutung ´Wissenschaft´ auf eine bestimmte Disziplin vor. Adjektiv: **mathematisch**; Täterbezeichnung: **Mathematiker**.
Zur germanischen Verwandtschaft s. *munter*. − Schirmer (1912), 44 f.; *DF* 2 (1942), 88; *HWPh* 5 (1980), 926−935; *LM* 6 (1993), 381−390.

Matinee *f. per. fach.* ´Vormittagsveranstaltung´ (< 19. Jh.). Entlehnt aus frz. *matinée* ´(Spät-)Vormittag, Vormittagsveranstaltung´, zu frz. *matin m.* ´Morgen´, aus l. *mātūtīnum (tempus) n.* ´morgendliche Zeit´.
S. *Mette*. − *DF* 2 (1942), 88.

Matjeshering *m. erw. fach.* (< 18. Jh.). Entlehnt aus nndl. *maatjesharing*, dieses aus mndl. *medykens-*, *meeckenshering*, also eigentlich ´Mädchen-, Jungfern-Hering´. So wurde der noch nicht voll ausgewachsene Fisch (der weder Rogen noch Milch enthält) genannt, das ausgewachsene Tier hieß gegebenenfalls *Vull-hering*. Zum Bestimmungswort s. *Mädchen*.

Matratze *f.* (< 15. Jh.). Fnhd. *mat[e]raz, matreiz m./n./f.[?])* ist entlehnt aus afrz. *materas*, dieses aus it. *materasso m.*, aus arab. *maṭraḥ* ´Kissen oder Teppich, auf dem man schläft´.
Littmann (1924), 88 f.; *DF* 2 (1942), 89; Lokotsch (1975), 115; *DEO* (1982), 397; Röhrich 2 (1992), 1006.

Mätresse *f. obs.* ´Geliebte eines Fürsten´ (< 17. Jh.). Entlehnt aus frz. *maîtresse* (eigentlich ´Gebieterin, Meisterin´), der movierten Form von frz. *maître m.* ´Gebieter, Herr, Meister´, aus l. *magister m.* ´Vorgesetzter, Lehrmeister´. Das Wort ist ursprünglich ein ehrendes Wort der höfischen Sprache für eine umworbene Dame.
S. *Magister*. − *DF* 2 (1942), 89 f.; Jones (1976), 409.

Matriarchat *n. per. fach.* ´Gesellschaftsordnung mit Dominanz der Frau´ (< 19. Jh.). Nachbildung zu *Patriarchat* (s. *Patriarch*) aus l. *māter* ´Mutter´.
Cottez (1980), 241.

Matrikel *f. per. fach.* ´öffentliches Verzeichnis (besonders an der Universität)´ (< 15. Jh.). Entlehnt aus l. *mātrīcula*, einem Diminutivum zu l. *mātrīx (-īcis)* (eigentlich ´Stamm-Mutter, Gebärmutter´), zu l. *māter* ´Mutter´. Die (nachklassische) Bedeutungsentwicklung möglicherweise deshalb, weil im *Mētrōion* von Athen, dem Tempel der Muttergottheit Kybele, das Staatsarchiv aufbewahrt war (Pfeifer 1993). Verben: **immatrikulieren** ´sich (an der Universität) einschreiben´, **exmatrikulieren** ´(die Universität) verlassen´.
S. *Matrix, Matrize, Matrone*; zur germanischen Verwandtschaft s. *Mutter*. − A. Götze *ZDW* 12 (1910), 212; *DF* 2 (1942), 90; Cottez (1980), 241; *LM* 6 (1993), 395.

Matrix *f. per. fach.* ´Grundsubstanz; Keimschicht; Schema´ (< 20. Jh.). Verwendungsweisen von l. *mātrix* ´Gebärmutter, Stamm-Mutter´ (s. *Matrikel*) in der modernen Wissenschaft, teilweise unter Einfluß des Englischen. Als Begriff der Naturphilosophie schon wesentlich älter (Böhme, Paracelsus).
HWPh 5 (1980), 939−941; *LM* 6 (1993), 395.

Matrize *f. per. fach.* ´Formvorlage´ (< 17. Jh.). Als Ausdruck der Druckersprache entlehnt aus frz. *matrice*, das in dieser Bedeutung aus dem Wort für ´Gebärmutter´ (s. *Matrikel*) übertragen ist.
DF 2 (1942), 90.

Matrone *f. erw. fremd.* ´ältere, würdevolle Frau´ (< 15. Jh.). Entlehnt aus l. *mātrōna*, abgeleitet von l. *māter* ´Mutter´ (s. *Matrikel*).
DF 2 (1942), 90; H. Rix in *FS Meid* (1989), 225.

Matrose *m.* (< 17. Jh.). Entlehnt aus nndl. *matroos*, dieses aus frz. *matelots*, dem Plural von frz. *matelot* ´Seemann´, das möglicherweise auf mndl. *mattenot* ´Mattengenosse, Schlafgenosse´ (s. *Matte*) oder mndl. *matghenoot* ´Tischgenosse´ (s. *Maat*) zurückgeht.
DF 2 (1942), 90; G. Baist *ZDW* 4 (1903), 274−276; Kluge (1911), 574 f.

Matsch *m. stil.* (< 18. Jh.). Zu *matschen* ´mischen, sudeln´, einer Variante von *mantschen*. Entsprechend auch *Mantsch* für ´Schneewasser u.ä.´. Adjektiv: **matschig**.

matt *Adj.* (< 13. Jh.). Mhd. *mat*. Die Bedeutung ´kraftlos´ beruht auf Entlehnung aus afrz. *mat* ´kraftlos´, zu frz. *mater* ´zerstören, töten´ (aus l. *mactare* ´schlachten, töten´ und vor-rom. **mactitare*). Der Ausdruck des Schachspiels ist zunächst als mhd. *schāch unde mat* entlehnt aus frz. *échec et mat*. Dies bedeutet ´erbeutet und tot´ (s. *Schach*). Die übliche Herleitung aus dem Persischen beruht auf einer zufälligen Ähnlichkeit, und entspricht nicht der ursprünglichen Terminologie des Spiels. Präfixableitung: **ermatten**; Verb: **mattieren**.
Littmann (1924), 115; Lokotsch (1975), 115; *DEO* (1982), 396 f.

Matte[1] *f.* ´Bodenbelag´ (9. Jh.). Mhd. *matte*, *matze*, ahd. *matta*, mndd. *matte*, mndl. *matte*. Wie ae. *matt*, *meatt* entlehnt aus ml. *matta*, das seinerseits ein phönikisch-punisches Lehnwort ist, vgl. hebr. *miṭṭhā(h)* ´Lager´, vor allem aus Binsen, Stroh o.ä. Offenbar schon vor der Lautverschiebung entlehnt ist obrhein. *Matze*, das aber erst seit spätmittelhochdeutscher Zeit bezeugt ist.
S. *Hängematte.* – Röhrich 2 (1992), 1006 f.

Matte[2] *f. per. wobd.* ´Bergwiese´ (< 11. Jh.). Mhd. *matte*, ahd. in *matoscreg(h)* ´Heuschrecke´, as. *matte* aus wg. **madwō f.* ´Wiese (zum Mähen)´, daneben mit Vokallänge ae. *mǣd*, *mǣdwe*, afr. *mēde.* Instrumentalableitung zu *mähen*, so daß sich als Grundbedeutung ergibt ´Wiese, die gemäht wird´ (gegenüber der Wiese, die nur abgeweidet wird´).
Nndl. *(vloer)mat*, ne. *meadow*. S. *Mahd.* – E. Müller *Teuthonista* 7 (1930/31), 162–267, besonders 174–177.

Matte[3] *f. per. wmd.* ´geronnene Milch, Quark´, auch **Matz** *f.*, omd. (< 15. Jh.). Mit Rücksicht auf gleichbedeutendes frz. *maton*, katal. *mató* ´Quark´ ist an l. *matta* ´Matte´ als Ausgangspunkt zu denken. Denkbar ist, daß das Tuch, in das der Quark zum Abtropfen geschüttet wurde, so hieß, und dann der Name vom Behälter auf den Inhalt verschoben wurde (so Kretschmer).
Kretschmer (1969), 561 f.

Matura *f. erw. österr. schwz.* ´Abitur´ (< 20. Jh.). Neubildung zu l. *mātūrus* ´reif´ als ´Reifeprüfung´.
DF 2 (1942), 90 f.

Matz[1] *f.* ´Quark´ s. *Matte*[1] und *Matte*[3].

Matz[2] *m. stil.* (Kosewort, vgl. etwa *Hosenmatz*) (< 16. Jh.). Ursprünglich Koseform des Namens *Matthias (Mathes)*, dann in appellativischen Gebrauch übergegangen. Häufig auch Rufname zahmer Vögel; daher wohl *Mätzchen* ´Narrenpossen´ (für die Possen solcher Tiere) und *Piepmatz.*
Röhrich 2 (1992), 1007 f.

Matze[1] *f.*, meist *Pl.*, *per. grupp.* ´ungesäuertes Passahbrot der Juden´ (< 15. Jh.). Übernommen aus wjidd. *ma(t)zo*, das aus hebr. *maṣṣā(h)* ´ungesäuerte Brotfladen´ stammt.

Matze[2] *f.* ´Bodenbelag´ s. *Matte*[1].

mau *Adj. vulg.* (< 19. Jh.). In Wendungen wie *mir ist mau.* Zunächst in Berlin bezeugt mit der Bedeutung ´unwohl´, dann auch ´dürftig´. Wohl eine Wortfabrikation, man denkt an eine Kreuzung aus *matt* und *flau.*
Röhrich 2 (1992), 1008.

maucheln *swV.* s. *Meuchel-* und *mogeln.*

mauen *swV. per. reg.* ´miauen´ (< 14. Jh.). Spmhd. *māwen.* Lautnachahmung. S. *maunzen, miauen, Mieze, Möwe.*

Mauer *f.* (< 8. Jh.). Mhd. *mūr(e)*, ahd. *mūra*, as. *mūra.* Wie ae. *mūr m.* und anord. *múrr m.* entlehnt aus l. *mūrus m.* Die Mauer ist mit dem Steinbau von den Römern zu den Germanen gekommen. Ihre Entsprechung bei den Germanen war die geflochtene und lehmverschmierte *Wand.* Von dem Wort *Wand* ist dann auch das Genus auf *Mauer* übertragen worden. Aus der gleichen Wurzel (ig. **mei-/moi-* ´befestigen´) auch l. *moenia n.* ´Mauer´, das unter *Munition* erwähnt ist. Verb: *mauern*; Täterbezeichnung: *Maurer*; Präfixableitung: **untermauern.**
LM 6 (1993), 406–408.

Mauerblümchen *n. stil.* ´unscheinbares Mädchen´, allgemein ´etwas Unscheinbares´ (< 19. Jh.). Ursprünglich von einem Mädchen, das beim Tanzen nicht aufgefordert wurde, und das beim Tanzen an der Wand saß wie ein vereinzeltes Blümchen auf einer Mauer. Vermutlich scherzhafte Umdeutung von *Mauerblume* ´Goldlack´, wie ne. *wall-flower.*
Röhrich 2 (1992), 1008.

Maueresel *m.* s. *Assel.*

mauern *swV. erw. grupp.* ´beim Kartenspielen zurückhaltend sein´ (< 20. Jh.). Kann eine einfache Übertragung von *mauern* ´eine (Abwehr-)Mauer aufbauen´ sein, doch hat vielleicht rotw. *maure* ´Furcht´ (aus hebr. *mōrā* ´Furcht´) mit eine Rolle gespielt.
Lasch (1928), 174.

Mauerschau *f. per. fach.* ´Bericht eines auf der Bühne nicht sichtbaren Geschehens durch einen Beobachter (der auf der Mauer steht)´ (< 20. Jh.). Übersetzung des älteren *Teichoskopie.*

maugeln *swV.* s. *Meuchel-* und *mogeln.*

Mauke *f. per. fach.* ´Fußkrankheit der Pferde´ (< 15. Jh.). Übernommen aus mndd. *muke*; die hochdeutsche Form ist mhd. *mūche*, noch in bair. *Mauche.* Vielleicht zu schwz. *mauch* ´morsch, matt, weich´ (vgl. gt. *mūkamodei* ´Sanftmut´). Sonst unklar.
Eichler (1965), 83 f.; Kretschmer (1969), 384; Heidermanns (1993), 415.

Maul *n.* (< 10. Jh.). Mhd. *mūle f.*, *mūl(e) n.*, ahd. *mūla f.*, mndd. *mūl*, mndl. *mūl n.*, *mule f.* aus g. **mūla-/ō(n) m./f./n.* ´Mund, Maul´, auch in anord. *múli m.*, afr. *mūla m.*, gt. in *faurmūljan* ´das Maul verbinden´. Entsprechende außergermanische Bildungen sind gr. *mýllon n.* ´Lippe´ und weiter entfernt (mit s mobile) lett. *smaule* ´Maul´. Die Lautfolge *mu-* ist eine Lautgebärde für die zusammengepreßten Lippen und von daher für verschiedene Zustände und Tätigkeiten, für die diese eine Ausdrucksgebärde sind, vgl. etwa *mucken, muffeln*, auch *schmollen* und *schmieren*[2] u.ä. Hierzu offenbar auch die Wörter für ´Lippe´ und ´Maul´. Verb: **maulen.**

Nndl. *muil*, nschw. *mule.* − Röhrich 2 (1992), 1008−1011.
Zu Belegen von *Mäulchen* mit der Bedeutung ʼKuß' vgl.
H. Gürtler *ZDW* 11 (1909), 197.

Maulaffe *m. phras. stil.* (< 15. Jh.). Heute nur
noch in *Maulaffen feil halten* ʼgaffen'. Seit dem
17. Jh. wie mhd. *tōren veile vüeren*, denn *Maulaffe*
ist frühneuhochdeutsch ein Gaffer (15. Jh.), ʼeiner,
der mit offenem Maul dasteht und gafft' (im 16. Jh.
auch *Affenmaul*); vermutlich eine Nachdeutung eines älteren Wortes, das wie gleichbedeutendes
Gähnaffe einen kopfförmigen Kienspanhalter bezeichnet. Dazu *feil halten* im Sinne von ʼdarbieten,
zur Schau stellen'. Niekerken vermutet dagegen,
daß es sich bei der Wendung um eine falsche Umsetzung von ndd. *muul + aapen* ʼMaul + offen'
handelt.
E. Mayer *ZSSR-GA* 45 (1925), 295 f.; W. Niekerken
KVNS 50 (1937, Sonderheft), 30 f.; Röhrich 2 (1992),
1011 f.

Maulbeere *f. per. fach.* (< 10. Jh.). Mhd. *mūlber*,
das dissimiliert ist aus ahd. *mūrberi, mōrber(i)*,
mndl. *moerbeye*; mhd. in *mūrboum*. Wie ae. *mōrbe-
rige* entlehnt aus l. *mōrum n.* ʼMaulbeere, Brombeere', das vermutlich aus gr. *móron n.* gleicher Bedeutung stammt.
Hoops (1911/19), III, 240 f.; *LM* 6 (1993), 409.

Maulesel *m.*, **Maultier** *n.* (< 15. Jh.). Fnhd. *mūl-
esel, mūl (-tier)*, verdeutlichende Zusammensetzung aus mhd. *mūl m./n.*, ahd. *mūl m.*, das wie ae.
mūl und anord. *múll* entlehnt ist aus l. *mūlus m.*
ʼMaultier'. Die Differenzierung zwischen *Maulesel*
ʼKreuzung von Pferdehengst und Eselsstute' und
Maultier ʼKreuzung von Eselshengst und Pferde-
stute' ist sekundär (nach Plinius *nat. hist.* 8,172 ist
auch das lateinische Wort mehrdeutig − nur ʼdie
Alten' haben zwischen l. *hinnulus* und l. *mulus* unterschieden).
LM 6 (1993), 409.

Maulkorb *m.* (< 16. Jh.). Zunächst ʼFuttersack
für Pferde', dann ʼBeißkorb für bissige Tiere',
dann übertragen.
Röhrich 2 (1992), 1012.

Maulschelle *f. obs. reg.* ʼOhrfeige' (< 16. Jh.). Eigentlich ʼschallender Schlag auf den Mund' zu dem
starken Verb mhd. *schellen*, ahd. *scellen* (s. *Schall*).
Bezeugt seit dem 16. Jh.

Maultasche *f. erw. obd.* (< 16. Jh.). Zunächst für
ʼOhrfeige' bezeugt (wohl zu *tatschen, tätschen*
ʼschlagen'); später für ein Gericht aus gefüllten
Teigwaren, besonders schwäbisch. Die Bezeichnung für die Speise kann aus der Bedeutung ʼOhrfeige' kommen, da solche Wörter auch sonst sekundär für Gebäcke u.ä. verwendet werden (das Benennungsmotiv ist wohl ʼaufgeschwollen'). Denkbar ist aber auch, daß etwa an die gefüllten Ta-
schen des Hamsters o.ä. gedacht wurde; in diesem

Fall wären die beiden Wörter ursprungsver-
schieden.

Maultier *n.* s. *Maulesel.*

Maulwurf *m.* (< 8. Jh.). Mhd. *mūlwurf, mū(l)-
werf* (neben anderen Formen), ahd. *mū(l)werf*,
(u. a.), as. *moldwerp*. Das Wort erscheint in zahlreichen Umgestaltungen, so daß die früheste Form
nicht mit Sicherheit festgestellt werden kann. Vermutlich ist der Ausgangspunkt ʼHaufenwerfer' mit
einem Wort im Vorderglied, das ae. *mūwa, mūha,
mūga*, anord. *múgi, múgr* ʼHügel, Haufen' (am.-e.
mow ʼKornhaufen, Heuhaufen') entspricht − dazu
vielleicht das griechische Glossenwort (Hesych) gr.
mykṓn ʼKornhaufen'. Dann eine Umdeutung zu
mhd. *molt(e)*, ahd. *molta* ʼStaub, Erde', also ʼErd-
werfer'. Der Zusammenhang der neuhochdeutschen Form mit dem spät bezeugten Simplex
mndd. *mul, mol*, nndl. fr. *mol*, me. *mol(l)e* und sogar ml. *mulus* ist unklar. Schon im 16. Jh. wird er
so erklärt, daß der Maulwurf mit dem Maul die
Erde aufwerfe.
Palander (1899), 26−28; Teuchert (1944), 334−339;
W. Sanders, St. Szlęk, J. Niederhauser: *Ein neues Wörterbuch der deutschen Sprache* (Bern 1987), 65−74; Röhrich
2 (1992), 1012 f.; *LM* 6 (1993), 409 f.

maunzen *swV. erw. reg.* ʼklägliche Laute von sich
geben' (< 16. Jh.). Nasalierung zu *mauzen*, das seinerseits eine Erweiterung zu *mauen, miauen* ist. Das
Wort wurde also zunächst in bezug auf Katzen gebraucht.
H. Glombik-Hujer *DWEB* 5 (1968), 179−181.

Maus *f.* (< 8. Jh.). Mhd. *mūs*, ahd. *mūs*, as. *mūs*
aus g. **mūs- f.* ʼMaus', auch in anord. *mús*, ae. *mūs*,
afr. *mūs*. Aus ig. **mūs-* ʼMaus', auch in ai. *mū́ḥ m./
f.*, *mūṣa- n.*, akslav. *myšī*, gr. *mŷs*, l. *mūs m.*
Weitere Herkunft umstritten. Ansprechend ist eine
Herleitung aus **mus-* ʼstehlen' in ai. *muṣṇā́ti*
ʼstiehlt' und vielleicht ahd. *chreo-mosido* ʼLeichen-
beraubung'. Zu beachten ist aber die alte Nebenbedeutung ʼMuskel' in ahd. *mūs*, mhd. *mūs*, ae. *mūs*
ʼMuskel am Daumenballen', gr. *mŷs m.*, l. *mūsculus
m.* ʼMuskel'. Sie kann auf einer Übertragung des
Tiernamens beruhen oder als ʼdas sich bewegende'
auf die gleiche Grundlage zurückgehen. In diesem
Fall wäre von ig. **meu̯ə-* ʼschieben, bewegen' (l.
movēre usw.) auszugehen. Eine Entscheidung ist
vorläufig nicht möglich.
S. *Misel, Murmeltier, Muschel, Muskel.* − Röhrich 2
(1992), 1013−1017; *LM* 6 (1993), 417.

mauscheln *swV. obs. stil.* ʼreden wie ein Jude'
(nach dem Stereotyp) (< 17. Jh.). Abgeleitet von
Mausche, der jiddischen Form des biblischen Namens *Mose (mōšä[h])*, die als Übername der Han-
delsjuden gebraucht wurde (auch *Mauschel*), ebenfalls seit dem 17. Jh. bezeugt.
Wolf (1985), 212; Röhrich 2 (1992), 1017.

mausen *swV. stil.* (< 16. Jh.). Fnhd. *mūsen.* Ursprünglich 'Mäuse fangen' (von der Katze und anderen Tieren), dann übertragen auf anderes Fangen, und schließlich vulgäres Wort für 'stehlen'.

Mauser *f. erw. fach.* 'Federwechsel der Vögel' (< 19. Jh.). Mhd. *mūze,* in Zusammensetzungen auch *mūzer* (woher das -r- kommt, ist ungeklärt, vielleicht aus *Mauser* 'Vogel, der sich „maust"'). Ahd. nur *mūzōn swV.* 'mausern'. Entlehnt aus l. *mūtāre* 'tauschen', das im gleichen technischen Sinn gebraucht werden kann. Vgl. frz. *muer* 'mausern'.
S. *Mutterkrebs.* – P. Wiesinger *BEDS* 6 (1986), 115 f.; Röhrich 2 (1992), 1017.

mausetot *Adj. stil.* (< 17. Jh.). Vermutlich umgebildet aus ndd. *mursdot* zu *murs, mors* 'gänzlich'.

mausig *Adj. phras. stil.* (< 16. Jh.). Nur in *sich mausig machen* 'übermütig oder vorlaut sein'. Vermutlich ein Falkner-Ausdruck für einen Greifvogel, der die Mauser hinter sich hatte und deshalb als angriffslustig galt. Das Wort ist aber fast nur in der übertragenen Bedeutung belegt.
Röhrich 2 (1992), 1017 f.

Mausoleum *n. per. fach.* 'prächtiges Grabmal' (< 17. Jh.). Entlehnt aus l. *Mausōlēum,* dieses aus gr. *Maus(s)ṓleion,* zum Eigennamen gr. *Maús(s)ōlos.* Zunächst Bezeichnung des prächtigen Grabmals, das die Witwe des Königs *Mausolos* ihrem verstorbenen Gatten errichten ließ.
Littmann (1924), 23; *DF* 2 (1942), 91; *LM* 6 (1993), 417.

Maut *f. per. oobd.* 'Zoll' (< 9. Jh.). Mhd. (bair.) *maut,* ahd. (bair.) *mūta.* Zugrunde liegt g. **mōta f.* 'Abgabe, Entschädigung für Durchfahrt und Hilfe' in gt. *mota* 'Zoll', ae. (nordh.) *mōt* 'Steuer', spmhd. (bair.) *muoze* 'Mahllohn des Müllers', dessen genaue Herkunft unklar ist (wohl zu *Muße* und *müssen* als 'Zuteilung, Gewährung'). Vermutlich ist das gotische Wort in späterer Form **mūta* Grundlage für die Entlehnung von anord. *múta* 'Bestechungsgeld', akslav. *myto n.* 'Lohn, Geschenk', sloven. *míto n.* 'Bestechungsgeld', ebenso ahd. (bair.) *mūta,* das dann aber die Bedeutung 'Zoll' übernimmt und diese an akslav. *mytarĭ m.* 'Zöllner', čech. *mýto* 'Zoll', sloven. *muta* 'Maut', friaul. *mude* 'Maut' weitergibt.
P. Wiesinger in: Beumann/Schröder (1985), 153–200; P. Wiesinger *BEDS* 6 (1986), 108–125; *LM* (1993), 417; Sousa Costa (1993), 268–269.

mauzen *swV.* s. *maunzen.*

maxi- *LAff.* zur Bezeichnung des Größten oder besonders Großen seiner Art, aber wohl nur in *Maxirock, -kleid* von größerer Verbreitung (s. *Maximum*).

Maxime *f. per. fach.* 'Lehre, Motto' (< 17. Jh.). Kürzung aus ml. *maxima sententia* 'oberster Grundsatz' (und ähnlichen Formulierungen).
DF 2 (1942), 91; *LM* 6 (1993), 418 f.

Maximum *n. erw. fremd.* 'Höchstmaß' (< 18. Jh.). Entlehnt aus l. *māximum,* dem Superlativ von l. *māgnus* 'groß'. Adjektiv: **maximal.**
S. *Maigster.* – *DF* 2 (1942), 91; *HWPh* 5 (1980), 941–949; *LM* 6 (1993), 425–427.

Mayonnaise *f.* (< 19. Jh.). Entlehnt aus frz. *mayonnaise,* das meist auf frz. *mahonnaise,* dem französischen Adjektiv zu *Puerto Mahon,* dem Namen einer Stadt auf Menorca, zurückgeführt wird. Die Erklärung ist nicht sehr wahrscheinlich. Vielleicht eher zu frz. *mailler* 'schlagen', da die Mayonnaise geschlagen wird.
DF 2 (1942), 91; *DEO* (1982), 398;

Mäzen *m. bildg.* 'Förderer' (< 16. Jh.). Entlehnt aus l. *Maecēnās,* nach dem Namen C. Cilnius *Maecenas,* einem Gönner von Gelehrten und Dichtern (so von Vergil und Horaz).
DF 2 (1942), 92; *LM* 6 (1993), 430–433.

Mechanik *f.* (< 17. Jh.). Entlehnt aus l. *(ars) mēchanica* 'Wissenschaft von den Maschinen', dieses aus gr. *mēchanikḗ (téchnē),* zu gr. *mēchanḗ* 'künstliche Vorrichtung, Werkzeug, Maschine', zu gr. *mēchos n.* 'Mittel, Hilfsmittel'. Adjektiv: **mechanisch;** Täterbezeichnung: **Mechaniker;** Konkretum: **Mechanismus;** Verb: **mechanisieren.**
S. *Maschine.* – *DF* 2 (1942), 92 f.; K.-H. Weimann *DWEB* 2 (1963), 398; *HWPh* 5 (1980), 950–959; *LM* 6 (1993), 435 f.

meckern *swV.* (< 17. Jh.), früher *mecken* und *meckatzen* als lautnachahmende Bezeichnung des Ziegenlautes. Entsprechend mhd. *mecke* als Spottname des Ziegenbocks. Entsprechende Lautnachahmungen sind gr. *mēkáomai,* l. *miccīre* und als Substantive gr. *mēkás* 'meckernd, Ziege' und ai. *mekā-* 'Bock'.
S. auch *Heckmeck.* – H. Glombik-Hujer *DWEB* 5 (1968), 187 f.; Röhrich 2 (1992), 1018.

Medaille *f.* (< 16. Jh.). Entlehnt aus frz. *médaille,* dieses aus it. *medaglia,* aus spl. **metallia (monēta)* 'metallene Münze', vermutlich zu l. *metallum n.* 'Metall', aus gr. *métallon n.* Bei **Medaillon** handelt es sich um eine Augmentativbildung zu it. *medaglia,* die über das Französische entlehnt wurde.
DF 2 (1942), 94; Jones (1976), 431; *LM* 6 (1993), 442. Zu *Medaillon* vgl. *LM* 6 (1993), 442–443.

Media *f. per. fach.* 'Mittellaut zwischen Tenuis und Aspirata', im Sinn von 'stimmhafter Verschlußlaut' (< 19. Jh.). Übernommen aus der antiken Grammatik: l. *media (vox),* gr. *mésa (stocheîa)* Pl. Der ursprüngliche griechische Ausdruck bezieht sich auf den Hauch, bei dem diese Laute in der griechischen Sprache nach Auffassung der Grammatiker eine Mittelstellung einnehmen.

Medien *Pl. erw. fach.* 'Information vermittelnde Einrichtungen' (der Singular **Medium** ist in dieser

Bedeutung selten) (< *17. Jh., Bedeutung < 20. Jh.). Zunächst im Singular *Medium* entlehnt aus l. *medium*, dem substantivierten Neutrum von l. *medius* ˈmittlererˈ (s. *Medium*) in der Bedeutung ˈMittel, Vermittler, Versuchspersonˈ. Speziell wurde das Wort für den Informationsträger (Ton, Schrift) verwendet und schließlich auf die Gesamtheit der Informationseinrichtungen bezogen.

Carstensen 2 (1994), 892 f.

Medikament *n.* (< 15. Jh.). Entlehnt aus l. *medicāmentum*, zu l. *medicārī* ˈheilenˈ, zu l. *medicus m.* ˈArztˈ, zu l. *medērī* ˈheilen, helfenˈ.

S. *Medizin.* – DF 2 (1942), 94 f.; LM 6 (1993),447.

meditieren *sw V. erw. fach.* ˈsinnen, sich konzentrierenˈ (< 14. Jh.). Entlehnt aus l. *meditārī* ˈnachdenkenˈ, das mit l. *metīrī* ˈmessenˈ verwandt ist. Abstraktum: **Meditation**; Adjektiv: **meditativ**.

S. *Dimension.* – DF 2 (1942), 95; HWPh 5 (1980), 961–968; LM 6 (1993), 450–452.

Medium *n. per. fach.* ˈVermittler, vermittelndes Element usw.ˈ (< 17. Jh.). Entlehnt aus l. *medium*, einer Substantivierung von l. *medius* ˈin der Mitte von, vermittelnd (usw.)ˈ.

S. *Intermezzo, Medien, Milieu*; zur germanischen Verwandtschaft s. *Mitte.* – DF 2 (1942), 95 f.

Medizin *f.* (< 15. Jh.). Entlehnt aus l. *(ars) medicīna*, zu l. *medicus m.* ˈArztˈ, zu l. *medērī* ˈheilen, helfenˈ, das mit l. *metīrī* ˈmessenˈ verwandt ist. Adjektiv: **medizinisch**; Täterbezeichnung: **Mediziner**.

S. *Medikament, Dimension.* – DF 2 (1942), 96; HWPh 5 (1980), 968–1002; Röhrich 2 (1992), 1018; LM 6 (1993), 452–465.

Meer *n.* (< 8. Jh.). Mhd. *mer*, ahd. *mer(i) m./n.*, afr. *mere* aus g. **marja- n.* neben dem Maskulinum in anord. *marr*, ae. *mere, mære m./f.(?)* und das Kompositionsglied in gt. *mari-saiws* ˈSeeˈ. Ein *īn*-Stamm in gt. *marei f.*, as. *meri f.*, ahd. *mer(i) m./n.* Wie vor allem das Lateinische (l. *mare*) zeigt, liegt ein neutraler *i*-Stamm zugrunde. Dieses Paradigma ist im Germanischen beseitigt worden, deshalb die Vielfalt der Stammbildungen. Außer den germanischen und lateinischen Formen zeigt sich ig. **mari n.* ˈSee, Meerˈ in air. *muir m./n./(f.)*, kymr. *mor*, akslav. *morje*, lit. *mãrės f. Pl.*, osset. *mal* ˈtiefes, stehendes Gewässerˈ. Zu beachten ist der Unterschied l. *-a-* – kelt. *-o-*. Das Wort wird zu (ig.) **mer-* ˈglänzenˈ gestellt (ˈdas Glänzendeˈ), doch ist diese Annahme unverbindlich.

Nndl. *meer*, ne. *mere*, nschw. *mar-*. S. *Maar, Marine, Marsch², Moor.* – A. Nehring in: *FS Schröder* (1959), 122–138; V. D. Corazza in: *AANL Memorie* VIII,28,8 (1986); Röhrich 2 (1992), 1018.

Meerbusen *m. erw. fach.* (< 17. Jh.). Lehnübersetzung von l. *sinus maritīmus*, wie auch das etwas früher bezeugte **Meerschoß**.

Meerhand *f.* s. *Meerschaum*.

Meerkatze *f. per. fach.* ˈlanggeschwänzter Affeˈ (< 11. Jh.). Mhd. *mer(e)katze*, ahd. *mer(i)kazza*, mndd. *merkatte*, mndl. *meercatte*. Offenbar als ˈübers Meer gekommene Katzeˈ aufgefaßt; doch liegt die Bezeichnung so wenig nahe, daß ein Vorbild wie ai. *markáta- m.* ˈAffeˈ zu vermuten ist (es läßt sich allerdings keine Verbindungslinie wahrscheinlich machen).

Meerrettich *m. erw. fach.* (< 10. Jh.). Mhd. *merretich*, ahd. *mer-ratih*, as. *mer-redik*. Vermutlich umgebildet aus *armoracea* ˈdie Bretonischeˈ, weil in der Bretagne der Meerrettich gut gedeiht. Dann Umdeutung zu einer Entsprechung von l. *raphanus (māior)*. Die Anknüpfung an *Meer* ist schon früh erfolgt (11./12. Jh.), wie die Formen auf *meri-* zeigen. Eine andere Anknüpfung geht zu *Mähre* (vgl. ne. *horse-radish*), die dadurch gestützt wird, daß die Bezeichnungen ungenießbarer oder scharf schmeckender Pflanzen häufig mit Tiernamen kombiniert werden.

J. Schatz: *Althochdeutsche Grammatik* (Göttingen 1927), 84; Marzell 1 (1943), 396–398; Steinhauser (1978), 55–57; Röhrich 2 (1992), 1018.

Meerschaum *m. erw. fach.* (< 15. Jh.). Das Wort bezeichnet nach dem Vorbild von l. *spūma maris f.*, gr. *halós áchnē f.* zunächst die Koralle ˈAlconium digitatumˈ (nhd. **Meerhand, Lederkoralle**), weil man sie für verdickten Schaum des Meeres hielt. Im 18. Jh. wird aus Kleinasien *Lithomarga*, ein Speckstein, eingeführt, aus dem dann Pfeifenköpfe geschnitten werden. Auf dieses Mineral wird ohne besonderen Grund der Name *Meerschaum* übertragen. Ein tat. *myrsen*, mit dem in der Krim *Lithomarga* benannt wird, ist nicht Quelle des deutschen Wortes, sondern durch die deutschkundigen Juden der Krim daraus entstellt.

H. Schuchardt *ZDW* 1 (1901), 361; L. vPatrubány *ZDW* 2 (1901/02), 345; A. Kluyver *ZDW* 7 (1906), 292–296; Lüschen (1972), 272.

Meerschweinchen *n.* (< 17. Jh.). Zuvor wurde das Stachelschwein so genannt, noch älter ist ahd. *meriswīn*, mhd. *mer(e)swīn* ˈDelphinˈ. Beim Delphin ist das Benennungsmotiv die Speck, den er liefert, er ist also ˈdas Schwein aus dem Meerˈ; beim Stachelschwein hat wohl der Schweinigel eine Rolle gespielt – zur Unterscheidung nannte man es nach seiner exotischen Herkunft *Meerschwein(chen)*. Das heute so genannte Tier ist ebenfalls exotischer Herkunft, deshalb traf auch hier die Bezeichnung zu; *Schwein* wohl wegen seiner Laute.

Meeting *n. erw. fach.* ˈTreffenˈ (< 20. Jh.). Entlehnt aus ne. *meeting*, einer Abstraktbildung von ne. *meet* ˈtreffenˈ, dieses aus ae. *mētan*. Das Wort gehörte besonders zum DDR-Wortschatz.

Ganz (1957), 140 f.; Rey-Debove/Gagnon (1988), 573 f.; Carstensen 2 (1994), 893–895.

mega- *LAff.* zur Bezeichnung von ˈbesonders groß, Million ...ˈ. Die Kompositionsform von gr. *mégas* ˈgroßˈ wird in der modernen Wissenschaftssprache einerseits dazu verwendet, etwas Großes oder Verstärkendes zu bezeichnen (**Megalith, Megaphon**), andererseits bei Maßbezeichnungen für eine Million Einheiten (**Megawatt, Megabyte**). Daraus abgelöst in der Jugendsprache als Verstärkungswort verwendet.
Cottez (1980), 242; Carstensen 2 (1994), 895.

Mehl *n.* (< 9. Jh.). Mhd. *mel (-wes)*, ahd. *mel(o)*, as. *melo* aus g. **melwa- n.* ˈMehlˈ, auch in anord. *mjǫl*, ae. *melu*, afr. *mele*. Ableitung aus der unter *mahlen* behandelten Wurzel (ig.) **mel-* ˈzerreiben, mahlenˈ. Die Bedeutung ˈMehlˈ haben auch andere Ableitungen aus dieser Wurzel, nämlich alb. *miell*, kymr. *blawd*, lit. *mìltai m.* *Pl.* Adjektiv: **mehlig**.
Nndl. *meel*, ne. *meal*, nschw. *mjöl*, nisl. *mjöl*. S. auch *Melde*. – Röhrich 2 (1992), 1019.

Mehltau *m. per. fach.* (eine Pflanzenkrankheit) (< 9. Jh.). Mhd. *miltou n.*, ahd. *militou n.*, as. *milidou n.*, vgl. ae. *mel(e)dēaw* ˈNektarˈ. Da das altenglische Wort, das ˈNektar, Honigˈ bedeutet, kaum unabhängig von dem deutschen Wort ist, liegt wohl eine Zusammensetzung mit dem alten Wort für ˈHonigˈ vor (gt. *miliþ n.*, l. *mel n.*, gr. *méli n.*, air. *mil f.*), also ˈHonigtauˈ. Das Wort bezeichnete also wohl einen Pflanzenbefall, der süß schmeckte, etwa ˈBlattlaushonigˈ. Dann wurden auch andere Arten des Pflanzenbefalls so benannt und im Falle von weißen Belägen das Wort auf *Mehl* bezogen. In der Gegenwart wird eine orthographische Differenzierung von weißem *Mehltau* und süßem *Meltau* versucht. S. *Marmelade, Tau¹*.

mehr *Adj.* (< 8. Jh.). Mhd. *mēr*, ahd. *mēr*, Komparativ zu *viel*, der entsprechende Superlativ ist *meist*. Aus g. **maizōn*, auch in gt. *maiza*, anord. *meiri*, ae. *māra*; das Adverb (endungslos, mit lautgesetzlichem Abfall des auslautenden Konsonanten) in ahd. *mē*, ae. *mā, mæ*. Die Form enthält das Komparativsuffix g. *-iz-* (mit schwacher Flexion) zu dem unter *Märchen* dargestellten Stamm (ig.) **mē-* ˈgroßˈ. Entsprechende Komparativbildungen sind air. *mó*, kymr. *mwy*, vielleicht osk. *mais* und apreuß. *muisieson*. Verb: **mehren**.
Nndl. *meer*, ne. *more*, nschw. *mer(a)*, nisl. *meir(a)*. S. *meist, nimmer*. – Heidermanns (1993), 398 f.

meiden *stV.* (< 9. Jh.). Mhd. *mīden*, ahd. *mīdan*, as. *mīðan* aus wg. **meiþ-a- stV.* ˈmeidenˈ, auch in ae. *mīðan*, afr. *formītha* ˈvermeidenˈ. Aus ig. **meit-* ˈwechseln, tauschenˈ, auch in l. *mūtāre* ˈwechseln, weichenˈ, lett. *mitêt* ˈunterlassenˈ, akslav. *mitě* ˈabwechselndˈ, ai. *méthati* ˈpaart sich, trifftˈ, in Ableitungen auch ˈwechseltˈ (die überwiegende Bedeutung ist allerdings ˈzürnt, kommt in Streitˈ). Beim Partnerwechseln ist man nicht mehr mit dem ehe-

maligen Partner zusammen, man meidet ihn also, daher der Bedeutungsübergang. Präfigierung: **vermeiden**.
S. *Meineid, missen, miß-*. – Seebold (1970), 348–350.

Meier *m. arch.* (< 11. Jh.). Mhd. *mei(g)er*, ahd. *meior, meiur, meiger*, as. *meier* ˈOberaufseher, Bewirtschafter, Pächter eines Gutsˈ. Entlehnt aus l. *māiōr(em)*. Dieses ist verkürzt aus *māiōr domūs* ˈVorsteher der Dienerschaft eines Hausesˈ (eigentlich ˈder Größere des Hausesˈ).
S. *Magister, Major*. – LM 6 (1993), 470 f.

Meile *f. obs.* (< 9. Jh.). Mhd. *mīl(e)*, ahd. *mīl(l)a*, mndd. *mīle*, mndl. *mīle*. Wie ae. *mīl* entlehnt aus l. *mīlle passuum* ˈtausend Doppelschritte, eine römische Meile (= 1,5 km)ˈ.
S. *Million*. – Röhrich 2 (1992), 1019; LM 6 (1993), 471 f.

Meiler *m. obs.* (< 15. Jh.). Fnhd. *meiler*, mndd. *miler* ˈbestimmte Anzahl aufgeschichteter Holzstücke oder Eisenstangenˈ ist offenbar (auf unbekanntem Weg) entlehnt aus l. *mīliārius* ˈtausend Stückˈ oder einer ähnlichen Form. Erst später zu ˈHolzstoß des Köhlersˈ. S. *Million*.

mein *Pron.* (< 8. Jh.). Mhd. *mīn*, ahd. *mīn*, as. *mīn* aus g. **mīna-*, auch in gt. *meins*, anord. *mínn*, *minn*, ae. *mīn*, afr. *mīn*. Zugehörigkeitsbildung auf *-no-*, ausgehend vom Lokativsuffix ig. **-nē*, zu dem ursprünglich enklitischen Pronominalstamm ig. **-mei* (auch in heth. *-mi*, al. *mis*).
Nndl. *mijn*, ne. *mine*, nschw. *min*, nisl. *minn*. S. *ich, mich, mir*. – Seebold (1984), 49–51; Röhrich 2 (1992), 1019 f.

Meineid *m.* (< 9. Jh.). Mhd. *meineit*, ahd. *meineid*, as. *mēnēd*. Die Fügung, die auch in anord. *meineiðr*, ae. *mānāþ*, afr. *mēnēth* auftritt, ist entweder eine Zusammenrückung mit dem Adjektiv g. **maina-* ˈfalsch, gemeinˈ oder eine Komposition mit dem substantivierten Neutrum dieses Adjektivs (Determinativkomposita mit Adjektiv im Vorderglied sind in der frühen Zeit unüblich). Für die Zusammenrückung spricht, daß noch mhd. auch *ein meiner eit* gesagt werden kann. Das Adjektiv in anord. *meinn*, ae. *mān*, afr. *mēn*, ahd. *mein*, mhd. *mein(e)*. Entsprechend das Neutrum mit der Bedeutung ˈVergehen, Behinderungˈ (auch as. *mēn*). Außergermanisch mit dem Vorderglied vergleichbar sind Substantive mit der Bedeutung ˈTausch, Wechselˈ (vgl. das Nebeneinander von *tauschen* und *täuschen*): lit. *maĩnas*, akslav. *měna f.*, ai. *menā-* ˈWechsel, Tauschˈ, (s. auch *gemein* und das dort angeführte l. *commūnis*). Das germanische Adjektiv ist entweder ein paralleles *no*-Partizip oder aus dem Substantiv durch prädikativen Gebrauch entstanden (in diesem Fall wäre das Kompositum ursprünglich). Weiter zu der Wurzel **mei-* ˈwechseln, tauschenˈ, zu der auch die Sippe von *meiden* gehört, sowie von der einfachen Wurzel ai. *máyate* ˈtauschtˈ, lett. *mît* ˈtauschenˈ. Adjektiv: **meineidig**.

Nndl. *meineed*, nschw. *mened*. S. *Amöbe, meinen*[1], *Miete*[1], *Minne*. − *LM* 6 (1993), 472 f.; Heidermanns (1993), 395.

meinen[1] *sw V.* ´äußern, der Meinung sein´ (< 8. Jh.). Mhd. *meinen*, ahd. *meinen, meinan*, as. *mēnian* ´meinen, erwähnen, bezwecken´ aus wg. *main-ija- sw V.* ´meinen, erwähnen´, auch in ae. *mānan*, afr. *mēna*. Außergermanisch vergleicht sich akslav. *mě- niti* ´gedenken, erwähnen´. Ableitung zu dem unter *Meineid* und *gemein* dargestellten Wort ig. *moino- ´Wechsel, Tausch´: *meinen* ist ursprünglich ´der Reihe nach, im Wechsel, seine Meinung äußern´. Abstraktum: ***Meinung***.
Nndl. *menen*, ne. *mean*. − J. Trier *AB* 9 (1964),189−201; *HWPh* 5 (1980), 1017−1023; Trier (1981), 143−147.

meinen[2] *sw V. arch.* ´lieben´ (< 13. Jh.). Mhd. *meinen*. Gehört vermutlich zu der unter *Minne* dar- gestellten Sippe, ist aber schon früh durch *meinen*[1] beeinflußt worden.

meinethalben *Adv.* (< 13. Jh.). Mhd. *von mīnen halben* ´von meiner Seite aus´ (zu *halbe* ´Seite´, s. *halb*). Dann zusammengerückt, Einschub eines -*t*- als Übergangslaut und (wohl dissimilatorischer) Schwund des zweiten -*n*-. Entsprechend ***meinetwe- gen, meinetwillen***.

Meise *f.* (< 10. Jh.). Mhd. *meise*, ahd. *meisa*, as. *mēsa*, mndd. *mese*, mndl. *me(e)se, meise* aus g. *maisōn f.* ´Meise´, auch in ae. *māse*, nschw. *mes*, erweitert in anord. *meisingr m.*. Herkunft unklar.
Nndl. *mees*, ne. *(tit)mouse*, nschw. *mes*. − Röhrich 2 (1992), 1020.

Meißel[1] *m.* (Schneidwerkzeug) (< 9. Jh.). Mhd. *meizel*, ahd. *meizil*. Instrumentalbildung zu g. *mait-a- st V.* ´schneiden, hauen´ in gt. *maitan*, ahd. *meizan*. Entsprechend anord. *meitill*, das aber spär- lich bezeugt und vielleicht dem deutschen Wort nachgebildet ist. Verb: ***meißeln***.
S. *Ameise, Meißel*[2], *Steinmetz*. − Kluge (1926), 48; See- bold (1970), 343 f.

Meißel[2] *m./(f.) per. fach.* ´Scharpie´ (< 13. Jh.). Mhd. *meizel*. Als ´Abgeschnittenes´ zu dem unter *Meißel*[1] behandelten Verbum ahd. *meizan* ´schnei- den, hauen´.

meist *Adj. Superlativ.* (< 8. Jh.). Mhd. *meist*, ahd. *meist*, as. *mēst* aus g. *maista-* Superlativ ´meist´, auch in gt. *maists*, anord. *mestr*, ae. *māst*, afr. *māst*. Mit dem Superlativ-Suffix *-ista-* zu der gleichen Grundlage wie *mehr*. Nndl. *mest*, ne. *most*, nschw. *mest*, nisl. *mestur*.

Meister *m.* (< 8. Jh.). Mhd. *meister*, ahd. *mei- star*, as. *mēstar*. Wie ae. *magister*, *mægister* entlehnt aus l. *magister* ´Meister, Vorstand, Anführer´. Eine spätere Entlehnung aus dem gleichen Wort ist *Ma- gister*. Verb: ***meistern***; Abstraktum: ***Meisterschaft***.
Röhrich 2 (1992), 1020; *LM* 6 (1993), 480 f.

Melancholie *f.* (< 14. Jh.). Entlehnt aus l. *melan- cholia*, dieses aus gr. *melancholíā* (eigentlich ´Schwarzgalligkeit´), zu gr. *mélās* ´schwarz´ und gr. *cholḗ* ´Galle´. Nach der Vorstellung der älteren Me- dizin (sog. Humoralpathologie) sind bestimmte menschliche Regungen durch gewisse Mischungen der vier wesentlichen Körperflüssigkeiten verur- sacht. Ein Zuviel an schwarzer Galle bewirkt nach dieser Auffassung Niedergeschlagenheit und Schwermut. Adjektiv: ***melancholisch***; Täterbezeich- nung: ***Melancholiker***.
S. *Cholera, Choleriker*. − *DF* 2 (1942), 96 f.; H. Schipper- ges *SG* 20 (1967), 723−736; *HWPh* 5 (1980), 1038−1043; *LM* 6 (1993), 490.

Melange *f. per. fremd.* ´Mischung´, österr. ´Milch- kaffee´ (< 18. Jh.). Entlehnt aus frz. *mélange*, Ab- straktum zu frz. *mêler* ´mischen´ (s. *meliert*).
DF 2 (1942), 97.

Melasse *f. per. fach.* ´zähflüssiger Rückstand bei der Zuckergewinnung´ (< 18. Jh.). Entlehnt aus frz. *mélasse*, dieses aus span. *melaza*, das über früh- romanische Zwischenstufen zurückgeht auf l. *mel n.* ´Honig´. S. *Marmelade*.

Melchter *f. per. schwz.* ´hölzernes Milchgeschirr´ (< 12. Jh.). Spahd. *(kuo)melhtra*. Instrumental- ableitung zu *melken*.

Melde *f. per. fach.* (< 9. Jh.). Mhd. *melde*, ahd. *melda, malta*, as. *maldia*, entsprechend ae. *melde*, nschw. *molla*. Ein Pflanzenname mit starker Vokal- variation. Sachlich wäre ein Anschluß an *Mehl* denkbar, weil die Pflanze weiß bestäubte Blätter hat; aber die lautlichen Zusammenhänge sind un- klar.
Nndl. *melde*, e. dial. *milds*, nschw. *molla*. − Marzell 1 (1943), 510 f. Zur Entlehnung ins Finnische s. Koivulehto in: *Germanic Dialects*. Hrsg. B. Brogyanyi/Th. Krömmel- bein (Amsterdam 1986), 258−260.

melden *sw V.* (< 9. Jh.). Mhd. *melden*, ahd. *mel- dēn, meldōn*, as. *meldon* aus wg. *meld-ō- sw V.* ´an- zeigen, verraten, anklagen´, auch in ae. *meldian*, afr. *urmeldia*. Ableitung zu wg. *meldō f.* ´Anzeige, Verrat´ in ae. *meld*, ahd. *melda*. Die etymologischen Zusammenhänge sind heftig umstritten: Die eine Richtung schließt (seit Benveniste) an lit. *mel̃sti* ´bitten, beten´ (lit. *maldà* ´Bitte´) und eine einfa- chere Form ig. *mel-* ´bitten, rituelle Worte an die Gottheit richten´ an, die andere (Fraenkel) verbin- det das germanische Wort mit Wörtern für ´lügen´ auf einer Grundlage (ig.) *mel-* in air. *mellaid* ´be- trügt´, lit. *mãlas* ´Lüge´, čech. *mýlit* ´täuschen, irre- führen´, gr. *méleos* ´vergeblich´, vielleicht auch gr. *blasphēméō* ´ich schmähe, lästere, verleumde´, avest. *mairiia-* ´betrügerisch´, toch. A *smale* ´Lüge´. Heth. *mald-* ´rezitieren, geloben´ kann zu beiden gehören. Semantisch steht die germanische Sippe dem zweiten näher, doch besteht das Problem darin, daß das germanische Wort auch neutral ´anzeigen, berichten` bedeuten kann, während das Vergleichsmaterial auf ´Lüge` u.ä. festgelegt ist. Von hier aus gesehen ist der wahrscheinlichste Ausgangspunkt (ig.) *melǝ- ´kommen, erscheinen`, kausativ ´zeigen` in gr. blṓskō, Aorist moleĩn ´gehen, kommen`, serb. iz-mòlīti ´vorzeigen`, slov. molíti ´hinstrecken, hinhalten`. Dann wäre wg. *meldō (< ig. *mela-dh-ā) ´das Zeigen, die Anzeige`. Weitere Verknüpfungen sind möglich (z. B. von ´Erscheinung` zu ´Erdichtung` und damit Anschluß der oben als zweite genannten Gruppe), aber semantisch nicht ausreichend wahrscheinlich zu machen. Abstraktum: **Meldung**; Nomen agentis: **Melder**; Präfigierung: **vermelden**.

Nndl. melden. – E. Benveniste BSL 33 (1932), 133–135; E. Fraenkel REI 1 (1938), 420 ff. Weitere Literatur bei Fraenkel 1 (1962), 430, 431–435 und Tischler (1983 ff.), Lieferung 5/6 (1990), 109 f.

meliert Adj. per. fremd. ´gemischt, leicht ergraut` (< 17. Jh.). Adjektiv (Partizip) zu melieren ´sprenkeln, mischen`, das entlehnt ist aus frz. mêler, dieses aus afrz. mesler, aus spl. *mīscŭlare, aus l. miscēre.

S. Melange, Mixtur. – DF 2 (1942), 97.

Melisse f. per. fach. (Heil- und Gewürzpflanze) (< 16. Jh.). Entlehnt aus ml. melissa, das entlehnt und gekürzt ist aus gr. melissóphyllon n. ´Bienenkraut`, aus gr. mélissa ´Biene (zu gr. méli n. ´Honig`) und gr. phýllon ´Blatt`.

S. Marmelade. – Cottez (1980), 244; LM 6 (1993), 497.

melk Adj. arch. ´milchgebend` (< 9. Jh.). Mhd. melch, ahd. melc, mndd. melk aus g. *melka-/i- Adj. ´milchgebend`, auch in ae. meol(u)c, milc, anord. mjolkr. Verbaladjektiv zu melken, also ´melkbar`.

melken st V. (< 9. Jh.). Mhd. melken, ahd. melchan, mndl. melken aus g. *melk-a- st V. ´melken`, auch in ae. melcan, afr. melka. Das Altnordische hat molka sw V. ´melken, milchen`. Das Verb geht zurück auf ig. *melg- ´melken`, älter vermutlich ´abstreifen` in l. mulgēre, mir. bligid, lit. mélžti, russ.-kslav. mlěsti, gr. amélgō, toch. A mālk-. Die vermutlich ältere Bedeutung in ai. mā́rṣṭi ´reibt, wischt, reinigt`. Nomen agentis: **Melker**.

Nndl. melken, (ne. milk). S. Melchter, melk, Molke. (Milch ist vermutlich nicht verwandt). – Seebold (1970), 350 f.

Melodie f. (< 13. Jh.). Mhd. mēlodī ist entlehnt aus l. melōdia, dieses aus gr. melōidía, zu gr. mélos ´Lied` und gr. aoidḗ, (poet.) ōidḗ ´Gesang, Singen, Lied` (s. Ode), zu gr. aeídein ´singen`. Adjektive: **melodisch, melodiös**.

DF 2 (1942), 98; Cottez (1980), 245.

Melodram n. per. fach. ´pathetisches Schauspiel mit untermalender Musik` (< 18. Jh.). An sich aus frz. mélodrame ´Singspiel` entlehnt (dieses aus gr. mélos ´Lied` (s. Melodie) und frz. drame (s. Drama).

Die italienische Form **Melodrama** (und das Adjektiv **melodramatisch**) entwickelten aber (wegen der rührseligen und archaisierenden Tendenz solcher Stücke) die Nebenbedeutung ´rührselig`, die sich für die ganze Gruppe durchsetzte.

DF 2 (1942), 98; Cottez (1980), 245.

Melone f. (< 15. Jh.). Entlehnt aus it. melone m. und frz. melon m., diese aus l. mēlo (-ōnis) m., aus l. mēlopepo m. (eine apfelförmige Melone), aus gr. mēlopépōn n. (eigentlich ´reifer Apfel`), zu gr. mēlon n. ´Apfel, Quitte` und gr. pépōn ´reif`.

S. Marmelade. – DF 2 (1942), 98; E. Öhmann NPhM 43 (1942), 25 f.

Meltau m. s. Mehltau.

Membrane f. per. fach. ´dünnes Blättchen, feines Häutchen` (< 14. Jh.). Spmhd. membrāne ist entlehnt aus l. membrāna (eigentlich ´das die inneren Teile des tierischen Körpers bedeckende Häutchen`, auch: ´Pergament`), zu l. membrum n. ´Glied (eines Körpers)`. Im Deutschen zunächst verwendet als Bezeichnung für Pergament.

Memme f. obs. (< 16. Jh.). Die Bedeutung ´Feigling` aus ´Weib`, dieses wiederum aus mhd. memme, mamme ´Mutterbrust`. Zum Ursprung dieses Wortes als Lautgebärde s. Mama.

Memoiren Pl. (< 18. Jh.). Entlehnt aus frz. mémoires, der Pluralform von frz. mémoire f. ´Gedächtnis, Erinnerung`, aus l. memoria ´Gedächtnis`, Pl. ´Jahrbücher`, zu l. memor ´sich erinnernd`.

S. Marter. – DF 2 (1942), 99; Brunt(1983), 372 f.; LM 6 (1993), 510.

Memorandum n. erw. fach. (< 19. Jh.). Entlehnt aus ne. memorandum ´Vermerk zur Erinnerung`, übernommen aus dem Gerundivum von l. memorāre ´erinnern`.

Rey-Debove/Gagnon (1988), 576.

memorieren sw V. per. fremd. ´auswendig lernen, für sich wiederholen` (< 16. Jh.). Entlehnt aus l. memorāre ´sich erinnern`.

DF 2 (1942), 100.

Menagerie f. ´Tiergehege` (< 18. Jh.). Entlehnt aus frz. ménagerie, einer Ableitung von frz. ménage m. ´Haushalt, Wirtschaft` (letztlich zu l. manēre ´bleiben, wohnen`). Die Bedeutung ist zunächst ´ländliches Anwesen (mit Haustieren)`.

S. immanent, permanent. – DF 2 (1942), 101; Brunt (1983), 377.

Menetekel n. bildg. ´geheimnisvolles Anzeichen eines bevorstehenden Unglücks` (< 15. Jh). Zitat der aramäischen Formel mᵉnē(´) mᵉnē(´) tᵉqēl uparsīn des Alten Testaments, einer Geisterschrift für den babylonischen König Belsazar, die ihm sein bevorstehendes Schicksal ankündigen sollte (< Daniel 5,25–28). Die Verwendung der Anfangswörter zur Bezeichnung des ganzen Textes entspricht der von *Vaterunser*.

Röhrich 2 (1992), 1021.

Menge *f.* (< 8. Jh.). Mhd. *menige*, ahd. *managī*, *menigī* u.ä., as. *menigi* aus g. **managīn- f.* 'Menge', auch in gt. *managei*, ae. *men(i)gu*, afr. *menie*. Statt dessen ein neutraler *ja*-Stamm in anord. *mengi n.* Adjektiv-Abstraktum zu dem unter *manch* dargestellten Wort in dessen alter Bedeutung 'viel'. Außergermanisch stimmen dazu akslav. *mŭnožĭstvo n.* und von der einfacheren Grundlage lit. *minià* 'Menge'.

Röhrich 2 (1992), 1021.

mengen *swV.* (< 8. Jh.). Mhd. *mengen*, ahd. *mengan*, *mengen*, as. *mengian* aus wg. **mang-eja- swV.* 'mengen', auch in ae. *men(c)gan*, afr. *mendza*. Außergermanisch entspricht lit. *m̃ inkyti* 'kneten, durcharbeiten', akslav. *umęknǫti* 'weich werden' und vielleicht ai. *mácate* 'zermalmt'. Dazu als Variante das unter *machen* genannte Verb. Gr. *mássō* 'ich knete, bilde ab' ist mehrdeutig, gehört aber eher zu *mengen*.

Nndl. *mengen*. S. *mang*, *Menkenke*.

Menhir *m. per. fach.* 'vorgeschichtlich aufgerichteter Stein' (< 20. Jh.). Entlehnt aus frz. *menhir*, dieses aus bret. *maen hir*, zu bret. *maen* 'Stein' und bret. *hir* 'lang'. Vgl. *Dolmen*.

Meniskus *m. erw. fach.* (knorpelige Scheibe im Kniegelenk). Entlehnt und übertragen aus gr. *mēnískos* 'Mondsichel', einem Diminutivum zu gr. *mḗnē f.* 'Mond' (s. *Monat*). Die Übertragung nach der Form.

Cottez (1980), 246.

Menkenke *f. per. md.* 'Durcheinander' (< 19. Jh.). Spielerische Umbildung von *mengen*, *Gemenge* o.ä.

Röhrich 2 (1992), 1022.

Mennige *f. per. fach.* 'Bleirot' (< 11. Jh.). Mhd. *minig*, spahd. *minig m.*, ahd. *minio m.*, mndd. *minie*, *minye*. Entlehnt aus l. *minium n.* 'Zinnober' unklarer Herkunft. Das *-g-* ist aus dem unsilbisch gewordenen *-i-* entwickelt.

S. *Miniatur*. − LM 6 (1993), 519.

Mensa *f. erw. fach.* 'Kantine an Hochschulen' Entlehnt aus l. *mēnsa (acadēmica)* 'akademischer Mittagstisch' (l. *mēnsa* 'Tafel, Tisch').

LM 6 (1993), 520.

Mensch *m.* (< 8. Jh.). Mhd. *mensch(e) m./n.*, ahd. *men(n)isco* u.ä., as. *mennisko*. Wie afr. *man-n(i)ska*, *menn(i)ska* Substantivierung eines Zugehörigkeitsadjektivs zu *Mann* in der alten Bedeutung 'Mensch'. Das Adjektiv g. **manniska-* 'menschlich' in gt. *mannisks*, anord. *mennskr*, ae. *mennisc*, as. *mennisk*, *mannisk*, ahd. *mennisc(īn)*, *mannaschīn* u.ä. Ebenso steht ai. *manuṣyà- Adj.*

'menschlich, Mensch' neben ai. *mánuṣ-* 'Mensch'. Das Wort tritt seit dem 17. Jh. auch als Neutrum auf zur Bezeichnung weiblicher Dienstboten; daraus regional (obd.) einerseits 'Mädchen', andererseits ein verächtlicher Ausdruck 'Weibsbild'. Adjektiv: **menschlich**; Kollektivum: **Menschheit**; Abstraktum: **Menschentum**.

Nndl. *mens*. − HWPh 5 (1980), 1059−1105; Röhrich 2 (1992), 1022−1024; LM 6 (1993), 521−526.

Menstruation *f. erw. fach.* 'Monatsblutung' (< 19. Jh.). Abstraktum zu **menstruieren**, das entlehnt ist aus l. *mēnstruāre*. Dieses aus l. *mēnstruus* 'monatlich', zu l. *mēnsis* 'Monat, Monatsblutung (meist Pl.)'. S. *Monat*.

Cottez (1980), 246.

Mensur *f. per. fach.* 'Abstand von Fechtern, Zweikampf in Studentenverbindungen' (< 15. Jh.). Entlehnt aus l. *mēnsūra* 'Messen, Größe, Haltung', zu l. *mētīrī (mēnsus)* 'messen, abmessen'. Zunächst in die Sprache der Musik entlehnt in der Bedeutung 'Zeitmaß', dann 'Abstand (der Fechter im Zweikampf)', und daraus schließlich 'studentischer Zweikampf'.

S. *Dimension*. − DF 2 (1942), 101; LM 6 (1993), 529.

mental *Adj. erw. fremd.* 'geistig' (< 18. Jh.). Entlehnt aus ml. *mentalis*, zu l. *mēns (-ntis)* 'Sinn, Denkart, Verstand, Geist'. Abstraktum: **Mentalität**.

Zu dem verwandten l. *mentīrī* 'lügen' gehört *Dementi*, zu dem verwandten l. *meminīscī* 'erinnern' gehören *kommentieren* und *Reminiszenz*; s. weiter *monieren*; zur germanischen Verwandtschaft s. *mahnen*, zur griechischen *Automat.* − DF 2 (1942), 102.

Menthol *n. per. fach.* (eine kristalline Substanz aus dem Öl der Pfefferminze) (< 19. Jh.). Neoklassisches Kunstwort aus l. *mentha* (s. *Minze*) und l. *oleum* (s. *Öl*).

Mentor *m. per. fach.* 'erfahrener Ratgeber' (< 18. Jh.). Entlehnt aus frz. *mentor*, dieses aus gr. *Méntōr* (verwandt mit l. *monēre* 'ermahnen'), dem Namen eines Freundes des Odysseus, in dessen Gestalt Athene als Ratgeber von Telemachos wirkte. Durch den Roman *Aventures de Télémaque* von Fénelon (1699) bekommt der Name den Wert eines Appellativums.

S. *mental* und *Automat.* − DF 2 (1942), 102.

Menü *n.* (< 19. Jh.). Entlehnt aus frz. *menu m.*, einer Substantivierung von frz. *menu* 'klein', aus l. *minūtus* 'winzig', dem PPP. von l. *minuere* 'kleiner machen, vermindern', zu l. *minus* 'weniger'. Zunächst in der Bedeutung 'Einzelheit', dann 'Aufzählung der einzelnen Teile (einer Speisenfolge)'. Die Bedeutung 'Auswahlmöglichkeit am Computer' unter englischem Einfluß. S. *minus*.

DF 2 (1942), 102 f.; Carstensen 2 (1994), 896.

Menuett *n. per. fach.* (ein Tanz, der dritte Satz einer Sinfonie oder Sonate) (< 17. Jh.). Entlehnt aus frz. *menuet m.*, zu frz. *menuet* ʿklein, winzigʾ, einem Diminutivum zu frz. *menu* ʿkleinʾ, aus l. *minūtus* ʿwinzigʾ, dem PPP. von l. *minuere* ʿkleiner machen, vermindernʾ, zu l. *minus* ʿwenigerʾ. So benannt nach den kleinen Schritten dieses ursprünglich von einem Tänzerpaar aufgeführten Tanzes.

S. *minus*. – *DF* 2 (1942), 103; Brunt (1983), 377 f.

Mergel *m. per. fach.* (< 11. Jh.). Mhd. *mergel*, spahd. *mergil*, mndd. *mergel*, mndl. *mergel*. Entlehnt aus ml. *margila*, das vermutlich auf ein keltisches Wort zurückgeht, wie sein Grundwort l. *marga f.*, das von Plinius als gallisches Wort bezeichnet wird (*Nat. hist.* 17,42).

S. *ausgemergelt*. – Heyne (1899/1903), II, 42 f.; Lüschen (1979), 273.

Meringe, **Meringue** *f. erw. fach.* (< 18. Jh.). Entlehnt aus frz. *méringue*.

Das französische Wort am ehesten aus einer Ableitung vor-rom. **mellinica* o.ä. zu ml. *mellīnus* ʿhonigsüßʾ, vgl. frz. *melindre* ʿein Krapfen aus Mehl und Honigʾ, *DEO* (1982), 401. Anders: O. Jänicke *ZRPh* 84 (1968), 558–571.

Meriten *Pl. obs.* ʿVerdiensteʾ (< 16. Jh.). Entlehnt aus frz. *mérite m.* ʿVerdienstʾ, dieses aus l. *meritum n.*, zu l. *merērī* ʿsich verdient machenʾ.

DF 2 (1942), 103 f.

merken *swV.* (< 11. Jh.). Mhd. *merken*, ahd. *merken*, mndd. *merken*, *marken*, mndl. *merken* aus g. **mark-ija- swV.* ʿmerken, kennzeichnenʾ, auch in anord. *merkja*, ae. *mearcian*, afr. *merkia*. Abgeleitet von *Marke*. Präfigierungen: **be-, vermerken**; Partikelverben: **an-, aufmerken**; Adjektiv: **merklich**.

Merkorn *n.* s. *Emmer*.

Merle *f. per. wmd.* ʿAmselʾ (< 14. Jh.). Mhd. *merl(e)*, ahd. *merla*. Entlehnt aus l. *merula*, dessen Etymologie unter *Amsel* aufgeführt ist.

merzen *swV.* s. *ausmerzen*.

Mesalliance *f. obs.* ʿnicht standesgemäße Ehe; unglückliche, nicht ebenbürtige Verbindungʾ (< 18. Jh.). Entlehnt aus frz. *mésalliance*, aus frz. *més-* ʿmiß-ʾ und frz. *alliance* (s. *Allianz*).

DF 2 (1942), 104.

meschugge *Adj. erw. vulg.* ʿverrücktʾ (< 19. Jh.). Über das Rotwelsche aus wjidd. *meschugge*. Dieses aus hebr. *maš^eggā*, dem Hifʿil-Partizip bzw. Derivat *miš^eggā* zu hebr. *šaḡā* ʿirren, sich vergehenʾ.

Wolf (1985), 216; Röhrich 2 (1992), 1025.

Mesner *m. erw. reg.* (< 9. Jh.). Mhd. *mes(se)nære*, *mesner*, ahd. *mesināri*. Entlehnt aus ml. *mansionarius* ʿAufseher des Gotteshausesʾ, zu l. *mānsio (-ōnis) f.* ʿAufenthaltsort, Nachtlager, Gebäude u.ä.ʾ.

Messe[1] *f.* ʿGottesdienstʾ, daraus ʿkirchliches Fest, Jahrmarkt, Großausstellungʾ (< 9. Jh.). Mhd. *messe*, ahd. *missa*. Entlehnt aus spl. (4. Jh.) *missa* gleicher Bedeutung.

Dieses ist nach allgemeiner Vermutung entnommen aus den liturgischen Worten „Ite, *missa* estʿ ʿGehet, es ist entlassen!ʾ, mit denen ursprünglich die zum Abendmahl nicht Berechtigten bei Beginn der Abendmahlsfeier entlassen wurden (das Femininum bleibt dabei aber ungeklärt). Anders Mohrmann: l. *missa* übersetzt gr. *pompḗ* ʿGeleit, Mission, feierliche Prozessionʾ. Wieder anders *DEO*: Eigentlich ʿOpferʾ, entweder zu hebr. *missah* ʿOpferungʾ oder als PPP zu l. *mittere*, aber mit der Bedeutung ʿdas Vorgelegte, das auf den Tisch Gelegteʾ. Ein Kompositum mit der weiterentwickelten Bedeutung ist *Kirmes*.

S. *Mission*. – Ch. Mohrmann *Vigiliae Christianae* 12 (1958), 67–92; J. P. Maher *CoE* 11 (1981), 5 f. (vgl. *CoE* 10, 1980, 1–4); *DEO* (1982), 402; *LM* 6 (1993), 555–560.

Messe[2] *f. per. fach.* ʿgemeinsamer Speiseraum der Offiziere an Bordʾ (< 19. Jh.). Entlehnt aus ne. *mess*, das ursprünglich ʿGericht, Mahlzeitʾ bedeutet und aus frz. *mets m.* gleicher Bedeutung stammt. Dieses aus l. *missa* (Partizip zu *mittere* ʿschickenʾ, also ʿgeschicktʾ) in der spätlateinischen Bedeutung ʿaus der Küche geschickt, Essen, Speiseʾ.

S. *Mission*. – Kluge (1911), 578.

messen *stV.* (< 8. Jh.). Mhd. *mezzen*, ahd. *mezzan*, as. *metan* aus g. **met-a- stV.* ʿmessenʾ, auch in gt. *mitan*, anord. *meta*, ae. *metan*. Außergermanisch kann verglichen werden: 1) Eine Sippe (ig.) **med-* ʿermessen, bedacht sein aufʾ, die lautlich, aber eigentlich nicht in der Bedeutung den germanischen Wörtern entspricht (s. *Modus*). 2) Eine Sippe **mēt-* ʿmessenʾ, die in der Bedeutung, aber nicht im Lautstand entspricht. Unter Umständen handelt es sich um eine Erweiterung von 3), da mit dieser Lautform kein Primärverb belegt ist. 3) Eine Sippe **mē-* ʿmessenʾ, die auch die Grundlage der beiden anderen sein kann, doch ist das Abhängigkeitsverhältnis unklar (s. *Mal*[1] und zur lateinischen Verwandtschaft *Dimension*, zur griechischen *Metrik*). Mit eindeutigem ig. *-d-* vergleichen sich nur gr. *médimnos* ʿScheffelʾ, l. *modius* ʿScheffelʾ.

Nndl. *meten*, ne. *mete*, nschw. *mäta*, nisl. *meta*. S. *gemäß*, *Maß*, *mäßig*, *Metze*[1]. – Benveniste (1969/1993), 389–397; Seebold (1970), 352–354; *HWPh* 5 (1980), 1161 f.

Messer *n.* (< 9. Jh.). Mhd. *mezzer*, ahd. *mezzisahs*, *mezzirahs*, *mezzer(es)* u.ä., as. *mezas-*, vgl. ae. *meteseax*. Zu erschließen ist wg. **matiz-sahsa- n.* ʿSpeise-Schwertʾ, zu dem Wort für ʿEssen, Speiseʾ (ahd. *maz*, as. *mat*, anord. *matr*, gt. *mats*; as. *meti*, ae. *mete*) und einem Wort für Schwert, das in ahd. *sahs*, ae. *seax* erhalten ist. Dieses zu l. *saxum* ʿSteinʾ, eigentlich ʿder Schneidendeʾ zu l. *secāre* ʿschneidenʾ. In der Kompositionsfuge ist das *-s-* an das *-z-* assimiliert worden, deshalb der Übergang zu *-r-* und die folgende starke Vereinfachung.

Nndl. *mes*. S. *Maat*, *Maßliebchen*, *Mast*[2], *Mettwurst*, *Sachs*. – F. Kluge *ZVS* 26 (1883), 82; O. Szemerényi: *Stu-*

dies in the Indo-European System of Numerals (Heidelberg 1960), 36; C. Watkins in: *Linguistic Change*. Ed. Ph. Baldi (Berlin 1990), 289−303; Röhrich 2 (1992), 1025−1027; *LM* 6 (1993), 560 f.

Messias *m. bildg.* ʽHeilbringerʼ (< 18. Jh.). Entlehnt aus kirchen-l. *Messiās* als Bezeichnung für den den Juden verheißenen Erlöser; dieses aus gr. *Messías*, aus hebr. *māšīβ͑aḥ* ʽGesalbterʼ. Littmann (1924), 32; Lokotsch (1975), 114; *LM* 6 (1993), 561 f. Zu *Messianismus* vgl.: *HWPh* 5 (1980), 1163−1166.

Messing *n.* (< 12. Jh.). Mhd. *messinc*, vgl. ae. *mæs(t)ling*, *mæslen* (seit 950), spanord. *messing*. Als Ausgangspunkt wird ein gr. *mossýnoikos (chalkós)* vermutet, nach dem Namen der *Mossynoiken* im Nordosten Kleinasiens, die nach (Pseudo)-Aristoteles die Legierung zuerst herstellten. Der Weg der Übernahme ist aber unklar. Lippmann (1970), 570−574; *LM* 6 (1993), 563 f.

messing(i)sch *Adj. per. ndd.* ʽMischsprache aus Niederdeutsch und Hochdeutschʼ (< 18. Jh.). Wohl eine Verballhornung aus ndd. *misench* ʽmeißnischʼ in Anlehnung an das Mischmetall *Messing*. H. Teuchert *BGDSL-H* 82 (1961) (*Sonderband FS Karg-Gasterstädt*), 245−261.

Met *m. obs.* (< 9. Jh.). Mhd. *met(e)*, ahd. *metu*, *meto*, *met* u. a., mndd. *mede* aus g. **medu-* m. ʽMetʼ, auch in anord. *mjǫðr*, ae. *me(o)du*, afr. *mede*. In der Kaiserzeit als l. *medus* ʽHonigweinʼ ins Lateinische entlehnt. Aus ig. **medʰu-* n. ʽHonig, Honigweinʼ, auch in ai. *mádhu-* n. ʽsüßer Trankʼ, toch. B *mit* ʽHonigʼ, luw. *maddu-* ʽsüß, süßes Getränkʼ, gr. (poet.) *méthy*, air. *mid* ʽHonigweinʼ, kymr. *medd*, lit. *medùs* ʽHonigʼ, akslav. *medŭ* ʽHonigʼ. Ähnlich klingende Wörter für ʽHonigʼ und ʽMetʼ auch in außerindogermanischen Sprachen; die Art des Zusammenhangs ist noch nicht ausreichend geklärt. S. *Amethyst*, *Mädesüß*. − Hoops (1911/19), III, 217 f.; L. Mehlber *JGGB* (1980/81), 17−22; *LM* 6 (1993), 568.

meta- *Präfix* mit der Bedeutung ʽzwischen, nach, hinterʼ bzw. zum Ausdruck eines Wechsels (z. B. *metaphysisch*, *Metamorphose*, *metonymisch*, *methodisch*). Es wurde in Entlehnungen aus dem Griechischen (gegebenenfalls über das Lateinische) ins Deutsche übernommen; es ist teilweise analysierbar, aber in der normalen Sprache nicht produktiv geworden (es hat eine mäßige Produktivität in den Fachsprachen, vgl. etwa *Meta-Sprache*). Sein Ursprung ist gr. *metá* ʽzwischen, hinterʼ (s. *mit*). Cottez (1980), 249 f.

Metall *n.* (< 14. Jh.). Mhd. *metalle* ist entlehnt aus l. *metallum*, dieses aus gr. *métallon* ʽBergwerk, Metallʼ unsicherer Herkunft. Adjektiv: **metallisch**. S. *Medaille*, *Medaillon*. − K.-H. Weimann *DWEB* 2 (1963), 398; Lippmann (1970), 515 f.; Lüschen (1979), 273 f.; *LM* 6 (1993), 568 f.

Metamorphose *f. per. fach.* ʽVerwandlung, Umgestaltungʼ (< 18. Jh.). Entlehnt aus l. *metamorphōsis*, dieses aus gr. *metamórphōsis*, zu gr. *morphḗ* ʽGestaltʼ und gr. *metá-*. Das Wort ist vor allem bekannt durch die *Metamorphosen* von Ovid, in der mythische Verwandlungen von Menschen beschrieben werden. S. *Morphologie*. − *DF* 2 (1942), 105; *HWPh* 5 (1980), 1177−1179; Cottez (1980), 249.

Metapher *f. erw. fach.* (eine Redefigur) (< 17. Jh.). Entlehnt aus l. *metaphora*, dieses aus gr. *metaphorá* (eigentlich ʽÜbertragungʼ), zu gr. *metaphérein* ʽübertragenʼ, zu gr. *phérein* ʽtragenʼ und gr. *metá-*. Adjektiv: **metaphorisch**. Die Entlehnungen aus der Sippe von gr. *phérein* ʽtragenʼ gehen nur im Fall von *Periphrie* auf die *e*-Stufe des Verbs zurück, sonst handelt es sich um Entlehnungen aus der nominalen *o*-Stufe: *Metapher, Euphorie, Phosphor*; dann die Kontrastbildungen *Amphore* (mit *Ampulle, Ampel, Pulle*) und *Eimer*; unsicher ist *Bergfried*. Zur lateinischen Verwandtschaft s. *Differenz*, zur germanischen *gebären*. − E. Leser *ZDW* 15 (1914), 92; *DF* 2 (1942), 105; Cottez (1980), 249; *HWPh* 5 (1980), 1179−1186; *Brisante Wörter* (1989), 661−666.

Metaphysik *f. per. fach.* ʽWissenschaft des Übersinnlichenʼ (< 18. Jh.). Entlehnt aus ml. *metaphysica* aus gr. *metaphysiká* Neutrum Plural zu dem Adjektiv auf *-os* ʽüber die Natur hinausgehendʼ. *Metaphysiká* war zunächst die Bezeichnung von philosophischen Schriften des Aristoteles und bedeutet vielleicht ursprünglich nur ʽdas Werk, das nach dem Werk *Physika* kommtʼ; die Umdeutung zu ʽüber das Physische, das Sinnliche hinausgehendʼ ist aber schon früh erfolgt. Adjektiv: **metaphysisch**. S. *Physik*. − *DF* 2 (1942), 105 f.; *HWPh* 5 (1980), 1186−1279; *Metafysica*. Hrsg. C. A. van Peursen, F. J. Petersma (Meppen, Amsterdam 1981); *LM* 6 (1993), 570−576.

Metastase *f. per. fach.* ʽTochtergeschwulstʼ (< 19. Jh.). Entlehnt und übertragen aus gr. *metástasis* ʽWanderung, Umzug, Wegzugʼ, zu gr. *methistánai* ʽumstellen, versetzen, sich entfernenʼ, zu gr. *histánai* ʽstellen, tretenʼ (s. *System*) und gr. *metá-*.

Meteor *m. erw. fach.* (< 17. Jh.). Entlehnt aus gr. *meteōron* n. ʽHimmelserscheinungʼ, einer Substantivierung von gr. *metéōros* ʽin der Luft schwebendʼ, zu gr. *metaírein* ʽweghebenʼ, zu gr. *aírein* ʽhebenʼ und gr. *metá-*. *DF* 2 (1942), 106; K.-H. Weimann *DWEB* 2 (1963), 398; Lüschen (1979), 274 f.; *LM* 6 (1993), 577 f.

Meteorologie *f. erw. fach.* ʽLehre vom Wetterʼ (< 18. Jh.). Entlehnt (über frz. *météorologie* aus gr. *meteōrología* ʽLehre von den erhobenen Dingenʼ unter Rückgriff auf die Bedeutung ʽin der Luft, am Himmel befindlichʼ.

Meter *n./m.* (< 18. Jh.). Mit dem 1795 festgelegten Maß aus frz. *mètre m.* übernommen. Dieses aus gr. *métron n.* ´Maß´. S. *-metrie, Metrik*.

Gerlach (1962), 20 f.

Methode *f.* (< 17. Jh.). Entlehnt aus spl. *methodus, methodos*, dieses aus gr. *méthodos* (eigentlich ´der Weg auf ein Ziel hin´), zu gr. *hodós* ´Weg´ und gr. *metá-*. Adjektiv: ***methodisch***; Abstraktum: ***Methodik***.

Zu den Komposita mit gr. *hodós* ´Weg´ gehören: *Anode* − *Kathode* − *Elektrode*; *Episode, Periode, Synode* (mit *semperfrei*); *Exodus*. − DF 2 (1942), 106 f.; K.-H. Weimann *DWEB* 2 (1963), 398; *HWPh* 5 (1980), 1304−1332; *LM* 6 (1993), 579 f.

Metier *n. per. fremd.* ´Beruf, zugehöriger Bereich´ (< 18. Jh.). Entlehnt aus frz. *métier* ´Dienst, Amt, Beruf´, aus spl. *ministerium* ´Dienst´.

S. *Minister*. − DF 2 (1942), 107 f.

Metonymie *f. per. fach.* ´Ersetzung der Bezeichnung einer Sache durch eine Bezeichnung einer räumlich mit ihr zusammenhängenden Sache´ (< 19. Jh.). Entlehnt aus gr. *metōnymía*, eigentlich ´Namenvertauschung´, aus gr. *ónoma* ´Name´ und gr. *metá-*.

Cottez (1980), 249; *HWPh* 5 (1980), 1386−1388.

-metrie *Suffix* zur Bildung von Substantiven zur Bezeichnung von Wissenschaften (u.ä.) mit der Bedeutung ´Messung, Vermessung´ (z. B. *Geometrie*, eigentlich ´Erdvermessung´). Sein Ursprung ist gr. *-metría* in Zugehörigkeitsbildungen zu Adjektiven (gr. *symmetría*, zu gr. *sýmmetros* ´ebenmäßig, symmetrisch´, eigentlich ´gleichmäßig´) und Täterbezeichnung (gr. *geōmetría*, zu gr. *geōmétrēs* ´Feldmesser, Geometer´) zu gr. *métron n.* ´Maß´. S. *Metrik*.

Cottez (1980), 251.

Metrik *f. per. fach.* ´Verslehre´ (< 16. Jh.). Entlehnt aus l. *(ars) metrica*, dieses aus gr. *metrikḗ (téchnē)*, zu gr. *métron n.* ´Maß, Versfuß´.

Gr. *métron* ´Maß´ liegt der Entlehnung *Metrum* zugrunde (über das Latein) sowie *Meter* (über das Französische); als Hinterglied eines Possessiv-Kompositums in *Hexameter*; moderne Bezeichnungen für Meßgeräte aus derselben Grundlage sind z. B. *Baro-, Tacho-, Thermometer*; zu den entsprechenden Täterbezeichnungen des Griechischen gehört *Geometer*; zu den zugehörigen Abstraktbildungen *-metrie*. Eine Ableitung in *diametral*; im Vorderglied eines Kompositums in *Metronom*. Zur germanischen Verwandtschaft s. *messen*. − DF 2 (1942), 108; Cottez (1980), 251; *LM* 6 (1993), 583.

Metronom *n. per. fach.* ´Gerät zur Taktvorgabe´ (< 19. Jh.). Neoklassische Bildung aus gr. *métron* ´Maß´ und gr. *nómos* ´Gesetz´ (s. *-nom*). Patentiert 1816 durch den Wiener Hofmechaniker Mälzl.

DF 2 (1942), 108; Cottez (1980), 252.

Metropole *f. erw. fach.* ´Zentrum, Hauptstadt´ (< 16. Jh.). Entlehnt aus l. *mētropolis*, dieses aus gr. *mētrópolis* ´Mutterstadt´, zu gr. *mḗtēr* ´Mutter, Erzeugerin, Ursprung, Quelle´ und gr. *pólis* ´Stadt´. Das Verhältnis des Stadtstaates zu seinen Kolonien ist im Bild von Mutter und Tochter gesehen.

DF 2 (1942), 108 f.; Cottez (1980), 252.

Metrum *n. per. fach.* ´Schema, Taktart´ (< 19. Jh.). Entlehnt aus l. *metrum*, dieses aus gr. *métron* ´Maß´ (s. *Metrik*).

Mette *f. obs. fach.* ´Frühmesse´ (< 11. Jh.). Mhd. *mettī, mettīn(e), metten(e)*, ahd. *mattina*. Entlehnt aus spl. *mattina*, das aus l. *(laudes) mātūtīnae* ´Morgenlob´ zusammengezogen ist. Das Wort bedeutet ursprünglich und bis in die neuhochdeutsche Zeit ´erste Hore des kirchlichen Stundengebets´. Beim Mitternachtsgottesdienst an Weihnachten bildeten die (öffentliche) Mette, Hochamt und Laudes eine Einheit, die ebenfalls *Mette* oder *Christmette* genannt wurde. Diese Bezeichnung wurde für die Mitternachtsmesse auch beibehalten, als die eigentliche Mette nicht mehr gebetet wurde. Von da aus Verallgemeinerung auf die Frühmesse an hohen Feiertagen.

S. *Matinee*. − E. Adelberg *FF* 35 (1961), 273−277; Wünschmann (1966), 24.

Metten *Pl. per. ndd.* ´Fäden des Altweibersommers´ (< 18. Jh.). Aus ndd. *summermetjen, mettken, metjensomer*. Wohl aufzufassen als Verkleinerungsform von *Made*: Die Fäden wurden mit dem Gespinst von Raupen verglichen.

Mettwurst *f.* (< 16. Jh.). Ursprünglich niederdeutsches Wortd: mndd. *metworst*, mndl. *metworst* ´Fleischwurst´. Zu ndd. *mett*, der Entsprechung zu dem germanischen Wort für ´Speise, Essen´ (s. *Messer*), das wie in ne. *meat* auf die Bedeutung ´Fleisch´ verengt wurde, speziell ´gehacktes Schweinefleisch ohne Speck´. Zu beachten ist die Nähe von l. *mattea* (aus gr. *mattýē*) ´leckeres Gericht aus gehacktem Fleisch, Kräutern usw.´. Vermutlich haben sich die beiden Wörter attrahiert.

Metze[1] *f. arch.* ´Kornmaß´ (< 11. Jh.). Mhd. *metze, mezze m.*, ahd. *mezza f., mezzo m.*, mndd. *matte, mette*, vgl. ae. *mitta m.* Wie gt. *mitaþs* ´Getreidemaß´ Ableitung zu *messen*. Ausgangsform nicht ausreichend klar; vgl. noch l. *modius m.* ´Scheffel´ von der gleichen Grundlage (das entlehnt mhd. *müt(te), mut(te) m./n.*, ahd. *mutti, mutte*, as. *muddi n.* ergibt). Evtl. liegt bei *Metze* eine sehr alte Entlehnung mit Ausweichung des Umlauts (von *o*) zu *e* vor.

Hoops (1911/19), III, 219.

Metze[2] *f. arch.* ´Dirne´ (< 15. Jh.). Die Form ist einerseits eine Koseform des verbreiteten Namens *Mechthild*, der zu ´Mädchen´ verallgemeinert und dann abgesunken sein könnte, doch ist auch möglich, daß eine *s*-Ableitung von *Magd, Maid* vorliegt (parallel zu *Mädchen* und *Mädel*), vgl. nndl. *meisje* (mndl. auch *meidsen*) und schwz. *Meitschi*.

metzeln *swV. stil.* (< 15. Jh.). Zuerst wird *metzeln* vom Schlachten des Viehs gesagt, dazu mrhein. *metz(e)ler* 'Metzger', aus dem es wohl rückgebildet ist. Dieses ist entlehnt aus ml. *macellārius* 'Fleischwarenhändler'. Dieses zu l. *macellum* 'Fleischmarkt' aus gr. *mákellon* 'dass.'. Partikelverb: **niedermetzeln**. Abstraktum: **Gemetzel**.

Metzger *m. erw. reg.* (< 13. Jh.). Mhd. *metzjære, metzjer, metziger*, vgl. mhd. *metzje, metzige* 'Fleischbank'. Dem Lautstand nach kann es kaum etwas anderes sein als eine Entlehnung, deren Vorbild aber nicht nachweisbar ist. Auffällig ist der unter *metzeln* dargestellte Bereich, der aber durchgängig *-l-* hat und die niederdeutsche/mittelenglische Spezialisierung von g. **mati(z)-* 'Speise' auf die Bedeutung 'Fleisch'. Vermutlich haben sich ml. *mattiārius* 'Wurstler' und ml. *macellārius* 'Fleischwarenhändler' vermischt. Lokalbildung: **Metzgerei**.
C. Karstien in: *FS Behaghel* (1924), 289–323; W. Braun in: Dückert (1976), 55–119.

meucheln *swV. stil.* (< 11. Jh.). Mhd. *miuchel-* 'heimlich', vgl. *miucheler, mūcheler*, ahd. *mūhhilāri* 'Meuchelmörder', mhd. *mūchen* 'verstecken, verbergen', ahd. *mūhhōn* 'wegelagern, aus dem Hinterhalt anfallen'. Offenbar aus vd. **mūk-*, das außergermanisch mit air. *ru-mugsat* 'sie haben versteckt', l. *mūger* 'Falschspieler' verglichen werden kann. Alle Einzelheiten sind unklar. S. auch *mogeln*.

Meute *f.* (< 18. Jh.). Mit den Fachwörtern der Parforce-Jagd entlehnt aus frz. *meute* 'Koppel, Jagdhunde'. Dieses aus afrz. *muete* 'Bewegung, Aufruhr, Jagdzug', das auf spl. **mōvita* 'Bewegung' zurückgeht (zu l. *movēre* 'bewegen'). S. *Promotion*.

Meuterei *swV.* (< 16. Jh.). Entlehnt aus mfrz. *meuterie* 'Aufruhr, Revolte', einer Weiterbildung aus afrz. *mete* 'Bewegung, Aufruhr' (s. *Meute*). Die Bildung setzt sich im Deutschen durch, während Französisch (und Englisch) die parallele Bildung (frz.) *mutin-* bevorzugt. Hierzu das Nomen agentis **Meuterer** und die Rückbildung **meutern**; zuvor auch fnhd. *meuten* 'meutern' und fnhd. *meutmacher* 'Aufrührer'.

mezzo- *LAff.* mit der Bedeutung 'mittel, halb ... halb' (z. B. *mezzoforte, Mezzosopran*). Es wurde in Entlehnungen aus der italienischen Fachsprache ins Deutsche übernommen und ist dort durchsichtig, aber nicht produktiv; sein Ursprung ist l. *medius* (s. *Medium*).

miauen *swV.* (< 17. Jh.). Wie älteres *mauen* lautnachahmend. S. auch *maunzen*.

mich *Pron.* (< 8. Jh.). Mhd. *mih*, ahd. *mih*, as. (selten) *mik* aus g. **meki* 'mich', auch in gt. *mik*, anord. *mik*, ae. (angl.) *mec*; dieses aus ig. **(e)meǵe*, einer Verstärkung der normalen betonten Akkusativform ig. **(e)me*, so in gr. *emége*, mit unklarer Lautvertretung in heth. *ammuk* und vielleicht in anderen Sprachen. Außerhalb des Germanischen ist die Partikel *-ǵe* kasusindifferent, die Festlegung auf den Akkusativ ist eine Besonderheit des Germanischen. Die Form ae. *me*, afr. as. *mi* beruht wohl auf einer weniger differenzierten enklitischen Form **-(e)me*.
S. *mein, mir, dich*. – Seebold (1984), 31–36; Röhrich 2 (1992), 1027 f.

mick(e)rig *Adj. stil.* (< 20. Jh.). Ursprünglich ostniederdeutsch, zu *mickern* 'kümmern, zurückbleiben' unbekannter Herkunft.

Midder *n. per. ndd.* 'Kalbsmilch' (< 18. Jh.). Wohl zu *Mitte* und dem unter *Garn* entwickelten Wort für 'Darm', vgl. ae. *mycgern, micgern*, as. *midgarni*, ahd. *mittigarni* 'Eingeweidefett'.

Mieder *n.* (< **11. Jh.; Form < 15. Jh.). Bis ins 18. Jh. *müder m.*; die Entrundung aus mitteldeutschen oder oberdeutschen Mundarten. Mhd. *muoder, müeder*, ahd. *muodar* 'Leibchen' neben 'Bauch, Mutterleib'. Es handelt sich also um eine Zugehörigkeitsbildung zu dem Wort *Mutter* in der Bedeutung 'Mutterleib' als 'das Kleidungsstück, das den Leib bedeckt'.
Heyne (1899/1903), III, 314; W. Mieder *SD* 23 (1979), 118–121.

Mief *m. vulg.* 'schlechte Luft' (< 19. Jh.). Herkunft unklar. Vermutlich Abwandlung von *muffig, müffeln* o.ä. (s. *Muff*[2]), vielleicht unter Einfluß von *mies*. Verbreitet durch die Soldatensprache.

Miene *f.* 'Gesichtsausdruck' (< 17. Jh.). Entlehnt aus frz. *mine* gleicher Bedeutung, das seinerseits im 15. Jh. aus bret. *min* 'Mund, Gesichtszüge' entnommen ist. Anders *DEO*: aus l. *minium* 'Zinnober, Mennige', l. *miniāre* 'schminken'.
DF 2 (1942), 109 f.; *DEO* (1982), 404; Röhrich 2 (1992), 1032 f.

Miere[1] *f. per. ndd.* 'Ameise' (< 17. Jh.). Aus ndd. *mire*, mndd. *mire*, mndl. *miere*, krimgt. *miera*, dazu im Ablaut anord. *maurr m.* Zugrunde liegt offenbar (g.) **meur-/maur-*. Die Bezeichnungen der Ameise in außergermanischen Sprachen klingen an, sind aber lautlich nicht auf eine einheitliche Grundform zurückzuführen; vermutlich liegen sekundäre Umbildungen zu einer verhältnismäßig einheitlichen Grundlage vor (etwa ig. **morwi-*). Vgl. gr. *mýrmēx*, avest. *maoiri-*, air. *moirb*, aruss. *morovij m.*; weiter ai. *vamrá- m.* 'Ameise', ai. *valmīka-* 'Ameisenhaufen', gr. (äol.) *býrmax, bórmax*, l. *formīca*.

Miere[2] *f. per. fach.* 'Hühnerdarm (Pflanzenname)' (< 15. Jh.). Fnhd. *myer*, mndd. *mir*. Sonst Herkunft unklar. Nndl. *muur, murik*. S. *Waldmeister*.

mies *Adj. stil.* (< 19. Jh.). Von Berlin aus verbreitet. Entlehnt über das Rotwelsche aus wjidd.

mies(s), das auf hebr. *me'īs* 'widerlich, verachtet' zurückgeht. Dieses ist passives Partizip zu hebr. *me'as* 'verachten'. **Miesmacher, Miesepeter, Miesling** können Übertragungen von *Miesnik* sein, das eine aus dem Slavischen stammende jiddische Endung enthält.

Wolf (1985), 218; Röhrich 2 (1992), 1033; Süsskind bei G. Cohen *CoE* 19,7 (1990), 27.

Miesmuschel *f. erw. fach.* (< 18. Jh.). Das Bestimmungswort ist ein regionales Wort für 'Moos', das zu *Moos*[1] im Ablaut steht.

Miete[1] *f.* 'Entgelt für Wohnungen' (< 8. Jh.). Mhd. *miet(e)*, ahd. *mieta*, as. *mēda* aus g. **mizdō f.* 'Lohn, Bezahlung' mit Schwund des *-z-* unter Ersatzdehnung. Die gleiche Entwicklung in ae. *mēd*, während gt. *mizdo*, ae. *meord* den Konsonanten bewahren. Aus ig. **mizdʰo/ā f.* 'Bezahlung, Lohn', auch in gr. *misthós m.*, ai. *mīḍhá- n.*, akslav. *mĭzda*. Vermutlich zu einem schwundstufigen *s*-Stamm **meios-* 'Tausch' (s. *Meineid*) und **dʰē-* 'setzen' (s. *tun*), also eigentlich 'Tausch-Setzung'. Verb: **mieten**; Nomen agentis: **Mieter**.

Ne. *meed.* – Hoops (1911/19), III, 222 f.; Benveniste (1969/1993), 128–135; F. P. Knapp *BGDSL-T* 92 (1970), 17–25; Th.L. Markey in: *When Worlds Collide.* Ed. Th.L. Markey, J. A. C. Greppin (Ann Arbor 1990), 345–362.

Miete[2] *f. per. fach.* 'Einlagerungsmöglichkeit für Früchte' (< 18. Jh.). Ursprünglich niederdeutsches Wort, das im 18. Jh. in die Hochsprache übernommen wurde. Mndl. *mite*. Entlehnt aus l. *mēta* 'kegelförmiger Heuschober'. Es handelt sich um den Vorratsbehälter im Freien, die gegen Regen (und Kälte) geschützt sind. Von den Heuschobern, die so aufgebaut sind, daß das Wasser von ihnen abläuft, geht die Bedeutung auf die zum Schutz vor Kälte eingegrabenen Rüben usw. über.

Mieze *f.*, auch **Mies(e)** *f.* 'Katze', *stil.* (< 18. Jh.). Ursprünglich Kosenamen, der wohl ausgeht von lautmalendem *mī*, dem Lockruf der Katze für ihre Jungen; der Wortausgang wie bei dem Suffix für Kosenamen (so ist *Mieze* auch Kosename für *Maria* und *Minna*). Die vulgäre Verwendung für 'Mädchen, Bettgenossin' geht auf die Übertragungsreihe 'Katze' – 'weibliches Geschlechtsorgan' – 'Frau' zurück.

S. *mauen, miauen.* – Seitz (1976), 217–222.

Migräne *f. erw. fach.* (< 18. Jh.). Entlehnt aus frz. *migraine*, dieses aus l. *hēmicrānia*, aus gr. *hēmikranía* (eigentlich 'Schmerz in einer Kopfhälfte'), zu gr. *krāníon n.* 'Schädel' und gr. *hemi-*.

DF 2 (1942), 110 f.; Brunt (1983), 380 f.

Mikado *n. erw. fach.* (ein Geschicklichkeitsspiel mit dünnen Holzstäbchen) (< 20. Jh.). Zur Bezeichnung des Spiels wurde ein prestige-haltiges und in Europa bekanntes japanisches Wort herangezogen: jap. *mikado*, ältere Bezeichnung für den

japanischen Kaiser. Das Spiel hat sonst mit Japan nichts zu tun.

mikro- *Präfix* mit der Bedeutung '(sehr) klein' (z. B. *Mikroskop*). In Fachwörtern der Physik trägt es die Bedeutung 'ein Millionstel' (z. B. *Mikrofarad*). Es wird vor allem in fachsprachlichen Bildungen verwendet; sein Ursprung ist gr. *mikrós* 'klein, gering'.

Cottez (1980), 252 f.; Carstensen 2 (1994), 900.

Mikrobe *f. per. fach.* 'Kleinstorganismus' (< 19. Jh.). Entlehnt aus frz. *microbe*, einer Neubildung von Ch. *Sédillot* zu gr. *mikrós* 'klein' (s. *mikro-*) und gr. *bíos m.* 'Leben' (s. *bio-*).

Mikrofiche *n./m. per. fach.* (Mikrokarte mit aneinandergereihten Kopien) (< 20. Jh.). Entlehnt aus ne. *microfiche*, zu e. *micro-* (s. auch *mikro-*) und frz. *fiche f.* 'Stück Papier, Karteikarte', einer Ableitung von frz. *ficher* 'festmachen', aus l. *fīgere* (*fīxum*) 'heften, stecken'. S. *fix*.

Mikrophon *n.* 'Gerät zur Übertragung von Schall' (< 19. Jh.). Entlehnt aus frz. *microphone*, einer Neubildung zu frz. *micro-* und gr. *phōnē* 'Laut' (s. *Phonetik* und *mikro-*).

Mikroskop *n.* 'Gerät zur Betrachtung von Kleinem' (< 17. Jh.). Übernommen aus neo-kl. *microscopium* (wohl nach dem Griechen Demiscianus) zu *mikro-* und *-skop*.

DF 2 (1942), 111; Cottez (1980), 253.

Milan *m. per. fach.* 'Gabelweihe' (< 18. Jh.). Entlehnt aus frz. *milan*, das über prov. *milan* auf l. *mīlvus* 'Gabelweihe' zurückgeht.

Milbe *f. erw. fach.* (< 9. Jh.). Mhd. *mil(iw)a, milwe*, mndd. *mele*, mndl. *milwe* aus vd. **melwjō f.* 'Staub hinterlassendes schädliches Kleintier (Milben oder Motten)'. Ähnlich (mit Ablaut) die Bedeutung 'Motte' in gt. *malo n.*, anord. *mǫlr m.* Außergermanisch vergleicht sich russ. *mól'* 'Motte, Schabe'. Vermutlich weiter zu *mahlen*.

Tiernamen, Beiheft 2 (W. Pfeifer, Berlin 1965), 16–21.

Milch *f.* (< 8. Jh.). Mhd. *mil(i)ch*, ahd. *miluh*, *milih*, as. *miluk* aus g. **meluk- f.* 'Milch', auch in gt. *miluks*, anord. *mjolk*, ae. *meol(u)c*, *milc*, afr. *melok*. Das Wort ist in dieser Form nicht vergleichbar und auch morphologisch nicht durchsichtig. Auffällig ist die Nähe zu dem sachlich verwandten *melken*. Lautlich aus diesem gut bezeugten Verb herleitbar (aber andererseits auch mit dem Wort *Milch* verknüpfbar) sind mir. *melg n.*, *mlicht*, kymr. *blith*, russ. *molózivo n.* 'erste Milch, Biestmilch', toch. A *malke*, toch. B *malkwer m.* Zumindest nicht unähnlich sind l. *lāc n.*, gr. *gála (gálaktos) n.* 'Milch'. Dem lautlich und morphologisch ganz undurchsichtigen Befund nach zu urteilen, ist es nicht ausgeschlossen, daß sehr alte Entlehnungen vorliegen, die im Fall des Germanischen, Keltischen, Slavischen und Tocharischen an das Wort für 'melken' lautlich angeschlossen worden sind. Adjektiv: *milchig*.

Nndl. *melk*, ne. *milk*, nschw. *mjölk*, nisl. *mjölk*. S. *Milken, Molke*. – A. Mayer *ZVS* 73 (1956), 235–237; Röhrich 2 (1992), 1033 f.; *LM* 6 (1993), 621 f.

Milchdieb *m. per. wmd.* 'Kohlweißling' (< 18. Jh.). Vermutlich weil die Schmetterlinge allgemein von Milch angezogen werden. Der Glaube, daß Hexen in Schmetterlingsgestalt den Kühen die Milch entzögen, ist wohl unabhängig davon aus dem gleichen Sachverhalt herausgesponnen und kann kaum das weit verbreitete Benennungsmotiv erklären.

B. Martin *HBV* 27 (1929), 195–198; Oehl (1922), 10.–108.

Milch(n)er *m.*, auch **Milchling** *m.* 'männlicher Fisch', *per. fach.* (< 14. Jh.). Zunächst als *milcher*, dann (15. Jh.) als *milchener*, und als *milchling* seit dem 16. Jh. bezeugt. Zu *Milch* in der übertragenen Bedeutung 'Samen des männlichen Fischs'.

Milchmädchenrechnung *f. bildg.* (< 19. Jh.). Nach der Fabel von Lafontaine (II,133), in der sich ein Milchmädchen überlegt, wie sie das Geld für die Milch, die sie auf dem Markt verkaufen will, anlegen soll. In der Freude über den Gewinn aus dieser späteren Anlage beginnt sie zu hüpfen und verschüttet dabei die Milch. Inhaltlich verbreitet seit J. W. L. Gleim (1757), die Formulierung erst später.

Röhrich 2 (1992), 1034.

Milchstraße *f.* (< 17. Jh.), älter (15. Jh.) *milchweg*. Lehnübersetzung von l. *via lactea*. Himmelszone mit so dichter Besetzung der Sterne, daß sie wie ausgegossene Milch aussieht.

LM 6 (1993), 622.

Milchzahn *m.* (< 16. Jh.). Die ersten Zähne brechen durch, solange das Kind noch gestillt wird (also Milch bekommt).

mild *Adj.* (< 8. Jh.). Mhd. *milde, milte*, ahd. *milti, milte*, as. *mildi* aus g. **meldi-* Adj. 'mild', auch in gt. *mildeis*, anord. *mildr*, ae. *milde*, afr. *milde*. Außergermanisch vergleicht sich zunächst gr. *malthakós* 'weich, zart, mild', vielleicht auch ai. *márdhati* 'vernachlässigt, gibt preis'. Daneben steht ig. **mḷdu-* 'weich' (in l. *mollis* usw.), das in einigen Sprachen nicht klar getrennt werden kann. Vielleicht gehen beide Bildungen zurück auf die unter *mahlen* behandelte Wurzel ('zerrieben' = 'weich, mild'?). Abstraktum: *Milde*; Verbum: *mildern*.

Nndl. *mild*, ne. *mild*, nschw. *mild*, nisl. *mildur*. S. auch *Milz, mulsch*. – I. Rosengren: *Inhalt und Struktur* (Lund 1968); *HWPh* 5 (1980), 1391–1393; Röhrich 2 (1992), 1034 f.; *LM* 6 (1993), 622 f.; Heidermanns (1993), 406 f.

Milieu *n. erw. fremd.* 'Umgebung, Umgang' (< 19. Jh.). Entlehnt aus frz. *milieu m.* (eigentlich 'Mitte'), aus frz. *mi* 'mittlerer, halb' (aus l. *medius*) und frz. *lieu m.* 'Ort' (aus l. *locus m.*). Internatio-

nale Bedeutung erlangt das Wort durch die Milieu-Theorie von H. Taine (1863), der *race, milieu, moment* als Haupttriebkräfte des menschlichen Lebens ansetzt.

S. *Medium* und *lokal*. – *DF* 2 (1942), 111 f.; *HWPh* 5 (1980); 1393–1395.

militant *Adj. erw. fremd.* (< 20. Jh.). Entlehnt aus dem Partizip l. *militāns*, zu l. *militāre* '(als Soldat) kämpfen', also 'kämpfend, kämpferisch' (s. *Militär*).

Brisante Wörter (1989), 243–247.

Militär *n.* (< 18. Jh.). Entlehnt aus frz. *militaire m.* 'hoher Offizier', zu l. *mīlitāris* 'soldatisch, den Kriegsdienst betreffend', zu l. *mīles m.* 'Soldat'. Bei der Entlehnung ins Deutsche wurde der Plural des Französischen in ein Kollektivum umgedeutet; *Militärs* für 'höhere Offiziere' bleibt aber noch länger in Gebrauch. Adjektiv: *militärisch*; Abstraktum: *Militarismus*; Präfixableitung: *entmilitarisieren*.

S. *militant, Miliz, Kommilitone*. – *DF* 2 (1942), 112 f.; *Grundbegriffe* 4 (1978), 1–47; *Brisante Wörter* (1989), 248–253; *LM* 6 (1993), 626.

Miliz *f. obs.* 'Bürgerwehr' (< 17. Jh.). Entlehnt aus l. *mīlitia* 'Kriegsdienst', zu l. *mīles m.* 'Soldat'.

S. *Militär*. – *DF* 2 (1942), 113; *LM* 6 (1993), 626 f.

Milken *m. per. schwz.* 'Kalbsmilch' (< 20. Jh.). Nach der Zartheit als das Milchige benannt. Das *-k-* entweder aus falscher Umsetzung oder im Anschluß an *melken, Molken*.

Mille *n.*, meist nur *Pl.* 'Tausend (Mark, Stück)', *vulg.* (< 20. Jh.). Entlehnt aus l. *mīlle* 'tausend' (wohl nach dem Vorbild von *prō mīlle* 'je Tausend, Tausendstel').

S. *Million*. – Schirmer (1911), 129.

milli- *Präfix* mit der Bedeutung 'ein Tausendstel' (z. B. *Millimeter*), in fachsprachlichen Bildungen; sein Ursprung ist l. *mīlle* 'tausend'. Als Terminus bei Maßeinheiten zuerst im Französischen festgelegt. S. *Million*.

DF 2 (1942), 113 f.; Cottez (1980), 253.

Milliarde *f.* (eintausend Millionen) (< 18. Jh.). Entlehnt aus frz. *milliard m.*, aus prov. *milhar* 'ein Tausend voll', aus l. *mīl(l)iārium n.* 'ein Tausend', zu l. *mīlle* 'tausend'. Die terminologische Abgrenzung erfolgt dann im Zusammenhang mit der Veränderung des Wertes der *Billion* (s.d. und *Million*). Täterbezeichnung: *Milliardär*.

Million *f.* (eintausend mal eintausend) (< 15. Jh.). Entlehnt aus it. *milione m.* 'Großtausend, sehr große Zahl', einer Augmentativbildung zu it. *mille* 'tausend', aus l. *mīlle*. Zunächst gebraucht als Bezeichnung sehr großer Geldsummen; die Festlegung auf einen bestimmten Zahlenwert erst im 17. Jh. Täterbezeichnung: *Millionär*.

S. *Billion, Milliarde, Meile, Meiler, Promille*. – *DF* 2 (1942), 114; Ross/Berns (1992), 622 f.

Milz *f.* (< 9. Jh.). Mhd. *milz(e) n.*, ahd. *milz(i) n.*, *milza*, mndd. *milte*, mndl. *milte* aus g. **meltja-n.* ˈMilzˈ, auch ˈMilch der Fischeˈ, auch in anord. *milti* (auch *m.*), *milta n.*, *mjalti m.*, ae. *milte m.*, afr. *milte*. Im Deutschen Femininum in Analogie zu anderen Bezeichnungen von inneren Organen. Nordisch und englisch auch Maskulinum. Da die Milz mehrfach als das Weiche, Feuchte bezeichnet wird, kann das Wort zu *schmelzen* oder zu *mild* gehören. Eine genaue Grundlage ist aber nicht auszumachen.
Nndl. *milt*, ne. *milt*, nschw. *mjälte*, nisl. *milti*. − *LM* 6 (1993), 630 f.

Mime *m.* ˈSchauspielerˈ s. *Mimik*.

Mimik *f. erw. fach.* ˈMienenspielˈ (< 18. Jh.). Entlehnt aus l. *(ars) mīmica*, aus gr. *mīmikós*, zu gr. *mīmeĩsthai* ˈnachahmenˈ (hierzu das bildungssprachliche Abstraktum **Mimesis**). Zunächst vor allem gebraucht vom Mienenspiel des Schauspielers, der in seinem Gesichtsausdruck andere Menschen nachahmt. Dazu **Mime** ˈSchauspielerˈ (l. *mīmus*, gr. *mĩmos*). Verb: **mimen**; Adjektiv: **mimisch**.
S. *Pantomime*. − *DF* 2 (1942), 114 f.

Mimikry *f. per. fach.* ˈAnpassungˈ (< 20. Jh.). Entlehnt aus ne. *mimicry*, das eine hybride Bildung aus ne. *mimic* (s. *Mimik*) und dem Suffix *-(e)ry* ist.
Carstensen 2 (1994), 906.

Mimose *f. stil.* ˈhochempfindliche Pflanze/Personˈ (< 17. Jh.). Wohl aus frz. *herbe mimose* entlehnt, das zu span. *mimoso* ˈzärtlich, empfindlichˈ gehört.
DF 2 (1942), 115.

Minarett *n. per. exot.* (der Turm einer Moschee) (< 18. Jh.). Entlehnt aus frz. *minaret m.*, dieses aus türk. *minare(t)*, aus arab. *manāra* (eigentlich ˈLeuchtturmˈ).
LM 6 (1993), 631.

minder *Adj. Komparativ stil.* (< 8. Jh.). Mhd. *minre*, *minner*, ahd. *minniro*, as. *minnero* aus g. **minnizōn* ˈwenigerˈ, auch in gt. *minniza*, anord. *minnr*, *miðr Adv.*, *minni*, afr. *min(ne)ra*. Der zugehörige Superlativ ist g. **minnista-* in gt. *minnists*, anord. *minnstr*, ahd. *minnisto*, as. *minnisto*, mhd. *minnest*, *minst*, nhd. *mindest*. Das *-d-* ist erst neuhochdeutsch zwischen *n* und *r* des Komparativs eingeschoben und später auf den Superlativ übertragen worden. Außergermanisch vergleicht sich zunächst l. *minor*, *minimus* gleicher Bedeutung und akslav. *mĭnĭjĭ* ˈkleinerˈ. Das *-nn-* des Germanischen stammt offenbar aus *-nw-*, das von einer Bildung wie l. *minuere*, gr. *minýthein*, ai. *mināti* ˈmindernˈ abhängig ist (*nu-*Präsens einer Wurzel ig. **mei-* ˈmindernˈ). Auf einfacherer Grundlage gr. *meíōn* ˈkleiner, geringerˈ. Abstraktum: **Minderheit**; Verb: **mindern**.

Nndl. *minder*, *minst*, nschw. *mindre*, *minst*, nisl. *minni*, *minnsta*. S. *minus*. − Pfaff (1933), 41; Heidermanns (1993), 412.

Mine *f.* (< 16. Jh.). Zunächst bezeugt in der Bedeutung ˈPulvergang, Sprenggrubeˈ, danach als ˈErzgang, Erzgrubeˈ. Entlehnt aus frz. *mine*, das auf ein keltisches Wort zurückgeht (vgl. mir. *méin*, kymr. *mwyn* ˈRoherzˈ). Von ˈPulvergangˈ hängt die junge Bedeutung ˈSprengkörperˈ ab, von ˈErzgangˈ die junge Bedeutung ˈBleistiftmineˈ. Anders *DEO*, wo von l. *minuere* ˈvermindernˈ (> ˈaushöhlenˈ) ausgegangen wird. Verb: **(unter-) minieren**.
S. *Mineral*. − Littmann (1924), 19 f.; *DF* 2 (1942), 115 f.; Jones (1976), 436 f.; *DEO* (1982), 404 f.; Brunt (1983), 381; Röhrich 2 (1992), 1035.

Mineral *n. erw. fach.* (< 16. Jh.). Entlehnt aus ml. *(aes) minerale* ˈErzgesteinˈ, einer Ableitung von ml. *minarium n.* ˈGrubenerz, Erzgrubeˈ, das wohl als galloromanisch auf ein keltisches Wort zurückgeht (s. *Mine*). Adjektiv: **mineralisch**; Abstraktum: **Mineralogie**.
DF 2 (1942), 116; K.-H. Weimann *DWEB* 2 (1963), 399; Lüschen (1979), 275 f.

mini- *Präfix* mit der Bedeutung ˈ(sehr) kleinˈ (z. B. *Minicar*). Obwohl die erste Bildung dieser Art die deutsche Markenbezeichnung *Minimax* für einen Handfeuerlöscher gewesen zu sein scheint (um 1920, nach der Firmenwerbung *minimaler* Aufwand und *maximaler* Erfolg), kommt der Bildungstyp aus dem Englischen, wo zuerst offenbar ne. *miniature camera* zu *minicamera* gekürzt wurde; dann ne. *minigolf* und *minicab*, worauf dann mit dem *miniskirt* ˈMinirockˈ die eigentliche Produktivität des Präfixes einsetzte.
S. *Miniatur*. − H. Marchand: *The Categories and Types of Present-Day English Word-Formation* (München 1969), 130; Rey-Debove/Gagnon (1988), 588; Carstensen 2 (1994), 907−910.

Miniatur *f. erw. fach.* ˈkleines Bild, kleine Nachahmungˈ (< 17. Jh.). Entlehnt aus it. *miniatura* (eigentlich ˈmit Zinoberrot Gemaltesˈ), dieses über mittellateinische Vermittlung zu l. *miniāre* ˈmit Zinnober malenˈ zu l. *minium n.* ˈZinnoberrotˈ. Die heutige Bedeutung im Anschluß an die Rotfärbung von Initialen in Manuskripten, die später durch kleine, in den Buchstaben gemalte Bilder ersetzt werden konnte, durch Anlehnung an l. *minor* ˈkleinˈ. Dazu aus dem Französischen *en miniature* ˈim kleinen, in kleinerem Maßstabˈ.
S. *Mennige*. − J. W. Walz *ZDW* 12 (1910), 190; *DF* 2 (1942), 116−118; *LM* 6 (1993), 636.

Minimum *n. erw. fremd.* (< 18. Jh.). Entlehnt aus l. *minimum* ˈdas Geringsteˈ, Substantivierung des Superlativs l. *minimus* ˈder Kleinsteˈ (S. *minus*). Adjektiv: **minimal**.
DF 2 (1942), 118.

Minister *m.* (< 14. Jh.). Entlehnt aus l. *minister* ˈDienerˈ, zu l. *minor* ˈkleiner, geringerˈ. Die Bedeutung ˈRegierungsmitgliedˈ im 17. Jh. aus frz. *mini-*

stre desselben Ursprungs (in merowingischer Zeit war das _ministerium_ der Haus- und Hofdienst beim König); in dieser Bedeutung demnach ´Diener des Staates´. Die alte Bedeutung noch in **Ministrant** ´Meßdiener´ zu **ministrieren** ´bei der Messe dienen´. Kollektivum: **Ministerium**; Adjektiv: **ministeriell**. S. _minus, Administration, Metier_. – _DF_ 2 (1942), 118; Jones (1976), 438; Brunt (1983), 381; Schmidt-Wiegand (1972), 12–14.

Mink _m. per. fach._ (ein Pelztier, ´Farmnerz´) (< 20. Jh.). Entlehnt aus ne. _mink_ (da dieser Marder hauptsächlich in Nordamerika gezüchtet wurde). Das englische Wort vermutlich aus ndn. _mink_, nnorw. _mink_, nschw. _menk_ unklarer Herkunft (da das Tier auch in Nordeuropa beheimatet war).

Minna _f. obs._ ´Dienstmädchen´ (< 19. Jh.). Nach dem früher häufigen weiblichen Vornamen (Abkürzung von _Wilhelmine_), der zeitweise offenbar bei Dienstmädchen öfter auftrat. Röhrich 2 (1992), 1035.

Minne _f. obs._ (< 8. Jh.). Veraltet, dann neu belebt durch die Romantik. Mhd. _minne_, ahd. _minna_, as. _minnia, minnea_, auch afr. _minne_. Vergleichbar ist air. _mían m./n._ ´Verlangen´, kymr. _mwyn_ ´lieb, freundlich, mild´ (*_meino-_) und auf einfacherer Grundlage ai. _máya- n._ ´Genuß, Vergnügen´, avest. _maiiah- n._ ´Beischlaf´, lit. _míelas_ ´lieb, liebenswürdig, zärtlich´, lit. _méilė_ ´Liebe´, russ. _mílyj_ ´lieb, lieblich, angenehm´. Das germanische Wort setzt also *_mi-n-_ fort, das Keltische zeigt *_mei-n-_, und *_moi-n-_ wird vorausgesetzt durch ahd. _meinen_, mhd. _meinen_, fnhd. _meinen_ ´lieben´ (s. _meinen_²). Ein Grund für diesen Ablaut ist nicht ersichtlich. Die zugrundeliegende Wurzel *_mei-_ ´begehren, lieben´ könnte eine frühe Sonderentwicklung der Wurzel *_mei-_ ´tauschen, wechscln´ (s. _Meineid_) sein. In den germanischen Sprachen ist sich das Wort mit einem anderen berührt, das vor allem in gt. _gaminþi n._ ´Gedächtnis´, anord. _minni n._ ´Erinnerung´ greifbar wird. Dieses gehört zur Wurzel ig. *_men-_ ´denken´ (s. _mahnen_). Nach Hamp gehört hierzu auch heth *_men-_ ´sehen´, was die Ausgangsbedeutung zu ´anschauen, betrachten´ verschieben würde. Verb: **minnen**.

Nndl. _min_. – Kuhberg (1933), 56; D. Wiercinski: _Minne_ (Köln, Graz 1964); Th. Frings _BGDSL-H_ 91 (1969), 32–35; Hamp _JIES_ 15 (1987), 391; Röhrich 2 (1992), 1035 f.; _LM_ 6 (1993), 639–642.

Minorität _f. erw. fach._ ´Minderheit´ (< 18. Jh.). Als politischer Ausdruck über frz. _minorité_ entlehnt aus ne. _minoritiy_. Dieses ist ein Abstraktum zu l. _minor_ ´kleiner´ (s. _minus_). _DF_ 2 (1942), 119.

minus _Adj. fach._ (< 14. Jh.). Entlehnt aus l. _minus_, der Neutralform von l. _minor_ ´kleiner, geringer´. Substantiviert: **Minus**.

S. _Diminutiv, Menü, Menuett, mini-, Minister, Minute, minuziös_; zur germanischen Verwandtschaft s. _minder_. – Schirmer (1912), 45; _DF_ 2 (1942), 119.

Minuskel _f. per. fach._ ´Kleinbuchstabe, Schriftart´ (< 19. Jh.). Als Fachwort entlehnt aus ml. _minuscula (litera)_, zu l. _minusculus_ ´etwas kleiner´, zu l. _minus_ ´weniger, kleiner´.

Minute _f._ (< 15. Jh.). Entlehnt aus spl. _minúta_, zu l. _minútus_ ´vermindert, ganz klein´, dem PPP. von l. _minuere_ ´kleiner machen´, zu l. _minus_ ´weniger´. Die Bedeutung von spl. _minúta_ aus der Fügung _pars minúta prima_ ´kleinster Teil erster Ordnung einer durch 60 teilbaren (Zeit)-Größe´ aus dem Sexagesimalsystem des Ptolemäus. S. _minus_. – Schirmer (1912), 45; _DF_ 2 (1942), 119; Röhrich 2 (1992), 1036.

minuziös _Adj. erw. fremd._ ´peinlich genau´ (< 18. Jh.). Entlehnt aus frz. _minutieux_, einer Ableitung von frz. _minutie_ ´peinliche Genauigkeit, Kleinigkeit´, aus l. _minútia_ ´Kleinheit´, zu l. _minuere_ ´kleiner machen´, zu l. _minus_ ´weniger´. _DF_ 2 (1942), 119.

Minze _f._ (< 9. Jh.). Mhd. _minz(e)_, ahd. _minza_, as. _minta_. Wie ae. _minte_ entlehnt aus l. _ment(h)a_, das wie gr. _mínthē_ aus einer unbekannten Sprache stammt. Die Nebenformen mit _u_ und _ü_ (_Münze_) sind nicht regelmäßig. Vielleicht beruhen sie auf dem Einfluß von _Münze_. _LM_ 6 (1993), 654.

mir _Pron._ (< 8. Jh.). Mhd. _mir_, ahd. _mir_ aus g. *_me-z_, auch in gt. _mis_, anord. _mér_, möglicherweise gehen ae. _me_, afr. _mi_, as. _mi_ mit Schwund des auslautenden _-z_ auf die gleiche Grundform zurück. Dieses aus ig. *_(e)me-_ + einer ursprünglich numerus-indifferenten Kasusendung. S. _mein, mich, dir_. – Seebold (1984), 44–46; Röhrich 2 (1992), 1036.

Mirabelle _f._ (< 18. Jh.). Entlehnt aus frz. _mirabelle_, dessen weitere Herkunft nicht völlig geklärt ist. _DF_ 2 (1942), 119.

Mirakel _n. erw. fremd._ (<14. Jh.). Entlehnt aus l. _mirāculum_ ´Wunder´ (zu l. _mīrārī_ ´sich wundern´), hauptsächlich als religiöser Terminus. Deshalb auch als Bezeichnung für die frühen religiösen Schauspiele. _DF_ 2 (1942), 120; _LM_ 6 (1993), 656–659.

Misanthrop _m. per. fremd._ ´Menschenfeind´ (< 18. Jh.). Entlehnt aus frz. _misanthrope_, dieses aus gr. _mīsánthrōpos_, zu gr. _mīseîn_ ´hassen´ und gr. _ánthrōpos_ ´Mensch´ (s. _-anthrop-_); Ersatzwort ist _Menschenfeind_. _DF_ 2 (1942), 120; Cottez (1980), 253.

mischen _swV._ (< 9. Jh.). Mhd. _mischen_, ahd. _miscen, misken, miscan_ u.ä. Wie ae. _miscian_ entlehnt aus l. *miscēre* 'mischen', das seinerseits auf (ig.) *meik-* 'mischen, mengen' (in gr. *meígnymi, mignými* 'ich mische, verbinde', lit. *miẽšti,* vielleicht auch in ved. *mimikṣú-* 'zu mischen, mischbedürftig') zurückgeht. Abstraktum: **Mischung**. S. auch *Maische, Mischmasch, Mixtur.*

Mischmasch *m. stil.* (< 16. Jh.). Ablautbildung, vielleicht von Paracelsus gebildet.

Röhrich 2 (1992), 1036.

Mischpoche *f. vulg.* 'Familie, Gesellschaft, Bande' (< 20. Jh.). Über das Rotwelsche entlehnt aus wjidd. *mischpoche* 'Familie', das auf hebr. *miš-pāḥā(h)* zurückgeht.

Wolf (1985), 219.

Misel *n. per. wobd.* (Bei Goethe als Anrede junger Mädchen) (< 18. Jh.). Eigentlich elsässisches Diminutiv zu *Maus.*

Littmann (1924), 101.

Miselsucht *f. arch.* 'Lepra' (< 10. Jh.). Mhd. *miselsuht,* ahd. *misalsuht.* Entlehnt aus l. *misellus* 'elend, aussätzig'. Die Bedeutung 'Lepra' ist offenbar eine Lehnbedeutung aus arab. *miskīn* 'arm, elend'.

Littmann (1924), 101; M.Å. Holmberg *NM* 26 (1970), 41–46. Gegen Einfluß des Arabischen: E. Polomé *JIES* 11 (1983), 50.

miserabel *Adj.* (< 17. Jh.). Entlehnt aus frz. *misérable,* das aus l. *miserābilis* stammt. Dieses aus l. *miserāre, -ārī* 'bemitleiden' (zu l. *miser* 'arm, elend'), also 'bemitleidenswert'.

DF 2 (1942), 120 f.

Misere *f. erw. fremd.* 'bedauernswerte Lage' (< 18. Jh.). Entlehnt aus frz. *misère,* dieses aus l. *miseria,* einer Ableitung von l. *miser* 'elend, erbärmlich'.

DF 2 (1942), 121; Röhrich 2 (1992), 1036.

miso- *LAff.* mit der Bedeutung 'Haß, Feindschaft, Verachtung' (z. B. *misogyn, Misanthrop*). Es wurde in griechischen Entlehnungen ins Deutsche übernommen; sein Ursprung ist gr. *mĩsos n.* 'Haß, Groll'.

Cottez (1980), 253.

Mispel *f. per. fach.* (< 11. Jh.). Mhd. *mispel,* ahd. *mespila, mispel.* Entlehnt aus l. *mespilum n.,* das auf gr. *méspilon n.* zurückgeht. Dieses ist aus unbekannter Quelle entlehnt.

Hoops (1911/19), III, 228 f.; *LM* 6 (1993), 668 f.

miß-, misse- *Präfix* zum Ausdruck des Verkehrten. Mhd. *misse-,* ahd. *missa-, missi-,* as. *mis-* aus g. **missa-* auch in gt. *missa-,* anord. (in Relikten) *mis-, (á)miss,* ae. *mis-.* Selbständig in gt. *misso* 'wechselseitig'. Ursprünglich *to-*Partizip zu dem unter *meiden* dargestellten Verb für 'wechseln, tauschen', hier (mit dem Bedeutungszusammenhang 'tauschen – täuschen') als 'verkehrt'. Eine ent-

sprechende Bedeutungsentwicklung in dieser Sippe bei ai. *mithū* 'verkehrt'.

S. *Mißpickel.* – Lenz (1991); Heidermanns (1993), 413.

missen *swV.* (< 9. Jh.). Mhd. *missen,* ahd. *missen,* mndd. *missen* aus g. **miss-ija- swV.* 'missen', auch in anord. *missa,* ae. *missan,* afr. *missa.* Zu dem unter *miß-* behandelten *to-*Partizip, dessen Bedeutung in diesem Fall aber näher bei 'meiden' stehen geblieben ist. Also etwa 'vermieden haben'. Präfigierung: **vermissen.**

Mißgeburt *f.* (< 16. Jh.). Wie bei gleichzeitigem **Mißgebären, das Mißgeborene** wird eine vorgeburtliche Fehlentwicklung auf den Geburtsvorgang bezogen.

mißhellig *Adj.* (< *11. Jh., Form < 14. Jh.). Mhd. *missehel,* ahd. *missahel* 'nicht zusammenklingend' (vgl. ahd. *missihellan* 'mißtönen' und nhd. *einhellig*). S. *hallen.*

missingsch *Adj.* s. *messing(i)sch.*

Mission *f.* (< 16. Jh.). Entlehnt aus l. *missio (-ōnis)* 'Ziehenlassen, Gehenlassen, Absenden, Abschicken', einem Abstraktum von l. *mittere (missum)* 'gehen lassen, schicken'. Ein **Missionar** ist 'einer der einen (Glaubens-) Auftrag hat'; davon übernimmt **missionieren** seine Bedeutung 'zum (christlichen) Glauben bekehren'.

Zur Sippe des zugrundeliegenden l. *mittere* 'schicken' s. *kompromittieren.* – A. Gombert *ZDW* 3 (1902), 319 f.; *DF* 2 (1942), 122; *LM* 6 (1993), 669–679.

mißlich *Adj. erw. stil.* (< 16. Jh.). In der heutigen Bedeutung erst seit dem 16. Jh. Zuvor g. **missa-līka- Adj.* 'verschieden' in gt. *missaleiks,* ae. *mis(se)lic, mistlic,* afr. *mislik,* as. *mis(si)līk,* ahd. *mis(si)līh, missalīh* u.ä., mhd. *mis(se)lich.* Eigentlich 'was abwechselnde Gestalt hat' (s. *gleich*), also 'verschieden'. Die Bedeutungsveränderung im Deutschen wohl unter dem Einfluß des Präfixes *miß-, misse-.* S. *-lich, Leiche.*

mißlingen *stV.* (< 11. Jh.). Mhd. *misselingen,* ahd. *missalingen.* Gegenwort zu *gelingen.*

Mißpickel *m. arch.* 'Arsenkies' (< 16. Jh.). Herkunft unklar, vielleicht zu *miß-* und *Buckel* als 'falscher Knollen'?

Mist *m.* (< 9. Jh.). Mhd. *mist n./m.,* ahd. *mist,* as. *mist* aus g. **mihstu- m.* 'Mist, Gülle', auch in gt. *maihstus* und unerweitert in as. *mehs n.,* ae. *meox, myx n.,* nordfr. *mjuks.* Ableitung aus g. **meig-a- stV.* 'harnen' in anord. *míga,* ae. *mīgan.* Dieses aus ig. **meiǵʰ-* 'harnen' in l. *mēiere, mingere,* lit. *mỹžti,* serbo-kr. *mìžati,* gr. *omeíchō,* ai. *méhati.* Verb: **(aus-)misten.**

Nndl. *mest.* S. auch *Maische.* – Kluge (1926), 70; Seebold (1970), 347 f.; H. Tiefenbach in: Beck/Denecke/Jankuhn (1980), 45–54; Röhrich 2 (1992), 1036 f.

Mistel *f. erw. fach.* (< 9. Jh.). Mhd. *mistel m.,* ahd. *mistil,* as. *mistil m.,* aus g. **mistilō f.* 'Mistel', auch in anord. *mistilteinn m.*, ae. *mistel m.(?).* Wohl Lautvariante zu der l. Entsprechung *viscum n.*, auch gr. *ixós m.*; also **mihs-tlo-.* Nndl. *mistel*, ne. *mistle(-toe)*, nschw. *mistel.* – G. H. Mahlow: *Neue Wege durch die griechische Sprache und Dichtung* (Berlin 1927), 356; L. Hermodsson *SN* 43 (1971), 173–179 (= ders.: *Spätlese* 1986, 42–47); ders. *SN* 64 (1992), 89 f.; *LM* 6 (1993), 680.

Miszellen *Pl. per. fach.* ´kleinere Aufsätze zu unterschiedlichen Themen` (< 18. Jh.). Entlehnt aus l. *miscilla n.* ´Gemischtes`, einer Substantivierung von l. *miscillus, miscellus* ´gemischt`, zu l. *miscēre* ´mischen, vermengen`. S. *Mixtur.* – *DF* 2 (1942), 123.

mit *Adv./Präp.* (< 8. Jh.). Mhd. *mit(e)*, ahd. *mit(i)*, as. *mid(i)*, *mið* u. ä. aus g. **medi Adv./Präp.*, auch in gt. *miþ*, anord. *með(r)*, ae. *mid*, afr. *mith(i)*, *mede*, *mei*. Außergermanisch ist am ähnlichsten gr. *metá*, *méta Adv./Präp.* ´inmitten, zwischen, mit`, das germanische Wort könnte allerdings auch auf *dh* zurückgehen. Verwandtschaft wenigstens des ersten Bestandteils mit *Mitte* ist wahrscheinlich. S. *meta-.*

Mitesser *m. erw. fach.* ´Pickel` (< 17. Jh.). Lehnübersetzung aus l. *comedo* ´Fresser, Schlemmer` zu l. *comedere* ´aufessen, verzehren`. Man hielt die verstopften Poren für kleine Würmer, die von der Nahrung ´mitessen`.

Mitgift *f. obs.* ´Heiratsgut` (< 15. Jh.). Fnhd. *mitegift*, mndd. *medegift*, eigentlich ´Mitgabe` zu *Gift* in der alten Bedeutung ´Gabe`. *LM* 6 (1993), 682.

Mitglied *n.* (< 16. Jh.). Verstärkung von *Glied* im Sinne von ´Teil einer Gemeinschaft`.

Mitlaut *m. erw. fach.* (< *16. Jh., Form < 18. Jh.). Lehnübersetzung von *Konsonant* aus l. *littera cōnsonāns* ´mit (dem Vokal) klingender (Laut)`, älter **Mitlauter**, s. *Konsonant* und *Selbstlaut.*

Mitleid *n.* (< *14., Form < 17. Jh.). Mhd. *mitelīden*, mndd. *medeliden*. Lehnübersetzung der Mystiker aus l. *compassio f.* ´Mitleiden, Mitempfinden`, das seinerseits eine Lehnübersetzung aus gr. *sympátheia f.* ´Mitempfinden` ist. Der Wortausgang wird im 17. Jh. im Ostmitteldeutschen gekürzt, und diese Form setzt sich in der Hochsprache durch. Die ältere Form noch in **Mitleidenschaft**. Adjektiv: **mitleidig.** W. Betz *BGDSL* 67 (1944), 302; *LM* 6 (1993), 683.

Mittag *m.* (< *8. Jh., Form < 12. Jh.). Mhd. *mit-t(en)tac*, *mittach(e)*, *mittertag*, ahd. *mittitag*, älter ahd. *mittilatag*, auch ae. *middæg*. Zusammengerückt aus dem Adjektiv ahd. *mitti, mittila* ´in der Mitte befindlich` und *Tag.* Das Muster ist alt, vgl. l. *merīdiēs f./m.*, ai. *madhyáṁdina-* ´Mittagszeit`. Nndl. *middag*, ne. *midday.* – Wünschmann (1966), 100–102, 111–113; Röhrich 2 (1992), 1037.

Mitte *f.* (< 11. Jh.). Mhd. *mitte*, ahd. *mittī*, as. *middia* aus g. **medjōn f.* ´Mitte`, auch in anord. *miðja*, ae. *midde*. Abstraktbildung zu dem Adjektiv g. *\*medja-* ´mitten, in der Mitte befindlich` in gt. *midjis*, anord. *miðr*, ae. *midd*, afr. *midde*, as. *middi*, ahd. *mitti*, mhd. *mitte.* Dieses aus ig. **medh-jo-* in ai. *mádhya-*, l. *medius*, gr. *mésos*, mit anderer Bildung russ. *mežén'* ´Mitte`. Eine erstarrte Flexionsform ist **mitten.** Nndl. *midden*, nschw. *mitt*, nisl. *miðja*. S. *Medium, mezzo-, Midder, mit.* – *LM* 6 (1993), 683 f.

mittel *Adj.* (< 8. Jh.). Mhd. *mittel*, ahd. *mittil*, mndd. *middel* aus g. **medlija- Adj.* ´mittel`, auch in ae. afr. *middel-*, as. *middil-* nur in Zusammensetzungen. Ohne *j* und mit vollstufigem Suffix anord. *meðal* ´Mitte`, ahd. *metal.* Substantiviert mhd. *mittel*, mndd. *middel*, nhd. **Mittel.** Bedeutung zunächst ´Mitte`, dann wie l. *medium* ´Hilfsmittel` (´das zwischen Täter und Objekt oder zwischen zwei Gegensätzen Liegende`) – hierzu **vermitteln** –, schließlich ´Vermögenswerte` – hierzu **bemittelt** und **mittellos.** S. auch *ermitteln, übermitteln.* Nndl. *middel-*, ne. *middle.* S. *Mitte, mittlerweile.* – Röhrich 2 (1992), 1037 f.

mitten *Adv.* (< 13. Jh.). Erstarrt aus dem adverbial gebrauchten Dativ Plural von *Mitte*, mhd. *(in) mitten.* S. auch *inmitten.* – Behaghel 3 (1928), 193 f.

Mitternacht *f.* (< 14. Jh.). Mhd. *mitt(e)naht*, *mitternaht*, zusammengerückt aus *ze mitter nacht*, ahd. *ze mitteru naht*, also dem Adjektiv *mitte* (s. *Mitte*) und *Nacht.* Auch als Kompositum in anderer Form: mhd. *mitnaht*, ae. *midniht*, anord. *miðnætti.*

mittlerweile *Adv.* (< 16. Jh.). Zusammengerückt aus mhd. *in mitler wīle* ´in der Zwischenzeit`. Zu dem Adjektiv *mittel.* Behaghel 3 (1928), 210 f.

Mittwoch *m.* (< 11. Jh.). Mhd. *mittewoche*, spahd. *mittawecha*, mndd. *middeweke*. Bei der Übernahme der antiken Wochentagsnamen wurde der Tag des Jupiter oder in der germanischen Übertragung der Tag des Wotan (vgl. ne. *Wednesday*) weithin vermieden zugunsten der ursprünglich jüdisch-christlichen Bezeichnung ´Mitte der Woche`. So ml. *media hebdomas* nach griechischem Vorbild, und danach die deutschen Formen. S. *Mitte.* – G. Bilsinger *ZDW* 4 (1903), 253–256; Th. Frings/ C. Niessen *IF* 45 (1927), 276–306; Frings (1932), öfters; M. Förster *Anglia* 68 (1944), 1–3²; Wiesinger (1987); Röhrich 2 (1992), 1039.

mitunter *Adv.* (< 18. Jh.). Die beiden Bestandteile waren semantisch gleichwertig und wurden zur Verstärkung kombiniert.

mixen *sw V.* ´mischen` (< 20. Jh.). Entlehnt aus ne. *mix*, das rückgebildet ist aus e. *mixed, mixt* ´gemischt', das auf afrz. *mixte* zurückgeht, aus l. *mixtus*, dem PPP. von l. *miscēre* 'mischen'. Nomen agentis: *Mixer*.

Rey-Debove/Gagnon (1988), 593 f.; Carstensen 2 (1994), 918–920.

Mixtur *f. erw. fach.* 'Mischung, gemischte Arznei' (< 13. Jh.). Im Mittelhochdeutschen (mhd. *mixtūre*) entlehnt aus l. *mixtūra*, zu l. *miscēre (mixtum)* 'mischen'.

S. *Melange, meliert, mischen, Miszellen.* – *DF* 2 (1942), 123.

Mob *m. erw. stil.* 'Pöbel' (ursprünglich bezogen auf Londoner Verhältnisse) (< 18. Jh.). Entlehnt aus ne. *mob.* Dieses ist gekürzt aus ne. *mobile* 'beweglich', das seinerseits zitiert ist aus l. *mōbile vulgus* 'die aufgewiegelte Menge' bei Claudian (*De IV. cons. Honorii* V,302).

S. *mobil.* – *DF* 2 (1942), 123 f.; Ganz (1957), 146; Röhrich 2 (1992), 1039.

Möbel *n.* (< 17. Jh.). Entlehnt aus frz. *meuble m.*, das seinerseits auf ml. *mobile n.* 'bewegliches Gut' zurückgeht (zu l. *mōbilis* 'beweglich'). Verben: *möblieren, auf-, vermöbeln.*

S. *mobil.* – J. W. Walz *ZDW* 12 (1910), 191; *DF* 2 (1942), 124 f.; Brunt (1983), 380; Röhrich 2 (1992), 1040; *LM* 6 (1993), 699–704.

mobil *Adj. erw. fremd.* (< 18. Jh.). Entlehnt aus frz. *mobile*, dieses aus l. *mōbilis*, zu l. *movēre (mōtum)* 'bewegen, in Bewegung setzen'. Zuerst in militärischer Bedeutung gebraucht, vgl. *Mobilmachung.* Verb: *mobilisieren*; Abstraktum: *Mobilität.*

S. *Auto* und zur zugrundeliegenden Sippe *Promotion.* – *DF* 2 (1942), 125; *HWPh* 6 (1984), 1–3.

Mobiliar *n. erw. fach.* (< 18. Jh.). Mit Latinisierung und Suffixveränderung entlehnt aus frz. *mobilier*, einer Substantivierung von frz. *mobilier* 'beweglich' (s. *mobil*). Semantisch entsprechend *Mobilien*, das aus ml. *mobilia* 'bewegliche Güter' entlehnt ist; dieses kurz für ml. *rēs mōbilēs* 'bewegliche Güter' (s. *mobil*).

DF 2 (1942), 125.

modal *Adj.*, **Modalität** *f.*, s. *Modus.*

Mode *f.* (< 17. Jh.). Entlehnt aus frz. *mode m./f.* besonders in der Formel *à la mode* 'nach der (gegenwärtig bevorzugten) Art'. Zunächst auf die Kleider bezogen, dann verallgemeinert. Das französische Wort geht zurück auf l. *modus m.* 'Maß, Art und Weise'. Adjektiv: *modisch.*

S. *Modus.* – *DF* 2 (1942), 126–132; Jones (1976), 440–445; *HWPh* 6 (1984), 41–45; Röhrich 2 (1992), 1040; *LM* 6 (1993), 707 f.

Model *m. per. fach.* '(Back)Form' (< 11. Jh.). Mhd. *model m./n.*, ahd. *modul.* Entlehnt aus l. *modulus*, ursprünglich 'Maß, Maßstab' zu l. *modus* 'Maß'. Das englisch ausgesprochene Wort mit der Bedeutung 'Fotomodell, Mannequin' ist aus dem

Englischen entlehnt und stammt aus der gleichen lateinischen Grundlage. S. *Modus, Mode.*

Modell *n.* (< 17. Jh.). In der Sprache der Kunst entlehnt aus it. *modello* 'Muster'; dieses aus l. *modulus* (s. *Model*). Verb: *(um-) modeln.* Verb: *modellieren.*

DF 2 (1942), 132 f.; *HWPh* 6 (1984), 45–50; Carstensen 2 (1994), 924.

Moder *m.* (< 14. Jh.). Spmhd. *moder*, übernommen aus mndd. *mod(d)er*, vgl. mndl. *mod(d)er, moeder* u.ä. Vielleicht liegt eine hochdeutsche Entsprechung in *Essigmutter, Weinmutter* vor (diese vielleicht aber zu *Mutter* 'Elternteil'). Die Vergleichsmöglichkeiten sind nicht sehr klar: Es gibt Wörter, die auf (ig.) **meu-* zurückgeführt werden können, und die einerseits auf 'baden, waschen', andererseits auf 'Schimmel, Schmutz, Schlamm' zurückführen. Ein klarer Mittelpunkt ist dabei nicht zu sehen. Formal kann das germanische Wort eine Instrumentalbildung auf *-tro-* sein, dem entspräche (abgesehen von der Vokallänge) ai. *mūtra- n.* 'Harn', avest. *mūϑra- n.* 'Exkremente, Schmutz', aber semantisch liegt das nicht nahe. Näher steht lett. *mudêt* 'schimmlig werden', aber dies bleibt vereinzelt. Zu anderen Bedeutungen des germanischen Wortes paßt russ. *mutít'* '(Wasser) trüben'. Verb: *modern*; Adjektiv: *modrig.*

Nndl. *modder, moer.* S. *Moos¹.* – V. Machek *ZSPh* 23 (1954), 117 f.

moderat *Adj. per. fremd.* 'gemäßigt' (< 19. Jh.). Entlehnt aus l. *moderātus* 'gemäßigt', dem PPP von l. *moderāre* 'mäßigen', zu l. *modus* 'Maß' (s. *Modus*).

moderieren *swV. erw. fach.* 'vorstellen, mit Überleitungen versehen' (< 19. Jh.). Zunächst in der Bedeutung 'mäßigen' entlehnt aus l. *moderāre* (zu l. *modus* 'Maß'), dann unter dem Einfluß des Nomen agentis *Moderator m.* 'Leiter (von Fernsehveranstaltungen usw.)' in der heute üblichen Bedeutung (im 16. Jh. *lūdi moderātor* 'Leiter einer Lateinschule'). Die Bedeutungsentwicklung von 'mäßigen' zu 'lenken' und 'leiten'.

Zur älteren Bedeutung, zu der auch *moderat* gehört, s. *DF* 2 (1942), 133 f.

modern *Adj.* (< 18. Jh.). Entlehnt aus frz. *moderne*, dieses aus spl. *modernus* 'derzeitig, gegenwärtig, neu', zu l. *modo* 'nur, eben', in späterer Zeit auch 'jetzt', zu l. *modus* 'Maß, Art und Weise'. Abstraktum: *Modernität*; Verb: *modernisieren.*

S. *Modus.* – *DF* 2 (1942), 134 f.; W. Freund: *Modernus* (Köln 1957); K.-H. Weimann *DWEB* 2 (1963), 399; *Grundbegriffe* 4 (1978), 93–132; *HWPh* 6 (1984) 54–62; *Brisante Wörter* (1989), 666–669.

modifizieren *swV. erw. fach.* 'abändern' (< 16. Jh.). Entlehnt aus l. *modificāre* 'gehörig abmessen, ein Maß setzen, mäßigen', zu l. *modificus* 'abgemessen', zu l. *modus* 'Maß, Art und Weise' und l.

facere (factum) ʿmachenʾ (s. *infizieren*). Abstraktum: **Modifikation**.

DF 2 (1942), 136 f.

modulieren *sw V. per. fach.* ʿin eine andere Lage oder Tonart umsetzenʾ (< 16. Jh.). Entlehnt aus l. *modulāri* ʿmessen, einrichten, regelnʾ, zu l. *modulus*, aus l. *modus* ʿMaß, Art und Weiseʾ. Abstraktum: **Modulation**.

DF 2 (1942), 137 f.

Modus *m. per. fach.* ʿVerfahrensweise, Art und Weise (usw.)ʾ (< 17. Jh.). Entlehnt aus l. *modus* ʿMaß, Quantität, Größe, Takt, Weise, Melodie, Regel, Art und Weiseʾ. Die grammatischen Modi sind ʿArten des Sprechensʾ. Adjektiv: **modal** mit dem Abstraktum **Modalität**.

Ersatzwort (der Grammatik) ist *Redeweise*. – Das gleiche Wort über das Französische entlehnt ist *Mode*, aus einer Zusammenrückung mit diesem Wort kommt *kommod* und *Kommode*, aus einer anderen vermutlich *Komment*, aus einer Komposition *modifizieren*; denominal dazu (mit *-r-* aus dem *-s-* des *s*-Stammes) *moderieren* und *moderat*; aus der Weiterbildung mit *-lo- Model, Modell* und *modulieren*; eine Bildung auf *-erno-* zu einer Sonderbedeutung in *modern*. Zur germanischen Verwandtschaft s. *Mahl*[1] und *messen*. – E. Leser *ZDW* 15 (1914), 62; *DF* 2 (1942), 138; *HWPh* 6 (1984), 66–68. Zu *Modalität* vgl. *HWPh* 6 (1984), 9–12; *LM* 6 (1993), 706 f.

Mofa *n. per. grupp.* (ein Fahrrad mit Hilfsmotor) (< 20. Jh.). Gekürzt aus *Motorfahrrad*.

E. Oksaar in: *Studier i modern språkvedenskap, FS O. Heinertz* (Uppsala 1956), 143.

mogeln *sw V. stil.* (< 18. Jh.). Herkunft unklar. Vielleicht liegt eine Variante zu *maucheln*, auch *maugeln* ʿheimlich tun, versteckenʾ (s. *Meuchel-*) vor.

S. *mucken*. – E. Weißbrodt *ZDPh* 60 (1935), 211–213; S. A. Birnbaum *ZDPh* 74 (1955), 225 248; S. A. Wolf *MS* 72 (1962), 184 f.; Wolf (1985), 220.

mögen *Prät.-Präs.* (< 8. Jh.). Mhd. *mugen, mügen*, ahd. *mugan, magan* u. a., as. *mugan* ʿkönnen, vermögenʾ aus g. **mag Prät.-Präs.* ʿkann, vermagʾ, auch in gt. *mag*, anord. *má*, ae. *mæg*, afr. *mei*, (as. *mag*, ahd. *mugan*). Außergermanisch vergleicht sich zunächst akslav. *mošti* ʿkönnen, vermögenʾ. Weiteres ist unklar, besonders der Zusammenhang zu den (auch unter sich nicht zusammenstimmenden) langvokalischen Grundlagen lit. *mégti* ʿlieben, mögenʾ, lett. *mêgt* ʿvermögenʾ, gr. (dor.) *māchaná* ʿMittel, Hilfsmittelʾ. Auch die Bestimmung des Ablautverhältnisses der germanischen Wörter macht Schwierigkeiten, da kein *a/ō*-Ablaut vorliegt. Die Bedeutungsveränderung im Neuhochdeutschen ging von negierten Sätzen aus: ʿnicht könnenʾ = ʿnicht mögenʾ.

Nndl. *mogen*, ne. *may*, nschw. *må*, nisl. *mega*. S. *Macht*, *vermöge*, *Vermögen*. – Seebold (1970), 342 f. Zur Entlehnung ins Finnische s. Koivulehto (1991), 19, 76.

möglich *Adj.* (< 13. Jh.). Zu *mögen* in dessen alter Bedeutung ʿkönnenʾ. Vgl. die Entsprechung von *es kann sein* und *es ist möglich*.

Mohair *m. per. fach.* ʿAngorawolleʾ (< 19. Jh.). Entlehnt aus ne. *mohair*, dieses aus arab. *muḥaiyar* ʿStoff aus Ziegenhaarʾ. Eine ältere Entlehnung ist **Macheier** (< 16. Jh., mndd. 14. Jh.) ohne englisches Zwischenglied; auch **Moor, Mohr** ʿdichtes Zeug von Seideʾ.

Brink-Wehrli (1958), 94 f.; Rey-Debove/Gagnon (1988), 597.

Mohn *m.* (< 9. Jh.). Mhd. *māhen*, ahd. *māhen*, as. *māho* aus vd. **mēhōn*; daneben mit Ablaut und grammatischem Wechsel ahd. *mago*, as. *magosāmo* aus **magōn*, ebenso aschw. *valmoghe* (**walha-magōn*, zum Vorderglied vgl. norw. [dial.] *vale* ʿtiefer Schlafʾ und schw. [dial.] *valbjörk* ʿSchlafdornʾ). Außergermanisch vergleicht sich gr. *mḗkōn* und russ. *mák, máka (Gen.)*, kslav. *makŭ*. Die slavischen und griechischen Wörter weisen auf **māko-/ōn*, die germanischen eigentlich auf *ē/ǝ*, doch wenn eine verhältnismäßig junge Entlehnung vorliegt, könnte der dem Germanischen fremde Laut *ā* teilweise nach wg. *ā* aus *ǣ*, teilweise zu kurzem *a* ausgewichen sein. Für eine Entlehnung aus einer nichtindogermanischen Sprache (die mit einiger Wahrscheinlichkeit anzunehmen ist), ist die Verbreitung etwas auffällig. Denkbar wäre auch ein Anschluß an ig. (eur.) **mak-* ʿBeutelʾ (s. *Magen*) in Bezug auf die auffälligen Samentaschen des Mohns.

Nndl. *maankop*, nschw. *vallmo*. – Bertsch (1947), 194–199.

Mohr *m. obs.* (< 8. Jh.). Mhd. *mōr(e)*, ahd. *Mōr*. Entlehnt aus l. *Maurus* ʿMaure, Nordwestafrikanerʾ.

S. *Morelle*. – Littmann (1924), 95; Röhrich 2 (1992), 1040 f.

Möhre *f. erw. reg.* (< 10. Jh.). Mhd. *mor(c)he*, *more*, ahd. *moraha*, *more*, as. *morha* aus wg. **murhōn f.* ʿMöhreʾ, auch in ae. *more*, *moru*. Außergermanisch vergleicht sich vielleicht das gr. Glossenwort *brákana* ʿWildgemüseʾ (< **mrak-*) und russ. *morkov'* (falls es nicht entlehnt ist). Weitere Herkunft unklar. Eine umlautlose Form ist bewahrt in **Mohrrübe**, s. auch *Morchel*.

Hoops (1905), 466 f.; Hoops (1911/19), III, 234 f.; Bertsch (1947), 180–182; Marzell 2 (1972), 52–57; E. Schrader *DWEB* 4 (1964), 355–470. Anders: K. Knutsson *LUÅ* 24 (1928), 9, 31–36.

Mokassin *m. per. exot. ass.* (ein Wildlederschuh ohne Absatz, ursprünglich Schuh der nordamerikanischen Indianer) (< *18. Jh., Bedeutung < 20. Jh.). Entlehnt aus ne. *moccasin*, dieses aus der nordamerikanischen Indianersprache Powhatan *mockasin*. Die indianische Schuhform wurde wegen ihrer Bequemlichkeit von den nordamerikanischen Siedlern übernommen und wurde dann modisch weiterentwickelt.

Rey-Debove/Gagnon (1988), 595 f. [Herangezogen wurde die Lizentiatsarbeit von L. Vasta und die Magisterarbeit von E. Spanakakis].

mokieren *swV. refl. per. fremd.* ˊsich abfällig äußern, bemängeln, sich lustig machen über' (< 17. Jh.). Entlehnt aus frz. *moquer,* dessen Herkunft nicht geklärt ist. Adjektiv: ***mokant.***
DF 2 (1942), 138 f.; Jones (1976), 450; Brunt (1983), 384.

Mokka *m.* (< 19. Jh.). Entlehnt aus frz. *moka* oder ne. *mocha (coffee),* nach arab. *Muḫā,* dem jemenitischen Hauptausfuhrplatz einer besonders feinen Kaffeesorte am Roten Meer. Danach Festlegung auf eine besondere Zubereitungsart.
DF 2 (1942), 139.

Molch *m. erw. fach.* (< *9. Jh., Form < 15. Jh.). Die Form ist durch Luther in die Hochsprache gelangt. Sonst Formen ohne *ch:* mhd. *mol, molle m.,* ahd. *mol, molm, molt,* as. *mol.* Weitere Herkunft unklar. Vielleicht zu dem Farbwort für ˊschwarz, blau' in gr. *mélas* ˊschwarz' (zu diesem s. *Mal²*).
S. *Olm.* – Lühr (1988), 201.

Mole *f. per. fach.* ˊHafendamm' (< 16. Jh.). Entlehnt aus gleichbedeutendem it. *molo m.,* zunächst in der Form *Mola,* dann eingedeutscht. Dieses aus l. *mōlēs* ˊDamm u. a.', zu l. *mōlīrī* ˊsich abmühen'.
S. *Molekül.* – Kluge (1911), 580 f.; *DF* 2 (1942), 139.

Molekül *n. erw. fach.* ˊkleinste Einheit einer chemischen Verbindung' (< 18. Jh.). Entlehnt aus frz. *molécule f.,* einer Neubildung (Diminutiv) zu l. *mōlēs f.* ˊMasse, Klumpen, Damm'. Adjektiv: ***molekular.***
S. *demolieren;* zur germanischen Verwandtschaft s. *mühen.* – *HWPh* 6 (1984), 93–95.

Molke *f. erw. reg.,* auch **Molken** *m.* (< 14. Jh.). Spmhd. (obd.) *molchen, molken, mulchen, mulken n.,* mndd. *molken n.,* mndl. *molken, mulken,* as. *molken n.* as wg. **mulknō f.* ˊKäsewasser', ursprünglich ˊdas, was aus dem (an einem Tag) Gemolkenen gemacht werden kann' zu *melken,* auch in ae. *molcen,* afr. *molken m..* Hierher auch ***Molkerei*** und ***Molkendieb*** in der Bedeutung ˊSchmetterling' (s. *Milchdieb*).

Moll *n. erw. fach.* (< 16. Jh.), schon fnhd. *bē molle.* Entlehnt aus l. *molle* (Neutrum zu l. *mollis* ˊweich'). Die kleine Terz der Molltonarten wurde als ˊweich' empfunden.
S. auch *mollig.* – *DF* 2 (1942), 140; Röhrich 2 (1992), 1041.

Molle *f. per. städt.* ˊGlas Bier' (< 19. Jh.). Niederdeutsche Nebenform zu *Mulde.*
Röhrich 2 (1992), 1041.

mollig *Adj.* (< 19. Jh.). Aus der Studentensprache in die Hochsprache gelangt. Vorher regionales fnhd. *mollicht,* mhd. *molwic* ˊweich, staubartig', das offenbar zu ahd. *molawēn* ˊverfaulen' (ˊweich

werden'?) gehört. Urverwandtschaft mit l. *mollis* ˊweich' (aus ig. **ml̥du-*) ist nicht ausgeschlossen. S. *Moll, molsch.*

Moloch *m. bildg.* ˊgrausame Macht' (< 17. Jh.). Entlehnt aus spl. *Moloch,* dieses aus gr. *Molóch,* aus hebr. *(ham)moläk,* Name eines phönikisch-kanaanitischen Gottes, dem Kinderopfer dargebracht wurden. Durch die Verurteilung dieser Riten bei den Propheten entsteht die abschätzige Bedeutung. Der Name bedeutet eigentlich ˊder König'.
Littmann (1924), 35; *DF* 2 (1942), 140; Lokotsch (1975), 109 f.; Röhrich 2 (1992), 1042.

molsch *Adj. per. reg.,* auch **mulsch** (< 16. Jh.). Aus *mollisch* und damit ursprungsgleich mit *mollig.*
P. Siegel *MS* 43 (1928), 245–247.

molum *Adj. per. reg.* ˊangetrunken' (< 18. Jh.). Aus rotw. *Molum* ˊRausch', das mit rotwelscher Endung zu wjidd. *mole* ˊvoll' gehört (zu hebr. *māle* ˊvoll').
Wolf (1985), 221.

Moment *m.* (< 13. Jh.). Mhd. *mōmente f.* ist entlehnt aus l. *mōmentum n.,* eigentlich ˊBewegung, Dauer einer Bewegung', zu l. *movēre* ˊbewegen'. Im Sinne von ˊBewegkraft, ausschlaggebende Kraft' daneben *Moment n.* Das maskuline Genus nach frz. *moment m.* Adjektiv: ***momentan.***
S. *Promotion.* – *DF* 2 (1942), 140–142; *HWPh* 6 (1984), 96–114.

Monarch *m. obs.* (< 16. Jh.). Entlehnt aus ml. *monarcha,* dieses aus gr. *monárchēs, mónarchos,* eigentlich ˊAlleinherrscher', zu gr. *árchein* ˊherrschen' und gr. *monos* ˊallein, einzig'. Abstraktum: ***Monarchie***; Adjektiv: ***monarchistisch.***
S. *mono-, Anarchie.* – *DF* 2 (1942), 142 f.; *Grundbegriffe* 4 (1978), 133–214; *HWPh* 6 (1984), 126–130; *LM* 6 (1993), 729 f.

Monat *m.* (< 8. Jh.). Mhd. *mānōt m./n.,* ahd. *mānōd, mānōth,* as. *mānuth* aus g. **mēnōþ- m.* ˊMonat', auch in gt. *menoþs,* anord. *mánaðr,* ae. *mōn(a)þ,* afr. *mōnath.* Das Wort bedeutete ursprünglich sowohl ˊMond', wie ˊMonat' (da die Monate nach den Mondumläufen angesetzt wurden). Weil im Singular das auslautende *þ* des Konsonantstamms meist im absoluten Auslaut stand, fiel es dort ab und ergab das Wort *Mon(d),* dessen *-d* sekundär ist. Im Plural blieb der Auslaut erhalten; da dieser nur für die Bedeutung ˊMonat' gebraucht wurde, konnte das Wort *Monat* den alten Auslaut bewahren. Außergermanisch zeigt sich im Auslaut ein *s.* Man nimmt an, daß die Flexion des ursprünglichen Wortes (ig.) **mēnōt, mēneses* war, und daß das *s* aus den Kasus außerhalb des Nominativs stammte, doch ist dies nicht ausreichend zu sichern. Dem Germanischen am nächsten steht lit. *ménuo* ˊMond, Monat'. Auf einsilbigem **mēns-* beruhen ai. *mā-* ˊMond, Monat', ved. *mās-* ˊMond,

Monat', l. *mēnsis* 'Monat' und gr. *mḗn* 'Monat, Mondsichel', air. *mí*, kymr. *mis*, toch. A *mañ*, toch. B *meñe* 'Monat', toch. A *mañ(ñ)kät*, toch. B *meñ-(ñ)äkk* 'Mondgott', erweitert akslav. *měsęcī* 'Mond, Monat'. Vielleicht weiter zu ig. **mē-* 'messen' (s. *Dimension*). Adjektiv: **monatlich.**
Nndl. *maand*, ne. *month*, nschw. *månad*, nisl. *mánuður*. S. *Meniskus, Semester*. – R. S. P. Beekes *JIES* 10 (1982), 53–64; G. Ivănescu *SCL* 36 (1985), 416–419; Röhrich 2 (1992), 1042; *LM* 6 (1993), 731.

Mönch *m.* (< 8. Jh.). Mhd. *mün(e)ch, mün(i)ch* u. a., ahd. *munih*. Wie ae. *munuc, munec*, afr. *munek, monink*, entlehnt aus ml. *monicus*, älter *monachus*, aus gr. *monachós* 'Einsiedler' (eigentlich 'einzeln', zu gr. *mónos* 'allein'). Die geistlichen Orden sind erst durch Zusammenschluß von Einsiedlern entstanden; heute ist es für einen Mönch typisch, daß er zusammen mit anderen in einem Kloster lebt. Übertragen auf Tierbezeichnungen teils nach der Tracht, teils nach der Tonsur; wegen des Keuschheitsgelübdes auch auf verschnittene (männliche) Tiere. Weiteres s. unter *Nonne*.
S. *mono-, Münster*. – E. A. Judge *JACh* 20 (1977), 72–89; Röhrich 2 (1992), 1042; *LM* 6 (1993), 733–746. Zu 'verschnittenes Tier' M. Frenzell in K. Müller (1976), 171–181.

Mond *m.* (< *8. Jh., Form < 14. Jh.). Mhd. *mān(e) m./f.*, ahd. *māno*, as. *māno* aus g. *mēnōn *m.* 'Mond', auch in gt. *mena*, anord. *máni*, ae. *mōna*, afr. *mōna*. Durch Auslautvereinfachung entstanden aus dem Wort, das unter *Monat* behandelt ist. Das auslautende *d* ist erst in neuhochdeutscher Zeit angewachsen.
Š. Ondruš *Recueil linguistique de Bratislava* 2 (1968), 192–198; ders. *Actes du X. Congrès international des linguistes* (1970), 655–658; S. P. Beekes *JIES* 10 (1982), 53–64; G. Ivănescu *SCL* 36 (1985), 416–419; Röhrich 2 (1992), 1042–1045; *LM* 6 (1993), 748–750.

mondän *Adj. erw. fremd.* 'extravagant' (< 19. Jh.). Entlehnt aus frz. *mondain* (eigentlich 'weltlich'), dieses aus l. *mundānus* 'zur Welt gehörig', zu l. *mundus* 'Welt, Weltall'. Die Bedeutungsentwicklung geht über 'weltzugewandt', das vielfach verhüllend gebraucht wird, so daß das Wort leicht den Beiklang von 'der Halbwelt zugehörig' bekommt.

Mondkalb *n. arch.* 'Mißgeburt' (< 16. Jh.). Die Fügung beruht auf der Vorstellung, daß die Mondstellung an Mißgeburten von Kälbern schuld sei. Später meist übertragen als Schimpfwort u.ä.
Röhrich 2 (1992), 1045.

mondsüchtig *Adj. erw. stil.* 'schlafwandelnd' (< 15. Jh.). Lehnübertragung aus l. *lūnāticus*, zu l. *lūna* 'Mond', weil ein Zusammenhang des Schlafwandelns mit dem Mond angenommen wurde (ein solcher ist nicht eindeutig nachweisbar).

Moneten *Pl. per. grupp.* 'Geld' (< 18. Jh.). In der Studentensprache übernommen aus l. *monētae Pl.* 'Münzgeld'.
S. *Münze*. – *DF* 2 (1942), 143; Röhrich 2 (1992), 1046.

monieren *swV. per. fremd.* 'mahnen, bemängeln' (< 17. Jh.). Zunächst in der Sprache der Juristen und der Verwaltung entlehnt aus l. *monēre* 'jmd. veranlassen, an etwas zu denken, erinnern, mahnen'; dann über die Kaufmannssprache üblich geworden.
Zu dem zugrundeliegenden l. *monēre* 'mahnen' gehören als Nomen agentis *Monitor* und als Instrumentalbildungen *Monument* und *Monstrum*; zu letzterem l. *monstrāre* 'zeigen', wozu *Monstranz, Muster* und *demonstrieren*, zur Wurzel s. *mental*. Zur griechischen Verwandtschaft s. *Automat*, zur deutschen s. *mahnen*. – Schirmer (1911), 131; *DF* 2 (1942), 143.

Monitor *m. per. fach.* 'Bildschirm' (< 20. Jh.). Entlehnt aus ne. *monitor* (eigentlich 'Aufseher'), dieses aus l. *monitor* 'Erinnerer, Aufseher', einem Nomen agentis zu l. *monēre* 'erinnern, mahnen'. Im Englischen werden dann verschiedene technische Überwachungsgeräte so bezeichnet, dann besonders auch ne. *monitor (screen)* 'zur Überwachung eingesetzte Fernsehgeräte'. Der Ausdruck wird dann auf die Datensichtgeräte von Computern übertragen, um das Gerät von dem bloßen *Bildschirm* unterscheiden zu können. S. *monieren, mental*; sowie *Automat* für die griechische, *mahnen* für die deutsche Verwandtschaft.
Rey-Debove/Gagnon (1988), 598; zu älteren anderen Bedeutungen s. *DF* 2 (1942), 144.

mono- *LAff.* Wortbildungselement mit der Bedeutung 'einmalig, einzeln, allein' (z. B. *Monokultur, Monolog, monoton, Monarchie*). Es wurde als Kompositionsform von gr. *mónos* 'allein, einzig' in griechischen Entlehnungen ins Deutsche übernommen. Vor allem in den Fachsprachen produktiv.
S. *Mönch*. – Cottez (1980), 255.

Monogramm *n. erw. fach.* 'Namenszeichen aus den Anfangsbuchstaben' (< 17. Jh.). Entlehnt aus spl. *monogramma* 'Namenszeichen (bei dem mehrere Buchstaben ineinander verschlungen sind)'. Gräzisierende Bildung aus gr. *mónos* 'allein, einzig' und gr. *grámma* 'Buchstabe' (also eigentlich 'ein einziges Zeichen für mehrere').
S. *Graphik*. – *DF* 2 (1942), 144; Röhrich 2 (1992), 1046; *LM* 6 (1993), 762.

Monokel *n. obs.* 'Sehhilfe für nur ein Auge' (< 19. Jh.). Entlehnt aus frz. *monocle m.*, dieses aus spl. *monoculus* 'einäugig', einer hybriden Bildung aus l. *oculus m.* 'Auge' und gr. *mónos* 'allein, einzig'.
S. *Binokel*. – *DF* 2 (1942), 145; Röhrich 2 (1992), 1046.

Monokini *m. per. grupp.* 'Damen-Badeanzug ohne Oberteil' (< 20. Jh.). Übernommen aus am.-e. *monokini*, das als scherzhafte Parallel-Bildung zu *bikini* (analysiert als *bi-* + *-kini*) zunächst für eine Herrenbadehose gebraucht wurde.
I. W. Russell *ASp* 40 (1965), 211.

Monolog *m.* (< 18. Jh.). Entlehnt aus frz. *monologue*, das als gräzisierendes Gegenstück zu *Dialog* gebildet wurde.

S. *Logik.* – *DF* 2 (1942), 145; Cottez (1980), 255; *LM* 6 (1993), 762.

Monopol *n.* (< 16. Jh.). Entlehnt aus l. *monopōlium*, dieses aus gr. *monopōlion* (eigentlich ´Alleinverkauf´), zu gr. *pōleīn* ´verkaufen´ und gr. *mónos* ´allein, einzig´. Verb: ***monopolisieren***; Nomen agentis: ***Monopolist***.

Zur germanischen Verwandtschaft s. *feil.* – Schirmer (1911), 131; *DF* 2 (1942), 145 f.; *LM* 6 (1993), 764 f.

monoton *Adj.* (< 18. Jh.). Entlehnt aus frz. *monotone*, dieses aus spl. *monotonus*, aus gr. *monotónos*, aus gr. *mónos* ´einzig, allein´ und gr. *tónos* ´Ton´. Abstraktum: ***Monotonie***.

S. *Ton².* – *DF* 2 (1942), 146 f.

Monster *n.* s. *Monstrum.*

Monstranz *f. erw. fach.* ´Gefäß zum Zeigen der heiligen Hostie´ (< 14. Jh.). Entlehnt aus ml. *monstrantia*, Abstraktum zu l. *monstrāre* ´zeigen´, dieses zu l. *monēre* ´jmd. veranlassen, an etwas zu denken, erinnern, mahnen´.

S. *demonstrieren, monieren, mental*, sowie *Automat* (gr.) und *mahnen.* – *DF* 2 (1942), 148; Röhrich 2 (1992), 1046; *LM* 6 (1993), 771 f.

Monstrum *n.* ´Ungeheuer´ (< 16. Jh.). Entlehnt aus l. *monstrum* (eigentlich ´mahnendes Zeichen der Götter durch eine widernatürliche Erscheinung´, zu l. *monēre* ´erinnern, mahnen´; dann verallgemeinert. Selben Ursprungs sind das französische Lehnwort ***monströs*** und die englische Entlehnung ***Monster*** (evtl. frz. *monstre*).

S. *demonstrieren, monieren, mental*, sowie *Automat* (gr.) und *mahnen.* – *DF* 2 (1942), 148–150; K.-H. Weimann *DWEB* 2 (1963), 399; *LM* 6 (1993), 772 f.; Carstensen 2 (1994), 929 f.

Monsun *m. per. exot.* (ein halbjährlich die Richtung wechselnder Wind) (< 17. Jh.). Entlehnt aus ne. *monsoon*, dieses aus port. *monção f.*, aus arab. *mausim* ´ (für die Seefahrt) geeignete Jahreszeit´.

Montag *m.* (< 11. Jh.). Mhd. *māntac.* Wie ae. *mōnandæg* eine Lehnübersetzung von l. *diēs lūnae f.* ´Tag des Mondes, der Luna´, das seinerseits aus gr. *hēméra selēnēs f.* übersetzt ist.

M. Förster *Anglia* 68 (1944), 1 f.; P. Wiesinger in: P. Wiesinger (Hrsg.): *Studien zum Frühneuhochdeutschen, FS E. Skála* (Göppingen 1988), 361–397; N. Århammar *Us Wurk* 35 (1986), 85–107; A. Dalen, N. Århammar in *FS M. Alinei* 1 (1986), 382 f., 388–400 (J. Kruijsen, E. Mooijman); Wiesinger (1987); Röhrich 2 (1992), 1046–1049.

montan *Adj. per. fach.* ´zum Bergbau gehörig´ (< 19. Jh.). Entlehnt aus l. *montānus* ´zum Berg gehörig, gebirgig´, zu l. *mōns (montis)* ´Berg, Gebirge´. s. *eminent.*

montieren *swV.* (< 14. Jh.). Mhd. *muntieren* ´rüsten, ausrüsten´ ist entlehnt aus einem für das späte Latein anzusetzenden *montare ´den Berg besteigen, aufsteigen´, zu l. *mōns (montis)* ´Berg´. Zunächst verwendet in der Bedeutung ´ausrüsten, einrichten´ (für die Reiterei); seit dem 17. Jh. unter Einfluß von frz. *monter* ´aufstellen (usw.)´. Die moderne Bedeutung geht von ´ausstatten´ aus. Präfigierung: ***demontieren***; Nomen agentis: ***Monteur***; Abstraktum: ***Montage***; ***Montur*** ist die ´Ausstattung und Bekleidung (von Soldaten)´; später dann ´Arbeitsbekleidung´.

S. *eminent.* – Jones (1976), 449 f.

Monument *n.* (< 16. Jh.). Entlehnt aus l. *monumentum* (eigentlich ´Erinnerungszeichen, Denkzeichen´), zu l. *monēre* ´erinnern, mahnen´. Ausgehend von der besonderen Größe vieler solcher Bauten dann die Bedeutung ´sehr groß´ von ***monumental***.

S. *monieren* und *mental*, sowie *Automat* (gr.) und *mahnen.* – *DF* 2 (1942), 151.

Moor *n.* (< 17. Jh.). In die Hochsprache gelangt aus ndd. *mōr.* Dieses aus mndd. *mōr*, as. *mōr*, vgl. mndl. *moor* aus g. **mōra- m./n.* ´Moor´, auch in ahd. *muor m./n.*, ae. *mōr m.*, anord. *mærr f.* ´Sumpfland´. Das Wort ist wohl eine (morphologisch nicht ganz eindeutige) Vriddhi-Bildung zu *Meer*, also ´das, was zum See gehört´. Adjektiv: ***moorig***.

Nndl. *moer*, ne. *moor.* – Darms (1978), 158–166. Lautliche Bedenken bei: E. Christmann *ZM* 31 (1964), 197; *LM* 6 (1993), 823 f.

Moos¹ *n.* (Pflanze) (< 8. Jh.). Mhd. *mos*, ahd. *mos*, mndl. *mose* ´Moos, Moor, Sumpf´ (das Moor ist der mit Moos bewachsene Ort) aus g. **musa-/ōn m./n.* ´Moos, Moor´, auch in anord. *mosi m.*, ae. *mos.* Im Ablaut hierzu anord. *mýrr f.* ´Schlamm´, ae. *mēos m./n.(?)*, ahd. *mios m./n.*, mhd. *mies* ´Moos´ (s. *Miesmuschel*). Außergermanisch vergleichen sich aruss. *múchŭ m.* ´Moos´, lit. *músaĩ m.* Pl. ´Schimmel, Kahm´, l. *muscus m.* ´Moos´. Vermutlich ist die hochstufige Form eine Vriddhi-Ableitung, doch legen die bezeugten Bedeutungen diese Annahme nicht nahe. Über eine einfachere Wurzel (ig.) **meu-* ´feucht sein, schimmeln´ vergleicht sich *Moder.* Adjektiv: ***moosig***; aus einer Präfixableitung: ***bemoost***.

Röhrich 2 (1992), 1049.

Moos² *n. per. grupp.* ´Geld´ (< *15. Jh., Form < 18. Jh.). Aus dem Rotwelschen, in dem es seit dem 18. Jh. bezeugt ist (in abweichender Form schon im 15. Jh.). Dieses aus wjidd. *moes* ´Geld´ aus hebr. *mā´ōth* Pl. ´kleine Münze, Pfennige, Kleingeld´. Wahrscheinlich ist auch ***Mäuse*** ´Geld´ eine Entstellung aus diesem Wort.

Wolf (1985), 222; Röhrich 2 (1992), 1049.

Mop *m. obs.* ´Staubbesen´ (< 20. Jh.). Entlehnt aus ne. *mop.* Dieses letztlich zu dem unter *Mappe* behandelten lateinischen Wort *mappa* ´Tuch´. Verb: ***moppen***. S. *mopsen.*

Moped *n. erw. fach.* ʼFahrrad mit Hilfsmotorʼ (< 20. Jh.). Zusammengezogen aus *Motor* und *Pedal.*
E. Oksaar in: *FS O. Heinertz* (Uppsala 1956), 141–143.

Mops *m.* (< 18. Jh.). Übernommen aus ndd. *mop(s)*, nndl. *mop(s)*, das zu nndl. *moppen* ʼein verdrießliches Gesicht machenʼ gehört (die mittelhochdeutsche Entsprechung ist *muff, mupf*). Der Hund ist also (wohl in den Niederlanden) nach seinem verdrießlichen Gesichtsausdruck benannt worden. Die Bedeutung ʼGeldstückʼ ist am ehesten eine spöttische Bezeichnung für die auf der Münze abgebildeten (dicken) Gesichter.
S. auch *Mumps.* – Röhrich 2 (1992), 1049 f.

mopsen *swV. vulg.* ʼetwas Geringfügiges stehlenʼ (< 19. Jh.). Herkunft unklar, am ehesten wie *abstauben* aufzufassen und zu *Mop* zu stellen (vgl. ne. *to mop up*). Diese Annahme setzt allerdings einen früheren Einfluß des Englischen voraus, als er wirklich bezeugt ist. Der reflexive Gebrauch mit der Bedeutung ʼsich ärgernʼ nach dem verdrießlichen Gesichtsausdruck (s. *Mops*).

Moral *f.* (< 16. Jh.). Entlehnt aus frz. *morale*, aus l. *mōrālis* ʼdie Sitten betreffend, ethischʼ, zu l. *mōs (mōris) m.* ʼSitte, Gewohnheit, Brauch, Willeʼ. Adjektiv: *moralisch*; Nomen agentis: *Moralist*; Verb: *moralisieren, demoralisieren*; Abstraktum des ursprünglichen Adjektivs: *Moralität.*
S. *Mores.* – *DF* 2 (1942), 151–153; F. W. Gester in: *Schlüsselwörter* 2 (1964), 1–17; *HWPh* 6 (1984), 149–192; *Grundbegriffe* 5 (1984), 863–921; Röhrich 2 (1992), 1050. Zu *Moralitäten* vgl. *LM* 6 (1993), 825–827.

Moräne *f. per. fach.* ʼGletscherablagerungʼ (< 19. Jh.). Entlehnt aus frz. *moraine*, eigentlich ʼGeröllʼ. Dieses aus einer südostfranzösischen Mundart.
DF 2 (1942), 153.

Morast *m. erw. stil.* (< 17. Jh.). Entlehnt aus mndl. *maras, marasch*, dieses aus afrz. *marois* ʼSumpfʼ, aus andfrk. **marisk* ʼSumpflandʼ. Das *t* ist epithetisch, die Ersetzung von /a/ durch /o/ dürfte auf eine volksetymologische Anlehnung an *Moor* zurückgehen. S. *Marsch².*

Moratorium *n. per. fach.* ʼAufschub einer fälligen Zahlung, Fristgewährungʼ (< 17. Jh.). Neubildung zu l. *morātōrius* ʼsäumend, verzögerndʼ, zu l. *morārī* ʼin Verzug sein, säumenʼ, zu l. *mora f.* ʼVerzug, Verzögerung, Aufschubʼ.

morbid *Adj. erw. fremd.* ʼkränklich, im Verfall begriffenʼ (< 19. Jh.). Entlehnt aus frz. *morbide*, dieses aus l. *morbidus* ʼkrank (machend)ʼ, zu l. *morbus* ʼKrankheitʼ, zu l. *morī* ʼsterbenʼ. Abstraktum: *Morbidität.* S. *amortisieren.*

Morchel *f.* (< *12. Jh., Bedeutung < 14. Jh.). Mhd. *mor(c)hel*, ahd. *mor(a)hila, morhel* ist zunächst Diminutivum zu *Möhre*. Daraus könnte der Pilz nach dem Aussehen benannt sein, doch bleiben

die oberdeutschen Formen mhd. *maurache, mauroche* u.ä. dadurch unerklärt. Strittig ist auch die Stellung von frz. *morille* ʼMorchelʼ (seit dem 16. Jh.). Es wird deshalb erwogen, von einem spl. **(tūber) maurīculum* ʼschwärzliche (Morchel)ʼ auszugehen, das mit dem Diminutivum von *Möhre* zusammengefallen wäre (und frz. *morille* ergeben hätte).
Kluge (1926), 29.

Mord *m.* (< 9. Jh.). Mhd. *mort n./m.*, ahd. *mord m./n.*, as. *morð n.* aus g. **murþa- m.*, auch in anord. *morð n.*, ae. *morþ m./n.*, afr. *morth.* Daneben die *tro*-Bildung in gt. *maurþr n.*, ae. *morþor n./m.* Eigentlich ʼMittel zum Sterbenʼ, eine Instrumentalbildung zu ig. **mer-* ʼsterbenʼ (die normale *t*-Bildung bedeutet sonst einfach ʼTodʼ). S. ai. *márate, mriyáte* ʼstirbtʼ, l. *morī* ʼsterbenʼ, akslav. *mrěti*, lit. *miȓti* ʼsterbenʼ, air. *marb*, kymr. *marw* ʼtotʼ, gr. *brotós* ʼsterblichʼ. Verb: *morden*; Nomen agentis: *Mörder.* Als Kompositionsglied **Mords-** und als Adjektiv **mörderisch** auch zu Verstärkung gebraucht.
Zur griechischen Verwandtschaft s. *Ambrosia*, zur lateinischen *amortisieren.* – R. Schützeichel in: *FS I. Reiffenstein* (1988), 15–29; Röhrich 2 (1992), 1050; *LM* 6 (1993), 833 f.; Sousa Costa (1993), 302–306.

mordio *Interj. arch.* (Notschrei wie *diebio, feurio*) (< 16. Jh.). Heute noch in der Wendung *Zeter und mordio schreien* (s. *zetern*).
F. Kluge *ZDW* 2 (1901/02), 47; J. Stosch *ZDW* 3 (1902), 361.

Morelle *f. per. fach.* ʼWeichselkirscheʼ, regional auch ʼAprikoseʼ (< 17. Jh.). Gehört wohl zum Bereich der Vermischung von *Marelle* ʼAprikoseʼ und *Amarelle* ʼSauerkirscheʼ (aus ml. *amarellum*, zu l. *amarellus* ʼbitter, sauerʼ).

Mores *Pl. vulg.* (< 15. Jh.). In der Wendung *Mores lehren* aus l. *mōrēs Pl.* ʼSittenʼ (in der Lateinschule übernommen). Dagegen scheint *Mores haben* ʼsich fürchtenʼ aus dem Rotwelschen zu kommen (aus wjidd. *mora*, hebr. *mōrā* ʼFurchtʼ).
S. *Moral.* – *DF* 2 (1942), 153 f.; Röhrich 2 (1992), 1050 f.

morganatisch *Adj. per. fach.* (< 18. Jh.). Aus ml. *matrimonium ad morganaticam*, das zu ahd. *morgan* ʼMorgenʼ gehört, hier in der Bedeutung ʼMorgengabeʼ (aus dem Langobardischen ins Lateinische übernommen). Rechtliche Bezeichnung einer standesungleichen Ehe (ʼEhe zur linken Handʼ), bei der die Frau lediglich eine Morgengabe erhielt, ansonsten aber keine versorgungsrechtlichen Ansprüche geltend machen konnte. Im Gegensatz zur einfachen unstandesgemäßen Heirat sind die nichtebenbürtige Frau und deren Kinder jedoch durch die Einräumung eines Ranges und Titels besser gestellt. Diese Form der Ehe wurde vor allem im Hochadel praktiziert.

Morgen *m.* (< 8. Jh.). Mhd. *morgen*, ahd. *morgan*, as. *morgan* aus g. **murg(e)na- m.* ʼMorgenʼ,

auch in gt. *maurgins*, anord. *morginn, morgunn, myrginn, merginn*, ae. *morgen, mer(i)gen*, afr. *morgen, mergen, morn, mern*. Das Wort bedeutet eigentlich ´Dämmerung´ und vergleicht sich in dieser Bedeutung mit ačech. *mrknúti* ´dämmern´ und anderen slavischen Wörtern. Aus einer Grundlage (ig.) **merk-* ´flimmern, funkeln´, auch in air. *mrecht* ´buntscheckig´, lit. *mérkti* ´blinzeln´. Evtl. steht auch ai. *márīci-* ´Lichtstrahl´ dem germanischen Wort näher. *Morgen* als Flächenmaß (schon althochdeutsch) ist soviel Land, wie ein Gespann an einem Morgen pflügt. Zu *Morgen* ´Osten´ s. *Morgenland*. Adjektiv: *morgig*.

Vgl. *Juchart*. S. *morgen*. − Wünschmann (1966), 102−105; T. L. Markey in *FS M. Gimbutas* (1987), 299−321; R. Schmidt-Wiegand in: *FS W. Kleiber* (1989), 111−124.

morgen *Adv.* (< 9. Jh.). Mhd. *morgen*, ahd. *-morgane*, mndd. *morge-*, mndl. *morgen*. Eigentlich Dativ Singular zu *Morgen*, also ´bei Morgendämmerung´. Entsprechend gt. *du maurgina*, anord. *á morgunn*, ae. *to morgene*, as. *an morgan*.

Morgengabe *f. arch.* (< 9. Jh., Form < 12. Jh.). Mhd. *morgengābe*, ahd. *morganegiba*, mnd. *morgengave* aus g. **murgna-gebō(n) f.* ´Morgengabe´, auch in an. *morgingjǫf*, langobard. *morgincap*. Es handelt sich um das Geschenk, das der Mann der Frau nach der Brautnacht übergibt (sozusagen gegen das Geschenk ihrer Jungfrauenschaft (s. hierzu *Braut*). Das alte Wort war wohl *e*-stufig, seit mittelhochdeutscher Zeit wie das Simplex ersetzt durch die dehnstufige Form.

S. *morganatisch*. − Sousa Costa (1993), 165−168.

Morgenland *n. erw. stil.* (< 16. Jh.). Eigentlich ´das im Osten gelegene Land´. Neubildung zur Übersetzung von gr. *anatolḗ f.* durch Luther (vgl. auch l. *oriēns m.* ´Orient´). Mit *Morgen* im Sinne von ´Sonnenaufgang, Osten´.

Morgenstern *m. erw. stil.* (< 12. Jh.). 1) Wie *Abendstern* Bezeichnung des Planeten Venus (mhd. *morgenstern[e]*, *morgensterre*; ae. *morgensteorra*, anord. *morgunstjarna*). 2) ´Streitkolben´, im 16. Jh. entlehnt aus ndn. *morgenstjerne* (mit übertragener Bedeutung: die hervorstehenden Stacheln sind mit den Strahlen des Sterns verglichen), mhd. dafür *nagelkolbe*.

LM 6 (1993), 839 f.

Moritat *f. erw. fach.* (< 19. Jh.). Bezeichnung für Bilder und Lieder der Bänkelsänger. Wie Varianten zeigen, ist das Wort vermutlich aus *Moralität* umgeformt, wobei es zumindest später als Verballhornung von *Mordtat* aufgefaßt wurde.

H. Naumann *ZVV* (1921), 10¹; H. W. J. Kroes *GRM* 40 (1959), 87.

Morphium *n. erw. fach.* (< 19. Jh.). Neubildung von F. Sertürner 1806 zu gr. *Morpheús*, dem Namen des altgriechischen Gottes des Schlafs und der Träume; mit der Endung in Analogie zu *Opium*.

Morphologie *f. erw. fach.* ´Lehre von den Gestalten, Formenlehre´ (< 18. Jh.). Neubildung von Goethe zu gr. *morphḗ* ´Form, Gestalt´ (s. auch *-logie*). Von Goethe für eine Anschauung von den Gestalten und Wandlungen der Natur und Kunst geprägt; dann in den Naturwissenschaften als ´Lehre von den organischen Formen´, in der Sprachwissenschaft als ´Lehre von den sprachlichen Formen´ verwendet. In der Sprachwissenschaft wird hierzu der Terminus **Morphem** für die kleinste systematische Einheit der sprachlichen Formen geprägt (B. de Courtenay). Adjektiv: **morphologisch**; Täterbezeichnung: **Morphologe**.

Cottez (1980), 256; *HWPh* 6 (1984), 200−211.

morsch *Adj.* (< *15. Jh., Form < 16. Jh.), älter *mursch*, wozu mhd. *mürsen* ´zerstoßen´, nndl. *mors* ´morsch´, *vermorzelen* ´zerreiben´, die Bedeutung ist also ´etwas, das beim Berühren, Zerreiben, zerfällt´. Keine klare Vergleichsmöglichkeit; Formal und semantisch vergleichbar ist ai. *maṣmaṣā-kar-* ´zerschmettern, zu Staub zermalmen´, doch wird dies auch als lautsymbolisch erklärt. Weiter zu ig. **mer-* ´zerreiben´, etwa in ai. *mṛṇáti* ´zermalmt´, l. *mortārium* ´Mörser´. S. *mürb* und mit anderem Lautstand *Brackwasser, Bruch²*; zur lateinischen Verwandtschaft s. *Mörser, Mörtel*.

morsen *swV. obs.* ´mit einem binären Alphabet Nachrichten übermitteln´ (< 19. Jh.). Entlehnt aus ne. *morse*, einer Ableitung von *Morse*, dem Namen des Erfinders dieser Art, Nachrichten zu übermitteln (der elektromagnetische Schreibtelegraph des Amerikaners Samuel M., seit 1837).

Rey-Debove/Gagnon (1988), 602.

Mörser *m.* (< 9. Jh.). Mhd. *morsære, morser*, ahd. *morsāri, morsāti*, as. *morsari*, offensichtlich im Anschluß an die Sippe von *morsch* umgeformt aus älterem ahd. *mortāri, mortere, morter*. Dieses wie ae. *mortere* entlehnt aus l. *mortārium n.* ´Mörser´. Dieses letztlich zur gleichen Wurzel wie *morsch*, nämlich (ig.) **mera-* ´zerreiben´. *Mörser* in der Bedeutung ´dicke Kanone´ nach der Form der frühen Kanonenrohre und der Form des Mörserkolbens.

S. *Mörtel*. − *LM* 6 (1993), 845 f.

Mörtel *m. erw. fach.* (< 11. Jh.). Mhd. *mortel, morter*, mndl. *mo(o)rter, mortel(e)*. Entlehnt aus l. *mortārium n.*, dem gleichen Wort, das auch *Mörser* geliefert hat, hier in der Bedeutung ´was zerstoßen wird, Kalk´. Die Lautform mit *-t-* bleibt bei dieser Bedeutung erhalten, dafür wird das auslautende *-r* dissimiliert.

LM 6 (1993), 848.

Mosaik *n. erw. fach.* (auch *f.*) ´Einlegearbeit, bunte Vielfalt´ (< 18. Jh.). Entlehnt aus frz. *mosaïque f.*, dieses aus it. *mosaico m.*, aus ml. *musaicum*, erweitert aus l. *mūsīvum (opus)*, eigentlich ´das zu den Musen Gehörige´ (weil es zur Ausschmückung

von Musengrotten diente?). Ältere Entlehnung unmittelbar aus dem Italienischen (und der einfacheren Form: *mosaische Steine* u.ä., seit dem 15. Jh.). Zugrunde liegt gr. *museîos* 'künstlerisch, den Musen geweiht', zu gr. *moûsa f.* 'Kunst, Muse', nach den griechischen Göttinnen des Gesangs, der Künste und Wissenschaften. Die lateinische Bezeichnung erst seit dem 4. Jh. n.C.
S. *Museum.* − DF 2 (1942), 155 f.; LM 6 (1993), 851−856.

Moschee *f. erw. exot.* 'islamisches Gebetshaus' (< 14. Jh.). In dieser Form entlehnt aus frz. *mosquée*, dieses aus it. *moschea*, aus span. *mezquita*, aus arab. *masǧid* (eigentlich 'Ort des Niederwerfens' aus arab. *ma-* und *saǧada* 'sich [zum Gebet] niederwerfen'). Die ältesten deutschen Belege zeigen noch die Form mit Dental und sind von den spanischen und italienischen Wörtern bestimmt.
DF 2 (1942), 156; M. Wis NPhM 66 (1965), 621; LM 6 (1993), 857 f.

Moschus *m. per. fach.* (Sekret männlicher Moschustiere, daraus hergestellter Duftstoff) (< 17. Jh.). Entlehnt aus spl. *mūscus*, dieses aus gr. *móschos*, aus pers. *mušk*, verwandt mit oder entlehnt aus ai. *muṣká-* 'Hode, Hodensack'. So benannt, da der Moschusbeutel mit Hoden verglichen bzw. gleichgesetzt wurde.
S. *Muskat.* − DF 2 (1942), 156; LM 6 (1993), 859.

Möse *f. per. reg. vulg.* 'weibliches Geschlechtsorgan' (< 19. Jh.). In dieser Form erst in neuerer Zeit bezeugt. Gehört aber sicher zu *Mūze, Musche, Muschi, Mutze, Mutz* u.ä., die alle für 'weibliches Geschlechtsorgan' und 'liederliches Weib, Hure' bezeugt sind. Frühester Beleg ist im 13. Jh. *mussensun m.* 'Hurensohn'. Herkunft unklar. Da *Mutz* im Bairischen auch 'Katze', im Schweizerdeutschen auch 'Bär' bezeichnet, könnte das Wort sich auf die Schamhaare beziehen.
K. Müller Anthropophyteia 8 (1911), 10; L. Günther ebd. 9 (1912), 33−37; J. Müller: Schwert und Scheide (Bern 1988), 75.

mosern *swV. erw. stil.* 'nörgeln' (< 18. Jh.). Das Wort geht wohl auf rotw. *mosern, massern* zurück; dessen Bedeutung ist allerdings 'verraten, angeben, schwatzen', aus wjidd. *massern* 'verraten', hebr. *limsār* (Qal-Infinitiv) 'übergeben, überliefern' zu assyr. *muššuru* 'wegschicken', so daß die Einzelheiten noch klärungsbedürftig sind.

Moskito *m. erw. exot.* (eine tropische Stechmücke) (< 16. Jh.). Entlehnt aus span. *mosquito*, Erweiterung zu span. *mosca* 'Fliege'.
S. *Muskete.* − DF 2 (1942), 156.

Moslem *m.* s. *Muselman.*

Most *m.* (< 8. Jh.). Mhd. *most*, ahd. *most*. Wie ae. *must* entlehnt aus l. *mustum (vīnum) n.* 'junger Wein' zu l. *mustus* 'jung'. S. *Mostrich.*

Mostrich *m. per. ndd.* 'Senf', auch **Mostert** *n. wndd.* (< 14. Jh.). Mhd. *mostert, musthart m.* Entlehnt über mndl. *mostaert* aus frz. *moustarde f.*, einer Ableitung zu l. *mustum n.* (s. *Most*) − die Senfkörner wurden ursprünglich mit Most angesetzt. Das Wort wurde umgedeutet zu *Mosthard* und dieses Namenelement durch ein anderes (*-rich*) ersetzt.
Kretschmer (1969), 338 f.; Röhrich 2 (1992), 1053.

Motel *n. per. fach.* 'Hotel an der Autostraße' (< 20. Jh.). In den letzten Jahrzehnten entlehnt aus am.-e. *motel*, das aus *motor(-) hotel* zusammengezogen ist.
Rey-Debove/Gagnon (1988), 602 f.; Carstensen 2 (1994), 930 f.

Motette *f. per. fach.* (mehrstimmiges Gesangsstück) (< 14. Jh.). Mhd. *motet* ist entlehnt aus frz. *motet*, einer Ableitung von frz. *mot* 'Wort'. Die heutige Form beruht aber auf der italienischen Entsprechung *mottetto*, einer Ableitung aus entsprechendem it. *motto* 'Bibelspruch, Denkspruch'. Es handelt sich also ursprünglich um die musikalische Ausführung eines religiösen Textes.
DF 2 (1942), 157.

Motiv *n.* (< 16. Jh.). Entlehnt aus ml. *motivum* 'Beweggrund, Antrieb', einer Substantivierung von l. *mōtīvus* 'zur Bewegung geeignet, beweglich', zu l. *movēre (mōtum)* 'bewegen'. Die künstlerische Bedeutung 'Thema (usw.)' nach frz. *motif m.*, das auf den italienischen Wortgebrauch zurückgeht.
S. *motivieren, Promotion.* − DF 2 (1942), 157−159; K.-H. Weimann DWEB 2 (1963), 399; HWPh 6 (1984), 211−218; Brisante Wörter (1989), 670−674; LM 6 (1993), 873.

motivieren *swV. erw. fach.* (< 18. Jh.). Entlehnt aus frz. *motiver*, weiter zu *Motiv* im psychologischen Sinne. Abstrakta: ***Motivierung, Motivation***.
Brisante Wörter (1989), 674−680.

Motor *m.* (< 19. Jh.). L. *mōtor* 'Beweger', zu l. *movēre (mōtum)* 'bewegen' wird nur mit der systematischen Bedeutung gebraucht, wie auch it. *motor*. Als A. Volta 1792 entdeckt, daß durch die Berührung zweier Metalle Bewegung bewirkende Elektrizität entsteht, nennt er diese Metalle (it.) *motori*. Ins Französische wird dies übersetzt als *moteur* (das bis dahin nur als Adjektiv gebräuchlich war). Das Wort setzt sich dann (neben *Erreger*) auch in Deutschland als Fachterminus durch, besonders in der Form *Elektromotor* nach Voltas *motori di elettricitá*, später *elettromotori* 'Erreger der Elektrizität'. Später wird die Voltasche Säule (also eigentlich eine Batterie) so benannt. Als dann weitere Elektrizität erzeugende Vorrichtungen entdeckt und mit diesen Apparate angetrieben werden, verliert sich das Benennungsmotiv (oder wird durch Rückgriff auf das Lateinische neu gedeutet), so daß die Antriebsmaschinen *Elektromotor* und dann nur noch *Motor* genannt werden, für das Deutsche ist dies seit 1836 bezeugt. Sprachlich bleibt der *Motor* von der durch Dampf angetriebenen *Maschine* getrennt. Verbum: **motorisieren**. S. *Promotion*. [Herangezogen wurde die Magisterarbeit von A. Bauer].

Motte *f.* (< 15. Jh.). Fnhd. *matte, mutte, motte* u.ä. ist übernommen aus mndd. *mutte*, mndl. *motte, mutte*, dieses vermutlich aus g. **muþþōn f.* ʿMotteʾ, auch in anord. *motti m.*, ae. *moððe*. Dieses vermutlich mit Schwundstufe und Gemination zu *Made*, doch sind die lautlichen und morphologischen Zusammenhänge nicht ausreichend klar. Nach Lühr aus g. **muþhōn* (Zugehörigkeitsbildung zu der Schwundstufe von *Made*).

Nndl. *mot*, ne. *moth*, nschw. *mott*. – M. Förster *Anglia* 67 (1944), 109 f.; Lühr (1988), 252; Röhrich 2 (1992), 1053 f.

Motto *n. erw. fremd.* (< 18. Jh.). Entlehnt aus it. *motto m.* Herkunft unklar. Vermutlich wie entsprechendes frz. *mot* ʿWortʾ lautnachahmenden Ursprungs, vgl. l. *muttītio f.* ʿMuck(s)enʾ zu l. *muttīre* ʿmucksen, kleinlaut redenʾ (vgl. *Maul*).

S. *Motette, Bonmot*. – *DF* 2 (1942), 159.

motzen *swV. erw. stil.* ʿschmollen, nörgelnʾ (< 17. Jh.). Herkunft unklar; vielleicht Bildung auf *-ezzen* zu *mucken* o.ä. (also abweichende Entwicklung aus derselben Grundlage wie *mucksen*?).

W. Kircher *SD* 17 (1973), 17–20; Röhrich 2 (1992), 1054.

Möwe *f.* (< 15. Jh.). Fnhd. *mew* ist übernommen aus dem Niederdeutschen: mndd. *meve*, mndl. *meeu(we)*, *mēwe* aus g. **mæwō f.* ʿMöweʾ, auch in anord. *már*, *mór m.*, ae. *mǣw*, *mēau*, *mēu m.*, fr. *meau*. Wohl lautmalerisch nach dem Schreien der Möwen; evtl. von dem Verbum mhd. *māwen*, mndl. *mauwen*, das in erster Linie das Miauen der Katzen beschreibt.

S. *mauen*. – Suolahti (1909), 397–403.

Mücke *f.* (< 8. Jh.). Mhd. *mücke, mucke, mügge, mugge*, ahd. *mugga, muck*, as. *muggia* aus g. **mugjōn f.* ʿMückeʾ, auch in aschw. *mugga*, ae. *mycg*, *mygg m.* Das Wort ist vermutlich abgeleitet aus einem g. **muh-ja- n.* ʿMückenschwarmʾ in anord. *mý n.* (aschw. *mýg* wohl mit grammatischem Wechsel), entsprechend bezeichnet ai. *mákṣ-* den Mückenschwarm und die Ableitung daraus (ai. *mákṣā* oder ai. *mákṣikā*) die einzelne Mücke. Vermutlich nicht zu dem indogermanischen Wort für ʿFliegeʾ, das auf **mus-* zurückgeht, sondern schwundstufig zu einem verbreiteten Wort für ʿMückeʾ, das auf **mek̑-* beruht (ai. *maśáka-*, lit. *mãšala[s]*, *mãkatas m.*).

Th. Schumacher: *Bedeutungsgeographie von Insektennamen* (Gießen 1955); *Tiernamen* (1963–1968), 694–698; E. Seebold *IF* 87 (1982), 191 f.; Röhrich 2 (1992), 1054 f.

Muckefuck *m. per. vulg.* ʿErsatzkaffeeʾ (< 19. Jh.). Zunächst im Rheinland bezeugt. Angeblich

eingedeutscht aus frz. *mocca faux* ʿfalscher Mokkaʾ, aber wohl eher zu mundartlichem *Mucke* ʿMulm in hohlen, verfaulenden Baumstümpfenʾ und *fuck* ʿfaulʾ (die Wortstellung bleibt aber auffällig).

Röhrich 2 (1992), 1055.

mucken *swV. erw. stil.*, besonders **aufmucken** ʿkurz aufbegehrenʾ (< 15. Jh.). Ausgangsbedeutung ist ʿmurren, einen undeutlichen Laut von sich gebenʾ. Wohl lautmalend aus *muck* für einen kurzen unterdrückten Ton (vgl. nschw. *inte säga ett muck* ʿnicht ein *muck* sagen, still seinʾ). Das Nomen agentis **Mucker** ʿScheinheiliger, Heuchlerʾ (vor allem als Spitzname der pietistischen Anhänger von J. F. Budde im 18. Jh. bezeugt) ist wohl von dem Komplex *meucheln/mogeln* beeinflußt. Auch das veraltete und regionale *mucken* in der Bedeutung ʿheimlich beseitigen, tötenʾ gehört eher dorthin.

S. *mucksen*. – Ladendorf (1906), 209 f. Zu *Mucker* vgl.: Röhrich 2 (1992), 1055.

Mucken *f. Pl. erw. stil. phras.* ʿLaunenʾ, ʿWidersetzlichkeitenʾ (< 16. Jh.). Die erste Bedeutung dürfte wie ʿGrillenʾ aus dem Tiernamen übertragen sein (von der Vorstellung ausgehend, daß der betreffende *Mücken* im Kopf hat); die zweite ist zumindest von *mucken* beeinflußt, vielleicht überhaupt zu diesem zu stellen.

S. *mucksen*. – Ladendorf (1906), 209 f. Zu *Mucker* vgl.: Röhrich 2 (1992), 1055.

mucksen *swV. stil.* ʿkurz aufbegehrenʾ (< 12. Jh.). Offensichtlich wie *mucken* zu beurteilen, aber viel früher bezeugt: mhd. *muchzen*, ahd. *irmuckezzen*. Dazu die Interjektion *mucks*, besonders substantiviert in **keinen Mucks machen**; auch **Muckser**. S. *motzen*.

müde *Adj.* (< 8. Jh.). Mhd. *müede*, ahd. *muodi*, as. *mōði* aus wg. **mōdja- Adj.* ʿmüdeʾ, auch in ae. *mēðe*. Daneben als einfacher *a*-Stamm anord. *mōðr*. Vermutlich altes *to*-Partizip (oder *ti*-Adjektiv) zu g. **mō-* ʿsich mühenʾ, also ʿsich gemüht habendʾ. Abstraktum: **Müdigkeit**; Präfigierung: **ermüden**. Nndl. *moe(de)*.

Heidermanns (1993), 414.

Muff[1] *m. obs.* ʿHandpelzʾ (< 17. Jh.). Als Kürzung aus älterem fnhd. *muffe*, mndl. *muffe, moffe* ʿPelzhandschuhʾ erscheint im 16. Jh. nndl. *mof*, im 17. Jh. nhd. **Muffen** *Pl.* und **Muffe** *f.*, später auch *Muff m.* Das Femininum hat sich als Übertragung in die technische Sprache (ʿVerbindungsstückʾ) gehalten. Das niederländische Wort ist entlehnt aus frz. *moufle m.*, dem ein ml. *muffula m.* vorausgeht. In diesem wird ein g. **molfell* ʿweiches Fellʾ vermutet.

Röhrich 2 (1992), 1055 f.

Muff[2] *m. per. ndd.* ʿmodriger Geruchʾ (< 17. Jh.). Neben **muffig** und **müffeln**, **muffeln**[1] ʿfaulig riechenʾ. Früher ndd. *muffen* ʿmuffig riechenʾ (seit dem 15. Jh.) Sonst ist die Herkunft unklar. Wohl zu der Grundlage von *Moder*. S. auch *Mief*.

Muffe *f.* s. *Muff*[1].

muffeln[1] *swV.*, **müffeln** *swV.*, ´faulig riechen`, s. *Muff*[2].

muffeln[2] *swV. per. reg.* ´verdrießlich sein` (< 15. Jh.). Zu *muff*, *mupf* ´Verziehen des Mundes`, oberdeutsch seit dem 15. Jh. Lautgebärde nach dem Aussehen des Gesichtes,wenn man *muff*, *mucks* o.ä. sagt. Die alte Rückbildung **Muffel** ´verdrießlicher Mensch` wurde von der Werbeindustrie im 20. Jh. aufgegriffen **(Krawattenmuffel)** und ist nach diesem Vorbild heute in Neubildungen wie **Morgenmuffel** beliebt.

S. *aufmüpfig*. − H.-J. Kann *SD* 17 (1973), 69 f.

Mufti *m. per. exot.* ´Rechtsgelehrter des Islam` (< 17. Jh.). Besonders verbreitet in *par ordre du Mufti* ´durch Befehl von oben, dem nicht widersprochen werden darf`, das zugleich zeigt, daß das Wort über das Französische ins Deutsche gelangt ist. Zugrunde liegt arab. *muftī* ´Erklärer des islamischen Rechts`, so genannt, weil er das *fatwa*, das rechtsverbindliche Gutachten verfaßt (*mu-ft-*).

DF 2 (1942), 159.

muhen *swV.* (< 15. Jh.). Spmhd. *mūhen*, *mūwen*, *mūgen* ´brüllen`; vergleichbar mit lit. *mūkti*, russ. *myčat'*, gr. *mȳkáomai* ´ich brülle, dröhne`; als Variante l. *mūgīre* ´brüllen`.

mühen *swV. refl.* (< 8. Jh.). Mhd. *müejen*, *müewen*, *müen*, ahd. *muoen*, *muohen* u.ä., mndd. *moigen* u.ä., nndd. *moeyen* aus **mō-ja-*, während gt. *afmauips* ´ermüdet` auf *\*mōw-ja-* weist. Auf g. *\*mō-* geht auch *müde* zurück. Dieses aus ig. *\*mō-* ´ermüden, sich anstrengen` in russ. *májat'* ´ermüden` und von einer *l*-Ableitung gr. *mōlos* ´Anstrengung, Kampf`, l. *mōlīrī* ´mit Anstrengung wegschaffen`. Abstrakta: **Mühe**, **Mühsal**; Adjektiv: **mühsam**; Nndl. *moeien*. S. *demolieren*.

Mühle *f.* (< 10. Jh.). Mhd. *mül(e)*, ahd. *mulī*, *mulin*, as. *muli*, *mulin(-stēn)*. Wie ae. *mylen m.* und anord. *mylna* früh entlehnt aus l. *molīnae* aus älterem *mola* (urverwandt mit *mahlen*, also ´Mahlende`). So bezeichnet wird die mit Wasserkraft betriebene Mühle, die die alte Handmühle (ahd. *kurn*, *quirn* usw.) verdrängt.

S. auch *Müller*. − Heyne (1899/1903), I, 44 f.; II, 261−265; Röhrich 2 (1992), 1056 f.; *LM* 6 (1993), 885−891.

Muhme *f. obs.* ´Mutterschwester`, dann ´weibliche Verwandte` (< 9. Jh.). Mhd. *muome*, ahd. *muoma*; daneben mit Dissimilation ndd. *möne*, anord. *móna*. Vriddhi-Bildung zu einem Kosewort für ´Mutter` (**mame* o.ä.), das in dieser frühen Zeit nicht bezeugt, aber sicher vorauszusetzen ist. S. das unter *Mama* Ausgeführte.

Darms (1978), 239−241; Jones (1990), 131−139.

Mulatte *m. per. exot.* ´Mischling` (< 16. Jh.). Entlehnt aus span. *mulato*, einer Ableitung von span. *mulo* ´Maultier`, aus l. *mūlus*, dann verallgemeinert zu ´Mischling`.

DF 2 (1942), 160.

Mulch *m. per. fach.* ´Bodenbedeckung zur Förderung der Gare` (< 20. Jh.). Entsprechend **mulchen**. Mit deutscher Aussprache entlehnt aus ne. *mulch*, das mit nhd. *mulsch* verwandt ist.

P. Siegel *MS* 43 (1928), 245−247.

Mulde *f.* (< 10. Jh.). Mhd. *mulde*, *mu(o)lter*, ahd. *muolt(e)ra*, *mulhtra*, *muolter*, *multa*, *mulde*, mndd. *molde*, *molle*. Entlehnt aus l. *mulctra* ´Melkfaß` (zu l. *mulgēre* ´melken`). Da das alte Melkgefäß länglich war, konnte seine Bezeichnung auf den Backtrog übertragen werden. Die niederdeutsche Form ist erhalten in *Molle*. Im 18. Jh. im Bereich der Bergmannssprache übertragen auf ´Vertiefung in den Flözen`, dann generell für ´Talabsenkung`.

Mull *m. obs.* ´feines Baumwollgewebe` (< 18. Jh.). Entlehnt aus ne. *mull*, das seinerseits aus ne. *mulmull* gekürzt ist. In dieser Form ist es entlehnt aus i. *malmal* ´Mousselin`.

Ganz (1957), 147; Lokotsch (1975), 110.

Müll *m.* ´trockener Abfall` (< 11. Jh.). Ursprünglich norddeutsch. Eigentlich ein Wort für ´Staub, feine Erde` (in dieser Bedeutung, auch in der Lautform **Mull** und auch mit der Bedeutung ´Humus` regional verbreitet, hochsprachlich in **Torfmull**). Vgl. mndd. *mul*, ae. *myl* ´Staub`; nndl. *mul*, nschw. *mull* ´Erde`. Zu mhd. *müllen*, *müln* ´zerreiben`, anord. *mylja* ´zermalmen` und letztlich zu der Sippe von *mahlen*.

Bahder (1925), 71 f.; Kretschmer (1969), 342 f.; Röhrich 2 (1992), 1057.

Müller *m.* (< 11. Jh.). Mhd. *mülnære*, *mülner*, spahd. *mulināri*, spas. *mulineri*. Wie anord. *mylnari* vermutlich entlehnt aus l. *molīnārius* ´Müller`; eine erst germanische Ableitung zu dem Wort für ´Mühle` ist aber nicht ganz ausgeschlossen.

Röhrich 2 (1992), 1057; *LM* 6 (1993), 885−891.

Mulm *m. arch.* ´Stauberde` (< 17. Jh.). Spät bezeugt, aber wohl alt: ndd. *molm*, mhd. in *zermülmen*. Vgl. ae. *mealmstān* ´Sandstein`, anord. *malmr* ´Erz` und *malmen*, ahd. *melm*, as. *melm* ´Staub`. Es handelt sich um *m*-Bildungen von verschiedenen Ablautstufen des unter *mahlen* behandelten Grundlage. S. auch *mulmig*.

mulmig *Adj. stil.* ´unbehaglich` (< 20. Jh.). Wohl übertragen aus *mulmig* ´zerfallen, morsch`, das zu *Mulm* gehört.

Röhrich 2 (1992), 1057 f.

mulsch *Adj. per. ndd. omd.* ´angefault, weich` (< 16. Jh.). Obd. *mölsch*, *molsch*, *melsch*. Letztlich zu *mahlen* als ´zerrieben, weich` wie *mild* und etwa gr. *malakós* ´weich, zart`, heth. *malisku-* ´schwach, leicht, unbedeutend`. S. auch *Mulch*.

multi- *Präfix.* Wortbildungselement mit der Bedeutung 'viel, vielfältig' (z. B. *multifunktionell*). Es wurde in Entlehnungen aus dem Lateinischen übernommen und produktiv; viele moderne Bildungen stehen aber unter dem Einfluß des Englischen; der Ursprung ist l. *multus* 'viel'. Die Hypostase *Multi* im Sinn von 'multinationaler Konzern' hat im Englischen kein Vorbild und ist deshalb wohl eine deutsche Kürzung.

Cottez (1980), 257; Carstensen 2 (1994), 934.

multiplizieren *swV. erw. fach.* (< 15. Jh.). Entlehnt aus l. *multiplicāre*, einer Ableitung von l. *multiplex* 'vielfach, mannigfaltig', zu l. *plicāre, plectere (plexum)* 'falten, zusammenfalten, flechten' und der Kompositionsform von l. *multus* 'viel'. Abstraktum: ***Multiplikation.***

S. *kompliziert.* – Schirmer (1912), 46 f.; *DF* 2 (1942), 160.

Mumie *f. erw. exot.* (< 16. Jh.). Entlehnt aus it. *mummia,* dieses über arab. *mūmiyā,* eigentlich 'Erdpech', zu pers. *mūm* 'Wachs' (nach dem Konservierungsmittel der Ägypter). Verb: ***mumifizieren.***

Littmann (1924), 100; *DF* 2 (1942), 160 f.; Lokotsch (1975), 121; *LM* 6 (1993), 896.

Mumm *m.* 'Mut', *ugs.* (< 19. Jh.). Herkunft unklar.

Röhrich 2 (1992), 1058; Anders: Wolf (1985), 206.

Mumme *f. per. reg.* 'vermummte Person' (< 16. Jh.). Niederdeutsch schon seit dem 15. Jh. Entlehnt aus afrz. *momon* 'Maske', das zu span. *momo m.* 'Grimasse' gehört und wohl als Kinderwort aufzufassen ist. Ebenfalls seit dem 16. Jh. **Mummerei,** über nndl. *mommerij* entlehnt aus frz. *momerie.* Entsprechend **einmummen** und **vermummen.** S. *Mummenschanz.*

mummeln *swV. per. ndd.* (< 15. Jh.). Eher niederdeutsches Wort: mndd. *mummelen,* mndl. *mommelen,* vgl. me. *momelen* u.ä., ne. *mumble* 'in den Bart murmeln, unverständlich brummeln'. Sicher lautnachahmend. Dazu Ausdrücke wie **Mummelgreis** 'zahnloser alter Mann'.

S. auch *munkeln.* – F. Sommer *IF* 51 (1933), 241; Lühr (1988), 130.

Mummenschanz *m.,* früher *f. obs.* (< 16. Jh.). Fnhd. *schanz* ist ein Glückswurf beim Würfelspiel (s. *Schanze²*), *munman* ist vom 14. bis 16. Jh. ein Glücksspiel. Aus unklaren Gründen übertragen auf 'Fasnachtstreiben u. ä.', wohl im Anschluß an *Mumme,* vielleicht weil das Glücksspiel in Zeiten des Verbots vermummt gespielt wurde. Das Wort war im 18. Jh. ausgestorben und wurde in der übertragenen Bedeutung neu belebt.

Röhrich 2 (1992), 1058.

Mumpitz *m. erw. stil.* (< 19. Jh.). Als Ausdruck der Börse im Sinne von 'Schwindel' aufgekommen. Es geht zurück auf volkstümliche Wörter für 'Schreckgespenst, Vogelscheuche', vgl. *Mummel-*

putz 'Vogelscheuche', hess. *Mombotz* 'Schreckgestalt, Gespenst'.

S. *Mumme* und *Butz.* – G. Princi Braccini *AION-G* 27 (1984), 135–205; Röhrich 2 (1992), 1058.

Mumps *m./f. per. reg.* 'Parotitis', *südd.* auch **Mumpf** *m.* (< 19. Jh.). Als Krankheitsbezeichnung ist das Wort aus ne. *mumps* entlehnt, einer wie ein Singular behandelten Pluralform zu ne. *mump* 'ein verdrossenes Gesicht machen' (bezogen auf das bei dieser Krankheit stark entstellte Gesicht). Regionale Formen knüpfen wohl an bereits vorhandene Wörter an, die in den Bereich von *Mops m., mucks* (s. *mucksen*) u.ä. gehören.

U. Schröter *BGDSL-H* 98 (1977), 303–311. [Herangezogen wurde die Dissertation von A. Rauch – noch unveröffentlicht].

Mund¹ *m.* (Körperteil) (< 8. Jh.). Mhd. *munt (-des),* ahd. *mund,* as. *mūth* aus g. **munþa- m.* 'Mund', auch in gt. *munþs,* anord. *munnr, muðr,* ae. *mūþ,* afr. *mūth.* Außergermanisch entspricht kymr. *mant* 'Kinnlade, Mund', l. *mentum n.* 'Kinn'. Weitere Herkunft unklar. Vielleicht eine schwundstufige Ableitung von ig. **stomen* 'Mund' in avest. *staman-* und gr. *stoma n.* (als **stmn̥-to-* mit Vereinfachung der Anlautgruppe). Verb: ***munden***; Adjektiv: ***mündlich.***

Röhrich 2 (1992), 1058–1060.

Mund² *f. arch.* 'Schutz' (< 9. Jh.). Mhd. *munt m./f.,* ahd. *munt,* as. *mund* 'Schutz, Vormundschaft' aus g. **mundō f.* 'Hand, Schutz', auch in anord. *mund* 'Hand', ae. *mund* 'Hand, Schutz'; daneben **munda- m.* in anord. *mundr* 'Kaufpreis der Frau, Vormundschaft', afr. *mund* 'Vormundschaft'. Zugrunde liegt ein r/n-Stamm (ig. **mə-r, mə-n-es*) mit der Bedeutung 'Hand', der im Germanischen (wie auch in anderen Fällen) mit einem Dental erweitert ist. Der *n*-Stamm auch in l. *manus* 'Hand' und mit übertragener Bedeutung in heth. *manijahh-* 'einhändigen, verwalten', mir. *muntar* 'Familie'; der *r*-Stamm in gr. *márē* 'Hand'. Die übertragene Bedeutung des Germanischen nach dem alten Bild des 'sich in der Hand von jmd. befinden' = 'in seiner Macht, unter seinem Schutz sein'.

S. *Mündel, mündig, Vormund* und zur lateinischen Sippe *manuell.* – Tiefenbach (1973), 78–81.

Mundart *f.* (< 17. Jh.). Ersatzwort für *Dialekt.*

Mündel *n./(m./f.) erw. fach.* (< 15. Jh.). Spmhd. *mündel n.,* vgl. afr. *mundele f.* Dafür älter mhd. *mundelinc m.* Aus *Mund²* 'Schutz' mit der Bedeutung 'zum Schutz gehörig, unter Vormundschaft stehend'. ***Mündelsichere Papiere*** (seit 1900) 'Wertpapiere, in denen Mündelgelder angelegt werden dürfen' stehen unter besonderen staatlichen Vorschriften und sind deshalb besonders sicher.

LM 6 (1993), 899.

Mündung *f.* (< 18. Jh.). Zu *Mund*[1] in übertragener Bedeutung. Das Verb *münden* ist erst daraus rückgebildet. Älter ist das Kollektivum ahd. *gimundi*, as. *gimūthi* 'Mündung eines Flusses' (erhalten in Ortsnamen wie *Gemünden*).

mündig *Adj.* (< 14. Jh.). Mhd. *mündec*, mndd. *mundich*. Abgeleitet von *Mund*[2] 'Schutz' im Sinne von 'Vormundschaft', also 'wer sich selbst schützen und damit auch gesetzlich vertreten darf'. Präfixableitung: **entmündigen**.

G. Ebersold: *Mündigkeit* (Frankfurt/M. 1980); *HWPh* 6 (1984), 225–235; *LM* 6 (1993), 899.

Mundraub *m. erw. fach.* 'Entwendung von Lebensmitteln zum sofortigen Genuß' (< 18. Jh.). Eigentlich ein Seemanns-Ausdruck für das Entwenden von Lebensmitteln beim Be- und Entladen eines Schiffes.

mundtot *Adj. phras.* (< 17. Jh.). Gehört eigentlich zu *Mund*[2] und bedeutet in der Rechtssprache 'der sich rechtlich nicht verteidigen darf', also etwa 'entmündigt'. Außerhalb der Rechtssprache zu *Mund*[1] gestellt und umgedeutet zu 'zum Schweigen gebracht'.

Muni *m. per. schwz.* 'Zuchtstier' (< 19. Jh.). Herkunft unklar.

Munition *f.* (< 16. Jh.). Entlehnt aus frz. *munition(s) (de guerre)* (eigentlich 'Kriegsmaterial'), dieses aus l. *mūnītio (-ōnis)* 'Befestigung, Befestigungswerk', einer Ableitung von l. *mūnīre* 'mauern, schanzen', zu l. *moene n.* (meist *Pl. moenia*) 'Mauer der Stadt'.

S. *Mauer.* – *DF* 2 (1942), 161.

munkeln *swV. stil.* (< 16. Jh.). Übernommen aus ndd. *munkelen*. Älter ist auch oberdeutsch die einfache Form *munken*. Vielleicht eine Lautgebärde wie *mummeln* u. ä.

Lühr (1988), 130 f.; Röhrich 2 (1992), 1061.

Münne *f. per. fach.* (eine Fischart) (< 11. Jh.). Mhd. *münwe*, ahd. *muniwa, munuwa*, mndd. *mome, mone* aus vd. **muniwō f.* Herkunft unklar. An sich könnte gr. *mainē* 'kleiner, heringähnlicher Fisch' verglichen werden, doch haben fast alle Fischnamen nur eine sehr beschränkte Verbreitung, so daß der Vergleich wenig aussagekräftig ist.

Münster *n.* (< 8. Jh.). Mhd. *münster, munster* 'Kloster-, (Stifts)kirche', ahd. *munistiri, munster, monster m.* 'Kloster'. Wie ae. *mynster* 'Kloster', anord. *mustari, musteri, mysteri* 'Kloster, Stiftskirche' entlehnt aus l. *monastērium*. Dieses aus gr. *monastērion* 'Eremitenzelle, Kloster', zu gr. *monástēs* 'Einsiedler', dieses zu gr. *monázō* 'ich sondere mich ab', das aus gr. *mónos* abgeleitet ist. Ursprünglich 'Einsiedelei', aber schon lateinisch im 6. Jh. 'Kloster'. Seit dem 13. Jh. gebraucht im Sinne von 'Klosterkirche', dann von 'Kathedrale'.

S. *Mönch.* – Masser (1966), 70–83; W. de Cubber *SGG* 14 (1988), 61–72.

munter *Adj.* (< 9. Jh.). Mhd. *munder*, ahd. *muntar, munder* 'leicht, lebhaft, wach', aus vd. **mundra- Adj.* 'wach, aufgeweckt'; hierzu vielleicht als Ableitung gt. *mundrei* 'Ziel', vgl. ahd. *munt(a)rī* 'Eifer' (also etwa 'das Erstrebte' s. u. zu dem zugrundeliegenden Verb). Außergermanisch vergleichen sich lit. *mañdras* 'munter, aufgeweckt', akslav. *mǫdrŭ* 'gescheit, klug'. Eine *ro-*Bildung zu ig. (eur.) **mendʰ-* 'erstreben' in gr. *manthánō* 'ich lerne', kymr. *mynnu* 'wünschen, verlangen', gt. *mundon* 'auf etwas sehen', anord. *munda* 'zielen'. Weiter zu (ig.) **men-* 'denken', das unter *mahnen* behandelt ist. Abstraktum: **Munterkeit**; Verb: **er-, aufmuntern**. Zur griechischen Verwandtschaft s. *Mathematik.* – Heidermanns (1993), 416.

Münze *f.* (< 9. Jh.). Mhd. *münze*, ahd. *muniz, muniz(z)a*, as. *munita*. Wie ae. *mynet n.*, anord. *mynt* entlehnt aus l. *monēta* 'Münze, Prägestätte'. Die Bezeichnung stammt daher, daß die römische Münzprägungsstätte im Tempel der *Iūno Monēta* war (die Herkunft des Namens ist umstritten). Verb: **münzen**.

S. *Portemonnaie.* – Röhrich 2 (1992), 1061; *LM* 6 (1993), 921–931.

Mur(e) *f. per. oobd.* 'Schuttmasse' (< 19. Jh.). Herkunft unklar. Vgl. *Moräne*.

Muräne *f. per. fach.* (ein gelbbrauner Fisch) (< 14. Jh.). Entlehnt aus l. *mūrēna*, dieses aus gr. *mýraina* unklarer Herkunft.

Suolahti (1929), 153; Bielfeldt(1965), 38 f.

mürb *Adj.* (< 9. Jh.). Mhd. *mürwe, mür(e)*, ahd. *muruwi*, mndd. *morve*, mndl. *morw(e)* u.ä. aus vd. **murwja- Adj.* 'mürbe'. Daneben mit anderer Ablautstufe ahd. *maro*, mhd. *mar (-wes)*, ae. *mearu*, *mæru* u.ä. Außergermanisch vergleicht sich am ehesten air. *me(i)rb*, kymr. *merw* 'schlaff'. Wohl weiter zu *morsch*. Präfixableitung: **zermürben**.

Heidermanns (1993), 404, 418.

Murk *m. per. reg.* 'kleiner Brocken, kleines Kind' (< 15. Jh.). Dazu die Diminutive **Mürklein** und **Mürkel** 'Brocken, Krümel, Knirps'. Weiter zu **murken, morken** (usw.) 'zerdrücken, zerbröckeln'. Entsprechend **murk(e)lig** 'verkümmert, zurückgeblieben' und **Murks** für 'eine unsachgemäße Arbeit', wozu **murksen** 'pfuschen' gehört. Dagegen gehört *abmurksen* zu einer Bildung unmittelbar aus der Grundlage *murken*.

Heidermanns (1993), 417.

murksen *swV.* s. *Murk* und *abmurksen*.

Murmel *f.* s. *Marmel*.

murmeln *swV.* (< 8. Jh.). Mhd. *murmeln, murmern*, ahd. *murmulōn, murmurōn*. Lautmalend wie l. *murmurāre* 'murmeln, brummen', gr. (ep.) *mor-*

mýrō 'ich rausche, sprudle auf' u. a. S. auch *murren*.

Murmeltier *n.* (< 9. Jh.). Sekundär an *Tier* angeschlossen, aus mhd. *mürmendīn* (mit zusätzlichem Wandel von *n* zu *l*); ahd. *murmunto, murmento m.* Entlehnt aus einer romanischen Alpensprache. Das Wort entspricht l. (Akkusativ) *mūrem montis m.* 'Bergmaus'.

S. *Maus.* – Palander (1899), 67.

murren *swV.* (< 15. Jh.). Mhd. *murren,* mndd. *murren,* mndl. *morren, murren, mueren* wie anord. *murra.* Lautmalend, vielleicht im Anschluß an *murmeln.* Adjektiv: *mürrisch.*

Mus *n.* (< 9. Jh.). Mhd. *muos,* ahd. *muos* 'Essen, Speise, Mus', as. *mōs* 'Speise, Essen' aus wg. **mōsa- n.* 'Zukost', auch in ae. *mōs,* afr. *mōs* 'Speise, Essen'. Offenbar eine Vriddhi-Bildung zu dem auch als *s*-Stamm auftretenden Wort (g.) **mati-/ez* 'Speise' (s. *Messer*). Das Grundwort hat die Tendenz, 'Fleisch' zu bedeuten (vgl. ne. *meat*), die Ableitung steht für 'Gemüse, Brei u. ä.', regional auch 'Obstbrei'.

Nndl. *moes.* S. *Gemüse, Lackmus, Mast².* – Heyne (1899/1903), II, 266 f.; A. Teepe-Wurmbach *WF* 13 (1960), 151–168; Darms (1978), 219–231; Röhrich 2 (1992), 1061 f.

Musche *f. arch.* 'Schönheitspflästerchen' (< 17. Jh.). Entlehnt aus frz. *mouche* 'Fliege, Schönheitspflästerchen' (vermutlich wegen des ähnlichen Aussehens).

DF 2 (1942), 161 f.; Brunt (1983), 384.

Muschel *f.* (< 9. Jh.). Mhd. *muschel,* ahd. *muscula, muschel,* as. *muskula.* Entlehnt aus einem rom. **muscula* zu l. *mūsculus m.* in der Bedeutung 'Miesmuschel' (eigentlich 'Mäuschen, Muskel' wegen der ähnlichen Form und Farbe).

S. *Maus.* – *LM* 6 (1993), 946 f.

Muschi *f. per. vulg.* 'Katze; weibliches Geschlechtsorgan', auch **Musche** *f.* 'liederliches Frauenzimmer' (< *15. Jh., Form 19. Jh.). Gehört zu dem unter *Möse* behandelten Komplex. Älteste Form: *Mutze.*

Muse *f. bildg.* (< 17. Jh.). Entlehnt aus gr. *Moũsa* (über l. *Mūsa*), Name der griechischen Göttinnen der Kunst (und Wissenschaft). Heute meist für die Inspiration des Dichters gebraucht (*die Muse hat ihn geküßt* u.ä.). Adjektiv: *musisch.*

S. *Museum, Mosaik, Musik.* – Röhrich 2 (1992), 1062.

Muselman(n) *m. obs.* 'Moslem' (< 17. Jh.). Mit sekundärer Anlehnung an *Mann* entlehnt aus it. *musulmano,* frz. *musulman.* Dieses aus türk. *muslimān* über pers. *muslimān Pl.,* zu arab. *muslim* 'der sich Gott ergeben hat'.

Museum *n.* (< 16. Jh.). Entlehnt aus l. *mūsēum* 'Ort für gelehrte Beschäftigung', dieses über l. *mū-*

sēum aus gr. *mouseĩon,* einer Ableitung von gr. *moũsa f.* 'Muse'. Zunächst entlehnt in der Bedeutung 'Studierzimmer'; im 17. Jh. dann 'Kunstsammlung (usw.)'. Adjektiv: *museal.*

DF 2 (1942), 162.

Musical *n.* (< 20. Jh.). Entlehnt aus am.-e. *musical,* Kurzform von *musical comedy* 'musikalisches Lustspiel'. Hat zu analogischen (Scherz-)Bildungen wie *Grusical* geführt.

B. Carstensen *Lexicographica* 5 (1985), 101–119; Rey-Debove/Gagnon (1988), 607; Carstensen 2 (1994), 937 f.

Musik *f.* (< 9. Jh.). Im Althochdeutschen entlehnt aus l. *(ars) mūsica,* dieses aus gr. *mousikḗ (téchnē),* zu gr. *moũsa* 'Muse'. Die Endbetonung nach frz. *musique.* Adjektiv: *musikalisch;* Nomen agentis: *Musikant,* scherzhaft *Musikus;* Verb: *musizieren.*

S. *Muse.* – *DF* 2 (1942), 162–165; *HWPh* 6 (1984), 242–257; Ch. Kaden *AB* 32 (1989), 34–75; Röhrich 2 (1992), 1062 f.; *LM* 6 (1993), 948–955.

Muskat *m. erw. fach.* (ein Gewürz) (< 13. Jh.). Im Mittelhochdeutschen (mhd. *muscāt-[nuz] f.*) entlehnt aus afrz. *(noix) muscat,* dieses aus ml. *(nux) muscata f.* 'Muskatnuß, eigentlich 'nach Moschus duftende Nuß'', zu spl. *mūscus* 'Moschus', aus gr. *móschos,* ai. *muṣká-* 'Moschus, Hode'.

Lokotsch (1975), 122; Röhrich 2 (1992), 1063; *LM* 6 (1993), 969.

Muskel *m.* (< 18. Jh.). Entlehnt aus l. *mūsculus* 'Muskel', eigentlich: 'Mäuschen'. Der entsprechende ältere deutsche Ausdruck ist *Maus.* Kollektiv: *Muskulatur;* Adjektiv: *muskulös.*

Muskelkater *m.* (< 20. Jh.). Zu *Kater²* 'Nachwehen eines Rausches' übertragen gebildet.

Muskete *f. obs.* (eine große Handfeuerwaffe) (< 16. Jh.). Entlehnt aus span. *mosquete m.,* frz. *mousquet m.* und it. *moschetto m.* (fachsprachlich älter 'Sperber'), einer Ableitung von l. *musca* 'Fliege' (s. *Moskito*). Der Sperber heißt so wegen seiner gesprenkelten Brust, die aussieht, wie wenn sie von Fliegen übersät wäre. Die Übertragung auf die Waffe nach der Wirksamkeit des Sperbers bei der Beizjagd (wie auch bei *Terzerol*).

DF 2 (1942), 166 f.; Lokotsch (1975), 122; Jones (1976), 452–455; *LM* 6 (1993), 970.

Muslim *m.* s. *Muselmann.*

Muße *f.* (< 9. Jh.). Mhd. *muoze,* ahd. *muoza,* as. *mōta.* Ursprüngliche Bedeutung 'Gelegenheit, Möglichkeit', deshalb zu *müssen* in dessen alter Bedeutung 'können'. Adjektiv: *müßig.*

HWPh 6 (1984), 257–260; *LM* 6 (1993), 972.

müssen *Prät.-Präs.* (< 8. Jh.). Mhd. *müezen,* ahd. *muozan,* as. *mōtan* aus g. **mōt Prät.-Präs.* 'ich kann, finde die Möglichkeit', auch in gt. *-mōt,* ae.

mōt, afr. *mōt*, as. *mōt*, (ahd. *muoz*) *1./3.Sg.* Herkunft unklar.

Nndl. *moeten*, ne. *must*. S. *Maut*, *Muße*. – Seebold (1970), 354.

Mustang *m. erw. exot.* ´wildlebendes Präriepferd` (< 19. Jh.). Entlehnt aus ne. *mustang*, dieses eine Vermengung aus mexikanisch-span. *mesteño* (zu l. *mixta* ´gemischt`) und *mostrenco* ´herrenloses Vieh`.

Rey-Debove/Gagnon (1988), 608.

Muster *n.* (< 15. Jh.). Entlehnt als *muster*, *munstre* u.ä. aus it. *mostra f.* ´Probestück`, das auf l. *mōnstrāre* ´zeigen` zurückgeht. Aus der gleichen Grundlage auch die (militärische) **Musterung**. Verb: **mustern**; Adjektiv: **musterhaft**.

S. *monieren* und *mental*, sowie *Automat* (gr.) und *mahnen*. – E. Öhmann *NPhM* 42 (1941), 85.

muster *Adj. per. obd.* ´frisch, kräftig` (bair. *mustberlich*, schwäb. *muschper*, alem. *buschper*) (< 20. Jh.). Aus mhd. *\*munstbære* ´Freude bringend` zu mhd. *munst* ´Freude`.

Mut *m.* (< 8. Jh.). Mhd. *muot*, ahd. *muot m./n.* ´Seele, Geist usw.`, as. *mōd* aus g. *\*mōþa- m.* ´Sinn, Mut, Zorn u. a.`, auch in gt. *moþs*, anord. *móðr*, ae. afr. *mōd n.* Herkunft unklar. Vielleicht zu l. *mōs* ´Sitte`, gr. *mōmai* ´ ich strebe, trachte, begehre`. Adjektiv: **mutig**; Verb: **(ver-, zu-) muten**

Nndl. *moed*, ne. *mood*, nschw. *mod*. S. *Anmut*, *Demut*, *Gemüt*, *langmütig*, *muten*, *mutmaßen*, *Unmut*. – M. Wandruszka: *Angst und Mut* (Stuttgart 1950), 13–80; E. M. Meyer: *Die Bedeutungsentwicklung von germ.* ´**mōþa-*` (Diss. Leipzig 1926); H. Beck in: *FS Schützeichel* (1987), 985–999; Röhrich 2 (1992), 1063.

muten *swV. arch.* ´begehren, nachsuchen` in verschiedenen Sonderbedeutungen (< 9. Jh.). Mhd. *muoten*, ahd. *muotōn*. Zu *Mut* in der Bedeutung ´Absicht`.

mutieren *swV. per. fach.* ´verändern` (< 14. Jh.). Entlehnt aus l. *mūtāre*. Abstraktum: **Mutation**.

DF 2 (1942), 167; *HWPh* 6 (1984), 260 f.

mutmaßen *swV.* (< 14. Jh.). Spmhd. *muotmāzen* zu *muotmāze* ´Bemessung nach dem Sinn, nach der Vermutung`, s. *Mut* und *Maß*.

Mutt *n./m. arch.* ´Scheffel` (< 9. Jh.). Mhd. *mütt(e)*, *mutt(e)*, ahd. *mutti n.*, as. *muddi n.* Wie ae. *mydd n.* entlehnt aus l. *modius m.* ´Scheffel`.

Hoops (1911/19), III, 288.

Mutter *f.* (< 8. Jh.). Mhd. *muoter*, ahd. *muoter*, as. *mōdar* aus g. **mōder- f.* ´Mutter`, auch in anord. *móðir*, ae. *mōdor*, afr. *mōder* (gt. dafür *aiþei*). Aus ig. *\*mátēr f.* ´Mutter`, auch in ai. *mātár-*, toch. A *mācar*, toch. B *mācer*, gr. *métēr*, l. *māter*, air. *māthir*, akslav. *mati*, lett. *māte*, (lit. *mótė* ´Ehefrau`). Dem Wort liegt sicher die Lautgebärde *ma-* für ´Mutterbrust, Mutter` zugrunde. *Mutter* in *Essigmutter* entweder hierher oder (eher) zu *Moder*.

– *Mutter* im Sinn von ´Schraubenmutter` beruht auf einer sexuellen Metapher (´Gebärmutter, Geschlechtsteil` so wie etwa auch von männlichen und weiblichen Steckerteilen gesprochen wird). Präfixableitung: **bemuttern**.

Nndl. *moeder*, ne. *mother*, nschw. *moder*, nisl. *móðir*. S. zur lateinischen Entsprechung *Matriarchat*, *Matrikel*; zur griechischen *Metropole*; s. *Mieder*. – E. Risch *MH* 1944–1946, 115–117; Benveniste (1969/1993), 169–174; Szemerényi (1977), 7–10; Trier (1981), 98 f.; Röhrich 2 (1992), 1063 f.

Mutterkorn *n. per. fach.* ´Auswuchs an Roggenkörnern` (< 18. Jh.); auch *Kornmutter*. Lehnübersetzung aus l. *secālis māter*. Die Bezeichnung bezieht sich auf die medizinische Wirkung beim Gebärvorgang.

LM 6 (1993), 976.

Mutterkrebs *m. per. fach.* ´schalenloser Krebs` (< 18. Jh.). Der erste Bestandteil ist ndd. *muter* ´Mauser`.

Mutterkuchen *m. per. fach.* ´Nachgeburt` (< 18. Jh.). Der zweite Bestandteil ist eine Übersetzung von l. *placenta f.* gleicher Bedeutung.

Muttermal *n.* (< 16. Jh.). Nach dem Volksglauben entstehen diese Veränderungen der Haut dadurch, daß die Mutter während der Schwangerschaft Gelüste hatte, die sie nicht befriedigen konnte. Teilweise wird die Form der Muttermale mit der Art der Gelüste in Zusammenhang gebracht.

G. Rohlfs: *Sprache und Kultur* (Braunschweig 1928), 20.

mutterseelenallein *Adj.* (< 18. Jh.). Wie *mutterallein*, *mutterseligallein* u. a. Zu *Mutterseele*, das früher in häufigerem Gebrauch war. Offenbar zu verstehen als ´mutterlos, allein`.

O. Weise *ZDW* 3 (1902), 246–249; K. Heisig *ZM* 34 (1967), 290–292; L. L. Albertsen *ZDS* 24 (1968), 118–121.

Mutterwitz *m.* (< 17. Jh.). Gemeint ist der angeborene Verstand.

Mutwille *m.* (< 8. Jh.). Mhd. *muotwille*, ahd. *muotwillo*, mndd. *mōtwille*. Zu *Wille* und der alten Bedeutung von *Mut* (hier etwa: ´Gefühl, Lust`), also etwa ´Wille nach eigener Lust` = ´freier Wille`, aber auch ´Leichtfertigkeit`.

Mutz(e) *f.*, **Musche** *f.*, s. *Möse*.

Mütze *f.* (< *14. Jh., Form < 15. Jh.). Mhd. *mutze*, *mütze*, mndd. *mutze*, *musse*, mndl. *muts(e)*, *mutsche*, *muts*, älter auch mhd. *almutz*, mndd. *malmuse*, mndl. *a(l)mutse* u.ä. Entlehnt aus ml. *almucia*, das eine Art Kapuze bezeichnet. Vermutlich als ´abgeschnittenes, kurzes Kleidungsstück` zu ml. *\*muttius* ´abgeschnitten`, geminiertes Kurzwort zu l. *mutilus* ´verstümmelt` (u.ä.). Im Gegensatz zu der Entwicklung in der Hochsprache bedeutet obd. *Mutze* in der Regel ´Wams, Jacke`.

Justi *ZDA* 45 (1901), 420−426; H. Sperber *Imago* 1 (1912), 439; H. F. Foltin *DWEB* 3 (1963), 1−296; Lokotsch (1975), 122; J. Knobloch *Diachronica* 2 (1985), 263−266; Röhrich 2 (1992), 1065; *LM* 6 (1993), 976.

Myriade *f. per. fach.* ʽunzählig große Mengeʼ (< 17. Jh.). Entlehnt aus ne. *myriad*, dieses aus l. *mȳrias (-adis)*, aus gr. *mȳriás (-ádos)* ʽZahl von 10 000ʼ, zu gr. *mȳríos* ʽunzähligʼ. Die Zahlwörter für hohe Zahlen und Bezeichnungen für ʽunermeßlich vielʼ gehen leicht ineinander über.

J. A. Walz *ZDW* 13 (1911/12), 30 f.; *DF* 2 (1942), 168; Ganz (1957), 148 f.; Cottez (1980), 260.

Myrrhe *f. erw. fach.* (ein wohlriechendes Harz) (< 8. Jh.). Ahd. *mirra, myrra, murra*, mhd. *mirr(e) m., mirre* ist entlehnt aus l. *murra, myrrha, murrha*, dieses aus gr. *mýrra*, das semitischen Ursprungs ist (arab. *murra* zur Wurzel *marru* ʽbitter seinʼ).

W. W. Müller in *Mediterrane Kulturen* (1986), 84; *LM* 6 (1993), 978 f.

Myrte *f. erw. fach.* (ein Strauch mit ledrigen Blättern) (< 10. Jh.). Ahd. *mirtilboum, mirre(n)boum m.*, mhd. *mirtelboum m.* ist entlehnt aus l. *murtus, myrtus m.*, dieses aus gr. *mýrtos m.*, das semitischen Ursprungs ist.

Littmann (1924), 17; Röhrich 2 (1992), 1065; *LM* 6 (1993), 979.

Mysterium *n. erw. fremd.* ʽGeheimnis, Unerklärlichesʼ (< 16. Jh.). Entlehnt aus l. *mystērium*, dieses aus gr. *mystḗrion*, zu gr. *mýstēs m.* ʽein in die eleusinischen Geheimnisse (= *Mysterien*) Eingeweihterʼ, eigentlich ʽder die Augen schließt (im Gegensatz zum gr. *epóptēs* ʽZuschauerʼ, der zum höchsten Grad gelangt ist), zu gr. *mýein* ʽsich schließenʼ. Adjektiv: **mysteriös**; Verb: **mystifizieren**.

A. Gombert *ZDW* 3 (1902), 149 f.; *DF* 2 (1942), 168; G. Rüther in: *Europäische Schlüsselwörter* 2 (1964), 68−91; *HWPh* 6 (1984), 263−267; *LM* 681993), 981 f.

Mystik *f. erw. fach.* (< 16. Jh.). Bezeichnung religiöser Erfahrung durch Verinnerlichung und Ekstase, entlehnt aus ml. *(unio) mystica* ʽgeheimnisvolle Einswerdungʼ, dieses zu gr. *mystikós* ʽgeheimnisvollʼ (s. *Mysterium*). Adjektiv: **mystisch**; Nomen agentis: **Mystiker**; die Übertreibung oder unechte Mystik wird als **Mystizismus** bezeichnet.

DF 2 (1942), 168; *LM* 6 (1993), 982−993. A. M. Haas in *Abendländische Mystik im Mittelalter*. Hrsg. K. Ruh (Stuttgart 1986), 319−341.

Mythos *m. erw. fach.* (< 19. Jh.). Entlehnt aus gr. *mȳthos* ʽWort, Erzählungʼ. Adjektiv: **mythisch**; Abstraktum: **Mythologie**.

W. Betz in: *FS Maurer* (1978), 21−31; W. Betz in: H. Koopmann (Hrsg.): *Mythos und Mythologie in der Literatur des 19. Jhs.* (Frankfurt 1979), 11−24; A. Horstmann *AB* 23 (1979), 7−54; *HWPh* 6 (1984), 281−318; *LM* 6 (1993), 993−996.

N

na *Interj.* (Ausdruck des Zögerns, des Unglaubens, der Ungeduld u.ä.). Schon althochdeutsch in dieser Form. Vgl. als entsprechende Interjektion gr. *nē*, l. *nē*, russ. *na*, lit. *nà*. Vielleicht gedehnte Form der Negationspartikel ig. *ne*. Erweitert mit *nun* in **nanu**.

Nabe *f. erw. fach.* (< 9. Jh.). Mhd. *nabe*, ahd. *naba*, as. *naƀa*, *nava* aus g. **naƀō f.* ʿNabeʾ, auch in anord. *nǫf*, ae. *nafa m.*, *nafu*. Aus einem indogermanischen Wort, das ʿNabelʾ und ʿNabeʾ bedeutet, zu einer Grundlage vollstufig **(e)nebh-*, schwundstufig **onbh-*. Vgl. ai. *nā́bhi-* ʿNabel, Nabeʾ, ai. *náb-hya- n.* ʿNabe des Radesʾ, lett. *naba* ʿNabelʾ, apreuß. *nabis* ʿNabel, Nabeʾ. Dazu die *l*-Erweiterung, zu der auch *Nabel* gehört in l. *umbilīcus m.* ʿNabelʾ, l. *umbo m.* ʿSchildbuckelʾ, air. *im(b)liu* ʿNabelʾ, gr. *omphalós* ʿNabel, Schildbuckelʾ.
Nndl. *naaf*, ne. *nave*, nschw. *(hjul)nav*, nisl. *hjólnöf*. S. Nabel, Näber. − Darms (1978), 152 f.

Nabel *m.* (< 8. Jh.). Mhd. *nabel(e)*, ahd. *nabalo*, *nabulo*, mndd. *navel*, mndl. *navel*, *naffel* aus g. **nab(u)lōn m.* ʿNabelʾ, auch in anord. *nafli*, ae. *nafela*, afr. *navla*. Zur Etymologie vgl. *Nabe*.
Nndl. *navel*, ne. *navel*, nschw. *navel*, anord. *nafli*. − Röhrich 2 (1992), 1066.

Näber *m. arch.*, auch **Naber** *m.* ʿBohrerʾ (< 10. Jh.). Mhd. *nabegēr*, ahd. *nabagēr(o)*, *nagaber*, as. *naƀugēr*, *navugēr* aus g. **naba-gaiza- m.*, auch in anord. *nafarr*, ae. *nafugār*, eigentlich der ʿNabenspeerʾ (zu *Nabe* und *Ger*); der Bohrer diente offenbar in erster Linie dem Zweck, Naben zu bohren.

Nabob *m. per. exot.* ʿreicher Mannʾ (< 18. Jh.). Entlehnt aus ne. *nabob* ʿjmd, der sich in Indien Reichtümer erworben hatʾ. Dieses aus hindī *nawwāb* ʿBefehlshaber (im Reich des Großmoguls)ʾ, dieses aus arab. *nuwwāb*, Plural von arab. *nā ʾib* ʿStellvertreter, Statthalterʾ.
DF 2 (1942), 169; Rey-Debove/Gagnon (1988), 610 f.

nach *Adv./Präp.* (< 8. Jh.). Mhd. *nāch*, ahd. *nāh*, mndd. *na*, mndl. *na* aus g. **nēhwō Adv.* ʿnahe, nachʾ, auch in gt. **nehva*, ae. *nēah*, afr. *nēi*. Ursprünglich Adjektiv-Adverb zu *nah* mit der Bedeutungsentwicklung ʿnahe beiʾ zu ʿunmittelbar danachʾ.
J. Endzelin *ZVS* 62 (1935), 23−28; Henzen (1969), 24−85.

nachäffen *swV.* (< 16. Jh.). Etwas älter **nachaffen**. Eigentlich ʿwie ein Affe nachahmenʾ. Vielleicht ist das Wort eine Umdeutung von älterem **nachäfern** ʿwiederholenʾ (letztlich zu *aber*).

nachahmen *swV.* (< 16. Jh.). Das Grundwort aus mhd. *āmen*, *æmen* ʿausmessen, visierenʾ, zusammen mit *nach*- in der Bedeutung ʿdem Maß des Vorbilds entsprechend nachgestaltenʾ (auch -*ohmen*, *ähmen*). Das mittelhochdeutsche Wort ist abgeleitet von mhd. *āme*, *ōme* ʿein Flüssigkeitsmaßʾ (s. *Ohm*[2]).
HWPh 6 (1984); 319−336; *LM* 6 (1993), 996.

Nachbar *m.* (< *8. Jh., Form < 14. Jh.). Vereinfacht aus mhd. *nāchgebūr(e)*, ahd. *nāhgibūr(o)* aus wg. **nēhwa-gabūr(ōn) m.* ʿNachbarʾ, auch in ae. *nēahgebūr*, *nēh(h)ebūr* u.ä. Das Grundwort ist ein Soziativum: ʿeiner, der am gleichen Wohnort (s. *Bauer*[1]) wohntʾ; zusammen mit ʿnaheʾ als ʿeiner, der in der Nähe (am gleichen Wohnort) wohntʾ, entsprechend anord. *ná-búi*. Abstraktum: **Nachbarschaft**; Adjektiv: **nachbarlich**.
Nndl. *nabuur*, ne. *neighbour*. S. *nah*, *Bauer1/2*. − Bader 2 (1962), 49−54 *LM* 6 (1993), 996.

Nachen *m. erw. fach.* (< 11. Jh.). Mhd. *nache*, ahd. *nahho*, as. *nako* ʿSchiffʾ aus g. **nakwōn m.* ʿNachenʾ, auch in anord. *nǫkkvi* ʿSchiff, Boatʾ, ae. *naca*. Mit falscher Ablösung des Anlauts (nach Akkusativen, die auf -*n* ausgehen) auch fr. *āk(e)*, mndl. *āke* und entsprechend in deutschen Mundarten. Herkunft unklar. Nndl. *aak*.

Nachfahr(e) *m.* s. *Vorfahr(e)*.

nachgerade *Adv. stil.* ʿschließlichʾ (< 17. Jh.). Ursprünglich niederdeutsches Wort, mndd. *nagerade*, älter *narade*, das sich wohl von mndd. *rāt* (anord. *rǫð*) ʿReiheʾ herleitet, wahrscheinlich weiter zu *gerade*[1]; also ʿnach der Reihe, der Reihe nachʾ. Die Bedeutung ʿschließlichʾ seit dem 17. Jh.

nachhaltig *Adj.* (< 18. Jh.). Über das Substantiv **Nachhalt** (eigentlich ʿRückhalt, was man zurückbehältʾ) abgeleitet von **nachhalten** ʿandauern, wirken, anhaltenʾ.

Nachricht *f.* (< *16. Jh., Form < 17. Jh.). Gekürzt aus fnhd. *nachrichtung* oder parallel gebildet. Wie l. *īnstrūctio* zunächst ʿUnterweisung, Belehrungʾ (*nach etwas ausrichten*) dann verallgemeinert zu ʿMitteilungʾ.

Nachrichter *m. arch.* ʿHenkerʾ (< 12. Jh.). Mhd. *nāchrihter* ʿder nach dem Richter seines Amtes waltetʾ, ursprünglich Bezeichnung für eine untergeordnete Gerichtsperson, danach wie *Scharfrichter* ein verhüllender Ausdruck für ʿHenkerʾ.
Angstmann (1928), 36−42; *LM* 6 (1993), 999.

nachschlagen *st V.* (< 14. Jh.). Spmhd. *nāchsla-hen.* Schon ahd. *slahan*, anord. *slá* bedeutet auch ʹden Vorfahren nachschlagenʹ, vermutlich ausgehend von ʹeine Richtung einschlagenʹ. S. *Geschlecht.*

nachstellen *sw V.* (< 16. Jh.). Mhd. *stellen*, mndd. *stellen* bedeutet auch ʹFallen (Netze, Schlingen) stellen für bestimmte Tiereʹ. Dann wird es verallgemeinert zu ʹauflauernʹ und mit *nach* verbunden.

Nacht *f.* (< 8. Jh.). Mhd. *naht*, ahd. *naht*, as. *naht* aus g. **naht-* f. ʹNachtʹ, auch in gt. *nahts*, anord. *nátt*, *nótt*, ae. *niht*, *næht* u.ä., afr. *nacht*. Dieses aus ig. **nokt-* f., auch in ai. *nákt-*, gr. *nýx (nyktós)*, l. *nox (noctis)*, air. *nocht*, kymr. *nos*, lit. *naktìs*, akslav. *noštĭ*, toch. A *noktim* ʹabendsʹ, toch. B *nekcīye* ʹabendsʹ. Heth. *nekuz mehur* ʹabendsʹ gehört zu heth. *neku-*, ʹes wird Abend, es dämmertʹ. Dies läßt die Vermutung zu, daß von ʹDämmerung, Abendʹ auszugehen ist. Ein Ansatz **nekw-* oder **nekw-*, der ebenfalls aus dieser Form zu gewinnen sein könnte, würde gestützt durch den Vokalismus des Griechischen. Adverb: *nachts*; Adjektiv: **nächtlich**; Verb: **nächtigen**; Präfixableitungen: **um-, übernachten**.
Nndl. *nacht*, ne. *night*, nschw. *natt*, nisl. *nótt*. S. *Mitternacht, Nachtigall, nächten.* – Ch. Peeters *IF* 79 (1974), 31 f.; T. L. Markey in: *FS M. Gimbutas* ed. S. N. Skomal, E. C. Polomé (Washington 1987), 299–321; Röhrich 2 (1992), 1066.

nächten *Adv. per. reg.* ʹgestern (abend)ʹ (< 9. Jh.). Entspricht mhd. *nahti*, ahd. *nahti*, an das unter Einfluß von *morgen* die Endung -en antrat. Eigentlich ʹnachtsʹ im alten Sinn von *Nacht* ʹAbendʹ, wobei beim Sprechen im Präteritum nur der vergangene Abend gemeint sein kann.
H. Osthoff *IF* 20 (1906), 213–217.

Nachtigall *f.* (< 8. Jh.). Mhd. *nahtegal(e)*, ahd. *naht(a)-gala*, as. *nahtagala*, *nahtigala* aus wg. **nahti-galōn* f. ʹNachtigallʹ, auch in ae. *nihtegale* m. Der zweite Bestandteil gehört zu g. **gal-a- st V.* ʹsingenʹ in anord. *gala*, ae. *galan*, ahd. *galan* ʹbeschwören, Zaubergesänge singenʹ; also eigentlich ʹNachtsängerinʹ. Entsprechend l. *luscinia* ʹNachtigallʹ (zu l.*canere* ʹsingenʹ; Vorderglied vielleicht **lusci-* in der unbezeugten Bedeutung ʹDämmerungʹ, evtl. umgebil det aus **noks-*). Das *i* der Kompositionsfuge ist regional vor *g* entstanden (wie in *Bräutigam* und *Rüdiger*).
Nndl. *nachtegaal*, ne. *nightingale*. S. *galstern, gellen, gelt*[1]. – P. Schmidt *ZDA* 51 (1909), 280–287; H. Schwarz in: *FS Trier* (1954), 442–445; Szemerényi *Scripta Minora* 2,817–825; Röhrich 2 (1992), 1066 f.; *LM* 6 (1993), 1000 f.

Nachtschatten *m. erw. fach.* (< 11. Jh.). Mhd. *nahtschate*, ahd. *nahtscato* bezeichnet ursprünglich im Plural die Dunkelheit, im Singular verschiedene Nachttiere. Die Übertragung auf Pflanzen ist unklar; vielleicht wegen der dunklen Beeren (Tollkirsche) und Blüten.

Nachttrut *f.* s. *Drude.*

Nacken *m.* (< 8. Jh.). Mhd. *nac (nackes)*, *nacke*, ahd. *nac, nacko* ʹHinterhaupt, Nackenʹ aus g. **hnakka-/ōn* m. ʹHinterhaupt, Nackenʹ, auch in anord. *hnakkr*, *hnakki*. Daneben mit Ablaut mndl. *necke, nec*, afr. *hnekka*, ae. *hnecca*, s. auch *Genick.* Außergermanisch wird verglichen air. *cnocc*, kymr. *cnwch* ʹBuckel, Hügelʹ, toch. A *kñuk* ʹHals, Nackenʹ. Weitere Herkunft unklar. Nach Sommer zu dem lautnachahmenden **knak-* für das Knacken der Gelenke (s. *knacken*).
Nndl. *nek*, ne. *neck*, nschw. *nacke*, nisl. *hnakki*. S. *Genick, hartnäckig.* – Sommer (1977), 11–13; Röhrich 2 (1992), 1068.

nackt *Adj.* (< 9. Jh.). Mhd. *nacke(n)t*, ahd. *nakkot*, mndd. *naket, naken(t)*, mndl. *naect, nake(n)t* aus g. **nakwada-* Adj. ʹnacktʹ, auch in gt. *naqaþs*, anord. *nǫkviðr*, ae. *nacod, næcad*, afr. *nakad, naked, naken(d)*. Die gleiche Form ig. **nogwot-* oder *-odh-* setzen voraus air. *nocht*, kymr. *noeth* mit *-t-* und l. *nūdus* mit *-d-*. Daneben mit n-Suffix ai. *nagná-*, anord. *nakinn*, mndd. *naken(t)*, afr. *naken(d)*. Wieder anders heth. *nekumant-*. Unerweitert in akslav. *nagŭ*, dehnstufig in lit. *núogas*, sowie in anord. *nøkkva* ʹentblößenʹ. Auch gr. *gymnós* wird mit unregelmäßiger Lautentwicklung hierhergestellt. Weitere Herkunft unklar. Nominalableitung: **Nak-kedei**.
Nndl. *naakt*, ne. *naked*, (nschw. *naken*, nisl. *nakinn*). S. *Gymnasium.* – Röhrich 2 (1992), 1068; Heidermanns (1993), 419 f.

Nadel *f.* (< 9. Jh.). Mhd. *nādel(e)*, *nālde*, ahd. *nādala, nādel, nālda*, as. *nāthla* aus g. **næþlō f.* ʹNadelʹ, auch in gt. *neþla*, anord. *nál*, ae. *nǣdl*, afr. *nēdl*, *nēlde*. Instrumentalbildung zu *nähen* (ʹMittel zum Nähenʹ), dann nach der spitzen Form übertragen. Außergermanisch entspricht air. *snáthat*, kymr. *nodwydd*. Verb: **nadeln**.
Nndl. *naald*, ne. *needle*, nschw. *nål*, nisl. *nál*. – Kluge (1926), 52; Röhrich 2 (1992), 1068–1070; *LM* 6 (1993), 1002. Zur Entlehnung ins Finnische s. Koivulehto *BGDSL-T* 103 (1981), 168.

nafzen *sw V. per. reg.* ʹschlummernʹ (< 9. Jh.). Mhd. *nafzen*, ahd. *(h)naffezzen*. Intensivbildung zu mhd. **napfen*, ae. *hnappian*, *hnæppian* ʹeinnicken, schlummernʹ. Weitere Herkunft unklar. Ne. *nap*.
Bahder (1925), 24.

Nagel *m.* (< 8. Jh.). Mhd. *nagel*, ahd. *nagal*, as. *nagal, negil* aus g. **nagla-* m. ʹNagelʹ, auch in anord. *nagl* ʹFingernagelʹ, anord. *nagli* ʹEisennagelʹ, ae. *næg(e)l*, afr. *neil, nīl*; gt. in *ganagljan* ʹannagelnʹ (dieses wie anord. *negla*, ae. *næglian*, as. *neglian*, ahd. *nagalen, negilen*, mhd. *nagelen, negelen*). Die Bedeutung ist ursprünglich ʹNagel an Finger und Zeheʹ, dann übertragen auf ʹHolz- oder Drahtstiftʹ (möglicherweise nach dem verbreiteten Ende, das mit einem Fingernagel verglichen wird). Außergermanisch entsprechen Wörter ohne *l*-Erweiterung: air. *ingen*, kymr. *eguin* 'Nagel', l. *unguis* 'Nagel', akslav. *noga* 'Fuß' (lit. *nagà f.* 'Huf'), lett. *nagas* 'beide Hände, Hände und Füße'), lit. *nāgas* 'Nagel', gr. *ónyx* 'Nagel, Kralle'. Vgl. ai. *áṅghri-* 'Fuß' und lautlich abweichend *nakhá-* 'Nagel, Kralle'. Der Lautstand ist auffällig uneinheitlich; die Konsonanten sind *n* und *gʰ*, aber der Vokalismus läßt sich kaum auf einen Nenner bringen. Weitere Herkunft unklar. Verb: **nageln**.

Nndl. *nagel*, ne. *nail*, nschw. *nagel*, nisl. *nagli*. S. *Nagelfluh*, *Onyx*. − Röhrich 2 (1992), 1070−1073.

Nägelchen *n.*, **Nägelein** *n.*, 'Nelke' s. *Nelke*.

Nagelfluh *f. per. fach.* (Gesteinsart, Felswand) (< 18. Jh.). Schweizer Wort für eine Felswand aus der die eingesprengten Kiesel wie Nagelköpfe hervorstehen; zu *Fluh* 'Wand' und *Nagel*. In hochsprachlichen Texten seit dem 18. Jh.

nagelneu *Adj. stil.* (< 15. Jh.). Von Anfang an übertragen gebraucht. Vielleicht ursprünglich 'neu genagelt' (oder 'neu genietet'), aber bei derartigen Verstärkungswörtern können Erklärungen der Herkunft nur unter Vorbehalt gegeben werden. Vgl. *funkelnagelneu*.

Nagelprobe *f. per. fach.* 'Prüfstein' (< 17. Jh.). Bezieht sich auf eine seit dem 16. Jh. bezeugte Sitte (ursprünglich wohl aus Skandinavien): Man stülpt das Trinkgefäß, mit dem man auf jemandes Gesundheit getrunken hat, über den Daumen der linken Hand, zum Zeichen, daß kein Tropfen zurückgeblieben ist, der den Nagel naß machen könnte.

M. Lemmer *Sprachpflege* 32 (1983), 71 f.; Röhrich 2 (1992), 1073.

nagen *swV.* (< 9. Jh.). Mhd. *nagen* (älter *stV.*), ahd. *-nagan*, älter *-gnagan*, as. *gnagan, nagan, knagan* aus g. **gnag-a- stV.* 'nagen', auch in anord. *gnaga*, ae. *gnagan*. Außergermanisch entsprechen zwei wenig verbindliche Formen: lett. *gņēga* 'einer, der mit langen Zähnen ißt', avest. *aiβi.γnixta-* 'angenagt, angefressen'. Nomen agentis: **Nager**.

Nndl. *knagen*, ne. *gnaw*, nschw. *gnaga*, nisl. *naga*. S. *Gnagi, naschen, necken*. − Seebold (1970), 233 f.; Röhrich 2 (1992), 1073 f.

nah(e) *Adj.* (< 9. Jh.). Mhd. *nāch, nāher*, ahd. *nāh*, as. *nāh* aus g. **nēhwa- Adj.* 'nah', auch in gt. *nehv(a)*, anord. *ná*, ae. *nēah*, afr. *nēi*. Am ehesten eine Adjektivbildung aus einer lokalen Partikel **nē*, die etwa als akslav. *na* Präp. 'auf, an, zu' erscheint. Hierzu vielleicht auch akslav. *vǔznaků* 'zurückgeneigt, rücklings', ai. *nāka-* 'Firmament, näherer Himmel'. Ausgangsbedeutung also etwa 'zugeneigt, in Richtung auf, da'.

Nndl. *na*, ne. *near*, nisl. *ná-*. S. *nach, Nachbar*. − P. Thieme *Zeitschrift der morgenländischen Geschichte* 101 (1951), 412, Anm. 4.; V. Pisani in: *Shrī Mahāvīra Jaina Vidyālaya, Golden Jubilee Volume* I (Bombay 1968), 185 f.

nähen *swV.* (< 9. Jh.). Mhd. *næjen*, ahd. *nājan*, mndd. *neien, neigen* u.ä., mndl. *n(a)eyen* aus vd.

*nǣ-ja-, das ursprünglich weiter verbreitet gewesen sein muß, wie die Ableitung *Nadel* zeigt. Außergermanisch vergleicht sich zunächst kymr. *nyddu* 'nähen'; sonst bedeutet das Verb 'spinnen', so in l. *nēre*, gr. *neĩn*; vgl. air. *snáthat* 'Nadel', mir. *snīid* 'dreht, bindet', lett. *snāt* 'locker zusammendrehen, spinnen'. Die Bedeutungsentwicklung ist vermutlich 'zusammendrehen − spinnen' − nominal 'Faden' und von dort aus 'nähen'.

Nndl. *naaien*. S. *Nadel, Naht, Natter, Schnur*[1].

nähren *swV.* (< 8. Jh.). Mhd. *ner(e)n*, ahd. *nerien, nerren*, as. *nerian* aus g. **naz-eja- swV.* 'nähren', auch in gt. *nasjan*, ae. *nerian* 'retten', afr. *nera*. Kausativum zu dem in *genesen* erhaltenen starken Verb mit der ursprünglichen Bedeutung 'heimkommen, überstehen'. Die Ausgangsbedeutung ist also etwa 'überstehen machen, am Leben erhalten'. Abstraktum: **Nahrung**; Adjektiv: **nahrhaft**; Präfigierung: **ernähren** (mit **Ernährer** und **Ernährung**).

Nndl. *naaien*. S. *Nadel, Naht, Natter, Schnur*[1].

Naht *f.* (< 11. Jh.). Mhd. *nāt*, ahd. *nāt*, mndd. *nāt*, mndl. *naet, nayt* aus vd. **nǣ-di- f.* 'Naht', Verbalabstraktum zu *nähen*.

Kluge (1926), 67; Röhrich 2 (1992), 1074.

naiv *Adj.* (< 18. Jh.). Entlehnt aus frz. *naïf*, dieses aus l. *nātīvus* 'natürlich, ursprünglich, angeboren', zu l. *nātus* 'Geburt', zu l. *nāscī* 'gezeugt werden, geboren werden' (älter *gnā-*, zu ig. **genə-* 'geboren werden'). Abstraktum: **Naivität**.

S. *Genus*. − W. Feldmann *ZDW* 8 (1906/07), 81; *DF* 2 (1942), 169−174; Brunt (1983), 387; *HWPh* 6 (1984), 359−362.

Name *m.* (< 8. Jh.). Mhd. *nam(e)*, ahd. *namo*, as. *namo* aus g. **namōn m.* (mit Schwundstufe der Ableitungssilbe in der Flexion) 'Name', auch in gt. *namo*, anord. *nafn n.*, ae. *nama*, afr. *nama, noma*. Außergermanisch vergleichen sich ai. *nāma n.*, toch. A *ñom*, toch. B *ñem*, gr. *ónoma n.*, l. *nōmen n.*, akslav. *imę n.*, apreuß. *emnes*, air. *ainm(m) n.*, kymr. *enw*. Mit unregelmäßig entwickeltem Anlaut heth. *laman-* n. Das Wort ist nur im Konsonantismus einwandfrei vergleichbar, der Ablaut im Vokalismus ist undurchschaubar. Ähnliche Wörter auch im Finnisch-Ugrischen, so daß hier wohl ein sehr altes Wort vorliegt. Adjektiv: **namhaft**. **Namenstag** ist (wie sonst der Geburtstag) die persönliche Feier am Tag des Heiligen, dessen Namen man trägt. Ein **Namensvetter** ist derjenige, der den gleichen Namen trägt.

Nndl. *naam*, ne. *name*, nschw. *namn*, nisl. *nafn*. S. *nennen*, zur lateinischen Verwandtschaft s. *Nomen*, zur griechischen s. *anonym*. − S. Gutenbrunner in: H. Drayl (Hrsg.): *Proceedings of the 7ᵗʰ International Congress of Onomastic Sciences* (Louvain 1966), 1−6; *HWPh* 6 (1984), 364−389; W. Laur: *Der Name* (Tübingen 1989); Röhrich 2 (1992), 1074 f.; *LM* 6 (1993), 1009.

namentlich *Adv.* 'vornehmlich' (< *13. Jh., Form < 15. Jh.). Mhd. *name(n)līche, nem(e)līche(n)*, mndd. *nemeliken.* älter *mit, bī namen.* Ursprünglich ˈausdrücklich (mit Namen) genanntˈ; dann — wenn von mehreren in Frage kommenden nur einige mit Namen genannt werden — im Sinne von ˈvornehmlichˈ.

nämlich *Adv.* (< 13. Jh.). Mhd. *name(n)līche,* dasselbe Wort wie unter *namentlich* angeführt, mit Umlaut nach Kürzung der Suffixsilbe. Die Bedeutung ist also ˈausdrücklich (mit Namen) genanntˈ, deshalb heute zur Einführung einer genaueren Bestimmung.

Behaghel 3 (1928), 217 f.

Napf *m. stil.* (< 8. Jh.). Mhd. *napf, naph,* ahd. *(h)napf,* as. *hnapp* aus g. **hnappa- m.* ˈNapfˈ, auch in anord. *hnappr* ˈSchale, Schüsselˈ, ae. *hnæp, hnæp(p).* Herkunft unklar.

Nndl. *nap,* schw. dial. *napp.* — R. Hildebrandt *DWEB* 3 (1963), 369 f.; Lühr (1988), 233 f.

Naphtha *n.,* auch *f. per. fach.* ˈErdöldestillatˈ (< 16. Jh.). Entlehnt aus gr. *naphtha* ˈErdölˈ (wohl über l. *naphtha*). Das griechische Wort aus pers. *naft* ˈErdharz, Erdölˈ, das vielleicht zu den indogermanischen Feuchtigkeitswörtern mit einer Grundlage **nebh-* gehört (s. *Nebel*).

DF 2 (1942), 175.

Nappaleder *n. per. fach.* (ein weiches Leder) (< 20. Jh.). Entlehnt aus e. *nap(p)a leather,* das nach der kalifornischen Stadt *Napa* bezeichnet ist, wo das zugrundeliegende Bearbeitungsverfahren entwickelt wurde.

Narbe *f.* (< 12. Jh.). Mhd. *narwe, nar(e) m./f.,* mndd. *nare, narwe m./(f.).* Formal handelt es sich um die Substantivierung eines Adjektivs wg. **narwa-* ˈengˈ in ae. *nearu(-we)* (ne. *narrow*), as. *naru* (nndl. *naar*), wobei der Bedeutungsübergang unklar bleibt; vgl. immerhin *Nehrung,* das sich auch auf eine schmale enge Erhebung bezieht. Vielleicht aber auch (zusätzlich?) mit *s mobile* zu *Schnur,* so daß etwa von ˈNahtˈ oder ˈVerschnürungˈ auszugehen wäre. Man verknüpft bei dieser Annahme vor allem (ohne große Sicherheit) lit. *nérti* ˈeinfädeln, einrenken, verschränkenˈ, lett. *nẽrt* ˈdie Spitze des Bastschuhs zusammenziehenˈ. Denkbar ist schließlich auch ein Bedeutungsansatz ˈgeschrumpftˈ und ˈSchrumpfungˈ in bezug auf lautlich ähnliche Wortsippen wie ahd. *snerfan st V.* ˈschrumpfenˈ. Adjektiv: *narbig;* Präfixableitung: *vernarben.*

S. *Nehrung.* — A. Lindqvist *MASO* 4 (1941), 159 f.; Heidermanns (1993), 421.

Narde *f. arch.* (ein Duftstoff) (< 9. Jh.). Mhd. *narde m./f.,* ahd. *nartha, narda* u.ä., vgl. auch gt. *nardus.* Entlehnt aus l. *nardus,* das seinerseits entlehnt ist, doch ist der Ursprung und der Entlehnungsweg unklar (gr. *nárdos,* ai. *nálada- n.,* hebr. *nēr{}ᵉd*).

Narkose *f.* (< 18. Jh.). Entlehnt aus gr. *nárkōsis,* einer Ableitung von gr. *narkáein* ˈerstarren, läh-

men, betäubenˈ, dazu gr. *nárkē* ˈLähmungˈ. Adjektiv: *narkotisch;* Verb: *narkotisieren;* Konkretum: *Narkotikum.*

DF 2 (1942), 175 f.; Cottez (1980), 263.

Narr *m. stil.* (< 8. Jh.). Mhd. *narre,* ahd. *narro,* mndd. *narre-.* Herkunft unklar. Verb: *(ver)narren;* Adjektiv: *närrisch;* Abstrakta: *Narrheit, Narretei.*

A. vBlumenthal: *Hesych-Studien* (Stuttgart 1930), 43; Ch.M. Puchta-Mähl: *Wan es zu ring umb uns beschait* (Heidelberg 1986); Röhrich 2 (1992), 1075 — 1078; *LM* 6 (1993), 1023 — 1026.

Narretei *f. obs.* (< 17. Jh.). Gekürzt aus älterem *Narrenteiding* zu *Teiding* ˈleeres Geredeˈ (s.d. und *verteidigen*).

Narrifex *m.* s. *Fex.*

Narwal *m. per. fach.* (Delphinart) (< 18. Jh.). Entlehnt aus nschw. *narval,* ndn. *narhval,* dieses zu anord. *nárhvalr.* Der zweite Bestandteil ist das Wort *Wal,* der erste ist unklar (zu dem Wort für Nase, da der Narwal ein Horn trägt?), man vergleicht anord. *nár* ˈToter, Leicheˈ wegen der weißlichen Farbe, doch ist dies nicht sehr wahrscheinlich.

Narzisse *f.* (< 16. Jh.). Entlehnt aus l. *narcissus m.,* dieses aus gr. *nárkissos m./(f.),* wahrscheinlich Lehnwort, das sekundär wegen des starken Duftes der Blume an gr. *nárkē* ˈLähmungˈ angeschlossen wurde (s. *Narkose*).

DF 2 (1942), 176 f.

Narzißmus *m. per. fach.* (krankhafte Eigenliebe) (< 20. Jh.). Nach der griechischen Sage von *Narkissos,* einem schönen Jüngling, der sich in sein Spiegelbild verliebte, an dieser Liebe zugrunde ging und in eine Narzisse verwandelt wurde. Von Freud als Terminus der Tiefenpsychologie aufgenommen und von dort aus weiter verbreitet.

HWPh 6 (1984), 401 — 406.

naschen *sw V.* (< 11. Jh.). Mhd. *naschen,* ahd. *nascōn.* Daneben ndd. *gnaschen,* nschw. *snaska.* Das Wort bedeutet eigentlich ˈknabbernˈ und gehört zu *nagen.* Präfigierung: *vernaschen;* Adjektiv: *naschhaft.*

Nase *f.* (< 8. Jh.). Mhd. *nase,* ahd. *nasa,* mndd. *nese, nase,* mndl. *nose, neuse, nuese* aus g. **nas(ō) f.* ˈNaseˈ, auch in anord. *nǫs,* ae. *n(e)osu,* afr. *nose.* Aus ig. **nas-* (der Ansatz von *a* ist etwas unbequem, wird aber durch das Indische offenbar erzwungen) ˈNaseˈ. Da das Wort mehrfach auf einen Plural oder Dual zurückführt, wird es wohl ursprünglich ˈNasenlochˈ bedeutet haben. Es könnte zu ig. **anə-* ˈatmenˈ gehören. Zu vergleichen sind ai. *nas-,* Dual *nāsā,* l. *nāris,* lit. *nósis,* russ.-kslav. *nosŭ m.* Der Fisch *Nase* heißt nach seinem vorstehenden Oberkiefer. Vielleicht entlehnt aus l. *nāsus m.* ˈNaseˈ (oder Bedeutungsentlehnung, was in diesem Fall nicht entscheidbar ist). Verb: *näseln.* Zu

der lateinischen Entsprechung gehört **nasal** ´durch die Nase gesprochen` und **nasalieren**.
Nndl. *neus*, ne. *nose*, nschw. *näsa*, nisl. *nös* ´Nasenloch`. S. *nuscheln*, *Nüster*. − Röhrich 2 (1992), 1078−1084.

Nasenstüber *m. obs.* ´Stoß an die Nase, Tadel` (< 17. Jh.). Zuerst in der Form *Nasenstieber*. Zu *stieben* mit späterer umgekehrter Schreibung.

naseweis *Adj.* (< 16. Jh.). Mhd. *nasewīse*, mndd. *nesewīs*, mndl. *nosewijs*, *nueswijs*. Ursprünglich vom Jagdhund gesagt (´mit feiner, kundiger Nase`). Zu *weise* in älterer allgemeinerer Bedeutung. Die heutige Bedeutung durch spöttischen Gebrauch wie bei *altklug*.

Nashorn *n.* (< 16. Jh.). Lehnübersetzung aus l. *rhīnocerōs m.* zu gr. *rhīnókerōs m.*
LM 6 (1993), 1032.

naß *Adj.* (< 9. Jh.). Mhd. *naz*, ahd. *naz* aus g. **nata-* *Adj.* ´naß`, außerdeutsch nur indirekt bezeugt durch gt. *(ga)natjan* ´benetzen`. Herkunft unklar. In der Bedeutung am nächsten steht gr. *nótios* ´naß`, doch macht der Lautvergleich Schwierigkeiten. Abstraktum: **Nässe**.
Nndl. *nat*. S. *netzen*. − A. Lindquist *SMS* 19 (1956), 69 f.; Röhrich 2 (1992), 1084 f.; Heidermanns (1993), 422; W. P. Schmidt in: *Germanenprobleme* (1986), 161. Nicht annehmbar: E. P. Hamp *NOWELE* 3 (1984), 49−51.

Nassauer *m. erw. stil.* ´jmd., der ständig bei andern ißt oder sie sonst in Anspruch nimmt` (< 19. Jh.). Dazu **nassauern**. Scherzhafte Umbildung nach dem Städtenamen *Nassau* aus berlinerischem *for nass* u.ä. ´umsonst`. Dieses wohl aus rotw. *nassenen* ´schenken` (aus wjidd. *nossenen*).
E. Schröder *HBV* 36 (1938), 167 f.; W. Stammler (1954), 167−170; Wolf (1985), 228; Röhrich 2 (1992), 1085.

Nation *f.* (< 14. Jh.). Entlehnt aus l. *nātio (-ōnis)*, einer Ableitung von l. *nāscī (nātus sum)* ´geboren werden`, das mit l. *genus n.* ´Geschlecht, Art, Gattung` verwandt ist. Ausgangsbedeutung ist also ´Gemeinschaft von Menschen derselben Herkunft`; daran anschließend dann die Bedeutungskomponente ´gleiche Kultur, Sprache usw.`. Die Römer nannten fremde Völker *nationes* oder *gentes*. Nach Übernahme des Christentums bezeichnen *gentes* speziell die Heiden, dadurch Beginn der Einengung der Bedeutung von *Nation*. Adjektiv: **national**; Abstrakta: **Nationalität**, **Nationalismus**; Täterbezeichnung: **Nationalist**.
Zur lateinischen Verwandtschaft s. *Genus*. − A. Gombert *ZDW* 3 (1902), 321 f.; *DF* 2 (1942), 177−184; A. Kosing: *Nation in Geschichte und Gegenwart* (Berlin 1976); H.-D. Kohl in: H. Beumann/W. Schröder (Hrsg.): *Aspekte der Nationenbildung im Mittelalter* (Sigmaringen 1978), 63−108; *HWPh* 6 (1984), 406−414; R. Grosse *ZPhSK* 38 (1985), 481−488; E. Fehrenbach *PSG* 7 (1986), 75−107; *Grundbegriffe* 7 (1992), 141−431; *LM* 6 (1993), 1035−1040.

Natron *n. erw. fach.* (< *16. Jh., Form < 18. Jh.). Ursprünglich *anatron*, (mit dem arabischen Arti-

kel). Entlehnt aus arab. *anatrūn*. Dazu die Weiterbildung **Natrium**.
DF 2 (1942), 185.

Natter *f.* (< 8. Jh.). Mhd. *nāter(e)*, ahd. *nāt(a)ra*, *nāter*, as. *nādra* aus g. **nadra-* m., *nadrō f. ´Natter` (Belege mit erwiesener Länge im Mittelhochdeutschen erzwingen kaum den Ansatz einer westgermanischen Form mit Länge; eher ist mit sekundärer Dehnung zu rechnen), auch in gt. *nadrs m.*, anord. *naðr m.*, ae. *næd(d)re*. Mit Verlust des anlautenden *n* durch falsche Ablösung: *adder*, nhd. (aus dem Ostmitteldeutschen) *Otter*. Außergermanisch vergleichen sich air. *nath(a)ir*, kymr. *neidr*, l. *natrix* ´Wasserschlange`. Vielleicht weiter zu (ig.) \**(s)nē-* ´drehen, winden` (zu diesem s. unter *nähen*).

Natur *f.* (< 9. Jh.). Ahd. *natūra*, mhd. *natūre* ist entlehnt aus l. *nātūra*, eigentlich ´Geburt`, zu l. *nāscī (nātus sum)* ´geboren werden`. Adjektiv: **natürlich**.
Zur lateinischen Verwandtschaft s. *Genus*. − *DF* 2 (1942), 185−189; K. Sallmann *AB* 7 (1962), 140−284; A. Budde *VWP* 42 (1966), 42−67; A. Pellicier: *Natur* (Paris 1966); H. M. Nobis *AB* 11 (1967), 37−58; *AB* 13 (1969), 34−57; R. Spaemann *AB* 11 (1967), 59−74; *Grundbegriffe* 4 (1978), 215−244; *HWPh* 6 (1984), 421−478; B. Casper in: *Der umstrittene Naturbegriff*. Hrsg. F. Böckle (Düsseldorf 1987), 31−44; Röhrich 2 (1992), 1085 f.; *LM* 6 (1993), 1040−1043.

Naturalien *f. Pl. erw. fremd.* ´landwirtschaftliche Produkte` (< 17. Jh.). Entlehnt aus l. *nātūrālia*, substantivierter Neutrum Plural von l. *nātūrālis* ´zur Natur gehörig`. Zunächst in allgemeinem Sinn verwendet, wie noch in dem obsoleten **Naturalienkabinett**.

naturalisieren *swV. per. fach.* ´einbürgern` (< 17. Jh.). Entlehnt aus frz. *naturaliser*, das auf eine ursprünglichere Bedeutung von *Natur* zurückgreift.

Naturell *n. erw. fremd.* ´Eigenschaften, Wesen` (< 17. Jh.). Entlehnt aus frz. *naturel*, substantiviert aus frz. *naturel* ´natürlich`. Gemeint sind also eigentlich die ´natürlichen Wesensmerkmale`.

Naue *f./m. per. fach.*, **Nähe** *f./m.* ´Lastboot, Fährschiff` (< 13. Jh.). Mhd. *nāwe*, *næwe*. Entlehnt aus l. *nāvis f.* ´Schiff`.
Kluge (1911), 377; E. Öhmann *NPhM* 41 (1940), 147.

Nautik *f. per. fach.* ´Schiffahrtskunde` (< 18. Jh.). Entlehnt aus gr. *nautikḗ (téchnē)* zu gr. *nautikós* ´zur Schiffahrt gehörig`, über gr. *naútēs* ´Seemann` zu gr. *naũs* ´Schiff`. Adjektiv: **nautisch**. S. *Navigation* zum verwandten lateinischen Wort.
DF 2 (1942), 189.

Navigation *f. per. fach.* (< 16. Jh.). Entlehnt aus l. *nāvigātio (-ōnis)* ´Schifffahrt`, zu l. *nāvigāre* ´schiffen, segeln, fahren`, zu l. *nāvis* ´Schiff` und l. *agere* ´treiben, betreiben`. Zunächst in sehr allgemeiner Bedeutung verwendet; dann Spezialisierung 'Kursbestimmung'. Verb: *navigieren.*

S. *Nautik* zur griechischen Entsprechung. – *DF* 2 (1942), 189; W. J. Jones *SN* 51 (1979), 265; *LM* 6 (1993), 1066–1070.

Nazi *m. stil.* (< 20. Jh.). Parodistische Analogiebildung zu *Sozi* (s.d.), beliebt bei den süddeutschen Gegnern des Nationalsozialismus wegen der Verwendung des Kurznamens *Nazi* (aus *Ignatius*) als Bezeichnung für eine täppische Person. Vielleicht spielt auch das noch ältere *Inter-Nazi* (zu *Internationale*) als Bezeichnung für die Sozialisten eine Rolle. Die ältere Kürzung *Nazi* für *national-sozial* (seit 1903 bezeugt) hat wohl nicht mitgewirkt. Die Bezeichnung wurde teilweise als Trotzwort von den Nationalsozialisten selbst übernommen, dann aber unterbunden. Es wurde dann von den Exildeutschen im Ausland verbreitet und kam nach dem Krieg nach Deutschland zurück.

F. H. Mautner *MLN* 59 (1944), 93–100; R. Majut *ZDPh* 77 (1958), 291–316.

Nebbich *m. per. vulg.* 'unbedeutender Mensch', auch *Interj.*, neuerdings auch für 'dummes Zeug' (< 19. Jh.). Aus wjidd. *nebech* 'armes Ding', auch Ausruf. Dieses aus poln. *nieboga, niebożę* 'armes Ding'.

Nebel *m.* (< 8. Jh.). Mhd. *nebel,* ahd. *nebul,* as. *neƀal* aus g. **nebula- m.* 'Nebel, Dunkelheit', auch in anord. *njól(a) f.* 'Nebel, Nacht', ae. *neowol, nifol* u.ä. 'dunkel', afr. *nevil* 'Nebel' (Vokalismus und Zusammengehörigkeit im einzelnen nicht ausreichend klar). Außergermanisch stehen am nächsten l. *nebula f.* 'Dunst, Nebel', gr. *nephélē f.* 'Wolke, Gewölk'. Diese weiter zu ai. *nábhas- n.* 'Nebel, Dunst, Gewölk', akslav. *nebo n.* 'Himmel'. Weitere Herkunft unklar. Verwandt ist eventuell *Nimbus,* doch die Lautverhältnisse sind unklar. Adjektiv: *nebelig;* Verb: *(be-, ver-) nebeln.* Das ebenfalls hierhergezogene *nebulös* ist aus dem Französischen entlehnt und stammt aus einer Ableitung aus der lateinischen Entsprechung (l. *nebulōsus* 'benebelt').

Nndl. *nevel.* S. *nibeln.* – B. Sjölin *It Beaken* 25 (1963), 319–324; Röhrich 2 (1992), 1086; Heidermanns (1993), 423 f..

neben *Adv./Präp.* (< 11. Jh.). Mhd. *neben(t),* ahd. *neben,* gekürzt aus mhd. *eneben,* ahd. *ineben,* as. *an eban,* ae. *on efn.* Zu *in* und *eben;* die Ausgangsbedeutung ist also etwa 'in gleicher Weise', daraus die heutige Bedeutung.

Behaghel 2 (1924), 30.

Nebenbuhler *m.* (< 17. Jh.). Neubildung zu *buhlen* (s. *Buhle*) als Ersatzwort für *Rivale.*

Nebensache *f.* (< 17. Jh.). Als Gegensatz zu älterem *Hauptsache* gebildet. Adjektiv: *nebensächlich.*

nebst *Präp.* (< 17. Jh.). Die Präposition *neben* wird niederdeutsch mit der adverbialen Genetiv-

Endung versehen (mndd. *nevens[t]*). Dies wird zu fnhd. *nebens,* an das ein *t* anwächst, worauf zu *nebst* gekürzt wird.

Necessaire *n. erw. fremd.* (< 18. Jh.). Entlehnt aus frz. *nécessaire;* dieses aus l. *necessārius* 'notwendig'.

DF 2 (1942), 189.

necken *swV.* (< *11. Jh., Form < 14. Jh.). Älter ahd. *binecken.* Das Wort scheint eine Intensiv-Bildung zu *nagen* zu sein. Abstraktum: *Neckerei;* Adjektiv: *neckisch.*

Neffe *m.* (< 9. Jh.). Mhd. *neve,* ahd. *nevo,* as. *neƀo* aus g. **nefōn m.* 'Enkel, Neffe', auch in anord. *nefi,* ae. *nefa.* Die weiblichen Formen *Nichte* und *Niftel* (s. *Nichte*) weisen auf den älteren *t*-Auslaut. Zu ig. **nepōt- m.* 'Enkel', später auch 'Neffe' in ai. *nápāt,* lit. *nepuotis,* l. *nepōs (-ōtis),* air. *nia(e)* 'Schwestersohn', gr. *anepsiós* 'Geschwisterkind'. Für 'Neffe' schien die indogermanische Sprache kein Wort zu haben. Als das Bedürfnis nach einer Bezeichnung entstand, wurde das Wort aufgenommen, das der Großvater (der ja in alter Zeit in der gleichen Familie wohnte wie derjenige, der seinen 'Neffen' bezeichnen wollte) zur Bezeichnung seiner Kindeskinder benützte. Der entstehenden Mehrdeutigkeit wurde ausgewichen, indem für 'Enkel' neue Wörter eingeführt wurden.

Nndl. *neef,* S. *Nichte.* – F. Mezger *ZVS* 76 (1960), 296–302; Benveniste (1969/1993), 182–185; Szemerényi (1977), 48–53; Müller (1979); G. Ruipérez (1984); H. Hettrich *AnthL* 27 (1985)[1987], 462–464; Jones (1990), 106–131.

negativ *Adj.* s. *negieren.*

Neger *m.* (< 17. Jh.). Entlehnt aus frz. *nègre,* das wie das vermittelnde span. *negro* eine Nachfolgeform von l. *niger* 'schwarz' ist. Ausgangsbedeutung also 'Schwarzer'.

DF 2 (1942), 191.

Negerkuß *m. per. ndd.* 'schokoladeüberzogenes Gebäck' (< 20. Jh.). Für das wesentlich ältere, jetzt süddeutsche *Mohrenkopf;* vielleicht entstanden in Anlehnung an *Baiser.*

J. Eichhoff in: *FS Martin* (1980), 170–173.

negieren *swV. erw. fach.* (< 16. Jh.). Entlehnt aus l. *negāre (negātum).* Das Adjektiv *negativ* hat ausgehend von 'verneinend' im Sinne von 'das Gegenteil behauptend' später auch die Bedeutungen 'invers geladen' bzw. 'inverses Bild'. Abstraktum: *Negation.*

DF 2 (1942), 189–191; *HWPh* 6 (1984), 666–686.

Negligé *n. obs.* 'leichter Morgenrock' (< 18. Jh.). Entlehnt aus frz. *(habillement) négligé m.,* wörtlich 'nachlässige Kleidung', dem PPrät von frz. *négliger* 'vernachlässigen', dieses aus l. *negligere.* Das lateinische Verb zu l. *nec* 'und nicht' und einem Verb, das gr. *alégein* 'beachten' entspricht, also 'mißachten'. S. *intelligent* und *Religion.* – *DF* 2 (1942), 191–193.

nehmen *st V.* (< 8. Jh.). Mhd. *nemen*, ahd. *neman*, as. *niman*, *neman* aus g. **nem-a- st V.* ´nehmen´, auch in gt. *niman*, anord. *nema*, ae. *niman*, afr. *nima*, *nema*. Außergermanisch vergleicht sich zunächst eine Sippe, die ´nehmen, kaufen´ bedeutet, aber allenfalls eine Reimvariante ist: l. *emere* ´nehmen, kaufen´, air. *fo-eim*, *-foím*, *-fóem* ´nimmt an´, lit. *im̃ti* ´nehmen, ergreifen´, akslav. *jęti* ´nehmen, fassen´. Daneben eine Sippe **nem-*, die lautlich genau vergleichbar ist, aber ´geben´ bedeutet; vor allem gr. *némō* ´ich teile aus, eigne mir an, besitze´, avest. *nəmah-* ´Darlehen´. Der Zusammenhang der beiden Komplexe ist unklar. Das Abstraktum in **Ab-, Auf-, Entnahme**.

Nndl. *nemen*, schw. dial. *nimma*, nisl. *nema*. S. *benehmen*, *benommen*, *genehm*, *unternehmen*, *Vernunft*, *vornehm* und zur griechischen Verwandtschaft *Nomade*, zur lateinischen s. *Nummer*, — Benveniste (1969/1993), 65–70; Seebold (1970), 357–359; Szemerényi in: *FS Meid* (1989), 359–368 Röhrich 2 (1992), 1087.

Nehrung *f. per. fach.* (< 16. Jh.), älter *nerge*. Gehört zu dem unter *Narbe* behandelten Adjektiv (g.) **narwa-* ´eng´, ist also eigentlich die ´Enge´. Morphologisch unklar.

T. E. Karsten: *Die Germanen* (Berlin 1928), 73.

Neid *m.* (< 8. Jh.). Mhd. *nīt*, ahd. *nīd(h)*, as. *nīth* aus g. **neiþa- n./m.* ´Neid, Groll´, auch in gt. *neiþ n.*, anord. *níð n.*, ae. *nīð*, afr. *nīth*. Außergermanisch vergleicht sich auch air. *níth* ´Kampf´. Weiteres (etwa toch. AB *ñātse* ´Gefahr´) ist unklar. Adjektiv: **neidisch**; Verb: **(be-) neiden**.

J. Hilmarsson *Tocharian & IE. Studies* 5 (1991), 137–139; *HWPh* 6 (1984), 695–706; Röhrich 2 (1992), 1087; Udolph (1994), 52 f.

Neidnagel *m. per. fach.*, auch **Niednagel** *m.*, **Nietnagel** *m.*, **Notnagel** *m.* ´ins Fleisch eingewachsener Nagel´ (< 17. Jh.). Offensichtlich ausgegangen von nndl. *nijdnagel* unter der Vorstellung, daß eine solche Belästigung vom Neid eines anderen verursacht wird. Deshalb auch frz. *les envies* für die gleiche Erscheinung.

Neige *f. erw. phras.* (< 13. Jh.). Mhd. *neige* bedeutet unter anderem ´Senkung, wo es nach unten geht´ und dann übertragen ´Ende´. Seit dem 15. Jh. ´letzter Inhalt eines Gefäßes´.

neigen *sw V.* (< 8. Jh.). Mhd. *nīgen st V.* ´sich neigen´, mhd. *neigen sw V.* ´neigen machen, beugen´, entsprechend ahd. *(h)nīgan*, *-neigen*, as. *hnīgan*, *-hnēgian* aus g. **hneigw-a- st V.* ´sich neigen´ in gt. *hneiwan*, anord. *hníga*, ae. *hnīgan*, afr. *hnīga*. Das Kausativum auch in gt. *-hnaiwjan*, anord. *hneigja*, ae. *hnǣgan*. Außergermanisch entspricht nur l. *cōnīvēre* ´die Augen schließen´. Auf den emotionalen Bereich übertragen **(ab-, zu-) geneigt** mit dem Abstraktum **(Ab-, Zu-) Neigung**; Präfigierung: **verneigen**.

Nndl. *neigen*, nschw. *niga*, nisl. *hníga*. S. *nicken* und zur lateinischen Entsprechung *renitent*. − Schulze (1933), 599 f.; Seebold (1970), 265 f.

nein *Partikel* (< 9. Jh.). Mhd. *nein*, ahd. *nein*, *nain*, as. *nēn*, eigentlich ´nicht eines´, beschränkt auf die verneinende Antwort, vergleichbar etwa mit l. *nōn*, al. *noenum* aus *ne + oinom*. In den übrigen germanischen Sprachen ist die Verbindung ein pronominales Adjektiv geblieben, so anord. *neinn*, ae., *nān*, afr. *nān*, *nēn* ´kein´. Für ´nein´ steht gt. *ne*, eine Dehnungsform der Verneinungspartikel; anord. *nei*, ae. *nā*, *nō*, afr. *nā*, *nō* vermutlich aus **ne aiwin* ´niemals´ (zweiter Bestandteil s. *je*). Präfixableitung: **verneinen**.

Nndl. *nee(n)*. S. *nicht*, *nie*, *nimmer*, *nur*, *un-*. − Röhrich 2 (1992), 1087.

Nekrolog *m. per. fach.* ´Nachruf, Totenverzeichnis´ (< 18. Jh.). Entlehnt aus frz. *nécrologe* ´Totenliste´, dieses aus ml. *necrologium n.*, zu gr. *nekrós* ´Leiche, Leichnam, der Tote´ und gr. *lógos* ´Rede, Mitteilung, Schrift´.

S. *Logik*. − *DF* 2 (1942), 194; Cottez (1980), 264; *LM* 6 (1993), 1086.

Nektar *m. bild.* ´der Unsterblichkeit verleihende Trank der Götter´, dann auch ´Blütenhonig, Süßgetränk´ (< 16. Jh.). Entlehnt aus l. *nectar n.*, dieses aus gr. *néktar n.* Die weitere Herkunft ist nicht geklärt.

G. Schoppe *ZDW* 15 (1914), 195; P. Kretschmer *AÖAW* 84,4 (1947), 39–43; P. Thieme *BVSAW* 98 (1952), 5–15; R. Schmitt in: *Gedenkschrift H. Güntert*. Hrsg. M. Mayrhofer (Innsbruck 1974), 155–163.

Nelke *f.* (< 13. Jh.). Über *neilke* entstanden aus mndd. *negelken*, dessen hochdeutsche Entsprechung *Nägelchen*, *Nägelein* ist, so schon ahd. *negillī(n) n.* Gemeint waren ursprünglich die Gewürznelken, die wegen ihrer Form mit kleinen handgeschmiedeten Nägeln verglichen wurden (vielleicht nach dem Vorbild von l. *clāvulus m.* ´kleiner Nagel´). Im 15. Jh. wurde die Bezeichnung auf die Gartennelken wegen des Duftes übertragen.

Marzell 2 (1972), 101–103.

Nell *n. per. schwz.* ´Trumpfneun beim Jaß´ (< 20. Jh.). Übernommen aus nndl. *nel* gleicher Bedeutung. Die Herkunft der Bezeichnung ist unklar. Vermutlich aus älterem *menél*, das aus frz. *manille f.* ´Trumpfkarte´ kommt.

nennen *sw V.* (< 8. Jh.). Mhd. *nennen*, *nemmen*, ahd. *nemnan*, *nemmen*, *nennen*, as. *nemnian* aus g. **namn-ija- sw V.* ´nennen´, auch in gt. *namnjan*, anord. *nefna*, ae. *nemn(i)an*, afr. *namna*, *nemna*, *nanna*, *nenna*. Ableitung von *Name* mit dem Suffix in der Schwundstufe. Entsprechend l. *nōmināre* zu l. *nōmen* und gr. *onomázein* zu gr. *ónoma*. Ausgangsbedeutung also ´einen Namen geben´. Nschw. *nämna*, nisl. *nefna*.

Nenner *m. erw. fach.* ´Zahl unter dem Bruchstrich´ (< 15. Jh.). Aus ml. *denominator* gleicher Bedeutung übersetzt.

neo- *LAff.* Wortbildungselement mit der Bedeutung ´neu-, neugebildet´ (z. B. *Neologismus, neolithisch; Neo-Faschismus*). Aus gr. *néos* ´neu´ und dessen Kompositionsform übernommen in gelehrten Bildungen und dann zur Bezeichnung von Nachfolgern künstlerischer oder politischer Richtungen.
Cottez (1980), 265 f.; A. Dreizehnter in: *Typenbegriffe* 5 (1981), 313–321.

Neon *n. erw. fach.* (ein Gas, das in Leuchtröhren verwendet wird) (< 20. Jh.). Entlehnt aus ne. *neon*, dem substantivierten Neutrum von gr. *néos* ´jung, neu´. So benannt als ´das neuentdeckte (Gas)´.
Gerlach (1962), 71.

neppen *swV. vulg.* ´betrügen´ (< 19. Jh.). Aus rotw. *Nepper* ´Gauner, der mit unechten Ringen oder Uhren betrügt´, rotw. *Neppsore* ´Betrugsware´ u.ä. Vermutlich zu *Neppe* ´Dirne´, das zu hebr. *nāʾop* ´ehebrechen, betrügen´ gehört. Abstraktum: **Nepp**.
E. Weißbrodt *ZDPh* 64 (1939), 308. Anders: Wolf (1985), 230.

Nerv *m.* (< 16. Jh.). Entlehnt aus l. *nervus* ´Sehne, Flechse, Nerv´, zunächst in allgemeiner Bedeutung (vgl. etwa *nervig* ´sehnig´), dann, wohl nach dem Vorbild des Englischen, spezialisiert auf die heutige Bedeutung. Das lateinische Wort ist verwandt mit gr. *neûron n.* ´Sehne´ und bedeutet ursprünglich ´Sehne, Band´. Adjektiv: **nervös**; Präfixableitung: **entnerven** (als Ersatzwort für das aus dem Französischen stammende **enervieren**).
A. Gombert *ZDW* 3 (1902), 322; G. Schoppe *ZDW* 15 (1914), 196; *DF* 2 (1942), 195–201; Ganz (1957), 151 f.; Röhrich 2 (1992), 1087 f.

Nerz *m. erw. fach.* (< 15. Jh.). Entlehnt aus obsorb. *nórc* (spmhd. *nerz, nörz, norz, nurz, nürz*). Das slavische Wort (russ. *nórka* usw.) bedeutet eigentlich ´Taucher´ (der Nerz ist ein Wassertier).
Eichler (1965), 87 f.

Nessel *f.* (< 10. Jh.). Mhd. *nezzel*, ahd. *nezzila*, as. *netila* u.ä. aus wg. *natilōn f.* ´Nessel´, auch in ae. *net(e)le, netel*. Dies ist eine Weiterbildung zu einem älteren *natōn*, das noch erhalten ist in ahd. *nazza*, gutnisch *nata*. Außergermanisch vergleichen sich mit *net-* (statt wie vom Germanischen vorausgesetzt *ned-*) mir. *nenaid*, lit. *nõterė* (u.ä.) ´Nessel´. Ganz unsicher ist der Vergleich mit gr. *adíkē* ´Nessel´ (aus *n̥d-*?) – auch gr. *knídē, kníza* ´Brennnessel´ sieht lautlich ähnlich aus. Wegen der lautlichen Unklarheit ist weiterer Anschluß an *ned-* ´knüpfen´ (s. unter *Nestel*) unsicher. Sachlich wäre die Möglichkeit gegeben, da aus der *Nessel* früher ein leichtes Gewebe hergestellt wurde (*Nesseltuch* oder *Nessel m.*, später aus Baumwollgarnen hergestellt).

Nndl. *netel-*, ne. *nettle*, nisl. *netla*. S. *Netz.* – Hoops (1911/19), III, 309 f.; I. Nordstrandh: *Quecke und Brennessel* (Lund 1953); Röhrich 2 (1992), 1088; Udolph (1994), 52.

Nest *n.* (< 8. Jh.). Mhd. *nest*, ahd. *nest*, mndd. *nest*, mndl. *nest* aus wg. *nista- n.* ´Nest´, auch in ae. *nest*. Dieses aus ig. *nizdo-* in ai. *nīḍá- m.*, arm. *nist*, air. *net m.*, l. *nīdus m.*, und wohl daraus umgebildet lit. *lizdas m.*, akslav. *gnězdo*. Ableitung aus *ni* ´nieder´ und der Schwundstufe von *sed-* ´sitzen´, also *ni-zd-o-* ´Ort, an dem man niedersitzt, nistet´. Ai. *ni-sad-* ist in der Bedeutung ´nisten´ bezeugt.
Nndl. *nest*, ne. *nest*. S. *nieder, nisten.* – Röhrich 2 (1992), 1088–1090.

Nestel *f./(m.) erw. reg.* ´Schuhband´ (< 8. Jh.). Mhd. *nestel f.*, ahd. *nestila, nestel f.*, *nestilo m.*, as. *nestila f.* ´Band´. Wie afr. *nēstla m.* eine Weiterbildung (vermutlich Verkleinerung) zu einem *nasta-*, das nur noch in agutn. *nast* ´Nestel´ und der Entlehnung finn. *nasta* ´Stift, Zwecke´ faßbar ist, deutsch in ahd. *nast-eid* ´Eid, den die Frau auf ihren Zopf schwört´ (*lex alem.*). Im Ablaut dazu anord. *nist(i) n.* ´Schnalle, Brosche´, ae. *nos(t)le* ´Band´. Morphologisch nicht recht durchsichtige Bildungen zu einer Grundlage (ig.) *ned-*, als deren Bedeutung ´binden, knüpfen´ angesetzt werden kann und zu der auch *Netz* und l. *nōdus m.* ´Knoten´ gehören. Hierzu auch *nesteln* ´knüpfen, aufknüpfen´. Verb: **nesteln**.
Nndl. *nestel*. S. *Nessel, Netz.* – *LM* 6 (1993), 1098.

Nesthäkchen *n. stil.* ´zuletzt ausgebrütetes Vögelchen eines Nests´, meist übertragen ´jüngstes Kind´ (< 17. Jh.). Das Wort hat sich in ostmitteldeutscher Form durchgesetzt, es gehört zu *hocken*, wie **Nesthocker** und ähnliche Formen zeigen.

nett *Adj.* (< 15. Jh.). Übernommen aus mndl. *net(t)*, das seinerseits aus frz. *net, nette* stammt. Dieses aus l. *nitidus* ´glänzend´.
S. *netto.* – *DF* 2 (1942), 201.

netto *Adv.* (< 15. Jh.). Entlehnt aus it. *(peso) netto* ´reines (Gewicht)´; dieses aus l. *nitidus* ´blank, schmuck, schön aussehend´, zu l. *nitēre* ´glänzen´.
S. *nett.* – Schirmer (1911), 134; *DF* 2 (1942), 201.

Netz *n.* (< 9. Jh.). Mhd. *netze*, ahd. *nezzi*, as. *net(ti)* aus g. *natja- n.* ´Netz´, auch in gt. *nati*, anord. *net*, afr. *net* ´Netz´, afr. *nette* ´Netzhaut´, ae. *nett*. Daneben mit Dehnstufe anord. *nót f.* ´Zugnetz´. Als ´das Geknüpfte´ zu l. *nōdus m.* ´Knoten´ und ähnlichen Wörtern.
Nndl. *net*, ne. *net*, nschw. *nät*, nisl. *net*. S. *Nessel, Nestel.* – Röhrich 2 (1992), 1091 f.; *LM* 6 (1993), 1099.

netzen *swV.*, meist **benetzen** *swV. stil.* (< 9. Jh.). Mhd. *netzen*, ahd. *nezzen*, mndd. *netten*. Wie gt. *natjan* ein Faktitiv zu *naß*, also ´naß machen´.

Netzhaut *f. erw. fach.* (< 18. Jh.). Lehnübersetzung aus ml. *retina* gleicher Bedeutung (zu l. *rēte* *n.* ´Fischnetz´): Seit dem 3. vorchristlichen Jh. verglichen die antiken Ärzte die Haut des Augenhintergrunds mit einem Fischnetz.

neu *Adj.* (< 8. Jh.). Mhd. *n(i)uwe,* ahd. *niuwi,* as. *niuwi* aus g. **neu-ja- Adj.* ´neu`, auch in gt. *niujis,* anord. *nýr,* ae. *nīwe, nēowe,* afr. *nīe.* Dieses aus ig. *\*neu-jo- Adj.* ´neu` in ai. *návya-,* gr. *neiós,* lit. *naũjas,* air. *núa, naue,* kymr. *newydd.* Daneben ohne *j*-Suffix heth. *newa-,* ai. *náva-,* toch. *AB ñu,* toch. B *ñuwe, ñwe,* gr. *néos,* akslav. *novŭ,* l. *novus.* Vielleicht eine Hochstufe zu **nu* ´jetzt` (s. *nun*). Abstraktum: *Neuigkeit*; Verb: *neuern*; Adverb: *neulich*; Nominalableitung: *Neuling*.

Nndl. *nieuw,* ne. *new,* nschw. *ny,* nisl. *nýr.* S. *neun,* zur lateinischen Verwandtschaft *Novum,* zur griechischen *neo-. –* HWPh 6 (1984), 725−731; Röhrich 2 (1992), 1092; Heidermanns (1993), 425 f.

neun *Num.* (< 9. Jh.). Mhd. *niun,* ahd. *niun,* as. *nigun* aus g. **newun* ´neun`, auch in gt. *niun* (zweisilbig!), anord. *níu,* ae. *nigon,* afr. *nigun, niugun, niogen.* Aus ig. *\*(e)newn* ´neun`, auch in ai. *náva,* toch. A *ñu,* gr. *ennéa,* l. *novem* (Endung nach *decem* ´zehn`), air. *noí,* kymr. *naw,* lit. *devynì,* akslav. *devętĭ* (Anlaut nach dem Zahlwort für ´zehn`). Man vermutet, daß das Wort ursprünglich ´neu` bedeutete, da man mit Hilfe der Finger ohne Daumen zählte, mit ´acht` beide Hände aufgebraucht waren (und somit neu begonnen werden mußte), vgl. osset. *farast* ´neun (= über acht)`.

Nndl. *negen,* ne. *nine,* nschw. *nio,* nisl. *níu.* S. *November.* – E. P. Hamp *Michigan Germanic Studies* 2 (1976), 1 f.; K. Shields *Diachronica* 2 (1985), 194 f.; J. Voyles *JEGPh* 86 (1987), 487−495; Meyer (1987), 581−590; Röhrich 2 (1992), 1093; Ross/Berns (1992), 589 f., 602, 619.

Neunauge *n. per. fach.* ´Lamprete` (< 10. Jh.). Mhd. *niunouge,* ahd. *niunouga,* mndd. mndl. *negenoge.* Der Fisch hat außer dem seitlich stehenden Auge je ein Nasenloch und sieben Kiementaschen. LM 6 (1993), 1103 f.

Neuntöter *m. per. fach.* (ein Vogel) (< 16. Jh.). Das Benennungsmotiv ist unklar; die vorgebrachten Erklärungen sind wohl aus dem Namen herausgesponnen. Suolahti (1909), 151.

Neuralgie *f. per. fach.* ´Nervenschmerzen` (< 19. Jh.). Gelehrte Bildung aus gr. *neũron* ´Nerv` und gr. *álgos* ´Schmerz` (mit dem Abstraktsuffix *-ia*). Adjektiv: *neuralgisch*. Cottez (1980), 267.

Neurologie *f. per. fach.* ´Wissenschaft vom Nervensystem` (< 18. Jh.). Gelehrte Bildung aus gr. *neũron n.* ´Nerv` und *-logie.* S. *Nerv.* – DF 2 (1942), 202; Cottez (1980), 267; HWPh 6 (1984), 760−769.

Neurose *f. erw. fach.* (eine psychische Störung) (< 19. Jh.). Gelehrte Bildung aus gr. *neũron* ´Nerv`

und dem auch in *Thrombose* vorkommenden griechischen Suffix für Krankheitsnamen. DF 2 (1942), 202; Cottez (1980), 267.

neutral *Adj.* (< 15. Jh.). Entlehnt aus l. *neutrālis,* dieses aus l. *neuter* ´keiner von beiden`, aus l. *ne* ´nicht` und l. *uter* ´einer von beiden` (s. *Neutrum*). Abstraktum: *Neutralität*; Verb: *neutralisieren*. G. Schoppe *ZDW* 15 (1914), 196; DF 2 (1942), 202 f.; *Grundbegriffe* 4 (1978), 315−370.

Neutron *n. per. fach.* ´Elementarteilchen ohne elektrische Ladung` (< 20. Jh.). Von dem englischen Physiker Chadwick gebildet aus l. *neutrum* ´keines von beiden` und dem Wortausgang von *Elektron.* Rey-Debove/Gagnon (1988), 615.

Neutrum *n. erw. fach.* (< 18. Jh.). Entlehnt aus l. *neutrum* ´keines von beiden` (l. *ne* + l. *utrum* ´welcher von beiden`); dieses eine Lehnübersetzung von gr. *oudéteron.* Mit diesem ist eigentlich ´Zwitter` gemeint (weil sich das Neutrum auf Maskulinum + Femininum beziehen kann); später dann als ´keines von beiden` verstanden. Adjektiv: *neutral.* DF 2 (1942), 203; K. Strunk in: *FS. J. Untermann* (Innsbruck 1993), 455−463.

Nexus *m. per. fach.* ´Verbindung, Zusammensetzung` (< 20. Jh.). Entlehnt aus l. *nexus,* zu l. *nectere (nexus)* ´anknüpfen, binden`. S. *annektieren, Konnexion.* – HWPh 6 (1984), 798 f.

nibbeln *swV. per. fach.* ´durch Ausstanzen kleiner Stücke Bleche trennen` (< 20. Jh.). In die Gegenwartssprache entlehnt aus ne. *to nibble* ´knabbern`.

nibeln *swV. per. reg.* ´fein regnen` (< 14. Jh.). Spmhd. *nibelen.* Zu *Nebel* gebildet.

nicht *Partikel* (< 8. Jh.). Mhd. *niht,* ahd. *niowiht, niwiht* u.ä., as. *neowiht* u.ä. Zusammengerückt aus **ne aiwin wihtes* (Negationspartikel + *je* + *Wicht*), also ´nicht eines Wesens`, auch in ae. *nāwiht, nōwiht* u.ä. Einfacher gt. *ni waihts.* Die Partikel tritt zur Verstärkung neben die einfache Satzverneinung *ni* und verdrängt diese schließlich. Nndl. *niet,* ne. *not.* S. *nein, nichts, niemand, un-.* Präfixableitung: *vernichten*; Modifikation: *nichtig*; Adverb: *nichts*.

Nndl. *niet,* ne. *not.* S. *nein, nichts, niemand, un-.* – Lenz (1991).

Nichte *f.* (< 16. Jh.). Ursprünglich niederdeutsche Form, die seit dem 16. Jh. das hd. *Nift, Niftel* zu verdrängen beginnt. Mndd. *nichte(le),* mndl. *nichte, nifte,* mhd. *niftel(e),* ahd. *nift(a), niftila, niftel* aus g. **nefti- f.* ´Nichte`, auch in anord. *nipt,* ae. afr. *nift.* Dieses aus ig. *\*neptiǝ- f.* ´Enkelin`, später auch ´Nichte` in ai. *naptī̆-,* l. *neptis,* alit. *neptē̃,* air. *necht.* Mit Schwundstufe des Suffixes und Motionssuffix gebildet aus dem Wort *Neffe* (s.d., auch zu den Bedeutungsverhältnissen). Szemerényi (1977), 53; Jones (1990), 106−131.

nichts *Pron.* (< 13. Jh.). Ursprünglich (spätmittelhochdeutsch) ein Genetiv zu *nicht*, der zu einem Akkusativ umgedeutet wurde. Mit eingewirkt hat vielleicht die Verstärkung *nihtesniht* 'überhaupt nicht(s)', bei der der zweite Bestandteil weggelassen wurde.
Behaghel 1 (1923), 400 f.; *HWPh* 6 (1984), 805–836; Röhrich 2 (1992), 1094 f.; *LM* 6 (1993), 1128–1130.

Nickel *n./m. erw. fach.* (< 18. Jh.). Entlehnt aus nschw. *nickel*. Der schwedische Mineraloge vCronstedt, der als erster das Metall rein darstellte, gab ihm 1754 die Bezeichnung *nickel* als Kurzform von nschw. *kopparnickel* 'Kupfernickel', aus dem es gewonnen wurde. Das Kupfernickel hieß so nach einem Scheltwort der erzgebirgischen Bergleute, die vergeblich aus ihm Metall zu gewinnen suchten (sie hielten es für eine Kupfer-Legierung): So wie *Kobalt* eigentlich *Kobold* ist, so ist *Kupfernickel* aus dem Scheltwort *Nickel* gewonnen, das eine vermummte Schreckgestalt bezeichnet (nach den vermummten Personen, die am Vorabend des *Nikolaus*tages die Kinder besuchten).
Vgl. *Quarz.* – Lüschen (1979), 104, 260. [Herangezogen wurde die Magisterarbeit von M. Mathes].

nicken *swV.* (< 9. Jh.). Mhd. *nicken*, mndd. *nikken*, mndl. *nicken*. Intensivbildung zu *neigen*. Dagegen ist *einnicken* 'einschlafen' ein anderes Wort: es beruht auf mhd. *nücken*. Zu diesem *Nickerchen.*

nie *Adv.* (< 8. Jh.). Mhd. *nie*, ahd. *nio*, as. *nio, neo* zusammengerückt aus der Negationspartikel **ne* und *je* aus **aiwin*, wie auch ae. *nā, nō.* In gt. *ni aiw* sind die beiden Bestandteile noch getrennt.
S. *ewig, nein, nimmer, un-.* – Röhrich 2 (1992), 1096.

nieden *Adv. arch.* 'unten' (< 9. Jh.). Mhd. *niden(e)*, ahd. *nidana*, as. *niðana* aus g. **niþanō* 'unten' (älter wohl 'von unten her'), auch in anord. *neðan* 'von unten her'. Adverbialverbindung aus der gleichen Grundlage wie *nieder.*
S. *hienieden.* – Henzen (1969), 216 f., 239 f.

nieder *Adv.* (< 9. Jh.). Mhd. *nider*, ahd. *nidar*, as. *nithar* aus g. **niþra-* Adv. 'nieder', auch in anord. *niðr*, ae. *niþer*, afr. *nither, nether* u.ä. Adverbiale *tr*-Bildung (neben *t*-Bildungen) zu ig. *ni* 'nieder, unten' in ai. *ní* 'nieder', ai. *nitarām* 'abwärts', akslav. *nizū* 'hinab, hinunter'. Adjektiv: *niedrig.*
Nndl. *neder*, ne. *nether*, nschw. *ned-*, nisl. *niður.* S. *nieden, Nest.*

niederkommen *stV.* (< 9. Jh.). Mhd. *(kindes) niderkomen* 'gebären' zu *niderkomen* 'herabkommen, sich zu Bett legen, sich niederlegen'. Vielleicht war frz. *accoucher (d'un enfant)* das Vorbild für die verhüllende Ausdrucksweise (vgl. anord. *liggja á golfi* 'gebären', ne. *lie in the straw* 'gebären'). Abstraktum: *Niederkunft.*

niederträchtig *Adj.* (< 15. Jh.). Zuerst als *nidertrechtic* 'herablassend' zu mhd. *sich tragen* 'sich be-

nehmen' (also 'sich nach unten benehmen'). Im 16. Jh. dazu auch *hochträchtig* 'hochfahrend'. Im 18. Jh. verschlechtert sich die Bedeutung zu 'sittlich gemein', wozu dann als Rückbildung das Substantiv **Niedertracht.**

Niederung *f. erw. fach.* (< **9. Jh., Bedeutung 17. Jh.). Mhd. *niderung*, ahd. *nidarunga*, mndd. *ned(d)eringe* ist eine Abstraktbildung zu dem heute nicht mehr gebräuchlichen *niedern*, mhd. *nider(e)n*, ahd. *nidaren* 'niedrig machen, erniedrigen', bedeutet also 'Erniedrigung'; 'niedrig Liegendes' erst seit dem 17. Jh.

niedlich *Adj.* (< 15. Jh.). Übernommen aus dem Niederdeutschen (as. *niudlīko* Adv. 'eifrig'), die hochdeutsche Entsprechung in mhd. *nietlīche(n)* 'mit Verlangen, mit Eifer'. Im Niederdeutschen wird das Wort auf Speisen bezogen und bedeutet dann 'appetitlich'. In dieser Form setzt es sich in der Hochsprache durch, wird dort aber wohl durch *nieder* bestimmt (etwa 'klein und fein'). Das niederdeutsche Wort gehört zu wg. **neuda-* m. 'Wunsch, Verlangen' in ae. *nēod*, as. *niud*, ahd. *niot*. Dieses weiter zu einem Verbum, das in lit. *(pa)nŭsti* 'große Lust bekommen, gelüsten' bezeugt ist. Präfixableitung: **verniedlichen.** S. *Not.*
N. R. Århammar *Philologia Frisica* 1988, 116 f.

Niednagel *m.* s. *Neidnagel.*

niemand *Pron.* (< 8. Jh.). Mhd. *nieman, niemen*, ahd. *nioman*, as. *neomann*. Verneinte Form von *jemand.*
S. *nicht.* – Behaghel 1 (1923), 399 f.; Röhrich 2 (1992), 1096.

Niere *f.* (< 9. Jh.). Mhd. *nier(e)* m., ahd. *nioro, nier* m., mndd. *nere*, mndl. *ni(e)re* aus g. **neurōn* m. 'Niere, Hode', auch in anord. *nýra* n. Dieses aus ig. (eur.) **negʷh-ro-* in gr. *nephroí* Pl. 'Nieren', pränestin. (ital.) *nefrones* Pl. 'Nieren'. Weitere Herkunft unklar.
Nndl. *nier*, nschw. *njure*, nisl. *nýra.* – Röhrich 2 (1992), 1097; *LM* 6 (1993), 1145 f.

nieseln *swV. erw. obd.* 'schwach regnen' (< 18. Jh.). Herkunft unklar. S. *pieseln.*

niesen *swV./stV.* (< 10. Jh.). Mhd. *niesen*, ahd. *niosan* aus g. **hneus-a- stV.* 'niesen', auch in anord. *hnjósa*. Daneben anord. *fnýsa*, ae. *fnēsan* und me. *snese(n)*, ne. *sneeze*. Gehört zu einer größeren Zahl schallmalender Bildungen mit dieser Bedeutung, die einander zwar ähnlich, aber nicht auf eine Grundform zu vereinigen sind.
Nndl. *niezen*, nschw. *nysa.* S. *schnauben.* – Seebold (1970), 269.

Nieswurz *f. per. fach.* (< 12. Jh.). Mhd. *nies(e)wurz*. Wie as. *hnioswurt* benannt nach der zum Niesen reizenden Wirkung des aus der Wurzel gewonnenen Pulvers.
Marzell 2 (1972), 799 f.; *LM* 6 (1993), 1146.

Nießbrauch *m. erw. fach.* (< 17. Jh.). Übersetzt aus gleichbedeutendem l. *ūsus frūctus*. Dabei betont *Brauch* das bestehende Recht, *Nieß-* gehört zu *genießen*.
LM 6 (1993), 1146.

Niete[1] *f.* ʿMetallbolzenʾ (< 13. Jh.). Mhd. *niet(e)*, mndd. *nēt-*. Späte Ableitung zu ahd. *pihniutit Präs. stV.* ʿbefestigenʾ, anord. **hnjōða* ʿhämmern, schmiedenʾ. Weitere Herkunft unklar; vgl. aber ahd. *niuwan* ʿstoßenʾ, anord. *hnǫggva* ʿerniedrigen, beraubenʾ.
Seebold (1970), 268.

Niete[2] *f.* ʿLos, das nicht gewonnen hatʾ (< 18. Jh.). Entlehnt aus nndl. *niet* gleicher Bedeutung, das eigentlich ʿnichtsʾ bedeutet (ursprünglich als Gegenteil auch *Wat* ʿTrefferʾ, eigentlich ʿetwasʾ).

Nietnagel *m.* s. *Neidnagel.*

Nift(el) *f.* s. *Nichte.*

Nihilismus *m. per. fach.* (< 18. Jh.). Die früheste entsprechende Bildung ist frz. *nihiliste* neben frz. *rienniste* ʿjemand, der an nichts glaubtʾ (im religiösen Sinn), so seit dem 17. Jh. Das Abstraktum taucht dann an mehreren Stellen auf − unter Umständen parallel gebildet. In Deutschland gebrauchen es D. Jenisch und F. H. Jacobi seit 1796, um damit den deutschen Idealismus zu kritisieren, nach dem der menschlichen Erkenntnis der Welt nur rohe Sinnesdaten vorgegeben sind, während die Ganzheit des Erkenntnisgegenstands durch Anschauungs- und Denkformen des erkennenden Subjekts erzeugt wird. 1884 beansprucht Turgenjew, das Wort *Nihilist* erfunden zu haben, um die Vertreter eines russischen politischen Anarchismus zu charakterisieren.
DF 2 (1942), 203 f.; O. Pöggeler *AB* 19 (1975), 197−210; *Grundbegriffe* 4 (1988), 371−411; Cottez (1980), 268; T. Kunnas *KSt* 13 (1984), 253−278.

Nikotin *n.* (< 19. Jh.). Entlehnt aus frz. *nicotine*, das gebildet wurde zu frz. *nicotiane f.* ʿTabakpflanzeʾ − die Bezeichnung ist gebildet aus dem Namen des Gesandten *Nicot*, der als französischer Gesandter in Portugal als erster diese Pflanze an Katharina von Medici sandte und den Tabak in Frankreich einführte.
DF 2 (1942), 204.

Nille *f. per. vulg.* ʿmännliches Geschlechtsgliedʾ (< 20. Jh.). Herkunft unklar. Wahrscheinlich zu mhd. *nel*, ahd. *hnel* ʿSpitze, Kopf, Gipfelʾ.

Nimbus *m. per. fach.* ʿbesonderes Ansehen, Strahlenglanzʾ (< 18. Jh.). Entlehnt aus l. *nimbus* ʿHeiligenschein, strahlender Glanz, der die Köpfe der Heiligen umgibt; Nebelhülle der Götter auf der Erdeʾ (eigentlich ʿWolke, Regenwolke, Nebelʾ). Ausgehend von ʿWolkeʾ verwenden die römischen Schriftsteller u. a. das Wort zur Bezeichnung der Nebelhülle, in der sie die Götter auf der Erde er-

scheinen lassen; hiervon dann übertragen auf die Darstellung der Heiligen mit einem ihre Köpfe umgebenden strahlenden Glanz. Daraus dann übernommen für ʿdie Meinungen, die eine besondere Person umgeben und ihr Ansehen ausmachenʾ.
S. *Nebel.* − G. Schoppe *ZDW* 15 (1914), 196; *DF* 2 (1942), 204 f.; *LM* 6 (1993), 1194.

nimmer *Adv.* (< 9. Jh.). Mhd. *niemer, nim(m)er*, ahd. *niomēr*, zusammengerückt aus den Entsprechungen von *nie* und *mehr*. Die positive Entsprechung ist *immer*. S. *nein.*

nipfen *swV. reg.* s. *nippen.*

Nippel *m. per. fach.* ʿkurzes Anschlußstückʾ (< 20. Jh.). Entlehnt aus gleichbedeutendem ne. *nipple*, das auf die Bedeutung ʿBrustwarzeʾ zurückgeht (letzlich wohl zu *nippen*).

nippen *swV.* (< 17. Jh.). Übernommen aus ndd. *nippen*, nndl. *nippen*. Dieses ist vielleicht eine Intensivbildung zu *nipen* ʿkneifenʾ (als ʿmit zusammengekniffenen Lippen trinkenʾ). Die hd. Entsprechung *nipfen, nüpfen* hat sich nur mundartlich gehalten. S. *Nippel.*

Nippes *Pl.*, auch *m. erw. fremd.* ʿkleine, wertlose Ziergegenständeʾ (< 18. Jh.). Entlehnt aus frz. *nippes Pl.*, dessen Herkunft nicht sicher geklärt ist.
DF 2 (1942), 205 f.

-nis *Suffix.* Mhd. *-nüsse, -nisse f./n.*, ahd. *-nissa f.* und *-nissi n.*, as. *-nissi, -nussi f.* Bildet Adjektivabstrakta, auch zu Partizipien, von denen aus neuhochdeutsch eine Umdeutung zu Verbalabstrakta erfolgt. Vergleichbar sind ae. *-ness, -nyss* und gt. *-inassus.* Die gotische Form zeigt, daß es sich um *-in-assu-* handelt; letztlich vielleicht *tu*-Abstrakta zu Verben auf *-at-*.
E. Dittmer in: *FS Kolb* (1989), 53−69; S. Suzuki *IF* 95 (1990), 184−207.

Nische *f.* (< 17. Jh.). Entlehnt aus frz. *niche* gleicher Bedeutung. Dieses gehört zu frz. *nicher* ʿein Nest bauenʾ (einer Ableitung von l. *nīdus m.* ʿNestʾ).
S. *Nest.* − *DF* 2 (1942), 206; *LM* 6 (1993), 1200.

Niß *f.*, **Nisse** *f. erw. fach.* ʿLauseiʾ (< 9. Jh.). Mhd. *niz, nizze*, ahd. *(h)niz*, mndd. *nete, nit*, mndl. *nete* aus g. **hnitō f.* ʿLauseiʾ, auch in ae. *hnitu*, nnorw. *gnit*. Außergermanisch vergleichen sich zunächst gr. *konís*, gewöhnlich im Plural *konídes* ʿEier von Läusen, Flöhen, Wanzenʾ, alb. geg. *thëni* aus (ig.) **knid-* mit unklarem Sproßvokal im Griechischen. Dazu mehrere Varianten: **sknid-* in mir. *sned*, kymr. *nedd*; **gʰnid-* in anord. *gnit*, russ. *gnída*, lett. *gnĩda*; **gʰlid-* in lit. *glinda* und vielleicht l. *lēns (lendis)*, alle mit gleicher Bedeutung. Wegen der lautlichen Vielfalt ist eine weitere Herleitung nicht möglich. Nndl. *neet*, ne. *nit.*
Tiernamen (1963−1968), 28−30.

nisten *sw V.* (< 11. Jh.). Mhd. *nisten*, ahd. *nisten* aus wg. **nist-ija- sw V.* ʹnisten, ein Nest bauenʹ, auch in ae. *nist(i)an*. Abgeleitet von *Nest*.

Niveau *n.* (< 17. Jh.). Entlehnt aus frz. *niveau m.*, dieses aus afrz. *livel* ʹWasserwaage, gleiche Höheʹ, aus spl. **libellum* ʹWasserwaageʹ, aus l. *lībella f.*, einem Diminutivum zu l. *lībra f.* ʹWaageʹ. Der Wechsel von anlautend /l/ zu /n/ im Französischen aufgrund einer Dissimilation mit dem /l/ des Artikels. Ins Deutsche zunächst entlehnt in der Bedeutung ʹWasserwaageʹ. Verb: **nivellieren**.

DF 2 (1942), 206 f.; Brunt (1983), 391 f.

nivellieren *sw V. per. fach.* ʹausgleichen, ebnenʹ (< 17. Jh.). Entlehnt aus frz. *niveler* (eigentlich ʹmit der Wasserwaage abmessenʹ), zu afrz. *nivel*, älter *livel*, ʹWasserwaageʹ (s. *Niveau*).

S. *Level, Libelle, Liter.* − *HWPh* 6 (1984), 867−869.

Nix *m. obs.* ʹWassergeistʹ (< 9. Jh.). Mhd. *nickes n.*, ahd. *nihhus m./n.* ʹKrokodilʹ, mndd. *necker*, mndl. *nicker* aus g. **nikwus m.* ʹWassergeistʹ (teilweise auch konkret ʹWalroß, Flußpferd u.ä.ʹ), auch in anord. *nykr*, ae. *nicor*. Das Wort ist morphologisch und lautlich erklärbar als eine Partizipialbildung zu der Wurzel (ig.) **neigʷ-* ʹwaschen, reinigenʹ in ai. *nénekti*, gr. *nízō*, air. *nigid*, auch l. *noegēum n.* ʹSchweißtuchʹ. Die Bedeutung wäre dann ʹder sich gewaschen hatʹ (ʹreinʹ?); doch findet sich kein Hinweis auf einen diesbezüglichen sachlichen oder mythologischen Hintergrund. Anders Knobloch (Kompositum). Bei den mit dem Namen verbundenen mythischen Vorstellungen scheint sich ein Nikolaus-Kult eingemischt zu haben.

Nndl. *nikker*, nschw. *näck*. S. *Nixe*. − C. Lecouteux *Euphorion* 78 (1984), 280−288.

Nixe *f.* (< 11. Jh.). Mhd. *nickese, wazzernixe*, ahd. *nicchessa*. Femininum zu *Nix*, das in der Romantik mit einer mehr spielerischen Vorstellung verbunden wurde.

J. Knobloch *MS* 91 (1981), 373−375.

nobel *Adj.* (< 17. Jh.). Entlehnt aus frz. *noble* gleicher Bedeutung, zunächst mit französischer Schreibung. Das Wort stammt aus l. *nōbilis* ʹadelig, vornehmʹ (eigentlich ʹkenntlich, bekanntʹ), zu l. *nōscere* ʹkennenlernenʹ.

Zur lateinischen Sippe s. *rekognoszieren*, zu germanischen Verwandtschaft s. *können*. − *DF* 2 (1942), 207 f.; G. Moebus *Neue Jahrbücher für Antike und Deutsche Bildung* 117 (1942), 275−292; Jones (1976), 463 f.; Brunt (1983), 392.

Nobiskrug *m. arch.* ʹHölleʹ, ndd. auch ʹschlechte, abgelegene Schenkeʹ; obd. entsprach ursprünglich **Nobishaus** ʹHölleʹ (< im 15. Jh.). Die Herkunft des ersten Bestandteils ist umstritten und nicht ausreichend erklärbar. Eine Verbindung mit l. *nōbis* ʹunsʹ (z. B. in *ōra prō nōbis* ʹbitte für unsʹ) läßt sich nicht ausreichend wahrscheinlich machen. Knobloch vermutet als Ursprung it. *nobiso* ʹWildfangʹ und it. *orco* ʹMenschenfresserʹ.

J. Knobloch in *GS P. Kretschmer* 1 (1956), 175−180; W. Krogmann *JVNS* 65/66 (1939/40), 55−77; Röhrich 2 (1992), 1098.

noch[1] *Adv.* ʹaußerdem, bis jetztʹ (< 8. Jh.). Mhd. *noch*, ahd. *noh*, as. *noh*; ebenso in afr. *noch*, gt. *nauh*. Zusammengerückt aus *nu* ʹjetztʹ (s. *nun*) und g. **-h*, das l. *-que*, gr. *-te* und ai. *-ca* entspricht und etwa ʹund, auchʹ bedeutet.

Nndl. *nog*. S. auch *noch*[2]. − R. Lühr *MSS* 34 (1976), 80 f.

noch[2] *Konj.* ʹund nichtʹ (< 11. Jh.). Mhd. *noch*, ahd. *noh*, as. *noh*. Wie afr. *noch*, nach zusammengerückt aus der Negation *ne, ni* und *-uh*, einer Variante von *-h* (s. *noch*[1]). Mit anderer Vokalisierung gt. *nih*. Außergermanisch vergleicht sich l. *neque*. Unklar ist, in welchem Umfang *auch* bei den deutschen Formen eine Rolle gespielt hat (vgl. as. *nec* aus *ne oc*? oder *ne ak*?).

R. Lühr *MSS* 34 (1976), 80 f.

Nock *m. per. oobd.* ʹknolliger Bergʹ, **Nockerl** *n.* *per. oobd.* ʹKlößchen, Suppeneinlageʹ, **Nock** *n. per. ndd.* ʹEnde einer Raheʹ, **Nocken** *m. erw. fach.* ʹVorsprung an einer Welleʹ (< 16. Jh.). Wohl zusammengehörige Gruppe von Wörtern mit einer schwer abgrenzbaren Verwandtschaft. Auszugehen ist wohl von Wörtern für etwas Kurzes, Gedrungenes (ʹKlotz, Klumpen, Knopf u.ä.ʹ). Vgl. etwa anord. *hnykill* ʹKnoten, Geschwulstʹ, nisl. *hnjúkur* ʹBergkuppe u. a.ʹ.

Kluge (1911), 588 f.; J. Schatz in: *FS Kluge* (1926), 126; Kretschmer (1969), 294; Lühr (1988), 219.

-nom *LAff.* Dient der Bildung desubstantivischer Personenbezeichnungen (z. B. *Ökonom*), dann auch für Werkzeuge (*Metronom*). Es wurde in lateinischen Entlehnungen ins Deutsche übernommen, sein Ursprung ist gr. *-nómos*, ein auf Hinterglieder von Komposita beschränktes Nomen agentis, zu gr. *némein* ʹzuteilen, bebauen, verwaltenʹ. − Eine Weiterbildung davon ist das Abstraktsuffix *-nomie* (z. B. *Ökonomie*). S. *Nomade*.

Cottez (1980), 269.

Nomade *m. erw. exot.* ʹAngehöriger eines umherziehenden Volkesʹ (< 16. Jh.). Entlehnt aus l. *Nomades Pl.* ʹdie Nomadenʹ, einer Substantivierung von l. *nomas (-adis)* ʹweidendʹ, aus gr. *nomás*, zu gr. *nomḗ f.* ʹWeideʹ, zu gr. *némein* ʹ(als Weide) zuteilen, teilen, abweidenʹ.

S. *-nom*; zur germanischen Verwandtschaft s. *nehmen*. − *DF* 2 (1942), 209; *LM* 6 (1993), 1217−1222.

Nomen *n. per. fach.* ʹSubstantivʹ (< 20. Jh.). Entlehnt aus l. *nōmen* (auch: ʹName, Benennungʹ). Adjektive: **nominal, nominell**; Verb: **nominieren**.

S. *Pronomen, Renommee*; zur germanischen Verwandtschaft s. *Name*. Zu *Nominalismus* vgl.: *HWPh* 6 (1984), 874−888; *LM* 6 (1993), 1222−1227.

Nomenklatur *f. per. fach.* (< 20. Jh.). Entlehnt aus l. *nōmenclātūra* ʹAufruf der Namen, Namensliste᾿ zu l. *nōmen* ῾Name᾿ und einer Ableitung von l. *calāre* ῾rufen᾿.

DF 2 (1942), 209.

Nominativ *m. erw. fach.* (< 17. Jh.). Entlehnt aus l. *(cāsus) nōminātīvus*, der Fall der Benennung, zu l. *nōmināre* ῾benennen᾿ (s. *Nomen*).

nominieren *swV.* s. *Nomen*.

non- *LAff.* Wortbildungselement mit der Bedeutung ῾nicht, ohne᾿ (z. B. *Nonkonformismus*). Es wurde in lateinischen und französischen Komposita entlehnt und analogisch weiterverwendet; sein Ursprung ist l. *nōn-* ῾nicht᾿. Moderne Bildungen stehen unter stärkerem Einfluß des Englischen.

J. Algeo *ASp* 46 (1971), 87−105; Rey-Debove/Gagnon (1988), 620; Carstensen 2 (1994), 959 f..

Nonchalance *f. per. fremd.* ῾liebenswürdige Ungezwungenheit, Unbekümmertheit᾿ (< 17. Jh.). Entlehnt aus frz. *nonchalance* (auch: ῾Nachlässigkeit, Saumseligkeit᾿), einer Ableitung von frz. *nonchalant* ῾nachlässig, saumselig, unbekümmert᾿, zu afrz. *chalant* ῾angelegen᾿, dem PPräs. von afrz. *chaloir* ῾angelegen sein᾿ und frz. *non-* ῾nicht᾿, aus l. *calēre* ῾warm sein, sich erwärmen, angelegen sein᾿ (s. *Kalorie*). Adjektiv: **nonchalant**.

DF 2 (1942), 210.

None *f. per. fach.* ῾Teil des Stundengebets᾿ (< 9. Jh.). Schon mit ahd. *nōna* übernommen aus l. *(hōra) nōna* ῾neunte Stunde᾿ und gelegentlich auch außerhalb der speziellen Bedeutung verwendet. Bei der normalen Rechnung beginnt der Tag um 6 Uhr in der Frühe, dann ist die *None* um 3 Uhr nachmittags. Wird der Tag um 3 Uhr in der Frühe begonnen, so ist die *None* um Mittag, daher ne. *noon* ῾Mittag᾿. *None* bezeichnet auch den 9. Ton der diatonischen Tonleiter.

Wünschmann (1966), 25−30; *LM* 6 (1993), 1232.

Nonne *f.* (< 10. Jh.). Mhd. *nunne*, ahd. *nunna*, mndd. *nunne*, mndl. *nonne*. Wie in andere Sprachen übernommen aus spl. *nonna* (Anrede an eine Klosterfrau, etwa im Sinn von ῾ehrwürdige Mutter᾿, dann allgemein Bezeichnung einer Klosterfrau). Das Wort ist ein kindersprachliches Lallwort, vgl. it. *nonna* ῾Großmutter᾿, it. *nonno* *m.* ῾Großvater᾿. Wie entsprechend bei *Mönch* wird das Wort übertragen auf verschnittene (weibliche) Tiere; wegen der Farbe der Klostertracht gibt es auch Übertragungen auf Tierbezeichnungen (einen Taucher, einen Nachtschmetterling). Dann seit dem 16. Jh. Benennung verschiedener hohler Werkzeuge und Gegenstände, deren einpassende Stücke häufig die Bezeichnung *Mönch* tragen. Bekannt ist vor allem *Nonne* ῾Hohlkreisel᾿ und *Mönch und Nonne* für ῾Hohlziegel und daraufliegender Ziegel᾿. Man verstand darunter zumindest in späterer Zeit Bezeichnungen für die Geschlechtsteile (und damit verbunden eine Anspielung auf geschlechtlich ausschwei-

fendes Leben von Mönchen und Nonnen); es ist aber ziemlich unwahrscheinlich, daß damit das ursprüngliche Benennungsmotiv getroffen ist. Eher handelt es sich um sekundäre Umdeutungen.

Nonsens *m.* ῾Unsinn᾿, (< 18. Jh.). Entlehnt aus ne. *nonsense*, einer Zusammensetzung aus e. *non* ῾nicht, un-᾿ (aus l. *nōn* ῾nicht᾿) und e. *sense* ῾Sinn᾿, dieses aus l. *sēnsus*, zu l. *sentīre (sēnsum)* ῾fühlen, empfinden, wahrnehmen᾿.

S. *sensibel*. − *DF* 2 (1942), 212; Ganz (1957), 154; Rey-Debove/Gagnon (1988), 622; Carstensen 2 (1994), 963 f.

Noppe *f. per. fach.* ῾Wollflocke, Knötchen im Gewebe᾿ (< 14. Jh.). Spmhd. *nop(pe)*, mndd. *nop(pe)*. Wohl eine Lautvariante zu dem unter *Knopf* genannten Komplex.

Nord *m.* (als Substantiv meist **Norden** *m.*) (< 11. Jh.). Mhd. *norden* *n.*, ahd. *nord* *m./n.*, as. *north* aus wg. **norþa-*, auch in ae. *norþ*, afr. *north*, teils als Substantiv (althochdeutsch), teils als Adverb (altenglisch, altsächsisch), teils beides (altfriesisch). Morphologisch abweichend von der gleichen Grundlage anord. *norðr* *n.*, wieder anders mhd. *norden* *n.*, ahd. *nordan* *n.* Zu einem Wort, das ῾unten᾿ und auch ῾links᾿ bedeutet, vgl. gr. *éneroi* *Pl.* ῾die Unteren, Unterirdischen᾿, gr. *nérteros* ῾unterer, unterirdisch᾿, umbr. *nertru* ῾links᾿, arm. *nerk᾿in* ῾der untere᾿, und vielleicht ai. *naraka-* ῾Hölle᾿, vielleicht weiter zu lit. *nérti* ῾untertauchen᾿. Die Sonne steht bei ihrem Höchststand im Mittag oder Süden; das Gegenstück ist entsprechend Mitternacht oder Norden. Im Süden ist sie ῾oben᾿, im Norden ῾unten᾿. Entsprechend ist, wenn sich der Seefahrer oder der Opfernde dem Morgenlicht im Osten zuwendet, der Norden links. Adjektiv: **nördlich**, in weiterentwickelter Bedeutung **nordisch**.

H. Schröder *GRM* 17 (1929), 421−427; H. V. Velten *JEGPh* 39 (1940), 443−449.

nörgeln *swV.* (< 17. Jh.). Auch *nürgeln, nergeln, nirgeln, snörgeln*. Zu einer Grundlage **sner-*, die eine Reihe von Schallverben liefert, vgl. etwa *schnarren, schnurren* und *schnarchen*. Nomen agentis: **Nörgler**; Abstraktum: **Nörgelei**.

Norm *f.* (< 14. Jh.). Entlehnt aus l. *nōrma* ῾Richtschnur, Regel᾿ (zunächst ein Geräte zum Messen rechter Winkel), das unklarer Herkunft ist. Adjektive: **normal, normativ**; Verben: **normen, normieren**.

S. *enorm*. − H. Oppel: *KANΩN* (Diss. Berlin 1937), 73−106; *DF* 2 (1942), 212; *HWPh* 6 (1984), 906−928, zu *normativ*: 931 f.

Norne *f. bildg.* ῾Schicksalsgöttin᾿ (< 18. Jh.). Von Klopstock und Herder entlehnt aus anord. *norn* ῾Schicksalsgöttin᾿, dessen Herkunft unklar ist.

Hoops (1911/19), III, 341 f.; *LM* 6 (1993), 1251.

Nößel *m./n. arch.* ῾kleines Hohlmaß᾿ (< 15. Jh.). Fnhd. *nözzelīn* *n.* Herkunft unklar (Diminutiv zu *Nuß*?).

Nostalgie *f. erw. fremd.* ´Rückwendung zu Früherem´ (< 17. Jh.). Neo-kl. *nostalgia* (zu gr. *nóstos m.* ´Rückkehr´ und gr. *álgos n.* ´Schmerz´) ist eine Lehnübersetzung von d. *Heimweh* durch einen Schweizer Arzt (J. Hofer 1688). Die Weiterentwicklung zur heutigen Bedeutung unter englischem und französischem Einfluß.

R. Oberlé *Bulletin de la Faculté des lettres de Mulhouse* 2 (1969), 63−65; M. Dietrich *SD* 18 (1974), 2−4; K.-H. Gerschmann *AB* 19 (1975), 83−88; J. Hofer *SD* 19 (1975), 142 f.; Cottez (1980), 271; *HWPh* 6 (1984), 934 f.

Not *f.* (< 8. Jh.). Mhd. *nōt*, ahd. *nōt m./f.*, as. *nōd* aus g. **naudi- f.* ´Zwang, Not´, auch in gt. *nauþs*, anord. *nauð(r)*, ae. *nīd*, *nēad* u.ä., afr. *nēd*, *nād*. Wohl ein *ti*-Abstraktum, das unmittelbar verglichen werden kann mit apreuß. *nautins (Akk. Pl.)* ´Not´ und der Ableitung čech. *nutiti* ´zwingen, nötigen´. Daneben aber eine dentale Erweiterung der gleichen Grundlage in lit. *panústi* ´verlangen, gelüsten´, akslav. *nuditi* ´zwingen´ und g. **neuðō f.* ´Verlangen´ (s. unter *niedlich*). Die Grundlage **nāw-* in lit. *nõvė* ´Bedrückung, Qual, Tod´, lit. *nõvyti* ´bedrücken, vernichten, quälen´, russ. *onávit´sja* ´müde werden, sich abplagen´. Adjektiv: *nötig*.

Nndl. *nood*, ne. *need*, nschw. *nöd*, nisl. *neyð*. S. *Notdurft*, *nötigen*. − Röhrich 2 (1992), 1099−1101; Heidermanns (1993), 422 f.

Notar *m. erw. fach.* (< 10. Jh.). Mhd. *noder*, *notære*, *notarje*, ahd. *notāri*, ist entlehnt aus l. *notārius* ´Schreiber, Sekretär, Geschwindschreiber´, einer Substantivierung von l. *notārius* ´zum Schreiben gehörig´, zu l. *notāre (notātum)* ´kennzeichnen, aufzeichnen, bemerken, anmerken´ (s. *notieren*), zu l. *nota f.* ´Kennzeichen, Zeichen, Merkmal, Schrift, Brief´. Die heutige Bedeutung ausgehend von der mittellateinischen Bedeutung ´durch kaiserliche Gewalt bestellter öffentlicher Schreiber´. Adjektiv: *notariell*; Lokalbezeichnung: *Notariat*.

S. *rekognoszieren*. − *LM* 6 (1993), 1271−1281; *DF* 2 (1942), 214.

Notdurft *f. stil. phras.* (< *8. Jh., Bedeutung < 15. Jh.). Mhd. *nōtdurft*, ahd. *nōtdur(u)ft*, *nōtthurf(t)* u.ä., as. *nōdthurft*. Wie gt. *naudiþaurfts*, das auch Adjektiv sein kann, *ti*-Abstraktum zu *(be)dürfen*, wohl aus einer syntaktischen Fügung mit instrumentalem *Not*, also ´aus Not bedürfen´. Entsprechend ne. *nīdþearf Adj.* ´bedürftig´. Schon mittelhochdeutsch auch speziell *sīne nōtdurft tuon* ´seine Notdurft verrichten´. Das Adjektiv *notdürftig* zeigt noch die allgemeinere Bedeutung.

Note *f.* (< 8. Jh.). Entlehnung aus l. *nota* ´Zeichen, Kennzeichen u. a.´, zunächst in gleicher Bedeutung, dann in der mittellateinischen Bedeutung ´Musiknote´. Weitere Bedeutungen seit dem 16. Jh.

S. *notieren* und *rekognoszieren*. − *DF* 2 (1942), 214 f.; Röhrich 2 (1992), 1101.

notieren *sw V.* ´aufschreiben´ (< 16. Jh.). Entlehnt aus l. *notāre*, einer Ableitung von l. *nota* ´Kennzeichen, Zeichen, Merkmal, Schrift, typographische Zeichen´, zu l. *nōscere* ´kennenlernen´. Abstraktum: *Notierung*.

S. *Konnotation*, *Notar*, *Note*, *Notiz*, *rekognoszieren*. − *LM* 6 (1993), 1281 f.

nötigen *sw V.* (< 11. Jh.). Mhd. *nōtegen*, *nōtigen*, ahd. *nōtegōn*. Entsprechend as. *nōdian*, afr. *nēda*, ae. *nīdan*, anord. *neyða*, gt. *nauþjan* ´zwingen´. Eigentlich ´machen, daß der andere es für nötig hält´. Zu *nötig* s. *Not*.

Notiz *f.* (< 17. Jh.). Entlehnt aus l. *nōtitia* (eigentlich ´Bekanntsein, Kenntnishaben´), einer Ableitung von l. *nōtus* ´bekannt´, dem PPP. von l. *nōscere* ´kennenlernen´.

Zur Sippe des lateinischen Wortes s. *rekognoszieren*. Zur germanischen Verwandtschaft s. *können*. − *LM* 6 (1993), 1286.

Notnagel *m.* s. *Neidnagel*. Die Bedeutung ´Lückenbüßer´ entweder davon unabhängige Neubildung oder scherzhafte Umdeutung.

notorisch *Adj. per. fremd.* ´(für etwas Negatives) bekannt´ (< *15. Jh., Form < 17. Jh.). Zunächst als *notori* entlehnt aus l. *nōtōrius*, einer Weiterbildung zu l. *nōtus* ´bekannt´, s. *rekognoszieren*.

Notwehr *f.* (< 13. Jh.). Für älteres mhd. *lībwer* (´Wehr des Lebens, Abwehr einer Lebensgefahr´). Wohl Lehnübersetzung aus l. *necessāria* (oder *lēgitima*) *defensa* (frz. *légitime defense*).

notwendig *Adj.* (< 16. Jh.). Bezeichnung für Maßnahmen, die eine Not abwenden und deshalb unerläßlich sind.

HWPh 6 (1984), 946−986; *LM* 6 (1993), 1296−1298.

Notzucht *f. erw. fach.* (< 16. Jh.). Rückgebildet aus mhd. *nōtzühten*, mit mhd. *nōtzogen*, ahd. *nōtzogōn* ´einen „Notzug" machen´, d. h. eine Frau mit Gewalt, Zwang entführen (fortzerren). Im 16. Jh. wird die Sippe zum Fachausdruck für ´Vergewaltigung´, für das zuvor mhd. *nōtnumft*, *nōtnunft* ´das Nehmen mit Gewalt´ gegolten hatte.

G. Wahl *ZDW* 9 (1907), 7−18; *LM* 6 (1993), 1298 f.

Nougat *m./n. erw. fach.* (< 19. Jh.). Entlehnt aus frz. *nougat m.*, dieses aus prov. *nogat* ´Nußkuchen´, einer Ableitung von prov. *noga* ´Nuß´, aus l. *nux (nucis) f.* ´Nuß´. S. *nuklear*.

Novelle *f.* (< 18. Jh.). Entlehnt aus it. *novella* (eigentlich ´kleine Neuigkeit´), dieses aus einer Substantivierung von l. *novellus* ´neu, jung´, einem Diminutivum zu l. *novus* ´neu´. Die literarische Bedeutung im Italienischen als ´Erzählung einer neuen Begebenheit´. Die juristische Bedeutung ´Nachtragsgesetz´ nach l. *Novellae cōnstitūtiōnes* (ein Teil des römischen Rechts, der erst nach dem Codex herausgegeben wurde). Verb: *novellieren*; Täterbezeichnung: *Novellist*.

S. *Novum.* – A. Hirsch: *Der Gattungsbegriff 'Novelle'* (Berlin 1928); W. Kraus *ZRPh* 60 (1940), 16–28; *DF* 2 (1942), 216 f.; *LM* 6 (1993), 1301–1304.

November *m.* (< 11. Jh.). Entlehnt aus l. *(mēnsis) November,* einer Ableitung von l. *novem* 'neun'. So bezeichnet als der neunte Monat des im März beginnenden altrömischen Kalenderjahres. Zur germanischen Verwandtschaft s. *neun.*
Szemerényi (1989), 56–59.

Novize *m. per. fach.* 'jmd., der eine Vorbereitungszeit verbringt' (< 14. Jh.). Entlehnt aus l. *novīcius,* einer Ableitung von l. *novus* 'neu'.
S. *Novum.* – *DF* 2 (1942), 218; *LM* 6 (1993), 1311 f.

Novum *n. erw. fremd.* 'Neuheit' (< 18. Jh.). Entlehnt aus l. *novum,* einer Substantivierung von l. *novus* 'neu'.
S. *Innovation, Novelle, Novize, renovieren;* zur germanischen Verwandtschaft s. *neu.* – *DF* 2 (1942), 218.

Nu *m./n. phras.* (nur noch in *im Nu*) (< 13. Jh.). Substantiviert aus mhd. *nū n./f.* 'jetzt' (s. *nun*).

Nuance *f. erw. fremd.* 'Abstufung, feiner Unterschied' (< 18. Jh.). Entlehnt aus frz. *nuance,* Abstraktum zu frz. *nuer* 'abschattieren' (zu l. *nūbēs* 'Wolke'). Verb: *nuancieren*.
DF 2 (1942), 218–220.

nüchtern *Adj.* (< 11. Jh.). Mhd. *nüehter(n),* ahd. *nuohturn,* mndd. *nuchtern, nochtern,* mndl. *nucht(e)ren, nuechteren* u.ä. Das Wort ist zunächst ein Wort der Klöster, und deshalb liegt die Annahme nahe, es sei aus l. *nocturnus* 'nächtlich' entlehnt. Dem widerspricht allerdings der Langvokal; außerdem ist gr. *nḗphō* 'ich bin nüchtern', arm. *nawt'i* 'nüchtern' möglicherweise auf (ig.) **nāgʷʰ-t-* zurückzuführen, das dem deutschen Wort lautlich genau entsprechen könnte. Es ist deshalb nicht auszuschließen, daß ein Erbwort sekundär an l. *nocturnus* angeglichen wurde. Abstraktum: *Nüchternheit;* Präfixableitung: *ernüchtern;* Partikelableitung: *ausnüchtern.*

Nücke *f.,* auch **Nucke** *f.* und **Nück** *m. per. reg.* 'versteckte Bosheit' (< 16. Jh.). Fnhd. *nicke, nücke.* Übernommen aus mndd. *nuck(e),* mndl. *nucke.* Zu *nucken* 'aufmucken, seine Unzufriedenheit durch Gesten äußern'. Vgl. *mucken.*
K. Brugmann *IF* 13 (1902/03), 153–155; Röhrich 2 (1992), 1101.

nuckeln *swV. erw. reg.* 'langsam saugen' (< 17. Jh.). Wohl lautbedeutsame Abwandlung von *sukkeln,* das zu *saugen* gehört. Der Nasal bringt die geschlossenen Lippen zum Ausdruck. Rückgebildet *Nuckel* 'Sauger, Schnuller', regional auch 'weibliche Brust'.

Nudel *f.* (< 16. Jh.). Wohl eine Lautvariante zu *Knödel, Knuddel* u.ä. Anders Kramer: aus grödner. *menùdli* 'viereckige Teigplätzchen in der Suppe' mit

Abfall der unbetonten Erstsilbe. Dieses aus einem dolomitenladinischen Fortsetzer von l. *minutulus* 'zerkleinert, winzig'.
J. Kramer *Schlern* 64 (1990), 97–99; Röhrich 2 (1992), 1101.

Nudismus *m. per. fach.* 'Freikörperkultur als Weltanschauung' (< 20. Jh.). Zu l. *nūdus* 'nackt' gebildet. Entsprechend *Nudist* 'Anhänger des Nudismus' (gelegentlich auch mit allgemeiner Bedeutung).

Nugat *n.* s. *Nougat.*

nuklear *Adj. erw. fach.* 'den Atomkern betreffend' (< 20. Jh.). Wohl nach englischem Vorbild zu l. *nucleus* 'Kern' in der speziellen Bedeutung 'Atomkern', zu l. *nux (nucis)* 'Nuß'.
Brisante Wörter (1989), 431; Carstensen 2 (1994), 968–971.

Null *f.* (< 16. Jh.). Entlehnt aus l. *nulla* gleicher Bedeutung, feminine Substantivierung von l. *nullus* 'keiner'. Dieses ist eine Lehnübersetzung von arab. *șifr,* das ebenfalls 'Null' und 'leer' bedeutet und das seinerseits ai. *śūnya-* 'Null, leer' übersetzt (s. *Ziffer*). Als Adjektiv in *null und nichtig* ist das Wort im Rahmen der Rechtssprache im 16. Jh. aus dem gleichen Adjektiv l. *nullus* entlehnt worden. Der Ausdruck *null-acht-fuffzehn* für (sinnlosen) Schematismus wurde verbreitet durch die Roman- und Filmtrilogie *08/15* von H. H. Kirst (1954). Gemeint war damit das 1908 und 1915 verbesserte Maschinengewehr-Typ, dann übertragen auf den Maschinengewehr-Drill und soldatische Übungen überhaupt.
S. *annullieren.* – Schirmer (1912), 48; *DF* 2 (1942), 220–222; Röhrich 2 (1992), 1101 f.

Numismatik *f. per. fach.* 'Münzkunde' (< 18. Jh.). Entlehnt aus frz. *numismatique.* Dieses zu l. *nomisma,* aus gr. *nómisma* 'Geldstück', eigentlich 'allgemein gültige Einrichtung' zu gr. *némein* (s. *nehmen*).
Cottez (1980), 272.

Nummer *f.* (< 16. Jh.). Entlehnt im Rahmen der Kaufmannssprache aus it. *numero m.* (das auch in dieser Form im Deutschen gebräuchlich wurde und in der noch anzutreffenden Abkürzung *No.* erhalten ist). Das feminine Genus im Anschluß an *Zahl.* Das italienische Wort aus l. *numerus m.* 'Zahlzeichen', das letztlich mit *nehmen* verwandt ist. Weniger stark eingedeutscht sind die grammatischen Termini *Numerus* für 'Zahl' (morphologische Kategorie') und *Numerale* 'Zahlwort' (aus dem Neutrum des zugehörigen Adjektivs). Verb: *numerieren;* Adjektiv: *numerisch.*
DF 2 (1942), 222; Röhrich 2 (1992), 1102 f.

nun *Adv.* (< 8. Jh.). Mhd. *nū, nu,* ahd. *nu, no,* as. *nu, nū* aus g. **nu Adv.* 'jetzt', auch in gt. *nu,* anord. *nú,* ae. afr. *nu.* Dieses aus gleichbedeutendem ig. **nu* in heth. *nu,* ai. *nú, nū́,* toch. A *nu,* toch. B *no,* gr. *ny, nỹn,* akslav. *nyně,* lit. *nũ,* erweitert in l. *nunc* und als Verbalpräfix in air. *nù.* Das auslautende *-n* im Deutschen ist im 13. Jh. angetreten, wohl im Anschluß an andere Zeitadverbien *(dann, wann).* Nndl. *nu,* ne. *now,* nschw. *nu,* nisl. *nú.* S. *neu, noch*[1], *Nu.* – Behaghel 3 (1928), 224–232.

Nuntius *m. per. fach.* (Botschafter des Papstes) (< 18. Jh.). Entlehnt aus l. *nūntius* ʼBote, Verkünder, Melderʼ. Abstraktum: *Nuntiatur.* S. *Annonce.* – *DF* 2 (1942), 222.

nur *Adv.* (< 11. Jh.). Älter *nuer, nuwer, newer,* die auf mhd. *ne wære* zurückführen. Entsprechend ahd. *ni wāri,* as. *ni wāri;* auch afr. *newēre, nēre,* ae. *ne wære.* Eigentlich ʼwäre es nichtʼ aus dem Irrealis von *sein* und der Negation gebildet. S. *nein, un-.* – Behaghel 3 (1928), 232 f.; A. Lindqvist (1961), 68–71.

nuscheln *swV. stil.* (< 15. Jh.). Fnhd. *nuseln* ʼnäselnʼ, also eigentlich ʼdurch die Nase (und deshalb undeutlich) sprechenʼ. S. *Nase* und *Nüster.*

Nuß[1] *f.* ʼFruchtkernʼ (< 9. Jh.). Mhd. *nuz,* ahd. *(h)nuz,* mndd. *not(e),* mndl. *not(t)e* aus g. **hnut-f.* ʼNußʼ, auch in anord. *hnot,* ae. *hnutu.* Semantisch entsprechen einerseits l. *nux (nucis),* andererseits mir. *cnú,* kymr. *cneuen;* die anzusetzende Lautform ist aber umstritten (entweder ig. **kneu-* mit verschiedenen Erweiterungen oder Umformungen einer gemeinsamen Grundform, deren Ansatz unsicher ist). Nach Sommer zu den Lautnachahmungen mit **kn-,* die ein Knacken bezeichnen (s. *knacken).* Nndl. *noot,* ne. *nut,* nschw. *nöt,* nisl. *hnot.* S. *Haselnuß, nuklear, Nuß*[2]. – Sommer (1977), 13; Röhrich 2 (1992), 1104–1106; *LM* 6 (1993), 1323 f.

Nuß[2] *f. per. reg.* ʼStoßʼ, besonders in *Kopfnuß* (< 16. Jh.). Entweder eine ʼÜbertragung von *Nuß*[1] (vgl. *nussen* ʼprügelnʼ) oder eine Ableitung von einem Verbum für ʼschlagenʼ, das allerdings nicht klar faßbar ist (ae. *hneotan* ʼschlagenʼ ist eine unsichere Variante von üblichem ae. *hnītan;* ahd. *firniozan* ʼabreibenʼ bei Notker liegt in der Bedeutung ab). Röhrich 2 (1992), 1104–1106.

Nüster *f.,* meist *Pl. stil.* (< 18. Jh.). Aus ndd. *nüster* übernommen. Mndd. *noster, nuster(en),* afr. *noster(n)* u.ä. Eine *(t)r-*Ableitung wie lit. *nas(t)raĩ*

m. *Pl.* ʼRachen, Schlund, Maulʼ, lit. *apìnas(t)ris m.* ʼKopfstück am Pferdezaum, Maulkorbʼ, akslav. *nozdri Pl.* ʼNüsternʼ. Weiterbildung zu dem Wort *Nase.* Das germanische Wort würde dabei eine Schwundstufe zeigen, was nicht ganz selbstverständlich ist. Ein ähnlicher Lautstand in fnhd. *nuseln* ʼdurch die Nase sprechenʼ (s. *nuscheln).*

Nut(e) *f. erw. fach.* ʼRinneʼ (< 9. Jh.). Mhd. *nuot,* ahd. *nuot, ti-*Abstraktum zu mhd. *nüejen,* ahd. *nuoen* ʼglättenʼ; hierzu weiter mhd. *nüejel, nüegel,* ahd. *nu(o)il* u.ä. ʼNuthobelʼ und ahd. *(h)nuoa, nuoha,* as. *hnōa* ʼFuge, Ritzeʼ. Außergermanisch vergleicht sich gr. *knēn* ʼschaben, kratzenʼ, lit. *kn(i)ótis* ʼsich abschälen, sich loslösenʼ. Die Nut wäre also ursprünglich wohl das ʼHerausgekratzte, Herausgescharrteʼ.

nutschen *swV. per. reg.* ʼlutschenʼ (< 17. Jh.). Auch *nutscheln* seit dem 16. Jh. Lautgebärde wie *lutschen* und *nuckeln.*

Nutte *f. vulg.* ʼDirneʼ (< 20. Jh.). Ursprünglich berlinerisch und das gleiche Wort wie *Nut(e)* als vulgäre Bezeichnung des weiblichen Geschlechtsteils und dann übertragen zu ʼMädchenʼ und dann zu ʼHureʼ. Bei Tieren heißt das Geschlechtsteil auch *Nuß;* eine sichere Trennung *(Nuß – Nutte)* ist für diesen Bereich nicht möglich.

nütze *Adj.* (< 9. Jh.). Mhd. *nütze,* ahd. *nuzzi,* as. *nutti* aus g. **nuti- Adj.,* wg. **nutja- Adj.* ʼnützeʼ, auch in gt. *unnuts,* ae. *nytt.* Adjektiv der Möglichkeit zu dem in *genießen* vorliegenden Verb, also ʼwas genossen werden kannʼ. Heidermanns (1993), 429 f.

Nutzen *m.* (< *8. Jh., Form < 16. Jh.). Mhd. *nu(t)z,* ahd. *nuz* aus vd. **nut-i-* ist neuhochdeutsch erweitert worden, vielleicht unter Einfluß anderer Bildungen aus der gleichen Wurzel. Abstraktum zu dem in *genießen* bezeugten Verb, also ʼdas zu Genießendeʼ. Die Kurzform noch in *Nutz und Frommen* und in *Eigennutz.* Adjektiv: *nützlich;* Verb: *nützen (nutzen).* *HWPh* 6 (1984), 992–1008; Röhrich 2 (1992), 1106; *LM* 6 (1993), 1324–1327.

Nymphe *f. bildg.* (< 16. Jh.). Entlehnt aus l. *nympha, nymphē,* dieses aus gr. *nýmphē,* auch: ʼBraut, Verlobte, heiratsfähiges Mädchenʼ. *DF* 2 (1942), 223 f.; K.-H. Weimann *DWEB* 2 (1963), 399.

O

o, oh *Interj.* (< 11. Jh.). Wohl zusammenhängend mit *au* mit abweichender Lautentwicklung, da hier das dort hinzutretende *wē* fehlt.

Oase *f. erw. exot.* (< 18. Jh.). Entlehnt aus l. *Oasis*, dieses aus gr. *óasis*, das seinerseits aus dem Ägyptischen entlehnt ist.
Littmann (1924), 12; *DF* 2 (1942), 224; Lokotsch (1975), 168.

ob[1] *Konj.* (< 8. Jh.). Mhd. *ob(e)*, *op*, ahd. *obe*, *ubi*, *ibu* u.ä., as. *ef* aus g. **eba-* (mit verschiedenen Kasusformen), auch in gt. *ibai*, anord. *ef*, ae. *of*. Wahrscheinlich zusammengerückt aus dem Pronominalstamm **e-* (neben **i-?*) und **bʰo-* 'beide', das unter *beide* behandelt ist. Ursprünglich hätte das Wort also 'diese beiden' bedeutet, was als Eingang einer Alternativfrage leicht zu der Bedeutung 'ob' hätte führen können. Bei ae. *gif* (ne. *if*) und afr. *jef*, *jof* scheint sich die Entsprechung von gt. *jabai* eingemischt zu haben (aus dem Pronominalstamm **ja-* und dem gleichen zweiten Element). Nach Lühr Partikel der Beteuerung **-bʰe/-bʰo*, die einerseits an die Fragepartikel *u*, andererseits an den Pronominalstamm *e-* antritt.
Nndl. *of*, ne. *if*, nschw. *om*. S. auch *oder*. – Behaghel 3 (1928), 233–237; R. Lühr *MSS* 34 (1976), 81 f.

ob[2] *Präp./Adv. arch.* 'oberhalb' (< 8. Jh.). Mhd. *ob(e)*, ahd. *oba* aus g. **ub-* mit nicht mehr feststellbarer Kasusendung, auch in gt. *uf* 'auf', anord. *of*, ae. *of* 'ob-, über-'. Dieses aus ig. **up-* 'hin', auch in ai. *úpa* 'gegen, hin, zu', l. *superus* 'der obere' (Herkunft des *s*- unklar).
S. *oben*, *Obst*, *oft*, *über*.

ob- *Präfix.* Teilweise durchsichtiges, aber nicht produktives Wortbildungselement mit der Bedeutung 'gegen, entgegen' (z. B. *Obstruktion*). Sein Ursprung ist l. *ob* 'gegen ... hin, nach ... hin'. – Die Assimilationsformen lauten: vor /k, ts/: *oc-* bzw. *ok-* (z. B. *okkasionell*, *Okkupation*), vor /f/: *of-* (z. B. *offerieren*, *Offizier*) und vor /p/: *op-* (z. B. *opportun*, *Opposition*). Zur germanischen Verwandtschaft s. *After*.

Obacht *f. erw. südd.* (< 17. Jh.). Aus *ob*[2] und einer Substantivierung von *achten* (s. *Acht*[2]), also 'das Achten auf (etwas)'. S. *beobachten*.

Obdach *n. obs.* (< 10. Jh.). Mhd. *obedach*, ahd. *ob(a)dah* 'Überdach, schützendes Dach'. Zu *Dach* und *ob*[2].

Obduktion *f. per. fach.* 'Öffnung einer Leiche zur Feststellung der Todesursache' (< 18. Jh.). Entlehnt aus l. *obductio (-ōnis)* 'Verhüllen, Bedecken', einer Ableitung von l. *obdūcere (obductum)* 'etwas über einen Gegenstand ziehen, verschließen, verhehlen', zu l. *dūcere* 'ziehen' und l. *ob-*. Bezeichnet wird damit vermutlich das Ende des Vorgangs.
Zur Sippe des lateinischen Wortes s. *produzieren*. – *DF* 2 (1942), 224.

Obelisk *m. per. exot.* (eine rechteckige Säule) (< 16. Jh.). Entlehnt aus l. *obeliscus*, dieses aus gr. *obeliskos* 'kleiner Spieß, (auch: eine Münze)', einem Diminutivum zu gr. *obelós* 'Obelisk, Spitzsäule, Bratspieß'.
S. *Obolus*. – *DF* 2 (1942), 224.

oben *Adv.* (< 9. Jh.). Mhd. *oben(e)*, ahd. *oban(a)*, as. *ovana* aus g. **uban-* (+ Endung), auch in anord. *ofan*, ae. *ufan*, afr. *ova*. S. *auf*, *ob*[2] und *ober*[1].
Röhrich 2 (1992), 1107.

ober[1] *Adj.* (< 8. Jh.). Mhd. *ober*, ahd. *obaro*. Wie gt. *ufaro* Komparativbildung zu *ob*[2]. Vgl. ai. *úpara-* 'der untere, hintere, spätere', avest. *upara-* 'der obere' und l. *superus*.
S. *ob*[2], *oben*, *Oberst*, *Obrigkeit*.

ober[2] *Präp. per. reg.* (< 18. Jh.). Mittel- und niederdeutsche Entsprechung zu hd. *über*. As. *obar*, *ober*, *ofer*, afr. *uver*, ae. *ofer*.

Ober *m.* 'Kellner' (< 19. Jh.). Gekürzt aus *Oberkellner*.

oberhalb *Adv./Präp.* (< 11. Jh.). Mhd. *oberhalbe*, *oberhalp*, spahd. *zuo oberhalbe*. Zu *ober* und dem unter *halb* entwickelten mhd. *halbe* 'Seite'.

Oberhand *f. erw. phras.* (< 12. Jh.). Mhd. *diu obere hant*, mndd. *overe hant* rückt seit dem Ende des 12. Jhs. zusammen zu *Oberhant* 'Übermacht'. Zu *Hand* im Sinne von 'Macht, Gewalt, Besitz'.
S. *überhandnehmen*. – Röhrich 2 (1992), 1107.

Obers *n. per. oobd.* 'Sahne' (< 19. Jh.). Eigentlich das Obere der Milch, substantiviert in der Form des Neutrums (wobei die Endung nicht mehr als Endung empfunden wird).
Kretschmer (1969), 401 f.

Oberst *m.* (< 16. Jh.). Früher auch mit der Nebenform *Obrist*. Superlativ zu *ob*[2] und *ober*[1], also 'der Oberste', früh beschränkt auf das Heereswesen. Meist stark flektiert.
R. M. Meyer *ZDW* 12 (1910), 151.

Oberwasser *n. erw. phras.* (< 15. Jh.). Eigentlich fachsprachlich für das gestaute Wasser, das über das oberschlächtige Rad einer Mühle läuft. Heute fast nur noch übertragen (*Oberwasser bekommen* oder *haben*) für ´Vorteil, bessere Position´. Röhrich 2 (1992), 1108.

Objekt *n.* (< 14. Jh.). Entlehnt aus ml. *objectum* ´das (dem Verstand) Vorgesetzte´, dem substantivierten PPP. von l. *obicere (obiectum)* ´entgegenwerfen, vorsetzen´, zu l. *iacere* ´werfen´ und l. *ob-* (Lehnübersetzung zu gr. *antikeímenon*, auch *hypokeímenon*; deutsches Ersatzwort: **Gegenstand**, früher genauer: **Gegenwurf**). Die Bedeutung dieses Terminus der mittelalterlichen Philosophie zeigt sich vor allem auch in **objektiv**, das ´(vom Subjekt unbeeinflußt) vorgegeben´ bedeutet. Der Gegensatz zu *Subjekt* liegt auch in der Grammatik vor, die damit ein Satzglied bezeichnet, das vom Prädikat betroffen ist, im Gegensatz zum Subjekt, das als Träger der Handlung gesehen wird. S. *Adjektiv.* E. Leser *ZDW* 15 (1914), 86; *DF* 2 (1942), 225 f.; *HWPh* 6 (1984), 1026−1052; M. Karstens *AB* 35 (1992), 214−256; *LM* 6 (1993), 1335 f.

Objektiv *n. erw. fach.* (< 19. Jh.). Zunächst bei optischen Geräten mit zwei Linsen diejenige, die dem Objekt zugewandt ist (älter **Objektivglas** im Gegensatz zum *Okularglas* auf der Seite des Auges).

Oblate *f. erw. fach.* ´dünne, aus Mehl und Wasser gebackene Scheibe´ (< 8. Jh.). Ahd. *oblāta, ovelāta,* mhd. *oblāt[e] f./n.*) ist entlehnt aus ml. *oblata (hostia)* ´dargebrachtes Abendmahlsbrot´, zu l. *oblātus,* dem PPP. von l. *offerre* ´darreichen, entgegentragen´, zu l. *ferre* ´tragen´ und l. *ob-*. Zunächst in der mittellateinischen Bedeutung entlehnt, seit dem 13. Jh. auch ´feines Backwerk´. S. *Differenz* und *Prälat.* − *DF* 2 (1942), 226; *LM* (1993), 1336 f.

obliegen *swV. obs.* (< *9. Jh., Form < 17. Jh.). Mhd. *obligen,* ahd. *obaligan* ´oben liegen, obsiegen´. Im 16. Jh. Bedeutungsentlehnung *mir liegt etwas ob* ´es ist mein Geschäft´ zu l. *incumbere,* dann wird die Partikel zum festen Präfix.

obligat *Adj. per. fach.* ´erforderlich, verpflichtend´ (< 16. Jh.). Entlehnt aus l. *obligātus,* dem PPP. von l. *obligāre* ´verbinden, zusammenbinden, verpflichten´, zu l. *ligāre* ´zusammenbinden, verbinden´ und l. *ob-*. Die Bedeutung ist also ´verbindlich, woran man gebunden ist´. Modifikation: **obligatorisch**; Abstraktum: **Obligation**. S. *legieren.* − *DF* 2 (1942), 226 f.; Jones (1976), 465. Zu *Obligation* vgl.: H.-P. Schramm *AB* 11 (1967), 119−147; *HWPh* 6 (1984), 1065−1072.

Oboe *f. erw. fach.* (< 18. Jh.). Entlehnt aus it. *oboe m.* und frz. *hautbois m.,* einer Zusammensetzung aus frz. *haut* ´hoch klingend´ (aus l. *altus* ´hoch´, s. *alt*) und frz. *bois m.* ´Holz´ (vgl. *Busch*).

So benannt nach dem obertonreichen Klang. Älter *Hoboe,* noch älter *französische Schalmei.* *DF* 1 (1913), 268; Relleke (1980), 154.

Obolus *m. bildg.* ´kleine Geldspende´ (< 18. Jh.). Über l. *obolus* entlehnt aus gr. *obolós,* der Bezeichnung einer kleinen Münze (sechster Teil einer Drachme). Das Wort bedeutet eigentlich ´spitziger Stab´ und weist deshalb vielleicht auf eine entsprechende Geldform. S. *Obelisk.* − Röhrich 2 (1992), 1108.

Obrigkeit *f.* (< 14. Jh.), zunächst *Oberkeit.* Zu einem nur regional bezeugten *oberig* (zu *ober*[1]). Die Bedeutung ist zunächst ´Höherstehen, Herrschaft´, dann konkret im heutigen Sinn.

Obrist *m.* s. *Oberst.*

Observatorium *n. erw. fach.* ´Beobachtungsstation´ (< 17. Jhs.). Gebildet zu l. *observāre* ´beobachten, auf etwas achten´ (zu l. *servāre* ´erhalten, beobachten´ und l. *ob-*), wohl nach dem Vorbild von frz. *observatoire.* Danach auch *observieren.* S. *konservieren.* − *DF* 2 (1942), 228 f.; *LM* 6 (1993), 1339 f. Zu *Observation* vgl. *HWPh* 6 (1984), 1072−1081.

obskur *Adj. erw. fremd.* ´fragwürdig, sonderbar´ (< 17. Jh.). Entlehnt aus l. *obscūrus* ´dunkel´. Zur germanischen Verwandtschaft s. *Scheuer.* − *DF* 2 (1942), 229−231.

obsolet *Adj. per. fach.* ´veraltet´ (< 20. Jh.). Entlehnt aus l. *obsolētus* ´unscheinbar, abgenutzt, abgetragen´, zu l. *obsolēscere* ´nach und nach vergehen, sich abnutzen´, wohl nach dem Vorbild des Englischen. Rey-Debove/Gagnon (1988), 631 f.

Obst *n.* (< 8. Jh.). Mhd. *obez,* ahd. *obaz,* mndd. *ovet, avet* aus vd. **uba-ātaz n.* ´Dazu-Essen´ zu dem unter *Aas* aufgeführten Wort für ´Essen´ und *ob*[2] in der alten Bedeutung ´hin(zu)´. Die alte Bedeutung ist also ´Zukost, Beikost´ und umfaßt ursprünglich mehr als heute (z. B. auch Hülsenfrüchte). Das auslautende *-t* ist erst im 16. Jh. angetreten. Nndl. *ooft.* S. *Aas, essen, ob*[2]. − W. A. Benware *BGDSLT* 101 (1979), 337; Röhrich 2 (1992), 1108; *LM* 6 (1993), 1340−1342. Anders: G. Kisch *ZM* 14 (1938), 107 f..

obstinat *Adj. per. fremd.* ´unbelehrbar, hartnäckig, starrsinnig´ (< 17. Jh.). Entlehnt aus l. *obstinātus,* dem adjektivischen PPP. von l. *obstināre* ´auf etwas bestehen, sich etwas hartnäckig vornehmen´, zu l. *stāre* ´sich behaupten, fest stehen´ (s. *Distanz*) und l. *ob-*. *DF* 2 (1942), 231.

obstruieren *swV. per. fach.* ´hemmen, zu verhindern suchen´ (< 18. Jh.). Entlehnt aus l. *obstruere (obstrūctum),* zu l. *struere* ´übereinanderschichten´ (s. *Struktur*) und l. *ob-*. Abstraktum: **Obstruktion**. *DF* 2 (1942), 231.

obszön *Adj.* (< 18. Jh.). Entlehnt aus l. *obscoenus, obscēnus*, zu l. *cēnum, caenum* ʿSchmutz, Unflat' und l. *ob-*. Abstraktum: **Obszönität**.

DF 2 (1942), 231 f.; L. Marcuse: *Obscön* (München 1962); *HWPh* 6 (1984), 1081–1089.

Ochse *m.* (< 8. Jh.). Mhd. *ohse*, ahd. *ohso* aus g. **uhsōn m.* ʿOchse' (mit schwundstufigem Suffix in der Flexion), auch in gt. *auhsa*, anord. *oxi, uxi*, ae. *oxa*, afr. *oxa*. Dieses aus ig. **uksōn m.* ʿ(kastrierter) Ochse, Mastochse', auch in ai. *ukṣấ*, toch. B *okso* ʿStier', kymr. *ych* ʿOchse'. Möglicherweise aus einer (unbekannten) nicht-indogermanischen Sprache entlehnt.

Nndl. *os*, ne. *ox*, nschw. *oxe*, nisl. *uxi*. S. *Auerochse, ochsen, Wake*. – C. Kiehnle: *Vedisch 'ukṣ' und 'ukṣ/vakṣ'* (Wiesbaden 1979), 42–94; S. Zimmer *ZVS* 95 (1981), 84–92; H. Benediktsson *NOWELE* 7 (1986), 29–97; Röhrich 2 (1992), 1109 f.; *LM* 6 (1993), 1343..

ochsen *swV. stil.* (< 19. Jh.). In der Studentensprache dem älteren *büffeln* (s. *Büffel*) nachgebildet.

Ochsenauge *n. stil.* (< 15. Jh.). Mehrere übertragene Bedeutungen: 1) Seit dem 17. Jh. ʿDachfenster' wie frz. *œil-de-bœuf m.*, vgl. ne. *bull's eye* für ʿSchiffsfenster' und die d. Teilübersetzung *Bullauge*. 2) ʿSpiegelei' seit frühneuhochdeutscher Zeit bezeugt. Übertragen nach der Form.

Ochsenziemer *m. obs.* ʿKlopfpeitsche' (< 17. Jh.). Der Ochsenziemer besteht aus der getrockneten Rute des Stiers. Der zweite Bestandteil ist mhd. *zim(b)ere*, dann mundartlich *zem, zim, zemmel, zimer* und zahlreiche andere. Der Zusammenhang des Wortes mit *Ziemer* ʿRückenstück des Wildes' erklärt sich durch die Entlehnung aus frz. *cimier*, das 1) ʿSchwanz' bedeutet, dann 2) durch Übertragung ʿmännliches Glied' und 3) durch Verschiebung ʿdas Fleischstück unmittelbar beim Schwanz des Hirsches'.

G. Weitzenböck *Teuthonista* 7 (1930/32), 155–157; T. Tilander *SN* 13 (1941), 1–10; R. Müller: *Die Synonymik von 'Peitsche'* (Marburg 1966), 98 f.

Ocker *m. erw. fach.* (< 10. Jh.). Mhd. *ocker, ogger*, ahd. *ockar* ist entlehnt aus l. *ōchra f.*, das aus gr. *ōchrós* ʿgelblich' unklarer Herkunft stammt.

DF 2 (1942), 232; Lüschen (1979), 285.

Octan *n.* s. *Oktan*.

Ode *f. erw. fach.* ʿfeierliches Gedicht' (< 17. Jh.). Entlehnt aus l. *ōdē*, dieses aus gr. (poet.) *aoidḗ, ōidḗ* ʿGesang' (zu gr. *aeídein* ʿsingen').

S. *Komödie, Melodie, Parodie, Prosodie, Rhapsodie, Tragödie.* – *DF* 2 (1942), 232; *LM* 6 (1993), 1345 f.

öde *Adj.* (< 11. Jh.). Mhd. *œde*, ahd. *ōdi, (un)ōði* aus g. **auþja- Adj.* ʿöde', auch in gt. *auþ(ei)s*, anord. *auðr*, ae. in *īðan* ʿverwüsten'. Außergermanisch kann entsprechen gr. *aútos* ʿeitel, leer' zu gr. *autós* ʿselbst' sowie air. *úathad* ʿEinzelheit, Verein-

zelung'; vielleicht weiter zu *au-* ʿweg' in dem l. Präfix *au-*. Abstraktum: **Öde**. *Einöde* gehört ursprünglich nicht hierher, ist aber sekundär angeglichen.

Heidermanns (1993), 111. Zur Entlehnung ins Finnische s. *LÄGLOS* (1991), 47.

Odem *m.* s. *Atem*.

Ödem *n. per. fach.* ʿFlüssigkeitsansammlung im Gewebe' (< 19. Jh.). Entlehnt aus gr. *oídēma* ʿGeschwulst', Konkretbildung zu gr. *oideīn* ʿschwellen'. Zur germanischen Verwandtschaft s. *Eiter*.

Cottez (1980), 279.

oder *Konj.* (< *8. Jh., Form < 10. Jh.). Mhd. *oder*, mndd. *oder*; häufiger mhd. *od(e)*, ahd. *odo* u.ä., das *-r* ist unter Einfluß von *aber* und *weder* angefügt. Die ältesten Formen sind ahd. *eddo*, as. *ettho*; entsprechend ae. *oðða*, gt. *aiþþau*. Der zweite Bestandteil ist der Dual des Demonstrativums, also ʿdiese beiden'; der erste Bestandteil ist unklar. As. *eftha*, afr. *jeft(ha)* u.ä. weisen auf *ob¹*, doch gilt dies kaum für alle genannten Formen.

Nndl. *of*, ne. *or*. – Behaghel 3 (1928), 237–242; J. E. Härd: *Mnd. 'oder', 'oft' und Verwandtes* (Göteborg 1967); F. Cercignani *JIES* 12 (1984), 329–334. Anders: R. Lühr *MSS* 34 (1976), 77–94.

Odermennig *m. per. fach.* (ein Art Mohn) (< 11. Jh.). Mhd. *odermenie f.*, ahd. *avermonia f.*; unter lautlicher Entstellung entlehnt aus l. *agrimōnia f.*, das auf gr. *árgemon n.* zurückgeht. Dies bedeutet eigentlich ʿweißer Fleck im Auge', und die Pflanze wird als Heilmittel dagegen verwendet. Ob dies auf sekundärer Angleichung eines ursprünglich fremden Namens beruht, ist unsicher. Zahlreiche lautliche Anpassungen in den Mundarten.

Marzell 1 (1943), 139–141; *LM* 6 (1993), 1349.

Odyssee *f. bildg.* (< 19. Jh.). In französischer Form (frz. *odyssée*) übernommen aus l. *Odyssea*, gr. *Odýsseia*, dem Namen des homerischen Epos von den Irrfahrten des Odysseus.

Ofen *m.* (< 8. Jh.). Mhd. *oven*, ahd. *ovan*, mndd. *oven*, mndl. *oven* aus (spät-) g. **ufna- m.*, auch in anord. *ofn*, ae. *of(e)n*, afr. *oven*. Daneben mit *h* gt. *auhns* und mit *g* aschw. *oghn*. Außergermanisch stimmt dazu in der Bedeutung gr. *ipnós* ʿOfen'; weiter entfernt steht ai. *ukhá f.*, *ukhá-* ʿTopf, Kochtopf, Feuerschüssel'. Man versucht einen gemeinsamen Ansatz (ig.) **ukʷʰ-*, doch lassen sich nicht alle lautlichen Besonderheiten erklären. Vermutlich liegt ein Lehnwort aus einer unbekannten Sprache vor. Gemeint war ursprünglich eine Art ʿBackofen', später ein ʿBade-Ofen'. Daraus die heutige Bedeutung.

Nndl. *oven*, ne. *oven*, nschw. *ugn*, nisl. *ofn*. – Hoops (1911/19), III, 360 f.; Lühr (1988), 334; Röhrich 2 (1992),1110 f.; *LM* 6 (1993), 1365.

offen *Adj.* (< 8. Jh.). Mhd. *offen*, ahd. *offan*, as. *opan* aus g. **upena- Adj.* ʿoffen', auch in anord.

opinn, ae. *open*, afr. *epe(r)n*, *open*. Mit *n*-Suffix und Ablaut gebildet von der gleichen Grundlage wie *auf*; entfernter verwandt sind *ob*[2], *oben*, *ober*[1]. Verb: **öffnen**.

Nndl. *open*, ne. *open*, nschw. *öppen*, nisl. *opinn*. S. *auf*, *öffentlich*. − Szemerényi: *Scripta minora* 4 (1991), 2275 ff.; Heidermanns (1993), 639 f.

offenbar *Adj.* (< 10. Jh.). Mhd. *offenbære*, *offenbār(e)*, *offenbar*, ahd. *offanbāri*, mndd. *openbar(e)*, mndl. *openbare*. Weiterbildung zu *offen* im Sinn von 'vor Augen stehend', wobei *-bāri* von Anfang an nur noch die Funktion eines Suffixes hatte. Verb: **offenbaren** mit dem Abstraktum **Offenbarung**.

Zu *Offenbarung* vgl.: *HWPh* 6 (1984), 1105−1130; *LM* 6 (1993), 1368 f.

offensiv *Adj. erw. fremd.* (< 16. Jh.). Entlehnt aus frz. *offensif*, einer alten Gegensatzbildung zu frz. *défensif*; formal zu frz. *offendre* aus l. *offendere (offēnsum)* 'anstoßen, verletzen, beschädigen'. Abstraktum: **Offensive**.

DF 2 (1942), 234 f.; Jones (1976), 467.

öffentlich *Adj.* (< *9. Jh., Form < 13. Jh.). Mhd. *offenlich*, ahd. *offanlīh*, as. *opanlīko Adv.* Entsprechend ae. *openlīc*. Weiterbildung zu *offen* im Sinn von 'vor Augen liegend', erst spät im politischen Sinn 'der Öffentlichkeit zugänglich gemacht'. Hierzu **Öffentlichkeit** seit dem 18. Jh. als Ersatzwort für *Publizität*. Der Übergangslaut *-t-* erscheint seit 1300. Präfixableitung: **veröffentlichen**.

Zu *Öffentlichkeit*: O. Ladendorf *ZDW* 5 (1903/04), 118; Ladendorf (1906), 228 f.; Pfaff (1933), 44; *Grundbegriffe* 4 (1978), 413−467; *HWPh* 6 (1984), 1134−1140; *LM* 6 (1993), 1370.

offerieren *swV. per. fremd.* (< 16. Jh.). Entlehnt aus l. *offerre*, zu l. *ferre* 'tragen' und l. *ob-*, wohl unter Einfluß von frz. *offrir*. Konkretum: **Offerte**. Das **Offertōrium** als Bestandteil der katholischen Messe ('Darbringung der Opfergaben') geht auf eine kirchenlateinische Bildung zurück (zu l. *fertum* 'Opfergabe').

S. *Differenz*. − *DF* 2 (1942), 235. Zu *Offerte* s. W. J. Jones *SN* 51 (1979), 265. Zu *Offertorium* s. *LM* 6 (1993), 1370.

offiziell *Adj.* (< 18. Jh.). Entlehnt aus frz. *officiel*, dieses über ne. *official* aus l. *officiālis* 'zum Amt gehörig', zu l. *officium* 'Pflicht, Amt', weiter zu l. *opus n.* 'Werk' und l. *facere* 'tun' (s. *infizieren*) als 'Werkverrichtung'.

DF 2 (1942), 236.

Offizier *m.* (< *15. Jh., Bedeutung < 16. Jh.). Entlehnt aus frz. *officier*, dieses aus ml. *officiarius* 'Inhaber eines Amtes', zu l. *officium n.* 'Pflicht, Amt' (s. *offiziell*). In der Bedeutung 'Beamter' schon früher bezeugt.

DF 2 (1942), 236 f.; Jones (1976), 467 f.

Offizin *f. per. fach.* 'Werkstätte mit nicht-handwerklicher Arbeit (Buchdruckerei, Apotheke usw.)'

(< 18. Jh.). Entlehnt aus l. *officīna* 'Werkstätte', älter l. *opificīna*, zu l. *opifex* 'Handwerker' (zu l. *opus* 'Werk' und l. *facere* 'tun', s. *offiziell*).

DF 2 (1942), 237 f.

offiziös *Adj. per. fach.* 'halbamtlich' (< 18. Jh.). Entlehnt aus frz. *officieux*, das eigentlich 'dienstbeflissen, verbindlich' bedeutet (aus l. *officiōsus* 'dienstbereit' zu *officium* 'Dienst', s. *offiziell*). So zunächst auch im Deutschen, das dann der Weiterentwicklung im Französischen folgt (*offiziöse Quellen* sind Quellen, die zur Information bereit sind, ohne dazu ausdrücklich autorisiert zu sein).

DF 2 (1942), 238 f.

Offsetdruck *m. per. fach.* (ein Flachdruckverfahren) (< 20. Jh.). Entlehnt aus ne. *offset* (eigentlich 'Abziehen'), zu e. *set off* 'abziehen, entfernen', aus e. *off* 'ab, weg' und e. *set* 'legen, setzen'. So bezeichnet, da bei diesem Verfahren das zu Drukkende zunächst auf einen mit Gummi überzogenen Zylinder gebracht wird, von dem es dann auf Papier 'abgezogen' wird.

Rey-Debove/Gagnon (1988), 638 f.

oft *Adv.* (< 8. Jh.). Mhd. *oft(e)*, ahd. *ofto*, as. *ofto*, *ohto* aus g. **ufta-* (mit verschiedenen Kasusformen) 'oft', auch in gt. *ufta*, anord. *opt*, ae. *oft*, afr. *ofta*. Herkunft unklar. Vielleicht zu *ob*[2] und seiner Sippe als 'übermäßig'. Vgl. anord. *of n.* 'große Menge'.

Ne. *often*, nschw. *ofta*. − F. A. Wood *JEGPh* 2 (1899), 214; J. E. Härd: *Mnd. 'oder', 'oft' und Verwandtes* (Göteborg 1967).

Oheim *m.*, **Ohm**[1] (so ursprünglich niederdeutsch) *m. obs.* (< 9. Jh.). Mhd. *œheime(e)*, ahd. *ōheim* 'Bruder der Mutter', mndd. *ōm*, mndl. *oom*, *o(o)me* aus wg. **awa-haima- m.* 'Mutterbruder', auch in ae. *ēam*, afr. *ēm*. Das Wort bedeutet eigentlich 'der im Haus des Großvaters lebt'. Für die älteste Zeit ist anzunehmen, daß nur für die Sippe des Vaters ausführlichere Verwandtschaftsbezeichnungen bestanden, für die Mutterseite dagegen nur für den Großvater (der gleich bezeichnet wurde wie der Großvater väterlicherseits). Noch in voreinzelsprachlicher Zeit (vermutlich im Zusammenhang mit größerer Seßhaftigkeit) zeigte sich das Bedürfnis, auch die Verwandtschaft der Mutterseite spezieller zu bezeichnen. Dabei wurde der Mutterbruder in mehreren Sprachen aus dem Wort für den Großvater gebildet (vgl. l. *avunculus* zu l. *avus*, entsprechend kymr. *ewythr*, lit. *avýnas*). Zu l. *avus* 'Großvater' stimmen gt. *awo* 'Großmutter', anord. *afi* 'Großvater'. Im Neuhochdeutschen wurde die Unterscheidung zwischen *Oheim* und *Vetter* (ursprünglich 'Vaterbruder') aufgegeben und schließlich durch das undifferenzierte *Onkel*, das aus dem Französischen stammt, ersetzt.

Nndl. *oom*. S. *Heim*. − R. Blümel *BGDSL* 53 (1929), 55−58; R. Much *ZDA* 69 (1932), 46−48; F. Mezger *ZVS*

76 (1960), 296–302; *RGA* 1 (1973), 525–527; Szemerényi (1977), 53–61; Ruipérez (1984), 73–83; H. Hettrich *AL* 27 (1985)[1987], 462 f.; Jones (1990), 147–162.

Ohm² *n./m.* arch. (ein Flüssigkeitsmaß) (< 12. Jh.). Mhd. *āme, ōme m./f./n.*, mndd. *am(e) n./f.*, mndl. *ame.* Wie afr. *ām(e)*, ae. *ome f./(m.?)* entlehnt aus spl. *ama f.* ʿGefäß, Weinmaßʾ zu l. *(h)ama f.* ʿFeuereimerʾ, das aus gr. *ámē f.* ʿEimerʾ stammt.

Vgl. *nachahmen.* – Lloyd/Springer 1 (1988), 201–203.

Ohm³ *n.* erw. fach. ʿMaßeinheit des elektrischen Widerstandsʾ (< 19. Jh.). 1881 festgelegt durch Reichsgesetz und benannt nach dem Physiker Georg Simon *Ohm.*

Öhmd *n.* per. wobd. ʿGrasschnitt nach der Heuernte, zweiter Heuschnittʾ (< 12. Jh.). Mhd. *āmāt*, ahd. *āmād* aus *Mahd* und *ā-*, etwa im Sinne von ʿübrigʾ. Daneben mhd. *üemet*, zusammengesetzt aus *Mahd* und *uo-*, etwa im Sinn von ʿnachʾ (ahd. *uoquemo* ʿNachkommeʾ). Hieraus wohl der Umlaut von *Öhmd.*

S. *mähen.* – Lloyd/Springer 1 (1988), 2–4, 190.

ohne *Präp.* (< 8. Jh.). Mhd. *ān(e)*, ahd. *ānu, āno* u.ä., as. *āno* aus g. **ǣneu* (u.ä.) ʿohneʾ, auch in anord. *án, ón*, afr. *ōne*, daneben von (g.) **enu*: gt. *inu* ʿohneʾ. Außergermanisch entspricht (mit abweichendem Vokalismus) gr. *áneu* ʿfern von, ohneʾ und vielleicht toch. AB *āñu* ʿAufhören, Ruheʾ. Die angesetzten Formen sehen aus wie endungslose Lokative von *u-*Stämmen; falls das tocharische Wort das zugehörige Grundwort zeigt, wäre von ʿmit Aufhören, beim Aufhörenʾ auszugehen. Vermischungen mit *un-* in *ungefähr* und *unlängst.*

E. P. Hamp *JIES* 10 (1982), 189 f.; Lloyd/Springer 1 (1988), 289 f.; Röhrich 2 (1992), 1111 f.; Lenz (1991).

Ohnmacht *f.* (< *9. Jh., Form < 13. Jh.). Mhd. *āmaht*, ahd. *āmaht(-īg), unmaht.* Gebildet aus *Macht* und dem Präfix *ā-*, das hier wie in *Ameise* ʿfort, wegʾ bedeutet (etwas anders s. unter *Öhmd*). Ausgangsbedeutung also etwa ʿMachtlosigkeit, Kraftlosigkeitʾ. Nach dem regionalen Wandel von *ā* zu *ō* wurde das erste Element mit *ohne* gleichgesetzt und entsprechend geschrieben.

R. Große *SSAWL* 1988, 42–48; Lloyd/Springer 1 (1988), 2–4; Röhrich 2 (1992), 1112 f.

Ohr *n.* (< 8. Jh.). Mhd. *ōr(e)*, ahd. *ōra*, as. *ōra* aus g. **auzōn n.* ʿOhrʾ, auch in gt. *auso*, anord. *eyra*, ae. *ēare*, afr. *āre.* Dieses aus ig. **aus-* (mit verschiedenen Stammbildungen) in l. *auris f.*, air. *ó*, lit. *ausìs f.*, akslav. *ucho*, gr. *oûs* (mit Vollstufe *ōu*?), avest. *uš-* (Schwundstufe *u*?). Weitere Herkunft unklar.

Nndl. *oor*, ne. *ear*, nschw. *öra*, nisl. *eyra.* S. *Öhr, Öse.* – *LM* 6 (1993), 1375; Röhrich 2 (1992), 1113–1118. Zu *sich hinter die Ohren schreiben* Schmidt-Wiegand (1991), 293–295.

Öhr *n.* (< 11. Jh.). Mhd. *œr(e), ōr(e)*, spahd. *ōri* aus vd. **auzja-.* Zugehörigkeitsbildung zu ahd. *ōra* ʿOhrʾ. ʿHenkel, Öseʾ bedeuten die Wörter für ʿOhrʾ auch unmittelbar. So in nndl. *oor*, ne. *ear*, gr. *oûs.*

S. *Ohr, Öse.* – Kluge (1926), 42.

Ohrenschliefer *m.* s. *Ohrwurm.*

Ohrfeige *f.* (< 16. Jh.). Ebenso mndd. *ōrvige.* Vermutlich ist an *Feige*, übertragen im Sinne von ʿunförmige Schwellungʾ am Ohr, gedacht. Vgl. *Dachtel* und nndl. *muilpeer* ʿOhrfeigeʾ (ʿMaulbirneʾ). Verb: *ohrfeigen.*

Ohrwurm *m.* erw. reg. (< 13. Jh.). Zahlreiche verschiedene regionale Bildungen, die meistens das Wort *Ohr* enthalten; auch frz. *perce-oreille* und ne. *earwig.* Die frühesten deutschen Belege etwa seit dem 14. Jh., am ältesten altenglische Belege etwa aus dem 8. Jh. Letztlich geht die Bezeichnung darauf zurück, daß in der Spätantike solche Tiere getrocknet und zerstoßen als Heilmittel gegen Ohrenkrankheiten verwendet wurden; deshalb die Bezeichnung spl. *auricula f.*, verdeutlicht in dem frz. Bezeichnungstyp *cure-oreille f.* Die Bezeichnung wurde (später und anderenorts) nicht mehr verstanden und mit den krankheitsverursachenden Ohrwürmern der antiken Medizin identifiziert. Daraus entstand der Volksglaube, die Ohrwürmer würden durch die Ohren ins Gehirn kriechen, und daraus wiederum die verdeutlichenden Bezeichnungen frz. *perce-oreille*, d. *Ohrenschliefer* u.ä.

Tiernamen (1963–1968), 629–682; Seebold (1981), 230–238.

-oid *Suffix* zur Bildung von Bezeichnungen für untypische Exemplare, z. B. *Suffixoid* = ʿsuffixähnliches Elementʾ. In neoklassischen Bildungen verwendet nach dem Muster griechischer Komposita mit Fugenvokal *-o-* + *-eidēs* ʿaussehendʾ (s. *Weise*).

S. *-id.* – H. Wellmann in *FS H. Moser*. Hrsg. U. Engel, P. Grebe (Düsseldorf 1975), 409 ff.; Cottez (1980), 198 f.

okay *Interj.*, auch **o.k.** ʿin Ordnungʾ, ugs. (< 20. Jh.). Entlehnt aus am.-e. *okay (o. k.).* Die Abkürzung entspringt scherzhaften Abkürzungen fehlerhafter Schreibungen durch amerikanische Journalisten in Boston um 1839 (wie *K. G.* für *no go* – falsch geschrieben *know go* oder *o. w.* = *all [w]right*) und hat *all correct (oll korrekt)* als Vollform. Zuerst bezeugt 1839 in der *Boston Morning Post.*

A. W. Read *ASp* 38 (1963), 5–27, 83–102, 39 (1964), 83–101; W. Mieder *SS* 31 (1975), 132–135; F. A. Greco/M. Degges *ASp* 50 (1975) [1978], 333–335; Rey-Debove/Gagnon (1988), 640 f.; Röhrich 2 (1992), 1118 f.; Carstensen 2 (1994), 986–988.

Ökelname *m.* s. *Ekelname.*

okkasionell *Adj.* per. fremd. ʿgelegentlichʾ (<17. Jh.). Entlehnt aus frz. *occasionnel*, zu frz. *oc-*

casion 'Gelegenheit', dieses aus l. *occāsio (-ōnis)*, Abstractum von l. *occidere* 'fallen, sein Ende erreichen', zu l. *cadere* 'fallen, sinken' und l. *ob-*. S. *Kadenz*. – *DF* 2 (1942), 239.

okkult *Adj. erw. fremd.* 'verborgen' (< 18. Jh.). Entlehnt aus l. *occultus*, dem PPP. von l. *occulere* 'verdecken, verbergen'. Abstractum: ***Okkultismus***. Zur germanischen Verwandtschaft s. *hehlen*. – *DF* 2 (1942), 239; *HWPh* 6 (1984), 1142–1146.

okkupieren *swV. per. fremd.* 'besetzen' (< 16. Jh.). Entlehnt aus l. *occupāre* (eigentlich 'einnehmen'), zu l. *capere* 'nehmen, fassen, ergreifen' und l. *ob-*. Abstractum: ***Okkupation***. S. *kapieren*. – *DF* 2 (1942), 239.

Ökologie *f. erw. fach.* 'Lehre von den Wechselbeziehungen zwischen Organismen und ihrer Umwelt' (< 19. Jh.). Neubildung zu gr. *oîkos m.* 'Haus, Haushaltung, Wirtschaft' und *-logie* (aber wohl eigentlich Kreuzung aus *Ökonomie* und *Biologie*). Gemeint war ursprünglich die Wirtschaftlichkeit der Naturvorgänge, doch hat sich die Blickrichtung im Laufe der Zeit ausgeweitet. Das Wort erscheint zuerst bei H. D. Thoreau im Englischen (1858). In Deutschland aufgenommen durch den Zoologen E. Haeckel 1866; die Theorie wird ausgebaut durch H. Reiter 1885 und den Dänen E. B. Warming 1895. Seit etwa 1970 wird das Wort zum Schlagwort der Umweltbewegung, wodurch ***öko-*** als Lehnaffixoid üblich wird (***Ökosystem*** usw.). Auch als Kürzung ***Öko** m.* für Anhänger von Umweltbewegungen benützt. S. *Diözese*. – I. R. Goodland (Leserbrief) *Science* 188 (1975), 313; *HWPh* 6 (1984), 1146–1149; *Brisante Wörter* (1989), 475–504.

Ökonomie *f. erw. fach.* 'Wirtschaftlichkeit' (< 16. Jh.). Entlehnt aus l. *oeconomia* 'Haushaltung, Verwaltung', dieses aus gr. *oikonomía*, zu gr. *oikonómos* 'Haushalter, Verwalter', zu gr. *oîkos m.* 'Haus' und gr. *némein* 'teilen, verteilen'. Adjektiv: ***ökonomisch***. S. *Diözese* und *-nom*. – *DF* 2 (1942), 239–242; *HWPh* 6 (1984), 1149–1162; Th. Stemmler: *Ökonomie* (Tübingen 1985); *PSG* 8 (1988), 51–104; R. Descat *Quaderni Urbinati di Cultura Classica* 28 (1988), 103–119.

Oktan *n. per. fach.* (ein gesättigter Kohlenwasserstoff) (< 19. Jh.). Neubildung mit dem Fachwort-Suffix *-an* der Chemie zu gr. *oktṓ* 'acht', da es 8 Kohlenstoff-Atome enthält (C_8H_{18}). Bestandteil von Kraftstoffen, für deren Klopffestigkeit die Oktanzahl ein Maßstab ist. Cottez (1980), 276 f.

Oktav *n. per. fach.* (ein Buchformat) (< 18. Jh.). Entlehnt aus l. *in octāvo* u.ä. 'in Achteln' (zu l. *octo* 'acht'). Das Format entsteht, wenn der Bogen Papier in 8 Blätter gefalzt wird. *DF* 2 (1942), 242.

Oktave *f. erw. fach.* 'Intervall von acht diatonischen Tonstufen' (< 13. Jh.). Übernommen aus ml. *octāva*, dem substantivierten Femininum von l. *octāvus* 'der Achte'. *DF* 2 (1942), 242 f.

Oktober *m.* (< 14. Jh.). Entlehnt aus l. *(mēnsis) Octōber*, zu l. *octō* 'acht'. So bezeichnet als der achte Monat des im März beginnenden altrömischen Kalenderjahres. Zur germanischen Verwandtschaft s. *acht*. Szemerényi (1989), 56–59.

oktroyieren *swV.* s. *aufoktroyieren*.

okulieren *swV. per. fach.* (eine Veredelungstechnik) (< 17. Jh.). Verkürzt übernommen aus l. *inoculāre* 'durch Einsetzen von Augen (Knospenansätzen) veredeln', Präfixableitung zu l. *oculus* 'Auge, Knospenansatz'.

Ökumene *f. per. fach.* 'Siedlungsraum des Menschen, Gesamtheit der Christen' (< 19. Jh.). Entlehnt aus l. *oecūmenē* 'bewohnte Erde', dieses aus gr. *oikouménē (gḗ)*, dem Partizip von gr. *oikeîn* 'bewohnen', einer Ableitung von gr. *oîkos m.* 'Haus, Wohnung'. Adjektiv: ***ökumenisch***. S. *Diözese*. – *HWPh* 6 (1984), 1174–1177.

Okzident *m. per. fach.* 'Abendland' (< 13. Jh.). Mhd. *occident[e]* ist entlehnt aus l. *(sōl) occidēns (-entis)* (eigentlich 'untergehende Sonne'), dem PPräs. von l. *occidere* 'niederfallen, untergehen', zu l. *cadere* 'fallen, sinken' und l. *ob-*. Zunächst 'Richtung des Sonnenuntergangs', dann 'Land in der Richtung des Sonnenuntergangs, Abendland'. Adjektiv: ***okzidental***. S. *Kadenz*. Ersatzwort ist *Abendland*. – *DF* 2 (1942), 243–245; *LM* 6 (1993), 1383.

Öl *n.* (< 8. Jh.). Mhd. *öl(e)*, *ol(e)*, *ol(e)i*, ahd. *oli*, *ole*, as. *oli*. Wie ae. *æl* entlehnt aus ml. *olium* aus l. *oleum*; dieses aus gr. *élaion*, das aus einer unbekannten Sprache entlehnt ist. Das Wort bezeichnet ursprünglich auch die Olive und den Ölbaum. Demgemäß war *Öl* zunächst 'Olivenöl'. Erst seit dem 12. Jh. werden aus anderen Sämereien entsprechende Flüssigkeiten gewonnen, die nach dem (Oliven-) Öl bezeichnet werden. Die Lautform des gt. *alew* 'Öl' ist noch nicht ausreichend geklärt. Verb: ***ölen***; Adjektiv: ***ölig***. S. *Linoleum, Menthol, Olive, Petroleum*. – J. Hoops: *Geschichte des Ölbaums* (Heidelberg 1944); Szemerényi (1989), 129–140; Röhrich 2 (1992), 1119 f.; *LM* 6 (1993), 1383 f.

Oldie *m./(n.) per. grupp.* 'etwas nach längerer Zeit noch Aktuelles' (< 20. Jh.). Entlehnt aus ne. *oldie*, *oldy*, einer hypokoristischen Ableitung von e. *old* 'alt'. *Oldtimer* ist 'etwas/jmd., das/der zu einer älteren Zeit gehört', z. B. ein solches Auto. Das Englische selbst bevorzugt andere Ausdrücke (*veteran* usw.).

Zur germanischen Verwandtschaft s. *alt.* − Carstensen 2 (1994), 989−991; *Oldtimer* 992−994.

Oldtimer *m.* s. *Oldie.*

Oleander *m. per. fach.* (eine strauchartige Pflanze mit länglichen, ledrigen Blättern) (< 16. Jh.). Entlehnt aus it. *oleandro* und frz. *oléandre*, diese aus ml. *lorandrum f.* ῾Lorbeerbaum᾽ unter Einfluß von l. *olea f.* ῾Ölbaum, Olivenbaum᾽. Die lautlichen Einzelheiten sind aber unklar.

DF 2 (1942), 245 f.

Ölgötze *m. stil.* (< 16. Jh.). Bezeugt in Wendungen wie *wie ein Ölgötze* ῾steif und stumm᾽, *den Ölgötzen tragen* ῾die Dreckarbeit verrichten᾽. Der Ursprung der Wendung ist nicht ausreichend klar, obwohl seit früher Zeit Erklärungen gegeben werden. Auch *Götze* allein wird in dieser Zeit in entsprechenden Bedeutungen gebraucht; vgl. auch fnhd. *Götzenträger*, dessen Bedeutung ebenfalls nicht ausreichend klar ist (Beruf? Vergehen? Schimpfwort?).

K. Drescher in: *FS zur Jahrhundertfeier der Universität Breslau* (Breslau 1911), 453−463; *HWDA* 6 (1935), 1247 f.; J. Knobloch *Lingua* 26 (1970/71), 310; Röhrich 2 (1992), 1120 f.

Oligarchie *f. per. fach.* ῾Gemeinwesen, in dem einige wenige die Herrschaft ausüben᾽ (< 18. Jh.). Entlehnt aus gr. *oligarchía* (eigentlich ῾Herrschaft von wenigen᾽), zu gr. *olígos* ῾wenig᾽ und gr. *árchein* ῾herrschen᾽. Zunächst abwertende Bezeichnung eines Herrschaftszustands, bei dem die Macht in den Händen einiger weniger liegt, die nicht aufgrund staatsmännischer Fähigkeiten regieren, sondern wegen ihrer Abkunft, der Zugehörigkeit zu einer bestimmten Gruppierung usw.

S. *Anarchie.* − *DF* 2 (1942), 246; Cottez (1980), 282; *HWPh* 6 (1984), 1178−1182.

Olive *f. erw. exot.* (< 16. Jh.). Entlehnt aus l. *olīva* (auch: ῾Ölbaum, Olivenbaum᾽, verwandt mit l. *oleum n.* ῾Öl᾽), dieses aus gr. *eláā, elaíā*. Adjektiv: *oliv* (Farbbezeichnung).

S. *Öl.* − Littmann (1924), 21; *DF* 2 (1942), 246; *LM* 6 (1993), 1399.

Olm *m. per. fach.* ῾Schwanzlurch᾽ (< 11. Jh.). Mhd. *olm*, ahd. *olm*, mndl. *olm*. Herkunft unklar. Zusammenhang mit *Molch* bei falscher Ablösung des Anlauts denkbar. Das Wort bezeichnet landschaftlich den Salamander und wird dann von L. Oken auf den neu entdeckten Schwanzlurch übertragen.

Olympiade *f.* (< 19. Jh.). Entlehnt aus frz. *olympiade*, dieses aus gr. *Olympiás (-ádos)*, zu gr. *Olympíā*, dem Namen des heiligen Bezirks, der dem Zeus geweiht und Austragungsort der antiken Sportwettkämpfe war (der *Olympos* ist das Gebirge in Griechenland, das als Sitz der Götter galt). Wiederaufnahme der Sache in internationalem Rahmen 1896.

DF 2 (1942), 248; Röhrich 2 (1992), 1121; *LM* 6 (1993), 1402 f.

Ölzweig *m.* (< 13. Jh.). Mhd. *öl(e)zwī* ist eine Klammerform aus *Ölbaumzweig.*

Oma *f. stil.* (< 19. Jh.). Kindersprachliche Form von *Großmama.*

Ombudsmann *m. per. fach.* ῾Beauftragter zur Wahrung staatsbürgerlicher Interessen᾽ (< 20. Jh.). Entlehnt aus schwed. *ombudsman* ῾Bevollmächtigter (der Regierung), besonders ῾Wehrbeauftragter᾽, zu schwed. *ombud* ῾Vertreter, Bevollmächtigter᾽. Das schwedische Wort zu anord. *umboð*, zu anord. *bjóða um* ῾seine Vollmacht übertragen᾽. − G. Korlén *MoS* 1980, 157−160.

Omelett(e) *n. erw. fach.* (< 18. Jh.). Entlehnt aus frz. *omelette f.*, dessen weitere Herkunft nicht sicher geklärt ist.

Afrz. *alumette*, das aus l. *lāmella* ῾Scheibe᾽ zu stammen scheint; zusätzlicher Einfluß von l. *ōvum* ῾Ei᾽ ist wahrscheinlich. − *DF* 2 (1942), 248; Brunt (1983), 397.

Omen *n. bildg.* ῾Vorzeichen᾽ (immer mit dem Zusatz *gut* oder *böse*) (<16. Jh.). Entlehnt aus l. *ōmen* ῾Vorzeichen᾽, dessen Herkunft unklar ist. Das zugehörige Adjektiv *ominös* aus l. *ōminōsus* ist in seiner Bedeutung auf das schlechte *Omen* eingeschränkt.

DF 2 (1942), 248 f.

Omnibus *m.* (< 19. Jh.). Entlehnt aus frz. *(voiture) omnibus* (eigentlich ῾Fahrzeug für alle᾽), dieses aus l. *omnibus* ῾für alle᾽, zu l. *omnēs* ῾alle᾽. Die Kurzform *Bus* aus e. *bus.*

DF 2 (1942), 249 f.

Onanie *f. erw. fach.* ῾Selbstbefriedigung᾽ (< 18. Jh.). Aus dem Englischen übernommen. Die Bezeichnung greift zurück auf den biblischen *Onan*, der *seinen Samen auf die Erde fallen ließ* und dafür von Gott bestraft wurde. An der betreffenden Stelle (1. Mose 38,9) ist allerdings ῾Coitus interruptus᾽ gemeint, so daß der sachliche Anschluß nur sehr lose ist. Verb: *onanieren.*

DF 2 (1942), 250 f.

ondulieren *swV. obs.* ῾Haare (mit einer Brennschere) lockig formen᾽ (< 20. Jh.). Entlehnt aus frz. *onduler*, einer Rückbildung zu frz. *ondulation* ῾Wallen, Wogen᾽. Dieses ist eine neoklassische Bildung zu l. *undula* ῾kleine Welle᾽, einem Diminutivum zu l. *unda* ῾Welle, Woge᾽. S. *redundant.*

Onkel *m.* (< 18. Jh.). Entlehnt aus frz. *oncle*, zunächst in französischer Form. Das Wort bürgert sich ein im Zuge der Aufgabe der Unterscheidung zwischen *Oheim* ῾Mutterbruder᾽ und *Vetter* ῾Vaterbruder᾽.

Ruipérez (1984), 83−86; Brunt (1983), 398; Röhrich 2 (1992), 1121.

Onyx *m. per. fach.* (ein als Schmuckstein verwendetes Mineral) (< 13. Jh.). Zuerst als mhd. *onichel* entlehnt aus gr. *ónyx* (auch: ´Kralle, Klaue, Nagel´); das Bedeutungsmotiv ist nicht klar.

Zur germanischen Verwandtschaft s. *Nagel*. − Lüschen (1979), 37 f., 285 f.

Opa *m. stil.* (< 19. Jh.). Kindersprachliche Umbildung von *Großpapa*.

Opal *m. per. fach.* (ein milchigweißes Mineral) (< 17. Jh.). Entlehnt aus l. *opalus*, dieses aus gr. *opállios*, aus ai. *úpala-* ´Stein´. Der Stein soll ursprünglich aus Indien gekommen sein. *Opalglas* ist nach der Farbe so benannt.

Littmann (1924), 16; Lüschen (1979), 286; Lokotsch (1975), 167.

Oper *f.* (< 17. Jh.). Entlehnt aus it. *opera (in musica)* ´Musikwerk´ über frz. *opéra m*. Die italienische Form *Opera* hält sich bis ins 18. Jh. und wird dann durch die eingedeutschte Form *Oper* ersetzt. Gleichermaßen wird it. *operetta* ´Werkchen´ für eine kleine Oper meist komischen Inhalts zunächst in dieser Form zu Beginn des 18. Jhs. entlehnt und dann zu *Operette* eingedeutscht.

DF 2 (1942), 251 f.; B. Carstensen in: *FS E. Leisi* (Tübingen 1989), 131−156 (zu modernen Verwendungen); Röhrich 2 (1992), 1121.

operieren *sw V.* (< 16. Jh.). Entlehnt aus l. *operārī* ´arbeiten, verrichten, pflegen, bearbeiten´, zu l. *opus* ´Werk, Arbeit, Beschäftigung´. Die medizinische Bedeutung nach der Auffassung, die in dem Chirurgen einen Handwerker sieht. Abstraktum: *Operation*; Nomen agentis: *Operateur*; Adjektiv: *operativ*; Adjektiv der Möglichkeit: *(in)operabel*. Von der allgemeineren Bedeutung etwa *Kooperation* ´Zusammenarbeit´ und *operationalisieren* ´standardisieren´.

Zum lateinischen Grundwort gehören außer der unveränderten Entlehnung *Opus* noch *Oper* und *Operette*, auf Umwegen über das Französische auch *Manöver*; vermutlich mit ihm verwandt ist l. *ops* ´Reichtum, Vermögen´, wozu l. *cōpia* ´Vorrat, Fülle´, das über die kanzleisprachliche Bedeutung ´Vervielfältigung´ unser *Kopie* ergibt (vgl. auch *Copyright*). Zu l. *ops* auch *Optimum, Optimismus* und *opulent*. Eine alte Entlehnung aus dem Verb ist *opfern*. Zur germanischen Verwandtschaft s. *üben*. − DF 2 (1942), 252 f.; K.-H. Weimann *DWEB* 2 (1963), 400; *HWPh* 6 (1984), 1208−1216.

opfern *sw V.* (< 8. Jh.). Mhd. *opfern*, ahd. *opfarōn, offarōn*, mndd. *opperen, offeren*, älter *oppron*. Der Lautform nach stammt das Wort aus l. *operārī* ´arbeiten, u.ä.´, auch ´Almosen geben´ (s. *operieren*). Der Bedeutung nach ist es aber sicher beeinflußt von l. *offerre* ´darbringen´, das gleichbedeutendes ahd. *offrōn*, afr. *off(e)ria*, ae. *offrian*, anord. *offra* ergeben hat. Abstraktum *Opfer n.* in mhd. *opfer, opher*, ahd. *opfar, offar*, mndd. *opper, offer* (eigentlich Rückbildung aus dem Verb).

HWPh 6 (1984), 1223−1237; G. Must *IF* 93 (1988), 225−236; Röhrich 2 (1992), 1121; *LM* 6 (1993), 1411−1413.

Opium *n. erw. fach.* (ein Schmerzmittel und Rauschgift) (< 15. Jh.). Entlehnt aus l. *opium* (eigentlich ´Mohnsaft´), aus. gr. *ópion*, dieses zu gr. *opós m*. ´Pflanzensaft´.

Das griechische Wort aus ig. (eur.) **sokᵂ-* ´Saft´. − DF 2 (1942), 254; Röhrich 2 (1992), 1122; *LM* 6 (1993), 1413−1415.

opponieren *sw V.* s. *Opposition*.

opportun *Adj. per. fremd.* ´nach den Umständen von Vorteil´ (< 17. Jh.). Entlehnt aus l. *opportūnus* (eigentlich ´zur Einfahrt bequem´), zu l. *portus* ´See-Einfahrt, Hafen´ und l. *ob-*; weiter zu l. *porta* ´Tor, Eingang´. Abstraktum: *Opportunismus*; Täterbezeichnung: *Opportunist*.

S. *Portier*. − O. Ladendorf *ZDW* 5 (1903/04), 118; *DF* 2 (1942), 255; W. J. Jones *SN* 51 (1979), 265; *Brisante Wörter* (1989), 272−275.

Opposition *f.* (< 16. Jh.). Entlehnt aus l. *oppositio (-ōnis)*, einer Ableitung von l. *oppōnere (oppositum)* ´entgegenstellen´, zu l. *pōnere* ´stellen, legen´ und l. *ob-*. Adjektiv: *oppositionell*; Verb: *opponieren*; Nomen agentis: *Opponent*.

S. *Position*. − *DF* 2 (1942), 254−256; Ganz (1957), 158 f.; *Grundbegriffe* 4 (1978), 469−517; *HWPh* 6 (1984), 1237−1240.

Optik *f.* (< 16. Jh.). Entlehnt aus l. *(ars) opticē* ´die Lehre vom Sehen´, dieses aus gr. *optikḗ (téchnē)*, zu gr. *optikós* ´das Sehen betreffend, zum Sehen gehörig´; zu gr. *ósse* ´die beiden Augen´ (ig. **okᵂī*). Adjektiv: *optisch*; Täterbezeichnung: *Optiker*.

S. *Panoptikum, Zyklop*. − *DF* 2 (1942), 256 f.; Röhrich 2 (1992), 1122; *LM* 6 (1993), 1419−1422.

Optimismus *m.* (< 18. Jh.). Entlehnt aus frz. *optimisme*, einer neoklassischen Bildung zu l. *optimus* ´bester´. Zunächst Schlagwort für die Leibnizsche Lehre, wonach diese Welt die beste aller möglichen Welten sei. Damit hängt die Auffassung zusammen, daß sich die Welt weiter zum Guten und Vernünftigen verändert. Daraus dann die heutige Bedeutung, die ein Vertrauen auf Gutes bzw. Besseres in sich schließt. Täterbezeichnung: *Optimist*; Adjektiv: *optimistisch*.

S. *operieren*. − *DF* 2 (1942), 257 f.; *HWPh* 6 (1984), 1240−1246.

Optimum *n. per. fach.* ´günstigster erreichbarer Wert´ (< 20. Jh.). Entlehnt aus l. *optimum*, einer Substantivierung von l. *optimus* ´bester´. Verb: *optimieren*; Adjektiv: *optimal*. S. *operieren*.

J. Heydel *SD* 16 (1972), 65−67.

Option *f. per. fach.* ´Möglichkeit, Vorkaufsrecht´ (< 20. Jh.). Entlehnt aus l. *optio (-ōnis)* ´freier Wille, freie Wahl, Belieben´. S. *adoptieren*.

opulent *Adj. per. fremd.* ´sehr reichlich´ (< 18. Jh.). Entlehnt aus l. *opulentus*, zu l. *ops (opis)* ´Vermögen, Reichtum´.

S. *operieren*. − *DF* 2 (1942), 258.

Opus *n. per. fach.* ʿWerkʾ (< 16. Jh.). Entlehnt aus l. *opus* ʿWerkʾ. S. *operieren.*

DF 2 (1942), 259 f.

-or *Suffix* s. *-ator.*

-ör *Suffix* s. *-eur.*

Orakel *n.* (< 16. Jh.). Entlehnt aus l. *ōrāculum,* einer Ableitung von l. *ōrāre* ʿreden, sprechenʾ, zu l. *ōs (ōris)* ʿMundʾ. Zunächst Bezeichnung der ʿStätte, an der die Sprüche der Götter erteilt werdenʾ, dann auch Bezeichnung dieser Sprüche selbst. Verb: **orakeln.**

S. *Oratorium.* – *DF* 2 (1942), 259; Röhrich 2 (1992), 1123; *LM* 6 (1993), 1424.

Orange *f.* (< 17. Jh.). Entlehnt aus frz. *(pomme d')* orange, dieses aus span. *naranja,* aus arab. *nā-ranğ,* aus pers. *nāranğ.* Der Vokal /o/ in volksetymologischer Anlehnung an frz. *or m.* ʿGoldʾ. Adjektiv: **orange** (als Farbbezeichnung); Lokalbildung: **Orangerie.**

S. *Pomeranze.* – Littmann (1924), 81, 83, 132; *DF* 2 (1942), 259 f.; Lokotsch (1975), 125; Jones (1976), 470; Brunt (1983), 399 f.

Orang-Utan *m. erw. exot.* (< 17. Jh.). Entlehnt aus malai. *orang utan* ʿDschungel-Menschʾ; von den Europäern auf die Bezeichnung der Affenart übertragen.

DF 2 (1942), 260.

Oratorium *n. per. fach.* (ein geistliches Musikwerk) (< 17. Jh.). Entlehnt aus ml. *oratorium* (auch: ʿBethausʾ), einer Ableitung von l. *ōrātor m.* ʿBitter, Beter, Rednerʾ, zu l. *ōrāre* ʿbeten, redenʾ (s. *Orakel*). Wohl so bezeichnet nach den musikalischen Andachten der *Oratorianer,* in denen hymnenartige Gesänge vorkamen und allegorische Figuren auftraten. Man stellte bald diese Form des geistlichen musikalischen Dramas der weltlichen Oper gegenüber.

DF 2 (1942), 260.

Orchester *n.* (< 18. Jh.). Entlehnt aus frz. *orchestre m.,* dieses aus l. *orchēstra f.* ʿPlatz für Musiker, Tänzer und Pantomimen auf der Vorderbühne, (älter: der vornehmste Platz vorn im Schauspielhaus, der für die Senatoren bestimmt warʾ, aus gr. *orchēstra f.* ʿTanzplatz, Platz zwischen Bühne und Zuschauerraumʾ, zu gr. *orcheĩsthai* ʿtanzen, springenʾ. Später metonymische Übertragung auf die dort spielenden Musiker und dann auf eine entsprechende Gruppe von Musikern allgemein.

DF 2 (1942), 261; M. H. Marshall *Symposium* 4 (1950), 1–39, 366–389; Cottez (1980), 292.

Orchidee *f.* (< 18. Jh.). Entlehnt aus frz. *orchidée,* einer neoklassischen Bildung zu gr. *órchis m.* ʿHodenʾ. So bezeichnet aufgrund der charakteristischen Form der Wurzelknollen (vgl. *Knabenkraut,* eine Orchideenart, mit dem gleichen Benennungsmotiv).

Cottez (1980), 292.

Orden *m.* (< 11. Jh.). Mhd. *orden* ʿRegel, Ordnung, Reihenfolgeʾ, dann ʿchristlicher Orden (der einer Regel folgt)ʾ ist entlehnt aus l. *ōrdo (ordinis),* das ursprünglich ein Fachwort der Weberei ist (das angezettelte Gewebe). Die alte Bedeutung ʿOrdnungʾ noch in *ordentlich, ordnen, Ordnung,* sonst hat sich die Bedeutung verengt auf ʿchristlicher Ordenʾ. Von den in stärker weltlich orientierten *Orden* üblichen Ehrenzeichen kommt die heute vorherrschende Bedeutung (es geht dabei ursprünglich nicht um das Ehrenzeichen, sondern um die damit verbundene Aufnahme in einen ʿOrdenʾ).

S. *ordinär.* – *LM* 6 (1993), 1430 f.

ordentlich *Adj.* (< *11. Jh., Form < 16. Jh.). Mhd. *ordenlīch,* ahd. *ordenlihho Adv.* Weiterbildung zu einer frühen Entlehnung des unter *Orden* dargestellten Wortes für ʿOrdnungʾ. Ausgangsbedeutung ist ʿin fester Reihenfolgeʾ, heute stärker an *Ordnung* angeschlossen. Das *-t-* ist im 16. Jh. angewachsen.

Order *f. per. fremd.* ʿAnweisung, Befehlʾ (< 17. Jh.). Entlehnt aus frz. *ordre,* das von l. *ordo* ʿOrdnung, Regelʾ stammt. S. *Orden.* Verb: **(be)ordern.**

DF 2 (1942), 261 f.

ordinär *Adj. erw. fremd.* ʿgewöhnlich, sehr unfeinʾ (< 17. Jh.). Entlehnt aus frz. *ordinaire* (älter: ʿgewohnt, normal, durchschnittlich, gewöhnlichʾ), dieses aus l. *ōrdinārius* ʿordentlich, der Gewohnheit entsprechendʾ, zu l. *ōrdo (ordinis)* ʿReihe, Ordnungʾ. Die pejorative Bedeutung ergibt sich durch häufige Gegenüberstellung mit dem Feinen und ʿAußer-Gewöhnlichenʾ (vgl. *gemein*). Die ursprüngliche Bedeutung noch in **Ordinarius.**

S. *Orden, Ornament.* – *DF* 2 (1942), 262 f.; Jones (1976), 470 f.

Ordinarius *m. per. fach.* ʿordentlicher Professorʾ (< 16. Jh.). Verselbständigtes Attribut aus *Professor ordinarius* ʿordnungsgemäß berufener Professorʾ, zu l. *ōrdo (ordinis)* ʿReihe, Ordnungʾ. Lokalbildung: **Ordinariat.** S. *ordinär.*

Ordinate *f. per. fach.* ʿAbstand von der horizontalen Achse in einem Koordinatensystemʾ (< 18. Jh.). Entlehnt aus l. *(līnea) ōrdināta* ʿgeordnete Linieʾ, zu l. *ōrdinātus* ʿgeordnet, ordentlichʾ, dem PPP. von l. *ōrdināre* ʿordnen, in Reihen aufstellenʾ (s. *ordinieren*).

S. *ordinär, Koordinate.* – Schirmer (1912), 49.

ordinieren *swV. per. fach.* ʿin das Amt einführenʾ (< 16. Jh.). Entlehnt aus l. *ōrdināre* ʿordnen, verordnenʾ, zu l. *ōrdo (ōrdinis) m.* ʿReihe, Ordnungʾ.

DF 2 (1942), 263.

ordnen *swV.* (< 9. Jh.). Mhd. *ordenen,* ahd. *ordinōn.* Entlehnt aus l. *ōrdināre* ʿordnenʾ, zu l. *ōrdo (ōrdinis)* ʿOrdnungʾ. Abstraktum: **Ordnung;** Nomen agentis: **Ordner.**

S. *Orden, ordinär.* – Zu *Ordnung* s. *HWPh* 6 (1984), 1249–1309.

Ordonnanz *f. per. fach.* ʼOffiziersanwärter: Befehlʼ (< 16. Jh.). Entlehnt aus frz. *ordonnance* ʼBefehl, Anordnungʼ, einer Ableitung von frz. *ordonner* ʼanordnenʼ, aus l. *ōrdināre* ʼbestimmen, verordnen, ordnenʼ, zu l. *ōrdo (ōrdinis) m.* ʼReihe, Ordnungʼ. Aus ʼBefehlʼ wird ʼder zur Ausführung von Befehlen Bestimmteʼ.
S. *ordinär.* – *DF* 2 (1942), 264; Jones (1976), 471 f.; *LM* 6 (1993), 1442 f.

Organ *n.* (< 16. Jh.). Entlehnt aus l. *organum* ʼWerkzeug, Instrumentʼ, dieses aus gr. *órganon*, einer ablautenden Bildung zu gr. *érgon* (s. *Energie*). Die heutigen Bedeutungen gehen im wesentlichen von der Grundbedeutung eines Elements mit bestimmter Funktion aus (z. B. für Körperteile wie Herz und Niere, die Sprechwerkzeuge [„lautes Organ"]); so etwa *Presseorgan* als ʼder Teil einer Vereinigung, der für die Öffentlichkeitsarbeit zuständig istʼ (usw.). Adjektiv: ***organisch***; Abstraktum: ***Organismus***; Verb: ***organisieren***.
S. *Orgel.* – *DF* 2 (1942), 264 f.; J. Hennig *Sprache im Technischen Zeitalter* 28 (1968), 376–383 (zu *organisch*); ders.: *Der Begriff ʼOrganʼ in der Medizin* (München 1971); *HWPh* 6 (1984), 1317–1325; K. Ehlich in: *Language Adaptation.* Ed. F. Coulmas (Cambridge 1989), 135–157.

organisieren *swV.* (< 18. Jh.). Entlehnt aus frz. *organiser*, einer Ableitung von frz. *organe* ʼWerkzeug, Organʼ, aus l. *organum* ʼWerkzeug, Instrumentʼ (s. *Organ*). Das französische Verb in Analogie zu ml. *organizare* ʼmit Werkzeugen formen, gestalten, zurechtmachenʼ. Abstraktum: ***Organisation***; Nomen agentis: ***Organisator***; Präfigierung: ***reorganisieren***.
DF 2 (1942), 265–267; *Grundbegriffe* 4 (1978), 519–622; *HWPh* 6 (1984), 1326–1329, 1330–1358; Röhrich 2 (1992), 1123.

Orgasmus *m. erw. fach.* (< 18. Jh.). In der modernen Wissenschaftssprache (wohl zuerst im Englischen) entlehnt aus l. *orgasmus*, aus gr. *orgasmós f.* ʼheftige Erregungʼ, zu gr. *orgān* ʼ (vor Begierde) strotzenʼ, zu gr. *orgḗ f.* ʼTrieb, Gemütsbewegungʼ.

Orgel *f.* (< *9. Jh., Form < 13. Jh.). Mhd. *organe, orgene, orgel(e)*, ahd. *organa*. Entlehnt aus dem Plural von l. *organum n.* ʼMusikinstrument, Orgelpfeifeʼ. Das *n* wurde durch Suffixersatz oder Dissimilation im Plural zu *l.* Das *-n-* noch in der Täterbezeichnung ***Organist***. Verb: ***orgeln***.
S. *Organ.* – Relleke (1980), 128–130; Röhrich 2 (1992), 1123; *LM* 6 (1993), 1451.

Orgie *f. erw. fremd.* (< 17. Jh.). Entlehnt aus l. *orgia n.*, eigentlich ʼnächtlicher Geheimkultʼ, aus gr. *órgia n. Pl.*, letztlich zu gr. *érgon n.* ʼWerk, Wirkenʼ (s. *Energie*).
DF 2 (1942), 268; M. Meier-Brügger *HS* 101 (1988), 104–107.

Orient *m.* (< 12. Jh.). Mhd. *orient* ist entlehnt aus l. *oriēns (orientis)*, Partizip von l. *orīrī* ʼsich erheben, aufgehenʼ, wohl aus Wendungen wie l. *in oriente sōle* ʼin Richtung der aufgehenden Sonneʼ. Einwohnerbezeichnung: ***Orientale***; Herkunftsadjektiv: ***orientalisch***. S. *orientieren, Original, Reise* und vgl. *Okzident*.

orientieren *swV. refl.* (< 18. Jh.). Entlehnt aus frz. *orienter*, einer Ableitung von frz. *orient* ʼSonnenaufgang, Osten, Orientʼ (s. *Orient*). Die Bedeutung als Verallgemeinerung von ʼdie Position nach der (aufgehenden) Sonne bestimmenʼ. Abstraktum: ***Orientierung***.
DF 2 (1942), 268 f.; Röhrich 2 (1992), 1123 f.; *LM* 6 (1993), 1454.

Original *n.* (< 14. Jh.). Entlehnt aus l. *orīgināle (exemplar)*, zu l. *orīginālis* ʼursprünglichʼ, einer Ableitung von l. *orīgo (orginis) f.* ʼUrsprungʼ, einer Ableitung von l. *orīrī* ʼsich erheben, sichtbar werden, entspringen, entstehenʼ. Die Entlehnung ist wohl eigentlich aus dem Französischen (frz. *original* mit Relatinisierung). Abstraktum: ***Originalität***; Adjektive: ***original, originell***.
S. *Orient.* – *DF* 2 (1942), 269–273; Ganz (1957), 159–161; *HWPh* 6 (1984), 1373–1378; *LM* 6 (1993), 1456 f.

Orkan *m.* (<16. Jh.). Entlehnt aus nndl. *orkaan*, dieses aus span. *huracán*. Vgl. ne. *hurricane*, das teilweise als *Hurrikan* entlehnt wird.
Kluge (1911), 598 f.; Littmann (1924), 150; R. Loewe *ZVS* 61 (1933), 48–54; Palmer (1939), 103–105; *DF* 2 (1942), 273 f.; H. Plischke in: *FS Mortensen* (1954), 131.

Ornament *n.* (< 14. Jh.). Entlehnt aus l. *ōrnāmentum*, einer Ableitung von l. *ōrnāre* ʼausstatten, schmücken, zierenʼ (aus **ōrd[i]nāre* zu l. *ōrdo (ōrdinis) m.* ʼReihe, Ordnungʼ). Adjektiv: ***ornamental***.
S. *ordinär.* – *DF* 2 (1942), 274; *LM* 6 (1993), 1468–1473.

Ornat *m. per. fach.* ʼfeierliche Amtstrachtʼ (< 13. Jh.). Entlehnt aus l. *ōrnātus* ʼAusstattung, Schmuckʼ, zu l. *ōrnāre* ʼausstatten, schmückenʼ (s. *Ornament*).
DF 2 (1942), 274.

Ort *m./n.* (< 8. Jh.). Mhd. *ort*, ahd. *ort*, as. *ort, ord* aus g. **uzda- m.*, auch in anord. *oddr m.*, ae. *ord m.*, afr. *ord n.* Die Bedeutung ist ursprünglich ʼSpitzeʼ, besonders ʼWaffenspitzeʼ, dann ʼäußerstes Endeʼ und lokal betrachtet ʼGegend, Stelleʼ. Außergermanisch vergleichen sich mit der Bedeutung ʼSpitzeʼ lit. *usnìs f.* ʼDistelʼ und vielleicht alb. *usht, ushtër* ʼÄhreʼ. Adjektiv: ***örtlich***; Verb: ***orten***; Kollektiv: ***Ortschaft***. Das Diminutivum ***Örtchen*** wird auch als Hüllwort mit der Bedeutung ʼToiletteʼ verwendet.
Nndl. *oord*, nschw. *udd* ʼSpitzeʼ, nisl. *oddur* ʼSpitzeʼ. – Röhrich 2 (1992), 1124.

ortho- *LAff.* mit der Bedeutung ʼaufrecht, richtig, geradeʼ (z. B. *Orthographie, Orthopäde*). Es wurde vornehmlich in neoklassischen Bildungen verwendet; sein Ursprung ist gr. *orthós* ´gerade, aufrecht´.

Cottez (1983),293 f.

orthodox *Adj.* (< 16. Jh.). Entlehnt aus l. *orthodoxus* ´rechtgläubig´, dieses aus gr. *orthódoxos*, zu gr. *orthós* ´richtig, recht, gerecht´ und gr. *dóxa* ´Meinung, Glaube´, weiter zu gr. *dokeĩn* ´glauben, meinen´, das mit l. *docēre* ´lehren, unterrichten´ verwandt ist.

DF 2 (1942), 2744 f.; Cottez (1980), 293; HWPh 6 (1984), 1379−1387; LM 6 (1993), 1483 f.

Orthographie *f. erw. fach.* ´Rechtschreibung´ (< 15. Jh.). Entlehnt aus l. *orthographia*, dieses aus gr. *orthographía* ´Rechtschreibung´ (etwa im Titel einer Schrift des Grammatikers Herodian). Nominalableitung zu gr. *orthográphos* ´richtig schreibend´, zu gr. *ortho-* ´richtig´ und gr. *gráphein* ´schreiben´ (s. Graphik).

DF 2 (1942), 275; Cottez (1980), 293.

Orthopädie *f. erw. fach.* ´medizinische Lehre von Störungen des Bewegungsapparates´ (< 18. Jh.). Entlehnt aus frz. *orthopédie*, einer Neubildung zu gr. *orthós* ´gerade, recht´ (s. ortho-) und gr. *paideía* ´Erziehung, Ausbildung, Übung´. S. Pädagogik.

Cottez (1980), 294.

-os, -ös *Suffix* zur Bildung von desubstantivischen Adjektiven mit der Bedeutung ´versehen mit´ (z. B. *trichinös, luxuriös, rigoros*). Es wurde teils in lateinischen *(-os)*, vor allem aber in französischen Entlehnungen *(-ös)* übernommen; sein Ursprung ist l. *-osus*.

-ose *Suffix* zur Bildung von Substantiven, vor allem mit der Bedeutung ´Erkrankung´ (z. B. *Psychose, Tuberkulose*). Es wurde in griechischen Entlehnungen in die Volkssprachen übernommen und wurde in den Fachsprachen produktiv. Sein Ursprung ist gr. *-ōsis*.

Cottez (1980), 294 f.

Öse *f.* (< 15. Jh.). Spmhd. *ōse*, mndd. *os(s)e, ouse*. Gehört wohl zu Öhr und damit zu Ohr mit Desonorisierung des stimmhaften *-z-*.

Zur Entlehnung ins Finnische s. Koivulehto in *Germanic Dialects*. Hrsg. B. Brogyanyi, Th. Krömmelbein (Amsterdam 1986), 275−277.

ösen *swV. per. ndd.* ´in ein Boot eingedrungenes Wasser ausschöpfen´ (< 13. Jh.). Sekundäre Verbalbildung zu anord. *ausa stV.* ´gießen, schöpfen´, verwandt mit l. *haurīre* ´schöpfen´. Bei der Bedeutung *ösen* ´verwüsten´ handelt es sich wohl um ein anderes Wort (zu *öde*).

Oser *m.* s. Aser.

Osmose *f. per. fach.* (< 19. Jh.). Abstrahierende Rückbildung aus den von dem französischen Physiker Dutrochet gebildeten Termini frz. *endosmose*

´Eindringen´ und frz. *exosmose* ´Hinausdringen´. Gebildet zu gr. *ōsmós* ´Eindringen´ und gr. *éndon* ´hinein´ und gr. *éxō* ´hinaus´.

Ossi *m. stil.* ´Ostdeutscher´ (< 20. Jh.). Vermutlich scherzhafte Übernahme von ne. *Aussie*, der Spottbezeichnung für die Australier mit deutscher Umdeutung. Danach parallel auch *Wessi* und z. T. scherzhafte Weiterbildungen wie *Besserwessi*.

Osten *m.* (< 11. Jh.). Mhd. *ōsten m./n.*, ahd. *ōstan m./n.*; die einfache Form *ost* ist im Deutschen erst spätmittelhochdeutsch bezeugt, vgl. ae. *ēast*; ´von Osten´ mhd. *ōstenān*, ahd. *ōstana*, as. *ōstana*, ae. *ēastan*, anord. *austan*. Der zugrunde liegende Stamm g. **austa-* hängt zusammen mit ig. **ausos* ´Morgenröte´ in ai. *uṣā́-*, l. *aurōra*, gr. *héōs, ēṓs*, lit. *auśrà f.*; die Bedeutung ´Osten´ auch in avest. *uša-stara-* ´gegen Morgen, östlich´, lett. *àustrums* ´Osten´ und wohl auch ursprünglich l. *auster*, das aber nur mit der Bedeutung ´Süden´ bezeugt ist − offenbar auf Grund einer Neu-Orientierung, bei der die als ´vorne´ betrachtete Himmelsrichtung von ´Ost (Sonnenaufgang)´ zu ´Süd´ überging. Adjektiv: **östlich**.

Nndl. *oosten*, ne. *east*, nschw. *öster*, nisl. *austur*. S. Ostern. − H. Schröder GRM 17 (1929), 421−427; H. V. Velten JEGPh 39 (1940), 443−449; HWPh 6 (1984), 1394−1396.

ostentativ *Adj. per. fremd.* ´herausfordernd, betont´ (< 20. Jh.). Neubildung zu nicht mehr üblichem **Ostentation** ´Zur-Schau-Stellung, Prahlerei´, aus l. *ostentātio*, Abstraktum zu l. *ostentāre* ´darbieten, prahlen´, Intensivbildung zu l. *ostendere* ´entgegenhalten, zeigen´.

S. Tenor und ob-. − DF 2 (1942), 275 f.

Osterluzei *f. per. fach.* ´Aristolochia clematitis´ (eine Heilpflanze) (< *11. Jh., Form < 15. Jh.). Fnhd. *ostirluzi*, spahd. *astriz(a), astrenza*. Unter Anlehnung an einheimische Formen entlehnt und weitergebildet aus l. *aristolochia*, das aus gr. *aristolochía* stammt. Der griechische Pflanzenname bedeutet ´bestes Gebären (gr. *áristos* ´bester´ und gr. *lóchos* ´Lager, Kindbett, zu *liegen*), weil er den Wöchnerinnen beim Abgang der Nachgeburt helfen sollte.

Marzell 1 (1943), 389−391.

Ostern *n.* oder *Pl.* (< 8. Jh.). Mhd. *ōster f., ōstern Pl.*, ahd. *ōstara, ōstarū f., Pl.*, vgl. ae. *ēastron Dat. Pl.* Das Wort, das ein christliches Fest bezeichnet, ist ersichtlich altgermanisch und hängt zusammen mit Osten, also der Morgenröte (und gegebenenfalls einer Göttin der Morgenröte, die bei den Indogermanen gut bezeugt ist). Der Zusammenhang zwischen Name und Fest ist unklar. Eine germanische Frühlingsgöttin dieses Namens (die zur Erklärung vermutet wurde) ist nicht sicher bezeugt; eine Bezeichnung nach dem Tagesanbruch, der bei dem christlichen Fest eine liturgische Rolle spielt, ist durchaus denkbar (auf den Tagesanbruch wurde der Zeitpunkt der Auferstehung Christi gesetzt; deshalb schlug um diesen Zeitpunkt die Trauer über den Tod des Herrn um in Freude über die Auferstehung – Gippert). Anders: Eine lateinische Bezeichnug *albae (paschalis)* für ʿOsternʾ ist vom 5. Jh. an bezeugt, meint allerdings die weißen Kleider der um diese Zeit Getauften. Da l. *alba* ʿweißʾ im französischen Bereich ausstirbt, behält *alba* die spezielle Bedeutung ʿMorgenlicht, Morgenröteʾ, was durch das germanische Wort wiedergegeben sein kann (Knobloch). Adjektiv: **österlich**.

Ne. *Easter.* S. *Osten.* – Th. Frings/J. Nießen *IF* 45 (1927), 276–306; K. Bischoff *ZM* 21 (1953), 28–33; J. Knobloch *Sprache* 5 (1959), 27–45; ders.: *Weihnachten und Ostern* (Heidelberg 1986), 49–77; S. Gutenbrunner in: *FS Baetke* (1966), 122–129; J. Gippert *Die slavischen Sprachen* 17 (1989), 13–35, besonders 32 f.; Röhrich 2 (1992), 1126; *LM* 6 (1993), 1518–1520.

oszillieren *sw V. per. fach.* ʿschwingen, in der Ausdehnung schwankenʾ (< 20. Jh.). Entlehnt aus l. *oscillāre* ʿsich schaukelnʾ, einer Ableitung von l. *oscillum* ʿSchaukel, Hängematteʾ, zu l. *cillere* ʿbewegenʾ und l. *ob(s)-*.

Otter[1] *m./(f.)* (Wassertier) (< 9. Jh.). Mhd. *ot-(t)er m.*, ahd. *ottar m.*, mndl. *otter* aus g. **utra- m.* ʿOtterʾ, auch in anord. *otr m.*, ae. *oter m.* Altertümliche Ableitung zu dem Wort für ʿWasserʾ (ig. **wedōr*) mit Schwundstufe beider Silben (ig. **udr-o-m.*) wie in ai. *udrá- m.* ʿein Wassertierʾ, gr. *hýdra f.* ʿWasserschlangeʾ, gr. *énydris f.* ʿOtterʾ, und als ʿOtterʾ l. *lutra f.* (mit unklarem Anlaut), air. *odrán m.*, lit. *ūdra f.*, aruss. *vydra f.* Nndl. *otter*, ne. *otter*, nschw. *utter*, nisl. *otur.*

Otter[2] *f. erw. reg.* (Schlange) (< 16. Jh.). Variante zu *Natter* mit falscher Ablösung des anlautenden *n.* Fest geworden in *Kreuzotter*. Nndl. *adder*, ne. *adder.*

Ottomane *f. per. fach.* (eine gepolsterte Liege ohne Rückenlehne) (< 18. Jh.). Entlehnt aus frz. *ottomane*, einer Substantivierung von frz. *ottoman* ʿtürkischʾ, dieses aus arab. *ʿUṭmān*, dem Namen des Gründers des türkischen Reiches.

Littmann (1924), 88 f.; *DF* 2 (1942), 276.

Outsider *m.* s. *Außenseiter.*

Ouvertüre *f. erw. fach.* ʿeinleitendes Musikstückʾ (< 17. Jh.). Entlehnt aus frz. *ouverture* (eigentlich ʿEröffnungʾ), aus l. *apertūra* ʿÖffnung, Eröffnungʾ, einer Ableitung von l. *aperīre* ʿöffnenʾ.

S. *Aperitif.* – *DF* 2 (1942), 277; Jones (1976), 475; Brunt (1983), 402.

oval *Adj. erw. fremd.* ʿelliptischʾ (< 17. Jh.). Entlehnt aus spl. *ōvālis* (eigentlich ʿeiförmigʾ), zu l. *ōvum* ʿEiʾ.

Zur germanischen Verwandtschaft s. *Ei.* – Schirmer (1912), 50; *DF* 2 (1942), 277 f.; Cottez (1980), 298.

Ovation *f. per. fremd.* ʿheftiger Beifallʾ (< 16. Jh.). Entlehnt aus l. *ovātio (-ōnis)* (zunächst: ʿder kleine Triumph [im Gegensatz zum feierlichen Siegeszug]ʾ), einer Ableitung von l. *ovāre* ʿfrohlocken, jubelnʾ.

DF 2 (1942), 278.

Overall *m. erw. fremd.* ʿeinteiliger Arbeitsanzugʾ (< 20. Jh.). Entlehnt aus ne. *overall* (eigentlich ʿüber allesʾ), aus e. *over* ʿüberʾ und e. *all* ʿallesʾ.

S. *über* und *all.* – Carstensen 2 (1994), 1015.

Oxyd *n. erw. fach.* ʿSauerstoffverbindungʾ (< 18. Jh.). Entlehnt aus frz. *oxyde*, einer fachsprachlichen Bildung aus gr. *oxýs* ʿscharf, bitter, sauerʾ (vgl. *Sauerstoff*). Verb: **oxydieren**.

Ozean *m.* (< *12. Jh., Form < 17. Jh.). Mhd. *Occēne* ist entlehnt aus ml. *occeanus*, dieses aus l. *ōceanus*, aus gr. *ōkeanós* ʿder die Erdscheibe umfließende Weltstromʾ, dann ʿWeltmeerʾ. Adjektiv *ozeanisch*.

DF 2 (1942), 278 f.

Ozon *m./n. erw. fach.* (eine besondere Form des Sauerstoffs) (< 19. Jh.). Von C. F. Schönbein 1839 neu gebildet aus gr. *ózon n.* ʿdas Duftendeʾ, zu gr. *ózein* ʿriechen, duftenʾ. So benannt als Gas mit einem ausgeprägten, charakteristischen Geruch.

DF 2 (1942), 279.

P

Paar *n.* (< 13. Jh.). Mhd. *pār, par,* mndd. *pār,* mndl. *paer* ´zwei von gleicher Beschaffenheit´. Nach der hochdeutschen Lautverschiebung entlehnt aus l. *pār (pāris)* ´Paar´ (als Adjektiv ´gleich´, als Substantiv auch ´Gefährte´). Mit Bedeutungsverallgemeinerung *ein paar* ´einige´. Die Erklärung der Wendung *zu Paaren treiben* ist umstritten; vermutlich liegt die Umdeutung eines anderen Wortes vor. Vor dem 18. Jh. *zum barn bringen.* Dies wird erklärt als ´ins Netz treiben; jmd. so einschließen, daß er keinen Ausweg mehr hat´ *(Tappius* 1539). Danach könnte ursprünglich mhd. *bēr(e)* ´sackförmiges Fischernetz´ gemeint gewesen sein (dieses zu l. *pēra f.* ´Beutel´) zu gr. *pḗrā f.* ´Ranzen´.
S. *Komparativ, Parität, Paroli.* – Röhrich 2 (1992), 1128.

paaren *swV.* (< 15. Jh.). Zunächst in der Bedeutung ´Paare bilden, zwei und zwei zusammenstellen´ (zu *Paar).* Heute überwiegend *sich paaren,* meist vom Begatten der Tiere gesagt. Abstraktum: **Paarung.**

Pacht *f.* (< 16. Jh.). Fnhd. *pacht(en), packt,* mitteldeutsche Form von üblicherem *phaht(e)* ´Vertrag, Steuer, Zins´, früh (schon vor der hochdeutschen Lautverschiebung) entlehnt aus spl. *pacta* ´Vertrag, Steuer´ (Plural von l. *pactum* ´das Vereinbarte´), das mit l. *pangere* ´befestigen, einschlagen´ verwandt ist. Die verschobene Form erlischt in der Schriftsprache im 18. Jh., lebt aber mundartlich noch heute. Eine erneute Entlehnung desselben lateinischen Wortes ergibt im 15. Jh. *Pakt.* Verb: **pachten.**
S. *Palisade.* – *DF* 2 (1942), 286 f. (*Pakt*); *LM* 6 (1993), 1607–1609.

Pack *m./n.,* auch **Packen** *m. stil.* ´Bündel, Ballen´ (< 13. Jh.). Aus mndl. *pac,* mndd. *pack(e)* übernommen. Ursprünglich ein Wort des flämischen Wollhandels. Seine Herkunft ist trotz weiter Verbreitung unklar. Ähnliche Wörter können herangezogen werden, doch da sie ihrerseits etymologisch unklar sind, läßt sich über den Zusammenhang wenig aussagen (anord. *baggi* ´Packen, Bündel´, me. *bagge* ´Sack, Beutel´, afrz. *baga* ´Bündel´; vgl. noch l. *bāiulus m.* ´Lastträger´, gr. *bástagma n.* ´Last´, kymr. *baich* ´Last, Bündel´). Aus der Bedeutung ´Gepäck, Troß´ stammt die Bedeutung ´Gesindel´ (wie auch bei *Bagage*); dabei neutrales Genus. Diminutiv: **Päckchen;** Kollektivum: **Gepäck.** S. *Paket.*

Packeis *n. per. fach.* ´übereinandergeschobene Eisschollen des Polarmeers´ (< 18. Jh.). Wohl als ´Ballen von Eis´ aufzufassen (nach dem Vorbild anderer Sprachen, z. B. Englisch?).
Rey-Debove/Gagnon (1988), 661.

packen *swV.* (< 16. Jh.). Zusammen mit dem Grundwort *Pack* übernommen aus mndd. *pa(c)-ken* ´ein Bündel machen, packen´. Die Bedeutung ´fortgehen´ von *sich packen* geht auf mndd. *sik pa-ken* ´sich bepacken (um fortzugehen)´ zurück (vgl. etwa *seinen Hut nehmen).* Die Bedeutung ist weiterentwickelt in dem partizipialen Adjektiv **packend.**

Pädagogik *f. erw. fach.* (< 18. Jh.). Neubildung zu **Pädagoge,** dieses über das Lateinische zu gr. *paidagōgós m.* ´Kinderführer´, zu gr. *paîs (paidós) m./f.* ´Kind, Knabe´ und gr. *ágein* ´führen´. Der *Pädagoge* war ursprünglich ein Sklave, der die Kinder führte und begleitete; daraus entwickelt sich dann die Bedeutung ´Betreuer, Lehrer´. Adjektiv: **pädagogisch.**
Zum Vorderglied gehören noch *Enzyklopädie, Orthopädie, Päderastie, Page, Pedant, Propädeutik;* zur germanischen Verwandtschaft s. *Fohlen.* Zum Hinterglied s. *Demagoge, Synagoge;* weitere Zusammenhänge unter *Agonie* und *agieren.* – *DF* 2 (1942), 279–281; *Grundbegriffe* 4 (1978), 623–647; Cottez (1980), 310 f.; *HWPh* 7 (1989), 1–35; *LM* 6 (1993), 1613.

Padde *f. per. ndd.* ´Kröte, Frosch´ (< 16. Jh.). Vgl. mndd. *padde, pedde,* mndl. *padde,* nndl. *pad(de),* me. *pad(e), padde* u.ä., ne. *paddock,* aschw. *padda.* Auffällig ist die lautliche Nähe von gr. *bátrachos m.* ´Frosch´. Ansonsten ist die Herkunft unklar.
S. *Schildpatt.* – Lühr (1988), 299.

Paddel *n.* (< 19. Jh.). Entlehnt aus ne. *paddle,* das seit dem 17. Jh. die entsprechenden Ruder der Indianer und Malaien bezeichnet. Herkunft unklar. Verb: **paddeln.**
Kluge (1911), 602.

Päderastie *f. per. fach.* ´Knabenliebe´ (< 18. Jh.). Entlehnt aus gr. *paiderastía* (zu gr. *paîs [paidós] m./f.* ´Knabe´ und gr. *erastḗs m.* ´Liebhaber´).
S. *Pädagogik.* – *DF* 2 (1942), 281; *LM* 6 (1993), 1613.

paff *Adj., Interj.* s. *baff.*

paffen *swV. stil.* ´stark rauchen´ (< 18. Jh.). Zunächst in der Studentensprache. Lautmalend zum starken Ziehen an der Pfeife.
F. Sommer *IF* 51 (1933), 231.

Page *m. erw. fach.* (< 17. Jh.). Entlehnt aus frz. *page* ´Edelknabe´, dieses aus it. *paggio,* dieses aus gr. *paidíon n.* ´Knäbchen, kleiner Diener´.
S. *Pädagogik.* – *DF* 2 (1942), 282 f.; *LM* 6 (1993), 1624 f.

paginieren *sw V. per. fach.* ´mit Seitenzahlen versehen´ (< 18. Jh.). Entlehnt aus l. *pāgināre* ´abfassen, schreiben´, zu l. *pāgina* ´Seite, Blatt Papier, Kolumne, Schrift, Geschriebenes´. Das Verb nimmt im Deutschen die engere Bedeutung ´Seiten(zahlen) geben´ an, die sich an die Bedeutung anlehnt, die sich beim Substantiv durchsetzt.
DF 2 (1942), 283.

Pagode *f. per. exot.* (ein ostasiatischer Tempel) (< 16. Jh.). Entlehnt aus port. *pagode* ´Götzenbild, Götzentempel´, das (wohl über das Malayische) auf ein indisches Wort zurückgeht. Allerdings ist die Entstellung durch die portugiesischen Handelsreisenden so groß, daß das indische Vorbild nicht mit Sicherheit angegeben werden kann.
Littmann (1924), 128; *DF* 2 (1942), 283 f.

Paillette *f. per. fach.* (glänzendes Metallplättchen, ein feiner [Seiden]Stoff) (< 19. Jh.). Entlehnt aus frz. *paillette*, einem Diminutivum zu frz. *paille* ´Stroh´, dieses aus l. *palea* ´Spreu´. Das Diminutivum im Französischen bezieht sich auf die helle Farbe von Stroh. In der Bedeutung ´Stroh´ ist frz. *paille* bereits im Mittelhochdeutschen entlehnt; die Bedeutung ´feiner Stoff´ seit dem 18. Jh.

Paket *n.* (< 16. Jh.). Entlehnt aus frz. *paquet m.*, einer Ableitung von frz. *baque* ´Bündel, Packen´, dieses aus mndl. *pac*.
S. *Pack*. − *DF* 2 (1942), 285 f.; Jones (1976), 480 f.

Pakt *m.* ´Vertrag, Abmachung´, s. *Pacht*.

Paladin *m. arch.* ´Palastritter´ (< 18. Jh.). Über frz. *paladin* entlehnt aus it. *paladino*; dieses aus l. *palātīnus* ´zum (kaiserlichen) Palast gehörig´, zu l. *palātium n.* ´Palast´.
DF 2 (1942), 288.

Palais *n.* s. *Palast*.

paläo- *LAff.* In der Bedeutung ´alt, urgeschichtlich´ entnommen aus gr. *palaiós* ´alt´. Die älteste Bildung dieser Art ist *Paläographie* (18. Jh.).
Cottez (1980), 301 f.

Palast *m.* (< 12. Jh.). Mhd. *palas m./n.* ist entlehnt aus afrz. *palais*, dieses aus l. *Palātium n.*, ursprünglich Name des *palatinischen* Berges in Rom, einem der sieben Hügel, auf denen die Stadt erbaut wurde. Danach zunächst der dort von Romulus errichtete Stadtteil, dann Bezeichnung der dort gelegenen Wohnung von Kaiser Augustus und seinen Nachfolgern. Schließlich Übergang vom Namen zum Appellativum. Das auslautende /t/ ist nachträglich angewachsen. *Palais* ist eine spätere Entlehnung aus derselben Quelle; *Pfalz* dagegen ist so früh übernommen, daß es noch von der Lautverschiebung betroffen wurde.
S. *Paladin*. − *DF* 2 (1942), 288−290; *LM* 6 (1993), 1632.

Palatal *m. per. fach.* ´Vordergaumenlaut´ (< 19. Jh.). Etwas früher (17. Jh.) *Palatin* u.ä. Wohl in Deutschland gebildet aus l. *palatum* ´Gaumen´.
DF 2 (1942), 290.

Palatschinke *f. per. österr.* ´gefüllter Pfannkuchen´ (< 20. Jh.). Entlehnt aus čech. *palačinka*, dieses aus ungar. *palacsinta*, aus rum. *placinta*, das zu l. *placenta* gehört.

Palaver *n. stil.* (< 19. Jh.). Entlehnt aus ne. *palaver* ´langwierige, wortreiche Verhandlungen; langes Gerede´, dieses aus port. *palavreado m.* und port. *palavra f.* ´Wort´, aus l. *parabolē f.* ´Gleichnis, Parabel´, aus gr. *parabolḗ f.* (eigentlich ´das Nebeneinanderwerfen´), zu gr. *parabállein* ´vergleichen, danebenwerfen´, zu gr. *bállein* ´treffen, werfen´ und gr. *para-*. Man geht davon aus, daß sich die Bedeutung im Portugiesischen als Bezeichnung der Seeleute für die langwierigen Verhandlungen mit den Eingeborenen Afrikas entwickelte. Verb: ***palavern***.
S. *Parabel*. − *DF* 2 (1942), 291; Röhrich 2 (1992), 1128.

Pale *f. per. ndd.* ´Erbsenschote´ (< 19. Jh.). Herkunft ungeklärt. Hierzu *pa(h)len* ´Erbsen entschoten´. Vgl. *pulen*.

Paletot *m. arch.* (ein dreiviertellanger Mantel) (< 19. Jh.). Entlehnt aus frz. *paletot*, das es seinerseits aus dem Englischen hat. Dorthin ist es als *paletok* aus dem Anglo-Normannischen gekommen. Das Wort bedeutet wohl ursprünglich ´Bedeckung für Stroh´ aus norm. *etoc* ´Schicht, Haufe´ und norm. *palle* ´Stroh´. − *DF* 2 (1942), 291 f.; *DEO* (1982), 421.

Palette *f.* ´Farbenmischbrett, Stapelunterlage´ (< 18. Jh.). Entlehnt aus frz. *palette* (auch: ´kleine Schaufel´) oder it. *paletta*, einem Diminutivum zu l. *pāla* ´Spaten, Wurfschaufel´. Die Übertragung von ´Schaufel´ zu ´Malertafel´ wohl nach der Form; die Bedeutung ´Vielfalt´ sekundär nach den vielen verschiedenen Farben auf einer Malerpalette. Die Bedeutung ´Stapelunterlage´ geht wohl auf die Bedeutung ´Schaufel´ zurück.
S. auch *palletti*. − *DF* 2 (1942), 292.

Palimpsest *m./n. per. fach.* ´nach Abkratzen wieder beschriebene Pergamenthandschrift´ (< 19. Jh.). Entlehnt aus l. *palimpsēstos m.*, dieses aus gr. *palímpsēstos m.* ´wieder abgerieben´, zu gr. *pálin* ´wieder, neuerdings´ und gr. *psáein* ´reiben´.
DF 2 (1942), 292; Cottez (1980), 302; *LM* 6 (1993), 1641 f.

Palindrom *n. per. fach.* (eine Buchstabenfolge, die vorwärts und rückwärts gelesen sinnvoll ist) (< 18. Jh.). Neubildung zu gr. *palíndromos* ´zurücklaufend´, zu gr. *pálin* ´zurück, wieder´ und gr. *drameīn* ´laufen´.
Cottez (1980), 302; *LM* 6 (1993), 1642.

Palis(s)ade *f. erw. fach.* ´Pfahl, Wand aus Pfählen´ (< 16. Jh.). Entlehnt aus frz. *palissade*, dieses aus prov. *palissada*, einem Kollektivum zu prov. *palissa* ´Pfahlzaun´, aus gallo-rom. **palīcea*, einem Kollektivum zu l. *pālus m.* ´Pfahl´ (zu l. *pangere* ´befestigen, einschlagen´).
Zur lateinischen Verwandtschaft s. *kompakt*. − *DF* 2 (1942), 294; Jones (1976), 479 f.; *LM* 6 (1993), 1642.

Palisander *m. per. fach.* (ein Edelholz) (< 19. Jh.). Entlehnt aus frz. *palissandre*, das aus einer Mundart Guyanas stammt.
DF 2 (1942), 293.

Pall *m./n. per. ndd.* ˈSperrklinkeˈ (< 20. Jh.). Vgl. nndl. *pal.* Vermutlich eine niederdeutsch-niederländische Variante zu dem Wort *Pfahl*, ausgehend von einfacheren Rädern und Räderwerken, bei denen mit Pfählen gesperrt und gebremst wurde. Vgl. it. *paletto* ˈkleiner Pfahl, Riegelˈ zu it. *palo* ˈPfahl, Stangeˈ.

palletti in **alles palletti** *phras. per. grupp.* (< 20. Jh.). Jugendsprachlich für ˈalles in Ordnungˈ. Herkunft unklar. Weder Erklärungen aus dem Italienischen noch aus dem Hebräischen können einen plausiblen Weg ins Deutsche namhaft machen.
Vgl. die Diskussion in *SD* 28 (1984), 31 f., 126 f., 143−145.

Palme *f.* (< 8. Jh.). Mhd. *palme, balme m./f.* ahd. *palma,* as. *palma.* Wie ae. *palma,* anord. *palma* entlehnt aus l. *palma,* das eigentlich ˈflache Handˈ bedeutet (die Blätter der Palme lassen sich mit Fingern vergleichen). Das lateinische Wort ist urverwandt mit ahd. *folma,* ae. *folm* ˈHandˈ, as. *folmos m. Pl.* ˈHändeˈ.
DF 2 (1942), 296; Cottez (1980), 302; Röhrich 2 (1992), 1128 f.; *LM* 6 (1993), 1645.

Pampe *f.,* auch **Pamps** *m. vulg. ndd.* ˈBreiˈ, **Pampf** *m. oobd.* (< 16. Jh.). Mit der Ableitung *pampen, pampfen, pampsen* ˈden Mund vollstopfenˈ bezeugt seit dem 16. Jh. Wie entsprechendes *mampfen* lautmalend für das Essen (und Sprechen) mit vollem Mund. Vgl. *nicht mehr papp sagen können.* S. *pampig, Pappe, papp.*

Pampelmuse *f. erw. exot.* (< 18. Jh.). Über nndl. *pompelmoes* entlehnt aus tamil. *pampalimās(u),* dessen zweiter Bestandteil malay. *limoes* ˈLimoneˈ ist (s. *Limonade*). Die Deutung des ersten Bestandteils ist umstritten.
Littmann (1924), 123.

Pamphlet *n. obs.* ˈStreitschrift, Flugschriftˈ (< 18. Jh.). Entlehnt aus frz. *pamphlet m.,* älter *Pamphilet,* zum Titel des Liebesromans *Pamphilus* gebildet wie *Catonet* für die Distichen Catos. Im englischen Bereich wird dies zu einer allgemeinen Bezeichnung für Schriften zu aktuellen Fragen.
DF 2 (1942), 297 f.; Palmer (1960), 59; Rey-Debove/Gagnon (1988), 669 f.

pampig *Adj. erw. ndd.* ˈfrech, unverschämtˈ, auch ˈklumpigˈ (< 20. Jh.). Übernommen aus ndd. *pampig,* eigentlich ˈbreiigˈ zu *Pampe.* Der Bedeutungsübergang ist entsprechend zu *patzig, batzig* ausgegangen von ˈklumpigˈ, ˈhingeklatschtˈ (z. B. von Antworten), dann als Charakteristik für denjenigen, der sich so zu anderen verhält.

Pamps *m.* s. *Pappe.*

pan- *Präfix* mit der Bedeutung ˈgesamt, ganz, völligˈ (z. B. *panarabisch*). Es wurde in griechischen Entlehnungen ins Deutsche übernommen und auch in neoklassischen Bildungen verwendet; es geht auf gr. *pãn, pãs* ˈall, jeder, ganzˈ zurück. − Daneben steht die Variante *panto-* (z. B. *Pantomimik*).
Cottez (1980), 303.

panaschieren *swV. per. fach.* ˈbeim Wählen Kandidaten verschiedener Parteien zusammenstellenˈ (< 20. Jh.). Entlehnt aus frz. *panacher,* eigentlich ˈeine *panache* machenˈ. Dies ist ein (mehrfarbiger) Federbusch (zu l. *penna* ˈFederˈ), wobei vor allem der Gedanke der Mischung im Vordergrund steht. S. *Pennal.*

Pandur *m. arch.* ˈFußsoldatˈ (< 18. Jh.). Entlehnt aus ung. *pandúr,* angeblich so benannt nach der ungarischen Stadt *Pandúr,* die die Heimat der ersten *Panduren* gewesen sein soll.
DF 2 (1942), 303.

Paneel *n. per. fach.* (< 18. Jh.). Entnommen aus mndd. *pannēl* ˈWandverkleidung (u. a.)ˈ. Dieses aus afrz. *panel* ˈLappen, Kissen, Tafelˈ, das wohl zu l. *pannus* ˈLumpenˈ gehört.
DF 2 (1942), 303 f.

Panel *n. per. fach.* (eine repräsentative Personengruppe, Diskussionsrunde) (< 20. Jh.). Entlehnt aus ne. *panel (discussion),* dieses aus afrz. *panel* ˈStück Stoffˈ. Ausgehend von der Bedeutung ˈStück Stoff, Stück Pergamentˈ entwickelt sich die Bedeutung ˈListeˈ, dann spezieller ˈListe von Jurorenˈ; daraus dann metonymisch ˈGruppe von Jurorenˈ. Dies wird dann verallgemeinert zu ˈausgezeichnete Personengruppeˈ, das der heutigen Bedeutung zugrundeliegt.
Rey-Debove/Gagnon (1988), 672 f.

Panier *n.* s. *Banner.*

panieren *swV.* (< 18. Jh.). Entlehnt aus frz. *paner* ˈmit Brotbröseln bestreuenˈ, einer Ableitung von frz. *pain* ˈBrotˈ, dieses aus l. *pānis.* Konkretum: ***Panade***.
S. *Apanage, Pastille.* − *DF* 2 (1942), 306.

panisch *Adj.* (< 16. Jh.). Entlehnt aus frz. *panique,* dieses aus gr. *pānikós* ˈdurch Pan bewirktˈ. Die Griechen hielten das Auftreten des mit Ziegenhörnern und Ziegenfüßen ausgestatteten (Fruchtbarkeits-) Gottes Pan für schreckerregend. Abstraktum: ***Panik***.
Zu Pan, Panik s. *DF* 2 (1942), 298 f.; Röhrich 2 (1992), 1130 ff. Vgl. *Angst.*

Panne *f.* (< 20. Jh.). Entlehnt aus frz. *panne* gleicher Bedeutung. Das französische Wort war zunächst in der Sprache der Schiffahrt (und von dort aus übertragen auf die Bühnensprache) ein Ausdruck für ˈstecken bleibenˈ; vermutlich ausgehend von frz. *rester en panne* u.ä. ´stilliegen, stecken bleiben`, wobei *frz. panne* eigentlich eine Stellung der Segel ohne Fahrtwind bezeichnet.

J. Knobloch *Lingua* 26 (1970/71), 310; *DEO* (1982), 422; Röhrich 2 (1992), 1132.

Panoptikum *n. obs.* ´Kuriositätenkabinett` (< 19. Jh.). Neubildung zu gr. *pān* ´alles` und gr. *optikós* ´mit dem Sehen zusammenhängend`, also etwa ´Sammlung von Sehenswürdigkeiten`.

S. *Optik.* – *DF* 2 (1942), 306; Rey-Debove/Gagnon (1988), 674.

Panorama *n. erw. fach.* ´Ausblick, Rundschau` (< 18. Jh.). Neubildung zu gr. *pān* ´alles` und gr. *hórāma* ´Sehen, Erscheinung`, zu gr. *horáein* ´sehen`.

A. Gombert *ZDW* 3 (1902), 323 f.; *DF* 2 (1942), 307 f.; Rey-Debove/Gagnon (1988), 674 f.

panschen *sw V.* s. pantschen.

Pansen *m. per. fach.* ´Tiermagen` (< 17. Jh.). Entlehnt aus frz. *panse f.* ´Wanst, Bauch, Pansen`. Dieses letztlich zu l. *pantex (-ticis)* ´Wanst`. S. *Panzer.*

Panther *m.* (< 12. Jh.). Mhd. *pantel, pant(i)er.* Entlehnt aus l. *panthēr(a) m./f.*, zu gr. *pánthēr*, dessen weitere Herkunft unklar ist. Vermutlich Entlehnung, die zusammenhängen könnte mit *Pardel* und *Leopard.*

LM 6 (1993), 1659 f.

Pantoffel *m.* (< 15. Jh.). Entlehnt aus it. *pantofola f.*, dessen Herkunft nicht sicher geklärt ist. – In den Bildungen *unter dem Pantoffel stehen, Pantoffelheld* usw. ist *Pantoffel* zum einen Sinnbild für den häuslichen Bereich, zum anderen – wie allgemein ´Schuh` und ´Fuß` – Zeichen der Macht.

Das Wort taucht zuerst im Südfranzösischen auf und ist vielleicht zu *panne* ´Stück Stoff` gebildet als ´Stoffschuh`. – W. Creizenach *ZDW* 12 (1910), 133; E. Öhmann *NPhM* 43 (1942), 28; *DF* 2 (1942), 311–313; H.-E. Keller in *FS Wartburg* (1958), 441–454; *DEO* (1982), 423; Röhrich 2 (1992), 1133–1138.

Pantomime *m. erw. fach.* (ein Künstler, der mit Körperbewegungen Geschichten erzählt; eine derart erzählte Geschichte *[f.])* (< 17. Jh.). Entlehnt aus l. *pantomīmus m.*, dieses zu gr. *pān* ´alles` und gr. *mimeîsthai* ´nachahmen`. Adjektiv: *pantomimisch*; Abstraktum: *Pantomimik.*

S. *Mimik.* – *DF* 2 (1942), 313 f.; Cottez (1980), 303; *LM* 6 (1993), 1660 f.

pantschen, panschen *sw V. erw. fach.* ´Wein oder Bier verfälschen` (< 18. Jh.). Vermutlich aus ´im Wasser herumstampfen` (als verächtliche Ausdrucksweise für unangemessenen Umgang mit alkoholischen Flüssigkeiten). Dieses zu *pantschen, patschen* ´klatschen, schlagen` (auf Wasser, auf den nackten Hintern usw.). Lautmalend. Die spezielle

Bedeutung ist zuerst in (Über)Namen bezeugt: *Panschenwein* (15. Jh.). S. auch *mantschen.*

SD 30 (1986), 21.

Panzer *m.* (< 12. Jh.). Mhd. *panz(i)er n.* Entlehnt aus frz. *pancier* ´Rüstung für den Leib`, das von frz. *panse f.* ´Leib` abgeleitet ist (s. *Pansen*). Das maskuline Genus erst in neuhochdeutscher Zeit unter Einfluß der Gerätenamen auf *-er*, die Maskulina sind.

Maschke (1926), 182; Röhrich 2 (1992), 1138; *LM* 6 (1993), 1661.

Papa *m. stil.* (< 17. Jh.). Unter Einfluß des frz. Kinderworts *papa* gebräuchlich geworden. Wie bei *Mama* ist es nicht ausgeschlossen, daß ein davon unabhängiges deutsches Lallwort entsprechender Gestalt ebenfalls vorhanden war, doch ist diese Annahme bei *Papa* weniger wahrscheinlich, da die germanischen Kinderwörter eher einen Dental verwenden (vgl. e. *daddy*, gt. *atta* u. a.).

DF 2 (1942), 315 f.; B. Rosenkranz *Kratylos* 31 (1986), 90–92.

Papagallo *m.* s. *Papagei.*

Papagei *m.* (< 15. Jh.). Entlehnt aus frz. *papegai*, dieses aus span. *papagayo*, dieses aus arab. *babbaġā`*, letztlich unbekannter Herkunft. Von it. *pappagallo* desselben Ursprungs stammt *Papagallo* ´Südländer, der auf erotische Abenteuer mit Touristinnen aus ist`; so bezeichnet nach der auffälligen Kleidung und dem eitlen Gehabe.

Littmann (1924), 79, 152; *DF* 2 (1942), 316–318; *LM* 6 (1993), 1662 f.

Papier *n.* (< 15. Jh.). Entlehnt aus l. *papȳrum* (wohl über frz. *papier*), einer Nebenform von l. *papȳrus f.* ´Papyrus, daraus hergestelltes Papier`, dieses aus gr. *pápȳros m./f.*, das seinerseits auf ein ägyptisches Wort zurückgeht (ägypt. *pa-per-aa* ´was zum Pharao gehört` – die Papierherstellung aus der Papyrus-Staude war im alten Ägypten ein königliches Monopol). Die Sache ist bei uns durch die Araber bekannt geworden.

Littmann (1924), 10; H. G. Christensen *OLZ* 41 (1938), 204 f.; *DF* 2 (1942), 318–320; A. Dalen, N. Århammar in *FS M. Alinei* 1 (1986), 352–359; Röhrich 2 (1992), 1138; *LM* 6 (1993), 1664–1666; 1693–1695.

papp *Interj. stil.* (< 15. Jh.). Meist in der Wendung *nicht mehr papp sagen können.* Wenn man den Mund voll hat, können nur noch Nasale ordentlich artikuliert werden – bei Verschlußlauten (hauptsächlich Labialen) würde das Essen aus dem Mund fallen. Daher auch *Papp, Pampe* ´Brei` und Verben wie *pampen, mampfen* usw. (s. *Pampe*), auch *päppeln*. S. *pappen.*

Pappe *f.* (< 18. Jh.). Zunächst mhd. *pappe, peppe* ´Brei`, ein lautmalerisches Kinderwort, das auch in anderen Sprachen (l. *pappa m., pāpa* ´Brei` u. a.) und in ähnlichen Formen (s. *Pampe*) auftritt. Das gleiche Wort ist obd. **Papp** ʾ(Mehl)-Kleisterʾ. Hierzu **Pappendeckel** als Material des Buchbinders *(Deckel)*, das aus zusammengeklebten Papierschichten besteht. Aus diesem verkürzt ist *Pappe* in entsprechender Bedeutung. S. *Pappel²*. – Röhrich 2 (1992), 1139.

Pappel¹ *f.* (Baumname) (< 13. Jh.). Mhd. *papel(e)*, ahd. *popilboum, papilboum m.*, mndd. *poppele*. Entlehnt aus l. *pōpulus m.* und spl. *papulus m.* Eine einheimische Entsprechung liegt vielleicht in *Vielbaum* ʾSchwarzpappelʾ vor. Hoops (1905), 230–232; M. Bathe *ZM* 23 (1955), 1–13; *LM* 6 (1993), 1666.

Pappel² *f.* ʾMalveʾ (< 9. Jh.). Mhd. *papel(e)*, as. *pappilla*. Vermutlich gehört das Wort als Weiterbildung zu *Pappe* ʾ(Kinder)Breiʾ, weil aus den gekochten Malvenblättern ein Brei zubereitet wird. J. Schnetz *ZO* 9 (1933), 225–231. Anders: W. Krogmann *ES* 69 (1934/35), 176 f.

pappeln *swV. stil.*, auch **babbeln** *swV.* ʾschwatzenʾ (< 16. Jh.). Lautmalend wie nndl. *babbelen*, ne. *babble*, frz. *babiller*.

päppeln *swV. stil.* (< 19. Jh.). Meist *aufpäppeln*, eigentlich ʾmit Brei *(Papp)* aufziehenʾ. Schon mhd. *pepelen* (mit etwas abweichender Stammbildung).

Pappelstiel *m.* s. *Pappenstiel*.

pappen *swV. stil.* ʾkleisternʾ (< 15. Jh.). Eigentlich mit Kleisterbrei zusammenhängen; dann auch intransitiv. Adjektiv: **pappig**. S. *Pappe*.

Pappenstiel *m. phras.* (< 16. Jh.). In der Wendung *keinen Pappenstiel (wert)* u.ä. Zuerst als *Pappelstiel, Pappenstiel, Pappenblume* u.ä. Dies sind niederdeutsche Bezeichnungen des Löwenzahns (hd. *Pfaffenplatte, Pfaffenröhrlein, Pfaffenstiel*). Gemeint sind die abgeblasenen Blütenstände des Löwenzahns, die kahl sind wie der Schädel eines Pfaffen (mit der Tonsur). Unter Umständen ist dieses Bild eine Umdeutung: Schon im Lateinischen gilt *pappus* ʾweißflockiger Samenstandʾ neben der Bedeutung ʾGroßvater, alter Mannʾ in bezug auf das weiße Haar. Der Samenstand des Löwenzahns galt lange als Bild der Vergänglichkeit (weil er so leicht abzublasen ist). Der abgeblasene Stiel gilt als schlechthin wertlos. Entsprechend *Pfifferling* (wegen der Häufigkeit) und *Pfifferstiel*. H. Dittrich *MS* 72 (1962), 25; Röhrich 2 (1992), 1140.

papperlapapp *Interj. stil.* ʾnichts daʾ (< 18. Jh.). Nachbildung sinnloser Silben; vgl. *pappen, pappeln* u.ä. Bezeugt zuerst als *päperlepäp*; (vgl. l. *papae* ʾei, potztausend u.ä.ʾ).

Paprika *m.* (< 19. Jh.). Entlehnt aus serb. *pàprika*, dieses ist eine Weiterbildung zu serb. *pàpar* ʾPfefferʾ, aus l. *piper n.* ʾPfefferʾ (s. *Pfeffer*) Bielfeldt (1965), 20.

Papst *m.* (< *11. Jh., Form < 13. Jh.). Mhd. *bābes(t), bābst*, ahd. *bābes*. Entlehnt aus einer spl. Form *pāpes* (auch in afrz. *papes* neben afrz. *pape*), einer gräzisierenden Form von l. *pāpa* ʾVaterʾ, das zur ehrenden Anrede von Bischöfen, Partiarchen und Äbten geworden war. Zu der Gräzisierung vgl. gr. *prophḗtēs* neben gr. *prophḗta* u. a. Die Form kommt im Nordwesten in die germanischen Sprachen, vgl. mndl. *pāus*, nndl. *paus*, mndd. *pāwes(t)*, *pauwst*, as. *pāvos*, afr. *pāus, pāves* u. a. Das auslautende -*t* ist seit dem 13. Jh. angewachsen. Das *b* für *p* wie häufig in frühen Entlehnungen; das *p* der Hochsprache durch Neu-Anschluß an l. *pāpa*. S. auch *Pfaffe*. – *DF* 2 (1942), 321–324; E. Öhmann: *Neuhochdeutsch* ʾPapstʾ (Helsinki 1969); W. A. Benware *BGDSL-T* 101 (1979), 334 f.; Lloyd/Springer 1 (1988), 412–415; Röhrich 2 (1992), 1141; *LM* 6 (1993), 1667–1685.

Papyrus *m.* s. *Papier*.

para- *Präfix* mit der Bedeutung ʾbei, entlang, abweichend, halbʾ (z. B. *parataktisch, Paragraph, parallel, Parodie, paramilitärisch*). Es wurde in griechischen Entlehnungen ins Deutsche übernommen; sein Ursprung ist gr. *pará* ʾbei, nebenʾ. – Vor Vokalen lautet die Form *par-* (z. B. *parallel*). Schwach produktiv in der Bedeutung ʾhalb-, pseudo-ʾ, wie in *para-militärisch* ʾhalbmilitärischʾ. Zur germanischen Verwandtschaft s. *vor*. Cottez (1980), 303–305.

Parabel *f. erw. fach.* ʾGleichnis; Kurve des Kegelschnittsʾ (< 9. Jh.). Im Althochdeutschen in der Bedeutung ʾBeispiel, Gleichnisʾ entlehnt aus l. *parabolē, parabola*, dieses aus gr. *parabolḗ* (auch ʾeine Kurve des Kegelschnittsʾ; eigentlich ʾdas Nebeneinanderwerfenʾ), zu gr. *parabállein* ʾvergleichen, nebeneinanderstellen, danebenwerfenʾ zu gr. *bállein* ʾwerfenʾ und gr. *para-*. Die mathematische Bedeutung nach dem gleichen Abstand, den die Punkte einer solchen Kurve von dem Brennpunkt und der Leitlinie haben. Adjektiv: **parabolisch**. Vom gleichen Grundwort gehen aus *Palaver, Parlament, Parole* und *Polier*. Zur weiteren Verwandtschaft s. *Symbol*. – Schirmer (1912), 50; *DF* 2 (1942), 324 f.; *HWPh* 7 (1989), 65–74; Röhrich 2 (1992), 1141; *LM* 6 (1993), 1695. Zum Terminus der Literaturwissenschaft: R. vHeydebrand *AB* 34 (1991), 27–122.

Parade *f.* (< 17. Jh.). Entlehnt aus frz. *parade*, dieses aus span. *parada*, einer Ableitung von span. *parár* ʾzieren, schmückenʾ (eigentlich ʾzubereitenʾ, s. *parat*). **Paradebett** ist so benannt als ursprüngliche Bezeichnung des ʾBettes, in dem der Leichnam fürstlicher Personen aufgebettet warʾ; dann verallgemeinernd übertragen auf ʾPrunkbettenʾ. Verb: **paradieren**. *DF* 2 (1942), 325–328; Jones (1976), 481 f.; Röhrich 2 (1992), 1141.

Paradeiser *m.* s. *Paradiesapfel*.

Paradies *n.* (< 8. Jh.). Mhd. *paradīs[e]*, *pardīs[e]*, ahd. *paradīs*, ist entlehnt aus spl. *paradīsus m.*, dieses aus gr. *parádeisos m.* (auch: 'Park'), das auf ein iranisches Wort zurückgeht (avest. *pairi-daeza- m.* Pl. 'Umwallung', apers. *paridaidam.* 'Lustgarten, Wildpark', npers. *pālēz* 'Garten', eigentlich 'der Ummauerte, Umwallte'). Das Wort kommt ins Griechische, weil Xenophon es für die Bezeichnung der Parks persischer Adeliger und Könige gebraucht. In der griechischen Bibel (Septuaginta) wird das Wort dann für den 'Garten Eden' gebraucht, wodurch es zu einem Terminus der christlichen Mythologie wird.

J. W. Walz *ZDW* 12 (1910), 192; Littmann (1924), 16; *DF* 2 (1942), 328 f.; K.-H. Weimann *DWEB* 2 (1963), 400; Lokotsch (1975), 131; Röhrich 2 (1992), 1141 f.; *LM* 6 (1993), 1697–1699.

Paradiesapfel *m. per. reg.* (< 14. Jh.). Mhd. *par(a)dīsapfel* 'schöner Apfel, Granatapfel' (mit dem Gedanken an den verführerischen Apfel im Paradies). Nach Einführung der Tomate wird die Bezeichnung im bairisch-österreichischen Raum auf die neue Frucht übertragen. Deshalb heute noch österr. *Paradeiser*.

Littmann (1924), 16.

Paradigma *n. per. fach.* 'Muster, Klasse, wissenschaftliche Richtung' (< 16. Jh.). Entlehnt aus l. *paradīgma*, dieses aus gr. *parádeigma*, zu gr. *paradeiknýnai* 'als Beispiel hinstellen', zu gr. *deiknýnai* 'zeigen' und gr. *para-*. Adjektiv: *paradigmatisch*.

S. *apodiktisch*. – E. Leser *ZDW* 15 (1914), 14; *DF* 2 (1942), 329 f.; *HWPh* 7 (1989), 74–81.

paradox *Adj. erw. fremd.* 'seltsam, widersprüchlich' (< 17. Jh.). Entlehnt aus l. *paradoxos*, dieses aus gr. *parádoxos*, zu gr. *dóxa* 'Meinung' und gr. *para-*, also 'gegen die Meinung'. Substantivierung: *Paradox*; Abstraktum: *Paradoxie*, gelegentlich auch das griechische *Parádoxon*.

Zur lateinischen Verwandtschaft s. *dekorieren*. – *DF* 2 (1942), 330 f.; Cottez (1980), 306; *HWPh* 7 (1989), 81–97.

Paraffin *n. erw. fach.* (eine wachsartige Masse zur Herstellung von Kerzen usw.) (< 19. Jh.). Neubildung zu l. *parum* 'wenig' und l. *affīnis* 'angrenzend, vertraut, verwandt', aus l. *fīnis m./(f.)* 'Grenze' und l. *ad-*. So bezeichnet nach der schwachen chemischen Reaktionsfähigkeit. S. *definieren*.

Paragraph *m.* (< 13. Jh.). Mhd. *paragraf* 'Zeichen, Buchstabe' ist entlehnt aus spl. *paragraphus f.* 'Zeichen, das die Trennung im Text markiert', dieses aus gr. *parágraphos (grammḗ) f.* 'Trennungslinie', aus gr. *paragráphein* 'danebenschreiben', zu gr. *gráphein* 'schreiben' und gr. *para-*, also eigentlich 'das danebengeschriebene, hinzugefügte Zeichen'. Ursprünglich eine Markierung für den Personenwechsel oder für die vom Chor vorzutragenden Passagen, dann metonymisch übertragen

auf solche Abschnitte (mit und ohne Kennzeichnung).

S. *Graphik*. – *DF* 2 (1942), 331–333; Röhrich 2 (1992), 1142; *LM* 6 (1993), 1700 f.

parallel *Adj.* (< 16. Jh.). Entlehnt aus l. *parallēlos, parallēlus*, dieses aus gr. *parállēlos* 'nebeneinander', zu gr. *allḗlōn* 'einander' und gr. *para-*. Abstraktum: *Parallele*.

S. *allo-*. – Schirmer (1912), 50 f.; *DF* 2 (1942), 333–335; *HWPh* 7 (1989), 98–100.

Paralyse *f. per. fach.* 'Lähmung' (< 14. Jh.). Im Mittelhochdeutschen *(par[a]lis)* entlehnt aus l. *paralysis*, dieses aus gr. *parálysis* 'Lähmung', zu gr. *paralýein* wegnehmen, auflösen, lähmen', aus gr. *lýein* 'lösen' (s. *Analyse*) und gr. *pára, pará* 'daneben, dabei, neben u. a.'. Verb: *paralysieren*.

DF 2 (1942), 336.

Paranoia *f. per. fach.* 'Geistesgestörtheit, die zu Wahnvorstellungen führt' (< 20. Jh.). Entlehnt aus gr. *paránoia* 'Torheit, Wahnsinn', Abstraktum zu gr. *pará-noos* 'wahnsinnig', eigentlich 'neben dem Verstand seiend', zu gr. *nóos, noũs m.* 'Sinn, Verstand, Vernunft' und gr. *para-*. Adjektiv: *paranoisch, paranoid*.

Paraphrase *f. erw. fach.* 'Umschreibung' (< 17. Jh.). Gräzisierende Bildung gr. *paráphrasis*, ml. *paraphrasis*, zu gr. *phrásis* 'Ausdruck' (s. *Phrase*) und gr. *para-*, eigentlich 'was neben der Rede ist, ihr hinzugefügt wird; erweiternde Rede'.

DF 2 (1942), 337 f.

Parapluie *m./n. arch.* 'Regenschirm' (< 18. Jh.). Entlehnt aus frz. *parapluie m.*, einer Neubildung nach Vorbild von frz. *parasol m.* 'Sonnenschirm' mit frz. *pluie f.* 'Regen' statt frz. *sol m.* 'Sonne'.

DF 2 (1942), 338 f.

Parasit *m. erw. fach.* 'Schmarotzer' (< 15. Jh.). Entlehnt aus l. *parasītus* (auch: 'Tischgenosse'), dieses aus gr. *parásītos* (eigentlich 'mit einem anderen essend'), zu gr. *sītos* 'Speise' und gr. *para-*. Die wertfreie Bedeutung 'Tischgenosse' erhält die pejorative Komponente durch solche Tischgenossen, die sich als Schmeichler oder Possenreißer eine freie Mahlzeit zu erringen suchen. Adjektiv: *parasitär*.

DF 2 (1942), 339 f.; *LM* 6 (1993), 1702.

Parasol *m. arch.* 'Sonnenschirm' (< 18. Jh.). Entlehnt aus frz. *parasol*, dieses aus it. *parasole*, dieses eine Zusammenrückung aus it. *para il sole* 'halte die Sonne ab' (s. *parat* und *solar*).

parat *Adj. stil.* 'bereit' (< 17. Jh.). Entlehnt aus l. *parātus*, dem adjektivischen PPP. von l. *parāre* 'bereiten, einrichten'.

Das zugrundeliegende lateinische Verbum ist über romanische Sprachen entlehnt als *parieren*[1/2], wozu die Präfigierungen *präparieren, reparieren* (aus dem Lateinischen).

Das Partizip in *parat* und *separat*; eine Weiterbildung dazu über die romanischen Sprachen in *Parade*, eine andere (aus dem Lateinischen) in *Imperativ*; ein Abstraktum in *Apparat*, ein anderes zu einer Präfigierung in *Imperium*; ein Imperativwort in *Parasol* (und *Parapluie*). – DF 2 (1942), 340 f.

Parataxe *f. per. fach.* ʿGleichordnungʾ (< 19. Jh.). Eingeführt von F. Thiersch: *Griechische Grammatik* ³1826 für die Abfolge von Teilsätzen, die sich nicht gegenseitig voraussetzen. Gebildet zu *Syntax*. Gr. *paratássein* bedeutet ʿnebeneinanderstellen, in Schlachtreihe aufstellenʾ.

Parcours *m. per. fach.* ʿfestgelegte Hindernisstreckeʾ (< 20. Jh.). Entlehnt aus frz. *parcours*, dieses aus spl. *percursus* ʿdas Durchlaufenʾ, zu l. *percurrere (percursum)* ʿdurchlaufen, durcheilenʾ, zu l. *currere* ʿlaufen, rennenʾ und l. *per-*. S. *konkurrieren*.

pardauz *Interj.* (< 17. Jh.). Gebraucht für einen dröhnenden Fall. Zuerst bezeugt als ndd. *pardues*. Schallwort wie *bauz, pauz* und *potz*.
Schröder (1906), 54–57.

Pardel *m. arch.* (ein Raubtier) (< 15. Jh.). Entlehnt aus l. *pardalis f.* wie ahd. *pardo*, mhd. *part (-des)*, *parde* (*Pard* bei Luther, vgl. *Leopard*) aus dem Grundwort l. *pardus*. Dies über gr. *párdalis f.*, *párdos* entlehnt aus einer Gruppe von Bezeichnungen für große Raubkatzen, die am besten in den iranischen Sprachen bezeugt, aber letztlich wohl aus einer unbekannten Sprache entlehnt ist. S. *Leopard, Panther*.

Pardon *m./n. obs.* (< 15. Jh.). Entlehnt aus frz. *pardon m.*, einer postverbalen Ableitung von frz. *pardonner* ʿverzeihenʾ, dieses aus spl. *perdonare* ʿvergebenʾ (eigentlich ʿgänzlich schenkenʾ), zu l. *dōnāre* ʿgeben, schenkenʾ und l. *per-*, zu l. *dōnum n.* ʿGeschenk, Gabeʾ, zu l. *dare* ʿgebenʾ. Verb: ***pardonieren***.
DF 2 (1942), 341 f.; Jones (1976), 482 f.; Röhrich 2 (1992), 1142.

Parenthese *f. per. fach.* ʿEinschubʾ (< 16. Jh.). Entlehnt aus l. *parenthesis*, dieses aus gr. *parénthesis* (eigentlich ʿdas Dazwischenstellenʾ), einer Ableitung aus gr. *entithénai* und gr. *pará* ʿnebenʾ, weiter zu gr. *en* ʿinʾ und gr. *tithénai* ʿsetzen, stellenʾ. S. *Theke*. – DF 2 (1942), 343 f.

Parfum *n.* (< 18. Jh.). Entlehnt aus frz. *parfum m.*, einer Ableitung von frz. *parfumer* ʿmit Duft erfüllenʾ, dieses aus it. *perfumare*, aus spl. *perfumare ʿstark duftenʾ, zu l. *fūmāre* ʿrauchen, dampfen, qualmenʾ, zu l. *fūmus m.* ʿRauch, Dampf, Qualmʾ. Verbum: ***parfümieren***; Lokalbildung: ***Parfümerie***.
Röhrich 2 (1992), 1142.

parieren¹ *swV. obs.* ʿeinen Angriff abwehrenʾ (< 15. Jh.). Entlehnt aus it. *parare* ʿsich vorbereiten, Vorkehrungen treffenʾ, dieses aus l. *parāre*. Abstraktum: ***Parade***.
S. *parat*. – DF 2 (1942), 348.

parieren² *swV. arch.* ʿein Pferd mäßigen, anhaltenʾ (< 16. Jh.). Entlehnt aus frz. *parer*, dieses aus span. *parar*, eigentlich ʿVorkehrung treffenʾ, aus l. *parāre*. Abstraktum: ***Parade***.
S. *parat*. – DF 2 (1942), 348.

parieren³ *swV. stil.* ʿgehorchenʾ (< 16. Jh.). Entlehnt aus l. *pārēre*, eigentlich ʿerscheinen, sichtbar seinʾ.
S. *Komparse, transparent*. – DF 2 (1942), 349.

Parität *f. per. fach.* ʿGleichsetzung, Gleichstellungʾ (< 17. Jh.). Entlehnt aus l. *paritas* zu l. *pār* (s. *Paar*).
DF 2 (1942), 349 f.

Park *m.* (< 18. Jh.). Entlehnt aus frz. *parc* unter zusätzlichem Einfluß von dem (ebenfalls aus diesem entlehnten) ne. *park* (ʿGrünanlageʾ und ʿFahrzeugparkʾ). In der Bedeutung ʿGehegeʾ war das Wort schon früher entlehnt worden. Das französische Wort geht zurück auf ml. *parricus* ʿGehegeʾ, das in einer früheren Entlehnung *Pferch* ergeben hat.
S. *parken, Parkett*. – DF 2 (1942), 350 f.; Ganz (1957), 165; Brunt (1983), 404 f.; Rey-Debove/Gagnon (1988), 682 f. Zu *-park* s. *Brisante Wörter* (1989), 553–557.

Parka *m. per. fach.* ʿ(gefütterter) Anorakʾ (< 20. Jh.). Entlehnt aus ne. *parka*, dieses aus russ. *párka* ʿPelz aus Schaffellen o.ä.ʾ.
Rey-Debove/Gagnon (1988), 683.

parken *swV.* (< 20. Jh.). Entlehnt aus ne. *to park* ʿein Fahrzeug auf einem *park* = Abstellplatz abstellenʾ, also zur Nebenbedeutung von *Park*. Die ursprüngliche Bedeutung ist ʿin eine gesicherte Umgebung bringenʾ, dann erst ʿabstellenʾ.
Rey-Debove/Gagnon (1988), 684, 688.

Parkett *n.* (< 18. Jh.). Entlehnt aus frz. *parquet m.*, einer Ableitung von frz. *parc m.* ʿabgeschlossener Raumʾ (s. *Park*). Von der Bedeutung ʿabgeteilter Raumʾ zu ʿabgeteilter Platz im Theaterʾ. Dann auch für abgeteilte Stücke des Fußbodens, zum *Parkett* im heutigen Sinn; das dann weiter sinnbildlich für gesellschaftlich und politisch hochrangige Ereignisse steht; vgl. auch *sich sicher auf dem Parkett der hohen Politik bewegen*.
DF 2 (1942), 351; Brunt (1983), 406.

Parlament *n.* (< 13. Jh.). Mit der Bedeutung ʿUnterredungʾ entlehnt aus frz. *parlement m.* ʿUnterredung, Versammlung, Gerichtshofʾ, einer Ableitung von afrz. *parler* ʿsprechenʾ, aus spl. *paraulare*, zu afrz. *parole*, ml. *parabole f.* ʿWort, Spruch, Geredeʾ, aus gr. *parabolē f.* ʿGleichnisʾ. Nach dem 15. Jh. wird das Wort seltener und dann im 17. Jh. erneut aus ne. *parliament*, das aus der gleichen Quelle stammt, mit der weiterentwickelten Bedeutung ʿStändevertretungʾ entlehnt. ***Parlamentär*** ʿUnterhändlerʾ wurde aus frz. *parlementaire* übernommen, das die alte Bedeutung ʿGespräch, Verhandlung' fortsetzt; so auch **parlieren** 'reden, plaudern'. Täterbezeichnung: **Parlamentarier.**

S. *Parabel.* – *DF* 2 (1942), 351–357; W. J. Jones *SN* 51 (1979), 266; *Grundbegriffe* 4 (1978), 649–676; Rey-Debove/Gagnon (1988), 685–687; M. Wagner *PSG* 10 (1988), 55–106; *LM* 6 (1993), 1722–1731.

Parmesan *m. per. exot.* (ein vollfetter Käse) (< 16. Jh.). Entlehnt aus frz. *parmesan,* dieses aus it. *parmigiano,* so benannt nach der italienischen Stadt *Parma.*

DF 2 (1942), 357.

Parodie *f.* (< 17. Jh.). Entlehnt aus frz. *parodie,* dieses aus l. *parōdia* 'Gegenrede (bei der man sich der Worte des Vorredners bedient)', dieses zu gr. *parōideîn* 'ein Lied komisch nachahmen, verspotten', zu gr. (poet.) *ōidḗ* 'Lied, Gesang, Gedicht' und gr. *para-.* Die Bedeutung 'überzeichnende Nachahmung' beim neuzeitlichen Substantiv nach dem griechischen Verb. Verb: **parodieren.**

S. *Ode.* – *DF* 2 (1942), 359; E. Pöhlmann *Glotta* 50 (1972), 144–156; Jones (1976), 486; *HWPh* 7 (1989), 122–129; *LM* 6 (1993), 1737–1742.

Parodontose *f. per. fach.* (eine Erkrankung des Zahnbettes) (< 20. Jh.). Neubildung zu gr. *odoús, odṓn (-óntos) m.* 'Zahn' mit dem Suffix *-ose* 'Erkrankung' und gr. *para-.* Die Bedeutung ist demnach 'eine Erkrankung des neben den Zähnen Gelegenen'.

Parole *f.* s. *Parlament.*

Paroli *n. per. phras.* (in der Wendung *jemandem Paroli bieten*) (< 19. Jh.). Entlehnt aus frz. *paroli f.* 'das Doppelte des ersten Einsatzes im Kartenspiel', dieses aus it. *paroli Pl.,* einem Diminutivum zu it. *paro* 'gleich', aus l. *pār* (s. *Paar*); frz. *jouer à paroli* bedeutet demnach zunächst 'um den doppelten Einsatz spielen'. Vgl. die Funktion von *Kontra* bei dem modernen Spielen um Geld.

DF 2 (1942), 361; Röhrich 2 (1992), 1142.

Part *m. erw. fach.* 'Anteil, Rolle' (< 12. Jh.). Seit mittelhochdeutscher Zeit in verschiedenen Bedeutungen übernommen aus frz. *part f.* 'Teil, Anteil', das auf l. *pars (partis) f.* 'Teil' zurückgeht.

S. *Partei.* – Schirmer (1911), 140; Rosenquist (1942), 377–385; *DF* 2 (1942), 362–364.

Parte *f. per. österr.* 'Todesanzeige' (< 20. Jh.). Gekürzt aus *Partezettel* gleicher Bedeutung, das aus frz. *donner part* 'Nachricht geben' entlehnt ist.

Partei *f.* (< 13. Jh.). Im Mittelhochdeutschen (mhd. *partīe*) entlehnt aus afrz. *partie,* einem substantivierten Partizip von afrz. *partir* 'teilen', aus l. *partīrī,* zu l. *pars (partis)* 'Teil'. Das Wort bezeichnet im frühen Deutschen den (selbständigen) Teil eines größeren Ganzen, z. B. eine Prozeßpartei, eine Seite in einer Auseinandersetzung (während die einfache Bedeutung 'Teil' mehr und mehr von

Part und *Partie* übernommen wird). Bei den politischen Auseinandersetzungen, vor allem um die Einheit Deutschlands im 19. Jh., hat *Partei* normalerweise einen schlechten Klang. Zwar gibt es bei der politischen Gruppenbildung im 19. Jh. *Partei* auch als Selbstbezeichnung, doch wird im Parlament *Fraktion* vorgezogen, außerhalb *Verein; Partei* ist dagegen nur eine Interessengruppe (Lasalle gründet 1863 den *Allgemeinen deutschen Arbeiterverein,* spricht aber von *Arbeiterpartei* und *Fortschrittspartei*). Zwar fordern programmatische Überlegungen schon seit der Mitte des Jahrhunderts für eine Partei auch eine klare Organisation, doch bildet sich der heutige Parteienbegriff erst im Lauf des 20. Jhs. aus (speziell nach dem Ende des 1. Weltkriegs, z. T. wohl unter englischem und französischem Einfluß). Adjektive: **parteiisch, parteilich.**

Fortsetzer und Erweiterungen von l. *pars* 'Teil' sind *Part, Partie, Partei, Party* und *Widerpart;* dazu aus einer Phrase *apart* und *Apartheit;* ein Adjektiv ist *partiell* (und *partial*), ein Kompositum *Partizip.* Diminutive sind *Partikel* und *Parzelle,* eine Art Nomen agentis ist *Partisan,* ein Abstraktum zu einer Präfigierung ist *Appartement* (mit *Apartment*). Zum abgeleiteten Verb l. *partīre* 'teilen' gehören *Partitur* und *Partner.* Entfernter verwandt sind *Portion* und *Proportion.* – Rosenquist (1942), 403–427; *DF* 2 (1942), 364–374; A. Greive: Frz. *part, partie, parti* (Diss. Bonn 1961); *Grundbegriffe* 4 (1978), 677–733; *HWPh* 7 (1989), 134–138. [Herangezogen wurde die Magisterarbeit von C. Lorenz].

Parterre *n. stil.* (< *17. Jh., Bedeutung < 19. Jh.). Älter 'Gartenbeet, ebenerdiger Theaterraum', dann (nur deutsch) 'Erdgeschoß'. Entlehnt aus frz. *parterre m.,* einer Zusammenrückung aus frz. *par terre* 'in der Höhe der Erde', aus l. *terra f.* 'Erde'. Die Bedeutungsentwicklung im Deutschen geht aus von Verwendungen wie *sie wohnen parterre* 'ebenerdig'.

Ersatzwort ist *Erdgeschoß.* S. *Territorium.* – *DF* 2 (1942), 374–376; Jones (1976), 488; Brunt (1983), 407 f.

Partie *f.* 'Teil, Runde, Spiel, Ausflug' (< 17. Jh.). Entlehnt aus frz. *partie;* das Wort hat als spätere Entlehnung keinen Diphthong (im Gegensatz zu *Partei* gleicher Herkunft); in *Landpartie, Jagdpartie* usw. liegt eine metonymische Übertragung vor von 'Abteilung von Personen als Gesellschaft' hin zu den Aktivitäten, die von solchen Gruppen unternommen werden.

DF 2 (1942), 376–380; Röhrich 2 (1992), 1142 f.

Partikel *n.* 'Teilchen'; *f.* 'unflektierbares Wort'; *erw. fach.* (< 15. Jh.). Entlehnt aus l. *particula f.* 'Teilchen', einem Diminutiv zu l. *pars (partis) f.* 'Teil'. Adjektiv: **partikulär.**

S. *Partei.* – E. Leser *ZDW* 15 (1914), 65; *DF* 2 (1942), 380–384.

Partisan *m. erw. fach.* 'Untergrundkämpfer' (< 17. Jh.). Entlehnt aus frz. *partisan* 'Parteigänger', dieses aus it. *partigiano*, einer Ableitung von it. *parte f.* 'Teil', aus l. *pars (partis) f.* Dann 'Teilnehmer an einer kleinen, selbständig kämpfenden Truppe' und im 20. Jh. die heutige Bedeutung.

S. *Partei*. – E. Öhmann *NPhM* 42 (1941), 81 f.; *DF* 2 (1942), 384 f.; *HWPh* 7 (1989), 155–159.

Partitur *f. erw. fach.* 'Zusammenstellung aller Stimmen eines mehrstimmigen Musikwerks' (< 17. Jh.). Entlehnt aus it. *partitura*, dieses aus ml. *partitura* 'Verteilung, Einteilung', aus l. *pars (partis)* 'Teil'.

S. *Partei*. – *DF* 2 (1942), 385 f.

Partizip *n. erw. fach.* 'Verbaladjektiv' (< 15. Jh.). Entlehnt aus l. *participium*, einer Substantivierung von l. *particeps (-cipis)* 'Anteil habend, beteiligt sein an', zu l. *pars (partis) f.* 'Teil' und l. *capere* 'nehmen, ergreifen'. Das Partizip ist eine Verbform, die an der Nominalflexion teilnimmt. Adjektiv: *partizipial*; eine allgemeinere Bedeutung in dem Verb *partizipieren*.

S. *Partei* und *kapieren*. Ersatzwort ist *Mittelwort*. – E. Leser *ZDW* 15 (1914), 63 f.; *DF* 2 (1942), 386.

Partner *m.* (< 19. Jh.). Entlehnt aus ne. *partner*, das von ne. *part* 'Teil' abhängig ist. Umbildung aus me. *parcenēr n.*, das auf afrz. *parconier* zurückgeht. Dieses aus l. *partiōnārius* 'Teilhaber' (zu l. *partītio f.* 'Teilung', über l. *partīrī* 'teilen' zu l. *pars [partis] f.* 'Teil').

S. *Partei*. – Schirmer (1911), 141; *DF* 2 (1942), 386 f.; Ganz (1957), 167; Rey-Debove/Gagnon (1988), 688–690.

partout *Adv. stil.* 'durchaus, unter allen Umständen' (< 18. Jh.). Entlehnt aus frz. *partout* 'überall', aus frz. *tout* 'ganz', aus l. *tōtus* und frz. *par* aus l. *per*.

S. *Passepartout, total*. – *DF* 2 (1942), 387; Jones (1976), 491; Brunt (1983), 408.

Party *f. erw. fremd.* 'gesellige Feier' (< 20. Jh.). Entlehnt aus e. *party*, dieses aus frz. *partie* mit ähnlicher Bedeutungsspezialisierung wie bei *Landpartie* usw.

Rey-Debove/Gagnon (1988), 691 f.

Parvenü *m. obs.* 'Aufsteiger, Neureicher' (< 18. Jh.). Entlehnt aus frz. *parvenu(e)*, einer Substantivierung von frz. *parvenir* 'hinkommen, gelangen', aus l. *pervenīre*, zu l. *venīre* 'kommen' und l. *per-*, also eigentlich 'der Hinzugekommene'.

S. *intervenieren*. Ersatzwort ist *Emporkömmling*. – *DF* 2 (1942), 387 f.

Parze *f. bildg.* 'Schicksalsgöttin' (< 15. Jh.). Entlehnt aus l. *Parca* und noch lange in lateinischer Form verwendet. Im 17. Jh. Plural *Parzen* und daraus rückgebildet der heutige Singular. Die Herkunft des Namens ist ungesichert.

DF 2 (1942), 388.

Parzelle *f. erw. fach.* 'kleines Stück Land' (< 19. Jh.). Entlehnt aus frz. *parcelle*, einer Weiterbildung

von l. *particula*, Diminutiv von l. *pars (partis)* 'Teil'.

S. *Partei*. – *DF* 2 (1942), 388 f.

Pasch *m. per. fach.* (besonderer Wurf mit Würfeln) (< 17. Jh.). Über das Niederländische in regionaler Aussprache übernommen aus frz. *passedix*, wörtlich 'überschreite zehn', einem Spiel mit drei Würfeln, bei dem nur gewinnen kann, wer mehr als 10 Augen und auf zwei Würfeln gleiche Augenzahl wirft. Dazu *paschen* 'würfeln'.

DF 2 (1942), 389.

Pascha *m. exot. ass.* 'herrischer Mann, der sich gerne bedienen läßt' (< 18. Jh.). Entlehnt aus türk. *paša* (ein hoher türkischer Titel), aus pers. *pādi-šāh* 'Oberkönig'.

S. *Schah, Schach*. – A. Gombert *ZDW* 3 (1902), 324; Littmann (1924), 106; *DF* 2 (1942), 389 f.; *LM* 6 (1993), 1751 f.

paschen *swV. per. grupp.* 'schmuggeln' (< 18. Jh.). Aus dem Rotwelschen, in dem seit dem 18. Jh. *passen, baaschen* 'kaufen' bezeugt ist. Herkunft unklar; man vermutet romani *pāš f.* 'Teil' als Grundlage. Ein anderes *paschen* unter *Pasch*.

Kluge (1901), 240, 341; Wolf (1985), 238 f.

Paspel *f./(m.) per. fach.* 'Litze' (< 19. Jh.). Entlehnt aus frz. *passepoil m.* gleicher Bedeutung und dem deutschen Lautstand angepaßt. Das französische Wort bedeutet eigentlich 'über das Haar/Gewebe hinausgehend', also 'zugesetzter Rand'.

DF 2 (1942), 400.

Paß[1] *m. erw. fach.* (Übergang im Gebirge) (< 14. Jh.). Entlehnt aus frz. *pas* 'Schritt, Gang', das auf gleichbedeutendem l. *passus* beruht. Entlehnt wird zunächst die Bedeutung 'Durchgang' (15. Jh.), im 16. Jh. die Bedeutung 'Gang (des Pferdes)'; eine Bedeutung 'rechtes Maß' hängt zusammen mit *passen*; dann auch weitere Bedeutungen, die in der heutigen Sprache keine Rolle mehr spielen.

S. *passieren, Paßglas, zupaß*. – *DF* 2 (1942), 393–395; Röhrich 2 (1992), 1143.

Paß[2] *m.* 'Ausweis' (< 17. Jh.). Im Einklang mit nndl. *pas*. Gekürzt aus *paßbrif* und *paßport*, die seit dem 15. Jh. bezeugt sind. Letzteres ist entlehnt aus frz. *passeport* (wie it. *passaporto* 'das Mitgeführte für den Durchgang, die Durchreiseerlaubnis'); ersteres ist eine Teilübersetzung.

S. *passieren*. – *DF* 2 (1942), 393–395; Röhrich 2 (1992), 1143.

Passat *m. per. fach.* (ein tropischer Ostwind) (< 18. Jh.). Entlehnt aus mndl. *passaat*, dessen weitere Herkunft nicht sicher geklärt ist.

Kluge (1911), 608; E. Öhmann *NPhM* 41 (1940), 39; *DF* 2 (1942), 399 f.

passen *swV.* (< 13. Jh.). Wndd. *(ge)passen* 'zum Ziel kommen, erreichen' ist entlehnt aus frz. *passer* 'vorübergehen, hingehen'. Daraus zunächst die

neuhochdeutsche Bedeutung 'gut sitzen, angemessen sein', wie auch in **anpassen** und **jemandem etwas verpassen** (eigentlich 'anprobieren'); ebenso **unpäßlich** und in Fremdwortform **passabel**. Ein zweiter, ebenfalls im Mittelniederdeutsch-Mittelniederländischen vorgegebener Bedeutungsbereich ist 'sich hinwenden zu', das zu **aufpassen** und **etwas verpassen** führt. Spät (17. Jh.) ist die Bedeutung 'verzichten' beim Kartenspiel ('an etwas vorübergehen').
S. *passieren*. – Röhrich 2 (1992), 1143.

Passepartout *n./(m.) per. fach.* 'überall geltender Paß', dann auch 'auswechselbarer Rahmen' und 'Hauptschlüssel' (< 17. Jh.). Entlehnt aus frz. *passepartout* ('paßt überall').
S. *Paß²* und *partout*. – DF 2 (1942), 400.

Paßglas *n. arch.* 'Meßglas' (< 17. Jh.). Zu *Paß¹* in der Bedeutung 'rechtes Maß'.

passieren *swV. stil.* 'geschehen, vorbeigehen, durchgehen' (< 16. Jh.). Entlehnt aus frz. *passer*, aus spl. **passare* 'schreiten', zu l. *passus* 'Schritt', zu l. *pandere (passum)* 'auseinanderbreiten, ausspreizen', einem Kausativum zu l. *patēre* 'offen sein, offenstehen'. Dazu *passabel* 'gangbar, annehmbar', **Passage** 'Reise, Durchgang', **Passagier** 'Reisender, Fahrgast', **Passant** 'Fußgänger, Durchreisender', *passé* 'vorbei', *passim* 'im Vorübergehen, an verschiedenen Stellen',
Zu dem verwandten l. *patēre* 'offenstehen' s. *Patent*; zum Präsens von l. *pandere* 'ausspreizen' s. *Expansion*. Verbreitet sind vor allem die Ableitungen des *tu*-Abstraktums l. *passus* 'Schritt': Unmittelbar entlehnt ist *Passus* und über das Französische *Fauxpas*; zum abgeleiteten Verbum **passare* gehören *passen* und *passieren* mit den oben genannten Ableitungen; außerdem *Paß¹/²*, *Kompaß*, *Passepartout*, *Paßglas* und zu einer Spezialbedeutung *pesen*; eine Weiterbildung in *Spaß*. Zur germanischen Verwandtschaft s. *Faden*. – J. W. Walz *ZDW* 12 (1910), 192; *DF* 2 (1942), 395–399, 400–403; Ganz (1957), 167 f.; K.-H. Weimann *DWEB* 2 (1963), 400; Jones (1976), 499–501.

Passion *f. erw. fremd.* 'Leidenschaft; Darstellung der Leidensgeschichte Christi' (< 14. Jh.). Im Mittelhochdeutschen (mhd. *passiōn m.*, *passie*) entlehnt aus kirchen-l. *passio (-ōnis)* 'Leiden Christi', aus spl. *passio (-ōnis)* 'Leiden, Erdulden, Krankheit', einer Ableitung von l. *patī (passus sum)* 'erdulden, hinnehmen, sich in einer Stimmung befinden'. Die Bedeutung 'Leidenschaft' wird aus dem Französischen übernommen, wo sie sich als Spezialisierung und Intensivierung von 'sich in einer Stimmung befinden' herausbildet. Adjektiv: *passioniert*.
S. *Patience, Patient*. – DF 2 (1942), 403–406; W. J. Jones *SN* 51 (1979), 266 f.; LM 6 (1993), 1760–1769.

Passiv *n. erw. fach.* (eine Diathese des Verbs) (< 17. Jh.). Entlehnt aus spl. *passīvum* 'leidende Handlungsweise' zu l. *patī* 'leiden' (s. *Passion*). Im Plural als 'Verbindlichkeiten', Gegenwort zu *Aktiva*. Auch als Adjektiv verwendet; Abstraktum: *Passivität*.
DF 2 (1942), 406–408; HWPh 7 (1989), 164–168.

Passus *m. per. fach.* 'Abschnitt' (< 16. Jh.). Entlehnt aus l. *passus*, das eigentlich 'Schritt' bedeutet aber kanzleisprachlich auch '(einzelne) Angelegenheit, Fall'.
S. *passieren*. – DF 2 (1942), 408.

Paste *f.* (< 15. Jh.). Entlehnt aus it. *pasta*, zu it. *pasta asciutta* 'Teigwaren' (eigentlich 'trockener Teig', aus ml. *pasta* 'Teig', das vermutlich aus dem Griechischen stammt); so häufig noch in *Zahnpasta*, sonst *Paste*. Eine neue Entlehnung desselben Wortes ist *Pasta* 'Nudelgericht'.
S. *Pastell, Pastete*. – DF 2 (1942), 409.

Pastell *n. erw. fach.* (ein mit sehr zarten Farben gemaltes Bild) (< 18. Jh.). Entlehnt aus it. *pastello m.* 'Malerstift' (und frz. *pastel m.*), einem Diminutivum zu it. *pasta f.* 'Teig, Brei' (s. *Paste*). Die Stifte sind so bezeichnet, weil sie durch Trocknen und Formen einer bestimmten Farbpaste hergestellt werden.
DF 2 (1942), 409 f.

Pastete *f. erw. fach.* (ein Teiggericht mit Fleisch u.ä.) (< 14. Jh.). Im Mittelhochdeutschen (mhd. *pastēde, pastēte, bastēde*) wohl über das Mittelniederländische und Mittelniederdeutsche entlehnt aus mfrz. *pastée*, einer Ableitung von ml. *pasta* 'Teig' (s. *Paste*) mit sekundärem *d*-Einschub.
DF 2 (1942), 410 f.; E. Öhmann *NPhM* 74 (1973), 3–5; Röhrich 2 (1992), 1144.

pasteurisieren *swV. erw. fach.* 'durch Erhitzen keimfrei machen' (< 20. Jh.). Bildung zum Eigennamen Louis *Pasteur*, einem französischen Biologen und Chemiker, der im 19. Jh. die Grundlagen dieses Verfahrens entwickelte.

Pastille *f. obs.* (ein mit Wirkstoffen versetztes Kügelchen) (< 18. Jh.). Entlehnt aus l. *pāstillus m.* 'Kügelchen aus Mehlteig' (eigentlich 'kleines Brötchen'), einem Diminutivum zu l. *pānis m.* 'Brot'.
S. *panieren*. – DF 2 (1942), 411.

Pastor *m. erw. reg.* 'Geistlicher' (< 14. Jh.). Im Frühneuhochdeutschen entlehnt aus ml. *pastor* 'Seelenhirte', aus l. *pāstor* 'Hirte', zu l. *pāscere (pāstum)* 'fressen lassen, weiden lassen, weiden'. Seit der Reformation ist *Pastor* die Bezeichnung für protestantische Geistliche, aber regional beschränkt. Adjektiv: *pastoral*. Die *Pastorelle* 'Schäfer(innen)dichtung' geht auf die ursprüngliche Bedeutung des Wortes zurück.
DF 2 (1942), 411 f. Zu *Pastorellen* vgl.: LM 68 (1993), 1773 f.

Patate *f.* s. *Batate*.

Pate *m.* (< 13. Jh.). Mhd. *bate, pate*, mndd. *pade*. Ursprünglich norddeutsche Entlehnung aus l. *pater (spīrituālis)* 'geistiger Vater, Pate' mit Abfall des auslautenden *r* und schwacher Flexion. Verwandt ist mhd. *pfetter*, hd. (dial.) *Pfetter* gleicher Bedeutung aus der ml. Weiterbildung *patrīnus*. Im Neutrum (häufig auch Diminutiv *Patchen* u.ä.) bedeutet das Wort *Patenkind*.

S. *Pater, Patrizier*. − R. Hildebrandt in: *FS Schmitt* (1988), 667−670; Röhrich 2 (1992), 1144. Zu *Patenschaft* s. *LM* 6 (1993), 1779 f.

Patent *n. erw. fach.* (eine Urkunde über bestimmte Rechte) (< 17. Jh.). Entlehnt aus frz. *patente f.* 'Bestallungsbrief, Gewerbeschein', dieses eine gekürzte Substantivierung aus frz. *lettre patente f.* 'offener Brief', nach l. *(littera) patēns f.* 'offener (Beglaubigungs)Brief des Landesherrn', zu l. *patēns (-entis)* 'offen', dem PPräs. von l. *patēre* 'offen sein, offenstehen'. (Das moderne Patentwesen besteht aber erst seit dem 19. Jh.). Das Adjektiv ***patent*** ist neugebildet nach Zusammensetzungen wie *Patentstrümpfe, Patentknöpfe* 'Strümpfe, Knöpfe, die nicht nachgeahmt werden dürfen'; es erhält die Bedeutungen 'modisch' und 'praktisch, nützlich; geschickt, selbstbewußt'. Verb: ***patentieren***.

Zu Wörtern aus der verwandten Grundlage l. *pandere* 'ausspreizen, schreiten' s. *passieren*. − A. Gombert *ZDW* 3 (1902), 324; Schirmer (1911), 141; *DF* 2 (1942), 413 f.; Ganz (1957), 168 f.; *LM* 6 (1993), 1780.

Pater *m. erw. fach.* 'Klostergeistlicher' (< 16. Jh.). Zu verschiedenen Zeiten der lateinischen Anrede *Pater* entnommen (eigentlich 'Vater', zunächst nur für den Abt, dann für Klostergeistliche allgemein).

S. *Patrizier*. − *DF* 2 (1942), 414 f.

Paternoster *m. obs.* 'umlaufender, offener Aufzug' (< 18. Jh.). Die ältere Bedeutung ist 'Schöpfwerk, Hebewerk mit einem endlosen Arbeitsvorgang'. Bezeichnet nach dem *Paternoster* 'Rosenkranz' (gekürzt aus *Paternosterschnur*), weil auch der Rosenkranz endlos weitergebetet werden kann. Weiter zu *Paternoster* 'Vaterunser' (nach den Anfangsworten dieses Gebets, das im Rosenkranz die einzelnen 'Gesätze' abschließt).

LM 6 (1993), 1781 f.

Pathologie *f. per. fach.* 'Lehre von den Krankheiten' (< 16. Jh.). Entlehnt aus ml. *pathologia*, dieses aus gr. *pathología* zu gr. *páthos* 'Leid' und *-logie*. Adjektiv: ***pathologisch***.

S. *Pathos*. − *DF* 2 (1942), 416 f..

Pathos *n. erw. fremd.* 'Leidenschaft, überzogener Gefühlsausdruck' (< 17. Jh.). Entlehnt aus gr. *páthos* 'Leiden, Leidenschaft', zu gr. *páschein* 'leiden, erleiden, erdulden'. Adjektiv: ***pathetisch***.

S. *Antipathie, Apathie, Homöopathie, Psychopath, Sympathie, Telepathie, Pathologie*. − *DF* 2 (1942), 415−417; Cottez (1980), 307; HWPh 7 (1989), 168−177; 193−199;

Patience *f. per. fach.* (ein Kartenspiel) (< 18. Jh.). Entlehnt aus frz. *patience* (eigentlich 'Geduld'), dieses aus l. *patientia* 'Geduld, Erleiden, Erdulden', zu l. *patiēns* 'erdulden, geduldig', dem ad-

jektivischen PPräs. von l. *patī (passus sum)* 'erdulden, hinnehmen'.

S. *Passion*. − *DF* 2 (1942), 417.

Patient *m.* (< 16. Jh.). Übernommen aus l. *patiēns (-entis)* 'duldend, leidend', dem PPräs. von l. *patī (passus sum)* 'erdulden, hinnehmen, sich in einer Stimmung befinden'.

S. *Passion*. − *DF* 2 (1942), 417 f.

Patina *f. per. fach.* (grünliche Schicht auf Kupfer) (< 18. Jh.). Entlehnt aus it. *patina* (älter: 'Firnis, Lackierung'), aus l. *patina* 'Pfanne, Pfannengericht'. Wohl metonymisch so bezeichnet als Belag auf Pfannen und weiterem metallenem Kochgeschirr. Übertragen in Wendungen wie *etwas setzt Patina an* 'ist veraltet, überholt'.

S. *Pfanne*. − *DF* 2 (1942), 418.

Patriarch *m.* 'Bischof, hoher Geistlicher' (< 12. Jh.). Mhd. *patriarc[he]*, *patriarke* ist entlehnt aus kirchen-l. *patriarcha*, *patriarchēs*, dieses aus gr. *patriárchēs*, eigentlich 'Stammesführer', zu gr. *patriá* 'Vaterland, Stamm', zu gr. *patḗr* 'Stammvater, Urvater, Vater' und gr. *árchē* 'Spitze' und gr. *árchein* 'herrschen, Führer sein'. Abstraktum: ***Patriarchat***; Adjektiv: ***patriarchalisch***.

S. *Patrizier* und *Anarchie*. − *DF* 2 (1942), 419 f.; Cottez (1980), 307; *HWPh* 7 (1989), 204−207; *LM* 6 (1993), 1785−1789.

Patriot *m.* (< 16. Jh.). Entlehnt aus frz. *patriote* (auch: 'Landsmann'), dieses aus l. *patriōta* 'Landsmann', dieses aus gr. *patriṓtēs*, zu gr. *pátrios* 'väterländisch, väterlich', zu gr. *patriá f.* 'Volk, Abstammung', zu gr. *patḗr* 'Stammvater, Urvater, Vater'. Die Bedeutung 'Person mit großer Vaterlandsliebe' entsteht aus Fügungen wie *guter Patriot* 'guter Landsmann', deren Attribute 'gut' usw. in das Substantiv einbezogen werden. Adjektiv: ***patriotisch***.

S. *Pater, Patriarch*; zur germanischen Verwandtschaft s. *Vater*. − *DF* 2 (1942), 420−424; W. Krauss *WZUH* 19 (1970), 79−83; Jones (1976), 502 f.; R. Vierhaus in: *Deutschland im 18. Jh.* (Göttingen 1987), 96−109; 281−283; *HWPh* 7 (1989), 207−217; *Brisante Wörter* (1989), 276−282. Zu l. *patria* s. Th. Eichenberger: *Patria* (Sigmaringen 1991); dazu R. Wenskus *GGA* 245 (1993), 237−253.

Patrizier *m. erw. fach.* 'vornehmer, wohlhabender Bürger' (< *15., Form < 18. Jh.). Im Frühneuhochdeutschen entlehnt aus l. *patricii Pl.* 'die bevorrechteten Bürger (des alten Roms)', einer pluralischen Substantivierung von l. *patricius* 'zum Stande der l. *patres* gehörig', zu l. *pater* 'Vater'. Gemeint sind damit die Angehörigen des Geburtsadels aus der Frühzeit Roms.

S.: *Pate, Pater, Patriot, Patron, Patrone*; zur germanischen Verwandtschaft s. *Vater*. − Zu *Patriziat* s. *LM* 6 (1993), 1797−1806.

Patron *m. erw. fremd.* 'Schutzherr', besonders *Schutzpatron* 'Schutzheiliger' (< 12. Jh.). Mhd. *pa-*

trōn(e) ´Schutzherr`, entlehnt aus l. *patrōnus* ´Schutzherr`, auch ´Verteidiger vor Gericht`, zu l. *pater* ´Vater`. Das **Patronat** ist im 18. Jh. das Recht des Grundherren, eine Stelle zu besetzen *(iūs patrōnātus)*; in neuerer Zeit die ´Schirmherrschaft`. S. *Patrone; Patrizier.* − DF 2 (1942), 425−428; LM 6 (1993), 1806−1808.

Patrone *f.* (< 16. Jh.). Entlehnt aus frz. *patron m.* ´Form, Muster, Modell`, einer französischen Sonderbedeutung von *Patron*. Zunächst Bezeichnung der aus Papier, Leinwand u.ä. hergestellten Form für die Treibladung von Feuerwaffen; dann Bezeichnung für Geschoß, Treibladung und Zündhütchen in einer Metallhülle. Für den Bedeutungsübergang gibt es Erklärungsansätze, aber die Einzelheiten sind unklar.
DF 2 (1942), 428.

Patrouille *f. erw. fach.* ´Erkundung, Erkundungstrupp` (< 17. Jh.). Entlehnt aus frz. *patrouille*, einer postverbalen Ableitung von frz. *patrouiller, patouiller* ´herumstapfen`, zu frz. *patte* ´Pfote`. Das Verb ist entlehnt als **patrouillieren**.
DF 2 (1942), 429; Jones (1976), 504; Brunt (1983), 411 f.

patschen *swV. stil.* (< 15. Jh.). Lautmalend für ´ins Wasser schlagen u.ä.` Dazu *Patsch m.*, *Patsche f.* ´klatschender Schlag; (klatschende) Hand, Straßenschmutz (in den gepatscht wird)`. Zu letzterem seit dem 17. Jh. *in der Patsche sitzen* (u.ä.) ´in Verlegenheit sein`, eigentlich ´im Straßenschlamm festsitzen` (von einem Wagen o.ä.).
Zu *Patsche* vgl.: Röhrich 2 (1992), 1144 f.

patt *Adj. erw. fach.*, auch neutrales Substantiv (< 19. Jh.). Entlehnt aus frz. *pat m.* ´Stellung im Schachspiel, bei der nicht mehr gezogen werden kann, ohne daß der König angegriffen ist`. Die Stellung gilt als unentschieden, daher die übertragene Bedeutung ´Handlungsunfähigkeit zweier Parteien, ohne daß eine im Vorteil wäre`. Weitere Herkunft unklar.
Röhrich 2 (1992), 1145.

patzen *swV. stil.* ´mangelhaft arbeiten` (< 19. Jh.). Wohl aus regionalem *Patzen m.* ´Klecks` (österr.), der beim Schreiben als Mangel empfunden wird. Vielleicht dasselbe Wort wie *Batzen.* Daraus *Patzer* ´(grober) Fehler`; auch ´jmd., der grobe Fehler macht`. Adjektiv: *patzig*; Präfigierung: *verpatzen.*

patzig *Adj. stil.* ´schroff` (< 16. Jh.). Fnhd. *patzig, batzig* gehört zu *Batzen, Patzen* ´Klumpen, Fleck`. Wie bei *pampig* wird ´klumpig` übertragen zu ´hingeklatscht` und dann von der Sache (Antwort usw.) auf den Urheber übertragen.

Pauke *f.* (< 13. Jh.). Mhd. *pūke, bouke* unklarer Herkunft, vermutlich lautmalend (vgl. *päng* u.ä.). Das Verbum **pauken** als Kraftwort für ´schlagen` hat eine Reihe von Sonderbedeutungen entwickelt:

´Mensur schlagen` in der Studentensprache; *einpauken* ist wie *einbläuen* ein Kraftwort für zwangsweises Lernen und Lehren (dazu **Pauker** ´Lehrer`). Rückbildung ist **Pauke** ´schallende Rede`, wozu **Standpauke** ´Strafpredigt` (*aus dem Stand gehalten*, wie die *Standrede* der älteren Sprache).
Relleke (1980), 111, 245−247; Röhrich 2 (1992), 1145. Zu *Pauker:* Nyström (1915), 135.

Pausbacken *Pl. stil.* ´dicke Backen` (< 18. Jh.), älter ist das Bahuvrīhi-Kompositum **Pausback (Bausback, Pfausback)** ´jmd. mit dicken Backen`, auch als Übername. Zu *pausen, pfausen, bausen* ´blasen, aufblasen`, das zu der unter *Bausch* behandelten Lautgebärde gehört.

pauschal *Adj.* (< 19. Jh.). Entlehnt aus neo-kl. *pauschalis*, einer Ableitung von d. *Pausch (-quantum)* ´Gesamtabfindung (an Stelle von Einzelgebühren)`, zu d. *Bausch.* Abstraktum: **Pauschale.**
DF 2 (1942), 431.

Pause[1] *f.* ´Unterbrechung` (< 14. Jh.). Mhd. *pūse.* Wie mndl. *pose* entlehnt aus afrz. *pause*, dieses aus l. *pausa*, dieses aus gr. *paũsis* ´Ruhe, Rast` (nur mit Präfixen häufiger), zu gr. *paúein* ´aufhören machen, beenden`.
DF 2 (1942), 431; Miettinen (1962), 296−314; Cottez (1980), 308.

pausen *swV.* ´durchzeichnen` (< 18. Jh.), auch als **bausen** bezeugt. Entlehnt aus frz. *poncer* ´mit Bimsstein abreiben, durchpausen` (zu frz. *ponce* ´Bimsstein`). Die Technik bestand ursprünglich darin, die gezeichneten Linien an bestimmten Stellen zu durchstechen und Kohlenstaub o. ä. auf eine Unterlage durchzureiben. Konkretum: **Pause**[2].
DF 2 (1942), 432.

Pavian *m.* (< 16. Jh.). Entlehnt aus nndl. *baviaan*, dieses aus frz. *babouin* (auch ´Dummkopf, groteskes kleines Tier`). Die weitere Herkunft ist nicht sicher geklärt, vielleicht zu frz. *babine* ´große, hängende Lippe`.
DF 2 (1942), 433; DEO (1982), 58.

Pavillon *m. erw. fremd.* ´runder, freistehender Bau` (< 18. Jh.). Entlehnt aus frz. *pavillon* ´Zelt`, dieses aus l. *pāpilio (-ōnis)* (älter: ´Schmetterling`). Von ´Zelt` dann übertragen auf weitere, festere kleine Bauten.
DF 2 (1942), 433 f.; Jones (1976), 505; LM 6 (1993), 1838.

Pazifismus *m. erw. fach.* ´Weltanschauung, die den Verzicht auf jegliche militärische Handlungen verfolgt` (< 20. Jh.). Neubildung zu l. *pācificus* ´friedlich`, zu l. *pāx* ´Friede` und l. *facere* ´machen`. Täterbezeichnung: **Pazifist.**
DF 2 (1942), 434 f.; *Grundbegriffe* 4 (1978), 767−787; *HWPh* 7 (1989), 218−229; *Brisante Wörter* (1989), 282−288.

Pech *n.* (< 9. Jh.). Mhd. *pech, bech,* ahd. *peh, beh,* as. *pik.* Wie ae. *pic,* anord. *bik* entlehnt aus l.

pix (picis) f.; schon alt auch als Bild für die Hölle gebraucht. *Pech haben* und *Pechvogel* stammt wohl vom Vogelfang mit Pechruten, doch kann auch das Bild für die Hölle mitgewirkt haben. Verb: *(ver-) pichen*.

S. *Pick*[2]. – A. Masser in: *Althochdeutsch* (hrsg. R. Bergmann u. a.), 1195–1209; Röhrich 2 (1992), 1145 f.; *LM* 6 (1993), 1846 f.

pecken *swV.* ´stark trinken´ s. *picheln*.

Pedal *n.* (< 16. Jh.). Neubildung zu l. *pedālis* ´zum Fuß gehörig´, zu l. *pēs (pedis) m.* ´Fuß´.

Mit l. *pēs* ´Fuß´ oder zu einer nominalen Ableitung sind letztlich zusammengesetzt *Moped, Pediküre, Pionier* und *Veloziped*; auf verbalen Ableitungen beruhen *Depesche, Expedition, Spedition*; zur germanischen Verwandtschaft s. *Fuß*. – Röhrich 2 (1992), 1146.

Pedant *m.* (< 17. Jh.). Entlehnt aus frz. *pédant* (auch: ´Schulmeister´), dieses aus it. *pedante*, vielleicht zu gr. *paideúein* ´erziehen, bilden, unterrichten, (s. *Pädagogik*). Die Bezeichnung für Schulmeister wird mit abwertendem Nebenton übertragen auf Träger einer ihnen zugeschriebenen Eigenschaft. Abstraktum: *Pedanterie*; Adjektiv: *pedantisch*.

DF 2 (1942), 436–438; W. J. Jones *SN* 51 (1979), 267; *HWPh* 7 (1989), 229–234.

Pedell *m. obs.* ´Hausmeister einer Schule´ (< 14. Jh.). Entleht aus ml. *pedellus, bedellus* ´Diener, Bote´, dieses aus ahd. *bitil* (´Freier, Werber´, eigentlich ´Bittender´), zu ahd. *bit(t)en* ´bitten´ (s. *bitten*), vielleicht vermischt mit *Büttel*. Die allgemeine Bezeichnung für ´Diener, Dienstbote´ wird hier eingeschränkt auf einen bestimmten Bediensteten.

DF 2 (1942), 438 f.

Pediküre *f. per. fach.* ´Fußpflege´ (< 20. Jh.). Entlehnt aus frz. *pédicure*, einer Neubildung zu l. *pēs (pedis) m.* ´Fuß´ und frz. *cure* ´Pflege, Sorge´ (aus l. *cūra*). S. *Pedal* und *Kur*.

Cottez (1980), 310.

Peep-Show *f. per. grupp.* (Kabinen mit einer durch ein kleines Fenster gegen Entgelt zu betrachtenden nackten Frau) (< 20. Jh.). Entlehnt aus ne. *peep-show*, zu e. *peep* ´durch eine kleine Öffnung sehen´, dessen weitere Herkunft nicht sicher geklärt ist (s. *Show*).

Pegel *m. erw. fach.* ´Wasserstand´ (< 18. Jh.). Übernommen aus ndd. *pegel,* mndd. *pegel, peil,* mndl. *pegel* ´Wasserstandsmarke´, das aus ml. *pagella f.* ´Maßstab´ entlehnt ist. Dieses bedeutet ursprünglich ´Spalte, (Kerbe)´ und ist Diminutiv zu l. *pagina f.* ´Seite´. S. *peilen*.

peilen *swV. erw. fach.* ´den Standort bestimmen´ (< 18. Jh.). Ursprünglich ´die Wassertiefe messen´. Aus dem Niederdeutsch-Niederländischen übernommen als Ableitung zu *Pegel* in einer Lautvariante.

Kluge (1911), 610.

Pein *f. obs.* (< 8. Jh.). Mhd. *pīn m., pīn(e)*, ahd. *pīn*, as. *pīna*. Wie afr. *pīne*, ae. **pīn*, in ae. *pīnian* ´peinigen´ entlehnt aus spl. *pēna* ´Höllenstrafe´; daraus über ´Höllenqualen´ die heutige Bedeutung. Das spätlateinische Wort aus l. *poena* ´Buße, Strafe u. ä.´, das seinerseits aus gr. *poinē* gleicher Bedeutung entlehnt ist. Adjektiv: *peinlich*; Verb: *peinigen*.

S. *penibel, benzen, verpönt*. – Hoffmann (1956), 30–33.

peinlich *Adj.* (< 12. Jh.). Mhd. *pīnlich*, eigentlich ´Pein verursachend, schmerzlich´ (zu *Pein*), daraus die heutige Bedeutung ´unangenehm´. Eine rheinische Variante ist *pingelig* ´zimperlich, leicht gekränkt, pedantisch´.

Peitsche *f.* (< 14. Jh.). Spmhd. *pītsche* ist aus den damals noch lebenden westslavischen Mundarten ins Ostmitteldeutsche entlehnt. Vgl. obsorb. *bič*, vorauszusetzen ist akslav. *bičĭ* ´Geißel´ zu akslav. *biti* ´schlagen´.

R. Müller: *Die Synonymik von* ´*Peitsche*´ (Marburg 1966); Bellmann (1971), 256–262; Steinhauser (1978), 73–76.

Peitzker *m. per. reg.* (Süßwasserfisch) (< 14. Jh.). Entlehnt aus dem Slavischen (poln. *piskorz,* obsorb. *piskor,* zu poln. *pisk* ´Pfeifen, Quietschen u. ä.´ also ´Pfeifer´, weil der Fisch beim Ergreifen einen pfeifenden Ton von sich gibt, indem er Luft aus der Schwimmblase preßt). Auch *Beitscher, Beißker, Bißgurre* u. ä. Auch umgeformt zu *Schlammbeißer* (im Anschluß an *Steinbeißer*, der sich an Steinen ansaugt).

Bielfeldt (1965), 48; Eichler (1965), 92; Steinhauser (1978), 47 f.

pejorativ *Adj. per. fach.* ´abwertend´ (< 20. Jh.). Entlehnt aus l. *peioratus*, dem adjektivischen PPP. von l. *peiorāre* ´verschlechtern´.

pekuniär *Adj. per. fremd.* ´das Geld betreffend´ (< 18. Jh.). Entlehnt aus frz. *pécuniaire*, das aus l. *pecūniārius* stammt, zu l. *pecūnia* ´Geld´.

DF 2 (1942), 440.

Pelerine *f. obs.* ´Umhang´ (< 19. Jh.). Entlehnt aus frz. *pèlerine* (eigentlich ´von Pilgern getragener Umhang, Kragen des Pilgermantels´), zu frz. *pèlerin m.* ´Pilger´, dissimiliert aus kirchen-l. *pelegrinus m.* (s. *Pilger*).

DF 2 (1942), 441.

Pelikan *m.* (< 13. Jh.). Mhd. *pellicān* ist entlehnt aus kirchen-l. *pelicānus*, dieses aus gr. *pelekán*, zu gr. *pélekys* ´Beil, Doppelaxt´. Angeblich so bezeichnet nach der Schnabelform.

Suolahti (1909), 388–393; *DF* 2 (1942), 441 f.; Cottez (1980), 311; *LM* 6 (1993), 1864 f.

Pelle *f. per. ndd.* ´Schale´, besonders bei Kartoffeln, deshalb *Pellkartoffeln* (< 18. Jh.). Übernommen von mndd. *pelle,* mndl. *pelle,* das zu mndd. *pellen,* mndl. *pellen* ´schälen´ gebildet ist (im 15. Jh.

als fnhd. *pellen* auch ins Deutsche entlehnt). Dieses aus afrz. *peler* 'schälen', das aus dem Lateinischen stammt. Für das französische Wort kommen zwei lateinische Wörter als Ausgangspunkt in Frage, die sich möglicherweise vermischt haben, nämlich l. *pellis* 'Haut' und frz. *peler* 'enthaaren, schälen' aus l. *pilāre* 'enthaaren'. S. *Pelz, kompilieren*. – Frings (1932), 180; Röhrich 2 (1992), 1147.

Pelz *m.* (< 10. Jh.). Mhd. *bel(lī)z, bellez*, ahd. *pelliz*, mndd. *pels*, mndl. *pels*. Wie spae. *pilece f.* entlehnt aus spl. *pellīcia* 'Pelz', einer Ableitung von l. *pellis f.* 'Haut', vielleicht unter Einfluß von l. *pilus* 'Haar'.

S. *Pelle, kompilieren*. – Röhrich 2 (1992), 1147 f.; *LM* 6 (1993), 1866–1868.

pelzen *sw V. arch.* 'pfropfen, veredeln' (< 11. Jh.). Mhd. *belzen, pelzen, phelzen*, ahd. *pelzōn*. Entlehnt aus gallo-rom. **impeltāre* 'einpropfen' (prov. *empeltar*) zu l. *pelta* 'kleiner leichter Schild' (so wird übertragen das Auge des Edelreises genannt).

Lloyd/Springer 1 (1988), 537 f.

Pendant *n. per. fremd.* 'passendes Gegenstück' (< 18. Jh.). Entlehnt aus frz. *pendant m.*, einem substantivierten Gerundium von frz. *pendre* 'herabhängen', aus gallo-rom. *pendere*, aus l. *pendēre*, einem Intensivum zu l. *pendere (pēnsum)* 'wägen, beurteilen', eigentlich 'herabhängen lassen'.

S. *Pensum*. Ersatzwort ist *Gegenstück*. – *DF* 2 (1942), 443.

Pendel *n./(m.)* (< 18. Jh.). Entlehnt aus ml. *pendulum n.* 'Schwinggewicht' (zu l. *pendulus* 'herabhängend', das zu l. *pendēre* '(herab)hängen' gehört), zunächst in der Form *Pendul*, die sich noch lange hält. Davon **pendeln** und **Pendler** mit modernen Sonderbedeutungen *(pendeln* als Verfahren der Wahrsagerei und für den Verkehr zwischen Wohnort und Arbeitsplatz). S. *Pensum*.

penetrant *Adj. erw. fremd.* 'durchdringend, hartnäckig' (< 17. Jh.). Entlehnt aus frz. *pénétrant*, dem PPräs. von frz. *pénétrer* 'durchdringen', dieses aus l. *penetrāre*, zu l. *penitus* 'innerlich'. Das zugrundeliegende Verb in **penetrieren**.

DF 2 (1942), 444; Brunt (1983), 414.

penibel *Adj. erw. fremd.* 'übertrieben genau, kleinlich' (< 18. Jh.). Entlehnt aus frz. *pénible* 'mühsam, schmerzlich', einer Ableitung von afrz. *peine* 'Strafe, Schmerz', dieses aus l. *poena* 'Genugtuung, Buße, Strafe', aus gr. *poinḗ* (s. *Pein*). Die Bedeutungsentwicklung im Deutschen geht aus von 'mühsam arbeiten', d. h. 'sich Mühe machen'; daraus dann 'mit großer Sorgfalt bearbeiten', dann 'übertrieben genau'.

DF 2 (1942), 445; Brunt (1983), 414.

Penicillin *n. erw. fach.* (ein Antibiotikum) (< 20. Jh.). Entlehnt aus ne. *penicillin*, dieses aus l. *Penicillium notatum*, dem Namen eines Schimmelpilzes, aus l. *pēnicillium* 'Pinsel, Wundfäden, gezupfte

Leinwand', einem Diminutivum zu l. *pēniculus m.* 'Pinsel, Bürste, Schwamm', einem Diminutivum zu l. *pēnis m.* 'Schwanz, männliches Glied'. Der so benannte Schimmelpilz ist der natürliche Produzent des nach ihm benannten Antibiotikums. Er hat seinen Namen wegen seiner pinselförmigen Sporenträger. S. *Fasel, Penis, Pinsel*[1].

Cottez (1980), 312; Rey-Debove/Gagnon (1988), 706.

Penis *m. erw. fremd.* (< 19. Jh.). Entlehnt aus l. *pēnis* 'Schwanz, männliches Glied'.

Das lateinische Wort aus (ig.) **pes-nis*, entsprechend zu ai. *pásas-*, gr. *péos n.*, ahd. *fasal* alle 'Penis', weitere Herkunft unklar, ebenso die semantische Entwicklung.

Pennal[1] *n. arch. österr.* 'Federbüchse' (< 15. Jh.). Entlehnt aus ml. *pennale* 'Federbüchse' (zu l. *penna f.* 'Feder').

Pennal[2] *m. arch.* (< 17. Jh.) 'Student im ersten Semester, Gymnasiast'. Wohl metonymisch zu *Pennal*[1]. Daraus später (wohl unter dem Einfluß des Plurals) *Pennäler*.

Pennal[3] *n.* (< 19. Jh.) 'Gymnasium', wohl unter Einfluß von *Penne* rückgebildet aus *Pennäler*.

Penne *f. vulg.* (< 17. Jh.). 1) 'Herberge' *rotw*. Wohl aus wjidd. *binjan* 'Gebäude'; zuerst bezeugt als *bonne*, dann *benne*. 2) Dann wird das Wort auf ebenfalls rotw. *pennen* 'schlafen' bezogen und als *Penne* 'behelfsmäßiges Nachtquartier' aufgefaßt. 3) In der Schülersprache wird älteres *Pennal* im Anschluß an *pennen* und *Penne* ebenfalls zu *Penne* umgeformt.

Wolf (1985), 242. Anders: J. Knobloch *Lingua* 21 (1968), 238; ders.: *ZDPh* 96 (1977) (Sonderheft), 87 f.

pennen *sw V. vulg.* 'schlafen' (< 19. Jh.). Übernommen aus rotw. *pennen* gleicher Bedeutung. Dessen Herkunft ist nicht ausreichend klar. Man vermutet wjidd. *pannai* 'müßig' als Ausgangspunkt. Vgl. die Einwirkung auf *Penne*.

J. Knobloch *ZDPh* 96 (1977) *(Sonderheft)*, 87 f.

Pension *f.* 'Ruhestand(sgeld); Fremdenunterkunft' (< 15. Jh.). Entlehnt aus frz. *pension* 'Gehalt, Ruhegehalt', dieses aus l. *pēnsio (-ōnis)* 'Zahlung, Auszahlung', eigentlich 'Abwägen', zu l. *pendere (pēnsum)* 'wägen, abwägen', eigentlich 'herabhängen lassen'. Seit dem 18. Jh. wird die Bezeichnung der Bezahlung für Kost und Logis metonymisch übertragen auf 'Unterkünfte, in denen man gegen Bezahlung wohnen und essen kann' (auch in Erziehungsanstalten: **Pensionat**). **Pensionieren** bedeutet demnach eigentlich 'Ruhestandsgeld auszahlen'; dann 'in den Status versetzen, der zu Ruhestandsbezügen berechtigt'.

S. *Pensum*. – *DF* 2 (1942), 446–450; Brunt (1983), 415; *LM* 6 (1993), 1872 f.

Pensum *n. erw. fremd.* 'zu erbringende Leistung' (< 17. Jh.). Entlehnt aus l. *pēnsum* (ursprünglich: 'die den Sklavinnen als Tagesarbeit abgewogene

Wolle'), dem substantivierten PPP. von l. *pendere (pēnsum)* 'wägen, abwägen', eigentlich 'herabhängen lassen'.
S. *suspendieren*. – *DF* 2 (1942), 450 f.

Penthaus *n. per. fach.* 'exklusive Wohnung auf dem Flachdach eines Hauses' (< 20. Jh.). Entlehnt aus ne. *penthouse*, dieses aus me. *pentis* 'kleiner Anbau', aus afrz. *apentis* 'Anhang', aus l. *appendicium*, zu l. *appendix (-icis) f.*, zu l. *appendere* 'an etwas aufhängen, zuwägen', zu l. *pendere (pēnsum)* 'wägen, abwägen' (s. *suspendieren*) und l. *ad-*. Die heutige englische Form in volksetymologischem Anschluß des mittelenglischen Wortes an frz. *pente* 'schräg' (da diese Anbauten nur eine einzige Dachschräge hatten). Die Bedeutung im Deutschen ist eingeschränkt auf Anbauten auf Hausdächern und ihren gewöhnlich sehr exklusiven Charakter.
Rey-Debove/Gagnon (1988), 707 f.

Penunze *f. per. vulg.* 'Geld' (< 20. Jh.). Entlehnt aus poln. *pieniądze Pl.*

Pep *m. per. grupp.* 'Schwung, Pfiff' (< 20. Jh.). Entlehnt aus ne. *pep*, einer Kürzung von e. *pepper* 'Pfeffer'.
Rey-Debove/Gagnon (1988), 708.

Peperoni *f. erw. exot.* 'kleine scharfe Paprikaschote' (< 20. Jh.). Entlehnt aus it. *peperone m.*, zu it. *pepe m.* 'Pfeffer' (s. *Pfeffer*).

per- *Präfix* mit der Bedeutung 'hindurch, völlig, während' (z. B. *Perversion, perkutan*). Es wurde vornehmlich in lateinischen Entlehnungen ins Deutsche übernommen; sein Ursprung ist l. *per* 'durch' *Präp.* Im Deutschen nicht produktiv.
Zur germanischen Verwandtschaft s. *ver-*. – *DF* 2 (1942), 452; Cottez (1980), 313 f.

Perchten *Pl. per. oobd.* 'Volkstümliche Masken an Fasching und Neujahr' (< 14. Jh.). In mittelhochdeutschen Schwänken tritt ein Kobold *Berhte* in der Zeit nach Weihnachten auf; hierzu vielleicht auch *Berht(en)tac* 'Epiphanie'. Alles weitere ist unklar.
LM 6 (1993), 1879.

perfekt *Adj.* (< 16. Jh.). Entlehnt aus l. *perfectus*, dem PPP. von l. *perficere (perfectum)* 'fertigmachen, vollenden', zu l. *facere* 'machen' und l. *per-*. Als Substantiv Bezeichnung des vollendeten Vorgangs (Gegensatz: *Imperfekt*). Abstraktum: **Perfektion**.
S. *infizieren*. – *DF* 2 (1942), 453–456. Zum Grammatikterminus: E. Leser *ZDW* 15 (1914), 61 f. Zu *Perfektibilität* s. *HWPh* 7 (1989), 238–244; Zu *Perfektionismus* s. *HWPh* 7 (1989), 244–248.

perfide *Adj. erw. fremd.* 'treulos, heimtückisch' (< 18. Jh.). Entlehnt aus frz. *perfide*, dieses aus l. *perfidus*, zu l. *fidēs* 'Vertrauen, Glauben', zu l. *fidere* 'trauen, vertrauen, glauben' und l. *per-*.
S. *Föderalismus*. – *DF* 2 (1942), 456.

Perforation *f. erw. fach.* 'Reiß-, Trennlinie' (< 18. Jh.). Entlehnt aus l. *perforātio (-ōnis)* 'die Durchbohrung', zu l. *perforāre* 'durchlöchern, durchbohren', zu l. *forāre* 'bohren, durchbohren' und l. *per-*. Das Verb ist entlehnt als **perforieren**.

performativ *Adj. per. fach.* 'ausführend' (< 20. Jh.). Entlehnt aus ne. *performative*, zu e. *perform* 'ausführen'; dieses im Mittelenglischen wohl aus afrz. *parfournir* 'erlangen, vollenden' entlehnt, dieses zu afrz. *fournir* 'versehen, ausstatten' und l. *per-*, weiter aus andfrk. **frummjan* 'vollbringen, fördern'.
Rey-Debove/Gagnon (1988), 714.

Pergament *n.* (< 13. Jh.). Im Mittelhochdeutschen (mhd. *pergamente*) entlehnt aus ml. *pergamen(t)um*, zu l. *(charta) Pergamēna f.*, aus gr. *Pérgamon*, dem Namen der kleinasiatischen Stadt, die eine sehr große Bibliothek besaß und als der Erfindungsort des *Pergaments* angesehen wurde.
DF 2 (1942), 457; *LM* 6 (1993), 1885–1887.

Pergola *f. per. fach.* 'Vorbau, Laubengang' (< 17. Jh.). Entlehnt aus it. *pergola*, dieses aus l. *pergula* 'Vorbau, Weinlaube', zu l. *pergere* 'vordringen, fortsetzen', zu l. *regere* 'richten, lenken, leiten' und l. *per-*.
S. *regieren*. – *DF* 2 (1942), 457.

peri- *Präfix* mit der Bedeutung 'umher, über ... hinaus, um ... herum' (z. B. *Peripherie, periodisch*). Es wurde in griechischen Entlehnungen ins Deutsche übernommen; sein Ursprung ist gr. *perí*. Nur in speziellen Fachausdrücken auch produktiv geworden. Zur germanischen Verwandtschaft s. *ver-*.
Cottez (1980), 314 f.

Periode *f. erw. fach.* 'Abschnitt, sich zyklisch Wiederholendes' (< *15. Jh., Form < 17. Jh.)). Entlehnt aus l. *periodus* 'Gliedersatz', dieses aus gr. *periodos*, eigentlich 'Umgehen, Herumgehen, Umlauf', zu gr. *hodós* 'Weg, Gang' und gr. *peri-*. Zunächst Maskulinum, dann Femininum. Die Bedeutung 'Zeitabschnitt' durch Rückgriff auf das Griechische. Adjektiv: **periodisch**; Verb: **periodisieren**.
S. *Methode*. – *DF* 2 (1942), 457–461; K.-H. Weimann *DWEB* 2 (1963), 402; E. Siebenborn *HL* 13,2–3 (1986), 403–423; *HWPh* 7 (1989); 259–261.

Peripherie *f. per. fach.* 'Randgebiet, Randzone' (< 17. Jh.). Entlehnt aus l. *peripherīa* 'Kreislinie', dieses aus gr. *periphéreia*, zu gr. *periphérein* 'im Kreis bewegen, herumdrehen, herumtragen', zu gr. *phérein* 'tragen' und gr. *peri-*. Von 'Kreislinie' dann zu 'Randgebiet' u.ä. Adjektiv: **peripher**. S. *Metapher*.

Perle *f.* (< 9. Jh.). Mhd. *perle*, ahd. *perala, as. perula*. Entlehnt aus spl. **perula*, das vermutlich zu l. *perna* 'eine Art Muschel' gehört. Einzelheiten bleiben unklar. Verb: **perlen**.
DF 2 (1942), 462 f.; Lüschen (1979), 289 f.; Röhrich 2 (1992), 1148–1150; *LM* 6 (1993), 1891 f.

Perlmutter *f.*, auch **Perlmutt** *n.* (< 14. Jh.). Spmhd. *berlinmuoter*. Lehnübersetzung von ml. *mater perlarum*. Das Wort bezeichnet ursprünglich die Muschel, die eine Perle enthält, sie also gewissermaßen geboren hat. Erst nachträglich ist es auf die Muschelschale beschränkt, deren Innenseite aus dem gleichen Stoff ist wie die Perle und das Material für verschiedene Gebrauchs- und Schmuckgegenstände abgibt.

permanent *Adj. erw. fach.* 'ständig, anhaltend' (< 17. Jh.). Entlehnt aus frz. *permanent*, dieses aus l. *permanēns*, dem PPräs. von l. *permanēre* 'ausharren, verbleiben', zu l. *manēre* 'bleiben' und gr. *per-*. S. *immanent, Menagerie.* – *DF* 2 (1942), 464 f.

Perpendikel *m./n. obs.* 'Uhrpendel' (< 16. Jh.). Entlehnt aus l. *perpendiculum n.* 'Senkblei, Richtblei', zu l. *perpendere* 'genau abwägen', zu l. *pendere* 'wägen, abwägen' und *per-*. Mit Erfindung der Pendeluhr dann auf die dort verwendeten Uhrpendel übertragen. S. *Pensum.* – Schirmer (1912), 52; *DF* 2 (1942), 467 f.

perplex *Adj. erw. fremd.* (< 17. Jh.). Entlehnt aus frz. *perplexe*, dieses aus l. *perplexus* 'wirr durcheinander, verflochten, verschlungen', zu l. *plectere* 'flechten' und l. *per-*. S. *kompliziert.* – *DF* 2 (1942), 469; W. J. Jones *SN* 51 (1979), 267; Röhrich 2 (1992), 1150.

Perron *m. arch. österr. schwz.* 'Bahnsteig, Plattform' (< 18. Jh.). Entlehnt aus frz. *perron* 'Freitreppe', eigentlich 'großer Stein', dieses (als *petrātum) aus l. *petra f.*, dieses aus gr. *pétra f.*, gr. *pétros m./(f.).* Zuvor in der Bedeutung 'Freitreppe' entlehnt; die deutschen Bedeutungen sind nur deutsch. S. *Petersilie, Petroleum, Pier¹.* – *DF* 2 (1942), 470.

Persianer *m. per. fach.* (ein Pelz aus dem kleingelockten Fell von Lämmern des Karakulschafes) (< 19. Jh.). Bildung zu *Persien*, dem ursprünglichen Herkunftsland. Littmann (1924), 103.

persiflieren *swV. per. fach.* 'ironisierend nachahmen' (< 18. Jh.). Entlehnt aus frz. *persifler*, dieses wohl zu frz. *siffler* 'auspfeifen', aus l. *sībilāre* 'zischen, pfeifen', und l. *per-*. Abstraktum: *Persiflage*. *DF* 2 (1942), 470 f.; W. Krauss *ASNSL* 201 (1964), 1–28.

Person *f.* (< 12. Jh.). Mhd. *persōn[e]* ist entlehnt aus l. *persōna* (auch: 'Charakter, Rolle', eigentlich 'Maske [des Schauspielers]'), dessen Herkunft umstritten ist. Adjektive: *personal, personell, persönlich*. Littmann (1924), 11; H. Rheinfelder: *Das Wort 'Persona'* (Halle 1928); F. Altheim: *Terra Mater* (Gießen 1931), 49 f.; J. Wiesner *ZDS* 25 (1969), 49–64; ders. *ZDPh* 90 (1971), 6–35; ders.: *BGDSL-H* 92 (1970), 330–339; M. Scherner *AB* 27 (1983), 56–72; *HWPh* 7 (1989), 269–345; Röhrich 2 (1992), 1150; R. Konersmann *Internationale Zeitschrift für Philosophie* 2 (1993), 199–227; *LM* 6 (1993),

1900–1903. Zum theologischen Begriff der (göttlichen) Person: G. Greshake in *Personale Freiheit und pluralistische Gesellschaft.* Hrsg. G. Pöltner (Wien 1981), 75–86.

Perspektive *f.* (< 16. Jh.). Entlehnt aus frz. *perspective* 'Sehkunst, Fernsicht', zu spl. *perspectivus* 'durchschauend', zu l. *perspectus* 'durchschaut, völlig bekannt, bewährt', dem PPP. von l. *perspicere* 'mit dem Blick durchdringen, hineinsehen, durchschauen', zu l. *specere* 'sehen' und l. *per-*. S. *inspizieren.* – *DF* 2 (1942), 471–474; *HWPh* 7 (1989), 363–377; *LM* 6 (1993), 1906 f.

Perücke *f.* (< 17. Jh.). Entlehnt aus frz. *perruque* (eigentlich 'Haarschopf'), aus span. *peluca* zu span. *pelo* 'Haar'. *DF* 2 (1942), 474 f.; Jones (1976), 507; Röhrich 2 (1992), 1151.

pervers *Adj.* (< 16. Jh.). Entlehnt aus frz. *pervers*, dieses aus l. *perversus* 'umgedreht, verkehrt, unrecht, schlecht, böse', dem PPP. von l. *pervertere* 'umstürzen, völlig umwerfen', zu l. *vertere* 'wenden, drehen, umkehren' und l. *per-*. Abstraktum: **Perversion**; Verb: **pervertieren**. S. *Vers.* – *DF* 2 (1942), 475 f.; *HWPh* 7 (1989), 379–382.

Pese *f. per. fach.* 'Treibriemen, endlose Spiralfeder' (< 20. Jh.). Zu nndl. *pees* 'Sehne'? Oder zu nhd. *pesen* 'rennen'?

Pesel *m. arch. ndd.*, auch **Pisel**, 'heizbarer Wohnraum' (< 17. Jh.). Mndd. *pisel, pesel*, mndl. *pijsel*. Die hochdeutsche Entsprechung war ahd. *pfiesal*, mhd. *pfiesel m./n.*, hd. (dial.) *Pfiesel* 'heizbare Stube' (steir.). Vgl. afr. *pīsel*, ae. *pīsle f.* Entlehnt aus ml. *balneum pensile*, spl. *pēsalis*, das eine auf gemauerten Bögen ruhende Badestube bezeichnet, die mit warmer Luft geheizt ist, eigentlich 'das hängende, schwebende Bad'. Die Bedeutungen 'Bad' und 'heizbarer Raum' hängen auch sonst zusammen (vgl. etwa *Stube*). Heyne (1899/1913), I, 166.

pesen *swV. per. reg.* 'rennen' (< 20. Jh.). Entlehnt aus ne. *to pace* 'im Paßschritt reiten'. Für einen Beleg, der die Entlehnung deutlich macht, vgl. Stiven. S. *passieren.* – Stiven (1936), 78.

Pessimismus *m.* (< 18. Jh.). Neubildung zu l. *pessimus* 'der Schlechteste', dem suppletiven Superlativ von l. *malus* 'schlecht'. Gebildet als Gegenbegriff zu *Optimismus*. Adjektiv: **pessimistisch**; Täterbezeichnung: **Pessimist**. *DF* 2 (1942), 477 f.; *HWPh* 7 (1989), 386–395.

Pest *f.* (< *14. Jh., Form < 16. Jh.). Wie in anderen europäischen Sprachen; zuvor mhd. *pestilenz, pestilencie f./m.* Entlehnt aus l. *pestilentia*, das auf l. *pestis* 'Seuche, Unglück' zurückgeht. *DF* 2 (1942), 478 f.; K.-H. Weimann *DWEB* 2 (1963), 400; Röhrich 2 (1992), 1151; *LM* 6 (1993), 1915–1921.

Petarde *f. per. fach.* (ein mit Sprengpulver gefülltes Metallgefäß) (< 16. Jh.). Entlehnt aus frz. *pétard m.*, einer Ableitung von frz. *péter* ´knallen, furzen´, dies abgeleitet von frz. *pet m.* ´Furz, Blähung´, aus l. *pēditum n.*, dem substantivierten PPP. von l. *pēdere* ´furzen´.
DF 2 (1942), 479 f.

Petersilie *f.* (< 10. Jh.). Mhd. *petersilie*, ahd. *petrasile* n. u.ä. Entlehnt aus ml. *petrosilium n.* aus gr. *petrosélīnon n.* ´Steineppich´, zu gr. *pétros m./(f.)* ´Stein´ und gr. *sélīnon n.* ´Eppich´.
S. *Sellerie, Perron.* – Röhrich 2 (1992), 1153; *LM* 6 (1993), 1941 f.

Petition *f. per. fach.* ´Bittschrift, Gesuch, Eingabe´ (< 14. Jh.). Entlehnt aus l. *petītio (-ōnis)*, zu l. *petere* ´zu erreichen suchen, greifen, bitten´.
Zu l. *petere* gehört noch *repetieren* und als Partizip *kompetent*. Eine Ableitung ist *Appetit.* – DF 2 (1942), 480 f.; *LM* 6 (1993), 1944.

Petroleum *n.* (< 16. Jh.). Neubildung zu gr. *pétros m./(f.)* ´Fels, Stein´, gr. *pétra f.*, und l. *oleum* ´Öl, Baumöl´ (aus gr. *élaion* [dass.]). Also eigentlich ´Steinöl´.
S. *Perron* und *Öl.* – DF 2 (1942), 483; Cottez (1980), 317.

Petschaft *n. obs.* ´Stempel zum Versiegeln´ (< 13. Jh.). Zuerst in *verpetschaten* ´versiegeln´. Entlehnt aus sloven. *pečát* ´Siegel, Stempel´ mit nachträglicher Anlehnung an *Schaft*.
DF 2 (1942), 484; Bellmann (1971), 270–272; F. Hinze in Müller (1976), 79–99; Steinhauser (1978), 68 f.; *LM* 6 (1993), 1989.

Petticoat *m. obs.* ´weiter, versteifter Unterrock´ (< 20. Jh.). Entlehnt aus ne. *petticoat* (eigentlich ´kleiner Rock´), einer Zusammensetzung aus me. *pety* ´klein´ (aus frz. *petit* ´klein´) und me. *coote* ´Umhang, Mantel´ (aus afrz. *cote*, das wohl verwandt ist mit d. *Kotze*). Zunächst Bezeichnung eines leichten Umhangs, der z. T. unter dem Wams getragen wurde. Dann übertragen auf ´weites Wollzeug´, schließlich auch ´Unterrock´.

Petting *n. per. grupp.* ´Liebesspiel´ (< 20. Jh.). Entlehnt aus am.-e. *petting*, Abstraktum von am.-e. *to pet* ´verzärteln, wie ein Spieltier behandeln´. Weitere Herkunft unklar.

petto s. *in petto*.

Petunie *f. per. fach.* (eine Pflanze mit trichterförmigen Blüten) (< 19. Jh.). Entlehnt aus frz. *pétunia*, einer Neubildung zu frz. *pétun m./n.* ´Tabak´, das wohl über portugiesische Vermittlung aus den südamerikanischen Indianersprachen Guaraní und Tupí *petume* übernommen ist. Die Pflanze ähnelt der Tabakpflanze.

Petz *m. obs.* (Übername des Bären) (< 16. Jh.). Ursprünglich Koseform zu *Bernhard*, die auf das Tier übertragen wird, meist in der Fügung *Meister Petz*.

Petze *f. arch.* ´Hündin´ (< 15. Jh.). Herkunft unklar; ein Zusammenhang mit gleichbedeutendem anord. *bikkja*, ae. *bicce*, ne. *bitch* ist lautlich zwar nicht wahrscheinlich, aber von der Bedeutung her kaum abzuweisen. Auch übertragen mit der Bedeutung ´Dirne´. S. *petzen*.
L. Schauwecker: *Ziege und Eule* (Berlin 1992, Privatdruck), 3–5.

petzen *swV. stil.* ´verraten´ (< 18. Jh.). Herkunft umstritten. Am ehesten zu ndd. *inpetzen* ´beschuldigen, anzeigen´ aus ml. *impetere* mit falscher Umsetzung in eine mitteldeutsche Form (Zoder). Die Bezeichnung des Petzenden als *Petze f.* dürfte am ehesten eine Übertragung von *Petze* ´Hündin´ sein, ohne daß dies auf die Herkunft zurückweisen muß. Ein *petzen, pfetzen* ´kneifen´ scheint ein davon unabhängiges Wort zu sein. Präfigierung: *verpetzen*.
R. Zoder *KVNS* 71 (1964), 58 f.; Röhrich 2 (1992), 1154. Anders: W. Foerste *NW* 4 (1964), 77–79; J. Knobloch in *FS H.-F. Rosenfeld* (Göppingen 1989), 487 f.

Pfad *m.* (< 8. Jh.). Mhd. *pfat m./n.*, ahd. *pfad m./n.*, mndd. *pat m./n.*, mndl. *pad, pat* aus wg. **paþa- m.* ´Pfad´, auch in ae. *pæþ*, afr. *path*. Die Herkunft des Wortes ist unklar; zumal anlautendes ig. *b-*, das durch g. *p-* vorausgesetzt wird, sehr selten war (vielleicht gar nicht vorkam). Auffällig ist die lautliche Nähe zu iranischen Wörtern (avest. *pad-, paϑ-*), die auf (ig.) **pent(h)-* zurückführen. Eine Entlehnung ist jedoch sachlich kaum wahrscheinlich (sie könnte allenfalls auf eine frühe Berührung mit den Skythen zurückgehen). Ein Versuch der Erklärung aus dem Keltischen macht lautliche Schwierigkeiten. Nach Sommer (s. u.) eigentlich ´Fußspur´ und letztlich lautnachahmend für schwerfälliges Auftreten.
Nndl. *pad*, ne. *path.* – H. W. Bailey/A. S. C. Ross *TPS* (1961), 107–142; Th. Bynon *TPS* (1966), 67–87, Sommer (1977), 13–15; A. Greule *ZVS* 94 (1980), 208–219; Röhrich 2 (1992), 1154 f.

Pfaffe *m. stil.* (< 11. Jh.). Mhd. *pfaffe*, ahd. *pfaffo*, mndd. *pape*, mndl. *pape*. Entsprechend gt. *papa* ´Geistlicher´. Entlehnt aus gr. *papãs* ´Kleriker´, während ahd. *bābes* (s. *Papst*) auf gr. *páppas* ´ehrwürdiger Vater, Papst´ zurückgeht. Entlehnung vor der hochdeutschen Lautverschiebung.
F. Sommer *IF* 51 (1933), 231; Röhrich 2 (1992), 1155.

Pfaffenplatte *f.*, **Pfaffenröhrlein** *n.*, **Pfaffenstiel** *m.*, s. *Pappenstiel*.

Pfahl *m.* (< 10. Jh.). Mhd. *pfāl*, ahd. *pfāl*, as. *pāl*. Wie anord. *pál-stafr*, ae. *pāl*, afr. *pāl*, *pēl* früh entlehnt aus l. *pālus* gleicher Bedeutung (hauptsächlich als Bestandteil von Befestigungswerken, vgl. *Palisade*, zu l. *pangere* ´befestigen´).
S. *Pall.* – Röhrich 2 (1992), 1155

Pfahlbürger *m. arch.* ´Höriger, der das Stadtrecht in Anspruch nimmt, ohne in der Stadt zu wohnen´ (< 13. Jh.). Mhd. *phalburgere, pfālburger*, mndd.

palburger. Vermutlich weil er nicht in den Mauern der Stadt wohnt, sondern zwischen seinen Pfählen. Erklärt wird das Wort schon früh als ʼfalscher Bürgerʼ. Eine ähnliche Bezeichnung war *Grasbürger*, vgl. auch *Spießbürger*, *Schildbürger*.

M. G. Schmidt *ZK* 9 (1902), 241–321; E. Schröder in: *FS E. Heymann* (Weimar 1940), 52–60. Anders: K. Zeumer *ZSSR-GA* 23 (1902), 87–101; *LM* 6 (1993), 1993.

Pfalz *f. arch.* (< 8. Jh.). Mhd. *pfalenze, pfalz(e)*, ahd. *pfalanza, pfalinza, falanza*, as. *palancea*. Früh entlehnt aus spl. *palantia*, einer Nebenform von *palātia Pl*. L. *Palātium* bezeichnete in der Kaiserzeit die kaiserliche oder sonst fürstliche Wohnung nach dem Haus des Augustus auf dem römischen Hügel *Palātīn*. Die Pluralform für die Gesamtheit der Bauten der alten Kaiserpfalzen.

E. Norden: *Alt-Germanien* (Leipzig, Berlin 1934), 104–120, 304; W. Haubrichs in *Die Pfalz*. Hrsg. F. Staab (Speyer 1990), 131–156; *LM* 6 (1993), 1993–2011.

Pfand *n.* (< 8. Jh.). Mhd. *pfant (-des)*, ahd. *pfant*, as. *pant*. Vermutlich früh entlehnt aus l. *pondus* (zu l. *pendere* ʼwägenʼ), das außer ʼGewichtʼ auch ʼGleichgewicht u.ä.ʼ bedeuten konnte. Das Pfand wurde also als ʼGegengewicht o.ä.ʼ aufgefaßt. Verb: *pfänden*.

S. *Pensum*. – J. Knobloch *Lingua* 26 (1970/71), 311; N. Árhammar in *FS de Smet* (1986), 20 f.; *LM* 6 (1993), 2019.

Pfanne *f.* (< 9. Jh.). Mhd. *pfanne*, ahd. *pfanna*, as. *panna*. Wie anord. *panna*, ae. *panne*, afr. *panne, ponne* früh entlehnt aus spl. *panna*, das aus l. *patina* ʼSchüsselʼ verkürzt ist. Das lateinische Wort ist seinerseits entlehnt aus gr. *patánē* ʼSchüsselʼ.

S. *Patina*. – Röhrich 2 (1992), 1155 f.

Pfarre *f. per. reg.* (< 8. Jh.). Mhd. *pfarre*, ahd. *pfarra*, mndd. *parre*. Herkunft umstritten; vielleicht zu einem mit *Pferch* verwandten Wort, auf das spl. *parrochia*, älter *paroecia*, aus gr. *paroikía* ʼNachbarschaft, Gemeindeʼ, zu gr. *pároikos m.* ʼNachbarʼ eingewirkt hat. Hierzu **Pfarrer**, mhd. *pfarrære*, eigentlich ʼder zur Gemeinde Gehörigeʼ.

Zu *Pfarrer*: Trier (1951), 63; K. Kunze in: P. Kesting (Hrsg.): *Würzburger Prosastudien II, FS K. Ruh* (München 1975), 35–76. Zu *Pfarrei*: *LM* 6 (1993), 2021–2026.

Pfau *m.* (< 9. Jh.). Mhd. *pfā(we)*, ahd. *pfāwo, pfā(h)ō*, as. *pao*. Wie anord. *pái*, ae. *pāwa, pēa* früh entlehnt aus l. *pāvo*, das seinerseits auf eine andere Sprache zurückgeht (Entlehnungsweg unsicher; der Vogel ist aus Indien nach Europa gekommen).

Suolahti (1909), 224–226; Littmann (1924), 15; Röhrich 2 (1992), 1157 f.; *LM* 6 (1993), 2026 f.

pfauchen *swV.* s. *fauchen*.

Pfausback *m.* s. *Pausbacken*.

Pfebe *f. arch.* ʼMelonenartʼ (< 9. Jh.). Mhd. *pfedem(e) f./m.(?)*, *beben* u.ä. ahd. *pepano m.*, *pfedema, pedema* u. a. In der Pluralform früh entlehnt aus l. *pepo m.* aus gr. *pépōn*, eigentlich ʼWeichlingʼ,

weil die Frucht nur ganz reif gegessen wird (im Gegensatz etwa zu den Gurken).

Marzell 1 (1943), 1264; Lloyd/Springer 1 (1988), 506.

Pfeffer *m.* (< 8. Jh.). Mhd. *pfeffer*, ahd. *pfeffar*, mndd. *peper*, mndl. *peper*. Wie ae. *pipor*, afr. *piper* früh entlehnt aus l. *piper n.* gleicher Bedeutung. Dieses aus gr. *péperi n.*, dieses aus ai. *pippalī- f.* ʼBeere, Pfefferkornʼ. Verb: *pfeffern*.

S. *Paprika, Pep, Peperoni, Pfifferling*. – Hoops (1911/19), III, 406; Littmann (1924), 16 f.; Röhrich 2 (1992), 1158–1160; *LM* 6 (1993), 2027.

Pfefferminze *f.* (< 18. Jh.). Die Pflanze wurde Ende des 18. Jhs. in Deutschland eingeführt. Welche Einzelsprache das Vorbild für den Namen abgegeben hat, ist unklar (l. *ment[h]a piperīta*). Benennung nach dem scharfen Geschmack.

Pfeidler *m. per. österr.* ʼHemdenmacher, Hemdenhändlerʼ (< 18. Jh.). Eine Bildung zu ahd. *pfeit f.*, mhd. *pfeit f.*, as. *pēda f.*, ae. *pād f.*, gt. *paida f.* ʼRock, Hemdʼ, das wie gr. *baítē f.* aus einer unbekannten Sprache entlehnt ist. Entsprechend wohl me. *pedlere*, ne. *pedlar* ʼambulanter Händlerʼ.

A. Thumb *ZDW* 7 (1906), 261–267; W. Krogmann *ZVS* 71 (1954), 121–123; J. Hubschmid (1955), 89 f.

Pfeife *f.* (< 9. Jh.). Mhd. *pfīf(e)*, ahd. *pfīfa*, as. *pīpa*. Wie ae. *pipe*, afr. *pīpe* früh entlehnt aus spl. **pīpa* ʼSchalmeiʼ, das rückgebildet ist aus l. *pīpāre* ʼpiepen, pfeifenʼ. Die Tabakspfeife ist nach ihrer Ähnlichkeit mit dem Musikinstrument benannt (und wird auch in den Mund gesteckt).

S. *Pipeline, Pipette*. – Relleke (1980), 154–158; Röhrich 2 (1992), 1160–1162.

pfeifen *stV.* (< 11. Jh.). Mhd. *pfīfen*, mndd. *pipen*, mndl. *pipen*, nschw. *pipa* ʼpiepsenʼ. Älter sind schwache Verben dieser Bedeutung: ahd. *pfīfōn*, ae. *pīpian*. Entlehnung aus l. *pipāre* gleicher Bedeutung ist denkbar; doch kann es auch sein, daß die lautmalende Bezeichnung immer wieder neu gebildet wird und sich somit den Lautgesetzen zu entziehen scheint (vgl. nhd. *piepen* und *pfeifen*). Abstraktum: *Pfiff*.

Seebold (1970), 363; Röhrich 2 (1992), 1162 f.

Pfeil *m.* (< 8. Jh.). Mhd. *pfīl*, ahd. *pfīl*, as. *pīl*. Wie ae. *pīl* früh entlehnt aus l. *pīlum n.* ʼWurfspieß mit Eisenspitzeʼ.

RGA 3 (1978), 165–175; Röhrich 2 (1992), 1163 f.; *LM* 6 (1993), 2027.

Pfeiler *m.* (< 10. Jh.). Mhd. *pfīlære*, ahd. *pfīlāri*, as. *pīliri*. Vor der hochdeutschen Lautverschiebung entlehnt aus spl. *pīlāre n.*, einer Weiterbildung von l. *pīla f.* ʼPfeilerʼ.

LM 6 (1993), 2027 f.

Pfennig *m.* (< 8. Jh.). Mhd. *pfenni(n)c*, ahd. *pfending* u. a., as. *penning*; vgl. anord. *pengr, penningr*, ae. *pen(d)ing, penig*, afr. *panni(n)g, penning* u. a. Mit dem *-ing*-Suffix, das auch in anderen

Münzbezeichnungen auftritt (vgl. etwa *Schilling*); sonst ist die Herkunft unklar. Unerklärt ist vor allem das Nebeneinander von Formen mit und ohne *d*. Am ehesten frühe Entlehnung aus l. *pondus n.* ʿGewichtʾ (zu l. *pendere* ʿwägenʾ), wobei aber verschiedene Fragen offen bleiben.

S. *Pensum*. − E. Schröder *ZDA* 37 (1893), 124−127; Dikkins *LSE* 1 (1932), 20 f.; B. Schier *BGDSL-H* 72 (1950), 311−314; J. Knobloch *BJ* (1965), 143 f.; ders. *Lingua* 26 (1970/71), 311; Röhrich 2 (1992), 1164; *LM* 6 (1993), 2028 f.

Pfennigfuchser *m. stil.* (< 18. Jh.). Eigentlich ʿwer wegen *Pfennigen* die Leute *fuchst*, d. h. plagtʾ.

Pferch *m.* (< 9. Jh.). Mhd. *pferrich*, ahd. *pferrih*, *pfarrih*, mndd. *perk*, mndl. *par(ri)c*, *per(ri)c*. Wie ae. *pearroc* früh entlehnt aus ml. *parricus*, das für die frühe Zeit nur indirekt bezeugt ist. Es handelt sich um eine gallo-romanische Ableitung zu einem iberischen **parra* ʿSpalierʾ (span. *parra f.* ʿWeinlaubeʾ. Verb: **(ein-, zusammen-) pferchen**. S. *Park*.

Pferd *n.* (< 9. Jh.). Mhd. *pfert*, *phärit*, *pherfrit* u.ä., spahd. *pfarifrit*, mndd. *perde-*, zunächst ʿKurierpferd, Postpferdʾ, in neuerer Zeit verallgemeinert. Früh entlehnt aus ml. *paraveredus*, eigentlich ʿBeipferd zum Postpferd (ml. *verēdus*) auf Nebenlinienʾ. Ml. *veredus m.* ist eigentlich ein keltisches Wort, vgl. kymr. *gorwydd* ʿPferdʾ (wohl als **wo/we* ʿunter, beiʾ und kelt. *reda*, *raeda*, *rēda* ʿReisewagenʾ aufzufassen), verwandt mit *reiten*.

E. Herkner: *Roß, Pferd und Gaul* (Diss. Marburg 1914); J. Maringer *JIES* 9 (1981), 177−204; E. P. Hamp in: *When Worlds Collide*. Ed. T. L. Markey, J. A. C. Greppin (Ann Arbor 1990), 211−226; Röhrich 2 (1992), 1164−1169; *LM* 6 (1993), 2029 f.; *Die Indogermanen und das Pferd*. Hrsg. B. Hänsel, St. Zimmer (Budapest 1994).

Pfette *f. per. fach.* ʿLängsbalken im Dachstuhlʾ (< 16. Jh.). Fnhd. *pfette*. Trotz der späten Bezeugung frühe Entlehnung aus ml. *patena* ʿFirstbaumʾ. Das lateinische Wort bedeutet ursprünglich ʿKrippeʾ; aber so, wie bei der einfachen Krippe der Futtertrog auf Scherhölzern aufliegt, liegt die ursprüngliche Pfette auf gegabelten Balken.

LM 6 (1993), 2030.

Pfetter *m.* s. *Pate*.

pfetzen *swV. per. wmd.*, auch **petzen** *swV. md.* ʿzwicken, kneifenʾ (< 15. Jh.). Fnhd. *pfetzen*, zunächst ʿkitzelnʾ, dann die neuere Bedeutung. Herkunft unklar; *petzen* ist wohl nicht verwandt.

Pfiesel *m.* s. *Pesel*.

Pfifferling *m.* (< 11. Jh.). Mhd. *pfefferlinc*, *pfifferling*, mndd. *pep(p)erlink*, mndl. *pep(p)erlink*, älter ahd. *pfif(f)ra f.* Benannt als ʿPfefferpilzʾ nach seinem Pfeffergeschmack. Vermutlich galt der Name ursprünglich dem Pfeffermilchling, der noch schärfer nach Pfeffer schmeckt. Die Wendung *keinen Pfifferling* für ʿnichtsʾ bezieht sich auf das frü-

her massenweise Auftreten des Pfifferlings (s. auch *Pappenstiel*); es kann aber auch auf die übertragene Bedeutung ʿKot, Sekrementeʾ zurückgehen.

Marzell 1 (1943), 781−783; Röhrich 2 (1992), 1171.

Pfifferstiel *m.* s. *Pappenstiel*.

pfiffig *Adj.* (< 18. Jh.). Pfiffe verstehen und anwenden ist etwas, das über Sprachverstehen hinausgeht, was nicht jeder kann (besonders in Bezug auf das Anlocken von Tieren mit der Lockpfeife). Deshalb gilt in früherer Zeit *Pfiff* als ʿList, Kniffʾ, *pfiffig* als ʿschlau, raffiniertʾ. Hierzu auch *Pfiffikus* als pseudo-lateinische Bildung (wohl der Studentensprache). Von welchem Anwendungsbereich die Pfiffe als besonderer Zeichen die Wendungen ausgegangen sind, läßt sich nicht bestimmen.

Pfingsten *n./Pl.* (< 13. Jh.). Mhd. *pfingeste(n) f.*, ahd. mit gelehrter Teilübersetzung und Umdeutung *fimfchusti f. Pl.*, as. *pinkoston f. Pl.* Wie afr. *pinkostra, pinxtera, pinster Pl.*, anord. *píkisdagr, pikkisdagr m.* und unabhängig von diesen gt. *painteku-sten f.* früh entlehnt aus gr. *pentēkostē f.* (unter weiterem Einfluß von l. *pentēcostē f.*, das aber wegen der frühen Entlehnung vor der Lautverschiebung kaum die Quelle der Wörter in den germanischen Sprachen gewesen sein kann. Das griechische Wort bedeutet ʿfünfzigster (Tag nach Ostern)ʾ; in der Festbezeichnung der germanischen Sprachen ist es als (Dativ) Plural aufgefaßt worden. Wegen der weiten Verbreitung des Wortes (wie bei *Pfaffe, Samstag* u. a.) ein früher Einfluß des griechischsprachigen Christentums auf die wohl noch heidnischen Germanen anzunehmen.

Behaghel 1 (1923), 66; Röhrich 2 (1992), 1171−1173; *LM* 6 (1993), 2030−2032.

Pfinztag *m. per. oobd.* ʿDonnerstagʾ (< 12. Jh.). Mhd. *pfinztac*. Aus gr. *pémptē hēmérá* ʿder fünfte Tagʾ. Eine sekundäre Nebenform ist österr. *Pfingsttag* mit Anlehnung an *Pfingsten*. Gehört mit *Ergtag* und dem nur ahd. belegten *pferintag* ʿFreitagʾ zu den ostgermanischen Einflüssen auf das Bairische.

Vgl. *Donnerstag*. − P. Wiesinger in: Beumann/Schröder (1985), 153−200; ders. in *FS F. Hausmann* (Graz 1987), 639−654.

Pfirsche *f.* s. *Pfirsich*.

Pfirsich *m.* (< 12. Jh.). Mhd. *pfersich*, mndd. *persik*. Wie ae. *persoc* entlehnt aus ml. *persica* (und zwar trotz der späten Bezeugung schon vor der hochdeutschen Lautverschiebung). Das Wort bedeutet eigentlich ʿdie persische (Frucht)ʾ, weil der Baum über Persien (aus China) in Europa eingeführt wurde. Im Lateinischen auch Neutrum (indem l. *mālum n.* ʿApfelʾ ergänzt wird). Im Deutschen zunächst meist Femininum (*Pfirsiche, Pfirsche*), dann Maskulinum im Anschluß an *Apfel*.

LM 6 (1993), 2032 f.

Pfister *m. arch. oobd.* ʿBäckerʾ (< 12. Jh.). Mhd. *pfister*, ahd. *pfistur*, mndl. *pister*. Früh entlehnt aus gleichbedeutendem l. *pīstor*.

E. Öhmann *ZM* 20 (1952), 99–101; W. Braun in: Dückert (1976), 55–119.; *LM* 6 (1993), 2033.

Pflanze *f.* (< 10. Jh.). Mhd. *pflanze*, ahd. *pflanza*, mndl. *plante*. Wie ae. *plante*, anord. *planta* früh entlehnt aus l. *planta* ʿSetzlingʾ. Dieses ist Rückbildung aus l. *plantāre* ʿdie Erde um den Setzling (mit der Sohle) festtretenʾ, zu l. *planta* ʿSohleʾ. Verb: **pflanzen**.

S. *Plan*[2], *Plantage*. – J. Trier in: *FS Arnold* (1955), 253 f.; Trier (1981), 37–39; R. Hiersche *BN* 18 (1983), 267 f.; *HWPh* 7 (1989), 395–402.

Pflaster *n.* (< 8. Jh.). Mhd. *pflaster m.*, ahd. *pflastar*, as. *plāstar*. Wie ae. *plaster*, anord. *plástr m./n.* in den Bedeutungen ʿHeilpflasterʾ und ʿFußbodenʾ früh entlehnt aus l. *emplastrum* ʿWundpflasterʾ und übertragen ʿBindemittel für Steinbauʾ (in alter Zeit ist das Pflaster mehr etwas Aufgestrichenes als etwas Aufgeklebtes). Dieses aus gr. *émplastron*, einer Ableitung von gr. *emplássein* ʿaufschmierenʾ, aus gr. *plássein* ʿaus weicher Masse formen, bilden, gestaltenʾ und gr. *en-*.

S. *Plastik*. – Röhrich 2 (1992), 1174; *LM* 6 (1993), 2046.

Pflastertreter *m.* s. *Gassenhauer*.

pflatsch *Interj.*, als *m.* ʿstarker Regenguß (u.ä.)ʾ erw. obd. (< 17. Jh.). Lautmalende Bildung wie *klatsch* und *patsch*. Verb: **pflatschen**.

Pflaume *f.* (< *9. Jh., Form < 11. Jh.). Mhd. *pflūme*, ahd. *pflūma* ʿPflaumeʾ (älter *phrumboum*), entsprechend ae. *plūme*, *plȳme*, anord. *plóma*. Daneben steht mit älterem *r* ahd. *pfrūma*, mhd. *pfrume*, noch fnhd. *pfraume*, mndd. mndl. *prūme*. Früh entlehnt aus gr. *proúmnē* ʿPflaumenbaumʾ, gr. *proúmnon n.* ʿPflaumeʾ, das auch l. *prūnus* gleicher Bedeutung geliefert hat und selbst wohl auf der Entlehnung aus einer kleinasiatischen Sprache beruht.

S. *Priem*. – Bertsch (1947), 108–112; G. Tuaillon in *FS Alinei* 1 (1986), 211–237; Röhrich 2 (1992), 1174; *LM* 6 (1993), 2046.

pflaumen *swV.*, **anpflaumen** *swV. stil.* ʿspöttische Bemerkungen machenʾ (< 20. Jh.). Bezeugt seit der Jahrhundertwende, wie *Pflaume* ʿspöttische Bemerkungʾ. Herkunft unklar: Entweder zu *Pflaume* (*Matsch-*) als Schimpfwort oder als ʿmit (überreifen) Pflaumen bewerfenʾ (vgl. *veräppeln*) oder umgedeutet aus ndd. *plumen* ʿrupfenʾ.

pflegen *swV.* (< 8. Jh.). Mhd. *pflegen stV.*, ahd. *pflegan stV.*, ahd. *flegan, plegan* aus wg. **pleg-a-stV.* ʿsich für etwas einsetzenʾ, auch in ae. *plēon*, afr. *plega*. Die Ausgangsbedeutung ist am ehesten ʿeinsetzenʾ, woraus einerseits ʿsich einsetzen für etwas, sorgen für, pflegenʾ, andererseits ʿspielenʾ (ae. *plegian* ʿspielenʾ, Zugehörigkeit allerdings nicht

ausreichend sicher) und ʿsich der Gefahr aussetzenʾ (ae. *pleoh*, *pliht* ʿGefahrʾ). Lautlich kommt eine Herleitung aus ig. **bl-* kaum in Frage, da ein solcher Anlaut nicht wahrscheinlich ist. Andererseits ist eine Entlehnungsmöglichkeit nicht festzustellen (und liegt auch bei einem starken Verb nicht unbedingt nahe). Man hat deshalb Erklärungen aus anderen Anlautgruppen gesucht, vor allem aus ig. **dl-*, doch konnten die vorgebrachten Etymologien nicht ausreichend überzeugen. Herkunft also unklar. An die alte starke Flexion erinnert noch *Gepflogenheit*. Abstraktum: **Pflege**; Nomen agentis: **Pfleger**; Adjektiv: **pfleglich**; Präfigierung: **verpflegen**. Nndl. *plegen*. S. *Pflicht*[1]. – N. van Wijk *IF* 23 (1908/09), 372; *IF* 28 (1911), 125 f.; J. Trier *BGDSL* 67 (1944), 143–150; Seebold (1970), 363 f.

Pflicht[1] *f.* (< 11. Jh.). Mhd. *pfliht(e)*, ahd. *pfliht*, *fliht*, mndd. *plicht*, mndl. *plicht* aus wg. **pleh-ti- f.*, auch in ae. *pliht m.* ʿGefahr, Wagnis, Schadenʾ, afr. *plicht* ʿObhut, Fürsorge, Sorgfaltʾ. Ein *ti*-Abstraktum zu *pflegen* in verschiedenen Bedeutungen dieses Wortes. Die heutige Bedeutung geht über ʿPflegeʾ zu ʿDienst, Obliegenheitʾ (so schon mittelhochdeutsch).

J. Trier *BGDSL* 67 (1944), 136–143; *HWPh* 7 (1989), 405–433; Röhrich 2 (1992), 1175; *LM* 6 (1993), 2048.

Pflicht[2] *f. arch.* ʿSchutzdach im Vorschiffʾ (< 9. Jh.). Mhd. *pflihte*, ahd. *pflihta*, mndd. *plicht*, mndl. *plecht*. Die Bedeutungen betreffen verschiedene Besonderheiten auf Schiffen. Offenbar entlehnt aus l. *plecta* ʿFlechtwerkʾ, zu l. *plectere* ʿflechtenʾ.

S. *kompliziert*. – Kluge (1911), 620 f.; P. Melchers in *FS E. Fehrle* (Karlsruhe 1940), 159 f.

Pflock *m.* (< 14. Jh.). Mhd. *pfloc*, *pflocke*, mndd. *pluck*, *plugge*. Ausgangsbedeutung offenbar ʿHolznagelʾ. Herkunft unklar. Partikelverb-Ableitung: **anpflocken**.

Nndl. *plug*, ne. *plug*. – Lühr (1988), 271 f.; Röhrich 2 (1992), 1175.

pflücken *swV.* (< 9. Jh.). Mhd. *pflücken*, mndd. *plucken*, mndl. *plocken*. Wie ae. *pluccian*, *ploccan*, anord. *plokka*, *plukka* früh entlehnt aus ml. *piluccare* ʿpflückenʾ (vgl. it. *piluccare* ʿTrauben abbeerenʾ). Dieses wohl eine Erweiterung zu l. *pilāre* ʿdie Haare ausrupfenʾ.

S. *Kompilation*. – Frings (1932), 202; J. Brüch *ZRPh* 58 (1938), 331–343; E. Nörrenberg *NJ* 71 (1948/50), 329; K. Plück *RV* 40 (1976), 112–119.

Pflug *m.* (< 8. Jh.). Mhd. *pfluoc*, ahd. *pfluoc*, mndd. *ploch*. Bezeugung und Beleglage für dieses Ackergerät sind widersprüchlich. Zu beachten ist langob. *plovum* und die Angabe bei Plinius, daß im rätischen Gallien eine neue Form des Pflugs mit zwei Rädern angetroffen worden sei – sie heiße *plaumorātum*. Die Erklärungen zur Herkunft des Wortes reichen trotz aller Bemühungen nicht aus. Falls ein ererbtes Wort vorliegt, muß wohl an gr.

euláka 'Pflug', gr. *álox* 'Furche', gr. *alokízein* 'pflügen' angeknüpft werden. Diese sind zwar lautlich schwer zu durchschauen, gehören aber wohl zu (ig.). **welk-/wlek-* 'ziehen, schleppen'. Eine vorgermanische Variante **bl-* zu **wl-* hätte zu g. **plōg-* führen können. Verb: ***pflügen***.

S. *Pflugschar*. – J. Trier *BGDSL* 67 (1944), 122–126, 131–136; W. Mitzka *ZAgAs* 6 (1958), 113–118; H. Wagner in: *FS Wartburg* (1958), 835–838; B. Kratz *NPhM* 66 (1965), 217–229; Kratz (1966); V. Pisani: *Indogermanen und Europa* (München 1974), 48–50; R. Schmidt-Wiegand in: Schmidt-Wiegand (1981), 1–41; Röhrich 2 (1992), 1175 f.; *LM* 1 (1980), 81–85, 6 (1993), 2048 f. Anders (vorgermanisches Substrat): W. P. Schmid in: Beck/Denecke/Jankuhn (1980), 77–81. Zur Etymologie von Typen und Teilen des Pflugs vgl.: H. Beck in: Beck/Denecke/Jankuhn (1980), 82–98; für das Altenglische H. Schabram ebd. 99–126.

Pflugschar *f.* (< 14. Jh.). Mhd. *pfluocschar*. Zusammensetzung aus *Pflug* und einer Ableitung von ahd. *sceran* 'schneiden' (s. *scheren*[1]).

Pfnüsel *m. per. wobd.* 'Schnupfen' (< 14. Jh.). Mhd. *pf(n)iusel*. Zu einem Verb, das in wndd. *fniezen* 'niesen', abgewandelt in mhd. *pfnāsen* 'schnauben' bezeugt ist. Der ursprüngliche Anlaut ist *fn-*, das *p* ist angewachsen. Wörter dieser Bedeutung zeigen eine Reihe von einander ähnlichen lautmalenden Lautformen, vgl. *niesen*.

K.-H. Weimann *ZM* 23 (1955), 156 f.

Pforte *f.* (< 8. Jh.). Mhd. *pforte*, ahd. *pforta*, *porza*. Entlehnt aus l. *porta* 'Tor', und zwar so früh, daß der Anlaut noch verschoben wurde, nicht mehr dagegen das *-t-*.

S. *Portier*. – E. Christmann *Westmark* 4 (1936/37), 162–169; Röhrich 2 (1992), 1176.

Pförtner *m.* (< 12. Jh.). Mhd. *pfortenære*, *pfortener*. Entlehnt aus ml. *portenarius* 'Türhüter' (zu l. *porta* f. 'Durchgang, Pforte'). Das seltene Wort wird im 18. Jh. durch die Entlehnung aus dem Französischen *(Portier)* verdrängt und danach wieder eingeführt. In der Medizin steht das Wort für 'unterer Magenmund, d. h. Eingang des Darms'.

Pfosten *m.* (< 12. Jh.). Mhd. *pfost(e)*, ahd. *pfost*, mndd. *post*, mndl. *post*. Wie ae. *post* früh entlehnt aus l. *postis* '(Tür)Pfosten'.

S. *Poster*. – H. Schüwer *NW* 19 (1979), 177–120; Trier (1981), 126–131; Röhrich 2 (1992), 1176.

Pfote *f.* (< 16. Jh.). Aus dem Niederdeutschen übernommen und verhochdeutscht, mndd. *pote*, mndl. *poot*. Entsprechend afrz. *poue*, prov. *pauta*, so daß ein älteres (wohl auf einer Substratsprache beruhendes) **pauta* 'Pfote' erschlossen werden kann. Nach Sommer Lautnachahmung für das schwerfällige Auftreten.

Vgl. *Tappe*. – Frings (1932), 179 f.; J. Brüch *WSt* 54 (1936), 173–180; Th. Frings *ZRPh* 56 (1936), 371–374;

Silfwerbrand (1958), 152 f.; Sommer (1977), 13–15; Röhrich 2 (1992), 1176 f.

Pfriem(en) *m. erw. fach.* (< 13. Jh.). Mhd. *pfriem(e)*, mndd. *preme*, mndl. *prieme*. Daneben (als parallele oder ursprünglichere Bildung) mndd. *prēne*, ae. *prēon* 'Eisengerät zum Entfernen von Tuchflocken', nisl. *prjónn* 'Stricknadel'. Die weitere Herkunft ist unklar. Vielleicht Erweiterung zu (ig.) **gʷeru-* 'Spieß' (in l. *verū*, gt. *qairu* 'Pfahl, Stachel') als (ig.) **gʷreu-men-* und Labialisierung des Anlauts. S. *prünen*.

Pfropfen *m. erw. reg.* 'Stöpsel' (< 18. Jh.). Übernommen aus dem Mitteldeutschen. Geht wie *pfropfen* auf l. *propāgo* 'Ableger' und l. *propāgāre* 'ausdehnen, fortpflanzen, hineinstecken' zurück (der Verschluß wird in die Flasche gesteckt, wie das Edelreis in die Erde oder in den Wildling). Verb: ***(voll)pfropfen***.

S. *Proppen*. – J. P. Ponten: *Obturamentum lagenae* (Marburg 1969), 116–125; Kretschmer (1969), 368 f.; R. Hildebrandt *ZDL* 46 (1989), 137–155; Röhrich 2 (1992), 1177.

pfropfen *swV. erw. fach.* 'ein Edelreis aufsetzen' (< 11. Jh.). Mhd. *pfropfen*, Faktitivum zu ahd. *pfropfa* 'Ableger', das aus l. *propāgo* 'Ableger' entlehnt ist. Dieses zu l. *propāgāre* 'ausdehnen, fortpflanzen', das zu l. *pangere* 'befestigen, einschlagen' gebildet ist. Die Geminate wohl aus Assimilation von **propg-*.

S. *Palisade*, *Pfropfen*. Vgl. *impfen*. – Frings (1932), 70 f.

Pfründe *f. erw. fach.* (< 9. Jh.). Mhd. *pfrüende*, *pfruonde*, ahd. *pfruonta*, siehe auch die ursprünglichere Form as. *provenda* u. ä. Entlehnt aus ml. *provenda* 'was einem Geistlichen als Gegenleistung für seine Dienste zusteht'. Dieses ist offenbar verschmolzen aus l. *praebenda* 'Darzureichendes' und l. *prōvidēre* 'versorgen'. Heute wird das Wort meist übertragen verwendet für 'bequemes Einkommen'.

S. *Proviant*, *revidieren*. – U. Stutz *ZDW* 1 (1901), 361–363; *LM* 6 (1993), 2050.

Pfuhl *m. erw. reg.* (< 12. Jh.). Mhd. *pfuol*, ahd. *pfuol*, mndd. *pōl*, *pūl*, mndl. *poel* aus wg. **pōla- m.* 'Sumpf, Morast' unklarer Herkunft. Bei Annahme eines Erbworts würde lit. *balà* 'Bruch, Sumpf' entsprechen; doch spricht wenig für diesen Ansatz. Vermutlich entlehnt aus einer unbekannten Vorlage.

S. *Swimmingpool*. – Udolph (1994), 134–136.

Pfühl *m./n. arch.* 'Kissen' (< 10. Jh.). Mhd. *pfülwe*, *pfulwe*, ahd. *pfuluwo m.*, *pfuluwi(n) n.*, *pfuluwi n.*, as. *puli(wi)*. Wie ae. *pyle* früh entlehnt aus l. *pulvīnus m.* 'Polster, Kissen' unklarer Herkunft. S. auch *Pfulmen*.

pfui *Interj.* (< 13. Jh.) Lautgebärde zum Ausdruck des Abscheus (= Wegblasen von etwas, Ausstoßen des Atems). Ähnlich l. *fū*, frz. *fi*, ne. *fie*,

nndl. *foei*. Hd. *pfui*, ndd. *pfui* sind seit etwa 1200 bezeugt, daneben mhd. *fĩ(a)*, *pfĩ*, *pfiu*.
Schwentner (1924), 25 f.; Röhrich 2 (1992), 1177.

Pfulmen *m. arch. wobd.* ´Kopfkissen´ (< 16. Jh.). Nebenform zu *Pfühl* mit *m* für altes *w*.

Pfund *n.* (< 8. Jh.). Mhd. *pfunt*, ahd. *pfunt*, as. *pund*. Wie gt. *pund*, anord. *pund*, ae. *pund*, afr. *pund* früh entlehnt aus l. *pondō* ´Pfund´ (zu l. *pondus* ´Gewicht´, das mit l. *pendere* ´wägen´ verwandt ist).
S. *Pensum*. – J. W. Walz *ZDW* 12 (1910), 192; Röhrich 2 (1992), 1177; *LM* 6 (1993), 2051.

pfundig *Adj. stil.* ´prima´ (< 20. Jh.). Ursprünglich ´voll gewichtig´, daraus verallgemeinert zu der heutigen Bedeutung. Davon abhängig das Kompositionsglied *Pfunds-* (*Kerl* usw.).

pfuschen *swV. stil.* ´schlecht arbeiten´ (< 16. Jh.). Am ehesten zu der lautmalenden Interjektion *(p)futsch* ´kaputt´ (s. unter *futsch*), die etwa das Abbrennen einer Rakete oder das Zerreißen von schlechtem Stoff wiedergibt. Präfigierung: *verpfuschen*; Nomen agentis: *Pfuscher*; Abstraktum: *Pfuscherei*.
C. Walther *ZDW* 8 (1906), 194–199; Röhrich 2 (1992), 1178.

pfusen *swV. per. schwz.* ´schwer atmen; schlafen´ (< 20. Jh.). Lautgebärde des unter *Bausch* behandelten Typs.
S. auch *pusten*. – H. Glombik-Hujer *DWEB* 5 (1968), 209–212.

Pfütze *f.* (< 9. Jh.). Mhd. *pfütze*, ahd. *pfuzza*, *puzza*, mndd. *putte*, mndl. *put(te) m./f.* ´Grube mit Wasser´. Wie anord. *pyttr m.*, ae. *pytt m.*, afr. *pett m.* früh entlehnt aus l. *puteus m.* ´Brunnen´ (das regional auch ´Lache u.ä.´ bedeuten kann).
A. Dalen, N. Århammar in *FS Alinei* 1 (1986), 291–293.

Phalanx *f. bildg.* ´geschlossene Schlachtreihe´ (< 18. Jh.). Entlehnt aus l. *phalanx*, dieses aus gr. *phálanx*, eigentlich ´Baumstamm, Block´. So bezeichnet wurde die Schlachtreihe der griechischen Fußkämpfer.
S. *Bohle, Planke, Balken.* – *DF* 2 (1942), 485 f.

Phallus *m. erw. fach.* ´das (erigierte) männliche Glied´ (< 17. Jh.). Entlehnt aus l. *phallus*, dieses aus gr. *phallós*. Adjektiv: *phallisch*.
Zur germanischen Verwandtschaft s. *Bulle*[1]. – *DF* 2 (1942), 486.

Phänomen *n. erw. stil.* ´Erscheinung, etwas Ungewöhnliches, außergewöhnlicher Mensch´ (< 17. Jh.). Entlehnt aus l. *phaenomenon* ´Erscheinung, Lufterscheinung´, dieses aus gr. *phainómenon*, zu gr. *phaínein* ´sichtbar machen, sehen lassen´. Adjektiv: *phänomenal*.
Zu gr. *phaínein* ´erscheinen´ gehört als Abstraktum *Phase* (mit *Emphase*); zu anderen nominalen Ableitungen *Phantasie* und *Phantom*. Zu ähnlichen, aber zumindest nicht

unmittelbar zugehörigen Wörtern entsprechender Bedeutung gehören *Fanal, foto-, Phosphor*. – *DF* 2 (1942), 486–488; *HWPh* 7 (1989), 461–483.

Phantasie *f.* (< 14. Jh.). Mhd. *fantasīe* ist entlehnt aus l. *phantasia* ´Gedanke, Einfall´, dieses aus gr. *phantasíā* ´Vorstellung, Einbildung, Erscheinung´, zu gr. *phantázesthai* ´erscheinen, sichtbar werden´ (zu einer Ableitung von gr. *phaínein* ´sichtbar machen, sehen lassen´). Verb: *phantasieren*; Adjektiv: *phantastisch*; Nomen agentis: *Phantast*.
S. *Phänomen*. – J. W. Walz *ZDW* 12 (1910), 192; K.-H. Weimann *DWEB* 2 (1963), 400; Th. Rosenmeyer *Poetica* 18 (1986), 197–248; G. Lepschy in *FS Alinei* 2 (1987), 261–274; *HWPh* 7 (1989), 516–535; *LM* 6 (1993), 2051 f.

Phantom *n. erw. fremd.* ´Trugbild´ (< 18. Jh.). Entlehnt aus frz. *fantôme m.*, dieses mit unregelmäßiger Formentwicklung aus l. *phantasma*, aus gr. *phántasma*, zu gr. *phantázesthai* ´erscheinen, sichtbar werden´ (zu einer Ableitung von gr. *phaínein* ´sichtbar machen, sehen lassen´).
S. *Phänomen*. – *DF* 2 (1942), 488 f.

Pharisäer *m. bildg.* ´selbstgerechter, heuchlerischer Mensch´ (< 18. Jh.). Im Neuhochdeutschen übertragen aus dem Namen spl. *Pharisaeī Pl.* (Angehörige einer strengen, altjüdischen religiös-politischen Partei), dieses aus gr. *Pharisaĩos*, aus hebr. *perūšīm Pl.* (eigentlich ´die Abgesonderten´). Im Neuen Testament wird den angeblich besonders gesetzestreuen *Pharisäern* Äußerlichkeit und Heuchelei vorgeworfen; daraus die heutige Bedeutung.
Littmann (1924), 32; *HWPh* 7 (1989), 535–542; Röhrich 2 (1992), 1179.

Pharmazie *f. per. fach.* ´Lehre von den Arzneimitteln´ (< 15. Jh.). Entlehnt aus ml. *pharmacia*, dieses aus gr. *pharmakía* ´Heilmittel´, zu gr. *phármakon n.* ´Heilmittel, Zaubermittel, Gift´. Adjektiv: *pharmazeutisch*; Täterbezeichnung: *Pharmazeut*.
DF 2 (1942), 489 f.; Cottez (1980), 319; *LM* 6 (1993), 2052–2054.

Phase *f. erw. fach.* ´Abschnitt, Stufe´ (< 18. Jh.). Entlehnt aus frz. *phase*, dieses aus gr. *phásis* ´Erscheinung, Anzeichen´, *ti*-Abstraktum von gr. *phaínein* ´sichtbar machen, sehen lassen´. Die Entwicklung der modernen Bedeutung geht aus von den Erscheinungsformen des Mondes und der Planeten; dann Verallgemeinerung. Teilweise hat seit Luther ein anderes Wort *Phase* ´Vorübergang des Herrn´ (aus hebr. *pesaḥ*) eingewirkt.
S. *Phänomen*. – *DF* 2 (1942), 490 f.; *HWPh* 7 (1989), 542 f.

-phil- *LAff.* Wortbildungselement, das als Präfixoid *(philo-)* und als Suffix verwendet wird und die Bedeutung ´schätzend, liebend, Liebe zu (usw.)´ trägt (z. B. *bibliophil, frankophil, philosophisch, Philologie, philanthropisch, Philharmoniker*). Es wurde in griechischen Entlehnungen ins Deutsche übernommen und häufig in neoklassischen Bildungen verwendet. Es geht zurück auf gr. *phílos* ´Freund, freundlich´.

Cottez (1980), 321.

Philanthrop *m. per. fach.* ´Menschenfreund´ (< 18. Jh.). Neubildung zu gr. *phílos* ´Freund, liebend´ und gr. *ánthrōpos* ´Mensch´.

S. *Misanthrop.* – DF 2 (1942), 492–494; Cottez (1980), 321; *HWPH* 7 (1989), 543–552.

Philatelie *f. per. fach.* ´Briefmarkenkunde´ (< 19. Jh.). Entlehnt aus frz. *philatélie*, einer Neubildung zu gr. *phílos* ´Freund, liebend´ und gr. *atéleia* ´Abgabenfreiheit´, im weiteren ´Freimarke, Briefmarke´.

DF 2 (1942), 494.

philharmonisch *Adj. per. fach.* (< 19. Jh.). Entlehnt aus frz. *philharmonique* ´musikliebend´, einer Neubildung des 19. Jhs. zu gr. *phílos* ´Freund, liebend´ und gr. *harmonía* ´Wohlklang, Musik´ (in der adjektivischen Form gr. *harmonikós*). Zunächst als Attribut ´musikliebend´ verwendet für Kunstakademien, Gesellschaften und Konzerte; dann wird vor allem das Substantiv *Philharmonie* in Eigennamen aufgenommen und auf große Orchester eingeschränkt.

S. *Harmonie.* – DF 2 (1942), 494; Cottez (1980), 321.

Philippika *f. bildg.* ´leidenschaftliche Rede´ (< 19. Jh.). Entlehnt aus gr. *tà Philippiká*, der Bezeichnung für die von Demosthenes gegen *Philipp von Macedonien* gehaltenen Kampfreden.

DF 2 (1942), 495.

Philister *m. erw. stil.* ´Spießbürger, alter Herr´ (< 17. Jh.). Entlehnt aus l. *Philistīnī* (Name eines nichtsemitischen Volkes an der Küste Palästinas), aus hebr. *peˈlištīm*, *feˈlištīm* Pl. Studentenverbindungen benützen diesen Namen des die Israeliten bekämpfenden Volkes, um Nicht-Studenten zu bezeichnen; daraus dann die Bedeutungen ´Spießbürger, ungebildeter Mensch´ bzw. ´im Berufsleben stehender alter Herr´. Bei der übertragenen Bedeutung hat wohl eine Streckform aus *Fister* mitgewirkt (s. *Fist*), die an den Völkernamen angepaßt wurde.

A. Gombert *ZDW* 3 (1902), 166 f.; Schröder (1906), 20 f.; G. Krüger *GRM* 3 (1911), 116 f.; G. Schoppe *GRM* 10 (1922), 193–203, 11 (1923), 183 f.; Littmann (1924), 32; *DF* 2 (1942), 495–501; E. Morgan *MLR* 51 (1956), 231–234, 57 (1962), 69–72; K. Heisig *ZDPh* 83 (1964), 345–350; H.-G. Schumann *AK* 49 (1967), 111–130; Röhrich 2 (1992), 1179 f.

philo- *LAff.* s. *-phil-*.

Philologie *f. erw. fach.* (< 16. Jh.). Entlehnt aus l. *philologia*, das seinerseits aus gr. *philología* entlehnt ist. Dieses ist Abstraktum zu gr. *philólogos* ´Freund der Rede´ aus gr. *phílos* ´Freund, liebend´ und gr. *lógos* ´Rede usw.´. Adjektiv: *philologisch*.

G. Schuppe *ZDW* 15 (1914), 200; *DF* 2 (1942), 502–504; H. Kuch: *Philólogus* (Diss. Berlin/Ost 1965); ders.

Altertum 11 (1965), 151–157; M. Landfester: *Das griechische Nomen ´philos´* (Diss. Tübingen 1966); *HWPh* 7 (1989), 552–572.

Philosophie *f. erw. fach.* (< 15. Jh.). Entlehnt aus l. *philosophia*, dieses aus gr. *philosophíā*, Abstraktum zu gr. *philósophos m.* ´Freund der Weisheit´, zu gr. *phílos m.* ´Freund´ und gr. *sophós* ´geschickt, weise´. Zunächst allgemeine Bezeichnung für das Streben nach Wissen (auf jedem Gebiet), dann eingeengt auf Fragen des Seins usw. Täterbezeichnung: *Philosoph*; Adjektiv: *philosophisch*; Verb: *philosophieren*.

A. M. Malingrey: *Philosophie* (Paris 1961); J. E. Heyde in *FS B. Markwardt* (Berlin 1961), 123–141; J. E. Heyde *FF* 35 (1961), 239–243; ders. *Philosophia naturalis* 7 (1961), 144–155; E. Öhmann *NPhM* 64 (1963), 340; K.-H. Weimann *DWEB* 2 (1963), 400; M. Landfester: *Das griechische Nomen ´philos´* (Diss. Tübingen 1966); Cottez (1980), 321; H. V. Gumbrecht, R. Reichardt in *PSG* 3 (1985), 7–88; *HWPh* 7 (1989), 572–879; *LM* 6 (1993), 2086–2104.

Phiole *f. per. fach.* (eine bauchige Glasflasche mit langem Hals) (< 9. Jh.). Mhd. *viole*, ahd. *fiala*, ist entlehnt aus ml. *fiola*, dieses aus l. *phiala* ´Trinkgefäß mit breitem Boden, Schale´, aus gr. *phiálē* ´Trinkschale, flache Schale, Kessel´.

phlegmatisch *Adj. erw. fach.* ´träge, schwerfällig´ (< 16. Jh.). Entlehnt aus l. *phlegmaticus*, dieses aus gr. *phlegmatikós*, zu gr. *phlégma* ´Schleim (als Ursache der katarrhischen Krankheiten), Entzündung, Brand, Flamme´, zu gr. *phlégein* ´entzünden, entflammen, verbrennen´. So bezeichnet nach der antiken Temperamentenlehre, die Körperflüssigkeiten für seelische Stimmungen verantwortlich machte. Täterbezeichnung: *Phlegmatiker*; Abstraktum: *Phlegma*.

Zur germanischen Verwandtschaft s. *blaken.* – DF 2 (1942), 505 f.

Phobie *f. per. fach.* ´krankhafte Angst´ (< 20. Jh.). Abgelöst aus älteren Komposita wie *Hydrophobie* ´Wasserscheu´ (wohl nach französischem Vorbild). Diese aus Komposita mit gr. *phóbos m.* ´Furcht´. S. *Klaustrophobie* und andere Krankheitsbezeichnungen mit -*phobie*, Adjektiv: *-phob*.

Cottez (1980), 322.

-phon *LAff.* zur Bezeichnung einer Sprache, z. B. *anglo-phon* ´englisch-sprachig´. Neoklassische Bildungen (wohl nach französischem Vorbild) mit gr. *phōnḗ* ´Stimme, Klang, Laut´.

Cottez (1980), 323.

Phonem *n. per. fach.* ´strukturelle Lauteinheit´ (< 20. Jh.). Entlehnt aus frz. *phonème*, das von A. Dufriche-Desgenettes 1873 gebildet wurde als allgemeine Bezeichnung für ´Laut´ (der nicht auf ´Vokal´ oder ´Konsonant´ festgelegt ist). Von F. de Saussure 1879 aufgefaßt als ´Laut, der von anderen Lauten strukturell unterscheidbar ist´. Im amerikanischen Englischen dann im Gegensatz dazu gebildet **Phon** als nicht in dieser Weise festgelegter Laut.

M. Kohrt: *Problemgeschichte des Graphembegriffs und des frühen Phonembegriffs* (Tübingen 1985), 63−162.

Phonetik *f. per. fach.* (< 19. Jh.). Neubildung zu gr. *phōnḗ* ´Stimme, Ton, Laut, Rede, Sprache´ und dem zugehörigen Adjektiv gr. *phōnētikós* ´zur Stimme gehörig´. Adjektiv: *phonetisch*.

S. auch *Grammophon, homophon, Mikrophon, Saxophon, Sinfonie, Telefon, Xylophon*. − E. F. K. Koerner in *FS H. M. Heinrichs* (Köln 1978), 82−93; Cottez (1980), 324; *HWPh* 7 (1989), 927−931.

Phonologie *f. per. fach.* ´strukturelle Lautlehre´ (< 20. Jh.). Entlehnt aus frz. *phonologie*, das zunächst noch keine derart festgelegte Bedeutung hat. Dann festgelegt besonders durch F. de Saussure und N. Trubetzkoy.

Cottez (1980), 324.

Phosphor *m.* (< 17. Jh.). Gelehrte Substantivierung von gr. *phōsphóros* ´lichttragend´, zu gr. (att.) *phōs* n. ´Licht´ und gr. *phérein* ´tragen´. So bezeichnet wegen der Leuchteigenschaften durch J. S. Elsholz 1676. Nachweis als Element durch A. L. Lavoisier (1789). Verb: *phosphoreszieren*.

S. *Phänomen* und *Amphore*. − Lüschen (1979), 292; Cottez (1980), 325.

photo- s. *foto-*.

Phrase *f.* (< 16. Jh.). Entlehnt aus l. *phrasis* ´rednerische Ausdrucksweise, Diktion, Stil´, dieses aus gr. *phrásis* ´das Reden, Ausdrucksweise´, zu gr. *phrázein* ´deutlich machen, kundtun, sagen, sprechen´. Zunächst wertfrei ´Redewendung, Redeweise´; im 18. Jh. dann unter französischem Einfluß die abwertende Bedeutung. Im 20. Jh. wiederentlehnt aus ne. *phrase* ´Wortgruppe, Konstituente´. Abstraktum: *Phraseologie*.

S. *Paraphrase*. − E. Leser *ZDW* 15 (1914), 88; *DF* 2 (1942), 509−512; Röhrich 2 (1992), 1181.

Physik *f.* (< 15. Jh.). Spmhd. *fisike* ist entlehnt aus l. *physica* ´Naturlehre´, dieses aus gr. *physikḗ (technē)* ´Untersuchung der Natur´, zu gr. *physikós* ´die Natur betreffend, von Natur, natürlich´, zu gr. *phýsis* ´Natur, Erzeugung, Geburt´, zu gr. *phýein* ´erzeugen, wachsen lassen, hervorbringen´. Adjektiv: *physikalisch*.

S. *Metaphysik, Physis*; zur germanischen Verwandtschaft s. *bauen*. − *DF* 2 (1942), 513 f.; Gerlach (1962), 11−18; K.-H. Weimann *DWEB* 2 (1963), 400; H. Schimank *Wissenschaft, Wirtschaft und Technik* (München 1969), 454−468; Heller (1970), 23−55; F. Kraft in: *Begriffswandel und Erkenntnisforschritt*. Hrsg. F. Rapp, H.-W. Schütt (Berlin 1987), 73−100; *HWPh* 7 (1989), 937−947; *LM* 6 (1993), 2111−2117.

Physiognomie *f. per. fach.* ´Gesichtszüge, Aussehen´ (< 14. Jh.). Entlehnt aus ml. *phisionomia* ´Gesichtszüge, Beurteilung nach den Gesichtszügen´, dieses aus gr. *physiognōmía* ´Beurteilung nach den

Gesichtszügen´. Zu gr. *physiognṓmōn* ´den Charakter nach den Gesichtszügen beurteilend´, komponiert aus gr. *phýsis* ´Natur, Naturell´ (zu gr. *phýein* ´erzeugen, hervorbringen´) und einer Ableitung von gr. *gnṓmē* ´Erkenntnisvermögen, Sinn, Beurteilung´, zu gr. *gignṓskein* ´erkennen, wahrnehmen, einsehen´. Adjektiv: *physiognomisch*.

S. *Physis*. − *DF* 2 (1942), 514−517; Cottez (1980), 329; *HWPh* 7 (1989), 955−963; *LM* 6 (1993), 2117.

Physiologie *f. per. fach.* ´Lehre von den organischen Vorgängen´ (< 17. Jh.). Entlehnt aus l. *physiologia*, dieses aus gr. *physiología*, Abstraktum zu gr. *physiológos* ´Naturforscher´ zu gr. *phýsis* ´Natur´ und gr. *lógos* im Sinne von ´Lehre´. Adjektiv: *physiologisch*.

Cottez (1980), 329.

Physis *f. per. fremd.* ´körperliche Beschaffenheit´ (< 16. Jh.). Entlehnt aus gr. *phýsis* ´Natur, Naturell´, *ti*-Abstraktum zu gr. *phýein* ´erzeugen, wachsen lassen´. Adjektiv: *physisch*. Zur germanischen Verwandtschaft s. *bauen*.

DF 2 (1942), 518; Heller (1970), 23.

Piano *n. obs.* ´Klavier´ (< 19. Jh.). Entlehnt aus frz. *piano-forte*, eigentlich ´leise − laut´, dieses aus it. *pianoforte*, zu it. *piano* ´leise, schwach´, aus l. *plānus* ´flach´, und it. *forte* ´stark´ aus l. *fortis* (s. *Fort*). Das Instrument wurde so benannt, weil es aufgrund der Tonerzeugung durch Anschlag der Saiten die Möglichkeit zur Lautstärkevariation bot − im Gegensatz zum Spinett, bei dem die Saiten mit Federkielen angerissen wurden. Täterbezeichnung: *Pianist*.

S. *Plan*[1]. − *DF* 2 (1942), 519 f.; Relleke (1980), 276 f.

picheln *swV.*, auch **picken** *swV.*, **pecken** *swV. per. wmd.* ´stark trinken´ (< 17. Jh.). Zu rhein. *Pick* ´Tresterwein, Schnaps´. Vgl. ofrz. *pique* ´Tresterwein, Nachwein´, frz. (Argot) *picter* ´lange trinken´. Weiter zu frz. *piquer* ´stechen usw.´ (da der Nachwein meist sauer ist), vgl. frz. *piquette* ´Tresterwein, Rachenputzer´.

W. Foerste *NW* 1 (1960),12; Röhrich 2 (1992), 1181.

pichen *swV. obs.* ´mit Pech bestreichen, kleben´ (< 13. Jh.). Mhd. *bichen, pichen*, mndd. *peken*. Abgeleitet von *Pech*. S. *picken*[2], *Pick*[2], *erpicht*.

Pick[1] *m.*, auch **Piek** *m. per. reg.* ´heimlicher Groll´ (< 17. Jh.). Über das Niederdeutsche entlehnt aus frz. *pique f.*, das neben ´Spitze´ auch ´Groll´ bedeutet.

DF 2 (1942), 521.

Pick[2] *m. per. oobd.* ´Klebstoff´ (< 20. Jh.). Rückbildung aus *picken* ´kleben´, das eine Nebenform von *pichen* ist. S. *Pech, picken*[2].

Pickel[1] *m.*, auch **Bickel** *m.* ´Spitzhacke´ (< 12. Jh.). Mhd. *bickel* zu *bicken* ´stechen, stoßen´ (s. *picken*[1]). Bei den Wörtern mit dieser Lautform und

Bedeutungen wie 'Spitze, Schnabel, spitzes Werkzeug u.ä.' ist sowohl mit Lautmalerei wie auch mit Entlehnung zu rechnen, da entsprechende Wörter in den romanischen Sprachen erscheinen (vgl. etwa it. *beccare* 'hacken', frz. *bêche f.* 'Grabscheit'). Die geringe lautliche Festigkeit des deutschen Wortes spricht eher für Entlehnung (entweder des Verbs oder eines einfacheren Substantivs).
S. *pikant.* – Kretschmer (1969), 371.

Pickel[2] *m. erw. ndd. md.* 'Eiterpustel' (< 17. Jh.). Zu *Pocke.*

Pickelhaube *f. obs.* 'Helm' (< 13. Jh.). Mhd. *bekkelhübe, bickenhübe, bickelhübe,* mndd. *pekelhuve.* Bezeichnet ursprünglich eine unter dem Helm getragene Blechhaube, die dann zu einer eigenen Helmform entwickelt wird. Entsprechend it. *bacinetto m.,* frz. *bassinet m.* 'flacher Helm'. Diese sind Weiterbildungen aus dem Wort *Becken,* das als Grundlage des deutschen Wortes unmittelbar entlehnt wurde. Der Suffixwechsel (Lautveränderung?) erst im Deutschen.

Pickelhering *m. per. ndd.* 'marinierter Hering' (< 15. Jh.). Mndd. *pickelherink, pekelherink.* Zu ne. *pickle* 'Salzbrühe' und ndd. *Pökel.*
S. *pikant.* – Röhrich 2 (1992), 1181 f.

picken[1] *sw V.* 'hacken' (< 9. Jh.). Mhd. *bicken,* ahd. *(ana)bicken,* mndd. *pecken,* mndl. *pecken;* vgl. me. *picchen,* anord. *pikka.* Wie unter *Pickel*[1] erwähnt, kommen hier wohl eine lautmalende Bildung und eine Entlehnung, die 'stechen, picken' bedeutet, zusammen. Eine eindeutige Scheidung dürfte nicht möglich sein. S. *pikant.*

picken[2] *sw V. per. österr.* 'kleben' (< 20. Jh.). Nebenform zu *pichen* (s. auch *Pick*[2]).

picken[3] *sw V.* 'stark trinken' s. *picheln.*

Picknick *n.* (< 18. Jh.). Entlehnt aus frz. *piquenique m..* Dies ist wohl eine partielle Reduplikationsbildung zu frz. *piquer* 'aufspießen'.
S. *pikant.* – DF 2 (1942), 521 f.

picobello *Adj. erw. stil.* (< 20. Jh.). Scherzhafte Italianisierung von *piekfein.* Das Vorderglied hat keine Entsprechung im Italienischen.
A. Carli *StG* 10 (1972), 243–246.

Pidgin *n. per. fach.* 'Mischsprache' (< 20. Jh.). Entlehnt aus ne. *pidgin,* das aus der Bezeichnung der chinesisch-englischen Verkehrssprache übernommen ist und auf andere Verkehrssprachen dieser Art übertragen wurde. Die Herkunft des Wortes ist unklar (vermutet wird eine Entstellung von e. *business*).
Rey-Debove/Gagnon (1988), 732.

Piek *m.* 'heimlicher Groll' s. *Pick*[1].

piekfein *Adj. stil.* (< 19. Jh.). Vom Niederdeutschen her eingedrungen. Dort als mndl. *puik* eine

alte Qualitätsbezeichnung (die bei dem hochsprachlichen Wort durch *fein* erweitert ist). Zu ndl. (dial.) *pūken* 'pflücken' im Sinn von 'ausgesucht'.
S. *picobello.* – Lasch (1928), 207; H. W. J. Kroes *GRM* 40 (1959), 88.

piepen *sw V. stil.* (< 16. Jh.). Die Nachahmung des Lautes junger Vögel ist weit verbreitet, ohne daß Urverwandtschaft angenommen zu werden braucht. Vgl. *pfeifen.*
S. *Piepmatz.* – Röhrich 2 (1992), 1182.

Piephahn *m. kind.* 'männliches Geschlechtsglied' (< 17. Jh.). Meint eigentlich den Hahn und gehört zu der Gruppe kindersprachlicher Ausdrücke, die das männliche Geschlechtsglied als 'Schnabel' bezeichnen.

Piepmatz *m. kind.* 'junger Vogel' (< 20. Jh.). Zu *piepen* und dem Kosenamen *Matz* (für *Matthias* u. a.).

piepsen *sw V. stil.* (< 17. Jh.). Zu der nachahmenden Interjektion *pieps,* Weiterbildung von *piep.*

Pier[1] *m./f. erw. fach.* 'Landungsbrücke' (< 19. Jh.). In hochdeutschen Texten seit dem 19. Jh., zuerst in der Schreibung *Peer.* Entlehnt aus gleichbedeutendem ne. *pier,* das im 14. Jh. aus frz. *puiere* entlehnt ist. Dieses aus afrz. *appuye* 'Stütze' aus ml. **podiare* 'stützen, gründen'.
S. *Perron.* – DF 2 (1942), 524; Ch.H. Livingston *Romance Philology* 10 (1956/57), 196–201; Rey-Debove/Gagnon (1988), 732 f.

Pier[2] *m.,* auch **Pieraas** *m. per. ndd.* 'Wurm als Köder' (< 15. Jh.). Mndd. *pīrās,* mndl. *pier.* Vielleicht weiter dazu norw. (dial.) *piren* 'dünn, schmal, schwach', norw. (dial.) *pir* 'kleine Makrele'. Weitere Herkunft unklar. Der zweite Bestandteil von *Pieraas* ist *Aas.*

piesacken *sw V. per. ndd.* 'plagen' (< 18. Jh.). Zu ndd. *(ossen)pesek* 'Ochsenziemer', zu ndd. *pese* 'Sehne', ndd. *peserik* 'Geschlechtsglied', vgl. ne. *pizzle* 'Geschlechtsglied der Tiere'. Weitere Herkunft unklar.
Wick (1939), 42; Röhrich 2 (1992), 1182.

pieseln *sw V. per. ndd.* 'schwach, aber anhaltend regnen; urinieren' (< 20. Jh.). Gekreuzt aus *pissen* und *nieseln.*

Pietät *f. erw. fremd.* 'Respekt, Rücksichtnahme' (< 16. Jh.). Entlehnt aus l. *pietās (-ātis),* zu l. *pius* 'fromm, pflichtgemäß'.
DF 2 (1942), 524 f.; *HWPh* 7 (1989), 971–974; *LM* 6 (1993), 2141 f.

Pigment *n. erw. fach.* (Farbstoff) (< 18. Jh.). Entlehnt aus l. *pīgmentum* 'Färbestoff, Farbe', zu l. *pingere (pictum)* 'malen, bestreichen'.
S. *Pinte, pittoresk.* – DF 2 (1942), 526.

Pik *n. erw. fach.* (Kartenfarbe) (< 18. Jh.). Entlehnt aus frz. *pique m.,* das eigentlich 'Spieß' bedeutet (nach dem Spieß mit schwarzem Blatt). Das gleiche Wort ist *Pike*.

S. *pikant*. – *DF* 2 (1942), 526.

pikant *Adj.* (< 17. Jh.). Entlehnt aus frz. *piquant*, Partizip zu frz. *piquer* ´stechen`, das übertragen von raffiniert gewürzten Speisen gesagt wird. Abstraktum (in übertragener Bedeutung): *Pikanterie*.

S. *Pickel*[1], *Pickelhering*, *picken*[1], *Picknick*, *Pik*, *Pike*, *pikiert*, *Pökel*, *prickeln*. – A. Gombert *ZDW* 2 (1902), 267 f.; *DF* 2 (1942), 526–528; Brunt (1983), 419.

Pike *f. obs.* ´Spieß, Lanze` (< 14. Jh.). Wie *Pik* entlehnt aus frz. *pique* gleicher Bedeutung. Im Deutschen fest geworden in der Wendung *von der Pike auf* ´von Anfang an` (schon seit dem 17. Jh.). Gemeint ist: vom einfachen Kriegsdienst an alle militärischen Chargen bis zum höchsten Rang zu durchlaufen. Das französische Wort gehört zu der Gruppe von *piquer* ´stechen` (s. *pikant*).

DF 2 (1942), 528 f.; Röhrich 2 (1992), 1182.

pikiert *Adj. erw. fremd.* ´beleidigt, verstimmt` (< 17. Jh.). Lexikalisiertes PPrät. von d. *pikieren* ´reizen, verstimmen`, (eigentlich ´stechen`), dieses aus frz. *piquer*.

S. *pikant*. – *DF* 2 (1942), 530 f.; Jones (1976), 518; Brunt (1983), 420.

Pikkolo *m./n./f. per. fach.* ´Kellner; eine Flöte; eine kleine Sektflasche` (< 19. Jh.). In allen Bedeutungen entlehnt aus Fügungen mit it. *piccolo* ´klein`.

DF 2 (1942), 531; *DEO* (1982), 431.

Pilger *m.* (< *8. Jh., Form < 15. Jh.). Verkürzt aus mhd. *bilgerīm, pilgerīn*, ahd. *piligrīm* (das noch in der Form *Pilgrim* in der gehobenen Sprache fortbesteht). Dieses ist wie mndl. *pelgrijm*, afr. *pilegrīm, pilugrīm*, me. *pilgrim*, anord. *pílagrímr, pelagrímr* entlehnt aus ml. *pelegrinus* mit Anpassung des Auslauts an die germanischen Männernamen auf -*grim*. Das lateinische Wort bezeichnet ursprünglich die nach Rom wallfahrenden Ausländer und bedeutet eigentlich ´der Fremde`. Es ist dissimiliert aus l. *peregrīnus* ´fremd` (zu l. *per* und l. *ager* im Sinne des l. *ager Romānus*, des römischen Stadtgebiets). Verb: *pilgern*.

S. *Pelerine*. – A. Semler *ZDW* 11 (1909), 36–46; J. Schatz *BGDSL* 49 (1925), 125–132; R. Gendre *AION-G* 28/29 (1985/86), 211–215; *LM* 6 (1993), 2148–2154.

Pille *f.* (< 14. Jh.). Mit Silbenschichtung aus fnhd. *pillele*, spmhd. *pillule*. Dieses entlehnt aus l. *pilula*, das eigentlich ´Kügelchen, Bällchen` bedeutet, ein Diminutiv zu l. *pila* ´Ball` (eigentlich ´mit Haaren gefüllt` zu l. *pilus m.* ´Haar`).

S. *Kompilation*. – *DF* 2 (1942), 532 f.; Röhrich 2 (1992), 1184; *LM* 6 (1993), 2159.

Pilot *m.* (< 15. Jh.). Entlehnt aus ndl. *piloot* ´Steuermann, Lotse`, aus frz. *pilote*, aus it. *pilota m./f.*, älter *pedota*, dieses über mittelgriechische

Zwischenstufen zu gr. *pēdón n.* ´Steuerruder, Ruderblatt`. Die heutige Bedeutung ´Flugzeugsteuermann` kommt im 20. Jh. auf.

K. Lohmeyer *ZDU* 22 (1908), 454–456; E. Öhmann *NPhM* 41 (1940), 151; *DF* 2 (1942), 533 f.; D. Zastrow: *Entstehung und Ausbildung des französischen Vokabulars der Luftfahrt mit Fahrzeugen leichter als Luft* (Tübingen 1963), 304–330; *DEO* (1982), 434.

Pils *n. erw. fach.* (< 19. Jh.). Gekürzt aus *Pilsener Bier*, nach der Stadt *Pilsen* in Tschechien.

Pilz *m.* (< 10. Jh.). Mhd. *bülz, bülez*, ahd. *buliz*, ndd. *bülte*. Vor der hochdeutschen Lautverschiebung entlehnt aus l. *bōlētus*, das seinerseits aus gr. *bōlétēs* stammt (oder umgekehrt? Weitere Herkunft unklar).

Röhrich 2 (1992), 1184 f.; *LM* 6 (1993), 2160.

Pimmel *m. per. vulg. ndd.* ´männliches Geschlechtsglied` (< 20. Jh.). Wohl übertragen als ´(Glocken) Schwengel` oder ´Stößel beim Mörser` (der auch *bimm* macht) zu *pimmeln* ´bimmeln`.

pimpeln *swV. per. ndd. md.* ´wehleidig sein` (< 17. Jh.). Angelehnt an *pimpeln, bimmeln, pimmeln* (vom Läuten kleiner Glocken). Sonst lautmalend.

pimpern *swV. per. vulg. ndd.* ´Geschlechtsverkehr haben` (< 20. Jh.). Ähnlich wie *Pimmel* zu beurteilen, wohl über ´mit dem Stößel im Mörser bearbeiten`.

Pimpernelle *f. erw. fach.*, auch **Bibernelle** *f.* u.ä. ´Wiesenknopf` (< 16. Jh.). Entlehnt aus frz. *pimprenelle*, dieses aus ml. *pimpinella*, älter *pipinella*. Aus diesem ahd. *bibinella*, mhd. *bibenelle* und mhd. *bibernelle* (mit Anlehnung an *Biber*? Vgl. das französische Wort), die ältere Nebenform des Pflanzennamens.

L. Spitzer *Word* 7 (1951), 211–218.

Pimpf *m. stil.* ´Halbwüchsiger` (< 19. Jh.). Ursprünglich Schimpfwort, eigentlich ´Furz` (lautmalend für ´kleiner Furz` im Gegensatz zu *Pumpf*, *Pumps* u.ä.). Die ursprüngliche Bedeutung bezeugt seit dem 19. Jh., die übertragene wenig später. Um 1920 ist die Ausgangsbedeutung nicht mehr bekannt, das Wort kann deshalb mit nur noch wenig verächtlichem Beiklang in der Jugendbewegung verwendet werden.

A. Götze *MS* 50 (1935), 7–11.

Pinakothek *f. per. fach.* ´Gemäldesammlung` (< 18. Jh.). Entlehnt aus l. *pinacothēca*, dieses aus gr. *pinakothḗkē*, zu gr. *pínax (-akos)* ´Schreibtafel, Gemälde` und gr. *thḗkē* ´Behältnis, Aufbewahrungsort`, zu gr. *tithénai* ´setzen, legen`.

S. *Theke*. – *DF* 2 (1942), 534 f.; Cottez (1980), 332.

pingelig *Adj. erw. wmd.* ´zimperlich` (< 20. Jh.). Rheinische Variante zu *peinlich*.

Röhrich 2 (1992), 1185.

Pingpong *n.* ´Tischtennis` (< 20. Jh.). Entlehnt aus ne. *pingpong*, einer lautmalerischen Reduplikationsbildung.

DF 2 (1942), 535; Rey-Debove/Gagnon (1988), 733.

Pinguin *m.* (< 17. Jh.). Entlehnt aus e. *penguin*, dessen Herkunft nicht geklärt ist.

DF 2 (1942), 536; W. B. Lockwood *ZAA* 17 (1969), 262−264.

Pinke *f. vulg.* ´Geld` (meist in der Verdoppelung *Pinkepinke*) (< 19. Jh.). Aus dem Rotwelschen, wo es offenbar als lautmalend nach dem Klang der Münzen gebildet ist.

Anders: Wolf (1985), 242 (unter *Penunge*).

Pinkel *m. per. ndd.* ´unbedeutender Mann` (< 20. Jh.). Aus ofr. *pink* ´kleiner Finger, Geschlechtsglied`. Hier sicher aus der Bedeutung ´kleiner Finger` übertragen. Im einzelnen ist der Zusammenhang der Bedeutungen nicht klar.

S. *Fink.* − Wolf (1985), 246 (unter *Pink*); Lühr (1988), 131 f.; Röhrich 2 (1992), 1185.

pinkeln *sw V. erw. stil.* ´harnen` (< 16. Jh.). Zu *Pinkel* ´kleiner Finger, Geschlechtsglied` in der zweiten Bedeutung.

Pinne *f. per. ndd.* ´Holznagel` (< 18. Jh.). Aus mndd. *pin(ne)*, dessen hochdeutsche Entsprechung ahd. *pfin*, mhd. *pfinne, vinne*, fnhd. *pfinne* sich nicht hält. Aus g. *\*pennōn f.* ´Nagel u.ä.`, auch in anord. *pinni m.*, ae. *pinn*, as. *pinn*. Entlehnt aus ml. *penna*, das ursprünglich ´Feder` bedeutet, dann über ´gefiedert` auch ´Pfeil` und andere spitze Gegenstände, auch ´Nagel`.

S. *Pinsel²*. − Kluge (1911), 617 f.; *LM* 6 (1993), 2163.

Pinscher *m. erw. fach.* (< 19. Jh.). Die Hunderasse kommt aus England und wird an Ohren und Schwanz gestutzt, deshalb zu ne. *pinch* ´(ab)kneifen`; aber ohne englisches Vorbild.

Pinsel¹ *m.* (Malwerkzeug) (< 13. Jh.). Mhd. *bensel, pensel*. Entlehnt aus afrz. *pincel*, das aus ml. *penicellus* ´Pinsel, Bürste`, eigentlich ´Schwänzchen` stammt. Dieses zu l. *pēnis* ´Schwanz, männliches Glied`. Verb: **pinseln**.

S. *Penicillin.* − DF 2 (1942), 536; Röhrich 2 (1992), 1186.

Pinsel² *m. per. reg.* ´einfältiger Mensch` (besonders in *Einfaltspinsel*) (< 18. Jh.). Eigentlich ´Knauser`, so bezeugt seit dem 17. Jh. als *pinsule*. Dies wiederum bedeutet eigentlich ´Pfriem` und ist zusammengesetzt aus *Pinne* und dem unter *Säule²* behandelten Wort für ´Pfriem`. Der Bedeutungsübergang folgt (nach Richey: *Idioticon*) dem Vorbild von it. *lesina* und der satirisch erdichteten *Compagnia della Lesina*.

Röhrich 2 (1992), 1186.

Pinte *f. arch.* ´Flüssigkeitsmaß, Kanne`; ´Lokal` (nach der Kanne als Wirtshausschild) (< 15. Jh.). Entlehnt aus frz. *pinte* ´geeichtes Gefäß`. Für dieses

wird Herkunft aus l. *pincta* ´markiert` (zu l. *pingere* ´malen, schmücken usw.`) angenommen. S. *Pigment.*

Pinzette *f. erw. fach.* (ein Instrument zum Fassen kleiner Gegenstände) (< 18. Jh.). Entlehnt aus frz. *pincette*, einem Diminutivum zu frz. *pince* ´Zange`, einer Ableitung von frz. *pincer* ´kneifen`.

DF 2 (1942), 537.

Pionier *m.* (< 17. Jh.). Entlehnt aus frz. *pionnier*, vielleicht eine Variante zu frz. *peonier* ´Fußsoldat`, zu afrz. *peon* ´Fußsoldat`, aus spl. *pedo (-ōnis)*, zu l. *pēs (pedis)* ´Fuß`.

S. *Pedal.* − DF 2 (1942), 537 f.; Jones (1976), 513 f.; *DEO* (1982), 435.

Pipapo *n. per. stil.* ´Drum und Dran` (< 19. Jh.). Moderne Bildung unklarer Herkunft. Vielleicht aus *p.p.* herausgesponnen, vgl. das spielerische *etcetera p.p.* mit schnörkelhaftem *p.p.* = *praemissis praemittendis* (´nach Vorausschickung des Vorauszuschickenden`, Vermerk auf Rundschreiben statt einzelner Titel in den Anreden), bezeugt seit der Mitte des 19. Jhs.

Pipeline *f. per. fach.* ´lange Rohrleitung` (< 20. Jh.). Entlehnt aus ne. *pipeline*, einer Zusammensetzung aus e. *pipe* ´Röhre` (s. *Pfeife*) und e. *line* ´Strecke` (s. *Linie*).

Rey-Debove/Gagnon (1988), 735 f.

Pipette *f. per. fach.* (ein kleines Röhrchen zur Entnahme kleiner Flüssigkeitsmengen) (< 19. Jh.). Entlehnt aus frz. *pipette*, einem Diminutivum zu frz. *pipe* ´Röhre, Rohrpfeife` (s. *Pfeife*).

Pipi *n. kind.* ´Urin` (< 20. Jh.). Nach dem Laut, mit dem den Kindern das Wasserlassen nahegelegt werden soll und der in ähnlicher Form in verschiedenen Sprachen erscheint. S. auch *pissen.*

Pips *m. per. fach.* (Hühnerkrankheit) (< 15. Jh.). Niederrheinische Form neben obd. *pfipfes* u.ä., mhd. *phiphiz*, ahd. *pfipfiz*, das auf l. *pītuīta f.* ´Verschleimung` zurückgeht (der Wandel *tw* zu *p* wohl schon lateinisch, aber dort nicht bezeugt).

W. Kurrelmeyer *JEGPh* 19 (1920), 513 f.

Piranha *m. per. exot.* (ein kleiner Raubfisch mit scharfen Zähnen) (< 20. Jh.). Entlehnt aus port. *piranha f.*, dieses aus der südamerikanischen Indianersprache Tupí *piranha.*

Pirat *m.* (< 15. Jh.). Entlehnt aus it. *pirata*, dieses aus l. *pīrāta*, aus gr. *peirātḗs*, zu gr. *peirān* ´wagen, unternehmen`, zu gr. *peîra f.* ´Versuch, Wagnis`. Abstraktum: **Piraterie**.

S. *empirisch.* − E. Öhmann *NPhM* 41 (1940), 151; DF 2 (1942), 538 f.; *LM* 6 (1993), 2173.

Pirol *m. erw. fach.* (< 14. Jh.). Spmhd. *(bruoder) piro* und (später) eine Menge von Spielformen, die offenbar den Namen des Vogels nach anderen Wörtern und Namen umgestalten. Der Vogelname scheint aus französischen Mundartformen entlehnt zu sein (frz. *loriot*), die ihrerseits letztlich auf gr. *pyrrós* zurückführen (´rötlich´, Name eines Vogels). Suolahti (1909), 169–174; P. Falk *Acta Societatis Linguisticae Upsaliensis* 1963, 17–48; *LM* 6 (1993), 2176.

Pirouette *f. per. fach.* (eine schnelle Drehung um die eigene Achse) (< 19. Jh.). Entlehnt aus frz. *pirouette*, dessen weitere Herkunft nicht sicher geklärt ist.
DEO (1982), 436; Brunt (1983), 421.

pirschen *swV.*, auch **birschen** *swV.* ´anschleichen´ (< 13. Jh.). Mhd. *birsen, pirsen*. Vermutlich entlehnt aus afrz. *berser* (ml. *bersare*) ´mit dem Pfeil jagen´, dessen Ursprung dunkel ist. Abstraktum: *Pirsch*.
S. *preschen*. – Segelcke (1969), 242 f.; *LM* 6 (1993), 2176.

pissen *swV. vulg.* (< 14. Jh.). Zunächst im Niederdeutschen entlehnt aus frz. *pisser*, das ähnlich wie *Pipi* auf ein Wort und eine Interjektion der Ammensprache zurückgeht.
S. *pieseln*. – Röhrich 2 (1992), 1186.

Pissoir *n. erw. fremd.* (< 19. Jh.). Entlehnt aus frz. *pissoir m.* S. *pissen*.

Pistazie *f. per. exot.* (ein Strauch aus dem Mittelmeerraum mit eßbaren Samenkernen) (< 16. Jh.). Die Bezeichnung für den Strauch und die Frucht werden beide im 16. Jh. entlehnt, und zwar der *Pistazienbaum* aus l. *pistacia*, dieses aus gr. *pistákē*, der zugehörige eßbare Samenkern aus l. *pistacium n.*, aus gr. *pistákion n.* Das griechische Wort ist orientalischen Ursprungs.
Littmann (1924), 15; Jones (1976), 518.

Piste *f. erw. fach.* ´Rennbahn´ (< 19. Jh.). Entlehnt aus frz. *piste*, das auf it. *pesta* ´Weg, Fährte´ zurückgeht. Dieses zu it. *pestare* ´stampfen´.

Pistole *f.* (< 15. Jh.). Entlehnt aus čech. *píšt´ala*, eigentlich ´Pfeife, Rohr´.
DF 2 (1942), 540 f.; Bellmann (1971), 277 f.; Jones (1976), 519 f.; Steinhauser (1978), 81 f.; *DEO* (1982), 436–438; Röhrich 2 (1992), 1186.

pittoresk *Adj. erw. fremd.* ´malerisch´ (< 18. Jh.). Entlehnt aus frz. *pittoresque*, dieses aus it. *pittoresco*, einer Ableitung von it. *pittore* ´Maler´, aus l. *pictor*, zu l. *pingere (pictum)* ´malen, abmalen´.
S. *Pigment*. – *DF* 2 (1942), 541 f.

Pizza *f. exot. ass.* (ein Gericht aus mit Käse, Tomaten usw. belegtem Hefeteig) (< 20. Jh.). Entlehnt aus it. *pizza*, dessen weitere Herkunft nicht sicher geklärt ist. Lokalbildung *Pizzeria*.
G. Princi Braccini *Studi di Lessicografia Italiana* (Firenze 1987), 129–324 (zu d. *beißen*).

Placebo *n. per. fach.* ´wirkstofflose Imitation eines Medikaments´ (< 20. Jh.). Entlehnt aus ne. *placebo*.
Das englische Wort geht auf den Anfang von Psalm 114.9 zurück, der Anfangs-Antiphon der Totenvesper (*placēbō*

Dominō in regiōne vīvōrum), dabei ist l. *placebo* ´ich werde gefallen´ 1. Sg. Fut. zu l. *placēre* ´gefallen, gefällig sein´. Die bekannte Stelle gab Anlaß zu verschiedenen übertragenen Verwendungen. S. *Plazet*. – *DF* 2 (1942), 543; Rey-Debove/Gagnon (1988), 737 f.; Röhrich 2 (1992), 1186 f.

Placken *m. per. ndd.* ´Flecken´ (< 16. Jh.). Mndd. *plack(e)*, mndl. *plac(ke)*, *plecke*, mhd. *placke*, mhd. auch *pflacke*. Herkunft unklar. Vermutlich hierher auch obd. *bletz* ´Flicken´, bei dem vor dem *z* ein *k* geschwunden sein kann. Nach Sommer lautmalend für ´hinklatschen´, vgl. lett. *plakš* ´Schall, wenn man mit der flachen Hand aufs Wasser schlägt´, lett. *plaka* ´Kuhfladen´ usw.
S. *Fleck*. – Sommer (1977), 15.

placken *swV. refl. erw. reg.* ´sich abplagen´ (< 15. Jh.). Intensivbildung zu *plagen* (s. *Plage*).

plädieren *swV. erw. fach.* (< 18. Jh.). Entlehnt aus frz. *plaider*, zu frz. *plaid* ´Streitfall, Gerichtshof´, dieses aus l. *placitum* ´Willensäußerung, Meinung, Lehrsatz´, einer Substantivierung von l. *placitus* ´was einem gefällt´, dem PPP. von l. *placēre* ´gefallen, gefällig sein´. Abstraktum: *Plädoyer*.
S. *Plazet*. – *DF* 2 (1942), 544.

Plafond *m. per. österr.* ´Decke, Grenze´ (< 18. Jh.). Entlehnt aus frz. *plafond*, einer Zusammensetzung aus frz. *plat* ´eben´ (über das Vulgärlateinische aus gr. *platýs*) und frz. *fond* ´Hintergrund, Gewölbe, Grund´ (aus l. *fundus* ´Grund, Boden´). So bezeichnet, um die ebenen Decken begrifflich zu unterscheiden von frz. *fond* ´Gewölbe´.
S. *platt* und *fundieren*. – *DF* 2 (1942), 545.

Plage *f.*, **plagen** *swV.* (< 11. Jh.). Mhd. *plāge, pflāge, vlāge*, mndd. *plage*, mndl. *plage*, die vorauszusetzende ältere Form **plāga* ist entlehnt aus l. *plāga* ´Schlag´ (auch in übertragener Bedeutung). Ebenso mhd. *plāgen*, mndd. *plagen*, mndl. *plagen* wohl unmittelbar aus l. *plāgāre* ´schlagen´ – es kann aber auch aus dem Substantiv abgeleitet sein. Beides sind ursprünglich religiöse Wörter, die erst im 16. Jh. verweltlicht werden.
S. auch *placken*. – Hoffmann (1956), 33 f.

Plagiat *n. per. fach.* ´Fälschung, unrechtmäßige Nachahmung´ (< 18. Jh.). Entlehnt aus frz. *plagiat m.*, zu l. *plagiārius m.* ´gelehrter Dieb´, eigentlich ´Menschendieb, Seelenverkäufer´, zu l. *plagium* ´Menschendiebstahl, Seelenverkauf´, zu gr. *plágios* ´unredlich, hinterlistig, versteckt´. Täterbezeichnung: *Plagiator*.
DF 2 (1942), 545 f.

Plaid *n./m. per. fach.* ´Decke, Umhängetuch aus Wolle´ (< 18. Jh.). Entlehnt aus ne. *plaid*; es ist unklar, ob schott. gäl. *plaide* älter ist.
DF 2 (1942), 546 f.; Brink-Wehrli (1958), 53, 59, 78; Rey-Debove/Gagnon (1988), 738 f.

Plakat *n.* (< 16. Jh.). Entlehnt aus nndl. *plakkaat*, dieses aus frz. *placard*, zu prov. *placa* ´Platte,

Täfelchen', einer Ableitung von frz. *plaquer* 'mörteln, furnieren', aus mndl. *placken* 'ankleben, flikken'. Dazu das Diminutivum **Plakette** 'Schildchen, kleine Tafel'. Verb: **plakatieren**; Adjektiv: **plakativ**.
DF 2 (1942), 547 f.

Plampe *f.* 'Seitengewehr' s. *Plempe*.

Plan[1] *m. obs.* 'Fläche' (< 13. Jh.). Mhd. *plān(e) f.*, *plan*. Entlehnt aus ml. *plānum n.* 'Ebene', Substantivierung zum Adjektiv l. *plānus* 'flach, eben'. Auch das Adjektiv ist als **plan** im 16. Jh. entlehnt, bleibt aber fachsprachlich. Verb: **planieren**.
DF 2 (1942), 548 f.; Röhrich 2 (1992), 1187.

Plan[2] *m.* 'Grundriß, Vorhaben' (< 18. Jh.). Entlehnt aus frz. *plan* gleicher Bedeutung (und noch lange französisch ausgesprochen). Das französische Wort geht auf l. *planta f.* 'Fußsohle' zurück (s. *Pflanze*): Der Plan ist eigentlich ein Grundriß. Verb: **planen**.
S. *Plantage*. – Röhrich 2 (1992); 1187.

Plane *f. erw. fach.* 'grobes Leintuch' (< 11. Jh.). Eigentlich *Plahene*, daneben regional *Blache*, *Plahe* u.ä. Mhd. *plahe*, *blahe*, ahd. *blaha*. Daneben anord. *blægja* 'Tuch, Laken'. Vielleicht urverwandt mit l. *floccus m.* 'Wollflocke', aber alle Einzelheiten bleiben unklar. S. *Flocke*.

Planet *m.* (< 13. Jh.). Mhd. *plānēte* ist entlehnt aus l. *planētae*, *planētēs Pl.*, diese aus gr. *plánēs*, eigentlich 'umherschweifend' (weil er sich nicht um die Himmelsachse dreht). Siehe *Wandelstern*. Lokalbezeichnung: **Planetarium**.
DF 2 (1942), 549; Gerlach (1962), 42; Röhrich 2 (1992), 1187 f.; *LM* 6 (1993), 2200–2204.

Planke *f. erw. reg.* (< 13. Jh.). Mhd. *blanke*, *planke*, mndd. *planke*, mndl. *planke*. Entlehnt aus einer romanischen Nachfolgeform von l. *planca* 'Bohle, Brett' (afrz. *planche*). Dieses ist entlehnt aus gr. *phálanx* gleicher Bedeutung (das urverwandt ist mit *Bohle* und weiter eventuell zu *Balken*).
S. *Phalanx*. – H. Schüwer *NW* 19 (1979), 120–132.

plänkeln *sw V.* (< 14. Jh.). Mhd. *blenkeln* 'herumklopfen, schallen machen' südd. *Plänkel* 'Glockenschwengel, eine Art Dreschflegel'. Bei **Geplänkel** handelt es sich um eine Übertragung auf kleinere Schießereien nach dem lautlichen Eindruck.

Plankton *n. per. fach.* 'kleine Meereslebewesen' (< 19. Jh.). Neubildung zu gr. *planktós* 'umhergetrieben', zu gr. *plázesthai* 'umherirren, verschlagen werden'.
DF 2 (1942), 550.

planschen *sw V.* s. *plantschen*.

Plantage *f. erw. fach.* (Großpflanzung) (< 17. Jh.). Entlehnt aus frz. *plantage*, einer Ableitung von frz. *planter* 'pflanzen', aus l. *plantāre*.
S. *Pflanze, transplantieren*. – *DF* 2 (1942), 550–552; Jones (1976), 523.

plantschen *sw V. stil.* (< 18. Jh.). Lautmalend. Vgl. *pantschen, mantschen, platschen, plätschern*.

plappern *sw V. stil.* (< 16. Jh.). Lautmalende Bildung wie ahd. *blabbezon*, mhd. *blepzen* u.ä.

Plappert *m. arch.* 'Münze von acht Pfennig' (< 15. Jh.). Spmhd. *plappert* (obd.) ist übernommen aus mndd. *blaffert* (mit Anlehnung an das Schallwort *Plapp*). Dieses über mndl. *blaffaert* 'Weißpfennig' aus frz. *blafard* 'bleich, fahl, bleifarben', andfrk. **blaffardus*, das wohl aus einem ahd. (wndfrk.) *bleihvaro* 'bleichfarbig' stammt. Ausgangsbedeutung ist also 'Weißpfennig'.

plärren *sw V. stil.* (< 13. Jh.). Mhd. *blerren*, *blēren*. Lautmalend wie mndl. *bleren* 'blöken'.
O. Hauschild *ZDW* 12 (1910), 35, 39; H. Glombik-Hujer *DWEB* 5 (1968), 137–141.

Pläsier *n. per. reg.* 'besonderes Vergnügen' (< 16. Jh.). Entlehnt aus frz. *plaisir m.*, zu afrz. *plaisir* 'gefallen', aus l. *placēre*.
S. *Plazet*. – *DF* 2 (1942),552 f.; Dumonceaus (1975).

Plasma *n. per. fach.* 'Blutflüssigkeit; Substanz, in der sich Stoff- und Energiewechsel vollzieht' (< 19. Jh.). Neoklassische Übernahme aus spl. *plasma*, dieses aus gr. *plásma* 'Gebilde' zu gr. *plássein* 'kneten, bilden, gestalten'.
S. *Plastik, Pflaster*. – *DF* 2 (1942), 554; Cottez (1980), 334 f.

Plastik *f.* (< 18. Jh.). Entlehnt aus frz. *plastique* 'Bildhauerkunst', einer Substantivierung des Adjektivs frz. *plastique* 'formbar'. Dieses aus l. *plasticus*, aus gr. *plastikos* 'zur Formung geeignet; plastisch', zu gr. *plástēs m.* 'Bildner, Bildhauer, Former, Schöpfer', zu gr. *plássein* 'aus weicher Masse bilden, formen, gestalten'. Die Bedeutung 'Kunststoff' aus ne. *plastics* selben Ursprungs, die 'formbare Masse' meint. Die *plastische Chirurgie* dient der Wiederherstellung ('Formung') nach Verbrennungen usw. Adjektiv: **plastisch**; DDR-Bezeichnungen für Kunststoff: **Plast, Plaste**.
S. *Pflaster, Plasma*. – *DF* 2 (1942), 554 f.; J. Eichhoff in: *FS Martin* (1980), 163–166.

Platane *f. erw. fach.* (hochwachsender Laubbaum) (< 18. Jh.). Entlehnt aus l. *platanus*, dieses aus gr. *plátanos*. Kann zu gr. *platýs* 'weit, eben' gehören, doch ist der Name eher fremden Ursprungs.
DF 2 (1942), 556.

Plateau *n. per. fach.* 'Hochebene' (< 19. Jh.). Entlehnt aus frz. *plateau*, auch 'flacher Gegenstand', zu frz. *plat* 'flach', aus spl. **plattus*, aus gr. *platýs* 'flach, eben, weit, ausgedehnt'.
S. *platt*. – *DF* 2 (1942), 556.

Platin *n. erw. fach.* (Edelmetall) (< 18. Jh.). Entlehnt aus span. *platina f.*, eigentlich 'Silberplättchen', einem Diminutivum zu span. *plata* 'Metallplatte, Silber', zu spl. **plattus* 'flach', aus gr. *platýs*

(s. *platt*). Das Metall wurde von den Spaniern in Mittel- und Südamerika gefunden (nachdem es der Sache nach schon bei den Ägyptern vorkam). Benannt wurde es als *platina (di Pinto)* nach dem Fluß Pinto in Peru.
DF 2 (1942), 556 f.; Lüschen (1979), 293. [Herangezogen wurde die Magisterarbeit von M. Mathes].

plätschern *swV.* (< 17. Jh.). Wie die Interjektion *platsch* lautnachahmend.

platt *Adj.* (< 17. Jh.). Mndd. *plat*, mndl. *plat(t)*. Entlehnt aus frz. *plat* ´flach´, das auf spl. *plattus* zurückgeht. Dieses aus gr. *platýs* ´flach, eben, weit, ausgedehnt´. Verb: *plätten*; Konkretum: *Platte*.
S. *Plafond, Platane, Platin, Platz*$^{1/2}$, *plazieren*; zur germanischen Verwandtschaft s. *Fladen*. — Röhrich 2 (1992), 1188.

plattdeutsch *Adj.* (< 16. Jh.). Gemeint ist zunächst wie bei *Schlechtdeutsch* und *Bauerndeutsch* die einfache, nicht-stilisierte und nicht gehobene Sprache. Diese Bezeichnungen enthalten von Anfang an eine positive und eine negative Nebenbedeutung. Positiv ist ´verständlich, rund heraus´, negativ ist ´unterlegen, minderwertig, grob´.
A. Lasch *BGDSL* 42 (1917), 134 – 156; E. Seebold *ZDL* 52 (1985), 381.

Platte *f.* (< 10. Jh.). Mhd. *plate, blate* ´Platte, Brustharnisch, Tonsur´, ahd. *platta* ´Platte, Glatze´. Entlehnt aus ml. *platta* ´Platte´, Substantivierung aus spl. *plattus* (s. *platt*).
S. *Plateau*. — Röhrich 2 (1992), 1188.

Platteise *f. per. fach.* ´Scholle´ (< 15. Jh.). Mndl. *plad(d)ijs*, mhd. *blatīse, pletse*. Entlehnt aus einer romanischen Nachfolgeform von gleichbedeutendem ml. *platessa*, das zu der Sippe von *platt* gehört.

plätten *swV. erw. ndd.* ´bügeln´ (< 18. Jh.). Spezialisierung von mndd. *pletten* ´platt machen´. Abgeleitet von *platt*.
Kretschmer (1969), 373 – 376.

Plattform *f.* (< 17. Jh.). Entlehnt aus frz. *plateforme*, ursprünglich ´Geschützdamm´ als Teil des Festungsbaus. Zu den Grundwörtern s. *platt* und *Form*.
DF 2 (1942), 558 f.; Jones (1976), 524 f.

Platz[1] *m.* (< 13. Jh.). Mhd. *plaz, blaz*. Entlehnt aus ml. *placea f.* (und frz. *place f.*), dieses aus gr. *plateĩa f.* ´breiter Weg, Straße, freie öffentliche Fläche in der Stadt´ (zu gr. *platýs* ´flach, breit´).
S. *platt*. — Röhrich 2 (1992), 1188 f.

Platz[2] *m. per. reg.* (< 14. Jh.). Mundartlich für verschiedene Gebäckarten, heute vor allem in der Diminutivform *Plätzchen* bekannt. Bezeugt ist im 14. Jh. *pla(t)zbecke* ´Kuchenbäcker´. Vermutlich zu *platzen* mit verschiedenen Möglichkeiten des Benennungsmotivs. Der nordwestdeutsche *Platz* wird kreuzweise eingeschnitten, so daß er aufplatzt, der

Kartoffelplatz prasselt beim Backen usw. Genauere Zuweisungen und Abgrenzungen sind praktisch nicht möglich. Auch ein Einfluß von *Plätz* ist nicht ausgeschlossen.
S. *Plätz, platzen*. — Wick (1939), 72; W. Kaspers *BGDSL-H* 80 (1958), 179 – 189; Röhrich 2 (1992), 1188 f.

Plätz *m. per. reg.* ´Fleck, Flicken´ (< 13. Jh.). Mhd. *plez, blez* ´Flicken, Stück, Tuch, Untergrund´, seit dem 14. Jh. auch übertragen ´Eingeweide´ (vgl. *Kuttelfleck* u.ä.). Da gegenüber gt. *plat n.*, (oder *plats m.*) ´Flicken´ keine Lautverschiebung erscheint, wohl entlehnt aus akslav. *platŭ* ´Tuch, Leinwand´ (unklarer Herkunft).

platzen *swV.* (< 17. Jh.). Mhd. *platzen, blatzen*. Lautmalend wie *platschen, plantschen* usw., die alle ein schallendes Geräusch bezeichnen. Hierzu auch *Platzregen*, bezeugt seit dem 15. Jh. Übertragen ist *platzen vor Wut* mit verschiedenen Erweiterungen. Präfigierung: *zerplatzen*.

Platzhirsch *m. per. fach.* (< 19. Jh.). Zunächst jägersprachlich für den stärksten Hirsch am Platz, dann übertragen auf gesellschaftlich dominierende (männliche) Personen.

plaudern *swV.* (< 14. Jh.). Spmhd. *plūdern*, Nebenform zu spmhd. *blōdern* u.ä. Schallwort wie mndd. *pladeren* ´schwatzen´, l. *blaterāre* ´dumm daherreden´, gr. *phlédōn* ´Schwätzer´. S. *plauschen*.

plauschen *swV. per. reg.* ´vertraulich plaudern´ (< 19. Jh.). Abwandlung von *plaudern*.

plausibel *Adj. erw. fremd.* ´einleuchtend, begreiflich´ (< 17. Jh.). Entlehnt aus frz. *plausible*, dieses aus l. *plausibilis*, eigentlich ´Beifall verdienend´, zu l. *plaudere (plausum)* ´klatschen, Beifall spenden´. Die Bedeutungsentwicklung über ´was Zustimmung verdient´. Abstraktum: *Plausibilität*.
S. *applaudieren*. — *DF* 2 (1942), 560; Brunt (1983), 423.

Plauze *f. per. omd.* ´Eingeweide´, besonders ´Lunge´ (< 16. Jh.). Entlehnt aus sorb. *pluco n.* ´Lungenflügel´, sorb. *pluca Pl.* ´Lunge´.
Bielfeldt (1965), 43; Eichler (1965), 97 f.; Bellmann (1971), 209 – 211.

Playboy *m. erw. fremd.* (< 20. Jh.). Entlehnt aus ne. *playboy* ´junger Mann, der nur ans Spielen (d. h. an sein Vergnügen, vor allem erotischer Art) denkt´. Zu ne. *play* ´spielen´ und ne. *boy* ´Junge´.
Rey-Debove/Gagnon (1988), 743.

Plazenta *f. per. fach.* ´Mutterkuchen´ (< 16. Jh.). Entlehnt aus l. *placenta* gleicher Bedeutung, eigentlich ´flacher Kuchen´ (Übertragung nach der Form). Dieses aus gr. *plakoȳs (plakoȳnta)* ´flacher Kuchen´.
DF 2 (1942), 560.

Plazet *n. per. fremd.* ´Einwilligung´ (< 16. Jh.). Hypostasierung der Formel l. *placet* ´es gefällt, ich

stimme zu᾿, zu l. *placēre* ᾿gefallen, gefällig sein, dafür sein, beschließen᾿.
S. *Placebo, plädieren, Pläsier.* – *DF* 2 (1942), 560 f.; Röhrich 2 (1992), 1187.

plazieren *swV. erw. fremd.* ᾿an eine Position bringen, einen Platz zuweisen᾿ (< 18. Jh.). Entlehnt aus frz. *placer*, zu frz. *place* (s. *Platz*[1]). Abstraktum: **Plazierung**; Adjektiv: **deplaziert**.
DF 2 (1942), 543 f.

Plebejer *m. bildg.* (< 18. Jh.). Angepaßt aus l. *plēbēius* ᾿Angehöriger des einfachen Volkes (l. *plēbs*). Adjektiv: **plebejisch**.

Plebiszit *n. per. fach.* 'Volksentscheid' (< 19. Jh.). Entlehnt aus l. *plēbiscītum* aus l. *plēbs* ᾿einfaches Volk᾿ und l. *scītum* ᾿Beschluß᾿ (zu l. *scīscere* ᾿entscheiden᾿).
DF 2 (1942), 561; A. G. Roos *MNAW* 3 (1940), 251–294.

Pleite *f. stil.* (< 19. Jh.). Aus dem Rotwelschen übernommen (dort ist im 18. Jh. belegt *Blede machen* für ᾿durchgehen, entfliehen᾿). Aus wjidd. *pleite* ᾿Bankrott; fort, weg᾿ aus hebr. *pᵉlēṭā(h)* ᾿Rest, Überbleibsel; Rettung, Entrinnen᾿, spät auch ᾿Bankrott᾿. Dazu *Pleitegeier* mit verschiedenen Anwendungen (z. B. auf das Pfändungssiegel mit dem Adler), angeregt durch wjidd. *Pleite-geier* ᾿Pleite-Geher᾿.
S. auch *flötengehen.* – Lokotsch (1975), 132; Wolf (1985), 249 f.; Röhrich 2 (1992), 1189 f.

Plempe *f.*, auch **Plampe** *f. per. vulg.* ᾿Seitengewehr᾿ (< 17. Jh.). Zu *plampen* ᾿baumeln᾿, weil das Seitengewehr am Koppel baumelt. Auch ᾿fades Getränk᾿ (als hin- und hergeschütteltes), dazu *verplempern*, eigentlich ᾿verschütten᾿.

plentern *swV. per. fach.* ᾿die lichtraubenden Bäume aushauen᾿ (< 18. Jh.). Zu *Blender* ᾿lichtraubender Baum᾿ in bairischer Lautform.

Plenum *n. per. fach.* ᾿Vollversammlung᾿ (< 19. Jh.). Entlehnt aus ne. *plenum*, einer Neubildung zu l. *plēnum cōnsilium* ᾿vollzählige Versammlung᾿, zu l. *plēnus* ᾿voll᾿.
Zu dem zugrundeliegenden l. Verb gehören noch als Partizipien und deren Ableitungen *komplementär, komplett, Supplement.* Ferner *Kompliment, Manipulation.* – *DF* 2 (1942), 563 f.; Rey-Debove/Gagnon (1988), 744.

Pleuelstange *f. erw. fach.* ᾿Schubstange᾿ (< 19. Jh.). Mit oberdeutschem Lautstand zu *Bleuel* (s. *bleuen*) ᾿Stampfer᾿. Die Umsetzung von Drehbewegungen zu Stoßbewegungen erfolgte zuerst bei den wassergetriebenen Stampfmühlen.

plietsch *Adj. per. ndd.* ᾿schlau᾿ (< 20. Jh.). Zusammengezogen aus mndd. *polietsch* ᾿politisch᾿.

Plinse *f. per. omd.* ᾿Pfannkuchen, Kartoffelpuffer᾿ (< 16. Jh.). Entlehnt aus sorb. *blinc* ᾿dünner Buchweizenkuchen᾿.
Eichler (1965), 98 f.; Bellmann (1971), 150 f.

Plissée *n. per. fach.* ᾿Gewebe mit vielen, schmalen Falten᾿ (< 19. Jh.). Substantivierung von frz. *plissé* ᾿gefaltet᾿, dem PPrät. von frz. *plisser* ᾿in Falten legen᾿, zu frz. *pli m.* ᾿Falte᾿, einer Ableitung von frz. *plier* ᾿falten᾿, dieses aus l. *plicāre* (s. *kompliziert*). Verb: **plissieren**.
DF 2 (1942), 565.

Plombe *f.* (< 18. Jh.). Rückbildung aus *plombieren*, das im 18. Jh. aus frz. *plomber* entlehnt wurde. Dieses bedeutet eigentlich ᾿mit Blei verschließen᾿ (zu frz. *plomb m.*, aus l. *plumbum n.*).
DF 2 (1942),, 565.

Plötze *f. per. fach.* ᾿Karpfenart᾿ (< 15. Jh.). Entlehnt aus einer westslawischen Sprache, vermutlich obsorb. *ploćica*, eigentlich ᾿Plattfisch᾿.
Wick (1939), 43 f.; K. Müller in: *Beiträge zum deutsch-slawischen Sprachkontakt.* Hrsg. E. Eichler (Berlin 1977), 69–84.

plotzen *swV. per. reg.* ᾿aufprallen᾿ (< 17. Jh.). Zu lautnachahmendem *Plotz* ᾿Aufprall᾿. Auch in Formeln wie *auf den Plotz* ᾿Knall und Fall᾿, nordd. *Plutz.* Auch als Adjektiv und Adverb gebraucht.

plötzlich *Adv.* (< 14. Jh.). Es gehört zu *Plotz* ᾿Aufprall᾿ (s. *plotzen*), das allerdings erst später bezeugt ist. Die Bedeutungsentwicklung geht aus von der Schnelligkeit (und auch Unerwartetheit) solcher Vorgänge (vgl. *auf einen Schlag* u.ä., auch – mit spezieller Herkunft – *Knall und Fall*).
Bahder (1925), 126 f.; E. Oksaar: *Semantische Studien im Sinnbereich der Schnelligkeit* (Stockholm 1958).

Pluderhose *f. obs.* (< 15. Jh.). Auch in anderen Lautformen *(Fluderhose, Bloderhose).* Zu einem lautmalenden Verb wie *flattern*; im konkreten Fall steht am nächsten das unter *plaudern* dargestellte Wort, doch lassen sich die näheren Zusammenhänge bei lautlich (und semantisch) so instabilen Wörtern schwer bestimmen.

plump *Adj.* (< 16. Jh.). Übernommen aus ndd. *plomp*, nndl. *plomp, plump* ᾿dick, grob, stumpf᾿, das zu einem Schallwort für einen dumpfen Fall gehört (vgl. *plumps* u.ä.).

Plumpe *f. per. omd.* ᾿Pumpe᾿ (< 17. Jh.). Lautmalende (wohl von *plumps* u.ä. abhängige) Umgestaltung von *Pumpe.*

Plumpsack *m. obs.* ᾿Kinderspiel᾿ (< 18. Jh.). Ursprünglich wohl ein Kinderwort für ᾿schwerer Sack᾿ (der beim Abstellen *plump* macht), dann übertragen auf ᾿plumper Mensch᾿ und auf das Spiel.

plumpsen *swV. stil.* (< 18. Jh.). Eigentlich niederdeutsche Form, doch spielt in diesem Fall sicher auch die Lautmalerei eine Rolle, so daß dieses oder ein ähnliches Wort auch oberdeutsch heimisch gewesen sein kann.

Plunder *m. stil.* (< 14. Jh.). Schon früher mndd. *plunderware m./f.* ᾿kleines Hausgerät, Kleider᾿,

mndd. *plunder*, mndl. *plunder*, *plonder f.* ´gebrauchter Hausrat, Bettzeug, Kleider´. Auch ohne *r* in mndd. *plunne*, *plunde* ´Kram´, mndl. *plundware f./ (m.?)*´kleiner Hausrat´. Herkunft unklar. Dazu *plündern* und *Plünnen*.
Lühr (1988), 132 f.

plündern *swV.* (< 14. Jh.). Zunächst wohl in mndd. *plunderen*, mndl. *plunderen*, *plondern*, fr. *plunderje*. Zu *Plunder* in wertfreier Bedeutung, also ´Plunder wegnehmen´. Abstraktum: ***Plünderung***; Nomen agentis: ***Plünderer***.

Plural *m.* (< 17. Jh.). Entlehnt aus l. *plūrālis (numerus)*, zu l. *plūs (-ūris)* ´mehr´, dem suppletiven Komparativ zu l. *multus* ´viel´.
S. *plus.* − *DF* 2 (1942), 566; Cottez (1980), 339; *HWPh* 7 (1989), 988 − 995.

plus *Konj./Präp. m. Gen./Adv.* (< 15. Jh.). Entlehnt aus l. *plus* ´mehr´ (s. *Plural*).
DF 2 (1942), 566 f.

Plüsch *m.* (< 17. Jh.). Entlehnt aus frz. *peluche*, einer Rückbildung zu afrz. *peluchier* ´zupfen´, das aus einem spl. **pīluccare* stammt. Dieses aus l. *pilāre* ´enthaaren´ erweitert.
S. *Kompilation.* − *DF* 2 (1942), 567.

plustern *swV.* (< 17. Jh.). Übernommen aus dem Niederdeutschen: Mndd. *plusteren*, mndl. *pluusteren*, *pluysteren*, eine Weiterbildung zu mndl. *pluysen* ´zupfen´ (die Bedeutung von *plüsteren* ist zunächst ´zerzausen´). Weitere Herkunft unklar. Partikelverb: *aufplustern*.

Pneu *m. erw. schwz. österr.* ´Reifen´ (< 19. Jh.). Gekürzt aus *Pneumatik* ´Luftreifen´, das zu gr. *pneûma n.* ´Wind, Atem, Luft´ gebildet ist. Vgl. frz. *pneu*.
Zu *Pneumatik* s. *HWPH* 7 (1989), 995 − 999. − Cottez (1980), 339.

Pöbel *m. stil.* (< 13. Jh.). Mhd. *povel*, *bovel*. Entlehnt aus afrz. *poble* in der Bedeutung ´Dienerschaft, gemeine Leute´. Dieses ist eine regionale Form zu afrz. *pueble*, *pueple*, frz. *peuple* ´Volk´, das auf l. *populus* ´Volk´ zurückgeht. Die anderen germanischen Sprachen (auch mndd. *popel*, mndl. *popel*) gehen auf das normale französische oder lateinische Wort zurück und zeigen im allgemeinen nicht die gleiche Bedeutungsverschlechterung. Diese beginnt im Mittelhochdeutschen, setzt sich aber erst in neuhochdeutscher Zeit durch. Verb: *(an-) pöbeln*.
S. *populär.* − Jones (1976), 511; *HWPh* 7 (1989), 999 f.

pochen *swV. stil.* (< 13. Jh.). Mhd. *bochen*, *puchen*, mndd. *boken*, *puchen*, *puggen*, mndl. *boken*, *bueken*. Lautmalend (vgl. die Interjektion *poch*, die kaum ein Imperativ des Verbs ist). Frühneuhochdeutsch aus dem Zusammenhang des *ans Tor* oder *auf den Tisch Pochens* auch die Bedeutung ´wagen,

herausfordern´. Daher der Name des *Pochspiels*, bei dem der Spieler mit seinem Einsatz den Vergleich herausfordert. S. *puckern*.

pochieren *swV. per. fach.* ´(Eier) in siedendem Wasser kochen´ (< 19. Jh.). Entlehnt aus frz. *pocher* gleicher Bedeutung. Dieses zu frz. *poche* ´Tasche´, weil dabei das Eigelb von dem festwerdenden Eiweiß wie von einer Tasche umschlossen wird.

Pocke *f.*, **Pocken** *Pl.* (< 16. Jh.). Aus dem Niederdeutschen übernommen (lautgesetzliche Entsprechungen sind wmd. *poche* und fnhd. *pfoche*). Mndd. *pocke*, *poche*, mndl. *pocke*, vergleichbar mit ae. *pocc m.* Vermutlich sind bei diesen Wörtern für verschiedene Krankheitserscheinungen die ´Bläschen´ im Vordergrund. Deshalb kann an ae. *pocca m.* ´Tasche, Sack´ angeknüpft werden, ebenso ahd. *pohha m.*, mhd. in *pfochsnīden n.* ´Beutelschneiden´. Zu der zugrundeliegenden Lautgebärde vgl. *Bausch*.
S. *Pickel²*. − Kretschmer (1969), 377 f.; Lühr (1988), 270 f.

Podest *n.* s. *Podium.*

Podex *m. erw. stil.* (< 17. Jh.). Entlehnt aus l. *pōdex* ´Hinterteil´ (wohl in der Schulsprache).
S. *Popo.* − *DF* 2 (1942), 569.

Podium *n. erw. fach.* ´erhöhte Plattform´ (< 19. Jh.). Entlehnt aus l. *podium*, dieses aus gr. *pódion* ´Standplatz´, eigentlich ´Füßchen´, einem Diminutivum zu gr. *poús (podós) m.* ´Fuß´. Dazu wohl **Podest** ´kleines Podium´.
S. *Antipode, Kaliber, Polyp*; zur germanischen Verwandtschaft s. *Fuß*; zur lateinischen *Pedal.* − *DF* 2 (1942), 569.

Poesie *f.* (< 16. Jh.). Entlehnt aus frz. *poésie*, dieses aus l. *poēsis*, aus gr. *poíēsis*, eigentlich ´Tun, Herstellung, Schöpfung´, zu gr. *poieîn* ´dichten´, (eigentlich ´machen, schaffen´). **Poet** ´Dichter´ wurde schon im 13. Jh. entlehnt, vermutlich aus afrz. *poete* (oder l. *poēta m.*). Adjektiv: ***poetisch***.
A. Maas: ´*Poet´ und seine Sippe* (Diss. Freiburg 1905); ders. *ZDW* 6 (1904/05), 233 − 298; *DF* 2 (1942), 570; *HWPh* 7 (1989), 1000 − 1026.

Pogge *f. per. ndd.* ´Frosch´ (< 17. Jh.). Mndd. *pogge f./m.* Vielleicht mit Intensiv-Lautung zur gleichen Grundlage wie ne. *frog* (zu ig. **preu-* ´springen, hüpfen´ als ´Hüpfer´) mit *p* für *f* und Ausfall von *r*.
H. Claus *NJ* 81 (1958), 107 − 115; N. Wagner *HS* 103 (1990), 281 − 285.

Pogrom *m./n. per. fach.* ´Ausschreitungen gegen Minderheiten, Judenverfolgung´ (< 20. Jh.). Entlehnt aus russ. *pogróm*, eigentlich ´Verwüstung, Unwetter´.
DF 2 (1942), 570.

Pointe *f. erw. fremd.* ´geistreicher Schlußeffekt´ (< 18. Jh.). Entlehnt aus frz. *pointe*, eigentlich ´Spitze´, dieses aus l. *pūnctum n.* ´Stich´, dem substantivierten PPP. von l. *pungere (pūnctum)* ´stechen`. Adjektiv: ***pointiert***.

S. *Punkt.* − Brunt (1983), 425.

Pokal *m. erw. fach.* (< 16. Jh.). Entlehnt aus it. *boccale* ´Krug, Becher`, dieses aus spl. *baucalis f.* ´tönernes Kühlgefäß`, aus gr. *baúkalis f.* ´enghalsiges Kühlgefäß`. Das anlautende /p/ wohl in volksetymologischer Anlehnung an l. *pōculum n.* ´Trinkgeschirr, Becher`.

DF 2 (1942), 571.

Pökel *m. per. ndd.* ´Salzlake` (< 17. Jh.). Mndd. *pekel f.*, mndl. *pēkel(e)*, *peeckel*; vgl. ne. *pickle*; im 15. Jh. auch *pec* ´Salzhering`. Entlehnt aus einem romanischen Nachfolger von ml. **piccare* ´stechen` (vgl. den Umkreis von *pikant*) und mit deutscher Endung versehen. Verb: ***(ein-) pökeln***.

S. *Pickelhering.* − W. Foerste *NW* 1 (1960), 11−13; H. Dittmaier in: *FS Foerste* (1970), 205−207; W. Seibicke *MS* 89 (1979), 33−44.

Poker *m./n. erw. fach.* (Glücksspiel) (< 20. Jh.). Entlehnt aus ne. *poker*, dieses aus frz. *poque*, Variante von *poche* ´Tasche`; gemeint ist der Einsatz. Verb: ***pokern***.

DF 2 (1942), 571 f.; *DEO* (1982), 442; Rey-Debove/Gagnon (1988), 748.

Pol *m.* (< 18. Jh.). Entlehnt aus l. *polus*, dieses aus gr. *pólos*, eigentlich ´Drehpunkt, Achse`, zu gr. *pélesthai* ´sich bewegen`. Adjektiv: ***polar***.

Zur germanischen Verwandtschaft s. *Hals.* − *DF* 2 (1942), 572 f. Zu *Polarität* s. *HWPh* 7 (1989), 1026−1029; Röhrich 2 (1992), 1190.

Polder *m. per. ndd.* ´eingedeichtes Land` (< 18. Jh.). Übernommen aus nndl. *polder*, das seit dem 16. Jh. bezeugt ist. Das Wort (oder ein gleichlautendes?) bedeutet auch ´Hühnerstall` und stammt in dieser Bedeutung aus ml. *pullarium n.* (zu l. *pullus* ´Hühnchen`) über frz. *poulailler* ´Geflügelhof`. Eine Bedeutungsbrücke ist aber nicht zu ersehen. Herkunft also unklar.

U. Seelmann *NJ* 47 (1921), 41−44.

Polemik *f. erw. fach.* ´scharfer, verunglimpfender Angriff` (< 18. Jh.). Entlehnt aus frz. *polémique*, einer Substantivierung von frz. *polémique* ´kriegerisch, den Krieg betreffend`, dieses aus gr. *polemikós*, zu gr. *pólemos m.* ´Krieg, Schlacht, Kampf`. Adjektiv: ***polemisch***; Verb: ***polemisieren***.

DF 2 (1942), 573 f.; Cottez (1980), 342; *HWPh* 7 (1989), 1029−1034; *Brisante Wörter* (1989), 295−301.

Polente *f. vulg.* ´Polizei` (< 19. Jh.). Gaunersprachliche Abwandlung des Wortes *Polizei*.

Police *f. erw. fach.* ´Versicherungsurkunde` (< 17. Jh.). Entlehnt aus it. *polizza*, dieses aus ml. *apodixa* ´Nachweis`, aus gr. *apódeixis*, zu gr. *apodeiknýnai* ´vorzeigen, aufweisen, beweisen`, zu *deiknýnai* ´zeigen, begreiflich machen, beweisen` und gr. *apo-*. In der Form angeglichen an frz. *police* gleichen Ursprungs.

S. *apodiktisch*, zur lateinischen Verwandtschaft *diktieren*, zur germanischen *zeihen*. − Schirmer (1911), 144; *DF* 2 (1942), 575 f.; Jones (1976), 527 f.

Polier *m. per. fach.* ´Vorarbeiter, Bauführer` (< 14. Jh.). Entlehnt aus l. *politor* ´Mittelsmann zwischen Gutsherrn und Landarbeitern`.

Schirmer (1911), 144; K. Krause *WuS* 19 (1938), 158 f.

polieren *swV.* (< 13. Jh.). Mhd. *polieren* ist entlehnt aus afrz. *polir*, dieses aus l. *polīre*, auch ´feilen`. Abstraktum: ***Politur***.

DF 2 (1942), 576 f.; W. J. Jones *SN* 51 (1979), 267.

Politesse *f. per. fach.* ´Hilfspolizistin` (< 20 Jh.). Neubildung nach Mustern wie *Komtesse* zu einer rekonstruierten Vorform von *Polizei*. Vermutlich scherzhafte Anspielung auf älteres *Politesse* ´Artigkeit`.

politisch *Adj.* (< 16. Jh.). Entlehnt aus frz. *politique*, dieses aus l. *polīticus*, aus gr. *polītikós*, zu gr. *polítēs* ´Bürger, Staatsbürger`, eigentlich ´Stadtbürger`, zu gr. *pólis* ´Stadt, Staat`. Abstraktum: ***Politik***; Täterbezeichnung: ***Politiker***; Verb: ***politisieren***; Kompositionsform: ***Polit-***.

S. *Kosmopolit, Metropole, Poliklinik, Polizei.* − C. Müller *ZDU* 10 (1896), 777 f.; ders. *ZDW* 3 (1902), 257 f.; A. Stegmann *CL* 13 (1968), 33−47; *Grundbegriffe* 4 (1978), 789−874; D. Sternberger: *Drei Wurzeln der Politik* (Frankfurt 1978); ders. in *Festschrift der Wissenschaftlichen Gesellschaft an der Goethe-Universität Frankfurt* (Wiesbaden 1981), 465−479; H. Irmscher *Typenbegriffe* 4 (1981), 158−167; L. M. Eichinger in: *FS Matzel* (1984), 201−214; *HWPh* 7 (1989), 1038−1072; Röhrich 2 (1992), 1190.

Polizei *f.* (< 14. Jh.). Entlehnt aus ml. *policia* ´Staatsverwaltung`, dieses aus spl. *polītīa*, aus gr. *polīteía*, zu gr. *polítēs m.* ´Bürger, Staatsbürger`, eigentlich ´Stadtbürger`, zu gr. *pólis* ´Stadt, Staat`. Die heutige Bedeutung seit dem 18. Jh., metonymisch übertragen von ´Staatsverwaltung` auf ´ausführendes Organ der Staatsverwaltung`, besonders unter dem Einfluß von Komposita wie *Polizei-Ordnung*, eigentlich ´staatliche Ordnung`, dann ´durch die Polizei gewährleistete Ordnung`. Täterbezeichnung: ***Polizist***; Adjektiv: ***polizeilich***.

S. *Politesse, politisch.* − K. Zobel: *Polizei* (Diss. masch. München 1952) (mit einem Wörterbuch der Komposita) *Grundbegriffe* 4 (1978), 875−897; P. Preu: *Polizeibegriff und Staatszwecklehre* (Göttingen 1983); *HWPh* 7 (1989), 1080−1083; Röhrich 2 (1992), 1190 f.

Pollen *m. erw. fach.* ´Blütenstaub` (< 14. Jh.). Entlehnt mit der Bedeutung ´feines Mehl, Staubmehl` aus l. *pollen n.* gleicher Bedeutung. Die Bedeutung ´Blütenstaub` ist neuzeitlich und international. Das lateinische Wort gehört zu einer Wortfamilie, in der die Bedeutungen ´Mehl` und ´Pulver` (s. *Pulver*) vorherrschen.

Polster *m./n.* (< 9. Jh.). Mhd. *polster m.*, *bolster m.*, ahd. *polstar m./n.*, aus g. **bulstra-*, älter vermutlich **bulhstra- n.* ´Polster`, auch in anord. *bolstr m.*, *bulstr m.*, ae. *bolster n.* Vermutlich zu einem g. *belg-a- stV. 'aufschwellen', das aber nur in der Bedeutung 'zürnen' bezeugt ist, vgl. ae. *belgan*, as. *belgan*, ahd. *belgan* 'zürnen', afr. *ovirbulgen* 'erzürnt', aber anord. *bolginn* 'angeschwollen'. Die Bedeutung 'Kissen' auch in apreuß. *balsinis m.*, serbo-kr. *blàzina f.*, avest. *barəziš-*. Die Frage, ob nicht in Wirklichkeit Entlehnungen aus einer unbekannten Sprache vorliegen, muß offen bleiben. Verb: *polstern*.

S. *Ball*[1]. – Röhrich 2 (1992), 1191.

Polterabend *m. erw. reg.* 'Vorabend der Hochzeit, an dem von den Freunden des Brautpaars Geschirr u.ä. zerschlagen wird' (< 16. Jh.). Auch *pulternacht*. Wahrscheinlich um *Poltergeister* o.ä. von dem jungen Paar fernzuhalten; deshalb vielleicht Klammerform aus *Poltergeistabend*. Zu *poltern*.

poltern *swV.* (< 15. Jh.). Auch als *buldern, boldern* bezeugt. Lautnachahmend. Ähnlich nndl. *balderen*.

poly- Präfix mit der Bedeutung 'viel' (z. B. *polygam, Polyhistor*). Es wurde in griechischen Entlehnungen ins Deutsche übernommen; sein Ursprung ist gr. *polý*. In den Fachsprachen beschränkt produktiv.

Cottez (1980), 342 f.

polyglott *Adj. per. fach.* 'mehrsprachig' (< 18. Jh.). Entlehnt aus gr. *polýglōttos*, zu gr. *glõssa, glõtta* 'Sprache, Zunge' (s. *Glosse*) und gr. *poly-*.

DF 2 (1942), 584 f.

Polyp *m. erw. fach.* 'Krake, Nesseltier, Geschwulst der Schleimhäute' (< 16. Jh.). Entlehnt aus l. *polypus*, dieses aus gr. *polýpous*, einer Substantivierung von gr. *polýpous* 'vielfüßig', zu gr. *poús* 'Fuß' und gr. *poly-*. Die Bedeutung 'Polizist' entsteht in Übertragung der Tätigkeit der Fangarme auf die Arbeit der Polizei (und gaunersprachlich *polipee*).

S. *Podium*. – *DF* 2 (1942), 586 f.

Pomade *f.* (< 17. Jh.). Entlehnt aus frz. *pommade* (auch: 'Salbe'), dieses aus it. *pomata*, aus spl. **pomata*, zu spl. *pōmum n.* 'Frucht, Apfel', aus l. *pōmum n.* 'Obstfrucht'. Bezeichnet nach der Beigabe 'Apisäpfel'. Adjektiv: *pomadig*.

S. *Pomeranze, Pommes frites*. – *DF* 2 (1942), 588–590 Eichler (1965), 101 f.; Jones (1976), 528; Brunt (1983), 426; Röhrich 2 (1992), 1191.

Pomeranze *f. obs.* (eine Zitrusfrucht) (< 15. Jh.). Entlehnt aus it. *pomarancia*, einer Zusammensetzung aus it. *pomo m.* 'Apfel' (aus l. *pōmum n.*) und it. *arancia* 'bittere Apfelsine' (aus pers. *nāranǧ*).

S. *Orange* und *Pomade*. – Littmann (1924), 81, 83; *DF* 2 (1942), 590; Lokotsch (1975), 125.

Pommes frites *Pl.* (< 20. Jh.). Entlehnt aus frz. *pommes frites*, aus frz. *pomme (de terre)* 'Kartoffel' (aus l. *pōmum n.* 'Obstfrucht' und l. *terra f.*

'Erde', also 'Erdapfel') und frz. *frire (frit)* 'bakken, braten' (s. *Frikadelle*).

S. *Pomade*. – *DF* 2 (1942), 591.

Pomp *m.* (< 13. Jh.). Mhd. *pomp(e) f./m.* Entlehnt aus l. *pompa f.* unter Einfluß von dessen Fortsetzer frz. *pompe f.* Das Maskulinum erst spät (unter Einfluß von *Prunk*?). Das lateinische Wort ist entlehnt aus gr. *pompḗ f.* 'feierlicher Aufzug'. Adjektiv: *pompös*.

S. *Pumphose*. – K.-H. Weimann *DWEB* 2 (1963), 401.

Poncho *m. per. exot.* 'Umhang' (< 19. Jh.). Entlehnt aus span. *poncho*, dieses aus der südamerikanischen Indianersprache Arauka *poncho* 'Wollgewebe'.

DF 2 (1942), 592 f.

Pontifikat *n. per. fach.* 'Amt, Würde hoher Geistlicher' (< 15. Jh.). Entlehnt aus l. *pontificātus m.*, zu l. *pontifex m.* 'Oberpriester, eigentlich wohl 'Brückenbauer', zu l. *pōns (pontis) m.* 'Brücke, Steg' und l. *facere* 'machen'.

S. *Fazit* und *Ponton*. – *DF* 2 (1942), 594.

Ponton *m. per. fach.* 'Brückenschiff' (< 16. Jh.). Entlehnt aus frz. *ponton*, dieses aus l. *ponto (-ōnis)*, zu l. *pōns (pontis)* 'Brücke, Steg'.

DF 2 (1942), 594; Jones (1976), 529 f.

Pony *n.* (< 19. Jh.). Entlehnt aus ne. *pony*, dessen weitere Herkunft nicht sicher geklärt ist (schott.-e. *pownie*, dieses aus frz. *poulenet*, aus nl. *pullanus* 'Fohlen'?). Dazu im Vergleich mit der Mähne dieser Tiere *Pony (-schnitt) m.*, die Bezeichnung einer Frisur, bei der die Haare in kleinen Fransen in die Stirn hängen.

DF 2 (1942), 595; Ganz (1957), 175 f.; *DEO* (1982), 443; Rey-Debove/Gagnon (1988), 751 f.

Popanz *m. erw. reg.* 'Schreckgestalt, Wichtigtuer' (< 16. Jh.). Im ostmitteldeutschen Sprachraum aus einem nicht sicher zu bestimmenden slavischen Wort entlehnt.

DF 2 (1942), 595; Röhrich 2 (1992), 1192.

Popcorn *n. per. fremd.* (ein Knuspergebäck aus geröstetem Mais) (< 20. Jh.). Entlehnt aus ne. *popcorn*, einer Zusammensetzung aus ne. *pop* 'knallen, knallend aufplatzen' (das wohl lautnachahmenden Ursprungs ist) und ne. *corn* 'Mais' (gleichen Ursprungs wie d. *Korn*). So bezeichnet, weil die Maiskörner beim Rösten aufplatzen, wodurch *Popcorn* die charakteristische Form erhält.

Rey-Debove/Gagnon (1988), 755.

Popel *m. per. reg.* 'verhärteter Nasenschleim' (< 19. Jh.). Ursprünglich mitteldeutsches Wort mit ähnlicher Bedeutungsvielfalt wie *Butzen*. Abgrenzung und Ausgangsbedeutung unklar.

popelig *Adj. per. reg.* 'armselig' (< 19. Jh.). Vermutlich zu *Pöbel* gebildet.

Popelin *m.*, **Popeline** *f.* (ein Stoff) (< 18. Jh.). Entlehnt aus frz. *popeline f.*, dieses wohl aus frz. *(drap de) Poperingue* 'Stoff aus Poperingue', dem Namen einer flämischen Stadt. Die jüngere Bedeutung ist dabei abhängig von e. *poplin* aus der gleichen Quelle.
DF 2 (1942), 595 f.

Popo *m. kind.* (< 18. Jh.). Das im 17. Jh. eingebürgerte *Podex* 'Hintern' wird zu einer kindersprachlichen Reduplikation umgestaltet. Bezeugt zuerst im Nordosten.
H. Schulz *ZDW* 10 (1908), 145–147.

populär *sw V.* (< 18. Jh.). Entlehnt aus frz. *populaire*, dieses aus l. *populāris*, eigentlich 'zum Volk gehörig', zu l. *populus* 'Volk'. Dazu die Abkürzung *pop* in *Popmusik* (usw.). Abstraktum: **Popularität**. S. *Pöbel, publik, Republik.*
Rey-Debove/Gagnon (1988), 756 f.

Pore *f.* (< 15. Jh.). Entlehnt aus l. *porus m.*, dieses aus gr. *póros m.*, eigentlich 'Durchgang', zu gr. *poreîn* 'auf dem Weg bringen, hinüberbringen, schicken u.ä.', zu gr. *pérān* 'drüben, hinter, jenseits'. Adjektiv: *porös.*
Zur germanischen Verwandtschaft s. *fahren.* – *DF* 2 (1942), 596 f.; K.-H. Weimann *DWEB* 2 (1963), 401.

Pornographie *f. erw. fach.* 'obszöne Darstellungen sexueller Akte' (< 20. Jh.). Entlehnt aus frz. *pornographie*, zu frz. *pornographe m.* 'Autor erotischer Schriften, (älter: Autor von Büchern über Huren)', aus gr. *pórnē* 'Hure' und gr. *gráphos m.* 'Schreiber', zu gr. *gráphein* 'schreiben'. Vielfach gekürzt als *Porno.*
DF 2 (1942), 597.

Porree *m. obs.* 'Lauch' (< 19. Jh.). Im Neuhochdeutschen entlehnt aus frz. *porrée*, dieses aus l. *porrum n.* (das auch schon in ahd. Zeit entlehnt worden war).
E. Öhmann *NPhM* 44 (1943), 18–22; Marzell 1 (1943), 202 f.

Porst *m. per. reg.* 'wilder Rosmarin' (< 14. Jh.). Mhd. *borse(r)*, mndd. *pors*, anord. *pors*. Herkunft unklar.

Port *m. arch.* 'Ort der Sicherheit, Hafen' (< 13. Jh.). Mhd. *port(e)*, *borte*. Entlehnt aus afrz. *port*, das auf l. *portus* 'Hafen' zurückgeht.
DF 2 (1942), 597.

Portal *n. stil.* (< 15. Jh.). Entlehnt aus ml. *portale*, einer Augmentativ-Bildung zu l. *porta* 'Tür'.
S. *Portier* und *Pforte.* – *DF* 2 (1942), 598.

Portemonnaie *n. alt.* (< 19. Jh.). Entlehnt aus frz. *portemonnaie m.*, dieses zusammengesetzt aus frz. *porte* 'trage', zu frz. *porter* 'tragen', aus l. *portāre*, und frz. *monnaie f.* 'Geld, Münze', aus l. *monēta f.*
S. *Porto* und *Münze.* – *DF* 2 (1942), 600; Brunt (1983), 428.

Portier *m.* (< 18. Jh.). Entlehnt aus frz. *portier*, dieses aus l. *portārius* 'Türhüter, Pförtner', zu l. *porta f.* 'Tor, Eingang'.
S. *opportun, Pforte*; zur germanischen Verwandtschaft s. *Furt.* – *DF* 2 (1942), 601 f.

Portion *f.* (< 16. Jh.). Entlehnt aus l. *portio (-ōnis)*, wohl verwandt mit l. *pars (-rtis)* 'Teil'.
S. *Proportion.* – *DF* 2 (1942), 602 f.; Röhrich 2 (1992), 1192.

Porto *n.* (< 17. Jh.). Entlehnt aus it. *porto m.*, eigentlich 'das Tragen', einer Ableitung von it. *portare* 'tragen', aus l. *portāre*. Also 'das für das Überbringen zu zahlende'.
S. *transportieren.* – Schirmer (1911), 145; *DF* 2 (1942), 603 f.

Porträt *n. erw. fach.* (< 17. Jh.). Entlehnt aus frz. *portrait m.*, das zurückgeht auf das substantivierte PPrät. von afrz. *portraire* 'bilden, entwerfen, darstellen', aus l. *prōtrahere* 'ans Licht bringen, hervorziehen', zu l. *trahere* 'ziehen' und l. *pro-*. Verb: **porträtieren**.
S. *abstrakt.* – *DF* 2 (1942), 604–606; Brunt (1983), 428.

Porzellan *n.* (< 15. Jh.). Entlehnt aus it. *porcellana f.*, ursprünglich: 'Kaurischnecke, Porzellanschnecke'. Diese heißt so nach it. *porcellano m.* 'weibliches Geschlechtsorgan' (eigentlich 'Schweinchen', zu it. *porco m.* 'Schwein'), weil sie so ähnlich wie das weibliche Geschlechtsorgan geformt ist (vgl. die Bezeichnung *concha Veneris* 'Venusmuschel'). Die Übertragung auf das Porzellan erfolgte wegen der äußeren Ähnlichkeit des chinesischen Porzellans mit der gelblichweißen Schale der Schnecke.
S. auch *Ferkel.* – *DF* 2 (1942), 606 f.; H. Hommel in *FS E. Zinn* (Tübingen 1970), 75–90; Röhrich 2 (1992), 1192.

Posaune *f.* (< 13. Jh.). Mhd. *busūne, pusune, busīne, pūsīne* u.ä. ist entlehnt aus afrz. *buisine, boisine*, dieses aus l. *būcina* 'gewundenes Horn, Signalhorn', aus l. **bovicina*, zu l. *bōs (bovis) f./m.* 'Rind' (verwandt mit gr. *boûs*) und l. *canere* 'singen, tönen'. Wohl so bezeichnet als ein Instrument, das der Form des Rinderhorns ähnelt. Verb: **posaunen**; Nomen agentis: **Posaunist**.
S. *Büffel* und *Chanson.* – Suolahti (1929), 74 f.; *DF* 2 (1942), 608; Relleke (1980), 49–54, 162–165; Röhrich 2 (1992), 1192.

Pose *f. erw. fremd.* 'künstliche Haltung' (< 19. Jh.). Im Rahmen der Künstlersprache entlehnt aus frz. *pose* 'Stellung', zu frz. *poser* 'legen, stellen', das auf l. *pōnere* zurückgeht. Verb: **posieren**.
S. *Position, Positur, komponieren.* – *DF* 2 (1942), 608 f.

Position *f.* (< 16. Jh.). Entlehnt aus l. *positio (-ōnis)*, Abstraktum zu l. *pōnere (positum)* 'setzen, stellen, legen'. Adjektiv: **positionell**.
E. Leser *ZDW* 15 (1914), 27; *DF* 2 (1942), 609 f.; Röhrich 2 (1992), 1193.

positiv *Adj.* (< 18. Jh.). Entlehnt aus frz. *positif* ´als sicher feststehend, gesetzt´, dieses aus l. *positī-vus*, zu l. *pōnere (positum)* ´setzen, stellen, legen´. Der *Positiv* nach spl. *gradus positīvus*.
S. *Position* und *komponieren*. – Schirmer (1912), 53; *DF* 2 (1942), 610–612 Ganz (1957), 177; Schalk (1966), 96–118; *HWPh* 7 (1989), 1106–1122.

Positur *f. erw. fremd.* ´Stellung, Haltung´ (< 17. Jh.). Entlehnt aus l. *positūra* ´Stellung, Lage´, einer Ableitung von l. *positus*, dem PPP von l. *pōnere* ´setzen, stellen, legen´ (s. *Position*).
DF 2 (1942), 612 f.

Posse *f.*, auch **Possen** *m.* (< 16. Jh.). Zunächst Maskulinum (das Femininum ist aus dem häufigen Plural rückgebildet). Daneben besteht die wohl ursprünglichere Bedeutung ´in Stein gemeißelte Figur´ (diese waren häufig Fratzen). Deshalb offenbar aus frz. *bosse* ´Erhabenheit´ (frz. *ouvrage à bosse* ´erhabenes Bild´), it. *bozzo m.* ´Höcker, Beule´. Auf den ursprünglichen Bereich der Steinhauerei weisen auch noch die Wendungen *Possen reißen, schneiden.* Hierher auch *possierlich.*
G. Princi Braccini *AION-G* 27 (1984), 135–205; Röhrich 2 (1992), 1193.

possessiv *Adj. per. fach.* ´besitzanzeigend´ (< 16. Jh.). Entlehnt aus l. *possessīvus*, zu l. *possīdere* ´besitzen´, zu l. *potis* ´vermögend, mächtig´ und l. *sedēre* ´verbleiben, sitzen´.
S. *potent* und *Residenz*. – *DF* 2 (1942), 613 f.

possierlich *Adj.* s. *Posse.*

post- *Präfix* mit der Bedeutung ´nach, hinter´ (z. B. *postdatieren, Postposition*). Es wurde in lateinischen Entlehnungen ins Deutsche übernommen, sein Ursprung ist l. *post Präp./Adv.* Im Fachwortschatz produktiv.
Cottez (1980), 345 f.

Post *f.* (< 16. Jh.). Entlehnt aus it. *posta*, das eigentlich einen ´festgelegten Ort´ meint (l. *posita* ´festgelegt´). So wurden die Wechselstationen des frühen Postwesens genannt, an denen Boten und Pferde gewechselt wurden. Mit der Sache hat sich die heutige Bedeutung entwickelt.
S. *komponieren.* – *DF* 2 (1942), 615; Röhrich 2 (1992), 1193 f.

Postament *n. per. fach.* ´Unterbau, Sockel´ (< 16. Jh.). Neoklassische Bildung zu it. *postare* ´hinstellen´, dieses aus l. *pōnere (positum)* ´stellen, hinlegen´.
S. *komponieren.* – Ersatzwort ist *Fußgestell.* – *DF* 2 (1942), 615 f.

Posten *m.* (< 15. Jh.). In zwei Schüben entlehnt aus it. *posta* ´festgesetzt´ (vgl. *Post*): 1) im 15. Jh. als kaufmännischer Terminus (*Posten* auf einer Rechnung usw.), eigentlich l. *posita summa f.* ´festgesetzte Summe´. 2) im 18. Jh. für ´militärische Wa-

che´ aus der Bedeutung ´(festgesetzter) Standort, Position´. Verb: *postieren.*
S. *Position* und *komponieren.* – Schirmer (1911), 145; Schirmer (1912), 53; *DF* 2 (1942), 616 f.; W. J. Jones *SN* 51 (1979), 268; Röhrich 2 (1992), 1194.

Poster *n. per. fach.* ´Plakat zur Verschönerung von Wänden´ (< 20. Jh.). Entlehnt aus ne. *poster*, zu e. *post* ´(an einem Pfosten) anschlagen´, zu e. *post* ´Pfosten, Pfahl´, aus l. *postis m.* S. *Pfosten.*
Rey-Debove/Gagnon (1988), 762.

posthum s. *postum.*

Postille *f. arch.* ´Predigtbuch, Erbauungsbuch´ (< 16. Jh.). Entlehnt aus ml. *postilla*, univerbiert aus *post illa verba sacrae scripturae* ´nach diesen Worten der Heiligen Schrift´, dem üblichen Anfang der Predigt nach dem zuvor verlesenen Text.
DF 2 (1942), 617 f.

Postillion *m. obs.* ´Kutscher einer Postkutsche´ (< 16. Jh.). Entlehnt aus frz. *postillon*, dieses aus it. *postiglione*, zu it. *posta f.* ´Post´ (s. *Post*).
DF 2 (1942), 618 f.

postulieren *sw V. erw. fremd.* ´fordern´ (< 15. Jh.). Entlehnt aus l. *postulāre*, zu l. *poscere* ´haben, wollen, verlangen, fordern´. Abstraktum: *Postulat.*
Zur germanischen Verwandtschaft s. *forschen.* – Schirmer (1912), 53; *DF* 2 (1942), 619 f.; *HWPh* 7 (1989), 1146–1157.

postum *Adj. per. fremd.* ´nach dem Tode (veröffentlicht)´ (< 18. Jh.), auch mit Sekundärmotivation *posthum* (mit Anschluß an l. *humus* ´Erde´). Entlehnt aus l. *postumus* ´letzter, letztes Werk´, Superlativ zu l. *posterus* ´nachfolgend´.
DF 2 (1942), 621.

postwendend *Adv.* (< 19. Jh.). Bezogen auf die alte *Post* mit Pferden: die Antwort wird der zurückkehrenden Postkutsche mitgegeben. Vgl. *umgehend.*

potent *Adj. per. fremd.* ´stark, mächtig, zeugungsfähig´ (< 19. Jh.). Entlehnt aus l. *potēns (-entis)*, dem PPräs. von l. **potere* ´mächtig sein´, zu l. *potis* ´vermögend, mächtig´. Die Bedeutung ´zeugungsfähig´ ist rückgebildet aus *impotent.* Abstraktum: *Potenz.*
S. *Despot, possessiv.* – *DF* 2 (1942), 622; K.-H. Weimann *DWEB* 2 (1963), 401; R. Ris *NPhM* 71 (1970), 357–372; *HWPh* 7 (1989), 1167–1172.

Potentat *m. per. fremd.* ´Machthaber, Herrscher´ (< 16. Jh.). Entlehnt aus l. *potentātus m.*, abgeleitet von l. *potēns* ´mächtig´, s. *potent.*
DF 2 (1942), 622; R. Ris *NPhM* 71 (1970), 357–372.

Potential *n. per. fremd.* ´Wirkungsmöglichkeit´ (< 19. Jh.). Entlehnt und substantiviert aus l. *potentiālis* ´mächtig, wirksam´, dieses ist abgeleitet aus l. *potēns* ´mächtig´ (s. *potent*). Das Adjektiv ergibt, über das Französische entlehnt, *potentiell.*
DF 2 (1942), 622 f.

potenzieren *swV. per. fach.* ´vervielfältigen´ (< 19. Jh.). Abgeleitet von *Potenz* ´Gewalt, Mächtigkeit´, in der mathematischen Bedeutung ´Produkt mehrerer gleicher Faktoren´.
S. *potent.* − *DF* 2 (1942), 623 f.

Potpourri *n. erw. fach.* ´Zusammenstellung verschiedener Musikstücke u.ä.´ (< 18. Jh.). Entlehnt aus frz. *potpourri m.* (speziell: ´Eintopf´, wörtlich ´Topf mit Verfaultem´), zu frz. *pot m.* ´Topf´ und frz. *pourrir* ´faulen´. Es ist Lehnübersetzung zu span. *olla podrida f.*, der Bezeichnung eines Eintopfes.
S. *Pott.* − *DF* 2 (1942), 625.

Pott *m. erw. reg.* (< 16. Jh.). Aus dem Niederdeutschen: mndd. *pot, put*, mndl. *pot(t)*; entsprechend in mehreren Nachbarsprachen, ae. *pott*, anord. *pottr.* Aller Wahrscheinlichkeit nach ein Lehnwort aus einer unbekannten Sprache.
S. *Potpourri.* − Th. Frings *ZRPh* 56 (1936), 371−374; E. Nörrenberg *NJ* 71 (1948/50), 329 f.; R. Hildebrandt *DWEB* 3 (1963), 333−337; *DEO* (1982), 444; Röhrich 2 (1992), 1194.

Pottasche *f. per. fach.* ´Laugensalz´ (< 18. Jh.). Entlehnt aus nndl. *potasch* (jetzt *potas*), das seit dem 16. Jh. bezeugt ist. Das Laugensalz wurde gewonnen, indem gebrannte Pflanzenteile in einem Topf gekocht wurden.
Lüschen (1979), 167 f.

Pottwal *m. erw. fach.* (< 18. Jh.). Älter nndl. *potswal* (16. Jh.), ebenso *potvisch* und *potshoofd.* Letzteres ist im Flämischen die Aalquappe, und diese heißt auf ae. (u. a.) *ǣlepūta*, ne. *eelpout*, vgl. nndl. *puitaal* (zu einem g. **pūta-* ´Frosch´). Es ist deshalb nicht wahrscheinlich, daß der erste Bestandteil *Pott* ´Topf´ ist; es muß sich um ein Wort handeln, das ´groß, aufgeschwollen o.ä.´ bedeutet. Hierzu gibt es einiges Denkbare, aber ohne ausreichende Sicherheit.

potz *Interj. obs.* (< 15. Jh.). In Flüchen als Entstellung von *Gottes* (*Potz marter = Gottes Marter*, gemeint ist das Leiden Christi). *Potztausend* ist eine Steigerung von *potz-sieben-schlapperment* (bezogen auf die Sakramente). Vgl. frz. *parbleu* für *par dieu*, ne. *good gracious* für *god gracious.*
H. Schulz *ZDW* 10 (1909), 154−157; Röhrich 2 (1992), 1194.

Poularde *f. per. fach.* ´junges Masthuhn, Masthähnchen´ (< 18. Jh.). Entlehnt aus frz. *poularde*, zu frz. *poule* ´Huhn´, dieses aus l. *pullus m.* ´Jungtier, junges Huhn´.
S. *Poulet.* − *DF* 2 (1942), 625 f.

poussieren *swV. erw. reg.* ´den Hof machen, flirten´ (< 19. Jh.). Entlehnt aus frz. *pousser* ´stoßen, vorantreiben´, aus l. *pulsāre*, einem Intensivum zu l. *pellere (pulsum)* ´stoßen, schlagen´. Die Bedeutung ´den Hof machen´ ist eine Sonderentwicklung der Studentensprache und geht wohl zurück auf ´eine Affäre vorantreiben´.
S. *Puls.* − *DF* 2 (1942), 626 f.; Brunt (1983), 430.

prä- *Präfix* mit der Bedeutung ´vor, voraus, voran´ (z. B. *prädisponieren*, *Prädetermination*, *Präludium*). Es wurde in lateinischen Entlehnungen ins Deutsche übernommen; sein Ursprung ist l. *prae-*. Im Fachwortschatz produktiv.
Zur germanischen Verwandtschaft s. *ver-*. − *DF* 2 (1942), 627 f.; Cottez (1980), 347; Röhrich 2 (1992), 1195.

Präambel *f. per. fach.* ´feierliche Erklärung als Einleitung einer Urkunde´ (< 15. Jh.). Im Frühneuhochdeutschen entlehnt aus ml. *praeambulum n.*, zu spl. *praeambulus* ´vorangehend´ zu l. *ambulāre* ´gehen´ (s. *Allee*) und l. *prae-.*
DF 2 (1942), 628.

Pracher *m. per. ndd.* ´zudringlicher Bettler´ (< 16. Jh.). Mndd. *pracher* aus mndl. *prachen* ´zudringlich betteln´. Vermutlich entlehnt aus poln. (dial.) *procha* ´das Betteln´, das mit *fragen* (s. u. *Frage*) urverwandt ist.
Wick (1939), 45 f.; Eichler (1965), 104.

Pracht *f.* (< 8. Jh.). Mhd. *braht m./f.* ´Lärm, Geschrei´, ahd. *braht*, as. *braht m.* aus vd. **brahta-*, neben dem ae. *bearhtm m.*, as. *brahtum m.* ´Lärm, Menge´ stehen. Offenbar urverwandtes l. *suffrāgium n.* ´Abstimmung, Beifall´ zeigt, daß von ´zustimmender Lärm, Akklamation´ auszugehen ist. Die junge Bedeutungsentwicklung wohl unter Einfluß von *prangen.*
S. auch *prahlen*, *Prunk.* − Röhrich 2 (1992), 1195.

Prädikat *n. erw. fach.* (< 17. Jh.). Entlehnt aus ml. *praedicatum* ´Rangbezeichnung´, dem substantivierten PPP. von l. *praedicāre (praedicātum)* ´öffentlich ausrufen, bekanntmachen, äußern, erklären, behaupten, vorhersagen´, zu l. *dicāre* ´feierlich sprechen´ und l. *prae-*, einem Intensivum zu l. *dīcere* ´sprechen´. Die grammatische Bedeutung aus ´Aussage´. Adjektiv: ***prädikativ.***
S. *diktieren.* − E. Leser *ZDW* 15 (1914), 85 f.; *HWPh* 7 (1989), 1194−1211.

Präfekt *m. per. fach.* ´hoher Verwaltungsbeamter, Vorsteher´ (< 18. Jh.). Entlehnt aus l. *praefectus*, dem substantivierten PPP. von l. *praeficere* ´vorsetzen´, zu l. *facere* ´machen´ (s. *infizieren*) und l. *prae-.*
DF 2 (1942), 632.

Präferenz *f. per. fremd.* ´Vorliebe´ (< 17. Jh.). Entlehnt aus frz. *préférence*, zu frz. *préférer* ´vorziehen´, dieses aus l. *praeferre*, zu l. *ferre* ´tragen´ und l. *prae-.*
S. *Differenz.* − *DF* 2 (1942), 632 f.

Präfix *n. per. fach.* (vorangestelltes Wortbildungselement) (< 17. Jh.). Entlehnt aus ml. *praefixum*, substantiviert aus dem PPP. von l. *praefīgere* ´vorne anheften´. Verb: ***präfigieren.***
S. *Affix* und *prä-.* − *DF* 2 (1942), 633.

prägen *swV.* (< 9. Jh.). Mhd. *præch(en)*, *bræchen*, ahd. *brāhhen*. Vergleichbar ist ae. *abracian* ´einpressen`, ostfr. *prakken* ´pressen`. Lautlich kann an *brechen* angeschlossen werden, doch lassen sich die Bedeutungen nicht ohne weiteres verknüpfen, so daß die Anschlußmöglichkeit für dieses Wort besser offen bleibt. Abstrakta: *Prägung, Gepräge*; Partikelverb: *einprägen*.
Röhrich 2 (1992), 1195 f.; Heidermanns (1993), 140 f.

Pragmatik *f. per. fach.* ´Ausrichtung auf Nützliches, Lehre vom sprachlichen Handeln` (< 19. Jh.). Entlehnt aus gr. *prāgmatikḗ (téchnē)* ´Wissen um das richtige Handeln`, zu gr. *prāgmatikós* ´tüchtig, in Staatsgeschäften erfahren`, zu gr. *prāgma n.* ´Handeln, Tun`, zu gr. *prássein* ´tun, vollbringen`. Die linguistische Bedeutung im 20. Jh. aus ne. *pragmatics*. Das Adjektiv *pragmatisch* schon seit dem 17. Jh.
S. *Praktik*. – DF 2 (1942), 633 f.; A. Kuhn in: *FS Wartburg* (1958), 478−481; G. Kühne-Bertram *AB* 27 (1983), 158−186; Rey-Debove/Gagnon (1988), 765f.,; *HWPh* 7 (1989), 1234−1249; W. Belardi *AANL* 1990, 99−109.

prägnant *Adj.* (< 17. Jh.). Entlehnt aus frz. *prégnant* (älter: ´trächtig`), aus l. *praegnāns (-antis)* ´voll, strotzend, schwanger, trächtig`, zu l. *(g)nāscī* ´geboren werden`, das mit l. *genus* ´Geschlecht, Art` verwandt ist und l. *prae-*. Die Bedeutung ´knapp, treffend` entsteht aus ´gehaltvoll`, wohl auch in Anlehnung an *prägen*. Abstraktum: *Prägnanz*.
DF 2 (1942),634 f.; *HWPh* 7 (1989), 1249 f.; *Brisante Wörter* (1989), 692−694.

prahlen *swV.* (< 16. Jh.). Auch *prōlen*. Älter mndd. *pralen* ´viel sprechen` zu mndd. *prāl* ´Lärm, Prunk`. Herkunft unklar. Wahrscheinlich liegt ein Schallwort zugrunde, das über ´brüllen, grölen` zu der heutigen Bedeutung gekommen ist. Abstraktum: *Prahlerei*; Adjektiv: *prahlerisch*.
Vgl. auch *Pracht*. – Bahder (1925), 112−114.

Prahlhans *m.* (< 17. Jh.). Mit dem typisierend verwendeten Personennamen *Hans* gebildet.
Kluge (1913), 32 f.

Prahm *m.*, **Prähme** *f. per. ndd.* ´Fährkahn` (< 14. Jh.). Mndd. *prām m.* Entlehnt aus čech. *prám m.* ´Fahrzeug, Schiff`, einer Weiterbildung zu der Entsprechung der unter *fahren* behandelten Wurzel.
Kluge (1911), 623 f.; Eichler (1965), 105.

Praktik *f.* ´Verfahrensweise, Methode` (< 15. Jh). Entlehnt aus ml. *practica*, dieses aus spl. *practice*, aus gr. *prāktikḗ (téchnē)* ´Wissen um praktisches Handeln und Tun`, zu gr. *prāktikós* ´tätig, zu Geschäften tauglich, wirksam`, zu gr. *prássein* ´tun, vollbringen`. Das *Praktikum* ist eine ´Übung in einer bestimmten Betätigung`; *praktizieren* ist im wesentlichen auf die Berufsausübung des Arztes eingeschränkt. Adjektiv: *praktisch*.

S. *Pragmatik, Praxis*. – K.-H. Weimann *DWEB* 2 (1963), 401; E. Miettinen *NPhM* 65 (1964), 1−43.

Prälat *m. per. fach.* ´kirchlicher Amtsträger` (< 13. Jh.). Mhd. *prēlāt[e]* ist entlehnt aus ml. *praelatus*, eigentlich ´Vorgesetzter, Vorzüglicher`, dem substantivierten PPP. von l. *praeferre (praelātus)* ´vorziehen, vortragen`, zu l. *ferre* ´tragen` und l. *prae-*.
Die Verwandtschaft des Stammes l. *ferre* ist unter *Differenz* behandelt, die von l. *tuli* unter *Toleranz*. Zu dem Stamm *lātum* gehören noch *Oblate* und die Weiterbildungen *Ablativ, Elativ, Superlativ, relativ*; *Legislatur*. – DF 2 (1942), 637.

Präliminarien *f. Pl. per. fach.* ´Vorverhandlungen` (< 18. Jh.). Entlehnt aus l. *praeliminaria* zu l. *līmen* ´Schwelle`, also ´das vor der Schwelle liegende`.
DF 2 (1942), 637 f.

Praline *f.* (< 19. Jh.). Entlehnt aus frz. *praline*, ursprünglich ´gebrannte Mandel`, so benannt nach dem französischen Marschall *Plessis-Praslin* (17. Jh.), für den sein Koch diese Süßigkeit herstellte; dann Verallgemeinerung auf weitere Süßigkeiten mit Füllung und Schokoladenüberzug.
DF 2 (1942), 638.

prall *Adj.* (< 18. Jh.). Entnommen aus dem Niederdeutschen. Mit der Bedeutung ´so, daß es zurückfedern kann` gebildet aus *prallen*.

prallen *swV.* (< 16. Jh.). Mhd. *prellen* ist abweichend gebildet. Herkunft unklar, vielleicht Schallwort. S. *prall, prellen*.

Präludium *n. per. fach.* ´Vorspiel` (< 16. Jh.). Entlehnt aus l. *praelūdium*, zu l. *praelūdere* ´vorspielen, ein Vorspiel machen`, zu l. *lūdere* ´spielen` und l. *prae*.
S. *Illusion*. – DF 2 (1942), 638 f.

Prämie *f. erw. fach.* ´zusätzliche Vergütung` (< 16. Jh.). Entlehnt aus l. *praemia Pl.*, zu l. *praemium n.* ´Belohnung, Auszeichnung`, zu l. *emere (ēmptum)* ´nehmen, kaufen, erstehen` und l. *prae-*. Verb: *prämiieren*.
S. *Exempel*. – Schirmer (1911), 146; DF 2 (1942), 639 f.

Prämisse *f. per. fach.* ´Voraussetzung` (< 19. Jh.). Entlehnt aus l. *praemissio (-ōnis)*, eigentlich ´das Vorausgeschickte`, zu l. *praemittere (praemissum)* ´vorausschicken`, zu l. *mittere* ´schicken, senden` und l. *prae-*.
S. *Mission*. – DF 2 (1942), 640 f.; *HWPh* 7 (1989), 1255 f.

prangen *swV.* (< 14. Jh.). Spmhd. *brangen, prangen*, mndd. *prangen*. Zu mhd. *branc, pranc*, mndd. *prank* ´Prahlerei, Prunk`. Ursprünglich niederdeutsche Sippe unklarer Herkunft. Vielleicht über eine Bedeutung ´drängen` zu der unter *Pranger* dargestellten Sippe. Zu beachten ist gr. *brenthýomai* ´brüste mich, gebärde mich anmaßend` (aus ig. *brengʷʰ-*?). Abstraktum: *Gepränge*.
S. auch *Pracht, Prunk*. – Lühr (1988), 97−99.

Pranger *m. obs.* ´Schandsäule mit Halseisen, an die der Schuldige geschlossen und zur Schau gestellt wird´, heute nur noch übertragen (< 14. Jh.). Zunächst in mndd. *pranger*, seit dem 16. als *pranger*, *branger*, z. T. auch fnhd. *pfranger*. Zu einer Grundlage, die in gt. *anapraggans* ´bedrängt´, mhd. *pfrengen* ´bedrücken, bedrängen´, mndd. *prangen* ´drücken, klemmen´ vorliegt. Der *Pranger* ist also gewissermaßen als ´Einspannung´ bezeichnet. Außergermanisch vergleicht sich am ehesten lit. *sprengti* ´pressen, drängen, drücken´ unter der Annahme des sekundären Abfalls von anlautendem *s* im Germanischen (oder ist *wringen* zu vergleichen?). Partikelableitung: **anprangern**.
S. *prangen.* − Seebold (1970), 364; U. Schröter in: Dückert (1976), 215−261; Röhrich 2 (1992), 1196 f.

Pranke *f.* (< 15. Jh.). Entlehnt aus einer romanischen Sprache als Nachfolger von ml. *branca* gleicher Bedeutung, das wohl keltischen Ursprungs ist. Falls *wr- vorausliegt, kann lit. *rankà*, akslav. *rǫka* ´Hand´ verglichen werden.

präparieren *sw V. erw. fach.* ´haltbar machen, vorbereiten, herrichten´ (< 16. Jh.). Entlehnt aus l. *praeparāre* ´vorbereiten, bereithalten, im voraus zubereiten´, zu l. *parāre* ´bereiten, zubereiten´ und l. *prae-*. Die Bedeutung ´haltbar machen´ entsteht in medizinisch-naturwissenschaftlichem Zusammenhang, wo *präparieren* das Vorbereiten von pflanzlichen (usw.) Körpern für Unterrichts- und Untersuchungszwecke meint. Hierzu **Präparat**. Abstraktum: **Präparation**; Nomen agentis: **Präparator**.
S. *parat.* − DF 2 (1942), 642 f.; K.-H. Weimann *DWEB* 2 (1963), 401.

Präposition *f. erw. fach.* ´Verhältniswort´ (< 17. Jh.). Entlehnt aus l. *praepositio*, eigentlich ´Voransetzung´.
S. *Position* und *prä-*. − DF 2 (1942), 644.

Prärie *f. erw. exot.* ´Grassteppe´ (< 19. Jh.). Entlehnt aus frz. *prairie*, einem Kollektivum zu frz. *pré* *m.* ´Wiese´, dieses aus l. *prātum* *n.*
DF 2 (1942), 644 f.

Präsens *n.* (< 16. Jh.). Entlehnt aus l. *(tempus) praesēns* (wörtlich ´gegenwärtige Zeit´), zu l. *praesēns* ´gegenwärtig, jetzig, offenbar´, zu l. *prae* ´da, bei der Hand´ und l. *-sēns* ´seiend´, dem (archaischen) PPräs. von l. *esse* ´sein, vorhanden sein´. **Präsentieren** ist demnach ´gegenwärtig machen, vorzeigen, darbieten´; dazu **Präsent** (ursprünglich: ´aus Ehrerbietung dargebrachte Gabe´). Die **Präsenz** ist das ´Zugegensein´.
S. *Essenz.* − E. Leser *ZDW* 15 (1914), 61; *HWPh* 7 (1989), 1259−1265. Zu *präsent*: Brisante Wörter (1989), 694−697. Zu *Präsentation* s. *HWPh* 7 (1989), 1256 f.

Präservativ *n. per. fach.* ´Kondom´ (< 19. Jh.). Entlehnt aus frz. *préservatif m.*, einer Ableitung von frz. *préserver* ´schützen, bewahren´, dieses aus spl. *praeservāre* ´vorher beobachten´, zu l. *servāre*

´achtgeben, aufpassen, verhüten, bewahren´ und l. *prae-*.
S. *konservieren.* − K.-H. Weimann *DWEB* 2 (1963), 402.

Präsident *m.* (< 16. Jh.). Entlehnt aus frz. *président*, dieses substantiviert aus l. *praesidēns (-entis)* ´voranstehend, befehligend´, dem PPräs. von l. *praesidēre* ´den Vorsitz haben, leiten, befehligen´, zu l. *sedēre* ´sitzen´ und l. *prae-*. Verb: **präsidieren**; Kollektivum: **Präsidium**. S. *Residenz.*

prasseln *sw V.* (< 15. Jh.). Zuvor mhd. *brasteln*, *prasteln*, es ist also eine Konsonantenfolge erleichtert worden. Das Wort ist wie ae. *brastlian* ein Intensivum zu ahd. *brastōn*, mhd. *brasten* ´krachen´, das wohl weiter zu dem unter *bersten* behandelten Verb gehört. Der Anlaut *p-* erscheint erst im Neuhochdeutschen.

prassen *sw V.* (< 16. Jh.). Zunächst *brassen*, älter mndd. *brassen*; weitere Herkunft unsicher. Eine Entlehnung aus fr. *brasser* ´brauen, vermengen´ ist nicht ausgeschlossen, doch liegt vermutlich auch eine Vermischung mit einer Schallwurzel vor. Einzelheiten bleiben unklar. Nomen agentis: **Prasser**; Präfigierung: **verprassen**.

prätentiös *Adj. per. fremd.* ´anmaßend, Ansprüche stellend´ (< 19. Jh.). Entlehnt aus frz. *prétentieux*, zu frz. *prétention* ´Anspruch´, einer Ableitung von frz. *prétendre* ´behaupten, Anspruch erheben´, aus l. *praetendere* ´vormachen, vorschützen, vorgeben´, zu l. *tendere (tēnsum, tentum)* ´spannen, ausspannen, ausdehnen´ und l. *prae-*.
S. *Tendenz.* − DF 2 (1942), 648 f.

Präteritum *n. per. fach.* (Zeitform der Vergangenheit) (< 17. Jh.). Entlehnt aus l. *(tempus) praeteritum* ´vergangene (Zeit)´, dem PPP. von l. *praeterīre (praeteritum)* ´vorbeigehen, vorübergehen´, zu l. *praeter* ´vorbei, vor´ und l. *īre* ´gehen´ (s. *Exitus*).
DF 2 (1942), 650.

Pratze *f. stil.* (< 17. Jh.). Entlehnt aus it. *braccio* *m.* ´Arm´, das l. *bra(c)chium* *n.* ´Unterarm´ fortsetzt. S. *brachial.*

präventiv *Adj. erw. fach.* ´vorbeugend´ (< 19. Jh.). Entlehnt aus frz. *préventif*, einer Neubildung zu l. *praevenīre (praeventus)* ´zuvorkommen´, zu l. *venīre* ´kommen´ (s. *intervenieren*) und l. *prae-*. Abstraktum: **Prävention**.

Praxis *f.* (< 17. Jh.). Entlehnt aus l. *prāxis* ´Verfahren´, dieses aus gr. *prãxis*, auch: ´Handeln, Tun, Beschäftigung´, zu gr. *prássein* ´tun, vollbringen´. Zunächst entlehnt in der Bedeutung ´Tätigkeit, Verfahren´; im 18. Jh. dann als Gegenbegriff zu *Theorie* ´Erfahrung, tatsächliche Betätigung´. Dazu dann auch die Bedeutungsspezifizierung auf ´Tätigkeit bzw. Tätigkeitsräume von Ärzten und Anwälten´.
S. *Praktik.* − K.-H. Weimann *DWEB* 2 (1963), 402; *HWPh* 7 (1989), 1277−1307.

Präzedenzfall *m. erw. fach.* ´beispielhaftes (erstes) Vorkommnis´ (< 19. Jh.). Gebildet mit l. *praecēdēns* ´vorangehend´, dem PPräs. von l. *praecēdere* ´vorangehen´, zu l. *cēdere* ´gehen, weichen´ und l. *prae-*. S. *Abszeß.*

präzise *Adj.* (< 17. Jh.). Entlehnt aus frz. *précis*, dieses aus l. *praecīsus* ´kurz gefaßt´, dem PPP. von l. *praecīdere (praecīsum)* ´vorn abschneiden, kurz fassen abkürzen´, zu l. *caedere* ´hauen, schlagen, anschneiden´ und l. *prae-*. Abstraktum: *Präzision*; Verb: *präzisieren.* S. *dezidiert.*

predigen *sw V.* (< 8. Jh.). Mhd. *predi(g)en*, ahd. *predi(g)on*, *bredigon*, mndd. *predeken.* Entlehnt aus l. *praedicāre* ´öffentlich verkünden´, Intensivum zu l. *dīcere* ´sagen´ (s. *diktieren*) mit l. *prae-*. Abstraktum: *Predigt*; Täterbezeichnung: *Prediger.*

Predigt *f.* (< 9. Jh.). Älter (obd.) *Predig*, mhd. *predige*, *bredige*, ahd. *prediga*, *brediga*, entlehnt aus ml. *predica* ´öffentlicher Vortrag, Predigt´. Daneben mit Dental mhd. *predigāt*, das ein ml. *predicāta* vorraussetzt.
S. *predigen, diktieren.* − DF 2 (1942), 653; W. A. Benware *BGDSL-T* 101 (1979), 346; Röhrich 2 (1992), 1197.

Preis *m.* (< 13. Jh.). In allen Bedeutungen entlehnt aus frz. *prix*, das auf l. *pretium n.* ´Kaufpreis´ zurückgeht. Zuerst mittelhochdeutsch als ´Wert´, dann auch ´Lob´ als Terminus des höfischen Lebens; dann im 15. Jh. nach dem Vorbild des Niederländischen auch ´Kaufpreis´. Hierzu auch *preisen.*
S. *Pretiosen.* − E. Lerch *RF* 55 (1941), 57−82; E. Öhmann *ZDM* 26/27 (1958/60), 72−75; Miettinen (1962), 196−204; Röhrich 2 (1992), 1197 f.

Preiselbeere *f.* (neben vielen mundartlichen Varianten) (< 16. Jh.). Entlehnt aus obsorb. *bruslica* gleicher Bedeutung, das zu russ.-kslav. *(o)brusiti* ´abstreichen´ gehört. Die Preiselbeeren wurden früher durch Abkämmen mit einem besonderen Gerät geerntet.
Eichler (1965), 105−107; B. Peters: *Onomasiologie und Semasiologie der Preiselbeere* (Marburg 1967); H. H. Bielfeldt *ZS* 16 (1971), 704−716.

preisen *st V.* (< 13. Jh.). Mhd. *prisen*, mndd. *prisen*, mndl. *prisen*, zunächst *sw V.*, dann (schon seit dem 13. Jh.) starke Formen. Wie *Preis* aus frz. *prix* ist *preisen* aus frz. *preisier* ´schätzen, hochschätzen´, auch ´rühmen´, entlehnt.
Miettinen (1962), 196 f.; E. Öhmann *NPhM* 64 (1963), 78.

preisgeben *sw V.* (< 16. Jh.). Es übersetzt frz. *donner (en) prise* und gehört deshalb zu *Prise.* Eigentliche Bedeutung also ´zur Beute geben´.

prekär *Adj. per. fremd.* ´sehr schwierig, heikel´ (< 18. Jh.). Entlehnt aus frz. *précaire* (auch: ´bittend erlangt, unsicher´), dieses aus l. *precārius*, eigentlich ´zum Bitten gehörig´, zu l. *precārī* ´bitten, beten´, zu l. *prex (precis)* ´Bitte´. Die Bedeutung

´heikel, schwierig´ als zusätzliche Charakterisierung und Verallgemeinerung von Situationen, in denen etwas nur auf Bitten hin gewährt wurde.
Zur germanischen Verwandtschaft s. *Frage.* − DF 2 (1942), 653.

prellen *sw V.* (< 13. Jh.). Mhd. *prellen*, eigentlich ´einen Prall machen´ (zu *prall* und *prallen*). Die älteste Bedeutung ist ´mit einem gespannten Tuch immer wieder hochwerfen´ (als Strafe oder zur Belustigung). Dasselbe wurde auch mit gefangenen Füchsen getan und mit der Wendung *die Füchse prellen* (studentensprachlich) wird das Wort zu einem Ausdruck für ´betrügen´ (vgl. *die Zeche prellen*). Die Einzelheiten des Bedeutungsübergangs sind unklar.
H. Schulz *ZDW* 9 (1907), 102−118; Röhrich 2 (1992), 1198−1201.

Premiere *f.* ´Erstaufführung´ (< 19. Jh.). Entlehnt aus frz. *première (représentation)*, zu frz. *premier* ´erster´, aus gallo-rom. *prīmarius* ´erste von mehreren Personen´, aus l. *prīmārius* ´einer der ersten, vornehm, ansehnlich´, zu l. *prīmus*, dem Superlativ von l. *prior* ´der erstere, vordere´.
S. *Primus.* − DF 2 (1942), 654.

preschen *sw V.* (< 19. Jh.). Ursprünglich niederdeutsches Wort zu mndd. *bersen*, *barsen* ´jagen´. Dies scheint aus *pirschen* entwickelt zu sein.

pressant *Adj. per. fremd.* ´eilig, dringend´ (< 18. Jh.). Entlehnt aus frz. *pressant*, Partizip zu frz. *presser*, s. *pressieren.*

Presse *f.* (< 12. Jh.). Mhd. *presse*, ahd. *p(f)ressa.* Die älteste Bedeutung ist ´Kelter, Weinpresse´ und in dieser ist das Wort entlehnt aus ml. *pressa* (zu l. *premere* ´drücken, pressen´). Die *Buchdruckerpresse* wird nach dem Vorbild von frz. *presse* so genannt (dieses ebenfalls aus ml. *pressa*), ebenso die ´Gesamtheit der Druckschriften´ (später eingeengt auf die Gesamtheit der Zeitungen und Zeitschriften). S. *Depression.*
Grundbegriffe 4 (1978), 899−927.

pressen *sw V.* (< 8. Jh.). Mhd. *pressen*, ahd. *pressōn.* Entlehnt aus l. *pressāre*, einer Intensivbildung zu l. *premere* ´drücken, pressen´. *Presse* ist eine davon zunächst unabhängige Entlehnung. S. *Depression.*

pressieren *sw V. erw. reg.* ´eilig sein´ (< 17. Jh.). Entlehnt aus frz. *presser* (s. *pressen*).
S. *pressant, Depression.* − DF 2 (1942), 655.

Preßkopf *m.*, auch **Preßwurst** *f. erw. fach.* ´das von Rinds- und Schweinskopf abgelöste, gehackte, gekochte und dann gepreßte Fleisch´ (< 18. Jh.).

Prestige *n. erw. fremd.* ´Ansehen, Geltung´ (< 19. Jh.). Entlehnt aus frz. *prestige m.*, eigentlich ´Blendwerk, Nimbus´, dieses aus l. *praestīgia f.* ´Blendwerke, Gaukeleien´. In den Volkssprachen hat sich die positive Bedeutung 'Nimbus' stärker durchgesetzt als die negative.

DF 2 (1942), 655 f.; *HWPh* 7 (1989), 1308–1310.

Pretiosen *Pl. per. fremd.*, auch **Preziosen** 'Kostbarkeiten' (< 18. Jh.). Entlehnt aus l. *pretiōsa n. Pl.*, zu l. *pretiōsus* 'kostbar', zu l. *pretium n.* 'Preis'. S. *Preis.*

DF 2 (1942), 657.

prickeln *sw V.* (< 18. Jh.). Aus dem Niederdeutschen übernommen. Die hd. Entsprechung *pfrekken* begegnet vereinzelt im 15. Jh. Mndl. *prikkelen*, diminutiv zu *prikken* 'stechen' oder denominativ zu *prikkel* 'Stachel, Reiz'. Mit -*kk*- auch mndd. *prikken* 'stechen', mndd. *pricke* 'Stachel, Spitze'; sonst mit -*k*-: Mndd. *prekel*, mndl. *prekel*, ae. *pricel* 'Stachel, Spitze' anord. *prika* 'Stange mit Spitze'; ae. *prician* 'stechen'. Herkunft unklar. Vielleicht Variante zu *pik-, für das aber Entlehnung anzusetzen ist (s. etwa *pikant*). Der Übergang von 'stechen' zu 'reizen, prickeln u.ä.' beruht teilweise auf einer metaphorischen Erfassung des Sinnesreizes, teilweise auf dem Brauch, Zugtiere mit einem Stachel 'anzustacheln'.

Priel *m./(f.) per. ndd.* 'kleiner Wasserlauf am Watt' (< 18. Jh.). Auch nndl. *priel.* Herkunft unklar.

E. Schwentner *NKB* 46 (1933), 56–58.

Priem *m. arch. ndd.* 'Stück Kautabak' (< 18. Jh.). Eigentlich 'Pflaume', weil der Kautabak im Mund wie eine Backpflaume aussieht. Die Bezeichnung kam zunächst im Niederländischen auf (ndd. *pruim*, nndl. *pruim* 'Pflaume'; s. *Pflaume*).

Priester *m.* (< 9. Jh.). Mhd. *priester*, ahd. *priester*, as. *prēstar.* Wie afr. *prēster(e)* entlehnt aus einem dem frz. *prêtre* vorausgehenden *prestre.* Dieses ist über l. *presbyter* entlehnt aus gr. *presbýteros* 'der Ältere' (zu gr. *présbys* 'alt'). So bezeichnet werden zunächst die Gemeindevorsteher in der Anrede; mit der Stellung der so Bezeichneten entwickelt sich die Bedeutung.

DF 2 (1942), 659.

prima *Adj. stil.* (< 19. Jh.). Entlehnt aus Fügungen wie it. *prima sorte* 'beste Warensorte', zu it. *primo* 'erster', aus l. *prīmus*, dem Superlativ von l. *prior* 'der erstere, vordere'.

S. *Primus.* – DF 2 (1942), 659 f.

Primadonna *f. erw. fach.* 'erste Sängerin, hochempfindlicher Mensch' (< 18. Jh.). Entlehnt aus it. *prima donna*, eigentlich 'erste Dame', s. *Primus* und *Dame*[1].

DF 2 (1942), 660.

primär *Adj. per. fremd.* 'vorrangig' (< 19. Jh.). Entlehnt aus frz. *primaire*, s. *Primus, Premiere.*

DF 2 (1942), 660.

Primel *f.* (< 18. Jh.). Eingedeutscht aus ml. *primula veris* 'Erste des Frühlings' (zu l. *prīmus* 'erster').

S. *Primus.* – Cottez (1980), 347 f.; Röhrich 2 (1992), 1202.

primitiv *Adj.* (< 18. Jh.). Entlehnt aus frz. *primitif*, dieses aus l. *prīmitīvus* 'das erste in seiner Art', zu l. *prīmus*, dem Superlativ von l. *prior* 'der erstere, vordere'. Das Erste wird verstanden als das Urtümliche, insbesondere als etwas, das noch nicht durch weitere Bearbeitung und Entwicklung kultiviert worden ist.

S. *Primus.* – DF 2 (1942), 662 f.; *HWPh* 7 (1989), 1315–1320.

Primiz *f. per. fach.* 'erste Messe eines Priesters' (< 19. Jh.). Übertragen und entlehnt aus l. *prīmitiae f. Pl.* 'den Göttern dargebrachte Erstlinge der Früchte'. Dieses zu l. *primus* 'erster' (s. *Primus*).

DF 2 (1942), 663 f.

Primus *m. erw. fach.* 'Erster, Bester' (< 16. Jh.). Entlehnt aus l. *prīmus*, dem Superlativ von l. *prior* 'der erstere, vordere'.

S. *prima, primär, Primadonna, Primiz; Premiere, Primel, primitiv, Prinz, Prinzip* (usw.), *Priorität.*

Printe *f. per. reg.* 'Bildgebäck' (< 19. Jh.). Kommt mit der Sache aus den Niederlanden. Nndl. *prent* bedeutet eigentlich 'Abdruck'; die Bezeichnung geht wohl darauf zurück, daß diese Pfefferkuchen als Heiligenfiguren gepreßt waren. Das Wort selbst stammt wie ne. *print* aus afrz. *preindre*, das auf l. *premere* 'drücken, pressen' (s. *Presse*) zurückgeht.

Prinz *m.* (< 13. Jh.). Entlehnt aus frz. *prince* 'Fürst', das auf l. *prīnceps* 'Erster, Vornehmster, Fürst' zurückgeht (vgl. *Prinzip*). Die Bedeutung 'Fürstensohn' kommt erst im Laufe des 17. Jhs. auf.

S. *Primus* und *kapieren.*

Prinzip *n.* (< 18. Jh.). Entlehnt aus l. *prīncipium* 'Grund, Grundlage, Anfang, Ursprung', zu l. *prīnceps m.* 'der Erste, der Vornehmste', zu l. *prīmus*, dem Superlativ von l. *prior* 'der erstere, vordere' und l. *capere* 'besetzen, ergreifen'. Adjektiv: *prinzipiell.*

S. *Primus* und *kapieren.* – *HWPh* 7 (1989), 1336–1373; Röhrich 2 (1992), 1202.

Prior *m. per. fach.* 'Klostervorstand' (< 13. Jh.). Entlehnt aus l. *prior*, eigentlich 'der Erste, Vordere', Komparativ neben dem Superlativ l. *prīmus* 'erster'.

DF 2 (1942), 665.

Priorität *f. erw. fremd.* 'Vorrang, Stellenwert' (< 17. Jh.). Entlehnt aus frz. *priorité*, aus l. *prioritas* 'Vorrang', Abstraktum zu l. *prior* 'vorder'. S. *Primus* und *Prior.*

Prise *f.* (< 16. Jh.). Entlehnt aus frz. *prise*, im 16. Jh. in der Bedeutung 'von einem Freibeuter aufgebrachtes Schiff', im 18. Jh. als 'kleiner Griff Schnupftabak (und danach auch Salz u.ä.)'. Das französische Wort ist Verbalabstraktum zu frz. *prendre* 'nehmen, ergreifen' (aus l. *prehendere*).

S. *preisgeben, Repressalie, Reprise, Impressario*. – Kluge (1911), 628 f.; *DF* 2 (1942), 665 f.

Prisma *n. erw. fach.* (ein lichtbrechender Körper) (< 18. Jh.). Entlehnt aus l. *prisma*, dieses aus gr. *prĩsma*, eigentlich 'das Zerschnittene'), zu gr. *prízein* 'sägen, zersägen'.

Schirmer (1912), 54.

Pritsche *f.* (< 12. Jh.). Mhd. *britze, brütsche*, ahd. *britissa*. Kollektivbildung zu *Brett*, sowohl in der Bedeutung 'einfache Liegestatt u.ä.', nämlich ein Rost und darübergelegte Bretter, wie auch 'Narrenpritsche' (die aus mehreren Lagen dünner Brettchen besteht). Verb: *pritschen*.

Kluge (1926), 45 f.; Röhrich 2 (1992), 1202.

privat *Adj.* (< 16. Jh.). Entlehnt aus l. *prīvātus*, eigentlich 'abgesondert (vom Staat)', dem PPP. von l. *prīvāre (prīvātum)* 'berauben, absondern', zu l. *prīvus* 'eigentümlich, eigen, einer Sache beraubt, für sich bestehend'. Verb: *privatisieren*. S. *Privileg*.

Privileg *n. erw. fach.* 'Vorrecht' (< 13. Jh.). Mhd. *prīvilēgje, prīvilei[g]e* ist entlehnt aus l. *prīvilēgium*, eigentlich 'die Verordnung, die nur eine einzelne Person betrifft', zu l. *prīvus* 'eigen, besonders' und l. *lēx (lēgis) f.* 'Gesetz, Verordnung'. Verb: *privilegieren*.

S. *privat*. – Schirmer (1911), 148; *DF* 2 (1942), 667 f.

pro- Präfix mit den Bedeutungen 'vor' (z. B. *Prognose, progressiv*), 'zu jemandes Gunsten' (z. B. *proiranisch*), 'an Stelle von' (z. B. *Pronomen*) und 'in Verhältnis zu' (z. B. *Proportion*). Es wurde in lateinischen und in griechischen Entlehnungen ins Deutsche übernommen; sein Ursprung ist l. *prō* 'vor, für, zugunsten' *Präp. Adv.*, bzw. entsprechendes gr. *pró*. Das Element ist häufig durchschaubar, aber nur in dem Typ *pro-iranisch* auch produktiv. Zur germanischen Verwandtschaft s. *ver-*.

Cottez (1980), 348.

probat *Adj. per. fremd.* 'angemessen, tauglich, wirksam' (< 16. Jh.). Entlehnt aus l. *probātus*, dem PPP. von l. *probāre (probātum)* 'prüfen, untersuchen', zu l. *probus* 'gut, tüchtig, brav' und l. *pro-*.
S. *Probe*. – *DF* 2 (1942), 669.

Probe *f.* (< 15. Jh.). Entlehnt aus l. *proba* 'Prüfung, Versuch', einer Rückbildung zu l. *probāre* 'prüfen'. Verben: *proben, probieren*.

S. *probat, prüfen, approbieren*. – *DF* 2 (1942), 669; Röhrich 2 (1992), 1202 f.

Problem *n.* 'Schwierigkeit, Aufgabe' (< 16. Jh.). Entlehnt aus l. *problēma*, dieses aus gr. *próblēma*, eigentlich 'das Vorgelegte', zu gr. *probállein* 'vorwerfen, vorhalten', zu gr. *bállein* 'werfen' und gr. *pro-*. Adjektiv: *problematisch*.

S. *Parabel*. – *DF* 2 (1942), 669–672; *HWPh* 7 (1989), 1397–1408.

produzieren *sw V.* 'herstellen, hervorbringen' (< 17. Jh.). Entlehnt aus l. *prōdūcere (prōductum)*, eigentlich 'vorwärtsführen, vorführen', zu l. *dūcere* 'ziehen' und l. *pro-*. Abstraktum: *Produktion*; Nomen acti: *Produkt*; Adjektiv: *produktiv*; Täterbezeichnung: *Produzent*.

Parallele Präfigierungen des lateinischen Verbs sind *deduzieren* und *reduzieren*; Bildungen zum PPP sind *Dukaten* und *Viadukt*, über die romanischen Sprachen auch *Redoute*; ein Abstraktum in *Obduktion* und mit starker Weiterentwicklung in *Dusche*, ein Nomen agentis in *Kondukteur*; ein Adjektiv in *induktiv*. S. auch *Dock*. Zur germanischen Verwandtschaft s. *ziehen*. – Schirmer (1911), 148 f.; *Grundbegriffe* 5 (1984), 1–16; *HWPh* 7 (1989), 1418–1438.

profan *Adj. erw. fach.* 'weltlich, alltäglich' (< 17. Jh.). Entlehnt aus l. *profānus*, eigentlich 'vor dem heiligen Bezirk liegend', zu l. *fānum* 'ein heiliger, der Gottheit geweihter Ort' und l. *pro-*. Verb: *profanieren*.

S. *Ferien*. – P. Welchering *AB* 28 (1984), 63–99; *HWPh* 7 (1989), 1442–1446.

Profession *f. erw. fach.* 'Beruf' (< 16. Jh.). Entlehnt aus frz. *profession*, dieses aus l. *professio* 'öffentliche Angabe', zu l. *profitērī* 'öffentlich angeben' zu l. *fatērī* 'bekennen' und l. *pro*. Adjektiv: *professionell*. *Professional* 'Berufssportler' (übernommen aus dem Englischen) wird heute regelmäßig zu *Profi* gekürzt.

Rey-Debove/Gagnon (1988), 775, 778 f.

Professor *m.* (< 16. Jh.). Entlehnt aus l. *professor* 'öffentlicher Lehrer', zu l. *profitērī* 'laut und öffentlich erklären', zu l. *fatērī* 'bekennen, gestehen, an den Tag legen', zu l. *fārī* 'sprechen, kundtun' und l. *pro-*. In der Antike Titel der Grammatiker und Lektoren; im Mittelalter gebräuchlicher Titel von Hochschullehrern. Seit dem 16. Jh. Titel von Lehrern an Lateinschulen, mit der Tendenz, diesen auf Lehrer hochstehender Anstalten zu beschränken. Abstraktum: *Professur*.

S. *Profession, famos*. – Nyström (1915), 121–124; Götze (1929), 11 f.; Röhrich 2 (1992), 1203 f.

Profil *n.* (< 17. Jh.). Entlehnt aus frz. *profil m.*, dieses aus it. *profilo m.*, einer Ableitung von it. *profilare* 'umreißen, den Umriß zeichnen', zu it. *filo m.* 'Strich, Linie, Faden', aus l. *fīlum* 'Faden'. *Profiliert* heißt 'scharf umrissen, deutlich gekennzeichnet'.

S. *Filet*. – *DF* 2 (1942), 673 f.; W. J. Jones *SN* 51 (1979), 268 f.; Röhrich 2 (1992), 1204.

Profit *m.* (< 15. Jh.). Entlehnt aus mndl. *profijt*, dieses aus frz. *profit*, dieses aus l. *prōfectus* 'Zunahme, Wachstum, Vorteil', dem PPP. von l. *prōficere (prōfectum)* 'gewinnen, bewirken, vorwärts kommen', zu l. *facere* 'machen' und l. *pro-*. Verb: *profitieren*; Adjektiv: *profitabel*.

S. *infizieren*. − Schirmer (1911), 149; Miettinen (1962), 269−273.

Profos *m. arch.* ´Verwalter der Militärgerichtsbarkeit´ (< 16. Jh.). Entlehnt und vereinfacht aus afrz. *prevost*, dieses aus l. *praepositus* ´Vorgesetzter´.
S. *Propst*. − *DF* 2 (1942), 675.

profund *Adj. per. fremd.* ´gründlich´ (< 18. Jh.). Entlehnt aus frz. *profond*, dieses aus l. *profundus* ´geistig tief eingehend, tief, bodenlos´, zu l. *fundus* ´Grund, Boden´ (s. *Fundament*). Das /u/ in Anlehnung an das lateinische Adjektiv.
DF 2 (1942), 676.

Prognose *f. erw. fach.* ´Vorhersage´ (< 18. Jh.). Entlehnt aus gr. *prógnōsis*, eigentlich ´Vorherwissen´, zu gr. *progignṓskein* ´vorher erkennen´, zu gr. *gignṓskein* ´erkennen´ und gr. *pro-*. Verb: **prognostizieren**. S. *Diagnose*.

Programm *n.* (< 18. Jh.). Entlehnt aus l. *programma* ´schriftliche Bekanntmachung, Aufruf, Erlaß´, aus gr. *prógramma*, zu gr. *prográphein* ´öffentlich hinschreiben, öffentlich anordnen, vorschreiben´, zu gr. *gráphein* ´schreiben´ und gr. *pro-*. Adjektiv: **programmatisch**; Verb: **programmieren**. S. *Graphik*.

progressiv *Adj. erw. fremd.* ´fortschrittlich´ (< 18. Jh.). Entlehnt aus frz. *progressif*, einer Neubildung zu l. *prōgredī (progressus)* ´vorwärtsschreiten, fortschreiten´, zu l. *gradī* ´schreiten´ und l. *pro-*. Abstraktum: **Progression**.
S. *Grad*. − W. J. Jones *SN* 51 (1979), 269; *HWPh* 7 (1989), 1446−1450.

Prohibition *f. per. fach.* ´Verbot´ (< 19. Jh.). Entlehnt aus l. *prohibitio*, Abstraktum zu l. *prohibēre* ´verbieten, fernhalten, abhalten´, zu l. *habēre* ´haben, halten, handhaben´ und l. *pro-*. Adjektiv: **prohibitiv**.
Eine parallele Abstraktbildung ist *Exhibition*; *t*-Ableitungen sind *Habitus* und (deverbal) *Kohabitation*, zu einer adjektivischen *l*-Ableitung gehört *habilitieren*; zu einem Phraseologismus *malade*. Unklar ist der Anschluß von *Proviant* und *Pfründe*. Zur germanischen Verwandtschaft s. *geben*.

Projekt *n.* (< 17. Jh.). Entlehnt aus neo-kl. *proiectum*, dieses latinisiert aus frz. *projet m.*, einer Ableitung von frz. *projeter* ´entwerfen´. Dieses aus l. *prōiectāre* ´forttreiben, hinaustreiben´, einem Intensivum zu l. *prōicere (prōiectum)* ´vorwärtswerfen, vorstrecken´, zu l. *iacere* ´werfen´ und l. *pro-*. Verb: **projektieren**.
S. *projizieren*. − *DF* 2 (1942), 677−679; K.-H. Weimann *DWEB* 2 (1963), 402.

Projektil *n. per. fach.* ´Geschoß´ (< 19. Jh.). Entlehnt aus frz. *projectile m.*, dieses aus neo-kl. *projectilis*, zu l. *prōicere (prōiectum)* ´vorwärtswerfen´, zu l. *iacere* ´werfen´ und l. *pro-*.
S. *projizieren*. − *DF* 2 (1942), 679 f.

projizieren *swV. erw. fach.* ´auf etwas (z. B. eine Leinwand) abbilden´ (< *16 Jh., Bedeutung < 19. Jh.). Entlehnt aus l. *proicere* ´nach vorne werfen´ aus l. *iacere* ´werfen´ und l. *pro*.
Das Grundverb l. *iacere* ´werfen´ ist nur in *projizieren* entlehnt; das PPP in *Objekt, Subjekt, Projekt* und über das Französische in *Sujet*. Dazu eine Adjektiv-Bildung in *Adjektiv*. Das Abstraktum in *Injektion, Interjektion*, eine andere Form in *Konjektur*. Verschiedene Ableitungen aus *t*-Bildungen in *Projektil, Trichter, Jet* und *Jeton*; aus einer *l*-Bildung *Ejakulation*. − *DF* 2 (1942), 680; *HWPh* 7 (1989), 1458−1462.

proklamieren *swV. erw. fach.* ´öffentlich erklären´ (< 16. Jh.). Entlehnt aus frz. *proclamer*, dieses aus l. *prōclāmāre* ´laut rufen, heftig rufen, schreien´, zu l. *clāmāre* ´laut rufen, schreien´ und l. *pro-*. Abstraktum: **Proklamation**.
S. *deklamieren*. − *DF* 2 (1942), 680 f.

Prokrustesbett *n. bildg.* ´Schema, in das man etwas zwängt´ (< 19. Jh.). Nach einem bösartigen Riesen der griechischen Mythologie, der Menschen zu Tode marterte, indem er ihre Glieder mit einem Hammer einem zu großen oder zu kleinen Bett anpaßte.
DF 2 (1942), 681; Röhrich 2 (1992), 1204.

Prokura *f. erw. fach.* ´handelsrechtliche Geschäftsvollmacht´ (< 17. Jh.). Entlehnt aus it. *procura*, zu it. *procurare* ´Sorge tragen´, aus l. *prōcūrāre*, zu l. *cūrāre* ´sorgen, sich angelegen sein lassen´, zu l. *cūra* ´Sorge, Vorsorge, Interesse´ und l. *pro-*. Nomen agentis: **Prokurist**.
S. *Kur*. − Schirmer (1911), 149; *DF* 2 (1942), 681 f.

Proletarier *m. erw. fach.* ´besitzloser Lohnarbeiter, ungebildeter Mensch´ (< 18. Jh.). Entlehnt aus l. *prōlētārius* (Bürger der untersten Klasse), zu l. *prōlēs f.* ´Nachkomme´, zu l. *alere* ´nähren, aufziehen´. Die neuzeitlichen Wirtschaftstheorien übernehmen ein lateinisches Wort, das nach einer Volkseinteilung den Bürger der untersten Klasse bezeichnet, der dem Staat nicht mit seinem Vermögen diente, sondern nur mit seiner Nachkommenschaft. Kollektivum: **Proletariat**; Adjektiv: **proletarisch**.
S. *Alimente*. − R. F. Arnold *ZDW* 8 (1906/07), 17 f.; *Grundbegriffe* 5 (1984), 27−68; *HWPh* 7 (1989), 1462−1465.

Prolog *m. erw. fach.* ´Vorrede´ (< 13. Jh.). Mhd. *prologe, prologus* ist entlehnt aus l. *prologus*, dieses aus gr. *prólogos*, zu gr. *lógos* ´Rede, das Sprechen, Wort, Erzählung´, zu gr. *légein* ´(auf)lesen, reden, sprechen´ und gr. *pro-*.
S. *Logik*. − *DF* 2 (1942), 683.

promenieren *swV. erw. fremd.* ´schlendernd spazierengehen´ (< 18. Jh.). Entlehnt aus frz. *se promener*, zu frz. *promener* ´spazieren führen´, zu frz. *mener* ´führen´, aus l. *prōmināre* ´forttreiben, vor sich hertreiben' zu l. *mināre* 'treiben, antreiben' und l. *pro-*. Abstraktum: **Promenade**.

S. *eminent.* – *DF* 2 (1942), 684–687.

Promille *n. erw. fach.* 'tausendster Teil' (< 20. Jh.). Schon früher als Fachwort, doch erst durch die Alkoholmessung üblich geworden. Übernommen aus l. *pro* und l. *mille* 'tausend', s. *Million*.

prominent *Adj.* (< 20. Jh.). Unter Einfluß von e. *prominent* entlehnt aus l. *prōminēns (-entis)*, dem PPräs. von l. *prōminēre* 'hervorragen, hervortreten', zu l. *minēre* 'ragen' und l. *pro-*. Abstraktum: **Prominenz.**

S. *eminent.* – *DF* 2 (1942), 687 f.

Promotion *f. erw. fach.* 'Verleihung der Doktorwürde' (< 17. Jh.). Entlehnt aus l. *prōmōtio (-ōnis)* 'Beförderung (zu Ehrenstellen)', zu l. *prōmovēre* 'vorwärtsbewegen, fortschieben', zu l. *movēre* 'bewegen' und l. *pro-*. In der Bedeutung 'Absatzförderung' (mit englischer Aussprache) nach ne. *sales promotion*. Verb: **promovieren**.

Das Verb l. *movēre* 'bewegen' ist außerhalb der Fachsprachen nur in *promovieren* entlehnt; das Abstraktum in *Emotion, Promotion*, mit anderer Form in *Moment*, ein Nomen agentis in *Motor*. Reiche Nachfolge hat das Adjektiv *mobil* (*Automobil, Immobilien, Möbel, mobilisieren* usw.). Zu *t*-Bildungen gehören *Lokomotive, Meute, meutern, Motiv*. Kurzwörter in *Mob* und *Moped*. – Götze (1929), 8; Rey-Debove/Gagnon (1988), 782.

prompt *Adj.* (< 17. Jh.). Entlehnt aus frz. *prompt(e)*, das auf gleichbedeutendes l. *prōmptus* zurückgeht (zu l. *prōmere* 'hervornehmen', das zu l. *emere* 'nehmen' gebildet ist).

S. *Exempel.* – Schirmer (1911), 150; *DF* 2 (1942), 688 f.; W. J. Jones *SN* 51 (1979), 269.

Pronomen *n. erw. fach.* 'Fürwort' (< 15. Jh.). Entlehnt aus l. *prōnōmen*, s. *Nomen* und *pro-*.

DF 2 (1942), 689.

prononciert *Adj. per. fremd.* 'entschieden, eindeutig' (< 19. Jh.). Entlehnt aus frz. *prononcé*, dem adjektivischen PPrät. von frz. *prononcer* 'aussprechen', aus l. *prōnūntiāre*, zu l. *nūntiāre* 'verkünden, melden' und l. *pro-*, zu l. *nūntius* 'verkündigend, meldend'. S. *Annonce*.

Propaganda *f.* (< 18. Jh.). Gebildet nach *Congregatio de propaganda fide*, dem Namen einer päpstlichen Gesellschaft zur Verbreitung des Glaubens (seit dem 17. Jh.). Dieses zu l. *propāgāre* 'weiter ausbreiten, erweitern', zu l. *prōpāgēs* 'Setzling, Nachkomme' (s. *pfropfen*). Verb: **propagieren**; Täterbezeichnung: **Propagandist**.

Schirmer (1911), 150; J. Schlepkow: *Reklame, Propaganda, Werbung* (Hamburg 1951); W. Dieckmann *ZDS* 21 (1965), 105–114; *Grundbegriffe* 5 (1984), 69–112; *Brisante Wörter* (1989), 303–316.

Propan *n. per. fach.* (ein gasförmiger Kohlenwasserstoff) (< 19. Jh.). Das Wort ist mit dem Reihen-

suffix *-an* der Alkane gebildet zu einer Grundlage, die auf *Propion* zurückgeht (dieses als 'in der Zahl der Kohlenstoffatome der Fettsäure vorausgehend' zu gr. *pró Adv.* 'voran, vorher' und gr. *píōn* 'Fett'). Zur gleichen Grundlage auch *Propylen* u. a.

Cottez (1980), 349.

Propeller *m.* (< 19. Jh.). Entlehnt aus ne. *propeller*, einem Nomen instrumenti zu e. *propel* 'antreiben, vorwärts treiben', aus l. *prōpellere*, zu l. *pellere (pulsum)* 'treiben' und l. *pro-*. Zunächst entlehnt als Bezeichnung für eine Schiffsschraube.

S. *Interpellation.* – *DF* 2 (1942), 690; Röhrich 2 (1992), 1204.

proper *Adj. erw. fremd.* 'sauber' (< 17. Jh.). Entlehnt aus frz. *propre*, das auf l. *proprius* 'eigen, eigentümlich' zurückgeht.

DF 2 (1942), 690 f.; Jones (1976), 543; *HWPh* 7 (1989), 1471.

Prophet *m.* (< 13. Jh.). Mhd. *prophēt[e]* ist entlehnt aus l. *prophēta, prophētēs*, dieses aus gr. *prophḗtēs*, eigentlich 'Ausleger und Verkündiger der Orakelsprüche', zu gr. *phánai* 'sagen, erklären' und gr. *pro-*. Adjektiv: **prophetisch**; Verb: **prophezeien**.

S. *Blasphemie.* – *DF* 2 (1942), 691 f.; *HWPh* 7 (1989), 1473–1481; Röhrich 2 (1992), 1204 f.

prophezeien *swV.* (< 14. Jh.). Abgeleitet von *prophezîe* 'Prophezeiung', das im 12. Jh. aus kirchen-l. *prophetia* (und afrz. *prophetie*) entlehnt wurde, aber im 18. Jh. durch **Prophezeiung** verdrängt wurde. S. *Prophet*.

Prophylaxe *f. per. fach.* 'Vorbeugung' (< 18. Jh.). Entlehnt aus l. *prophylacticum n.*, dieses aus gr. *prophýlaxis*, zu gr. *prophýlax m.* 'Vorwächter, Vorposten', zu gr. *phýlax* 'Wächter' und gr. *pró*.

DF 2 (1942), 692.

Proportion *f. erw. fach.* 'Verhältnis' (< 15. Jh.). Entlehnt aus l. *proportio*, zusammengebildet aus l. *pro portione* 'je nach Anteil'. S. *Portion*. Adjektiv: **proportional**. Moderne Kürzung (*schwz. österr.*) **Proporz**.

DF 2 (1942), 692–695; *HWPh* 7 (1989), 1482–1508.

Proporz *m. erw. schwz. österr.* 'Verteilung nach dem Stimmenverhältnis' (< 20. Jh.). Kurzwort von *Proportional(wahl)*.

Proppen *m. per. ndd.* (< 20. Jh.). Niederdeutsche Form von *Pfropfen*. Das Adjektiv *proppenvoll* bedeutet wie südd. *gepfropft voll* eigentlich 'vollgestopft' und geht auf die Grundbedeutung 'Stöpsel' zurück.

Propst *m. per. fach.* (kirchlicher Amtsträger) (< 8. Jh.). Mhd. *prob(e)st, brobest*, ahd. *probost, probist, provost*, mndd. *prawest*, mndl. *provest, provoost, proofst* ist wie ae. *prāfost, profost*, afr. *provest, progost, provost* entlehnt aus afrz. *provost* aus ml. *propositus*, umgeformt aus älterem *praepositus*

ˊVorgesetzterˋ (zu l. *praepōnere* ˊvoransetzenˋ). Die christliche Bedeutung ist vor allem ˊLeiter eines Stifts oder Klostersˋ. Eine spätere Entlehnung des gleichen Wortes (frz. *provost*), das inzwischen zu ˊZuchtmeisterˋ geworden war, ist fnhd. *Profos* ˊZuchtmeister, Vorsitzender des Militärgerichtsˋ. Zur lateinischen Sippe s. *komponieren.* – Kluge (1911), 629 f.; *DF* 2 (1942), 696.

Prosa *f.* (< 9. Jh.). Ahd. *prōsa*, mhd. *prōse* ist entlehnt aus l. *(ōrātiō) prōsa* (wörtlich ˊschlichte, gerade gerichtete Redeˋ), zu l. *prōrsus* ˊvorwärts gekehrt, geradezuˋ, zu l. *versus*, dem PPP. von l. *vertere (versum)* ˊdrehen, wendenˋ und l. *pro-*. Adjektiv: ***prosaisch.*** S. *Vers.* – *DF* 2 (1942), 697 f.

prosit *Interj.* ˊzum Wohl!ˋ (< 16. Jh.). Entlehnt aus l. *prōsit* ˊes möge nützlich seinˋ, zu l. *prōdesse* ˊnützenˋ. Daraus gekürzt *Prost.* Verb: ***(zu-)prosten.*** S. *Essenz.* – Kluge (1895), 116; *DF* 2 (1942), 699–701; Röhrich 2 (1992), 1205.

Prosodie *f. per. fach.* ˊintonatorische Eigenschaftenˋ (< 18. Jh.). Entlehnt aus l. *prosōdia*, dieses aus gr. *prosōidía*, eigentlich ˊZugesangˋ, zu gr. (poet.) *ōidḗ* ˊGesangˋ, zu gr. *aeídein* ˊsingenˋ und gr. *prós-* ˊhinzuˋ. S. *Ode.* Vgl. *Akzent.* – E. Leser *ZDW* 15 (1914), 32 f.; *DF* 2 (1942), 701.

Prospekt *m.* (< 17. Jh.). Entlehnt aus l. *prōspectus* ˊFernsicht, Aussicht, Hinsehenˋ, dem PPP. von l. *prōspicere* ˊaus der Ferne herabsehen, hinsehen, von fern erblickenˋ, zu l. *specere* ˊschauenˋ und l. *pro-*. Adjektiv: ***prospektiv.*** S. *inspizieren.* – Schirmer (1911), 150; *DF* 2 (1942), 702 f.

prosperieren *sw V. per. fremd.* ˊgedeihen, gut vorankommenˋ (< 17. Jh.). Entlehnt aus frz. *prospérer*, dieses aus l. *prōsperāre* ˊetwas gedeihen lassenˋ, zu l. *prōsper* ˊgünstigˋ. Abstraktum: ***Prosperität.*** *DF* 2 (1942), 703 f.

Prostata *f. per. fach.* ˊVorsteherdrüseˋ (< 20. Jh.). Entlehnt aus gr. *prostátēs m.* ˊVorsteherˋ, einer Ableitung von gr. *proïstánai* ˊvorstellenˋ. Die Drüse befindet sich am Eingang der Harnröhre männlicher Säugetiere.

Prostitution *f. erw. fach.* (< 18. Jh.). Entlehnt aus frz. *prostitution*, dieses aus l. *prōstitūtio (-ōnis)* ˊPreisgabe zu sexuellen Handlungenˋ, zu l. *prōstituere* ˊfür sexuelle Handlungen öffentlich preisgebenˋ, zu l. *statuere* ˊhinstellenˋ, zu l. *sistere (statum)* ˊstellen, hinstellenˋ, zu l. *stāre* ˊstehenˋ. Verb: ***prostituieren***; Nominalableitung: ***Prostituierte.*** S. *Statut* und *Distanz.* – *DF* 2 (1942), 704–706.

Protagonist *m. per. fach.* ˊErster im Wettkampf, Hauptfigurˋ (< 18. Jh.). Entlehnt aus l. *protagonista*, vielleicht nach dem Vorbild des Englischen. Dieses aus gr. *prōtagōnistḗs*, zu gr. *prōtos* ˊersterˋ und gr. *agōn* ˊKampfˋ. S. *Agonie.* – *DF* 2 (1942), 706 f.

protegieren *sw V. per. fach.* ˊfördern, begünstigenˋ (< 16. Jh.). Entlehnt aus frz. *protéger*, dieses aus l. *protegere (protēctum)* ˊbeschützen, bedeckenˋ, zu l. *tegere* ˊschützen, decken, bedeckenˋ und l. *pro-*. Abstraktum: ***Protektion***; Lokalbildung: ***Protektorat.*** S. *Detektiv.*

Protein *n. per. fach.* ˊEiweißkörperˋ (< 19. Jh.). Der niederländische Chemiker G. J. Mulder glaubte, bei seinen Untersuchungen die Grundsubstanz organischen Lebens entdeckt zu haben, und gab ihr nach Vorschlag von Berzelius den Namen *Protein* (Neubildung zu gr. *prōtos* ˊersterˋ). Bei der Festlegung der Nomenklatur 1907 auf die Eiweißstoffe eingeengt. *DF* 2 (1942), 707; Cottez (1980), 351.

protestieren *sw V.* (< 15. Jh). Entlehnt aus frz. *protester*, dieses aus l. *prōtēstārī* ˊöffentlich bezeugen, öffentlich dartunˋ, zu l. *tēstārī* ˊbezeugenˋ und l. *pro-*, zu l. *tēstis* ˊZeugeˋ. Die Bedeutung von *protestantisch* ˊevangelischˋ geht zurück auf die Ablehnung der kaiserlichen Religionspolitik (Wormser Edikt) durch die evangelischen Stände auf dem Reichstag zu Speyer 1529. Abstraktum: ***Protest***; Täterbezeichnung: ***Protestant.*** S. *Attest, Testament.* – J. Lindeboom *MNAW* 3 (1940), 47–77 (zu *Protestant*); *HWPh* 7 (1989), 1529–1536.

Prothese *f. erw. fach.* ˊkünstlicher Ersatz für einen Körperteilˋ (< 18. Jh.). Entlehnt aus gr. *prósthesis* ˊZusatz, Vermehrungˋ, zu gr. *thésis* ˊSetzungˋ und gr. *prós* ˊhinzuˋ. Das fehlende /s/ erklärt sich aus einer Vermengung mit gr. *próthesis* ˊAusstellung; Vorsatzˋ. S. *These.* – *DF* 2 (1942), 707.

proto- *Präfix* mit der Bedeutung ˊvorderster, erster, bedeutsamsterˋ (z. B. *Prototyp, Protagonist, Protoplasma*). Daneben vor Vokalen meist die Form *prot-*. Es wurde in Bildungen aus dem Griechischen entlehnt. Sein Ursprung ist gr. *prōtos*. In den Fachsprachen teilweise produktiv. Cottez (1980), 350 f.

Protokoll *n.* (< 16. Jh.). Entlehnt aus ml. *protocollum*, dieses aus mgr. *prōtókollon*, eigentlich ˊvorgeleimtes Blattˋ, zu gr. *kólla* ˊLeimˋ und gr. *proto-*. Zunächst Bezeichnung der vorn an Papyrusrollen angeklebten Blätter mit den Daten über die Entstehung dieser Schriftrolle. Dann übertragen auf andere chronologische Aufzeichnungen. Die diplomatische Bedeutung aus dem Französischen, wo das Wort auch ˊSammlung von Regeln usw.ˋ bedeutet. Verb: ***protokollieren***; Adjektiv: ***protokollarisch.*** *DF* 2 (1942), 708 f.; Röhrich 2 (1992), 1205.

Prototyp *m. erw. fach.* ˊModell, ideale Ausprägungˋ (< 17. Jh.). Entlehnt aus ml. *prototypus*; dieses aus gr. *prōtótypon* ˊUrbildˋ, aus gr. *prōtos* ˊersterˋ und gr. *týpos* ˊPrägungˋ (s. *Typ*).

Protz *m. erw. stil.* ʹWichtigtuerʹ (< 19. Jh.). Sonst mundartlich (bairisch) für ʹKröteʹ (bezeugt seit dem 16. Jh.). Wahrscheinlich Bedeutungsverschiebung aus dem Tiernamen, dessen Herkunft nicht klar ist. Hierzu **protzen** und **protzig** (das aus älterem *protz* erweitert ist).

Protze *f. arch.* ʹVorderwagen des Geschützesʹ (< 15. Jh.). Im Bairischen seit dem 15. Jh. als *protz, protzen m.* ʹKarrenʹ bezeugt; dieses aus ober-it. *birozzo m.*, it. *biroccio m.* ʹWagenʹ entlehnt. Im 16. Jh. in mehreren Zusammensetzungen (*Protzkasten, Protzwagen, Protzräder* usw.) üblich, aus denen sekundär das Femininum abstrahiert wird. Partikelableitung: *abprotzen.*
E. Öhmann *NPhM* 42 (1941), 83.

Provenienz *f. per. fremd.* ʹHerkunftʹ (< 19. Jh.). Neoklassische Bildung zu l. *prōvenīre* ʹaus etwas hervorgehen, von irgendwo herkommenʹ.
S. *invervenieren* und *pro-.* − *DF* 2 (1942),710.

Proviant *m.* (< 15. Jh). Entlehnt aus it. *provianda f.*, dieses vielleicht wie frz. *provende* aus l. *praebenda f.* ʹdas jmd. von Staats wegen zukommende Nahrungsgeldʹ, zu l. *praebēre* ʹhinhalten, hinreichen, darreichenʹ, zu l. *habēre* ʹhaben, halten, tragenʹ. Der Wechsel von *prae-* zu *pro-* wohl durch Anlehnung an l. *prōvidēre* ʹVorsorge tragen, im voraus besorgenʹ. Die Einzelheiten bleiben aber unklar.
S. *prohibieren, Pfründe.* − E. Öhmann *NPhM* 42 (1941), 83 f.; *DF* 2 (1942), 711−713.

Provinz *f.* (< 14. Jh.). Entlehnt aus l. *prōvincia* ʹHerrschaftsbereichʹ. Adjektiv: *provinziell.*
Jones (1976), 543 f.; J.-M. Bertrand *Journal des savants* 1989, Juli-Dec. 191−215; Röhrich 2 (1992), 1205.

Provision *f.* (< 16. Jh.). Entlehnt aus it. *prov(v)isione, prov(v)igione*, dieses aus l. *prōvīsio (-ōnis)* ʹVorsorge, Vorkehrungʹ, zu l. *prōvidēre (prōvīsum)* ʹVorsorge tragen, im voraus besorgenʹ, zu l. *vidēre* ʹsehenʹ und l. *pro-.*
Zur lateinischen Sippe s. *revidieren.* − Schirmer (1911), 151; *DF* 2 (1942), 713−715.

provisorisch *Adj.* (< 18. Jh.). Entlehnt und relativisiert aus frz. *provisoire*, das eigentlich ʹSorge tragendʹ bedeuten müßte, aber das zusätzliche Merkmal ʹvorläufigʹ bekam. Konkretum: *Provisorium.*
DF 2 (1942), 716 f.

provozieren *swV. erw. fremd.* ʹherausfordernʹ (< 16. Jh.). Entlehnt aus l. *prōvocāre*, zu l. *vocāre* ʹrufenʹ und l. *pro-.* Abstraktum: *Provokation*; Adjektiv: *provokativ*; Täterbezeichnung: *Provokateur.*
Zur Sippe von l. *vocāre* ʹrufenʹ gehören als Verben *evozieren* und *provozieren*, zum PPP *Advokat* und *Vogt*, zu sonstigen Ableitungen *Vokal* und *Vokabular*. Zur deutschen Verwandtschaft s. *erwähnen.* − *DF* 2 (1942), 717 f.; K.-H. Weimann *DWEB* 2 (1963), 402.

Prozedur *f. erw. fach.* ʹVorgangʹ (< 17. Jh.). Entlehnt aus frz. *procédure*, zu frz. *procéder* ʹverfahrenʹ (aus l. *prōcēdere*), s. *Prozeß.* Verb: *prozedieren.*
DF 2 (1942), 718 f.

Prozent *n.* (< 15. Jh.). Gebildet zu it. *per cento* ʹpro Hundertʹ, zu l. *centum* ʹhundertʹ. Adjektive: *prozentual, -prozentig.*
S. *Zentner.* − Schirmer (1911), 151; *DF* 2 (1942), 719 f.

Prozeß *m.* (< 14. Jh.). Spmhd. *process* ʹErlaß, gerichtliche Entscheidungʹ ist entlehnt aus l. *prōcessus* ʹFortgang, Fortschreitenʹ, dem Abstraktum von l. *prōcēdere (prōcessum)* ʹvorwärtsgehen, vorrücken, vortretenʹ, zu l. *cēdere* ʹgehen, tretenʹ und l. *pro-.* Das Wort ist im Mittelalter Ausdruck für ein Rechtsverfahren, besonders bei der kirchlichen Rechtssprechung. Dann Verallgemeinerung zu ʹVerfahrensweiseʹ, woraus ʹHerstellungsverfahren medizinisch wirksamer Tinkturenʹ − daraus der Prozeßbegriff der Chemie, und aus diesem der der Philosophie. Dazu die neoklassische Bildung *Prozedur.* Verb: *prozessieren.*
S. *Abszeß.* − K.-H. Weimann *DWEB* 2 (1963), 402; W. J. Jones *SN* 51 (1979), 268; K. Röttgers *AB* 27 (1983), 93−157; ders. *AB* 29 (1985), 116−124; *HWPh* 7 (1989), 1543−1562; Röhrich 2 (1992), 1205 f.

Prozession *f.* (< 13. Jh.). Entlehnt aus l. *prōcessio (-ōnis)*, eigentlich ʹVorrückenʹ, zu l. *prōcēdere (prōcessum)* ʹvorwärtsgehen, vorrücken, vortretenʹ, zu l. *cēdere* ʹgehen, tretenʹ und l. *pro-.* S. *Abszeß.*

prüde *Adj.* (< 18. Jh.). Entlehnt aus frz. *prude.* Dieses bedeutet ursprünglich ʹwacker, ehrenhaftʹ und ist vermutlich in bestimmten Wendungen (wie frz. *prude femme* ʹehrenhafte Frauʹ?) unter Einwirkung von frz. *prudent* ʹvorsichtigʹ zu seiner speziellen Bedeutung gekommen. Abstraktum: *Prüderie.*
DF 2 (1942), 720 f.

prudeln *swV. per. reg.* ʹsich suhlenʹ (< 18. Jh.). Nebenform zu *brodeln.* Hierzu reg. *prudelig* ʹunordentlichʹ, *Prudel* ʹFehlerʹ (s. *Pudel*).

prüfen *swV.* (< 12. Jh.). Mhd. *prüeven, brüeven, pruoven,* mndl. *pro(e)ven, pru(e)ven* u. a. (< 12. Jh.). Entlehnt aus afrz. *prover*, das aus l. *probāre* (s. *probieren*) stammt. Bei der Bedeutungsentwicklung haben wohl andere Wörter mitgewirkt. Schon im 13. Jh. wird das Verbalabstraktum mhd. *prüefunge* gebildet. Täterbezeichnung: *Prüfer.*
S. *Probe, probieren.* − Öhmann (1918), 95 f., 124; R. Fisher *Medium Aevum* 51 (1982), 227−233.

Prügel *m.* (< 15. Jh.). Spmhd. *brügel*, aber ahd. *prugilon* ʹabdecken mit Prügeln(?)ʹ. Diminutivum zu einem vorauszusetzenden (g.) **bruga-* ʹStämmchen, Prügelʹ, zu dem schw. *Brügi* ʹPrügeldamm, Plattform, Bühneʹ usw.ʹ ein Kollektivum ist. Außergermanisch vergleicht sich vielleicht lit. *brūklȳs*

'Stock, Prügel'. Entfernter verwandt ist das Wort *Brücke*.

Röhrich 2 (1992), 1206.

Prügelknabe *m.*, **Prügeljunge** *m.* (< 19. Jh.). Offenbar zurückgehend auf eine für das 17. Jh. bezeugte Sitte (oder nur literarisches Motiv?), Fürstensöhne mit Kindern einfacherer Leute zusammen zu erziehen, wobei die anderen Kinder die Prügel bekamen, die der Prinz verdient hätte. Entsprechend e. *whipping boys*.

Röhrich 2 (1992), 1206.

Prunk *m.* (< 17. Jh.). Aufgenommen aus ndd. *pronk*, dieses zu mndl. *bronc.* Gehört zu *prangen* und mindestens indirekt zu *Pracht*. Herkunft im übrigen unklar. Verb: **prunken.**

Lühr (1988), 363.

prusten *swV.* (< 15. Jh.). Übernommen aus ndd. *prüsten*. Dieses ist wohl eine Schallnachahmung wie anord. *frysa, frusa* 'schnauben'.

H. Glombik-Hujer *DWEB* 5 (1968), 212.

Psalm *m. erw. fach.* (< 8. Jh.). Mhd. *psalm[e], salm[e],* ahd. *psalm[o], salm[o],* ist entlehnt aus l. *psalmus m.,* dieses aus gr. *psalmós m.,* auch: 'Lied, Gesang, Harfenspiel', eigentlich 'das Zupfen an den Saiten des Instruments', zu gr. *psállein* 'zupfen, die Saiten der Lyra schlagen, ein Harfeninstrument spielen'. Kollektivum: **Psalter**; Verb: **psalmodieren**; Täterbezeichnung: **Psalmist.**

DF 2 (1942), 721.

Psalter *m. per. fach.* 'Buch der Psalmen, mittelalterliches liturgisches Textbuch, mittelalterliche Zither' (< 9. Jh.). Mhd. *psalter,* ahd. *[p]salteri, saltāri* u.ä., ist entlehnt aus (kirchen-)l. *psaltērium n.,* dieses aus gr. *psaltērion n.* 'Saiteninstrument', zu gr. *psállein* 'zupfen, die Saiten schlagen'.

S. *Psalm.* – Relleke (1980), 201 f.

pseudo- *LAff.* mit der Bedeutung 'unecht, vorgetäuscht' (z. B. *pseudojuristisch*). Es wird vornehmlich in neoklassischen Bildungen verwendet; sein Ursprung ist das Vorderglied *pseudo-* 'Lügen-' in griechischen Komposita, zu gr. *pseûdos* 'Lüge' und gr. *pseúdein* 'täuschen'. – Vor Vokalen lautet die Form meist *pseud-* (z. B. *Pseudonym*).

DF 2 (1942), 721 f.; K.-H. Weimann *DWEB* 2 (1963), 402; Cottez (1980), 352.

Pseudonym *n. erw. fach.* 'angenommener Name' (< *17. Jh., Form < 19. Jh.). Zunächst in der latinisierten Form *Pseudonymus* entlehnt aus gr. *pseudónymos* 'mit falschem Namen' zu gr. *pseûdos* 'Lüge' und gr. *ónyma, ónoma* 'Name'. S. *anonym* und *pseudo-*.

Cottez (1980), 352; *HWPh* 7 (1989), 1567–1569.

pst *Interj.* (< 17. Jh.). Lautgebärde. Das *s,* das hier an die Stelle eines Vokals gesetzt ist, ist ein typischer Flüsterlaut, d. h. beim Flüstern (dem

Sprechen mit tonlosen Vokalen) ist das *s* verhältnismäßig schallstark und deshalb auffallend.

Schwentner (1924), 16.

Psyche *f. per. fach.* 'Seele, Seelenleben, Gemütsverfassung, Gemüt' (< 17. Jh.). Entlehnt aus gr. *psȳchḗ,* '(Lebens)Hauch', zu gr. *psýchein* 'hauchen, atmen, blasen, leben'. Adjektiv: **psychisch**

DF 2 (1942), 722–727; Cottez (1983),353.

psychedelisch *Adj. per. fach.* 'das Bewußtsein verändernd, in Trance versetzend' (< 20. Jh.). Entlehnt aus ne. *psychedelic,* einer Neubildung zu gr. *psȳchḗ* und gr. *dēloûn* 'offenbaren, klarmachen', zu gr. *dēlos* 'offenkundig, sichtbar'. S. *Psyche.*

Rey-Debove/Gagnon (1988), 787 f.

Psychiater *m. erw. fach.* (< 19. Jh.). Neubildung zu gr. *psȳchḗ* 'Seele' und gr. *iātrós* 'Arzt'. Abstraktum: **Psychiatrie.**

Cottez (1980), 353.

Psychologie *f.* (< *16. Jh., Form < 18. Jh.). Zunächst in lateinischer Form gebraucht und festgelegt als Bezeichnung der 'Seelenlehre', die vorher zu der Metaphysik gerechnet wurde. Gebildet aus gr. *psȳchḗ* 'Seele, Lebenshauch' und *-logie.* Täterbezeichnung: **Psychologe**; Adjektiv: **psychologisch.**

S. *Psyche.* – F. M. Lapointe *RCSF* 28 (1973), 138–160; Cottez (1980), 353; *HWPh* 7 (1989), 1599–1653.

Psychopath *m. per. fach.* 'krankhaft verhaltensgestörter Mensch' (< 19. Jh.). Neubildung des 20. Jhs. zu gr. *psȳchḗ f.* 'Lebenshauch, Seele' und gr. *páthos n.* 'Leid, Leiden'. Adjektiv: **psychopathisch.**

S. *Psyche* und *Pathos.* – *HWPh* 7 (1989), 1682–1685.

Psychose *f. per. fach.* 'schwere geistig-seelische Störung' (< 19. Jh.). Neubildung mit dem Krankheiten bezeichnenden Suffix *-ose* oder Umdeutung der älteren Entlehnung aus gr. *psýchōsis* 'Beseelung'.

Cottez (1980), 353; *HWPh* 7 (1989), 1691–1698.

Pubertät *f. erw. fach.* 'Geschlechtsreife' (< 16. Jh.). Entlehnt aus l. *pūbertās (-ātis),* eigentlich 'Mannbarkeit', zu l. *pūbēs (-eris)* 'mannbar, männlich, erwachsen'. Adjektiv: **pubertär.**

DF 2 (1942), 727.

publik *Adj. erw. fremd.* 'öffentlich, allgemein bekannt' (< 17. Jh.). Entlehnt aus frz. *public,* dieses aus l. *pūblicus,* zu l. *populus* 'Volk, Gemeinde, Staat'. Das **Publikum** ist eigentlich 'die Öffentlichkeit, das Volk'; **publizieren** mit dem Abstraktum **Publikation** ist 'veröffentlichen'.

S. *populär.* – Jones (1976), 544.

Puck *m. per. fach.* 'Spielscheibe beim Eishockey' (< 20. Jh.). Entlehnt aus ne. *puck,* dessen Herkunft unklar ist.

puckern *swV. per. ndd.* ´pulsieren´ (< 20. Jh.). Iterativbildung zu ndd. *pucken*, das eine Intensivbildung zu *pochen* ist.

Puckel *m.* s. *Buckel*.

puddeln[1] *swV. per. fach.* ´Roheisen durch Mischen mit Eisenoxyd im Hochofen entkohlen´ (< 18. Jh.). Das in England erfundene Verfahren ist nach ne. *puddle* ´mischen, herumrühren (in einer Pfütze)´ benannt und so entlehnt worden.
DF 2 (1942), 727.

puddeln[2] *swV.* s. *buddeln*.

Pudding *m.* (< 17. Jh.). Entlehnt aus ne. *pudding*. Im Deutschen bezeichnet das Wort nur eine Süßspeise, im Englischen ist diese Bedeutung (und Sache) jung (16. Jh.), älter ist die Bedeutung ´Wurst´ (so heute noch in ne. *black pudding* ´Blutwurst´). In dieser Bedeutung ist das englische Wort entlehnt aus frz. *boudin* ´Blutwurst´, das zu l. *botulus* ´Wurst´ gehört. Die Übertragung auf die Süßspeise offenbar nach der gestockten Konsistenz, die sowohl der Blutwurst wie auch dem *Pudding* eigen ist.
R. F. Arnold *ZDW* 9 (1907), 158; *DF* 2 (1942), 727 f.; Ganz (1957), 180 f.; Rey-Debove/Gagnon (1988), 792; Röhrich 2 (1992), 1206 f.

Pudel *m.* (< 18. Jh.). Gekürzt aus *Pudelhund*, das seit dem 17. Jh. bezeugt ist und sich auf das *pudeln* ´plätschern im Wasser´ bei dieser Hunderasse bezieht (die *Pudel* waren zur Wasserjagd abgerichtet). Das Verb gehört zu ndd. *pūdel*, hd. *pfūdel*, ne. *puddle* ´Pfütze´. *Pudel* ´Fehler´ vermutlich sekundär aus *Prudel*. *Des Pudels Kern* nach Goethe, Faust I, 1323 mit selbständiger Weiterentwicklung des Gebrauchs.
S. *Pudelmütze*. − Röhrich 2 (1992), 1207 f.

Pudelmütze *f. obs.* ´gestrickte Wollmütze´ (< 18. Jh.). Ursprünglich nach dem Aussehen wie das Fell eines *Pudels*.

Puder *m./(n.)* (< 15. Jh.). Entlehnt aus frz. *poudre m.*, zunächst in französischer Form und der Bedeutung ´Haarmehl´ (zum Pudern der Haare), dann auf andere Kosmetika ausgeweitet. Die heutige Schreibweise seit dem 17. Jh. Das französische Wort bedeutet ´Staub, Pulver, Puder´ und geht über l. *pulverāre* (s. *Pulver*) auf l. *pulvis (-veris) m.* ´Staub´ zurück.
DF 2 (1942), 728 f.

Puff[1] *m. vulg.* (Bordell) (< 15. Jh.). Nach der Interjektion *puff* zunächst die Bedeutung ´Stoß´, dann, offenbar vom Fallen der Würfel aus, auch Bezeichnung für ein Brettspiel mit Würfeln. Da solche Spiele in den alten Badehäusern zwischen Männern und Frauen gespielt wurden und das Spiel dann zwanglos in mehr erotische Spiele übergehen konnte, galten die Badehäuser bald als eine Art Bordell, und *Puff* stand häufig als Teil für das Ganze; daraus *Puff* ´Bordell´; *puffen* ´stoßen´, dann ´beschlafen´ mag mitgewirkt haben.
Röhrich 2 (1992), 1208.

Puff[2] *m.*, auch **Püffchen** *n.*, **Puffe** *f.* ´Wäschepuff´ (< 19. Jh.). Gehört zu einer anderen Ausprägung der Interjektion *puff*, die das Aufgeblasene u.ä. bezeichnet. Ursprünglich also ´etwas zum Hineinstopfen´. Vgl. *Puffer*, *Puffärmel*, *Puffbohne* u.ä. und die unter *Bausch* genannte Lautgebärde.

Puffärmel *m. obs.* (im oberen Teil aufgebauschte Ärmel) (< 15. Jh.). Das Wort kann zu dem unter *Puff*[2] genannten Komplex gehören; da aber im Romanischen eine entsprechende Wortsippe besteht, ist Entlehnung nicht ausgeschlossen.

Puffbohne *f. per. reg.* ´Saubohne´ (< 18. Jh.). Nach der prallen Form bezeichnet. S. *Puff*[2].

Puffer *m.* (< 17. Jh.). Bezeugt in verschiedenen Bedeutungen. Zunächst für ´Terzerol´ (lautnachahmend nach dem Knall); im 19. Jh. entsprechend zu ne. *buffer* für die Stoßfänger an Bahnwagen (zu *puffen* ´stoßen´). Regional für ´Eierkuchen, Kartoffelkuchen´ (vom Aufgehen beim Backen, also zu *Puff*[2]). In der ersten und dritten Bedeutung auch *Puffert*.

pulen *swV. per. ndd.* ´herausklauben´ (< 18. Jh.). Mndd. *pulen*, mndl. *pul(l)en* zu mndd. *pule* ´Schale, Hülse´, also eigentlich ´schälen, enthülsen´. Weitere Herkunft unklar.
H. Schlemmer: *Semantische Untersuchungen* (Göppingen 1971), 180−182.

Pulk *m. per. fach.* ´zusammengehörige Gruppe von Fahrzeugen´. Älter *Polk* ´Truppenteil´ (< 18. Jh.). Entlehnt aus poln. *pólk* und russ. *polk* ´Heer, Truppe, Schar u.ä.´, das aus dem germanischen Wort für *Volk* früh entlehnt ist.
DF 2 (1942), 730.

Pulle *f. erw. reg.* ´Flasche´ (< 18. Jh.). Aus dem Niederdeutschen übernommen. Das niederdeutsche Wort ist entlehnt aus l. *ampulla* ´Flasche´ (s. *Ampulle*).
Röhrich 2 (1992), 1208.

pullen *swV. per. ndd.* ´rudern´ (< 20. Jh.). Entlehnt aus ne. *to pull* ´ziehen´.

Pullover *m.* (< 20. Jh.). Entlehnt aus ne. *pullover* (eigentlich ´Überzieher´), zu e. *pull* ´ziehen´ (aus ae. *pullian*, dessen Herkunft nicht sicher geklärt ist) und e. *over* ´über´. Vgl. als Gegensatzbildung *Pullunder*. Kurzwort: *Pulli*.
DF 2 (1942), 730; Rey-Debove/Gagnon (1988), 796 f.

Pullunder *m. per. fach.* ´ärmelloser Pullover´ (< 20. Jh.). Anglisierende Gegensatz-Bildung zu *Pullover*; das ´unter´ soll dabei kennzeichnen, daß es sich um ein unter der Jacke zu tragendes Kleidungsstück handelt.
J. A. Hannah *GLL* 42 (1988), 60 f.

Puls *m.* (< 14. Jh.). Spmhd. *puls m./f.* ist entlehnt aus l. *pulsus,* eigentlich 'Stoßen, Stampfen, Schlagen', dem Abstraktum von l. *pellere (pulsum)* 'schlagen, stoßen'. Verb: **pulsieren**.
Zur Sippe des Grundworts s. *Interpellation.* – *DF* 2 (1942), 730–732; Röhrich 2 (1992), 1208.

Pult *n. obs.* (< 16. Jh.). Vereinfacht aus mhd. *pulpit, pulpet,* das entlehnt ist aus l. *pulpitum* 'Kanzel, Pult' (eigentlich 'Brettergerüst').
DF 2 (1942), 732.

Pulver *n.* (< 9. Jh.). Mhd. *pulver,* ahd. *pulver* ist entlehnt aus ml. *pulvere,* zu l. *pulvis (-veris) m.* 'Staub, Pulver'. Verben: **pulvern, pulverisieren**.
S. *Pollen, Puder.* – *DF* 2 (1942), 732; Röhrich 2 (1992), 1208 f.

Puma *m. per. fach.* (Raubtier mit dichtem braunem Fell) (< 18. Jh.). Entlehnt aus der südamerikanischen Indianersprache Ketschua *puma.*

Pummel *m. per. ndd.* 'dicke Person, besonders Mädchen' (< 20. Jh.). Ebenso *Pumpel,* schwz. *Bumpel.* Wohl zu der Sippe von *baumeln* und ihrem Umkreis.

Pumpe *f.* (< 16. Jh.). Älter mndl. (15. Jh.) *pompe.* Dieses entlehnt aus span. port. *bomba* 'Schiffspumpe', das wohl lautmalenden Ursprungs ist. Verb: **pumpen**[1].
S. *Plumpe, pumpern. DF* 2 (1942), 733.

pumpen[2] *swV. stil.* 'borgen', *auf Pump* 'geborgt' (< 17. Jh.). Aus dem Rotwelschen und über die Studentensprache allgemein üblich geworden. Herkunft des rotwelschen Wortes unklar; nach Wolf Bedeutungsentlehnung aus rotw. *stechen* 1) '(stoßen), stechen, 2) 'geben, schenken' (= 'etwas zustecken'); da die Ausgangsbedeutung von rotw. *pumpen* = 'stechen, (stoßen)' ist.
Wolf (1985), 257; Röhrich 2 (1992), 1209.

pumpern *swV. per. reg.* 'klopfen' (< 20. Jh.). Wohl lautmalend wie die unter *Pumpe* genannten Wörter. In der Bedeutung 'furzen' zu *pupen.*

Pumpernickel *m.* (< 17. Jh.). Zunächst für 'Kommißbrot', dann eingeschränkt auf das nordwestfälische Roggenschrotbrot (als spöttische Bezeichnung von außen, die einheimische Bezeichnung ist *Schwarzbrot* oder *grobes Brot*). Als Spottname ist das Wort schon älter (als Bezeichnung eines groben Flegels?); die Übertragung auf das Brot ähnlich wie bei *Armer Ritter* u.ä. *Nickel* ist Kurzform von *Nikolaus; Pumper* wohl ein regionales Wort für 'Furz'.
L. Weiser *NZV* 4 (1926), 14; W. Benary *ASNL* 154 (1928), 271 f.; I. Goldbeck *MS* (1951), 50–52; R. Möller: *NW* 1 (1960), 4–7; C. Gentner *JAWG* 3 (1987), 56–66; Röhrich 2 (1992), 1209.

Pumphose *f. obs.* (< 16. Jh.). Übernommen aus dem Niederdeutschen (zu *pump* 'Gepränge' aus l. *pompa,* s. *Pomp*).

Pumps *m./Pl. erw. fach.* (ein Damenschuh mit höherem Absatz) (< 20. Jh.). Entlehnt aus ne. *pumps,* dessen Herkunft nicht sicher geklärt ist.
DF 2 (1942), 733.

Punk *m. per. grupp.* (Angehöriger einer Jugendbewegung, die mit abstoßendem Aussehen usw. Aufsehen erregt) (< 20. Jh.). Entlehnt aus ne. *punk* (auch: 'Kerl, Halbstarker, Mist'), dessen weitere Herkunft nicht sicher geklärt ist.
Rey-Debove/Gagnon (1988), 800 f.

Punkt *m.* (< 14. Jh.). Spmhd. *punct, pun(k)t.* Entlehnt aus l. *punctum n., punctus* 'Punkt', eigentlich 'Spitze' (zul. *pungere* 'stechen'). Adjektive: **punktuell, pünktlich**; Verb: **punktieren**.
Auf die gleiche lateinische Form gehen zurück *Punkt, Kontrapunkt, bunt, kunterbunt, Pointe, Punze, Spund;* auf Abstrakta des Grundverbs *Akupunktur* und *Interpunktion.* Entfernt verwandt ist vielleicht *Pygmäe;* zur deutschen Verwandtschaft s. *Fichte.* – *DF* 2 (1942), 734–736; Cottez (1980), 357; *HWPh* 7 (1989), 1711–1714; Röhrich 2 (1992), 1209–1211.

pünktlich *Adj.* (< 15. Jh.). Ausgangsbedeutung 'auf den Zeitpunkt (genau) kommend'. Abstraktum: **Pünktlichkeit**.
Röhrich 2 (1992), 1211.

Punsch *m. erw. fach.* (< 17. Jh.). Entlehnt aus e. *punch,* zunächst in englischer Schreibung. Das englische Wort aus hindī *pāntsch* 'fünf' (verwandt mit unserem Wort für 'fünf'), weil das Getränk aus fünf Grundstoffen besteht (Arrak, Zucker, Limonensaft, Gewürze und Wasser).
R. F. Arnold *ZDW* 9 (1907), 158; G. Baist *ZDW* 12 (1910); 300; *DF* 2 (1942), 736; Rey-Debove/Gagnon (1988), 798 f.

Punze *f.,* auch **Punzen** *m.,* **Bunzen** *m.* 'Stahlstempel' *per. fach.* (< 15. Jh.). Mhd. *punze m.* 'Stichel'. Entlehnt aus it. *punzone m.* 'Stoß, Stempel', das aus l. *punctio (-ōnis)* 'das Stechen, der Stich' (zu l. *pungere* 'stechen') entlehnt ist. S. *Punkt.*

Pupe *f. per. vulg.* 'nicht schäumendes Bier', *m.* 'Homosexueller', **pupig** *Adj.* 'wertlos' (< 20. Jh.). Herkunft unklar.

pupen *swV. per. ndd.* 'furzen' (< 18. Jh.). Lautmalend. Hierzu **pumpern, Pup, Pups, Pupser** 'Furz'.

Pupille *f.* (< 18. Jh.). Entlehnt aus l. *pūpilla,* eigentlich 'unmündiges Mädchen, Waise', zu l. *pūpa* 'Mädchen', der movierten Form von l. *pūpus m.* 'Knabe, Kind'. Die Bedeutungsübertragung spielt darauf an, daß man im Augapfel seines Gegenübers sein eigenes Spiegelbild sieht.
S. *Puppe.* – *DF* 2 (1942), 736 f.; H. Hommel *RMPh* 92 (1943), 67–72 (anders); Röhrich 2 (1992), 1211.

Puppe *f.* (< 15. Jh.). Fnhd. *puppe, boppe,* mndl. *puppe, pop(pe)* ist entlehnt aus l. *puppa,* einer Variante von l. *pūpa* 'kleines Mädchen, Puppe, Larve'. Entlehnt wird zunächst die Bedeutung 'Spielzeug', später auch 'Larve'. Die zweite Bedeutung beruht auf einer ungenauen Übersetzung von gr. *nýmphē* 'Braut' (wegen der weißen Umhüllung). Präfixableitung: *sich ver-, entpuppen.*

S. *Pupille.* – *Tiernamen* (1963–1968), 13; A. Dalen, N. Århammar in *FS Alinei* 1 (1986), 340–348; Röhrich 2 (1992), 1211. Zu der Redensart *bis in die Puppen* vgl.: H. Kügler *MVGB* 49 (1932), 97–103;

puppern *swV. per. ndd.* 'zittern' (< 18. Jh.). Lautsymbolische Bildung wie *bibbern.*

pur *Adj.* (< 14. Jh.). Entlehnt aus l. *pūrus* 'rein, lauter' (zu ig. **peuə-* 'reinigen' in ai. *pūtá-* 'rein, geläutert' zu ai. *pávate* 'wird rein' u. a.).
S. *Püree.* – DF 2 (1942), 737.

Püree *n. erw. fremd.* (eine breiartige Speise) (< 18. Jh.). Enlehnt aus frz. *purée f.*, dem substantivierten PPrät. von afrz. *purer* 'durchsieben, reinigen', aus l. *pūrāre* 'reinigen', zu l. *pūrus* 'rein'.
DF 2 (1942), 737 f.

Purpur *m./(n.)* (< 11. Jh.). Mhd. *purper, purpur m.*, ahd. *purpur[a] f.*, ist entlehnt aus l. *purpura f.*, dieses aus gr. *porphýrā f.*. Die weitere Herkunft ist nicht sicher geklärt. Adjektiv: *purpurn.*
DF 2 (1942), 741; Cottez (1980), 357.

purren *swV. per. ndd.* 'stochern, anstacheln, wekken' (< 18. Jh.). Mndd. *purren*; vgl. nschw. *purra* 'das Feuer schüren, antreiben, wecken'. Weitere Herkunft unklar.

pürschen *swV.* s. *pirschen.*

Purzelbaum *m.* (< 16. Jh.). Zunächst als *burzelbaum* bezeugt. Zu *sich aufbäumen* und dann *purzeln.*

purzeln *swV. stil.* (< 14. Jh.). Fnhd. auch *pürzeln, burzeln.* Zu spmhd. *burzen* 'stürzen', weiter zu *Bürzel*, also 'mit dem Hinterteil voraus fallen'.

Puschel *m./f.*, **Püschel** *m./f.* 'Quaste, Steckenpferd' *per. omd.* (< 20. Jh.). Nebenform zu *Büschel* (s. *Busch*).

puschen *swV. per. fremd.* 'antreiben' (< 20. Jh.). Entlehnt aus ne. *push*, dieses aus frz. *pousser*, aus afrz. *polser, poulser*, aus l. *pulsāre* 'stoßen, stampfen, schlagen', einem Intensivum zu l. *pellere* 'stoßen, schlagen'. S. *interpellieren.*

pusseln *swV. per. ndd.* 'an etwas herumwerken' (< 20. Jh.). Herkunft unklar.

Pustel *f.* (< 19. Jh.). Entlehnt aus l. *pūstula* 'Hautbläschen'.

pusten *swV.* (< 18. Jh.). Entnommen aus dem Niederdeutschen. Die hochdeutsche Entsprechung ist *pfausten* (17. Jh.). S. *pfusen* 'stark atmen'. Letztlich zu der unter *Bausch* besprochenen Lautgebärde. Abstraktum: *Puste.*
Röhrich 2 (1992), 1211.

Pute *f.*, **Puter** *m.* (< 16. Jh.). Entlehnt aus dem Niederländischen, wo die Wörter als Lautmalereien zum Ruf dieser Vögel entstanden sind.
Littmann (1924), 122.

Putsch *m.* (< 19. Jh.). Ursprünglich schweizerisches Wort mit der Bedeutung 'Stoß, Zusammenprall'. Im 19. Jh. übertragen auf einen plötzlichen Volksaufstand (Zürcher Putsch 1839). Verb: *(auf-) putschen.*

Pütt *m. per. wmd.* 'Bergwerksgrube' (< 20. Jh.). Wohl früh entlehnt aus l. *puteus* 'Brunnen, Brunnenschacht'. In der Literatursprache erst in moderner Zeit.

Putte *f.*, auch **Putto** *m.* 'barocke Gipsfigur' *erw. fach.* (< 17. Jh.). Entlehnt aus it. *putto m.* 'Knäblein'.
DF 2 (1942), 842.

putzen *swV.* (< 15. Jh.). Fnhd. *butzen* 'schmükken', älter 'sauber machen' zu *butz* 'Unreinigkeit', also 'Unreines entfernen'. *Putz* 'Oberflächenmörtel' geht dagegen von 'schmücken' aus.
S. *Butzen.* – A. Bach *ZDS* 22 (1966), 76; J. Koivulehto: *Jäten* (Helsinki 1971), 32–41 (auch zur Entlehnung ins Finnische). Zu *Putz* s. Röhrich 2 (1992), 1211 f.

putzig *Adj. erw. ndd.* (< 18. Jh.). Ursprünglich 'sonderbar'. Übernommen aus nndl. *potsig*, das zu afrz. *bocer* 'die Rohform eines Bildwerks herausarbeiten, weiche Massen formen' gehört.
S. *Possen.* – W. Foerste *NW* 2 (1961), 74 f.

Puzzle *n. erw. fach.* (ein aus Einzelteilen zusammenzusetzendes Bild) (< 20. Jh.). Entlehnt aus ne. *(jigsaw) puzzle*, letzteres eigentlich 'Verwirrung', dessen Herkunft nicht sicher geklärt ist.
Rey-Debove/Gagnon (1988), 805 f.

Pygmäe *m. per. fach.* 'Angehöriger einer sehr kleinwüchsigen Rasse in Afrika' (< 16. Jh.). Entlehnt aus l. *Pygmaeī Pl.*, aus gr. *Pygmaîoi Pl.* = Angehörige eines sagenhaften Volkes in der Ilias, zu gr. *pygmaîos* 'eine Faust groß', zu gr. *pygmḗ f.* 'Faust'; dieses vielleicht weiter zu (ig.) **peug-* in l. *pungere* 'stechen'.
DF 2 (1942), 743 f.

Pyjama *m.* (< 20. Jh.). Entlehnt aus ne. *pyjamas Pl.*, dieses aus hindī *pājāmā, pāyjāmā* aus pers. *pājāmā* 'Beinkleid'. Die Europäer übernehmen diese Bekleidung, ergänzt durch eine entsprechende Jacke, vor allem als Nachtgewand der Männer; das /s/ im Englischen in Analogie zu *breeches, trousers* (usw.).
Littmann (1924), 124 f.; Lokotsch (1975), 129; Rey-Debove/Gagnon (1988), 806 f. [Herangezogen wurde die Magisterarbeit von E. Spanakakis].

Pyramide *f.* (< 15. Jh.). Entlehnt aus l. *pÿramis (-idis)*; dieses aus gr. *pÿramís*, das aus dem Ägyptischen übernommen ist. Als Bezeichnung der geometrischen Figur bereits im Lateinischen gebräuchlich.

Schirmer (1912), 57; Littmann (1924), 13; *DF* 2 (1942), 744–748; Lokotsch (1975), 116.

Pyromane *m. per. fach.* ˊPerson mit der krankhaften Veranlagung zur Brandstiftungˋ (< 20. Jh.). Neubildung zu gr. *pȳr, pyrós n.* ˊFeuer, Hitze, Wärmeˋ und gr. *maniā f.* ˊWahnsinnˋ, zu gr. *mainesthai* ˊvon Sinnen seinˋ. S. *Bertram* und *Manie*.

Cottez (1980), 359.

Pyrrhussieg *m. bildg.* ˊsehr teuer bezahlter Erfolgˋ (< 20. Jh.). Bezeichnung nach dem Namen des Königs *Pyrrhus*, der einen sehr verlustreichen Sieg über die Römer errang.

Röhrich 2 (1992), 1212.

Python *f. m. per. fach.* (eine Riesenschlange) (< 20. Jh.). Nach gr. *Pýthōn*, dem Namen der von Apollo getöteten Schlange, die das Orakel in Delphi hütete.

Q

quabbeln *swV. per. ndd.* ˈschwabbelnˈ (< 18. Jh.). Zu ndd. *quabbel* ˈFettschicht, Wammeˈ, unerweitert nndl. *kwab(be)*, vgl. nisl. *kvap(i)* ˈGallert, gallertartige, fettige Masseˈ. Hierzu **quabbelig** ˈweich, schwammigˈ und **Quebbe** ˈschwankender Moorbodenˈ. Lautmalend wie *schwabbeln* und *wabbeln*. S. auch *Quappe*.

quackeln *swV. per. ndd.* ˈschwatzen, dummes Zeug treibenˈ (< 15. Jh.). Mndl. *quackelen*, Iterativum zu *quacken*, mndl. *kwakken*, letztlich wohl lautmalend als *quaken*, *quäken*. Nicht ganz klar ist die Nebenbedeutung ˈprahlenˈ (s. *Quacksalber*).

Quacksalber *m. stil.* (< 16. Jh.). Entlehnt aus nndl. *kwakzalver*, angeblich ˈkwakender Salberˈ, zu mnl. *quāken* ˈschwatzen, prahlenˈ (s. *quackeln*), also eine Art Marktschreier. Verb: **quacksalbern**.

Quaddel *f. per. ndd.* ˈHautbläschenˈ (< 17. Jh.). Zuvor schon ahd. *quedilla*. Weitere Herkunft unklar. Vielleicht zu g. **kweþu-* ˈBauchˈ in gt. *qiþus*, anord. *kviðr*, ae. *cwiða*. S. *Kutteln*.

Quader *m.* (< 11. Jh.). Mhd. *quāder(stein)*. Entlehnt aus l. *quadrus (lapis)* ˈvierseitiger (Stein)ˈ zu l. *quattuor* ˈvierˈ.
S. *Quadrant*. – *DF* 3 (1977), 1 f.

Quadrant *m. per. fach.* ˈin Grade unterteilter Viertelkreis, Winkelmesserˈ (< 16. Jh.). Neubildung zu l. *quadrāns (-antis)* ˈViertel, der vierte Teilˈ, dem substantivierten PPräs. von l. *quadrāre* ˈviereckig machen, viereckig zurichtenˈ, zu l. *quadrus* ˈviereckigˈ, zu l. *quattuor* ˈvierˈ. Dazu *quadrieren* ˈmit sich selbst multiplizierenˈ im Sinne von ˈins Quadrat erhebenˈ.
Formal und semantisch gehören zu l. *quadrus* ˈviereckigˈ *Quader*, *Quadrat*, *Quadratur*, *Quadriga* und *Quadrille*; mit romanischer Lautform *kariert*, *Karo*, *Karree*; semantisch weiterentwickelt *Geschwader*, *Schwadron*, *Kader*; s. auch *Kaserne*. Zu anderen Formen des lateinischen Zahlworts s. *Quarantäne*, *Quart*, *Quartal*, *Quartett* und *Quartier*. Zur germanischen Verwandtschaft s. *vier*. – Schirmer (1912), 58; *DF* 3 (1977), 3 f.; Cottez (1980), 361.

Quadrat *n.* (< 15. Jh.). Entlehnt aus l. *quadrātus* ˈviereckigˈ zu l. *quadrāre* ˈviereckig machenˈ (s. *Quadrant*). Adjektiv: **quadratisch**; Verb: **quadrieren**.
DF 3 (1977), 4–7.

Quadratur *f. bildg. phras.* (< 18. Jh.). Entlehnt aus l. *quadrātūra* ˈVerwandlung in ein Viereckˈ, Abstraktum zu l. *quadrāre* (s. *Quadrat* mit *quadrieren*). Üblich in *Quadratur des Zirkels (Kreises)* bezogen auf die geometrisch nicht lösbare Aufgabe, den Flächeninhalt eines Kreises in den Flächeninhalt eines Quadrats zu verwandeln. Deshalb ˈunlösbare Aufgabeˈ.

Quadriga *f. per. fach.* ˈViergespannˈ (< 17. Jh.). L. *quadrīga f.* (aus **quadri-iuga* ˈmit vier Jochenˈ, s. *Quadrant* und *Joch*) bezeichnet den offenen zweirädrigen Wagen, der von vier Pferden nebeneinander gezogen wird. Als Bestandteil des Triumphzuges übernommen in moderne Darstellungen, besonders die Skulptur auf dem Brandenburger Tor.
DF 3 (1977), 8.

Quadrille *f. per. fach.* ˈ(Musik für) von vier Paaren getanzter Contretanzˈ (< 18. Jh.). Entlehnt aus frz. *quadrille* (auch in der Bedeutung ˈReitergruppeˈ), das zurückgeht auf span. *cuadrille*, einer Ableitung von l. *quadrus* ˈviereckigˈ (s. *Quadrant*).
DF 3 (1977), 9–11.

Quai *m./n.* s. *Kai*.

quaken *swV. stil.* (< 15. Jh.). Fnhd. auch *quaken*. Junge lautmalende Bildung wie nndl. *kwaken*. Entsprechend l. *coaxāre* ˈquakenˈ. S. *quackeln*.

quäken *swV. erw. stil.* ˈmit gepreßter Stimme weinenˈ (< 16. Jh.). Lautmalerisch. Dazu **Quäke**, Instrument, mit dem das Klagegeschrei des Hasen nachgeahmt wird (um Raubtiere anzulocken).
S. *quackeln*. – H. Glombik-Hujer *DWEB* 5 (1968), 203 f.

Quäker *m. per. fach.* (< 17. Jh.). Als Bezeichnung für den Angehörigen der ˈSociety of Friendsˈ entlehnt. Diese werden im Englischen mit dem Übernamen *quaker* ˈZittererˈ bedacht, weil sie nach dem Willen von G. Fox, dem Gründer der Sekte, vor dem Wort des Herrn zittern sollen. Ein lautgleiches deutsches *Quäker* gehört zu *quäken* und bezeichnet den Bergfink oder den Raben (wegen ihrer Laute).
DF 3 (1977), 12 f.; Rey-Debove/Gagnon (1988), 808.

Qual *f.* (< 8. Jh.). Mhd. *quāl(e)*, *kāl(e)*, ahd. *quāla*, as. *quāla*; von anderer Ablautstufe anord. *kvǫl*, ae. *cwalu*. Ableitung von dem nur westgermanisch bezeugten **kwel-a- stV.* ˈleidenˈ in ae. *cwelan*, as. *quelan*, ahd. *quelan*. Dieses aus ig. (eur.) **gʷel-* ˈstechenˈ in air. *at-bai(l)* ˈstirbtˈ, lit. *gélti* ˈstechen, wehtunˈ, arm. *keɬel* ˈquälenˈ. Verb: **quälen**.
Nndl. *kwaal*. S. *Kilt*. – Hoffmann (1956), 37 f.; Seebold (1970), 313 f.; Röhrich 2 (1992), 1214.

Qualität *f.* (< 16. Jh.). Entlehnt aus l. *quālitās (-ātis)*, einer Ableitung von l. *quālis* ˈwie beschaffen, welcherlei, was für ein᾽. Aus ᾽Eigenschaft, Beschaffenheit᾽ dann in einigen Ableitungen die Bedeutung ᾽besondere Eigenschaft, besonders gute Eigenschaft, Leistung᾽. Adjektiv: **qualitativ**; Verb: **(dis-) qualifizieren**.

Vgl. *Quantität*. − Schirmer (1911), 151 f.; *DF* 3 (1977), 17−22; *HWPh* 7 (1989), 1748−1780.

Qualle *f.* (< 16. Jh.). Aus dem Niederdeutschen: Ndd. *qualle*, nndl. *kwal*. Abgeleitet von *quellen* im Sinn von ᾽aufquellen᾽. Oder besteht ein Zusammenhang mit l. *coāgulum n.* ᾽das gerinnenmachende Mittel, Lab᾽, das altsächsisch als *quagul* entlehnt wurde? Dazu andfrk. *quāhlian* ᾽gerinnen machen᾽. S. auch *Qualster*.

Qualm *m.* (< 16. Jh.). Übernommen aus dem Niederdeutschen. Die nächstliegende Erklärung ist ein Anschluß an *quellen*, also ᾽das Hervorquellende᾽; es ist aber zu beachten, daß Wörter dieser Bedeutung in den indogermanischen Sprachen häufig von der Wurzel (ig.) *$d^heuə$- ᾽stieben, wirbeln᾽ gebildet werden, die eine Erweiterung (ig.) *d^hwel- zeigt. Diese liegt vor in ahd. *twalm* ᾽Betäubung, Verwirrung᾽, mhd. *twalm* ᾽betäubender Dunst, Betäubung᾽ (as. *dwalm*, ae. *dwolma*), das lautgesetzlich zu *qualm* geworden sein kann. Allerdings stimmen die bezeugten Bedeutungen nicht recht zu diesem Ansatz. Verb: **qualmen**.

Kretschmer (1969), 382 f.; Röhrich 2 (1992), 1214.

Qualster *m.*, auch **Kolster** *m.* ᾽zäher Schleim᾽, *per. ndd.* (< 15. Jh.). Zur gleichen Grundlage wie *Qualle* mit den gleichen Entscheidungsschwierigkeiten.

Quant *n. per. fach.* ᾽kleinstmöglicher Wert einer physikalischen Größe᾽ (< 20. Jh.). Von Max Planck 1910 als Einheit der *Quantität* so benannt.

Gerlach (1962), 59−62.

Quantität *f.* (< 16. Jh.). Entlehnt aus l. *quantitās (-ātis)*, einem Abstraktum zu l. *quantus* ᾽von welcher Größe, wie groß᾽, einer Adjektivbildung zu l. *quam* ᾽wie, in welchem Grade᾽. Adjektiv: **quantitativ**; Verb: **quantifizieren**.

S. *Quant, Quantum*; vgl. *Qualität*. − Schirmer (1911), 152; Schirmer (1912), 59; E. Leser *ZDW* 15 (1914), 32; K.-H. Weimann *DWEB* 2 (1963), 402; *DF* 3 (1977), 23−26; *HWPh* 7 (1989), 1789−1828.

Quantum *n. erw. fremd.* (< 16. Jh). Neutralform von l. *quantus* ᾽wieviel᾽. Wird aus der Wissenschaftssprache und Kaufmannssprache übernommen und nicht eingedeutscht.

S. *Quantität*. − *DF* 3 (1977), 27lf.

Quappe *f. erw. fach.* (< 10. Jh.) Mhd. *quappa*, ahd. *quappa, kape*, mndd. *quabbe, quobbe*, mndl. *quabbe, quappe*. In der Bedeutung ᾽Kaulquappe᾽ zu vergleichen mit apreuß. *gabawo* ᾽Kröte᾽, bulg. *žaba* ᾽Kröte᾽. Zu nndl. *kwab* ᾽Quappe᾽, schlesw.-holst. *Quabb* ᾽dicker, pausbackiger Junge᾽. Also ᾽weiche

Masse᾽. Sekundär wohl mit *quabbeln* u.ä. identifiziert. In der Bedeutung ᾽Aalquappe u.ä.᾽ wohl aus l. *capito m.* ᾽Döbel, Dickkopf᾽ entlehnt und an das andere *Quappe* angeglichen.

Nndl. *kwab*. S. auch *Kaulquappe, Aalquappe*. − Lühr (1988), 276−278.

Quarantäne *f. per. fach.* ᾽Isolierung von Personen mit ansteckenden Krankheiten᾽ (< 17. Jh.). Entlehnt aus frz. *quarantaine*, einer Ableitung von frz. *quarante* ᾽vierzig᾽, dieses aus spl. *quarranta*, aus l. *quadrāgintā*, zu l. *quattuor* ᾽vier᾽. So benannt nach der Dauer der Hafensperre, der seuchenverdächtige Schiffe unterlagen.

S. *Quadrant*. − *DF* 3 (1977), 28−31.

Quark *m.* (< 14. Jh.). Spmhd. *twarc, quarc, zwarg*. Entlehnt aus ndsorb. *twarog*, das zu avest. *tūraii- n.* ᾽käsig gewordene Milch, Molke᾽, gr. *tȳrós* ᾽Käse᾽, ae. *geþwēor n.* ᾽Käsestoff᾽ gehört.

H. H. Bielfeldt *FF* 39 (1965), 84; Kretschmer (1969), 559−565; Bellmann (1971), 135−138; Lokotsch (1975), 164; Röhrich 2 (1992), 1214 f. Anders Steinhauser (1978), 57 f.

quarren *swV. per. ndd.* ᾽kläglich weinen᾽, **Quarre** *f.* ᾽weinerliches Kind, zänkische Frau᾽ (< 18. Jh.). Mndd. *quarren*. Lautnachahmend; es steht dem ahd. *queran* ᾽seufzen᾽ verhältnismäßig nahe.

Seebold (1970), 317 f.; Röhrich 2 (1992), 1215.

Quart *n. per. fach.* ᾽vierter Ton einer diatonischen Tonleiter; eine Haltung der Klinge beim Fechten; ein Buchformat᾽ (< 14. Jh.). Entlehnt aus l. *quārtum* ᾽Viertel᾽, s. *Quadrant*. Das Buchformat aus l. *in quarto* ᾽in vier Teile geteilt᾽ von der Teilung des Bogens.

DF 3 (1977), 31−33.

Quartal *n.* (< 16. Jh.). Entlehnt aus ml. *quartale* ᾽vierter Teil᾽, s. *Quadrant*. Die Spezialisierung ist erst sekundär.

DF 3 (1977), 34 f.

Quartett *n. erw. fach.* Entlehnt aus it. *quartetto*, einer Ableitung von it. *quarto* ᾽vierter᾽, s. *Quadrant*.

DF 3 (1977), 38 f.

Quartier *n. obs.* (< 16. Jh.). Entlehnt aus frz. *quartier m.*, dieses aus l. *quārtārius m.* ᾽das Viertel᾽, zu l. *quārtus m.* ᾽Viertel, der vierte Teil᾽, zu l. *quattuor* ᾽vier᾽. Die Bedeutungsentwicklung geht von ᾽Viertel᾽ zu ᾽Stadtviertel᾽, dann allgemein ᾽Stadtteil᾽ und ᾽Teil᾽, speziell ᾽Teil des Heereslagers, der Soldaten zur Unterkunft dient᾽. Schließlich Verallgemeinerung zu ᾽Unterkunft᾽. Verb: **einquartieren**.

S. *Quadrant*. − Jones (1976), 545 f.; *DF* 3 (1977), 39−66.

Quarz *m.* (< 14. Jh.). Bezeugt als Fachwort des böhmischen Bergbaus. Herkunft unklar. Vielleicht Abwandlung von *Zwerg*, mhd. auch *querh* mit einem Suffix, aus dem Kurznamen gebildet werden. Vgl. zur Sache *Kobalt* und *Nickel*, sowie nnorw. *dvergstein* ᾽Bergkristall, Quarz᾽.

Lüschen (1979), 298 f. Anders: F. Sommer *IF* 31 (1912), 373−376.

quasen *sw V.* s. *quasseln.*

quasi *Partikel per. fremd.* ʾgewissermaßenʾ (< 18. Jh.). Entlehnt aus l. *quasi* ʾwie wennʾ, zu l. *quam* ʾwieʾ, zu l. *quī* ʾwelcher, was für einʾ und l. *sī* ʾwennʾ. S. *Quantität.* Übernommen in der Kanzleisprache, dann auch als Präfixoid benutzt (*quasi-öffentlich*).
DF 3 (1977), 66−69.

quasseln *sw V. stil.* (< 19. Jh.). Aus dem Niederdeutschen; bezeugt neben *quasen* und *quaasken.* Zu ndd. *dwas* ʾtörichtʾ, mndd. *dwās*, das zu *dösig, Dusel* gehört und mit *Dunst* verwandt ist. Abstraktum: *Quasselei.*
Lasch (1928), 210.

Quaste *f.*, auch **Quast** *m.* (< 11. Jh.). Mhd. *quast(e), kost(e)*, mndd. *quest, quast*, mndl. *quast m.* ʾ(Ast)Knotenʾ aus g. **kwastu-/-ō- m.* ʾBadequastʾ, eigentlich ʾLaubbüschelʾ, auch in anord. *kvǫstr*; im Ablaut dazu mhd. *queste m./f.*, ahd. *questa f.* ʾLaubschürzeʾ, as. *quest* ʾLaubbüschelʾ. Läßt sich als (ig.) **gwozdo-* vergleichen mit aserb. *gvozdī* ʾ(Holz)-Nagelʾ, serbo.-kr. *gvȍzd* ʾNagel, Waldʾ, alb. *gjethe* ʾLaub, Zweigʾ. Weitere Herkunft unklar. Vielleicht weiter zu gr. *bóstrychos* ʾHaarlockeʾ, l. *vespicēs Pl.* ʾdichtes Gesträuchʾ, ai. *guṣpitá-* ʾverflochten, verschlungenʾ.

quatschen *sw V. stil.* (< 16. Jh.). Von Berlin aus verbreitet. Hierzu *Quatsch.*
Lasch (1928), 209; Röhrich 2 (1992), 1214.

Quecke *f. erw. fach.* (< 15. Jh.). Älter mndd. *quecke*; entsprechend ae. *cwice f.* Wird zu (ig.) **kwikwa-* ʾlebendig, schnellʾ (s. *keck*) gestellt, da dieses Gras fast unverwüstlich ist. Es passen aber nicht alle Verwendungsweisen zu dieser Annahme, die auch als solche nicht völlig wahrscheinlich ist.
I. Nordstrand: *Quecke und Brennessel* (Lund 1953); K. Heeroma *ZM* 26 (1958), 193−199; I. Reiffenstein *DWEB* 2 (1963), 317−346.

Quecksilber *n.* (< 9. Jh.). Mhd. *quecsilber, kecsilber*, ahd. *quecsilabar*, mndl. *quicsilver, quicselver.* Wie ae. *cwicseolfor* frühe Lehnübersetzung aus l. *argentum vīvum* (weil das Metall wie Silber aussieht und beim Aufschlag in kleine, sehr bewegliche Tröpfchen zerfällt). Zum Bestimmungswort s. *keck.*
Lippmann (1970), 600−607; Röhrich 2 (1992), 1215.

Queder *m.* s. *Keder.*

Quehle *f.* s. *Zwehle.*

quellen *st V.* (< 10. Jh.). Mhd. *quellen*, ahd. *quellan*, as. *quellian*; vielleicht hierzu auch ae. *collenferhþ* ʾkühnʾ (ʾmit geschwollenem Mutʾ?). Außergermanisch vergleicht sich vielleicht als Erweiterung gr. *blýzō* ʾich lasse hervorquellen, sprudle hervorʾ. Konkretum: *Quelle.*

S. *Qualle, Qualm, Qualster.* Seebold (1970), 314 f. Zu *Quelle* s. Röhrich 2 (1992), 1215.

Quendel *m. per. reg.* ʾwilder Thymianʾ (< 12. Jh.). Mhd. *quendel, quenel f.*, ahd. *quenela, konila, kunil f.*, as. *quenela f.* Wie ae. *cunnele* entlehnt aus l. *cunīla, conīla f.*, das auf gr. *konilē f.* ʾMajoranʾ zurückgeht.

quengeln *sw V. stil.* (< 18. Jh.), eigentlich *zwängeln* (s. *zwingen* und *zwängen*) in ostmitteldeutscher Lautform.

Quentchen *n. obs.* (< *15. Jh., Form < 18. Jh.). Spmhd. *quintīn*, mndd. *quentīn, quintīn* mit erneuerter Verkleinerung. Entlehnt aus ml. **quintinus m.* ʾFünftelʾ zu l. *quīntus* ʾder fünfteʾ. Ein *Quentchen* ist ursprünglich der vierte Teil eines Lots; es ist unklar, wie die Vertauschung von ein Viertel und ein Fünftel zu erklären ist. S. *quinkelieren, Quintessenz.*

quer *Adj.* (< 9. Jh.). Mitteldeutsche Form von hd. *zwerch* mit *qu* aus *tw* und Abfall des auslautenden *-h.*
S. *Quertreiber, Querulant, überzwerch, zwerch.* − Röhrich 2 (1992), 1216.

Quertreiber *m. stil.* (< 18. Jh.). Übernommen aus nndl. *dwarsdrijver* ʾein Schiffer, der sein Schiff schlecht steuert und so in der Fahrrinne quer liegtʾ; übertragen auf ʾQuerkopfʾ, vor allem in **Quertreiberei.** S. *quer.*

Querele *f.*, meist *Pl. per. fremd.* ʾUnstimmigkeitʾ (< 17. Jh.). Entlehnt aus l. *querēla* ʾKlageʾ, s. *Querulant.*
DF 3 (1977), 76−78.

Querulant *m. erw. fremd.* ʾNörglerʾ (< 18. Jh.). Neoklassische Entlehnung aus ml. *querulāns (-antis)*, dem PPräs. von l. *querulārī* ʾvor Gericht klagen, sich beklagenʾ. Dieses zu l. *querulus* ʾklagend, sich beschwerendʾ zu l. *querī* ʾklagenʾ.
DF 3 (1977), 78−80.

Quese *f. per. ndd.* ʾBlutblase, Schwieleʾ (< 19. Jh.). Mndd. *quēse.* Ursprünglich ʾQuetschstelleʾ, deshalb zu *quetschen.*

Quetsche *f.* s. *Zwetschge.*

quetschen *sw V.* (< 13. Jh.). Mhd. *quetzen, quetschen*, mndd. *quetten, quessen*, mndl. *quetsc(h)en, quessen.* Herkunft umstritten, da keine semantisch naheliegende Vergleichsmöglichkeit vorliegt. Vielleicht entlehnt aus l. *quatere* ʾschütteln, erschütternʾ. S. *Quese.*

Quickborn *m. per. ndd.* ʾJungbrunnenʾ (< 19. Jh.). Niederdeutsche Form von obd. *Queckbrunnen*, mhd. *quecbrunne, keckbrunne*, ahd. *quecbrunno.* Die Bedeutung ist eigentlich ʾQuelleʾ (ʾspringender Brunnenʾ zu mhd. *quec*, ahd. *quec* ʾlebendigʾ, s. *keck*), dann ʾJungbrunnenʾ und übertragene Bedeutungen.

quicklebendig *Adj. stil.* (< 19. Jh.). Altes *quick* ´lebendig´ (s. *keck*) erhielt sich in der verdeutlichenden Zusammensetzung mit *lebendig*.

quieken *swV.* (< 16. Jh.). Lautmalende Form; ähnlich *quieksen* (*quixen* 16. Jh.) und *quietschen* aus *quikezen*.

quietschen *swV.* s. *quieken*.

quinkelieren *swV. arch.* (< 17. Jh.). Aus dem Niederdeutschen: Mndd. *quinkeleren*, lautlich assimiliert aus *quinteliren* zu *quinteren* aus ml. *quintare* ´in Quinten singen´. Bei der Entwicklung der deutschen Formen haben aber sicher auch lautnachahmende Ansätze eine Rolle gespielt. S. *Quentchen*.

Quintessenz *f. erw. fach.* ´der wesentliche Kern´ (< 17. Jh.). Entlehnt aus ml. *quinta essentia* (eigentlich ´das fünfte Seiende´), zu l. *quīntus* ´fünfter´ und l. *esse* ´sein´. Zunächst Bezeichnung des von Aristoteles den vier Elementen der griechischen Naturlehre zugefügten Äthers. Bei den Alchimisten Bezeichnung des ´Spiritus´, der Leben erzeugt und erhält. Er wurde von ihnen aus verschiedenen Stoffen gewonnen. Von der Bezeichnung solcher Extrakte dann Verallgemeinerung zu ´Wesen(tliches) einer Sache´.
S. *Quentchen* und *Essenz*. – H. Weimann *DWEB* 2 (1963), 402; *DF* 3 (1977), 94–96; Cottez (1980), 361 f.; *HWPh* 7 (1989), 1838–1841; Röhrich 2 (1992), 1216.

Quirl *m.* (< 9. Jh.). Mit ursprünglich mitteldeutscher Lautentwicklung aus mhd. *twir(e)l*, ahd. *dwiril* aus g. **þwerila- m.* ´Quirl´, auch in nisl. *þyrill*, ae. *þwirel*. Instrumentalbildung zu g. **þwer-a- stV.* ´rühren´ in ae. *þweran*, ahd. *(gi)thweran*. Dieses aus einer semantisch schwer faßbaren Wurzel ig. **twer-*, die etwa in ai. *tvárate* ´eilt´ und gr. *torýnō* ´ich rühre auf´ vorliegt. Der weitere Zusammen-

hang mit gr. *týrbē f.* ´Gewühl´ (s. *turbulent*) ist lautlich unklar. Verb: **quirlen**.
S. *drillen, Sturm, turbulent*. – Seebold (1970), 528.

quitt *Adj. stil.* (< 13. Jh.). Mhd. *quīt, quit* ´ledig, frei´. Entlehnt aus afrz. *quite* gleicher Bedeutung (aus l. *quiētus* ´ruhig´). Dazu **quittieren** aus frz. *quitter* ´einen Ort, eine Person verlassen u.ä.´.
Schirmer (1911), 152; Rosenquist (1942), 253–353; E. Öhmann *ZDW* 17 (1961), 183 f.; *DF* 3 (1977), 98 f.; B. Löfstedt *NPhM* 80 (1979), 385 f.; Röhrich 2 (1992), 1216.

Quitte *f.* (< 12. Jh.). Mhd. *quiten, küten*, ahd. *quitina, quodana* neben mhd. *kütten*, ahd. *kutina, kuten*. Entlehnt aus l. *(māla) cydōnia (f. Sg.)* ´Quittenbaum´, *n. Pl.* ´Quittenfrüchte´, dieses nach gr. *kydṓnion mēlon n.*, das wohl ein Wort einer unbekannten Sprache an das Wort für Apfel und den Namen der kleinasiatischen Stadt *Kydōnia* angeglichen hat. Der Baum selbst wurde von Transkaukasien, Iran und Turkestan nach Griechenland gebracht.
A. Nehring *Glotta* 13 (1924), 11–16; Littmann (1924), 16; Marzell 1 (1943), 1289–1292.

Quiz *n.* (< 20. Jh.). Entlehnt aus ne. *quiz*, wohl zu ne. *to quiz* ´neugierig betrachten´, dessen Herkunft nicht sicher geklärt ist.
DF 3 (1977), 100; Rey-Debove/Gagnon (1988), 818.

Quote *f. erw. fach.* ´Anteil´ (< 17. Jh.). Zunächst in italienischer Form entlehnt aus it. *quota* ´Anteil´ (das zu l. *quotus* ´der wievielte´ gehört).
S. *Quotient*. – Schirmer (1911), 153; *DF* 3 (1977), 102–104.

Quotient *m. erw. fach.* (< 15. Jh.). Umbildung von l. *quotiēns* ´wie oft´ als das ´so und so oft Teilbare´.
S. *Quote*. – *DF* 3 (1977), 104 f.

R

Rabatt *m.* (< 17. Jh.). Entlehnt aus frz. *rabat* und nachträglich teilweise italianisiert. Dieses zu frz. *rabattre* 'einen Preisnachlaß gewähren', eigentlich 'abschlagen', zu spl. *abattere* und l. *re-*, aus l. *ab-* und l. *battuere* 'schlagen, klopfen'.

S. *Bataillon*. — Schirmer (1911), 153; *DF* 3 (1977), 107; V. Orioles *IL* 4 (1978), 83–87.

Rabatte *f. per. fach.* 'Einfassungsbeet' (< 18. Jh.). Entlehnt aus ndl. *rabat*, älter auch 'Faltenstreifen an der Gardine, Kleidersaum'. Dieses aus frz. *rabat* 'Aufschlag an der Kleidung, Kragen', zu frz. *rabattre* 'umschlagen, niederdrücken', vgl. *Rabatt*.

DF 3 (1977), 107 f.; Röhrich 2 (1992), 1217.

Rabatz *m. vulg.* 'lärmendes Treiben' (< 20. Jh.). Zu *rabatzen* (neben *rabanzen* u. a.) 'lärmen, toben', auch einfach 'geschäftig sein'. Streckform aus *ratzen (ranzen)* 'herumtoben'. Zu beachten ist aber mfz. *rabascher* 'Lärm machen', afrz. *rabaster* 'Lärm machen (von Kobolden)' zu einem als **rabbast-* zu erschließenden romanischen Wort für 'Kobold'.

Schröder (1906), 63 f.

Rabauke *m. erw. reg.* 'Rüpel' (< 20. Jh.). Niederdeutsche Diminutivform (auf *-ke*) zu *Rabau* 'Schurke', das aus nndl. *rabauw* gleicher Bedeutung entlehnt ist. Dieses aus frz. *ribaud* (aus ml. *ribaldus*) 'Lotterbube'. Also etwa 'kleiner Schurke'.

Rabbi *m. per. fach.* 'geistliche Autorität einer jüdischen Gemeinde' (< 16. Jh.). In bezug auf jiddische Verhältnisse häufig in der jiddischen Form *Rebbe* verwendet; sonst auch eingedeutscht zu *Rabbiner*. Ursprünglich Anrede für Lehrer und Gelehrte (aus hebr. *rabbī* 'mein Lehrer'), dann allgemeiner Titel für ordinierten Vertreter der jüdischen religiösen Lehre.

Rabe *m.* (< 9. Jh.). Mhd. *raben*, ahd. *(h)raban*, mndd. *raven* aus g. **hrabna- m.* 'Rabe', auch in anord. *hrafn*, ae. *hræfn*. Nebenformen sind ahd. *(h)ram* (8. Jh.), *rappo*, *rabo*, mhd. *rab(e)*, *rapp(e)*, mndd. *rave*. Der Vogel heißt nach seinem Schrei ig. (eur.) **kra-p-no-* 'der *kra* (macht)'. Ähnlich gr. *kórax*, l. *corax*, *corvus* 'Rabe'.

Nndl. *raaf*, ne. *raven*, nschw. *ram(svart)* 'kohlrabenschwarz', nisl. *hrafn*. S. *Kolkrabe*, *Rappe*[1], *Scharbe*. — Suolahti (1909), 174–179; G. Kisch *ZM* 14 (1938), 109; M. Fraenkel *ASNSL* 202 (1966), 178–182; Röhrich 2 (1992), 1217–1219.

Rabenvater *m.*, **Rabenmutter** *f. stil.* (< 16. Jh.). Nach der (falschen) Auffassung, daß die Raben ihre Jungen aus dem Nest werfen, wenn sie sie nicht mehr ernähren wollen.

Räbheu *n.* s. *Efeu*.

rabiat *Adj.* (< 17. Jh.). Entlehnt aus ml. *rabiatus*, dem PPP. von ml. *rabiare* 'wüten', zu l. *rabiēs* 'Wut, Tollheit', aus l. *rabere* 'toll sein, wüten, toben'.

S. *Rage*, *rappeln*. — *DF* 3 (1977), 108 f.

Rache *f.* (< 9. Jh.). Mhd. *rāch(e)*, ahd. *rāhha*, as. *wrāka* aus g. **wrēk-ō f.* (u.ä.) 'Rache', auch in gt. *wrekei*, afr. *wrēke*, *wrēze*; ae. *wrāc* 'Verfolgung, Bedrängnis'. Verbalabstraktum zu dem unter *rächen* besprochenen starken Verb.

Ruppel (1911), 33; *RGA* 3 (1978), 81–101; Röhrich 2 (1992), 1219; *HWPh* 8 (1992), 1–6.

Rachen *m.* (< 10. Jh.). Mhd. *rache*, ahd. *(h)rahho*, mndd. *rak* 'Gaumen' aus vd. **hrakōn*, entsprechend ae. *hrace f.* 'Kehle'. Vermutlich zu einer Schallwurzel, die 'röcheln u.ä.' bedeutet, vgl. z. B. gr. *kráktēs* 'Schreier' zu gr. *krázō* 'ich schreie'. Dann wäre der Rachen als 'Röchler o.ä.' benannt, aber dies ist kaum ausreichend gesichert.

Röhrich 2 (1992), 1219.

rächen *swV.* (< 9. Jh.). Mhd. *rechen stV.*, ahd. *rehhan*, as. *wrekan* aus g. **wrek-a- stV.* 'verfolgen, rächen', auch in gt. *wrikan*, anord. *reka*, ae. *wrecan*. Damit vergleicht sich am besten l. *urgēre* 'pressen, drängen, treiben, niederdrücken'. Weitere Vergleichsmöglichkeiten sind unsicher. Nomen agentis: *Rächer*.

Nndl. *wreken*, ne. *wreak*, nschw. *vräka*, nisl. *reka*. S. *Rache*, *Recke*, *schiffreich*, *Wrack*. — Seebold (1970), 568–570.

Rack *m.* Kurzform von *Arrak*.

Racker *m. stil.* 'Schlingel' (< 18. Jh.). Altes Wort für 'Abdecker, Schinder, Henker', ursprünglich niederdeutsch (15. Jh.), vgl. mndd. *racker, racher* 'Abdecker, Totengräber u.ä.'. Vermutlich zu ndd. *racke* 'Kot, Unflat' und weiter zu *racken* 'fegen, scharren' (weiter entfernt: *Rechen*, s.d.). Der Racker ist also eigentlich der, der den Unrat fortschafft. *Sich abrackern* ähnlich wie *sich schinden*.

Angstmann (1928), 44.

Racket *n. per. fach.* 'Tennisschläger' (< 20. Jh.). Entlehnt aus ne. *racket*.

Das englische Wort könnte aus frz. *raquette f.* 'Handfläche' stammen, das über mittellateinische Vermittlung wohl von arab. *rāḥa* kommt. Nicht bezeugt, aber vielleicht wahrscheinlicher, ist die Herkunft aus einem flämischen *raketse*, das zunächst das Zurückschlagen im Tennis, dann den dazugehörigen Schläger bezeichnete, vgl. ndän. *ketse* 'Schläger'. Dieses aus frz. *re-* + frz. (pikard.) *cache* (aus l. *captia* 'Fang' einem Ausdruck der Turnier- und Ballspiele). – H. Gillmeister in: *2. internationales Seminar zur Geschichte der Sportwissenschaft* 1982, 239–245; ders. *Stadion* 10 (1984), 31–40; ders. in *Olympic scientific Congress* 1985, 54–74; Rey-Debove/Gagnon (1988), 821.

Raclette *f./n. per. fach.* (ein Käsegericht) (< 20. Jh.). Ein Wort der französischen Schweiz (Unterwallis), zu frz. *racler* 'abschaben', also eigentlich 'Abschabung'. In der ursprünglichen Form wird die Schnittfläche eines halbierten Käselaibs am Feuer zum Schmelzen gebracht, abgeschabt und über Pellkartoffeln verteilt.

Rad *n.* (< 8. Jh.). Mhd. *rat*, ahd. *(h)rad*, as. *rath*, wie afr. *reth* aus vd. *raþa- n.* 'Rad'. Aus ig. *roto-* (und andere Stammbildungen) 'Rad, Wagen', auch in air. *roth*, l. *rota*, lit. *rãtas* (Sg. 'Rad', Pl. 'Wagen'), ai. *rátha- m.* ('Streitwagen'). Vermutlich zu einem *ret-* 'laufen', das in air. *reithid, rethid* 'rennt, läuft' bezeugt ist. Entfernt verwandt sind *gerade²* und *rasch*. Auch kurz für *Fahrrad*. Die Bedeutung 'Taler' ist rotwelsch und vermutlich ausgelöst durch die Abkürzung *R(eichs) T(aler)*. Verben: **rädeln, rädern, radeln.**

Nndl. *rad.* S. *gerade²*, *Rade*, *Radeberge*, *radebrechen*, *rädern*, *rasch* und zur lateinischen Sippe *rotieren*. – W. Putschke in: J. Kruijsen (Hrsg.): *FS A. Weijnen* (Assen 1980), 337–352; Röhrich 2 (1992), 1219–1222. Zur Sachgeschichte: A. Häusler in: *Produktivkräfte und Produktionsverhältnisse* (Berlin 1985), 121–133; ders. in *Achse, Rad und Wagen.* Hrsg. W. Treue (Göttingen 1986), 139–154. Zur Bedeutung 'Taler': Lasch (1928), 177.

Radar *m./n. erw. fach.* (< 20. Jh.). Entlehnt aus ne. *radar*, einem Initialwort aus e. **Ra**dio **D**etecting **A**nd **R**anging. S. *Radius.* – DF 3 (1977), 109; Rey-Debove/Gagnon (1988), 822.

Radau *m. stil.* (< 19. Jh.). Ausgehend von Berlin. Offenbar Lautmalerei. Erscheint auch im Rotwelschen.

Lasch (1928), 181 f.

Rade *f. per. fach.* 'Getreideunkraut' (< 11. Jh.). Mhd. *rat(t)e(n) m.*, ahd. *rat(t)o m.*, as. *rado.* Herkunft unklar. Vielleicht eine Zugehörigkeitsbildung zu *Rad*, indem die Pflanze (wegen der runden Blüten) als Radträger aufgefaßt worden wären. R. Loewe *BGDSL* 62 (1938), 43–52; Marzell 1 (1943), 153–155; Lühr (1988), 300.

Radeberge *f.*, **Radebere** *f.* u.ä. 'Schubkarren', *per. omd.* (< 14. Jh.). Spmhd. *radeber.* Entsprechend zu ne. *wheelbarrow*, eine Zusammensetzung aus *Rad* und einer Ableitung zu mhd. *bern* 'tragen, führen'. S. *Rad* und *gebären.*

radebrechen *swV.* 'eine Sprache schlecht sprechen' (< 16. Jh.). Auch mndd. *radebraken*, mndl. *radebraken*; ähnlich *gebrochen sprechen* (zu dem der Zusammenhang nicht ganz klar ist). Die ältere Bedeutung von *radebrechen* ist die Bezeichnung einer Hinrichtungsart, des *Räderns*, bei der dem Verbrecher (mit einem Rad) die Gliedmaßen gebrochen wurden, worauf er in die Speichen des Rades geflochten wurde. Die Bildung des Wortes ist nicht ganz eindeutig. Möglich wäre ein *radbrehhon*, das aus der Fügung *mit deme rade brehhan* gebildet worden wäre; ein Zusammenhang mit der Sippe von *wringen* ist aber auch nicht auszuschließen. Das *Rädern* gilt als germanische Todesstrafe, doch ist seine Herkunft eher im Orient zu suchen (ins Germanische übernommen aus der griechischen Radfolter, die später abgelöst wurde durch andere Folterungsarten).

S. *Rad.* – N. O. Heinertz *MoS* 48 (1954), 252–260. Zur Sachgeschichte: J. Vergote *Zeitschrift für neutestamentl. Wissenschaft* 37 (1938), 239–250; ders. *Bulletin de l'Institut Hist. Belge de Rome* 20 (1939), 141–163; F. Ström: *On the Sacral Origin of the Germanic Death Penalties* (Stockholm 1942).

Rädelsführer *m.*, älter *Rädleinsführer* (< 16. Jh.). Ein *Rädlein* bilden die im Ring stehenden Landsknechte. Das Wort erscheint dann frühneuhochdeutsch als Ausdruck für 'Zusammenrottung'; deshalb wird der *Rädelsführer* zum 'Anstifter'. In anderem Zusammenhang bedeutet das Wort 'Anführer eines Reigens'.

B. Peperkorn *ZDPh* 60 (1935), 207–211.

Räder *m.*, auch **Rätter** *m.* 'Sieb' *arch.* (< 16. Jh.). Zu mhd. *reden*, ahd. *redan stV.* 'sieben'. Außergermanisch vergleichen sich mir. *crotha(i)d* 'schüttelt', lit. *krẽsti* 'schütteln, rütteln'.

Seebold (1970), 274 f.

rädern *swV.* (< 14. Jh.). Spmhd. *reder(e)n.* Abgeleitet von *Rad.* Zur Sache s. *radebrechen.*

Radi *m. per. oobd.* (< 20. Jh.). Aus *Radies* falsch abgelöst, s. *Radieschen.*

Radiator *m. per. fach.* 'Wärme abstrahlender Heizkörper' (< 20. Jh.). Entlehnt aus ne. *radiator*, einer Ableitung von e. *radiate* 'Licht/Wärme abstrahlen', dieses zum PPP. von l. *radiāre (radiātum)* 'strahlen', zu l. *radius* 'Strahl, Stab, Spindel'. S. *Radius.*

radieren *swV.* (< 15. Jh.). Entlehnt aus l. *rādere (rāsum)* 'scharren, schaben, kratzen, reinigen, rasieren'. Abstraktum: *Radierung.* S. *rasant, rasieren, räß, Raster.* – DF 3 (1977), 110 f.

Radieschen *n.*, selten auch **Radies** *m.* (< 17. Jh.). Bezeichnet die kleinen Monatsrettiche, während bair. *Radi* den großen Rettich meint. Entlehnt aus (nord-)frz. *radis m.*, woraus schon im 16. Jh. nndl. *radijs.* Das Diminutiv wird seit dem 18. Jh. fest.

Das französische Wort kommt von l. *rādīx (-īcis)* f. 'Wurzel', das auch *Rettich* ergeben hat.

S. *radikal.* – Röhrich 2 (1992), 1222.

radikal *Adj.* (< 16. Jh.). Entlehnt aus frz. *radical,* zu l. *rādīcāliter Adv.* 'gründlich, an die Wurzel gehend', zu l. *rādīx (-īcis)* 'Wurzel, Ursprung, Stamm, Quelle'. Die heutige Bedeutung ist eine Intensivierung der alten Bedeutung 'von Grund auf'. Abstraktum: **Radikalismus**; Verb: **radikalisieren**.

S. *Radieschen, Rasse, ratzekahl, Rettich.* – DF 3 (1977), 111–166; Cottez (1980), 363; *Grundbegriffe* 5 (1984), 113–133; Rey-Debove/Gagnon (1988), 823 f.; *Brisante Wörter* (1989), 324–330; *HWPh* 8 (1992), 11–15.

Radio *n.* (< 20. Jh.). Entlehnt aus ne. *radio,* einer Kurzform von e. *radiotelegraphy* 'Übermittlung durch Ausstrahlung elektromagnetischer Wellen', zu l. *radius m.* 'Strahl, Stab'.

Ersatzwort ist *Rundfunk.* S. *Radius.* – DF 3 (1977), 116 f.

Radium *n. per. fach.* (radioaktives Erdalkalimetall) (< 20. Jh.). Entdeckt und bezeichnet von den französischen Physikern M. und P. Curie. Zu l. *radius* 'Strahl' als 'das Strahlende'.

Radius *m. erw. fach.* 'Halbmesser' (< 15. Jh.). Entlehnt aus l. *radius* (eigentlich 'Stab, Strahl, Speiche'). Adjektiv: **radial**.

S. *Radar, Radiator, Radio.* – Schirmer (1912), 59; DF 3 (1977), 117 f.; Cottez (1980), 363 f.

Radler *n.*, **Radlermaß** *n. per. obd.* 'Mischgetränk aus Bier und Limonade' (< 20. Jh.). Ursprünglich bairisch. Getränk derjenigen, die mit dem Fahrrad in die Ausflugslokale gefahren sind und nicht zu viel Alkohol trinken wollen. Bezeugt seit 1920.

J. Eichhoff in: *FS Martin* (1980), 159–163.

Raffel[1] *f. per. vulg.* 'Klatschmaul' (< *14. Jh.; Bedeutung < 18. Jh.). Zu spmhd. *raffel m./n.* 'Lärm', das zu *rappeln* gehört und lautmalend ist.

Raffel[2] *f. per. fach.* 'Gerät zum Abstreifen von Beeren' (< 18. Jh.). Abgeleitet von *raffen.* In der Bedeutung 'Gerät zum Gemüseraspeln' ist das Wort von *raffeln* abhängig, das wohl eine Intensivbildung zu *raffen* ist.

raffen *swV.* (< 14. Jh.). Spmhd. *raffen, reffen,* mndd. *rapen;* anders gebildet anord. *hreppa* 'erlangen'. Intensivbildung zu einem Stamm (g.) *hrap-,* der außergermanisch nicht vergleichbar ist (vielleicht mit abweichender Wurzelstufe oder Metathese, sowie abweichendem Auslaut l. *carpere* 'rupfen, ernten'). Hierzu noch *Raspel* und *Raffel*[2].

Nndl. *rapen,* ne. *rap.* S. *Raffel*[2]*, Raffke, rapsen, Raspel.* – Trier (1952), 76; Trier (1981), 93.

raffiniert *Adj.* (< 17. Jh.). Entlehnt aus frz. *raffiné,* dem PPrät. von frz. *raffiner* 'verfeinern, läutern; listig auf etwas aus sein', zu frz. *fin* 'fein' (mit l. *re-* und l. *ad-*), dieses wohl aus gallo-rom. **finus,* zu l. *fīnis* 'Grenze' (in superlativischen Fügungen

wie 'das ist das Äußerste = Beste'). **Raffinieren**, **Raffinerie** (usw.) tragen die Bedeutung 'verfeinern, reinigen, veredeln', **Raffinesse** (usw.) demgegenüber 'Geschick, Durchtriebenheit'.

S. *fein.* – DF 3 (1977), 118–124; *Brisante Wörter* (1989), 698–704; Brunt (1983), 438.

Raffke *m. per. vulg.* (Spottname für den Neureichen) (< 20. Jh.). Ausgehend von *raffen* und angelehnt an die Familiennamen auf *-ke*.

Rage *f. per. fremd.* 'Wut, Empörung' (< 18. Jh.). Entlehnt aus frz. *rage,* dieses sicher zu einer spätlateinischen Zwischenstufe von l. *rabiēs.* Dazu **enragiert** 'leidenschaftlich erregt' aus frz. *enragé*.

S. *rabiat.* – DF 3 (1977), 124 f.; Röhrich 2 (1992), 1223.

ragen *swV.* (< 13. Jh.). Mhd. *ragen,* mndl. *ragen*. Mit abweichendem Vokalismus ae. *ofer-hrǣgan* 'überragen'. Herkunft unklar. Vielleicht zu gr. *króssai* 'Zinnen, Absätze', air. *crich* 'Ende, Spitze', lit. *krãkė* 'Stock', russ. *krókva* 'Stange, Dachsparren', evtl. auch heth. *kurakki-* 'Bauelement von Gebäuden'. S. auch *regen*.

G. Neumann *IF* 75 (1970), 296.

Ragout *n. erw. fach.* (< 17. Jh.). Entlehnt aus frz. *ragoût m.* 'Tunke, Würzfleisch', einer Ableitung von frz. *ragoûter* 'Appetit machen, den Gaumen reizen', dieses abgeleitet von frz. *goût m.* 'Geschmack', aus l. *gūstus m.*

S. *degoutieren, kosten.* – Jones (1976), 549; DF 3 (1977), 125 f.; Brunt (1983), 439.

Rahe *f. per. fach.* (< 17. Jh.). Aus dem Niederdeutschen: Mndd. *rā,* mndl. *ra(a), rae, re(e)*. Spezialisiert aus einem allgemeinen Wort für 'Stange' g. **rahō f.* in anord. *rá,* mhd. *rahe.* Außergermanisch vergleicht sich vielleicht lit. *ríeklas m., rieklės f. Pl.* 'Stangengerüst zum Trocknen und Räuchern'.

S. auch *Reck.* – Trier (1952), 76; Heidermanns (1993), 440.

Rahm[1] *m.* 'Sahne' (< 11. Jh.). Mhd. *roum,* mndd. *rōm(e)* aus wg. **rauma- m.* 'Rahm', auch in ae. *rēam;* im Ablaut dazu anord. *rjúmi.* Falls von **raugma-* auszugehen ist, vergleicht sich avest. *raoγna- n., raoγniiā- f.* 'Butter'. Weitere Herkunft unklar. Die neuhochdeutsche Form beruht auf einer Mundart, die mhd. *ou* zu *ā* entwickelt hat. Wo *Rahm* gegen *Sahne* semantisch differenziert wird, bezieht es sich eher auf den sauren Rahm. Präfixableitung: **entrahmen**; Partikelableitung: **abrahmen**.

Nndl. *room.* – Röhrich 2 (1992), 1223.

Rahm[2] *m. per. reg.* 'Ruß' (< 12. Jh.). Mhd. *rām, rān,* ahd. *rām* 'Schmutz' aus wg. **rēma-,* auch enthalten in ae. *rōmig* 'geschwärzt, rußig'. Außergermanisch vergleichen sich ai. *rāmá-* 'dunkel, schwarz' und mit anderer Ableitungssilbe l. *rāvus* 'grau'.

Kretschmer (1969), 384 f.

Rahmen *m.* (< 11. Jh.). Mhd. *ram(e)* f. ´Stütze, Gestell, Webrahmen`, ahd. *ram m./f.*, *rama* f. ´Stütze`, mndd. *rame(n)*, mndl. *raem, rame* ´Rahmen`. Vermutlich zu der Sippe von *Rand*, doch bleibt verschiedenes unklar, besonders die Frage, ob eventuell (gut vergleichbares) *hr-* vorausliegt. Verb: **rahmen**.

Nndl. *raam*. S. *Rand, Ranft, Rumpf, rümpfen, Rumpsteak*. – N. O. Heinertz *MoS* 48 (1954), 229–252; H. Schüwer *NJ* 104 (1981), 82–88; Röhrich 2 (1992), 1223.

rahn *Adj. per. reg.* ´schlank` (< 14. Jh.). Spmhd. *ran*. Dazu wohl **Rahne** f. ´lange rote Rübe`. Herkunft unklar.

Rain *m. erw. fach.* (< 9. Jh.). Mhd. *rein*, ahd. *rein*, mndd. *rein* ´Rain, Grenze`, mndl. *reen*. Mit anderem Genus vergleicht sich anord. *rein(a)* f. Außergermanisch kann dazugehören air. *róen, ráen* ´Weg, Durchbruch`. Weitere Herkunft unklar. Verb: **anrainen**.

S. auch *Anrainer*. – W. Erben *ZSSR-GA* 43 (1922), 1–65; E. Christmann *ZM* 31 (1964), 195; K. Müller in: *Zur Ausbildung der Norm der deutschen Literatursprache* (Berlin 1976), 21–58.

Rainfarn *m. per. fach.* (< 9. Jh.). Umgedeutet aus mhd. *reinevan(e)*, ahd. *reinfano* ´Grenzfahne` zu *Rain* und *Fahne*. Der auch auf anspruchslosem Boden in weithin sichtbaren Gruppen wachsende *Rainfarn* kann durchaus mit einer Grenzmarkierung verglichen oder als solche benutzt werden.

Räkel *m.*, **räkeln** *swV.*, s. *Rekel*.

Rakete *f.* (< 16. Jh.). Entlehnt aus it. *rocchetto m.* ´Spule`, einem Diminutivum zu it. *rocca* ´Spinnstab`. So bezeichnet nach der Form der frühen Raketen, die der Gestalt von Spinnstäben ähnelten.

S. *Rocken*. – Lokotsch (1975), 134; Jones (1976), 554; *DF* 3 (1977), 126–128.

Ralle *f. per. fach.* ´Wachtelkönig` (< 16. Jh.). Entlehnt aus frz. *râle* gleicher Bedeutung.

Rallye *f. per. fach.* ´Motorsport-Wettbewerb` (< 20. Jh.). Entlehnt aus ne. *rally* und frz. *rallye m.*, zu frz. *rallier*, eigentlich ´verstreute Truppen sammeln`, zu frz. *allier* ´vereinen` und frz. *re-*, aus l. *alligāre* ´binden, verbinden`, zu l. *ligāre* ´binden` und l. *ad-*. S. *legieren*.

Rey-Debove/Gagnon (1988), 830.

ram(m)dösig *Adj. per. ndd.* (< 19. Jh.). Mit dem Verstärkungswort ndd. *ramm* ´ganz` zu *dösig*.

A. Gebhardt *ZDU* 20 (1906), 659 f.

Ramme *f. erw. fach.* ´Gerät zum Aufstoßen` (< 14. Jh). Umbildung aus dem Wort für den unverschnittenen Schafbock mhd. *ram*, ahd. *ram*, mndd. *ram m.*, ae. *ramm m.* Dieses ist vermutlich eine Substantivierung von anord. *ram(m)r* ´kräftig, scharf, bitter` (Benennung nach dem Geruch?). Weitere Herkunft unklar. Die gleiche Übertragung vom Tiernamen auf das Gerät bei l. *ariēs* m. Verb: **rammen**. Ndl. *ram*, ne. *ram*. S. *gerammelt, rammeln*.

rammeln *swV. erw. fach.* ´bespringen` (< 11. Jh.), auch *vulg.* Mhd. *rammeln*, ahd. *rammilōn, rammalōn*. Zu ahd. *rammo* ´Bock`, das eine Erweiterung des unter *Ramme* genannten *ram* ist (das Verb kann auch unmittelbar auf *ram* zurückgehen). Grundbedeutung ist also etwa ´bocken`. Dazu wieder **Rammler** für das Männchen von Hase und Kaninchen, mhd. *rammeler* ´Widder während der Brunstzeit`. Die andere Bedeutung in **verrammeln** und **gerammelt**.

Rampe *f.* (< 18. Jh.). Entlehnt aus frz. *rampe* ´Auffahrt`, im 19. Jh. dann noch einmal als bühnentechnischer Ausdruck. Das französische Wort ist eine Ableitung zu frz. *ramper* ´schleichen, kriechen`, das vielleicht aus einem mit *rümpfen* verwandten germanischen Wort stammt.

DF 3 (1977), 128 f.; Röhrich 2 (1992), 1223.

ramponieren *swV. erw. fremd.* ´stark beschädigen und unansehnlich machen` (< 18. Jh.). Entlehnt aus mndd. *ramponeren*, dieses aus afrz. *ramposner* ´hart anfassen`.

Schirmer (1911), 153; *DF* 3 (1977), 129 f.

Rams *m. per. reg.* (Name verschiedener lauchartiger Gewächse) (< 18. Jh.). Hochdeutsch in alter Zeit nicht bezeugt. Mndd. *ramese, remese* aus g. **hramesōn*, auch in ae. *hramsan*. Aus ig. (eur.) **kromus-*, auch in gr. *króm(m)yon* ´Zwiebel`, mir. *crem, crim*, kymr. *cra(f)* ´Knoblauch` und mit abweichendem Vokalismus lit. *kermùšė* f. ´wilder Knoblauch`, russ. *čeremšá* f. ´Bärlauch`. Weitere Herkunft unklar.

E. Wallner: *Gissübel und Ramsau* (München/Berlin 1940), 38–45; Marzell 1 (1943), 210 f.

Ramsch *m. stil.* (< 18. Jh.). Von Norddeutschland ausgehend üblich geworden. Herkunft umstritten. In Frage kommen: 1) Mndd. *im rampe kōpen* ´in Bausch und Bogen kaufen`, mndd. *ramp* ´zusammengewürfelte Menge verschiedener Gegenstände` (aber woher kommt das *s*?). 2) frz. *ramas(sis)* ´Durcheinander` zu frz. *ramasser* ´zusammenraffen, auflesen`. 3) (höchstens als zusätzlicher Einfluß) rotw. *ramschen* ´betrügen` zu hebr. *rᵉmijah* ´Täuschung, Trug`. Als Bezeichnung eines Kartenspiels geht das Wort auf jeden Fall auf frz. *ramas* und frz. *ramser* (aus frz. *ramasser*) zurück (ursprünglich ein Spiel, bei dem alles ´eingesammelt` wurde). Verb: **(ver-) ramschen**.

Wolf (1985), 261 (unter *Ramme*).

Ranch *f. per. exot.* ´nordamerikanische Farm` (< 20. Jh.). Entlehnt aus ne. *ranch*, dieses aus mex.-span. *rancho m.* ´vereinzelt gelegene Hütte; Gruppe von Personen, die zusammen essen`, zu span. *ranch(e)ar* ´sich niederlassen, (über Nacht) lagern, Hütten bauen`. Täterbezeichnung: **Rancher**.

Rey-Debove/Gagnon (1988), 832 f.

Rand *m.* (< 9. Jh.). Mhd. *rant*, ahd. *rant*, as. *rand* aus g. **randa-/ō* ´Rand`, auch in ae. *rand*, afr. *rand*, *rond*; anord. *rǫnd f.* Vermutlich eine Dentalableitung zu einer Grundlage mit *m*, die in ae. *rima* ´Rand, Grenze, Küste` und *Rahmen* vorliegt. Auch *Ranft* gehört hierher. Man vergleicht Wörter wie lit. *reñti* ´stützen`, aber die Bedeutungszusammenhänge innerhalb der zusammengestellten Sippe sind nicht ausreichend aufgehellt. Umgangssprachlich (norddeutsch) wird *Rand* auch als Metapher für ´Mund` verwendet (indem an die Lippenumrandung gedacht wird). *Außer Rand und Band* bezieht sich auf das Faß mit seinen eisernen Bändern; *zu Rande kommen* ist eigentlich ´bis zum Ende kommen`, älter *zu Rand und Land kommen* (16. Jh. – hier bedeutet es ´Küste`); *am Rande bemerkt* u.ä. bezieht sich auf den Brauch der *Randbemerkungen* in Büchern und Manuskripten.

Nndl. *rand*, nschw. *rand*, nisl. *rönd.* S. *Rahmen*, *rändeln*, *Ranft*, *Strand.* – Röhrich 2 (1992), 1223 f. Zur Entlehnung ins Finnische s. Koivulehto *Virittäjä* 80 (1976), 287.

randalieren *swV.* (< 19. Jh.). Gebildet zu einem heute nicht mehr üblichen studentensprachlichen *Randal*, das gekreuzt ist aus dial. *Rand* ´Lärm, Tumult` und *Skandal*.

Rande *f. per. schwz.* ´rote Rübe` (< 20. Jh.). Nebenform zu *Rahne* (s. *rahn*).

rändeln *swV. per. fach.* ´einem Metallstück durch Einpressen einen aufgerauhten Rand geben` (< 20. Jh.). Zu *Rand*; rückgebildet ist **Rändel** als Bezeichnung für das Werkzeug.

Ranft *m. per. reg.* ´Brotrinde` (< 9. Jh.). Mhd. *ranft, ramft*, ahd. *ramft* ´Einfassung`. Späte *to*-Ableitung zu der in *Rahmen* dargestellten Grundlage. Die Bildung setzt eigentlich ein Verb als Grundlage voraus. S. *Rand* und *Rahmen.*

Rang *m.* (< 17. Jh.). Entlehnt aus frz. *rang*, das ursprünglich den Kreis der zu Gericht Geladenen bezeichnet, dann die Zuschauerreihen bei Kampfspielen. Es ist entlehnt aus einer Entsprechung zu unserem *Ring.* Zu *einem den Rang ablaufen* s. *Rank.* S. *arrangieren.* – *HWPh* 8 (1992), 17–21; Röhrich 2 (1992), 1224 f.

Range *f. per. reg.* ´Wildfang` (< 15. Jh.). Mndd. *range* bedeutet eigentlich ´läufiges Schwein` (zu *rangen* ´sich hin- und herwenden`, nach der Unruhe des Schweins in dieser Zeit, s. *ringen*), wird dann aber schon früh als grobes Schimpfwort verwendet. In der heutigen Verwendung wird die Ausgangsbedeutung nicht mehr mitverstanden. S. auch *ranzen*[1].

rangeln *swV. erw. stil.* (< 18. Jh.). Intensivbildung zu *rangen* (s. *Range*), das zu *ringen* gehört.

rangieren *swV.* (< 19. Jh.). Entlehnt aus frz. *ranger*, auch ´aufstellen, einreihen`. S. *arrangieren.* – *DF* 3 (1977), 130–132.

Rank *m.*, meist **Ränke** *Pl. obs.* ´Intrigen` (< 14. Jh.). Spmhd. *ranc* ´Kniff, Dreh`, ae. *wrenc* ´Kniff,

Betrug`, ursprünglich ´Krümmung`, zu *renken*, vielleicht mit intensivierender Auslautvariation zu *ringen* und *wringen*. Die Ausgangsbedeutung vielleicht noch in *einem den Rang ablaufen* (seit dem 15. Jh.), das heißt ´die Krümmung des Wegs abschneiden und so dem Vordermann zuvorkommen`.

rank *Adj. phras.* ´schlank` (< 17. Jh.). Mndd. *rank*, mndl. *ranc*; vgl. ae. *ranc* ´gerade, stolz, tapfer`, anord. *rakkr* ´gerade, aufrecht`. Ausgangsbedeutung ist ´aufgerichtet, ausgestreckt` zu einer Nasalierung von ig. **reg-* ´richten, gerade u.ä.`. Die Nasalierung auch in lit. *rąžýti* ´straffen, sich recken`, ai. *r̥jyati, r̥ñjáti* ´streckt sich, eilt`, die einfache Wurzel s. unter *recht*, wo auch die weiteren Verwandten genannt sind.

Nndl. *rank*, nschw. *rank*. – Bahder (1925), 39 f., 44; Lühr (1988), 136 f.; Heidermanns (1993), 437.

Ranke *f.* (< *11. Jh., Bedeutung < 15. Jh.). Mhd. *ranc*, mndd. *rank(e)*, mndl. *ran(c)ke*. Bedeutungsmäßig gehört das Wort zu *Rank* und *renken* als ´Windung, sich Windendes`; allerdings ist in mittellateinischen Glossaren des 7./8. Jhs. ein *hranca* ´Weinrebe` bezeugt, das germanisch sein müßte. Falls dessen *hr-* begründet ist und das Wort als Vorform von *Ranke* anzusehen ist, muß es von *Rank* getrennt werden, da dessen Sippe altes *wr-* hat. Eine sichere Entscheidung ist nicht möglich. Verb: *ranken*.

W. Meyer-Lübke *WS* 6 (1914), 230; J. Knobloch *IF* 92 (1987), 29–32.

Ränke *f.* s. *Rank.*

Ranken *m. per. reg.* ´großes Stück Brot` (< 19. Jh.). Omd. dagegen *Runke(n)*, auch *Runks*, das auch übertragen als ´grober Kerl` und ´großer Hund` gebraucht wird. Herkunft unklar. S. auch *Runks.*

Rankkorn *n. arch.* ´Halskrankheit, besonders der Schweine` (< 20. Jh.). In zahlreichen Formen überliefert, auch als *Rank* und *Rang*. Das Grundwort wohl, weil sich am Hals der betroffenen Tiere kornförmige Flecken zeigen; das Bestimmungswort ist unklar. Vgl. nndl. *wrong* ´Wulst, eine Krankheit der Kühe`.

Ranküne *f. per. fremd.* ´Groll, Haß` (< 18. Jh.). Entlehnt aus frz. *rancune*, dieses mit unregelmäßiger Formentwicklung aus l. *rancor m.* ´alter Haß` (eigentlich ´das Ranzige`), zu l. *rancēre* ´ranzig sein`.

S. *ranzig.* – *DF* 3 (1977), 132 f.

Ranzen *m. stil.* ´Reisesack` (< 16. Jh.). Älter (15. Jh.) in der Gaunersprache. Daneben *Ränzel*, mndd. *rensel*, auch *renzer* und rotw. *ranz* ´Sack`. Herkunft unklar.

Röhrich 2 (1992), 1225.

ranzen[1] *swV. per. fach.* ʹbrünstig seinʹ (< 17. Jh.). Älter spmhd. *ranzen* ʹungestüm springenʹ. Intensivbildung auf *-zen* zu *rangen, ranken* ʹsich hin- und herwendenʹ nach den Bewegungsspielen der Paarungszeit. S. auch *Range*.

ranzen[2] *swV.* s. *anranzen*.

ranzig *Adj.* (< 18. Jh.). Übernommen aus nndl. *ranzig*. Dieses aus frz. *rance*, das auf l. *rancidus* ʹnach Fäulnis riechendʹ zurückgeht. S. *Ranküne*.

Rapfen *m. per. fach.* ʹRaubfischʹ (< 16. Jh.). Zunächst als *rape* bezeugt; sonst ist die Herkunft dunkel.

rapid(e) *Adj.* (< 18. Jh.). Entlehnt aus frz. *rapide*, dieses aus l. *rapidus*, eigentlich ʹreißend, raubgierigʹ, dem PPP. von l. *rapere* ʹraffenʹ. *DF* 3 (1977), 133.

Rapier *n. per. fach.* (eine Fechtwaffe) (< 16. Jh.). Entlehnt aus frz. *rapière f.* ʹlanger spanischer Degenʹ, dessen Herkunft nicht sicher geklärt ist.

Rappe[1] *m.* ʹschwarzes Pferdʹ (< 16. Jh.). Übertragen aus der älteren Bedeutung ʹRabeʹ. Die Form ist eine geminierte Variante zu *Rabe*. S. auch *Rappen*. − Röhrich 2 (1992), 1225.

Rappe[2] *m.*, auch **Rapp** *m.* ʹTraubenkammʹ, *per. wmd. wobd.* (< 14. Jh.). Spmhd. *rappe*. Entlehnt aus gleichbedeutendem frz. *râpe f.*, vergleiche it. *raspo*.

Rappe[3] *f.*, früher auch *m.* ʹGelenkausschlag der Pferdeʹ *per. fach.* (< 15. Jh.). Fnhd. *rappe, rapfe*. Zu ahd. *rapfen* ʹverharschenʹ. Weitere Herkunft unklar.

Rappe[4] *f. per. wmd.* ʹReibeisenʹ (< 18. Jh.). Entlehnt aus frz. *râpe* gleicher Bedeutung, das selbst germanischen Ursprungs ist (s. *Raspel*).

rappeln *swV. stil.* (< 17. Jh.). Mit Intensivgemination zu ndd. *rapen* ʹklopfenʹ, mhd. entspricht *raffeln* (s. *Raffel*[1]). Die Bedeutung ʹnicht recht bei Verstand seinʹ *(es rappelt bei jemandem)* ist möglicherweise ausgelöst von md. *reben*, frz. *rêver* ʹträumen, phantasierenʹ (zu l. *rabēre* ʹirre sein, wüten, tobenʹ). Partikelverb: *sich aufrappeln*. S. *rabiat*.

Rappen *m. erw. fach.* ʹkleine Münzeʹ, heute *schwz.* (< 14. Jh.). Währungseinheit des Rappenmünzbundes (alemannisch) im 15./16. Jh. Zuerst bezeugt *Kolmar-Rappen* vom 14. Jh. Vielleicht ursprünglich scherzhafte Bezeichnung der schlechten Pfennig-Prägungen eines Herrn von Rappoltstein mit Anspielung auf den Adler des Münzbildes − *Rappen* ist Nebenform zu *Rappe*[1] in dessen ursprünglicher Bedeutung ʹRabeʹ.

Rapport *m. per. fach.* ʹBericht, Berichterstattung; sich auf Geweben u.ä. stets wiederholendes Musterʹ (< 17. Jh.). Entlehnt aus frz. *rapport*, eigentlich ʹdas Wiederbringenʹ, zu frz. *apporter* ʹherbeibringenʹ und frz. *re-*, aus l. *apportāre*, zu l. *portāre* ʹbefördern, tragenʹ und l. *ad-*. Verb: *rapportieren*. S. *Porto*. − Jones (1976), 553; *DF* 3 (1977), 133−135.

Raps *m. erw. fach.* (< 18. Jh.). Über *Rapst* verkürzt aus *Rapp-Saat*, ndd. *rapsād*, nndl. *raapzaad*, ne. *rape-seed* (der *Raps* wird wegen der ölhaltigen Samen angebaut). Lehnübersetzung aus l. *sēmen rāpīcium n.* ʹRübsamenʹ, zu l. *rāpum n.*, *rāpa f.* ʹRübeʹ. S. auch *Rübe*.

rapsen, rapschen *swV. per. ndd.* ʹgrapschenʹ (< 17. Jh.). Intensivbildungen zu ndd. *rapen* ʹraffenʹ (s. *raffen*).

Rapunzel *f. per. reg.* (eine Salatpflanze) (< 16. Jh.). Entlehnt aus it. *raponzolo*, einer Ableitung aus it. *rapo* ʹRübeʹ.

rar *Adj.* (< 16. Jh.). Entlehnt über mndl. *raer* aus frz. *rare* ʹseltenʹ, das auf l. *rārus* ʹlocker, zerstreut, seltenʹ zurückgeht. Abstraktum: ***Rarität***. Die Bedeutung ist im Friesischen und Niederländischen stärker wertend (einerseits ʹkomischʹ, andererseits ʹvorzüglich, erlesenʹ). *DF* 3 (1977), 136−140; Röhrich 2 (1992), 1226.

rasant *Adj.* ʹschnittig, schnellʹ (< 19. Jh.). Entlehnt aus frz. *rasant* ʹstreifendʹ, dem PPräs. von frz. *raser* ʹkahl scheren, rasieren, streifenʹ, aus l. *rādere (rāsum)* ʹdarüber streichen, scharren, schaben, kratzen, reinigen, rasierenʹ. Die Bedeutung im Deutschen (ausgehend von der flachen Flugbahn von Geschossen) durch eine volksetymologische Anlehnung an d. *rasen*. Abstraktum: ***Rasanz***. S. *radieren*. − *DF* 3 (1977), 140−142; Trier (1981), 24.

Rasch *m. arch.* ʹleichtes Wollenzeugʹ (< 17. Jh.). Älter mndd. *ras*, mndl. *ras(s)*. Gekürzt aus *arraz*, *arras, arreis*, das auch spätmittelhochdeutsch auftritt. Der Stoff wurde bezeichnet nach seinem Herstellungsort, der Stadt *Arras* in den Niederlanden (heute Nordfrankreich).

rasch *Adj.* (< 9. Jh.). Mhd. *rasch*, ahd. *rasco*, mndd. *rasch*, mndl. *ras(s)ch, ras* aus g. **raska-*, älter **rab-ska- Adj.* ʹraschʹ. Dem Adjektiv können zwei verschiedene Ansätze zugrundeliegen, die wohl zusammengeflossen sind: (1) anord. *rǫskr* (mit *u*-Umlaut) ʹtüchtig, tapferʹ, me. *rash*. Der vor dem *sko*-Suffix geschwundene Auslaut ergibt sich aus ahd. *rad(o)*, mndd. *rat, rade Adv.*, ae. *-rǣd(e)*, *rǣde* ʹschnellʹ, gt. *raþs* ʹleichtʹ. Hierzu wohl das Verb, das in air. *reithid, rethid* ʹläuft, renntʹ bezeugt ist (s. *Rad*). (2) Awn. *hraðr* ʹschnellʹ, ae. *hræð* ʹschnellʹ, ahd. *hrad* ʹschnellʹ. Außergermanisch vergleicht sich lit. *apikratai* ʹschnellʹ, das zu lit. *krėsti* ʹschütteln, rüttelnʹ gehört. S. *Räder*. Präfixableitung: ***überraschen***. Nndl. *ras*, ne. *rash*. S. *gerade*[2], *Rad*, *überraschen*. − Heidermanns (1993), 304 f., 693 f.

rascheln *swV.* (< 17. Jh.). Lautnachahmend wie ebenfalls bezeugtes *rischeln, ruscheln* und *raschen*.

Rasen *m.* (< 13. Jh.). Mhd. *rase,* mndd. *wrase.* Ursprünglich mitteldeutsch. Herkunft unklar.

S. *Wasen, Wrasen.* – Röhrich 2 (1992), 1226.

rasen *sw V.* (< 13. Jh.). Mhd. *rāsen,* mndd. *rāsen,* mndl. *rasen, razen* 'toben'; mit anderer Stammbildung ae. *rāsan* 'stürzen, eilen', anord. *rása* 'sich schnell bewegen'. Wohl denominativ zu anord. *rás,* ae. *rǣs* 'Lauf, Ansturm', mndd. *rās* 'heftige Strömung'. Außergermanisch entspricht gr. *erōé̄* 'Schwung', gr. *erōéō* 'ich fließe, ströme' und vielleicht l. *rōrāriī* 'Leichtbewaffnete, die mit Schleudern den Kampf einleiteten'. Zugrunde liegt (ig.) **rōs/rəs-* oder (ig.) **ras/rōs-,* das mit dem durch *irre* vorausgesetzten **er(e)s-* zusammenhängen kann (lautlich unklar). Abstraktum: **Raserei.**

Nndl. *razen.* S. *irre.* – Trier (1981), 24.

rasieren *sw V.* (< 17. Jh.). Entlehnt aus frz. *raser,* dieses aus l. *rādere (rāsum),* auch: 'darüber streichen, scharren, schaben, kratzen, reinigen'. Nomen instrumenti: **Rasierer;** Abstraktum: **Rasur.**

S. *radieren.* – Jones (1976), 555; *DF* 3 (1977), 142–144; Röhrich 2 (1992), 1226.

Räson *f. erw. fremd. phras.* 'Vernunft' (< 17. Jh.). Entlehnt aus frz. *raison,* dieses aus l. *ratio (-ōnis),* zu l. *rērī (ratus sum)* 'meinen, glauben, urteilen'. Verb: **räsonieren.**

S. *rational.* – *DF* 3 (1977), 144–150.

Raspel *f. erw. fach.* (< 16. Jh.). Rückbildung zu *raspeln,* das schon etwas früher nachweisbar ist und deshalb wohl als Iterativum zu *raspen,* ahd. *raspōn* 'sammeln, zusammensuchen' aufzufassen ist. Dieses zu wg. **hresp-a- st V.* 'reißen' in afr. *hrespa,* ahd. *(h)respan,* ae. *gehrespan.* Weitere Herkunft unklar.

S. auch *Raffel², Rappe–.* – Seebold (1970), 274.

räß *Adj. per. obd.* 'scharf' (< 9. Jh.). Mhd. *rǣze,* ahd. *rāzi.* Herkunft unklar. Verwandtschaft mit l. *rādere (rāsum)* 'scharren' oder l. *rōdere (rōsum)* 'nagen' ist denkbar. S. *radieren, Erosion.*

Rasse *f.* (< 18. Jh.). Entlehnt aus frz. *race.* Dieses gehört zusammen mit it. *razza,* span. *raza,* port. *razāo.* Weitere Herkunft umstritten (l. *ratio* 'Vernunft' oder arab. *ra's* 'Kopf, Ursprung'). Adjektive: **rassig, rassisch;** Abstraktum: **Rassismus.**

S. *radikal.* – Littmann (1924), 100f.; E. Oberhummer *AAWW* 1929, 18, 205–214; L. Spitzer *AJPh* 62 (1941), 129–143; ders.: *Essays in historical semantics* (New York 1948), 147–169; Ader (1958), 34; *DF* 3 (1977), 150–155; *Grundbegriffe* 5 (1984), 135–178; *Brisante Wörter* (1989), 330–334; R. Miles *Argument* 31 (1989), 353–367; ders.: *Rassismus* (Hamburg 1991) zur englischen Entsprechung.

rasseln *sw V.* (< 14. Jh.). Spmhd. *razzeln,* Weiterbildung zu mhd. *razzen* 'toben'. Zusätzlich beeinflußt durch mndd. *rateln* 'klappern', das schallnachahmend ist (vgl. ae. *hratele* 'Rasseltopf'). Nndl. *ratelen,* ne. *rattle.*

Rast *f.* (< 9. Jh.). Mhd. *rast(e),* ahd. *rasta;* letzteres auch für ein Wegmaß (Weg zwischen zwei Ruhepausen?), was für gt. *rasta,* anord. *rǫst* ausschließlich gilt. Außerdem as. *rasta, resta* 'Ruhelager, Totenlager', ae. *ræst, rest* 'Ruhe'. Beruht offenbar auf einer nur germanischen *s*-Bildung zu der Wurzel, die in *Ruhe* vorliegt.

Ne. *rest.* S. auch *Rüste.* – C. Lofmark *MLN* 80 (1965), 449–453.

Raster *m. erw. fach.* 'Gitternetz auf Glas oder Folie'; *n.* 'Gesamtheit der Punkte eines TV-Bilds' (< 19. Jh.). Entlehnt aus l. *rāstrum n.* 'Instrument zum Ziehen paralleler Linien', eigentlich: 'Rechen', älter: 'Karst, Hacke' (zu l. *rādere* 'kratzen, schaben').

S. *radieren.* – *DF* 3 (1977), 155 f.

Rat *m.* (< 8. Jh.). Mhd. *rāt,* ahd. *rāt,* as. *rād* wg. **rādi- m.* 'Rat, Vorrat', auch in ae. *rǣd,* afr. *rēd.* Daneben anord. *rád* neutraler *a*-Stamm. Verbalabstraktum zu g. **rēd-a- st V.* 'raten' (s. *raten*).

Nndl. *raad,* nschw. *råd,* nisl. *ráð.* S. *Unrat, Vorrat.* – Röhrich 2 (1992), 1227; *HWPh* 8 (1992), 29–37.

Rate *f.* (< 16. Jh.). Entlehnt aus l. *(pars) rata* 'berechneter Teil' (zu l. *rērī* 'urteilen, berechnen').

S. *rational.* – *DF* 3 (1977), 156–158; R. Mosch *MS* 97 (1987), 172–177; Röhrich 2 (1992), 1227.

raten *st V.* (< 9. Jh.). Mhd. *rāten,* ahd. *rātan,* as. *rādan* aus g. **rēd-a- st V.* 'raten', auch in gt. *-redan,* anord. *ráða,* ae. *rǣdan,* afr. *rēda.* Dieses aus ig. **rēdʰ-* 'zurechtmachen, beraten', in air. *rád* 'das Sprechen, Sagen', akslav. *(ne)raditi, roditi* 'sorgen für, sich kümmern um', ai. *rādhnóti* 'wird fertig, gedeiht, bringt fertig'. Vermutlich Erweiterung der Wurzel ig. **arə-* 'fügen', die unter *Art¹* behandelt ist.

Nndl. *raden,* ne. *read,* nschw. *råda,* nisl. *ráða.* S. *Gerät, Rat, Rätsel, verraten.* – Seebold (1970), 365–367.

ratifizieren *sw V. erw. fach.* 'einen völkerrechtlichen Vertrag in Kraft setzen' (< 15. Jh.). Entlehnt aus ml. *ratificare,* zu l. *ratus* 'gültig, rechtskräftig, ausgerechnet', dem PPP. von l. *rērī (ratus sum)* 'meinen, glauben, urteilen', und l. *facere* 'machen'. Abstraktum: **Ratifikation.**

S. *rational* und *infizieren.* – *DF* 3 (1977), 158–160.

Ration *f.* (< 17. Jh.). Entlehnt aus frz. *ration,* dieses aus ml. *ratio (-onis)* 'berechneter Anteil', aus l. *ratio (-ōnis)* 'Berechnung, Vernunft', zu l. *rērī (ratus sum)* 'meinen, glauben, urteilen'. Verb: **rationieren;** Adjektiv: **rationell.**

S. *rational.* – K.-H. Weimann *DWEB* 2 (1963), 403; *DF* 3 (1977), 162.

rational *Adj. erw. fremd.* 'vernunftgemäß' (< 16. Jh.). Entlehnt aus l. *ratiōnālis,* zu l. *ratio (-onis),* 'Rechnung, Denken, Vernunft' zu l. *rērī (ratus)* 'meinen, glauben'. Abstrakta: **Rationalität, Ratio-**

nalismus; Erweiterung: *rationalistisch*; Verb: *rationalisieren*.

S. *Ration, Rate, Räson*. Zur germanischen Verwandtschaft s. *Rede*. — DF 3 (1977), 163–171; HWPh 8 (1992), 37 ff.

Ratsche *f.*, auch **Rätsche** *f.* ´Rassel`, *per. reg.* (< 16. Jh.). Erst neuhochdeutsch gebildet zu mhd. *ratzen*, fnhd. *ratschen* ´klappern`.

Rätsel *n.* (< 15. Jh.). Fnhd. *rātisla, rādisla f.*, *rātsal, rætsel*, as. *rādisli, rādislo m.* (< 9. Jh.), wie ae. *rǣdels m.* eine Bildung auf *isl-ja-* zu *raten*. Daneben bestehen mit gleicher Bedeutung auch andere Bildungen: ahd. *rātissa f.*, me. *redel(s)*. Nndl. *raadsel*, ne. *riddle*.

Ratte *f.* (< 9. Jh.). Mhd. *ratte*, ahd. *ratta*, as. *ratta* (neben maskulinen Formen). Wie ae. *ræt* entlehnt aus den romanischen Sprachen (frz. *rat m.*, it. *ratto m.* usw.). Weitere Herkunft unklar (nach DEO aus vor-rom. **raditāre*, zu l. *radere* ´nagen`). Unklar ist auch, warum neben *Ratte* auch **Ratze** auftaucht und warum dieses auch ´Marder` und ´Iltis` bedeuten kann.

S. auch *Ratz*. — Palander (1899), 74 f.; J. Knobloch RMPh 115 (1972), 291 f.; DEO (1982), 455 f.; Röhrich 2 (1992), 1227 f. Anders: Lühr (1988), 283–285.

Rattenkönig *m. per. fach.* ´Wust` (< 16. Jh.). Nach der Vorstellung von Ratten, die mit ihren Schwänzen ineinander verwirrt sind. In der älteren Sprache bezeichnet das Wort offenbar eine besonders große Ratte, die sich von anderen Ratten ernähren läßt. Das Bindeglied scheint das ´sich ernähren lassen` zu sein.

Rätter *m./f. per. reg.* ´Siebvorrichtung` (< 16. Jh.). Das gleiche Wort wie *Räder*.

rattern *swV.* (< 17. Jh.). Lautmalend.

Ratz *m. per. reg.* ´Ratte`, aber auch ´Siebenschläfer` und ´Iltis` (bair. auch **Ratze** *f.*) (< 14. Jh.). Hochdeutsche Form des Wortes *Ratte*. *Schlafen wie ein Ratz* bezieht sich auf die Bedeutung ´Siebenschläfer`; ebenso **ratzen** (ugs.) ´fest schlafen`. Röhrich 2 (1992), 1230.

ratzekahl *Adj. stil.* (< 18. Jh.). Umdeutung von *radikal*, vielleicht mit dem Gedanken an den kahlen Schwanz der Ratte.

Raub *m.* (< 8. Jh.). Mhd. *roub, roup*, ahd. *roub*, as. *rōf* aus wg. **rauba- m.* ´Raub, erbeutete Rüstung`, auch in ae. *rēaf n.*, afr. *rāf n.*; mit abweichender Stammbildung anord. *reyfi n.* ´abgerupfte Schafwolle`. Ableitung von g. **reufa- stV.* ´reißen, rupfen` in anord. *rjúfa, rjōfa*, ae. *rofen* ´zerbrochen`, ae. *berofen* ´beraubt`. Außergermanisch vergleichen sich l. *rumpere* ´zerbrechen, reißen`, ai. *rúpyati* ´schmerzt stark`, kausativ ´verursacht Schmerz, bricht ab`; erweitert aus (ig.) **reu-* ´reißen, rupfen` in anord. *rýja* ´den Schafen die Wolle ausrupfen`, lit. *ráuti* ´reißen, ausrupfen`, akslav. *urǔvati sę* ´sich losreißen`. Verb: **rauben**.

Nndl. *roof*. S. *raufen, rauh*; und zu den lateinischen Wörtern *abrupt* und *Robe*. — E. Wadstein *IF* 14 (1903), 402–406; W. Kaspers BGDSL-H 8 (1958), 177 f.; Trier (1963), 83; Seebold (1970), 378 f.; Röhrich 2 (1992), 1230 f.

Raubbau *m.* (< 18. Jh.). Ursprünglich bergmännisches Wort (´Abbau, bei dem nur auf schnellen Ertrag Rücksicht genommen wird`). Verbales *auf den Raub bauen* ist heute nicht mehr gebräuchlich.

rauben *swV.* (< 9. Jh.). Mhd. *rouben*, ahd. *roubōn*, as. *rōbon* aus g. **raub-ō- swV.*, auch in gt. *biraubon* ´ausziehen`, anord. *raufa* ´zerreißen`, ae. *rēafian*, afr. *rāvia* ´rauben`. Wohl deverbativ zu dem unter *Raub* genannten starken Verb (und nicht denominativ zu *Raub*, was ebenfalls möglich wäre).

Rauch *m.* (< 9. Jh.). Mhd. *rouch*, ahd. *rouh m./ n.*, as. *rōk* aus g. **rauki- m.* ´Rauch`, auch in anord. *reykr*, ae. *rēc*, afr. *rēk*. Das Wort ist abgeleitet aus dem in *riechen* vorliegenden starken Verb, dessen ursprüngliche Bedeutung aber ´rauchen` war. Verben: **rauchen, räuchern**; Adjektiv: **rauchig**. Nndl. *rook*, ne. *reek*, nschw. *rök*, nisl. *reykur*. — E. Richter ZVS 55 (1928), 138–149; Röhrich 2 (1992), 1231.

Rauchnächte *Pl. per. reg.* ´die Zeit zwischen Heiligabend und Dreikönig` (< 19. Jh.). Zu den verschiedenen Zeiten, die so benannt werden können, und zu den damit verbundenen Volksbräuchen s. Bächthold-Stäubli 7 (1936), 529–532. Eigentlich Vorabend eines Feiertags, an dem das Haus und besonders der Stall mit Weihrauch ausgeräuchert wird. Sekundär auch *Rauhnächte, Raubnächte, Raunächte* u.ä.

Rauchschwalbe *f. erw. fach.* (< 16. Jh.). Sie heißt so, weil sie gerne in den alten großen Räucherkaminen nistete.

Rauchwerk *n. arch.* ´feines Pelzwerk` (< 16. Jh.). Schon in mittelhochdeutscher Zeit in der Bedeutung ´Kürschnerhandwerk`. Zu dem Adjektiv *rauch* ´behaart, zottig`, das eine Variante von *rauh* ist.

B. Schier: *Zur Geschichte des Wortes ´Rauchware`* (Leipzig, Berlin 1950).

Räude *f. per. fach.* (< 8. Jh.). Mhd. *riude, rūde*, ahd. *(h)riupi, rūda*, as. *hrūtho m.* aus g. **hrūþōn m.* (und ähnliche Stammbildungen) ´Räude, Schorf`, auch in anord. *hrúðr m.* ´Schorf`, ae. *(h)rūðe* ´Räude`. Herkunft unklar; vermutlich mit einem Suffix, das auch in anderen Krankheitsnamen auftaucht, zu ig. *\*krewə-* ´rohes Fleisch u.ä.` in ai. *kravís n.* ´rohes Fleisch`, ai. *krūrá-* ´wund, roh, blutig`, l. *cruor m.* ´rohes, dickes Blut`, l. *crūdus* ´blutig, roh`, mir. *crú n.* ´Blut`, mir. *crúaid* ´hart, fest`, lit. *kraũjas* ´Blut`. Adjektiv: **räudig**.

Zur Entlehnung ins Finnische s. J. Koivulehto: *Jäten* (Helsinki 1971), 41–47.

raufen *swV.* (< 9. Jh.). Mhd. *roufen*, ahd. *roufen*, as. *(bi)rōpian* aus g. **raup-ija- swV.* (und andere

Stammbildungen) ´raufen, rupfen`, auch in gt. *raupjan* ´ausrupfen`, ae. *rīpan* ´reißen`. Eine Auslautvariante (verschiedene Erweiterungen der gleichen Wurzel?) zu der unter *Raub* dargestellten Grundlage. Eine Rückbildung dazu ist **Raufe** ´Futterleiter`, mhd. *roufe*, mndd. *repe(l)*, eine Intensivbildung ist **rupfen**; Abstraktum: **Rauferei**.

rauh *Adj.* (< 9. Jh.). Mhd. *rūch*, ahd. *rūh*, mndd. *ru(we)*, *rūch*, *ruge*, mndl. *ru(w)* aus wg. **rūhwa-*-Adj. ´rauh`, auch in ae. *rūh*, *rūwes*. Außergermanisch vergleicht sich ai. *rūkṣá-* ´rauh, trocken, dürr`; weiterer Anschluß an die Wurzel (ig.) **reu-* ´reißen` ist denkbar (s. *Raub*). Die Bedeutung ´bewaldet` (in älterer Zeit noch häufiger) ist erhalten in *Rauhe Alb*, eigentlich ´bewaldetes Weideland`. Abstraktum: **Rauhheit**; Verb: **(auf-) rauhen**.
Nndl. *ruig*, ne. *rough*. S. *Rauchwerk*, *Roche(n)*. – Ader (1958), 86–97; Trier (1981), 27; Heidermanns (1993), 454 f.

Rauhbauz *m. stil.* (< 20. Jh.). Junges Wort; wohl zu dem Schallwort *bauz* für einen plötzlichen Fall.

Rauhbein *n. per. reg.* ´Grobian` (< 19. Jh.). Rückgebildet aus *rauhbeinig*, was das gleiche meint. Für diese Bezeichnung im eigentlichen Sinn gibt es verschiedene Ansatzpunkte, z. B. war das Wort Spottname verschiedener Polizei- und Militärtruppen wegen der rauhen Gamaschen. Wie das Wort aber zu seiner heutigen Bedeutung kam, ist unklar.

Rauhnächte *Pl.* s. *Rauchnächte*.

Rauhreif *m.*, auch **Rauhfrost** *m.* (< 18. Jh.). In den Mundarten weithin üblich. Gemeint ist der rauhe, gefrorene Niederschlag, der sich bei Frost auf den Oberflächen bildet. S. *Reif*[2].

Rauke *f. per. reg.* ´Senfkohl` (< 16. Jh.). Entlehnt aus it. *\*ruca*, belegt ist jedoch nur it. *rucola*, *ruchetta*, das auf l. *ērūca* ´wilde Rauke, Senfkohl` zurückgeht.

Raum *m.* (< 11. Jh.). Mhd. *rūm*, *roum*, ahd. *rūm*, as. *rūm* aus g. **rūma-* m. ´Raum, Platz, Lagerstätte`, auch in gt. *rūm*, anord. *rúm n.*, ae. *rūm*. Substantivierung des Adjektivs g. *\*rūma-* ´geräumig` in gt. *rūms*, anord. *rúmr*, ae. *rūm*, afr. *rūm*, mndd. *rūm*, ahd. *rūmi* (8. Jh.), mhd. *(ge)rūm(e)*, nhd. *geraum* (und weitergebildet *geräumig*). Auch **räumen**, vor allem im Sinn von ´roden` ist schon eine alte Bildung. Die dem Adjektiv zugrundeliegende Wurzel (ig.) *\*reu-* mit schlecht faßbarer Ausgangsbedeutung ist bezeugt in avest. *rauuah- n.* ´freier Raum, Freiheit`, toch. AB *ru-* ´öffnen`, l. *rūs n.* ´Land` und akslav. *ravĭnŭ* ´eben, gleich`.
Nndl. *ruim*, ne. *room*, nschw. *rum*, nisl. *rúm*. S. *geraum*, *Räumte*. – Heller (1970), 114–132 Röhrich 2 (1992), 1232; *HWPh* 8 (1992), 67–111; Heidermanns (1993), 455 f.

Räumte *f. per. ndd.* ´Schiffsladung, offene See` (< 18. Jh.). Übernommen aus mndd. *rūmte*, mndl.

ruum(p)te, *rumt*, einer Weiterbildung von *Raum*, etwa im Sinn von ´Weite`.

Raun(e) *m. arch.* ´verschnittenes Pferd` (< 14. Jh.). Auch mndd. *rune*, mndl. *ruun*, *ruyn*, mfr. *ruun*. Herkunft unklar, wohl zu (ig.) *\*reuə-* ´graben, ritzen`, nhd. (dial.) *raunen* ´schneiden`, vgl. *Rune*.
Nndl. *ruin*. – M. Frenzell in K. Müller (1976), 171–181.

raunen *swV.* (< 8. Jh.). Mhd. *rūnen*, ahd. *rūnēn*, *rūnōn*, as. *rūnon*. Wie ae. *rūnian* mit verschiedenen Stammbildungen abgeleitet von einem Wort für ´Gerücht, Geheimnis`: g. *\*rūnō f.* in gt. *runa*, anord. *rún*, ae. *rūn*, as. *rūna*, ahd. *rūna*; außergermanisch zu vergleichen air. *rún*, kymr. *rhin* ´Geheimnis`; entfernter verwandt ist l. *rūmor* ´Gerücht`. S. *Rune*.

raunzen *swV. per. obd.* ´weinerlich klagen` (< 11. Jh.). Ahd. *rūnezzen*, *rūnezzon*, *rūnizzon* ´murren`. Wohl zu *raunen*.

Raupe *f.* (< 14. Jh.). Mhd. *rūpe*, mndd. *rupe*, mndl. *rupe*, *ruyp(p)e*, weitergebildet nndl. *rups*. Auch mit anderen Vokalisierungen. Herkunft unklar.
S. auch *Robbe*. – Röhrich 2 (1992), 1232.

Rausch[1] *m.* ´Trunkenheit` (< 16. Jh.). Übertragen aus mhd. *rūsch* ´Rauschen, Ungestüm` (zu *rauschen*). Vgl. *Schädelbrummen* u.ä. Präfixableitung: **berauschen**.

Rausch[2] *m. per. reg.* (Name verschiedener Pflanzen) (< 14. Jh.). Spmhd. *rusch(e)*, mndd. *rusch*, *risch*, *risk*. Vermutlich entlehnt aus l. *rūscum n.* ´Mäusedorn`. Einzelheiten sind noch aufklärungsbedürftig. Vgl. *Almrausch*.

rauschen *swV.* (< 13. Jh.). Mhd. *rūschen*, *riuschen*, mndd. *rūschen*, *rūsken*, mndl. *ruuschen*, *ruysschen*. Wie ae. *hryscan* ´krachen, sausen, schwirren` lautmalende Bildung. Nndl. *ruisen*, ne. *rush*. S. *Geräusch*[1], *Rausch*[1].

Rauschgelb *n. per. fach.* (gelbes Mineral, Arsenkies) (< 16. Jh.). Entlehnt aus it. *risigallo* gleicher Bedeutung (span. *rejalgar m.*, vgl. port. *rosalgar* ´Wurm, giftige gelbe Pflanze`). Dies aus arab. *rahǧ al-ǧār* ´Höhlenstaub`, welches eventuell entstellt ist aus marokkan.-arab. *rahǧ al-fār* ´Rattenpulver (Rattengift)`. Der erste Bestandteil an it. *rosso* ´rot` angeglichen.
J. J. Hess *VR* 2 (1937), 475 f.; Lüschen (1979), 301 f.

räuspern *swV.* (< 15. Jh.). Spmhd. *riuspern*, *rūspern*. Weiterbildung zu mhd. *riuspen*, ndd. *rūspen* ´aufstoßen, rülpsen`, ahd. *girūspen* ´sich sträuben`. Das Wort bedeutet eigentlich ´scharren, kratzen` (´die Kehle freikratzen`). Vielleicht läßt sich it. *ruspare* ´scharren` vergleichen, das auf l. *rūspārī* ´suchen` (eigentlich ´durchwühlen`) zurückgeht.

Raute[1] *f. erw. fach.* ´geometrische Figur` (< 14. Jh.). Spmhd. *rūte*, mndd. *rute*, mndl. *rute*. Herkunft dunkel.

Schirmer (1912), 63 unter *Rhombus*; Götze (1919), 143; R. Loewe *ZDPh* 60 (1935), 330−362.

Raute[2] *f. per. fach.* (Pflanze) (< 11. Jh.). Mhd. *rūte*, ahd. *rūta*, mndd. *rude*, mndl. *rute*. Wie ae. *rūde* entlehnt aus l. *rūta*, das seinerseits aus gr. *rhȳtḗ* stammt. Dieses wahrscheinlich aus einer Substratsprache.

Ravioli *Pl. per. fach.* ʿgefüllte Teigwarenʾ (< 20. Jh.). Entlehnt aus it. *raviolo m.*, eigentlich ʿkleine Rübeʾ, dieses aus l. *rāpa f.*, *rāpum n.* ʿRübeʾ. S. *Rübe*.

Razzia *f. erw. fach.* (< 19. Jh.). Entlehnt aus frz. *razzia* (ursprünglich: ʿRaub- und Beutezugʾ), dieses aus alger.-arab. *ğāziya* ʿAngriff, militärische Unternehmungʾ.

Littmann (1924), 67; Lokotsch (1975), 55; *DF* 3 (1977), 171 f.

re- *Präfix* mit der Bedeutung ʿwieder, zurückʾ (z. B. *Regeneration, reagieren, reparieren*). Es wurde vornehmlich in lateinischen Entlehnungen ins Deutsche übernommen; sein Ursprung ist l. *re-*. In neoklassischen Bildungen beschränkt produktiv.

Re *n. per. fach.* (beim Kartenspiel *kontra* zu *kontra*) (< 18. Jh.). Kürzung aus *Rekontra*, s. *re-* und *kontra*.

reagieren *swV.* (< 18. Jh.). Neoklassische Bildung zu l. *agere (āctum)* ʿtreiben, führen, leiten, tunʾ und l. *re-*. Aus der Sprache der Chemie verallgemeinert. Abstraktum: *Reaktion*; Nomen instrumenti: *Reaktor*; Konkretum: *Reagens*, meist gleichgesetzt mit *Reagenz*, das eigentlich ein Abstraktum (aber immer *Reagenzglas*); Partikelverb (mit übertragener Bedeutung): *abreagieren*.

S. *agieren*. − *DF* 3 (1977), 172−174.

Reaktion *f. erw. fach.* (< 18. Jh.). Zunächst Abstraktum zu *reagieren*, dann Übernahme der Bedeutungsentwicklung während der französischen Revolution zu ʿHaltung gegen die Meinung der Mehrheit der Bürgerʾ (unter Rückgriff auf die Bildungsbedeutung). Hierzu besonders das Adjektiv *reaktionär* (mit der Substantivierung als Nomen agentis).

J. Starobinski *MLR* 70 (1975), XXI-XXXI; *DF* 3 (1977), 174−178; *Grundbegriffe* 5 (1984), 179−230; *Brisante Wörter* (1989), 334−341.

Reaktor *m. erw. fach.* ʿVorrichtung, in der Reaktionen ablaufenʾ (< 20. Jh.). Entlehnt aus am.-e. *reactor*, s. *reagieren*.

DF 3 (1977), 179 f.

real *Adj. erw. fremd.* ʿwirklichʾ (< 17. Jh.). Entlehnt aus ml. *realis* ʿwesentlichʾ, dieses zu l. *rēs* ʿSache, Wesenʾ. Abstraktum: *Realität*; Verb: *realisieren*.

S. *Rebus, Republik*. − Zu *Realität*: J. Kleinstück: *Wirklichkeit und Realität* (Stuttgart 1971); *DF* 3 (1977), 180−187.

Realismus *f. erw. fremd.* ʿWirklichkeitssinnʾ (< 18. Jh.). Neoklassische Bildung wie frz. *réalisme* zu ml. *realis* (s. *real*). Adjektiv: *realistisch*: Täterbezeichnung: *Realist*

DF 3 (1977), 187−192.

Rebbach *m.* s. *Reibach*.

Rebbe *m.* s. *Rabbi*.

Rebe *f.* (< 11. Jh.). Mhd. *rebe f./m.*, ahd. *reba*, *ræba*. Dazu im Ablaut mndd. *wīnrave(n) m.* ʿWeinstockʾ. Vgl. nschw. *reva* ʿAusläufer von Pflanzenʾ. Herkunft unklar. Vielleicht zu l. *rēpere* ʿkriechen, schleichenʾ, lit. *rėplióti* ʿkriechen, kletternʾ; dann wären zunächst die Ausläufer der Rebe gemeint gewesen.

J. Knobloch *IF* 92 (1987), 236−238.

Rebell *m.* (< 16. Jh.). Entlehnt aus frz. *rebelle m./f.*, einer Ableitung von frz. *rebeller* ʿsich auflehnenʾ, aus l. *rebelläre* ʿsich auflehnen, den Krieg gegen seinen Überwinder erneuernʾ, zu l. *bellum n.* ʿKriegʾ und l. *re-*. Verb: *rebellieren*; Abstraktum: *Rebellion*; Adjektiv: *rebellisch*.

S. *Duell*. − *DF* 3 (1977), 192−196.

rebeln *swV. per. obd.* ʿzerreibenʾ (< 19. Jh.). Regionale Bildung zu der Schwundstufe von *reiben*.

Rebhuhn *n.* (< 9. Jh.). Mhd. *rephuon*, ahd. *rebahuon*; anders mndd. *raphōn*. Wie der Sprachvergleich zeigt, handelt es sich hier um sekundäre Anpassungen an *Rebe* und mndd. *rap* ʿschnellʾ. Außergermanisch sind vergleichbar mbulg. *jerębī f.* ʿRebhuhnʾ, lett. *irˊbe* ʿRebhuhnʾ; dazu weiter anord. *jarpi m.* ʿHaselhuhnʾ. Diese wahrscheinlich zu ahd. *erpf* ʿdunkelbraunʾ, ae. *earp*, anord. *jarpr* ʿbraunʾ, vielleicht auch gr. *orphnaîos, orphnós* ʿdunkelbraunʾ. Semantisch ist die Erklärung einleuchtend, aber der sehr starke (und nicht ohne Zusatzannahmen erklärbare) Ablaut ist auffällig.

Rebus *m./n. obs.* ʿBilderrätselʾ (< 18. Jh.). Entlehnt aus frz. *rébus (de Picarde) m.*, dieses aus l. *(de) rēbus (quae geruntur)* ʿvon Sachen, die sich ereignenʾ, zu l. *rēs f.* ʿSache, Dingʾ. So benannt nach scherzhaften Bilderrätseln von Studenten in der Picardie über Stadtereignisse. S. *real*.

Rechen *m.* (< 10. Jh.). Mhd. *reche*, ahd. *rehho*, *rech*, mndl. *reke*, *reecke*; mit anord. *reka f.* eine Ableitung **rek-ōn m.* ʿRechenʾ (neben **rakōn* in nschw. *raka*, ae. *raca*, mndd. *rake f.*) zu g. **rek-a-st V.* ʿrechenʾ in gt. *rikan*, me. *rēken*, afr. *reka*, mndd. *reken*, ahd. *rechen*. Weiter wohl zu *recken* als ʿausstreckenʾ. Verb: *rechen*.

S. auch *Racker, recht.* − Seebold (1970), 373 f.

Rechenschaft *f.* (< 14. Jh.). Zunächst *rechinschaft* ʿRechnungslegungʾ, dann bald auch übertragen verwendet. Zu *rechnen*.

Recherche *f. per. fach.* ʿNachforschungʾ (< 18. Jh.). Entlehnt aus frz. *recherche*, einer Ableitung von frz. *rechercher* ´aufsuchen, erforschen´, zu frz. *chercher* ´suchen´ und l. *re-*; weiter zu spl. *circāre* ´rings um etwas herumgehen, etwas umkreisen, durchsuchen´, zu l. *circum* ´ringsumher, in der Umgebung´. Verb: **recherchieren**.

S. *Zirkus*. − *DF* 3 (1977), 196 f.; Brunt (1983), 443.

rechnen *swV.* (< 10. Jh.). Mhd. *rechen(en)*, ahd. *rehhanōn* ´ordnen´, mndd. mndl. *reken(en)* aus wg. **rek-nō-* *swV.* ´rechnen´, auch in ae. *(ge)recenian*, afr. *rek(e)nia*. Faktitivum zu dem Adjektiv (Partizip) **rekna-* ´gerichtet´ in ae. *recen*, afr. *rekon*, mndd. *reken* zu dem unter *recht* dargestellten Verb. Rechnen ist also ´gerichtet machen, in Ordnung bringen´. Gt. *rahnjan* wohl zu einer Variante der gleichen Wurzel. Abstraktum: **Rechnung**; Präfigierungen: **be-, verrechnen**; Partikelverben: **ab-, ausrechnen**.

Nndl. *rekenen*, ne. *reckon*. S. *Rechenschaft, recht*. − *HWPh* 8 (1992), 214−220; Heidermanns (1993), 444 f.

Recht *n.* (< 8. Jh.). Mhd. *reht*, ahd. *reht*, as. *reht*, wie ae. *riht*, afr. *riucht, riocht* eine Substantivierung des Adjektivs *recht*. Daneben eine selbständige Substantivbildung aus der gleichen Wurzel *(*rehtu-)* in anord. *réttr m.* und air. *recht m.*, kymr. *rhaith*. Verb: **rechten**; Adjektiv: **rechtlich**.

E. W. Böckenförde *AB* 12 (1968), 7−29; *Grundbegriffe* 5 (1984), 231−311; R. Schmidt-Wiegand in: *FS Schützeichel* (1987), 937−958; Röhrich 2 (1992), 1233 f.; *HWPh* 8 (1992), 221 ff.

recht *Adj.* (< 8. Jh.). Mhd. *reht*, ahd. *reht*, as. *reht* aus g. **rehta-* *Adj.* ´recht, gerade, richtig´, auch in gt. *raihts*, anord. *réttr*, ae. *riht*, afr. *riucht, riocht*. Wie gleichbedeutendes l. *rēctus*, gr. *orektós to-*Partizip zu ig. **reĝ-* ´lenken, richten, leiten´ in l. *regere*, gr. *orégō* ´ich recke mich´, ai. *irajyáti* ´ordnet an, lenkt´, ai. *r̥jyati, r̥ñjáti* ´streckt sich, eilt´, air. *reraig* ´lenkte´, lit. *rąžýti* ´straffen, recken´. Sonderbedeutungen sind in **rechter Winkel, Rechteck** (= ´aufrecht´) und als Gegensatz zu *link* (´richtig´ gegenüber ´ungeschickt´).

Nndl. *recht*, ne. *right*, nschw. *rätt*, nisl. *réttur*. S. *gerecht, rank, Rechen, rechnen, Recht, richten* und weiter entfernt *recken*. Zur lateinischen Verwandtschaft s. *regieren*. − Heidermanns (1993), 441 f.

rechtfertigen *swV.* (< 14. Jh.). Spmhd. *rechtvertegen, rehtvertigen*; Ableitung zu dem Adjektiv mhd. *rehtvertec, rehtvertic* ´gerecht, rechtmäßig´ (zu *recht* und *fertig*).

HWPh 8 (1992), 251 ff.

rechts *Adv.* (< 16. Jh.). Entstanden aus dem adverbialen Genetiv von *recht* als Gegensatz von *link*. Dieses als die ´richtige´ (Hand usw.).

O. Nussbaum *JAC* 5 (1962), 158−171; U. Deitmaring *ZDA* 98 (1969), 265−292; J. van Leeuwen-Turnovcová in: *Akten des 23. linguistischen Kolloquiums* (Tübingen 1989), 573−585; dies.: *Links und rechts.* (Berlin 1990).

rechtschaffen *Adj.* (*PPrät.*) (< 16. Jh.). Fnhd. *rechtschaffen* zum Partizip von *schaffen*, also ´recht beschaffen´.

Reck *n. erw. fach.* (< 19. Jh.). Von Jahn 1816 als niederdeutsches Mundartwort aufgenommen und als Bezeichnung eines Turngeräts durchgesetzt. Mndd. *rick, reck*, mndl. *rec(ke), ric*, mhd. *ric(ke) m.* ´waagrecht aufgelegte oder aufgehängte Stange(n)´ (s. auch *Rick*). Ohne Gemination (aus g. **rihōn*) norw. (dial.) *rjaa*, schw. (dial.) *ri*. Ein ähnliches Wort s. unter *Rahe*.

Recke *m. obs.* (< 18. Jh.). Wiederbelebt aus inzwischen ausgestorbenem mhd. *re(c)ke* ´Krieger, Held´. Diese Bedeutung bekommt das Wort in literarischen Darstellungen; die ältere Bedeutung ist ´Flüchtling´ (ahd. *reck(e)o, recch(e)o*, as. *wrekkio*, ae. *wrecca, wrǽcca*, zu dem unter *rächen* behandelten g. **wrek-a-* ´verfolgen´, also ´der Verfolgte´).

Ne. *wretch*. − Eppert (1963), 32−37.

recken *swV.* (< 8. Jh.). Mhd. *recken*, ahd. *rec(c)hen, recken*, as. *rekkian* aus g. **rak-eja-* *swV.* ´ausstrecken, ausdehnen´, auch in gt. *ufrakjan*, anord. *rekja*, ae. *reccan*. Als Kausativum oder ähnliche Formation zu dem unter *recht* behandelten Verb für ´lenken, richten, leiten´. Die Bedeutung ´recken´ ist wohl als ´gerade machen, aufrecht machen´ zu verstehen.

Nndl. *rekken*, nschw. *räcka*. S. *strecken, verrecken*.

Reckholder *m. per. wobd.* ´Wacholder´ (< 12. Jh.). Mhd. *reckholter, regholter*, ahd. *reckaltar*. Zum zweiten Element s. *Holunder*, das erste ist unklar. Es kann zu *recken* gehören im Hinblick auf die aufgeschossenen Jungtriebe des Strauchs.

Recorder *m. per. fach.* (ein Aufzeichnungsgerät) (< 20. Jh.). Entlehnt aus e. *recorder.* Dieses aus mfrz. *recorder*, aus l. *recordāri* ´erinnern´ (eigentlich ´im Herzen behalten´ zu l. *cor (cordis)* ´Herz´).

Recycling *n. per. fach.* ´Wiederverwertung von Abfallprodukten´ (< 20. Jh). Entlehnt aus e. *recycling*, Abstraktum zu e. *to recycle* ´wiederverwerten´, eigentlich ´wieder in den Produktionszyklus einordnen´, dann vor allem in die Umwelt-Diskussion einbezogen. Auch das Grundwort wird entlehnt als **recykeln**.

U. Haß *Sprachreport* 1987, 5; *Brisante Wörter* (1989), 504−516.

Redaktion *f.* (< 19. Jh.). Entlehnt aus frz. *rédaction*, dieses zu l. *redāctum*, dem PPP. von l. *redigere* ´in Ordnung bringen, eintreiben, wieder zurückbringen´, zu l. *agere* ´tun´ und l. *re-*. Das französische Substantiv in Anlehnung an frz. *action* ´Handeln, Tun´. Entsprechend das Grundverb **redigieren** aus frz. *rédiger* und das Nomen agentis **Redakteur** aus frz. *rédacteur*.

S.: *Redakteur, redaktionell, Redaktor, redigieren*; : s. *Agenda*. − Zu *redigieren* s.: K.-H. Weimann *DWEB* 2 (1963), 403; *DF* 3 (1977), 197−199.

Rede *f*. (< 8. Jh.). Mhd. *rede*, ahd. *reda, redī, redia, radia* u.ä., mndd. *rede f./m.*, mndl. *rede* aus g. **raþjōn f.* ʿRechenschaftʾ, auch in gt. *raþjo*, afr. *rethe*. Das Wort stimmt genau überein mit l. *ratio*, so daß der Gedanke an eine Entlehnung naheliegt. Aus lautlichen Gründen und wegen des weiteren Zusammenhangs ist aber Urverwandtschaft wahrscheinlicher, wobei sekundäre Beeinflussung durch das lateinische Wort anzunehmen ist. Die Weiterentwicklung der Bedeutung steht unter dem Einfluß der Weiterentwicklung von *reden*. Ein ähnliches Wort mit der Bedeutung ʿZahlʾ in *gerade*[1] und *hundert*. Letztlich zu ig. **arə-* ʿfügenʾ (s. *Reim*). Nndl. *rede*. S. *Räson, reden, redlich*. − Röhrich 2 (1992), 1234 f.

reden *swV.* (< 9. Jh.). Mhd. *reden*, ahd. *red(i)ōn*, as. *reðiōn*, afr. *rethia*. Ableitung von *Rede* oder einem verwandten Wort, ursprünglich mit der Bedeutung ʿZahlʾ, so daß die Ausgangsbedeutung von *reden* ʿzählenʾ ist, das über ʿerzählenʾ zu der heutigen Bedeutung kommt (vgl. gt. *garaþjan* ʿzählenʾ). Eine Nebenform ist ahd. *redinōn*, wozu *Redner* (mhd. *redenære*, ahd. *redināri*); Adjektive: *beredsam, redselig*.

redigieren *swV.* s. *Redaktion*.

redlich *Adj.* (< 11. Jh.). Mhd. *red(e)lih*, ahd. *redilīh*. Abgeleitet von ahd. *redia* ʿRechenschaftʾ (s. *Rede*), also etwa ʿwie man es verantworten kannʾ. Abstraktum: *Redlichkeit*. *HWPh* 8 (1992), 363 ff.

Redoute *f. arch.* ʿSaal für Feste, Feldschanze, Maskenballʾ (< 17. Jh.). Entlehnt aus frz. *redoute*, dieses aus it. *ridotto m.*, eigentlich ʿZufluchtsortʾ, aus l. *reductum*, dem substantivierten PPP. von l. *redūcere (reductum)* ʿzurückziehenʾ, zu l. *dūcere* ʿziehen, schleppenʾ und l. *re-*. Zunächst Bezeichnung eines Zufluchtsorts auf Burgen, dann ʿabgesondertes Zimmer, Ballsaalʾ, schließlich metonymisch übertragen auf dort abgehaltene Maskenbälle. S. *produzieren*. − Jones (1976), 558−560; Brunt (1983), 445.

redundant *Adj. per. fach.* ʿüberflüssigʾ (< 20. Jh.). Entlehnt aus l. *redundāns (-antis)* ʿüberströmend, überflüssigʾ, dem PPräs. von l. *redundāre* ʿübertreten, überströmen, sich ergießenʾ, zu l. *unda* ʿWelle, Wogeʾ und l. *re-* (unter Einfluß von e. *redundant*). Abstraktum: *Redundanz*. S. *ondulieren*. − *HWPh* 8 (1992), 383.

Reduplikation *f. per. fach.* ʿVerdoppelungʾ (< 19. Jh.). Als grammatischer Fachterminus gebildet als l. *reduplicātio* zu l. *reduplicāre* ʿverdoppelnʾ (s. *doppelt*).

reduzieren *swV. erw. fremd.* ʿverringern, vermindernʾ (< 16. Jh.). Entlehnt aus l. *redūcere (reductum)* ʿzurückziehen, zurückführenʾ, zu l. *dūcere* ʿziehen, schleppenʾ und l. *re-*. Abstrakta: *Reduktion, Reduzierung*. S. *Redoute, produzieren*. − K.-H. Weimann *DWEB* 2 (1963), 403; *DF* 3 (1977), 199−201; *HWPh* 8 (1992), 370 ff.

Reede *f. per. fach.* ʿAnkerplatzʾ (< 17. Jh.). Ursprüngliche Bedeutung ist ʿOrt, an dem Schiffe bereit gemacht werdenʾ zu der niederdeutschen Entsprechung von *bereit* (s. unter *bereiten*). Hierzu *Reeder* und *Reederei*. Kluge (1911), 654.

reell *Adj. erw. fach.* ʿanständig, ehrlichʾ (< 18. Jh.). Entlehnt aus frz. *réel*, das auf l. *reālis* beruht (s. *real*). Die Übertragung auf Charaktereigenschaften ist nur deutsch. *DF* 3 (1977), 201−203; *HWPh* 8 (1992), 383 ff.

Reep *n. per. ndd.* ʿSeilʾ (< 18. Jh.). Niederdeutsche Entsprechung zu *Reif*[1], das auch ʿSeilʾ bedeutet. *Reeper* ist ʿSeilerʾ und die *Reeperbahn* die (Arbeits)-Bahn des Seilers − als Ortsname übergegangen auf das Dirnenviertel in Hamburg. S. *Fallreep, Reif*[1]. J. Eichhoff *JMU* 2 (1963), 111−119; ders. (1968), 87 f.

Reet *n. per. ndd.* ʿSchilf, das auch zum Hausdecken benützt wurdeʾ (< 20. Jh.). Niederdeutsche Entsprechung zu *Ried*[1].

Refektorium *n. per. fach.* ʿSpeisesaal in einem Klosterʾ (< 16. Jh.). Im Frühneuhochdeutschen entlehnt aus kirchen-l. *refectorium*, dieses zu l. *reficere* ʿerquicken, wieder herstellenʾ, zu l. *facere* ʿmachenʾ und l. *re-*. S. *infizieren*.

referieren *swV. erw. fach.* ʿvortragen, berichtenʾ (< 15. Jh.). Entlehnt aus frz. *référer*, dieses aus l. *referre (relātum)*, eigentlich ʿwiederbringen, zurücktragenʾ, zu l. *ferre* ʿtragenʾ und l. *re-*. Dazu als Abstraktum *Referat* und als Nomen agentis *Referent*. Stärker lexikalisiert sind *Referendar* (eigentlich ʿein Berichterstatter aus den Aktenʾ), *Referenz* ʿAuskunft über jmd.ʾ und das *Referendum* ʿVolksentscheidʾ = ʿdas, was vorzubringen istʾ. *Referenz, Referent* und *referentiell* in der linguistischen Terminologie sind abhängig von der englischen Bedeutung *to refer to* ʿsich beziehen aufʾ. S. *Differenz*. − K.-H. Weimann *DWEB* 2 (1963), 403; *DF* 3 (1977), 203−209; *HWPh* 8 (1992), 385 ff.

Reff[1] *n. per. reg.* ʿHolzgestellʾ (< 12. Jh.). Mhd. *ref*, ahd. *ref*. Vergleichbar ist zunächst anord. *hrip* ʿHolzgestell zum Tragen von Holz und Torfʾ; außergermanisch vielleicht lett. *kribas* ʿzusammengebundene Stäbe als Boden des Bauernschlittensʾ

und evtl. weiter l. *corbis m.* ´Korb`. *Reff* als Schimpfname für ein altes Weib ist wohl aus der Bedeutung ´Gestell` übertragen und meint ´Knochengerüst`.

Reff[2] *n. per. fach.* ´Vorrichtung zur Verkürzung der Segel` (< 18. Jh.). Mndd. *ref*, mndl. *reef*, ebenso anord. *rif*; dazu **reffen**[1] ´Segel verkürzen`. Vermutlich zu fläm. *reef* ´Streifen, Striemen` und ähnliche Wörter. Die Einzelheiten bleiben aber unklar.

Kluge (1911), 656 f.

reffen[2] *swV. per. reg.* ´Flachs hecheln` (< 16. Jh.). Auch als *reffeln* bezeugt. Dazu mndl. *repen, reepen, reypen.* Herkunft unklar. S. *Riffel.*

reflektieren *swV.* (< 17. Jh.). Entlehnt aus l. *reflectere (reflexum)* ´zurückdrehen, umwenden, sich zurückbeugen`, zu l. *flectere* ´biegen, beugen, krümmen` und l. *re-*. Nur zur Grundbedeutung ´Licht- oder Schallwellen zurückwerfen` gehört als Nomen agentis **Reflektor**; stärker ausgedehnt **Reflex**, auch auf ´nachdenken` übertragen das Abstraktum **Reflexion**. Ein Sonderfall ist das Adjektiv **reflexiv**, das in die grammatische Terminologie gehört.

S. *flektieren.* − R. Lhotta *SLWU* 64 (1989), 70−94 Zu *Reflex* s. K.-H. Weimann *DWEB* 2 (1963), 403; *DF* 3 (1977), 209−215; A. Risos *AB* 32 (1989), 170−180; *HWPh* 8 (1992), 388−396; A. Risos *AB* 32 (1989), 170−180. Zu *Reflexion:* *HWPh* 8 (1992), 396−405.

Reflex *m.* s. *reflektieren.*

reformieren *swV.* (< 14. Jh.). Entlehnt aus l. *reformāre,* zu l. *fōrmāre* ´gestalten, bilden` (zu l. *fōrma* ´Gestalt, Figur`) und l. *re-*. Abstrakta: **Reform, Reformation**; Nomen agentis: **Reformator.**

S. *Form.* − *DF* 3 (1977), 215−222; *Grundbegriffe* (1984), 313−300; *Brisante Wörter* (1989), 342−344; *HWPh* 8 (1992), 409−416.

Refrain *m. erw. fach.* ´Kehrreim` (< 18. Jh.). Entlehnt aus frz. *refrain,* eigentlich ´Rückprall der Wogen von den Klippen`, einer Ableitung von afrz. *refraindre* ´brechen`, aus l. *refringere (refrāctum)* ´aufbrechen, zerbrechen`, zu l. *frangere* ´brechen, zerbrechen` und l. *re-*.

S. *Fragment.* − *DF* 3 (1977), 222 f.

Refugium *n. per. fremd.* ´Zufluchtsort` (< 19. Jh.). Entlehnt aus l. *refugium,* einer Ableitung von l. *refugere* ´sich flüchten, seine Zuflucht nehmen`, zu l. *fugere* ´fliehen` und l. *re-*.

DF 3 (1977), 223 f.

Regal *n.* ´Gestell` (< 17. Jh.). Die Herkunft ist nicht geklärt.

DF 3 (1977), 226.

Regatta *f. per. fach.* ´Wettfahrt für Boote` (< 18. Jh.). Entlehnt aus it. *regata* ´Gondelwettfahrt`, zu

it. *regatar* ´wetteifern` (vermutlich aus vor-rom. *\*captiāre* ´zu erringen suchen`).

DF 3 (1977), 226 f.; *DEO* (1982), 459.

Regel *f.* (< 9. Jh.). Mhd. *regel(e),* ahd. *regula, regile.* Entlehnt aus l. *rēgula* ´Maßstab, Richtschnur, Regel`, dessen Vokal schon mittellateinisch gekürzt worden war. Weiter zu l. *regere* ´lenken, leiten`. Verben: **regeln, regulieren**

S. *regieren.* − H. Oppel: *KANΩN* (Diss. Berlin 1937), 73−106; Röhrich 2 (1992), 1235; *HWPh* 8 (1992), 427−450.

Regen *m.* (< 8. Jh.). Mhd. *regen,* ahd. *regan,* as. *regan-, regin* aus g. **regna- m./n.* ´Regen`, auch in gt. *rign n.*, anord. *regn n.*, ae. *regn, rēn,* afr. *rein.* Herkunft unklar. Verb: **regnen**; Adjektiv: **regnerisch.**

Nndl. *regen,* ne. *rain,* nschw. *regn,* nisl. *regn.* − Lühr (1988), 333; Röhrich 2 (1992), 1235−1237.

regen *swV.* (< 13. Jh.). Mhd. *regen,* mndd. *rogen, regen* ´aufrichten, erregen, bewegen`. Vermutlich als Kausativum zu *ragen,* also eigentlich ´ragen machen`.

Regenbogen *m.* (< 10. Jh.). Mhd. *regenboge,* ahd. *reganbogo,* mndd. *regen(s)boge,* mndl. *regenboge* aus g. **regna-bogōn m.* ´Regenbogen`, auch in anord. *regnbogi,* ae. *regnboga,* afr. *reinboga.* Zu *Regen* und *Bogen.* Nndl. *regenboog,* ne. *rainbow,* nschw. *regnbåge,* nisl. *regnbogi.*

regenerieren *swV. erw. fremd.* ´wiederherstellen, sich erholen` (< 16. Jh.). Entlehnt aus l. *regenerāre,* zu l. *generāre* ´erzeugen` und l. *re-*. Weiter zu l. *genus n.* ´Geschlecht`.

S. *Genus.* − *DF* 3 (1977), 227−231; *HWPh* 8 (1992), 476−479.

Regenpfeifer *m. per. fach.* (< 18. Jh.). Der Vogel heißt so, weil er angeblich vor Regen besonders laut pfeift und deshalb als Wetterprophet gilt. Vgl. frz. *pluvier* zu l. *pluvia f.* ´Regen`.

A. H. Krappe *IF* 50 (1932), 65 f.

Regent *m.* s. *regieren.*

Regenwurm *m.* (< 10. Jh.). Mhd. *regenwurm,* ahd. *reganwurm.* Der Wurm heißt so, weil er nach Regen besonders häufig an der Erdoberfläche anzutreffen ist.

M. Dolch *NJ* 67/68 (1941/42), 184−191.

Regie *f. erw. fach.* ´Leitung` (< 18. Jh.). Entlehnt aus frz. *régie,* dem substantivierten passiven Partizip von frz. *regir* ´leiten` aus l. *regere* (s. *regieren*). Hierzu **Regisseur**, das aus frz. *régisseur* entlehnt ist.

DF 3 (1977), 233 f.

regieren *swV.* (< 13. Jh.). Mhd. *regieren* ist entlehnt aus afrz. *reger,* dieses aus l. *regere (rēctum),* auch: ´richten, lenken`. Abstraktum: **Regierung**; Nomen agentis (aus dem lateinischen Partizip): **Re-**

gent. Als grammatischer Terminus hat *regieren* das Abstraktum **Rektion**.

L. *regere* hat die konkrete Bedeutung ´richten, lenken´ und die abstraktere ´führen, leiten´. Zu einer vergleichsweise allgemeinen Bedeutung gehören *Regel* und *regulieren*, sowie *Region*; zu der speziellen ´lenken, leiten´ gehören *Regie, Regiment, Regime, Rektor*; weiter das lateinische Wort für ´König´, zu dem mittelbar *Reneklode* gehört, und das mit *Maharadscha* verwandt ist. Von den Präfigierungen stammen folgende Entlehnungen: zu l. *corrigere: korrekt, Eskorte*; zu l. *dirigere: dirigieren, direkt, Direktor*, und weiter *Adresse, adrett; dressieren, Dress*; zu l. *erigere: Erektion, alert*; zu l. *pergere: Pergola*; zu l. *surgere: Ressourcen*. Entfernter verwandt ist l. *rogāre* ´fragen, fordern´, zu dem *arrogant, interrogativ* und *Surrogat* gehören. − *Grundbegriffe* 5 (1984), 361−421.

Regime *n. erw. fremd.* ´Herrschaft´ (< 18. Jh.). Entlehnt aus frz. *régime*, dieses aus l. *regimen* ´Leitung´ (s. *regieren*). Bei der Differenzierung gegenüber *Regierung* spezialisiert sich das Wort auf ´nicht anerkannte, undemokratische Regierung´.

DF 3 (1977), 234−236; *Grundbegriffe* 5 (1984), 361−421.

Regiment *n. erw. fach.* (< 15. Jh.). Entlehnt aus ml. *regimentum n.* ´Leitung, Regierung´. In dieser Bedeutung ist das Wort veraltet; gehalten hat es sich als Bezeichnung eines Truppenteils (wohl ´Gesamtheit der Truppen, die unter dem Regiment eines Obersten stehen´), s. *regieren*.

DF 3 (1977), 236−238; *Röhrich* 2 (1992), 1238.

Region *f. erw. fach.* ´Gebiet, Gegend´ (< 15. Jh.). Entlehnt aus l. *regio (-ōnis)*, zu l. *regere* ´lenken, leiten´, im Sinn von ´umgrenzen, einordnen´. Adjektiv: *regional*.

S. *regieren*. − *DF* 3 (1977), 238−243.

Regisseur *m.* s. *Regie*.

Register *n. erw. fach.* ´Verzeichnis´ (< 14. Jh.). Entlehnt aus ml. *registrum*, aus l. *regesta f., regestum*, dem substantivierten PPP. von l. *regerere (regestum)* ´eintragen, einschreiben, zurücktragen, aufwerfen´, zu l. *gerere* ´tragen´ und l. *re-*. Ein Register einer Orgel ist eigentlich eine Schnur, die eine Pfeifenreihe in Aktion setzt, dann die Pfeifenreihe selbst. Die Bedeutung geht aus von ´Schnur als Buchzeichen, zum Auffinden einer Stelle´, zu einer anderen Bedeutung des zugrundeliegenden Verbs. Hierzu: *alle Register ziehen*. Verb: *registrieren*; Lokalbildung: *Registratur*.

S. *Gerundium, Geste, suggerieren*. − *Schirmer* (1911), 157 f.; *DF* 3 (1977), 244−249; *Röhrich* 2 (1992), 1238.

Reglement *n.* s. *regulieren*.

Regreß *m. per. fach.* ´Rückgriff auf, Zurückgehen´ (< 17. Jh.). Entlehnt aus l. *regressus*, eigentlich ´Rückkehr, Rückgang, Rückzug´, dem substantivierten PPP. von l. *regredī* ´an jmd. Ersatzansprüche stellen´, eigentlich ´zurückgehen´, zu l.

gradī ´Schritte machen, schreiten´ und l. *re-*. Abstraktum: **Regression**. S. *Aggression* und *Grad*.

DF 3 (1977), 252; *HWPh* 8 (1992), 481−484.

regulieren *sw V. erw. fach.* (< 14. Jh.). Spmhd. *regulieren* ist entlehnt aus l. *regulāre*, zu l. *regula* ´Maßstab, Regel, Grundsatz´, zu l. *regere* ´gerade richten, lenken´. Abstrakta: **Regulierung, Reglement**; Adjektiv: **regulär**.

S. *Regel, regieren*. − *Schirmer* (1911), 158; *DF* 3 (1977), 253−259; *Brunt* (1983), 448; *HWPh* 8 (1992), 490−495.

Reh *n.* (< 9. Jh.). Mhd. *re(ch)*, ahd. *rēho*, as. *rēho m.* aus g. **raiha- n.* ´Reh´, auch in anŏrd. *rá f.*, ae. *rā(ha) m.* Dazu mit grammatischem Wechsel ahd. *rēia f., reiga f.*, ae. *rǣge f.* ´weibliches Reh´ *(*raigjōn)*. S. auch *Ricke*. Vermutlich zu einem Farbwort für ´bunt, scheckig´, das in air. *ríabach* ´bunt, gefleckt´, lit. *raíbas*, russ. *rjabój* ´bunt, fleckig´ bezeugt ist.

Nndl. *ree*, ne. *roe*, nschw. *rådjur*, nisl. *rádýr*. S. *Ricke*. − *Palander* (1899), 109−112; N. *Thun SN* 40 (1968), 94−113.

rehabilitieren *sw V. erw. fach.* ´wiederherstellen, eingliedern´ (< 16. Jh.). Entlehnt aus frz. *réhabiliter*, dieses aus l. *rehabilitare* ´wiederherstellen´ (s. *habilitieren* und *re-*). Abstraktum: **Rehabilitation**.

DF 3 (1977), 259−262; W. *Finck WZUR* 27 (1978), 731−736; *Rey-Debove/Gagnon* (1988), 843.

Rehe *f. per. fach.* ´Gliedersteifheit bei Tieren´ (< 14. Jh.). Zu *reh* ´steif auf den Beinen´, mhd. *ræhe*. Weitere Herkunft unklar.

Rehling *m. per. oobd.* ´Pfifferling´ (< 16. Jh.). Die Bezeichnung soll kaum mehr besagen, als daß dieser Pilz dort häufig wächst, wo Rehe anzutreffen sind.

Reibach *m.*, auch **Rebbach** *m. erw. vulg.* ´unverhältnismäßig großer Gewinn´ (< 19. Jh.). Aus dem Rotwelschen; dieses aus wjidd. *rebach, reibach* u.ä., das aus hebr. *rāwaḥ* ´Verdienst, Gewinn´ stammt.

Röhrich 2 (1992), 1238.

reiben *st V.* (< 9. Jh.). Mhd. *rīben*, ahd. *rīban*, mndd. *(w)riven*, mndl. *wriven*, nwfr. *wriuwe* führen auf vd. (und fr.) **wreib-a- st V.* ´reiben´. Außergermanisch entspricht gr. *rhíptō* ´ich (drehe), werfe´. Andere Wörter für ´drehen´, die auf einer Grundlage ig. **wer-* beruhen, s. unter *werden*. Abstrakta: **Reibung, Reiberei**; Konkretum: **Reibe**; Präfigierung: **zerreiben**; Partikelverben: **ab-, aufreiben**.

S. auch *rebeln, ribbeln, rubbeln*. − *Seebold* (1970), 565; *Röhrich* 2 (1992), 1238.

Reich *n.* (< 8. Jh.). Mhd. *rīch(e)*, ahd. *rīhhi*, as. *rīki* aus g. **rīkja- n.* ´Königreich u.ä.´, auch in gt. *reiki*, ae. *rīce*. Entlehnt aus kelt. **rīgjo-* aus ig. **rēg̑-jo-* zu ig. **rēg̑-* ´König´. Vielleicht weisen einige unpolitische Verwendungen des Wortes darauf hin, daß ein zumindest ähnliches Erbwort schon zuvor in den germanischen Sprachen bestanden hat (s.

hierzu *reichen*). Aber an der Übernahme des keltischen Wortes als solcher kann kein Zweifel bestehen.

S. *reich, reichen*. – J. Trier *NAWG* (1943), 535–538; *DLZ* 65 (1944), 283–286; J. Gonda *ZVS* 73 (1956), 151–167; P. vPolenz *ZDPh* 76 (1957), 80–94; M. Thamm: Die Terminologie des Wortes 'Reich' (Diss. Frankfurt 1959); Seebold (1970), 369 f.; *Grundbegriffe* 5 (1984), 423–508; H.-W. Goetz *ZSSR-GA* 104 (1987), 110–189.

reich *Adj.* (< 8. Jh.). Mhd. *rīch(e)*, *rich*, ahd. *rīhhi*, as. *rīki*; ferner ae. *rīce*, gt. *reikeis* 'mächtig'. Eigenschaftsadjektiv zu gt. *reiks* 'Herrscher', das aus kelt. **rīg-* 'König' (air. *rí* usw.) entlehnt ist (hierher auch die Namen auf *-rich*, wie *Heinrich*). Die Ausgangsbedeutung ist also 'herrscherlich'.

S. *Reich, reichen, -(e)rich*. Das Königswort wird üblicherweise zu ig. **reĝ-* 'lenken, leiten' gestellt. Anders mit gewichtigen Gründen H. Scharfe *JAOS* 105 (1985), 543–548: zu gr. *arēgṓn* 'Beschützer'. – R. Ris: *Das Adjektiv 'reich'* (Berlin 1971); A. S. C. Ross, R. L. Thomson *IF* 81 (1976), 176–179; Heidermanns (1993), 450 f.

reichen *swV.* (< 10. Jh.). Mhd. *reichen*, ahd. *reihhōn*, *reihhen*, mndd. *re(c)ken*, mndl. *reiken*, *re(e)ken*, aus wg. **reik-ija- swV.* 'reichen', auch in ae. *rǣcan*, afr. *rēka*, *retza*. Da keine nahestehenden Formen vorhanden sind, lassen sich Morphologie und Lautstand der vorliegenden Sippe schwer beurteilen. Dies wäre aber von einiger Bedeutung, auch für die Beurteilung des Lehnwort-Charakters von *Reich* und *reich*. Semantisch könnte von der Wurzel **reĝ-* 'lenken, richten, leiten' ausgegangen werden, in der auch die Bedeutungen 'recken' und 'reichen' bezeugt sind. Eine Variante (ig.) **reiĝ-* scheint zu bestehen (oder ist es eine davon unabhängige Wurzel?), vgl. lit. *réižti* 'recken' (aber mit anderer Bedeutungsentfaltung). Gr. *orégō* hat eine Variante *orig-*, die aber vermutlich innergriechisch zu erklären ist (E. Schwyzer: *Griechische Grammatik* I, München, 4. Aufl. 1968, S. 695). Weiter vielleicht air. *riag* 'Folter' ('jmd. strecken'?); evtl. l. *rigēre* 'starren, strotzen'. Wegen der weitreichenden Schlußfolgerungen, die mit einer Entscheidung verknüpft sind, empfiehlt sich Zurückhaltung bei der Beurteilung dieser Sachlage. Präfigierungen: **er-, ge-reichen**. Nndl. *reiken*, ne. *reach*. S. *Bereich, Reich, reich*.

reichhaltig *Adj.* (< 17. Jh.). In der Bergmannssprache für Fundstätten mit guter Ausbeute entstanden. Dann übertragen auf andere Bereiche. Zu *reich* und *halten*.

Reif[1] *m.* 'Ring' (< 8. Jh.). Mhd. *reif*, ahd. *reif*, mndd. *rēp* aus g. **raipa- m./n.* 'Band, Reif, Seil', auch in gt. *skauda-raip n.* 'Schuhriemen', anord. *reip n.*, ae. *rāp*, afr. *rāp*. Herkunft unklar.

Nndl. *reep*, ne. *rope*, nschw. *rep*, nisl. *reipi*. S. *Fallreep, Reep,. Reifen, Stegreif*. – J. Eichhoff *JMU* 2 (1963), 111–119; Röhrich 2 (1992), 1239.

Reif[2] *m.* 'gefrorener Tau' (< 8. Jh.). Mhd. *rīf(e)*, ahd. *(h)rīfo*, *rīf*, as. *hrīpo*. Daneben anord. *hrím n.*, *hrími*, ae. *hrīm*, nndl. *rijm* gleicher Bedeutung (**hreipōn* neben **hreipna-* oder **hrei[p]ma-?*). Gehört vermutlich zu g. **hrei-na- stV.* 'berühren' (aus 'streifen'?) in anord. *hrína*, ae. *hrīnan*, as. *hrīnan*, ahd. *(h)rīnan*, etwa als 'das Übergestreifte' oder 'was abgestreift werden kann'. Außergermanisch vergleicht sich lett. *krìet* 'abrahmen'.

Nndl. *rijp*, *rijm*. S. *Rauhreif*. – Seebold (1970), 271.

reif *Adj.* (< 8. Jh.). Mhd. *rīf(e)*, ahd. *rīf(i)*, as. *rīpi* aus wg. **reipja- Adj.* 'reif', auch in ae. *rīpe*. Adjektiv der Möglichkeit zu wg. **reip-a- stV.* 'ernten' in ae. *rīpan*. Ausgangsbedeutung also 'was geerntet werden kann'. Keine sichere außergermanische Vergleichsmöglichkeit. Man schließt an (ig.) **rei-* 'reißen' an, das erweitert vorliegt in anord. *rífa* 'zerreißen', afr. *rīva* 'reißen', gr. *ereipō* 'ich reiße nieder' u. a. Abstraktum: *Reife*; Verb: *reifen*; Adverb: *reiflich*.

Nndl. *rijp*, ne. *ripe*. – Seebold (1970), 370 f.; Heidermanns (1993), 443 f.

Reifen *m.* (< 18. Jh.). Als Nebenform zu *Reif*[1] gebildet. Es bezeichnet ursprünglich den Faßreifen, dann Wagenreifen und schließlich die heutige Fahrzeugbereifung.

Reigen *m. alt.* (< *13. Jh., Form < 19. Jh.). In dieser Form von Jahn in die Turnersprache eingeführt für einen rhythmischen Reihentanz. Die früher vorherrschende Form ist *Reihen*, mhd. *rei(g)e*, mndd. *rei(e)*, *re(i)ge* (das *g* ist Übergangslaut). Vermutlich entlehnt aus afrz. *raie*, dessen Bedeutung aber unsicher ist ('eine Art Spiel', 'Tanz'?).

Reihe *f.* (< *11. Jh., Form < 13. Jh.). Mhd. *rīhe(n)*. Daneben mhd. *rige*, ahd. *riga* 'Linie', mndd. *rige*, mndl. *rie*, *rye*, *rij* 'Reihe'. Vermutlich aus einem starken Verb, das aber erst spät bezeugt ist: mhd. *rīhen*, mndd. *rigen*, mndl. *rien*, *rijen*, *rigen*, nwfr. *rije* 'aufreihen'. Herkunft unklar. Wenn von 'Spalt, Strich' auszugehen ist, dann kann ai. *rikháti* 'ritzt', ai. *rekhā́* 'Streifen, Linie', gr. *ereikō* 'ich zerbreche', lit. *riẽkti* 'Brot schneiden', kymr. *rhwyg*, *rhwygiad* 'Bruch, Spalte' verglichen werden. Verb: *reihen*.

Nndl. *rij*. S. *Riege*. – Seebold (1970), 369, 566; Röhrich 2 (1992), 1239 f.

Reihen[1] *m.* 'Tanz' s. *Reigen*.

Reihen[2] *m. per. obd.* 'Rücken des Fußes' (< *9. Jh., Bedeutung < 13. Jh.). Mhd. *rīhe*, ahd. *rīho* 'Kniekehle, Wade'; offenbar auch (mit Einfluß von *werven* 'drehen' oder *wrijven* 'reiben'?) nndl. *wreef* 'Rist'. Dazu *Rist* und seine Verwandtschaft und mit ähnlicher Bedeutung lit. *riẽša(s)* 'Handgelenk, Fußgelenk'. Vermutlich als 'Gelenk' zu ae. **wrīgian* 'sich wenden, beugen', afr. *wrīgia* 'sich beugen'; außergermanisch avest. *uruuisiieiti* 'wendet sich, dreht sich'. Nndl. *wreef*. S. *Rist*.

Reiher *m.* (< 10. Jh.). Mhd. *reiger, reigel,* ahd. *reigar(o), reiger,* mndd. *reger,* mndl. *re(i)ger* aus vd. **hraigrōn,* woraus durch Dissimilierung **haigarōn* in ahd. *heigar(o), heigro* mhd. *heiger.* Das Wort ist eine Teilreduplikation des Tierschreis *(*kraikr-).* Vgl. unredupliziert kymr. *crëyr, crehyr* (u.ä.). Ähnliche Schallwörter in lit. *krỹkšti* ʾkreischenʾ u. a. Die neuhochdeutsche Form beruht auf regionalem Schwund des intervokalischen *g.*

Nndl. *reiger,* nschw. *häger,* nisl. *hegri.* − Suolahti (1909), 377−379; Röhrich 2 (1992), 1240. Zur Entlehnung ins Finnische s. *LÄGLO≈S* (1991), 64 f.

reihern *swV. per. reg.* ʾsich heftig übergeben, Durchfall habenʾ (< 19. Jh.). Nach dem dünnflüssigen Kot des Reihers.

Reim *m.* (< 12. Jh.). Mhd. *rīm* ist entlehnt aus dem Französischen, das *rime* aus dem Verb *rimer* ʾin Reihen ordnen, reimenʾ rückgebildet hat. Das Verb stammt vielleicht aus g. **rīma- m./n.* ʾZahl, Reihenfolgeʾ in anord. *rím n.* ʾRechnung, Kalenderʾ, ae. *rīm n.,* as. ahd. mhd. *rīm* ʾZahl, Reihenfolgeʾ. Dieses zu (ig.) **ərei-* in air. *rīm f.* ʾZahlʾ, gr. *arithmós* ʾZahlʾ, erweitert aus der unter *Arm* behandelten Wurzel **arə-* ʾfügenʾ. (Anders *DEO:* aus l. *rimāre* ʾsuchenʾ). Verb: **reimen.**

S. auch *gerade¹, hundert, Rede.* − Braune (1916); A. Götze *NJKA* 39 (1917), 141; L. Wolff *ZDA* 67 (1930), 263−271; N. Törnquist *ÅHVL* (1934), 67−131; J. Trier *BGDSL* 66 (1942), 254−264; *DEO* (1982), 466 f.; Röhrich 2 (1992), 1240 f.

rein *Adj.* (< 8. Jh.). Mhd. *reine,* ahd. *reini,* as. *hrēni* aus g. **hreini/ja- Adj.* ʾreinʾ, auch in gt. *hrains,* anord. *hreinn,* afr. *hrēne.* Eigentlich ʾgesiebt, gesäubertʾ zu ig. (eur.) **krei-* ʾscheiden, sichtenʾ in gr. *krínō,* l. *cernere;* vgl. vor allem die Wörter für ʾSiebʾ in l. *crībrum,* air. *críathar,* nhd. *Reiter.* Abstraktum: **Reinheit;** Verb: **reinigen;** Modifikationsbildung: **reinlich.**

Nndl. *rein,* nschw. *ren,* nisl. *hreinn.* S. *Dekret.* − O. Gaupp: *Zur Geschichte des Wortes ʾreinʾ* (Diss. Tübingen 1920); L. Wolff *ZDA* 67 (1930), 263−271; Pfaff (1933), 45 f.; Trier (1952), 61; C. Nerio *Le linque del mondo* 55 (1990), 273; Röhrich 2 (1992), 1241; Heidermanns (1993), 302 f.

Reineke *m. bildg.* (Bezeichnung des Fuchses in der Tierfabel, Weidmannssprache u.ä.) (< 15. Jh.). Aus dem niederdeutschen Tierepos; eigentlich Personenname, Koseform zu hd. *Reinhart,* ahd. *reginhart,* eigentlich ʾder im Rat fest istʾ mit Bezug auf die dem Fuchs nachgesagte List.

Reis¹ *m.* (< 14. Jh.). Spmhd. *rīs.* Entlehnt aus ml. *risum n., risus.* Dieses aus l. *orīza f.,* aus gr. *óryza f.* Das griechische Wort aus den iranischen Sprachen (pers. *wrizey),* die es aus ai. *vrīhí-* entnommen haben. Dessen Herkunft ist unklar. Möglicherweise liegt dem Wanderwort ein semitisches Wort zugrunde (die Sache ist über die Araber nach Europa gekommen).

S. auch *Roggen.* − Littmann (1924), 15; M. Masson. *Linguistique* 25 (1989), 127−141.

Reis² *n. obs.* ʾZweigʾ (< 8. Jh.). Mhd. *rīs,* ahd. *(h)rīs,* mndd. *rīs,* mndl. *rijs* aus g. **hreisa- n.* ʾReis, Büschel, Lodeʾ, auch in anord. *hrís,* ae. *hrīs,* afr. *hrīs.* Außergermanisch vergleicht sich l. *crīnis m.* ʾHaar, Lockenʾ und die *p*-Erweiterung in l. *crīspus* ʾkrausʾ und *Rispe.* Die weitere Herkunft ist unklar.

S. *Reisig,* vgl. *Wisch.* Nndl. *rijs,* nschw. *ris,* nisl. *hrís.* S. *Reisig, Rispe.* − Trier (1952), 58−62; Schmidt-Wiegand (1978).

Reise *f.* (< 9. Jh.). Mhd. *reis(e),* ahd. *reisa,* mndd. *reise,* mndl. *re(i)se* aus vd. **raisō f.* ʾAufbruch, Reiseʾ; abgeleitet von g. **reis-a- stV.* ʾaufgehen, sich erhebenʾ in gt. *-reisan,* anord. *rísa* ae. *rīsan,* afr. *rīsa,* as. *rīsan,* ahd. *rīsan* ʾniederfallen, stürzenʾ. Bei der Bedeutung ist vor allem der Einfluß der Präfixe zu beachten. Dieses ist eine nur germanische Erweiterung der Grundlage **rei-* (vgl. lett. *rietêt* ʾhervorbrechen, aufgehenʾ), die zu ig. **or-* ʾsich erhebenʾ gehört. Dieses in l. *orīrī* ʾsich erhebenʾ, gr. *órnymai* ʾich erhebe michʾ, avest. *auui ar-* ʾaufgehen, sich erhebenʾ. Verb: **reisen.**

Nndl. *reis.* S. *Orient, Reisiger, Reisläufer, Riese², rieseln.* − Seebold (1970), 371 f.; Röhrich 2 (1992), 1241.

Reisig *n.* (< 12. Jh.). Mhd. *rīsach, rīsech, rīseht,* ahd. *rīsahi.* Kollektivbildung zu *Reis².*

Reisiger *m. arch.* (< 14. Jh.). Substantivierung des Adjektivs mhd. *reisec, reisic,* mndd. *reisich,* mndl. *reisich* ʾberittenʾ, einer Ableitung von *Reise* im Sinn von ʾKriegszugʾ.

Reisläufer *m. arch.* ʾSöldnerʾ (< 16. Jh.). Gemeint ist ʾLandsknecht in fremden Dienstenʾ, zu *Reise* im Sinn von ʾKriegszugʾ.

Reißblei *n. arch.* ʾBleistiftʾ (< 17. Jh.). Eigentlich ʾBlei zum Reißen = Zeichnenʾ; obwohl die färbenden Stifte schon früh aus Eisenkohle und später aus Graphit bestanden.

Reißbrett *n. erw. fach.* ʾZeichenbrettʾ (< 17. Jh.). Eigentlich ʾBrett zum Reißen = Zeichnenʾ.

reißen *stV.* (< 9. Jh). Mhd. *rīzen,* ahd. *rīzan,* as. *wrītan* aus g. **wreit-a- stV.* ʾreißen, ritzenʾ, auch in anord. *ríta,* ae. *wrītan,* afr. PPrät. *wrīten* (gt. in *writs* ʾStrichʾ). Die Herkunft dieser Sippe ist unsicher, zumal nicht klar ist, ob nicht eine Wurzelmischung (ʾreißenʾ − ʾritzenʾ) vorliegt. Die von der Schreibtechnik bei Runen ausgegangene Bedeutung ʾschreibenʾ, auch ʾzeichnenʾ ist auch im Deutschen noch bezeugt (s. zu letzterem *Abriß, Reißblei* und *Reißbrett*). Mit der Bedeutung ʾritzenʾ vergleicht sich außergermanisch vielleicht gr. *rhīnē* ʾFeile, Raspelʾ. Präfigierungen: **ent-, ver-, zerreißen;** Partikelverben: **ab-, an-, auf-, aus-, einreißen;** Abstraktum: **Abriß** usw.

Nndl. *rijten,* ne. *write.* S. auch *Grätzel, Riß, ritzen.* − Seebold (1970), 566 f.; Röhrich 2 (1992), 1241.

Reißer *m. stil.* ˈspannendes Stück; Artikel, der sich gut verkauftˈ (< 19. Jh.). Zu der Bedeutung von *reißend*, die zunächst in *reißender Strom* vorliegt und von dort auf den Verkauf übertragen wird.

Reitel *m. per. reg.* ˈKnebel, Drehstangeˈ (< 14. Jh.). Spmhd. *reitel*, mndd. *wre(i)del*; abgeleitet aus g. **wreiþ-a- stV.* ˈdrehen, windenˈ in anord. *ríða*, ae. *wrīþan*, ahd. *rīdan*. Außergermanisch vergleicht sich lit. *riẽsti* ˈaufbiegen, zusammenrollenˈ. Weiterbildung der Wurzel **wer-* ˈdrehenˈ (s. *werden*).

reiten *stV.* (< 9. Jh.). Mhd. *rīten*, ahd. *rītan*, as. *(umbi)rīdan* aus g. **reid-a- stV.* ˈreitenˈ, auch in anord. *ríða*, ae. *rīdan*, afr. *rīda*. Außergermanisch ist unmittelbar zu vergleichen air. *réidid* ˈreitet, fährtˈ, vielleicht auch lit. *riedéti* ˈrollenˈ. Weitere Anknüpfungen sind möglich, aber erheblich weniger sicher. Nomen agentis: *Reiter*.

Nndl. *rijden*, ne. *ride*, nschw. *rida*, nisl. *ríða*. S. *Pferd*, *Ritter*. – D. Segelcke: *rîten* (Diss. Münster 1969); Seebold (1970), 367 f.; Röhrich 2 (1992), 1241 f. Zur Entlehnung ins Finnische s. Koivulehto in *Germanic Dialects*. Hrsg. B. Brogyanyi, Th. Krömmelbein (Amsterdam 1986), 263–266.

Reiter *f. per. reg.* ˈSiebˈ (< 9 Jh.). Mhd. *rīter*, ahd. *rītera*, as. *hrīdra* aus wg. **hreidra f.* ˈSiebˈ, auch in ae. *hridder n.* Außergermanisch vergleichen sich (mit verschiedenen Dentalen) air. *críathar*, l. *críbrum* (aus *-dʰ-) n.* ˈSiebˈ. Zu der unter *rein* behandelten Sippe für ˈsieben, sichtenˈ.

M. Förster *Anglia* 61 (1937), 341–350; Trier (1952), 61.

reizen *swV.* (< 11. Jh.). Mhd. *reizen*, ahd. *reizen*. Zu einer Grundlage (ig.) **rei-d-* ˈreizenˈ. Vielleicht ist unmittelbar zu vergleichen lett. *rîdît* ˈhetzen, aufwiegelnˈ; mit anderen Erweiterungen l. *irrītāre* ˈerregen, reizenˈ, gr. *orínō* ˈich setze in Bewegung, errege, reizeˈ, sowie gr. *éris* ˈStreitˈ. Abstrakta: *Reiz, Reizung*; Adjektiv: *reizbar*.

S. *irritieren*, *tratzen*. – Reuter (1906), 44–46.

Reizker *m. per. fach.* (eine Pilzart) (< 16. Jh.). Entlehnt aus einer slavischen Sprache, vgl. čech. *ryzec*. Dieses zu einem slavischen Wort für ˈrotˈ (aruss. *rudŭ* usw.) wegen des roten Saftes.

K. Müller *ZS* 14 (1969), 545–576.

rekapitulieren *swV. per. fach.* ˈwiederholen, zusammenfassenˈ (< 16. Jh.). Entlehnt aus l. *recapitulāre* ˈzusammenfassenˈ zu l. *capitulum* ˈAbschnittˈ. Das Wort ist eine Lehnübersetzung von gr. *anakephalaioûn* zu gr. *kephálaion* ˈHauptpunktˈ, also eigentlich ˈdie Hauptpunkte anführenˈ. S. *kapitulieren* und *re-*. Abstraktum: *Rekapitulation*.

DF 3 (1977), 262 f.

Rekel *m.*, auch **Räkel** *m. per. ndd.* ˈgroßer Rüde unedler Rasseˈ (< 17. Jh.). Ursprünglich niederdeutsches Wort, das in übertragener Bedeutung ˈfauler Mensch, aufgeschossener Burscheˈ seit

frühneuhochdeutscher Zeit übernommen wird. Hierzu **sich rekeln**.Das Grundwort ist zu vergleichen mit alem. *rache* ˈSpürhundˈ, ae. *ræcc* ˈHühnerhundˈ, anord. *rakki* ˈRüdeˈ. Weitere Herkunft unklar. Vgl. *Bracke* (?).

Lühr (1988), 220 f.

Reklame *f.* (< 19. Jh.). Entlehnt aus frz. *réclame*, eigentlich ˈZurückrufˈ, zu frz. *réclamer* ˈzurückrufen, lockenˈ aus l. *reclāmāre* (s. *reklamieren*). Das französische Wort bezeichnet zunächst kleine werbende Einschübe in der Zeitung, dann Verallgemeinerung.

J. Schlepkow: *Reklame, Propaganda, Werbung* (Hamburg 1951); *DF* 3 (1977), 264–266.

reklamieren *swV. erw. fach.* ˈbeanstanden, sich beschwerenˈ (< 16. Jh.). Entlehnt aus l. *reclāmāre* ˈentgegenrufen, dagegenschreienˈ, auch: ˈlaut rufen, widerhallenˈ, zu l. *clāmāre* ˈlaut rufenˈ und l. *re-*. Abstraktum: *Reklamation*.

S. *deklamieren*. – *DF* 3 (1977), 263 f.

rekognoszieren *swV. per. fremd.* ˈauskundschaftenˈ (< 16. Jh.). Entlehnt aus l. *recognōscere* ˈimmer wieder prüfenˈ, zu l. *cognōscere* ˈerkennenˈ und l. *re-*, weiter zu l. *(g)nōscere* ˈkennenlernenˈ und l. *con-*.

Das Verb l. *cognōscere* ist in *rekognoszieren* entlehnt, das Partizip in *inkognito*; aus einem zugehörigen Adjektiv stammt *Ignoranz*, ebenso – mit der Bedeutungsentwicklung ˈbekannt, vornehmˈ – *nobel*. Weiteres kommt von *t*-Bildungen: *Note, Notiz, Notar, notorisch, Konnotation*.

Rekonvaleszent *m. per. fach.* ˈjmd., der sich von einer schweren Krankheit erholtˈ (< 18. Jh.). Neubildung zu l. *convalēscere* ˈerstarkenˈ und l. *re-*, l. *valēscere*, einem Inchoativum zu l. *valēre* ˈbei Kräften seinˈ, und l. *con-*.

S. *Valenz*. – *DF* 3 (1977), 269 f.

Rekord *m.* (< 19. Jh.). Entlehnt aus ne. *record*, eigentlich ˈAufzeichnungˈ, zu e. *record* ˈaufzeichnen, aufschreibenˈ, aus afrz. *recorder* ˈerinnern, vergegenwärtigenˈ, aus l. *recordārī*, zu l. *cor (cordis)* ˈGesinnung, Herzˈ und l. *re-*. Die heutige Bedeutung durch Übertragung von der Aufzeichnung zum Aufgezeichneten. In *Recorder* ist die alte Bedeutung bewahrt. Seit dem 19. Jh. auch ˈurkundliche Bestätigung einer sportlichen Leistungˈ und dann ˈHöchstleistungˈ.

S. *Akkord*. – *DF* 3 (1977), 270–272; Rey-Debove/Gagnon (1988), 838.

Rekrut *m. erw. fach.* ˈSoldat in der Grundausbildungˈ (< 17. Jh.). Entlehnt aus frz. *recrue f.*, eigentlich ˈNachwuchsˈ, zu frz. *recroître* ˈnachwachsenˈ, zu frz. *croître* ˈwachsenˈ und l. *re-*, aus l. *crēscere* ˈwachsenˈ. Verb: *rekrutieren*.

S. *kreieren*. – *DF* 3 (1977), 272–274

Rektion *f.* s. *regieren*.

Rektor *m.* 'Schulleiter, Hochschulrepräsentant' (< 15. Jh.). Entlehnt aus l. *rēctor* 'Leiter' zu l. *regere* (s. *regieren*).
DF 3 (1977), 274−277.

rekurrieren *swV. per. fach.* 'auf Früheres Bezug nehmen' (< 20. Jh.). Entlehnt aus frz. *recourir* und dem diesem zugrundeliegenden l. *recurrere*, s. *Kurs* und *re-*. Abstraktum: **Rekurs.**
DF 3 (1977), 277−279.

Relais *n. per. fach.* 'automatische Schalteinrichtung, bei der mit schwächerem Strom ein stärkerer Stromkreis geschaltet wird' (< 17. Jh.). Entlehnt aus frz. *relais m.* 'Vorspann, Pferdewechsel', einer Ableitung von afrz. *relaissier* 'zurücklassen', zu frz. *laisser* 'lassen, nachlassen' und l. *re-*, aus l. *laxāre*, eigentlich 'lockern, lösen, schlaff machen', zu l. *laxus* 'locker, schlaff'. Als Bezeichnung einer Pferdewechselstation demnach benannt als 'Ort, an dem man die alten Pferde zurückläßt'. Die Bedeutungskomponente des Wechselns ist dann Ausgangspunkt für die moderne Bedeutung.
S. *lax.* − DF 3 (1977), 279 f.

relativ *Adj.* (< 18. Jh.). Entlehnt aus frz. *relatif*, dieses aus l. *relātīvus* 'sich beziehend auf, bezüglich', zu l. *referre (relātum)* 'zurückführen, zurückwenden', zu l. *ferre* 'tragen' und l. *re-*. Abstrakta: *Relation, Relativität*; Verb: *relativieren.*
S. *Prälat.* − DF 3 (1977), 280−287; *HWPh* 8 (1992), 578−622. Zu *relativieren* s. R. Lhotta *SLWU* 64 (1989), 70−94.

relevant *Adj. erw. fach.* 'bedeutsam' (< 20. Jh.). Entlehnt aus e. *relevant*, dieses aus l. *relevans*, dem Partizip Präsens zu l. *relevāre* 'in die Höhe heben' aus l. *levāre* 'heben' und l. *re-*. S. *Relief.*
DF 3 (1977), 288 f.; *Brisante Wörter* (1989), 704−706

Relief *n. per. fach.* 'Abbildung mit erhabener bzw. vertiefter Oberfläche' (< 18. Jh.). Entlehnt aus frz. *relief m.*, eigentlich 'Hervorheben', zu frz. *relever* 'hochheben, aufheben', dieses aus l. *relevāre* 'heben, wegheben, erleichtern' und l. *re-*; weiter zu l. *levis* 'leicht'.
S. *leger, relevant.* − DF 3 (1977), 289 f.

Religion *f.* (< 16. Jh.). Im Frühneuhochdeutschen entlehnt aus l. *religio (-ōnis)* (auch: 'gewissenhafte Berücksichtigung, Sorgfalt'), zu l. *relegere* 'bedenken, achtgeben'. Gemeint ist ursprünglich die gewissenhafte Sorgfalt in der Beachtung von Vorzeichen und Vorschriften. Ursprünglich parallel zu l. *superstitio*, das dann in der Differenzierung zu 'Aberglaube' abgewertet wird. Weiter zu l. *intellegere* 'verstehen, erkennen', l. *negligere* 'mißachten' und gr. *alégein* 'berücksichtigen, beachten'. Adjektiv: *religiös.*
S. *intelligent, Negligé.* − W. F. Otto *AR* 12 (1909), 533−554, 14 (1911), 406,422; V. Pisani in: *FS A. Pagliaro* (Rom 1969), 3,165 f.; Benveniste (1969/1993), 507−512;

G. Lieberg *RFIC* 102 (1974), 34−57 (vgl. auch *AB* 20[1976], 139 f.); *DF* 3 (1977), 290−296; D. Harmening: *Superstitio* (Berlin 1979), besonder Kap. I,1; F. Wagner: *Was ist Religion?* (Gütersloh 1986); E. Feil: *Religio* (Göttingen 1986); *HWPh* 8 (1992), 632−713.

Relikt *n. erw. fremd.* 'Überrest' (< 19. Jh.). Entlehnt aus l. *relictum* 'das Übriggelassene', substantiviert aus dem PPP von l. *relinquere (relictum)* 'zurücklassen'.
S. *Reliquie.* − DF 3 (1977), 296 f.

Reling *f. per. fach.* 'Schiffsgeländer' (< 19. Jh.). In dieser Form nach ne. *railing*; im 18. Jh. auch *regeling* nach mittelniederdeutschem/mittelniederländischem Vorbild. Dieses zu mndd. *regel m.*, mndl. *regel(e) m.* 'Querholz, Latte' (s. *Riegel*).

Reliquie *f. erw. fach.* (< 15. Jh.). Mhd. *reliquiē* ist entlehnt aus kirchen-l. *reliquiae*, dieses aus l. *reliquiae* 'Überrest, Zurückgebliebenes', zu l. *reliquus* 'zurückgelassen, übriggeblieben', zu l. *relinquere (relictum)* 'zurücklassen', zu l. *linquere* 'lassen, zurücklassen' und l. *re-*. Lokalbildung: *Reliquiar.*
S. *Relikt.* − DF 3 (1977), 297−299.

Reminiszenz *f. per. fremd.* 'Erinnerung' (< 18. Jh.). Entlehnt aus l. *reminīscentia*, zu l. *reminīscī* 'an etwas zurückdenken, sich erinnern', das mit l. *mēns* 'Sinn' verwandt ist.
S. *mental.* − DF 3 (1977), 299 f.

remis *Adj. erw. fach.* (< 19. Jh.). Entlehnt aus frz. *remis*, eigentlich 'zurückgestellt', dem PPrät. von frz. *remettre* 'wieder hinbringen, übergeben', zu frz. *mettre* 'stellen, setzen', aus l. *mittere (missum)* 'laufen lassen, übergeben, senden'. S. *kompromittieren.*

Remmidemmi *n. per. reg.* 'Trubel' (< 20. Jh.). Herkunft dunkel. Semantisch am nächsten steht bair. *Remisuri* u. ä. 'Ausgelassenheit der Kinder bei Abwesenheit der Eltern'.

Remoulade *f. per. fach.* (verfeinerte Mayonnaise) (< 19. Jh.). Entlehnt aus frz. *rémoulade.* Dieses aus frz. *remouler*, einem Intensivum von frz. *mouler* 'mahlen, zermahlen'. Gemeint sind die in einem Mörser zermahlenen Grundbestandteile.
DEO (1982), 460 f.

rempeln *swV.* (< 19. Jh.). Über die Studentensprache aus obersächs. *rämpel* 'Klotz, Flößholz'. Weitere Herkunft unklar.

Remter *m. arch.* 'Speisesaal eines Klosters' (< 13. Jh.). Mhd. *revent(er) m./n.* Entstellende Entlehnung aus kirchen-l. *refectorium n.*, dieses zu l. *reficere* '(sich) wiederherstellen', zu l. *facere* 'machen, tun'. S. *Refectorium* und zum Grundwort *infizieren.*

Ren *n. erw. exot.* (< 16. Jh.). Entlehnt aus schw. *ren*, das auf anord. *hreinn m.* zurückgeht. Dieses vermutlich zu einer Gruppe von Bezeichnungen für horntragende Tiere, zu denen *Rind, Hirsch* und *Horn* gehören. Am nächsten verwandt kann sein gr. *krīós m.* ˊWidderˋ, das aber auch anders erklärt werden kann.

N. Thun *SN* 40 (1968), 94−113.

Renaissance *f. bildg.* ˊRückbesinnung, Wiederbelebung; Epochenbezeichnungˋ (< 14. Jh.). Entlehnt aus frz. *renaissance*, eigentlich ˊWiedergeburtˋ, zu frz. *renaître* ˊwiedergeboren werden, auflebenˋ, zu frz. *naître* ˊgeboren werdenˋ (aus l. *nāscī*) und l. *re-*. Die ursprüngliche Bedeutung des Wortes scheint ˊWiederausschlagˋ gewesen zu sein; doch geht die Bezeichnung der Epoche ersichtlich von der Bedeutung ˊWiedergeburtˋ aus.

Zum Grundwort s. *Genus.* − A. Beck (Hrsg.): *Zu Begriff und Problem der Renaissance* (Darmstadt 1969); *DF* 3 (1977), 300−302; Trier (1981), 108−117; R. Hiersche *BN* 18 (1983), 275−277; *HWPh* 8 (1992), 783−790.

Rendezvous *n. erw. fremd.* ˊStelldicheinˋ (< 18. Jh.). Entlehnt aus frz. *rendez-vous m.*, Hypostase aus frz. *rendez vous* ˊbegebt euch (wohin)ˋ, zu frz. *se rendre* ˊsich irgendwohin begebenˋ. So benannt aufgrund der gleichlautenden Aufforderung an Soldaten, sich zu versammeln. Dann allgemeiner ˊVersammlung, Verabredungˋ, schließlich die speziellere Bedeutung.

Ersatzwort ist *Stelldichein.* − Jones (1976), 565−567; *DF* 3 (1977), 302 f.; Brunt (1983), 450 f.

Rendite *f. erw. fach.* ˊjährlicher Ertrag einer Kapitalanlageˋ (< 20. Jh.). Entlehnt aus it. *rendita* ˊErtragˋ, Substantivierung des PPP von it. *rendere* ˊzurückerstatten, bezahlenˋ.

S. *Rente.* − *DF* 3 (1977), 303 f.

Renegat *m. per. fach.* ˊAbgefallenerˋ (< 16. Jh.). Entlehnt aus frz. *renégat*, dieses aus it. *rinegare* ˊabschwörenˋ (aus l. *re-* und l. *negāre* ˊverneinen, verleugnenˋ. Zunächst Bezeichnung von Christen, die zum Islam übertreten; dann auch übertragen verwendet.

DF 3 (1977), 304 f.

Reneklode *f. per. fach.* (eine Pflaumensorte) (< 17. Jh.). Entlehnt aus frz. *reine-claude*, eigentlich ˊKönigin Claudeˋ, so bezeichnet zu Ehren der Gemahlin des französischen Königs Franz I. Frz. *reine* aus l. *regīna* (s. *regieren*).

G. Tuaillon in *FS Alinei* 1 (1986), 211−237.

renitent *Adj. per. fremd.* ˊsich widersetzendˋ (< 18. Jh.). Entlehnt aus frz. *rénitent*, dieses aus l. *renītēns (-entis)*, dem PPräs. von l. *renītī* ˊsich widersetzen, sich entgegenstemmenˋ, zu l. *nītī* ˊsich stemmen, sich stützenˋ und l. *re-*. Abstraktum: **Renitenz.**

Zur germanischen Verwandtschaft s. *neigen.* − *DF* 3 (1977), 305.

Renke *f. per. oobd.* (ein Fisch) (< 12. Jh.). Vermutlich das gleiche Wort wie mhd. *rīnanke*, ahd.

rīnanco zu dem Flußnamen *Rhein* (es gibt auch *Inn-, Isar-* und *Ill-anken*). Der zweite Bestandteil scheint das alte Wort für Butter zu sein (vgl. ahd. *anko m.* ˊButterˋ), weil der Fisch verhältnismäßig fett ist. Vgl. *Felche.*

renken *swV. phras.* (< 10. Jh.). Heute in der Regel *ein-, aus-, verrenken.* Mhd. *renken*, ahd. *(bi)renken* aus wg. **wrankija- swV.* ˊrenkenˋ, auch in ae. *wrencan.* Nasalierung einer Tektalerweiterung von (ig.) **wer-* ˊdrehenˋ, wie auch in *ringen/wringen.* Unmittelbar zu vergleichen sind ig. **wreng-* in ai. *abhi-vlaṅgá-* ˊSchlingeˋ, l. *ringi* ˊdas Gesicht verziehenˋ, lit. *rangýti* ˊwinden, krümmenˋ; ohne Nasalierung vergleicht sich ig. **werg-* in ai. *vṛṇákti* ˊwendet, drehtˋ, akslav. *vrěšti* ˊwerfenˋ, l. *vergere* ˊdrehen, sich neigenˋ; weiter zu ig. **wer-* ˊdrehenˋ, vgl. *werden, werfen* u. a.

Ne. *wrench.* S. *Rank, verrenken* und zur lateinischen Sippe *divergent.*

rennen *swV.* (< 10. Jh.). Mhd. *rennen*, ahd. *rennen*, as. *rennian* aus g. **rann-eja- swV.* ˊlaufen machen, rinnen machenˋ, auch in gt. *urrannjan* ˊaufgehen lassenˋ, anord. *renna*, ae. *gerennan*, afr. *renna, rinna.* Kausativum zu dem unter *rinnen* dargestellten Verb. Nomen agentis: **Renner**; Präfigierungen: **be-, verrennen.**

Wolf (1958), 196; Röhrich 2 (1992), 1242.

Renommee *n. obs.* ˊAnsehen, Rufˋ (< 17. Jh.). Entlehnt aus frz. *renommée f.*, dem substantivierten PPrät. von frz. *renommer* ˊloben, rühmen, wieder ernennenˋ, zu frz. *nommer* ˊnennen, bezeichnenˋ und l. *re-*, aus l. *nōmināre* ˊbenennen, nennen, rühmenˋ, zu l. *nōmen* ˊName, Benennungˋ. Adjektiv: **renommiert.**

S. *Nomen.* − Jones (1976), 569; *DF* 3 (1977), 305−307.

renovieren *swV. erw. fach.* ˊwieder herrichtenˋ (< 16. Jh.). Entlehnt aus l. *renovāre*, zu l. *novāre* ˊerneuernˋ und l. *re-*, zu l. *novus* ˊneuˋ. Abstrakta: **Renovation, Renovierung.**

S. *Novum.* − K.-H. Weimann *DWEB* 2 (1963), 403; *DF* 3 (1977), 307 f.

rentabel *Adj. erw. fremd.* ˊlohnend, einträglichˋ (< 19. Jh.). Französisierende Bildung zu *Rente* (frz. *rentable* ist erst später bezeugt).

DF 3 (1977), 308−310.

Rente *f.* (< 13. Jh.). Mhd. *rent(e)* ˊZinsertragˋ. Entlehnt aus afrz. *rente*, ursprünglich Partizip zu *rendere*, einer romanischen Nebenform zu l. *reddere* ˊzurückgebenˋ. Parallel dazu *Rendite.* Nominalableitung: **Rentner**; Verb: **rentieren**; Adjektiv: **rentabel.**

Schirmer (1911), 160; *DF* 3 (1977), 310−313.

Rentier *n. erw. exot.* (< 17. Jh.). Verdeutlichende Zusammensetzung zu *Ren*; bereits vorgegeben in anord. *hreindýri*, schw. *rendjur.*

rentieren *swV.* (< 15. Jh). Französisierende Bildung zu älterem d. *renten* ʿGewinn bringenʾ zu *Rente.*
DF 3 (1977), 314.

Reparation *f. per. fach.* ʿWiedergutmachungʾ (< 20. Jh.). Entlehnt aus frz. *réparations Pl.*, das auf l. *reparātio* zurückgeht. Eine ältere, gleichlautende Entlehnung aus dem Lateinischen entspricht semantisch *Reparatur* und wird von diesem zurückgedrängt (s. *reparieren*).
DF 3 (1977), 314 f.

reparieren *swV.* (< 16. Jh.). Entlehnt aus l. *reparāre*, zu l. *parāre* ʿbereiten, gehörig einrichtenʾ und l. *re-*. Abstraktum: *Reparatur*; Adjektiv: *(ir-) reparabel.*
S. *parat.* − *DF* 3 (1977), 315−317.

Repertoire *n. erw. fach.* ʿdas einstudierte Programmʾ (< 18. Jh.). Entlehnt aus frz. *répertoire m.*, dieses aus l. *repertōrium* ʿVerzeichnisʾ, zu l. *reperīre* ʿwiederfinden, auffindenʾ, zu l. *parere* ʿhervorbringenʾ und l. *re-*.
DF 3 (1977), 318 f.

repetieren *swV. erw. fremd.* ʿwiederholenʾ (< 16. Jh.). Entlehnt aus l. *repetere*, zu l. *petere (petītum)* ʿlangen, greifenʾ und l. *re-*. Nomen agentis: *Repetent*; Abstraktum: *Repetition.*
S. *Petition.* − *DF* 3 (1977), 320−322.

Replik *f. per. fach.* ʿErwiderungʾ (< 16. Jh.). Entlehnt aus frz. *réplique*, Abstraktum zu frz. *répliquer*, d. *replizieren* aus l. *replicāre* ʿüberdenken, einwendenʾ, eigentlich ʿzurückbeugen, zurückschlagenʾ, zu l. *plicāre* ʿfalten, zusammenfaltenʾ und l. *re-*.
S. *kompliziert.* − Jones (1976), 570; *DF* 3 (1977), 322−324.

Reporter *m.* (< 19. Jh.). Entlehnt aus ne. *reporter*, einer Ableitung von e. *report* ʿberichtenʾ, aus afrz. *reporter* ʿüberbringenʾ, aus l. *reportāre* ʿzurücktragen, zurückbringenʾ, zu l. *portāre* ʿtragenʾ und l. *re-*; also ʿBerichterstatterʾ. Abstraktum: *Reportage.*
S. *Porto.* − *DF* 3 (1977), 235 f.

repräsentieren *swV.* (< 16. Jh.). Entlehnt aus frz. *représenter*, dieses aus l. *repraesentāre*, eigentlich ʿvergegenwärtigenʾ, zu l. *praesentāre* ʿgegenwärtig machen, zeigenʾ und l. *re-*, zu l. *praesēns (-entis)* ʿgegenwärtigʾ, zu l. *prae* ʿdaʾ und l. *esse* ʿseinʾ. Abstraktum: *Repräsentation*; Adjektiv: *repräsentativ*; Nomen agentis: *Repräsentant.*
S. *Essenz.* − H. Hoffmann: *Repräsentation* (Berlin 1974); *DF* 3 (1977), 326−332; *Grundbegriffe* 5 (1984), 509−547; *HWPh* 8 (1992), 790−853.

Repressalie *f. erw. fach.* ʿDruckmittelʾ (< 16. Jh.). Entlehnt aus ml. *represalia f.* ʿgewaltsames Zurücknehmen dessen, was einem geraubt wurdeʾ, mit unregelmäßiger Formentwicklung (durch Anschluß an *pressen*) aus l. *reprendere, reprehendere*

(reprehēnsum) ʿfassen, packen, festhaltenʾ, zu l. *prehendere* ʿfassen, anfassen, ergreifenʾ und l. *re-*.
S. *Prise, Reprise, Impressario* und zur germanischen Verwandtschaft *beginnen.* − *DF* 3 (1977), 332 f.

Reprise *f. per. fach.* ʿWiederaufnahmeʾ (< 17. Jh.). Entlehnt aus frz. *reprise*, dem substantivierten Partizip von frz. *reprendre* ʿwiederaufnehmenʾ. Dieses aus l. *reprehendere* (s. *Repressalie*).
DF 3 (1977), 334.

Reps *m.* Oberdeutsche Nebenform zu *Raps.*

Reptil *n.* (< 19. Jh.). Entlehnt aus frz. *reptile m.*, dieses aus kirchen-l. *rēptile*, einer Substantivierung von l. *rēptilis* ʿwas kriechen kann, kriechendʾ, zu l. *rēpere* ʿkriechen, schleichenʾ.
DF 3 (1977), 339 f.

Republik *f.* (< 17. Jh.). Entlehnt aus frz. *république*, dieses aus l. *rēs pūblica*, eigentlich ʿöffentliche Sacheʾ, zu l. *rēs* ʿSacheʾ und l. *pūblicus* ʿöffentlichʾ, zu l. *populus m.* ʿGemeinde, Staatʾ. Täterbezeichnung: *Republikaner*; Adjektiv: *republikanisch.*
S. *real* und *populär.* Ersatzwort ist *Freistaat.* − Jones (1976), 572; *DF* 3 (1977), 340−345; *Grundbegriffe* 5 (1984), 549−651; G. Maintenant *DUSP* 2 (1986), 99−126; *HWPh* 8 (1992), 858−878.

Reputation *f. obs.* ʿguter Rufʾ (< 16. Jh.). Entlehnt aus frz. *réputation*, dieses aus l. *reputātio (-ōnis)* ʿBetrachtung, Berechnungʾ, zu l. *reputāre* ʿanrechnen, erwägen, überdenkenʾ, zu l. *putāre* ʿberechnen, reinigenʾ und l. *re-*, zu l. *putus* ʿgereinigt, blankʾ. Adjektiv: *reputierlich.*
S. *amputieren.* − *DF* 3 (1977), 345−347; W. J. Jones *SN* 51 (1979), 270.

Requiem *n. erw. fach.* ʿTotenmesseʾ (< 18. Jh.). Gebildet aus dem ersten Wort der Fügung *requiĕm aeternam dōna eīs* ʿewige Ruhe gib ihnenʾ, dem Beginn des liturgischen Eingangslieds der Totenmesse. Zu l. *requiēs f.* ʿRuhe, Todesruheʾ, zu l. *quiēs f.* ʿRuhe, Rast, Erholungʾ und l. *re-*.
DF 3 (1977), 347 f.

requirieren *swV. arch.* ʿbeschlagnahmenʾ (< 15. Jh.). Entlehnt aus l. *requīrere (requīsītum)* ʿfordern, verlangen, suchen, nachforschenʾ, zu l. *quaerere* ʿsuchen, aufsuchenʾ und l. *re-*.
S. auch *Inquisition, exquisit.* − *DF* 3 (1977), 348 f.

Requisiten *n. Pl. erw. fach.* ʿZubehör für eine Aufführungʾ (< 16. Jh.). Entlehnt aus l. *requīsīta* ʿErfordernisʾ, zu l. *requirere*, s. *requirieren.*
DF 3 (1977), 349−352.

resch *Adj.* Bairische Nebenform zu *rösch.*

Resede *f.*, auch **Reseda** *f.* ʿFärber-Wauʾ (eine krautige [Heil]Pflanze), *arch.* (< 18. Jh.). Entlehnt aus dem lateinischen Namen *resēda*, der auf den Imperativ *resēda (morbōs)* ʿstille (die Krankheiten)ʾ zurückgeführt wird; doch beruht diese Erklärung (die schon bei Plinius *Naturalis historia* 27,106 steht) wohl auf einer Volksetymologie.

reservieren *sw V.* (< 16. Jh.). Entlehnt aus l. *reservāre (reservātum)*, zu l. *servāre* ʼhalten, erhalten, unversehrt bewahrenʼ und l. *re-*. Abstraktum: *Reservation*; Konkreta: *Reservat, Reservoir, Reserve*.
S. *konservieren*. − *DF* 3 (1977), 352−359.

Residenz *f. erw. fach.* ʼWohnsitzʼ (< 15. Jh.). Entlehnt aus ml. *residentia* ʼWohnsitzʼ, zu l. *residēre* ʼsitzen, sitzen bleiben, verweilenʼ, zu l. *sedēre* ʼsitzenʼ und l. *re-*. Verb: *residieren*.
Zu l. *sedēre* ʼsitzenʼ gehören *residieren/Residenz, präsidieren/Präsident* und *Dissident*; zur Form des PPP *Session, possessiv* und *Assessor*, zum Präsens-Stamm *Sediment*. − *DF* 3 (1977), 359−362.

resignieren *sw V.* (< 15. Jh.). Entlehnt aus l. *resīgnāre*, auch ʼlösen, befreien, ungültig machen, entsiegelnʼ, zu l. *sīgnāre* ʼmit einem Zeichen versehen, bezeichnenʼ und l. *re-*; weiter zu l. *sīgnum* ʼZeichenʼ. Abstraktum: *Resignation*.
S. *signieren*. − *DF* 3 (1977), 363−365; *HWPh* 8 (1992), 909−916.

resistent *Adj. erw. fach.* ʼwiderstandsfähigʼ (< 20. Jh.). Entlehnt aus l. *resistēns (-entis)*, dem PPräs. von l. *resistere (restitī)* ʼsich widersetzen, verharren, stehen bleibenʼ, zu l. *sistere* ʼhinstellenʼ und l. *re-*, zu l. *stāre* ʼstehenʼ. Abstraktum: *Resistenz*.
S. *existieren, Distanz*. − *DF* 3 (1977), 365 f.

resolut *Adj.* (< 17. Jh.). Entlehnt aus frz. *résolu*, dieses aus l. *resolūtus* ʼungebunden, ausgelassenʼ, dem PPP von l. *resolvere (resolūtum)* ʼöffnen, auflösenʼ, zu l. *solvere (solūtus)* ʼlösenʼ und l. *re-*. Abstraktum: *Resolution*.
S. *Absolution*. − *DF* 3 (1977), 367 f.; W. J. Jones *SN* 51 (1979), 271. − Zu *Resolution* s. K.-H. Weimann *DWEB* 2 (1963), 403.

Resonanz *f. erw. fach.* ʼMitschwingen, Mittönen, Reaktionʼ (< 17. Jh.). Entlehnt aus frz. *résonance*, dieses aus l. *resonantia* ʼWiderhallʼ, zu l. *resonāre* ʼwiderhallen, ertönenʼ, zu l. *sonāre* ʼtönen, schallenʼ und l. *re-*, zu l. *sonus m.* ʼSchall, Ton, Klangʼ.
S. *Sonate*. − *DF* 3 (1977), 368 f.; *HWPh* 8 (1992), 916−920.

Respekt *m.* (< 17. Jh.). Entlehnt aus frz. *respect*, dieses aus l. *respectus* ʼRücksicht, Zurückblickenʼ, dem Abstraktum von l. *respicere (respectum)* ʼRücksicht nehmen, sich nach etwas umsehen, zurücksehenʼ, zu l. *specere* ʼsehenʼ und l. *re-*. Verb: *respektieren*; Adjektiv: *respektabel*.
S. *inspizieren*. − *DF* 3 (1977), 370−373.

respektive *Konj. erw. fremd.* ʼbeziehungsweiseʼ (< 17. Jh.). Entlehnt aus dem Adverb von ml. *respectivus* ʼbeachtenswertʼ, zum PPP von l. *respicere* ʼzurücksehen, hinter sich sehenʼ (s. *respektieren*).

Ressentiment *n. erw. fremd.* ʼgefühlsmäßige Abneigungʼ (< 17. Jh.). Entlehnt aus frz. *ressentiment*

m., einer Ableitung von frz. *ressentir* ʼlebhaft empfinden, Nachwirkungen spürenʼ, zu (älter) frz. *sentir* ʼempfindenʼ und l. *re-*, aus l. *sentīre*.
S. *sentimental*. − *DF* 3 (1977), 373 f.; *HWPh* 8 (1992), 920−924.

Ressort *n. per. fach.* ʼZuständigkeitsbereichʼ (< 17. Jh.). Entlehnt aus frz. *ressort m.*, einer Ableitung von frz. *ressortir* ʼhervorgehen, angehörenʼ, zu (älter) frz. *sortir* ʼerlangenʼ und l. *re-*, aus l. *sortīrī*, eigentlich ʼdurch das Los erlangenʼ, zu l. *sors (sortis) f.* ʼLosʼ, zu l. *serere* ʼreihen, knüpfenʼ.
S. *inserieren*. − Schirmer (1911), 161; Jones (1976), 575; *DF* 3 (1977), 374 f.; Brunt (1983), 453.

Ressourcen *f. Pl. per. fach.* ʼBestand an Naturprodukten, Geldmitteln usw.ʼ (< 18. Jh.). Entlehnt aus frz. *ressource f.*, dem substantivierten PPrät. von afrz. *resourdre* ʼsich erheben, erholenʼ, aus l. *resurgere*, zu l. *surgere* ʼerhebenʼ und l. *re-*, zu l. *regere* ʼlenken, richten, leitenʼ und l. *sub-*. S. *regieren*.

Rest *m.* (< 15. Jh.). Entlehnt aus frz. *reste* ʼRückstandʼ. Dieses aus ml. *restum n.*, einer Rückbildung zu l. *restāre* ʼzurückbleiben (zu l. *stāre* ʼstehenʼ).
S. *Distanz*. − Schirmer (1912), 62 f.; Götze (1919), 146 f.; Röhrich 2 (1992), 1242.

Restaurant *n.* (< 19. Jh.). Entlehnt aus frz. *restaurant*, dem PPräs. von frz. *restaurer* ʼwiederherstellenʼ (s. *restaurieren*). So bezeichnet wurde zunächst eine stärkende Kost, danach der Ort, an dem eine solche Kost zu erhalten war.
DF 3 (1977), 376.

restaurieren *sw V. erw. fach.* ʼwiederherstellen, sich erholenʼ (< 16. Jh.). Entlehnt aus l. *restaurāre (restaurātum)*. Abstraktum: *Restauration*; Nomen agentis: *Restaurateur*.
K.-H. Weimann *DWEB* 2 (1963), 403; *DF* 3 (1977), 376−384; *Grundbegriffe* 5 (1984), 179−230; *Brisante Wörter* (1989), 344−350; *HWPh* 8 (1992), 926−930.

Restriktion *f. per. fach.* ʼEinschränkungʼ (< 15. Jh.). Entlehnt aus l. *restrictio*, Abstraktum zu l. *restringere (restrictum)* ʼbeschränkenʼ, zu l. *stringere* ʼstraff anziehen, zusammenziehenʼ und l. *re-*. Das Verb ist als **restringieren** entlehnt. Adjektiv: *restriktiv*.
S. *strikt*. − *DF* 3 (1977), 384−386.

resultieren *sw V. erw. fach.* ʼsich ergebenʼ (< 17. Jh.). Entlehnt aus frz. *résulter*, dieses aus ml. *resultare (resultatum)*, aus l. *resultāre* ʼzurückprallen, aus etwas folgenʼ, einem Intensivum zu l. *resilīre (resultum)* ʼzurückspringen, zurückprallenʼ, zu l. *salīre* ʼspringen, hüpfenʼ und l. *re-*. Abstraktum: *Resultat*.
S. *Salto*. − *DF* 3 (1977), 386−389; W. J. Jones *SN* 51 (1979), 271.

resümieren *swV. per. fremd.* ʿdas Wichtigste abschließend zusammenfassenʾ (< 18. Jh.). Entlehnt aus frz. *résumer*, dieses aus l. *resūmere (resūmptum)*, eigentlich ʿwieder nehmenʾ, zu l. *sūmere* ʿnehmenʾ und l. *re-*, weiter zu l. *emere* und l. *sub-*. Abstraktum: **Resümee**.
S. *Exempel.* – *DF* 3 (1977), 389–390.

Retorte *f. erw. fach.* (< 16. Jh.). Entlehnt aus (älter) frz. *retorte*, dieses aus ml. *retorta*, zu l. *retorquēre (retortum)* ʿverdrehen, zurückdrehenʾ, zu l. *torquēre (tortum)* ʿdrehenʾ und l. *re-*. So bezeichnet nach dem abwärts geneigten, sich verjüngenden Hals. Die Fügung *aus der Retorte* übernimmt die Bedeutung ʿkünstlich geschaffenʾ.
S. *Tortur.* – K.-H. Weimann *DWEB* 2 (1963), 403; *DF* 3 (1977), 391 f.; Röhrich 2 (1992), 1242.

retour *Adv. obs.* ʿzurückʾ (< 17. Jh.). Entlehnt aus frz. *retour* ʿRückfahrtʾ; dieses aus afrz. *retorner* ʿzurückkehrenʾ aus l. *tornāre* ʿdrechseln, drehenʾ und l. *re-*. **Retourkutsche** *f.* ʿzurückfahrender Wagen, Erwiderung gleicher Art ohne neuen Inhaltʾ wird heute übertragen verwendet für Antworten und Reaktionen gleicher Art. S. *Tour.*

retro- *Präfix* mit der Bedeutung ʿzurück, hinter, rückwärtsʾ (z. B. *retroaktiv, retrospektiv*). Es wurde in lateinischen Entlehnungen ins Deutsche übernommen; sein Ursprung ist l. *retrō* ʿrückwärtsʾ *Präp., Adv.* Im Fachwortschatz beschränkt produktiv.

retten *swV.* (< 9. Jh.). Mhd. *retten*, ahd. *retten* aus wg. **hrad-eja- swV.* ʿrettenʾ, auch in ae. *hreddan*, afr. *hredda*. Vielleicht ein Kausativum, entsprechend zu ai. *śratháyati* ʿmacht locker, löstʾ zu ai. *śrathnāti* ʿwird lose, wird locker, gibt nachʾ. Abstraktum: **Rettung**; Nomen agentis: **Retter**.
Nndl. *redden*. – Röhrich 2 (1992), 1242.

Rettich *m.* (< 10. Jh.). Mhd. *rætich, retich*, ahd. *ratih, retih*, mndd. *redik, redich*, mndl. *radic, redic*. Wie ae. *rædic* entlehnt aus l. *rādīx (-īcis) f.* ʿWurzelʾ mit Kürzung des Wurzelvokals.
S. *Radieschen, radikal.* – Bertsch (1947), 182–185; Röhrich 2 (1992), 1242.

retuschieren *swV. erw. fach.* (< 18. Jh.). Entlehnt aus frz. *retoucher*, eigentlich ʿnochmals berührenʾ, zu frz. *toucher* ʿberührenʾ und l. *re-*. Abstraktum: **Retusche**.
S. *Tusche.* – *DF* 3 (1977), 393 f.

Reue *f.* (< 8. Jh.). Mhd. *ri(u)we f./m.*, ahd. *(h)riuwa*, mndd. *r(o)uwe, ruwen m./f.*, mndl. *rouw(e), raúwe* aus wg. **hreuwō f.* ʿReue, seelischer Schmerzʾ, auch in ae. *hrēow*. Abgeleitet von wg. **hreww-a- stV.* ʿschmerzenʾ in ae. *hrēowan*, afr. *hriōwa*, as. *hreuwan*, ahd. *riuwan*. Außergermanisch vergleicht sich zunächst ai. *karúṇa-* ʿkläglich, mitleidigʾ und vielleicht als Weiterbildung mit ursprünglicherer Bedeutung **kreus-* ʿzerstoßen, zer-

stampfenʾ in lit. *krùšti*, akslav. *sъkrušiti* ʿzerreiben, zerbrechenʾ, gr. *krоúō* ʿich stoße, schlage, stampfeʾ; vgl. akslav. *sъkrušenije n.* ʿVerletzung, Zerstörung, Riß, Bruchʾ. Verb: **reuen**; Adjektiv: **reuig**.
Nndl. *rouw*, ne. *rue*. – W. Wißmann *DLZ* 54 (1933), 1, 204 f.; H. Götz *ASAWL* 49 (1957), 106–118; Seebold (1970), 278 f.; *HWPh* 8 (1992), 944–951; Heidermanns (1993), 308.

Reuse *f. obs.* ʿKorb zum Fischfangʾ (< 10. Jh.). Mhd. *riuse*, ahd. *rūsa, riusa*, mndd. *ruse*; in den Mundarten werden auch andere Arten von Körben so bezeichnet. Das Wort taucht in der älteren Zeit in verschiedenen Lautvarianten auf. Der Vokalismus verbietet den üblicherweise vertretenen Anschluß an *Rohr* im Sinne von ʿRohrgeflechtʾ; ein Zusammenhang mit afrz. *rūsche*, frz. *ruche* ʿKorb, Bienenkorbʾ, das auf ml. *rusca* zurückgeht und vielleicht aus dem Keltischen stammt, liegt sachlich nahe, erklärt aber den Konsonantismus nicht einwandfrei.
Kluge (1926), 43 f.

Reuß *m. arch.* ʿverschnittenes Pferdʾ (< 16. Jh.). Bedeutet eigentlich ʿRusseʾ (mhd. *Riuze*), wie auch *Wallach* und frz. *hongre* Stammesbezeichnungen sind. Die Sitte des Verschneidens von Hengsten kam aus dem Osten.

reuten *swV. per. obd.* ʿrodenʾ (< 10. Jh.). Mhd. *riuten*, ahd. *riuten*, mndd. *ruden*; dazu **Reute**, mhd. *riute* und *geriuti*, ahd. *riuti* ʿurbar gemachtes Landʾ. Das damit vergleichbare anord. *rjóðr n.* ʿLichtungʾ weist auf einen *s*-Stamm als gemeinsame Herkunft; von diesem kann auch das Verb abgeleitet sein. Außergermanisch findet sich eine vereinzelte Entsprechung in avest. *rao(i)δiia-* ʿurbar zu machendʾ. Zu ig. **reu-* ʿreißen, rupfenʾ, vgl. etwa lit. *ráuti* ʿausreißen, jäten usw.ʾ und Weiteres unter *raufen, rupfen*. Evtl. liegt **reu-dʰ-* ʿJätung setzenʾ zugrunde, was das allgemeine Fehlen eines zugehörigen primären Verbs erklären würde. S. *Ried², Riester², roden*.

Reuter *m. arch.* ʿReiter, Bewaffneter zu Pferdʾ (< 15. Jh.). Anfänglich auch in der Bedeutung ʿWegelagererʾ. Übernommen aus dem Niederländischen, wo mndl. *rut(t)er, ruyter* ʿFreibeuter, Wegelagererʾ bedeutet und in Zusammenhängen wie *ruiter te peerde* ʿWegelagerer zu Pferdeʾ mit *Reiter* assoziiert wird. Das niederländische Wort ist entlehnt aus ml. (frz.) *rutarii*, das zunächst die Angehörigen einer ml. *rupta* ʿAbteilungʾ (s. *Rotte*) bezeichnet und dann zu ʿWegelagererʾ wird.

Revanche *f. erw. fremd.* ʿVergeltung, Rückkampfʾ (< 17. Jh.). Entlehnt aus frz. *revanche*, einer Ableitung von (älter) frz. *(se) revancher* ʿrächen, sich Genugtuung verschaffenʾ, zu afrz. *venchier, vengier* ʿrächen, ahndenʾ und l. *re-*, aus l. *vindicāre* ʿstrafend einschreiten, gerichtlich in Anspruch nehmenʾ. Das Verb ist entlehnt als **revanchieren**.

Jones (1976), 580 f.; *DF* 3 (1977), 395−398; Röhrich 2 (1992), 1242 f.

Reverenz *f. per. fremd.* ʿEhrerbietungʾ (< 15. Jh.). Entlehnt aus l. *reverentia*, eigentlich ʿScheuʾ, zu l. *reverērī* ʿetwas scheuen, befürchtenʾ, zu l. *verērī*.

Jones (1976), 582; *DF* 3 (1977), 398−401; Röhrich 2 (1992), 1243.

Revers *n. per. fach.* ʿMantel-, Jackenaufschlagʾ (< 19. Jh.). Entlehnt aus frz. *revers m.*, eigentlich ʿUmgedrehtesʾ, einer Substantivierung von l. *reversus* ʿumgedrehtʾ, dem PPP. von l. *revertere (reversus)* ʿumdrehenʾ, zu l. *vertere* ʿdrehenʾ und l. *re-*. Adjektiv: **reversibel**.

S. *konvertieren*. − *DF* 3 (1977), 402 f.; W. J. Jones *SN* 51 (1979), 271.

revidieren *sw V. erw. fach.* ʿrichtigstellen, auf Korrektheit überprüfenʾ (< 19. Jh.). Entlehnt aus ml. *revidere*, dieses aus l. *revidēre* ʿwieder hinsehenʾ, zu l. *vidēre (vīsum)* ʿsehenʾ und l. *re-*. Abstraktum: **Revision**; Nomen agentis: **Revisor**.

Das zugrundeliegende Verbum l. *vidēre* ʿsehenʾ ist (präfigiert) entlehnt in *revidieren*; eine partizipiale Ableitung in *evident/Evidenz*, eine Neubildung aus dem Präsensstamm ist *Video*; die französische Lautform in *Revue* und *Voyeur*, über das Englische *Interview*. Die übrigen Bildungen zeigen das -*s*- des PPP und des Abstraktums: *improvisieren, Vision, Provision, Visum, Visage, Visite, Visier, Provisorium*. S. auch *Pfründe* und *Devisen*. Zur germanischen Verwandtschaft s. *wissen*, zur griechischen *Idee*. − *DF* 3 (1977), 403 f., 407−410.

Revier *n. erw. fach.* ʿBereich, Territoriumʾ (< 13. Jh.). Mhd. *riviere* ist entlehnt aus mndl. *riviere*, *r(i)eviere* ʿUfergegend entlang eines Wasserlaufsʾ, dieses aus afrz. *rivière f.* und *n.*, aus spl. **riparia* ʿdas am Ufer Befindlicheʾ, aus l. *rīpārius* ʿam Ufer befindlichʾ, zu l. *rīpa f.* ʿUferʾ. Zunächst in der mittelniederdeutschen Bedeutung übernommen; dann verallgemeinert.

S. *arriviert*. − *DF* 3 (1977), 404−407.

revoltieren *sw V. erw. fremd.* ʿsich auflehnenʾ (< 17. Jh.). Entlehnt aus frz. *révolter*, eigentlich ʿzurückwendenʾ, dieses aus it. *rivoltare*, aus spl. **revolvitare*, einem Intensivum zu l. *revolvere (revolūtum)* ʿzurückrollenʾ, zu l. *volvere* ʿrollen, drehen, wälzenʾ und l. *re-*. Abstraktum: **Revolte**.

S. *Revolution, Volumen*. − *DF* 3 (1977), 410−412; *HWPh* 8 (1992), 954−957.

Revolution *f.* (< 15. Jh.). L. *revolūtio f.* ʿUmwälzungʾ (zu l. *revolvere* ʿumwälzen, zurückrollenʾ) bezieht sich vor allem auf den Umlauf der Sterne (vereinzelt anderes: Wegwälzen des Steins vom Grabe Christi u.ä.). Im 15. Jh. aus der astrologischen Fachsprache ins Deutsche übernommen, dann übertragen auf die durch die Sterne bewirkte Veränderung im Leben der Menschen und in der Welt überhaupt, allgemein: ʿVeränderungʾ. Im

13. Jh. bekommt die italienische Entsprechung *rivoluzione* eine politische Bedeutung ʿUnruhe des Volks, Aufruhr, Staatsstreichʾ. Von dort aus übernommen ins Englische und Französische, von diesem ins Deutsche (< 17. Jh.). Adjektiv: **revolutionär**; Täterbezeichnung: **Revolutionär**, scherzhaft: **Revoluzzer**. −

S. *Volumen*. − F. W. Seidler: *Die Geschichte des Wortes ʾRevolutionʾ* (Diss. masch. München 1956); F. W. Seidler *AB* 6 (1960), 292−294; K. Griewank: *Der neuzeitliche Revolutionsbegriff* (Frankfurt ²1969); R. Koselleck *SG* 22 (1969), 825−838; *DF* 3 (1977), 412−423; *Grundbegriffe* 5 (1984), 653−788; E.-M. Engels *AB* 34 (1991), 237−261; *HWPh* 8 (1992), 957−973.

Revolver *m.* (< 19. Jh.). Entlehnt aus am.-e. *revolver*, Nomen instrumenti zu e. *to revolve* ʿsich drehenʾ. Der Revolver ist nach der sich drehenden Kugeltrommel benannt.

DF 3 (1977), 423 f.; Rey-Debove/Gagnon (1988), 850 f.

Revue *f. erw. fach.* ʿtänzerisch-musikalisches Unterhaltungsstückʾ (< 19. Jh.). Entlehnt aus frz. *revue*, dem substantivierten PPrät. von frz. *revoir* ʿwiedersehenʾ, aus l. *revidēre* ʿwieder hinsehenʾ, zu l. *vidēre* und *re-*. Die Bedeutung ʿwiedersehenʾ im Sinne von ʿmehrfach hinsehen, genau inspizierenʾ findet sich in der frühen militärischen Bedeutung von *Revue* ʿTruppenschau, Paradeʾ; dazu die Wendung *Revue passieren lassen* ʿan sich vorbeiziehen lassenʾ. Dann auch ʿZeitschrift, die Ereignisse usw. vorführtʾ, schließlich auch ʿVorführung tänzerischer u.ä. Darbietungenʾ.

S. *revidieren*. − *DF* 3 (1977), 425−428; Rey-Debove/Gagnon (1988), 851; Röhrich 2 (1992), 1243.

rezensieren *sw V. erw. fach.* ʿbesprechenʾ (< 17. Jh.). Entlehnt aus l. *recēnsēre (recēnsum)*, zu l. *cēnsēre* ʿbegutachten, schätzen, taxierenʾ und l. *re-*. Abstraktum: **Rezension**; Nomen agentis: **Rezensent**.

S. *zensieren*. Ersatzwort zu *Rezension*: *Besprechung*. − A. Gombert *ZDW* 3 (1902), 170; *DF* 3 (1977), 428−431.

rezent *Adj. erw. fach.* (< 20. Jh.) 1) ʿnoch lebend, jungʾ. Entlehnt aus l. *recēns* ʿjung, frischʾ. 2) ʿsäuerlichʾ, *wobd.* Entlehnt aus norditalienischen Mundarten (lombard. friaul. *recent* u. a.). In diesen ist das Wort nicht ererbt, sondern spät aus dem Lateinischen übernommen, vielleicht über die Apothekersprache. L. *recēns* kann schon früh etwa ʿerfrischendʾ (in bezug auf Getränke) bedeuten und wird dann später besonders von Wein gesagt, dann auch verallgemeinert und übertragen.

Rezept *n.* (< 14. Jh.). Substantiviert aus dem PPP von l. *recipere (receptum)* ʿannehmen, erhalten, aufnehmen, zurücknehmenʾ, zu l. *capere* ʿnehmen, fassen, ergreifenʾ und l. *re-*. So benannt nach dem Vermerk *receptum* ʿempfangen, erledigtʾ, mit dem Apotheker die Ausführung der schriftlichen Anweisung von Ärzten zur Zusammenstellung von Medikamenten bestätigten. Dann verallgemeinert auf weitere Anweisungen (z. B. zum Kochen und Backen). Die ursprüngliche Bedeutung ʿaufnehmen' in **rezipieren**.

S. *kapieren.* − *DF* 3 (1977), 431−433.

Rezeption *f. erw. fach.* ʿAufnahme' (< 16. Jh.). Entlehnt aus ml. *receptio,* Abstraktum zu l. *recipere* ʿaufnehmen, annehmen usw.', s. *Rezept.*

DF 3 (1977), 434−436; *HWPh* 8 (1992), 996 ff.

Rezession *f. erw. fach.* ʿRückgang' (< 20. Jh.). Unter Einfluß von am.-e. *recession* entlehnt aus l. *recessio* ʿZurückweichen', Abstraktum von l. *recēdere* ʿzurückweichen'.

S. *Abszeß* und *re-.* − *DF* 3 (1977), 436−438; Rey-Debove/ Gagnon (1988), 837.

reziprok *Adj. per. fach.* ʿwechselseitig' (< 16. Jh.). Entlehnt aus l. *reciprocus,* eigentlich ʿauf demselben Wege zurückgehend' (vorauszusetzen ist l. **reco-proco* ʿrückwärts − vorwärts' oder eine ähnliche Formation).

Schirmer (1912), 63; *DF* 3 (1977), 439 f.; Brunt (1983), 443.

rezitieren *swV. erw. fach.* ʿvortragen' (< 16. Jh.). Entlehnt aus. l. *recitāre* ʿvortragen', aus l. *citāre* ʿaufrufen' und l. *re-,* s. *zitieren.*

DF 3 (1977), 440−442.

Rhabarber *m.* (< 16. Jh.). Entlehnt aus it. *rabarbaro,* dieses aus ml. *rhabarbarum, rheu barbarum,* eigentlich ʿfremdländisches *rheu*', aus gr. *rhā, rhēon n.* ʿRhabarber' und gr. *bárbaros* ʿfremdländisch'. Der Name der Pflanze ist nach Ammianus Marcellius 22,8,28 mit dem alten Namen der Wolga (*Rha*), an deren Mündung sie angebaut wurde, identisch, doch ist dies wohl eine Sekundärmotivation.

S. *Barbar.* − Röhrich 2 (1992), 1243.

Rhapsodie *f. per. fach.* ʿekstatisches Gedicht, Musikstück mit phantastischen Elementen' (< 18. Jh.). Entlehnt aus l. *rhapsōdia,* dieses aus gr. *rhapsōidía,* zu gr. *rhapsōidós* ʿRhapsode', aus gr. *rháptein* ʿzusammenfügen, zusammennähen' und gr. *ōidḗ* ʿGesang, Lied', zu gr. *aeídein* ʿsingen'. Der Rhapsode setzt nach Bedarf Stücke verschiedener Herkunft zusammen.

S. *Ode.* − *DF* 3 (1977), 442−444.

Rhesus *m. erw. fach.* (eine Affenart) (< 20. Jh.). Entlehnt aus frz. *rhésus,* einer Neubenennung nach dem thrakischen Sagenkönig *Rhesus*. Bekannt wurden die Rhesus-Affen durch die an ihnen durchgeführten Blutuntersuchungen, die zur Entdeckung des **Rhesus-Faktors** führten.

Rhetorik *f. erw. fach.* ʿRedekunst' (< 15. Jh.). Entlehnt aus gr. *rhētorikḗ (téchnē),* zu gr. *rhḗtōr m.* ʿRedner', zu gr. *eírein* ʿsagen'. Adjektiv: **rhetorisch**; Nomen agentis: **Rhetor**.

Zur germanischen Verwandtschaft s. *Wort.* − K.-H. Weimann *DWEB* 2 (1963), 404; *DF* 3 (1977), 444−447; *HWPh* 8 (1992), 1014−1025.

Rheuma *n.,* Kürzung aus **Rheumatismus** (< 18. Jh.). Entlehnt aus l. *rheumatismus m.,* aus gr. *rheumatismós m.,* zu gr. *rheumatízein* ʿam Fluß (Krankheit) leiden', zu gr. *rheûma* ʿFluß' (auch als Krankheit), zu gr. *rheîn* ʿfließen, strömen'. So bezeichnet, da man im Körper ʿherumfließende' Erreger für die Krankheit verantwortlich machte. Adjektiv: **rheumatisch**.

S. *Diarrhöe, Hormon, Katarrh, Kater*[2], Rhythmus. Zu den germanischen Entsprechungen s. *Strom.* − Röhrich 2 (1992), 1243.

Rhinozeros *n. exot.* (< 14. Jh.). Spmhd. *rinōceros* ist entlehnt aus l. *rhīnocerōs m.,* aus gr. *rhīnókeros,* zu gr. *rhī̂s (rhīnós) f.* ʿNase' und zu gr. *kéras* ʿHorn'. Zur dessen germanischer Verwandtschaft s. *Horn.*

Cottez (1980), 366.

Rhönrad *n. obs.* (ein Turngerät) (< 20. Jh.). Wurde von seinem Erfinder (Otto Feick) 1925 in der *Rhön* zuerst ausprobiert und danach benannt.

Rhythmus *m.* (< 11. Jh.). Seit dem Althochdeutschen in verschiedenen Stufen entlehnt aus l. *rhythmus,* dieses aus gr. *rhythmós,* eigentlich ʿdas Fließen', zu gr. *rheîn* ʿfließen, strömen'. Wohl so bezeichnet nach der Bewegung von Meereswellen. Adjektiv: **rhythmisch**; Verb: **rhythmisieren**.

S. *Rheuma.* − *DF* 3 (1977), 447−449; Richter (1981), 165 f.; *HWPh* 8 (1992), 1026−1036.

ribbeln *swV. per. reg.* (< 16. Jh.). Intensivbildung zu regionalem *ribben,* das zu *reiben* gehört.

Ribisel *f. per. österr.* ʿJohannisbeere' (< 15. Jh.). Entlehnt aus it. *ribes,* ml. *ribes(ium) n.,* dem arab. *rībās* zugrunde liegt, das seinerseits auf pers. *rībās* zurückgeht und eine Rhabarberart bezeichnet. Da die Johannisbeer-Marmelade wie der Rhabarber als Magenmittel verwendet wurde, übernahm sie im 16. Jh. von diesem die Bezeichnung, die dann regional auch auf die Beeren überging.

H. Schuchardt *SBBA* (1917), VIII, 160 f.; P. Kretschmer (1969), 243 f.

-(e)rich *Suffix.* 1) Als Namenselement mhd. *-rīh,* ahd. *-rīh* früh aus dem Keltischen übernommen (zu kelt. **rīg-* ʿKönig', s. *reich*). Hierzu Personenbezeichnungen wie *Wüterich* und *Fähnrich.* 2) Als Suffix in Pflanzenbezeichnungen übertragen (*Weiderich, Knöterich*), wobei aber wohl Wörter anderer Herkunft mitgewirkt haben (*Hederich* aus l. *hederaceus?*). 3) Als Motionssuffix für männliche Tiere wohl unter Einfluß von (1) und (2) abgelöst aus *Enterich.*

richten *swV.* (< 8. Jh.). Mhd. *rihten,* ahd. *rihten,* as. *rihtian* aus g. **reht-ija- swV.* ʿrecht machen', auch in gt. *garaihtjan,* anord. *rétta,* ae. *rihtan,* afr. *riuhta.* Faktitivum zu *recht.* Verschiedene Bedeutungen des neuhochdeutschen Wortes zeigen sich in *Richter, Richtfest* und *Richtung.* Präfigierungen:

be-, er-, unter-, verrichten; Partikelverben: an-, auf-, ein- zurichten. Nndl. richten, nschw. räta.

Richter m. (< 8. Jh.). Mhd. rihter, ahd. rihtāri. Nomen agentis zu richten in der Bedeutung 'zu Gericht sitzen'.

Richtfest n. erw. fach. (< 20. Jh.). In der Sprache der Zimmerleute ist das Haus gerichtet, wenn der Dachstuhl fertig ist. Dann bekommen die Arbeiter ein Richt(e)fest, Richtessen oder (wohl der älteste Ausdruck) Richte(l)bier. Die Ausdrücke sind schlecht bezeugt, aber wohl schon von beträchtlichem Alter.

richtig Adj. (< 11. Jh.). Mhd. rihtec, rihtic, rihtig, ahd. rihtīg. Ursprünglich 'gerade, nach der Richtschnur ausgerichtet' und somit zu richten (nicht unmittelbar zu recht, was sonst ebenfalls möglich wäre). Röhrich 2 (1992), 1243 f.

Richtscheit n. per. fach. 'Meßlatte, mit der die Maurer prüfen, ob die gesetzten Steine in der gleichen Richtung liegen' (< 13. Jh.). Mhd. riht(e)schīt. Zu richten und Scheit in der heute nicht mehr üblichen Bedeutung 'Latte'. Wie Richtschnur auch übertragen verwendet für 'Vorbild, Norm'.

Richtschnur f. erw. fach. 'gespannte Schnur, mit der die Bauhandwerker gerade Linien feststellen' (< 15. Jh.). Die fachsprachliche Bedeutung seit dem 15. Jh. Die übertragene Bedeutung 'Vorbild, Norm' ist die heute vorherrschende.

Richtung f. (< 18. Jh.). Zu richten im Sinn von 'ausrichten' (s. Richtscheit, Richtschnur usw.). Entsprechende Wörter sind schon wesentlich früher bezeugt, sind aber Abstrakta zu anderen Bedeutungen von richten, die heute keine Rolle mehr spielen.

Rick n. per. reg. 'Latte, Lattengestell' (< 18. Jh.). 'Hindernis beim Pferderennen', Das gleiche Wort wie Reck.

Ricke f. erw. fach. 'Rehgeiß' (< 18. Jh.). Zuerst im Niederdeutschen bezeugt und von dort aus verbreitet. Im 16. Jh. reche (= Rehin?). Bei einem so spät bezeugten Wort ist es mißlich, eine uralte Ablautbildung anzunehmen (was formal möglich wäre). Deshalb setzt man im allgemeinen lieber an, das Wort sei gekreuzt aus Reh und Ziege, zumal das Tier sonst Rehgeiß, Rehziege heißt.
N. Thun SN 40 (1968), 94–113; Palander (1899), 110.

riechen st V. (< 8. Jh.). Mhd. riechen, ahd. riohhan, mndd. ruken, mndl. ruken, rie(c)ken (die Formen mit ū sind entweder regionale Sonderentwicklungen oder beruhen auf dem in der II. Ablautreihe auch sonst auftretenden besonderen Ablaut im Präsens) aus g. *reuk-a- st V. 'rauchen', auch in anord. rjúka, ae. rēocan, afr. riāka. Außergermanisch vergleicht sich vielleicht lett. rûgt 'säuern, aufgehen, gären', lit. ráugti 'säuern, etwas dem Gä-

ren aussetzen, etwas Übelriechendes rauchen'. In den germanischen Sprachen ist 'einen Geruch ausströmen' eine vereinzelte Nebenbedeutung. Im Deutschen wird diese vorherrschend, und seit mittelhochdeutscher Zeit bedeutet riechen auch 'einen Geruch wahrnehmen'. Nomen instrumenti: **Riecher**.
Nndl. ruiken, rieken, ne. reek, nschw. ryka, nisl. rjúka. S. Geruch, Rauch. – Seebold (1970), 379 f.; Röhrich 2 (1992), 1244.

Ried¹ n. erw. fach. 'Schilfrohr, Schilfgebiet' (< 9. Jh.). Mhd. riet, ahd. (hr)riot, riod, as. hriod aus wg. *hreuda- n. (vielleicht daneben auch -þ-), auch in ae. hrēod, afr. hriād, hreid. Hiermit vergleicht sich vielleicht toch. A kru, toch. B kärwats (Gen. Pl.) 'Rohr'. Weiter wohl zu der wenig verbreiteten Sippe von rütteln als 'das (vom Wind) Bewegte'. Nndl. riet, ne. reed. S. Reet.

Ried² n. per. obd. 'Rodungsstelle' (vor allem in Namen) (< 11. Jh.). Mhd. riet, ahd. -riod, -(h)riot (in Namen). Nebenform zu Reute (s. unter reuten und roden).

Riefe f. per. md. ndd. 'vertiefter Streifen' (< 18. Jh.). Zusammen mit ndd. riffel 'kleine Furche' zu ae. gerifled, gerifiod 'mit Riefen versehen' und anord. rifa 'Ritz, Schlitz, Spalte'. Die Nomina sind abgeleitet von dem starken Verb, das in anord. rifa, afr. rīva 'reißen' bezeugt ist. Dieses zu gr. ereípō 'ich reiße nieder' zu einer Wurzel ig. *rei- 'reißen'.

Riege f. erw. fach. (< 19. Jh.). Von Jahn 1816 aus dem Niederdeutschen in die Turnersprache aufgenommen für eine 'Reihe von Turnern'. Mndd. rige, wie mhd. rige, ahd. riga (< 11. Jh.). Mit grammatischem Wechsel (und, falls Kürze anzusetzen ist, auch Ablaut) zu Reihe.

Riegel m. (< 11. Jh.). Mhd. rigel 'Querholz', ahd. rigil, mndd. regel. Herkunft unklar. Vgl. lit. ràkti 'sich schließen', lit. rãktas 'Schlüssel' und mit Vollstufe der ersten Silbe gr. arkéō 'ich wehre ab, helfe', l. arcēre 'verschließen', heth. har(k)- 'haben, halten'. Vielleicht mit Auslautvariation ai. argala- m. 'Riegel, Bolzen'. Also ig. **harek- (?). Verb: **riegeln**.
S. auch Reling. – E. Seebold in: Die Laryngaltheorie. Hrsg. A. Bammesberger (Heidelberg 1988), 516; Röhrich 2 (1992), 1244.

Riegelhaube f. per. obd. 'kleine gestickte Haube' (< 19. Jh.). Zu mhd. rigel m. 'um den Kopf gewundenes Tuch', ahd. rickula 'Band'. Entlehnt aus l. rīcula 'kleines Kopftuch römischer Frauen' zu l. rīca 'Kopftuch'.

Riemen¹ m. 'Lederstreifen' (< 9. Jh.). Mhd. rieme, ahd. riomo, as. riomo aus wg. *reumōn m. 'Riemen', auch in ae. rēoma. Herkunft unklar. Nndl. riem. – Kluge (1926), 46 f.; Röhrich 2 (1992), 1244.

Riemen[2] *m. per. ndd.* ʹRuderʹ (< 13. Jh.). Mhd. *rieme*, ahd. *riemo*, mndl. *riem(e)*, *reme*. Früh entlehnt aus l. *rēmus* ʹRuderʹ. Nndl. *riem*. S. *rojen*, *Ruder*. − Kluge (1911), 662; Röhrich 2 (1992), 1244.

Ries *n. per. fach.* ʹPapiermaßʹ (< 14. Jh.). Bezeugt als *ris*, *rist*, *riz n./f./m.* Mit unklarer Kürzung entlehnt aus ml. *risma*, it. *risma f.* (vgl. mndd. *reseme f.*). Dieses aus span. *resma*, port. *resma f.* aus arab. *rizma*. Das arabische Wort bedeutet eigentlich ʹPaket, Ballenʹ und bezeichnet daneben auch das Papiermaß. Littmann (1924), 98; E. Öhmann *NPhM* 57 (1956), 112; Lokotsch (1975), 137.

Riese[1] *m.* ʹgroße Gestaltʹ (< 9. Jh.). Mhd. *rise*, ahd. *risi*, *riso*, as. in *wrisilīk* ʹriesigʹ aus g. **wrisjam.* ʹRieseʹ, auch in anord. *risi*. Herkunft unklar. Adjektiv: *riesig*. Auch als Präfixoid *Riesen-*. Nndl. *reus*, nschw. *rese*, nisl. *risi*. − Röhrich 2 (1992), 1245.

Riese[2] *f. arch.* ʹHolzrutscheʹ (< 14. Jh.). Spmhd. *rise*; abgeleitet von dem unter *Reise* aufgeführten ahd. *rīsan* ʹabfallen, niederfallen, stürzenʹ.

rieseln *swV.* (< 14. Jh.). Spmhd. *riselen*. Wohl Iterativbildung zu dem unter *Reise* behandelten ahd. *rīsan* ʹabfallen, niederfallen, stürzenʹ; denkbar ist aber auch ein Denominativum zu mhd. *risel* ʹNiederschlagʹ (von der gleichen Grundlage).

Riesling *m. per. fach.* ʹRebsorteʹ (< 15. Jh.). Zuerst als *rüßling* bezeugt. Herkunft unklar.

Riester[1] *m. arch.* ʹaufgesetzter Fleck, besonders am Schuhʹ (< 17. Jh.). Offenbar zu *Altreiß*, mhd. *altriuze* ʹFlickschusterʹ. Weitere Herkunft unklar. Vielleicht zu dem unter *rüsten* behandelten g. **hreud-a-* ʹbedeckenʹ.

Riester[2] *m. per. fach.* ʹStreichbrett am Pflugʹ (< 10. Jh.). Mhd. *riester f./n.*, ahd. *riostra f.*, auch *riostar n.*, mndl. *riester*, *reester*, *reister* aus wg. **reusta-* (mit verschiedenen Stammbildungen) ʹStreichbrettʹ, älter wohl das Brett, an dem die Pflugschar befestigt war (so noch niederdeutsch regional). Vermutlich mit dem Instrumentalsuffix *-tro-* gebildet zu dem unter *reuten* behandelten *s*-Stamm mit der Bedeutung ʹRodungʹ, also ʹMittel zur Rodungʹ. Nndl. *rister*. − B. Kratz *ZM* 32 (1965), 296−310.

Riet *n.* s. *Ried*[1].

Riff *n. erw. fach.* (< 17. Jh.). Übernommen aus mndd. *rif*, *ref*, das schon seit dem 13. Jh. bezeugt ist. Falls dieses aus dem Altnordischen entlehnt ist, kann es sich ursprünglich um das Wort *Rippe* handeln, das als Geländebezeichnung verwendet worden wäre. Kluge (1911), 663.

Riffel *f. arch.* ʹWerkzeug zum Riffeln des Flachsesʹ (< 10. Jh.). Spmhd. *riffel*, älter in der Bedeu-tung ʹSäge, Rechenʹ, mndd. *repe(l)*, mndl. *re(e)pel*, *reipel*. Abgeleitet von dem unter *reffen* besprochenen Verb. Dazu *riffeln*, mhd. *rifeln*, *riffeln*, älter in der Bedeutung ʹsägenʹ, mndd. *repe(le)n*.

rigide *Adj. per. fremd.* ʹstarr, unnachgiebigʹ (< 20. Jh.). Entlehnt aus l. *rigidus*, zu l. *rigēre* ʹstarren, steif sein, strotzenʹ. Abstraktum: *Rigidität*. S. *rigoros*.

rigoros *Adj. erw. fremd.* ʹrücksichtslos, hartʹ (< 17. Jh.). Entlehnt aus frz. *rigoureux* und ml. *rigorōsus*, zu l. *rigor* ʹUnbeugsamkeit, Härteʹ, zu l. *rigēre* ʹstarren, steif seinʹ. Seit dem 18. Jh. auch *Rigorosum* aus l. *examen rigorōsum* ʹstrenge Prüfung, Doktorprüfungʹ. S. *rigide*. − Jones (1976), 582 f.; *DF* 3 (1977), 449−452; Brunt (1983), 457 f.

Rille *f.* (< 18. Jh.). Übernommen aus dem Niederdeutschen. Das Wort ist erst spät bezeugt. Man vermutet eine Ableitung aus der Wurzel (ig.) **rei-* ʹfließenʹ (**ri-dlō*), evtl. ein Diminutivum zu ae. *rīþ m.* ʹStromʹ, mndd. *ride* ʹBachʹ, afr. *rid* in Flußnamen, also ʹRinnsalʹ.

Rind *n.* (< 8. Jh.). Mhd. *rint*, ahd. *(h)rind*, as. *hrīth* aus wg. **hrendaz- n.* ʹRindʹ, auch in ae. *hrīðer*, afr. *hrēther*, *hrīther*. Daneben mit Schwundstufe ae. *hryðer*, mndl. *rund*, mndd. *runt*, *ront*. Vermutlich als ʹHornträgerʹ zu dem Wort *Horn* und seiner Sippe. Die Vokalisierung ist aber unklar. Ähnliche Bedeutung haben als Ableitungen von einer anderen Erweiterung der gleichen Grundlage lit. *kárvė f.*, russ. *koróva*, bulg. *kráva* ʹKuhʹ.

Rinde *f.* (< 8. Jh.). Mhd. *rinde*, *rinte*, ahd. *rinta*, *rinda*, as. *rinda* aus wg. **rendōn f.* ʹRindeʹ, auch in ae. *rind(e)*. Im Ablaut dazu mndl. *runde*, *rinde* ʹRinde, Gerberloheʹ. Vermutlich als ʹdas Rissigeʹ zu ae. *-rindan*, afr. *renda* ʹzerreißenʹ oder ʹdas Abzureißende, (Gerberlohe)ʹ. Außergermanisch vergleicht sich vielleicht ai. *rándhra- n.* ʹÖffnung, Spalt, Höhleʹ. Ne. *rind*. − Trier (1981), 42 f.

Ring *m.* (< 8. Jh.). Mhd. *rinc*, ahd. *(h)ring*, as. *hring* aus g. **hrenga- m.* ʹRingʹ, auch in anord. *hringr*, ae. *hring*, afr. *hring*. Außergermanisch vergleichen sich akslav. *krǫgŭ* ʹKreisʹ und vielleicht umbr. *cringatro* ʹSchulterbandʹ. Weitere Herkunft unklar. Verb: *(be-, um-) ringen*; Adverb: *rings*. Nndl. *ring*, ne. *ring*, nschw. *ring*, nisl. *hringur*. S. *arrangieren*, *Kring*, *Ringel*, *Rinken*. − Trier (1952), 80; Röhrich 2 (1992), 1245 f.

Ringel *m./n./(f.) stil.* (< 10. Jh.). Mhd. *ringel(e) f.*, ahd. *ringila f.*, *ringel f.* mndd. *ringele f.* Diminutiv zu *Ring*; auch Name verschiedener Blumen, besonders der *Ringelblume*, wegen der runden Blüten (oder wegen der stark gekrümmten Samen?). Verb: *ringeln*. Marzell 1 (1943), 716 f.

Ringelnatter *f.* (< 18. Jh.). Benannt nach der besonderen Fortbewegungsart dieser Schlange.

E. A. Ebbinghaus *GL* 31 (1991), 33 f. Anders: L. Hermodsson *SN* 64 (1992), 91 f.

Ringelpietz *m. per. reg.* ´geselliges Beisammensein´ (< 20. Jh.). Ausgegangen von Berlin. Zweiter Bestandteil wohl slavisch (poln. *pieć* ´singen´).

Röhrich 2 (1992), 1246.

ringen *st V.* (< 8. Jh.). Mhd. *ringen*, ahd. *ringan*, as. *utgiwrungana* aus g. **wreng-a- st V.* ´wringen, ringen´, auch in ae. *wringan* (gt. in *wruggo* ´Schlinge´, anord. in *rengja* ´verdrehen, verfälschen´). Außergermanisch vergleicht sich lit. *reñgtis* ´sich bücken, krümmen´; Nasalierung zu dem unter *würgen* dargestellten Verb. Nomen agentis: **Ringer**; Präfigierung: **erringen**; Partikelverben: **ab-, niederringen**.

Nndl. *wringen*, ne. *wring*. S. *Range, rangeln, wringen*. – W. Pfeiffer *BGDSL-H* 79 (1957) (= *Sonderband FS Frings*), 94–110; L. Schmidt: *wringen – dweran – torquere* (Diss. Münster 1961), 3–32; W. Mitzka *ZM* 34 (1967), 137–141.

rings *Adv.* (< 16. Jh.). Wohl kein ursprünglicher adverbialer Genetiv, sondern aus ähnlichen Adverbien analogisch übertragen.

Rinken *m. per. obd.* ´Schnalle´ (< 9. Jh.). Mhd. *rinke, ringge m./f.*, ahd. *ringa f.*, as. *hringa, rinka f.* aus g. **hrengjōn f.* ´großer Ring, Schnalle´, auch in anord. *hringja f.*, ae. *hringe f.* Weiterbildung zu *Ring*.

Reuter (1906), 46–48.

rinnen *st V.* (< 8. Jh.). Mhd. *rinnen*, ahd. *rinnan*, as. *rinnan* aus g. **renn-a- st V.* ´rinnen, laufen´, auch in gt. *rinnan*, anord. *rinna* (später *renna*), ae. *rinnan*, afr. *renna, rinna*. Die Etymologie ist wegen zahlreicher konkurrierender Entstehungsmöglichkeiten unsicher. Vermutlich mit Ablautentgleisung aus (ig.) **ri-nw-a-* zu ai. *riṇáti* ´läßt fließen´, russ. *rínut* ´schnell fließen´, l. *rīvus* ´Bach, Strom´, ae. *rīþ* ´Strom´.

Ne. *run*, nschw. *rinne*, nisl. *renna*. S. *blutrünstig, entrinnen, gerinnen, Gerinnsel, rennen, Runse*; zur lateinischen Verwandtschaft s. *derivieren, Rivale*. – Seebold (1970), 375–377.

Rippe *f.* (< 9. Jh.). Mhd. *rippe, rib(b)e, rieb*, ahd. *ribbi n., rippi n., rippa*, as. *ribbi n.* aus g. **reb-ja-* (mit verschiedenen Stammbildungen), auch in anord. *rif n.*, ae. *ribb n.*, afr. *ribb, rebb n.* Außergermanisch vergleicht sich mit anderem Suffix akslav. *rebro n.* ´Rippe, Seite´. Zu ig. (eur.) **ereb^h-* ´bedecken´ in gr. *eréphō* ´ich überdache´, außerdem noch ahd. *hirnireba* ´Schädeldecke´.

S. auch *Gerippe*. – Röhrich 2 (1992), 1246 f.

Rippe(n)speer *n. per. reg.* (< 15. Jh.). Zunächst mndd. *ribbesper*. Zu *Rippe* und wohl einem Wort, das zu *Sparren* gehört. Vermutlich sind die parallelen Rippenenden mit dem Sparrenwerk eines Daches verglichen worden. Sekundär als ´Rippchen am Bratspieß *(Speer)*´ aufgefaßt.

Kretschmer (1969), 266 f.

Rips *m. per. fach.* ´geripptes Gewebe´ (< 18. Jh.). Entlehnt aus ne. *ribs* ´Rippen´ (so nannte man übertragen die starken Einschlagfäden dieses Gewebes).

Risiko *n.* (< 16. Jh.). Entlehnt aus it. *rischio m.*, dessen weitere Herkunft nicht sicher geklärt ist. Span. *risco* bedeutet ´Klippe´, weshalb man an ´Klippe´ als Gefahr für Schiffe gedacht hat. Wahrscheinlicher ist aber eine Ableitung vor-rom. **rixicare* zu l. *rixāri* ´streiten, widerstreben´; das Wort hätte also den unkalkulierbaren Widerstand im Kampf bezeichnet und wäre von dort aus verallgemeinert worden. Aber auch eine Entlehnung aus dem Arabischen ist zu erwägen. Adjektiv: **riskant**; Verb: **riskieren**.

Schirmer (1911), 163; Littmann (1924), 98, 100; Lokotsch (1975), 137; Jones (1976), 583; *DF* 3 (1977), 452–454; *DEO* (1982), 468; *HWPh* 8 (1992), 1045 ff.

Rispe *f. erw. fach.* (< 8. Jh.). Mhd. *rispe*, ahd. in *(h)rispahi* ´Gebüsch´. Außergermanisch vergleicht sich l. *crīspus* ´kraus´. Ein Wort für Niederwaldgebüsch wie *Reis²* n.

Trier (1952), 58–62.

Riß *m.* (< 9. Jh.). Mhd. *riz*, ahd. *riz*, mndl. *rete*, mndd. *rete*. Verbalabstraktum zu *reißen*, das außerdem noch die alte Bedeutung von *reißen* bewahrt, nämlich ´schreiben, zeichnen´ (eigentlich ´ritzen´), besonders in Wörtern wie *Grundriß, Umriß* usw., aber auch beim Simplex als Kurzform dieser Wörter. G. **writ-i/a-* (mit verschiedenen Stammformen und Genera) in gt. *writs*, anord. *(v)rit*, ae. *writ*.

Röhrich 2 (1992), 1247.

Rist *m. per. fach.* ´Hand-, Fußrücken´ (< 13. Jh.). Mhd. *rist m./n.*, *riste n./f.* ´Hand-, Fußgelenk´, Mndd. *wrist f.* ´Handwurzel´ aus g. **wrih-sti- f.*, auch in anord. *rist f.*, ae. *wrist*, afr. *wrist f.* Wie *Reihen²* Ableitung zu einem Verb mit der Bedeutung ´drehen´, also ursprünglich ´Gelenk´.

H. Krahe *BGDSL* 71 (1949), 242.

Ritten *m. arch.* ´Fieber´ (< 9. Jh.). Mhd. *rit(t)e*, ahd. *rit(t)o*, as. *hrido*; mit anderer Stammbildung ae. *hrið*. Zu ahd. *rīdōn, ridēn*, mhd. *rīden*, ae. *hriðian* ´zittern´. Außergermanisch vergleicht sich air. *crith* ´das Zittern´ und vielleicht weiter die unter *Reiter* aufgeführten Wörter für ´Sieb´.

Röhrich 2 (1992), 1247.

Ritter *m.* (< 12. Jh.). Mhd. *rit(t)er, rīter, rītære* ist entlehnt aus mndl. *riddere, reddere* u. a., das seinerseits eine Lehnübersetzung von frz. *chevalier* ist. Adjektiv: **ritterlich**; Abstraktum: **Rittertum**.

S. *reiten*. – K. O. Brogsitter in: *FS W. Betz* (Tübingen 1977), 421–435; Röhrich 2 (1992), 1247 f.

Rittersporn *m. erw. fach.* (< 15. Jh.). Es ist unklar, welche Blume ursprünglich mit dem Namen gemeint war (der heutige Rittersporn ist erst im 16. Jh. aus fremden Grundlagen hochgezüchtet worden). Gemeint ist sicher die Ähnlichkeit der Blüte mit einem Sporn, doch läßt sich Näheres wegen der Unsicherheit der Ausgangslage nicht sagen. H. Marzell 2 (1972), 66 f.

Rittmeister *m. erw. fach.* (< 15. Jh.). Zu *Ritt* in der Bedeutung ´Reiterschar´, die heute nicht mehr üblich ist.

Ritus *m. per. fach.* ´Zeremonie´ (< 16. Jh.). Entlehnt aus ml. *ritus* ´der religiöse Brauch, die Zeremonien´, das letztlich zu der unter *Arm* dargestellten Grundlage (ig.) **arə-* ´fügen´ gehört. Adjektiv: ***rituell*** (zu fr. *rituel*); Kollektiv: ***Ritual***. K. Olzschka *Studi Etruschi* 24 (1955/56), 319–326; *DF* 3 (1977), 454–458; *HWPh* 8 (1992), 1050 ff.

ritzen *swV.* (< 9. Jh.). Mhd. *riz(z)en*, ahd. *rizzen*, *rizzōn*. Intensivbildung (vd. **writt-ija-*) zu *reißen*. Konkreta: ***Ritz, Ritze***. Röhrich 2 (1992), 1248.

Rivale *m.* ´Mitbewerber, Konkurrent´ (< 16. Jh.). Entlehnt aus frz. *rival*; dieses aus l. *rīvālis* ´Nebenbuhler´. Das Wort bedeutet eigentlich ´zum (gleichen) Bach gehörig´ (zu l. *rīvus* ´Bach, Kanal´), und die römischen Gesetze (*Digesten* 43,20) liefern auch die Erklärung: Es geht um die Rechte, Wasser aus dem Bach oder Kanal zu entnehmen, und die Rivalen sind die Konkurrenten am gleichen Wasserlauf. Verb: ***rivalisieren***; Abstraktum: ***Rivalität***. S. *derivieren*; zur germanischen Verwandtschaft s. *rinnen*. – *DF* (1977), 458 f.; W. J. Jones *SN* 51 (1979), 271 f.

Rizinus *m. per. fach.* (Pflanze, aus deren Samen ein Abführmittel gewonnen wird) (< 20. Jh.). Entlehnt aus l. *ricinus* ´Wunderbaum´; vielleicht das gleiche Wort wie l. *ricinus* ´Zecke´, weil die Samen ähnlich wie Zecken aussehen.

Robbe *f.*, früher auch *m.* (< 17. Jh.). Übernommen aus mndd. *robbe*. Offenbar nach den Schnauzhaaren so genannt, denn mittelniederländisch heißt auch das Kaninchen *robbe(ken)*. Das zugrundeliegende Wort für ´Borste´ ist allerdings praktisch unbelegt, und wird nur noch in dem Wort *Raupe* vermutet. Falls der Vergleich nicht aussagekräftig ist, kann das Wort auf ein in allen Nordseesprachen übliches Wort *rubba* ´reiben, scheuern, kratzen´ usw. zurückgehen und die Fortbewegungsart bezeichnen. Verb: ***robben***.

Robe *f. erw. fach.* (< 16. Jh.). Entlehnt aus frz. *robe*. Dieses geht zurück auf eine fränkische Entsprechung zu *Raub* und bedeutet ursprünglich ´erbeutetes Kleidungsstück´. S. *Garderobe*. – *DF* 3 (1977), 459 f.

Roboter *m.* (< 20. Jh.). Entlehnt aus ne. *robot*, dieses aus čech. *robot*, eigentlich ´(Fron-)Arbeiter´.

Zugrunde liegt čech. *robota* ´Arbeit´, aus dem von Karel Čapek (*R. U. R.* 1920) *robot* als Bezeichnung eines Maschinenmenschen gebildet wurde. Der deutsche Übersetzer hatte das Suffix des deutschen Nomen agentis angefügt, und in dieser Form wurde das Wort neu gebraucht. In der Bedeutung ´Arbeiter´ war slav. *robot* schon im 14. Jh. entlehnt worden. Eichler (1965), 112 f.; Bellmann (1971), 262–267; *DF* 3 (1977), 460–463; Steinhauser (1978), 69–71.

robust *Adj.* (< 18. Jh.). Wohl über frz. *robuste* entlehnt aus l. *rōbustus*, eigentlich ´aus Hartholz, aus Eiche´, zu l. *rōbur* ´Hartholz, Eichenholz, Eiche´. *DF* 3 (1977), 463 f.; W. J. Jones *SN* 51 (1979), 272.

Rochade *f.* s. *rochieren*.

röcheln *swV.* (< 14. Jh.). Mhd. *rücheln*, *rühelen*. Iterativbildung zu mhd. *r(u)ohen*, ahd. *rohōn* ´brüllen´, wie nndl. *rochelen* ´röcheln´, mndl. ´brüllen´. Auch nisl. *hrygla* ´Rasseln in der Kehle´, lett. *kraũkât* ´husten, Schleim auswerfen´ bezeugen ein ähnliches Schallwort. Offenbar (ig.) **kruk-* für ´schnarchen, röcheln, grunzen u.ä.´.

Roche(n) *m. erw. fach.* (< 15. Jh.). Übernommen aus mndd. *roche(n)*, *ruche(n)*, das mit mndl. *rochge*, *roch(che)*, ae. *reohhe* f. zusammengehört. Das Wort kann an *rauh* angeschlossen werden, da der Rochen eine dornige Haut hat. Bedeutungsgleiches l. *rāia* f. unbekannter Herkunft mahnt aber zur Vorsicht – vielleicht liegt eine Entlehnung aus einer unbekannten Sprache vor.

rochieren *swV. erw. fach.* ´Plätze tauschen´ (< 16. Jh.). Terminus des Schachspiels, vielfach übertragen verwendet. Die *Rochade* wurde im 16. Jh. eingeführt und hieß so nach der Bezeichnung des Turms (mhd. *roch*), umgesetzt aus mndl. *roc*, das aus afrz. *roc* entlehnt ist. Dieses aus span. *roque*, das auf arab. *ruḫḫ* zurückgeht. Dieses aus pers. *ruḫ*, zu mpers. *raḫv* ´Aufbau, Karosserie (des Kriegswagens)´ (in einem zusammengesetzten Wort, das ai. *ratha-* ´(Kriegs)Wagen´, im Schachspiel ´Turm´ wiedergab). Das Verb *rochieren* wie frz. *roquer*, span. *enrocar*, it. *arrocare*. G. Bossong *ZRPh* 94 (1978), 48–68, besonders 57 f.; Littmann (1924), 115; Lokotsch (1975), 137.

Rochus *m. per. wmd. phras.* in *einen Rochus auf jemanden haben* ´gegen jemand Aggressionen haben´ (< 19. Jh.). Über das Rotwelsche aus jidd. *rauches* ´Ärger, Zorn´. Röhrich 2 (1992), 1248.

Rock *m.* (< 9. Jh.). Mhd. *roc*, *rok*, ahd. *(h)roc*, as. *rok* aus wg. **rukka-* m. ´Rock´, auch afr. *rokk*. Außergermanisch vergleicht sich air. *rucht* ´Tunika´, kymr. *rhuchen* ´Mantel´. Alles weitere ist unklar. Es besteht auch eine Variante mit Anlaut *hr-*

in ahd. *hroc*, as. *hroc*, afr. *hrokk*, die vermutlich über das Französische zu *Frack* geführt hat.

Nndl. *rok*. − Röhrich 2 (1992), 1248 f.

Rocken *m. obs.* ´Spinnstab´ (< 9. Jh.). Mhd. *rocke*, ahd. *roc(ko)*, mndd. mndl. *rock(en)*. Vermutlich entlehnt aus einem aus romanischen Wörtern (span. *rueca f.* usw.) zu erschließenden vorrom. *rotica ´Rocken´; ´Stange, um die etwas gewunden wird´. Dieses zu l. *rotāre* ´drehen, schwingen´ und l. *rota f.* ´Rad´. Eine entsprechende Entlehnung in anord. *rokkr*. Die niederdeutsche Entsprechung *Wocken* scheint ganz abzutrennen zu sein.

S. auch *Rakete*. − K. Maurer *RJ* 9 (1958), 282−298; G. Rohlfs *ZRPh* 75 (1959), 509−520.

Rodel *m./f. per. wobd.* ´Urkunde´ (< 14. Jh.). Spmhd. *rodel m./f.* ist entlehnt aus ml. *rotulus m.*, *rotula f.* ´Schriftrolle´, aus l. *rotula f.*, *rotulus m.* ´Rädchen, Röllchen´ zu l. *rota f.* ´Rad´. Die gleiche Entwicklung in *Rolle*. S. *rotieren*.

rodeln *swV. erw. fach.* ´Schlitten fahren´ (< 16. Jh.). Ursprünglich bairisches Wort. Herkunft unbekannt. Konkretum: **Rodel**.

roden *swV.* (< 13. Jh.). In dieser Lautform niederdeutscher Herkunft. Mhd. *riuten, roten*, ndd. *roden, raden*, afr. *rothia*. Wohl abgeleitet von ahd. *rod n.*, anord. *ruð*, afr. *rothe*, ae. *rod* ´Rodung´, zu dem auch anord. *ryðja* ´frei machen, roden´ gehört. Schwundstufige Bildung neben dem unter *reuten* aufgeführten Verb und dessen Grundlage. Die hochdeutsche Form des Verbs ist bewahrt in *ausrotten*. S. *Ried²*.

Rodeo *n. per. exot.* ´Geschicklichkeitswettkämpfe von Cowboys´ (< 20. Jh.). Entlehnt aus am.-e. *rodeo* ´Standplatz der Tiere auf dem Markt´, eigentlich: ´Zusammentreiben des Viehs´, dieses aus span. *rodeo m.* ´Zusammentreiben´, zu span. *rodear* ´zusammentreiben´.

Rey-Debove/Gagnon (1988), 861.

Rogen *m. erw. fach.* ´Fischeier vor dem Ablaichen´ (< 12. Jh.). Mhd. *roge(n)*, ahd. *rogan, rogo*, ndd. *roge(n), rogel, rogge* aus g. **hrugōn m.* (*n*-Stamm neben *na*-Bildung, vermutlich ursprünglich *n*-Stamm mit schwundstufigem Suffix in einigen Kasus), auch in anord. *hrogn n.* Außergermanisch vergleicht sich lit. *kurkulaĩ Pl.*, russ. *krjak* ´Froschlaich´, die an lautmalende Wörter für *quaken* angeschlossen werden können. Im einzelnen nicht ausreichend sicher. Nschw. *rom*, nisl. *hrogn*.

Roggen *m.* (< 10. Jh.). Mhd. *rocke, rogge*, ahd. *roggo*, as. *roggo* aus g. *rugōn mit Geminate aus Formen mit schwundstufigem Suffix, eine auch durch afr. *rogga* vorausgesetzt; daneben **rugi- m.* in anord. *rugr*, ae. *ryge*. Außergermanisch vergleichen sich lit. *rugỹs* ´Roggenkorn´, *Pl.* ´Roggen´, aruss. *rŭžĭ f.* ´Roggen´, vielleicht auch thrak. *bríza*

´Roggen´. Weitere Herkunft unklar; die lautliche Nähe von gr. *óryza f.* ´Reis´ (s. *Reis¹*) ist auffällig. Die Schreibung mit *gg* wurde zur Unterscheidung von *Rocken* eingeführt.

Nndl. *rogge*, ne. *rye*, nschw. *råg*, nisl. *rúgur*. − Hoops (1905), 447−449, 461 f.; Hoops (1911/19), III, 508−514; J. Charpentier *ANF* 46 (1930), 63−73; Bertsch (1947), 59−64; H. Höing *DWEB* 1 (1958), 117−190; H.-F. Rosenfeld *NM* 28 (1972), 61−69, besonders 67; Lühr (1988), 291. Zur Schreibung vgl. Bahder (1925), 52.

roh *Adj.* (< 9. Jh.). Mhd. *rō, rou*, ahd. *rō*, as. *hrā(o)* aus g. **hrawa- Adj.* ´roh´, auch in anord. *hrár*, ae. *hrēaw, hrǣw*. Aus einer Sippe, in der Wörter für ´Blut´, ´Fleisch´ und ´roh´ auftreten; die Bedeutung geht also von ´blutendes, rohes Fleisch´ aus. Vgl. l. *cruor* ´Blut´, *crūdus* ´rauh, roh, hart´, mir. *crú*, kymr. *crau* ´Blut´, air. *crúaid* ´hart, fest´, lit. *kraũjas*, akslav. *krŭvĭ* ´Blut´, gr. *kréas*, ai. *kravíṣ-* ´Fleisch´, auszugehen ist also von (ig.) **krowə-o-* ´blutig, roh´.

Nndl. *rauw*, ne. *raw*, nschw. *rå*, nisl. *hrár*. S. auch *krud*, *Rufe*. − E. P. Hamp *IF* 82 (1977), 75 f.; Heidermanns (1993), 306.

Rohr *n.* (< 9. Jh.). Mhd. *rōr*, ahd. *rōr*, mndd. *rōr* aus g. **rauza-* (älter wohl ein *s*-Stamm) *n.* ´(Schilf)-Rohr´, auch in gt. *raus* (mit Beseitigung des grammatischen Wechsels), anord. *reyrr m.* Herkunft unklar. Vielleicht als das ´Rauschende, Raschelnde´ zu einer Schallwurzel wie die von *rauschen*. Vom Schilfrohr aus ist die Bedeutung auf andere längliche, innen hohle Gegenstände übertragen worden.

Nndl. *roer*, nschw. *rör*, nisl. *reyr*. S. *Röhre, Röhricht*. − Röhrich 2 (1992), 1249 f.

Rohrdommel *f. per. fach.* (eine im Schilf nistende Reiherart) (< 9. Jh.). Mhd. *rōrtumel, rōrtrumel m.*, ahd. *rōratumbil, hor(o)tūbil, hor(o)trugil m.*, *hor(o)tum(b)il m.*, mndd. *rōrdum, rōrdump(t)*; vgl. ae. *rāredumle m./f.* Der Vogelname ist vielfach entstellt und sekundär an andere Wörter angeglichen worden, so daß auch der Ausgangspunkt nicht sicher bestimmbar ist. Man vermutet ein den Schrei des Vogels nachahmendes *dum/dom* im Hinterglied (evtl. ein Wort für Trommel) und das Wort *Rohr* nach dem Nistplatz im Vorderglied. Die Angleichung an ahd. *hor(o)* ´Schlamm´ wohl ebenfalls nach dem Aufenthaltsort, ahd. *-tūhhil* ´Taucher´ nach den Freßgewohnheiten.

Nndl. *roerdomp*. − Suolahti (1909), 383−388; W. Sanders in *FS H.-F Rosenfeld* (1989), 551−566.

Röhre *f.* (< 8. Jh.). Mhd. *rōre, rœre*, ahd. *rōra*, *rōr(r)ea* ´Schilfstengel, Röhre´. Zugehörigkeitsbildung zu *Rohr*.

Röhrich 2 (1992), 1249 f.

röhren *swV. erw. fach.* (< 8. Jh.). Mhd. *rēren*, ahd. *rēren*, mndd. *raren, reren* aus wg. *raiz-ija- oder **rair- swV.* ´brüllen´, auch in ae. *rārian*. Für *-z-* spricht, falls zugehörig, ahd. *lūtreisti* ´laut

schreiend'. Entsprechende Schallverben (ohne *s*) in ai. *ráyati* 'bellt', lit. *ríeti* 'anbellen, laut schelten', russ. *rájat'* 'lärmen, (er)schallen'. Ne. *roar*.
Heidermanns (1993), 436.

Röhricht *n. obs.* (< 10. Jh.). Mhd. *rōrach, rœrach*, ahd. *rōrah(i)*. Mit anderem Suffix vielleicht in ae. *sæ-ryric* 'Röhricht'. Das *-t* im Deutschen ist sekundär angewachsen. Kollektivbildung zu *Rohr*.

rojen *swV. per. ndd.* 'rudern' (< 17. Jh.). Mndd. *roien, rojen, roen*, die mhd. Entsprechung ist *rüejen, rüegen*. Schwaches Verb (sekundär schwach geworden?) zu g. **rō-a- stV.* 'rudern' in anord. *róa*, ae. *rōwan*. Auf ig. (weur.) **rē-/rō-* 'rudern' gehen auch zurück l. *rēmus* 'Ruder' und air. *ráïd* 'rudert'. Diese sind erweitert aus (ig.) **erə-* 'rudern' in ai. *aritā* 'Ruderer', gr. *erétēs* 'Ruderer', lit. *ìrti* 'rudern'. Nndl. *roeien*, ne. *row*, nschw. *ro*, nisl. *róa*. S. *Riemen², Ruder*.

Rokoko *n. erw. fach.* (ein Kunststil) (< 19. Jh.). Entlehnt aus frz. *rococo m.*, eine in Pariser Künstlerkreisen aufgekommene Bezeichnung für den überladenen Stil der Zeit Ludwigs XIV. und Ludwigs XV. Das Wort ist eine scherzhafte Umformung von frz. *rocaille f.* 'Einlegearbeit aus Steinchen oder Muschelwerk', eigentlich 'steiniger Boden, Geröll', zu frz. *roc m.* und frz. *roche f.* 'Fels'. So benannt nach einem Leitmotiv dieser Kunstrichtung, den Einlegearbeiten mit Steinchen und Muscheln.
DF 3 (1977), 464 f.

Rolle *f.* (< 15. Jh.). Mhd. *rolle*, mndd. *rolle, rulle*, mndl. *rol(le), rulle*. Entlehnt aus frz. *rôle m.*, das aus l. *rotulus m., rotula* 'Rädchen' (zu l. *rota* 'Rad') stammt. Wie bei dem unmittelbar aus dem Lateinischen entlehnten *Rodel* ist zunächst ein zusammengerolltes Schriftstück gemeint, dann geht die Bedeutung (unter Einfluß des Verbs *rollen*) auf andere zylinderförmige Gegenstände über. Die Rolle des Schauspielers geht auf den im 16. Jh. aufgekommenen Brauch zurück, den eigenen Anteil am Spiel auf Rollen zu schreiben, von denen bei den Proben nur die gerade benötigte Stelle sichtbar, der Rest aufgerollt ist.
S. *rotieren*. − Röhrich 2 (1992), 1251 f.

rollen *swV.* (< 15. Jh.). Mhd. *rollen*, mndl. *rollen*. Entlehnt aus frz. *rouler*, das teils auf ein Verbum zu l. *rotella* 'Rädchen', teils auf eines zu l. *rotula* 'Rädchen' zurückgeht (zu diesem s. *Rolle*). Nomen instrumenti: **Roller**. S. auch *Geröll, rotieren*.

Rollmops *m.* (< 19. Jh.). Von Berlin aus verbreitet. Übertragen aus der Bezeichnung der Hunderasse wegen deren gedrungener Gestalt.

Roman *m.* (< 17. Jh.). Entlehnt aus frz. *roman*, dieses aus afrz. *romanz, romant*, eigentlich 'französisch (in der romanischen Volkssprache) geschriebenes Buch', aus spl. **romanicus* 'romanisch', aus l. *Rōmānicus* 'römisch', zu l. *Rōma f.* 'Rom'. Zunächst Bezeichnung der aus dem Lateinischen ins Französische übersetzten Bücher; dann auch für französische Dichtungen. Seit dem 15. Jh. für epische Werke zu abenteuerlichen Stoffen in der Vergangenheit verwendet; seit dem 17. Jh. die heutige Bedeutung. Nomen agentis: **Romancier**.
J. W. Walz *ZDW* 12 (1910), 193−195; Ganz (1957), 192 f.; G. Colon *ZRPh* 77 (1961), 75−80; F. Kainz in: Maurer/Rupp (1974/78), II, 245−491; Jones (1976), 585 f.; *DF* 3 (1977), 465−470.

romantisch *Adj.* (< 17. Jh.). Zunächst in der Bedeutung 'wie ein Roman' entlehnt aus frz. *romantique*; entscheidend ist dann aber der Einfluß von ne. *romantic*, das ebenfalls aus dem französischen Wort stammt. Die Bedeutung wird zu 'phantastisch, stimmungsvoll', dann 'schwärmerisch', dann zur Bezeichnung einer der Klassik entgegengesetzten Kunsthaltung. Abstraktum: **Romantik**; Täterbezeichnung: **Romantiker**.
R. Ullmann/H. Gotthard: *Geschichte des Begriffs Romantisch* (Berlin 1927); *Begriffsbestimmung der Romantik.* Hrsg. H. Prang (Darmstadt 1968), besonders die Beiträge von F. Schultz und R. Ullmann; R. Immerwahr in: *The Romantic Period in Germany.* Hrsg. S. Prawer (London 1970), 34−63; H. Eichner (Hrsg.): *Romantic and its cognates* (Manchester 1972); *DF* 3 (1977), 473−481; Rey-Debove/Gagnon (1988), 862−864.

Romanze *f. per. fach.* 'gefühlvolles Gedicht oder Musikstück; inniges Liebesverhältnis' (< 18. Jh.). Entlehnt aus frz. *romance*, dieses aus einer spanischen Form von afrz. *romanz* (s. *Roman*).
DF 3 (1977), 481−482.

Römer *m. per. fach.* 'grünes bauchiges Weinglas' (< 16. Jh.). Zuerst bezeugt im Rheinland. Dorthin aus nndl. *roemer*. Das Wort hat keine sichere Erklärung. Vermutlich war die Bedeutung ursprünglich 'Gefäß aus römischem Glas'.

Rondell *n. per. fach.* 'rundes Beet, kreisförmiger Gartenweg' (< 15. Jh.). Entlehnt aus frz. *rondelle*, dieses aus ml. *rondellum*, aus l. *rotundulus* 'runder Gegenstand', zu l. *rotundus* (s. *rund*)
DF 3 (1977), 483.

röntgen *swV.* (< 20. Jh.). Die von *Röntgen* entdeckten Strahlen werden von ihm selbst *X-Strahlen* genannt, weil er sie zunächst nicht erklären konnte. Danach werden die Strahlen von dem Anatomen Kollicker nach ihm *Röntgenstrahlen* genannt, das *Durchleuchten* (mit Uminterpretation des Namensausgangs zu einem Infinitivzeichen) *röntgen*.

rosa *Adj.* (< 18. Jh.). Entlehnt aus dem lateinischen Namen der Rose, vielleicht zuerst in Zusammensetzungen (*Rosaband* u.ä.).
DF 3 (1977), 483 f.

rösch *Adj. erw. reg.* 'knusprig, munter, spröde' (< 18. Jh.). Mhd. *rösch(e), rosch* 'schnell, frisch, spröde', ahd. *rosc, rosg* 'rasch'. Nur in den Mundarten erhalten und aus diesen in die Hochsprache übernommen. Herkunft dunkel. Anzusetzen ist wohl (g.) **hrausta-*.

Heidermanns (1993), 305.

Rose *f.* (< 9. Jh.). Mhd. *rōse m./f.*, ahd. *rōsa*, mndd. *rose*, mndl. *rose*. Wie ae. *rōse* entlehnt aus l. *rosa* (mit Länge in offener Silbe). Dieses aus gr. (dial.) *rhóson n.* Dieses mit unklarem Lautübergang zu gr. *rhódon n.* Dieses aus einer iranischen Sprache – die weitere Vorgeschichte ist strittig. *Rose* als Krankheitsbezeichnung ist übertragen wegen der Farbe des betreffenden Ausschlags. Adjektiv: *rosig*.

Hoops (1911/19), III, 530–532; M. Mayrhofer in: *FS Hrozny* (1949/50), V, 74–77; Röhrich 2 (1992), 1253–1255.

Rosenkohl *m.* (< 19. Jh.). Bezeichnet nach den Knospen in den Blattachsen, die mit Rosen verglichen werden.

Rosenkranz *m. erw. fach.* (< 15. Jh.). Fnhd. *rosenkranz*. Die Sache wurde im 13. Jh. aus Spanien eingeführt, wohl in Nachahmung der islamischen, ursprünglich buddhistischen Gebetsschnüre. Der Name nach kirchen-l. *rosarium n.*, wohl weil die aufgereihten Gebete die Gottesmutter wie ein Kranz von Rosen schmücken sollten.

H.-G. Richert *ZDS* 21 (1966), 153–159.

Rosenmontag *m.* (< 19. Jh.). Der Montag vor Fasnacht heißt mit einem rheinischen Wort *rosen(d)montag* zu *rasen* im Sinn von 'tollen'.

Rosette *f. erw. fach.* (< 18. Jh.). Entlehnt aus frz. *rosette*, Diminutivum zu frz. *rose*, s. *Rose*.

DF 3 (1977), 484 f.; Röhrich 2 (1992), 1255.

Rosine *f.* (< 13. Jh.). Entlehnt aus afrz. *raisin (sec) m.*, aus l. *racēmus m.* 'Traubenkamm, Weinbeere', das wohl auf einem Substratwort beruht.

Littmann (1924), 15; *DF* 3 (1977), 485 f.; Röhrich 2 (1992), 1255.

Rosmarin *m. erw. fach.* (ein immergrüner Strauch; Küchen- und Heilkraut) (< 15. Jh.). Entlehnt aus l. *rōs marīnus, rōsmarīnus,* wörtlich: 'Meertau', zu l. *rōs (-ōris)* 'Tau' und l. *marīnus* 'zum Meer gehörig', zu l. *mare n.* 'Meer'. Benennungsmotiv nicht eigentlich klar: Tau vielleicht wegen der Drüsen; aber ein Standort am Meer ist nicht charakteristisch.

S. *Marine.* – V. Pisani: *Idg. und Europa* (München 1974), 47.

Roß *n. obs.* (< 8. Jh.). Mhd. *ros, ors,* ahd. *(h)ros,* as. *hros* aus g. **hrussa- n.* 'Roß' (bei Gegenüberstellungen eher Stute), auch in anord. *hross,* ae. *hors,* afr. *hors, hars, hers.* Herkunft unklar. Vielleicht zu dem unter *Rotz* behandelten Schallwort, so daß 'das Schnaubende' anzusetzen wäre (g. **hrutes-, hruts-a-*).

Nndl. *ros,* ne. *horse,* nisl. *hross.* – G. Must *GeL* 4 (1959), 73–76; G. Holm in *FS O. Grønvik* (Oslo 1991), 157–159; Röhrich 2 (1992). 1255 f.

Roße *f.,* auch **Roß** *m./n.* 'Wabe', *per. md.* (< 15. Jh.). Mhd. *rāz n., rāze f.,* ahd. *rāza f.,* mndl. *rate, raet.* Erst spät auch in der Standardsprache belegt. Der Bedeutung nach am ehesten als 'Gewebe, Geflecht' aufzufassen und zu der Sippe von *Hürde* zu stellen, doch gibt es dort nichts mit entsprechender Vokalisierung. Vielleicht ist auch mhd. *rāze* 'Scheiterhaufen' hierherzustellen. Dieses läßt sich mit akslav. *krada* 'Scheiterhaufen, Holzstoß' vergleichen.

Nndl. *raat.* – Trier (1952), 77.

Roßkamm *m. arch.* 'Pferdehändler' (< 16. Jh.). Ein Übername zu mhd. *roskamp* 'Pferdestriegel'.

Roßkastanie *f.* (< 16. Jh.). Für die Bezeichnung wird ein türkisches Vorbild angegeben (Verwendung als Heilmittel für Pferdekrankheiten). Auch die Bezeichnung als *Kastanie* (mit der der Baum sonst nichts zu tun hat) beruht auf türkischem Vorbild.

R. Loewe *BGDSL* 62 (1938), 52–54; Marzell 1 (1943), 132–134.

Roßtäuscher *m. arch.* 'Pferdehändler' (< 13. Jh.). Mhd. *rostüscher.* Zu *tauschen,* das von *täuschen* erst sekundär getrennt wurde.

Rost[1] *m.* 'Gitter' (< 9. Jh.). Mhd. *rōst,* ahd. *rōst,* as. *rōst.* Der Rost ist ursprünglich ein Gatter oder Gitter, zunächst aus Holz. Schon früh spezialisiert sich dann das Wort zu einem Eisengitter, das vor allem in der Küche Verwendung findet; hierzu *rösten,* mhd. *ræsten,* ahd. *rōsten,* mndd. *rosten, rosteren* 'auf dem Rost braten'. Herkunft unklar.

Heinertz (1927), 85–119; Trier (1952), 77, 85; Heidermanns (1993), 439.

Rost[2] *m.* 'Eisenoxyd' (< 8. Jh.). Mhd. *rost,* ahd. *rost,* as. *rost* aus wg. **rusta-,* aus **ruds-ta- m.* 'Rost', auch in ae. *rust m./n.;* *to*-Bildung zu einem *s*-Stamm, der zu *rot* gehört, also 'mit Röte versehen'. Entsprechend mit anderem Suffix ahd. *rosomo* 'Rost'. Entsprechend in verwandten Sprachen: lett. *rûsa,* akslav. *rŭžda f.* 'Rost'. Verb: *rosten;* Adjektiv: *rostig*.

Nndl. *roest,* ne. *rust,* nschw. *rost.* – Röhrich 2 (1992), 1256.

rösten[1] *swV.* 'braten' s. *Rost*[1].

rösten[2] *swV. arch.* 'Flachs oder Hanf mürbe machen', mundartlich auch **rössen** (< 13. Jh.). Mhd. *ræzen,* mndd. *rōten.* Wie nnorw. *røyta* Faktitivum (**raut-eja-*) zu einem starken Verb (g.) **reut-a-* 'faulen', das nur noch in anord. *rotinn* 'verfault' bezeugt ist. Sonst hierzu ahd. *rōzēn, rozzēn,* mhd. *ræzen, rōzen, rozzen,* as. *roton,* afr. *rotia,* ae. *rotian,* alle 'faulen', auch mhd. *rōz* 'mürbe'. Der neuhochdeutsche Lautstand ist von *rösten*[1] beeinflußt. Ne. *rotten*. S. *verrotten*.

rot *Adj.* (< 8. Jh.). Mhd. *rōt*, ahd. *rōt*, as. *rōd* aus g. **rauda-* *Adj.* 'rot', auch in gt. *rauþs*, anord. *rauðr*, ae. *rēad*, afr. *rād*. Die Sippe lautet im Germanischen wie auch außergermanisch stark ab. Auf gleicher Ablautstufe stehen (oder können stehen) l. *rūfus*, air. *rúad*, lit. *raũdas*, aruss. *rudŭ* und erweitert ai. *róhita-* 'rotes Roß'. Das normale lateinische Wort für 'rot' ist (ablautendes) *ruber*, wozu *Rubrik*. Abstraktum: *Röte*; Verb: *(er-) röten*; Modifikationsbildung: *rötlich*

Nndl. *rood*, ne. *red*, nschw. *röd*, nisl. *rauður*. S. *Rost*[2], *Rötel*, *Rubin*, *Rubrik*. − Schwentner (1915), 44−54; Seebold (1970), 3798 f.; Ch. Meyer, R. Suntrup *FS* 21 (1987), 390−478; *RGA* 8 (1991), 209; Röhrich 2 (1992), 1256 f.; Heidermanns (1993), 438 f.

Rotation *f.* 'Drehung, Wechsel' s. *rotieren*.

Rötel *m. per. fach.* 'roter Eisenkalk zum Zeichnen und Färben' (< 14. Jh.). Mhd. *rœtel(stein)*. Nach der Farbe wie ne. *ruddle* gleicher Bedeutung. Die Kinderkrankheit *Röteln Pl.* (seit dem 16. Jh.) heißt so wegen der roten Hautflecken, die sie bewirkt. S. *rot*.

Rotgießer *m. arch.* 'Kupfergießer' (< 15. Jh.). Nach der Farbe des Metalls, im Gegensatz zu *Zinngießer*.

rotieren *swV. erw. fach.* 'drehen' (< 19. Jh.). Entlehnt aus l. *rotāre (rotātum)*, zu l. *rota* 'Rad'. Abstraktum: *Rotation*; Nomen instrumenti: *Rotor*.

S. *Kontrolle*, *Rodel*, *rollen*, *Rondell*, *Roulade*, *Roulette*, *rund*; zur germanischen Verwandtschaft s. *Rad*. − *DF* 3 (1977), 486−488.

Rotlauf *m. per. fach.* (< 15. Jh.). Zunächst von Krankheiten des Menschen, erst später auch der Schweine. Nach gr. *erysípelas* 'Hautrose, Rotlauf'; eigentlich: 'das die Haut Rötende' aus *rot* und ahd. *louft f./m.* 'Schale, Rinde', erst sekundär an 'Lauf' angeglichen.

Rotor *m.* 'strahlenförmig um eine Achse angeordnete Blätter' s. *rotieren*.

Rotspo(h)n *m. per. ndd.* 'Rotwein vom Faß' (< 16. Jh.). Zu mndd. *span* 'hölzernes Gefäß', also eigentlich 'roter Faßwein'.

H. Teuchert *NM* 23 (1967), 5−9.

Rottanne *f.* (< 16. Jh.). Der Baum heißt so nach seiner rötlichen Rinde.

Rotte *f.* (< 13. Jh.). Mhd. *rot(te)*. Entlehnt aus afrz. *rote* 'Schar' aus ml. *rupta, rutta* 'Abteilung' (zu l. *rumpere* 'brechen'). Verb: *(zusammen-)rotten*. S. *abrupt*.

rotten[1] *swV.* 'ausrotten' s. *roden* und *ausrotten*.

rotten[2] *swV. per. fach.* 'verfaulen' (< 17. Jh.). Aus ndd. *rotten*, nndl. *rotten*. Zu diesem s. *rösten*[2]. S. *verrotten*.

rotten[3] *swV. erw. stil.* 'sich zusammenscharen', (meist *zusammenrotten*) (< 13. Jh.). Zu *Rotte*.

rotwelsch *Adj. per. fach.* (< 14. Jh.). Zu *welsch* in der Bedeutung 'unverständliche Sprache' und gaunersprachlichem *rot* 'Bettler' unklarer Herkunft. Schon im 13. Jh. als Substantiv bezeugt *rotwalsch* 'betrügliche Rede', deshalb vielleicht zu der Bedeutung 'falsch, untreu', die *rot* ebenfalls hat.

S. *welsch*. − J. Seitz *HV* 17 (1939), 241−250; Wolf (1985), 270.

Rotz *m. vulg.* (< 8. Jh.). Mhd. *ro(t)z m./n.*, ahd. *roz m./n.*, as. *hrot m./n.* aus wg. **hruta-* m. 'Rotz', auch in ae. *hrot n.*, as. in *hrot(t)ag* 'rotzig'. Das Wort kann an sich aus ahd. *rūzan stV.* 'schnarchen' abgeleitet werden und wäre dann 'das Herausgeschnarchte'; aber es kann kaum ein Zufall sein, daß eine genaue lautliche Entsprechung im Griechischen vorliegt: *kóryza f.* 'Nasenschleim'. Dieses ist nicht weiter vergleichbar, so daß die weitere Etymologie offen bleiben muß.

Seebold (1970), 277 f.; Niederhellmann (1983), 201−203; Röhrich 2 (1992), 1257 f.

Rotzlöffel *m. vulg.* (< 16. Jh.). Schimpfwort, wohl zu *Laffe* und *löffeln*, also 'einer, der (noch) seinen Rotz ableckt'.

Roulade *f. erw. fach.* (eine gerolle, gefüllte Fleischscheibe) (< 19. Jh.). Entlehnt aus frz. *roulade*, zu frz. *rouler* 'rollen' (s. *rollen*). S. *rotieren*.

Roulette *n. erw. fach.* (ein Glücksspiel) (< 19. Jh.). Entlehnt aus frz. *roulette f.*, eigentlich 'Rädchen', einem Diminutivum zu afrz. *roele* 'Rädchen', aus l. *rotella f.*, einem Diminutivum zu l. *rota f.* 'Rad'. So bezeichnet nach der sich drehenden, mit Zahlen versehenen Scheibe, auf der eine rollende Kugel in einem Zahlenfeld zum Stillstand kommt.

S. *rotieren*. − *DF* 3 (1977), 489.

Route *f.* (< 17. Jh.). Entlehnt aus frz. *route*, dieses aus spl. *(via) rupta*, eigentlich 'freigebrochener Weg', zu l. *rumpere (ruptum)* 'brechen, zerteilen, gewaltsam trennen'. So bezeichnet als ein Weg, der von Menschenhand in die Wildnis gelegt wurde.

S. *abrupt*. − Jones (1976), 589; *DF* 3 (1977), 389 f.

Routine *f.* (< 18. Jh.). Entlehnt aus frz. *routine*, einer Ableitung von *Route*. Gemeint ist die Geschicklichkeit, die durch wiederkehrende Übung erworben wird, so wie der mehrfach begangene Weg geläufig wird. Adjektiv: *routiniert*.

DF 3 (1977), 490−493.

Rowdy *m. erw. fremd.* 'gewalttätige Person' (< 19. Jh.). Entlehnt aus ne. *rowdy*, dessen weitere Herkunft nicht sicher geklärt ist.

DF 3 (1977), 493 f.

rubbeln *swV. per. reg.* 'intensiv reiben' (< 20. Jh.). Wohl eine Variation zu *ribben* und *ribbeln*. Vgl. ne. *to rub*.

Rübe *f.* (< 11. Jh.). Mhd. *ruobe*, *rüebe*, ahd. *ruoba*, mndd. *rove*. Das Wort hängt sicher zusammen mit l. *rāpa*, gr. *rháphys*, *rhápys*, lit. *rópė*, russkslav. *rĕpa* entsprechender Bedeutung, doch ist nur *Rapp*, *Raps* deutlich aus dem lateinischen Wort entlehnt. Vermutlich Entlehnung aus einer unbekannten Sprache.

S. auch *Kohlrabi*, *Ravioli*, *Rübsen*. – Röhrich 2 (1992), 1258.

Rubin *m. erw. fach.* (< 12. Jh.). Mhd. *rubīn*, *rūbin*. Entlehnt aus ml. *rubinus* ʼrotʼ (zu l. *rubēus* ʼrotʼ), wohl über afrz. *rubin* (u.ä.). Zu weiteren Verwandtschaft s. *rot*.

Cottez (1980), 370.

Rubrik *f. erw. fach.* ʼSpalte, Kategorieʼ (< 15. Jh.). Fnhd. *rubrik[e]* ist entlehnt aus l. *rubrīca (terra)* ʼrote (Erde), Rötelʼ, zu l. *rubrīcus* ʼrotʼ, zu l. *ruber* ʼrotʼ. Zunächst Bezeichnung des rot geschriebenen Titels eines Gesetzes; dann metonymisch übertragen auf das Gesetz selbst bzw. auf den Platz, den ein Gesetz einnimmt (bis zur nächsten Überschrift). Verb: *rubrizieren*.

S. *rot*. – G. Schoppe *ZDW* 15 (1914), 208; *DF* 3 (1977), 495–497.

Rübsen *m. per. fach.* ʼÖlpflanzeʼ (< 14. Jh.). Gekürzt aus *Rübsamen*, spmhd. *ruob(e)sāme*, vgl. mndd. *rovesāt* *n.* ʼRübensaatʼ. Die Verkürzung seit dem 18. Jh. Zu *Rübe* und *Same*.

ruchbar *Adj. obs.* (< 16. Jh.). Älter *ruchtbar*, aus mndd. *ruchte*, *rochte* ʼLeumundʼ, das mhd. *ruoft* entspricht, also von *rufen* abgeleitet ist. Vermutlich aus der sächsischen Kanzleisprache zu Luther gekommen, von dem aus es in die Hochsprache gelangt. Das Wort bedeutet eigentlich ʼdurch umlaufendes Gerede bekanntʼ.

S. *rufen*. – Bahder (1925), 53.

ruchlos *Adj. obs.* (< 9. Jh.). Mhd. *ruochelōs*, ahd. *ruoholōso*, älter *ruachalōs*, ndd. *rōkelōs* ʼsorglosʼ, seit Luther ʼgottlos, frevelhaftʼ (als ʼsich um nichts kümmernd, unverantwortlichʼ). Wie ae. *rēcelēas* ʼnachlässigʼ zu einem Substantiv gebildet, das in ahd. *ruohha* *f.*, auch *ruoh* *m.* ʼSorgeʼ vorliegt. Weitere Anknüpfungsmöglichkeiten s. unter *geruhen* und *verrucht*. Abstraktum: *Ruchlosigkeit*. Ne. *reckless*.

Ruck *m.* (< 11. Jh.). Mhd. *ruc*, ahd. *ruc*, mndd. *ruck*, mndl. *ruc*, *rock* aus g. **rukki-* *m.* ʼRuckʼ, auch in anord. *rykkr*. Eine Intensivbildung, die offenbar von dem Verbum *rücken* ausgeht (es ist aber auch das umgekehrte Ableitungsverhältnis möglich). Zum Verbum vgl. mhd. *rücken*, obd. *rucken*, ahd. *rucchen*, mndd. mndl. *rucken*, anord. *rykkja* ʼreißen, rücken, werfenʼ und mit anderer Stammbildung spae. *roccian* ʼwiegen, schaukelnʼ. Außergermanisch vergleicht sich sinngemäß am ehesten l. *runcāre* ʼjäten, ausreißenʼ, das zu gr. *oryssō* ʼich

grabe, scharreʼ, lett. *rūķêt* ʼwühlen, scharrenʼ gehört. Wieder näher an der germanischen Bedeutung vielleicht ai. *lúñcati* ʼrauft aus, rupftʼ. Zu der Bedeutung ʼgraben, wühlenʼ auch air. *rucht* ʼSchweinʼ. Nndl. *ruk*, ne. *rock*, nschw. *ryck*, nisl. *rykkur*.

rück-, **Rück-** *Präfixoid* in jungen Zusammensetzungen. Verkürzt aus *zurück*.

Henzen (1969), 86–132.

rucken[1] *swV.*, **rücken** *swV.*, s. *Ruck*.

rucken[2] *swV. per. fach.* (vom Laut der Tauben, der als *rucku* u.ä. wiedergegeben wird) (< 17. Jh.). Fnhd. *ruckeln*, *rukzen* u.ä., mhd. *ruckezen*. Vgl. ndd. *rūkūken*, nndl. *roekoeken* und frz. *roucouler* ʼgurrenʼ.

Rücken *m.* (< 8. Jh.). Mhd. *ruck(e)*, *rück(e)*, ahd. *hrucci*, *ruggi*, *rucke*, as. *hruggi* aus g. **hrugja- m.* ʼRückenʼ, auch in anord. *hryggr*, ae. *hrycg*, afr. *hregg*. Herkunft unklar. Am genauesten würde air. *crocenn* ʼRückenʼ entsprechen (in diesem Fall vielleicht aus ig. **krkn-*), doch ist dieses Wort nur einmal in einer Glosse belegt (die entsprechende Lautung hat sonst die Bedeutung ʼHautʼ). Möglicherweise die gleiche Grundlage **keru-* mit einem *k*-Suffix bieten ai. *karūkara-* ʼWirbel des Halses und des Rückgratsʼ und l. *cervīx* ʼNacken, Halswirbelʼ, doch ist der Teil vor dem *k*-Suffix unklar.

Nndl. *rug*, ne. *ridge*, nschw. *rygg*, nisl. *hryggur*. S. *zurück*. – Trier (1952), 73; Röhrich 2 (1992), 1259 f.

Rückfall *m.* (< 18. Jh.). Lehnübersetzung aus frz. *récidive f.* oder l. *recidīva* und zu dem Adjektiv l. *recidīvus* ʼzurückfallendʼ (zu l. *cadere* fallen). Das Wort wird zunächst nach antikem Vorbild vom *Rückfall* bei einer Krankheit benützt, danach übertragen von der Straffälligkeit. Adjektiv: *rückfällig*.

Rückgrat *n.* (< 15. Jh.). Vermutlich ist l. *spīna dorsī f.* ʼRückgratʼ, eigentlich ʼSpitze des Rückensʼ, Vorbild für die Ausdrucksweise. Zu *Grat*, *Gräte*.

Röhrich 2 (1992), 1260.

rücklings *Adv.* (< 10. Jh.). Mhd. *rückelinges*, *rückelingen*, mndd. *ruggelinges*, *ruggelink*; entsprechend mndl. *ruggelinge*, mit anderer Kasusform (Dativ Plural) ahd. *ruggilingūn*. Zu ʼRückenʼ mit dem Adverbialsuffix *-lings*, das in dieser Form aus dem niederdeutschen Gebrauch stammt (oberdeutsch eher *-lingen*). Es ist eine erweiterte Form des auch im Gotischen bezeugten Adverbialsuffixes *-ing-*.

Rucksack *m.* (< *16. Jh., Standard 19. Jh.). Aus den Alpenmundarten aufgenommen; deshalb die umlautlose (oberdeutsche) Form von *Rücken*. Zuerst bezeugt in der Schweiz im 16. Jh.

Rücksicht *f.* (< 18. Jh.). Lehnübersetzung und Ersatzwort für l. *respectus* (von Lessing eingeführt).

Röhrich 2 (1992), 1260 f.

Rüde *m. erw. fach.* ´männlicher Hund`, früher allgemeiner ´großer Hund, Jagdhund` (< 8. Jh.). Mhd. *rüde*, ahd. *rudio*, mndl. *roede* ´Rute, Penis`. Daneben ohne Umlaut mhd. *rude*, ahd. *rudo*, as. *ruthio*, mndd. mndl. *rode* sowie ae. *roðhund* ´Dogge`; und mit Gemination ae. *ryðða*, ndd. *rodde* und deutsche Mundartformen (hess. *rütte*, alem. *rütt*). Herkunft dunkel. Nndl. *reu*.

rüde *Adj.* (< 17. Jh.). Entlehnt aus frz. *rude*, das aus l. *rudis* ´roh` stammt. S. auch *rudimentär*.

DF 3 (1977), 497 f.

Rudel *n.* (< 17. Jh.). Herkunft unklar.

Ruder *n.* (< 9. Jh.) Mhd. *ruoder, ruodel*, ahd. *ruodar*, mndd. *roder, rōr*, mndl. *ro(e)der, roider* u. a. aus wg. **rōþra-* n. ´Ruder`, auch in ae. *rōðer*, afr. *rōther*. Anord. *róðr* m., das formal entspricht, bedeutet ´das Rudern`; anord. *ræði* ´Ruder` ist abweichend gebildet. Alte Instrumentalbildung zu dem Wort für *rudern*, das unter *rojen* dargestellt ist. Eine abweichende Instrumentalbildung von der gleichen Wurzelform ist l. *rēmus* m. ´Ruder`, parallel gebildet von der Wurzelstufe sind ai. *arítra-* m., lit. *irklas* m. ´Ruder`. Das einfache Ruder war in alter Zeit auf der rechten Seite des Schiffs und diente vor allem zum Steuern (deshalb *Steuerruder* und *steuerbord* ´rechts`). In der Seemannssprache ist deshalb *Ruder* das Steuer, während das Mittel zum Rudern *Riemen* heißt. Verb: **rudern**.

Nndl. *roer*, ne. *rudder*. S. *Riemen*[2], *rojen*. − Kluge (1926), 49 f.; Seebold (1970), 381 f.; Röhrich 2 (1992), 1261.

rudimentär *Adj. erw. fach.* ´andeutungsweise, unvollständig` (< 19. Jh.). Entlehnt aus frz. *rudimentaire*, abgeleitet von l. *rudimentum* ´Unbearbeitetes, Anfangsunterricht`, zu l. *rudis* ´roh` (s. *rüde*). Das Grundwort ist schon früher aus dem Lateinischen entlehnt als **Rudiment**.

DF 3 (1977), 498−500.

Rufe *f. per. reg.* ´Wundschorf` (< \*9 Jh., Form < 15. Jh.). Mhd. *ruf(e)*, ahd. *ruf*, mndd. *rōf, ruf*. Zu anord. *hrjúfr*, ae. *hrēof*, ahd. *riob* ´schorfig`. Außergermanisch vergleichen sich kymr. *crawen, crafen, crofen* ´Kruste` und lit. *nukrùpęs* ´schorfig`. Zu ig. **krewə-* ´stockendes Blut` usw. (s. *roh*) und den Ableitungen vom Typ des aus dem Lateinischen stammenden *Kruste*.

Trier (1952), 78.

rufen *st V.* (< 8. Jh.). Mhd. *ruofen*, ahd. *ruofan*, as. *hrōpan* aus g. **hrōp-a- st V.* ´rufen`, auch in ae. *hrōpan*, afr. *hrōpa* (gt. in *hrops* ´Ruf`, anord. in *hróp* ´Verleumdung, Gericht`). Neben dem starken Verb steht ein schwaches in gt. *hropjan*, anord. *hrœpa*, ahd. *ruofen*, mhd. *rüefen*. Keine außergermanische Vergleichsmöglichkeit. Vielleicht zu dem unter *Ruhm* dargestellten Zusammenhang. Abstraktum: **Ruf**; Präfigierung: **verrufen**.

Nndl. *roepen*, nschw. *ropa*, nisl. *hrópa*. S. *anrüchig, berüchtigt, Gerücht, ruchbar, Ruhm*. − Seebold (1970), 279 f.; Lühr (1988), 369.

Rüffel *m. stil.* (< 19. Jh.). Rückgebildet aus dem heute selteneren **rüffeln** ´derb tadeln`, das seit dem 18. Jh. bezeugt ist. Zu ndd. *ruffel* ´Rauhhobel` (vgl. *ungehobelt* und ähnliche Bedeutungsübertragungen), doch mögen auch mhd. *reffen, refsen* ´tadeln, schelten` und obd. *riffeln* ´durch die Riffel ziehen, durchhecheln` bei Bildung und Verbreitung mitgewirkt haben.

Röhrich 2 (1992), 1261 f.

Rugby *n. per. exot.* (ein Mannschaftswettkampfspiel) (< 19. Jh.). Entlehnt aus ne. *rugby*, so benannt nach einer Schule in der Ortschaft Rugby in England, der Geburtsstätte dieses Spiels.

Rey-Debove/Gagnon (1988), 869.

Rüge *f.* (< 8. Jh.). Mhd. *rüege*, mndd. *wroge, wrōch* aus g. **wrōgi/jō f.* ´Anklage, Tadel`, auch in gt. *wrohs*, anord. *róg n.* ´Streit, Zank`, afr. *wrōginge, wrōgene*. Daneben das Verb **rügen**, mhd. *rüegen*, ahd. *ruogen*, as. *wrōgian*, ae. *wrægan*, afr. *wrōgia*, anord. *rægja*, gt. *wrōhjan*. Herkunft unsicher. Es kann angeschlossen werden an lit. *rẽkti* ´schreien, schelten`, akslav. *rešti* ´sagen, reden`, doch sind die Ablautverhältnisse ungewöhnlich.

Ruhe *f.* (< 9. Jh.). Mhd. *ruo(we)*, ahd. *rōa, ruowa*, mndd. *rōwe*, mndl. *roe* aus g. **rōwō f.* ´Ruhe`, auch in anord. *ró*, ae. *rōw*. Dazu wohl im Ablaut ahd. *rāwa, rāwī*, mhd. *rāwe*, mndd. *rāwe*. Zu ig. \**erə-/rē-* ´ruhen`, in gr. *erōé* ´Nachlassen, Rast, Ruhe (vom Kampf)`, avest. *airime Adv.* ´ruhig`, kymr. *araf* ´ruhig, langsam`. Adjektiv: **ruhig**.

Nschw. *ro*, nisl. *ró*. S. *Rast*. − Röhrich 2 (1992), 1262−1264; Heidermanns (1993), 454.

Ruhm *m.* (< 8. Jh.). Mhd. *ruom*, ahd. *(h)ruom*, as. *hrōm*; dazu ae. *hrēmig, hrēamig* ´frohlockend`. Erweiterung zu der in ai. *carkarti* ´erwähnt rühmend`, gr. *kéryx* ´Herold` vorliegenden Wurzel. Verb: **rühmen**; Adjektiv: **berühmt**.

S. auch *rufen*. − H. Bach in *FS L. L. Hammerich* (Kopenhagen 1952), 13−25.

ruhmredig *Adj. obs.* (< 17. Jh.). Vermutlich umgedeutet aus mhd. *ruomreiten* ´sich Ruhm bereiten`, das bezeugt ist in *ruomreiticheit* ´Prahlerei` und md. *rūmerēden* ´sich rühmen`. Zu *Ruhm* und *bereit* (s. unter *bereiten*) mit sekundärem Anschluß an *reden*, als das zweite Glied nicht mehr verstanden wurde.

Ruhr *f. erw. fach.* (< 11. Jh.). Mhd. *ruor(e)*, ahd. *ruora, rūra*, as. *hrōra* ist eigentlich eine Rückbildung zu *rühren* und zeigt deshalb auch verschiedene Bedeutungen, die diesen entsprechen, ausgehend etwa von ´heftige Bewegung` (vgl. *Aufruhr*), konkret ´Hundehatz` und ´Bauchfluß`. Nur die zuletzt genannte Bedeutung ist heute noch üblich.

Nndl. *roer*.

rühren *swV.* (< 8. Jh.). Mhd. *rüeren, ruoren,* ahd. *(h)ruoren,* as. *hrōrian* aus g. **hrōz-eja- swV.* ʿrühren', auch in anord. *hrœra,* ae. *hrēran,* afr. *hrēra.* Vermutlich eine Weiterbildung zu ig. **kerā-* ʿmischen' in ai. *śṛṇā́ti* ʿmengt, mischt' und gr. *keránnymi* ʿich vermische'. Abstraktum: *Rührung;* Präfigierung: *berühren;* Adjektiv: *rührend.*
Nndl. *roeren,* nschw. *röra,* nisl. *hrœra.* S. *Ruhr.* − J. Hilmarsson *Tocharian and IE Studies* 5 (1991), 142−146; Röhrich 2 (1992), 1264; Heidermanns (1993), 309.

Ruin *m. erw. fremd.* ʿZustand der Vernichtung' (< 17. Jh.). Entlehnt aus frz. *ruine,* dieses aus l. *ruīna* ʿZusammensturz, Trümmer', s. *Ruine.* Verb: *ruinieren;* Adjektiv: *ruinös.*
DF 3 (1977), 500−504.

Ruine *f.* (< 16. Jh.). Entlehnt aus l. *ruīna* ʿZusammensturz, Trümmer', zu l. *ruere* ʿstürzen'.
S. *eruieren.* − DF 3 (1977), 501 f.; W. J. Jones *SN* 51 (1979), 272.

rülpsen *swV. stil.* (< 17. Jh.). Wohl ausgehend von lautmalendem *Rülp* ʿRülpser' und vom Verbum rückgebildet *Rülps* ʿungesitteter Mensch', wie auch schon früher bezeugtes mhd. *rülz* in dieser Bedeutung (zu *rülzen*).

Rum *m. erw. fach.* (< 17. Jh.). Vermutlich über nndl. *rum* entlehnt aus ne. *rum,* das vermutlich auf Barbados aus älterem *rumbullion* ʿAufruhr' gekürzt wurde. Dieses ist unklarer Herkunft.
Littmann (1924), 130 f.; R. Loewe *ZVS* 61 (1933); 76 f.; Ganz (1957), 194; Rey-Debove/Gagnon (1988), 853.

rummeln *swV. per. reg.* ʿlärmen, toben' (< 16. Jh.). Fnhd. *rummel(e)n,* nndl. *rommelen.* Lautmalenden Ursprungs wie das parallele *rumpeln.* Aus dem Verbum rückgebildet ist *Rummel m.,* bezeugt seit dem 18. Jh.
Röhrich 2 (1992), 1264 f.

rumoren *swV. erw. fremd.* ʿlaut hantieren, einen dumpfen Lärm verursachen' (< 15. Jh.). Gebildet zu d. *Rumor* ʿLärm, Unruhe', dieses aus l. *rūmor* ʿGeräusch, Gerede, Lärm'.
G. Schoppe *ZDW* 15 (1914), 208; DF 3 (1977), 504 f.

rumpeln *swV.* (< 13. Jh.). Mhd. *rumpeln.* Schallnachahmung wie *rummeln* und me. *rumbelen, romblen,* ne. *rumble.* Nicht ganz klar sind die zugehörigen Bildungen *Gerümpel* und *Rumpelkammer.*
V. Pisani *AION-N* 22 (1979), 255 f.

Rumpf *m.* (< 13. Jh.). Mhd. *rumph,* mndd. *rump,* mndl. *romp(e), rump.* Herkunft unklar. Falls von ʿKorb' auszugehen ist, kann an *rimpfen* (zu g. **hremp-a- stV.*) über eine Bedeutung ʿflechten' angeknüpft werden.
S. *Rahmen, Schütterumpf.* − H. Schüwer *NJ* 104 (1981), 88−95, 96−106; Trier (1981), 81.

rümpfen *swV.* (< 14. Jh.). Spmhd. *rümpfen.* Abgeleitet von wg. **(h)remp-a- stV.* ʿschrumpfen' in

ahd. *rimpfan,* mndd. *rimpen,* ae. *gehrumpan* ʿgeschrumpft'. Außergermanisch vergleicht sich vielleicht lit. *kremblỹs* ʿEierschwamm' und gr. *krámbos* ʿSchrumpfkrankheit der Trauben', gr. *krámbē* ʿKohl'.
S. *Rahmen, Rampe.* − Seebold (1970), 272 f.; H. Schüwer *NJ* 104 (1981), 96−106.

Rumpsteak *n. erw. fach.* ʿRückenstück' (< 19. Jh.). Entlehnt aus ne. *rumpsteak,* das aus ne. *rump* ʿRücken, Hinterteil' und ne. *steak* ʿBraten' gebildet ist (s. *Rumpf* und *Steak*).
Rey-Debove/Gagnon (1988), 864 f.

rund *Adj.* (< 13. Jh.). Mhd. *runt* ist entlehnt aus frz. *ronde* (das in *tavelrunde* und *runt[t]avel[e]* ʿTafelrunde', einem Fachausdruck der ritterlichen Kultur, bereits wesentlich früher gebraucht wird). Das französische Wort aus l. *rotundus* zu l. *rota* ʿRad'. *Runde f.* ist ein Abstraktum zu diesem Adjektiv; in der speziellen Bedeutung ʿWache, Gang der Wache, Rundgang' ist es im 17. Jh. aus dem Französischen (zuerst in der Form *Ronde*) entlehnt und hat ursprünglich eine andere Herkunft (span. *ronda* aus arab. *arobt* ʿfünf oder mehr Soldaten, die eine Wache bilden'). Verb: *(ab-, über-) runden;* Modifikation: *rundlich.*
S. *rotieren.* − Röhrich 2 (1992), 1265.

Rundfunk s. *Funk.*

Rune *f. erw. fach.* (< 17. Jh.). Als Bezeichnung der alten germanischen Schriftzeichen wiederbelebt aus anord. *rún,* ae. *rūn* ʿRune'. Dieses wird üblicherweise verknüpft mit einem Wort für ʿGeheimnis, Geraune' (s. *raunen*). Sicher richtiger Morris: Zu (ig.) **reuə-* ʿgraben' in akslav. *ryti* ʿgraben', vgl. mit Erweiterung lit. *ruõbti (roubti)* ʿeinritzen'.
S. *Raun(e), raunen.* − R. L. Morris *BGDSL* 107 (1985), 344−358.

Runge *f. per. fach.* ʿStützstrebe am Wagen' (< 13. Jh.). Mhd. *runge,* ahd. *runga,* mndd. *runge,* nndl. *rung(e), ronge* aus g. **hrungōn f.* ʿStab, Leitersprosse, Runge', auch in gt. *hrugga* ʿStab', ae. *hrung* ʿLeitersprosse, Querstange'. Außergermanisch vergleicht sich vielleicht poln. *kre̜żel m.* ʿRokkenstab'; sonst ist die Herkunft unklar.
Nndl. *rong,* ne. *rung.* − Trier (1952), 80.

Runkelrübe *f. per. fach.* (< 18. Jh.). Vielleicht entsprechend zu beurteilen fnhd. *rungelsen* ʿMangold' (16. Jh.). Am ehesten zu *Runks, Runken* als ʿunförmig große Rübe', aber im einzelnen ist die Beurteilung strittig (eher zu *Runke* ʿRunzel', vielleicht nach dem Aussehen des Samenkorns).
O. Hauschild *GRM* 27 (1939), 234; H. Marzell 1 (1943), 585.

Runks *m. per. reg.* ʿgrober Mensch, großes Stück Brot' (< 16. Jh.). Die zweite Bedeutung auch bei *Runke(n).* S. auch *Ranken,* sonst ist die Herkunft unklar.
A. Lindquist *BGDSL* 76 (1954), 238 f.

Runse *f.*, auch **Runs** *m. per. reg.* ʹRinne, Bachbett, Wassergraben in der Grubeʹ (< 8. Jh.). Mhd. *runs(t) m./f.*, *runse*, ahd. *runsa*. Wie gt. *garuns* ʹMarktʹ (wo man zusammenläuft) eine auffällige *s*-Bildung zu *rinnen*. S. *blutrünstig*.

Runzel *f.* (< 10. Jh.). Mhd. *runzel*, ahd. *runzil(a)*. Weiterbildung zu mhd. *runze*, ahd. *runza*. Vermutlich eine Ableitung mit *-z-* zu dem Verbum, das in anord. *hrøkkva* ʹzusammenfahren, sich krümmenʹ vorliegt (also g. **hrunkw-atja-*). Verb: *runzeln*; Adjektiv: *runzelig*.

Rüpel *m. erw. reg.* (< 16. Jh.). Eigentlich Koseform von Namen wie *Ruodpreht* ʹRuprechtʹ. Die appellative Bedeutung wohl nach der groben Gestalt des Knechts Rupprecht bei den Nikolaus-Bräuchen.
S. A. Wolf *MS* (1955), 475−477; R. Schützeichel in: *FS K. Bischoff* (Köln 1975), 229[60].

Rupfen *m. per. obd.* ʹSackleinwandʹ (< 12. Jh.). Mhd. *rupfīn*, *rupfen (Adj. /f./n.)* ist ein Stoff-Adjektiv, das später substantiviert wird. Wohl zu *rupfen*; aber der Bedeutungsübergang ist nicht ganz klar (weil der Stoff aus dem Flachs- und Hanfabfall besteht, der von der Hechel abgerupft wird?).

rupfen *swV.* (< 11. Jh.). Mhd. *rupfen*, *rüpfen*, ahd. *ropfōn*, mndd. *rop(p)en*, *rofen*. Intensivbildung zu *raufen*. S. *reuten*, *Rupfen*, *ruppig*.

ruppig *Adj. erw. reg.* (< 18.). Ursprünglich niederdeutsches Wort, das im 18. Jh. in der Hochsprache auftaucht. Ursprünglich ʹzerlumptʹ zu *rupfen* (wohl wie ein Schaf, dem die Wolle ausgerauft ist?), dann über ʹgrobʹ zu der heutigen Bedeutung.

Rüsche *f. erw. fach.* (< 19. Jh.). Entlehnt aus frz. *ruché m.* gleicher Bedeutung. Das Wort ist eine Zugehörigkeitsbildung zu frz. *ruche* ʹBienenkorbʹ. Die Bedeutungsübertragung erfolgte nach dem Aussehen einer stark gefälteten Halskrause, die zuerst so bezeichnet wurde.

Ruß *m.* (< 9. Jh.). Mhd. *ruoz*, ahd. *ruoz*, as. *hrōt*. Herkunft unklar. Verb: *rußen*; Adjektiv: *rußig*.
Nndl. *roet*. − Röhrich 2 (1992), 1265.

Rüssel *m.* (< 13. Jh.). Mhd. *rüezel*. Weiterbildung zu einem Wort, das in ae. *wrōt*, ndd. *wrōte* bezeugt ist. Dieses zu wg. **wrōt-a- st V.* ʹwühlenʹ in ae. *wrōtan*, ahd. *ruozen*. Weitere Herkunft unklar. Vielleicht zu l. *rōdo* ʹich nageʹ, l. *rōstrum* n. ʹRüssel, Schnauze, Maulʹ.
Kluge (1926), 48; Seebold (1970), 571.

Rüste *f.* ʹRastʹ, *arch.* Mndd. *ruste*, *roste*, mndl. *rust(e)*, *rost*, mhd. *rust*. Nebenform zu *Rast* (s.d.).

rüsten *swV.* (< 8. Jh.). Mhd. *rüsten*, *rusten*, ahd. *(h)rusten*, mndd. *rusten*, mndl. *rusten*, *rosten* aus wg. **hrust-ija- swV.* ʹausrüsten, schmückenʹ; abgeleitet von ahd. *(h)rust* ʹPferdeschmuckʹ, ae. *hyrst* ʹSchmuck, Schatzʹ. Dieses aus g. **hreud-a- st V.* ʹbedecken, schmückenʹ in ae. *hrodan*, *hrēodan*, anord. *hroðinn* ʹmit Gold überzogenʹ. Dies ist wohl eine Erweiterung zu der Grundlage, die in lit. *kráuti* ʹaufeinanderlegen, ladenʹ, akslav. *kryti* ʹbedecken, verbergenʹ vorliegt. Abstraktum: *Rüstung*; Adjektiv: *rüstig*; Präfigierung: *entrüsten*; Partikelverben: **ab-, aufrüsten**.
S. *Armbrust*, *entrüsten*, *Gerüst*, *Riester*[1], *rüstig*, *Rüstung*. − Seebold (1970), 275.

Rüster *m./f. per. fach.* ʹUlmeʹ (< 16. Jh.). Das Wort enthält das Baumnamensuffix (hier *-ter*), s. *Holunder*; das Vorderglied ist auch selbständig bezeugt als mhd. *rust*. Weitere Herkunft unklar.

rüstig *Adj.* (< 8. Jh.). Mhd. *rüstec*, *rüstic*, ahd. *rustih*, *rustig* ʹbereit, gerüstetʹ. Zu dem unter *rüsten* und *Rüstung* dargestellten ahd. *hrust* in der Bedeutung ʹRüstungʹ, also ʹmit Rüstung versehenʹ. Daraus in frühneuhochdeutscher Zeit die heutige Bedeutung.

rustikal *Adj. erw. fremd.* ʹländlich, bäuerlichʹ (< 18. Jh.). Entlehnt aus ml. *rusticalis*, dieses aus l. *rūsticus*, zu l. *rūs (-ūris)* ʹLandʹ.
DF 3 (1977), 505 f.

Rüstzeug *n. stil.* (< 16. Jh.). Offenbar von Luther gebildetes Wort für ʹWerkzeugʹ im übertragenen Sinn.

Rute *f.* (< 8. Jh.). Mhd. *ruote*, ahd. *ruota*, as. *rōda* ʹRute, Stab, Stangeʹ aus g. **rōdō(n) f.* ʹRute, Stange, Balkenʹ, auch in anord. *róða*, ae. *rōd*, afr. *rōd(e)*. Vergleichbar ist vielleicht l. *rētae* ʹBäume am Flußʹ.
Nndl. *roe(de)*, ne. *rood*. S. *Leimrute*. − Röhrich 2 (1992), 1265 f.

rutschen *swV.* (< 15. Jh.). Fnhd. *rütschen* neben älterem *rützen*, *rutzen*. Weitere Herkunft unklar.
Röhrich 2 (1992), 1266.

Rutte *f. per. fach.* ʹAalquappeʹ (< 16. Jh.), auch als **Ruppe**. Weitere Herkunft unklar. Entlehnt aus ml. *rubēta* ʹKröteʹ (vgl. *Aalquappe*, *Aalputte* usw.).

rütteln *swV.* (< 14. Jh.). Spmhd. *rütteln*, *rüt(e)len*. Iterativbildung zu *rütten*. Vergleichbar ist ae. *hrēaðemūs* ʹFledermausʹ und außergermanisch lit. *krutéti* ʹsich regen, sich bewegen, rührenʹ. S. *zerrütten*.

S

Saal *m.* (< 11. Jh.). Mhd. *sal*, ahd. *sal n.*, as. *seli-* aus g. **sali- m.*, älter wohl **salaz- n.* ´Saal´, auch in anord. *salr*, ae. *sæl n.*, *salor*, *sele*, gt. in *saljan* ´Herberge finden, bleiben´, gt. *saliþwos f. Pl.* ´Herberge, Speisezimmer´. Das Wort bezeichnet ursprünglich den Innenraum des Einraumhauses. Außergermanisch vergleichen sich l. *solum n.* ´Boden´, lit. *salà f.* ´Dorf´, akslav. *selo* ´Acker, Dorf´ (in den slavischen Sprachen von einem **sedlo-* ´Siedlung´, das zu *sitzen* und *siedeln* gehört, nicht überall deutlich zu scheiden). Weitere Herkunft unklar.

Nndl. *zaal*, nschw. *sal*, nisl. *salur*. S. *Geselle, Salon, Saloon.* – K. Rhamm: *Altgermanische Bauernhöfe im Übergang von Saal zu Fletz und Stube* (Braunschweig 1908); Cubber *SGG* 14 (1988), 84–88.

Saat *f.* (< 9. Jh.). Mhd. *sāt*, ahd. *sāt*, as. *sād n.* aus g. **sēdi- f.* ´Saat´, auch in anord. *sáð n.*, ae. *sēd n.*, afr. *sēd*; gt. in *manaseþs* ´Menschheit´, eigentlich ´Menschensaat´. Offenbar hat sich ein neutraler *to-*Stamm eingemischt, vermutlich das Neutrum des alten *to-*Partizips (´das Gesäte´). Abstraktum auf *-ti-* und Partizip zu der unter *säen* behandelten Wurzel. Eine entsprechende *to-*Bildung auch in kymr. *had* ´Saat´, ein erweitertes *ti-*Abstraktum in l. *satio* ´Säen, Saat´.

Nndl. *zaad*, ne. *seed*, nschw. *sådd*, nisl. *sáð*. S. *säen.* – Röhrich 2 (1992), 1267. Zur Entlehnung ins Finnische s. *LÄGLOS* (1991), 66 f., 91, 101.

Sabbat *m. erw. fremd.* ´jüdischer Ruhetag der Woche´ (< 13. Jh.). Mhd. *sabbat* ist entlehnt aus l. *sabbatum*, *sabbata n.*, das über ntl.-gr. *sábbaton n.* auf hebr. *šabbāt* ´Ruhetag´ zurückgeht. Die echt jiddische Form ist als *Schabbes* ´Samstag´ ins Deutsche gelangt; eine alte Variante hat zu *Samstag* geführt. Der *Hexensabbat* ist eine Pervertierung des religiösen Ruhetags; deshalb bekommt das Wort die Bedeutung ´Durcheinander´, die teilweise auf das Simplex zurückwirkt.

sabbeln *swV.* Variante zu *sabbern*.

sabbern *swV. vulg.* (< 18. Jh.). Ursprünglich niederdeutsch, vgl. mndd. *sabben* ´geifern´, mndl. *sabbern, zabbelen, zabberen*. Die Gruppe kann zu *Saft* gehören, möglich ist aber auch eine unregelmäßige Abwandlung aus *schlabbern*. Semantisch ansprechend, aber lautlich schwierig wäre ein Vergleich mit vd. **saibara-* ´sabbernd´ (mhd. *seifern* ´sabbern, geifern´), doch wäre die Vokalentwicklung ungewöhnlich.

Heidermanns (1993), 460.

Säbel *m.* (< 15. Jh.). Auch *sabel*, das sich südwestdeutsch noch lange gehalten hat. Entlehnt aus ungar. *szablya* gleicher Bedeutung, teilweise über die polnische Entlehnung *szabla*.

Wick (1939), 50 f.; R. vdMeulen *MNAW* 1940, 207–250; Bielfeldt (1965), 33; Steinhauser (1978), 80; Röhrich 2 (1992), 1267.

sabotieren *swV.* (< 19. Jh.). Entlehnt aus frz. *saboter* ´schludern, pfuschen´, eigentlich ´in Holzschuhmanier arbeiten´ (zu frz. *sabot* ´Holzschuh´), wie frz. *faire quelque chose comme un sabot*. Die spätere Bedeutung vielleicht unter Einfluß von *sabot* in der Bedeutung ´Hemmschuh, Bremsklotz´. Abstraktum: *Sabotage*; Nomen agentis: *Saboteur*.

DF 4 (1978), 1 f.

Sache *f.* (< 8. Jh.). Mhd. *sach(e)*, ahd. *sahha*, as. *saka* aus g. **sakō f.* ´Gerichtssache, Streit, Ursache´, auch in anord. *sǫk*, ae. *sacu*, afr. *seke*; mit einer morphologischen Variante **sakjō(n) f.* in gt. *sakjo*, ae. *sæc(c)*, ahd. *secka*. Die heutige Bedeutung beruht auf einer Verallgemeinerung, die in gleicher Weise auch bei *Ding* und frz. *chose* aus l. *causa* eingetreten ist. Abgeleitet von g. **sak-a- stV.* ´rechten´, in gt. *sakan*, ae. *sacan*, afr. *seka*, as. *sakan*, ahd. *sahhan*. Die Sippe kann weiter zu *suchen* gestellt werden, da sich die Bedeutungen bei den Ableitungen der beiden Sippen teilweise überschneiden. Adjektive: *sachlich, sächlich*.

Nndl. *zaak*, ne. *sake*, nschw. *sak*, nisl. *sök*. S. *suchen, Ursache, Widersacher.* – Seebold (1970), 383–385; Röhrich 2 (1992), 1267 f.

Sachs *m.*, älter *n. arch.* ´Schwert´ (< 9. Jh.). Mhd. *sahs*, ahd. *sahs*, as. *sahs* aus g. **sahsa- n.* ´Messer, Kurzschwert´, auch in anord. *sax n.*, ae. *seax n.*, afr. *sax n.* Zu der Wurzel (ig.) **sek-* ´schneiden´, zu der auch *Säge* und *Sense* und *Sichel* gehören. Formell entspricht l. *saxum n.* ´Fels´ als ´das Schneidende, Kantige´. Der zugrundeliegende *s-*Stamm ist auch in l. *s(a)cēna f.* ´Haue des Pontifex´ (aus **saces-nā*) und vermutlich in *Sense* verbaut. Verdunkelt ist *Sachs* als zweiter Bestandteil von *Messer*.

sacht *Adj.* (< 16. Jh.). Niederdeutsche Form von *sanft* durch Ausfall des Nasals vor Spirant und Übergang von *ft* zu *cht*. Die Form dringt seit dem 15. Jh. nach Süden vor und wird dann auch hochsprachlich.

Sack *m.* (< 9. Jh.). Mhd. *sac m./n.*, ahd. *sac*, as. *sakk*, wie gt. *sakkus*, ae. *sacc* früh entlehnt aus l.

saccus, das über gr. *sákkos* auf assyr. *šaqqu* ʿSack, Büßergewandʾ zurückgeht. Auf eine Nebenform mit *j* führen anord. *sekkr*, ae. *sæcc*. Verb: **(ein-) sacken**. S. *Säckel, Sakko*. − Röhrich 2 (1992), 1269−1271.

Säckel *m. obs.* (< 8. Jh.). Mhd. *seckel*, ahd. *sekkil m./n.* Entlehnt aus l. *sac(c)ellus*, Diminutiv zu l. *saccus* ʿSackʾ (s. *Sack*).

sacken *swV. erw. stil.* ʿsinkenʾ (meist *absacken, wegsacken*) (< 17. Jh.). Niederdeutsches Wort, vgl. nndl. *zakken*, me. *saggen*, ne. *sag*, nschw. *sacka*. Eine Ableitung von *Sack* ist kaum wahrscheinlich, obwohl semantisch plausibel (vgl. etwa *umfallen, untergehen wie ein Sack*). Andererseits ist die Erklärung als eine Intensivbildung zu der unnasalierten Grundlage von *sinken* wegen der späten Beleglage kaum zu vertreten. Vorläufig nicht ausreichend klar. Ne. *sag*.

sackerlot *Interj. obs.* (< 17. Jh.). Entlehnt aus frz. *sacrelot*, das eine Entstellung von frz. *sacré nom (de Dieu)* ist. Noch weiter geht die Entstellung zu *Sapperlot*. Ähnlich *Sackerment* und *Sapperment* zu *Sakrament*.

Sackgasse *f.* (< 18. Jh.). Die ältere Bezeichnung ist einfach *Sack* (der nur an einem Ende eine Öffnung hat).

Sadebaum *m.* s. *Sebenbaum*.

Sadismus *m. erw. fach.* (< 19. Jh.). Entlehnt aus frz. *sadisme*, so benannt nach Marquis de Sade, der in seinen literarischen Werken die Lust an Grausamkeit dargestellt hat. Täterbezeichnung: **Sadist**; Adjektiv: **sadistisch**.
DF 4 (1978), 3f.

säen *swV.* (< 8. Jh.). Mhd. *sæ(j)en*, ahd. *sāen, sāwen, sāhen*, as. *sāian* (altsächsisch einmal ein starkes Präteritum, althochdeutsch einmal ein starkes Partizip) aus g. *sǣ-(j)a- stV.* ʿsäenʾ, auch in gt. *saian*, anord. *sá*, ae. *sāwan*, afr. *esēn* ʿgesätʾ. Aus ig. *sē-* ʿsäenʾ, auch in l. *sero*, air. *síl* ʿSameʾ, lit. *sḗti*, akslav. *sěti*, toch. AB *sāry-*. Weitere Verknüpfungen, etwa zu Verben mit der Bedeutung ʿwerfenʾ sind unsicher.
Nndl. *zaaien*, ne. *sow*, nschw. *så*, nisl. *sá*. S. *Saat, Same(n)*; zu den lateinischen Verwandten s. *Seminar, Saison*. − Seebold (1970), 386f. Zur Entlehnung ins Finnische s. *Saat* und Koivulehto *BGDSL-T* 103 (1981), 185−195.

Safari *f. erw. exot.* ʿFahrt zur Beobachtung von Tierenʾ (< 20. Jh.). Entlehnt aus Suaheli *safari*, dieses aus arab. *safar* ʿReiseʾ.
Lokotsch (1975), 149; *DF* 4 (1978), 4f.

Safe *m. erw. fach.* ʿPanzerschrank, Schließfachʾ (< 19. Jh.). Entlehnt aus ne. *safe*, einer Substantivierung von e. *safe* ʿsicher, unversehrtʾ, dieses aus afrz. *sauf* ʿheil, unverletztʾ, aus l. *salvus*.
S. *salutieren*. − Schirmer (1911), 165; *DF* 4 (1978), 5.

Safran *m. per. fach.* (eine Gewürz-, Färbe- und Heilpflanze) (< 13. Jh.). Mhd. *saf[f]rān* ist entlehnt aus afrz. *safran*, dieses aus span. *azafrán*, aus arab. *zaʾfarān* ʿKrokusʾ.
Littmann (1924), 81, 83; Lokotsch (1975), 170.

Saft *m.* (< *9. Jh., Form < 14. Jh.). Mhd. *saft m.*, älter *n.*, ahd. *sa(p)f n.*, mndd. *sap*, mndl. *sap* aus wg. *sapi- m.*, auch in ae. *sæp n.* Hierzu als *n*-Stamm mit Auslautvariation anord. *safi* ʿBaumsaftʾ. Herkunft unklar. Einerseits existieren Wörter für *Saft* von der Wurzel (ig.) *sewə-* ʿauspressenʾ, doch führt zu diesen kein lautgesetzlicher Weg. Andererseits könnte eine Auslautvariante zu l. *sapere* ʿschmeckenʾ, l. *sapa* ʿSaftʾ vorliegen. Dies könnte allerdings auch auf *swəp-* zurückzuführen sein und damit an die oben genannte Wurzel anzuschließen sein, was für das germanische Wort nicht gilt. Das *-t* der neuhochdeutschen Form ist erst im 14. Jh. angetreten. Adjektiv: **saftig**; Verb: **(ent-) saften**.
Nndl. *sap*, ne. *sap*. S. *sabbern*. − Lühr (1988), 249; Röhrich 2 (1992), 1271.

Sage *f.* (< 9. Jh.). Mhd. *sag(e)*, ahd. *sag(a)* aus g. *sagō(n) f.* ʿErzählung, Aussageʾ, auch in anord. *saga*, ae. *sagu*. Abgeleitet von *sagen*. Eine außergermanische Entsprechung ist lit. *pāsaka* ʿErzählung, Märchenʾ. Die heutige eingeschränkte Bedeutung entwickelt sich im 14. Jh. und setzt sich im 18. Jh. durch. Der entsprechende isländische Ausdruck *saga* ist entlehnt für die spezielle Form der isländischen Prosa-Erzählungen des Spätmittelalters. Adjektiv: **sagenhaft**.
Nndl. *sage*, ne. *saw*, nisl. *saga*. S. *sagen*. − Röhrich 2 (1992), 1271.

Säge *f.* (< 9. Jh.). Mhd. *sege, sage*, ahd. *sega, saga*, mndl. *sege* aus vd. *segō(n) f.* Daneben mit Ablaut *sagō f.*, anord. *sǫg*, ae. *sagu*, ahd. *saga*, mndd. *sage*, mndl. *sage*. Zu ig.(w./oeur.) *sek-* ʿschneidenʾ in l. *secāre*, mir. *tescaid* (*to-eks-sk-), lit. *isékti*, akslav. *sěšti* ʿhauenʾ (auch ʿschneidenʾ). Vielleicht weiter hierher alb. *shatë, shat* ʿHacke, Karstʾ. Verb: **sägen**.
Nndl. *zaag*, ne. *saw*, nschw. *såg*, nisl. *sög*. S. *Sachs (Messer), Sech, Segel, Segge, Sense, Sichel*; ferner *schinden* und zur lateinischen Verwandtschaft *sezieren*.

sagen *swV.* (< 8. Jh.). Mhd. *sagen*, ahd. *sagēn*, as. *seggian* aus g. *sag-ē- swV.* ʿsagenʾ, auch in anord. *segja*, ae. *secgan*, afr. *sedza, sidza*. Aus ig. (eur.) *seqʷ-* ʿsagenʾ, auch in l. *inquit*, air. *incoisig* ʿbezeichneteʾ, kymr. *heb(r)*, lit. *sakýti*, aruss. *sočiti* ʿanzeigenʾ, gr. *en(n)épō* ʿich sage an, erzähle, verkündeʾ. Die Wurzel *sekʷ-* bedeutet sonst ʿfolgenʾ, so daß (ähnlich wie bei *erzählen* zu *Zahl*) von einer Ausgangsbedeutung ʿeiner Reihe folgenʾ und dann ʿerzählenʾ ausgegangen werden kann. Präfigierungen: **be-, ent-, unter-, versagen**; Partikelverben: **ab-, an-, aus-, zusagen**; Abstrakta: **(Ab-, An-, Aus-, Zu-) Sage, Entsagung**; Nomen agentis: **(An-) Versager**; Adjektive: **unsagbar, unsäglich**.

Nndl. *zeggen*, ne. *say*, nschw. *säga*, nisl. *segja*. S. *Sage*, *Skalde* und zu der allgemeinen Wurzel *sehen*. — Röhrich 2 (1992), 1272. Zur Entlehnung ins Finnische s. Koivulehto (1991), 45.

Sago *m. per. fach.* (Stärke aus dem Mark der Sagopalme) (< 18. Jh.). Entlehnt aus e. *sago*, dieses aus malay. *sāgū*.

Sahne *f.* (< 14. Jh.). Spmhd. *sane*, mndd. *sane*, mndl. *sane*. Vermutlich entlehnt aus afrz. *saime* ´Rahm´. Das Wort tritt in älterer Zeit im Südniederländischen und im Ostmitteldeutschen und Niederdeutschen auf; ist also offenbar in und um Brabant in seiner Bedeutung festgelegt und durch die Ostkolonisation nach Deutschland gebracht worden. Dort ist es im Zuge der Auseinandersetzung mit anderen Wörtern dieser Bedeutung als vorwiegend städtischer Ausdruck vor allem für die verarbeitete und die süße Sahne durchgesetzt worden. Adjektiv: **sahnig**; Partikelableitung: **absahnen**.

Das französische Wort wird auf l. *sagīna* ´Mast, Nahrung, Fett´ zurückgeführt, doch dürfte eher ein keltisches Wort zugrundeliegen, vgl. kymr. *hufen* ´Rahm´ < *soi-men*. S. auch *Rahm*¹. — Teuchert (1944), 374 f.; N. Törnqvist *NM* 5 (1949), 178—197.

Saibling *m. per. oobd.* (< 19. Jh.). Bairische Lautform (mit vokalisiertem *l*) für *Sälbling* und *Sälmling*. Eine Ableitung zu *Salm*¹.

Saison *f. erw. fach.* ´geschäftlich oder gesellschaftlich bedeutendster Jahresabschnitt, günstige Jahreszeit´ (< 17. Jh.). Entlehnt aus frz. *saison*, dieses aus einer umgangssprachlichen Variante von l. *statio* ´(Sonnen-) Stand´ (s. *Station*), vermischt mit l. *satio (-ōnis)* ´Säen, Pflanzen´, zu l. *serere (satum)* ´säen, pflanzen´. Adjektiv: **saisonal**.

Schirmer (1911), 165 f.; *DF* 4 (1978), 5—7; *DEO* (1982), 478; Brunt (1983), 461.

Saite *f.* (< 9. Jh.). Mhd. *seite m./f.*, ahd. *seita*. Daneben ahd. *seit n.*, *seito m.*, ae. *sāda m.*, anord. *seiðr* ´Band´ (nur poet.) Die Bedeutungen sind ´Strick, Schlinge, Fessel usw.´, auch ´feiner Darm´; so besonders **Saitling**, vgl. **Saitenwurst**; die Einengung auf die Instrumentensaite im Deutschen bei diesem Wort seit mittelhochdeutscher Zeit; Varianten mit anderer Bedeutung sterben aus. Das Wort ist früh (aus dem Germanischen oder Baltischen?) ins Finnische entlehnt worden als finn. *heisi* ´Band, Bandwurm´. Es handelt sich um Ableitungen mit *t*-Suffixen zu einer Grundlage (ig.) *sei- (u.ä.), deren Verbreitung und Grundform umstritten ist, da das Material des Indischen und des Hethitischen jeweils in sich unstimmig ist. Im Indischen ist sowohl eine langvokalische Wurzelform bezeugt, wie auch eine mit *ei*-Diphthong; im Hethitischen ist die Verbindung des laryngalhaltigen *išhija-* ´binden´ mit der übrigen indogermanischen Sippe und mit luv. *hišhiya-* gleicher Bedeutung unklar. Vielleicht ist auszukommen mit *seh-, das sowohl unerweitert, wie auch als *s(e)hei- auftritt. Vgl. außer heth. *iši-*

ja-, ai. *syáti* und ai. *sináti* noch lit. *siēti* und zahlreiche Ableitungen in den verschiedenen indogermanischen Sprachen. Dem hier behandelten Wort entsprechende *t*-Bildungen etwa in ai. *sétu- m.* ´Fessel, Band´, lit. *saītas m.* ´Tragkette, Strick´, akslav. *sětĭ f.* ´Strick´.

S. *Sehne*, *Seil*. — Relleke (1980), 44—46, 96—98, 203—208; E. Hamp *IF* 87 (1982), 72—75; Röhrich 2 (1992), 1272 f.; J. Koivulehto *Eripainos* 96 (1992), 185—211 (deutsche Zusammenfassung S. 209—211).

Sakko *m./n. erw. fach.* ´Jacke´ (< 19. Jh.). Entlehnt aus it. *sacco m.*, eigentlich ´Sack´, dieses aus l. *saccus m.* ´Sack´ (s. *Sack*). So benannt als ein gerade — nicht auf Taille — geschnittenes Kleidungsstück.

W. Fischer in: Maurer/Stroh 2 (1943), 364 f.; *DF* 4 (1978), 7.

sakral *Adj. per. fremd.* ´heilig´ (< 19. Jh.). Neoklassische Bildung zu dem Plural *Sakra* ´Heiligtümer´ (substantivierter Plural von l. *sacer* ´heilig´). *DF* 4 (1978), 7 f.

Sakrament *n. erw. fach.* (< 13. Jh.). Mhd. *sagkermente*, *sacrament* ist entlehnt aus kirchen-l. *sacrāmentum*, eigentlich ´Weihung´, dieses aus l. *sacrāmentum* ´Weihe, Verpflichtung, Strafsumme´, zu l. *sacrāre* ´der Gottheit weihen´, zu l. *sacer* ´heilig, einem Gott gewidmet´. Adjektiv: **sakramental**.

S. *Konsekration*. — *DF* 4 (1978), 8—13.

Sakrileg *n. per. fach.* ´Entweihung´ (< 16. Jh.). Entlehnt aus l. *sacrilegium* ´Tempelraub, Entweihung´, zu l. *sacra* ´Heiligtümer´ (s. *sakral*) und l. *legere* ´auflesen´, also ´Auflesen im Heiligtum´ mit nachfolgender Verallgemeinerung.

DF 4 (1978), 13.

Sakristei *f. erw. fach.* ´Nebenraum in der Kirche zur Aufbewahrung der Gegenstände des Gottesdienstes´ (< 14. Jh.). Spmhd. *sacristīe* ist entlehnt aus ml. *sacristia*, über eine Erweiterung auf *-ist-* zu l. *sacer* ´geweiht, heilig´. Entsprechend **Sakristan** ´Meßner´ aus ml. *sacristānus*; die frühe Entlehnung ergibt **Sigrist**.

Masser (1966), 154 f.; *DF* 4 (1978), 14 f.

sakrosankt *Adj. per. fach.* ´unverletzlich´ (< 17. Jh.). Entlehnt aus l. *sacrosanctus*, zu l. *sacer* ´heilig´ und l. *sanctus*, PPP von l. *sancīre* ´weihen, heiligen´. *DF* 4 (1978), 15.

säkularisieren *sw V. per. fach.* ´kirchlichen Besitz verstaatlichen´ (< 17. Jh.). Entlehnt aus frz. *séculariser*, zu l. *saeculārius* ´weltlich´, aus l. *saeculum* ´Welt, Zeit´. Abstraktum: **Säkularisierung, Säkularisation**. Das Adjektiv ist entlehnt als **säkular**; das Nomen als **Säkulum** ´Zeitalter´.

H. Lübbe: *Säkularisierung* (2. Aufl. München 1975); A. Baruzzi *PhJ* 85 (1978), 301—316; *DF* 4 (1978), 15—20; *Grundbegriffe* 5 (1984), 789—829.

-sal, -sel Suffix zur Bildung von Abstrakta. Variante auf g. *-sla-/ō* des Instrumentalsuffixes ig. *-tlo-*. Nicht mehr aktiv.

Salamander *m. erw. fach.* (ein Schwanzlurch) (< 13. Jh.). Mhd. *salamander m./f.* ist entlehnt aus l. *salamandra f.*, dieses aus gr. *salamándra f.*
Kluge (1895), 52−54, 119 f.; Kluge (1912), 117−124; K.-H. Weimann *DWEB* 2 (1963), 378; Röhrich 3 (1992), 1275.

Salami *f.* (< 16. Jh.). Entlehnt aus it. *salame m.*, zu it. *sale m.* ʿSalzʾ, aus l. *sāl (salis) m./n.*, also eigentlich ʿWürzungʾ. Da die Salami in feine Scheiben geschnitten wird, heißt die Verfolgung eines Ziels in kleinen Schritten **Salamitaktik**.
Entsprechende Herkunft haben *Salat* und *Soße*, weiterentwickelt *Salär*; das Grundwort zeigen *Salmiak* und *Salpeter*; zur deutschen Verwandtschaft s. *Salz*. − Seebold (1970), 385 f.; *DF* 4 (1978), 20 f.; Röhrich 3 (1992), 1257.

Salär *n. per. fremd.* ʿGehalt, Lohnʾ (< 15. Jh.). Entlehnt aus frz. *salaire m.*, dieses aus l. *salārium* ʿSoldʾ, zu l. *sāl m./n.* ʿSalzʾ. Dieser Sold war ursprünglich für Salz (vermutlich Salzfisch und andere haltbar gemachte Nahrung) gedacht; dann verallgemeinert.
S. *Salami*. − Nyström (1915), 175; *DF* 4 (1975), 21−23.

Salat *m.* (< 15. Jh.). Entlehnt aus it. *salata f.*, eigentlich *insalata f.* ʿdas Eingelegte, Marinierteʾ, ursprünglich ʿdas Eingesalzeneʾ. Das Wort bezeichnet also zunächst die Speise und dann erst die Pflanze.
S. *Salami*. − Röhrich 3 (1992), 1275; *DF* 4 (1978), 23 f.

Salbader *m. per. stil.* ʿSchwätzerʾ (< 17. Jh.). Zuerst bezeugt ist das Abstraktum **Salbaderei**. Verb: **salbadern**. Herkunft unklar, da nur in übertragener Bedeutung bezeugt.
Schröder (1906), 178−180; Röhrich 3 (1992), 1275.

Salband *n. arch.* ʿWebkanteʾ (< 16. Jh.). Fnhd. *selbende*, also ʿeigenes Endeʾ, ebenso mndd. *selfende*, mndl. *selfende* (vgl. nndl. *zelfkant*, fr. *selfkant*, ne. *selvedge* u. a.). Die heutige Lautform ist ostmitteldeutsch im 16. Jh. entstanden und hat zu einer Anknüpfung an *Band* (und sogar zu einer Nachbildung **Sal-Leiste**) geführt.

Salbe *f.* (< 8. Jh.). Mhd. *salbe*, ahd. *salba*, as. *salba* aus wg. *salbō f.* ʿSalbeʾ. Da das zugehörige schwache Verb weiter verbreitet ist, handelt es sich bei *Salbe* vielleicht um eine Rückbildung. Vgl. gt. *salbon*, ae. *sealfian*, afr. *salva*, as. *salbōn*, ahd. *salbōn*, mhd. *salben*. In diesem Fall ist von ʿschmierenʾ auszugehen, das denominativ wäre zu einem indogermanischen Wort für ʿFett, Ölʾ, vgl. ai. *sarpíṣ-* ʿzerlassene Butter, Schmalzʾ, toch. A *ṣälyp*, toch. B *ṣalype* ʿSalbe, Fettʾ, gr. *élpos* ʿÖl, Fettʾ. Weitere Herkunft unklar. Verb: **salben**. Adjektiv: **salbungsvoll**, übertragen für ʿübertrieben feierlichʾ.
Nndl. *zalf*, ne. *salve*. − Röhrich 3 (1992), 1275.

Salbebaum *m.* s. *Sebenbaum*.

Salbei *m./f. erw. fach.* (< 10. Jh.). Mhd. *salbeie, salveie*, ahd. *salbeia, salveia, salveghe f.* ist entlehnt aus l. *salvia f.*, vermutlich abgeleitet von l. *salvus* ʿgesundʾ (s. *salutieren*).

Sälbling *m.* s. *Salm*[1] und *Saibling*.

Salbuch *n. arch.* ʿUrkundenbuchʾ (< 14. Jh.). Spmhd. *salbuoch*, zu mhd. *sal(e) f.*, ahd. *sala f.* ʿrechtliche Übergabe eines Gutsʾ aus g. *salō f.* ʿÜbergabeʾ, auch in anord. *sala f.* ʿVerkaufʾ, ae. *sala m.* Zu einer Wurzel (ig.) *sel-* ʿnehmenʾ, die im Germanischen sonst nur noch durch das Kausativum *sal-eja-* swV. ʿübergebenʾ (evtl. primäres *jo*-Verb mit einem auch sonst nachweisbaren Wechsel der Bedeutung zwischen ʿnehmenʾ und ʿgebenʾ) bezeugt ist, vgl. gt. *saljan* ʿopfernʾ, anord. *selja*, ae. *sellan*, afr. *sella*, as. *sellian*, ahd. *sellen*, mhd. *sellen*, *seln*. Aus ig. (eur.) *sel-* in gr. (Aorist) *heleîn* ʿnehmenʾ und air. *selb f.* ʿBesitzʾ. Weiteres ist unsicher.

Saldo *m. erw. fach.* ʿDifferenzbetragʾ (< 16. Jh.). Entlehnt aus it. *saldo*, einer Ableitung von it. *saldare* ʿfestmachen, ausgleichenʾ, zu it. *saldo* ʿfestʾ, dieses über spätlateinische Zwischenstufen zu l. *solidus* (s. *solide*). Verb: **saldieren**.
DF 4 (1978), 24 f.

Saline *f. per. fach.* ʿAnlage zur Gewinnung von Salzʾ (< 16. Jh.). Entlehnt aus l. *salīnae*, einer Ableitung von l. *salīnus* ʿzum Salz gehörigʾ, zu l. *sāl m./n.* ʿSalzʾ. S. *Salami*.

Salm[1] *m. per. fach.* ʿLachsʾ (< 10. Jh.). Mhd. *salm(e)*, ahd. *salm(o)*, as. *salmo* ist entlehnt aus l. *salmo* gleicher Bedeutung. S. *Saibling*.
Das lateinische Wort vermutlich zu (ig.) *sel-* ʿspringenʾ: A. Greule *Alemannisches Jahrbuch* 1973/5, 86−94; A. R. Diebold: *The Evolution of Indo-European Nomenclature for Salmonid Fish* (Washington 1985); J. Knobloch *Kratylos* 39 (1994), 185 f.

Salm[2] *m.* Nebenform zu *Psalm*.
Röhrich 3 (1992), 1276.

Salmiak *m. erw. fach.* (eine Verbindung von Salzsäure und Ammoniak) (< 14. Jh.). Über mittellateinische Vermittlung entlehnt aus l. *sāl armeniacum n.*, eigentlich: ʿarmenisches Salzʾ, einer Bezeichnung nach dem Herkunftsland. Dann Einmischung von l. *sal ammoniacus* ʿAmmoniakʾ, so daß die Herkunft der Kurzform nicht mehr im einzelnen zu rekonstruieren ist.
S. *Salami*. − J. Ruska *SHAW* 1923,5,20; E. Ploß *ASNSL* 195 (1958), 321−324; K.-H. Weimann *DWEB* 2 (1963), 404; Lüschen (1979), 306 f.

Sälmling *m.* s. *Salm*[1] und *Saibling*.

Salmonelle *f. per. fach.* ʿBakterie, die Darminfektionen hervorruftʾ (< 20. Jh.). Neubildung zu D. E. *Salmon*, dem Namen eines amerikanischen Bakteriologen und Pathologen.

salomonisch *Adj. bildg.* (< 18. Jh.). Besonders in *salomonisches Urteil*, nach dem Urteil des Königs

Salomo über den Streit zweier Mütter um ein Kind (1Kö 3,16−28).

Salon *m. obs.* (< 18. Jh.). Entlehnt aus frz. *salon*, dieses aus it. *salone* ʿGroßer Saalʾ, einem Augmentativum zu it. *sala f.* ʿSaalʾ, frz. *salle f.* ʿSaalʾ, das aus der fränkischen Entsprechung von *Saal* stammt. Selben Ursprungs ist das aus dem Englischen übernommene *Saloon*.
S. *Saal*. − E. Öhmann *NPhM* 44 (1943), 14; *DF* 4 (1978), 26−29; Rey-Debove/Gagnon (1988), 872 f.

Saloon *m.* s. *Salon*.

salopp *Adj.* ʿlocker. legerʾ (< 18. Jh.). Entlehnt aus frz. *salope*, dessen weitere Herkunft nicht sicher geklärt ist. Vermutet wird eine Zusammensetzung aus frz. *sale* ʿschmutzigʾ und frz. *hoppe* ʿWiedehopfʾ, beides Wörter germanischer Herkunft. Der Wiedehopf gilt seit der Antike als schmutzig, weil er sich zur Tarnung auf den Boden legt und mit Erde bedeckt.
Brunt (1983), 461; *DF* 4 (1978), 29 f.

Salpeter *m. erw. fach.* (< 15. Jh.). Fnhd. *salpeter* ist wohl umgebildet aus mhd. *salniter*, dieses aus l. *sāl nitrum* ʿNatronsalzʾ, aus l. *sāl m./n.* ʿSalzʾ und l. *nitrum n.* ʿNatronʾ, dieses aus gr. *nítron n.*, das ägyptischen Ursprungs ist. Die Formveränderung wohl in Anlehnung an l. *sāl petrae* ʿSteinsalzʾ.
S. *Salami*. − P. Forchheimer *MLN* 67 (1952), 103−106; Goltz (1972), 166 f.; Lüschen (1979), 307.

Salto *m. erw. fach.* ʿÜberschlagʾ (< 19. Jh.). Entlehnt aus it. *salto* ʿSprungʾ, dieses aus l. *saltus* ʿSpringen, Hüpfen, Sprungʾ, dem substantivierten PPP. von l. *salīre (saltum)* ʿspringen, hüpfenʾ.
S. *resultieren* und für die griechische Entsprechung *Halma*. − *DF* 4 (1978), 30 f.; Cottez (1980), 374.

salutieren *swV. per. fach.* ʿmilitärisch grüßenʾ (< 16. Jh.). Entlehnt aus l. *salūtāre* ʿgrüßen, begrüßenʾ, zu l. *salūs (-ūtis)* ʿGesundheitʾ, vgl. den Gruß l. *salvē*. Dieses zu l. *salvus* ʿheilʾ. Abstraktum: *Salut*.
S. *Safe, Salbei, Salve*. − *DF* 4 (1978), 31 f.

Salve *f. erw. fach.* ʿgleichzeitig abgefeuerte Anzahl von Schüssenʾ (< 15. Jh.). Entlehnt aus frz. *salve*, dieses aus l. *salve*, zu l. *salvēre* (in der Grußformel *salve* ʿsei gegrüßt, bleib gesund, guten Tagʾ), zu l. *salvus* ʿheilʾ. Zunächst Bezeichnung von gleichzeitig abgefeuerten Schüssen als Gruß und Ehrenbezeugung (vgl. *Salut*); dann übertragen auf scharfes Schießen.
DF 4 (1978), 32 f.

Salweide *f. erw. fach.* (< 13. Jh.). Mhd. *salewīde*, mndd. *salwīde*. Verdeutlichende Zusammensetzung für gleichbedeutendes mhd. *salhe*, ahd. *salaha* aus g. **sal(i)hō f.*, auch in anord. *selja*, ae. *sealh*. Aus ig. (weur.) **salik-* ʿWeideʾ, auch in l. *salix*, mir. *sail*,

kymr. *helyg(os)*. Da der Baum häufig zusammen mit Farbwörtern genannt wird (vgl. l. *salix cāna* ʿdie graue Weideʾ, lit. *žil-vìtis m.* ʿGrauweideʾ) ist ein Zusammenhang mit air. *salach* ʿschmutzigʾ, g. **salwa-* ʿdunkelʾ möglich. Dieses in anord. *sǫlr*, ae. *salu*, ahd. *salo*. Ne. *sallow*, nschw. *sälg*.

Salz *n.* (< 8. Jh.). Mhd. *salz*, ahd. *salz*, as. *salt* aus g. **salta- n.* ʿSalzʾ, auch in gt. *salt*, anord. *salt*, ae. *sealt*. Abgeleitet von g. **salt-a- stV.* ʿsalzenʾ in gt. *saltan*, ae. *sealtan*, mndd. *solten*, mndl. *souten*, ahd. *salzan*. Auszugehen ist von ig. **səl-* ʿSalzʾ in gr. *háls m.*, l. *sāl m./n.*, als *i*-Stamm l. *sal(e)*, lett. *sāls*, akslav. *solĭ f.*, arm. *ał* und vielleicht kymr. *hâl*. Andere Bildungen in toch. A *sāle*, toch. B *salyiye* und air. *salann*, kymr. *halen*. Das germanische Verb geht auf ein Faktitivum **səl-d-* ʿSalz geben, würzenʾ zurück, das vielleicht auch in l. *sal(l)īre* und air. *saillid* vorliegt. Von diesem aus wurde im Germanischen der Dental auf das Substantiv übertragen. Über die Bedeutung ʿWürzeʾ, dann ʿMalzʾ (ʿBierwürzeʾ) beim Grundwort führte eine ähnliche Bildung **sə̄l-d-u-* ʿMalzgeschmack gebendʾ im Baltischen und Slavischen zum allgemeinen Adjektiv für ʿsüßʾ. Die ursprüngliche Bedeutung von **səl* ist ʿBodensatzʾ. Das durch Verdunsten oder Verdampfen gewonnene Meersalz konnte so bezeichnet werden, weil sprachlich zwischen ʿsich setzen − beim Verdunsten/Verdampfen zurückbleiben − ausgeschmolzen werden − gefiltert/geseiht werden u.ä.ʾ vielfach kein Unterschied gemacht wird. Deshalb bedeuten Bildungen aus der gleichen Grundlage auch ʿSediment, Schlammʾ. Zugrunde liegt ein *l*-Stamm zu einem Verb **sē-/sə-* ʿsich setzen, herausträufelnʾ, erweitert belegt in gr. *ēthéō* ʿich siebe, seiheʾ, anord. *sáld* ʿSiebʾ, kymr. *hidl* ʿSiebʾ, mir. *sithlad, sithlód* ʿfiltern, schmelzen usw.ʾ. Verb: *salzen*; Adjektiv: *salzig*.
Nndl. *zout*, ne. *salt*, nschw. *salt*, nisl. *salt*. S. *Salami, Sole, Sülze*. − V. Hehn: *Das Salz* (2. Aufl. Leipzig 1919); Schulze (1933), 118 f.; Lüschen (1979), 307 f.; Goltz (1972), 163−165; E. Seebold in: *FS Matzel* (1984), 125−130; Röhrich 3 (1992), 1276−1278; Heidermanns (1993), 466.

-sam *Suffix*. Schon in ahd. *-sam*, gt. *-sama*. Ursprünglich selbständiges Wort mit der Bedeutung ʿvon gleicher Beschaffenheitʾ, vgl. gt. *sama*, anord. *samr*, ae. *same*, as. *sama*, ahd. *samo*.
S. *sammeln, samt, zusammen*. − U. Möllmann: *Die althochdeutschen Adjektive auf -sam* (Göttingen 1994); Heidermanns (1993), 467 f.

Samariter *m. erw. bildg.* ʿhelfender Menschʾ (< 16. Jh.). So benannt nach der Erzählung vom barmherzigen Samariter im Neuen Testament Lk 10,30−37 (eigentlich ʿBewohner von *Samaria*ʾ, der Hauptstadt des israelitischen Nordreiches in Mittelpalästina).
Littmann (1924), 34; *DF* 4 (1978), 33; Röhrich 3 (1992), 1278.

Same(n) *m.* (< 8. Jh.). Mhd. *sām(e)*, ahd. *samo*, as. *sāmo*. Konkretbildung zu *säen*, wie in l. *sēmen n.*, lit. *sémenys m. Pl.*, akslav. *sěmę n.*

S. *Rübsen, säen.* − Kluge (1926), 46 f. Zur Entlehnung ins Finnische s. *LÄGLOS* (1991), 100.

sämig *Adj. erw. fach.* ´dickflüssig´ (< 19. Jh.). Niederdeutsche Nebenform (ndd. *sēmig*) zu *seimig* (s. *Seim*).

Sämischleder *n. per. fach.* (< 15. Jh.). Sicher ein Fremdwort, doch ist die Herkunft umstritten. Am ehesten aus frz. *chamois m.* ´Gemse, Gamsleder, Sämischleder´.

Steinhauser (1978), 44 f.

sammeln *swV.* (< *8. Jh.; Form < 14. Jh.). Mhd. *samelen* mndd. *samelen*, dissimiliert aus mhd. *sam(e)nen, samen*, ahd. *samanōn*, as. *samnōn*, *samnoion* aus g. *samen-ō- swV.* ´sammeln´, auch in anord. *samna, safna*, ae. *samnian*, afr. *samnia, somnia*; Faktitivum zu g. *samena- Adv.* in gt. *samana-*, anord. as. *saman*, ahd. *samant*. Nndl. *zamelen*. S. *gesamt, zusammen.*

Sammelsurium *n. stil.* (< 17. Jh.). Bezeichnung für Sprachmischung, zusammengetragene Texte u.ä., dann in der Bedeutung verallgemeinert. Das Wort ist offenbar übernommen aus ndd. *sammelsūr* ´saures Gericht aus gesammelten Speiseresten´, wie *swartsūr* ´Gänseklein mit Essig und Blut´, also zu *sauer*. Das ndd. Wort (das nur lexikalisch und erst längere Zeit nach *Sammelsurium* bezeugt ist) hat dann offenbar eine pseudo-lateinische Endung bekommen; es stammt deshalb in dieser Form vermutlich aus der Studentensprache.

J. Knobloch *SW* 1 (1976), 479 f.

Samowar *m. per. exot.* (eine russische Teemaschine) (< 19. Jh.). Entlehnt aus russ. *samovár* (vermutlich als ´Sclbstkocher´ zu russ. *sam* ´selbst´ und russ. *varít´* ´kochen´, doch ist volksetymologische Anlehnung an ein fremdes Wort nicht ausgeschlossen).

Samstag *m. md. obd.* (< 9. Jh.). Mhd. *sam(e)ztac*, ahd. *sambaztag, samiztag*. Entlehnt aus l. *sabbatum n.*, zu ntl.-gr. *sábbaton n.* mit einer vermutlich schon von vulgärgriechischer Nasalierung. Dieses gehört zur jüdisch-griechischen Wochentagszählung und beruht auf hebr. *šabbāṭ* ´Ruhetag´. Das Wort gehört zu den frühen Entlehnungen aus dem antiken und christlichen Kulturkreis, die schon vor der Christianisierung der Germanen aufgenommen wurden. Es ist wesentlich weiter verbreitet als etwa *Ergetag* (s.d.), das einen speziellen Einfluß auf den südostdeutschen Raum zeigt und deshalb wesentlich später entlehnt worden ist. Der Samstag ist der einzige Wochentag, unter dessen Bezeichnungen in keiner germanischen Sprache ein germanischer Göttername auftaucht. Vielmehr ist mit *Satertag* (mndd. *sater(s)dach*, afr. *sāterdei*, ae. *sæterndæg*) l.

Sāturni diēs entlehnt (was sonst − außer in dem südöstlichen *Ergetag* − nicht vorkommt) und − neben *Samstag* − eine germanische Bezeichnung, nämlich *Sonnabend*, eingeführt.

S. auch *Sabbat.* − Th. Frings *IF* 45 (1930), 276−306; Schulze (1933), 281−296, 514 f.; E. Schwyzer *ZVS* 62 (1934), 1−16; M. Förster *Anglia* 68 (1944), 1−3, Anm.; A. D. Avedisian *DWEB* 2 (1963), 231−264, Pfister (1980), 78−84.

Samt *m.*, früher auch **Sammet**, (< 13. Jh.). Mhd. *samīt*, mndd. *sammit*, mndl. *samijt*. Entlehnt aus afrz. *samit* oder aus einem diesem zugrunde liegenden ml. *sametum, samitum n.*, älter *examitum n.*, das aus mgr. *exámiton, xámetos* stammt. Dieses aus gr. *héx* ´sechs´ und gr. *mítos* ´Faden´ für ein ursprünglich in Ostrom hergestelltes sechsfädiges Seidengewebe. Adjektiv: *samten*.

Heyne (1899/1903), III, 230; Röhrich 3 (1992), 1278.

samt *Adv./Präp.* (< 8. Jh.). Mhd. *samt*, älter *sament*, ahd. *samant, samit* ´zusammen (mit)´, as. *samad, samod* aus g. *samaþ- Adv.* ´zusammen, zugleich´, auch in gt. *samaþ*, ae. *samod*. Adverbialbildung zu *sama-* ´gleich´ (s. *-sam, zusammen*), im Deutschen angeglichen an *(zu)sammen*. Modifikation: *sämtlich*.

S. *sammeln, zusammen.* − G. Schieb *BGDSL-H* 82 (1961), 217−234; Röhrich 3 (1992), 1278.

Sanatorium *n. erw. fach.* ´Heilanstalt´ (< 19. Jh.). Neoklassische Bildung, vermutlich zuerst in England gebraucht, zu l. *sanāre* ´heilen´ (s. *sanieren*), zu l. *sānus* ´heil´.

DF 4 (1978), 33 f.; Rey-Debove/Gagnon (1988), 873; Röhrich 3 (1992), 1278 f.

Sand *m.*, früher auch *n.* (< 8. Jh.). Mhd. *sant*, ahd. *sant m./n.*, as. *sand* aus g. *sanda- m.(/n.)*, auch in anord. *sandr*, ae. *sand n.*, afr. *sand*, *sond n.* Mit Rücksicht auf gr. *ámathos f.* ´Sand´ und die Nebenformen mhd. *sampt*, bair. *samp* kann ein älteres g. *samad-* erschlossen werden, aus dem das normale Wort durch Assimilation entstanden wäre. Das griechische Wort hat eine Reimvariante *psámathos f.*, die vermutlich zu gr. *psēn* ´reiben, schaben´ gehört. Der Zusammenhang ist umstritten (Vereinfachung von *ps-*, Kreuzung zweier ursprungsverschiedener Wörter?). Hierher auch l. *sabulum n.* ´Sand, Kies´ als ig. *psa-dʰlo-*? Die Zusammenhänge sind zumindest morphologisch undurchsichtig. Adjektiv: *sandig*; Präfixableitung: *versanden*.

J. Koivulehto in: *FS Schmitt* (1988), 250; Röhrich 3 (1992), 1279 f.

Sandale *f.* (< 16. Jh.). Entlehnt aus l. *sandalium n.*, dieses aus gr. *sándalon n.*, das persischen Ursprungs ist. Modifikation: *Sandalette*.

Littmann (1924), 20 f.; *DF* 4 (1978), 34 f.

Sandelholz *n. per. fach.* (< 15. Jh.). Entlehnt aus it. *sandalo m.*; dieses aus arab. *ṣandal*, das über pers. *čandal* auf ai. *candana- m.* zurückführt. Dorthin aus den dravidischen Sprachen ohne klare Etymologie.

Littmann (1924), 16.

Sander *m.* s. *Zander.*

Sandwich *n.* (< 19. Jh.). Entlehnt aus ne. *sandwich*, so benannt nach dem Grafen von *Sandwich*, der als leidenschaftlicher Spieler belegte Brote zum Spiel mitnahm, um es nicht durch Mahlzeiten unterbrechen zu müssen.

Ganz (1957), 195 f.; Rey-Debove/Gagnon (1988), 874−876.

sanft *Adj.* (< 9. Jh.). Mhd. *senfte, semfte (sanfte, samfte Adv.*), ahd. *samfti*, andfrk. *senifti* aus g. **samftja-*, wobei das *f* offenbar auf einem Übergangslaut vor der Lautverschiebung beruht, also **som-tjo-*, dann **somptjo- Adj.* ʹsanft, weich, angenehmʹ, auch in ae. *sōfte.* Ig. **sem-* ʹeinsʹ, zu dem auch ig. **somo-*, g. **sama-* ʹgleichʹ gehört (s. *zusammen*), entwickelt auch Bedeutungen wie ʹsich vereinigen, passen, gefallen u.ä.ʹ, vgl. etwa gt. *samjan* ʹgefallenʹ, anord. *sama* ʹpassen, sich schickenʹ. Hierzu offensichtlich als frühe Ableitung aus der Grundlage **sem-* auch das hier genannte Adjektiv. Präfixableitung: ***besänftigen.***

Nndl. *zacht*, ne. *soft.* S. *sacht, Sänfte, zusammen.* − Heidermanns (1993), 468 f.

Sänfte *f. obs.* (< *8. Jh., Bedeutung < 16. Jh.). Übertragung des alten Abstraktums zu *sanft* auf den konkreten Gegenstand.

sanguinisch *Adj. per. fach.* ʹleichtblütigʹ (< 16. Jh.). Entlehnt aus l. *sanguineus* zu l. *sanguis* ʹBlutʹ. Das Wort bezeichnet eines der vier Temperamente nach der mittelalterlichen Säftelehre (zu dieser s. unter *Humor*). Täterbezeichnung: ***Sanguiniker.***

DF 4 (1978), 35 f.

sanieren *swV. per. fach.* ʹwiederherstellenʹ (< 19. Jh.). Entlehnt aus l. *sānāre (sānātum)* ʹheilen, gesund machenʹ, zu l. *sānus* ʹgesund, heilʹ. Abstraktum: ***Sanierung.***

S. *sanitär, Sanatorium, Sanitäter.* − Schirmer (1911), 166 f.; *DF* 4 (1978), 37−39.

sanitär *Adj. erw. fach.* ʹHygiene und Körperpflege betreffendʹ (< 19. Jh.). Entlehnt aus frz. *sanitaire*, einer Neubildung zu l. *sānitās* ʹGesundheitʹ; dieses eine Ableitung von l. *sānus* ʹgesund, heilʹ.

S. *sanieren.* − *DF* 4 (1978), 39.

Sanitäter *m.* (< 17. Jh.). Zugehörigkeitsbildung zu veraltetem ***Sanität*** ʹGesundheit, Gesundheitswesenʹ, das entlehnt ist aus l. *sānitās* ʹGesundheitʹ, s. *sanieren.* ***Sanka*** ʹKrankenwagenʹ ist gekürzt aus *Sanitätskraftwagen.*

DF 4 (1978) 39 f.

Sankt *Partikel* ʹder heiligeʹ vor Namen (< 9. Jh.). Entlehnt aus entsprechend gebrauchtem l.

sānctus ʹheiligʹ, PPP von l. *sancīre* ʹweihen, unverletzlich machenʹ.

Röhrich 3 (1992), 1280 f.

Sanktion *f. per. fach.* ʹBestätigung − Bestrafungʹ (< 16. Jh.). Entlehnt aus frz. *sanction* und dem diesem zugrundeliegenden l. *sānctio*, Abstraktum zu l. *sancīre (sānctum)* ʹweihen, unverletzlich machenʹ, zu l. *sacer* ʹheiligʹ. Hierzu einerseits die positive Bedeutung ʹpositive Festlegung, Anerkennungʹ, die heute veraltet ist; andererseits die zunächst völkerrechtliche, dann gesellschaftliche Bedeutung ʹAndrohung von Strafe für die Übertretung einer Normʹ. Verb: ***sanktionieren.***

S. *Sakrament.* − *DF* 4 (1978), 41−44.

Saphir *m. erw. fach.* (ein Edelstein) (< 13. Jh.). Mhd. *saphīr[e]* ist entlehnt aus l. *sapp(h)īrus f.*, dieses aus gr. *sáppheiros f.*, das aus einer semitischen Sprache übernommen ist.

Littmann (1924), 16; *DF* 4 (1978), 46 f.; Lüschen (1979), 309 ff.

Sappe *f. arch.* ʹUnterminierungʹ (< 16. Jh.). Entlehnt aus frz. *sape*, schon zuvor ***sappiren*** aus frz. *saper.* Weitere Herkunft unklar.

sapperlot *Interj.*, **sapperment** *Interj.*, s. *sackerlot.*

Sardelle *f.* s. *Sardine.*

Sardine *f.* (< 16. Jh.). Entlehnt aus it. *sardina*, dieses zu l. *sarda* ʹHeringʹ. Dazu das Diminutivum ***Sardelle.***

Sarg *m.* (< 9. Jh.). Mhd. *sarc(h)*, ahd. *sarc*, as. *sark.* Entlehnt aus einem vorauszusetzenden ml. **sarcus*, das auch afrz. *sarcou* ergeben hat. Das volle lateinische Wort ist *sarcophagus*, das aus gr. *sarkophágos* entlehnt ist (s. *Sarkophag*).

S. *Sarkasmus.* − K. Gernaud: *Die Bezeichnungen des Sarges im Galloromanischen* (Gießen 1928); H. Lamer *UWT* 36 (1932), 598; Cox (1967), 27−50; Röhrich 3 (1992), 1281.

Sarkasmus *m. per. fach.* ʹbeißender, verletzender Spottʹ (< 16. Jh.). Entlehnt aus l. *sarcasmus*, dieses aus gr. *sarkasmós*, Abstraktum von gr. *sarkázein* ʹverhöhnenʹ, eigentlich ʹzerfleischenʹ, zu gr. *sárx (sarkós) f.* ʹFleischʹ. Adjektiv: ***sarkastisch.***

S. *Sarg, Sarkophag.* − *DF* 4 (1978), 48 f.

Sarkophag *m. per. fach.* ʹSteinsargʹ (< 17. Jh.). Entlehnt aus (kirchen-)l. *sarcophagus*, dieses aus gr. *sarkophágos*, wörtlich ʹFleischfressendesʹ, zu gr. *sarkophágos* ʹfleischfressendʹ, zu gr. *sárx (sarkós) f.* ʹFleischʹ und gr. *phageîn* ʹessen, fressenʹ. Das Wort war offensichtlich eine Bezeichnung für Ätzkalk und wurde auf einen ähnlich aussehenden Marmor übertragen. Aus diesem wurden die spätgriechischen Prunksärge gebildet.

S. *Sarg, Sarkasmus.* − *DF* 4 (1978), 50; Cottez (1980), 375; J. Knobloch *Glotta* 60 (1987), 2−7.

Saß *m. arch.* ´Ansässiger´ (< 17. Jh.). Ursprünglich nur in Komposita (s. *Beisasse, Insasse, Hintersasse*), da das Wort ursprünglich ein Verbalabstraktum ist (´dessen Sitz dabei usw. ist´). Zum weiteren s. *Insasse*.
St. Brink *Namn og Nemne* 4 (1987), 79–84.

Satan *m.* (< 9. Jh.). Mhd. *satanās, satān, satanāt*, ahd. *Satanās*, ist entlehnt aus kirchen-l. *satan, satanās*, dieses aus ntl.-gr. *satān, satanās*, aus hebr. *śāṭān*, eigentlich ´Widersacher, Feind (Gottes)´. Adjektiv: *satanisch*.
Behaghel 1 (1923), 51; Littmann (1924), 31; K.-H. Weimann *DWEB* 2 (1963), 404; Lokotsch (1975), 148; *DF* 4 (1978), 50–53; Röhrich 3 (1992), 1281.

Satel *f.* ´Getreidemaß, Ackerstück´ s. *Sattel²*.

Satellit *m. erw. fach.* (< 17. Jh.). Entlehnt aus l. *satelles (-itis)* ´Trabant, Gefolge, Anhänger, Begleiter, Helfershelfer´, das wohl etruskischer Herkunft ist.
DF 4 (1978), 53 f.; J. Knobloch in *FS B. Collinder* (Wien 1984), 275–277.

Satin *m. per. fach.* (ein Gewebe) (< 13. Jh.). Mhd. *satin* ist entlehnt aus afrz. *satin*, dieses über spanische Vermittlung aus arab. *zaitūnī*, eigentlich ´(Seide) aus Zaitūn´; so bezeichnet nach dem arabischen Namen der chinesischen Stadt *Tseutung*, wo der Stoff hergestellt wurde.
Littmann (1924), 94; Lokotsch (1975), 171.

Satire *f. erw. fach.* (< 16. Jh.). Entlehnt aus l. *satira* (älter: *satura*), zu l. *satura (lanx)* ´Allerlei, Gemengsel, Fruchtschüssel´, zu l. *satur* ´satt, gesättigt, reichlich, fruchtbar´ (verwandt mit l. *satis* ´genug´). So bezeichnet als Stegreifreden bzw. Gedichte, die sich mit den verschiedensten alltäglichen, historischen (usw.) Gegenständen ironisierend auscinandersetzten. Also ungefähr ´Potpourri´. Adjektiv: *satirisch*; Täterbezeichnung: *Satiriker*.
S. *Satisfaktion, saturieren* und zur germanischen Verwandtschaft *satt*. – *DF* 4 (1978), 54–57.

Satisfaktion *f. obs.* ´Genugtuung´ (< 16. Jh.). Entlehnt aus l. *satisfactio* zu l. *satis* ´genug´ (s. *Satire*) und l. *facere* ´machen´ (s. *infizieren*).
DF 4 (1978), 57 f.; Röhrich 3 (1992), 1281 f.

satt *Adj.* (< 9. Jh.). Mhd. *sat*, ahd. *sat*, as. *sad* aus g. **sada-* *Adj.* ´satt´, auch in gt. *saþs*, anord. *saðr*, ae. *sæd*. Aus einer verbreiteten Erweiterung (evtl. ursprünglich *to*-Partizip o.ä.) ig. (eur.) **sāt, sət-*, auch in l. *satur*, air. *sáith* ´Sattheit´, lit. *sotùs*, akslav. *sytŭ* ´satt´, gr. *áatos* ´unersättlich´; die Vollstufe auch in gt. *soþs*, afr. *sēd(e)* ´Sättigung´ u. a. Die zugrundeliegende Wurzel in ai. *asinvá-* ´unersättlich´, toch. AB *si-* ´zufriedengestellt sein´, gr. *āsai Aor.* ´sich sättigen´. Abstraktum: *Sattheit*; Verb: *sättigen*.

Nndl. *zad*, ne. *sad* ´traurig´. S. *Satire*. – Röhrich 3 (1992), 1282; Heidermanns (1993), 458 f.

Satte *f. per. ondd.* ´Milchgefäß für Rahmansatz und Sauerwerden´, **Sette** *f., wndd.* (< 18. Jh.). Herkunft unklar; vielleicht zu verbinden mit ahd. *satta* ´Speisekorb´, das aus l. *satum n.*, ntl.-gr. *sáton n.* ´Mehlmaß´ entlehnt ist. Ursprünglich ist *Satum* ein hebräisches Maß (= 1 1/2 römische Scheffel = 88 Liter), aus aram. *sata*.
S. auch *Sattel²*. – Kretschmer (1969), 352.

Sattel¹ *m.* ´Sitz auf dem Pferd´ (< 8. Jh.). Mhd. *satel*, ahd. *satul, satil*, mndd. *sadel, sedel*, mndl. *sadel*; zu vergleichen mit anord. *sǫðull*, ae. *sadol*, afr. *sadel*. Naheliegend ist eine Verbindung mit *sitzen*, doch ist ein Zusammenhang aus lautlichen Gründen mindestens nicht ohne Zusatzannahmen möglich. Vorgezogen wird deshalb die Annahme der Entlehnung aus slav. **sedŭlo* (akslav. *sedlo* ´Sattel´) aus dem entsprechenden slavischen Verb; doch ist auch diese Annahme wegen des Vokals nicht ganz unbedenklich. Da die Germanen in früher Zeit nicht auf Sätteln ritten, ist Entlehnung wahrscheinlich, die Ausgangssprache muß aber offen bleiben. Verb: *(ab-, um-) satteln*; Täterbezeichnung: *Sattler*.
E. P. Hamp *NOWELE* 15 (1990), 11–22 (< **sod-dhlo-*); Röhrich 3 (1992), 1282 f.

Sattel² *f.,* auch **Satel** *f. arch.* ´Getreidemaß´, danach ´Ackermaß´ (soviel Land, wie man mit einer Sattel Getreide besäen kann) (< 9. Jh.). Mhd. *satel(e) m./n.*, ahd. *sātila, sātala*. Vermutlich aus einem ml. **satellum n.*, Diminutiv zu l. *satum n.* (s. unter *Satte*). Falls die regionale Bedeutung ´längliches Ackerbeet´ auf eine Entsprechung von luxemb. *sadil* ´die Breite, die der Sämann beim Säen mit der Hand erreicht´ zurückführt, liegt dabei wohl ein anderes Wort (ein Ableitung zu *säen*) vor.

sattelfest *Adj.* (< 18. Jh.). Eigentlich ´sicher im Sattel sitzend´, aber in der Hochsprache nur übertragen gebraucht (´bewandert, auf alle Fragen gefaßt´).

saturieren *swV. per. fremd.* ´sättigen´ (< 18. Jh.). Entlehnt aus l. *saturāre*, zu l. *satur* ´satt´. Adjektiv (Partizip): *saturiert*.
S. *Satire, Satisfaktion*. – *DF* 4 (1978), 59 f.

Satyr *m. per. bild.* ´lüsterner Waldgeist´ (< 17. Jh.). Entlehnt aus l. *Satyrus*, dieses aus gr. *Sátyros*, unbekannter Herkunft.

Satz *m.* (< 10. Jh.). Mhd. *saz*, ahd. *-saz*. In der alten Bedeutung ´Stellung, Lage´ Abstraktum zu *sitzen*; sonst (´Sprung, Ausspruch´) Rückbildung zu *setzen* als ´das Gesetzte´.

Sau *f.* (< 9. Jh.). Mhd. *sū*, ahd. *sū*, as. *sū* aus g. **sū- f.*, auch in anord. *sýr*, ae. *sū*. Dieses aus ig. **sū- f.* ´Sau´, auch in l. *sūs*, lett. *suvēns* ´Ferkel´, gr. *hỹs m./f.*, toch. B *suwo*, avest. *hū-* ´Schwein, Eber´, ai. *sūkará- m.* ´Schwein, Eber´ (umgedeutet als ´su-

Macher'). Man sieht in dem Wort eine Nachahmung des Schweinegrunzens, da *suk* (u.ä.) im Germanischen und Slavischen auch als Lockruf für Schweine verwendet wird. Eine *k*-Erweiterung in der Bezeichnung für das Schwein kommt auch vor in ae. *sugu*, as. *suga*, air. *soc(c)* 'Pflugschar, Schnauze', kymr. *hwch*. Verb: *(ver-) sauen*: Abstraktum: **Sauerei**; Adjektiv: **säuisch**.

S. *Schwein*. − P. Kretschmer *Glotta* 13 (1924), 132−138; H.-F. Rosenfeld *NM* 3 (1947), 54−81; Benveniste (1969/1993), 23−32. Zu *Sau* als Spielkarte: H. Rosenfeld *AK* 52 (1970), 66 f.; Röhrich 3 (1992), 1283−1286.

sauber *Adj.* (< 9. Jh.). Mhd. *sūber*, *sūver*, *sūfer*, ahd. *sūbar*, as. *sūbri*. Wie ae. *sȳfre* 'makellos' vermutlich entlehnt aus l. *sōbrius* 'nüchtern' über eine Zwischenstufe ml. *subrius*, *suber*. Abstraktum: **Sauberkeit**; Verb: **säubern**; Modifikation: **säuberlich**.

J. Hennig *MS* 82 (1972), 45−51

Saubohne *f. per. fach.* (< 18. Jh.). Für die groben Bohnen *(vicia faba)*, weil sie als Viehfutter verwendet wurden. Vorher dienten sie auch als menschliche Nahrung, und unter *Saubohne* wurden (seit dem 16. Jh.) das Bilsenkraut (vgl. die gleichbedeutende Bezeichnung gr. *hyos-kýamos*) und andere Pflanzen verstanden.

Hoops (1905), 464 f.; Röhrich 3 (1992), 1286.

Sauce *f.* s. *Soße*.

sauer *Adj.* (< 8. Jh.). Mhd. *sūr*, ahd. *sūr*, mndd. *sūr*, mndl. *suur* aus g. **sūra-* Adj. 'sauer', auch in anord. *sūrr*, ae. *sūr*. Eine ältere Bedeutung 'feucht' zeigt sich in ahd. *sūrougi*, ae. *sūrīge*, anord. *sūreygr* 'triefäugig'. Entsprechend akslav. *syrŭ* 'naß, feucht' (als Substantiv 'Käse'), akslav. *usyriti* 'gerinnen', lit. *sū́ras* 'salzig', lit. *sū́ris* 'Käse'. Auszugehen ist offenbar von ig. (oeur.) **suə-ro-* 'saftend, saftig' zu ae. *sēaw*, ahd. *sou* 'Saft' (erweitert in l. *sūcus* 'Saft'), frühzeitig verengt auf das Wasserziehen bei Milchprodukten. Der Übergang zu 'salzig' im Litauischen hängt vielleicht mit einer Veränderung in der Produktionsweise zusammen, indem von einem vorwiegend sauren Quarkkäse zu einem stärker gesalzenen Hartkäse übergegangen wurde. Abstraktum: **Säure**; Verb: **säuern**: Modifikation: **säuerlich**.

Nndl. *zuur*, ne. *sour*, nschw. *sūr*, nisl. *súr*. S. *Sammelsurium*, *Saurach*, *Säure*. − E. Seebold in: *FS Matzel* (1984), 124 f.; Röhrich 3 (1992), 1286; Heidermanns (1993), 568 f..

Sauerampfer *m.* s. *Ampfer*.

Sauerstoff *m.* (< 18. Jh.). Lehnbildung zu frz. *oxygène*, zu gr. *oxýs* 'scharf, stechend, sauer' und gr. *-genos* 'erzeugend' nach dem sauren Geschmack vieler Oxyde.

Sauertopf *m. erw. stil.* 'mürrischer Mensch' (< 16. Jh.). Übertragung wie **Essigkrug** gleicher Bedeutung (17. Jh.). Die Übertragung geht von

saures Gesicht 'ein Gesicht, wie wenn man etwas Saures gegessen hat' aus (gegebenenfalls speziell: ndd. *Sauer* 'Essig'). Adjektiv: **sauertöpfisch**.

Saufeder *f. arch.* 'Jagdspieß' (< 18. Jh.). Offenbar zunächst scherzhaft, indem das Abtun des Wildschweins mit dem Kitzeln (mit einer Feder) verglichen wird. **Saufedern** für 'Borsten' und danach für 'Bettstroh' ist ein entsprechender Scherz.

saufen *st V.* (< 9. Jh.). Mhd. *sūfen*, ahd. *sūfan*, mndd. *supen*, mndl. *supen* aus g. **sūp-a- st V.* 'saufen', auch in anord. *súpa*, ae. *sūpan*. Die Sippe hat keine brauchbare Vergleichsmöglichkeit auf gleicher Stufe, gehört aber wohl als Wurzelerweiterung zu den Wörtern für 'saugen' (s. *saugen*). Präfigierungen: **be-, er-, versaufen**; Nomen agentis: **Säufer**; Abstrakta: **Sauferei**, **Suff**.

Nndl. *zuipen*, ne. *sup*, nschw. *supa*, nisl. *súpa*. S. *seufzen*, *supfen*, *Suppe*. − E. Schwyzer *ZVS* 58 (1931), 174³; Seebold (1970), 399 f.; Röhrich 3 (1992), 1287.

saugen *st V.* (< 8. Jh.). Mhd. *sūgen*, ahd. *sūgan*, as. *sūgan* aus g. **sūg-a- st V.* 'saugen', auch in anord. *súga*, ae. *sūgan*. Eine nur germanische Erweiterung zu der gut bezeugten Wurzel (ig.) **seuə-* 'saugen'. Die unerweiterte Wurzel in ai. *sunoti* 'preßt aus' und in den Wörtern für 'Saft' ae. *sēaw*, ahd. *sou* (s. *sauer*); sonst Weiterbildungen wie in *saufen*, ae. *sūcan*, akslav. *sŭsati* usw. Falls das *g* in *saugen* auf grammatischen Wechsel zurückgeht, kann unmittelbar verglichen werden lett. *sùkt* 'saugen'. Abstraktum: **Sog**.

Nndl. *zuigen*. S. *säugen*, *suckeln*, *nuckeln*. − E. Schwyzer *ZVS* 58 (1931), 174³ und 187 f.; Seebold (1970), 398.

säugen *sw V.* (< 8. Jh.). Mhd. *söugen*, *sougen*, ahd. *sougen*, as. *sōgian* aus vd. **saug-eja- sw V.* 'säugen', Kausativum zu *saugen*. Nominalableitung: **Säugling**.

Säule[1] *f.* 'Pfeiler' (< 8. Jh.). Mhd. *sūl*, ahd. *sūl*, *siule*, as. *sūl* aus g. **sūli- f.* 'Säule', auch in anord. *súl*, ae. *sȳl*, afr. *sēle*. Offenbar dazu im Ablaut gt. *sauls f.* Herkunft unklar. Die neuhochdeutsche Form ist aus dem Plural rückgebildet.

Nndl. *zuil*. − Röhrich 3 (1992), 1288.

Säule[2] *f. per. wmd. wndd.* 'Ahle' (< 10. Jh.). Mhd. *siu(we)le*, ahd. *siu(wi)la*, *suila*. Instrumentalbildung zu der unter *Saum*[1] dargestellten Wurzel (ig.) **sjeu-* 'nähen'. S. *Pinsel*[2].

Saum[1] *m.* 'genähter Rand' (< 9. Jh.). Mhd. *soum*, ahd. *soum*, as. *sōm*, mndd. *sōm*, mndl. *soom* aus g. **sauma- m.*, älter **sjauma-* 'Saum', auch in anord. *saumr*, ae. *sēam*, afr. *sām*. Ähnliche Bildungen sind außergermanisch heth. *šumanza* 'Seil, Strick', ai. *syū́man-* 'Band, Naht', apreuß. *schumeno* 'Schusterdraht' und wohl auch gr. *hymén* 'Häutchen, (Band)'. Abgeleitet von der Wurzel (ig.) **sjeu-* 'nähen' in mhd. *siuwen*, *sūwen*, ahd. *siuwen*, *siuwian*, mndd. *suwen*, afr. *sīa*, ae. *seowian*, anord.

sýja, gt. *siujan*; außergermanisch l. *suere*, lit. *siū́ti*, akslav. *šiti*, ai. *sī́vyati*. Verb: **säumen**[1].

Nndl. *zoom*, ne. *seam*, nschw. *söm*, nisl. *saumur*. S. *Säule*[2]. – Kluge (1926), 46 f.; Röhrich 3 (1992), 1289.

Saum[2] *m. arch.* 'Last' (< 11. Jh.). Besonders in **Saumtier**. Mhd. *soum*, ahd. *soum*. Wie ae. *sēam* entlehnt aus ml. *sauma f./n.* 'Packsattel', das über l. *sagma f./n.* aus gr. *ságma n.* entlehnt ist. Dieses zu gr. *sáttein* 'vollstopfen, bepacken'.

Palander (1899), 95 f.

säumen[2] *swV.*, meist **versäumen** *swV.*, auch **säumen** *swV.* 'zögern' (< 9. Jh.). Mhd. *sūmen, soumen*, ahd. *(fir)sūmen*, mndd. *sumen*. Die Ausgangsbedeutung von ahd. *firsūmen* ist 'vernachlässigen', was unter einem Ansatz (ig.) *sewə- zu gr. *eáein* 'lassen, zulassen, unterlassen' paßt. Falls ai. *suváti* 'treibt an', ai. *savi-tár* 'Antreiber' dazu gehört, muß dort die Bedeutung 'lassen' in anderer Richtung entwickelt worden sein ('lassen' – 'zulassen' – 'bewirken'). Abstraktum: **(Ver-) Säumnis**; Adjektiv: **saumselig**.

Nndl. *verzuimen*. – Heidermanns (1993), 567 f.

Sauna *f. erw. exot. ass.* 'Schwitzbad' (< 20. Jh.). Entlehnt aus finn. *sauna*.

E. Kunze *NM* 71 (1970), 53–66; *DF* 4 (1978), 62.

Saurach *m. arch.* 'Berberitze' (< 15. Jh.). Abgeleitet von *sauer*, da die Beeren sauer schmecken.

Säure *f.* (< 9. Jh.). Mhd. *siure*, ahd. *sūrī*; Abstraktum zu *sauer*, das allmählich auf die Bezeichnung saurer Flüssigkeit (z. B. Essig) spezialisiert und dann zum Fachausdruck der Chemie wird.

Sauregurkenzeit *f. stil.* 'Zeit, in der wenig los ist' (< 18. Jh.). Ursprünglich kaufmännisch. Nach Zeiten benannt, in denen die Lebensmittel spärlich sind, vgl. ne. *season of the very smallest potatoes, cucumbertime*. Im einzelnen bleibt das Benennungsmotiv aber unklar. Vermutlich bezieht sich der Ausdruck zunächst auf die Zeit, in der die Spreewälder Bauern die frischen sauren Gurken auf den Markt brachten (Spätsommer). Da dies zugleich Ferienzeit war, bekam das Wort die andere Bedeutung.

Kluge (1912), 115 f.

Saurier *m. erw. fach.* 'urzeitliches Reptil' (< 19. Jh.). Umformung des französischen Zoologen A. Brongniart von gr. *saúra f.*, *saũros m.* 'Eidechse, Salamander' zu (latinisiert) *saurii* als Sammelbegriff für die Echsen. Bei der Übernahme ins Deutsche bekommt das Wort die Endung der Nomina agentis. Allgemeiner bekannt sind die vorzeitlichen *Dinosaurier*, die beim umgangssprachlichen Gebrauch von *Saurier* gemeint sind.

Cottez (1980), 376.

Saus *m. stil. phras.* (< 12. Jh.). Mhd. *sūs*, in dem *sūse leben* 'in Saus und Braus leben' zu dem schall-nachahmenden *sausen*. Moderner ist die Form **Sause**. Zur Bedeutungsspezialisierung s. *Rausch* zu *rauschen*.

Röhrich 3 (1992), 1289.

säuseln *swV.* (< 17. Jh.). Diminutivum zu *sausen*. Dazu auch **angesäuselt** für 'leicht betrunken'. Zur Bedeutungsentwicklung s. *Rausch* zu *rauschen*. Nndl. *suizelen*.

sausen *swV.* (11. Jh.). Mhd. *sūsen, siusen*, ahd. *sūsen*, mndd. *susen*, mndl. *susen*. Lautmalend wie etwa auch ksl. *sysati* 'zischen, pfeifen'.

Sauser *m. per. wobd.* 'junger Wein' (< 18. Jh.). Zu *sausen* in der besonderen Bedeutung 'gären'. Die Nebenbedeutung 'berauschen' hat wohl mitgewirkt, da der junge Wein schnell angetrunken macht.

Savanne *f. per. exot.* 'tropisches Grasland' (< 19. Jh.). Entlehnt aus span. *sabana*, dieses aus der karibischen Indianersprache Taino *zabana*.

Saxophon *n. erw. fach.* (ein Blasinstrument) (< 19. Jh.). Neubildung zu *Sax*, dem Namen des belgischen Erfinders, und gr. *phōnḗ f.* 'Ton, Stimme'. S. *Phonetik*.

Schabbes *m. per. grupp.* 'Sabbat' (< 18. Jh.). Mit jiddischer Lautentwicklung aus hebr. *šabbāt* (s. *Sabbat*).

Schabe[1] *f. erw. fach.* 'Schadinsekt' (< 10. Jh.). Mhd. *schabe*, ahd. *scabo*. Vgl. ae. *mælsceafa m.* 'Raupe'. Vermutlich zu *schaben* als 'schabendes, zermahlendes Insekt'. So wird eigentlich die Motte bezeichnet, die Übertragung auf 'Kakerlak' unter dem Einfluß von it. (dial.) *sciavo*, das eigentlich 'Slave' bedeutet (wie überhaupt derartige Schadinsekten gern mit fremden Stammesnamen bezeichnet werden).

H. Lüdtke *ZDW* 17 (1961), 187 f.; *Tiernamen* (1963–1968), 49–62; W. Pfeifer: *Schabe* (Berlin 1965).

Schabe[2] *f. arch.* 'Schabeisen' (< 11. Jh.). Mhd. *schabe*, ahd. *scaba*, mndd. *schave*, mndl. *sc(h)ave*. Wie ae. *sceafa m.* und anord. *skafa* Ableitung zu *schaben*, ohne daß eine bereits urgermanische Bildung vorliegen müßte.

Schabe[3] *f.*, auch **Schäbe** *f. per. reg.* 'Räude, Krätze' (< 18. Jh.). Schon ahd. *scabado, skebido m.*, as. *skabatho m.*, vgl. ae. *sceabb m.*, anord. *skabb n.* Wohl von *schaben* abgeleitet, wegen des mit der Krankheit verbundenen Juckreizes und seinen Folgen. Zu beachten ist aber l. *scabiēs* gleicher Bedeutung, das eingewirkt haben mag (wohl nicht als Quelle einer Entlehnung). Adjektiv: **schäbig**.

schaben *swV.*, früher *stV.* (< 8. Jh.). Mhd. *schaben*, ahd. *scaban*, as. *scaban, scavan* aus g. *skab-a- stV.* 'schaben', auch in gt. *skaban* '(Haare) scheren' (vgl. *den Bart schaben*, ne. *shave*), anord. *skafa*, ae. *sceafan*. Unmittelbar zu vergleichen sind l. *scabere*

ˊschaben, kratzenˋ, lit. *skõbti* ˊaushöhlenˋ, russ.-kslav. *skoblĭ* ˊSchabeisenˋ. Die Beurteilung ist aber wegen Varianten mit abweichendem Auslaut nicht ganz sicher. In gr. *skáptō* ˊich grabeˋ und ˊich schleife, zerstöreˋ scheinen mehrere solche Ansätze zusammengefallen zu sein. Eine germanische Variante s. unter *Schaft*. Partikelableitungen: **ab-, ausschaben**.

Nndl. *schaven*, ne. *shave*, nschw. *skava*, nisl. *skafa*. S. *Schabe*[1/2], *Schachtelhalm, Schaft, Schubbejack, Schuft, Schuppe*. − Seebold (1970), 401 f.

Schabernack m. (< 14. Jh.). Mhd. *schabernac, schavernac*, mndd. *schavernack*, zunächst in der Bedeutung ˊgrober Winterhut (der den Nacken bedeckt?)ˋ. Herkunft und Einzelheiten unklar. Zu beachten sind: *necken, der Schalk im Nacken, Rübchen schaben*.

A. Kluyver *ZDW* 9 (1907), 3−7; Röhrich 3 (1992), 1293.

schäbig Adj. (< 13. Jh.). Mhd. *schebic*, mndd. *schabbe*, mndl. *sc(h)ebbich*; vgl. ne. *shabby* (sowie als Lehnwort aus dem Nordischen *scabby* ˊräudigˋ). Das Wort bedeutet ursprünglich ˊräudig, von der Krätze befallenˋ und bezog sich in erster Linie auf Schafe; vom jämmerlichen Aussehen der räudigen Schafe die übertragene Bedeutung. Das Wort selbst gehört zu *Schabe*[3] ˊRäude, Krätzeˋ.

Schablone f. erw. fach. ˊForm, Schemaˋ (< 18. Jh.). Entlehnt aus mndd. *schampelūn*, dieses aus frz. *échantillon* m. ˊMusterˋ.

Das französische Wort ist unter dem Einfluß von afrz. *eschanteler* ˊzerbrechenˋ umgeformt aus *eschandillon* ˊEichmaßˋ. Dieses aus vor-rom. *scandiculum* aus l. *scandula* ˊSchindelˋ (eigentlich ˊAufsteigendesˋ, wegen der treppenförmigen Lagen; daher auch die Übertragung auf ˊEichmaßˋ wegen der regelmäßigen Abstände der Markierungen). − *DF* 4 (1978), 63 f.; *DEO* (1982), 249 f.; Röhrich 3 (1992), 1293.

Schabracke f. arch. ˊPferdedecke, Verkleidungˋ (< 17. Jh.). Entlehnt aus türk. *çaprak* ˊSatteldeckeˋ. Die Entlehnung wohl über ungarische Vermittlung.

Lokotsch (1975), 32.

Schach n. (< 13. Jh.). Mhd. *schach*. Das Wort ist mit Lautersatz übernommen aus mndl. *sc(h)aec*, das aus afrz. *eschac* entlehnt ist.

Das Spiel stammt aus Indien und die indische Bezeichnung für das Spiel ist ai. *cátur-aṅga-* ˊviergliedrigˋ (gemeint ist das viergliedrige Heer: Fußvolk, Reiterei, Elefanten und Streitwagen; daraus ist das persische und das arabische Wort entlehnt. Die Bezeichnung der wichtigsten Figur entlehnten die Araber aus dem Persischen als *šah*, was ˊKönig, wichtigste Figur im Schachspielˋ bedeutet. In den Volkssprachen ist diese Bezeichnung übersetzt worden. Der Ausruf *Schach* beim Angriff auf den König scheint im Arabischen von der Bezeichnung für den König gekommen zu sein, denn der gleichzeitige Angriff auf König und Läufer wurde mit *šah wa fil* ˊKönig und Läuferˋ angekündigt, der auf den Turm mit *šah wa ruḵ*. Die weitere Entwicklung ist unklar − offenbar ist das Spiel mit den Mau-

ren nach Europa gekommen, an den Bezeichnungen scheint aber das Lateinische (und/oder) das Französische beteiligt zu sein. L. *scaccus* scheint ein Ausdruck für den Spielstein gewesen zu sein, das Spiel hieß l. *scacci* oder l. *ludus scaccorum*, das Schachbrett l. *scacarium* oder l. *scactabulum* − der Zusammenhang mit dem arabischen Wort bleibt aber unklar, da ein entsprechender Lautübergang nur in sehr früher Zeit möglich gewesen wäre. Es wird deshalb ein zusätzlicher Einfluß eines germanischen Wortes erwogen, das teilweise auch als eigentlicher Ausgangspunkt der volkssprachlichen Wörter angesehen wird; auch die Möglichkeit der Sekundärmotivation einer Entlehnung aus dem Arabischen ist zu bedenken: Nach *DEO* ist von frz. *echec* ˊBeute, Priseˋ auszugehen, daraus die Ankündigung frz. *echec* ˊ(der König steht)ˋ als Beute, kann erbeutet werdenˋ und daraus die Bezeichnung des Spiels. Das Wort selbst ist aus dem Germanischen übernommen und entspricht mhd. *schāch*, ahd. *scāh* ˊRaubˋ (s. *Schächer*). S. *checken*. − Littmann (1924), 115; Lokotsch (1975), 140; *DEO* (1982), 251; H. Beaulieu in *Actes des Journées de Linguistique de L'Aédil* (Quebec 1989), 73−86; Röhrich 3 (1992), 1293.

Schachen m. per. obd. ˊWaldstückˋ (< 11. Jh.). Mhd. *schache*, ahd. *scahho*. Dazu als Variante mit abweichendem Auslaut ae. *sceaga* ˊGebüschˋ, anord. *skógr* ˊWaldˋ. Herkunft unklar.

Schächer m. arch. ˊRäuberˋ (< 8. Jh.). Mhd. *schāchære, schæchære, schæcher*, ahd. *scāhhāri*. Wie afr. *skākere*, ae. *scēacere* zu wg. **skǣka- m.* ˊRaubˋ in mhd. *schāch*, ahd. *scāh*, mndd. *schāk*, afr. *skāk*. Weitere Herkunft unklar. S. *Schach*.

schachern swV. stil. (< 17. Jh.). Aus dem Rotwelschen (bezeugt ist *socher* ˊherumziehender Kaufmannˋ); dieses über wjidd. *sachern* ˊHandel treibenˋ aus der hebr. Wurzel *sḥr* ˊHandel treibenˋ. Die lautliche Entwicklung wurde beeinflußt von *Schächer*, mit dem das Wort in Verbindung gebracht wurde.

Wolf (1985), 276 f.; Röhrich 3 (1992), 1294.

Schacht m. erw. fach. ˊGrube, Flächenmaßˋ (< 13. Jh.). Niederdeutsch-niederländische Form von *Schaft*, zunächst in der Bedeutung ˊMeßstangeˋ, dann ˊFlächenmaßˋ und vermutlich von diesem ausgehend ˊGrubeˋ, wobei der zweite Bedeutungsübergang nicht ganz klar ist. In den Bedeutungen ˊMeßstangeˋ und ˊFlächenmaßˋ auf das niederdeutsch-niederländische Gebiet beschränkt (bezeugt seit dem 16. Jh., mhd. dagegen *schaft*), in der Bedeutung ˊGrubeˋ offenbar vom Harzer Bergbau aus weiter verbreitet, schon im 13. Jh. auch mitteldeutsch. Partikelableitung: **ausschachten**.

Wolf (1958), 104.

Schachtel f. (< 15. Jh.). Zunächst *scatel*, dann mit einem nicht ausreichend klaren bairischen Lautwandel bei italienischen Wörtern (s. *Spachtel*) *schachtel*. Zugrunde liegt it. *scatola* ˊSchachtelˋ aus ml. *scatula* ˊ(Geld)Schreinˋ, das unklarer Herkunft ist (s. *Schatulle*). Das Schimpfwort *alte Schachtel* geht auf die schon frühe Bedeutungsübertragung zu ˊweibliches Geschlechtsorganˋ zurück. Verb: *(ver-)schachteln*.

V. Moser *ZM* 14 (1938), 70−73; E. Öhmann *NPhM* 42 (1941), 115−117; Röhrich 3 (1992), 1294.

Schachtelhalm *m. erw. fach.* (< 18. Jh.). Das Wort ist eine niederdeutsche Entsprechung zu *Schaft*, wie vor allem oberdeutsche Entsprechungen *(Schafthalm, Schaftheu)* zeigen, vgl. auch mndd. *schaffrisch, schaffrusch* (u.ä.), mhd. *schaftel n.*, auch ne. *shavegrass*, ndn. *skavgræs*. Die Erklärung ist nicht eindeutig. Da auch Binsen und ähnliche Gewächse entsprechende Namen haben, ist wohl an die röhrenartigen Stengel (also *Schaft*) gedacht; eine Verknüpfung mit *schaben* (weil einige Schachtelhalme, wie etwa Zinnkraut, zum Reinigen verwendet werden) ist aber zumindest als sekundäre Motivation nicht ausgeschlossen. Das Wort wird verbreitet durch die naheliegende Auffassung von ˊverschachteltenˋ Pflanzenteilen.

H. Marzell 2 (1972), 233−236.

schächten *swV. per. grupp.* ˊrituell schlachtenˋ (< 17. Jh.). Nebenform *schachten*. Zugrunde liegt die hebr. Wurzel *šḥṭ* ˊschlachtenˋ, wobei der Gleichklang von *Schlächter* und *Schächter* im Deutschen wohl die Umlautform *schächten* durchgesetzt hat.

Schadchen *n./(m.) per. grupp.* ˊHeiratsvermittler, Kupplerˋ (< 19. Jh.). Aus nach-talmud.-hebr. *šadḳān* gleicher Bedeutung, mit Umdeutung in die Diminutivform.

Schädel *m.* (< 13. Jh.). Mhd. *schedel, hirnschedel*, mndl. *sc(h)edel* ˊDeckel, Augenlidˋ. Herkunft so unklar wie bei dem lautlich ähnlichen ne. *skull* ˊSchädelˋ; vermutlich aber ursprünglich Bezeichnung eines Gefäßes.

G. Augst in *FS K. Bischoff* (Köln 1975), 40−70; Lühr (1988), 202.

Schaden *m.* (in festen Wendungen auch **Schade** *m.*) (< 8. Jh.). Mhd. *schade*, ahd. *scado*, as. *skatho* ˊSchaden, Nachteil, Räuberˋ aus g. **skapōn m.* ˊSchadenˋ, auch in anord. *skaði*, ae. *sceapa* ˊSchädigerˋ, afr. *skatha* ˊSchaden, Nachteil, Frevlerˋ. Abstraktum zu g. **skap-ja- stV.* ˊschadenˋ in gt. *skapjan*, ae. *sceapian*. Außergermanisch vergleicht sich allenfalls gr. *askēthḗs* ˊunversehrtˋ, semantisch weiter abstehend mir. *scith* ˊermüdetˋ, kymr. *esgud* ˊunermüdlichˋ (kelt. **eks-skēt-*). Aus dem Gebrauch in Ausrufen und in prädikativer Stellung ist *schade* entstanden, das wir heute als Adjektiv auffassen. Verben: **schaden, schädigen**; Adjektive: **schädlich, schadhaft**; Nominalableitung: **Schädling**.

Seebold (1970), 408; Röhrich 3 (1992), 1294.

Schaf *n.* (< 8. Jh.). Mhd. *schāf*, ahd. *scāf*, as. *scāp* aus wg. **skǣpa- n.* ˊSchafˋ, auch in ae. *scēap*, afr. *skēp*. Herkunft unklar. Nach Davis zu einer Variante von *schaben* als ˊdas geschorene Tierˋ. Täterbezeichnung: **Schäfer**.

Nndl. *schaap*, ne. *sheep*. − Palander (1899), 121−124; Hoops (1911/19), IV, 88−90; H. Birkhan: *Germanen und Kelten* (Wien 1970), 189 f.; J. Knobloch *SW* 12 (1987), 475−477; G. W. Davis *IF* 96 (1991), 118−135; Röhrich 3 (1992), 1295−1297.

Schäferstündchen *n.* (< 18. Jh.). Lehnübersetzung aus frz. *heure du berger*. Nach der idyllischen Stilisierung der Schäfer (und Schäferinnen) als Naturmenschen, die sich vor allem der Liebe widmen.

Röhrich 3 (1992), 1298.

Schaff *n. per. obd.* ˊGefäßˋ (< 12. Jh.). Mhd. *schaf*, ahd. *sca(p)f*, as. *skap*. Herkunft unklar und möglicherweise nicht einheitlich. Das Wort bezeichnet in erster Linie Wassergefäße und Schöpfgefäße, daneben auch ˊBootˋ, wie umgekehrt *Schiff* in erster Linie ˊBootˋ und daneben auch ˊWassergefäßˋ bedeutet. Der Zusammenhang mit dem starken Verb *schaffen, schöpfen* ist wohl sekundär, indem das starke Verb die Bedeutung ˊschöpfenˋ aus Wörtern übernommen hat, die wie Ableitungen aus ihm aussahen. Wenigstens ist eine Bedeutungsentwicklung von ˊerschaffenˋ zu ˊausschöpfenˋ schlecht vorstellbar. Entlehnung aus l. *scapha f.* ˊNachen, Kahnˋ, l. *scaphium* ˊBecken, Schale, Geschirrˋ ist nur unter Zusatzannahmen denkbar, da ablautende Bildungen (s. *Schoppen*) vorliegen. Auch die Bedeutung ˊRegal, Schrankˋ (in der Regel mit angewachsenem *t* als *Schaft*) ist keineswegs ohne weiteres mit ˊGefäßˋ in Einklang zu bringen. Eine zureichende Klärung steht noch aus.

S. *Schäffler, Schapp, Scheffel, schöpfen, Schoppen*. − Kretschmer (1969), 74 f., 474.

schaffen *stV./swV.* (< 8. Jh.). Zunächst sind zu unterscheiden: 1) g. **skap-ja- stV.* ˊerschaffen, bewirkenˋ in gt. *-skapjan*, anord. *skepja*, ae. *scippan*, afr. *skeppa*, as. *skeppian*, ahd. *skepfen* und 2) das denominative anord. *skapa*, ahd. *scaffōn* ˊeinrichten, ordnenˋ. Darüber hinaus bekommt 3) das *jan*-Präsens im Deutschen ein schwaches Präteritum *(schöpfen, schöpfte)* und das starke Präteritum ein regelmäßiges Präsens *schaffen*. Im einzelnen lassen sich diese drei Ansätze vielfach nicht voneinander trennen. Von den Ableitungen gehören *Schöpfer* und *Geschöpf* zum alten *jan*-Präsens, *Schaffner* und *Geschäft* zum schwachen Verb. Dieses bedeutet heute südwestdeutsch ˊarbeitenˋ, südostdeutsch ˊbefehlen, bestellenˋ. Die Herkunft der Wortfamilie ist unsicher. Da die Bedeutung ˊerschaffenˋ häufiger auf Ausdrücke der Holzbearbeitung zurückgeht (gr. *téktōn* ˊZimmermann, Künstlerˋ), kann von einer Variante der im Auslaut unfesten Sippe **skap/ skabʰ-* mit entsprechenden Bedeutungen ausgegangen werden. Vgl. etwa lit. *skópti* ˊaushöhlenˋ (auch lit. *skóbti*), gr. *sképarnon* ˊZimmeraxtˋ.

S. *beschäftigen, Geschäft, rechtschaffen, Schaffner, -schaft, Schöffe, schöpfen*. − Seebold (1970), 406−408; W. de Cubber *SGG* 20 (1979), 137−152, 212 (1980/81), 271−294; Röhrich 3 (1992), 1298.

Schäffler *m. per. oobd.* ´Böttcher´ (< 14. Jh.).
Spmhd. *scheffelære, scheffeler.* Abgeleitet von
Schaff.

Kretschmer (1969), 145–147.

Schaffner *m.* (< 13. Jh.). Mhd. *schaffenære,*
schaffener ´Anordner, Aufseher, Verwalter´, im
19. Jh. Beamtenbezeichnung bei Bahn und Post.
Zu dem schwachen Verb *schaffen* im Sinn von ´ein-
richten, ordnen´.

Krüger (1979), 396.

Schafgarbe *f. erw. fach.* (< 15. Jh.). Weil die
Schafe die Pflanze gern fressen. Zuvor wg. **garwōn*
f. ´Schafgarbe´ in ae. *gearwe,* mndl. *garve, garwe,*
mndd. *garve f./m.,* ahd. *garawa,* mhd. *garwe.* Herkunft unklar; mit *Garbe* nicht verwandt, da dieses
altes *b* hat.

Nndl. *gerwe,* ne. *yarrow.* – Marzell 1 (1943), 81–83.

Schafkälte *f. per. reg.* ´Kälteeinbruch im Früh-
sommer´ (< 19. Jh.). So benannt, weil um diese
Zeit die Schafe bereits geschoren und damit der
Kälte ausgesetzt sind.

Schafott *n. erw. fach.* (< 16. Jh.). Entlehnt aus
nndl. *schavot* ´Schaugerüst, Blutgerüst´, dieses aus
mndl. *sc(h)avot* u.ä., aus afrz. *chafaud, chafaut,*
aus spl. **catafalcium* (s. *Katafalk*). Die Bedeutung
´Hinrichtungsgerüst´ demnach in einer Spezifizie-
rung der allgemeineren Bedeutung ´Gerüst´.

DF 4 (1978), 65.

Schaft *m.* (< 8. Jh.). Mhd. *schaft,* ahd. *scaft,* as.
skaft aus g. **skafta- m.* ´Schaft, Stange´, auch
´Speer, Pfeil´, auch in anord. *skapt n.,* ae. *sceaft,*
afr. *skeft.* Zu der niederdeutsch-niederländischen
Nebenform s. *Schacht.* Bedeutungsmäßig vergleicht sich gr. *skēptron n.* ´Stab, Zepter´, l. *scāpus*
´Schaft´; eine weitere Verbindung mit der lautlich
unfesten Sippe von *schaben* als ´Geschabtes´ ist
denkbar, aber ganz unsicher. Verb: **schäften.**

Nndl. *schacht,* ne. *shaft,* nschw. *skaft,* nisl. *skaft.* S.
Schacht, schaben, Zepter. – Lühr (1988), 236–238.

-schaft *Suffix.* Mhd. *-schaft,* ahd. *-scaf(t),* as.
-skap, nndl. *-schap;* wie anord. *-skapr;* neben as.
-scepi, afr. *-skipi,* ae. *-sciepe,* ne. *-ship.* Ursprünglich Komposita mit ahd. *scaf m./n.,* mhd. *schaft f.,*
ae. *gesceap* ´Geschöpf, Beschaffenheit´ (zu *schaf-*
fen, s.d.). Aus der Bedeutung ´Beschaffenheit eines
X´ entwickelt sich die Funktion von Sammelbegrif-
fen (*Ritterschaft* ´Verhalten eines Ritters´ – ´Ge-
samtheit der Ritter´).

W. A. Benware *BGDSL-T* 101 (1979), 346; L.-E. Ahlsson
KVNS 95 (1988), 61–64; B. Meineke: *Althochdeutsche*
-scaf(t)-Bildungen (Göttingen 1991).

Schah *m. erw. exot.* ´Kaiser von Persien´ (< 20.
Jh.). Entlehnt aus pers. *šah* ´König, Schah´. Zur
Gleichsetzung mit *Schach* s.d.

Schakal *m. erw. fach.* (< 17. Jh.). Entlehnt aus
frz. *chacal,* das über türk. *çakal, şakal* auf pers. *ša-*

ġāl und weiter auf ai. *śṛgālá-* (alle gleicher Bedeutung) zurückgeht. Wanderwort unbekannten Ursprungs.

schäkern *swV. stil.* (< 18. Jh.). Vielleicht zu
wjidd. *chek* ´Busen, Schoß´, doch ist im Jiddischen
kein Verb bezeugt. Das Wort zu hebr. *ḥē(i)q*
´Schoß´. Nomen agentis: **Schäker.**

Schal *m.* (< 19. Jh.). Entlehnt aus ne. *shawl,* das
auf pers. *šāl* ´Umschlagtuch´ zurückgeht. Als Exotismus schon im 17. Jh. bekannt.

Littmann (1924), 113; Brink-Wehrli (1958), 57–59; *DF* 4
(1978), 65 f.

schal *Adj.* (< 16. Jh.). Fnhd. *schal,* mndd. *schal*
(auch ´trocken, dürr´), me. *shalowe* ´seicht, matt´,
nschw. *skäll* ´mager, dünn, fade, säuerlich´. Vielleicht zu lett. *kàlss* ´mager´, gr. *skéllomai* ´ich vertrockne, verdorre´. Ohne *s mobile* s. *behelligen.*

Schale[1] *f.* ´Hülse´ (< 9. Jh.). Mhd. *schal(e),* ahd.
(aostor-) scala, mndd. *schale,* mndl. *sc(h)ale* aus
wg. **skalō(n) f.* ´Schale´, auch in ae. *scealu.* Mit
entsprechender Bedeutung, aber abweichender Bildung gt. *skalja f.* ´Ziegel´ (ursprünglich wohl
´Schuppe´), anord. *skel,* ae. *scill, scell* ´Muschel´.
Außergermanisch vergleichen sich zunächst russ.
skalá ´Birkenrinde´, russ. *skól'ka* ´Muschel´. Ob
weiter an die Wurzel (ig.) **skel-* ´spalten, trennen´
anzuknüpfen ist, muß offen bleiben. Verben: **(ver-)**
schalen, schälen.

S. *Schale*[2], *Schelfe, Schellack, Schellfisch, Schild, Skalp.* –
Güntert (1932), 40 f.; R. Hildebrandt *DWEB* 3 (1963),
370 f.; Röhrich 3 (1992), 1298.

Schale[2] *f.* ´Trinkschale´ (< 9. Jh.). Mhd.
schāl(e), ahd. *scāla,* as. *skāla* aus g. **skǣlō f.*
´Trinkschale, Waagschale´, auch in anord. *skál.*
Wohl zu der gleichen Sippe wie *Schale*[1], aber von
anderer Ablautstufe.

Nndl. *schaal,* nschw. *skål.* – Güntert (1932), 40 f.; R. Hildebrandt *DWEB* 3 (1963), 370 f.; Röhrich 3 (1992), 1298.

Schälhengst *m. per. fach.* (< 16. Jh.). Verdeutlichendes Kompositum zu mhd. *schel(e),* ahd. *skelo,*
schel ´Zuchthengst´ (s. *beschälen*). Zu ae. *sceallan*
Pl., afr. *skall,* hd. (dial.) *Schellen* ´Hoden´ (auch
kymr. *caill* ´Hoden´); also ´der mit Hoden verse-
hene´.

Palander (1899), 88 f.; Lühr (1988), 203.

Schalk *m.* (< 8. Jh.). Mhd. *schalc(h), schalk,*
ahd. *scalc,* as. *scalk* aus g. **skalka- m.* ´Knecht´,
auch in gt. *skalks,* anord. *skalkr,* ae. *scealc,* afr.
skalk. Die Bedeutung wird im Mittelhochdeutschen zu ´gemeiner Mensch´ (im übertragenen
Sinn), später abgeschwächt, indem das Wort auf
erkennbar harmlosere Übeltäter, vor allem Spötter,
angewandt wurde. Herkunft unklar.

Nndl. *schalk.* S. *Marschall, Seneschall.* – K. Brugmann *IF*
19 (1906), 385 f.; Güntert (1932), 40 f.; Röhrich 3 (1992),
1299. Anders: J. Knobloch *MS* 89 (1979), 45 f.; E. P. Hamp
NOWELE 16 (1990), 99.

Schall *m.* (< 12. Jh.). Mhd. *schal*, ahd. *scal*. Abgeleitet von g. **skell-a- stV.* ´schallen´ in anord. *skjalla*, ae. *scellan*, ahd. *skellan*, mhd. *schellen*, neuhochdeutsch noch starke Formen wie **erscholl**. Schallwort ohne genaue Vergleichsmöglichkeit. Verb: **schallen**.
S. *Schelle, schelten.* – Seebold (1970), 412 f.; Röhrich 3 (1992), 1299.

Schalmei *f. per. fach.* ´Hirtenpfeife´ (< 13. Jh.). Mhd. *schal(e)mīe, schal(e)mīen*, mndd. *schalmeide*, mndl. *sc(h)almeye* u.ä. ist entlehnt aus älterem frz. *chalemie*, neben afrz. *chalemel m.* (vgl. nfrz. *chalumeau m.* ´Rohrpfeife´) aus l. *calamus m.* ´Rohr, Rohrpfeife´ (aus. gr. *kálamos*).
Zur deutschen Verwandtschaft s. *Halm.* – Relleke (1980), 70, 167.

Schalotte *f. per. fach.* (ein Zwiebelgewächs) (< 18. Jh.). Entlehnt aus frz. *échalote*, dieses mit unregelmäßiger Formentwicklung aus afrz. *eschaloigne*, aus l. *Ascalōnia (cēpa)*, eigentlich ´Zwiebel aus Askalon´, zu l. *Ascalōn*, aus gr. *Askálōn*, dem Namen der Stadt der Philister in Palästina. Teilweise verdeutscht zu **Aschlauch**.
Littmann (1924), 36; Marzell 1 (1943), 195 f.

schalten *swV.*, früher *stV.* (< 9. Jh.). Mhd. *schalten*, ahd. *scaltan* ´fortschieben, fortführen´, as. *skaldan* aus vd. **skald-a- stV.* ´stoßen´. Das Wort hat keine genaue Vergleichsmöglichkeit. Partikelverben: **ein-, ab-, ausschalten**.
S. *Schalter, Schelch.* – Trier (1963), 178 f.; Trier (1981), 186.

Schalter *m.* (< 15. Jh.). Spmhd. *schalter, schelter* ´Riegel´, zu *schalten*. So bezeichnet werden einige technische Vorrichtungen, die hin- und hergeschoben bzw. geöffnet und geschlossen werden können, so Schiebetüren und -fenster (hieraus **Postschalter** u.ä.) und aufstauende Schieber in der Wasserwirtschaft, (hieraus wohl der **Schalter** der Elektrotechnik).
Trier (1963), 178 f.; Trier (1981), 186.

Schaltjahr *n.* (< 8. Jh.). Mhd. *scaltjār*, ahd. *scaltjār*. Jahr, in das ein Tag ´hineingestoßen´ wird.

Schaluppe *f. per. fach.* (ein kleineres Boot) (< 17. Jh.). Entlehnt aus frz. *chaloupe*, dieses aus span. *chalupa*; dieses vielleicht aus ndl. *sloep(e)* ´Ruderkahn´.
Kluge (1911), 678 f.

Scham *f.* (< 8. Jh.). Mhd. *scham(e)*, ahd. *scama*, as. *skama* aus g. **skamō(n) f.*, auch in ae. *sceamu*, afr. *skame, skome* (gt. in *skaman* refl. ´sich schämen´; im Altnordischen hat die Entsprechung zu *Schande* und ihre Ableitungen die Bedeutung ´Scham, sich schämen´ mit übernommen). Herkunft unklar. Verb: **schämen**; Adjektive: **schamhaft, schamlos, verschämt**.
Ne. *shame.* S. *Schande.* – Röhrich 3 (1992), 1300.

Schamott(e) *m. per. fach.* (ein feuerfester Ton) (< 19. Jh.). Herkunft unbekannt. Eine auf Grund der Lautgestalt zu vermutende romanische Vorlage findet sich nicht; zu vermuten ist aber it. *chamotte*, zu it. *chama* ´Muschel´ (weil den Schamott-Steinen Muscheltrümmer beigemischt wurden). Knobloch vermutet ein frz. *escamot* ´Korkkugel´ als Ausgangspunkt (mit weitgehenden Bedeutungsverschiebungen).
K. Krause *WS* 19 (1938), 158; J. Knobloch *SD* 20 (1976), 94.

Schampon *n.* s. *Shampoo.*

Schampus *m. per. grupp.* ´Champagner´ (< 19. Jh.). Aus *Champagner* mit pseudo-lateinischer Endung scherzhaft umgestaltet.
Kretschmer (1969), 458.

Schande *f.* (< 8. Jh.). Mhd. *schande*, ahd. *scanta*, mndd. *schande*, mndl. *sc(h)ande* aus g. **skam-dō f.*, auch in gt. *skanda*, ae. *sceand*, afr. *skande, skonde*. Auf eine Variante mit stimmlosem Dental geht anord. *skǫmm* zurück. Zu der Grundlage von *Scham* gebildet (kein Vokal vor dem Suffix! Deshalb Assimilation).
Nndl. *schande*, nschw. *skam*, nisl. *skömm*. – Röhrich 3 (1992), 1300 f.; Heidermanns (1993), 483.

Schank[1] *m. arch.* ´Ausschank´ (< 15. Jh.). Rückbildung zu *schenken* in der Bedeutung ´ausschenken´. So schon mhd. *schanc* ´Schenkgefäß´, neuhochdeutsch in Bildungen wie *Ausschank, Schankwirt, Schankgerechtigkeit* u.ä.

Schank[2] *m. per. md.* ´Schrank´ (< 12. Jh.). Durch *r*-Verlust aus *Schrank* entstanden; vielleicht unter dem Einfluß von *Schaff* und *Schaft*.
Kretschmer (1969), 474 f.; Lühr (1988), 143.

Schanker *m. per. fach.* ´Geschlechtskrankheit´ (< 18. Jh.). Entlehnt aus frz. *chancre* ´Krebs (als Geschwür)´, zunächst mit französischer Schreibweise. Dieses aus l. *cancer* ´Krebs (Tier und Geschwür)´.

Schanze[1] *f. obs.* ´Wehrbau´ (< 15. Jh.). Etwas früher bezeugt in der Bedeutung ´Reisigbündel´. Zu dieser paßt hess. *schanze* ´Reisigbündel, grober Korb´, westfäl. *schantse* ´Holzbündel, Reiswelle´. Da die Schanzen ursprünglich mit Faschinen, Reisigbündeln hergestellt wurden, ist diese Bedeutung wohl die ursprüngliche. Woher das Wort kommt, ist dagegen unklar. Entlehnung aus dem Italienischen ist denkbar, aber die vorgeschlagenen Ursprungswörter (it. *scanso m.* ´Abwehr´, it. *scansia* ´Gestell´) sind nicht überzeugend. Die Sprungschanzen im Wintersport des 20. Jhs. werden nach ihrer Form, die einem Typ der alten Schanzen ähnelt (ebener Zugang, dann senkrecht abfallend), so genannt. Verb: **schanzen**.

Schanze[2] *f. arch.* ´Glückswurf´ (< 13. Jh.). Mhd. *schanz(e)*. Entlehnt aus afrz. *cheance* ´Glückswurf,

Einsatz', übertragen 'Wechselfall'; dies entspricht einem ml. *cadentia 'Fallen der Würfel' (zu l. cadere 'fallen'). Hierzu etwas in die Schanze schlagen 'aufs Spiel setzen'.

S. Chance, Mummenschanz, zuschanzen. – Miettinen (1962), 141–159; Röhrich 3 (1992), 1301.

Schapf n. Nebenform von Schaff.

Schapp m./n. per. ndd. 'Spind, Schubfach' (< 19. Jh.). Niederdeutsche Form von Schaff in der (unklaren) Bedeutung 'Regal, Schrank'.

Schappel n. arch. 'Mittelalterlicher Kopfputz der Frauen; weiblicher Kopfschmuck bei bestimmten Volkstrachten' (< 13. Jh.). Mhd. schap(p)el. Entlehnt aus afrz. chapel 'Kopfbedeckung' (frz. chapeau m.).

Miettinen (1962), 160–167.

Schar[1] f. 'Menge' (< 9. Jh.). Mhd. schar 'Heeresteil, Menge', ahd. scar(a), mndd. schare, mndl. sc(h)are aus g. *skarō f. 'Abteilung', auch in anord. skǫr 'Trupp'. Wahrscheinlich wie umbr. karu 'Teil' zu (ig.) *sker- 'schneiden, teilen' (s. scheren[1]). Verb: **scharen**.

S. Scharwerk, Scherge. – Tiefenbach (1973), 85 f.

Schar[2] f. 'Pflugeisen' s. Pflugschar.

Scharade f. erw. fach. (ein Rätsel) (< 18. Jh.). Entlehnt aus frz. charade, dessen Herkunft nicht sicher geklärt ist (älter frz. characteres 'Zaubersprüche'?).

L. Spitzer Philological Quarterly 23 (1944), 77–83; DF 4 (1978), 66.

Scharbe f. arch. 'Kormoran' (< 10. Jh.). Mhd. scharbe m./f., ahd. scarbo m., scarba aus g. *skarba- m., *skarbō- f. 'Scharbe', auch in anord. skarfr m., ae. scræf m. Mit r erweitert in nordfr. skoarwer, dasselbe mit Dissimilierung in ae. scealfra m., scealfor. Wie Kormoran eigentlich l. corvus marīnus m. 'Meeresrabe' bedeutet, so ist auch Scharbe auf die gleiche Lautgruppe wie Rabe, nur mit zusätzlichem s-, zurückführbar und wie dieses Wort vermutlich lautmalend.

Suolahti (1909), 393–397.

Scharbockskraut n. per. fach. (< 16. Jh.). Wurde als Heilmittel gegen Scharbock 'Skorbut' gebraucht (da die Pflanze früh im Jahr erscheint und sehr vitaminhaltig ist). Zu Scharbock (u.ä.), das nicht viel früher bezeugt und aus ml. (spät) scorbutus entlehnt (und umgedeutet) ist. Die Umdeutung mit Anpassung niederdeutsch/niederländischer Vorbilder, etwa nndl. scheurbuyck (zu nndl. scheur 'Riß, Bruch' und nndl. buik 'Bauch'), wiedergegeben durch hd. Scharbock.

Schäre f. erw. reg. 'Klippe' (< 17.). Für die Klippen um die skandinavische Küste, hauptsächlich um Stockholm herum, wurde die schwedische Bezeichnung skär n. übernommen; schon früher

mndd. schere. Die neuhochdeutsche Form ist rückgebildet aus dem Plural, das Genus vielleicht in Anlehnung an Schere[1]. Das Wort geht auf anord. sker n. gleicher Bedeutung zurück. Dazu mit Ablaut ahd. scorro m., mhd. schor(re) m. 'Felsvorsprung', mndd. schore, schare n. 'Gestade, Küste', me. scōr(e) n. 'Küste, Markierung'. Vielleicht als 'das Abgeschnittene, Scharfkantige' zu scheren[1].

scharf Adj. (< 8. Jh.). Mhd. schar(p)f, ahd. scarpf, as. skarp aus g. *skarpa- Adj. 'scharf', auch in anord. skarpr, ae. scearp, afr. skerp, skarp. Außergermanisch vergleichen sich zunächst lett. skarbs, mir. cerb 'schneidend', das zu mir. cerbaim 'schneide' gehört. Weiter zu der Grundlage (ig.) *sker- 'schneiden' (s. scheren). Die Abgrenzung ist im einzelnen wegen weit auseinanderfallender Bedeutungen unklar (so z. B. die Beurteilung von ae. sceorpan 'schmerzen, schaben, schneiden'). Abstraktum: **Schärfe**; Verb: **schärfen**

Nndl. scherp, ne. sharp, nschw. skarp, nisl. skarpur. S. scheren[1], Scharfrichter, schrappen, schürfen. – H. Kuhn in FS K. Wagner (Gießen 1960), 107–113; Lühr (1988), 266; Röhrich 3 (1992), 1302; Heidermanns (1993), 487.

Scharfrichter m. obs. (< 14. Jh.). Zunächst als Wort des Nordwestens bezeugt und in der Bedeutung 'Richter, der Todesurteile verhängen kann' (vermutlich nach der Schärfe des Schwerts oder Beils beim Enthaupten). Im 16. Jh. wird das Wort zu einer Bezeichnung für den 'Henker'.

S. scharf. – Angstmann (1928), 45–50.

Scharlach m./n. erw. fach. (ein intensives Rot, eine ansteckende Infektionskrankheit) (< 12. Jh.). Mhd. scharlach[en], scharlāt n. ist entlehnt aus ml. scarlatum n. 'hochrote Farbe, hochrotes Tuch', dieses aus pers. saqirlāt und dieses aus hebr. siqrā 'rote Farbe'. Das /ch/ durch volksetymologische Anlehnung an mhd. lachen 'Mantel, Tuch', ausgehend vom Niederländischen. Als Bezeichnung der Krankheit nach ml. (spät) febris scarlatina f., eigentlich 'rotes Fieber', nach dem intensiv roten Hautausschlag, den diese Krankheit verursacht.

Littmann (1924), 113 f.; Suolahti (1929), 228 f., 237; Lokotsch (1975), 142; A. Ehrmann Orientalia 50 (1981), 197.

Scharlatan m. erw. fremd. 'jmd., der Können und Wissen nur vortäuscht' (< 17. Jh.). Entlehnt aus frz. charlatan, dieses aus it. ciarlatano, aus it. cerretano 'Kurpfuscher, Marktschreier, eigentlich Mann aus Cerreto', das mit it. ciarlare 'schwatzen' vermengt wurde. So bezeichnet nach den berühmt-berüchtigten Händlern aus dieser Stadt.

S. Scharlatanerie, Scharlatanismus. – Jones (1976), 202; DF 4 (1978), 66–68; Brunt (1983), 189.

Scharmützel n. obs. 'Gefecht' (< 14. Jh.). Entlehnt aus it. scaramuccia f., das aus einer Entlehnung von germanisch Schar und it. mucciar 'flüchten' zusammengesetzt ist. Ein Scharmützel ist eine kriegerische Auseinandersetzung, bei der ein Trupp

Soldaten einen Kampf anfängt und dann entflieht. Ungefähr gleichzeitig entlehnt das Englische aus dem Französischen *skarmuch*, später *skirmish*.

E. Öhmann in: *FS Maurer* (1963), 77−83; *DF* 4 (1978), 71 f.; *DEO* (1982), 265 f.; Röhrich 3 (1992), 1302.

Scharnier *n.* (< 18. Jh.). Entlehnt aus frz. *charnière f.*, dessen weitere Herkunft nicht sicher geklärt ist. Vermutlich hängt es mit l. *cardo* 'Türangel' zusammen.

DF 4 (1978), 72 f.

Schärpe *f. erw. fach.* (< 17. Jh.). Als *Scharp(e)*, *Schärpe* entlehnt aus frz. *écharpe* 'Armbinde, Schärpe'. Dieses geht einerseits zurück auf afrz. *escharpe* 'Tasche, Börse' (zu l. *excerpere*), das in dieser Bedeutung ins mhd. *schirpe* entlehnt wurde; andererseits auf afrz. *escharpe* 'abgerissener Streifen' (zu l. *excarpere*). Sekundär wurde ein Zusammenhang hergestellt, bezogen auf den Brauch, kleinere und wichtigere Gegenstände (wie Geld) in gürtelartigen Behältern mit sich zu führen.

DEO (1982), 250 f.

scharren *swV.* (< 14. Jh.). Mhd. *scharren*, mndd. *scharren*. Zu vd. **skerr-a-*, älter vermutlich **skers-a- stV.* (mit Ausbreitung des grammatischen Wechsels) 'scharren, kratzen' in ahd. *skerran*, as. *scerran*, mhd. *scherren*. Außergermanisch sind zumindest ähnlich l. *cārere* 'Wolle krempeln' und lit. *kař̃šti* 'Wolle krempeln, Flachs hecheln, ein Pferd striegeln' und vielleicht auch ai. *kaṣati* 'schabt, kratzt', das allerdings auch fremden Ursprungs sein kann. Präfigierung: *verscharren*.

Seebold (1970), 416.

Scharte *f.* (< 13. Jh.). Mhd. *schart(e)*, mndd. *schart n.*, mndl. *sc(h)aerde*. Wie afr. *skerd* 'Schnitt, Stück', ae. *sceard n.*, anord. *skarð n.* Substantivierung des Adjektivs g. **skar-ða-* 'zerhauen, beschädigt, schartig' in mhd. *schart*, ahd. *-scart*, as. *skard*, afr. *skerd*, ae. *sceard*, anord. *skarðr*. Dieses ist vermutlich eine morphologisch nicht ganz klare Bildung zu (ig.) **sker-a-* 'schneiden' (s. *scheren¹*). Adjektiv: *schartig*.

Röhrich 3 (1992), 1302; Heidermanns (1993), 485 f.

Scharteke *f. arch.* 'Schmöker, schlechtes Theaterstück' (< 16. Jh.). Das Wort gehört wahrscheinlich zu mndd. *scarte*, *schartēke* 'Urkunde' (das aus frz. *charte* entlehnt ist) und könnte dessen niederdeutsches Diminutivum sein, bei dem der Ton scherzhaft nach lateinischem Muster umgesetzt wurde (vgl. das entsprechende Problem bei *Parteke* 'Stück Brot, irdisches Gut'). Die Einzelheiten bleiben unklar.

Scharwenzel *m.*, auch **Scherwenzel** *m. per. reg.* (< 17. Jh.). In der Bedeutung 'Bube' (im Kartenspiel), auch das Kartenspiel selbst, wohl entlehnt aus čech. *červenec* 'Herzbube' (eigentlich 'Roter') unter Einfluß von *Wenzel* 'Bube im Kartenspiel',

das eine Übertragung des (vorwiegend böhmischen) Vornamens ist. In der weiter verbreiteten Bedeutung 'dienstbeflissener Mensch' rückgebildet aus *scharwenzeln* 'schweifwedeln', einer Streckform von *schwänzeln*.

Schröder (1906), 1−3, 199−201; A. Kluyver *ZDW* 13 (1912), 90 f.; Steinhauser (1978), 104 f.; Röhrich 3 (1992), 1303.

Scharwerk *n. arch.* (< 14. Jh.). Bezeugt als 'in geordneter Verteilung umgehende Fronarbeit'; entsprechend mhd. *scharwahte* 'reihum gehender Wachdienst'. Mit dem Aufhören der Fronarbeit geht *Scharwerker* in die Bedeutung 'unzünftiger Handwerker' über. Zu *Schar¹* in der Bedeutung 'Abteilung, (Einteilung)'.

Röhrich 3 (1992), 1304.

Schaschlik *m./n. erw. fach.* (ein Spieß mit Fleisch und Gemüse) (< 20. Jh.). Entlehnt aus dem Turkotatarischen (vgl. russ. *šašlýk*), zu krimtatar. *šiš* 'Bratspieß'.

schassen *swV. per. grupp.* 'fortjagen' (< 18. Jh.). Entlehnt aus frz. *chasser* 'jagen', das auf ml. *captiare* 'fangen, jagen' (zu l. *capere* 'fangen') zurückgeht.

DF 4 (1978), 73.

Schatten *m.*, älter **Schatte** *m.* (< 8. Jh.). Mhd. *schate(we)*, ahd. *scato*, mndd. *schade(we)*, *schaduwe*, mndl. *sc(h)ade* aus g. **skaþwa- m.* 'Schatten', auch in gt. *skadus*, ae. *sceadu f.* Außergermanisch vergleichen sich zunächst air. *scáth*, kymr. *cysgod* 'Schatten'. Vermutlich weiter zu gr. *skótos* 'Dunkelheit'. Weitere Herkunft unklar. Die dehnstufigen keltischen Wörter gehören unter Umständen zu einem anderen Wort für 'Schatten' (**skāi-*) und sind deshalb mehrdeutig. Verben: *(be-) schatten, schattieren*; Adjektiv: *schattig*.

Röhrich 3 (1992), 1304−1307.

Schatulle *f. erw. fremd.* (ein geschmücktes Kästchen zum Aufbewahren von Wertsachen) (< 17. Jh.). Im Frühneuhochdeutschen entlehnt aus ml. *scatula* 'Schrank' und it. *scatola* 'Schachtel, Dose', dessen weitere Herkunft nicht sicher geklärt ist. S. *Schachtel*.

DF 4 (1978), 74.

Schatz *m.* (< 8. Jh.). Mhd. *scha(t)z*, ahd. *scaz*, as. *skatt* 'Geld, Vermögen, Vieh' aus g. **skatta- m.* 'Besitz, Vieh', auch in gt. *skatts* 'Geld(stück)', anord. *skattr* 'Abgabe, Reichtum, Geld', ae. *sceatt*, afr. *skett*. Herkunft unklar. Entlehnung aus einer unbekannten Sprache nicht ausgeschlossen. Verben: *schatzen, schätzen*.

Nndl. *schat*, nschw. *skatt*, nisl. *skattur*. S. *Brandschatzung*. − Röhrich 3 (1992), 1307 f.

Schaub *m. per. obd.* 'Garbe' (< 11. Jh.). Mhd. *schoup, schoub*, ahd. *scoub*, as. *skōf* aus wg. **skaufa- m.* 'Garbe', auch in ae. *scēaf*; entsprechend anord. *skauf n.* 'Fuchsschwanz'. Vermutlich zu der unter *Schopf* dargestellten Gruppe mit der ursprünglichen Bedeutung ʼBüschelʼ. Nndl. *schoof*, ne. *sheaf*. S. *Schopf*.

Schaube *f. arch.* ʼspätmittelalterliches Kleidungsstückʼ (< 14. Jh.). Vermutlich aus der gleichen Grundlage wie *Joppe* entlehnt.

Schaubrot *n. per. fach.* (< 16. Jh.). Von Luther gebildet zur Übersetzung von hebr. *lächäm happānīm*, eigentlich ʼBrot des Antlitzesʼ (in der Stiftshütte aufgelegtes Brot aus feinem Mehl). Im Deutschen übertragen auf Gebildebrote, die hauptsächlich an Weihnachten gebacken werden.

schaudern *swV.* (< 16. Jh.). Aus ndd. *schuddern* aufgenommen. Mndd. *schoderen, schaderen* zu mndd. *schoden* ʼschütteln, schüttenʼ der Bedeutung nach vergleichbar mit *schütteln*. Abstraktum: *Schauder*; Adjektiv: **schauderhaft**. Ne. *shudder*.

schauen *swV. stil.* (< 8. Jh.). Mhd. *schouwen*, ahd. *scouwōn*, as. *skawon, skawoian* aus g. **skauw-ō- swV.* ʼschauenʼ, auch in ae. *scēawian*, afr. *skāwia, skō(w)ia*. Außergermanisch vergleicht sich gr. *thyo-skóos* ʼOpferschauerʼ und ohne anlautendes *s*-gr. *koéō* ʼich bemerke, fasse aufʼ, l. *cavēre* und evtl. ai. *ākuvate* ʼbeabsichtigtʼ. Abstrakta: *Schau, Anschauung*; Nomen agentis: *Beschauer*; Adjektiv: *beschaulich*.

Nndl. *schouwen*, ne. *show*. S. *hören, scheu, schön, Show*. − Zur Entlehnung ins Finnische s. J. Koivulehto *Finnischugrische Forschungen* 42 (1977), 137−142.

Schauer[1] *m.* ʼUnwetterʼ (< 8. Jh.). Mhd. *schūr(e), schour(e)*, ahd. *scūr, skūr* aus wg. **skūra-m*. ʼSchauerʼ, auch in ae. *scūr m./f.* Dazu anord. *skúr f.*, gt. *skūra f.* ʼSturmwindʼ. Vielleicht ist unmittelbar zu vergleichen arm. *cʻurt* ʼkalt, Kälte, Schauerʼ und ohne anlautendes *s*- l. *caurus, cōrus* ʼNordwindʼ, lit. *šiáurė f.* ʼNordenʼ, akslav. *sěverŭ* ʼNordenʼ. Im Falle der Zusammengehörigkeit wäre (ig.) **(s)k̑ewero*- anzusetzen. Die übertragene Bedeutung ʼSchauderʼ ist wohl von dem unverwandten *Schauder* beeinflußt. Verb: *(er-) schauern*; Adjektive: **schaurig, schauerlich**. Ne. *shower*, nschw. *skur*, nisl. *skúr*.

Schauer[2] *m. per. reg.* ʼWetterdachʼ (< 11. Jh.). Mhd. *schūr*, ahd. *scūra f.*, as. *skūr* aus g. **skūra-m.* ʼSchutzdachʼ, auch in nisl. *skúrr*, nschw. *skur*. Zu *Scheuer* und *Scheune*.

Schauerleute *Pl.*, auch **Schauermann** *m.* und früher einfaches **Schauer** *m. per. fach.* ʼTagelöhner, die beim Löschen und Laden des Schiffes helfenʼ (< 17. Jh.). Entlehnt aus nndl. *sjouwer(man)* zu nndl. *sjouwen* ʼschleppen, hart arbeitenʼ. Dieses offenbar ein ursprünglich friesisches Wort, das von der Entsprechung zu *See* abgeleitet ist und ursprünglich bedeutet ʼLasten an oder von Bord tragen, indem man durch die See watetʼ.
Kluge (1911), 683 f.

Schaufel *f.* (< 8. Jh.). Mhd. *schūvel(e), schūfel(e)*, ahd. *scūvala, schūvel*, as. *skūfla* aus vd. **skūflō f.* Daneben mit Vokalkürze ae. *scofl*, mndd. *schuf(f)el*, mndl. *schuffel*. Instrumentalbildung zu *schieben*; Ausgangsbedeutung also ʼMittel zum (Ver)Schiebenʼ. Nndl. *schoffel*, ne. *shovel*, nschw. *skovel*, nisl. *skófla*. Verb: **schaufeln**. S. *Schippe, schieben*.

Schaukel *f.*, **schaukeln** *swV.* (< 17. Jh.). Älter *schuckel, schocke* u.ä., vgl. mhd. *schocken, schukken* ʼstoßen, schaukelnʼ, ahd. *skokka* ʼdas Schaukelnʼ. Die Vokallänge und der Diphthong wohl durch unangemessene Umsetzung einer niederdeutschen Form ins Hochdeutsche. Wohl zur gleichen Grundlage wie *schieben*, sonst unklar.
S. *schunkeln*. − Röhrich 3 (1992), 1308 f.

Schaum *m.* (< 11. Jh.). Mhd. *schūm, schoum*, ahd. *scūm*, mndd. *schūm*, mndl. *sc(h)ume*. Herkunft unklar. Möglicherweise sind die romanischen Entsprechungen die Grundlage einer Entlehnung (it. *schiuma*, frz. *écume* < vor-rom. **spluma* < **spumula*, zu l. *spūma* ʼSchaumʼ). Verb: *schäumen*; Adjektiv: *schaumig*.

Nndl. *schuim*, nschw. *skum*. S. *Abschaum*. − Kluge (1926), 46 f.; I. Burr: *Lateinisch-romanische Konsonantenverbindungen mit Liquid* (Diss. Bonn 1975), 125−154; Röhrich 3 (1992), 1309.

Schaute *m. per. wmd.* ʼlächerlicher Narrʼ (< 16. Jh.). Aus dem Westjiddischen übernommen, ebenso nndl. *schudde*. Aus hebr. *schōteh* ʼNarrʼ.
Wolf (1985), 280.

Scheck *m.* (< 19. Jh.). Entlehnt aus ne. *cheque*, dessen Herkunft umstritten ist. Der Sache nach liegt eine arabische Entwicklung zugrunde, schriftliche Zahlungsversprechen, die arab. *ṣakk, Pl. ṣukuk* genannt wurden. Dieses Wort kommt aus pers. *čäk* ʼgeschriebenes Urteil, Zahlungsversprechenʼ. Die moderne Lautform entspricht eher dem Persischen und ist möglicherweise aus dem Türkischen übernommen worden.
Schirmer (1911), 167 f.; Littmann (1924), 116; A. Steiger: *Origin and Spread of Oriental Words in European Languages* (New York 1963), 68−70; Lokotsch (1975), 140; *DF* 1 (1978), 74 f.

schecken *swV.* s. *checken*.

scheckig *Adj.* (< *14. Jh., Form < 19. Jh.). Spmhd. *scheckeht*. Entlehnt aus afrz. *eschiec* ʼSchachʼ, also ʼschachbrettartigʼ.
Röhrich 3 (1992), 1309 f.

scheel *Adj.* (< 16. Jh.). Übernommen aus mndd. *schel(e)* ʼschielendʼ. Daneben steht mhd. *schelch*, ahd. *skelah*, mndd. *schēle* aus wg. **skelhwa-* (o.ä.) *Adj.* ʼschief, schrägʼ, auch in ae. *scēolh* ʼscheu, ängstlich, schrägʼ. Im Deutschen ist die Bedeutung auf eine Stellung der Augen übergegangen, und aus *scheel blicken* ist ʼmißgünstig, neidischʼ geworden.

Varianten sind bair. *schelh* und alem. *schelb* (aus *schelw-*, bei unklarem Schwund von *h*). Mit grammatischem Wechsel steht daneben anord. *skjalgr* ´schief, scheeläugig´. Mit nur germanischer Erweiterung zu (ig.) **skel-* ´krumm´ in gr. *skoliós* ´krumm´, arm. *šeł* ´krumm´, l. *scelus* ´Bosheit´, lit. *kelỹs* ´Knie´.

Nndl. *scheel*, nisl. *skjálgur*. S. *schielen, schillern.* – Röhrich 3 (1992), 1310; Heidermanns (1993), 493 f.

Scheffel *m. arch.* ´Hohlmaß´ (< 8. Jh.). Mhd. *scheffel*, ahd. *skeffil*, as. *skepil* ist eine Weiterbildung (Diminutiv?) zu *Schaff*, also ´kleines Schaff´. Da es sich aber dennoch um ein verhältnismäßig großes Maß handelte (zwischen 50 und 250 Liter), bedeutet **scheffeln** ´in großen Mengen (Scheffeln) an sich nehmen´.

Nndl. *schepel*. S. *Schaff.* – Röhrich 3 (1992), 1310.

Scheibe[1] *f.* (< 9. Jh.). Mhd. *schībe*, ahd. *skība*, as. *skīva* aus g. **skībō(n) f.* ´Scheibe´ (ursprünglich wohl eine von einem Baumstamm abgeschnittene Scheibe), auch in anord. *skífa*, me. *schīfe*, afr. *skīve*. Das Wort ist (ähnlich wie *Schiefer*) eine Labialerweiterung zu (ig.) **skei-* ´schneiden, spalten´ (zu diesem s. *scheiden*). Hierzu auch mhd. *schīben* ´rollen´, z. B. bair. *Kegel scheiben*, in der Hochsprache falsch umgesetzt zu *Kegel schieben*.

Nndl. *schijf*, ne. *shive*, nschw. *skiva*, nisl. *skífa*. S. *Scheibtruhe, scheiden, Schicht, Schiefer.* – Röhrich 3 (1992), 1310.

Scheibe[2] *Interj. per. stil.* (< 20. Jh.). Als Hüllwort für *Scheiße* verwendet, wie auch **Scheibenhonig**, **Scheibenkleister** u.ä. Der Ausdruck entstammt der Soldatensprache, wo mit *Scheibe* ein Schuß auf die Zielscheibe bezeichnet wird, der keinen Ring, sondern nur die Scheibe trifft (also etwa ´Niete´).

Röhrich 3 (1992), 1310.

Scheibtruhe *f. per. oobd.* ´Schubkarren´ (< 17. Jh.). Zu *scheiben* ´rollen´ (s. *Scheibe*[1]) und *Truhe*.

Scheich *m. erw. exot.* (< 17. Jh.). Zu arab. *šaiḥ* ´Stammesoberhaupt´, eigentlich ´Ältester´. Die umgangssprachlichen Übertragungen stammen aus der Soldatensprache.

Littmann (1924), 85; Lokotsch (1975), 141; *DF* 4 (1978), 75.

Scheide *f. erw. fach.* (< 9. Jh.). Mhd. *scheide*, ahd. *skeida*, as. *skēðia* aus g. **skaiþ(j)ō f.* ´Scheide´, auch in anord. *skeiðar* Pl., ae. *scēaþ*, afr. *skēthe*. Der altnordische Gebrauch im Plural zeigt, daß ursprünglich die beiden Schutzplatten der Schwertscheide gemeint gewesen sein müssen. Im Singular bedeutet das nordische Wort ´Weberkamm´ und ´(Silber-) Löffel´ (im Gegensatz zum Holzlöffel, der als *sleif* bezeichnet wird). Formal wohl zu *scheiden* gehörig, aber die Bedeutungszusammenhänge sind unklar. Die Bedeutung ´weibliches Geschlechtsorgan´ beruht auf einer Lehnbe-

deutung aus l. *vāgīna* im 17. Jh. Nndl. *schede*, ne. *sheath*, nschw. *sked*, nisl. *skeið*.

Scheidemünze *f. erw. fach.* (< 17. Jh.). Auch als *Schiedmünze* bezeugt. Die Münze, mit der feinere Unterschiede gemacht werden können, zu *scheiden*.

scheiden *st V.* (< 8. Jh.). Mhd. *scheiden*, ahd. *skeidan*, as. *skēdan, skeðan* aus g. **skaid-a- st V.* ´scheiden´, auch in gt. *skaidan* (reduplizierend), ae. *scēadan*, afr. *skētha, skēda, skatta*. Der grammatische Wechsel ist teilweise durch das ganze Paradigma durchgeführt, teilweise beseitigt. Mhd. *schīden* gleicher Bedeutung ist erst seit dem 13. Jh. belegt und damit wohl sekundär (s. hierzu *gescheit*). Der Lautstand der Sippe ist uneinheitlich. Auszugehen ist wohl von einer Grundlage ig. **skēi-*, zu der im Germanischen ein schwundstufiges Präsens mit *t*-Erweiterung und grammatischem Wechsel gebildet wurde. Bildungen mit *e*-Vokalismus sind wohl ursprünglich Bildungen aus der Wurzel (s. *Scheit*). Auch außergermanisch ist die Sippe uneinheitlich. Der Anlaut ist indo-iran. *sḱ-*, balt. *sk-*, gr. *skh-*. Die übliche Präsensbildung geht von **skeid-* aus, dem im Germanischen *scheißen* entspricht, das durch seine anstößige (Neben)Bedeutung wohl den Ersatz durch die vorliegende Formation bewirkt hat. Vgl. hierzu l. *scindere*, lit. *skíesti*, gr. *schízein*, ai. *chinátti* ´spalten´. Die Wurzelstufe **skēi-* kann gesehen werden in mir. *scían* ´Messer´, gr. *scházō* ´ich ritze, schnitze´, ai. *chyáti* ´schneidet ab´. Vielleicht weiter zu **sek-* ´schneiden´ (s. *Säge*). Abstraktum: **Scheidung**; Präfigierungen: **be-, ent-, unter-, verscheiden**.

Nndl. *scheiden.* S. *Scheibe*[1], *Scheitel, schütter, Schiedsrichter, Schiene.* Zur lateinischen Entsprechung s. *Abszisse.* – Seebold (1970), 402–404; Röhrich 3 (1992), 1310.

scheinen *st V.* (< 8. Jh.). Mhd. *schīnen*, ahd. *skīnan*, as. *skīnan* aus g. **skei-na- st V.* ´scheinen´, auch in gt. *skeinan*, anord. *skína*, ae. *scīnan*, afr. *skīna*. Außergermanisch vergleicht sich akslav. *sijati* ´leuchten, glänzen´ und vielleicht l. *scintilla* ´Funke´. Im Deutschen entwickelt sich früh die Bedeutung ´zeigen, vorzeigen´, zu der einerseits **erscheinen**, andererseits **Schein** im Sinne von ´Dokument´ gehört. Auf die Möglichkeit des bloßen Vorspiegelns ohne realen Hintergrund zielt die einschränkende Verwendung in **wahrscheinlich, anscheinend, scheinheilig** und **scheinbar**, auch beim Verbum selbst *(es scheint nur so)*. Abstraktum: **Erscheinung**; Präfixableitung zu *Schein*: **bescheinigen**.

Nndl. *schijnen*, ne. *shine*, nschw. *skina*, nisl. *skína.* S. *Schemen, schier*[2], *schimmern.* – Seebold (1970), 409 f.; Röhrich 3 (1992), 1311.

scheißen *st V. vulg.* (< 11. Jh.). Mhd. *schīzen*, ahd. nur Partizip *piscizzano*, mndd. *schiten*, mndl. *sc(h)iten* aus g. **skeit-a- st V.* ´scheißen´, auch in anord. *skíta*, ae. *bescītan (Prät. Pl.)*, me. *schiten*, nwfr. *skite*. Eine nur im europäischen Bereich faßbare und deshalb wohl sekundäre Bedeutungsspezialisierung von (ig.) *skei-d- ʿspalten, trennenʾ (s. *scheiden*). Den Ausgangspunkt zeigt gr. *schistós gála* ʿgeronnene Milchʾ, dann lit. *skýsti* ʿsich teilen, zerfließen, Durchfall bekommenʾ, lit. *skíesti* ʿverdünnen, Durchfall bekommenʾ, von der unerweiterten Grundlage mir. *sceïd, sceithid* (u. a.), kymr. *chwydaf, chwydu* ʿsich erbrechen, speienʾ. Abstrakta: **Scheiße, Schiß**; Präfigierung: **bescheißen**; Partikelverb: **anscheißen**.

Nndl. *schijten*, ne. *shit*, nschw. *skita*, nisl. *skíta*. S. *Scheibe²*, *Schiet*, *Schiß*, *Verschiß*. – Seebold (1970), 410 f.; Röhrich 3 (1992), 1311–1313.

Scheit *n. erw. obd.* (< 12. Jh.). Mhd. *schīt*, ahd. *skīt* aus g. *skīda- n.* ʿScheitʾ, auch in anord. *skíð*, ae. *scīd*, afr. *skīd*. Eigentlich ʿdas Gespalteneʾ zu der unter *scheiden* dargestellten Wurzel (ig.) *skēi-* ʿspalten, trennenʾ.

Scheitel *m.* (< 8. Jh.). Mhd. *scheitel(e) f.*, ahd. *skeitila f.*, mndd. *schedel*. Am ehesten mit Instrumentalsuffix *tlā zu der Grundlage von *scheiden*; nicht ausgeschlossen ist aber eine *l*-Bildung zu dem Verb *scheiden* selbst (mit grammatischem Wechsel, der im Deutschen sonst fast durchgehend beseitigt ist). Auf jeden Fall ist die Ausgangsbedeutung ʿScheidestelleʾ (der Haare). Verb: **scheiteln**.

Röhrich 3 (1992), 1313 f.

scheitern *swV.* (< 16. Jh.). Aus dem früheren *zu scheitern werden* gebildet; von Fahrzeugen und Schiffen gesagt, die in Stücke (*Scheiter*, s. *Scheit*) brechen.

Kluge (1911), 685.

Schelch *m./n. per. md.* (eine Bootsart) (< 15. Jh.). Bezeugt für Main und Werra. Vermutlich aus älterem (spahd.) *scaltih m.* ʿRennschiffʾ, zu ahd. *scalta f.* ʿRuderstange, Stoßstangeʾ (zu *schalten*), also ein durch ein Schaltruder gelenkter Kahn.

Kluge (1911), 685.

Schelf *m./n. per. fach.* ʿFestlandsockelʾ (< 20. Jh.). Entlehnt aus ne. *shelf* ʿAufsatzʾ unklarer Herkunft.

E. Rooth *FA* 5 (1959), 18–45; O. Mäkeläinen *NPhM* 80 (1979), 352–357.

Schelfe *f. per. reg.* ʿSchaleʾ (< 11. Jh.). Mhd. *schelve*, ahd. *skeliva*; entsprechend mndd. *schelver* ʿabgeblättertes Stück, Schädelstückʾ, mndl. *schelffe* ʿSchuppeʾ. Labialerweiterung zu der gleichen Grundlage wie der von *Schale¹*. Verb: **schelfern, -i-, -ü-**.

Götze (1919), 157 f.

Schellack *m. per. fach.* ʿLack in dünnen Blätternʾ (< 18. Jh.). Entlehnt aus nndl. *schellak*. Dieses zu *Lack* und *schel* ʿSchuppeʾ (zu *Schale¹*).

Lokotsch (1975), 103.

Schelle¹ *f. erw. fach.* ʿGlöckchenʾ (< 11. Jh.). Mhd. *schelle*, ahd. *skella*. Ableitung zu g. *skell-a-*

stV. ʿschallen, klingenʾ in anord. *skjalla*, ae. *scillan*, ahd. *skellan*, mhd. *schellen* (dann untergegangen oder zu *schallen* [s. *Schall*] gezogen; das heutige *schellen swV.* ist denominal). Hierzu mit abstrakterer Bedeutung auch **Maulschelle** (= ʿschallender Schlagʾ), woraus einfaches *Schelle* gleicher Bedeutung gekürzt ist. *Schellen* ʿHodenʾ ist eine Übertragung nach der Form; der Vergleich mit kymr. *caill* ʿHoden, Samengehäuseʾ, mir. *scell* ʿNußʾ legt nahe, daß ursprünglich Früchte so bezeichnet wurden, in denen beim Schütteln die reifen Kerne klapperten.

Nndl. *schel*. S. *Schall, schelten, verschollen, zerschellen*. – Palander (1899), 88 f.; Relleke (1980), 114 f., 248 f.; Röhrich 3 (1992), 1314 f.

Schelle² *f. erw. fach.*, besonders in **Handschellen**, (< 17. Jh.). Technisch eine Haltevorrichtung für Rohre u.ä. Am nächsten steht ahd. *fuoßscal* ʿRiegelʾ, das vielleicht zu einem Wort für ʿPfahlʾ gehört (gr. *skōlos*, ohne s mobile lit. *kuōlas*).

Schellfisch *m. erw. fach.* (< 16. Jh.). Übernommen aus dem Niederdeutschen. Mndd. *schellevisch* zu *schelle* ʿSchale, Hülseʾ (s. *Schale¹*), weil das Fleisch dieses Fisches blätterig ist.

O. Böthlingk *IF* 7 (1897), 273 f.

Schellhengst *m.* s. *Schälhengst*.

Schellkraut *n.*, auch **Schöllkraut** *n. per. fach.* (< *11. Jh., Form < 14. Jh.). Mhd. *schelkrūt, schel(le)wurz*, ahd. *skelliwurz*, mndd. *schel(le)wort*, mndl. *schel(le)worte(l)*. Mit Anlehnung an *Schelle* entlehnt aus ml. *celidonia*, gr. *chelidónion* ʿSchwalbenkrautʾ (zu gr. *chelidōn f.* ʿSchwalbeʾ). Benennungsmotiv unklar.

Schelm *m. stil.* (< 9. Jh.). Mhd. *schelm(e)* ʿBösewichtʾ, metonymisch auch für ʿAbdecker, Schinderʿ und danach ʿHenkerʾ, ahd. *skelmo* ʿTodeswürdigerʾ. Zugehörigkeitsbildung zu mhd. *schalm(e)*, ahd. *skalmo* ʿPest, Seucheʾ. Entsprechende Wörter ohne anlautendes s- und mit anderen Suffixen sind anord. *hold n.* ʿFleischʾ, ae. *hold* ʿLeicheʾ, air. *colainn f.* ʿKörper, Leicheʾ, kymr. *celain* ʿLeicheʾ. Durch scherzhafte Übertreibung wird das Wort später abgeschwächt zu ʿneckischer Menschʾ, vgl. **schelmisch**.

Angstmann (1928), 50; Röhrich 3 (1992), 1316 f.

schelten *stV.* (< 8. Jh.). Mhd. *schelten, schelden*, ahd. *skeltan*, mndd. *schelden*, mndl. *sc(h)elden*; sowie afr. *skelda*, andfrk. *skeldan*. Keine sichere Vergleichsmöglichkeit, vielleicht zu ahd. *skellan* (s. *Schall* und *Schelle*). Abstraktum: **Schelte**; Adjektiv: **unbescholten**.

Nndl. *schelden*. – P. Seidensticker *ZM* 24 (1956), 160–184; Seebold (1970), 412.

Schema *n. erw. fach.* ʿKonzept, Musterʾ (< 17. Jh.). Entlehnt aus l. *schēma*, dieses aus gr. *schēma*, eigentlich ʿHaltung, Gestalt, Formʾ, zu gr. *échein* 'haben, halten' (ig. *seg^h- − *sg^hē-). Adjektiv: **schematisch**; Verb: **schematisieren**.

Zur Sippe des griechischen Grundworts s. *Epoche*; zur germanischen Verwandtschaft s. *Sieg*. − *DF* 4 (1978), 75−78; Röhrich 3 (1992), 1318.

Schembart *m. per. reg.* 'Maske mit Bart' (< 13. Jh.). Mhd. *schem(e)bart* zu *Schemen* und *Bart*. *Schönbart* ist eine spätere Umdeutung.

Schemel *m.* (< 9. Jh.). Mhd. *schemel*, *schamel*, ahd. *scamel*, *scamal*, *scamil*, mndd. *schemel*, mndl. *schamel*, *schemel*. Wie ae. *sceamul*, anord. *skemill* entlehnt aus l. *scamillus* 'Bänkchen' (zu l. *scamnum* n. 'Bank'). Ne. *shamble(s)*.

Schemen *m./n. arch.* 'Schattenbild' (< 11. Jh.). Mhd. *schem(e)*, *schim(e)* m., mndd. *schem(e)* m./(f.), mndl. *sc(h)eme* m., as. *skūmo* m., wie ae. *scima* m. 'Schatten'. Außergermanisch vergleichen sich mit einfacherer Wurzelstufe gr. *skiá* f., alb. *hije*, toch. B *skiyo* f. 'Schatten', mit Dehnstufe ai. *chāyā* f., unklar lett. *sejs*; mit *n*-Suffix akslav. *sěnĭ* f. Ob diese weiter zu **skei-* 'leuchten' gehören (s. *scheinen*) bleibt besser offen, obwohl zu dieser Wurzel parallele *m*-Bildungen existieren (gt. *skeima* 'Fackel' usw.). Nndl. *schim*. S. *Schembart*.

-sch(en) *Suffix* zur Bildung von Verben aus Nomina (z. B. *feilschen* zu *feil*, *herrschen* zu *Herr*), heute nicht mehr produktiv. Das Suffix geht auf ein in allen germanischen Sprachen vorhandenes **-isō-* zurück, das auf einer falschen Ablösung von **-ō-* hinter *s*-Stämmen beruht.

Schenke *f.* s. *schenken*.

Schenkel *m.* (< 10. Jh.). Mhd. *schenkel*, mndd. *schinkel*, mndl. *sc(h)enkel*; Diminutivum zu ae. *sceanca*, mndd. *schinke* 'Schenkel' (es kann auch ein Diminutivum zu *Schinken* mitgewirkt haben). Hierzu vielleicht mit dissimiliertem Anlaut ai. *sákthi* n. 'Schenkel'. Vermutlich zu einer Grundlage mit der Bedeutung 'schräg', die in anord. *skakkr* 'hinkend, schief' erhalten wäre. Dazu 'hinken' in ai. *kháñjati*, gr. *skázō* und ohne anlautendes *s*- *hinken*. Die Schenkel sind demnach als spreizbare, zueinander schräge Glieder bezeichnet. Das gleiche Bild bei *Schenkel* in der Bedeutung 'Winkelseiten' (die auf einer Lehnbedeutung des 18. Jhs. aus l. *crūs anguli* beruht). Die Ausgangsbedeutung ist also eher 'die Gespreizten' als 'die Krummen'.

Nndl. *schenkel*. S. *schenken*, *Schinken*. − F. Sommer in: *FS Debrunner* (1954), 425−430; Silfwerbrand (1958), 130−137.

schenken *swV.* (< 9. Jh.). Mhd. *schenken*, ahd. *skenken*, as. *skenkian* aus wg. **skankija-* swV. 'einschenken', auch in afr. *skenka*, ae. *scencan*. Faktitivum zu **skanka-* 'schräg' in anord. *skakkr* 'schräg, hinkend', also eigentlich 'ein Gefäß schräg halten (damit der Inhalt ausläuft)'. Hierzu als Nomen agentis **Schenk** (ahd. *skenco*, as. *skenkio*) und als

Rückbildung des 15. Jhs. **Schenke** 'Wirtshaus'. Die neuhochdeutsche Bedeutung 'Geschenke geben' stammt aus dem Brauch, bei ehrenden Empfängen sowohl Getränke auszuschenken, als auch Geschenke auszuteilen. Solche Gelegenheiten hießen wegen des Getränks *schenke*, und **schenken** 'eine *schenke* veranstalten, Geschenke überreichen' ist streng genommen eine Ableitung aus diesem Wort. Abstraktum: **Schenkung**; Konkretum: **Geschenk**.

Nndl. *schenken*. S. *Schank*[1], *Schenkel*. − Röhrich 3 (1992), 1318; Heidermanns (1993), 485.

schepp *Adj.* 'schief', auch **scheps** *Adj. per. reg.* (< 16. Jh.). Fnhd. *schepp(es)* ist eine Intensivbildung zu *schief*.

scheppern *swV. erw. stil.* 'klappern' (< 18. Jh.). Lautmalend wie *klappern* u.ä.

Scher *m.* s. *Schermaus*.

Scherbe *f.* (< 9. Jh.). Mhd. *scherbe*, *schirbe*, ahd. *scirbi* n., as. in *havan-scervin* 'Topfscherbe'. Zu ahd. *scarbōn*, mndd. *scarven*, *scherven*, ae. *scearfian* 'zerschneiden' (wohl als 'das Scharfkantige, Schneidende'). Vgl. außergermanisch kslav. *črěpŭ*, lett. *šķirpta* 'Scharte', lett. *šķērpele* 'Holzsplitter'. Zu einer labialen Erweiterung von (ig.) **sker-* 'schneiden' (s. *scheren*[1]).

Nndl. *scherf*. S. *scheren*[1], *schürfen*. − R. Hildebrandt *DWEB* 3 (1963), 354−356; Seebold (1970), 414 f.; Röhrich 3 (1992), 1318.

scherbeln *swV. per. reg.* 'ausgelassen tanzen' (< 20. Jh.). Wohl zu ahd. *skeron* '(springen) jauchzen' mit unklarer Erweiterung.

Scherbengericht *n. bildg.* (< 19. Jh.). Lehnübertragung von gr. *ostrakismós* zu gr. *óstrakon* 'Scherbe'. Ursprünglich eine Art der öffentlichen Abstimmung, bei der die Namen von Auszuweisenden auf Scherben geschrieben wurden.

M. Lemmer *Sprachpflege* 32 (1983), 71 f.

Scherbet *m.* s. *Sorbet*.

Schere[1] *f.* (< 9. Jh.). Mhd. *schær(e)*, ahd. *-scāri* Pl. Mit gleicher Bedeutung anord. *skæri* Pln., afr. *skēre*; ae. *scēar*, ahd. *scār(a)* (auch 'Zange'). Vermutlich liegt ein alter Dual einer dehnstufigen Ableitung zu *scheren*[1] zugrunde. Hiervon abgeleitet ist **scheren**[3] *swV.* in der Turnersprache 'einen Sprung ausführen, bei dem die Beine die Bewegung einer Schere ausführen'; danach wird **Schere** auch zur Bezeichnung eines solchen Sprungs.

Nndl. *schaar*, ne. *shears*, nisl. *skæri*. S. *scheren*[1]. − Röhrich 3 (1992), 1319 f.

Schere[2] *f.* 'Klippe' s. *Schäre*.

scheren[1] *stV.* (< 8. Jh.). Mhd. *schern*, ahd. *skeran*, as. *skerian* aus g. **sker-a-* stV. 'scheren', auch in anord. *skera*, ae. *sceran*, afr. *skera*. Zu (ig.) **sker-* 'schneiden', das schlecht von ähnlichen Grundlagen abzutrennen ist. Am nächsten stehen air. *scaraid* ʿtrennt, teilt, schneidet abʾ, lit. *skírti* ʿtrennen, teilen, schneidenʾ und ohne anlautendes *s-* umbr. *kartu* ʿer soll schneidenʾ, gr. *keírō* ʿich schneide ab, schereʾ. Vielleicht weiter zu (ig.) **sek-* ʿschneidenʾ (s. *Säge*). Adjektiv (Partizip): *unge-schoren.*

Nndl. *scheren*, ne. *shear*, nschw. *skära*, nisl. *skera*. S. *Pflug-schar, Schar*[1], *Schere*[1], *Schermaus, Scharte, Schur*; zu den Erweiterungen gehören *scharf, Scherbe, Scherflein, Scherz*[2], *schürfen, Schurz*; zu den Erweiterungen mit schwundstufiger erster Silbe *schrappen, schroff, Schrot*; ohne *s mobile*: *herb.* − Seebold (1970), 413 f.; Röhrich 3 (1992), 1319−1322.

scheren[2] *swV. refl. stil.* (< 15. Jh.). Fnhd. *schern*, spmndd. *scheren.* Sowohl die Bedeutung ʿsich fort-machenʾ wie auch die Bedeutung ʿsich um etwas kümmernʾ sind in ihrer Herkunft unklar.

Röhrich 3 (1992), 1319−1322.

Scherflein *n. bildg.* ʿkleiner Beitragʾ (nach Mk. 12,42) (< 16. Jh.). Ursprünglich ist der *Scherf* eine Münze, und zwar dort, wo sie geprägt wird, die kleinste. Ahd. *sker(p)f*, mhd. *scher(p)f*, mndd. *scharf, scherf.* Zu den unter *scheren*[1] aufgeführten Wörtern für ʿabschneidenʾ, speziell ahd. *scarbon* ʿabschneiden, zerschneidenʾ mit gleichem Benen-nungsmotiv wie bei *Deut* und *Scheidemünze.*

W. Bruckner *ZDW* 13 (1912), 152−154; Röhrich 3 (1992), 1322 f.

Scherge *m. arch.* ʿGerichtsperson, Henkerʾ (< 8. Jh.). Mhd. *scherge, scherje*, ahd. *scerio, scario* ʿScharmeister, Hauptmannʾ; Täterbezeichnung zu *Schar*[1].

Angstmann (1928),50−53; Kluge (1926), 8.

Schermaus *f. per. obd.* ʿMaulwurfʾ, auch **Schär** *m.* (< 8. Jh.). Mhd. *schermūs*; eine verdeutlichende Komposition zu ahd. *skero, scher*, mhd. *scher* ʿMaulwurfʾ. Formal ein Nomen agentis zu *scheren*[1] oder einem davon abgeleiteten Nomen; aber das Benennungsmotiv ist unklar, da der Maulwurf ja nicht in erster Linie ʿschneidetʾ. Die Annahme ei-nes Einflusses von ahd. *skerren* ʿscharren, kratzen, grabenʾ reicht wohl zur Erklärung nicht aus.

Scherwenzel *m.* s. *Scharwenzel.*

Scherz[1] *m.* ʿSpaßʾ (< 13. Jh.). Mhd. *scherz*; aus *scherzen* ʿfröhlich springen, sich vergnügenʾ (viel-leicht starkes Verb). Herkunft (auch wegen der spä-ten Bezeugung) unsicher. Wohl eine Erweiterung zu der in ahd. *skerōn* ʿjauchzenʾ, ae. *secge-scēara* ʿHeuschreckeʾ, gr. *skaírō* ʿich hüpfe, springe, tanzeʾ, lit. *skẽrys* ʿHeuschreckeʾ, akslav. *skorŭ* ʿschnell, flinkʾ vorliegenden Grundlage. Mit der Erweiterung, aber ohne das anlautende *s-* verglei-chen sich ai. *kū́rdati* ʿspringt, hüpftʾ, gr. *kórdāx* ʿName eines Tanzesʾ, gr. *kradáō* ʿich schwingeʾ (beides unsicher). Die Herkunft von l. *scurra* ʿSpaßmacher, Witzboldʾ ist umstritten (etrus-kisch?). S. *schrecken.* Verb: *scherzen*; Adjektiv: *scherzhaft.*

Scherz[2] *m. per. obd.* ʿdicke Brotschnitte, beson-ders Anfangs- und Endstückʾ (< 17. Jh.). Mhd. *scherzel n.* ʿSchnittchenʾ. Wie ahd. *scurz, scurt*, ae. *scort*, ne. *short* ʿkurzʾ, eigentlich ʿabgeschnittenʾ (s. auch *Schurz*). Zu einer Weiterbildung von (ig.) **sker-* ʿschneidenʾ (s. *scheren*[1]).

Heidermanns (1993), 496.

scheu *Adj.* (< 13. Jh.). Mhd. *schiehe, schiech* (das lautgesetzlich zu *schiech* wird, sekundär aber auch an *scheuen* angeglichen) aus wg. **skeuha- Adj.* ʿvor-sichtig, scheuʾ, auch in ae. *scēoh*, lautlich umge-formt oder von abweichender Ausgangsform mndl. *sc(h)u, sc(o)uw*, mndd. *schu(we)*, norw. [dial.] nschw. *skygg.* Hierzu **scheuen**, mhd. *schiuhen, schi-uwen*, ahd. *skiuhen* und **Scheu** aus mhd. *schiuhe.* Vermutlich eine *k*-Erweiterung der unter *schauen* dargestellten Sippe. Vgl. zu den dort aufgeführten Vergleichsmöglichkeiten noch l. *cautus* ʿvorsichtigʾ. Die Einzelheiten sind aber noch klärungsbedürftig. Nominalableitung: **Scheusal.**

Nndl. *schuw*, ne. *shy.* S. *scheuchen, scheußlich, schiech, schüchtern.* − Heidermanns (1993), 496−498.

scheuchen *swV.* (< 12. Jh.). Mhd. *schiuhen, schiu-wen.* Gehört zu *scheuen* und sollte eigentlich ein Kausativum (oder ein Faktitivum zu *scheu*) sein, doch hat es nicht die dafür vorauszusetzende Form. Vielleicht hat das Verbum mit transitivem Gebrauch die Funktion des Kausativums über-nommen. Hierzu **Vogelscheuche** u. dgl. Die Einzel-heiten sind klärungsbedürftig.

Scheuer *f. erw. reg.* (< 9. Jh.). Mhd. *schiur(e)*, *schiuwer*, ahd. *sciura, scūra*, die niederdeutschen Entsprechungen s. unter *Schauer.* Fortsetzer eines *r/n*-Stamms, dessen Variante mit *n* in *Scheune* er-halten ist. Die Bedeutung war zunächst ʿSchutz, Schirmʾ, vgl. von derselben Wurzel anord. *skjól n.* ʿZufluchtʾ, afr. *skūl(e)* ʿVersteckʾ. Die weiteren Vergleichsmöglichkeiten sind unsicher, da eine ent-sprechende Wurzel unerweitert nicht vorliegt und mögliche Verknüpfungen etymologisch mehrdeutig sind.

S. *Hode, obskur, Schote*[1]. − E. Seebold *IF* 87 (1982), 186−188.

scheuern *swV. erw. reg.* (< 16. Jh.). Aus dem Nie-derdeutschen in die Hochsprache übernommen: Mndd. *schuren*, mndl. *sc(h)uren.* Herkunft unklar. Vermutlich über das Niederländische entlehnt aus frz. *escurer* ʿreinigenʾ (dieses aus l. **ex-cūrāre* ʿsor-genʾ). Das Wort bedeutet auch ʿprügelnʾ, dazu wohl **bescheuert.**

Kretschmer (1969), 404−406.

Scheuklappe *f.*, früher **Scheuleder** *n. erw. phras.* (< 16. Jh.). Gemeint sind ursprünglich die Leder-klappen, die den Pferden neben die Augen gehängt wurden, damit sie nicht scheuen. Heute bildlich für einseitiges Sehen.

A. Lindquist *MASO* 5 (1943), 76; Röhrich 3 (1992), 1323.

Scheune *f.* (< 10. Jh.). Mhd. *schiun(e)*, mndd. *schune*; die eigentliche oberdeutsche Form zeigt sich aber in ahd. *scugina*, die Form ohne *g* stammt aus dem Niederdeutschen. Aus dem Wort, das mit dem Vorläufer von *Scheuer* und *Schauer*[2] einen *r/n*-Stamm bildete.
Röhrich 3 (1992), 1323 f.

Scheurebe *f. per. fach.* (< 20. Jh.). Rebsorte, die nach dem deutschen Züchter G. *Scheu* (1879–1949) benannt ist.

Scheusal *n.* (< 15. Jh.). Spmhd. *schūsel* 'Vogelscheuche, Popanz'. Instrumentalbildung zu *scheuen* (s. *scheu*) und *scheuchen*, also 'Mittel zum Scheuchen' oder 'etwas, vor dem man zurückscheut'.

scheußlich *Adj.* (< 13. Jh.). Mhd. *schiuzlich* (sekundär an *Scheusal* angeglichen). Dieses zu mhd. *schiuzen* 'Abscheu empfinden', einer Intensivbildung zu *scheuen*, also eigentlich 'abscheulich'.

Schi *m.* (< 19. Jh.). Entlehnt aus nnorw. *ski* (aus anord. *skíð n.* 'Scheit'). Das Wort war aber schon im 18. Jh. in deutschsprachigen Texten in Norwegen verwendet worden.
E. Mehl *JDA* (1958), 147–150. Zur Sachgeschichte vgl.: J. J. Hess *VR* 2 (1937), 170–172, 477; *DF* 4 (1978), 217 f.

Schicht *f.* (< 13. Jh.). Mhd. *schiht*, mndd. *schicht*. Die Herkunft des Wortes ist unklar und kaum einheitlich. Abzutrennen sind zunächst die Bedeutungen, die zu *geschehen* und *Geschichte, Geschick* gehören und die heute beim Simplex nicht mehr üblich sind. Von den noch belegten Bedeutungen ist 'Wechsel in der Arbeitsgruppe usw.' wohl auf eine niederdeutsche oder niederländische Variante von *schift* zurückzuführen (vgl. ne. *shift* in dieser Bedeutung). Dieses gehört zu einer Ableitung oder Weiterbildung der unter *Scheibe*[1] genannten Sippe. Die Bedeutung 'Lage usw.' ist dagegen in ihrer Herkunft unklar. Es kommt sowohl ein Zusammenhang mit *schicken/Geschick* wie auch mit der vorhergenannten Sippe in Frage. Da das Wort erst im 14. Jh. auftaucht, ist seine Herkunft nicht mit Sicherheit zu beurteilen. Zu beachten ist auf jeden Fall, daß in den verwandten Sprachen die Bedeutung 'Lage' nicht in der Lautform *schift* auftaucht. Beide Wörter sind ursprünglich Fachwörter des Bergbaus; das zweite ist aber auch früh in Kochrezepten bezeugt. Verb: *schichten*.
Wolf (1958), 104; Röhrich 3 (1992), 1324 f.

Schick[1] *m.* 'Eleganz' (< 19. Jh.). Zusammen mit dem Adjektiv *schick* entlehnt aus frz. *chic*. Dieses zu frz. (dial.) *chiquer* 'hinwerfen (von einer Zeichnung), spritzig entwerfen' (letztlich zu vor-rom. *chic* 'klein, zierlich' zu l. *ciccum* 'Granatapfelkern'), vermutlich unter Einfluß des in den westlichen Gebieten Frankreichs aus dem Deutschen entlehnten frz. *chiquer* 'passen, schmücken' (nhd. *schicken*).

DF 1 (1913), 111; *DEO* (1982), 211–213; Röhrich 3 (1992), 1325.

Schick[2] *m. per. reg.* 'Richtigkeit, Angemessenheit' (vor allem in Wendungen wie *seinen Schick haben, bekommen*) (< 15. Jh.). Alte Ableitung zu *schicken* in der Bedeutung 'in Ordnung bringen'. Dazu *schicklich* 'angemessen, passend', beides seit dem 14. Jh. bezeugt, vor allem niederdeutsch.

Schick[3] *m. per. reg.* 'Kautabak' (< 20. Jh.). Entlehnt aus frz. *chique f.* gleicher Bedeutung. Weiter zu frz. (normand.) *chique* 'Stück, Krümel'.
Vgl. weiter *Schick*[1]. – *DEO* (1982), 216.

schicken *swV.* (< 11. Jh.). Mhd. *schicken* 'bereiten, ordnen'. Ursprünglich wohl aus dem Niederdeutschen stammend. Vermutlich eine Intensivbildung zu *geschehen*. Aus 'abordnen' entsteht die Bedeutung 'senden', dazu reflexiv 'sich beeilen'. Abstraktum: *Schicksal*. S. *Geschick, geschickt, Schicht, Schick*[2]. Vgl. *verfügen*.

schicker *Adj. per. vulg.* 'betrunken' (< 19. Jh.). Ein westjiddisches und rotwelsches Wort, das auf hebr. *šikkōr* 'betrunken' zurückgeht. Wohl unmittelbar aus dem Jiddischen in die Mundarten gelangt, wie auch *schickern* 'Alkohol trinken'.
S. *beschickern*. – Wolf (1985), 283.

Schicksal *n.* (< 16. Jh.). Als niederdeutsche Entsprechung zu *Geschick* in hochdeutsche Texte aufgenommen, zunächst als *schicksel* (so auch niederdeutsch/niederländisch), dann an die Normalform des Suffixes *-sal* angepaßt. Zu *schicken*.
Röhrich 3 (1992), 1325 f.

Schickse *f. erw. vulg.* (< 18. Jh.). Ursprünglich der westjiddische Ausdruck für ein Christenmädchen, und im Gegenzug dazu wohl in Sprachformen mit Kontakt zum Jiddischen 'Judenmädchen'. Andererseits ist das Wort im Rotwelschen zu 'Mädchen, Frauenzimmer' verallgemeinert worden, daraus wohl das abwertende *Schickse* 'Flittchen', zuerst in der Studentensprache. Das jiddische Wort ist eine Femininbildung zu wjidd. *schēgez* 'Christenbursche', auch 'Schimpfname für einen jüdischen Burschen' (zu hebr. *šäqäs* 'Abscheuliches'). Das Femininum hat aber wegen der christlichen Dienstmädchen in jüdischen Familien eine erheblich größere Rolle gespielt.
L. Günther *Anthropophyteia* 9 (1912), 15–18; Wolf (1985), 280 f. (unter *Scheeks*). – Röhrich 3 (1992), 1326.

schieben *st V.* (< 9. Jh.). Mhd. *schieben*, ahd. *skioban*, mndd. *schuven*, mndl. *sc(h)uven* aus g. **skeuba-a-* mit der Variante **skūb-a- st V.* 'schieben', auch in gt. *-skiuban*, aschw. *skiuva*, ae. *scūfan, scēofan*, afr. *skūva*. Herkunft unklar. Abstraktum: *Schiebung*; Nomen agentis: *Schieber*; Partikelverb: *abschieben*; Präfigierung: *verschieben*.
Nndl. *schuiven*, ne. *shove*. S. *Schaufel, Schaukel, Schieber, Schippe, schoppen, Schubs, schuften*. – E. Weißbrodt *ZDPh* 64 (1939), 306; Seebold (1970), 416 f.

Schieber *m.* (< 19. Jh.). Zu *schieben* im Sinn von ´unlautere Geschäfte betreiben´. Zunächst mit Objekt (*Wechsel, Hypotheken schieben* im Sinn von ´verschieben´; gemeint sind Geschäfte, bei denen Transaktionen vorgetäuscht oder verheimlicht werden). Entsprechend **Schiebung** für die Geschäfte selbst.

Wolf (1985), 283 f.

schiech *Adj. per. obd.* ´verwachsen, zornig´ (< 13. Jh.). Mhd. *schiech, schiehe.* Lautlich entspricht die Sippe von *scheu,* semantisch gehört das Wort zu *schief.* Die Einzelheiten sind unklar. S. *schiegen.*

Heidermanns (1993), 496.

Schiedsrichter *m.* (< 16. Jh.). Erst neuhochdeutsch für älteres mhd. *schid(e)man.* Zu mhd. *schi(e)t* ´Entscheidung´, also ´der Mann (Richter), der die Entscheidung fällt´. Zu ahd. *skidōn* ´entscheiden´und weiter zu *scheiden.*

schief *Adj.* (< 11. Jh.). Mhd. *schief,* aus dem Niederdeutschen übernommen: mndd. *schêf;* die eigentliche oberdeutsche Form ist *scheif,* die im 17. Jh. noch bezeugt ist. Außerhalb des Deutschen entspricht anord. *skeifr* aus **skaiba-* oder **skaifa-.* Eine andere Form ist *schepp, scheps,* die auf **skibb-* zurückführt, mhd. auch *schipfes* ´quer´. Auslautvariante zu (ig.) **skeib-,* das bezeugt ist in lett. *šķîbs* ´schief´ und gr. *skimbós* ´lahm´, unerweitert in gr. *skaiós,* l. *scaevus* ´links´.

S. *schepp.* – Röhrich 3 (1992), 1326 f.; Heidermanns (1993), 481 f.

Schiefer *m.* (< 11. Jh.). Mhd. *schiver(e), schever,* ahd. *skiverro,* mndd. *schever, schiver* ´Splitter´. Die Bedeutung ´geblätterter Stein´ ist sekundär. Vermutlich zur gleichen Grundlage wie *Scheibe¹.* Verb: **schiefern.**

schiegen *swV. per. obd.* ´schief gehen´ (< 14. Jh.). Zu *schiech.*

schielen *swV.* (< 11. Jh.). Mhd. *schilhen,* ahd. *skilihen;* entsprechend ae. *bescylian.* Ableitung zu dem unter *scheel* behandelten Adjektiv, also ´schief blicken´.

S. *schillern.* – Röhrich 3 (1992), 1327 f.

Schienbein *n.* (< 12. Jh.). Mhd. *schin(e)bein.* Wie nndl. *scheenbeen,* ae. *scinbān.* ne. *shinbone* verdeutlichende Komposition zu mhd. *schine,* ahd. *scina,* nndl. *scheen,* ae. *scinu f.* ´Schienbein´. S. *Schiene* und *Bein* (in der Bedeutung ´Knochen´).

Röhrich 3 (1992), 1328.

Schiene *f.* (< 8. Jh.). Mhd. *schin(e),* ahd. *skina, skena,* mndd. *schene,* mndl. *sc(h)ene* aus wg. **skinō f.* ´Schiene´, vorwiegend ´Schienbein´, auch in ae. *scinu.* Ableitung zu der unter *scheiden* behandelten Wurzel **skei-* ´schneiden´; also eigentlich zunächst ´Abgespaltenes, Splitter´, dann ´längliches Stück Holz oder Metall (oder Schienbein)´, dann

die heutige Bedeutung ´Eisenbahnschiene´ usw. Verb: **schienen.**

Krüger (1979), 398 – 401; Röhrich 3 (1992), 1328.

schier¹ *Adv.* ´fast´ (< 8. Jh.). Mhd. *schier(e)* ´schnell, fast´, ahd. *skiari Adj.* ´scharf, schnell´, ahd. *skiaro Adv.* ´schnell, sofort´, mndd. *schere,* mndl. *sc(h)ier* ´schnell, bald´. Herkunft unklar.

F. P. Knapp *BGDSL-T* 96 (1974), 209, 216 f.; Heidermanns (1993), 495.

schier² *Adj. erw. reg.* ´rein, lauter´ (< 13. Jh.). Mhd. *schīr,* übernommen aus mndd. *schīr,* as. *skīr(i)* aus g. **skeira- Adj.* ´rein, lauter´, auch in gt. *skeirs,* anord. *skírr,* ae. *scīr,* afr. *skīre.* Ein Adjektiv-Ableitung auf *-ro-* zu *scheinen.*

Ne. *sheer,* nschw. *skir,* nisl. *skír.* – Heidermanns (1993), 492.

Schierling *m. erw. fach.* (< *9. Jh., Form < 10. Jh.). Mhd. *scherlinc,* ahd. *skerning, skeriling,* mndd. *scherlink,* mndl. *sc(h)eerlinc.* Zugehörigkeitsbildung zu **skarna- n.* ´Mist´ in anord. *skarn n.,* ae. *scearn n.,* afr. *skern,* mndd. *scharn.* Dieses kontaminiert aus den Stämmen des *r/n*-Stammes heth. *šakkar,* gr. *skōr n.* ´Kot´. Der Schierling wächst gern auf Düngerhaufen und Geilstellen der Äcker, daher der Name. Die Form mit *l* ist dissimiliert aus der älteren mit *n.*

V. Moser *BGDSL* 41 (1916), 477; Marzell 1 (1943), 1118 – 1120. Zu *Schierlingsbecher* s. Röhrich 3 (1992), 1328 f.

schießen *st V.* (< 9. Jh.). Mhd. *schiezen,* ahd. *skiozan,* as. *skiotan* aus g. **skeut-a- st V.* ´schießen´, auch in anord. *skjóta,* ae. *scēotan,* afr. *skiāta,* krimgt. *schieten.* Außergermanisch vergleicht sich allenfalls (as ig. **keu-*) lit. *šáuti* ´schießen, schnell laufen´, akslav. *sovati* ´drängen´, akslav. *isunǫti* ´herausziehen, zücken´; sonst keine klare Vergleichsmöglichkeit. Abstraktum: **Schuß**; Partikelverben: **ab-, vor-, zuschießen.**

Nndl. *schieten,* ne. *shoot,* nschw. *skjuta,* nisl. *skjóta.* S. *Geschoß, Geschütz, Schoß¹/²/³, schusseln, Schute¹, Schütze, schützen.* – Seebold (1970), 417 f.; Röhrich 3 (1992), 1329.

Schiet *m. erw. ndd. vulg.* (< 14. Jh.). Niederdeutsche Entsprechung zu *Scheiße* (s. *scheißen*), die als Hüllwort und in übertragener Bedeutung weitere Verbreitung gefunden hat.

Schiff *n.* (< 8. Jh.). Mhd. *schif, schef,* ahd. *skif, skef,* as. *skip* aus g. **skipa- n.* ´Schiff (auch ein Gefäß)´, auch in gt. anord. *skip,* ae. *scip m.,* afr. *skip.* Herkunft unklar. Täterbezeichnung: **Schiffer.**

Nndl. *schip,* ne. *ship,* nschw. *skepp,* nisl. *skip.* S. *Equipage, Schipper.* – J. Trier *ZDPh* 70 (1947/49), 348 f.; V. Pisani in *FS V. Santoli* (Rom 1976), 40 – 42; Lühr (1988), 249 f.; Röhrich 3 (1992), 1330 – 1332.

schiffen *swV. vulg.* (< *13. Jh., Bedeutung < 18. Jh.). Die alte Bedeutung ´zu Schiff fahren´ (noch archaisch in *sich einschiffen*) ist verdrängt worden durch eine störende neue: Von *Schiff* ´Gefäß´ stammt die studentische Bezeichnung für den Nachttopf, daher *schiffen* ´harnen´ (so seit dem 18. Jh.). Daher auch umgangssprachlich *es schifft* ´es regnet´.

S. *Schiff*. − H. T. Betteridge *German life and letters* 14 (1961), 299 f.

schiffreich *Adj. arch.* ´schiffbar´ (< 13. Jh.). Mhd. *schifræch, schifrǣhe* aus einer Bildung zu **wrek-a- st V.* ´treiben, verfolgen´ (s. *rächen*), also ´der Schiffe treiben kann´. Später wurde das isolierte Wort an *reich* angeglichen.

Schikane *f.* (< 17. Jh.). Entlehnt aus frz. *chicane m.* (auch: ´Rechtsverdrehung´), einer postverbalen Ableitung von frz. *chicaner* ´böswillig Schwierigkeiten bereiten, das Recht verdrehen´. Verb: **schikanieren**.

Lokotsch (1975), 35; *DF* 4 (1978), 78−81; *DEO* (1982), 213 f.; Brunt (1983), 192 f.; Röhrich 3 (1992), 1333.

Schild *m.* (< 8. Jh.). Mhd. *schilt*, ahd. *skilt*, as. *skild* aus g. **skeldu- m.* ´Schild´, auch in gt. *skildus*, anord. *skjǫldr*, ae. *scild*, afr. *skeld*. Die Differenzierung der Bedeutungen nach dem Genus ist erst neuhochdeutsch. Die Ausgangsbedeutung war offenbar ´Brett´, so daß ein Anschluß an (ig.) **skel-* ´spalten´ wahrscheinlich ist. Zu diesem vgl. lit. *skélti* ´spalten´, lit. *skìltis f.* ´Scheibe´ und die unter *Schale* genannten weiter abliegenden Wörter.

Nndl. *schild*, ne. *shield*, nschw. *sköld*, nisl. *skjöldur*. S. *Schale*[1], *Skalpell*. − Maschke (1926), 183−199; Hüpper-Dröge (1983), 205−289; Röhrich 3 (1992), 1333−1336.

Schildbürger *m. bildg.* (vorwiegend in *Schildbürgerstreich*) (< 16. Jh.). Die Bezeichnung stammt von Hans Kremer: *Geschichten und Thaten der Schiltbürger* (1598), wobei so die Einwohner des Städtchens *Schilda* bezeichnet werden. Vermutlich hat das Wort vorher schon bestanden in einer ähnlichen Bedeutung wie *Spießbürger*; es ist aber nicht nachzuweisen.

Röhrich 3 (1992), 1336 f.

Schilddrüse *f. erw. fach.* (< 18. Jh.). So benannt, weil sie beim Schildknorpel des Kehlkopfes liegt.

schildern *sw V.* (< 17. Jh.). Übernommen aus mndd. *schilderen*, mndl. *sc(h)ilderen* ´malen´ (nndl. *schilderij* ´Gemälde´). Mhd. *schiltære* ist der ´Wappenmaler´, der die Schilde mit den Wappen bemalt; von dieser oder einer ähnlichen Verwendung muß die niederdeutsch-niederländische Verallgemeinerung ausgegangen sein. Abstraktum: **Schilderung**.

Schildpatt *n. erw. fach.* (< 18. Jh.). Übernommen aus ndd./nndl. *schildpad* ´Schildkröte, Schildkrötenschale´ (entsprechend *Schildkrot*). Zu *Padde* ´Kröte, Frosch´.

Kretschmer (1969), 409 f.

Schildwache *f. erw. fach.* (< 13. Jh.). Mhd. *schiltwache* neben mhd. *schiltwaht(e)*, mndd. *schild-*

wachte, mndl. *schiltwachte* ´Wache mit voller Rüstung, also auch mit dem Schild´.

Schilf *n.* (< 10. Jh.). Mhd. *schilf m./n.(?)*, ahd. *skiluf, schelpf m./n.*, ndd. *schelp*. Mit Wechsel des Liquids entlehnt aus l. *scirpus m.* ´Schilf´. Das Wort ist zunächst wie das lateinische Vorbild ein Maskulinum (so etwa bei Luther), wird dann aber vom Niederdeutschen ausgehend zum Neutrum (im Anschluß an *Rohr*?).

O. Mäkeläinen *NPhM* 80 (1979), 355.

schillern *sw V.* (< 15. Jh.). Erst frühneuhochdeutsche Weiterbildung zu *schielen, schillen* (s. *schielen*). Beide Wörter bedeuten zunächst ´schielen, blinzeln´, dann ´spielen (von den Farben)´. Hierzu **Schiller, Schilher** *m.* einerseits für einen schillernden Taft, andererseits für einen zwischen Weiß und Rot spielenden Wein. S. auch *scheel*.

Schilling *m. erw. reg.* ´Münze´ (< 8. Jh.). Mhd. *schillinc*, ahd. *skilling*, as. *skilling* aus g. **skillinga- m.* ´Schilling´, auch in gt. *skilliggs*, anord. *skillingr*, ae. *scilling*. Das Wort wird auf **skild-ling* zurückgeführt, doch ist dies schon lautlich nicht ohne Bedenken. Etwas anders (mit beachtlichen Gründen): Heinertz (1927), 56−62.

Ne. *shilling*, nschw. *skilling*. − E. Schröder *ZVS* 48 (1918), 254−266; Röhrich 3 (1992), 1338.

Schimäre *f. per. fremd.* ´Hirngespinst´ (< 15. Jh.). Entlehnt aus frz. *chimère*, dieses aus l. *Chimaera* (ein fabelhaftes feuerspeiendes Ungeheuer, vorn Löwe, in der Mitte Ziege und hinten Drache), aus gr. *chímaira*, eigentlich ´Ziege´. Die Entwicklung zu ´Hirngespinst´ durch Vergleiche wie ´das ist − so unwirklich − wie eine Schimäre´.

DF 4 (1978), 81 f.; Brunt (1983), 194 f.

Schimmel *m.* ´Kahm´ (< 9. Jh.). Mhd. *schimel*, ahd. *skimbal*, mndd. *schimmel*. Herkunft unklar. Die Bezeichnung für ein weißes Pferd ist zunächst adjektivisch, also ein Pferd, das wie Schimmel aussieht. Vereinzelt schon mittelhochdeutsch. Verb: **schimmeln**; Adjektiv: **schimmelig**.

schimmern *sw V.* (< 15. Jh.). Übernommen aus dem Niederdeutschen: ndd./ndl. *schemeren*. Parallel ist ae. *scimrian*. Gehört sicher zu einer *m*-Ableitung von *scheinen*, doch sind die lautlichen und morphologischen Verhältnisse nicht ausreichend klar. Abstraktum: **Schimmer**. S. *Schummer*.

Schimpanse *m. exot.* (ein Menschenaffe) (< 18. Jh.). Entlehnt aus einer afrikanischen Eingeborenensprache.

schimpfen *sw V.* (< 9. Jh.). Mhd. *schimpfen*, ahd. *skimpfen* ´Scherz treiben, spielen, verspotten´, ndd./nndl. *schimpen*. Ebenso **Schimpf** *m.*, mhd. *schim(p)f*, ahd. *skimpf* ´Scherz, Spaß, Kampfspiel´, nndl. *schimp* ´Hohn, Spott´. Herkunft unklar. Adjektiv: **schimpflich**.

Röhrich 3 (1992), 1338 f.

schimpfieren *sw V. arch.* (< 13. Jh.). Aus mhd. *schumphieren*, seit dem 15. Jh. an *Schimpf* angeglichen. Das Wort hat mit diesem ursprünglich nichts zu tun, sondern ist entlehnt aus afrz. *(d)esconfire* 'besiegen, des Ansehens berauben'.

Schindel *f. erw. fach.* (< 12. Jh.). Mhd. *schindel*, ahd. *scintala, schindel*, as. *skindula*. Entlehnt aus l. *scindula*, einer Nebenform von l. *scandula* (zu l. *scandere* 'steigen', weil die Schindeln treppenförmig gelegt werden).
Röhrich 3 (1992), 1339.

schinden *st V./sw V.* (< 9. Jh.). Mhd. *schinden, schinten st V./sw V.*, ahd. *skinten, skinden sw V.* 'enthäuten, schälen, mißhandeln', as. *biskindian* 'abrinden'. Abgeleitet von mhd. *schint* 'Obstschale', anord. *skinn* 'abgezogene Haut' und teilweise sekundär stark geworden. Vergleichbare Wörter gibt es nur im Keltischen, z. B. air. *ceinn, cenn* 'Schuppe, Schale', kymr. *cen* 'Häutchen, Haut'. Vielleicht handelt es sich um Erweiterungen der Wurzel (ig.) **sek-* 'schneiden' (s. *Säge*). *Schinden* ist also eigentlich 'die Haut abziehen', der **Schinder** ist der 'Abdecker', **Schindanger** 'der Ort, an dem abgedeckt wird', **Schindluder** 'das abzudeckende Tier'. Schon früh übertragen zu 'mißhandeln, quälen'. Hieraus 'erpressen', aus dem weiter in der Studentensprache 'nicht bezahlen'.
S. auch *Schinn, Schund, Skinhead*. – Angstmann (1928), 54; Röhrich 3 (1992), 1339–1341. Zur Entlehnung ins Finnische s. Koivulehto *Mémoires de la Société Finno-ougrienne* 185 (1983), 146.

Schinken *m.* (< 10. Jh.). Mhd. *schinke*, ahd. *skinco*, as. *skinka* 'Schenkel, Schinken'; sonst nur vereinzelt afr. *berskinze* 'nacktschenklig'. Im Ablaut zu *Schenkel*. Die Übertragung *alter Schinken* für 'altes Buch' bezieht sich wie *alte Schwarte* auf den Ledereinband (seit dem 18. Jh., studentisch); danach auch für Ölbilder und Filme.
Silfwerbrand (1958), 130–137; M. Lemmer *Sprachpflege* 37 (1988), 79 f.; Röhrich 3 (1992), 1344 f.

Schinn *m.*, meist **Schinnen** *Pl. per. reg.* 'Schuppen' (< 17. Jh.). Eigentlich niederdeutsches Wort (mndd. *schin* in dieser Bedeutung). Gehört zu den unter *schinden* behandelten Wörtern. Zu der Bedeutung 'Schuppen' vgl. noch bret. *skant* 'Schuppen'.

Schippe *f.*, auch **Schüppe** *f. stil.* (< 16. Jh.). Zuerst als *schopp* bezeugt, dann *schuppe, schüppe*. Mit Intensiv-Gemination zu *schieben*, wie vermutlich auch *Schaufel*, also 'Gerät zum Wegschieben, Verschieben'. Bei *Schippen* als Kartenfarbe handelt es sich um das gleiche Wort (stilisierte Schaufeln oder Spieße). Verb: *schippen*. Redensarten wie *auf die Schippe nehmen* gehen aus von *Schippe* in der Bedeutung 'Schaukel'.
Lühr (1988), 244 f.; Röhrich 3 (1992), 1345 f.

Schipper *m. per. ndd.* 'Kapitän' (< 19. Jh.). Mndd. *schipper, schiphere* 'Schiffsherr' bezeichnet einen Schiffseigner für Gelegenheitsfahrten. Daher nhd. *schippern* 'eine Reise zu Wasser machen, auf dem Seeweg transportieren'.

Schirm *m.* (< 8. Jh.). Mhd. *schirm, scherm*, ahd. *skirm*, mndd. *scherm, scharm*, mndl. *sc(h)erm*. Herkunft unklar. Im Prinzip entspricht ai. *śárman. n.* 'Schirm, Schutz' und seine Sippe, doch wird im allgemeinen vorgezogen, diese zu **kel-* (s. *hehlen*) zu stellen. Verb: *(ab-, be-) schirmen*.
Nndl. *scherm.* – Röhrich 3 (1992), 1346.

schirren *sw V. erw. fach.* (< 17. Jh.), meist als *an-, ausschirren*. Mit Unterdrückung des Präfixes gebildet aus *Geschirr* im Sinne von 'Pferdegeschirr'.

Schiß *m. vulg.* 'Angst' (< 16. Jh.). Zunächst in der Bedeutung 'Scheißen, Furz u.ä.', abgeleitet von *scheißen*. Seit dem 19. Jh., zunächst in der Studentensprache, auch 'Angst' (vgl. *vor Angst in die Hosen scheißen* u. dgl.).
Röhrich 3 (1992), 1346.

Schizophrenie *f. erw. fach.* 'Bewußtseinsspaltung' (< 20. Jh.). Neubildung zu gr. *schízein* 'spalten' und gr. *phrḗn* 'Geist, Gemüt' (eigentlich 'Zwerchfell'). Adjektiv: **schizophren**.
Zur germanischen Verwandtschaft s. *scheißen* und *scheiden*. – DF 4 (1978), 84–86; Cottez (1980), 378.

schlabbern *sw V. vulg.* 'geräuschvoll essen und trinken' (< 16. Jh.). Ursprünglich niederdeutsch. Ndd. *slabberen* 'sich beim Essen beschmutzen', sonst *slabben* 'trinken wie ein Hund', obd. *schlappen*. Wie ne. *slabber, slobber*, nndl. *slobberen* lautmalend, bzw. eine expressive Variante zu dem unter *Löffel¹* behandelten g. **lap-* 'schlürfen, trinken'. Adjektiv: **schlabberig**.
S. *Löffel¹, sabbern*. – Bahder (1925), 118 f.

Schlacht *f.* (< *9. Jh., Bedeutung < 16. Jh.). Mhd. *slaht(e)*, ahd. *slahta*, as. in *man-slahta* 'Tötung'; so auch afr. *mann-slahta, monnslahta m./f.(?)*; daneben als *i*-Stamm ahd. *man-slaht*, ae. *monsliht*. Dental-Ableitung von g. **slah-a- st V.* 'schlagen, töten' (s. *schlagen*), zunächst in systematischer Bedeutung, auf die auch das Verb **schlachten**, mhd. *slahten*, ahd. *slahtōn* zurückgeht. Die heutige Bedeutung 'Kampf zwischen Heeren' ist erst frühneuhochdeutsch daraus entwickelt. Die veraltete Bedeutung 'Art' (wie bei *Schlag, Geschlecht*, jemandem *nachschlagen*) beruht auf einer Ausgangsbedeutung 'Gesamtheit der Loden eines Ausschlagstammes'. Ob und in welchem Umfang diese Bedeutung von der Bedeutung 'Tötung' auch morphologisch verschieden war, läßt sich nicht mehr sicher feststellen. Fachsprachlich ist die Bedeutung 'Uferbefestigung', vor allem niederdeutsch seit dem 13. Jh. (von *Schlacht* 'Faschine, Reisigbündel'). Nomen agentis: **Schlachter, Schlächter**.

S. *schlagen*, *Unschlitt*. – M. Pokrowsky *IF* 49 (1931), 107 f.; Ader (1958), 61−73. Zu *Schlachter* s.: W. Braun in: Dückert (1976), 55−119.

Schlachtenbummler *m.* (< 19. Jh.). Ursprünglich ein Spottwort der Soldaten des Kriegs von 1870 für Zivilisten, die die Front besuchten. Sowohl *Schlacht* wie auch *bummeln* beruhen dabei auf Übertreibungen, wie sie für diese Sprachform typisch sind.
O. Ladendorf *ZDW* 6 (1904/05), 57.

schlack *Adj. per. obd.* ʾschlaffʾ (< 11. Jh.). Mhd. *slach*, ahd. *slah*, as. *slak* aus g. **slaka-* *Adj.* ʾschlaffʾ (zum Teil mit Intensiv-Gemination), auch in anord. *slakr*, ae. *slæc*. Außergermanisch vergleichen sich als Adjektive lett. *leǵens*, air. *lac*, l. *laxus* ʾschlaffʾ; verbal gr. *léǵō* ʾich höre aufʾ, l. *languēre* ʾmatt seinʾ. Ne. *slack*, nschw. *slak*, nisl. *slakur*. S. *schlackern[2]*, *Schlaks*. – Lühr (1988), 229; Heidermanns (1993), 506.

Schlack *m. per. ndd.* ʾBrei, Matschʾ (< 19. Jh.). Intensiv-Form zu mndd. *slagge*; vgl. anord. *slag n.* ʾNässeʾ, e. (dial.) *slag(g)* ʾfeucht, Matschʾ. Außergermanisch vergleichen sich unter **śklak-* lit. *šlākas* ʾTropfen, Fleckʾ, lit. *šlakéti* ʾtröpfeln, triefenʾ, lit. *šlêkti* ʾspritzenʾ, russ. *sljákotʾ f.* ʾSchlackerwetterʾ. S. *schlackern[1]*.

Schlacke *f. erw. fach.* (< 14. Jh.). Mndd. *slagge*. Die Ausgangsbedeutung ist ʾbeim Schmieden abspringender verglühter Metallrestʾ, dann ʾReste beim Verbrennen von Kohle und beim Gießen von Metallʾ, modern auch für ʾRückstände des Stoffwechselsʾ. Es wird angenommen, daß eine Ableitung von *schlagen* vorliegt, wozu das Synonym *Hammerschlag* paßt.
Lühr (1988), 222 f., 291 f.

schlackern[1] *swV. per. ndd.* ʾregnen und schneien zugleichʾ (< 16. Jh.). *Schlackerwetter* usw. sind Weiterbildungen zu der unter *Schlack* besprochenen Sippe.

schlackern[2] *swV. stil. phras.* ʾschlenkern, wackelnʾ (in *mit den Ohren schlackern*) (< 20. Jh.). Zu *schlack* ʾschlaffʾ, also eigentlich ʾbaumeln lassen o.ä.ʾ.

Schläfe *f.* (< 15. Jh.). Spmhd. *slāf*, mndl. *slaep m.*, afr. *sliep*. Das Benennungsmotiv ist unklar. Einerseits ist das Wort identisch mit *Schlaf* (die neuhochdeutsche Form ist aus dem Plural rückgebildet) und vergleicht sich mit sizil. *sonnu* ʾSchläfeʾ (zu l. *somnus m.* ʾSchlafʾ), doch läßt sich der Grund für diesen Zusammenhang nicht ersehen. Daß man beim Schlaf auf dieser Stelle liegt, ist nicht typisch genug für eine Benennung; daß die Schläfe als Sitz des Schlafes galt, ist nicht hinlänglich erwiesen. Ein Anschluß an *schlaff* mit dem Hinweis darauf, daß die Schläfe vielfach als dünne Stelle des Schädels bezeichnet wird, liegt von den vorliegenden Formen aus nicht nahe. Auffällig ist die lautliche Ähnlichkeit zu serbo-kr. *sljepòoč(n)ica*, bulg. *sljapo okó*

ʾSchläfeʾ, eigentlich ʾverstecktes Augeʾ oder gar ʾVersteck der Augenʾ zu lit. *slēpti* ʾversteckenʾ? Die Etymologie bleibt deshalb unklar.
Nndl. *slaap*. S. *schlafen*, *schlaff*. – Frisk (1966), 83−101, besonders 92 f.

schlafen *stV.* (< 9. Jh.). Mhd. *slāfen*, ahd. *slāfan*, andfrk. *slāpan* aus g. **slēp-a- stV.* ʾschlafenʾ, auch in gt. *slepan*, ae. *slǣpan*, afr. *slēpa*. Dazu *Schlaf*, mhd. *slāf*, ahd. *slāf*, as. *slāp*, afr. *slēp*, ae. *slǣp*, gt. *sleps*. Vergleichbar mit lit. *slōbti* ʾschwach, schlaff werdenʾ, akslav. *slabŭ* ʾschwachʾ, und ohne anlautendes *s-* air. *lobur, lobor* ʾschwachʾ. Auszugehen ist also von (ig.) **slāb-* ʾschwach werdenʾ. Eine parallele Grundlage ist unter *schlack* behandelt. Präfigierungen: **be-, entschlafen**; Kausativ: **einschläfern**; Adjektiv: **schläfrig**.
Nndl. *slapen*, ne. *sleep*. S. *schlaff*, *Schläfe*. – Seebold (1970), 434 f.; W. S. Jamison *ZVS* 96 (1982/83), 6−16; Röhrich 3 (1992), 1346−1348.

schlaff *Adj.* (< 9. Jh.). Mhd. *slaf*, ahd. *slaf*, mndd. *slap*, mndl. *slap*. Schwundstufiges Adjektiv zu dem in *schlafen* vorliegenden starken Verb, jedoch von der älteren Bedeutung ʾschwachʾ ausgehend. Präfixableitung: **erschlaffen**.
Nndl. *slap*. S. *Schläfe, Schlampe, schlapp, Schlappen, Schlaraffe, Slapstick*. Ohne *s mobile*: *Lappen, Lefze*. – Rosengren (1968/69); Heidermanns (1993), 507.

Schlafittich *m. phras.* (< 18. Jh.). Nur in Redensarten bezeugt. Voraus geht sicher ein nicht bezeugtes *Schlagfittich* ʾFlügelʾ (bei dem man Enten und Gänse faßt) mit Vereinfachung der Konsonantenfolge.
S. *schlagen*. – Anders (Streckform zu *slitje* ʾSchoß, Zipfelʾ): Schröder (1906), 189−192; Röhrich 3 (1992), 1348 f.

Schlagbaum *m.* (< 16. Jh.). Zu *schlagen* in dem Sinn einer zuschlagenden Tür und *Baum* in allgemeiner Bedeutung ʾPfahl, Balkenʾ.

schlagen *stV.* (< 8. Jh.). Mhd. *slahen*, ahd. *slahan*, as. *slahan* aus g. **slah-a- stV.* ʾschlagenʾ, auch in gt. *slahan*, anord. *slá*, ae. *slēan*, afr. *slā*. Das *g* im Neuhochdeutschen durch Verallgemeinerung des grammatischen Wechsels. Außergermanisch schlecht zu vergleichen. Lautlich entspricht air. *slacc* ʾSchwertʾ, air. *slachta* ʾgeschlagenʾ; mit abweichendem Vokalismus mir. *sligid* ʾschlägtʾ, vgl. ae. *sliccan* ʾschlagenʾ. Vielleicht mit abweichender Erweiterung und *s mobile* zu gr. *kláō* ʾich brecheʾ und der Erweiterung gr. *kládos* ʾAst, Zweigʾ. S. zu diesen unter *Holz*. Nicht ausgeschlossen ist auch ein Zusammenhang mit gr. *láx* ʾmit der Ferseʾ, l. *calx* ʾFerseʾ aus **(s)klak/g*, vgl. gr. *láktis* ʾMörserkeuleʾ. Zum starken Verb als Abstraktum g. **slag-i- m.* ʾSchlagʾ in gt. *slahs*, anord. *slagr*, ae. *slege*, afr. *slei*, as. *slegi*, ahd. *slac, slag* mit zahlreichen Sonderbedeutungen. Vgl. *Schlag* ʾArtʾ (s. *Geschlecht, Schlacht*), ʾzusammen zu fällende Bäumeʾ, ʾKäfigʾ (*Taubenschlag*, da mit einer Falltür verschließbar), ´Blitzschlag´, ´Schlaganfall´ (in dieser Bedeutung Lehnübertragung von gr.-l. *apoplexia*). Nomen agentis: *Schläger*; Abstraktum: *Schlägerei*; Partikelverben: *ab-, an-, auf-, aus-, ein-, um-, vorschlagen*; Präfigierungen: *be-, ent-, über-, unter-, ver-, zerschlagen*; Adjektiv: *abschlägig*.

Nndl. *slaan*, ne. *slay*, nschw. *slå*, nisl. *slá*. S. *Geschlecht, Schlacht, Schlacke, Schlafittich, Schlager, Schlegel, Schlucht, ungeschlacht, verschlagen*. – N. Svanberg *APhS* 3 (1928/29), 234–263; Ader (1958); Eichhoff (1968), 63; Seebold (1970), 425–427; Röhrich 3 (1992), 1352–1356.

Schlager *m.* (< 19. Jh.). In Wien aufgekommen für zündende Melodien und von dort aus auf andere Gebiete übertragen. Wohl als ´Melodien, die einschlagen´ aufzufassen (dieses Bild vom Einschlagen des Blitzes).

Vgl. *Gassenhauer*. – Ladendorf (1906), 279; Röhrich 3 (1992), 1356.

schlagfertig *Adj.* (< 18. Jh.). Als ´bereit zum Losschlagen´ für ´um keine Antwort verlegen´.

Schlagfluß *m. obs.* (< 17. Jh.). *Fluß* als Krankheitsbezeichnung ist Lehnbedeutung von gr. *rheûma n.*; *Schlag* als Krankheitsname gibt l. *apoplēxia, apoplēxis f.* aus gr. *apóplēktos* ´von Schlage gerührt, betäubt´ wieder; *Schlagfluß* ist der plötzlich und heftig auftretende Anfall von *Fluß*.

Schlagschatten *m.* (< 18. Jh.). Zunächst Fachwort der Malersprache: ´Schatten, den ein Körper auf den anderen wirft´ im Gegensatz zum *Eigenschatten*, der auf der dem Licht abgekehrten Seite eines Körpers entsteht.

Schlagseite *f.* ´bei einem Schiff die durch schlechte Ladung, Beschädigung o.ä. nach unten neigende Seite´ (< 17. Jh.). Benennungsmotiv unklar.

Kluge (1911), 691 f.; Röhrich 3 (1992), 1357.

Schlagwort *n.* (< 18. Jh.). Bezeugt in verschiedenen Bedeutungen: ´schmerzlich treffendes Wort´, dann ´Wort, das einem Schauspieler die Losung zum Auftreten gibt´ und schließlich das heute übliche ´Wort, das eine Lage schlagartig erhellt´, heute meist abgeschwächt zu ´Modewort´. Es ist wohl an das Einschlagen des Blitzes gedacht, wobei *Schlag* am ehesten die Schnelligkeit charakterisieren soll.

W. Betz: *Verändert Sprache die Welt?* (1977), 56–63; *Brisante Wörter* (1989), 32–35; Th. Ickler *SLWU* 21 (1990), 11–26.

Schlagzeile *f.* (< 19. Jh.). Hervorgehobene Überschrift mit ähnlichem Benennungsmotiv wie bei *Schlagwort*.

Schlaks *m. per. reg.* ´ungelenker, junger Mensch´ (< 18. Jh.). Zu *schlackern* und *schlack*. Adjektiv: *schlaksig*.

Schlamassel *m./n. vulg.* (< 18. Jh.). Über das Rotwelsche entlehnt aus dem Westjiddischen. Die Herkunft ist nicht ausreichend klar. Das zweite Element ist wohl wjidd. *massel* ´Glück, Geschick´ (s. *Massel*[1]), das erste Glied könnte zu nhd. *schlimm* oder zu hebr. *šālō(´)* als Verneinungspartikel gehören.

S. *Schlemiehl*. – L. Spitzer *ASNSL* 138 (1918), 234–236; Wolf (1985), 286; Röhrich 3 (1992), 1356.

Schlamm *m.* (< 14. Jh.). Herkunft unklar; früheste Bezeugung im niederdeutschen Gebiet. Falls das Wort alt ist, kommt vielleicht gr. *lámpē f.* ´Schaum, Schleim, Rotz´, gr. *lémphos* ´Rotz, Schleim´ zum Vergleich in Frage. Verb: *schlämmen*; Adjektiv: *schlammig*.

S. *Schlotter*. – Lühr (1988), 148–150.

Schlammbeißer *m. per. reg.* (< 19. Jh.). Das Grundwort ist entlehnt aus obsorb. *piskor* (zu obsorb. *pisk* ´Pfiff´, weil der Fisch einen pfeifenden Ton von sich gibt, wenn er ergriffen wird) mit verschiedenartigen Umdeutungen (s. *Peitzker*).

Wick (1939), 18; Bielfeldt (1965), 48.

Schlamp *m. per. reg.* ´Gelage´ (< 16. Jh.), auch in der Streckform *Schlampamp*, davon *schlampampen* ´schlemmen´. Hierher wohl auch *schlampen* ´geräuschvoll schlürfen´, selten hd. *schlampfen* ´sich gütlich tun´; auch *Schlempe* ´flüssiger Rückstand der Maische´ (?). Herkunft und Zusammenhang mit der Sippe von *Schlampe* unklar. (Falls von einer Bedeutung ´schlabbern´, d. h. ´mit heruntterhängender Zunge saufen´, auszugehen ist, würde dies das Verbindungsglied abgeben können). Zugehörig ist *schlemmen*.

Lühr (1988), 148.

Schlampe *f. vulg.* ´unordentliches Frauenzimmer´ (< 17. Jh.). Dazu *schlampig* Adj. (16. Jh.) zu *schlampen* ´schlottrig herunterhängen, nachlässig sein´ (15. Jh.) mit dem Abstraktum *Schlamperei*. Streckform *Schlampampe* (17. Jh.). Vermutlich nasalierte Form zu den unter *schlaff* und *Lappen* behandelten Sippen.

S. *Schlamp*. – Röhrich 3 (1992), 1356–1359.

Schlange *f.* (< 9. Jh.). Mhd. *slange m.*, ahd. *slango*, as. *slango m.* Nomen agentis zu *schlingen*[1] als das ´sich Windende´. Das Femininum setzt sich in nachmittelhochdeutscher Zeit wegen der Endung durch. Außergermanisch vergleicht sich unter einem Ansatz ig. (weur.) **slong^{wh}-* l. *lumbrīcus* ´Eingeweidewurm´, kymr. *llyngyr* ´Eingeweidewurm´ (< **slonk^w-*?).

schlank *Adj.* (< 13. Jh.). Mhd. (md.) *slanc*, mndd. *slank*, mndl. *slanc*. Die Ausgangsbedeutung ist ´biegsam´ oder ´mager´, denn das Wort gehört zu g. **slenk-a- stV.* ´kriechen, sich krümmen´ in aschw. *slinka*, ae. *slincan*, wobei nwfr. *slinke*, mndd. *slinken*, mndl. *slinken* über ´einschrumpfen´ die Bedeutung ´abnehmen´ angenommen hat. Abstraktum: *Schlankheit*. S. *schlingen*[1].

Heidermanns (1993), 506 f.

Schlankel *m. per. österr.* 'Schlingel' (< 18. Jh.). Verschärfte Form mit Vokalwechsel zu *Schlingel*.

schlankweg *Adv. erw. stil.* (< 19. Jh.). Zusammengerückt aus *Schlank weg* 'ohne Umschweife', zu einer nominalen Bildung entsprechend zu *schlank*.

schlapp *Adj.* (< 16. Jh.). Niederdeutsche Entsprechung zu *schlaff*. Breitet sich seit dem 16. Jh. auch in hochdeutschen Gebieten aus, begünstigt durch die Sprache des Militärs. Abstraktum: **Schlappheit**; Verb: **schlappen**.
Lühr (1988), 240; Röhrich 3 (1992), 1359 f.

Schlappe *f.* (< 16. Jh.). Fnhd. *schlappe* 'leichter Schlag mit der Hand' (lautmalend wie ne. *slap*) zeigt seit dem 16. Jh. (zunächst in der Schweiz) die Bedeutung 'leichte Niederlage'.

Schlappen *Pl. per. reg.* 'bequeme Hausschuhe' (< 17. Jh.). In dieser Form niederdeutsch zu *schlaff*, also etwa 'das lose an den Füßen Hängende'; auch oberdeutsch etwa in kärnt. *šlapfn*.

Schlappschwanz *m. vulg.* (< 17. Jh.). Ursprünglich niederdeutsch; eigentlich eine sexuelle Metapher, die aber nicht mehr gefühlt wird.
Röhrich 3 (1992), 1360.

Schlaraffe *m. bildg.*, vorwiegend in **Schlaraffenland** *n.* (< 14. Jh.). Zunächst als *slū(de)raffe* 'üppig lebender Müßiggänger' zu *Affe* und mhd. *slur* 'Faulenzer' (s. *schlummern*). Das Vorderglied wird verstümmelt, da es nicht mehr verstanden wird; das schwere Hinterglied zieht den Ton auf sich. Seit dem 15. Jh. wird die alte Vorstellung von dem Phantasieland voll guter Speise im Deutschen mit *Schlaraffenland* erfaßt (Hans Sachs, Sebastian Brant). Anders nach Schröder: Streckform aus *schlaff* (was die Betonung besser erklären würde). Vielleicht ist eine solche Streckform erst nachträglich an mhd. *slūr* und mhd. *affe* angeglichen worden.
S. *schleudern*[2]. – Schröder (1906), 195 f.; Röhrich 3 (1992), 1360 f.

schlau *Adj.* (< 16. Jh.). Übernommen aus ndd. *slū*, nndl. *sluw*; daneben steht bair. *schlauch*. Herkunft unklar. Abstrakta: **Schlauheit, Schläue**.
Röhrich 3 (1992), 1361; Heidermanns (1993), 515 f.

Schlaube *f. per. reg.* 'Schale' (< 16. Jh.). Mndd. *slu*. Vgl. mschw. *slo* 'Hülse um den empfindlichsten Teil von Horn und Huf'. Weitere Herkunft unklar, vgl. *Schlauch*.

Schlauberger *m.*, **Schlaumeier** *m. stil.* (< 19. Jh.). In Analogie zu Einwohnerbezeichnungen und Namen gebildete Scherzwörter (vgl. *Drückeberger*, *Kraftmeier* u.ä.).

Schlauch *m.* (< 13. Jh.). Mhd. *slūch, sluoch* 'Schlangenhaut, Röhre, Rüssel, Schlauch'; hierzu me. *slughe*. Am besten würde ein Ansatz *slūhwa-

die Formen erklären, und es könnte dann auch *Schlaube* und seine Sippe hinzugenommen werden; es müßte dann aber ein nur einmal bezeugtes as. *slūk* 'Schlangenhaut' (Gl. 4,288,27) nicht echt altsächsisch, sondern hyperkorrekt umgesetztes Althochdeutsch sein. Aber auch Auslautvarianten sind nicht ausgeschlossen. Wohl zu Wörtern für 'schlüpfen, schleichen', wie lit. *šliaužti* 'kriechen, gleiten', vgl. auch *schlüpfen*.
Hubschmid (1955), 88 f.; Röhrich 3 (1992), 1361.

Schlaufe *f. erw. reg.* (< 12. Jh.). Mhd. *sloufe*, auch *slouf m.* Zu *sliefen* 'schlüpfen'. Vgl. *Schleife*.

Schlaumeier *m.* s. *Schlauberger*.

Schlawiner *m. erw. vulg.* 'Gauner, Schlingel' (< 19. Jh.). Eigentlich *Slawonier (Slovene)*. Gemeint sind ursprünglich die slovenischen Hausierer, die als besonders gerissen galten.
Röhrich 3 (1992), 1361.

schlecht *Adj.* (< 8. Jh.). Mhd. *sleht*, ahd. *sleht*, *sliht*, as. *sliht* aus g. **slihta-* Adj. 'eben, geglättet', auch in gt. *slaihts*, anord. *sléttr*, ae. *sliht*, afr. *sliuht*. Adjektiv in der Form eines *to*-Partizips zu *schleichen*, zu dem auch die Bedeutungen 'gleiten, glatt' gehören. Vgl. ae. *slīc* 'glatt', akslav. *slīzūkŭ* 'schlüpfrig, glatt', gr. *lígdēn* 'streifend' und die unter *schleichen* genannten Wörter. Genauer vergleicht sich vielleicht air. *sliachtaid* 'reibt, streichelt', doch ist dieses vielleicht aus dem Germanischen entlehnt. Die Bedeutung im Deutschen ist im übertragenen Sinn 'einfach', im Gegensatz zum Vorzüglichen sinkt diese Bedeutung (wie bei *gemein* u. a.) zu 'minderwertig', doch ist die alte Bedeutung (die sonst auf die Variante *schlicht* übergegangen ist) in bestimmten Wendungen bewahrt (*recht und schlecht, schlechthin, schlechterdings* u.ä.). Abstraktum: **Schlechtigkeit**; Präfixableitung: **verschlechtern**.
S. *Schleim*. – Rosengren (1968); Röhrich 3 (1992), 1361 f.; Heidermanns (1993), 512 f.

schlecken *swV.* (< 15. Jh.). Fnhd. *slecken*, mndd. *slicken*. Mit einem wohl expressiven *s*-Vorschlag zu *lecken*[1]; entsprechend etwa anord. *sleikja* 'lecken'. Abstraktum: **Schleckerei**.

Schlegel *m.* (< 9. Jh.). Mhd. *slegel*, ahd. *slegil*. Instrumentalbildung zu *schlagen*. Nach der Form solcher Schlagwerkzeuge die Übertragung auf die Hinterkeulen von Schlachttieren.
Kluge (1926), 48; Kretschmer (1969), 271.

Schlehe *f. erw. fach.* (< 9. Jh.). Mhd. *slēhe*, ahd. *slēha*, mndd. *slē(n)*, mndl. *slee*; vgl. ae. *slā, slāg*, *slāh*. Die Etymologie verlangt eigentlich einen Ansatz **slaiwa-* (vgl. serb.-kslav. *sliva* 'Pflaume', l. *līvidus* 'blauschwarz' und vielleicht air. *lí*, kymr. *lliw* 'Farbe', wenn ursprünglich 'Bläue'). Der Lautstand im Germanischen ist aber unklar (er würde bei einem Übergang von *w* zu Tektal g. *-h-*, statt

wie sonst g. -*k*- voraussetzen). Deshalb ist vielleicht eher mit Suffixvariation (wie bei l. *corvus* ʹRabeʹ – gr. *kórax* ʹRabeʹ; l. *vīvus*, gt. *qius* ʹlebendigʹ – e. *quick*, d. *keck*, s. auch *Blindschleiche*) zu rechnen.
A. Martinet *Word* 12 (1956), 1–6; E. Seebold *IF* 87 (1982), 172–194.

schleichen *st V.* (< 9. Jh.). Mhd. *slīchen*, ahd. *slīhhan*, mndd. *sliken*. Außergermanisch vergleichen sich air. *fo-slig* ʹüberschmiertʹ und die unter *schlecht* genannten Adjektive. ʹSchleichenʹ wäre also eigentlich ʹgleiten, rutschenʹ. Nomen agentis *Schleicher*; Abstraktum: *Schlich*.
S. *Blindschleiche, Schleim*. – Seebold (1970), 428 f.

Schleie *f. per. fach.*, auch **Schlei** *m.* (ein Fisch) (< 11. Jh.). Mhd. *slīe*, *slīg(e)*, *slīhe* m., ahd. *slīo*, *slīge* m., mndd. *sli(ge)*, mndl. *slie*, *sly* aus wg. **slei-wa-/ō f.* ʹSchleieʹ, auch in ae. *slīw* m. Außergermanisch vergleichen sich lit. *lýnas* m., russ. *lin'* m. ʹSchleieʹ und wohl auch gr. *lineús* m. ʹSchleimfischʹ (falls der Fisch nach seiner schleimigen Oberfläche benannt ist). Nndl. *slij*. S. *Schleim*.

Schleier *m.* (< 13. Jh.). Mhd. *slei(g)er*, *slo(i)ger* u.ä., mndd. *sloi(g)er* u.ä. Wohl entlehnt, doch ist die Ursprungssprache nicht klar. Präfixableitung: *verschleiern*; Adjektiv: *schleierhaft*.
Röhrich 3 (1992), 1362.

Schleiereule *f. erw. fach.* (< 16. Jh.). Benannt nach dem Federkranz um die Augen, der als Schleier bezeichnet wird.

Schleife *f.* (< 16. Jh.). Neuere Form für fnhd. *Schläufe* und *Schlaufe*, von Luther durchgesetzt.
S. *Schlaufe* und *schliefen*. – Kretschmer (1969), 419 f.

schleifen¹ *st V.* ʹschärfenʹ (< 8. Jh.). Mhd. *slīfen*, ahd. *slīfan*, mndd. *slipen*, mndl. *slipen*. Vermutlich zu den Wörtern auf einer Grundlage (ig.) **slei-* ʹgleitenʹ (ʹreiben usw.ʹ). Vgl. besonders gr. *olibrón* ʹschlüpfrigʹ (Glossenwort). Nomen agentis: *Schleifer*; Abstraktum: *Schliff*.
Nndl. *slijpen*. S. *schleifen², Schleim, Schlief, schlimm, Schlipf, schlüpfrig*. – Seebold (1970), 429 f.; Röhrich 3 (1992), 1362–1364.

schleifen² *sw V.* ʹschleppenʹ (< 11. Jh.). Mhd. *sleifen*, *sleipfen*, ahd. *sleifen*. Kausativum zu *schleifen¹*.
S. *schleifen¹, schleppen*. – Röhrich 3 (1992), 1362–1364.

Schleim *m.* (< 13. Jh.). Mhd. *slīm*, ahd. *slīm*, mndd. *slīm m./n.*, mndl. *slim* aus g. **slīma- m./n.* ʹSchleimʹ, auch in anord. *slím*, ae. *slīm*. Außergermanisch vergleichen sich zunächst einige Wörter für ʹSchneckeʹ (= ʹdie Schleimigeʹ) in russ. *slimák*, gr. (Hesych) *leĩmax*. Weiter zu (ig.) **slei-* ʹgleiten, Schleim, glatt usw.ʹ, zu denen als Erweiterung auch das unter *schleichen* genannte Verb gehört. Adjektiv: *schleimig*.
Nndl. *slijm*, ne. *slime*. S. *Leim, schlecht, schleichen, Schleie, schleifen¹, Schlitten*.

schleißen *st V. erw. stil.* ʹzerreißenʹ (< 8. Jh.). Mhd. *slīzen*, ahd. *slīzan*, as. *slītan* aus g. **sleit-a- st V.* ʹzerreißenʹ, auch in anord. *slíta*, ae. *slītan*, afr. *slīta*. Die Sippe hat keine sichere Vergleichsmöglichkeit. Präfigierung: *verschleißen*; Abstraktum: *Verschliß*.
Nndl. *slijten*, ne. *slit*, nschw. *slita*, nisl. *slíta*. S. *Schlitz*, *verschleißen*. – Seebold (1970), 430 f.

Schlemihl *m. arch.* ʹPechvogelʹ (< 19. Jh.). Das Wort ist die jiddische Entsprechung des biblischen *Shelumiel* (*Numeri* 1,6), der in der talmudischen Tradition gleichgesetzt wird mit *Simri*, der gegen das Gebot Gottes mit der Midianitin Kosbi verkehrte und deshalb von dem Zeloten Pinehas erstochen wurde. Warum der Name im Deutschen die besondere Bedeutung bekam, ist umstritten. Vermutlich hängt sie mit der Geschichte eines Juden *Schlemihl* im 13. Jh. zusammen, dessen Frau nach 11 Monaten seiner Abwesenheit ein Kind bekam, und dem eingeredet wurde, er sei der Vater. Bekannt wurde die Figur dann durch A. Chamisso.
W. Weinberg: *Die Reste des Jüdischdeutschen* (2. Aufl. Stuttgart 1973), 124 f.; N. Süsskind *CoE* 9 (1980),14, 2–10; Wolf (1985), 287; G. Cohen *CoE* 18 (1989),8, 14–17.

schlemmen *sw V.* (< 15. Jh.). Fnhd. *slemmen* zu *Schlamp* und mndd. *slampampen* ʹgeräuschvoll und üppig essenʹ, hd. *schlampfen* ʹsich gütlich tunʹ.

schlendern *sw V.* (< 17. Jh.). In der Studentensprache übernommen aus ndd. *slendern*. Letztlich liegt (wie bei *schlenkern*, das frühneuhochdeutsch die gleiche Bedeutung haben kann) ein Verbum für ʹgleiten, kriechenʹ zugrunde (hier das unter *schlingen²* aufgeführte starke Verb, das sonst die Bedeutung ʹverschlingenʹ angenommen hat). Hd. *schlenzen* in gleicher Bedeutung ist wohl am ehesten **schlenkezen* zu *schlenkern*.
Heidermanns (1993), 510.

Schlendrian *m. stil.* (< 17. Jh.). In der Bedeutung ʹnachlässiger Kerlʹ gebildet aus *schlendern* und dem Kurznamen *Jan (Johann)*, vielleicht nach andersartigem Vorbild. In der Bedeutung ʹSchlampereiʹ, besonders ʹeingefahrener Trottʹ auffällig früh bezeugt: Sebastian Brant 1495 (*Narrenschiff* 110a, 163) *den schlenttrianum trīben* ungefähr ʹden alten Brauch ausführenʹ (negativ gemeint), entsprechend später auch *Schlender* und *Schlendergang*. Es ist nicht ausgeschlossen, daß hier altes *Jahn* ʹArbeitsgangʹ vorliegt, obwohl das Wort bei Brant eine lateinische Endung hat. Offenbar ist jeweils das gedankenlose, ziellose Weitermachen gemeint; aber eine klarere Fassung (auch im Verhältnis zu *schlendern*) verbietet die schlechte Beleglage.
Röhrich 3 (1992), 1364.

schlenkern *sw V. stil.* (< 15. Jh.). Zu der Bedeutung ʹschlendernʹ s. *schlendern*; in der Bedeutung ʹnachlässig hin- und zurückschwingenʹ, spmhd.

slenkern wohl zu mhd. *slenger, slenker* ´Schleuder´, ahd. *slengira, slingira*; dieses zu g. *slengw-a- stV. ´gleiten, werfen´ in anord. *slyngja, slyngva*, ahd. *inslingen* ´entgleiten´, mndd. *slingen, slengen*. Die semantischen Einzelheiten dieser nach einem Muster für expressive Wörter aufgebauten Bildungen sind aber nicht ausreichend klar. S. *Schlinge, Schlingel, schlingern*.

schlenzen *swV.* ´schlendern´ s. *schlendern*.

Schleppe *f.* (< 17. Jh.). Übernommen aus mndd. *slepe*, das von *schleppen* rückgebildet ist. Vorher sprach man vom *Schweif* oder *Schwanz* von Kleidern.

schleppen *swV.* (< 13. Jh.). In mittelhochdeutscher Zeit übernommen aus mndd. *slepen*, das die niederdeutsche Entsprechung zu *schleifen*[2] ist.

schletzen *swV. per. schwz.* ´eine Tür zuschlagen´ (< 18. Jh.). Entspricht einer Intensivbildung mhd. *slahezen oder *slagezen, die aber so nicht bezeugt ist.

Schleuder *f.*, **schleudern**[1] *swV.* (< 15. Jh.). Fnhd. *slüder, slüdern*; die neuhochdeutsche Form beruht auf einer Bildung mit Umlaut, die von Luther verbreitet wird. Herkunft unklar. Vielleicht zu gr. *leúō* ´ich steinige´. Präfigierung: **verschleudern**. Röhrich 3 (1992), 1365.

schleudern[2] *swV.*, **schludern** *swV. stil.* ´schlecht arbeiten´ (< 15. Jh.). Fnhd. *slüderer* ´nachlässiger Arbeiter´, fnhd. *slüdern* ´schlenkern´; die für das Neuhochdeutsche zu erwartende Form liegt in bair. *schlaudern* vor; *eu* beruht auf einer mitteldeutschen Umlautbildung, *u* auf Einfluß nicht diphthongisierender Mundarten (beim Verbum offenbar das Alemannische, bei *schludrig* offenbar das Niederdeutsche). Hierzu mhd. *slü(de)raffe* (s. *Schlaraffe*). Ohne *s-* sind vergleichbar russ. *lytát* ´sich um eine Arbeit drücken, müßig umhergehen´ und *liederlich, Loddel, Lotter-*. Sonst unklar. Röhrich 3 (1992), 1365.

schleunig *Adj.* (< 14. Jh.). Spmhd. *sliunec, sliunic*. Weiterbildung zu mhd. *sliune, sliume Adv.* ´eilig´, auch Substantiv mhd. *sliune, slūne* ´Eile´, mhd. *sliunen* ´beeilen´. Voraus liegt ahd. *sliumi Adv.* ´schnell´, dessen *m* (wohl vor unsilbischem *j*) zu *n* wurde. Dieses wiederum ist dissimiliert aus ahd. *sniumo Adv.*, as. *sniomo Adv.*, ae. *snēome Adv.*, anord. *snimma Adv.*; ähnlich gt. *sniumundo*. Es handelt sich um eine im einzelnen nicht ganz klare Ableitung zu g. *snew-a- stV. ´eilen´ in gt. *sniwan*, ae. *snēowan*. Weitere Herkunft unklar. Präfixableitung: **beschleunigen**. Seebold (1970), 446 f.; Heidermanns (1993), 525 f.

Schleuse *f. erw. fach.* (< 16. Jh.). Übernommen aus mndd. *slūse*, mndl. *sluse, sluyse*, die aus afrz. *escluse* entlehnt sind. Dieses aus l. *exclūsa* ´Schleuse, Wehr´, dem substantivierten Partizip zu

l. *exclūdere* ´ausschließen´, gebildet zu l. *claudere* ´schließen´. Nicht durchgesetzt hat sich die hochdeutsche Entlehnung alem. *klūs*, bair. *klaus* aus l. *clūsa*. Verb: **schleusen**. S. *Klausur*.

schlicht *Adj.* (< 17. Jh.). Rückgebildet aus *schlichten*, mhd. *slihten*, ahd. *slihten*, das von *schlecht* in dessen alter Bedeutung ´eben, geglättet´ abgeleitet ist. Mitteldeutsch-niederdeutsche Varianten von *schlecht*, die ein *i* enthielten, mögen mitgewirkt haben. Als die Bedeutung von *schlecht* sich änderte, rückte *schlicht* in die alte Bedeutung nach. Röhrich 3 (1992), 1366.

Schlick *m. per. reg.* ´Schlamm´ (< 17. Jh.). Aus mndd. *slīk, slick m./(n.)*, mndl. *slic(k)*; die mittelhochdeutsche Entsprechung ist *slich, slīch*. Weitere Herkunft unklar. Wohl zu Wörtern für ´Schleim´ und ´glatt´ zu der Wurzel von *schleichen*. S. *Schlotter*.

Schlief *m.*, **Schliff** *m. per. reg.* ´unausgebackene Stelle im Brot´ (< 17. Jh.). Zu *schleifen*[1], weil diese Stellen wie ein angeschliffener Stein aussehen (vgl. wd. *wetzsteinig* in gleicher Bedeutung). Röhrich 3 (1992), 1366.

schliefen *stV. per. obd.* ´schlüpfen´ (< 9. Jh.). Mhd. *sliefen*, ahd. *-sliofan*, mndd. *slupen*, mndl. *slupen* (Variante mit *ū*) aus g. *sleup-a- stV. ´schlüpfen´, auch in gt. *sliupan*, ae. *slūpan*. Außergermanisch läßt sich vergleichen (ohne anlautendes *s-*) l. *lūbricus* ´schlüpfrig´. Eine Auslautvariante ist lit. *sliaūkti* ´kriechen´. Nndl. *sluipen*. S. *Schlaufe, Schleife, schlüpfen, Unterschleif*. – Seebold (1970), 435 f.

Schliere *f. per. fach.* ´streifige Materialabweichung´ (< 19. Jh.). Rückgebildet aus dem Plural von mhd. *slier(e)* ´Geschwür u.ä.´, ahd. *scliero* ´Brocken´. Weitere Herkunft unklar.

schließen *stV.* (< 9. Jh.). Mhd. *sliezen*, ahd. *sliozan*, mndd. *sluten*, mndl. *sluten*; sonst nur noch in afr. *slūta* ´schließen´. Als Variante ohne *s-* läßt sich vergleichen l. *claudere* ´schließen´. Dieses zu l. *clāvis* ´Schlüssel, Riegel´, air. *cló* ´Nagel´, gr. *kleis* ´Riegel, Haken, Schlüssel´. ´Schließen´ ist also offenbar ´einen Riegel geben´. Präfigierungen: **be-, ent-, er-, verschließen**; Abstraktum: **Schluß**; Nomen agentis: **Schließer**; Adverb: **schließlich**. Nndl. *sluiten*. S. *beschließen, Schloß, Schlosser, Schlüssel; Klausur*. – Seebold (1970), 436 f.

schlimm *Adj.* (< 11. Jh.). Die heutige Bedeutung erst neuhochdeutsch. Zuvor mhd. *slim(p)* ´schief, schräg´, ahd. *slimb* ´schräg, schief´. Vielleicht als nasalierte Variante zu *schleifen*[1] in der alten Bedeutung ´rutschen´. Da sowohl Glätte wie auch schiefe Neigung das Rutschen begünstigen, kann z. B. ae. *slipor* ´glatt´, ahd. *sleffar* ´schlüpfrig, steil´ entsprechen und damit auch *schlimm* zu dieser Sippe gehören. Vgl. noch lett. *slips* ´schräg, steil´, lett. *slīpt* 'gleiten, sich senken'. Präfixableitung: **verschlimmern**.

Lühr (1988), 148−150; Heidermanns (1993), 513 f.

Schlinge f. (< 9. Jh.). Zu *schlingen*[1]; in der veralteten Bedeutung 'Schleuder' setzt es mhd. *slinge*, ahd. *slinga* fort und gehört zu der unter *schlenkern* genannten Sippe.

Röhrich 3 (1992), 1366 f.

Schlingel m. stil. (< 15. Jh.). Zunächst als *schlüngel* bezeugt. Mndd. *slungel*, nndl. *slungel*. Auch mit verschärftem Konsonanten **Schlunk, Schlunk(u)s**. Gehört zu der Gruppe *schlendern/schlenkern*, ohne daß die Einzelheiten klar wären. Auszugehen ist wohl von 'Faulpelz, Nichtsnutz'. S. *Schlankel*.

schlingen[1] stV. stil. 'winden' (< 11. Jh.). Mhd. *slingen* 'winden, flechten u.ä.', ahd. *slingan* 'vergehen', mndd. *slingen, slengen* 'winden, kriechen' aus g. **slengw-a- stV.* mit ganz unklarer und auseinanderfallender Bedeutung, auch in anord. *slyngja, slyngva* 'schwingen, schleudern' (wohl aus 'drehen'). Herkunft unklar. Zu einer passenden Parallelwurzel s. *schlank*. Ableitungen sind *Schlange* und *Schlinge*.

Bahder (1925), 55; Seebold (1970), 432 f.; Lühr (1988), 167−170.

schlingen[2] stV. erw. stil. 'schlucken' (< 8. Jh.). Mit mitteldeutscher Lautform fortgesetzt aus mhd. *slinden*, ahd. *slintan*, as. *-slindan* aus g. **slend-a- stV.* 'verschlingen', auch in gt. *(fra)slindan*. Außergermanisch vergleicht sich vielleicht lit. *lįsti* 'kriechen'. Präfigierung: **verschlingen**.

Nndl. *verslinden*. S. *schlendern, Schlund*. − Bahder (1925), 55.

schlingern swV. per. fach. 'hin- und herschleudern' (< 17. Jh.). Mndd. *slingeren, slengeren*; entsprechend zu *schlenkern*.

Kluge (1911), 694 f.

Schlipf m. per. schwz. 'Erdrutsch' (< 14. Jh.). Mhd. *schlipf(e)*, *slipfine f.* Zu mhd. *schlipfen* 'rutschen', einer Intensivbildung zu *schleifen*[1].

Schlippe f. per. reg. 'Rockschoß' (< 16. Jh.). Mndd. *slippe f./(m.).* Wohl als 'herabhängender Lappen' ähnlicher Herkunft wie *Lippe*. S. *Schlips*.

Schlips m. (< 19. Jh.). Norddeutsche Variante von *Schlippe*. Wird dann spezialisiert auf Halstücher und schließlich auf den von England eingeführten Selbstbinder. **Auf den Schlips treten** meint aber die Rockschöße, greift also auf die alte Bedeutung zurück.

W. Horn *ASNSL* 182 (1943), 53 f.; Kretschmer (1969), 421; Röhrich 3 (1992), 1367.

Schlitten m. (< 9. Jh.). Mhd. *slite*, ahd. *slito* (auch *slita f.*), as. *slido* aus g. **slidōn m.* 'Schlitten', auch in anord. *sleði*. Instrumentalbildung zu dem nur im Westgermanischen bezeugten **sleid-a- stV.*

'gleiten' in ae. *slīdan*, mhd. *slīten*. Außergermanisch vergleichen sich lit. *slýsti* 'gleiten, rutschen', akslav. *slědŭ* 'Spur', gr. (mit unklarem Lautstand) *olisthánō* 'ich gleite' und vielleicht ai. *srédhati* 'macht einen Fehler'. Erweiterungen zu der unter *Schleim* dargestellten Wurzel.

Seebold (1970), 427 f.; Röhrich 3 (1992), 1367.

schlittern swV. erw. stil. 'auf dem Eis rutschen' (< 18. Jh.). Wie ae. *sliderian* Intensivbildung zu dem unter *Schlitten* dargestellten Verb.

Kretschmer (1969), 422.

Schlittschuh m. (< 17. Jh.). Nach *Schlitten* umgeformt aus älterem **Schrittschuh**. Dieses in der heutigen Bedeutung ebenfalls seit dem 17. Jh., zuvor bezeichnet mhd. *schrit(e)schuoch*, ahd. *scritiscuoh*, as. *scridskōh* einfach einen Schuh, mit dem man weit ausschreiten kann.

Schlitz m. (< 9. Jh.). Mhd. *sli(t)z*, ahd. *sliz*, ae. *slit*. Verbalabstraktum zu *schleißen*.

Schlitzohr m. erw. stil. 'durchtriebener Mensch', **schlitzohrig** Adj. 'durchtrieben' (< 19. Jh.). Die Herkunft des Bildes ist unklar − das frühere Abschneiden der Ohren bei Betrügern ist sachlich nicht das Gleiche und erklärt zudem die Bedeutung nicht. Verb: **schlitzen**.

Röhrich 3 (1992), 1367.

schlohweiß Adj., älter *schloßweiß*, s. *Schloße*.

schlorren swV., auch **schlurren** swV. per. ndd. 'schlurfen' (< 17. Jh.). Lautmalend wie *schlürfen*. Hierzu **Schlorren** 'Hausschuhe'.

Schloß n. (< 8. Jh.). Mhd. *slōz*, ahd. *slōz, sloz*. Ableitung zu *schließen*, bedeutet zunächst 'Türverschluß' und als Lehnbedeutung von l. *conclūsio f.* auch 'Schlußfolgerung'. Seit dem 13. Jh. wird auch eine Burg so bezeichnet, weil sie das Land, einen Wasserlauf u.ä. sperrt. Daraus die heutige Bedeutung 'Palast'. Täterbezeichnung: **Schlosser**.

Röhrich 3 (1992), 1368 f.

Schloße f. erw. reg. (< 13. Jh.). Mhd. *slōz(e) m./n.(?)*, mndd. *sloten Pl.* Gehört in einen ähnlichen Bedeutungsbereich wie *Schlacker-/Schlickerwetter* u. dgl. Entsprechend ne. *sleet* (seit dem 14. Jh.). Einzelheiten unklar. Hierzu **schloßweiß** 'weiß wie Hagel', ndd. *slōtewīt*, bei dem nachträglich der Auslaut des ersten Elements gegen den des zweiten durch Dissimilierung schwand.

Schlosser m. erw. reg. (< 13. Jh.). Für den Handwerker, der (unter anderem) Schlösser herstellt. Auffällig ist das Fehlen des Umlauts.

Schlot m. per. reg. 'Kamin' (< 12. Jh.). Mhd. *slāt, slōt*, ahd. *slāt*. Wohl zu mhd. *slāte f.* 'Schilfrohr' (hd. [dial.] *Schlotte*), also als 'Röhre' bezeichnet. Ebenso die Bedeutung 'nichtsnutziger Kerl' (von 'Röhre, hohl' ausgehend). Weitere Herkunft unklar.

G. Schilling: *Die Bezeichnung für den Rauchabzug im deutschen Sprachgebiet* (Diss. Marburg 1963).

Schlotter *m. per. reg.* ʹSchlammʹ (< 18. Jh.). Mhd. *slōte* (u.ä.). Ähnlich ne. *slud* ʹSchlammʹ. Zu dem Bereich *Schlamm* und *Schlick* ohne nähere Verwandte.

schlottern *swV.* (13. Jh.). Mhd. *slot(t)ern* (u.ä.), ndd. *sluddern*. Bedeutungsmäßig auffällig ähnlich sind gt. *afslaupjan* ʹin Angst versetzenʹ und gt. *afslaupnan* ʹsich entsetzenʹ. Formal kann noch Weiteres angeschlossen werden, doch bleibt es mangels klarer Bedeutungsübergänge ganz unsicher. Adjektiv: *schlotterig*.

schlotzen *swV. per. wobd.* ʹim Mund zergehen lassenʹ (< 16. Jh.). Herkunft unklar.

Schlucht *f.* (< 16. Jh.). Aus älterem *sluoht*, das (außer in den Mundarten) nur in mhd. *sluoche*, *wazzersluoht* ʹWassergrabenʹ bezeugt ist. Ausgangsbedeutung ist ʹWasserrinneʹ, wie etwa bei am.-span. (mex.) *cañon m.* ʹtiefe Schluchtʹ zu l. *canna* ʹRohrʹ. Noch älter ist die Bedeutung ʹAst, Zweigʹ (mundartlich oberdeutsch), vgl. mndd. *sluchter Pl.* ʹjunge Schößlingeʹ, die wohl auf *schlagen* zurückführt (als ʹdas, was abgeschlagen werden kannʹ). Der Übergang zu ʹWasserrinneʹ entweder nach aus Ästen gefertigten Röhren oder weil solche Rinnen Zweige eines Hauptgrabens waren. Bahder (1925), 54; Ader (1958), 74–81; C.-P. Herbermann in: H. Beckers/H. Schwarz (Hrsg.): *Gedenkschrift J. Trier* (Köln, Wien 1975), 85–115.

schluchzen *swV.* (< 15. Jh.). Fnhd. *slūchzen*; mit dem für Schallwörter typischen Suffix abgeleitet von mhd. *slūchen* ʹschlucken, schlingenʹ. Abstraktum: *Schluchzer*. S. *schlucken*.

schlucken *swV.* (< 13. Jh.). Mhd. *sluken*, mndd. *sluken*, mndl. *slocken*. Mit Intensivgemination zu mhd. *slūchen* ʹschlingen, schluckenʹ, mndd. *sluken*. Außergermanisch vergleicht sich ohne anlautendes s- gr. *lýzō* ʹich schlucke, schluchzeʹ, wruss. *hłytáć* ʹschluckenʹ und mit Auslautvariantion air. *sluicid*, *slocaid* ʹschlucktʹ, mit Nasalierung kymr. *llyncu*. Abstraktum: *Schluck*; Nomen agentis: *Schlucker*. S. *schluchzen*. Röhrich 3 (1992), 1369.

Schlucker *m. stil.* (< 16. Jh.). Das Wort bezeichnet frühneuhochdeutsch einen Schlemmer; danach abgeschwächt; ein *armer Schlucker* ist einer, der an einem Essen teilnehmen darf und alles essen muß, was ihm vorgesetzt wird. Heute meist für ʹarmer Menschʹ verwendet. S. *schlucken*. Röhrich 3 (1992), 1369 f.

schludern *swV.*, *schludrig Adj.* s. *schleudern*.

schlummern *swV. stil.* (< 15. Jh.). Spmhd. *slummern*. Wie nndl. *sluimeren*, ne. *slumber* Intensivbildung zu mhd. *slummen*; vgl. ae. *slūma* ʹSchlafʹ. Norw. (dial.) *slum* ʹschlaffʹ weist darauf hin, daß

hier das gleiche Benennungsmotiv vorliegt wie bei *schlafen*. Abstraktum: *Schlummer*. Bahder (1925), 24–26, 43 f.

Schlund *m. erw. stil.* (< 8. Jh.). Mhd. *slunt*, ahd. *slunt*, as. *slund*. Ableitung von mhd. *slinden*, das unter *schlingen*² dargestellt ist. S. auch *Geschlinge*. – Bahder (1925), 137.

schlunzen *swV. per. md.* ʹnachlässig gehenʹ (< 19. Jh.). Zu *schlenzen* (s. unter *schlendern*).

schlüpfen *swV.* (< 9. Jh.). Mhd. *slüpfen, slupfen*, ahd. *inslupfen*. Mit Intensivgemination zu *schliefen*. Nomen instrumenti: *Schlüpfer*.

schlüpfrig *Adj.* (< 16. Jh.). In dieser Form zu *schlüpfen*, vorher *schlipferig*, noch älter *schlipfig*, mhd. *slupferic, slipfec, slipfic* zu mhd. *slipfen* ʹausgleiten, fallen, rutschenʹ. S. *schleifen*¹.

schlurfen *swV.* s. *schlürfen*.

schlürfen *swV.*, auch **schlurfen** *swV.* (< 16. Jh.) Die Bedeutung ist zunächst ʹgeräuschvoll trinkenʹ, die älteste Form ist mhd. *sürfeln, sürpfeln* (zu gr. *rophéō* ʹich schlucke, schlürfeʹ, l. *sorbēre*, lit. *srēbti* ʹschlürfenʹ, verwandt mit akslav. *sribanije n.* ʹSuppe, Brüheʹ). Vermutlich nach dem Vorbild von *schlucken* wird ihm später ein *l* eingefügt: mndd. *slorpen*, fnhd. *schlirfen, schlurfen, schlürfen*. Das Wort wird auch lautmalend verwendet für ʹmit schleifenden Füßen gehenʹ. S. auch *schlorren*.

schlurren *swV.* s. *schlorren*.

Schlüssel *m.* (< 9. Jh.). Mhd. *slüzzel*, ahd. *sluzzil*, as. *slutil*, auch afr. *sletel*. Instrumentalbildung zu *schließen*. Präfixableitungen: **ver-, entschlüsseln**. Kluge (1926), 48; Röhrich 3 (1992), 1370–1372.

Schlüsselbein *n. erw. fach.* (< 17. Jh.). Lehnbildung zu l. *clāvicula f.* ʹSchlüsselchen, Schlüsselbeinʹ, das seinerseits gr. *kleis f.* ʹSchlüssel, Schlüsselbeinʹ wiedergibt. Ältere Schlüssel waren krumme Haken, mit denen der Riegel aufgehoben werden konnte.

Schlüsselblume *f.* (< 15. Jh.). Benannt nach der Form des Blütenstengels, der (wie *Schlüsselbein*) an die Form der alten Schlüssel erinnert. E. Diedrichs: *Die Schlüsselblume* (Gießen 1952).

Schmach *f.* (< 9. Jh.). Mhd. *smāch, smæhe*, ahd. *smāhi* ʹKleinheit, Niedrigkeitʹ. Abstraktum zu dem Adjektiv mhd. *smæhe*, ahd. *smāhi* ʹklein, gering, verächtlichʹ. Dazu mit anderer Stammbildung anord. *smár* ʹkleinʹ. Vielleicht zu gr. *mīkrós*, *smikrós* ʹkleinʹ (obwohl der Vokalismus nicht stimmt). Zu einer *t*-Ableitung gehört **schmächtig**, mhd. *smahtec, smahtic*; zum einfachen Wort **schmähen** und **schmählich**. S. auch *schmachten*. Heidermanns (1993), 519.

schmachten *swV.* (< 17. Jh.). Mhd. *versmahten*, vielleicht auch ahd. *gismāhtōn, gismāhteōn* 'schwach werden', mndd. *smachten* 'hungern'. Offenbar haben sich Verben, die zu *Schmach* gehören, vermischt mit einer *t*-Ableitung zu **smog-* in russ. *smága* 'Hitze', russ. *smjagnut'* 'trocken werden, sich sehnen nach, schmachten'.

V. Machek *ZSPh* 23 (1954), 119 f.

schmächtig *Adj.* (< 14. Jh.). Spmhd. *smahtec*. Zu einer *t*-Ableitung der Grundlage von ahd. *smāhi* 'klein'. S. *Schmach*.

Schmackes *Pl. per. wmd.* 'Hiebe, Wucht' (< 19. Jh.). Zu regionalem *smacken* 'schlagen' (mndd. *smacken* 'schlagen, werfen'), das unter *schmatzen* behandelt ist.

schmaddern *swV. per. ndd.* 'schmieren' (< 17. Jh.). Ebenso **Schmadder** 'Matsch, Brei'. Wie *schmettern* eine lautmalende Bildung, die vielleicht von *schmeißen* abhängig ist. (Dort auch zum Zusammenhang der Bedeutungen 'werfen, klatschen' und 'schmieren').

schmähen *swV.* (< 10. Jh.). Mhd. *smæhen, smāhen*. Faktitivum zu dem unter *Schmach* dargestellten Adjektiv mit der Bedeutung 'klein, verächtlich', also 'verächtlich machen'; ähnlich anord. *smá* 'höhnen'. Dazu (oder zum Adjektiv) **schmählich**, mhd. *smæh(e)lich*, ahd. *smāhlīh*.

schmal *Adj.* (< 8. Jh.). Mhd. *smal*, ahd. *smal*, as. *smal* aus g. **smala-* 'schmal, gering', auch in gt. *smalista* (Superlativ), spanord. *smalr*. Außergermanisch vergleicht sich ohne anlautendes *s-* l. *malus* 'schlecht' und akslav. *malǔ* 'klein'. Vermutlich dasselbe Wort in anord. *smali* 'Schmalvieh', nhd. **Schmaltier** 'Ricke'. Es ist vergleichbar mit air. *míl*, kymr. *mil* 'Schmalvieh', gr. *mēlon* 'Schaf'.

S. *schmälen, Schmiele*. – vOlberg (1991), 235 f.; Heidermanns (1993), 517 f.

schmälen *swV. arch.* 'lästern' (< 14. Jh.). Spmhd. *smeln*, mndd. *smalen, smelen*; zu *schmal* als 'klein machen' (vgl. *schmähen*), später umgedeutet zu *schmälern*.

Schmalhans *m. phras.* In **da ist Schmalhans Küchenmeister** (< 17. Jh.). Personifikation wie *Prahlhans* usw. Vgl. mit einem ähnlichen Bild *den Gürtel enger schnallen*.

Röhrich 3 (1992), 1373.

Schmalz *n.* (< 9. Jh.). Mhd. *smalz*, ahd. *smalz*, mndd. *smalt, smolt*, mndl. *smout*. Als 'ausgelassenes Fett' zu *schmelzen*. Verb: **schmalzen**; Adjektiv: **schmalzig**.

Schmankerl *n. per. oobd.* 'Leckerbissen' (< 20. Jh.). Herkunft unklar.

Schmant *m. per. reg.* '(saure) Sahne' (< 15. Jh.). Wie *Schmetten* entlehnt aus čech. (usw.) *smetana f.* 'Milchrahm'.

Steinhauser (1978), 102 f. Anders: Lühr (1988), 154 f.

schmarotzen *swV.* (< 15. Jh.). Zuerst in der Bedeutung 'betteln' bezeugt. Intensivbildung zu einer nicht bestimmbaren Grundlage. Nomen agentis: **Schmarotzer**.

Schröder (1906), 83–87; O. F. Best *SN* 42 (1970), 451–458; Röhrich 3 (1992), 1374.

Schmarre *f. per. reg.* 'Wunde, Narbe' (< 16. Jh.). Neben mndd. *smarre*, dem mhd. *smurre* 'Hieb, Streich' entspricht. Herkunft unklar. Da das Wort als Spottwort bezeichnet wird, kann es mit Rücksicht auf Wendungen wie *jemandem eine schmieren* zu *schmieren*[1] gestellt werden, doch ist der Ablaut auffällig.

Röhrich 3 (1992), 1374.

Schmarren *m. per. oobd.* 'Süßspeise' (< 16. Jh.). Da es sich um ein nahrhaftes, weiches Essen handelt, zu *Schmer* und *schmieren*[1]. Übertragen verwendet für etwas, das gut aussehen soll, aber in Wirklichkeit nicht viel wert ist (zunächst auf Gemälde u.ä. angewendet). Heute im Bairischen allgemeiner Ausdruck der Geringschätzigkeit.

schmatzen *swV.* (< 14. Jh.). Spmhd. *smatzen*, älter *smackezen*; Intensivbildung zu mhd. *smacken* 'schlagen' (regionales, vor allem niederdeutsch-niederländisches Wort, vgl. mndd. *smacken* 'schlagen, werfen'). Das Wort ist lautmalend und bezeichnet das Geräusch eines harten Schlags, eines lauten Kusses, des Schmatzens u.ä. Vgl. *Schmatz, Schmutz* 'Kuß', ne. (entlehnt) *smack* 'schlagen, laut küssen' u. a. Ein Zusammenhang mit *schmecken* besteht allenfalls sekundär. Abstraktum: **Schmatz**. S. *Schmackes*.

schmauchen *swV. arch.* 'stark rauchen' (< 17.). Fnhd. *schmauchen*, mndd. *smoken*, mndl. *smoken*, Faktitivum zu **Schmauch** 'Rauch', mhd. *smouch*, mndd. *smōk*, ae. *smīc* (oder duratives Verb); Kausativum zum starken Verb ist fnhd. *schmäuchen*, mndl. *smieken*, ae. *smīcen*. Das zugrundeliegende starke Verb in ae. *smēocan* 'rauchen'. Außergermanisch vergleicht sich am nächsten mit Auslautvariation gr. *smýchō* 'ich lasse verschwelen', und ohne anlautendes *s-* arm. *mux* 'Rauch', air. *múch*, kymr. *mwg* 'Rauch'.

Ne. *smoke*. S. *Schmöker, Smoking*. – Seebold (1970), 440 f.

Schmaus *m.*, **schmausen** *swV. stil.* (< 16. Jh.). In der heutigen Bedeutung zuerst ein Wort der Studenten, die so ein reichhaltiges Essen bezeichneten. Nächstverwandt ist mndl. *smuisteringe* 'beschmieren, schmausen' neben mndl. *-smodderen* 'beschmutzen', das früher auch 'schmausen' bedeuten konnte. Weiter zu *schmuddelig* und als Auslautvariante *Schmutz*. Ursprünglich also eine Bezeichnung des unsauberen Essens (vermutlich zunächst von Schweinen gesagt), dann im Gebrauchswert gestiegen.

schmecken *sw V.* (< 9. Jh.). Mhd. *smecken, smakken* ʹkosten, versuchen, Geschmack wahrnehmenʹ, ahd. *smecken* ʹGeschmack wahrnehmenʹ, ahd. *smackēn* ʹGeschmack von sich gebenʹ. Westgermanisches Denominativ (ae. *smæccan,* afr. *smekka, smetza*) zu wg. **smakka-* m. ʹGeschmackʹ in mhd. *smac(h),* ahd. *smac,* ae. *smæc(c).* Dieses weist offenbar eine Intensiv-Gemination auf gegenüber einfachem mhd. *smachen, smache,* mndd. *smaken, smak,* mndl. *smaken, smac,* afr. *smakia, smaka* (die niederdeutschen/niederländischen Formen sind allerdings mehrdeutig). Außerhalb des Germanischen vergleicht sich lediglich lit. *smaguriaĩ* m. Pl. ʹLeckerbissenʹ, lit. *smãginti* ʹversuchen, probierenʹ. Nndl. *smaken,* ne. *smack.* S. *Geschmack, schmatzen.* – Lühr (1988), 353 f. Zur Entlehnung ins Finnische s. Koivulehto *BGDSL-T* 103 (1981), 187, 351–354.

schmeicheln *sw V.* (< 15. Jh.). Iterativbildung zu mhd. *smeichen,* spahd. *smeichen,* mndd. *smeken;* entsprechend ae. *smācian* ʹschmeicheln, streichelnʹ. Die Ausgangsbedeutung ist ʹstreichenʹ, noch erkennbar in den Fachwörtern *schmeichen* ʹden Aufzug eines Gewebes mit Schlichte glättenʹ, *Schmeiche* ʹKleister zum Schlichtenʹ; mit Gemination **Schmicke** ʹSchmiere, Breiʹ (s. *Schminke*). Weitere Herkunft unklar; vielleicht als andere Erweiterung der gleichen Wurzel gr. *smōchō* ʹich reibe, zerreibeʹ, vielleicht auch l. *macula* ʹFleckʹ und mit Auslautvariation *schmeißen.* Abstraktum: **Schmeichelei;** Nomen agentis: **Schmeichler.**
Heidermanns (1993), 521.

schmeißen *st V. stil.* (< 8. Jh.). Mhd. *smīzen* ʹstreichen, schmierenʹ, ahd. *smīzan,* as. *-smītan (PPrät.),* mndd. *smiten,* mndl. *smiten* aus g. **smeit-a- st V.* ʹschmeißenʹ, auch in gt. *-smeitan,* ae. *smītan,* afr. *smīta.* Die Bedeutung läßt sich schwer feststellen, da das Verb in den frühen Sprachen überwiegend präfigiert auftritt. Erkennbar ist einerseits ʹwerfenʹ, andererseits ʹschmieren, verstreichen u.ä.ʹ. Dies vereinigt sich bei der Tätigkeit des Bewerfens von Hauswänden u.ä. mit Lehm (später Putz) und anschließendem Verstreichen; solche Tätigkeiten wird das Verb also ursprünglich bezeichnet haben. Außergermanisch ist die Vergleiche entsprechend unsicher. Mit der einen Bedeutung läßt sich in Zusammenhang bringen l. *mittere* ʹwerfenʹ, mit der anderen vielleicht die unter *schmeicheln* genannten Wörter für ʹreiben, schmierenʹ. Die seit mittelhochdeutscher Zeit anzutreffende Bedeutung ʹscheißenʹ (s. *Schmeißfliege*) beruht sicher auf Verhüllung von *scheißen* (vgl. nhd. *Scheibenkleister* u.ä.), beim Kausativum *smeizen* scheint sie aber fest geworden zu sein. Abstraktum: **Schmiß;** Kollektivum: **Geschmeiß.**
Nndl. *smijten,* ne. *smite.* S. *Geschmeiß, schmaddern, Schmeißfliege, Schmiß, schmitzen²*. – Seebold (1970), 437 f.

Schmeißfliege *f. per. fach.* (< 16. Jh.). Verdeutlichende Zusammensetzung für älteres und mundartliches *Schmeiße, Schmeitze.* Vermutlich zu *schmeißen* im Sinn von ʹscheißenʹ (allenfalls in der älteren Bedeutung ʹschmierenʹ), da die Eier dieser Fliegen als Kot aufgefaßt werden (vielleicht auch, weil sie sich häufig auf Kot niederlassen).
S. auch *Geschmeiß.* – Reuter (1906), 66; *Tiernamen* (1963–1968), 713–720.

schmelzen *st V.* (< 8. Jh.). Mhd. *smelzen,* as. *smeltan* aus g. **smelt-a- st V.* ʹschmelzenʹ, auch in aschw. *smælta,* nwfr. *smelte;* neben **melt-a-* in ae. *meltan.* Nur die Form ohne *s-* ist außergermanisch vergleichbar in gr. *méldomai* ʹich schmelze, koche weichʹ. Wohl dennoch zu (ig.) **sem-* ʹgießenʹ (in lit. *sémti* ʹschöpfenʹ usw., vgl. lett. *smelêt* ʹschöpfenʹ). Vom starken Verb wird heute normalerweise nicht mehr das Kausativum ʹschmelzen machenʹ in ahd. mhd. *smelzen sw V.* getrennt. Abstraktum: **Schmelz.**
Nndl. *smelten.* S. *Email, Milz, Schmalz.* – Seebold (1970), 438 f.

Schmer *m./n. per. reg.* ʹrohes Schweinefettʹ (< 8. Jh.). Mhd. *smer(-wes),* ahd. *smer(o)* n., as. *smero* n. aus g. **smerwa-* m. ʹFettʹ, auch in anord. *smjǫr, smør* n. ʹButter, Fettʹ, ae. *sme(o)ru* n. ʹSchmer, Fett, Talgʹ, afr. *smere* m. ʹEiter, Schmiereʹ. Außergermanisch entspricht air. *smi(u)r* m. ʹMarkʹ und vielleicht l. *medulla* f. ʹMarkʹ. Auch gr. *mýron* n. ʹwohlriechendes Öl, Salbe, Parfümʹ mit seiner Verwandtschaft kann hier angeschlossen werden, doch ist Entlehnung aus einer alten Kultursprache nicht ausgeschlossen.
Nndl. *smeer,* ne. *smear,* nschw. *smör,* nisl. *smjör.* S. *Schmarren, schmieren¹, Schmirgel¹.* – E. Linke *BGDSL-H* 82 (1961, Sonderband), 235–244 Heidermanns (1993), 519 f.

Schmerl *m.,* auch **Schmerlin** *m. arch.* ʹZwergfalkeʹ (< 11. Jh.). Mhd. *smirl(e),* ahd. *smerle* (u.ä.), mndl. *sme(e)rle, smerel, smarel;* vergleichbar anord. *smyrill.* Herkunft unklar.
Suolahti (1909), 338 f.

Schmerle *f. per. fach.* ʹGründlingʹ (< 15. Jh.). Fnhd. *smerle,* auch *smirlinc* m. Rein lautlich ist eine Anknüpfung an gr. *smarís* f. ʹein kleiner Fischʹ möglich, doch gilt dies als Lehnwort. Weitere Herkunft unklar.

Schmerz *m.* (< 9. Jh.). Mhd. *smerze,* ahd. *smerza* f., mndd. *smerte, smarte* f., mndl. *smarte.* Vermutlich Abstraktum zu wg. **smert-a- st V.* ʹschmerzenʹ, doch ist dessen starke Flexion für die frühe Zeit nicht gesichert (ahd. *smerzan* nur im Präsens belegt, mhd. *smerzen st V.,* nhd. *schmerzen sw V.;* mndl. *smarten st V./sw V.,* mndd. *smerten, smarten sw V.;* ae. *smeortan* nur im Präsens belegt, me. *smerten st V.*). Herkunft unklar. Semantisch steht am nächsten lit. *smélkti* ʹschmerzenʹ, so daß vielleicht von *smer-/smel- ´schwelen, brennen´ auszugehen ist. Adjektive: **schmerzhaft, schmerzlich.**

Nndl. ne. *smart.* − Hoffmann (1956), 6−17; Seebold (1970), 439; Röhrich 3 (1992), 1374.

Schmetten *m. per. omd.* ´Rahm´ (< 17. Jh.). Wie *Schmant* entlehnt aus čech. (usw.) *smetana* ´Milchrahm´.

S. *Schmetterling.* − Bielfeldt (1965), 23; Eichler (1965), 120 f.; Bellmann (1971), 134 f.

Schmetterling *m.* (< 16. Jh.). Zunächst in Sachsen bezeugt. Das Wort gehört zu *Schmetten* ´Rahm´ wie *Buttervogel,* ne. *butterfly* usw. (weil sich Schmetterlinge gerne auf Milchgefäße setzen). Darauf weisen vor allem mundartliche Bezeichnungen wie *Milchdieb,* während sonst auch ein Anschluß an *schmettern* (in bezug auf das Schlagen der Flügel) denkbar wäre.

H. C. Bierwirth *BGDSL* 15 (1891), 387−389; W. Oehl in *FS H. Schuchardt* (1922), 3,102−108; L. Hermodsson *SN* 64 (1992), 92 f.; Röhrich 3 (1992), 1374.

schmettern *swV.* (< 14. Jh.). Mhd. *smetern.* Vermutlich lautmalende Bildung, vgl. *schmaddern.*

Schmicke *f. per. reg.* ´Peitschenende´ (< 15. Jh.). Ebenso (16. Jh.) **schmicken** ´mit der Peitsche schlagen´. Im Ablaut dazu mndd. *smacken,* mndl. *smakken* ´schlagen´. Weitere Herkunft unklar; vielleicht lautmalend.

Lühr (1988), 223 f.

Schmied *m.* (< 8. Jh.). Mhd. *smit,* ahd. *smid,* as. *smith* aus g. *smiþa-/ōn m.* ´Schmied´, auch in gt. *aiza-smiþa,* anord. *smiðr,* ae. *smiþ,* afr. *smith.* Die Bedeutung war ursprünglich wohl allgemeiner; vgl. ahd. *smeidar* ´Künstler, Bildner´ und *Geschmeide.* Außergermanisch vergleicht sich allenfalls gr. *smílē f.* ´Schnitzmesser´. Weitere Herkunft unklar.

Anders: M. Gysseling in: *FS de Smet* (1986), 183 f.; R. Hildebrandt in *FS Alinei* 1 (1986), 105−115; A. Dalen, N. Århammar ebd. 298−303; Röhrich 3 (1992), 1375.

Schmiege *f. per. fach.* ´aufklappbare Meßlehre zum Messen stumpfer Winkel, zusammenklappbarer Maßstab´ (< 14. Jh.). Mhd. *smiuge* ´Winkel´ (in den man sich schmiegen kann), dann ´Winkel´ im geometrischen Sinn, seit dem 18. Jh. ´Winkelmaß´, dann (von der Möglichkeit des Zusammenklappens her) ´zusammenklappbarer Maßstab´. Zu *schmiegen.*

schmiegen *swV.,* früher *stV.* (< 11. Jh.). Mhd. *smiegen,* ahd. *gismogen (PPrät.).* Aus g. *smeug-astV.* ´schmiegen´, auch in anord. *smjúga* und mit langem *u* ae. *smūgan.* Außergermanisch vergleicht sich am ehesten (mit grammatischem Wechsel?) lit. *smùkti* ´gleiten, rutschen, schlüpfen´, akslav. *smykati sę* ´sich dahinschleppen´ und als Variante ohne anlautendes *s-* lett. *mukt* ´überstreifen, abstreifen´, ai. *prati-muñcati* ´zieht ein Kleid an´. Adjektiv: **schmiegsam.**

Nndl. *smuigen,* nschw. *smyga.* S. *Grasmücke, Schmiege, Schmuck, schmuggeln.* − Seebold (1970), 439 f.

Schmiele *f. per. fach.* ´Grasart´ (< 11. Jh.). Mhd. *smelehe,* ahd. *smelha.* Herkunft unklar. Der Anschluß an *schmal* bedürfte der morphologischen Aufhellung.

Heidermanns (1993), 519 f.

Schmiere[1] *f. vulg. phras.* (in *Schmiere stehen* ´bei einem Einbruch usw. Wache stehen, aufpassen´) (< 18. Jh.). Aus dem Rotwelschen, dieses aus wjidd. *schmiere* ´Bewachung´ aus hebr. *šemīrā(h)* ´Wache´.

Wolf (1985), 291; Röhrich 3 (1992), 1376 f.

Schmiere[2] *f. vulg.* ´schlechte Wanderbühne´ (< 19. Jh.). Rückbildung zu *schmieren*[1] zunächst im Sinn von ´schlampig schreiben´, dann ´schlechte, kitschige Stücke schreiben´, dann ´solche Stücke (schlecht) aufführen´.

Röhrich 3 (1992), 1376 f. Anders: Wolf (1985), 291.

schmieren[1] *swV.* ´salben´ (< 8. Jh.). Mhd. *smir-(we)n, smern,* ahd. *smirwen,* mndd. *smeren,* mndl. *smeren* aus g. *smerw-ija- swV.* ´schmieren´, auch in anord. *smyrja, smyrva,* ae. *smirwan.* Denominativ zu *Schmer,* also ´mit Fett o.ä. versehen´. *Jemandem eine schmieren* wie *kleben* von der Vorstellung ausgehend, daß der Schlag an der Backe kleben bleibt wie ein Fleck. Seit dem 14. Jh. auch für ´bestechen´, von der naheliegenden Vorstellung ´gleitend machen´ ausgehend. Adjektiv: **schmierig.**

Nndl. *smeren,* ne. *smear,* nschw. *smörja,* nisl. *smyrja.* S. *Schmarre, Schmarren, Schmiere*[2]*, Schmirgel*[2]*.* − Röhrich 3 (1992), 1377.

schmieren[2] *swV. per. reg.* ´lächeln´ (< 11. Jh.). Mhd. *smieren* (auch *smielen*), ahd. *smierēn, smierōn.* Vergleichbar ist die Form mit *l,* zunächst in *schmollen,* dann in nndl. *smuylen,* weiter in russ. *uchmyljátsja* ´lächeln´. Paralleles (ig.) *smei-* (statt *smeu-*) in ne. *smile* (usw.), ai. *smáyate* ´lächelt´.

S. auch *Maul, schmunzeln.* − K. R. Kremer: *Das Lachen in der deutschen Sprache und Literatur des Mittelalters* (Diss. Bonn 1961); H. Glombik-Hujer *DWEB* 5 (1968), 35−37.

Schminke *f.* (< 15. Jh.), etwas älter *smicke,* ursprünglich ´Brei, Salbe´ (s. *schmeicheln*). Die Nasalierung ist auffällig; hat l. *smēgma, smīgma n.* ´Reinigungsmittel´ (aus gr. *smēgma n.* ´Salbe, Seife´) eingewirkt? Verb: **schminken.**

Heyne (1899/1903), III, 86 f.; Lühr (1988), 155 f.

Schmirgel[1] *m. erw. fach.* (< 16. Jh.). Fnhd. *smergel, smirgel.* Entlehnt aus it. *smeriglio,* das über ein ml. *smerilium* auf l. *smyris f.* ´Schmirgel´ zu gr. *smýris f.* zurückgeht. Dieses ist vielleicht (als ´Mittel zum Reiben, Polieren´) mit *Schmer* verwandt. Hierzu **schmirgeln** ´mit Schmirgel abreiben´.

Lüschen (1979), 314.

Schmirgel[2] *m. per. omd.,* auch **Schmurgel** *m.* ´klebriger Rückstand in der Tabakspfeife´ (< 18.

Jh.). Zu *schmieren*[1]. Auf einen ähnlich unappetitlichen Bereich verweist ***schmirgeln*** im Sinn von ʿnach ranzigem Fett riechenʾ.

Lüschen (1979), 314.

Schmiß *m. erw. fach.* ʿdurch die Mensur entstandene Narbeʾ (< 17. Jh.). Dem Lautstand nach gehört das Wort zu *schmeißen*, doch ist die Bedeutung ʿSchwung, Schlagʾ, die hier und in einigen anderen Bildungen auftritt (*Schmiß* ʿSchwungʾ, etwa bei Marschmusik, ***schmissig*** ʿflottʾ) eher zu *schmitzen*[1] zu stellen. Vielleicht haben sich die beiden Sippen gegenseitig beeinflußt.

Röhrich 3 (1992), 1378.

schmitzen[1] *swV. per. reg.* ʿ(mit Ruten) schlagenʾ (< 14. Jh.). Spmhd. *smitzen*, aus **smikezen* zu *Schmicke* ʿPeitschenendeʾ (älter auch ʿRuteʾ).

S. noch *verschmitzt* und *Schmiß*. Zu dem verwandten *schmackostern* s. V. Schmelzeisen *Jahrbuch für ostdeutsche Volkskunde* 16 (1973), 104–136.

schmitzen[2] *swV. per. reg.* ʿbeschmutzenʾ (< 8. Jh.). Mhd. *smitzen*, ahd. *smitzen*, Intensivbildung zu *schmeißen*.

Schmöker *m. stil.* (< 18. Jh.). Auch in der Form *Schmäucher* bezeugt. Zu *schmauchen*, doch ist das Benennungsmotiv nicht klar. Im Hinblick auf die entsprechende Verwendung von *Schwarte, Scharteke, Schinken* am ehesten als ʿRäucherschinkenʾ zu verstehen (bezogen auf den Ledereinband). Oder als ʿdessen Blätter als Fidibus dienenʾ (vgl. Lindquist)? Dazu ***schmökern*** ʿherumlesenʾ.

A. Lindquist *BGDSL* 66 (1942), 343–345; M. Lemmer *Sprachpflege* 37 (1988), 79 f..

Schmolle *f.*, auch **Mollen** *f.* u. a. ʿBrotkrumeʾ, *oobd.* (< 14. Jh.). Spmhd. *smole* ʿBrosamʾ; vgl. schw. *smula* ʿBrosam, Stückchenʾ, anord. *moli m.* ʿStückchenʾ. Letztlich wohl zu der weitläufigen Sippe von *mahlen*, in der auch *s-* im Anlaut vorkommt.

Kretschmer (1969), 308.

schmollen *swV. stil.* (< 13. Jh.). Fnhd. *smollen* ʿlächelnʾ. Die heutige Bedeutung über ʿdie Lippen aufwerfenʾ. Zu den Verwandten s. unter *schmieren*[2].

H. Glombik-Hujer *DWEB* 5 (1968), 37.

Schmollwinkel *m.* s. *Boudoir.*

Schmonzes *m.*, auch *n.*, *per. grupp.* ʿGeschwätz, jüdischer Witzʾ (< 20. Jh.). Entlehnt aus wjidd. *schmonze* *(-s Pl.)* ʿalberne Geschichteʾ, dessen Herkunft umstritten ist (vielleicht zu dem unter *schmusen* genannten hebräischen Wort, vielleicht zu *schmunzeln*, vielleicht eine Mischung).

schmoren *swV.* (< 17. Jh.). Übernommen aus dem Niederdeutschen. Mndd. mndl. *smoren* ʿdämpfen, erstickenʾ, so auch ae. *smorian*. Weitere Herkunft unklar.

schmorgen *swV. per. wmd.* ʿdarbenʾ (< 19. Jh.). Fnhd. auch *schmorren, schmorchen* ʿHunger leidenʾ, mndd. *geldsmörker* ʿGeizhalsʾ. Herkunft unklar.

Schmu *m. vulg.* ʿetwas, das nicht ganz korrekt istʾ (< 18. Jh.). Aus dem Rotwelschen, wohin es wohl aus dem Westjiddischen gelangt ist. Das genaue Vorbild ist aber unklar; *Schmus* (s. *schmusen*) ist ein möglicher Ausgangspunkt: der *Schmuser* ist derjenige, der bei Ladendiebstahl den Inhaber durch Reden ablenkt.

M. Fraenkel *MS* 70 (1960), 18 f.; S. A. Wolf *MS* 70 (1960), 128; D. L. Gold *CoE* 12 (1983),9/10, 21–24; Wolf (1985), 291 f.; Röhrich 3 (1992), 1378.

schmücken *swV.* (< *13. Jh., Bedeutung < 16. Jh.). Mhd. *smücken, smucken*, eigentlich ein Intensivum zu *schmiegen* mit entsprechenden Bedeutungen. Dazu als Rückbildung ***Schmuck*** *m.* und das Adjektiv ***schmuck***. Im Niederdeutschen hat die ganze Sippe *(schmücken, schmuck, Schmuck)* wohl über ʿeng anliegenʾ zu ʿhübsch aussehenʾ die heutige Bedeutung entwickelt, die vor allem durch den Gebrauch Luthers in die Hochsprache übernommen wurde.

Lühr (1988), 224; N. Århammar *Philologia Frisica* 1988, 114.

schmuddelig *Adj. stil.* (< 18. Jh.). Ursprünglich niederdeutsch. Zu *schmuddeln* ʿsudeln, beschmutzenʾ, das vermutlich zu *Schmutz* gehört. S. auch *Schmaus*.

schmuggeln *swV.* (< 18. Jh.). Übernommen aus dem Niederdeutschen. Dorthin wohl aus nndl. *smokkelen*. Die Sippe ist durch Entlehnung in den Nordseesprachen verbreitet worden, aber kaum älter als das 17. Jh. Wohl letztlich zu *schmiegen* im Sinne von ʿschleichenʾ. Abstraktum: ***Schmuggel***; Nomen agentis: ***Schmuggler***.

schmunzeln *swV.* (< 15. Jh.). Auch *smonzelen, schmünzeln*; iterativ zu *schmuntzen*, das durch Nasaleinschub aus *schmutzen* entstanden ist. Aus dem zugehörigen mhd. *schmutzelachen* ist durch Umdeutung *schmutzig lachen* entstanden, das mit Bedeutungsabwandlung zu *dreckig lachen* variiert worden ist. Zu entsprechenden Wörtern vgl. *schmieren*[2].

S. auch *verschmitzt*. – K. R. Kremer: *Das Lachen in der deutschen Sprache und Literatur des Mittelalters* (Diss. Bonn 1961); H. Glombik-Hujer *DWEB* 5 (1968), 37–41. Anders: Lühr (1988), 156.

schmurgeln *swV. per. ndd.* ʿbrutzelnʾ (< 20. Jh.). Lautmalendes Wort, das an *Schmer* oder *schmoren* anknüpft.

schmusen *swV.* (< 18. Jh.). Aus rotw. *schmußen* ʿschwatzenʾ. Die heutige Bedeutung des Verbs wie bei *kosen* durch verhüllende Bezeichnung des Kosens von Liebespaaren. Die ältere Bedeutung be-

wahrt **Schmus** *m.* ´Gerede´. Die rotwelschen Wörter gehen zurück auf wjidd. *schmues* ´Gerüchte´, aus hebr. *š^emū´ōt Pl.* ´Gerüchte´. Vielleicht ist der Singular des Wortes in *Schmu* übernommen.
Wolf (1985), 292.

Schmutz *m.* (< 15. Jh.). Fnhd. *smu(t)z* aus *smutzen* ´beflecken´. Zu den unter *Moder* aufgeführten Wörtern für Feuchtigkeiten mit im einzelnen schwieriger Abgrenzung. Semantisch am nächsten steht mit dem anlautendes *s*- gr. *mýdáō* ´ich bin feucht, verderbe von der Nässe, verwese´. Verb: **(be-)schmutzen**; Adjektiv: **schmutzig**. S. *Schmaus*, *schmuddelig*.

Schnabel *m.* (< 9. Jh.). Mhd. *snabel*, ahd. *snabul*, mndd. *snavel*, mndl. *snavel*, ebenso afr. *snavel*. Einfachere Formen sind mndl. *sneb* und ohne anlautendes *s*- *neb*, ae. *nebb n.*, und vielleicht übertragen anord. *nef n.* ´Nase´. Außergermanisch vergleicht sich lit. *snāpas* ´Schnabel´. Wohl zu einer Lautgebärde für ´schnappen´ (s. *schnappen*). S. *Schnepfe*.
Röhrich 3 (1992), 1378 f.

Schnack *m. per. ndd.* ´Gerede´ (< 18. Jh.). Übernommen aus dem Niederdeutschen. Zu ndd. *snaken*, nndl. *snaken* ´reden´, das ursprünglich ein Schallwort ist.

schnackeln *swV. per. obd.* ´krachen´ (von ganz bestimmten Geräuschen) (< 19. Jh.). Lautmalend. *Es hat geschnackelt* für ´es hat geklappt´ oder ´er hat es begriffen´ bezieht sich auf das Geräusch des Einrastens von Deckeln u.ä. (vgl. *es hat geklappt*).
Röhrich 3 (1992), 1379.

Schnaderhüpferl *n. per. oobd.* ´aus dem Stegreif gesungener Vierzeiler´ (< 19. Jh.). Vermutlich ´Schnitter-Hüpferl´, d. h. ein Tanzlied (zu *hupfen* ´tanzen´), das die Schnitter (etwa beim Erntedank) singen.
A. Webinger *MS* (1952), 169 f.

Schnake[1] *f. erw. reg.* ´Stechmücke´ (< 14. Jh.). Spmhd. *snāke m./f.* Vergleicht sich mit verschiedenen mundartlichen Wörtern wie norw. (dial.) *snag* (daraus wohl ne. *snag*) ´hervorstehende Spitze, Ecke´. Also wohl ´die Spitze, Stechende´, obwohl die weitere Herkunft unklar ist.
Th. Schumacher: *Studien zur Bedeutungsgeographie deutschmundartlicher Insektennamen* (Gießen 1955); Lühr (1988), 301.

Schnake[2] *f. per. ndd.* ´Ringelnatter´ (< 16. Jh.). Aus nndd. *snake*, wie ae. *snaca m.* ´Schlange´ und dehnstufig anord. *snákr m.* ´Schlange´ zu dem in ahd. *snahhan* ´gleiten, kriechen´ vorliegenden starken Verb. Also air. ´Kriecherin´. Außergermanisch vergleicht sich air. *snáigech*, *snáidech* ´kriechend´; vergleichbar sind weiter einige germanische Wörter für Schnecke.
Ne. *snake*. S. *Schnecke*. – Seebold (1970), 441 f.

Schnalle *f.* (< 14. Jh.). Spmhd. *snalle*. Ein *snal m.* ist mittelhochdeutsch eine rasche Bewegung, das Schnalzen mit den Fingern, das Zuklappen einer Falle u.ä. Danach *snalle* für einen Mechanismus mit einer solchen Bewegung und erweitert auf ´Schuhschnalle´ usw. Damit zu *schnell* und seiner Sippe zu stellen. In der Jägersprache übertragen auf das Geschlechtsglied weiblicher Tiere (nach der Form eines bestimmten Typs von Schnallen), von da aus (oder einer noch allgemeiner gefaßten Übertragung) ´Hure, Dirne´ als Teil für das Ganze. S. *schnalzen*.
Röhrich 3 (1992), 1379 f.

schnalzen *swV.* (< 15. Jh.) für verschiedene Arten des Schnellens (von Fischen, mit den Fingern, mit der Zunge usw.). Zu *schnell* und *Schnalle* als Intensivbildung zu einem heute nicht mehr üblichen *schnallen* ´schnellen´.

schnappen *swV.* (< 13. Jh.). Mhd. *snappen*. Ebenso nndl. *snappen*, anord. *snapa* neben mhd. *snaben* und *Schnabel*. Lautgebärde für eine zuschnappende Bewegung.
S. *Schnapphahn, Schnaps, Schnepfe, Schnippchen*. – Lühr (1988), 370 f.; Röhrich 3 (1992), 1380.

Schnapphahn *m. arch.* ´Wegelagerer´ (< 15. Jh.). Auch mndd. *snaphān*. Zu *schnappen*, besonders mhd. *snap* in der Bedeutung ´Straßenraub´, und *Hahn*, wohl in der Bedeutung ´kecker Kerl´, vgl. auch mhd. *strüchhuon n.*, *strüchhan n.* ´Strauchdieb´. Im einzelnen ist das Benennungsmotiv aber nicht klar.

Schnappschuß *m.* (< 20. Jh.). Übertragen aus ne. *snapshot*.

Schnaps *m.* (< 18. Jh.). Eigentlich niederdeutsches Wort für ´Schluck´ (zu *schnappen*).
S. *schnappen*. – E. Müller-Graupa *Glotta* 19 (1931), 70.

schnarchen *swV.* (< 12. Jh.). Mhd. *snarchen*, *snarcheln*. Entsprechend nschw. *snarka*, mit Vokalwechsel ndd. *snorken*, nndl. *snurken*. Mit *k*-Erweiterung (wie *horchen* zu *hören*) zu *schnarren*, in dessen Sippe ne. *snore* die gleiche Bedeutung hat. Außergermanisch vergleicht sich vielleicht lit. *snarglȳs* ´Rotz´ (vom Geräusch des Räumens der Nasenhöhle). Letztlich also ein Schallwort. S. *schnarren, Schnorchel*.
Röhrich 3 (1992), 1380.

schnarren *swV.* (< 14. Jh.). Spmhd. *snarren*, mndd. *snarren, snurren, snorren*, mndl. *snarren*, nndl. *snarren*, ne. *snarl* ´knurren´. Lautmalende Wörter mit verschiedenen Anwendungsgebieten. Vgl. auch *schnurren, schnarchen* und *nörgeln*. Außergermanisch zeigt sich als ähnliche Bildung lit. *niurnéti* ´brummen, knurren´.

Schnat(e)[1] *f. per. reg.* ´Grenze einer Flur, eines Waldes´ (< 18. Jh.). Offensichtlich ein niederdeutsches Wort, vgl. mndd. *snāt m.* ´Grenze, Grenzlinie`, mndd. *snātbōm m.* ´Grenzbaum (in den ein Zeichen geschnitten wurde)`. Herkunft unklar.

Schnat(e)[2] *f. per. reg.* ´junges Reis`, auch ´Pfropfreis` (< 16. Jh.). Wohl zu mhd. *snatelen,* mndd. *snatelen* ´junge Zweige abschneiden` (entsprechend zu *schneiteln*). Wenn der Vokalismus ursprünglich ist, dann zu mir. *snaidid* ´schneidet ab`, kymr. *naddu* ´schneiden` (zu *schneiden*). S. *Schnatte, schnatzen, schneiden, schneiteln.*

Schnatte[3] *f. arch.* ´Wunde, Wundmal` (< 15. Jh.). Spmhd. *snat(t)e.* Wohl als ´Schnitt` zu dem unter *Schnat(e)*[2] behandelten Zusammenhang. Falls die Bedeutung ´Mal` im Vordergrund steht, ist auch an das unklare *Schnat(e)*[1] zu denken.

schnattern *swV.* (< 14. Jh.). Spmhd. *snateren,* mndd. *snateren,* vgl. nndl. *snater* ´Schnabel`. Lautmalend.
Röhrich 3 (1992), 1380.

schnatzen *swV. arch.* ´mit Haarputz schmücken` (< 14. Jh.). Mhd. *snatzen. Schnatz* m. ´Haarschmuck der Braut bei der Hochzeit` ist erst seit dem 18. Jh. bezeugt. Vielleicht zu dem unter *Schnat(e)*[2] aufgeführten Zusammenhang (mit einem Konsonantismus wie *schnitzen* neben *schneiden*). Semantisch wäre wohl auszugehen vom Putzen der Ausschlagbäume; von dort übertragen auf das Richten der Haare.

schnauben *swV.* (< 14. Jh.). Mhd. *snūben* ´schnarchen, schnauben`, vgl. nndl. *snuiven.* Gehört zu *schnaufen,* mhd. *snūfen,* wobei wegen der schlechten Bezeugung unklar ist, ob es sich um regionale Varianten oder ursprünglich verschiedene Auslaute handelt. *Schnauben* kann seit frühneuhochdeutscher Zeit auch stark flektieren, was aber nicht ursprünglich sein muß. Die Wörter gehören zu einer großen Gruppe von Bildungen, die die mit der Nase hervorgebrachten Laute, den Nasenschleim, das Niesen usw. bezeichnen. Sie hängen lautlich vielfach miteinander zusammen, sind aber nicht auf einen einheitlichen Ausgangspunkt zurückführbar. Neben g. **sneu-,* zu dem auch *anschnauzen, schnäubig, Schnauze, schnaufen, schniefen, schnippisch, schnüffeln, Schnupfen, schnupfen, Schnuppe, schneuzen, schnobern, Schnodder, schnökern, schnuppern* u. a. gehören, steht **hneus* in *niesen, *fneh-, *fneus-* in ahd. *fnehan,* anord. *fnýsa, fnæsa,* nhd. *Pfnüsel* usw. mit ebenso auseinanderfallenden Vergleichsmöglichkeiten in den außergermanischen Sprachen.
K.-H. Weimann *ZM* 23 (1955), 151–153.

schnäubig *Adj. per. reg.* ´wählerisch beim Essen` (< 19. Jh.). Zu dem Komplex von *schnauben,* speziell *schnuppern,* wobei das *schn-* wohl als Lautgebärde für die kritisch emporgezogene Oberlippe steht.

schnaufen *swV.* (< 16. Jh.). Obd. Nebenform von *schnauben.*
Röhrich 3 (1992), 1380 f.

Schnauze *f. stil.* (< 16. Jh.). Auch als *schnauße* bezeugt (was die lautlich zu erwartende Form wäre). Mndd. *snūt,* nndl. *snuit,* me. *snoute,* ne. *snout.* Zu dem unter *schnauben* dargestellten Zusammenhang. Bedeutungsmäßig wird von ´Schnüffler (o.ä.)` auszugehen sein. S. auch *Schnute.*
Röhrich 3 (1992), 1381.

Schnecke *f.,* **Schneck** *m.* (*obd.*) (< 9. Jh.). Mhd. *snecke, snegge m.,* ahd. *sneggo, sleggo m.* Den ungeminierten Laut zeigen ae. *snegel m.,* as. *snegil m.,* mhd. *snegel m.;* dazu im Ablaut anord. *snigill m.* ´Schnecke`. Gehört wohl mit Auslautvariation zu ahd. *snahhan* ´kriechen` (s. *Schnake*[2]). S. auch *Schneckerl, schniegeln, Schnörkel.*
Röhrich 3 (1992), 1381 f.

Schneckerl *n. per. österr.* ´schneckenförmig eingerollter Haarzopf` (< 20. Jh.). Zu *Schnecke* im Sinn von ´Schneckenhaus`.

Schnee *m.* (< 8. Jh.). Mhd. *snē,* ahd. *snēo,* as. *snē(o)* aus g. **snaiwa- m.* ´Schnee`, auch in gt. *snaiws,* anord. *snjár, snær, snjór,* ae. *snāw.* Verbalabstraktum zu *schneien.* Außergermanisch entsprechen (kein gemeinsamer Ausgangspunkt) lit. *sniẽgas,* akslav. *sněgǔ,* gr. *niphás f.,* l. *nix (nivis) f.,* mir. *snechta,* kymr. *nyf.* Da die Ausgangsbedeutung des Verbs wohl ´kleben, pappen` war, ist *Schnee* eigentlich ´der Pappige, Klebrige` (und die Bedeutung ´schneien` beim Verb davon abhängig).
Nndl. *sneeuw,* ne. *snow,* nschw. *snö,* nisl. *snjór.* S. *schneien.*
– E. Benveniste in *GS* P. Kretschmer 1 (1956), 35–39; L. M. Mathúna *BBCS* 28 (1981), 68–70; Röhrich 3 (1992), 1383.

Schneegans *f. erw. fach.* (< 15. Jh.). Fnhd. *snēgans.* Sie heißt so, weil sie im Winter, mit dem Schnee, nach Süden kommt.

Schneekönig *m. per. omd.* ´Zaunkönig` (< 16. Jh.). Heute noch in der Wendung *sich freuen wie ein Schneekönig,* was auf das muntere Verhalten des Zaunkönigs zielt.
Röhrich 3 (1992), 1384.

Schneid *m. per. oobd.* ´Mut` (< 18. Jh.). Dasselbe Wort wie *Schneide.* Auch **schneidig** *Adj.* Vermutlich aus der Sprache des Militärs.
Röhrich 3 (1992), 1384 f.

schneiden *stV.* (< 9. Jh.). Mhd. *snīden,* ahd. *snīdan,* as. *snīthan* aus g. **sneiþ-a- stV.* ´schneiden`, auch in gt. *sneiþan,* anord. *sníða,* ae. *snīðan,* afr. *snītha.* Keine unmittelbare Vergleichsmöglichkeit. Am nächsten stehen keltische Wörter mit abweichendem Vokalismus (der aber auch im Germanischen erscheint, s. *Schnat[e]*[2]). Die Bedeutung ´sich irren` für das reflexiv gebrauchte Verb aus Situationen wie ´sich (versehentlich) in den Finger schneiden´. *Jemanden schneiden* ´ihn links liegen lassen´ ist eine Lehnübersetzung von ne. *to cut someone*, im Deutschen seit dem 19. Jh. (dieses der Beleglage nach vom Nomen abhängig; der Sinn ist also ´jmd. eine Verletzung zufügen´). Nomen agentis: *Schneider*; Abstraktum: *Schnitt*; Konkretum: *Schnitte*; Präfigierungen: *be-, verschneiden*; Partikelverben: *ab-, an-, aus-, zuschneiden*.

Nndl. *snijden*, nschw. *snida*, nisl. *sníða*. S. *Schnat(e)²*, *Schneise*, *schneiteln*, *schnittig*, *Schnitz*, *schnitzen*. − A. Gombert *ZDW* 8 (1906), 133 f. − Seebold (1970), 443 f.; Röhrich 3 (1992), 1385. Zur Entlehnung ins Finnische s. Koivulehto (1991), 76.

Schneider *m.* (< 13. Jh.). Mhd. *snīdære, snīder*, setzt sich gegen seine Konkurrenten im Anschluß an frz. *tailleur* (zu frz. *tailler* ´schneiden´) durch. Als die schwierigste Arbeit des Schneiders hat das Zuschneiden zu gelten (nicht das Nähen), daher die Berufsbezeichnung.

Röhrich 3 (1992), 1385−1388.

Schneidersitz *m.* (< 20. Jh.). Nach dem Brauch der *Schneider*, beim Nähen mit gekreuzten Beinen auf dem Tisch zu sitzen.

Schneidezähne *Pl.* (< 16. Jh.). Lehnübersetzung von l. *(dentes) incīsōres*.

schneidig *Adj.* ´mutig´ (< *13. Jh., Bedeutung < 19. Jh.). Mhd. *snīdec, snīdic* ´schneidend, scharf´, wohl als ´eine Schneide habend´ zu erklären. Eine spätere Rückbildung ist *Schneid m.* ´Mut´. Letztlich zu *schneiden*.

schneien *stV.* (< 11. Jh.). Mhd. *snīen, snīwen*, ahd. *snīwan, snīgan*. Althochdeutsch nur Präsens und ein starkes Partizip (wie anord. *snivinn* ´beschneit´), mittelhochdeutsch keine sicher starken Formen, aber neuhochdeutsch ist das Wort zumindest in den oberdeutschen Mundarten stark flektiert. Sonst anord. *snýr* ´es schneit´, ae. *snīwan*, mndd. *snien, snigen swV.*, mndl. *sneeuwen* (häufiger *snuwen, sniffen*). Außergermanisch mit gleicher Bedeutung l. *ning(u)ere*, air. *snigid* (auch mit anderen Bedeutungen, zu denen der Zusammenhang unklar ist), alit. *sniẽgti*, gr. *neiphei* ´es schneit´, avest. *snaēg-* ´schneien´. Ai. *snihyati* bedeutet dagegen ´ist feucht, haftet, ist anhänglich´. Obwohl diese Bedeutung der Beleglage nach sekundär sein müßte, ist sie wahrscheinlicher als Ausgangsbedeutung aufzufassen (etwa ´kleben´, dann *Schnee* als ´das Pappige, Zusammenklebende´, dann Rückwirkung in der Bedeutung auf das Verb. Oder nach Hoffmann als ´liegen bleiben, kleben bleiben´). Wurzelform ig. *sneigʷʰ-*.

Nndl. *sneeuwen*, ne. *snow*. S. *Schnee*. − K. Hoffmann *MSS* 18 (1965), 13−28; Seebold (1970), 442 f.; Röhrich 3 (1992), 1389.

Schneise *f. erw. fach.* (< 14. Jh.). Zuerst bezeugt als md. *sneußle*, mittelhochdeutsch stattdessen *sneite*. Gehört wohl zu *schneiden*, evtl. zu einer alten *s*-Bildung. Da in den Schneisen die Vogelruten und -schlingen aufgestellt wurden, konnte in bestimmten Wendungen *Schneise* (und *Schneite*) als ´Vogelschlinge´ aufgefaßt werden (etwa *ich gehe zu der Schneise*). So auch mehrfach bezeugt.

schneiteln *swV. per. fach.* ´entästen´ (< 15. Jh.). Fnhd. *sneiteln*. Iterativ zu mhd. *sneiten*, ahd. *gisneitōn* ´abschneiden´, Intensivum zu *schneiden*. S. auch *Schnat(e)²*.

schnell *Adj.* (< 8. Jh.). Mhd. *snel*, ahd. *snel*, as. *snel* ´behend´ aus g. **snella- Adj.* ´behend, schnell´, auch in anord. *snjallr*, ae. *snel(l)*. Herkunft unklar. Abstraktum: *Schnelligkeit*; Verb: *schnellen*.

Nndl. *snel*, nschw. *snäll*, nisl. *snjallur*. S. *Schnalle, schnalzen, Schnelle*. − E. Oksaar: *Semantische Studien im Sinnbereich der Schnelligkeit* (Stockholm 1958); Heidermanns (1993), 524 f.; Röhrich 3 (1992), 1389 f.

Schnelle *f. erw. fach.* ´Stelle mit rascher Strömung´ (< *9. Jh., Bedeutung < 19. Jh.). Abstraktum zu *schnell*, als Konkretum dieser Bedeutung erst neuhochdeutsch.

schnellen *swV.* (< 9. Jh.). Mhd. *snellen, snallen*. Zu *schnell* in dessen heutiger Bedeutung. Ahd. *snellēn* ´kräftig sein´ ist wohl nicht die gleiche Bildung.

Schnepfe *f. erw. fach.* (< 9. Jh.). Mhd. *snepfe m.*, ahd. *snepfa*, as. *sneppa*. Der Vogel heißt vermutlich so nach seinem langen Schnabel, obwohl ein eindeutiges Grundwort nicht festzustellen ist (zu *Schnabel* und *schnappen*, sowie *Schneppe*). Nicht ganz gleich, aber parallel dazu mndd. *snippe*, me. *snīpe*, anord. *snípa*. Die Übertragung auf ´Dirne´ (besonders in der Form *Schneppe*) im Anschluß an *auf den Schnepfenstrich gehen* u.ä. (eigentlich das abendliche Anfliegen der *Schnepfen*; übertragen wurde so die abendliche Kontaktaufnahme der Jugendlichen, und dann auch das Auftreten von Dirnen bezeichnet). Vielleicht geht die Übertragung aber auf ältere Vorstellungen zurück (so galt das Rebhuhn den Griechen fälschlicherweise als sexuell ausschweifend).

Vgl. *Schniepel*. − Anders (zu der Bedeutung ´Dirne´): Wolf (1985), 294. Zu *Schnepfenstrich* L. Günther *Anthropophyteia* 9 (1912), 53−60.

Schneppe *f. per. reg.* ´Schnauze an der Kanne´, verschiedene spitze Teile an der Frauenkleidung´ (< 17. Jh.). Mitteldeutsche Form von *Schnepfe* (in hochdeutschen Quellen teilweise so geschrieben) in einer von dem Vogelnamen unabhängigen Übertragung aus dem gleichen Wort für ´Schnabel´.

schnetzeln *swV. per. obd.* ´Fleisch in kleine Stücke schneiden´ (< 20. Jh.). Nebenform zu *schnitzen*.

schneuzen *swV.* (< 10. Jh.). Mhd. *sniuzen*, ahd. *snūzen*, mndd. *snuten*, mndl. *snuten* aus g. **snūtija- swV.* ´schneuzen´, auch in anord. *snýta* ´Stümper, Schnauze´, ae. *snȳtan*. Wohl denominativ zu einem

Wort für ´Rotz´, obwohl dieses in der Vokallänge abweicht: Mhd. *snuz*, ahd. *snuz*, mndd. *snot(te)*, afr. *snotta*, vgl. ae. *gesnot* ´Katarrh´. Zu dem unter *schnauben* dargestellten Komplex für Lautäußerungen mit der Nase. (Ein Anschluß an ig. **sneu-* ´fließen´ ist nicht vorzuziehen).

K.-H. Weimann *ZM* 23 (1955), 155 f.; Heidermanns (1993), 527 f.

schnieben *swV.* s. *schniefen*.

Schnickschnack *m. stil.* ´dummes Zeug´ (< 18. Jh.). Norddeutsche Ablautbildung zu ndd. *snaken* ´reden´.

O. Weise *ZDW* 2 (1901/02), 13.

schniefen *swV. per. reg.*, auch **schnieben**, ´die Luft durch die Nase einziehen´ (< 17. Jh.). Variante zu *schnaufen* und *schnauben*.

schniegeln *swV. erw. stil.* ´sich herausputzen´ (< 17. Jh.). Ursprünglich ostmitteldeutsche Ableitung zu omd. *schnīchl* ´Ringellöckchen´ (eigentlich ´Schneckenhaus´ zu dem unter *Schnecke* angeführten mhd. *snegel*). Entsprechend bair. *schneckln* ´putzen´ zu bair. *schneckl* ´Schneckenhaus, Ringellocke´. S. *schnieke*.

Röhrich 3 (1992), 1390.

schnieke *Adj. per. städt.* ´schmuck´ (< 20. Jh.). Vermutlich aus ndd. *snicker* ´hübsch´ (mit Umlaut zu nndl. *snugger* ´klug´, ofr. *snugge* ´glatt, nett´, ne. *snug* ´behaglich´) unter Einfluß der Wertadjektive auf *-e* und vielleicht unter Einmischung von *geschniegelt* (s. *schniegeln*) umgeformt. Weitere Herkunft unklar.

Lasch (1928), 210; Röhrich 3 (1992), 1390.

Schniepel *m. per. reg.* ´Frack´, auch ´Stutzer´ (< 19. Jh.). Wohl zunächst studentensprachlich. Nach den spitz zulaufenden Schößen als ´Schnabel´ benannt; auch obersächs. *Schniepe* ´fehlerhaft vorstehende Spitze am Kleid´. Vgl. *Schnabel, Schnepfe, Schneppe*.

schnipfeln *swV. per. reg.* (< 20. Jh.). Hochdeutsche Form von *schnippeln*.

Schnippchen *n. phras.* (< 17. Jh.). Gemeint ist das Schnellen der Finger; deshalb einerseits *kein Schnippchen* ´gar nichts´, andererseits *ein Schnippchen schlagen* wegen der situationsbedingten Verwendung dieser Gebärde (zum Spott u.ä.). Lautmalend, vielleicht Abwandlung von *schnappen*.

Röhrich 3 (1992), 1390 f.

schnippeln *swV. erw. stil.* (< 17. Jh.). Lautmalend; vgl. daß die Bewegung der Schere mit *schnipp, schnapp* wiedergegeben wird. Die hochdeutsche Form ist *schnipfeln* – sie läßt den lautnachahmenden Charakter des Wortes zurücktreten.

schnippisch *Adj. stil.* (< 16. Jh.). Bezeugt ist zunächst *aufschnüppich*. Zu *schnüppen*, das eine Intensivbildung zu *schnaufen/schnauben* ist. Gemeint

ist das Aufwerfen der Oberlippe und das verächtliche Einziehen der Luft.

schnittig *Adj.* (< 19. Jh.). Wohl zunächst von Schiffen (als das Wasser leicht durchschneidend) gebraucht, später auf andere Fahrzeuge verallgemeinert.

Schnittlauch *m.* (< 10. Jh.). Mhd. *snit(e)louch*, ahd. *snitalouh*, mndd. *snedelōk*. Das Benennungsmotiv ist wohl, daß der Schnittlauch immer wieder vom gleichen Stock geschnitten werden kann (obwohl auch denkbar wäre, daß das Kleinschneiden als Speisezutat für die Benennung maßgebend gewesen wäre).

Marzell 1 (1943), 206 f.

Schnitz *m.*, **Schnitzel** *n.* (< 14. Jh.). Beides bedeutet ursprünglich ´abgeschnittenes Stück´, mhd. *sni(t)z* (zu *schneiden*). Daraus süddeutsch die Spezialisierung zu *Schnitz* ´Dörrobst´ und seit dem 19. Jh. von Österreich ausgehend *Schnitzel* ´von einem Kalbsschlegel geschnittenes und gebratenes Stück Fleisch´ (später noch stärker verallgemeinert).

schnitzen *swV.* (< 11. Jh.). Mhd. *snitzen*, ahd. *insnizzen*. Intensivbildung zu *schneiden*. Nomen agentis: *Schnitzer*. S. auch *schnetzeln, Schnitzer*.

Schnitzer *m. stil.* ´grober Fehler´ (< 17. Jh.). Vermutlich ´ein Ausrutscher beim Schnitzen´, aber das eigentliche Benennungsmotiv ist unklar.

Röhrich 3 (1992), 1391.

schnobern *swV. per. reg.* ´schnuppern´ (< 18. Jh.). Zu *schnoben*, einer Variante zu *schnauben*.

Schnodder *m. per. reg.* ´Nasenschleim´ (< 16. Jh.). Mhd. *snuder*; mndd. *snoderen* ´Schnupfen haben´. Zu *schneuzen* und dem unter *schnauben* dargestellten Komplex. Dazu **schnodderig** als Schelte von Vorlauten (die bezeichnet werden als solche, denen noch der Rotz von der Nase hängt; vgl. etwa *rotzfrech*).

S. *Schnösell, Schnuddel*. – A. Gombert *ZDW* 2 (1901/02), 308; Lasch (1928), 210; K.-H. Weimann *ZM* 23 (1955), 154 f.

schnöde *Adj.* (< 13. Jh.). Mhd. *snœde*, mndd. *snode*, mndl. *snode*. Im Niederdeutsch/Niederländischen ist die Bedeutung zunächst ´ärmlich, gering´, was anschließt an anord. *snauðr* ´arm, kahl´; dort auch in der Form eines PPrät. *snóðinn* ´dünnhaarig´, was aber wohl nicht zum Ansatz eines starken Verbs ausreicht. Mit Ablaut ae. *besnyðian* ´berauben´. Wegen der schlecht faßbaren Ausgangsbedeutung ist die Herkunft unklar. Falls ursprünglich ´abgeschabt o.ä.´, kann l. *novācula* ´Schermesser´, ai. *kṣṇáuti* ´schleift, wetzt, reibt´ verglichen werden.

Seebold (1970), 445; Heidermanns (1993), 523.

schnökern *swV. per. ndd.* ´schnüffeln, naschen´ (< 18. Jh.). Iterativ zu mhd. *snōuken* ´schnüffeln, heimlich naschen'. Auslautvariante zu dem unter *schnauben* dargestellten Komplex; Ausgangsbedeutung ist 'schnüffeln'.

Schnorchel *m. per. fach.* 'Tauchgerät', davor 'Teil von Unterseebooten' (< 20. Jh.). Zu einem regionalen Wort, das einen röchelnden Ton (auch bei der Tabakspfeife) bezeichnet; danach auch 'Schnauze, Nase', letztlich verwandt mit *schnarchen* und ähnlichen lautmalenden Bildungen. Die Übertragung auf die technischen Geräte nach dem Laut, der beim Einziehen von Luft dicht über der Wasserfläche entsteht.

Schnörkel *m. stil.* (< 16. Jh.). In der heutigen Bedeutung zunächst als Ausdruck der Architektur bezeugt (daneben *Schnörken, Schnirkel, Schnerkel*). Die Herkunft ist unklar. Im 17. Jh. ist *Schnögel* 'Schneckenlinie' (zu dem unter *Schnecke* besprochenen mhd. *snegil*) bezeugt, das unter Einfluß von *Zirkel* eine entsprechende Bedeutung ergeben haben könnte. Zu beachten ist auch ein ae. *snercan* 'einschrumpfen' (Hapax), dessen Sippe aber sonst nur im Englischen und Nordischen bezeugt ist. Verb: *(ver-) schnörkeln.*

H. Schuchardt *ZDW* 1 (1901), 77 f.

schnorren *swV.*, auch **schnurren** *swV.* 'betteln' *vulg.* (< 18. Jh.). Ursprünglich ein Gaunerwort, das sich im 18. Jh. weiter verbreitet. Herkunft unklar. Vermutlich zunächst Bezeichnung der Tätigkeit des Bettelmusikanten, der die Schnorrpfeife spielt (schwäb. arch. *schnurren* 'mit Musik betteln', im 18. Jh. *Schnurrant* 'Bettelmusikant' mit fremder Endung). Nomen agentis: **Schnorrer**.

S. *schnurren.* – Wolf (1985), 295.

Schnösel *m. per. stil* 'junger arroganter Mensch' (< 19. Jh.). Wohl als 'Rotznase' aufzufassen (zu der unter *Schnodder* behandelten Sippe). Lautlich im einzelnen unklar.

Schnucke *f.* s. *Heidschnucke.*

Schnuddel *m.* Variante zu *Schnodder.*

schnüffeln *swV.* (< 17. Jh.). Übernommen aus ndd./nndl. *snuffelen*, vgl. ne. *snuff, sniff.* Zu *schnaufen, Schnupfen* und dem unter *schnauben* dargestellten Komplex. Nomen agentis: **Schnüffler**.

R. Bebermeyer *SS* 46 (1990), 104–106.

Schnuller *m. stil.* 'Sauger' (< 18. Jh.). Weit verbreitet, aber in der älteren Sprache nicht bezeugt; *schnullen* 'saugen' seit dem 17. Jh. Vielleicht lautmalend.

Schnulze *f. stil.* (< 20. Jh.). Herkunft unklar. Vielleicht zu ndd. *snulten* 'gefühlvoll tun', ndd. *schnulle* 'nett, lieb'.

S. A. Wolf *MS* (1955), 283; J. Stave *MS* (1958), 305 f.; K. Daniels *Sprachforum* 3 (1959/60), 304–306; P. vPolenz *Sprache der Gegenwart* 2 (1968), 160–165.

Schnupfen *m.* (< 15. Jh.). Spmhd. *snupfe, snüpfe m./f.*, mndd. *snoppe* 'Rotz'. Mit Expressiv-Gemina-

tion zu *schnaufen, schnüffeln* und dem unter *schnauben* dargestellten Komplex. Die ndd. Form **Schnuppen** war und ist weiter verbreitet, als der Lautstand erwarten läßt.

K.-H. Weimann *ZM* 23 (1955), 148–156.

schnupfen *swV. erw. fach.* 'laut die Luft einziehen', auch 'schluchzen' und 'Tabak schnupfen' (< 14. Jh.). Spmhd. *snupfen.* Mit *Schnupfen, schnaufen, schnüffeln* zu dem unter *schnauben* behandelten Komplex. Dazu *Schnupftabak.* Adjektiv (Part.): **verschnupft**. S. auch *Schnuppe, schnuppern, Sternschnuppe.*

Schnuppe *f. per. ndd.* 'abgebrannter Kerzendocht, der noch glüht', danach auch für 'Meteor' (< 15. Jh.). Rückbildung aus md. ndd. *schnuppen* 'schneuzen', wie auch obd. *schneuzen* zum Abnehmen des verbrannten Dochtes gesagt wurde. Entsprechend nndl. *snuiten*, ne. *snuff.* Zum Wort s. *schnupfen* und der unter *schnauben* behandelte Komplex.

S. *Sternschnuppe, schnuppe.* – Lasch (1928), 207; Lühr (1988), 245.

schnuppe *Adj. vulg.* 'gleichgültig' (< 19. Jh.). Aus Berlin. Gemeint ist 'so viel wert wie eine abgebrannte Kerzenschnuppe'; aber vielleicht hat der Vergleich einen anderen lautlichen Anhaltspunkt gehabt.

Lasch (1928), 207; S. A. Wolf *MS* (1956), 29; Röhrich (1992), 1391.

schnuppern *swV.* (< 17. Jh.). Wie *schnupfen* eine Intensivbildung zu *schnauben, schnaufen*; vgl. noch *Schnuppe, Schnaupe* 'Rüssel, Schnauze' und den unter *schnauben* dargestellten Komplex.

R. Bebermeyer *SS* 46 (1990), 104–106.

Schnur[1] *f.* 'Faden' (< 11. Jh.). Mhd. *snuor*, ahd. *snuor, snōr*, mndd. *snōr*, mndl. *snoer.* Dazu die Ableitungen ae. *snēr* 'Harfensaite', anord. *snœri n.* 'gedrehtes Seil' und vielleicht gt. *snorjo* 'Korb, Netz'. Vielleicht vergleicht sich ohne anlautendes *s-* lit. *nérti* 'einfädeln, stricken usw.'; wahrscheinlicher ist aber eine Ableitung mit *r* zu (ig.) **snē-* 'spinnen' (s. *nähen*), vgl. agutn. *snōþ* 'Schnur', air. *snáth* 'Faden' mit anderer Ableitung. Noch näher steht semantisch ein *r/n*-Stamm (ig.) **snēwer/n n.* 'Sehne, Band' in avest. *snāuuar* 'Sehne, Schnur', ai. *snāva-* 'Band, Sehne' usw., doch müßte bei der Annahme einer Zusammengehörigkeit der Schwund des *w* erklärt werden. Bildliche Verwendungen (*schnurgerade, über die Schnur hauen*) gehen häufig von den Schnur des Zimmermanns und Maurers aus. Verb: **schnüren**.

Nndl. *snoer.* S. *nähen, schnüren.* – B. Martin *Teuthonista* 4 (1927), 282; Röhrich 3 (1992), 1391–1393.

Schnur[2] *f. arch.* 'Schwiegertochter' (< 9. Jh.). Mhd. *snu(o)r*, ahd. *snur(a), snora*, mndd. *snore*, mndl. *snoere* aus g. **snuzō f.* 'Schwiegertochter', auch in krimgt. *schnos*, anord. *snør, snor*, ae. *snoru,*

afr. *snore*, mit verschiedenen Abwandlungen, außerdem die Erweiterung mhd. *snurche, snorche*. Aus ig. **snusó- f.* ´Schwiegertochter´, auch in gr. *nyós*, l. *nurus*, serb.-kslav. *snŭcha*, ai. *snuṣā́*. Weitere Herkunft unklar; vielleicht näher zu dem Wort für ´Sohn´ gehörig. Oder es ist aus l. *nūtrīre* ´ernähren´ u. a. ein (ig.) **sneu-es-* ´Brust´ zu erschließen, das dann über ´Jungfrau´ (= ´die jetzt eine Brust hat´) zu ´Braut´ und weiter zu ´Schwiegertochter´ entwickelt worden wäre (alle diese Bedeutungsübergänge sind geläufig).
H. Pedersen *BKIS* 19 (1893), 293−298; J. M. Kořínek *LF* 59 (1932), 125−144, 316; F. Debus *DWEB* 1 (1958), 24−31; *Szemerényi* (1977), 68 f.; A. Dalen, N. Århammar in *FS Alinei* 1 (1986), 315−339.

schnüren *swV.* (< 11. Jh.). Die heute üblichen Bedeutungen sind leicht aus ´mit einer Schnur umwinden´ erklärbar (zu *Schnur*[1]), jägersprachliches *schnüren* (von Füchsen usw.) ´so gehen, daß der Hinterlauf in die Spur des Vorderlaufs kommt´ bedeutet ursprünglich ´schnurgerade laufen´.

Schnurrant *m.* s. *schnorren*.

Schnurrbart *m.* (< 18. Jh.). Vor allem in der Sprache des Heeres übernommen aus ndd. *snurbaard* zu *snurre* ´Schnauze´, also eine Entsprechung zu obd. *Schnauzbart* (von den Tieren wie der Katze, die einen Bart an der Schnauze haben). Die Erklärung des weit verbreiteten *Schnurre* für ´Schnauze´ und vulgär für ´Mund´ ist unsicher; vielleicht ausgehend von der Katze, weil diese schnurrt?

Schnurre *f. arch.* (< 16. Jh.). Abgeleitet von *schnurren*. Bedeutet zunächst eine Reihe von Lärminstrumenten, so in älterer Zeit die Knarre des Nachtwächters, dann den Nachtwächter selbst und übertragen auch andere Amtspersonen (studentisch auch den Pedell). Zu *Schnurre* ´Schnauze´ s. *Schnurrbart*. Schließlich heißen so allerhand bei Kindern und Straßenmusikanten beliebte Instrumente. Daher *Schnurre* für ´Posse´ und *Schnurrpfeifereien* ´Spielereien, läppische Kleinigkeiten´ (vgl. nndl. *snurrpiperijen*, zu *Schnurrpfeife*, ein derartiges Instrument). Schon mhd. *snurrære m.* ´Possenreißer´.
Röhrich 3 (1992), 1393 f.

schnurren *swV.* (< 13. Jh.). Heute im allgemeinen von der Katze gesagt; mhd. *snurren* allgemeiner ´rauschen, sausen´. Wichtiger sind die Ableitungen s. *Schnurre, Schnurrbart* und *schnorren*. S. auch *schnarren*.
Röhrich 3 (1992), 1393 f.

Schnürsenkel *m.* s. *Senkel*.

schnurstracks *Adv. erw. stil.* ´geradewegs´ (< 16. Jh.). Mhd. *strac* (zu *strecken*, bedeutet eigentlich ´gerade´, entwickelt in *stracks* (s. unter *strack*) aber die Bedeutung ´sofort´; *schnurstrack* ist ´schnurge-

rade´, heute auch schon in der Bedeutung ´sofort´ verwendet.

schnurz(egal) *Adj. erw. vulg.* ´gleichgültig´ (< 19. Jh.). Zuerst in der Studentensprache. Wird entsprechend zu *schnuppe* verwendet, hat aber keine weitere Anknüpfungsmöglichkeit. Vermutlich zu einem lautmalenden Wort, das etwas Gleichgültiges ausdrückt (*Schnarz* ´Furz´?).

Schnute *f. erw. reg.* (< 18. Jh.). Niederdeutsche Entsprechung zu *Schnauze*; in der Hochsprache für den beleidigt verzogenen Mund verwendet.

Schober *m. per. reg.* ´Feldscheuer´ (< 14. Jh.). Spmhd. *schober*, eigentlich ´zu einem Haufen zusammengetragene Garben, Heu o.ä.´; deshalb wohl zu ahd. *scubil* ´Büschel´. Außergermanisch nur geringe Vergleichsmöglichkeiten: serb. *čupa* ´Büschel´, čech. *čub* ´Schopf´. Weitere Herkunft unklar (kaum zu *schieben*).
S. *Schopf*. − Anders: Lühr (1988), 238 f.

Schock[1] *n. arch.* ´Anzahl von 60´ (< 13. Jh.). Mhd. *schoc(h), scho(c)k m.*, as. *scok*. Herkunft unklar. Vielleicht zu mhd. *schocken* ´Korn in Haufen setzen´ (also ´ein Haufen von 60 Garben´?) und verwandt mit *Hocke*[1] (?).
F. Sommer *SBAW* 7 (1950), 78−80; H.-F. Rosenfeld *WZUG* 6 (1956), 207.

Schock[2] *m.* (< 18. Jh.). In neuerer Zeit entlehnt aus frz. *choc* ´Stoß, Schlag´, auch in den übertragenen Bedeutungen. Hierzu *schockieren*, eigentlich ´jmd. einen Stoß versetzen´ aus frz. *choquer*.
Vgl. *Angst*. − *DF* 1 (1913), 113, 4 (1978), 86−89; Brunt (1983), 196 f.

schofel *Adj. erw. vulg.* (< 18. Jh.). Über das Rotwelsche entlehnt aus wjidd. *schophol* ´lumpig´ aus hebr. *šāfēl* gleicher Bedeutung.
Wolf (1985), 296 f.; Röhrich 3 (1992), 1394.

Schöffe *m. erw. fach.* (< 8. Jh.). Mhd. *scheffe(ne), schepfe(ne)*, ahd. *skeffino*, andfrk. *skepeno*. Das Wort gehört wohl zu *schaffen/schöpfen* und könnte ´der Anordnende´ bedeuten; die morphologischen und semantischen Einzelheiten sind aber unklar.
Nndl. *schepen*. − E. Mayer *ZSSR-GA* 45 (1925), 293 f.; Tiefenbach (1973), 81−84. Anders: *DEO* (1982), 252.

Schokolade *f.* (< 17. Jh.). Entlehnt aus nndl. *chocolade* (älter: *chocolate*), dieses aus span. *chocolate m.*, aus dem mexikanischen (Nahuatl) Eingeborenenwort *chocolatl* ´Kakaotrank´, aus Nahuatl *choco* ´Kakao´ und Nahuatl *latl* ´Wasser´.
Littmann (1924), 146, 150; R. Loewe *ZVS* 61 (1933), 93−95; *DF* 4 (1978), 89.

Scholle[1] *f. stil.* ´Erdstück´ (< 9. Jh.). Mhd. *scholle m.*, ahd. *scollo m., scolla*, mndd. *schulle*, mndl. *sc(h)olle* aus vd. **skullōn f.* (auch *m.*) ´Scholle´, dazu schw. *skolla* ´Stück Blech´. Herkunft unklar; ein Zusammenhang mit der Wurzel (ig.) *skel- 'spalten, trennen' ist denkbar, aber ohne Verbindlichkeit.

Nndl. *schol.* S. *Scholle²*. − Lühr (1988), 202.

Scholle² *f. erw. fach.* (eine Fischart) (< 16. Jh.). Älter mndd. *schulle*, mndl. *sc(h)olla*. Vielleicht das gleiche Wort wie *Scholle¹*, indem der Plattfisch an treibende '(Eis)Schollen' erinnern konnte. Zu beachten ist immerhin die Lautähnlichkeit von l. *solea* 'Zungenfisch'. Nndl. *schol.*

Scholli *Interj. phras.* (nur in *mein lieber Scholli*) *stil.* (< 19. Jh.). Aus frz. *joli* 'hübsch', also in der Anrede 'mein Hübscher'.

Schöllkraut *n.* s. *Schellkraut.*

schon *Adv.* (< 9. Jh.). Eigentlich Adverb zu *schön*, das sich seit dem 13. Jh. verselbständigt. Das Adverb, das Wörter wie *bereit, fertig* u.ä. näher bestimmen kann, wandelt bei diesen seine Bedeutung von 'schön bereit' zu 'schon bereit'; ähnlich bei der näheren Bestimmung verschiedener Verben. Die gleiche Entwicklung in nndl. *schoon.*

schön *Adj.* (< 8. Jh.). Mhd. *schœn(e)*, ahd. *scōni*, as. *skōni* aus g. **skauni-* Adj. 'schön, anmutig', auch in gt. *skauns*, ae. *scīne*, afr. *skēne*. Verbaladjektiv zu *schauen*, also eigentlich 'ansehnlich'. Abstraktum: **Schönheit**; Verben: **schönen, verschönern, beschönigen.**

Nndl. *schoon*, ne. *sheen*. S. *schauen, schon, schonen.* − P. Weinacht: *Zur Geschichte des Begriffs 'schön' im Altdeutschen* (Heidelberg 1929); A. Kress: *Wortgeschichtliches zu Inhalt und Umfeld von 'schön'* (Bonn 1972); Heidermanns (1993), 488 f.; Röhrich 3 (1992), 1395.

Schönbart *m.* s. *Schembart.*

schonen *swV.* (< 8. Jh.). Mhd. *schōnen*, ahd. *scōnen*. Eigentlich eine Ableitung zu *schön*, also 'schön behandeln o.ä.'. Das althochdeutsche Verb bedeutet 'schmücken', die Bedeutungsentwicklung kann also über 'schmücken', 'pflegen' zu 'schonen' gekommen sein. Auffällig ist aber die frühe Anwendung auf Personen. Abstraktum: **schonen**; Nomen instrumenti: **Schoner¹.**

Schoner² *m. per. fach.* 'zweimastiges Segelschiff' (< 18. Jh.). Entlehnt aus nndl. *schooner, schoener,* das seinerseits aus ne. *schooner* entlehnt wurde, dieses als frühes amerikanisches Wort zu einem am.-e. *scoon* 'Steine über das Wasser gleiten lassen'. Ganz (1957), 198.

Schopf *m. stil.* 'Haar auf dem Kopf' (< 13. Jh.). Mhd. *schopf* und die Weiterbildungen gt. *skuft*, anord. *skopt n.* Außer dem unter *Schober* genannten keine Verwandten auf einfacherer Grundlage. Obd. *Schopf* 'Schuppen' ist wohl das gleiche Wort, unter der Annahme, daß damit ursprünglich zusammengetragene Heu- oder Strohhaufen gemeint waren. *Die Gelegenheit beim Schopf fassen* bezieht sich auf die Darstellung des *Kairos* (des 'günstigen

Augenblicks') durch Lysippos als Jüngling mit flatternder Stirnlocke. Vgl. noch *Schuppen.*

S. *Schaub, Schober, Schuppen.* − Lühr (1988), 239 f.; Röhrich 3 (1992), 1396.

schöpfen *stV./swV.* (< 9. Jh.). Zu der Bedeutung 'erschaffen' s. *schaffen.* Die Bedeutung '(Wasser) schöpfen' ist mit dieser nicht ohne weiteres vereinbar. Es ist zu erwägen, ob nicht Wörter der Familie *(Wasser)Schaff*, die wie Ableitungen zu *schöpfen/schaffen* aussahen, auf die vermeintlichen Grundwörter zurückgewirkt und so deren Bedeutung beeinflußt haben (bzw. daß ein von *Schaff* abgeleitetes Verb in dem starken Verb *schaffen/schöpfen* aufgegangen ist). Präfigierung: **erschöpfen**; Nomen instrumenti: **Schöpfer.**

W. de Cubber *SGG* 20 (1979), 137−152, 21 (1980/81), 271−294; Lühr (1988), 236−238.

Schoppen *m. per. reg.* 'Getränkemaß' (< 16. Jh.). In den Mundarten des Südwestens entlehnt aus frz. *chopine f.*, das seinerseits auf mndd. *schope f.* 'Schöpfkelle' (zu *schöpfen*) zurückgeht. Zu diesem s. *Schaff.*

schoppen *swV. per. obd.* 'vollstopfen' (< 13. Jh.). Mhd. *schoppen, schopfen.* Intensivbildung zu *schieben.*

Schöps *m. per. omd. oobd.* (< 14. Jh.). Mhd. *schopz, schöpz* ist entlehnt aus čech. (usw.) *skopec* 'verschnittener Schafbock' (zu čech. *skopiti* 'verschneiden').

Bielfeldt (1965), 23; Eichler (1965), 121 f.

Schorf *m.* (< 12. Jh.). Mhd. *schorf*, ahd. *scorf*, *scurf*, mndd. *schorf*, mndl. *sc(h)orf*; vgl. ae. *gesceorf n.* 'Grind'. Das Wort gehört zu dem starken Verb, das in ae. *sceorfan* 'abnagen, beißen' bezeugt ist (auch ae. *scearfian* 'abkratzen') und benennt wohl den Juckreiz, der zum Kratzen führt (vgl. *Krätze* u.ä.). Adjektiv: **schorfig.**

Seebold (1970), 414 f.

Schorlemorle *f./n.*, heute meist **Schorle** *f.* (< 18. Jh.). Bezeugt in verschiedenen Abwandlungen. Zugrunde liegt wohl mundartliches (wobd.) *schuren* 'sprudeln' mit Anpassungen nach allen Seiten. So ist z. B. *schorlemorle* als Familienname schon im 13. Jh. bezeugt, aber es ist nicht ersichtlich, wie dieser Name mit der Bezeichnung des Getränks zusammenhängen soll, wenn nicht die Getränkebezeichnung nachträglich an ähnliche bestehende Wörter angeglichen wurde.

O. Weise *ZDW* 2 (1901/02), 10; L. Spitzer *ZVS* 54 (1927), 213−223; W. Krogmann *KVNS* 59 (1952), 28 f.

Schornstein *m. erw. reg.* (< 13. Jh.). Mhd. *schor(n)stein*, mndd. *schorstēn*, mndl. *sc(h)oorsteen.* Zu mndd. *schare, schore n.* 'festes Land, Stütze'? Vgl. ahd. *scorrēn* 'emporragen'.

G. Schilling: *Die Bezeichnungen für den Rauchabzug im deutschen Sprachgebiet* (Diss. Marburg 1963), 52−59; Röhrich 3 (1992), 1397.

Schoß[1] *m. stil.* (< 10. Jh.). Mhd. *schōz m./n.*, *schōz(e) f.*, ahd. *scōz*, mndd. *schōt*, mndl. *sc(h)oot* aus g. **skauta-*, meist Maskulinum, aber auch Neutrum und Femininum kommen vor, im Gotischen ist das Genus (*m.* oder *n.*) nicht erkennbar; auch in gt. *skaut(s)*, anord. *skaut n.*, ae. *scēat*, afr. *skāt*. Zugrunde liegt ein Wort für ˊWinkelˊ (ae. *þri-scyte* ˊdreieckigˊ, anord. *þrí-skeyta* ˊDreieckˊ, ahd. *driscōz* ˊdreieckigˊ), womit ein Anschluß an *schießen* im Sinne von ˊvorschießenˊ denkbar wird (zunächst ˊEckeˊ, dann ˊWinkelˊ). Davon geht einerseits die Bedeutung ˊWinkel zwischen Oberschenkeln und Unterleibˊ aus (gotisch nicht bezeugt), wie in *ein Kind auf den Schoß nehmen*, und davon weiter ˊMutterschoßˊ, weiblicher Schoßˊ; andererseits ˊSaum, Ecke, Zipfelˊ von Kleidungsstücken (so auch gotisch); vor allem die nach oben gehaltene Schürze, in die Nahrungsmittel usw. aufgenommen werden können, dann die Schürze überhaupt, im Nordischen das (dreieckige) Kopftuch. Ein metonymischer Zusammenhang zwischen den Kleidungsteilen und den Körperteilen, wie meist angenommen, ist nirgends nachweisbar.

Nndl. *schoot*, nschw. *sköt*, nisl. *skaut*. S. *schießen*, *Schot(e)*[2]. – J. Trier (1981), 99−104; Röhrich 3 (1992), 1398.

Schoß[2] *m. per. fach.* ˊSchößlingˊ (< 10. Jh.). Mhd. *schoz n.*, ahd. *(erd-) scozza*. Zu *schießen* im Sinne des Aufschießens von Pflanzen. Modifikation: *Schößling*.

Trier (1981), 99−104.

Schoß[3] *m. arch.* ˊSteuer, Abgabeˊ (< 14. Jh.). Spmhd. *schoz*, nndl. *schot*, ae. *-scot*. Zu *schießen* im Sinn von ˊzuschießen, einschießenˊ.

Trier (1981), 99−104.

Schote[1] *f.* ˊSamenhülleˊ (< 11. Jh.). Spmhd. *schōte*, ahd. *scōta*, mndd. *schode*. Hierzu wohl gt. *skauda-* ˊSchuhˊ (gt. *skauda-raip* ˊSchuhriemenˊ), so daß von ˊUmhüllung, Tasche, Schuhˊ auszugehen ist. Vermutlich zu der unter *Scheuer* behandelten Grundlage.

Trier (1981), 101.

Schot(e)[2] *f. per. fach.* ˊTau, mit dem ein Segel herangeholt wirdˊ (< 18. Jh.). Übernommen aus dem Niederdeutschen: Mndd. *schōte*, ae. *scēata m.*, anord. *skaut n.* Dies ist die Entsprechung zu *Schoß*[1]: Die Bezeichnung ist vom Zipfel des (dreieckigen) Segels auf das daran befestigte Tau übergegangen.

Kluge (1911), 703.

Schott *n. per. fach.* ˊScheidewand im Schiffˊ (< 18. Jh.). Entspricht nhd. *Schuß* im Sinne von ˊEingeschossenesˊ. Partikelableitung: *abschotten*.

Kluge (1911), 704; Röhrich 3 (1992), 1399.

Schotte *f. per. wobd.* ˊKäsewasserˊ (< 10. Jh.). Mhd. *schotte m.*, ahd. *scotto m.* Entlehnt aus l.

(oder rom.) *excocta (māteria)* ˊausgekochte Substanzˊ.

J. Hubschmied *VR* 1 (1936), 92 f.

Schotter *m. erw. fach.* ˊGeröllˊ (< 19. Jh.). Regionale Variante von *Schutt* und *schütten*, die im 19. Jh. mit dem Vordringen des Straßenbaus allgemein üblich wird. Verb: *schottern*.

schraffieren *swV. erw. fach.* ˊeine Fläche mit Parallelstrichen markierenˊ (< 16. Jh.). Über niederdeutsche Vermittlung entlehnt aus it. *sgraffiare* ˊkratzen, stricheln´, dessen weitere Herkunft nicht zweifelsfrei geklärt ist. Abstrakta: *Schraffierung*, *Schraffur*.

DF 4 (1978), 92 f.

schräg *Adj.* (< 16. Jh.). Älter ist ahd. *scregibant* ˊHaarbandˊ (10. Jh.). Zusammen mit *Schragen*, mhd. *schrage*, mndd. *schrage* ˊkreuzweis stehende Holzfüße unter Tischen u.ä.ˊ eine Variante zu *schränken* usw. Außergermanisch auf dieser Erweiterungsstufe nicht vergleichbar. Abstraktum: *Schräge*; Verb: *(ab-) schrägen*.

Lühr (1988), 143; Heidermanns (1993), 499 f.

Schramme *f.* (< 14. Jh.). Spmhd. *schram(me)*, mndd. *schram m.*, *schramme*, mndl. *sc(h)ramme*. Daneben ohne Gemination mit Dehnstufe des Vokals anord. *skráma* ˊSchrammeˊ. Herkunft unklar. Lautlich vergleicht sich kymr. *cramen* ˊSchorfˊ u. a., aber ohne weitere Anschlußmöglichkeit. Nndl. *schram*. Verb: *schrammen*.

Schrammelmusik *f. erw. stil.* (< 19. Jh.). Volkstümliche (Wiener) Musik, ursprünglich für zwei Geigen, Gitarre und Ziehharmonika (oder Klarinette), benannt nach den Wiener Musikern Johann und Josef *Schrammel* (19. Jh.), die 1877 ein Quartett *D'Schrammeln* gründeten.

Schrank *m. erw. reg.* (< 9. Jh.). Bedeutet wie *Schranke* ursprünglich eine Absperrung, ein Gitter (so noch mittelhochdeutsch). Damit erweist sich das Wort als Rückbildung zu *schränken*. Seit spätmittelhochdeutscher Zeit (wie die *r*-lose Variante *Schank*[2]) ein abschließbarer, aufrecht stehender Behälter (gegebenenfalls durch Gitter verschlossen).

E. Bauer *ZM* 24 (1956), 246−248.

Schranke *f.*; *bair.* auch **Schranken** *m.* (< 14. Jh.). Mhd. *schranke m./f.* ˊAbsperrung, Gitterˊ. Rückbildung zu *schränken*. In Redewendungen wird auf die Abschrankungen bei Turnieren (*in die Schranken fordern*), vor Gericht (*in seine Schranken weisen*) u.ä. Bezug genommen: Partikelableitung: *einschränken*; Verb: *(be-) schränken*.

Krüger (1979), 409; Röhrich 3 (1992), 1399 f.

schränken *swV.*, heute meist **verschränken** *swV.*, **einschränken** *swV.* u.ä. (< 14. Jh.). Spmhd. *schrenken* ˊverschränken, flechtenˊ, ahd. *screnken* ˊein Bein stellen u.ä.ˊ, mndd. *schrenken* ˊverschränken, beschränken', mndl. *sc(h)renken* 'zu Fall bringen' aus wg. **skrank-ija-* *swV.* 'verschränken, ein Bein stellen', auch in ae. *screncan* 'ein Hindernis in den Weg legen'. Gehört offenbar zu einem (nicht bezeugten) Adjektiv, das etwa die Bedeutung 'schräg, quer' gehabt haben muß. Des weiteren wohl mit Auslautvariation zu *schräg*.

S. *schräg.* − Lühr (1988), 143; Heidermanns (1993), 500.

Schranne *f. arch.* 'Verkaufsstand', **Schar(re)n** *m. md., ndd.* (< 9. Jh.). Mhd. *schranne f.* (auch 'Gerichtsbank'), ahd. *scranna f.* Herkunft unklar. Anknüpfungen ergeben sich zu *Schragen* und *Schranke*, doch ist der lautliche Zusammenhang unklar *(skrangn-?)*. Zu beachten ist it. *scranna f.* 'Bank', das wie frz. *écran m.* als aus dem Deutschen entlehnt gilt. Die umgekehrte Entlehnungsrichtung ist aber nicht ausgeschlossen.

Schranz *m. per. obd.* 'Schlitz' (< 13. Jh.). Mhd. *schranz*, auch 'Gewand mit Schlitzen' und 'jmd. der ein solches Gewand trägt' (s. *Hofschranze*). Es liegt am ehesten eine *s*-Bildung zu ahd. *scrintan* 'bersten, sich spalten', mhd. *schrinden* vor (vgl. ahd. *scruntissa, scruntussa f.* 'Spalt' und mndl. *schran(t)se* 'Riß'). Die weitere Herkunft dieses Verbs ist unklar.

S. *Schrunde.* − Bahder (1925), 132; Kretschmer (1969), 329; Seebold (1970), 423; Lühr (1988), 145−147.

Schrapnell *n. erw. fach.* 'Kartätsche' (< 19. Jh.). Entlehnt aus ne. *shrapnel*, nach dem Namen des Erfinders Oberst *Shrapnel*. Betonung nach dem Französischen.

Röhrich 3 (1992), 1400.

schrappen *swV.*, auch **schrapen** *swV.* 'abraspeln', *per. reg.* (< 14. Jh.). Übernommen aus mndd. *schrapen* (die Form mit *-pp-* ist vielleicht intensivierend, aber vielleicht auch bloße Lautvariante), die hochdeutsche Entsprechung ist fnhd. *schrapfen*, bair. *schrafen*. Aus g. **skrap-ō-* *swV.* 'raspeln, kratzen', auch in anord. *skrapa*, ae. *scrapian*. Intensivbildung zu wg. **skrep-a-* *stV.* 'schaben, kratzen' in ae. *screpan*, mndl. *schrepelen*. Außergermanisch vergleichen sich lett. *skrabt*, russ. *skresti* und ohne anlautendes *s*- kymr. *crafu*, lit. *krapštýti*, alle 'kratzen'. Vielleicht Erweiterungen zu der unter *scheren*[1] behandelten Wurzel. Eine parallele Erweiterung mit abweichender Vokalisierung (oder Metathese?) s. unter *scharf*.

Nndl. *schrapen*, ne. *scrape*, nschw. nisl. *skrapa*. S. *scharf, Schrippe, schröpfen, schrubben.* − Seebold (1970), 425; Lühr (1988), 358 f.

Schrat *m. per. reg.* 'Waldgeist' (< 9. Jh.). Mhd. *schrat(e)*, ahd. *scrato*. Dazu als Verkleinerung **Schrätel, Schretel**, mhd. *schretel(īn) n.* Als Variante auch obd. *Schretz*, mhd. *schraz, schrāwaz(e)*, ahd. *screz m./n.*, *screzzo, scraz*. Außerhalb des Deutschen vergleicht sich anord. *skrat(t)i* 'Troll'. Angesichts der Bedeutung und der lautlichen Unfestig-

keit ist eine Etymologie aussichtslos. Nach Lecouteux ursprünglich ein Totengeist, der im Haus wohnt. Sein Vorschlag, für die Etymologie an ein Schallwort wie nschw. *skratla* 'laut lachen', ndn. *skrade* 'rasseln' anzuknüpfen, ist unverbindlich.

C. Lecouteux *Euphorion* 79 (1985), 95−108; Lühr (1988), 252−254.

Schraube *f.* (< 14. Jh.). Spmhd. *schrūbe*, mndd. *schruve*. Entlehnt aus afrz. *escrou* 'Schraubenmutter' (älter *scrofa*, was wohl das *f* im Deutschen erbracht hat). Dieses ist eine Bedeutungsübertragung von ml. *scrobis* 'weibliches Geschlechtsorgan', beruht also auf dem gleichen Bild wie nhd. *(Schrauben-) Mutter*. Die Verallgemeinerung zu 'Schraube' wohl über das Verb *schrauben* (bezeugt seit dem 15. Jh.). Verb: **schrauben**. S. *verschroben*.

Röhrich 3 (1992), 1400 f.

Schrebergarten *m. per. fach.* 'Kleingarten' (< 19. Jh.). Der Schuldirektor E. I. Hauschild gründete 1863 einen *Schreberverein*, der einen *Schreberplatz* als Spielplatz für Kinder ins Leben rief. Später wurden an die Spielplätze auch Beete angegliedert, aus denen dann die *Schrebergärten* wurden. Der Name des Vereins wurde zum ehrenden Gedenken des Arztes und Pädagogen D. G. M. Schreber gegeben, der mit der Sache selbst nichts zu tun hatte.

schrecken *swV.* (< 9. Jh.). Mhd. *schrecken*, ahd. *screckōn*, daneben mhd. *schricken*, ahd. *schricken*. Das Wort bedeutet eigentlich 'springen, aufspringen', übertragen 'auffahren, erschrecken', und ist zunächst ein schwaches Verb. Sekundär bildet sich nach dem Muster von Kausativen zu starken Verben das Paar *schricken stV.* intransitiv, neben *schrecken swV.* transitiv (kausativ) − so seit dem 11. Jh. **Schreck** ist eine Rückbildung zu der späteren Bedeutung; die ältere noch in **Heuschreck(e)**. In der Bedeutung weiter entfernt sind mndd. *schricken* 'springen, tanzen', mndl. *scricken* 'mit großen Schritten laufen'. Auf gleicher Erweiterungsstufe keine außergermanischen Vergleichsmöglichkeit; im übrigen zu der unter *Scherz*[1] behandelten Wurzel (ig.) **sker-* 'springen'. Präfigierung: **erschrecken**.

Röhrich 3 (1992), 1401.

schreiben *stV.* (< 8. Jh.). Mhd. *schrīben*, ahd. *scrīban*, as. *skrīban*. Wie aschw. *skriva*, ae. *scrīfan* ('bestimmen, vorschreiben'), afr. *skrīva* entlehnt aus l. *scrībere* 'schreiben' (aus 'ritzen, kratzen'). Die starke Stammbildung ist aber immerhin so auffällig, daß die Annahme eines germanischen Erbwortes, das sekundär von l. *scrībere* beeinflußt worden wäre, nicht von der Hand zu weisen ist. Vgl. hierzu Trier. Abstraktum: **Schrift**; Nomen agentis: **Schreiber**; Partikelverben: **ab-, an-, auf-, ein-, vorzuschreiben**; Präfigierungen: **be-, verschreiben**.

H. Zimmer *ZDA* 36 (1892), 145−150; Trier (1951), 74 f.; Seebold (1970), 419 f.; Röhrich 3 (1992), 1401 f.

schreien *st V.* (< 9. Jh.). Mhd. *schrī(e)n*, ahd. *scrīan*, as. *scrīan* zu wg. **skrei-a- st V.* ´schreien´, auch in afr. *skrīa*. Hierzu eine Erweiterung in nschw. *skrika st V.* Weiter hierher me. *scrǣman* ´schreien´. Das Wort hat keine unmittelbare außergermanische Vergleichsmöglichkeit. Ähnlich gebildet sind air. *scréchach* ´schreiend´, air. *scretaid* ´schreit auf´ und akslav. *skrĭgŭtati* ´knirschen´. Vielleicht hierher auch ohne anlautendes *s*- anord. *hrína* ´schreien´ und (fraglich) l. *crīmen* ´Anklage, Beschuldigung´. Abstraktum: **Schrei**; Nomen agentis: **Schreier**.

S. *kreißen, kriminell*. − H. Glombik-Hujer *DWEB* 5 (1968), 106−111; Seebold (1970), 419; Röhrich 3 (1992), 1402 f.

Schrein *m.*, früher *n. obs.* (< 9. Jh.). Mhd. *schrīn m./n.*, ahd. *scrīn(i) m./n.*, mndl. *sc(h)rijn*. Wie ae. *scrīn n.*, afr. *skrīn* entlehnt aus l. *scrīnium n.* ´rundes Behältnis´. Im Deutschen bezeichnet das Wort sowohl religiöse Schreine wie auch weltliche Behälter, deshalb auch **Schreiner** als Ableitung dazu; das englische Wort, das auch in der Stammbildung abweicht, bleibt der religiösen Sphäre verhaftet.

Zu der Bedeutung ´Sarg´ vgl. Cox (1967), 88−95.

Schreiner *m. erw. reg.* (< 14. Jh.). Mhd. *schrīnære, schrīner*, zunächst ein Handwerker für feinere Holzarbeiten (während die gröberen vom Zimmermann ausgeführt wurden), s. *Schrein*.

schreiten *st V.* (< 9. Jh.). Mhd. *schrīten*, ahd. *-scrītan*, as. *skrīdan, skrīðan* aus g. **skreiþ-a- st V.* ´schreiten´, auch in anord. *skríða*, ae. *scrīðan*, afr. *skrīda*. Der Auslaut ist nicht völlig eindeutig, doch dürfte g. *þ* zugrundeliegen, dessen grammatischer Wechsel weitgehend ausgeglichen worden ist. Das Wort hat keine klare Vergleichsmöglichkeit. Im Englischen ist die Bedeutung auf *strīdan* übergegangen. Zu diesem s. *streiten*. Abstraktum: **Schritt**; Partikelverben: **ab-, aus-, einschreiten**; Präfigierung: **überschreiten**.

Seebold (1970), 421 f.; Röhrich 3 (1992), 1403.

Schriftsteller *m.* (< 16. Jh.). Wie *Briefsteller* zunächst ´jmd., der für andere Schriften verfaßt´, erst danach ´jmd., der berufsmäßig Schriften verfaßt´. Zu *jemandem etwas (zur Verfügung) stellen*.

H. Wunderlich *ZDW* 3 (1902), 202−218.

schrill *Adj.* (< 19. Jh.). Wohl aus einheimischen Wörtern angepaßt an ne. *shrill*. Nur wenig früher bezeugt ist das Verb **schrillen**, das wohl aus älterem *schrellen, schrallen* umgebildet ist. Das Wort ist deutlich lautmalend, deshalb sind etymologische Anklänge ohne Bedeutung.

Schrippe *f. per. ndd.* ´längliches Weißbrot, Brötchen´ (< 18. Jh.). Wegen seiner aufgerissenen Rinde zu *schrpfen* ´aufreißen´, das wohl mit Vokalabwandlung zu *schrappen* gehört.

Schrittmacher *m. per. fach.* ´tempobestimmender Fahrer bei Radrennen´ (< 19. Jh.). Übersetzt aus ne. *pacemaker*. Das englische Erstglied hat eine allgemeinere Bedeutung als nhd. *Schritt*, so daß die im Deutschen für einen Vorgang beim Radfahren etwas ungewöhnliche Bezeichnung erklärt wird. Von da aus in verschiedene Bereiche übertragen (*Herzschrittmacher* usw.).

Rey-Debove/Gagnon (1988), 660.

schroff *Adj.* (< 16. Jh.). Rückbildung aus mhd. *schroffe* ´schneidender Stein´. Dieses zu einer in verschiedenen Ablautvarianten auftretenden Sippe, vgl. mhd. *schruffen* ´spalten´, ahd. *giscrevōn* ´einschneiden´, nschw. *kreva* ´Kluft´, s. auch *scheren¹*, *Scherflein*, *schürfen*.

schröpfen *sw V. erw. fach.* ´Blut absaugen´ (< 15. Jh.). Heute meist nur übertragen (´Geld abnehmen´). Mhd. *schreffen, schrepfen*. Zu der unter *schrappen* behandelten Sippe mit besonderer Bedeutungsspezialisierung.

Heyne (1899/1903), III, 112 f.; Hoops (1911/19), IV, 139 f.; Lühr (1988), 358; Röhrich 3 (1992), 1405.

Schrot *m. erw. fach.* (< 11. Jh.). Mhd. *schrōt*, ahd. *scrōt*, mndd. *schrōt*. Die Bedeutung ist eigentlich ´abgeschnittenes Stück´ zu ahd. *scrōtan*, mndd. *schroden, schraden st V.*, g. **skraud-a-* ´schneiden´. Aus der Ausgangsbedeutung erklärt sich ´grobgemahlenes Getreide´; ferner ´kleine Bleikugeln´, weil es sich ursprünglich um gehacktes Blei handelte. *Aus echtem Schrot und Korn* bezieht sich auf das Münzgewicht: *Schrot* ist das Rauhgewicht (eigentlich das von einem Stab für die Prägung abgeschnittene Stück), *Korn* das Feingewicht. Eine Nebenform ist *Schrott*. Die Sippe hat keine genaue außergermanische Vergleichsmöglichkeit. Es handelt sich sicher um eine Erweiterung von (ig.) **sker-* ´schneiden´ (s. *scheren¹*), doch stehen andere *u*-Erweiterungen dieser Sippe in der Bedeutung zu weit ab, um einen Vergleich zu ermöglichen.

S. *vierschrötig*. − Seebold (1970), 418 f.; Röhrich 3 (1992), 1405 f.

Schrott *m.* (< 20. Jh.). Niederrheinische Variante von *Schrot*. Hochsprachlich bezeugt erst Anfang dieses Jahrhunderts. Zunächst ´Metallabfälle´, dann verallgemeinert.

schrubben *sw V. erw. fach.* (< 17. Jh.). Aus dem Niederdeutschen entnommen, vgl. mndd. *schrobben*, mndl. *schrobben*, ebenso me. *scrobben* ´striegeln´. Gehört zum weiteren Umkreis von *schrappen*. Nomen instrumenti: **Schrubber**.

Schrulle *f. erw. stil.* ´Laune´ (< 18. Jh.). Zu mndd. *schrul* ´Laune, Groll´. Weitere Herkunft unklar. Adjektiv: **schrullig**.

schrumpfen *sw V.* (< 17. Jh.). Für älteres mhd. *schrimpfen st V.*, mndl. *schrimpen*, mndd. *schrimpen*. Außergermanisch vergleichen sich ohne Nasal lit. *skiřbti* ´schrumpfen´, russ. *skórbnut'* ´welken, schrumpfen´.

S. *(ver-) schrumpeln.* − Seebold (1970), 423; Lühr (1988), 144 f., 366 f.

Schrunde *f. per. reg.* ˊRiß, Spalteˋ (< 11. Jh.). Mhd. *schrunde,* ahd. *scrunta,* mndl. *schronde, schrunde.* Mit ähnlichen Bildungen zu mhd. *schrinden,* ahd. *scrintan* ˊbersten, aufreißenˋ (s. *Schranz*). Seebold (1970), 423; Lühr (1988), 145−147.

Schubbejack *m.,* **Schubiak** *m. per. ndd.* ˊLumpenkerlˋ (< 17. Jh.). Herkunft unklar. Norddeutsch ist *Schubjack* ein ˊPfahl, den man in baumarmen Gegenden auf der Weide einschlägt, damit sich das Vieh daran reiben kannˋ, vermutlich zu ndd. *schubben* ˊreiben, kratzenˋ (zu *schaben* und *Schuppe*) und *Jack* als Kurzform zu *Jakob.* Die Übertragung wäre also ähnlich wie ˊVogelscheucheˋ gemeint.

Schubs *m.,* **schubsen** *swV. erw. stil.* (< 15. Jh.). Norddeutsche Intensivformen zu *schub* und *schieben* für älteres *schupf* und *schupfen.* Lühr (1988), 359 (zu *Schupf*).

schüchtern *Adj.* (< 16. Jh.). Übernommen aus ndd. *schüchter, schochter,* das zu *schüchteren* ˊscheuchenˋ, einer Weiterbildung zu *scheu(ch), scheuchen* gehört. Es wird ursprünglich von Tieren gesagt und dann auf Menschen übertragen. Ausgangsbedeutung also etwa ˊverscheuchtˋ. Abstraktum: **Schüchternheit**; Präfigierung: **verschüchtern**; Partikelverb: **einschüchtern**.

Schuft *m.* (< 17. Jh.). Schelte armer Edelleute und dann auch der lichtscheuen Raubritter. Das Wort, mndd. *schūvūt, schūvōt,* mndl. *sc(h)ovunt* u. a. ist eigentlich eine Bezeichnung des Uhus, dessen Ruf als ˊschieb ausˋ nachgedeutet wird. Möglicherweise ist diese (alte) Erklärung aber selbst eine Nachdeutung eines Wortes, das zu *schaben* gehört und dann ˊabgeschabt, ärmlichˋ bedeuten würde. Aus dem Niederdeutschen in die Hochsprache übernommen. Adjektiv: **schuftig**. Suolahti (1909), 311; Röhrich 3 (1992), 1407.

schuften *swV. stil.* ˊhart arbeitenˋ (< 19. Jh.). Ursprünglich studentisch. Am ehesten zu mndd. *schoft,* ndd. *schoft,* mndl. *schuft* ˊVierteltagwerkˋ zu *schieben* und *Schub* (etwa ˊin einem Schub arbeitenˋ). Abstraktum: **Schufterei**. Röhrich 3 (1992), 1407.

Schuh *m.* (< 9. Jh.). Mhd. *schuo(ch),* ahd. *scuo(h),* as. *skōh* aus g. **skōha- m.* ˊSchuhˋ, auch in gt. *skohs,* anord. *skór,* ae. *scōh,* afr. *skōch.* Herkunft unklar. Falls die ähnlich klingenden gr. *sykchís f.,* l. *soccus,* avest. *haxa- n.* ˊFußsohleˋ zugehörig sind, handelt es sich kaum um ein indogermanisches Wort. Falls Erbwort, ist ein Ansatz zu (ig.) **skōu-k-* denkbar, so daß das Wort mit g. **skauda-* ˊTasche, Schuhˋ verbunden werden könnte (gt. *skauda-raip* ˊSchuhriemenˋ, s. *Schote*[1]). Nndl. *schoen,* ne. *shoe,* nschw. *sko,* nisl. *skór.* S. *Schuster.* − Röhrich 3 (1992), 1407−1412.

Schuhu *m.* s. *Uhu.*

Schuko *m. per. fach.* ˊelektrische Steckverbindungˋ (< 20. Jh.). Initialwort aus *Schutzkontakt.*

Schuld *f.* (< 8. Jh.). Mhd. *schulde, schult,* ahd. *sculd(a),* as. *skuld* aus g. **skuldi- f.* ˊSchuldˋ, auch in anord. *skyld,* ae. *scyld,* afr. *skelde.* Verbalabstraktum zu dem in *sollen* vorliegenden Verb. Dessen Ausgangsbedeutung ist ˊschuldenˋ, so daß das Nomen ursprünglich ˊdas Geschuldeteˋ bedeutet. Außergermanisch entspricht lit. *skolà* ˊSchuldˋ. Verb: **schulden**; Adjektiv: **schuldig**; Täterbezeichnung: **Schuldner**. Nndl. *schuld,* nschw. *skyld,* nisl. *skyld.* S. *Schultheiß, sollen.* − Behaghel 1 (1923), 6; Kluge (1926), 66 f.; Röhrich 3 (1992), 1412 f.

schuld *Adj.* (< 15. Jh.). Aus dem Substantiv in prädikativer Stellung hervorgegangen. Dabei ist schwz. *tschuld* wohl nicht Rest des Artikels oder falsche Ablösung aus *ist schuld,* sondern Rest der Präposition *ze* ˊzuˋ.

Schule *f.* (< 9. Jh.). Mhd. *schuol(e),* ahd. *scuola,* mndd. *schole(n),* mndl. *sc(h)ole, scool.* Wie ae. *scolu,* anord. *skóli* entlehnt aus l. *schola,* als dessen Vokal bereits gedehnt war. Spätlateinisch bedeutet das Wort auch ˊKriegerhaufeˋ, worauf unser *Schule* ˊSchwarmˋ zurückgeht. Das lateinische Wort geht zurück auf gr. *scholḗ* ˊLehranstalt < Ort der Muße < Mußeˋ, das mit gr. *échein* ˊhaben, haltenˋ entfernt verwandt ist. Verb: **Schule**; Täterbezeichnung: **Schüler**. Zur Sippe des griechischen Wortes s. *Epoche.* Röhrich 3 (1992), 1413 f.

Schulter *f.* (< 8. Jh.). Mhd. *schulter, schulder,* ahd. *scult(ir)ra,* mndd. *schulder,* mndl. *sc(h)uder, scolder* aus wg. **skuldrō f.* ˊSchulterˋ, auch in ae. *sculdor m.* Die Etymologie ist mehrdeutig: Das Wort kann zu Bezeichnungen von krummen Körperteilen gehören (und damit zu der Sippe von *scheel*), bei denen aber kein in der Bedeutung ähnliches Wort auftaucht. Oder es ist (formal) eine Instrumentalbildung zu (ig.) **skel-* ˊgrabenˋ (gr. *skállein* ˊhacken, grabenˋ). In diesem Fall muß eine Bedeutungsübertragung zugrundeliegen: ˊSchaufelblattˋ zu ˊSchulterblattˋ. Verb: **schultern**. Nndl. *schouder,* ne. *shoulder.* − V. Machek *LP 7* (1959), 77 f.; Röhrich 3 (1992), 1415 f.

Schultheiß *m. obs.* (< 8. Jh.). Mhd. *schultheize,* ahd. *sculdheizo,* as. *skuldhētio* aus wg. **skuldi-hait-(j)ōn m.* ˊSchultheißˋ, auch in ae. *scyldhǣta f.,* afr. *skeltā(ta)*; mit vielen Vereinfachungen, z. B. nhd. *Schulze.* Ein alter Amtstitel (zu *Schuld* und *heißen*), vermutlich mit der Ausgangsbedeutung ˊder die Schuld (Leistung) anordnet, der die Pflichten festsetztˋ. Hoops (1911/19), IV, 144.

Schulze *m.* s. *Schultheiß.*

schummeln *sw V.* s. *beschummeln.*

Schummer *m. per. reg.* ´Dämmerung´ (< 18. Jh.). Aus dem Niederdeutschen übernommen (mndd. *schummer*). Wohl mit Vokalabwandlung zu *schimmern*. Adjektiv: **schummerig**.
A. Bretschneider in: Maurer/Stroh 3 (1943), 121.

Schund *m.* (< *16. Jh., Bedeutung < 18. Jh.). Die älteste Bedeutung ist ´Unrat, Kot´, so daß das Wort mit *schinden* ´abdecken´ in Verbindung gebracht werden kann, also: ´Abfall beim Abdecken, Kot´ (bei Adelung: bei den Gerbern ´das von der Haut geschabte Fleisch´), und dann die heutige Bedeutung.
Röhrich 3 (1992), 1416.

schunkeln *sw V. erw. fach.* (< 18. Jh.). Nasalierte Variante zu *schaukeln* (s. *Schaukel*).

Schupf *m.* s. *Schubs.*

Schupo *m. obs.* ´Polizist´ (< 19. Jh.). Abkürzung von *Schutzpolizist.*

Schuppe *f.* (< 10. Jh.). Mhd. *schuop(e)*, ahd. *scuoba*, mndd. *schove*. Ursprünglich von den Schuppen des Fischs, die abgeschabt werden, also eine dehnstufige Ableitung zu *schaben*. Verb: **schuppen**; Adjektiv: **schuppig**.
S. auch *Schubbejack.* – Lühr (1988), 301 f.

Schüppe *f.* s. *Schippe.*

Schuppen *m. erw. reg.* (< 16. Jh.). Übernommen aus mittel- und niederdeutschen Mundarten; die hochdeutsche Entsprechung ist *Schopf*, auch *Schupfen* (bair.). Vgl. ae. *scypen f.* ´Stall´ und *Schober* zur weiteren Verwandtschaft.
Lühr (1988), 238 f.; Röhrich 3 (1992), 1416.

Schur *f. erw. fach.* (< 14. Jh.). Spmhd. *schuor m.* Abstraktum zu *scheren*[1] mit Veränderung des Kurzvokals vor *r*.
Röhrich 3 (1992), 1416 f.

schüren *sw V.* (< 11. Jh.). Mhd. *schürn* ´das Feuer durch Stochern zum Auflodern bringen´. Herkunft unklar. Vielleicht zu mhd. *schürgen, schurgen*, ahd. *scurgen, scurgan* ´anstoßen, stoßen´ (das formal eine Erweiterung mit *g* sein müßte), vgl. ae. *scorian* ´zurückweisen´, mhd. *schorn* ´fortschieben, zusammenschieben´. Weitere Herkunft unklar. S. *schurigeln, Schurke.*

schürfen *sw V.* (< 9. Jh.). Mhd. *schür(p)fen*, ahd. *scurfen* ´aufschneiden, ausweiden´. Wohl zu ae. *sceorpan st V.* ´schaben, schneiden, schmerzen´. Da die Bedeutungen weit auseinanderfallen, ist eine etymologische Beurteilung unsicher. Letztlich wohl zu (ig.) **sker-* ´schneiden´ (s. *scheren*[1]); auf gleicher Wurzelstufe vielleicht mir. *cerbaim* ´ich schneide´.
S. *scharf, Scherbe, Scherflein, schroff.* – Seebold (1970), 415; Lühr (1988), 362 f.

schurigeln *sw V. per. reg.* ´quälen´ (< 17. Jh.). Vermutlich umgestaltet aus *schurgeln*, das als Iterativ zu *schürgen* ´stoßen´ (s. *schüren*) gehört.
Bahder (1925), 77; Röhrich 3 (1992), 1417.

Schurke *m.* (< 15. Jh.). Herkunft unklar; doch läßt sich vielleicht ahd. *fiur-scurgo* ´Feuerschürer´ (s. *schüren*) als Bezeichnung des Teufels damit in Verbindung bringen. Die Entwicklung des Auslauts wäre in diesem Fall ungewöhnlich, aber im Rahmen des Erklärbaren. Adjektiv: **schurkisch**; Abstraktum: **Schurkerei**.

Schurz *m.*, **Schürze** *f.* (< 14. Jh.). Spmhd. *schurz*; weiter verbreitet ist das Femininum (hochdeutsch erst seit dem 17. Jh.); mndd. *schorte*, mndl. *sc(h)orte*, ae. *scyrte f.* ´Hemd´, anord. *skyrta f.* (vielleicht aus dem Englischen entlehnt, sicher aber Ausgangspunkt für me. *skirt* ´Rock´). Substantivierungen zu dem Adjektiv g. **skurta-* ´kurz´, bezeugt in ahd. *scurz, scurt*, ae. *scort*; hierzu auch *schürzen*, mhd. *schürzen*, mndd. *schorten*, afr. *skerta*, ae. *scyrtan* ´kürzen´, speziell ´das Unterteil des Gewands in den Gürtel stecken, um es zu kürzen´. Sicher eine Erweiterung zu ig. **sker-* ´schneiden´; es gibt außergermanische Vergleichsmöglichkeiten auf gleicher Wurzelstufe, doch liegen sie in der Bedeutung so weit ab, daß ein Zusammenhang nicht naheliegt. Das Wort wird in neuerer Zeit metonymisch für ´Frau, Dienstmädchen´ verwendet, so etwa bei **Schürzenjäger**.
S. *scheren*[1], *Shorts.* – Heidermanns (1993), 503. Zu *Schürzenjäger* s. Röhrich 3 (1992), 1418.

Schüssel *f.* (< 9. Jh.). Mhd. *schüzzel(e)*, ahd. *scuzzila*, as. *skutala*. Wie ae. *scutel*, anord. *skutill m.* früh entlehnt aus l. *scutela* ´Trinkschale´, einer Verkleinerung zu l. *scutra* ´flache Schüssel´.
R. Hildebrandt *DWEB* 3 (1963), 367 f.; Röhrich 3 (1992), 1420.

schusseln *sw V. erw. reg.* ´hastig rennen, gleiten´ (< 19. Jh.). Wie **Schusser** ´Schnellkügelchen´ Intensivbildungen zu *schießen* bzw. zu *Schuß*. Nomen agentis: **Schussel**; Adjektiv: **schusselig**.

Schusser *m.* s. *schusseln.*

Schuster *m.* (< 13. Jh.). Vereinfacht aus mhd. *schuohsūtære, schuohsūter*, aus *Schuh* und dem Lehnwort mhd. *sū(s)ter*, ahd. *sūtāri, sūter*, ae. *sūtēre*, anord. *sútari* aus l. *sūtor* ´Flickschuster´. *Auf Schusters Rappen* für ´zu Fuß´ ist ein altes Scherzwort (17. Jh.), schon früher *der zwelfboten pfert rīten* ´das Pferd der Apostel reiten´ u.ä.
Röhrich 3 (1992), 1421 f.

Schute *f. per. ndd.* ´Schiff´ (< 13. Jh.). Ndd. *schūte*, mndl. *sc(h)ute*. Der Schiffstyp ist bezeugt seit dem 13. Jh. Herkunft unklar. Kaum zu *schießen*.

Schutt *m.* (< 15. Jh.). Rückbildung zu *schütten*. Zunächst für Aufschüttungen bei Befestigungen,

Anschwemmungen u. dgl., erst nachträglich für ´Trümmer, Abfall´. S. *Schotter*.
Röhrich 3 (1992), 1422 f.

schütteln *swV.* (< 11. Jh.). Mhd. *schütelen, schütteln*, ahd. *scutilon*. Iterativbildung zu *schütten*.

schütten *swV.* (< 8. Jh.). Mhd. *schüt(t)en*, ahd. *scutten*, as. *skuddian*, wie afr. *skedda* ein Ausdruck für heftige Bewegungen, wie ´stoßen, mit Schwung ausschütten u.ä.´. Eine Intensivbildung dazu ist *(er)schüttern*, eine Iterativbildung *schütteln*. Herkunft unklar. Semantisch kann einerseits eine Auslautvariante zu *schieben* und *schießen* vorliegen; andererseits steht l. *quatere* ´schütteln, erschüttern, stoßen´ sehr nahe (lautlich müssen hier aber bei einem Vergleich Zusatzannahmen gemacht werden). S. *Schutt, Schütterumpf, schützen*; zur lateinischen Verwandtschaft s. *diskutieren*.

schütter *Adj.* (< 11. Jh.). Mit Rundung aus mhd. *schiter(e)*, ahd. *sketari, skiteri* ´dünn´. Außergermanisch vergleichen sich ai. *chidrá-* ´durchlöchert´, gr. *skidarós* ´dünn, gebrechlich´ (Glossenwort) und vielleicht lett. *šķidrs* ´undicht´ (der altindische und der lettische Anlaut passen nicht zueinander). Weitere Herkunft unklar. Vielleicht zu (ig.) **skéi-d-* ´scheiden, trennen´ (s. *scheißen* und *scheiden*).
Heidermanns (1993), 498.

Schütterumpf *m. arch.* ´Korntrichter in der Mühle´ (< 17. Jh.). Zu *schütten* und *Rumpf*, das niederdeutsch die Bedeutung ´Korntrichter´ haben konnte. Im 17. Jh. (niederdeutsch) für eine Bahre, aus der Pestleichen ohne berührt zu werden, ins Grab geworfen werden konnten. Von Raabe in seinem Roman *Schüdderump* nach Vorbild italienischer Pestkarren als Leichenkarren aufgefaßt.

Schütz *n.* s. *schützen*.

Schütze *m.* (< 11. Jh.). Mhd. *schütze*, ahd. *scuzzo*, mndd. *schutte* aus wg. **skut-jōn m.* ´Schütze´, auch in ae. *scytta*, afr. *sketta*; anders gebildet ist anord. *skyti* (*n*-Stamm). Zu *schießen*. S. *ABC-Schütze*.

schützen *swV.* (< 14. Jh.). Spmhd. *schützen* ´dämmen, stauen, hindern´, daraus sekundär die heutige Bedeutung. Zusammen mit mndd. *schutten*, ae. *scyttan* Intensivbildung zu *schießen*. Die Bedeutungen dieser Untergruppe fallen stark auseinander. Eine Gruppe bildet mit *Schütz* ´bewegliches Mühlenwehr´, ndd. *Schott* (sowie mit einfachem Auslaut *Schoßgatter* ´Fallgatter, Schutzgatter in einem Gewässer u.ä.´) Bezeichnungen für Absperrungen, hauptsächlich von Wasser. Eine andere führt zu ´schützen´ und (ebenfalls sehr früh) ´vorschützen´. Einwirkung von *schütten* und evtl. einer Bildung (g.) **scutison* im Sinne von ´einen Schutzwall aufschütten´ sind nicht ausgeschlossen. Außerdem *schutzen* ´hochwerfen´, ndd. *schütten* ´pfänden u.ä.´. Die Einzelheiten bedürfen noch der Aufklä-

rung. Abstraktum: *Schutz*; Nominalbildung: *Schützling*; Partikelverb: *vorschützen*; Präfigierung: *beschützen*.
S. *schütten, verschütt gehen*. − Grundbegriffe 5 (1984), 831−862; Lühr (1988), 259 f.

schwabbeln *swV. per. reg.* (< 17. Jh.). Auch in hochdeutscher Form als *schwappeln*. Iterativbildung zu *schwappen*.

Schwabe *f. per. reg.* ´Küchenschabe´ (< 17. Jh.). Entsprechend venez. *sciavo* ´Slave´ (wohl älteste Bezeichnung dieser Art), sonst nhd. auch *Russe*, russ. *prusák* ´Preuße´, poln. *francuz* ´Franzose´, poln. *prusak* ´Preuße´. Woher der Anstoß für diese spöttische Bezeichnung mit Völkernamen kommt, ist unklar.
Tiernamen (1963−1968), 51 f.; W. Pfeifer: Schabe (Berlin 1965), 38 f.; Röhrich 3 (1992), 1423−1425.

schwach *Adj.* (< 13. Jh.). Mhd. *swach*, mndd. *swack*, mndl. *swac*. Vgl. mndd. *swaken, sweken* ´schwach werden, schwanken´, norw. (dial.) *svag(r)a* ´schwanken, schlenkern´, also eigentlich ´biegsam, schwankend u.ä.´. Ähnlich *schwanken* und *schwingen*, sonst keine genaue Vergleichsmöglichkeit. Abstrakta: *Schwäche, Schwachheit*; Verb: *schwächen*; Modifikation: *schwächlich*.
Nndl. *zwak*. − Lühr (1988), 167; Heidermanns (1993), 571; Röhrich 3 (1992), 1425 f.

Schwade *f. erw. reg.* (< 13. Jh.). Mhd. *swadem m./f.*, mndd. *swade*, mndl. *swade*. In der Bedeutung abweichend afr. *swethe, swithe* ´Grenze´, ae. *swaþu* ´Stapfe, Spur, Pfad´, anord. *svǫðusár* ´Streifwunde´, anord. *svað n.* ´schlüpfrige Stelle´. Herkunft unklar. Nndl. *zwade*.

Schwaden *m.* (< 14. Jh.). Mhd. *swadem*, mndd. *swadem, swaden*; vgl. ae. *swaþul* ´Flamme, Glut´. Zu ahd. *sweden* ´wärmen´ und ahd. *swedan stV.* ´verbrennen´ (das aber ganz unsicher bezeugt ist). Vielleicht weiter zu anord. *svíða* ´brennen, braten´.
Seebold (1970), 496.

Schwadron *f. erw. fach.* (die kleinste Einheit der Kavallerie) (< 17. Jh.). Entlehnt aus it. *squadrone*, eigentlich ´großes Viereck´, einer Augmentativbildung zu it. *squadra* ´Viereck´, aus l. *quadrum n.*, zu l. *quattuor* ´vier´. Ursprünglich so bezeichnet als ´im Viereck aufgestellte Mannschaft´. Davon *schwadronieren* ´planlos um sich schlagen´. In der Bedeutung ´lebhaft und wortreich erzählen´ unter Einfluß von d. *schwaderen* ´viel schwatzen´.
S. *Quadrant*. − DF 4 (1978), 93−95; Röhrich 3 (1992), 1426.

schwadronieren *swV. erw. fremd.* ´lebhaft und wortreich erzählen, mit dem Degen wild, planlos um sich hauen, eine Schar bilden, umherziehen´ (< 18. Jh.). Zu *Schwadron*.

schwafeln *swV. stil.* (< 19. Jh.). Zunächst mundartliches Wort in verschiedenen Varianten. Herkunft unklar.

Schwager *m.* (< 8. Jh.). Mhd. *swāger*, ahd. *swāgur*, *swāger*, mndd. *swager*. Zugehörigkeitsbildung mit Vriddhi (Dehnstufe) zu *Schwäher*, Bedeutung also ´Sohn des Schwiegervaters´. Die vorwiegend studentische Bedeutungsausweitung beginnt mit ´Bruder der Geliebten´, wird dann zur Anrede für Nichtstudenten, speziell zur Bezeichnung des Postillons. Präfixableitung: *verschwägern*.
F. Debus *DWEB* 1 (1958), 52−57; Darms (1978), 7−12; Röhrich 3 (1992), 1426.

Schwäher *m. obs.* ´Schwiegervater´ (< 9. Jh.). Mhd. *sweher*, ahd. *swehur*, *sweger*, *swēr*, mndl. *sweer* aus g. **swehura-* m. ´Schwiegervater´, auch in gt. *swaihra* (das allerdings von der femininen Entsprechung beeinflußt ist), aschw. *svēr*, ae. *swēor* m./f., afr. in *swiāring* ´Schwiegersohn u. a.´. Dieses aus ig. **swékuro-* m. ´Schwiegervater´, auch in ai. *śvásura-*, gr. *hekyrós*, l. *socer*, kymr. *chwegrwn* (vom Femininum beeinflußt), lit. *šẽšuras*, akslav. *svekrŭ*. Das entsprechende Femininum siehe unter *Schwieger*. Weitere Herkunft unklar. Durch den Zusammenfall von *Schwäher* und *Schwieger* in einigen Mundarten werden Verdeutlichungen üblich, die dann als *Schwiegervater* und *Schwiegermutter* die alten Formen verdrängen.
E. Risch *MH* (1944−47), 115; F. Debus *DWEB* 1 (1958), 18−24; Benveniste (1969/1993), 195−197; Szemerényi (1977), 63−67; Müller (1979), 121−179; A. Pârvulescu *IF* 94 (1989), 67−88.

Schwaige *f. per. oobd.* ´Viehhof´ (< 11. Jh.). Mhd. *sweig(e)*, ahd. *sweig(a)*. Herkunft unklar.

Schwalbe *f.* (< 9. Jh.). Mhd. *swalwe*, *swalbe*, ahd. *swalawa*, *swalbe*, as. *swala* (mndd. *swale* m./f., mndl. *swaluwe*, *zwaluwe* u.ä.) aus g. **swalwōn* f. ´Schwalbe´, auch in anord. *svala*, ae. *swealwe*, afr. *svala*. Weitere Herkunft unklar; vielleicht zu einem Wort für ´Gabel´ wegen der Form des Schwanzes. Nndl. *zwaluw*, ne. *swallow*, nschw. *svala*, nisl. *svala*.
W. B. Lockwood *Fróðsskaparrit* 30 (Tórshavn 1982), 105 f.; Röhrich 3 (1992), 1426−1428.

Schwalch *m. arch.* ´Öffnung des Schmelzofens´ (< 13. Jh.). Aus mhd. *swalc(h)* ´Schlund´ zu *schwelgen*.

schwalken *swV. per. wndd.* ´dampfen, rauchen´ (< 19. Jh.). Weiterbildung zu *schwelen*.

Schwall *m.* (< 13. Jh.). Mhd. *swal*. Die Ausgangsbedeutung ist ´Höhe´, dann ´hohes Wasser (u.ä.)´. Damit zu *schwellen*.

Schwamm *m.* (< 8. Jh.). Mhd. *swam*, ahd. *swam(p)*, *swamme*, mndd. *swam(p)*; vgl. gt. *swamm*, anord. *sopper*, *svǫppr* (Auslaut untypisch) ´Ball´, ae. *swamm*. Lautlich genau ließe sich vergleichen gr. *somphós* ´schwammig, locker´; doch ist in Anbetracht des lautlich ähnlichen gr. *spóngos* ´Schwamm´, l. *fungus* ´Pilz´, die als Lehnwörter aus einer unbekannten Sprache gelten, nicht mit einem

Erbwort zu rechnen. Adjektiv: *schwammig*. S. *aufschwemmen*, *Schwammerl*.
Zur Möglichkeit einer frühen Entlehnung des Wortes ins Finnische s. J. Koivulehto *Journal de la Société Finno-ougrienne* 84 (1992), 173−178; zu einem zugehörigen kartvelischen Wort s. G. A. Klimov in *FS Polomé* (McLean, 1, 1991), 111−116; Röhrich 3 (1992), 1429.

Schwammerl *n. per. oobd.* ´Pilz´ (< 20. Jh.). Diminutivform zu *Schwamm*, in der die alte Nebenbedeutung ´Pilz´ sich gehalten hat.

Schwan *m.* (< 9. Jh.). Mhd. *swan(e)*, ahd. *swan(o)*, as. *swan* aus g. **swana-* m. ´Schwan´, auch in anord. *svanr*, ae. *swan*. Vermutlich benannt nach seinem Geschrei (evtl. zunächst nur auf den Singschwan bezogen) zu ig. **swen-* ´tönen´ in ai. *svan-* ´tönen´, l. *sonus* ´Schall´, air. *sennim* ´Spielen, Tönen´, air. *senn-* ´ein Instrument spielen, Musik machen´, ae. *swin(n)* ´Musik, Gesang´. Nndl. *zwan*, ne. *swan*, nschw. *svan*, nisl. *svanur*.
W. B. Lockwood *Fróðsskaparrit* 30 (Tórshavn 1982), 106−108; Röhrich 3 (1992), 1429 f.

schwanen *swV. erw. stil.* (< 16. Jh.). Zunächst vor allem bei lateinkundigen Schriftstellern. Deshalb ist die naheliegende Erklärung einer falschen Ablösung von *es wānet mir* (*es* Genetiv) zu *wähnen* (s. *Wahn*) wohl nicht zutreffend, sondern mit einem Humanistenscherz (l. *olor* ´Schwan´ − l. *olēre* ´riechen´, auch ´etwas wittern, voraussahnen´) zu rechnen. Die Wendung *Schwansfedern bekommen* in gleicher Bedeutung baut wohl nur das Bild aus.
S. Singer *ZDW* 3 (1902), 234; A. Lindquist *BGDSL* 38 (1913), 329−333; A. Lindquist *BGDSL* 39 (1914), 398−402; W. Krogmann *IF* 64 (1958), 34−38.

Schwanengesang *m. bildg.* ´letzte Dichtung eines Dichters´ (< 16. Jh.). Der Ausdruck beruht auf dem seit der Antike (Aischylos, *Agam.* 1444) bezeugten Glauben, der Schwan singe bei seinem Tod.
Röhrich 3 (1992), 1430 f.

Schwang *m.* (< 11. Jh.). Mhd. *swanc*, ahd. *(hin-a-)swanch*, mndd. *swank*, mndl. *swanc* aus wg. **swangwi-* m. ´Schwung´, auch in ae. *sweng*, afr. *swang*, *sweng*. Abstraktbildung zu *schwingen*. Heute nur noch in festen Wendungen (*im Schwang(e) sein* usw.). Die Form mit Auslautverhärtung hat sich in *Schwank* durchgesetzt, dessen Bedeutung sich ähnlich wie *Streich* verschoben hat.
Röhrich 3 (1992), 1431.

schwanger *Adj.* (< 8. Jh.). Mhd. *swanger*, ahd. *swangar*, mndd. *swanger* aus wg. **swangra-* Adj. ´schwer, schwerfällig´, auch in ae. *swangor* ´schwer, schwerfällig´. Außergermanisch vergleicht sich wohl lit. *sunkùs* ´beschwerlich´ zu lit. *suñkti* ´schwer werden´. Die morphologischen und semantischen Einzelheiten sind aber nicht ausreichend geklärt. Verb: *schwängern*; Abstraktum: *Schwanger-schaft*.

G. Cohen *CoE* 1,2 (1971), 1; Heidermanns (1993), 572 f.

Schwank *m.* (< *11. Jh., Bedeutung < 15. Jh.). Die Bedeutung ist zunächst 'Schwung, Hieb', dann entsprechend zu *Streich* 'Possen' und schließlich 'Erzählung eines Streichs' und allgemein 'lustige Geschichte'.

Heidermanns (1993), 573; Röhrich 3 (1992), 1431.

schwank *Adj. arch.* 'schwankend, beweglich, dünn' (< 14. Jh.). Mhd. *swanc*, mndd. *swank*, vgl. ae. *swancor* 'geschmeidig' und mit Auslautvariation anord. *svangr* 'dünn, schmal, verhungert'. Außergermanisch vergleicht sich vielleicht air. *seng* 'eng, schlank'. Weiter zu *schwach, schwingen, schwanken* mit unterschiedlichem Wahrscheinlichkeitsgrad.

Heidermanns (1993), 573.

schwanken *sw V.* (< 14. Jh.). Spmhd. *swanken*, mndl. *swanken*. Wie *schwenken* abgeleitet von *schwank*. Heute ist *schwanken* intransitiv, *schwenken* transitiv, doch hat sich dieser Unterschied erst allmählich herausgebildet. Abstraktum: *Schwankung*. S. auch *schwach, Schwanz, Sumpf*.

Schwanz *m.* (< 13. Jh.). Mhd. *swanz*. Rückbildung zu mhd. *swanzen*, das (als *swankezen*) eine Intensivbildung zu *schwanken* (oder evtl. *schwingen*) ist. Ausgangsbedeutung ist also 'was sich hin- und herbewegt' (zunächst etwa auch von der Schleppe eines Kleides u.ä. gesagt). S. *schwanken, schwänzen*.

Röhrich 3 (1992), 1431 f.

schwänzen *sw V. stil.* 'dem Unterricht u.ä. fernbleiben' (< 18. Jh.). In der Studentensprache aufgekommen durch Spezialisierung aus *schwänzen* 'bummeln'. Dieses stammt aus dem Rotwelschen, in dem mhd. *swanzen, swenzen* (s. *Schwanz*) aus 'hin- und herbewegen' zu 'schlendern, gehen, über Land gehen' geworden war.

Wolf (1985), 304; Röhrich 3 (1992), 1432.

schwappen *sw V.* (< 16. Jh.). Erscheint zusammen mit der Interjektion *schwapp*; vermutlich beeinflußt von *schweben*. S. auch *schwabbeln*.

schwären *sw V.*, früher *st V., obs.* (< 10. Jh.). Mhd. *swern*, ahd. *sweran*, mndl. *sweren*. Außergermanisch vergleichen sich vereinzelte Bildungen, die hier angeschlossen werden können: avest. *x^vara-* 'Wunde, Körperverletzung', kslav. *chyra* 'Gebrechlichkeit, Krankheit', air. *serb*, kymr. *chwerw* 'bitter, scharf'. Nndl. *zweren*. S. *Geschwür, schwierig*.

Schwarm *m.* (< 9. Jh.). Mhd. *swarm*, ahd. *swarm*, as. *swarm*, aus g. **swarma- m.* 'Bienenschwarm, Taumel u.ä.', auch in anord. *svarmr*, ae. *swearm*. Abgeleitet von einer mit *schwirren* ähnlichen Schallwurzel. In der Bedeutung 'Idol, Ange-

betete(r)' ist *Schwarm* eine Rückbildung zu *schwärmen*.

Röhrich 3 (1992), 1432 f.

schwärmen *sw V.* (< 11. Jh.). Mhd. *swarmen, swermen*, ahd. *swermen*, zunächst vor allem von den Bienen gesagt (und damit zu *Schwarm* gehörig). In der Reformationszeit wird so das Auftreten der überhand nehmenden und aufdringlichen Sektierer genannt, ebenso werden diese als *Schwärmer, Schwarmgeister* u.ä. bezeichnet. Aus diesem Zusammenhang bekommt das Verb die Bedeutung 'sich auf wirklichkeitsferne Weise für etwas begeistern', im heutigen Sinn etwa seit dem 18. Jh. Noch jünger ist die Übertragung auf Personen ('schwärmerisch verehren').

Röhrich 3 (1992), 1433.

Schwarte *f.* (< 14. Jh.). Mhd. *swart(e)*, mndd. *swarde, swarte*, mndl. *swaerde* aus g. **swardu- m.* 'Schwarte', auch in anord. *svǫrðr*, ae. *sweard*, afr. *swarde f.* Die Bedeutung ist zunächst 'behaarte Kopfhaut', dann auch die 'Schwarte am Speck u.ä.'. Seit dem 17. Jh. auch für alte Bücher (nach dem ursprünglichen Ledereinband). Das Femininum nur kontinental, wohl durch Umbildung der Flexionsklasse. Weitere Herkunft unklar. Nndl. *zwoord*, ne. *sward*, nisl. *svörður*.

M. Lemmer *Sprachpflege* 37 (1988), 79 f.; Röhrich 3 (1992), 1433 f.

schwarz *Adj.* (< 8. Jh.). Mhd. *swarz*, ahd. *swarz*, as. *swart* aus g. **swarta- Adj.* 'schwarz', auch in gt. **swarts* (in *swartizl* 'Tinte'), anord. *svartr*, ae. *sweart*. Eine schwundstufige Bildung liegt wohl vor in anord. *sortna* 'schwarz werden u.ä.'. Außergermanisch vergleicht sich vielleicht l. *sordēs* 'Schmutz', l. *sordidus* 'schmutzig u.ä.'. Weitere Herkunft unklar. Zu *schwarz* 'heimlich, illegal' s. *schwärzen²*. Abstraktum: *Schwärze*; Verb: *schwärzen¹*; Modifikation: *schwärzlich*.

Nndl. *zwart*, ne. *swart*, nschw. *svart*, nisl. *svartur*. — Schwentner (1915), 4–14; *RGA* 8 (1991), 209; Heidermanns (1993), 574 f.; Röhrich 3 (1992), 1434–1437.

schwärzen² *sw V. arch.* 'schmuggeln' (< 18. Jh.). Offenbar aus dem Rotwelschen, in dem im 18. Jh. *Tobacksschwarzer* 'Tabakschmuggler' bezeugt ist. Gemeint ist mit *schwarzen, schwerzen* offenbar 'etwas bei Nacht tun' (zu *swerze* 'Nacht' im Rotwelschen des 14. Jhs.). Auf neuere Verhältnisse übertragen erscheint das Adjektiv in *schwarzer Markt, Schwarzschlachtung, Schwarzarbeit* u.ä. auch allgemein *schwarz* für 'illegal erstanden' u.ä.

Röhrich 3 (1992), 1438.

schwatzen *sw V.*, **schwätzen** *sw V.* (< 15. Jh.). Herkunft unklar. Ähnlich sind mhd. *swateren* 'rauschen, klappern' und spmhd. *swetzen, swatzen* 'plaudern'. Abstraktum: *Schwatz, Geschwätz*; Nomen agentis: *Schwätzer*.

schweben *swV.* (< 8. Jh.). Mhd. *sweben*, ahd. *sweben*, mndd. *sweven*, mndl. *sweven* aus wg. **swib-ǣ-swV.* ˌschwebenˈ, auch in ae. *forþswebbian, forþswefian* ˌGlück habenˈ. Wohl Durativum zu einem Verb, das sich weder lautlich noch semantisch genau fassen läßt. Vgl. ahd. *swebōn* ˌwogen, bewegen, rollenˈ, anord. *svifa*, ae. *swīfan stV.* ˌumherschweifenˈ, afr. *swīvia* ˌschweifen, schwankenˈ. Ähnliche Bedeutungen auf einer Grundlage (ig.) **swei-* sind auch sonst zu finden. Vgl. im Deutschen *Schweif, schweifen.*

Nndl. *zweven.* S. auch *schwappen.* − Seebold (1970), 484 f.

Schwede *f. arch.* ˌWundpflasterˈ (< 9. Jh.). Mhd. *swede f./n.(?)*, mndd. *swede*; daneben ahd. *swedil m.(?)*, ae. *sweþel m.* ˌBinde, Wickelˈ, zu ae. *sweðian* ˌbinden, einwickelnˈ. Weitere Herkunft unklar.

Röhrich 3 (1992), 1438 f.

Schwefel *m.* (< 9. Jh.). Mhd. *swebel, swevel,* ahd. *swebal, sweval,* as. *sweƀal*; entsprechend ae. *swef(e)l,* gt. *swibls.* Gehört ersichtlich zu l. *sulphur n.* gleicher Bedeutung, doch ist es wohl müßig, eine voreinzelsprachliche Ausgangsform zu rekonstruieren (**swelplos* o.ä.). Die Wörter dürften aus einer unbekannten Sprache entlehnt sein. Verb: *schwefeln*; Adjektiv: *schwefelig.*

Schwefelbande *f. per. reg.* (< 18. Jh.). In Leipzig und Halle Name einer als roh berüchtigten Studentenverbindung. Auch Spottwort für nichtschlagende Verbindungen. Benennungsmotiv unklar.

A. Götze *ZDW* 8 (1906), 102 f.; Ladendorf (1906), 283 f.

Schwegel *f. arch.* ˌFlöteˈ (< 8. Jh.). Mhd. *swegel(e)*, ahd. *swegala, swegel.* Vergleichbar sind ae. *swegelhorn* und gt. *swiglon* ˌpfeifenˈ, gt. *swiglja* ˌPfeiferˈ. Herkunft unklar.

Schweif *m. stil.* (< 9. Jh.). Mhd. *sweif* ˌSchwingen, Schwungˈ (Verbalabstraktum zu *schweifen*) mit verschiedenen Sonderbedeutungen, von denen sich ˌSchwanzˈ durchgesetzt hat. Die omd. Form *Schwof* hat sich im 19. Jh. als salopper Ausdruck für ˌTanzˈ eingebürgert. Vgl. auch *ohne Umschweife* ˌgeradeaus, geradenwegsˈ (ohne Hin- und Herbewegen). S. *schweben.*

schweifen *swV.*, früher *stV.* (< 8. Jh.). Mhd. *sweifen*, ahd. *sweifen*, as. *swēpan* aus g.**swaip-a- stV.* (reduplizierend) ˌschwingenˈ, auch in anord. *sveipa* (mit verschiedenen Nebenformen), ae. *swāpan*, afr. *swēpene* ˌdas Fegenˈ. Neben anderen Wörtern mit ähnlicher Bedeutung auf einer Grundlage (ig.) **swei-* (avest. *xšuaēƀa-* ˌschnellend, schwingendˈ, lett. *svàipît* ˌpeitschenˈ), aber ohne genauere Vergleichsmöglichkeit.

Ne. *swoop.* S. *schweben, Schweif.* − Seebold (1970), 479 f.

schweigen *stV.*, früher *swV.* (< 8. Jh.). Mhd. *swīgen*, ahd. *swīgēn*, as. *swīgon* aus wg. **swīg-ǣ-swV.* ˌschweigenˈ, auch in ae. *swigian.* Altes Durativum, neben dem in ahd. *gisweigen*, mhd. *sweigen* ˌzum Schweigen bringenˈ ein Kausativum bezeugt ist. Vermutlich zu ahd. *swīnan* ˌverschwinden, abnehmenˈ, aber ohne weitere Vergleichsmöglichkeit (gr. *sīgḗ* ˌSchweigenˈ ist lautlich auf jeden Fall unklar). Präfigierung: *verschweigen.*

S. *beschwichtigen, geschweige.* Nndl. *zwijgen.* − J. Knobloch in: *FS Ölberg* (1987), 11−14; Heidermanns (1993), 576 f.; Röhrich 3 (1992), 1439−1441.

Schwein *n.* (< 8. Jh.). Mhd. *swīn*, ahd. *swīn*, as. *swīn* aus g. **swīna- n.* ˌSchweinˈ, auch in gt. *swein*, anord. *svín*, ae. *swīn*, afr. *swīn*. Eine Erweiterung (Zugehörigkeitsbildung) zu *Sau*, vergleichbar mit l. *suīnus*, akslav. *svinŭ* ˌschweinernˈ. Die Bedeutungsentwicklung ist über ˌzum Schwein gehörigˈ − ˌFerkelˈ − ˌSchweinˈ gegangen. *Schwein haben* ˌGlück habenˈ geht vielleicht auf den Brauch zurück, dem Schlechtesten bei einem Schützenfest oder Wettrennen ein Schwein als Trostpreis zu geben. Adjektive: *schweinisch, schweinern*; Abstraktum: *Schweinerei.*

Nndl. *zwijn*, ne. *swine*, nschw. *svin*, nisl. *svín.* − Kluge (1926), 30 f.; H. Rosenfeld *AK* 52 (1970), 66 f.; Röhrich 3 (1992), 1441−1444.

Schweinigel *m. erw. stil.* (< 17. Jh.). Volkstümliche Bezeichnung mancher Igel nach der Form der Schnauze (gegenüber *Hundsigel*); heute vorwiegend als Schimpfwort gebraucht.

Schweiß[1] *m.* ˌAusdünstungˈ (< 9. Jh.). Mhd. *sweiz*, ahd. *sweiz*, as. *swēt* aus wg. **swaita- m.* ˌSchweißˈ, auch in ae. *swāt n.*, afr. *swēt*; daneben als *n*-Stamm anord. *sveiti.* Aus ig. **swoid-/sweid-* in ai. *svéda-*, gr. *hīdos n.*, l. *sūdor*, kymr. *chwys*, lett. *sviēdri.* Zu dem unter *schwitzen* behandelten Primärverb. Nndl. *zweet*, ne. *sweat*, nschw. *svett*, nisl. *sveita.* S. *schwitzen, Sweater.*

Röhrich 3 (1992), 1444.

Schweiß[2] *m. per. fach.* ˌBlutˈ (< 13. Jh.). In den Formen gleich wie *Schweiß*[1], bezeugt im Nordischen, Englischen und der deutschen Weidmannssprache. Hierzu *Schweißwurst* ˌBlutwurstˈ, *Schweißhund* ˌJagdhundˈ. Ein Bedeutungsübergang läßt sich nicht ohne weiteres ansetzen; deshalb ist es beachtlich, daß auch das Griechische ein zweites Wort für ˌBlutˈ hat, das mit dem germanischen Wort teilweise übereinstimmen könnte, nämlich gr. *haîma n.*, das auf (ig.) **swai-men-* zurückgehen könnte (es gibt allerdings keine positiven Hinweise für diesen Anlaut). Auch die weitere Herkunft wäre unklar.

S. *Anämie.* − Silfwerbrand (1958), 90−94.

schweißen *swV. erw. fach.* ˌMetallstücke in Weißglut verbindenˈ (< 9. Jh.). Mhd. *sweizen*, ahd. *sweizen* ˌbraten, röstenˈ. Hierzu vielleicht mit Auslautvariation anord. *svíða stV.* ˌbrennen, bratenˈ; ferner avest. *xᵛaēna-* ˌglühend (von Metall)ˈ. Ein weiterer Anschluß an *Schweiß*[1] und *schwitzen* ist denkbar, liegt aber nicht nahe. Nomen agentis: *Schweißer.*

Schweizer *m. per. fach.* (< 14. Jh.). Spmhd. *swīzer* wird außer der Bezeichnung für die Einwohner der Schweiz auch für verschiedene Berufe, für die die Schweizer bekannt waren, verwendet: ʿTürhüter (beim Papst)ʾ (16. Jh.), ʿBeaufsichtiger der Küheʾ (17. Jh.), vgl. **Stallschweizer** u.ä. Zum Ländernamen *Schweiz*.

Schweizerdegen *m. per. fach.* (< 16. Jh.). Zunächst ʿzweihändiges Schwert der Schweizer Söldnerʾ, danach im 18. Jh. übertragen auf einen ʿSchriftsetzer, der zugleich drucken kannʾ.

schwelen *sw V.* (< 18. Jh.). Ins Hochdeutsche übernommen aus ndd. *swelen*, mndd. *swelen*. Vergleichbar sind ae. *swelan (st V.?)* ʿschwärenʾ, ahd. *erswelan (st V. ?)* ʿwarm werdenʾ, ahd. *swilizon* ʿbrennenʾ, ae. *swǣlon* ʿversengen, verbrennenʾ, anord. *svǣla* ʿdurch Rauch erstickenʾ. Außergermanisch vergleichen sich lit. *svelti* ʿsengen, schwelenʾ, gr. *hélios* ʿSonne(nhitze)ʾ. Weiter vielleicht zu dem *l*-Stamm von *Sonne*. Als Erweiterung vgl. *schwalken*.
S. *schwül.* – Seebold (1970), 488.

schwelgen *sw V.*, früher *st V. stil.* (< 8. Jh.). Mhd. *swelgen, swelhen,* ahd. *swelgan, swelahan,* mndd. *swelgen, swelligen,* mndl. *swelgen* aus g. **swelg-a- st V.* ʿverschlingenʾ, auch in anord. *svelga,* ae. *swelgan.* Falls die deutschen Nebenformen mit *lh* alt sind, ist der grammatische Wechsel weitgehend verallgemeinert worden. Es kann aber auch sein, daß allgemein *lg* zugrundeliegt und die deutschen Formen mit *lh* auf unregelmäßiger Variation beruhen. Keine genauen Vergleichsmöglichkeiten. Eine unerweiterte Grundlage könnte vorliegen in avest. *xᵛaraiti* ʿgenießt, verzehrt, ißt, trinktʾ. Die heutige Bedeutung entstand im Frühneuhochdeutschen aus ʿunmäßig essen und trinkenʾ. Nomen agentis: **Schwelger**; Adjektiv: **schwelgerisch**.
Nndl. *zwelgen*, ne. *swallow*, nschw. *svälja*, nisl. *svelgja*. S. *Schwalch.* – Seebold (1970), 488 f.

Schwelle *f.* (< 9. Jh.). Mhd. *swelle,* auch *n.,* ahd. *swelli n., swella* als Bezeichnung verschieden verwendeter Balken. Daneben mit anderer Ablautstufe anord. *svill,* ae. *syll,* mndd. *sul(le), sille m.,* auch anord. *svalar Pl.* ʿBalkonʾ. Herkunft unklar. Bezeichnungen für ʿBalken u.ä.ʾ beruhen mehrfach auf einer Grundlage (ig.) **sel-*, zu der das germanische Wort reimen würde. Gr. *sélma n. Pl.* ʿBalkenʾ ist lautlich unklar.
Röhrich 3 (1992), 1444 f.

schwellen *st V.* (< 8. Jh.). Mhd. *swellen,* ahd. as. *swellan* aus g. **swell-a- st V.* ʿschwellenʾ, auch in anord. *svella,* ae. *swellan,* afr. *swella*; gt. in *ufswalleins* ʿAufgeblasenheit, Hochmutʾ. Herkunft unklar. Ansprechend wäre ein Vergleich mit l. *insolēscere* ʿschwellen, unverschämt werdenʾ. Das zugehörige Kausativ **schwellen** *sw V.* etwa in **aufschwellen**, **mit geschwellter Brust** u. a.

Nndl. *zwellen*, ne. *swell*, nschw. *svälla*, nisl. *svella*. S. *Geschwulst, Schwall, Schwiele, Schwulst.* – Seebold (1970), 489 f.

schwemmen *sw V.* (< 14. Jh.). Spmhd. *swemmen,* mndd. *swemmen, swommen, swummen st V./sw V.,* mndl. *swemmen.* Wie ae. *swemman* ein Kausativum zu *schwimmen*; Ausgangsbedeutung also ʿschwimmen lassenʾ. Abstraktum: **Schwemme**; Präfigierung: **überschwemmen**. Bei der Bedeutung von **aufschwemmen** hat wohl das unverwandte Wort *Schwamm* mitgewirkt.
Röhrich 3 (1992), 1445 f.

Schwende *f. arch.* ʿRodungʾ (< 11. Jh.). Mhd. *swende,* ahd. *swendi.* Rückbildung zu mhd. *swenden* ʿdurch Absterbenlassen der Bäume rodenʾ, ahd. *-swenten* ʿvernichtenʾ. Kausativum zu *schwinden*.

Schwengel *m.* (< 14. Jh.). Spmhd. *swenkel,* mndd. *swengel,* mndl. *swengel.* Instrumentalbildung zu mhd. *swengen* (dafür in der Regel *swenken*, s. *schwenken*), Kausativum zu *schwingen*. Also ʿetwas, das zum Schwingen gebracht wird, oder das schwingtʾ. Nndl. *zwengel.* S. *Galgenschwengel, Ladenschwengel.*

schwenken *sw V.* (< 8. Jh.). Mhd. *swenken,* ahd. *swenken,* mndl. *swenken* ʿschwankenʾ, mndd. *swengen.* Wie ae. *tōswengan* ʿzerstreuenʾ, afr. *swanga, swinga, swenga* ʿbegießenʾ, gt. *afswaggjan* ʿverzweifelnʾ Kausativum zu *schwingen* mit unregelmäßiger Auslautentwicklung. Vermutlich ist ein Faktitivum zu dem Adjektiv mndd. *swanc* (s. *schwanken*) mit dem Wort vermischt worden. Nomen instrumenti: **Schwenker**. Nndl. *zwenken.* S. *Schwengel, schwingen.*

schwer *Adj.* (< 8. Jh.). Mhd. *swāre, swære,* ahd. *swāri,* as. *swār* aus g. **swēra- Adj.* ʿschwer, gewichtigʾ (sekundär auch *ja*-Stamm), auch in gt. *swers* ʿgeachtetʾ, anord. *svár,* ae. *swǣre,* afr. *swēr* ʿschwerʾ. Außergermanisch vergleicht sich lit. *svarùs* ʿschwerʾ zu lit. *sveřti* ʿwägen, wiegenʾ und evtl. russ. *osvér* ʿHebelʾ; vielleicht auch mit Anlautvariation l. *sērius* ʿernsthaftʾ. Weitere Herkunft unklar – ein Anschluß an gr. *aeírein* ʿemporhebenʾ (vgl. ne. *heavy* zu *heben*) wäre verlockend. Abstraktum: **Schwere**; Präfixableitung: **beschweren**; Adverb: **schwerlich**.
Nndl. *zwaar*, nschw. *svår.* S. *schwierig.* – H. Blosen u. a.: *Schwer und schwierig.* (Heidelberg 1987); Heidermanns (1993), 578 f.; Röhrich 3 (1992), 1446 f.

Schwerenöter *m. obs.* (< 18. Jh.). Die *schwere Not* ist zunächst wörtlich zu nehmen (etwa als Geburtswehen), wird dann aber zu einer Bezeichnung der Fallsucht (Epilepsie). Da man dieses Leiden nach der Volksmeinung anwünschen konnte, sind Verwünschungen, die die *schwere Not* über jemanden bringen (oder sie nur nennen) verhältnismäßig häufig. Deshalb *schwerenötern* ʿfluchenʾ und *Schwerenöter* am ehesten ʿjmd., der die ganze Zeit flucht'. Als Schimpfwort wird das Wort aber ganz gleichwertig verwendet wie *Schwerenot* (also etwa 'daß dich die Schwerenot treffe'). Wie viele extreme Schimpfwörter verliert auch dieses seine Kraft und wird heute in der Regel als Bezeichnung für jemanden verwendet, der gerne mit dem weiblichen Geschlecht anbändelt.

Ladendorf (1906), 284.

Schwert *n.* (< 8. Jh.). Mhd. *swert*, ahd. *swert*, as. *swerd* aus g. **swerda- n.* 'Schwert', auch in anord. *sverð*, ae. *sweord*, afr. *swerd* (gt. statt dessen *hairus*). Herkunft unklar. Vielleicht zu avest. *xᵛara- m.* 'mit einer Waffe zugefügte Wunde'.

Nι dl. *zwaard*, ne. *sword*, nschw. *svärd*, nisl. *sverð.* − W. Krogmann *ZVS* 59 (1932), 204; Röhrich 3 (1992), 1447−1449.

Schwertel *m. per. fach.* (< 10. Jh.). Mhd. *swertel(e) f.*, ahd. *swertala, swertella, swertil f.*, as. *swerdula f.* (Name verschiedener Pflanzen mit schmalen spitzen Blättern). Bezeichnung wohl in Anlehnung an l. *gladiolus* 'Schwertchen' (Pflanzenname).

H. Marzell 2 (1972), 691 f.

Schwester *f.* (< 8. Jh.). Mhd. *swester*, ahd. *swester, soster*, as. *swestar* aus g. **swester- f.* 'Schwester', auch in gt. *swistar*, anord. *systir* (Umlaut aus dem Plural und Formen mit *e* in der Folgesilbe), ae. *sweostor*. Mit *t*-Einschub zwischen *s* und *r* aus ig. **swesor-*, auch in ai. *svásar-*, toch. A *ṣar*, toch. B *ṣer*, gr. *éor* 'Tochter, Verwandte' (Glossenwort), l. *soror*, air. *siur*, kymr. *chwaer*, lit. *sesuõ*, akslav. *sestra*. Weitere Herkunft unsicher (**swe-sor* zu ig. **esōr* 'Frau' als 'Frau der eigenen Großfamilie' ist denkbar). Adjektive: **schwesterlich, verschwistert**.

Nndl. *zuster*, ne. *sister* (entlehnt), nschw. *syster*, nisl. *systir*. S. *Cousin, Geschwister.* − E. Risch *MH* 1944−1947, 117 f.; Benveniste (1969/1993), 168 f.; Szemerényi (1977), 32−47; N. Oettinger *IF* 91 (1986), 125; A. Pârvulescu *IF* 94 (1989), 67−88; O. Carruba in *FS Polomé* 1 (McLean 1991), 155−181.

Schwibbogen *m. arch.* 'bogenförmige Wölbung' (< 9. Jh.). Mhd. *swiboge*, ahd. *swibogo*. Vermutlich mit Silbenschichtung auf **swibi-bogo* 'Schwebe-Bogen'. S. *schweben*.

Schwieger *f. obs.* (< 9. Jh.). Mhd. *swiger*, ahd. *swigar*, mndd. *sweger-*, mndl. *sweger* aus g. **swegrō f.* (Stammbildung unsicher), auch in gt. *swaihro*, anord. *sværa*, ae. *sweger*. Dieses aus ig. **swekrū- f.* 'Schwiegermutter', auch in ai. *śváśura- m.* 'Schwiegervater', gr. *hekyrá*, l. *socrus*, kymr. *chwegr*, akslav. *svekry*. Femininum zu *Schwäher*, wobei unklar ist, welches der beiden Wörter als das primäre anzusehen ist. Im 14. Jh. fallen *swiger* und *sweher* regional zusammen und werden darauf differenziert mit *swegerherre, swegerfrouwe*. Darauf, wohl im Anschluß an *swegerherre* und *vater, swegerfrouwe* und *mueter* entstehen *Schwiegervater* und *Schwie-*

germutter, die für die Bezeichnungen der Heiratsverwandtschaft ausschlaggebend werden (vgl. *Schwiegersohn, Schwiegertochter*).

F. Debus *DWEB* 1 (1958), 10−18; Benveniste (1969/1993), 196; Szemerényi (1977), 63−67; Müller 1 (1979), 121−179; J. Kruijsen, N. Århammar in *FS Alinei* 1 (1986), 316−339; G. de Smet in: *Brüder-Grimm-Symposion zur historischen Wortforschung* (Berlin 1986), 59−81; A. Pârvulescu *IF* 94 (1989), 67−88.

Schwiele *f.* (< 10. Jh.). Mhd. *swil m./n.*, ahd. *swil n., swilo m.*, as. *swil n.* aus wg. **swelaz- n.* (o.ä.), auch in ae. *swyle m.* Verbalabstraktum zu **swel-* in *schwellen*. Das feminine Genus wegen der Zweisilbigkeit und nach dem Plural. Adjektiv: *schwielig*.

Schwiemel *m. per. ndd.* 'Schwindel' (< 15. Jh.). Zu mndd. *swimen* 'schwindlig sein', weiter zu ahd. *swīnan* 'schwinden, abnehmen'.

schwierig *Adj.* (< 15. Jh.). Fnhd. *swærec, swæric*, mndd. *swerich* bedeutet eigentlich 'schwärend' (zu *schwären*). Im 17. Jh. wird das Wort bildlich für 'aufrührerisch u.ä.' verwendet, worauf es seinen Zusammenhang mit dem Grundwort verliert und zu *schwer* gezogen wird. Dementsprechend wird die Bedeutung umgestaltet. Abstraktum: *Schwierigkeit*.

H. Blosen u. a.: *Schwer und schwierig.* (Heidelberg 1987).

schwimmen *st V.* (< 8. Jh.). Mhd. *swimmen*, ahd. *swimman*, mndd. *swemmen, swommen, swummen* *swV./stV.*, mndl. *swemmen* aus g. **swemm-a- stV.* 'schwimmen', auch in anord. *svim(m)a, symja*, ae. *swimman*, afr. *swumma, swommia.* Herkunft unklar. Das indogermanische Verb für 'schwimmen' beruht auf ig. **snā-*, das im Keltischen eine Variante ig. **snem-* hat (vgl. ig. **gʷā-/gʷem-* bei 'kommen'): air. *snaid*, kymr. *nofio*. Da aufeinanderfolgende *m* und *n* im Germanischen häufig dissimiliert werden, ist eine Herleitung von g. **swemm-* aus (ig.) **snem-* nicht ausgeschlossen (die Herkunft der Geminate bleibt dabei unklar). Präfigierung: *verschwimmen*; Nomen agentis: *Schwimmer*.

Nndl. *zwemmen*, ne. *swim*, nschw. *simma*. S. *schwemmen, schwummerig, Swimmingpool.* − Seebold (1970), 491 f.; Röhrich 3 (1992), 1450 f.

schwindeln *swV.* (< 9. Jh.). Mhd. *swindeln*, ahd. *swintilōn* 'bewußtlos werden', Weiterbildungen zu *schwinden*. Daraus rückgebildet spmhd. *swindel* 'Taumel'. Im 16. Jh. entwickelt sich diese Bedeutung (über 'Verwirrung') zu 'Betrug', danach übernimmt auch das Verb die Bedeutung 'betrügen'. Ein Einfluß von e. *swindle* ist dabei denkbar. Abstrakta: *Schwindel, Schwindelei*; Nomen agentis: *Schwindler*; Adjektiv: *schwindlig*.

Kluge (1908), 142−144; Schirmer (1911), 173; F. Mentz *BGDSL* 51 (1927), 300−302; K. Wagner in: Maurer/Rupp 2 (1974), 336.

schwinden *st V.* (< 9. Jh.). Mhd. *swinden*, ahd. *swintan*, as. *-swindan* aus wg. **swend-a- stV.*

ˊschwinden', auch in ae. *swindan*. Keine sichere Vergleichsmöglichkeit; zu beachten ist ahd. *swīnan st V.* ˊschwinden'. Die nächsten Verwandten sind *schwindeln* und *verschwenden*. Abstraktum: **Schwund**; Präfigierung: **verschwinden**.

S. *Schwende, Sund.* – Seebold (1970), 492.

schwingen *st V.* (< 8. Jh.). Mhd. *swingen*, ahd. *swingan*, as. *swingan* aus g. **swengw-a- st V.* ˊschwingen', auch in ae. *swingan*, afr. *swanga, swinga*. Gt. in *afswaggwjan* ˊverzweifeln'. Keine klare Vergleichsmöglichkeit. Vgl. noch *schwach, Schwang, schwank, schwanken, Überschwang*. Abstraktum: **Schwingung**; Konkretum: **Schwinge**; Präfigierung: **erschwingen**.

S. *Schwengel, Swing.* – Seebold (1970), 493; Lühr (1988), 167–170.

Schwippschwager *m. per. reg.* (< 20. Jh.). Das Element *Schwipp-* bedeutet ˊentfernt verschwägert', z. B. sind der Bruder der Frau und der Bruder des Mannes ˊSchwippschwäger' zueinander; so auch bei anderen Schwägerverhältnissen. *Schwipp* ist hier wie bei **schwipp-schwapp, schwippen** usw. aufzufassen als ˊeinmal so herum – einmal anders herum betrachtet' (d. h. z. B. Schwager der Frau und Schwager des Mannes).

Schwips *m. stil.* (< 19. Jh.). Zuerst bezeugt in Österreich. Zu *schwippen* ˊschwanken', also eigentlich ˊdas Schwanken'.

Schwirre *m./f. arch.* ˊPfahl' (< 15. Jh.). Mhd. *swir m.*; vgl. ae. *sweor m.* Außergermanisch vergleichen sich ai. *sváru- m.* ˊPfahl' und vielleicht l. *surus m.* ˊZweig, Sproß, Pfahl'.

schwirren *sw V.* (< 17. Jh.). Übernommen aus mndd. *swirren*. Ähnliche Lautmalereien auch in anderen Sprachen: anord. *sverra* ˊwirbeln', l. *susurrus* ˊZischen' usw. S. *absurd, Schwarm.*

Schwitze *f.*, besonders **Mehlschwitze**, *per. fach.* (< 18. Jh.). Wenn fettes Fleisch stark erwärmt wird, dann ˊschwitzt' es Fett und so ist *etwas schwitzen* ˊetwas stark erhitzen', auch bei Nahrungsmitteln, die nicht ˊschwitzen'. So kann man Zwiebel oder Mehl *schwitzen*, dazu die Nominalbildung.

schwitzen *sw V.* (< 9. Jh.). Mhd. *switzen*, ahd. *swizzen*. Vergleichbare Primärverben sind ai. *svidyate*, lett. *svîst* und weiter Abliegendes. Besser vergleichbar ist das Wort für *Schweiß*[1]. Präfigierung: **verschwitzen**; Nominalbildung: **Schwitze**.

Röhrich 3 (1992), 1451.

Schwof *m. vulg.* (< 19. Jh.). Ostmitteldeutsche Form von *Schweif*. Gemeint ist damit die Kleiderschleppe, die beim Tanz besonders zu beachten und auffällig ist. Deshalb wird das Wort von den Studenten von Leipzig und Halle zu einem saloppen Ausdruck für ˊTanz'. Verb: **schwofen**.

schwören *st V.* (< 8. Jh.). Mhd. *swern*, ahd. *swerien, swerren*, as. *swerian* aus g. **swar-ja- st V.* ˊschwören', auch in anord. *sverja*, ae. *swerian*, afr. *swera, swara* und ohne *j*-Präsens gt. *swaran*. Am ehesten mit *s mobile* zu apreuß. *wertemmai* ˊwir schwören', akslav. *rotiti sę* ˊsich verschwören', ai. *vratá-* ˊGelübde'. Abstraktum: **Schwur**; Präfigierungen: **be-, verschwören**.

Nndl. *zweren*, ne. *swear*, nschw. *svära*, nisl. *sverja*. S. *Geschworene.* – Seebold (1970), 480–482; Röhrich 3 (1992), 1451–1453.

schwul *Adj. erw. fach.* ˊhomosexuell' (< *17. Jh., Bedeutung < 20. Jh.). Ältere Variante von *schwül*. Die Bedeutungsübertragung wie in *warmer Bruder*.

schwül *Adj.* (< 17. Jh.). Aus ndd. *swūl* in die Hochsprache übernommen. Die Umformung zu *schwül* im 18. Jh. vermutlich unter Einfluß von *kühl*. Das niederdeutsche Adjektiv vermutlich zu *schwelen*, also in bezug auf die drückende Sonnenhitze. Abstraktum: **Schwüle**.

Heidermanns (1993), 571 f.

Schwulität *f. erw. stil.* ˊSchwierigkeit, Bange' (< 18. Jh.). Studentische Scherzbildung zu *schwul, schwül*. Der Bedeutungsübergang wie in *mir wird ganz heiß*.

Kluge (1895), 38; Röhrich 3 (1992), 1453.

Schwulst *m. erw. stil.* (< *12. Jh., Bedeutung < 16. Jh.). Mhd. *swulst f.* ist eigentlich gleichbedeutend mit *Geschwulst*, von dem es dann in der Ausgangsbedeutung abgelöst wird. Es bleibt in übertragenem Sinn (und taucht später als Maskulinum auf), besonders für ˊüberladene Fülle des Ausdrucks' (deutlich bezeugt seit dem 18. Jh.). Ableitung von *schwellen*. Adjektiv: **schwülstig**.

schwummerig *Adj. per. reg.* ˊschwindlig' (< 19. Jh.). In neuerer Zeit zu *schwimmen* gebildet; vgl. *mir schwimmt es vor den Augen*.

Science-fiction *f. per. fach.* ˊLiteratur über Zukunftsentwicklungen in phantastischem Rahmen' (< 20. Jh.). Entlehnt aus ne. *science fiction*, zu e. *science* ˊWissenschaft' (aus afrz. *science*, dieses aus l. *scientia*, zu l. *sciēns* ˊwissend, kundig', dem PPräs. von l. *scīre* ˊwissen, erfahren') und e. *fiction* (s. *Fiktion*).

Sebenbaum *m. arch.* ˊjuniperus sabina' (< 11. Jh.). Mhd. *sevenboum*, ahd. *sevina f., sevinboum, sabinboum*. Wie ae. *safine f.* entlehnt aus l. **savīna f.*, eigentlich l. *(herba) Sabīna f.* ˊsabinischer (Baum)'. Die Pflanze wurde in vorkarolingischer Zeit als Heilpflanze eingeführt. Da das Wort nicht verstanden wurde, erlitt es viele volkstümliche Umgestaltungen (*Sade-, Salbe-, Segel-, Siegel-, Siebenbaum* usw.).

Hoops (1905), 271; Rey-Debove/Gagnon (1988), 881.

Sech *n. per. fach.* ˊPflugmesser' (< 11. Jh.). Mhd. *sech(e)*, ahd. *seh*. Entlehnt aus einem in lateinischer Form nicht bezeugten, aber durch die romanischen Sprachen vorausgesetzten l. *secum, *seca gleicher Bedeutung (einer Rückbildung aus l. secāre 'schneiden', s. Säge). Die nördliche Entsprechung ist Kolter².

Kratz (1966), 55–63.

sechs Num. (< 8. Jh.). Mhd. sehs, ahd. sehs, as. sehs aus g. *sehs, auch in gt. saihs, anord. sex, ae. si(e)x, afr. sex. Dieses aus ig. *sek̑s 'sechs', auch in ai. ṣaṣ, toch. A ṣäk, toch. B ṣkas, l. sex, lit. šešì, akslav. šestǐ. Daneben ist *sweks vorausgesetzt durch avest. xšuuaš, gr. héx (dor. usw. wéx), air. sé, kymr. chwe(ch), arm. vec. Da sich diese beiden Formen nicht aufeinander zurückführen lassen, ist der Grundansatz umstritten (*sweks mit Vereinfachung? *weks neben *sek̑s mit Kontamination, *ksweks mit verschiedenen Vereinfachungen u. a.). Wegen dieser lautlichen Unsicherheit ist auch eine weitergehende Etymologie nicht möglich.

Nndl. zes, ne. six, nschw. nisl. sex. – A. Nehring Sprache 8 (1962), 129–131; E. P. Hamp in FS A. A. Hill 3 (1978), 81–90; G. Cohen CoE 13 (1984),,7/8, 11–13; Meyer/Suntrup (1987), 442–479; K. Shields Diachronica 2 (1985), 189–200; Ross/Berns (1992), 585, 600 f., 617; Röhrich 3 (1992), 1454 f.

Sechter m. arch. 'Hohlmaß, Melkeimer' (< 11. Jh.). Mhd. sehte(r), ahd. sehtāri. Entlehnt aus l. sextārius 'Hohlmaß (sechster Teil des römischen congius)', vielleicht über eine französische Mundart; daneben steht nämlich (wohl unmittelbar entlehntes) ahd. sehstāri, sester, mhd. sehster, sester.

Sediment n. per. fach. 'Ablagerung' (< 19. Jh.). Entlehnt aus spl. sedimentum, zu l. sedēre 'setzen'.

Zur lateinischen Sippe s. Residenz. – DF 4 (1978), 95 f.

See m. (< 8. Jh.). Mhd. sē, ahd. sē(o), as. sēo, sēu aus g. *saiwi- m. 'See', auch 'Meer', auch in gt. saiws, anord. sær, sjór, sjár, ae. sǣ m./f., afr. sē. Herkunft unklar. Vielleicht als *saigwi- zu seihen, doch ein klares Benennungsmotiv ist nicht erkennbar (das Zusammengetröpfelte, die Lache?). Sekundär tritt im Englischen und Deutschen auch ein Femininum auf, worauf im Deutschen (seit dem 16. Jh.) die Differenzierung der Bedeutungen in 'Meer' f. und 'See' m. durchgeführt wird.

Nndl. zee, ne. sea, nschw. sjö, nisl. sjór. S. Schauerleute. – Kluge (1911), 711–716; J. Koivulehto NPhM 68 (1967), 113–118; ders. ebd. 73 (1972), 587–596 (zur Etymologie und zu möglichen Entlehnungen ins Finnische); W. Meid in: FS H. Kronasser (Wiesbaden 1982), 91–96.

Seehund m. (< 15. Jh.). Übernommen aus dem Niederdeutschen und Niederländischen. Das Wort kann eine Neubildung sein, vielleicht ist es aber nur eine Umdeutung von ebenfalls bezeugtem Seelhund, das eine verdeutlichende Komposition zu seel 'Seehund' ist. Dieses aus mhd. sele, ahd. selah m., seloha f., selaho m., mndd. sēl aus g. *selha- m. 'Seehund', auch in anord. selr, ae. seolh. Die Her-

kunft des Wortes ist unklar. Nach Schindler ein Lehnwort aus dem Ostseefinnischen (*šülke in finn. [dial.] hylki usw.). Die Entlehnung kann aber auch in umgekehrter Richtung verlaufen sein, und der Anschluß an ig. *selk- 'ziehen, schleppen' in gr. hélkein usw. (wegen der charakteristischen Fortbewegungsart dieser Tiere) kommt durchaus in Frage.

J. Schindler Sprache 12 (1966), 65 f.; J. Koivulehto Virittäjä 86 (1982), 271 f., Anm. 20; F. de Tollenære TNTL 106 (1990), 249–261. Zum Verhältnis zum Finnischen s. LÄGLOS (1991), 131.

Seele f. (< 8. Jh.). Mhd. sēle, ahd. sē(u)la, as. sē(o)la aus g. *saiwalō f. 'Seele', auch in gt. saiwala, ae. sāwol. Herkunft unklar. Adjektiv: seelisch; Präfixableitung: beseelen, entsprechend entseelt.

Nndl. ziel, ne. soul. – H. Adolf: Wortgeschichtliche Studien zum Leib/Seele-Problem (Wien 1937); J. Weisweiler IF 57 (1940), 25–55; G. Becker: Geist und Seele (Heidelberg 1964); B. La Farge: 'Leben' und 'Seele' in den altgermanischen Sprachen (Heidelberg 1991); Röhrich 3 (1992), 1455–1457.

Segel n. (< 8. Jh.). Mhd. segel m., ahd. segal m., as. segel aus g. *segla- n. 'Segel', auch in anord. segl, ae. segl m./n., afr. seil. Die gleichbedeutenden mir. séol und kymr. hwyl sind vielleicht aus dem Germanischen entlehnt. Herkunft unklar. Denkbar ist ein Anschluß an (ig.) *sek- 'schneiden' (s. Säge) als 'abgeschnittenes Stück Tuch', doch ist dies kaum mehr als eine Vermutung. Lateinische Herkunft und Anschluß an l. sagulum 'Mantel' ist ebenfalls gut zu begründen. Verb: segeln; Nomen agentis: Segler.

Nndl. zeil, ne. sail, nschw. segel, nisl. segl. – O. Szemerényi Glotta 38 (1960), 36 f.; Röhrich 3 (1992), 1457.

Segelbaum m. s. Sebenbaum.

Segen m. (< 9. Jh.). Mhd. segen, ahd. segan; wie ae. segn m./n. Rückbildung aus mhd. segen(en), ahd. seganōn, as. segnon, ae. segnian, anord. signa 'segnen, (mit dem Kreuz) bezeichnen'. Dieses ist entlehnt aus l. sīgnāre 'bezeichnen' (zu l. sīgnum n. 'Zeichen', ursprünglich 'eingeschnittene Marke', gehört zu l. secāre 'schneiden'), als dessen i bereits zu e geworden war. S. signieren.

Röhrich 3 (1992), 1457.

Segge f. per. ndd. 'Riedgras' (< 18. Jh.). Aus ndd. segg, mndd. segge, mndl. zegge, das mit ae. secg m./n. zusammengehört; oberdeutsch entsprechen (morphologisch abweichend) mhd. saher m., ahd. sahar m. Vermutlich nach den schneidenden Blatträndern benannt, also zu (ig.) sek- 'schneiden' (s. Säge). Vermutlich gehen auf eine sk-Bildung der gleichen Grundlage zurück mir. seiscc, kymr. hesg 'Schilf, Binsen'.

Marzell 1 (1943), 825–827; E. Rooth NM 19 (1963), 52.

Segment n. erw. fach. 'Teil, Abschnitt' (< 16. Jh.). Entlehnt aus l. sēgmentum, zu l. secāre (sec-

tum) ʿschneiden, abtrennenʾ. Verb: *segmentieren*. S. *sezieren*.

DF 4 (1978), 96.

segnen *swV.* s. *Segen.*

sehen *stV.* (< 8. Jh.). Mhd. *sehen*, ahd. *sehan*, as. *sehan* aus g. **sehw-a- stV.* ʿsehenʾ, auch in gt. *saihvan*, anord. *sjá*, ae. *sēon*, afr. *siā*. Außergermanisch entsprechen bedeutungsmäßig air. *rosc* ʿAugeʾ (**pro-sekʷ-?*), alb. *shoh* ʿsehenʾ, heth. *šakuwa Pl.* ʿAugenʾ, heth. *šakuwai-* ʿsehen, blickenʾ. Der Zusammenhang mit den lautlich entsprechenden, aber semantisch abweichenden Wurzeln ist schwer zu beurteilen: Zu ig. **sekʷ-* ʿfolgenʾ (l. *sequī* usw.) als ʿmit den Augen folgenʾ? Sind die lautlichen Anklänge an **okʷ-* ʿsehenʾ (l. *oculus* ʿAugeʾ) und **skou-* (s. *schauen*) nur zufällig? Abstraktum: *Sicht*; Nomen agentis: *Seher*; Präfigierungen: *be-, über-, versehen*; Partikelverben: *ab-, an-, auf-, aus-, nach-, vor-, zusehen*.

Nndl. *zien*, ne. *see*, nschw. *se*, nisl. *sjá*. S. *Ansehen, Gesicht, sagen, seltsam*. − Seebold (1970), 387 f.; Röhrich 3 (1992), 1457 f.

Sehne *f.* (< 11. Jh.). Mhd. *sen(e)we, sene*, ahd. *sena(wa)*, as. *sinewa* aus g. **sinwō f.* ʿSehneʾ, auch in anord. *sin*, ae. *seonu*, afr. *sine, sin(i)*. Außergermanisch vergleicht sich am genauesten avest. *hinauu- m.* ʿBand, Fesselʾ (**si-nau-*, g. **si-nw-ā*) zu der Wurzel für ʿbindenʾ, die unter *Saite* behandelt ist. Ähnliche Bildungen sind mir. *sin* ʿKette, Halsbandʾ, lett. *pasainis* ʿSchnurʾ. Adjektiv: *sehnig*.

Nndl. *zenuw, zeen*, ne. *sinew*, nschw. *sena*, nisl. *sin*. S. *Hachse, Saite, Seil.*

sehnen *swV.* (< 12. Jh.). Mhd. *senen*, ahd. *senēn* ʿkraftlos, unlustig seinʾ. Alemannisch steht daneben auch *sanen*. Herkunft unklar. Dazu *Sehnsucht*, mhd. *sensuht*; Adjektiv: *sehnlich*.

sehr *Adv.* (< 9. Jh.). Mhd. *sēre*, ahd. *sēro, sēre*, as. *sēro*; wie ae. *sāre* Adverb zum Adjektiv g. **saira-* ʿschmerzlich, wundʾ in anord. *sárr*, ae. *sār*, afr. *sēra*, ahd. *sēr*, as. *sēr*; gt. in *sair* ʿWunde, Schmerzʾ. Die Bedeutung des Adverbs ist also ʿschmerzlichʾ; es wird seit mittelhochdeutscher Zeit vielfach als Steigerungsadverb gebraucht und wird dabei über seinen eigentlichen Anwendungsbereich hinaus verallgemeinert. Die alte Bedeutung ist noch erhalten in der Ableitung *versehren* ʿverwundenʾ. Das Adjektiv selbst läßt sich anknüpfen an eine Wurzel ig. (w./oeur.) **sai-*, von der mit anderen Bildungsmitteln ausgehen: air. *saeth* ʿMühe, Leid, Krankheitʾ, l. *saevus* ʿwütendʾ, lett. *sīvs* ʿscharf, beißend, grausamʾ.

Nndl. *zeer*, ne. *sore*, nisl. *sárur*. S. *versehren*. − Hoffmann (1956), 29 f.; W. Mitzka *NJ* 93 (1970), 83−99; Heidermanns (1993), 463 f.

seichen *swV.* erw. *vulg. reg.* ʿharnenʾ (< *8. Jh., Bedeutung < 9. Jh.). Mhd. *seichen*, ahd. *seihhen*, mndl. *seiken*. Kausativum zu *seihen*, die Ausgangs-

bedeutung ist also ʿrinnen lassen, tröpfeln lassenʾ (ahd. bedeutet das Wort zunächst ʿschmelzenʾ). Der Bedeutungsübergang ist bei der gleichen Wurzel auch sonst zu beobachten, vgl. auf gleicher Wurzelstufe serb.-kslav. *sĭcati* ʿharnenʾ und auf einfacherer Wurzelstufe l. *siat* ʿharntʾ und vielleicht heth. *šehur* ʿUrinʾ. Nominalableitung: *Seich(e)*. Nndl. *zeiken*.

seicht *Adj.* (< 13. Jh.). Mhd. *sīhte* ʿseichtʾ, alem. *sīcht* ʿsehr feucht, naßʾ. Semantisch gehört das Wort sicher zu ʿversickernʾ und ʿversiegenʾ; morphologisch dürfte die gleiche Formation wie bei *leicht* und *licht* vorliegen; doch ist der lautliche Ansatz mehrdeutig (zu *sinken* mit Ersatzdehnung durch Nasalschwund oder zu *seihen*?). Die außergermanischen Vergleichsmöglichkeiten weisen auf ein nasaliertes ig. **sek-*, vor allem lit. *seklùs* ʿseichtʾ zu lit. *sèkti (senkù)* ʿfallen, sinken, versiegenʾ (aber lett. *sîkt*), akslav. *isęknǫti* ʿaustrocknen, versiegenʾ, ohne Nasal mit Dehnstufe skr. *ōsjeka* ʿEbbeʾ, gr. (hom.) *ésketo phōnḗ* ʿdie Stimme versiegteʾ, ai. *ásakra-* ʿnicht versiegend, ohne Stockenʾ zu ai. *saścati* ʿversiegt, stocktʾ, air. *sesc* ʿtrocken, unfruchtbarʾ.

A. Weijnen in *FS Alinei* 1 (1986), 243−263; Heidermanns (1993), 479.

Seide *f.* (< 11. Jh.). Mhd. *sīde*, ahd. *sīda*, wie ae. *sīde* entlehnt aus ml. *seta*, wohl über eine romanische Sprache. Vermutlich aus l. *saeta Sērica* ʿserisches Haarʾ zu l. *saeta, sēta* ʿBorste, Haarʾ und dem Volksnamen der Serer, die wegen ihrer Stoffe berühmt waren. Adjektiv: *seiden*.

Littmann (1924), 22, 134; Lokotsch (1975), 149; H. W. Haussig: *Die Geschichte Zentralasiens und der Seidenstraße in vorislamischer Zeit* (Darmstadt 1983), *-in islamischer Zeit* (1988); Röhrich 3 (1992), 1458 f.

Seidel *n. per. reg.* ʿBierglas, Flüssigkeitsmaßʾ (< 13. Jh.). Mhd. *sīdel(īn)*. Entlehnt aus l. *situla f.* ʿEimerʾ, nachdem dessen Vokal gelängt und das *-t-* (in Oberitalien) sonorisiert worden war. Aus einer romanischen Nebenform stammen schwz. *sigel* und *sickel* ʿEimerʾ.

L. Guinet *EG* 31 (1976), 254.

Seidelbast *m. per. fach.* (< *11. Jh., Form < 16. Jh.). Umgeformt nach mhd. *zīdelbast*, auch *zitzelbast, zīlant*. Die Form mit *s-* ist wohl an *Seide* angelehnt (vielleicht mit Rücksicht auf das glänzende Bastgewebe); mhd. *zīdel-* kann sich auf die Bienenweide beziehen (s. *Zeidler*), die anderen Formen sind unklar (*-lant* wohl zu ahd. *linta* ʿBastʾ). Noch älter ist ahd. *zigelinta*, in dessen Vorderglied wegen norw. *ty(s)bast*, schwed. *tibast* der Göttername *Ziu* vermutet wird.

H. Marzell *BHV* 3 (1916), 110−119; Marzell 2 (1972), 35.

Seife *f.* (< 8. Jh.). Mhd. *seife*, ahd. *seiffa*, mndd. *sēpe*, mndl. *sēpe*, entsprechend ae. *sāpe*. Ae. *sāp*, ahd. *seifa* bedeuten ʿHarzʾ, das Wort *Seife* kann eine Zugehörigkeitsbildung dazu sein. Das Harz wiederum kann als 'das Tröpfelnde' bezeichnet sein, vgl. ae. *sīpian*, mhd. *sīfen* 'tröpfeln'. Die Seife (l. *sāpo m.*) ist nach römischer Überlieferung von den Galliern erfunden und von den Germanen viel gebraucht worden. Gemeint ist aber zunächst ein Mittel zum Rotfärben der Haare, dann erst ein Reinigungsmittel. L. *sāpo* ist sicher ein Lehnwort, vermutlich aus dem Germanischen (obwohl der Lautstand nicht dafür spricht); eine ererbte Entsprechung zu dem germanischen Wort könnte in l. *sēbum* 'Talg' vorliegen, zu dem auch toch. A *sip-, sep-* 'salben' gestellt wird. Die Zusammenhänge sind weder sachlich noch lautlich ausreichend klar. Verb: *seifen*.

Nndl. *zeep*, ne. *soap*. S. *Sieb*. – Reuter (1906), 56 f.; Röhrich 3 (1992), 1459 f.

Seige *f. per. fach.* 'Abflußrinne' (< 13. Jh.). Mhd. *seige* 'Senkung, Neigung', Rückbildung zu *seigen* 'senken, neigen', Kausativum zu ahd. *sīgan* 'sinken, fallen, tropfen', as. *sīgan* 'sinken'; ebenso afr. *sīga*, ae. *sīgan*, anord. *siga* (weiter zu *seihen*, ohne genauere Vergleichsmöglichkeit). Vgl. noch *Seiger, seiger*.

Seiger *m. arch.* 'Turmuhr' (< 15. Jh.). Fnhd. *seiger*, mndd. *seiger* 'Waage', dann 'Turmuhr, deren Unruh aus einem waagrecht schwingenden Balken mit verschiebbaren Gewichten besteht', die Uhr heißt nach dieser Unruh. Weniger wahrscheinlich ist die Annahme, daß ursprünglich eine Sanduhr gemeint war, in der der Sand *seigt* ('fällt'). Zu *seigen* 'sinken', s. *Seige*.

seiger *Adj. arch.* 'senkrecht' (< 13. Jh.). Eine Bildung zu *seigen* 'sinken' (s. *Seige*). Mhd. ist nur *seiger* 'zähflüssig, verdorben (von Flüssigkeiten), langsam' bezeugt, das vom gleichen Grundwort stammt.

Heidermanns (1993), 461 f.

seihen *swV.*, früher *stV.* (< 9. Jh.). Mhd. *sīhen*, ahd. *sīhan*, mndl. *sien* aus g. *seihw-a- stV.* 'seihen, tröpfeln', auch in ae. *sēon*, afr. *sīa*; anord. *sía* ist wohl sekundär schwach geworden. Mit gleicher Bedeutung vergleichen sich außerhalb des Germanischen, ai. *siñcáti* 'gießt aus, befeuchtet, besprizt' und von der einfacheren Wurzelstufe lit. *sijóti* 'durchsieben', akslav. *sěti* 'sieben', gr. *ēthéō* 'ich seihe'. Vgl. noch *seichen* zu den Belegen mit spezialisierter Bedeutung und *Seige* zu einer Auslautvariante. Nomen instrumenti: *Seiher*.

S. auch *See, seichen, seicht, Seige, Seim, sickern, Sieb, Siel, versiegen*. – Seebold (1970), 388–391.

Seil *n.* (< 9. Jh.). Mhd. *seil*, ahd. *seil*, as. *sēl* aus g. *saila- n.* 'Seil', auch in anord. *seil f.*, ae. *sāl m.*/*f.(?)*, afr. *sēl*; gt. in *insailjan* 'an Seile binden'. Zu der Wurzel für 'binden', die unter *Saite* behandelt worden ist. Eine ähnliche *l*-Bildung in akslav. *silo* 'Seil'. Verb: *(an-, ab-) seilen*; Täterbezeichnung: *Seiler*.

Nndl. *zeel*. S. *Sehne, Siele*. – E. P. Hamp *Revue Roumaine de Linguistique* 32 (1987), 107; Röhrich 3 (1992), 1460 f. Zu *Seiler* s. Eichhoff (1968), 17–22.

Seim *m. arch.* 'klebrige Flüssigkeit' (< 11. Jh.). Mhd. *seim*, ahd. *seim*, as. *sēm* aus g. *saima- m.* 'klebrige Flüssigkeit (besonders Honig)', auch in anord. *seimr*. Zu der Gruppe *seihen*, ahd. *sīgan, sikkern* usw. (vgl. etwa mhd. *seiger* 'zähflüssig').

Nndl. *zeem*, nisl. *seimur*. S. *sämig, seihen*. – N. Törnqvist *SN* 17 (1945), 166–182; N. O. Heinertz *SN* 20 (1947/48), 142–159; N. Törnqvist *BGDSL* 75 (1953), 433–441.

sein *Pron.* (< 8. Jh.). Mhd. *sīn*, ahd. *sīn*, as. *sīn* aus g. *sīna-* 'sein', auch in gt. *seins*, anord. *sínn*, ae. *sīn*, afr. *sīn*. Zugehörigkeitsbildung auf -*no*-, ausgehend vom Lokativ-Suffix *nē* zu dem ursprünglich enklitischen Pronominalstamm (ig.) *sei* (auch in heth. -*ši*).

Nndl. *zijn*, nschw. *sin*, nisl. *sínn*. – Seebold (1984), 49–51.

sein *unr. V.* (< 8. Jh.). Mhd. *sīn* ahd. *sīn*. Die Form beruht auf der Umänderung der 1./2. Person Plural Präsens, die ursprünglich wurzelvokallos war und sekundär nach der 3. Person Plural und dem Optativ umgestaltet wurde. Danach auch Bildung eines Infinitivs, der in den anderen Sprachen von *wes-a-* (s. *Wesen*) genommen wird. Die Wurzel *es-* 'sein' (in voller Form erhalten in *ist*) erscheint auch in l. *est (Pl. sunt)*, air. *is*, lit. *esmì*, akslav. *jesmĭ*, gr. *eimí*, ai. *ásti (Pl. santi)*, heth. *ēšzi (3. Pl. ašanzi)*. Eine ursprünglichere Bedeutung ist wohl erhalten in ai. *áste* 'sitzt' (wohl kontrahiert mit einem Präverb).

Nndl. *zijn*. S. *bin, Essenz, ist, Wesen* und *sitzen, Sünde*. – Seebold (1970), 176–179.

Seismograph *m. per. fach.* (< 19. Jh.). Neubildung im Bereich der Geophysik aus gr. *seismós* 'Erschütterung, Erdbeben' und -*graph*.

DF 4 (1978), 96–98.

seit *Präp./Konj.* (< 9. Jh.). Mhd. *sīt*, ahd. *sīd*, as. *sīð* aus g. *seiþiz Adv.* (Komparativ), eigentlich 'später', auch in ae. *sīþ Adv.*, anord. *síðr Adv.* 'weniger, kaum', gt. *þana-seiþs* 'weiter, noch, sonst' (später als 1900 = seit 1900). Zu einem Positiv unklarer Stammbildung (alter Konsonantstamm?) in anord. *sið Adv.*, ae. *sīþ Adv.* 'spät' und gt. *seiþu warþ* 'es wurde Abend' und den Komparativen ahd. *sīdor* 'seitdem, weil', as. *sīðor*, ae. *sīðor*, anord. *síðarr*. Außergermanisch vergleicht sich zunächst gt. *seiþu warþ* 'es wurde Abend' mit l. *sērus* 'spät' (substantiviert 'Abend', wie frz. *soir* usw.), ai. *sāyám abhavat* 'es wurde Abend'. Es liegen offenbar verschiedene Adjektivbildungen zu (ig.) *sēi-* 'ablassen, aufhören' vor, die (wohl über Lokativbildungen mit der Bedeutung 'beim Aufhören') zu 'spät' geführt haben, wobei der Langdiphthong im Indischen erhalten sein kann, im Lateinischen zu *ē*, im Germanischen zu *ei* verkürzt wurde.

S. *Seite, sintemal.* − J. Franck *ZDA* 46 (1902), 168−175; Behaghel 3 (1928), 244−250; R. Lühr *MSS* 37 (1978), 121−130. Zur Entlehnung ins Finnische s. *LÄGLOS* (1991), 100.

Seite *f.* (< 9. Jh.). Mhd. *sīt(e)*, ahd. *sīta*, as. *sīda* aus g. **seidōn f.* ʿFlanke, Seiteʾ, auch in anord. *síða*, ae. *sīde*, afr. *sīde* (gt. dafür *fera*). Vermutlich mit unklarem Benennungsmotiv zu dem Adjektiv anord. *síðr* ʿherabhängendʾ, mndd. *sīt*, *side*, afr. *sīde* ʿniedrig, weitʾ, ahd. *sīto Adv.* ʿschlaffʾ (im weiteren wohl zu dem unter *seit* behandelten Adjektiv). Die Zusammenhänge sind klärungsbedürftig.

Nndl. *zij(de)*, ne. *side*, nschw. *sida*, nisl. *síða*. S. *beseitigen*, *Insider*, *seit.* − Heidermanns (1993), 475 f.; Röhrich 3 (1992), 1462−1464.

Sekret *n. per. fach.* ʿAbsonderungʾ (< 19. Jh.). Entlehnt aus l. *sēcrētum*, dem substantivierten PPP. von l. *sēcernere* ʿabsondern, ausscheidenʾ, zu l. *cernere (crēvī, crētum)* ʿscheidenʾ. In anderen Bedeutungen ist das Wort schon früher entlehnt worden (mhd. ʿabgeschiedener Ortʾ). S. *Konzern.*

DF 4 (1978), 99 f., 103 f.

Sekretär *m. erw. fach.* (< 15. Jh.). Entlehnt aus ml. *secretarius*, eigentlich ʿGeheimschreiber; der das Geheimsiegel führtʾ, zu l. *sēcrētus* ʿgeheim, abgesondert, besonders, getrenntʾ, dem PPP. von l. *sēcernere (sēcrētum)* ʿabsondern, ausscheiden, trennenʾ. S. *Konzern.*

DF 4 (1978), 100−103.

Sekt *m.* (< 17. Jh.). Mit unregelmäßiger Formentwicklung entlehnt aus frz. *vin sec* ʿtrockener Weinʾ, dieses aus it. *vino secco*, zu l. *siccus* ʿtrockenʾ. Die Bedeutung ʿSchaumweinʾ seit dem 19. Jh., angeblich weil die englische Entsprechung *sack* auch zur Bezeichnung von Champagner verwendet wurde.

Sekte *f.* (< 13. Jh.). Mhd. *secte* ist entlehnt aus l. *secta*, dem substantivierten PPP. von l. *secāre (sectum)* ʿschneiden, abtrennenʾ, also ʿbesondere Schule, besondere Richtungʾ. *Sektierer* beruht auf der ideologisch wertenden Sonderbedeutung ʿIrrlehre, Ketzereiʾ.

S. *sezieren.* − *DF* 4 (1978), 104−106; W. A. Benware *BGDSL-T* 101 (1979), 338.

Sektion *f. per. fach.* ʿÖffnung einer Leiche; Abteilungʾ (< 16. Jh.). In verschiedenen Schritten ins Deutsche entlehnt aus l. *sectio*, Abstraktum zu l. *secāre* ʿschneidenʾ, s. *sezieren.*

DF 4 (1978), 106 f.

Sektor *m. per. fach.* ʿBereich, Ausschnittʾ (< 16. Jh.). Entlehnt aus l. *sector*, nomen instrumenti zu l. *secāre* ʿschneidenʾ, s. *sezieren.*

DF 4 (1978), 107 f.

sekundär *Adj. per. fach.* ʿnachgeordnet, zweitrangigʾ (< 18. Jh.). Entlehnt aus frz. *secondaire*, aus l. *secundārius* ʿnachfolgender, zweiterʾ, s. *Sekunde.*

DF 4 (1978), 108 f.

Sekunde *f.* (< 17. Jh.). Neubildung zu l. *secundus* ʿfolgend, an zweiter Stelleʾ, zu l. *sequī* ʿfolgenʾ. Die moderne Bedeutung nach l. *secunda pars*, eigentlich ʿTeil zweiter Ordnungʾ, das ist die der Minute nachgeordnete Teilungseinheit.

Zur Sippe des lateinischen Grundworts s. *Konsequenz.* − Schirmer (1912), 66; *DF* 4 (1978), 109 f.

sekundieren *swV. per. fach.* ʿbeistehenʾ (< 16. Jh.). Entlehnt aus l. *secundāre* ʿbeistehen, gefällig seinʾ, zu l. *secundus* in der ursprünglichen Bedeutung ʿfolgendʾ. S. *Sekunde.* Nomen agentis: **Sekundant.**

SD 4 (1978), 110−112.

selbander *Pron. arch.* ʿzu zweitʾ (< 13. Jh.). Gemeint ist ʿso, daß ich selbst der andere = der zweite binʾ. Ebenso **selbdritt** ʿzu drittʾ = ʿer/sie selbst als dritte(r)ʾ.

Selbend *m.* s. *Salband.*

selber *Pron.*, **selbst** *Pron.* (< 8. Jh.). Mhd. *selp*, ahd. *selb*, as. *self* aus g. **selba-*, auch in gt. *silba*, anord. *sjálfr*, ae. *seolf*, afr. *self.* Außergermanisch vergleicht sich zunächst venet. *sselboisselboi* (mit einer Verdoppelung, die auch in anord. *selbselbo* bezeugt ist). Weiter zu air. *selb*, kymr. *helw* ʿBesitzʾ aus (ig.) **sel-wo-* (vgl. die Verwendung von *eigen*). Weiter zu ig. (eur.) **sel-* ʿergreifenʾ (vgl. ne. *to sell*). Die Form **selber** ist der flektierte Nominativ, **selbst** ist der adverbiale Genetiv, an den ein *-t* angetreten ist.

Nndl. *zelf*, ne. *self*, nschw. *själv*, nisl. *sjálfur.* − Behaghel 1 (1923), 330−341; H. Krahe *IF* 47 (1929), 325; W. Fleischhauer *ZDS* 22 (1966), 92−95; Schmidt (1978), 162 f.; Th. Markey *SW* 7 (1982), 348−358; Röhrich 3 (1992), 1464 f.

selbst *Pron.* s. *selber.*

Selbstlaut *m. erw. fach.* (< 16. Jh.). Kontrastbildung zu *Mitlaut*, das eine Lehnübersetzung von *Konsonant* ist.

M. H. Jellinek *ZDW* 13 (1911/12), 88 f.; Pfaff (1933), 41 f.

selchen *swV. per. oobd.* ʿeinpökeln, räuchernʾ (< 16. Jh.). Zu vereinzeltem ahd. *arselchen* ʿgetrocknetʾ, neben dem ae. *āseolcan* ʿerschlaffenʾ steht. Etymologie unklar.

Selektion *f. erw. fach.* ʿAuswahl, Ausleseʾ (< 19. Jh.). Entlehnt aus l. *sēlēctio (-ōnis)*, zu l. *sēligere (sēlēctum)* ʿauslesen, auswählenʾ, zu l. *legere* ʿauflesen, sammelnʾ und l. *sē* ʿbeiseite, besondersʾ. Adjektiv: **selektiv.** S. *Legende.*

DF 4 (1978), 112−114.

selig *Adj.* (< 8. Jh.). Mhd. *sælec*, *sælic*, ahd. *sālīg*, as. *sālig.* Wie ae. *sǣlig*, afr. *sēlich*, *sīlich* Weiterbildung zu g. **sæli- Adj.* ʿglücklichʾ in gt. *sels* ʿgütigʾ, anord. *sæll*, ae. *unsǣle* ʿboshaftʾ. Das Adjektiv sieht aus wie ein dehnstufiges Adjektiv der Möglichkeit zu einem Verbum auf der Grundlage (ig.) **sel(ə)-*, und dies scheint vorzuliegen in gr. *hiláskomai* ʿich stimme günstig, gnädig, versöhne᾽ (redupliziertes Präsens *si-slə-) mit gr. *hílaos* ᾽gnädig, gütig᾽, auch ᾽gesühnt᾽, gr. *hilarós* ᾽heiter, fröhlich᾽. Mit anderer Ablautstufe und formal unklar l. *sōlārī* ᾽trösten᾽. Wegen der bruchstückartigen Bezeugung lassen sich die Bedeutungsverhältnisse nicht genau rekonstruieren. Die heutige Bedeutung ist vom Christentum bestimmt (Entsprechung zu l. *beātus*). Die Verwendung von *selig* für ᾽verstorben᾽ beruht auf der Formel *seliger Gedächtnis* ᾽seligen Angedenkens᾽, übersetzt aus *beātae memoriae*. Abstraktum: ***Seligkeit***; Präfixableitung: ***beseligen***.

Nndl. *zalig*, ne. *silly*. S. auch *leutselig*. – R. Strümpell: *Über Gebrauch und Bedeutung von ᾽saelde, saelic᾽ und Verwandten bei mhd. Dichtern* (Leipzig 1917); H. Götz *ASAWL* 49 (1957), 1–21; Heidermanns (1993), 476 f.

-selig *Suffixoid*. Nur teilweise (wie in *glückselig*, *gottselig*, *leutselig*) eine Zusammensetzung mit *selig* (die aber nicht mehr durchschaut werden kann). In Fällen wie *trübselig*, *mühselig* usw. liegen dagegen Ableitungen zu *Trübsal*, *Mühsal* usw. vor, also Ableitungen aus Bildungen mit einem Suffix *-sal*.

Sellerie *m./f.* (< 17. Jh.). Entlehnt aus it. *selleri Pl.*, einer norditalienischen Form von it. *selano m.*, aus l. *selīnum n.*, aus gr. *sélīnon n.* ᾽Eppich, Sellerie᾽ S. *Petersilie, Zeller*. – Bertsch (1947), 191 f.; Kretschmer (1969), 458 f.; Brunt (1983), 184.

selten *Adv.* (< 9. Jh.). Mhd. *selten*, ahd. *seltan*, mndd. *selden(e)*, mndl. *selden* aus g. **selda-* mit Adverbialendung, auch in anord. *sjaldan*, ae. *seldan*; gt. als erstes Glied von *silda-leiks* ᾽selten, wunderbar᾽. Herkunft unklar. Das Adverb wird seit dem 15. Jh. im Deutschen auch als Adjektiv gebraucht. Abstraktum: ***Seltenheit***. Nndl. *zelden*, ne. *seldom*, nschw. *sällan*, nisl. *sjaldan*. S. *seltsam*.

Selters *n./f. per. fach.* ᾽Mineralwasser᾽ (< 19. Jh.). Mineralwasser wird sehr häufig nach der Quelle benannt, deren Wasser in der betreffenden Gegend vorwiegend getrunken wird. Das Wasser aus *(Nieder)Selters* im Taunus ist dafür ein vergleichsweise weit bekanntes und früh bezeugtes Beispiel.

seltsam *Adj.* (< 9. Jh.). Mhd. *seltsæne*, ahd. *seltsāni*, mndd. *selsen, selsem*, mndl. *sel(t)siene* aus g. **selda-sǣgw-ni-* ᾽selten zu sehen᾽, auch in anord. *sjald-sénn*, ae. *seldsīene* mit einem dehnstufigen Adjektiv der Möglichkeit von *sehen*. Die Lautformen stimmen nicht überein, und vor allem in der späteren Zeit sind verschiedene Anpassungen vorgekommen (z. B. im Deutschen die Angleichung an *-sam*). Darüber hinaus weist eigentlich nur das Deutsche deutlich auf eine Dehnstufe; aber die Formen der anderen Sprachen könnten eine Kürzung in der ungewöhnlichen Lautfolge aufweisen. Abstraktum: ***Seltsamkeit***.

DF 4 (1978), 473 f.

Semantik *f. per. fach.* ᾽Bedeutungslehre᾽ (< 19. Jh.). Neubildung des französischen Linguisten M. Bréal zu gr. *sēmantikós* ᾽bezeichnend᾽, zu gr. *sēmaínein* ᾽bezeichnen᾽, zu gr. *sēma n.* ᾽Zeichen, Merkmal᾽. Von gr. *sēmeĩon n.* ᾽Zeichen᾽ ist abgeleitet ***Semiologie*** ᾽Zeichenlehre᾽; ebenso ***Semiotik***. Adjektiv: ***semantisch***.

DF 4 (1978), 114 f.; Cottez (1980), 381.

Semester *n. erw. fach.* ᾽Studienhalbjahr᾽ (< 18. Jh.). Neubildung zu l. *sēmēstris* ᾽halbjährlich᾽, zu l. *sex* (s. *sechs*) und l. *mēnsis m.* ᾽Monat᾽.

DF 4 (1978), 115 f.; Röhrich 3 (1992), 1466.

semi- *Präfix* mit der Bedeutung ᾽halb᾽ (z. B. *Semikolon, Semifinale*). Es wurde in lateinischen Entlehnungen ins Deutsche übernommen und geht auf funktional entsprechendes l. *sēmi-* zurück (lautlich entspricht gr. *hēmí* ᾽halb᾽). In den Fachsprachen etwas produktiv.

Semikolon *n. erw. fach.* ᾽Strichpunkt᾽ (< 15. Jh.). Neubildung zu l. *cōlon, cōlum*, aus gr. *kōlon* ᾽Glied (einer Satzperiode)᾽ und l. *semi-*. So bezeichnet als ein Satzzeichen, mit ähnlicher, aber nicht so stark trennender Funktion wie ein Kolon (= Punkt).

Seminar *n. erw. fach.* ᾽Lehrveranstaltung, Institut᾽ (< 16. Jh.). Entlehnt aus l. *sēminārium* ᾽Pflanzschule, Baumschule᾽, zu l. *sēminārius* ᾽zum Samen gehörig᾽, zu l. *sēmen (-minis)* ᾽Same, Setzling᾽ (s. *säen*). Täterbezeichnung: ***Seminarist***.

DF 4 (1978), 116–119.

Semiologie *f.* s. *Semantik*.

Semmel *f. erw. oobd.* ᾽Brötchen᾽ (< 8. Jh.). Mhd. *semel(e), simel(e)*, ahd. *semala, simila*, mndd. *semel*. Entlehnt aus l. *simila* ᾽feinstes Weizenmehl᾽ und später auch ᾽aus diesem Mehl gebackene Brötchen᾽. Dieses wie gr. *semídālis* ᾽feinstes Weizenmehl᾽ aus einer orientalischen Sprache entlehnt, vgl. syr. *sᵉmīdā*, assyr. *samīdu* ᾽feines Mehl᾽.

Littmann (1924), 20 f.; Röhrich 3 (1992), 1466.

semperfrei *Adj. arch.* ᾽reichsunmittelbar᾽ (< 13. Jh.). Mhd. *sempervrī*, älter *sentbære vrī*, eigentlich ᾽frei und zur Teilnahme am Reichstag berechtigt᾽. Zu mhd. *sent* ᾽Reichstag, Landtag᾽, eigentlich ᾽geistliche Versammlung᾽ aus l. *synodus*, dieses aus gr. *sýnodos* ᾽Zusammenkunft᾽ (zu gr. *hodós* ᾽Weg᾽, s. *Methode*). S. weiteres unter *Sendgericht*.

D. Ludvik *Acta Neophilologica* 5 (1972), 80–83.

Senat *m. erw. fach.* ᾽Staatsrat, Magistrat, usw.᾽ (< 12. Jh.). Mhd. *senāt* ᾽Staatsrat᾽ ist entlehnt aus l. *senātus*, eigentlich ᾽Rat der Alten᾽, zu l. *senex (senis)* ᾽Alter, Greis᾽, zu l. *senex (senis)* ᾽alt, bejahrt᾽. Dazu *Senior* zum Komparativ *senior* des lateinischen Adjektivs. Täterbezeichnung: ***Senator***.

S. *senil*. – *DF* 4 (1978), 120.

Sendbrief *m.* s. *Brief*.

senden *sw V.* (< 8. Jh.). Mhd. *senden*, ahd. *senten*, as. *sendian* aus g. **sand-eja- sw V.* ´senden`, auch in gt. *sandjan*, anord. *senda*, ae. *sendan*, afr. *senda*. Kausativum zu einem schwer abgrenzbaren Verb, das vorliegt in ae. *sinnan* ´wandeln`, ahd. *sinnan* ´sich begeben, trachten nach` *(\*senþ-na-?)*, dazu das Wort für ´Gang, Weg, Mal` gt. *sinþs*, ae. as. *sīð*, ahd. *sint*. Außergermanisch vergleicht sich air. *sét* ´Weg`, kymr. *hynt* ´Weg`, lit. *sių̃sti* ´schicken, senden` (Präsens alit. *suntù*, lautlich unregelmäßig). Weitere Herkunft unklar. Abstraktum: **Sendung**; Nomen agentis: **Sender**; Präfigierung: **versenden**.

Nndl. *zenden*, ne. *send*, nschw. *sända*, nisl. *senda*. S. *Gesinde*, *Gesindel* und vielleicht *Sinn*. – Seebold (1970), 394 f.; V. Pisani in *FS V. Santoli* (Rom 1976), 37–39.

Sendgericht *n. arch.* (< 9. Jh.). Das geistliche Gericht, das im 8. Jh. aus bischöflichen Visitationen hervorgeht, heißt ahd. *senod m.*, mhd. *sent m.*, wie afr. *sineth*, *sinuth*, *send*, *sind m./n.*, ae. *senoþ* aus einer Nebenform **senodus* zu l. *synodus f.*, aus gr. *sýnodos f.* ´Zusammenkunft`. Hierzu ist *Sendgericht* eine verdeutlichende Zusammensetzung. Vgl. *semperfrei*.

Hoops (1911/19), III, 167–169.

Senesbaum *m.* s. *Sennesbaum*.

Seneschall *m. arch.* ´hoher Hofbeamter` (< 13. Jh.). Mhd. *seneschalt* (u.ä.) ist entlehnt aus frz. *sénéchal*, das seinerseits auf ahd. (ml.) *sinescalcus*, *seniscalcus* (oder seine westfränkische Entsprechung) zurückgeht. Von diesem ist das Grundwort der Vorläufer von *Schalk*, der auch in anderen Amtsbezeichnungen (s. *Marschall*) auftritt. Das Bestimmungswort ist offenbar das frühere Wort für ´alt`, das im Gotischen als *sineigs* bezeugt ist. Außergermanisch vergleichen sich mit diesem l. *senior* ´älter`, l. *senex (-nis)* ´Greis`, air. *sen*, kymr. *hen*, lit. *sẽnas*, gr. *hénos*, ai. *sána-* ´alt`.

vOlberg (1991), 226 f. Anders: J. Knobloch *MS* 89 (1979), 45 f.

Senf *m.* (< 9. Jh.). Mhd. *senef*, ahd. *sen(e)f*, as. *senap*. Wie ae. *senep* und gt. *sinap(is)* entlehnt aus l. *sināpi n.*, das aus gr. *sínapi* entlehnt ist. Auch dieses ist (aus einer unbekannten Sprache) entlehnt. Mit dem Wort wird seit alter Zeit nicht nur das Gewürz, sondern auch die Pflanze bezeichnet.

Littmann (1924), 12 f.; M. Mayrhofer *Sprache* 7 (1961), 185 f.; Röhrich 3 (1992), 1466 f.

Senge *f. per. ndd. md.* ´Hiebe` (< 19. Jh.). Zu *sengen*, wobei das Tertium comparationis wohl ´die Oberfläche von etwas bearbeiten, brennen machen` ist.

sengen *sw V. obs.* (< 8. Jh.). Mhd. *sengen*, ahd. *bisengen*, mndd. *sengen* aus wg. **sangeja- sw V.* ´versengen`, auch in ae. *sengan*, afr. *sendza*, *sandza*, *senga*. Außergermanisch vergleicht sich vielleicht maked.-kslav. *prěsęčiti* ´trocknen`. Weitere Her-

kunft unklar. Präfigierung: **versengen**. Nndl. *zengen*, ne. *singe*.

senil *Adj. per. fremd.* ´greisenhaft` (< 19. Jh.). Entlehnt aus l. *senilis* ´greisenhaft`, zu l. *senex* ´alt`; s. *Senat*.

DF 4 (1978), 120 f.

Senior *m. erw. fremd.* ´älterer Geschäftspartner, älterer Mensch` (< 14. Jh.). Entlehnt aus dem Komparativ l. *senior* ´älter` zu l. *senex* ´alt`, s. *Senat*.

DF 4 (1978), 121 f.

Senkel *m. obs.* ´Schnürband` (< 11. Jh.). Mhd. *senkel*, ahd. *senkil n.*, eine Instrumentalbildung zu *senken*, also ´Mittel zum Senken`. So werden in alter Zeit Anker und Zugnetz benannt, dann auch das ´Lot` zur Kontrolle einer senkrechten Linie. Hieraus einerseits die Redensart *in den Senkel stellen*, die von einer ähnlichen Bedeutung ausgeht wie *ins Lot bringen*, andererseits der Senkel an Kleidungsstücken, besonders der **Schnürsenkel** an den Schuhen, wohl weil er an seinem Ende mit einem Stück Metall versehen war wie das Lot.

S. auch *senkrecht*. – Kluge (1926), 48; Kretschmer (1969), 434.

senken *sw V.* (< 9. Jh.). Mhd. *senken*, ahd. *senken*, as. *-senkian*, *-sinkon* aus g. **sankw-eja- sw V.* ´senken`, auch in gt. *sagqjan*, anord. *søkkva*, ae. *sencan*, afr. *sanza*, *senza*. Kausativum zu *sinken*, also ´sinken machen`. Abstraktum: **Senkung**; Konkretum: **Senke**; Nomen agentis: **Absenker**; Partikelverb: **absenken**; Präfigierung: **versenken**. Nschw. *sänka*, nisl. *søkkva*. S. *Senkel*, *sinken*.

senkrecht *Adj.* (< 17. Jh.). Älter auch *senkelrecht*. Zu *Senkel* ´Lot`, also ´lotrecht`.

Schirmer (1912), 66 f.; Röhrich 3 (1992), 1467.

Senn *m. obd.* ´Alphirt` (< 11. Jh.). Mhd. *sennære*, ahd. *senno*. Ein entsprechendes Wort ist auch im Rätoromanischen bezeugt (oberengad. *sañ* usw.); vermutet wird die Herkunft aus einem keltischen Wort für ´Melker` (vgl. air. *sine* ´Zitze`, das mit mhd. *spun(n)e*, *spün(n)e f./n.* ´Zitze` verwandt ist, s. *Spanferkel*).

J. V. Hubschmied *VR* 1 (1936), 88–92; E. Öhmann *NPhM* 42 (1941), 151 f.

Sennesbaum *m.*, **Sennesblätter** *Pl. per. fach.* (ein Abführmittel) (< 15. Jh.). Fnhd. *sen(e) f.*, entlehnt aus ml. *sena*, das aus arab. *sanā* stammt.

Sensation *f.* (< 17. Jh.). Entlehnt aus e. *sensation* oder frz. *sensation*, beides aus l. *sēnsātio*, aus l. *sēnsātus* ´mit Verstand begabt`, zu l. *sēnsus* ´Verstand`, Abstraktum zu l. *sentīre (sēnsum)* ´fühlen, denken`, s. *sensibel*. Die Bedeutung ist zunächst ´Sinneseindruck` und wird dann unter dem Einfluß der englischen Entwicklung zu ´aufsehenerregendes Ereignis`. Adjektiv: **sensationell**.

DF 4 (1978), 122 f.

Sense *f.* (< 9. Jh.). Mhd. *segens(e)*, ahd. *segansa*, *segensa* und mit einer Suffixvariante as. *segisna*. Instrumentalbildung zu der Wurzel (ig.) **sek-* ´schneiden´ (s. *Säge*). Eine abweichende Entwicklung in schwäb. *Säges*. Die anderen germanischen Sprachen haben abweichende Bildungen aus der gleichen Wurzel (ne. *scythe* aus ae. *sigdi*, *siðe* usw.). Eine genaue Entsprechung der deutschen Bildung kann vorliegen in l. *scēna*, *sacēna* ´Haue des Pontifex´ (aus **sakes-nā*).

Nndl. *zeis(en)*. S. *Sachs*. − F. Specht: *Altdeutsches Wort und Wortkunstwerk* (Halle 1941), 109−123; Röhrich 3 (1992), 1467.

sensibel *Adj. erw. fremd.* ´feinfühlig´ (< 17. Jh.). Entlehnt aus frz. *sensible*, dieses aus l. *sēnsibilis* ´empfinden könnend, sinnlich´, zu l. *sentīre (sēnsum)* ´fühlen, empfinden, denken´. Abstraktum: *Sensibilität*. Näher an der Ausgangsbedeutung stehen die verwandten Entlehnungen **sensitiv** und **Sensor**.

E. Erämetsä *NPhM* 57 (1956), 121 f.; H. Kruchen in: *Schlüsselwörter* 2 (1964), 141−166; *BGDSL-H* 93 (1972), 346−354; *DF* 4 (1978), 124−126; F. Baasner: *Der Begriff ´sensibilité´ im 18. Jh.* (Heidelberg 1988); *Brisante Wörter* (1989), 706−715.

Sentenz *f. erw. fach.* ´Sinnspruch´ (< 13. Jh.). Entlehnt aus l. *sententia* ´Satz, Spruch´, zu l. *sentīre* ´fühlen, denken´, s. *sensibel*.

DF 4 (1978), 129−131.

sentimental *Adj.* (< 18. Jh.). Entlehnt aus e. *sentimental*, ausgelöst durch den Roman *A sentimental Journey through France and Italy* von L. Sterne (1768). Das englische Wort ist von Sterne zu e. *sentiment* ´Empfindung´ gebildet und wird dann auch durch d. *empfindsam* übersetzt. Es wird zu einem Schlagwort des damaligen Weltgefühls, sinkt dann aber in seinem Wert bald ab. Abstraktum: *Sentimentalität*.

Zum Präsensstamm des zugrundeliegenden l. *sentīre* ´fühlen, denken´ gehört *Sentiment* und seine Ableitungen, *tenz* und über das Französische *Ressentiment*; zum Partizipialstamm und zum Abstraktum gehören: *Dissens, Konsens, Nonsens*; *sensibel* und *Sensation*. Zur germanischen Verwandtschaft s. *Sinn*. − R. Haferkorn in *FS M. Deutschbein* (Leipzig 1936), 109−120; R. Rieve in: *Schlüsselwörter* 2 (1968), 167−189; E. Erämetsä *BGDSL-H* 93 (1972), 346−354; *Dumonceaux* (1975); *DF* 4 (1978), 131−134; U. Broich in: *Rationalität und Sentiment*. Hrsg. V. Schubert (St. Ottilien 1987), 329−359; Rey-Debove/Gagnon (1988), 899−901.

separat *Adj. erw. fremd.* ´getrennt, gesondert´ (< 16. Jh.). Entlehnt aus l. *sēparātus*, dem PPP. von l. *sēparāre (sēparātum)* ´absondern, trennen´, zu l. *parāre* ´bereiten, verschaffen´ und l. *sē* ´beiseite, besonders´. Politische Bedeutung haben *Separatist*, *Separation* u.ä. Weiter hierher über das Französische *Séparée*. S. *parat*.

DF 4 (1978), 134−139.

September *m.* (< 14. Jh.). Entlehnt aus l. *(mēnsis) September*, zu l. *septem* ´sieben´. So bezeichnet als der siebente Monat des altrömischen Kalenderjahres, das im März beginnt.

Szemerényi (1989), 56−59.

septisch *Adj. per. fach.* ´mit Keimen behaftet´ (< 19. Jh.). Entlehnt aus gr. *sēptós, sēptikós* ´Fäulnis erregend´, zu gr. *sēpesthai* ´faulen´ und gr. *sēpsis* ´Fäulnis´.

Sequenz *f.* s. *konsequent*.

serbeln *swV. per. wobd.* ´kränkeln´ (< 16. Jh.). Fnhd. *serbeln* zu *serben, serwen*, ahd. *serawēn* ´abnehmen, hinwelken´. Herkunft unklar.

Serenade *f. per. fach.* ´(Konzertveranstaltung mit) Komposition(en) aus etwa fünf Sätzen für kleines Orchester´ (< 17. Jh.). Entlehnt aus frz. *sérénade*, dieses aus it. *serenata*, einer Ableitung von it. *sereno* ´heiter´, aus l. *serēnus*. Zum Teil auch Anlehnung an it. *sera* ´Abend´; daraus die Bedeutung ´Abendständchen´.

DF 4 (1978), 140 f.

Sergeant *m. per. fach.* (= Dienstgrad eines Unteroffiziers) (< 13. Jh.). Mhd. *serjant* ist entlehnt aus mfrz. *sergent*, dieses aus ml. *serviēns* ´Dienender´, zu l. *servīre* ´dienen´, s. *servieren*. bezeichnet zunächst einen niederer Beamter des Feudalherrn, dann ´Gerichtsdiener´ und ´Unteroffizier (der Infanterie)´.

Serie *f.* (< 14. Jh.). Spmhd. *serje* ist entlehnt aus l. *seriēs*, zu l. *serere (sertum)* ´fügen, reihen, knüpfen´. Der heutige Gebrauch folgt einer Neu-Entlehnung im 18. Jh.

S. *inserieren*. − *DF* 4 (1978), 141 f.

seriös *Adj. erw. fremd.* ´gediegen, ordentlich´ (< 18. Jh.). Entlehnt aus frz. *sérieux*, dieses aus ml. *seriosus*, aus l. *sērius* ´ernsthaft, ernstlich, ernst´. Abstraktum: *Seriosität*.

Schirmer (1911), 175; *DF* 4 (1978), 142−144.

Sermon *m. per. fremd.* ´langatmiges Gerede´ (< 14. Jh.). Spmhd. *sermōn* ist entlehnt aus l. *sermo (-ōnis)* ´Rede, Unterredung, Dialog´, zu l. *serere (sertum)* ´reihen, anreihen, anknüpfen´. Aus ursprünglich ´aneinandergereihte Wechselrede´ wird ´lange Rede, Predigt´, schließlich ´langes, langatmiges Gerede´.

S. *inserieren*. − *DF* 4 (1978), 144 f.

Serpentine *f. erw. fach.* ´schlangenförmiger Weg an Bergen´ (< 19. Jh.). Neubildung zu l. *serpentīnus* ´Schlangen betreffend, wie Schlangen´, zu l. *serpēns (-entis)* ´Schlange´, dem substantivierten PPräs. von l. *serpere* ´kriechen, schleichen´.

DF 4 (1978), 145 f.

Serum *n. per. fach.* ´Wirkstoff, wäßriger Bestandteil des Blutes´ (< 17. Jh.). Entlehnt aus l. *serum* ´wäßriger Bestandteil von etwas, Molke´.

Zur germanischen Verwandtschaft s. *Strom.* − K.-H. Weimann *DWEB* 2 (1963), 404.

Servelat *f.* s. *Cervelat.*

Service *m./n.* s. *servieren.*

servieren *sw V.* ʹauftragen, bedienenʹ (< 16. Jh.). Entlehnt aus frz. *servir* ʹdienen, bedienenʹ, dieses aus l. *servīre* ʹdienen, dienstbar sein, Sklave seinʹ, zu l. *servus* ʹDienerʹ. Das Abstraktum dazu ist *Service*, das in französischer und englischer Form entlehnt wurde. Das *Service* ʹTafelgeschirrʹ ist metonymische Übertragung im Sinne von ʹdas, in dem serviert wirdʹ; ähnlich *Serviette* (etwa als ʹTuch, das beim Servieren gereicht wirdʹ). Zu l. *servīre* ʹdienenʹ gehören noch *Sergeant* und *servil*; zum Grundwort s. *Servus*; entfernter verwandt ist *konservieren.* − *DF* 4 (1978), 147−154.

servil *Adj. per. fremd.* ʹuntertänig, kriecherischʹ (< 17. Jh.). Entlehnt aus l. *servīlis* ʹzu den Sklaven gehörig, sklavischʹ, zu l. *servus* ʹDiener, Sklaveʹ. *DF* 4 (1978), 154−156.

Servus *Partikel erw. oobd.* (ein Gruß) (< 19. Jh.). Übernommen aus l. *servus* ʹDiener, Sklaveʹ, das weiter zu l. *servāre* ʹbeobachten, beachtenʹ gehört. Grundbedeutung ist ʹich bin Dein/Ihr Dienerʹ. S. *servieren* und *konservieren.* Röhrich 3 (1992), 1468.

Sesam *m. per. fach.* (eine krautige Pflanze, deren Samen) (< 15. Jh.). Entlehnt aus l. *sēsamum, sēsamon, sīsamum n.*, dieses aus gr. *sēsamon n.*, das wohl semitischen Ursprungs ist. Die Wendung *Sesam öffne dich* nach einer nicht zugehörigen Zauberformel aus dem Märchen *Ali Baba und die vierzig Räuber.* Littmann (1924), 17; Röhrich 3 (1992), 1468.

Sessel *m.* (< 9. Jh.). Mhd. *sezzel*, ahd. *sezzal*, mndd. *setel*, mndl. *setel* aus g. **set-la- m.* ʹSitzʹ, auch in gt. *sitls*, ae. *setl n./m.(?).* Instrumentalbildung zu *sitzen.* Eine entsprechende außergermanische Bildung ist l. *sella f.*, gr. *hellā f.* ʹSitzʹ, akslav. *sedlo* ʹSattelʹ. S. *sitzen, Sattel.* − Kluge (1926), 47 f.; E. P. Hamp *NOWELE* 15 (1990), 11−22.

Session *f. per. fach.* ʹSitzungsperiodeʹ (< 16. Jh.). Entlehnt aus l. *sessiō (-ōnis)* ʹSitzungʹ, Abstraktum zu l. *sedēre (sessum)* ʹsitzenʹ. Über das Englische ist entlehnt *Session* ʹMusikveranstaltung mit viel improvisierter Musikʹ. S. *Residenz.* Rey-Debove/Gagnon (1988), 902.

Sester *m.* s. *Sechter.*

Set *m./n. erw. fremd.* ʹSatz, Deckchenʹ (< 20. Jh.). Entlehnt aus ne. *set* ʹSatz, Kollektion, Sammlungʹ, zu e. *set* ʹsetzen, in eine Position bringen, in eine bestimmte Ordnung bringenʹ. Zur deutschen Verwandtschaft s. *setzen.* − *DF* 4 (1978), 156 f.; Rey-Debove/Gagnon (1988), 903.

Setter *m. per. fach.* ʹVorstehhundʹ (< 20. Jh.). Entlehnt aus ne. *setter*, dieses zu ne. *set* ʹsetzenʹ in der fachsprachlichen Sonderbedeutung ʹvorstehenʹ, demnach ʹVorstehhundʹ. Rey-Debove/Gagnon (1988), 903.

setzen *sw V.* (< 8. Jh.). Mhd. *setzen*, ahd. *sezzen*, as. *settian* aus g. **sat-eja- sw V.* ʹsetzenʹ, auch in gt. *satjan*, anord. *setja*, ae. *settan*, afr. *setta.* Kausativum zu *sitzen*, Ausgangsbedeutung also ʹsitzen machen, sitzen lassenʹ. Entsprechende Kausativbildungen zur gleichen Wurzel sind ai. *sādáyati*, akslav. *saditi*, air. *saidit* ʹer sitzt, setzt sichʹ. Abstraktum: *Setzung*; Rückbildung: *Satz*; Nominalableitung: *Setzling*; Nomen agentis: *Setzer*; Partikelverben: *ab-, auf-, aus-, bei-, durch-, ein-, nach-, über-, um-, vor-, zusetzen*; Präfigierungen: *be-, durch-, er-, über-, versetzen.*
Nndl. *zetten*, ne. *set*, nschw. *sätta*, nisl. *setja.* S. *Gesetz, gesetzt, Offsetdruck, Satz, Set.* − Röhrich 3 (1992), 1468 f.

Seuche *f.* (< 9. Jh.). Mhd. *siuche*, ahd. *siuhhī(n)*, mndd. *suke*, mndl. *suke.* Wie gt. *siukei* ein Abstraktum zu *siech* (s.d. und *Sucht*). Die Bedeutung ist demgemäß ursprünglich ʹKrankheitʹ und hat sich mit dem Rückgang des Adjektivs *siech* auf die heutige Bedeutung spezialisiert.
N. Lid *NTS* 7 (1934), 170−177; B. de Rudder *DMW* 86 (1961), 1719−1721.

seufzen *sw V.* (< 13. Jh.). Mhd. *siufzen*, älter *siuften*, ahd. *sūftōn.* Abgeleitet von dem in mhd. *sūft* ʹSeufzerʹ bezeugten Nomen. Dieses ist Abstraktum zu ahd. *sūffan* ʹtrinkenʹ (s. *saufen*) − das tiefe Einholen der Luft beim Seufzer wird mit dem ʹTrinken, Schlürfenʹ verglichen. Das neuhochdeutsche Suffix im Anschluß an entsprechende Schallverben (vgl. *ächzen* usw.). Abstraktum: *Seufzer.*

Sex *m.* (< 20. Jh.). Entlehnt aus ne. *sex* ʹGeschlecht, Geschlechtsverkehrʹ, dieses aus frz. *sexe*, aus l. *sexus* ʹ(das männliche und das weibliche) Geschlechtʹ, zu l. *secāre (sectum)* ʹscheidenʹ. Entsprechende Entlehnungen über das Englische sind **sexy** und *Sex Appeal.* Näher beim Lateinischen stehen **sexual, sexuell** und *Sexus* (als Fachwort). Neuerdings auch *Sexismus, sexistisch* für ʹgeschlechterdiskriminierendes Verhaltenʹ.
S. *sezieren.* − *DF* 4 (1978), 157−163; Rey-Debove/Gagnon (1988), 904 f.

Sextant *m. per. fach.* (ein Winkelmeßinstrument) (< 18. Jh.). Neubildung englischer Physiker zu l. *sextāns (-antis)* ʹein Sechstelʹ, zu l. *sex* ʹsechsʹ. Das Instrument umfaßt einen Sechstelkreis, d. h. 60 Grad. S. *sechs, Siesta.*

Sezession *f. per. fach.* ʹAbsonderung, Verselbständigungʹ (< 19. Jh.). Entlehnt (wohl unter englischem Einfluß) aus l. *secessio*, Abstraktum von l. *secedere* ʹfortgehenʹ.
S. *Abszeß.* − *DF* 4 (1978), 163−165.

sezieren *sw V. erw. fach.* ʿeine Leiche öffnen und zerlegenʾ (< 18. Jh.). Entlehnt aus l. *secāre (sectum)* ʿschneiden, zerschneiden, zerlegen, operieren, amputierenʾ.

Zu dem zugrundeliegenden l. *secāre* ʿschneidenʾ gehören *Insekt, Segment, Sekte, Sektion, Sektor, Sichel* und semantisch abweichend *Sex*. Weiter auch l. *sīgnum* ʿZeichenʾ, das unter *signieren* behandelt wird. Zur germanischen Verwandtschaft s. *Säge*. − *DF* 4 (1978), 165.

Shampoo *n.* (< 19. Jh.). Entlehnt aus ne. *shampoo*, zu e. *shampoo* ʿHaare waschenʾ, wohl aus dem Imperativ von hindī *cāmpnā* ʿdrückenʾ (als ʿKopfhaut massierenʾ).

Littmann (1924), 125 f.; *DF* 4 (1978), 166; Rey-Debove/ Gagnon (1988), 907 f.

Shanty *n./(m.) per. grupp.* ʿSeemannsliedʾ (< 19. Jh.). Entlehnt aus ne. *shanty*, das zurückgeführt wird auf frz. *chanter* ʿsingenʾ, dieses aus l. *cantāre*, einem Intensivum zu l. *canere* ʿsingen, tönenʾ. S. *Chanson*.

Sheriff *m. erw. exot.* (ein hoher Verwaltungsbzw. Vollzugsbeamter) (< 20. Jh.). Entlehnt aus ne. *sheriff*, dieses aus ae. *scīrgerēfa* ʿGrafschaftsvogtʾ, zu ae. *scīr f.* ʿVerwaltungsbezirkʾ und ae. *gerēfa* ʿhoher Verwaltungsbeamterʾ. Unter dem entlehnten Wort wird aber meist ein amerikanischer Polizeibeamter verstanden.

Rey-Debove/Gagnon (1988), 908 f.; K. Mampell *SS* 46 (1990), 84 f.

Sherry *m. erw. fach.* (ein Südwein) (< 19. Jh.). Entlehnt aus ne. *sherry*, dieses aus span. *jerez*, nach span. *Jerez de la Frontera*, dem Namen des Herkunftsortes in Andalusien.

Ganz (1957), 205 f.; Rey-Debove/Gagnon (1988), 909; B. Dietsch *Lebende Sprachen* 35 (1990), 176−182.

Shop *m. per. fremd.* ʿLaden, Geschäftʾ (< 20. Jh.). Entlehnt aus ne. *shop*, dessen Herkunft nicht sicher geklärt ist. Hierzu auch **Shopping** ʿEinkaufenʾ.

DF 4 (1978), 166 f.; Rey-Debove/Gagnon (1988), 914−916.

Shorts *Pl. erw. fach.* ʿkurze Hoseʾ (< 20. Jh.). Entlehnt aus ne. *shorts*, zu e. *short* ʿkurzʾ, aus ae. *scort*.

Zur deutschen Verwandtschaft s. *Schurz*. − *DF* 4 (1978), 167 f.; Rey-Debove/Gagnon (1988), 916.

Show *f.* (< 20. Jh.). Entlehnt aus ne. *show*, einer Ableitung von e. *show* ʿzeigen, darbietenʾ, aus ae. *scēawian*.

S. *Showdown*; zur deutschen Verwandtschaft s. *schauen*. − M. Scheler *ASNSL* 209 (1972), 357−360; *DF* 4 (1978), 168−170; Rey-Debove/Gagnon (1988), 917 f.; Röhrich 3 (1992), 1469.

Showdown *m./n. per. fremd.* ʿEntscheidungskampfʾ (< 20. Jh.). Entlehnt aus ne. *showdown*, eigentlich ʿdas Aufdecken der Karten beim Pokernʾ,

einer Zusammensetzung aus e. *show* ʿzeigenʾ (s. *Show*) und e. *down* ʿhinunter, untenʾ (aus ae. *dūne*, *dūn*, aus ae. *of dūne* ʿvon dem Hügel bzw. der Höheʾ, zu ae. *dūn f.* ʿHügelʾ, für das man keltischen Ursprung vermutet; s. *Düne*). Zunächst Bezeichnung des spielentscheidenden Offenlegens der Karten; dann verallgemeinernd übertragen auf Entscheidungssituationen (z. B. in Westernfilmen).

sich *Pron.* (< 8. Jh.). Mhd. *sich*, ahd. *sih*, mndl. *sik* aus g. **sek(e)*, auch in gt. *sik*, anord. *sik*, afr. *sik*. Das Pronomen ist zunächst der Akkusativ, der parallel zu *mich* und *dich* gebaut ist aus dem ig. Pronomen **se*, danach auch Dativ; vgl. l. *sē*, lit. *-si*, akslav. *sę*.

S. *Sippe, Sitte*. − Seebold (1984), 57 f., 73−79.

Sichel *f.* (< 9. Jh.). Mhd. *sichel*, ahd. *sihhila*, *sichel*, mndd. *sekele*, mndl. *sekele*. Wie ae. *sicol m.* entlehnt aus l. *sicilis* ʿSichelʾ. Dieses wohl zu l. *secāre* ʿschneidenʾ; das Gerät selbst ist aber keltischen Ursprungs. S. *Sachs, Säge, sezieren*. Vgl. *Hippe*.

sicher *Adj.* (< 9. Jh.). Mhd. *sicher*, ahd. *sihhur(i)*, as. *sikor*. Wie afr. *sikur*, ae. *sicor* entlehnt aus l. *sēcūrus*, eigentlich ʿohne Sorgeʾ (zu l. *cūra* ʿSorge, Pflegeʾ), dann ʿschuld- und straffreiʾ. Die Bedeutungsentwicklung ist im einzelnen aber kompliziert und nicht immer durchsichtig. Abstraktum: **Sicherheit**; Verb: **sichern**; Adverb: **sicherlich**.

S. *Kur*. − *Grundbegriffe* 5 (1984), 831−862; Röhrich 3 (1992), 1469 f.

Sicht *f. stil.* (< 9. Jh.). Mhd. *siht*, ahd. *siht*, mndd. *sicht*, mndl. *sicht* aus wg. **sehʷ-ti f.* ʿSichtʾ, auch in ae. *-siht*. Abstraktum zu *sehen*. Verb: **sichten**[1]; Präfixableitung: **besichtigen**; Adjektive: **sichtlich, sichtbar, (durch-) sichtig**.

sichten[2] *sw V.* ʿmustern, auswählenʾ (< *15. Jh., Bedeutung < 16. Jh.). In diesem Verb haben sich wohl zwei Quellen getroffen: einmal *sichten* ʿerblickenʾ als Ableitung von *Sicht* und zum anderen mndd. *sichten* ʿsiebenʾ (mit ndd. *cht* für *ft* zu ae. *siftan*, schwz. *siften*). Zu den Vergleichsmöglichkeiten s. *Sieb*.

Sicke *f. per. fach.* ʿVogelweibchenʾ (< 18. Jh.). Bezeugt als Diminutivum zum femininen Pronomen *sie* und sekundärer Durchführung des natürlichen Geschlechts. Bezeugt sind auch *Siechen* und *Sielein*, die sich aber nicht durchgesetzt haben.

V. Kruppa-Kusch/F. Wortmann *NW* 4 (1964), 32−34.

sickern *sw V.* (< 18. Jh.). Übernommen aus ndd. *sikern*, vgl. ae. *sicerian*. Wohl mit lautlich nicht ganz durchsichtiger Intensivgemination zu *seihen*, also ʿlangsam und anhaltend tröpfelnʾ. Präfigierung: **versickern**.

sie *Pron. f.* (< 8. Jh.). Mhd. *si* usw., ahd. *sī* usw., as. *siu* usw. Entsprechend gt. *si* (nur Nominativ Singular). Die gleiche Form (ig.) **siə* tritt auch im

Keltischen (air. *sí*) und relikthaft im Griechischen *(hí)* auf. Motionsbildung aus dem Reflexivstamm **se*, der durch eine anaphorische Partikel erweitert oder mit dem weiter verbreiteten **ia* kontaminiert ist; dann Übertragung auf den Plural. Verb (zu der Pluralform): *siezen*.

Seebold (1984), 58−64, 82.

Sieb n. (< 9. Jh.). Mhd. *sip*, ahd. *sib, sipf*, mndd. *seve*, mndl. *seve* aus wg. **sibi- n*. (o.ä.) ´Trockensieb´, auch in ae. *sife*. Zu einer Auslautvariante von *seihen*. Außergermanisch vergleichbar ist allenfalls serb. *síupiti* ´rieseln´. Ein zugehöriges Verb ist *sichten²*. Verb: *sieben*.

Nndl. *zeef*, ne. *sieve*. S. *Seife*. − Hoops (1911/19), IV, 171 f.; Röhrich 3 (1992), 1470 f.

sieben Num. (< 8. Jh.). Mhd. *siben*, ahd. *sibun*, as. *siƀun* aus g. **sebun* ´sieben´, auch in gt. *sibun*, anord. *sjau*, ae. *seofon*, afr. *sigun*. Lautlich nicht ganz klare Fortsetzung von ig. **septm* (**septmt* mit Verlust des ersten *t*?) in ai. *saptá*, toch. A *spät*, toch. B *ṣuk(t)*, gr. *heptá*, l. *septem*, air. *secht*, kymr. *saith*, lit. *septynì*, akslav. *sedmĭ*. Weitere Herkunft unklar. Die *böse Sieben* bezieht sich ursprünglich auf ein Kartenspiel, in dem die Sieben die höchste Karte ist. Auf ihr ist das Bild des Teufels, dann eines alten Weibs. Der *siebte Himmel* stammt letztlich aus dem apokryphen Testament der zwölf Patriarchen, während der Kanon des Neuen Testaments (2. Kor. 12,2) nur einen dritten Himmel kennt. Der *siebte Himmel* ist über den Talmud in den Koran gelangt und uns hauptsächlich von dorther bekannt.

Nndl. *zeven*, ne. *seven*, nschw. *sju*, nisl. *sjö*. − F. Kluge *ZDW* 1 (1901), 363−365; K. Kant *ZDW* 6 (1904/05), 98 f.; H. Ullrich *ZDW* 6 (1904/05), 379; K. Shields *Diachronica* 2 (1985), 196 J. Voyles *JEGPh* 86 (1987), 487−495; Meyer/ Suntrup (1987), 479−565; W. P. Schmid: *Wort und Zahl* (1989); Ross/Berns (1992), 586 f., 601, 617 f.; Röhrich 3 (1992), 1471−1473.

Siebenbaum m. s. *Sebenbaum*.

Siebensachen Pl. erw. stil. (< 17. Jh.). Eigentlich ´Kram, Plunder´, schon früh auch für ´Geschlechtsteile´ und ´Geschlechtsverkehr´. Ein spezielles Benennungsmotiv ist nicht erkennbar.

Röhrich 3 (1992), 1474.

Siebenschläfer m. (< 15. Jh.). Die alte Legende von den sieben Schläfern, den Heiligen des 27. Juni (bezeugt seit Gregor von Tours) ist im Mittelhochdeutschen unter der Bezeichnung *die siben sláfære* bekannt; diese Bezeichnung wird vereinheitlicht, so daß auch ein Singular *Siebenschläfer* möglich wird. So bezeichnet man einen Langschläfer und seit dem 18. Jh. die Haselmaus wegen ihres langen Winterschlafs.

Röhrich 3 (1992), 1474 f.

siech Adj. obs. (< 8. Jh.). Mhd. *siech*, ahd. *sioh*, as. *siok* aus g. **seuka- Adj*. ´krank´, auch in gt. *siuks*, anord. *sjúkr*, ae. *sēoc*, afr. *siāk*. Das Verbum

siechen zeigt im Gotischen starke Präsensformen *(siukan)*, allerdings ein umschriebenes Präteritum, so daß unsicher ist, ob es als Grundlage des Adjektivs aufzufassen ist. Außergermanisch vergleicht sich allenfalls arm. *hiucil* ´hinsiechen, erschöpfen´.

Nndl. *ziek*, ne. *sick*, nschw. *sjuk*, nisl. *sjúkur*. S. *Seuche, Sucht*. − N. Lid *NTS* 7 (1934), 170−177; Seebold (1970), 398 f.; Heidermanns (1993), 480 f. Zur Entlehnung ins Finnische s. *LÄGLOS* (1991), 106−109.

Siechen n. ´Vogelweibchen´ s. *Sicke*.

siedeln swV. (< 9. Jh.). Mhd. *sidelen*, ahd. *sidalen*, vgl. ahd. *sidilo* ´Ansässiger´. Zu ahd. *sidil*, as. *seđal* ´Sitz´, das offenkundig zu *sitzen* gehört, dessen Konsonantismus aber unklar ist. Abstraktum: *Siedlung*; Täterbezeichnung: *Siedler*; Präfigierung: *besiedeln*.

sieden stV. (< 9. Jh.). Mhd. *sieden*, ahd. *siodan*, mndd. *seden*, mndl. *sieden* aus g. **seuþ-a- stV*. ´sieden, kochen´, auch in anord. *sjóða*, ae. *sēoþan*, afr. *siātha*. Außergermanisch entspricht am ehesten lit. *siaũsti* ´herumtollen, wüten, rasen, branden, wogen´. Dem entspricht das germanische Verb mit Bedeutungsverengung auf Flüssigkeiten.

Nndl. *zieden*, ne. *seethe*, nschw. *sjuda*, nisl. *sjóða*. S. *Sodbrennen, sudeln*. − Seebold (1970), 400 f.; Röhrich 3 (1992), 1475 f. Zur Entlehnung ins Finnische s. *LÄGLOS* (1991), 89 f., Koivulehto (1991),45, 56.

Sieg m. (< 8. Jh.). Mhd. *sige, sic*, ahd. *sigu*, as. *sigi-* aus g. **segez- n., *segu- m*. ´Sieg´, auch in gt. *sigis*, anord. *sigr*, ae. *sige*, afr. *sī*. Außergermanisch vergleicht sich vor allem ai. *sáhas- n*. ´Sieg´ zu ai. *sáhate* ´überwältigt´ und allgemeiner mir. *sed, seg* ´Stärke´, das Grundverb in gr. *échō* ´ich habe, halte, besitze´. Verb: *siegen*.

Nndl. *zege*, nschw. *seger*, nisl. *sigur*. S. *geschwind, Schema*.

Siegel n. (< 14. Jh.). Mhd. *sigel*, mndd. *seg(g)el*, mndl. *segel*; wie afr. *sigel m./n.*, me. *seel* entlehnt aus l. *sigillum* ´Siegelabdruck´, einer Verkleinerung von l. *sīgnum* ´Zeichen, Kennzeichen, Bild im Petschaft´. Älter ist *Insiegel* (ahd. *insigil(i)*, ae. *insegel*, anord. *innsigli*), das auf einer Kreuzung von l. *sigillum* und l. *īnsīgne* ´Kennzeichen´ beruht. Gt. *sigljo* f. ´Siegel´ hat ein ml. **sigillo* zum Vorbild.

S. *sezieren* und *signieren*. − F. Hinze in Müller (1976), 79−99; Röhrich 3 (1992), 1476.

Siegelbaum m. s. *Sebenbaum*.

Siel m./n. per. fach. ´Schleuse, bei der Wasser nach außen fließen kann, aber nicht nach innen´ (< 18. Jh.). Aus dem Niederdeutschen übernommen: Mndd. *sīl m.*, in Ortsnamen seit dem 10. Jh. bezeugt; mndl. *sile, sijl* ´Abzugskanal´, afr. *sīl m*. Das Wort und die Sache scheinen friesischen Ursprungs zu sein. Vermutlich eine *l*-Bildung zu *seihen*, etwa mit der Ausgangsbedeutung ´Stelle, an der etwas ausfließen kann´ (vgl. nnorw. nschw. *sil* ´Seihe´).

Siele *f.*, auch **Sille** *f.*, **Sill** *n. per. fach.* ´Riemenwerk der Zugtiere´ (< 11. Jh.). Mhd. *sil(e) m./n./ f.*, ahd. *silo m.*, mndd. *sele*; vgl. anord. *seli m.* und afr. *silrāp m.* ´Geschirrseil´. Zu *Seil* gehörig, aber auf der Schwundstufe beruhend (vielleicht alter *l*-Stamm oder ablautende Zugehörigkeitsbildung).
E. P. Hamp *Revue Roumaine de Linguistique* 32 (1987), 107; Röhrich 3 (1992), 1476.

Sielein *n.* ´Vogelweibchen´ s. *Sicke*.

sielen *swV. per. reg.* (< 17. Jh.). Eigentlich *sühlen*, Nebenform zu *suhlen* (s. *Suhle*).

Siesta *f. per. fremd.* ´Ruhepause, Mittagsruhe´ (< 17. Jh.). Entlehnt aus span. *siesta*, diese aus l. *(hora) sexta* ´die sechste (Stunde des Tages)´, zu l. *sextus* ´sechster´, zu l. *sex* ´sechs´. Bezeichnet als ´die zur Sechsten stattfindende (Ruhepause)´.
S. *Sextant, sechs*. − *DF* 4 (1978), 170.

siezen *swV.* (< 17. Jh.). S. *duzen*.

Signal *n.* (< 17. Jh.). Entlehnt aus frz. *signal m.*, zu l. *sīgnālis* ´bestimmt, ein Zeichen zu geben´, zu l. *sīgnum* ´Zeichen, Kennzeichen, Merkmal´. Verb: *signalisieren*.
S. *signieren*. − *DF* 4 (1978), 171−174.

signieren *swV. erw. fach.* ´unterzeichnen, mit einer Unterschrift versehen´ (< 15. Jh.). Entlehnt aus l. *sīgnāre* ´mit einem Zeichen versehen´, zu l. *sīgnum* ´Zeichen, Abzeichen, Merkmal´. Abstraktum: *Signatur*.
Zu l. *sīgnum* ´Zeichen´ gehört als frühe Entlehnung *Segen*, lautlich näher beim Grundwort *signieren, Insignien, resignieren, signifikant, Siegel, Signal*, über das Französische *Dessin*, über das Englische *Design*. Das Wort gehört weiter zu l. *secāre* ´schneiden´ (als ´das Eingeschnittene´), zu diesem *sezieren*. − K.-H. Weimann *DWEB* 2 (1963), 404; *DF* 4 (1978), 174−178.

signifikant *Adj. per. fach.* ´bedeutsam´ (< 19. Jh.). Entlehnt aus l. *sīgnificāns (-antis)* ´bezeichnend, anschaulich´, dem PPräs. von l. *sīgnificāre* ´Zeichen geben, äußern, hindeuten´, zu l. *sīgnum* ´Zeichen, Abzeichen, Merkmal´ und l. *facere* ´machen, tun´. Abstraktum: *Signifikanz*.
DF 4 (1978), 178 f.

Silbe *f.* (< 8. Jh.). Mhd. *silbe*, früher *sillabe*, ahd. *sillaba*. Entlehnt aus l. *syllaba*. Das diesem zugrundeliegende gr. *syllabē* bedeutet eigentlich ´Zusammenfassung´ (zu gr. *sýn* ´zusammen´ und gr. *lambánō* ´ich fasse´), also eine Zusammenfassung von Lauten, eine Lautfolge.

Silber *n.* (< 8. Jh.). Mhd. *silber*, ahd. *silabar*, as. *silubar, siluvar*. Wie gt. *silubr*, anord. *silfr*, ae. *seolfor*, afr. *sel(o)ver, silver* und außergermanisch lit. *sidābras m.*, akslav. *sīrebro*, gall. *śilabur* entlehnt aus einer Sprache des vorderen Orients (vgl. etwa akkad. *ṣarpu* ´Silber´ zu akkad. *sarāpu* ´schmelzen´ als ´das durch Schmelzen Geläuterte´). Ein älteres indogermanisches Wort für ´Silber´ liegt in l. *argen-*

tum und seinen Entsprechungen vor. Adjektive: *silbern, silbrig*; Präfixableitung: *versilbern*.
Lippmann (1970), 527−530; Goltz (1972), 81; J. Untermann in *FS Meid* (1989), 431−450; Röhrich 3 (1992), 1478.

Silberblick *m. per. fach.* ´der beim Läutern des Silbers plötzlich hervorbrechende Glanz´ (< 18. Jh.). Zu *blicken* ´aufblitzen´ (s. *blecken*). Danach scherzhaft in der Umgangssprache für ´leichtes Schielen´ (da durch die unsymmetrische Pupillenstellung das Weiße der Augen immer wieder auffällt).

Silhouette *f. erw. fach.* ´Umriß´ (< 18. Jh.). Entlehnt aus frz. *silhouette* ´Schattenriß´, zu Etienne de *Silhouette*, einem französischen Generalkontrolleur und Minister. (Scherzhaft) so benannt als kostengünstige Variante von gemalten Portraits, d. h. Portraits *à la Silhouette*, nach der sprichwörtlichen Sparsamkeit von *Silhouette*. Dann von ´Umrißzeichnung´ verallgemeinert zu ´Umriß´.
DF 4 (1978), 180−182.

Sill *n.*, **Sille** *f.* ´Riemenwerk der Zugtiere´, s. *Siele*.

Silo *m./n. per. fach.* ´Grube, Behälter (zum Einsäuern von Futter)´ (< 19. Jh.). Entlehnt aus span. *silo m.* ´Getreidebehältnis´. Dessen Herkunft ist umstritten. Abstraktum: *Silage*.

Silvester *m./n.* (der letzte Tag des Jahres) (< 19. Jh.). Benannt nach Papst *Silvester* I., dem Tagesheiligen des 31. Dezembers.

Simmer *n./(m.) arch.* ´Hohlmaß für feste Stoffe´ (< *11. Jh., Bedeutung < 15. Jh.). Fnhd. *sümmer, summer*; das vorausgehende mhd. *sumber*, ahd. *sumb(a)rī, sumbarīn, sumbar* bedeutet ´Korb´. Weitere Herkunft unklar.

simpel *Adj. erw. stil.* (< 14. Jh.). Spmhd. *simpel*, mndd. *simpel*, mndl. *simpel* (wie obd. *Simpel* ´Schwachkopf´), entlehnt aus frz. *simple*, das auf l. *simplex* ´einfach´ (verwandt mit l. *similis* ´ähnlich´) zurückgeht. Verb: *simplifizieren*.
S. *fachsimpeln*. Zum Grundwort s. *Faksimile*. − *DF* 4 (1978), 183−188.

Sims *m./n.* (< 12. Jh.). Mhd. *sim(e)z*, ahd. *simizstein m.* Entlehnt aus ml. **sīmātus* ´plattgedrückt´, das auch als Terminus der Architektur verwendet wurde. Dieses zu l. *sīma f.* ´Rinnleiste als Glied des Säulenkranzes´ (vgl. l. *sīmus* ´plattnäsig´). Kollektivum: *Gesims*.

Simse *f.*, auch **Semse** *f. per. fach.* ´Riedgras´ (< 15. Jh.). Ähnlich das schon früher bezeugte *Semde, Sende*, mhd. *sem(e)de f./n.*, ahd. *semid(a)*, mndd. *semende* neben mndd. *sēm* ´Binse´. Weitere Herkunft unklar.

simulieren *swV. erw. fremd.* ´vortäuschen, nachahmen´ (< 16. Jh.). Entlehnt aus l. *simulāre (simu-*

lātum), zu l. *similis* ´ähnlich`. Abstraktum: **Simulation**; Nomen agentis: **Simulant**; Nomen instrumenti: **Simulator**.

DF 4 (1978), 188−190.

simultan *Adj. per. fach.* ´gleichzeitig` (< 18. Jh.). Entlehnt aus frz. *simultane*, dieses aus l. *simultaneus* zu l. *simul* ´gleichzeitig`, s. *simulieren*.

DF 4 (1978), 190 f.

Sin(n)au *m. per. fach.* ´Frauenmantel` (< 15. Jh.). Fnhd. *sindau(we)*, mndd. *sindouwe*; also offenbar *sin* ´immer` (s. *Singrün*) und *Tau*[1]; ´Immertau`, weil sich im Blattansatz des Frauenmantels ein Tautropfen sammelt, der lange erhalten bleibt. Entsprechende Namen der Pflanze sind *Taubehalt*, *Tauschüssel* u.ä.

sind *unr. V.* s. *ist* und *sein*.

Sinfonie *f. erw. fach.* (Musikstück für Orchester) (< 13. Jh.). Entlehnt aus it. *sinfonia*, dieses aus l. *symphōnia* ´Harmoniemusik, Konzert, Einklang, gemeinschaftliches Tönen`, aus ntl.-gr. *symphōnia*, zu gr. *sýmphōnos*, zu gr. *phōnḗ* ´Ton, Stimme` und gr. *sýn* ´zugleich, zusammen`. Adjektiv: *sinfonisch*.

S. *Phonetik*. − C. A. Keys *CM* 30 (1969[1974]), 578−594; W. Richter in: *FS W. Boetticher* (Berlin 1974), 264−290; DF 4 (1978), 191−194.

singen *stV.* (< 8. Jh.). Mhd. *singen*, ahd. *singan*, as. *singan* aus g. **sengw-a- stV.* ´singen`, auch in gt. *siggwan*, anord. *syngja*, *syngva*, ae. *singan*, afr. *siunga*, *sionga*. Auf (ig.) *\*sengʷʰ-* führen auch zurück kymr. *dehongli* ´aussagen, erklären, übersetzen`, akslav. *sętŭ* ´er sagt`, gr. *omphḗ* ´Stimme (der Götter), melodiöse Stimme`. Die Ausgangsbedeutung scheint also ´rezitieren` gewesen zu sein. Abstraktum: **Gesang**.

Nndl. *zingen*, ne. *sing*, nschw. *sjunga*, nisl. *syngja*. S. *Song*. − Seebold (1970), 392 f.; Röhrich 3 (1992), 1478−1480.

Single *f./m./n. per. fremd.* ´Alleinstehende(r); Schallplatte; Einzelspiel` (< 20. Jh.). Entlehnt aus ne. *single* ´einzeln, einfach`, zu dessen Grundlage s. *Singular*.

Rey-Debove/Gagnon (1988), 921 f.

Singrün *n. per. reg.* ´Immergrün` (< 11. Jh.). Mhd. *singrüene*, spahd. *sin(t)gruoni*, mndd. *singrone*, mndl. *sindegroen*. Wie ae. *singrēne* f. Substantivierung des Adjektivs anord. *sígrænn*, mhd. *singrüene* ´immergrün`. Zu *grün* und dem heute ausgestorbenen Präfixoid gt. *sin-*, anord. *sí-*, ae. *sin-*, afr. *sin-*, as. *sin-*, ahd. *sina-* ´immer`, auch einfach verstärkend (vgl. *Sintflut*). Zu ig. *\*sem-* ´eins`, das (etwa im Sinn von ´in einem fort`) auch ´immer` bedeuten kann (vgl. l. *semper* ´immer`). Der Pflanzenname wohl im Anschluß an l. *sempervīva*.

S. *Sin(n)au*. − E. Björkman *ZDW* 2 (1901/02), 229 f.

Singular *m. erw. fach.* (< 18. Jh.). Entlehnt aus l. *(numerus) singulāris*, zu l. *singulāris* ´zum einzel-

nen gehörig, einzeln, vereinzelt`, zu l. *singulus* ´einzeln, ein einziger, einer allein`. Adjektiv: *singulär*.

W. J. Jones *SN* 51 (1979), 272; *DF* 4 (1978), 194−196.

sinken *stV.* (< 9. Jh.). Mhd. *sinken*, ahd. *sincan*, as. *sinkan* aus g. **senkw-a- stV.* ´sinken`, auch in gt. *sigqan*, anord. *søkkva*, ae. *sincan*, afr. *sinka*. Außergermanisch besteht keine sichere Vergleichsmöglichkeit. In Frage kommen arm. *ankanim* ´ich falle` und gr. *heáphthē* ´fiel, sank`, beides formal mehrdeutig und in der Bedeutung unsicher. Eine Auslautvariante könnte sein lit. *sèkti (senkù)* ´sich senken, fallen, versiegen`. Präfigierung: *versinken*.

Nndl. *zinken*, ne. *sink*, nschw. *sjunka*, nisl. *sökkva*. S. *sakken*, *seicht*, *senken*. − Seebold (1970), 293 f.; Ch.R. Barton in: *A Linguistc Happening in Memory of Ben Schwartz*. Ed. Y. Arbeitman (Louvain-la-Neuve 1988), 463−474.

Sinn *m.* (< 9. Jh.). Mhd. *sin*, ahd. *sin*, mndd. *sin*, mndl. *sin*, ebenso afr. *sin*. Die etymologischen Verhältnisse sind unklar. Einerseits steht das Substantiv neben dem starken Verb ahd. *sinnan* ´reisen, sich begeben, trachten nach`, afr. *sinna* ´sinnen, beabsichtigen`, ae. *sinnan* ´wandeln, beachten`, andererseits ist die Bedeutung ´Sinn` früher bezeugt, als nach einer Entwicklung aus ´trachten nach` zu erwarten wäre. Auch außergermanisch scheiden sich die Möglichkeiten in einerseits l. *sentīre* ´empfinden, wahrnehmen` (s. *sentimental*), andererseits air. *sét*, kymr. *hynt* ´Weg` (vgl. auch *senden*). Die Einzelheiten sind klärungsbedürftig − vielleicht liegt Wurzelmischung vor. Adjektive: *sinnig, sinnlich*.

Seebold (1970), 394 f.; Röhrich 3 (1992), 1480−1482.

Sinnbild *n.* (< 17. Jh.). Gebildet als Ersatzwort für gr. *émblēma*, dann auch verwendet für l. *symbolum*. Zuerst als nndl. *zinne-beeld*, nhd. *Sinnebild* (Zinkgref), *Sinnenbild* (Zesen), dann *Sinnbild* (Harsdörffer).

H. Stegmeier in: *FS A. Taylor* (Locust Valley 1960), 115−120.

sinnen *stV.* s. *Sinn*.

Sinngedicht *n. per. fach.* (< 17. Jh.). Gebildet als Ersatzwort für gr. *epígramma*.

sinnieren *swV.* (< 19. Jh.). Zunächst mundartliche Erweiterung von *sinnen* (um das Grüblerische auszudrücken), dann verallgemeinert. S. *Sinn*.

sintemal *Konj. arch.* (< 14. Jh.). Seit mittelhochdeutscher Zeit erscheint *sīt/sint dem māle* ´seit dieser Zeit` zu *Mal*[1] ´Zeitpunkt` (s. *-mal* und *Mahl*[1]) und einer nasalierten Variante von *seit*, die sich nur in dieser Fügung hält.

Sinter *m. per. fach.* ´mineralischer Niederschlag, Tropfstein, Metallschlacke` (< 9. Jh.). Mhd. *sinter*, *sinder* m./n., ahd. *sintar*, as. *sinder* aus g. *\*sendra-n./m.* ´Schlacke, mineralischer Niederschlag`, auch in anord. *sindr* n., ae. *sinder*. Außergermanisch vergleicht sich russ.-kslav. und serb.-kslav. *sędra* f.

ˈTropfstein u.ä.ˈ (čech. *sádra f.* ˈGipsˈ). Weitere Herkunft unklar.

Nschw. *sinder.* – Lüschen (1979), 320.

Sintflut *f.* (< 9. Jh.). Mhd. *sin(t)vluot,* ahd. *sin(t)fluot* zu ahd. *sin-* ˈimmerˈ (s. *Singrün*), hier im Sinn von ˈandauernd, umfassendˈ und *Flut.* Das nicht mehr verstandene Erstglied wird seit dem 13. Jh. umgedeutet zu *Sünd(en)flut,* die Strafe für die sündige Menschheit.

Röhrich 3 (1992), 1482 f.

Sinus *m. per. fach.* (eine trigonometrische Funktion) (< 19. Jh.). Entlehnt aus l. *sinus* ˈKrümmungˈ; dieses übersetzt arab. *ğaib,* das aber in der mathematischen Bedeutung auf ein anderes Wort zurückgeht (ai. *jīvā* ˈBogensehneˈ).

Vernet (1984), 84.

Siphon *m. per. fach.* ˈGerät zur Erzeugung kohlesäurehaltiger Getränke; Geruchsverschlußˈ (< 19. Jh.). Entlehnt aus frz. *siphon,* dieses aus l. *sīpho (-ōnis)* ˈSpritze, Röhre, Heberˈ, aus gr. *síphōn.*

Sippe *f.* (< 8. Jh.). Mhd. *sippe,* ahd. *sippa,* as. *sibbia* aus g. **sebjō f.* ˈSippeˈ, auch in gt. *sibja* ˈVerwandtschaftˈ, anord. *sifjar Pl.* ˈVerwandtschaftˈ, ae. *sib(b),* afr. *sibbe.* Außergermanisch vergleichen sich apreuß. *subs* ˈeigen, selbstˈ, russ. *osóba* ˈPersonˈ, russ.-kslav. *sobī* ˈEigenart, Charakterˈ. Weiter zu dem anaphorischen und dann auch reflexiven Pronomen (s. *sich*). Die Zusammenstellung ist in allen Teilen wenig sicher. Das Wort ist in allen germanischen Sprachen geschwunden; im Deutschen wurde es im 18. Jh. wiederbelebt. Im Englischen vgl. *gossip* ˈGevatterinˈ, eigentlich ˈgute Verwandteˈ,

S. *sich, Sitte.* – C. L. Gottzmann *SW* 2 (1977), 217–258; G. Nierenz *Genealogie* 16 (1983), 694–703, 737–747; Heidermanns (1993) 472.

Sirene *f.* ˈ(Gerät zur Erzeugung von) Signaltöne(n)ˈ (< 19. Jh.). Entlehnt aus frz. *sirène,* dieses aus l. *Sīrēn,* aus gr. *Seirḗn.* Die *Sirenen* sind nach der griechischen Sage junge Frauen (oft halb Vögel), die durch ihren bezaubernden Gesang vorbeifahrende Seeleute anlocken und dann töten.

DF 4 (1978), 196–198.

sirren *swV. erw. stil.* ˈhell tönenˈ (< 20. Jh.). Lautmalend wie *surren.*

Sirup *m.* (< 12. Jh.). Mhd. *sirup(e), syrup(e), syrop(e), siropel, syropel* ist entlehnt aus ml. *siroppus, siruppus* ˈdickflüssiger Heiltrankˈ, dieses aus arab. *šarāb* ˈTrankˈ, zu arab. *šariba* ˈtrinkenˈ.

S. *Sorbet(t).* – Littmann (1924), 81, 85; Lokotsch (1975), 146; *DF* 4 (1978), 198 f.

Sisal *m. per. fach.* (Fasern zur Herstellung von Schnüren usw.) (< 20. Jh.). Benannt nach der mexikanischen Stadt *Sisal.*

Sisyphusarbeit *f. bildg.* ˈsinnlose, endlose Arbeitˈ (< 20. Jh.). So benannt nach der griechischen my-

thischen Gestalt *Sisyphos,* der wegen seiner Frevel dazu verurteilt war, einen Stein den Berg hinaufzurollen, der kurz vor Erreichen des Gipfels wieder nach unten rollte und wieder nach oben gerollt werden mußte.

Röhrich 3 (1992), 1483.

Sit-in *n. erw. grupp.* ˈdemonstrativer Sitzstreikˈ (< 20. Jh.). In den sechziger Jahren neben anderen Bildungen dieser Art durch die Studentenbewegung bekannt geworden; diese wiederum hat die Ausdrücke von ihren amerikanischen Entsprechungen übernommen. In Amerika gehen diese studentischen Ausdrücke (und Handlungsweisen) auf Vorbilder im Kampf gegen die Rassendiskriminierung zurück. Ein *Sit-in* war ursprünglich das Platznehmen in einem für Weiße vorbehaltenen Lokal durch Schwarze, entsprechend *Walk-in* für das Betreten von Bezirken, die für Weiße vorbehalten waren usw. Entsprechende (deutsche) Bildungen der Studentenzeit sind *Go-in* ˈEindringen in eine Vorlesung oder Sitzungˈ, *Teach-in* ˈöffentliche Diskussionˈ (bereits mit Verblassen der Konstruktionsbedeutung) u. a. S. *-in[3].*

Rey-Debove/Gagnon (1988), 923.

Sitte *f.* (< 8. Jh.). Mhd. *site m.,* ahd. *situ,* as. *sidu* aus g. **sedu- m.* ˈSitteˈ, auch in gt. *sidus m.,* anord. *siðr m.,* ae. *sidu,* afr. *side.* Vermutlich genau entspricht gr. *éthos* m. ˈGewohnheit, Sitte, Brauchˈ. Das griechische Wort kann aber auch auf **sw-* zurückgehen und mit ai. *svadhā́* ˈEigenart, Neigung, Gewohnheitˈ verglichen werden. Letzteres stellt sich zu ai. *svá-* ˈsein(es)ˈ, so daß auch für *Sitte* an einen Anschluß an das anaphorische und später reflexive Pronomen (s. *sich*) gedacht wird. Ferner wird l. *sodālis m.* ˈKameradˈ hierhergestellt. Wie bei *Sippe* sind die Zusammenhänge im einzelnen wenig sicher. Das Wort ist ursprünglich Maskulinum und ändert sein Genus im Deutschen seit dem 14. Jh. Adjektive: *sittlich, sittsam.*

Nndl. *zede,* nschw. *sed,* nisl. *siður.* S. *Ethik.* – E. Schiefer *MSS* 20 (1967), 45–57; *Grundbegriffe* 5 (1984), 863–921; C. Watkins *Language* 65 (1989), 783–799.

Sittich *m. erw. fach.* (< 12. Jh.). Mhd. *sitich, sitech,* ahd. *sitih,* mndd. *sidik.* Entlehnt aus l. *psittacus,* zu gr. *psíttakos* ˈPapageiˈ, das aus einer unbekannten Sprache entlehnt ist.

S. *Wellensittich.* – Littmann (1924), 15, 79.

Situation *f.* (< 16. Jh.). Entlehnt aus frz. *situation,* zu frz. *situer* ˈin die richtige Lage bringenˈ, aus ml. *situare,* zu l. *situs m.* ˈLage, Stellungˈ, dem PPP. von l. *sinere (situm)* ˈniederlassen, niederlegen, hinlegenˈ. Zu dem weniger gebräuchlichen Verb **situieren,** gehört als Partizip *(gut-)situiert.*

W. J. Jones *SN* 51 (1979), 272; *DF* 4 (1978), 200–203.

sitzen *stV.* (< 8. Jh.). Mhd. *sitzen,* ahd. *sizzen,* as. *sittian* aus g. **set-ja- stV.* ˈsitzenˈ, auch in anord.

sitja, ae. *sittan*, afr. *sitta*; in gt. *sitan* ist das *j*-Präsens wohl sekundär aufgegeben worden. Die gleiche Bildung in air. *saidid* ´er sitzt, setzt sich`, gr. *hézomai* ´ich sitze, setze mich`; die Wurzel ig. *sed-* ´sitzen` außerdem in l. *sīdere (*si-sd-)*, lit. *sésti*, akslav. *sěsti*, ai. *sīdati (si-sd-)*. Erweiterung zu einer Wurzel *es- ´sitzen`, zu der wohl auch das unregelmäßige Verb *sein* gehört. Abstraktum: *Sitzung*; Konkretum: *Sitz*; Kausativum: *setzen*.

Nndl. *zitten*, ne. *sit*, nschw. *sitta*, nisl. *sitja*. S. *besitzen, ansässig, aufsässig, Insasse, Sattel[1], Sessel, siedeln, Einsiedler, Ast, Nest*. Zur lateinischen Verwandtschaft s. *Residenz*, zur griechischen s. *Katheder*. – Seebold (1970), 396 f.; Röhrich 3 (1992), 1483–1485.

Six *f. per. reg.* (< 18. Jh.). In der Beteuerung *meiner Six* steht das Wort verhüllend für das weit ältere und weiter verbreitete *meiner Seel(e)*.

H. Schulz *ZDW* 10 (1908), 152; Röhrich 3 (1992), 1485.

Skala *f. erw. fach.* ´Maßeinteilung, Reihenfolge` (< 18. Jh.). Entlehnt aus it. *scála* ´Treppe, Leiter`, dieses aus l. *scālae (-ārum)*, zu l. *scandere (scānsum)* ´steigen, besteigen, ersteigen`.

Zu l. *scandere* ´steigen` gehört noch *skandieren* und *transzendent*; zu der Ableitung l. *scālae* gehört *Eskalation*. – *DF* 4 (1978), 203 f.; Cottez (1980), 376.

Skalde *m. per. fach.* ´(alt-) nordischer Dichter` (< 17. Jh.). Entlehnt aus anord. *skáld n.*(!) ´Dichter`. Vermutlich bedeutet das Wort ursprünglich ´Dichtung` oder ´Gedicht` und ist zu vergleichen mit air. *scél n.*, kymr. *chwed(d)l* ´Erzählung` zu (ig.) *sekʷ- ´sprechen` (s. *sagen*). In diesem Fall müßte aus dem nordischen Wort ein *v* geschwunden sein. Oder als ´Schelter` zu *schelten*?

S. Singer *IF* 51 (1933), 164 f.; K. vSee *GRM* 45 (1964), 1–14; M. I. Steblin-Kamenskij in: *FS Jóns Helgasonar* (Reikjavik 1969), 421–430.

Skalp *m. per. exot.* ´Kopfhaut des erschlagenen Feindes` (< 18. Jh.). Nach Berichten aus Amerika entlehnt aus ne. *scalp*, das aus me. *scalp* ´Schädel` stammt. Dieses aus einem nordischen Wort (anord. *skalpr* ´Schwertscheide, Schiff`, im Dänischen ´Schale, Hülse`), aber die Bedeutungsverhältnisse sind im einzelnen unklar. Verb: *skalpieren*. Zur germanischen Verwandtschaft s. *Schale[1]*.

DF 4 (1978), 204 f.; Rey-Debove/Gagnon (1988), 876 f.

Skalpell *n. per. fach.* ´chirurgisches Messer` (< *9. Jh., Bedeutung 18. Jh.). Ahd. *scalpellīn n.[?]*) ist entlehnt aus l. *scalpellum*, einem Diminutivum zu l. *scalprum* ´scharfes Schneideinstrument`, zu l. *scalpere (scalptum)* ´schneiden, kratzen, ritzen, scharren`. In neuerer Zeit in der Fachsprache neu entlehnt.

S. *Skulptur*; zur germanischen Verwandtschaft s. *Schild*. – *DF* 4 (1978), 205 f.

Skandal *m.* (< 18. Jh.). Entlehnt aus frz. *scandale*, dieses aus kirchen-l. *scandalum n.*, aus gr.

skándalon n. ´Ärgernis, Verführung, Fallstrick`. Adjektiv: *skandalös*.

G. Stählin: *Skandalon* (Gütersloh 1930); E. Öhmann *NPhM* 44 (1943), 13; Brunt (1983), 463; *DF* 4 (1978), 206–209.

skandieren *swV. per. fach.* ´Lyrik unter starker Betonung der Metrik vortragen` (< 16. Jh.). Entlehnt aus l. *scandere*, eigentlich ´(die Treppe hinauf) steigen, sich erheben`. S. *Skala*.

DF 4 (1978), 209.

Skat *m. per. fach.* (ein Kartenspiel) (< 19. Jh.). Zu it. *scarto* ´die weggelegten Karten`, zu it. *scartare* ´Karten ablegen`, zu it. *carta f.* ´Spielkarte, Karte`, aus l. *charta f.* ´Blatt, Papier, Schrift, Brief`. So bezeichnet nach den beiden Karten, die der Solospieler aufnehmen und austauschen kann.

S. *Karte*. – K. Bachmann in *FS E. Ochs* (Lahr/Schwarzwald 1951), 347 f.; W. Stammler (1954), 173; *DF* 4 (1978), 209 f.

Skelett *n.* (< 16. Jh.). Entlehnt aus gr. *skeletón (sōma)* ´Mumie`, eigentlich ´ausgetrockneter Körper`, zu gr. *skeletós* ´ausgetrocknet`, zu gr. *skéllesthai* ´austrocknen, ausdörren`.

Zur germanischen Verwandtschaft s. *behelligen*. – *DF* 4 (1978), 210–212; Röhrich 3 (1992), 1485.

Skepsis *f. erw. fremd.* ´Zweifel, Bedenken` (< 19. Jh.). Entlehnt aus gr. *sképsis*, zu gr. *sképtesthai* ´betrachten, schauen`. Adjektiv: *skeptisch*; Täterbezeichnungen: *Skeptiker*.

S. *-skop*; zur germanischen Verwandtschaft s. *spähen*. – *DF* 4 (1978), 212–216.

Sketch *m. erw. fach.* ´Darbietung einer pointierten Kurzszene` (< 20. Jh.). Entlehnt aus ne. *sketch*, eigentlich ´Entwurf, Studie`, dieses wohl aus nndl. *schets* ´Entwurf`, aus it. *schizzo*, eigentlich ´Spritzer`, für das man lautnachahmenden Ursprung annimmt.

S. *Skizze*. – *DF* 4 (1978), 216 f.; Rey-Debove/Gagnon (1988), 925.

Ski *m.* s. *Schi*.

Skinhead *m. per. grupp.* (Angehöriger einer Gruppe von Jugendlichen, die als charakteristisches Äußeres einen kahlgeschorenen Kopf haben) (< 20. Jh.). Entlehnt aus ne. *skinhead*, einer Zusammensetzung aus e. *skin* ´Haut` (aus anord. *skinn n.* ´abgezogene Haut`, s. *schinden*) und e. *head* ´Kopf` (aus ae. *hēafod*, s. *Haupt*).

Skipper *m.* s. *Schipper*.

Skizze *f.* ´Skizze` (< 17. Jh.). Entlehnt aus it. *schizzo*, das eigentlich ´Spritzer, Farbfleck` bedeutet, dann Fachausdruck für einen flüchtigen Entwurf wird. Verb: *skizzieren*.

S. *Sketch*. – *DF* 4 (1978), 218–221.

Sklave *m.* (< 13. Jh.). Mhd. *sklafe, slave* ist entlehnt aus ml. *sclavus*, das über *scylavus* zu gr. *sky-*

leúo, skyláõ ´ich mache Kriegsbeute` (zu gr. skȳlon n. ´Kriegsbeute`) gehört. Damit fiel die griechische Bezeichnung der Slaven, mgr. Sklabēnoí, später zusammen, was zu verfehlten etymologischen Vermutungen Anlaß gab. Adjektiv: **sklavisch**; Abstraktum: **Sklaverei**; Präfixableitung: **versklaven**.
G. Korth Glotta 48 (1970), 145−153; DF 4 (1978), 221−228.

Sklerose f. per. fach. (Lähmung) (< 19. Jh.). Neoklassische Bildung zu gr. sklērós ´hart` (es handelt sich um eine Verhärtung von Geweben) mit einem Suffix, das krankhafte Erscheinungen bezeichnet.
Cottez (1980), 378.

Skonto n./m. erw. fach. ´Preisnachlaß bei Barzahlung` (< 17. Jh.). Entlehnt aus it. sconto m., gekürzt aus it. disconto. S. Diskont.

-skop LAff. zur Bezeichnung von Beobachtungs-Instrumenten (Horoskop, Kaleidoskop, Stethoskop usw.). Neoklassische Bildungen, die auf gr. skopós ´Beobachter, Wächter` zurückgreifen (das Vorbild für die Gerätebezeichnungen müßte eine Ableitung -skopeĩon sein, die in später Zeit auch erscheint); zu gr. sképtesthai ´spähen, betrachten` (s. Skepsis). S. zu diesen Bildungen auch Bischof, Skopus und Teichoskopie.
Gerlach (1962), 22; Cottez (1980), 379 f.

Skopus m. per. fach. ´Wirkungsbereich` (< 20. Jh.). Entlehnt aus l. scopus ´Ziel`, dieses aus gr. skopós, eigentlich ´Späher`, aber auch ´Ziel`, zu gr. sképtesthai ´spähen, betrachten`. S. -skop, Skepsis.

Skorbut m. erw. fach. (eine Mangelkrankheit) (< 17. Jh.). Entlehnt aus ml. scorbutus, dessen weitere Herkunft nicht sicher geklärt ist. Unter Umständen ist es germanischer Herkunft, so daß die deutsche Form Scharbock nicht aus dem Lateinischen umgestaltet ist, sondern aus dem Niederländischen (scherbuk u.ä.) stammt. Dieses dann aus anord. skyrbjúgr ´Skorbut`: anord. bjúgr ist eine Geweberveränderung, die sich eindrücken läßt − das könnte auf die Veränderung der Blutgefäße beim Skorbut hinweisen; anord. skyr n. ist eigentlich ´Sauermilch, Quark`, eine typische Vorratsspeise, so daß der Krankheitsname bedeuten würde ´Krankheit, die während der Zeit des Sauermilchessens auftritt`.

Skorpion m. erw. exot. (ein Spinnentier mit Giftstachel) (< 9. Jh.). Ahd. scorpiōn [Akk.], mhd. sc[h]orpe, scorpiōn ist entlehnt aus l. scorpio (-ōnis), dieses aus gr. skorpíos unklarer Herkunft.
Röhrich 3 (1992), 1485 f.

Skript(um) n. per. fremd. ´Drehbuch, Mitschrift, Handschrift, Urfassung` (< 16. Jh.). Entlehnt aus l. scriptum ´das Geschriebene`, PPP zu l. scrībere ´schreiben`. Spätere Bedeutungen und die Form script unter Einfluß des Englischen. S. deskribieren.
Rey-Debove/Gagnon (1988), 886−888.

Skrupel m. erw. fremd. ´Hemmung, Besorgnis, Gewissensbisse` (< 16. Jh.). Entlehnt aus l. scrūpulus, eigentlich ´spitzes Steinchen`, einem Diminutivum zu l. scrūpus ´spitzer Stein`. Vgl. ´Stein des Anstoßes`. Adjektiv: **skrupulös**.
DF 4 (1978), 231−234.

Skulptur f. erw. fach. ´bildhauerisches Kunstwerk` (< 16. Jh.). Entlehnt aus l. sculptūra, Abstraktum zu l. sculpere (sculptum) ´bilden, schnitzen, meißeln`, das mit l. scalpere ´schneiden, kratzen (usw.)` (s. Skalpell) verwandt ist.
DF 4 (1978), 234 f.

skurril Adj. per. fremd. ´absonderlich, befremdend` (< 18. Jh.). Entlehnt aus l. scurrīlis, zu l. scurra ´Spaßmacher, Possenreißer`. Abstraktum: **Skurrilität**.
DF 4 (1978), 235 f.

Slalom m. per. fach. ´Rennen durch einen ausgesteckten Kurs` (< 20. Jh.). Entlehnt aus nnorw. slalåm f., aus norw. slad ´geneigt` und norw. låm ´Schleppspur` und im Genus an Lauf angepaßt. Die heute üblichen Fahnentore wurden von dem Österreicher Zdarski eingeführt. Das Wort erscheint im Deutschen seit 1904.
E. Mehl MS 75 (1965), 345−347; DF 4 (1978), 237.

Slang m. erw. fach. ´saloppe Umgangssprache (bestimmter Gruppen)` (< 19. Jh.). Entlehnt aus ne. slang, dessen Herkunft nicht sicher geklärt ist. Nach DEO aus frz. dial. exlanguer ´schwatzen` zu frz. langue ´Sprache`; nach Ritter aus beggar's language herausgelöst.
O. Ritter ASNS 116 (1906), 41−49; C. G. N. de Vooys MNAW 3 (1940), 295−338; DF 4 (1978), 237 f.; DEO (1982), 486 f.; Rey-Debove/Gagnon (1988), 927 f.

Slapstick m. per. fach. ´Burleske` (< 20. Jh.). Entlehnt aus ne. slapstick, eigentlich ´Pritsche`, einer Zusammensetzung aus e. slap ´schlagen` (zu e. slap ´Schlag`, aus ndd. slapp, s. schlaff) und e. stick ´Stock` (aus ae. sticca, s. Stecken). Zunächst Bezeichnung der Pritsche von Harlekinen in burlesken Komödien; dann übertragen auf die Gattung von solchen oder ähnlichen Lustspielen.

Slibowitz m. per. fach. (ein Pflaumenschnaps) (< 20. Jh.). Entlehnt aus serbo-kr. šljivovica, zu serbo-kr. šljiva ´Pflaume`.

Slip m. (< 20. Jh.). Entlehnt aus ne. slip, einer Ableitung von e. slip ´gleiten, schlüpfen`, dieses wohl aus mndd. slippen. Die deutsche Entsprechung ist Schlüpfer.
DF 4 (1978), 238 f.; Rey-Debove/Gagnon (1988), 929 f.

Slogan m. erw. fach. ´Wahlspruch` (< 20. Jh.). Entlehnt aus ne. slogan, dieses aus gäl. sluaghghairm ´Kampfruf`, zu gäl. sluagh ´Heer` und gäl. gairm ´schreien, rufen`.
DF 4 (1978), 239 f.; Rey-Debove/Gagnon (1988), 930 f.

Slums *Pl. erw. fremd.* ʼElendsviertelʼ (< 20. Jh.). Entlehnt aus ne. *slums*, zu e. *slum* ʼenge Gasse im Armeleuteviertelʼ, dessen weitere Herkunft nicht geklärt ist.

DF 4 (1978), 240.; Rey-Debove/Gagnon (1988), 932.

Smaragd *m.* (< 13. Jh.). Mhd. *smarac(t)*, *smaragt*, *smarāt* ist entlehnt aus l. *smaragdus m./f.*, dieses aus gr. *smáragdos f./(m.)*, das seinerseits entlehnt ist. Letztlich vielleicht zu semitisch *brq* ʼglänzen, blitzenʼ.

Littmann (1924), 16; Lüschen (1979), 320 f.; Cottez (1980), 387.

smart *Adj. per. fremd.* ʼgewitzt, modisch, chicʼ (< 19. Jh.). Entlehnt aus ne. *smart*, dieses aus ae. *smeart* ʼschmerzvollʼ (s. *Schmerz*). Die Bedeutungsentwicklung im Englischen geht aus von der Übertragung auf ʼscharfe Worte, beißende Kritikʼ, dann auch ʼkraftvoll, aktivʼ und ʼschlau, auf den eigenen Vorteil bedachtʼ. Die Bedeutung ʼmodisch chicʼ ausgehend von ʼclever, wachsam, auf das Äußere achtendʼ.

DF 4 (1978), 240 f.; Rey-Debove/Gagnon (1988), 932 f.

Smog *m. erw. fach.* (< 20. Jh.). Entlehnt aus ne. *smog*, einer Kreuzung aus e. *smoke* ʼRauchʼ und e. *fog* ʼDunst, Nebelʼ.

S. *Smoking*. – *DF* 4 (1978), 241 f.; Rey-Debove/Gagnon (1988), 934.

Smoking *m.* (< 19. Jh.). Entlehnt aus ne. *smoking-jacket*, *smoking-suit*, eigentlich ʼJacke bzw. Anzug zum Rauchenʼ, zu e. *smoke* ʼrauchenʼ. Es handelt sich um die bequemere und weniger schonungsbedürftige Kleidung, die nach dem formalen Essen angezogen wurde. Die spätere Entwicklung ist nur deutsch, die englische Entsprechung ist *dinner-jacket*.

S. *Smog*; zur deutschen Verwandtschaft s. *schmauchen*. – *DF* 4 (1978), 242.; Rey-Debove/Gagnon (1988), 934 f.

Smutje *m. per. grupp.* ʼSchiffskochʼ (< 20. Jh.). Auch als *Kökensmud (Küchen-)* in der Seemanns- und dann der Marinesprache bezeugt. Wohl zu *smud* ʼgroße Hitzeʼ (*smuddig* ʼfeuchtwarmʼ, ne. *smother*), das aber seinerseits eine dunkle Herkunft hat. Ein Anschluß an *schmoren* u.ä. wäre semantisch denkbar, doch sind die lautlichen Unterschiede bei einem so spät bezeugten Wort nicht zu erklären.

Snack *m. erw. fremd.* ʼImbißʼ (< 20. Jh.). Entlehnt aus ne. *snack*, einer Ableitung von e. *snack* ʼschnappen, beißenʼ, dessen Herkunft nicht sicher geklärt ist.

Rey-Debove/Gagnon (1988), 935.

Snob *m. erw. fremd.* ʼarrogante, sich übertrieben exklusiv gebende Personʼ (< 19. Jh.). Entlehnt aus ne. *snob*, dessen Herkunft nicht sicher geklärt ist. Das Wort ist seit dem Ende des 18. Jhs. in nordenglischen Dialekten belegt mit der Bedeutung ʼFlick-

schusterʼ. Es kommt dann in den Universitäts-Slang von Cambridge für einen Menschen niederer Klasse, der über seine eigentliche Stellung hinwegtäuscht. Durch Thackeray: *The Snobs of England* (1846) wird das Wort allgemein bekannt. Adjektiv: **snobistisch**; Abstraktum: **Snobismus**.

P. Horstrup *ZdW* 19 (1963), 64–74; Brink-Wehrli (1958), 48; P. Horstrup in: *Schlüsselwörter* 2 (1964), 216–257; *DF* 4 (1978), 242–245.; Rey-Debove/Gagnon (1988), 936–938.

so *Adv.* (< 9. Jh.). Mhd. *sō*, ahd. *sō*, as. *sō* aus g. **swǣ*, auch in gt. *swa*, *swe*, anord. *svá*, *só*, ae. *swā*, *swǣ*. Außergermanisch vergleichen sich gr. *hōs* ʼwieʼ (nachgestellt) und al. *suad* ʼsoʼ. Weitere Herkunft unklar, ebenso der Ausfall des -*w*- im Deutschen. Nndl. *zo*, ne. *so*, nschw. *så*, nisl. *svo*. S. *also*, *solch*.

Socke *f.* (< 9. Jh.). Mhd. *soc(ke) m.*, ahd. *soc m.*, as. *sokk m.* Wie ae. *socc m.* entlehnt aus l. *soccus m.* ʼniedriger Schuhʼ. Da diese Schuhe vielfach aus Stoff hergestellt wurden, konnte sich die Bedeutung ʼkurzer Strumpfʼ entwickeln. Das Wort ist bei der Entlehnung zunächst nach seinem Vorbild ein Maskulinum (wie heute noch süddeutsch teilweise), geht dann aber zum Femininum über.

S. *Sockel*. – Heyne (1899/1903), III, 265 f.; J. Koivulehto in: Meid (1987), 65; Röhrich 3 (1992), 1486.

Sockel *m.* (< 18. Jh.). Entlehnt aus frz. *socle*, das auf l. *socculus* gleicher Bedeutung, eigentlich ʼkleiner Schuhʼ, Diminutiv zu l. *soccus* (s. *Socke*), zurückgeht.

Soda *f./n. erw. fach.* (Natriumsalz der Kohlensäure) (< 18. Jh.). Entlehnt aus span. *soda f.*; dieses aus arab. *suwwād*, Name der Pflanze, aus deren Asche Soda gewonnen wurde.

Vgl. *Pottasche*. – Lüschen (1979), 321.

Sodbrennen *n. per. fach.* (< 16. Jh.). Zunächst bezeugt als *sōtbrennen* zu älterem mhd. *sōt m./n.*, mndd. *sode*, ae. *sēaða m.*, eigentlich ʼdas Siedenʼ, mit Ablaut zu *sieden*. Das Wort ist also ein verdeutlichendes Kompositum.

Sode *f. erw. ndd.* ʼRasenstück, Torfschelleʼ (< 17. Jh.). Übernommen aus dem Niederdeutschen: Mndd. *sode*, mndl. *sode*, afr. *sātha m.* Herkunft unklar. Nndl. *zode*, ne. *sod*.

Sodomie *f. per. fach.* ʼUnzucht mit Tierenʼ (< 16. Jh.). Neoklassische Bildung (zuerst in der Täterbezeichnung *Sodomit*); abgeleitet von dem Namen der Stadt *Sodom* (und *Gomorrha*), deren Bewohner nach *Gen.* 19 für ihre sexuellen Ausschweifungen berüchtigt waren. Das Wort bezeichnet zunächst allgemein sexuelle Unzucht und wird dann eingeengt.

DF 4 (1978), 246 f.; Röhrich 3 (1992), 1487.

Sofa *n.* (< 17. Jh.). Entlehnt aus frz. *sofa m.* und it. *sofa m.*, diese aus arab. *ṣuffa* ʼRuhebankʼ.

J. W. Walz *ZDW* 12 (1910), 197; Littmann (1924), 88 f.; Lokotsch (1975), 153; *DF* 4 (1978), 247 f.

sofort *Adv.* (< 16. Jh.). Zusammengerückt aus *so (und) fort*, das aus der Situation heraus die Bedeutung ´alsbald´ bekommt, wie auch mndd. *vort* allein.

soft *Adj. per. fremd.* ´weich, sanft´. Entlehnt aus ne. *soft*, das mit *sanft* verwandt ist. Unter *Software* werden in der EDV-Technik die nicht unmittelbar zu den Geräten gehörigen Gebrauchsteile (Programme usw.) verstanden.

Rey-Debove/Gagnon (1988), 940 f.

Sog *m.* (< 18. Jh.). Übernommen aus dem Niederdeutschen. Ableitung zu *saugen*. Auch nndl. *zog*.

Kluge (1911), 731.

sogleich *Adv.* (< 17. Jh.). Semantisch naheliegende Entwicklung aus *gleich*, das zu *sogleich* verstärkt wird.

S. Kallos *BGDSL* 55 (1931), 76−80.

Sohle *f.* (< 9. Jh.). Mhd. *sol(e)*, ahd. *sol(a)*, as. *sola*. Entlehnt aus l. *sola*, das in dieser Bedeutung Plural zu l. *solum n.* ´Boden´ ist. Der Plural wird im Deutschen zum Femininum umgedeutet. Die bergmännische Bedeutung von *Sohle* kann unmittelbar auf den lateinischen Singular zurückgehen. Auch die frühneuhochdeutsche und regional auftauchende Bedeutung ´Plattfisch´ folgt der Übertragung im Lateinischen. Verb: **sohlen**.

Nndl. *zool.* − Heyne (1899/1903), III, 264 f.; Wolf (1958), 191 f.; Röhrich 3 (1992), 1487.

Sohn *m.* (< 8. Jh.). Mhd. *sun*, ahd. *sun(u)*, as. *sunu* aus g. **sunu- m.* ´Sohn´, auch in gt. *sunus*, anord. *sonr*, *sunr*, ae. afr. *sunu*. Aus ig. **suənu- m.* ´Sohn´, eigentlich ´Geborener´, auch in ai. *sūnú-*, akslav. *synŭ*, lit. *sūnùs* und mit anderen Suffixen gr. *hyiós*, toch. A *se*, toch. B *soy*; zu (ig.) **seuə-* ´gebären´ in ai. *sū́te* ´gebiert´, air. *suth* ´Frucht, Geburt´. Die Vokalkürze im Germanischen ist unregelmäßig.

Nndl. *zoon*, ne. nschw. *son*, nisl. *sonur*. − Benveniste (1969/1993), 185−187; Szemerényi (1977), 10−19; W. Winter in *FS H. Hönigswald* (Tübingen 1987), 405−408.

sohr *Adj. per. ndd.* ´ausgedörrt´, **Sohr** *M.* ´Sodbrennen´ *per. ndd.* (< 15. Jh.). Übernommen aus dem Niederdeutschen: Mndd. *sōr*, mndl. *soor* aus wg. **sauza- Adj.* ´trocken´, auch in ae. *sēar*. Dieses aus ig. **sausó-* ´trocken´, auch in gr. *aũos*, (att.) *haũos*, lit. *saũsas*, akslav. *suchŭ* ´trocken, dürr´. Dieses aus dem in ai. *śúṣyati*, lett. *sust* ´trocken werden´ vorliegenden Verbum.

Nndl. *zoor.* − Heidermanns (1993), 471.

soigniert *Adj. obs.* ´gepflegt´ (< 19. Jh.). Nachbildung von frz. *soigné*, PP von frz. *soigner* ´pflegen,

bewahren´, das als *soignieren* entlehnt wird, aber keine Rolle spielt.

DF 4 (1978), 248.

Soiree *f. obs.* (exklusive Abendveranstaltung) (< 19. Jh.). Entlehnt aus frz. *soirée*, zu frz. *soir m.* ´Abend´, aus l. *sēra*, zu l. *sērus* ´spät´. Dieses gehört (lautlich unregelmäßig) zu dem unter *langsam* behandelten g. **saina-* ´spät´ (anord. *seuin* usw.).

DF 4 (1978), 248 f.

Soja *f. erw. fach.* (eine Pflanze) (< 18. Jh.). Über das Niederländische entlehnt aus jap. *shōyu*, dieses aus dem Chinesischen.

Littmann (1924), 135.

solar *Adj. erw. fach.* ´zur Sonne gehörend´ (< 19. Jh.). Entlehnt aus l. *sōlārius*, zu l. *sōl* ´Sonne´. S. *Parasol, Söller, Sonne*.

Cottez (1980), 388.

solch *Pron.* (< 8. Jh.). Mhd. *solch*, ahd. *sulih*, as. *sulik* aus (g.) **swē-leika-*, auch in afr. *selik*, während auf **swa-leika-* gt. *swaleiks*, anord. *slíkr*, ae. *swilc*, *swelc*, mndl. *sulc*, *swilc*, *swelc* u.ä. zurückgehen. Zu *so* und der Grundlage von *-lich* (s. *Leiche*), also ´so geartet´. Nndl. *zulk*, ne. *such*, nschw. *slik*, nisl. *slíukur*.

Sold *m. obs.* (< 12. Jh.). Mhd. *solt* ist entlehnt aus afrz. *solde*, it. *soldo* (frz. *sou*) ´Münze´, auch ´Entlöhnung´ aus l. *(nummus) solidus* ´Goldmünze´ (aus gediegenem Gold, deshalb zu l. *solidus* ´gediegen, echt´). Präfixableitung: **besolden**; Täterbezeichnung: **Söldner**. S. *Soldat, solide*.

Soldat *m.* (< 16. Jh.). Entlehnt aus it. *soldato*, eigentlich ´der in Sold Genommene´, dem substantivierten PPP. von it. *soldare* ´in Sold nehmen´. Adjektiv: **soldatisch**. Das Kollektivum **Soldateska** wird nur noch abschätzig gebraucht.

DF 4 (1978), 250−254.

Söldner *m.* (< 12. Jh.). Mhd. *soldenære*, *soldner*. Ableitung von *Sold* bald nach dessen Entlehnung. Wohl Nachbildung von it. *soldato*.

Sole *f. per. fach.* ´Salzwasser´ (< 14. Jh.). Älter ist das Wort in der Bedeutung ´Suhle´ (ahd. *sol, sul m./n.*, ae. *sol n.*, *solu*, s. *Soll, Suhle*). Das Nebeneinander der Bedeutungen wie bei *Lache/Lake* und *Sulze*. Entsprechend stehen neben dem jeweiligen Wort für Salz Wörter mit der Bedeutung ´Morast u.ä.´ in air. *sál m.* ´Schmutz, Schlacke, Fleck´, kymr. *hâl* ´Schmutz, Dung, Moor´, gr. *hýlē* ´Sediment, Schlamm, körperliche Ausscheidung´, lit. *sùltis* ´Salzlake, Saft´, akslav. *slatina* ´Salzwasser, Meer´, russ. *sólot* ´Morast, Sumpf´. Es handelt sich um Wörter der Bedeutung ´Salzwasser, Schlamm, Sediment´, zu denen das Wort *Salz* als Ableitung (´Sediment´) gehört. Da Schwundstufen neben *a/o/ə*-Vokalismus stehen, ist wohl von (ig.) **sə-l̥* auszugehen, in dem einerseits *ə* vor *l̥* ausfallen, andererseits das *l* unsilbisch werden konnte.

S. *Salami.* – Bielfeldt (1965), 19; E. Seebold in: *FS Matzel* (1984), 127–130.

solidarisch *Adj. erw. fremd.* ʽzu jmd. haltend, für jmd. einstehendʼ (< 19. Jh.). Entlehnt aus frz. *solidaire*, zu l. *in solido* ʽim ganzenʼ, zu l. *solidus* ʽganz, völlig, vollständigʼ. Die moderne Bedeutung entsteht in der juristischen Fachsprache als ʽHaftung der Ganzheitʼ. Abstraktum: **Solidarität**; Verb: **solidarisieren**.
DF 4 (1978), 256–259.

solide *Adj.* (< 18. Jh.). Entlehnt aus frz. *solide*, dieses aus l. *solidus*, auch ʽganz, völligʼ, das mit l. *salvus* ʽheilʼ verwandt ist (s. unter *salutieren*). Abstraktum: **Solidität**.
S. *konsolidieren, Saldo, Sold, Söldner, Soldat, solidarisch.* – Schirmer (1911), 177; *DF* 4 (1978), 259–261.

Soll *n.*, auch **Sölle** *f.* ʽkreisrunde Bodensenke mit stehendem Wasser gefülltʼ *per. ndd.* (< 20. Jh.). Ursprünglich niederdeutsch (mndd. *sol*). Zu dem Wort *Sole/Suhle* als ʽWasserloch, aus dem ein Sediment ausfälltʼ.

sollen *Prät.-Präs.* (< 8. Jh.). Mhd. *suln, soln,* ahd. (3. Sg.) *skal,* as. *scal* aus g. **skal Prät. Präs.* (3. Sg.) ʽschulden, sollenʼ, auch in gt. *skal,* anord. *skal,* ae. *sceal,* afr. *skel, skil.* Die Ausgangsbedeutung ist ʽschuldenʼ, womit sich lit. *skeléti* ʽschuldenʼ vergleichen läßt. Die Bedeutung ʽschuldenʼ hält sich in der Kaufmannssprache nicht lange; auf ihr beruht kaufmännisches *Soll* in der Buchhaltung (die ursprünglichen Bezeichnungen sind ml. *debet dare* – *debet habere,* aus dem ersten wir *Soll,* aus dem zweiten *Haben*). Weitere Herkunft unklar. Der neuhochdeutsche Anlaut beruht auf einer (wohl im Satztiefton erfolgten) Konsonantenvereinfachung (die teilweise auch im Englischen auftritt).
Nndl. *zullen,* ne. *shall,* nschw. *skola,* nisl. *skulu.* S. *Schuld.* – Seebold (1970), 405 f. Zu *Soll*: H. Peter *Der österreichische Betriebswirt* 11 (1961), 250–265.

Söller *m. per. fach.* ʽErker; Dachbodenʼ (< 9. Jh.). Mhd. *sölre, solre,* ahd. *solāri, soleri, solre,* as. *sōlari*; wie ae. *solor* entlehnt aus l. *sōlārium n.* ʽflaches Dach, Terrasseʼ (als ʽOrt des Sonneneinfallsʼ zu l. *sōl* ʽSonneʼ).
S. *solar.* – Kuhberg (1933), 60.

solo *Adj.* (< 18. Jh.). Entlehnt aus it. *solo,* dieses aus l. *sōlus,* zu l. *sē* ʽohne, beiseite, besondersʼ. Täterbezeichnung: **Solist**.
S. *desolat.* – *DF* 4 (1978), 262–264.

Solper *m.*, auch **Sulper** *m.* ʽSalzlake für Pökelfleischʼ *per. wmd. mndd.* (< 15. Jh.). Das gleiche Wort wie *Salpeter,* der früher zum Einsolpern diente. S. *Salami.*

Sommer *m.* (< 8. Jh.). Mhd. *sumer,* ahd. *sumar,* as. *sumar* aus g. **sumera- m.* ʽSommerʼ, auch in anord. *sumar n., sumarr,* ae. *sumer,* afr. *sumur.* Außergermanisch scheint die gleiche Bildung in arm. *amařn* ʽSommerʼ (zu arm. *am* ʽJahrʼ) vorzuliegen. Ohne dieses Suffix avest. *ham-* ʽSommerʼ (ai. *sámā f.* ʽHalbjahr, Jahreszeitʼ), air. *sam,* kymr. *haf.* Adjektiv: *sommerlich*; Adverb: *sommers.*
Nndl. *zomer,* ne. *summer,* nschw. *sommar,* nisl. *sumar.* – O. Szemerényi *Glotta* 38 (1960), 109; M. Tallen *DWEB* 2 (1963), 159–229; Röhrich 3 (1992), 1487 f.

Sommerfrische *f. obs.* (< 15. Jh.). Ursprünglich ein Tiroler Wort für ʽsommerlicher Erholungsaufenthalt auf dem Landeʼ, zunächst nur als *Frische,* dann durch *Sommer* verdeutlicht. Vgl. it. *frescura* ʽfrische Luft, angenehme Kühleʼ, das vielleicht das Vorbild gewesen ist.
F. Wrede *ZDW* 1 (1901), 78; Ladendorf (1906), 289 f.; A. Götze *ZDW* 13 (1912), 154 f.; Kretschmer (1969), 44, 599; H. Appel *Sprachwart* 18 (1968), 199 f.

Sommersprosse *f.* (< 17. Jh.). Älter ist das einfache Wort fnhd. *spruse,* mndd. *sprotele, sprutele,* mndl. *sproete* (der Vokalismus ist nicht ganz einheitlich und nicht überall klar zu beurteilen). Zu *spritzen,* das seinerseits zu *sprießen* gehört, also ʽSpritzerʼ, wie sonst auch *Sommerflecken.* S. *Sprosser.*
Heidermanns (1993), 539.

Sommervogel *m. per. reg.* ʽSchmetterlingʼ (< 15. Jh.). Heute noch mundartlich. *Vogel* hier allgemein für ʽfliegendes Tierʼ.

Sonate *f. erw. fach.* (ein zyklisch aufgebautes Musikstück) (< 17. Jh.). Entlehnt aus it. *sonata,* zu it. *sonare* ʽtönen, klingenʼ, aus l. *sonāre,* zu l. *sonus m.* ʽSchall, Ton, Klangʼ. Gemeint ist ursprünglich ein Instrumentalstück mit einer Singstimme.
S. *Dissonanz, Konsonant, Resonanz, sonor, Sound.* – *DF* 4 (1978), 264 f.

Sonde *f. erw. fach.* (< 18. Jh.). Entlehnt aus frz. *sonde,* das ursprünglich ʽSenkbleiʼ bedeutete. Dieses zu l. *subundāre* ʽuntertauchenʼ (zu l. *unda* ʽWogeʼ). Hierzu **sondieren**, eigentlich ʽmit einer Sonde untersuchenʼ.
DF 4 (1978), 265–267; *DEO* (1982), 488.

sonder *Präp. obs.* (< 9. Jh.). Mhd. *sunder,* ahd. *suntar,* mndd. *sunder,* andfrk. *sundir.* In Wendungen wie *sonder Zahl.* S. *sondern*[1].

sonderbar *Adj.* (< 10. Jh.). Mhd. *sunderbære,* ahd. *suntarbāro Adv. (?)* ʽabseitsʼ, mndd. *sunderbar,* mndl. *sunderbar.* Weiterbildung zu *sonder* (s. *sondern*[2]) in den Bedeutungen ʽabseits, merkwürdigʼ und ʽbesondersʼ; letzteres ist heute zurückgetreten. Nndl. *zonderbaar.*

Sonderling *m. stil.* (< 17. Jh.). Seit fnhd. *sunderling,* zu *sonder* (s. *sondern*[2]) in der Bedeutung ʽjmd., der sich absondertʼ.

sondern[1] *Konj.* (< 8. Jh.). Frühe Spezialisierung des Adverbs mhd. *sunder,* ahd. *suntar,* as. *sundar* (afr. *sunder,* ae. *sundor,* anord. *sundr,* mit abweichender Endung gt. *sundro*) ´abseits, gesondert, für sich´, die im Deutschen noch als archaische Präposition (*sonder Zahl* u.ä.) erhalten ist. Die heutige Lautform ist ostmitteldeutsch und von Luther durchgesetzt worden. Außergermanisch vergleichen sich ai. *sanutá-* ´weg, abseits´ (in der Stammform abweichend) und gr. *áter* ´ohne´; ohne das *t*-Suffix l. *sine* ´ohne´, air. *sain* ´besonders, verschieden´, toch. A *sne*, toch. B *snai* ´ohne´.

Behaghel 3 (1928), 293−295.

sondern² *sw V. stil.* (< 9. Jh.). Mhd. *sundern*, ahd. *suntarōn*, mndd. *sunderen*, mndl. *sonderen*. Wie ae. *gesundrian*, anord. *sundra* abgeleitet von dem Adverb *sonder*. Nndl. *afzonderen*, ne. *sunder*, nschw. *söndra*. S. *besonders*, *sonderbar*, *Sonderling*.

sondieren *sw V.* s. *Sonde*.

Sonett *n. erw. fach.* (ein Gedicht mit bestimmtem Reimschema) (< 16. Jh.). Entlehnt aus it. *sonetto*, Diminutiv zu it. *sono* ´Klang, Ton´, also etwa ´Liedchen´. Die Sonette wurden aber nicht gesungen.

S. *Sonate*. − *DF* 4 (1978), 267 f.

Song *m. erw. fremd.* (< 18. Jh.). Entlehnt aus ne. *song*, dieses aus ae. *sang*.

Zur deutschen Verwandtschaft s. *singen*. − *DF* 4 (1978), 268 f.

Sonnabend *m. erw. ndd.* ´Samstag´ (< 9. Jh.). Mhd. *sun(nen)ābent*, ahd. *sunnūnāband*, *sunnūn-ābund*, eigentlich ´Vorabend des Sonntags´. Zu *Abend* in dieser Bedeutung s. *Abend*.

S. auch *Samstag*. − A. D. Avedisian *DWEB* 2 (1963), 231−264.

Sonne *f.* (< 8. Jh.). Mhd. *sunne*, ahd. *sunna*, as. *sunna* aus g. **sunnō f.* ´Sonne´, auch in gt. *sunno*, anord. *sunna*, ae. *sunne*, afr. *sunne*, *senne*, *sinne*. Da das Wort auch mit *l*-Suffix auftritt (gt. *sauil*, anord. *sól*, ae. *sygil*), wird angenommen, daß es einen alten *l/n*-Stamm fortsetzt. Die *n*-Bildung auch in avest. *xᵛə̄ng (Gen.)*, die *l*-Bildung ist üblicher: ai. *súvar*, *sū́rya- m.*, gr. *hḗlios m.*, l. *sōl m.*, kymr. *haul*, lit. *sáulė*, akslav. *slŭnĭce n.* Adjektiv: **sonnig**; Verb: **sonnen**.

Nndl. *zon*, ne. *sun*. S. *Helium*, *schwelen*, *solar*. − J. Hilmarsson *Sprache* 33 (1987), 56−78; E. P. Hamp *HS* 103 (1990), 193 f.; Röhrich 3 (1992), 1488−1492.

Sonnenblume *f.* (< 16. Jh.). Bezeichnung verschiedener Pflanzen. Ursprünglich so benannt, weil sich die Blüten nach der Sonne drehen (vgl. it. *girasole m.*), später allgemein als Vergleich der gelben Blütenkörbe mit einer Sonne verstanden.

Bertsch (1947), 244−246.

Sonnenwende *f. obs.* (< 13. Jh.). Mhd. *sunne(n)-wende*, *sunnenwandel m.*, entsprechend mndd., abweichend anord. *sól(ar)hvarf*. Der Begriff ist weit verbreitet, etwa gr. (ep.) *tropḗ ēelíoio* ´Westen´, l.

sōlstitium n., wird aber als einzelsprachlich bezeichnet.

HWDA 8 (1937), 87 f.

Sonntag *m.* (< 9. Jh.). Mhd. *sunne(n)tac*, *suntac*, ahd. *sunnūntag*, as. *sunnondag*. Wie ae. *sunnandæg*, afr. *sunnandei*, anord. *sunnudagr* übersetzt aus l. *diēs sōlis f./m.*, dieses wiederum aus gr. *hēméra hēlíou f.* (zum Bezeichnungssystem s. *Dienstag*). Die Lehnübersetzung ist alt (vor 4. Jh.), weil in dieser Zeit l. *dominicus diēs* ´Tag des Herrn´ (frz. *dimanche* usw.) eingeführt wurde.

M. Förster *Anglia* 68 (1944), 1−3 Anm.; J. Kruijsen, E. Mooijman in: *FS Alinei* 1 (1986), 381−400.

sonor *Adj. per. fremd.* ´volltönend, klangvoll´ (< 18. Jh.). Entlehnt aus frz. *sonore*, aus l. *sonōrus* ´klangvoll´, zu l. *sonor* ´Klang´, s. *Sonate*.

DF 4 (1978), 269.

sonst *Adv.* (< 8. Jh.). Mhd. *su(n)st*, älter *sus*, ahd. *sus*, as. *sus* bedeutet eigentlich ´so´. Neben ihm steht mit abweichendem Anlaut ae. *þus*, afr. *thus*, as. *thus*. Herkunft und Zusammenhang sind unklar, wenn auch sicher die Pronominalstämme, die unter *so* und *der* aufgeführt sind, an der Entwicklung beteiligt waren. Das *-t* ist nachträglich angetreten; das *-n* beruht auf unregelmäßiger Nasalierung seit dem 14. Jh. (eine ähnliche Nasalierung bei *seit*, s. *sintemal*). Die Bedeutungsentwicklung wohl in elliptischen Drohungen: Tu A, *so* (wie es jetzt ist) mache ich B, verstanden als ´Tu A, sonst mache ich B´. Adjektiv: ***sonstig***.

Nndl. *zus.* S. *umsonst*. − W. A. Benware *BGDSL-T* 101 (1979), 345.

Soor *m. per. fach.* ´Pilzinfektion mit grauweißem Belag der Mundschleimhaut´ (< 19. Jh.). Herkunft unklar; ein regional weit verbreitetes *sohren* bedeutet ´kränkeln, siech sein u.ä.´, steht aber semantisch nicht nahe genug.

-sophie *LAff.* zur Bezeichnung von Weisheitslehren u.ä. Übernommen aus griechischen Komposita mit *-sophos* ´Weiser´, zu denen Abstrakta auf gr. *-sophía* gebildet wurden (vgl. *Philosophie*).

Cottez (1980), 389; B. Gallet: *Recherches sur ´kairos´* (Bordeaux 1990), 279−313.

Sopran *m.* (= die höchste weibliche Stimmlage), (< 18. Jh.). Entlehnt aus it. *soprano*, zu it. *soprano* ´oberer, darüber liegend´, zu l. *super* ´darüber, oben´. So bezeichnet als die am weitesten oben liegende weibliche Singstimme. Täterbezeichnung: ***Sopran, Sopranistin***.

S. *super-*. − *DF* 4 (1978), 275 f.

Sorbet(t) *m./n. per. fach.* (ein eisgekühltes Getränk, Halbgefrorenes) (< 17. Jh.). Entlehnt aus frz. *sorbet m.*, it. *sorbetto m.* und span. *sorbete m.*, diese aus türk. *šerbet* ´süßer, kühlender Trunk´, zu arab. *šariba* ´trinken´.

S. *Sirup.* − Littmann (1924), 81, 85; Lokotsch (1975), 146; Vernet (1984), 249−252.

Sore *f. per. vulg.* ʿDiebesgutʾ (< 18. Jh.). Übernommen aus dem Rotwelschen, in dem es seit dem 17. Jh. bezeugt ist. Aus wjidd. *sechore* ʿWareʾ, das auf hebr. *s^eḥōrā(h)* ʿWareʾ zurückgeht.

Sorge *f.* (< 8. Jh.). Mhd. *sorge,* ahd. *sorga,* as. *sor(a)ga* aus g. **surgō f.* ʿSorgeʾ, auch in gt. *saurga,* anord. *sorg,* ae. *sorh, sorg*; andfrk. *sworga* mit abweichendem Anlaut ist wohl sekundär. Außergermanisch vergleichen sich ai. *sū́rkṣati* ʿkümmert sich um etwasʾ, lit. *sérgėti* ʿhüten, bewahrenʾ, akslav. *strěšti* ʿhüten, bewahrenʾ (ig. **seragʰ-*); von der unerweiterten Wurzel avest. *haraite* ʿgibt achtʾ, mit abweichender Erweiterung l. *servāre* ʿbewahren, errettenʾ, avest. *nišhauruuaiti* ʿgibt acht, behütetʾ. Verb: *sorgen*; Adjektive: ***sorglich, sorgsam***.

Nndl. *zorg,* ne. *sorrow,* nschw. nisl. *sorg.* S. *konservieren.* − H. Götz *ASAWL* 49 (1957), 93−105; F. O. Lindeman *IF* 98 (1993), 48−54.

Sorgfalt *f.* (< 17. Jh.). Rückbildung aus mhd. *sorcveltic, sorcveldic,* mndd. *sorchvoldich, sorchveldich, sorchvaldich,* mndl. *sorchvoudich.*

Sorte *f.* (< 14. Jh.). Teils über das Mittelniederländische aus dem Französischen, teils aus dem Italienischen *(sorta)* ins Oberdeutsche entlehnt. Beiden zugrunde liegt l. *sors (sortis)* ʿLosʾ in der kaufmännischen Sonderbedeutung, nach der die Ware in verschiedene Güteklassen aufgeteilt wird, die Lose (l. *sortes*) heißen. Dieses zu l. *serere* ʿfügen, reihen, knüpfenʾ. Verb: ***sortieren***; Kollektivum: ***Sortiment***.

S. *Serie.* − *DF* 4 (1978), 276−279; *DEO* (1982), 489 f.; Röhrich 3 (1992), 1492 f.

SOS *n.* (internationales Notsignal) (< 19. Jh.). Initialwort zu ne. *Save Our Ship* ʿrettet unser Schiffʾ oder *Save Our Souls* ʿrettet unsere Seelenʾ. Das Signal wurde wegen der Form der Morsebuchstaben gewählt (*S* = 3 Kürzen, *O* = 3 Längen); der Text ist eine nachträgliche Deutung.

Rey-Debove/Gagnon (1988), 944; Röhrich 3 (1992), 1493.

Soße *f.* (< 16. Jh.). Entlehnt aus frz. *sauce* (und teilweise heute noch so geschrieben − immer in ***Sauciere***). Das französische Wort geht auf l. *salsa* ʿgesalzene (gewürzte) Brüheʾ zurück, das eine Substantivierung des Adjektivs l. *salsus* ʿgesalzenʾ ist (zu l. *sāl m./n.* ʿSalzʾ).

S. *Salami.* − *DF* 4 (1978), 60−62; Röhrich 3 (1992), 1286.

sotan *Adj. arch.* ʿso beschaffenʾ (< 15. Jh.). Fnhd. *sōtān,* mhd. *sōgetān.* Später wird das Präfix *ge-* im zusammengesetzten Wort unterdrückt; also = *so getan* mit der allgemeinen Bedeutung von *getan* ʿbeschaffenʾ.

Soubrette *f. per. fach.* (komisches Rollenfach für Sopran) (< 18. Jh.). Entlehnt aus frz. *soubrette,* zu prov. *soubret, soubreto* ʿgeziertʾ, zu prov. *soubrá* ʿdrüber hinaus seinʾ, aus l. *superāre* ʿdie Oberhand haben, übersteigenʾ, zu l. *super* ʿoben, darüberʾ. Zunächst Bezeichnung der spitzbübischen, gescheiten Magd in Theaterstücken; dann übertragen auf eine Gesangsrolle.

S. *super-.* − *DF* 4 (1978), 279 f.

Soufflé *n. erw. fach.* ʿAuflaufʾ (< 19. Jh.). Entlehnt aus frz. *soufflé,* besonders frz. *omelette soufflée* ʿEierauflaufʾ, eigentlich ʿAufgeblasenesʾ, s. *soufflieren.*

soufflieren *swV. erw. fach.* ʿflüsternd vorsprechenʾ (< 18. Jh.). Entlehnt aus frz. *souffler,* eigentlich ʿblasen, hauchenʾ, dieses aus l. *sufflāre (sufflātum)* ʿblasen, anblasenʾ, zu l. *flāre* ʿblasenʾ und l. *sub-.* Nomen agentis: ***Souffleur, Souffleuse.***

S. *Inflation.* − *DF* 4 (1978), 280 f.

Sound *m. per. grupp.* ʿKlangʾ (< 20. Jh.). Entlehnt aus ne. *sound,* dieses aus afrz. *son,* aus l. *sonus* ʿSchallʾ. S. *Sonate.*

soupieren *swV. per. fremd.* ʿfestlich zu Abend essenʾ, **Souper** *n.* ʿfestliches Abendessenʾ (< 19. Jh.). Entlehnt aus frz. *souper,* zu frz. *soupe* ʿin die Suppe getunktes Brot, Fleischbrühe, Suppeʾ, aus gallo-rom. **suppa,* zu gallo-rom. **suppare* ʿwürzenʾ, vergleichbar mit gt. *supōn.*

M. Höfler *ZRPh* 84 (1968)., 301−308; *DF* 4 (1978), 281 f.

Soutane *f. per. fach.* (Talar von katholischen Geistlichen) (< 19. Jh.). Entlehnt aus frz. *soutane,* dieses aus it. *sottana,* eigentlich ʿUntergewandʾ, zu it. *sottano* ʿunterʾ, zu it. *sotto* ʿuntenʾ, aus l. *subtus.* Die Soutane wird von den katholischen Geistlichen unter den liturgischen Gewändern getragen.

Souterrain *n./(m.) per. reg.* ʿKellergeschoßʾ (< 18. Jh.). Entlehnt aus frz. *souterrain m.,* eigentlich ʿunter der Erde liegendʾ, zu frz. *souterrain* ʿunterirdischʾ, aus l. *subterrāneus,* zu l. *terra f.* ʿErdeʾ und l. *sub-.*

S. *Territorium.* − Brunt (1983), 468. − *DF* 4 (1978), 282 f.

Souvenir *n. erw. fremd.* ʿMitbringsel, Andenkenʾ (< 18. Jh.). Entlehnt aus frz. *souvenir m.,* substantiviert aus frz. *souvenir* ʿerinnernʾ, aus l. *subvenīre* ʿeinfallen, in die Gedanken kommenʾ, zu l. *venīre* ʿkommenʾ und l. *sub-.*

S. *intervenieren.* − *DF* 4 (1978), 283 f.

souverän *Adj. erw. fach.* ʿunabhängig, unumschränkt, sicher, überlegenʾ (< 17. Jh.). Entlehnt aus frz. *souverain,* dieses über mittellateinische Vermittlung (vor-rom. **superanus*) zu l. *super* ʿüberʾ. Auch substantiviert als ***Souverän***; Abstraktum: ***Souveränität***.

S. *super-.* − *DF* 4 (1978), 284−287; H. Quaritsch: *Souveränität* (Berlin 1986); *Grundbegriffe* 6 (1990), 1−154.

sowieso *Adv.* (< 18. Jh.). Eigentlich ʿes ist *so* oder *so* dasselbeʾ. Auch wie *Soundso* als Ersatz für unbestimmte Namen gebraucht *(Herr Sowieso).*

sozial *Adj.* ´die Gesellschaft betreffend, gesellig´ (< 18. Jh.). Entlehnt aus frz. *social*, dieses aus l. *sociālis*, zu l. *socius* ´teilnehmend, in Verbindung stehend, zugesellt´. Verb: *sozialisieren*; als Wissenschaftsbezeichnung: *Soziologie*; Kompositionsglied *Sozio-*, wie in *Soziolekt*.
S. *assoziieren* und zum Grundwort *Konsequenz*. − DF 4 (1978), 288−295; Cottez (1980), 387.

Sozialismus *m.*, **Sozialist** *m.*, **sozialistisch** *Adj.* (< 19. Jh.). Entlehnt aus ne. *socialism* (und frz. *socialisme*) als Bezeichnung einer Richtung, die das Gemeinwohl (das *soziale* Verhalten) über den Eigennutz stellen will.
S. *sozial*. − K. Grünberg *Archiv für die Geschichte der Arbeiterbewegung* 2 (1912), 372−379; L. H. A. Geck *MS* 71 (1961), 294−308; ders.: *Über das Eindringen des Wortes ´sozial´ in die deutsche Sprache* (Göttingen 1963); H. Müller: *Ursprung und Geschichte des Wortes ´Sozialismus´ und seiner Verwandten* (Hannover 1967); J. Gans *CL* 14 (1969), 45−58; H. Grossmann, C. Grünberg: *Anarchismus, Bolschewismus, Sozialismus* (Frankfurt 1971), 94−142, 194−336; S. Marx-Nordin: *Untersuchungen zur Methode und Praxis der Analyse aktueller Wortverwendungen* (Tübingen 1974); Bartholmes (1970), 223−239; J. Thiele in: R. Große/A. Neubert (Hrsg.): *Beiträge zur Soziolinguistik* (Halle/S. 1974), 171−186; *DF* 4 (1978), 295−303; W. Schieder in: *FS R. Brinkmann* (Tübingen 1981), 474−488; ders. *Merkur* 45 (1991), 546−551; *Grundbegriffe* 5 (1984), 923−996; F. Liedtke *SLWU* 20 (1989), 23−38.

Sozietät *f. per. fach.* ´Gesellschaft´ (< 16. Jh. Entlehnt aus frz. *société* und relatinisiert nach l. *societas*, Kollektivum zu l. *socius* ´Gefährte´, s. *Sozius* und *sozial*.
DF 4 (1978), 303−305.

Sozius *m. per. fach.* ´Teilhaber, Beifahrersitz am Motorrad´ (< 17. Jh.). Entlehnt aus l. *socius* ´Gesellschafter, Teilnehmer´, zu l. *sequī* ´folgen, begleiten´.
S. *assoziieren* und *sozial*. − DF 4 (1978), 307 f.

Spachtel *m./f.* (< 16. Jh.). Mit unregelmäßiger Lautentwicklung aus älterem *spat(t)el* (vgl. die Entwicklung von *Schachtel*). Die beiden Formen sind dann semantisch differenziert worden − *Spachtel* ist ein Werkzeug der Handwerker, *Spatel* eines der Ärzte und Apotheker. Entlehnt aus it. *spatola f.*, dieses aus l. *spatula f.* ´Schäufelchen´, Diminutiv zu l. *spatha f.* ´Rührlöffel´ (aus gr. *spáthē f.* ´flaches Werkzeug´). Verb: *spachteln*.
S. *Epaulett, Spalier, Spaten*. − V. Moser *ZM* 14 (1938), 70−73.

spack *Adj. per. ndd.* ´trocken, dürr´ (hauptsächlich von Holz) (< 15. Jh.). Übernommen aus dem Niederdeutschen: Mndd. *spaken* ´dürre Äste´, ahd. *spahha* ´Reisig, dünne Scheite´. Wohl lautmalend nach dem Knacken und Brennen.
S. *Specke*. − Heidermanns (1993), 531.

Spagat[1] *m. per. fach.* (Spreizschritt) (< 20. Jh.). Entlehnt aus it. *spaccata f.*, zu it. *spaccare* ´spalten´.

Spagat[2] *m. per. oobd.* ´Schnur´ (< 17. Jh.). Entlehnt aus it. *spagetto* ´dünner Bindfaden´, s. *Spaghetti*.

Spaghetti *Pl.* (< 20. Jh.). Entlehnt aus it. *spaghetti Pl.*, einem Diminutivum zu it. *spago m.* ´Schnur´, dessen weitere Herkunft nicht sicher geklärt ist.

spähen *swV.* (< 11. Jh.). Mhd. *spehen*, ahd. *spehōn, spiohōn, mndd. speen, spei(g)en*, mndl. *spien*; im Ablaut dazu anord. *spá* ´wahrsagen´. Außergermanisch vergleichen sich ai. *páśyati* ´er sieht´, l. *specere* ´erblicken´, und mit Umstellung gr. *sképtomai* ´ich schaue´. Nomen agentis: *Späher*.
Nndl. *spieden*. S. *Skepsis* für die griechische, *Spektakel* für die lateinische Verwandtschaft; *spicken, Spiegel, Spion*. − Heidermanns (1993), 534 f.

Spake *f. per. fach.* ´die über das Steuerrad hinausgehenden Speichengriffe´ (< 18. Jh.). Ursprünglich friesische Form des Wortes *Speiche*.

spakig *Adj. per. ndd.* ´stockfleckig´ (< 19. Jh.). Herkunft unklar. Vielleicht zu *spack*.

Spalier *n. erw. fach.* (< 17. Jh) Entlehnt aus it. *spalliera f.* ´Schulterharnisch, bunter wollener Wandteppich, Rückenlehne, Baumgeländer´, zu it. *spalla f.* ´Schulter´, aus l. *spatula f.* ´Schulterblatt, Spatel, Rührlöffel´, einem Diminutivum zu l. *spatha f.* ´Rührlöffel´, aus gr. *spáthē f.* (´Rührlöffel´, flaches Werkzeug´). Das Bilden eines Spaliers aus Menschen wird so bezeichnet, weil man Soldaten usw. auf zwei Seiten so aufstellte, daß sie mit ihrem Rücken das Volk abhielten. Sonst ist ´Rücken´ im Sinn von ´Stütze´ gemeint.
S. *Spachtel*. − DF 4 (1978), 309 f.; J. Knobloch in *FS Meid* (1989), 105−107.

spalten *stV.* (< 9. Jh.). Mhd. *spalten*, ahd. *spaltan*, mndd. *spalden*. Sonst im Germanischen nur möglicherweise zugehörige Ableitungen, etwa gt. *spilda* ´Tafel´, anord. *spjald, speld* ´Brett´. Keine genaue Vergleichsmöglichkeit. Vielleicht vergleicht sich ai. *sphátati* ´birst´ (Grammatikerwort), dann beruht das germanische -*d*- auf grammatischem Wechsel. Ohne anlautendes *s*- könnten die einfachere Wurzelstufe zeigen kslav. *rasplatiti* ´trennen´, ai. *paṭati* ´birst´, älter ai. *pāṭayati* ´spaltet, reißt auf´ und vielleicht air. *altan* ´Rasiermesser´. Abstrakta: *Spalt, Spalte*.
Nndl. *spouwen*. S. *spleißen, Splitter, Zwiespalt*. − Seebold (1970), 448 f.

Span *m.* (< 9. Jh.). Mhd. *spān*, ahd. *spān*, mndd. *spān*, mndl. *spaen* aus g. **spēnu- m.* ´Span´, auch in anord. *spánn*, ae. *spōn m./f.*, afr. *spon*. Herkunft unklar. Nndl. *spaan*, ne. *spoon*, nschw. *spån*, nisl. *spónn*. S. *Spat*[1].
Röhrich 3 (1992), 1493.

Spanferkel *n. erw. fach.* (< 12. Jh.). Mhd. *spenvarch* (u.ä.), ahd. *spunnifarah, spunnifarhī(n)*

(u.ä.), mndd. *spenverken.* Zusammengesetzt aus einem Wort für ˹Ferkel˺ und einem heute ausgestorbenen Wort für ˹Zitze˺, mhd. *spen f.,* *spun(n)e,* *spün(n)e n./f.,* ahd. *spunna,* mndd. *spene, spone f.,* ae. *spanu f.,* anord. *speni m.* Außergermanisch vergleichen sich lit. *spenỹs* und air. *sine m.* ˹Zitze˺. Zu ig. **psten-* ˹(weibliche) Brust˺ in ai. *stána-,* avest. *fštana-,* gr. *stēnion* (Hesych).
S. auch *Senn.* − Seebold (1970), 449.

Spange *f.* (< 9. Jh.). Mhd. *spange,* ahd. *spanga,* mndd. *span n.,* mndl. *spange* aus g. **spangō f.* ˹Spange˺, auch in anord. *spǫng,* ae. *spang.* Vermutlich eine *k*-Ableitung zu *spannen.* Nndl. *spang,* nisl. *spöng.* S. *Spengler.*

Spaniel *m. per. fach.* (eine Hunderasse) (< 19. Jh.). Entlehnt aus ne. *spaniel,* dieses aus afrz. *espagneul,* aus span. *español* ˹spanisch˺.
Ganz (1957), 209.

Spanne *f.* (< 9. Jh.). Mhd. *spanne,* ahd. *spanna,* mndd. *spanne,* mndl. *spanne* aus g. **spannō f.* ˹Spanne˺, auch in anord. *spǫnn,* ae. *spann,* afr. *sponne.* Verbalabstraktum zu *spannen,* spezialisiert auf die Strecke zwischen den Fingern der ausgespannten Hand als Längenmaß, entweder zwischen Daumen und kleinem Finger oder zwischen Daumen und Zeigefinger. Nndl. *span(ne),* ne. *span,* nschw. *spann,* nisl. *spönn.*

spannen *swV.,* früher *stV.* (< 9. Jh.). Mhd. *spannen,* ahd. *spannan,* as. *spannan* aus g. **spann-a- stV.* ˹spannen˺, auch in ae. *spannan;* anord. nur in Ableitungen wie *spǫnn* ˹Spanne˺. Außergermanisch vergleicht sich lit. *spésti* ˹spannen, Fallen legen˺ und ohne anlautendes *s-* akslav. *pędi* ˹Spanne˺. Auf eine einfachere Form (ig.) **pen-* gehen zurück lit. *pìnti* ˹flechten, winden˺, akslav. *propęti* ˹ausspannen, kreuzigen˺, arm. *henum* ˹ich webe, nähe zusammen˺. Abstrakta: **Spann, Spanne, Spannung;** Partikelverben: **ein-, aus-, ab-, vorspannen.**
Nndl. *spannen,* ne. *span,* nschw. *spänna,* nisl. *spenna.* S. *Spange, Spanne, Spant, spinnen.* − Seebold (1970), 450.

Spant *n./m. per. fach.* ˹Schiffsrippe˺ (< 18. Jh.). Wohl eine Ableitung zu *spannen.* Vgl. mndd. *span n.* ˹Dachsparren, Schiffsrippen˺.
Kluge (1911), 734.

sparen *swV.* (< 8. Jh.). Mhd. *spar(e)n,* ahd. *sparēn,* as. *sparon* aus g. **sparē- swV.* ˹sparen˺, auch in anord. *spara,* ae. *sparian,* afr. *sparia.* Die alte Bedeutung ist ˹bewahren, sicher behalten˺ (vgl. ne. *to spare*); vergleichbar ist ai. *spṛṇóti* ˹macht los, befreit, bringt in Sicherheit˺ und vielleicht (ohne anlautendes *s-,* mit Erweiterung) l. *parcere* ˹sparen˺. Die Einzelheiten sind aber sowohl in bezug auf die Vergleichsmöglichkeiten als auch auf die Semantik unklar. Nomen agentis: **Sparer;** Adjektive: **sparsam, spärlich.** Nndl. *sparen,* ne. *spare,* nschw. nisl. *spara.*
Heidermanns (1993), 532 f.; Röhrich 3 (1992), 1494 f.

Spargel *m.* (< 15. Jh.), etwas älter *sparge(n).* Entlehnt aus it. *asparago,* aus l. *asparagus,* gr. *aspáragos,* das wohl mit avest. *sparəya-* ˹Sproß˺, ai. *sphūrjati* ˹donnert, grollt, bricht hervor˺ zusammengehört. S. *Spörgel.*

Spark *m. per. ndd.* ˹Spörgel˺ (< 18. Jh.). Eine niederdeutsche Variante von *Spörgel.*

Sparkalk *m. arch.* ˹aus Gips gebrannter Kalk˺ (< 15. Jh.). Fnhd. *sparekalk* (u.ä.). Der erste Bestandteil erscheint auch in *sperglas* ˹Marienglas˺ und ae. *spærstān* ˹Gips, Kalk˺, ae. *spæren* ˹aus Kalk˺. Herkunft unklar.

spärlich *Adj.* (< 16. Jh.). Ursprünglich Adverb zu mhd. *spar,* ahd. *spar,* ae. *spær,* anord. *sparr* ˹karg˺, einer Rückbildung aus *sparen.*

Sparren *m. erw. fach.* (< 11. Jh.). Mhd. *sparre,* ahd. *sparro,* as. *sparro* aus g. **spar(r)ōn m.* ˹Sparren, Balken˺, auch in anord. *spar(r)i.* Außergermanisch vergleicht sich lit. *spȳris* ˹Leitersprosse˺, lit. *ãtspyris* ˹Strebepfeiler˺. Weiteres s. unter *sperren* und *Speer.* Nndl. *spar,* ne. *spar,* nschw. *sparre.*
Röhrich 3 (1992), 1495.

spartanisch *Adj. bildg.* ˹sehr einfach, streng, anspruchslos˺ (< 17. Jh.). Gebildet zu dem Namen der Stadt Sparta, die ihre Kinder sehr streng zu einfachem Leben, Zucht und Gehorsam erzog.
S. *Sparte.* − *DF* 4 (1978), 310 f.; Röhrich 3 (1992), 1495.

Sparte *f.* (< 19. Jh.). Heute in der Bedeutung ˹Abteilung, Aufgabe˺, früher spezieller ˹Amt, Aufgabe, Auftrag˺, ein Ausdruck der Lateiner und vor allem der Studenten, z. B. (18. Jh.) *spartam et Martham* ˹die Pfarre und die Quarre˺ (das Amt und die Familie). Die Ausdrucksweise beruht auf einem Zitat aus dem *Telephos* des Euripides, in dem Agamemnon zu Menelaos sagt: ˹Du hast Sparta erhalten: das verwalte. Wir aber verwalten Mykene von uns aus.˺ Dieser Vers wurde sprichwörtlich für ˹erfülle die Aufgabe, die dir zugefallen ist˺, besonders in der auf Erasmus zurückgehenden lateinischen Form *Spartam nactus, hanc adorna* (gr. *hēn élaches Spártēn kósmei*). Es handelt sich also eigentlich um den Städtenamen *Sparta* in übertragener Verwendung. Die Bedeutung ˹Spalte˺ ist so aber kaum herleitbar. Zumindest hier scheint it. *spartire* ˹sondern˺ (zu l. *pars* ˹Teil˺) eingewirkt zu haben (oder entlehnt zu sein − ein klares Vorbild ist aber nicht ersichtlich).
S. *spartanisch.* − F. Kluge *ZDW* 1 (1901), 365 f.

Spaß *m.* (< 17. Jh.). Zunächst in der Form *spasso,* da das Wort aus it. *spasso* ˹Vergnügen˺ entlehnt ist. Dieses zu it. *spassare* ˹zerstreuen, unterhalten˺, das ein l. **espassare* (zu l. *expandere* ˹ausbreiten˺, gemeint ist ˹sich die Zeit vertreiben˺) voraussetzt. Verb: **spaßen;** Adjektiv: **spaßig.** S. *passieren.*
Röhrich 3 (1992), 1495.

Spat[1] *m. per. fach.* ´blättrig brechende Gesteinsart´ (< 11. Jh.). Mhd. *spat,* ahd. *spat,* mndd. *spat;* sonst nicht bezeugt. Es könnte auf die gleiche Grundlage wie *Span* zurückgehen (das ebenfalls etymologisch unklar ist).

Lüschen (1979), 215, 219f, 322.

Spat[2] *m. per. fach.* ´Geschwulst am Pferdefuß´ (< 13. Jh.). Mhd. *spat f.,* mndd. *spat n.,* mndl. *spat m.* Vergleichbar ist zunächst mit abweichender Bedeutung mndd. *spat,* nndl. *spat* ´Krampf´, nndl. *aderspat* ´Krampfader´. Außergermanisch ist vergleichbar gr. *spadón f.* ´Zucken, Krampf´ (zu gr. *spáō* ´ich ziehe, zucke´ und vielleicht ai. *spandate* ´zuckt, schlägt aus´). Die späte Bezeugung der germanischen Sippe spricht natürlich nicht für hohes Alter, doch kann sich in einem Fachwort ein sonst nicht mehr bezeugtes altes Wort gehalten haben.

spät *Adj.* (< 9. Jh.). Mhd. *spæte,* ahd. *spāti,* mndd. *spade(n) Adv.,* mndl. *spade* aus g. **spǣdi-Adj.* ´spät´, auch in gt. *spediza* ´später´. Außergermanisch vergleichen sich lit. *spē̃tas* ´Muße´, l. *spatium* ´Raum, Ausdehnung, Dauer´. Das litauische Wort gehört zu lit. *spéti* ´Muße haben usw.´, akslav. *spěti* ´fortschreiten, gedeihen´ und somit zu einer Sippe, zu der auch *sputen* gehört. Die Bedeutungsverhältnisse sind aber im einzelnen nicht klar, und auch der lautliche Zusammenhang ist nicht ohne Probleme. Auf jeden Fall scheint das ´gedeihen, wachsen´ auf die zeitliche Sphäre übertragen zu sein. Präfixableitung: *verspäten.*

Nndl. *spa(de).* S. *sputen.* − Heidermanns (1993), 533 f.; Röhrich 3 (1992), 1496.

Spatel *m./f.* s. *Spachtel.*

Spaten *m.* (< 15. Jh.). Fnhd. *spade,* as. *spado,* aus g. **spadōn m.* ´Spaten´, auch in spanord. *spaði,* ae. *spadu f.,* afr. *spada.* Außergermanisch vergleichbar ist gr. *spáthē f.* (Bezeichnung verschiedener flacher Gegenstände, vor allem Werkzeuge), doch ist bei dieser Vereinzelung der Beleglage und der wenig präzisen Bedeutung nicht viel auf den Vergleich zu geben.

Nndl. *spade,* ne. *spade.* S. auch *Spachtel.* − Ch. Peeters in: *FS A. van Loey* (Bruxelles 1975), 241 f.; Röhrich 3 (1992), 1496.

Spatz *m. stil.* ´Sperling´ (< 14. Jh.). Spmhd. *spaz, spatze,* vermutlich zu mhd. *sparwe, sperwe* ´Sperling´ gebildet mit einem Suffix, das sonst auch in Kosenamen auftaucht (eigentlich **sparz?*), vgl. die funktionell parallelen Bildungen mit anderen Suffixen *Sperk* und *Sperling,* sowie *Petz* zu *Bär.* Der Plural *Spatzen,* meist mit schwäbischem Diminutiv *Spätzle,* für eine Mehlspeise seit dem 18. Jh. ist möglicherweise nicht das gleiche Wort, sondern ein Ausdruck für ´Klumpen´ (wie *Batzen, Butzen?*).

Röhrich 3 (1992), 1496 f.

spazieren *swV.* (< 13. Jh.). Mhd. *spacieren, spa(t)zieren* ist entlehnt aus it. *spaziare,* dieses aus l. *spatiārī* ´sich ergehen´, zu l. *spatium* ´Raum, Strecke, Weite´, auch ´Gang, Spaziergang´.

DF 4 (1978), 311 f.

Specht *m.* (< 9. Jh.). Mhd. *speht,* ahd. *speht,* mndd. *specht* aus g. **spihta- m.* ´Specht´, auch in anord. *spætr.* Daneben Formen ohne auslautendes *-t* in mhd. *spech,* ahd. *speh,* nschw. *hackspick.* Außergermanisch vergleichen sich ohne anlautendes *s-* l. *pīcus* ´Specht´ (l. *pīca f.* ´Elster´) und mit anderen Bedeutungen apreuß. *picle* ´Krammetsvogel´, ai. *piká-* ´Kuckuck´. Das Wort könnte lautmalend sein − von ´Specht´ aus wäre ´hacken, picken´ zu erwarten, aber die anderen Vogelnamen lassen eher auf ´bunt´ o.ä. schließen. Eine genauere Festlegung ist nicht möglich. Nndl. *specht,* nschw. *hackspett,* nisl. *spæta.*

Speck *m.* (< 10. Jh.). Mhd. *spec,* ahd. *spec,* as. *spekk* aus g. **spiku- m.* ´Speck´, auch in anord. *spik n.* ´Seehundsspeck, Walspeck´, ae. *spic n.* Außergermanisch vergleicht sich ohne anlautendes *s-* und mit unklarer Nasalierung l. *pinguis* ´fett´, substantiviert auch ´Fett, Fleisch, Speck´, vielleicht auch l. *spectile n.* ´Bauchspeck´, das aber nur in einer unsicher überlieferten Glosse vorkommt. Weitere Herkunft unklar. Wohl zu der gleichen Wurzel wie gr. *pīar n.,* ai. *pīvas- n.* ´Fett´ usw. Adjektiv: **speckig.**

Nndl. *spek,* nisl. *spik.* S. *spicken.* − Hoops (1911/19), IV, 204 f.; Röhrich 3 (1992), 1497 f.

Specke *f. per. wndd.* ´Knüppelbrücke´ (< 14. Jh.). Mndd. *spe(c)ke,* aus (g.) **spakjōn f.* zu mndd. *spake* ´Stecken, dürres Holz´, ahd. *spahha* ´trockener Zweig, dünnes Scheit, dürres Holz´, ae. *spæc m.(?)/n.(?)* ´Zweig, Ranke´ (s. *spack*). Das Wort ist also eine Zugehörigkeitsbildung zu einem Wort, dessen Bedeutung nicht genau zu erfassen ist. War dessen Bedeutung etwa ´Reisig(bündel)´, dann kann sich *Specke* auf den Unterbau mit Faschinen beziehen. Wahrscheinlicher ist aber, daß das Grundwort auch dünne Stämme und Knüppel bezeichnen konnte, so daß *Specke* ´das aus Knüppeln Gemachte´ wäre.

Schröder (1938), 268−270.

Spedition *f.* (< 17. Jh.). Entlehnt aus it. *spedizione,* dieses aus l. *expedītio (-ōnis)* ´Abfertigung, Erledigung´, zu l. *expedīre* ´zurechtmachen, in Bereitschaft setzen, ausführen, entfesseln, befreien´, zu l. *pēs (pedis) m.* ´Fuß´ und l. *ex-.* Verb: **spedieren;** Nomen agentis: **Spediteur;** Adjektiv: **speditiv.**

S. *Pedal.* − Schirmer (1911), 178 f.; DF 4 (1978), 312−315.

Speer *m.* (< 8. Jh.). Mhd. *sper, spar n.,* ahd. *sper,* as. *sper n.* aus g. **speru- n.* ´Speer´, auch in anord. *spjǫr n. Pl.,* ae. *speru n.,* afr. *sper(e), spiri.* Außergermanisch vergleicht sich l. *sparum n., sparus* ´kurzer Speer´. Vermutlich weiter zu der Sippe von *Sparren* und *sperren.*

Nndl. *speer,* ne. *spear.* − Hüpper-Dröge (1983), 290−293.

Speiche *f.* (< 9. Jh.). Mhd. *speiche*, ahd. *speihha*, as. *spēka* aus wg. **spaikōn f.* ʿSpeicheʾ, auch in ae. *spāca m.*, afr. **spāke* (in *nigunspetze* ʿneunspeichigʾ, dazu *Spake*). Verwandt ist *Speichernagel*, eine Verdeutlichung zu mhd. (md.) *spicher*, mndd. mndl. *spiker*, anord. *spík* ʿSplitterʾ, anord. *spíkr m.* Außergermanisch keine klare Vergleichsmöglichkeit. Ähnliche Wörter für spitze Gegenstände sind l. *spīca* ʿÄhreʾ (nach den Grannen), l. *spīna* ʿDorn u. a.ʾ. Entfernter verwandt mit *spitz*. Die Übertragung auf den Unterarmknochen seit dem 18. Jh. als Lehnübersetzung von l. *radius*.

Nndl. *spaak*, ne. *spoke*. S. *Spake*, *spitz*, *Spieker*, *Spikes*, *Spinett*.

Speichel *m.* (< 9. Jh.). Mhd. *speichel f.*, ahd. *speihhila f.*, erweitert ahd. *speihhaltra f.*, as. *spēkaldra f.* aus g. **spaikl-*, auch in gt. *spaiskuldra*, afr. *spekle*. Vorgermanische *l*-Bildung zu g. **speiw-a-st V.* (s. *speien*), also **spaiw-l-* mit Übergang des *w* zu (ig.) *g*, (g.) *k* vor sonantischem *l*.

Nndl. *speeksel*. S. *speien*. – E. Seebold *IF* 87 (1982), 175; Röhrich 3 (1992), 1498 f.

Speicher *m.* (< 9. Jh.). Mhd. *spīcher*, ahd. *spīhhari*, *spichar*, as. *spīkari n.* ʿKornspeicherʾ. Vor der zweiten Lautverschiebung entlehnt aus ml. *spicarium* ʿKornspeicherʾ (zu l. *spīca f.* ʿÄhreʾ). Verb: *speichern*.

Speidel *m. per. obd.* ʿKeilʾ (< 14. Jh.). Mhd. *spidel*, *spedel* ʿSplitterʾ. Wohl mit *Speil* zusammen ein entfernter Verwandter von *spitz*.

speien *st V.* (< 9. Jh.). Mhd. *spī(w)en*, ahd. *spī(w)an*, as. *spīwan* aus g. **speiw -a- st V.* ʿspeienʾ, auch in gt. *speiwan*, anord. *spýja*, ae. *spīwan*, afr. *spīa*. Die vergleichbaren Wörter fallen lautlich auseinander, lassen sich aber auf (ig.) **spei-w-*, *spjeu*- zurückführen: l. *spuere*, kymr. *poer(i)*, *poeryn* ʿSpeichelʾ (lautlich unklar), lit. *spiáuti*, akslav. *pljĭvati*, gr. *ptýō*, ai. *(ni-)ṣṭhīvati*. Vielleicht weiter zu der unter *Feim* besprochenen Grundlage **spoi-* ʿSchaum, Speichelʾ.

Nndl. *spuwen*, ne. *spew*, nschw. *spy*. S. *Speichel*, *Speigatt*, *speuzen*, *spirzen*, *spucken*. – E. Christmann *ZM* 24 (1956), 51–54; Seebold (1970), 450–452.

Speierling *m.* s. *Spierling*.

Speigatt *n. per. fach.* ʿÖffnung in den Schiffswänden zum Abfließen des Wassersʾ, Zu *Gat(t)* ʿLochʾ und *speien*. Von außen gesehen läßt sich das Herausschießen des Wassers mit dem Speien vergleichen.

Speil *m. per. ndd.* ʿSpan, Keil, zugespitzter Gegenstandʾ (< 17. Jh.). Mndd. *spīle f.* Wohl mit Assimilierung des Dentals das gleiche Wort wie *Speidel* und wie dieses zu beurteilen. Eine Erweiterung ist *Speiler* ʿdünnes Stäbchen zum Verschließen und Aufhängen der Würsteʾ.

Speise *f.* (< 9. Jh.). Mhd. *spīse*, ahd. *spīsa*, mndd. *spīse*, mndl. *spīse*, auch afr. *spīse*. Entlehnt aus ml. *spesa*, älter *spensa* zu l. *expēnsa (pecūnia)* ʿdas ausgegebene Geld, der Aufwandʾ (s. *Spesen* und *spenden*), zu l. *expendere* ʿgegeneinander aufwägen, ausgebenʾ. Die Bedeutung ʿNahrungʾ hat das Wort schon im klösterlichen Latein angenommen. Verb: *speisen*. S. *Pensum*.

Spektakel *n.* (< 16. Jh.). Entlehnt aus l. *spectāculum* ʿSchauspiel, Wunderwerk, Anblickʾ, zu l. *spectāre* ʿschauen, anschauen, ansehenʾ, einem Frequentativum zu l. *specere (spectum)* ʿsehenʾ. Zunächst entlehnt als ʿ(lärmendes) Schauspielʾ. Adjektiv: *spektakulär*.

DF 4 (1978), 315–319.

Spektrum *n. erw. fremd.* ʿGesamtheit, Aufeinanderfolge der Regenbogenfarbenʾ (< 16. Jh.). Entlehnt aus l. *spectrum n.* ʿErscheinung, Gestaltʾ. Newton wendet dann das Wort an, um das gebrochene Licht zu bezeichnen (1671), und Goethe überträgt diese Wortverwendung ins Deutsche.

Gerlach (1962), 43 f.; *DF* 4 (1978), 319 f.

Spekulatius *m. per. reg.* ʿflaches Gebäck aus gewürztem Mürbeteig in Figurenformʾ (< 18. Jh.). Entlehnung von nndl. *speculaties*. Die Herkunft des lateinischen Wortes ist ungeklärt.

J. Knobloch *MS* 87 (1977), 347 f.; F. de Tollenære *NPhM* 84 (1983), 522–530.

spekulieren *sw V.* (< 14. Jh.). Entlehnt aus l. *speculārī* ʿins Auge fassen, sich nach etwas umsehen, spähenʾ, das über eine Nominalableitung zu l. *specere (spectum)* ʿsehenʾ gehört. Nomen agentis: *Spekulant*; Abstraktum: *Spekulation*; Adjektiv: *spekulativ*.

S. *Spektakel*. – Schirmer (1911), 179 f.; *DF* 4 (1978), 320–328.

Spelt *m.*, **Spelz** *m., per. reg.* ʿDinkelʾ (< 8. Jh.). Mhd. *spelte*, *spelze f.*, ahd. *spelta*, *spelza f.*, as. *spelta f.* Wie ae. *spelt* entlehnt aus l. *spelta f.* Dieses scheint seinerseits ein Lehnwort aus dem Vorgänger von *Spelze* ʿGetreidehülseʾ zu sein (überliefert ist eine Entlehnung aus dem Pannonischen – im Gebiet der Pannonier saßen aber um das 5. Jh., das für die Entlehnung in Frage kommt, Sueben und Langobarden). Das Benennungsmotiv hätte in diesem Fall der Umstand abgegeben, daß beim Dinkel die Spelzen nicht durch das Dreschen abfallen, sondern an den Körnern bleiben. Aber die Einzelheiten bleiben unklar, und eine Entlehnung des lateinischen Wortes aus einer unbekannten Sprache ist nicht ausgeschlossen. Oder mit unregelmäßiger Lautentwicklung zu l. *spiculum* ʿSpitze, Stachelʾ?

Nndl. *spelt*. – Hoops (1905), 420; I. Burr: *Lateinisch-romanische Konsonantenverbindungen mit Liquid* (Diss. Bonn 1975), 185.

Spelunke *f. stil.* ʿzwielichtige Gaststätteʾ (< 15 Jh.). Entlehnt aus l. *spēlunca* ʿHöhle, Grotteʾ, aus gr. *spēlynx*, also eigentlich ʿHöhleʾ.

DF 4 (1978), 238 f.

Spelz *m.* s. *Spelt.*

spenden *swV.* (< 9. Jh.). Mhd. *spenden,* ahd. *spentōn,* as. in *spendunga,* mndd. *spenden,* mndl. *spenden;* wie ae. *āspendan, forspendan* entlehnt aus ml. *spendere* aus l. *expendere* ´abwägen, ausgeben´ (s. *Speise, Spesen*), zu l. *pendere* ´wägen; schätzen, zahlen´. Die spezielle Bedeutung geht in diesem Fall vom Almosengeben aus. Eine studentische Weiterbildung des 17. Jhs. ist *spendieren* (sicher kein Reflex der ursprünglichen Entlehnung). Adjektiv: **spendabel**; Nomen agentis: **Spender**. S. *Pensum.*

Spengler *m. per. obd.* (< 14. Jh.). Spmhd. *speng(e)ler* ist eigentlich derjenige, der Spangen und Beschläge herstellt (also abgeleitet von *Spange*). Die Verschiedenheit der Bezeichnungen des heutigen Berufszweigs rührt daher, daß hier eine ganze Reihe verschiedener Spezialhandwerke bestand, die erst später zu einer einheitlichen Zunft (und dann zu einem modernen Handwerkerberuf) zusammengefaßt wurden.
Kretschmer (1969), 282−284.

Spenzer *m. arch.* (< 19. Jh.). Bezeichnung verschiedener Kleidungsstücke (besonders kurz geschnittene) für Männer und Frauen. Die Bezeichnung geht (vielleicht über das Französische) auf e. *spencer* zurück, das seit dem 18. Jh. bezeugt ist und angeblich auf den 2. Grafen George John *Spencer* (1758−1834) zurückgeht, dem auf der Jagd ein Rockschoß abgerissen sein soll (was dann nachgeahmt wurde).
Ganz (1957), 209; Brink-Wehrli (1958), 56, 60 f.; Rey-Debove/Gagnon (1988), 952 f.

Sperber *m.* (< 11. Jh.). Mhd. *sperwære, sperwer, sparwære, sparwer,* ahd. *sparwāri, sperwer,* mndd. *sparwer, sperwer,* mndl. *sperware.* Das Vorderglied ist offenbar das Wort für ´Sperling´ wie in ae. *spear-hafoc* ´Sperlingshabicht´; sachlich begründet ist dies dadurch, daß der Sperber vorwiegend Kleinvögel von Sperlingsgröße jagt. Das Hinterglied kann *Aar* sein, wie auch *mūs-aro* bezeugt ist, doch verweist die frühe Bezeugung auf einen Wortausgang *-ārius*; das Wort müßte also nach dem Vorbild der romanischen Falkennamen auf *-ārius* (frz. *-ier*) umgestaltet worden sein.
Nndl. *sperwer.* − Suolahti (1909), 362−364.

Sperenzchen *Pl. erw. stil.* ´Umstände´ (< 17. Jh.). Diminutiv zu *Sperenzien,* einer Bildung zu l. *spērāns (-antis)* ´hoffend, erwartend´, dem adjektivischen PPräs. von l. *spērāre* ´hoffen, erwarten´. Die heutige Bedeutung (*Sperenzchen machen* ´sich wehren gegen, sich winden, widerstreben´) geht aus von ´Hoffnungen machen´ und wird dann an *sich sperren* angeschlossen.
Röhrich 3 (1992), 1499.

Spergel *m.* s. *Spörgel.*

Sperling *m.* (< 11. Jh.). Mhd. *sperlinc,* ahd. *sperling,* mndd. *sperlink, sparlink* ist eine Weiterbildung zu g. **sparwa-/ōn m.* ´Sperling´ in gt. *sparwa,* anord. *sporr,* ae. *spearwa,* ahd. *spar(o),* mhd. *spar(e).* Außergermanisch vergleichen sich apreuß. *spurglis* ´Sperling´, gr. (Glosse) *spérgoulos* ´kleiner Vogel´ und vielleicht toch. A *spär Pl.* ´ein Vogelname´. Weiter vielleicht zu gr. *spaírein* ´zappeln´, ai. *sphuráti* ´schnellt, schleudert, zuckt´, also etwa ´Zappler´. Andere Weiterbildungen zu dieser Grundlage sind *Spatz* und *Sperk.*
Ne. *sparrow,* nschw. *sparv,* nisl. *spör(fugl).* S. *Sperber, Sporn.* − L. Müller: *Die deutsche Synonymik des Sperlings* (Diss. Marburg 1949).

Sperma *n. per. fach.* ´Samenflüssigkeit´ (< 17. Jh.). In der Wissenschaftssprache übernommen aus l. *sperma,* dieses aus gr. *spérma* ´Samen´, das zu gr. *speírein* ´ausstreuen´ gehört (also zunächst den Pflanzensamen meint).
Zu gr. *speirein* ´ausstreuen´ gehören noch *Spore, sporadisch* und *Diaspora.* Zu Weiterbildungen aus der gleichen Wurzel s. *Spreu* und *sprühen.* − Cottez (1980), 391.

sperrangelweit *Adj.* (< 17. Jh.), älter **sperrweit** ´weit aufgesperrt´ neben **angelweit** ´so weit aufgesperrt, wie die Angel es zuläßt´, danach expressive Verbindung der beiden verstärkenden Vorwörter. Auch **sperrwagenweit, sperrangelbreit** u. ä.

sperren *swV.* (< 11. Jh.). Mhd. *sperren,* ahd. *-sperren,* mndd. *speren,* mndl. *sperren;* entsprechend ae. *gesparrian* ´schließen´, anord. *sperra* ´Balken aufrichten, Beine spreizen (wie die Sparren auf dem Dach)´. Vermutlich parallele Bildungen aus der gleichen Grundlage, nämlich *Sparren* oder einem verwandten Wort. Die Bedeutung ist einerseits ´mit einem Balken, Querriegel usw. sperren´, andererseits ´Sparren, Balken usw. aufrichten´. Das Wort *Sparren* scheint aber auch von einer entsprechenden Bedeutung abgeleitet zu sein, vgl. lit. *spìrti* ´sich stemmen, stützen´. Abstraktum: **Sperre**; Adjektiv: **sperrig**. Nndl. *sperren,* nschw. *spärra.* S. *Speer.*

Sperrholz *n.* (< 19. Jh.). Die kreuzweise übereinandergeleimten Platten verhindern (´sperren´) ein Verziehen des Holzes.

Sperrsitz *m. erw. fach.* ´guter Sitzplatz im Theater usw.´ (< 19. Jh.). Die Bezeichnung geht offensichtlich von Österreich aus und meinte ursprünglich die gemieteten Sitze, die von den Mietern abgeschlossen (österr. *gesperrt*) werden konnten.

Spesen *Pl.* (< 15. Jh.). In verschiedenen Anpassungsformen entlehnt aus it. *spese,* Plural von it. *spesa f.* ´Aufwand´ zu der unter *Speise* behandelten Grundlage.
S. *spenden, Pensum.* − Schirmer (1911), 180; *DF* 4 (1978), 329 f.; Röhrich 3 (1992), 1499.

speuzen *swV. arch.* ´speien´ (< 15. Jh.). Mhd. *spiutzen, spützen.* Wohl wie mndl. *spien, spij(h)en,* me.

spūten, anord. *spýta* eine Intensivbildung auf *-itja-*, mhd. *-ezzen* zu *speien*.

Spezerei *f. arch.* ˶Gewürzwaren˵ (< 14. Jh.). Mhd. *specerīe, spezerīe* aus it. *spezierie Pl.* zu ml. *speciaria* ˶Gewürzhandel˵ zu l. *speciēs* ˶Art, Gestalt˵, das im Plural auch ˶Gewürze˵ bedeuten kann (der Bedeutungsübergang geht über ˶Arten˵ – ˶Waren˵). Vgl. ne. *spice* ˶Gewürz˵. – Rosenquist (1942), 441–443.

Spezi[1] *m. per. oobd.* ˶Freund˵ (< 19. Jh.). Gekürzt aus *Spezialfreund* ˶Busenfreund˵. Auch *Spezl* und andere landschaftliche Formen.

Spezi[2] *n. per. grupp.* (ein Mischgetränk aus Limonade und Cola) (< 20. Jh.). Gekürzt aus *Spezial-(Mischung)*.

spezial *Adj. erw. fremd.* (< 15. Jh.). Entlehnt aus l. *speciālis*, zu l. *speciēs* ˶Art, Gestalt˵, s. *Spezies*. Vor allem als Kompositionsglied verwendet, während als Adjektiv *speziell*, eine französisierende Bildung des 18. Jhs., gilt. Abstraktum: *Spezialität*; Verb: *spezialisieren*; Täterbezeichnung: *Spezialist*. *DF* 4 (1978), 330–346.

Spezies *f. per. fach.* ˶Art˵ (< 14. Jh.). Entlehnt aus l. *speciēs* ˶Art, Gestalt˵, dann auch ˶besondere Art˵ (besonders in den Ableitungen) zu l. *specere (spectum)* ˶sehen˵ (also ˶das zu Sehende˵, ˶Gestalt˵). *DF* 4 (1978), 346–351.

spezifizieren *swV. erw. fach.* (< 15. Jh.). Entlehnt aus ml. *specificare*, aus l. *speciēs* und l. *facere* ˶machen˵. Adjektiv: *spezifisch*; Abstraktum: *Spezifikation*; Ausdrücke der eher gelehrten Sprache sind *Spezifikum* ˶Besonderheit˵ und *Spezimen* ˶Exemplar˵. *DF* 4 (1978), 351–357.

Sphäre *f. erw. fremd.* ˶Raum, Bereich˵ (< 11. Jh.). Entlehnt aus ml. *sphera*, dieses aus gr. *sphaîra* ˶Kugel, Himmelskugel˵. Adjektiv: *sphärisch*. S. *Atmosphäre*. Das Wort ist wohl letztlich semitisch. – *DF* 4 (1978), 357–363; Cottez (1980), 392 f.; M. Masson *BSL* 81 (1986), 231–252.

Sphinx *f. bildg.* ˶rätselhaftes, undurchschaubares Wesen˵ (< 16. Jh.). Nach der Sphinx der griechischen Mythologie, einem Fabelwesen (halb geflügelter Löwe, halb Frau), das jedem Vorbeikommenden ein Rätsel aufgab und es ihn tötete, wenn er es nicht lösen konnte. *DF* 4 (1978), 363–366; Röhrich 3 (1992), 1499.

Spick-Aal *m.*, **Spick-Gans** *f. per. fach.* ˶geräucherter Aal, geräucherte Gans (usw.)˵ (< 18. Jh.). Aus dem Niederdeutschen: Mndd. *spikhering* ˶geräucherter Hering˵ zu mndd. *spik* ˶trocken geräuchert˵. Das Element kann aus dem Nordischen entlehnt sein, vgl. anord. *spikihvalr* ˶geräucherter Walspeck˵, anord. *spikilax* ˶gedörrter Lachs˵ usw.; aber

auch das nordische Wort läßt sich nicht befriedigend erklären. Kretschmer (1969), 471.

spicken *swV. per. fach.* ˶mageres Fleisch mit Speck durchflechten˵ (< 15. Jh.). Spmhd. *spicken*, mndd. *specken*, mndl. *specken* ˶mit Speck durchflechten˵ zu *Speck*. Das Wort wird schon früh übertragen zu ˶gut ausstatten, füllen˵, besonders auch im negativen Sinn ˶sich mit fremden Federn und gestohlenen Weisheiten schmücken˵. Die Herkunft der Bedeutung ˶abschreiben˵ (zuerst vom verbotenen Nachdruck, dann in Schülerkreisen) ist nicht ausreichend klar. Sie kann sich aus dem eben erwähnten entwickelt haben, kann aber auch etwa eine Intensivbildung zu *spähen* sein, dann könnte die erwähnte Bedeutung auf Mischung der beiden Verben beruhen. Auch eine Entlehnung aus l. *specere* ˶sehen˵ ist nicht ausgeschlossen. E. Öhmann *NPhM* 31 (1930), 234 f.

Spiegel *m.* (< 9. Jh.). Mhd. *spiegel*, ahd. *spiagal, spēgal*, mndd. *spe(i)gel m./n.*, mndl. *spiegel*. Wie afr. *spēgel* entlehnt aus l. *speculum n.* (zu l. *specere* ˶sehen˵, verwandt mit *spähen*) über eine ml. Variante *speglum n.* Verb: *spiegeln*. S. *Spektakel*. Röhrich 3 (1992), 1499 f.

Spiegelei *n.* (< 18. Jh.). Benennungsmotiv unklar (das Eiweiß in Form eines Spiegels und der Dotter wie das herausschauende Gesicht?).

Spiegelfechten *n. erw. stil.* (< 16. Jh.). Zunächst Bezeichnung für Schau- und Scheinfechten, dann für Fechten vor dem Spiegel; übertragen für Heuchelei und Täuschungsmanöver. Das Benennungsmotiv ist unklar, da bei der frühesten Bedeutung nicht klar ist, was sie mit einem Spiegel zu tun hat (kaum vom Spiegeln der blanken Waffen). Oder *Spiegel* in der Bedeutung ˶Vorbild˵ (wie in *Fürstenspiegel*)? Abstraktum: *Spiegelfechterei*.

Spieker *m. per. ndd.* ˶Nagel˵ (< 18. Jh.). Entsprechung zu *Speichernagel* (zu diesem s. *Speiche*).

Spiel *n.* (< 9. Jh.). Mhd. *spil*, ahd. *spil*, mndd. *spel(e), spil, spol(e)*, mndl. *spel*; dazu das Verb mhd. *spil(e)n*, ahd. *spilōn*, as. *spilon*; entsprechend afr. *spil, spel* und *spilia*. Die Ausgangsbedeutung scheint ˶Tanz, tanzen˵ zu sein – alles weitere ist unklar. Verb: *spielen*. Nndl. *spel*. – E. Schröder *ZDA* 74 (1937), 45 f.; J. Trier *BGDSL-H* 69 (1947), 419–462; R. Zeller: *Spiel und Konversation im Barock* (Berlin 1974); Röhrich 3 (1992), 1500–1502.

Spielbein *n. per. fach.* ˶das erhobene Bein, im Gegensatz zu Standbein˵ (< 19. Jh.). Heute meist in der Sprache von Turnen und Sport gebraucht, ursprünglich Ausdruck der bildenden Kunst für ˶das in Bewegung dargestellte (spielende) Bein˵. Noch älter ist ein derartiges Wort in der Bedeutung ˶Knochen zum Würfeln˵.

Spielhahn *m. per. obd.* ´Birkhahn` (< 16. Jh.). Vermutlich nach dem *Spiel*, den Schwanzfedern (die regional als Hutschmuck verwendet werden), benannt. Möglich ist aber auch eine Benennung nach dem Balzspiel.
Suolahti (1909), 252.

Spielraum *m.* (< 18. Jh.). Zunächst für die Streuung abgeschossener Kugeln. Zu *spielen* in der weiteren Bedeutung ´sich um etwas herumbewegen`.

Spiere *f. per. ndd.* ´Rundholz` (< 19. Jh.). Zu anord. *spíra* ´lange Stange`. Vermutlich weiter zu *Spier*, spmhd. *spir*, ae. *spir* ´Spitze` (dieses zu ´Stange mit einer Spitze` zu ´Stange`?). Letztlich wohl zu *Spitze* (s. *spitz*).
S. auch *Spierschwalbe*. − Kluge (1911), 736 f.

Spierling *m. per. reg.* ´Vogelbeerbaum` (< 12. Jh.). Mhd. *sperboum, spirboum*, ahd. *spīrboum*, auch (14./15. Jh.) *Sperberboum* (d. h. *Spier-Beeren-Baum*) zu ahd. *sperawa f., spi(e)re f.* ´Arlesbeere, Vogelbeere`. Herkunft unklar. Kaum ein Erbwort.

Spierschwalbe *f. per. reg.* ´Mauersegler` (< 15. Jh.). Fnhd. *spierswalbe*, mndd. *spirswale*, älter spmhd. *spīre*. Vermutlich zu *Spier* ´Spitze` (s. *Spiere*), doch ist das Benennungsmotiv nicht recht klar (wegen der spitzen Flügel?).
Suolahti (1909), 20 f.

Spieß[1] *m. obs.* ´Jagdspieß` (< 9. Jh.). Mhd. *spiez*, ahd. *spioz*, andfrk. *spiet*. Wie anord. *spjót n.* vermutlich vereinfacht aus (g.) **spreuta-* (s. *Spriet*). Verb: *(auf-) spießen*.
Nschw. *spjut*, nisl. *spjót*. − Hüpper-Dröge (1983), 342−360; Röhrich 3 (1992), 1503 f.

Spieß[2] *m.* ´Bratspieß` (< 9. Jh.). Mhd. *spiz*, ahd. *spiz m./n.* Wie ae. *spitu f.* eine Substantivierung zu *spitz*, also eigentlich ´Spitze`. Das gleiche Wort ist *Spieß* ´Geweihende des Hirsches`, schon ahd. vorausgesetzt durch *spizzo* ´junger Hirsch`.
S. *Spießrute*. − RGA 3 (1978), 414−417; Heidermanns (1993), 535 f.

Spieß[3] *m. per. grupp.* ´Feldwebel` (< 20. Jh.). Entweder nach dem Offiziersdegen so benannt oder gaunersprachlich für ´Wirt` (gekürzt aus l. *ospis*, zugrunde liegt l. *hospes* ´Wirt`).

Spießbürger *m.* (< 17. Jh.). Zunächst bezeugt als Schelte auf die Städter. Vermutlich ein niederdeutsches Wort, das, wenn es alt ist, die mit Spießen bewaffneten Bürger meint. Daraus gekürzt *Spießer* seit dem 19. Jh.
S. auch *Schildbürger*. − K. Heisig *ZDPh* 83 (1964), 345−350; H. G. Schumann *AK* 49 (1967), 111−130; Röhrich 3 (1992), 1504.

Spießgeselle *m. stil.* (< 16. Jh.). Das Wort bedeutet bis zur Mitte des 18. Jhs. ´Waffengefährte`; danach fast nur noch spöttisch, und dann allgemein abwertend gebraucht.

Spießrute *f. phras.* ´spitz auslaufende Rute zur Bestrafung von Landsknechten im Dienst` (< 16. Jh.). Zu *Spieß*[2]. Das *Spießrutenlaufen* war ursprünglich eine schwere Strafe, bei der die Straffälligen durch eine von anderen Landsknechten gebildete Gasse laufen mußten, wobei diese auf sie mit Spießruten einstachen und einschlugen. Heute übertragen gebraucht für ´sich vor einer feindseligen Öffentlichkeit bloßstellen müssen`.
Röhrich 3 (1992), 1504 f.

Spikes *Pl. per. fach.* ´nagelartige Stifte (auf Schuhen, Reifen)` (< 20. Jh.). Entlehnt aus ne. *spikes Pl.*, aus me. *spyke* ´Nagel, spitzes Metall`, dessen weitere Herkunft nicht sicher geklärt ist (vgl. *Speiche*).

Spill *n.*, **Spillbaum** *m.*, s. *Spindel*.

Spilling *m. per. reg.* ´gelbe Pflaume` (< 14. Jh.). Spmhd. *spillinc*, älter *spenelinc*, mndd. *spelling, spilling*. Herkunft unklar. Da das Wort regional und alt auch die Schlehe bezeichnet, kann ahd. *spenula, spenala u. a. f.* ´Nadel` zugrundeliegen (der Schwarzdorn hat lange, spitze Dornen).
R. Loewe *BGDSL* 62 (1938), 390−418.

Spinat *m.* (< 14. Jh.). Mhd. *spināt* ist entlehnt aus span. *espinaca f.*, dieses aus span.-arab. *ispināǧ*, aus arab. *isfināǧ, isfānāḫ*, aus pers. *ispanāǧ, ispānāḫ*.
Littmann (1924), 81, 84; Bertsch (1947), 188−191; Lokotsch (1975), 11.

Spind *n./m. erw. wndd.* ´Schrank` (< 16. Jh.). Mndd. *spinde f./n.*, mndl. *spende*, ursprünglich ´vertiefte, kühle Vorratskammer`. Entlehnt aus ml. *spenda f.* ´Vorratsraum, Speisekammer` (aus l. *expenda f.* zu l. *expendere* ´ausgeben` (zu dessen Bedeutungsbereich vgl. *Speise, Spesen, spenden*).
S. *Pensum*. − Kretschmer (1969), 471−478.

Spindel *f. obs.* (< 9. Jh.). Mhd. *spinnel, spinele, spindel*, ahd. *spinnil(a), spindel*, as. *spinnila* aus wg. **spennilō f.* ´Spindel`, auch in ae. *spinel*, afr. *spindel*; Instrumentalbildung zu *spinnen*, das *-d-* ist ein Gleitlaut zwischen *n* und *l*. Aus einer zwischenvokallosen oder früh synkopierten Form entsteht durch Assimilation ahd. *spilla*, mndd. *spille*, noch erhalten in *Spillbaum*, auch *Spindelbaum* ´Pfaffenhütchen`, ahd. *spilboum, spinnilboum, spin(d)elboum m.*, weil man aus seinem (harten) Holz Spindeln schnitt. Gleicher Herkunft ist ndd. *Spill* ´Winde`, mndd. mndl. *spille*. Nndl. *spil*, ne. *spindle*.
S. *Zaspel*.

Spinett *n. per. fach.* (ein Tasteninstrument) (< 16. Jh.). Entlehnt aus it. *spinetta f.*, zu it. *spina f.* ´Dorn, Stachel`, aus l. *spīna f.* So benannt nach dem Prinzip der Tonerzeugung, bei dem die Federkielspitzen die Saiten anreißen.
S. *Speiche*. − DF 4 (1978), 366 f.

Spinne *f.* (< 10. Jh.). Mhd. *spinne*, ahd. *spinna*, mndd. *spinne*, mndl. *spinne* aus vd. **spennōn f.* 'Spinne'; ähnlich aschw. *spinnil* 'Spinne', wieder anders (mit **trā*) ae. **spīðra*; alle zu *spinnen*. Die Spinne ist also nach dem Spinnen des Fadens, nicht nach dem Weben des Netzes benannt. Nndl. *spin*, ne. *spider*, nschw. *spindel*.
Röhrich 3 (1992), 1505 f.

spinnefeind *Adj. stil.* (< 16. Jh.). Die Bezeichnung geht aus von der Beobachtung, daß manche Spinnen ihre Artgenossen (z. B. die Weibchen die Männchen) aussaugen oder auffressen.
Röhrich 3 (1992), 1506.

spinnen *st V.* (< 8. Jh.). Mhd. *spinnen*, ahd. *spinnan*, mndd. *spinnen*, mndl. *spinnen* aus g. **spenn-a-st V.* 'spinnen', auch in gt. *spinnan*, anord. *spinna*, ae. *spinnan*, afr. *spinna*. Das Wort ist offenbar von der Bedeutung 'spannen' ausgegangen und führt deshalb auf das gleiche etymologische Material zurück (s. *spannen*). Belege für die einfache Wurzelform könnten in anord. *spuni* 'Gespinst' (und evtl. der Vorform von *Spindel*) vorliegen. Auffällig ist die semantische Nähe von akslav. *pręsti (pręḍǫ)* 'spinnen' (< **[s]prend-*), lit. *sprèsti* 'spannen', so daß vielleicht von (ig.) **sper-* 'drehen' (gr. *speírein*) zu **spr-en-*, und dann zu **spr-en-d-* auszugehen ist; im Germanischen mit *n*-Präsens (**sprend-n-*) und weitgehendem Ausfall des *r* (wie bei *sprechen – to speak*). Da Spinnen und Weben vielfach für das Verfertigen von Gedanken als Bild dienen, heißt auch *spinnen* vielfach 'nachsinnen', im Südwesten auch 'nicht recht im Kopf sein'. Vgl. auch nordd. *ein Garn spinnen*. Die Bedeutung 'im Zuchthaus sitzen' bezieht sich darauf, daß in alten Strafanstalten teilweise gesponnen werden mußte.
Nndl. *spinnen*, ne. *spin*, nschw. *spinna*, nisl. *spinna*. S. *Spinne*. – H. E. Müller *MS* 70 (1960), 161–168; Seebold (1970), 452 f.; Röhrich 3 (1992), 1506 f.

Spinnwebe *f.* (< 9. Jh.). Mhd. *spinneweppe n.*, ahd. *spinnawebbi*, *spinnūnwebbi n.*, mndd. *spinnewebbe*, *spinnewobbe*, mndl. *spinnewebbe*. Das Netz der Spinne wird als Gewebe aufgefaßt (wg. **wabja- n.* 'Gewebe'). S. *weben*.

spinös *Adj. arch.* 'heikel, schwierig' (< 19. Jh.). Entlehnt aus l. *spīnōsus* 'spitzfindig', eigentlich 'spitzig', zu l. *spīna* 'Dorn'.

spintisieren *sw V. obs.* 'grübeln' (< 16. Jh.). Vielleicht zu *spinnen* 'nicht ganz richtig im Kopf sein', aber formal und semantisch nicht ausreichend klar.

Spion *m.* (< 17. Jh.). Entlehnt aus frz. *espion*, span. *espión*, it. *spione*. Dies ist eine Weiterbildung zu it. *spia f.* 'Späher', das aus einem germanischen Nomen agentis zu *spähen* entlehnt ist (vermutlich aus dem Gotischen). Verb: **spionieren**; Abstraktum: **Spionage**.
DF 4 (1978), 367–370.

Spirale *f.* (16. Jh.). Entlehnt aus ml. *spiralis (linea)* 'schneckenförmig', zu l. *spīra* 'Windung, gewundener Körper', aus gr. *speîra* 'Windung', zu gr. *speírein* 'drehen, winden'.
Schirmer (1912), 68; *DF* 4 (1978), 371–373.

Spiritismus *m. per. fach.* 'Glaube an Geister, Geisterbeschwörung' (< 19. Jh.). Neoklassische Bildung zu l. *spiritus* 'Geist', s. *Spiritus*.
DF 4 (1978), 373 f.

Spiritual *n./m. per. fach.* 'geistliches Lied amerikanischer Schwarzer' (< 20. Jh.). L. *spīrituālis* ist 'geistig, geistlich', daher *(Negro) Spiritual* für das geistliche Lied der Schwarzen in den amerikanischen Südstaaten.
DF 4 (1978), 374 f.; Rey-Debove/Gagnon (1988), 956.

Spirituosen *Pl. erw. fach.* 'alkoholische Getränke' (< 18. Jh.). Entlehnt und substantiviert aus ml. *spirituōsus* 'zum Spiritus = Alkohol gehörig'; s. *Spiritus*.
DF 4 (1978), 377 f.

Spiritus *m. erw. fach.* '(vergällter) Alkohol, Weingeist' (< 15. Jh.). Entlehnt aus l. *spīritus* 'Hauch', zu l. *spīrāre* 'blasen, wehen'. In der Sprache der Alchimisten wurde mit diesem Wort die 'wesenhafte Flüssigkeit von Körpern' bezeichnet, die sie durch Destillation gewannen. Dann speziell auf das Wesenhafte von alkoholischen Flüssigkeiten bezogen *(Spirituosen)*. Umgangssprachlich gekürzt zu **Sprit**, vielleicht unter Einfluß von frz. *esprit*.
Zur Sippe des lateinischen Worts s. *konspirieren*. – K.-H. Weimann *DWEB* 2 (1963), 405; M. Putscher: *Pneuma, Spiritus, Geist* (Wiesbaden 1973); *DF* 4 (1978), 378–380, 390; B. La Farge: *'Leben' und 'Seele' in den altgermanischen Sprachen* (Heidelberg 1964), 39–56.

spirzen *sw V. per. obd.* 'spucken' (< 14. Jh.). Mhd. *spirzen*, *spürzen*. Weiterbildungen mit *-ezzen* zu *speien* mit einem *r*, das ursprünglich als Hiattrenner in Präteritalformen aufgetreten ist.

Spital *n.* s. *Hospital*.

Spitz *m.* (< 18. Jh.). Die 'Hunderasse mit spitzer Schnauze und spitzen Ohren' stammt aus Pommern, das Wort muß aber hochdeutsch sein. – In der Bedeutung 'kleiner Rausch', die seit dem 16. Jh. bezeugt ist, wird wohl *Spitze* im Sinn von 'Anfang' gebraucht. – Rotwelsch ist *Spitz* der Polizei-Agent (bezeugt seit dem 19. Jh., s. *Spitzel*). Zu mhd. *spitzen* 'lauern, erwarten' (seine Sinne auf einen Punkt richten).

spitz *Adj.* (< 9. Jh.). Mhd. *spiz, spitz(e)*, ahd. *spizzi*. Das Wort gehört mit *Spieß²* zusammen, der Konsonantismus ist nicht eindeutig – offenbar haben in früherer Zeit zwischen Formen mit *-tz-* und *-ss-* Verschiebungen stattgefunden. Etymologisch gehören diese Wörter zu einer schwer abgrenzbaren Gruppe auf einer Grundlage **spei-* mit Bedeutungen, die mit 'spitzig' zusammenhängen können (etwa l. *spīna* ˈDornˈ, vielleicht genauer: l. *cuspis* ˈSchwertˈ aus **kuri-spid-*). Abstraktum: *Spitze*; Verb: *spitzen*; Adjektiv: *spitzig*.

S. *Speiche, Speidel, Speil, Spiere, Spie*². – Szemerényi (1989), 26 f.; Heidermanns (1993), 535 f.; Röhrich 3 (1992), 1507–1509.

Spitzbube *m.* (< 16. Jh.). Zu *spitz* in der Bedeutung ˈscharfsinnig, auf etwas (seinen Vorteil) ausˈ. Das Wort hat häufig einen freundlichen Unterton, vgl. *spitzbübisch*.

Spitzel *m.* (< 19. Jh.). Ursprünglich österreichisch. Voraus geht rotw. *Spitz* ˈPolizeiagentˈ.
Ladendorf (1906), 195; Günther (1919), 84.

spitzfindig *Adj.* (< 16. Jh.). Auch als *spitzfündig*. Aus *spitz* im Sinne von ˈfein, listigˈ und dem Plural *vünde* von mhd. *vunt* ˈKunstgriff, Kniffˈ (Erfindung). Also ˈeiner, der feine Kunstgriffe kenntˈ. Das *i* durch Entrundung und gleichzeitigen Anschluß an das Präsens *finden*.

Spitzname *m.* (< 17. Jh.). Eigentlich ˈSpottnameˈ zu *spitz* mit dem gleichen Bild wie in *sticheln*.

Spleen *m. erw. fremd.* ˈMarotteˈ (< 18. Jh.). Entlehnt aus ne. *spleen* ˈGemütsverstimmung, Mißlauneˈ, eigentlich ˈMilzˈ, dieses aus l. *splēn* ˈMilzˈ, aus gr. *splēn*. Im Englischen so bezeichnet, da man Erkrankungen der Milz für bestimmte Gemütsverfassungen verantwortlich machte. Bei der Entlehnung ins Deutsche wird es verwendet als Bezeichnung typisch englischer Launen; da man damit allerlei Absonderlichkeiten meinte, dann die Entwicklung zu ˈMarotteˈ. Adjektiv: *spleenig*.
Ganz (1957), 210; DF 4 (1978), 380 f.; Rey-Debove/Gagnon (1988), 957 f.; Röhrich 3 (1992), 1509.

Spleiße *f.*, **Spleiß** *m. per. reg.* ˈSpan, Dachschindelˈ (< 15. Jh.). Regional verschiedene Ableitungen zu *spleißen*. S. auch *Spreißel*.

spleißen *st V. per. reg.* ˈfein spaltenˈ, ˈTauenden ineinanderflechtenˈ (< 14. Jh.). Mhd. *splīzen*, mndd. *spliten*, mndl. *spliten* aus wg. **spleit-a- st V.* wie afr. *splīta* ˈspalten, spleißenˈ. Hierzu auch *Splitter* mit der regional nasalierten Variante *Splinter*. Eine erst spät auftretende Erweiterung von *spalten*.
Nndl. *splijten*. S. *Splint, Spreißel*. – Seebold (1970), 454 f.; Lühr (1988), 105 f.

Splint¹ *m. per. fach.* ˈgespaltener Eisenstiftˈ (< 18. Jh.). Entnommen aus dem Niederdeutschen: mndd. *splinte*, während die hochdeutsche Form ahd. *splinza* nicht fortgesetzt wird. Zu einer Nasalierung von *spleißen*.

Splint² *m. per. fach.* ˈdas Holz zwischen Rinde und Kernˈ (< 18. Jh.). Da dieses Holz leicht splittert, gehört das Wort wohl zu *spleißen* mit Nasalierung. Es ist aber auffällig, daß mit gleicher Bedeutung schon früher *spint* vorkommt, das auf mhd.

spint, ahd. *spint* ˈFett, Speck im Backwerk, Mehlstoff im Kornˈ zurückgeführt wird. Die Einzelheiten bleiben deshalb unklar.

Splinter *m.* s. *spleißen*.

Splitter *m.* (< 13. Jh.). Aus dem Niederdeutschen übernommen. Mndd. *splittere* (zu *spleißen*). Ältere oberdeutsche Formen sind *spelter*, das näher bei *spalten* steht und *Spreißel*. Verb: *splittern*.
Bahder (1925), 44–46; Röhrich 3 (1992), 1509 f.

splitternackt *Adj. stil.* (< 15. Jh.). Vermutlich übertragen von dem Baum, von dem die Rinde (für Gerberlohe) abgeschält worden ist. S. *fasernackt*.
Trier (1981), 63; Röhrich 3 (1993), 1510; Röhrich 3 (1992), 1510.

Splitterrichter *m. bildg.* ˈselbstgerechter Tadler, kleinlicher Beurteilerˈ (< 16. Jh.). Vermutlich von Luther geprägt im Anschluß an Mt. 7,3 (von denjenigen, die über den Splitter im Auge ihres Bruders sprechen und nicht sehen, daß sie selbst einen Balken im Auge haben).
Röhrich 3 (1992), 1510.

Spoiler *m. per. fach.* ˈVorrichtung zur Beeinflussung der Luftströmungˈ (< 20. Jh.). Entlehnt aus ne. *spoiler*, zu e. *spoil* ˈverderben, wegnehmenˈ, auch ˈvermindernˈ; dieses aus afrz. *espoillier, espollier* ˈwegnehmenˈ, aus l. *spoliāre* ˈwegnehmen, berauben, ausziehenˈ, zu l. *spolium n.* ˈBeute, erbeutete Rüstung, abgezogene Haut eines Tieresˈ. Die Vorrichtung soll Geschwindigkeit oder Abheben vom Boden vermindern.

Spökenkieker *m. per. ndd.* ˈeiner, der das zweite Gesicht hatˈ, scherzhaft auch ˈSpintisiererˈ (< 19. Jh.). Zu der niederdeutschen Mundartform von *Spuk* und *kieken* ˈschauenˈ.

Spondeus *m. per. fach.* (ein Versfuß) (< 19. Jh.). Entlehnt aus l. *spondēus (pēs)*, dieses aus gr. *spondeîos (poús)*, zu gr. *spondé f.* ˈOpferˈ. Der aus zwei langen Silben bestehende Versfuß ist wegen der Getragenheit nach den langsamen Gesängen bei Opferfeiern bezeichnet.

Sponsor *m. per. fach.* ˈGeldgeber, Gönnerˈ (< 20. Jh.). Entlehnt aus ne. *sponsor*, eigentlich ˈUnterstützer, Pateˈ, dieses aus l. *spōnsor* ˈBürgeˈ, zu l. *spondēre (spōnsum)* ˈversprechen, verpflichtenˈ. S. *Gespons*.
Rey-Debove/Gagnon (1988), 958 f.

spontan *Adj. erw. fremd.* ˈsofort, ohne Nachdenkenˈ (< 18.). Entlehnt aus l. *spontāneus* ˈfreiwillig, freiˈ, zu l. *spōns (spontis)* ˈfreier Wille, Trieb, Willkürˈ. Abstraktum: *Spontaneität*. Hierzu als Kurzwort *Sponti* für einen Angehörigen von Gruppen, die zu spontanen (politischen) Aktionen bereit sind.
DF 4 (1978), 381–384.

Spor *m. per. reg.* ´Schimmel´ (besonders an Kleidern, Büchern, Holz usw.) (< 19. Jh.). Zu mhd. *spör(e)* ´trocken, rauh´, ahd. *spōri* ´mürb, faul´. Weitere Herkunft unklar.

Heidermanns (1993), 533.

sporadisch *Adj. erw. fremd.* ´vereinzelt´ (< 18. Jh.). Entlehnt aus frz. *sporadique*, dieses aus gr. *sporadikós*, eigentlich ´verstreut´, zu gr. *speírein* ´säen, ausstreuen, verbreiten´. S. *Sperma*.

DF 4 (1978), 384 f.

Spore *f. erw. fach.* ´ungeschlechtliche Fortpflanzungszelle von Farnen usw.´ (< 19. Jh.). Zunächst in der Form *Spora* entlehnt aus gr. *sporá* ´Saat´, zu gr. *speírō* ´ich säe´. S. *Sperma*.

Spörgel *m.*, auch **Spergel** *m.*, **Spark** *m.* (eine Futterpflanze) (< 18. Jh.). Aus ml. **spergula* unbekannter Herkunft. Vielleicht zu der Vorform von *Spargel*, da sich die Grünteile der beiden Pflanzen ähnlich sehen. S. *Spark*.

Sporkel *m. per. wndd.* ´Februar´ (< 14. Jh.). Mndd. *sporkel (-mānt)*, *sperkel*, mndl. *sporkel*. Vermutlich aus ml. *spurcalia f.* ´ein im Februar begangenes Fest der Ausgelassenheit (wohl Fasnacht)´, das aber kaum zu l. *spurcus* ´unflätig´ gehört.

Frings (1932), 114−120. Anders: G. Ehrismann *BGDSL* 20 (1894), 64; G. Bilsinger *ZDW* 5 (1903/04), 263−269.

Sporn *m.* (< 9. Jh.). Mhd. *spor(e)*, ahd. *spor(o)*, mndd. *spore*, *spare*, mndl. *spore* aus g. **spurōn m.* ´Sporn´, auch in anord. *spori*, ae. *spora*, *spura*. Instrumentalbildung zu g. **spur-na- stV.* ´mit den Füßen (besonders mit der Ferse) treten´ in anord. *sporna*, *spyrna*, ae. *spornan*, afr. *spurna*, as. ahd. *spurnan*. Außergermanisch vergleicht sich ai. *sphuráti* ´stößt (zurück)´, gr. *aspaírō* ´ich zucke, zapple´, lit. *spìrti* ´nach hinten ausschlagen, trotzen, sich widersetzen´, air. *seir* ´Fußknöchel, Ferse´, l. *spernere* ´zurückstoßen, verschmähen, verachten´. Die Form des Neuhochdeutschen wohl unter dem Einfluß von Ableitungen usw. mit angewachsenem -n (vgl. aber den Plural *Sporen*). − Die Sporen waren früher Vorrecht des Ritters und mußten auf dem Weg der Erziehung zum Ritter erst verdient werden, deshalb *sich seine Sporen verdienen* für eine erste bedeutende Leistung. Verb: *(an-) spornen*.

Nndl. *spoor*, ne. *spur*, nschw. *sporre*. S. *Heißsporn*, *Sperling*, *Spur*, *spüren*. − Segelcke (1969); Seebold (1970), 453 f.

spornstreichs *Adv. stil.* (< 17. Jh.). Fnhd. *sporenstraichs*, adverbialer Genetiv zu *sporenstraich* ´Strich mit dem Sporn´ (zu *streichen*). Die Bedeutung ist also ´das Pferd mit den Sporen antreibend´.

Sport *m.* (< 19. Jh.). Entlehnt aus ne. *sport*. Dort gekürzt aus *disport* ´Vergnügen´, das entlehnt ist aus mfrz. *desporter*. Dieses wiederum ist umgebildet aus ml. *deportare* ´sich betragen, sich vergnügen´, das zu l. *portāre* ´tragen´ gebildet ist. Adjektiv: *sportlich*; Täterbezeichnung: *Sportler*.

S. *transportieren*. − Ladendorf (1906), 295 f.; Brink-Wehrli (1958), 98; *DF* 4 (1978), 384−388; Rey-Debove/Gagnon (1988), 960−963; Röhrich 3 (1992), 1511.

Sportel *f. per. fach.* ´Gebühr´ (< 15. Jh.). Als *sportul* entlehnt aus l. *sportula*, das eigentlich ´Körbchen´ bedeutet (zu l. *sporta* ´geflochtener Korb´, das aus gr. *spyrís* ´Korb´ entlehnt ist), aber über ´Speisekörbchen´ die Bedeutung ´Gegenwert einer Mahlzeit, Geldgeschenk´ entwickelt hat.

Spot *m. per. fach.* ´kurze Werbesendung´ (< 20. Jh.). Entlehnt aus ne. *spot*, eigentlich ´Fleck, Ort´, dieses wohl aus mndl. *spotte*. Die Bedeutungsentwicklung im Englischen geht von ´Fleck´ zu ´etwas mit begrenzter Ausdehnung´, dann zu ´kurzer Auftritt, kurze Einblendung´.

Rey-Debove/Gagnon (1988), 963 f.

Spott *m.* (< 8. Jh.). Mhd. *spot*, ahd. *spot*, as. *spott* aus g. **spuþþa- m.* ´Spott, Hohn´, auch in anord. *spott n.*, *spottr*, afr. *spott*. Entsprechend verbreitet ist das Verbum **spotten**. Herkunft unklar. Adjektiv: *spöttisch*; Nomen agentis: *Spötter*.

Röhrich 3 (1992), 1511 f.

Sprache *f.* (< 8. Jh.). Mhd. *sprāche*, ahd. *sprāhha*, as. *sprāka* aus wg. **sprākō f.* ´Sprache´, auch in ae. *sprǣc*, afr. *sprēke*, *sprē(t)ze f./n.* Abstraktbildung zu *sprechen*. Wie beim Grundwort ist im Englischen (zunächst als Variante ae. *spǣc*) das *r* verloren gegangen. Nndl. *spraak*, ne. *speech*.

H.-D. Schulz *WW* 8 (1957/58), 7−13; Röhrich 3 (1992), 1512 f.

Spray *m./n. erw. fach.* ´Sprühflüssigkeit´ (< 20. Jh.). Entlehnt aus ne. *spray*, einer Ableitung von e. *spray* ´sprühen, verbreiten´, aus mndl. *sprayen*, *spraeyen*. Verb: *sprayen*.

DF 4 (1978), 388 f.; Rey-Debove/Gagnon (1988), 964 f.

sprechen *stV.* (< 8. Jh.). Mhd. *sprechen*, ahd. *sp(r)ehhan*, as. *sprekan* aus wg. **sprek-a- stV.* ´sprechen´, auch in ae. *sprecan* (daneben mit unregelmäßigem Ausfall von *r* auch *specan*), afr. *spreka*. Außergermanisch könnten verglichen werden kymr. *ffraeth* ´witzig, scharfzüngig´, alb. *shpreh* ´ausdrücken, lehren´, doch stehen sich die Bedeutungen nicht ausreichend nahe. Sonst kann das Wort allenfalls als Kraftausdruck zu anord. *spraka* ´knistern, prasseln´ (und ähnlichen Wörtern in den verwandten Sprachen) erklärt werden. Abstraktum: *Sprache*; Nominalableitung: *Spruch*; Nomen agentis: *Sprecher*; Präfigierungen: *be-, ent-, versprechen*; Partikelverben: *ab-, an-, zusprechen*.

Nndl. *spreken*, ne. *speak*. S. *Sprache*, *Sprichwort*. − Seebold (1970), 455−457; Röhrich 3 (1992), 1513. Zu *Spruch* Ch. Petzsch *DVLG* 60 (1986), 208−222.

Sprehe *f. per. ndd. md.* ´Star´ (< 16. Jh.). Mndd. *sprē(n).* Auch ahd. *sprāa, sprēa f.* Zu mhd. *spræwen, spræjen* ´spritzen´ (nach dem gesprenkelten Gefieder).

Spreißel *m./(n.) per. obd.* ´Splitter im Finger´ (< 13. Jh.). Mhd. *sprīzel m.* ´Lanzensplitter´, auch mhd. *sprīze m.*, fnhd. *Spreiß*; ahd. nur in *sprizzalōn* ´Späne machen´. Dissimilationsform zu einer Ableitung von *spleißen* (s.d. und *Spleiße, Spließ*). Die Dissimilation ursprünglich wohl nur in der *l*-Ableitung. S. *Splitter.*

spreiten *swV. obs.* (< 9. Jh.). Mhd. *spreiten*, ahd. *sp..eiten*, mndd. *spre(i)den*, mndl. *spreiden* aus g. *s..raid-eja- swV.* ´ausbreiten´, auch in aschw. *sprēda*, ae. *sprǣdan*. Ein Grundwort ahd. *sprītan*, mhd. *sprīten* ist sehr schwach bezeugt und keine ausreichende Stütze für eine genauere Etymologie. Auch die weitere Herkunft ist unklar. Nndl. *spreiden*, ne. *spread*.

spreizen *swV.* (< *8. Jh., Form < 16. Jh.). Mit Entrundung aus älterem mhd. *spriuzen*, ahd. *spriuzen* ´sich ausbreiten, stützen, stemmen´ (die Bedeutung ´stützen´ ist wohl abhängig von der Ableitung mhd. *spriuz(e)* ´Stützbalken´). Im übrigen eine Ableitung von *sprießen*, also wie nachwachsende Pflanzen sich ausbreiten (und wie Äste sich spreizen). Einzelheiten der Laut- und Bedeutungsentwicklung bleiben offen.
Reuter (1906), 67−72; Röhrich 3 (1992), 1513.

Sprengel *m. per. fach.* ´Diözese´ (< *14. Jh., Bedeutung < 15. Jh.). Älter ist mhd. *sprengel*, mndd. *sprengel* ´Weihwassersprengel´ (zu *sprengen*). Die neuere Bedeutung ist entstanden aus Redeweisen und Vorstellungen wie ´so weit sein Sprengel reicht´ mit Bezug auf das Besprengen der Gläubigen mit Weihwasser (vor allem) durch den Bischof.

sprengen *swV.* (< 8. Jh.). Mhd. *sprengen*, ahd. *sprengen*, mndd. *sprengen*, mndl. *sprengen* aus g. *sprang-eja- swV.* ´sprengen´, auch in anord. *sprengja*, ae. *sprengan*, afr. *sprendza*. Kausativum zu *springen*, also ´(ein Pferd, Wasser usw.) springen lassen´. Präfigierungen: *be-, ver-, zersprengen.* S. *Sprengel, sprenzen.*

Sprenkel[1] *m. arch.* ´Vogelstrick, Fangschlinge´ (< 17. Jh.). Übernommen aus mndd. *sprinkel.* Mit verschärftem Auslaut wie in ahd. *springa f.*, mhd. *sprinke m.(?)/f.(?)* ´Falle´ zu *springen*. So bezeichnet sind ursprünglich wohl schlagende Fallen.
Lühr (1988), 157 f.

Sprenkel[2] *m. per. reg.* ´Fleck´ (< 14. Jh.). Mit vermutlich nachträglicher Nasalierung zu mhd. *spreckel* (vgl. *spreckeleht, sprickeleht, sprinkeleht* ´gesprenkelt´). Zu einer schwer abgrenzbaren Sippe mit Wörtern für ´ausstreuen´, am klarsten gr. *speírō* ´ich säe´. Verb: *sprenkeln.*
S. *Sperma, Spreu. Sprinkler.* − Lühr (1988), 158 f.

sprenzen *swV. per. obd.* ´mit Wasser besprengen, leicht regnen´ (< 18. Jh.). Intensivbildung auf *-ezzen* zu *sprengen.*

Spreu *f.* (< 8. Jh.). Mhd. *spriu*, ahd. *spriu n.* Neben dem Verb mhd. *spræwen, spræjen*, mndl. *sprayen, spraeyen* ´sprühen, stieben, streuen´ und weiter zu ig. (eur.) **sper-* ´streuen´ wie *Sprenkel*[2], *sprühen.* Vermutlich heißt die Spreu so, weil sie beim Worfeln wegstiebt.

Sprichwort *n.* (< 13. Jh.). Ersetzt älteres *altez (gemeinez) wort, gemeiner spruch.* Gehört deutlich zu *sprechen*, aber das Benennungsmotiv ist im einzelnen unklar.

Spriegel *m.*, auch **Sprügel** *m. per. fach.* ´Bügel, der eine Plane trägt´ (< 14. Jh.). Herkunft unklar.

sprießen *stV.* (< 9. Jh.). Mhd. *spriezen*, ahd. *spriozan* (Bezeugung unsicher), as. **sprūtan* ´strotzen´ aus wg. **spreut-a-/sprūt-a- stV.* ´sprießen´, auch in ae. *sprūtan, spreotan*, afr. *sprūta*; anord. in *sproti* ´Zweig, Stab´, gt. vielleicht in *sprauto* ´schnell´. Außergermanisch ist vergleichbar lit. *spráusti* ´in einen engen Raum pressen, einklemmen´. Offenbar ist das Hervorsprießen der Saat verglichen mit dem Herausspritzen einer Flüssigkeit, wenn auf ihren Behälter gedrückt wird. Zu diesem Bedeutungsverhältnis vgl. lett. *sprâgt* ´bersten, platzen´ und ´sprießen´. Vergleichbare Wörter von der einfacheren Wurzelform sind *Spreu* und *sprühen*. Adjektiv: *ersprießlich.*
Nndl. *spruiten*, ne. *sprout.* S. *Sommersprosse, spreizen, Spriet, spritzen, Sproß, Sprosse, Sprotte*; vgl. *strotzen.* − Seebold (1970), 459 f.

Spriet *n. per. ndd.* ´Stange´ (< 18. Jh.). Übernommen aus dem Niederdeutschen: Mndd. *sprēt*, mndl. *spriet*; vgl. ae. *sprēot m.* Daneben vermutlich mit unregelmäßigem Ausfall von *r Spieß*[1]. Zu *sprießen*, offenbar zunächst als Bezeichnung der aufschießenden Loden eines Wurzelstocks.

springen *stV.* (< 8. Jh.). Mhd. *springen*, ahd. *springan*, as. *springan* aus g. **spreng-a- stV.* ´springen´, auch in anord. *springa*, ae. *springan*, afr. *springa.* Außergermanisch vergleichen sich ohne Nasal gr. *spérchomai* ´ich setze in rasche Bewegung´ und vielleicht ai. *sṛhayati* ´sehnt sich nach, verlangt, beneidet´. Abstraktum: *Sprung*; Nomen agentis: *Springer*; Präfigierungen: *be-, ent-, überspringen*; Partikelverben: *auf-, bei-, vorspringen.*
S. *sprengen, Sprenkel*[1]. − Seebold (1970), 457 f.; Lühr (1988), 159−161; Röhrich 3 (1992), 1513 f.

Springwurz *f. per. fach.* (< 12. Jh.). Mhd. *sprincwurz, springwurz* wie ae. *springwyrt*, weil die reifen Samen aus der Kapsel springen. Aus dem Namen herausgesponnen ist die Vorstellung, daß die Pflanze Schlösser sprengen und Dornen herausziehen kann.
HWDA 8 (1937), 314−320.

Sprinkler *m. per. fach.* ʿAnlage zum Versprühen von Wasserʾ (< 20. Jh.). Entlehnt aus ne. *sprinkler*, zu e. *sprinkle* ʿsprenkeln, besprühen, bespritzenʾ. Zur germanischen Verwandtschaft s. *Sprenkel*[2].

Sprint *m. per. fach.* ʿKurzstreckenlaufʾ (< 20. Jh.). Entlehnt aus ne. *sprint*, zu e. *sprint* ʿschnell laufenʾ, das aus einer nordgermanischen Sprache stammt. Verb: **sprinten**; Nomen agentis: **Sprinter**.

DF 4 (1978), 389 f.; Rey-Debove/Gagnon (1988), 965 f.

Sprit *m.* s. *Spiritus*.

spritzen *swV.* (< 14. Jh.). Spmhd. *sprützen*. Zu *sprießen* mit einer Bedeutung, die der Ausgangsbedeutung dieses Verbs nahekommt. Abstraktum: **Spritzer**; Konkretum: **Spritze**; Adjektiv: **spritzig**. S. *Spurt*.

Röhrich 3 (1992), 1514.

spröde *Adj.* (< 15. Jh.). Herkunft dunkel. Vergleichbar sind fläm. *sprooi*, me. *sprēpe*. Dem Sinn nach zu *springen* u.ä. Abstraktum: **Sprödigkeit**.

Heidermanns (1993), 537; Röhrich 3 (1992), 1514.

Sproß *m.* (< 15. Jh.). Fnhd. *sproz(ze), spruz(ze)*. Wie ae. *sprot* n. zu *sprießen*. Modifikation: **Sprößling**; Verb: **sprossen**. S. *Sprosse, Sprotte*.

Sprosse *f.* (< 11. Jh.). Mhd. *sprozze m./f.*, ahd. *sprozzo m.*, mndd. *sprute, sprote*, mndl. *sporte*. Entsprechend mit der Bedeutung ʿSproß, Schößlingʾ anord. *sproti m.*, ae. *sprota m.* Die Bedeutung ist offenbar zunächst ʿSeitenastʾ, und da die primitive Leiter aus einem Baumstamm besteht, an dem man die Aststümpfe hat stehen lassen, kann das Wort auf ʿLeitersprosseʾ übertragen werden. Zu *sprießen*. Nndl. *sport*.

Sprosser *m. per. omd.* ʿSingvogelʾ (< 18. Jh.). Der Sprosser unterscheidet sich von der Nachtigall durch eine muschelfleckige Zeichnung auf der Brust; daher der Name, der zu *Sprosse* (wie in *Sommersprosse*) gehört. Einen entsprechenden Namen hat der (gesprenkelte) Star in ndd. *Sprutter*, mndd. *sprote, sprute*.

Suolahti (1909), 38 f.

Sprotte *f. erw. fach.* (< 16. Jh.). Aus dem Niederdeutschen, ae. *sprott m.* schon seit dem 11. Jh. Herkunft unklar. Da es sich um einen kleinen Heringsfisch handelt, kann er als *Sproß*, also als ʿJungfisch, Fischbrutʾ benannt worden sein.

S. *sprießen*. – F. Richters *ZDW* 5 (1903/04), 276.

spruchreif *Adj. phras.*, meist in *noch nicht spruchreif sein* (< 19. Jh.). Die Wendung bezieht sich auf den Urteilsspruch, also ʿnoch nicht ausreichend zur Verhandlungʾ.

sprudeln *swV.* (< 17. Jh.). Weiterbildung zu *sprühen*, vgl. *brodeln*. Konkretum: **Sprudel**.

Sprügel *m.* s. *Spriegel*.

sprühen *swV.* (< 16. Jh.), doch wohl schon älter, da frz. *esproher* ʿbesprengenʾ daraus entlehnt ist.

Im Ablaut steht mhd. *sprǽwen, sprǽjen*, mndl. *sprayen, spraeyen* ʿsprühen, stieben, streuenʾ (s. *Spreu, sprießen*). S. *Sprudel*.

spucken *swV.* (< 15. Jh.). Ursprünglich norddeutsch. Vergleichbar ist pfälz. *spauchen*. Wohl mit Vokalassimilation von *iu* zu *ū* und niederdeutschem Übergang von *uw* zu *ug, uch* zu *speien* (ein ererbtes *ū* und Erweiterung mit *-k/ch-* ist aber nicht ausgeschlossen). Konkretum: **Spucke**.

F. Kluge *ZDW* 9 (1907), 317 f.; Röhrich 3 (1992), 1516 f.

Spuk *m.* (< 17. Jh.). Übernommen aus dem Niederdeutschen (mndd. *spōk, spūk n.*, mndl. *spoke*); anfänglich auch in verhochdeutschter Form als *spuch* bezeugt. Herkunft unklar. Vgl. noch ae. *pūca* ʿKoboldʾ. Verb: **spuken**. Nndl. *spook*. S. *Spökenkieker*.

Röhrich 3 (1992), 1517.

Spule *f.* (< 9. Jh.). Mhd. *spuol(e) m.*, ahd. *spuolo m.*, *spuola*, mndd. *spole*, mndl. *spoele* aus vd. **spōlōn m./f.* ʿSpuleʾ (ursprünglich der Weber), dann auch ʿFederkielʾ (als ʿRöhreʾ wie eine Spule). Herkunft unklar. Verb: **spulen**. Nndl. *spoel*.

spülen *swV.* (< 11. Jh.). Mhd. *spüelen*, ahd. *(ir-)spuolen*, mndd. *spolen*. Herkunft unklar. Konkretum: **Spülicht**. Nndl. *spoelen*.

Spulwurm *m. erw. fach.* (< 15. Jh.). Nach der (alten) Form einer Spule benannt wegen des eingerollten Hinterendes.

Spund *m. erw. reg.* ʿStöpsel, Zapfenʾ (< 14. Jh.). Spmhd. *spunt*, mndd. *spunt-*, mndl. *sponde*. Entlehnt aus it. *(s)punto* aus l. *(ex)pūnctum n.* ʿHerausgestochenesʾ. Die Bedeutungen ʿstechenʾ und ʿstopfenʾ laufen mehrfach nebeneinander her (vgl. das *Anstechen* eines Fasses).

S. *Akupunktur*. – Heyne (1899/1903), II, 365; J. P. Ponten: *Obturamentum lagenae* (Marburg 1969); R. Hildebrandt *ZDL* 56 (1989), 141; Röhrich 3 (1992). 1517.

Spur *f.* (< 8. Jh.). Mhd. *spür, spur n./f.*, ahd. *spur n.*, mndd. *spor*, mndl. *spor n.* aus g. **spur-a- n.* ʿSpurʾ, auch in anord. *spor*, ae. *spor n.* Ableitung aus dem unter *Sporn* behandelten g. **spur-na- stV.* ʿtretenʾ, also eigentlich ʿTrittʾ. Weitere Übertragungen, z. B. auf Verlauf und Abstand der Eisenbahnschienen (**Spurweite** usw.). Verb: **spuren**. Nndl. *spoor*, nschw. *spår*, nisl. *spor*. S. *spüren*.

Röhrich 3 (1992), 1517 f.

spüren *swV.* (< 8. Jh.). Mhd. *spür(e)n*, ahd. *gispurren, spurien* aus g. **spur-ija- swV.* ʿnachspürenʾ, auch in anord. *spyrja*, ae. *spyrian*. Eigentlich ʿdie Spur verfolgenʾ (zu *Spur*) dann auf andere Wahrnehmungsarten übertragen. Adjektiv: **spürbar**; Abstraktum: **Gespür**.

Nndl. *speuren*, nschw. *spörja*, nisl. *spyrja*. S. *Sporn, Spur*. – Heidermanns (1993), 540.

Spürkel *m.* s. *Sporkel*.

Spurt *m. erw. fach.* (< 19. Jh.), besonders häufig **Endspurt**. In neuerer Zeit entlehnt aus ne. *spurt* zu *spirt* ´spritzen, herausschießen`. Vermutlich zu *spritzen*, aber die Einzelheiten des spät bezeugten Wortes sind unklar. Verb: **spurten**.
DF 4 (1978), 390 f.

spürzen *swV.* s. *spirzen*.

sputen *swV. obs.* (< 17. Jh.). Übernommen aus dem Niederdeutschen und der hochdeutschen Form angepaßt. Diese in Mhd. *spuot Adj.* ´leicht, beförderlich`, ahd. *gispuoten* ´gedeihen lassen` neben as. *spōdian* ´fördern`. Wie ae. *spēdan* ´Erfolg haben` denominativ zu wg. **spōdi- f.* in ae. *spēd* ´Eile, Erfolg, Fülle`, as. *spōd* ´Gelingen`, ahd. *spuot* ´Erfolg, Fortgang`. Dieses wiederum ist ein *ti*-Abstraktum zu ae. *spōwan st V.*, ahd. *spuon swV.* ´vonstatten gehen, gelingen`. Außergermanisch vergleichen sich l. *spēs* ´Hoffnung, Erwartung`, lit. *spėti* ´Muße haben, zurecht kommen`, akslav. *spěti* ´fortschreiten, gedeihen`, ai. *sphāyate* ´wird fett, gedeiht`.
Nndl. *spoeden*, ne. *speed*. S. *spät*. – P. Seidensticker *ZM* 24 (1956), 160–184; Seebold (1970), 455; Röhrich 3 (1992), 1518.

spützen *swV.* s. *speuzen*.

Squash *n. per. fach.* (eine Sportart) (< 20. Jh.). Entlehnt aus ne. *squash*, zu e. *squash* ´kräftig schlagen, zerquetschen, auspressen`, dieses aus afrz. *esquasser, esquacer*, aus spl. *\*exquassare*, zu l. *quassāre* ´heftig erschüttern, heftig schütteln`, einem Intensivum zu l. *quatere (quassum)* ´schütteln`. So bezeichnet als ein Schlagspiel, bei dem ein kleiner Ball mit einem Schläger gegen eine Wand geschmettert wird.
Rey-Debove/Gagnon (1988), 967.

Staat *m.* (< 14. Jh.). Entlehnt aus l. *status* ´Stand` (zu l. *stāre* ´stehen`), der auffällige Plural nach niederländischem Vorbild. Die Bedeutung ist zunächst ´Stand, Rang` und ´Zustand (des Vermögens u.ä.)`, aus dem zweiten entwickelt sich ´Pracht` (*Staat mit etwas machen*, *Sonntagsstaat*; dann auch *Hofstaat*). Die heutige Bedeutung ist übernommen aus frz. *état*, nndl. *staat*. Sie geht einerseits zurück auf die Bedeutung ´Verfassungsform`, andererseits auf ´Status des Fürsten`, dann ´Gesamtheit der Beherrschten, beherrschtes Gebiet`. Adjektiv: **staatlich**.
S. *stattlich* und zur lateinischen Sippe *Distanz*. – P.-L. Weinacht: *Staat* (Berlin 1968); W. Mager: Zur Entstehung des modernen Staatsbegriffs *AAWLM* 1968,9, 391–496; W. Suerbaum: *Vom antiken zum mittelalterlichen Staatsbegriff* (Münster ³1977); *Grundbegriffe* 6 (1990), 1–154; Röhrich 3 (1992), 1518 f.

Stab *m.* (< 8. Jh.). Mhd. *stap, stab*, ahd. *stab*, as. *staf* aus g. **stabi-/a- m.* ´Stab`, auch in gt. *stabeis (Pl.)* ´Elemente, Buchstaben`, anord. *stafr*, ae. *stæf*, afr. *stef*. Außergermanisch vergleicht sich zunächst lit. *stābas* ´Pfosten, Säule, Götzenbild` und

ai. nasaliert *stambha-* ´Pfosten, Pfeiler, Säule`. Ein zugrundeliegendes Verbum liegt vor in ai. *stabhnāti* ´befestigt, stützt`, so daß die Ausgangsbedeutung offenbar ´Stütze` ist. Der ´Mitarbeiterstab u.ä.` der neueren Zeit geht auf den ´Generalstab` im Militär zurück und ist übertragen aus dem *Stab* als Zeichen der Führungsgewalt (so seit dem 17. Jh.). *Über jemanden den Stab brechen* geht auf einen Rechtsbrauch bei Todesurteilen zurück.
Nndl. *staf*, ne. *staff*, nschw. *stav*, nisl. *stafur*. S. *Buchstabe, Stapel, Steven.* – K. R. Jankowsky in *FS E. S. Dick* (Göppingen 1989), 199–221; R. Schmidt-Wiegand (1991); Röhrich 3 (1992), 1519–1522.

stabil *Adj.* (< 18. Jh.). Entlehnt aus l. *stabilis*, Adjektiv der Möglichkeit zu l. *stāre (statum)* ´stehen, verweilen, sich aufhalten`, also ´was stehen kann`. Verb: **stabilisieren**; Abstraktum: **Stabilität**.
Zur lateinischen Sippe s. *Distanz*. – DF 4 (1978), 391–397.

Stabreim *m. per. fach.* (< 19. Jh.). Eingeführt für das ältere *Alliteration* (16. Jh.). Vorbild für die Bezeichnung ist die Terminologie in der Verslehre von Snorri Sturluson (13. Jh.). Dieser verwendet anord. *stafr* ´Buchstabe, Laut` (zu diesem s. *Buchstabe*) auch für ´alliterierenden Laut`, etwa in anord. *hǫfuðstafr* ´Hauptstab`, anord. *hljóðstafr* ´stabender Anlaut`.
Hoops (1911/19), IV, 231–240.

Stachel *m.*, auch *f.* (< 9. Jh.). Mhd. *stachel m.*, ahd. *stackula f.* Wie *Stake* eine Instrumentalbildung zu *stechen*. Verb: **(an-, auf-) stacheln**; Adjektiv: **stachelig**.
Röhrich 3 (1992), 1522 f.

stad *Adj. per. oobd.* ´still, ruhig` (< 20. Jh.). Regionale Variante zu *stet*.

Stadel *m. per. obd.* ´Feldscheune` (< 8. Jh.). Mhd. *stadel*, ahd. *stadal*. Lokalbildung zu *stehen*, so wie l. *stabulum n.* ´Stall` zu l. *stāre* ´stehen` gehört.
Kluge (1926), 74.

Staden *m. per. reg.* ´Ufer` (< 15. Jh.). Regionaler Fortsetzer des unter *Gestade* genannten einfachen Wortes.

Stadion *n. erw. fach.* (< 18. Jh.). Entlehnt aus gr. *stádion n.* ´Rennbahn`.
S. *Stadium*. – DF 4 (1978), 398.

Stadium *n. erw. fach.* ´Lage, Entwicklungsabschnitt` (< 18. Jh.). Entlehnt aus l. *stadium* ´Laufbahn, Rennbahn, Sportstätte`, dieses aus gr. *stádion*. Schon im Lateinischen auch als ´Wegstrecke, Abschnitt`, im Deutschen dann besonders als ´Entwicklungsstand einer Krankheit`.
S. *Stadion*. – DF 4 (1978), 398 f.

Stadt *f.* (< *8. Jh., Bedeutung < 13. Jh.). Mhd. *stat*, ahd. *stat*, as. *stedi m./f.* ´Ort, Stätte`, während in ae. *stede m.*, gt. *staþs* und anord. *staðr* Maskulina vorliegen. Die heutige Bedeutung hat das Wort erst nach 1200 von älterem *Burg* übernommen. Dabei hat es sich gegenüber *Statt* und *Stätte* differenziert. Konkretbildung auf *-ti-* zu *stehen*, parallel etwa zu gr. *stásis* 'Stellung', also eigentlich 'Stand'. Täterbezeichnung: **Städter**; Adjektiv: **städtisch**; Präfixableitung: **verstädtern**.

W. Schlesinger in: *FS Mayer* (1954), 97–150; M. Pfütze *BGDSL-H* 80 (1958), 272–320; W. Schlesinger *SG* (1963), 443 f.; E. E. Metzner *BN* 14 (1979), 412–463.

Stafel *m. per. schwz.* 'Alphütte, Unterstand' (< 18. Jh.). Geht zurück auf mhd. *stavel, stapfel*. Wohl entlehnt aus l. *stabulum n.* 'Stall' oder einer romanischen Tochterform dazu.

Stafette *f. erw. fach.* 'Staffellauf' (< 17. Jh.). Entlehnt aus it. *stafetta* 'reitender Eilbote', einem Diminutivum zu it. *staffa f.* 'Steigbügel', aus ahd. *stapf(e)o m.* 'Tritt, Stufe'. Gemeint ist 'Reiter, der nicht absteigt, der im Steigbügel bleibt'. Im Deutschen von 'Eilbote' über 'Kette von Eilboten' bzw. 'Kette von Stationen' zur heutigen Bedeutung, auch 'Eskorte'.

Zur germanischen Verwandtschaft s. *Stapf*. – *DF* 4 (1978), 399 f.; Röhrich 3 (1992), 1523.

Staffage *f. per. fremd.* 'Ausstattung, Aufmachung' (< 18. Jh.). Französisierende Bildung zu d. *staffieren* 'ausstatten', dieses aus mndd. *stofferen, stoffeeren* und mndd. *stofferen, stafferen*, aus afrz. *estofer*, zu frz. *estoffe* 'Stoff, Zeug, Material', dessen weitere Herkunft nicht sicher geklärt ist.

S. *ausstaffieren, Stoff*. – *DF* 4 (1978), 400–402.

Staffel *f./m. erw. südd.* 'Stufe' (< 10. Jh.). Mhd. *staffel, stapfel m./f.*, ahd. *staffal, stapfal m.* Wie *Stufe* zu dem unter *Stapf* aufgeführten Verb für 'treten', also eigentlich 'Tritt'. Verb: **staffeln**.

R. Schützeichel *Naamkunde* 2 (1970), 95–99; Tiefenbach (1973), 86–88; Lühr (1988), 246.

Staffelei *f. erw. fach.* (< 17. Jh.). Eigentlich 'Treppenleiter' (zu *Staffel*), dann übertragen auf verschiedene Arbeitsgestelle.

staffieren *swV.* s. *Staffage*.

Stag *n. per. ndd.* 'starkes Tau zur Befestigung von Masten' (< 17. Jh.). Übernommen aus dem Niederdeutschen: Mndd. *stach*, wie ae. *stæg*, anord. *stag*. Herkunft unklar. Möglicherweise ein sehr altes Wort, wenn nämlich heth. *ištagga-* 'Bogensehne' damit zu vergleichen ist.

Kluge (1911), 742–744.

stagnieren *swV. per. fremd.* 'stillstehen' (< 18. Jh.). Entlehnt aus l. *stāgnāre* 'unter Wasser stehen, nicht abfließen', zu l. *stāgnum* 'stehendes Gewässer, Lache, Tümpel', zu l. *stāre* 'stehen'. Die Bedeutungsentwicklung besonders in der Medizin, wo Flüssigkeitsstauungen im Körper so bezeichnet werden. Abstraktum: **Stagnation**.

Zur lateinischen Sippe s. *Distanz*. – *DF* 4 (1978), 402–404.

Stahl *m.* (< 10. Jh.). Mhd. *stahel*, ahd. *stahel*, stāl *m./n.*, mndd. *stāl*, mndl. *stael*; entsprechend anord. *stál n.* Daneben die *j*-Bildung as. *stehli n.* 'Axt', ae. *stīle n.* Herkunft unklar. Vielleicht zu avest. *staxta-, staxra-* 'stark, fest' und weiter zu ai. *stákāti* 'widerstrebt', doch ist das germanische Wort in nicht-technischer Bedeutung nicht bezeugt und die Verknüpfung mit dem Arischen bei einer solchen Metallbezeichnung wenig überzeugend. Verb: **stählen**; Adjektiv: **stählern**.

Stake *f. per. ndd.* 'Pfahl, Stocherstange' (< 15. Jh.). Übernommen aus dem Niederdeutschen: Mndd. *stake*, mndl. *stake m.*, in hochdeutscher Form ahd. *stah* 'Spießhirsch'. Ferner ae. *staca m.* 'Stange' und wohl auch verbaut in gt. *hleiþra-stakeins* 'Laubhüttenfest' ('Zeltaufsteckung'?). Zu *Stecken*.

Ne. *stake*. S. *staksen, Stecken*; s. auch *stechen* und *Stachel*. – Heidermanns (1993), 542.

Staket *n. per. fach.* (Betonung auf der zweiten Silbe) 'Lattenzaun' (< 15. Jh.). Entlehnt aus frz. *estachette*, it. *stacchetta*, die aus frz. *estache* 'Pfahl' weitergebildet sind. Dieses wohl zu einem germanischen Wort wie *Stake*.

staksen *swV. per. reg.* 'ungelenk gehen' (< 18. Jh.). Zu *Stake* gebildet, etwa im Sinn von 'stelzen'.

Stall *m.* (< 8. Jh.). Mhd. *stal*, ahd. *stal m./n.*, mndd. *stal*, mndl. *stal* aus g. **stalla- m.* 'Stand', auch in anord. *stallr* 'Sockel, Krippe', ae. *steall* 'Stand, Stellung, Stall', afr. *stall* 'Stall'. Das Wort, das mit *stellen* zusammengehört, paßt am besten zu einer Grundlage mit der Bedeutung 'stehen'. Der Versuch von einer instrumentalen *tlo*-Bildung zu *stehen* (ig. **stə-tlo-*) auszugehen, ist aber lautlich umstritten. Der Anschluß an gr. *stéllō* 'ich setze instand' wäre lautlich einwandfrei, befriedigt aber semantisch nicht. L. *locus*, al. **stlocus* würde ebenfalls für eine Wurzelform **stel-* sprechen.

Nndl. *stal*, ne. nschw. *stall*. S. *Installation, Marstall, stellen, Stollen*. – Röhrich 3 (1992), 1523–1525.

stallen *swV. per. fach.* 'harnen (vom Pferd)' (< 14. Jh.). Mhd. *stallen*, mndd. *stallen*. Vielleicht zu einer Wurzel (ig.) **stel-* 'tröpfeln, harnen', die erweitert in gr. *stalássein* 'tröpfeln' (gr. *stálagma* 'Tropfen') und ohne anlautendes *s-* in lit. *telžti* 'harnen, naß machen' vorliegt; unerweitert vielleicht in mbret. *staut* (**stal-to-*) 'Harn'. Es ist aber nicht ausgeschlossen, daß das Wort eigentlich 'stehen bleiben' bedeutet (weil Pferde beim Harnen stehen bleiben, während sie den Kot auch im Laufen auswerfen).

Stamm *m.* (< 9. Jh.). Mhd. *stam*, ahd. *stam*, as. *stamn* aus wg. **stamna- m.* 'Stamm, Steven', auch in ae. *stefn, stemn*. Ableitung zu *stehen*, also etwa 'Ständer'; unmittelbar zu vergleichen ist vielleicht (ohne anlautendes *s-* und deshalb mehrdeutig) air. *taman* 'Stamm'; mit anderen Bedeutungen gr.

stámnos m./f. ´stehendes Gefäß, Krug`, ai. *sthắna-n.* ´Standort`. Vgl. noch toch. A *ṣtäm,* toch. B *ṣtäm* ´Baum`. Die Abgrenzung gegenüber *Steven* ist nicht überall möglich, weil bei dieṣem mit Entlehnungen gerechnet werden muß. Verb: *(ab-)stammen*; Adjektiv: *stämmig.* Nndl. *stam,* ne. *stem.*

stammeln *swV.* (< 10. Jh.). Mhd. *stam(e)len, stammeln,* ahd. *stamalōn,* mndd. *stamelen,* mndl. *stamelen,* abgeleitet von dem in ahd. *stamal, stamul* ´stammelnd` bezeugten Adjektiv. Daneben *stammern,* as. *stamaron,* ae. *stamerian* zu dem in mndd. *stamere,* ae. *stamer* vorliegenden Adjektiv. Noch einfacher ist das Adjektiv ahd. *stam,* ae. *stam,* anord. *stammr,* gt. *stamms* ´stammelnd` und weiter *stumm.* Zugrunde liegen die Wurzeln von *stemmen,* die einerseits über ´anstoßen, stolpern`, andererseits über ´hemmen, aufhalten` zu Ausgangspunkten für die übertragene Bezeichnung von Sprachstörungen führen. Bei *stammeln* ist offenbar von ´stolpern` auszugehen.
Nndl. *stamelen.* – Heidermanns (1993), 544 f.

Stampe *f. per. ndd.* ´Lokal` (< 20. Jh.). Zu der niederdeutschen Form von *stampfen,* also ´primitives Tanzlokal`.

Stamper *m.,* **Stamperl** *n.* ´Schnapsglas ohne Stiel`, *per. oobd. omd.,* gelegentlich auch nordd. **Stampe** *f.* (< 18. Jh.). Der Auslaut ist unklar und tritt in verschiedenen Formen auf. Einerseits wie *Stumpen* für etwas Kurzes, Gedrungenes; andererseits zu (ndd.) *stampen,* österr. *stampfern* ´stampfen`, also ´Glas, das aussieht wie eine Stampfe (Mörser)`, vgl. mndd. *stamp* m. ´Mörser` und das entlehnte anord. *stampr* m. ´Kübel`.

stampfen *swV.* (< 11. Jh.). Mhd. *stampfen,* ahd. *stampfōn,* mndd. *stampen,* mndl. *stampen* aus g. *stamp-ō- swV.* ´stampfen`, auch in anord. *stappa*; daneben als *j*-Verb mhd. *stempfen,* mndl. *stempen,* ae. *stempan.* Außergermanisch vergleicht sich gr. *stémbō* ´ich schüttle, stampfe`. Nomen instrumenti: *Stampfer.*
S. auch *Stampe, stanzen, Stapf, Stempel.* – Lühr (1988), 367.

Stand *m.* (< 8. Jh.). Mhd. *stant,* ahd. *-stand,* mndd. *stant* m./n., mndl. *stant*; wie ae. *stand* Verbalabstraktum vom Präsensstamm von gt. *standan,* anord. *standa,* ae. *standan,* afr. *standa, stonda,* as. *standan,* ahd. *stantan.* Dieses ist ein Nasalpräsens zu einer dentalen Erweiterung der Wurzel von *stehen,* die es auch suppletiv ergänzt. Falls heth. *ištantāi-* ´zögern, zaudern` dazugehört, muß die Bildung schon sehr alt sein. Adjektive: *ständisch, ständig.*
Nndl. ne. *stand.* S. *Ständchen, Ständer, ständig, stet, Stunde.* – Seebold (1970), 460 f.; *Grundbegriffe* 9 (1990), 155–284.

Standard *m. erw. fach.* ´Maßstab, Norm, Regel` (< 19. Jh.). Entlehnt aus ne. *standard,* eigentlich ´Standarte, Fahne`. Der Bedeutungswandel im Englischen von ´Standarte` zu ´Norm` ist nicht sicher gedeutet (entweder über ´führend, maßgebend` oder über *king's standard* ´Fahne des Königs` als Ort, nach dem man sich ausrichtet). Verb: *standardisieren.*
Schirmer (1911), 181 f.; Ganz (1957), 212; *DF* 4 (1978), 404–409; Rey-Debove/Gagnon (1988), 971–974.

Standarte *f. obs.* ´Sturmfahne, Hoheitszeichen` (< 13. Jh.). Mhd. *standert, stanthart* m. Entlehnt aus afrz. *estandart,* dessen Herkunft unklar ist (vielleicht aus g. *\*standhart* ´standfest`).
S. *Standard.* – *DF* 4 (1978), 409–412.

Ständchen *n.* ´Huldigungsmusik`, auch als Ersatzwort für *Serenade* gebraucht (< 17. Jh.). In Studentenkreisen aufgekommen. Verkleinerung zu *Stand* ´das Zusammenstehen`.

Ständer *m.* (< 11. Jh.). Spahd. *stanter,* mndd. *stender.* Nominalableitung zu dem unter *Stand* dargestellten Verb für ´stehen`, also eigentlich ´Steher`.

ständig *Adj.* (< 17. Jh.). Eigentlich ´den Stand behaltend, am gleichen Ort bleibend`, dann übertragen ´fortwährend`. Zu *Stand.*

Standpauke *f. erw. stil.* ´Rügerede` (< 19. Jh.). Studentische Verschärfung des älteren *Standrede* (bezeugt seit dem 18. Jh. zunächst für ´kurze Rede im Stehen`, besonders bei Beerdigungen, dann übertragen auf Scheltreden).
Röhrich 3 (1992), 1525 f.

Standrecht *n. per. fach.* (< 16. Jh.). Das Wort ist wie *Standgericht,* von dem es im Gebrauch nicht einheitlich getrennt wird, bezeugt für ein sofort (´im Stehen`) abgehaltenes und meist strenges Gericht. Im einzelnen ist das Benennungsmotiv nicht klar.

Stange *f.* (< 9. Jh.). Mhd. *stange,* ahd. *stanga,* as. *stanga* aus g. **stangō* f. ´Stange`, auch in anord. *stǫng*; daneben als *i*-Stamm ae. *steng* m.; abgeleitet aus g. *\*steng-a- stV.* ´stechen` in gt. *usstigg* (emendiert), anord. *stinga,* ae. *stingan,* ahd. *stingen.* Außergermanisch vergleichen sich vielleicht mit lautlichen Abweichungen l. *īnstīgāre* ´ansporren`, gr. *stízō* ´ich tätowiere, kennzeichne` und ohne anlautendes *s-* ai. *tigmá-* ´scharf, spitzig`.
Nndl. *stang,* ne. *stang,* nschw. *stång,* nisl. *stöng.* S. *Stengel.* – Seebold (1970), 470 f. Anders: Lühr (1988), 162 f.; Röhrich 3 (1992), 1526 f.

stänkern *swV. stil.* (< 17. Jh.). Eigentlich ´Gestank machen`, vgl. heutiges *Stunk.* S. *stinken.* Täterbezeichnung: *Stänker(er).*
Röhrich 3 (1992), 1527 f.

Stanniol *n. obs.* (eine Folie aus Zinn oder Aluminium) (< 15. Jh.). Neubildung zu l. *stāgnum, stānnum* ´Mischung aus Silber und Blei`. Stanniol wurde als Untergrund für Malereien verwendet.
E. Ploß *ZDW* 17 (1961), 76–82; Cottez (1980), 396.

Stanze *f. per. fach.* (< 18. Jh.). Entlehnt aus it. *stanza*, das allgemein eine ʻStropheʼ, dann auch eine bestimmte achtzeilige Strophenform bezeichnet. Im Deutschen nur für das zweite üblich. Das italienische Wort bedeutet eigentlich ʻStandort, Wohnungʼ, weil die abgeschlossene Strophe ein zusammengehöriges Ganzes ist wie eine Wohnung. Dies scheint aber auf einer Lehnübersetzung von arab. *bait* zu beruhen, das sowohl ʻZimmerʼ wie auch ʻVersʼ bedeutet. Regional (oobd.) auch *Gstanzl* ʻLiedʼ.

W. Seibicke *MS* (1958), 375–377.

stanzen *swV. erw. fach.* (< 18. Jh.). Herkunft unklar. Vgl. nhd. (reg.) *stanzen, stenzen* dn. (dial). *stunte* ʻstoßenʼ. (Oder zu *stampfen* etwa als **stampfezzen*?)

S. auch *Stenz.* – W. Seibicke *MS* (1958), 375–377.

Stapel *m.* (< 17. Jh.). Übernommen aus dem Niederdeutschen: Mndd. *stapel*, mndl. *stapel*, afr. *stapul, stapel*, ae. *stapol*, anord. *stǫpull* führen auf g. **stapula-* ʻStamm, Pfostenʼ, dann über ʻHaufeʼ zu ʻUmschlagplatz, Marktʼ. In der niederdeutschen Seemannssprache bezeichnet das Wort die Balken, auf denen ein Schiff gebaut wird (deshalb *vom Stapel laufen*). Etymologisch handelt es sich um eine Lautvariante zu *Stab* (s. *Staffel*). Verb: **stapeln.**

S. *Hochstapler, Etappe.* – Kluge (1911), 746; R. Schützeichel *Naamkunde* 2 (1970), 95–99; Röhrich 3 (1992), 1528.

Stapf *m.*, **Stapfe** *f.* ʻFußspurʼ *erw. reg.* (< 8. Jh.). Mhd. *stapf m.*, *stapfe f./m.*, ahd. *stapf, stapf(e)o*, mndd. *stappe*, mndl. *stap*; wie afr. *stap*, ae. *stæpe* Verbalabstraktum zu wg. **stap-ja- stV.* ʻtretenʼ, *stapfen* in ae. *stæppan*, afr. *stapa, steppa*, as. *stōp (Prät.)*, mndl. *stappen, steppen*, ahd. *stōptun* (Hildebrandslied). Weiter vergleicht sich wohl die Sippe von *stampfen* und akslav. *stopa f.* ʻSpur, Fährte, Schrittʼ.

Nndl. *stap*, ne. *step.* S. *Fußstapfe, Staffel.* – Seebold (1970), 462 f.; Lühr (1988), 241, 359 f.

Star[1] *m.* (eine Vogelart) (< 9. Jh.). Mhd. *star*, ahd. *stara f.*, mndd. *stār*, mndl. *sterre* aus g. **starōn m.* ʻStarʼ, auch in anord. *stari*, ae. *stær*. Teilweise scheint im Deutschen ein Langvokal (also **stār-*) vorzuliegen. Außergermanisch vergleicht sich vor allem l. *sturnus* ʻStarʼ. Ähnliche Lautungen in anderen Vogelnamen sind weniger sicher zu vergleichen.

Ne. *stare, starling*, nschw. *stare*, nisl. *stari.* – Suolahti (1909), 165–169; Röhrich 3 (1992), 1528 f.

Star[2] *m. erw. fach.* (eine Augenkrankheit) (< 16. Jh.). Rückgebildet aus dem Adjektiv *starblint*, ahd. *starablint*, mndd. *starblint*, mndl. *staerblint* aus wg. **stara-blenda-*, auch in ae. *stærblind*, afr. *starublind, starblind*, zu ahd. *starēn, starōn* ʻstarrenʼ. Die Betroffenen sehen wenig oder nichts bei geöffneten (ʻstarrenʼ) Augen, während Blinde die Augen geschlossen halten. Nndl. *staar.*

Heidermanns (1993), 545 f.

Star[3] *m. stil.* ʻFilm- oder Theatergrößeʼ (< 19. Jh.). Entlehnt aus ne. *star*, eigentlich ʻSternʼ (s. *Stern*[1]), entsprechend ne. *starlet* ʻSternchenʼ.

DF 4 (1978), 412–414; Rey-Debove/Gagnon (1988), 977.

Stär *m. per. reg.* ʻWidderʼ (< 11. Jh.). Mhd. *ster(e)*, ahd. *stero.* Herkunft unklar. Lautlich entspricht gr. *stairo* ʻunfruchtbarʼ (s. *Sterke*); also wohl von ʻstarr, steifʼ ausgehend (und einerseits zu ʻunfruchtbarʼ, andererseits zu ʻsteif, starkʼ). S. *starr.*

stark *Adj.* (< 8. Jh.). Mhd. *starc*, ahd. *starc, starah*, as. *stark* aus g. **starku- Adj.* ʻstarkʼ, auch in anord. *sterkr, starkr*, ae. *stearc*, afr. *sterk*. Die Ausgangsbedeutung scheint ʻstarrʼ zu sein, daraus über ʻunbeugsam, nicht nachgebendʼ jüngeres ʻfest, kraftvollʼ und schließlich die heutige Bedeutung. Grundlage ist möglicherweise ein starkes Verb, von dem aber nur Partizipien belegt sind (anord. *blǫdstorkinn* ʻerstarrtʼ, ahd. *gistorcanēn* ʻerstarrenʼ), hierzu auch gt. *gastaurknan* ʻvertrocknenʼ, anord. *storkna* ʻsteif werden, vertrocknenʼ, sowie ahd. *sterki(n)* ʻStärkeʼ, anord. *styrkr* ʻStärkeʼ. *Stärke* im Sinn von ʻWäschestärkeʼ ist kein Abstraktum zum Adjektiv, sondern eine Rückbildung aus dem Verbum *stärken* (bezeugt seit dem 17. Jh.). – Zu der unter *starren* dargestellten Wurzel (ig.) **ster-* ʻsteif, starrʼ. Abstraktum: **Stärke**; Verben: **stärken, erstarken.**

Nndl. *sterk*, ne. *stark*, nschw. *stark*, nisl. *sterkur.* S. *starren.* – Seebold (1970), 473 f.; E. Koller in *FS J. Erben* (1990), 129–140; Heidermanns (1993), 546 f.; Röhrich 3 (1992), 1529.

Stärke *f.* ʻKuh, die noch nicht gekalbt hatʼ s. *Sterke.*

starr *Adj.* (< 16. Jh.). In dieser Form rückgebildet aus mhd. *sterre.* Weiter zu *starren.*

starren *swV.* (< 11. Jh.). In der Bedeutung ʻsteif sein oder werdenʼ mhd. *staren*, älter *storren*, ahd. *storrēn*, vgl. gt. *and-staurran* ʻwiderspenstig seinʼ. Außergermanisch entspricht zunächst gr. *stereós* ʻsteif, hart, festʼ (aus **sterewo-*) und lit. *stérti* ʻerstarren, den Mund aufsperrenʼ, lautlich mehrdeutig toch. B *ścire* ʻhart, starr, steifʼ; im Germanischen offenbar mit expressiver Geminierung. – Die Bedeutung ʻstarr blickenʼ geht von der gleichen Grundlage ohne Geminate aus und fällt erst neuhochdeutsch mit dem geminierten Verb zusammen. Zuvor mhd. *starn*, ahd. *starēn, starōn*, mndd. *staren*, ae. *starian*, anord. *stara*; hierzu *stieren* (s. *stier*) und *stur.* Präfigierung: **erstarren.**

S. *starr, Storren*; erweitert *sterben, stark, Sterke, Sterz, stürzen, Landstörzer, Storch*, und mit Schwundstufe der ersten Silbe *straff, Strahl, stramm* und *streben.* – Heidermanns (1993), 547.

Start *m.* (< 19. Jh.). Wie das Verb **starten** aus ne. *start* entlehnt. Dieses ist entfernt mit *stürzen* verwandt. Nomen agentis: **Starter.**

DF 4 (1978), 414–419; Rey-Debove/Gagnon (1988), 977 f.; Röhrich 3 (1992), 1529.

stätig *Adj. per. reg.* (< 13. Jh.). Regionale Variante von *stetig* (s. *stet*), teilweise mit der zusätzlichen Bedeutung 'störrisch (von Pferden)', die aus der gleichen Ausgangsbedeutung zu erklären ist. S. *bestätigen*.

Statik *f. per. fach.* (Lehre von den auf ruhende Körper wirkenden Kräften) (< 18. Jh.). Neoklassische Übernahme aus ml. *statica*, dieses aus gr. *statikḗ (téchnē)* 'Lehre vom Wägen/Gleichgewicht', zu gr. *statikós* 'stellend, wägend', zu gr. *statós* 'stillstehend', zu gr. *histánai* 'setzen, stellen, legen'. Adjektiv: **statisch**; Täterbezeichnung: **Statiker**.
Zur Verwandtschaft des griechischen Wortes s. *Exstase* und *Thermostat*; zur germanischen Verwandtschaft s. *stehen*. – *DF* 4 (1978), 419 f.; Cottez (1980), 398.

Station *f.* (< 15. Jh.). Entlehnt aus l. *statio* (*-ōnis*), eigentlich 'Stehen, Stand', zu l. *stāre* 'stehen'. In der Bedeutung 'Bahnhof' ist das Wort übernommen aus dem Postwesen. Adjektiv: **stationär**; Verb: **stationieren**.
Zur lateinischen Verwandtschaft s. *Distanz*. – *DF* 4 (1978), 420–426; Krüger (1979), 42–424.

Statist *m. erw. fach.* 'stumme Figur, Randfigur' (< 18. Jh.). Neubildung des 18. Jhs. zu l. *status* 'Stand', zu l. *stāre (statum)*. So bezeichnet als 'Schauspieler, der in stehenden Personengruppen usw. im Hintergrund mitwirkt'.
Zur lateinischen Sippe s. *Distanz*. – *DF* 4 (1978), 427 f.

Statistik *f. erw. fach.* 'zahlenmäßige Auswertung von Massenerscheinungen' (< 18. Jh.). Entlehnt aus frz. *statistique* '(Staats)Wissenschaft', zu l. *status m.* 'Stand, Verfassung, Umstände', zu l. *stāre* 'stehen'. Zunächst systematische Beschreibung von Staaten und den Lebensbedingungen der Bevölkerung, insbesondere deren zahlenmäßige Erfassung. Dann durch Verbindung mit der Wahrscheinlichkeitsrechnung die heutige Bedeutung. Adjektiv: **statistisch**; Täterbezeichnung: **Statistiker**.
Zur lateinischen Sippe s. *Distanz*. – *DF* 4 (1978), 420–432.

Stativ *n. erw. fach.* 'Untergestell' (< 18. Jh.). Neoklassische Substantivierung von l. *statīvus* 'stehend, stillstehend', zu l. *stāre (statum)* 'stehen'.
S. *Distanz*. – *DF* 4 (1978), 432 f.

Statt *f. obs.* (< 8. Jh.). Dasselbe Wort wie *Stadt* und erst neuhochdeutsch aus diesem differenziert. Aus den flektierten Formen des Wortes hat sich **Stätte** verselbständigt. Hierzu auch die Präposition *statt*, älter *anstatt*, aus dem Dativ des Wortes entstanden (etwa 'an Stelle von'). S. auch die nicht hierher gehörigen *zustatten* und *vonstatten*. Präfigierungen: **be-, erstatten**; Partikelverb: **ausstatten**.
Behaghel 3 (1928), 72 f.

Statthalter *m. obs.* (< 15. Jh.). Lehnübersetzung von l. *locum tenēns* (frz. *lieutenant*). Die eigentliche Bedeutung ist 'Stellvertreter'.

stattlich *Adj. stil.* (< 16. Jh.). Aus dem Niederdeutschen übernommen: Mndd. *statelik* 'ansehnlich', zu *Staat* in der Bedeutung 'Aufwand, Prunk'.

Statue *f. erw. fach.* 'bildhauerisches Kunstwerk' (< 17. Jh.). Entlehnt aus l. *statua*, zu l. *statuere (statūtum)* 'hinstellen, aufstellen', zu l. *stāre* 'stellen'. Diminutiv: **Statuette**.
S. *Distanz*. – *DF* 4 (1978), 433–435.

Statur *f.* 'Gestalt' (< 16. Jh.). Entlehnt aus l. *statūra*, zu l. *stāre* 'stehen'.
S. *Distanz*. – *DF* 4 (1978), 435 f.

Status *m. per. fach.* 'Stand, Zustand, Befinden' (< 16. Jh.). Entlehnt aus l. *status* 'Stand', Abstraktum zu l. *stāre* 'stehen'.
S. *Distanz*. – *DF* 4 (1978), 436–440.

Statut *n. erw. fach.* 'Satzung, Festgesetztes' (< 14. Jh.). Entlehnt aus l. *statūtum*, dem substantivierten PPP. von l. *statuere* 'hinstellen, festsetzen', zu l. *sistere (statum)* 'hinstellen, hinbringen', zu l. *stāre* 'stehen'. Unmittelbar aus dem Verb mit ursprünglicher Bedeutung entlehnt: *statuieren*.
Zu l. *statuere* 'hinstellen, festlegen' gehören noch *substituieren*; *Konstitution, Prostitution, Statue* und *Institut*. Für die übrige Sippe s. *Distanz*. – *DF* 4 (1978), 440–442.

Staub *m.* (< 11. Jh.). Mhd. *stoup, stoub*, ahd. *stoub*; dazu von anderer Ablautstufe mndd. *stof*, mndl. *stof*, nhd. (dial.) *Gestüpp*, mhd. *gestüppe*, ahd. *stubbi n.*, mndd. *stubbe n.*, gt. *stubjus*. Sämtlich Ableitungen zu *stieben*. Verben: **stauben, stäuben**; Adjektiv: **staubig**.
Röhrich 3 (1992), 1529 f.

Stauche *f. per. reg.* 'weiter, offener Ärmel, Kopftuch, Schürze' (< 10. Jh.). Mhd. *stūche f./m.*, ahd. *stūhha*, mndd. *stuke*; ebenso anord. *stúka*, sowie mit Ablaut ae. *handstoc m.* 'langer Ärmel'. Die Ausgangsbedeutung ist wohl 'Baumstumpf', wie in mndd. *stuke* bezeugt und durch das verwandte *Stock* nahegelegt. Im übrigen sind Bedeutungsverhältnisse und Etymologie kaum zu entwirren.

stauchen *swV. erw. reg.* 'stoßen, verstauchen' (< 15. Jh.). Offenbar aus dem niederdeutsch-niederländischen Bereich übernommen, mndl. *stuken*. Vielleicht mit *s mobile* zu ai. *tujáti* 'bewegt sich heftig, treibt an'; aber die Abgrenzung gegen lautund bedeutungsähnlichen Formen ist im einzelnen an keiner Stelle klar. S. *Stock*, *verstauchen*.

Staude *f.* (< 9. Jh.). Mhd. *stūde*, ahd. *stūda*; daneben mndd. *stude n.* 'Gesträuch, Gebüsch'. Vermutlich zunächst ein Ausschlagbusch, dann übertragen auf perennierende Gartenpflanzen. Herkunft unklar.
Trier (1963), 91.

stauen *sw V.* (< 17. Jh.). Aus dem Niederdeutschen übernommen, nachdem die hochdeutsche Entsprechung ausgestorben war. Mndd. *stouwen*, Mndl. *stouwen*, vergleichbar mit ahd. *stouwen* 'Einhalt gebieten', ae. *stōwian* 'zurückhalten'. Zugrunde liegt offenbar eine denominative Bildung zu einem mit *w* abgeleiteten Nomen zu *stehen*. Bedeutung also etwa 'zum Stillstand bringen, zur Stelle bringen'. Außergermanisch ist vielleicht genauer vergleichbar lit. *stovéti* 'stillstehen', akslav. *staviti* 'stellen, zum Stehen bringen, verhindern, beenden'. Abstrakta: **Stau, Stauung**. Nndl. *stouwen*, ne. *stow*.

Stauf *m. arch.* 'Becher ohne Fuß' (< 9. Jh.). Mhd. *stouf f./m.*, ahd. *stouf*, as. mndd. *stōp*, mndl. *stoop* aus g. **staupa-* m./n. 'Becher ohne Fuß', auch in anord. *staup* n., ae. *stēap*. Wohl ursprünglich 'Baumstumpf' und damit eine nasallose Form von *Stump(en)*.

staunen *sw V.* (< 18. Jh.). Als Schweizer Mundartwort in die Hochsprache übernommen. Es bedeutet eigentlich '(vor sich hin) träumen, vor sich hin starren'. Schon davor (16. Jh.) wurde **erstaunen** übernommen. Vergleichbar ist mndd. *stunen*, mndl. *stunen* 'sich widersetzen', auch 'starren'. Es gehört wohl zu der Sippe von gr. *stýō* 'ich werde steif' (also ig. **steu-* 'starr sein, steif sein') und ist ähnlich zu beurteilen wie *starren*.

S. *Staupe²*. – Kuhberg (1933), 61; Röhrich 3 (1992), 1530.

Staupe¹ *f. arch.* 'öffentliche Züchtigung mit Ruten' (< 14. Jh.). Ursprünglich 'Pfahl, an den der Delinquent gebunden wird'. Mndd. *stupe*, mndl. *stupe*, auch afr. *stūpe*. Offenbar entlehnt aus dem Polabischen, für das *staup* 'Altar, Opferpfosten' bezeugt ist. Verb: **stäupen**.

N. Trubetzkoy *ZSPh* 1 (1925), 153–155; E. vKünßberg: *Rechtsgeographie* (Heidelberg 1926), 33.

Staupe² *f. per. fach.* 'Hundekrankheit' (< 17. Jh.). Aus mitteldeutschen Mundarten aufgenommen; vgl. mndd. *stupe*, mndl. *stupe* 'Krampf, Zuckung'. Daneben steht **Stauche**, ndd. *stūke*. Vielleicht verschiedene Erweiterungen zu der unter *staunen* behandelten Wurzel **steu-* 'starr, steif sein'.

Nndl. *stuip*. – H. Schneble: *Krankheit der ungezählten Namen* (Bern 1987), 84 f.

Steak *n.* (< 20. Jh.). Entlehnt aus ne. *steak*, dieses aus anord. *steik* 'Braten', zu anord. *steikja* 'braten'.

S.: *Beefsteak, Rumpsteak*; zur germanischen Verwandtschaft s. *stechen*. Rey-Debove/Gagnon (1988), 979.

Stearin *n. per. fach.* (Rohmaterial für Kerzen) (< 19. Jh.). Neoklassische Bildung, wohl zuerst in frz. *stéarine*, zu gr. *stéar* 'Talg, Fett'.

Cottez (1980), 398.

Stechbeitel *m.* s. *Beitel*.

stechen *st V.* (< 9. Jh.). Mhd. *stechen*, ahd. *stehhan*, as. *stekan*; wie afr. *steka* aus wg. **stek-a-* *st V.*, älter **stik-a-*, vgl. anord. *steikja* 'am Spieß braten', gt. *stiks* 'Punkt'. Außergermanisch können entsprechen l. *īnstīgāre* 'anspornen', gr. *stízō* 'ich tätowiere, kennzeichne' und als Variante ohne anlautendes *s*- ai. *tigmá-* 'scharf, spitzig'. Verschiedene Bedeutungserweiterungen von *stechen* (*jemanden ausstechen* u. ä.) gehen aus vom Turnierkampf, bei dem der Gegner mit der Lanze aus dem Sattel gestochen wurde. Abstraktum: **Stich**; Nomen agentis: **Stecher**; Nomen instrumenti: **Stichel**, Partikelverben: **an-, ab-, ausstechen**; Präfigierung: **bestechen**.

Nndl. *steken*. S. *Distel, Stachel, Stake, Steak, Stecken, stecken, sticken*. Aus dem Germanischen entlehnt: *Etikett*; zu lateinischen Verwandtschaft s. *Distinktion*. – Seebold (1970), 467 f.

Steckbrief *m.* (< 16. Jh.). Vermutlich nach dem Rechtsbrauch, die Ladung vor Gericht in den Torriegel zu stecken, wenn der Angeklagte nicht anzutreffen war (oder wenn die Ladung vor ein Femgericht nachts erfolgte).

Stecken *m.* (< 9. Jh.). Mhd. *stecke*, ahd. *stecko, stehho*, mndd. *sticke(n)*; wie in ae. *sticca*, anord. *stikka f.* ist die Geminate in schwundstufigen Formen eines *n*-Stammes entstanden; dieser in mhd. *steche*, ahd. *stehho*, anord. *stika f.* 'Stab'. Vergleichbar ist *Stake* und außergermanisch lit. *stãgaras* 'Stengel', lett. *stéga* 'Stange', russ. *stožá, stožará, stožerá* 'Stützpfahl eines Heuschobers, Stock'. Die Sippe von *stechen* hat aber sicher mitgewirkt; vielleicht stammen die Formen mit **steg-* überhaupt aus Ablautentgleisungen von *steig-* (s. *steigen*).

S. auch *Slapstick*. – Lühr (1988), 228 f.; Röhrich 3 (1992), 1530 f.

stecken *sw V.* (< 8. Jh.). Mhd. *stecken*, ahd. 1) *stehhōn, steckōn* (**stek-*, älter **stik-*), 2) *stehhan* (**stak-*). Abzweigungen von *stechen* mit verallgemeinerter (ursprünglich vielleicht intensivierender) Geminate. Das Grundverb *stechen* hat seit dem 16. Jh. teilweise starke Formen bewirkt (*das Geld stak in der Tasche*). S. *Besteck, ersticken, Stickstoff*. Röhrich 3 (1992), 1530 f.

Steckenpferd *n.* (< 17. Jh.). Bezeugt als Bezeichnung eines Kinderspielzeugs. Die Bedeutung 'Liebhaberei' ist übernommen aus ne. *hobby-horse* (seit dem 18. Jh.).

J. A. Walz *ZDW* 13 (1912), 124–128; Ganz (1957), 213 f.; Röhrich 3 (1992), 1531 f.

Steg *m. obs.* (< 8. Jh.). Mhd. *stec, steg*, ahd. *steg*. Zu *steigen*.

RGA 3 (1978), 556.

Stegreif *m. phras.* 'Steigbügel', heute nur noch *aus dem Stegreif* 'unvorbereitet' (< 11. Jh.). Mhd. *steg(e)reif*, ahd. *stegareif, stiegereif*; entsprechend ae. *stigráp*, anord. *stigreip*, eigentlich 'Steigreif', mit einem Verbalnomen von *steigen* im Vorderglied. Die Bedeutung von *Reif* ist ursprünglich 'Seil', so daß es sich um ein über den Rücken des Pferdes gelegtes Seil mit Schlaufen gehandelt haben wird. Die Sache wird erst im 8. Jh. von Byzanz aus verbreitet, deshalb müssen die parallelen germanischen Wörter auf Weitergabe innerhalb des Germanischen beruhen und können nicht auf eine gemeinsame Vorform zurückgehen. *Aus dem Stegreif ist entweder* 'ohne abzusteigen' oder 'unmittelbar nach dem Absteigen'.

J. Eichhoff *JMU* 2 (1963), 111−119; Segelcke (1969); Röhrich 3 (1992), 1532.

stehen *st V.* (< 8. Jh.). Mhd. *stēn*, *stān*, ahd. *stēn*, *stān*, as. *stān*; auch afr. *stān*, schw. *stå*. Die Formen mit *ā* führen zurück auf (g.) *stā-*, dessen Vokalismus nicht geklärt ist. Die Variante *stē-* kann auf Angleichung an das parallele *gehen* zurückgehen oder ein *j*-Präsens fortsetzen (*stə-jo-* o.ä.). Daneben steht *stand-a-* (s. *Stand*), das das einfache Verb teils verdrängt, teils suppletiv ergänzt. Außergermanisch vergleichen sich vor allem die reduplizierenden Präsentien in l. *sistere* 'sich hinstellen, anhalten', air. *air-siss-* 'feststehen, stehen bleiben', gr. *hístēmi* 'ich stelle mich, halte an', ai. *tíṣṭhati* 'stellt sich hin'; dazu lit. *stóti* 'sich hinstellen', akslav. *stojati* 'stehen'. Als Abstrakta stehen normalerweise die Nominalbildungen des Suppletivstammes *Stand*, unmittelbar zu *stehen* gehören **Stadt/ Statt/Stätte** und ihr Zubehör. Präfigierung: **be-, ent-, ge-, unter-, verstehen**; Partikelverben: **ab-, auf-, aus-, bei-, ein-, unter-, vorstehen**.

Nndl. *staan*, nschw. *stå*. S. *Gestade, Stadel, Stall, Stamm, stauen, stet, Stuhl, stur, Stute, ungestüm*. Zur lateinischen Verwandtschaft s. *Distanz*, zur griechischen *Statik*. − Seebold (1970), 464 f.; H. Kolb in: *FS Eggers* (1972), 126 141; W. Manczak *Kwartalnik neofilologiczny* 34 (1987), 3−10; Röhrich 3 (1992), 1532−1534.

stehlen *st V.* (< 8. Jh.). Mhd. *stel(e)n*, ahd. *stelan*, as. *stelan* aus g. *stel-a- st V.* 'stehlen', auch in gt. *stilan*, anord. *stela*, ae. *stelan*, afr. *stela*. Keine genaue Vergleichsmöglichkeit. Entweder umgeformt aus einer Entsprechung zu gr. *steréō* 'ich beraube' (das seinerseits isoliert ist), oder mit *s mobile* zu (ig.) *tel-* 'aufheben' (l. *tollo* usw.). Zu diesem würde passen mir. *tlenaid* 'stiehlt'.

Nndl. *stelen*, ne. *steal*, nschw. *stjäla*, nisl. *stela*. − Seebold (1970), 468 f.; Röhrich 3 (1992), 1535−1537.

Stehr *m.* 'Widder' s. *Stär*.

steif *Adj.* (< 14. Jh.). Spmhd. *stīf*; ein vor allem nördliches Wort, mndd. *stīf*, *stire*, mndl. *stijf*, vgl. ae. *stīf*, anord. *stifla* 'Damm'. Außergermanisch vergleichen sich lit. *stipti* 'erstarren', al. *stipulus* 'fest', l. *stīpes* 'Stamm'. Abstrakta: **Steife, Steifheit**; Verb: **(ver-) steifen**.

Nnd. *stijf*, ne. *stiff*. S. *Stiefel², Stift¹*. − Heidermanns (1993), 549 f.

Steig *m. per. reg.* (< 9. Jh.). Mhd. *stīc*, *stīg*, ahd. *(-)stīcg*. Wie ae. *stīg f.*, anord. *stígr* 'Pfad' abgeleitet von *steigen*. S. auch *Bahnsteig, Bürgersteig*.

Steige¹ *f. per. obd.* 'steiler Weg' (< 11. Jh.). Mhd. *steige*, ahd. *steiga* aus g. *staigō f.* 'steiler Weg', auch in gt. *staiga*, anord. *steig* (in Ortsnamen). Zu *steigen* im Sinn von 'steil werden'. Neuer: **Steigung**.

Steige² *f. per. fach.* 'flache Lattenkiste' (< 9. Jh.). Wohl Übertragung aus einer Nebenform zu *Stiege*, so daß 'Leiter' als Ausgangsbedeutung anzusetzen ist. Vgl. aber *Steige³*.

Steige³ *f. per. obd.* 'Kleintierstall' (< 9. Jh.). Mhd. *stīge*, ahd. *stī(g)a*. Das *g* scheint auf einen Übergangslaut zurückzugehen, vgl. *stīa* '(Hunde-) Stall', ae. *stig n.* (ne. *sty*); in deutschen Mundarten auch *Steie* u.ä. Wohl zu einer Wurzel *stei-*, die Wörter für 'Zusammendrängen, Getümmel u.ä.' liefert, aber im einzelnen schwer faßbar ist.

Steige⁴ *f.*, auch **Stiege** *f.* 'Anzahl von zwanzig Stück' *arch.* (< 18. Jh.). Ursprünglich in nördlichen Mundarten beheimatet, vgl. as. *stīga*, mndd. *stige*, afr. *stīge*; mit *-ei-* in oberdeutschen Mundarten (bair. *steig* usw.). Außerhalb nur krimgt. *stega* und vielleicht gotl. *stäig*. Herkunft dunkel, vielleicht als 'Leiter' zu verstehen.

Justus (1988).

steigen *st V.* (< 8. Jh.). Mhd. *stīgen*, ahd. *stīgan*, as. *stīgan* aus g. *steig-a- st V.* 'steigen', auch in gt. *steigan*, anord. *stíga*, ae. *stīgan*, afr. *stīga*. Außergermanisch vergleichen sich air. *tíagu* 'gehe', akslav. *postignǫti* 'hingelangen, erreichen', gr. *steichō* 'ich gehe, marschiere', ai. *stighnoti* 'schreitet, steigt'; vielleicht zu l. *vestīgāre* 'der Spur folgen, entdecken', lett. *staĩgât* 'gehen, wandeln'. Abstraktum: **Steigung**; Konkretum: **Steig, Stieg, Steige, Stiege**; Nomen agentis: **Steiger**; Präfigierungen: **be-, er-, versteigen**. Die *stieg*-Formen beruhen auf nicht recht erklärbarer Ablautentgleisung.

Nndl. *stijgen*, nschw. *stiga*, nisl. *stíga*. S. *Stecken, Steg, Stegreif, steigern, steil, verstiegen*. Zur griechischen Verwandtschaft s. *Distichon*. − Seebold (1970), 466 f.; J. Knobloch *ZVS* 88 (1974), 126; Röhrich 3 (1992), 1537 f.

steigern *sw V.* (< 14. Jh.). Offenbar eine Erweiterung von älterem ahd. *steigen* 'steigen machen, erhöhen', Kausativum zu *steigen*. Abstraktum: **Steigerung**; Präfigierungen: **er-, versteigern**.

steil *Adj.* (< 9. Jh.). Mhd. *steigel*, ahd. *steigal*, mndd. *steil*, mndl. *steil*. Adjektiv-Ableitung zu *steigen*, also etwa 'ansteigend'. Ähnlich ae. *stǣgel* und mit intensivierender Gemination *stickel*, mhd. *stekkel*, ahd. *steckal* (*steccheli* 'Steilheit' bei Notker).

Heidermanns (1993), 541 f., 555; Röhrich 3 (1992), 1538.

Stein *m.* (< 8. Jh.). Mhd. *stein*, ahd. *stein*, as. *stēn* aus g. *staina- m.* 'Stein', auch in gt. *stains*, anord. *steinn*, ae. *stān*, afr. *stēn*. Außergermanisch vergleicht sich akslav. *stěna f.* ʹWand, Felswandʹ. Weiterbildung zu dem in gr. *stía f.* ʹSteinchen, Kieselʹ vorliegenden Wort. Vielleicht weiter zu einem Verbum für ʹgerinnen, fest werdenʹ, das in ai. *styā́yate* bezeugt ist. Verben: **steinigen, versteinern**; Adjektive: **steinig, steinern.**

Nndl. *steen,* ne. *stone,* nschw. *sten,* nisl. *steinn.* S. *destillieren.* – J. P. Maher in: McCormack/Wurm (1978), 85–106; Röhrich 3 (1992), 1538–1545.

Steinbeißer *m. per. fach.* (< 16.). Als Name eines Vogels, weil dieser Obstkerne, z. B. Kirschkerne, aufbeißt (vgl. *Kernbeißer*); als Name eines Fisches schon spätmittelhochdeutsch (weil dieser sich an Steinen festsaugt).

Steinbock *m.* (< 13. Jh.). Mhd. *steinboc,* das Weibchen *steingeiz f.;* weil sich das Tier auf Felsen aufhält.

Palander (1899), 113 f.

Steinbrech *m. per. fach.* (< 11. Jh.). Mhd. *steinbreche f.,* ahd. *steinbrehha, steinbrech f.;* Lehnübersetzung aus l. *saxifraga f.;* die Pflanze wurde gegen Blasen- und Nierenstein angewandt, den sie zerbrechen sollte.

Steinbutt *m.* s. *Butt.*

Steinmetz *m. obs.* (< 11. Jh.). Mhd. *steinmetze,* ahd. *steinmez(zo)* u. a. Wohl nicht zu dem unter *Meißel*[1] genannten Verb *maitan,* sondern Entlehnung eines gallo-rom. **matsjo,* das seinerseits aus g. **mak-jōn* ʹMacherʹ (s. *machen*) in einer ursprünglicheren Bedeutung entlehnt ist.

W. Meyer-Lübke *WS* 9 (1926), 67 f.

Steinpilz *m. erw. fach.* (< 18. Jh.). Vermutlich danach benannt, daß er von den Pilzen das festeste Fleisch hat (oder nach dem steinähnlichen Aussehen der jungen Pilze?).

Marzell 1 (1943), 612.

steinreich *Adj.* (mit doppeltem Akzent) (< 15. Jh.). Verstärkungsform mit unklarem Benennungsmotiv. Wohl kaum ʹreich an Edelsteinenʹ, weil dies ein anderes Betonungsmuster voraussetzt. Eher aus Vergleichsfügungen wie *steinalt, steinhart* übertragen.

Steiper *m. per. reg.* ʹStützeʹ (< 15. Jh.). Zu afr. *stīpe f.* ʹPfahlʹ, ae. *stīpere* ʹStützeʹ. Dazu *steipern* ʹstützenʹ, ebenfalls seit dem 15. Jh. Weiter wohl als Variante an *steif* anzuschließen.

Steiß *m. erw. fach.* (< 12. Jh.). Mhd. *stiuz n.,* ahd. *stiuz,* mndd. *stūt* ʹdicker Teil des Oberschenkelsʹ. Das Wort ist wohl zu beurteilen wie *Stutzen* ʹkurzer Baumstammʹ und gehört damit zu *stutzen* ʹabschneidenʹ. Nndl. *stuit.* S. *Stotzen, Stuten.*

Stek *m. per. fach.* ʹKnotenʹ (< 20. Jh.). Niederdeutsche Form von *Stich,* also ʹder Einstich, das Durchgesteckteʹ.

Stellage *f. erw. stil.* ʹGestellʹ (< 16. Jh.). Entlehnt aus nndl. *stellage,* das aus der Entsprechung zu *stellen* und dem romanischen Suffix *-age* gebildet ist.

Stelldichein *n. obs.* (< 18. Jh.). Von Campe als Ersatzwort für *Rendezvous* gebildet.

Pfaff (1933), 49 f.

stellen *swV.* (< 8. Jh.). Mhd. *stellen, stallen,* ahd. *stellen.* Denominativ zu *Stall* in der alten Bedeutung ʹStandortʹ (oder Kausativum zu einer Wurzel (ig.) **stel-,* die allerdings im Germanischen sonst nicht bezeugt ist). Hierzu rückgebildet **Stelle,** mhd. *stal* ʹStandortʹ. Abstraktum: **Stellung;** Präfigierungen: **be-, ent-, verstellen;** Partikelverben: **ab-, an-, aus-, her-, nach-, vorstellen.** S. *Anstalt, Gestalt, Stelze, Stollen, Stulpe.*

Stellmacher *m. per. reg.* (< 14. Jh.). Spmhd. *stellemacher.* Zu *Stelle* in der Bedeutung ʹGestellʹ (wie in *Bettstelle*), also eigentlich ʹHandwerker, der die Wagengestelle machtʹ.

E. Jäger: *Synonymik der Berufsnamen für den Wagenbauer* (Diss. masch. Marburg 1948); *Achse, Rad und Wagen* (1986), 233–235.

Stellwagen *m. per. österr. arch.* ʹPferde-Omnibusʹ (< 19. Jh.). Eigentlich *Gestell-Wagen* (so als regionale und fachsprachliche Variante bezeugt), wie *Stellmacher* ein ʹ(Wagen)Gestell-Macherʹ ist.

Stelze *f.* (< 12. Jh.). Mhd. *stelze,* ahd. *stelza,* mndd. *stelte,* mndl. *stelte;* neben me. *stilte,* das wohl auf eine *j*-Bildung zurückgeht, und schw. *stylta* von der Schwundstufe. Die ursprüngliche Bedeutung ist ʹHolzbein, Krückeʹ. Herkunft unsicher, vermutlich zu der in gr. *stéllō* ʹich bringe in Ordnung, rüste aus, stelle fertigʹ vorliegenden Wurzel (die auch als Quelle von *stellen* in Frage kommt). Verb: **stelzen.** Nndl. *stelt,* ne. *stilt,* nschw. *stylta.* S. *Bachstelze, stolz.*

Röhrich 3 (1992), 1545 f.

stemmen *swV.* (< **8. Jh., Form < 14. Jh.). Spmhd. *stemmen* aus g. **stam(m)-eja- swV.,* auch in anord. *stemma,* ae. *(fre)stemman.* Die Herkunft ist unklar, da mehrere Vergleichsmöglichkeiten vorliegen. In der Bedeutung ʹstauenʹ scheint mhd. *stemen,* ahd. *stemēn* ʹEinhalt gebieten, bezähmenʹ vergleichbar zu sein; die Bedeutung ʹetwas gewaltsam auf- oder wegdrückenʹ paßt am besten zu lit. *stùmti* ʹstoßen, schieben, drängenʹ; die lautlich zugehörigen Wörter *stammeln* und *stumm* können an beides angeschlossen werden (ʹhemmenʹ – ʹanstoßenʹ). Vgl. hierzu noch lett. *stuômîtiês* ʹstottern, stammelnʹ. Die Einzelheiten und die Art des Zusammenhangs mit *stehen* sind unklar. Nschw. *stämma* ʹhemmenʹ. S. *stammeln, stumm, ungestüm.*

Stempel *m.* (< **13. Jh., Standard < 17. Jh.). Übernommen aus dem Niederdeutschen: mndd. *stempe(l).* Die hochdeutsche Entsprechung ist

mhd. *stempfel.* Instrumentalbildung zu *stampfen*, also ʼStampferʼ. Verb: ***stempeln.***
Röhrich 3 (1992), 1546 f.

Stengel *m.* (< 10. Jh.). Mhd. *stengel*, ahd. *stengil, stingil*, as. *stengil.* Diminutiv zur Sippe von *Stange.*
Röhrich 3 (1992), 1547.

Stenographie *f. erw. fach.* ʼKurzschriftʼ (< 18. Jh.). Entlehnt aus ne. *stenography*, einer Neubildung zu gr. *stenós* ʼeng, schmalʼ und gr. *gráphein* ʼschreibenʼ. Ersatzwort ist *Kurzschrift.* Verb: ***stenographieren***; Täterbezeichnung: ***Stenograph***; Adjektiv: ***stenographisch***; Konkretum: ***Stenogramm.***
S. *Graphik.* – Ganz (1957), 214; H. Boge *FF* 39 (1965), 44–50; *DF* 4 (1978), 442–445; Cottez (1980), 399; Rey-Debove/Gagnon (1988), 982 f.

Stenotypistin *f. obs.* (< 19. Jh.). Bildung des deutschen Stenographen und Schreibmaschinenvertreters F. Schrey aus *Stenograph* und *Typist.* Die Neubildung wird dann in andere europäische Sprachen übernommen.
Die Neuwacht 42 (1965), 65 f. (ohne Verfasserangabe); *DF* 4 (1978), 445.

Stentorstimme *f. bildg.* (< 19. Jh.). *Stentor* wird von Homer (*Ilias* 5,785 f.) im Vergleich erwähnt als ein Grieche, der lauter als 50 Männer schrie (*Ilias* 5,785). Der Name ist sprechend (zu gr. *sténein* ʼdröhnenʼ).
Röhrich 3 (1992), 1547.

Stenz *m. per. reg.* ʼGeck, Zuhälterʼ (< 20. Jh.). Offenbar zu rotw. *stenz* ʼStockʼ, für das eine Vorform *stems* bezeugt ist (also wohl zu *stemmen* als ʼdas, worauf man sich stütztʼ). Die Bedeutung ʼGeckʼ als Metonymie zu dem modischen Attribut des Spazierstocks (oder zunächst *stenzen* ʼmit dem Spazierstock ausgehenʼ und dann eine Rückbildung); die Bedeutung ʼZuhälterʼ entweder von dem Stock als ʼPrügelʼ oder als sexuelle Metapher. Für beide Annahmen gibt es Anhaltspunkte.

Step *m. per. fach.* (Bühnentanz mit Untermalung des Rhythmus durch Klappern mit den Schuhen) (< 20. Jh.). Entlehnt aus ne. *step*, eigentlich ʼSchritt, Trittʼ. Verb: ***steppen***[1].

Steppe *f.* (< 18. Jh.). Entlehnt aus russ. *step'*, das unklarer Herkunft ist.
O. Ladendorf *ZDW* 7 (1905), 48; Wick (1939), 56 f.; Bielfeldt (1965), 16; *DF* 4 (1978), 445 f.

steppen[2] *sw V. erw. fach.* ʼdurchnähenʼ (< 13. Jh.). Mhd. *steppen*, übernommen aus mndd. *steppen, stippen* ʼsticken, stechenʼ mit verschiedenen Sonderbedeutungen (as. *steppon* ʼdem Vieh Besitzerzeichen einstechenʼ); zu mndd. *stip* ʼPunkt, Tupfʼ. Weitere Herkunft unklar, wohl lautsymbolisch.
S. auch *stippen, stupfen.* – Heyne (1899/1903), III, 248; Lühr (1988), 359.

Steppke *m. erw. stil.* ʼKnirpsʼ (< 20. Jh.). Niederdeutsche Verkleinerung zu der Entsprechung von *Stopfen*, also etwa ʼStöpselʼ als sexuelle Metapher und Metonymie. Oder Koseform zu dem Namen *Stephan*?
A. Hansen *KVNS* 69 (1962), 47.

Ster[1] *m.* ʼSchafbockʼ s. *Stär.*

Ster[2] *m. per. fach.* ʼRaummaßʼ (< 18. Jh.). Entlehnt aus frz. *stère*, das aus gr. *stereós* ʼfest, räumlichʼ künstlich gebildet ist (also ʼFestmeterʼ).
S. *stereo.* – E. Öhmann *NPhM* 42 (1941), 147–149.

sterben *sw V.* (< 9. Jh.). Mhd. *sterben*, ahd. *sterban*, as. *stervan* aus wg. **sterb-a-* st V. ʼsterbenʼ, auch in afr. *sterva*, ae. *steorfan.* Eine weitere Bedeutung zeigt sich in anord. *stjarfi* ʼStarrkrampfʼ, anord. *starfa* ʼsich abmühenʼ. Die Ausgangsbedeutung ist also wohl ʼstarr werdenʼ. Damit lassen sich bei gleichem Lautstand verknüpfen mir. *us(s)arb* ʼTodʼ, russ. *stérbnut'* ʼhart werden, erstarren, absterbenʼ und vielleicht gr. *stérphos* ʼHaut, Fellʼ. Besser bezeugt ist eine Grundlage mit Auslaut *-p* ohne anlautendes *s-*: l. *torpēre* ʼsteif sein, betäubt seinʼ, lit. *tirpti* ʼerstarren, gefühllos werden, einschlafenʼ, russ. *terpnút'* ʼerstarrenʼ. Ein weiterer Anschluß an die Sippe von *starr* ist möglich. Präfigierungen: ***er-, versterben***; Partikelverben: ***ab-, aussterben***; Adjektiv: ***sterblich.***
Nndl. *sterven*, ne. *starve.* – Seebold (1970), 472 f.

Sterbenswörtchen *n. phras.* (in der Wendung *kein Sterbenswörtchen sagen*) (< 18. Jh.). Eigentlich *kein sterbend(e)s Wörtchen*, wobei *sterben* in der Bedeutung ʼersterben, sich verlierenʼ verwendet ist.

stereo- *LAff.* 1) in gelehrten Wörtern zu gr. *stereós* ʼsteif, festʼ, gr. *stereón* ʼRaum, Figurʼ. Speziell 2) entlehnt aus ne. *stereophonic*, einer Neubildung zu gr. *stereón* ʼRaumʼ und gr. *phōnē* ʼKlangʼ (s. *Phonetik*). S. *Ster*[2], *Stereotyp.*
Cottez (1980), 400 f.

Stereotyp *n. per. fach.* ʼFormelhaftes; vorgefertigte Ansichtʼ (< 19. Jh.). Zunächst Fachwort der Buchdrucker für den feststehenden Schriftsatz (frz. *stéréotype*) zu gr. *stereós* ʼstarr, fest, standhaftʼ und gr. *týpos m.* ʼGestaltʼ (s. *Type*). 1922 von W. Lippmann in die Sozialwissenschaft übernommen für ʼvorgefaßte Meinung über soziale Gruppenʼ, 1975 von H. Putnam in die Sprachwissenschaft übertragen (ʼden Gebrauch eines Wortes bestimmende Merkmaleʼ).
DF 4 (1978), 448–450.

steril *Adj. erw. fach.* ʼkeimfrei, unfruchtbarʼ (< 18. Jh.). Entlehnt aus frz. *stérile*, dieses aus l. *sterilis.* Die Bedeutung ʼkeimfreiʼ ist jung. Abstraktum: ***Sterilität***; Verb: ***sterilisieren.***
S. *Sterke.* – K.-H. Weimann *DWEB* 2 (1963), 405; *DF* 4 (1978), 450–454.

Sterke *f. per. ndd.* ʹKuh, die noch nicht gekalbt hatʹ (< 15. Jh.). Übernommen aus dem Niederdeutschen: Mndd. *sterke, starke*; in hochdeutscher Form in bair. *sterch* ʹZuchteberʹ, alem. *šterchi* ʹZuchtstierʹ, vgl. ae. *stirc* ʹKalbʹ. Der Ausgangspunkt scheint die Bedeutung ʹunfruchtbare Kuhʹ zu sein, die in gt. *stairo* ʹUnfruchtbareʹ, nisl. *stirtla* ʹunfruchtbare Kuhʹ vorliegt, außergermanisch in l. *sterilis*, gr. *stériphos*, ai. *starí-* ʹKuh, die keine Milch hat und nicht trächtig istʹ. Die Bedeutung ʹunfruchtbarʹ scheint sich dabei von ʹstarr, steifʹ abgezweigt zu haben (zu diesem s. *starr*). Von ʹunfruchtbarʹ aus gehen die Bedeutungen ʹnoch nicht fruchtbarʹ und merkwürdigerweise ʹmännliches (Zucht)-Tierʹ (zu diesem s. *Stär*).

Stern[1] *m.* ʹHimmelskörperʹ (< 8. Jh.). Mhd. *sterne, sterre*, ahd. *stern(o), ster(ro)*, mndd. *sterne* aus g. **sternōn m.* ʹSternʹ, auch in gt. *stairno*, anord. *stjarna f.*; während sonst eine auffällige Assimilationsform auftritt: ae. *steorra*, afr. *stera*, ahd. *sterro*, as. *sterro*, mhd. *sterre*. Aus ig. *h₂stér, Genetiv *h₂str-os in heth. *hašter-*, ai. *stár-, táraḥ Pl.*, *sṭbhiḥ (Instr.)*, avest. *star-*, toch. B *śćirye*, gr. *astér*, l. *stēlla f.*, kymr. *seren*. Weitere Herleitung aus (ig.) **ster-* ʹausbreitenʹ ist denkbar, aber kaum wahrscheinlich.

Nndl. *ster*, ne. *star*, nschw. *stiärna*, nisl. *stjarna*. S. *Gestirn*; *Aster*; *Konstellation*; *Star*[3]; *streuen*. – W. Krogmann *ZVS* 63 (1936), 256–259; M. Mayrhofer *BGDSL-H* 74 (1952), 316–318; C. Watkins *Sprache* 20 (1974), 10–14; A. Pârvulescu *ZVS* 91 (1977), 41–50; A. R. Bomhard *JIES* 14 (1986), 191 f.; Röhrich 3 (1992), 1547–1550.

Stern[2] *m. per. fach.* ʹSchiffsheckʹ (< 19. Jh.). Entlehnt aus ne. *stern* gleicher Bedeutung, das seinerseits auf anord. *stjórn f.* ʹSchiffssteuerʹ beruht, das zu *Steuer*[2] gehört.

Kluge (1911), 751.

Sternschnuppe *f.* (< 18. Jh.). Zu *Schnuppe* ʹglühender Dochtabfallʹ, mit dem die Sternschnuppen allgemein verglichen wurden (auch *Butzen, Sternschneuze*). Die Form ist niederdeutsch für *schnupfen* im Sinn von ʹdie Nase schneuzenʹ.

Sternwarte *f. erw. fach.* (< 18. Jh.). Eigentlich ʹTurm (*Warte*), von dem aus man die Sterne beobachten kannʹ; dann übertragen auf die eigens zu diesem Zweck gebauten Einrichtungen.

Sterz *m. per. reg.* ʹSchwanzʹ (< 12. Jh.). In der allgemeinen Bedeutung nur als ndd. *Stert* üblich; hochdeutsch als *Pflugsterz* und sondersprachlich. Mhd. *sterz*, ahd. *sterz*, mndd. *stērt, start*, mndl. *stert* aus g. **sterta- m.* ʹSchwanzʹ, auch in anord. *stertr*, ae. *steort*, afr. *stert*. Vermutlich zu der Sippe von *starr* als ʹaufgerichtet, steifʹ. Darauf weist auch mundartliches *sterzen* ʹsteif seinʹ, wozu wohl österr. *Sterz* ʹMehlspeise aus festem Grießteigʹ. Nndl. *staart*, ne. *start*, nschw. *stjärt*, nisl. *stertur*.

stet *Adj. obs.* (< 11. Jh.). Mhd. *stæt(e)*, ahd. *stāte*. Verbaladjektiv, wohl zu *standan* (s. *Stand*), obwohl der Vokal nicht paßt; sonst zu *stehen* mit *ti/tjo*-Suffix. Hierzu als Erweiterung *stetig* (s. auch *stätig*) und *stets* mit adverbialem Genetiv. S. *bestätigen, stad*.

Stethoskop *n. per. fach.* ʹHörrohr des Arztesʹ (< 19. Jh.). Neoklassische Bildung zu gr. *stēthos* ʹBrustʹ und gr. *skopeĩn* ʹbetrachtenʹ (s. *-skop*).

Cottez (1980), 401.

Steuer[1] *f.* (Geldabgabe) (< 10. Jh.). Mhd. *stiur(e)*, ahd. *stiura*. Die Bedeutung ist zunächst ʹStütze, Unterstützungʹ, daneben ʹSteuerruderʹ (zu dieser Bedeutung s. *Steuer*[2]); seit mittelhochdeutscher Zeit auch ʹSteuerʹ im heutigen Sinn. As. in *heristiuria* ʹSoldʹ. Die etymologischen Zusammenhänge sind nicht ausreichend klar. Ältere Bedeutungen sind bewahrt in *Aussteuer* und *beisteuern*. Andere Präfigierungen: *be-, versteuern*.

R. Schmidt-Wiegand in: *Brüder-Grimm-Symposion*. Hrsg. R. Hildebrandt, U. Knoop (Berlin 1986), 130–136; Röhrich 3 (1992), 1550 f.

Steuer[2] *n.* (Steuerruder) (< 14. Jh.). Geht aus von Norddeutschland; die ältere hochdeutsche Form ist ein Femininum, ebenso mndl. *stūre*, afr. *stiure f.*; das Neutrum dagegen in mndl. *stur(e)*, mndd. *stur(e)* und anord. *stýri*; ae. nur *stēor-rōðor*. Dazu **steuern**, mhd. *stiuren*, ahd. *stiuren*, mndd. *sturen*, mndl. *sturen*, ae. *steoran*, anord. *stýra*. Die etymologischen Zusammenhänge und die Art der Verknüpfung mit *Steuer*[1] sind nicht ausreichend klar. Vermutlich hat sich die besondere Bedeutung beim Verbum entwickelt. Nndl. *stuur*, ne. *to steer*, nschw. *styre*, nisl. *stýri*. S. *Stern*[2].

Röhrich 3 (1992), 1550 f.

Steuerbord *n. per. fach.* ʹrechte Seite des Schiffsʹ (< 17. Jh.). Übernommen aus dem Niederdeutschen: Mndd. *stūrbort*, mndl. *stuurbort*, wie ae. *stēorbord*, anord. *stjórnborði*. An der rechten Seite war bei allen germanischen Seeschiffen das Steuerruder befestigt.

Vgl. *Backbord*. – Kluge (1911), 753.

Steven *m. per. fach.* ʹVerlängerung des Kiels nach obenʹ (< 17. Jh.). Übernommen aus dem Niederdeutschen: Mndd. *steven f.*, mndl. *stevene*; ebenso anord. *stafn*, ae. *stefn*, afr. *stevene f.* Das Wort gehört offensichtlich mit *Stab* zusammen; doch bestehen lautliche Berührungen zu der Sippe von *Stamm*, zumal bei diesem technischen Wort Entlehnungen von einer Sprache zur anderen nicht ausgeschlossen sind.

Kluge (1911), 757 f.; Lühr (1988), 341 f.; K. R. Jankowsky in *FS E. S. Dick* (Göppingen 1989), 199–221.

Steward *m. per. fremd.* ʹBetreuer der Passagiereʹ (< 18. Jh.). Entlehnt aus ne. *steward*, dieses aus ae. *stigweard* ʹHauswartʹ, zu ae. *stig n.* ʹStall, Verschlag, Vorraum' und ae. *weard* 'Hüter'. Geläufiger ist die feminine Form **Stewardeß**.

Zur deutschen Verwandtschaft s. *Wart*. − Ganz (1957), 214 f.; *DF* 4 (1978), 455 f.; Rey-Debove/Gagnon (1988), 985.

stibitzen *swV. stil.* 'stehlen' (< 18. Jh.). Zunächst ein Wort der Studentensprache. Es ist offenbar ein Wort der 'bi-Sprache', indem in das regionale *stitzen* hinter den Vokal die Silbe *bi* eingeschoben wurde.

Etwas anders: Schröder (1906), 79 f.

Stich *m.* (< 10. Jh.). Mhd. *stich*, ahd. *stih*, as. *stiki* aus g. **stik-i- m.*, auch in gt. *stiks*, ae. *stice*, afr. *stek*, Verbalabstraktum zu *stechen*. Die Bedeutungen gehen häufig von der Kampfhandlung des Stechens im Turnier oder Kampf aus, so das *Stechen* und die *Stiche* beim Kartenspiel; *stichhalten* 'sich durch den Stich nicht besiegen lassen' (der Ausdruck wird aber verallgemeinert und an andere Bilder des Stechens angeschlossen). Der *(Kupfer-) Stich* heißt so nach dem Erstellen der Kupferplatte durch Stechen usw.

Röhrich 3 (1992), 1551 f.

Stichel *m. erw. fach.* 'Gerät zum Stechen' (< 12. Jh.). Mhd. *stichel*, ahd. *stihhil, stickil*, mndd. *stekel*; wie anord. *stikill*, ae. *sticel* Instrumentalbildung zu *stechen*. Hierzu **sticheln** 'Stiche versetzen'.

Stichling *m. erw. fach.* (Fischart) (< 14. Jh.). Spmhd. *stichelinc*, mndd. *stekelink, stickelink*, mndl. *stekeling*. Abgeleitet von *Stichel* in der allgemeinen Bedeutung 'Stachel': Der Fisch hat Stacheln vor seiner Rückenflosse. In früherer Zeit werden auch andere Tiere und Pflanzen mit Stacheln so bezeichnet.

Stichprobe *f.* (< 16. Jh.). Ausdruck der Metallgießerei: Ein *Stich* ist dort ein Ausfließen des flüssigen Materials, von dem jeweils eine *Stichprobe* entnommen wird. Der übertragene Gebrauch seit dem 19. Jh.

Röhrich 3 (1992), 1552 f.

Stichwahl *f.* (< 19. Jh.). Schon zuvor wurde bei Wettkämpfen bei gleicher Punktzahl *gestochen*. Das genaue Benennungsmotiv ist nicht klar.

Stichwort *n.* 1) 'Wort, auf das hin ein anderer Schauspieler einsetzen muß'; 2) 'Lemma in einem Nachschlagewerk'; 3) 'Leitwörter für den Aufbau einer Rede o.ä.'. Alle diese Bedeutungen beruhen wohl auf der Wendung *auf etwas (mit dem Finger) stechen*, d. h. 'auf etwas zeigen'. Die ältere Bedeutung 'verletzendes Wort' ist dagegen von *Stich* 'verletzende Rede' abhängig.

A. Gombert *ZDW* 3 (1902), 153 f.; J.-P. Schobinger *LiLi* 21 (1991), 83, 117−123.

sticken *swV.* (< 8. Jh.). Mhd. *sticken*, ahd. *sticken*. Das Wort kann ein Intensivum zu *stechen* sein,

oder es ist abgeleitet von *Stich* in der Bedeutung '(Zier)Stich'. Abstraktum: **Stickerei**.

stickig *Adj. erw. reg.* (< 20. Jh.). Zu *ersticken* und seiner Familie.

Stickstoff *m.* (< 18. Jh.). Nach seiner Isolierung so benannt, weil dieses Gas Flammen erstickt. S. *ersticken, stickig*.

stieben *stV. obs.* (< 8. Jh.). Mhd. *stieben, stiuben*, ahd. *stioban*, mndd. *stūven*, mndl. *stūven*. Etwas weiter verbreitet ist die Ableitung *Staub*. Herkunft unklar. Lautlich entspricht ohne anlautendes *s*- gr. *týphos* 'Rauch, Qualm'. Präfigierung: **zerstieben**. S. auch *Gestöber, Nasenstüber, stöbern*. − R. Much *ZDW* 2 (1901/02), 286; Seebold (1970), 474.

Stief- *Präfixoid* (in Zusammensetzungen mit Verwandtschaftsnamen) (< 9. Jh.). Mhd. *stief-*, ahd. *stiof-*, mndd. *stēf-*; entsprechend afr. *stiāp-*, ae. *stēop-*, anord. *stjúp-*. Selbständig in anord. *stjúpr* 'Stiefsohn'; dazu ahd. *irstiufen, bistiufen* 'der Kinder oder Eltern berauben', ae. *(ā)stīpan* 'berauben'. Weitere Herkunft unklar; vielleicht im Bild des Baumstumpfs zu einer unnasalierten vollstufigen Form von *Stumpf, Stump(en)*.

Nndl. *stief*, ne. *step-*, nisl. *stjúp-*. − Heidermanns (1993), 554.

Stiefel[1] *m.* 'Schuh' (< 13. Jh.). Mhd. *stival, stivāl, stivel*, mndd. *stevel, stavel*, mndl. *stevel*. Entlehnt aus afrz. *estival*, das einen über die Knöchel reichenden Sommerschuh bezeichnet (zu l. *aestās f.* 'Sommer'). Verb: **stiefeln**.

Röhrich 3 (1992), 1553 f.

Stiefel[2] *m. per. fach.* 'Stange zum Stützen von Rankengewächsen' (< 14. Jh.). Spmhd. *stivel*, ndd. *stipel*; ferner afr. *stīpe f.* 'Pfahl' und ahd. *stivulen* 'stützen', nhd. *stiefeln*. Weitere Herkunft unklar, wohl zu *steif* und *Stift*; lautlich würde l. *stipula f.* 'Halm' entsprechen.

Stiefmütterchen *n.* (< 17. Jh.). Übersetzt aus it. *viola con viso di matrigna* 'Veilchen mit Stiefmuttergesicht', indem die Farbgegensätze als Ausdruck eines bösartigen Gesichtes gedeutet werden. Vermutlich ist die Bezeichnung aber älter und gehört zu einem Wort für 'blau' (poln. *modry* 'dunkelblau'), das dann umgedeutet wurde.

W. Krogmann *AASF B* 84 (1954), 199−240; L. Hermodsson: *Studier i modern språkvetenskap* (Uppsala 1956), 42−60.

Stiege[1] *f. erw. obd.* 'Treppe' (< 10. Jh.). Mhd. *stieg(e)*, ahd. *stiega*. Zu *steigen* mit auffälligem Vokalismus (*e²*).

Stiege[2] *f.* s. *Steige*[4].

Stieglitz *m. erw. fach.* (< 14. Jh.). Spmhd. *stig(e)liz, stiglitze*. Entlehnt aus čech. *stehlec*. Dieses ist wohl lautmalenden Ursprungs.

Suolahti (1909), 117 f.; Bielfeldt (1965), 22; Steinhauser (1978), 36.

stiekum *Adv. per. grupp.* ˈheimlich, leiseˈ (< 20. Jh.). Übernommen aus rotw. *stiekum* ˈruhig, leiseˈ, das aus wjidd. *schtieke* ˈruhigˈ kommt. Dieses aus hebr. *šᵉṭīqā(h)* ˈSchweigenˈ.

Stiel *m.* (< 8. Jh.). Mhd. *stil*, ahd. *stil*, as. *stil.* Offenbar entlehnt aus l. *stilus*, das ebenfalls sowohl den Pflanzenstiel wie auch einen Teil von Gartengeräten bezeichnen kann. Auffällig ist allerdings die lautliche Nähe von ae. *steola* ˈStengelˈ, aschw. *stiælke* ˈStengelˈ, die nicht aus dieser Quelle entlehnt sein können (vgl. gr. *steleá f.* ˈStielˈ).
S. *Stil*. – Frings (1932), 180 f.

Stier *m.* (< 9. Jh.). Mhd. *stier*, ahd. *stior* aus g. **steura-* *m.* ˈStier(kalb)ˈ, auch in gt. *stiur*, anord. *stjórr* (unsicher), ae. *stēor.* Daneben als Variante ohne anlautendes *s-* anord. *þjórr.* Diese vergleicht sich mit l. *taurus*, gr. *taûros*, akslav. *turŭ* ˈStierˈ, lit. *taûras* ˈAuerochseˈ, ir. *tarb*, kymr. *tarw* (unklares **tarw-* statt **taur-*). Die Form mit *s-* könnte mit avest. *staora-* ˈGroßviehˈ zusammenhängen. Wegen lautähnlichem assyr. *šûru*, hebr. *šōr*, phön. *thōr* ˈStierˈ, aram. *tōra* ˈ liegt wohl ein altes Lehnwort zugrunde, zu dem eine Variante mit *s-* unter Einfluß von einheimischen Wörtern gebildet wurde (ahd. *stiuri* ˈstark, stattlichˈ, ai. *sthávira-* ˈdick, derbˈ).
Nndl. *stier*, ne. *steer.* S. *Torero.* – Röhrich 3 (1992), 1556.

stier *Adj. erw. stil.* (< 15. Jh.). Regionale Form von *sterr*, mhd. *sterre* zu *starr* (s. unter *starren*). Dazu erst im 18. Jh. **stieren.**

Stift[1] *m.* ˈdünner Gegenstandˈ (< 11. Jh.). Mhd. *stift*, *steft*, ahd. *stift*, mndd. *stift.* Wohl zu *steif* und *Stiefel*[2]. Die Bedeutung ˈHalbwüchsigerˈ ist zunächst im Rotwelschen bezeugt (17. Jh.) und ist deshalb wohl eine sexuelle Metapher und Metonymie. Als Bezeichnung für Schreibgeräte seit Dürer (gemeint sind Silberstifte); das Schreiben mit (Silber- und) Bleiweiß-Stiften geht aber bis in die Antike zurück.

Stift[2] *n. erw. fach.* (< 13. Jh.). Mhd. *stift f./m./n.* ˈStiftung, Gründung, Bau, Einrichtungˈ. Rückbildung zu *stiften*[1].
Masser (1966), 83–87.

stiften[1] *swV.* ˈbegründen, spendenˈ (< 8. Jh.). Mhd. *stiften*, ahd. *stiften*, *stihten*, mndd. *stiften*; mndd. mndl. *stichten*; wie afr. *stifta* zunächst mit der Bedeutung ˈerbauen, gründenˈ. Herkunft unklar. Im niederdeutsch-niederländischen Bereich kann Wurzelmischung vorliegen (vgl. ae. *stihtian* ˈordnen, begründenˈ). Abstraktum: **Stiftung**; Nomen agentis: **Stifter**; Partikelverb: **anstiften.**

stiften[2] *swV. vulg. phras.* in *stiften gehen* ˈsich unauffällig entfernenˈ (< 20. Jh.). Aus der Soldatensprache in die Umgangssprache gelangt. Herkunft unklar. Vielleicht zu *stieben.*
J. Knobloch *MS* 88 (1978), 261 f.

Stigma *n. per. fach.* ˈMal, entehrendes Kennzeichenˈ (< 17. Jh.). Entlehnt aus gr. *stígma*, eigentlich ˈStich, Punktˈ, zu gr. *stízein* ˈstechen, einstechenˈ. Verb: **stigmatisieren.**
DF 4 (1978), 456–458; Cottez (1980), 402; C. P. Jones *JRS* 77 (1987), 139–155.

Stil *m.* (< 15. Jh.). Entlehnt aus l. *stilus* ˈGriffelˈ mit ähnlicher Bedeutungsverschiebung wie heute bei *Feder.* Von der ˈArt zu schreibenˈ verallgemeinert zu ˈArt etwas zu tunˈ auch in anderen Bereichen. Verb: **stilisieren**; Täterbezeichnung: **Stilist**; Adjektiv: **stilistisch**; Abstraktum: **Stilistik.**
S. *Stiel, Stilett.* – *DF* 4 (1978), 458–468; A. Müller: *Stil* (Diss. Erlangen-Nürnberg 1981); H.-W. Strätz in: *Stil.* Hrsg. H. U. Gumbrecht, K. L. Pfeiffer (Frankfurt 1986), 53–67.

Stilblüte *f.* (< 19. Jh.). Ironischer Ausdruck für einen stilistischen Mißgriff, denn das Wort bedeutet eigentlich (wie älteres *Redeblumen* u.ä.) einen rhetorischen Kunstgriff.

Stilett *n. erw. fach.* ˈkleiner, spitzer Dolchˈ (< 17. Jh.). Entlehnt aus frz. *stilet m.* und it. *stiletto m.*, einem Diminutivum zu it. *stilo m.* ˈDolch, Schreibgriffelˈ, aus l. *stilus m.* ˈStichel, Griffelˈ.
DF 4 (1978), 464 f.

still *Adj.* (< 8. Jh.). Mhd. *stille*, ahd. *stilli*, as. *stilli* aus wg. **stellja- Adj.* ˈstillˈ, auch in ae. *stille*, afr. *stille*; im Altnordischen vorausgesetzt durch *stilla* ˈstillenˈ. Außergermanisch vergleichen sich air. *tuilid* ˈschläftˈ, lit. *tilti* ˈverstummenˈ, akslav. *utoliti* ˈüberreden, besänftigenˈ. Weitere Herkunft unklar. Abstraktum: **Stille**; Verb: **stillen.**
Nndl. *stil*, ne. *still.* – Rosengren (1968); Heidermanns (1993), 550 f.; Röhrich 3 (1992), 1556 f.

Stilleben *n. per. fach.* (< 19. Jh.), älter *Stilles Leben*, beides entlehnt aus nndl. *stilleven*, eigentlich ˈLeben ohne Bewegungˈ als Ausdruck der Maler für einen Tisch mit Früchten o.ä. ohne menschliche Figuren.

stillen *swV. erw. fach.* ˈzum Schweigen bringen, säugenˈ (< 8. Jh.). Mhd. *stillen*, ahd. *stillen*, as. *(gi)stillian*, wie ae. *stillan*, anord. *stilla* abgeleitet von *still* (es ist allerdings nicht ausgeschlossen, daß dieses eine Rückbildung aus dem Verb ist, da sich das Verb außergermanisch besser vergleichen läßt, s. *still*). Die Bedeutung ˈeinem Kind die Brust gebenˈ beruht auf der Bedeutungsverschiebung aus ˈes zum Schweigen bringenˈ, vielleicht als Hüllwort. Nndl. *stillen*, ne. *still*, nschw. *stilla*, nisl. *stilla.*

Stimme *f.* (< 8. Jh.). Mhd. *stimme*, ahd. *stimma*, *stimna*, as. *stemn(i)a* aus g. **stemnō f.* ˈStimmeˈ auch in gt. *stibna*, ae. *stefn*, *stemn*, afr. *stifne*, *stemme.* Obwohl die lautlichen Entwicklungen im einzelnen nicht klar sind, ist am ehesten von (ig.) **stemn-ā* auszugehen, der Weiterbildung eines Wortes für ˈMundˈ in gr. *stóma n.*, avest. *staman-*

m. ´Maul`, kymr. *safn* ´Mund`. Die Übertragung etwa wie bei uns in *Kehle*; ähnlich in gr. *eústomos* ´schön redend`, eigentlich ´dessen Mund schön ist`, was leicht verstanden werden kann als ´dessen Stimme schön ist`. Weitere Herkunft unklar. Vgl. auch heth. *ištaman-* ´Ohr` (?).

Nndl. *stem.* S. *stimmen.* – C. Wennerberg *Sprache* 18 (1972), 24–33. Anders: K. R. Jankowsky in *FS E. S. Dick* (Göppingen 1989), 199–221; S. Kumar Sen *NOWELE* 16 (1990), 91.

stimmen *swV.* (< 8. Jh.). In diesem Wort sind zwei verschiedene Ableitungen von *Stimme* zusammengefallen. Jung ist die Bedeutung ´seine Stimme abgeben` als Lehnübersetzung von *votieren* (wie *Stimme* zu l. *vōtum*). Ebenfalls hierher gehörige Bedeutungen wie ´rufen` sind heute nicht mehr üblich, vgl. aber *anstimmen* und *bestimmen*. Die zweite Quelle ist ahd. *(gi)stimnen*, abgeleitet von ahd. *gistimmi* ´harmonisch (die gleiche Stimme habend)`. Hierher **zusammenstimmen** und ´ein Instrument stimmen`. Abstraktum: *Stimmung*; Adjektiv: *stimmig*.

stimulieren *swV. erw. fach.* ´anregen, in Stimmung bringen` (< 16. Jh.). Entlehnt aus l. *stimulāre*, eigentlich ´mit dem Stachel stechen`, zu l. *stimulus* ´Stachel`, das mit l. *\*stinguere* ´stechen` verwandt ist. Abstraktum: *Stimulation*; Nominalableitung (Partizip): *Stimulans*; Entlehnung des Grundworts: *Stimulus*.

S. *Distinktion.* – K.-H. Weimann *DWEB* 2 (1963), 405; *DF* 4 (1978), 469–471.

stinken *stV.* (< 9. Jh.). Mhd. *stinken*, ahd. *stincan*, mndd. *stinken*, mndl. *stinken*, aus g. **stenkwa- stV.* ´stoßen`, auch in gt. *stigqan*, anord. *støkkva*, ae. *stincan*. Aus ´stoßen` die Bedeutung ´riechen` (vgl. zu diesem Bild etwa *etwas stößt mir auf, ein Geruch schlägt mir entgegen* usw.). Daraus durch ständige Bedeutungsverschlechterung durch verhüllende Anwendung auf schlechte Gerüche die heutige Bedeutung. Weitere Herkunft unklar. Abstrakta: *Gestank, Stunk*. Teilweise als Verstärkungswort benutzt (*stinkvornehm*).

Nndl. *stinken*, ne. *stink*, schw. (dial.) *stinka*. S. *stänkern.* – Seebold (1970), 471 f.; Lühr (1988), 162 f.; Röhrich 3 (1992), 1557 f.

Stint *m. per. ndd.* ´kleiner Fisch` (< 16. Jh.). Übernommen aus dem Niederdeutschen: Mndd. *stint*, teilweise in der verhochdeutschten Form *Stinz*. Wohl zu mhd. *stunz* ´kurz, stumpf`, ae. *stunt* ´einfältig, dumm`, anord. *stuttr* ´kurz`. Vermutlich Nasalierung zu der Sippe von *stutzen*.

Röhrich 3 (1992), 1558 f. Anders (nach dem unangenehmen Geruch): A. Kutzelnigg *MS* 88 (1978), 183 f.

Stipendium *n. erw. fach.* ´finanzielle Unterstützung` (< 16. Jh.). Entlehnt aus l. *stīpendium* ´Unterstützung, (auch: Steuer, Tribut)`, zu l. *stips (stipis) f.* ´Geldbeitrag, Gabe, Spende, Gebühr`, zu l.

stīpāre ´füllen`, und l. *pendere (pēnsum)* ´zahlen, wägen` (s. *Pensum*). Täterbezeichnung: *Stipendiat*.

K.-H. Weimann *DWEB* 2 (1963), 405; *DF* 4 (1978), 471–474.

stippen *swV. per. ndd.* (< 16. Jh.). Niederdeutsche Nebenform von *steppen*; hochsprachlich üblich geworden in der Bedeutung ´eintunken (einstechen)`.

Stippvisite *f. erw. stil.* (< 18. Jh.). Zu ndd. *Stipp* ´Punkt, kurzer Zeitpunkt`.

Stirn *f.* (< 12. Jh.). Mhd. *stirne*, ahd. *stirn(a)*, mndd. *sterne*. In der Regel zu ig. **sterǝ-* ´ausbreiten` gestellt, in air. *sernad*, l. *sternere*, akslav. *prostřeti*, gr. *stórnymi* ´ich bestreue`, ai. *str̥ṇā́ti* ´streut` (s. *streuen*). Ausgangsbedeutung wäre dann wohl ´breite Fläche`. Der Vergleich mit gr. *stérnon n.* ´Brust` würde allerdings wohl in andere Zusammenhänge weisen und eine Ausgangsbedeutung ´das Vordere` o.ä. voraussetzen. Vielleicht zu gr. *stereós* ´steif, hart, fest, standhaft` (d. *starr*), vgl. etwa gr. *steîra* ´Vorderkiel`.

Röhrich 3 (1992), 1559 f.

stöbern *swV.* (< 16. Jh.). Zu *Stöber* ´Jagdhund`, mhd. *stöuber*, das zu mhd. *stöuben, stouben* ´aufscheuchen, aufjagen` gehört. Dieses ist Kausativum zu *stieben*. S. *Gestöber.*

stochern *swV.* (< 16. Jh.). Intensivum zu *stochen* ´schüren`. Dieses ist wohl übernommen aus ndd. *stoken*, vgl. nndl. *stoken*, ne. *to stoke*. Zu dem unter *Stock* behandelten Verb. Hierzu **Zahnstocher**.

Stock *m.* (< 8. Jh.). Mhd. *stoc*, ahd. *stoc*, as. *stokk* aus g. **stukka- m.* ´Stock, Balken, Baumstumpf u. a.`, auch in anord. *stokkr*, ae. *stocc*, afr. *stokk*. Zusammen mit *stauchen* und *stochern* zu einer Grundlage, die ohne anlautendes *s-* bezeugt ist in ai. *tujáti* ´drängt, stößt`, aus einer Wurzel (ig.) **steu-* ´stoßen`, die auch in *stoßen* vorliegt. Vermutlich ist die Ausgangsbedeutung ´das Abgeschlagene`. Zu *Stock* ´Etage` s. *Stockwerk.*

Nndl. *stok*, ne. *stock*, nschw. *stock*. S. *Stauche, Stöckelschuh, stocken, Stück.* – J. Trier in: Hofmann (1970), 100–108; Lühr (1988), 231; Heidermanns (1993), 562 f.; Röhrich 3 (1992), 1560–1562.

Stöckelschuh *m.* (< 18. Jh.). Zu einem Diminutiv von *Stock*, also ´Schuhe mit Stöckchen als Absätze`.

stocken *swV.* ´gerinnen, steif werden, stillstehen` (< 14. Jh.). Mhd. *stocken*. Wohl als ´stocksteif werden` zu *Stock*, aber die Bedeutungsverhältnisse sind im einzelnen nicht ausreichend klar.

Stockente *f. per. fach.* (< 18. Jh.). Danach benannt, daß sie in Wurzelstöcken nistet.

J. Trier in: *FS Foerste* (1970), 100–108.

Stocker *m. arch.* ´Gefangenenwärter` (< 16. Jh.). Zu mhd. *stoc* in der Bedeutung ´hölzernes Strafgerät, in das Gefangene geschlossen werden', dann auch übertragen auf 'Gefängnis'.

Angstmann (1928), 57 f.

Stockfisch *m. obs.* (< 14. Jh.). Spmhd. *stocvisch.* Übernommen von mndd. *stokvis.* Danach benannt, daß er (ursprünglich) zum Trocknen auf Stöcke aufgespießt wurde.

H.-F. Rosenfeld *JVNS* 81 (1958), 89.

Stockfleck *m. per. fach.* (< 19. Jh.). Zu *stocken* im Sinn von 'stehen bleiben (besonders von stehender Feuchtigkeit)'.

Stockwerk *n.* (< 16. Jh.). Bezeichnet zunächst das Ständerwerk des Hauses, das auf dem gemauerten Fundament aufruht (in dieser Bedeutung auch einfaches *stock*, das schon früher bezeugt ist). Danach Bezeichnung der einzelnen Etagen.

Stockzahn *m.* (< 15. Jh.). Zu *Stock* in der Bedeutung 'Baumstumpf'.

Niederhellmann (1983), 167 f.

Stoff *m.* (< 17. Jh.). Übernommen aus mndl. *stoffe*, das seinerseits aus afrz. *estoffe* entlehnt ist. Dessen Herkunft ist nicht ausreichend klar. Adjektiv: ***stofflich***. S. *ausstaffieren*, *Staffage*.

Stoffel *m. erw. stil.* (< 16. Jh.). Eigentlich Koseform zu Christoph, und da der (heilige) Christopherus als gutmütiger Riese aufgefaßt wurde, Bezeichnung für einen solchen, später für einen dummen Tölpel.

Meisinger (1924), 14 f.; Röhrich 3 (1992), 1562.

stöhnen *swV.* (< 14. Jh.). Mit sekundärer Rundung aus mhd. *stenen*, mndd. *stenen*, mndl. *stenen*, das eine Kausativ-Iterativbildung ist zu wg. **stena- stV.* 'brüllen, stöhnen' in ae. *stēnan*, mndd. *stenen (stV./swV.)*. In hochdeutsche Texte wohl aus dem Niederdeutschen gelangt. Mit Ablaut ae. *stunian*, anord. *stynja*. Außergermanisch vergleichen sich lit. *stenéti* 'stöhnen, ächzen', akslav. *stenati* 'stöhnen', gr. *sténō* 'ich stöhne, beklage' und vielleicht ai. *stánati* 'donnert, brüllt'.

S. *Donner.* – Seebold (1970), 469 f.

stoisch *Adj. erw. fremd.* 'unerschütterlich, ruhig' (< 15. Jh.). Nach der *Stoa*, einer philosophischen Richtung, die unerschütterliche Ruhe in allen Lebenslagen als oberstes Prinzip hatte. Die Stoa ist benannt nach dem Gründungsplatz, der *stoá poikílē*, einer Säulenhalle in Athen (zu gr. *stoá* 'Säulenhalle'). Täterbezeichnung: ***Stoiker***.

K.-H. Weimann *DWEB* 2 (1963), 405; *DF* 4 (1978), 474–477.

Stola *f. erw. fach.* (eine Art Schal, Teil des Meßgewands) (< 9. Jh.). Ahd. *stōla*, mhd. *stōl[e]* ist entlehnt aus l. *stola*, dieses aus gr. *stolé*, eigentlich 'Ausrüstung', zu gr. *stéllein* 'ausrüsten, bestellen, fertigmachen (usw.)'. Zur Sippe des griechischen Wortes s. *Apostel*, *Epistel* und *Peristaltik*.

Stollen *m.* (< 9. Jh.). Mhd. *stolle*, ahd. *stollo* 'Stütze, Pfosten'. Vermutlich zu *stellen* (s. noch *Stall).* Stollen als Gebäck ist nach der Form so benannt; die Bedeutung 'Gang im Bergwerk' nach den dort befindlichen Stützkonstruktionen.

Lühr (1988), 202.

stolpern *swV.* (< 16. Jh.). Neben *stolpen* u.ä. Mit mndd. *stulpen* 'umkehren' (s. *Stulpe*) zu aschw. *stjälpa stV.* 'umfallen, stürzen' (dessen starke Flexion aber sekundär sein kann).

Seebold (1970), 469.

stolz *Adj.* (< 12. Jh.). Mhd. *stolz*, mndd. *stolt*, auch afr. *stult.* Herkunft unklar – vielleicht zu *Stelze* im Sinn von 'hochtrabend'. Auch eine Entlehnung aus l. *stultus* 'töricht' ist denkbar, setzt aber einen ungewöhnlichen Bedeutungswandel voraus. Abstraktum: ***Stolz***; Verb: ***stolzieren***.

Heidermanns (1993), 563 f.; Röhrich 3 (1992), 1562 f.

stolzieren *swV. stil.* (< 13. Jh.). Mhd. *stolziren.* Hybridbildung zu *stolz.*

Stopfen *m. erw. obd.* (< 18. Jh.). Variante zu *Stöpsel.*

J. P. Ponten: *Obturamentum lagenae* (Marburg 1969), 125–131; Röhrich 3 (1992), 1563.

stopfen *swV.* (< 9. Jh.). Mhd. *stopfen*, ahd. *stophōn*, mndd. *stoppen*, entsprechend ae. *forstoppian* 'zustopfen, schließen'. Vermutlich entlehnt aus ml. *stuppare* 'mit Werg zustopfen', zu l. *stuppa*, *stūpa* 'Werg', das seinerseits aus gr. *stýppē* 'Werg' entlehnt ist. Vgl. *Pfropfen.* Präfigierung: ***verstopfen***; Partikelverb: ***ausstopfen***.

Röhrich 3 (1992), 1563.

Stoppel *f.* (< 16. Jh.). Aus dem Mitteldeutschen/Niederdeutschen übernommen: Mndd. *stoppel m.*, mndl. *stoppele*, die hochdeutsche Entsprechung war mhd. *stupfe(l)*, ahd. *stupfala*, *stupfila*, *stupfel.* Entlehnt aus ml. **stup(u)la* aus l. *stipula* 'Halm, Stroh'. Vgl. aber immerhin *steppen* und *stupfen.*

Anders: Lühr (1988), 246 f.

stoppeln *swV.*, **zusammenstoppeln** *swV.* (< 17. Jh.), älter mhd. *stupfeln*, *stüpfeln.* Eigentlich '(in den *Stoppeln*) Ähren nachlesen'.

stoppen *swV.* (< 18. Jh.). Zunächst in der Seemannssprache übernommen aus mndd. *stoppen*, mndl. *stoppen* '(ver)stopfen', weiter zu ne. *stop*, der Entsprechung zu *stopfen* (durch Zustopfen wird das Auslaufen von Flüssigkeiten angehalten). Abstraktum: ***Stop(p)***; Nomen agentis: ***Stopper***.

DF 4 (1978), 477–481; Rey-Debove/Gagnon (1988), 991.

Stöpsel *m.* (< 17. Jh.). Übernommen aus ndd. *stopsel*; zu der niederdeutschen Entsprechung von *Stopfen.*

Stör[1] *m. per. fach.* (ein Fisch) (< 10. Jh.). Mhd. *stör(e)*, *stür(e)*, ahd. *stur(i)o*, *stür(e)*, as. *sturio* aus g. *sturjōn m. ´Stör`, auch in anord. styrja f., ae. styria. Ähnlich sind russ. osëtr, lit. erškẽtas ´Stör`. Entlehnung aus einer unbekannten Sprache?

K. T. Witczak HS 104 (1991), 106 f.

Stör[2] f. per. reg. ´Arbeit von Handwerkern im Haus von Kunden` (< 16. Jh.). Vor allem in auf der Stör (arbeiten). Herkunft unklar. Vielleicht zu stören (im Sinne einer Störung der Zunftordnung).

Röhrich 3 (1992), 1563 f.

Storch m. (< 10. Jh.). Mhd. storch(e), storc, storke, ahd. storah, mndd. stork, mndl. storke aus g. *sturka- m. ´Storch`, auch in anord. storkr, ae. storc. Die Etymologie kann in zwei Richtungen gehen: 1) Zu starr, Sterke usw. Der Vogel wäre nach seinem stelzenden Gang benannt. Es läge also entweder eine Verbalbedeutung ´stelzen` zugrunde, die zwar nicht belegbar, aber aus den verwandten Wörtern ohne weiteres zu erschließen ist, oder eine Metapher aus einem Wort für ´Stock` (Lockwood). Hieran könnte über die mittelalterliche Bedeutung ´männliches Geschlechtsglied` die Sage angeschlossen werden, daß der ´Storch` die Kinder bringt (ein nur germanischer Glaube). 2) Die nicht unproblematische Annahme, ig. *sr̥ + Konsonant habe im Germanischen *stur- + Konsonant ergeben (Witczak) würde einen in der Tat schlagenden Vergleich ermöglichen mit gr. pelārgós ´Storch` (< ig. *pelawo-sr̥go-, das Vorderglied vielleicht ein Farbwort) und eventuell zu ai. sr̥jayá- (Name eines Vogels).

Nnd. stork, ne. stork, nschw. stork, nisl. storkur. – Suolahti (1909), 368–371; W. B. Lockwood Annal. societ. scient. Færoensis 22 (1974), 111 f., 24 (1976), 76 f.; ders. GLL 48 (1995), 371–375; K. T. Witczak HS 104 (1991), 106 f.; Röhrich 3 (1992), 1564.

Storchschnabel m. per. fach. (< 11. Jh.). Mhd. storchsnabel, ahd. storahessnabel, mndd. storkessnavel. Lehnprägung nach gr. geránion n., zu gr. géranos f./(m.) ´Kranich`. Die Pflanze heißt so nach den schnabelförmig verlängerten Fruchtgrannen. Die Bedeutung ´Zeichenwerkzeug` beruht auf einer Neubildung des 18. Jhs. (wegen der langen, starren Schienen, die dabei verwendet werden).

Store m. per. fach. ´gardinenartiger Vorhang` (< 18. Jh.). Entlehnt aus frz. store ´Vorhang`, dieses aus it. (dial.) stora f., aus l. storea, storia f. ´geflochtene Decke, Matte`.

stören swV. (< 9. Jh.). Mhd. stœren, ahd. stōren ´zerstreuen, vernichten` (vgl. zerstören). Dazu mit Ablaut ae. styrian, mhd. stür(e)n ´bewegen, stören`. Verwandt ist wohl Sturm. Nomina agentis: **Störenfried, Zerstörer**; Präfigierungen: **ent-, ver-, zerstören**. Nndl. storen.

Störenfried m. (< 16. Jh.). Satzname ´Störe den Frieden`.

Röhrich 3 (1992), 1564.

stornieren swV. per. fach. ´rückgängig machen` (< 18. Jh.). Entlehnt aus it. stornare, dieses aus spl. *extornare ´ausdrehen`, zu l. tornāre ´drehen, drechseln` und l. ex-, aus gr. torneúein ´drehen, drechseln`. S. Tour.

Storren m. per. obd. ´Baumstumpf` (< 11. Jh.). Mhd. storre, ahd. storro. Zu ahd. storrēn, mhd. storren, gt. andstaurran ´anstarren, Unwillen zeigen`, weiter zu starren.

störrisch Adj. (< 15. Jh.). Zu Storren als ´widerspenstig, im Weg liegend`.

Story f. erw. fremd. ´Geschichte, Bericht` (< 19. Jh.). Entlehnt aus ne. story, dieses aus afrz. estoire, aus l. historia, aus gr. historía, eigentlich ´Kunde, Kenntnis`, zu gr. hístōr ´wissend, kundig`.

S. Historie. – DF 4 (1978), 481 f.

stoßen stV. (< 9. Jh.). Mhd. stōzen, ahd. stōzan, as. stōtan aus g. *staut-a- stV. (reduplizierend), auch in gt. stautan, afr. stēta. Zu ig. *steu-d- ´stoßen`, ohne anlautendes s- auch in ai. tudáti ´stößt`, air. do-tuit ´fällt`, l. tundere ´schlagen, stoßen`; vielleicht gehören hierher auch l. studēre ´eifrig sein, begehren` und alb. shtyn ´stoßen`. Abstraktum: **Stoß**; Nomen instrumenti: **Stößel**; Partikelverben: **ab-, an-, vorstoßen**; Präfigierung: **verstoßen**.

Nndl. stoten. S. Stock, stottern, Stotzen, stupfen, stupid, stutzen. – Seebold (1970), 463 f.; Röhrich 3 (1992), 1564 f.

stottern swV. (< 15. Jh.). Iterativbildung zu stoßen mit Bewahrung des Dentals vor r, vgl. anstoßen. Nomen agentis: **Stotterer**; Partikelverb: **abstottern**.

Nndl. stotteren, ne. stutter. – Bahder (1925), 47 f.

Stotzen m. per. obd. ´Baumstumpf, Schenkel` (< 15. Jh.). Zu stutzen und damit weiter zu stoßen.

S. Steiß, Stutzen, stutzen. – Lühr (1988), 257.

Stövchen n. per. ndd. ´kleiner Untersatz zum Warmhalten meist von Getränken` (< 20. Jh.). Verkleinerungsform zu Stove, das ursprünglich die (beheizte) Badestube bezeichnete und zu Stube gehört. Vielleicht liegt auch Einfluß von ne. stove ´Herd` vor.

strack Adj. arch. ´gerade, straff` (< 9. Jh.). Gebräuchlich mit dem adverbialen Genetiv stracks ´sofort` und schnurstracks ´geradewegs, sofort`. Zu strecken. Außergermanisch vergleicht sich vielleicht russ. strógij ´streng, hart, starr`.

V. Machek ZSPh 23 (1954), 115; Lühr (1988), 230 f.; Heidermanns (1993), 559 f.

Strafe f. (< 13. Jh.). Mhd. strāfe, etwas früher das Verb strāfen. Die ursprüngliche Bedeutung ist ´Schelte, Tadel`. Herkunft unklar. Adjektive: **strafbar, sträflich**; Nominalableitung: **Sträfling**.

U. Schröter in: Dückert (1976), 215–261; Röhrich 3 (1992), 1565.

straff *Adj.* (< 17. Jh.). Herkunft unklar. Wohl irgendwie zu *stramm* und weiter zu *starren*. Verb: **straffen**.

Strahl *m.* (< 8. Jh.). Mhd. *strāl(e)* *f./m.*, ahd. *strāla*, as. *strāla* *f.* 'Pfeil, Blitzstrahl' aus wg. *strǣlō *f.* 'Pfeil', auch in ae. *strǣl*. Außergermanisch entspricht akslav. *strěla*, lit. *strělà* 'Geschoß, Pfeil'. Weitere Herkunft unklar, wohl letztlich zu *starren*. Verb: **strahlen**. Nndl. *straal*. S. *Strähl, streifen, Strieme*.
Röhrich 3 (1992), 1566.

Strähl *m.* *arch.* 'Kamm' (< 13. Jh.). Mhd. *strǣl*, as. *strāl*, sowie ahd. *strālen* 'kämmen'. Vermutlich das gleiche Wort wie *Strahl*, wenn es ähnlich wie *Kamm* auf die Bedeutung 'Zahn' zurückgeht (oder zunächst das Verbum mit der Bedeutung 'lange Reihen durch die Haare ziehen'?).

Strähne *f.* (< 11. Jh.). Mhd. *stren(e)* *m.*, mndl. *strene*. Herkunft unklar. Vermutlich *n*-Bildung zur gleichen Grundlage wie der von *Strieme*.

stramm *Adj.* (< 19. Jh.). Bis ins 19. Jh. nur mundartlich: nndl. *stram*, schwz. *stramm*. Gehört letztlich wohl zu *starr*, aber ohne sichere Zwischenglieder. Außergermanisch entspricht gr. *sterémnios* 'hart, fest', doch mag dies zufällig sein. S. *straff*, *streben*.

strampeln *swV.* (< 16. Jh.). Aus dem Niederdeutschen übernommen, die hochdeutsche Entsprechung ist *strampfeln*. (Iterativbildung zu mndd. *strampen*). Herkunft unklar. Variante zu *trampeln*?
Vgl. *Hampelmann*. – Lühr (1988), 172–174.

Strand *m.* (< 14. Jh.). Übernommen aus mndd. *strant*, mndl. *strande*, entsprechend ae. *strand* *n.*, anord. *strǫnd* *f.* Die deutschen Wörter stammen wohl aus dem Englischen, das englische vielleicht aus dem Nordischen. Am ehesten eine Variante mit anlautendem *s*- zu *Rand*. Verb: **stranden**.

Strang *m.* *obs.* (< 8. Jh.). Mhd. *stranc* *m.*, *strange* *f./m.*, ahd. *strang*, mndd. *strank*, mndl. *strenge* aus g. *strangi- *m.* 'Strang', auch in anord. *strengr*, ae. *streng*. Außergermanisch vergleichen sich (Auslaut unklar) l. *stringere* 'schnüren', air. *srengaid* 'zieht, schleppt', air. *sreng* *f.* 'Strick', gr. *straggós* 'gedreht', gr. *straggálē* *f.* 'Strang, Strick'. Da auch gr. *strágx* *f.* 'Ausgepreßtes, Tropfen' hierhergehört, ist die Bedeutung unklar: 'winden, wringen' oder 'zusammenschnüren'?
Nndl. *streng*, ne. *string*, nschw. *sträng*, nisl. *strengur*. S. *strangulieren, streng, strikt*. – Heidermanns (1993), 560 f.; Röhrich 3 (1992), 1566 f.

strangulieren *swV.* *obs.* 'erdrosseln, erhängen' (< 16. Jh.). Entlehnt aus l. *strangulāre*, dieses aus gr. *strangaloûn*, zu gr. *straggálē* 'Strang, Strick'. Abstraktum: **Strangulation**.
Zur germanischen Verwandtschaft s. *Strang*. – DF 4 (1978), 483 f.

Strapaze *f.* 'Anstrengung' (< 17. Jh.). Entlehnt aus it. *strapazzo* *m.*, zu it. *strappazare* 'überanstrengen', dessen weitere Herkunft nicht sicher geklärt ist. Verb: **strapazieren**; Adjektiv: **strapaziös**.
DF 4 (1978), 485–488.

Straps *m.* *obs.* 'Strumpfhalter' (< 19. Jh.). Entlehnt aus ne. *strap* 'Riemen'.

Straß *m.* *per.* *fach.* 'Material für unechten Schmuck' (< 18. Jh.). Benannt nach dem Erfinder, dem französischen Juwelier *Stras* (18. Jh.).

Straße *f.* (< 8. Jh.). Mhd. *strāze*, ahd. *strāza*, as. *strāta*. Wie afr. *strēte*, ae. *strēt* früh entlehnt aus l. *(via) strāta* 'gepflasterter Weg (als Heeresstraße)' zu l. *sternere (strātum)* 'ausbreiten, glätten usw.'. S. *streuen*.
Röhrich 3 (1992), 1567.

Strategie *f.* *erw.* *fach.* 'Plan für das Vorgehen' (< 19. Jh.). Entlehnt aus frz. *stratégie*, dieses aus gr. *stratēgía* 'Heerführung', zu gr. (ion. att.) *stratēgós* *m.* 'Feldherr, Heerführer', zu gr. *stratós* *m.* 'Heer, Lager' und gr. *ágein* 'führen'. Adjektiv: **strategisch**; Täterbezeichnung: **Stratege**.
S. *Demagoge* – DF 4 (1978), 489–492.

sträuben *swV.* (< 10. Jh.). Ahd. *strūben*, as. *strūvian* 'sträuben' neben mhd. *strūben*, ahd. *strūbēn* 'starr stehen, emporstarren'. Dazu die unter *struppig* behandelten Adjektive. Außergermanisch vergleichen sich vielleicht gr. *stryphnós* 'herb, sauer, streng', kslav. *strŭpŭtŭ* 'Rauheit, Härte', čech. *kostrba* 'zottiger, haariger Mensch' (usw.). Ausgangsbedeutung wäre etwa 'rauh, widerstrebend o.ä.'
S. *Gestrüpp, strubbelig, struppig*. – V. Machek *ZSPh* (1955), 118 f.; Heidermanns (1993), 561 f.

Strauch *m.* (< 12. Jh.). Mhd. *strūch*, mndd. *strūk*, mndl. *struuc*. Herkunft unklar. Vielleicht wie *Strunk*, das eine nasalierte Variante sein könnte, zu einem Wort für 'kurz, gestutzt', vgl. lit. *str(i)ùgas*, *strùngas* 'kurz, gestutzt' (und weiter zu akslav. *strŭgati* 'hobeln, schaben'?). Kollektiv: **Gesträuch**.
S. *straucheln, Strunk*.

straucheln *swV.* (< 14. Jh.). Spmhd. *strūcheln*, mndd. *strūcheln*, mndl. *strukelen* neben gleichdeutendem ahd. *strūhhēn*. Mit gleicher Bedeutung auch mhd. *strunken*, so daß wohl von *Strauch/Strunk* auszugehen ist (wohl in einer Bedeutung wie 'herausstehende Wurzel'), also 'über Wurzeln o. ä. stolpern'.
Nndl. *struikelen*. S. *Strauch, Strunk*. – Segelcke (1969).

Strauß[1] *m.* *obs.* 'Gefecht' (< 13. Jh.). Mhd. *strūz*, me. *strout*, vgl. obd. *sträußen*, ae. *strūtian* 'streiten'. Wie mir. *troit* *f.* 'Streit, Kampf' (aus *truds-d- o.ä.) und akslav. *trudŭ* 'Mühe', auch 'Kampf' zu der unter *verdrießen* behandelten Grundlage (ig. *treud- 'stoßen' – 'drängen, treiben', deren Bedeutung besonders auch im Balti-

schen und Slavischen zu ˈsich aufreiben, abmühen, kämpfen˙ weiterentwickelt wird.
Röhrich 3 (1992), 1567. Etwas anders: Herbermann (1974), 43–68.

Strauß² *m.* ˈBlumenstrauß˙, älter ˈBüschel˙ (< 16. Jh.), schon älter mhd. *gestriuze n.* und *striuzach, strūzach n.* ˈBuschwerk˙. Da das Wort auch ˈFederbusch˙ bedeutet, hängt es wohl mit *strotzen* zusammen und meint zunächst die austreibenden Loden eines Ausschlag-Baums und die aufgestellten Federn von Vögeln beim Balzen.
Herbermann (1974), 32–42.

Strauß³ *m.* ˈVogel˙ (< 9. Jh.). Mhd. *strūz(e)*, ahd. *strūz*. Wie ae. *strȳta, strūta* entlehnt aus l. *strūthio*, das seinerseits aus gr. *stroútheios* entlehnt ist.
Suolahti (1909), 223 f.; Röhrich 3 (1992), 1567 f.

streben *swV.* (< 11. Jh.). Mhd. *streben*, mndd. *streven* ˈsich strecken˙, wohl abgeleitet aus dem Adjektiv, das in mndd. *strēf* ˈstraff, steif˙ vorliegt. Weiter zu der im einzelnen unklaren Gruppe *straff, stramm*, die letztlich auf die Grundlage von *starren* zurückgeht. Die Bedeutung des Verbs ist ursprünglich ˈragen, emporstreben u.ä.˙, erst neuhochdeutsch gewinnt die übertragene Bedeutung an Gewicht. Nomen agentis: **Streber**; Konkretum: **Strebe**; Adjektive: **strebsam, zielstrebig**; Präfigierungen: **ver-, widerstreben**.

Streber *m. stil.* (< *16. Jh., Bedeutung < 18. Jh.). Zunächst ˈWidersacher˙, dann zur Kennzeichnung von karrieresüchtigen Beamten verwendet. Von dort aus in die Studentensprache übernommen, von der aus es in die Sprache der Schule übergeht. Zu *streben*.
A. Gombert *ZDW* 2 (1901/02), 310; F. R. Arnold *ZDW* 8 (1906), 21 f., 136.

strecken *swV.* (< 9. Jh.). Mhd. *strecken*, ahd. *strecken*, mndd. *strecken*, mndl. *strecken*. Wie afr. *strekka, strikka*, ae. *streccan* am ehesten eine Ableitung zu dem unter *strack* aufgeführten Adjektiv. Die Parallelität zu dem besser vergleichbaren *rekken* ist aber unverkennbar, so daß an eine Variante mit anlautendem s- zu *recken* gedacht werden kann. Nominalableitung: **Strecke**; Präfigierung: **erstrecken**; Partikelverben: **vor-, niederstrecken**. Nndl. *strekken*, ne. *stretch*.

Streich *m.* (< 12. Jh.). Mhd. *streich* ˈHieb˙ ist eine Ableitung zu *streichen*. Im 17. Jh. bekommt es die Bedeutung ˈunerwarteter Schlag, Handstreich, Schelmenstück˙ (unter Einfluß von frz. *coup*?) und wird heute hauptsächlich in dieser Bedeutung gebraucht. Ähnlich das näher am Präsensvokal stehende mhd. *strīch*, das gegebenenfalls in der Hochsprache lautgleich werden mußte.
Röhrich 3 (1992), 1568–1570.

streicheln *swV.* (< 14. Jh.). Entstanden als Weiterbildung zu mhd. *streichen*, ahd. *streihhōn*, ae.

strācian, das eine Intensivbildung mit Ablaut zu *streichen* (mhd. *strīchen*) ist.

streichen *stV.* (< 8. Jh.). Mhd. *strīchen*, ahd. *strīhhan*, mndd. *striken*, mndl. *striken, stricken* aus g. **streik(w)-a- stV.* ˈstreichen˙, auch in anord. *strýkja, strýkva*, ae. *strīcan*, afr. *strīka*. Außergermanisch vergleichen sich vielleicht l. *stringere* ˈberühren, wegreißen˙ und akslav. *strišti* ˈscheren, abschneiden˙, doch sind die Bedeutungszusammenhänge nicht ausreichend klar. Abstraktum: **Strich**; Nomen agentis: **Streicher**; Präfigierung: **be-, verstreichen**; Partikelverb: **an-, abstreichen**.
Nndl. *strijken*, ne. *strike*. S. *spornstreichs, Streich, Streik, strikt*. – Seebold (1970), 476 f.

streifen *swV.* (< 14. Jh.). Mhd. *streifen*, dazu ablautend mhd. *strīfe* ˈStreifen˙, mndd. *strīpe*. Außergermanisch vergleicht sich air. *sríab* ˈStreifen, Strahl˙. Weiterbildung zu der unter *Strahl* behandelten Grundlage. In der Bedeutung ˈabstreifen˙ hat sich eine parallele Sippe eingemischt: mhd. *striefen*, ahd. *stroufen*, ae. *strīpan*, ne. *strip*. Nominalbildungen: **Streif, Streifen, Streife**. S. *Strahl, Strieme, Striptease, Stropp*.

Streik *m.* (< 19. Jh.). Entlehnt aus ne. *strike*, zu e. *strike* ˈdie Arbeit einstellen˙, eigentlich ˈschlagen˙, aus ae. *strīcan* ˈschlagen˙. Die moderne Bedeutung u. a. auch im nautischen Gebrauch (e. *strike sail* ˈSegel einholen (z. B. um das Auslaufen zu verhindern)˙, vgl. ndd. *strieken* ˈbeim Rudern beide Riemen mit Druck gegen das Wasser stillhalten um das Boot zu stoppen˙. Es gibt zwar schon im 16. Jh. in Hamburg *strikende* Wasserarbeiter (die die Arbeit wegen zu geringer Entlöhnung eingestellt hatten), doch kommt der moderne Wortgebrauch eindeutig aus dem Englischen.
S. *streichen*. – Ladendorf (1906), 305 f.; R. F. Arnold *ZDW* 8 (1906/07), 22; *Zur Theorie und Praxis des Streiks*. Hrsg. D. Schneider (Frankfurt), besonders S. 7–9; *DF* 4 (1978), 493–498.

streiten *stV.* (< 8. Jh.). Mhd. *strīten*, ahd. *strītan*, mndd. *strīdan*, mndl. *striden*, aus g. **streid-a- stV.* ˈstreiten, schreiten, spreizen˙, auch in aschw. *strīða*, ae. *strīdan* ˈschreiten, spreizen˙, afr. *strīda*. Die englische Bedeutungen kann aus einer Kreuzung mit *schreiten* stammen, oder es ist als Grundbedeutung ˈspreizen˙ anzusetzen (einerseits zu ˈauseinandergehen, streiten˙, andererseits zu ˈdie Beine spreizen, schreiten˙). Die Grundlage kann gesehen werden in ae. *strīmendi* ˈwiderstrebend˙, lit. *strainùs* ˈrüstig, widerspenstig˙. Weitere Herkunft unklar. Abstraktum: **Streit**; Präfigierung: **bestreiten**; Partikelverb: **abstreiten**; Adjektive: **streitbar, strittig, (un-)streitig**.
Nndl. *strijden*, ne. *stride*, nisl. *stríða*. – Seebold (1970), 475 f.; Röhrich 3 (1992), 1570–1572.

streng *Adj.* (< 8. Jh.). Mhd. *strenge*, ahd. *strengi* ˈstark, tapfer, unfreundlich˙, as. *strang* ˈstark˙ aus

g. *stranga- Adj. neben *strangija- ʿstarkʾ, auch in anord. strangr, ae. strong. Zu der unter Strang behandelten Sippe, offenbar ausgehend von ʿstraffʾ, vgl. anstrengen. Abstraktum: **Strenge**. Nndl. streng, ne. strong, nschw. sträng, nisl. strangur. S. **strikt**.

Streß m. (< 20. Jh.). Entlehnt aus ne. stress, eigentlich ʿDruck, Anspannungʾ, zu e. stress ʿunter Druck setzen, zwingenʾ, wohl aus afrz. estrecier, aus spl. *strictiare, zu l. strictus ʿstreng, straff, engʾ, dem PPP. von l. stringere (strictum) ʿstraff anziehen, zusammenziehenʾ.

W. Baranowsky SD 18 (1974), 90 f.; N. Århammar in FS de Smet (1986), 19−28; Rey-Debove/Gagnon (1988), 992 f.

streuen swV. (< 8. Jh.). Mhd. ströu(we)n, ahd. strewen, strouwen, as. streuwian, strōian aus g. *strau-eja- swV. ʿstreuenʾ, auch in anord. strá, ae. streowian. Außergermanisch vergleicht sich l. struere ʿaufschichtenʾ, erweitert aus l. sternere ʿstreuenʾ. Konkreta: **Streu, Streusel**; Präfigierungen: **be-, ver-, zerstreuen**.

Nndl. strooien, ne. strew, nschw. stro, nisl. strá. S. **Stern**[1], **Stirn**, **Stroh**; und aus anderen Sprachen Straße, Estrade, Struktur. − E. Rooth in: FS Öhmann (1954), 37−52. Zur Entlehnung ins Finnische s. J. Koivulehto NM 74 (1973), 587−591.

streunen swV. erw. stil. ʿumherstreifen, nach guten Bissen suchenʾ (< 8. Jh.). Mhd. striunen ʿneugierig nach etwas forschenʾ, ahd. striunen ʿgewinnen, erwerbenʾ, as. striunian ʿschmückenʾ, aus wg. *streun-ija- swV., auch in ae. strīenan ʿerwerbenʾ. Weitere Herkunft unklar.

Strich m. (< 10. Jh.). Mhd. strich, ahd. strih; wie gt. striks ein Abstraktum zu streichen. Die Wendung auf dem Strich usw. (für Prostitution) ist eine Übertragung aus dem Schnepfenstrich (dem Anfliegen der Schnepfen) auf das Herumziehen der Jugendlichen am Abend und dann auf die Freiersuche der Dirnen (s. Schnepfe). Gegen den Strich bezieht sich auf das Streicheln oder Bürsten des Fells von Tieren − dort muß man mit dem Strich streicheln. Verb: **stricheln**.

Röhrich 3 (1992), 1572−1574. Zum Schnepfenstrich vgl. L. Günther Anthropophyteia 9 (1912), 53−60.

Strick m. (< 8. Jh.). Mhd. stric, ahd. stric, stri(c)k; dazu stricken, mhd. stricken, ahd. strikken, vgl. ae. strician ʿstricken, Netze ausbessernʾ. Wohl zu l. stringere in der Bedeutung ʿschnüren, zusammenbindenʾ. Eine semantisch parallele Bildung ist Want.

S. **bestricken**. − Lühr (1988), 231 f.; Röhrich 3 (1992), 1574 f.

Striegel m. per. fach. (< 9. Jh.). Mhd. strigel, ahd. strigil. Entlehnt aus l. strigilis ʿSchabeisenʾ (zu l. stringere ʿstreichen usw.ʾ). S. **strikt**.

Strieme f./m. erw. fach. (< 11. Jh.). Mhd. strieme m., streim(e) m., strīm(e) m./f., ahd. strimo m.,

mndd. strēme, mndl. strieme. Vermutlich mit schwankendem Vokalismus von einer Grundlage (ig.) *strei- gebildet, wie l. stria ʿRippung von Säulen, Gewandfalteʾ. Zu der unter Strahl behandelten Wurzel. Nndl. striem. S. **Strähne, streifen**.

Striezel m. per. oobd. (ein Hefegebäck) (< 11. Jh.). Entrundet aus mhd. strutzel, strützel, ahd. struzzil. Herkunft unklar.

striezen swV. per. reg. ʿetwas wegnehmen, plagenʾ (< 19. Jh.). Vielleicht wie alem. üs-strötzeln ʿausschneiteln, entästenʾ als ʿabreißen, abpflückenʾ zu erklären (eigentlich ʿdie Strotzen [Loden] wegnehmenʾ, vgl. Strauß[2]).

Herbermann (1974), 198.

strikt Adj. (< 17. Jh.). Entlehnt aus l. strictus, dem PPP. von l. stringere (strictum) ʿstraff anziehen, zusammenziehenʾ. Dazu das Partizip stringent ʿzusammenpassend, schlüssigʾ.

S. Distrikt und Streß; zur germanischen Verwandtschaft s. streichen (Strang, streng, Striegel). − DF 4 (1978), 498 f.

stringent Adj. s. **strikt**.

Strippe f. per. reg. ʿBandʾ (< 17. Jh.). Von Berlin aus verbreitet, eigentlich strüppe, niederdeutsche Form neben mhd. strüpfe, mndd. mndl. strop; wie ae. strop(p) entlehnt aus l. struppus, stroppus m. ʿSchnur, Riemenʾ, das seinerseits aus gr. stróphos m. ʿSeil, Bandʾ entlehnt ist (zu diesem s. Strophe).

S. **Strupfe**. − Lasch (1928), 211; Röhrich 3 (1992), 1575.

Striptease m./n. (< 20. Jh.). Entlehnt aus ne. striptease, zu e. strip ʿausziehenʾ, aus ae. strīpan, und e. tease ʿaufreizenʾ, älter ʿWolle zupfenʾ, aus ae. tæsan ʿin Stücke reißenʾ. Kurzform: **Strip**; Verb: **strippen**; Nomen agentis: **Stripper(in)**, scherzhaft auch **Stripteuse**.

S. **streifen** und **zeisen**. − DF 4 (1978), 499−501; Rey-Debove/Gagnon (1988), 994 f.

Stroh n. (< 8. Jh.). Mhd. strō, ahd. strō, strou, aus g. *strawa- (oder *strǣwa-?) n. ʿStrohʾ, auch in anord. strá, ae. strēaw, afr. strē. Offenbar abgeleitet von streuen (ursprünglich ʿdas im Stall oder als Schlafstätteʾ). Entsprechend l. strāmen ʿStreu, Strohʾ zu l. sternere ʿhinstreuenʾ. Nndl. stro, ne. straw, nschw. strå, nisl. strá.

Röhrich 3 (1992), 1575−1577.

Strohmann m. stil. ʿvorgeschobene Personʾ (< *16. Jh., Bedeutung < 18. Jh.). Die Bezeichnungen gehen alle darauf zurück, daß Menschengestalten in Stroh hergestellt wurden für Zwecke, bei denen man die Menschen selbst nicht gebrauchen konnte, wollte oder durfte (auch symbolisches Verbrennen von Kobolden usw.). Dabei wird die Handlung, die einer anderen Person gilt, an dem Strohmann ausgeführt. deshalb die allgemein verbreitete moderne Bedeutung, die von frz. homme de paille ausgegangen zu sein scheint.

Röhrich 3 (1992), 1577.

Strohwitwe *f. erw. stil.* (< 18. Jh.). Zuvor *Graswitwe* (niederdeutsch/niederländisch). Der Übergang zu *Strohwitwe* ist unklar. Als *Strohbraut* wurde ein Mädchen mit einem unehelichen Kind bezeichnet. Die Beleglage läßt sich nicht auf einen einheitlichen Nenner bringen. Zu vermuten ist, daß am Anfang *Grasbraut, Strohbraut* steht für ein Mädchen, das keine Jungfrau mehr ist (und vielleicht ein Kind hat), aber keinen Mann. *Gras* und *Stroh* stehen dabei für das nicht vollgültige in bezug auf den Brautkranz, gleichgültig, ob es im wirklichen Brauch solche Kränze gab (was bei *Strohkranz* bezeugt ist, bei *Gras* nicht). Als *Stroh-, Gras-* für diese Situation stereotyp wurden, konnte auch *-witwe* eingesetzt werden, denn ein Mädchen in dieser Situation ist genau so eine unechte Witwe wie eine unechte Braut – nur haben das Symbole in diesem Zusammenhang keinen Sinn mehr. Scherzhaft wurden diese Bezeichnungen dann auch auf andere Situationen übertragen: Auf Frauen, die von ihrem Mann verlassen wurden, deren Mann längere Zeit verreist war usw.
Th. vGrienberger *ZDW* 4 (1903), 298–308; P. Kretschmer *AÖAW* (1942), IV, 26–32; H. Dittrich *MS* 78 (1968), 278–282; Röhrich 3 (1992), 1577 f.

Strolch *m. stil.* (< 17. Jh.). Entlehnt aus it. (lombard.) *strolegh, strolch*. Dieses wird auf *astrologo* zurückgeführt und als 'Scharlatan (Astrolog)' erklärt, was durch Landsknechte ins Deutsche gebracht worden sei. Im einzelnen nicht ausreichend klar. Verb: **strolchen**.
C. J. Gutkind *ZRPh* 52 (1932), 730.

Strom *m.* (< 8. Jh.). Mhd. *stroum, strōm*, ahd. *stroum*, as. *strōm* aus g. **strauma- m.* 'Strom', auch in anord. *straumr*, ae. *strēam*, afr. *strām*. Außergermanisch vergleichen sich lett. *strauma* 'Strom' und poln. *strumien* 'Bach' und ohne den *t*-Einschub air. *srúaim n.*, lit. *sriaumuõ*. Abstraktbildung zu ig. **sreu-* 'fließen' in ai. *srávati*, gr. *rhein*, sowie lit. *sravéti* 'sickern'. Dieses ist eine Erweiterung zu **ser-* 'fließen' in l. *serum n.* 'Flüssigkeit' u. a. Der Vokalismus im Neuhochdeutschen beruht auf regionaler Monophthongierung. Der Bedeutungsübergang auf den elektrischen Strom beruht auf einer naheliegenden Übertragung. Verb: **strömen**.
Nndl. *stroom*, ne. *stream*, nschw. *ström*, nisl. *straumur*. S. *Rhythmus, Serum.* – Kluge (1926), 46 f.; Röhrich 3 (1992), 1578.

Stromer *m. stil.* 'Vagabund' (< 14. Jh.). Aus dem Rotwelschen, in dem es bereits im 14. Jh. als *stromer* = *kelsnyder* (Halsabschneider) bezeugt ist. Später verharmlost und über die Studentensprache in die Umgangssprache gedrungen. Wohl zu einem *strömen* 'hin- und herziehen' (= *strömen*), doch paßt die frühe Bedeutung nicht recht zu dieser Annahme. Verb: **stromern**.
Wolf (1985), 322.

Stromlinie *per. fach.* (< 19. Jh.). Fachausdruck der Physik für den Strömungsverlauf, zunächst bei Flüssigkeiten. Dann vor allem bekannt als **stromlinienförmig** für die Form von Fahrzeugen, die den Luftwiderstand am besten überwinden, und von der aus übertragen. Auch **stromlinig**, übertragen für jemanden, der sich (den Vorgesetzten) widerspruchslos anpaßt.

Strophe *f.* (< 17. Jh.). Entlehnt aus l. *stropha, strophē*, dieses aus gr. *strophḗ*, eigentlich 'Drehung, Wendung', zu gr. *stréphein* 'drehen, wenden'. So bezeichnet nach der Wendung, die der Chor beim Vortragen von Liedern vollführte, um den Abschluß eines Liedteils zu signalisieren, dem ein gleichgebauter folgen sollte; dann übertragen auf die Abschnitte selbst.
S. *Apostroph, Katastrophe.* – *DF* 4 (1978), 501–503.

Stropp *m. per. wmd.* 'Tau mit Schlinge oder Haken; Aufhänger' (< 19. Jh.). Übernommen aus dem Niederdeutschen: Mndd. *strop*. Dieses ist entlehnt aus l. *struppus, stroppus m.* 'Schnur, Riemen', das seinerseits aus gr. *stróphos m.* 'Seil, Band' entlehnt ist. S. *Strippe, Strophe*.

Strosse *f.* s. *Drossel²*.

strotzen *swV.* (< 14. Jh.). Spmhd. *strozzen, strotzen*, me. *strut* 'strotzen, stolzieren', ndn. *strutte* 'strotzen', nschw. *strutta* 'stolzieren'. Hierzu mit Vokallänge und ohne *s mobile* ae. *prūtian* 'schwellen, strotzen', anord. *prútna* 'schwellen'. Zu der unter *verdrießen* behandelten Grundlage w/oeur. **treud-* 'stoßen – drängen, treiben' mit der Bedeutungsspezialisierung 'austreiben, sprießen' und 'schwellen, strotzen'. Parallel zu **streut-* ist **spreut-* (s. *sprießen*); vielleicht hat dieses einen zusätzlichen Einfluß ausgeübt.
S. *Drossel², Strau².* – Herbermann (1974), 13–31; Lühr (1988), 256 f.

strubbelig *Adj.* (< 15. Jh.), auch in der Form *strobelig*. Zu mhd. *strobelen* 'verstrubbeln, struppig machen', ahd. *(ir)strobalōn* 'sich sträuben' und der Rückbildung *Strobel* 'Strubbelkopf, Kopf mit ungekämmtem Haar'. Vgl. das Kinderbuch *Struwwelpeter* mit rheinfränkischer Lautform. Zur Etymologie s. *sträuben*.

Strudel *m.* (< 15. Jh.). Abgeleitet von ahd. *stredan stV.* 'wallen, strudeln' ohne klare Vergleichsmöglichkeit. Die Mehlspeise gleichen Namens war ursprünglich schneckenförmig, daher die Bedeutungsübertragung.
S. auch *strullen.* – Seebold (1970), 477.

Struktur *f.* (< 13. Jh.). Entlehnt aus l. *strūctūra* 'Bauart, Zusammenfügung, Ordnung', zu l. *struere (strūctum)* 'aneinanderfügen, schichten, zubereiten, ordnen'. Verb: **strukturieren**; Adjektiv: **strukturell**; Wissenschaftsbezeichnung: **Strukturalismus**.

S. *konstruieren.* − G. Liebig *LS* 2 (1967), 199−211; R. Boudon: *A quoi sert la notion de ´structure´* (Paris 1968); G. Scholtz *AB* 13 (1969), 73−75; H. vEinem/K. E. Born/F. Schalk/W. P. Schmid: *Der Strukturbegriff in den Geisteswissenschaften* (Mainz 1973) = *AAWLM* 1973,2; *DF* 4 (1978), 503−510; *Grundbegriffe* 6 (1990), 285−322.

strullen *sw V. per. ndd.* ´geräuschvoll herauslassen, harnen´ (< 18. Jh.). Herkunft unklar, vielleicht zu *Strudel.*

Strumpf *m.* (< 14. Jh.). Mhd. *strumpf*, mndd. *strump.* Die Bedeutung ist ursprünglich ´Baumstumpf, Stummel´, dann ´Halbhose´ (gewissermaßen mit Beinstummeln), wohl verkürzt aus *Hosenstrumpf.* Das Wort gehört zu dem Komplex von *stumpf*, vergleichbar ist allenfalls lit. *strãmpas* ´Knüttel, Stumpf´.

Lühr (1988), 163−166; Röhrich 3 (1992), 1578 f.

Strunk *m. erw. reg.* (< 14. Jh.). Spmhd. *strunc*, vgl. nndl. *stronk.* Außergermanisch vergleicht sich vielleicht lit. *strùngas* ´gestutzt´. Weitere Herkunft unklar.

S. *Strauch, straucheln.* − Frings (1932), 135; Lühr (1988), 163−166.

Strupfe *f. arch.* ´Schnur´ (< 14. Jh.). Oberdeutsche Variante von *Strippe.*

struppig *Adj.* (< 16. Jh.). Erweiterung von mhd. *strūbe, strūp*, as. *strūf* (vgl. nndl. *stroef*) ´struppig´. Zu der unter *sträuben* behandelten Grundlage.

Lühr (1988), 278 f.

Stubben *m. per. ndd.* ´Stumpf´ (< 19. Jh.). Übernommen aus dem Niederdeutschen: Mndd. *stubbe*, wie ae. *stybb*, anord. *stubbr.* Ohne Nasalierung und mit abweichender Auslautentwicklung zu *stumpf.*

Trier (1952), 57.

Stübchen *n. arch.* ´Flüssigkeitsmaß´ (< 14. Jh.). Mhd. *stübechīn* zu mhd. *stübich, stubich* *m.* ´Packfaß´ aus ml. **stupa, *stopa* ´Faß´.

Stube *f.* (< 9. Jh.). Mhd. *stube*, ahd. *stuba*, mndd. *stove(n) m.*, mndl. *stove* ´heizbarer Raum, Baderaum´; auch in ae. *stofa*, anord. *stofa.* Die Herkunft ist umstritten, meist hält man das Wort für entlehnt aus ml. **stufa*, zu ml. **extufare* ´ausdünsten´ (zu l. **tūfus* ´Dampf´ aus gr. *týphos m.* ´Dampf, Qualm´); vgl. it. *stufa*, frz. *étuve* ´Badestube´. Anders Machek, der mit guten Gründen von Ableitungen von l. *aestuāre* ´heizen´ ausgeht. Nach Hänel ist die Bedeutung ´Badestube´ jünger als die Bedeutung ´Wohn- und Aufenthaltsraum´; er zieht deshalb eine Herleitung aus einer Bezeichnung für Räume vor (vgl. *Brunnenstube*); nach ihm letztlich zu *Stubben* ´Stamm´.

S. *Stövchen.* − V. Machek *Slavia* 21 (1953), 275−286; J. Hänel: *Stube* (Münster 1975); Röhrich 3 (1992), 1579 f.

Stüber *m. arch.* ´Scheidemünze´ (< 15. Jh.). Mndd. *stuver.* Über die mndl. Form *stu(y)ver* ins

Hochdeutsche gedrungen. Vielleicht zu mndd. *stūf* ´stumpf, abgehackt´ (vgl. *Deut*).

Röhrich 3 (1992), 1580.

Stuck *m. erw. fach.* ´Geformter Gips an Wänden und Decken´ (< 18. Jh.). Entlehnt aus it. *stucco* gleicher Bedeutung, das auf ahd. *stucki n.* ´Kruste, Rinde´ zurückgeht, also wohl aus dem Langobardischen. Täterbezeichnung: *Stukkateur.*

DF 4 (1978), 510−513.

Stück *n.* (< 8. Jh.). Mhd. *stück(e), stuck(e)*, ahd. *stucki*, as. *stukki* aus g. **stukkja-n.* ´Stück´, auch in anord. *stykki*, ae. *stycce.* Zu *Stock* und damit von der Bedeutung ´abgeschnittenes (Stück)´ ausgehend (evtl. ´Garbe´). Verb: *stückeln*; Präfixableitung: *bestücken.*

Nndl. *stuk*, nschw. *stycke*, nisl. *stykki.* S. *Stuck.* − Behaghel 1 (1923), 49; J. S. Maher *CoE* 11 (1981),5−6, 13 f.; Röhrich 3 (1992), 1580 f.

Studentenfutter *n.* (< 17. Jh.). Schon bei Stieler als Gemisch aus Mandeln und Rosinen bezeugt. Wohl nach dem Muster von älterem *Pfaffenfutter* gebildet, das eine Mischung aus Süßholz, geschnittenen Gewürzen und mit Zucker überzogenen Gewürzsamen bezeichnete. *Futter* bezieht sich dabei wohl auf die ´Mischung von geschnittenen Eßwaren´, *Pfaffen* auf die Geistlichkeit als Hauptabnehmer. *Pfaffenfutter* ist dabei eher eine Medizin − das *Studentenfutter* für die Jüngeren eher eine Schlekkerei.

H. Fincke *Süßwaren* 5 (1962), 108−110.

studieren *sw V.* (< 13. Jh.). Entlehnt aus l. *studēre* ´betreiben, sich bemühen um etwas´. Zunächst allgemein, dann auf das Lernen an den Hochschulen festgelegt. Nomen agentis: *Student(in)*, neuer: *Studierende(r)*; Abstraktum: *Studium*; Nominalableitung: *Studie*; Lokalbildung: *Studio.*

S. *Etüde.* − *DF* 4 (1978), 513−537; Röhrich 3 (1992), 1581.

Stufe *f.* (< 11. Jh.). Mhd. *stuofe*, ahd. *stuofa*, mndd. *stōpe*, mndl. *stoep.* Mit Dehnstufe zu der unter *Stapf* dargestellten Grundlage (g.) **stap-ja- st V.* ´gehen, stapfen´. Außergermanisch vergleicht sich näher akslav. *stepenĭ m.* ´Stufe´. Verb: *(ab-)stufen.*

Nndl. *stoep.* S. *Staffel.*

Stuhl *m.* (< 8. Jh.). Mhd. *stuol*, ahd. *stuol*, as. *stōl* aus g. **stōla- m.* ´Stuhl´, auch in gt. *stols*, anord. *stóll*, ae. *stōl*, afr. *stōl.* Ableitung zu *stehen* wie (nicht notwendigerweise urverwandt) lit. *pastõlas* ´Gestell´, akslav. *stolŭ* ´Stuhl´, gr. *stélē f.* ´Säule´.

Nndl. *stoel*, ne. *stool*, nschw. *stol*, nisl. *stóll.* S. *Fauteuil.* − Hoops (1911/19), IV, 296; L. Schmidt *Antaios* 12,1 (1971), 85−103; Röhrich 3 (1992), 1581 f.

Stulle *f. per. ndd.* ´(bestrichene) Brotscheibe´ (< 18. Jh.). Vermutlich zu nndl. *stul* ´Brocken, Stück´, also ursprünglich wohl ´Stück (Brot)´.

Lasch (1928), 211 f.; Teuchert (1944), 297 f.

Stulpe *f. erw. fach.* ´Krempe, Schaft´ (< 16. Jh.). Ursprünglich niederdeutsch. Zu anord. *stolpi m.* ´Pfosten´, wie auch lett. *stulbs* sowohl ´Pfosten´ wie auch ´Stiefelschaft´ bedeutet. Entsprechend aruss. *stŭlbŭ*, lit. *stul̃bas* ´Pfosten´ und weiter zu dem unter *stellen* behandelten problematischen Komplex. Verb: **stülpen**.

stumm *Adj.* (< 9. Jh.). Mhd. *stum(p)*, ahd. *stum(b)*, as. *stumm*, ebenso afr. *stumm*. Zu der unter *stemmen* und *stammeln* behandelten Grundlage mit der Bedeutung ´anhalten´. Also eigentlich ´gehalten´, wohl ein Hüllwort für älteres *dumm*. Abstraktum: **Stummheit**; Präfixableitung: **verstummen**. Nndl. *stom*. – Lühr (1988), 101–103; Heidermanns (1993), 564; Röhrich 3 (1992), 1583.

Stummel *m.* (< 14. Jh.). Substantivierung von mhd. *stummel, stumbel*, ahd. *stumbal* ´verstümmelt´. Außergermanisch vergleicht sich lit. *stimburȳs* ´Schwanzstummel´, dessen weitere Sippe darauf hinweist, daß als Benennungsmotiv nicht von ´verkürzen´ auszugehen ist, sondern von ´Stengel, Pfosten u.ä.´, so daß sich weiter ai. *stambha-* ´Pfosten, Pfeiler´, ai. *stabhnáti* ´stützt, wird steif´ und vielleicht gr. (poet.) *astemphḗs* ´unerschütterlich´ vergleichen. Hierzu *Stump(en)* und mit Auslautvariation *Stumpf*. Präfixableitung: **verstümmeln**.

Stump(en) *m. erw. fach.* ´Baumstumpf´, übertragen ´Rohform eines Filzhuts, abgeschnittene Zigarre´ (< 14. Jh.). Könnte an sich die niederdeutsche Entsprechung zu *stumpf* sein, ist aber auch schon oberdeutsch alt, deshalb wohl eher näher zu *Stummel* gehörig, *stumpf* ist eine Auslautvariante. S. auch *Stauf, Stief-, Stümper*.

Stümper *m.* (< 14. Jh.). Die Bedeutung ist zunächst ´einer, der ein verstümmeltes Glied hat´ (zu dem Komplex *Stumpen/stumpf*); danach einerseits ´Schwächling´, andererseits ´Pfuscher´ (seit dem 17. Jh.). Eine ältere Variante ist *stümpler*. Verb: **stümpern**; Adjektiv: **stümperhaft**. Röhrich 3 (1992), 1583.

stumpf *Adj.* (< 12. Jh.). Mhd. *stumpf*, ahd. *stumpf*, mndd. *stump*, mndl. *stomp*, nndl. *stomp(e)*. Die Ausgangsbedeutung ist ´verstümmelt, (abgenutzt)´ (zu *Stummel, Stumpen*), danach die verschiedenen Anwendungsbereiche des Wortes; *stumpfer Winkel* ist wohl eine Lehnübersetzung von l. *angulus obtūsus*. Als Substantiv ist das Wort eine Variante zu *Stump(en)*. Abstraktum: **Stumpfheit**; Verb: **(ab-) stumpfen**. S. auch *Strumpf, Stubben, Stümper*. – Lühr (1988), 163–166; Heidermanns (1993), 564. Zu *Stumpf* vgl.: Röhrich 3 (1992), 1583.

Stunde *f.* (< 8. Jh.). Mhd. *stunde, stunt*, ahd. *stunta*, as. *stunda* aus g. *stundō f.* ´Zeitabschnitt, Zeitpunkt, Mal, Stunde´, auch in anord. ae. *stund*, afr. *stunde*. Der Bedeutung nach wäre eine Ableitung zu g. *stanþ-a- st V.* ´stehen´ denkbar (vgl. die

zusammengehörigen *Weile* und l. *quiēs* ´Ruhe´), doch ist der Anschluß formal bedenklich: Die frühen Ableitungen aus dieser Sippe sind sonst (wie zu erwarten) nasallos, und die vorauszusetzende Schwundstufe hat keinen Platz in dem zu erwartenden Ablaut. Zumindest die Morphologie muß deshalb als ungeklärt angesehen werden. Der Vorschlag von Meier, von vlt. **stunda-* ´kurzer Zeitraum´ (altsard. *istunda*, kat. *estona*, kors. *stonda*) auszugehen (weiter zu vl. *extundus*, adaptiert aus l. *rotundus*, so daß die Ausgangsbedeutung etwa ´Wendung´ wäre), verdient deshalb genauere Beachtung. Verb: **stunden**; Adjektiv: **stündlich**. Nndl. *stond(e)*, nschw. *stund*, nisl. *stund*. S. *Stand*. H. Meier *ASNSL* 202 (1966), 428–431; Röhrich 3 (1992), 1583 f.

stunden *swV. erw. fach.* ´Zahlungsaufschub gewähren´ (< 17. Jh.). Zu *Stunde* in der allgemeinen Bedeutung ´Zeitabschnitt´, hier verwendet als ´Aufschub´.

Stunk *m. per. stil.* ´Ärger´ (< 19. Jh.). Ausgehend von Berlin. Zu *stinken* in Wendungen wie *es stinkt mir* ´ich habe es satt, es ist mir unangenehm´.

Stunt *m. per. fach.* ´gefährliche, akrobatische Aktion´ (< 20. Jh.). Entlehnt aus ne. *stunt*, dessen Herkunft nicht sicher geklärt ist.

stupfen *swV. erw. obd.* (< 10. Jh.). Mhd. *stupfen, stüpfen*, ahd. *stupfen*. Wie ndd. *stupsen* und *steppen* zu einer schlecht faßbaren Sippe mit der Bedeutung ´stechen´. Vielleicht weiter zu (g.) **steu-p-* ´stoßen´, einer Variante zu dem unter *stoßen* behandelten (ig.) **steu-d-*. S. *tupfen*. – Lühr (1988), 241 f.

stupend *Adj. per. fremd.* ´erstaunlich´ (< 18. Jh.). Entlehnt aus l. *stupendus*, Gerundivum von l. *stupēre* ´erstarrt sein, staunen´. DF 4 (1978), 537.

stupid *Adj. erw. fremd.* ´dumm, geistlos´ (< 18. Jh.). Entlehnt aus frz. *stupide*, dieses aus l. *stupidus*, zu l. *stupēre* ´erstarrt sein, staunen´. Abstraktum: **Stupididät**. DF 4 (1978), 537–539.

stupsen *swV.* s. *stupfen*.

stur *Adj.* (< 19. Jh.). Aus dem Niederdeutschen übernommen: Mndd. *stūr* ´störrig, grimmig´, mndl. *stuur*. Außergermanisch könnte sich ai. *sthūrá-* ´groß, stark, dick´ vergleichen; ein Anschluß an **stā-* ´stehen´ ist denkbar (s. *stehen*). Die Lautverhältnisse sind aber nicht ausreichend klar. Vgl. auch *starren*.

Sturm *m.* (< 9. Jh.). Mhd. *sturm*, ahd. *sturm*, *storm*, as. *storm* aus g. **sturma- m.* ´Sturm´, auch in anord. *stormr*, ae. *storm*. Vielleicht *m*-Ableitung einer Grundlage, die am ehesten als **stwer-* anzusetzen ist. Dieses ist wohl mit *s mobile* zu (g.)

*þwer-a- ´drehen, rühren´ zu stellen (s. *Quirl*). Vgl. auch anord. *styrr* ´Tumult, Kampf´ und − wohl mit sekundärer Hochstufe − *stören* (s.d.). Anders Witczak, der mit der problematischen Annahme ig. *sr̥ + Konsonant > g. *stur- + Konsonant* gr. *hórmē* ´Ansturm´ vergleicht (ai. *sárma-* ist in der Zuordnung ganz unsicher). − *Sturm und Drang* als Leitwort einer Generation und als Bezeichnung einer literarischen Epoche stammt aus dem Titel von Klingers Schauspiel von 1776.

Nndl. *storm*, ne. *storm*, nschw. *storm*, nisl. *stormur*. − K. T. Witczak *HS* 104 (1991), 106 f.; Röhrich 3 (1992), 1584 f.

Sturzacker *m. arch.* ´gepflügter Acker´ (< 18. Jh.). Zu *stürzen* in der Bedeutung ´umwenden´, speziell ´das Feld nach der Brache umpflügen´.

stürzen *swV.* (< 11. Jh.). Mhd. *sturzen, stürzen*, ahd. *sturzen*, mndd. *storten*, mndl. *storten* aus wg. *sturt-ija- swV.* ´stürzen´, auch in ae. *sturtan*, afr. *sterta*. Zunächst wie *Sterz* zu einer dentalen Erweiterung der unter *starr* vorliegenden Grundlage. Auszugehen ist also von ´steif sein, starren´, das sich noch in den Bedeutungen ´etwas Überhängendes *(Türsturz)*´ und ´Baumstumpf, Wurzel´ zeigt. Die Bedeutung ´fallen´ kann über *Sterz* ´Schwanz´ gegangen sein (vgl. *purzeln* und *Bürzel*), doch ist dies nicht sehr wahrscheinlich. Auch ´stolpern´ von der Bedeutung ´Wurzel´ ausgehend, liegt nicht nahe. Damit ist die Entstehung der Bedeutung noch nicht ausreichend klar. Abstraktum: *Sturz*; Partikelverben: **ab-, umstürzen**. Nndl. *storten*. S. *Start*.

Stuß *m. per. grupp.* ´dummes Zeug´ (< 18. Jh.). Über das Rotwelsche entlehnt aus wjidd. *stuß* gleicher Bedeutung; dieses aus hebr. *šᵉṭūṭ* ´Irrsinn, Narrheit´.

Stute *f.* (< 9. Jh.). Mhd. *stuot*, ahd. *stuot*, mndd. *stōt* aus g. *stōda- n.* ´Pferdeherde´, auch in anord. *stóð*, ae. *stōd n.* Außergermanisch entspricht akslav. *stado n.* ´Herde´. Ausgangsbedeutung ist vermutlich ´Stand´, zu einer Erweiterung von *stehen*. Eine Pferdeherde besteht aus einem Hengst und mehreren Stuten, so daß seit der mittelhochdeutschen Zeit das Wort die heutige Bedeutung haben kann. Später setzt sich diese Bedeutung durch, die ältere noch in der Neubildung **Gestüt** (16. Jh.). Auch das feminine Genus ist erst deutsch und hängt vielleicht mit der gleichen Entwicklung zusammen.

Ne. *stud*. − Palander (1899), 85−87.

Stuten *m. per. reg.* ´Weißbrot´ (< 15. Jh.). Das Wort bedeutet eigentlich ´Oberschenkel´ und ist eine Variante zu *Steiß*. Daraus übertragen auf das Gebäck nach der Form. *Stutenmond* für ´Flitterwochen´ ist bezeugt seit dem 19. Jh. und beruht auf einem ähnlichen Motiv wie ne. *honeymoon*.

Stutzen *m. erw. reg.* ´Klotz´, ´Wadenstrumpf´, ´kurzes Gewehr´ (< 14. Jh.). Variante von *Stotzen*, zusammen mit *stutzen*[1] ´kurzschneiden´.

stutzen[2] *swV.* ´einhalten´ (< 11. Jh.). Mhd. *stutzen*, ahd. *erstuzzen*, mndd. *stutten* ist eine Intensivbildung zu *stoßen*. Dabei sind die Bedeutungsstränge ´aufmerken´ und ´kurzschneiden´ wohl auf selbständige Bildungen nach gleichem Muster zurückzuführen. Zu der zweiten gehören noch *Stotzen* und *Stutzen*. In der älteren Sprache ist die Bedeutungsvielfalt noch reicher. Adjektiv: **stutzig**. S. *Steiß, Stint*.

stützen *swV.* (< 12. Jh.). Mhd. *-stützen*, ahd. *-stuzzen* neben **Stütze** *f.*, mhd. *stütze*, wohl Formen mit Intensivgemination zu ae. *studu* ´Pfosten´, anord. *stoð* ´Stab, Stütze´, wozu ahd. *(gi)studen* ´errichten´, anord. *styðja* ´feststellen, stützen´. Offenbar ausgehend von einem *stud-* ´stehen, stützen´, zu dessen Herkunftsproblematik das zu *Stunde* und *stur* Gesagte zu vergleichen ist. Nndl. *stutten*.

Stutzer *m. obs.* ´Modegeck´ (< 17. Jh.). Zu dem seit dem 15. Jh. bezeugten *stutzen* ´prunken, prangen´, dessen Herkunft unklar ist (vermutlich bezogen auf irgendwelche gestutzten Kleidungsstücke). Das Substantiv wird erklärt als ´wer einen gestutzten Bart trägt´, doch ist dies kaum unabhängig von dem Verbum für ´prunken´ von Bedeutung geworden.

sub- *Präfix* mit den Bedeutungen ´unter´ (z. B. *Subordination*) und ´ein wenig´ (z. B. *subakut*). Es wurde in lateinischen Entlehnungen ins Deutsche übernommen; sein Ursprung ist l. *sub* ´unter´ *Präp.* In den Fachsprachen teilweise produktiv. Zur germanischen Verwandtschaft s. *auf*.

Cottez (1980), 406 f.

subaltern *Adj. obs.* ´untergeordnet, unselbständig, untertänig´ (< 17. Jh.). Entlehnt aus spl. *subalternus* ´untergeordnet´, zu l. *alternus* ´abwechselnd, einer um den anderen´ und l. *sub-*. S. *Alternative*.

DF 4 (1978), 539 f.

Subjekt *n.* (< 16. Jh.). Entlehnt aus l. *subiectum*, dem PPP. von l. *subicere (subiectum)* ´unterlegen, unterstellen, darreichen´, zu l. *iacere* ´werfen´ und l. *sub-*. Gemeint ist wie bei *Entwurf* u.ä. das Vorgegebene. Adjektiv: **subjektiv**.

S. *projizieren*. − E. Leser *ZDW* 15 (1914), 85 f.; K.-H. Weimann *DWEB* 2 (1963), 405; K. Homann *AB* 11 (1967), 184−205; *DF* 4 (1978), 540−547; A. Pronay *AB* 28 (1984), 7−48; M. Karskens *AB* 35 (1992), 214−256.

sublim *Adj. per. fach.* ´verfeinert´ (< 17. Jh.). Entlehnt aus l. *sublīmis* ´erhaben, in die Höhe gehoben´, zu l. *līmen* ´Schwelle, Grenze´, das mit l. *līmes* ´Querweg, Rain, Grenze´ verwandt ist und l. *sub-*. Verb: **sublimieren**.

S. *Limit*. − K.-H. Weimann *DWEB* 2 (1963), 405. − *DF* 4 (1978), 547−551.

subordinieren *sw V. per. fach.* ʿunterordnenʾ (< 17. Jh.). Entlehnt aus ml. *subordinäre* ʿunterordnenʾ, s. *ordnen* und l. *sub-*. Abstraktum: **Subordination**.
DF 4 (1978), 551–553.

Subsidien *Pl. per. fach.* ʿHilfsgelderʾ (< 17. Jh.). Entlehnt aus l. *subsidium n.* ʿHilfsmittelʾ (eigentlich ʿUnterlage, Grundlageʾ, ʿUntersatzʾ), zu l. *sedēre* ʿsitzenʾ und l. *sub-*.
S. *sitzen*. – *DF* 4 (1978), 553–555.

subskribieren *sw V. erw. fach.* ʿsich zum Kauf verpflichtenʾ (< 16. Jh.). Entlehnt aus ml. *subscrībere*, zu l. *scrībere* ʿschreibenʾ, s. *deskribieren* und *sub-*. Abstraktum: **Subskription**; Nomen agentis: **Subskribent**.
DF 4 (1978), 557–559.

Substantiv *n.* (< 16. Jh.). Entlehnt aus ml. *(verbum) substantīvum*, eigentlich ʿdas für sich selbst bestehende Wortʾ, s. *Substanz*. Verb: **substantivieren**. Ersatzwort ist **Hauptwort**.
DF 4 (1978), 561 f.

Substanz *f.* (< 13. Jh.). Mhd. *substanz[je]* ist entlehnt aus l. *substantia*, zu l. *substāre* ʿdarin vorhanden seinʾ, zu l. *stāre* ʿstehenʾ und l. *sub-*. Adjektiv: **substantiell**.
S. *Distanz*. – *DF* 4 (1978), 559–566.

substituieren *sw V. per. fach.* ʿersetzenʾ (< 17. Jh.). Entlehnt aus l. *substituere (substitūtum)*, eigentlich ʿunter etwas stellenʾ, zu l. *statuere* ʿhinstellen, aufstellenʾ und l. *sub-*, zu l. *sistere* ʿstellenʾ, zu l. *stāre* ʿstehenʾ. Nomen agentis: **Substituent**; Nominalableitung: **Substitut**; Abstraktum: **Substitution**.
S. *Distanz*. – *DF* 4 (1978), 566–570.

Substrat *n. per. fach.* ʿUntergrundʾ (< 18. Jh.). Entlehnt aus l. *substratum*, substantiviertes PPP von l. *substernere* ʿunterlegen, unterbreitenʾ (s. *Straße*).
DF 4 (1978), 570 f.

subsumieren *sw V. per. fach.* ʿunter einem Oberbegriff zusammenfassenʾ (< 18. Jh.). Entlehnt aus ml. *subsumere* ʿeinordnenʾ aus l. *sumere* ʿnehmenʾ und l. *sub-*, s. *konsumieren*.
DF 4 (1978), 571–573.

subtil *Adj. erw. fremd.* ʿfein, differenziertʾ (< 13. Jh.). Mhd. *subtīl* ist entlehnt aus l. *subtīlis*, eigentlich ʿuntergewebt, feingewebtʾ, zu l. *tēla* ʿGewebeʾ, zu l. *texere (textum)* ʿweben, flechtenʾ. Abstraktum: **Subtilität**.
S. *Text*. – *DF* 4 (1978), 573–577; *Brisante Wörter* (1989), 716–719.

subtrahieren *sw V. erw. fach.* ʿabziehenʾ (< 15. Jh.). Entlehnt aus ml. *subtrahere* ʿwegziehenʾ, zu l. *trahere* ʿziehenʾ und l. *sub-*.
S. *abstrakt*. – *DF* 4 (1978), 577 f.

Subvention *f. erw. fach.* ʿUnterstützung aus öffentlicher Handʾ (< 17. Jh.). Entlehnt aus l. *subventio (-ōnis)*, zu l. *subvenīre (subventum)* ʿzu Hilfe kommen, beistehenʾ, eigentlich ʿvon unten kommenʾ, zu l. *venīre* ʿkommenʾ und l. *sub-*.
S. *intervenieren*. – *DF* 4 (1978), 579–581.

subversiv *Adj. per. fremd.* ʿumstürzlerischʾ (< 19. Jh.). Entlehnt aus ne. *subversive*, einer Neubildung zu l. *subvertere (subversus)* ʿumkehren, umstürzenʾ, zu l. *vertere* ʿdrehen, wenden, umkehrenʾ und l. *sub-*. Abstraktum: **Subversion**.
S. *konvertieren*. – *DF* 4 (1978), 581 f.; *Brisante Wörter* (1989), 360–363.

suchen *sw V.* (< 8. Jh.). Mhd. *suochen*, ahd. *suohhen*, as. *sōkian* aus g. **sōk-eja- sw V.* ʿsuchenʾ, auch in gt. *sōkjan*, anord. *sœkja*, ae. *sēcan*, afr. *sēka*, *sēza*. Im germanischen Verbalsystem sieht das Verb aus wie ein Faktitivum zu g. **sak-a- st V.* ʿrechten, streitenʾ (s. *Sache*), doch ist es außergermanisch besser vergleichbar als dieses, so daß die morphologische Analyse offen bleiben muß. Vgl. l. *sāgīre* ʿspüren, witternʾ, air. *saigid* ʿsucht, erstrebtʾ, gr. *hēgéomai* ʿich gehe voran, führeʾ, heth. *šak(k)-*, *šek(k)-* ʿwissen, erfahren, merkenʾ. Ausgangsbedeutung ist also wohl das Wittern des Hundes, das einerseits zu ʿsuchenʾ, andererseits zu ʿführenʾ werden kann. Abstrakta: **Suche, Versuchung**; Nomen agentis: **Sucher**; Präfigierungen: **be-, er-, unter-, versuchen**; Partikelverben: **auf-, aussuchen**.
Nndl. *zoeken*, ne. *seek*, nschw. *söka*, nisl. *sækja*. S. *besuchen, Exegese*. – K. Strunk in: *Früh-, Mittel-, Spätindogermanisch*. Hrsg. G. E. Dunkel u. a. (Wiesbaden 1994), 385 f.; Röhrich 3 (1992), 1585. Zur Entlehnung ins Finnische s. *LÄGLOS* (1991), 68 f., Koivulehto (1991), 45.

Sucht *f.* (< 8. Jh.). Mhd. *suht*, ahd. *suht*, *suft*, as. *suht* aus g. **suhti- f.* ʿKrankheitʾ, auch in gt. *sauhts*, anord. *sótt*, ae. *-siht*, afr. *sechte*. Das Wort gehört zu der unter *siech* behandelten Grundlage. Nndl. *zucht*, nschw. *sot*. S. *Seuche*. Adjektiv: **süchtig**.

suckeln *sw V.* (< 14. Jh.). Erst neuhochdeutsche Intensivbildung zu *saugen*.

Süd *m.* s. *Süden*.

sudeln *sw V. stil.* (< 15. Jh.). Fnhd. *sudelen*. Bei der Sippe dieses Wortes haben sich offenbar zwei Wurzeln vermischt. Zum einen führt eine Bedeutung ʿKochʾ, vgl. spmhd. *sudeler* ʿGarkochʾ, ebenso mhd. *sudel* ʿKochʾ und mhd. *sudelen* ʿkochenʾ offensichtlich zu einer Ableitung von *sieden*. Zum anderen dürfte mhd. *sudel* ʿLache, Pfützeʾ, ae. *gesyd* ʿSuhleʾ und *sudeln* ʿschmieren, unsaubere Arbeit machenʾ wohl zu einer schwer abgrenzbaren Wurzel (ig.) **seu-* mit entsprechenden Bedeutungen gehören, vgl. etwa gr. *hýlē* ʿMaterie, Bodensatz, Schlammʾ. Wenn *Sudel* später als ʿSchmutzkochʾ erklärt wird, dann hat offenbar der Einfluß der zweiten Sippe gewirkt, was sicher zum Untergang des Wortes geführt hat. Abstraktum: *Sudelei*. S. *Sutter*.

Süden *m.* (< *9. Jh., Form < 12. Jh.). Das Substantiv ist wie die zugehörigen Adverbien früh von den (seefahrenden) Niederländern entlehnt (in der ndd. Form *sud* seit dem 12. Jh., in der ndl. Form *süd* seit dem 15. Jh.). Auszugehen ist von g. *sunþa- (usw.) in anord. *súðr n.*, ae. *(Adv.) sūþ*, afr. *sūth*, as. *sūth Adv.*, dann ndd. weiter *sūd*, nndl. *zuid*. Das Substantiv 'Süden' ist überall jünger als die Adverbien ('südwärts, von Süden'). Herkunft umstritten. Da *Osten* als 'Morgenröte', *Westen* wohl als 'Abend, (Sonnenuntergang)' zu erklären ist, leuchtet eine Verbindung mit dem Wort für Sonne am ehesten ein (adverbial: zur Sonne – beim Höchststand – hin, von der Sonne her). Wohl kaum als Gegensatz zu *Norden* (eigentlich 'links/unten') zu *sup-* 'oben' (l. *super*, gr. *hýper, hypér*), da dieses in dieser Form im Germanischen sonst nicht bezeugt ist, und da die abstrakte Bezeichnung für Norden wohl eher davon rührt, daß 'Mitternacht' nicht nach einem konkreten Sonnenstand (oder einer anderen am Tage sichtbaren Erscheinung) benannt werden kann. H. Schröder *GRM* 17 (1929), 421–427; H. V. Velten *JEGPh* 39 (1940), 443–449.

Südwester *m. per. ndd.* 'Ölhut' (< 19. Jh.). Benannt ist das Kleidungsstück danach, daß es vor den Südweststürmen schützen soll. Kluge (1911), 770.

süffisant *Adj. per. fremd.* 'selbstgefällig, spöttisch' (< 19. Jh.). Entlehnt aus frz. *suffisant*, dem PPräs. von frz. *suffire* 'genügen', dieses aus l. *sufficere*, zu l. *facere* 'machen' und l. *sub-*. Abstraktum: *Süffisanz*. S. *infizieren*. – Brunt (1983), 470; *DF* 4 (1978), 583 f.

Suffix *n. per. fach.* 'am Ende angefügtes Wortbildungselement' (< 18. Jh.). Substantiviert aus l. *suffixum* 'das unten Angefügte', s. *Affix* und *sub-*.

Suffragette *f. obs.* 'Frauenrechtlerin' (< 20. Jh.). Entlehnt aus frz. *suffragette*, dieses aus ne. *suffragette*, eigentlich 'Wahlrechtskämpferin', zu e. *suffrage* 'Wahlstimme', dieses aus l. *suffrāgium n.* 'Stimme, Abstimmung'. *DF* 4 (1978), 584 f.; Rey-Debove/Gagnon (1988), 998.

suggerieren *swV. per. fremd.* '(beeinflussend) nahelegen' (< 17. Jh.). Entlehnt aus l. *suggerere (suggestum)*, eigentlich 'unterlegen, von unten heranbringen', zu l. *gerere (gestum)* 'tragen' und l. *sub-*. Adjektiv: *suggestiv*. S. *Register*. – *DF* 4 (1978), 585–590; *Brisante Wörter* (1989), 719–722.

Suhle *f. erw. fach.* 'Sumpf, in dem sich Wild zur Kühlung wälzt' (< 17. Jh.). Ursprungsgleich mit *Sole* und *Soll*, in dieser Form wohl unter dem Einfluß des Verbs *suhlen* (mhd. *süln, suln*, ahd. *bisulen*, ae. *sylian* 'beschmutzen') fest geworden. S. auch *sielen*.

Sühne *f. stil.* (< 8. Jh.). Mhd. *süene, suone*, ahd. *suona*, as. *sōna*, mndd. *sone, sune*; dazu **sühnen** mhd. *süenen*, ahd. *suonen*, as. *(gi)sōnian*; ebenso afr. *sōne* und *sēna*. Vergleichbar ist anord. *sóa* 'opfern, töten', so daß von 'Sühneopfer o.ä.' auszugehen wäre. Da mittelniederdeutsch auch *swone* belegt ist, wird *swō-* als Ausgangsform angesetzt. Da weder Lautform noch Bedeutung gesichert werden können und auch außergermanisch keine klare Anschlußmöglichkeit besteht, ist die Etymologie unklar. Nndl. *zoen*. S. *versöhnen*.

Suite *f. per. fach.* 'Zimmerflucht, Komposition aus nur lose gefügten Sätzen' (< 17. Jh.). Entlehnt aus frz. *suite*, eigentlich 'Folge', dieses aus gallorom. *sequita*, zu l. *sequī* 'folgen'. S. *Konsequenz*. – Brunt (1983), 470 f.; *DF* 4 (1978), 590–593.

Sujet *n. per. fach.* 'Thema' (< 18. Jh.). Entlehnt aus frz. *sujet*, der Entsprechung von *Subjekt*. *DF* 4 (1978), 593

sukzessiv *Adj. per. fremd.* 'allmählich, nach und nach' (< 17. Jh.). Entlehnt aus spl. *successivus*, zu l. *succēdere (successum)* 'folgen, nachfolgen', zu l. *cēdere* 'treten' und l. *sub-*. Abstraktum: *Sukzession*. S. *Abszeß*. – *DF* 4 (1978), 594–597.

Sultanine *f. per. fach.* (eine große Rosine) (< 20. Jh.). Neubildung zu *Sultan*, dieses aus it. *sultano m.*, aus arab. *sulṭān*, eigentlich 'Herrschaft'. Gebildet in Analogie zu *Rosine*, wohl als 'fürstliche Frucht'. Littmann (1924), 70.

Sülze *f. erw. obd.*, auch **Sulz** *f.* (< 9. Jh.). Mhd. *sulz(e)*, *sülze*, ahd. *sulza*, as. *sulta* 'Salzwasser'. Die älteste Bedeutung ist 'Salzwasser', dann (aus sachlichen Gründen) Übergang zur Bezeichnung gallertartiger Gerichte. Ableitung zu *Salz* mit Ablaut. Nndl. *zult*. – Heyne (1899/1903), II, 297; E. Seebold in: *FS Matzel* (1984), 127.

Summe *f.* (< 13. Jh.). Entlehnt aus l. *summa* 'Gesamtzahl', ursprünglich 'die oberste (Zahl)', da früher von unten nach oben addiert wurde. Adjektiv: **summarisch**; Verb: **summieren**. *DF* 4 (1978), 597–609.

summen *swV.* (< 14. Jh.). Wohl lautmalende Bildung. Dazu auch *Gesums*.

Sumpf *m.* (< 13. Jh.). Mhd. *sumpf* aus *swump-* wie das ablautende ne. *swamp* zeigt. Herkunft unklar, vgl. mit Rücksicht auf westfäl. *swampen* 'auf- und niedergehen' die Sippe von *schwanken*. Adjektiv: **sumpfig**; Präfixableitung: **versumpfen**.

Sums *m. per. reg.* 'unnötiges Gerede, Aufhebens' (< 19. Jh.). Ursprünglich aus Berlin, wohin es aus dem Jiddischen gekommen ist (aus *zumuss* ´Speise aus Obst oder Gemüse´, aus mhd. *zuomüese, zuomuose n.* ´Zukost´, eigentlich ´Zu-Mus´).

S. A. Wolf *MS* 72 (1962), 184 f.

Sund *m. per. fach.* ´Meerenge´ (< 16. Jh.). Übernommen aus mndd. *sunt*, vgl. ae. anord. *sund n.* ´enger Zugang, Zwischenraum´. Herkunft unklar, vielleicht eine schwundstufige Bildung zu *schwinden*.

E. Schröder in: *FS A. Bezzenberger* (Göttingen 1921), 136.

Sünde *f.* (< 8. Jh.). Mhd. *sünde*, ahd. *sunta*, as. *sundia*. Die christliche Bedeutung ´Sünde´ auch in afr. *sende*, ae. *syn(n)*; sie ist abgeleitet von einem germanischen Rechtswort für ´Schuld an einer Tat´, das bezeugt ist in anord. *syn* ´Leugnung´, ae. *syn(n)*, afr. *sinne* und as. *sundea*. Es ist eigentlich ein Abstraktum zu g. *sanþ-/sund-* ´wahr, seiend´, einem alten Partizip zu *sein*. Das Wort bedeutet also eigentlich ´der es (gewesen) ist´ und das Abstraktum ´das Gewesensein´. In der Bedeutung ´Wahrheit´ ist es auch in gt. *sunja*, anord. *syn* bezeugt. Adjektiv: **sündig**; Täterbezeichnung: **Sünder**; Verb: **sündigen**.

Nndl. *zonde*, ne. *sin.* – E. Schöder *ZVS* 56 (1928), 106–116; Th. Frings *BGDSL-H* 81 (1959) 416–427; E. Seebold *Sprache* 15 (1969), 14–45; D. Daube *Rechtshistorisches Journal* 4 (1985), 137–143; M. Schumacher *ZDPh* 110 (1991), 61–67; Röhrich 3 (1992), 1585 f.; Heidermanns (1993), 469 f.

Sündenbock *f.* (< 18. Jh.). Nach dem *Bock*, den Aaron mit allen *Sünden* Israels beladen in die Wüste jagt (3. Mose 16,21 ff.). Übertragen für den Unschuldigen, der für die Vergehen anderer herhalten muß.

Röhrich 3 (1992), 1586 f.

Sündflut *f.* s. *Sintflut*.

super- *LAff.* mit den Bedeutungen ´übergeordnet´ (z. B. *Superordination*), ´sehr groß´ (z. B. *Superlativ*) und ´großartig, fantastisch´ (z. B. *superklug*), häufig ironisch. Es wurde in lateinischen Entlehnungen ins Deutsche übernommen; sein Ursprung ist das lateinische Adverb *super* ´oben, darüber, von oben herab, über sich, über … hinaus, jenseits´. Auch umgangssprachlich produktiv.

S. *hyper-, Sopran, Soubrette, souverän, superb, supra-*; zur germanischen Verwandtschaft s. *über.* – *DF* 4 (1978), 609–613; Cottez (1980), 408; G. D. Schmidt *MS* 100 (1990), 204–210.

superb *Adj. per. fremd.* ´vorzüglich´ (< 17. Jh.). Entlehnt aus frz. *superbe*, dieses aus l. *superbus*, zu l. *super* ´oben, darüber, obenauf´. S. *super-*.

Superlativ *m.* ´Höchststufe´, (< 18. Jh.). Entlehnt aus l. *superlātivus*, dem PPP. von l. *superferre (superlātum)* ´darübertragen, darüberlegen´, zu l. *ferre* ´tragen´ und l. *super-*.

S. *Prälat*. – *DF* 4 (1978), 613–616.

supfen *swV. per. reg.* ´schlürfend trinken´ (< 15. Jh.). Fnhd. *supfen*. Intensivum zu dem unter *saufen* dargestellten starken Verb.

Bahder (1925), 116.

Supinum *n. per. fach.* (eine Verbalsubstantivform) (< 19. Jh.). Entlehnt aus l. *supīnum (verbum)*, zu l. *supīnus* ´rücklings, rückwärts gebogen´. So bezeichnet nach entsprechend gr. *hýptios* ´zurückgebogen´, dessen Bezeichnungsmotiv nicht zweifelsfrei geklärt ist.

Suppe *f.* (< 14. Jh.). Ursprünglich niederdeutsches Wort, das unter zusätzlichem Einfluß von frz. *soupe* (das aus dem Niederdeutschen entlehnt ist) in die Hochsprache übernommen wurde. Zu mndd. *supen*, der Entsprechung zu *saufen* in der Bedeutung ´etwas Flüssiges mit dem Löffel essen´. Die echt hochdeutsche Form in ahd. *sūfilīn n.* ´Süppchen´.

Röhrich 3 (1992), 1588 f. Eine Herleitung von frz. *soupe* aus l. *suppedare* ´eintauchen´ versucht mit beachtlichen Gründen H. Meier *RF* 98 (1986), 245–249. Vgl. D. Woll in *FS J. M. Piel.* Hrsg. D. Kremer (Tübingen 1988), 449–460; *DEO* (1982), 491. Die kulturgeschichtlichen Zusammenhänge sind noch nicht ausreichend geklärt.

Supplement *n. per. fach.* ´Ergänzungsband´ (< 16. Jh.). Entlehnt aus l. *supplēmentum*, zu l. *supplēre* ´ergänzen, wieder vollmachen´, zu l. *plēnus* ´voll´. Adjektiv: **supplementär**.

S. *Plenum*. – Schirmer (1912), 71.

Supplikant *m. per. fremd.* ´Bittsteller´ (< 16. Jh.). Substantiviert aus l. *supplicāns*, Partizip zu l. *supplicāre* ´bitten, vor jmd. auf die Knie fallen´, zu l. *supplex* ´demütig bittend´, zu l. *plācāre* ´versöhnen, beschwichtigen, beruhigen´ und l. *sub-*. Dieses ist ein Kausativum zu l. *placēre* ´gefallen, gefällig sein´. S. *Plazet*.

supra- *Präfix* mit der Bedeutung ´über, oberhalb´ (z. B. *supranational*). Es wurde in neoklassischen Bildungen verwendet; sein Ursprung ist l. *suprā Adv., Präp.*, zu l. *superus* ´oben befindlich, von oben herab´, zu l. *super* ´oben heraus, darüber heraus, oberhalb, jenseits´. S. *super-*.

Cottez (1980), 408.

surfen *swV. per. fach.* (wellenreiten) (< 20. Jh.). Entlehnt aus ne. *surf*, zu e. *surf* ´Brandung´, dessen weitere Herkunft nicht geklärt ist. Zunächst Bezeichnung für das Wellenreiten mit einem Brett; dann auch übertragen auf das Segeln mit besonderen Sportgeräten in Binnengewässern. Nomen agentis: **Surfer**.

Rey-Debove/Gagnon (1988), 1003–1005.

Surrealismus *m. per. fach.* (< 20. Jh.). Entlehnt aus frz. *surréalisme*, dieses aus frz. *réalisme* ´Realismus´ (s. *real*) und frz. *sur* ´über´. Dazu dann rückgebildet *surreal*, das im Französischen kein Vorbild hat.

DF 4 (1978), 618–620.

surren *swV.* (< 17. Jh.). Sicher lautmalend. Ähnliche Schallwörter auf einer Grundlage **sur-* oder **swer-* sind weit verbreitet, ohne besonders naheliegende Vergleichsmöglichkeiten zu bieten. Vgl. *sirren.*

Surrogat *n. per. fach.* ´nicht vollwertiger Ersatz´ (< 18. Jh.). Zu l. *surrogāre, subrogāre (subrogātum)* ´jmd. an die Stelle eines anderen wählen lassen´, zu l. *rogāre* ´etwas holen, jmd. fragen, vorschlagen´ und l. *sub-*. S. *regieren.* *DF* 4 (1978); 621−623.

suspekt *Adj. per. fremd.* ´verdächtig, fragwürdig´ (< 16. Jh.). Entlehnt aus l. *suspectus*, dem PPP. von l. *suspicere (suspectum)* ´beargwöhnen, aufwärts sehen´, zu l. *specere* ´sehen´ und l. *sub-*. S. *Spektakel.* − *DF* 4 (1978), 623 f.; J.-L. Matharan *DUSP* 4 (1987), 167−185.

suspendieren *swV. per. fach.* ´vom Dienst vorübergehend beurlauben´ (< 16. Jh.). Entlehnt aus l. *suspendere (suspēnsum)* ´in der Schwebe halten, aufheben, aufhängen´, zu l. *pendere* ´herunterhängen lassen, wägen, abwägen´ und l. *sub-*.
Zur Sippe von l. *pendere* ´hängen lassen, wägen´ gehören noch mit der Form des Präsensstammes *spenden, Pendant* (frz.), *Pendel, Perpendikel, Kompendium* und auf Umwegen *Spind* und *Penthaus*. Zu den Bildungen auf *-s* gehören *Dispens, kompensieren, Speise* und *Spesen*; zu den *o*-stämmigen Ableitungen *Imponderabilien, Pfund* und *Pfennig*. − *DF* 4 (1978), 624−627.

süß *Adj.* (< 8. Jh.). Mhd. *süeze, suoze*, ahd. *s(w)uozi*, as. *swōti* aus g. **swōtu-* *Adj.* ´süß´, auch in anord. *sœtr*, ae. *swōt*. Außergermanisch vergleichen sich l. *suāvis* ´süß´ (übertragen), gr. *hēdýs*, ai. *svādú-*. Vermutlich als (ig.) **swā-d-u-* ´Saftgeschmack gebend´ zu einem Wort für ´Saft´ (ae. *sēaw*, ahd. *sou*) und der Wurzel **dō* ´geben´. Abstrakta: **Süßigkeit, Süße**; Verb: **süßen**; Modifikation: **süßlich**.
Nndl. *zoet*, ne. *sweet*, nschw. *söt*, nisl. *sœtur*. S. *Mädesüß.* − W. Armknecht: *Geschichte des Wortes ´süß´* (Berlin 1936); I. Rosengren: *Milti* (Lund 1968/69); E. Seebold in: *FS Matzel* (1984), 121−123; Heidermanns (1993), 584 f.

Sutane *f.* s. *Soutane.*

Sutter *m. arch.* ´Sumpf, Tabakjauche´ (< 19. Jh.). Erweitert aus mhd. *sut(t)e f.* ´Lache, Pfütze´, das wohl zur gleichen Grundlage wie *Sudel* gehört (s. *sudeln*).

Sweater *m. obs.* ´Pullover´ (< 19. Jh.). Entlehnt aus ne. *sweater*, zu e. *sweat* ´schwitzen´, aus ae. *swǣtan*, zu ae. *swāt n.* ´Schweiß´. Ursprünglich ein Kleidungsstück, das bei körperlicher Betätigung getragen wurde, damit man schwitzt und Gewicht verliert; dann übertragen auf solche Kleidungsstücke, die vor oder nach dem Sport angezogen werden, um Erkältungen vorzubeugen. Schließlich allgemein ´Pullover´.
Rey-Debove/Gagnon (1988), 1007 f.

Swimmingpool *m. erw. fremd.* ´Schwimmbecken´ (< 20. Jh.). Entlehnt aus ne. *swimming pool*, aus e. *swim* ´schwimmen´ (s. *schwimmen*) und e. *pool* ´Teich, Pfütze´ (s. *Pfuhl*).

Symbiose *f. per. fach.* ´für alle Beteiligten vorteilhafte Verbindung´ (< 19. Jh.). Entlehnt aus gr. *symbíōsis* ´Zusammenleben´, zu gr. *sýmbios* ´zusammenlebend´, zu gr. *bíos m.* ´Leben´ und gr. *syn-*. S. *Biologie.* − *DF* 4 (1978), 627 f.; Cottez (1980), 409.

Symbol *n.* (< 15. Jh.). Entlehnt aus l. *symbolum*, dieses aus gr. *sýmbolon*, eigentlich: ´Erkennungszeichen zwischen Gastfreunden (u.ä.)´, zu gr. *symbállein* ´zusammenbringen, zusammenwerfen´, zu gr. *bállein* ´treffen, werfen´ und gr. *syn-*. Für das *sýmbolon* wurde ein Ring o.ä. in Teile gebrochen, von denen jeder Partner einen bekam. Das Erkennungszeichen bei einem späteren Treffen war, daß die Stücke zusammenpaßten. Adjektiv: **symbolisch**; Verb: **symbolisieren**.
Zur Sippe von gr. *bállein* ´werfen´ gehören noch *diabolisch* (und *Teufel*), *Parabel* und seine Verwandtschaft (*Palaver, Parlament, Parole*, vielleicht *Polier*) und mit Schwundstufe der ersten Silbe *Emblem* und *Problem*. Umgebildet ist *Armbrust*. − *DF* 4 (1978), 629−642.

Symmetrie *f.* (< 18. Jh.). Entlehnt aus l. *symmetria*, dieses aus gr. *symmetría*, zu gr. *sýmmetros* ´abgemessen, verhältnismäßig, ebenmäßig´, zu gr. *métron n.* ´Maß, Maßstab´ und gr. *syn-*. Adjektiv: **symmetrisch**.
S. *Metrik.* − *DF* 4 (1978), 642−645.

Sympathie *f.* (< 17. Jh.). Entlehnt aus l. *sympathía*, dieses aus gr. *sympátheia*, zu gr. *sympathḗs* ´mitleidend, mitfühlend´, zu gr. *páthos n.* ´Erleiden, Erdulden, Gemütsbewegung, Affekt, Leidenschaft´ und gr. *syn-*. Adjektiv: **sympathisch**; Verb: **sympathisieren**.
S. *Pathos.* − *DF* 4 (1978), 643−638; Cottez (1980), 409.

Symphonie *f.* s. *Sinfonie.*

Symposion, Symposium *n. per. fach.* ´Zusammenkunft zur fachlichen Diskussion´ (< 20. Jh.). Entlehnt aus ne. *symposium*, dieses aus l. *symposium*, *symposion* ´Gastmahl´, aus gr. *sympósion*, zu gr. *sympínein* ´zusammen trinken, an einem Gelage teilnehmen´, zu gr. *pínein* ´trinken´ und gr. *syn-*. Die moderne Bedeutung unter Anlehnung an Platons Dialog *Symposion*, dessen Titel ein Gelage mit hochgeistigen Gesprächen bezeichnet.
DF 4 (1978), 638−660; Rey-Debove/Gagnon (1988), 1010.

Symptom *n.* (< 18. Jh.). Entlehnt aus gr. *sýmptōma* ´Begebenheit, Eigenschaft, Zufall´, zu gr. *sympíptein* ´sich ereignen, zusammentreffen, zusammenfallen´, zu gr. *píptein* ´geraten, herabfallen, stürzen´ und gr. *syn-*. Adjektiv: **symptomatisch**.
S. zur germanischen Verwandtschaft s. *Feder.* − *DF* 4 (1978), 660−664.

syn- *Präfix.* mit der Bedeutung ʿgemeinsam, mit zusammenʾ (z. B. *synonym, Synthese*). Es wurde in griechischen Entlehnungen ins Deutsche übernommen; sein Ursprung ist gr. *sýn, xýn.*
Cottez (1980), 409 f.

Synagoge *f. erw. fach.* (jüdisches Gebetshaus) (< 13. Jh.). Mhd. *sinagōgē* ist entlehnt aus kirchen-l. *synagōga*, dieses aus ntl.-gr. *synagōgḗ*, auch: ʿVersammlungsort, Versammlungʾ, zu gr. *synágein* ʿzusammenführenʾ, zu gr. *ágein* ʿführenʾ und gr. *syn-.*
S. *Demagoge.*

Synästhesie *f. per. fach.* ʿVermischung von Sinneseindrückenʾ (< 20. Jh.). Entlehnt aus gr. *synaísthē-sis* ʿMitempfinden, gleichzeitige Wahrnehmungʾ, zu gr. *synaisthánesthai* ʿzugleich wahrnehmen, mit jmd. fühlenʾ, zu gr. *aisthánesthai* ʿfühlen, wahrnehmen, empfindenʾ und gr. *syn-*. S. *Ästhetik.*

synchron *Adj.* (< 19. Jh.). Neubildung aus gr. *sýn* ʿzusammenʾ und gr. *chrónos* ʿZeitʾ. Nominalableitung: **Synchronie**, hierzu **synchronisch**.
S. *Chronik.* − *DF* 4 (1978), 664−669; Cottez (1980), 410.

Syndikat *n. per. fach.* ʿVerkaufskartellʾ (< 19. Jh.). Entlehnt aus ne. *syndicate*, dieses aus frz. *syndicat m.*, eigentlich ʿRechtsbeistandʾ, dieses aus l. *syndicus m.* ʿRechtsbeistandʾ, aus gr. *sýndikos m.*, zu gr. *deiknýnai* ʿzeigen, vorzeigenʾ und gr. *syn-.* Täterbezeichnung: **Syndikus**.
S. *apodiktisch.* − Schirmer (1912), 187.

Syndrom *n. per. fach.* ʿkomplexes (Krankheits)-Bildʾ (< 18. Jh.). Entlehnt aus gr. *syndromḗ f.* ʿAnhäufung, Zusammenlauf, Zusammenströmenʾ, zum Suppletivstamm von gr. *syntréchein* ʿsich vereinigen, zusammenlaufen, mitlaufenʾ, zu gr. *tréchein* ʿlaufen, eilen, rennenʾ (suppletiv *édramon* usw.) und gr. *syn-.*
G. Preiser *MJ* 1 (1966), 235−239; *DF* 4 (1978), 669.

Synkope *f. per. fach.* ʿrhythmische Verschiebung, Ausfall eines unbetonten Vokalsʾ (< 18. Jh.). Entlehnt aus spl. *syncopē, syncopa* ʿVerkürzung eines Wortes in der Mitteʾ, zu gr. *synkóptein* ʿzusammenschlagenʾ, zu gr. *kóptein* ʿschlagen, stoßen, hauenʾ und gr. *syn-*. Verb: **synkopieren**. S. *Komma.*

Synode *f. per. fach.* ʿbeschließende Versammlung von Klerikernʾ (< 18. Jh.). Entlehnt aus l. *synodus*, dieses aus gr. *sýnodos*, wörtlich: ʿZusammenkunftʾ, zu gr. *hodós* ʿWeg, Gangʾ und gr. *syn-.* Adjektiv: **synodal**.
S. *Methode.* − *DF* 4 (1978), 670−673.

synonym *Adj. per. fach.* ʿgleichbedeutendʾ (< 19. Jh.). Entlehnt aus frz. *synonymique*, dieses aus l. *synōnymus*, aus gr. *synṓnymos*, zu gr. *ónoma* ʿName, Benennung, Wortʾ und gr. *syn-*, also ʿgleichnamigʾ. Abstraktum: **Synonymie**.
S. *anonym.* Ersatzwort ist *sinnverwandt.* − *DF* 4 (1978), 673−675; Cottez (1980), 410.

Synopse *f. per. fach.* ʿvergleichende Gegenüberstellungʾ (< 16. Jh.). Entlehnt aus l. *synopsis* ʿkurzes Verzeichnis, Entwurf, Abrißʾ, aus gr. *sýnopsis* ʿÜbersicht, Überblickʾ, zu gr. *ópsis* ʿSehen, Erblickenʾ und gr. *syn-.*
DF 4 (1978), 675 f.

Syntax *f.* (< 18. Jh.). Entlehnt aus gr. *sýntaxis*, eigentlich ʿZusammenordnungʾ, zu gr. *táxis* ʿOrdnungʾ und gr. *syn-*, zu gr. *tássein* ʿordnenʾ.
S. *Hypotaxe, Parataxe, Taktik, Taxonomie.* − E. Leser *ZDW* 15 (1914), 82 f.; *DF* 4 (1978), 676 f.

Synthese *f.* (< 18. Jh.). Entlehnt aus l. *synthesis*, dieses aus gr. *sýnthesis*, zu gr. *syntithénai* ʿzusammenstellenʾ, zu gr. *tithénai* ʿsetzen, stellen, legenʾ und gr. *syn-.* Adjektiv: **synthetisch**.
S. *These.* − *HWPh* 1 (1971), 230−248; *DF* 4 (1978), 677−682.

Syphilis *f. erw. fach.* (Geschlechtskrankheit) (< 18. Jh.). Nach dem Titel eines lateinischen Lehrgedichts des 16. Jhs., in dem die Geschichte des geschlechtskranken Hirten *Syphilus* erzählt wird. 1530 von dem Veroneser Arzt Fracostoro eingeführt.
F. Burg *ZDW* 12 (1910), 302.

System *n.* (< 16. Jh.). Entlehnt aus l. *systēma*, dieses aus gr. *sýstēma*, eigentlich ʿZusammenstellungʾ, zu gr. *synistánai* ʿzusammenstellenʾ, zu gr. *histánai* ʿstellen, aufstellenʾ und gr. *syn-.* Adjektiv: **systematisch**; Verb: **systematisieren**.
S. *Statik.* − O. Ritschl: *System und systematische Methode* (Bonn 1906); *DF* 4 (1978), 683−696; *Grundbegriffe* 6 (1990), 285−322.

Szene *f.* (< 18. Jh.). Unter Einfluß von frz. *scène* entlehnt aus l. *scēna, scaena*, dieses aus gr. *skēnḗ*, eigentlich ʿZelt, Hütteʾ, dann ʿBühne des Theatersʾ. Adjektiv: **szenisch**.
M. H. Marshall *Symposium* 4 (1950), 1−39, 366−389; *DF* 4 (1978), 697−704; Röhrich 3 (1992), 1591.

Szepter *n.* s. *Zepter.*

T

Tabak *m.* (< 16. Jh.). Entlehnt aus span. *tabaco*, das wohl aus einer nicht näher feststehenden Indianersprache stammt (vielleicht aber eher aus arab. *ṭubbāq* ʿBezeichnung einer aromatischen Pflanzeʾ). Die Form *Tobak* nach ne. *tobacco*. Nominalableitung (nach frz. *tabatière*) **Tabatiere**.

Littmann (1924), 146, 149; R. Loewe *ZVS* 61 (1933), 61−67; E. Öhmann *NPhM* 41 (1940), 36; *DF* 5 (1981), 1−5; Röhrich 3 (1992), 1592.

Tabelle *f.* (< 17. Jh.). Entlehnt aus l. *tabella* ʿNiederschrift, Gedächtnistäfelchen, Brettchenʾ, einem Diminutivum zu l. *tabula* ʿBrett, Tafel, Verzeichnisʾ. Eine frühere Entlehnung schon im 11. Jh. Adjektiv: **tabellarisch**.

S. *Tafel*. − *DF* 5 (1981), 5−7.

Tabernakel *n./m. per. fach.* ʿSchrein für die geweihten Hostienʾ (< 13. Jh.). Mhd. *tabernakel m.* ʿZeltʾ ist entlehnt aus l. *tabernāculum n.* ʿSchauhütte, Bude, Hütteʾ, zu l. *taberna f.* ʿBretterhütte, Bude, Ladenʾ (s. *Taverne*). Das Wort wird von den Kirchenvätern für ʿheiliges Zelt, Stiftshütteʾ verwendet und dann auf den Hostienschrein übertragen.

DF 5 (1981), 7−9.

Tableau *n. per. fach.* ʿGemälde, Schilderung, Übersichtʾ (< 18. Jh.). Entlehnt aus frz. *tableau*, zu l. *tabula*, s. *Tafel*.

DF 5 (1981), 10.

Tablett *n.* (< 18. Jh.). Entlehnt aus frz. *tablette f.*, Diminutiv zu frz. *table f.* ʿBrett, Tischʾ, aus l. *tabula f.* (s. *Tafel*). Genuswechsel im Gegensatz zu *Tablette*.

DF 5 (1981), 11; Röhrich 3 (1992), 1592.

Tablette *f.* (< *18. Jh., Bedeutung < 20. Jh.). Wie *Tablett* entlehnt aus frz. *tablette*, zunächst in der Bedeutung ʿBlock, Heftʾ; die pharmazeutische Bedeutung erst im 20. Jh.

DF 5 (1991), 11 f.

Tabu *n.* ʿrituelles oder gesellschaftliches Verbotʾ (< 19. Jh.). Entlehnt aus frz. *tabou m.* und ne. *taboo*, diese aus polynes. *tapu*. Zunächst Bezeichnung für geweihte, unberührbare Dinge, die dem weltlichen Zugriff entzogen waren. Adjektiv: **tabu**; Verben: **tabuieren, (ent-) tabuisieren**.

G. Kahlo *MS* (1961), 32; Lokotsch (1975), 156; *DF* 5 (1981), 12−17; Heft 2 von Bd. 18 (1987) von *SLWU*, besonders der Beitrag von F. Kuhn S. 19−35; Rey-Debove/Gagnon (1988), 1013−1015; Röhrich 3 (1992), 1592 f.

Tacheles *Partikel phras.* in der Wendung *Tacheles reden* ʿunverblümt seine Meinung sagenʾ (< 20. Jh.). Entlehnt aus wjidd. *tachles* ʿZweckʾ, wjidd. *tachles reden* ʿzur Sache kommenʾ. Dieses aus hebr. *tak̠lī̠t* ʿEnde, Äußerstesʾ, dann auch ʿZweckʾ.

Röhrich 3 (1992), 1594.

Tacho(meter) *m. erw. fach.* ʿGeschwindigkeitsmesserʾ (< 19. Jh.). Neubildung des 20. Jhs. zu gr. *tachýs* ʿschnellʾ und gr. *métron n.* ʿMaßʾ. Das Wort wird häufig im Sinn von ʿKilometerzählerʾ verwendet, weil Geschwindigkeitsmesser und Kilometerzähler ein kombiniertes Gerät bilden.

S. *Metrik*. − Trier (1981), 81; Cottez (1980), 411; *DF* 5 (1981), 20.

Tadel *m.* (< 13. Jh.). Mhd. *tadel m./n.* Übernommen aus dem Niederdeutschen, die hochdeutsche Entsprechung dazu in ahd. *zādal*, mhd. *zadel, zādel* ʿMangelʾ. Hierzu ae. *tǣl f.* ʿTadel, Verleumdung, Spottʾ. Herkunft unklar. Verb: **tadeln**.

Tafel *f.* (< 9. Jh.). Mhd. *tavel(e)*, ahd. *tavala, tabela*. Entlehnt aus rom. *tavola* (it. *tavola*, frz. *table*), aus l. *tabula* ʿBrettʾ. Eine schon früher erfolgte Entlehnung aus dem gleichen Wort ergibt ahd. *zabal n.*, mhd. *zabel n.*, vor allem in *schachzabel* ʿSchachbrettʾ. Verben: **tafeln, täfeln**.

S. *Tabelle, Tableau, Tablett, Tablette*. − Röhrich 3 (1992), 1594.

Taft *m. per. fach.* (ein Stoff aus Seide) (< 15. Jh.), auch als *Taffet*. Entlehnt aus it. *taffeta*, dieses aus pers. *tāftā* ʿSeidenstoff, eine Art Gewandʾ, eigentlich ʿgewebtʾ, zu pers. *tāftän* ʿdrehen, wenden, webenʾ.

Tag *m.* (< 8. Jh.). Mhd. *tac, tag*, ahd. *tag*, as. *dag* aus g. **daga- m.* ʿTagʾ, auch in gt. *dags*, anord. *dagr*, ae. *dæg*, afr. *dei*; in der alten Zeit ist damit nur die Zeit zwischen Sonnenaufgang und Sonnenuntergang gemeint, erst später der Tag von 24 Stunden. Lautlich läßt sich das Wort an die Wurzel ig. **dʰegʷʰ-* ʿbrennenʾ anschließen (die lautlichen Verhältnisse sind allerdings nicht ausreichend geklärt), vgl. ai. *dáhati*, toch. AB *tsärk-*, l. *fovēre* ʿwärmenʾ, l. *fōculum n.* ʿFeuerpfanneʾ, l. *favīlla f.* ʿAscheʾ, lit. *dègti*, vermutlich auch akslav. *žešti* (mit Assimilation des Anlauts) und gr. *téphrā f.* ʿAscheʾ. Zu beachten ist aber auch das reimende ai. *áhar- n.* ʿTagʾ, das keine weitere Vergleichsmöglichkeit hat. Falls unmittelbar zu ʿbrennenʾ gehörig, kann die Bedeutung des germanischen Wortes auf ʿhelle, heiße Tageszeitʾ zurückgeführt werden (vgl. lit. *dā-*

gas ʿSommerhitzeʾ); denkbar ist auch, daß ursprünglich der Tagesanbruch so genannt wurde (vgl. *es tagt*) und die spätere Bedeutung durch Verallgemeinerung entstand. Der ʿTagʾ war früher auch besonders der Tag des Things, dann der Gerichtstag. Verb: *tagen* (ʿTag werdenʾ − ʿverhandelnʾ); Adjektiv: *täglich*; Adverb: *tags*.

Nndl. *dag*, ne. *day*, nschw. *dag*, nisl. *dagur*. S. auch *Mittag*, *Teiding*. − Wünschmann (1966), 15 f.; Röhrich 3 (1992), 1594−1596.

Tagebuch *n.* (< 17. Jh.). Übersetzt aus ml. *diurnalis* (s. *Journal*) oder l. *diurnum (commentariolum)* zu l. *diēs f./m.* ʿTagʾ. Dies ist seinerseits eine Lehnübersetzung von gr. *ephēmerís f.* ʿTagebuchʾ zu gr. *hēmérā f.* ʿTagʾ.

tagen *swV.* (< 10. Jh.). In der Bedeutung ʿeine Tagung haltenʾ kommt das Wort im 14. Jh. im alemannischen Gebiet auf. Die Bedeutung ist abhängig von *Tag* im Sinne von ʿTerminʾ. In der Bedeutung ʿTag werdenʾ liegt eine ältere Bildung vor (mhd. *tagen, tegen*, ahd. *tagēn*, ae. *dagian*, anord. *daga*).

Tagesordnung *f.* (< 18. Jh.). Übersetzt aus frz. *ordre du jour m.*, das seinerseits auf ne. *order of the day* zurückgeht.

Röhrich 3 (1992), 1596.

täglich *Adj.* (< 8. Jh.). Mhd. *tegelich, tagelich*, ahd. *tagalīh, tagolīh*. Die Bildung ist vermutlich nicht eine einfache Ableitung auf *-lich*, sondern verkürzt aus *(allero) tago gihwilīh* ʾvon allen Tagen ein jederʾ. Zu dieser Bildung vgl. *männiglich*. Eine Steigerungsform ist *tagtäglich*, das seit dem 18. Jh. erscheint.

Tagwerk *n. per. oobd.* ʿFlächenmaßʾ (< 11. Jh.). Mhd. *tagewerc*, ahd. *tagawerc*, as. *dagwerk*; wie ae. *dægweorc* eigentlich ʿArbeit des Tagesʾ, übertragen: ʿso viel Land, wie man an einem Tag bearbeiten kannʾ.

Taifun *m. erw. exot.* (ein tropischer Wirbelsturm) (< 19. Jh.). Entlehnt aus ne. *typhoon, typhon*, dieses aus chin. *tai fung*, eigentlich ʿgroßer Windʾ. Die englische Schreibung zeigt einen Bezug auf gr. *tȳphōn* ʿWirbelwindʾ.

Kluge (1911), 771; H. Kahane/R. Kahane in: *FS Wartburg* (1958), 417−428; Lokotsch (1975), 157.

Taille *f.* ʿGürtellinieʾ (< 17. Jh.). Entlehnt aus frz. *taille*, zu frz. *tailler* ʿ (nach einer Form) schneidenʾ, dieses aus l. *taliāre* ʿspaltenʾ. Gemeint ist zunächst der Schnitt eines Kleides, der dann eingeengt wird auf den Teil zwischen Rippen und Hüfte, teilweise auch auf die Körpergegend selbst (*den Arm um die Taille legen*).

S. *Detail*, *Teller*. − Kluge (1911), 775 f.; Jones (1976), 615; *DF* 5 (1981), 21−27; Brunt (1983), 474.

Takel *n. per. fach.* ʿTauwerk und Hebezeug des Schiffsʾ (< 16. Jh.). Übernommen aus dem Niederdeutschen: Mndd. *takel*, mndl. *takel*. Zu me. *takken* ʿlose befestigen, heftenʾ, das vielleicht weiter zu der Sippe von *Zacken* gehört. Kollektiv: *Takelage*; Verb: *(auf-, ab-) takeln*.

Kluge (1911), 771 f.

Takt *m.* (< 16. Jh.). Entlehnt aus l. *tāctus* ʿBerührungʾ, Abstraktum zu l. *tangere (tāctum)* ʿberührenʾ, zunächst mit der gleichen Bedeutung. Daraus entwickelt sich die musikalische Sonderbedeutung, zunächst im Sinn von ʿTaktschlagʾ. Die Bedeutung ʿFeingefühlʾ geht letztlich auf das gleiche Wort zurück, steht aber unter dem Einfluß der französischen Bedeutungsentwicklung, die über ʿtastenʾ zu der übertragenen Bedeutung kommt.

S. *Tangente*. − Eggebrecht (1955), 50−55; *DF* 5 (1981), 27−32; Röhrich 3 (1992), 1596.

Taktik *f.* (< 18. Jh.). Entlehnt aus frz. *tactique*, dieses aus gr. *taktikē (téchnē)*, eigentlich ʿLehre von der Anordnungʾ, zu gr. *taktikós* ʿdie Aufstellung (eines Heeres) betreffendʾ, zu gr. *táttein, tássein* ʿanordnen, aufstellenʾ. Zunächst beschränkt auf den militärischen Bereich; dann Verallgemeinerung. Adjektiv: *taktisch*; Verb: *taktieren*.

S. *Syntax*. − *DF* 5 (1981), 32−36.

Tal *n.* (< 8. Jh.). Regional auch *m.* Mhd. *tal*, ahd. *tal m./n.*, as. *dal* aus g. **dala- m./n.* ʿTalʾ, auch in gt. *dal*, anord. *dalr m.*, ae. *dæl*. Außergermanisch vergleichen sich kslav. *dolŭ m.* ʿGrubeʾ (russ. *dol m.* ʿTalʾ), kymr. *dôl* ʿWiese, Talʾ und vielleicht, falls von ʿKrümmungʾ auszugehen ist, gr. *thólos f.* ʿRundbau, Kuppelbauʾ. Weitere Herkunft unklar.

Nndl. *dal*, ne. *dale*, nschw. *dal*, nisl. *dalur*. S. *Delle*.

Talar *m. erw. fach.* ʿweite Amtstracht von Geistlichen usw.ʾ (< 16. Jh.). Entlehnt aus l. *tālāris f.* ʿlanges, bis an die Knöchel gehendes Bekleidungsstückʾ, zu l. *tālāris* ʿzu den Knöcheln gehörigʾ, zu l. *tālus* ʿFesselknochen, Sprungbeinʾ.

S. *Talon*. − *DF* 5 (1981), 36.

Talent *n.* (< 17. Jh.). Entlehnt aus frz. *talent m.*, dieses aus l. *talentum*, das wie gr. *tálanton* eine Gewichtseinheit bezeichnet, eigentlich ʿWaageʾ, zu gr. *tlēnai* ʿaufheben, tragen, wägenʾ (s. *dulden*). Die heutige Bedeutung durch Bezug auf das biblische Gleichnis von den anvertrauten Talenten (Mt. 25,14−30), die als von Gott anvertraute Fähigkeiten gedeutet werden. Adjektiv: *talentiert*.

K.-H. Weimann *DWEB* 2 (1963), 406; *DF* 5 (1981), 36−41.

Taler *m.* (< 16. Jh.). Gekürzt aus *Joachimstaler*; gemeint ist eine Münze aus Joachimstaler Silber (in Sankt Joachimsthal im Erzgebirge wird seit dem 16. Jh. Silber abgebaut). Als Münzname hat das Wort weite Verbreitung erfahren, am wichtigsten ist am.-e. *dollar*, das über ndd. *daler* entlehnt ist.

Röhrich 3 (1992), 1597.

Talg *m. erw. fach.* (< 16. Jh.). Übernommen aus dem Niederdeutschen: Mndd. *talch*, mndl. *talch*, entsprechend me. *talgh*, anord. ablautend *tolg f.* Ae. *telg*, *tælg* ist als ʼFarbe, Beizeʼ überliefert, was sich vielleicht aus Plinius (*Naturalis historia* 28,191) erklärt, der berichtet, daß Germanen und Kelten sich mit einer seifenartigen Mischung aus Talg und Asche die Haare färben würden. Herkunft unklar, ein Zusammenhang mit gt. *tulgus* ʼfestʼ ist denkbar, die Ausgangsbedeutung wäre dann etwa ʼsteife Masseʼ.

Nndl. *talk*, ne. *tallow*, nisl. *tólg*. – Heidermanns (1993), 607.

Talisman *m. erw. fach.* ʼGlücksbringerʼ (< 17. Jh.). Entlehnt aus it. *talismano*, dieses aus arab. *ṭilasm* ʼZauberbildʼ, dieses über das Mittelgriechische aus gr. *télesma* ʼbestätigtes Abbildʼ, zu gr. *teleĩn* ʼvollenden usw.ʼ, zu gr. *télos n.* ʼEnde, Zweck, Zielʼ, *Pl.* ʼMysterienʼ.

Lokotsch (1975), 162; *DF* 5 (1981), 41–43; M. Pissinova *Filologia Moderna* 9 (1987), 265–281.

Talk[1] *m. per. fach.* (ein weißes Mineral) (< 16. Jh.). Zunächst als Neutrum übernommen aus frz. *talc*, span. *talco*, die aus arab. *ṭalq* gleicher Bedeutung mit der Sache in Spanien entlehnt wurden. Seit dem 17. Jh. auch die latinisierte Form *Talkum* (*talcum*) *n.*

Littmann (1924), 90; K.-H. Weimann *DWEB* 2 (1963), 406; Goltz (1972), 279–281; Lüschen (1979), 329.

Talk[2] *m. per. obd.* ʼungeschickter Menschʼ, auch **Dalk** (< 19. Jh.). Dazu **talken** ʼkindisch daherredenʼ, (österr.) *talke(r)t* ʼdumm, ungeschicktʼ. Zugrunde liegt mhd. *talgen* ʼknetenʼ, mhd. *talke* ʼklebrige Masseʼ, vgl. obd. *talke(r)t* ʼweich, unfestʼ. Ausgangsbedeutung also ʼTeig – kneten – weichʼ mit unklarer Herkunft. Der Bedeutungsübergang geht von ʼweich, nicht fertig gebackenʼ aus.

Talmi *n. obs.* ʼSchmuck ohne besonderen Wertʼ (< 19. Jh.). Gekürzt aus nhd. *Talmigold*, ursprünglich eine mit Gold plattierte Kupferlegierung, dann mit allgemeinerer Bedeutung gebraucht. Herkunft umstritten.

W. Seibicke *MS* 98 (1979), 33–44; J. Knobloch *MS* 99 (1980), 179 f. [Herangezogen wurde die Magisterarbeit von S. L. Grothe].

Talon *m. per. fach.* ʼKontrollabschnitt, Kartenrestʼ (< 20. Jh.). Entlehnt aus frz. *talon* ʼRestʼ, dieses aus l. *tālus* ʼFesselknochen, Sprungbein, Ferseʼ. ʼFerseʼ gilt in Wendungen wie ʼvom Scheitel bis zur Sohle/Ferseʼ als ʼEndeʼ. S. *Talar*.

Tamburin *n. erw. fach.* ʼSchellentrommelʼ (< 13. Jh.). Wohl entlehnt aus (nicht früher bezeugtem) frz. *tambourin m.*, einem Diminutivum zu frz. *tambour m.* ʼTrommelʼ. Dieses aus pers. *ṭabīr*, in der Lautung angelehnt an arab. *ṭunbūr* ʼarabische Lauteʼ.

Lokotsch (1975), 90 f.; Jones (1976), 616; Relleke (1980), 120–123, 251 f.

Tampon *m. per. fach.* ʼWattebausch o.ä. zum Aufsaugen von Flüssigkeitenʼ (< 19. Jh.). Entlehnt aus frz. *tampon*, einer Nebenform von frz. *tapon* ʼzusammengeknüllter Stoffklumpen, kleiner Pfropfenʼ, aus andfrk. **tappo* ʼZapfenʼ (s. *Zapfen*).

DF 5 (1981), 43 f.

Tamtam *n. vulg.* ʼBetriebsamkeit, Marktschreiereiʼ (< 19. Jh.). Entlehnt aus frz. *tamtam m.* Gemeint ist eigentlich eine Art Gong, der in Indien lautmalend als *tamtam* bezeichnet wird. Die übertragene Bedeutung schon im Französischen.

Littmann (1924), 130 f.; Lokotsch (1975), 158 f.; *DF* 5 (1981), 44–46; Röhrich 3 (1992), 1597 f.

Tand *m. erw. stil.* (< 14. Jh.). Spmhd. *tant*, mndd. *tant* ʼleeres Geschwätz, Possen, Spielzeugʼ. Herkunft unklar, wohl entlehnt (span. *tanto* ʼSpielgeldʼ?). Hierzu **tändeln** und **Tändelei** seit dem 17. Jh.

Lühr (1988), 174 f.

tändeln *swV.* s. *Tand*.

Tandem *n. erw. fach.* ʼGefährt mit zwei hintereinander liegenden Antriebsstellenʼ (< 18. Jh.). Entlehnt aus ne. *tandem*, dieses wohl aus l. *tandem* ʼendlich, zuletzt, doch endlich einmalʼ. Die Bedeutungsentwicklung ist nicht ganz klar. Es scheint sich um einen Scherz in Universitätskreisen zu handeln, der l. *tandem* ʼat lengthʼ (instead of side by side) absichtlich falsch interpretiert. Zunächst wohl verwendet im Sinne von ʼhintereinander angeordnetʼ (z. B. für eine Kutsche mit zwei hintereinander gespannten Pferden) (< 18. Jh.). Dann uminterpretiert als ʼZweier-ʼ.

DF 5 (1981), 46; S. Thiemann *SD* 28 (1984), 75–78; Röhrich 3 (1992), 1598.

Tang *m. erw. fach.* (< 18. Jh.). Entlehnt aus den nordischen Sprachen (ndn. *tang*, nschw. *tång*), in denen es mit ostnordischem Übergang von *þ* zu *t* aus anord. *þang n.* entstanden ist. Dieses vermutlich zu der gleichen Grundlage g. **þenh-* wie *dicht*.

Tangente *f. erw. fach.* ʼeine Kurve in einem Punkt berührende Geradeʼ (< 18. Jh.). Neubildung zu l. *tangēns* (*-entis*) ʼberührendʼ, dem PPräs. von l. *tangere* (*tāctum*) ʼberührenʼ.

Zur Sippe des zugrundeliegenden l. *tangere* ʼberührenʼ gehören zunächst (vom Präsensstamm) *Tangente* und *Kontingent*; zum nasallosen Stamm *Kontiguität*; dann von den *t*-Bildungen *Takt, intakt, Kontakt*; zu einer *r*-Bildung *integer, integrieren*; zu einem Iterativum auf *-s-: taxieren, Taxe, Taxi* (hierzu letztlich auch *tasten*); zu einer *-m*-Bildung *Kontamination*. – Schirmer (1911), 71; *DF* 5 (1981), 47 f.

Tank *m.* (< 18. Jh.). Entlehnt aus ne. *tank*, das mit port. *tanque* auf hindī *tānkh* ʼWasserbehälterʼ zurückgeht. Es war zuvor schon im 17. Jh. in deutschen Reisebeschreibungen erwähnt worden. Die Übertragung auf gepanzerte Kraftwagen erfolgte 1915 in England, wo aus Geheimhaltungsgründen den Arbeitern, die die Teile herstellten, gesagt wurde, sie gehörten zu Benzinbehältern. Das Wort ist später durch *Panzer* ersetzt worden. Verb: *tanken*; Nominalableitung: *Tanker*.

Ganz (1957), 216; Lokotsch (1975), 159. Zur Bedeutung ʾPanzerʾ: W. Horn *ASNSL* 182 (1943), 54; *DF* 5 (1981), 50–54; Rey-Debove/Gagnon (1988), 1017 f.

Tann *m. obs.* ʾWaldʾ (< 12. Jh.). Mhd. *tan(n)*, ahd. in *tan-esel* ʾWaldeselʾ, mndd. *dan* ʾWaldʾ, entsprechend mndd. *denne f.* ʾLagerstätte, Niederung, Wildtalʾ, ae. *dennn.* ʾWildlagerʾ. Außergermanisch er .spricht vielleicht ai. *dhánu- f.* ʾSandbank, Inselʾ, ai. *dhánvan- n.* ʾdürres, trockenes Landʾ. Es kann also eine Bezeichnung für unzugängliches Gebiet vorliegen, deren weitere Herkunft unklar ist. Die Abgrenzung von den Sippen von *Tanne* und *Tenne* (und weiterem) ist aber keineswegs klar.

Tanne *f.* (< 9. Jh.). Mhd. *tanne*, ahd. *tanna*, as. *danna* neben der *j*-Bildung as. *dennia*. Vielleicht eine Zugehörigkeitsbildung zu *Tann*, also ʾder im Tann stehende Baumʾ, während in der Neuzeit *Tann* umgekehrt als ʾTannenwaldʾ aufgefaßt werden kann. Die nähere Verknüpfung mit ai. *dhanvana- m.* (ein Baumname) und ai. *dhánu-* ʾBogenʾ (aus dem Holz des betreffenden Baumes gefertigt, deshalb allenfalls Lärche) ist kaum ausreichend zu stützen. Entsprechendes gilt für heth. *tanau-* (ein nicht näher bestimmbarer Baum, Tanne wäre möglich).

Tantalusqualen *f. Pl. bildg.* ʾheftige Begierde nach etwas, das nahe, aber nicht erreichbar istʾ (< 20. Jh.). Nach *Tantalus*, einer griechischen mythischen Gestalt, deren Strafe für Freveltaten es war, in der Unterwelt hungern und dürsten zu müssen, weil die vorhandenen Getränke und Früchte sich zurückzogen, wenn er sich näherte.

Röhrich 3 (1992), 1598.

Tante *f.* (< 18. Jh.). Entlehnt aus frz. *tante*, wodurch die alte Unterscheidung zwischen *Base* ʾVaterschwesterʾ und *Muhme* ʾMutterschwesterʾ endgültig aufgehoben wurde. Das französische Wort ist eine kindersprachliche Spielform zu afrz. *ante* (vgl. ne. *aunt*), das auf l. *amita* ʾVaterschwesterʾ zurückgeht.

S. *Tunte*. – Brunt (1983), 474 f.; Röhrich 3 (1992), 1598 f.

Tantieme *f. per. fach.* ʾGewinnbeteiligung, Vergütung für die Verwertung von Kunstwerkenʾ (< 18. Jh.). Entlehnt aus frz. *tantième m.*, zu frz. *tant* ʾsovielʾ, aus l. *tantus*, zu l. *tam* ʾso sehr, in dem Gradeʾ.

Schirmer (1912), 188; *DF* 5 (1981), 54 f.

Tanz *m.* (< 12. Jh.). Mhd. *tanz*. Entlehnt aus afrz. *danse* (wie *tanzen* aus *danser*). Das *t*- für *d*-

legt die Annahme nahe, daß die Entlehnung zunächst ins Flämische erfolgte und von dort aus weiter verbreitet (und ins Hochdeutsche umgesetzt) wurde. Die Herkunft des französischen Wortes ist unsicher. Ansprechend *DEO*: aus vor-rom. **deantiare* ʾvorrückenʾ zu l. *ante* ʾvorʾ (vgl. frz. *avancer* aus der gleichen Grundlage). Verb: *tanzen*; Nomen agentis: *Tänzer*.

S. *Kontertanz*. – H. Meier/G. de Peña *ASNSL* 118 (1967), 321–344; A. Harding: *An investigation into the use and meaning von medieval German dancing terms* (Göppingen 1973), 260–319; *DEO* (1982), 236; Röhrich 3 (1992), 1599.

Tapete *f.* (< 15. Jh.). Entlehnt aus ml. *tapetia*, dieses aus l. *tapētum, tapēte n.* ʾWandteppich, Teppichʾ, aus gr. *tápēs m.* Daraus auch *Tapet* ʾTeppich, Decke des Konferenztischesʾ, heute noch in *etwas aufs Tapet bringen* ʾzur Sprache bringenʾ (eigentlich: ʾauf den Konferenztisch bringenʾ). Das /ts/ <z> in *tapezieren* (usw.), ist darauf zurückzuführen, daß diese Formen über das Italienische (it. *tappezzare* usw.) übernommen wurden. Nomen agentis: *Tapezier(er)*.

S. *Teppich*. – *DF* 5 (1981), 57–89; Röhrich 3 (1992), 1599 f.

tapfer *Adj.* (< 10. Jh.). Mhd. *tapfer, dapfer*, ahd. *tapfar* ʾschwer, gewichtigʾ, mndd. *dapper*, mndl. *dapper* aus g. **dapra- Adj.* ʾschwer, gewichtigʾ, auch in anord. *dapr* ʾtraurig, betrübtʾ, ne. *dapper* ʾgewandtʾ. Die Ausgangsbedeutung ist schwer faßbar (die heutige deutsche Bedeutung eigentlich erst seit dem 15. Jh.), und die Beleglage ist merkwürdig. Deshalb sind auch außergermanische Vergleiche unsicher. Man zieht heran kslav. *debelŭ* ʾdickʾ, apreuß. *debīkan* ʾgroßʾ, toch. A *tpär*, toch. B *tapre* ʾhochʾ (der Bedeutung nach paßt auch akslav. *dobrŭ* ʾgutʾ, čech. *dobrý* auch in der Bedeutung ʾtapferʾ, doch wird dieses in der Regel zu l. *faber* ʾSchmiedʾ gestellt, was von der germanischen Sippe wegführt). Die Zusammenhänge sind im einzelnen klärungsbedürftig. Abstraktum: *Tapferkeit*.

Nndl. *dapper*, ne. *dapper*, nisl. *dapur*. – Heidermanns (1993), 146 f.

Tappe *f. per. reg.* ʾPfote, Schlag mit der Pfoteʾ (< 14. Jh.). Sphmd. *tāpe*. Lautmalend wie mit umgekehrter Stellung it. *patta*, frz. *patte*, s. auch *Pfote*. Verb: *tappen* ʾtastend oder ungeschickt gehenʾ. S. *ertappen, Tatze*.

täppisch *Adj. stil.* (< 14. Jh.). Mhd. *tæpisch*; abgeleitet von mhd. *tāpe* ʾPfoteʾ (s. *Tappe*), also eigentlich ʾwie mit der Pfote (statt mit der geschickten Hand) vorgehendʾ. S. *Depp*.

Tara *f. per. fach.* ʾ(Gewicht der) Verpackung einer Wareʾ (< 14. Jh.). Entlehnt aus it. *tara*, eigentlich ʾAbzug (für Verpackung)ʾ, aus arab. *ṭarḥ* ʾAbzugʾ zu arab. *ṭaraḥa* ʾentfernen, wegwerfenʾ. Verb: *tarieren*.

DF 5 (1981), 61.

Tarantel *f. per. fach.* ʿgroße, giftige Spinneʾ (< 16. Jh.). Entlehnt aus it. *tarantola, tarantella,* angeblich so bezeichnet nach *Taranto* (*Tarent*).

Röhrich 3 (1992), 1600.

Tarif *m.* (< 17. Jh.). Entlehnt aus frz. *tarif,* dieses aus it. *tariffa f.,* aus arab. *taʿrīf* ʿBekanntmachung, Preislisteʾ, zu arab. ʿarrafa ʿbekanntmachenʾ.

Schirmer (1912), 188; Littmann (1924), 98 f.; Lokotsch (1975), 160; *DF* 5 (1981), 61−65.

tarnen *swV.* (< 20. Jh.). Nach dem ersten Weltkrieg wiederbelebt, um im Krieg entlehntes frz. *camoufler* zu ersetzen (ebenso *Tarnung* für *camouflage*). Voraus ging ahd. *tarnen,* mhd. *tarnen, ternen,* as. *dernian* ʿverbergenʾ zu wg. **darnja-* Adj. ʿverborgenʾ in ae. *dyrne,* afr. in *dernfia* ʿverheimlichtes Gutʾ, as. *darno,* ahd. *tarni* ʿverborgenʾ. Weiter zu ae. *darian* ʿverbergenʾ, dessen Herkunft unklar ist.

Heidermanns (1993), 147.

Tarnkappe *f.* (< 13. Jh.). Mhd. *tarnkappe* zu wg. **darn-(j)a-* ʿverborgenʾ (s. *tarnen*) und *Kappe* in der alten Bedeutung ʿMantelʾ. Nach germanischem Volksglauben konnten sich elfische Wesen durch das Überwerfen eines solchen Mantels unsichtbar machen.

Hoops (1911/19), IV, 306; Kuhberg (1933), 62.

Tarock *m./n. per. fach.* (ein Kartenspiel) (< 18. Jh.). Entlehnt aus it. *tarocco m.,* dessen weitere Herkunft nicht sicher geklärt ist. Beim Gebrauch als Orakel wird auch die französische Form *Tarot* benützt.

Lokotsch (1975), 159; *DEO* (1982), 500.

Tarot *m./n.* (= Spiel zum Kartenlegen) s. *Tarock.*

Tartsche *f. arch.* ʿkleiner Rundschildʾ (< 13. Jh.). Entlehnt aus afrz. *targe,* das seinerseits aus g. **targō* entlehnt ist, vgl. ae. *targe,* anord. *targa* ʿRundschild, Schildrandʾ, ursprünglich ʿEinfassungʾ (s. *Zarge*).

Maschke (1926), 196−198.

Tasche *f.* (< 9. Jh.). Mhd. *tasche, tesche,* ahd. *tasca, zasca,* as. *dasga.* Herkunft unklar. Gehört wohl zu gleichbedeutendem it. *tasca,* doch ist die Entlehnungsrichtung nicht klar. Falls Erbwort, dann vielleicht mit Pisani als (ig.) **dʰə-skā* zu (ig.) **dʰē* ʿlegen, stellenʾ, doch gibt es für diese Annahme keine ausreichende Stütze.

Nndl. *tas.* − E. Schröder *ADA* 23 (1897), 157; V. Pisani *ZVS* 90 (1976), 18 f.; Röhrich 3 (1992), 1600 f.

Tasse *f.* (< 16. Jh.). Zunächst als obd. *tatse* entlehnt aus it. *tazza* ʿTrinkschaleʾ, später an frz. *tasse* angeglichen. Ausgangspunkt ist arab. *ṭās* ʿSchälchenʾ, das auf pers. *täšt* ʿBecken, Schaleʾ zurückgeht.

Lokotsch (1975), 160 f.; Röhrich 3 (1992), 1601.

Taste *f.* (< 18. Jh.). Entlehnt aus it. *tasto m.,* das zunächst den Griffsteg bei Saiteninstrumenten bezeichnet. Dieses zu it. *tastare* ʿfühlen, greifenʾ (s. *tasten*). Kollektivum: **Tastatur.**

Röhrich 3 (1992), 1601 f.

tasten *swV.* (< 13. Jh.). Mhd. *tasten;* über mndd. *tasten,* mndl. *tasten* entlehnt aus afrz. *taster,* das wie it. *tastare* auf ein erschlossenes lateinisches Verb **tastāre* zurückgeht, einem Intensivum zu l. *tāxāre* ʿberühren, antastenʾ, das wiederum eine Iterativbildung zu l. *tangere* ʿberührenʾ ist. S. *Tangente, Taste.*

Tat *f.* (< 8. Jh.). Mhd. *tāt,* ahd. *tāt,* as. *dād* aus g. **dǣdi- f.* ʿTatʾ, auch in gt. *gadēþs,* anord. *dáð,* ae. *dǣd,* afr. *dēd(e),* ti-Abstraktum zu *tun* mit Ablaut. Täterbezeichnung: **Täter;** Adjektive: **tätig, tätlich.**

Nndl. *daad,* ne. *deed,* nschw. *dåd,* nisl. *dáð.* − Röhrich 3 (1992), 1602.

-tät *Suffix* zur Bildung substantivischer Eigenschaftsbezeichnungen aus Adjektiven (z. B. *Aggressivität, Humanität,* daneben finden sich auch Sach- und Gegenstandsbezeichnungen (z. B. *Spezialität, Lokalität*). Es wurde in Entlehnungen aus dem Lateinischen (mhd. *-tāt*) und dem Französischen (mhd. *-teit*) ins Deutsche übernommen; sein Ursprung ist l. *-tas (-tatis).* Das Suffix ist ziemlich produktiv und bildet auch Hybride (*Schwulität, Tollität*).

E. Öhmann *NPhM* 24 (1923), 157−164; J. Holmberg *BGDSL* 61 (1937), 116−151; E. Öhmann *NPhM* 68 (1967), 242−249; 72 (1971), 540.

Tatarennachricht *f. bildg.* ʿunverbürgte Schreckensnachrichtʾ (< 19. Jh.). Nach der 1854 in Bukarest ausgesprengten falschen Nachricht vom Fall Sebastopols, die an der Börse und in den Zeitungen die Runde machte. Ausgelöst wurde sie angeblich von einem tatarischen Postreiter.

Röhrich 3 (1992), 1602.

tätowieren *swV.* ʿdie Haut dauerhaft mit Verzierungen versehenʾ (< 18. Jh.). Entlehnt aus ne. *tattou, tattoo,* dieses aus polyn. *ta tatau,* zu polyn. *ta* ʿschlagenʾ und polyn. *tatau* ʿZeichen, Hautverzierungʾ.

Littmann (1924), 135 f.; G. Kahlo *MS* (1961), 32; Lokotsch (1975), 161; *DF* 5 (1981), 65−67; Rey-Debove/Gagnon (1988), 1020.

Tatsache *f.* (< 18. Jh.). Lehnübersetzung aus ne. *matter of fact,* das seinerseits l. *rēs factī* wiedergibt. Der Ausdruck bezieht sich in der Gerichtssprache auf die Prüfung der vorgebrachten Umstände, also ʿGerichtssache (*matter*) der Umstände (*fact*)ʾ. Das deutsche *Tat-* geht aber eher von l. *factum* aus. Das Wort hat sich im Deutschen sehr schnell ohne Bezug auf das Gerichtswesen durchgesetzt.

J. Walz *ZDW* 14 (1913), 9−16; Pfaff (1933), 52; Ganz (1957), 217 f.; R. Staats *AB* 17 (1973), 145 f.

tätscheln *swV. stil.* (< 16. Jh.). Iterativbildung zu mhd. *tetschen* 'einen Schlag geben', das mit *Tatsch*, *patsch* u.ä. lautmalender Herkunft ist.

Tatterich *m. erw. stil.* 'Zittern der Hände' (< 19. Jh.). (Behandelt wie ein Krankheitsname). Eigentlich Substantivierung des Adjektivs *tatterig* 'zitterig', das zu regionalem *tattern* 'zittern, stottern' gehört. Dieses ist eine lautsymbolische Bildung. S. *verdattert.*

Tatze *f.* (< 14. Jh.). Mhd. *tatze.* Dem Lautstand nach wohl zu einer verbalen Intensivbildung, die zu *Tappe* oder zu mndd. *tacken* 'berühren, betasten' gehören kann. In beiden Fällen liegt eine Lautmalerei für einen dumpfen Schlag oder Tritt zugrunde.
A. Bach: *Deutsche Mundartforschung* (Heidelberg ²1950), 319 f.; *ZDS* 22 (1966), 74–83, 179–191.

Tatzelwurm *m. obs.* 'Drache (im Volksglauben)' (< 19. Jh.). Wohl zu *Tatze* mit besonderer Kompositionsform (oder mit Diminutiv), evtl. auch Übergang von *n* zu *l*, als 'ein Wurm (= Schlange) mit Tatzen'.

Tau[1] *m.* 'Niederschlag' (< 8. Jh.). Mhd. *tou*, ahd. *tou n.*, md. auch *m.*, as. in *milidou* aus g. **dauwan.* 'Tau', auch in anord. *dǫgg f.*, ae. *dēaw m./n.*, afr. *dāw n.* Herkunft unklar, am ehesten zu ahd. *t(h)oum* 'Dampf, Dunst', as. *dōmian* 'dämpfen' (mit anderer Vokalisierung zu l. *fūmus* 'Rauch, Dampf usw.', mit unklarer Abgrenzung). Verb: *tauen.*
Nndl. *dauw*, ne. *dew*, nschw. *dagg*, nisl. *dögg.* S. *Mehltau, Sin(n)nau, taumeln.* – Röhrich 3 (1992), 1602.

Tau[2] *n.* 'Seil' (< 16. Jh.). Aus dem Niederdeutschen übernommen: Mndd. *touwe, tow, tau*, as. *tou* 'Docht', afr. *tow, tauw* 'Tau'. Die weitere Verknüpfung ist unklar. Gleichlautend ist ein Wort für 'Werkzeug, Gerät', das zu g. **tau-ja- swV.* 'machen, tun' (gt. *taujan* usw.) gehört, die Bedeutung von 'Tau' müßte über 'Schiffsgerät o.ä.' gegangen sein, doch paßt dies schlecht zu den Einzelbedeutungen. Andererseits paßt in der Bedeutung ae. *tēah, tēag f.* 'Schnur', anord. *taug f.* 'Strick', die aber ein zusätzliches *-g-* aufweisen. Vor weiteren Etymologisierungsversuchen müssen die Zusammenhänge im einzelnen besser geklärt werden. S. auch *Tüder.*

taub *Adj.* (< 9. Jh.). Mhd. *toub, toup*, ahd. *toub*, mndd. *dōf*, mndl. *doof* aus g. **dauba- Adj.* 'taub, gehörlos', auch in gt. *daufs*, anord. *daufr*, ae. *dēaf*, afr. *dāf.* Außergermanisch vergleicht sich gr. *typhlós* 'blind' (und vielleicht air. *dub* 'schwarz'), ausgehend von einer Bedeutung 'umnebelt, verwirrt' (gr. *týphomai* 'ich rauche, qualme'). Präfixableitung: *betäuben.*
Nndl. *doof*, ne. *deaf*, nschw. *döv*, nisl. *daufur.* S. *doof, dumm, Taube, toben.* – Seebold (1970), 155; Heidermanns (1993), 148.

Taube *f.* (< 8. Jh.). Mhd. *tūbe*, ahd. *tūba*, as. *dūba* aus g. **dūbōn f.* 'Taube', auch in gt. *-dūbo*, anord. *dúfa*, me. *douve* (ae. das Lehnwort *culfre*). Das Wort wird als 'die Dunkle' erklärt, vgl. gr. *péleia* 'Waldtaube' zu gr. *peliós* 'grau-schwarz', doch steht das vergleichbare Farbwort (air. *dub*) eigentlich in anderen Zusammenhängen (s. *taub*). Maskulinum: *Tauber, Täuberich.*
Nndl. *dove*, ne. *dove*, nschw. *duva*, nisl. *dúfa.* – Suolahti (1909), 206–212; Röhrich 3 (1992), 1602 f.

Täubling *m. per. fach.* (< 17. Jh.). Dieser Blätterpilz ist nach seiner taubengrauen Färbung benannt.
H. Marzell *Der Biologe* 12 (1943), 180.

tauchen *swV.* (< 11. Jh.). Mhd. *tūchen swV.* mit starkem Partizip, ahd. *intūhhan stV.*, PPrät. *gitohhan*, also *stV.*; sonst ist das Wort im Oberdeutschen ausgestorben und später wieder aus dem Mittel- und Niederdeutschen eingeführt worden. Mndd. *duken*, mndl. *duken*, afr. *dūka*; aus dem Englischen gehört hierher die Bezeichnung der Ente, ae. *duce.* Herkunft unklar. Wohl eine Auslautvariante zu dem unter *taufen* und *tief* behandelten Komplex.
Nndl. *duiken.* S. *ducken.* – A. Schirokauer *MLN* 61 (1946), 330–334; Seebold (1970), 156 f.

tauen *swV.* 'zu schmelzen anfangen' (< 11. Jh.). Mhd. *touwen*, ahd. *touwōn* u.ä., mndd. *do(u)wen*, mndl. *dauwen* aus g. **þau-ja- swV.* 'tauen', auch in anord. *þeyja*, ae. *þāwian.* In dieser Form nicht vergleichbar; entsprechende Bedeutungen auf einer Grundlage ig. **tā-* in osset. *thayun* 'tauen, schmelzen', akslav. *tajati* 'schmelzen', kymr. *tawdd* 'schmelzen' und erweitert l. *tābēs* 'Schmelzen, Fäulnis', gr. *tḗkō* 'ich schmelze'. Demnach ist für das Germanische wohl von **tāu-* auszugehen, entsprechend für anord. *þíða* 'schmelzen, auftauen' von **tāi-?* Die lautlichen und morphologischen Einzelheiten sind aber dunkel. Die im Deutschen eigentlich zu erwartende Lautform ist *dauen*, wie sie in *verdauen* tatsächlich vorliegt. Beim einfachen Verb hat offenbar die Assoziation mit *Tau*[1] zu einer Umdeutung bei der Schreibung geführt.
Nndl. *dooien*, ne. *thaw*, nschw. *töa*, nisl. *þeyja.* – M. Förster (1941), 728.

taufen *swV.* (< 9. Jh.). Im christlichen Sinn mhd. *toufen, töufen*, ahd. *toufen*, as. *dōpian*, afr. *dēpa, deppa*; wozu *Taufe*, mhd. *touf(e)*, ahd. *toufī.* Die Ausgangsbedeutung 'eintauchen' bieten gt. *daupjan* (meist 'taufen') und anord. *deypa* und die Intensivbildung ae. *dyppan*, beide im Ablaut zu *tief.* Die Bedeutungsübertragung kann entweder unmittelbar als Beschreibung des Vorgangs erfolgt sein oder (was wahrscheinlicher ist) den Zusammenhang von gr. *baptízein* 'taufen' und gr. *báptein* 'untertauchen' nachgebildet haben. Es ist deshalb möglich, daß der christliche Terminus vom Gotischen ausgegangen ist. Nomen agentis: *Täufer*; Nominalableitung: *Täufling.*

Nndl. *dopen*, nschw. *döpa*. S. *tauchen*. − Frings (1932), 26; Röhrich 3 (1992), 1604.

taugen *sw V.* (< 9. Jh.). Älter *Prät.-Präs.* Mhd. *tugen, tügen*, ahd. *tugan*, as. *dōg (3. Sg.)* aus g. **daug Prät.-Präs.* ˈtaugtˈ, auch in gt. *daug*, ae. *dēah*, afr. *duga Prät.-Präs.* Lautlich entsprechen folgende Wörter, die meist verglichen werden, ohne daß der Bedeutungszusammenhang ausreichend klar wäre: ai. *dógdhi* ˈmelkt, milchtˈ, auch ˈzieht Nutzen ausˈ, gr. *teúchō* ˈich bringe hervorˈ, lett. *padūgt* ˈkönnen, vermögenˈ, air. *dúal* ˈangeboren, passendˈ.

Nndl. *deugen*, nschw. *duga*, nisl. *duga* (aus einem schwachen Verb). S. *tüchtig, Tugend*. − Seebold (1970), 149−151.

taumeln *sw V.* (< 8. Jh.). Mhd. *tūmeln*, ahd. *tūmilōn*; Intensivbildung zu mhd. *tūmen*, ahd. *tūmōn* ˈsich drehenˈ; eine Nebenform der *l*-Bildung in *tummeln*. Das Wort gehört zu der schlecht abgrenzbaren Sippe von ai. *dhūnóti* ˈschüttelt, erschüttertˈ, gr. *thýō* ˈich brauseˈ usw., vielleicht gehört hierher auch *Tau*[1]. Abstraktum: *Taumel*.

tauschen *sw V.* (< 16. Jh.). Wie das Substantiv *Tausch* erst spät bezeugt; eine Variante dazu ist *täuschen*, von dem es erst neuhochdeutsch klar getrennt wird (*Roßtäuscher* ist eigentlich ˈRoßhändlerˈ). Die Herkunft ist völlig unklar. Typologisch muß die Bedeutung ˈtauschenˈ die ältere sein, obwohl ˈbetrügen, verspotten u.ä.ˈ früher bezeugt ist. Das Wort stammt aus dem niederdeutsch-niederländischen Bereich.

Zu *täuschen* s. Bahder (1925), 42 f.

täuschen *sw V.* s. *tauschen*.

tausend *Num.* (< 8. Jh.). Mhd. *tūsent*, ahd. *dūsunt*, as. *thūsundig* aus g. **þūsundi-*, auch in gt. *þūsundi*, anord. *þúsund*, ae. *þūsend*, afr. *thūsend*. Außergermanisch vergleichen sich, wenn auch in lautlichen Einzelheiten abweichend, lit. *tūkstantis*, akslav. *tysęšti*. Wie auch sonst bei großen Zahlen liegt ein Wort für ˈgroß, gewaltigˈ zugrunde, das am deutlichsten in ai. *taviṣá-* ˈstarkˈ, ai. *táviṣī* ˈKraft, Machtˈ zu fassen ist (ig. **teuəs-*, wohl *s*-Stamm, aber auch mit Primärsuffixen auftretend). Hierzu sind die germanisch-baltisch-slavischen Wörter wohl ursprünglich partizipähnliche Bildungen. Vgl. von einer *m*-Bildung derselben Wurzel toch. B *tmāne, tumane* ˈ10 000ˈ. Dagegen sind anord. *þúshundrað* ˈ1000ˈ, salfrk. *þús-chunde* ˈ1200ˈ mit Anschluß an das Wort *hundert* sekundäre Umbildungen, kaum Relikte der früheren Bildung. Lautlich zu erwarten wäre nhd. *d-*.

Nndl. *duizend*, ne. *thousand*, nschw. *tusen*, nisl. *þúsund*. − A. Jensen *ZVPh* 6 (1952), 50−57; Meyer/Suntrup (1987), 848−856; J. D. Bengtson *Diachronica* 4 (1987/88), 257−262; W. J. J. Pijnenburg *HS* 102 (1989), 99−106; Röhrich 3 (1992), 1604 f.; Ross/Berns (1992), 621; Heidermanns (1993), 633 f.; K. Strunk in *Früh-, Mittel- und Spätindogermanisch*. Hrsg. G. E. Dunkel (Wiesbaden 1994), 388−400.

Tausendgüldenkraut *n. per. fach.* (< 15. Jh.). Auch *Hundertguldenkraut*. Lehnübersetzung aus l. *centaurēum, centaurium*, das als Zusammensetzung von l. *centum* ˈhundertˈ und l. *aurum* ˈGoldˈ aufgefaßt wurde. In Wirklichkeit geht das lateinische Wort auf gr. *kentaúreion* zurück, das von *Zentaur* abgeleitet ist. Nach der griechischen Überlieferung hat sich der Zentaur Chiron eine Wunde mit diesem Kraut geheilt.

Tausendsassa *m. stil.* (< 18. Jh.). Es ist eine Hypostasierung des Zurufs *tausend sa sa!*, einer übertriebenen Steigerung von *sa sa!*, das als Hetzruf für Hunde verwendet wurde (vermutlich aus frz. *ça* ˈdaˈ). Ein *Tausendsassa* ˈSchwerenöterˈ ist deshalb wohl ˈeiner, der *tausend sa sa* ruftˈ.

Tautologie *f. per. fach.* ˈAusdruck, in dem derselbe Sachverhalt mehrfach bezeichnet istˈ (< 18. Jh.). Entlehnt aus l. *tautologia*, dieses aus gr. *tautología*, einem Abstraktum auf gr. *ia*, zu einem Ausdruck, der zusammengezogen ist aus gr. *tó autón* ˈdasselbeˈ (s. *auto-*) und gr. *logos* ˈAusdruckˈ (s. *-logie*).

Cottez (1980), 412.

Taverne *f. erw. fremd.* ˈSchenke, Weinwirtschaftˈ (< 13. Jh.). Entlehnt aus it. *taverna*, aus l. *taberna* ˈBretterhütte, Budeˈ (s. *Tabernakel*).

W. Gerster *VR* 9 (1946/47), 57−151; F. Hinze in: K. Müller (1976), 101−126; *DF* 5 (1981), 67−69.

Taxe *f.* s. *taxieren*.

Taxi *n.* (< 20. Jh.), auch *Taxe f.* Entlehnt aus ne. *taxi* oder frz. *taxi*. Gekürzt aus frz. *taximètre* ˈTaxameterˈ, also ˈFahrzeug mit Preisanzeigerˈ.

S. *taxieren*. − Cottez (1980), 413; *DF* 5 (1981), 71−73.

taxieren *sw V. erw. fach.* ˈschätzen, den Wert ermittelnˈ (< 15. Jh.). Entlehnt aus frz. *taxer*, dieses aus l. *tāxāre*, eigentlich ˈberührenˈ, einem Iterativum zu l. *tangere* ˈberührenˈ. Dazu *Taxe* und *Taxameter*.

S. *Tangente*. − Schirmer (1911), 188 f.; *DF* 5 (1981), 73−76; *DEO* (1982), 502.

Taxonomie *f. per. fach.* ˈKlassifizierungˈ (< 20. Jh.). Neubildung zu gr. *táxis* ˈAnordnenˈ (zu gr. *táttein, tássein* ˈordnenˈ) und gr. *nómos m.* ˈGesetzˈ. S. *Syntax* und *-nomie*.

Teach-in *n.* s. *Sit-in*.

Teak *n. erw. exot.* (ein Edelholz) (< 19. Jh.). Entlehnt aus ne. *teak*, dieses aus port. *teca*, dieses aus malay. *tēkka*.

Littmann (1924), 123 f.

Team *n. erw. fremd.* ˈGruppe, Mannschaftˈ (< 20. Jh.). Entlehnt aus ne. *team*, aus ae. *tēam m.* ˈGespannˈ.

Zur germanischen Verwandtschaft s. *Zaum*. − *DF* 5 (1981), 76−79; Rey-Debove/Gagnon (1988), 1022.

Techer *m.* s. *Decher.*

Technik *f.* (< 18. Jh.). Entlehnt aus ml. *technica*, dieses zu gr. *technikós*, zu gr. *téchnē* 'Handwerk, Kunst, Fertigkeit, Wissenschaft'. Zuerst nur in **Hydrotechnik**, dann erst als Simplex. Adjektiv: **technisch**; Täterbezeichnung: **Techniker**; Verb: **technisieren**.

S. *Architekt*; für die lateinischen Entsprechungen *Text* und für die germanischen *Dechsel*. − W. Seibicke: *Technik* (Düsseldorf 1968); R. Geier in: *Typenbegriffe* 5 (1981), 307−312; *DF* 5 (1981), 79−108.

Techtelmechtel *n.* *stil.* (< 18. Jh.). Zuerst in Österreich als *Dechtlmechtl*. Herkunft unklar.

H. Schuchardt *ZRPh* 31 (1907), 30 f.; Röhrich 3 (1992), 1605.

Teckel *m.* 'Dachshund' (< 18. Jh.). S. *Dackel.*

Teddybär *m.* (< 20. Jh.). Entlehnt aus ne. *teddy bear*, so benannt nach e. *Teddy*, der Kurzform des Vornamens von *Theodore Roosevelt* (einem amerikanischen Präsidenten), der als Bärenjäger bekannt war. Die Stoffbären waren zwar von der deutschen Firma Steiff hergestellt worden, hatten bei dieser aber nur eine interne Nummern-Bezeichnung. Erst in Amerika wurde das Spielzeug benannt und zum Verkaufsschlager.

Rey-Debove/Gagnon (1988), 1023 f.

Tee *m.* (< 17. Jh.). Etwa gleichzeitig in die europäischen Sprachen entlehnt aus malay. *tē*, das auf eine gleichlautende südchinesische Form von chin. *tschhā* zurückgeht.

Littmann (1924), 133; W. Horn *ASNSL* 79 (1941), 102 f.; Lokotsch (1975), 33, 415; *DF* 5 (1981), 108−112; Röhrich 3 (1992), 1605.

Teenager *m.* (< 20. Jh.). Entlehnt aus ne. *teenager*, zu e. *teens* 'Alter von 13 bis 19', dieses abgelöst aus den englischen Zahlnamen auf -*teen* '-zehn' (e. *thirteen* − *nineteen*), aus ae. -*tēne* zu d. (-)*zehn*. E. *age* aus afrz. *aage, eage*, dieses aus spl. *aetaticum*, l. *aetās* *f.*, zu l. *aevum* *n.* Kurzformen *Teen, Teenie*.

DF 5 (1981), 112−114; Rey-Debove/Gagnon (1988), 1024 f.

Teer *m.* (< 16. Jh.). Übernommen aus mndd. *ter(e)*; hierzu mndl. *terre, tar* aus g. **terwja-/jōn* *n.* 'Teer', auch in anord. *tjara* *f.*, ae. *teoru* *n.*, afr. *tera*. Gemeint ist das durch Schwelung aus Holz gewonnene Schweröl; im Süden wird dafür das Lehnwort *Pech* verwendet, das sonst nur für die gesottene und geläuterte Form des Teers verwendet wird. Die an der Lautverschiebungsgrenze belegte Form *Zehr* kann entweder die altererbte Entsprechung oder eine sekundäre Verhochdeutschung sein. Das Wort ist eine Zugehörigkeitsbildung zu dem alten Wort g. **trewa-* *n.* 'Holz, Baum', das in gt. *triu*, anord. *tre*, ae. *treōw* *n.*, afr. *trē* *n.*, as. *treo, trio* *n.* und in dem deutschen 'Baumsuffix' -*der* (s. *Holun-*

der) vorliegt. Ig. **deru-* (mit starkem Ablaut) ist bezeugt in ai. *dắru* 'Holz', gr. *dóry* *n.* 'Baum, Holz', akslav. *drĕvo* *n.* 'Baum' u. a. Der *e*-Vokalismus des germanischen Wortes für Teer kann deshalb auf alten *e*-Vokalismus in der Grundlage zurückgehen (vgl. etwa lit. *dervà* *f.* 'Teer'); wahrscheinlicher ist aber eine (altertümliche) Vriddhi-Bildung zu dem belegten **trewa-*. Verb: **teeren**.

Nndl. *teer*, ne. *tar*, nschw. *tjära*, nisl. *tjara*. S. *treu, Trog, Hartriegel*. − Trier (1981), 69−71; Röhrich 3 (1992), 1605 f.

Teerjacke *f.* *per.* *ndd.* (< 19. Jh.). In der Bedeutung 'teergetränkte Jacke' seit dem frühen 19. Jh. bezeugt. Später wird das Wort zur Bezeichnung des Matrosen, offenbar in Anlehnung an ne. *Jack Tar* 'Hans Teer', das mit *Jacke* gar nichts zu tun hat.

F. Kluge *ZDW* 7 (1905), 43 f.; Kluge (1911), 781 f.

Teich *m.* (< 13. Jh.). Mhd. *tīch*, bezeugt als Bezeichnung für kleinere Trockentäler (ohne Wasserlauf); die niederdeutsche Entsprechung ist *Deich* (s. d. mit Etymologie). Die Bedeutungsverhältnisse sind im einzelnen noch nicht ausreichend klar. Falls gr. *tĩphos* *n.* 'Sumpf, Teich' unter Ansatz eines (ig.) **dʰiəg^{w(h)}*- vergleichbar ist, gehören *Deich* und *Teich* nicht ursprünglich zusammen, sondern haben sich sekundär aneinander angenähert.

E. Christmann *ZM* 31 (1964), 191−193; Röhrich 3 (1992), 1606.

Teichoskopie *f.* *per.* *fach.* 'Mauerschau' (< 20. Jh.). Entlehnt aus gr. *teichoskopía*, zu gr. *teĩchos* *n.* 'Mauer' und gr. *skopeĩn* 'schauen'. Der Begriff ist übernommen aus einer Episode der Ilias, in der Helena von Trojas Mauern aus dem Priamos die Helden der Achäer zeigt. S. *Skepsis*. Ersatzwort ist *Mauerschau*.

Teiding *n.* *arch.* 'leeres Gerede' (< **9. Jh.*, Bedeutung < 16. Jh.). Bezeugt bei Luther, später in *Narrenteiding*, das zu *Narretei* wird. Aus mhd. *tageding, teidinc* *n./m.*, *tegeding*, ahd. *tagadinc, tagoding, tegiding* 'Verhandlung, Übereinkunft', zu *Tag* '(Gerichts) Termin' und *Ding* in der alten Bedeutung 'Verhandlung' (s. d. und *verteidigen*).

Teig *m.* (< 9. Jh.). Mhd. *teic*, ahd. *teig*, mndd. *dēch*, mndl. *deech* aus g. **daiga-* *m.* 'Teig', auch in gt. *daigs*, anord. *deig* *n.*, *deigr*, ae. *dāg* *n.*(?). Nominalableitung zu dem in gt. *digan* 'kneten, bilden' vorliegenden Verb; dieses aus ig. **dʰeigʰ-* 'kneten', auch in l. *fingere*, air. *com-od-ding* 'bauen, errichten', gr. *thingánō* 'ich berühre, rühre um', ai. *degdhi* 'verstreicht, beschmiert', toch. AB *tsik-* 'formen, bilden', aruss. *dĕža* 'Teigmulde'.

Nndl. *deeg*, ne. *dough*, nschw. *deg*, nisl. *deig*. S. *Figur, teig*. − Seebold (1970), 151 f.; Heidermanns (1993), 145.

teig *Adj.* *per.* *obd.* 'überreif' (< 14. Jh.). Spmhd. *teic*, mndd. *dēch*, mndl. *deech*, auch anord. *deigr* 'weich'. Entwickelt aus dem prädikativ verwendeten Substantiv *Teig*, vgl. im Kräuterbuch von Ta-bernomontanus (1588), 1426: *die früchte ... werden auf stroh ... gelegt, bis sie teig werden*.

Teil *m./n.* (< 8. Jh.). Mhd. *teil*, ahd. *teil*, as. *dēl m.* aus g. **daili- m.* ´Teil´, auch in gt. *dails*, ae. *dǣl m.*, afr. *dēl m.* Semantisch lassen sich einige außergermanische Formen vergleichen, doch stimmt die Lautform nur bei kslav. *dělŭ m.* ´Teil´ zum Germanischen, und dieses Wort könnte aus dem Germanischen entlehnt sein. Ohne Diphthong lit. *dalìs f.* ´Teil´, mit abweichendem Anlaut ai. *dáyate* ´teilt´, gr. *daíomai* ´ich (ver)teile´. Verb: **teilen**.
Nndl. *deel*, ne. *deal*, nschw. *del*. – Röhrich 3 (1992), 1606.

Teint *m. per. fremd.* ´Gesichtsfarbe´ (< 18. Jh.). Entlehnt aus frz. *teint*, eigentlich ´Gefärbtes, Färbung´, dem substantivierten PPrät. von frz. *teindre* ´färben´, aus l. *ting(u)ere (tīnctum)*, eigentlich ´tränken, benetzen´.
S. *Tinktur, Tinte*; zur germanischen Verwandtschaft s. *tunken*. – DF 5 (1981), 114 f.; Brunt (1983), 475.

Tektal *m. per. fach.* ´mit dem Zungenrücken gegen das Munddach gebildeter Laut´ (< 20. Jh.). Gebildet als Ersatzwort für das sachlich unrichtige *Guttural* (das eigentlich einen Kehllaut bezeichnen müßte). Zu l. *tectum n.* ´Dach´.

tele- *LAff.* mit der Bedeutung ´fern, weit´ (z. B. *Teleobjektiv, Telefon*). Es wird vornehmlich in neoklassischen Bildungen verwendet und geht zurück auf gr. *tēle* ´fern, weit´ *Adv.*
Cottez (1980), 414 f.

Telefax *n. per. fach.* (< 20. Jh.). Schon in den zwanziger Jahren in Deutschland als Abkürzung von *Faksimile* für Fernvermittlung von Schrift und Bildern verwendet. 1941 in Amerika als Firmenbezeichnung eingeführt.
S. *Fax*. – ASp 19 (1944), 150.

Telefon *n.* (< 19. Jh.). Neubildung zu gr. *phōnē f.* ´Stimme, Klang´ und *tele-*. 1796 eingeführt in Analogie zu *Telegraph*. Verb: **telefonieren**.
S. *Phonetik*. Ersatzwort ist *Fernsprecher*. – DF 5 (1981), 126–130; Röhrich 3 (1992), 1606.

Telegramm *n.* (< 19. Jh.). Entlehnt aus frz. *télégramme m.* und ne. *telegram*. Diese sind Neubildungen (1852 im Englischen) zu gr. *grámma* ´Schreiben´, zu gr. *gráphein* ´schreiben´ (s. *Graphik*) und *tele-*.
DF 5 (1981), 116 f.

Telegraph *m. obs.* (< 18. Jh.). Entlehnt aus frz. *télégraph*, das eine neoklassische Bildung aus gr. *tēle* und *-graph* ist. Zuerst angewandt auf das 1792 von Chappe entwickelte mechanisch-optische Gerät zur Nachrichtenübermittlung, dann übertragen auf die elektrischen Geräte von Morse u. a. Das Wort (von M. de Mélito gebildet) ist (neben *Teleskop*) das Vorbild für die zahlreichen späteren *Tele*-Bildungen.
DF 5 (1981), 118–121.

Telepathie *f. per. fach.* ´Gedankenlesen, Fähigkeit zur Wahrnehmung von Gefühlen usw. anderer´ (< 19. Jh.). Entlehnt aus ne. *telepathy*, einer Neubildung zu gr. *tēle* ´fern, weit´ und gr. *páthos n.* ´Gefühl, Leiden´ (s. *Pathos*).
DF 5 (1981), 124–126; Rey-Debove/Gagnon (1988), 1025.

Teleskop *n. per. fach.* ´stark vergrößerndes Fernrohr´ (< 17. Jh.). Entlehnt aus ml. *telescopium*, it. *telescopio* (Galilei 1611), zu gr. *tēleskópos* ´weitschauend´, s. *tele-* und *-skop*. Da das Gerät auseinanderschiebbar ist, wird das Wort auf andere auseinanderschiebbare Geräte übertragen; hierzu sogar das Verb **teleskopieren**.
DF 5 (1981), 130–132.

Television *f. erw. fach.* ´Fernsehen´, meist *TV* abgekürzt (< 20. Jh.). Entlehnt aus ne. *television*; dieses ist eine Hybridbildung aus gr. *tēle* ´fern´ und l. *visio* ´Sicht´.
DF 5 (1981), 132 f.; Rey-Debove/Gagnon (1988), 1027 f.

Telex *n. per. fach.* ´Fernschreiben´ (< 20. Jh.). Kurzwort aus ne. *teleprinter exchange*, wörtlich ´Fernschreiber-Austausch´.
DF 5 (1981), 134 f.

Telle *f.* s. *Delle*.

Teller *m.* (< 13. Jh.). Mhd. *tel(l)er* ist entlehnt aus afrz. *tailleor* ´Vorlegeteller´. Dieses (wie it. *tagliere* ´Hackbrett, Schneidebrett´) zu frz. *tailler*, it. *tagliare* ´zerschneiden´ (zu l. *taliāre* ´spalten´).
S. *Taille*. – Suolahti (1933), 250 f.

Tempel *m. erw. exot.* (< 8. Jh.). Mhd. *tempel n./ m.*, ahd. *tempal n.* Entlehnt teils aus l. *templum n.*, teils aus dem daraus entwickelten afrz. *temple m.* (Genus!) gleicher Bedeutung.
S. *Kontemplation*. – W. de Cubber *SGG* 14 (1988); Röhrich 3 (1992), 1607.

Temperament *n.* (< 16. Jh.). Entlehnt aus l. *temperāmentum n.* ´richtige Mischung´, Abstraktum zu l. *temperāre* ´mischen´ (s. *temperieren*). Im 16. Jh. wird das Wort auf die richtige Mischung der Körpersäfte angewandt (im Sinne der Säftelehre (s. *Melancholiker, Choleriker, Sanguiniker, Phlegmatiker*); dann Verallgemeinerung. Heute wird besonders ´Lebhaftigkeit´ darunter verstanden.
DF 5 (1981), 135–137.

Temperatur *f.* (< 15. Jh.). Entlehnt aus l. *temperātūra* ´richtige Mischung´, wie *Temperament* ein Abstraktum zu l. *temperāre* ´mischen´ (s. *temperieren*). Seit dem 16. Jh. auch der als Mischung zwischen warm und kalt verstandene Wärmegrad, worauf die Bedeutung dann festgelegt wird.
DF 5 (1981), 137 f.

temperieren *swV. erw. fach.* ´mäßigen, auf gut passende Wärme bringen´ (< 13. Jh.). Entlehnt aus l. *temperāre (temperātum)* ´das rechte Maß beachten, mischen, in das richtige Verhältnis setzen, sich mäßigen`, zu l. *tempus* ´Abschnitt, Zeitteil` (s. *Tempo*).

K.-H. Weimann *DWEB* 2 (1963), 406; *DF* 5 (1981), 138−141.

Tempo *n.* (< 17. Jh.). Entlehnt aus it. *tempo m.* ´Zeit, Zeitabschnitt`, dieses aus l. *tempus* ´Zeit, Abschnitt`, zu **ten-p-* ´dehnen`, also etwa ´Ausdehnung`. Die moderne Bedeutung entwickelt sich aus ´Zeit, in der etwas ausgeführt wird` zu ´Geschwindigkeit, mit der etwas ausgeführt wird`. Adjektiv: *temporär* (zu der älteren Bedeutung).

S. *extemporieren*; zur germanischen Verwandtschaft s. *dehnen*. − P. Kretschmer *ZVS* 36 (1900), 264−267; K.-H. Weimann *DWEB* 2 (1963), 406; W. J. Jones *SN* 51 (1979), 273; *DF* 5 (1981), 142−146.

Tempus *n. per. fach.* ´Angabe der Verlaufszeit` (< 15. Jh.). Als Terminus der Grammatik entlehnt aus l. *tempus* ´Zeit`, s. *Tempo*.

Tendenz *f.* (< 18. Jh.). Entlehnt und relatiniert aus frz. *tendance*, zu fr. *tendre* ´strecken, hinstrecken`, aus l. *tendere (tēnsum, tentum)* ´spannen, ausdehnen, ausstrecken`. Die heutige Bedeutung geht von ´hinstreben zu etwas, zu etwas neigen` aus. Adjektive: **tendenziös, tendenziell**; Verb: **tendieren**.

Zur Sippe des zugrundeliegenden l. *tendere* ´spannen` gehören als Abstrakta *Extension* und *Intention*; substantiviert aus dem Verb (im Französischen) ist *Entente*, zu einem Partizip gehört *Intendant*; Weiterbildungen sind *intensiv* und *prätentiös*. Zum Grundwort l. *tenēre* ´halten` s. *Tenor*. − Schirmer (1911), 189; K.-H. Weimann *DWEB* 2 (1963), 406; W. J. Jones *SN* 51 (1979), 273; *DF* 5 (1981), 147−152.

Tender *m. arch.* ´Kohlewagen bei der Lokomotive` (< 19. Jh.). Entlehnt aus ne. *tender* gleicher Bedeutung. Dieses ist übertragen aus ´Begleitboot` und gekürzt aus ne. *attender* ´Begleiter` (zu ne. *attend* ´beachten, aufwarten, begleiten`).

Krüger (1979), 442 f.; *DF* 5 (1981), 152 f.; Rey-Debove/Gagnon (1988), 1028 f.

tendieren *swV.* s. *Tendenz*.

Tenne *f. erw. fach.* (< 8. Jh.). Mhd. *tenne m./n./f.*, ahd. *tenni n.*, früh bezeugt als ml. *danea* (Reichenauer Glossen, 10 Jh., vielleicht niederfränkisch), fläm. *den* ´Dreschplatz auf freiem Feld`. Vielleicht weiter dazu mndd. *denne*, ae. *denn* ´Lagerstätte von Tieren`. Vergleichbar ist gr. *thénar n.* ´Fläche, Handfläche` (zu dem ahd. *tenar m.* ´flache Hand` auffällig stimmt). Die weitere Herkunft ist, wie auch der mögliche Zusammenhang mit der Sippe von *Tann*, unklar. Vielleicht gehört dazu ai. *dhánvan- n.* ´Wüste, Steppe, trockenes Land, Strand`.

R. Lühr in: Meid (1987), 67−71.

Tennis *n.* (< 19. Jh.). Entlehnt aus ne. *(lawn) tennis*. Dieses ist zuerst bezeugt im 14. Jh. und geht auf die Vorform von frz. *tenez* ´Halten Sie (ihn)` zurück, was der Spieler beim Beginn des Ballwech-

sels ausrief. Das Spiel ist französischer (und wohl klösterlicher) Herkunft, hieß in Frankreich aber *jeu de paume* (u.ä.) ´Spiel mit der Handfläche`, weil es zunächst mit der offenen Hand, dann mit Handschuhen und schließlich mit einem Schläger gespielt wurde. Auf den offenbar noch älteren Zuruf *chasse-poule* ´fang das Huhn` (in bildlicher Ausdrucksweise) in nordfranzösischer Lautform *cachepol* geht älteres schott. *caichepule*, ndl. *kaatsbal* und älteres nhd. *Katzball* ´Schlagball` zurück.

E. Mehl *MS* 77 (1967), 308−311; *DF* 5 (1981), 153 f.; H. Gillmeister *Stadion* 3 (1977), 187−229, 7 (1981), 19−51; ders. in: *Olympic Scientific Congress. Official Report. Sport History* 1985, 54−74; Rey-Debove/Gagnon (1988), 1029−1031.

Tenor[1] *m.* (Betonung auf der zweiten Silbe) ´hohe Männersingstimme` (< 15. Jh.). Entlehnt aus it. *tenore*, aus l. *tenor (tenōris)* ´Hauptstimme, die die Melodie hält, der die anderen Stimmen zugeordnet sind`, dann die spätere Bedeutung aus der Mittellage zwischen Alt (´hoch`) und Baß (´tief`) − der Sopran ist die hinzukommende ´Höchst`-Stimme. Das lateinische Wort bedeutet eigentlich ´Zusammenhang`, dann ´Wortlaut, Hauptinhalt` (s. *Tenor*[2]). Weiter zu l. *tenēre* ´halten`.

Zur Sippe des Grundworts l. *tenēre* ´halten` gehören noch als Partizipien des Präsens *impertinent* und *Kontinent*, über das Französische *Leutnant*; ein entsprechendes Abstraktum ist *Abstinenz*; englische Nomina agentis zu entsprechenden Grundlagen sind *Container* und *Entertainer*; zu einer Weiterbildung gehört *kontinuierlich*. Zu Weiterbildungen mit *-d-* s. *Tendenz*, zu solchen mit *-p-* s. *Tempo*; die griechische Verwandtschaft unter *Ton*[2], die germanische unter *dehnen*. − *DF* 5 (1981), 154 f.

Tenor[2] *m. per. fach.* ´Zusammenhang, Grundhaltung, Hauptinhalt` (< 17. Jh.). Entlehnt aus l. *tenor* ´Zusammenhang usw.`, letztlich dem gleichen Wort wie der Grundlage von *Tenor*[1].

DF 5 (1981), 155 f.

Tentakel *m./n. per. fach.* ´Fangarm` (< 19. Jh.). Neubildung ml. *tentāculum* zu l. *tentāre* ´betasten`, einer Nebenform von l. *temptāre*. S. *tentativ*.

tentativ *Adj. per. fremd.* ´versuchsweise` (< 20. Jh.). Entlehnt aus ne. *tentative*, dieses aus ml. *tentātīvus*, zu l. *tentāre*, einer Nebenform von l. *temptāre* ´versuchen`. S. *Attentat, Tentakel*.

Teppich *m.* (< 9. Jh.). Ahd. *teppih m./n.*, *teppi n.*, mhd. *tep[p]ich* u. a. ist entlehnt aus ml. *tapetia f.*, dieses aus l. *tapētum, tapēte n.* ´Wandteppich, Teppich`, aus gr. *tápēs f.* Die Form mit Tektal beruht auf Anpassung an ein deutsches Suffix.

S. *Tapete*. − Röhrich 3 (1992), 1607.

Termin *m.* (< 13. Jh.). Entlehnt aus l. *terminus* ´festgelegter (Grenz)Punkt, Grenze, Grenzlinie, Endpunkt`. Verb: **terminieren**.

S. *determinieren*. − Schirmer (1911), 190; K.-H. Weimann *DWEB* 2 (1963), 406; *DF* 5 (1981), 156−163.

Terminal *m./n. per. fach.* ʿAbfertigungshalle; Sichtgerät einer Datenverarbeitungsanlageʾ (< 20. Jh.). Entlehnt aus ne. *terminal (station)*, zu e. *terminal* ʿdas Ende bildendʾ, dieses aus l. *terminālis* ʿzur Grenze gehörendʾ, zu l. *terminus m.* ʿGrenze, Grenzlinieʾ. S. *Termin*.

DF 5 (1981), 159 f.; Rey-Debove/Gagnon (1988), 1031.

Terminologie *f. erw. fach.* ʿfestgelegter Wortschatzʾ (< 18. Jh.). Neoklassische Bildung zu *Terminus* und *-logie*. *Terminus* ist in der Bedeutung ʿfestgelegter Ausdruck, Fachwortʾ seit dem 15. Jh. bezeugt und ist eine gelehrte Weiterentwicklung der Bedeutung von l. *terminus* ʿfestgelegter (Grenz-)Punktʾ. Die Kürzung zu *Termin* ist in dieser Bedeutung nicht geläufig, in neuerer Zeit aber für spezielle Fälle *Term* (nach englischem Vorbild). Latinisierend auch *terminus technicus*, das aber erst aus dem 17. Jh. stammt.

S. *Termin*. – *DF* 5 (1981), 163–168.

Termite *f. per. exot.* (ein staatenbildendes Insekt) (< 19. Jh.). Entlehnt aus l. *tarmes (-itis) m.*, *termes (-itis)* ʿHolzwurmʾ.

DF 5 (1981), 168 f.

Terpentin *n. erw. fach.* (das Harz verschiedener Nadelbäume) (< 16. Jh.). Entlehnt aus ml. *terebintina (resina) f.* ʿTerpentinharzʾ, dieses aus gr. *termínthinos, terebínthios* ʿvom Terpentinbaumʾ, zu gr. *términthos, terébinthos f.* ʿTerpentinbaumʾ, das wohl armenischen Ursprungs ist.

Terrain *n. per. fach.* ʿGelände, Gebietʾ (< 17. Jh.). Entlehnt aus frz. *terrain m.*, dieses aus l. *terrēnum* ʿErde, Ackerʾ, einer Substantivierung von l. *terrēnus* ʿerdig, irdenʾ, zu l. *terra f.* ʿErdeʾ.

S. *Territorium*. – *DF* 5 (1981), 169–171; Röhrich 3 (1992), 1607 f.

Terrasse *f.* (< 18. Jh.). Entlehnt aus frz. *terrasse* (ursprünglich: ʿErdaufhäufungʾ), dieses aus gallorom. *terracea*, einem Kollektivum zu l. *terra* ʿErdeʾ.

S. *Territorium*. – *DF* 5 (1981), 171–174.

Terrier *m. erw. fach.* (eine Hunderasse) (< 19. Jh.). Entlehnt aus ne. *terrier*, dieses aus frz. *chien terrier* ʿder zur Erde gehörige Hundʾ. Gemeint ist eine Hunderasse, die die Jagdtiere bis in die Höhle verfolgt (vor allem *Foxterrier*). S. *Territorium*.

Terrine *f. per. fach.* ʿSchüssel aus feuerfestem Steingutʾ (< 18. Jh.). Entlehnt aus frz. *terrine*, einer Substantivierung von afrz. *terrin* ʿirdenʾ, aus spl. *terrinus*, zu l. *terra* ʿErdeʾ.

S. *Terrasse*. – E. Öhmann *NPhM* 58 (1957), 5 f.; *DF* 5 (1981), 174.

Territorium *n. erw. fach.* ʿGebietʾ (< 16. Jh.). Entlehnt aus l. *territōrium* ʿzu einer Stadt gehöriges Ackerlandʾ zu l. *terra* ʿErdeʾ. Adjektiv: **territorial**.

Zu l. *terra* ʿErdeʾ gehören noch *Parterre*, *Terrain* und *Souterrain*, (*Terrarium* und *terrestrisch*), *Terrasse*, *Traß* (und

Terrakotta); *Terrier* und *Terrine*. Zur germanischen Verwandtschaft s. *dürr*. – *DF* 5 (1981), 175–179.

terrorisieren *swV.* (< 18. Jh.). Entlehnt aus frz. *terroriser*, dieses zu l. *terror* ʿSchreckenʾ zu l. *terrēre (territum)* ʿerschrecken, in Schrecken versetzenʾ. Hierzu **Terror, Terrorist, Terrorismus, terroristisch.**

DF 5 (1981), 179–188; G. vdHeuvel in: *Actes du 2° Colloque de lexicologie politique* 3 (1982), 893–910; ders. *PSG* 3 (1985), 89–132; J. Guilhaumou *DUSP* 2 (1986), 127–160; *Brisante Wörter* (1989), 366–377; *Grundbegriffe* 6 (1990), 323–444.

Tesching *n. per. fach.* ʿkleinkalibriges Gewehrʾ (< 19. Jh.). Zunächst *Teschinen* ʿgezogene Büchsenröhre von *Teschen*ʾ (Ort in Österreichisch Schlesien).

Test *m.* (< 20. Jh.). Das Wort ist im heutigen Gebrauch entlehnt aus ne. *test*, war aber schon früher geläufig: Spmhd. *test* ist unter anderem ein Probiertiegel (entlehnt aus l. *tēsta f.* ʿScherbe, Geschirrʾ). Über die Fachsprachen wird daraus ein Wort für ʿPrüfung, Probeʾ, das besonders im Englischen weiter verallgemeinert wird.

DF 5 (1981), 188–192; Rey-Debove/Gagnon (1988), 1032–1034.

Testament *n.* (< 15. Jh.). Entlehnt aus l. *tēstāmentum*, Abstraktum zu l. *tēstārī (tēstātus sum)* ʿbezeugenʾ, zu l. *tēstis m.* ʿZeugeʾ. Adjektiv: **testamentarisch.**

S. *testieren, Attest*. – Röhrich 3 (1992), 1608; *DF* 5 (1981), 192–196.

testen *swV.* (< 20. Jh.). Entlehnt aus ne. *test*, das zu *test* ʿPrüfungʾ gehört.

DF 5 (1981), 196 f.

testieren *swV. per. fach.* ʿbestätigen, bezeugenʾ (< 15. Jh.). Entlehnt aus l. *tēstārī (tēstātus sum)* ʿbezeugenʾ, zu l. *tēstis* ʿZeugeʾ; dieses zu l. *tri-* ʿdritterʾ (so bezeichnet als der Dritte neben den beiden Kontrahenten).

S. *Attest*. – *DF* 5 (1981), 197–199.

Tetanus *m. per. fach.* ʿWundstarrkrampfʾ (< 16. Jh.). Entlehnt aus l. *tetanus*, dieses aus gr. *tétanos* ʿSpannung, Starrkrampfʾ, reduplizierte Bildung zu gr. *teínein* ʿdehnen, spannenʾ.

Teuchel *m.*, auch *f. arch.* ʿWasserleitungsröhreʾ (< 14. Jh.). Spmhd. *tiuchel*. Herkunft unklar.

H.-G. Maak *ZDPh* 94 (1973), 363–371.

teuer *Adj.* (< 8. Jh.). Mhd. *tiur(e)*, ahd. *tiuri*, as. *diuri* aus g. **deurja-* oder **deuzja-*, auch in anord. *dýrr*, ae. *dēore*, afr. *diōre, diūre*. Vielleicht zu *dauern²*, im übrigen unklar. Im Hinblick auf l. *fovēre* ʿwärmen – hegen – liebenʾ könnte eine *r*-Bildung zu ig. **dʰegʷʰ-* ʿwärmenʾ vorliegen, also ʿgeliebtʾ. Zu diesen ai. *dáhati*, toch. AB *tsäk-*, lit. *dègti*, kymr. *deifio*, alle ʿbrennenʾ, sowie gr. *téphrā* ʿAscheʾ und l. *fovēre*. Präfixableitungen: **be-, verteuern**; Abstraktum: **Teuerung.**

Nndl. *duur*, ne. *dear*, nschw. *dyr*. S. *beteuern, dauern*[2]. –
H. Götz: *Leitwörter des Minnesangs* (Berlin 1957), 53–64;
Heidermanns (1993), 154 f. Zur Entlehnung ins Finnische
s. Koivulehto (1991), 26.

Teufe *f. per. fach.* ʹTiefe (eines Schachtes)ʹ (< 15.
Jh.). Variante zu *Tiefe* oder vereinfacht aus spmhd.
teufete. S. *tief*.

Teufel *m.* (< 8. Jh.). Mhd. *tiufel, tiuvel, tievel*,
ahd. *tiuval, tiuval*, as. *diuƀal*. Wie afr. *diōvel*, ae.
dēofol, anord. *djǫfull* entlehnt aus ml. **diuvalus*,
Variante von l. *diabolus*, aus gr. *diábolos* ʹVerleum-
derʹ (gr. *diabállō* ʹich werfe um, verleumdeʹ). Adjektiv: *teuflisch*; Abstraktum: *Teufelei*; Präfixableitung: *verteufeln*.
S. *Deixel, diabolisch* und zur griechischen Sippe *Symbol*.
– J. Knobloch in: *FS K. Pivec* (Innsbruck 1966), 221 f.;
Röhrich 3 (1992), 1608–1621.

Text *m.* (< 14. Jh.). Entlehnt aus l. *textus* ʹTextʹ,
eigentlich ʹGewebeʹ zu l. *texere* ʹwebenʹ, das mit
gr. *téchnē f.* ʹHandwerk, Kunst, Fertigkeitʹ verwandt ist (s. *Technik*).
S. *Kontext, textil* und weiter entfernt *subtil* und *Toilette*.
Zu deutschen Verwandtschaft s. *Dechsel* und *Docht*. – *DF*
5 (1981), 201–205; Röhrich 3 (1992), 1621.

textil *Adj. erw. fach.* ʹgewebt, gewirktʹ, substantiviert **Textilien** (< 19. Jh.). Im Rahmen eines Internationalismus entlehnt aus l. *textīlis* ʹgewebtʹ, zu l.
texere (textum) ʹweben, flechtenʹ.
DF 5 (1981), 205–208.

Theater *n.* (< 17. Jh.). Entlehnt aus frz. *théâtre*
m., dieses aus l. *theātrum*, aus gr. *théātron*, zu gr.
theãsthai ʹschauen, anschauenʹ. Das Grundwort ist
gr. *théā f.* ʹAnschauen, Schau, Schauspielʹ. Adjektiv: *theatralisch*.
S. *Theorie*. – M. H. Marshall *Symposium* 4 (1950), 1–39,
366–389; *DF* 5 (1981), 208–216; H. Schramm *WB* 36
(1990), 223–239; Röhrich 3 (1992), 1621.

Theke *f. erw. fach.* (< 19. Jh.). Entlehnt aus l.
thēca ʹKästchen, Decke usw.ʹ, aus gr. *thḗkē* ʹBe-
hältnis, Kiste usw.ʹ zu gr. *tithénai* ʹsetzen, stellen,
legenʹ. Die Bedeutungsentwicklung geht über
ʹLade als Verkaufstischʹ zu ʹSchanktischʹ.
Andere Bildungen mit diesem Element sind *Apotheke, Bi-*
bliothek, Diskothek, Glyptothek, Hypothek, Pinakothek;
ein spätere Form in *Boutique* und *Zieche*, vielleicht auch
in *Bottich*. Aus anderen Bildungen zu gr. *tithénai* ʹsetzen,
stellen, legenʹ sind *Thema* und *These* (mit *Hypothese, Pa-*
renthese, Prothese, Synthese). Zur germanischen Verwandtschaft s. *tun*. – *DF* 5 (1981), 217–218; Röhrich 3
(1992), 1621.

Thema *n.* (< 15. Jh.). Entlehnt aus l. *thema*, dieses aus gr. *théma*, eigentlich ʹGegebenes, Aufge-
stelltesʹ, zu gr. *tithénai* ʹsetzen, stellen, legenʹ. Adjektiv: *thematisch*; Abstraktum: *Thematik*.
S. *Theke*. – *DF* 5 (1981), 218–223; Röhrich 3 (1992),
1621 f.

Theologie *f.* (< 16. Jh.). Entlehnt aus l. *theologia*,
dieses aus gr. *theología*, zu gr. *theológos* ʹmit göttli-

chen Dingen vertraut, von Gott redendʹ, zu gr.
theós m./f. ʹGottʹ und gr. *légein* ʹsagen, erklärenʹ
(s. *-logie*). Adjektiv: *theologisch*; Täterbezeichnung:
Theologe.
S. *Atheismus, Enthusiasmus*. – K.-H. Weimann *DWEB* 2
(1963), 406; V. Goldschmidt: *Questions Platoniciennes* (Paris 1970), 141–172; Cottez (1980), 420; *DF* 5 (1981),
225–231; Th. Bonhoeffer *AB* 34 (1991), 7–26.

Theorie *f.* (< 18. Jh.). Entlehnt aus l. *theōria*, dieses aus gr. *theōría*. eigentlich ʹAnschauen, Betrach-
tungʹ, zu gr. *theōrós m.* ʹZuschauerʹ, besonders einer, der als Gesandter einer griechischen Stadt zum
Tempel, Orakel oder Festspiel eines Gottes ging.
Später, besonders beim Adjektiv *theōrētikós (bíos)*,
Ausdruck für eine Lebenshaltung (etwa ʹreflektiert,
gedanklich erfassendʹ, entsprechend und daraus
übersetzt l. *vīta contemplātīva*). Auch *Theorem* hat
schon ein griechisches Vorbild (gr. *theṓrēma* ʹUn-
tersuchungʹ). Adjektiv: *theoretisch*; Täterbezeichnung: *Theoretiker*; Verb: *theoretisieren*.
S. *Theater*. – F. Boll: *Vita contemplativa* (Heidelberg
[2]1922); O. Pedersen *CM* 22 (1961), 151–166; K.-H. Weimann *DWEB* 2 (1963), 406; *DF* 5 (1981), 231–242; H.-
G. Beck: *Theoria* (München 1983).

Therapie *f.* ʹHeilbehandlungʹ (< 18. Jh.). Entlehnt aus gr. *therapeía*, eigentlich ʹDienen, Dienstʹ,
aus gr. *therápōn m.* ʹDiener, Gefährteʹ. Täterbezeichnung: *Therapeut*. (Die älteste Entlehnung der
Sippe ist *Therapeutik* 16. Jh.).
Cottez (1980), 421; *DF* 5 (1981), 242–244.

Therme *f. per. fach.* ʹwarme Quelle, warme Bä-
derʹ (< 16. Jh.). Entlehnt aus l. *thermae Pl.*, dieses
aus gr. *thérmai Pl.*, zu gr. *thermós* ʹwarmʹ. Adjektiv: *thermal*.
S. *thermo-*. – K.-H. Weimann *DWEB* 2 (1963), 407; *DF* 5
(1981), 245 f.

thermo- *LAff.* mit der Bedeutung ʹwarmʹ, entlehnt in griechischen Bildungen mit gr. *thermós*
ʹwarmʹ. Unmittelbar zu diesem auch *thermisch* ʹdie
Wärme betreffendʹ und *Thermik* ʹAufwind durch
Wärmeʹ.
Cottez (1980), 422 f.; G. D. Schmidt in: *Deutsche Lehn-*
wortforschung. Hrsg. G. Hoppe u. a. (Tübingen 1987),
409–440.

Thermometer *n.* (< 18. Jh.). Neubildung zu gr.
thermós ʹwarmʹ und gr. *métron* ʹMaßʹ.
S. *Thermo-* und *Metrik*. – *DF* 5 (1981), 246–249.

Thermostat *m. per. fach.* (< 19. Jh.). Neubildung
zu gr. *thermós* ʹwarmʹ und gr. *statós* ʹstehend, fest-
stehendʹ. So benannt als ein Gerät, das die Temperatur auf einer bestimmten Höhe hält. S. *thermo-*
und *Statik*.

Thesaurus *m. per. fach.* ʹSchatzhaus, systematische Wortschatzsammlungʹ (< 19. Jh.). Entlehnt
aus l. *thēsaurus*, dieses aus gr. *thēsaurós* ʹVorrat,
Schatzʹ. S. *Tresor*.

These *f.* (< 16. Jh.). Entlehnt aus frz. *thèse*, dieses aus l. *thesis*, aus gr. *thésis* ´Setzung´, zu gr. *tithénai* ´setzen, stellen, legen´.

S. *Theke*. – Cottez (1980), 423; *DF* 5 (1981), 249 f.

Thing *n. obs.* ´Volks- und Gerichtsversammlung der Germanen´ (< 18. Jh.). Die Volksversammlung hieß ahd. *ding*, as. *thing*, das in normaler Entwicklung mit Bedeutungsveränderung nhd. *Ding* ergeben hat. Vermutlich wegen dieser Bedeutungsveränderung wurde in neueren historischen Darstellungen (u.ä.) für die Versammlung die alte Schreibform *Thing* gewählt und dieses Wort dann auch mit [t] ausgesprochen, obwohl die Schreibung *th* wie heute noch im Englischen ein [θ] wiedergeben sollte.

Thriller *m. per. fach.* ´spannender Film´ (< 20. Jh.). Entlehnt aus ne. *thriller*, zu e. *thrill* ´durchdringen, zittern machen´, aus ae. *þyrel n.* ´Loch, Durchgang´, zu ae. *þurh* ´ganz durch´.

DF 5 (1981), 250 f.; Rey-Debove/Gagnon (1988), 1035 f.

Thrombose *f. per. fach.* ´Blutgerinnsel´ (< 19. Jh.). Entlehnt aus gr. *thrómbōsis*, eigentlich ´das Gerinnen´, zu gr. *thrómbos* ´Klumpen´.

Cottez (1980), 425.

Thron *m.* (< 13. Jh.). Mhd. *t(h)rōn* ist entlehnt aus afrz. *t(h)rone*, das über l. *thronus* auf gr. *thrónos* ´Stuhl, Herrschersitz´ zurückgeht. Dieses zu der in ai. *dadhāra Perf.* ´hält, stützt, trägt´ vorliegenden Verbalwurzel. Verb: **thronen**.

L. Schmidt *Antaios* 12 (1971), 85–103; Röhrich 3 (1992), 1622.

Thunfisch *m. erw. fach.* (< 16. Jh.). Verdeutlichende Komposition zu dem entlehnten *Thun-* aus l. *thynnus, thunnus* (it. *tonno*, frz. *thon*); dieses aus gr. *thýnnos*, ein Mittelmeerwort, das wohl aus dem Semitischen stammt (arab. *tinnīn*, hebr. *tannīn* ´großer Fisch´, die gebende Sprache wäre aber wohl das Phönizische gewesen).

Thusnelda *f. vulg.* (< 19. Jh.). Abwertende Bezeichnung für ´Freundin´ oder allgemein für ´Frau´ (auch gekürzt als **Tussi**). Ursprünglich ein weiblicher Vorname, der zurückgeht auf die Gattin des Arminius (in griechischer Überlieferung *Thousnélda*, möglicherweise aber Überlieferungsfehler). Thusnelda beeindruckte die Römer durch ihr aufrechtes Verhalten in Gefangenschaft, so daß sie später als Vorbild einer Germanin dargestellt wurde.

Thymian *m. erw. fach.* (eine Gewürzpflanze) (< 13. Jh.). Mhd. *thymiama f.*, *thimeam* ist entlehnt aus l. *thȳmiāma n.*, auch ´Räucherwerk´, dieses aus gr. *thymiama n.*, zu gr. *thymiān* ´räuchern, verbrennen´, zu gr. *thýein* ´opfern´. Der aromatische Thymian wurde bei Brandopfern verwendet.

Tiara *f. per. fach.* (Kopfbedeckung von Königen bzw. des Papstes) (< 18. Jh.). Entlehnt aus gr.

tiárā, eigentlich ´Turban, die kegelförmige Kopfbedeckung der Perser´, das aus dem Persischen übernommen ist.

Littmann (1924), 20 f.

Tichter *m. per. md.* ´Enkel´ (< 14. Jh.). Mhd. *tihter, tīhter, diehter*; entstanden als Diminutivbildung auf *-ī* zu *Tochter* mit regionalem Umlaut *-e-*, der weiter entwickelt wird zu *-ie-* und *-i-*. Die Bedeutung war wohl ursprünglich ´Tochterkind´, ist aber seit Beginn der Überlieferung verallgemeinert zu ´Enkel´. Semantische Parallelen sind ai. *dauhitra-* und gr. *thygatridoûs* ´Erbtochtersohn´ (nach Scharfe).

Scharfe *ZVS* 79 (1965), 274–284; Darms (1978), 406–411; Müller (1979), 86–89; Seebold (1981), 268–274; Ruipérez (1984), 33–35.

Tick *m. erw. stil.* ´Schrulle´ (< 18. Jh.). Entlehnt aus frz. *tic* ´das Zucken´, in dieser Bedeutung auch als medizinischer Fachausdruck üblich.

Strasser (1976); *DF* 5 (1981), 251 f.; Röhrich 3 (1992), 1622.

ticken *swV.* (< 18. Jh.). Zu dem lautmalenden *tick* (*ticktack* für das Uhrgeräusch).

Ticket *n. erw. fremd.* ´Fahrkarte, Eintrittskarte´ (< 18. Jh.). Entlehnt aus ne. *ticket*, dieses aus afrz. *estiquet*, zu afrz. *estiquier, estequier* ´hineinstecken´, das germanischer Herkunft ist. Gemeint ist also zunächst ein Anhänger oder eine Aufschrift, dann ´Berechtigungsschein u.ä.´.

S. *Etikett*. – *DF* 5 (1981), 253–255; Rey-Debove/Gagnon (1988), 1036 f.

Ticktack *f./(n.) kind.* ´Uhr´ (< 19. Jh.). Lautmalend (s. *ticken*).

Tide *f. per. ndd.* ´Gezeiten´ (< 19. Jh.). Aus mndd. *getide n.*, *ti(d)e*, das in hochdeutscher Form zu *Gezeiten* wird (s.d. und *Zeit*).

tief *Adj.* (< 8. Jh.). Mhd. *tief*, ahd. *tiof*, as. *diop* aus g. **deup-a- Adj.* ´tief´, auch in gt. *diups*, anord. *djúpr*, ae. *dēop*, afr. *diāp*. Zusammen mit *taufen* zu lit. *dùbti* ´sich senken, einsinken´ und kir. *domain*, kymr. *dwfn*, *dyfn* ´tief´, akslav. *bezdъna* ´Tiefe, Abgrund´. Der Auslaut ist in allen Fällen mehrdeutig und wohl auch von Anfang an unterschiedlich gewesen, vgl. noch anord. *dúfa* ´tauchen, ins Wasser drücken´, ae. *dúfan* ´tauchen´, mndd. *beduven* ´bedeckt werden´. Auffällig ist die Ähnlichkeit von gr. *dýō* ´tauche ein´. Abstraktum: **Tiefe**; Präfixableitung: **vertiefen**.

Nndl. *diep*, ne. *deep*, nschw. *djup*, nisl. *djúpur*. S. *tauchen, taufen, Teufe, Tümpel, tupfen*. – Heidermanns (1993), 153 f.

Tiegel *m. erw. fach.* ´Schmelzpfanne´ (< 11. Jh.). Mhd. *tegel, tigel*, ahd. *tegel*. Wie mndl. *tegel*, ae. *tigele f.*, anord. *tigl n.* ´Ziegel, Mauerstein´ entlehnt aus ml. **tegula*, Variante zu l. *tēgula f.*, das entlehnt ist aus gr. *tágēnon, tēganon n.* ´Bratpfanne´. Daneben, offenbar durch Umsetzung hochdeutscher Formen in niederdeutsche, mndd. *degel*, anord. *digull*.

S. *decken*. − R. Hildebrandt *DWEB* 3 (1963), 351−354. Anders (als Erbwort zu l. *figulus* ´Töpfer´): Frisk (1966), 53 f.

Tier *n.* (< 8. Jh.). Mhd. *tier*, ahd. *tior*, as. *dior* aus g. **deuza- n.* ´Tier´, auch in gt. *dius*, anord. *dýr*, ae. *dēor*, afr. *diār*. Gemeint sind wilde Tiere, im Gegensatz zu den Haustieren *(Vieh)*. Semantisch am nächsten steht l. *bēstia* (und l. *bēlua*) *f.* ´Tier´, besonders ´wildes Tier, großes Tier´ (ig. **dʰwes-* neben dem für das Germanische vorauszusetzenden **dʰeus-*, die Lautentwicklung im Lateinischen ist aber nicht klar). Weiter vielleicht dazu air. *dásacht f.* ´Tollwut, Besessenheit´ (vgl. ae. *dēor* ´kühn´, ahd. *tiorīn* ´wild´). Auf eine andere Bedeutung weisen akslav. *duchŭ m.* ´Atem, Seele´ und lit. *dùsti* ´keuchen´. Vermutlich liegt ein Wort für ´atmen´ zugrunde, das Nomina mit der Bedeutung ´Leben´ bildet. Hierzu Zugehörigkeitsbildungen mit der Bedeutung ´Lebewesen, Tier´. Vgl. l. *animal* ´Tier´ und l. *anima f.* ´Seele, Leben´. Adjektiv: *tierisch*; Präfixableitung: *vertieren*.

Nndl. *dier*, ne. *deer*, nschw. *djur*, nisl. *dýr*. S. *Tod*. − H. Güntert *OZV* (1932), 102−104; Th. Schippan *ZPhSK* 44 (1991), 93−101; Röhrich 3 (1992), 1622 f.

Tiger *m.* (< *12. Jh., Form < 17. Jh.). Gekürzt aus älterem *tigertier*, mhd. *tigertier n.*, ahd. *tigirtior*, *tigritior n.*, das entlehnt ist aus l. *tigris m./f.*, das über gr. *tígris f.* auf ein iranisches Wort (avest. *tiɣraii-* ´Pfeil´) zurückgeht. Adjektiv: *getigert*.

Palander (1899), 50; Littmann (1924), 15; Röhrich 3 (1992), 1623.

tigern *swV. per. grupp.* ´sich fortbewegen´ (< 20. Jh.). Wohl ´sich fortbewegen wie ein Tiger´ (nach der charakteristischen Ganghaltung der Raubkatzen).

Tilde *f. per. fach.* (ein diakritisches Zeichen) (< 20. Jh.).Entlehnt aus span. *tilde*, dieses mit unregelmäßiger Formentwicklung aus l. *titulus m.* ´Zeichen, Kennzeichen, Ehrenname, Überschrift´. S. *Titel*.

tilgen *swV.* (< 11. Jh.). Mhd. *tīligen, tilgen*, ahd. *tiligōn*. Vermutlich ausgehend von ae. *dilegian* entlehnt aus l. *delēre* ´zerstören´ in der Sonderbedeutung ´etwas Geschriebenes auslöschen´. Dies ist auch die Bedeutung der entlehnten Wörter, erst im 14. Jh. wird die Bedeutung stärker ausgeweitet. Abstraktum: *Tilgung*; Präfigierung: *vertilgen*.

E. Schröder *ZDA* 60 (1923), 246−248.

Timbre *n. per. fach.* ´charakteristische Klangfarbe´ (< 19. Jh.). Entlehnt aus frz. *timbre m.* (älter: ´Schellentrommel´), dieses über das Mittelgriechische aus gr. *týmpanon* ´Handtrommel, Tamburin´, zu gr. *týptein* ´schlagen, stoßen´.

S. *Typ*. − *DF* 5 (1981), 255 f.

Tingeltangel *n./m. erw. stil.* ´billige Unterhaltungsmusik, Ort, wo diese geboten wird´ (< 19. Jh.). Lautmalende Bezeichnung für Blechmusik mit Becken und Schellen; aufgekommen in Berlin, wobei mit dem Wort zweifelhafte Singhallen bezeichnet wurden *(Cafés chantants)*. Rückbildung: *tingeln*.

Ladendorf (1906), 313 f.

Tinktur *f. per. fach.* ´Auszug aus pflanzlichen oder tierischen Stoffen´ (< 15. Jh.). Entlehnt aus l. *tīnctūra* ´Färben´, zu l. *ting(u)ere (tīnctum)* ´mit einer Flüssigkeit tränken, benetzen, färben´.

S. *Teint*. − K.-H. Weimann *DWEB* 2 (1963), 407; *DF* 5 (1981), 258−260.

Tinnef *m./(n.) per. vulg.* ´wertloses Zeug´ (< 19. Jh.). In Kaufmannskreisen aufgekommen. Über das Rotwelsche übernommen aus wjidd. *tinnef* ´Dreck, schlechte Qualität´. Dieses aus hebr. *ṭinnūf* ´Schmutz, Verschmutzung´.

Tinte *f.* (< 9. Jh.). Mhd. *tin(c)te*, vereinfacht aus *tinkte*, ahd. *tincta, tinte, timpte*. Entlehnt aus ml. *(aqua) tincta* ´gefärbtes Wasser´ (zu l. *ting[u]ere [tīnctum]* ´benetzen, färben´).

S. *Teint, Tinktur.* − E. Müller-Graupa *PhW* 54 (1934), 1356−1360; Röhrich 3 (1992), 1623.

Tintenfaß *n. obs.* (< 15. Jh.). Mit *Faß* in der alten Bedeutung ´Gefäß´. Älter ist das *Tintenhorn*, das in der Hand gehalten und dann an das Pult gehängt wurde.

-tion *Suffix* zur Bildung von Abstrakta, zurückgehend auf l. *-tio (-tionis)*, die Form *-io* nur durch falsche Ablösung.

Tip *m.* (< 19. Jh.). Als ´Hinweis auf eine Gewinnmöglichkeit (Pferderennen)´ entlehnt aus ne. *tip*, das eigentlich ´Spitze, Anstoßen´ bedeutet. Verb: *tippen* ´wetten´.

DF 5 (1981), 260−262.

tippeln *swV. per. fach.* ´wandern (von Handwerksburschen, Landstreichern)´ (< 19. Jh.). Lautmalend wie *trippeln*.

tippen *swV.*, meist *antippen*, (< 16. Jh.), zuerst im niederdeutschen Bereich. Offenbar lautmalend. Zu den Entlehnungen aus dem Englischen s. *Tip*. Partikelverb: *antippen*.

tipptopp *Adj. stil.* (< 19. Jh.). Über Hamburg in die Hochsprache (und die Mundarten) gedrungen. Entlehnt aus ne. *tiptop* (zu ne. *tip* ´Spitze´ und ne. *top* ´Oberteil´, also gewissermaßen ´Spitze der Spitze´).

Röhrich 3 (1992), 1624.

Tirade *f. per. fremd.* ´Wortschwall´ (< 18. Jh.). Entlehnt aus frz. *tirade*, dieses aus it. *tirata*, Abstraktum zu it. *tirare* ´ziehen´, aus spl. **tirare*. So benannt als ´langgezogenes Reden´.

DF 5 (1981), 262−264.

Tisch *m.* (< 9. Jh.). Mhd. *tisch*, ahd. *tisc*, as. *disk*; wie ae. *disc* 'Schüssel', anord. *diskr* 'Teller, Schüssel zum Auftragen' entlehnt aus l. *discus* 'Scheibe, Platte, Schüssel', das aus gr. *dískos* 'Scheibe, Wurfscheibe' entlehnt ist. Der Sache nach handelte es sich um kleine hölzerne Platten, die vor jeden einzelnen gestellt wurden und (von den heutigen Funktionen her gesehen) zugleich als Tisch und Schüssel, Vorlegebrett dienten. Täterbezeichnung: *Tischler*; Verb: *(auf-) tischen*.
S. *Diskette*. – R. Meringer *SÖAW* 144,6 (1901), 84–88; Hoops (1911/19), IV, 327f.; Röhrich 3 (1992), 1624f.

Tischler *m. erw. reg.* (< 15. Jh.). So erst seit spätmittelhochdeutscher Zeit, davor *Tischer*. Bezeichnung für den Holzhandwerker, der die feineren Möbel herstellt (hier die Tische, bei *Schreiner* die Truhen).

Titan[1] *m. bildg.* 'Riesengestalt' (< 15. Jh.). Nach l. *titānus*, aus gr. *titán*, Name eines Riesengeschlechts der griechischen Mythologie, auch Beiname des Sonnengottes.
DF 5 (1981), 264–268.

Titan[2] *n. per. fach.* (ein Metall) (< 18. Jh.). Von seinem Entdecker, dem deutschen Chemiker H. Klaproth 1795 so benannt. Er wollte dem neu entdeckten Element einen nichtssagenden Namen geben, und da er das kurz zuvor von ihm entdeckte Uran nach dem ungefähr gleichzeitig entdeckten Planeten *Uranus* benannt hatte, und diese Bezeichnung aus der griechischen Mythologie entnommen wurde, griff er auf einen beliebigen anderen Namen der griechischen Mythologie zurück.
DF 5 (1981), 266f. [Herangezogen wurde die Magisterarbeit von M. Mathes].

Titel *m.* (< 8. Jh.). Mhd. *tit(t)el*, ahd. *titul(o)*. Entlehnt aus l. *titulus* 'Aufschrift, Titel', dessen Herkunft unklar ist. Verb: *titulieren*; Präfixableitung: *betiteln*; Kollektivum: *Titulatur*.
S. *Tilde*. – *DF* 5 (1981), 268–272; Röhrich 3 (1992), 1625.

Titte *f. per. vulg.* 'weibliche Brust(warze)' (< 20. Jh.). Niederdeutsche Entsprechung zu *Zitze*.
Röhrich 3 (1992), 1625.

titulieren *swV.* s. *Titel*.

Toast *m.* 'geröstetes Weißbrot, Trinkspruch' (< 18. Jh.). Entlehnt aus ne. *toast*, zu e. *toast* 'rösten', aus afrz. *toster*, zu l. *tōstus* 'getrocknet', dem PPP. von l. *torrēre (tōstum)* 'dörren, rösten, versengen'. Die Bedeutungsentwicklung zu 'Trinkspruch' aus der Gewohnheit, geröstetes Brot in Wein usw. einzutunken. Dann mehrere metonymische Übertragungen, zunächst auf ein solches 'Getränk mit eingetunktem Brot'; dann 'eine Person, auf die man trinkt' und schließlich 'das Trinken auf eine Person' und den dabei geäußerten Spruch. Nomen instrumenti: *Toaster*; Verb: *toasten*.

S. *Durst*. – Ganz (1957), 219f.; E. Erämetsä *NPhM* 59 (1958), 40; *DF* 5 (1981), 272–274; Rey-Debove/Gagnon (1988), 1039–1041; Röhrich 3 (1992), 1625f.

Tobak *m.* s. *Tabak*.

Tobel *m./n. per. obd.* 'Waldschlucht' (< 13. Jh.). Mhd. *tobel m.* Keine eindeutige Vergleichsmöglichkeit. Anklingend sind akslav. *dupina f.* 'Loch' und andererseits lit. *daubà f.* 'Schlucht'. Vielleicht ist das Wort entlehnt, da es nur in Gebieten vorkommt, die unter römischem (und keltischem?) Einfluß standen.
J. U. Hubschmied *ZRPh* 62 (1942), 123f.

toben *swV.* (< 9. Jh.). Mhd. *toben*, ahd. *tobēn*, as. *dobon* aus wg. **dub-ē- swV.* 'toben', auch in ae. *dofian*. Zu dem unter *taub* behandelten Wort, also 'verwirrt sein'.

Tochter *f.* (< 8. Jh.). Mhd. *tohter*, ahd. *tohter*, as. *dohtar* aus g. **duhter- f.* 'Tochter', auch in gt. *dauhtar*, anord. *dóttir*, ae. *dōhtar*, *dōhter*. Dieses aus ig. **dʰugətēr* 'Tochter', auch in ai. *duhitár-*, toch. A *ckācar*, toch. B *tkācer*, gr. *thygátēr*, akslav. *dǔšti*, lit. *duktẽ*, gall. *duxtir*, hieroglyphenluwisch *tuwatari*. Weitere Herkunft unklar. Vermutlich unter dem Einfluß von frz. *fille* bedeutet *Tochter* regional auch 'Mädchen' (vor allem in der Schweiz), so in *Saaltochter* 'Serviermädchen' und *Töchterschule* 'Mädchenschule'.
Nndl. *dochter*, ne. *daughter*, nschw. *dotter*, nisl. *dóttir*. S. *Tichter*. – H. Schmeja in: *FS A. Issatschenko* (Klagenfurt 1976), 393–400; Szemerényi (1977), 19–22; F. Starke *HS* 100 (1987), 243–269; T. Oshiro *Orient* 24 (1988), 50; Röhrich 3 (1992), 1626; A. Pârvulescu *IF* 98 (1993), 55–91.

Tod *m.* (< 8. Jh.). Mhd. *tōt*, ahd. *tōd*, as. *dōth* aus g. **dauþu- m.* 'Tod', auch in gt. *dauþus*, anord. *dauðr*, ae. *dēaþ*, afr. *dāth*. Verbalabstraktum zu g. **dau-ja- stV.* 'sterben' in anord. *deyja* (unklar ist die morphologische Beurteilung von gt. *þata diwano* 'das Sterbliche'). Außergermanisch vergleicht sich mit diesem Verb der Bedeutung nach zunächst die Erweiterung gr. *apo-thnḗiskō* 'ich sterbe' (ig. **dʰwenə-*), vielleicht auch l. *fūnus n.* 'Leichenbegängnis' und air. *duine* 'Mensch' ('Sterblicher'). Das weitere ist semantisch unklar; die Wörter gehören offenbar zu **dʰeu-* 'atmen, leben usw.' (s. *Tier*), doch ist der Übergang zu 'sterben' nicht recht klar ('das Leben aushauchen'?). Er zeigt sich in lit. *dvẽsti* 'verenden' neben lit. *dvèsuoti* 'schwer atmen, keuchen' und in akslav. *daviti* 'würgen, erwürgen'. Die Einzelheiten bleiben klärungsbedürftig. Adjektiv: *tödlich*.
Nndl. *dood*, ne. *death*, nschw. *död*, nisl. *dauði*. S. *tot*. – Seebold (1970), 147–149; D. Rosenthal: *Tod* (Göteborg 1974); Röhrich 3 (1992), 1626–1629.

Tohuwabohu *n. stil.* 'Durcheinander, Chaos' (< 19. Jh.). Entlehnt aus hebr. *tōhū wāvōhū* 'wüst und leer', der Bezeichnung des Alten Testaments für den Zustand der Erde vor dem ordnenden Eingreifen Gottes (vgl. Genesis 1,2); dann interpretierend übertragen auf ´Chaos´.

Littmann (1924), 27; W. G. Lambert *Ugarit-Forschungen* 20 (1988), 135.

toi, toi, toi *Interj.* (< 19. Jh.). Zunächst norddeutsch, jetzt weiter verbreitet. Lautliche Begleitung oder lautlicher Ersatz für eine dreifache abergläubische Handlung (Ausspucken, auf Holz klopfen o.ä.). Der Sinn ist, bei Erzählen eines Erfolgs oder beim Glückwünschen, den Neid böser Geister (die dann den Erfolg zunichte machen könnten) zu verhindern.

Röhrich 3 (1992), 1629 f.

Toilette *f.* (< 18. Jh.). Entlehnt aus frz. *toilette*, das zunächst ´Tüchlein´ bedeutet. Es ist ein Diminutivum zu frz. *toile* ´Tuch´, aus l. *tēla*, zu l. *texere (textum)* ´weben, flechten´. Bezeichnung eines Tuches, auf dem man Kosmetika usw. ausbreitete; dann metonymisch übertragen auf die Tätigkeiten des Ankleidens usw. (vgl. *Toilettenartikel*) bzw. die Kleidungsstücke usw. (vgl. *Abendtoilette*); schließlich verhüllend für *Abort*.

S. *Text.* − *DF* 5 (1981), 275−277; Brunt (1983), 479.

Tolde *f.* s. *Dolde*.

Töle *f. per. ndd.* ´Hündin´ (< 17. Jh.). Offenbar eine Weiterbildung mit *-l-* zu einer Entsprechung von ahd. *zōha* ´Hündin´ (s. *Zohe*).

tolerieren *swV.* (< 16. Jh.). Entlehnt aus l. *tolerāre* ´erdulden´. Adjektiv: **tolerant**; Abstraktum: **Toleranz**.

Das lateinische Wort gehört zum Suppletivstamm *tuli* von l. *ferre* ´tragen´ (s. *Differenz*); der Suppletivstamm ist in der Wortbildung aber nicht produktiv gewesen (zur weiteren Form s. *Prälat*). Zur germanischen Verwandtschaft s. *dulden.* − *DF* 5 (1981), 278−284; *Grundbegriffe* 6 (1990), 445−605.

toll *Adj.* (< 9. Jh.). Mhd. *tol, dol,* ahd. *tol,* as. *dol* aus wg. **dula-* Adj. ´toll´, auch in ae. *dol,* afr. *doll, dull;* eine entsprechende Lautform in nisl. *dulinn* ´eingebildet´. Daneben steht eine Hochstufe in gt. *dwals,* mndd. *dwal* ´töricht´ (und anderes). Ableitungen aus g. **dwel-a- stV.* ´verwirrt sein´, älter vermutlich ´verharren´ in ae. *dwolian* ´sich verirren´, mndd. *dwalen, dwelen,* mndl. *dwelen,* ahd. *-twelan,* mhd. *twel(e)n.* Außergermanisch lassen sich zwar einige Wörter vergleichen, doch sind sie meist lautlich mehrdeutig und semantisch nicht genau entsprechend, so daß der Vergleich unsicher bleibt: air. kymr. *dall* ´blind´, lit. *dulinéti* ´herumlaufen, herumlungern´, gr. *tholós* ´verwirrt´. Abstraktum: **Tollheit**; Verb: **tollen**.

Nndl. *dol,* ne. *dull.* S. auch *Dult.* − Seebold (1970), 172 f.; Röhrich 3 (1992), 1630.

Tolle *f. erw. reg.* ´Haarschopf´ (< 19. Jh.). Niederdeutsche Entsprechung zu *Dolde,* von der Pflanzenkrone auf das menschliche Haar übertragen.

Lasch (1928), 214; Kretschmer (1969), 529 f.

Tollkirsche *f. erw. fach.* (< 17. Jh.). Benannt nach der Wirkung der giftigen Beeren, falls sie gegessen werden. Vgl. *Belladonna.*

Marzell 1 (1943), 516−520.

Tolpatsch *m. stil.* (< 18. Jh.). Von den Sprechern wohl mit *Tölpel* und *patschen* in Verbindung gebracht. Älter (17. Jh.) ist die Bedeutung ´ungarischer Fußsoldat´ (ung. *talpas,* eigentlich ´breitfüßig´ zu ung. *talp* ´Sohle´, da die Soldaten statt Schuhen mit Schnüren befestigte Sohlen trugen). Daraus (österr.) ´Soldat, der eine unverständliche Sprache spricht´ und durch die oben angegebene sekundäre Motivation die heutige Bedeutung.

Anders: J. Knobloch *MS* 99 (1980), 179.

Tölpel *m. stil.* (< 16. Jhs.). Zunächst in der Form *tulpel.* Zu einer Gruppe abschätziger mundartlicher Wörter für ´Klotz, grober Mensch u.ä.´, wie älteres *Tölp,* südd. *Tolpe(n),* schlesw.-holst. *Tülp* u. a. Über ein paralleles *dörpel,* das (wie *Dupel* u.ä.) ebenfalls lautmalend ist, berührte sich das Wort in der Überlieferung mit mhd. *dörper* ´unhöflicher Mensch´ (vermutlich zurückgebildet aus häufigerem *dörperheit*). Dieses entlehnt aus mndd. *dorper,* das seinerseits eine Lehnübersetzung von frz. *vilain* ist. Präfixableitung: **übertölpeln**.

H.-G. Maak *ZDA* 105 (1976), 318−333. Zu entsprechenden romanischen Wörtern vgl.: H. Schuchardt *ZRPh* 15 (1891), 110 f.; ders. *ZRPh* 24 (1900), 420.

Tomahawk *m. per. exot.* ´Kriegsbeil´ (< 19. Jh.). Entlehnt aus ne. *tomahawk,* dieses aus der nordamerikanischen Indianersprache Algonkin *tomahak.*

Littmann (1924), 143; Rey-Debove/Gagnon (1988), 1042.

Tomate *f.* (< 17. Jh.). Entlehnt aus frz. *tomate,* dieses aus span. *tomate m.,* aus der mexikanischen Indianersprache Nahuatl *tomatl.*

Littmann (1924), 146, 149; R. Loewe *ZVS* 61 (1933), 95 f.; Bertsch (1947), 192−194; B. Martin *DWEB* 2 (1963), 139−146; *DF* 5 (1981), 284 f.; Röhrich 3 (1992), 1630.

Tombola *f. erw. fach.* ´Verlosung (zu wohltätigen Zwecken)´ (< 19. Jh.). Entlehnt aus it. *tombola,* zu it. *tombolare* ´purzeln´. So bezeichnet nach den purzelnden Losen in der Lostrommel.

R. Beyer/J.-Ch. Pellat *Bulletin de la Faculté des lettres de Mulhouse* 11 (1980), 29 f.; *DF* 5 (1981), 285 f.

Ton[1] *m.* ´Lehm´ (< 9. Jh.). Mhd. *dahe, tahe f.,* ahd. *dāha,* as. in *thāhīn* ´tönern´ aus g. **þāhōn,* älter **þanhōn f.* ´Ton, Lehm´, auch in gt. *þāho,* ae. *þō(he).* Die neuhochdeutsche Form aus *tāhen* kontrahiert mit nachträglicher Verdumpfung des *ā* zu *ō.* Der Genuswechsel vielleicht im Anschluß an *Lehm.* Vermutlich ist auszugehen von einer Bedeutung 'dicht' und damit anzuschließen an *dicht*. Gemeint ist entweder, daß das Material dicht ist, oder (wahrscheinlicher), daß es zum Abdichten verwendet wurde (vgl. die Technik der lehmverschmierten Flechtwände). Adjektiv: **tönern**.

R. Hildebrandt *DWEB* 3 (1963), 297–441; Lüschen (1979), 332 f.

Ton² *m.* 'Laut' (< 13. Jh.). Mhd. *dōn, ton*, ahd. noch in lateinischer Form *tonus*. Entlehnt aus l. *tonus, tonos* 'Saitenton, Spannung der Saite', das seinerseits aus gr. *tónos* 'Anspannung' (zu gr. *teínō* 'ich spanne' s. *dehnen*) stammt. Verb: **tönen**.

S. *Bariton, Döntje, monoton, Tetanus, Tonic, Tonikum*. – Röhrich 3 (1992), 1630 f.

Tonic *n.* s. *Tonikum*.

Tonikum *n. per. fach.* 'stärkendes Mittel' (< 20. Jh.). Substantiviert aus gr. *tonikós* 'gespannt, Spannkraft gebend', zu gr. *tónos m.* 'Spannung, Ton, Strick', zu gr. *teínein* 'strecken, spannen, dehnen'. Entsprechend ist *Tonic* ein 'stärkendes, anregendes Wasser'. S. *Ton²*.

Tonne *f.* (< 9. Jh.). Mhd. *tunne, tonne*, ahd. *tunna*, mndd. *tunne*, mndl. *tunne, tonne*; wie ae. *tunne*, afr. *tonne* entlehnt aus ml. *tunna*, frz. *tonne*, das auf ein keltisches Wort zurückgeht (vgl. mir. *tunna m.*).

S. *Tunnel*. – J. Hubschmid: *Schläuche und Fässer* (Berlin 1955), 28–31; T. Capelle in: Schmidt-Wiegand (1981), 52–57.

Tonsur *f. per. fach.* 'kahlgeschorene, runde Fläche des Kopfes von Geistlichen' (< 17. Jh.). Entlehnt aus ml. *tonsura*, eigentlich 'Scheren, Beschneiden', zu l. *tondēre (tōnsum)* 'scheren'. *DF* 5 (1981), 287.

top- *LAff.* zur Bezeichnung höchster Qualität. Entlehnt aus ne. *top* 'Spitze'. *DF* 5 (1981), 287–289; G. D. Schmidt *MS* 100 (1990), 204–210.

Topas *m. per. fach.* (ein Edelstein) (< 13. Jh.). Mhd. *topāz(j)e* ist entlehnt aus l. *topāzus, topāzos f.*, dieses aus gr. *topázion f.*, *tópazos*. Littmann (1924), 20 f.; Lüschen (1979), 333 f.

Topf¹ *m.* 'Gefäß' (< 13. Jh). Mhd. (omd.) *topf* neben westlichem (ahd.) *dupfen, duppen* usw. Die Bedeutung ist sehr allgemein, das Wort kann z. B. auch Eierschalen bezeichnen. Seine Herkunft ist unklar; vielleicht zu ae. *dyppan* 'eintauchen'. S. *Topfen*. – J. Trier *ZDPh* 70 (1950), 357–365; R. Hildebrandt *DWEB* 3 (1963), 297–441; Lühr (1988), 232 f.; Röhrich 3 (1992), 1631 f. Zur Entlehnung ins Finnische s. Koivulehto in *Congressus Quintus Internationalis Fenno-Ugristarum*. Hrsg. O. Ikola (Turku 1981), 77 f.

Topf² *m. per. reg.* 'Kreisel' (< 12. Jh.). Mhd. *topf(e)*, ahd. *topf(o)*. In alter Zeit entlehnt aus afrz. *topet* 'Kreisel', das seinerseits auf germani-

sches **topp-* 'Spitze' (s. *Topp*) zurückgeht. S. *Topfen*.

Topfen *m. per. oobd.* 'Quark' (< 13. Jh.). Vergleichbar ist frk. *Topfkäse*, und damit hängt das Wort wohl mit *Topf¹* (nach der Herstellung) oder *Topf²* (nach der Form) zusammen. Die Art des Zusammenhangs und damit die Frage, von welchem *Topf* auszugehen ist, bleiben allerdings umstritten. J. Trier *ZDPh* 70 (1950), 361; Kretschmer (1969), 562 f.

Topos *m. per. fach.* 'feste Wendung, Bild' (< 20. Jh.). Entlehnt aus gr. *tópos*, eigentlich 'Ort, Stelle'. Zunächst so bezeichnet als 'die Orte, an denen man bestimmten Redeschmuck finden kann'; dann metonymisch übertragen auf die Redefiguren selbst. S. *Utopie*. – E. Erämetsä *NPhM* 59 (1958), 40; Cottez (1980), 430.

Topp *m. per. fach.* 'Mastspitze' (< 18. Jh.). Entsprechung zu *Zopf*. Die Ausgangsbedeutung ist 'Spitze, Ende'. S. *Topf²*. – Kluge (1911), 785 f.

topp *Interj.* (< 17. Jh.). (Zur Bekräftigung, besonders beim Handschlag zur Bekräftigung eines Vertrags oder einer Übereinkunft). Das Wort kommt aus dem Niederdeutschen; seine Herkunft ist umstritten. Zusammenhang mit frz. *toper* 'einwilligen, beim Spiel mithalten' ist sicher, doch ist die Entlehnungsrichtung unklar.

Tor¹ *m.* 'Dummkopf' (< 13. Jh.). Mhd. *tōr(e)*, mndd. *dore*, mndl. *door*. Eigentlich Substantivierung eines Adjektivs, dessen Herkunft aus (g.) **dauz-* durch ahd. *tusīg*, ae. *dysig* 'töricht' erwiesen wird. Eine Ableitung ist **töricht**, mhd. *tōreht*, *tæreht*, *tōroht*, *tæroht*. Mit *dösig, Dusel* zu einer Verbalwurzel, die 'verwirrt sein, umnebelt sein' bedeutet (hierzu weiter entfernt auch *toll, taub* u. a.) und mit *Dunst* verwandt ist. Abstraktum: **Torheit**; Präfixableitung: **betören**. S. *betören, Dunst*.

Tor² *n.* (< 9. Jh.). Mhd. *tor*, ahd. *tor*, as. *dor* aus g. **dura- n.* 'Tor', vielleicht ursprünglich zunächst in Zusammensetzungen oder im Plural, auch in gt. *daur*, ae. *dōr*. Zur gleichen Grundlage wie *Tür*. Ne. *door*. – Röhrich 3 (1992), 1632.

-tor *Suffix* s. *-ator*.

Torero *m. erw. exot.* 'Stierkämpfer' (< 19. Jh.). Entlehnt aus span. *torero*, zu span. *toro* 'Stier', dieses aus l. *taurus*. Zur germanischen Verwandtschaft s. *Stier*.

Torf *m.* (< 16. Jh.). In niederdeutscher Form ausgebreitet, während die hochdeutsche Entsprechung ahd. **zurb* 'Rasen' untergegangen ist. As. *turf*, afr. *turf*, ae. *turf f.*, anord. *torf n.* 'Rasen, Torf', anord. *torfa f.* bedeutet 'Rasenscholle, behaarte Haut, Boden'. Außergermanisch vergleicht sich russ. *dërn* 'Rasenstück'; wahrscheinlich weiter zu (ig.) **der-* 'spalten, reißen', das vor allem in *zer-*

ren auftritt. Zum zweiten Bestandteil von *Torfmull* s. *Müll.*

Nndl. *turf*, ne. *turf*, nschw. *torv.* – G. Drosdowski *FF* 31 (1957), 341 f.; Trier (1981), 72–74.

Torkel *f./m. per. obd.* ´Weinkelter´ (< 10. Jh.). Mhd. *torkel*, ahd. *torcul m./n.*, *torcula f.* Entlehnt aus ml. **torcula* (l. *torcular*, *torculum n.*, *torculus m.* ´Presse´ zu l. *torquēre* ´drehen´). S. *Tortur.*

torkeln *swV. stil.* (< 10. Jh.). Mhd. *torkeln.* Zu *Torkel* ´Kelter´ bzw. l. *torculāre* ´keltern´, und zwar von dem konkreten ´die Kelter drehen´ ausgehend. Auf die Bedeutung haben wohl *taumeln*, mhd. *turmleht* ´schwindlig´ und ähnliche Wörter eingewirkt.

Törn *m. per. fremd.* ´Fahrt mit einem Segelboot´ (< 20. Jh.). Entlehnt aus ne. *turn*, dieses aus afrz. *to(u)rn* ´Drehung, Wendung´, aus l. *tornus* ´Drehscheibe, Drechseleisen´, aus gr. *tórnos.* S. *Tour.*

Tornado *m. erw. exot.* (Wirbelsturm) (< 18. Jh.). Entlehnt aus span. *tornado*, zu span. *tornar* ´drehen´, dieses aus l. *tornāre* ´drehen, drechseln´. S. *Tour.* – Jones (1976), 623.

Tornister *m.* (< 17. Jh.). Über osteuropäische Sprachen entlehnt aus mgr. *tágistron n.* ´Hafersack (für Reiter)´ unter Einfluß von gr. (Hesych.) *kánistron n.* ´Brotkorb´ (aus l. *canistrum n.*, s. *Kanister*). Das /or/ wohl als hyperkorrekte Form für /a/, da umgekehrt in den ostmitteldeutschen Dialekten /or/ zu /a/ wurde (z. B. *Hanisse* für *Hornisse*).

G. Meyer *IF* 2 (1892), 441–445; Wick (1939), 58; Steinhauser (1978), 80 f.; Bielfeldt (1965), 26; *DF* 5 (1981), 291 f.

Torpedo *m./n. erw. fach.* ´Schiffsgeschoß mit eigenem Antrieb´ (< 19. Jh.). Entlehnt aus ne. *torpedo*, dieses aus span. *torpedo m.*, eigentlich ´Zitterrochen´ aus l. *torpēdo f.* ´Zitterrochen´, eigentlich ´Lähmung´, zu l. *torpēre* ´starr sein, regungslos sein´. Die Übertragung auf die Waffe fand im Spanischen statt für einen einfacheren Typ, der dann in Amerika weiterentwickelt und von dort aus allgemein bekannt wurde. Verb: *torpedieren.*

DF 5 (1981), 292–295.

Torso *m. per. fach.* ´Statue mit unvollständigen Gliedmaßen´ (< 18. Jh.). Entlehnt aus it. *torso*, eigentlich ´Strunk, Fruchtkern´, dieses über spätlateinische Zwischenstufen aus l. *thyrsus* ´Stengel, Strunk´, aus gr. (poet.) *thýrsos* (mit Weinlaub und Efeu umwundener Stab mit einem Pinien- oder Fichtenzapfen als Krone). Bis in die frühe Neuzeit wurde der Torso nicht als Kunstwerk anerkannt; deshalb auch die Bezeichnung, die ihn mit einem Stiel ohne Früchte vergleicht.

DF 5 (1981), 295–297.

Tort *m. per. fremd.* ´Kränkung´ (< 17. Jh.). Entlehnt aus frz. *tort*, eigentlich ´Unrecht´, zu ml. *tortum* ´verdreht, krumm´, PPP von l. *torquēre* ´drehen´ (s. *Tortur*).

Torte *f.* (< 15. Jh.). Zunächst im niederdeutsch-niederländischen Bereich als *tarte* (im Einklang mit frz. *tarte* ´Obstkuchen´). Aus it. *torta*, ml. *torta* ´Gebäck´, zu l. *torquēre* ´drehen´. Vermutlich bezeichnete das Wort zunächst eine gedrehte (Ton)-Scheibe und wurde dann auf ein flaches, scheibenartiges Gebäck übertragen.

S. *Tortur.* – A. Wurmbach *ZV* 56 (1960), 20–40; *DF* 5 (1981), 297 f.; *DEO* (1982), 507.

Tortur *f.* (< 16. Jh.). Entlehnt aus ml. *tortura*, dieses aus l. *tortūra* ´Krümmung, Verrenkung´, Abstraktum vom l. *torquēre (tortum)* ´drehen, verzerren, verrenken´.

Zu l. *torquēre* ´drehen´ gehören als PPP *Torte* und *Retorte*, als Ableitung *Torkel*; entfernt verwandt sind wohl *Intrige* und *Troß*. Zur germanischen Verwandtschaft s. *drechseln* und *zwerch.* – *DF* 5 (1981), 298 f.; Röhrich 3 (1992), 1632.

tosen *swV.* (< 10. Jh.). Mhd. *dōsen*, ahd. *dōsōn*; vergleichbar sind anord. *þausn* ´Lärm´, ae. *þys* ´Sturm´. Vielleicht als Anlautvariante zu ig. (eur.) **dʰeus-* ´stieben, brausen´, das etwa in gr. *thýō* ´ich stürme´ und l. *furere* ´rasen, wüten´ bezeugt ist – die Abgrenzung dieser Sippe ist im übrigen schwierig, da die Bedeutung leicht mit anderem verknüpft werden kann. Abstrakta: ***Tosen, Getöse.***

tot *Adj.* (< 8. Jh.). Mhd. *tōt*, ahd. *tōt*, as. *dōd* aus g. **dauda-Adj.* ´tot´, auch in gt. *dauþs*, anord. *dauðr*, ae. *dēad*, afr. *dād.* Ursprünglich Partizip zu der unter *Tod* behandelten Verbalwurzel für ´sterben´, also eigentlich ´gestorben´. Verb: ***töten.***

Nndl. *dood*, ne. *dead*, nschw. *död*, nisl. *dauður.* – Seebold (1970), 147–149; Röhrich 3 (1992), 1632 f.; Heidermanns (1993), 149.

total *Adj.* (< 17. Jh.). Entlehnt aus frz. *total*, dieses über ml. *totalis* ´gänzlich´ aus l. *tōtus.* ***Totalität*** ist eigentlich ´alles erfassend und beansprucht´ und meint die völlige Unterwerfung des einzelnen unter ein Regime.

S. *Faktotum, partout.* – M. Jänicke: *Totalitäre Herrschaft* (Berlin 1971); M. Greifenhagen/R. Kühnl/J. B. Müller: *Totalitarismus* (München 1972); *DF* 5 (1981), 299–311; *Brisante Wörter* (1989), 377–384.

Totalisator *m. per. fach.* ´Zählwerk zur Buchung von Wetten´ (eigentlich ´Buchung sämtlicher Wetten´) (< 19. Jh.). Entlehnt aus frz. *totalisateur.* Daraus in Anlehnung an *Lotto* die Neubildung *Toto.*

DF 5 (1981), 304, 313 (korr.).

Tote *m./f. per. reg.* ´Taufpate, Taufpatin´ (< 10. Jh.). Mhd. *tot(t)e m.*, ahd. *toto m.*, *tota f.* Kindliche Lallformen für ahd. *gota f.* (s. *Gote*).

R. Hildebrandt in: *FS Schmitt* (1988), 667.

Totem *n. per. exot.* ´von Naturvölkern verehrtes Bildnis´ (< 18. Jh.). Entlehnt aus ne. *totem*, aus einer nordamerikanischen Indianersprache der Algonkin-Familie *ototeman* ´Stammeszeichen´, zu *ote*

'Sippe'. Gegenstand, der als Verkörperung eines Verwandten (usw.) angesehen wird und als Familien- bzw. Stammeszeichen gilt.

DF 5 (1981), 311–313; Rey-Debove/Gagnon (1988), 1045–1047.

Toto n./m. s. Totalisator.

Touch m. per. fremd. 'Anflug, Flair' (< 20. Jh.). Entlehnt aus ne. touch, eigentlich 'Berührung', dieses aus afrz. touche 'Berührung', einer Ableitung von afrz. toucher 'berühren', das wohl zurückgeht auf ein frühromanisches *toccare 'die Glocke anschlagen'.

S. Tusche. – DF 5 (1981), 313 f.

Toupet n. per. fach. 'Haarteil' (< 18. Jh.). Entlehnt aus frz. fauxtoupet m. wörtlich 'falsches Haarbüschel', einem Diminutivum zu afrz. top, toup 'Haarbüschel, Ende', aus andfrk. *top.

Zur germanischen Verwandtschaft s. Zopf. – DF 5 (1981), 314 f.

Tour f. erw. fremd. 'Fahrt, Ausflug, Manöver' (< 17. Jh.). Unter englischem Einfluß entlehnt aus frz. tour, eigentlich 'Drehung, Wendung', dieses zu l. tornāre 'drechseln', zu l. tornus 'Dreheisen', aus gr. tórnos m., zu gr. teírein 'reiben, aufreiben'. Eine erweiterte Form in Tournee. S. auch Tourist.

Auf l. tornāre 'drehen' gehen zurück turnen und stornieren; auf Nominalbildungen mit -n-: Turnus (lt.), Turnier (frz.), Tornado (span.), Törn (e.); ohne -n-: Kontur, retour. Zur germanischen Verwandtschaft s. drehen. – Schirmer (1911), 191; DF 5 (1981), 315–321; Brunt (1983), 480 f.; Röhrich 3 (1992), 1633.

Tourist m. (< 19. Jh.). Entlehnt aus ne. tourist, das zu Tour, ne. tour, gebildet ist. Entsprechend späteres **Tourismus** und **touristisch**. Das Wort bezeichnet Erholungs- und Vergnügungsreisende, später vor allem auch Gruppenreisende und setzt sich damit von Synonymen ab.

V. Münster Der österreichische Betriebswirt 11 (1961), 237–249; DF 5 (1981), 321–326; Rey-Debove/Gagnon (1988), 1047 f.

Tournee f. s. Tour.

toxisch Adj. per. fach. 'giftig, schädlich' (< 20. Jh.). Deutsche Adjektivbildung zu älterem Toxikum 'Pfeilgift', aus gr. toxikós 'zu (Pfeil und) Bogen gehörig', zu gr. tóxon 'Bogen, Geschoß'.

Cottez (1980), 430 f.

Trabant m. per. fach. 'unselbständiger Begleiter, Satellit' (< 15. Jh.). Zunächst im ostmitteldeutschen Raum belegt; zu čech. drabant 'Fußsoldat, Leibwache' und čech. drab 'Fußsoldat'; dessen Herkunft ist allerdings umstritten.

DF 5 (1981), 327–334; vgl. die ausführliche Diskussion der Etymologisierungsmöglichkeiten im DWb XI,1,1,941–943; N. Törnqvist BGDSL-H 82 (1960), 146–151.

traben sw V. (< 12. Jh.). Mhd. draben, draven. Als Fachwort der Ritter entlehnt aus mndd. draven,

mndl. draven, as. thraƀon, afr. thravia. Diese Sippe ist sicher lautmalend, wie auch trappen u.ä. Abstraktum: **Trab**; Nomen agentis: **Traber**. S. Trappe², Treppe, treten, trippeln.

Tracht f. (< 9. Jh.). Mhd. traht(e), ahd. traht(a), mndd. dracht, mndl. dracht. Verbalabstraktum zu tragen in verschiedenen Sonderbedeutungen. Allgemein 'das, was auf einmal getragen wird', besonders 'das zu Tisch getragene' (daraus übertragen Tracht Prügel) und 'Leibesfrucht' (hierzu trächtig); dann auch die Art sich zu benehmen und zu kleiden, woraus Tracht im Sinne von 'herkömmliche Kleidung'. Morphologisch entsprechend sind Eintracht, Zwietracht, Niedertracht.

trachten sw V. (< 8. Jh.). Mhd. trahten, ahd. trahtōn, as. trahton. Wie ae. trahtian, afr. trachtia entlehnt aus l. tractāre 'behandeln', dann speziell 'die Antwort auf eine Frage überlegen'. S. betrachten.

trächtig Adj. (< 14. Jh.). Zu Tracht in dessen Sonderbedeutung 'Leibesfrucht, Schwangerschaft'.

M. Bues MS 83 (1973), 283–285.

Tradition f. (< 16. Jh.). Entlehnt aus l. trāditio (-ōnis), zu l. trādere (trāditum) 'übergeben, überreichen', zu l. dare 'geben' und l. trans-. Adjektiv: **traditionell**; das Grundverb in **tradieren**.

S. Datum. – DF 5 (1981), 350; Grundbegriffe 6 (1990), 607–650.

Trafo m. stil. (< 20. Jh.). Abgekürzt aus Transformator.

träge Adj. (< 8. Jh.). Mhd. träge Adv., træge, ahd. trāgi, as. trāg; hierzu mit abweichender Bedeutung ae. trāg 'schlecht'. Im Ablaut zu anord. tregr 'unwillig, langsam', neben dem wiederum in der Bedeutung abweichend gt. trigo 'Trauer' steht. Außergermanisch steht am nächsten (mit abweichender Vokalisierung) lit. diřžti 'zäh, hart, unzerbrechlich werden' und vielleicht weiter avest. dərəzra-, drəzra- 'stark, fest, tüchtig', ai. dṛhyati 'ist fest, ist stark'. Ausgangsbedeutung für das Germanische ist also offenbar 'zäh' aus älterem 'fest, stark'. Der Ablaut läßt eine nicht mehr vorhandene verbale Grundlage vermuten.

Nndl. traag. – Seebold (1970), 506; Heidermanns (1993), 601 f.

tragen st V. (< 8. Jh.). Mhd. tragen, ahd. tragan, as. dragan aus g. *drag-a- st V. 'schleppen', auch in gt. dragan, anord. draga, ae. dragan, afr. drega, draga (im Englischen und Nordischen ist die Bedeutung eher 'ziehen' als 'tragen'). Keine sichere Vergleichsmöglichkeit. Semantisch entspricht l. trahere 'ziehen, schleppen', das lautlich nicht übereinstimmt; lautlich Vergleichbares läßt sich in der Bedeutung nicht vereinen. Abstraktum: **Antrag**; Nomen agentis: **Träger**; Nomen instrumenti: **Trage**; Präfigierungen: **be-, er-, vertragen**; Partikelverben: **ab-, an-, auf-, aus-, ein-, zutragen**.

S. *Getreide, Tracht, Zwietracht* und zu l. *trahere* ˈziehenˈ *abstrakt.* − Seebold (1970), 160−162; V. Pisani in *FS V. Santoli* (Rom 1976), 39 f.; Röhrich 3 (1992), 1633 f.

tragisch *Adj.* (< 17. Jh.). Entlehnt aus l. *tragicus,* aus gr. *tragikós* ˈzur Tragödie gehörigˈ (s. *Tragödie*). Abstraktum: *Tragik.*
DF 5 (1981), 351 f., 354−356.

Tragödie *f.* (< 16. Jh.). Entlehnt aus l. *tragoedia,* dieses aus gr. *tragōidíā,* zu gr. *trágos* m. ˈBockˈ und gr. *ōidḗ* ˈGesangˈ. Zunächst wohl ein Lied beim Opfer eines Bockes am Dionysosfest (oder ˈGesang um den Preis eines Bocksˈ?); dann übertragen auf größere Werke mit Chor usw.
S. *Ode.* − *DF* 5 (1981), 356−360; W. Burkert: *Wilder Ursprung* (Berlin 1990), 13−39.

Tragweite *f.* (< 19. Jh.). Heute meist übertragen gebraucht, die ursprüngliche Bedeutung ist ˈReichweite eines Schussesˈ als Übersetzung von frz. *portée.*
O. Ladendorf *ZDW* 5 (1903/04), 123 f.; Pfaff (1933), 52 f.

trainieren *sw V.* (< 19. Jh.). Entlehnt aus ne. *train,* eigentlich ˈziehen, aufziehenˈ, dieses aus frz. *traîner* ˈziehenˈ, über vor-rom. **tragināre* aus l. *trahere (tractum).* Die Bedeutungentwicklung im Englischen von ˈziehenˈ über ˈauf-, großziehenˈ zu ˈabrichten, ausbildenˈ (besonders junge Pferde); dann auch übertragen auf ˈsich selbst übenˈ. Nomen agentis: *Trainer*; Abstraktum: *Training.*
Zu l. *trahere* ˈziehenˈ s. *abstrakt.* − J. P. Maher *CoE* 10 (1980),2; *DF* 5 (1981), 361−365; Rey-Debove/Gagnon (1988), 1051 f.

Trakt *m. per. fach.* ˈseitlicher Gebäudeteilˈ (< 15. Jh.). Entlehnt aus l. *tractus* ˈAusdehnungˈ, eigentlich ˈZugˈ, dem PPP. von l. *trahere (tractum)* ˈziehenˈ.
S. *abstrakt.* − *DF* 5 (1981), 365 f.

Traktat *n./m. erw. fach.* ˈAbhandlungˈ (< 14. Jh.). Mhd. *tractāt* m. ist entlehnt aus l. *tractātus m.,* zu l. *tractāre (tractātum)* ˈbehandeln, handhaben, untersuchenˈ, eigentlich ˈziehen, schleppenˈ, einem Frequentativum zu l. *trahere* ˈziehenˈ. Das Grundverb ist entlehnt als *traktieren*; aus dem Gerundivum die *Traktanden* ˈTagesordnungspunkteˈ (ˈzu behandelndeˈ).
S. *abstrakt.* − *DF* 5 (1981), 366−375.

Traktor *m.* (< 20. Jh.). Entlehnt aus ne. *tractor,* formal ein Nomen agentis zu l. *trahere* ˈziehenˈ.
S. *abstrakt.* − J. Eichhoff in: *FS Martin* (1980), 156−159; *DF* 5 (1981), 375 f.

trällern *sw V.* (< 18. Jh.). Eigentlich ˈtralla(la) singenˈ zu dem aus der spanischen Musik stammenden Kehrreim *tralla(la)*; also ˈsingen ohne den Gebrauch sinntragender Wörterˈ.

Trambahn *f.,* kürzer **Tram** *f./n. erw. reg.* (< 19. Jh.). Umgeformt aus älterem *Tramway,* das aus

dem Englischen entlehnt ist. Dessen Herkunft ist nicht ausreichend klar; vermutlich ist der erste Bestandteil das mndd. *trame, treme,* mndl. *trame* ˈBalkenˈ.
Rey-Debove/Gagnon (1988), 1052.

trampeln *sw V.* (< 15. Jh.). Spmhd. *trampeln,* ursprünglich norddeutsche Iterativbildung zu *trampen* ˈtreten, stampfenˈ, das wohl eine Nasalierung zu einem lautmalenden *trappen* ist.
S. *strampeln, trampen, Trampolin, Trappe², Treppe, treten, trippeln.* − Seebold (1970), 507; Lühr (1988), 172−174, 360 f.

Trampeltier *n. erw. fach.* (< 16. Jh.). Zunächst für ˈKamelˈ, dann festgelegt auf das zweihöckrige Kamel gegenüber dem Dromedar. Zu *trampeln* und *Tier,* aber sicher ausgelöst durch *Dromedar,* aus dem es vielleicht entstellt ist.

trampen *sw V. per. grupp.* ˈper Anhalter fahrenˈ (< 20. Jh.). Entlehnt aus ne. *tramp* ˈherumwandern, vagabundieren, mit schwerem Schritt laufenˈ, aus me. *trampen* ˈmit schwerem Schritt laufenˈ. Die Bedeutung ˈper Anhalter fahrenˈ ist nur deutsch, ursprünglich ˈwie ein *Tramp* (ˈVagabundˈ) herumreisenˈ (auf englisch wird ne. *hitchhike* gesagt). Nomen agentis: *Tramper.*
S. *trampeln.* − *DF* 5 (1981), 376−379.

Trampolin *n. per. fach.* (ein gefedertes Sportgerät) (< 19. Jh.). Entlehnt aus it. *trampolino* m. ˈSprungbrettˈ, zu it. *trampolo* m. ˈStelzeˈ, dieses aus dem Stamm von d. *trampeln.*

Tran *m. erw. fach.* (< 16. Jh.). Gekürzt aus fnhd. *fischtran.* Das Wort ist niederdeutsch, und mndd. *trān,* as. *trahni* Pl. ist die Entsprechung zu *Träne,* hier in der Bedeutung ˈTropfenˈ. Der Tran ist also benannt nach dem Vorgang der Gewinnung aus Fischleber usw. (*Lebertran*). Die vulgäre Redensart *im Tran sein* kann an dasselbe Wort angeknüpft werden, indem von ˈTropfen Alkoholˈ ausgegangen wird (vgl. preuß. *tranen* ˈdem Alkohol zusprechenˈ), doch hat in diesem Fall wohl *Trance* mit eingewirkt.
Röhrich 3 (1992), 1634.

Trance *f.* (< 20. Jh.) Entlehnt aus ne. *trance* aus afrz. *transe* ˈVerscheiden, Angstzustandˈ; dieses zu afrz. *transir* ˈverscheiden, vor Kälte starr seinˈ usw.ˈ, aus l. *trānsīre* ˈhinübergehenˈ.
S. *Exitus.* − *DF* 5 (1981), 379 f.

tranchieren *sw V. erw. fach.* ˈGeflügel (usw.) zerlegenˈ (< 17. Jh.). Entlehnt aus frz. *trancher* ˈabschneiden, zerlegenˈ, dieses wohl aus l. *truncāre* ˈabschneiden, stutzen, verstümmelnˈ. Dazu *Tranche* ˈSchnitteˈ bzw. ˈTeilˈ.
Jones (1976), 631; *DF* 5 (1981), 380−382.

Träne *f.* (< *9. Jh., Form < 14. Jh.). Spmhd. *trēne* m. ist der kontrahierte Plural von mhd. *tra-*

hen, ahd. *trahen, trān m.*, as. *trahni Pl.*, aus dem ein Singular rückgebildet ist. Mit *r-* statt *n-*Suffix steht daneben das besser vergleichbare *Zähre*. An sich wäre bei einem solchen Suffixverhältnis ein alter *r/n*-Stamm als Quelle zu erwarten, doch scheint in diesem Fall wegen der ausschließlichen Vergleichbarkeit der *r*-Bildung eher eine sekundäre Umformung vorzuliegen. Weitere Herkunft unklar.

S. *Tran, Zähre.* – H. Glombik-Hujer *DWEB* 5 (1968), 52–54; Röhrich 3 (1992), 1634.

Trank *m.* (< 8. Jh.). Mhd. *tranc*, ahd. *tranc m./ n.*, andfrk. *dranc m./n.* aus wg. **drank-i- m.* ´Trank´ auch in ae. *drenc*, afr. *drank, dronk*. Daneben ein neutraler *a*-Stamm in gt. *dragk*. Verbalabstraktum zu *trinken*. Nndl. *drank*, ne. *drench*.

tränken *swV.* (< 9. Jh.). Mhd. *trenken*, ahd. *trenken*, as. *(or)drenkian* aus g. **drank-eja- swV.* ´tränken´, auch in gt. *dragkjan*, anord. *drekkja*, ae. *drencan*, afr. *drentza* ´ertränken´. Kausativum zu *trinken*, also eigentlich ´zu trinken geben, trinken machen´. Nndl. *drenken*, ne. *drench*, nschw. *dränka*, nisl. *drekkja*.

trans- *Präfix* der Bedeutung ´hinüber, jenseits, extrem´ (z. B. *Transport, transalpin*). Es wurde vornehmlich in lateinischen Bildungen entlehnt, sein Ursprung ist l. *trāns Präp.* In den Fachsprachen mäßig produktiv.

Zur germanischen Verwandtschaft s. *durch*. – Cottez (1980), 431.

Transaktion *f. per. fach.* (< 16. Jh.). Entlehnt aus l. *transactio* ´Geschäftsabschluß, Vergleich´, Abstraktum zu l. *trānsigere* ´ein Geschäft abschließen, einen Vergleich zustande bringen´, zu l. *agere* ´treiben´ und l. *trāns*.

S. *Aktion* und *trans-*. – DF 5 (1981), 382–384.

transferieren *swV. per. fach.* ´übertragen´ (< 18. Jh.). Entlehnt aus l. *trānsferre*, z. T. unter Einfluß von dessen Entsprechung ne. *transfer*, so besonders das Abstraktum *Transfer*. S. *Differenz* und *trans-*.

DF 5 (1981), 385–391.

Transformator *m. erw. fach.* ´Umwandler von Stromspannungen´ (< 19. Jh.). Entlehnt aus frz. *transformateur*, zu frz. *transformer* ´umformen´, aus l. *trānsfōrmāre*, zu l. *trāns* und l. *fōrmāre* ´gestalten, bilden´, zu l. *fōrma f.* ´Gestalt, Figur´. Verb: *transformieren*; Abstraktum: *Transformation*.

S. *Form*. – DF 5 (1981), 391–394.

Transfusion *f. per. fach.* ´Blutübertragung´ (< 18. Jh.). Neoklassische Bildung zu l. *trānsfundere* ´von einem Gefäß in ein anderes gießen´, zu l. *fundere* ´gießen´ und l. *trāns*.

DF 5 (1981), 395.

Transistor *m. erw. fach.* (ein Halbleiter-Bauteil) (< 20. Jh.). Entlehnt aus ne. *transistor*, dieses eine Neubildung zu e. *transfer* ´Übertragung´ (vgl.

transferieren) und e. *resistor* ´Widerstand´, zu e. *resist* ´widerstehen, sich widersetzen´, aus l. *resistere*, zu l. *sistere* ´stellen, hinstellen´ und l. *re-*. So bezeichnet als ein Verstärkerelement, bei dem ein bestimmter Stromfluß ein Halbleiter-Element für einen anderen Strom leitend macht (d. h. den Leitwiderstand abbaut). Heute auch kurz für *Transistor-Radio*.

S. *Distanz*. – DF 5 (1981), 396; Rey-Debove/Gagnon (1988), 1053 f.

Transit *m. per. fach.* ´Durchfahrt, Durchreise´ (< 19. Jh.). Entlehnt aus it. *transito*, dieses aus l. *trānsitus*, dem Abstraktum von l. *trānsīre (trānsitum)* ´hinübergehen´, zu l. *īre* ´gehen´ und l. *trāns*.

S. *Exitus*. – Schirmer (1911), 192 f.; DF 5 (1981), 396–399.

transitiv *Adj. per. fach.* (< 19. Jh.). Entlehnt aus l. *(verbum) trānsitīvum* ´Verb, das (in ein Objekt) übergeht´. S. *Transit* und *Exodus*.

transparent *Adj. erw. fach.* ´durchsichtig, durchscheinend´ (< 18. Jh.). Entlehnt aus frz. *transparent*, dieses aus mittellateinischen Bildungen zu l. *pārēre* ´erscheinen, sichtbar sein´ und l. *trāns*. Abstraktum: *Transparenz*; Nomen instrumenti: *Transparent*.

S. *Komparse, parieren³*. – DF 5 (1981), 399–405; *Brisante Wörter* (1989), 722–725.

transpirieren *swV. per. fach.* ´schwitzen´ (< 18. Jh.). Entlehnt aus frz. *transpirer*, dieses aus ml. *transspirāre*, zu l. *spīrāre* ´hauchen, duften, aushauchen´ und l. *trāns*.

S. *Spiritus*. – DF 5 (1991), 405 f.

transplantieren *swV. per. fach.* ´(Organe) verpflanzen´ (< 16. Jh). Entlehnt aus ml. *trānsplantāre* ´verpflanzen´. Abstraktum: *Transplantation*.

S. *Plantage* und *trans*. – DF 5 (1981), 406–408.

transponieren *swV. per. fach.* ´in eine andere Tonart übertragen´ (< 16. Jh.). Entlehnt aus l. *trānsponere* ´versetzen´, zu l. *ponere* ´setzen, stellen, legen´ und l. *trāns*; s. *Position* und *trans-*. Abstraktum: *Transposition*.

DF 5 (1981), 408–410.

transportieren *swV.* (< 17. Jh.). Entlehnt aus frz. *transporter*, dieses aus l. *trānsportāre* ´überführen, hinübersetzen´, zu l. *portāre* ´tragen, führen, befördern´ und l. *trāns*. Abstraktum: *Transport*.

Zu l. *portāre* ´tragen, führen´ gehören noch *(apportieren), (deportieren)*, exportieren, importieren, kolportieren mit den zugehörigen Nomina; außerdem *Porto, Portemonnaie, Rapport, Reporter, Sport*. – W. J. Jones *SN* 51 (1979), 273 f.; DF 5 (1981), 410–419.

Transvestit *m. per. fach.* ´Mann, der sich wie eine Frau kleidet´ (< 20. Jh.). Neubildung zu l. *vestis f.* ´Bekleidung´ und l. *trāns*. S. *Weste* und *Travestie*.

transzendent *Adj. per. fach.* ´übernatürlich, übersinnlich´ (< 18. Jh.). Entlehnt aus ml. *transcendens*

(*-entis*), dieses aus l. *trānscendēns* (*-entis*) ´übersteigend, übertreffend`, dem PPräs. von l. *trānscendere* ´übersteigen, hinübersteigen`, zu l. *scandere* (*scānsum*) ´steigen, besteigen` und l. *trāns-*. S. *Skala*. − *DF* 5 (1981), 419−426; *Brisante Wörter* (1981), 725−728.

Trapez *n. erw. fach.* (geometrische Figur) (< 18. Jh.). Entlehnt aus l. *trapezium*, dieses aus gr. *trapézion*, eigentlich ´Tischchen`, einem Diminutivum zu gr. *trápeza f.* ´Tisch, Speisetisch, Tafel`, eigentlich ´Vierfuß`.
Schirmer (1912), 72 f.; *DF* 5 (1981), 426 f.

Trappe[1] *f./(m.)*, auch **Trappgans** *f.*, *per. omd. ondd.* (< 15. Jh.). Fnhd. *trapgans f.*, mndd. *trappe f.*, mndl. *trap(gans)*. Entlehnt aus poln. čech. *drop*.
V. Machek *Slavia* 21 (1953), 261−264; Steinhauser (1978), 36−38.

Trappe[2] *f.* ´Fußspur`, **trappen** *swV. erw. reg.* (< 16. Jh.). Mit Intensivgemination; wohl lautmalend zu *traben*. S. *trampeln*, *trippeln*.

Trapper *m. obs.* ´Pelztierjäger` (< 19. Jh.). Entlehnt aus ne. *trapper*, eigentlich ´Fallensteller`, zu e. *trap* ´Falle`, aus ae. *treppe*, *træppe f.*, dessen weitere etymologische Zusammenhänge nicht sicher geklärt sind.
S. *Attrappe*. − Rey-Debove/Gagnon (1988), 1055.

trapsen *swV. per. reg.* ´trampeln` (< 20. Jh.). Üblich in der Wendung *Nachtigall, ich hör dir trapsen* (wenn man glaubt, eine verborgene Absicht durchschaut zu haben). Dies ist eine Vergröberung von Fritz Reuters *Nachtigall ich hör dir laufen* (*Stromtid* 2, 26) in gleicher Funktion; dieses wiederum parodiert *Nachtigall, ich hör dich singen* aus dem Wunderhorn.

Traß *m. per. fach.* ´Bimssteintuff` (< 16. Jh.). Eigentlich der aus diesem gewonnene Staub, der für Mörtel verwendet wird. Entlehnt aus nndl. *terras*, *tras*, eigentlich ´Terrasse, Zementestrich`, über frz. *terrasse f.*, zu it. *terrazza f.*, das zu l. *terra f.* ´Erde` gehört. S. *Terrasse*.

Trasse *f. per. fach.* ´geplante Wegführung, Bahnkörper` (< 19. Jh.). Entlehnt aus frz. *trace*, zu frz. *tracer* ´die Richtung anzeichnen, vorzeichnen`, aus spl. **tractiare* ´durchziehen`, zu l. *tractum* ´gezogen`, dem PPP. von l. *trahere* ´ziehen, schleppen, schleifen`.
S. *abstrakt*. − W. Braun *Sprachpflege* 29 (1980), 49−51; *DF* 5 (1981), 427 f.

tratschen *swV. erw. stil.* ´schwatzen` (< 17. Jh.). Wie *ratschen* u.ä. wohl lautmalend.

Tratte *f. arch.* ´gezogener Wechsel` (< 16. Jh.). Zunächst in der Form *tratto*. Entlehnt aus dem Italienischen, in dem das Wort ein Partizip zu it. *trarre* (l. *trahere*) ´ziehen` ist.
S. *abstrakt*. − Schirmer (1911), 193.

tratzen *swV. per. reg.* ´necken` (< 20. Jh.). Wohl eine Abwandlung zu *reizen* und *triezen*.

Traube *f.* (< 9. Jh.). Mhd. *trūbe m./f.*, ahd. *drūbo m.*, as. *thrūbo m./f.* Dazu entsprechende Wörter, die ´Büschel, Haufe u.ä.` bedeuten: ofr. *drũvel* ´Büschel von Früchten oder Beeren`, ofr. *drũf* ´Klumpen, Haufe`, ndd. *drubbel* ´Menschenhaufe`, schwz. *truppele* ´Haufen Vieh, Menge Haselnüsse`, bair. *trauppen* ´Haufen von Einzelsachen`. Weitere Herkunft unklar.
Nndl. *druif*. − Röhrich 3 (1992), 1634 f.

trauen *swV.* (< 9. Jh.). Mhd. *trūwen*, ahd. *(gi)trūēn*, *-trūwen*, as. *trūon*; ebenso anord. *trúa*; mit abweichendem Vokalismus gt. *trauan*; wieder anders anord. *tryggja*, *tryggva*, ae. *trēowian*, afr. *triũwa*, as. *triuwian*, mhd. *triuwen*. Auszugehen ist von der Sippe von *treu*, doch sind die Lautverhältnisse im einzelnen nicht geklärt. Ausgangsbedeutung ist ´fest, sicher sein, vertrauen`, dann auch ´hoffen, glauben u.ä.`. Reflexiv konstruiert bedeutet es im Deutschen auch ´wagen` (´zu sich Vertrauen haben`) und mit Dativ ´ehelich verbinden` (vgl. dem Sinn nach *anvertrauen*). Abstraktum: ***Trauung***; Präfigierungen: ***be-, vertrauen***; Partikelverb: ***zutrauen***.
Nndl. *(ver)trouwen*, ne. *trow*, nschw. *tro*, nisl. *trúa*. S. *Trost*. − Röhrich 3 (1992), 1635; Heidermanns (1993), 604 f.

trauern *swV.* (< 9. Jh.). Mhd. *trūren*, ahd. *trūrēn*. Mit anderer Vokalisierung ae. *drēorig* ´trübsinnig`. Da ahd. *trūrēn* auch ´die Augen niederschlagen` bedeutet, liegt der Bedeutung ´trauern` wohl die Bezeichnung einer Trauergebärde (den Kopf senken o.ä.) zugrunde. Der Anschluß an g. *\*dreus-a- stV.* ´fallen` (gt. *driusan* usw.) ist aber schon wegen des Vokalismus nicht ratsam.
U. Pretzel *VIDS* 1 (1954), 112 f.

Traufe *f.* (< 10. Jh.). Mhd. *trouf(e)*, wie ahd. *trouf m./n.* Zu *triefen*.
Röhrich 3 (1992), 1635.

träufeln *swV.* (< 16. Jh.). Iterativbildung zu mhd. *troufen*, *tröufen*, ahd. *troufen*, das ein Kausativum zu *triefen* ist, also ´machen, daß es immer wieder trieft`.

traulich *Adj.* (< 18. Jh.). Gekürzt aus *vertraulich*; dieses zu *vertrauen*.
Nichtenhauser (1920), 29.

Traum *m.* (< 9. Jh.). Mhd. *troum*, ahd. *troum*, as. *drōm* aus g. **drauma- m.* ´Traum`, auch in anord. *draumr*, me. *dream*, afr. *drām*; daneben ae. *drēam*, as. *drōm* ´Freude, Jubel`, das vielleicht ein anderes Wort ist. Herkunft unklar. Vielleicht ist der Anlaut aus ig. **nr-* zu erklären und gr. *ónar*, arm. *anurj*, alb.-geg. *ëndërre* ´Traum` zu vergleichen.
Nndl. *droom*, ne. *dream*, nschw. *dröm*, nisl. *draumur*. − F. R. Schröder *GRM* 16 (1928), 163 f.; U. Pretzel *VIDS* 1

(1954), 113 f.; M. Fraenkel *Sprachwart* 18 (1968), 232–234; Röhrich 3 (1992), 1635 f.

Trauma *n. per. fach.* ´Verletzung der Psyche´ (< 19. Jh.). Entlehnt aus gr. *traûma (traúmatos)* ´Wunde, Verletzung´, zu gr. *titrṓskein* ´verwunden, durchbohren´. Adjektiv: *traumatisch.*
Cottez (1980), 432; *DF* 5 (1981), 428 f.

traun *Interj. arch.* In unbetonter Stellung entstanden aus mhd. *entriuwen* ´in Treuen´ (s. *treu*). Der Vokalismus entspricht der mitteldeutschen Lautentwicklung.

traut *Adj. obs.* ´lieb´ (< 9. Jh.). Mhd. *trūt,* ahd. *trūt,* mndl. *druut,* vgl. ae. *drūt.* Da ahd. auch *drūt* bezeugt ist, kommt ein Anschluß an *trauen,* der sich semantisch nahelegen würde, nicht in Frage; allenfalls ist an eine sekundäre Beeinflussung der Bedeutung zu denken. Herkunft unklar. Vielleicht zu air. *drúth* ´lüstern´, air. *drúth* ´Dirne´.
Heidermanns (1993), 161 f.

travestieren *swV. per. fach.* ´durch Veränderung der Form lächerlich machen´ (< 18. Jh.). Entlehnt aus frz. *travester,* dieses aus it. *travestire* ´verkleiden´, zu l. *vestīre* ´bekleiden´ und l. *trāns,* zu l. *vestis* ´Bekleidung´. Abstraktum: *Travestie.*
S. *Transvestit.* – Ganz (1957), 222; *DF* 5 (1981), 429–431.

Trawler *m. per. fach.* ´Fangschiff mit Grundnetz´ (< 19. Jh.). Entlehnt aus ne. *trawler,* einer Instrumentalbildung zu e. *trawl* ´mit einem Schleppnetz fischen´, dieses aus mndl. *trāghelen* ´schleppen´, zu mndl. *trāghel* ´Schleppnetz´, das aus l. *tragula* ´Schleppnetz´. S. *treideln.*

Treber *Pl. per. fach.* ´Rückstand beim Keltern´ (< 11. Jh.). Mhd. *treber f.,* ahd. *trebir,* mndd. *drever;* Plural zu mndd. *draf,* mndl. *draf,* vgl. anord. *draf n.* ´Abfall´. Außergermanisch vergleicht sich russ. (dial.) *drob* ´Bodensatz, Bierhefe´; zu der gleichen Grundlage wie *Trester* und *Drusen.*
Nndl. *draf,* ne. *draff,* nschw. *drav.* S. *trübe.* – E. Alanne *MSN* 18 (1956), 14–16.

trecken *swV. per. reg.* ´ziehen´ (< 13. Jh.). Mhd. *trechen stV.* hat als Intensivbildung mndd. *trecken,* mndl. *trecken,* afr. *trekka* ´ziehen, zücken´. Bewahrt in den speziellen Bedeutungen des Schiffe-Schleppens und der Wanderung großer Volksteile. Herkunft unklar. Vgl. daß bei dem semantisch vergleichbaren *tragen* verschiedenartige lautliche Varianten auftreten.
Nndl. *trekken.* S. *vertrackt.* – Seebold (1970), 506 f.

Treff *n. per. fach.* ´Eichel im Kartenspiel´ (< 18. Jh.). Als *treffle* entlehnt aus frz. *trèfle m.* ´Klee´, das auf l. *trifolium* ´Dreiblatt´ zurückgeht. Da *treffle* als ein Diminutiv aufgefaßt werden konnte, kam noch im 18. Jh. das vermeintliche Grundwort *Treff* in Gebrauch.
Röhrich 3 (1992), 1636.

treffen *stV.* (< 8. Jh.). Mhd. *treffen,* ahd. *treffan,* as. *-drepan* aus g. **drep-a- stV.* ´schlagen´, auch in anord. *drepa,* ae. *drepan.* Ohne brauchbare Vergleichsmöglichkeit. Der substantivierte Infinitiv seit dem 15. Jh. in der Bedeutung ´Schlacht´. Nominalableitung: *Treffer;* Adjektiv: *trefflich;* Präfigierungen: *be-, übertreffen;* Partikelverb: *an-, zutreffen.*
S. *triftig.* – A. Götze *ZDW* 8 (1907), 313–329; Seebold (1970), 166 f.

trefflich *Adj. stil.* (< 15. Jh.). Gebildet aus mhd. *treflich, treffe(n)lich,* zu dem Partizip *treffent.* Über ´nachdrücklich´ wird die heutige Bedeutung erreicht.

treiben *stV.* (< 8. Jh.). Mhd. *trīben,* ahd. *trīban,* as. *drīban* aus g. **dreib-a- stV.* ´treiben´, auch in gt. *dreiban,* anord. *drífa,* ae. *drīfan,* afr. *drīva.* Außergermanisch läßt sich nur in der sehr eingeengten Bedeutung ´Schneetreiben´, die vor allem im Nordischen hervortritt, etwas vergleichen, nämlich lit. *dribti* ´in Flocken niederfallen, plumpsen´. Ausgangspunkt wäre also der stürmische Niederschlag, das weitere, besonders die Übertragung auf Personen, wäre sekundär. Falls dies zutrifft, kann weiter an (ig.) **dʰer-* ´matschig sein, ausfallen aus Flüssigkeiten usw.´ angeknüpft werden (zu diesem s. *Trester*). Abstraktum: *Vertrieb;* Nomen agentis: *Treiber;* Präfigierungen: *be-, vertreiben;* Partikelverben: *an, abtreiben.*
Nndl. *drijven,* ne. *drive,* nschw. *driva,* nisl. *drífa.* S. *Betrieb, Drift, durchtrieben, Getriebe, Trift, Trester.* – Seebold (1970), 162 f.

treideln *swV. per. fach.* ´ein Schiff am Schlepptau ziehen´ (< 18. Jh.). Aus dem Niederdeutschen in die Hochsprache übernommen. Ndd. *treideln, treilen* (usw.) ist me. *trailen,* mndl. *treilen* entlehnt aus frz. *trailler,* das ml. **tragulare* (zu l. *trāgula* ´Schleppnetz´) voraussetzt. S. *Trawler.* Ne. *trail.*

Tremolo *n. per. fach.* (< 18. Jh.). Entlehnt aus it. *tremolo m.,* eigentlich ´Zittern´, aus l. *tremulus* ´zitternd´, zu l. *tremere* ´zittern´. Verb: *tremolieren.*
DF 5 (1981), 431–433.

Tremse *f.,* auch **Tremisse** *f. per. ndd.* ´Kornblume´ (< 15. Jh.). Bezeugt als *tremisse, trem(e)se.* Vielleicht zu mhd. *tremen* ´leuchten´, mhd. *trimz m.* ´Glanz´, die aber selbst ohne Anschluß bleiben.

Trend *m. erw. fremd.* ´Richtung, Tendenz´ (< 20. Jh.). Entlehnt aus ne. *trend,* einer Ableitung von e. *trend* ´drehen, wenden´, dieses aus ae. *trendan* ´sich drehen´.
DF 5 (1981), 433 f.; Röhrich 3 (1992), 1636 f.

trennen *swV.* (< 10. Jh.). Mhd. *trennen,* ahd. *(in)trennen,* mndl. *trennen.* Formal an *entrinnen* anzuschließen, doch ergeben sich im einzelnen Abgrenzungsschwierigkeiten. Denkbar wäre ein Anschluß an die Wurzel ig. **der-* ´spalten, schinden´

(s. *zerren*), doch muß dann *entrinnen* wohl abgetrennt werden. Abstraktum: **Trennung**.
Trier (1952), 122 f.; (1981), 67−69.

Trense *f. per. fach.* ´Schnur, Litze, Pferdezaum´ (< 16. Jh.). Mit dem Brauch des Zäumens mit der Trense aus den Niederlanden (mndl. *trense*) eingeführt. Dorthin aus span. *trenza* ´Flechte, Seil´.

Treppe *f.* (< 12. Jh.). Ursprünglich nieder- und mitteldeutsches Wort, im Westen *trappe*, im Osten *treppe*. Die Bedeutung ist ursprünglich ´Treppenstufe´, erst seit dem 16. Jh. wie heute. Voraus geht mndd. *treppe, trappe, troppe*, mndl. *trappe*, afr. *treppe*. Einem ursprünglich lautmalenden Wort für ´treten´, vgl. *traben* und *trampeln*.
Nndl. *trap.* − Lühr (1988), 242 f.; Röhrich 3 (1992), 1637.

Treppenwitz *m. per. fach.* ´Vorfall, der einen größeren Zusammenhang auf groteske Weise beleuchtet´ (< 19. Jh.). In der heutigen Bedeutung abhängig vom Titel des Buches *Treppenwitz der Weltgeschichte* von W. L. Hertslet (1882). Älter ist das Wort als Lehnübersetzung von frz. *esprit d'escalier* in der Bedeutung ´das, was dem Bittsteller erst auf der Treppe (auf dem Heimweg) einfällt´ (nämlich: was er hätte antworten sollen).
Röhrich 3 (1992), 1637.

Tresen *m.*, auch **Dresen** *m. per. fach.* ´Schanktisch, Ladentisch´ (< *13. Jh., Bedeutung < 18. Jh.). Eigentlich ´Geldkasten´, vgl. mhd. *trese(n)*, *tresem* ´Schatz´. Zu diesem s. *Tresor*. Die Bedeutungsentwicklung wie bei *Theke*.

Tresor *m.* (< 19. Jh.). Entlehnt aus frz. *trésor*, dieses aus l. *thēsaurus* ´Geldkasten, Schatz´, aus gr. *thēsaurós*.
Thesaurus. − Schirmer (1911), 193; Jones (1976), 635 f., *DF* 5 (1981), 436−438.

Trespe *f. per. fach.* ´Schwindelhafer´ (< 14. Jh.). Spmhd. *trefs(e) m.*, mndd. *drespe, s*-Ableitung zu nndl. *dreb, drep*, alem. *dräff*, nnorw. *drap* ´Raigras´. Weitere Herkunft unklar.
E. H. Sehrt *MLN* 42 (1927), 38 f.; Marzell 1 (1943), 677−679.

Tresse *f. per. fach.* (< 18. Jh.). Entlehnt aus frz. *tresse* ´Schnur, Borte´, das zu it. *treccia* ´Flechte´ gehört.

Trester *Pl. per. fach.* ´Rückstand beim Bierbrauen und Keltern´ (< 9. Jh.). Mhd. *trester f.(?)*, ahd. *trestir*, Plural zu ae. *drǣst, dǣrst m.* Daneben stehen anord. *dregg f.* ´Hefe´, so daß mit (g.) *drajō neben *drahsta- zu rechnen ist. Außergermanisch vergleichen sich alit. *drages*, kslav. *droždijě* ´Hefe´, alb. *dra* ´Bodensatz des Öls, ausgelassene Butter´; von der unerweiterten Wurzel ist l. *foria f.* ´Schweinekrankheit, Durchfall´, und l. *foria n.* ´Exkremente´ gebildet.
S. *Treber, treiben, trübe.* − H. Krahl *BGDSL* 71 (1949), 242; E. Alanne *MSN* 18 (1956), 16 f.

treten *st V.* (< 9. Jh.). Mhd. *tret(t)en*, ahd. *tretan*, mndd. *tred(d)en*, mndl. *treden* aus wg. **tred-a- st V.* ´treten´, auch in ae. *tredan*, afr. *treda*; daneben **trud-a- st V.* in gt. *trudan*, anord. *troða*. Keine genaue Vergleichsmöglichkeit, deshalb wohl ursprünglich lautmalend wie auch *trappen* (s. *Trappe*[2]), *trampeln, traben* usw. Abstrakta: **Tritt, Übertretung**; Präfigierungen: **be-, über-, vertreten**; Partikelverben: **ab-, an-, auf-, aus-, ein-, vortreten**.
Nndl. *treden*, ne. *tread*. S. *betreten, trollen, Trott*. − Seebold (1970), 505 f.; Röhrich 3 (1992), 1637.

treu *Adj.* (< 8. Jh.). Spmhd. *triuwe*, älter *getriuwe*, ahd. *getriuwi*. Abgeleitet von *Treue*, mhd. *triūwe, triōwe*, ahd. *triuwa*, as. *treuwa*, afr. *triūwe, triōwe*, ae. *trēow*, gt. *triggwa* (neben anord. *trú* mit abweichender Vokalisation). Daneben das einfache Adjektiv in gt. *triggws*, ae. *trēowe*, afr. *triūwe, triōwe*, as. *triuwi*. Der Vokalismus ist im einzelnen unklar, vgl. hierzu auch *trauen*. Außergermanisch vergleichen sich zunächst air. *derb* ´sicher´, kymr. *drud* ´teuer, tapfer´, lit. *drūtas* ´fest´, gr. (Glosse) *droón* ´stark´. Es ist nicht ausgeschlossen, daß dieses Wort mit dem wesentlich besser bezeugten indogermanischen Wort für ´Baum, Holz´ (s. *Teer*) zusammengehört als ´(fest) wie Holz´ oder ´standfest´. Abstraktum: **Treue**; Präfixableitung: **betreuen**.
Nndl. *trouw*, ne. *true*, nschw. *trygg*, nisl. *tryggur*. S. *Männertreu, trauen, traun, Trost*. − H. Osthoff *Parerga* 1 (1901), 98−180; Benveniste (1969/1993), 85−88; Tiefenbach (1973), 108 f.; Röhrich 3 (1992), 1638 f.; Heidermanns (1993), 603 f.

tri- *LAff.* mit der Bedeutung ´drei´, in lateinischen und griechischen Entlehnungen, und von diesen aus fachsprachlich produktiv geworden. Zu gr. *tri-*, l. *tri-*.
Cottez (1980), 432 f.

Triade *f. per. fach.*, auch **Trias** *f.* ´Gruppe von drei Gottheiten/Strophen usw.´ (< 19. Jh.). Entlehnt aus gr. *triás (triádos)* ´Dreiheit´, zur Kompositions- und Ableitungsform von gr. *treîs* ´drei´ (s. *tri-* und *drei*).
DF 5 (1981), 439−441.

Triangel *m./n. per. fach.* (ein dreieckiges Schlaginstrument) (< *15. Jh., Bedeutung < 16. Jh.). Entlehnt aus l. *triangulum n.* ´Dreieck´, zu l. *triangulus* ´dreieckig´, zu l. *angulus m.* ´Winkel´ und l. *trēs* ´drei´. Die Bedeutung ´Dreieck´ ist älter, stirbt dann aber aus.
S. *tri-, Angel.* − Relleke (1980), 253.

Tribunal *n. per. fremd.* ´Gericht, Gerichtshof´ (< 16. Jh.). Entlehnt aus frz. *tribunal m.*, dieses aus l. *tribūnal*, eigentlich ´Bühne für den Tribun´, zu l. *tribūnus m.* ´Oberster´, zu l. *tribus f.* ´Bezirk, Volk´, eigentlich ´einer der drei römischen Stämme´.
S. *Tribüne.* − *DF* 5 (1981), 443−456.

Tribüne *f.* (< 18. Jh.). Entlehnt aus frz. *tribune*, dieses aus it. *tribuna*, unregelmäßig entwickelt aus l. *tribūnal n.* (s. *Tribunal*).

Tribut *m. erw. fach.* ʿAbgabe, Beitragʾ (< 9. Jh.). In mehreren Stufen (auch ahd. *tribuz*) entlehnt aus l. *tribūtum n.* ʿöffentliche Abgabe, Steuerʾ, dem substantivierten PPP. von l. *tribuere (tribūtum)* ʿzugestehen, gewährenʾ, zu l. *tribus f.* ʿ(Steuer)Bezirk, Volkʾ, eigentlich ʿeiner der drei Stämmeʾ. Zunächst übernommen in der konkreten Bedeutung von ʿAbgabeʾ; dann übertragen auf ʿOpferʾ.
S. *Attribut, distribuieren, Kontribution, Tribunal, Tribüne.* – *DF* 5 (1981), 447–452; Röhrich 3 (1992), 1639.

Trichine *f. erw. fach.* (ein parasitischer Fadenwurm) (< 19. Jh.). Entlehnt aus ne. *trichine*, eigentlich ʿHaarwurmʾ, einer Neubildung zu gr. *tríchinos* ʿaus Haaren bestehend, haarartigʾ, zu gr. *thríx (trichós)* ʿHaarʾ.
Cottez (1980), 434.

Trichter *m.* (< 11. Jh.). Als *trahter, trehter, tri(e)hter*, mit regionaler Sonderentwicklung (Nürnberg) aus ahd. *trahtāri, trehteri, trihtere*, entsprechend mndd. *trechter*, mndl. *trachter*, ae. *trachter*. Entlehnt aus ml. **trajectorium n.* ʿTrichterʾ (zu l. *trāicere, trāiectum* ʿhinübergießen, durchgießenʾ zu l. *iacere* ʿwerfenʾ). Partikelableitung: *eintrichtern.*
S. *projizieren.* – E. Alanne *MSN* 18 (1956), 47 f.; Röhrich 3 (1992), 1639.

Trick *m.* (< 19. Jh.). Entlehnt aus ne. *trick*, zunächst als Ausdruck des Kartenspiels. Dieses ist entlehnt aus frz. (pikard.) *trique f.* ʿKniff, Streichʾ, zu frz. (pikard.) *trikier*, frz. *tricher* ʿbeim Spiel betrügenʾ. Dessen Herkunft ist unklar. Verb: *tricksen* (vom Plural ausgehend?).
S. *Hattrick.* – *DF* 5 (1981), 452–454; Rey-Debove/Gagnon (1988), 1057; Röhrich 3 (1992), 1639. Vgl. frz. *truc* und *DEO* (1982), 516.

Trieb *m.* (< *9. Jh., Bedeutung < 16. Jh.). Zunächst von ʿ(Vieh) treibenʾ und ʿforttreibenʾ abhängig, dann als ʿEifer, Energie, innerer Antriebʾ. So wird es auch zum Fachwort der Psychologie.

triefen *stV./swV.* (< 8. Jh.). Mhd. *triefen*, ahd. *triofan*, as. *driopan* aus g. **dreup-a- stV.* ʿtriefenʾ, auch in anord. *drjúpa*, ae. *drēopan*, afr. *driapa* mit vokalischer Variation in mndl. *drupen*. Außergermanisch vergleicht sich lediglich mir. *drúcht* ʿTau u.ä.ʾ.
Nndl. *druipen*, nschw. *drypa*, nisl. *drjúpa*. S. *dribbeln, Traufe, träufeln, Tripper, Tropfen.* – Seebold (1970), 169 f.; Lühr (1988), 355.

Triel *m. per. reg.* ʿRegenpfeiferʾ (< 16. Jh.). Wohl Nachahmung des Rufs dieser Vögel.

triezen *swV. erw. ndd.* ʿquälen, foppenʾ (< 16. Jh.). Wohl als ʿaufziehenʾ eine Ableitung von *Trieze* ʿWindeʾ, mndd. *trītse* ʿTau um eine Drehscheibeʾ. Weitere Herkunft unklar (vielleicht Weiterbildung zu *trecken*). Vgl. noch *tratzen, retzen* und ähnliche Wörter dieser Bedeutung.

Lasch (1928), 158; H. W. J. Kroes *GRM* 40 (1959), 87; Kretschmer (1969), 539.

Trift *f. obs.* ʿWeideʾ (< 14. Jh.). Spmhd. *trift f./m.*, Verbalabstraktum zu *treiben*, ursprünglich mit weiterer Bedeutung, vgl. anord. *drift, dript* ʿSchneetreibenʾ, mndd. *drift*, mndl. *drift*, me. *drift*, fr. *drift* ʿStrömungʾ. Verb: *triften.*
S. *Drift.* – Kluge (1911), 795.

triftig *Adj.* (< 14. Jh.). Spmhd. *triftic*. Offenbar abgeleitet zu einem sonst nicht bezeugten *trift* als Verbalabstraktum zu *treffen*, also ʿtreffendʾ.

Trikot *m./n.* (< 18. Jh.). Entlehnt aus frz. *tricot m.*, zu frz. *tricoter* ʿstrickenʾ, dessen weitere Herkunft nicht sicher geklärt ist. Kollektiv: *Trikotage.*
DF 5 (1981), 455–457; Höfler *ZRPh* 82 (1966), 171–186.

Triller *m. erw. fach.* (< 17. Jh.). Entlehnt und umgeformt aus it. *trillo* ʿTrillerʾ, das lautmalenden Ursprungs ist. Verb: *trillern.*
Röhrich 3 (1992), 1639 f.

Trilogie *f. erw. fach.* ʿFolge von drei Werkenʾ (< 19. Jh.). Entlehnt aus gr. *trilogía* ʿdrei ein Ganzes ausmachende Trauerspieleʾ, zu gr. *treîs* ʿdreiʾ, als Vorderglied gr. *tri-*, und gr. *lógos* (s. *-logie*).
DF 5 (1981), 457 f.

trimmen *swV. erw. fach.* ʿin Ordnung bringenʾ (< 19. Jh.). Junge Entlehnung aus dem Englischen, zunächst in der Seemannssprache, dann an verschiedene neuere Entwicklungen des Englischen angepaßt (*Trimm-dich-fit* usw.). Ne. *trim* aus ae. *trymman* ʿfest machen, stark machenʾ, zu ae. *trum* ʿfest, starkʾ.
Kluge(1911), 795 f.; *DF* 5 (1981), 459–464.

Trine *f. per. reg.* (Schimpfwort für eine Frau) (< 18. Jh.). Eigentlich Kurzform des Namens *Katharina.*

Trinität *f. per. fach.* ʿDreieinigkeitʾ (< 13. Jh.). Mhd. *trinitāt* ist entlehnt aus kirchen-l. *trīnitās*, aus l. *trīnitās* ʿDreiheit, Dreizahlʾ, zu l. *trīnus* ʿje dreiʾ, zu l. *trēs* ʿdreiʾ.
DF 5 (1981), 464–466.

trinken *stV.* (< 8. Jh.). Mhd. *trinken*, ahd. *trincan*, as. *drinkan* aus g. **drenk-a- stV.* ʿtrinkenʾ, auch in gt. *drigkan*, anord. *drekka*, ae. *drincan*, afr. *drinka*. Herkunft unklar. Vielleicht mit Nasalierung zu einem (ig.) **dʰreǵ-* ʿziehenʾ, das aber nicht ausreichend sicher nachweisbar ist (ai. *dhrájati* ʿgleitet dahin, ziehtʾ steht semantisch fern). Abstrakta: *Trank, Trunk*; Nomen agentis: *Trinker.*
Nndl. *drinken*, ne. *drink*, nschw. *dricka*, nisl. *drekka*. S. *Drank, Drink, Trank, tränken, trunken.* – Seebold (1970), 165 f.; Röhrich 3 (1992), 1640–1644.

Trio *n. erw. fach.* ʿKomposition für drei Instrumente, Gruppe von dreiʾ (< 18. Jh.). Entlehnt aus it. *trio*, dieses analog zu *Duo* aus l. *trēs* ʿdreiʾ.
DF 5 (1981), 466–468.

Trip *m. erw. fremd.* ´Ausflug, Reise´ (< 20. Jh.). Entlehnt aus ne. *trip,* einer Ableitung von e. *trip* ´trippeln´ (s. *trippeln*).

DF 5 (1981), 468 f.; Rey-Debove/Gagnon (1988), 1057 f.

trippeln *sw V.* (< 15. Jh.). Außerhalb entsprechen nndl. *trippelen* und wfr. *trippelje.* Zu *trappen* (s. *traben, trampeln, Trappe*², *Treppe*) mit Vokalvariation gebildet. S. auch *Trip.*

Tripper *m. per. fach.* ´Geschlechtskrankheit, Harnröhrenkatarrh´ (< 17. Jh.). Voraus gehen verschiedene Varianten, die alle zu md. *trippen,* ndd. *trippen* ´tropfen´ gehören (s. *triefen* und *Tropfen*).

trist *Adj. erw. fremd.* ´traurig´ (< 13. Jh.). Entlehnt aus frz. *triste* ´traurig´; dann aber im 19. Jh. erneut aus der gleichen Quelle übernommen. Das französische Wort aus l. *trīstis* ´traurig´.

Jones (1976), 637; DF 5 (1981), 470−472.

Trittschäuflein *n. per. reg.* ´Schwelle´ (< 8. Jh.). Mhd. *drischǔvel* n./m., ahd. *driscufli, driscubli,* mndd. *dreskeleff* f. aus g. *þreskubla-/ja-* n. ´Schwelle´, auch in anord. *þresk(j)ǫldr, þrøskǫldr, þrepskjǫldr* m., ae. *þerscold* m. Formal kann das Wort zu *dreschen* gehören (mit Umdeutung im Deutschen); doch ist die Ausgangsbedeutung und die Morphologie unklar.

Ne. *threshold,* nschw. *tröskel,* nisl. *þröskuldur.* − Bahder (1925), 70 f.; Kluge (1926), 52.

Triumph *m.* ´großer Erfolg´ (< 15. Jh.). Entlehnt aus l. *triumphus* ´feierlicher Einzug, Siegeszug´. Herkunft umstritten. Verb: *triumphieren*; Adjektiv: *triumphal.*

S. *Trumpf.* − DF 5 (1981), 472−481.

trivial *Adj. erw. fremd.* ´unbedeutend, platt´ (< 17. Jh.). Entlehnt aus frz. *trivial,* dieses aus l. *triviā-lis,* auch: ´allgemein zugänglich, allbekannt´, zu l. *trivium* ´die öffentliche Straße, Wegkreuzung´, zu l. *ter* ´dreimal´ und l. *via* ´Weg´. Abstraktum: *Trivialität.*

S. *tri-* und *Konvoi.* − R. Hoberg in: H. de la Motte-Haber (Hrsg.): *Das Triviale in Literatur, Musik und bildender Kunst* (Frankfurt 1972), 9−20; E. Zöfgen ebda. 21−41; F. Schalk *RF* 8 (1972), 564−579; H.-J. Althof *AB* 22 (1978), 175−201; DF 5 (1981), 483−487.

Trochäus *m. per. fach.* (ein Versfuß). Entlehnt aus gr. *trochaîos (poús),* eigentlich ´der Laufende´, zu gr. *tréchein* ´laufen´.

trocken *Adj.* (< 8. Jh.). Mhd. *trocken, trucken,* ahd. *truckan,* neben mndd. *droge, drūge,* mndl. *droge, druge,* ae. *dryge* und mndd. *drȫge,* mndl. *droog.* Semantisch ist ein Anschluß an anord. *drjúgr* ´dauernd, reichlich´, nordfr. *drīch* ´lange vorhaltend´ möglich, weiter zu lit. *drúktas* ´dick, fest, stark´ (zu ig. *dher-* ´halten´). Die Bedeutungsentwicklung geht von ´haltend, fest´ zu ´trocken´ (s. Koivulehto). Verb: *trocknen*; Abstraktum: *Trokkenheit.*

Nndl. *droog,* ne. *dry.* S. *drainieren, Droge, dröge.* − Kluge (1926), 110 f.; W. Krogmann *NKB* 47 (1934), 54−57; Th. Frings *BGDSL* 59 (1935), 455−458; F. G. Jung: *Das Wort* ´*trocken*´ (Diss. Berlin 1938); E. Rooth *NM* 12 (1956), 81; J. Koivulehto *NPhM* 84 (1983), 73−75; Lühr (1988), 336 f.; Röhrich 3 (1992), 1644 f.; Heidermanns (1993), 157−160, 162 f.

Troddel *f. erw. reg.* ´Quaste´ (< 15. Jh.). Weiterbildung zu mhd. *trāde* m./f. ´Saum, Fransen am Saum´, ahd. *trado* m. Weitere Herkunft unklar.

Trödel *m. stil.* ´Kram´ (< 16. Jh.). Mit *Trödler* und *trödeln*¹ bezeugt seit frühneuhochdeutscher Zeit. Herkunft unklar.

Lühr (1988), 174 f.

trödeln² *sw V. stil.* ´langsam tun´ (< 18. Jh.). Wohl zu *trudeln.*

Trog *m.* (< 9. Jh.). Mhd. *troc,* ahd. *trog,* as. *trog* aus g. **truga-* m. ´Trog´, auch in anord. *trog* n., ae. *trog.* Das Wort kann auf (ig.) **dru-kó-* zurückgeführt werden, das eine Zugehörigkeitsbildung zu dem alten Wort für Baum (s. *Teer, Holunder*) sein könnte, also etwa ´zu einem Baum gehörig´, evtl. als Diminutiv ´kleiner Baum´; vermutlich deshalb, weil die alten Tröge aus großen Stücken von Baumstämmen geschnitten werden konnten. Zu einer ähnlichen *k*-Bildung mir. *drohta* ´Faß, Tonne, Kufe´.

Nndl. *troch,* ne. *trough,* nschw. *tråg,* nisl. *trog.* S. *Truhe.* − A. Schilling-Thöne *DWEB* 4 (1964), 1−200.

Troika *f. erw. fach.* ´Dreigespann´ (< 19. Jh.). Entlehnt aus russ. *troika,* zu russ. *troe* ´drei´.

Troll *m. erw. exot.* (< 17. Jh.). Entlehnt aus den nordischen Sprachen (nschw. *troll*). Dieses aus anord. *troll, trǫll* n. unklarer Herkunft. Das nordische Wort fällt im Deutschen zusammen mit älterem *trol* ´Tölpel, ungeschlachter Mensch´, das gleicher Herkunft wie das nordische Wort sein könnte.

L. Motz *IF* 89 (1984), 180−185.

trollen *sw V. refl. erw. stil.* ´in kurzen Schritten laufen´ (< 16. Jh.). Mhd. *trollen.* Herkunft unklar. Vielleicht zu *treten* als ´trappeln´? S. *Trulle.*

Trommel *f.* (< 15. Jh.). Spmhd. *trum(b)el,* älter *trum(m)e, trumbe,* ahd. *trumba.* Entsprechend frz. *trompe* ´Horn´, it. *tromba* ´Trompete, Röhre´. Entlehnungsrichtung unklar, ebenso die Herkunft. Vielleicht lautmalend. Verb: *trommeln.*

Nndl. *trommel, trom,* ne. *drum.* S. *Trompete.* − Relleke (1980), 124 f., 254−259; Röhrich 3 (1992), 1645.

Trommelfell *n. erw. fach.* ´Teil des inneren Ohrs´ (< 18. Jh.). Übertragen aus der Bezeichnung der über die Trommel gespannten Membran.

Trommelfeuer *n. obs.* ´anhaltendes Artilleriefeuer´ (< 20. Jh.). Übertragen nach dem anhaltenden Lärm. Vielleicht Lehnübersetzung zu ne. *drumfire.*

Trompete f. (< 15. Jh.). Spmhd. *trumbe, trumpe, trum[m]e* ist entlehnt aus afrz. *trompette*, zu afrz. *trompe*, dessen weitere Herkunft nicht sicher geklärt ist (wohl zum Grundwort von *Trommel*). Verb: *trompeten*.

Relleke (1980), 73, 169−173; *DF* 5 (1981), 491−498; Röhrich 3 (1992), 1645.

Tropen Pl. (< 19. Jh.). Neubildung zu gr. *tropḗ* f. *(tropai* Pl.) 'Wende', zu gr. *trépein* 'wenden' als 'Gebiet zwischen den Wendekreisen (der Sonne)'. Adjektiv: *tropisch*.

S. *Trophäe*. − *DF* 5 (1981), 498−500, 502 f.

Tropf m. obs. 'einfältiger Mensch' (< 15. Jh.). Fnhd. *tropfe*, mndd. *trop*. Vermutlich ursprünglich 'einer, der an Schlagfluß oder Fallsucht leidet', und dieses metonymisch nach der Bezeichnung entsprechender Krankheiten als *Tropf* (nach der Vorstellung, daß sie von einem ins Gehirn oder Rückenmark gefallenen Tropfen herrühren). Anders Krogmann: zu einem *triefen* 'trotten, langsam sein', mit ig. *d-*.

W. Krogmann *ZDPh* 63 (1938), 184−188; A. Törnquist *BGDSL-H* 75 (1953), 430−432; Röhrich 3 (1992), 1645.

Tropfen m. (< 8. Jh.). Mhd. *tropf(e)*, ahd. *tropf(o)*, *troffo*, as. *drop* aus g. **drupōn* m. 'Tropfen', auch in anord. *dropi*, ae. *dropa*. Ableitung aus *triefen*, also 'Triefer, Triefendes'. Die Formen mit geminiertem *p* entstanden in Flexionsformen mit unmittelbarer Aufeinanderfolge von *p* und *n*. Verben: *tropfen, tröpfeln*.

Nndl. *drop*, ne. *drop*, nschw. *droppe*, nisl. *dropi*. S. *Tripper*. − Lühr (1988), 243, 355; Röhrich 3 (1992), 1645 f.

Trophäe f. bildg. 'Siegeszeichen' (< 17. Jh.). Entlehnt aus frz. *trophée*, dieses aus l. *trophaeum, trophēum, tropaeum* n., aus gr. *tropaîon* n., zu gr. *trépein* 'wenden'. So bezeichnet nach dem *Zeús Tropaîos* m., ein 'dem Wender (des Feindes zur Flucht)' am Ort des Sieges aus den Waffen der Besiegten errichtetes Monument.

S. *Tropen, Tropus*. − W. J. Jones *SN* 51 (1979), 274; *DF* 5 (1981), 500−502.

Tropus m. per. fach. 'bildlicher Ausdruck', meist Plural *Tropen*, daraus auch ein Sg. *Trope* (< 18. Jh.). Entlehnt aus l. *tropus, tropos*, dieses aus gr. *trópos*, eigentlich 'Wendung', zu gr. *trépein* 'kehren, wenden, umwenden'. Gemeint ist, daß ein Ausdruck einen anderen ersetzt.

S. *Tropen, Trophäe*. − E. Leser *ZDW* 15 (1914), 87.

Troß m. obs. (< 13. Jh.). Mhd. *trosse*, mndd. *trosse* 'Gepäck', woraus 'Heergepäck' und dann der dem Heer nachfolgende Zug. Das Wort ist entlehnt aus frz. *trousse* f. 'Bündel' (zu frz. *trousser* 'zusammendrehen', letztlich zu l. *torquēre* 'drehen').

S. *Tortur*. − *DF* 5 (1981), 503−506.

Trosse f. erw. fach. 'starkes Schiffstau' (< *14. Jh., Standard < 18. Jh.). Mndd. *trosse, trotze* ist entlehnt aus frz. *trousse*, eigentlich 'Bündel', hier in der Bedeutung 'Seil' (zusammengerolltes Seil?), vgl. *Troß*, dort auch die weitere Herkunft.

Kluge (1911), 796 f. Eichhoff (1968), 88 f.

Trost m. (< 8. Jh.). Mhd. *trōst*, ahd. *trōst*, mndd. *trōst*, mndl. *troost* aus g. **trausta-* m./n. 'Trost, Zuversicht', auch in anord. *traust*, afr. *trāst*, neben anord. *traustr* 'zuverlässig, stark' und gt. *trausti* 'Vertrag, Bündnis'. Es handelt sich um eine morphologisch nicht recht durchsichtige Bildung zu *treu* und *trauen*, also etwa '(innere) Festigkeit' (und entsprechend). Verb: *trösten*; Adjektiv: *tröstlich*.

Nndl. *troost*, nschw. *tröst*, nisl. *traust*. − H. Appel: *Anfechtung und Trost* (Leipzig 1938); H. Götz *ASAWL* 49 (1957), 147−155; Röhrich 3 (1992), 1646; Heidermanns (1993), 599−601.

Trott m. erw. fach. (< 16. Jh.). Entlehnt aus it. *trotto* 'Trab' (als Bezeichnung einer Gangart des Pferds). Das romanische Wort ist ursprünglich als Verbum (frz. *trotter*, it. *trottare*) üblich, das wohl aus einem spl. **tolutare* 'im Paßschritt gehen' stammt (bezeugt ist *tolūtim īre* u.ä., kaum entlehnt aus einer Ableitung von *treten*). Verben: *trotten, trotteln*.

S. *Globetrotter, Trottoir*. − Jones (1976), 638; H. Meier *RJ* 31 (1980), 23−34; Lühr (1988), 373 f.; Röhrich 3 (1992), 1646.

Trotte f. per. reg. 'Kelter' (< 9. Jh.). Mhd. *trot(t)e*, ahd. *trota, truta*, wie ae. *trodu* 'Weinkelter' gebildet zu ahd. *trotōn* 'keltern, treten' als Lehnübersetzung von l. *calcātūra*, zu l. *calcāre* '(mit der Ferse) treten' (das als Entlehnung zu *Kelter* führt).

Trottel m. stil. 'Schwachsinniger' (< 19. Jh.). Aus Österreich übernommen. Herkunft unklar. Vielleicht zu *trotteln* 'planlos herumlaufen', das zu dem Komplex *treten/trotten/Trott* gehört.

Röhrich 3 (1992), 1646.

Trottoir n. erw. reg. 'Bürgersteig' (< 18. Jh.). Entlehnt aus frz. *trottoir* m., zu frz. *trotter* 'in Trab gehen, trippeln'.

S. *Trott*. − *DF* 5 (1981), 506−508.

Trotz m. (< 13. Jh.). Mhd. *tratz, trutz, trotz* (teilweise miteinander verbunden: *tratz und trutz*), mndd. *trot*; auch als Adjektiv *tratz* 'trotzig' und Verb *tratzen, tretzen* 'trotzen'. Herkunft unklar. Vielleicht als (ig.) **nrot-* zu lit. *niřsti (nirtaũ)* 'heftig zürnen, aufgebracht sein'. Als Lautform hat sich heute *Trotz* durchgesetzt, *Trutz* bleibt in Formeln bestehen. Aus formelhaften Wendungen entstand auch die Präposition *trotz*.

Troubadour m. 'Sänger' (< 17. Jh.). Entlehnt aus frz. *troubadour*, dieses aus prov. *trobador*, zu prov. *trobar*, afrz. *trover* 'dichten', eigentlich 'finden'.

DF 5 (1981), 508 f.

trübe *Adj.* (< 8. Jh.). Mhd. *trüebe*, ahd. *truobi*, as. *drōbi* aus g. **drōba-/ja-* *Adj.* ´trübe, verwirrt`, auch in ae. *drōf*, afr. *drēve*, gt. in *drobjan* ´verwirren`. Das Adjektiv ist ein Adjektiv der Möglichkeit zu einem im Germanischen nicht mehr erhaltenen Verb, zu dem auch *Treber* gehört. Gr. *tréphō* ´ich gerinne u. a.`, lit. *drẽbti* ´mit Dickflüssigem werfen` weisen auf (ig.) **dʰrebʰ-*, das mit dem Ausfällen von festen Stoffen aus trüben Flüssigkeiten zu tun haben muß. Das germanische Adjektiv bedeutete deshalb wohl ´was auszufällen, zu klären ist`. Weiter zu (ig.) **dʰer(ə)-* mit entsprechender Bedeutung (s. *Trester*). Abstraktum: *Trübsal*; Verb: *trüben*.
Nndl. *droef*. − Röhrich 3 (1992), 1646 f.; Heidermanns (1993), 160 f.

Trubel *m. stil.* (< 17. Jh.). Entlehnt aus frz. *trouble*, das aus frz. *troubler* rückgebildet ist. Dieses aus ml. **turbulāre* zu l. *turbāre* ´verwirren`.
Jones (1976), 639.

Trübsal *f. obs.* (< 11. Jh.). Mhd. *trüebesal m./f./ n.*, ahd. *truobisal*. Mit dem Suffix *-sal* abgeleitet von *trübe*. Die Ableitung **trübselig** verdankt ihr *e* dem Anschluß an *selig* (das etymologisch nichts damit zu tun hat).
Röhrich 3 (1992), 1647.

Truchseß *m. arch.* ´Hofverwalter` (< 10. Jh.). Mhd. *truh(t)sæze*, ahd. *truh(t)sāzo*, *truh(t)sezzo*, mndd. *droste*, *drotsete* (u.ä., s. *Drost*, *Inste*), mndl. *drossote*, afr. *drusta*. Zusammengesetzt aus g. *\*druhti-* *f.* ´Schar (hauptsächlich das Gefolge eines Fürsten)` in gt. *drauhts*, anord. *drótt f.*, ae. *dryht f.*, afr. *drecht*, as. *druht-*, mhd. *truht f.*, *druht f.* (zu **dreug-a-* *stV.* ´Gefolgschaft leisten` in gt. *driugan*, ae. *drēogan*) und dem auch in *Insasse* (usw.) auftretenden Element. Die Bedeutung ist also ´jmd., der in der Gefolgschaft sitzt`, möglicherweise schon ursprünglich ´der der Gefolgschaft vorsteht`. Die weitere Bedeutungsentwicklung dann entsprechend der Entwicklung der Hofämter.
Nndl. *drossaard*.

Trude *f.* s. *Drude*.

trudeln *swV. erw. fach.* ´sich langsam (drehend) bewegen` (< 19. Jh.). Vielleicht Nebenform von *trödeln* ´langsam arbeiten`. Sonst ist die Herkunft unklar.

Trüffel *f. erw. fach.* (< 18. Jh.). Entlehnt aus der Nebenform *truffle* zu frz. *truffe*, das gleichzeitig als *Truffe* übernommen wird, aber sich nicht durchsetzt. Das französische Wort gehört letztlich zu l. *tūber n.* ´Knollen, Erdschwamm, Trüffel`. S. *Kartoffel*.

trügen *stV.* (< 8. Jh.). Mhd. *triegen*, ahd. *triogan*, as. *driogan* aus vd. **dreug-a-* *stV.* ´trügen`, auch in afr. *-driāga*. Außergermanisch vergleicht sich ai. *drúhyati* ´beschädigt, sucht zu schaden`; vielleicht auch mir. *airdrech* ´Gespenst` (vgl. anord. *draugr*

´Toter, Gespenst, Maske`). Mit Auslautvariation l. *fraus* ´Schaden, Betrug`. Der heutige Vokalismus im Anschluß an *lügen*, wo der Homonymie mit *liegen* ausgewichen werden mußte. Abstraktum: *Trug*; Präfigierung: **betrügen**.
S. auch *Zwerg*. − Seebold (1970), 168 f.

Truhe *f.* (< 10. Jh.). Mhd. *truhe*, ahd. *truha*; daneben schwz. *Trucke*. Herkunft unsicher. Ein Zusammenhang mit *Trog* ist nicht auszuschließen, wahrscheinlicher ist aber ein Vergleich mit ae. *þrūh* ´Röhre, Kasten, Sarg`, anord. *þró* ´Rinne, Sarg` (vielleicht auch ahd. *drūh*, as. *thrūh* ´Falle`), lit. *traukai m. Pl.* ´Gefäße`, aber die Einzelheiten bleiben unklar.
Zu der Bedeutung ´Sarg` vgl. Cox (1967), 95−100. Röhrich 3 (1992), 1647.

Trulle *f.*, auch **Trolle** *f.* (Schimpfwort für ´unordentliche Frau`) *per. reg.* (< 16. Jh.). Wohl zu *trollen* und mhd. *trol(le) m.* ´Tölpel`, kaum zu dem nordischen *Troll* ´Kobold`.
L. Fränkel *ZDU* 17 (1903), 363−365.

Trümmer *Pl.* (< 8. Jh.). Zu mhd. *drum*, *trum n.*, ahd. *drum n.* ´Endstück, Splitter`, hd. (bair.) *Trumm* ´(großes) Stück, Endstück`, dazu anord. *þrǫmr m.* ´Kante, Rand`. Herkunft unklar. Präfixableitung: **zertrümmern**.

Trumpf *m.*, älter (fnhd.) **Triumpf** (< 16. Jh.). Entlehnt aus l. *triumphus* in der speziellen und späten Bedeutung ´siegende, stechende Farbe beim Kartenspiel`. Entsprechend nndl. *tromp*, ne. *trump*. Verb: **(auf-, über-) trumpfen**.
Röhrich 3 (1992), 1648.

trunken *Adj. stil.* ´betrunken` (< 8. Jh.). Mhd. *trunken*, ahd. -*truncan*, mndd. *drunken*, mndl. *dronken*. Ursprünglich Partizip zu *trinken*, wie auch in gleicher Bedeutung gt. *drugkans*, anord. *drukkinn*, ae. *druncen*. Abstraktum: **Trunkenheit**.

Trupp *m.*, **Truppe** *f.* (< 17. Jh.). Entlehnt aus frz. *troupe f.* Dieses aus gallo-rom. *troppus* ´Herde`.
S. *Dorf*. − Jones (1976), 640 f.; *DF* 5 (1981), 509−518.

Truthahn *m.* (< 17. Jh.). Vermutlich zu mndd. *droten* ´drohen` (anord. *þrútna* ´anschwellen`, ae. *þrūtian* ´vor Zorn oder Stolz schwellen`) nach der typischen Drohgebärde des Truthahns. Früher heißt das Tier *indianischer Hahn* (nach der Herkunft aus Westindien), wobei die Herkunftsbezeichnung teilweise durch *welsch*, *türkisch* u. a. ersetzt wurde. Vgl. *Pute*.
Suolahti (1909), 242−247; G. Weitzenböck *ZM* 12 (1936), 83−89; Palmer (1939), 50−52.

tschilpen *swV.*, auch **schilpen** *swV.* (vom Laut der Sperlinge). Erst in neuerer Zeit bezeugt. Lautmalend.

tschüs *Partikel* s. *adieu*.

Tuba *f. per. fach.* (ein Blasinstrument) (< 18. Jh.). Entlehnt aus l. *tuba* ʿBlasinstrument, Trompete, Röhreʾ.

S. *Tube.* – Relleke (1980), 175; *DF* 5 (1981), 521 f.

Tube *f.* (< 19. Jh.). Entlehnt aus ne. *tube*, das über frz. *tube m.* auf l. *tubus m.* ʿRöhreʾ zurückgeht.

S. *Tuba.* – Röhrich 3 (1992), 1648; *DF* 5 (1981), 522.

Tuberkulose *f. erw. fach.* (eine Infektionskrankheit) (< 19. Jh.). Neubildung zu l. *tūberculum n.* ʿkleine Geschwulst, kleiner Höckerʾ, einem Diminutivum zu l. *tūber n.* ʿHöcker, Geschwulstʾ, zu l. *tumēre* ʿgeschwollen seinʾ. So bezeichnet nach der knötchenförmigen Zellwucherung dieser Krankheit. Adjektiv: **tuberkulös.** S. *Tumor, Tumult.*

Tuch *n.* (< 8. Jh.). Mhd. *tuoch,* ahd. *tuoh,* as. *dōk.* Herkunft unklar.

Nndl. *doek.* – Röhrich 3 (1992), 1648 f.

Tuchfühlung *f. erw. phras.* in *auf Tuchfühlung* (< 19. Jh.). Beim militärischen Antreten eine Entfernung vom Nebenmann, bei der sich die Uniformen gerade noch berühren. Dann übertragen.

tüchtig *Adj.* (< 11. Jh.). Mhd. *tühtec, tühtic,* mndd. *duchtich,* mndl. *duchtich,* ae. *dyhtig.* Zu mhd. *tuht, duht,* mndd. *ducht, ti*-Abstraktum zu *taugen,* also etwa ʿtauglich, erprobtʾ. Abstraktum: **Tüchtigkeit.** Nndl. *duchtig,* ne. *doughty.* S. *Tugend.*

Tücke *f.* (< 13. Jh.). Rückgebildet aus dem Plural von *Tuck m.,* mhd. *tuc, duc m.* ʿschnelle Bewegung, böser Streichʾ, mndd. *tuk,* mndl. *tuc, tuk.* Herkunft unklar. Adjektiv: **tückisch.**

Röhrich 3 (1992), 1649.

tuckern *swV. per. fach.* (ein Motorengeräusch) (< 20. Jh.). Lautmalend.

Tüder *m.,* auch **Tuder** *m. arch.* ʿStrick zum Anbinden von Vieh auf der Weideʾ (< 18. Jh.). Übernommen aus dem Niederdeutschen: Mndd. *tud-(d)er* aus g. **teudra- m/n.,* auch in anord. *tjóðr n.,* me. *tedir,* afr. *tiāder,* in hochdeutscher Form ahd. *ziotar m./n.,* mhd. *zieter m./n.* ʿDeichselʾ. Herkunft unklar. Vielleicht zu *Tau[2].* Ne. *tether,* nschw. *tjuder.*

Tuff(stein) *m. per. fach.* (< 10. Jh.). Mhd. *tuftstein, tupfstein,* ahd. *tufstein, tubstein, tuhstein.* Mit verdeutlichender Komposition entlehnt aus it. *tufo,* zu l. *tōfus.* Die einfache Form beruht auf erneutem Anschluß an das fremde Wort in neuhochdeutscher Zeit.

Lüschen (1979), 336.

tüfteln *swV. stil.* ʿsorgfältige Kleinarbeit machenʾ (< *14. Jh., Bedeutung < 18. Jh.). Mhd. *tüfteln* gehört zu *tupfen* und bedeutet ʿklopfenʾ; von der gleichen Grundlage kommt später ein studentisches Wort für ʿneckenʾ (vgl. *sticheln*) und schließlich die heutige Bedeutung, mit dem *bohren, grübeln* im Sinn

von ʿüberlegenʾ zu vergleichen ist. Nomen agentis: **Tüftler;** Verb: *(aus-) tüfteln.*

S. *tupfen.* – K. Konrad *ZDW* 12 (1910), 292.

Tugend *f.* (< 9. Jh.). Mhd. *tugent, tugende,* ahd. *tugund(i), tuged,* mndd. *doge(n)t,* mndl. *doget* aus g. **duganþi- f.* ʿTugendʾ, auch in anord. *dygð,* ae. *duguþ,* afr. *dugethe.* Schon seit alters an *taugen* angeschlossen, was wohl die Bedeutungsentwicklung mit beeinflußt hat; später dann vor allem durch den christlichen Tugendbegriff geprägt. Ursprünglich ist das Wort aber wohl abgeleitet aus dem in anord. *dyggr* ʿaufrecht, zuverlässigʾ vorliegenden Adjektiv, so daß von g. **duwn̥þi-* auszugehen ist. Die Herkunft des nordischen Adjektivs ist unklar.

Nndl. *deugd,* nschw. *dygd,* nisl. *dyg(g)ð.* S. *taugen, tüchtig.* – Kluge (1926), 69; W. Bopp: *Geschichte des Wortes ʿTugendʾ* (Diss. Heidelberg 1934); E. Aumann *BGDSL* 63 (1939), 143–161; H. Rupp *Saeculum* 2 (1951), 465–472; E. Seebold *IF* 87 (1982), 188; A. Hönig in *FS J. Schröpfer* (München 1991), 213–223.

Tüll *m. per. fach.* (< 19. Jh.). Entlehnt aus frz. *tulle,* das den Namen des ursprünglichen Herstellungsortes *Tulle* (Departement Corrèze) fortführt.

Tülle *f. per. ndd.* ʿAusgußmündung von Gefäßenʾ (< 9. Jh.). Mhd. *tülle n.,* ahd. *tulli n.* ʿRöhre an der Pfeilspitzeʾ, ndd. *dölle* ʿRöhreʾ. Hängt wohl mit *Dole* zusammen, doch sind die Einzelheiten unklar.

S. auch *Delle.* – Kretschmer (1969), 540–542.

Tulpe *f.* (< 16. Jh.). Mit der Einführung der Pflanze aus der Türkei nach türkischem Vorbild als ʿTurbanʾ benannt (ml. *tulipa,* it. *tulipano m.*), seit dem 17. Jh. meist gekürzt zu *Tulpe.*

S. *Turban.* – Littmann (1924), 43, 544; Loewe (1939), 3–15.

-tum *Suffix* zur Bildung von Abstrakta. Mhd. *-tuom.* ahd. *-tuom,* entsprechend as. *-dōm,* ae. *-dōm.* Ursprünglich selbständiges Wort, das in Komposita immer stärker abgeschwächt wird. Vgl. g. **dōma- m.* ʿSetzung, Zustandʾ, in gt. *doms* ʿUrteil, Ruhmʾ, anord. *dómr* ʿUrteil, Gerichtʾ, ae. *dōm,* afr. *dōm,* as. *dōm* ʿUrteil, Gericht, Ruhmʾ, ahd. *tuom* ʿVerhältnis, Zustandʾ. Zu der Wurzel (ig.) **dʰē-* ʿsetzenʾ (s. *tun*). Entsprechende Bildungen (die nicht notwendigerweise ein entsprechendes vorzelsprachliches Wort fortsetzen) sind gr. *thōmós* ʿStapel, Haufeʾ, lit. *domẽ* ʿAufmerksamkeitʾ, ai. *dhāma* ʿSitz, Gesetzʾ. Semantisch entspricht besser gr. *thémis* ʿSitte, Gesetz, Rechtʾ, das aber morphologisch abweicht.

S. *Ungetüm, verdammen.* – *Wortbildung* 2 (1975), 92 f. und die dort angegebenen Stellen; M. V. Molinari, *IL* 5 (1979), 165–170.

tumb *Adj. arch.* ʿarglosʾ (< 20. Jh.). Zitiert aus der Bezeichnung Parzivals als *tumben toren* (ʿunerfahrener, junger Torʾ) und damit ʿgut gemeint, aber einfältigʾ. Das Wort ist die mittelhochdeutsche Lautform von *dumm.*

tummeln *sw V.* (< 17. Jh.). Variante zu mhd. *tūmel(e)n*, ahd. *tūmilōn*, also *taumeln*. Die Bedeutung wird durch den Gebrauch für die Tätigkeiten auf Spiel- und Kampfplätzen bestimmt. Vgl. *Tummelplatz* und (mit anderer Bedeutung) *Getümmel*.

Tümmler *m. per. fach.* ʿDelphinʾ (< 18. Jh.). Übernommen aus ndd. *tumler*, nndl. *tuimelaar*, vgl. ne. *tumbler*. Das Wort bedeutet ursprünglich ʿSpringer, Akrobatʾ und gehört näher zu der Bedeutung ʿtummelnʾ.

Tumor *m. erw. fach.* ʿGeschwulstʾ (< 19. Jh.). Entlehnt aus l. *tumor* ʿGeschwulstʾ, zu l. *tumēre* ʿgeschwollen seinʾ. S. *Tuberkulose*; zur germanischen Verwandtschaft s. *Daumen, tausend*.

Tümpel *m. erw. reg.* (< 16. Jh.). Dringt aus dem Niederdeutschen vor gegen das hd. (mhd.) *tümpfel*, ahd. *tumpfilo* ʿStrudelʾ; vgl. noch mndd. *dumpeln* ʿtauchenʾ. Vermutlich Nasalierung zu der in *tief* und *taufen* vorliegenden Sippe.
Lühr (1988), 103 f.

Tumult *m.* (< 16. Jh.). Entlehnt aus l. *tumultus*, zu l. *tumēre* ʿaufbrausen, aufgebracht sein, geschwollen seinʾ.
S. *Tumor, Tuberkulose*. − DF 5 (1981), 523−528.

tun *unr V.* (< 8. Jh.). Mhd. *tuon*, ahd. *tuon*, as. *dōn* aus wg. **dō-* ʿtunʾ, auch in ae. *dōn*, afr. *duā*. Vermutlich sind auch die Präteritalformen des schwachen Verbs teilweise mit *tun* gebildet, so daß vor allem die reduplizierten Pluralformen des Gotischen zusätzlichen Aufschluß über das Formensystem geben. Aus ig. **dʰē-* ʿsetzenʾ in heth. *dai-* ʿsetzen, stellenʾ, ai. *dádhāti* ʿsetztʾ, mit ai. *vi-* (Präfix) ʿrichtet ein, tutʾ, toch. A/B *tā-* ʿlegen, stellenʾ, gr. *títhēmi* ʿich setze, tueʾ, l. *facere* ʿmachen, tunʾ (erweitert mit *-k-*), l. *condere* ʿgründenʾ, lit. *dėti*, akslav. *děti*. Abstraktum: *Tat*. Präfigierung: *vertun*; Partikelverben: *ab-, an-, um-, zutun*.
Nndl. *doen*, ne. *do*. S. *betulich, Miete¹, -tum, untertan, Widerton*. Zur lateinischen Verwandtschaft s. *infizieren*, zur griechischen *Theke*. − E. Weiss: Tun − Machen (Stockholm 1956); Röhrich 3 (1992), 1649; Seebold (1970), 157−160. Zur Entlehnung ins Finnische s. Koivulehto (1991), 65, 71.

tünchen *sw V. erw. reg.* (< 9. Jh.). Mhd. *tünchen*, ahd. *tunihha* ʿdas Tünchenʾ, mndd. *don(ne)ken*, *denneken* (mit Umsetzung des Lautstandes). Das Wort ist entlehnt aus einer Ableitung von l. *tunica* ʿGewandʾ, entsprechend zu it. *intonacare* ʿverputzen, tünchenʾ, also etwa ʿbedecken, bekleidenʾ. Konkretum: *Tünche*.

tunken *sw V.* (< 9. Jh.). Mhd. *tunken, dunken*, ahd. *duncōn, thuncōn*. Außergermanisch vergleicht sich l. *ting(u)ere* ʿbenetzenʾ (s. *Teint*) und gr. *téngō* ʿich erweicheʾ. Konkretum: *Tunke*.

Tunnel *m.* (< 19. Jh.). Entlehnt aus ne. *tunnel*, dieses aus afrz. *tonnel* ʿTonnengewölbe, Faßʾ, aus gall. *tunna*.

S. *Tonne*. − Krüger (1979), 451; DF 5 (1981), 528−530; Rey-Debove/Gagnon (1988), 1062 f.

Tunte *f. per. reg.* ʿTante, zimperliche Personʾ, *vulg.* ʿHomosexuellerʾ (< 20. Jh.). Vermutlich eine mundartliche Variante (oder Entstellung) aus *Tante*.

Tüpfel *n./m. erw. reg.* (< 15. Jh.). Verkleinerungsform zu fnhd. *tupf*. Sonst älter mhd. *topfe m.*, ahd. *topfo m.* ʿPunktʾ. Zu *tupfen*. Adjektiv: *getüpfelt*.

tupfen *sw V. erw. stil.* ʿleicht anstoßen, berührenʾ (< 9. Jh.). Mhd. *tupfen*, ahd. *tupfen*. Der Form nach gehört das Wort zu ae. *dyppan* ʿeintauchenʾ (weiter zu *taufen* und *tief*), der Bedeutung nach eher zu *stupfen*. Vermutlich hat eine Berührung zwischen den beiden Ansätzen stattgefunden, so daß *tupfen* als eine Kreuzung aufzufassen ist. Präfigierung: *betupfen*; Nomen instrumenti: *Tupfer*.
Seebold (1970), 155 f.

Tür *f.* (< 8. Jh.). Mhd. *tür(e)*, ahd. *turi, tür*, as. *duri* aus g. **dur-* ʿTürʾ, das meist im Dual, später im Plural erscheint, der dann im Deutschen in einen neuen Singular umgedeutet wird. Auch in gt. *daurons (Pl.)*, anord. *dyrr n. Pl.*, ae. *duru Pl.*, afr. *dore*. Aus ablautendem ig. **dʰwer-* ʿTürʾ, auch in gr. *thýra*, l. *forēs (Pl.)*, kymr. *dôr*, lit. *dùrys Pl.*, akslav. *dviri Pl.* und mit abweichendem Anlaut ai. *dvāraḥ (Pl.)*.
Nndl. *deur*, ne. *door*, nschw. *dörr*, nisl. *dyr*. S. *Tor²*. − Benveniste (1969/1993), 246−248; Röhrich 3 (1992), 1649−1651.

Turban *m. exot. ass.* (< 17. Jh.). Entlehnt aus it. *turbante*, dieses aus türk. *tülbent*, aus pers. *dulbänd*.
S. *Tulpe*. − Littmann (1924), 113; DF 5 (1981), 530−532.

Turbine *f. erw. fach.* (< 19. Jh.). Entlehnt aus frz. *turbine*, einer Neubildung zu l. *turbo (-inis) m.* ʿWirbel; alles, was sich im Kreis drehtʾ.
S. *turbulent*. − Cottez (1980), 438; DF 5 (1981), 532 f.

turbulent *Adj.* (< 17. Jh.). Entlehnt aus l. *turbulentus*, zu l. *turba* ʿlärmende Unordnung, Gewühl, Gedrängeʾ, zu l. *turbāre* ʿverwirrenʾ. Abstraktum: *Turbulenz*.
S. *Turbine*; zur germanischen Verwandtschaft s. *Quirl*. − DF 5 (1981), 533−535.

Türke *m. per. stil.* ʿVorspiegelung falscher Tatsachenʾ, besonders *einen Türken bauen/stellen* oder kurz **türken** *sw V.* (< 19. Jh.). Eigentlich: ʿetwas lange Geprobtes als spontan hinstellen, etwas Nachgemachtes als dokumentarisch erscheinen lassenʾ. Ausgegangen wird offenbar von der Militärsprache, in der seit der Jahrhundertwende spezielle Gefechtsübungen oder Paradeteile, die eine Überraschung bieten sollten, *Türken* genannt wurden. (Vgl. auch schwz. *Türgg* ʿManöverʾ). Die Herkunft dieses Ausdrucks ist unklar. Vielleicht zu frz. *tête de turc* ʿZielscheibe (des Spotts), Prügelknabeʾ, wörtlich ʿKopf des Türkenʾ.
Röhrich 3 (1992), 1651−1653.

Türkenbund *m. per. fach.* (< 19. Jh.). Eigentlich Bezeichnung für den Turban (und wohl von diesem Wort angeregt). In der Regel aber Bezeichnung für Pflanzen, deren Blüte oder Frucht einem Turban ähnlich sieht.

Türkis *m. per. fach.* (ein blaugrüner Edelstein) (< 15. Jh.). Mhd. *turkīs, turkoys* ist entlehnt aus frz. *turquoise f.*, eigentlich ʼtürkischer (Edelstein)ʼ, zu frz. *turquoise* ʼtürkischʼ. So benannt, weil der Edelstein angeblich zuerst aus der Türkei kam.
Littmann (1924), 103; Lüschen (1979), 336 f.; Lokotsch (1975), 165.

Turm *m.* (< 9. Jh.). Mhd. *turn, torn, tor(e)n, tarn,* mndl. *toren.* Entlehnt aus afrz. *torz,* für das eine Variante **torn* durch die Verkleinerung afrz. *tournelle f.* vorauszusetzen ist. Dieses aus l. *turris f.* ʼTurmʼ, das wohl die Grundlage von ahd. *turri n.,* *turra f.* und ae. *torr* ist (ae. *tūr,* ne. *tower* aus frz. *tour*). Die Form auf -*m* ist unregelmäßig, ein Rückgriff auf den lateinischen Akkusativ kommt kaum in Frage. Liegt ein Einfluß von kslav. *trěmŭ* ʼTurmʼ vor? Verb: *(auf-) türmen*[1]; Täterbezeichnung: *Türmer.*
G. Baist *ZRPh* 18 (1894), 280; Röhrich 3 (1992), 1653.

türmen[2] *swV. erw. stil.* ʼdavonlaufenʼ (< 19. Jh.). Herkunft unklar. Gaunersprachlich *türmen* kann ʼwandernʼ bedeuten; auch *stürmen* ist in Betracht zu ziehen.

Turmalin *m. per. fach.* (ein Edelstein) (< 20 Jh.). Entlehnt aus frz. *tourmaline f.,* ne. *tourmaline,* dieses aus singhal. *turamalli.*

turnen *swV.* (< 19. Jh.). Durch F. L. Jahn eingeführt im Rückgriff auf ahd. *turnen* ʼlenken, wendenʼ, das aus l. *tornāre* ʼdrehenʼ entlehnt ist. Mitgewirkt hat wohl die Kenntnis von fnhd. *Turner* ʼjunger Kämpferʼ, das zu *Turnier* hinzugebildet worden war.
E. Mehl *MS* (1952), 143–148; J. Zeidler *MS* 1957, 259–270.

Turnier *n.* (< *12. Jh., Form < 14. Jh.). Mhd. *turnier, turnīr m.* ist gebildet zu mhd. *turnieren* ʼam ritterlichen Kampfspiel teilnehmenʼ, dieses aus afrz. *tornier,* aus l. *tornāre* ʼrunden, drechselnʼ, aus gr. *torneúein,* zu gr. *tórnos m.* ʼZirkel, Dreheisen, Achseʼ, zu gr. *teírein* ʼreibenʼ. Die Rückbildung ersetzt die ältere Entlehnung mhd. *turnei.*
S. *Tour. –* Segelcke (1969), 233–247; *DF* 5 (1981), 535–540.

Türnitz *m.* s. *Dönse.*

Turnus *m. erw. fach.* ʼfestgelegte Abfolge, Wiederkehrʼ (< 17. Jh.). Entlehnt aus ml. **turnus* ʼWechsel, Reihenfolgeʼ, aus l. *tornus* ʼDreheisen, Drechseleisenʼ, aus gr. *tórnos* ʼZirkel, Dreheisen, Achseʼ.
S. *Tour, Turnier. – DF* 5 (1981), 540 f.

Turteltaube *f.* (< 9. Jh.). Mhd. *türteltūbe, turteltūbe,* ahd. *turtul(a)tūba, turtiltūba.* Mit verdeutlichender Komposition entlehnt aus ml. *tortella, turtella,* das ein Diminutiv zu l. *turtur m.* (dieses lautmalend). Vom lateinischen Grundwort sind ahd. *turtur m.,* ae. *turture,* anord. *turturi m.*
Suolahti (1909), 215–218.

Tusch *m.* (< 18. Jh.). Übernommen aus Österreich, wo dieses Wort ʼSchlag, Lärm, Trompeten- und Paukenschallʼ bedeutet. Letztlich liegt frz. *touch,* afrz. *toche* ʼgeblasenes Signal, Trompetenzeichenʼ zugrunde, zu afrz. *tochier* ʼberührenʼ, auch ʼein Tonwerkzeug spielen, blasenʼ.

Tusche *f.* (< 18. Jh.). Rückgebildet aus *tuschen* ʼschwarze Farbe auftragenʼ, das entlehnt ist aus frz. *toucher* ʼberührenʼ, das die gleiche Sonderbedeutung haben kann. S. *retuschieren, Touch.*

tuscheln *swV. stil.* (< 18. Jh.). Zu einer Interjektion *tusch!* ʼstillʼ, letztlich eine Lautgebärde.

Tusnelda *f.* s. *Thusnelda.*

Tüte *f.* (< 16. Jh.). Als Wort für ʼPapiertüteʼ. Ursprünglich mndd. *tute,* mndl. *tute* ʼInstrument zum Blasenʼ (zu dem lautmalenden *tūt*). Möglicherweise war frz. *cornet,* ne. *cornet* ʼBlashorn, Tüteʼ ein Vorbild für die Bildung. Verb: *tuten.*
S. *tuten. –* Kretschmer (1969), 542–545; Relleke (1980), 175; Röhrich 3 (1992), 1653.

tuten *swV.* (< 14. Jh.). Lautmalende Bildung, zuerst in mndd. *tuten.* Vgl. *Tüte.*
Röhrich 3 (1992), 1653.

Tutor *m. per. fach.* ʼBetreuer, Mentorʼ (< 16. Jh.). Zunächst entlehnt aus l. *tutor* ʼVormundʼ, zu l. *tuērī (tuitus sum)* ʼSorge tragen, ins Auge fassenʼ; dann neu entlehnt (< 18. Jh.) mit der Bedeutung ʼStudienleiterʼ aus ne. *tutor* aus derselben Quelle. Nominalableitung: *Tutorium.*
E. Erämetsä *NPhM* 59 (1958), 40; *DF* 5 (1981), 541–543.

Tutte *f.* s. *Titte, Dutte, Zitze.*

Tüttel *m. arch.* ʼPünktchenʼ (< 15. Jh.). Aus l. *titulus,* das auch ʼSpitze, Abkürzungszeichenʼ u.ä. bedeuten kann. S. *Titel.*

Twen *m. per. grupp.* ʼjunger Mensch in den Zwanzigernʼ (< 20. Jh.). Anglisierende Neubildung zu ne. *twenty* ʼzwanzigʼ (aus ae. *twēntig,* aus ae. *twēn-* ʼzweiʼ und ae. *-tig* ʼzehnʼ; s. *zwanzig*); gebildet in Anlehnung an ne. *teen* ʼJugendlicher unter zwanzigʼ (zu ne. *-teen* ʼzehnʼ in *thirteen* bis *nineteen*).
DF 5 (1981), 543–545.

Typ *m.* ʼbestimmte Kategorieʼ, auch **Typus** (< 16. Jh.). Entlehnt aus l. *typus* ʼFigur, Bild, Musterʼ, dieses aus gr. *týpos,* eigentlich ʼSchlag, Stoßʼ, dann auch ʼBild u.ä.ʼ zu gr. *týptein* ʼschlagen, hauenʼ. Die Bedeutung ʼMuster, Eindruck (usw.)ʼ

aus 'Bild'. Adjektiv: **typisch**; Nominalableitung: **Typologie**; Verb: **typisieren**.

S. *Prototyp, Stenotypistin, Stereotyp, Timbre*. – G. Roux *REA* 63 (1961), 5–14; *DF* 5 (1981), 546–565; Cottez (1980), 439f.; Röhrich 3 (1992), 1653.

Type *f. erw. fach.* 'Letter' (< 18. Jh.). Rückgebildet aus dem Plural *Typen* zu *Typus* in der ursprünglichen Bedeutung (s. *Typ*). Vgl. frz. *type*. *DF* 5 (1981), 554f.

Typhus *m. erw. fach.* (eine Infektionskrankheit) (< 19. Jh.). Als *Typhus abdominali* Neubildung zu gr. *tȳphos* 'Rauch, Qualm, Schwindel', zu gr. *týphesthai* 'dampfen, qualmen, rauchen'. So bezeichnet, weil die Erkrankten zunehmend schläfrig werden und dem Delirium verfallen.

Tyrann *m.* (< 14. Jh.). Entlehnt aus l. *tyrannus*, dieses aus gr. *týrannos*, dessen weitere Herkunft nicht sicher geklärt ist. Adjektiv: **tyrannisch**; Verb: **tyrannisieren**; Abstrakta: **Tyrannis, Tyrannei**.

W. Stammler (1954), 67–72; A. J. van Windekens *ZVS* 74 (1956), 123–126; I. Stark *Typenbegriffe* 5 (1981), 169–182; *DF* 5 (1981), 565–580; D. Teyssire *DUSP* 2 (1986), 161–196; *Grundbegriffe* 6 (1990), 651–706.

U

übel *Adj.* (< 8. Jh.). Mhd. *übel*, ahd. *ubil*, as. *uƀil* aus g. **ubila-* *Adj.* ΄übel΄, auch in gt. *ubils*, ae. *yfel*, afr. *evel*. Außergermanisch vergleicht sich air. *fel* ΄schlecht΄ (was auf g. **ubela-*, ig. **upelo-* weist). Weitere Herkunft unklar; kaum zu *oben* usw. Abstrakta: ***Übel, Übelkeit***; Präfixableitung: ***verübeln***. Nndl. *euvel*, ne. *evil*. – Röhrich 3 (1992); Heidermanns (1993), 637 f.

üben *swV.* (< 9. Jh.). Mhd. *üeben, uoben*, ahd. *uoben*, as. *ōƀian* ΄einen Festtag begehen΄ aus (g.) **ōƀ-ija-* *swV.* ΄üben, begehen΄. Außergermanisch vergleichen sich ai. *ấps-* ΄Werk, religiöse Handlung΄, dehnstufig zu ai. *ápas-* ΄Werk, Handlung΄, l. *opus* ΄Arbeit, Werk΄. Hierzu stimmt mindestens der Bedeutung nach auch anord. *efna*, ae. *efnan* ΄ausüben, ausführen΄; mit gleichem Suffix, aber Dehnstufe, mndl. *oefenen*. Abgrenzung und weitere Herkunft unklar. Abstraktum: ***Übung***; Adjektiv: ***üblich***. S. *operieren*. – E. Karg-Gasterstädt *BGDSL* 63 (1939), 126–129.

über *Adv./Präp.* (< 9. Jh.). Mhd. *über*, ahd. *uber, ubar* *Präp.*, *ubari, ubiri Adv.*, as. *oƀar, uƀar* aus g. **uber-* ΄über΄, auch in gt. *ufar*, anord. *yfir*, ae. *ofer*, afr. *uver, over*. Dieses aus ig. **uper(i)*, auch in ai. *upári*, gr. *hýper, hypér*, l. *super* (**eks-uper*), air. *for*. Adjektiv: ***übrig***; Adverb: ***übrigens***. Nndl. *over*, ne. *over*, nschw. *över*, nisl. *yfir*. S. *auf, ob²*, *ober²*, *übrig, üppig*; aus dem Englischen *Overall, Pullover*; aus dem Lateinischen *super-*; aus dem Griechischen *hyper-*. – Henzen (1969), 179–217.

überantworten *swV.* obs. ΄übergeben΄ (< 15. Jh.). Die Zusammensetzung bewahrt eine ältere und nicht recht erklärbare Bedeutung von *antworten*, nämlich ΄übergeben΄ (zur Verantwortung?).

Überdruß *m.* (< 16. Jh.). Für älteres *überdrōz f.* Wie *Verdruß* zu *verdrießen* gebildet.

überein *Partikel* (< 15. Jh.). Zunächst *übereins* aus mhd. *über einez* ΄über eines (das gleiche)΄ im Sinn von ΄gleichmäßig, einig΄.

überflügeln *swV.* (< 18. Jh.). Ursprünglich militärischer Ausdruck: ΄ein feindliches Heer an den Flügeln umgehen und angreifen΄.

überflüssig *Adj.* (< 14. Jh.). Zu *Überfluß* in der Bedeutung ΄Reichhaltigkeit, Überfließen΄ gebildet. Demnach ist die Bedeutung zunächst ΄reichhaltig΄. Erst frühneuhochdeutsch entwickelt sich diese über ΄luxuriös΄ zu ΄mehr als nötig, nutzlos΄.

übergeschnappt *Adj.* (*PPrät.*) *stil.* (< 17. Jh.). Das Verb *überschnappen* ist bezeugt für das man-gelhafte Funktionieren von Türschlössern. Früh gebraucht für ΄in Gedanken zu weit gehen΄ und schließlich im Partizip geradezu für ΄verrückt΄.

überhandnehmen *swV.* (< 13. Jh.). Mhd. *überhant nemen* (*gewinnen*, später auch *haben, kriegen*); eigentlich ΄die *Oberhand* gewinnen΄.

überhaupt *Adv.* (< 14. Jh.). Ursprünglich ein Ausdruck des Viehhandels: *über houbet* kaufen oder verkaufen war hier ΄pauschal, ohne die einzelnen Stücke (Häupter) zu zählen΄, dann verallgemeinert zu verschiedenen rechtlichen Verhältnissen, bei denen eine pauschale Behandlung einer Einzelabrechnung gegenüberstand. Die heutige Bedeutung wurde ursprünglich durch *überall* vertreten, das im 18. Jh. durch eine noch weiter gehende Verallgemeinerung von *überhaupt* in dieser Funktion verdrängt wurde.

überholen *swV.* (< 16. Jh.). Zunächst im Sinne von ΄einholen΄, dann in der Seemannssprache ΄gründlich nachprüfen und nachbessern΄ als Lehnbedeutung zu ne. *overhaul* gebildet und dann verallgemeinert. Kluge (1911), 800.

überkandidelt *Adj.* erw. *stil.* ΄überspannt΄ (< 19. Jh.). Zu nordd. *kandidel* ΄frisch, munter΄, das letztlich zu l. *candidus*, eigentlich ΄weiß΄, aber auch ΄heiter, fröhlich΄ gehört.

überlegen¹ *swV.* ΄nachdenken΄ (< 11. Jh.). Mhd. *überlegen*, ahd. *ubarleggen* bedeutet ΄etwas überziehen, bedecken΄, dann auch ΄zusammenrechnen, überschlagen΄. Von diesem geht die heutige Bedeutung aus.

überlegen² *Adj.* (*PPrät.*) (< *14. Jh., Bedeutung < 16. Jh.). Zu mhd. *überligen*, eigentlich ΄auf etwas liegen, belagern΄, dann (etwa von der Situation des Ringkampfs ausgehend) ΄stärker sein, überwinden΄.

übermitteln *swV.* (< 20. Jh.). Eigentlich ΄als Mittel, Mittler an einen anderen weiterleiten΄ (zu *Mittel*).

überraschen *swV.* (< 16. Jh.). Ableitung zu *rasch* im Sinn von ΄rascher als jmd. sein, rasch über jmd. herfallen΄.

überrumpeln *swV.* (< 16. Jh.). Ursprünglich in der Bedeutung ΄mit Gepolter (*Rumpeln*) über etwas herfallen΄, dann in ähnlichem Sinn wie *überraschen*.

Überschuß *m.* (< 14. Jh.). Abstraktum zu mhd. *überschiezen* im Sinn von ´über etwas hinausragen, über etwas hinausgehen´. Dann spezialisiert auf ´das über das erwartete Maß Hinausgehende´ und schließlich zu ´Rest´.

Überschwang *m.* (< 14. Jh.). Spmhd. *überswanc* (zu *schwingen*) wird gebildet um ´Ekstase, Verzükkung´ auszudrücken. Heute meist von zu weit gehenden Gefühlen gesagt. Dazu **überschwenglich** (*danken* usw.).

übertölpeln *swV.* (< 16. Jh.). Zu einer Gruppe mundartlicher Wörter gleicher Bedeutung, denen ein entsprechendes Substantiv zugrundeliegt, wie schwäb. *übertörle(n)* zu *Törle/Tor* (s. *Tor*[1]), rhein. *überdürpeln* zu *Dörpel*, südd. *überhieseln* zu *Hiesel* (eigentlich *Matthias*). Eine andere Erklärung, ausgehend von der Wendung *über den Tölpel werfen* sucht das *DWB* XI,2 (1956),596.

S. *Tölpel*. – H.-G. Maak *ZDA* 105 (1976), 330–332.

überwerfen *stV. refl. stil.* ´uneins werden´ (< *9. Jh., Bedeutung < 16. Jh.). Eigentlich ´übereinander herfallen´ im konkreten Sinn, auch (im Spiel u.ä.) ´sich aufeinander stürzen´. Die zugrundeliegende nicht-reflexive Bedeutung ist ´jmd. niederwerfen, sich auf ihn stürzen´, also ´sich über ihn werfen´.

überwinden *stV.* (< 9. Jh.). Mhd. *überwinden*, ahd. *ubarwintan*. In derselben Bedeutung mhd. *überwinnen*, ahd. *ubarwinnan*, das zu *gewinnen* gehört und bei dem die Bedeutung verständlich ist. Vermutlich von einer Sonderverwendung von *winden* (die uns heute nicht mehr bekannt ist) ausgegangen und sekundär von *überwinnen* beeinflußt.

überzeugen *swV.* (< 13. Jh.). Zunächst in der Bedeutung ´durch Zeugen überführen´. Hieraus im 18. Jh. die heutige Bedeutung (die schon seit dem 16. Jh. in theologischen Schriften zu finden ist).

überzwerch *Adj. per. obd.* ´quer´ (< 14. Jh.). Zu *zwerch*, einer Variante zu *quer*.

übrig *Adj.* (< 13. Jh.). Mhd. *überic*, *überec*, mndd. *overich*, mndl. *overich*. Gebildet zu *über* in der Bedeutung ´über das Maß hinausgehend´, dann ´als Rest geblieben´. Adverb: **übrigens**; Präfixableitung: **erübrigen**.

Ufer *n.* (< 13. Jh.). Spmhd. *uover*, mndd. *over*, mndl. *oever* aus wg. **ōbera-* n. ´Ufer´, auch in ae. *ōfer m.* Außergermanisch vergleicht sich gr. *épeiros* f. (**āperjo-*) ´Küste´. Ähnlich ist arm. *ap´n* ´Ufer´, das aber lautlich nicht genau dazu stimmt. Vielleicht zu ai. *ápara-* ´hinterer, späterer´ als ´Dahinterliegendes´, doch liegt diese Annahme semantisch nicht nahe. Die übertragene Bedeutung in **uferlos** und der Partikelableitung **ausufern**.

Nndl. *oever*. S. *aber*. – N. O. Heinertz *SN* 20 (1947/48), 102–142; W. P. Schmid in *FS Knobloch* (1985), 386; Röh-

rich 3 (1992), 1655; Udolph (1994), 809–819. Zur Entlehnung ins Finnische: T. Hofstra *NM* 81 (1980), 225–229.

Ufo *n. per. grupp.* ´unbekanntes (außerirdisches) Flugobjekt´ (< 20. Jh.). Initialwort aus ne. *Unidentified Flying Object* ´(von der Flugüberwachung) nicht identifiziertes, fliegendes Objekt´.

Rey-Debove/Gagnon (1988), 1068.

Uhr *f.* (< 14. Jh.). Spmhd. *ur(r)*, ausgehend von mndd. *ūr(e)*, mndl. *ure*. Die heutige Bedeutung zunächst in *orglucke* (´Uhrglocke´), die ältere Bedeutung ´Stunde´ noch in *zwei Uhr, wieviel Uhr ist es?* usw. Das niederdeutsch-niederländische Wort ist entlehnt aus afrz. *(h)ore*, das auf l. *hōra* ´Stunde´ zurückgeht. Dieses wiederum ist entlehnt aus gr. *hōra* ´Zeit, Stunde´ (im Ablaut zu *Jahr*). Der Übergang von ´Stunde´ (= ´Zeit´) zu ´Uhr´ durch Metonymie.

Wünschmann (1966), 38–44; Röhrich 3 (1992), 1655 f. Zur Sache: Diels (1920), 1155–232.

Uhu *m.* (< 16. Jh.). Zerdehnt aus *ū*, mhd. *ūve*, *ūfe*, *hūwe*. Lautmalend für den Ruf des Vogels, wie *Schuhu, Buhu, Huhu*, l. *būbo* usw.

S. *Eule*. – E. Karg-Gasterstädt *BGDSL* 57 (1957) (= *Sonderband FS Frings*), 93; Röhrich 3 (1992), 1656 f.

Ukas *m. per. exot.* ´kaiserlicher Befehl´ (< 18. Jh.). Gebraucht mit Bezug auf russische Verhältnisse (unter dem Zaren). Zu russ. *ukáz* ´Befehl, Gesetz´ aus russ. *u-kazát´* ´verordnen´ (russ. *-kazát´* ´zeigen´).

Ulk *m. per. reg.* ´harmloser Scherz´ (< 17. Jh.). Mndd. *ulk*. Auch in den Bedeutungen ´Unglück´ und ´Lärm, Unruhe´ bezeugt. Herkunft unklar. Ein Zusammenhang mit *Eule* (vgl. *Eulenspiegel*) ist denkbar, entbehrt aber bis jetzt des genauen Nachweises. Oder aus mndd. *unlukke* ´Unglück´? Adjektiv: **ulkig**; Verb: **(ver-) ulken**.

A. Lindquist *SN* 15 (1943), 173–178; Röhrich 3 (1992), 1657.

Ulme *f.* (< *12. Jh., Form < 15. Jh.). In dieser Form bezeugt seit dem 15. Jh. (*ulmboum m.* 12. Jh.), und zwar entlehnt aus l. *ulmus* oder unter dessen Einfluß umgeformt aus dem älteren mhd. *elmboum m.*, *elm(e)*, *ilmboum m.*, *ilm*, ahd. *elm(o) m.*, *elmboum*, *ilmboum m.* Entsprechend ae. *elm*, mndd. *elm*, *olm* und mit Ablaut anord. *almr m.* Außergermanisch vergleichen sich air. *lem m.*, kymr. *llwyf(en)*. Vielleicht gehört das Wort zu ahd. *elo* ´gelb´ und bezieht sich auf die rötliche Farbe des Ulmenholzes.

S. *Erle*. – S. Krause *NKB* 12 (1887), 67–69; *NKB* 13 (1890), 59 f.

Ultimatum *n. erw. fach.* ´Zeitpunkt für eine endgültige Entscheidung´ (< 18. Jh.). Neubildung zu l. *ultimus* ´letzter, äußerster´, dem Superlativ von *ultrā* ´jenseits, darüber hinaus´ (s. auch *ultra-*), zu l.

ulter ʿjenseitig, drüben befindlich". Adjektiv: *ultimativ*.

DF 6 (1983), 1−5; Röhrich 3 (1992), 1659.

ultra- *Präfix* mit der Bedeutung ʿjenseits von, über ... hinaus" (z. B. *ultraviolett, ultrakonservativ*). Es wurde in lateinischen Bildungen entlehnt; sein Ursprung ist l. *ultrā* *Adv.* In den Fachsprachen produktiv.

Cottez (1980), 442 f.; *DF* 6 (1983), 5−11; *Brisante Wörter* (1989), 384−390.

Ultramarin *n. per. fach.* ʿKornblumenblau" (< 16. Jh.). Entlehnt aus ml. *ultramarinum (azurum)*, eigentlich ʿüberseeischer Lasurstein", zu l. *ultrā* ʿjenseits" und l. *mare* ʿMeer" (vgl. auch *azur*). Die Farbe ist bezeichnet nach dem Stein, der zerrieben die Grundlage für die Farbe bot; als ʿüberseeisch" (d. h. ʿvon weit her") bezeichnet wegen seiner Herkunft aus Asien.

S. *Marine*. − *DF* 6 (1983), 11 f.

um *Adv./Präp.* (< 8. Jh.). Mhd. *umbe*, ahd. *umbi*, as. *umbi*; entsprechend ae. *ymb(e)*, anord. *um(b)*; der Bedeutung nach entspricht gt. *bi*, das aus dem zweiten Bestandteil des Wortes stammen kann. Vergleichbar sind außergermanisch ai. *abhí* ʿum, zu beiden Seiten von", air. *imm, imb* (gall. *ambi-* in Namen). Mit nicht genau übereinstimmendem Vokalismus auch gr. *amphí*, l. *amb(i)*. Weitere Herkunft unklar; eine zugehörige oder parallele Bildung s. unter *beide*. Nndl. *om*, nschw. *om*, nisl. *um*. S. *bei, beide*.

umbringen *unr. V.* (< 15. Jh.). Fnhd. *umbebringen* ʿum etwas bringen". ʿUm etwas herum − an etwas vorbei bringen" kann heißen ʿes versäumen", dann verallgemeinert zu ʿverlieren". Die heutige Bedeutung vereinfacht aus *ums Leben bringen*.

umgehend *Adv.* (< 19. Jh.). Gewonnen aus der Formel *mit umgehender Post, mit wendender Post, postwendend*.

S. Kallós *BGDSL* 55 (1931), 76−80.

umkommen *st V.* (< *8. Jh., Bedeutung < 16. Jh.). Zu der Bedeutung ʿsterben" vgl. das unter *umbringen* Ausgeführte.

umkrempeln *sw V.* (< 20. Jh.). Zu *Krempe* in allgemeinerer Bedeutung, mit der auch in *aufkrempeln* vorliegenden Verbalbildung.

ummodeln *sw V. stil.* (< 18. Jh.). Zu *modeln* ʿnach einem Model, Muster, bilden"; hier also: ʿnach einem neuen Muster umbilden", dann allgemein ʿumformen".

umsonst *Adv.* (< 13. Jh.). Mhd. *umbe sus* bedeutet eigentlich ʿum dieses, um so". Im Situationszusammenhang (vor allem wenn begleitet durch eine entsprechende Gebärde) kann es die Bedeutung ʿfür Nichts" bekommen.

S. *sonst*. − Behaghel 2 (1924), 54; S. Kallós *BGDSL* 55 (1931), 76−80; Röhrich 3 (1992), 1659.

Umstand *m.* (< 15. Jh.). Mhd. *umbestant* ist zunächst ʿdie Gesamtheit der um etwas Herumstehenden" (wie auch l. *circumstantia f.*, gr. *perístasis f.*, aber wohl von diesen unabhängig). Die weiteren Bedeutungen als Lehnbedeutungen von frz. *circonstance f.*, l. *circumstantia f.*

Röhrich 3 (1992), 1658 f.

Umwelt *f.* (< 19. Jh.). Zuerst bezeugt bei dem deutsch schreibenden dänischen Dichter J. Baggesen im Sinne von ʿUmgebung". Dann als Übersetzung von frz. *milieu* (nach der Milieu-Theorie von H. Taine) gebraucht. Bestimmend wurde die Fassung des Begriffs durch J. vUexküll (seit ungefähr 1909): ʿdas, was ein Lebewesen aus seiner Umgebung aufnimmt, und das, was es in seiner Umgebung beeinflußt; Wechselwirkung zwischen Lebewesen und Umgebung". Mit dieser Bedeutung wird das Wort in die moderne Diskussion eingeführt (allgemein verbreitet durch eine Veröffentlichung des SPIEGEL 1969).

L. L. Albertsen *ZDS* 21 (1965), 115−118; *Brisante Wörter* (1989), 531−553; U. Haß *Sprachreport* 1987, 7−10; F. Hermanns in: *Sprache und Politik*. Hrsg. B. Spillner (1990), 112−114.

umzingeln *sw V.* (< 17. Jh.). Verdeutlichende Präfigierung zu mhd. *zingeln* ʿeine Stadt mit Schanzen umgeben". Dieses zu mhd. *zingel* ʿäußere Umschanzung", das aus l. *cingulus, cingulum* gleicher Bedeutung entlehnt ist. Die ursprüngliche Bedeutung von l. *cingulum* ist ʿGürtel" (zu l. *cingere* ʿumgürten").

un- *negierendes Präfix*. Mhd. *un-*, ahd. *un-*, as. *un-* aus g. **un-*, auch in gt. *un-*, anord. *ú-, ó-*, ae. *un-*, afr. *un-*. Dieses aus ig. **n̥-*, der Schwundstufe des satzverneinenden **ne*; vgl. ai. *a(n)-*, gr. *a(n)-*, l. *in-, en-*, air. *in-, an-, é-*, kymr. *an-*.

Nndl. *on-*, ne. *un-*, nschw. *o-*, nisl. *ó-*. S. *nicht, nein, nie, nur*; und aus dem Griechischen *a-¹*. − W. Brandenstein *Sprachforum* 2 (1957), 231 f.; *Wortbildung* 3 (1978), 178−182, 2 (1975), 52 f. und die dort angegebenen Stellen; Lenz (1991).

unablässig *Adj.* (< 16. Jh.) als ʿnicht von etwas ablassend", dann verallgemeinert zu ʿunaufhörlich".

Unannehmlichkeit *f.* s. *angenehm*.

unbändig *Adj.* (< 13. Jh.). Mhd. *unbendec*, mndl. *onbandich* negiert das heute nicht mehr gebräuchliche mhd. *bendec* ʿan die Leine *(Band)* gewöhnt" (von Hunden gesagt), s. *bändigen*. *Unbändig* ist also eigentlich ʿ(noch) nicht an die Leine gewöhnt".

unbedarft *Adj. erw. stil.* ʿunerfahren" (< 20. Jh.). Aus ndd. *unbederve*, Negation zu der Entsprechung von *bieder*; dann auch *unbedarvd*.

unbeholfen *Adj.* (< 13. Jh.). Wenn jemand unbeholfen ist, heißt das im Mittelhochdeutschen, daß ihm niemand behilflich ist, daß ihm niemand hilft.

Er ist also 'hilflos', mit der gleichen Bedeutungsausweitung wie dort.

unbenommen *Adj.* *(PPrät.)* *(< 13. Jh.).* Mhd. *un-
benomen.* Zu *benehmen* mit Dativ der Person und
Akkusativ der Sache in der Bedeutung 'wegnehmen, behindern, abhalten'.

unberufen *Adj.* *(PPrät.)* s. *Beruf.*

Unbilden *Pl. obs.* *(< 11. Jh.).* Nur in *Unbilden der
Witterung.* Mhd. *unbilde n.* 'das Maßlose, das Unrecht', ahd. *unbilidi n.* 'Unförmigkeit', Negation zu
Bild in einer älteren Bedeutung von diesem. Zur
(nicht ausreichend klaren) Etymologie und zur wei-
te⸗en Verwandtschaft s. *Bild.*

Unbill *f. obs.* 'Unrecht' *(< 16. Jh.).* Substantivierung zu mhd. *unbil Adj./Adv.* 'unrecht, unbillig'.
Zur (nicht ausreichend klaren) Etymologie und zur
weiteren Verwandtschaft s. *Bild* und *billig.*

unbotmäßig *Adj. obs.* *(< 14. Jh.).* Spmhd. *botmæzec* bedeutet 'verpflichtet, sich nach den Geboten
zu richten; untertan' zu mhd. *bot* 'Befehl' (s. *bieten,
Gebiet).* Von der stärker verallgemeinerten Bedeutung 'untertan' geht *unbotmäßig* 'widersetzlich'
aus. S. *botmäßig.*

und *Konj.* *(< 9. Jh.).* Mhd. *und(e),* *unt,* ahd.
unta, unte, unti, int(i), as. *endi, anda* aus g. **unþi/
anþi Konj.* 'und', auch in anord. *enn* 'und, aber',
ae. *and,* afr. *and(a), ande, end(a), ende.* Vermutlich
entstanden aus einem adversativen 'dagegen, gegenüber', das als Bedeutung im Nordischen und
Deutschen noch erweislich ist. Dann zu ig. **hanti*
'auf der Vorderseite, gegenüber', auch in heth.
hanti Adv. 'getrennt, gesondert', ai. *ánti,* gr. *antí,* l.
ante zu einem wegen des Ablauts als Wurzelnomen
vorauszusetzenden ig. **hant* 'Vorderseite, Stirn'
(vgl. heth. *hanza Adv.* 'vorn', ai. *ánta-* 'Ende,
Grenze' und das unter *Ende* Aufgeführte).

Nndl. *en,* ne. *and.* – E. Sehrt: *Zur Geschichte der westgermanischen Konjunktion 'und'* (Göttingen 1916); G. Schubert *WW* 5 (1954), 257–265; R. Lühr *MSS* 38 (1979),
117–154.

Unding *n.* *(< 13. Jh.).* Schon mhd. *undinc* in der
Bedeutung 'schlechte Sache, Unrecht'. Die heutige
Bedeutung setzt 'nur vorgestelltes, nicht wirklich
existierendes Ding' voraus, wird aber meist sehr
allgemein eingesetzt.

unentwegt *Adj.* *(< 19. Jh.).* Ursprünglich schweizerisches Wort zu *entwegt* 'unruhig', Partizip von
entwegen 'vom Fleck rücken', mhd. *entwegen* 'auseinander bewegen' (zu *wegen* in *bewegen*).

O. Ladendorf *ZDU* 17 (1903), 236.

unerfindlich *Adj.* *(< 15. Jh.).* Zu der noch nicht
eingeengten Bedeutung von 'erfinden', also 'nicht
herauszufinden'.

unerläßlich *Adj.* *(< 17. Jh.).* Eigentlich 'nicht zu
erlassen', also 'was geleistet werden muß' mit Verallgemeinerung.

Unfall *m.* *(< 15. Jh.).* Für älteres mhd. *ungeval
m./n.,* mndd. *ungeval, ungevel(le) n.,* mndl. *ongeval,*
Negation zu mndd. *geval, gevelle n.* 'Glück' (vgl.
mir fällt etwas zu). Die ursprüngliche Bedeutung ist
also 'Unglück'.

unfehlbar *Adj.* *(< 17. Jh.).* Lehnübersetzung von
l. *infallibilis,* besonders in bezug auf die Lehre des
Papstes.

Unflat *m. obs.* *(< 13. Jh.).* Mhd. *unvlāt m./n.,* un-
vlāt(e) f., mndd. *unvlāt m./n., unvlede f.* Negation
zu mhd. *vlāt f.* 'Sauberkeit'. Dieses ist ein *ti-*Abstraktum zu mhd. *vlæ(je)n* 'säubern'. Adjektiv: **un-
flätig.**

L. Berthold in: *FS Helm* (1951), 241 f.

Unfug *m.* *(< 13. Jh.).* Mhd. *unvuoc.* Verneinung
von dem heute nur noch in Redewendungen vorkommenden *Fug.* S. auch *fügen.*

-ung *Suffix.* Heute ausschließlich zur Bildung
von Verbalabstrakta gebraucht *(bestrafen – Bestrafung),* früher auch zur Bildung von Nomina
(Stallung zu *Stall).* Mhd. *-unge,* ahd. *-unga* neben
-ing-, das in den anderen Sprachen überwiegt (ae.
-ing, anord. *-ing.).* Letztlich liegen (ig.) *k-* Erweiterungen zu *n-* Stämmen vor, so daß das Suffix ursprünglich denominal gewesen sein muß.

Wortbildung 2 (1975), 94 f. und die dort angegebenen Stellen; B. Horlitz *GL* 87/90 (1986), 479–490; E. Dittmer in:
FS H. Kolb (Berlin 1989), 53–69.

ungebärdig *Adj. obs.* *(< 15. Jh.).* Zu mhd. *unge-
bærde* 'übles Betragen', Negativbildung zu *Gebärde.*

ungefähr *Adv.* *(< 14. Jh.).* Umgedeutet aus mhd.
āne gevār(d)e 'ohne Gefahr, ohne böse Absicht'.
Zusammen mit der lautlichen Veränderung verschiebt sich die Bedeutung zu 'mehr oder weniger'.
Der Übergang ergibt sich aus der Versicherung,
daß eine etwaige Ungenauigkeit 'ohne böse Absicht' angegeben sei.

N. Spinar: *Zu Entwicklung, Bedeutung und Anwendungsbereich der spätmittelalterlichen Formel 'ane gevaerde'* (Diss.
Erlangen 1965).

Ungeheuer *n.* *(< 9. Jh.).* Mhd. *ungehiure n./m./f.,*
ahd. *ungihiuri,* mndd. *ungehūr,* mndl. *ongehier(e),*
ongehure. Substantiverung des gleichlautenden Adjektivs, zu dem *geheuer* zu vergleichen ist.

Ungemach *n. stil.* *(< 8. Jh.).* Mhd. *ungemach,*
ahd. *ungimah.* Substantivierung des gleichlautenden Adjektivs. Negationsbildung zu *gemach.*

ungeschlacht *Adj. obs.* *(< 12. Jh.).* Mhd. *unges-
laht,* ahd. *ungislaht.* Negation von mhd. *geslaht,*
ahd. *gislaht* '(wohl) geartet'. Zu ahd. *slaht* in der
Bedeutung 'Art', also 'mit Art' (*un-* 'ohne Art').
Die Ausgangsbedeutung des Grundwortes ist wohl
'Gesamtheit der Loden eines Ausschlagstammes',
danach 'Generation, Art' (s. *Geschlecht* und
schlagen).

ungestalt *Adj. obs.* (< 13. Jh.). Mhd. *ungestalt*, nebst der Substantivierung mhd. *ungestalt* ˊMißgestalt', Partizip von *stellen* in der Bedeutung ˊgestalten' (s. *Gestalt*).

ungestüm *Adj. stil.* (< 10. Jh.). Mhd. *ungestüeme*, ahd. *ungistuomi*, mndd. *ungestume*. Negation zu mhd. *gestüeme*, ahd. *gistuomi* ˊruhig, sanft'. Weitere Herkunft umstritten, entweder zu *stehen* oder zu *stemmen*. Abstraktum: *Ungestüm*.
Heidermanns (1993), 556 f.

Ungetüm *n.* (< 16. Jh.). Eine Entsprechung ist anord. *óдœmi* ˊbeispiellose Begebenheit'. Offenbar zu der nur noch in dem Suffix *-tum* erhaltenen Bildung g. *dōmi-* ˊSetzung', also etwa ˊwas außer seiner richtigen Setzung ist'. Einzelheiten sind, besonders wegen des späten Auftretens, unklar.
H. Kuhn: *Das Füllwort of-um im Altwestnordischen* (Göttingen 1929), 28.

Ungewitter *n. obs.* (< 9. Jh.). Mhd. *ungewitere*, *ungewit(t)er*, ahd. *ungiwitiri*. Negationsbildung zu *Gewitter*, das ursprünglich in der Bedeutung so neutral war wie *Wetter*.

Ungeziefer *n.* (< 15. Jh.). Fnhd. *ungezibere*, auch *ungezibele* ˊunreines Tier', vielleicht ˊnicht zum Opfer geeignetes Tier' zu ahd. *zebar*, ae. *tiber*, anord. *tívurr m.* vielleicht ˊOpfer'. Herkunft unklar. Nach Hamp als (ig.) *(a)ti-bʰer-* zu g. *ber-a-* ˊtragen' (s. *gebären*) in der Sonderbedeutung ˊopfern'.
S. *gebären*, *Ziefer*. – *Tiernamen* (1963–1968), 4–7; E. Hamp *JIES* 1 (1973), 322.

ungezogen *Adj.* (< 8. Jh.). Mhd. *ungezogen*, ahd. *ungizogan*, mndd. *untogen*. Wie ae. *ungetogen*, aschw. *otughin* verneintes Partizip zu *ziehen* im Sinn von ˊerziehen'.

Unhold *m.* (< 8. Jh.). Mhd. *unholde*, ahd. *un-(a)holda f.* ˊDämonin, Teufelin', as. *unholdo* aus g. *unhulþōn m./f.* ˊUnhold, Teufel', auch in gt. *unhulþa m.*, *unhulþo f.*, ae. *unholda*. Substantivierung des Adjektivs mhd. *unholt*, ahd. as. *unhold*, ae. *unhold*; Negation zu *hold*.

uni- *Präfixoid* Bedeutung ˊein, einzig, einheitlich' (z. B. *unilateral*, *Uniform*). Es wurde in lateinischen Wörtern entlehnt; sein Ursprung ist die Kompositionsform von l. *ūnus* ˊein, eine, einer'. In Fachsprachen produktiv.
S. *Union*. – Cottez (1980), 443.

uni *Adj. per. fach.* ˊeinfarbig' (< 18. Jh.). Entlehnt aus frz. *uni*, Partizip von frz. *unir* ˊverbinden, vereinigen', aus l. *ūnīre* ˊvereinigen', zu l. *ūnus* ˊeins'.
DF 6 (1983), 18.

Uniform *f.* (< 18. Jh.). Entlehnt aus frz. *uniforme*, einer Substantivierung von frz. *uniforme* ˊeinheitlich, einförmig', dieses aus l. *ūnifōrmis*, zu

l. *ūnus* ˊein' und l. *fōrma* ˊGestalt, Figur'. Verb: *uniformieren*; Adjektiv: *uniform*.
DF 6 (1983), 19–25.

Unikat *n. per. fach.* ˊEinzelstück' (< 19. Jh.). Neoklassische Bildung zu l. *ūnicus* ˊeinzig(artig)' in Analogie zu *Duplikat* (wo das Suffix vom Verbum herrührt).

Unikum *n. erw. fremd.* ˊEinzelstück, eigenartiger Mensch' (< 19. Jh.). Moderne Substantivierung von l. *ūnicus* ˊeinzig(artig), alleinig, außerordentlich, außergewöhnlich', zu l. *ūnus* ˊein'.
DF 6 (1983), 25 f.

Union *f.* (< 16. Jh.). Entlehnt aus l. *ūnio (-ōnis)*, zu l. *ūnus* ˊein, in eins'.
W. J. Jones *SN* 51 (1979), 274; *DF* 6 (1983), 26–29.

universal *Adj. erw. fremd.* (< 17. Jh.). Entlehnt aus l. *ūniversālis*, zu l. *ūniversus* ˊganz, sämtlich', zu l. *ūnus* ˊein' und l. *versus* ˊgewendet', dem PPP. von l. *vertere (versum)* ˊwenden, drehen, umkehren' (s. *Vers*). Auch in der französischen Form *universell*. Abstraktum: *Universalität*; Nominalableitung: *Universalien*.
K.-H. Weimann *DWEB* 2 (1963), 407; Brunt (1983), 487; *DF* 6 (1983), 34–48.

Universität *f.* (< 14. Jh.). Entlehnt aus l. *ūniversitās (-ātis)* ˊGesamtheit, Ganzes', zu l. *ūniversus* ˊganz, sämtlich', zu l. *ūnus* ˊein' und l. *versus* ˊgewendet', dem PPP. von l. *vertere (versum)* ˊwenden, drehen, umkehren' (s. *Vers*). Das Wort bezeichnet ˊdie Gesamtheit der Lehrenden und Lernenden'. Adjektiv: *universitär*; Kurzform: *Uni*.
DF 6 (1983), 49–52.

Universum *n. erw. fach.* ˊWeltall' (< 17. Jh.). Entlehnt aus l. *ūniversum*, einer Substantivierung von l. *ūniversus* ˊganz, sämtlich', zu l. *ūnus* ˊein' und l. *versus* ˊgewendet', dem PPP. von l. *vertere (versum)* ˊwenden, drehen, umkehren' (s. *Vers*).
DF 6 (1983), 52–55.

Unke *f.* (< 9. Jh.). Mhd. *unc*, ahd. *unc*, mndl. *unc m.* Die Bedeutung ist zunächst ˊRingelnatter', mit dem Seltenerwerden dieses Tiers übernimmt das Wort die Bedeutung von mhd. *ūche*, ahd. *ūhha*, ae. *ӯce* ˊKröte'. Die Lautform *Unke* gehört vielleicht zu l. *anguis m./(f.)* ˊAal, Schlange' usw. (der Lautstand stimmt nicht überein, doch ergeben sich bei dieser Sippe verschiedene Unklarheiten). Nicht ausgeschlossen ist, daß *Unke* ˊKröte' eine lautmalende Neubildung ist, weil das Tier klagende Töne von sich gibt. Hierzu vermutlich auch *unken* swV.
H. Claus *ZPhAS* 9 (1956), 169–178.

Unkosten *Pl.* (< 14. Jh.). Zuerst im Norden bezeugt. Das Wort gehört zu den Zusammensetzungen mit *un-*, die keine Negation ausdrücken, sondern etwas Schlimmes, Unvorteilhaftes (wie *Unwetter*).
Schirmer (1911), 198.

Unkraut *n.* (< 11. Jh.). Mhd. *unkrūt,* ahd. *unkrūt,* mndd. *unkrūt,* mndl. *oncruut.* Negationsbildung zu *Kraut*[1], im Sinne von ʿunter den Nutzpflanzen wachsende, unerwünschte Pflanzenʾ.
Röhrich 3 (1992), 1661.

unlängst *Adv.* (< 15. Jh.). Fnhd. *unlanges,* mndd. *unlanges,* mndl. *onlanges.* Eigentlich ʿvor nicht langer Zeitʾ mit adverbialem Genetiv und sekundär angetretenem *-t.*

Unmut *m.* (< 11. Jh.). Mhd. *unmuot,* ahd. *unmuot n.,* mndd. *unmōt m./n.,* mndl. *onmæt;* auch ae. *unmōd n.* Negationsbildung zu *Mut* in dessen alter Bedeutung.

unpäßlich *Adj. stil.* (< 17. Jh.). Aus ndd. *to passe sīn,* das zu *passen* ʿangemessen, gelegen seinʾ gehört, als negierende Zusammenrückung.

Unrat *m. obs.* (< 8. Jh.). Mhd. *unrāt,* ahd. *unrāt.* Wie ae. *unrǣd* zu *Rat* in dessen zweiter Bedeutung (die z. B. in *Hausrat* vorliegt).

uns *Pron.* (< 8. Jh.). Mhd. *uns,* ahd. *uns,* as. *ūs* aus g. **unsaz,* auch in gt. *uns,* anord. *oss,* ae. *ūs.* Außergermanisch stimmt hierzu genau heth. *anzaš.* Morphologisch abweichend sind ai. *nas,* gr. *hēmeĩs,* l. *nōs.*
Nndl. *ons,* ne. *us,* nschw. *oss.* – Seebold (1984), 39 f.

unscheinbar *Adj.* (< 15. Jh.). Gegensatzbildung zu *scheinbar* in dessen alter Bedeutung ʿwahrnehmbar, auffälligʾ.

Unschlitt *n./(m.) per. reg.* (< 9. Jh.). Mhd. *unslit n.* u. a., ahd. *unsli(h)t n.* ʿUnschlitt, Fett, Innereienʾ und ein vorauszusetzendes **ungislahti* ʿSchlachtabfälleʾ, also zu *schlachten* (s. *Schlacht*) mit starker lautlicher Vereinfachung und Spezialisierung der Bedeutung.
Kretschmer (1969), 512 f.

Unstern *m. stil.* (< 16. Jh.). Lehnübersetzung von frz. *désastre,* neben *Unglücksstern,* aus dem es vielleicht gekürzt ist. Das deutsche Wort wird aber nicht wie das französische einfach für ʿKatastropheʾ verwendet, sondern stärker an die systematische Bedeutung angeglichen, also für ʿunheilbringendes Gestirnʾ.
Röhrich 3 (1992), 1662.

unten *Adv.* (< 11. Jh.). Mhd. *unden,* ahd. *untan(a).* Adverbialbildung zu *unter.*
H. Wagner *Celtica* 3 (1956), 300–305.

unter *Präp.* (< 8. Jh.). Mhd. *under,* ahd. *untar,* as. *undar* aus g. **under,* auch in gt. *undar,* anord. *undir,* ae. *under,* afr. *under.* In der Bedeutung ʿunterhalbʾ liegt voraus ig. **n̥dʰer* in ai. *adʰá* ʿuntenʾ, ai. *ádʰara-* ʿder untereʾ, toch. A *āñc* ʿuntenʾ, l. *infrā* ʿunterhalbʾ, gr. in *atherízō* ʿich verachteʾ. In der Bedeutung ʿzwischenʾ liegt voraus ig. **n̥ter* in ai. *antáḥ* ʿinnen, zwischenʾ, akslav. *ǫtrĭ,* air. *eter, etir,* l. *inter,* gr. in *éntera* ʿEingeweideʾ.

Nndl. *onder,* ne. *under,* nschw. *under,* nisl. *undir.* S. *infra-.* – Henzen (1969), 179–217.

unterbuttern *sw V. stil.* ʿunterkriegenʾ (< 19. Jh.). Bezeugt in verschiedenen Bedeutungsspielarten. Die Herkunft des Bildes ist unklar. Vermutlich ist an den Vorgang des Buttermachens gedacht, doch gibt es dabei nichts, das ʿuntergebuttertʾ würde. Deshalb allenfalls ein loser Vergleich: ʿso lange schlagen und zurückstoßen, bis das herauskommt, was man willʾ.

unterfangen *st V. refl. stil.;* **Unterfangen** *n.* als substantivierter Infinitiv (< 9. Jh.). Die Bildung (ursprünglich *unterfahen*) ist schon alt, aber in der Bedeutung nicht einheitlich (mhd. *undervā(he)n,* ahd. *untarfāhan,* mndd. *undervān,* mndl. *ondervangen;* ae. *underfōn*). Die heutige Bedeutung zeigt sich erst nachmittelhochdeutsch als ʿetwas auf sich nehmenʾ (= ʿunter etwas fassenʾ). Das Verbum wird dann mit dem Vorbild von *sich unterwinden, sich unterziehen* u. a. reflexiv gebraucht. Später wird der Gebrauch eingeengt auf ʿsich etwas herausnehmenʾ.

Unterkauf *m. arch.* ʿMaklergebührʾ (< 14. Jh.). Mhd. *underkouf,* mndd. *underkōp,* mndl. *ondercoop.* Zusammensetzung mit *unter* in der Bedeutung ʿzwischenʾ. Das Wort bedeutet zunächst ʿKaufvermittlungʾ, dann ʿMaklergebührʾ.

Untern *m.,* auch **Unternbrot** *n.* ʿZwischenmahlzeitʾ *per. reg.* (< 9. Jh.). Mhd. *undern, untern,* ahd. *untorn, untarn* ʿMittagʾ, as. *undorn* ʿVormittagʾ aus g. **undurni- m.* ʿVormittag, Mittagʾ, auch in gt. *undaurni-(mats)* ʿMittagsmahlʾ, anord. *undorn, undarn* ʿVormittagʾ, ae. *undern* ʿVormittagʾ. Das Wort ist abgeleitet von *unter* ʿzwischenʾ mit Schwundstufe der zweiten Silbe (**n̥tr̥ni-*). Die Bedeutung ist also ursprünglich ʿZwischenzeitʾ.
H. Wagner *Celtica* 3 (1956), 300–305; Wünschmann (1966), 71–87; Kretschmer (1969), 550 f.; F. Hinze in: Müller (1976), 183–196.

unterrichten *sw V.* (< 15. Jh.). Mhd. *underrihten* ʿeinrichten, anweisen, zurechtweisenʾ zu *richten* mit *unter* in der Bedeutung ʿzwischenʾ, die nahe an *ein-* steht. Abstraktum: ***Unterrricht(ung).***

Unterschleif *m. arch.* ʿUnterschlagungʾ (< 16. Jh.). Gebildet aus mhd. *undersleipfen* ʿheimlich zur Seite bringenʾ, eigentlich zu *schliefen,* also etwa im Sinn von ʿwegschlüpfen machenʾ.

untersetzt *Adj. (PPrät.)* (< 16. Jh.). Ursprünglich Partizip zu *untersetzen* im Sinn von ʿunterstützenʾ, dann verallgemeinert zu ʿkräftigenʾ. *Untersetzt* bedeutet deshalb zunächst ʿkräftig, muskulösʾ, dann erst (durch euphemistischen Gebrauch?) ʿkurz und eher dickʾ.

unterstellen *sw V.* im Sinn von ʿunterschiebenʾ (< 18. Jh.) gebraucht als Lehnbedeutung von l. *suppōnere,* frz. *supposer.*

untertan *Adj.*, **Untertan** *m.* (< 9. Jh.). Mhd. *undertān*, ahd. *untartān*, Partizip von ahd. *undartuon* ˊunterwerfenˋ. Adjektiv: **untertänig**.

R. Schneider *AB* 34 (1991), 225–236.

unterwegs *Adv.* älter *unterwegen* (< *11. Jh., Form < 18. Jh.). Mhd. *unterwegen*, mndd. *underwege(n)*, mndl. *onderwege(n)*. Eigentlich ˊzwischen den Wegen, in/auf den Wegenˋ, nachträglich mit adverbialem Genetiv.

unverblümt *Adj.* *(PPrät.)* (< 16. Jh.). Verneinte Form von *verblümt*, das unter *Blume* besprochen wird.

unverfroren *Adj.* *(PPrät.)* (< 19. Jh.). Zunächst in Berlin bezeugt. Das Wort scheint eine Umbildung von älterem ndd. *unvervērt* ˊunerschrockenˋ zu sein (ndd. *vervēren* ˊerschreckenˋ zu mndd. *vāre* ˊGefahrˋ, s. *Gefahr*). Abstraktum: **Unverfrorenheit**. W. Stammler *NKB* 51 (1938), 65 f.; Stammler (1954), 170–172.

Unwesen *n.* (< 16. Jh.). Schon mhd. *unwesen* in verschiedenen Bedeutungen. Die heute übliche (ˊUnfug, verwerfliche Handlungsweiseˋ) als Negationsbildung zu *Wesen* ungefähr seit dem 16. Jh.

Unwetter *n.* s. *un-*, *Wetter* und *Ungewitter*.

unwirsch *Adj.* (< 14. Jh.). Spmhd. *unwirdesch*, *unwirdisch*, mndl. *onwertsch* zu mhd. *wirde*, *werde* ˊWert, Würdeˋ, also eigentlich ˊunwürdig, nichtswürdigˋ. Nach Ausfall des Endsilbenvokals vereinfacht und semantisch in der Blickrichtung verändert.

Unze¹ *f.* *obs.* (Gewichtseinheit) (< 8. Jh.). Mhd. *unz(e)*, ahd. *unza*, mndd. *unse*. Wie anord. *unzia* entlehnt aus l. *ūncia*. Dieses ist als Ableitung zu l. *ūnus* ˊeinsˋ ursprünglich ein Wort für ˊEinheitˋ.

Unze² *f.* *arch.* ˊJaguarˋ (< 18. Jh.). Entlehnt aus frz. *once*, das durch falsche Abtrennung eines anlautenden, als Artikel aufgefaßten *l-* (it. *lonza*, ml. *luncea*, zu l. *lynx*) entstanden ist. Das Wort bedeutet zunächst ˊLuchsˋ und dann auf die fremde Raubkatze übertragen. *Unzenfell* im 16. Jh. bedeutet noch ˊLuchsfellˋ, ist also wohl eine unabhängige frühere Entlehnung aus derselben Quelle.

Unziale *f.* *per fach.* (Schriftart) (< 20. Jh.). Eigentlich ˊSchrift mit zoll-langen Buchstabenˋ (s. *Unze*¹).

üppig *Adj.* (< 9. Jh.). Mhd. *üppec*, *üppic*, ahd. *ubbīg*, *ubpīg*, *uppīg*. Das Wort wird meist zu *über* gestellt, was der Bedeutung nach passen würde, aber unbequeme Zwischenglieder voraussetzt. Denkbar wäre immerhin auch ein Vergleich mit nisl. *ubbi* ˊdichtbehaartˋ, was von einer ganz anderen Vorstellung ausgehen würde. Abstraktum: **Üppigkeit**.

Heidermanns (1993), 638 f.

Ur *m.* *arch.* (< 18. Jh.). Die alte Lautform für *Auer* *(-ochse)* (s. *Auerhahn*), die im 18. Jh. wiederbelebt wird.

ur-, Ur- *Präfix.* Die betonte Form des Präfixes in Nominalbildungen, während die unbetonte Form von Verbalpräfigierungen *er-* ist, vgl. nominales, präfixbetontes *Urlaub* gegenüber dem verbalen, stammbetonten *erlauben*. Mhd. *ur-*, ahd. *ur-*, as. *ur-*, afr. *or-*, ae. *or-*. Selbständig in gt. *us*, anord. *ór*, ahd. *ur* ˊaus, herausˋ, als Präfix auch ˊanfänglich, ursprünglichˋ.

S. *er-*. – Johannisson (1939), 65–125; *Wortbildung* 2 (1975), 157–160, 3 (1978), 192; W. Wegstein in: *FS Schützeichel* (1987), 1222–1230.

-ur *Suffix* zur Bildung von desubstantivischen oder deverbativen Substantiven, die häufig die Bedeutung ˊEinrichtungˋ (z. B. *Agentur*, *Kommandantur*) oder ˊErgebnis (der in der Basis ausgedrückten Handlung)ˋ (z. B. *Ligatur*, *Reparatur*) haben. Es wurde in romanischen Entlehnungen (häufig frz. *-ure*) ins Deutsche übernommen; sein Ursprung ist l. *-ura*. In älteren und stärker vom Französischen bestimmten Entlehnungen mit der Lautform *-üre* (*Konfitüre*, *Broschüre*). Bei Fremdelementen produktiv.

Cottez (1980), 444 f.

Urahn *m.* (< 12. Jh.). Mhd. *urane*, *urene*, ahd. *urano*. Zu *Ahn* mit *Ur-* in der Bedeutung ˊanfänglichˋ, bei Verwandtschaftsnamen ˊeine Generation weiterˋ.

Johannisson (1939), 65–125.

uralt *Adj.* (< 8. Jh.). Mhd. *uralt*, ahd. *uralt*. Durch *ur-* gesteigertes *alt*. Das Präfix hat hier den Wert von ˊin die Anfänge zurückreichendˋ.

Johannisson (1939), 65–125.

Uran *n.* *erw.* *fach.* (ein radioaktives Schwermetall) (< 18. Jh.). Von H. Klaproth, der das Metall als erster isolierte, so benannt nach *Uranus*, dem Namen eines um dieselbe Zeit (1781) entdeckten Planeten. Klaproth wollte damit markieren, daß die traditionelle Zahl der Planeten und der Metalle in seiner Zeit ausgeweitet worden war.

Lüschen (1979), 126, 288 (*Pechblende*). [Herangezogen wurde die Magisterarbeit von M. Mathes].

urbar *Adj.* *stil.* ˊkultiviert (von Ackerland)ˋ (< 17. Jh.). Übernommen aus ndd. *orbar*. Dieses in prädikativer Stellung entstanden aus dem Substantiv mndd. *orbar*, *orber*, *orbor*, mndl. *orbare*, mhd. *urbor*, *urbar* ˊNutzen, Ertragˋ, dann ˊertragbringendes Grundstückˋ, neuhochdeutsch erhalten in *Urbar* *n.* ˊVerzeichnis der Grundstücke und Einkünfteˋ. Das Wort ist eine alte Substantivbildung aus **uz-* (s. *ur-*) und *beran* ˊtragenˋ (s. *gebären*).

-üre *Suffix* s. *-ur*.

Urfehde *f.* *arch.* ˊBeendigung der Fehdeˋ (< 14. Jh.). Spmhd. *urvēhe(de)*. Aus **uz-* (s. *ur-*) in der alten Bedeutung ˈausˈ und *Fehde*. Die Urfehde wird von beiden Parteien feierlich geschworen.

Urheber *m.* (< 15. Jh.). Erst frühneuhochdeutsche Ableitung zu mhd. *urhap m./n.* ˈAnfangˈ zu *ur-* und *heben* (vgl. *anheben*).

urig *Adj. stil.* ˈurwüchsigˈ (< 19. Jh.). Wohl aus Bildungen wie *uralt* abgelöst. Im einzelnen unklar.

Urin *m.* ˈHarnˈ (< 17. Jh.). Entlehnt aus l. *ūrīna* f.

Urkunde *f.* (< 8. Jh.). Mhd. *urkünde, urkunde m.*, ahd. *urkundi n.*, mndd. *orkunde n./f.*, mndl. *orconde*. Alte Nominalbildung zu *erkennen*. Die Ausgangsbedeutung ist ˈBekundungˈ. Adjektiv: **urkundlich**; Verb: **(be-) urkunden**. Nndl. *oorkonde*.

Urlaub *m.* (< 8. Jh.). Mhd. *urloup m./n.*, ahd. *urloub m./n.*, as. *orlōf m./n.* Wie afr. *orlof, orlef n.* alte Nominalbildung zu *erlauben*. In alter Zeit wird das Wort spezialisiert auf ˈErlaubnis, sich zu entfernenˈ, in der Neuzeit angepaßt zu ˈzeitweilige Freistellung vom Dienst oder von der Arbeitˈ. Täterbezeichnung: **Urlauber**; Präfixableitung: **beurlauben**.
Johannisson (1939), 65–125.

Urne *f.* (< 17. Jh.). Entlehnt aus l. *ūrna* gleicher Bedeutung.
DF 6 (1983), 60 f.; Röhrich 3 (1992), 1663.

Ursache *f.* (< 15. Jh.). Fnhd. *ursache*, gebildet aus *Sache* ˈRechtsstreitˈ und *Ur-* in der Bedeutung ˈanfänglichˈ, also ˈAnfang eines Rechtsstreitsˈ, von da aus verallgemeinert.

Ursprung *m.* (< 9. Jh.). Mhd. *ursprunc m./n.*, mndd. *or(t)sprunc*, mit anderem Ablaut ahd. *urspring*, mhd. *ursprinc m./n.*, mndd. *ortsprunk*. Das Wort bedeutet zunächst ˈQuelleˈ (im eigentlichen Sinn) und gehört als alte Nominalbildung zu *erspringen*, für das wir heute *entspringen* sagen. Adjektiv: **ursprünglich**.

Urstände *f. arch.* ˈAuferstehungˈ (< 11. Jh.). Seit Notker (ahd. *urstenti n.*, *urstentī*) von der christlichen Auferstehung gebraucht, als nominale Ableitung von *erstehen* (ahd. *irstantan*).
Röhrich 3 (1992), 1663.

Ürte *f. arch.* ˈZecheˈ (< 14. Jh.). Spmhd. *ürte, urte*. Herkunft unklar.

Urteil *n.* (< 8. Jh.). Mhd. *urteil(e) n./f.*, ahd. *urteil m./f./n.*, as. *urdēli*. Alte Nominalbildung zu *erteilen*, spezialisiert aus ahd. *tuome irteilen*, as. *dōmos ādēlian* ˈUrteil erteilenˈ. Wie das Substantiv kann auch das Verb (ahd. *irteilen*) speziell ˈein Urteil sprechenˈ bedeuten.
K. F. Freudenthal: *Arnulfingisch-karolingische Rechtswörter* (Göteborg 1949), 71, 200; Röhrich 3 (1992), 1663 f.

usurpieren *sw V. per. fach.* ˈunrechtmäßig an sich nehmenˈ (< 16. Jh.). Entlehnt aus l. *ūsurpāre* ˈBesitz ergreifenˈ, aus l. *ūsus* ˈGebrauchˈ und abgeschwächtem l. *rapere* ˈan sich reißenˈ. Gemeint ist ˈin Gebrauch nehmen, und dadurch einen Besitzanspruch erhebenˈ (wie l. *ūsū capere*).
DF 6 (1983), 65–69.

Usus *m. per. fremd.* ˈBrauch, Sitteˈ (< 17. Jh.). Entlehnt aus l. *ūsus* ˈBrauchˈ, Verbalabstraktum zu l. *ūtī (ūsus)* ˈgebrauchenˈ. Adjektiv: **usuell**.
DF 6 (1983), 69–71; Röhrich 3 (1992), 1664.

Utensilien *Pl. erw. fremd.* ˈGerätschaften, Dingeˈ (< 18. Jh.). Entlehnt aus l. *ūtēnsilia n.* ˈbrauchbare Dingeˈ, einer Substantivierung von l. *ūtēnsilis* ˈbrauchbarˈ, zu l. *ūtī (ūsus sum)* ˈvon etwas Gebrauch machen, anwendenˈ.
DF 6 (1983), 71 f.

Utopie *f. erw. fach.* ˈIdeal, Undurchführbaresˈ (< 19. Jh.). Entlehnt aus frz. *utopie*, dieses aus ne. *utopia*, einer Neubildung zu gr. *ou(ch)*, *ouk* ˈnichtˈ und gr. *tópos* ˈOrtˈ (s. *Topos*). Die Neubildung durch Th. Moore als Bezeichnung des – nicht existierenden – Ortes, an dem sich der von ihm beschriebene ideale Staat befindet. Dann übertragen auf alles Ideale. Adjektiv: **utopisch**.
E. Erämetsä *NPhM* 59 (1958), 40; W. Biesterfeld *AB* 16 (1972), 28–47; Cottez (1980), 441; *DF* 6 (1983), 76–84; A. Pieper *Literaturwissenschaftliches Jahrbuch* 27 (1986), 219–231; *Grundbegriffe* 6 (1990), 733–788; H.-G. Funke *HPSG* 11 (1991).

uzen *sw V. per. reg.* ˈneckenˈ (< 16. Jh.). Herkunft unklar. Vielleicht zu *Uz*, der Kurzform des Namens *Ulrich*, auch ˈeinfältiger Menschˈ (nachdem *hänseln* auf *Hans* bezogen wurde?).
Anders: Wolf (1985), 336 f.

V

Vabanquespiel *n. per. fremd.* ʹWagnis, Unternehmung mit großem Risikoʹ (< 18. Jh.). Zusammenrückung aus *va banque spielen* ʹum die gesamte Bank spielenʹ, zu frz. *va banque* ʹes geht um die Bankʹ, zu einer suppletiven Form von frz. *aller* ʹgehenʹ und frz. *banque f.* ʹBankʹ. Aus dem Bereich des Glücksspiels dann verallgemeinert.
DF 6 (1983), 85 f.; Röhrich 3 (1992), 1665.

Vademekum *n. per. fach.* ʹLehrbuch, Ratgeberʹ (< 16. Jh.). Zusammenrückung von l. *vāde mēcum*, eigentlich ʹgeh mit mirʹ, zu l. *vādere* ʹwandern, gehen, schreitenʹ und l. *mecum* ʹmit mirʹ. Der Ausdruck erscheint häufig im Titel kleinformatiger Kompendien bestimmter Fachgebiete (also eigentlich ʹTaschenbuchʹ).
Zur germanischen Verwandtschaft s. *waten.* – *DF* 6 (1983), 86 f.

Vagabund *m. erw. stil.* ʹLandstreicher, Strolchʹ (< 17. Jh.). Entlehnt aus frz. *vagabond*, dieses aus ml. *vagabundus*, aus l. *vagābundus* ʹumherstreifend, unstetʹ, zu l. *vagārī* ʹumherstreifen, unstet seinʹ, zu l. *vagus* ʹumherstreifend, unstetʹ. Ein älterer Ausdruck von der gleichen Grundlage ist *Vagant*. Verb: ***vagabundieren***.
S. *extravagant, vage.* – *DF* 6 (1983), 87–96. Zu *Vagant* s. K.-H. Weimann *DWEB* 2 (1963), 407.

vage *Adj. erw. fremd.* ʹunbestimmtʹ (< 18. Jh.). Entlehnt aus frz. *vage* ʹumherstreifend, unstetʹ, dieses aus l. *vagus*. Aus der konkreten Bedeutung ʹohne festen Standortʹ dann die übertragene Bedeutung ʹohne feste Position, im Status nicht festgelegtʹ.
S. *Vagabund.* – *DF* 6 (1983), 97 f.

Vagina *f. erw. fach.* ʹweibliches Geschlechtsorganʹ (< 20. Jh.). Entlehnt aus l. *vāgīna* ʹScheideʹ (des Schwertes und übertragen). Dieses ist im Lateinischen isoliert und gehört wohl zu (langvokalischem) lit. *vóžti* ʹstülpen, deckenʹ. S. *Vanille.*
Cottez (1980), 449.

vakant *Adj. per. fremd.* ʹfrei, leerʹ (< 17. Jh.). Entlehnt aus ml. *vacans (-ntis)*, dem PPräs. von l. *vacāre* ʹleer seinʹ zu l. *vacuus* ʹleerʹ (s. *Vakuum*). Abstraktum: ***Vakanz*** (auch in der Bedeutung ʹFerienʹ).
DF 6 (1983), 98–101.

Vakuum *n. erw. fach.* ʹLeere, Luftleereʹ (< 18. Jh.). Entlehnt aus l. *vacuum* ʹLeere, leerer Raumʹ, einer Substantivierung von l. *vacuus* ʹleer, ledig, entblößt, freiʹ.
S. *evakuieren.* – Cottez (1980), 449; *DF* 6 (1983), 101 f.

Valenz *f. per. fach.* ʹWertigkeitʹ (< 19. Jh.). Entlehnt aus spl. *valentia* ʹStärke, Kraftʹ, Abstraktum von l. *valēre* ʹdie Kraft haben, bei Kräften sein, kräftig seinʹ. In der Chemie und daran sich anlehnend in der Sprachwissenschaft ist *Valenz* eingeengt auf ʹdie Kraft, eine bestimmte Anzahl von Elementen zu bindenʹ.
Zur Sippe von l. *valēre* ʹdie Kraft habenʹ gehören noch als Partizipien *ambivalent* und *äquivalent*; als Adjektivableitung *Invalide*. Auf romanischen Weiterbildungen beruhen *evaluieren* und *Valuta*, auf einer lateinischen *Rekonvaleszenz*. Zur germanischen Verwandtschaft vgl. *walten.* – Cottez (1980), 449 f.

Valuta *f. per. fach.* ʹWährung, Wertʹ (< 16. Jh.). Entlehnt aus it. *valuta*, zu it. *valere (valuto)* ʹgelten, wert seinʹ, aus l. *valēre* ʹdie Kraft haben, wert seinʹ.
S. *Valenz.* – Schirmer (1911), 200 f.; *DF* 6 (1983), 102–104.

Vamp *m. erw. fremd.* ʹkühle, verführerische Frauʹ (< 20. Jh.). Entlehnt aus ne. *vamp*, dieses eine Kurzform von e. *vampire* ʹVampirʹ. Die Bezeichnung entsteht im amerikanischen Stummfilm zu Beginn des 20. Jhs.; Ausgangspunkt ist die Verfilmung der Erzählung *The Vampire* von R. Kipling (in *A Fool there Was* 1914), wo das Wort metaphorisch auf die weibliche Hauptperson angewendet wird.
DF 6 (1983), 104 f.; Rey-Debove/Gagnon (1988), 1080; J. Knobloch *SW* 14 (1989), 282–284.

Vampir *m. erw. exot.* ʹWesen, das Menschen das Blut aussaugtʹ (< 18. Jh.). Entlehnt aus serbo-kr. *vàmpîr* (ursprünglich wohl makedonische oder bulgarische Form, urslav. **ǫpyrĭ* oder **ǫpirĭ*). Nach dem auf dem Balkan verbreiteten Volksglauben von bösartigen Toten, die nachts den Lebenden das Blut aussaugen. Das Wort gelangt in einem Bericht aus Wien (über Vorfälle in Belgrad) 1725 nach Leipzig und wird dort übertragen auf Menschen, die andere Menschen quälen, und dann zoologisch auf Tiere, die anderen Tieren das Blut aussaugen. Aus dieser deutschen Entwicklung entsteht die moderne Legende, die dann auch in die slavischen Sprachen zurückentlehnt wird. Zu *Vamp* s.d.
D. Burkhart in *Beiträge zur Südosteuropa-Forschung* (München 1966), 211–252; E. Barth *Zeitschrift für deutsche Mundartforschung* 34 (1967), 293 f.; H. H. Bielfeldt in *Serta Slavica* (1971), 42–47; *DF* 6 (1983), 105–108; K. M. Wilson *JHI* 46 (1985), 577–583.

Vandale *m. bildg.* ʹzerstörungswütiger Menschʹ (< 18. Jh.). Nach dem germanischen Volksstamm der *Vandalen*, der Rom eroberte und es 14 Tage lang geplündert und zerstört haben soll. Die Übertragung im 18. Jh. in Frankreich. Abstraktum: *Vandalismus*.

J. Miedel *ZSV* 20 (1905), 305−310; *ZSV* 21 (1906), 81−83; *ZDW* 13 (1912), 336; *DF* 6 (1983), 109−113; P. Michel *PSG* 8 (1988), 7−49; Röhrich 3 (1992), 1666.

Vanille *f.* (< 17. Jh.). Entlehnt aus frz. *vanille* und span. *vainilla*, eigentlich ʹkleine Schoteʹ, einem Diminutivum zu span. *vaina* ʹSchote, Hülse, Scheideʹ, aus l. *vāgīna*. Benannt nach der Schotenform der Früchte. S. *Vagina*.

Variante *f. erw. fach.* ʹSpielart, Versionʹ (< 18. Jh.). Entlehnt aus frz. *variante*, dem substantivierten PPräs. von frz. *varier* ʹwechseln, verschieden seinʹ, aus l. *variāre*, zu l. *varius* ʹmannigfaltig, wechselndʹ. S.. *variieren*.

Varieté *n.* (< 19. Jh.). Entlehnt aus frz. *(théâtre des) variétés m.*, zu frz. *variété f.* ʹAbwechslung, Vielfaltʹ, aus l. *varietās f.*, zu l. *varius* ʹmannigfaltig, wechselndʹ.

S. *variieren*. − *DF* 6 (1983), 121−123.

variieren *swV. erw. fremd.* (< 16. Jh.). Entlehnt aus ml. *variāre* ʹabwechselnʹ. Entsprechend als Abstraktum: **Variation**, als Adjektiv: **variabel**, als Substantivierung des PPräs. **Variante**.

DF 6 (1983), 113−124.

Vasall *m. erw. fach.* ʹGefolgsmannʹ (< 12. Jh.). Mhd. *vassal* ist entlehnt aus afrz. *vassal*, dieses aus ml. *vasallus*, aus gallo-rom. *vassus* ʹMann im Dienstgefolgeʹ (ein keltisches Wort, vgl. kymr. *gwas* ʹKnabe, Dienerʹ).

DF 6 (1983), 124−128.

Vase *f.* (< 18. Jh.). Entlehnt aus frz. *vase m.*, dieses aus l. *vās (vāsis) n.* ʹGefäß, Geschirr, Gerätʹ.

DF 6 (1983), 128 f.

Vater *m.* (< 8. Jh.). Mhd. *vater*, ahd. *fater*, as. *fadar* aus g. **fader m.* ʹVaterʹ, auch in gt. *fadar* (Einzelbeleg, sonst *atta*), anord. *faðir*, ae. *fæder*, afr. *feder, fader*. Dieses aus ig. **pətēr m.* ʹVaterʹ, auch in ai. *pitā*, toch. A *pācar*, toch. B *pācer*, gr. *patḗr*, l. *pater*, air. *athir*. Das Wort bezieht sich offenbar auf die gesellschaftliche Stellung des Vaters (als Hausherr und Herr über die Großfamilie), ohne daß eine weitere Etymologie sicher wäre. Daneben steht in den meisten Sprachen ein familiäres Wort, ein Lallwort (wohl der Kindersprache) vom Typ gt. *atta*, ne. *daddy*, frz. nhd. *Papa* usw., das den leiblichen Vater bezeichnet. Adjektiv: **väterlich**. Nndl. *vader*, ne. *father*, nschw. *fader*, nisl. *faðir*. S. *Vetter*. Zur lateinischen Verwandtschaft s. *Patriot* und *Patrizier*. − E. Risch *MH* 1 (1944), 121 f.; J. Trier *ZSSR-GA* 65 (1947), 232−260; Benveniste (1969/1993), 163−165; Szemerényi (1977), 6−10; G. Bonfante *AANL*, Serie VIII 39 (1984), 259 f.; Röhrich 3 (1992), 1667 f.; S. K. Sen in: *Rekonstruktion und relative Chronologie.* Hrsg. R. Beekes u. a. (Innsbruck 1992), 255−259.

Vatermörder *m. arch.* ʹsteifer Stehkragenʹ (< 19. Jh.). Herkunft nicht ganz gesichert. Vermutlich beruht das Wort auf einem Mißverständnis oder einer scherzhaften Fehlübersetzung, indem ähnliche Kleidungsstücke auf Französisch auch *parasite* ʹMitesserʹ genannt werden konnten (an den vorstehenden Ecken blieb beim Essen leicht etwas hängen). Dieses Wort wurde offenbar mit frz. *parricide* ʹVatermörderʹ verwechselt.

Vegetarier *m.* (< 20. Jh.). Mit Suffixwechsel und lautlicher Angleichung an die lateinische Ausgangssippe entlehnt aus ne. *vegetarian* (vielleicht über frz. *végétarien*). Dieses ist eine Neubildung zu ne. *vegetation* ʹPflanzenweltʹ (aus frz. *végétation f.*, dieses aus l. *vegetātio f.*) unter Einfluß anderer Wörter wie ne. *vegetable* ʹGemüseʹ. Ausgangspunkt ist l. *vegetāre* ʹbeleben, leben (als Pflanze)ʹ, zu l. *vegetus* ʹbelebt, rüstigʹ, zu l. *vegēre* ʹmunter sein, lebenʹ. Das englische (eigentlich amerikanische) Wort ist eine Kunstbildung (allenfalls ist die Form von einem Wort − l. *vegetāre* −, die Bedeutung vom anderen − e. *vegetable* − genommen). Auch die Übernahme ins Deutsche ist formal untypisch und wahrscheinlich gekürzt aus älterem *Vegetarianer* (19. Jh.). Adjektiv: **vegetarisch**.

S. *vegetieren*. − *DF* 6 (1983), 133−136; Rey-Debove/Gagnon (1988), 1083.

vegetieren *swV. erw. fremd.* ʹkärglich lebenʹ (< 18. Jh.). Entlehnt aus ml. *vegetāre* ʹstärken, erquickenʹ. Das Wort wird dann bezogen auf das Leben der Pflanzen, und im Kontrast zum menschlichen Leben bekommt das Wort die Konnotation ʹrein naturhaft, ohne seelische und geistige Regung lebenʹ, daraus die moderne Bedeutung. Die Ausgangsbedeutung noch in dem Abstraktum *Vegetation* und dem Adjektiv **vegetativ**.

S. *Vegetarier*. Zur germanischen Verwandtschaft s. *wachen*. − *DF* 6 (1983), 130−142.

vehement *Adj. erw. fremd.* ʹheftigʹ (< 18. Jh.). Entlehnt aus l. *vehemēns (-entis)*, zu l. *vehere (vectum)* ʹführen, bringen, fliegenʹ. Abstraktum: **Vehemenz**.

S. *Vehikel*. − Brunt (1983), 488; *DF* 6 (1983), 142 f.

Vehikel *n. stil.* ʹsonderbares Fahrzeugʹ (< 18. Jh.). Entlehnt aus l. *vehiculum* ʹTransportmittel, Fahrzeug, Fuhrwerkʹ, zu l. *vehere (vectum)* ʹführen, bringen, fliegenʹ.

S. *vehement, Vexierbild*; zur germanischen Verwandtschaft s. *bewegen* usw. − Röhrich 3 (1992), 1668; *DF* 6 (1983), 143−147.

Veilchen *n.* (< 11. Jh.). Verkleinerungsform (die auch in anderen Lautungen auftaucht) zu fnhd. *feil*, mhd. *vīel m.* zu mhd. *vīol m.*, *vīole f.*, ahd. *fīol m.*, *vīol m.*, das entlehnt ist aus l. *viola f.*, dieses wiederum eine Verkleinerung zu dem aus dem Griechischen entlehnten *ion* ʹVeilchenʹ. Möglich ist auch, daß beide Sprachen aus einer dritten entlehnt haben.

S. *violett.* Zum griechischen Wort vgl. *Jod.* – *DEO* (1982), 520 f.; Röhrich 3 (1992), 1668.

Veitsbohne *f. per. reg.* ´Saubohne` (< 18. Jh.). Offenbar so benannt, weil sie am Tag des Hl. *Veit* (15. Juni) zu blühen beginnt (oder weil sie bis dahin noch gesteckt werden kann?).

Veitstanz *m. per. fach.* (eine Nervenkrankheit) (< 16. Jh.). Entlehnt aus ml. *chorea sancti Viti.* Die Krankheit wird mit *Tanz* in Verbindung gebracht, weil sie sich in Muskelzerrungen äußert, die an verzückte Tänzer erinnert haben mögen. Der Hl. *Veit* wird gegen die Krankheit angerufen, in welcher Verbindung er zu ihr steht, ist aber unklar. Nach Bilfinger nach den wilden Tänzen am Tag des Hl. Veit, die auf der Sommersonnenwende beruhen (die am gleichen Tag, dem 15. Juni, gefeiert wurde). G. Bilfinger *ZDW* 3 (1902), 238–241; Röhrich 3 (1992), 1668 f.

Velours *m. per. fach.* (ein Gewebe, Samtleder) (< 19. Jh.). Entlehnt aus frz. *velours* (älter: *velous*) ´Samt`, dieses aus prov. *velos*, eigentlich ´zottig`, aus l. *villōsus* ´zottig, haarig`, zu l. *villus* ´zottiges Haar der Tiere`. S. *Flor*[1].

Veloziped *n. arch.* ´Fahrrad` (< 19. Jh.). Entlehnt aus frz. *vélocipède m.*, dieses zu l. *vēlōx* ´schnell` und l. *pēs (pedis) m.* ´Fuß`. Die Abkürzung *Velo* ist in der Schweiz heute noch üblich. S. *Pedal.*

Vene *f.* (< 16. Jh.). Entlehnt aus l. *vēna* unklarer Herkunft. Adjektiv: *venös*.
K.-H. Weimann *DWEB* 2 (1963), 407; *DF* 6 (1983), 147 f.

Venn *n.* s. *Fenn.*

Venner *m.* s. *Fähnrich.*

Ventil *n.* (< 16. Jh.). Angeblich entlehnt aus ml. **ventile* ´Schleuse eines Wasserkanals`, für das aber keine Belege angegeben werden, zu l. *ventilāre* ´lüften, Kühlung zufächeln, hin und her bewegen`, zu l. *ventus m.* ´Wind`. Ausgehend von ´hin und her bewegen, um frische Luft zuzuführen` dann übertragen auf ´Vorrichtungen, die hin und her bewegt werden, um Zustrom von etwas zu ermöglichen (oder zu verhindern)`.
S. *Ventilator.* – K.-H. Weimann *DWEB* 2 (1963), 407; *DF* 6 (1983), 148–150.

Ventilator *m.* (< 18. Jh.). Entlehnt aus ne. *ventilator.* Das ursprünglich so benannte Gerät, ein Flügelrad, wurde von seinem englischen Erfinder so benannt zu ne. *ventilate* ´belüften` (zu l. *ventilāre* ´belüften`, letztlich zu l. *ventum* ´Wind`). Weniger gebräuchlich ist das entlehnte Verb *ventilieren*; häufiger das Abstraktum *Ventilation*.
S. *Ventil.* Zur germanischen Verwandtschaft s. *Wind.* – *DF* 6 (1983), 151–153; Rey-Debove/Gagnon (1988), 1083.

ver- *Präfix.* Mhd. *ver-,* ahd. *fir-, far-,* as. *far-.* Entsprechend einheitlich ae. *for-,* afr. *fur-* (auch

for-), während im Gotischen noch entsprechend den außergermanischen Sprachen zwischen *faur, fra-* und *fair-* unterschieden wird. Außergermanisch vergleichen sich ai. *purắ, prá* und *pári,* gr. *parà, pró* und *perì,* l. *(por-), pro* und *per,* air. stärker vereinheitlicht *ro, er,* lit. *prõ, peῆ,* akslav. *pro-, prě-;* dazu heth. *para,* das am ehesten zu **pro* gehört. Vermutlich gehören diese Präfixe zusammen und hängen von (ig.) **per-* ´hinübergehen` (s. *fahren*) ab. Die alte Dreiheit ist in den Funktionen des außergotischen Präfixes kaum noch zu erkennen, besonders zeigt sich für gt. *fair-* keine klare funktionelle Entsprechung. Zu *faur* gehören die Funktionen, die auf stärker räumlich geprägte Ausgangspunkte zurückgeführt werden können (´über etwas hinaus`, an eine andere Stelle usw.`, vgl. *verschlafen, versetzen*); zu *fra* gehören Wörter für ´verarbeiten, verbrauchen, verschwinden` und zum Ausdruck des Gegenteils *(verspielen, vergehen, verlernen).* Da der Zusammenfall aber schon alt ist, hat eine Aufgliederung für das Neuhochdeutsche wenig Sinn.

Nndl. *ver-,* ne. *for-.* S. die Zusammenstellung unter *fahren* und die Sippe von *frei.* S. auch *per-, peri-, prä-, vor.* – Johannisson (1939), 126–287; E. Öhmann in: *FS Pretzel* (1963), 327–337; *Wortbildung* 1 (1973), 151–153 und die dort angegebenen Stellen.

Veranda *f.* (< 19. Jh.). Entlehnt aus ne. *veranda,* dieses aus port. *varanda,* dessen weitere Herkunft nicht sicher geklärt ist.
Littmann (1924), 121; *DF* 6 (1983), 153 f.; Rey-Debove/Gagnon (1988), 1084.

verantworten *swV.* (< 14. Jh.). Spmhd. *verantwürten.* Zunächst ´sich als Angeklagter verteidigen`; dann Verallgemeinerung der Bedeutung.

veräppeln *swV. stil.* ´aufziehen` (< 20. Jh.). Wohl ausgehend von Berlin. Vermutlich ´mit Äpfeln (faulen?, Pferdeäpfeln?) bewerfen`.
Anders: Wolf (1985), 35.

verarschen *swV. vulg.* ´auf den Arm nehmen` (< 19. Jh.). Aus der Soldatensprache. Übertragungsmotiv unklar.

veräußern *swV. stil.* (< 14. Jh.). Mhd. *veriuzern.* Verstärktes *äußern* = ´herausgehen, nach außen geben`, dann festgelegt auf ´verkaufen`.

Verb *n. erw. fach.* ´Zeitwort` (< \*15. Jh., Form < 18. Jh.). Zunächst in lateinischer Form entlehnt aus l. *verbum,* auch: ´Wort, Audruck, Rede`. Adjektiv: *verbal.*
S. *Adverb;* zur germanischen Verwandtschaft s. *Wort.* – *DF* 6 (1983), 154–157.

verballhornen *swV. stil.* (< *17. Jh., Form < 19. Jh.). Die älteste Form der Wendung ist *(ins Teutsche gebracht) durch Johann Balhorn,* etwas älter in dänischem Kontext *förbättrade durch Balhorn,* dann auch in der Form *balhornisieren.* Die Wendung bezieht sich auf den Lübecker Buchdrucker Johann *Balhorn* d.J., bei dem 1586 das alte lübische Recht von einem ungenannten Bearbeiter in unzulänglicher Form ins Hochdeutsche übersetzt und zum ersten Mal im Druck erschienen war. Die Ausgabe hieß danach *Editio Balhorniana* und wurde als Beispiel für wohlgemeinte Verstümmelungen zum Anlaß für *balhornisieren* und *verballhornen*.

P. Hagen *Zeitschrift für den Bücherfreund* NF 21 (1929), 10–17; H.-B. Spies *Zeitschrift des Vereins für Lübeckische Geschichte und Altertumskunde* 62 (1982), 285–292; Röhrich 3 (1992), 1670.

verblüffen *swV.* (< 18. Jh.). Aus den niederdeutschen Mundarten übernommen, mndd. *vorbluffen* ʿbetäuben, bestürzt machenʾ. Daneben stehen nndl. *verbluffen* ʿeinschüchternʾ und ne. *bluff* ʿprahlenʾ (s. *Bluff*). Man nimmt lautmalerischen Ursprung (etwa im Sinn von ʿplatzen, knallenʾ) an.

verblümt *Adj. (PPrät.)* s. *Blume*.

verbocken *swV. stil.* ʿetwas falsch behandelnʾ (< 20. Jh.). Zu *einen Bock schießen* (u.ä.), das unter *Bock* behandelt ist.

verbohrt *Adj. (Part.)* (< 14. Jh.). Mhd. *verborn* bedeutet ʿbefestigenʾ, offenbar ʿmit Hilfe von Bohrlöchern zusammenbindenʾ (oder ʿverschraubenʾ?). Daraus die Übertragung wie in ʿfestgefahrenʾ.

verbrämen *swV.* (< 15. Jh.). Fnhd. *verbremen*, mndd. *vorbremen*. Zu mhd. *brem* ʿEinfassungʾ, das zu nndl. *braam* ʿGratʾ, nndl. *berm* ʿSeitenlinieʾ, ne. *brim* ʿRandʾ gehört. Neuhochdeutsch fachsprachlich noch *Bräme* ʿPelzbesatzʾ. Weitere Herkunft unklar. S. *Brink*.

verbraten *swV. vulg.* ʿverbrauchen (meist von Geld gesagt)ʾ (< 20. Jh.). Eigentlich ʿzum Braten verwendenʾ, wobei *braten* für ʿin Saus und Braus lebenʾ, ʿgut lebenʾ steht (also ʿfür üppige Lebensführung verwendenʾ).

Verbrechen *n.* (< 17. Jh.). Substantiviert aus dem Infinitiv von *verbrechen*, ahd. *firbrehhan* ʿdas Recht brechenʾ. Nomen agentis: **Verbrecher**.

verbumfeien *swV.*, **verbumfiedeln** *swV.*, s. *verfumfeien*.

Verdacht *m.* (< 16. Jh.). Verbalabstraktum zu *verdenken* in der alten Bedeutung ʿschlecht von jmd. denken, übelnehmen, verdächtigenʾ. Adjektiv: **verdächtig**; Verb: **verdächtigen**.

verdammen *swV.* (< 9. Jh.). Mhd. *verdammen*, *verdam(p)nen*, ahd. *firdamnon*. Entlehnt aus l. *damnāre* ʿverurteilenʾ (zu l. *damnum* ʿBuße, Verlustʾ), eingeengt auf die christliche Bedeutung. Die Vorsilbe vermutlich nach dem bedeutungsähnlichen ahd. *firtuomen*, mhd. *vertüemen* ʿverurteilenʾ (zu ahd. *tuom* ʿUrteilʾ, s. *-tum*). Abstrakta: **Verdammung**, **Verdammnis**.

verdattert *Adj. (PPrät.) stil.* (< 18. Jh.). Partizip zu *(ver-) tattern* ʿstottern, aus der Fassung gebracht seinʾ (s. *Tatterich*), also ʿzum Stottern gebrachtʾ.

verdauen *swV.* (< 9. Jh.). Mhd. *verdöu(w)en*, ahd. *firdewen*, as. *farthewian*, eigentlich ʿverschmelzenʾ zu *tauen*. Vgl. nschw. *smälta* ʿschmelzen, verdauenʾ. Abstraktum: **Verdauung**; Adjektiv: **verdaulich**.

Verdeck *n. erw. fach.* (< 16. Jh.). Übersetzt aus it. *coperta f.*, frz. *couverte f.* S. *Deck*.

verderben *stV.* (< 13. Jh.). Mhd. *verderben* (intransitiv *stV.*, transitiv *swV.*), entsprechend mndd. *vorderven*, afr. *forderva*, *urderva*. In der älteren Sprache nicht bezeugt und deshalb unklar. Vermutlich zu ae. *deorfan* ʿarbeiten, sich mühen, zugrunde gehenʾ. Dieses weiter zu lit. *dìrbti* ʿarbeiten, machenʾ. Im einzelnen unklar. Abstrakta: **Verderb**, **Verderben**, **Verderbnis**; Adjektiv: **verderblich**.

Seebold (1970), 154 f.

Verdikt *n. per. fach.* ʿUrteil, Verdammungsurteilʾ (< 19. Jh.). Entlehnt aus ne. *verdict*, dieses aus afrz. *voirdit*, aus l. *vērē dictum*, eigentlich ʿwahrhaft gesprochenʾ, zu l. *vērus* ʿwahr, wirklich, treffendʾ und l. *dīcere* ʿsprechenʾ. Die heutige Form nach ml. *verdictum*.

S. *veritabel* und *diktieren*. − DF 6 (1983), 157 f.; Rey-Debove/Gagnon (1988), 1084 f.; Röhrich 3 (1992), 1670.

verdonnern *swV. stil.* ʿverurteilenʾ (< 19. Jh.). Ursprünglich regional (niederdeutsch) und studentensprachlich. Vermutlich zu beziehen auf *Juppiter Tonans*, den Gott, der im Donner spricht. Vgl. auch *donnern* ʿlautstark redenʾ.

verdrießen *stV.* (< 9. Jh.). Mhd. *verdriezen* neben *erdriezen*, ahd. *irdriozan*, as. *āthrotan* ʿabgestumpftʾ aus g. **þreut-a- stV.* ʿmüde werdenʾ, auch in gt. *usþriutan* ʿverdrießenʾ, anord. *þrjóta* ʿmüde werdenʾ, ae. *āþrēotan* (vermutlich gibt es in keiner germanischen Sprache einen echten Simplexbeleg, da im Nordischen die Präfixe abgefallen sind). Vergleichbar sind unter ig. (w/oeur.) **trend-*, kymr. *cythrudd* ʿNiedergeschlagenheitʾ, akslav. *truditi sę* ʿsich mühen, bemühen, arbeitenʾ, lit. *triū̃sas* ʿmühevolle Arbeitʾ (**treuds-o-*) und wohl l. *trūdere* ʿstoßen, drängenʾ, das wohl die Ausgangsbedeutung zeigt. Die unerweiterte Wurzelform in gr. *trýein*, akslav. *-truti* ʿverbrauchenʾ, lit. *trūnéti* ʿverwesenʾ, mit Hochstufe der ersten Silbe in gr. *térys* ʿzart, schwachʾ. Abstraktum: **Verdruß**; Adjektiv: **verdrießlich**.

Nndl. *verdrieten*, nschw. *tryta*, nisl. *þrjóta*. S. *abstrus*, *Driesch*, *drücken*, *Strauß*[1], *strotzen*, *Überdruß*. − Seebold (1970), 523 f.; Herbermann (1974), 124−158.

verduften *swV. vulg.* ʿverschwindenʾ (< 18. Jh.). Zunächst ʿden Geruch verlierenʾ und nach der Schnelligkeit dieses Vorgangs die Übertragung.

verdutzt *Adj. (PPrät.).* (< 18. Jh.). Ursprünglich niederdeutsch, zu mndd. *vordutten* 'verwirren'. Im Oberdeutschen vermischt sich das Wort mit *vertutzen* 'vor den Kopf stoßen', zu einem älteren *tuz* 'Stoß'. Vermutlich ist beides lautmalend.
Lühr (1988), 371 f.

Verein *m.* (< 16. Jh.). Fnhd. *vereine f.* 'Vereinigung, Übereinkommen' zu mhd. *(sich) vereinen* ('eins werden'). Im 18. Jh. entsteht daneben oder daraus ein Maskulinum, später mit der Bedeutung 'die durch Übereinkommen Verbundenen' (vgl. die entsprechende Doppeldeutigkeit von *Vereinigung*).
G. G. Schmalz *MoH* 1955, 295–301; F. Müller: *Korporation und Assoziation* (Berlin 1965); *Grundbegriffe* 6 (1990), 789–829.

vereinbaren *swV.* (< 14. Jh.). Mhd. *vereinbæren* zu mhd. *einbære* 'einhellig, einträchtig', also etwa 'eines Sinnes werden'. Abstraktum: *Vereinbarung.*

vereiteln *swV.* (< 14. Jh.). Spmhd. *verītelen.* Zu *eitel* in der alten Bedeutung 'leer, nichtig', also 'zunichte machen'.

verfahren *stV.* (< 16. Jh.). Im rechtlich-technischen Sinne tritt das Wort zuerst im Mittelniederdeutschen auf, entsprechend zu *vorgehen*, also übertragen aus der räumlichen Bedeutung 'nach vorne, vorwärts gehen/fahren'. Abstraktum: *Verfahren.*

verfänglich *Adj. stil.* (< 17. Jh.). Eigentlich 'worin man sich verfangen kann' (Schlingen, Dornen usw.), aber von vornherein übertragen gebraucht im Anschluß an das Verb.

Verfasser *m.* (< 17. Jh.). Fnhd. *verfassen* teilt die verschiedenen Bedeutungen von *fassen*, wird aber speziell auch gebraucht in der Bedeutung 'einem Text eine Fassung, einen Rahmen geben, ihn ausführen'. Deshalb auch die Wendung *in Schriften verfassen*, zu der im 17. Jh. *Schriftverfasser* (als Ersatzwort für *Autor*) gebildet wird, bald gekürzt zu *Verfasser*. Von dem gleichbedeutenden *Schriftsteller* ist *Verfasser* nachträglich dadurch abgegrenzt worden, daß der Verfasser im Zusammenhang mit einem (im Genetiv genannten) Werk genannt wird, *Schriftsteller* dagegen für 'Autor' allgemein.

Verfassung *f.* (< 14. Jh.). Übersetzung von *Konstitution* und wie dieses juristisch festgelegt.
Grundbegriffe 6 (1990), 831–899.

verfitzen *swV. per. reg.* 'verwirren (von Fäden)' (< 18. Jh.). Zu *Fitze* 'Garnsträhne'.

verflixt *Adj. (PPrät.) stil.* (< 19. Jh.). Euphemistische Entstellung von *verflucht.*
Röhrich 3 (1992), 1670 f.

verfranzen *swV. per. fach.* 'sich verirren, sich verfliegen' (< 20. Jh.). Ursprünglich aus der Fliegersprache. Dort hatte der Beobachtungsoffizier den Übernamen *Franz.*
R. Mothes *ZDV* 29 (1915), 464 f., 544.

verfügen *swV.* (< 15. Jh.). Fnhd. *verfüegen*, mndd. *vorvogen* (zu *Fuge*[1] und *fügen*) hat unter anderem die Bedeutung 'einrichten', daraus übertragen 'veranlassen', das zu einem typischen Behördenwort wird. *Sich verfügen* im Sinn von 'sich begeben' weist den gleichen Bedeutungswandel auf wie *schicken.*

verfumfeien *swV.*, auch **verbumfeien** *swV.*, **verbumfiedeln** *swV.*, **verbubanzen** *swV.*, u.ä. *per. reg.* 'leichtfertig vertun u.ä.' (< 16. Jh.). Ausgangspunkt ist offenbar *verfumfeien* 'beim Tanzen vertun', zu *fiedelfumfei* 'Schallwort für den Klang der Bierfiedel', danach auch 'Tanz'.
O. Weise *ZDW* 3 (1902), 241–243; R. Sprenger *ZDW* 6 (1904/05), 227.

vergällen *swV.* (< 13. Jh.). Mhd. *vergellen* 'mit Galle versetzen, bitter machen'. Zu *Galle*[1].

vergammelt *Adj. (Part.) per. reg.* 'verdorben' (< 20. Jh.). Niederdeutsches Wort (zu mndl. *gamel*, ae. *gamol*, anord. *gamall* 'alt'). S. *Gammler.*

Vergasung *f. stil. phras.*, meist *bis zur Vergasung* 'bis zum Überdruß' (< 19. Jh.). Aus der technischen Sprache ('bis zum Übergang der Flüssigkeit in Gasform'). Zu *Gas.*
P. vPolenz *Sprache der Gegenwart* 2 (1968), 168–179.

vergattern *swV. erw. fach.* 'bei Antritt der Wache zur Einhaltung der Vorschriften verpflichten', dann übertragen 'verdonnern' (< 15. Jh.). Fnhd. *vergatern*, mndd. *vorgad(d)eren*, mndl. *vergaderen* 'versammeln'. Mit ne. *gather* zu der Sippe von *Gatte*. Also ursprünglich 'zum Hinweis auf die Vorschriften zusammenrufen'.

vergebens *Adv.* (< 14. Jh.). Spmhd. *vergeben(e)s*, wie mndd. *vorgeves*, mndl. *vergeves* zum Partizip von *vergeben* im Sinn von 'wegschenken'. *Vergebens* ist also zunächst 'geschenkt', dann allgemein 'umsonst'. Etwas älter mhd. *vergebene.*

vergelten *stV.* (< 9. Jh.). Mhd. *vergelten*, ahd. *fargeltan*, as. *fargeldan*; entsprechend ae. *forgeldan*, gt. *fragildan*. Zu *gelten*; das Präfix hat dabei etwa die Bedeutung von 'zurück-'.

vergessen *stV.* (< 9. Jh.). Mhd. *vergezzen*, ahd. *firgezzan*, as. *fargetan* aus g. **-get-a- stV.* 'erlangen', das auch mit anderen Präfixen, aber nicht von alters her unpräfigiert bezeugt ist. Die Präfigierung mit *ver-* mit der Bedeutung 'vergessen' ist westgermanisch (ae. *forgitan*, afr. *forjeta*, *urjeta*), in der älteren Bedeutung gt. *bigitan*, anord. *geta*, ae. *bigitan*, as. *begetan*, ahd. *bigezzan* 'erlangen, finden, erfassen'. *Vergessen* ist seiner Bedeutung nach also eigentlich 'verlieren'. Vermutlich zu der Verbalwurzel, die nasaliert in *beginnen* vorliegt. Adjektiv: *vergeßlich.*
Nndl. *vergeten*, ne. *forget*. S. *ergötzen*, *gissen*. — Seebold (1970), 226 f.; Heidermanns (1993), 233 f.

vergeuden *sw V.* (< 14. Jh.). Spmhd. *vergiuden* (unsicher), zu mhd. *giuden* ʼgroß tunʼ, weiter zu mhd. *giude* ʼFreude, Jubelʼ. Einzelheiten und Herkunft unklar. Nicht ausgeschlossen ist (Schmeller) eine Trennung in *giuden* ʼprahlenʼ und *g-euden* ʼvergeudenʼ (als Ableitung aus der Sippe von *öd*, also ʼleerenʼ). Abstraktum: *Vergeudung*.

vergewaltigen *sw V.* (< 14. Jh.). Spmhd. *vergewaltigen, vergeweltigen*. Präfixableitung zu *Gewalt*, also ʼin seine Gewalt bringenʼ, in der Regel negativ gesehen. Sehr früh schon spezialisiert auf ʼeine Frau zum Geschlechtsverkehr zwingenʼ.

Vergißmeinnicht *n.* (< 15. Jh.), älter ist der Name *Mausohr* (ahd. *mūsōra*, wohl übersetzt aus gr. *myosōtis f.*). Als *Vergißmeinnicht* (*mein* ist Genetiv-Objekt zu *vergessen*) werden verschiedene Pflanzen benannt, die auch als *Katzen-, Hennen-, Gans-* und *Froschäuglein* bezeichnet werden. Offenbar hat die Form der Blüten an Augen erinnert; dann weiter an die Augen des/der Geliebten (vgl. ahd. *friudilesouga* ʼSumpfvergißmeinnichtʼ). Daraus wohl der Brauch, *Vergißmeinnicht* zur Erinnerung zu schenken. Aber Sicherheit ist bei solchen Zusammenhängen naturgemäß nicht zu gewinnen.
Loewe (1939), 15−30.

Vergnügen *n.* (< 15. Jh.). Substantivierter Infinitiv des Verbs mhd. *vergenüegen* ʼzufriedenstellenʼ, abgeleitet von *genug*. Zunächst für ʼBefriedigungʼ; aus der Weiterbildung *Vergnügungen* und dem Partizip *vergnügt* ʼzufriedenʼ, auch ʼfröhlich, heiterʼ, dann die heutige Bedeutung.
H. O. Burger in: *Studi in onore di Lorenzo Bianchi* (Bologna 1960), 11−28; Röhrich 3 (1992), 1672.

vergrätzen *sw V. per. reg.* ʼvergrämenʼ (< 20. Jh.). Zu regionalem *grätzen, gretzen* ʼreizenʼ, besonders ndd. *gretten*. Dieses ist Faktitivum zu dem unter *gräßlich* behandelten Wort, das auch ʼzornigʼ bedeuten kann.

vergraulen *sw V. erw. reg.* (< 20. Jh.). Zu *graulen* mit nicht weiter nachprüfbarer Bedeutungsveränderung.

verhalten *st V.* (< 9. Jh.). Mhd. *verhalten*, ahd. *firhaltan*; vgl. ae. *forhealdan*. Zu der älteren Bedeutung ʼzurückhaltenʼ gehört das Partizip *verhalten* ʼzurückhaltendʼ. Erst nachmittelhochdeutsch ist die Bedeutung ʼsich betragenʼ bei reflexivem Gebrauch, ausgehend vom substantivierten Infinitiv *Verhalten n.* (semantisch offenbar: ʼsich zurückhalten, um auf andere eingehen zu könnenʼ, dann stark verallgemeinert). Dann auch *Verhältnis* im Sinne von ʼBeziehungʼ (zur Wiedergabe von l. *prōportio*).
H. Sperber *Language* 14 (1938), 167−177.

Verhängnis *n.* (< 14. Jh.). Spmhd. *verhencnisse, verhancnisse f./n.* ʼEinwilligungʼ zu ahd. *firhengen* ʼzulassen, gestattenʼ (zu *hängen* in der Bedeutung

ʼin der Schwebe lassenʼ, die althochdeutsch und gotisch bezeugt ist, vielleicht speziell: ʼdem Pferd die Zügel hängen lassenʼ). In der Reformationszeit bekommt das Wort die Bedeutung ʼFügung Gottesʼ; die religiöse Komponente geht in der Aufklärung verloren, so daß das Wort heute allgemein ʼ(ungünstiges) Schicksalʼ bedeutet.
Segelcke (1969), 207−209; L. Hermodsson *NM* 29 (1973), 104−107.

verharschen *sw V. erw. fach.* (< 15. Jh.). Zu *Harsch* ʼKrusteʼ.

verhaspeln *sw V. refl. stil.* (< 16. Jh.). *Haspeln* ist ʼGarn auf die Haspel (Garnwinde) wickelnʼ. Das Versprechen wird also im Bild des aus der Haspel laufenden Garns oder der sich verwirrenden Strähnen gesehen.

Verhau *m./n. erw. fach.* (< 18. Jh.). Eigentlich eine Sperre durch umgehauene (ʼverhaueneʼ) Bäume; dann auf *Drahtverhau* u.ä. ausgedehnt.

verheddern *sw V. refl.* (< 18. Jh.). Zunächst niederdeutsch. Zu *Hede* ʼWergʼ oder einer daraus übertragenen Bedeutung (etwa ʼHaarʼ). Also ʼverwirrt werden wie Werg (in der Hechel)ʼ.

verheeren *sw V.* (< 9. Jh.). Mhd. *verhern*, ahd. *firheriōn* ʼmit einem Heer überziehenʼ, wie einfaches mhd. *hern*, ahd. *heriōn*, as. *herion*, afr. *urheria*, ae. *herigan*, anord. *herja*. Adjektiv: *verheerend*. Ne. *harry*, nschw. *härja*, nisl. *herja*.

verheilen *sw V. per. obd.* ʼkastrierenʼ (< 16. Jh.). S. *heilen²*.

verheißen *st V. obs.* (< 15. Jh.). Vorher kann einfaches *heißen* diese Bedeutung haben. Die Bedeutungsentwicklung zu ʼversprechenʼ ist verständlich, wenn man etwa von ʼbefehlenʼ ausgeht (das ebenfalls ein Reden über ein gewünschtes zukünftiges Ereignis ist).
D. Hofmann *NW* 20 (1980), 85−110.

verhohnepiepeln *sw V. vulg.* (< *16. Jh., Form < 19. Jh.). Das Wort geht allem Anschein nach auf älteres *hohlhippeln, hohnippeln* zurück, das ungefähr ʼlästernʼ bedeutet. *Hohlhippen* sind ʼHohlwaffeln, zusammengerollte Waffelnʼ. Man vermutet, daß die *Hohlhippler* oder *Hohlhipper* Verkäufer von Hohlhippen waren, zwischen denen und ihren Kunden ein Verhältnis des Schmähens bestand. Das Wort bedeutet aber in den Belegen nur ʼLästererʼ, so daß weitere Aufklärung not täte.

verhunzen *sw V.* s. *hunzen*.

verifizieren *sw V. per. fach.* (< 17. Jh.). Entlehnt aus ml. *verificare* ʼprüfenʼ, aus l. *vērus* ʼwahrʼ und l. *facere* ʼmachenʼ. Abstrakta: *Verifizierung, Verifikation*.
S. *wahr*. − *DF* 6 (1983), 158−160.

veritabel *Adj. per. fremd.* ʼecht, wirklichʼ (< 17. Jh.). Entlehnt aus frz. *véritable*, einer Ableitung von frz. *vérité* ´Wahrheit´, dieses aus l. *vēritās*, zu l. *vērus* ´wahr, wirklich´.

S. *wahr*. – DF 6 (1983), 161 f.

verkappt *swV. erw. stil.* (< 16. Jh.). Zu *Kappe* in der alten Bedeutung ´Kapuze´, also etwa ´vermummt, eingehüllt´. Heute nur noch übertragen verwendet.

Verkehr *m.* (< 18. Jh.). Zunächst in der Bedeutung ´Warenaustausch, Handelsverkehr´, dann auf andere Gebiete übertragen. Zu *verkehren* im Sinn von ´miteinander umgehen´, wobei *kehren*[1] wohl die Gegenseitigkeit zum Ausdruck bringt.

verknacken *swV.*, auch **verknacksen** *swV.* ´bestrafen´ *vulg.* (< 19. Jh.). Das Wort wird ursprünglich gebraucht für ´verrenken´ (besonders den Knöchel), nach dem *Knacks*, den man dabei hört. Das Wort tritt dann aber für älteres *verknassen* ein (hauptsächlich in der Studentensprache), das zu wjidd. *Knas* ´Geldstafe´ gehört. Dieses zu hebr. q[e]*nas* ´bestrafen´.

Wolf (1985), 173 (unter *Knast*).

verknallt *Adj. (PPrät.) stil.* ´verliebt´ (< 19. Jh.). Wie *verschossen* zunächst von der verschossenen Patrone gesagt, die nicht mehr verwendet werden kann. Dann übertragen auf jemanden, der verliebt, und somit nicht mehr frei ist – er/sie ist gewissermaßen ´aus dem Spiel´. Erst nachträglich *sich verknallen* ´sich verlieben´.

verkneifen *swV. stil.* (< 19. Jh.). Zunächst ´zusammenkneifen´ (wie in *verkniffenes Gesicht*); dann *den Schmerz verkneifen* u.ä., d. h. durch Verkneifen verbergen. Von dort aus weiter verallgemeinert.

verknusen *swV. per. ndd. phras.* in *jemanden nicht verknusen können* ´nicht leiden können´ (< 19. Jh.). Von Berlin her in die Umgangssprache gedrungen. Ndd. *verknūsen* ´zermalmen´ bedeutet auch ´verdauen´ und ist in dieser Bedeutung übertragen.

Röhrich 3 (1992), 1672.

verkohlen *swV. erw. vulg.* ´veralbern´ (< 20. Jh.). Zu *Kohl*[2] als ´mit Lügen traktieren´.

verkorksen *swV. stil.* ´sich den Magen verderben, pfuschen´ (< 19. Jh.). Vermutlich zu *Kork* im Bild der schlecht verkorkten Flasche, deren Inhalt deshalb zu gären beginnt. Der Bezug auf den Magen vielleicht beeinflußt durch mundartliches *gorksen* ´aufstoßen´.

R. Hildebrandt *ZDA* 56 (1989), 140[8]. Etwas anders: W. Seibicke *MS* 72 (1962), 22–25.

verkümmeln *swV. stil.* ´verkaufen´ (< 20. Jh.). Vermutlich im Anschluß an *Kümmel* aus rotw. *verkimmern* ´verkaufen´, ausgehend von der Studentensprache. Dieses vielleicht zu wjidd. *kinjen* ´verkaufen´.

Wolf (1985), 164 f. (unter *kinjenen*).

verlangen *swV.* (< 14. Jh.). Spmhd. *verlangen* neben *belangen*, ahd. *belangēn, kelangēn*, as. *langōn* aus g. **lang-ǣ- swV.* ´sich sehnen´, auch in anord. *langa*, ae. *longian*. Das Wort wird häufig an *lang* angeschlossen, doch gehört es etymologisch mit einfachem *langen* zu *gelingen*.

Verlaub *m. obs.* (< 16. Jh.). Besonders in der Formel *mit Verlaub*, vgl. mndd. *verlōf(t)*, mndl. *verlof* ´Erlaubnis, Urlaub´. Zu *verlauben*, einer seltenen (hauptsächlich nördlichen) Variante von *erlauben*.

verlautbaren *swV. obs.* (< 15. Jh.). Fnhd. *verlūtbæren*. Zu mhd. *liutbære, lūtbære* ´öffentlich, laut´, also eigentlich ´veröffentlichen´ (zu *laut*). Abstraktum: *Verlautbarung*.

verlegen *Adj. (PPrät.)* (< 18. Jh.). Partizip zu mhd. *verligen* ´durch Untätigkeit faul werden´. Aus den Situationen, in denen das Wort gebraucht wurde, entwickelte sich die heutige Bedeutung. Abstraktum: *Verlegenheit*.

Schirmer (1911), 202 f.

Verleger *m.* (< 15. Jh.). Zunächst mit der Bedeutung ´Unternehmer´, seit dem 17. Jh. spezialisiert auf den Hersteller von Büchern. Das Wort gehört zu spmhd. *verlegen* ´Geld auslegen, etwas auf seine Rechnung nehmen´. Dazu *Verlag*, ursprünglich ´Kosten, Aufwand´!

verletzen *swV.* (< 13. Jh.). Mhd. *verletzen* neben *letzen*, ahd. *lezzen*, as. *lettian* aus g. **lat-ija- swV.* ´hemmen, aufhalten´, auch in gt. *latjan*, anord. *letja*, ae. *lettan*, afr. *letta*; Faktitivum zu g. **lata- Adj.* ´lässig´ (s. *laß*). Die heutige Bedeutung hat sich erst im Laufe der deutschen Sprachgeschichte entwickelt.

verleumden *swV.* (< 14. Jh.). Mhd. *verlium(un)den* ´in einen schlechten Leumund bringen´ zu mhd. *liumde*, das aus mhd. *liumunt* gekürzt ist.

verlieren *stV.* (< 8. Jh.). Mhd. *v(er)liesen*, ahd. *firliosan*, as. *farliosan* aus g. **leus-a- stV.* ´verlieren´ (als Simplex nicht alt bezeugt), auch in gt. *fraliusan*, ae. *forlēosan*, afr. *forliāsa, urliāsa*. Das Verb ist eine nur germanische s-Erweiterung von ig. **leu-* ´lösen´ in ai. *lunáti* ´schneidet´, toch. B *lau* ´fort, weg´, gr. *lýō* ´ich löse, befreie´, l. *luere* ´bezahlen, erlassen´, l. *solvere* ´auflösen´.

Nndl. *verliezen*, ne. *forlorn*. S. *absolut, los, Lust, Verlies, Verlust*. – Seebold (1970), 339 f.; Röhrich 3 (1992), 1673.

Verlies *n. obs.* (< 18. Jh.). Ursprünglich niederdeutsch. Vermutlich als ´der Ort, an dem man verloren geht, unsichtbar wird´ zu *verlieren*, doch sind die Bedeutungszusammenhänge nicht ausreichend klar.

F. Kluge *ZDW* 9 (1907), 125–127.

verloben *swV.* (< 13. Jh.). Mhd. *verloben* ist wie *geloben* eigentlich ´versprechen´. Daraus durch Bedeutungsspezialisierung die heutige Bedeutung.

Verlust m. (< 9. Jh.). Mhd. *v(er)lust* f., ahd. *far-lust*, as. *farlust*. Wie gt. *fralusts ti*-Abstraktum zu *verlieren*.
Röhrich 3 (1992), 1673.

vermachen *swV.* (< 13. Jh.). Mhd. *vermachen*, mndd. *vormaken* bekommt seit dem 14. Jh. (wie *übermachen*) die Bedeutung ′in den Besitz eines anderen übertragen′. Hieraus speziell ′durch letztwillige Verfügung übertragen′. Nominalableitung: **Vermächtnis**.

vermählen *swV. stil.* (< 15. Jh.). Für älteres *(ge)-mahelen, gemehelen*, ahd. *(gi)mahalen* zu *Gemahl*, eigentlich ′versprechen′. Abstraktum: **Vermählung**.

vermaledeien *swV. obs.* (< 13. Jh.). Mhd. *vermal(e)dīen*. Über romanische Vermittlung entlehnt aus l. *maledīcere* ′verfluchen′ (′böse reden′ zu l. *malus* ′böse′ und l. *dīcere* ′reden′). S. *maliziös* und *diktieren*.

vermasseln *swV. vulg.* ′zunichte machen′ (< 20. Jh.). Aus der Gaunersprache, in der es aus rotw. *Massel* ′Glück′ abgeleitet ist; dieses aus wjidd. *masol* ′Gestirn, Glücksstern′; also ′sein Glück zunichte machen′.

vermeintlich *Adv. stil.* (< 16. Jh.). Zum Partizip des veralteten *vermeinen* ′fest glauben′.

vermessen *Adj. (PPrät.) obs.* ′überheblich, verwegen′ (< 13. Jh.). Schon in ahd. *firmezzan* ist das Partizip von *firmezzan*, mhd. *vermezzen* ′sich beim Messen verschätzen′ im Sinn von ′verwegen, kühn′ verwendet.

vermöbeln *swV. vulg.* ′prügeln′ (< 19. Jh.). Vermutlich über die Bedeutung ′polieren′, vgl. *aufmöbeln* ′herrichten, polieren′.

vermöge *Präp. stil.* (< 16. Jh.). Mndd. in Formeln wie *vermöge* zu *Vermögen* (im Sinne von ′Kraft′), ähnlich wie *kraft* zu *Kraft*.

Vermögen n. (< 15. Jh.). Fnhd. *vermügen*, substantivierter Infinitiv zu *vermügen, vermugen*, ahd. *furimugan* ′imstande sein′ (s. *mögen*). Aus ′Können, Kraft′ ist die heutige Bedeutung ′Geldmittel′ spezialisiert.

vermummen *swV.* (< 16. Jh.). Ursprünglich niederdeutsch, mndd. *mummen*. Zu *Mumme*.

vermuten *swV.* (< 16. Jh.). Wohl ursprünglich niederdeutsch, mndd. *formōden*; wie *mutmaßen* von einer allgemeinen Bedeutung von *Mut* ausgehend (′im Sinn haben′).

Vernissage *f. per. fach.* ′Eröffnung einer Ausstellung′ (< 19. Jh.). Entlehnt aus frz. *vernissage* m., zu frz. *vernir* ′firnissen′, zu frz. *vernis* m. ′Firnis′, dessen weitere Herkunft nicht sicher geklärt ist. Zunächst so bezeichnet als ′das Betrachten von Gemälden vor dem Firnissen′; von einem solchen

frühen Betrachten dann übertragen auf das erste offizielle Vorstellen der Bilder.
S. *Firnis*. – *DF* 6 (1983), 162 f.

Vernunft f. (< 9. Jh.). Mhd. *vernu(n)ft* f., ahd. *firnumft, firnunst; ti*-Abstraktum zu *vernehmen*, mhd. *vernemen*, ahd. *firneman* (s. *nehmen*). Zur Lautform s. *Kunft*. Adjektiv: **vernünftig**.
H. M. Baumgartner in: *Rationalität.* Hrsg. L. Scheffczyk (Freiburg, München 1989), 167–202.

verplempern *swV. stil.* (< 16. Jh.). Zu ndd. *plempern* ′verschütten′, das (trotz des nicht passenden Anlauts) zu *plampen, plempen* ′hängen, hängend schwanken′ gehört. *Verplempert* werden also zunächst Flüssigkeiten, dann übertragen auch Geld usw.

verpönt *Adj. (PPrät.) stil.* (< 15. Jh.). Partizip zu spmhd. *verpēnen* ′bestrafen′, zu l. *poena* ′Strafe′. Im 18. Jh. wandelt sich die Bedeutung von ′bestraft, mit Strafe belegt′ zu ′strafbar′ und dann ′öffentlich geächtet′. S. *Pein*.

verquasen *swV. per. ndd.* ′vergeuden′ (< 14. Jh.). Spmndd. *vorquasen*, spmhd. *verquæzen*. Zu mhd. *quæzen* ′schlemmen′, dieses zu *Quas* ′Gasterei, Schlemmerei′; entlehnt aus sorb. *kvas* ′Schmaus, Hochzeit′, eigentlich ein Getränk (vgl. russ. *kvas*), das bei solchen Gelegenheiten in beträchtlichen Mengen genossen wird.

verquicken *swV.* (< 16. Jh.). Zunächst in der Fachsprache der Alchimisten für ′mit Quecksilber legieren (amalgamieren)′. Schon bald übertragen gebraucht. S. *Quecksilber, keck*.

verquisten *swV. per. ndd.* ′vergeuden′ (< 18. Jh.). Mndd. *vorqisten*; ahd. *quisten*, gt. *qistjan* ′verderben, erlöschen′.
Nndl. *(ver)kwisten.* – E. Seebold *ZVS* 96 (1982/83), 36–38.

verraten *stV.* (< 9. Jh.). Mhd. *verrāten*, ahd. *firrātan*, mndd. *vorraden*; wie afr. *forrēda, urrēda*, ae. *forrǣdan*. Zu *raten*, ursprünglich in der Bedeutung ′zu jemandes Verderben raten, einen Entschluß zu jemandes Verderben fassen′. Die Festlegung auf die Preisgabe von Geheimnissen ist erst neuhochdeutsch. Abstraktum: **Verrat**; Nomen agentis: **Verräter**; Adjektiv: **verräterisch**.
Röhrich 3 (1992), 1674.

verrecken *swV. vulg.* ′sterben′ (< 10. Jh.). Mhd. *verrecken*, ahd. *firrecken*, zu *recken* im Sinne von ′alle Viere von sich strecken, sterben′. Später auf Tiere beschränkt; dann als Kraftausdruck für das Sterben von Menschen verwendet.

verreißen *stV. per. fach.* (< 19. Jh.). Speziell für ′eine vernichtende Rezension schreiben′. Eigentlich ′(Papier) zerreißen′, also eigentlich ′zerreißen zum Zeichen dafür, daß man nichts davon hält′.

verrenken *swV.* (< 13. Jh.). Mhd. *verrenken*. Intensivierende Präfigierung zu *renken*.

verringern *swV.* (< 16. Jh.). Präfigierte Ableitung zu *ring(er)*, das heute nur noch als *gering(er)* üblich ist. Abstraktum: *Verringerung.*

verrotten *swV.* (< 17. Jh.). Aus dem Niederdeutschen übernommen, mndd. *vorroten, vorraten,* eigentlich 'verfaulen'. Zu diesem s. *rösten*[2] und *rotten*[2].

verrucht *Adj.* (*PPrät.*) *obs.* (< 13. Jh.). Mhd. *verruochet* 'sorglos, jmd., der aufgehört hat, sich um etwas zu kümmern', Partizip zu mhd. *verruochen* 'aufhören, sich um etwas zu kümmern'; dieses eine Präfigierung zum Ausdruck des Gegensatzes zu mhd. *ruochen* 'sich kümmern' (s. *geruhen*). Unter dem Einfluß des zur gleichen Sippe gehörigen *ruchlos* hat sich die Bedeutung stark zur negativen Seite hin entwickelt.

verrückt *Adj.* (*PPrät.*) (< 16. Jh.). In der heutigen Bedeutung seit dem 16. Jh. Ursprünglich einfach 'von der Stelle gerückt' zu mhd. *verrücken, verrucken,* mndd. *vorrucken* 'von der Stelle rücken, aus der Fassung bringen'. Die Bedeutungsübertragung wird unterstützt durch *sinnverrückt* 'dessen Sinn von der Stelle gerückt ist' und ähnliche Bildungen.
Röhrich 3 (1992), 1674.

Vers *m.* (< 9. Jh.). Mhd. *vers m./n.,* ahd. *fers m./n.,* ist entlehnt aus l. *versus* (eigentlich 'Umwenden'), Abstraktum zu l. *vertere (versum)* 'umkehren, wenden, drehen'. Die Bedeutung 'Zeile' in metaphorischer Anlehnung an die Linie einer Ackerfurche, die durch das Umwenden des Pfluges beendet wird.
Zur Sippe von l. *vertere* 'wenden' s. *konvertieren.* – Braune (1916); Röhrich 3 (1992), 1674.

versacken *swV.* s. *sacken.*

versagen *swV.* (< 9. Jh.). Die Bedeutung 'verweigern, absagen' ist alt (*etwas versagen, sich versagen*); die heute vorherrschende Bedeutung 'nicht zurechtkommen, die Erwartungen nicht erfüllen' beruht auf einer Verschiebung des Gesichtswinkels, wie etwa in *die Erwartungen enttäuschen.*

Versal *m.,* **Versalie** *f.,* meist Plural *Versalien, per. fach.* 'Großbuchstabe' (< 20. Jh.). So bezeichnet in Verallgemeinerung der Großbuchstaben an den Anfängen von Versen (s. *Vers*).

verschaukeln *swV. stil.* 'im Stich lassen' (< 20. Jh.). Die Bildung könnte ursprünglich bedeutet haben 'so stark schaukeln, bis die Schaukel kippt oder aus der Bahn gerät'.

verscherbeln *swV. vulg.* (< 20. Jh.). Entweder 'stückweise verkaufen' oder 'zu Kleingeld machen', beides in Übertragung von *Scherbe.*

verschieden *Adj.* (*PPrät.*) *stil.* (< 17. Jh.). In der Bedeutung 'gestorben' ist das Wort Partizip zu dem heute noch üblichen *verscheiden* 'sterben' (ei-

gentlich 'weggehen'). In der Bedeutung 'unterschiedlich' gehört es als Partizip zu *verscheiden* in der allgemeinen Bedeutung 'weggehen, sich absondern', also ursprünglich 'abgesondert'. Abstraktum: *Verschiedenheit.*

verschimpfieren *swV.* s. *schimpfieren.*

Verschiß *m. per. grupp.* 'Verruf' (< 18. Jh.). Sinnfälliger Ausdruck für Verachtung. Von den Studenten ursprünglich auch durch tatsächliche Verunreinigung der Bude des Betroffenen zum Ausdruck gebracht. Zu *scheißen.*
M. Fabricius *ZDW* 3 (1902), 101; Röhrich 3 (1992), 1674.

verschlagen *stV.* (< 8. Jh.). Mhd. *verslahen,* ahd. *firslahan.* Präfigierung mit zahlreichen Sonderbedeutungen, die heute nur noch relikthaft vorhanden sind. Faßbar ist vor allem die Bedeutung 'verschließen, abschließen', die sich heute etwa noch in *Verschlag* zeigt (sinngemäß etwa 'zunageln', obwohl es sich nicht um Nägel zu handeln braucht). Davon ist wohl abhängig 'an einen anderen Ort treiben' (*es verschlug ihn nach ...,* früher auch mit persönlichem Subjekt konstruiert), also etwa 'jmd. abschließen in Richtung auf'; vermutlich auch das Partizip im Sinn von 'schlau' ('dessen Gedanken versteckt sind'?). Von einem anderen Ausgangspunkt aus die Bedeutung 'ändern u.ä.' (*es verschlägt nichts* usw.) – dies zu *aus der Art schlagen* u. dgl. Zum weiteren s. *schlagen.*

verschleißen *stV.* (< 8. Jh.). Mhd. *verslīzen,* ahd. *firslīzan.* Intensivierende Präfigierung zu *schleißen.* Besondere Entwicklungen haben das Partizip *verschlissen,* meist von abgenutzter Kleidung gesagt, und *Verschleiß* im Sinn von *Kleinverkauf* (in diesem Sinn auch *verschleißen* 'im Kleinhandel vertreiben' seit dem 15. Jh., älter mndd. *vorsliten* 'in Stücke aufgeteilt in den Handel bringen').
Schirmer (1911), 203; Seebold (1970), 430 f. Zu *Verschleiß* 'Verkauf': Kretschmer (1969), 548.

verschlingen *stV.* s. *schlingen*[2].

verschmitzt *Adj.* (*PPrät.*) (< 16. Jh.). Fnhd. *versmitzen* bedeutet eigentlich 'mit Ruten schlagen' (s. *schmitzen*[1]). Das Partizip bekommt die Bedeutung 'listig, schlau' (wohl über *schmitzen* 'sich flink bewegen, geistig rege sein', *Schmitz* 'Kunstgriff'). Im Zusammenhang mit Lächeln ist *verschmitzt* beeinflußt von mhd. *smutzen* 'lächeln' (s. *schmunzeln*).
H. Schwarz in: *FS Trier* (1964), 69–111 (= *Wort und Welt* 1993, 62–103).

verschollen *Adj.* (*PPrät.*) (< 18. Jh.). Partizip zu *verschallen,* eigentlich *verschellen.* Im 18. Jh. bezeugt als Fachausdruck derer, die auf öffentliche Ladung nicht erscheinen, also etwa 'durch Aufrufen nicht erreichbar'. S. *Schelle.*

verschroben *Adj.* (*PPrät.*) (< 18. Jh.). Eigentlich 'falsch eingeschraubt' zu dem in norddeutscher Umgangssprache nach der starken Flexion gebildeten Partizip von *schrauben* (s. *Schraube*). In der Hochsprache nur in übertragener Bedeutung. Abstraktum: **Verschrobenheit**.

verschrumpelt *Adj. (PPrät.)* s. *schrumpfen*.

verschütt gehen *st V.* *vulg.* ʼverhaftet werdenʻ, dann auch allgemeiner ʼverloren gehenʻ (< 19. Jh.). Aus dem Rotwelschen übernommen, das seinerseits auf ndd. *schütten* ʼeinsperren, pfändenʻ zurückgegriffen hat (z. B. vom Feldhüter gesagt, der das Vieh, das auf fremde Felder geht, *schütten*, d. h. einsperren muß). Dieses zu hd. *schützen*.
A. Lasch (1928), 173; Wolf (1985), 338 f.; Röhrich 3 (1992), 1674.

verschwenden *sw V.* (< 11. Jh.). Mhd. *verswenden*, ahd. *firswenten*, Kausativum zu *verschwinden*, mhd. *verswinden*, ahd. *firswintan*. Auszugehen ist also von ʼverschwinden machenʻ. Abstraktum: **Verschwendung**; Nomen agentis: **Verschwender**; Adjektiv: **verschwenderisch**.

verschwitzen *sw V.* *stil.* ʼvergessenʻ (< 18. Jh.). Zuerst als ʼetwas Unangenehmes hinter sich bringenʻ (vom Angstschweiß u.ä.). Dann verallgemeinert für ʼhinter sich gebracht haben, vergessenʻ.

versehen *st V.* *stil.* (< 8. Jh.). Mhd. *versehen*, ahd. *firsehan*, as. *farsehan* bedeutet zunächst ʼvorhersehen, vorausschauenʻ. Daraus ʼvorausschauend für etwas sorgenʻ, also ʼmit etwas versehenʻ und weiter auch ʼverwalten, stellvertretend verwaltenʻ. Von einer anderen Bedeutung geht das Abstraktum **Versehen** aus.

versehren *sw V.* *obs.* (< 9. Jh.). Mhd. *(ver)sēren*, mndl. *beseren* ʼSchmerz verursachenʻ zu mhd. *sēr*, ahd. *sēr* ʼSchmerzʻ. Vor allem in dem erstarrten Partizip *versehrt*.
Zur Herkunft s. *sehr*. − Zur Entlehnung ins Finnische s. *LÄGLOS* (1991), 132 f.

versessen *Adj. (PPrät.)* (< 18. Jh.). Zu mhd. *versitzen* ʼhartnäckig auf etwas sitzen bleiben, durch Sitzen anderes versäumenʻ. Dann Bedeutungsverschiebung durch die Konstruktion mit *auf*. Abstraktum: **Versessenheit**.

versiegen *sw V.* *obs.* (< 16. Jh.). Im Lautstand an das Partizip mhd. *versigen* ʼvertrocknetʻ angelehnt, das zu mhd. *versīhen*, fnhd. *ferseihen* gehört. Präfigierung, die den Gegensatz ausdrückt zu mhd. *sīhen* ʼseihen, fließen lassenʻ.

versiert *Adj. erw. fremd.* ʼgewandt, beschlagen, erfahrenʻ (< 16. Jh.). Entlehnt aus frz. *versé*, dieses aus l. *versātus*, dem PPP. von l. *versārī* ʼsich mit etwas beschäftigenʻ, eigentlich sich um etwas herumbewegenʻ, zu l. *versāre* ʼdrehenʻ, einem Intensivum zu l. *vertere (versum)* ʼdrehen, wendenʻ. Die Bedeutung des Adjektivs ist resultativ: die Beschlagenheit in etwas ist das Ergebnis einer längeren Beschäftigung damit.

S. *Vers, konvertieren*. − Jones (1976), 645; W. J. Jones *SN* 51 (1979), 274; *DF* 6 (1983), 163 f.

Versifex *m.* s. *Fex*.

versifft *Adj. (PPrät.)* *vulg.* ʼschmutzig, von Ungeziefer befallenʻ (< 20. Jh.). Zu *Siff*, einer vulgären Abkürzung von *Syphilis*. Also Bedeutungsentwicklung von ʼvon Syphilis befallenʻ zu ʼschmutzigʻ.

Version *f.* *erw. fach.* ʼFassung, Übersetzungʻ (< 16. Jh.). Entlehnt aus frz. *version* ʼÜbersetzungʻ, einer Neubildung (ml. *versio*) zu l. *vertere (versum)* ʼdrehen, wenden, verändern, wechseln, verwandelnʻ. Daraus später auch die Bedeutung ʼFassung, Varianteʻ.
S. *Vers, konvertieren*. − *DF* 6 (1983), 165 f.

versöhnen *sw V.* (< 9. Jh.). Mhd. *versüenen*, *versuonen*, ahd. *firsuonen*. Abgeleitet von *Sühne*. Abstraktum: **Versöhnung**; Adjektiv: **versöhnlich**.

versonnen *Adj. (PPrät.)* (< 20. Jh.). Partizip zu mhd. *sich versinnen* ʼüberlegen, sich in Gedanken verlierenʻ, also eigentlich ʼin Gedanken verlorenʻ.

versponnen *Adj. (PPrät.)* (< 19. Jh.). Zu *sich verspinnen*, von den Raupen, besonders den Seidenraupen gesagt. Heute dafür *eingesponnen*, während das alte Wort übertragen gebraucht wird.

Verstand *m.* s. *verstehen*.

verstauchen *sw V.* (< 17. Jh.). Wie *stauchen* aus dem Niederdeutschen übernommen (vgl. nndl. *verstuiken*), Bedeutung etwa ʼfalsch zusammenstoßenʻ. Abstraktum: **Verstauchung**.

verstehen *st V.* (< 8. Jh.). Mhd. *verstān*, *verstēn*, ahd. *farstān*, *farstantan*, as. *farstandan*, wie afr. *forstān*, ae. *forstandan*. Die Ausgangsbedeutung ist offenbar ʼdavor stehenʻ, doch ist die Präfigierung schon von Anfang übertragen gebraucht, so daß die Einzelheiten des Bedeutungsübergangs nicht mehr recht faßbar sind. In Frage kommt ʼvor einem Objekt stehenʻ (und es damit besser wahrnehmen) ʼvor Gericht, vor etwas oder jmd. stehenʻ, ʼeine Sache vertretenʻ und damit ʼsie verstehenʻ. Zu der bereits weiterentwickelten Bedeutung gehört **Verstand**, von dem zahlreiche andere Bildungen, wie **verständigen**, (wenigstens formal) abgeleitet sind. Adjektive: **verständig, verständlich**.
Nndl. *verstaan*. − R. Martin *ZD* 52 (1938), 626−629; K. O. Apel *AB* 1 (1955), 142−199; H. M. Baumgartner in: *Rationalität*. Hrsg. L. Scheffczyk (Freiburg, München 1989), 167−202; Röhrich 3 (1992), 1675 f.

verstiegen *Adj. (PPrät.) erw. reg.* (< 17. Jh.). Partizip zu *sich versteigen* ʼzu weit gehen, sich übernehmenʻ, auch ʼso klettern, daß man nicht mehr zurück kannʻ.

verstohlen *Adj. (PPrät.)* (< 9. Jh.). Mhd. *verstoln(e)*, Partizip zu mhd. *versteln*, ahd. *firstelan* ʼheimlich, unbemerkt wegnehmenʻ, dann verallgemeinert.

verstümmeln *sw V.* (< 13. Jh.). Mhd. *verstümbeln.* Zu dem Adjektiv mhd. *stummel, stumbel,* ahd. *stumbal* ʼverstümmeltʼ (s. *Stummel*).

versus *Präp. per. fach.* ʼgegenʼ (< 20. Jh.). Nach dem Vorbild des Englischen aus der Gerichtssprache übernommen (*A versus B* bei der Nennung der streitenden Parteien im Zivilprozeß). Dieses aus l. *versus* ʼgegenʼ, eigentlich Partizip zu l. *vertere* ʼwendenʼ (s. *konvertieren*).
Rey-Debove/Gagnon (1988), 1085.

vertagen *sw V.* (< 18. Jh.). Übertragen aus frz. *ajourner,* das in dieser speziellen Bedeutung seinerseits von ne. *adjourn* abhängig ist.

verteidigen *sw V.* (< 16. Jh.). Fnhd. *(ver)tagedingen, verteidingen,* mndl. *verdedingen* ʼjmd. vor dem *tagedinc* vertretenʼ. Älter ahd. *gitagathingon,* zu ahd. *tagading,* zu ahd. *tag* ʼGerichtsterminʼ und ahd. *ding* ʼVerhandlungʼ; mit Vokalisierung des inlautenden *g* zu *Teiding.* In der Nebensilbe wird *ng* (nach Dental?) zu *g* vereinfacht. Die Bedeutung ist also zunächst ʼvor das Tageding (Gericht) bringenʼ, dann verschiedene Bedeutungsspezialisierungen, von denen ʼfür jemand eintretenʼ in der modernen Sprache fest wird. Abstraktum: *Verteidigung;* Nomen agentis: *Verteidiger.*

vertikal *Adj. per. fremd.* ʼsenkrechtʼ (< 18. Jh.). Entlehnt aus l. *verticālis,* zu l. *vertex (-icis)* ʼSpitze, Höchstes, Scheitel, Wirbelʼ, zu l. *vertere* ʼdrehen, wendenʼ. Vom ʼScheitel des Sonnenstandsʼ zur Erde ist die Senkrechte, die *Vertikale,* im Gegensatz zur Horizontale, der Waagrechten. Die Ausdrucksweise ist also letztlich der Astronomie entnommen.
S. *Vers, konvertieren.* – Schirmer (1912), 75; *DF* 6 (1983), 166–169.

vertrackt *Adj. (PPrät.) stil.* (17. Jh.). Ursprünglich Partizip zu *vertrecken* ʼverziehen, verzerrenʼ (s. *trecken*), also ʼverzogen, knorrigʼ.

Vertrag *m.* (< 14. Jh.). Spmhd. *vertrac* zu *sich vertragen* als ʼgegenseitige Übereinkunftʼ. Im 17. Jh. als Ersatzwort für *Kontrakt* durchgesetzt.
K.-P. Nanz: *Die Entstehung des allgemeinen Vertragsbegriffs* (München 1985); *Grundbegriffe* 6 (1990), 901–954.

vertuschen *sw V.* (< 13. Jh.). Heute im Sinn von ʼverheimlichenʼ als Ableitung von *Tusche* aufgefaßt. Bezeugt sind aber seit dem 13. Jh. eine Fülle von Formen (*vertuzzen, verdussen, vertusschen, vertüschen*) und eine Vielzahl von Bedeutungen ʼverderben, aus der Fassung geraten, verstummen, unterdrücken u. a.ʼ Vermutlich liegt ein Schallwort für ʼstoßen o. ä.ʼ zugrunde, aus dem die Einzelbedeutungen herausgewachsen sind, wobei die Lautform expressiven Umgestaltungen unterlag.

verunglimpfen *sw V. obs.* (< 15. Jh.). Zu *Unglimpf* ʼBeleidigungʼ, s. weiter *glimpflich.*

verunstalten *sw V.* (< 16. Jh.). Zu *ungestalt* ʼunförmig beschaffenʼ. Weiter zu *Gestalt.* Also eigentlich ʼunförmig machenʼ mit unregelmäßiger Tilgung von *-ge-.*

verwahrlosen *sw V.* (< 14. Jh.). Spmhd. *verwarlōsen* ʼunachtsam behandeln, vernachlässigenʼ zu mhd. *warlōs* ʼachtlosʼ, zu ahd. *wara,* mhd. *war(e)* ʼBeachtung, Obhutʼ (s. *wahren*). Abstraktum: *Verwahrlosung.* Nndl. *verwaarlozen.*

verwandt *Adj. (PPrät.)* (< 15. Jh.). Mhd. *verwant,* mndd. *vorwant* zu *verwenden* in der Bedeutung ʼsich einander zuwenden, gegenseitig miteinander verkehrenʼ (in anderer Bedeutung *unverwandt auf etwas starren* ʼohne sich abzuwendenʼ). Die Einengung auf die heutige Bedeutung erst nach der mittelhochdeutschen Zeit. Abstraktum: *Verwandtschaft.*

verwegen *Adj. (PPrät.)* (< 14. Jh.). Spmhd. *verwegen* ʼfrisch entschlossenʼ, Partizip zu *sich verwegen* ʼsich entschließenʼ (vermutlich als ʼabwägenʼ gedacht). Älter kommt auch die Form *verwogen* vor, die die Herkunft aus dem Partizip deutlicher zeigt. Vgl. die entsprechende Bedeutungsentwicklung bei *wagen.* Weiteres unter *wägen.*

verweisen *st V.* ʼtadelnʼ (< 8. Jh.). Mhd. *verwīzen,* ahd. *firwīzan,* entsprechend gt. *fraweitan* ʼRecht verschaffen, rächenʼ. Präfigiert aus g. **weit-a- st V.* ʼfestsetzen, strafenʼ in aschw. *vīta* ʼzeihen, beweisenʼ, ae. *wītan* ʼvorwerfenʼ, afr. *wīta* ʼhüten, scheltenʼ, as. *wītan,* ahd. *wīzan.* Außergermanisch vergleicht sich vielleicht l. *vindex* ʼBürge, Beschützer, Rächerʼ. Weiter wohl zu ig. **wei̯ə-* ʼverfolgen, rächenʼ in ai. *véti* ʼwendet sich zu, trachtet nachʼ usw. Abstraktum: *Verweis.*
Seebold (1970), 550 f.

verwesen *sw V.* (< 12. Jh.). Mhd. *verwesen,* zunächst in der Bedeutung ʼzunichte werdenʼ, die auf eine Präfigierung zum Ausdruck des Gegensatzes zu *wesen* ʼseinʼ zurückgeht (s. *Wesen*). Dieses Wort bekommt in nach-mittelhochdeutscher Zeit die Bedeutung ʼvermodern, verfaulenʼ (< 16. Jh.), die ersichtlich unter dem Einfluß von ahd. *wesanēn* ʼdürr, morsch, schlaff werdenʼ steht; vergleichbar mit diesem sind anord. *visna* und ae. *wisnian;* parallel zu diesen wohl als Partizip eines starken Verbs anord. *visinn* ʼverwelktʼ, ahd. *wesan* ʼmorschʼ; außergermanisch vergleichen sich l. *viescere* ʼverwelken, schrumpfenʼ, air. *feo* ʼwelkʼ, lit. *výsti* ʼwelkenʼ. Eine zweite Bedeutung von nhd. mhd. *verwesen* ist ʼjmd. vertretenʼ, auch ahd. *firwesan* (< 9. Jh.) – eine eindeutige Präfigierung zu ahd. *wesan* ʼseinʼ mit der Präfixfunktion ʼan Stelle vonʼ. Eine dritte Bedeutung ʼverbrauchen, vergeudenʼ, die heute nicht mehr üblich ist, gehört zu ahd. *wesan* ʼverzehrenʼ, gt. *frawisan* ʼverbrauchenʼ. Abstraktum: *Verwesung.*
S. *Wesen.* – E. Seebold *Anglia* 84 (1966), 5–10; ders. (1970), 548.

Verweser *m. arch.* ´Stellvertreter´ (< 14. Jh.). S. *verwesen* in der zweiten Bedeutung.

verwittern *swV.* (< 18. Jh.). Ableitung zu *Wetter*, also ´unter Wettereinfluß zerfallen´. S. *wittern*.

verwöhnen *swV.* (< 13. Jh.). Mhd. *verwenen*. Parallel zu *gewöhnen* und *entwöhnen*, im Sinn von ´schlechte Gewohnheiten beibringen, an Schlechtes gewöhnen´.

verzeihen *stV.* (< 9. Jh.). Mhd. *verzī(h)en*, ahd. *firzīhan*, mndd. *vortien*, *vortig(g)en*. Präfigierung zu *zeihen* ´anklagen´ mit der Funktion des Gegensatzes, also etwa ´nicht für sich beanspruchen´. Diese allgemeine Bedeutung zeigt sich noch in *Verzicht*, während das Verb selbst auf ´jmd. etwas nachsehen´ eingeengt wurde. Abstraktum: *Verzeihung*; Adjektiv: *verzeihlich*. Röhrich 3 (1992), 1676.

verzetteln *swV.* (< 16. Jh.). Iterativbildung zu *(ver)zetten* ´verstreuen´ (s. *Zettel*[1] und *zetten*).

Verzicht *m.* s. *verzeihen*.

verzückt *Adj.* (*PPrät.*) s. *entzücken*.

Verzug *m. phras.* (< 14. Jh.). Nur in *Gefahr im Verzug*, ein juristischer Ausdruck, der eigentlich ´Gefahr im Fall des Verzögerns´ bedeutet, l. *periculum in mora*, vgl. *Lieferungsverzug, Verzugszinsen* u.ä. für diese ursprüngliche Bedeutung. Heute wird der Ausdruck meist als ´Gefahr im Kommen´ aufgefaßt (im Anschluß an *Aufzug, Anzug* u. dgl.). Adjektiv: *unverzüglich*. Trier (1981), 26.

verzwickt *Adj.* (*PPrät.*) *stil.* (< 16. Jh.). Gehört zu *Zwecke* im Sinn von ´Nagel´ und bedeutet damit eigentlich ´vernagelt´.

Vesen *m. per. reg.* ´Spelt, Spreu´ (< 9. Jh.). Mhd. *vese f.*, ahd. *fesa f.* Ausgangsbedeutung ist ´Spreu´, wie der Vergleich mit den außergermanischen Sprachen zeigt. Zu diesen vgl. gr. *ptíssō* ´ich enthülse durch Stampfen, zerschrote´ (Anlaut unklar), ai. *pináṣṭi*, l. *pīnsere*, lit. *paisýti* (das Grundverb *pisti* ist weiterentwickelt zu ´eine Frau beschlafen´), russ. *pichát´*.

Vesper *f. erw. fach.* ´abendlicher Gottesdienst´, *n.* ´kleine Zwischenmahlzeit´ (< 10. Jh.). Ahd. *vespera*, mhd. *vesper* ist entlehnt aus l. *vesper m.*, *vespera f.* ´Abend, Abendzeit´, vgl. gr. *hespérā*. Die Bedeutung ´kleine Zwischenmahlzeit´ ausgehend von ´kleine Mahlzeit am Nachmittag/Abend´; dann verallgemeinert. Hierzu das Verb **vespern**. Zur germanischen Verwandtschaft s. *Westen*. – Wünschmann (1966), 30–32, 45–52; M. Frenzell in: Müller (1976), 183–196; Cottez (1980), 452.

Vestibül *n. per. fach.* ´Eingangshalle´ (< 19. Jh.). Entlehnt aus frz. *vestibule m.*, dieses aus l. *vestibulum* ´Vorhof, Eingang´. *DF* 6 (1983), 170.

Veteran *m. erw. fach.* ´altgedienter Soldat´ (< 18. Jh.). Entlehnt aus l. *veterānus*, zu l. *vetus* ´alt, vormalig, früher´. S. *Vettel*. – *DF* 6 (1983), 171–174.

Veterinär *m. per. fach.* ´Tierarzt´ (< 19. Jh.). Entlehnt aus frz. *vétérinaire*, dieses aus l. *veterīnārius*, einer Substantivierung von l. *veterīnārius* ´zum Vieh gehörig´, zu l. *veterīnus* ´altes Pferd´ (zu l. *vetus* ´alt´). *DF* 6 (1983), 174 f.; J. N. Adams *IF* 97 (1992), 70–95.

Veto *n. erw. fach.* ´Einspruch´ (< 18. Jh.). Entlehnt aus frz. *veto m.*, einer Hypostase von l. *veto* ´ich verbiete´, zu l. *vetāre* ´verbieten, nicht geschehen lassen´. Mit dieser Formel konnten die Volkstribunen in der römischen Republik Einspruch gegen Staatsbeschlüsse erheben. *DF* 6 (1983), 175–178; Röhrich 3 (1992), 1676 f.

Vettel *f. vulg.* (< 15. Jh.). Entlehnt aus l. *vetula* ´altes Weib´ (zu l. *vetus* ´alt´), zunächst studentensprachlich. S. *Veteran*.

Vetter *m.* (< 8. Jh.). Mhd. *veter(e)* ´Vatersbruder´, ahd. *fetiro, fatureo* aus wg. **fadur(w)jōn m.* ´Vatersbruder´, auch in ae. *fædera*, afr. *federia*. Dieses aus ig. **pətṛwjo-*, auch in ai. *pitṛvyà-*, gr. *pátrōs*, *pátrōos*, l. *patruus*. Das Wort wird durch die Aufhebung des Gegensatzes von Vaterbruder und Mutterbruder in frühneuhochdeutscher Zeit frei (s. *Onkel*). Da bis dahin kein eigenes Wort für ´Vetter´ bestand und *Vetter* (besonders auch im Diminutiv) dafür eintreten konnte, wurde es auf diese neue Bedeutung festgelegt. Vgl. die Entwicklung bei *Base*[1]. S. *Vater*. – E. Risch *MH* 1944–1947, 117 f.; Szemerényi (1977), 53–61; Müller (1979); Ruipérez (1984), 89–99; Jones (1990), 162–174; Röhrich 3 (1992), 1677.

Vexierbild *n. per. fach.* ´Suchbild´ (< 18. Jh.). Bildung zu d. *vexieren* ´plagen, irreführen, necken´ aus l. *vexāre* ´plagen, quälen, schütteln´, einem Intensivum zu l. *vehere (vectum)* ´führen, tragen, bringen´. Demnach ´ein Bild, mit dem man den Betrachter necken möchte´. S. *Vehikel*.

Viadukt *m./n. erw. fach.* ´Überführung´ (< 19. Jh.). Neubildung zu l. *via f.* ´Weg, Straße´ und l. *dūcere (ductum)* ´führen´. Gebildet in Analogie zu *Aquädukt*, wobei mit *via* zum Ausdruck gebracht werden soll, daß hier Fahrzeuge verkehren (im Gegensatz zu den Wasserleitungen). S. *produzieren*. – Krüger (1979), 462 f.; *DF* 6 (1983), 178 f.

vibrieren *swV.* ´schwingen´ (< 18. Jh.). Entlehnt aus l. *vibrāre*. Abstraktum: *Vibration*. *DF* 6 (1983), 179–182.

Video *n. erw. fach.* ´magnetische Aufzeichnung von Bildern´ (< 20. Jh.). Entlehnt aus ne. *video*, der Kompositionsform von l. *vidēre* ´sehen´ (s. *revidieren*). *DF* 6 (1983), 182 f.; Rey-Debove/Gagnon (1988), 1086 f.

Vieh *n.* (< 8. Jh.). Mhd. *vihe*, *vehe*, ahd. *fihu*, *fiho*, *feho*, as. *fehu* aus g. **fehu-* n. ´Vieh`, auch in gt. *faihu*, anord. *fé*, ae. *feoh*, afr. *fiā m./n.* Dieses aus ig. *\*peku-* ´Vieh, Kleinvieh`, auch in ai. *páśu- m.* ´Vieh` (avest. *pasu- m.* ´Kleinvieh`), l. *pecus*, lit. *pēkus*. Da daneben Wörter für anord. *fær* ´Schaf`, gr. *pékos* ´Vlies` usw. stehen, liegt es nahe, als Ausgangsbedeutung ´Kleinvieh, Schafe` (eigentlich ´das zu Rupfende`) zu sehen und an gr. *pékein*, l. *pectere* ´kämmen` anzuschließen. Den Schafen wurde die Wolle früher ausgerauft, nicht geschoren. Darauf würde sich die Benennung beziehen (anders Benveniste: ursprüngliche Bedeutung ist ´Besitz`). Eine alte Nebenform ist *Viech*, mhd. *vich*. Adjektiv: **viehisch**.

Nndl. *vee*, ne. *fee*, nschw. *fä*, nisl. *fé*. S. auch *feudal, Filou, Zyklop*. – E. Benveniste in: G. Cardona u. a. (Hrsg.): *Indo-European and Indo-Europeans* (Philadelphia 1970), 307–320; ders. (1969/1993), 39–53; Th. Schippan *ZPhSK* 44 (1991), 93–101.

viel *Adj.* (< 8. Jh.). Mhd. *vil(e)*, ahd. *filu*, *filo*, as. *filu* aus g. **felu-* Adv./Adj. ´viel`, auch in gt. *filu*, anord. *fjǫl-* (in Zusammensetzungen), ae. *feala*, afr. *fel(o)*, *ful*. Die adverbial gebrauchte Form ist das Neutrum zu einem *u*-stämmigen Adjektiv, von dem die germanischen Sprachen nur Reste bewahrt haben. Außergermanisch vergleichen sich ai. *purú-*, gr. *polý(s)*, air. *il* ´viel`. Ausgangsbedeutung ist ´füllend`. S. *voll* zur weiteren Verwandtschaft. Nndl. *veel*.

Vielfraß *m.* erw. exot. (< 11. Jh.). Mhd. *vilvrāz* *Adj.*, *vilvræzegger*, ahd. *filufrāz* ´Vielfresser` ist in alter Zeit die Bezeichnung für die Hyäne. Im 15. Jh. kommen die Felle eines nordischen Tiers nach Deutschland, das norwegisch *jarv, jerv* heißt; möglicherweise unter Einfluß von finn.-kar. *ahma* ´Vielfresser` wird dieses Tier mit dem bereits bestehende Wort *Vielfraß* bezeichnet, worauf dann auch die Bezeichnung in den nordischen Sprachen umgeformt werden (nnorw. *fjeldfras*, ndn. *felfraads*, nschw. *filfras*).

Y. H. Toivonen *AASF B* 50 (1942), 507–523, nach O. Böthlingk *BVSAW* 53, 36–42.

vielleicht *Adv.* (< 12. Jh.). Mhd. *vil līhte* ´sehr leicht`, das schon in der heutigen Bedeutung gebraucht werden konnte.

Vielliebchen *n.* per. reg. (zwei zusammengewachsene Früchte, an die sich Volksbräuche für Liebespaare knüpfen, besonders Doppelmandeln) (< 19. Jh.). Das Wort scheint eine Umdeutung zu sein aus *Filipchen*, dieses weiter aus frz. *Philippine*, das aus *Valentin* umgeformt ist. Zu den Liebesbräuchen am Valentinstag (14. Februar), wie besonders in England heute noch üblich.

Röhrich 3 (1992), 1677 f.

vier *Num.* (< 8. Jh.). Mhd. *vier*, ahd. *fior*, as. *fi(u)-war*, *fier*, *fior* aus wg. **fewar*, auch in ae. *fēower*,

afr. *fiār*, *fiūwer*. Diese Form ist vereinfacht aus g. **fedwōr* in gt. *fidwor*, anord. *fjórir* (auch ae. *fyðer-* in Zusammensetzungen). Aus ig. **kʷetwōr(es)*, auch in ai. *catvāra-*, toch. A *śtwar*, toch. B *śtwer*, gr. *téssares*, l. *quattuor*, air. *cethair*, kymr. *pedwar*, lit. *keturì*, akslav. *četyre*. Weitere Herkunft unklar.

Nndl. *vier*, ne. *four*, nschw. *fyra*, nisl. *fjórir*. S. *Quadrant*. – O. Bremer in: *Streitberg-Festgabe* (Leipzig 1924), 20–22; F. Müller *IF* 44 (1927), 137 f.; E. P. Hamp *Germanic Studies* 2 (1976), 1 f.; A. J. van Windekens *IF* 87 (1982), 8–14; P. V. Stiles *NOWELE* 6 (1985), 81–104; *NOWELE* 7 (1986), 3–27; *NOWELE* 8 (1986), 3–25; J. Voyles *JEGPh* 86 (1987), 487–495; R. S. P. Beekes *JIES* 15 (1987), 215–219; Meyer/Suntrup (1987), 332–402; Justus (1988), 521–541; W. P. Schmid: *Wort und Zahl* (Mainz 1989); Röhrich 3 (1992), 1678; Ross/Berns (1992), 579–584, 598 f., 614 f.

vierschrötig *Adj.* erw. reg. (< 16. Jh.). Mhd. *vier-schrætec*, älter *vierschræte*, ahd. *fiorscrōti* zu ahd. *scrōt* ´Schnitt` (s. *Schrot*). Die Bedeutung ist eigentlich ´viereckig`, in bezug auf Glieder ´klobig, plump`.

Viertel *n.* (< 10. Jh.). Mhd. *viertel*, älter *vierteil*, ahd. *fiorteil*, mndd. *vērdel*. Eigentlich *der vierte Teil*, was in Zusammenrückung vereinfacht wird. Seit dem 16. Jh. Neutrum. Die Bedeutung ´Stadtviertel` geht von Städten mit alten römischen Anlagen zurück, die tatsächlich in vier Teile zerfielen. Röhrich 3 (1992), 1678.

vif *Adj.* erw. fremd. ´aufgeweckt` (< 19. Jh.). Entlehnt aus frz. *vif*, dieses aus l. *vīvus*, zu l. *vīvere* ´leben`. S. *vital*.

Vignette *f.* per. fach. ´ornamentale bildliche Darstellung, Kontrollabschnitt` (< 18. Jh.). Entlehnt aus frz. *vignette* (eigentlich ´Weinrankenornament`), einem Diminutivum zu frz. *vigne* ´Weinrebe`, aus l. *vīneus m.*, *vīnea* ´Weinstock`, zu l. *vīnum n.* ´Wein`. S. *Wein*.

Vikar *m.* erw. fach. (< 14. Jh.). Spmhd. *vicār[i]*, *vicārier* ist entlehnt aus l. *vicārius*, zu l. *vicis f.* ´Abwechslung, Stellvertretung`.

S. *vize-*; zur germanischen Verwandtschaft s. *Wechsel*. – *DF* 6 (1983), 183–185.

Viktualien *Pl.* per. fach. ´Lebensmittel` (< 17. Jh.). Entlehnt aus l. *vīctuālia n.*, einer Substantivierung von l. *vīctuālis* ´zum Lebensunterhalt gehörig`, zu l. *vīctus m.* ´Leben, Lebensart, Unterhalt, Nahrung`, zu l. *vīvere (vīctum)* ´leben`.

S. *vital*. – *DF* 6 (1983), 186 f.

Villa *f.* ´vornehmes Haus` (< 17. Jh.). Entlehnt aus it. *villa*, dieses aus l. *vīlla* ´Landhaus, Landgut`. S. *Weiler*. – *DF* 6 (1983), 187 f.

Viola *f.* per. fach. ´Bratsche` (< 15. Jh.). Entlehnt aus it. *viola*, dessen weitere Herkunft nicht sicher geklärt ist.

S. *Bratsche, Gambe, Violine*. – Relleke (1980), 212.

violett *Adj.* (< 17. Jh.). Entlehnt aus frz. *violet*, dieses zu frz. *violette* 'Veilchen', einem Diminutivum zu afrz. *viole*, aus l. *viola*, also 'veilchenfarbig'.
Cottez (1980), 452; *DF* 6 (1983), 188–190.

Violine *f.* (< 17. Jh.). Entlehnt aus it. *violino m.*, einem Diminutivum zu it. *viola* 'Bratsche, Gambe'. Die weitere Herkunft ist nicht sicher geklärt.
S. *Cello, Viola, Bratsche, Gambe.* – Relleke (1980), 212–214; *DF* 6 (1983), 190–193; Röhrich 3 (1992), 1679.

Viper *f. erw. fach.* (eine Giftschlange) (< 13. Jh.). Mhd. *vip[p]er, vipere* ist entlehnt aus l. *vīpera*, das wohl mit Silbenschichtung auf l. **vīvi-pera* 'lebendgebärend' zurückgeht.

Virgel *f. per. fach.* 'Schrägstrich' (< 20. Jh.). Entlehnt aus spl. *virgula* 'Akzentzeichen, Strich, Streifen', eigentlich 'kleiner Zweig', einem Diminutivum von l. *virga* 'grüner, dünner Zweig', zu l. *virēre* 'grünen'.

virtuell *Adj. per. fremd.* 'möglich' (< 19. Jh.). Entlehnt aus frz. *virtuel*, dieses über das Mittellateinische aus l. *virtūs* 'Kraft, Tüchtigkeit, Mannhaftigkeit', zu l. *vir* 'Mann'.
S. *Virtuose.* – A. N. van Omme: *Virtus* (Diss. Utrecht 1947); *DF* 6 (1983), 194 f.

Virtuose *m. erw. fach.* (< 18. Jh.). Entlehnt aus it. *virtuoso*, eigentlich 'Tüchtiger', einer Substantivierung von it. *virtuoso* 'tüchtig', zu it. *virtù f.* 'Tüchtigkeit', aus l. *virtūs (-ūtis) f.*, eigentlich 'Männlichkeit, Mannheit', zu l. *vir* 'Mann'. Das Adjektiv ist entlehnt als **virtuos**; Abstraktum: **Virtuosität**.
S. *virtuell, [Virtus]*; zur germanischen Verwandtschaft s. *Welt.* – Ganz (1957), 229; W. J. Jones *SN* 51 (1979), 274; *DF* 6 (1983), 195–204.

Virus *n./(m.)* (< 20. Jh.). Entlehnt aus l. *vīrus n.* 'Gift, Saft'. Hierzu **virulent** 'giftig, krankheitserregend'.
DF 6 (1983), 204–207.

Visage *f. vulg.* 'Gesicht' (< 17. Jh.). Entlehnt aus frz. *visage m.* 'Gesicht', zu afrz. *vis*, dieses aus l. *vīsus m.*, eigentlich 'Blick, Anblick', zu l. *vidēre (vīsum)* 'sehen'. Das altfranzösische Wort noch in *vis-à-vis* 'gegenüber'.
Zur lateinischen Sippe s. *revidieren.* – Brunt (1983), 490; *DF* 6 (1983), 207–210.

Visier[1] *n. arch.* 'Gesichtsschutz' (< 15. Jh.). Entlehnt aus frz. *visière f.*, zu afrz. *vis* 'Gesicht', dieses aus l. *vīsus m.*, eigentlich 'Blick, Anblick'.
S. *Visage* und *revidieren.* – E. Öhmann *NPhM* 59 (1958), 231–233; *DF* 6 (1983), 210–212; Röhrich 3 (1992), 1679.

Visier[2] *n. erw. fach.* 'Zielvorrichtung' (< 16. Jh.). Entlehnt aus frz. *visière f.*, zu frz. *viser* 'ins Auge fassen, zielen', aus spl. **visare* 'ins Auge fassen', aus l. *vidēre (vīsum)* 'sehen'. Das Verb ist entlehnt als **visieren**.

S. *revidieren.* – *DF* 6 (1983), 212–217; Röhrich 3 (1992), 1679.

Vision *f.* (< 14. Jh.). Spmhd. *visiōn, visiūn[e]* 'Traumgesicht' ist entlehnt aus l. *vīsio (-ōnis)* 'Vorstellung, Idee', eigentlich 'Sehen, Anblick', zu l. *vidēre (vīsum)* 'sehen'. Adjektiv: **visionär**; Täterbezeichnung: **Visionär**.
S. *Visage* und *revidieren.* – *DF* 6 (1983), 217–222.

Visite *f. erw. fach.* (< 17. Jh.). Entlehnt aus frz. *visite*, zu frz. *visiter* 'besuchen', aus l. *vīsitāre*, eigentlich 'oft sehen', einem Intensivum zu l. *vidēre (vīsum)* 'sehen'. Die veraltende Bedeutung 'Besuch' noch in *Visitenkarte.* Verb: **visitieren**; Abstraktum: **Visitation**.
S. *revidieren.* – Jones (1976), 651; *DF* 6 (1983), 222–235; Röhrich 3 (1992), 1679.

visuell *Adj. per. fach.* 'zum Sehen gehörig' (< 19. Jh.). Entlehnt aus frz. *visuel* 'sichtbar', aus l. *vīsuālis*, zu l. *vīsus* 'das Sehen', s. *revidieren.*
DF 6 (1983), 235 f.

Visum *n. erw. fach.* 'Sichtvermerk (im Paß)' (< 20. Jh.). Übernommen aus dem lateinischen Vermerk *vīsum* = 'gesehen' im Paß. Zu l. *vidēre* 'sehen' (s. *revidieren*).
DF 6 (1983), 236–238.

vital *Adj. erw. fremd.* 'kräftig, lebendig' (< 19. Jh.). Entlehnt aus frz. *vital*, dieses aus l. *vītālis* 'Lebenskraft habend', zu l. *vīta* 'Leben', zu l. *vīvere* 'leben'. Abstraktum: **Vitalität**.
Zu l. *vīvere* 'leben' gehören zunächst *Konvikt* und *Viktualien*; zu dem zugehörigen l. *vīta* 'Leben' gehört *Aquavit* und *Vitamin*; zu l. *vīvus* 'lebendig' gehören *vif* und *Weiher*; zur germanischen Verwandtschaft s. *keck*, zur griechischen *Biologie.* – K.-H. Weimann *DWEB* 2 (1963), 407; *DF* 6 (1983), 238–248.

Vitamin *n.* (< 20. Jh.). Neubildung zu l. *vīta f.* 'Leben' (zu l. *vīvere* 'leben') und *Amin* (organische Stickstoffverbindung). So durch den deutschen Chemiker Funk bezeichnet in der irrtümlichen Annahme, daß alle *Vitamine* Amine seien.
S. *vital.* – Cottez (1980), 452; *DF* 6 (1983), 248 f.; Röhrich 3 (1992), 1679.

Vitrine *f. erw. fach.* 'Schaukasten' (< 19. Jh.). Entlehnt aus frz. *vitrine*, zu frz. *vitre* 'Glasscheibe' gebildet in Anlehnung an frz. *verrine* 'Glaskasten', frz. *verre m.* aus l. *vitrum n.* 'Glas'.
S. *Vitriol.* – *DF* 6 (1983), 250.

Vize- *LAff.* mit der Bedeutung 'stellvertretend'. Entlehnt in Zusammensetzungen mit spl. *vice-*, zu l. *vicis* 'Wechsel, Abwechslung, Stellvertretung'. Auch als Kurzform **Vize** 'Stellvertreter'.
S. *Vikar.* – *DF* 6 (1983), 255–260.

Vlies *n. obs.* 'Schaffell' (< 16. Jh.). Übernommen aus dem Niederländischen im Zusammenhang mit der Gründung des *Ordens vom Goldenen Vlies* (1429); dessen Name wiederum im Anschluß an die

Argonautensage. Mndl. *vlies,* nndl. *vlies,* ae. *flēos,* ne. *fleece* entsprechend mhd. *vlies, vlius,* mndd. *vlūs(ch),* daneben mndl. *vluus,* ae. *flȳs.* S. *Flausch* (dort auch zu den Vergleichsmöglichkeiten).

Vogel *m.* (< 8. Jh.). Mhd. *vogel,* ahd. *fogal,* as. *fugal* aus g. **fugla- m.* ´Vogel´, auch in gt. *fugls,* anord. *fugl,* ae. afr. *fugel.* Außergermanisch entspricht mit anderem Suffix lit. *paũkštis* ´Vogel´. Vermutlich Weiterbildung von (ig.) **pu-* ´Tierjunges´, das auch sonst in Wörtern für ´Vogel´ und ´Küken´ auftaucht, vgl. lit. *putýtis* ´Küchlein´, russ. *ptíca f.* ´Vogel´, l. *pullus* ´junges Tier, Huhn´. Nndl. *vogel,* ne. *fowl,* nschw. *fågel,* nisl. *fugl.* S. auch *Geflügel.* – Röhrich 3 (1992), 1679–1682.

Vogelbeere *f.* (< 17. Jh.). Die roten Früchte der Eberesche dienten als Lockspeise beim Vogelfang.

vogelfrei *Adj. obs.* ´geächtet´ (< 16. Jh.). Kein Ausdruck der Zeit, auf die es sich bezieht; aber seit dem 16. Jh. feststehender Ausdruck für die Schutz- und Rechtlosigkeit des Geächteten. Vermutlich gelehrte Bildung, mit Bezug darauf, daß der Vogel demjenigen gehört, der ihn fängt; er steht unter keinem Recht und hat keinen Schutz.
E. vKünßberg *ZSSR-GA* 58 (1938), 525–533; Röhrich 3 (1992), 1682.

Vogelherd *m. arch.* ´Platz für den Vogelfang´ (< 14. Jh.). Spmhd. *vogelhert.* Mit Rücksicht auf gleichbedeutendes mhd. *vogelgrien* zu *grien* ´Sand, Sandplatz´ liegt wohl das schweizerisch noch erhaltene *herd* ´Erde, Boden´ vor, dessen Herkunft unklar ist (Kreuzung aus *Erde* + *Herd*?).
Röhrich 3 (1992), 1682.

vögeln *swV. vulg* ´begatten´ (< 15. Jh.). Fnhd. *vog(e)len.* Vermutlich zu der gleichen Grundlage wie *ficken* (aus g. **fug-, fukk-*), also ´stoßen´ (iterativ), doch ist das Wort schon früh auf *Vogel* bezogen worden, so daß es in früher Zeit nur in bezug auf *Vögel* belegt ist. Vgl. im Limburgischen *vogelen, fokkelen* für das Begatten bei Hühnern. Die Einzelheiten sind klärungsbedürftig.
J. Goossens *NJU* 91 (1968), 29 f. zu dem limburgischen Wort.

Vogt *m. obs.* (< 8. Jh.). Mhd. *vog(e)t, voit,* ahd. *fogat,* mndd. *voget, voit, vaget,* mndl. *voget, voocht.* Entlehnt aus ml. *vocatus,* entsprechend zu l. *advocātus* (s. *Advokat*) ´Rechtsvertreter´ (eines nicht Rechtsfähigen, zunächst eines Bistums oder Klosters, da sich die Kirche als Partei vor dem weltlichen Gericht nicht selbst vertreten sollte, dann auch eines Unmündigen). Mit der Veränderung der Befugnisse solcher Rechtsvertreter veränderte sich auch die Bedeutung des Wortes zu ´hoher Verwaltungsbeamter (u.ä.)´.
S. *Advokat.* – G. vOlberg in: *Text- und Sachbezug in der Rechtssprachgeographie.* Hrsg. R. Schmidt-Wiegand (München 1985), 70–103; K. Grubmüller in *FS Schmidt-Wiegand* (1986), 158–171.

Vokabel *f. per. fach.* ´fremdsprachliches Wort´ (< 15. Jh.). Entlehnt aus l. *vocābulum m.* ´Substantiv, Name, Benennung´, zu l. *vocāre* ´rufen, nennen, benennen´. Kollektivum: **Vokabular.**
S. *provozieren.* – *DF* 6 (1983), 260–262.

Vokal *m.* ´Selbstlaut´ (< 15. Jh.). Entlehnt aus l. *vōcālis (littera) f.,* zu l. *vōcālis* ´erklingend, tönend´, zu l. *vox (vōcis) f.* ´Stimme´. Adjektiv: **vokalisch.**
S. *provozieren.* Ersatzwort ist *Selbstlaut.* – W. J. Jones *SN* 51 (1979), 21 f. – *DF* 6 (1983), 263–266.

Vokativ *m. per. fach.* ´Anredefall´ (< 17. Jh.). Als Fachwort entlehnt aus l. *vocātīvus (casus),* zu l. *vocāre* ´rufen´.
S. *provozieren.* – E. Leser *ZDW* 15 (1914), 53; Röhrich 3 (1992), 1682.

Voland *m.,* auch **Valand** *m.* ´Teufel´, *arch.* (< 12. Jh.). Mhd. *vālant,* mndd. *valant, volant.* Vermutlich altes Partizip zu anord. *fæla* ´verscheuchen´, anord. *fælinn* ´bange´, ae. *ealfelo, ælfæle* ´verderblich, schrecklich´ und mit Ablaut gt. *usfilma* ´erschrocken´. Außergermanisch vergleicht sich kslav. *plašiti* ´schrecken´, also wohl der Schreckende, Verderbende´.

Volant *m. arch.* ´Besatz, Steuerrad´ (< 19. Jh.). Entlehnt aus frz. *volant,* zu frz. *voler* ´fliegen´, aus l. *volāre.* Die Bedeutung ´Steuerrad´ aus den älteren Bedeutungen ´Flügel einer Windmühle, Schwungrad´.
Brunt (1983), 491; *DF* 6 (1983), 267 f.

Volk *n.* (< 8. Jh.). Mhd. *volc m./n.,* ahd. *folc,* as. *folk* aus g. **fulka- n.* ´Volk, Kriegsvolk´, auch in ae. *folc,* anord. afr. *folk.* Keine genaue Vergleichsmöglichkeit. Vermutlich Weiterbildung zu der Wurzel, die in *voll* erhalten ist und ´füllen´ bedeutet, vgl. unerweitert l. *populus m.* ´Volk´, gr. *plēthos* ´Menge´. Adjektiv: **völkisch;** Präfixableitung: **bevölkern.**
Nndl. *volk,* ne. *folk,* nschw. *folk,* nisl. *fólk.* S. *Folklore, Pulk, voll.* – G. Herold: *Der Volksbegriff im Sprachschatz des Althochdeutschen und Altniederdeutschen* (Diss. München 1940); O.-R. Ehrismann: *Volk* (Gießen 1970); R. Grosse *ZPhSK* 38 (1985), 481–488; Maher (1986), 68; *Grundbegriffe* 7 (1992), 141–431; vOlberg (1991), 109 f. Zur Entlehnung ins Finnische s. *LÄGLOS* (1991), 119 f.

voll *Adj.* (< 8. Jh.). Mhd. *vol,* ahd. *fol,* as. *ful(l)* aus g. **fulla- Adj.* ´voll´, auch in gt. *fulls,* anord. *fullr,* ae. *full,* afr. *ful(l).* Dieses aus ig. **plₔno-* ´gefüllt´, auch in lit. *pilnas,* akslav. *plĭnŭ,* air. *lán,* kymr. *llawn,* l. *plēnus* ai. *pūrṇá-,* zu ig. **pelₔ-/plē-* ´füllen´ in ai. *pṛṇáti,* gr. *pímplēmi,* l. *-plēre,* air. *línad.* Abstraktum: **Fülle.**
Nndl. *vol,* ne. *full,* nschw. *full,* nisl. *fullur.* S. *Fülle, füllen, viel, Volk, vollends.* – G. Urbaniak: *Adjektive auf ´-voll´* (Heidelberg 1983); Röhrich 3 (1992), 1682 f.; Heidermanns (1993), 220 f.

vollends *Adv.* (< *8. Jh., Form < 17. Jh.). Mhd. *en vollen*, zu mhd. *volle*, ahd. *follo* 'Fülle' (zu *voll*), also eigentlich 'in Fülle'. Im Verlauf der Sprachgeschichte ging die Präposition verloren, und in den Auslaut trat ein unorganisches *d*. Nachträglich wurde das adverbiale *-s* angefügt.

vollkommen *Adj.* (< 12. Jh.). Mhd. *volkomen*, *volkumen*, Partizip zum gleichlautenden Verb, das 'vollständig werden, zum Ziel kommen u.ä.' bedeutet. Entsprechend mndd. *vul(len)komen*, mndl. *volcomen*.

Vollmacht *f.* (< 14. Jh.). Spmhd. *volmaht*, mndd. *vulmacht*, mndl. *volmacht(e)*. Lehnübersetzung von l. *plēnipotentia* gleicher Bedeutung.

Volontär *m. per. fach.* 'jmd., der berufsvorbereitend in einem Betrieb arbeitet' (< 17. Jh.). Entlehnt aus frz. *volontaire* 'Freiwilliger', einer Substantivierung von frz. *volontaire* 'freiwillig', aus l. *voluntārius*, zu l. *voluntās (-ātis) f.* 'Wille, Wollen, Neigung', zu l. *velle* 'wollen'. Verb: *volontieren*; Abstraktum: *Volontariat*.

Zur germanischen Verwandtschaft s. *wollen*. – Schirmer (1911), 206; Jones (1976), 653; *DF* 6 (1983), 268–270.

Volt *n.* (< 19. Jh.). Neubildung zu *Volta*, dem Namen eines italienischen Physikers des 18./19. Jhs.

Volumen *n. erw. fremd.* 'Rauminhalt' (< 17. Jh.). Entlehnt aus l. *volūmen (-inis)* 'Schriftrolle, Schriftwerk, Schrift, Kreis, Welle', zu l. *volvere (volūtum)* 'drehen, rollen'. Zunächst entlehnt in der eigentlichen Bedeutung 'Schriftrolle'; die Bedeutung 'Rauminhalt' nach frz. *volume m.* gleichen Ursprungs. Adjektiv: *voluminös*.

Zu l. *volvere* 'rollen' gehören noch *Konvolut*, *revoltieren*, *Revolution*, *Revolver*. – Schirmer (1912), 76; Cottez (1980), 453; *DF* 6 (1983), 270–274.

von *Präp.* s. *ab*.

vonstatten *Adv.* (< 16. Jh.). Zusammenrückung mit mhd. *state*, ahd. *stata* 'bequemer Ort, Gelegenheit, Hilfe' (morphologisch nicht identisch mit *Stadt/Stätte/Statt*, aber von der gleichen Wurzel).

vor *Adv./Präp.* (< 8. Jh.). Mhd. *vor(e)*, ahd. *fora*, as. *for(a)-, far-* aus g. **fur-* (mit verschiedenen Endungen) 'vor', auch in gt. *faur*, anord. *for-*, ae. *for(e)*, afr. *fora*. Außergermanisch entsprechen ai. *purā* 'vor', gr. *páros* 'vor, früher'. Eigentlich 'darüber hinausgehend, davor' zur gleichen Grundlage wie *fern*, *fort*, *für*, *Fürst*, *ver-*, *vorder*.

Nndl. *voor*, ne. *for*, nschw. *för(e)*, nisl. *for-*. – Henzen (1969), 24–132.

vorbeugen *swV.* 'Vorsorge treffen' (16. Jh.). Das zugrundeliegende Benennungsmotiv ist nicht völlig klar (zunächst gleich benützt wird *vorbiegen*), offenbar 'jemanden durch einen Umweg einholen, jemanden einholen'.

vorder *Adj.* (< 9. Jh.). Mhd. *vorder*, ahd. *for-d(a)ro, fordrōro, furdiro*. Eine alte Gegensatzbildung mit dem Suffix ig. **-tero-* zu dem unter *vor* behandelten Komplex.

S. *Altvorder(e)n, befördern, fordern*. – Henzen (1969), 24–132.

Vorderbieten *m.* s. *Bieten*.

Vorfahr(e) *m. obs.* (< 12. Jh.). Mhd. *vorvar*, mndd. *vorvare(r)*, *vorvar(en)de*, meist im Plural. Nomen agentis zu *fahren*, also eigentlich 'der Vorangehende', heute nur noch für 'Voreltern'. Vgl. *Nachfahr*.

vorhanden *Adv./Adj.* (< 15. Jh.). Zusammengerückt aus *vor Handen*, eigentlich 'vor den Händen' mit dem alten Dativ Plural wie in *abhanden*. *Vor Handen* ist eigentlich 'zum Zugreifen' und wird dann verallgemeinert auf 'Anwesenheit, Existenz u.ä.'.

Vorhut *f.* (< 18. Jh.). Lehnübersetzung von frz. *avant-garde*. Davor *Vortrab* und *Vortraber*.

vorknöpfen *swV. stil.* 'herholen, um zu tadeln' (< 20. Jh.). Eigentlich 'am Knopf (der Uniform) zu sich herziehen'.

vorläufig *Adv.* (< 17. Jh.). Ausgangsbedeutung ist 'vorausgehend'. Dabei kommt immer stärker der Nebensinn hinzu, daß eine genauere Behandlung nachfolgt.

vorlaut *Adj.* (< 15. Jh.). Ursprünglich in der Jägersprache für Hunde die zu früh anschlagen. Dann in verschiedenen Verallgemeinerungen, heute meist von Kindern, die sich ungebeten zu etwas äußern.

vorliebnehmen *swV.* (< 17. Jh.). Aus *für lieb nehmen*. Dazu *Vorliebe*.

Vormund *m.* (< 10. Jh.). Mhd. *vormunt*, ahd. *foramunto* zu *Mund*[2] 'Schutz' als 'der, dessen Hand (Schutz) davor ist'. Präfixableitung: *bevormunden*.

E. vKünßberg: *Rechtssprachgeographie* (Heidelberg 1926), 38–42; E. Kranzmayer *Heimat und Volkstum* 11 (1933), 328–336; Röhrich 3 (1992), 1684.

vorn *Adv.* (< 9. Jh.). Mhd. *vorn(e)* u.ä., ahd. *forn(a)*. Adverbialbildung zu dem unter *vor* dargestellten Komplex.

vornehm *Adj.* (< 14. Jh.). Spmhd. *vürnæme* zu *nehmen*. Die Bedeutung ist zunächst 'hervorragend, besonders' (vgl. *vornehmlich*), erst später auf Stand und Gesinnung eingeschränkt. Die Bildung ist vermutlich eine Lehnübersetzung von l. *praecipuus* gleicher Bedeutung (zu l. *prae* 'vor' und l. *capere* 'nehmen'). Abstraktum: *Vornehmheit*.

Vorrat *m.* (< 14. Jh.). Spmhd. *vorrāt*. Zusammensetzung mit *Rat* in dessen alter Bedeutung, die z. B. auch in *Hausrat* erscheint. Adjektiv: *vorrätig*; Präfixableitung: *bevorraten*.

Vorteil *m.* (< 16. Jh.). Eigentlich das, was man bei der Teilung voraus (also: dazu) bekommt. Daraus die heutige Bedeutung.

Vortrag *m.* (< 16. Jh.). Abgeleitet aus *vortragen*, das auf 'in Worten vorbringen' spezialisiert sein konnte.

vortrefflich *Adj.* (< 16. Jh.). Zu mhd. *vürtreffen* 'übertreffen'.

Vorwand *m.* (< 16. Jh.). Übersetzt aus l. *praetextus* gleicher Bedeutung. L. *praetexere* bedeutet eigentlich 'vorn anweben' und liefert somit ein deutliches Bild für den juristischen Ausdruck; wie weit dies im Deutschen noch nachvollziehbar war, ist unklar (vgl. etwa die Lautgeschichte von *Leinwand*).

Vorwitz *m. obs.* (< 9. Jh.). Mhd. *vürwitze*, *virwitte f.*, ahd. *firiwizzi n.*, as. *firiwit n.*, vgl. ae. *fyrwet n.* 'Neugier'. Auszugehen ist von der Bedeutung 'Erscheinung, Wunder', die das Wort im Althochdeutschen noch hat (und die sich von der Grundbedeutung der Wurzel ableitet, s. *wissen*). Hierzu ein Verb, das in gt. *fairweitjan* 'gespannt hinblicken, anstarren' bezeugt ist, und daraus wieder als Rückbildung die Substantive mit der Bedeutung 'Neugier'. Ein anderer Weg kann über das Adjektiv ahd. *firiwizgern* 'nach Wundern begierig, neugierig' gegangen sein, zu dem ebenfalls auf dem Weg der Rückbildung das Substantiv mit der Bedeutung 'Neugier' gebildet worden sein müßte. Adjektiv: *vorwitzig*.

E. Seebold *Sprache* 19 (1973), 173–176.

Vorwurf *m.* (< 14. Jh.). In der Bedeutung 'künstlerisches Konzept' geht das Wort auf eine Lehnübersetzung des 14. Jhs. zurück (zu l. *obiectum n.* 'Gegenstand, das Entgegenliegende', das seinerseits gr. *próblēma n.* übersetzt). Das deutsche Wort wird von den Mystikern für 'das vor den Sinnen Liegende' benützt und wird von dort aus ein Fachwort in Künstlerkreisen (teilweise auf der zweiten Silbe betont). In der Bedeutung 'Tadel' Abstraktum zu *vorwerfen*.

Pfaff (1933), 55 f.

Votivtafel *f. per. fach.* 'geweihtes Heiligenbild' (< 18. Jh.). Neubildung zu kirchen-l. *tabula vōtiva* 'geweihtes Täfelchen', zu l. *tabula* 'Tafel' und l. *vovēre (vōtum)* 'geloben, einer Gottheit feierlich versprechen'.

S. *Votum*. – *DF* 6 (1983), 275 f.

Votum *n. per. fach.* 'Stimme, Stimmabgabe' (< 16. Jh.). Entlehnt aus ml. *votum*, dieses aus l. *vōtum* 'Gelübde', zu l. *vovēre (vōtum)* 'geloben, einer Gottheit feierlich versprechen'. Dazu als Verb gebildet *votieren* (nach frz. *voter* oder e. *vote*).

S. *devot*. – *DF* 6 (1983), 274–279.

Votze *f.* s. *Fotze*.

Voyeur *m. per. fach.* 'jmd., der heimlich den Geschlechtsverkehr anderer beobachtet' (< 20. Jh.). Entlehnt aus frz. *voyeur*, eigentlich 'Zuschauer', einer Ableitung von frz. *voir* 'sehen', aus l. *vidēre* 'sehen'. Abstraktum: *Voyeurismus*.

S. *revidieren*. – *DF* 6 (1983), 279 f.

vulgär *Adj.* (< 17. Jh.). Entlehnt aus frz. *vulgaire*, dieses aus l. *vulgāris* 'gemein, niedrig, allgemein', zu l. *vulgus* 'Volk'.

DF 6 (1983), 280–285.

Vulkan *m.* (< 17. Jh.). Neubildung zu l. *Vulcānus*, dem Namen des Gottes der Feuerflamme. Adjektiv: *vulkanisch*.

K.-H. Weimann *DWEB* 2 (1963), 407; *DF* 6 (1983), 285–292.

vulkanisieren *erw. fach.* (Verfahren zur Gummibearbeitung) (< 19. Jh.). Entlehnt aus e. *vulcanize*, dieses wie *Vulkan* aus dem Götternamen gebildet.

Rey-Debove/Gagnon (1988), 1092.

W

Waage f. (< 8. Jh.). Mhd. *wāge*, ahd. *wāga*, as. *wāga* aus g. **wēgō* f. 'Waage', auch in anord. *vág*, ae. *wǣg(e)*, Abstraktum zu g. **weg-a- stV.* 'bewegen', auch 'wiegen, wägen' (s. *bewegen*). Die Schreibung mit Doppel-*a* seit 1927 zur Unterscheidung von *Wagen*.

Nndl. *waag*, nschw. *våg*, nisl. *vog*. S. *wagen*, *wägen*, *wiegen*. – R. Freudenberg *HBV* 52/52 (1960), 29–61; Röhrich 3 (1992), 1686.

wabbelig *Adj. erw. stil.* (< 17. Jh.). Zu *wabbeln* 'schlottern, herabhängen'. Ähnlich anord. *vafla* 'wankend gehen', ne. *wabble* 'schlottern'. Wohl lautsymbolisch.

Wabe f. (< 9. Jh.). Mhd. *wabe* m./f., *waben* m., ahd. *waba*, auch *wabo* m. Eigentlich 'Gewebe' zu *weben*. S. *Waffel*, *Wift*.

wabern *swV. per. reg.* (< 14. Jh.). Mhd. *waberen*, vgl. nndl. *wapperen*, aus g. **wabrō- swV.* 'sich hin- und herbewegen', auch in anord. *vafra*, vgl. ae. *wæfre* 'flackernd'. Wohl mit *weben* zusammenhängend (als 'hin- und herfahren').

Heidermanns (1993), 642.

wach *Adj.* (< 16. Jh). Zuerst in prädikativer Verwendung aus dem Substantiv *Wache* 'Wachsein' herausgelöst. Dieses zu *wachen*.

wachen *swV.* (< 8. Jh.). Mhd. *wachen*, ahd. *wahhēn*, as. *wakon* aus g. **wak-ǣ- swV.* 'wachen', auch in gt. *wakan*, anord. *vaka*, ae. *wacian*, afr. *wakia*, *wekia*. Durativbildung zu g. **wak-na- stV.* 'erwachen' in ae. *wæcnan*, anord. PPrät. *vakinn*. Hierzu auch als Kausativ *wecken*. Außergermanisch vergleichen sich l. *vegēre* 'beleben', l. *vigilia* 'Wache', l. *vigilāre* 'wach sein' und vielleicht ai. *vāja-* 'Stärke, Schnelligkeit, Rennen'. Präfigierungen: *be-, erwachen*; Abstraktum: *Wache*; Adjektive: *wach, wachsam*.

Nndl. *waken*, ne. *wake*, nschw. *vaka*, nisl. *vaka*. S. *Biwak, Vegetarier, Wacholder, wacker*. – Seebold (1970), 535 f. Zur Entlehnung ins Finnische s. Koivulehto (1991), 46.

Wacholder m. (< 9. Jh.). Mhd. *wachsolter, wahsholunter*, ahd. *wehhalter* u.ä. Mit dem Baumnamensuffix (s. *Holunder*) gebildet zu einer nicht sicher faßbaren Grundlage. Da der Baum althochdeutsch auch *queckolder* (zu *quick* 'lebendig', s. *keck*) heißt, ist ein Anschluß an *wachen* nicht ausgeschlossen. Ein Zusammenhang mit *Wickel* unter der Annahme, daß die zähen Zweige zum Flechten o.ä. benutzt wurden, wird von Törnquist angenommen. Durch Lautersatz an verschiedenen Stellen ist aus der gleichen Grundlage die Form *Machandel, Machangel* entstanden.

E. Björkmann *ZDW* 2 (1901/02), 219 f.; N. Törnquist *SN* 17 (1945), 141–160.

Wachs n. (< 9. Jh.). Mhd. *wahs*, ahd. *wahs*, as. *wahs* aus g. **wahsa- n.* 'Wachs', auch in anord. *vax*, ae. *weax*, afr. *wax*. Außergermanisch vergleichen sich lit. *vãškas* m., akslav. *voskŭ m.* 'Wachs', also ig. (oeur.) **wokso-* 'Wachs'. Vielleicht weiter zu einer Grundlage **weg-* 'weben', unter der Voraussetzung, daß das Wort ursprünglich 'Wabe' bedeutete.

Nndl. *was*, ne. *wax*, nschw. nisl. *vax*. S. *wichsen, Wickel, Wieche*. – N. Törnquist *SN* 17 (1945), 99–118; Röhrich 3 (1992), 1686 f.

wachsen *stV.* 'groß werden' (< 8. Jh.). Mhd. *wahsen*, ahd. *wahsan*, as. *wahsan* aus g. **wahs-a- stV.* 'wachsen', auch in anord. *vaxa*, ae. *weaxan*, afr. *waxa*. Dafür gt. *wahsjan stV.*, was vielleicht die ursprünglichere Stammbildung zeigt. Ein Reflex von ihr vielleicht auch in dem schwachen Verb anord. *vexa*. Außergermanisch vergleicht sich auf derselben Stufe (ig.) **(ə)wek-s-* in gr. *aéxō* 'ich mehre, fördere, wachse', ai. *vaváksa* 'mehrte', und vielleicht mit abweichendem, untypischem Tektal lit. *vešéti* 'üppig wachsen, gedeihen'. Von der Schwundstufe gr. *aúxō, auxánō* 'ich mehre, fördere, wachse', l. *auxilium* 'Hilfe', lit. *áukštas* 'hoch', ai. *úkṣant-* 'wachsend', toch. A *ok-*, toch. B *auk-* 'zunehmen'. Abstraktum: *Wuchs*; Konkretum: *Wachstum*; Kollektivum: *Gewächs*.

Nndl. *wassen*, ne. *wax*, nschw. *växa*, nisl. *vaxa*. S. *auch, Auktion, Wucher*. – Seebold (1970), 532 f.

Wächte f. *per. schwz.* 'Schneewehe' (< 19. Jh.). Vermutlich zu *wehen*, obwohl der Lautstand unklar ist.

Wachtel f. *erw. fach.* (< 10. Jh.). Mhd. *wahtel*, ahd. *wahtala, wahtel*, mndd. mndl. *wachtele*. Daneben ahd. *quahtila, quattula*, das gallo-rom. **quacula* (frz. *caille*) entspricht. Lautmalend nach dem Schlag der Wachtel, wie wohl auch ai. *vártikā* und gr. *órtyx m./(f.)*. Inwieweit die germanischen und romanischen Wörter voneinander abhängen oder unabhängige Lautnachahmungen sind, ist unklar.

Nndl. *wachtel*. – Suolahti (1909), 259–263; Frings (1932), 175 f.

Wachtelkönig m. *per. fach.* (ein Vogel, Ralle) (< 16. Jh.). Der Vogel ist der Wachtel ähnlich, aber größer. Daher der Name.

Suolahti (1909), 294 f.

Wachtmeister *m. obs.* (< 14. Jh.). Zuerst *wachemeister*, das den Zunftmeister bezeichnet, der die Nachtwachen ordnet, dafür oberdeutsch seit dem 15. Jh. *wachtmeister*. Das Wort wird ins Heerwesen übernommen, zunächst im eigentlichen Sinn, dann als bloße Rangbezeichnung.
Röhrich 3 (1992), 1687.

Wacke *f.*, **Wacken** *m.* ´Flußkiesel´, *per. reg.* (< 13. Jh.). Mhd. *wacke m.* Wohl als ´Geröll, Geschiebe´ zu *bewegen*.
Lüschen (1979), 232; Lühr (1988), 292.

wackeln *swV.* (< 14. Jh.). Aus mndd. *wag(g)elen*, mndl. *wagelen*, vgl. ne. *waggle*, schw. (dial.) *vagla*. Iterativbildung zu älterem *wacken* ´schwanken´, das eine Intensivbildung zu ahd. *wagōn* ´sich bewegen, schwanken´ ist und weiter zu *bewegen* gehört. Adjektiv: *wackelig*.
S. *watscheln*. – V. Machek *LP* 7 (1959), 79.

wacker *Adj. obs.* (< 9. Jh.). Mhd. *wacker*, ahd. *wacchar*, mndd. *wacker*, mndl. *wacker* aus g. **wakra-* Adj. ´wachsam, munter´, auch in anord. *vakr*, ae. *wacor*. Zu der unter *wachen* dargestellten Wurzel, möglicherweise in der älteren Bedeutung ´lebenskräftig sein´.
Nndl. *wakker*, nschw. *vacker*. – Kluge (1926), 97; Heidermanns (1993), 643.

Wade *f.* (< 9. Jh.). Mhd. *wade m.*, ahd. *wad(o) m.*, as. *watho m.* aus g. **waþwōn m.* ´Muskel, dickes Fleisch´, auch in anord. *vǫðvi m.* Das Femininum erst seit dem 16. Jh. wohl aus dem Plural. Vielleicht zu l. *vatius* ´x-beinig´, doch paßt dies nicht zu der vermuteten Ausgangsbedeutung des germanischen Wortes.

Wadel *m. arch.* ´Mondwechsel´ (< 11. Jh.). Mhd. *wadel, wedel m./n.*, mndd. *wadel*; ahd. *wadal, wedal* u.ä. ´Neumond´, vergleichbar ist ae. *waþol* ´Vollmond´. Zu der unter *wallen*[2] dargestellten Sippe für ´wandern, schweifen´.

Waffe *f.* (< 8. Jh.). Mhd. *wāfen, wāpen n.*, ahd. *wāfan n.*, as. *wāpan n.* aus g. **wēpna- n.* ´Waffe´, auch in gt. *wepna (Pl.)*, anord. *vápn*, ae. *wǣpen n.*, afr. *wēpen, wāpen n.* Das Femininum seit mittelhochdeutscher Zeit (wohl aus dem Plural). Herkunft unklar. Verb: **(be-, ent-) waffnen**.
Nndl. *wapen*, ne. *weapon*, nschw. *vapen*, nisl. *vopn*. S. *Wappen*. – *RGA* 2 (1976), 475–482; Röhrich 3 (1992), 1687.

Waffel *f.* (< 16. Jh.). Aus nndl. *wafel*, mndl. *wafel(e)* übernommen. Daneben fläm. *wāfer*. Die Entlehnungen in die romanischen Sprachen (frz. *gaufre* usw.) bedeuten auch ´Honigwabe´, so daß von dieser Bedeutung auszugehen sein wird. Das Wort gehört aber wohl nicht unmittelbar zu *Wabe*, sondern ist eine zu ihm parallele Bildung aus *weben*.
Heyne (1899/1903), II, 277.

Wagen *m.* (< 8. Jh.). Mhd. *wagen*, ahd. *wagan*, as. *wagan* aus g. **wagna- m.* ´Wagen´, auch in krimgt. *waghen*, anord. *vagn*, ae. *wægn*, afr. *wein*. Konkretbildung zu der in *bewegen* vorliegenden Wurzel. Parallele Bildungen aus der gleichen Grundlage sind ai. *vahana- n.* ´Fahrzeug, Schiff´, air. *fén* ´eine Art Wagen´ und ohne *n* gr. *óchos*, akslav. *vozŭ* ´Wagen´.
Nndl. *wagen*, ne. *wain*, nschw. *vagn*, nisl. *vagn*. S. *bewegen*, *Waggon*, *Wagner*. – R. Freudenberg *HBV* 51/52 (1960), 29–61; W. Putschke in: J. Kruijsen (Hrsg.): *FS A. Weijnen* (Assen 1980), 337–352; A. Häusler in: *Produktionskräfte und Produktionsverhältnisse* (Berlin 1985), 121–133; *Achse, Rad und Wagen*. Hrsg. W. Treue (Göttingen 1986); Röhrich 3 (1992), 1687 f.; A. Häusler *Archäologische Mitteilungen aus Nordwestdeutschland* 15 (1992), 179–190.

wagen *swV.* (< 13. Jh.). Mhd. *wāgen*, abgeleitet aus *wāge* ´unsicherer Ausgang´, eigentlich ´Waage´ (s. *Waage* und vgl. etwa *in der Schwebe* u.ä., d. h. die Waage hat sich noch nicht eingespielt). Die Bedeutung wird zunächst durch *in die wāge setzen* vertreten (vgl. *in die Waagschale werfen*), danach in der Dichtersprache aus *wāgen*, das sich dann durchsetzt. Abstraktum: *Wagnis*.
S. *verwegen*. – Röhrich 3 (1992), 1688.

wägen *stV.* ´das Gewicht mit der Waage bestimmen, überlegen´ (die erste Bedeutung müßte eigentlich einem schwachen Verb zukommen, s. *wiegen*) (< 8. Jh.). Mhd. *wegen*, ahd. *wegan*, as. *wegan* g. **weg-a- stV.* ´bewegen´, auch in anord. *vega*, ae. *wegan*, afr. *wega*, gt. *gawigana (PPrät.)*. Eigentlich ist die Bedeutung ´bewegen´; sie wird aber früh spezialisiert auf das Bewegen der Waage. Aus ig. **weǵh-* ´bewegen, tragen, bringen´, auch in l. *vehere*, ai. *váhati*, lit. *vèžti*, akslav. *vesti*, gr. (dial.) *ʃechétō*, air. in *fecht* ´Reise, Fahrt´, kymr. *cywain* ´tragen, schleppen´.
Nndl. *wegen*, ne. *weigh*, nisl. *vega*. S. *bewegen*, *verwegen*, *Waage*, *Weg*; und zur lateinischen Verwandtschaft *Vehikel*. – Seebold (1970), 542–544.

Wagense *m. per. fach.* ´Pflugschar´ (< 11. Jh.). Mhd. *wagense*, ahd. *waganso* aus g. **wagansōn m.* ´Pflugschar´, auch in anord. *vangsni*. Außergermanisch vergleichen sich (morphologisch leicht abweichend) gr. *ophnís* ´Pflug´, apreuß. *wagnis* ´Pflugmesser´ (**wogʷʰ-ni-*), l. *vōmis* (**wogʷʰ-sni-*). Zu einer Wurzel (ig.) **weǵʰ-* ´ausstechen´, die nur in apers. *āvajam* (belegt: *avjm*) ´ich stach aus´ bezeugt ist. S. *Weck(en)*.

Waggon *m. obs.* (< 19. Jh.). Entlehnt aus ne. *waggon*, dieses aus nndl. *wagen* ´Wagen´ (s. *Wagen*). Die heutige Aussprache in nachträglicher Französisierung.
Krüger (1979), 479–481; *DF* 6 (1983), 292 f.; Rey-Debove/Gagnon (1988), 1094.

waghalsig *Adj. stil.* (< 18. Jh.). Gebildet zu dem Übernamen *Wagehals*, eigentlich ´wage den Hals´ für einen tollkühnen Menschen.

Wagner *m. erw. wobd.* (< 11. Jh.). Mhd. *wagener,* ahd. *waganāri,* as. *wagmeri.* Bezeichnung für den Handwerker, der Wagengestelle herstellt. Die umlautlose Form ist ursprünglich nur oberdeutsch, setzt sich dann aber durch; *Weg(e)ner* heute nur noch in Familiennamen.

Wahl *f.* (< 9. Jh.). Mhd. *wal(e),* ahd. *wala;* entsprechend anord. *val n.* Wie gt. *gawaleins* ´Wahl´ eine Ableitung aus g. **wal-ija- swV.* ´wählen´ in anord. *velja,* as. *willian,* ahd. *wellen,* mhd. *wellen.* Dieses Verb hat sich (in den Einzelheiten morphologisch unklar) von dem Verb *wollen* abgespalten. Die Wurzel bedeutet ursprünglich ´wollen´ und ´wählen´. Vom heutigen Standpunkt aus ist *wählen* eine Ableitung zu *Wahl;* danach ist auch der Lautstand ausgerichtet. Adjektiv: **wählerisch.**
Röhrich 3 (1992), 1688 f.

Wahlverwandtschaft *f. bildg.* (< 18. Jh.). Als Lehnprägung gebildet zu l. *affīnitās* (und etwas anders in einem Werk von 1775 *de attractionibus electivis).* Gemeint ist die Eigenschaft zweier chemischer Stoffe, sich trotz anderweitiger Bindung miteinander zu vereinigen. Seit Goethe vor allem übertragen gebraucht.

Wahn *m.* (< 8. Jh.). Mhd. *wān,* ahd. *wān,* as. *wān* ´Hoffnung, Erwartung´ aus g. **wēnō f.* (auch -*i-*) ´Hoffnung, Erwartung´, auch in gt. *wens,* anord. *ván, vón f.,* ae. *wēn,* afr. *wēn.* Dehnstufige Ableitung zu (ig.) **wen-* ´erstreben, erhoffen´ in ai. *vanóti, vánati* ´wünscht´, auch in l. *venus* ´Liebe´, air. *fíne* ´Verwandtschaft´. Vom Substantiv abgeleitet ist *wähnen.* Im Deutschen ist das Wort mit der Dehnung in offener Silbe mit mhd. *wan* ´leer´ zusammengefallen (s. *wahn),* mit dem es sich in einigen Ableitungen auch semantisch berührte *(eitler Wahn, Wahnsinn* usw.). Die Bedeutungen haben sich dadurch beeinflußt, worauf *Wahn* eine negative Komponente bekam (vgl. *Wahnsinn, Wahnwitz).*
S. *Argwohn.* – H. Götz *ASAWL* 49 (1957), 133–146; H. Götz: *Leitwörter des Minnesangs* (Berlin 1957), 133–146; Heidermanns (1993), 670.

wahn *Adj. arch.* ´leer, unverständig, mangelhaft´ (< 8. Jh.). Mhd. *wan,* ahd. *wan,* as. *wan* aus g. **wana- Adj.* ´leer´, auch in gt. *wans,* anord. *vanr,* ae. *wan,* afr. *wan, won.* Aus ig. **(e)uə-no-* ´leer´, auch in l. *vānus,* gr. *eũnis,* ai. *ūná-.* Das Wort hat sich im Neuhochdeutschen mit *Wahn* berührt, worauf sich die Bedeutungen gegenseitig beeinflußt haben. Das Adjektiv ist in der Hochsprache nur noch in Zusammensetzungen Nachfolger.
S. *Wahn, Wahnkante, Wahnsinn.* – Heidermanns (1993), 653 f.

Wahnkante *f. per. fach.* ´in die Rinde übergehende Kante eines Balkens´ (< 18. Jh.). Zu *wahn* in der Bedeutung ´mangelhaft´.

Wahnsinn *m.* (< 19. Jh.). Rückgebildet aus *wahnsinnig,* das schon im 15. Jh. bezeugt ist. Dieses ist eine Erneuerung von *wahnwitzig,* das aus ahd. *wanwizzi* ´dessen Witz leer ist´ erweitert ist. Zu *wahn* und *Witz.*

wahr *Adj.* (< 8 Jh.). Mhd. *wār,* ahd. *wār,* as. *wār* aus vd. **wēra- Adj.* ´wahr´, dem sich afr. *wēr* anschließt. Außergermanisch vergleichen sich l. *vērus* und air. *fír* ´wahr´. Gebildet zu einem Wurzelnomen (ig.) **wēr-* ´Vertrauen, Treue, Zustimmung´ in gr. *ēra* ´Gefallen, Gunst´, umgeformt in g. **wērō f.* ´Versprechen, Verpflichtung, Vertrag´ (anord. *várar [Pl.],* ae. *wær,* ahd. *wāra)* und akslav. *věra* ´Glaube, Vertrauen, Treue´. Das Substantiv ist ein Verbalnomen zu ig. **werə-* ´achten´ (s. *wahren).* Abstraktum: **Wahrheit;** Adverb: **wahrlich.**
Nndl. *waar.* S. *albern, bewähren, gewähren, veritabel, wahren, zwar.* – H. Hommel *AuA* 15 (1969), 159–186; E. Seebold *IF* 78 (1973), 146–162; W. Franzen: *Die Bedeutung von ´wahr´ und ´Wahrheit´* (Freiburg 1982); Röhrich 3 (1992), 1689; Heidermanns (1993), 671 f.

wahren *swV. obs.* (< 8. Jh.). Mhd. *warn* ´beachten, behüten´, ahd. *biwarōn* ´bewahren´, as. *waron* aus g. **war-ō- swV.* ´beachten, bewahren´, auch in anord. *vara,* ae. *warian,* afr. *waria.* Abgeleitet von g. **warō f.* ´Aufmerksamkeit´ in anord. *vari,* ae. *waru, wære, wara,* ahd. *wara,* neuhochdeutsch noch in *wahrnehmen* (s. auch *gewahr).* Dieses zu ig. **werə-* ´achten´ in gr. *(epi) órontai* ´sie beaufsichtigen´, lett. *vērtiês* ´schauen, bemerken´, l. *verērī* ´scheuen, verehren´, heth. *werite-* ´fürchten´, toch. A *wär-,* toch. B *wär-sk-* ´riechen´.
Nisl. *vara.* S. *gewähren, wahr, warnen, warten, verwahrlosen.* Rückentlehnung in *Garage.*

währen *swV. obs.* (< 9. Jh.). Mhd. *wer(e)n,* ahd. *werēn, werōn.* Durativ zu dem unter *Wesen* behandelten mhd. *wesen,* ahd. *wesan* ´sein, bleiben´. S. auch *langwierig, während, Währung, Wesen.*

während *Präp./Konj.* (< 18. Jh.). Aus dem partizipialen Adjektiv zu *währen* hervorgegangen. Aus dem Ausdruck der Gleichzeitigkeit kann wie in anderen Fällen der Ausdruck des Gegensatzes entstehen.
Behaghel (1923/32), II, 33; III, 326 f.

wahrnehmen *stV.* s. *wahren.*

währschaft *Adj. per. schwz.* ´zuverlässig, tüchtig, gehaltvoll´ (< 19. Jh.). In prädikativer Stellung aus dem Substantiv *Währschaft* ´Inhalt, Gehalt, Wert´ entstanden. Aus der gleichen Grundlage wie *Währung.*
K. Meyer *SS* 20 (1964), 171–173.

wahrscheinlich *Adj.* (< 17. Jh.). Als Lehnübersetzung zu l. *vērīsimilis* gleicher Bedeutung gebildet, nach dem Vorgang von nndl. *waarschijnlik* und frz. *vraisemblable.*

Währung *f.* (< 10. Jh.). Mhd. *werunge,* mndd. *weringe.* Wie älteres *Währschaft* und *Währe* abge-

leitet von *(ge)währen* mit der Bedeutung ´Gewähr-
leistung´. Die heutige Bedeutung geht zurück auf
´Gewährleistung des Münzgehalts´.

Wahrzeichen *n.* (< 13. Jh.). Ursprünglich stehen
sich niederdeutsches mhd. *warzeichen*, mndd. *wārtē-
ken* und oberdeutsches ahd. *wortzeihhan* (auch as.
wordtēkan) gegenüber. Da die beiden Bildungen sicher nicht unabhängig voneinander sind, müssen
hier sekundäre Angleichungen vorgekommen sein.
Der Ausgangspunkt ist unter diesen Umständen
unsicher. Denkbar ist *Wortzeichen*, das etwa auf
eine Rune angewandt werden konnte (die eigentlich ein Zeichen für einen Laut war, aber auch für
den Runennamen stehen konnte, besonders häufig
die *m*-Rune für das Wort *Mann*). Die niederdeutschen Formen wären dann zunächst an *(ge)wahr*
und später vielleicht an *wahr* angeglichen worden.

Waid *m. arch.* ´Färbepflanze´ (< 11. Jh.). Mhd.
weid, *weit*, ahd. *weit*, mndd. *wēt*, mndl. *weet*, *weede*
aus wg. **waizda-* *m.* ´Waid´, auch in ae. *wād* *n.*
Möglicherweise gotisch ist überliefertes *uuisdil*; aus
dem Germanischen vielleicht mi. *waisda* ´Waid´.
Die Pflanze heißt gr. *isátis* *f.*, l. *vitrum* *n.*, was alles
auf **weit-s-* zurückführbar ist. Die Vermutung, daß
alle diese Wörter aus einer unbekannten Sprache
entlehnt sind, liegt nahe.

Nndl. *wede*, Ne. *woad*. – Hoops (1905), 473; G. Gundermann *ZDW* 8 (1906), 114 f.; *Bertsch* (1947), 239–243
E. Ploß *ZDPh* 75 (1956), 9–12; E. Schwentner *IF* 63
(1957), 37 f.; H.-F. Rosenfeld in: *FS Cordes* (1976),
257–354; *RGA* 8 (1991), 217.

Waidmann *m.* s. *Weidmann*.

Waise *f.*, **Waisenkind** *n.* (< 9. Jh.). Mhd. *weise*
m., ahd. *weiso* *m.*, ebenso afr. *wēsa*, *wēse* *m./f.* Herkunft unklar. Präfixableitung: *verwaisen*.

Zum früheren Ansatz vgl.: M. Mayrhofer in: *Gedenkschrift
W. Brandenstein* (Innsbruck 1968), 103–105; Seebold
(1970), 547 f.

Wake *f. per. ndd.* ´offene Stelle im Eis´ (< 17.
Jh.). Mndd. *wake*. Vergleichbar ist anord. *vǫk* ´Eis-
loch´, das auf g. **wakwō* *f.* führt. Die in den nordischen Sprachen ebenfalls auftretende Bedeutung
´Kielwasser´ (so auch entlehnt in ne. *wake*), sowie
anord. *vekja* ´(Blut) fließen lassen´, nisl. *vøkva*,
vekva ´naß machen´ zeigen, daß von ´fließen´ als
Grundbedeutung auszugehen ist. Deshalb sind
auch die verwandten Adjektive mit der Bedeutung
´feucht´ (anord. *vǫkr*, mndl. *wac*; l. *ūvidus*, gr. *hygrós*) auf ´fließend´ zurückzuführen. Hierzu wohl
auch ai. *ukṣáti* ´besprengt, besamt´. Eine *Wake* ist
damit ursprünglich ´eine Stelle, an der es fließt´.

Nndl. *wak*, ne. *wake* (entlehnt), nschw. *vak*, nisl. *vök*. S.
Ochse. – Heidermanns (1993), 646.

Wal *m.* (< 8. Jh.). Mhd. *wal*, ahd. *(h)wal* aus g.
*hwala- *m.* ´Wal´, auch in anord. *hvalr*, ae. *hwæl*.
Vielleicht zu l. *squalus* ´Meersaufisch´ und apreuß.
kalis ´Wels´. Da Fischnamen in den indogermani-

schen Sprachen allgemein schlecht vergleichbar
sind, kann hier eine Entlehnung vorliegen.

Nndl. *wal*, ne. *whale*, nschw. *val*, nisl. *hvalur*. S. *Narwal*,
Walfisch, *Walrat*, *Walroß*. – M. Sevilla Rodriguez *JIES* 17
(1989), 177–180.

Wald *m.* (< 8. Jh.). Mhd. *walt*, ahd. *wald*, as.
wald aus g. **walþu-* *m.*, auch in anord. *vǫllr* ´Feld,
Wiese, Boden´, ae. *weald* ´Wald, waldbedecktes
Hochland´. Die Ausgangsbedeutung ist ´Büschel´,
speziell ´Laubwerk, Zweige´, daraus (wie bei
Busch) Verallgemeinerung zu ´Wald´. Außergermanisch vergleichen sich air. *folt*, *(falt)* ´Haarschopf,
Laubwerk´, kymr. *gwallt* ´Haarschopf, belaubte
Zweigspitzen´, lit. *váltis* *f.* ´Haferrispe´ aus ig. (eur.)
*wolət-, zu dessen Schwundstufe gr. *lásios* ´behaart,
dichtbewachsen´ gehört. Diese zu l. *vellere* ´rupfen´
und weiter wohl zu dem Wort für ´Wolle´. Adjektiv: *waldig*; Kollektiv: *Waldung*; Präfixableitungen:
be-, *entwalden*.

Nndl. *woud*, ne. *wold*, nschw. *vall*, nisl. *-völlur*. S. *Wolle*. –
A. Fröhlich *NPhM* 12 (1941), 241–266; K.-H. Borck in:
FS Trier (1954), 456–476; J. Trier in: *FS Frings* (1956),
25–39; Trier (1963), 39–53; Röhrich 3 (1992), 1690 f.

Waldmeister *m. per. fach.* (< 15. Jh.). Fnhd. *walt-
meister*, mndd. *woltmester*, nndl. *woudmeester*. Das
Benennungsmotiv ist umstritten. Einerseits vergleicht sich die Bildung mit frz. *reine des bois*, ml.
matrisilva und anderen, andererseits kann das
zweite Element umgestaltet sein aus *Meier*, das eine
Variante zu *Miere* ist (s. *Miere²*). Der Sache nach
war Waldmeister zunächst ein Heilkraut, dann
auch Bierwürze; die Beigabe zur Maibowle ist jung
(< 19. Jh.). Am ehesten liegt eine Umformung von
*Waldmiere vor, die dem Typ ml. *matrisilva* angepaßt wurde.

H. Schöffler *ASNSL* 136 (1917), 234–239; Loewe (1939),
30–47; H. Marzell *Natur und Volk* 71 (1941), 239–247;
Marzell 1 (1943), 469 f.

Waldwachs *m.* s. *Wildwachs*.

Walfisch *m.* (< 13. Jh.). Mhd. *walvisch*, ahd. *wal-
fisc*, mndd. *walvisch*. Wie anord. *hvalfiskr* verdeutlichende Komposition zu *Wal*.

O. Schrader in: *FS E. Sievers* (Halle/S. 1896), 1 f.

Walhall(a) *n./f. bildg.* (< 18. Jh.). Entlehnt aus
anord. *Valhǫll* *f.* So wird in der nordischen Mythologie die Halle (anord. *hǫll* *f.*) bezeichnet, in welche
die in der Schlacht Gefallenen kommen. Zu anord.
valr *m.* ´der Tote auf dem Schlachtfeld´ (s. *Walstatt*). S. auch *Walküre*.

walken *swV.*, früher *stV.*, erw. *fach.* (< 11. Jh.).
Mhd. *walken*, ahd. *giwalchen* ´verfilzt´, mndd. *walken*, mndl. *walken* aus wg. **walk-a-* *stV.* (reduplizierend) ´walken´, auch in ae. *wealcian*; dazu
anord. *valka* *swV.* ´hin- und herbewegen´. Die Ausgangsbedeutung der Sippe ist unklar, Zentrum ist
die Bezeichnung des ´Tuch-Walkens´ (durch Kneten verfilzen). Lautlich paßt dazu ai. *válgati* ´be-

wegt sich, hüpft, springt', der Bedeutungszusammenhang ist nicht ausreichend klar.

Nndl. *walken*, ne. *walk, waulk*, nschw. *valka*. – V. Geramb *WS* 12 (1929), 37–46; Seebold (1970), 537 f.

Walküre *f. bildg.* (< 18. Jh.). Entlehnt aus anord. *valkyrja*. In der nordischen Mythologie die Schlachtjungfrauen, die die Toten zu Odin (in die *Walhalla*) geleiten. Vermutlich 'die Totenwählerin' (zu *kiesen*).

Hoops (1911/19), IV, 475 f.

Wall *m.* (< 13. Jh.). Mhd. *wal*, as. *wal*. Wie ae. *weal(l)*, afr. *wall* entlehnt aus l. *vāllum n.*, ursprünglich 'Schanzwall' (zu l. *vāllus* 'Schanzpfahl'), dann 'Erdwall' und schließlich sogar 'gemörtelte Mauer' (so in ne. *wall* übernommen). Das Zentrum der Entlehnung liegt offensichtlich im Nordwesten.

S. *Intervall*. – Kluge (1911), 818 f.

Wallach *m. erw. fach.* 'verschnittenes Pferd' (< 15. Jh.). Eigentlich 'aus der *Walachei* stammend' oder 'nach der Art der *Walachei*'; dies die slavische Bezeichnung Rumäniens, die ihrerseits auf ahd. *wal(a)h* zurückgeht (eine Bezeichnung nicht-germanischer Nachbarstämme, die aus dem Völkernamen *Volcae* verallgemeinert ist). Die Sitte des Verschneidens von Pferden wurde in der Tat aus dem Osten übernommen.

Im einzelnen unklar, vgl.: Wick (1939), 61 f.; Bielfeldt (1965), 19 f.; M. Frenzell in: K. Müller (1976), 171–181.

wallen[1] *swV.*, früher *stV.* 'sieden' (< 9. Jh.). Mhd. *wallen*, ahd. *wallan*, as. *wallan* aus wg. **wall-a- stV.* (reduplizierend) 'wallen', auch in ae. *weallan*, afr. *walla*. Daneben von der *e*-Stufe gleichbedeutendes (ursprünglich nur präfigiertes?) **well-a-stV.* in anord. *vella*, ae. *wollen-tēar* 'strömende Tränen', afr. *-wellen*, as. *-wellan*, ahd. *-wellan*. Ohne Geminate gt. *wulan stV.* 'wallen'. Diese Wörter werden in der Regel zu (ig.) **wel-* 'walken, walzen' gestellt, doch bleibt der Bedeutungsübergang unerklärt. Zu der betreffenden Sippe gehören allenfalls Wörter für 'Welle, Woge' (lit. *vilnìs*, akslav. *vlĭna*), diese Bedeutung müßte auf das Primärverb zurückgewirkt haben. Daneben steht in der Bedeutung weit besser passendes (ig.) **wer-* 'wallen' in lit. *vìrti* 'kochen, sieden, sprudeln', akslav. *vĭrěti* 'kochen, sieden'. Vielleicht haben sich die beiden Sippen gegenseitig beeinflußt.

S. *wallen*[2], *Welle, wühlen*. – W. Brückner in: *FS Dünninger* (1970), 384–424; Seebold (1970), 538.

wallen[2] *swV. obs.* 'pilgern' (< 9. Jh.). Mhd. *wallen*, ahd. *wallōn*, mndd. *wallen*; vergleichbar ist ae. *weallian* 'wandern, reisen'. Herkunft unklar. Da ahd. *wadalōn* 'umherschweifen, wandern' semantisch angeschlossen werden kann, ist es denkbar, daß das *-ll-* von *wallen* auf *-dl-* beruht und die Wörter zusammengehören. Die einschlägigen Lautübergänge sind aber nicht ausreichend gesichert.

Auch *Wedel* kann als 'Hin- und hergehendes' hierhergehören, wenn es allerdings an ig. **hwē-* 'wehen' (als 'Mittel zum Windmachen') angeschlossen werden soll, kann *wallen*[1] und *Wedel* kaum dazugehören. – Hierher *Wallfahrt*, mhd. *wal(le)vart* als 'Pilgerreise'.

W. Brückner in: *FS Dünninger* (1970), 384–424.

Waller *m.* s. *Wels*.

Wallwurz *f. per. reg.* 'Beinwell' (< 14. Jh.). Spmhd. *walwurz*; entsprechend nndl. *waalwortel*. Eigentlich 'Zusammenwachs-Wurzel', s. *Beinwell*.

Walm *m.*, älter **Walben** *m.* 'abgeschrägtes Dach' *per. fach.* (< 10. Jh.). Mhd. *walbe*, ahd. *walbo* ('Hohlziegel'). Wie ae. *hwealf f.* 'Gewölbe' und anord. *hvalf n.* 'gewölbtes Dach' zu *wölben*. Die Ausgangsbedeutung ist also 'Wölbung'.

Walnuß *f.* (< 18. Jh.). Übernommen aus dem Niederdeutschen: mndd. *walnut*, mndl. *walnote*; entsprechend ae. *wealh-hnutu*, anord. *valhnot*. Übersetzung von ml. *nux gallica* (mit **walha-* 'welsch', s. *welsch*), wie mhd. *walhisch nuz*. Der Baum ist vor allem in Gallien angepflanzt worden.

Hoops (1905), 553 f.; Bertsch (1947) 119–122; L. Weisgerber *IF* 62 (1955), 33–61.

Walpurgisnacht *f. erw. fach.* 'Hexensabbat' (< 19. Jh.). Eigentlich Nacht vor dem Tag der Heiligen *Walpurg(is)* am 1. Mai. (Diese ist eine aus England stammende germanische Heilige, eigentlich *Walt-purc* in deutscher Form, dann mit *-is* latinisiert.) In dieser Nacht reiten aber nach dem Volksglauben die Hexen auf den Blocksberg – der Zusammenhang zwischen den Hexen und der Heiligen ist also nur durch das Datum begründet.

Walrat *m./n. per. fach.* 'Fettstoff im Schädel des Pottwals' (< 14. Jh.). In verschiedenen Formen angepaßt aus nnorw. ndn. *hvalrav* (zu spanord. *raf n.* 'Bernstein, gelber Amber'); zuerst als mhd. *walrām m.* (zu mhd. *rām m.* 'Schmutz'), dann zu mhd. *walrāt m.* (im Anschluß an *Rat*, weil der Stoff als Heilmittel galt).

Walroß *n. erw. fach.* (< 16. Jh.). Übernommen aus nndl. *walros, walrus*, das seinerseits umgestellt ist aus entlehntem anord. *hrosshvalr m.* und *rosmhvalr m.* Vermutlich ist das zweite die ältere Form; seine Deutung ist unsicher -vielleicht zu ahd. *rosamo m.* 'Röte, Rost' wegen der leicht rotbraunen Farbe.

Walstatt *f. obs.* 'Schlachtfeld' (< *10. Jh., Form < 13. Jh.). Mhd. *walstat*, dasselbe bedeuten mhd. *wal*, ahd. *wal*, während ae. *wæl n.* und anord. *valr m.* die auf dem Schlachtfeld gebliebenen Toten meinen. G. **wala-* 'tot, (verwundet?)' vergleicht sich mit toch. A *wäl-* 'sterben', lit. *vélĕs* 'Geister der Verstorbenen'.

S. *Walhalla*. – Ader (1958), 68–72.

walten *swV.*, früher *stV.*, *obs.* (< 8. Jh.). Mhd. *walten, walden*, ahd. *waltan*, andfrk. *waldan* aus g. **wald-a- stV.* (reduplizierend) ´walten`, auch in gt. *waldan*, anord. *valda* (mit unregelmäßigem Präteritum), ae. *wealdan*, afr. *walda*. Ursprünglich *d^h*-Präsens einer Wurzel *wal-* ´stark sein, herrschen`; die gleiche Bildung in lit. *veldéti* ´besitzen, regieren`, akslav. *vlasti* ´herrschen über`, doch ist eine Entlehnung dieser Wörter aus dem Germanischen nicht ausgeschlossen. Die unerweiterte Wurzel in l. *valēre* ´stark sein, vermögen`, air. *follnathir* ´herrscht, regiert`, toch. B *walo* (Obliquus *lant*) ´König`. Präfigierung: **verwalten**.

Ne. *wield*, nschw. *vålla*, nisl. *valda*. S. *ambivalent, Anwalt, bewältigen, Gewalt, Herold.* – Seebold (1970), 536 f.; Röhrich 3 (1992), 1692.

Walze *f.* (< 10. Jh.). Mhd. *walze*, ahd. *walza*, mndd. *walte* aus g. **waltō f.* ´Walze`, auch in anord. *vǫlt* ´Walze, Rolle, Winde`, ae. *wealte* ´Ring`. Mit dem Adjektiv anord. *valtr*, ae. *\*wealt* ´rollend` (in ae. *unwealt* ´standfest`) zu dem starken Verb *\*welt-a-* ´wälzen` in anord. *velta*. Das Wort ist eine dentale Erweiterung zu (ig.) **wel-* ´wälzen` in lit. *vélti* ´walken, walzen`, akslav. *valiti sę* ´sich wälzen`, gr. *íllō, eiléō* ´ich rolle, drehe, winde, wälze`, ai. *valati* ´wendet sich, dreht, rollt, bewegt`. Verb: **walzen**.

Seebold (1970), 538 f.; Röhrich 3 (1992), 1692.

Walzer *m.* (< 18. Jh.). Benannt als Tanz, bei dem man sich dreht (statt zu schreiten oder zu hopsen).

Wälzer *m. stil.* (< 18. Jh.). Scherzhafte Übersetzung von l. *volūmen n.* (eigentlich ´die Buchrolle`, zu l. *volvere* ´aufwickeln, wälzen`).

A. Götze *ZDW* 11 (1909), 269 f.; M. Lemmer *Sprachpflege* 37 (1988), 79 f.

Wamme *f. per. reg.* ´Hautfalte` (<. Mundartlich auch ´Bauch`, auch in der Form **Wampe(n)** *f.* (< 8. Jh.). Mhd. *wamme, wambe, wampe*, ahd. *wamba, wamma*, mndd. mndl. *wamme* aus g. **wambō f.* ´Bauch`, auch in gt. *wamba*, anord. *vǫmb*, ae. *wamb*, afr. *wamme, womme*. Herkunft unklar. Ne. *womb*, nschw. *våmm*.

Wampe *f. stil.* (< 8. Jh.). Variante zu *Wamme*. In der Hochsprache sagt man *Wampe* im allgemeinen von Menschen, *Wamme* von Tieren.

Wams *n. obs.* ´Weste` (< 14. Jh.). Mhd. *wambeis, wambīs, wambas* ´Rock unter dem Panzer, Wams`. Über afrz. *wambais* entlehnt aus ml. *wambasium* ´gesteppter Rock unter dem Panzer`, zu mgr. *bámbax m./f.* ´Baumwolle`.

S. *Bombast.* – Miettinen (1962), 113–118; Lloyd/Springer 1 (1988), 449 f.; Röhrich 3 (1992), 1692.

Wand *f.* (< 8. Jh.). Mhd. *want*, ahd. *want*. Dagegen bedeuten gt. *wandus* und anord. *vǫndr m.* ´Rute`. Auszugehen ist von ´Flechtwerk`, da die alten Wände aus Flechtwerk bestanden, das mit Lehm verschmiert wurde (im Gegensatz zu der aus Steinen aufgeführten *Mauer*), also g. **wandu- m.* ´Rute, Flechtwerk` zu *winden*.

Nndl. *wand*. – E. Meringer in: *FS Heinzel* (1898), 177 f.; R. Meringer *IF* 17 (1904), 139 f.; Röhrich 3 (1992), 1692–1694. Zur Entlehnung ins Finnische s. J. Koivulehto *Virittäjä* 80 (1976), 286.

Wandale *m.* s. *Vandale*.

wandeln *swV. obs.* (< 8. Jh.). Mhd. *wandel(e)n*, ahd. *wantalōn*, as. *wandlon*. Iterativbildung zu ahd. *wantōn* ´wenden`, das zu *wenden* und *winden* gehört. Zu den beiden Bedeutungen vgl. einerseits *wenden*, andererseits *wandern*. Das Substantiv *Wandel*, mhd. *wandel*, ahd. *wantal*, mndd. *wandel* ist aus dem Verb rückgebildet. Präfigierung: **verwandeln**; Abstraktum: **Wandlung**. Nndl. *wandelen*.

Wandelstern *m. per. fach.* (< 17. Jh.). Ersatzwort und wohl auch Lehnprägung zu *Planet*.

Pfaff (1933), 46; A. Scherer: *Gestirnnamen bei den indogermanischen Völkern* (Heidelberg 1953), 41.

wandern *swV.* (< 13. Jh.). Mhd. *wandern*, mndd. *wanderen*, mndl. *wanderen*. Wie ae. *wandrian*, afr. *wandria* eine Iterativbildung zu ae. *wandian*, ahd. *wantōn* ´sich wenden`. Zum Bedeutungsübergang vgl. etwa die Entwicklung zum ne. Präteritum *went* ´ging`. Zu *wenden* und *winden*. Ne. *wander.* S. *bewandert*.

Wane *m. per. fach.* ´Angehöriger eines nordischen Göttergeschlechts` (< 19. Jh.). Übernommen aus anord. *vanr*, dessen Deutung umstritten ist.

Wange *f. obs.* (< 8. Jh.). Mhd. *wange n.*, ahd. *wanga n.*, as. *wanga* aus g. **wangōn n.* ´Wange`, auch in anord. *vangi m.*, ae. *wange n.*; eine gotische Entsprechung läßt sich aus *waggareis* ´Kopfkissen` erschließen. Herkunft unklar. Nndl. *wang*.

wanken *swV.* (< 9. Jh.). Mhd. *wanken*, ahd. *wancōn*, entsprechend anord. *vakka*; dazu das Adjektiv mhd. *wankel*, ahd. *wancal*, ae. *wancol*, zu dem *wankelmütig* und die Rückbildung *Wankelmut* gehört. Wohl mit Auslautvariation zu ai. *váñcati* ´geht krumm, wankt`, l. *vacillāre* ´wanken, wackeln`.

S. *winken.* – Heidermanns (1993), 656.

wann *Adv.* (< 8. Jh.). Mhd. *wanne, wenne*, ahd. *(h)wanne, wenne, wenno*. Wie afr. *hwenne*, ae. *hwanne* zum Interrogativ-Stamm g. **hwa-*, ig. **kʷo-* gebildet (s. *wer, was*). Eine einfachere Form in gt. *hvan*, as. *hwan*.

Nndl. *wanneer*, ne. *when.* S. *dann, wenn, wer.* – M. Tamsen *ZDPh* 82 (1963), 378–411; Röhrich 3 (1992), 1694.

Wanne *f.* (< 9. Jh.). Mhd. *wanne*, ahd. *wan(na)*, as. *wanna*. Ursprünglich Bezeichnung der Futterschwinge, dann wegen der gleichen Form auch des Badegefäßes. Entlehnt aus l. *vannus* ´Futterschwinge`.

Heyne (1899/1903), II, 59; III, 42 f.

Wanst *m. obs.* (< 11. Jh.). Mhd. *wanst*, ahd. *wanast*, *wenist* ´Bauch, Magen der Wiederkäuer´. Mit Ablaut und *r*-Suffix steht daneben nisl. *vinstur* ´Lab-, Blättermagen´. Außergermanisch vergleichen sich vielleicht ai. *vastí- f.* ´Harnblase´, ai. *vaniṣthú-* ´Mastdarm´, l. *vē(n)sīca f.* ´Blase´.

Want *f./n. per. fach.* ´Tau zur seitlichen Verspannung des Masts´ (< 17. Jh.). Vergleichbar ist wohl mndd. *want*, mndl. *want n.* ´Netz (zum Heringsfang)´; weiter vermutlich zu *winden* wie *Strick* zu *stricken*.

Kluge (1911), 820 f.

Wanten *Pl. per. fach.* ´Seemannshandschuhe´ (< 19. Jh.). Ndd. *want*, nndl. *want* ´Fausthandschuh´, vergleichbar ist anord. *vǫttr m.* ´Handschuh´ (ins Finnische entlehnt als *vantus*). Nach Beda ein gallisches Wort, doch fehlen vergleichbare keltische Formen. Aus einem entsprechenden fränkischen Wort ist frz. *gant m.* ´Handschuh´ entlehnt.

Wanze *f.* (< 11. Jh.). Mhd. *wanze*. Mit dem Suffix für Kurzformen von Namen (vgl. *Hinz* zu *Heinrich*) gebildet aus mhd. *wantlūs*, ahd. *wantlūs* ´Wandlaus´. Entsprechend fnhd. (alem.) *wentel* mit einer anderen Kurzform.

Röhrich 3 (1992), 1694 f.

Wappen *n.* (< 12. Jh.). Niederdeutsch-niederländische Form von *Waffe*. Beide Formen bedeuten zunächst unterschiedslos sowohl ´Kampfgerät´ wie auch ´Erkennungszeichen´ (auf dem Schild u.ä.). Erst im 16. Jh. werden die Bedeutungen auf die beiden Varianten verteilt; ein Relikt des alten Zustandes ist noch *(sich) wappnen* ´bewaffnen´.

war *unr. V.* s. *Wesen*.

Ware *f.* (< 13. Jh.). Entsprechend mndd. *ware*, mndl. *ware*, afr. *ware*, *were*, ae. *waru*, spanord. *vara*. Trotz der späten Bezeugung liegt offenbar ein Erbwort g. *wazō f.* ´Ware´ voraus; zu ig. *wes-* ´(ver)kaufen´ in heth. *waši* ´kauft´, akslav. *věniti* ´verkaufen´, sowie ai. *vasná- n.* ´Preis´, gr. *õnos m.* ´Preis´ und l. *vēnum dare/īre* ´verkaufen, verkauft werden´.

Nndl. *waar*, ne. *ware*, nschw. *vara*, nisl. *vara*. S. *Soft-, Hardware*. − G. Richter in: Dückert (1976), 173−214; O. Szemerényi *ZVS* 93 (1979), 118−122. Zur Entlehnung ins Finnische s. Koivulehto (1991), 39, 83, 114.

Warf(t) *f.* s. *Werft*[1].

warm *Adj.* (< 9. Jh.). Mhd. *warm*, ahd. *warm*, as. *warm* aus g. *warma- Adj.* ´warm´, auch in anord. *varmr*, ae. *wearm*, afr. *warm*, gotisch in *warmjan* ´wärmen´. Nur germanische Adjektivbildung zu lit. *virti*, akslav. *vĭrěti* ´sieden, kochen´ und weiter abliegend heth. *warnuzi* ´verbrennt´, arm. *vaṙil* ´brennen´. Die parallele Bildung l. *formus* ´heiß usw.´ hat vielleicht als Muster für die Bildung gedient, gehört aber lautlich nicht mit *warm* zusammen. Abstraktum: **Wärme**; Verb: **wärmen**.

Nndl. *warm*, ne. *warm*, nschw. *varm*, nisl. *varmur*. − E. Seebold in: Mayrhofer/Peters/Pfeiffer (1980), 446−448, 466 f.; Röhrich 3 (1992), 1695; Heidermanns (1993), 659 f.

warnen *swV.* (< 8. Jh.). Mhd. *warnen*, ahd. *warnōn* aus wg. *warnō- swV.* ´sich vorsehen, warnen´, auch in ae. *wearnian*. Zu der unter *wahren* dargestellten Sippe, am ehesten als eine *nō*-Bildung zur Wurzel. Also etwa ´sich vorsehen´ und ´machen, daß sich jmd. vorsieht´. Präfigierung: **verwarnen**; Abstraktum: **Warnung**. Ne. *warn*. S. *wahren*.

Warp[1] *m. per. fach.* ´Bugsieranker´ (< 19. Jh.). Zu *warp* ´Wurf´, das zur niederdeutschen Entsprechung von *werfen* gebildet ist, vermutlich gekürzt aus *warp-anker*.

Warp[2] *m./n. per. fach.* ´Kettgarn, Baumwollstoff´ (< 19. Jh.). Entlehnt aus ne. *warp*, das letztlich zu *werfen* gehört (bezogen auf den Durchschuß).

Wart *m. obs.* ´Wächter, Hüter´ (< 9. Jh.). Fast nur in Zusammensetzungen, in denen es neuhochdeutsch meist die Bedeutung ´Verantwortlicher für´ hat (*Kassenwart* usw.). Mhd. *wart(e)*, ahd. *wart*, as. *ward* aus g. *warda- m.* ´Hüter´, auch in gt. *-wards*, ae. *weard*. Zu der unter *warten* dargestellten Sippe. S. *Steward*.

Warte *f. obs.* (< 8. Jh.). Mhd. *wart(e)*, ahd. *wart(a)* ´Ort, von dem aus ausgeschaut wird´, zu *warten* in dessen älterer Bedeutung ´ausschauen´; formal entspricht as. *warda*, ae. *weard* ´Wache´ (aus einem hierhergehörigen Wort ist frz. *garde* entlehnt), sowie anord. *varða* ´aus Steinen gebildetes Wegzeichen´.

warten *swV.* (< 8. Jh.). Mhd. *warten*, ahd. *wartēn*, as. *wardon*, *wardian* ´ausschauen, bewachen´, auch ´erwarten´, das im Verlauf der deutschen Sprachgeschichte verallgemeinert wird, so daß das Wort schließlich älteres *beiten* ´warten´ ablöst. Aus g. *ward-ā- swV.* ´ausschauen, bewachen´, auch in anord. *varða*, ae. *weardian*, afr. *wardia*; hieraus entlehnt frz. *garder* ´bewachen´, frz. *regarder* ´betrachten´. Es beruht auf einer *dʰ*-Erweiterung der in *wahren* dargestellten Verbalwurzel. Partikelverben: **ab-, aufwarten**; Nomen agentis: **Wärter**; Abstraktum: **Wartung**.

S. *Anwärter, aufwarten, gewärtig, Wart, wahren*. Entlehnt: **Garde**. − M. Durrell: *Die semantische Entwicklung der Synonymik für* ´warten´ (Marburg 1972); Röhrich 3 (1992), 1695 f. Zur Entlehnung ins Finnische s. Koivulehto (1991), 46.

-wärts *Suffixoid* (zur Bildung von Ortsadverbien, die die Richtung angeben). Mhd. *-wertes*, ahd. *-wertes*, adverbiale Genetive zu Adjektiven auf mhd. *-wert*, ahd. *-wert*, die heute teilweise in erweiterter Form (als *-wärtig*) fortbestehen. Diese aus g. *werda-*, auch in gt. *-wairþs*, anord. *-verðr* neben *warda-* in ae. *-weard*, as. *-ward*, ahd. *-wart*. Zu der in *werden* erhaltenen Grundlage (ig.) *wert-* ´wen-

den', also 'sich in (die betreffende) Richtung wendend'.
Heidermanns (1993), 658 f.

warum *Adv.* (< 11. Jh.). Mhd. *warumbe,* spahd. *wārumbi,* aus mhd. *wā(r),* ahd. *war* 'wo' und mhd. *umbe,* ahd. *umbi* 'um' (s. *wo* und *um*).

Warze *f.* (< 8. Jh.). Mhd. *warze, werze m.,* ahd. *warza, werza,* as. *warta* aus g. **wartōn f.* 'Warze', auch in anord. *varta,* ae. *wearte,* afr. *warte, worte.* Außergermanisch vergleicht sich unter einem Ansatz (ig.) **werd-* akslav. *vrědŭ m.* 'körperlicher Schaden' und von einer anderen Erweiterung derselben Grundlage *(*wers-)* l. *verrūca,* ae. *wearr m.* 'Schwiele' und vielleicht ahd. *wern(a)* 'Krampfader', hd. (dial.) *Wern* 'Gerstenkorn am Auge'. Weitere Herkunft unklar. Nndl. *wrat,* ne. *wart,* nschw. *vårta,* nisl. *varta.*

was *Pron.* (< 8. Jh.). Neutrum des Pronomens *wer.* Mhd. *waz,* ahd. *(h)waz,* as. *hwat* aus g. **hwat(-)* 'was', auch in anord. *hvat,* ae. *hwæt,* afr. *hwā, hwet,* die lautliche Erklärung von gt. *hva* ist umstritten. Dieses aus (ig.) **kʷod,* auch in l. *quod,* ai. *kád,* sonst abweichende Bildungen, deren Alter vielfach schlecht einzuschätzen ist (häufig von einem Stamm **kʷi-*).

Waschbär *m. erw. fach.* (< 18. Jh.). Bezeichnung eines nordamerikanischen Raubtiers, das in Gefangenschaft seine Nahrung vor dem Verzehr ins Wasser hält.

waschen *st V.* (< 8. Jh.). Mhd. *waschen, weschen,* ahd. *wascan,* as. *waskan* aus wg. **wask-a- st V.* 'waschen', auch in ae. *wascan;* hierzu anord. *vaska sw V.* (entlehnt?). Herkunft unklar. Eine Ableitung aus dem Wort *Wasser* liegt zwar semantisch nahe, erklärt aber nicht die starke Stammbildung. Die Existenz eines dem Wort *Wasser* zugrundeliegenden Verbs ist nicht ausreichend zu sichern. S. die Diskussion der formalen Probleme bei Darms. In Anbetracht der Schwierigkeiten bei der Etymologie ist zu erwägen, ob nicht eine Erweiterung der Wurzel (ig.) **meuə-* vorliegt, bei der die Bedeutung 'waschen' auftritt: g. **wask-a- <* (ig.) **mwə(d)-sko-,* vgl. lit. *máudyti* 'baden', akslav. *myti* 'baden, waschen', gr. (kyprische Glosse) *mylásasthai* 'Kopf und Körper abwaschen'.
Nndl. *wassen,* ne. *wash.* S. auch *Gewäsch.* — Seebold (1970), 539; Darms (1978), 13−24; Röhrich 3 (1992), 1696.

Waschzettel *m. per. fach.* (< 18. Jh.). Üblich für den Zettel, auf dem man verzeichnet, welche Stücke zur Wäsche gegeben werden. Dieser Zettel wird der Wäsche beigelegt. Dies hat offenbar im 19. Jh. zu der Übertragung auf 'Ausführungen zu einem Buch, die dem Buch beigegeben werden' geführt.
Ladendorf (1906), 333 f.

Wase *f.* s. *Base*[1].

Wasen *m. per. reg.* 'Rasen' (< 10. Jh.). Mhd. *wase,* ahd. *waso,* as. *waso.* Herkunft unklar. Denkbar ist Herkunftsgleichheit mit *Rasen,* aus einer Ausgangsform **wrasōn* mit unregelmäßigem Ausfall des *r* (wie in nhd. *sprechen* − ne. *speak*).
S. *Wasenmeister, Wrasen.* − Bader 3 (1973), 112−119; H. Papp *Unsere Heimat* 62 (1991), 291−330.

Wasenmeister *m. arch.* 'Abdecker, Henker' (< 15. Jh.). Eigentlich 'Abdecker' ('Henker' deshalb, weil die beiden Berufe häufig von der gleichen Person ausgeübt wurden) zu *Wasen* in der Bedeutung 'Schindanger'.
Angstmann (1928), 59 f.

Wasser *n.* (< 8. Jh.). Mhd. *wazzer,* ahd. *wazzar,* as. *watar,* zu dem *r*-Stamm **watar* (ursprünglich **wedōr*), auch in ae. *wæter,* afr. *water, weter, wetir,* neben dem heteroklitisch ein *n*-Stamm steht (ursprünglich ig. **uden-*) erhalten in gt. *wato* (*n*-Stamm), anord. *vatn* (*a*-Stamm). Die heteroklitische, schon für die indogermanische Grundsprache vorauszusetzende, Flexion ist am besten bewahrt in heth. *watar* (*Nom.*), *wetenaš* (*Gen.*), stärker umgebildet in gr. *hýdōr* (*hýdatos*), durch verschiedene Weiterbildungen bezeugt in ai. *udán* 'Wasser', ai. *udrán- m.* 'Wassertier, Otter', s. *Otter*[1]). Ferner akslav. *voda f.* (vgl. *Wodka,* eigentlich 'Wässerchen'), umbr. *utur* und mit verschiedenen Umbildungen air. *uisce m.,* lit. *vanduõ m.* Da das Wort eine sehr altertümliche und alte Bildung ist, fragt es sich, ob vereinzelte Verben wie ai. *unátti* 'quillt hervor' Reflexe eines zugrundeliegenden Verbs sind (s. hierzu auch *waschen*). Kollektivum: *Gewässer*; Adjektiv: **wässerig**; Verb: **wässern**.
Nndl. *water,* ne. *water,* nschw. *vatten,* nisl. *vatn.* S. *Hydrant, Winter, Whisky, Wodka.* − Röhrich 3 (1992), 1697−1702.

Wasserhose *f.,* **Windhose** *f., erw. fach.* (< 18. Jh.). Benannt nach der Trichterform dieser Naturerscheinungen mit dem Wort *Hose* in seiner alten Bedeutung ('Strumpf, Schlauch u.ä.').
Kluge (1911), 381 f.

Wasserstoff *m.* (< 18. Jh.). Als Entsprechung zu dem neugebildeten *Hydrogenium n.,* frz. *hydrogène* usw., eigentlich 'Wassererzeuger', gebildet.

Wat *f. arch.* 'Kleidung' (< 8. Jh.). Mhd. *wāt,* ahd. *wāt,* as. *wād* aus g. **wēdō f.* 'Gewebe', vom Plural ausgehend auch 'Kleid', auch in anord. *váð* 'Stück Zeug', *Pl.* 'Kleid', ae. *wēd;* mit entsprechender Bedeutung das Kollektivum mhd. *gewæte,* ahd. *giwāti,* as. *wādi,* ae. *wēde.* Zu (ig.) **awedʰ-* 'weben' (neben **webʰ-,* auf das *weben* zurückgeht) in lit. *áusti* 'weben'. Das Wort ist im 17. Jh. ausgestorben und im 19. Jh. archaisierend wieder aufgenommen worden. S. *Gewand.*

Wate *f. arch.* 'Zugnetz' (< 11. Jh.). Mhd. *wate, wade,* ahd. *wata,* mndd. mndl. *wade* aus g. **wa-*

dō(n) f. 'Zugnetz', auch in ae. *wadu*, ndn. *vod*, nschw. norw. (dial.) *vad*; ferner hierzu anord. *vaðor* m. 'Angelschnur'. Außergermanisch vergleichen sich zunächst lit. *vãdas* m. 'Schleppnetz, Zugnetz', akslav. *nevodŭ* m. 'Schleppnetz' neben lit. *vedėja* 'Fischernetz für zwei Personen zum Ziehen'. Weitere Herkunft unklar. Vielleicht zu (ig.) **wedʰ-* 'führen, heiraten', wenn die ältere Bedeutung 'ziehen' ist.

waten *swV.*, früher *stV.* (< 11. Jh.). Mhd. *waten*, ahd. *watan*, mndd. *waden*, mndl. *waden* aus g. **wad-a-* *stV.* 'waten', auch in anord. *vaða*, ae. *wadan*, afr. *wōd (Prät. Sg.)*. Das Wort hat keine sichere Vergleichsmöglichkeit. Zwar entspricht genau l. *vadum* 'Furt' und (möglicherweise mit Dehnstufe) l. *vādere* 'gehen, vorwärtsschreiten', doch kann dies mit Wörtern anderer indogermanischer Sprachen verglichen werden, die für das Germanische ausgeschlossen ist), vgl. ai. *gādhá-* 'Furt'.

Nndl. *waden*, ne. *wade*, nschw. *vada*, nisl. *vaða*. S. *Invasion*, *Vademecum*, *Watt*[1]. – Seebold (1970), 530 f.

Waterkant *f.* erw. reg. 'Küste' (< 19. Jh.). Entspräche einem hochdeutschen *Wasserkante*, das gelegentlich auch auftaucht. Ursprünglich niederdeutsches Wort für 'Küste', das in der Hochsprache zur Bezeichnung der von dort Stammenden gebraucht wird (*von der Waterkant* u.ä.).

Watsche *f.* per. oobd. 'Ohrfeige' (< 13. Jh.). Mhd. *ōrewetzelīn* n. Herkunft unklar. Einerseits ist *Ohrwatschel* die Ohrmuschel, andererseits nannte man eine dicke, plumpe Person *Wetzel*, *Watschel* u.ä. Bei einem Zusammenhang mit dem ersten wäre der Ort bezeichnet, auf den geschlagen wird; bei einem Zusammenhang mit dem zweiten wohl die Folge des Schlags (eine dicke Backe). Auch Lautmalerei (etwa im Sinn von *klatsch*) ist nicht augeschlossen.

G. Weitzenböck *ZM* 13 (1937), 24–26; Kretschmer (1969), 104. Anders (als 'Ohrenschärfer' im Sinne von 'Denkzettel'): J. Knobloch *Diachronica* 2 (1985), 265.

watscheln *swV.* (< 16. Jh.). Iterativbildung zu *watschen* (dial.), das aus *wackzen* stammt, einer Intensivbildung zur gleichen Grundlage wie *wackeln*.

Watt[1] *n.* erw. fach. 'der bei Ebbe trockenlaufende Teil des Meeresbodens' (< 17. Jh.). Mndd. *wat*; entsprechend mhd. *wat*, ahd. *wat* 'Furt', ae. *wæd*, anord. *vað* 'Furt, durchwatbare Stelle', zu *waten*.

Nndl. *wad*, nschw. *vad*, nisl. *vað*. – Kluge (1911), 827.

Watt[2] *n.* 'elektrische Leistungseinheit' (< 19. Jh.). (Zunächst in England) eingeführt nach James *Watt*, dem Erfinder der Dampfmaschine.

Rey-Debove/Gagnon (1988), 1099 f.

Watte *f.* (< 17. Jh.). Zuerst als Bezeichnung von Flockseide und vorwiegend in der Form *Watten* gebraucht. Dieses ist entlehnt aus nndl. *watten* (be-

zeugt seit dem 16. Jh.), das seinerseits letztlich auf ml. *wadda* (bezeugt seit dem 14. Jh.) zurückgeht. Ursprung und Entlehnungsweg sind unklar; vielleicht zu arab. *biṭāna*, *baṭāna* 'Unterfutter, gefütterte Kleidung'. Die österr. Form *Watta* ist von it. *ovatta* abhängig.

G. Baist *ZRPh* 32 (1908), 47–49; Ch.F. Seybold *ZDW* 10 (1909), 222 f.; Lokotsch (1975), 23.

Wau *m.*, auch **Färberwau** *m.* 'Färbepflanze', arch. (< 17. Jh.). Übernommen aus mndl. *wouw*, zuvor galten *wolde* und *waude*, entsprechend me. *wolde*. Außergermanisch läßt sich wohl l. *lūtum* n. 'Fäberwaid' vergleichen (aus ig. **wloi-* oder **wlou-* gegenüber **wol-dʰ-/-t-* für das Germanische). Herkunft unklar; nach Trier zu **welə-* 'rupfen', weil der *Wau* ausgerupft und in Bündeln getrocknet wird.

Bertsch (1947), 244; E. Ploß *ZDPh* 75 (1956) 14 f.; Trier (1963), 47, Anm. 29; H.-F. Rosenfeld in: *FS Cordes* (1976), 257–354; *RGA* 8 (1991), 218.

weben *stV.* (< 8. Jh.). Mhd. *weben*, ahd. *weban*, mndd. *weven*, mndl. *weven* aus g. **web-a-* *stV.* 'weben', auch in anord. *vefa*, ae. *wefan*. Dieses aus ig. **webʰ-* 'weben', auch in gr. *hyphḗ* 'Gewebe', gr. *hyphaínō* 'ich webe', ai. *ūrṇavā́bhi-* f. 'Spinne', toch. A *wäp-*, toch. B *wāp-* 'weben'. Daneben steht ein **awedʰ-* 'weben' (s. *Wat*), so daß als Wurzel **au-* 'weben' anzusetzen ist. Diese in ai. *ótum* (Infinitiv) 'zu weben', ai. *váyati* 'webt'.

Nndl. *weven*, ne. *weave*, nschw. *väva*, nisl. *vefa*. S. *Spinnwebe*, *Wabe*, *wabern*, *Waffel*, *Wat*, *Wespe*, *wiebeln*[1/2], *Wift*. – Seebold (1970), 540 f.

Wechsel *m.* (< 8. Jh.). Mhd. *wehsel*, ahd. *wehsal*, as. *wehsal*; wie afr. *wixle* n. 'Tausch, Handel' und anord. *víxl* n. 'Tausch' Bildung auf *-sla-* zu der Grundlage, die auch in l. *vicem* (Akk.) 'Wechsel' und wohl in gt. *in wikon kunjis seinis* 'in der Reihenfolge seines Geschlechts' vorliegt. Mit anderer Erweiterung der gleichen Wurzel l. *vītāre* 'meiden' und vielleicht toch. AB *wik-* 'schwinden'; wieder anders ahd. *wīsan* 'vermeiden'. Als Fachausdruck des Zahlungsverkehrs übersetzt das Wort seit dem 14. Jh. it. *cambio* 'Wechsel, Tausch, Geldwechsel'; zur Bezeichnung eines Wertpapiers wird es durch Kürzung aus *Wechselbrief* (dies ist damit eigentlich ein anderes Wort). Verb: **wechseln**.

Nndl. *wissel*, nisl. *víxill*. S. *Woche*, *Vikar*. – Schirmer (1911), 208 f.; Kluge (1926), 74.

Wechselbalg *m.* erw. stil. 'mißgestaltetes Kind' (nach dem früheren Volksglauben bei der Geburt von Unholden gegen die echten Menschenkinder ausgetauscht) (< **11. Jh., Form < 15. Jh.). In dieser Form erst frühneuhochdeutsch. Älter mhd. *wehselkint* n., ahd. *wihseling*; entsprechend anord. *skiptingr*, ne. *changeling*. Das Grundwort *Balg* bedeutet eigentlich 'abgezogene Tierhaut' (die gegebenenfalls als Schlauch o.ä. gefüllt oder aufgeblasen wird), dann Scheltwort für ungezogene Kinder.

Hoops (1911/19), IV, 492;G. Piaschewski: *Der Wechselbalg* (Diss. Breslau 1935); H. Appel: *Die Wechselbalgsage* (Diss. Heidelberg 1957); Röhrich 3 (1992), 1703.

Wechselreiterei *f. per. fach.* ´Geldbeschaffung durch Austausch von Wechseln, die nicht auf Warengeschäften beruhen, sondern aus Gefälligkeit gegeben werden´ (< 18. Jh.) Übernommen aus nndl. *wisselruiterij,* und zwar zuerst in der Form *-reuterei.* Auch *Reuterwechsel* (´wenn man den Holländer mit seinem Kredit in Hamburg und den Hamburger mit seinem Kredit in Holland bezahlt, um Zeit zu gewinnen´). Offenbar zunächst spöttische Bezeichnung danach, daß bei diesem Geschäft (unnötigerweise) Postreiter oder entsprechende Boten ´ausgetauscht´ werden. Dann ist das Wort offenbar auf den technischen Ausdruck *Wechsel* (´Wechselbrief´) bezogen, umgedeutet und umgestellt worden. Die Einzelheiten bleiben unklar.

Weck(en) *m. erw. reg.* ´Brötchen´ (< 10. Jh.). Mhd. *wecke, wegge,* ahd. *weggi,* as. *weggi*; das Wort bedeutet in der älteren Sprache auch ´Keil´ (wie anord. *veggr,* ae. *wecg*), offenbar war ursprünglich ein keilförmiges Gebäck so bezeichnet. Mit dem Wort für ´Keil´ wird lit. *vãgis* ´Keil´ verglichen, das allerdings auch entlehnt sein kann. Vielleicht zu dem unter *Wagense* behandelten Wort.
Nndl. *wegge,* ne. *wedge* ´Keil´. – Kretschmer (1969), 152 f.; E. Seebold *ZVS* 81 (1967), 128 f.

wecken *swV.* (< 8. Jh.). Mhd. *wecken,* ahd. *wekken,* as. *wekkian* aus g. **wak-eja- swV.* ´wecken´, auch in gt. *(us)wakjan,* anord. *vekja,* ae. *weccan.* Das Wort ist wohl ein Kausativum zu dem unter *wachen* dargestellten starken Verb. Zum Vergleichsmaterial s. *wachen.* Nndl. *wekken,* nschw. *väcka.* Nomen instrumenti: *Wecker.* Präfigierung: *erwecken*; Partikelverb: *aufwecken.*

Wedel *m.* (< 9. Jh.). Mhd. *wadel, wedel m./n.,* ahd. *wadal, wedil* aus g. **waþ(i)la- m.* ´Wisch, Büschel, Wedel´, auch in anord. *véli n.* ´Vogelschwanz´, afr. *wedel, widel* ´Weihwasserwedel´. Zu der unklaren Etymologie s. *wallen².* Verb: *wedeln.*

weder *Konj.* (< 8. Jh.). Mhd. *weder,* ahd. *wedar,* hervorgegangen aus dem Neutrum von wg. **hwedera-* ´welcher von beiden´ in ae. *hwæðer,* as. *(h)weðar,* ahd. *(h)wedar*; mit anderer Vokalstufe gt. *hvaþar,* anord. *hvárr.* Außergermanisch entspricht ai. *katará-,* gr. *póteros,* lit. *katràs,* zu dem Pronominalstamm, der auch in *wer* usw. vorliegt. Das Fragewort kann auch indefinit gebraucht werden (´wer auch immer´), in dieser Funktion, wohl zunächst nach Negationen, hat es als erstes Glied in Doppelausdrücken die heutige Bedeutung entwickelt (´nicht ... was auch immer, A noch B´ zu ´weder A noch B´). S. auch *entweder, jeder.*

Weg *m.* (< 8. Jh.). Mhd. *wec, weg,* ahd. *weg, was. weg* aus g. **wega- m.* ´Weg´, auch in gt. *wigs,* anord. *vegr,* ae. *weg,* afr. *wei.* Dem Sinn nach ver-

gleicht sich außergermanisch lit. *vėžė̃* ´Wagen-, Schlittengeleise´ und vielleicht l. *via f.* ´Weg´ (dessen lautliche Vergleichbarkeit allerdings umstritten ist). Weiter zu g. **weg-a-* ´bewegen´, ig. **weĝhʰ-* ´tragen, bringen, fahren´. Zu diesem s. *bewegen, wägen, wiegen.* Die Bedeutung geht am ehesten von ´Geleise, Spur´ aus und stellt sich zu der verbalen Bedeutung ´fahren´.
Nndl. *weg,* ne. *way,* nschw. *väg,* nisl. *vegur.* S. *abwegig, Gangway, weg, wegen, Wegerich.* – E. Nieto *Emerita* 56 (1988), 37–41; Röhrich 3 (1992), 1703–1705.

weg *Adv.* (< 14. Jh.). Früher mhd. *enwec,* ahd. *in weg* ´auf dem Weg´, entsprechend ae. *on weg,* ne. *away*; mndl. *enwech,* nndl. *weg,* mndd. *enwech.* Als zweiter Bestandteil von Zusammensetzungen (*hinweg* usw.) teilweise mit Sonderbedeutung ´drauf los´ (*frischweg, durchweg*).

Wegbreite *f.,* auch **Wegebreit** *m.* ´Breitwegerich´, *arch.* (< 9. Jh.). Mhd. *wegebreit(e) m./f.,* ahd. *wegabreita f.,* as. *wegabrēda f.* aus wg. **wega-braiþō f.* ´Wegerich´, auch in ae. *wegbrāde f.* Die erste Bestandteil weist offenbar darauf hin, daß die Pflanze häufig an und auf Wegen wächst; der zweite wohl auf die breiten Blätter (oder die Ausbreitung der Pflanzen?). Ne. *waybread.* S. *Wegerich.*

Wegelagerer *m. obs.* (< 15. Jh.). Nomen agentis zu mhd. *wegelagen* ´auflauern´. Zu ahd. *lagōn* ´sich auf die Lauer legen, auflauern´ (und weiter zu *liegen*); also ´der am Weg auflauert´.

wegen *Präp.* (< 14. Jh.). Die ältere Form ist *von (Genitiv) wegen,* mndd. *van ... wegen,* mndl. *van ... wegen,* daneben schon früh die Vereinfachung *wegen* + Genitiv, entsprechend anord. *vegna,* das in dieser Funktion wohl aus dem Niederdeutschen entlehnt ist. Das Wort (das im Deutschen von Norden nach Süden gewandert ist) kann eine Pluralform von *Weg* in der Bedeutung ´Seite´ sein (*von allen Wegen* ´von allen Seiten´). Die Rückführung auf ig. **wek-* ´wünschen, wollen´ mit entsprechenden Formeln (etwa apers. *vašnā* ´nach dem Willen von´) ist aber semantisch sehr ansprechend. Die Ähnlichkeit im Gebrauch des Wortes *Weg* müßte im Falle eines solchen Vergleichs mit sekundärer Anpassung eines isolierten Wortes erklärt werden.
Nndl. *wegens, van ... wege.* – V. Pisani *Lingua* 11 (1962), 329 f.

Wegerich *m. erw. fach.* (< 9. Jh.). Mhd. *wegerīch,* ahd. *wegarīh*; zur anderen älteren Bezeichnung s. *Wegbreite.* Zu *Weg* gebildet (evtl. als Kurzform zu *Wegbreite*) nach dem Vorbild der Männernamen auf *-rich* (wie *Hederich* und *Weiderich*).
Kluge (1926), 19.

Wegwarte *f. erw. fach.* (< 14. Jh.). Mhd. *wegewarte.* Der Name bedeutet eigentlich ´Wegzeichen´ (vgl. anord. *varða* ´Wegmarke aus Stein´ unter *Warte*) wie mhd. *wegewīse m./f.(?)* gleicher Bedeutung. Der Zusammenhang mit der Pflanze ist un-

klar – vielleicht waren solche Wegzeichen häufig mit *Wegwarten* umgeben. Die Rückführung auf Volkssagen (nach denen die *Wegwarte* eine verwandelte Jungfrau ist, die auf ihren Geliebten wartet oder nach ihm ausschaut) ist kaum überzeugender; auch nicht der Hinweis darauf, daß die Blüten der *Wegwarte* sich nur bei Helligkeit öffnen (und nach alten Angaben dem Lauf der Sonne folgen): in diesem Fall wären Bezeichnungen, die auf *Sonne* weisen, zu erwarten.
Loewe (1939), 47–80.

weh *Interj.*, auch substantiviert *(n.)* für 'Schmerz' (< 9. Jh.). Mhd. *wē*, ahd. *wah*, *wē*, as. *wē* aus g. **wai*, auch in gt. *wai*, anord. *vei*, ae. *wā*. Außergermanisch entsprechen l. *vae*, mir. *fae*, kymr. *gwae*, lit. *vaĩ*, avest. *vaiiōi* und anderes. Substantivierung: ***Wehe(n)***.
Nndl. *wee*, ne. *woe*, nschw. *ve*. S. *Wehen, weinen.* – Schwentner (1924), 24 f.; Hoffmann (1956), 39–43; Röhrich 3 (1992), 1706.

Wehdwinde *f. arch.* 'Name mehrerer Schlingpflanzen' (< 12. Jh.). Mhd. *wedewinde*, mndd. *wedewinde*, mndl. *wedewinde*; entsprechend ae. *wiþo-winde*, ne. *woodbine*, ähnlich anord. *viðvindill m.* Zu dem alten Wort für 'Wald' (s. *Wiedehopf* und ne. *wood*) und *winden*, also 'Waldwinde'.

Wehen *Pl.* (< 16. Jh.). Die Bedeutung (eigentlich 'Schmerzen', zu *weh*) ist spezialisiert auf die Geburtswehen. S. *Wehmutter.*

wehen *swV.* (< 8. Jh.). Mhd. *wæ(je)n*, ahd. *wā-(h)en*, mndd. *wei(g)en*, mndl. *waeyen* aus g. **wǣja- stV.* 'wehen', auch in gt. *waian* (reduplizierend), ae. *wāwan*, afr. *waia*. Aus ig. **hwē-* 'wehen' in ai. *vāti*, gr. *áēmi*, akslav. *vějati* sowie den Wörtern für 'Wind' in heth. *huwant-*, toch. A *want, wänt*, lit. *vėjas*, kymr. *gwynt*, l. *ventus*.
Nndl. *waaien.* S. *Ventil, Wächte, wallen²*, *Wedel, Wetter, Wind.* – Seebold (1970), 539 f.

Wehmutter *f. obs.* 'Hebamme' (< 15. Jh.). *Mutter* und seine Komposita bezeichnen häufig die Hebamme, ausgehend von der Bedeutung 'alte Frau'. *Weh* zu *Wehen.*

Wehr¹ *f. obs.* 'Verteidigung' (< 8. Jh.). Mhd. *wer(e)*, ahd. *wer(ī)*, mndd. mndl. *were.* Rückbildung zu *wehren.*
Nndl. *weer.* – Röhrich 3 (1992), 1706.

Wehr² *n.* 'Stauwerk' (< 11. Jh.). Ursprünglich niederdeutsches Wort (as. *werr* 'Fischwehr'), das sich seit dem 13. Jh. nach Süden ausbreitete. Vgl. ae. *wer m.* Zu der Sonderbedeutung 'hemmen', die bei *wehren* auftaucht, also 'Hemmnis'. S. auch *Wuhr.*

wehren *swV.* (< 8. Jh.). Mhd. *wer(e)n*, ahd. *werien, werren*, as. *werian* aus g. **war-ija- swV.* 'wehren', auch in gt. *warjan*, anord. *verja*, ae. *werian.* Zu ig. **wer(u)-*, von dessen *u*-Erweiterung sich im Germanischen allerdings keine Spur zeigt. Vgl. ai.

varūtár 'Beschützer', ai. *vṛṇóti* 'wehrt, beschützt, umhüllt', gr. *érymai* 'ich wehre ab, beschütze, rette'; sonst nur in allgemeiner Bedeutung: l. *operīre* 'verschließen, verhüllen', lit. *at-vérti* 'öffnen'. Präfigierung: ***verwehren***; Partikelverb: **abwehren**.
Nndl. *weren*, nisl. *verja.* S. *Bürger, Gewehr, Kuvert, Wehr¹, Wehr², Werder.*

Wehtag *m.*, meist *Pl.* 'Schmerzen, Krankheit, Unglück', *arch.* (< 13. Jh.). Mhd. *wētac, wētage*, mndd. *wedage*; Zusammensetzung mit dem in der Bedeutung abgeschwächten Wort *Tag* mit (durch die Komposition bedingter) schwacher Flexion. Bedeutung ursprünglich etwa 'Schmerzenszeit, Schmerzen'.
Hoffmann (1956), 43–46.

Weib *n.* (< 8. Jh.). Mhd. *wīp*, *wīb*, ahd. *wīb*, as. *wīf* aus g. **weiba- n.* 'Weib', auch in anord. *víf* (arch.), ae. *wīf.* afr. *wīf.* Die Erklärung des etymologisch ganz unklaren Wortes hat davon auszugehen, daß das neutrale Genus ausreichend begründet werden muß. Deshalb kommt eine Täterbezeichnung o.ä. nicht in Frage. Desgleichen ist bei dem Nebeneinander der Bedeutungen 'Ehefrau' und 'erwachsene Frau', allenfalls noch 'Frau, die schon Geschlechtsverkehr gehabt hat', jeweils in striktem Gegensatz zu 'Jungfrau', eine Ausgangsbedeutung 'Ehefrau' oder gar 'Braut' ganz und gar unwahrscheinlich. Das Wort tritt im Gotischen nicht auf, ist im Nordischen poetisch (also ein Relikt) und steht in den westgermanischen Sprachen neben dem alten ig. **gʷenā*, g. **kwenō* in gt. *qino*, anord. *kona f.*, ae. *cwēn(e) f.*, as. ahd. *quena f.*, das im Deutschen zurückgedrängt wird. Unter diesen Umständen sind die Verhältnisse des Altenglischen besonders interessant: Dort werden bei ausdrücklicher Bezeichnung der Geschlechter *wǣpen-mann m.* oder *wǣpned-mann m.* und *wīf-mann m.* (zu *mann* im Sinne von 'Mensch') unterschieden. Ae. *wǣpen* bedeutet 'Waffe', ist aber auch ein normales Hüllwort für das männliche Geschlechtsglied; und es wäre nicht ausgeschlossen, daß auch *wīf* auf eine unmittelbare oder verhüllende Bezeichnung für 'Mutterleib' zurückginge. Immerhin läßt sich verweisen auf die baltisch-slavische Sippe von lit. *vaĩkas m.* 'Kind, Tierjunges' (lit. *vaikinga* 'trächtig', lit. *vaikúotis* 'Junge werfen'), akslav. *človĕkĭ m.* 'Mensch' (vermutlich zu akslav. *čeljadĭ f.* 'Familie, Gesinde', also 'Sproß, Nachkomme der Familie'?), die offenbar auf 'Kind, Sproß' zurückführt; und solche Wörter gehen häufig mit 'Mutterleib' zusammen. Formal ließen sich die Wörter unter dem Ansatz von (ig.) **weikʷ-* miteinander verknüpfen; sonst könnten verschiedene Erweiterungen der gleichen Grundlage vorliegen. Die entsprechende Erklärung von Schmidt/Strunk (zu toch. A *kip*, toch. B *kwipe* 'Scham') ist weniger wahrscheinlich, weil der Übergang zu speziell '*weibliches* Geschlechtsteil' nicht erklärbar ist und der Übergang von ig. *ghw- zu gm. *w- (vor auslautendem Labial) nicht ausreichend zu sichern ist. Größere Sicherheit ist aber nicht zu gewinnen. Adjektive: **weibisch, weiblich.**

Nndl. *wijf,* ne. *wife,* nschw. *viv.* – H. Pedersen *SN* 14 (1942), 252–254; A. Lindqvist *MASO* 5 (1943), 81 f.; Krogmann *IF* 64 (1959), 136–145; Szemerényi (1977), 79–82; J. Wittmann: *A Semantic Study of Five Words for 'Girl' and 'Woman.* (Diss. Colorado 1982), 120–131; Maher (1986), 74 f.; K. T. Schmidt, K. Strunk in *FS Meid* (1989), 251–284; W. B. Lockwood *Maal og Minne* 1991, 25–28; Röhrich 3 (1992), 1707 f.

Weibel *m. per. schwz.* 'Amtsdiener' (< 11. Jh.). Mhd. *weibel,* ahd. *weibil,* Nomen agentis zu ahd. *weibōn* 'sich hin- und herbewegen' (mit nicht klar abgrenzbarer Verwandtschaft). Das Wort hat sich in Deutschland besonders als militärischer Ausdruck für untere Dienstgrade gehalten; hierzu (mit ostmitteldeutscher Lautform) *Feldwebel.*

Kluge (1926), 10 f.; Maher (1986), 75.

Weibsbild *n. stil.* (< 13. Jh.). Mhd. *wībes bild* und *mannes bild* finden sich für 'Mann' und 'Frau', wobei *Bild* im Sinn von 'Gestalt' aufzufassen ist. Es handelt sich also um eine ähnliche Bildung wie *Mannsperson* u.ä. Später abgesunken.

Weibsen *n. per. reg.* 'Weib' (< 17. Jh.). Entstanden aus mhd. *wībes name* 'Name des Weibes', praktisch gleich gebraucht wie *Weib.* Entsprechend, aber seltener, *Mannsen* aus mhd. *mannes name.*

weich *Adj.* (< 8. Jh.). Mhd. *weich,* ahd. *weih,* as. *wēk* aus g. *waika- Adj.* 'weich, schwach', auch in anord. *veikr,* ae. *wāc.* Verbaladjektiv zu *weichen,* also eigentlich 'nachgiebig'. Verb: *(er-)weichen.*

Nndl. *week,* ne. *weak* (entlehnt), nschw. *vek,* nisl. *veikur.* S. *Weiche*[1]. – I. Rosengren: *Milti* (Lund 1968); Heidermanns (1993), 644 f.

Weichbild *n. per. fach.* 'Außenbezirke, die zu einer Stadt gehören' (< 12. Jh.). Mhd. *wīchbilde,* mndd. *wīkbelde,* mndl. *wijc(h)bilt.* Rechtswort, das zunächst etwa 'Ortsrecht' bedeutet (zu ahd. *wīh m.,* as. *wīk m.* 'Flecken' aus l. *vīcus m.* 'Häusergruppe, Flecken', urverwandt mit gt. *weihs* 'Flecken' und zu *Bild* in einer älteren Bedeutung. Zu dieser und der Literatur s. *Bild*). Die Verschiebung, die zu der heutigen Bedeutung geführt hat, ist etwa zu umschreiben mit 'Bereich, in dem das Ortsrecht gilt'.

S. *Wispel.* – K. Kroeschell: *Weichbild* (Köln 1960), besonders 243–251; W. Förste in: *FS Trier* (1964), 126; W. Kaspers *ZDS* 20 (1964), 91–97; Schütte (1976); R. Schmidt-Wiegand. *ZSSR-GA* 95 (1978), 121–157.

Weiche[1] *f. erw. fach.* 'Körperteil zwischen Brust und Becken' (< *8. Jh., Bedeutung < 16. Jh.). Älter für andere weiche Stellen (des Körpers). Mhd. *weiche,* ahd. *weihhī* ist ursprünglich Abstraktum zu *weich,* also 'Weichheit'.

Weiche[2] *f.* 'Lenkvorrichtung bei der Eisenbahn' (< 19. Jh.). Vor der Verwendung im Eisenbahnwesen war die *Weiche* wie nndl. *wijk* eine Ausweichstelle der Flußschifffahrt. In dieser Bedeutung ist es wohl von *weichen* abgeleitet (und nicht auf mndd. *wīk* 'Bucht' zurückzuführen). Vielleicht ist es auch einfach aus *Ausweichung* gekürzt (das im gleichen Sinn vorkommt).

Krüger (1979), 490 f.

weichen *st V.* 'zurückgehen' (< 9. Jh.). Mhd. *wīchen,* ahd. *wīhhan,* as. *wīkan* aus g. *weik-a- st V.* 'weichen', auch in anord. *víkva, víkja* (Auslaut sekundär umgebildet), ae. *wīcan,* afr. *wīka.* Außergermanisch sind vergleichbar (wenn auch in der Bedeutung auseinanderfallend und deshalb unsicher) ai. *vijáte* 'weicht, flieht' und gr. *oígō* 'ich öffne', toch. B *wik-* 'schwinden, vergehen'; als Auslautvariante gr. *eikō* 'ich weiche, gehe zurück, stehe nach'. Präfigierung: *entweichen;* Partikelverben: *aus-, abweichen.*

Nndl. *wijken,* nschw. *vika,* nisl. *víkja.* S. *weich, Weiche*[2], *Wiek.* – Seebold (1970), 545 f.

Weichsel *f. per. fach.* 'Sauerkirsche' (< 11. Jh.). Mhd. *wīhsel,* ahd. *wīhsila, wīhsel,* mndd. *wissel.* Diese Wörter bezeichneten ursprünglich offenbar die einheimische Holzkirsche (die eigentlichen Sauerkirschen wurden im 2. Jh. durch die Römer nach Deutschland gebracht). Aus deren Harz wird Vogelleim gewonnen, und so ist dieses Wort verwandt mit gr. *ixós m.* 'Mistel, Vogelleim (der aus der Mistel gewonnen wird)', l. *viscum n.* 'Mistel, Vogelleim', und – näher am Germanischen – russ. *víšnja* 'Kirsche'.

A. Götze *NJKA* 39 (1917), 68.

Weichselzopf *m. per. fach.* 'krankhafte zopfartige Verfilzung der Haare' (< 18. Jh.). Umgebildet aus poln. *wieszczyce* 'Weichselzopf', der dort so heißt nach poln. *wieszczyca* 'Nachtgespenst, Nachthexe' (von der nach dem Volksglauben der Weichselzopf herrührt. In deutschen Mundarten *Hexenzopf* u.ä.). Da die Krankheit auch *polnischer Zopf* hieß (offenbar war sie in Polen besonders verbreitet), hat bei der Umbildung wohl der Flußname *Weichsel* mitgespielt.

Wick (1939), 62 f.; Bielfeldt (1965), 29.

Weichtier *n. erw. fach.* (< 19. Jh.). Lehnprägung zu *Mollusken,* zu l. *molluscus* 'weich', zu l. *mollis* 'weich'.

Weide[1] *f.* 'Baum' (< 9. Jh.). Mhd. *wīde,* ahd. *wīda,* mndd. *wide,* mndl. *wijd, wijt* aus g. *wīþja/ō m./f.* 'Weide', auch in anord. *víðir m.,* ae. *wīþig m.;* vielleicht ist eine ältere Form *wīþw-,* da die außergermanischen Sprachen mehrfach auf einen solchen Lautstand weisen. Die *Weide* heißt ersichtlich nach ihren biegsamen, zum Flechten gut geeigneten Zweigen; letztlich liegt den Bezeichnungen (ig.) *weiǝ-* 'winden, flechten' zugrunde (l. *viēre* usw.).

In welchem Umfang für die einzelsprachlichen Be- zeichnungen aber gemeinsame Vorformen oder pa- rallele Bezeichnungen vorauszusetzen sind, läßt sich kaum sagen. Vergleichbar sind *(*wiət-u-)*: gr. *ītéa*, apreuß. *witwan* n., lett. *vîtuõls* (lit. *žilvìtis* m. ʿGrauweideʾ), ähnlich russ. *vetlá*. Ferner als ʿWei- denzweig, Ruteʾ, auch ʿRanken u.ä.ʾ ai. *vetasá-* m. ʿRotangʾ, avest. *vaētaii-* ʿWeidengerteʾ, l. *vītis* ʿRanke, Rebeʾ, kymr. *gwden* ʿWeidenzweigʾ, lit. *vytìs* ʿRute, Gerteʾ, akslav. *větvĭ* ʿZweig, Ruteʾ. Ne. *withy*, nschw. *vide*, nisl. *víðir*. S. *Weiderich, Wiede*. – Th. Frings *SSAWL* 108,V (1963).

Weide² *f.* ʿGraslandʾ (< 9. Jh.). Mhd. *weid(e)*, ahd. *weida*, as. *weiða*. Herkunft unklar; Zusam- menhang mit der unter *Weidmann* dargestellten Sippe nicht wahrscheinlich. Semantisch entspricht am ehesten avest. *vāstar-* m. ʿHirtʾ, avest. *vāstra- n.* ʿWeideʾ,die aber lautlich abweichen. Vgl. noch die Bedeutung ʿSpeiseʾ in hd. (dial.) *Weidedarm* ʿMastdarmʾ und jägersprachliches *Weidloch* ʿAf- terʾ. Verb: *weiden*. Nndl. *weide*.

-weiden (ausweiden) *swV.* s. *Eingeweide*.

Weiderich *m. erw. fach.* (< 16. Jh.). Name mehre- rer Pflanzen, deren Blätter denen der *Weide*¹ äh- neln. Vgl. nndl. *wederik*. Gebildet mit dem Suffix *-rich* zur Bildung von Personennamen (vgl. *Wege- rich, Hederich*).

weidlich *Adj. obs.* ʿsehrʾ (< 9. Jh.). Mhd. *wei- de(n)līche* ʿfrisch, wacker, stattlichʾ. Vermutlich ein Verbaladjektiv zu *weidenen* ʿjagenʾ (s. *Weid- mann*) mit der ursprünglichen Bedeutung ʿjagdge- rechtʾ, die aber nicht mehr zu fassen ist.

Weidling *m. per. reg.* ʿNachen zum Fischfangʾ (< 15. Jh.). Fnhd. *weidelinc*. Wie *Weidnachen*, *Weidzille* ʿNachen zum Fischfangʾ (zu *Weid* s. *Weidmann*).

Weidmann *m. stil.* ʿJägerʾ (< 13. Jh.). Mhd. *wei- deman*. Zu mhd. *weid(e)* f. ʿJagd, Fischereiʾ, ahd. *weida* f. ʿJagd, Beuteʾ, as. *weiða* aus g. **waiþi- f.* ʿJagd, Fischfangʾ, auch in anord. *veiðr* f. ʿJagd, Fischfangʾ, ae. *wāþ* f. ʿJagd, Umherstreifenʾ; dazu als Verb mhd. *weidenen*, ahd. *weidinōn* ʿjagenʾ. Zu- nächst vergleichbar mit air. *fíadach* ʿJagdʾ und l. *vēnāri* (aus ig. **wēidʰ-n-*) ʿjagenʾ, die an sich zu der Wurzel (ig.) **weiə-* ʿverfolgenʾ gehören könnten. Das irische Wort muß aber ersichtlich zu air. *fiad* ʿwildʾ gestellt werden, das eine Vriddhi-Bildung zu **widu-* ʿWald, Holzʾ in air. *fid*, anord. *viðr*, ae. *widu, wudu* zu sein scheint. Vgl. zur Bedeutung lit. *mēdis* ʿBaum, Holz, Waldʾ, lit. *mēdinas* ʿwildʾ, lit. *medžióti* ʿjagenʾ. Es ist also von (ig.) **widʰ-* und (ig.) **wēidʰ-* auszugehen.

S. *weidlich, Weidling, Weihe*. – E. Campanile *BBCS* 26 (1976), 306.

weidwund *Adj.* s. *Eingeweide*.

Weife *f. per. omd.* ʿHaspelʾ (< 15. Jh.). Fnhd. *weife*. Wohl zu dem schlecht bezeugten mhd. *wīfen stV.*, das ungefähr ʿschwingenʾ bedeutet. Näheres wegen der schlechten Beleglage unklar.

S. *Wimpel*. – Seebold (1970), 546 f.

Weigand *m. arch.* ʿKämpferʾ (< 9. Jh.). Mhd. *wīgant*, ahd. *wīgant*, as. *wīgand*; wie ae. *wīgend* ur- sprünglich Partizipialbildung zu einem starken Verb für ʿkämpfenʾ, das in verschiedenen Stamm- bildungen bezeugt ist: gt. *weihan*, anord. *vega*, as. *-wegan*, ahd. *-wehan*, mhd. *wīgen*. Da somit die vollstufige Form mit *-g-* nicht für das ganze Westgermanische nachgewiesen werden kann, ist auch denkbar, daß eine denominale Ableitung zu g. **weiga- m./n.* vorliegt (anord. *vígr*, ae. *wīg* n., afr. *wīch*, as. *wīg*, ahd. *wīg* m./n.). Außergermanisch entsprechen l. *vincere* ʿbesiegenʾ, air. *fichid* ʿkämpftʾ, gr. *ouk epieikton* ʿunbezwingbarʾ und vielleicht lit. *veĩkti* ʿmachen, tun, ausführenʾ (deut- licher lit. *nuveĩkti* ʿbesiegenʾ). Das Wort ist im Deutschen eigentlich ausgestorben, aber in archai- sierender Dichtung wiederbelebt worden.

S. *weigern*. – Seebold (1970), 544 f.

weigern *swV.* (< 11. Jh.). Mhd. *weigern*, ahd. *wei- garōn*, mndd. *weigeren*, mndl. *weigeren*, wie afr. *weigaria* (das vielleicht aus dem Deutschen entlehnt ist) abgeleitet von dem Adjektiv mhd. *weiger*, ahd. *weigar*, mndl. *weiger* ʿwiderstrebend, halsstarrig, tollkühnʾ, das vermutlich zu dem unter *Weigand* dargestellten Wort für ʿkämpfenʾ gehört. Abstrak- tum: **Weigerung**; Präfigierung: **verweigern**.

Heidermanns (1993), 643.

Weihe¹ *f.*, auch **Weih** *m.* (besonders dichterisch) *erw. fach.* (ein Greifvogel) (< 8. Jh.). Mhd. *wīe* m., ahd. *wīo* m., mndd. *wie, wige*, mndl. *w(o)uwe*; hier- her vermutlich auch anord. *langvé* m. ʿAlkʾ. Als Grundform ist wohl **weiwōn* anzusetzen; da die Sippe aber isoliert ist, läßt sich eine Etymologie schwer festlegen. Denkbar, aber unverbindlich, ist ein Anschluß an das indogermanische Wort für ʿVogelʾ (l. *avis* usw.) oder als ʿJägerʾ ein Nomen agentis zu ig. **weiə-* ʿverfolgen, jagenʾ (s. *Weid- mann*). Nach Neuss zu (ig.) **wi-* ʿzweiʾ wegen des gegabelten Schwanzes. Zu beachten sind auch die lautlich ähnlichen, aber nicht zu vereinbarenden Wörter gr. *iktīnos* ʿWeihe, Hühnergeierʾ (< **kʷiə- no-?*), arm. *çin* (dass.), ai. *śyená-* ʿAdler, Habichtʾ (< **ḱjoi-no-?*).

Suolahti (1909), 342; E. Neuß: *Studien zu den ahd. Tierbe- zeichnungen* (München 1973), 168–170.

weihen *swV.* (< 8. Jh.). Mhd. *wī(h)en*, ahd. *wīhen*, as. *wīhian* aus g. **weih-ija- swV.* (und ande- ren Stammbildungen) ʿweihen, numinos machenʾ, auch in gt. *weihan* und (wohl durch Einfluß ande- rer Formen) anord. *vígja*, afr. *wī(g)a*. Ableitung von g. **weiha-* ʿheilig, geweiht, numinosʾ (bezeich- net Dinge und Personen, die Träger des Heiligen und Gegenstand religiöser Verehrung sind. Meint das Heilige im Gegensatz zum Profanen) in gt. *weihs*, ahd. *wīh*, as. *wīh*, mhd. *wīch* (s. auch *Weihnachten*); ferner zugehörig anord. *vé* ʿTempelʾ, ae. *wēoh*, *wīg* ʿGötterbildʾ, as. *wīh*, ahd. *wīh* ʿTempelʾ. Außergermanisch steht am nächsten l. *victima* ʿOpfertierʾ (vielleicht auch alit. *viešpilas* ʿheiliger Bergʾ; weitere Anknüpfungen sind spekulativ). Abstraktum: *Weihe²*.

Nndl. *wijden*, nschw. *viga*, nisl. *vígja*. S. *Weihrauch*. − Baetke (1942); H. Kuhn *ADA* 62 (1944), 1−5; Heidermanns (1993), 663 f. Zur Entlehnung ins Finnische s. Koivulehto (1991), 19.

Weiher *m.* (< 9. Jh.). Mhd. *wī(w)ære*, ahd. *wī(w)āri*, as. *wīheri*. Entlehnt aus l. *vīvārium* n. ʿFischbehälterʾ (zu l. *vīvus* ʿlebendigʾ). Die Bedeutung des lateinischen Wortes ist ursprünglich allgemeiner; im 2. Jh. ist in Köln ein Bärenzwinger bezeugt, der *vīvārium* heißt; doch setzt sich seit dem 9. Jh. die heutige Bedeutung durch. S. *vital*.

Weihnachten *n.* oder *Pl.*, **Weihnacht** *f.* (< 12. Jh.). Ursprünglich Dativ Plural *ze den wīhen nahten* ʿan den heiligen Nächtenʾ, später auch mndd. *winachten m.* Zu dem unter *weihen* behandelten Adjektiv für ʿheiligʾ. Die Betonung der Nacht geht wohl auf die christliche Liturgie zurück, der Plural bezieht sich wohl darauf, daß mehrere Tage gefeiert wurde (ein alter Instrumental Singular auf -*m* ist aber nicht ausgeschlossen). Ein Zusammenhang mit einem älteren germanischen Fest ist denkbar, aber nicht besonders wahrscheinlich.

J. Knobloch: *Sprache und Religion.* Bd. 3 (Heidelberg 1986), 41−48; Röhrich 3 (1992), 1708.

Weihrauch *m.* (< 8. Jh.). Mhd. *wī(h)rouch m./n.*, ahd. *wīhrouh m./n.*, as. *wīhrōk*; eigentlich ʿheiliger Rauchʾ oder vielleicht bereits in Abhängigkeit vom Verbum ʿgeweihter Rauchʾ (zum Bestimmungswort s. *weihen*). Entsprechend *Weihwasser*, mhd. *wī(c)hwazzer n.* ʿgeweihtes Wasserʾ.

Röhrich 3 (1992), 1709.

weil *Konj.* (< 11. Jh.). Mhd. *wīle*, älter *die wīle*, ahd. *dia wīla so*, mndd. *derwīle*, mndl. *de wile*; wie afr. *hwīle*; also eigentlich der Akkusativ des Wortes *Weile*. Aus dem Ausdruck der Gleichzeitigkeit wird der Ausdruck des Gegensatzes wie bei *während*. Dann setzt sich (aus denselben Zusammenhängen) die Funktion der Kausalität durch.

Behaghel 3 (1928), 339−342; E. Arndt *BGDSL-H* 81 (1959), 388−415.

weiland *Adv. obs.* ʿdamalsʾ (< 10. Jh.). Mhd. *wīlent*, älter *wīlen*, ahd. *(h)wīlōn*, *wīlūn*, as. *hwīlon*; wie ae. *hwīlum* adverbialer Instrumental zu dem Wort *Weile*, heute in archaisierender Schreibung. Der Dental ist sekundär angetreten. Ne. *whilom*. S. *zuweilen*.

Weile *f.* (< 8. Jh.). Mhd. *wīl(e)*, ahd. *(h)wīla*, as. *hwīla* aus g. *hwīlō f.* ʿWeile, Zeitʾ, auch in gt.

hveila, anord. *hvíla* ʿBettʾ (anord. *víld* ʿRuheʾ), ae. *hwīl*, afr. *hwīle*. Eine *l*-Bildung zu dem in l. *quiēs* ʿRuheʾ vorliegenden Stamm (ig.) **kʷeiə-* (also ig. **kʷiə-lā*); dieselbe *l*-Bildung vielleicht in l. *tranquillus* ʿruhigʾ; während ai. *kālá-* m. ʿZeitʾ wohl zu (ig.) **kʷel-*, also nicht hierher gehört.

Nndl. *wijl*, ne. *while*, nschw. *vila*, nisl. *hvíla*. S. *alldieweil, jeweils, weil, weiland, weilen, zuweilen*. − Heidermanns (1993), 319 f.

weilen *swV. obs.* (< 8. Jh.). Mhd. *wīlen*, ahd. -*wīlen*, mndd. *wilen*, mndl. *wi(j)len* aus g. **hwīl-ǣ- swV.* ʿweilenʾ, auch in gt. *hveilan*, anord. *hvíla*. Abgeleitet von *Weile*, also ʿdie Zeit verbringenʾ. Präfigierung: *verweilen*.

Weiler *m.* (< 12. Jh.). Mhd. *wīler m./n.*, ahd. *wīlāri*, *wīlar m./n.* Entlehnt aus ml. *villare*, das über ein Adjektiv l. *vīllāris* abgeleitet ist von l. *vīlla* ʿHerrenhofʾ. Häufig in Ortsnamen. S. *Villa*.

Wein *m.* (< 8. Jh.). Mhd. *wīn*, ahd. *wīn*, as. *wīn* aus g. **wīna-* m. ʿWeinʾ, auch in gt. *wein*, anord. *vín* n., ae. *wīn* n., afr. *wīn*. Frühe Entlehnung aus l. *vīnum n.*, das wie gr. *oĩnos*, heth. *wijana-* aus einer nicht-indogermanischen Sprache entlehnt ist.

S. *Vignette*. − Bertsch (1947), 122−148; E. Aleanne *MSN* 18 (1956), 25 f.; R. S. P. Beekes *MSS* 48 (1987), 21−26; Röhrich 3 (1992), 1709 f.

Weinbrand *m. erw. fach.* (< 19. Jh.). Seit Ende des 19. Jhs. bei der Firma Asbach als Zusatz zu *Cognac* verwendet. Da nach Art. 275 des Versailler Vertrags von 1919 den deutschen Weinbrennereien der Gebrauch des Wortes *Kognak* für ihre Erzeugnisse verboten wurde, heißen diese seit 1921 amtlich *Weinbrand*.

S. *Branntwein, brennen*. − W. Betz *ZDW* 18 (1962), 186.

weinen *swV.* (< 9. Jh.). Mhd. *weinen*, ahd. *weinōn*, mndd. *we(i)nen*, mndl. *wenen* aus g. **wainō- swV.* ʿweinenʾ, auch in anord. *veina*, ae. *wānian*, afr. *wainia, weinia, wēnia*; gt. in *wainahs* ʿelendʾ; vermutlich abgeleitet von *weh*, also ʿweh rufenʾ, vgl. lett. *vaîdêt* ʿjammernʾ, lit. *vainóti* ʿscheltenʾ.

Nndl. *weenen*, ne. *whine*, nschw. *vena*, nisl. *veina*. S. *weh, wenig*. − H. Glombik-Hujer *DWEB* 5 (1968), 1−266; Röhrich 3 (1992), 1710.

Weinkauf *m. arch.* ʿTrunk zur Besiegelung eines Geschäftsʾ (< 14. Jh.). Wie *Leikauf*, das zu einem Wort für ʿObstweinʾ gehört. Spmhd. *wīnkouf*, mndd. *wīnkōp*, mndl. *wijncoop*. Die Sache ist bezeugt seit dem 13. Jh. Das Kompositum ist nach den heutigen Bedeutungen merkwürdig, es geht wohl auf eine ältere und speziellere Bedeutung von *Kauf* zurück.

Röhrich 3 (1992), 1710 f.

Weinmonat *m. arch.* ʿOktoberʾ (< 15. Jh.). Fnhd. *wīnmānōt*. Die ahd. Bezeichnung war dagegen *windu(me)mānōth*, entlehnt aus l. *vīndēmia f.* ʿWeinleseʾ.

Weinzierl *m. arch. oobd.* ʾWinzerʾ (< 9. Jh.).
Mhd. *wīnzürl(e)*, ahd. *wīnzuril.* Entlehnt aus l. *vīnitor* unter gleichzeitiger Anlehnung an ahd. *zeran* ʾrupfen, reißenʾ. S. *Winzer.*

Weise *f.* (< 8. Jh.). Mhd. *wīs(e)*, ahd. *wīsa*, as. *wīsa* aus g. **weis-/ōn f.* ʾWeiseʾ, auch in anord. *vís*, ae. *wīs(e)*, afr. *wīs.* Bezeugt ist das Wort zunächst einmal in adverbialen Wendungen (ʾauf andere Weiseʾ u. dgl.) in allen außergotischen Sprachen, althochdeutsch auch unflektiert, altnordisch in erstarrten Formen, dann in allgemeiner Bedeutung ʾArt und Weiseʾ (l. *modus m.*); speziell ʾMelodieʾ (althochdeutsch und altnordisch, weniger deutlich auch sonst) und ʾSitte, Gewohnheit, Ritusʾ, ʾHandlungsweiseʾ. Zugrunde liegt offenbar ein dem gr. *eídos n.* ʾErscheinung, Aussehen, Gattungʾ entsprechender *s*-Stamm zu (ig.) **weid-* ʾerscheinen, sehen, wissenʾ (s. *wissen*); dieser scheint in den endungslosen Formen als Konsonantstamm bewahrt zu sein; im flektierten Simplex liegt eine Erweiterung vor.
Nndl. *wijs*, ne. *wise*, nschw. *vis*, nisl. *vísa.* S. *-oid, -weise, wissen.* – Trier (1963), 76.

weise *Adj.* (< 8. Jh.). Mhd. *wīs(e)*, ahd. *wīs(i)*, as. *wīs* aus g. **weisa-* (ig. **weidso-*) ʾwissend, klug, weiseʾ, auch in gt. *-weis*, anord. *víss* (vermischt mit der Entsprechung von *gewiß*). Es lassen sich bei diesem Wort deutlich verschiedene Schichten voneinander abheben. Zugrunde liegt offenbar ein sonst nicht bezeugter *s*-Stamm (ig.) **weidos-* ʾWissen, Kenntnisʾ, aus dem das Adjektiv abgeleitet ist (in welchem Umfang im Germanischen mit adjektivischen *s*-Stämmen gerechnet werden kann, ist unklar – eine solche Annahme würde aber die *ja*-Flexion im Deutschen gut erklären). Hieraus zunächst wertfrei ʾwissendʾ, negiert ʾnicht wissendʾ in gt. *unweis*; anord. *víss verða*, ahd. *wīs werdan* ʾerfahrenʾ, ahd. *wīs tuon* ʾmitteilenʾ, ahd. *wīs sīn* ʾwissenʾ. Eine Stufe weiter ʾmit Wissen versehen, kundig, klugʾ, negiert ʾtörichtʾ in anord. *víss, úvíss*, ae. (angl.) *wīs, unwīs*, (nordh.) *wīs* ʾder Gelehrteʾ. Und schließlich ʾweiseʾ (ʾdurch Wissen charakterisiertʾ) in dem zusammenhängenden Gebiet ae. (ws.) *wīs*, afr. *wīs*, as. *wīs*, ahd. *wīs* (ahd. nicht allgemein). Zu beachten ist, daß aruss. *věščii* ʾwissend, weise, zauberndʾ wohl auf **weid-tjo-* zurückzuführen ist, und dies auch die Vorform von ahd. *wīsi* sein kann. Abstraktum: ***Weisheit***; Adverb: **(wohl-) weislich.**
Nndl. *wijs*, ne. *wise*, nschw. *vis*, nisl. *vís.* S. *naseweis, weismachen, Weistum.* – J. Trier: *Der deutsche Wortschatz im Sinnbezirk des Verstandes* (Heidelberg 1931); Heidermanns (1993), 664 f.

-weise *Suffixoid* (zur Bildung von Adverbien). Gehört heute zu *Weise*, doch ist die Entstehungsgeschichte der frühbezeugten Formen noch nicht ausreichend untersucht.

Weisel *m. per. fach.* ʾBienenköniginʾ (< 10. Jh.). Mhd. *wīsel*, ahd. *wīsil*, verdeutlicht aus älterem

mhd. *wīse*, ahd. *wīso*, as. *wīso*; entsprechend ae. *wīsa*, anord. *vísi.* Dessen Bedeutung ist allgemein ʾFührer, Anführerʾ, speziell ʾAnführer der Bienen, Bienenköniginʾ. Nomen agentis zu *weisen.*

weisen *st V.* (so erst seit dem 16. Jh., vorher *sw V.*). Mhd. *wīsen*, ahd. *wīsen*, as. *wīsian*, aus g. **wīs-ija- sw V.* ʾweisenʾ, auch in anord. *vísa*, ae. *wīsan*, afr. *wīsa.* Die Bildung gehört sicher zu (ig.) **weid-* ʾerscheinen, sehen, wissenʾ (s. *wissen*), bei der auch die Bedeutung ʾbestimmen, anweisenʾ auftritt. Die morphologischen Zusammenhänge sind aber unklar; eine Ableitung von *weise* ist unwahrscheinlich.
Nndl. *wijzen*, nschw. *visa*, nisl. *vísa.* S. *beweisen, Weisel, Weistum, wissen.* – Röhrich 3 (1992), 1711.

Weisheitszahn *m.* (< 18. Jh.). Übersetzt aus l. *dēns sapientiae*, das seinerseits aus gr. *sōphronistḗr* (zu gr. *sṓphrōn* ʾweiseʾ) übersetzt ist. Solche Zähne erscheinen im Alter von 20 bis 30 Jahren (ʾwenn der Mensch weise wirdʾ).

weismachen *sw V.* (< 16. Jh.). Älter (mhd.) *wīs tuon*; eigentlich ʾinformieren, belehrenʾ (s. *weise*), doch seit dem 16. Jh. festgelegt auf ʾjmd. etwas vorspiegelnʾ
Röhrich 3 (1992), 1711.

weiß *Adj.* (< 8. Jh.). Mhd. *wīz*, ahd. *(h)wīz*, as. *hwīt* aus g. **hweita- Adj.* ʾweißʾ, auch in gt. *hveits*, anord. *hvítr*, ae. *hwīt*, afr. *hwīt.* Als Auslautvariante entspricht ig. **kweit-* ʾglänzen, hell sein, weiß seinʾ in ai. *śvit-*, lit. *šviẽsti*, akslav. *svítěti.* Zu diesem auch ai. *śvindate*, dessen Auslaut dem germanischen Auslaut entsprechen würde, doch ist es spät und wohl sekundär gebildet, so daß allenfalls ein Hinweis auf die Herkunft der Variation daraus gewonnen werden kann. Nach Lühr stammt g. **-t* aus dem Einfluß der Geminate *tt* in afr. *hwitt*, mndd. *wit(t)* bzw. mndl. *wit(te)*; diese aus der *n*-Assimilation (vgl. ai. *śvitna-* ʾhell, lichtʾ); doch sind die Formen mit Geminate spät und wohl unter dem Einfluß der neutralen Form (Heliand: *hwītt*) sekundär entstanden.
Nndl. *wit*, ne. *white*, nschw. *vit*, nisl. *hvítur.* S. *Weizen.* – Schwentner (1915), 24–37; F. Holthausen *ZVS* 72 (1955), 201 f.; Lühr (1988), 263 f.; *RGA* 8 (1991), 208 f.; Röhrich 3 (1992), 1711 f.; Heidermanns (1993), 316 f.

weissagen *sw V.* (< 8. Jh.). Mhd. *wīs(s)agen*, ahd. *wizagōn, wīssagōn* zu ahd. *wīssago* ʾZukunftsdeuterʾ, umgeformt aus ahd. *wīzago* nach dem Modell von ahd. *forasago* ʾProphetʾ, vgl. as. *wārsago* ʾZukunftsdeuterʾ. Dem ursprünglichen Wort entspricht ae. *wītega* und mit abweichender Bedeutung anord. *vítki* ʾZaubererʾ. Es beruht auf einer Substantivierung des Adjektivs ahd. *wīzag*, ae. *wītag* ʾwissend, kundigʾ, das zu *wissen* gehört.
H. de Boor *BGDSL* 67 (1944), 65–83; Heidermanns (1993), 666 f.

Weißbäcker *m. arch.* (< 18. Jh.). Klammerform für *Weißbrotbäcker*.

Weißbuch *n.* s. *Blaubuch*.

Weißkäse *m. per. oobd.* ʹQuarkʹ (< 20. Jh.). Kein Käse im engeren Sinn, sondern mit Bedeutungsausweitung so bezeichnet.

Weißtanne *f. erw. fach.* (< 16. Jh.). Heißt so im Gegensatz zur Rottanne nach der hellen Rinde (nicht nach den Nadeln, die ebenfalls weiße Streifen haben).

Weistum *n. per. fach.* ʹüberlieferter Rechtsspruch in bäuerlichen Gemeindenʹ (< 14. Jh.). Unter Anlehnung an *weisen* auf die heutige Bedeutung festgelegt, zuvor ist es ein Wort für ʹKlugheit, Weisheitʹ und damit ein Abstraktum zu *weise* oder eine Bildung zu einem der Sippe zugehörigen Wort (vgl. etwa ae. *wīs* ʹder Gelehrteʹ). Vgl. anord. *vísdómr*, ae. *wīsdom*, afr. *wīsdom*, as. *wīsdōm* *m.*, ahd. *wīstuom* m./n. Ne. *wisdom*, nschw. *visdom*.

weit *Adj.* (< 9. Jh.). Mhd. *wīt*, ahd. *wīt*, as. *wīd* aus g. **weida-* *Adj.* ʹweitʹ, auch in anord. *víðr*, ae. *wīd*, afr. *wīd*, as. *wīd*. Herkunft unklar; formal entspricht ai. *vīta-* ʹgerade (u.ä.)ʹ, aber dessen Bedeutungen fallen auseinander und sind nicht ohne weiteres anschließbar; außerdem ist es etymologisch mehrdeutig (**vi-ita-* oder **vī-ta-*). Abstraktum: *Weite*; Faktitivum: **ausweiten, erweitern**.
Nndl. *wijd*, ne. *wide*, nschw. *vid*, nisl. *víður*. – Röhrich 3 (1992), 1712; Heidermanns (1993), 678 f.

Weizen *m.* (< 8. Jh.). Mhd. *weiz(z)e*, *weiz*, ahd. *(h)weizi*, *weiz* aus g. **hwaitja-* *m.* ʹWeizenʹ, auch in gt. *hvaiteis*, anord. *hveiti* *n.*, ae. *hwǣte*, afr. *hwēte*. Daneben im Deutschen Formen ohne Geminate (*Weizen*) und mit Abweichung im Vokal (*ī*). Das Getreide ist offenbar nach der Farbe (wohl des Mehls, vielleicht auch der Frucht) als ʹWeißerʹ benannt.
Ne. *wheat*, nschw. *vete*, nisl. *hveiti*. – Reuter (1906), 77–83; Bertsch (1947), 49–59; Röhrich 3 (1992), 1712 f.

welch *Pron.* (< 8. Jh.). Mhd. *wel(h)*, *weli(c)h*, ahd. *(h)welīh*, mndl. *wel(i)c*; wie afr. *-hwelik*, ae. *hwilc* aus (g.) **hwa-leika-* gegenüber (g.) **hwe-leika-* in gt. *hvileiks*, anord. *hvílíkr*, ae. *hwilc*, as. *hwilīk*, mhd. *wilich*, *wilīh*. Zusammengesetzt aus dem Pronominalstamm **hwe/hwa-* (s. *wer*) und g. **leika-* ʹKörper, Gestaltʹ (s. *Leiche*).
Nndl. *welke*, ne. *which*, nschw. *vilken*. S. *etlich, jeglich, Leiche, männiglich, wer*. – O. Behaghel *ZDW* 13 (1912), 157–166; Behaghel 1 (1923), 372–381; S. Beyschlag *ZDA* 75 (1938), 173–187.

Welf *m.* s. *Welpe*.

welk *Adj.* (< 8. Jh.). Mhd. *welc(h)*, ahd. *welc*, *welh*, as. *welk*. In der älteren Sprache bedeutet das Wort auch ʹfeucht, weichʹ, so daß offenbar eine Übertragung vorliegt von Stoffen, die durch Aufnahme von Feuchtigkeit schlaff werden (z. B. ein-

getunktes Brot). In dieser älteren Bedeutung vergleichen sich lit. *vìlgyti* ʹbefeuchten, naß machenʹ, kslav. *vlaga* ʹFeuchtigkeit, Saftʹ, air. *folcaid* ʹwäscht, benetztʹ, kymr. *golchi* ʹwaschenʹ. Verb: **welken**.
Heidermanns (1993), 667 f.

Welle *f.* (< 11. Jh.). In den Bedeutungen ʹReisigbündelʹ und ʹWalzeʹ mhd. mndd. *welle*, *wille*, mndl. *welle* zu ahd. *wellan* ʹwälzenʹ. Außergermanisch entspricht lit. *vélti* ʹwalken, walzenʹ, akslav. *valiti sę* ʹsich wälzenʹ, gr. *eiléō* ʹich rolle, dreheʹ, ai. *valati* ʹdreht, rolltʹ. In der Bedeutung ʹWogeʹ zunächst zu lit. *vilnìs* ʹWelleʹ, akslav. *vlĭna* ʹWelleʹ, ähnlich ai. *ūrmi-* m./f. ʹWelleʹ; weiter zu *wallen*[1].
S. *wallen*[1]. – Röhrich 3 (1992), 1713.

Wellensittich *m.* (< 19. Jh.). Ein *Sittich*, dessen Gefieder eine wellenförmige Zeichnung aufweist.

Weller *m.* s. *Wels*.

wellern *swV. per. fach.* ʹmit lehmverschmierten Strohbüscheln ausfüllenʹ (< 18. Jh.). Aus dem Niederdeutschen: Mndd. *wellern*. Zu *Welle* in der Bedeutung ʹReisigbündel, Büschelʹ.

Welpe *m. erw. fach.* (< 18. Jh.). Aus dem Niederdeutschen aufgenommen, wobei die hochdeutsche Form *Welf* zurückgedrängt wurde. Versuche, diese wiederzubeleben, haben nicht zum Erfolg geführt. Mhd. *welf(e)* m./n., ahd. *welf* n., as. *hwelp*, ae. *hwelp*, anord. *hvelpr*. Semantisch lassen sich vergleichen air. *cuilén*, kymr. *colwyn* ʹjunger Hundʹ (Anlaut nicht ganz eindeutig), lit. *kalẽ* f. ʹHündinʹ, gr. (Glosse) *kýlla* ʹjunger Hundʹ. Vielleicht weiter zu einem Wort für ʹwinseln o.ä.ʹ, doch kommt auch eine nicht mehr faßbare andere Bedeutung in Frage.
Nndl. *welp*, ne. *whelp*, nschw. *valp*, nisl. *hvolpur*. – Palander (1899), 17 f.

Wels *m.*, auch **Weller** *m. erw. fach.* (< 15. Jh.). Spmhd. *wels*, offenbar ein alter *s*-Stamm. Vergleichbar ist apreuß. *kalis* ʹWelsʹ. Vermutlich ist dieser Name (in anderer Form) auf den Wal übertragen worden, so daß das unter *Wal* aufgeführte Material zu vergleichen ist.

welsch *Adj. per. reg.* ʹromanischʹ (im Deutschen eher als Schimpfwort verwendet, während das Wort in der Schweiz keinen negativen Beiklang hat) (< 11. Jh.). Mhd. *wal(hi)sch*, *wel(hi)sch*, ahd. *wal(ah)isc*, vgl. ae. *wilisc* ʹfremd, nicht-englisch, kymrischʹ, anord. *valskr* ʹromanischʹ (s. auch *kauderwelsch, rotwelsch*). Das Wort ist die Herkunftsbezeichnung zu einem früher benachbarten Stamm (offensichtlich die bei Caesar genannten gallischen *Volcae*), dann übertragen auf andere Völkerschaften nach bekanntem Muster, vgl. ahd. *Walah(a)*, mhd. *Walch*, *Walhe*, anord. *Valir* ʹRomane(n)ʹ, ae. *wealh* ʹFremder, Kymrerʹ. Das englische und das nordische Wort bezeichnet auch den Sklaven (hierzu auch ae. *wylen* ˈSklavinˈ).

Nndl. *waals* ˈwallonischˈ, ne. *welsh* ˈkymrischˈ, nschw. *välsk.* S. *Walnuß.* − L. Weisgerber *RV* 13 (1948), 87−146; Schmidt-Wiegand (1972), 31 f.

Welt *f.* (< 8. Jh.). Mhd. *welt, wer(e)lt,* ahd. *weralt,* andfrk. *werold* aus wg. **wira-aldō f.* ˈZeitalter, Weltˈ, auch in ae. *weorold,* afr. *warld.* Zusammensetzung aus g. **wera-* ˈMann, Menschˈ in gt. *wair,* anord. *verr m.,* ae. *wer,* as. *wer,* ahd. *wer m.;* außergermanisch air. *fer m.,* l. *vir m.* und gedehnt ai. *vīrám.,* lit. *výras* und als zweitem Glied ein Wort für *Alter,* das zu *alt* gehört. Das Benennungsmotiv im einzelnen ist unklar. Adjektiv: **weltlich.**

Nndl. *wereld,* ne. *world.* S. *alt, Wergeld, Werwolf* und zur lateinischen Verwandtschaft *Virtuose.* − *Grundbegriffe* 7 (1992), 433−510; Röhrich 3 (1992), 1713−1716.

Weltall *n.* (< 17. Jh.). Gebildet als Ersatzwort für l. *ūniversum* (l. *ūniversus* ˈganz, sämtlichˈ).

Pfaff (1933), 57.

Wendehals *m.* (< 16. Jh.). Fnhd. *windhals* (vgl. mhd. *winthalsen* ˈüber die Achsel sehenˈ). Der Vogel heißt nach den charakteristischen Drehungen seines langgerecktene Halses. Schon früh auch umgedeutet. Nach der deutschen Einheit neu motiviert als ˈFunktionsträger, der sich rasch den neuen Verhältnissen anpassenˈ.

S. *winden.* − Suolahti (1909), 35 f.; R. Bebermeyer *SS* 46 (1990), 68−72; H. Naumann *Namenkundliche Informationen* 15 (1991 Beiheft), 39−52; Röhrich 3 (1992), 1716.

Wendekreis *m. per. fach.* (< 18. Jh.). Übersetzt aus l. *circulus tropicus.* Älter *Sonnwendkreis* und *Sonnwendzirkel.*

Wendeltreppe *f.* (< 17. Jh.). Zuvor mhd. *wendelstein m.* wie ae. *windelstān m.* (da die Treppe aus Stein war). Der erste Bestandteil ist *wendel,* das als Konkretbildung zu *wenden* gebildet ist.

Heyne (1899/1903), I, 134.

wenden *swV.* (< 8. Jh.). Mhd. *wenden,* ahd. *wenten,* as. *wendian* aus g. **wand-eja- swV.* ˈwendenˈ, auch in gt. *wandjan,* anord. *venda,* ae. *wendan,* afr. *wenda.* Kausativum zu *winden,* also ˈwinden machenˈ. Adjektiv (PPrät.) **gewandt;** Abstraktum: **Wendung;** Adjektiv: **wendig;** Partikelverben: **an-, auf-, einwenden;** Präfigierungen: **ent-, verwenden.**

S. *Angewende, bewenden, Gewand, Gewann(e), Gewende, wandeln, wandern, Wendeltreppe.* − W. Mitzka *BGDSL* 56 (1932), 354−356.

wendig *Adj.* (11. Jh.). Zu *wenden.* In der älteren Sprache bedeutet es ˈveränderlich, wetterwendisch u.ä.ˈ. Dann auch Ersatzwort für *elastisch* u.ä.

wenig *Adj.* (< 9. Jh.). Mhd. *wēnec, wēnic,* ahd. *wēnag,* mndd. *we(i)nich,* mndl. *wenich, weinich.* Wie gt. *wainahs* ˈelendˈ eine Ableitung zu *weinen,* also eigentlich ˈbeweinenswert, erbärmlich, elendˈ, danach die heutige Bedeutung.

Nndl. *weinig.* S. *weinen, winzig.* − Röhrich 3 (1992), 1717.

wenn *Konj.* (< 9. Jh.). Mhd. *wenn(e).* Variante zu *wann* mit sekundärer Differenzierung der Funktion.

Behaghel 3 (1928), 342−348.

Wenzel *m. per. reg.* ˈder Bube im Kartenspielˈ (< 18. Jh.). Kurzform des Namens *Wenzeslaus* (*Wenceslav* zu akslav. *vęšte* ˈmehrˈ und akslav. *slava* ˈRuhmˈ), als Name des böhmischen Nationalheiligen häufigster Männername der böhmischen Landvolks. Bei der deutschen Bevölkerung des Landes gebraucht für ˈDiener, Knechtˈ, danach die Bezeichnung der Spielkarte. S. auch *Scharwenzel* zu einer weiteren Quelle des Wortes.

Meisinger (1924), 96.

wer *Pron.* (< 8. Jh.). Mhd. *wer,* ahd. *(h)wer,* as. *hwē,* wohl aus (g.) **hwiz,* während gt. *ƕas,* anord. *hvat* ˈwasˈ, ae. *hwā m./f.,* afr. *hwā* auf (g.) **hwaz* zurückgeht. Entsprechende Formen des Pronominalstamms ig. **kʷi-/kʷo-* sind heth. *kuiš, kuit,* gr. *tís,* l. *quis,* air. *cía;* ai. *ká-,* lit. *kàs,* akslav. *kŭto.*

Nndl. *wie,* ne. *who,* nschw. *vem,* nisl. *hvað.* S. *wann, was, weder, welch, wie, wo.*

werben *stV.* (< 8. Jh.). Mhd. *werben,* ahd. *werban, (h)wervan,* as. *hwerban* aus g. **hwerb-a- stV.* ˈsich wendenˈ, auch in gt. *ƕairban,* anord. *hverfa,* ae. *hweorfan,* afr. *hwerva.* Die heutige Bedeutung durch die Entwicklung von ˈdrehenˈ zu ˈsich um etwas bemühenˈ. Keine sichere Vergleichsmöglichkeit. Vielleicht gehört hierher gr. *karpós* ˈHandwurzelˈ (= ˈDreherˈ?). Abstraktum: **Werbung;** Präfigierung: **bewerben.**

Nndl. *werven,* nisl. *hverfa.* S. auch *Gewerbe, Werft[2], Wirbel, Worb.* − J. Schlepkow: *Reklame, Propaganda, Werbung* (Hamburg 1951); Seebold (1970), 282−282.

Werd *m.* s. *Werder.*

werden *stV.* (< 8. Jh.). Mhd. *werden,* ahd. *werdan,* as. *werthan* aus g. **werþ-a- stV.* ˈwerdenˈ, auch in gt. *wairþan,* anord. *verða,* ae. *weorþan,* afr. *wertha.* Aus ig. **wert-* ˈwendenˈ in ai. *vártate* ˈdreht sich, rolltˈ, l. *vertere* ˈwenden, drehenˈ, air. *ad-ferta* ˈwendet sich abˈ, lit. *veřsti* ˈwenden, kehrenˈ, akslav. *vrĭtěti sę* ˈsich wenden, drehenˈ. Die gleiche Bedeutungsentwicklung wie im Germanischen zeigt sich auch sonst, etwa in lit. *viřsti* ˈumfallen, umwenden, werden zu etwasˈ. Die alte Bedeutung bewahren *-wärts* und *Wirtel.*

Nndl. *worden,* nschw. *varda,* nisl. *verða.* S. *reiben, Reitel, renken, Vers, werfen, wert.* − Seebold (1970), 559−561.

Werder *m./(n.),* auch **Werd** *m.,* **Wört** *m.* u.ä. ˈFlußinselˈ *arch.* (< 8. Jh.). Mhd. *werder, wert m.,* ahd. *werid m.,* mndd. *werder m./n.,* mndl. *wert* aus wg. **waruþa- m., *waruþaz n.* ˈFlußinsel u.ä.ˈ, auch in ae. *waroþ m.* ˈStrand, Uferˈ. Herkunft unklar. Wohl zu anord. *ver,* ae. *wær* ˈMeerˈ als ˈLand am Wasserˈ.

Nndl. *waard.* S. *wehren, Wurt.* – W. Mitzka *BGDSL* 56 (1932), 354–356; H. Kaufmann: *Genetivische Ortsnamen* (Heidelberg 1961), 198; N. Wagner *HS* 102 (1989), 91–98; Udolph (1994), 729–751.

werfen *st V.* (< 8. Jh.). Mhd. *werfen,* ahd. *werfan,* as. *werpan* aus g. **werp-a- st V.* ´werfen`, auch in gt. *wairpan,* anord. *verpa,* ae. *weorpan,* afr. *werpa.* Da Wörter für ´werfen` häufig aus der Bedeutung ´drehen` übertragen werden, ist wohl eine Erweiterung von (ig.) *\*wer-* ´drehen` (mit anderer Erweiterung in *werden,* s.d.) anzusetzen. Vielleicht stimmt dazu *(*wergʷ-)* akslav. *vrěšti* ´werfen`, akslav. *vrĭgǫ* ´ich werfe`. Abstraktum: ***Wurf;*** Partikelverben: **an-, auf-, aus-, ein-, vorwerfen;** Präfigierungen: **über-, unter-, verwerfen.**
Nndl. *werpen,* ne. *warp,* nschw. *värpa,* nisl. *verpa.* S. *renken, Warp¹/²,* werden, Werft¹, worfeln, Würfel, Wurm. – Seebold (1970), 557–559.

Werft¹ *m. arch.* ´Kette eines Gewebes` (< 9. Jh.). Mhd. *warf,* ahd. *warf n.* aus g. *\*warpa- m.* ´Kette eines Gewebes`, auch in anord. *varp n.,* ae. *wearp n.* Zu *werfen,* vermutlich in älterer Bedeutung ´drehen`: eigentlich der bei der Vorbereitung aufgewundene Kettenstrang. Das *-t* ist sekundär angetreten. Der Vokalismus wohl im Anschluß an *werfen.*
Ne. *warp,* nschw. *varp.* S. *werfen.* – N. O. Heinertz *SMS* 16 (1946), 57–91.

Werft² *f.* ´Schiffsbauplatz` (< 18. Jh.). Niederdeutsch seit 1700, älter ndd. *werf.* Wohl zu *werben.* Eigentlich ´aufgeworfener Wall`, dann ´erhöhter Bauplatz`.
Nndl. *werf.* – Valtavuo (1957), 10 f.

Werg *n. per. fach.* (< 9. Jh.). Mhd. *werc(h),* ahd. *wer(a)h, werc.* Vergleichbar ist kymr. *cywarch* ´Werg, Hanf, Flachs`. Man vermutet einen Zusammenhang mit *Werk* und eine Ausgangsbedeutung wie ´Arbeitsstoff`. Dies ist möglich, aber weder semantisch noch lautlich ohne Bedenken.
Röhrich 3 (1992), 1718.

Wergeld *n. arch.* ´Totschlagsbuße` (< 9. Jh.). Mhd. *wergelt m./n.,* ahd. *werigelt,* langobard. *virgild,* ml. *werigeldus m.;* ebenso afr. *werdjeld,* ae. *wer(e)gild.* Eigentlich ´Entgelt für einen Menschen/ Mann`, zu *Geld* und dem unter *Welt* behandelten Wort für ´Mann`.
Hoops (1911/19), IV, 510 f.; Benveniste (1969/1993), 61; Schmidt-Wiegand (1972), 25 f.; vOlberg (1991), 48–60.

Werk *n.* (< 8. Jh.). Mhd. *werc(h),* ahd. *wer(a)h, werc,* as. *werk* aus g. **werka- n.* ´Werk, Arbeit`, auch in anord. *verk,* ae. *weorc.* Das zugehörige Verb und die Etymologie s. unter *wirken;* das Substantiv hat eine Entsprechung in gr. *érgon,* arm. *gorc* ´Werk` und toch. A *wark,* toch. B *werke* ´Waidwerk`. Als zweiter Bestandteil von Zusammensetzungen gelegentlich in sehr allgemeiner Bedeutung gebraucht (*Pelzwerk* u.ä.).

S. *bewerkstelligen, Energie, Werg, wirken.* – Trier (1981) 181; Obst (1983), 188–197; B. Forssman in *Beiträge zur historischen Sprachwissenschaft.* Hrsg. B. Barschel (Jena 1990), 24–39; Röhrich 3 (1992), 1718.

Wermut *m.* (< 8. Jh.). Mhd. *wermuot(e) f./n.,* ahd. *wer(i)muota, wer(i)muot,* as. *wermōda* aus wg. **wermōda- m.* ´Wermut`. So bezeichnet ist die Pflanze, erst später auch der Wermutwein (gekürzt aus dem Kompositum *Wermutwein*). Vermutlich zu einem Wort für ´bitter`, da die Bitterkeit das hervorstechende Merkmal des *Wermuts* ist. Dieses Wort kann in kelt. **swerwo-* ´bitter` vorliegen, falls *s mobile* und Wandel von auslautendem *w* zu *m* (Dissimilation?) angenommen wird. Vgl. kymr. *chwerw* ´bitter` (kymr. *chwer(w)lys* ´Wermut`, kymr. *llys* ´Beeren`), air. *serb* ´bitter` (air. *serbán muc(c)* ´Löwenzahn` und andere bittere Pflanzen; air. *muc(c) f.* ´Schwein`, vgl. hd. [dial.] *Schweineblume*). Die Umbildung zu *wormwood* im Englischen ist vielleicht dadurch angeregt, daß aus manchen Artemisia-Arten ein Wurmmittel hergestellt wurde.

Wern *f./m.* s. *Warze.*

Werre *f. per. reg.* ´Maulwurfsgrille` (< 16. Jh.). Herkunft unklar; da die *Werre* ein Schädling ist, vielleicht zu *wirren* (s. *wirr*) im Sinn von ´durcheinanderbringen, schädigen`.

Wert¹ *m.* ´Flußinsel` s. *Werder.*

Wert² *m.* ´Preis` (< 8. Jh.). Mhd. *wert m./n.,* ahd. *werd n.,* as. *werth n.* aus g. *\*werþa- m./n.* ´Wert, Preis, Kostbarkeit`, auch in gt. *wairþ n.,* anord. *verð n.,* ae. *weorþ n.,* afr. *werth.* Gemeingermanische Substantivierung des Adjektivs *wert.*

wert *Adj.* (< 9. Jh.). Mhd. *wert,* ahd. *werd,* as. *werth* aus g. **werþa- Adj.* ´wert, würdig`, auch in gt. *wairþs,* anord. *verðr,* ae. *weorþ,* afr. *werth.* Vergleichbar sind kymr. *gwerth* ´Preis` (oder Lehnwort aus dem Altenglischen?), avest. *auuarətā-* ´Wertgegenstand, Besitztum`. Ausgangsbedeutung ist ´Gegenwert`, deshalb zu der Sonderbedeutung ´gegen` bei der Grundlage ig. *\*wert-* ´wenden` (s. *werden*), vgl. kymr. *gwerthu* ´verkaufen`. Verb: **werten.**
Nndl. *waard,* ne. *worth,* nschw. *värd,* nisl. *verður.* S. *werden, Würde, unwirsch.* – Heidermanns (1993), 674 f.

Werwolf *m. arch.* ´in einen Wolf verwandelter Mensch` (< 11. Jh.). Mhd. *werwolf,* entsprechend ae. *werewulf.* Zu *Wolf¹* und dem unter *Welt* behandelten Wort für ´Mann, Mensch`.
Vgl. *Blaubart.* – Hoops (1911/19), IV, 511 f.; K. Müller: *Die Werwolfsage* (Diss. Marburg 1937); D. Burkhart *Beiträge zur Südosteuropa-Forschung* (München 1966), 239–249; Röhrich 3 (1992), 1719 f.

Wesen *n.* (< 8. Jh.). Mhd. *wesen.* Substantivierter Infinitiv zu mhd. *wesen,* ahd. *wesan,* as. *wesan* ´sein`, aus g. *\*wes-a- st V.* ´sein`, auch in gt. *wisan,* anord. *vesa,* ae. *wesan,* afr. *wesa.* Aus diesem Verb werden heute noch die Präteritalformen des Verbums *sein* gebildet, die übrigen Formen aus den unter *sein* und *bin* behandelten Stämmen. Außergermanisch vergleichen sich unter ig. **hwes-* ʾsein, weilen, lebenʾ, heth. *huiš-, hueš-* ʾam Leben bleiben, lebenʾ, ai. *vásati* ʾwohnt, weiltʾ, toch. B *wäs-* ʾweilen, ruhenʾ, gr. *áesa nýkta* ʾdie Nacht verbringenʾ, air. *foaid* ʾverbringt die Nachtʾ.

S. *abwesend, Anwesen, Bürger, Gewese, Unwesen, verwesen, währen, wesentlich.* − Seebold (1970), 561 f.; H. Gindele: *Lateinische Scholastik und deutsche Sprache* (München 1976), 57−103.

wesentlich *Adj.* (< 9. Jh.). Mhd. *wesen(t)lich*, ahd. *wesantlih* ʾdem Wesen nachʾ mit Einschub eines Gleitlauts seit dem 15. Jh.

Wespe *f.* (< 8. Jh.). Mhd. *wefse* u.ä. *f./m.*, ahd. *wefs(a)*, as. *wepsia* aus wg. **wab-sō f.* ʾWespeʾ, auch in ae. *wæfs, wæps, wæsp m.* Außergermanisch entsprechen, wohl von **wobʰsā* ausgehend, l. *vespa*, russ.-kslav. *osa*, lit. *vapsà* (apreuß. *wobse*), air. *foich*. Das Wort kann zu *weben* gehören, doch ist das Benennungsmotiv eigentlich nicht klar, da die *Wespe* ja weder webt noch besonders kunstvoll baut (oder ist die Bezeichnung von einem Insekt übertragen, das dies tut?). Vielleicht gehört das (offenbar sehr alte) Wort mit *Wiebel* zusammen zu einer noch nicht erkannten Grundlage. Nndl. *wesp*, ne. *wasp*.

Wessi *m. erw. stil.* (< 20. Jh.). Kontrastbildung ʾWestdeutscherʾ zu *Ossi* ʾOstdeutscherʾ (s.d.).

Weste *f.* (< 17. Jh.). Entlehnt aus frz. *veste*, das seinerseits auf l. *vestis* ʾKleidʾ beruht (dieses zu heth. *wešš-* ʾGewänder anhaben, tragenʾ, ai. *váste* ʾist gekleidetʾ, gr. *epí-estai, heîtai* ʾist gekleidetʾ, gt. *gawasjan* ʾkleidenʾ usw.).

S. *Investition, Transvestit, Westerhemd.* − Kretschmer (1969), 574−576; *DF* 6 (1983), 296−299; Röhrich 3 (1992), 1721 f.

Westen *m.* (< 11. Jh.). Mhd. *westen m./n.*, ahd. *westan m./n.*, ursprünglich Richtungsadverb, wie as. *westan*, afr. *west n.*, ae. *westan*, anord. *vestan*. Die Kurzform *West* taucht in der älteren Sprache nur in Zusammensetzungen auf *(Westfalen)*, entspricht aber mndd. *west*, mndl. *west*, ae. *west*, anord. *vestr*. Außergermanisch vergleichbar sind Wörter für ʾAbendʾ, die aber nur im ersten Bestandteil übereinstimmen: gr. *hésperos*, l. *vesper*, air. *fescor*, kymr. *ucher*, akslav. *večerъ*, lit. *vākaras*. ʾAbendʾ und ʾWestenʾ (als Richtung des Sonnenuntergangs) können leicht ineinander übergehen; aber die Bedeutung des gemeinsamen Vorglieds ist unklar. Zu ig. **hwes-* ʾsein, weilen, lebenʾ (s. *Wesen*) mit der Sonderbedeutung ʾruhenʾ?

Nndl. *westen*, ne. *west*, nschw. *väster*, nisl. *vestur*. S. *Vesper.* − H. Schröder *GRM* 17 (1929), 421−427; H. V. Velten *JEGPh* 39 (1940), 443−449.

Westerhemd *n. per. reg.* ʾvom Paten geschenktes Taufkleidʾ (< 14. Jh.). Spmhd. *westerhemde* ʾTauf-

kleidʾ, dazu ahd. *westibarn* ʾTäufling im ersten Hemdʾ. Das Vorderglied stimmt zu gt. *wasti* ʾKleidʾ und ist offenbar eine als Relikt bewahrte Altertümlichkeit. Zur außergermanischen Verwandtschaft s. *Weste.*

Western *m. erw. fach.* ʾFilm (oder Buch) über die amerikanische Pionierzeitʾ (< 20. Jh.). Entlehnt aus am.-e. *western* ʾwestlich, nach Westenʾ. Wohl hypostasiert nach der allgemeinen Wanderungsrichtung ʾnach Westenʾ.

Rey-Debove/Gagnon (1988), 1102 f.; *DF* 6 (1983), 299−301.

wett *Adj. arch.* ʾquittʾ (meist in der Wendung *mit jemandem wett sein, etwas wett machen*) (< 14. Jh.). Spmhd. *wette*. Entstanden aus prädikativem Gebrauch des Substantivs *Wette* in der Bedeutung ʾBezahlung, Vergütungʾ.

J. Trier *BGDSL* 66 (1942), 238.

Wette *f.* (< 8. Jh.). Mhd. *wette, wet(e) n.*, ahd. *wetti n.*, as. *weddi n.* aus g. **wadja- n.* ʾEinsatzʾ, auch in gt. *wadi* ʾPfandʾ, anord. *veð n.*, ae. *wed(d) n.*, afr. *wedd n.* Die Bedeutung ist zunächst ʾEinsatz, Pfandʾ, dann auch ʾGarantie, Ersatzʾ, schließlich ʾBezahlung, Vergütung, Bußeʾ und ʾzum Pfand Setzen, Wetteʾ. Außergermanisch entspricht l. *vas (vadis) m.* ʾBürgeʾ, lit. *vadúoti* ʾetwas Verpfändetes einlösenʾ, lit. *užvadas* ʾStellvertreter, Rechtsbeistandʾ. Vielleicht zu ahd. *wetan*, gt. *gawidan* ʾbinden, verbindenʾ, wozu air. *feidil*, kymr. *gwedd* ʾJochʾ, ai. *vivadhá- m.* ʾTragjochʾ als ʾVerbindlichesʾ. Verb: *wetten.*

Nndl. *gewed, weddenschap*, nisl. *veð*. S. *Gage, wett.* − Tiefenbach (1973), 103−105; Röhrich 3 (1992), 1722.

Wetter *n.* (< 9. Jh.). Mhd. *wet(t)er*, ahd. *wetar*, as. *wedar*, aus g. **wedra- n.* ʾWetterʾ, auch in anord. *veðr*, ae. *weder*, afr. *weder*. Außergermanisch vergleichen sich kslav. *vedro* ʾschönes Wetterʾ, kslav. *vedrŭ* ʾklarʾ. Vermutlich weiter zu *wehen*, doch bleibt die Vokalkürze unklar.

Nndl. *weder*, ne. *weather*, nschw. *väder*, nisl. *veður*. S. *Gewitter, Ungewitter, (ver)wittern.* − Röhrich 3 (1992), 1722 f. Zur Entlehnung ins Finnische s. J. Koivulehto *Virittäjä* 92 (1988), 48 f.

Wetterleuchten *n. erw. fach.* (< 15. Jh.). Erst neuhochdeutsch umgeformt aus mhd. *weterleichen* zu mhd. *leichen* ʾtanzen, hüpfen, spielenʾ (gt. *laikan*, anord. *leika* usw. *lācan* usw.), alle starke Verben, während das mittelhochdeutsche Wort ein schwaches Verb ist). S. *Leich.*

wetterwendisch *Adj.* ʾunbeständig wie das Wetterʾ (< 16. Jh.). Vor allem mitteldeutsch.

wetzen *swV.* (< 8. Jh.). Mhd. *wetzen*, ahd. *(h)wezzen*, mndd. *wetten*, mndl. *wetten* aus g. **hwat-ija- swV.* ʾwetzen, schärfenʾ, auch in gt. *gahvatjan*, anord. *hvetja*, ae. *hwettan.* Denominativum zu g. **hwata- Adj.* ʾscharfʾ in anord. *hvatr*

ˈtapfer, rüstig, flink', ae. *hwæt*, ahd. *(h)was* ˈscharf', daneben als *to*-Bildung gt. *hvass*, anord. *hvass*, ahd. *wasse*, mhd. *was(se)* ˈscharf'. Außergermanisch läßt sich nur l. *triquetrus* ˈdreieckig' (aus *$k^w adro$-) vergleichen, aber dessen Verhältnis zu *Quader* ist so unklar wie das der germanischen Sippe zu l. *cōs, cōtis* ˈSchleifstein'.

Seebold (1970), 284 f.; Heidermanns (1993), 316.

Whisky *m. erw. fach.* (< 19. Jh.). Entlehnt aus ne. *whisky*, dieses aus e. *whiskybae, usquebaugh*, aus schott.-gäl. *uisgebeatha*, eigentlich ˈLebenswasser'. Die Form *Whiskey* ist in Amerika und Irland üblich.

Ganz (1957), 233; Rey-Debove/Gagnon (1988), 1104 f.

wibbeln *sw V.* s. *wiebeln[1]*.

Wichs *m./(f.) per. grupp.* ˈstudentisches Galakleid' (< 18. Jh.). Zu *wichsen* in der Nebenbedeutung ˈglänzend machen, herausputzen' (von den Stiefeln und dem Lederzeug her gesehen).

Röhrich 3 (1992), 1723 f.

wichsen *sw V.* (< 15. Jh.), Variante zu *wächsen*, also ˈWachs auftragen', dann ˈblank reiben, putzen'. Die Bedeutung ˈprügeln' ähnlich wie bei *schmieren* davon, daß die Putzmittel zunächst mit einem kräftigen Schlag aufgetragen werden, und andererseits der Schlag als etwas aufgefaßt wird, bei dem etwas ˈhängen bleibt'. Das Partizip *gewichst* im Sinn von ˈgewitzig, schlau' gehört zu den Übertragungen vom Typ *raffiniert*; ausgegangen ist die Bedeutung vielleicht von der Lautähnlichkeit zu *Witz, gewitzt*. Zur Etymologie s. *Wachs*. Konkretum: **Wichse**.

Wicht *m. stil.* (< 9. Jh.). Mhd. *wiht*, ahd. *wiht m./n.* ˈDing, Wesen', auch von Kobolden u.ä., as. *wiht* ˈDing', Pl. ˈDämonen', aus g. *$*wihti$- f.* (oder einer ähnlichen Stammbildung, evtl. auch verschiedenen Stämmen nebeneinander) ˈSache, Wicht', auch in gt. *waihts f.* ˈDing, Sache', gt. *niwaiht n.* ˈnichts', anord. *vættr, véttr f.* ˈSache, Lebewesen', ae. *wiht f./n.* ˈWesen'. Das Neutrum ist auch in *nicht(s)* enthalten. Außergermanisch entspricht nur akslav. *veštĭ f.* ˈDing, Sache' (aus ig. *$*weg$- oder *$*weig$-). Herkunft unklar.

Ne. *wight*, nschw. *vätte*. S. *Wichtelmann*. – G. Holm in *FS Grønvik* (1991), 159 f.

Wichte *f. per. fach.* ˈGewicht' (< 15. Jh.). Ableitung von *wiegen* wie *Gewicht[1]*. Heute nur noch fachsprachlich, seit dem 20. Jh. auch in der Bedeutung ˈspezifisches Gewicht'. S. *wichtig*.

Wichtelmann *m.* (< 16. Jh.). Fnhd. *wihtelmennelīn n.* Verdeutlichende Zusammensetzung mit *wihtel(īn) n.* zu *Wicht* in der Bedeutung ˈKobold'.

wichtig *Adj.* (< 14. Jh.). Mhd. *wihtec*, aus nördlicheren Sprachausprägungen übernommen. Mndd. *wichtich(t)* ist abgeleitet von *wichte* ˈGewicht', also

eigentlich ˈgewichtig'. Abstraktum: **Wichtigkeit**. S. *Gewicht[1]*.

Wicke *f. erw. fach.* (< 9. Jh.). Mhd. *wicke*, ahd. *wicka*, as. *wikka*. Früh entlehnt aus l. *vicia* gleicher Bedeutung. Dieses vielleicht zu l. *viēre* ˈwinden', l. *vītis* ˈRanke', da die *Wicke* eine rankende Pflanze ist (allerdings stimmt die Vokalkürze nicht).

Röhrich 3 (1992), 1724.

Wickel *m.* (< 10. Jh.). Mhd. *wickel(īn) n.*, ahd. *wickilī(n), wickel n.* ˈWickel, Flachs- oder Wollmenge zum Abspinnen'. Diminutiv zu *wicke, wieche* u.ä. ˈDocht, Zopf, Scharpie' (s. unter *Wieche*). Hierzu auch das Verb *wickeln*.

Röhrich 3 (1992), 1724 f.

Widder *m.* (< 8. Jh.). Mhd. *wider*, ahd. *widar*, as. *wethar* aus g. *$*weþru$- m.* (oder einer ähnlichen Stammbildung), auch in gt. *wiþrus* ˈLamm', anord. *veðr* ˈSchafbock', ae. *weþer* ˈWidder'. Außergermanisch können entsprechen l. *vītulus* ˈKalb', ai. *vatsá-* ˈKalb', gr. *étalon n.* ˈJährling', unter der Voraussetzung, daß das Wort zu (ig.) *$*wet$- ˈJahr' gehört als ˈin diesem Jahr geborenes Tier, ein Jahr altes Tier', was semantisch allenfalls zu dem gotischen Wort passen würde. Denkbar ist auch eine Ableitung aus ig. *$*howi$- ˈSchaf' (l. *ovis f.* usw.) mit Schwundstufe der ersten Silbe. Nndl. *weder*, ne. *wether*, nschw. *vädur*, nisl. *veður*.

wider *Präp./Adv. obs.* (< 8. Jh.). Mhd. *wider*, ahd. *widar*, as. *withar* ˈgegen, zurück' aus g. *$*wiþra$- (mit verschiedenen Wortausgängen) *Präp.*, auch *Adv.* ˈgegen, zurück', auch in gt. *wiþra*, anord. *við(r)*, ae. *wiþ(er)*. Eine Adverbialbildung auf *-tr-* zu ig. *$*wi$- ˈauseinander', vor allem in ai. *ví*. Die Unterscheidung in *wider* ˈgegen' und *wieder* ˈnoch einmal, zurück' beruht auf gelehrter Differenzierung des 17./18. Jhs. Adjektiv: **widrig**; Verben: **(an-, er-) widern**.

Nndl. *weer*, ne. *with*, nschw. *vid*, nisl. *við*. – J. Dückert *BGDSL-H* 81 (1959), 481–490.

widerborstig *Adj. stil.* (< 15. Jh.). Zunächst vor allem im niederdeutschen Bereich. Wie *widerborst* vom (gegen jmd. oder etwas) aufgerichteten Haar gesagt, dann schon früh übertragen gebraucht. Zu *Borste*, vgl. auch *barsch*.

Widerpart *m. obs.* ˈGegnerschaft' (< 13. Jh.). Gebildet aus *wider* und dem aus frz. *part f.* entlehnten mhd. *part(e) f./n.* ˈAbteilung, Partei', das auf l. *pars (partis) f.* ˈTeil' zurückgeht. S. *Partei*.

Widersacher *m.* (< *9. Jh., Form < 14. Jh.). Mhd. *widersache*, ahd. *widersahho*, andfrk. *withersacko*. Wie afr. *witherseka* Nomen agentis zu ahd. *sahhan* ˈstreiten' (s. *Sache*) zusammen mit *wider*, also ˈGegenstreiter'. Das heutige Suffix beruht auf Suffixneuerung.

widerspenstig *Adj.* (< 15. Jh.). Fnhd. *widerspenstic* zu älterem *widerspæne, widerspænec*. Dieses zu

Widerspan ˊStreitˊ zu gleichbedeutendem *Span* (s. *Gespan*).

Widerton *m. arch.* ˊName verschiedener Moose und Farneˊ (< 15. Jh.). Fnhd. *widertān* u.ä. Eigentlich ˊdagegen getanˊ (zu *wider* und *tun*). Mit diesen Pflanzen wurde ein Gegenzauber ausgeübt. Es ist allerdings unklar, ob Name oder Zauber älter ist. Marzell 1 (1943), 491 f.

widerwärtig *Adj.* (< 10. Jh.). Mhd. *widerwertic*, *widerwartic*, ahd. *widerwart*, *widerwert*. Zu den Bildungselementen *-wärts* und *-wärtig*, vgl. etwa *Gegenwart*, *gegenwärtig*.

widmen *sw V.* (< 9. Jh.). Mhd. *widemen*, ahd. *widamen* ˊausstattenˊ zu ahd. *widamo* ˊAussteuerˊ (s. *Wittum*). Ausgangsbedeutung ist also ˊmit einer Schenkung ausstatten, mitgebenˊ.

wie *Adv.* (< 9. Jh.). Mhd. *wie*, ahd. *wio*, *hwio*; vermutlich eine Entsprechung zu gt. *hvaiwa* ˊwieˊ, während ae. *hū*, as. *hwō*, *hū* aus **hwō* herzuleiten ist. Beides zum Interrogativ-Stamm ig. **kʷo-* (s. *wer*).
F. Mezger *JEGPh* 41 (1942), 508 f.; J. Dückert *BGDSL-H* 83 (1961), 205–230; Röhrich 3 (1992), 1725–1727.

Wiebel *m. arch.* ˊKäferˊ (< 8. Jh.). Mhd. *wibel*, ahd. *wibil*, as. *wibil* aus wg. **webila- m.* ˊKäferˊ, auch in ae. *wifel*; einfacher ae. *wibba*. Außergermanisch vergleicht sich lit. *vãbalas* ˊKäferˊ. Ähnliche Bezeichnungen für andere Kleintiere sind russ. (dial.) *véblica* ˊEingeweidewurmˊ und ai. *ūrṇavābha-* ˊSpinneˊ. Letzteres ist sicher ˊWolle-Weberinˊ (nach dem Spinnennetz). Ob die anderen Bezeichnungen damit zusammenhängen, ist mehr als fraglich. Auch *weben*, *webeln*, *wiebeln* im Sinn von ˊsich hin- und herbewegenˊ ist als Ausgangspunkt kaum überzeugend. Vgl.die entsprechende Schwierigkeit bei *Wespe*.
Ne. *weevil*. – *Tiernamen* (1963–1968), 67–69, 247 f.

wiebeln[1] *sw V.*, auch **wibbeln** *sw V.* ˊsich lebhaft durcheinander bewegenˊ, *arch.* (< 15. Jh.). Wohl zu *weben* oder indirekt zu diesem über *wiebeln*[2].

wiebeln[2] *sw V.*, auch **wiefeln** *sw V.* ˊstopfenˊ *per. reg.* (< 14. Jh.). Mhd. *wifelen*. Zu mhd. *wevel*, *wefel*, ahd. *weval* ˊEinschlag beim Webenˊ und weiter zu *weben*.

Wieche *m./(f.)*, auch **Wieke** *m.*, ˊDochtˊ, früher auch ˊScharpieˊ, *per. reg.* Mhd. *wieche m./ff.*, ahd. *wiohha f.* (< 11. Jh.); daneben mhd. *wicke f.*, as. *wekko m.*, ae. *wēoce f.* Vermutlich zu (ig.) **weg-* weben, flechtenˊ in air. *figid*, kymr. *gwau*, *gweu* und Ableitungen in anderen Sprachen.
Ne. *wick*. S. *Wachs*, *Wickel*, *Wocken*, *Wacholder*. – Bahder (1925), 61 f.

Wiede *f. per. reg.* ˊZweig zum Flechtenˊ (< 8. Jh.). Mhd. *wide*, ahd. *withi*, schwundstufige Form zu dem Wort *Weide*[1].

Wiedehopf *m.* (< 9. Jh.). Mhd. *wit(e)hopfe*, *widhopfe*, ahd. *wituhopfa f.*, as. *widohoppa f.* Die Bedeutung ist ˊWaldhüpferˊ (zu dem Wort für ˊHolz, Baumˊ, das auch in anord. *viðr*, ae. *widu*, *wudu* und außergermanisch in air. *fid* vorliegt). Vermutlich ist das Wort aber umgedeutet aus einer Bezeichnung, die den Paarungsruf des Vogels nachahmt, vgl. l. *upupa f.*, gr. *épops* usw.
S. auch *Krammetsvogel*, *Langwiede*, *Wehdwinde*. – Suolahti (1909), 11–15; K.-H. Borck in: *FS Trier* (1954), 456–476; H. F. Rosenfeld *NJ* 95 (1972), 168–189; Röhrich 3 (1992), 1727.

wieder *Präp./Adv.* s. *wider*.

wiederkäuen *sw V.* (< 16. Jh.). Aus *wieder* (s. *wider*) und *kauen* in mundartlicher Form.
W. Neubauer *DWEB* 1 (1958), 297–521.

wiefeln *sw V.* s. *wiebeln*[2].

Wiege *f.* (< 11. Jh.). Mhd. *wige*, *wiege*, ahd. *wiga*, *w(i)ega*, mndd. *wēge*, mndl. *wiege*; ebenso afr. *widze*, *wigge*. Im Ablaut dazu ahd. *waga*, anord. *vagga*. Bedeutungsmäßig ist wohl an die Sippe von *bewegen* anzuknüpfen, mit der Grundlage ahd. *wegan* ˊbewegenˊ und den abgeleiteten Verben *wegen* ˊbewegen, schüttelnˊ (vgl. gt. *wagjan* ˊschüttelnˊ) und gt. *wagon* ˊwiegen, schaukelnˊ. Auszugehen ist also von ˊhin- und herbewegen, schaukelnˊ. Lautlich ist das Wort aber verschiedentlich abgewandelt, wohl wegen seiner gefühlsstarken Bedeutung. So paßt die Form mhd. *wiege* nicht in das angegebene Vokalschema (Reduplikation **we-wg-* oder Abwandlung); das nordische Wort hat eine (Intensiv-?) Gemination u. a. Verb: **wiegen**[1].
Nndl. *wieg*, nschw. *vagga*, nisl. *vagga*. – H. Brok in: N. Århammar in *FS Alinei* 1 (1986), 306–312; Röhrich 3 (1992), 1727 f.

wiegen[2] *st V.* ˊein bestimmtes Gewicht haben, das Gewicht von etwas bestimmenˊ (< 16. Jh.). Das ursprüngliche Verb ist im Neuhochdeutschen stark auseinandergefallen: ahd. *wegan* bedeutet ˊbewegen, wägenˊ (s. *wägen*, dort auch zur Etymologie), heute fortgesetzt in *bewegen (Prät. bewog)*, wobei die allgemeine Bedeutung auf das schwache Verb *bewegen* übergegangen ist. Die Bedeutung ˊdas Gewicht bestimmenˊ, übertragen ˊüberlegenˊ liegt vor in *wägen* und *erwägen*, das unter dem Einfluß von *Waage* mit *ä* geschrieben wird. In welchem Umfang das Wort *Waage* schon vorher die Bedeutung des Wortes beeinflußt hat, läßt sich schwer bestimmen. Lautlich sind *wägen* und *wiegen* Verallgemeinerungen der verschiedenen Vokale des alten Präsens (eigentlich: *ich wäge*, *du wiegst*, *er wiegt*, wie *ich gebe*, *du gibst*, *er gibt*). Die verallgemeinerte Form *wiegen* seit dem 16. Jh.; sie konkurriert in der heutigen Hochsprache mit *wägen* in der Bedeutung ˊdas Gewicht bestimmenˊ und hat die Bedeutung ˊein bestimmtes Gewicht habenˊ allein übernommen.

S. *Gewicht*[1], *gewiegt, gewogen, Waage, wagen, Wichte.* – Seebold (1970), 542–544.

Wiegendruck *m. per. fach.* (Ersatzwort für *Inkunabel*) (< 19. Jh.). *Inkunabel* ist entlehnt aus l. *incūnābula n.* ´Wiege´. ´Wiege´ steht hier für ´früh, in den Anfängen´.

Wiegenfest *n. stil.* (< 19. Jh.). Ein Ausdruck, der in Gelegenheitsgedichten des 19. Jhs. für *Geburtstag* gebraucht wurde (da dieses schlecht in einem Vers unterzubringen war). *Wiege* steht hier symbolisch für ´Geburt´.

wiehern *swV.* (< 15. Jh.). Für den Laut der Pferde, dann auch für ein bestimmtes Lachen. Intensivbildung zu dem älteren mhd. *wihen*; mit anderem Vokalismus mhd. *weijen*, ahd. *(h)weiōn, weigōn*, erweitert ne. (dial.) *wicker*. Schallnachahmendes Wort, dessen ältere Lautform sich wohl in ae. *hwīnan* ´jammern´, anord. *hvína* ´rauschen´ zeigt.
H. Glombik-Hujer *DWEB* 5 (1968), 182 f.

Wiek *f. per. ndd.* ´kleine Meeresbucht´ (< 16. Jh.). Entlehnt aus anord. *vík* ´Bucht´, mit dem ae. *wīc n.(?)* gleicher Bedeutung wohl urverwandt ist. Die weitere Herkunft ist umstritten – die Anknüpfung an *weichen* als ´das zurückweichende (Ufer)´ ist unverbindlich.
Trier (1951), 47.; Schütte (1976).

Wiemen *m. per. ndd.* ´Stab zum Aufhängen des Räucherfleisches über der Esse, Schlafstange der Hühner´ (< 15. Jh.). Geht mit anderen speziellen Ausdrücken für Ruten u.ä. (mndl. *wim[m]e, wijm[m]e* ´Lattenwerk im Rauchfang´, mndd. *wime* ´Stangengerüst´) über prov. *vime* auf l. *vīmen n.* ´Rute zum Flechten, Flechtwerk´ zurück. Dieses zu (ig.) **weiə-* ´flechten´ (s. *Wiepe*).
Frings (1932), 182.

wienern *swV. per. fach.* ´(Metall, Leder) putzen´ (< 19. Jh.). Ursprünglich ´mit Wiener Putzkalk putzen´, dann verallgemeinert.

Wiepe *f. per. ndd.* ´Strohwisch´ (< 18. Jh.). Übernommen aus ndd. *wīpe*, die hochdeutsche Entsprechung ist ahd. **wīpa* (*wiffa* Lex Bajuwariorum), mhd. *wīfe*, hd. (alem.) *wīfə* ´Seezeichen (am Bodensee)´. Vermutlich wie gt. *waips* ´Kranz´, gt. *wipja* ´Kranz´ zu gt. *weipan* ´kränzen, krönen´, mhd. *wīfen* ´wenden´. Wegen der schlechten Beleglage ist der Bedeutungszusammenhang im einzelnen nicht aufzuklären, vermutlich dürfte als Verbalbedeutung ´winden, flechten´ und nominal ´Büschel, Bündel´ zugrundeliegen. Vgl. *Weife* und l. *viēre* ´binden, flechten, weben´, lit. *výti* ´drehen, winden, spulen´, akslav. *po-viti* ´bewinden, einwickeln´. S. *Wiemen, Wimpel*.

Wies(e)baum *m. arch.* ´Stange, mit der die Ladung eines Heuwagens zusammengehalten wird´ (< 13. Jh.). Mhd. *wis(en)boum*, mndd. *wesebōm*, mndl. *weseboom*. Schon früh an *Wiese* angeschlos-

sen, doch dürfte dies auf Sekundär-Motivation beruhen. Herkunft unklar. Vielleicht zu einer *t*- oder *s*-Ableitung von gt. *gawidan*, ahd. *wetan* ´verbinden´ (vgl. gt. *gawiss* ´Verbindung´). Dann wäre ein ´Verbinde-Baum´ gemeint (vgl. das gleichbedeutende *Binde-Baum*). Nndl. *weesboom*.

Wiese *f.* (< 8. Jh.). Mhd. *wise*, ahd. *wisa*. Hierzu wohl als Erweiterung mndd. *wisch, wisk(e)*, ae. *wisc* ´Wiese´ (o.ä.). Da eine Wiese ursprünglich Weideland war (im Gegensatz zu der *Matte*, die gemäht wurde), ist wohl anzuknüpfen an heth. *weši-* ´Weide, Viehweide´ (heth. *wešiya-* ´weiden´), avest. *vāstra- n.* ´Weide, Gras, Futter´, vielleicht auch l. *vescor* ´ich nähre mich, erfreue mich´, gt. *wisan* ´sich freuen, schwelgen´.
Röhrich 3 (1992), 1728.

Wiesel *n.* (< 8. Jh.). Mhd. *wisel(e) f.*, ahd. *wisula, wisala, wisel f.,* mndl. *wesel(e), wisel f.*, aus wg. **wisulōn* (oder *-e-*) *f.* ´Wiesel´, auch in ae. *weosule*. Falls anord. *hreysivisla f.* ´Wiesel´ (selten, vgl. aber ndn. *væsel*, nschw. *vessla*) alt ist, kann das Wort gemeingermanisch sein. Herkunft unklar.
Nndl. *wezel*, ne. *weasel*, nschw. *vessla*. – P. Lessiak *ZDA* 53 (1912), 121 f.; V. Machek *ZSPh* 23 (1954), 121; H.-F. Rosenfeld *BGDSL-H* 80 (1958), 429–435; *Atlas linguarum Europae* 1,2 (1986), 182; L. Elemevik in *FS Alinei* 1 (1986), 79–89; Röhrich 3 (1992), 1728 f.

Wift *m./(f./n.) arch.* ´Honigwabe´ (< 14. Jh.). Spmhd. *wift m.*, wie *Wabe* zu *weben* (als *ti*-Abstraktum), also ´Gewebe´.

Wild *n.* (< 9. Jh.). Mhd. *wilt*, ahd. *wild*, mndd. *wilt* aus wg. **welþaz n.* ´Wild´, auch in ae. *wild(e)*, *wildor*. Gleicher Herkunft wie *wild*, aber mit einfacherer Stammbildung. Verb: **wildern**. S. *Wildbret, Wilderer*.

wild *Adj.* (< 8. Jh.). Mhd. *wilt, wilde*, ahd. as. *wildi* aus g. **welþija- Adj.* ´wild´, auch in gt. *wilþeis*, anord. *villr*, ae. *wilde*, afr. *wild(e)*. Außergermanisch entspricht kymr. *gwyllt*. Weitere Herkunft unklar. Vielleicht zu (ig.) **wel-* ´rupfen´ in l. *vellere* (s. *Wald*). Abstraktum: **Wildnis**.
Nndl. *wild*, ne. *wild*, nschw. *vill*, nisl. *villur*. – V. Machek *ZSPh* 23 (1954), 116; Trier (1963), 48–50; U. Beul: *Fremd* (Diss. Berlin 1968); Röhrich 3 (1992), 1729; Heidermanns (1993), 668 f.

Wildbret *n. obs.* (< 12. Jh.). Mhd. *wiltbræte, wiltbrāt*, wie anord. *villibrāð*. Das zweite Glied bedeutet ursprünglich ´Fleisch ohne Speck und Knochen´ (s. *Braten*), in der Zusammensetzung also ´Wildfleisch´, die umgelautete Form wohl auf Grund eines Kompositionssuffixes. Im Gegensatz zu dem einfachen Wort *Braten*, dessen Bedeutung an das Verb *braten* angeglichen wurde, hat *Wildbret* die alte Bedeutung ziemlich gut bewahrt.
Röhrich 3 (1992), 1729.

Wilderer *m.* (< *13. Jh., Form < 16. Jh.). Mhd. *wildenære*, eigentlich ´Jäger´. Täterbezeichnung zu mhd. *wild*. Die heutige Bedeutung ´jmd., der unberechtigt jagt´ erst seit dem 16. Jh., ebenso der Ersatz der Suffixform.

Wildfang *m. stil.* (< 15. Jh.). Einerseits ´gefangene Wildtiere, besonders Falken´, andererseits ´ausgelassener Mensch´. Vermutlich ist die erste Bedeutung die Grundbedeutung, die zweite übertragen; aber der Bedeutungsübergang ist für die frühen Belege nicht naheliegend.
H. Schulz *ZDW* 11 (1909), 241–248; V. Palm *MS* 56 (1941), 21 f.; Röhrich 3 (1992), 1729 f.

wildfremd *Adj.* (< 16. Jh.). Verstärkungsform (auch das einfache *wild* kann ´fremd´ bedeuten).

Wildheuer *m. arch.* ´jmd., der aus den Bergen Heu einholt´ (< 18. Jh.). Zur Zeit der Klassiker wird das schwz. Wort *Wildheu* ´auf den Bergen gewonnenes Heu´ und *Wildheuer* für denjenigen, der es (auf gefährliche Weise) einbringt, bekannt. Es wird dann von Schiller und Goethe verwendet.

Wildschur *f./(m.) arch.* ´derber Reisepelz´ (< 18. Jh.). Entlehnt aus poln. *wilczura* ´Wolfspelz´ (zu poln. *wilk* ´Wolf´). Stärker umgedeutet sind *Windschur* und *Wolfsschur*.
Wick (1939), 63; B. Schier *Hermelin* 20 (1950), 13–16; Bielfeldt (1965), 30.

Wildschütz *m. arch.* (< 16. Jh.). Zunächst in der Bedeutung ´Jäger´ bezeugt; als ´Wilddieb´ seit dem 17. Jh. (vgl. *Wilderer*).

Wildwachs *n./m. arch.* ´Sehne´ (< 9. Jh.). Mhd. *wildiwachse m.*, mndd. *wildewasse*, daneben obd. *Waldwachs*, mhd. *walte(n)wahs(e) m.*, ahd. *waltowahso m.*; auch afr. *walduwaxe f.* Außerdem erscheinen *Altenwachs*, *Haarwachs*, *Haarfachs* u.ä., so daß mit Umbildungen zu rechnen ist. Der Ausgangspunkt ist bis jetzt nicht faßbar, da weder ein klares Benennungsmotiv noch eine eindeutige Lautform erkennbar sind.
N. Törnquist *SN* 17 (1945), 132–140.

Wille *m.* (< 8. Jh.). Mhd. *wille*, ahd. *willo*, as. *willio* aus g. **weljōn m.* ´Wille´, auch in gt. *wilja*, anord. *vili*, ae. *willa*, afr. *willa*. Instrumentalbildung zu *wollen* von der *e*-Stufe. Außergermanisch ist etwa akslav. *volja f.* ´Wille´ (von der *o*-Stufe) vergleichbar. Adjektiv: **willig**.
Nndl. *wil*, ne. *will*, nisl. *vilji*, nschw. *vilja*. S. *Willkür*. – F. Mezger *ZVS* 75 (1958), 225–233; Röhrich 3 (1992), 1730.

willfahren *swV. obs.* (< 15. Jh.). Die frühestbezeugte Form ist mhd. *willenvarn* zu *fahren* (< 15. Jh.); doch ist dies sicher bereits eine Umdeutung, da die ältere mhd. Fügung *sīns willen vāren* (u.ä.) zugrundeliegt, zu mhd. *vāren*, ahd. *fārēn* ´nachtrachten, nachstellen´ (s. *Gefahr*), in festen Wendungen ohne negativen Nebensinn, also eigentlich ´jemandes Willen nachkommen´ (< 16. Jh.). Das zusammengesetzte Verb ist wohl aus Zusammenbil-

dungen wie *willvart* rückgebildet, also mhd. *(ze) willen vāren* mit Zusammenbildung als Abstraktum, Nomen agentis usw.; aus dieser rückgebildet das heutige Verb.
S. *Gefahr*. – E. Lencer *ZSV* 23 (1903), 370.

willkommen *Adj.* (< 10. Jh.). Mhd. *willekom(e)*, *willekum(e)*, spahd. *willecumo*. Wie anord. *velkominn* (aus dem e. *welcome* stammt) wohl zu **weljakwumōn m.* ´Ankömmling nach dem Willen, erwünschter Gast´ in ahd. *willikomo*, *williquemo*, mhd. *willekum*, mndd. *willekome*, ae. *wilcuma*. Gemeint ist also wohl ´sei ein willkommener Gast´, doch ist die Art der Bildung oder Umbildung nicht ganz klar.
Röhrich 3 (1992), 1730.

Willkür *f.* (< 13. Jh.). Mhd. *wil(le)kür*, mndd. *willekōr m.* Wie afr. *wilkere m./f.* als ´Wahl nach eigenem Willen´ aufzufassen (zu *Wille* und *Kür*). Adjektiv: **willkürlich**.

wimmeln *swV.* (< 14. Jh.). Spmhd. *wimelen* (selten). Iterativbildung zu mhd. *wimmen* ´sich regen, bewegen´, dessen weitere Herkunft unklar ist.

wimmen *swV. per. schwz.* ´Weinlese halten´ (< 11. Jh.). Mhd. *wimmen*, *windemen*, ahd. *windemōn*. Entlehnt aus l. *vīndēmio* ´ich lese den Wein´. S. *Windmonat*.

Wimmer *m. per. obd.* ´Knorren im Holz, Schwiele´, **Wimmerl** *n. oobd.* ´Bläschen, Täschchen´ (< 15. Jh.). Fnhd. *wim(m)er* ´Knorren im Holz´. Herkunft unklar.

wimmern *swV.* (< 16. Jh.). Ableitung zu dem nur wenig älteren *wimmer* ´Gewimmer´ neben mhd. *gewammer* und ähnlichen, sicher lautmalenden Bildungen.

Wimpel *m.* (< 17. Jh.). Übernommen aus ndd. *wimpel*. Die ältere Bedeutung ist ´Schleier, Kopftuch´, wie in as. *wimpal*, mndd. *wimpel*, *wumpel*, ae. *wimpel* und ahd. *wimphīla f.* Vielleicht als nasalierte Form weiter zu anord. *veipa f.*, *veipr* ´Kopftuch´, gt. *waips* ´Kranz´ (s. *Weife*, *Wiepe*).
Kluge *BGDSL* 43 (1918), 148 f.

Wimper *f.* (< 11. Jh.). Mhd. *wintbrā(we)*, ahd. *wintbrā(wa)*, as. *windbrāwia*. Der zweite Bestandteil ist das Wort *Braue*, der erste ist unklar; in Frage kommt eine Entsprechung zu air. *finna*, *find* ´Haar´ oder zu *winden*, falls von ´hin- und hergehen´ ausgegangen werden kann.
Nndl. *wenkbrauw*, *wimper*. S. *Braue*. – E. Lidén *IF* 19 (1906), 345–348; M. Dolch *ZM* 20 (1952), 155 f.; Röhrich 3 (1992), 1730 f.

Wimperg *m. per. fach.* ´Giebel über Fenstern und Türen´ (< 10. Jh.). Mhd. *wintberge f.*, ahd. *wintberga f.*; vgl. auch mhd. *wintburgelīn n.* ´Zinne´. Ausgangsbedeutung ist also ´was vor dem Wind schützt, birgt´. Gemeint sind ursprünglich über das Dach hinausragende Giebelteile.

Wind *m.* (< 8. Jh.). Mhd. *wint*, ahd. *wint*, as. *wind* aus g. **wenda- m.* ʼWindʼ, auch in gt. *winds*, anord. *vindr*, ae. afr. *wind.* Außergermanisch vergleichbar sind zunächst l. *ventus*, kymr. *gwynt*, apreuß. *wins* ʼLuft, Wetterʼ, toch. A *want*, *wänt f.*, toch. B *yente f.*, heth. *huwant-*, also wohl ig. **hwent-*. Dieses wird als Nomen agentis oder Partizip auf *-nt-* aufgefaßt (wobei Kürzung des Langvokals vor *-nt-* angenommen werden muß) zu ig. **hwē-* ʼwehenʼ in ai. *vā́ti-* ʼWindʼ, ai. *vā́yati*, gr. *áēmi*, akslav. *vějati*, gt. *waian* (s. *wehen*). Adjektiv: *windig.*
Nndl. ne. *wind*, nschw. *vind*, nisl. *vindur.* – Röhrich 3 (1992), 1731–1734.

Windbeutel *m.* erw. stil. (< 18. Jh.). Älteste Bedeutung ist wohl ʼBeutel, der mit Wind (mit Luft, mit nichts) gefüllt istʼ; dann übertragen auf ein ʼleichtes, aufgegangenes Gebäckʼ und einen ʼGroßredner, nichtsnutzigen Menschenʼ.

Winde *f.* (< 10. Jh.). Mhd. *winde*, ahd. *winta.* Als Bezeichnung der Maschine Instrumentalbildung zu *winden*, d. h. ʼeine Seilwinde aufwickelnʼ. Als Pflanzenname etwas später bezeugt, aber wohl alt, vgl. *Wehdwinde.*
Marzell 1 (1943), 1136–1149.

Windei *n.* per. fach. ʼunbefruchtetes Eiʼ (< 16. Jh.). Lehnübersetzung von l. *ōva hypēnemia, zephyria*, die so heißen, weil sie vom Wind befruchtet sein sollen.
Röhrich 3 (1992), 1734 f.

Windel *f.* (< 9. Jh.). Mhd. *windel*, ahd. *wintila, wintel*, as. *windila*, eigentlich ʼetwas zum Windenʼ (s. *winden*) mit verschiedenen Bedeutungen; die heutige Bedeutung ist ursprünglich an das Diminutiv geknüpft und erst nach dem 16. Jh. üblich geworden. Parallele Bildungen auch in anderen germanischen Sprachen.

windelweich *Adj.* (< 19. Jh.). Weit verbreitet sind Ausdrücke wie *windelbleich*, dem Sinn nach ʼweiß wie ein Leintuchʼ. Offenbar hierzu als Nachbildung *windelweich prügeln*, zuerst bei Kotzebue.

winden *stv.* (< 8. Jh.). Mhd. *winden*, ahd. *wintan*, as. *windan* aus g. **wend-a- stV.* ʼwindenʼ, auch in gt. *-windan*, anord. *vinda*, ae. *windan*, afr. *winda.* Dieses hat keine unmittelbare Vergleichsmöglichkeit. Ähnliche Bedeutungen bei gleicher Lautform weisen auf: umbr. *aha-vendu* ʼer soll sich abwendenʼ, gr. *kánnathron* ʼgeflochtener Wagenkorbʼ, ai. *vandhúra-* ʼWagensitzʼ, toch. AB *wänt-* ʼumhüllenʼ. Weiter als Auslautvariante akslav. *vęzati* ʼbindenʼ.
Nndl. *winden*, ne. *wind*, nschw. *vinda*, nisl. *vinda.* S. *Gewinde-*, *Wand*, *wandeln*, *wandern*, *wenden*, *Winde*, *Windel*, *windschief*; vielleicht auch *Want* und *Wunder.* – Seebold (1970), 554–556.

Windfang *m.* erw. fach. ʼVorraum u.ä.ʼ (< 11. Jh.). Mhd. *wintvanc*, mndd. *wintvanc*, ahd. *wint-*

fanga f., *wintfang* ʼVorrichtung, um den Wind zu fangen, abzuhaltenʼ.
Kluge (1911), 837.

Windhose *f.* s. *Wasserhose.*

Windhund *m.* (< *9. Jh., Form < 16. Jh.). Verdeutlichung zu *Wind*, mhd. ahd. *wind*, mndd. *wind*, mndl. *wint.* Ursprünglich bedeutet das Wort offenbar ʼder Wendische (Slavische)ʼ nach dem Volksnamen der Wenden (Veneter?). Ältere Verdeutlichungen sind mhd. *wintbracke* und *Windspiel* (dieses ist vielleicht ursprünglich ein Kollektivum).
H. Suolahti *NPhM* 19 (1918), 16–19; Pijnenburg *TNTL* 97 (1981), 205–208..

Windmonat *m.* arch. ʼOktoberʼ, auch ʼNovemberʼ (< 9. Jh.). So geschrieben, weil im Vorderglied das Wort *Wind* vermutet wurde. Die ältere Bezeichnung ist aber mhd. *windemānōt*, ahd. *wintmānōd*, *windumemānōth* ʼMonat der Weinleseʼ (l. *vīndēmia f.*, s. *wimmen*).

Windpocken *Pl.* erw. reg. (< 18. Jh.). Ähnlich *Windblattern.* Vermutlich nach Bläschen, die mit Luft gefüllt sind (gegenüber *Wasserpocken*).

Windrose *f.* erw. fach. ʼdie strahlenförmig angeordneten Himmelsrichtungen des Kompassesʼ (< 18. Jh.). Benannt nach der Form einer Blumenblüte (für die die Rose eigentlich gar nicht typisch ist).
Kluge (1911), 838.

Windsbraut *f.* erw. fach. ʼWirbelwindʼ (< 9. Jh.). Mhd. *windesbrūt*, ahd. *wintes prūt.* Aus vd. **brūdi-* zu der unter *brauen* aufgeführten Grundlage, zu der auch *brausen* gehört.
R. Loewe *IF* 47 (1929), 272–288; W. Krogmann *IF* 49 (1931), 184–202; Röhrich 3 (1992), 1735.

windschief *Adj.* (< 17. Jh.). Zunächst für verdreht gewachsene Hölzer. Auszugehen ist also von ʼgewunden schiefʼ zu *winden.*

Windspiel *n.* s. *Windhund.*

Wingert *m.* per. obd. wmd. ʼWeingartenʼ (< 9. Jh.). Mhd. *wīngart(e)*, ahd. *wīngarto*, as. *wīngardo* ist eine gemeingermanische Bezeichnung, vgl. gt. *weinagards*, anord. *víngarðr*, ae. *wīngeard.* Eine vergleichbare Form ist *Bangert* für ʼBaumgartenʼ.
A. Götze in: *FS Behaghel* (1924), 280–285.

Winkel *m.* (< 8. Jh.). Mhd. *winkel*, ahd. *winkil*, mndd. *winkel*, mndl. *winkel* aus wg. **wenkila- m.* ʼWinkelʼ, auch in ae. *wincel*, afr. *winkel.* Eine nasallose Form offenbar in gt. *waihsta* ʼEckeʼ. Weitere Herkunft unklar; eine Verbindung mit *winken* usw. (als ʼBiegungʼ?) ist nicht sehr wahrscheinlich. Gemeint ist zunächst die Ecke bei zwei aufeinanderstoßenden Mauern und der dadurch gebildete (Schlupf)Winkel. Im Niederdeutschen und Niederländischen entwickelt sich über ʼHauseckeʼ die Bedeutung ʼKramladenʼ. Die Nebenbedeutung des im

Dunklen stattfindenden weniger seriösen Geschäfts findet sich in *Winkeladvokat* und *Winkelschule*. Adjektiv: **winkelig**. Nndl. *winkel*.

winken *swV.* (< 9. Jh.). Mhd. *winken*, ahd. *winkan stV.* (vgl. *gewunken*), ursprünglich aber wohl schwach, vgl. ae. *wincian*. Die Bedeutung ist ʿschwanken, nicken u. ä.ʾ (vgl. *wanken*). Die Bedeutungsentwicklung im Deutschen geht wohl über ʿnicken, mit den Augen zwinkernʾ. Nndl. *wenken*, ne. *wink*. S. *wanken*. – Röhrich 3 (1992), 1735 f.

winseln *swV.* (< 9. Jh.). Mhd. *winseln*. Intensivbildung zu mhd. *winsen*, ahd. *winisōn* ʿjammernʾ, ein wohl mit *wiehern* und anord. *hvína*, ae. *hwīnan* ʿsausenʾ verwandtes Schallwort. H. Glombik-Hujer *DWEB* 5 (1968), 178; Seebold (1970), 280.

Winter *m.* (< 8. Jh.). Mhd. *winter*, *winder*, ahd. *wintar*, as. *wintar* aus g. **went-r-* (oder *-i-*), vermutlich *r*-Stamm *m.* ʿWinterʾ, auch in gt. *wintrus*, anord. *vetr*, ae. *winter*, afr. *winter*. Herkunft unklar. Man versucht Anschlüsse an air. *finn*, *find* ʿweißʾ oder an eine nasalierte Form des Wortes *Wasser*. Beides ist weder morphologisch noch semantisch ausreichend zu stützen. Auch der Rückgriff auf (ig.) **we-* ʿweg, abgewandtʾ ist nicht ausreichend zu stützen. Nndl. *winter*, ne. *winter*, nschw. *vinter*, nisl. *vetur*. – F. Mezger *ZVS* 76 (1960), 306 f.; M. Tallen *DWEB* 2 (1963), 159–229; Röhrich 3 (1992), 1736.

Wintermonat *m.* arch. ʿDezemberʾ (< 9. Jh.). Ahd. *wintarmānōt* ʿJanuarʾ, mhd. *wintermānōt* auch für andere Monate des Winters; im 15. Jh. meist ʿDezemberʾ.

Winzer *m.* erw. fach. (< 9. Jh.). Spmhd. *winzer*, älter *winzürl(e)*, ahd. *wīnzuril* (u. ä.); entlehnt aus l. *vīnitor* ʿWinzerʾ mit Zufügung von Suffixen für die Täterbezeichnung (*-il*, auch *-ler* u. a.). Dabei hat wohl auch die Anlehnung von *-zur* an das einheimische ahd. *zeran* ʿreißen, rupfenʾ eine Rolle gespielt. S. *Weinzierl*.

winzig *Adj.* (< 14. Jh.). Spmhd. *winzic*. Herkunft unklar. Ein Zusammenhang mit *wenig* ist nicht ausgeschlossen, macht aber Schwierigkeiten in der Lautentsprechung. Im Südwesten dafür auch *wunzig*. Abstraktum: **Winzigkeit**.

Wipfel *m.* (< 8. Jh.). Mhd. *wipfel* auch *(wiffel)*, ahd. *wipfil*, md. *wippel*. Zu *wippen*, mhd. *wipfen*, (s. *Wippe*). Also ʿHin- und Herbewegtes, Wippendesʾ.

Wippchen *n.* per. reg. ʿSpaß, Streich, Ausfluchtʾ (< 19. Jh.). Eigentlich ʿschnelle Bewegungʾ mit Bedeutungsspezialisierung wie bei *Schwank*, *Streich* u. ä. (ʿBewegung, mit der man dem anderen einen Streich spieltʾ). Röhrich 3 (1992), 1736 f.

Wippe *f.* erw. reg. (< 17. Jh.). Aus dem Niederdeutschen übernommen, wo es für verschiedene wippende Geräte (Wippgalgen, Brunnenschwengel u. a.) in Gebrauch war. Ebenso wird das Verbum *wippen* seit dem 16. Jh. übernommen; die hochdeutsche Form ist mhd. *wipfen* ʿspringenʾ (mhd. *wipf m.* ʿschnelle Bewegung, Sprungʾ). Außergermanisch entspricht wohl l. *vibrāre* ʿzittern, schwingenʾ und als Auslautvariante ai. *vépate* ʿzittertʾ. S. *Wipfel*. – Lühr (1988), 361.

wir *Pron.* (< 8. Jh.). Mhd. *wir*, ahd. *wir*, as. *wi*, *we* führt mit awnord. *vér*, ae. *wē*, afr. *wī* auf g. **wez* oder **wiz* zurück, gt. *weis* und aonord. *vír* auf **weiz*. Letzteres führt auf ig. **wei-* zurück, das auch in ai. *vayám* (mit anderer Erweiterung) auftritt; vielleicht auch in dem mehrdeutigen heth. *weš*. Die andere Form stammt wohl nicht aus einer Kürzung der gleichen Grundlage (obwohl dies nicht mit Sicherheit ausgeschlossen werden kann), sondern stimmt zu **mes*, das im Baltischen und Armenischen unmittelbar bezeugt ist, im Slavischen und Griechischen (und wohl auch im Tocharischen) vorausgesetzt werden kann; für den Anlaut müßte ein Wechsel *m/w* vorausgesetzt werden; die hethitische Form könnte gleich beurteilt werden wie die germanische. Nndl. *wij*, ne. *we*, nschw. *vi*, nisl. *vjer*. – Seebold (1984), 19, 27–30, 87 f.

Wirbel *m.* (< 11. Jh.). Mhd. *wirbel*, ahd. *wirbil*, *werbil*, mndd. *wervel* aus g. **hwerbila-* m. ʿWirbelʾ, auch in anord. *hvirfill*. Instrumentalbildung zu dem unter *werben* dargestellten starken Verb g. **hwerba-* ʿsich wendenʾ. Da die Bedeutungen auseinanderfallen, sind auch voneinander unabhängige einzelsprachliche Bildungen denkbar. Nndl. *wervel*, nschw. *virvel*, nisl. *hvirfill*. S. *zwirbeln*.

wirken *swV.* (< 9. Jh.). In mhd. *wirken* und *würken*, *wurken* kommen zwei Ablautvarianten zueinander, von denen die schwundstufige (g. **wurkija-*) besser bezeugt ist: gt. *waurkjan*, anord. *yrkja* (runen-nord. *worahto* usw.), ae. *wyrcan*, afr. *werka*, ahd. *wurken*; die hochstufige (**werk-ija-*) in ahd. *wirken*, as. *wirkian*, afr. *wirkan* (vermutlich sekundär in Anlehnung an die Vokalstufe von *Werk*). Dieses aus ig. **werǵ-/wr̥ǵ-* in avest. *vərəziieiti* ʿarbeitetʾ, gr. *rhézō* ʿich tueʾ, air. *do-áirci* ʿmacht, bringt hervorʾ. Die Bedeutung ist in der frühen Sprache allgemein ʿmachen, herstellenʾ (wie heute teilweise noch in gehobener Sprache), die heute üblichere Einschränkung auf die Herstellung von Textilien ist erst nachmittelhochdeutsch. Präfigierungen: **be-, verwirken**; Adjektive: **wirklich, wirksam**. Nndl. *werken*, ne. *work*, nschw. *yrke*, nisl. *yrkja*. – Zur Entlehnung ins Finnische s. Koivulehto (1991), 39.

wirklich *Adj.* (< 13. Jh.). Von den Mystikern gebildet zu *wirken* als *würk(en)lich*, *wirklich* mit der Bedeutung ʿim Wirken, durch Handeln geschehend'. In der Abgrenzung gegen *wirksam* bekommt das Wort im 18. Jh. allgemein die Bedeutung 'real'. Abstraktum: **Wirklichkeit**.

J. Kleinstück: *Wirklichkeit und Realität* (Stuttgart 1971).

wirr *Adj.* (< 17. Jh.). Rückgebildet aus *wirren*, das heute in der Präfigierung *verwirren* üblich ist. Es beruht auf dem starken Verb mhd. *(ver)werren*, ahd. *(fir)werran* 'verwickeln', ahd. *werran* 'verwirren', dessen Ableitungen (s. *Wurst*) auf eine Ausgangsform (g.) *werz-* weisen. Die weitere Herkunft ist unklar.

S. *Guerilla, Werre, Wirrwarr, wirsch, Wurst*. – Seebold (1970), 559.

Wirrwarr *m./n.* (< 15. Jh.). Aus dem Niederdeutschen. Mit Vokalabwandlung zu *wirr* und *wirren* gebildet.

Pfaff (1933), 57 f.

wirsch *Adj. arch.* 'aufgebracht, verwirrt' (< 17. Jh.). Eigentlich *wirrisch*, also zu *wirr* gehörig. Anderer Herkunft als *unwirsch*, aber sekundär mit ihm zusammengebracht.

Wirsing *m. erw. fach.* (< 17. Jh.). Zunächst als *Wersig, Wersich* bezeugt; die Form auf *-ing* beruht auf mundartlicher Umbildung nach anderen Wörtern für Gemüse. Entlehnt aus einem romanischen Wort (wohl lombardisch, venez. *verdza*), dafür schwz. *Wirz, Werz*. Das romanische Wort aus l. *viridia f.* 'Gemüse' (eigentlich 'Grünzeug' zu l. *viridis* 'grün').

E. Öhmann *NPhM* 43 (1942), 26.

Wirt *m.* (< 9. Jh.). Mhd. *wirt*, ahd. *wirt*, as. *werd* 'Hausherr, Ehemann, Gastfreund' aus g. *werdum. 'Hausherr, Gastfreund', auch in gt. *wairdus*, afr. *(hūs)werda*. Außergermanisch vergleicht sich air. *ferthigis* 'Hausverwalter, der für die Gäste verantwortlich ist' (*wertikassu-). Weitere Herkunft unklar. Präfixableitung: **bewirten**.

Nndl. *waard*. S. *Wirtschaft*. – Röhrich 3 (1992), 1737.

Wirtel *m. arch.* 'Ring an der Spindel' (< 14. Jh.). Spmhd. *wirtel*. Entlehnt aus frz. *vertellum* (südfrz. *vertèl, vertèn*) neben l. *verticulum n.* in älterem frz. *verteil*. Zu l. *vertere* 'drehen, wenden'.

S. *werden*. – H. Schuchardt *ZDW* 1 (1901), 66 f.

Wirtschaft *f.* (< 10. Jh.). Mhd. *wirtschaft*, ahd. *wirtscaft*, as. *werdskepi*. Eigentlich 'das, was mit der Tätigkeit als Wirt zu tun hat', wobei *Wirt* sowohl der 'Hausherr' wie auch der 'Gastwirt' sein kann. Dementsprechend die Weiterentwicklung zu 'Ökonomie' und zu 'Gastwirtschaft'.

Nndl. *waardschap*. – H. L. Stoltenberg *Jahrbuch für National-Ökonomie* 148 (1938), 556–561; *Grundbegriffe* 7 (1992), 511–594.

Wisch *m. stil.* (< 12. Jh.). Mhd. *wisch*, ahd. *-wisc*, mndd. *wisch*, mndl. *wisch* aus g. *wiska- m. 'Wisch', auch in anord. *visk f.*, ae. *wisc*. Herkunft

unklar. Die germanische Form kann mit l. *virga f.* (aus *vis-g-) 'Rute' zusammengestellt werden, doch ist dies nicht ausreichend sicher. Vom Substantiv abgeleitet ist *wischen*, mhd. *wischen*, ahd. *wisken*, mndd. *wischen*, mndl. *wisschen*.

S. auch *Irrwisch, Wuschelkopf*. – R. Schmidt-Wiegand *ZV* 64 (1968), 203–222; dies. (1978); Röhrich 3 (1992), 1737.

Wischiwaschi *n. vulg.* 'verschwommenes Geschwätz' (< 20. Jh.). In neuerer Zeit gebildet in Anlehnung an *Gewäsch* (u.ä.).

Wisent *m.* (< 9. Jh.). Mhd. *wisent(e)*, ahd. *wisunt, wisant*, mndd. *wesent*, mndl. *wesent* aus wg. *wisund- m.* 'Wisent', auch in ae. *wesend* (anord. *visundr* ist aus dem Niederdeutschen entlehnt). Offenbar aus dem Germanischen entlehnt sind l. *bisōn* (seit dem 1. Jh. n. Chr.), gr. *bísōn*. Am nächsten verwandt ist apreuß. *wis-sambrs* 'Auerochse' (wobei das Grundwort dem slavischen Wort *zǫbrǔ für 'Auerochse' entspricht). Weitere Herkunft unklar. Am ehesten besteht ein Zusammenhang mit ai. *viṣāṇā f.* 'Horn' als 'Horntier'.

Palander (1899), 133–136; N. Wagner *BNF* 22 (1987), 50[24].

Wismut *n./m. erw. fach.* (ein Metall) (< 14. Jh.). Zunächst in Deutschland (Erzgebirge) gefördert und als *wismut* (u.ä.) benannt; im 16. Jh. durch Paracelsus als Metall erkannt. Die Kenntnis des Metalls wird zugleich mit dem deutschen Namen verbreitet. Herkunft des Wortes umstritten, kaum letztlich zu arab. *iṯmid* 'Antimon', da dieses lautlich zu weit abliegt. Fall es sich um ein deutsches Wort handelt, kommt im Vorderglied am ehesten das Wort *weiß* in Frage, da Wismut mehrfach als *weiße (Materie)* bezeichnet wird; das Hinterglied vielleicht *Matte*, das bergmännisch das taube Gestein benennt.

E. vLippmann: *Die Geschichte des Wismuts* (Berlin 1930); Wolf (1958), 71 f.; E. Ploß *ASNSL* 195 (1958/59), 317–321; K.-H. Weimann *DWEB* 2 (1963), 379 f.; Lüschen (1979), 343 f.; Lokotsch (1975), 73. [Herangezogen wurde die Magisterarbeit von M. Mathes].

Wispel *m. arch.* 'Hohl- und Getreidemaß' (< 16. Jh.). Ursprünglich niederdeutsch. Seit dem 12. Jh. als *wīk-skepel* 'im Weichbild gebrauchter Scheffel' bezeugt. Zum *Weichbild* als Gebiet mit einheitlichem Recht s.d.

wispern *swV. erw. reg.* (< 16. Jh.). Wohl aus dem Niederdeutschen übernommen; vergleichbar ist ne. *whisper*, ae. *hwisprian* 'murmeln'. Im Deutschen älter ist *wispeln*, mhd. *wispeln*, ahd. *wispalōn*. Die Bildungen sind sicher lautmalend, und stellen den beim Flüstern besonders lautstarken Reibelaut *s* heraus.

wissen *unr. V.* (< 8. Jh.). Mhd. *wizzen*, ahd. *wizzan*, as. *witan* aus g. *wait (1./3. Prät.-Präs. Sg.)* 'wissen', auch in gt. *wait*, anord. *veit*, ae. *wāt*, afr. *wēt*. Dieses aus dem reduplikationslosen Perfekt ig.

woida, auch in ai. *véda*, gr. *oĩda*, akslav. *vědě*, apreuß. *waist* 'du weißt' (mit Umbildung), air. *rofetar*. Dieses drückt den am Subjekt erreichten Zustand aus, der durch die Handlung *weid-* 'finden (erkennen, erblicken)' erreicht wird, also 'ich habe gefunden/erkannt' = 'ich weiß'. Die Grundbedeutung in gr. *eĩdon* 'ich erblickte, erkannte', air. *rofinnadar* 'findet heraus, entdeckt'; durativ in l. *video* 'ich sehe', akslav. *viděti* 'sehen' u. a. Abstraktum: **Wissen**; Adverb: **wissentlich**.

Nndl. *weten*, ne. *wit*, nschw. *veta*, nisl. *vita*. S. *bewußt, gewiß, Gewissen, Vorwitz, weise, Weise, weisen, weissagen, Weistum, Witz*; dazu aus dem Griechischen *Historie, Idee* (über das Englische *Story*); aus dem Lateinischen *Visage*; aus dem Keltischen *Druide*. − E. Seebold (1970), 533−535; ders. *Sprache* 19 (1973), 176−178; Röhrich 3 (1992), 1738 f.

Wissenschaft *f.* (< 14. Jh.). Kollektivbildung zu dem Infinitiv mhd. *wizzen*; zunächst nur als allgemeineres Wort für 'Wissen' gebraucht; die moderne Bedeutung entwickelt sich seit dem 17. Jh.

W. Bumann in: *Der Wissenschaftsbegriff*. Hrsg. A. Diemer (Meisenheim 1970), 64−75.

wist *per. fach.* 'links' (Fuhrmannsruf) (< 17. Jh.). Vermutlich gekürzt aus ahd. *win(i)star* 'links'.

witschen *swV. stil.* 'schnell weglaufen' (< 18. Jh.). Wohl Lautgebärde wie *wutschen*.

wittern *swV.* (< 13. Jh.). Mhd. *witer(e)n*, *wittern*. Wie anord. *viðra* 'riechen' zu *Wetter* in der Bedeutung 'Luftbeschaffenheit, Wind'; vgl. *von etwas Wind bekommen*. Abstraktum: **Witterung**.

Wittib *f. obs.* 'Witwe' (< 14. Jh.). Regionale Lautform, in der auslautendes *w* zu *b* geworden ist.

Wittum *n. arch.* 'Brautgabe, Dotierung' (< 9. Jh.). Mhd. *widem(e)*, *widen m./f.*, ahd. *widamo m.* aus wg. *wetmōn n.* 'Brautgabe', auch in ae. *weotuma*, afr. *wetma, witma m.* Entweder mit anderem Suffix oder lautlicher Vereinfachung entspricht außergermanisch gr. *hédnon* 'Brautgeschenk', aruss. *věno*. Diese Wörter würden an sich zu einem Verb passen, das 'führen, heimführen, heiraten' bedeutet und auf *wed-* oder *wedʰ-* zurückgehen kann (lit. *vedù*, akslav. *vedọ*, air. *feidid*); doch gehört in den gleichen Bedeutungsbereich auch ai. *vadhū- f.* 'Braut', das zu dem Wort für 'Brautgabe' im Auslaut nicht paßt. Wenn nicht lautliche Entgleisungen angenommen werden, paßt das Verb entweder zu den Wörtern für 'Brautgabe' oder zu denen für 'Braut'. S. *widmen*.

Witwe *f.* (< 8. Jh.). Mhd. *wit(e)we, witiwe, witib*, ahd. *wituwa*, as. *widowa* aus g. *widuwōn f.* 'Witwe', auch in gt. *widuwo*, ae. *widewe*, afr. *widwe*. Dieses aus ig. *widʰewā f.* 'Witwe' in l. *vidua*, air. *fedb*, akslav. *vĭdova*, ai. *vidhávā*. Weitere Herkunft unklar; ein Zusammenhang mit ai. *ví-* 'auseinander, weg' und evtl. *dʰē-* 'setzen' scheint naheliegend ('die Weggesetzte'?), doch ist die morphologi-

sche Bau unklar. Das Wort ist als Grundlage der Bezeichnungen entsprechender Verhältnisse genommen worden, so l. *viduus* 'verwitwet, vereinsamt', nhd. *Witwer*, gt. *widuwairna* 'Waise' u. a. Verdeutlichungen sind *Witmann, Witfrau*, schwz. auch *Witling*.

Nndl. *weduwe*, ne. *widow*. S. *Wittib*. − Szemerényi (1977), 85−87; Röhrich 3 (1992), 1740; R. S. P. Beekes *HS* 105 (1992), 171−187.

Witz *m.* (< 9. Jh.). Mhd. *witz(e) f.*, ahd. *wizzi*. Abstraktum zu *wissen* neben anderen Bildungen gleicher Bedeutung von derselben Grundlage. Ausgangsbedeutung ist 'Wissen, Klugheit', auch im Sinn von 'Mutterwitz'. Die Bedeutung wird im 17. Jh. (unter dem Einfluß von frz. *esprit*) auf 'geistreiche Formulierung' verengt und schließlich im 18. Jh. ein Wort für 'Scherz'. Verb: **witzeln**; Adjektiv: **witzig**.

S. *Aberwitz, Wahnwitz*. − J. Trier: *Der deutsche Wortschatz im Sinnbezirk des Verstandes* (Heidelberg 1931), 34; W. Schmidt-Hidding *Schlüsselwörter* 1 (1963); Röhrich 3 (1992), 1740; vgl. *Humor*.

wo *Adv./Konj.* (< 8. Jh.). Spmhd. *wō*, älter *wā*, ahd. as. *hwār* aus wg. *hwār* 'wo', auch in ae. *hwēr*, afr. *hwēr*; im Ablaut dazu *hwar* in gt. *hvar*, anord. *hvar*. Lokativ-Bildung auf *-r* zu dem Interrogativ-Stamm ig. *kʷo-*, der auch in *wer* usw. vorliegt. S. auch *etwa, warum*.

Woche *f.* (< 8. Jh.). Mhd. *woche*, ahd. *wohha*, älter *wehha*, as. *wika* aus g. *wikōn f.* '(Reihenfolge, Wechsel), Woche', auch in gt. *wiko* 'Reihenfolge', anord. *vika* 'Woche, Seemeile (= Wechsel der Ruderer?)', ae. *wicu, wucu* 'Woche', afr. *wike*. Zu der gleichen Grundlage wie *Wechsel*. Der Auslaut stimmt zwar nicht zu l. *vicem (Akk.)* 'Wechsel', doch handelt es sich hier wohl um Variation. Eine *Woche* ist also der Wechsel der Reihe von Wochentagen. − Die *Wochen* als Ausdruck für das Kindbett (*Wochenbett, Wöchnerin, in die Wochen kommen* usw.) beruht darauf, daß die gebärende Frau 6 Wochen lang das Bett hüten mußte (deshalb auch *Sechswöchnerin* u. dgl.). Der volle Ausdruck *(sechs Wochen)* seit dem 16. Jh., die Vereinfachung seit dem 17. Jh. Adjektiv: **wöchentlich**.

Nndl. *week*, ne. *week*, nschw. *vecka*, nisl. *vika*. S. *Wechsel*. − L. Witzel *Teuthonista* 9 (1933), 192; M. Förster *Anglia* 68 (1944), 1−3 Anm.; J. Kruijsen, E. Mooijman in N. Arhammar in *FS Alinei* 1 (1986), 381−400.

Wochentölpel *m.*, **Wochendippel** *m.* u.ä. 'Mumps', *erw. reg.* (< 19. Jh.). Eigentlich 'Krankheit, die eine Woche dauert, und dem Betroffenen das Aussehen eines Idioten gibt'.

Wöchnerin *f.* s. *Woche*.

Wocken *m. arch.* 'Spinnrocken, auf einmal abzuspinnende Menge' (< 14. Jh.). Mndd. *wocke*, mndl. *wocke(n)*. Das Wort wird mit as. *wocco* 'Flachsbündel, Docht' zu (ig.) *weg- 'weben' gestellt (s. Wickel und Wieche). S. auch Rocken.

Wodka *m. erw. exot.* (ein alkoholisches Getränk) (< 20. Jh.). Entlehnt aus russ. *vódka,* eigentlich 'Wässerchen', einem Diminutivum zu russ. *vodá* 'Wasser'. Zur germanischen Verwandtschaft s. *Wasser.*

Woge *f. stil.* (< 8. Jh.). Mhd. *wāc, wōc m.,* ahd. *wāg m.,* as. *wāg, wēg m.* aus g. **wēga- m.* 'Woge', auch in gt. *wegs,* anord. *vágr m.* 'Meer', ae. *wǣg m.,* afr. *wēg m.* Im Deutschen wird das Wort ausgehend vom Niederdeutschen zum Femininum und bekommt demnach auch eine feminine Singular-Endung; parallel geht die Bedeutungseinengung zu 'Welle'. Herkunft unsicher; Anschluß an (ig.) **wegʰ-* in *bewegen* ist denkbar. Verb: **wogen.** S. *Woog.*

wohl *Adv.* (< 8. Jh.). Mhd. *wol,* ahd. *wola,* as. *wola, wela, wala* aus g. **welō Adv.* 'wohl', auch in gt. *waila* (lautlich unklar), anord. *vel, val,* ae. *wel,* afr. *wol, wel, wal.* Zu einer Adjektivbildung der Wurzel von *wollen,* vgl. kymr. *gwell* 'besser', ai. *vára-* 'vorzüglich, besser' (eigentlich 'nach Wunsch'). In allen germanischen Sprachen als Adverb für *gut* verwendet. Modifikation: **wohlig.**
Nndl. *wel,* ne. *well,* nschw. *väl,* nisl. *vel.* S. *Galopp, Wollust.* – Röhrich 3 (1992), 1740.

Wohlfahrt *f.* (< 16. Jh.). Abstraktum zu mhd. *wol varn* zum Ersatz des älteren substantivierten Infinitivs. Die Wendung zu *fahren* in der Bedeutung 'ergehen'.
S. *Hoffart.* – *Grundbegriffe* 7 (1992), 595–636.

wohlhabend *Adj.* (< 16. Jh.). Vermutlich zu *haben* im Sinn von 'besitzen' mit adverbialem *wohl.*

Wohlverleih *m. per. reg.* 'Arnika' (< 18. Jh.). Umgedeutet aus *wulveleie,* das niederdeutsch seit dem 15. Jh. bezeugt ist. Die Herkunft der älteren Form ist unklar.

wohnen *swV.* (< 8. Jh.). Mhd. *wonen,* ahd. *wonēn,* as. *wonon, wunon* aus wg. **wun-ǣ- swV.* 'wohnen', auch in ae. *wunian,* afr. *wonia.* Daneben steht, von der gleichen Lautform ausgehend, gt. *unwunands* 'bekümmert', anord. *una* 'zufrieden sein', so daß sich 'zufrieden sein' als gemeinsamer Ausgangspunkt erschließen läßt. Im Ablaut dazu steht *gewöhnen* und *gewohnt*; die ganze Sippe ist vermutlich anzuschließen an *gewinnen* und *Wonne* zu einem Zeitpunkt, an dem diese noch nicht geminiert waren. Die Ausgangsbedeutung wäre demnach etwa 'lieben, schätzen'. Abstraktum: **Wohnung;** Adjektiv: **wohnhaft;** Präfigierung: **bewohnen.**

wölben *swV.* (< 11. Jh.). Mhd. *welben,* ahd. *(pe)-welben,* as. *-hwelbian* aus g. **hwalb-eja- swV.* 'wölben', auch in anord. *hvelfa,* ae. *behwylfan,* afr. *biwulven (PPrät.).* Vereinzelte starke Formen (afr., anord. *holfinn* 'gewölbt', mhd. *walbe, walp* mit un-

klarer Bedeutung) lassen nicht mit Sicherheit auf ein zugrundeliegendes starkes Verb schließen. Eine brauchbare Vergleichsmöglichkeit fehlt. Abstraktum: **Wölbung;** Konkretum: **Gewölbe.**
Nndl. *welven,* nschw. *välva,* nisl. *hvelfast.* S. *Walm, Wulst.* – Seebold (1970), 280 f.

Wolf[1] *m.* (Raubtier) (< 8. Jh.). Mhd. *wolf,* as. *wulf* aus g. **wulfa- m.* 'Wolf', auch in gt. *wulfs,* anord. *úlfr,* ae. *wulf,* afr. *wolf.* Die vergleichbaren Wörter der außergermanischen Sprachen bieten lautliche Schwierigkeiten. Am ehesten ist von ig. **wl̥kʷo- m.* 'Wolf' auszugehen. Hierzu ai. *vr̥ka,* gr. *lýkos,* l. *lupus,* lit. *vil̃kas,* akslav. *vlĭkŭ.* Im Germanischen ist der Labiovelar im Auslaut nach Labial zu *f* geworden, doch wurde im Femininum das *w* vor *j* ausgedrängt, so daß anord. *ylgr f.* entstand (das damit auch die Herkunft des germanischen Wortes aus der angeführten Grundform beweist). Das ahd. Femininum *wulpa* hat dagegen die Verschiebung zum Labial mitgemacht. Die weitere Herkunft des Wortes ist unklar.
Nndl. *wolf,* ne. *wolf,* nschw. *ulf,* nisl. *úlfur.* S. *Werwolf.* – Röhrich 3 (1992), 1740–1743. Zur Übertragung auf soziale Verhältnisse bei den Germanen vgl.: K. R. McCone in: Meid (1987), 101–154; A. Lehrmann *Sprache* 33 (1987), 13–17 (zum hethitischen Vergleichsmaterial); J. van Leeuwen-Turnovcová in *FS N. Reiter* (1993), 151–160. Anders M. Furlan *Linguistica* 24 (1984), 455–466 (zu heth. *hwelpi-* 'jung').

Wolf[2] *m. per. fach.* (Hautkrankheit) (< 15. Jh.). Wohl als 'fressender Schaden' aus dem Tiernamen übertragen (vgl. *Krebs, Lupus*).
G. Ch. vUnruh *ZSSR-GA* 74 (1957), 14 f.; T. Dahlberg in: *FS de Smet* (1986), 101–107.

Wolfram *n./(m.) per. fach.* (Mineral, Metall) (< 16. Jh.). Das Mineral wird im 16. Jh. im Erzgebirge entdeckt und als *wolffram* bezeichnet, älter *wolfschaum* (übersetzt als l. *spūma lupi f.,* frz. *écume de loup f.*). Der zweite Bestandteil ist mhd. *rām m.* 'Schmutz, Ruß', weil das Mineral schwärzlich und leicht zerreibbar ist; das Bestimmungswort ist *Wolf*[1], weil die Beimengung des Minerals im Schmelzofen einen starken Zinnabgang verursachte; also etwa 'fressender Ruß'. Die Isolierung des Metalls und seine Bezeichnung als *Wolfram* durch die Spanier José und Fausto de Elhujar 1783.
A. Götze *ZDPh* 54 (1929), 24–26; Lüschen (1979), 344. [Herangezogen wurde die Magisterarbeit von M. Mathes].

Wolfsmilch *f. erw. fach.* (eine Pflanze) (< 11. Jh.). Mhd. *wolf(s-) milch,* ahd. *wolf(e)smilch.* Die Pflanze heißt nach ihrem milchigen Saft; das Bestimmungswort wohl wegen der Giftigkeit ('reißend wie Wölfe').

Wolke *f.* (< 8. Jh.). Mhd. *wolken n.,* ahd. *wolcan n.,* as. *wolkan n.* aus g. **wulkna- n.,* auch in ae. *wolcen n.,* afr. *wolken n.;* dazu ablautend (oder daraus unregelmäßig umgebildet) me. *welcin* ꞋWolken-himmelꞋ. Vielleicht als Auslautvariante *(*wl̦g-)* zu akslav. *oblakŭ m.* ꞋWolkeꞋ *(*wolk-)*; dieses aus akslav. *obŭ* Ꞌüber' und **welk-* Ꞌziehen' als ꞋÜberzug' (?) zu lit. *vil̃kti,* akslav. *vlěšti* Ꞌziehen'. Adjektive: **wolkig, bewölkt.**

Nndl. *wolk.* – Röhrich 3 (1992), 1743 f.

Wolkenkratzer *m.* (< 20. Jh.). Übersetzt aus dem ne. Scherzausdruck *skyscraper.* Die Ausdrucksweise selbst ist schon alt: Im Italienischen des 13. Jhs. ist *grattacielo* eine großgewachsene Person.

Wolkenkuckucksheim *n. erw. stil.* (< 19. Jh.). Aufgekommen als Übersetzung von gr. *nephelokokkygía f.,* das Aristophanes als Name der von den Vögeln in die Luft gebauten Stadt verwendete. Heute gebraucht für ꞋPhantasiegebilde'.

Wolle *f.* (< 9. Jh.). Mhd. *wolle,* ahd. *wolla,* mndd. *wulle,* mndl. *wolle* aus g. **wullō f.* ꞋWolle', auch in gt. *wulla,* anord. *ull,* ae. *wull,* afr. *wulle.* Dieses aus ig. **hwl̦nā f.* ꞋWolle' in heth. *hulana-,* ai. *ū́rṇā,* gr. *lēnos n.,* l. *lāna,* air. *olann (*hulənā),* kymr. *gwlân (*hwlənā),* lit. *vìlna,* akslav. *vlǐna;* weitere Herkunft unklar. Vielleicht zu dem in l. *vellere* Ꞌrupfen' bezeugten Verb, da Wolle in frühester Zeit nicht geschoren, sondern ausgerauft wurde. Es ist aber unsicher, ob das Verb für eine so frühe Zeit angesetzt werden kann und ob es ein anlautendes *h-* gehabt hat. Adjektive: **wollen, wollig.**

Nndl. *wol,* ne. *wool,* nschw. *ull,* nisl. *ull.* S. *Flanell, Wald.* – F. O. Lindeman *HS* 103 (1990), 22–24; Röhrich 3 (1992), 1744.

wollen *unr. V.* (< 8. Jh.). Mhd. *wollen, wellen,* ahd. *wellen* (frk. ab 9. Jh. auch *wollen*), as. *wellian, willian* aus dem Optativ-Paradigma der ig. Wurzel **wel-* Ꞌwollen, wünschen' mit starken Umwandlungen; z. T. ergibt sich das Paradigma eines schwachen Verbs **wel-ja-,* so auch in gt. *wiljan,* anord. *vilja,* ae. *willan,* afr. *willa.* Die sekundären Umgestaltungen erfolgen vor allem durch den Einfluß der Flexion der Präterito-Präsentien, nach denen ein schwaches Präteritum eingeführt wird (mit verschiedenen Ablautstufen: gt. *wilda,* anord. *vilda,* ae. *wolde,* afr. *welde,* as. *welda,* ahd. *wolta*). Die *a*-Stufe im Deutschen (*wellen* usw.) gehört wohl zu dem aus der gleichen Wurzel gebildeten Verb *wählen* (s. *Wahl*). Außergermanisch vergleicht sich ai. *vr̥ṇắti, vr̥ṇīté* Ꞌwählt, wünscht', l. *velle* Ꞌwollen', kymr. *gwell* Ꞌbesser' (?), lit. *pa-velmì* Ꞌwollen', akslav. *voliti* Ꞌwollen'; wohl auch erweitert in gr. *éldomai* Ꞌich sehne mich, verlange'.

Nndl. *willen,* ne. *will,* nschw. *vilja,* nisl. *vilja.* S. *Wahl, Wille, wohl*; zum Lateinischen *Volontär.* – Seebold (1970), 551 f.

Wollust *f. obs.* (< 11. Jh.). Mhd. *wollust,* ahd. *wollust m./f.,* mndd. *wollust.* Aus *wohl* und *Lust* gebildet, ursprünglich mit der Bedeutung ꞋWohlgefallen, Vergnügen'. Die Einschränkung auf den sexu-

ellen Bereich ist spät und regional nicht allgemein verbreitet. Nndl. *wellust.*

Wonne *f.* (< 9. Jh.). Mhd. *wonne, wünne, wunne,* ahd. *wunna, wunni-,* as. *wunni(a)* aus wg. **wunjō f.* ꞋLust, Freude', auch in ae. *wyn(n);* daneben mit Ablaut **wen-jō f.* gt. *winja* ꞋFutter, Weide', anord. *vin,* ahd. *winne* ꞋWeide'. Das deutsche Wort bedeutet auch eine Art Weide, nach Trier die ꞋLaubweide' (das frische Baumgrün, das von den Tieren besonders gern gefressen wird). Er verweist auf ai. *vánas-* ꞋLaubbüschel' und schließt auch l. *venus* ꞋLiebe, Reiz' in diesen Zusammenhang ein. Grundwort wäre das in *gewinnen* bezeugte Verb. Die Darlegungen sind an sich überzeugend, doch ist auffällig, daß heth. *wen-, went-* Ꞌbeschlafen' (falls zugehörig) schon früh eine Weiterentwicklung der übertragenen Bedeutung zeigen würde. Für das Substantiv wäre also auszugehen von ꞋLaubweide, junger Laubzweig', danach ꞋBegehren, Lust' (nach der Begierde, mit der die Tiere junges Laub fressen). Adjektiv: **wonnig.**

S. *Wonnemonat.* – Kuhberg (1933), 64; Trier (1963), 79–113; (1981), 170–179.

Wonnemonat *m. arch.* ꞋMai' (< 9. Jh.). Mhd. *wunnemānōt, winnemānōt,* ahd. *wunnimānōd, winnimānōd* ꞋWeidemonat', zu *Wonne* in der alten Bedeutung Ꞌ(Laub)Weide', später umgedeutet auf die moderne Bedeutung von *Wonne.*

Woog *m. per. reg.* Ꞌkleiner See' (< 20. Jh.). Dasselbe Wort wie *Woge.*

Worb *m. per. reg.* ꞋGriff am Sensenstiel' (< 11. Jh.). Mhd. *sēnsenworp,* ahd. *worb* ꞋSichelgriff'. Herkunft unklar; vielleicht zu dem unter *werben* beschriebenen Verb g. **hwerb-a- st V.* Ꞌsich wenden' (als ꞋKrümmung'? vgl. evtl. gr. *karpós* ꞋHandgelenk').

worfeln *sw V. per. fach.* ꞋGetreide mit der Worfschaufel von der Spreu reinigen' (< 15. Jh.). Älter *worfen,* das zu *werfen* gehört (aber wohl über eine substantivische Ableitung, vgl. ahd. *wintworfa* ꞋWorfschaufel').

Heyne (1899/1903), II, 58.

Wort *n.* (< 8. Jh.). Mhd. *wort,* ahd. *wort,* as. *word* aus g. **wurda- n.* ꞋWort', auch in gt. *waurd,* anord. *orð,* ae. *word,* afr. *word.* Dieses aus ig. (w./oeur.) **werdʰo- n.* ꞋWort', auch in l. *verbum,* apreuß. *wirds m.,* lit. *var̃das* ꞋName'. Offenbar alte Erweiterung einer Wurzel (ig.) **wer-* Ꞌsagen', die sonst in anderen Erweiterungen vorliegt, nämlich **werə/wrē-* in heth. *weriya-* Ꞌrufen, nennen, beauftragen', gr. *eirō* Ꞌich sage', gr. *eírētai, eíretai (Perf. Medium)* und mehrere Nominalbildungen. Adjektiv: **wörtlich.**

Nndl. *woord,* ne. *word,* nschw. *ord,* nisl. *orð.* S. *Antwort, Rhetorik* (gr.), *Verb* (l.). – Röhrich 3 (1992), 1744–1746.

Wört *m.* s. *Werder.*

Wrack *n.* (< 17. Jh.). Ursprünglich Seemannssprache, in hochdeutschen Texten seit dem 17. Jh. Ndd. nndl. *wrak* zu g. **wrek-a- st V.* ´verfolgen` (s. *rächen*); die Bedeutung vermitteln Bildungen wie anord. *rek* ´Treibholz` u.ä. Partikelableitung: **abwracken.**
S. *Brack, rächen.* – Schirmer (1911), 212; Heidermanns (1993), 692.

Wrasen *m. per. ndd.* ´Dampf, Dunst` (< 18. Jh.). Neben *Wasen*, das besser vergleichbar ist, vgl. nndl. *wassem, waas*, vielleicht ahd. *wasal n.*, *waso* ´feuchte Erde` (s. aber *Wasen*), dehnstufig ae. *wōs n.* ´Feuchtigkeit, Saft`. Herkunft und Lautstand unklar; Abgrenzung von *Wasen/Rasen* (mit ähnlichen Besonderheiten im Lautstand) unbestimmt.

wricken *sw V.*, auch **wriggen,´** *per. ndd.* ´ein Boot mit einem Heckruder vorwärtsstreiben` (< 18. Jh.). Ndd. *wrikken* bedeutet eigentlich ´hin- und herbewegen, losrütteln`. Hierzu ae. *wrigian* ´drehen, wenden`, entfernter anord. *riga* ´bewegen`. Außergermanisch kann entsprechen avest. *uruuaēs-* ´drehen, wenden` und weiter Abliegendes.
Kluge (1911), 842.

wringen *st V.* (< 17. Jh.). Niederdeutsche Form von *ringen*; mit spezieller Bedeutung in die Hochsprache gelangt.
S. *ringen.* – L. Schmidt: *Wringen – dweran – torquere* (Diss. Münster 1961); W. Mitzka *ZM* 34 (1967), 137–141; Seebold (1970), 570; W. Mitzka in *FS K. Bischoff.* Hrsg. G. Bellmann u. a. (Köln, Wien 1975), 180–189; Lühr (1988), 177–179.

Wruke *f.*, auch **Bruke** *f.* ´Kohlrübe`, *per. ondd.* (< 20. Jh.). Herkunft unklar, ebenso das Verhältnis zu poln. *brukiew.*
Das Wort ist wohl nicht slavisch. Vgl. Bielfeldt (1965), 34.

Wucher *m.* (< 8. Jh.). Mhd. *wuocher m./n.*, ahd. *wuohhar m./n.*, mndd. *woker, wuker* aus g. **wōkra- m.* ´Ertrag, Zins` (daraus später die heutige Bedeutung), auch in gt. *wokrs*, anord. *ókr n.*, ae. *wōcor f.*, afr. *wōker m./n.* Im Deutschen tritt auch die Bedeutung ´Nachkommenschaft` auf. Herkunft unklar. Der Bedeutung nach könnte das Wort an *wachsen* angeschlossen werden, doch liegt diese Annahme morphologisch nicht nahe (die Sippe von *wachsen* hat auch in den Nachbarsprachen fast immer die *s*-Erweiterung). Verb: **wuchern.** Nndl. *woeker.*

Wucht *f.* (< 17. Jh.). Übernommen aus ndd. *wucht*, das eine Nebenform zu *Gewicht*[1] ist.

wühlen *sw V.* (< 11. Jh.). Mhd. *wüelen*, ahd. *wuolen*, mndd. *wolen* aus vd. **wōl-ija- sw V.* ´wühlen`. Herkunft unklar; vielleicht zu *wallen*[1].

Wuhne *f. per. reg.* ´Loch im Eis` (< 15. Jh.). Herkunft unklar.
E. Lidén *MASO* 1 (1937), 119–124.

Wuhr *n. per. obd.* ´Wehr in Gewässern` (< 14. Jh.). Mhd. *wuor(e), wüer(e) m./f./n.* Zu *Wehr*[2].

Wülpe *f.* s. *Wolf*[1].

Wulst *m./f.* (< 12. Jh.). Mhd. *wulst m.*, *wulste f.*, ahd. *wulst m.*, *wulsta f.* Vermutlich als *(s)ti-* Abstraktum zu *wölben*, also auf **hwulf-sti-* zurückgehend. Adjektiv: **wulstig.**

wund *Adj.* (< 9. Jh.). Mhd. *wunt*, ahd. *wunt*, as. *wund* aus g. **wunda- Adj.* ´verwundet`, auch in gt. *wunds*, ae. *wund*. Hierzu das Femininum **Wunde,** mhd. *wunde*, ahd. *wunta*; auch in anord. *und*, ae. *wund*, afr. *wunde*. Herkunft unklar. Präfixableitung: **verwunden.**
Nndl. *wond*, ne. *wound*. – Cohen *CoE* 1,1 (1971), 2; Niederhellmann (1983), 247–256; Heidermanns (1993), 696 f.

Wunder *n.* (< 9. Jh.). Mhd. *wunder*, ahd. *wuntar*, as. *wundar* aus g. **wundra- n.*, auch in anord. *undr*, ae. *wundor*. Herkunft unklar. Vielleicht eine *ro*-Ableitung zu *winden*, vgl. l. *perplexus* ´verworren, unergründlich`, zu l. *plectere* ´(ineinander) flechten`. Die Bedeutungsentwicklung wäre dann von ´verworren, unergründlich` (von den Sachen) zu ´verwirrt` (von den Personen) gegangen und dann auf andere Objekte übertragen worden. Adjektive: **wunderbar, wunderlich;** Verb: **wundern.**
Nndl. *wonder*, ne. *wonder*, nschw. *under*. – H. Adolf *JEGPh* 46 (1947), 395–406; Röhrich 3 (1992), 1746.

Wunsch *m.* (< 8. Jh.). Mhd. *wunsch*, ahd. *wunsc(h)*, mndd. *wunsch*, mndl. *wonsch* aus g. **wunska-/-ō m./f.* ´Wunsch`, auch in anord. *ósk f.*, ae. *wūsc*. Hiervon abgeleitet *wünschen* (usw.), obwohl die Bildung des Substantivs ihrerseits auf eine verbale *sk*-Bildung zurückzugehen scheint (vgl. ai. *vā́ñchati* ´begehrt, wünscht`, ai. *vā́ñchā f.* ´Wunsch`). Dieses zu der Wurzel ig. *\*wenə-* ´erstreben, wünschen` (s. *gewinnen*).
S. *Wünschelrute.* – H.-J. Thiede: *Der Wortstamm 'Wunsch' im Althochdeutschen, Altenglischen, Altnordischen* (Diss. masch. Berlin 1955).

Wünschelrute *f.* (< **11. Jh., Form < 13. Jh.). Mhd. *wünschelruote, wünschelgerte*, ahd. *wunskiligarta.* Im Vorderglied steht eine Ableitung (Diminutiv) von *Wunsch*. Mit der *Wünschelrute* wurden ursprünglich verborgene Schätze entdeckt. Die Übertragung auf das Gerät zum Aufsuchen von Wasseradern erfolgte erst später.

wuppdich *Interj. erw. stil.* ´husch, geschwind` (< 18. Jh.). Das zugrundeliegende *wuppen* ist eine Variation zu *wippen* (im Sinn von ´sich schnell bewegen`).

Würde *f.* (< 8. Jh.). Mhd. *wirde, werde*, ahd. *wirda, wirdī, werdī.* Abstraktum zu *wert*, also eigentlich ´Wert, Wertsein`. Adjektiv: **würdig.**
C. Karstien *BGDSL* 48 (1924), 488–492; G. Schnoor: *Wirde – Wirdekeit* (Diss. masch. Göttingen 1962); *Grundbegriffe* 7 (1992), 637–677.

Würdenträger *m.* (< 19. Jh.). Gebildet als Ersatzwort für l. *dignitarius*, frz. *dignitaire* (zu l. *dīgnus* ´würdig´ über das Abstraktum l. *dīgnitās f.*).

Würfel *m.* (< 11. Jh.). Mhd. *würfel*, ahd. *wurfil*; entsprechend anord. *verpill* ´Würfel´ (um den unbequemen Anlaut zu vermeiden ist eine *a*-Stufe eingeführt worden). Als ´Mittel zum Werfen, besonders Spielstein´ Instrumentalbildung zu *werfen*. Verb: ***würfeln***.
Röhrich 3 (1992), 1747.

würgen *swV.* (< 8. Jh.). Mhd. *würgen*, ahd. *wurgen*, mndl. *wroegen*, *wrugen*; entsprechend ae. *wyrgan*. Daneben mhd. *erwergen stV.* ´erwürgen´, anord. *virgill*, *virgull*, as. *wurgil* ´Strick´. Außergermanisch vergleichen sich lit. *veřžti* ´zusammenschnüren´, akslav. *povrěsti* ´binden´. Weiteres ist unsicher. Die Wurzel (ig.) **wergʰ-* ist wohl eine Erweiterung zu **wer-* ´drehen, winden´ (s. *Wurm*). Präfigierung: ***erwürgen***; Partikelverb: ***abwürgen***.
S. *Wurm.* – J. Puhvel in: *FS Risch* (1986), 151–155; Lühr (1988), 177–179.

Würger *m. per. fach.* (eine Vogelart) (< 18. Jh.). Der Vogel spießt seine Beute an Dornbüschen auf; die Bezeichnung *Würger* in dem früher häufigen Sinn von ´Töter´.

Wurm *m.* (< 8. Jh.). Mhd. *wurm*, ahd. *wurm*, as. *wurm* aus g. **wurma- m.* ´Wurm´, auch in gt. *waurms*, anord. *ormr* ´Schlange´, ae. *wyrm* (*i*-Stamm), afr. *wirm*. Außergermanisch vergleicht sich l. *vermis* ´Wurm´, lit. *varmas* ´Insekt, Mücke´, aruss. *vermie* ´Insekten´, gr. *rhómos* ´Holzwurm´. Das deutsche Wort bedeutet (ndd.) auch ´Käfer´, wie in den östlichen Sprachen. Dieses weiter zu (ig.) **wer-* ´drehen´, das aber unerweitert kaum zu belegen ist; eine Erweiterung s. unter *werden*. Kollektivum: ***Gewürm***; Verb: ***wurmen***.
Nndl. *worm*, ne. *worm*, nschw. *orm*, nisl. *ormur*. S. *würgen.* – *Tiernamen* (1963–1968), 3 f.; Röhrich 3 (1992), 1747–1749.

wurmen *swV. stil.* (< 18. Jh.) in der Bedeutung ´ärgern´ *(es wurmt mich)*. Vermutlich ´wie ein Wurm an etwas nagen´ (vgl. *Gewissenswurm*); doch weist nndl. *wurmen*, westfäl. *wuarmen* ´sich quälen, abhärmen, schwer arbeiten´ eher auf eine Ausgangsbedeutung ´sich (wie ein Wurm) mühsam vorwärtsbringen, sich quälen´ hin.
Müller-Graupa *BGDSL-H* 79 (1957), 486–488.

Wurst *f.* (< 11. Jh.). Mhd. *wurst*, ahd. *wurst*, mndd. *worst*, mndl. *worst*. Herkunft unklar; am ehesten zu *wirren* (aus ig. **wers-*), so daß von ´Gemengsel o.ä.´ auszugehen wäre. Unklar ist auch die Redewendung *es ist mir wurst* ´gleichgültig´ (ursprünglich ein studentischer Ausdruck). Verb: ***wursteln***, Adjektiv: ***wurstig***.
Nndl. *worst.* – Röhrich 3 (1992), 1749–1751.

wursteln *swV. stil.* ´vor sich hinarbeiten´ (< 19. Jh.). Wohl nicht zu mndd. *worstelen*, mndl. *worste-*

len, ae. *wræstlian* ´ringen´; aber sonst ist die Herkunft unklar. Am ehesten zur Ausgangsbedeutung ´verwirren´, die für *Wurst* vorausgesetzt werden kann.

Wurstigkeit *f. erw. stil.* ´Gleichgültigkeit´ (< 19. Jh.). Zu *es ist mir wurst* (s. *Wurst*).

Wurt(e) *f. per. ndd.* ´aufgeworfener Hügel´ (< 19. Jh.). Mndd. *wurt*, *wort*, as. *wurth*, afr. *wurth m.* Weiter hierher wohl ae. *worð* ´Hof´. Herkunft unklar; vielleicht zu *Werder*.
Valtavuo (1957), 11–13.

Wurz *f. obs.* ´Kraut, Wurzel´ (< 8. Jh.). Mhd. *wurz(e)*, ahd. *wurz*, as. *wurt* aus g. **wurti- f.* ´Wurzel, Kraut´, auch in gt. *waurts*, anord. *urt*, ae. *wyrt* aus eur. **wr̥d-i-* ´Wurzel´ in l. *rādīx* (evtl. **wrād-*), kymr. *gwraidd*, air. *frén* (Vokalismus unklar), gr. *rhíza*; ferner alb. *rrënjë*, unklar toch. B *witsako*. Vielleicht als Hochstufe *(*wrāt-)* anord. *rót f.* Aus der gleichen Grundlage stammen Wörter für ´Zweig u.ä.´ (l. *rāmus m.*, gr. *rhádix* usw.), so daß die Grundbedeutung wohl ´Verzweigtes o.ä.´ sein wird.
Ne. *wort*, nschw. *ört*. S. *Gewürz*, *Würze*[1/2], *Wurzel.* – Wagner *BN* 19 (1984), 155–167.

Würze[1] *f.* ´Gewürz´ (< 14. Jh.). Mhd. *würz(e)*, as. *wurtia* neben nhd. *würzen*, mhd. *würzen*, *wurzen*, ahd. *wurzen*. Aus *Wurz* in der Bedeutung ´Küchenkraut´; vermutlich ist zunächst das Verb gebildet mit der Bedeutung ´mit Wurzen versehen´, daraus *Würze* rückgebildet – es kann aber auch eine Ableitung des Substantivs aus dem Substantiv vorliegen. Adjektiv: ***würzig***.
S. *Wurz*, *Würze*[2], *Wurzel.* – Lühr (1988), 177–179.

Würze[2] *f. per. fach.* ´Bierwürze´ (< 11. Jh.). Mhd. *wirz*, ahd. *wirz n./f.*; mit gleichem Lautstand anord. *virtr n.*, während entsprechendes ae. *wyrt* zu *Würze*[1] angeglichen ist (wie auch später das deutsche Wort). Vorauszusetzen ist g. **wertez-* (oder *-i-*) *n.* ´Bierwürze, Metwürze´. Falls dieses ursprünglich zu *Wurz* und *Würze*[1] gehört, ist wohl eine Vriddhi-Bildung anzusetzen, da die vorauszusetzende Grundlage sonst nirgends eine solche Hochstufe zeigt. Der *s*-Stamm ist dabei zwar auffällig, hätte aber eine Parallele in der Vriddhi-Bildung gt. *þewisa*. S. *Wurz*, *Würze*[1], *Wurzel.*

Wurzel *f.* (< 9. Jh.). Mhd. *wurzel*, ahd. *wurzala*, mndd. *wortel*, mndl. *wortele*. Wie die Entsprechung ae. *wyrt-wala m.* zeigt, liegt ein Kompositum vor aus *Wurz* und der Entsprechung zu gt. *walus*, anord. *vǫlr m.* ´Stab´. Offenbar wurde so zunächst eine Pfahlwurzel bezeichnet und dann die Bedeutung verallgemeinert. Verb: ***wurzeln***. Nndl. *wortel.* S. *Wurz*, *Würze*[1/2].

Wuschelkopf *m.* und Entsprechendes (**wuscheln** *swV.*, **wuschelig** *Adj.* u.ä.) *erw. stil.* (< 18. Jh.). Expressivbildung (z. T. mit stimmhaftem *sch* gesprochen). Vielleicht Abwandlung zu *wischen* (s. *Wisch*) oder *wutschen*.

wuseln *sw V. stil.* ʿwimmelnʾ (< 17. Jh.). Herkunft dunkel, wohl Lautgebärde.

Wust *m. stil.* ʿDurcheinanderʾ (< 14. Jh.). Spmhd. *wuost* ʿVerwüstung, Schuttʾ. Rückbildung zu *wüst*.

wüst *Adj.* (< 9. Jh.). Mhd. *wüeste, wuoste,* ahd. *wuosti,* as. *wōsti* aus wg. **wōsti- Adj.* ʿunbebaut, leer, öde, unschönʾ, auch in ae. *wēste.* Außergermanisch entsprechen l. *vāstus,* air. *fás* ʿwüstʾ; weitere Herkunft unklar. Zu dem Adjektiv als Abstraktum *Wüste,* mhd. *wüeste, wuoste,* ahd. *wuostī*; daneben mhd. *wüesten, wuosten,* ahd. *wuostinna,* as. *wōstunnia,* ae. *wēsten.* Präfixableitung: ***verwüsten.***

Nndl. *woest.* − W. Mentrup: *Studien zum deutschen Wort* ʿ*Wüste*ʾ (Diss. masch. Münster 1963); Heidermanns (1993), 688.

Wüstling *m.* (< 16. Jh.). Zu *wüst* in der übertragenen Bedeutung ʿsittlich verkommenʾ.

Wut *f.* (< 9. Jh.). Mhd. *wuot,* ahd. *wuot*; in der Bedeutung abweichend ae. *wōþ* ʿStimme, Gesangʾ, anord. *óðr m.* ʿLeidenschaft, Dichtungʾ. Substantivierungen zu g. **wōda- Adj.* ʿbesessen, erregtʾ in gt. *wods,* anord. *ōðr,* ae. *wōd,* ahd. *wuot.* Außergermanisch vergleichen sich l. *vātēs m./f.* ʿSeher, Sängerʾ (aus dem Keltischen entlehnt?), air. *fáith, fáid m.* ʿDichterʾ. Zu ig. **wat-* ʿanblasen, anfachenʾ, übertragen ʿinspirierenʾ in ai. *vátati*; die westlichen Wörter sind Dehnstufen zu diesem. Zu dieser Sippe gehört auch der Göttername *Wotan* (als ʿder Inspirierteʾ).

Szemerényi (1989), 125−128; Röhrich 3 (1992), 1751; Heidermanns (1993), 685 f.

Wutkraut *n.* s. *Gauchheil.*

wutschen *sw V. per. reg.* ʿsich schnell davonbewegenʾ (< 18. Jh.). Lautgebärde wie *witschen.*

Wutz *f. per. reg.* ʿSchwein, Ferkelʾ (< 18. Jh.). Lautnachahmung.

X

X[1] *n.* (17. Jh.). Symbol für eine unbekannte Größe. So wurde das Abkürzungszeichen für eine unbekannte Größe gelesen, das in Wirklichkeit *co* wiedergeben sollte. Dieses für it. *cosa f.* 'Sache, etwas', mit dem italienische Mathematiker die unbekannte Größe bezeichneten, nach dem Vorbild von arab. *šai'* 'Sache, Etwas, unbekannte Größe'. In die Umgangssprache gedrungen ist *x-mal, x-beliebig, zum x-ten Mal* u.ä.

X[2] *n. phras.* (< 15. Jh.). Anderer Herkunft ist *ein X für ein U vormachen*; hier beziehen sich die Buchstaben auf die lateinischen Zahlzeichen ($X = 10$, $V = 5$). Wenn die Striche des V nach unten verlängert wurden, entstand daraus ein X und damit gegebenenfalls die doppelte Summe (etwa bei der Zeche). Röhrich 3 (1992), 1752.

Xanthippe *f. bildg.* 'streitsüchtige Ehefrau' (< 16. Jh.). Nach gr. *Xanthíppē*, dem Namen der Frau von Sokrates, die in der griechischen Literatur als besonders streitsüchtig beschrieben wird. DF 6 (1983), 302 f.; Röhrich 3 (1992), 1753.

X-Beine *Pl.* (< 20. Jh.). So bezeichnet nach der Form des Buchstabens X (im Gegensatz zu *O-Beinen*, nach der Form des Buchstabens *O*).

X-Strahlen *Pl. per. fach.* 'Röntgenstrahlen' (< 19. Jh.). Im Deutschen heute veraltet, aber ne. *X-rays.* Röntgen benannte so die von ihm gefundenen Strahlen, weil er sie sich nicht erklären konnte (also mit $X = $ 'unbekannte Größe'). Im Deutschen dafür schon seit der ersten Demonstrationssitzung *Röntgenstrahlen.*

Xylophon *n. erw. fach.* (ein Musikinstrument, bei dem eine Reihe von Holzstäben zur Tonerzeugung verwendet werden) (< 20. Jh.). Neubildung zu gr. *xýlon* 'Holz' und gr. *phōnḗ f.* 'Klang, Stimme'. S. *Phonetik.* Cottez (1980), 456.

Y

Yankee *m. erw. exot.* 'US-Amerikaner' (< 18. Jh.). Entlehnt aus ne. *yankee* 'Bewohner der amerikanischen Nordstaaten', dieses wohl zu ndl. *Janke, Jantje,* einem Diminutiv zu ndl. *Jan.* Ursprünglich wohl Spitzname für die niederländischen Bewohner der Neuenglandstaaten, dann verallgemeinert auf die Bewohner der Nordstaaten. DF 6 (1983), 305–308; Rey-Debove/Gagnon (1988), 1111 f.

Yoga *m./n.*, auch **Joga** *m./n., erw. fach.* (eine philosophische Lehre mit bestimmten körperlichen Übungen usw.) (< 20. Jh.). Entlehnt aus ai. *yóga-m.* 'Meditation', ursprünglich 'Anschirrung, Unternehmung', so wie ai. *yunákti* 'anschirren' auch 'meditieren' bedeutet. S. *Joch.* DF 6 (1983), 308 f.

Yoghurt *m./n.* s. *Joghurt.*

Yuppie *m. per. fremd.* 'Junge erfolgreiche Leute ohne Kinder zwischen 25 und 45' (< 20. Jh.). Amerikanische Kürzung aus *young urban professional.* M. G. Porter, I. W. Russell *ASp* 60 (1985), 69; F. R. Shapiro *ASp* 61 (1986), 139–146.

Z

zach *Adj. per. reg.* (< 15. Jh.). 1) Variante zu *zäh* im Oberdeutschen; zum Lautlichen vgl. *nah* und *nach*. 2) ´furchtsam´ im Norddeutschen; Variante zu *zag* mit spirantischer Aussprache des *g*.

Zack *m. stil. phras.* (in *auf Zack* ´in Ordnung, in bestem Zustand, auf Draht´) (< 20. Jh.). Rückbildung aus *zackig* (s. *Zacken*), vermutlich zunächst in der Soldatensprache.

Zacken *m.*, auch **Zacke** *f.* (< 13. Jh.). Mhd. *zacke f./m.(?)*, mndd. *tack(e)*, mndl. *tac(ke)*. Herkunft unklar. Die Ableitung *zackig* ´schneidig´ stammt aus der Soldatensprache des 20. Jhs. Nndl. *tak*. S. auch *Takel, Zack, zickzack*.

zackern *swV. per. reg.* ´pflügen´ (< 15. Jh.). Eigentlich *z(u) acker (gehen)*.

Zadder *m. per. reg.* ´Fleischsehne´ (< 20. Jh.). Wohl zu *Zotte*[1].

zag *Adj. per. reg.* (< 9. Jh.). Mhd. *zage*, ahd. *zag*. Rückbildung aus *zagen*.

I. Rosengren: *Milti* (Lund 1968).

Zagel *m. per. reg.* ´Schwanz´ (< 11. Jh.). Mhd. *zagel*, ahd. *zagal*, mndd. *tagel* ´Endstück eines Taus´ aus g. **tagla- m./n.* ´Schwanz, Haar´, auch in gt. *tagl n.* ´Haar´, anord. *tagl n.* ´Pferdeschwanz´, ae. *tægl* ´Schwanz´. Außergermanisch entspricht air. *dáal* ´Locke´ und mit anderem Suffix ai. *daśā f.* ´Franse´. Vielleicht weiter zu gt. *tahjan* ´zerren´.

Ne. *tail*, nschw. *tagel*, nisl. *tagl*. S. auch *Cocktail, Haar*[1].

zagen *swV. stil.* (< 9. Jh.). Mhd. *(ver)zagen*, ahd. *(ir)zagēn*. Herkunft unklar. Vielleicht mit reduziertem Präfix *at* zu (ig.) **agʰ-* ´fürchten´ (gt. *agis* ´Furcht´, gt. *og Prät.-Präs.* ´ich fürchte´, ahd. *egiso* ´Furcht´, gr. *áchthomai* ´ich bin betrübt´ u. a.). Präfigierung: **verzagen**; Adjektiv: **zaghaft**.

S. *zag*. – F. Kluge *ZVS* 26 (1881), 69; Heidermanns (1993), 587.

zäh *Adj.* (< 9. Jh.). Mhd. *zæh(e)*, ahd. *zāh*, mndd. *tē(ge)*, mndl. *taey* aus wg. **tāhu-*, älter **tanhu-*, auch in ae. *tōh*. Hierzu vielleicht mit grammatischem Wechsel as. *bitengi* ´drückend´, ae. *getenge* ´nahe befindlich, verwandt´. Herkunft unklar. Nach Foerste ist heranzuziehen nnorw. *tåg* und das entlehnte finn. *tanhua* ´Pferch´, wonach der schmierig-zähe Boden in einem Pferch zunächst so bezeichnet worden wäre. Abstraktum: **Zähigkeit**.

Nndl. *taai*, ne. *tough*. S. *zach*. – W. Foerste *SG* 16 (1963), 424; Lühr (1988), 170; Heidermanns (1993), 590–592.

Zahl *f.* (< 8. Jh.). Mhd. *zal(e)*, ahd. *zal(a)*, as. *tala* aus g. **tala-/ō n./f.* ´Zahl´, auch in anord. *tal n.* ´Zahl, Erzählung´, ae. *talu f.* ´Erzählung´. Vermutlich zu dem in l. *dolāre* ´behauen´ vorliegenden Verb mit der speziellen Bedeutung ´einkerben´. Die Ausgangsbedeutung wäre dann ´Kerbe´ gewesen und von dort aus (da mit Kerbhölzern gezählt und berechnet wurde) ´Zahl´ (und weiter über ´Reihe´). Verben: **zahlen, zählen**.

Nndl. *taal* ´Sprache´, ne. *tale*, nisl. *tal*. S. *Zaspel, Zelge, Zoll*[1].

zahlen *swV.* (< 11. Jh.). Mhd. *zal(e)n*, ahd. *zalōn*, as. *talon*. Denominative Bildung zu *Zahl*, die seit dem 17. Jh. auf ´eine Schuld begleichen´ (´aufrechnen, Geldstücke hinzählen´) spezialisiert ist. Abstraktum: **Zahlung**; Adjektiv: **zahlbar**; Präfigierung: **bezahlen**.

zählen *swV.* (< 8. Jh.). Mhd. *zel(e)n, zellen*, ahd. *zellen*, as. *tellian*, ae. *tellan*, anord. *telja* aus g. **talija-* ´zählen´. Ableitung von *Zahl*. Präfigierung: **erzählen**; Abstraktum: **Zählung**.

Nndl. *tellen*, ne. *tell*, nisl. *telja*. – Cohen *CoE* 1,1 (1971), 2.

zahm *Adj.* (< 9. Jh.). Mhd. *zam*, ahd. *zam*, mndd. *tam*, mndl. *tam* aus g. **tama- Adj.* ´zahm´, auch in anord. *tamr*, ae. *tam*, afr. *tam, tom*. Aus der gleichen Wurzel wie *zähmen*, mhd. *zem(m)en*, ahd. *zemmen*, mndd. *temmen*, mndl. *tem(m)en* aus g. **tamija- swV.* ´zähmen´, auch in gt. *gatamjan*, anord. *temja*, ae. *temian*, afr. *temia*. Diesem entspricht ai. *damāyáti* ´bändigt´, gr. *dámnēmi* ´ich bezwinge´, l. *domāre* ´bezwingen´, air. *damnaid* ´bindet fest´ aus ig. **domə-/dmə-*. Die Wurzel ist dieselbe wie die von *Zimmer* usw., so daß von einer Grundbedeutung ´fügen´ – ´gefügig machen´ (oder ´an das Haus gewöhnen´?) auszugehen ist.

Nndl. *tam*, ne. *tame*, nschw. *tam*, nisl. *tamja (taminn)*. S. *Dompteur, Zimmer*. – I. Rosengren: *Milti* (Lund 1968); Benveniste (1969/1993), 242 f.; Heidermanns (1993), 589 f. Zur Entlehnung ins Finnische s. J. Koivulehto *Mémoires de la Société Finno-ougrienne* 185 (1983), 147–149.

Zahn *m.* (< 8. Jh.). Mhd. *zan*, ahd. *zan*, auch *zand, zant*, as. *tand* aus g. **tanþ- m.* ´Zahn´, für das wegen der gotischen Form Ablaut vorauszusetzen ist. Vgl. anord. *tǫnn f.*, ae. *tōþ*, afr. *tōth* und andererseits gt. *tunþus*. Die Schwundstufe auch in ae. *tusc* ´Fangzahn´. Voraus liegt ig. **dont-* mit starkem Ablaut in ai. *dán*, gr. *odṓn*, l. *dēns*, air. *dét n.*; kymr. *dant*, lit. *dantìs* und russ. *desnà* f. ˈZahnfleischˈ. Das Wort ist mit einiger Sicherheit ein Partizip zu ig. **ed-* ˈessenˈ, so daß für dieses eine Ausgangsbedeutung ˈbeißenˈ und für *Zahn* ˈBeißenderˈ vorauszusetzen ist. Verb: *(ver-) zahnen*.

Nndl. *tand*, ne. *tooth*, nschw. *tand*, nisl. *tönn*. S. *zanken*, *Zinne*; zur lateinischen Verwandtschaft *Dental*, *Dentist*. – R. Lühr *MSS* 38 (1979), 123–129.

Zähre f. *obs.* ˈTräneˈ (< 8. Jh.). Nach dem Plural umgeformt aus mhd. *zaher*, *zeher* m., ahd. *zahar* m. aus g. **tahru-* m. ˈTräneˈ, auch in anord. *tár* n., ae. *tēar*, *tæhher* m., afr. *tār* m./n.; mit grammatischem Wechsel gt. *tagr* n., ae. *teagor* n. Dieses aus ig. **dáḱru-* ˈTräneˈ, auch in gr. (poet.) *dákry* n., l. *lacrima*, *lacruma* (älter *dacrima*, *dacruma*), air. *dér* n., kymr. *deigr(yn)*. Mit abweichendem Anlaut daneben ai. *áśru* n., toch. A *ākär*, toch. B *(Pl.) akrūna*, lit. *ãšara*; wieder anders (und unklar) heth. *išhahru-* n. ˈTränenstromˈ. Die Unsicherheit im Lautstand verbietet weitere Analysen.

Ne. *tear*, nschw. *tår*, nisl. *tár*. S. *Träne*. – E. P. Hamp *BGDSL-T* 81 (1959), 263–266; A. Giacolone-Ramat *AGI* 49 (1964), 118–126; H. Glombik-Hujer *DWEB* 5 (1968), 54 f.

Zaine f. *per. reg.* ˈKorbˈ (< 9. Jh.). Mhd. *zeine* f./m., ahd. *zeinn(a)* aus g. **tainjōn* f. ˈKorbˈ, auch in gt. *tainjo*; vgl. ae. *tænel* m. ˈKorbˈ, anord. *teina* ˈKorb, Fischreuseˈ. Das Grundwort ist offensichtlich g. **taina-* m. ˈGerteˈ, ig. *tains* ˈZweigˈ, anord. *teinn* m., ae. *tān*, mhd. *zein* m./n. Ausgangsbedeutung also ˈdas aus Gerten Gemachteˈ.

S. *Zinn*. – Kluge (1926), 43 f.

Zander m., auch **Sander** m., *erw. fach.* (ein Flußfisch) (< 16. Jh.). Älter mndd. *sandāt(e)*, in Westpreußen *czandas, czandis*. Vielleicht aus dem Slavischen entlehnt, vgl. obsorb. *sandak*.

Ö. Beke *IF* 52 (1934), 138; Bielfeldt (1965) 36 f.

Zange f. (< 8. Jh.). Mhd. *zange*, ahd. *zanga*, as. *tanga* aus g. **tangō* f. ˈZangeˈ, auch in anord. *tǫng*, ae. *tang(e)*, afr. *tange*. Außergermanisch vergleicht sich zunächst alb. *danë* ˈZangeˈ; Instrumentalbildung zu ig. **denḱ-* ˈbeißenˈ in gr. *dáknō* ˈich beiße, stecheˈ, ai. *dáśati* ˈbeißtˈ; also ˈBeißende, Werkzeug zum Beißenˈ. Nndl. *tang*, ne. *tongs*, nschw. *tång*, nisl. *töng*. S. *zanger*.

zanger Adj. *per. reg.* ˈscharfˈ (< 9. Jh.). Mhd. *zanger*, ahd. *zangar*, mndd. *tanger*, mndl. *tanger* ˈklugˈ aus vd. **tangra-* Adj. ˈbeißend, scharfˈ; Adjektivbildung zu der unter *Zange* behandelten Wurzel für ˈbeißenˈ.

Kluge (1926), 96; Heidermanns (1993), 591.

Zankapfel m. *bildg.* (< 16. Jh.). Anspielung auf den goldenen Apfel mit der Aufschrift ˈder Schönstenˈ, den die zurückgesetzte Eris (Göttin der Zwietracht) zwischen Hera, Athene und Aphrodite rollte, worauf diese in Streit gerieten. Der Streit wurde von Paris entschieden; aber die Entscheidung hatte den Trojanischen Krieg zur Folge.

zanken *swV.* (< 14. Jh.). Gehört wohl zu ahd. *zizanihhōn* ˈzerreißenˈ und ist damit eine Ableitung von *Zahn*. Gemeint ist mit dem Wort wohl ursprünglich das mit den Zähnen nach verschiedenen Seiten Zerren von Hunden. Abstrakta: *Zank*, *Gezänk*; Adjektiv: *zänkisch*.

S. *Zahn*. – Bahder (1925), 124.

Zapfen m. *erw. reg.* (< 11. Jh.). Mhd. *zapfe*, ahd. *zapfo*, mndd. *tappe*, mndl. *tappe* aus wg. **tappōn* m. ˈZapfenˈ, auch in ae. *tæppa*. Herkunft unklar; vielleicht ist *Zipfel* verwandt. Verb: *(an-)zapfen*; Diminutiv: *Zäpfchen*.

Nndl. *tap*, ne. *tap*. S. *Tampon*, *Zapfenstreich*, *Zopf*. – J. P. Ponten: *Obturamentum lagenae* (Marburg 1969), 131–135.

Zapfenstreich m. *erw. fach.* (< 17. Jh.). Ursprünglich das Signal, abends die Zapfen der Bierfässer aufzusetzen, d. h. mit dem Trinken aufzuhören. Die Sitte soll von Wallenstein eingeführt worden sein. Gebräuchlich sind für diesen Vorgang auch Wendungen wie *den Zapfen schlagen*, ndd. *den tappen tōslān* gewesen, entsprechend (wohl ursprünglich als Ausruf) ndd. *taptō*, nndl. *taptoe* (woraus ne. *tattoo*); doch ist im hochdeutschen Bereich schon früh *Zapfenstreich* das übliche Wort (eigentlich *Streich* = ˈSchlag auf den Zapfenˈ). Das Wort bleibt, als das Signal zur Rückkehr in die Unterkunft nicht mehr den konkreten Sinn hat und bezeichnet heute auch eine militärische Musikdarbietung ohne Funktion eines Signals.

zappeln *swV.* (< 15. Jh.). Älter ist die ungeminierte Form mhd. *zabel(e)n*, *zap(pe)l(e)n*, ahd. *zabalōn*. Herkunft unklar. Adjektiv: *zappelig*.

zappenduster Adj. *stil.* ˈganz dunkel, ganz ausˈ (< 19. Jh.). Vermutlich aus dem Rotwelschen, vgl. rotw. *zofon*, wjidd. *zophon* ˈMitternachtˈ, also ˈdunkel wie um Mitternachtˈ.

Zarge f. *per. fach.* ˈSeiteneinfassungˈ (< 11. Jh.). Mhd. *zarge*, ahd. *zarga*, ndd. *targe*. Mit der Bedeutung ˈSchildˈ vergleichen sich g. **targō* f. anord. *targa*, ae. *targa* m., *targe*. Außergermanisch vergleicht sich akslav. *po-dragŭ* m. ˈRandˈ; die Grundlage ist wohl in einer Entsprechung von gr. *drássomai* ˈich fasse, ergreifeˈ zu sehen. S. *Drachme*, *Tartsche*.

zart Adj. (< 9. Jh.). Mhd. *zart*, ahd. *zart*; mndd. in *tertel* ˈverzärtelt, feinˈ. Herkunft unklar. Adjektiv: *zärtlich*; Präfixableitung: *verzärteln*.

Heidermanns (1993), 592 f.

Zärte f. *per. ondd. omd.* (ein Speisefisch) (< 13. Jh.). Mndd. *serte*, *zerte*. Entlehnt aus russ. *syrt'* gleicher Bedeutung. Dessen weitere Herkunft ist unklar.

H. H. Bielfeldt *ZS* 10 (1965), 527−529.

Zärter *m.*, **Zarter** *m.*, **Zerter** *m.* s. *Ehezärter*.

Zaser *f. per. reg.* ´Faser´ (< 16. Jh.). Umgebildet aus älterem *zasel, zasem* nach dem Vorbild von *Faser*. Wohl zu ndd. *tasen* ´pflücken´, schw. (dial.) *tasa* ´Wolle zupfen´. Weitere Herkunft unsicher.

Zaspel *f. per. reg.* ´Strang, Garn´ (< 14. Jh.). Spmhd. *zalspil(le)* aus *Zahl* im Sinne von ´Garnmaß´ und *Spille*, einer Variante von *Spindel*; also eigentlich ´eine Spindel voll Garn (von einer bestimmten Menge)´. Neben dem dissimilatorischen Schwund des ersten *l* steht auch die dissimilatorische Verschiebung zu omd. *zanspel*, ndd. *tanspel*.

Zaster *m. vulg.* ´Geld´ (< 20. Jh.). Eine in Berlin aufgekommene gaunersprachliche Bedeutungsübertragung aus romani *sáster* ´Eisen´.

Zäsur *f. erw. fremd.* ´Einschnitt´ (< 17. Jh.). Entlehnt aus l. *caesūra*, eigentlich ´Hauen, Fällen´, zu l. *caedere (caesum)* ´hauen, schlagen´.
S. *dezidiert*. − *DF* 6 (1983), 312 f.

Zauber *m.* (< 8. Jh.). Mhd. *zouber m./n.*, ahd. *zoubar*, mndd. *tover, tober*, mndl. *tover* aus g. *taubrá- m.* ´Zauber´, auch in anord. *taufr* Pl. Ae. *tēafor n.* bedeutet ´Rötel´, was damit zusammenhängen kann, daß Runen häufig eingefärbt wurden − ob die altenglische Bedeutung aber ursprünglicher oder sekundär ist, läßt sich nicht erkennen. Herkunft unklar. Verb: *zaubern*.
M. Förster *Anglia Beiblatt* 34 (1923), 100−104; H. Wesche: *Der ahd. Wortschatz im Gebiet des Zaubers und der Weissagung* (Halle 1940), 5−17; Niederhellmann (1983), 92−119; A. Poruciuc *Mankind Quarterly* 30 (1990), 205−224.

zaudern *sw V. stil.* (< 16. Jh.). Herkunft unklar; vielleicht zu mndd. *toven, tuven* ´warten, dauern´, dessen Herkunft ebenfalls unklar ist. Nomen agentis: *Zauderer*.

zauen *sw V. arch.* ´vonstatten gehen´ (< 9. Jh.). Mhd. *zo(u)wen, zawen*, ahd. *zawēn* ´gelingen´ neben *zowēn* ´bereiten´, as. *tōgian* ´machen´ aus g. *taw-ija- sw V.* ´machen´, auch in gt. *taujan*, anord. *tœja*; abweichend von diesen gebildet ist ae. *tawian* ´bereiten´. Herkunft unklar.
S. auch *Gezähe, Zeug*. − L. Berthold in: *FS Helm* (1951), 242.

Zaum *m.* (< 8. Jh.). Mhd. *zoum*, ahd. *zoum*, as. *tōm* aus g. *tauma- m.* ´Zaum´, auch in anord. *taumr*, ae. *tēam*, afr. *tām*; wohl aus *taug-ma-* und damit Ableitung von *ziehen*, aber wohl nicht in dessen normaler Bedeutung, sonder in der unter *zeugen²* behandelten Bedeutung ´hervorbringen, verfertigen´. Die Bedeutung wäre dann ´Ausrüstung, Geschirr´ (gezogen wird nicht am Zaum, sondern am Zügel). Dazu würde stimmen die Bedeutung

´Nachkommenschaft´ bei ae. *tēam* ´Tiergespann´ (ne. *team* ´Mannschaft´), afr. *tām*. Verb: *zäumen*. Nndl. *toom*, ne. *team*, nisl. *taumur*. S. *Team*.

Zaun *m.* (< 8. Jh.). Mhd. *zūn, zoun*, ahd. *zūn*, as. *tūn* aus g. *tūna- m.* ´Zaun´, auch in anord. *tún n.*, ae. *tūn*, afr. *tūn*. Im Nordischen und Englischen entwickelt sich die Bedeutung weiter zu ´eingeheegter Platz´, so daß sich ne. *town* ´Stadt´ ergibt. Herkunft unklar; vermutlich gehört das Element *-dunum* in keltischen Ortsnamen zur gleichen Quelle; dieses zu air. *dún n.* ´Burg, befestigte Stadt´, kymr. *din* ´Burg´. Verb: *(ein-) zäunen*.
Nndl. *tuin*, ne. *town*, nisl. *tún*. − J. Trier *BGDSL* 66 (1942), 232−264; U. Scheuermann *NJ* 92 (1969), 102.

Zaunkönig *m. erw. fach.* (ein Vogel) (< 15. Jh.). Der Name ist vermutlich kontaminiert aus dem Namentyp *Zaunschlüpfer, Zaunschnurz, Zaunrieger* und der Lehnübersetzung ahd. *kuning(i)līn, kuniglī n.* ´Königlein´ nach l. *rēgulus*. Dort heißt der Vogel wohl wegen seines auffälligen Kopfschmucks so; die Sage von der Königswahl der Vögel ist wohl erst aus dem Namen herausgesponnen (könnte diesem allerdings auch zugrunde liegen): Als es darum ging, welcher Vogel am höchsten fliegen konnte, verbarg sich der Zaunkönig im Gefieder des Adlers und flog anschließend noch höher als dieser.

zausen *sw V.* (< 10. Jh.). Mhd. *-zusen*, ahd. *zirzūsōn*, mndd. *tōsen*; entsprechend me. *tousen*, ofr. *tūsen*; dazu mhd. *zūsach* ´Gestrüpp´. Außergermanisch können entsprechen l. *dūmus* ´Gestrüpp´ (aus *dus-mo-*) und vielleicht air. *dosach* ´Busch´. Weitere Herkunft unklar. S. *züsseln, zeisen*.

Zebra *n.* (< 17. Jh.). Die Formen der europäischen Sprachen gehen letztlich auf span. *enzebra* zurück, das ´wilder Esel´ bedeutet (aus spl. *e(n)-kiferus* = l. *equi-ferus* ´wildes Pferd´). Wohl über port. *zebro* auf das afrikanische Tier übertragen.
Littmann (1924), 139; R. Loewe *ZVS* 61 (1933), 114−119; A. Santos: *Zebro ´onagro´* (Madrid 1947); K. Baldinger *ZRPh* 71 (1955), 315.

Zeche *f.* (< 9. Jh.). Mhd. *zech(e)*, mndd. *teche*; hierzu ahd. *gizehōn* ´anordnen´, ahd. *gizeh* ´geordnet´; weiter ae. *teoh(h)* ´Gesellschaft´, anord. *té n.* ´Erlaubnis, Bestimmung´. Die Herkunft der Wortsippe ist unklar. Semantisch ist am ältesten ´Reihenfolge, Umlage´ bei gemeinsamen Unternehmungen. Daraus einerseits *Zeche* als alte Bezeichnung von Genossenschaften. Die seit dem 13. Jh. bezeugte Bedeutung ´Bergwerk, Grube´ meint das Eigentum einer solchen (Bergwerks)-Genossenschaft. Die *Zeche* im Wirtshaus ist ursprünglich die Umlage, das gemeinsam aufgebrachte Geld für Essen und Trinken. Hierzu auch *zechen* ´gemeinsam (essen und) trinken´ mit *Zecher* und *bezecht*.
Bahder (1925), 90 f.; D. Hofmann *NW* 13 (1973), 1−17.

Zeck *m. per. städt.* (das Kinderspiel ´Haschen´) (< 18. Jh.). Zu mhd. *zic* ´leichter Schlag´, mhd. *zek-*

ken 'einen leichten Schlag geben', ndd. *ticken*, ne. *tick* 'leichter Schlag'. Wohl Lautbild.

Zecke f. (< 11. Jh.). Mhd. *zeche, zecke m./f. (?)*, ahd. *zehho, zeck(o) m.*, mndd. *teke*, mndl. *teke* aus wg. **tekkōn m./f.*, auch in ae. *ticcia*. Außergermanisch vergleicht sich arm. *tiz* 'Wanze' und vielleicht mir. *dega* 'Hirschkäfer'. Die Bedeutung müßte etwa 'Zwicker, Stecher o.ä.' gewesen sein.

Nndl. *teek*, ne. *tick*. – Th. Schumacher: *Studien zur Bedeutungsgeographie deutschmundartlicher Insektennamen* (Gießen 1955), 26–28.

Zeder f. erw. fach. (< 9. Jh.). Mhd. *zeder, cēder m.*, ahd. *zēdarboum, cēderboum m.* Entlehnt aus l. *cedrus*, das aus gr. *kédros* stammt, dessen weitere Herkunft nicht geklärt ist. Das maskuline Genus im Mittelhochdeutschen ist eine Nachwirkung des Kompositums *Zederbaum*.

Zehe f. (< 9. Jh.). Mhd. *zēhe*, ahd. *zēha*, mndd. *tē(n), tōn*, mndl. *tee* aus g. **taihō(n) f.* 'Zehe', auch in anord. *tá*, ae. *tā(he)*, afr. *tāne*. Daneben stehen Formen, die auf **taiwō(n)* weisen: hd. (dial.) *zēwe, zēbe*, mndd. *tēwe*, so daß sich ein Ansatz **taihwō(n)* mit grammatischem Wechsel nahelegt. Da Zehen häufig gleich wie Finger benannt werden und Finger als 'Mittel zum Zeigen' benannt sein können, ist es denkbar, das Wort an *zeigen* und *zeihen* anzuschließen (vgl. l. *digitus m.* 'Finger' zu der gleichen Grundlage). Nndl. *teen*, ne. *toe*, nschw. *tå*, nisl. *tá*.

zehn Num. (< 8. Jh.). Mhd. *zehen, zēn*, ahd. *zehan*, as. *tehan* aus g. **tehun* 'zehn', auch in gt. *taihun*, anord. *tíu*, ae. *tī(e)n*, *tiān, tēne, tīne*. Dieses aus ig. **dekm*, auch in ai. *dáśa*, toch. A *śäk*, toch. B *śak*, gr. *déka*, l. *decem*, air. *deich*, lit. *dešimtìs*, akslav. *desętī*. Weitere Herkunft unklar – man könnte zwar ein erstes Element ***de-* ablösen und dieses mit dem Zahlwort 'zwei' zu verbinden suchen; der Rest müßte dann etwa ein Wort für 'Hand' sein ('zwei Hände'); doch kommt das germanische Wort für Hand wegen seiner Vereinzelung für einen solchen Vergleich nicht in Frage. Das Ordinale *zehnt*, mhd. *zehende, zehent(e)*, *zēnde*, ahd. *zehanto, zēndo* steht in substantivierter Form auch für 'der zehnte Teil', besonders als 'Abgabe vom zehnten Teil des Einkommens oder Vermögens'.

Nndl. *tien*, ne. *ten*, nschw. *tio*, nisl. *tíu*. S. *deka-, Dezember.* – A. Jensen *ZVPh* 6 (1952), 50–57; K. Shields *Diachronica* 2 (1985), 193; J. D. Bengtson *Diachronica* 4 (1987), 257–262; Meyer/Suntrup (1987), 591–615; Ross/Berns (1992), 590–593.

zehren swV. (< 13. Jh.). Mhd. *zer(e)n*, as. *terian* 'verbrauchen, vernichten'. Wohl ein Kausativum zu dem unter *zerren* genannten starken Verb, doch ist der Bedeutungsübergang auffällig und nicht ausreichend geklärt. Präfigierung: **verzehren**; Partikelverb: **auszehren**; Abstraktum: **Zehrung**.

Trier (1981), 66. Zur Entlehnung ins Finnische s. J. Koivulehto *NM* 73 (1972), 612–618.

Zeichen n. (< 8. Jh.). Mhd. *zeichen*, ahd. *zeihhan*, as. *tēkan* aus g. **taikna- n.* 'Zeichen, Erscheinung', auch in gt. *taikn*, anord. *teikn*, ae. *tācn-*, afr. *tēken*. Dieses gehört letztlich zu der Grundlage (ig.) **dei(ə)-* 'scheinen, erscheinen' in ai. *dīdeti* 'strahlt, leuchtet' zu gr. *déato* 'schien', gr. *dēelos, dēlos* 'sichtbar', ausgehend von 'Erscheinung'. Anzusetzen ist ig. **dei-w-* 'Erscheinung', zu dem eine Vriddhi-Bildung (ig.) **dēiw-no-* 'Zeichen, Vorzeichen' gebildet wurde. Dies wird fortgesetzt durch das germanische Wort, durch l. *dīvīnus* 'Wahrsager' (mit Anpassung des Suffixes), aksl. *divinū* 'wunderbar'. Eine frühe Entlehnung ins Finnische ergab offenbar die Sippe von finn. *toivo-* (u. a.) 'versprechen, voraussagen', eine späte aus dem Germanischen finn. *taika* 'Zauber, Vorzeichen' (Koivulehto brieflich).

Nndl. *teken*, ne. *token*, nschw. *tecken*, nisl. *teikn*. S. *zeichnen, zeihen*. – T. E. Karsten in: *FS Kluge* (1926), 65–69; R. Haller *AB* 4 (1959), 113–157; G. P. Cubbin *BGDSL-H* 98 (1977), 324–345; E. Seebold *HS* 104 (1991), 36–40.

zeichnen swV. (< 8. Jh.). Mhd. *zeichen(en)*, ahd. *zeihhanen, zeihnen*, as. *tēknian*. Zu *Zeichen* als 'Zeichen machen, mit Zeichen versehen', wie auch g. *taiknjan*, anord. *teikna*, ae. *tācnan*. Abstraktum: **Zeichnung**; Nomen agentis: **Zeichner**; Präfigierungen: **be-, unter-, verzeichnen**; Partikelverb: **auszeichnen**.

Zeidler m. arch. 'Bienenzüchter' (< 10. Jh.). Mhd. *zīdelære, zīdler*, ahd. *zīdalāri*. Das Vorderglied auch in mhd. *zīdelweide f.* 'Waldbezirk zur Bienenzucht', mndd. *tilbere* 'Zeidelbär, Honigbär'. Ausgangsbedeutung also offenbar 'Honig-'. Weitere Herkunft unklar. Vielleicht zu arischen Bezeichnungen für wohlriechende Pflanzen auf einer Grundlage (ig.) **deit-*.

S. *Seidelbast.* – H. Meyer-Lübke *ZRPh* 29 (1905), 412; B. Schlerath in *FS A. Behrmann* (Heidelberg 1993), 190–192.

zeigen swV. (< 8. Jh.). Mhd. *zeigen*, ahd. *zeigōn*. Wohl eine Intensivbildung zu *zeihen* in dessen älterer Bedeutung. Ähnlich l. *dicāre* 'feierlich verkünden' neben l. *dīcere* 'sprechen'. Abstraktum: **Anzeige**; Nomen agentis: **Zeiger**; Präfigierungen: **an-, erzeigen**.

J. Gonda: *Deiknymi* (Amsterdam 1929); E. Tichy *MSS* 38 (1979), 171–228.

zeihen stV. obs. (< 9. Jh.). Mhd. *zīhen*, ahd. *zīhan*, as. *-tīhan* 'beschuldigen' aus g. **teih-a- stV.* 'zeihen', auch in gt. *-teihan*, anord. *(1. Sg.) té* (Relikt), ae. *tēon*, afr. *ūr-tigia* 'verweigern'. Dieses zu ig. **deik-* 'zeigen' in heth. *tekkuššai-* 'zeigen', ai. *diśáti* 'zeigt, weist zu', gr. *deiknymi* 'ich zeige, erkläre, beweise', l. *dīcere* 'sagen, meinen, erklären'. Im Germanischen ist die Bedeutung (wie teilweise im Lateinischen) auf die gerichtliche Sphäre eingeengt worden. Vielleicht weiter zu (ig.) *dei(ə)- 'erscheinen' hier als 'zum Vorschein bringen'. Präfigierung: *verzeihen*; Abstraktum: *Verzeihung*.

S. *bezichtigen, Zehe, Zeichen, zeigen*; zur griechischen Verwandtschaft s. *apodiktisch*, zur lateinischen *diktieren*. – Seebold (1970), 499 f.

Zeile *f.* (< 9. Jh.). Mhd. *zīl(e)*, ahd. *zīl(a)* 'Reihe, Linie'. Herkunft unklar.

Zeine *f.* s. *Zaine*.

Zeiselmaus *f.* s. *Ziesel*.

zeisen *swV.*, älter *stV. per. oobd.* 'auseinanderziehen' (< 9. Jh.). Mhd. *zeisen*, ahd. *zeisan*. Hierzu ae. *tǣsan* 'zupfen'. Herkunft unklar.

S. *Striptease*. – Seebold (1970), 498; Steinhauser (1978), 33–35.

Zeisig *m. erw. fach.* (< 13. Jh.). Mhd. *zīsec, zīsic*, mndd. *sīsek*. Entlehnt aus čech. *čížek*, einem Diminutivum zu čech. *číž*, das seinerseits als mhd. *zīse* *f.*, entlehnt wird. Auch im Deutschen sind Verkleinerungsformen häufig, vgl. fnhd. *zeislein n.*, mhd. *zīsechīn n.* u. a. Das slavische Wort ist wohl lautnachahmend.

Suolahti (1909), 118 f.; Wick (1939), 65; Bielfeldt (1965), 25; Steinhauser (1978), 32 f.

Zeit *f.* (< 8. Jh.). Mhd. *zīt*, ahd. *zīt n./f.*, as. *tīd* aus g. *tīði- f.* 'Zeit', auch in anord. *tíð*, ae. *tīd*; im Englischen und Niederdeutschen auch 'Gezeiten, Flut'. Eine parallele Bildung in anord. *tími m.*, ae. *tīma m.*, alem. *zīmə*, so daß sich als Grundlage (g.) *tī-* ergibt. Außergermanisch vergleicht sich zunächst arm. *ti* 'Alter, Zeit'; dann weiter zu einem auf zeitliche Verhältnisse spezialisierten Pronominalstamm ig. *d-* (z. B. in ai. *ta-d-ā* 'dann') mit Erweiterungen mit der Bedeutung 'Tag', 'Zeit', 'lang' usw., vgl. l. *di-ū*, ai. *jyok* 'lange Zeit', gt. *sin-teino* 'immer'. Adjektive: *zeitlich, zeitig*; Verb: *zeitigen*.

Nndl. *tijd*, ne. *tide*, nschw. *tid*, nisl. *tíð*. S. *Gezeiten, Tide, Zeitung*. – Heller (1970), 133–143; E. Seebold *HS* 104 (1991), 40–44. Anders: F. Kluge *ZDW* 8 (1906), 145 f.

Zeitgenosse *m.* (< 16. Jh.). Lehnübersetzung von l. *synchronus*, zu gr. *synchrónos* (eigentlich 'gleichzeitig').

Zeitläufte *m. obs.* (< 18. Jh.). *Zeitlauf* und der Plural *Zeitläufte* bezeichnen einen Zeitabschnitt, zusammen mit den Ereignissen, die in ihm passieren. Wie *Lauf der Welt* u. ä.

Zeitlose *f. per. fach.* (< 11. Jh.). Mhd. *zīt(e)lōs(e) f./m./n.*, ahd. *zītilōso m., zītilōsa*. In der alten Zeit eine Frühlingsblume wie Krokus, später übertragen auf die *Herbstzeitlose* (16. Jh.), die Verdeutlichung durch *Herbst-* im 18. Jh. Das Wort ist zunächst im Südwesten üblich und bezieht sich wohl auf das frühe Blühen dieser Blumen (die Übertragung auf die Herbstzeitlose ist nur in der Form der Blüten begründet). Die Bildung ist aber auffällig

und wahrscheinlich eine Umdeutung von ml. *citamen*, zu l. *citātim, citātus* 'hurtig, schnell'.

E. Schröder *Hessenland* 44 (1933), Nr. 9/10, 148–150; Marzell 1 (1943), 1070–1079.

Zeitschrift *f.* (< 17. Jh.). Bezeugt in verschiedenen Bedeutungen, u. a. zur Übersetzung von *Chronik*. Wohl von hier ausgehend wird das Wort im 18. Jh. zur Bezeichnung für Periodica (sonst *Journal* u.ä.).

H. Koschwitz *MS* 79 (1969), 174–176.

Zeitung *f.* (< 13. Jh.). Das heutige Wort geht aus von einer Form *zīdung*, die kurz vor 1300 im Kölner Raum üblich wird. Dies zu mndd. *tidinge, tidink*, mndl. *tīdinge*, ae. *tīdung* 'Botschaft, Nachricht, Meldung' (zu ae. *tīdan* 'sich ereignen', dieses zu *Zeit*). Gemeint sind zunächst mündliche, dann schriftliche Nachrichten und schließlich auch Drucke, die seit dem 15. Jh. auftauchen, seit 1502 in Augsburg auch unter dem Titel *Newe zeytung*. Seit dem 17. Jh. für die ersten Zeitungen im heutigen Sinn. Parallel dazu anord. *tíðendi Pl.* 'Ereignis, Bericht', das ndn. *tidende*, nnorw. *tidend* 'Zeitung' ergibt.

Zeitwort *n. erw. fach.* (< 17. Jh.). Gebildet als Ersatzwort für l. *verbum (temporale)*.

Pfaff (1933), 58 f.

zelebrieren *swV. erw. fremd.* 'feiern, weihevoll ausführen' (< 15. Jh.). Fnhd. *celebrieren* 'das Abendmahl feiern' ist entlehnt aus l. *celebrāre*, zu l. *celeber* 'gefeiert'. Abstraktum: *Zelebration*; Nominalableitung (Abstraktum des Adjektivs): *Zelebrität*.

DF 6 (1983), 313–317.

Zelge *f. arch.* 'Feld im Rahmen der Dreifelderwirtschaft' (< 8. Jh.). Mhd. *zelge*, ahd. *zelga*. In dieser Bedeutung nur süddeutsch und teilweise mitteldeutsch. Allgemein ist die Bedeutung 'Zweig, Schoß', auch in mndd. *telch, telge m./(n.)*, mndl. *telch* aus g. *telgōn f.*, auch in anord. *tjalga*, ae. *telga m.* Der Bedeutungsübergang wohl im Sinne von 'Zweig' = 'Teil'. Zugrunde liegt wohl ein (ig.) *delgʰ-* 'abschlagen, abschneiden', das auch in air. *dlongid, dluigid* 'spaltet' und lit. *dàlgis* 'Sense' vorliegt. Dieses ist erweitert aus *del-* 'spalten' in l. *dolāre* 'behauen' usw.

S. *Zahl, Zoll¹*. – J. Trier *BGDSL* 67 (1944), 126–131; H. Tiefenbach in: Beck/Denecke/Jankuhn (1980), 309–312; E. Meineke *ZDL* 59 (1992), 250 f.

Zelle *f.* (< 9. Jh.). Mhd. *zelle, celle*, ahd. *zella*. Mit dem Christentum entlehnt aus l. *cella* (die Ableitung l. *cellārium n.* ist schon früher, noch mit der alten Aussprache *k* als *Keller* entlehnt). Das Wort bedeutet im Lateinischen 'Vorratskammer, Kammer', im Christentum 'Kammer eines Mönchs, Klause eines Einsiedlers'. Als Ausdruck der Biologie wird *Zelle* zunächst im Englischen *(cell)* im 17. Jh. verwendet; übertragen ins Deutsche im 18. Jh.

Zeller *m. per. oobd.* ´Sellerie` (< 19. Jh.). Gekürzt aus *Zellerie* (s. *Sellerie*).

Zellstoff *m. erw. fach.* (< 19. Jh.). Als Verdeutschung von *Zellulose* gebildet. Gemeint ist eigentlich *Zellwandstoff*. Dazu *Zellwolle* (für *Zellstoffwolle*).

Zelluloid *n.* (< 20. Jh.). Entlehnt aus ne. *celluloid*, einer Neubildung (Markenname) zu e. *cellulose* ´Zellulose` (aus l. *cellula f.*, einem Diminutivum von l. *cella f.* ´Zelle`) und e. *-oid* (s. *-oid*). Als ein zellulose-ähnlicher Stoff bezeichnet nach dem Hauptbestandteil Nitrozellulose.

Zellulose *f.* (< 19. Jh.). Entlehnt aus frz. *cellulose*, das aus l. *cellula* ´kleine Zelle` und dem Suffix *-ose* gebildet ist. Hauptbestandteil der Wände pflanzlicher Zellen.

Zelt *n.* (< 9. Jh.). Mhd. *zelt*, ahd. *(gi)zelt*, mndd. *(ge)telt*, *telde*, anord. *tjald* ´Vorhang, Decke, Teppich, Zelt` zu ae. *teldan st V.* ´bedecken` (starke Flexion wohl sekundär), dessen Herkunft unklar ist. Die Ähnlichkeit mit frz. *tente f.*, it. *tenda*, span. *tenda f.* ´Zelt` aus *\*tendita (pellis)* ´aufgespannte Haut` ist kaum bloßer Zufall. Vermutlich ist spl. **tenda f.* im Germanischen umgedeutet worden zu **telda-*. Verb: *zelten*.

S. *Zelte(n)*. – Seebold (1970), 501.

Zelte(n) *m. per. obd.* ´flacher Kuchen` (< 10. Jh.). Mhd. *zelte*, ahd. *zelto*. Dazu *Lebzelten* ´Lebkuchen`, bair. *pfanzelt* ´in der Pfanne Gebackenes` (heute *Pflanzl* ´Frikadelle`, s. *Fleischpflanzl*). Herkunft unklar. Vielleicht zu dem unter *Zelt* behandelten **teld-a- st V.* ´bedecken`. S. auch *Lebkuchen*.

Zelter *m. arch.* (Saumpferd) (< 10. Jh.). Mhd. *zelter*, ahd. *zeltāri*, *zelter*, as. *telderi* sowie mhd. *zelten(en)*, *zelden*, mndd. *telden* ´im Paßgang schreiten`, mhd. *zelt*, mndl. *telde* ´Paßgang`. Es handelt sich also um ein Pferd, das im Paßgang schreitet. Zugrunde liegt span. *tieldo* (schon bei Plinius *thieldonēs Pl.*) als Bezeichnung einer Art im Paßschritt gehender asturischer Pferde. Dieses aus bask. *zaldi* ´Pferd`.

Palander (1899), 94 f.; V. Bertoldi *ZRPh* 57 (1937), 144.

Zement *m.* (< 13. Jh.). Mhd. *zīment[e]*, *cēment m./n.* ist entlehnt aus afrz. *ciment*, dieses aus spl. *cīmentum n.* ´Bruchstein`, aus l. *caementum n.*, zu l. *caedere (caesum)* ´zerschlagen, hauen`. Das Bindemittel bestand ursprünglich aus gemahlenem Bruchstein mit Kalkbeigabe. Der moderne Zement (seit dem 18. Jh.) ist demgegenüber Kalkstein mit Ton-Einsprengungen. Verb: *zementieren*.

S. *dezidiert*. – E. Öhmann *NPhM* 54 (1953), 155–159; K.-H. Weimann *DWEB* 2 (1963), 408; *DF* 6 (1983), 319–324.

-z(en) *Suffix* zur Bildung von Verben. Mhd. *-(e)-zen*, ahd. *-azzen* aus g. **-at-ja-*, auch in gt. *-atja-*, anord. *-ta*, ae. *-ettan*. Häufig in Ableitungen von Interjektionen wie *ächzen*. Erweitert in *-enzen* süddeutsch in Verben, die ´riechen nach etwas` bedeuten (s. *faulenzen*).

Lloyd/Springer 1 (1988), 411 f.

Zenit *m. per. fach.* ´höchster Punkt, Höhepunkt` (< 16. Jh.). Entlehnt aus it. *zenit*, dieses aus arab. *samt ar-ra's* ´Richtung des Kopfes, Scheitelpunkt, Zenit`. Die Formveränderung im Italienischen aufgrund einer Verschreibung, ml. *zenit* anstatt *zemt*.

Littmann (1924), 78; Lokotsch (1975), 144; *DF* 6 (1983), 325 f.

zensieren *sw V.* (< 16. Jh.). Entlehnt aus l. *cēnsēre (cēnsum)* ´schätzen`, das mit l. *cēnsus* ´Schätzung, Steuer` verwandt ist. Abstraktum: *Zensur*; Nomen agentis: *Zensor*.

S. *rezensieren*, *Zins*. – *DF* 6 (1983), 326–333. Bibliographie zu den lateinischen Wörtern: *BlW* 4 (1992), 7–29.

Zent- *LAff.* (in *Zentgraf*, *Zentgericht*). Mhd. *zente* ´Hundertschaft, Heerbann`. Entlehnt aus ml. *centa* (älter *centēna*) ´Hundertschaft`. S. *Zentner*.

Zentaur *m. bildg.* (griechisches Fabelwesen, halb Mensch, halb Pferd). Entlehnt aus l. *Centaurus*, dieses aus gr. *Kéntauros* unbekannter Herkunft.

S. *Tausendgüldenkraut*. – J. Knobloch in: *FS G. Neumann* (1982), 129–131.

zenti- *LAff.* ´hundert` (zur Bildung von Größenangaben mit der Bedeutung ´ein Hundertstel von`). Übernommen aus lateinischen Bildungen wie l. *centi-* als Kompositionsform von l. *centum* ´hundert`.

Cottez (1980), 71.

Zentimeter *m.* s. *Meter* und *zenti-*.

Zentner *m.* (< 11. Jh.). Mhd. *zentenære*, *zentner*, ahd. *zentenāri*. Entlehnt aus l. *centēnārius* ´zum Hundert gehörig` (zu l. *centum* ´hundert`), speziell: ´ein Gewicht von hundert Pfund`. S. *Prozent*, *Zent-*, *zenti-*, *Zentimeter*. Zur germanischen Verwandtschaft s. *hundert*.

Zentrifuge *f. erw. fach.* (< 19. Jh.). Neubildung im Französischen (frz. *centrifuge Adj.*) aus l. *centrum n.* ´Mitte` und l. *fugere* ´fliehen` und von dort übernommen. Adjektiv: *zentrifugal*.

Zentrum *n.* (< 13. Jh.). Mhd. *zenter* ist entlehnt aus l. *centrum*, dieses aus gr. *kéntron*, eigentlich ´Stachel`, zu gr. *kenteīn* ´stechen`. Gemeint ist die Spitze des Zirkels, die zugleich den Mittelpunkt des gezogenen Kreises darstellt. Adjektiv: *zentral*; Verb: *zentrieren*.

S. *dezentral*, *konzentrieren*, *Zentrifuge*. – A. Gombert *ZDW* 3 (1902), 1717; Cottez (1980), 72; *DF* 6 (1983), 333–354. Zur Verwendung als Suffixoid: *Brisante Wörter* (1989), 553–557.

Zeppelin *m. erw. fach.* (lenkbares Luftschiff) (< 20. Jh.). Benannt nach dem Namen des deutschen Konstrukteurs F. Graf von *Zeppelin*.

Zepter *n./m.* (< 12. Jh.). Mhd. *zepter, cepter* ist entlehnt aus l. *scēptrum n.*, dieses aus gr. *skēptron n.*, eigenlich 'Stab', zu gr. *skēptein* 'stützen'. Zur germanischen Verwandtschaft s. *Schaft.* – DF 6 (1983), 354–356.

zer- *Präfix.* Mhd. *zer-*, ahd. *zur-, zar-, zir-*. Daneben ohne den konsonantischen Auslaut ahd. *zi-*, as. *te-*, afr. *te-* und mit abweichendem Vokal ae. *tō-*, as. *tō-* Im Gotischen schließlich entspricht *dis-*, das wie l. *dis-* (ohne Lautverschiebung!) aussieht. Die Art der Zusammengehörigkeit dieser Formen ist ungeklärt. Die deutsche Form kann entweder gt. *dis-* (aber mit Lautverschiebung!) entsprechen, oder aus *te-* und *ir-* (nhd. *er-*) kontaminiert sein. A. Vanó-Cerdá *SW* 12 (1987), 293–310.

Zerberus *m. bildg.* 'strenger, unfreundlicher Türhüter' (< 19. Jh.). Nach gr. *Kérberos*, dem Namen des Höllenhundes, der in der griechischen Sagenwelt das Tor zur Unterwelt bewacht. Röhrich 1 (1991), 289.

Zeremonie *f. stil.* 'feierliche, rituelle Handlung' (< 14. Jh.). Entlehnt aus frz. *cérémonie* und l. *caerimōnia*. Adjektiv: *zeremoniell.* Das lateinische Wort hat keine sichere Erklärung. Nach Furnée zu gr. *kēdemonia* 'Pflege, Fürsorge' (in der Sippe Wörter für 'Bestattung' u.ä., die sinngemäß passen würden). – DF 6 (1983), 356–364; E. J. Furnée: *Die wichtigsten konsonantischen Erscheinungen des Vorgriechischen* 336¹⁰.

zerfahren *Adj. (PPrät.)* 'unkonzentriert' (< 19. Jh.). Üblich geworden als Übertragung von *zerfahren* 'auseinandergelaufen'.

zerfled(d)ern *swV. stil.* 'zerreißen' (von Büchern usw.) (< 19. Jh.). Zu mhd. *vleder(e)n* 'flattern' (s. *Fledermaus*); die Schreibung mit *-dd-* weist wohl auf emphatische Aussprache.

Zerrbild *n.* s. *Karikatur.*

zerren *swV.* (< 9. Jh.). Mhd. *zerren*, ahd. *zerren*, mndd. *terren*, mndl. *terren* 'zanken, plagen'. Vermutlich Kausativ-Bildung zu g. **ter-a- stV.* 'reißen' in gt. *-tairan*, ae. *teran*, ahd. *zeran*. Dieses aus ig. **der-* 'schinden, spalten, reißen' in ai. *dṛṇáti* 'birst, zerreißt', gr. *dérō* 'ich häute, schinde', akslav. *dīrati* 'schinden, reißen, schlagen', lit. *dìrti* 'zerreißen, schinden'. Die Bedeutungszusammenhänge im Germanischen sind aber noch nicht im einzelnen geklärt. Präfigung: *verzerren*; Abstraktum: *Zerrung.* S. *Torf, trennen, zehren, Zorn.* – Seebold (1970), 502 f.

zerrütten *swV.* (< 15. Jh.). Präfigierung zu dem unter *rütteln* genannten *rütten*. Abstraktum: *Zerrüttung.*

zerschellen *swV.* (< 16. Jh.). Präfigierung zu mhd. *schellen* 1) *stV.* 'schallen', 2) *swV.* 'schallen machen', also 'mit Krach zerspringen, mit Krach zerspalten'. Die schwache Flexion, die eigentlich nur der transitiven Bedeutung zukommt, setzt sich im Laufe der frühneuhochdeutschen Zeit durch. S. *Schelle, schallen.*

zerstreut *Adj. (PPrät.).* (< 14. Jh.). Bei den Mystikern ins Geistliche gewendet, etwa im Sinn von 'verzettelt'. Im Laufe der Zeit wird das Wort stärker verweltlicht und gerät unter den Einfluß von frz. *distrait.* Die ursprünglich negative Bedeutung verliert sich in Bildungen wie *Zerstreuung* 'Unterhaltung'. E. Lerch *AGP* 3 (1943), 388–460.

Zertifikat *n. erw. fach.* 'Bescheinigung, Zeugnis' (< 17. Jh.). Entlehnung aus ml. *certificātus* 'versichert', dem PPP. von ml. *certificare* 'vergewissern', zu l. *certus* 'sicher, feststehend', dem PPP. von l. *cernere* 'scheiden, deutlich wahrnehmen, erkennen', und l. *facere* 'machen'. S. *Konzern* und *infizieren.* – DF 6 (1983), 364–366.

Zervelatwurst *f. erw. fach.* (eine Dauerwurst) (< 18. Jh.). Entlehnt aus it. *cervellata*, eigentlich 'Hirnwurst', zu it. *cervello m.* 'Gehirn', aus l. *cerebellum n.* 'kleines Gehirn', einem Diminutivum zu l. *cerebrum n.* 'Gehirn'. Zur germanischen Verwandtschaft s. *Hirn.*

zetern *swV. stil.* (< 18. Jh.). Ursprünglich 'das rechtserhebliche Klagegeschrei erheben'. Bei einem Überfall u. dgl. mußte der Gefährdete zur Feststellung der Untat sofort einen Klage- und Hilfeschrei ausstoßen, auf den hin die Nachbarn zur sofortigen Hilfe eilen mußten. Als ein solcher Schrei ist im Ostmitteldeutschen *zeter! (zetter, zether)* bezeugt; davon *Gezeter* und *zetern.* Daran klingt an mndd. *tiodute, toiodute, jodute* u.ä., das seither als *thiodūte* 'Volk heraus' erklärt wurde. Die neuere Deutung 'zum Kampf heraus' *(tō jōd ūte)* und 'zum Kampf her' *(zi jōt hera)* zu einer im Germanischen sonst nicht bezeugten Wurzel **jud^h-* 'kämpfen' (ai. *yúdhyate*, gr. *hysmínē* 'Treffen, Schlacht') ist nicht überzeugender, doch ist eine bessere Erklärung nicht ersichtlich. Abstraktum: *Gezeter.* S. auch *mordio.* – N. Törnquist *SN* 11 (1938), 318–346; L. L. Hammerich: *Clamor* (Kopenhagen 1941), 167–185.

Zettel¹ *m. per. fach.* 'Längsfäden eines Gewebes' (< 15. Jh.). Fnhd. *zettel.* Zu *zet(t)en* 'ausstreuen' (gemeint ist das geordnete Ausbreiten der Garnstränge am Weberbaum). Präfigierungen: *an-, verzetteln.* O. Heinertz *SMS* 16 (1946), 80 f.

Zettel² *m.* 'Stück Papier' (< 13. Jh.). Mhd. *zedel(e), zetel f./m./n.* Entlehnt aus ml. *cedula f.*, einer Variante von l. *schedula f.* 'Papierblättchen', Diminutiv zu l. *scheda f.*, das aus gr. *schídē f.* 'Splitter' entlehnt ist.

zetten *sw V. per. reg.* ´ausstreuen, verteilen´ (< 9. Jh.). Mhd. *zet(t)en*, ahd. *zetten*, wozu auch *verzetteln* als ´nutzlos ausstreuen´. Dem entspricht anord. *tað* ´ausgebreiteter Mist´. Herkunft unklar. Man vergleicht gr. *datéomai* ´ich verteile, teile zu´ und innerhalb des Germanischen noch gt. *ungatass* ´ungeordnet´; aber obwohl die Bedeutungen zusammenhängen können, gehören sie doch in so verschiedene Anwendungsbereiche, daß die Zusammenstellung ganz unverbindlich ist.

Zeug *n.* (< 10. Jh.). Mhd. *ziuc, ziug m./n.*, *geziuc m./(n.)*, ahd. *ziug m./n.*, *giziug m./n.* ´Stoff, Ausrüstung, Gerät´ (*gi-* 8. Jh.), as. *gitiuh* ´Aufwand´; entsprechend ae. *getēoh* ´Gerät´. Mit Rücksicht auf gr. *teûchos n.* ´Ausrüstung, Gerät, Waffen´ zu gr. *teúchō* ´verfertige, stelle her´, einer Lautvariante (**dʰeugʰ-*) zu ig. **deuk-* ´ziehen´ zu *ziehen* in dieser Sonderbedeutung zu stellen, vgl. *vollziehen*, gt. *ustiuhan* ´vollziehen, vollenden´, l. *prodúcere* ´hervorbringen, zeugen´, air. *dúil f.* (< **duk-li-*) ´Geschöpf, Ding´, kymr. *dygyd* ´gebären, hervorbringen´. Als zweites Kompositionsglied teilweise semantisch stark verallgemeinert und zum Halbsuffix geworden.

S. *zeugen, Zeughaus.* − E. Seidelmann: *Vom Wort zum Suffix* (Hamburg 1986); S. Olsen in *FS F. Banta* (Göppingen 1988), 79−97.

Zeuge *m.* (< 14. Jh.). Mhd. *ziuc, ziug m./n.*, *giziuc m./(n.)* ´Zeugnis´ (aus ´Material´), erst spät auch ´Zeuge´, mndd. *tuch(t), tuge, getuch m./n.* ´Zeugnis, Zeuge´, selten mhd. *ziuge m.* Am ältesten ist ahd. *(gi)ziugōn* ´erklären´. Vermutlich zu *ziehen* als ein ´Ziehen vor Gericht´ (vgl. ahd. *zi urkundin ziohan* ´zur Beurkundung heranziehen´); doch bleiben die Einzelheiten unklar. Vielleicht zu einer Sonderbedeutung wie l. *dúcere* ´einschätzen, halten für´. Abstraktum: **Zeugnis**; Verb: **(be-, über-) zeugen**[1].

zeugen[2] *sw V.* ´hervorbringen´ (< 11. Jh.). Mhd. *ziugen*, mndd. *tugen*. Zu *ziehen* in der unter *Zeug* behandelten Sonderbedeutung. Formal liegt wohl eine denominative Bildung vor, die das Grundverb in dieser Bedeutung ersetzt hat (vgl. aber, daß afr. *tía* ´zeugen´ die Form eines starken Verbs hat). Abstraktum: **Zeugung**; Präfigierung: **erzeugen**.

Zeughaus *n. arch.* ´Arsenal´ (< 16. Jh.). Gebildet als Ersatzwort für *Arsenal* zu *Zeug* in der Bedeutung ´Waffen´.

Zibbe *f. per. reg.* ´Weibchen des Hasen´, in Einzelmundarten auch ´Mutterschaf´, ´Hündin´ oder ´junges weibliches Lamm´ (< 19. Jh.). Wohl zu mndd. *teve*, ae. *tife* ´Hündin´. Weitere Herkunft unklar.

Vgl. *Zohe.* − L. Schauwecker: *Ziege und Eule* (Berlin 1992, Privatdruck), 3.

Zichorie *f. erw. reg.* ´Wegwarte, Kaffee-Ersatz´ (< 15. Jh.). Entlehnt aus it. *cicoria*, dieses aus ml. *cichorea*, aus l. *cichorium n.*, aus gr. *kichórion n.* Aus getrockneten oder gerösteten Wurzeln der Wegwarte und ähnlicher Pflanzen wurde früher Kaffee-Ersatz und Kaffee-Zusatz gewonnen. S. *Chicorée.* − Littmann (1924), 20 f.; Marzell 1 (1943), 996 f.; Bertsch (1947), 229−232.

Zicke *f.*, **Zicklein** *n.*, s. *Ziege.*

zickzack *Adv.* (< 18. Jh.). Wohl mit Vokalabwandlung aus *Zacken* gebildet. Aufgenommen als Substantiv (mit maskulinem Genus) zur Bezeichnung eckig verlaufender Annäherungsgräben bei Belagerungen. Der Zusammenhang mit frz. *zigzag* ist unklar.

Zider *m. per. reg.* ´Obstwein´ (< 18. Jh.). Entlehnt aus frz. *cidre*, das über it. *cidro* aus l. *sicera f.* aus gr. *síkera n.* auf hebr. *šēkār* ´Rauschtrank´ zurückgeht.

Zieche *f. per. obd.* ´Bett-, Kissenüberzug´ (< 11. Jh.). Mhd. *ziech(e)*, ahd. *ziehha, ziohha, ziech*, mndd. *tēke*, mndl. *tike*. Früh entlehnt aus ml. *theca* ´Hülle, Decke´ aus gr. *thếkē*, eigentlich ´Setzung´. S. *Theke.* − Kretschmer (1969), 118−120.

Ziefer *n. per. wobd.* ´Federvieh, Viehzeug´ (< 19. Jh.). Wohl erst aus *Ungeziefer* rückgebildet; sonst zu der dort angegebenen Grundlage ahd. *zebar*.

Ziege *f.* (< 9. Jh.). Mhd. *zige*, ahd. *ziga*; mit emphatischer Lautform *Zicke* und *Zicklein*, mhd. *zikelīn, zickel n.*; ahd. *zickīn n.*; entsprechend ae. *ticcen n.*, schw. (dial.) *ticka* ´Muttertier von Ziege und Schaf´. Für die Etymologie gibt es zwei Möglichkeiten, die sich ohne Zusatzannahmen ausschließen: Es gibt eine griechische Glosse, die gr. *díza* (= **dig-jə*) als Bezeichnung der Ziege in der lakonischen Mundart angibt − dies wäre eine genaue semantische Übereinstimmung; aber der Auslaut stimmt nicht ganz, und die Überlieferung beruht auf einer einzigen Glossenstelle (gegebenenfalls noch arm. *tik* ´Schlauch´). Die andere Möglichkeit ist, von germanischen Bezeichnungen für (weibliche) Haustiere auszugehen (wie anord. *tík* ´Hündin´, entsprechend e. [dial.] *tike*, mndd. *tike*) und anzunehmen, daß ´Ziege´ eine Bedeutungsspezialisierung ist. Auch in diesem Fall stimmt der Auslaut nicht ganz.

S. auch *Ricke, Kitz.* − A. Janzén *Bock und Ziege* (Göteborg 1938), insbesondere 21−31; K. Rein *DWEB* 1 (1958), 192−255, 272−279; Flechsig (1980).

Ziegel *m.* (< 9. Jh.). Mhd. *ziegel*, ahd. *ziagala f.*, *ziagal*, as. *tēgala f.* ist wie ae. *tigele f.*, anord. *tigl n.* früh entlehnt aus l. *tēgula f.* ´Dachziegel´. Dieses zu l. *tegere* ´decken´, also ´Mittel zum Decken´.

Ziegenbart *m. per. fach.* ´Korallenpilz´ (< 17. Jh.). So benannt nach seiner Form; entsprechend *Bocksbart, Geißbart*, nndl. *geitebaard*, frz. *barbe de bouc, barbe de chèvre f.* usw. Auch andere Pflanzen werden regional wegen ihrer Form so bezeichnet.

Marzell 1 (1943), 1037.

Ziegenmelker *m. per. reg.* ´Nachtschwalbe´ (< 18. Jh.). Übersetzung von l. *capri-mulgus,* gr. *aigo-thḗlas* gleicher Bedeutung. Bei Aristoteles wird als Grund für die Bezeichnung der Aberglaube genannt, daß der Vogel das Vieh melke.

Ziegenpeter *m. erw. reg.* ´Mumps´ (< 19. Jh.). Die Krankheit wird so benannt, weil der Betroffene ein aufgeschwollenes Gesicht (vor allem einen geschwollenen Hals) bekommt, was ihm das Aussehen eines Idioten gibt. *Peter* hat häufig den appellativen Sinn von ´Tölpel´. Die Ziege (in ndn. *faaresyge* ´Schafskrankheit´ das Schaf) ist zum einen wegen der Ähnlichkeit des Aussehens mit einem Tierkopf genannt (regional auch *Ziegenbart, Saurüßel*), zum anderen wegen der Konnotation des Ländlichen, Bäuerlichen (obd. *Bauernlümmel, Dorflümmel*).

Meisinger (1924), 80; U. Schröter *BGDSL-H* 98 (1977), 303−311. [Herangezogen wurde die Magisterarbeit von A. Rauch].

Zieger *m. per. wobd.* ´Quark´ (< 15. Jh.). Mhd. *ziger,* spahd. *ziger,* ein Wort der Alpenmundarten. Herkunft unklar.

J. Hubschmied *VB* 1 (1936), 92−100; E. Seebold in: *FS Knobloch* (1985), 449.

ziehen *stV.* (< 8. Jh.). Mhd. *ziehen,* ahd. *ziohan,* as. *tiohan,* andfrk. *tiohan* aus g. **teuh-a- stV.* ´ziehen´, auch in gt. *tiuhan,* ae. *tēon,* afr. *tiā;* anord. noch in *togenn (PPrät.).* Dieses aus ig. (eur.) **deuk-* ´ziehen´, auch in l. *dūcere* ´führen, leiten, ziehen´, kymr. *dwyn* ´bringen, stehlen, führen´, gr. *dadýssomai* ´ich werde zerrissen´. Eine Variante (ig.) **dʰeugʰ-* in ai. *dogdhi* ´milkt´, gr. *teúchō* ´bringe hervor´. Abstrakta: **Ziehung, Zug;** Präfigierungen: **be-, er-, über-, ver-, vollziehen;** Partikelverben: **ab-, an-, auf-, aus-, ein-, um-, zuziehen.**

S. *ungezogen, Zucht, Zögling, Herzog; Zügel, zögern; zukken, zuckeln; Zaum, Zeug, Zeuge, Zitter.* Die lateinische Verwandtschaft unter *produzieren.* − Seebold (1970), 503−505.

Ziel *n.* (< 9. Jh.). Mhd. *zil,* ahd. *zil.* Die gleiche Bedeutung wird vorausgesetzt durch 1) ´erzielen, erreichen´ in gt. *gatilon,* ae. *tilian* (besonders ´das Feld bestellen´), afr. *tilia,* as. *tilan,* ahd. *zilēn* (´sich beeilen´); 2) anord. ae. afr. *til* ´(bis) zu´; 3) anord. *aldr-tili* ´Lebensende, Tod´; 4) gt. *gatils* ´passend´, ae. afr. *til* ´gut´. Vergleichbar ist kymr. *eddyl* ´Ziel´ (aus **adilo-*), zu kymr. *addas* ´passend´ und weiter zu l. *ad* ´zu, bei´, air. *ad-* (Präfix zum Verb), gt. anord. *at,* ae. *æt,* as. *at,* ahd. *az* ´zu´.

Schirmer (1911), 214; E. P. Hamp *IF* 90 (1985), 70 f.; Heidermanns (1993), 596 f.

ziemen *swV.,* älter *stV., obs.* (< 9. Jh.). Mhd. *zemen,* ahd. *zeman,* mndl. *-temen* aus g. **tem-a- stV.* ´ziemen´, auch in gt. *-timan.* Herkunft unsicher. Vermutlich zu der unter *Zimmer* behandelten Wur-

zel (ig.) **demə-* ´fügen, bauen´. Präfigierung: **geziemen;** Adjektiv: **ziemlich.**

Nndl. *betamen.* S. *Zunft.* − Seebold (1970), 501 f.

Ziemer *m. per. fach.* ´Rückenstück des Wilds´ (< 13. Jh.). Mhd. *zimer(e), zimbere.* Entlehnt aus frz. *cimier.*

S. *Ochsenziemer.* − R. Müller: *Die Synonymik von ´Peitsche´* (Marburg 1966), 98 f.

ziemlich *Adv.* (< 11. Jh.). Mhd. *zim(e)lich,* ahd. *zimilīh.* Eigentlich ´wie es sich ziemt´ zu *ziemen;* seit dem 15./16. Jh. mit allgemeinerer Bedeutung.

ziepen *swV. per. ndd.* ´leise pfeifen, am Haar ziehen´ (< 16. Jh.). Wohl lautnachahmend. Die zweite Bedeutung wohl als ´jmd. ziepen machen´.

Zier *f.* (< 9. Jh.). Mhd. *zier(e),* ahd. *zierī* ´Ausschmückung, Schönheit´. Abstraktum zu dem Adjektiv mhd. *ziere,* ahd. *zierī* ´schön, anmutig´; mit abweichendem Vokalismus anord. *tírr m.,* ae. as. *tīr m.* ´Glanz, Ruhm, Ehre´. Zu ig. **deiə-* ´glänzen´, auch in ai. *dī́deti* ´glänzt, leuchtet´, gr. *déatai* ´scheint´ (und evtl. lit. *dyréti* ´gucken, lauern´). Der germanische Vokalismus ist unerklärt; vielleicht **deiro-* neben dehnstufigem **dēiro-.* Konkreta: **Zierat, Zierde;** Verb: **(ver-) zieren;** Adjektiv: **zierlich.**

Heidermanns (1993), 587 f., 595 f.

Zierat *m. obs.* (< 15. Jh.). Fnhd. *ziērot.* Abstraktum zu dem Adjektiv mhd. *zier(e)* (s. *Zier*); gebildet wie *Armut* (s. unter *arm*) und *Kleinod.*

Zierde *f.* (< 8. Jh.). Mhd. *zierde,* ahd. *zierida.* Abstraktum zu dem Adjektiv mhd. *zier(e)* (s. *Zier*).

Ziesel *m. per. fach.* (ein Nagetier) (< 10. Jh.). Mhd. *zīsel m./f., zisemūs,* ahd. *zisimūs, cisimūs, sisimūs f.* Entlehnt aus čech. *sysel;* die ältere Form vielleicht eine Umdeutung zu ´Pfeifmaus´.

Palander (1899), 68; Wick (1939), 65 f.; Bielfeldt (1965), 23; W. Steinhauser in *Slawisch-Deutsche Wechselbeziehungen in Sprache, Literatur und Kultur.* Hrsg. W. Krauss u. a. (Berlin 1969), 220−234; ders. (1978), 39 f.

Ziestag *m.* s. *Dienstag.*

Zieter *m./n./(f.)* s. *Zitter.*

Ziffer *f.* (< 14. Jh.). Spmhd. *zif(f)er* ´Null´, entlehnt aus ml. *cifra* ´Zahlzeichen, Null´; dieses ist entlehnt aus arab. *ṣifr* ´Null´, eigentlich ´leer´ und damit eine Lehnbedeutung von ai. *śúnya-* ´leer´ und ´Null´. Das Wort kann im Spätmittelhochdeutschen (wie in anderen europäischen Sprachen) auf die Bedeutung ´Zahlzeichen´ beschränkt werden, weil für die indisch-arabischen Zahlzeichen die Null kennzeichnend ist und für ´Null´ das neue Wort l. *nūlla* entlehnt wird (dagegen frz. *zéro m.;* ne. *zero* aus it. *zero m.,* das aus it. *zefiro m.* gekürzt ist). *Ziffer* ist zunächst ´die Ziffer Null´ neben dem allgemeineren *Figur,* l. *figūra;* übernimmt dann aber dessen Bedeutung. Präfixableitung: **entziffern.**

S. *Chiffre.* – Littmann (1924), 76 f.; W. Taylor *LSE* 2 (1933), 67–71; Lokotsch (1975), 150; *DF* 6 (1983), 366–371.

-zig *Suffix* (zur Bildung der Zehnerzahlen). Mhd. *-zic*, ahd. *-zug*, as. *-tig* aus g. **teg(u)-* ´Dekade`, auch in gt. *tigjus (Pl.)*, anord. *-tigr (-tugr, -teg)*, ae. *-tig*, afr. *-tichr.* Diese Bildungsweise ist in den alten germanischen Sprachen nur bei den Zehnerzahlen von zwanzig bis sechzig üblich. Das Element ist ein Wort für ´Dekade`, weshalb diese Zahlwörter auch als Substantive behandelt werden (und das Gezählte im Genetiv Plural bei sich haben). Die übrigen Zehnerzahlen werden gebildet: gt. auf *-tehund*, einschließlich *taihuntehund* ´hundert` (Analyse umstritten); anord. gleich wie ´zwanzig -sechzig` (bis anord. *ellefo tigr* ´hundertzehn`, anord. *hundraþ* ´hundertzwanzig`); ae. *hund-* + *-tig* bis *hundtwelftig* ´hundertzwanzig`; as. *ant-* + *-da* bis *nigonda, hund* ´hundert`); ahd. *-zo* bis *zehanzo* ´hundert`. ähnliche Dekadenwörter in lit. *dešimtìs*, akslav. *desętī.* Im übrigen ist die Geschichte der Zehnerzahlen im einzelnen unklar und umstritten. Eine neuere Darstellung mit reichhaltiger Bibliographie bei O. Szemerényi.

Szemerényi (1960); A. Bammesberger in: Brogyanyi/Krömmelbein (1986), 3–8; Justus (1988), 521–541; H. J. Seiler in *FS J. S. Greenberg* (1990), 187–208; Ross/Berns (1992), 602–620.

Zigarre *f.* (< 18. Jh.). Entlehnt aus span. *cigarro m.*; dieses aus Maya *Zicar*, einer Bezeichnung der Tabakrauchrollen der mexikanischen Indianer; in Europa zuerst 1570 beschrieben. *Eine (dicke) Zigarre bekommen* ist ironisch für ´einen Rüffel bekommen`: Es geht um das Vorsprechen beim Vorgesetzten. Im Falle des Lobs wurde vielfach vom Chef eine Zigarre angeboten; dies dann ironisch für den Fall des Rüffels. Diminutiv: *Zigarette.*

Littmann (1924), 146, 149; G. Stahl *Zeitschrift für Ethnologie* 62 (1931), 45–111; ders. *SAV* 32 (1933), 105–109; *DF* 6 (1983), 372–376.

Zigeuner *m.* (< 15. Jh.). Als Stammesbezeichnung bezeugt seit dem 15. Jh. (vorher *Tatar* u.ä.). Entlehnt aus it. *zingaro*, ung. *czigány*. Der Name ist weit verbreitet, aber in seiner Herkunft unklar (keine Selbstbezeichnung). Aus sachlichen Gründen auch übertragen auf ´Leute ohne festen Wohnsitz`, auch als Schimpfwort benutzt.

Zikade *f. per. fach.* ´Baumgrille` (< 18. Jh.). Entlehnt aus l. *cicāda*, zu dem auch frz. *cigale* ´Grille` und span. *cigarra* gehören. Das lateinische Wort ist vermutlich aus einer Mittelmeersprache entlehnt.

Zille *f.*, **Zülle** *f.* ´Flußschiff` *per. omd. oobd.* (< 12. Jh.). Mhd. *zülle, zulle*, spahd. *zulla*. Entlehnt aus der slavischen Sippe von ndsorb. *coln*, sloven. *čóln*, čech. *člun*, poln. *czołno*, russ. *čéln* ´Boot`. Dieses ist urverwandt mit ahd. *scalm* ´Schiff`. Weitere Herkunft unklar.

Kluge (1911), 844 f.; Wick (1939), 99; Bielfeldt (1965), 53; Eichler (1965), 146 f.; A. Bretschneider *ZPhSK* 27 (1974), 52–64.

Zimbel *f. per. exot.* (altes Instrument) (< 8. Jh.). Mhd. *zim(b)el m./n.*, *zimbele*, ahd. *cymbala*, *zimbala*. Wie ae. *cimbal(a) m.* über l. *cymbalum n.* entlehnt aus gr. *kýmbalon n.* ´Musikinstrument (Metallbecken, die man aneinander schlug)`, bekannt aus der Bibel.

Relleke (1980), 125–127, 261 f.

Zimmer *n.* (< 8. Jh.). Mhd. *zimber*, *zim(m)er m./n.*, ahd. *zimbar*, as. *timbar* ´Wohnraum, Wohnung, Holzbau, Bauholz` aus g. *\*temra- n.* ´Bauholz, Gezimmertes`, auch in anord. *timbr*, ae. afr. *timber*; gt. in *tim(b)rjan* ´zimmern` (wie anord. *timbra*, ae. *timbr(i)an*, afr. *timbria*, *timmeria*, as. *timbron*, ahd. *zimb(a)rōn*, mhd. *zimbren*, *zimmern*, nhd. *zimmern*). Dieses zu ig. *\*dem-* ´fügen, bauen` in gr. *démō* ´ich baue` und in den Ableitungen ai. *dámăm Gen.Pl.* ´Haus, Bau`, gr. *dómos m.* ´Haus, Wohnung, Zimmer`, l. *domus f.* ´Haus`, akslav. *domŭ m.* ´Haus` u.a. Mit anderer Bedeutungsentwicklung in *ziemen* und *zähmen*. Verb: **zimmern.**

Nndl. *timmer-*, ne. *timber*, nschw. *timmer*, nisl. *timbur.* – Benveniste (1969/1993), 233–242.

Zimmes *n./m.* s. *Imbiß.*

zimperlich *Adj.* (< 16. Jh.). Fnhd. (md.) *zimperlich*, (obd.) *zimpferlich*, *zumpferlich*; auch *zimpfer* ´geziert`, *zumpfen* ´sich zieren`. Herkunft unklar. Abstraktum: **Zimperlichkeit.**

Zimt[1] *m.*, älter auch **Zimmet** *m.* (Gewürz) (< 11. Jh.). Mhd. *zi(ne)mīn*, *zinment*, *zinmint*, ahd. *zi-(na)mīn*, *cinamon*, *cinimin* u.a. Über l. *cinnamum n.* aus gr. *kínnamon n.* aus hebr. *qinnāmōn* entlehnt aus malay. *kayumanis* (aus malay. *kayu* ´Holz` und malay. *manis* ´süß`, also ´Süßholz`).

G. Kahlo *MS* (1961), 31 f.

Zimt[2] *m. vulg.* ´wertloses Zeug` (< 19. Jh.). Wohl aus dem Rotwelschen, wo es ursprünglich ´Goldwaren, Geld` bedeutete. Dieses aus wjidd. *simon* ´Zeichen, Ziffer Null`.

Röhrich 3 (1992), 1773.

Zindel *m.*, **Zindeltaft** *m.*, *arch.* (Futterstoff) (< 13. Jh.). Mhd. *zindāl*, *zindel* u. a. *f.* Entlehnt aus ml. *sindalum*, aus gr. *sindṓn f.*, da der Stoff bis ins 12. Jh. aus Byzanz bezogen wird. Das Wort wird erklärt als ´vom Indus (Sindhu) stammend`.

Heyne (1899/1903), III, 229.

Zingel *m. arch.* ´Ringmauer` (< 13. Jh.). Mhd. *zingel m./f.* Entlehnt aus l. *cingula f.*, *cingulus* ´Gürtel, Umfassung`. Hierzu *umzingeln*, eigentlich ´mit Schanzwerk umgeben, belagern`.

Heyne (1899/1903), I, 318.

Zink *n.* (< 15. Jh.). Von Paracelsus 1526/27 als Metall erkannt und als *zinken m.*, auch *zink* be-

nannt. Wohl dasselbe Wort wie *Zinken* ´Zacke`, weil sich das Metall in den Öfen in Zackenform ansetzt. Das Wort wurde schon gegen Ende des 15. Jhs. für entsprechende Stoffe verwendet, doch gewinnt es erst mit der Bestimmung des Metalls seine klare Bedeutung. Obwohl das Metall Bestandteil der seit alter Zeit wichtigen Legierung Messing ist, wurde es erst von Paracelsus in seiner Selbständigkeit erkannt und als erstes neueres Metall den klassischen 7 Metallen hinzugefügt.
Flasdieck (1952), 75−78; K.-H. Weimann *DWEB* 2 (1963), 380; Lippmann (1970), 591−600; Lüschen (1979), 346 f. [Herangezogen wurde die Magisterarbeit von M. Mathes].

Zinken *m. erw. obd.* ´Zacke` (< 9. Jh.). Mhd. *zinke*, ahd. *zinko*. Vermutlich *k*-Erweiterung zu dem unter *Zinne* behandelten Wort. Auch Vulgär-Ausdruck für ´Nase` und in der Gaunersprache ´Geheimzeichen` (vgl. *Haken* für ´[unleserliche] Schriftzeichen`). Verb: *zinken*.
Relleke (1980), 176 f.; Wolf (1985), 349 f.; Röhrich 3 (1992), 1773.

Zinn *n.* (< 9. Jh.). Mhd. *zin, cin*, ahd. *zin* (fnhd. auch *Zien*), mndd. *tin*, mndl. *tin*. Vergleichbar ist ae. *tin*, anord. *tin*. Obwohl das Zinn zu den 7 klassischen Metallen gehört (und als Bestandteil der Bronze schon früh wichtig war), sind seine Bezeichnungen unklar. Vgl. l. *stagnum* ´Mischung aus Blei und Silber, Zinn`, das vielleicht aus dem Keltischen entlehnt ist. Das germanische Wort findet außerhalb keinen Anschluß − man vermutet deshalb eine Schwundstufe zu gt. *tains* usw. (s. *Zaine*) ´Gerte`, das regional auch ´Metallstab` bedeuten kann (im Hinblick darauf, daß das Zinn in vorgeschichtlichen Funden in Stäbchenform erscheint). Dies ist aber weder morphologisch noch semantisch befriedigend.
S. *Zaine*. − Flasdieck (1952), 71−75; Lippmann (1970), 577−591. [Herangezogen wurde die Magisterarbeit von M. Mathes].

Zinne *f.* (< 11. Jh.). Mhd. *zinne*, ahd. *zinna*, mndd. *tinne* ´mit Einschnitten versehener oberster Teil der Wehrmauer`. Weiterbildung mit *n* oder *j* zu g. \**tenda- m.* ´Spitze` in anord. *tindr m.* ´Spitze, Hacke`, ae. *tind m.* ´Zinke, Spitze, Schnabel`, mhd. *zint m.*, mndd. *tinde* ´Zinken, Zacke`. Dieses ist vermutlich eine *e*-stufige Vriddhi-Bildung zu dem Wort *Zahn*, also ´etwas Zahnartiges`.
S. *Zinken*. − Darms (1978), 402−406.

Zinnkraut *n. per. reg.* ´Ackerschachtelhalm` (< 18. Jh.). Die Pflanze heißt so, weil sie (wegen ihres Gehalts an Kieselsäure) zum Reinigen von *Zinn* benutzt werden kann.

Zinnober *m.* (ein rotes Mineral) (< 13. Jh.). Mhd. *zinober* ist entlehnt aus afrz. *cenobre*, dieses aus l. *cinnabari(s)*, aus gr. *kinnábari(s)*.
Littmann (1924), 20 f.; Lüschen (1979), 348; Lokotsch (1975), 145; H. W. Bailey *Annual of Armenian Linguistics* 11 (1990), 17−19.

Zins *m.* (< 8. Jh.). Mhd. *zins*, ahd. *zins, zens*, as. *tins* ´Abgabe, Tribut`. Entlehnt aus l. *cēnsus* ´Schätzung, Steuer`; das as. *t*- durch Umsetzung bei der Verbreitung aus hochdeutschem Gebiet in niederdeutsches. Präfixableitung: **verzinsen**. S. *zensieren*.

Zinshahn *m. arch.* ´Hahn als Abgabe` (< 17. Jh.). Bei der Abgabe von Hühnern wurden von den Bauern nicht die besten ausgesucht (vgl. die schwäbische Redensart *fett wie eine Zinshenne* ´spindeldürr`). Deshalb gab es Vorschriften, wie die Zinshähne und -hühner auszusehen hätten (z. B. mit rotem, d. h. gut durchblutetem Kamm). Dieses Merkmal konnte auch durch künstliche Erregung erreicht werden; daher *erhitzt wie ein Zinshahn* bei Lessing u. a.
Röhrich 3 (1992), 1773.

Zinstag *m. per. reg.* ´Dienstag` (< 19. Jh.). Umdeutung (bzw. falsche Umsetzung der Mundartform in die Standardsprache) aus *Ziestag* (s. *Dienstag*).

Zipfel *m.* (< 14. Jh.). Spmhd. *zipfel*, auch *zipf* wie nndl. *tip*, ne. *tip*, nschw. *tipp* ´Spitze, Zipfel`; mit Nasaleinschub ndd. *timpen* ´Zipfel`. Gehört wohl mit *Zapfen* zusammen und ist etymologisch unklar wie dieses.
Röhrich 3 (1992), 1774.

Zippe *f. per. reg.* ´Singdrossel` (< 18. Jh.). Älter *Zippdrossel* (16. Jh.). Nachahmung des Vogellauts.

Zipperlein *n. arch.* ´Fußgicht` (< 15. Jh.). Zu mhd. *zippern* ´trippeln, vorsichtig gehen`, also (spöttische Bezeichnung für) ´die Krankheit, die vorsichtig gehen, trippeln macht`.
Röhrich 3 (1992), 1774.

Zipolle *f.* s. *Zwiebel*.

Zirbel(kiefer) *f. erw. fach.* (< 17. Jh.). Als Name für den Baum (sonst *Arve*) bezeugt seit dem 17. Jh., älter ist *Zirbel* als Bezeichnung des Fichtenzapfens (so schon spahd. *zirbil*), und von dort aus ist die Bezeichnung des Baums wohl gewonnen. Dieses zu mhd. *zirben* ´wirbeln`, ahd. *zerben* ´drehen`, entfernter ae. *tearflian* ´sich wälzen, rollen`. An sich kann ai. *dṛbháti* ´verknüpft, bündelt zusammen` verglichen werden, doch ist der Zusammenhang nur lose. S. *zwirbeln*.

Zirbeldrüse *f. erw. fach.* (< 17. Jh.). Ebenso *dannenzäpplin*. Wohl Lehnübersetzung von gr. *kōnárion n.* gleicher Bedeutung zu gr. *kõnos m.* ´Pinienzapfen`, zu mhd. *zirbel* ´Tannenzapfen`.

zirka *Adv* (< 18 Jh.). Entlehnt aus l. *circā* ´ringsum, ungefähr`.
S. *Zirkus*. − *DF* 6 (1983), 379.

Zirkel *m.* (< 10. Jh.). Mhd. *zirkel*, ahd. *zirkil* ´Kreis`. Entlehnt aus l. *circulus*, einem Diminutivum zu l. *circus* ´Kreis` (s. *Zirkus*). Im 16./17. Jh. verdrängt durch *Kreis*, erhalten in den Sonderver-

wendungen und Sonderbedeutungen *Quadratur des Zirkels*, ʹgesellschaftlicher Kreisʹ, ʹWerkzeug zum Ziehen von Kreisenʹ, ʹZirkelschlußʹ. Adjektiv: *zirkulär*; Verben: **abzirkeln, zirkulieren.**
Schirmer (1912), 40; Götze (1919), 224−227; K.-H. Weimann *DWEB* 2 (1963), 408.

zirkulieren *swV. erw. fach.* (< 16. Jh.). Entlehnt aus ml. *circulāre* ʹsich im Kreis herumbewegenʹ zu l. *circus* ʹKreisʹ (s. *Zirkus*). Abstraktum: *Zirkulation*; Konkretum: *Zirkular.*

Zirkumflex *m. per. fach.* (< 17. Jh.). Als sprachwissenschaftlicher Ausdruck entlehnt aus ml. *circumflexus* für einen bestimmten Akzent. Das lateinische Wort (zu l. *circumflectere* ʹherumbiegenʹ) übersetzt gr. *perispṓmenos* ʹherumdrehendʹ für eine zuerst aufsteigende, dann abfallende Silbenintonation.

Zirkus *m.* (< 18. Jh.). Entlehnt aus frz. *circus* und ne. *circus*, dieses aus l. *circus*, eigentlich ʹKreis, Kreislinieʹ, aus gr. *kírkos, kríkos* ʹRingʹ. Die Bedeutung ʹUnterhaltungsunternehmen (usw.)ʹ in metonymischer Übertragung von l. *circus māximus*, der römischen Arena für Spiele nach der kreisrunden Arena.
S. *Bezirk, Recherche, zirka, Zirkel, zirkulieren.* − *DF* 6 (1983), 379−388; Röhrich 3 (1992), 1774.

zirpen *swV.* (< 17. Jh.). Neben *schirpen* und *tschirpen.* Zu beachten ist der unverschobene Lautstand des *p.* Vermutlich lautmalend.

Zirrhose *f. per. fach.* ʹWucherung (besonders der Leber)ʹ (< 19. Jh.). Entlehnt aus frz. *cirrhose.* Dieses ist eine neoklassische Bildung zu gr. *kirrhós* ʹgelb, orangeʹ (nach der Verfärbung der erkrankten Leber).

zischen *swV.* (< 16. Jh.). Vorher mhd. *zispen*, ahd. *zispen*; im 17./18. Jh. auch *schischen.* Lautmalend. Modifikation: *zischeln.*

Zischlaut *m. erw. fach.* (< 18. Jh.). Von Gottsched eingeführtes Ersatzwort für *Sibilans*, dieses zu l. *sībilāre* ʹzischen, pfeifenʹ.

ziselieren *swV. erw. fach.* ʹOrnamente in Metall einarbeitenʹ (<18. Jh.). Entlehnt aus frz. *ciseler*, zu frz. *ciseau* ʹMeißelʹ, dieses über spätlateinische Zwischenstufen zu l. *caedere (caesum)* ʹschneiden, abhauenʹ. S. *dezidiert.*

Zisterne *f. erw. fach.* ʹunterirdischer Raum zum Auffangen von Wasserʹ (< 13. Jh.). Mhd. *zistern[e]* ist entlehnt aus l. *cisterna*, zu l. *cista* ʹKiste, Kastenʹ, aus gr. *kístē.* S. *Kiste.*

Zitadelle *f. per. fach.* ʹKernstück einer Festungʹ (< 15. Jh.). Entlehnt aus frz. *citadelle*, dieses aus it. *citadella*, einem Diminutivum zu it. *citta* ʹStadtʹ, aus l. *cīvitās*, zu l. *cīvis f./m.* ʹBürgerʹ.
S. *zivil.* − Jones (1976), 209; *DF* 6 (1983), 389 f.

Zitat *n.* s. *zitieren.*

Zither *f.* (< 9. Jh.). Ahd. *zitara, cithara* ist entlehnt aus l. *cithara*, dieses aus gr. *kithárā*, dessen Herkunft nicht sicher geklärt ist.
S. *Gitarre.* − Relleke (1980), 99 f., 216−218.

zitieren *swV.* (< 14. Jh.). Entlehnt aus l. *citāre (citātum)* ʹaufrufen, herbeirufenʹ, eigentlich ʹrege machenʹ, einem Frequentativum zu l. *ciēre (citum)* ʹrege machen, anregen, erregenʹ. Die alte Bedeutung ʹherbeirufenʹ noch in *herbeizitieren.* Abstraktum: *Zitat.*
E. Leser *ZDW* 15 (1914), 14; *DF* 6 (1983), 391−398. Zu den lateinischen Wörtern s. *BlW* 4 (1992), 31−33, 36−38.

Zitrone *f.* (< 16. Jh.). Entlehnt aus it. *citrone*, zu l. *citrus* ʹZitronenbaumʹ, aus gr. *kédros*, eigentlich ʹZederʹ. Nominalableitung: *Zitronat.*
Röhrich 3 (1992), 1774.

Zitter *m./f./n.*, **Zieter** *m./f./n.* ʹDeichselʹ *per. reg.* (< 11. Jh.). Mhd. *zieter m./n.*, ahd. *ziotar m./n.*, mndd. *tud(d)er*, mndl. *tuder* aus g. **teudra- n.* ʹStrickʹ, besonders ʹWeidefesselʹ, auch ʹDeichsel, Vordeichselʹ (dieses vor allem deutsch), auch in anord. *tjóðr n.*, afr. *tiāder.* Vermutlich zu *ziehen* mit frühem Ausfall des stammauslautenden Konsonanten in der schweren Konsonanz. Die unter *Zaum* besprochene Sonderbedeutung ist zu beachten. Nndl. *tuier(en)*, ne. *tether*, nschw. *tjuder.* S. *zurren.*

zittern *swV.* (< 13. Jh.). Mhd. *zit(t)ern*, ahd. *zittarōn*; ähnlich anord. *titra* ʹzwinkernʹ. Wohl lautmalende Bildung (Reduplikation **ti-t-* als Lautgebärde). Präfigierung: *erzittern*; Adjektiv: *zitterig.*
Röhrich 3 (1992), 1774 f.

Zitwer *m. per. fach.* (aromatisch duftendes Kraut)(< 11. Jh.). Mhd. *zitwar, zitwan*, ahd. *zit(a)war* u. a. Entlehnt aus ml. *zedoarium n.*, das über arab. *zadwār* aus pers. *zädwār* stammt. Dieses kann nicht weiter erklärt werden.

Zitz *m. arch.* (bunter Kattun) (< 18. Jh.). Umgesetzt aus nndl. *sits, chits*, nhd. *Chintz.*
E. Öhmann: *Über hyperkorrekte Lautformen* (Helsinki 1960), 27 f.

Zitze *f. stil.* ʹBrustwarzeʹ (< 14. Jh.). Spmhd. *zitze*, ndd. *titte*, nndl. *tit*, ae. *tit(t) m.*, ne. *teat* neben ahd. *tutto m.*, *tutta*, mhd. *tut(t)e m./f.* und die Verkleinerung *tütel n.* Sicher eine Lautgebärde aus der Kindersprache. S. *Titte.*

zivil *Adj.* ʹanständig, bürgerlich, nicht dienstlich, nicht militärischʹ (< 16. Jh.). Entlehnt aus frz. *civil*, dieses aus l. *cīvīlis* ʹbürgerlich, gemeinnützigʹ, zu l. *cīvis* ʹBürgerʹ. Dazu *zivilisieren, Zivilisation*, das die ʹGesamtheit der in modernen Lebensgemeinschaften erarbeiteten Errungenschaftenʹ bezeichnet und die Bedeutung ʹstädtisch, kultiviertʹ fortsetzt. Täterbezeichnung: *Zivilist.*
S. *City, Zitadelle.* Zur germanischen Verwandtschaft s. *Heirat.* − Schirmer (1911), 215; S. Elwitz: *civil und civility*

(Diss. Bonn 1973); W. J. Jones *SN* 51 (1979), 250; *DF* 6 (1983), 398–426; A. Palma *Index* 12 (1983/84), 249–260; R. Chartier *PSG* 4 (1986), 7–50; P. Michel *PSG* 8 (1988), 7–49. Zu *Zivilisation*: M. Pflaum: *Geschichte des Wortes 'Zivilisation'* (Diss. München 1961); ders. *WW* 12 (1962), 73–79; *WW* 15 (1965), 289–300; A. Banuls *EG* 24 (1969), 171–180; *AB* 15 (1971), 145 f.; *Grundbegriffe* 7 (1992), 679–774. Zu den lateinischen Wörtern s. *BlW* 4 (1992), 46–54.

Zobel[1] *m. erw. fach.* 'sibirischer Marder, Pelztier' (< 11. Jh.). Ahd. *zobel*. Wie mndd. *sabel, zabel*, afrz. me. *sable*, anord. *safal(i)* entlehnt aus russ. *sóbol'*, dessen weitere Herkunft unklar ist.
W. Steinhauser in *Slawisch-Deutsche Wechselbeziehungen in Sprache, Literatur und Kultur*. Hrsg. W. Krauss u. a. (Berlin 1969), 213–220; ders. (1978), 38 f.

Zobel[2] *n. per. obd.* 'unsauberes Frauenzimmer' (< 16. Jh.). Schwz. *zobeli*, schwäb. *zobele* ist eigentlich 'Haarbüschel', dann auch 'zerzauster Mensch, Dirne', entsprechend bair. *zoberl*. Zu südd. *zobeln* 'an den Haaren ziehen', das mit *zupfen* verwandt sein kann.

zocken *swV. per. grupp.* 'Glücksspiele machen' (< 19. Jh.). Aus rotw. *zchokken*. Dieses aus wjidd. *zchocken, s-chocken* 'spielen, unterhalten' (aus hebr. *śᵉḥōq, ṣᵉḥōq*).

Zofe *f. obs.* 'Kammerjungfer' (< 16. Jh.). Zunächst *Zoffe* und *Zoffmagd*. Zu einer regionalen Form von mhd. *zāfen, zāven* 'ziehen, pflegen, schmücken', später besonders 'ein Kleid nachschleppen', dessen Herkunft dunkel ist. Die Zofe wäre demnach spöttisch bezeichnet als jemand, der seiner Herrin auf dem Fuße folgt wie eine Schleppe.

Zoff *m. per. grupp.* 'Streit' (< 20. Jh.). Eigentlich ein rotwelsches, aus dem Westjiddischen stammendes Wort, das aber 'Ende, Abschluß' bedeutet (hebr. *sōf* 'Ende'). Die Bedeutungsveränderung zum Deutschen wird auf die Wendung *mieser Zoff* 'böses Ende' zurückgeführt.

zögern *swV.* (< 17. Jh.). Übernommen aus mndd. *togeren*. Dies ist eine Iterativbildung zu g. *tug-ō- swV.* 'zerren, ziehen' in anord. *toga*, ndd. *togen*, ahd. *zogōn*, mhd. *zogen*. Intensivbildung zu *ziehen*. Die Bedeutungsentwicklung wie in 'sich hinziehen' u.ä. Präfigierung: *verzögern*.

Zögling *m. stil.* (< 18. Jh.). Gebildet als Ersatzwort für frz. *élève m./f.*; zu *ziehen/erzogen*.

Zohe *f. per. wobd.* 'Hündin' (< 11. Jh.). Mhd. *zōhe*, ahd. *zōha*, mndd. *tō*; vergleichbar ist nisl. *tóa* 'Füchsin'. Herkunft unklar; vgl. die ähnlichen *Töle, Zibbe* u.ä.

Zölibat *n./m. erw. fach.* 'Ehelosigkeit aus religiösen Gründen' (< 16. Jh.). Entlehnt aus l. *caelibātus, coelibātus m.*, zu l. *caelebs, coelebs* 'unvermählt, ehelos'. Adjektiv: *zölibatär*; Täterbezeichnung: *Zölibatär*.

DF 6 (1983), 426–428.

Zoll[1] *m. obs.* (Längenmaß) (< *11. Jh., Bedeutung < 16. Jh.). Mhd. *zol m./f.* 'Knebel, Klotz, Zapfen', ahd. *zollo* 'Kreisel', mndd. *tol* 'Zweig'. Daneben erscheint um 1500 in den oberdeutschen Bauhütten das Wort für ein Längenmaß (aufgefaßt als die Länge eines Fingerglieds). Vielleicht ist also das Wort auch für 'Fingerglied' gebraucht worden; doch läßt sich der Übergang im Einzelnen nicht nachvollziehen. Auch die Herkunft des Wortes ist unsicher; vielleicht gehört es als 'abgehauenes Stück' zu der unter *Zahl* und *Zelge* behandelten Grundlage.

Zoll[2] *m.* 'Abgabe' (< 8. Jh.). Mhd. *zol m./n.*, ahd. *zol*, as. *tolna f.* Wie anord. *tollr*, ae. *toln f.*, afr. *tolen(e), tolne f.* entlehnt aus ml. *toloneum n.* (l. *telōnēum n.* aus gr. *telōneîon n.* zu gr. *télos n.* 'Ziel, Ende', dann auch 'endgültige Zahlung'). Die Bedeutung ist zunächst 'Zollhaus', dann auch die dort zu entrichtende Abgabe. Täterbezeichnung: *Zöllner*; Verb: *(ver-) zollen*.

Zone *f.* (< 18. Jh.). Zunächst in der Form *zona*, dann unter Einfluß von frz. *zone* als *Zone*, entlehnt aus l. *zōna* als erdkundlicher Begriff. Im eigentlichen Sinne bedeutet das Wort 'Gürtel' und ist entlehnt aus gr. *zṓnē*.

Zoologie *f.* (< 18. Jh.). Entlehnt aus frz. *zoologie*, einer Neubildung zu gr. *zṓion, zôion n.* 'Lebewesen', zu gr. *zēn, zṓein* 'leben' (aus ig. *gʷjē/ō*, wie auch l. *vīvere* 'leben' usw.). S. auch *-logie*. *Zoo* ist gekürzt aus *zoologischer Garten*.
Zur germanischen Verwandtschaft s. *keck*. – Cottez (1980), 460 f.; *DF* 6 (1983), 428–430.

Zoom *n. per. fach.* 'kontinuierliche Veränderung der Brennweite eines Objektivs' (< 20. Jh.). Entlehnt aus ne. *zoom*, ursprünglich für das steile Aufsteigen von Flugzeugen verwendet und lautmalerisch für das dabei auftretende Geräusch.
Rey-Debove/Gagnon (1988), 1117.

Zopf *m.* (< 12. Jh.). Mhd. *zopf*, ahd. *zopf* 'Ende, Zipfel, Zopf'; entsprechend anord. *toppr* 'Haarbüschel', ae. *top(p)* 'Gipfel, Scheitel', afr. *top(p)* 'Büschel', ndd. *top(p)*, nndl. *top* 'Gipfel, oberes Ende'. Zugehörige Wörter sind vielleicht *Zapfen*, *Zipfel* und vielleicht *zupfen*; eine sinnvolle Herleitungsmöglichkeit läßt sich aber nicht finden. Der Zopf als Haartracht der Männer ist schon früh aus der Mode gekommen; deshalb *alter Zopf* als Ausdruck für 'überholtes Herkommen'.
S. *Toupet*. – Röhrich 3 (1992), 1775 f.

Zores *m. per. grupp.* 'Durcheinander, Ärger' (< 19. Jh.). Übernommen aus dem Rotwelschen, das es wiederum dem Westjiddischen entlehnt hat. Wjidd. *zores* ist Plural von *zore* 'Sorge, Not', aus hebr. *ṣārōt*, Plural von hebr. *ṣārā(h)* 'Drangsal, Not'. In der ebenfalls auftretenden Bedeutung 'Gesindel' scheint ein anderes Wort vorzuliegen: rotw. *zores*, wjidd. *zoir* 'Geringer, Niedriger, Kleiner' aus hebr. *ṣā 'īr* mit Bedeutungsattraktion an das andere *zores* im Rotwelschen.

Littmann (1924), 51, 54.

Zorn *m.* (< 9. Jh.). Mhd. *zorn*, ahd. *zorn n.*, as. *torn n.* aus wg. **turna- n.* 'Zorn', auch in ae. *torn n.*; daneben ein Adjektiv in mhd. *zorn*, as. *torn*, ae. *torn* 'bitter, grausam'. Wie air. *drenn* 'Streit', gr. *dēris* 'Streit' und andere Substantive geht das Wort offenbar zurück auf eine Ableitung aus der Wurzel (ig.) **der-* 'spalten', die in *zerren* dargestellt ist. Verb: *zürnen*; Adjektiv: *zornig*.

Nndl. *toorn*. – Trier (1963), 136 f.; M. Swisher *NPhM* 93 (1992), 393–410; Heidermanns (1993), 608 f.

Zosse *m. per. reg.* 'alter Droschkengaul' (< 18. Jh.). Übernommen aus dem Rotwelschen, in dem es als *Zußgen* bezeugt ist. Dieses aus wjidd. *suss*, *zosse* 'Pferd' aus hebr. *sūs* 'Pferd'.

Wolf (1985), 350 f.

Zote *f.* (< 15. Jh.). Zunächst in Fasnachtspielen. Die Herkunft ist nicht völlig klar; es scheint aber von frz. *sot(t)ie* '(unflätige) Narretei' auszugehen und wohl sekundär von *Zotten* im Sinn von 'Schamhaare' beeinflußt zu sein.

Lokotsch (1975), 152.

Zotte[1] *f.*, auch **Zottel** *m.* 'Haarbüschel' (< 9. Jh.). Mhd. *zot(t)e f./m.* 'Haarzotte, Flausch', ahd. *zata, zota f.*, *zato m.* 'Mähne', ndd. *tot* 'Zotte'. Ähnliche Wörter sind nndl. *todd* 'Fetzen, Lumpen', ne. *tod* 'Busch, Wollgewicht', anord. *toddi m.* 'Büschel, Bißchen, Wollgewicht'. Weitere Herkunft unklar. Adjektiv: *zottig*; Verb: *zotteln* (s.d.). S. *Zadder, Zote*.

Zotte[2] *f. per. reg.* 'Gefäßmündung' (< 16. Jh.). Die niederdeutsche Entsprechung ist *tūt, tüt, teute*, nndl. *tuit*. Trotz der späten Bezeugung wohl ein verhältnismäßig altes Wort; vgl. *Tüte*.

zotteln *swV. stil.* (< 15. Jh.). Iterativbildung zu mhd. *zoten* 'langsam gehen, schlendern'; entsprechend ne. *tottle, toddle, totter* 'wackeln, watscheln'. Es ist denkbar, daß bei mehr an das Hin- und Herschwingen der *Zotten* laufender Schafe gedacht ist, doch sieht die Verbreitung eher nach einem lautsymbolischen Wort aus.

zu *Präp./Adv.* (< 8. Jh.). Mhd. *zuo*, ahd. *zuo, zua, zō*, as. *tō* aus wg. **tō*, auch in ae. *tō*, afr. *tō*. Neben dieser betonten Adverbialform steht in alter Zeit die unbetonte Präposition **te* in ahd. *za, zi*, as. *ti*; später wird die volle Form auch als Präposition verwendet. Im Gotischen dafür *du*, das im Lautstand nicht dazustimmt (vgl. die ähnliche Problematik bei *zer-*). Die Präposition vergleicht sich am besten mit einem postpositionalen (ig.) **-de* 'nach, zu' in gr. *oîkón-de* 'nach Hause', avest. *vaēsmən-da* 'zum Haus'; der Adverbialform entspricht in anderen Sprachen am besten **do*, das im Germanischen offenbar unter dem Ton gedehnt wurde, vgl. l. *quan-do*, air. *do-*, kymr. *du-*, akslav. *do*, lit. *da-*. Eine wie im Germanischen gedehnte Form vielleicht in gr. *dō* (nachgestellt).

S. *bis, jetzt*. – Nndl. *toe, te*, ne. *too, to*. – Johannisson (1939), 288–350; Henzen (1969), 269–278.

Zubehör *n. stil.* (< 17. Jh.). Dem obd., md. *gehören, zugehören* entspricht ndd. *behören, zubehören*. Im 17. Jh. dringt die niederdeutsche Form vor und ergibt *Zubehör*, während *zugehören* und *zugehörig* in der alten Form bleiben. S. *Behörde*.

Zuber *m. erw. reg.* (< 9. Jh.). Mhd. *zuber, zūber*, ahd. *zubar, zwibar*. Trotz einiger Unklarheiten ist es am wahrscheinlichsten, daß das Wort aus *zwei* und einer Ableitung von *beran* 'tragen' (s. *gebären*) gebildet ist und somit 'zweiträgiges Gefäß', also 'Gefäß mit zwei Henkeln' bedeutet (vgl. *Eimer*).

R. Hildebrandt *DWEB* 3 (1963), 381 f.

zubuttern *swV. erw. stil.* 'zuschießen' (< 19. Jh.). Umdeutung von ndd. *tobōten* 'zuschießen' (zu *büßen*).

W. Niekerken in: *FS Pretzel* (1973), 375 f.

Zucht *f.* (< 8. Jh.). Mhd. *zuht*, ahd. *zuht*, as. *tuht* aus wg. **tuhti- f.* 'Zucht', auch in ae. *tyht m.*, afr. *tocht*. Morphologisch entsprechend ist gt. *us-tauhts* 'Vollendung' (zu gt. *ustiuhan* 'vollenden'). Frühe Bedeutungsübertragung von dem konkreten 'ziehen' zu dem abstrakten 'erziehen'. Hierzu *züchten*, mhd. *zühten*, ahd. *zuhten*. Kollektivum: *Gezücht*; Verb: *züchten*; Adjektiv: *züchtig*. Nndl. *tucht*.

Zuchthaus *m. obs.* 'schweres Gefängnis' (< 17. Jh.). Im 17. Jh. werden nach dem Vorbild des niederländischen *tuchthuis* (dieses seit dem 16. Jh.) Anstalten zur Besserung von Leichtfertigen und Haltlosen errichtet. Diese Häuser dienen auch als Gefängnisse, so daß das Wort zu einer Bezeichnung für Gefängnisse werden kann, in denen die Häftlinge zu schwerer Arbeit herangezogen werden.

züchtig *Adj. obs.* (< 10. Jh.). Mhd. *zühtec, zühtic*, ahd. *zuhtīg*. Eigentlich 'Zucht (= Erziehung) besitzend'; später eingeschränkt auf Zurückhaltung, vor allem im geschlechtlichen Bereich. S. *züchtigen*.

züchtigen *swV.* (< 12. Jh.). Mhd. *zühtegen, zühtigen*, eigentlich 'züchtig machen', so wie l. *castīgāre* 'strafen' zu l. *castus* 'keusch, züchtig' (vielleicht Lehnübersetzung).

zuckeln *swV.*, auch **zockeln** *swV.* 'langsam, ruckartig gehen oder fahren' *stil.* (< 18. Jh.). Iterativbildung zu *zucken/zocken* und damit zu *ziehen*.

zucken *swV.*, **zücken** *swV.* (< 9. Jh.). Mhd. *zucken, zücken*, ahd. *zucken, zuhhen*, mndd. *tucken*, mndl. *tucken*. Intensiv-Bildung (mit Intensiv-Gemination) zu *ziehen*; Ausgangsbedeutung also 'heftig ziehen'. Die Lautvariation ergibt sich daraus, daß im Süden in dieser Lautumgebung der Umlaut unterbleibt. Danach Bedeutungsdifferenzierung. Auf Geistiges übertragen wird das Wort hauptsächlich in den Präfigierungen *entzücken, verzücken.*

Zucker *m.* (< 13. Jh.). Mhd. *zu(c)ker,* ahd. *zukker.* Entlehnt aus it. *zucchero,*l. *saccharon n.,* das aus gr. *sákcharon n.* stammt. Dieses kommt über arab. *sukkar* und pers. *šäkär* aus ai. *śárkarā f.* ʹSandzuckerʹ (eigentlich ʹKies, Geröll, Grießʹ). Verb: *zuckern.*
Littmann (1924), 81, 87; H. Sölken *Zeitschrift für die Zukkerindustrie* 9 (1959), 462–465; Lokotsch (1975), 147; S. Powels *Mediterranean language review* 4–5 (1989), 1–21; Röhrich 3 (1992), 1776 f.

Zuckerkand(el) *m. arch.* ʹkristallisierter Zucker, Kandiszuckerʹ (< 15. Jh.). Fnhd. *zuckerkandi(t), zuckercandel.* Entlehnt aus ml. *succurcandi,* dessen zweiter Teil über arab. *qand* ʹeingedickter Zuckersaftʹ vermutlich aus ai. *khaṇḍa-* ʹStück, Teilʹ stammt. S. *Kandis.*

Zufall *m.* (< 15. Jh.). Fnhd. *zuoval,* mndd. *toval,* mndl. *toeval.* Lehnübersetzung des gleichbedeutenden l. *accidēns n.,* Partizip von *accidere* (aus l. *ad* ʹzuʹ und l. *cadere* ʹfallenʹ). Der Begriff stammt aus der Logik, ist aber durch den theologischen Sprachgebrauch der Mystiker mitbestimmt worden. Adjektiv: *zufällig.*

zufrieden *Adj.* (< 16. Jh.). Junge Zusammenrückung aus *zu* und *Friede* (mhd. *mit vride*). Die Bedeutung entwickelt sich hauptsächlich in Wendungen wie *zufriedenstellen* u.ä.

Zug *m.* (< 11. Jh.). Mhd. *zuc, zug,* ahd. *zug,* mndd. *toch, toge* aus wg. **tugi- m.* ʹZugʹ, auch in ae. *tyge.* Verbalabstraktum zu *ziehen.* Die spätere Bedeutungsvielfalt steht teilweise unter dem Einfluß von frz. *train* und *trait* (beide ursprünglich ʹZugʹ). Die Bedeutung ʹEisenbahnzugʹ ist einerseits gekürzt aus *Wagenzug,* steht aber andererseits auch unter dem Einfluß von ne. *train.*
Krüger (1979), 477–497, 496–499; Röhrich 3 (1992), 1777 f.

Zügel *m.* (< 10. Jh.). Mhd. *zügel, zugel,* ahd. *zugil,* mndd. *togel,* mndl. *togel* aus g. **tugila- m.* ʹZügelʹ, auch in anord. *tygill,* ae. *tygel.* Instrumentalbildung zu *ziehen,* also eigentlich ʹMittel zum Ziehenʹ. Verb: *zügeln.*
Nndl. *teugel,* nschw. *tygel.* S. *ziehen.* – Röhrich 3 (1992), 1778.

Zuhälter *m. erw. fach.* (< 19. Jh.). Wohl in der Sprache der Polizei gebildet zu älterem *Zuhälterin* ʹDirneʹ (15. Jh.). Mit *einem zuhalten* = ʹzu einem haltenʹ bezeichnet das außereheliche Verhältnis einer Frau zu einem Mann.

zuhand *Adv. obs.* ʹalsbaldʹ (< 13. Jh.). Mhd. *ze hant,* eigentlich ʹbei der Handʹ.
B. Murdoch *ASNSL* 207 (1970/71), 192–198.

zuhanden *Präp.* s. *abhanden.*

Zukunft *f.* (< 10. Jh.). Mhd. *zuokunft, zuokumft,* ahd. *zuokumft,* mndd. *tokumpst,* mndl. *toecomste.* Abstraktbildung zu *kommen* + *zu,* so daß in alter Zeit ʹdas Herankommenʹ die normale Bedeutung ist. Der heutige Sinn tritt zuerst bei dem Adjektiv *zukünftig* auf (mittelhochdeutsch); beim Substantiv erst vereinzelt im Spätmittelhochdeutschen.

Zukunftsmusik *f.* ʹUtopieʹ (< 19. Jh.). Als Reaktion auf Richard Wagners Schrift ʹDas Kunstwerk der Zukunftʹ (1850) wird spöttisches *Zukunftsmusiker* und *Zukunftsmusik* gebraucht. Letzteres bleibt in der Diskussion und geht in den allgemeinen Sprachgebrauch über.
Ladendorf (1906), 352–354; Büchmann (1986), 342; Röhrich 3 (1992), 1778.

Zulp *m. per. omd.* ʹLutschbeutel der Kinderʹ (< 18. Jh.). Zu *Zulpen (Pl.)* ʹFlachsabfall, Lumpenʹ (da aus Leinwandresten zusammengebunden). S. auch *zuzeln.*

zumal *Adv.* (< 14. Jh.). Mhd. *ze māle,* mndd. *tō māle.* Ausgangsbedeutung ist ʹzu diesem (gleichen) Zeitpunkt (Mal)ʹ. Aus ʹgleichzeitigʹ entwickelt sich durch Verallgemeinerung ʹinsbesondereʹ.
S. *Mahl*[1]. – Behaghel 3 (1928), 353 f.

zünden *swV.* (< 9. Jh.). Mhd. *zünden, zunden, zunten,* ahd. *zunten.* Diese Bedeutung wird in den anderen germanischen Sprachen von der zu erwartenden *a*-Stufe gebildet: gt. *tandjan,* anord. *tenda* (selten, häufiger *tendra*), ae. *ontendan.* Die Schwundstufe sonst noch bei gt. *tundnan* ʹbrennenʹ und ahd. *zunten* ʹbrennenʹ. Das sicher einmal vorhandene starke Verb als Grundlage dieser Sippe ist nicht mehr sicher bezeugt (je einmal *tinne* im Mittelhochdeutschen und Altenglischen). Herkunft unklar. Nach Hamp zu kymr. *ennyn* ʹanzündenʹ (ig. **and-ent-*) und weiter zu gr. *ánthrax* ʹGlut, (Kohle)ʹ, arm. *antʿeł* ʹGlut, (Kohle)ʹ, georg. *v-antʿ-ab* ʹich entzündeʹ. Der anlautende Dental wäre demnach der Rest eines Präfixes. Präfigierung: *entzünden;* Abstraktum: *Zündung:* Nomen instrumenti: *Zünder.*
S. *Zunder, zünseln.* – R. Thurneysen *IA* 33 (1914), 32; Seebold (1970), 502; E. P. Hamp *SC* 12/13 (1977/78), 1 f.; *IF* 90 (1985), 65; J. Knobloch in: *FS Schützeichel* (1987), 1231–1233.

Zunder *m. obs.* ʹMaterial zum Feuerfangenʹ (< 9. Jh.). In übertragener Bedeutung noch üblich (*brennen wie Zunder*). Mhd. *zunder m./n.,* ahd. *zunt(a)ra f.,* mndd. *tunder,* mndl. *tonder, tunder* aus g. **tundra- n.* ʹZunderʹ, auch in anord. *tundr n.,* ae. *tynder, tyndre f.* Daneben mhd. *zündel,* ahd. *zuntil.* Instrumentalbildung zu *zünden.*
Röhrich 3 (1992), 1778.

Zunft *f.* (< 9. Jh.). Mhd. *zunft, zumft,* ahd. *zumft.* Ein *ti*-Abstraktum zu ahd. *zeman* (s. *zie-*

men), also etwa ´das Zusammenpassen, die Übereinkunft´, auch ´Schicklichkeit´. Im 13. Jh. Bezeichnung für Handwerkerverbände über den oberdeutschen Raum (auf den das Wort ursprünglich beschränkt war) hinaus (vorher l. *coniuratio*).

E. vKünßberg *ZM* 11 (1935), 242−245; K. Obst in: *Text- und Sachbezug*. Hrsg. R. Schmidt-Wiegand (München 1985), 104−122; *Gilden und Zünfte*. Hrsg. B. Schwineköper (Sigmaringen 1987), besonders die Beiträge von O. G. Oexle und R. Schmidt-Wiegand.

Zunge f. (< 8. Jh.). Mhd. *zunge*, ahd. *zunga*, as. *tunga* aus g. **tungōn* f. ´Zunge´, auch in gt. *tuggo*, anord. *tunga*, ae. afr. *tunge*. Ähnliche Wörter für ´Zunge´ existieren in fast allen indogermanischen Sprachen, doch lassen sie sich nur unter Zusatz-Annahmen lautlich verknüpfen. Grund für die Variation ist wohl die komplizierte Ausgangsform und möglicherweise der Einfluß von Wörtern für ´lecken´ (so meist bei den mit *l*- anlautenden Wörtern). Vgl. l. *lingua*, air. *tengae*, kymr. *tafod*, lit. *liežùvis m.*, akslav. *językŭ m.*, toch. A *käntu m./f.*, toch. B *kantwo m.*, ai. *jihvā́*. Grundform (nach Winter) (ig.) **ndʰ-ǵʰəu-* ´das unter dem Munddach (Gaumen) liegende´ (spekulativ). Verb: **züngeln**.

Nndl. *tong*, ne. *tongue*, nschw. nisl. *tunga*. S. *Linguistik*. − W. Winter *JIES* 10 (1982), 167−186; Röhrich 3 (1992), 1778−1781.

zünseln *sw V. per. obd.* ´mit Licht und Feuer spielen´ (< 11. Jh.); dazu **Zünsler** m. ´Lichtmotte´. Abgeleitet von ahd. *zinsilo* ´Zunder´, einer Instrumentalbildung zu *zünden*.

zupaß *Adv. obs. phras.* (in *zupaß kommen* ´gelegen kommen´) (< 16. Jh.). Zu der älteren Entlehnung von *Paß* im Sinn von ´rechte, gelegene Zeit´ aus frz. *pas*, das unter anderem auch dieses (ursprünglich ´Schritt´) bedeutete.

zupfen *sw V.* älter *zopfen*, eigentlich ´in Büscheln ausreißen´ (vielleicht speziell bei der Bearbeitung von Hanf und Flachs) (< 15. Jh.). Vielleicht zu *Zopf* in der Bedeutung ´Büschel, Haarbüschel´. Weitere Herkunft unklar.

zurechnungsfähig *Adj.* (< 19. Jh.). Gebildet zu *Zurechnung*; dieses ist Abstraktum zu *zurechnen* ´(hinzurechnen), jmd. etwas zusprechen´. Jemand ist also *zurechnungsfähig*, wenn ihm etwas zugesprochen werden kann.

zürnen *sw V.* (< 11. Jh.). Mhd. *zürnen*, ahd. *zurnen*, mndd. *tornen*, mndl. *tornen*. Abgeleitet von *Zorn*, als dieses Wort bereits seine spätere Bedeutung erhalten hatte.

zurren *sw V. erw. fach.* ´festbinden´ (< 19. Jh.). In die deutsche Seemannssprache entlehnt aus nndl. *sjorren*. Dieses geht auf fr. *tsoarje* zurück, das von afr. *tiäder* ´Tau, Seil´ abgeleitet ist (s. *Zitter*).

zurück *Adv.* (< 9. Jh.). Mhd. *ze rucke*, ahd. *ze rucke*, mndd. *to rugge*, mndl. *terugghe* ´zum Rük-

ken´. Die konkrete Bedeutung fängt im 12. Jh. an zu verblassen und wird zu ´rückwärts´. In jüngeren substantivischen Zusammensetzungen steht nur *rück-*.

Henzen (1969), 86−132.

zusammen *Adv.* (< 8. Jh.). Mhd. *zesam(e)ne*, *zesamen*, ahd. *zisamane*, as. *tesamne* aus wg. **te samanē* ´zusammen´, auch in ae. *tōsamne*, afr. *tosamine*. Verdeutlichung zu gt. *samana*, anord. *saman*, as. *saman*, ahd. *saman-* ´beisammen, zusammen´, eigentlich ´nach demselben Ort hin´ zu dem Pronominalstamm **sama-* in gt. *sama*, anord. *samr*, ae. *same*, as. *sama*, *samo*, ahd. *sama*, *sam(o)*. Zu ig. **samo-* in ai. *samá-* ´gleich, derselbe´ (ai. *samānā* ´zusammen´), gr. *hámos* ´derselbe´, l. *simul* ´zugleich´, air. *som* ´selber´, kymr. *hafal* ´ähnlich, gleich´, akslav. *samŭ* ´selbst´.

Nndl. *te zamen*. S. *-sam, sammeln, samt, sanft*; zu lateinischen Verwandtschaft s. *Faksimile*, zur griechischen *homo-*. − G. Schieb *BGDSL-H* 82 (1961) (= *Sonderband FS Karg-Gasterstädt*), 217−234; Röhrich 3 (1992), 1781 f.

zuschanzen *sw V. stil.* ´jmd. einen Vorteil verschaffen´ (< 16. Jh.). Ursprünglich aus dem Glücksspiel mit Karten als ´dem Mitspielenden einen nicht den Regeln entsprechenden Vorteil zuwenden´. Zu spmhd. *schanzen* ´Glücksspiele spielen´; dieses zu *Schanze* ´Glückswurf´ (s. *Schanze²*).

züsseln *sw V. per. reg.* ´rupfen´ (< 16. Jh.). Verkleinerungsform von *zausen*.

Zustand m. (< 16. Jh.). Fnhd. *zuostant*, mndd. *tōstant*, mndl. *tōstant*. Abstraktum zu *zustehen* in dessen verschiedenen Bedeutungen; im 17. Jh. verallgemeinert zu ´Stand´ (Stand der Dinge u.ä.); dann verschoben vom beobachtbaren ´Stand´ zu der inneren Befindlichkeit.

Röhrich 3 (1992), 1782.

zustatten *Adv. phras.* (< 11. Jh.). Mhd. *ze staten*, ahd. *zi statu* ´zu gelegener Zeit, zu Hilfe´. Zu mhd. *stat(e)*, ahd. *stata* ´bequemer Ort oder Zeitpunkt, Gelegenheit, Hilfe´, einer Ableitung von *stehen*, die ursprünglich von *Statt/Stätte/Stadt* (s. *Statt*) verschieden ist.

Zuversicht f. (< 11. Jh.). Mhd. *zuoversiht*, ahd. *zuofirsiht*, mndd. *tovorsicht n./f.*, mndl. *toeversicht*. Abstraktum zu *sich zu jemandem versehen* ´auf jmd. vertrauen´.

H. Götz *BGDSL-H* 79 (1957) (= *Sonderband FS Frings*), 322−329.

zuwege *Adv.* ´zustande´ (< 11. Jh.). Mhd. *ze wege*, ahd. *zi wege* ´auf den (rechten) Weg´; im 15. Jh. verschoben zu ´zurecht, fertig´. Vor allem ein Wort des Südwestens.

zuweilen *Adv.* (< 16. Jh.). Fnhd. *zuo wylen*, zu *Weile* in Sinn von ´bestimmte Zeit´ gebildet. Löst älteres mhd. *wīlen(t)* (s. *weiland*) ab.

zuwider *Adv.* (< 16. Jh.). Aus mndd. *towedder* nach Süden gewandert, zunächst in der hochdeutschen Form *zuwidern*.

zuzeln *swV. per. reg.* ʼauslutschenʼ (< 20. Jh.). Ursprünglich bairisch, sonst auch *zutschen*; vgl. auch *zullen* in dieser Bedeutung (hierzu *Zulp*). Sicher lautmalend für das Lutschen von Säuglingen.

zwacken *swV. stil.* ʼzwickenʼ (< 14. Jh.). Mhd. *zwacken*. Mit Vokalvariation zu *zwicken*. Partikelverb: **abzwacken**.

zwagen *stV. arch.* ʼwaschenʼ (< 9. Jh.). Mhd. *twahen*, *dwahen*, ahd. *dwahan*, as. *thwahan* aus g. *þwah-a- stV.* ʼwaschenʼ, auch in gt. *þwahan*, anord. *þvá*, ae. *þwēan*. Außergermanisch vergleicht sich apreuß. *twaxtan* ʼBadequastʼ und mit Rücksicht darauf vielleicht lit. *tvaskéti* ʼschlagen, klopfenʼ. Weitere Herkunft unklar.

Nschw. *två*, nisl. *þvo*. S. *Zwehle*. – Seebold (1970), 525.

Zwang *m.* (< 10. Jh.). Mhd. *twanc*, ahd. *geduang*, mndd. *dwank*. Abstraktum zu *zwingen*. Die alte Verwendung als ʼBeschwerden, Verstopfung u.ä.ʼ (vgl. etwa *Harnzwang*) ist auf die verbale Bedeutung ʼzusammendrücken, bedrängenʼ zurückzuführen. Verb: **zwängen**.

zwängen *swV.* (< 9. Jh.). Mhd. *twengen*, ahd. *dwengen*. Wohl eine Ableitung zu *Zwang*, also ʼeine Bedrückung, Beklemmung verursachenʼ. Daher auf der einen Seite ʼklemmen, hineindrückenʼ, auf der anderen ʼbelästigen, nötigenʼ. S. *quengeln*.

zwangsläufig *Adj.* (< 19. Jh.). Ein von F. Reuleaux (*Theoretische Kinematik* 1875, S. 90, 597) eingeführter Ausdruck für eine vorgegebene Bewegung. Der Ausdruck wird alsbald übertragen gebraucht.

zwanzig *Num.* (< 8. Jh.). Mhd. *zweinzec*, *zwēnzic*, ahd. *zweinzug*, as. *twēntig*, wie ae. *twēntig*, afr. *twintich*. Die westgermanische Besonderheit gegenüber gt. *twai tigjus*, anord. *tuttugu* beruht auf der westgermanischen Sonderform für das Zahlwort *zwei*.

Nndl. *twintig*, ne. *twenty*. S. *Twen*, *zwei*. – Ross/Berns (1992), 602–613.

zwar *Adv.* (< 8. Jh.). Mhd. *zwāre*, älter *ze wāre*, also eigentlich ʼin Wahrheitʼ mit dem Neutrum des Adjektivs *wahr* in der Funktion eines Abstraktums (vgl. *fürwahr*). Die Bestätigung der Wahrheit dient häufig als Ausgangspunkt einer Einräumung (vgl. etwa die Funktion von *gewiß*); in dieser Funktion wird *zwar* Neuhochdeutsch zum Adverb.

zwatzeln *swV. per. reg.* ʼunruhig seinʼ (< 16. Jh.). Ebenso **zwatzelig** *Adj.* ʼzappeligʼ. Präfigierung: **verzwatzeln** ʼverzweifelnʼ. Wohl lautsymbolisch entstanden.

Zweck *m.* (< 9. Jh.). Mhd. *zwec*, ahd. *zwec* ʼNagel, Pflockʼ, vor allem ʼPflock in der Mitte der Ziel-

scheibeʼ. Von hier aus im 15. Jh. zu ʼZielʼ, während die alte Bedeutung in der Form *Zwecke* beibehalten wird. Weiter verbreitet ist die Ableitung *zwicken*. Weitere Herkunft unklar. Präfixableitung: **bezwecken**. S. *Zwick*.

Zwecke *f.* s. *Zweck*.

Zwehle *f. per. wmd.* ʼHandtuchʼ (< 11. Jh.). Mhd. *twehel(e)*, *dwehel(e)*, ahd. *dwehila*, *dwahilla*, as. *thwehila*, wie ae. *þwēale* *n.* Zugehörigkeitsbildung zu g. *þwahla-* ʼBad, Wäscheʼ in gt. *þwahl*, anord. *þvál* *n.* ʼSeifeʼ, ae. *þwēal* *n./m.* ʼWäsche, Waschenʼ, ahd. *dwahal* *n.* ʼBadewanneʼ. Dieses ist eine Konkretbildung zu dem unter *zwagen* behandelten g. *þwah-a-* ʼwaschenʼ. Die Nebenform *Quehle* entspricht der ostmitteldeutschen Lautentwicklung.

Kluge (1926), 47 f.

zwei *Num.* (< 8. Jh.). Neutralform des ursprünglich flektierten mhd. *zwēne*, *zwō/zwā*, *zwei*, ahd. *zwēne* (m.), *zwō*, *zwā* (f.), *zwei* (n.), as. *twēne*(m.), *twō*, *twā* (f.), *twē* (n.) Die maskuline Form ist ein westgermanisches Distributivzahlwort *(*twajina-)*, auch in ae. *twēgen*, afr. *twēne*. Dafür gt. *twai*, anord. *tveir*. Die Feminina sind gt. *twos*, anord. *tvær*, ae. *twā*, afr. *twā*, die Neutra gt. *tva*, anord. *tvau*, ae. *tū*, afr. *twā*. Grundsprachlich ist eine Dualform *dwōu* *m.* anzusetzen mit im einzelnen verschiedenen Stammbildungen. Vgl. ai. *dvá*, toch. A *wu*, we, toch. B *wi*, gr. *dýo*, *dýō*, l. *duo*, air. *dá*, kymr. *dau*, lit. *dù*, akslav. *dúva*.

Nndl. *twe*, ne. *two*, nschw. *två*, nisl. *tveir*. S. *Zuber*, *Zweifel*, *Zweig*, *zwie*, *Zwieback*, *zwier*, *Zwiesel*, *Zwillich*, *Zwilling*, *Zwirn*, *zwischen*, *Zwist*, *Zwitter*; die lateinische Verwandtschaft s. unter *Duo*, die griechische in *di-*. – A. Jensen *ZVPh* 6 (1952), 50–57; E. Seebold *Anglia* 86 (1968), 417–436; Meyer/Suntrup (1987), 93–212; W. P. Schmid: *Wort und Zahl* (Mainz 1989); F. Villar in: *FS Polomé* 1 (1991), 136–154; Ross/Berns (1992), 652–571.

Zweifalter *m. arch.* ʼSchmetterlingʼ (< 15. Jh.). Fnhd. *zwīvalter* umgebildet aus mhd. *vīvalter* (s. *Falter*).

Zweifel *m.* (< 8. Jh.). Mhd. *zwīvel*, ahd. *zwīval* *m./n.*, mndd. *twīfel*, mndl. *twivel* *m./n.* aus g. *twīfla- m.* ʼZweifelʼ, auch in gt. *tweifls*. Dazu **zweifeln**, mhd. *zwīvel(e)n*, *zwīvelōn*, ahd. *zwīvalōn*, *zwīflōn*, as. *twīflian*, *twīflon*, gt. *tweifljan*. Zu *twi-*, der Kompositionsform von *zwei*, und der unter *-falt* behandelten Grundlage, also ʼzweifältig, gespaltenʼ. Semantisch entsprechende Ableitungen aus dem Zahlwort *zwei* sind ahd. *zwīvo* ʼZweifelʼ usw., gr. *en doiēi* ʼim Zweifelʼ usw.

S. *zwie-*, *zwei*. – H. Hempel in: *FS Helm* (1951), 157–179; F. Maurer in: *FS Spamer* (1953), 178–180.

Zweig *m.* (< 9. Jh.). Mhd. *zwīc* *n./m.*, ahd. *zwīg* *n./m.*, mndd. *twīch* *n.*, mndl. *twijch*. Ähnliche Wörter sind mhd. *zwī*, ahd. *zwī* *n.*, ae. *twī*, *twig* *n.*, *twigu* *f.* und mhd. *zwisel(e)* *f.*, ahd. *zwisila* *f.*, mndd. *twil*. Offenbar Ableitungen aus dem Zahlwort *zwei*, also

´Gegabeltes´. S. *Zwiesel, zwei.* Präfixableitung: *verzweigen*; Partikelableitung: *abzweigen.*

zweihäusig *Adj. per. fach.* ´(von Pflanzen) männliche und weibliche Blüten auf verschiedenen Pflanzen habend´ (< 19. Jh.). Übersetzt aus dem neokl. (gr.) Wort *diözisch* (gr. *di-* ´zwei´ und gr. *oîkos* ´Haus´).

Zweikampf *m.* (< 17. Jh.). Als Lehnbildung zu l. *duellum n.* aufgekommen. Das lateinische Wort hängt mit l. *duo* ´zwei´ nicht zusammen, sondern ist eine Variante von l. *bellum n.* ´Krieg´, doch ist die Umdeutung schon alt. Das ältere Wort war mhd. *einwīc m./n.*, eigentlich ´Zusammenkampf´.

zweischneidig *Adj.* (< 15. Jh.). Konkret in bezug auf Schwerter gebildet, in der Regel aber übertragen.

zweite *Num.* (< 15. Jh.). Ersetzt das ursprüngliche *ander* als Ordinalzahlwort für *zwei.*

zwerch *Adj. erw. reg.* (< *9. Jh., Form < 16. Jh.). Nur noch in Zusammensetzungen wie *Zwerchfell.* Mhd. *twerch, dwerch,* ahd. *dwerah* aus g. *þwerha-Adj.* ´quer´, auch in got. *þwairhs* ´zornig´, anord. *þverr,* ae. *þweorh.* Das selbständige Wort ist in der Lautform *quer* erhalten. Herkunft unklar; vielleicht zu l. *torquēre* ´(ver)drehen´.
Nschw. *tvär,* nisl. *þver.* S. *Tortur, überzwerch.* − Heidermanns (1993), 634 f.

Zwerchfell *n.* (< 17. Jh.). Zu *zwerch* ´quer´ und *Fell* in der alten Bedeutung ´Haut´.

Zwerg *m.,* alt auch *n.* (< 10. Jh.); **Querg** *m. omd.* Mhd. *twerc, querh m./n.,* ahd. *twerg n.,* as. *gidwerg n.* aus g. *dwerga- m.* ´Zwerg´, auch in anord. *dvergr,* ae. *dweorg,* afr. *dwerch;* tiefstufig in anord. *dyrgja f.* ´Zwergin´. Herkunft unklar. Vielleicht gehört das Wort zu *trügen.*
C. Lecouteux *Euphorion* 75 (1981), 366−378.

Zwetschge *f. reg.* (< 15. Jh). Im Süden und Westen des Sprachgebiets werden die frühen runden *Pflaumen* von den späten, länglichen *Zwetschgen* unterschieden, während im Norden und Osten beides *Pflaume* heißt. Das Wort erscheint in zahlreichen regionalen Varianten (*Zwetsche, Quetsche* usw.). Entlehnt aus einem romanischen Wort (nordit. sofrz. *davascena*), eigentlich l. *damascēna,* d. h. ´Frucht aus Damaskus´ (mgr. *damáskēnon*), weil die veredelten Pflaumensorten aus den pontischen Ländern stammen.
S. *Damast.* − Littmann (1924), 20 f.; V. Moser *ZM* 18 (1942), 96−105; G. Tuaillon in *FS Alinei* 1 (1986), 211−237.

Zwick *m.* ´Nagel´, *reg.* Nebenform von *Zweck(e).*

Zwicke *f.* s. *Zwickmühle.*

Zwickel *m. per. fach.* ´Keil´ (bei Kleidungsstücken) (< 12. Jh.). Mhd. *zwickel,* ahd. *zwickil.* Zu *zwicken* in der Bedeutung ´einklemmen´.

zwicken *sw V.* ´einklemmen´, älter auch ´mit Nägeln befestigen´ (< 9. Jh.). Zumindest in der zweiten Bedeutung zu *Zweck;* die andere Bedeutung ist weiter verbreitet und gehört möglicherweise zu einer anderen Grundlage, vgl. ahd. *gizwicken,* ae. *twiccian.* Weitere Herkunft unklar. Vgl. noch *zwakken, Zwickel, Zwicker.*

Zwicker *m. obs.* (< 19. Jh.). Zunächst als *Nasenzwicker* gebildet als Übersetzung von frz. *pince-nez;* zu *zwicken;* vgl. *Klemmer, Kneifer.*

Zwickmühle *f.* ´Stellung beim Mühlespiel´, auch übertragen gebraucht *(in der Zwickmühle sitzen)* (< 16. Jh.). Wohl nicht zu *zwicken,* sondern zu einer sonst nicht üblichen Ableitung von *zwei* (vgl. vielleicht *Zwicke* ´als Zwilling mit einem männlichen Tier geborenes fortpflanzungsunfähiges Kuhkalb oder Ziegenlamm´)
Röhrich 3 (1992), 1783.

zwie- *Präfix.* Kompositionsform von *zwei.* Mhd. *zwi-,* ahd. *zwi-,* mndd. *twe-,* mndl. *twee-* aus g. *twi-,* auch in anord. *tvé-, tví-,* ae. *twi-,* afr. *twi-.* Außergermanisch entsprechen ai. *dvi-,* gr. *di-,* l. *bi-.* S. *zwei.*

Zwieback *m.* ´zweimal gebackenes Weißbrot´ (< 17. Jh.). Übersetzt aus it. *biscotto* (s. *Biskuit*).
S. *zwei, zwie-.* − Kluge (1911), 846.

Zwiebel *f.* (< 11. Jh.). Mhd. *zwibolle m.,* ahd. *zwibollo, zwivolle, zwifel m.* Umdeutung (´zweifache Bolle´) zu ahd. *zibollo m.,* mhd. *zibolle m.;* hd. (dial.) *Zipolle* aus ml. *caepola, cipolla,* it. *cipolla* aus ml. *cæpul(l)a,* Diminutiv zu l. *cēpa* ´Zwiebel´. Verb: *zwiebeln.*
S. *Bolle.* − Röhrich 3 (1992), 1784.

Zwiebelfische *Pl. per. fach.* ´aus einer falschen Schrift in den Satz geratene Buchstaben´ (< 18. Jh.). *Zwiebelfische* sind zunächst minderwertige Fische; dann steht das Wort für ´geringwertigen Kram, Durcheinander´; von da aus kommt es in die Sprache der Drucker.
Klenz (1900), 112.

zwiebeln *sw V. stil.* ´quälen´ (< 16. Jh.). Zunächst ´mit Zwiebeln zubereiten´, dann die übertragene Bedeutung, da rohe Zwiebel eine sehr aggressive Beigabe sind.

zwiefältig *Adj. obs.* (< 16. Jh.). Erweitert aus mhd. *zwivalt,* ahd. *zwifalt.* Zu diesem s. *zwie-* und *-falt.*

Zwielicht *n.* ´das Licht zwischen hell und dunkel´ (< 18. Jh.). Gebildet nach ndd. *twelecht* (ne. *twilight*). Mhd. dafür vereinzelt *zwischenlieht.*

zwier *Num. arch.* ´zweimal´ (< 9. Jh.). Mhd. *zwier, zwir(e),* ahd. *zwirōr.* Weiterbildung aus einem g. *twiz-,* vgl. anord. *tvisvar, tysvar* und vielleicht l. *twio,* ae. *twuwa.* Außergermanisch vergleichen sich l. *bis*, gr. *dís*, ai. *dviḥ*. Zur Grundlage s. *zwei*.

Zwiesel *f. per. reg.* ´Gabelung´ (< 11. Jh.). Mhd. *zwisel(e)*, ahd. *zwisila*; entsprechend ae. *twisla m.* ´Gabelung eines Flusses´. Wie *Zweig* eine Weiterbildung von *zwei*.

Zwiespalt *m.* (< 16. Jh.). Rückbildung zu *zwiespältig*, mhd. *zwispeltic*, *zwispaltic*, ahd. *zwispaltīg* ´in zwei gespalten´ zu *zwie-* und *spalten*.

Zwietracht *f. stil.* (< 14. Jh.). Spmhd. *zwitraht*, *zweitraht*, mndl. *tweedracht*, afr. *twidracht*, *twidrecht*; wohl älter ist mhd. *zwitrehtic*, *zweitrechtic* zu mhd. *en zwei tragen* ´nach zwei Seiten tragen/ trachten´ (s. *Eintracht* und *zwie-*, *tragen*).

Zwillich *m.*, **Zwilch** *m. per. fach.* ´zweifädiges Gewebe´ (< 11. Jh.). Mhd. *zwil(i)ch*, ahd. *zwilīh*, Substantivierung des gleichlautenden Adjektivs. Dies ist Lehnübersetzung des gleichbedeutenden Adjektivs l. *bilīx* (zu l. *līcium n.* ´Faden´), vgl. *Drillich*. S. *zwei*. – Heyne (1899/1903), III, 228 f.

Zwilling *m.* (< 9. Jh.). Mhd. *zwillinc*, älter *zwinelinc*, ahd. *zwiniling*, *zwilling*. Ableitung von *zwinal* ´gepaart´, einer nicht ganz klaren Bildung zu *zwie-* und damit zu *zwei*. Ähnlich ne. *twin*, ae. *gitwisan*, ae. *getwis(a)* und außerhalb des Germanischen lit. *dvỹnas*.

zwingen *stV.* (< 8. Jh.). Mhd. *twingen*, ahd. *dwingan*, as. *thwingan* aus g. **þweng-a- stV.*, auch in aschw. *þvinga*, afr. *thwinga*. Das Wort hat keine sichere Vergleichsmöglichkeit. Auf die gleiche Grundform könnte zurückzuführen sein avest. *ϑβazjaiti* ´gerät in Bedrängnis´. Als Auslautvariante (oder als Vorform des germanischen Verbs, das dann grammatischen Wechsel zeigen würde und von dem avestischen Wort zu trennen wäre) kommen in Betracht lit. *tveñkti* ´stauen´, gr. *sáttō* ´ich stopfe, presse zusammen´ (mit Vollstufe gr. *sēkós* ´Pferch´), ai. *tvanakti* ´zieht sich zusammen´ (allerdings nur bei Grammatikern belegt). Präfigierungen: *be-*, *erzwingen*; Abstraktum: *Zwang*. Nndl. *dwingen*, nschw. *tvinga*. S. *quengeln*, *Zwinger*, *zwinkern*. – Seebold (1970), 526 f.

Zwinger *m. erw. fach.* (< 14. Jh.). Für den Raum zwischen Mauer und Graben der Burg; wohl als ´das Eingezwängte´ zu *zwingen* (vgl. *Zwinge*). Später werden auf diesem Raum wilde Tiere gehalten; von da aus *Hundezwinger* u. dgl. S. *zwingen*. – Heyne (1899/1903), I, 318.

zwinkern *swV.* (< 17. Jh.). Älter *zwinken* ´blinzeln´, vgl. ae. *twinclian*, ne. *twinkle*. Mhd. *zwinzen* gleicher Bedeutung geht auf **zwinkezzen* zurück. Herkunft unklar; vielleicht mit emphatisch verschärftem Auslaut zu *zwingen* als ´die Augen zusammendrücken´. Lühr (1988), 175 f.

zwirbeln *swV. erw. fach.* (< 14. Jh.). Mhd. *zwirbe(l)n* zu mhd. *zwirbel* ´kreisförmige Bewegung´ (auch fnhd. *zwirbelwint* ´Wirbelwind´). Herkunft unklar, vielleicht gekreuzt aus *Wirbel* und *Zirbel(kiefer)*.

Zwirn *m.* (< 8. Jh.). Mhd. *zwirn*, ndd. *twern* ´zweidrähtiger Faden´ aus g. **twizna- m.* ´Zwirn´, auch in ae. *twīn m.*, schw. (dial.) *tvinne*. Hierzu das Verbum *zwirnen*, mhd. *zwirnen*, ahd. *zwirnēn* ´zusammendrehen, zwirnen´. Aus ig. (weur.) **dwis-*, auf das l. *bīnī* ´je zwei´ und anord. *tvennr*, *tvinnr* ´doppelt´ zurückgehen. Das Grundwort ist *zwei*. S. *zwei*, *zwischen*, *Zwist*. – H. E. Müller *MS* 70 (1960), 161–168; Röhrich 3 (1992), 1784.

zwischen *Präp.* (< 9. Jh.). Mhd. *zwischen*, ahd. *untar zwiskēn* ´zwischen beiden´, zu mhd. *zwisc(h)*, ahd. *zwiski* ´zweifach, beide´, as. *twisk*. Vgl. ne. *betwixt*. Aus einer *ko-*Ableitung des unter *Zwirn* genannten (ig.) **dwis-*. Das Grundwort ist *zwei*.

Zwist *m. obs.* (< 14. Jh.). Mhd. *zwist*, mndd. *twist*, mndl. *twist*. Zu dem unter *Zwirn* angeführten (ig.) **dwis-*. Die Sonderbedeutung ist vielleicht schon alt, vgl. ai. *dvéṣṭi* ´haßt, feindet an´. Grundwort ist *zwei*.

zwitschern *swV.* (< 10. Jh.). Mhd. *zwitzern*, ahd. *zwizzirōn*, vgl. me. *twiteren*. Sicher lautmalend, vielleicht als **twit-twi(t)-* anzusetzen. S. *zwitschern*. – Röhrich 3 (1992), 1784.

Zwitter *m.* (< 9. Jh.). Mhd. *zwitarn*, *zwitorn*, ahd. *zwitarn*. Zu *zwie-* mit unklarer Ableitung (oder Kompositionsglied?). Mundartlich auch *Zwister*. S. *zwei*, *zwie-*.

zwitzern *swV. per. reg.* ´flimmern´ (< 15. Jh.). Variante zu *zwitschern*.

zwölf *Num.* (< 8. Jh.). Mhd. *zwel(i)f*, *zwelef*, ahd. *zwelif*, as. *twelif* aus g.**twa-lifa-* ´zwölf´, auch in gt. *twalif*, anord. *tolf*, ae. *twelf*, afr. *twel(e)f*, *twilef*, *tolef*, *tolva*. Im Vorderglied steht g. **twa-* aus (ig.) **dwo-*; das Hinterglied ist dasselbe wie bei *elf* (s.d., auch zur Bildung). Außergermanisch vergleichbar ist lit. *dvýlika* ´zwölf´. Nndl. *twaalf*, ne. *twelve*, nschw. *tolv*, nisl. *tólf*. S. *elf*, *zwei*. – F. Sommer *SBAW* (1950), VII, 62–64; Meyer/Suntrup (1987), 620–645; Ross/Berns (1992), 596 f.; Röhrich 3 (1992), 1784 f.

Zwölffingerdarm *m. erw. fach.* (< 17. Jh.). Übersetzt aus gr. *dōdekadáktylos* ´Zwölffinger´ (weil dieses Stück etwa die Länge von zwölf Fingerbreiten hat).

Zyankali *n. erw. fach.* ´Kaliumsalz der Blausäure, starkes Gift´ (< 19. Jh.). Die aus dem Berliner Blau hergestellte Blausäure heißt wissenschaftlich *Cyan-Wasserstoff-Säure*, zu gr. *kýaneos* ´dunkelblau´; *-kali* zu *Kalium*.

Zyklop *m. bildg.* ʿungeschlachter Menschʾ (< 19. Jh.). Entlehnt aus l. *Cyclōps,* dieses aus gr. *Kýklōps,* Bezeichnung einäugiger Riesen. Die alte Erklärung als ʿRundäugigerʾ zu gr. *kýklos* ʿKreisʾ (s. *Zyklus*) und gr. *ŏps f.* ʿAugeʾ (s. *Optik*) ist sachlich unbefriedigend. Vielleicht aus **pku-klōps* ʿViehdiebʾ zu (ig.) **peku̇-* ʿViehʾ und gr. *klŏps* ʿDiebʾ.

DF 6 (1983), 432 f.

Zyklus *m. erw. fremd.* (< 18. Jh.). Entlehnt aus l. *cyclus,* dieses aus gr. *kýklos,* eigentlich ʿKreis, Ringʾ, das zu der unter *Hals* beschriebenen Wurzel gehört. Adjektiv: *zyklisch.*

S. *Enzyklika, Enzyklopädie, Recycling, Zyklop.* – *DF* 6 (1983), 430–436.

Zylinder *m.* (< 16. Jh.). Entlehnt aus l. *cylindrus,* dieses aus gr. *kýlindros,* zu gr. *kylindein* ʿrollen, wälzenʾ. Der gleichnamige Hut ist bezeichnet nach seiner zylindrischen Form.

Schirmer (1912), 80; Götze (1919), 238 f.; *DF* 6 (1983), 436–439; Röhrich 3 (1992), 1785.

zynisch *Adj.* (< 16. Jh.). Entlehnt aus frz. *cynique,* dieses aus l. *cynicus,* eigentlich, aus gr. *kynikós,* zu gr. *kýōn* ʿHundʾ. Zunächst Bezeichnung für eine Gruppe von Philosophen, die äußere Anständigkeit bewußt mißachtete (die also wie die Hunde sind – möglicherweise beruht die Bezeichnung aber auf einem Ortsnamen); dann eingeengt auf verletzendes, spottendes Verhalten. Täterbezeichnung: *Zyniker*; Abstraktum: *Zynismus.*

Zur germanischen Verwandtschaft s. *Hund.* – *DF* 6 (1983), 439–444.

Zypresse *f. erw. fach.* (< 9. Jh.). Mhd. *zipres(se) m.,* ahd. *cipres.* Entlehnt aus it. *cipressa,* dieses aus l. *cyparissus, cupressus m./f.,* aus gr. *kypárissos.* Dieses ist ein Mittelmeerwort unbekannten Ursprungs.

Anglizismen-Wörterbuch

Der Einfluß des Englischen auf den deutschen Wortschatz nach 1945

Begründet von Broder Carstensen, fortgeführt von Ulrich Busse

Band 1: A—E

X, 194*, 450 Seiten. 1993. Ganzleinen
ISBN 3-11-012854-3

Band 2: F—O

VIII, 2*, 570 Seiten. 1994. Ganzleinen
ISBN 3-11-014235-X

Das Anglizismen-Wörterbuch verzeichnet die etwa 3500 im gegenwärtigen Deutsch am häufigsten vorkommenden Anglizismen (= Britizismen, Amerikanismen, Kanadismen etc.). Das Schwergewicht der Dokumentation liegt auf den nach 1945 ins Deutsche gelangten Anglizismen; ältere Entlehnungen werden nur aufgenommen, wenn sich in neuerer Zeit Bedeutungsveränderungen oder neue Bedeutungen ergeben haben. Dabei werden sowohl direkt ins Deutsche entlehnte englische Begriffe wie *Job, Trend, Gag, Fan*; *joggen, surfen, recyceln, sponsern*; *clever, smart, down, cool*; *Joint Venture, Product Placement, Top-Manager, High Tech*; *Big Brother is watching you, last (but) not least* etc. behandelt als auch nach dem englischen Vorbild entstandene deutsche Wörter und Wendungen wie *oben ohne, Wasserglätte, Urknall*; *schneller Brüter, stehende Ovationen, erste Dame*; *in einem Boot sitzen, sein Gesicht verlieren* etc.

Walter de Gruyter   **Berlin · New York**

Georg Stötzel/Martin Wengeler

Kontroverse Begriffe

Geschichte des öffentlichen Sprachgebrauchs in der Bundesrepublik Deutschland

In Zusammenarbeit mit Karin Böke, Hildegard Gorny,
Silke Hahn, Matthias Jung, Andreas Musolff, Cornelia Tönnesen

VII, 582 Seiten. 1994. Ganzleinen ISBN 3-11-014652-5
Broschur ISBN 3-11-014106-X
(Sprache, Politik, Öffentlichkeit, Band 4)

Was war das eigentlich, ein *Sympathisant*? Und wer erinnert sich noch daran, wie wichtig es war, zwischen einer *Gruppe* und einer *Bande* zu differenzieren? — Diese Sprachgeschichte der Gegenwart zeigt, wie im Laufe der Geschichte der Bundesrepublik Deutschland das Sprechen über politische und/oder soziale Konzeptionen thematisiert wurde — und wie diese Thematisierung wiederum Einfluß auf das öffentliche Sprechen und Handeln nahm.

Die einzelnen Kapitel behandeln die Bereiche Wirtschaft, Europa, Jugend, Bildung, Rüstung, Zweistaatlichkeit, Studentenbewegung, Umwelt, Terrorismus, Gleichberechtigung und Emanzipation, Fremdwortdebatte und Amerikanisierung, Einwanderung, Abtreibung, sprachliche Diskriminierung von Frauen, Sexualität und Partnerschaft.

Vokabularien zu den einzelnen Kapiteln und ein Belegwort-Index mit Seitenverweisen runden dieses neue Nachschlagewerk einer Sprachgeschichte der Gegenwart ab.

Walter de Gruyter   **Berlin · New York**